D1722811

Landesrecht Freistaat Bayern

Verfassung des Freistaates Bayern

Kommentar

von

Dr. Josef Franz Lindner

Privatdozent an der Ludwig-Maximilians-Universität München;
Ministerialrat im Bayerischen Staatsministerium für Wissenschaft, Forschung und Kunst

Dr. Markus Möstl

Universitätsprofessor an der Universität Bayreuth

Dr. Heinrich Amadeus Wolff

Universitätsprofessor an der
Europa-Universität Viadrina Frankfurt (Oder)

Verlag C. H. Beck München 2009

Verlag C. H. Beck im Internet:
beck.de

ISBN 978-3-406-57595-2

© 2009 Verlag C. H. Beck oHG
Wilhelmstraße 9, 80801 München

Druck: Kösel GmbH & Co. KG
Am Buchweg 1, 87452 Altusried-Krugzell

Satz: ottomedien
Marburger Straße 11, 64289 Darmstadt

Gedruckt auf säurefreiem, alterungsbeständigem Papier
(hergestellt aus chlorfrei gebleichtem Zellstoff)

Vorwort

Das Recht zur eigenen Verfassungsgebung ist unabdingbarer Kern der Eigenstaatlichkeit der deutschen Länder. Im bundesstaatlichen und europäischen „Mehrebenensystem" konstituiert die Landesverfassung auch künftig diejenige Ebene der Staatlichkeit, die dem Bürger am nächsten liegt. Landesverfassungen sind gestalterische Kodifikationen, die gegenüber dem Grundgesetz eigene Akzente zu setzen vermögen; insoweit sind sie Bereicherung für das deutsche Staatsrecht insgesamt. Dies gilt gerade für die Verfassung des Freistaates Bayern, die vom konzeptionellen Anspruch her als Vollverfassung gestaltet ist und dem Freistaat eine unverwechselbare Gestalt lebendiger Eigenverfasstheit geben und erhalten will. Die praktische Relevanz des Landesverfassungsrechts ist, wie ein Blick auf die reichhaltige Rechtsprechung der Landesverfassungsgerichte und insbesondere des Bayerischen Verfassungsgerichtshofs deutlich macht, ungebrochen. Die Föderalismusreform des Jahres 2006 hat die Kompetenzen der Länder gestärkt und dadurch dem Landesverfassungsrecht einen zusätzlichen Bedeutungsgewinn verschafft.

Vor diesem Hintergrund möchte der vorliegende Kommentar eine praxisbezogene und zugleich wissenschaftlich-systematische Erläuterung der Verfassung des Freistaates Bayern anbieten. Er wendet sich an Staatspraxis, Anwaltschaft und Wissenschaft – auch über Bayern hinaus – sowie an Studierende und Referendare, die sich mit dem bayerischen Staatsrecht befassen und sich dessen Strukturen erarbeiten wollen. Der Schwerpunkt der Kommentierung ist daher bei den Artikeln gesetzt, die praktische Bedeutung entfalten bzw. nach der Föderalismusreform des Jahres 2006 entfalten können. Besonderes Augenmerk wird auf das Verhältnis der Normen der Verfassung des Freistaates Bayern zum Grundgesetz und zum Europarecht sowie auf die Frage gerichtet, welche Spielräume dem Landesverfassungsrecht im Hinblick auf seine Maßstabs- und Gestaltungsfunktion jeweils verbleiben. Es wird auch Wert darauf gelegt, (aus historischen, kompetentiellen oder sonstigen Gründen) scheinbar „obsoleten" Vorschriften der Verfassung, insbesondere im Vierten Hauptteil sowie in den Schluss- und Übergangsbestimmungen, Anwendungspotentiale zu erschließen, solche mindestens auszuloten. Einem vorschnellen Verdikt der Bedeutungslosigkeit von Verfassungsnormen stehen die Verfasser skeptisch gegenüber.

Zur Erleichterung der Handhabung des Kommentars sind die Erläuterungen der einzelnen Artikel einheitlich strukturiert. Inhaltlich verantwortet jeder Mitautor die von ihm verfassten Kommentierungen selbst. Der systematisch-strukturellen Erschließung einzelner Regelungskomplexe dienen Vorbemerkungen vor Art. 1 sowie zu einzelnen Hauptteilen und Abschnitten. Die Kommentierungen schenken – berichtend, ordnend wie kritisch prüfend – der Rechtsprechung des Verfassungsgerichtshofs erstrangige Aufmerksamkeit. Die in der amtlichen Sammlung (VerfGH) veröffentlichten Entscheidungen sind vollständig ausgewertet, nicht dort enthaltene Entscheidungen werden, soweit von eigenständigem Interesse, zusätzlich berücksichtigt. Auf Entscheidungen des Bundesverfassungsgerichts wird Bezug genommen, wenn der Verfassungsgerichtshof maßgeblich auf diese rekurriert – wie häufig im Bereich der Grundrechte – oder wenn eine einschlägige Rechtsprechung des Verfassungsgerichtshofs zu einer bestimmten Frage nicht existiert; der Bezug auf die Rechtsprechung des Bundesverfassungsgerichts kann dann als Interpretationshilfe dienen. Gleiches gilt für die Rechtsprechung anderer Landesverfassungsgerichte, auf die, wenn auch ohne Anspruch auf Vollständigkeit, an geeigneten Stellen verwiesen wird. Die Nachweise der Rechtsprechung befinden sich auf dem Stand Mai 2008. Die den einzelnen Artikeln vorangestellten Literaturnachweise konzentrieren sich auf Werke zum Verfassungsrecht des Freistaates Bayern, beziehen aber auch grundlegende Werke zum Landesverfassungsrecht sowie zum Bundesverfassungsrecht mit ein.

Die Verfasser hoffen, dass der Kommentar der Staatspraxis, der am Landesverfassungsrecht interessierten Staatsrechtslehre, den Studierenden und Referendaren sowie allen, die

Vorwort

sich mit dem bayerischen Staats- und Verfassungsrecht befassen möchten, ein brauchbares Hilfsmittel ist. Anregungen und Kritik sind jederzeit willkommen, gern auch per E-Mail: Josef.Lindner@stmwfk.bayern.de; Markus.Moestl@uni-bayreuth.de, Wolff@euv-frank-furt-o.de.

München,	Josef Franz Lindner
Bayreuth,	Markus Möstl
Frankfurt (Oder)	Heinrich Amadeus Wolff

im August 2008

Bearbeiterverzeichnis

Dr. Josef Franz Lindner

Vorbemerkungen A; Vorspruch; Art. 1–8; vor Art. 43; Art. 43–59; Art. 78–82; vor Art. 98; Art. 98 S. 1–3; Art. 100–103; Art. 106; Art. 108; Art. 109; Art. 114; Art. 115; Art. 117–118a; Art. 121; Art. 122; Art. 138; vor 4. Hauptteil; Art. 151–157; Art. 158–162; vor Art. 163; Art. 163–165; vor Art. 166; Art. 166–177; vor Art. 178; Art. 178–187.

Dr. Markus Möstl

Vorbemerkungen B; vor Art. 13; Art. 13–33a; Art. 34–42; vor Art. 70; Art. 70–76; Art. 99; Art. 110–112; Art. 123; Art. 128–137; Art. 139–141; Art. 188.

Dr. Heinrich Amadeus Wolff

Art. 9–12; Art. 60–69; Art. 77; Art. 83; Art. 84–93; Art. 94–97; Art. 98 Satz 4; Art. 104; Art. 105; Art. 107; Art. 113; Art. 116; Art. 119; Art. 120; Art. 124–127; Art. 142–150.

Inhaltsverzeichnis

Inhaltsverzeichnis

Inhaltsverzeichnis

Inhaltsverzeichnis

Dritter Hauptteil. Das Gemeinschaftsleben

1. Abschnitt. Ehe, Familie und Kinder

2. Abschnitt. Bildung und Schule, Schutz der natürlichen Lebensgrundlagen und der kulturellen Überlieferung

3. Abschnitt. Religion und Religionsgemeinschaften

Vierter Hauptteil. Wirtschaft und Arbeit

1. Abschnitt. Die Wirtschaftsordnung

Inhaltsverzeichnis

Abkürzungsverzeichnis

(Hinweis: Soweit nicht gesondert ausgewiesen, sind die Abkürzungen nach Sachs, GG-Kommentar maßgeblich; die exakten aktuellen Fundstellen der zitierten Normen des bayerischen Landesrechts finden sich im „Fortführungsnachweis zur Bayerischen Rechtssammlung"; im Text der Kommentierung eigens nachgewiesene Abkürzungen sind nachfolgend nicht angeführt.)

AGVwGO .... Gesetz zur Ausführung der Verwaltungsgerichtsordnung in der Fassung der Bekanntmachung vom 20. Juni 1992 (GVBl S. 162, BayRS 34-1-I)

AllMBl .... Allgemeines Ministerialblatt

ARSP .... Archiv für Rechts- und Sozialphilosophie

BaWü .... Baden-Württemberg, baden-württembergisch

Bay .... Bayern, bayerisch

BayBG .... Bayerisches Beamtengesetz in der Fassung der Bekanntmachung vom 27. August 1998 (GVBl S. 702, BayRS 2030-1-1-WFK)

BayBO ...... Bayerische Bauordnung in der Fassung der Bekanntmachung vom 14. August 2007 (GVBl S. 588, BayRS 2132-1-I)

BayDSG ...... Bayerisches Datenschutzgesetz vom 23. Juli 1993 (GVBl S. 498, BayRS 204-1-I)

BayEFG ...... Bayerisches Eliteförderungsgesetz vom 26. April 2005 (GVBl S. 104, BayRS 2230-2-3-WFK)

BayEG ...... Bayerisches Gesetz über die entschädigungspflichtige Enteignung vom 25. Juli 1978 (BayRS 2141-1-I)

BayEUG ...... Bayerisches Gesetz über das Erziehungs- und Unterrichtswesen in der Fassung der Bekanntmachung vom 31. Mai 2000 (GVBl S. 414, ber. S. 632, BayRS 2230-1-1-UK)

BayHO ...... Bayerische Haushaltsordnung vom 8. Dezember 1971 (BayRS 630 1-F)

BayHSchG .... Bayerisches Hochschulgesetz vom 23. Mai 2006 (GVBl S. 245, BayRS 2210-1-1-WFK)

BayHSchPG .... Bayerisches Hochschulpersonalgesetz vom 23. Mai 2006 (GVBl S. 230, BayRS 2030-1-2-WFK)

BayKiBiG ..... Bayerisches Kinderbildungs- und -betreuungsgesetz vom 8. Juli 2005 (GVBl S. 236, BayRS 2231-1-A)

BayKonk ..... Bayerisches Konkordat

BayLPlG ...... Bayerisches Landesplanungsgesetz vom 27. Dezember 2004 (GVBl S. 521, BayRS 230-1-W)

BayMG ...... Bayerisches Mediengesetz in der Fassung der Bekanntmachung vom 22. Oktober 2003 (GVBl S. 799, BayRS 2251-4-S)

BayNatSchG ... Bayerisches Naturschutzgesetz in der Fassung der Bekanntmachung vom 23. Dezember 2005 (GVBl 2006 S. 2, BayRS 791-1-UG)

BayPetG ...... Bayerisches Petitionsgesetz vom 9. August 1993 (GVBl S. 544, BayRS 1100-5-I)

BayPrG ...... Bayerisches Pressegesetz vom 19. April 2000 (GVBl S. 340, BayRS 2250-1-I)

BayRS .... Bayerische Rechtssammlung

BaySchFG ..... Bayerisches Schulfinanzierungsgesetz in der Fassung der Bekanntmachung vom 31. Mai 2000 (GVBl S. 455, BayRS 2230-7-1-UK)

BayStG .... Bayerisches Stiftungsgesetz in der Fassung der Bekanntmachung vom 19. Dezember 2001 (BayRS 282-1-1-UK/WFK)

BayStrWG .... Bayerisches Straßen- und Wegegesetz in der Fassung der Bekanntmachung vom 5. Oktober 1981 (BayRS 91-1-I)

BayUniKlinG ... Bayerisches Universitätsklinikagesetz vom 23. Mai 2006 (GVBl S. 285, BayRS 2210-2-4-WFK)

BayVBl. ...... Bayerische Verwaltungsblätter

BayVwVfG .... Bayerisches Verwaltungsverfahrensgesetz vom 23. Dezember 1976 (BayRS 2010-1-I)

BayVSG ...... Bayerisches Verfassungsschutzgesetz in der Fassung der Bekanntmachung vom 10. April 1997 (GVBl S. 70, BayRS 12-1-I)

Abkürzungsverzeichnis

BayWG . . . . Bayerisches Wassergesetz in der Fassung der Bekanntmachung vom 19. Juli 1994 (GVBl S. 822, BayRS 753-1-UG)
Berl . . . . Berlin, berliner
BeZO . . . . Bezirksordnung für den Freistaat Bayern in der Fassung der Bekanntmachung vom 22. August 1998 (GVBl S. 850, BayRS 2020-4-2-I)
Bbg . . . . Brandenburg, brandenburgisch
BBiG . . . . Berufsbildungsgesetz vom 23. März 2005 (BGBl I S. 931)
Brem . . . . Bremen, bremisch
BV . . . . Verfassung des Freistaates Bayern in der Fassung der Bekanntmachung vom 15. Dezember 1998 (GVBl S. 991, BayRS 100-1-S)
DSchG . . . . Denkmalschutzgesetz vom 25. Juni 1973 (BayRS 2241-1-WFK)
Drs. . . . . Drucksache
E . . . . Entwurf des vorbereitenden Ausschusses
EbFöG . . . . (Bayerisches) Gesetz zur Förderung der Erwachsenenbildung vom 24. Juli 1974 (BayRS 2239-1-UK)
EGC . . . . Europäische Grundrechtecharta
EVA . . . . Entwurf des Verfassungsausschusses
FAZ . . . . Frankfurter Allgemeine Zeitung
GeschOLT . . . . . Geschäftsordnung für den Bayerischen Landtag in der Fassung vom 9. Juli 2003 (GVBl S. 676, BayRS 1100-3-I)
GBl. . . . . Gesetzblatt für das Königreich Baiern[1]
GG . . . . Grundgesetz
GLKrWG . . . . . Gemeinde- und Landkreiswahlgesetz in der Fassung der Bekanntmachung vom 7. November 2006 (GVBl S. 834, BayRS 2021-1/2-I)
GO . . . . Gemeindeordnung für den Freistaat Bayern in den Fassung der Bekanntmachung vom 22. August 1998 (GVBl S. 796, BayRS 2020-1-1-I)
GrstBek . . . . . . Grundstockbekanntmachung
GVBl . . . . Bayerisches Gesetz- und Verordnungsblatt[2]
Hmb . . . . Hamburg, hamburgisch
Hess . . . . Hessen, hessisch
HG . . . . Haushaltsgesetz
JAPO . . . . Justizausbildungs- und Prüfungsordnung
KAG . . . . Kommunalabgabengesetz in der Fassung der Bekanntmachung vom 4. April 1993 (GVBl S. 264, BayRS 2024-1-I)
KostG . . . . Kostengesetz vom 20. Februar 1998 (GVBl S. 43, BayRS 2013-1-1-F)
KWBG . . . . Gesetz über kommunale Wahlbeamte in der Fassung der Bekanntmachung vom 19. November 1970 (BayRS 2022-1-I)
KWMBl . . . . . . Amtsblatt der Bayerischen Staatsministerien für Unterricht und Kultus sowie Wissenschaft, Forschung und Kunst
LKrO . . . . Landkreisordnung für den Freistaat Bayern in der Fassung der Bekanntmachung vom 22. August 1998 (GVBl S. 826, BayRS 2020-3-1-I)
LPO . . . . Lehramtsprüfungsordnung
Ls. . . . . Leitsatz
LStVG . . . . Landesstraf- und Verordnungsgesetz in der Fassung der Bekanntmachung vom 13. Dezember 1982 (BayRS 2011-2-I)
LSA . . . . Sachsen-Anhalt, sachsen-anhaltinisch
LT-Drs . . . . Drucksache des Bayerischen Landtags
LWG . . . . Landeswahlgesetz in der Fassung der Bekanntmachung vom 5. Juli 2002 (GVBl S. 277, BayRS 111-1-I)
M-V . . . . Mecklenburg-Vorpommern, mecklenburg-vorpommerisch
Nds . . . . Niedersachsen, niedersächsisch
NRW . . . . Nordrhein-Westfalen, nordrhein-westfälisch

---

[1] Durch Verordnung vom 29. 12. 1817 wurde das „Regierungsblatt" (s. Fn. 4) in das „Gesetzblatt" (für Gesetze und Verordnungen) und das „Allgemeine Intelligenzblatt" unterteilt, letzteres führte ab 1826 die Bezeichnung „Regierungsblatt für das Königreich Baiern".

[2] Durch Verordnung vom 29. 10. 1873 wurden das „Gesetzblatt" und das „Regierungsblatt" (s. Fn. 1) zum 1. 1. 1874 unter der Bezeichnung „Gesetz- und Verordnungsblatt" zusammengeführt. Diese Bezeichnung besteht bis heute fort.

Abkürzungsverzeichnis

ORH . . . . Oberster Rechnungshof
PAG . . . . Gesetz über die Aufgaben und Befugnisse der Bayerischen Staatlichen Polizei (Polizeiaufgabengesetz – PAG) in der Fassung der Bekanntmachung vom 14. September 1990 (GVBl S. 397, BayRS 2012-1-1-I)
POG . . . . Gesetz über die Organisation der Bayerischen Staatlichen Polizei (Polizeiorganisationsgesetz – POG) vom 10. Auguste 1976 (BayRS 2012-2-1-I)
Prot.(I-IV) . . . . . Stenographische Berichte über die Verhandlungen des Verfassungsausschusses und der Bayerischen Verfassunggebenden Landesversammlung[3]
RegBl. . . . . Königlich-Baierisches Regierungsblatt[4]
RHG . . . . Gesetz über den Bayerischen Obersten Rechnungshof vom 23. Dezember 1971 (BayRS 630-15-F)
RhPf . . . . Rheinland-Pfalz, rheinland-pfälzisch
RStV . . . . Staatsvertrag für Rundfunk und Telemedien in der Fassung des 9. Rundfunkänderungsstaatsvertrages vom 10. Februar 2007 (GVBl S. 132)
Saarl . . . . Saarland, saarländisch
Sa(ä)chs . . . . . . Sachsen, sächsisch
SchlH . . . . Schleswig-Holstein, schleswig-holsteinisch
StAnz . . . . Bayerischer Staatsanzeiger
StRG . . . . Gesetz über die Rechtsverhältnisse der Mitglieder der Staatsregierung vom 4. Dezember 1961 (BayRS 1102-1-S)
StRGO . . . . . . Geschäftsordnung der Bayerischen Staatsregierung in der Fassung der Bekanntmachung vom 2. November 2006 (1102-2-1-S)
StRGVV . . . . . . Verordnung über die Geschäftsverteilung der Bayerischen Staatsregierung in der Fassung der Bekanntmachung vom 5. April 2001 (GVBl S. 161, BayRS 1102-2-S)
Thür . . . . Thüringen, thüringisch
UnterbrG . . . . . Unterbringungsgesetz in der Fassung der Bekanntmachung vom 5. April 1992 (GVBl S. 60, BayRS 2128-1-A)
VA . . . . Verfassungsausschuss
VE . . . . Vorentwurf von Dr. Wilhelm Hoegner 1946
Verf . . . . Verfassung
VerfGH . . . . . Bayerischer Verfassungsgerichtshof (zitiert nach der amtlichen Sammlung)
VersG . . . . Versammlungsgesetz (Bundesgesetz)
VfGHG . . . . . . Gesetz über den Bayerischen Verfassungsgerichtshof vom 10. Mai 1990 (GVBl S. 122, BayRS 1103-1-I)
VGH . . . . Verwaltungsgerichtshof
VO . . . . Verordnung
VU 1919 . . . . . . Verfassungsurkunde des Freistaates Bayern vom 14. August 1919 (GVBl S. 531)
VVA . . . . Vorbereitender Verfassungsausschuss
WRV . . . . Weimarer Reichsverfassung
ZRPh . . . . Zeitschrift für Rechtsphilosophie

Hinweis: Artikel ohne Gesetzesbezeichnungen sind solche der Verfassung des Freistaates Bayern

---

[3] Im Einzelnen: (1) Stenographische Berichte über die Verhandlungen des *Verfassungs-Ausschusses* der Bayerischen Verfassunggebenden Landesversammlung: Bd. I (1.–12. Sitzung, 16. Juli 1946–5. August 1946 = Prot. I), Bd. II (13.–24. Sitzung, 7. August 1946–28. August 1946 = Prot. II); Bd. III (25.–37. Sitzung, 29. August 1946–13. November 1946 = Prot. III). (2) Stenographische Berichte über die Verhandlungen der Bayerischen Verfassunggebenden Landesversammlung vom 15. Juli 1946–30. November 1946 (= Prot. IV).

[4] Durch Bekanntmachungen vom 2. und 23. 12. 1801 wurde bestimmt, dass im sog. Regierungsblatt „die landesherrlichen Verordnungen, Gesetze, Bekanntmachungen der Regierung und statistische Behelfe" zu veröffentlichen sind.

Literaturverzeichnis

Name des Werkes	Kurztitel zur einheitlichen Verwendung in den Fußnoten
Badura, Staatsrecht, 3. Auflage 2003	*Badura,* Staatsrecht, Abschnitt
Becker/Heckmann/Kempen/Manssen, Öffentliches Recht in Bayern, 4. Auflage 2008	*Bearbeiter,* in: Becker/Heckmann/Kempen/Manssen, S.
Dolzer/Vogel/Graßhof, Bonner Kommentar zum Grundgesetz, 1. Auflage 1950 ff.	*Bearbeiter,* in: Dolzer/Vogel/Graßhof, Art. Rn.
Grimm/Caesar, RhPFVerf, 1. Auflage 2000	*Bearbeiter,* in: Grimm/Caesar, RhPfVerf, Art. Rn.
Isensee/Kirchhof, Handbuch des Staatsrechts, 3. Auflage 2006	*Bearbeiter,* in: HdBStR, §, Rn.
Hoegner, Lehrbuch des Bayerischen Verfassungsrechts, 1. Auflage 1949	*Hoegner,* Verfassungsrecht, S.
Jarass/Pieroth, GG Kommentar, 9. Auflage 2008	*Bearbeiter,* in: Jarass/Pieroth, Art. Rn.
Löwer/Tettinger, Verfassung des Landes Nordrhein-Westfalen, 3. Auflage 2002	*Bearbeiter,* in: Löwer/Tettinger, NRW Verf, Art. Rn.
Maunz/Dürig, GG-Kommentar, 51. Auflage 2007	*Bearbeiter,* in: Maunz/Dürig, Art. Rn.
Maunz, Staats- und Verwaltungsrecht Bayern, 5. Auflage 1988	*Bearbeiter,* in: Maunz, Staats- und Verwaltungsrecht Bayern, S.
Meder, Kommentar BV, 4. Auflage 1992	Meder, Art. Rn.
Nawiasky/Leusser, Kommentar zur Bayerischen Verfassung, 1. Auflage 1948	*Nawiasky,* S.
Nawiasky/Schweiger/Knöpfle, Kommentar BV, 2. Auflage 1963 ff (Stand: 14. Erg. Lief. 2008)	*Bearbeiter,* in: Nawiasky/Schweiger/Knöpfle, Art. Rn.
Sachs, GG-Kommentar, 4. Auflage 2007	*Bearbeiter,* in: Sachs, Art. Rn.
v. Mangoldt/Klein/Starck, 5. Auflage 2002	*Bearbeiter,* in: v. Mangoldt/Klein/Starck, Art. Rn.
Voll, Handbuch des Bayerischen Staatskirchenrechts, 1985	*Voll,* S.

Vorbemerkungen

A. Die Verfassung des Freistaates Bayern – Entstehung, Entwicklung, Charakteristika

Literatur: Bayerische Landeszentrale für Politische Bildungsarbeit (Hg.), 50 Jahre Bayerische Verfassung – Entstehung, Bilanz, Perspektiven, Heft D 42, 1997; *Bayerischer Verfassungsgerichtshof (Hg.),* Verfassung und Verfassungsrechtsprechung, FS zum 25-jährigen Bestehen des Bayerischen Verfassungsgerichtshofs, 1972; *ders.,* Verfassung als Verantwortung und Verpflichtung, FS zum 50-jährigen Bestehen des Bayerischen Verfassungsgerichtshofs, 1997; *Fait,* Demokratische Erneuerung unter dem Sternenbanner. Amerikanische Kontrolle und Verfassunggebung in Bayern 1946, 1998; *Gelberg,* Die Protokolle des Vorbereitenden Verfassungsausschusses in Bayern 1946, 2004; *Hahnzog,* Lebendige Bayerische Verfassung – Weiterentwicklung und Revitalisierung, BayVBl. 2007, 321; *Hoegner,* Lehrbuch des bayerischen Verfassungsrechts, 1949; *ders.,* Besatzungsmacht und Bayerische Verfassung von 1946 – zum zehnjährigen Bestehen der Bayerischen Verfassung, BayVBl. 1956, 353; *ders.,* Die Verhandlungen des Vorbereitenden Verfassungsausschusses von 1946, BayVBl. 1963, 97; *ders.,* Der schwierige Außenseiter. Erinnerungen eines Abgeordneten, Emigranten und Ministerpräsidenten, 1959; *Holzheid,* Gedanken zur Bayerischen Verfassung, BayVBl. 1997, 129; *Kempen,* Bayerisches Verfassungsrecht, in: Becker/Heckmann/Kempen/Manssen, 4. Aufl. 2008, S. 1ff.; *Lauer,* Die Entstehung der Bayerischen Verfassung von 1946, BayVBl. 1990, 737; *Lindner,* Die Grundrechte der Bayerischen Verfassung, BayVBl. 2004, 641; *ders.,* Sechzig Jahre Bayerische Verfassung – empfiehlt sich eine Revision? BayVBl. 2006, 1; *Meder,* Die Verfassung des Freistaates Bayern, Handkommentar, 4. Aufl. 1992; *Nawiasky/Leusser,* Die Verfassung des Freistaates Bayern, Handkommentar, 1948, S. 23 ff.; *Nawiasky/Lechner,* Die Verfassung des Freistaates Bayern, Ergänzungsband zum Handkommentar, 1953; *Nawiasky,* Ein Jahrzehnt bayerischer Verfassung, BayVBl. 1956, 355; *Pestalozza,* Aus dem bayerischen Verfassungsleben 1965–1988, JöR n.F. 37 (1988), 335; *ders.,* Aus dem bayerischen Verfassungsleben 1989–2002, JöR n.F. 51 (2002), 121; *Schmidt,* Staatsgründung und Verfassunggebung in Bayern. Die Entstehung der Bayerischen Verfassung vom 8. Dezember 1946, 1997; *Wenzel,* Bayerische Verfassungsurkunden, Dokumentation zur bayerischen Verfassungsgeschichte, 1990 (4. Aufl. 2002); *Zacher,* Verfassungsentwicklung in Bayern 1946–1964, JöR n.F. 15 (1966), 321; *ders.,* Die Entwicklung des Verfassungsrechts seit 1946, in: Nawiasky/Schweiger/Knöpfle, IV.; *ders.,* Fünfzig Jahre Bayerische Verfassung, BayVBl. 1996, 705; *ders.,* Hans Nawiasky und das bayerische Verfassungsrecht, in: FS zum 50-jährigen Bestehen des Bayerischen Verfassungsgerichtshofs, 1997, 307.

Literatur zum Verfassungsrecht vor 1946: v. Pözl, Lehrbuch des Bayerischen Verfassungsrechts, 5. Aufl. 1877; *v. Seydel,* Bayerisches Staatsrecht, 1884 ff. (7 Bände); *v. Seydel/Piloty,* Bayerisches Verfassungsrecht, 1913; *Nawiasky,* Bayerisches Verfassungsrecht, 1923

Literatur zur Geschichte Bayerns: Bosl, Bayerische Geschichte, 6. Aufl. 1979; *Rall,* Zeittafeln zur Geschichte Bayerns 1992; *Spindler (Hg.),* Handbuch der bayerischen Geschichte, 4 Bde. in 7 Teilbänden, 1967 ff.; *Treml (Hg.),* Die Geschichte des modernen Bayern, 3. Aufl. 2006; knapper Überblick bei *Volkert* Geschichte Bayerns, 2. Aufl. 2004; *Willoweit (Hg.),* Grundlagen der modernen bayerischen Geschichte, 2007; *Zorn,* Bayerns Geschichte seit 1960, 2007.

Literatur zum Grundgesetz: s. Sachs, GG-Kommentar, S. LXI ff.

Dokumentation zur Entstehung der Bayerischen Verfassung: (1) Stenographische Berichte über die Verhandlungen des Verfassungs-Ausschusses der Bayerischen Verfassunggebenden Landesversammlung: Bd. I (1.–12. Sitzung, 16. Juli 1946 – 5. August 1946 = Prot. I), Bd. II (13. – 24. Sitzung, 7. August 1946 – 28. August 1946 = Prot. II); Bd. III (25. – 37. Sitzung, 29. August 1946 – 13. November 1946 = Prot. III). (2) Stenographische Berichte über die Verhandlungen der Bayerischen Verfassunggebenden Landesversammlung vom 15. Juli 1946 – 30. November 1946 (= Prot. IV); *Gelberg,* Die Protokolle des Vorbereitenden Verfassungsausschusses in Bayern 1946, 2004.

Vorbemerkungen A

I. Die Verfassungsurkunde vom 2. Dezember 1946

1   Die „Verfassung des Freistaates Bayern" (so die Überschrift und amtliche Bezeichnung) vom 2. Dezember 1946 (GVBl S. 333) ist am 8. Dezember 1946 in Kraft getreten (vgl. dazu Rn. 2 vor Art. 178). Die selbst als „Verfassung" bezeichnete **Verfassungsurkunde** enthält[1] diejenigen Regelungen des Verfassungsrechts, die nur erschwert oder überhaupt nicht ab-änderbar sind (vgl. Art. 75), also das **formelle Verfassungsrecht** oder **Staatsrecht im engeren Sinne.** Nicht nur die **Änderung** der bestehenden (Art. 75 II), auch die Ersetzung der Verfassung durch eine **Verfassungsneugebung** (Akt der Verfassungsschöpfung) ist nur durch **Volksentscheid** möglich. Die Verfassung konstituiert die **rechtliche Grundordnung des bayerischen Staates** und fasst „die grundlegenden Rechtsvorschriften über die Organisation und die Ausübung der Staatsgewalt, die Staatsaufgaben und das Verhältnis des Einzelnen zum Staat in einem Verfassungsgesetz"[2] zusammen. Die Verfassung steht an der Spitze des **Stufenbaus der Rechtsordnung,** sie ist Gültigkeitsmaßstab für das nachrangige Gesetzes-, Verordnungs- und Satzungsrecht sowie für sämtliche sonstigen Rechtsakte bayerischer Hoheitsgewalt.[3] Sie hat **Maßstabsfunktion** für das gesamte unterverfassungsrechtliche bayerische Recht.[4]

2   Das in der Verfassungsurkunde geregelte Verfassungsrecht wird ergänzt durch eine Vielzahl von unterverfassungsrechtlichen Regelungskomplexen, die zusammen mit der Verfassung das **„Staatsrecht" in weiterem Sinne** bilden. Dazu gehören insbesondere die einfach-gesetzlichen Vorschriften zum Wahlrecht (LWG), das Recht betreffend die Abgeordneten des Landtags (Bayerisches Abgeordnetengesetz) und die Mitglieder der Staatsregierung (StRG), die Geschäftsordnung des Bayerischen Landtags (GeschOLT) und der Bayerischen Staatsregierung (StRGO), die Verordnung über die Geschäftsverteilung der Bayerischen Staatsregierung (StRGVV), das Gesetz über den Bayerischen Verfassungsgerichtshof (VfGHG), das Petitionsgesetz (BayPetG), die Kommunalgesetze (insbes. GO, LKrO, BezO) sowie eine Reihe weiterer Gesetze und Verordnungen, auf die jeweils im Rahmen der Kommentierung der einschlägigen Artikel der Verfassung hingewiesen wird.

3   Zu Fragen der **Verfassungsauslegung** und der sog. **verfassungskonformen Auslegung** s. *Sachs,* in Sachs, Einführung Rn. 37 ff.[5]

II. Die Entwicklung des Bayerischen Verfassungsrechts von 1806 bis 1945

Die Verfassung des Freistaats Bayern vom 2. Dezember 1946 ist die **vierte geschriebene Verfassung des modernen Bayern.**[6]

4   (1) Die **Konstitution für das Königreich Bayern vom 1. Mai 1808** (RegBl. S. 985) war die erste Verfassung Bayerns in modernem Sinne. Die Entstehung dieser Konstitution,

---

[1] Die Verfassung*urkunde* entstand durch die Ausfertigung des Verfassungstextes durch Ministerpräsident Wilhelm Hoegner am 2. Dezember 1946, dazu unten Rn. 14. Von diesem Datum zu unterscheiden ist das Datum des Inkrafttretens (8. Dezember 1946; s. unten Rn. 14 sowie Rn. 2 vor Art. 178).

[2] *Kempen,* in: Becker/Heckmann/Kempen/Manssen, Rn. 1.

[3] Vgl. Rn. 18 ff. zu Art. 3 (Vorrangwirkung der Verfassung); s. auch Art. 55 Nr. 1 und Rn. 13 ff. zu Art. 55.

[4] Die Stellung der Verfassung an der Spitze der Rechtsordnung schließt nicht aus, dass es auch sog. **„verfassungswidriges Verfassungsrecht"** geben kann; s. dazu m.w.N. insbesondere zur Rechtsprechung des VerfGH Rn. 2 zu Art. 118. Zum Problem des Verfassungsgewohnheitsrechts und sonstigen ungeschriebenen Verfassungsrechts s. *Wolff,* Ungeschriebenes Verfassungsrecht unter dem Grundgesetz, 2000.

[5] Überblick über den Meinungsstand zur Verfassungsinterpretation bei *Lindner,* Theorie der Grundrechtsdogmatik, 2005, S. 130 ff. Zum besonderen Topos eines **„Vorverfassungsrechtlichen Gesamtbildes",** den der VerfGH im Anschluss an *Hans Nawiasky* bisweilen gebraucht hat, s. Rn. 18 vor Art. 98 (m.w.N.) sowie *Nawiasky,* Vorwort, S. VIII.

[6] Bayern als moderner Staat entwickelte sich Anfang des 19. Jahrhunderts im Zuge der Mediatisierung und Säkularisation, insbesondere durch die verfassungsrechtliche Trennung von Staat und Dynastie.

die die Handschrift von *Montgelas* trägt, war zwar eine **oktroyierte Verfassung,** jedoch eine Verfassung in modernem Sinn insofern, als ihr auch der Monarch selbst unterworfen war (der König als **Organ** des Staates). Die Konstitution von 1808 vollzog klar die **Trennung von Staat und Dynastie.** Die Konstitution diente einer „Konsolidierung der staats- und gesellschaftspolitischen Verhältnisse in dem nach dem Reichsdeputationshauptschluss vom 25. Februar 1803, dem Pressburger Frieden vom 26. Dezember 1805 (RegBl. 1806 S. 49) und der Rheinbunds-Akte vom 12. Juli 1806 (RegBl. 1807 S. 97) vergrößerten Staatsgebiet".[7]

(2) Durch die staats- und verfassungspolitischen Entwicklungen nach 1808, insbesondere in Folge des Wiener Kongresses 1814/15 wurde die Konstitution von 1808 bereits im Jahr 1818 durch eine neue Verfassung, nämlich die **Verfassungs-Urkunde des Königreichs Bayern vom 26. Mai 1818** (GBl. S. 101) abgelöst.[8]　　　　　　　　　　5

(3) Nach dem Ende des Ersten Weltkrieges und dem damit verbundenen **Ende der**　6 **konstitutionellen Monarchie als Staatsform** regelten zunächst zwei **vorläufige „Staatsgrundgesetze"** die staatsrechtlichen Grundlagen Bayerns: das „Staatsgrundgesetz der Republik Bayern" vom 4. Januar 1919 (GVBl S. 1) sowie das „Vorläufige Staatsgrundgesetz des Freistaates Bayern" vom 17. März 1919 (GVBl S. 109).[9] Nach der Verkündung des Vorläufigen Staatsgrundgesetzes vom 17. März 1919 überstürzten sich die Ereignisse in Bayern. In der Nacht vom 6./7. April 1919 wurde die sog. „Räterepublik Bayern" ausgerufen. Die Regierung unter Ministerpräsident Hoffmann verließ München und begab sich nach **Bamberg.** Am 28. Mai 1919 legte die Regierung dem nach Bamberg einberufenen Landtag den Entwurf für eine neue Verfassungsurkunde vor. Nach der Beratung in einem Verfassungsausschuss wurde die neue Bayerische Verfassungsurkunde in einer Sitzung des Landtags vom 12. August 1919 mit 165 gegen 3 Stimmen bei 1 Stimmenthaltung angenommen. Die Verfassung wurde am 14. August ausgefertigt und im GVBl vom 15. September 1919 (S. 531) veröffentlicht. Diese sog. **„Bamberger Verfassung"** (nachfolgend abgekürzt mit VU 1919) trat am Tage ihrer Verkündung im GVBl in Kraft (15. September 1919); zum Außerkrafttreten s. Art. 186 I sowie Rn. 6 zu Art. 186.

Auch das durch die Bamberger Verfassung konstituierte Bayern blieb **Mitglied des**　7 **Deutschen Reiches.** Tiefgreifende Veränderungen auch in staatsrechtlicher Hinsicht brachte die nationalsozialistische Diktatur mit sich. Mit den sog. „Gesetzen" zur Gleichschaltung der Länder vom 31. März 1933 (RGBl I S. 153) und vom 30. Januar 1934 (RGBl S. 75) wurde die **Eigenstaatlichkeit der Länder beseitigt** (s. dazu auch Rn. 6 ff. zu Art. 186). Bayern war zum bloßen **Verwaltungsbezirk** des faschistischen Deutschen Reiches degradiert worden.

III. Die Entstehung der Verfassung des Freistaates Bayern vom 2. Dezember 1946

Mit dem Zusammenbruch und der bedingungslosen **Kapitulation Deutschlands** am　8 8. Mai 1945 ist **Deutschland** zwar im völkerrechtlichen Sinne nicht **„untergegangen"**[10],

---

[7] *Wenzel,* S. 10. Die sog. „organischen Edikte" zur Vollziehung der Konstitution und sonstige Vollzugsvorschriften sind nachgewiesen bei *Wenzel,* S. 18 ff.

[8] Diese Verfassungsurkunde blieb über 100 Jahre in Geltung, auch über den „Beitritt" Bayerns zum neu gegründeten Deutschen Reich im Jahr 1871 hinaus. Die Verfassungs-Urkunde von 1818, die Beilagen und Anhänge zu dieser Urkunde, die Gesetze zur Änderung und zur Ergänzung der Verfassungsurkunde während der Zeit des Deutschen Bundes sowie die Gesetze zur Änderung der Verfassungs-Urkunde nach dem Beitritt zum Deutschen Reich (durch die königliche Deklaration vom 30. Januar 1871, GBl. S. 149) sind abgedruckt bzw. nachgewiesen bei *Wenzel,* S. 42 ff.

[9] Beide Texte sind abgedruckt bei *Wenzel,* S. 45 ff.

[10] Vgl. zur staatsrechtlichen Lage Deutschlands 1945 und den Konsequenzen für die Entstehung der Bayerischen Verfassung von 1946 ausführlich Rn. 2 ff. zu Art. 178, dort auch zum Problem eines „Beitritts" Bayerns zu einem deutschen Bundesstaat; zur Rechtslage Deutschlands s. auch *P. M. Huber,* in: Sachs, Präambel Rn. 28 ff.

allerdings lag das gesellschaftliche und politische Leben in Deutschland und in Bayern völlig danieder.[11] Nach der Einteilung Deutschlands durch die Alliierten in vier Besatzungszonen – Bayern fiel (ohne die linksrheinische Pfalz und ohne den Kreis Lindau, der 1955 an Bayern zurückging) in die **amerikanische Besatzungszone** – wurde von Seiten der amerikanischen Besatzungsmacht auf eine **rasche Reorganisation rechtsstaatlicher und demokratischer Strukturen** in Bayern gedrängt. Bereits am 19. September 1945 erging für die amerikanische Besatzungszone eine **Proklamation,** der zufolge die drei „Verwaltungsgebiete"[12] die Bezeichnung „State" führen sollten. Insbesondere Wilhelm Hoegner, der Fritz Schäffer im Amt des Ministerpräsidenten abgelöst hatte, sah darin die Proklamation und Begründung eines eigenen selbständigen Staates Bayern. Mit dieser Ansicht konnte er sich allerdings gegenüber der amerikanischen Besatzungsmacht nicht durchsetzen (s. dazu Rn. 2 ff. zu Art. 178).

9 Nachdem bereits Anfang 1946 Gemeindewahlen stattgefunden hatten, drängte die amerikanische Besatzungsmacht auf den Erlass einer **rechtsstaatlichen und demokratischen Verfassung.** Bereits zu Beginn des Jahres 1946 legte der stellvertretende Militärgouverneur und Chef des „Office of Military Government of the United States for Germany", General Lucius D. Clay, einen genauen Zeitplan zur Entstehung der Verfassung in den Ländern der US-Zone vor. Die **Erarbeitung** einer neuen Bayerischen Verfassung erfolgte in mehreren Schritten[13]:

10 (1) Auf Bitte der Amerikaner setzte Ministerpräsident Hoegner am 22. Februar 1946 einen Ausschuss ein, der unter anderem den Auftrag hatte, Vorarbeiten für die im Sommer 1946 zu wählende Verfassunggebende Landesversammlung zu leisten. Dieser **„Vorbereitende Verfassungsausschuss",** der kein Regierungsausschuss war, tagte in 14 Sitzungen von März bis Mai 1946.[14] Grundlage für die Arbeiten des VVA war ein **Verfassungsentwurf von Ministerpräsident Hoegner,** den dieser im Schweizer Exil erarbeitet hatte. Dieser sog. **„Vorentwurf"** (nachfolgend abgekürzt mit VE) wurde im Vorbereitenden Verfassungsausschuss umfassend diskutiert. Die Ergebnisse dieser Diskussionen flossen in einen Entwurf ein, den Ministerpräsident Hoegner am 15. Juli 1946 dem Präsidenten der Verfassunggebenden Landesversammlung in deren Eröffnungssitzung vorlegte. Dieser Entwurf wird nachfolgend abgekürzt mit E.[15] Einer der Hauptstreitpunkte im VVA, dem auch der Staatsrechtler Prof. Dr. Hans Nawiasky angehörte[16], waren die Einführung einer zweiten Kammer (Senat) sowie die Etablierung eines Bayerischen Staatspräsidenten.[17]

---

[11] *Nawiasky,* S. 23: *„Der Zusammenbruch des „Dritten Reichs" hat in Deutschland die staatsrechtliche Ordnung restlos zerstört".*

[12] Es handelte sich dabei um Großhessen, Württemberg-Baden und Bayern.

[13] S. dazu *Nawiasky,* S. 75 ff. Zur **Dokumentation**: (1) Stenographische Berichte über die Verhandlungen des *Verfassungs-Ausschusses* der Bayerischen Verfassunggebenden Landesversammlung: Bd. I (1. – 12. Sitzung, 16. Juli 1946 – 5. August 1946 = Prot. I), Bd. II (13. – 24. Sitzung, 7. August 1946 – 28. August 1946 = Prot. II); Bd. III (25. – 37. Sitzung, 29. August 1946 – 13. November 1946 = Prot. III). (2) Stenographische Berichte über die Verhandlungen der Bayerischen Verfassunggebenden Landesversammlung vom 15. Juli 1946 – 30. November 1946 (= Prot. IV).

[14] Die einzelnen Sitzungen dieses „Vorbereitenden Verfassungsausschusses", der nachfolgend mit VVA abgekürzt wird, sind sorgfältig dokumentiert bei *Gelberg,* Die Protokolle des Vorbereitenden Verfassungsausschusses in Bayern 1946, 2004 S. 9 ff.

[15] Auf eine Darstellung des VE und des E (abgedruckt bei *Gelberg*) wird an dieser Stelle verzichtet, entsprechende Hinweise finden sich jeweils bei der Kommentierung der einzelnen Artikel im Rahmen der *Entstehungsgeschichte* unter I.2.

[16] Zu den weiteren Mitgliedern s. *Nawiasky,* S. 75; *Gelberg,* S. 20 ff. *Prof. Dr. Hans Nawiasky* nahm mit Erlaubnis der Militärregierung vorübergehend an den Sitzungen des VVA teil (5. bis 9. Sitzung vom 28. März bis 5. April 1954).

[17] Insoweit wurden vom VVA jeweils alternative Vorlagen ausgearbeitet (auch diese sind bei *Gelberg* abgedruckt); vgl. dazu auch Rn. 10 vor Art. 43 (dort in Fn. 21).

(2) Am 30. Juni 1946 wurde die **Verfassunggebende Landesversammlung gewählt,** 11
die die Beratung des Verfassungsentwurfes (E) einem Ausschuss, dem **Verfassungsausschuss** (VA) übertrug[18].

(3) Der VA erstellte in 35 Sitzungen innerhalb von zwei Monaten auf der Basis des E 12
den Entwurf einer Verfassung (abgekürzt mit **EVA**). Dieser wurde sodann in mehreren
Plenarsitzungen der Verfassunggebenden Landesversammlung im August/September
1946 beraten. Bei der Gesamtabstimmung am 20. September 1946 wurde der EVA ohne
wesentliche Änderungen (allerdings ohne das Amt eines Bayerischen Staatspräsidenten[19])
mit 134 gegen 18 Stimmen angenommen.

(4) Der Entwurf wurde sodann der **amerikanischen Militärregierung** zugeleitet[20], 13
die den Text mit einigen Änderungen grundsätzlich billigte. Der VA nahm diese Änderungen in Sitzungen vom 11. und 22. Oktober vor. Der entsprechend überarbeitete Verfassungstext wurde von der Verfassunggebenden Landesversammlung am 26. Oktober 1946
mit 136 gegen 14 Stimmen angenommen. In der Schlusssitzung der Landesversammlung
übergab der Direktor des Amtes der Militärregierung für Bayern, General Muller, ein
Schreiben des stellvertretenden amerikanischen Militärgouverneurs für Deutschland,
General Lucius D. Clay vom 24. Oktober 1946, durch welches der Verfassungsentwurf mit
bestimmten Maßgaben[21] **genehmigt** und der Vorlage zum Volksentscheid zugestimmt
wurde.

(5) Am 1. Dezember 1946 nahm die bayerische Bevölkerung in einem **Volksentscheid** 14
die neue Verfassung mit einer Mehrheit von über 70 %[22] an[23], am 2. Dezember wurde der
Verfassungstext von Ministerpräsident Hoegner **ausgefertigt.** Die Bekanntmachung im
GVBl erfolgte am 8. Dezember 1946. An diesem Tag trat die neue Verfassung in Kraft.[24]

IV. Die Entwicklung seit 1946

1. Normative Überlagerungen der Bayerischen Verfassung

Die Entwicklung des bayerischen Verfassungsrechts seit 1946 ist insbesondere geprägt 15
durch die Existenz bzw. das **Hinzutreten überlagernder Rechtsordnungen:** Zunächst
wurde das Landesrecht, auch das Landesverfassungsrecht, durch das **Besatzungsrecht**
überlagert.[25] Auf Initiative der amerikanischen Besatzungsmacht schlossen sich die Ministerpräsidenten der Länder noch im Jahr 1946 zu einem Länderrat zusammen, um die über
das Gebiet eines Landes hinausreichenden Fragen gemeinschaftlich zu lösen. **Länderratsgesetze** gingen dem Landesrecht und auch dem Landesverfassungsrecht vor und unterlagen nicht der Kontrolle des Verfassungsgerichtshofs.[26]

---

[18] Der VA bestand aus 21 Mitgliedern, davon 12 von der Christlich-Sozialen Union (CSU), 6 von
der Sozialdemokratischen Partei Deutschlands (SPD) und je ein Mitglied von der Kommunistischen
Partei Deutschlands (KPD), der Freien Demokratischen Partei (FDP) und der Wirtschaftlichen Auf-
bauvereinigung (WAV).

[19] Vgl. dazu Rn. 10 vor Art. 43.

[20] Zu deren Rolle innerhalb des Entstehungsprozesses s. *Nawiasky,* S. 76 f.

[21] Zu den Vorbehalten des Genehmigungsschreibens im Hinblick auf einen möglichen Separatismus
Bayerns s. Rn. 3 zu Art. 178 und unten Rn. 34.

[22] Von 3.188.255 abgegebenen Stimmen waren 2.960.579 gültig. Von den gültigen Stimmen laute-
ten 2.090.444 auf „Ja", 870.135 auf „nein". Am 12. Dezember 1946 stellte der Landeswahlausschuss das
Ergebnis, die Gültigkeit des Volksentscheids und damit die Annahme der Verfassung fest (GVBl 1947,
S. 16, ber. S. 88).

[23] Grundlage für die Volksabstimmung und die gleichzeitig stattfindende Landtagswahl war das
Gesetz Nr. 45 betreffend den Volksentscheid über die Bayerische Verfassung und die Wahl des Bayerischen Landtags vom 3. Oktober 1946 (GVBl S. 309).

[24] S. dazu im Einzelnen Rn. 2 vor Art. 178.

[25] Vgl. dazu *Meder,* Einleitung Rn. 3 sowie unten Art. 180 Rn. 1.

[26] S. dazu u. Art. 180 Rn. 1 (dort Fn. 3).

Vorbemerkungen A

16   Weitere, das bayerische Verfassungsrecht überlagernde Normschichten bilden das **Grundgesetz und das nach dessen Maßgabe gesetzte Bundesrecht**[27] sowie das **Europäische Gemeinschaftsrecht** (s. dazu auch die Erl. zu Art. 3a). Zu den **Überlagerungsmodalitäten** durch das Bundesrecht sowie durch das Europäische Gemeinschaftsrecht sowie zur Wirkkraft der Landesverfassung s. eingehend die **Vorbemerkungen B.**

2. Änderungen der Verfassung seit deren Inkrafttreten (Überblick)

17   a) Die Verfassung des Freistaates Bayern war im Gegensatz zum Grundgesetz[28] und zu den Verfassungen anderer Länder der Bundesrepublik Deutschland[29] in **verhältnismäßig geringem Umfang Gegenstand von Änderungsgesetzen.** Allerdings ist der Text der Verfassung gemäß § 2 Abs. 5 des Gesetzes vom 20. Februar 1998[30] **neu bekannt gemacht** worden; er gilt nunmehr in der Fassung der Bekanntmachung vom 15. Dezember 1998[31] vorbehaltlich der nach diesem Datum erfolgten Verfassungsänderungen (dazu sogleich unten Rn. 22).[32] Die Neubekanntmachung stellt keine formelle Neufassung, keine neue Verfassung, sondern lediglich eine **„Konsolidierung"** des Textes der Verfassung von 1946 dar, in den die durch die Änderungsgesetze erfolgten Verfassungsänderungen[33] eingearbeitet sind.[34] Die heute geltende Verfassung des Freistaates Bayern ist damit mit der Verfassung **identisch,** die am 8. Dezember 1946 in Kraft getreten ist.

18   b) Die Verfassung kann gemäß Art. 75 I nur im Wege der **Gesetzgebung** geändert werden. Daher sind die bisherigen Änderungen der Verfassung durch sog. „Gesetze zur Änderung der Bayerischen Verfassung" sowie durch andere Gesetze (zur Unterscheidung sogleich Rn. 19 ff.) erfolgt. Bislang zählt die bayerische Verfassungsgeschichte seit 1946 **elf solcher Änderungsgesetze mit insgesamt fast 50 Einzeländerungen.** Die numerische Diskrepanz hat ihre Ursache darin, dass in den Gesetzen zur Änderung der Verfassung jeweils nicht nur eine, sondern mehrere oder gar viele materielle Einzeländerungen zusammengefasst werden. Diese im Hinblick auf das obligatorische Verfassungsreferendum

---

[27] *Nawiasky/Lechner,* Ergänzungsband, Vorwort: „tiefgreifende Einwirkung" sowie 1 ff. („Die Entwicklung des Verfassungsrechts seit 1946").

[28] Dieses wurde zwischen 1951 und 2006 über 50 mal geändert.

[29] S. die Dokumentation bei *Pestalozza,* Einführung zum Sammelband „Die Verfassungen der deutschen Bundesländer", 8. Aufl. 2005, Rn. 33.

[30] GVBl S. 39.

[31] GVBl S. 991. Die Bekanntmachung der Neufassung der Verfassung erfolgte durch das Bayerische Staatsministerium des Innern und ergab sich aus den Änderungen seit dem fünften Verfassungsänderungsgesetz vom 20. Juni 1984 (GVBl S. 223). Die Änderungen, die durch die ersten vier Gesetze zur Änderung der Bayerischen Verfassung vor 1984 bewirkt worden waren, waren bereits im Zuge der Rechtsbereinigung 1983 durch das Gesetz über die Sammlung des bayerischen Landesrechts (Bayerisches Rechtssammlungsgesetz – BayRSG) vom 10. November 1983 (GVBl S. 1013) im Text der Bayerischen Verfassung berücksichtigt worden. Rechtstechnisch war dies dadurch erfolgt, dass die Staatsregierung beauftragt wurde, die in die Bayerische Rechtssammlung aufgenommenen Vorschriften in der am 1. Januar 1983 für gültig erachteten Fassung nach Gliederungsnummern geordnet neu bekanntzumachen. Die Bayerische Verfassung von 1946 erhielt die Gliederungsnummer 100-1-S.

[32] Nicht in der Neubekanntmachung berücksichtigt wurde das im Wege der Volksgesetzgebung beschlossene verfassungsändernde „Gesetz zur Abschaffung des Bayerischen Senats" vom 20. Februar 1998 (GVBl S. 42). Rechtstechnisch behalf man sich damit, im Rahmen der Neubekanntmachung an der Überschrift „Der Senat" vor Art. 34 eine Fußnote anzubringen, in der auf die Änderungen durch dieses Gesetz hingewiesen wird; s. dazu auch unten S. 266.

[33] Die Bekanntmachung der Neufassung vom 15. Dezember 1998 war die erste und bislang einzige Neubekanntmachung der Bayerischen Verfassung seit 1946.

[34] Grundlage war § 2 Abs. 5 des Gesetzes zur Änderung der Verfassung des Freistaates Bayern (Verfassungsreformgesetz – Reform von Landtag und Staatsregierung) vom 20. Februar 1998 (GVBl S. 39): „Das Staatsministerium des Innern wird ermächtigt, die Verfassung neu bekannt zu machen und dabei Unstimmigkeiten des Wortlautes zu beseitigen."

(Art. 75 II 2) verfassungsrechtlich bedenkliche[35], vom VerfGH indes gebilligte[36] „**Paketie-rung**" ist insbesondere bei den Verfassungsänderungen der Jahre 1998 und 2003 in erheblichem Umfang praktiziert worden.[37]

c) Die Bayerische Verfassung lässt **zwei grundsätzlich verschiedene Wege zu ihrer Änderung zu:**[38] **19**

(1) über ein **Volksbegehren** gemäß Art. 74: Das beabsichtigte Gesetz zur Änderung **20** der Verfassung wird nach Art. 74 i.V.m. Art. 63 ff. LWG als Volksbegehren initiiert und im Falle des Erreichens der Zehnprozentquote (Art. 74 I) sodann dem Volk zur Entscheidung vorgelegt; dabei handelt es sich nicht um das Verfassungsreferendum nach Art. 75 II 2, sondern um einen **Volksentscheid nach Art. 74,** wobei dieser gem. Art. 79 I Nr. 2 LWG nur die erforderliche Zustimmung erreicht, wenn die Zahl der Ja-Stimmen mindestens 25 v. H. der Stimmberechtigten entspricht.[39] Diese Änderungsmodalität ist bislang in der Minderheit geblieben. Lediglich zwei Verfassungsänderungsgesetze sind auf diesem Wege zu Stande gekommen: Das „Gesetz zur Einführung des kommunalen Bürgerentscheids" vom 27. Oktober 1995[40] sowie das „Gesetz zur Abschaffung des Bayerischen Senates" vom 20. Februar 1998[41],

(2) über Art. 75 II auf **Initiative des Bayerischen Landtag**s, der mit mindestens Zwei- **21** drittelmehrheit seiner Mitglieder ein Gesetz zur Änderung der Bayerischen Verfassung beschließt, auf Initiative der Staatsregierung (Art. 71 Alt. 1) oder auf Initiative aus der Mitte des Landtages (Art. 71 Alt. 2). Dem Beschluss des Landtages schließt sich das **obligatorische Verfassungsreferendum** nach Art. 75 II 2 BV an, für das weder ein Beteiligungs- noch ein Abstimmungsquorum vorgesehen ist.[42]

d) Nachfolgend sei ein **Kursorischer Überblick**[43] **über die bisherigen Änderungen** **22** **der Verfassung** gegeben[44]:

(1) Das (**Erste**) „Gesetz zur Änderung des Art. 135 der Verfassung des Freistaates Bayern" erging am 22. Juli 1968[45] und damit erst mehr als 20 Jahre nach Inkrafttreten der Verfassung. Geändert wurde Art. 135 mit der Einführung der Christlichen Gemeinschaftsschule.

---

[35] *Lindner,* Die Koppelungsproblematik im Rahmen des Verfassungsreferendums nach Art. 75 Abs. 2 Satz 2 der Bayerischen Verfassung, BayVBl. 1999, 485 (zu den zwei Verfassungsänderungsgesetzen, über die die bayerische Bevölkerung am 8. Februar 1998 nach Art. 75 II 2 abstimmte).

[36] S. die Nachweise in Rn. 9 zu Art. 2 (dort in Fn. 43).

[37] Im „Verfassungsreformgesetz – Weiterentwicklung im Bereich der Grundrechte und Staatsziele", das dem Volk am 8. Februar 1998 zur Abstimmung vorgelegt wurde, waren insgesamt 8 materielle Einzeländerungen gekoppelt, die miteinander nichts gemein hatten. Ähnlich war das Bild im Jahr 2003: Im „Gesetz zur Änderung der Verfassung des Freistaates Bayern – Gesetz zur Weiterentwicklung der Wahlgrundsätze, der Grundrechte und der Bestimmungen über das Gemeinschaftsleben" findet sich eine bunte Mischung von Einzeländerungen, über die vom Volk nur geschlossen abgestimmt werden konnte.

[38] So ausdrücklich VerfGH 52, 104; s. dazu im Einzelnen die Erl. zu Art. 75.

[39] Dieses Quorum, das im Text der Bayerischen Verfassung nicht vorgesehen ist, wurde durch § 1 Nr. 2 des Gesetzes zur Änderung des Landeswahlgesetzes vom 28. Juni 2000 (GVBl S. 365) in das LWG aufgenommen, nachdem der Bayerische Verfassungsgerichtshof ein solches Quorum für verfassungsrechtlich geboten gehalten hatte (VerfGH 52, 104).

[40] GVBl S. 730.

[41] GVBl S. 42.

[42] Die Verfassungsänderungsgesetze, die auf diesem Weg zustande gekommen sind, überwiegen in der bisherigen Verfassungspraxis. Man erkennt sie daran, dass sie im Gegensatz zu den Verfassungsänderungsgesetzen nach (1) auch im Gesetzestitel die Bezeichnung „Gesetz zur Änderung der Verfassung des Freistaates Bayern" tragen.

[43] Einzelheiten zu den Änderungen und deren Begründungen und Hintergründen finden sich jeweils im Rahmen der Kommentierung der einzelnen Artikel unter I.2. („Entstehung").

[44] Übernommen von *Lindner,* BayVBl. 2006, 1/2f. Zu den politischen Hintergründen der Verfassungsänderungen bis 1996 vgl. auch *Zacher,* 50 Jahre Bayerische Verfassung, BayVBl. 1996, 705.

[45] GVBl S. 235.

Vorbemerkungen A

(2) Durch das „**Zweite** Gesetz zur Änderung der Verfassung des Freistaates Bayern" vom 15. Juni 1970[46] wurde das aktive Wahlalter von 21 Jahren auf 18 Jahre herabgesetzt (Art. 7 I), das passive vom 25. auf das 21. Lebensjahr gesenkt (Art. 14 II).

(3) Das „**Dritte** Gesetz zur Änderung der Verfassung des Freistaates Bayern" vom 19. Juli 1973[47] betraf wiederum Aspekte des Wahlrechts. Insbesondere wurde anstelle der 10-Prozent-Hürde auf Bezirksebene eine landesweite 5-Prozent-Klausel eingeführt (Art. 14 IV). Damit wurde das bayerische Wahlrecht insoweit dem Bundeswahlrecht angeglichen.

(4) Mit dem „**Vierten** Gesetz zur Änderung der Verfassung des Freistaates Bayern", ebenfalls vom 19. Juli 1973[48], wurde der sog. Rundfunkartikel Art. 111 a eingefügt.

(5) Durch das „**Fünfte** Gesetz zur Änderung der Verfassung des Freistaates Bayern" vom 20. Juni 1984[49] erfolgte die Verankerung des Schutzes der natürlichen Lebensgrundlagen als Staatsziel in der Verfassung (Art. 3 II, Art. 131 II, Art. 141).

(6) Das **sechste** Änderungsgesetz war das auf ein Volksbegehren zurückgehende „Gesetz zur Einführung des kommunalen Bürgerentscheids" vom 27. Oktober 1995[50], durch dessen Art. 1 die Verfassung des Freistaates Bayern in Art. 7 II geändert und durch Art. 12 III ergänzt wurde.

(7) Durch das **(siebte)** „Gesetz zur Änderung der Verfassung des Freistaates Bayern, Verfassungsreformgesetz – Weiterentwicklung im Bereich der Grundrechte und Staatsziele" vom 20. Februar 1998[51] wurde die Verfassung in acht Punkten geändert. Eingefügt wurden der „Europaartikel" Art. 3 a sowie Art. 118 a; Änderungen betrafen Art. 47 IV, 125 I, 131 IV, 140 III sowie 141 I (s. jeweils die Erl. dort unter I.2.).

(8) Das am gleichen Tag ergangene **(achte)** „Gesetz zur Änderung der Verfassung des Freistaates Bayern, Verfassungsreformgesetz – Reform von Landtag und Staatsregierung"[52] umfasste gar 16 Änderungspunkte. Kern waren die Verkleinerung des Bayerischen Landtages von 204 auf 180 Abgeordnete (Art. 13 I), die Verkleinerung der Staatsregierung auf bis zu 17 Mitglieder (Art. 43 II), die Verlängerung der Legislaturperiode auf fünf Jahre (Art. 16 I, 44 I), die verfassungsunmittelbare Verankerung des Datenschutzbeauftragten (Art. 33 a), der parlamentarischen Opposition (Art. 16 a) sowie des Instruments der Enquete-Kommission (Art. 25 a).

(9) Ebenfalls am 20. Februar 1998 erging das auf ein Volksbegehren zurückgehende **(neunte)** „Gesetz zur Abschaffung des Bayerischen Senates"[53], dessen Inhalt sich aus dem Titel ergibt. Der Entwurf des Volksbegehrens setzte sich dabei gegen einen Landtagsentwurf, der eine Reform des Senates vorsah, durch.[54]

(10) Mit dem **(zehnten)** „Gesetz zur Änderung der Verfassung des Freistaates Bayern – Gesetz über den Zusammentritt des Landtages nach der Wahl, über die Parlamentsinfor-

---

[46] GVBl S. 239.

[47] GVBl S. 389.

[48] GVBl S. 389; zur Entwicklung *Zacher,* 50 Jahre Bayerische Verfassung, BayVBl. 1996, 705, 715.

[49] GVBl S. 223.

[50] GVBl S. 730. Beim Volksentscheid setzte sich der Entwurf des Volksbegehrens gegen einen Entwurf des Bayerischen Landtages durch.

[51] GVBl S. 38.

[52] GVBl S. 39.

[53] GVBl S. 42.

[54] Zu zahlreichen früheren Bemühungen um die Abschaffung des Senates s. *Zacher,* 50 Jahre Bayerische Verfassung, BayVBl. 1996, 705, 714, 715, 719. Die Abschaffung des Senates wurde begleitet von einer heftigen literarischen Diskussion, in der weitgehend (und zu Recht) Unverständnis über eine Abschaffung geäußert wurde: *Schmitt Glaeser,* Der Bayerische Senat – Struktur, Funktion und Bedeutung, in: 50 Jahre Bayerische Verfassung, 1996, 43; *Badura,* Rolle und Funktion der Zweiten Kammer: Der Bayerische Senat, BayVBl. 1997, Heft 24 (Beiheft S. I–VIII); *Zippelius,* Der einstige Beitrag des Bayerischen Senats zur Kultivierung demokratischer Entscheidungen, BayVBl. 2000, 193; *Horn,* Die Bayerische Verfassung, der Senat und der Volksentscheid, BayVBl. 1999, 430; *Isensee,* Verfassungsreferendum mit einfacher Mehrheit, 1999; zur Bestätigung der Abschaffung des Senates durch den Bayerischen Verfassungsgerichtshof (VerfGH 52, 104 = BayVBl. 1999, 719); s. auch unten S. 266.

Lindner

mation und zur Verankerung eines strikten Konnexitätsprinzips" vom 10. November 2003 wurden[55] Art. 16 II und Art. 55 Nr. 3 BV geändert sowie ein „Konnexitätsprinzip" in Art. 83 BV verankert[56].

(11) Am gleichen Tag erging das **(elfte)** „Gesetz zur Änderung der Verfassung des Freistaates Bayern – Gesetz zur Weiterentwicklung der Wahlgrundsätze, der Grundrechte und der Bestimmungen über das Gemeinschaftsleben"[57], durch das unter anderem der Art. 100 BV dem Art. 1 I GG angeglichen und das passive Wahlalter auf 18 Jahre gesenkt wurde (Art. 14 II).

3. Zur Diskussion über eine Revision der Verfassung

Eine **Revision** der Verfassung des Freistaates Bayern vom 2. Dezember 1946 hat **bislang nicht stattgefunden**[58], weder im Zuge des Inkrafttretens des Grundgesetzes am 24. Mai 1949 noch anlässlich des staatsrechtlichen Vollzugs der deutschen Einheit und auch nicht wegen der fortschreitenden europäischen Integration.[59]   **23**

a) Es sind zwei mögliche Modalitäten einer Revision zu unterscheiden, eine **normsystemimmanente** und eine **normsystemersetzende:**   **24**

aa) Eine Verfassungsrevision ist **normsystemimmanent,** wenn eine umfassend angelegte Überholung des Verfassungstextes in Einzeländerungen zusammengefasst wird, die dann in einem umfangreichen Gesetz oder mehreren thematisch kohärenten Gesetzen zur Änderung der Verfassung des Freistaates Bayern zusammengefasst und nach Maßgabe der Vorschriften über die Änderung der Bayerischen Verfassung gem. Art. 74, 75 je nach gewähltem Änderungsweg gleichzeitig oder schrittweise zur Abstimmung gestellt würden. Man kann von einer Verfassungsrevision in der Modalität der **Identitätswahrung** sprechen.   **25**

bb) Davon zu unterscheiden ist die Revision der Verfassung in der Modalität einer **Neuschaffung,** die die **Identität** der Verfassung von 1946 **aufhebt.** Bei dieser Variante wird die Verfassung nicht umfassend geändert, sondern neu erarbeitet, formuliert und als neue Verfassung dem Volk zur Abstimmung vorgelegt. Das Volk schafft nicht wie bei der ersten Variante kraft seiner **verfassungsändernden Gewalt** im Wege der **Verfassungsänderung** Verfassungsrecht, sondern gibt sich kraft seiner **verfassungsgebenden Gewalt** eine **neue Verfassung,** die an die Stelle der Verfassung von 1946 tritt und diese aufhebt.   **26**

b) Die **Diskussion** über eine Revision (gelegentlich ist auch von „Totalrevision" die Rede) der Verfassung hat das Schrifttum besonders anlässlich des 50. Geburtstags der Bayerischen Verfassung im Jahr 1996 beherrscht. Vor allem Beiträge in einer Schrift der Bayerischen Landeszentrale für politische Bildung „50 Jahre Bayerische Verfassung" (s. Literaturverzeichnis) behandeln die Frage einer Revision. Die überwiegende Meinung in der Literatur lehnt eine solche ab.[60] Die gewichtigeren **Gründe** sprechen **gegen eine Revision:**   **27**

aa) Der tatsächliche **Bedeutungsverlust,** den die Verfassung des Freistaates Bayern durch die faktische Entwicklung des Bundesstaates Bundesrepublik Deutschland in Richtung eines Zentralstaates mit föderalen Komponenten[61] sowie durch Kompetenzkumulationen auf europäischer Ebene erfahren hat, spricht nicht für eine Verfassungsrevision,   **28**

---

[55] GVBl S. 816.

[56] Vgl. dazu *Wolff,* Die Stärkung des Konnexitätsprinzips in der Bayerischen Verfassung, BayVBl. 2004, 129.

[57] GVBl S. 817.

[58] Eine solche ist bislang in Niedersachsen, Schleswig-Holstein und Berlin erfolgt; vgl. *Pestalozza* (Fn. 29), Rn. 35.

[59] Zum Folgenden s. auch *Lindner,* BayVBl. 2006, 1.

[60] S. die Nachweise bei *Lindner,* BayVBl. 2006, 1/4 ff.

[61] Allerdings ist das föderale Element in der bundesstaatlichen Verfassung durch die Föderalismusreform des Jahres 2006 deutlich gestärkt worden, was zu einem Bedeutungszuwachs des Landesverfassungsrechts führen dürfte.

sondern eher dafür, die verbliebenen und im Rahmen der Föderalismusreform 2006 gewachsenen **Spielräume** und **Einflussmöglichkeiten** des Freistaats Bayern stärker zu akzentuieren und politisch zu nutzen.[62]

29   bb) Auch aus **verfassungsgeschichtlicher Perspektive** erscheint eine **Neuschöpfung** der Verfassung **unangebracht.** In der Verfassungsgeschichte Bayerns stellen Verfassungsneuschöpfungen regelmäßig die Folge drastischer Krisenszenarien dar. Sowohl die Verfassung vom 14. August 1919 als auch und ganz besonders die Verfassung vom 2. Dezember 1946 sind **Antworten auf vorangegangene politische Katastrophen und Exzesse.** Die Neuschöpfung einer Verfassung in einem (mindestens derzeit) politisch und auch wirtschaftlich stabilen Bayern würde daher verfassungsgeschichtlich aus dem Rahmen fallen.

30   cc) Damit verbunden ist ein **verfassungspsychologischer Gesichtspunkt:** Die Bürgerinnen und Bürger Bayerns würden möglicherweise den – angesichts der politischen und wirtschaftlichen Stabilität des Freistaates Bayern nicht berechtigten – Eindruck gewinnen, die Verfassung des Jahres 1946 sei gescheitert, weshalb es einer Revision bedürfe. Die „Geburt" einer neuen Verfassung stünde daher von vornherein unter einem eher negativen Stern.

31   dd) Sprechen die wesentlichen Argumente gegen eine Revision der Verfassung[63], so könnte doch punktuellen **Weiterentwicklungen** des Verfassungstextes nähergetreten werden. Dabei ist zwischen **sprachlichen Anpassungen, redaktionellen Klarstellungen,** der **Aufhebung von obsoleten Vorschriften** sowie **materiellen Änderungen** im Verfassungstext zu unterscheiden. Ein ggf. bestehender Anpassungsbedarf ist im Rahmen der Kommentierungen zu den einzelnen Artikeln angemerkt.[64]

V. Charakteristika der Bayerischen Verfassung

32   Die Charakteristika der Bayerischen Verfassung insbesondere im Verhältnis zum Grundgesetz und zu den Verfassungen anderer Länder lassen sich nur anhand der einzelnen Verfassungsartikel darstellen. Dafür sei auf die **Einzelkommentierungen** verwiesen. Eine insbesondere vor dem historischen Hintergrund beeindruckende Einführung in die Besonderheiten der Bayerischen Verfassung findet sich in der Erstkommentierung bei *Nawiasky,* worauf an dieser Stelle ebenfalls verwiesen sei.[65] **Schlagwortartig** lässt sich die Verfassung des Freistaates Bayern wie folgt charakterisieren[66]:

1. Die Bayerische Verfassung als „Vollverfassung"

33   Die Verfassung des Freistaates Bayern vom 2. Dezember 1946 ist eine **„Vollverfassung".** Im Hinblick auf die unklare staatsrechtliche Lage Deutschlands nach der Kapitulation wurde die Verfassung für ein eigenständiges, souveränes Bayern konzipiert. Der Konnex zu einem künftigen deutschen Bundesstaat wurde lediglich durch die Beitrittsoption in Art. 178 hergestellt.[67] *Nawiasky* ging noch in seiner Erstkommentierung davon aus, dass *„ein deutscher Gesamtstaatsverband nach dem Zusammenbruch des nationalsozialistischen großdeut-*

---

[62] S. dazu die Vorbemerkungen B. (zur Wirkkraft des Landesverfassungsrechts im europäischen Mehrebenensystem) sowie Rn. 103 ff. vor Art. 98 (Bedeutung der Landesgrundrechte im europäischen Mehrebenensystem), Rn. 2 ff. vor Art. 151 (Regelungspotentiale der Programmsätze).

[63] Weitere Argumente und Nachweise bei *Lindner,* BayVBl. 2006, 1/4 ff.

[64] Vorschläge bei *Lindner,* BayVBl. 2006, 1/7 ff.

[65] *Nawiasky,* Die Verfassung des Freistaates Bayern. Handkommentar, 1948, S. 23 ff./26 ff. („Die allgemeine Tendenz der Verfassung").

[66] Zum **Kompromisscharakter** der Verfassung im Hinblick auf die politische Zusammensetzung der Verfassunggebenden Landesversammlung s. Rn. 1 ff. vor Art. 151, zum **Stabilitätscharakter** s. Rn. 3 ff. vor Art. 43 (Sicherung politischer Stabilität durch eine starke Stellung der Staatsregierung gegenüber dem Landtag).

[67] Dazu, dass eine formelle Beitrittsoption des Freistaates Bayern zu einem deutschen Bundesstaat nach 1946 der Sache nach wohl nicht bestanden hat, s. Rn. 3 zu Art. 178.

schen Reichs nicht mehr besteht. Demgemäß muss ein deutscher Gesamtstaat erst wieder neu gegründet werden. Diese Gründung kann nur durch übereinstimmende Willensakte der deutschen Einzelstaaten erfolgen, bezüglich deren ihnen volle Freiheit zusteht."[68]

Allerdings machte die amerikanische Militärregierung in ihrem von General Clay ge- **34** zeichneten Genehmigungsschreiben vom 24. Oktober 1946 deutlich, dass sie einem Separatismus Bayerns eine deutliche Absage erteile: Der Wille Bayerns, einem zukünftigen deutschen Bundesstaat beizutreten, müsse als eine Anweisung an die Vertreter Bayerns ausgelegt werden, nicht als ein Recht, die Teilnahme zu verweigern (Nachweis bei Rn. 3 zu Art. 178). Der **konzeptionelle Anspruch der Bayerischen Verfassung auf souveräne Eigenstaatlichkeit** des Freistaats Bayern wurde nach 1946 mithin **niemals realisiert,** vielmehr war der Freistaat Bayern immer auch Rechtsordnungen unterworfen, die nicht vom Regelungsanspruch der Verfassung erfasst worden sind und die ihre Geltung und Wirkungsmöglichkeiten beeinträchtigten und beeinträchtigen. Solche „Überlagerungen" gab es vom Anfang der Geltung der Verfassung an, zunächst im Rahmen des bizonalen vereinigten Wirtschaftsgebiets, des Länderrats, sodann durch das Hinzutreten des Grundgesetzes und schließlich durch den europäischen Einigungsprozess (s. zur **Wirkkraft der Verfassung** trotz vielfältiger Überlagerungsschichten s. sogleich die Vorbemerkungen B.).

2. Die Bayerische Verfassung als materielle Gerechtigkeitsverfassung

In **radikaler Abkehr vom nationalsozialistischen Unrechtsstaat** ist die Bayerische **35** Verfassung von 1946 als materielle Gerechtigkeitsverfassung konzipiert.[69] Bereits im **Vorspruch** (s. die Erl. dort) wird die **Würde des Menschen** in den Mittelpunkt der Verfassung gestellt. Das in Art. 3 verankerte Rechts- und Sozialstaatsprinzip, die zumal in Art. 98 ff. verbürgten Freiheits- und Gleichheitsgrundrechte, die sozialen Programmsätze in den Art. 151 ff. sind in besonderer Weise Ausdruck eines **materiellen Gerechtigkeitsanspruches der Verfassung.**

3. Die Bayerische Verfassung als Bürgerverfassung

Die Bayerische Verfassung ist eine im wirklichen Sinne des Wortes **Volks- oder Bürger- 36 verfassung.** Die Bürgerinnen und Bürger vermitteln nicht nur per Wahl die demokratische Legitimation, sondern wirken durch eine **Mehrzahl von plebiszitären Rechten** unmittelbar an der Ausübung der Staatsgewalt mit. Zu nennen sind die **Volksgesetzgebung** in Art. 74, das **obligatorische Verfassungsreferendum** nach Art. 75 II 2 sowie die Möglichkeit der **Abberufung des Landtags durch Volksentscheid** (Art. 18 III).

Auch im Hinblick auf den **Rechtsschutz** erweist sich die Bayerische Verfassung als **37** „bürgerfreundlich", indem sie – als einzige Verfassung in Deutschland – jedem ohne eigenes Betroffensein die kostenlose Möglichkeit einräumt, gegen jeden Rechtssatz des bayerischen Landesrechts eine **Popularklage** nach Art. 98 Satz 4 i.V.m. Art. 55 VfVGHG zum VerfGH mit der Begründung zu erheben, der Landesrechtssatz verletze in der Bayerischen Verfassung verbürgte Grundrechte (dazu die Erl. zu Art. 98).

VI. Aufbau der Verfassung

Der Aufbau der Verfassung des Freistaates Bayern orientiert sich – wie bereits der VE[70] **38** und der E – an der **Weimarer Reichsverfassung (WRV).** Nach einem Vorspruch, der die Funktion einer Präambel erfüllt und integraler Bestandteil der Verfassungsurkunde und des Verfassungstextes ist, folgen vier Hauptteile: Der **Erste Hauptteil,** der in neun Abschnitte gegliedert ist (s. dazu Rn. 1 vor Art. 1) behandelt **Aufbau und Aufgaben des**

---

[68] *Nawiasky,* S. 258 f. Vgl. auch dazu Fn. 19 zu Art. 178.

[69] Wortgewaltig unter dem Eindruck des Grauens *Nawiasky,* S. 26.

[70] Der VE enthielt nur drei Hauptteile, deren erster und dritter mit dem heutigen ersten und vierten korrespondierten. Im zweiten Hauptteil des VE waren die Vorschriften des jetzigen zweiten und dritten Hauptteils zusammengefasst; vgl. dazu *Nawiasky,* S. 28 f.

Staates, der **Zweite Hauptteil,** der nicht in Abschnitte untergliedert ist, ist den **Grundrechten und Grundpflichten** gewidmet. **Das Gemeinschaftsleben** ist Gegenstand des **Dritten Hauptteils,** der in drei Abschnitte unterteilt ist (1. Abschnitt: Ehe und Familie, 2. Abschnitt: Bildung und Schule, Schutz der natürlichen Lebensgrundlagen und der kulturellen Überlieferung, 3. Abschnitt: Religion und Religionsgemeinschaften). Der **Vierte Hauptteil,** untergliedert in vier Abschnitte, s. Rn. 1 vor Art. 151), behandelt die **Wirtschaft und Arbeit.** Im Anschluss an den Vierten Hauptteil finden sich heterogene **Schluss- und Übergangsbestimmungen** (dazu Rn. 1 ff. vor Art. 178).

39   Der vom erst 1949 hinzutretenden Grundgesetz abweichende Aufbau der BV ist im Hinblick auf Art. 28 I 1 GG **unproblematisch.**

40   Die **Überschriften** zu den einzelnen Artikeln sind **nicht amtlich.**

B. Wirkkraft der Landesverfassung im bundesstaatlichen und europäischen Verfassungsverbund

Rechtsprechung: BVerfGE 18, 407; 36, 342; 96, 345; 103, 332; VerfGH 32, 29; 37, 101; 51, 49; 57 16; VerfGH BayVBl. 2006, 498.

Literatur: Badura, Stellenwert von Landesverfassung und Verfassungskonflikten am bayerischen Beispiel, BayVBl. 2007, 193; *Bartlsperger,* Das Verfassungsrecht der Länder in der gesamtstaatlichen Verfassungsordnung, in: Isensee/Kirchhof (Hrsg.), HdbStR IV, 1990, § 96; *v. Coelln,* Anwendung von Bundesrecht nach Maßgabe der Landesgrundrechte?, 2001; *Denninger,* Zum Verhältnis von Landesverfassung und Bundesrecht, in: Eichel/Möller (Hrsg.), 50 Jahre Verfassung des Landes Hessen, 1997, 343; *Dreier,* Einheit und Vielfalt der Verfassungsordnungen im Bundesstaat, in: Schmidt (Hrsg.), Vielfalt des Rechts – Einheit der Rechtsordnung, 1994, 113; *Gärditz,* Das Strafrecht in der Rechtsprechung der Landesverfassungsgerichte, AöR 129 (2004), 584; *Hirsch,* Vorabentscheidungsvorlagen zum Europäischen Gerichtshof durch die Landesverfassungsgerichte, in: FS 50 Jahre BayVerfGH, 1997, 45; *Huber,* Ansprache anlässlich des Festaktes „60 Jahre Wahl des ersten Landtages und Verabschiedung der Bayerischen Verfassung" am 30. 11. 2006; *Huber,* Europäisches und nationales Verfassungsrecht, VVDStRL 60 (2001), 194; *Hufen,* Die Bedeutung gliedstaatlichen Verfassungsrechts in der Gegenwart, BayVBl. 1987, 513; *Isensee,* Chancen und Grenzen der Landesverfassung im Bundesstaat, SächsVBl. 1994, 28; *Jutzi,* Gestaltungsspielräume der Landesverfassung gegenüber Bund und Europa, KritV 1996, 138; *Kersten,* Homogenitätsgebot und Landesverfassungsrecht, DÖV 1993, 896; *Lange,* Das Bundesverfassungsgericht und die Landesverfassungsgerichte, in: FS 50 Jahre BVerfG, Bd. 1, 2001, 289; *ders.,* Kontrolle bundesrechtlich geregelter Verfahren durch Landesverfassungsgerichte?, NJW 1998, 1278; *Lotz,* Bayerische Verfassungsbeschwerde und Bundesrechtsordnung, in FS 50 Jahre BayVerfGH, 1997, 115; *Maunz,* Staatlichkeit und Verfassungshoheit der Länder, *ders.,* Verfassungshomogenität von Bund und Ländern, beide in: Isensee/Kirchhof (Hrsg.), HdbStR IV, 1990, §§ 94, 95; *Menzel,* Landesverfassungsrecht, 2002; *ders.,* in: Löwer/Tettinger, Kommentar zur Verfassung des Landes Nordrhein-Westfalen, 2002, Einführung B; *Möstl,* Landesverfassungsrecht – zum Schattendasein verurteilt? Eine Positionsbestimmung im bundesstaatlichen und supranationalen Verfassungsverbund, AöR 130 (2005), 350; *Müller-Terpitz,* Die Landesverfassung in Europa, in: Löwer/Tettinger, Kommentar zur Verfassung des Landes Nordrhein-Westfalen, 2002, Einführung C; *Pestalozza,* Die Bedeutung gliedstaatlichen Verfassungsrechts in der Gegenwart, NVwZ 1987, 744; *Pernice,* Europäisches und nationales Verfassungsrecht, VVDStRL 60 (2001), 148; *Rozek,* Landesverfassungsgerichtsbarkeit, Landesgrundrechte und die Anwendung von Bundesrecht, AöR 119 (1994), 450; *Sachs,* Die Bedeutung gliedstaatlichen Verfassungsrechts in der Gegenwart, DVBl. 1987, 857; *ders.,* Was kann eine Landesverfassung heute leisten?, KritV 1996, 125; *Schneider,* Verfassungsrecht der Länder – Relikt oder Rezept?, DÖV 1987, 749; *Stiens,* Chancen und Grenzen der Landesverfassungen im deutschen Bundesstaat der Gegenwart, 1997; *Storr,* Verfassungsgebung in den Ländern, 1995; *Graf Vitzthum,* Die Bedeutung gliedstaatlichen Verfassungsrechts in der Gegenwart, VVDStRL 46 (1988), 7; *Wittreck,* Das Bundesverfassungsgericht und die Kassationsbefugnis der Landesverfassungsgerichte, DÖV 1999, 634; *Zierlein,* Prüfungs- und Entscheidungskompetenzen der Landesverfassungsgerichte bei Verfassungsbeschwerden gegen landesrechtliche Hoheitsakte, die auf Bundesrecht beruhen oder in einem bundesrechtlich geregelten Verfahren ergangen sind, AöR 120 (1995), 205.

I. Die Problematik

Die Verfassung des Freistaates Bayern ist die Verfassung eines Gliedstaates der Bundesrepublik Deutschland, welche ihrerseits in die Europäische Union integriert ist. Als solche bildet sie die unterste Ebene eines zweifach föderativ gestuften bundesstaatlichen und supranationalen **Verfassungsverbundes aus drei verfassungsrechtlichen Schichten** (Landesverfassung, Grundgesetz, europäisches Verfassungsrecht), die einerseits als Verfassungsräume autonom nebeneinander stehen, andererseits den Charakter komplementärer Teilordnungen tragen und schließlich in vielfacher Weise normativ verklammert sowie normenhierarchisch gestuft sind.[1] Die Wirkkraft der Landesverfassung wird durch die so

1

---

[1] *Möstl,* AöR 130 (2005), 351 ff. m. w. N.

umrissene bundesstaatliche und supranationale Einbindung geschwächt: Der typische Anspruch einer Verfassungsurkunde, die grundlegenden Rechtsvorschriften über die Organisation und Ausübung der Staatsgewalt, die Staatsaufgaben und die Grundrechte zusammenzufassen,[2] wird im Falle der Landesverfassung dadurch modifiziert, dass ihre Bestimmungen zur Konstituierung und Begrenzung der Landesstaatsgewalt durch Regelungen des Bundes- und Europarechts nicht nur sachlich ergänzt werden, sondern, da in der Normenhierarchie unterhalb des Bundes- und des Europarechts stehend, im Konfliktfall auch hinter diesen zurückzutreten haben. Wörtliche Aussage und rechtliche Wirkkraft landesverfassungsrechtlicher Normen können infolge derartiger bundes- und europarechtlicher Überlagerungen weit auseinanderklaffen. Besonders augenfällig ist dies bei einer Landesverfassung wie der bayerischen, die – trotz bundesverfassungs- und europarechtlich begrenzter Kompetenzen der Länder sowie vielfacher sachlicher Vorentscheidungen des Bundes- und Europarechts – als sog. „Vollverfassung"[3] konzipiert ist und den Eindruck vermittelt, „Verfassung eines nach außen geschlossenen, allein über sich verfügenden, im vollen Wortsinne allzuständigen bayerischen Staates zu sein"[4]. Hierdurch soll nicht einer vorauseilenden Selbstbeschränkung der Landesverfassung auf ein bloß ergänzendes Organisationsstatut das Wort geredet werden, wie sie für die Landesverfassungsgebung nach 1949 zeitweise prägend war[5]. Der Typus der selbstbewussten Vollverfassung ist für die BV sowohl historisch folgerichtig (Entstehung vor dem GG) als auch entspricht er dem föderalen Grundgedanken lebendiger Eigenstaatlichkeit sowie der Eigenart der Verfassungsgebung als eines umfassenden politischen Gestaltungsakts; nicht umsonst hat er sich in den Ländern der Bundesrepublik (namentlich auch bei der Verfassungsgebung in den neuen Ländern nach 1990) weitgehend durchgesetzt.[6] Richtig freilich bleibt, dass die Klärung der aktuellen Wirkmöglichkeiten angesichts denkbarer Überlagerungen durch höherrangiges Recht eine unverzichtbare und stets wiederkehrende Vorfrage und Eigenart jeglicher Beschäftigung mit Landesverfassungsrecht darstellt;[7] sie steht daher sowohl am Anfang dieses Kommentars als auch wird ihr bei jeder Einzelkommentierung unter dem Gliederungspunkt I.3. nachgegangen.

II. Wirkkraft im deutschen Bundesstaat

1. Grundlagen

2   a) Ausgangspunkt jeglicher Überlegung zur Bedeutung des Landesverfassungsrechts ist die **Verfassungshoheit/Verfassungsautonomie**[8] der Länder. Das Eigentümliche des Bundesstaates ist, dass nicht nur dem Gesamtsaat, sondern auch den Gliedstaaten Staatsqualität zukommt; in der Verfassungshoheit, d. h. der Fähigkeit zur eigenen Verfassungsgebung, aber liegt das Zentrum der Eigenstaatlichkeit der Länder.[9] Die Verfassungshoheit der Länder ist **originär,** nicht derivativ; sie wird vom Grundgesetz (namentlich von

---

[2] *Badura,* Staatsrecht, A 7.

[3] Kennzeichnend: Normierung von Staatsaufgaben ungeachtet der bundesstaatlichen Kompetenzordnung; eigenes Grundrechts- und Staatsfundamentalnormsystem trotz die Landesstaatsgewalt unmittelbar bindender und insofern keiner Ergänzung bedürftiger Parallelregelungen im Grundgesetz.

[4] *Zacher,* in: Nawiasky/Schweiger/Knöpfle, IV. Rn. 5.

[5] Vgl. *Weber* (in: Der Präsident des Niedersächsischen Landtages [Hrsg.], Zur Vorläufigen Niedersächsischen Verfassung, 1984, S. 14) mit seiner Kritik an Landesverfassungen, die „in barocken Formen das Trug- und Scheinbild eines autonomen Staates" vorführen.

[6] *Menzel,* Landesverfassungsrecht, 160 ff.; *ders.,* in: Löwer/Tettinger, NRW Verf, Einführung B Rn. 3.

[7] Typisch beispielsweise die – genau dieser Thematik gewidmete – Rede des Präsidenten des Bayerischen Verfassungsgerichtshofs *Dr. Karl Huber* anlässlich des Festaktes „60 Jahre Wahl des ersten Landtages und Verabschiedung der Bayerischen Verfassung" am 30. November 2006.

[8] Zur Begrifflichkeit m. w. N.: *Menzel,* in Löwer/Tettinger, NRW Verf, Einführung B Rn. 3.

[9] BVerfGE 36, 342 (360 f.); *Leisner,* FS 25 Jahre BayVerfGH, S. 188.

Art. 28 I GG) nicht gewährt und konstituiert, sondern vorausgesetzt, anerkannt und sachlich begrenzt.[10]

Zur Verfassungshoheit gehört insbesondere das Recht, sich eine (ungeachtet der föderalen Kompetenzordnung thematisch unbegrenzte und ungeachtet der entsprechenden Parallelregelungen des Grundgesetzes mit eigenem Grundrechts-/Staatsfundamentalnormsystem ausgestattete, d. h. über ein bloßes Organisationsstatut hinausgehende) „**Vollverfassung**" zu geben.[11] Namentlich an die **Kompetenzordnung** des Grundgesetzes ist die Landesverfassungsgebung nicht gebunden (und daher nicht etwa von vornherein thematisch auf Gegenstände der Landesgesetzgebung beschränkt); Landesverfassungsgebung ist keine (jenseits von Art. 28 I GG) umfassend an das Grundgesetz und seine Kompetenzordnung gebundene Gesetzgebung „unter dem Grundgesetz", sondern – der Ausübung verfasster Staatsgewalt vorausliegende – Manifestation eines unabgeleiteten pouvoir constituant;[12] die Länder dürfen – gleichsam vorsorglich – einen vollständigen verfassungsrechtlichen Handlungsrahmen vorhalten, mag dieser bis zu (jederzeit denkbaren) Änderungen der föderalen Kompetenzordnung auch bis auf weiteres teilweise durch kompetenzgemäß erlassenes höherrangiges Bundesrecht überlagert sein (Art. 31 GG). Zum **Recht auf Vollverfassung** gehört (jenseits der völlig unstrittigen Befugnis zur Regelung der Staatsorganisation) auch das Recht, eigenverantwortlich ein je **eigenständiges Grundrechtsschutzsystem** sowie ein System sonstiger materiell-rechtlicher **Staatsfundamentalnormen** (Strukturprinzipien, Staatszielbestimmungen, Programmsätze etc.) zu formulieren – und zwar ungeachtet dessen, dass bereits das Grundgesetz mit seinen (die Länder unmittelbar bindenden) Grundrechten und Staatsstruktur-/Staatszielbestimmungen einen vollständigen und insoweit nicht notwendig ergänzungsbedürftigen materiell-rechtlichen Handlungsrahmen vorhält; kein Land muss eine Amputation von Staatsfundamentalnormen durch den Gesamtstaat hinnehmen, mit der Folge, dass seine Verfassung in Wahrheit ein Verfassungstorso wird; zur Verfassungs-„Autonomie" gehört hierbei grundsätzlich auch das Recht, Grundrechte und Staatsfundamentalnormen vorzusehen, die mit ihren jeweiligen bundesrechtlichen Entsprechungen nicht vollständig inhaltsgleich sind, sondern in der Sache weiter oder weniger weit reichen (näher hierzu Rn. 12 ff.).[13]

Aus dem die originäre Verfassungsautonomie der Länder begrenzenden **Art. 28 I GG** folgt nichts Gegenteiliges: Weder werden den Ländern thematische Einschränkungen vorgegeben, noch wird ihnen ein eigenständiges Grundrechts- und Staatsfundamentalnormsystem verwehrt; im Gegenteil setzt die Homogenitätsvorgabe, dass die verfassungsmäßige Ordnung in den Ländern den Grundsätzen des republikanischen, demokratischen und sozialen Rechtsstaates im Sinne dieses Grundgesetzes entsprechen muss, geradezu voraus, dass die Länder insbesondere auch zur Formulierung typischer rechtsstaatlicher Verbürgungen (z. B. Grundrechte) und von Staatszielbestimmungen (z. B. Sozialstaat) in der Lage sind, da die Homogenitätsvorgabe ansonsten überflüssig wäre; da jeweils nicht Uniformität, sondern allein ein Mindestmaß an Homogenität verlangt ist, ist dabei auch die Option weiter gehenden oder weniger weitgehenden Landesverfassungsrechts eingeschlossen; dies darf bei der Auslegung der Art. 31, 142 GG nicht unberücksichtigt bleiben.[14]

b) Eine **erste inhärente Begrenzung** erhält die solchermaßen umrissene Verfassungshoheit der Länder zunächst dadurch, dass die Landesverfassung grundsätzlich ausschließ-

3

4

5

---

[10] *Löwer*, in: v. Münch/Kunig, Art. 28 Rn. 5.

[11] Hierzu und zum folgenden: *Menzel*, Landesverfassungsrecht, 160 ff.; *ders.*, in: Löwer/Tettinger, NRW Verf, Einführung B Rn. 3, 9; *Möstl*, AöR 130 (2005), 350 (373); *Storr*, Verfassungsgebung in den Ländern, 322 (These 9).

[12] BVerfGE 36, 342 (364 f.); a. A. z. B. *Lemhöfer*, NJW 1996, 1715 (1716 ff.); *Uerpmann*, Staat 35 (1996), 428.

[13] BVerfGE 36, 342 (361); für die Grundrechte und Art. 142 GG: BVerfGE 96, 345 (365); *Menzel*, in: Löwer/Tettinger, NRW Verf, Einführung B Rn. 11.

[14] BVerfGE 36, 342 (361 f.).

lich die durch sie konstituierte **Landesstaatsgewalt,** nicht aber die Bundesstaatsgewalt (Bundesorgane, Bundesbehörden, Bundesgerichte etc.) zu binden vermag.[15] Der Bundesstaat des Grundgesetzes ist nicht etwa ein kooperativer Zusammenschluss souveräner Länder, sondern eine aus eigener Kraft und Legitimation wirkende staatliche Einheit; die Bundesverfassung basiert ausschließlich auf der originären verfassunggebenden Gewalt des Deutschen Volkes und leitet sich nicht von den Ländern her ab; sie und die durch sie konstituierte Bundesstaatsgewalt werden durch Landesverfassungsrecht in keiner Weise determiniert.[16] Die – streitige – Frage, welche Steuerungskraft die Landesverfassung beim Vollzug/der Anwendung von Bundesrecht durch Landesbehörden/-gerichte zu entfalten vermag, ist eine hiervon zu trennende, nämlich die Reichweite der Bindung der Landesstaatsgewalt (nicht der Bundesstaatsgewalt) betreffende Frage (siehe dazu unten Rn. 17 ff.).

6   Eine mittelbare Bindung von Bundesorganen an die Landesverfassung darf auch nicht dadurch – gleichsam durch die Hintertür – eingeführt werden, dass man eine Bindung der Landesvertreter im **Bundesrat** an die Landesverfassung postuliert.[17] Der Bundesrat ist ein kollegiales Verfassungsorgan des Bundes, das aus Mitgliedern der Landesregierungen besteht; er wird nicht unmittelbar aus den Ländern gebildet (Art. 51 I GG).[18] Die Mitglieder des Bundesrates wirken bei Gesetzgebung und Verwaltung des Bundes, d. h. bei der Ausübung von Bundesstaatsgewalt mit (Art. 50 GG); bei ihrem Abstimmungsverhalten geht es um die Hervorbringung von Rechtsakten des Bundes, die ihrerseits nicht an die Landesverfassung gebunden sind. Eine Verletzung von Rechten aus der BV durch das Abstimmungsverhalten der bayerischen Vertreter im Bundesrat ist daher schon vom Ansatz her nicht möglich.[19] Etwas anderes folgt auch nicht aus dem – vom Grundgesetz akzeptierten – Weisungsrecht der Landesregierung gegenüber ihren Bundesratsvertretern. Man wird Art. 51 GG als eine abschließende Regelung dahin anzusehen haben, dass dieser das Abstimmungsverhalten im Bundesrat zur Herstellung der notwendigen Landeseinheitlichkeit (Art. 51 III S. 2 GG) zwar der Weisung durch die Landesregierung öffnet, nicht aber ansonsten von den Weisungen anderer Verfassungsorgane der Länder (Landtage) oder von den Vorgaben partikularen Landesrechts (auch Landesverfassungsrechts) abhängig wissen will.[20]

7   c) Seine **wesentliche grundgesetzliche Einschränkung** erhält die Landesverfassungsautonomie durch das **Homogenitätsgebot des Art. 28 I GG;** die originäre Verfassungshoheit der Länder besteht insoweit nur nach Maßgabe des Grundgesetzes.[21] Allein die Bundesverfassung kann jenes Mindestmaß an Verfassungshomogenität zwischen Bund und Ländern gewährleisten, ohne die ein Bundesstaat nicht funktionieren kann. Das Grundgesetz tut dies im Wesentlichen dadurch, dass es in Art. 28 I 1 GG statuiert, die „verfassungsmäßige Ordnung in den Ländern" müsse „den Grundsätzen des republikanischen, demokratischen und sozialen Rechtsstaats im Sinne dieses Grundgesetzes entsprechen" (zu den wahlrechtlichen Vorgaben des Abs. 1 S. 2 bis 4 siehe die Kommentierungen zu Art. 12

---

[15] *Menzel,* Landesverfassungsrecht, S. 228 ff. m. w. N. Die wenigen denkbaren Ausnahmen betreffen Sonderfälle, z. B., dass Bundesbehörden wie jedermann (z. B. als Grundstückseigentümer) dem Landesrecht unterworfen sind, ausnahmsweise für den Vollzug von Landesrecht zuständig sind oder im Wege der Organleihe für das Land tätig werden (z. B. das BVerfG nach Art. 99 GG, die Bundespolizei nach Art. 11 V POG).

[16] *Badura,* FS Lerche, S. 369 (376 f.); VerfGH 44, 85 (89).

[17] So die h. M., vgl. *Menzel,* Landesverfassungsrecht, 230 ff. Gegen eine rechtlich nicht bindende, politische Direktivkraft der Landesverfassung bzgl. des Abstimmungsverhaltens der Landesvertreter im Bundesrat (vgl. Vor Art. 98 Rn. 9) ist freilich nichts einzuwenden.

[18] BVerfGE 106, 310.

[19] VerfGH BayVBl. 2006, 498.

[20] Strittig, vgl. *Menzel,* Landesverfassungsrecht, 230 ff. m. w. N.; *Korioth,* in: v. Mangoldt/Klein/Starck, Art. 51 Rn. 25; BVerfGE 8, 104 (120 f.).

[21] *Bartlsperger,* in: HdbStR IV, § 96 Rn. 1; *Storr,* Verfassunggebung in den Ländern, 166 ff.

bis 14), und diese Vorgabe durch einen entsprechenden Gewährleistungsauftrag des Bundes in Abs. 3 flankiert. Die genaue Reichweite des grundgesetzlichen Homogenitätsgebots auszuloten, ist nicht Aufgabe eines Kommentars zur Landesverfassung; das BVerfG hat stets für eine enge Auslegung dahingehend plädiert, dass keine Uniformität oder Konformität, sondern nur ein Mindestmaß an Homogenität verlangt sei[22] (inwieweit es diese zurückhaltende Linie tatsächlich immer durchgehalten hat, steht auf einem anderen Blatt[23]). Gerade die relativ weitgehenden Rechte zur Volksgesetzgebung in der BV (Art. 74) werden gerne als Beispiel dafür herangezogen, dass die Landesverfassungen auch zu markant vom Grundgesetz abweichenden Gestaltungen in der Lage sind.[24]

Uneinigkeit herrscht über die **Folgen eines Verstoßes gegen das Homogenitäts-** **8** **gebot** (Unanwendbarkeit oder Nichtigkeit? Verhältnis von Art. 28 I und Art. 31 GG? Geltung nur für, oder auch unmittelbar in den Ländern?).[25] Nach hier vertretener Ansicht spricht nichts dagegen, bei einem Verstoß gegen die durch das Grundgesetz gezogenen äußersten Grenzen der Verfassungsautonomie kraft unmittelbarer Anordnung des Art. 28 I GG generelle Nichtigkeit (und nicht allein Unanwendbarkeit im Einzelfall) anzunehmen; soweit ein Land den Bereich seiner grundgesetzlich begrenzten Autonomie verlässt und den Rahmen der gebotenen Mindesthomogenität an republikanischer, demokratischer und sozialer Rechtsstaatlichkeit sprengt, kann dem Gedanken möglichster Rücksichtnahme auf Landesautonomie und Geltungserhaltung der Landesverfassung kein nennenswertes Gewicht zukommen.[26] Soweit umgekehrt in der Landesverfassung etwas fehlt, was nach Art. 28 I GG zwingend ist, so sind die Landesverfassungsgerichte gehalten, das entsprechende Erfordernis möglichst in die Landesverfassung hineinzulesen.[27] Tun sie dies nicht, spricht nach hier vertretener Ansicht nichts dagegen, die jeweilige Anforderung des Art. 28 I GG nicht nur für, sondern unmittelbar in den Ländern gelten zu lassen (freilich als Bundes-, nicht als Landesrecht).[28] Es ist kein Gewinn für die Landesautonomie, wenn die Überschreitung ihrer Grenzen ineffizient sanktioniert wird; zudem ist die hier vertretene Konstruktion autonomieschonender als der z. T. beschrittene Umweg sog. „Bestandteilnormen" (das sind Normen des Grundgesetzes, die zum lückenfüllenden Bestandteil des Landesverfassungsrechts werden)[29], die dann nämlich nicht nur in ihrem homogenitätsrechtlichen Mindestgehalt, sondern voll zu Buche schlagen[30] und außerdem in einer nur schwer erklärbaren Weise kraft Bundesrechts Landesrecht sein sollen.

d) Auch landesverfassungsrechtliche Normen, die mit dem Homogenitätsgebot in vol- **9** lem Einklang stehen und somit an sich zulässiger Ausdruck der dem Land zukommenden Verfassungsautonomie sind, können – und dies ist die **dritte maßgebliche Schranke** der Landesverfassungshoheit – **in ihrer Maßstabskraft „gebrochen"** und verdrängt

---

[22] BVerfGE 24, 367 (390); 36, 342 (361).

[23] Vgl. *Menzel,* Landesverfassungsrecht, 133 f., 186, 251; BVerfGE 40, 296 (319); 83, 60; 93, 37; 107, 59 (86 f.).

[24] *Möstl,* AöR 130 (2005), 350 (387) m. w. N.

[25] Zum Meinungsstand: *Nierhaus,* in: Sachs, Art. 28, Rn. 28 ff.

[26] *Möstl,* AöR 130 (2005), 350 (373 f., 378); *Menzel,* Landesverfassungsrecht, 249; *ders.,* in: Löwer/Tettinger, NRWVerf, Einführung B Rn. 7; *Tettinger,* in v. Mangoldt/Klein/Starck, Art. 28 Rn. 67.

[27] Die Rechtsprechung des VerfGH, wonach das Erfordernis hinreichender Bestimmtheit der Verordnungsermächtigung (das in Art. 55 Nr. 2 BV nicht ausdrücklich normiert ist) über das Rechtsstaatsprinzip des Art. 3 I BV erschlossen und in die BV hineingelesen wird (VerfGH 24, 1, [19]), könnte als derartiger Fall angesehen werden (vgl. dazu BVerfGE 55, 207 [226]; *Bryde,* in v. Münch/Kunig, Art. 80, Rn. 2 a).

[28] *Möstl,* AöR 130 (2005), 350 (378); missverständlich: BVerfGE 1, 208 (236); zum Meinungsstand *Menzel,* Landesverfassungsrecht, 242 ff.

[29] Im Gefolge von BVerfGE 1, 14 (34); dazu: *Menzel,* Landesverfassungsrecht, 131 f.; ablehnend: *Dreier,* in ders., Art. 28 Rn. 54; Skepsis bei BVerfGE 103, 332 (357).

[30] Zu Art. 21 GG und seiner (im Wortlaut fehlenden) Entsprechung in der BV siehe Vor Art. 13 Rn. 10.

werden, soweit sie in sonstiger Weise mit höherrangigem Bundesrecht (seien es Bestimmungen des Grundgesetzes oder des einfachen Bundesrechts) in Konflikt geraten. Es gehört zu den unbestrittenen Aufgaben einer Bundesverfassung, föderale Normkollisionen aufzulösen. Das Grundgesetz tut dies mit der kurzen und schwer auszulegenden Bestimmung des **Art. 31: „Bundesrecht bricht Landesrecht".** Was aus dieser allgemein auf das Verhältnis von Bundes- und Landesrecht zugeschnittenen Vorrangnorm speziell für das Verhältnis von Bundesrecht und Landesverfassungsrecht folgt, ist nach wie vor in hohem Maße unsicher.[31] Die Unsicherheiten betreffen dabei sowohl die Rechtsfolgen des Art. 31 GG (Nichtigkeit oder bloße Unanwendbarkeit im Einzelfall; siehe unten Rn. 15 ff.) als auch seine Voraussetzungen (nur echte Normkollisionen oder auch unterschiedlich weitreichende Parallelregelungen; siehe dazu unten Rn. 12 ff.). Art. 142 GG bringt nur zum Teil Klarstellung, erstens weil er allein die Grundrechte, nicht aber sonstiges Verfassungsrecht betrifft (z. B. die Staatszielbestimmungen), zweitens weil er seinerseits noch vielerlei offene Fragen aufwirft (so hat das BVerfG zwar geklärt, dass Landesgrundrechte auch weiter oder weniger weit reichen dürften als ihre bundesrechtlichen Entsprechungen, andererseits aber im konkreten Fall dann doch verlangt, dass die Landesgrundrechte zum gleichen Ergebnis wie das Grundgesetz führen müssen; wichtige Fallgruppen der Problematik „Wirkkraft der Landesgrundrechte bei der Anwendung von Bundesrecht", siehe unten Rn. 17 ff., wurden von vornherein offen gelassen[32]).

10 Die Schwierigkeiten der richtigen Auslegung von Art. 31 GG in Bezug auf Landesverfassungsrecht lassen sich letztlich darauf zurückführen, dass ihm ein Bild des Verhältnisses von Bundes- und Landesrecht zugrunde liegt (nämlich ein Bild eines prinzipiell hierarchischen Über- und Untereinanders), das sich mit dem ganz anders gelagerten Bild, das in Art. 28 I GG aufscheint (Autonomie und komplementäre Gleichordnung in den durch Art. 28 I gezogenen Grenzen, selbständiges „Nebeneinander" der Verfassungsräume jenseits der Normativbestimmung des Art. 28 I GG[33]), nur schwer in Einklang bringen lässt.[34] Eine **angemessene Auslegung des Art. 31 GG** in der besonderen Konstellation „Verhältnis von Bundesrecht zu Landesverfassungsrecht" kann nach hier vertretener Ansicht nur gelingen, wenn die speziellen Regelungen zum Status des Landesverfassungsrechts, die in Art. 28 I GG getroffen oder vorausgesetzt werden (siehe oben Rn. 2 ff.), nicht aus den Augen verloren werden; **Art. 31 GG muss zu einem schonenden Ausgleich mit Art. 28 I GG gebracht werden;** im Ergebnis bedeutet dies, dass eine von der Landesverfassungsautonomie erfasste und die Grenzen des Art. 28 I GG nicht sprengende Norm durch Art. 31 GG in ihrer Geltungs- und Maßstabskraft nicht stärker „gebrochen" werden darf, als zur Sicherung des Vorrangs des Bundesrechts unbedingt notwendig.[35] Art. 31 GG greift demnach nur bei echter Unvereinbarkeit von Normbefehlen (nicht schon bei unterschiedlich weit reichenden Parallelregelungen), nur soweit das Bundesrecht keinen Spielraum belässt, und auch dann führt er allein zur punktuellen Unanwendbarkeit im Einzelfall, nicht aber zur generellen Nichtigkeit. Was dies im Einzelnen bedeutet, ist nun für die verschiedenen in Betracht kommenden Fallgruppen näher zu exemplifizieren und zu erläutern.

2. Fallgruppen zur Bedeutung des Art. 31 GG

11 a) Keine Schwierigkeiten wirft Art. 31 GG zunächst in all jenen Konstellationen auf, in denen eine bestimmte Rechtsfrage **ausschließlich in der Landesverfassung,** nicht dagegen im Bundesrecht geregelt ist (abgesehen von den allgemein und stets geltenden äußeren Grenzen des Art. 28 I 1 GG). In dem Maße, in dem sich dem Bundesrecht keinerlei – sei es gleichlaufende oder entgegengesetzte – Aussage zu der landesverfassungsrechtlich

---

[31] Zum Streitstand m. w. N. *Möstl,* AöR 130 (2005), 350 (360 f.).
[32] BVerfGE 96, 345.
[33] St. Rspr.: BVerfGE 96, 345 (368); 103, 332 (350).
[34] *Möstl,* AöR 130 (2005), 350 (367 ff.).
[35] Vgl. schon BVerfGE 36, 342 (362), zuvor auch 357.

geregelten Frage entnehmen lässt, kann eine nach Art. 31 GG aufzulösende Normkonkurrenz von vornherein nicht gegeben sein; klar ist in derartigen Fällen, dass sich die Geltungs- und Maßstabskraft der landesverfassungsrechtlichen Norm allein nach dem allgemeinen Homogenitätsgebot des Art. 28 I 1 GG, nicht dagegen nach Art. 31 GG bemisst.[36] Vor allem in dem wichtigen landesverfassungsrechtlichen Regelungsbereich der **Staatsorganisation** wird diese Konstellation häufig gegeben sein. Zwar ist es auch im Bereich der Staatorganisation so, dass das Grundgesetz durchaus einzelne sog. „Durchgriffsnormen" enthält, die mit unmittelbarer Geltungskraft auch landesinterne Sachverhalte regeln (vgl. dazu sogleich Rn. 12 ff.); zumeist jedoch sind die staatsorganisatorischen Aussagen des Grundgesetzes von vornherein allein auf die Bundesebene bezogen, ohne für die entsprechende Organisationsfrage des Landesrechts irgendeine Vorfestlegung zu treffen. Wenn das Grundgesetz beispielsweise Regelungen über die Wahl des Bundeskanzlers trifft (Art. 63 GG), so ist damit keinerlei Aussage verbunden, dass die Wahl der Regierungschefs der Länder etwa in ähnlicher Weise zu erfolgen hätte; die einschlägigen Mindest-Homogenitätsanforderungen ergeben sich vielmehr allein aus Art. 28 I 1 GG. Die Länder sind demnach – in den Grenzen des Homogenitätsprinzips – frei, mit ihrem jeweiligen bundesrechtlichen Pendant gleichlaufende oder von ihm abweichende Regelungen zu treffen, ohne dass diese von Art. 31 GG beeinträchtigt würden.[37]

b) Anders und weitaus schwieriger liegen die Dinge, soweit das Grundgesetz und die **12** Landesverfassung **parallele Regelungen** zu ein und der derselben Frage treffen. Gemeint sind Konstellationen, in denen – neben der landesverfassungsrechtlichen Regelung – auch bereits das Grundgesetz eine die Landesstaatsgewalt unmittelbar bindende **„Durchgriffsnorm"** bereithält, die mit ihrem landesrechtlichen Pendant entweder inhaltsgleich ist oder aber zumindest die gleiche inhaltliche Stoßrichtung aufweist, mag sie in einzelnen Aspekten auch weitergehen oder weniger weit reichen als die korrespondierende Bestimmung der Landesverfassung. Die so umrissene Konstellation ist häufig und betrifft weite Teile des Landesverfassungsrechts. Namentlich, was den durch die Verfassungen aufgerichteten materiellen Handlungsrahmen der Staatsgewalt angeht **(Grundrechte, Staatszielbestimmungen, Strukturprinzipen)**, ist sie sogar typischerweise gegeben:[38] Dies gilt insbesondere für den ganzen Bereich der Grundrechte; entscheidet sich eine Landesverfassung – wie die bayerische – für einen eigenständigen Grundrechtskatalog, ist ein und dasselbe Grundrecht – wenngleich mit z. T. unterschiedlicher Formulierung oder sogar unterschiedlicher inhaltlicher Reichweite – regelmäßig zweifach, nämlich sowohl in der Landesverfassung als auch (für die Landesstaatsgewalt unmittelbar bindend, vgl. Art. 1 III GG) im Grundgesetz gewährleistet. Nichts anderes gilt für den Bereich der Staatszielbestimmungen; die zentralen Staatszielbestimmungen des Grundgesetzes (namentlich das Sozialstaatsprinzip, Art. 20 I GG, und das Umweltstaatsprinzip, Art. 20 a GG, beide im Abschnitt „Der Bund und die Länder" normiert) binden nicht allein den Bund, sondern sind allgemein auf den „Staat", d. h. auf beide bundesstaatlichen Ebenen der Staatlichkeit, d. h. Bund und Länder, bezogen;[39] normiert auch die Landesverfassung entsprechende Staatszielbestimmungen (Art. 3 I, II, Art. 141 I BV), so liegen erneut unmittelbar geltende Parallelregelungen beider Verfassungsebenen vor. Ähnliches gilt auch für zentrale Ausprägungen des Rechtsstaatsprinzips: Die wesentlichen materiell-rechtlichen Gehalte des grundgesetzlich verbürgten Rechtsstaatsprinzips – etwa das Verhältnismäßigkeitsprinzip, der Grundsatz des Vorbehalts des Gesetzes, das Vertrauensschutzprinzip – werden in ständiger Praxis als grundgesetzliche Anforderungen begriffen, an denen die Landesstaatsgewalt unmittel-

---

[36] Es sei denn, man möchte die Konsequenzen einen Verstoßes gegen das Homogenitätsprinzip nicht aus Art. 28 I 1 GG allein, sondern aus einer Kombination von Art. 28 I 1 und Art. 31 GG ableiten. Dies entspricht nicht der h. M. und wird auch hier nicht befürwortet (s. o. Rn. 8).

[37] *Möstl*, AöR 130 (2005), 350 (359, 387); *Menzel*, Landesverfassungsrecht, 186.

[38] *Möstl*, AöR 130 (2005), 350 (360).

[39] Für Art. 20 a: *Scholz*, Maunz/Dürig, Art. 20 a, Rn. 44.

bar gemessen werden kann;[40] die parallelen Gewährleistungen des Landesverfassungsrechts (z. B. Art. 3 I, 70 I, 98 S. 2 BV) können nur flankierend hinzutreten. Selbst im Bereich der Staatsorganisation schließlich sind grundgesetzliche Durchgriffsnormen keineswegs eine Seltenheit (z. B. Art. 21, 28 II, 33 IV, V, 92 GG).[41]

13   Allen genannten Konstellationen ist gemeinsam, dass ein und derselbe Normadressat (die Landesstaatsgewalt) gleichzeitig *zwei* unmittelbar bindenden Normbefehlen (einem grundgesetzlichen und einem landesverfassungsrechtlichen) ausgesetzt ist. Genau dies aber ist diejenige Konstellation, für die die Kollisionsauflösungsnorm des Art. 31 GG wie geschaffen erscheint[42], so dass sich mit aller Schärfe die Frage stellt, welche Rechtsfolgen sich aus Art. 31 GG für das Vorliegen paralleler Regelungen des Bundes- und Landesverfassungsrechts ergeben. Die Frage kann nach wie vor als **nicht völlig geklärt** gelten: Gänzlich unstrittig ist allein, dass echte Normenkonflikte von Art. 31 GG erfasst werden, d. h. die Konstellation, dass die sich aus dem Bundes- und dem Landesrecht ergebenden Normbefehle miteinander unvereinbar sind, d. h. nicht gleichzeitig befolgt werden können.[43] Genau diese Konstellation indes ist im Falle paralleler Verbürgungen des Bundes- und Landesverfassungsrechts typischerweise gerade nicht gegeben; sowohl können inhaltsgleiche Verbürgungen parallel befolgt werden, als auch liegt bei inhaltsverschiedenen (unterschiedlich weit reichenden) Parallelgewährleistungen nicht unbedingt ein echter Normwiderspruch vor, weil es z. B. die als Mindestgarantie zu verstehende engere Grundrechtsgewährleistung der einen Verfassungsebene nicht verletzt, wenn sich die betroffene Staatsgewalt zugleich an die weitergehende Gewährleistung der anderen Verfassungsebene zu halten hat.[44] Dennoch wird von Teilen der Literatur auch insoweit eine Derogation des (parallelen) Landesrechts befürwortet.[45] Als in der Rechtsprechung geklärt kann immerhin gelten, dass inhaltsgleiches Landesverfassungsrecht (offen geblieben: inhaltsgleiches sonstiges Landesrecht) in Geltung bleibt[46] – zu Recht, weil es ansonsten zu jener Amputation von mit Art. 28 I GG in vollem Einklang stehenden Staatsfundamentalnormen käme, die die Länder nach der Rechtsprechung des BVerfG[47] aufgrund ihrer Verfassungshoheit gerade nicht hinzunehmen haben. Offen bleibt hingegen das Schicksal inhaltsverschiedener (weiter oder weniger weit reichender) Parallelgewährleistungen.[48] Die für den wichtigen Bereich der Grundrechte geltende klarstellende Sonderregelung des Art. 142 GG (siehe dazu Vor Art. 98 ff., Rn. 110 ff.) hilft nur beschränkt weiter: Zwar hat das BVerfG insoweit in erfreulicher Eindeutigkeit entschieden, dass nicht nur völlig inhaltsgleiche, sondern auch weitergehende oder geringeren Schutz verbürgende Landesgrundrechte neben ihren bundesrechtlichen Pendants in Kraft bleiben („Übereinstimmung" wurde insoweit als Widerspruchsfreiheit gedeutet; unterschiedlich weit reichende Mindestgewährleistungen indes widersprechen einander nicht, s. o.).[49] Unklar bleibt jedoch, was mit sonstigen Verfassungsbestimmungen (jenseits der Grundrechte) passiert (Parallelwertung oder Umkehrschluss?), mit der Folge, dass z. B. weiterreichende Landes-Staatszielbestimmungen teils ob ihres Innovationspotentials gepriesen, teils interpretatorisch auf den dürren Gehalt ihres bundesrechtlichen Pendants zurechtgestutzt werden.[50]

---

[40] *Kersten,* DÖV 1993, S. 896 (900 f.) m. w. N.

[41] Vgl. die Liste bei *Nierhaus,* in: Sachs, Art. 28 Rn. 4.

[42] *Dreier,* in: ders., Art. 31 Rn. 36 ff.

[43] *März,* in: v. Mangoldt/Klein/Starck, Art. 31 Rn. 40 f.

[44] BVerfGE 96, 345 (365).

[45] Z. B. *Huber,* in: Sachs, Art. 31 Rn. 12.

[46] BVerfGE 36, 342 (363, 367); 40, 296 (327); 96, 345 (364).

[47] BVerfGE 36, 342 (361), siehe oben 1. a., Rn. 3.

[48] Zum Meinungsstand: *Dreier,* in: ders., Art. 31 Rn. 46 ff.; *März,* in: v. Mangoldt/Klein/Starck, Art. 31 Rn. 42; *Huber,* in: Sachs, Art. 31 Rn. 16 ff.; *Umbach,* in: ders./Clemens, Art. 31 Rn. 47 a.

[49] BVerfGE 96, 345 (365); siehe auch bereits VerfGH 37, 101 (107).

[50] Einerseits: *Häberle,* in: Kramer, Föderalismus zwischen Integration und Sezession, 1993, 201 (236); andererseits: *Scholz,* in: FS 50 Jahre BayVerfGH, 1997, 177 ff.

Nach **hier vertretener Ansicht**[51] muss die Wertung des Art. 142 GG verallgemeinert **14** werden. Grund ist das bereits in Rn. 10 zum Verhältnis von Art. 31 GG und Art. 28 I GG Ausgeführte: Jedenfalls was das Verhältnis des Bundesrechts zum Landesverfassungsrecht anbelangt (für das Verhältnis zu sonstigem Landesrecht mag teilweise anderes gelten), bedarf Art. 31 GG einer restriktiven Auslegung, die der speziell auf das Landesverfassungsrecht zugeschnittenen speziellen Regelung des Art. 28 I GG Rechnung trägt und die in ihr vorausgesetzte und begrenzte Verfassungshoheit so weit wie möglich schont, d. h. nicht zu einer unnötigen Amputation von Staatsfundamentalnormen führt, die mit Art. 28 I GG in vollem Einklang stehen. Landesverfassungsrecht darf daher nur insoweit durch Bundesrecht „gebrochen" werden, als zur Sicherung der einheitlichen Wirkkraft vorrangigen Bundesrechts unbedingt notwendig. Die bloße Existenz parallelen Landesverfassungsrechts indes (und mag dieses auch weiter oder weniger weit reichen als die entsprechende Grundgesetzbestimmung) stellt die Beachtung des höherrangigen Bundesrechts keineswegs in Frage (reicht eine Gewährleistung der Landesverfassung weiter als diejenige des Grundgesetzes, ist letzterer ohne weiteres genügt; aber auch soweit sie hinter der grundgesetzlichen Gewährleistung zurückbleibt, bleibt die Landesstaatsgewalt uneingeschränkt an die weiter reichende Gewährleistung des Bundesrechts gebunden). Der Anwendungsbereich des Art. 31 GG ist, jedenfalls was das Verhältnis zu Landesverfassungsrecht anbelangt, daher auf Fälle echter Normkollisionen zu beschränken (widersprüchliche, nicht gleichzeitig erfüllbare Normbefehle, siehe sogleich Rn. 15). Nicht jedoch werden mit Art. 28 I GG vereinbare Bestimmungen der Landesverfassung über Art. 31 GG allein dadurch in ihrer Geltungs- und Maßstabskraft beeinträchtigt, dass das Grundgesetz eine inhaltsgleiche, weiterreichende oder weniger weit reichende Parallelbestimmung enthält.[52]

c) Die sich aus **Art. 31 GG** für das Verhältnis von Bundesrecht zu Landesverfassungs- **15** recht ergebenden Konsequenzen können demnach **wie folgt zusammengefasst** werden: Tatbestandlich greift Art. 31 GG allein bei **echten Normkollisionen,** d. h. bei sich widersprechenden, miteinander nicht zu vereinbarenden Normbefehlen der beiden Ebenen. Nicht wie auch immer geartetes paralleles Bundesrecht, sondern allein sachlich gegenläufiges Bundesrecht und vor allem kollidierende Rechte Dritter vermögen die Rechtsfolgen des Art. 31 GG auszulösen. Gewährleistungen des Landesrechts scheitern nicht schon daran, dass sie z. B. weitergehen als ihr bundesrechtliches Pendant; sehr wohl indes ist gerade in Fällen weiterreichenden Landesrechts verschärft zu prüfen, ob die weiterreichende Landesgewährleistung nicht in Konflikt mit bundesrechtlichen Rechtspositionen Dritter oder sonstigen gegenläufigen Bestimmungen des Bundesrechts gerät (eine besonders weitreichende Landesstaatszielbestimmung z. B. darf nicht mit Mitteln verfolgt werden, die mit Bundesgrundrechten nicht in Einklang stehen; aus einem besonders weitreichenden Landesgrundrecht darf in Dreieckskonstellationen nicht zugunsten des einen eine Rechtsposition abgeleitet werden, die mit konfligierenden Bundesgrundrechten eines anderen nicht vereinbar ist etc.).[53]

Auch hinsichtlich der **Rechtsfolge** bedarf Art. 31 GG – im Einklang mit einer zumin- **16** dest vordringenden[54], mittlerweile wohl auch vom BVerfG zugrunde gelegten[55] und vor allem der ständigen Praxis der Landesverfassungsgerichte[56] entsprechenden Mei-

---

[51] *Möstl,* AöR 130 (2005), 350 (374 ff.).

[52] Es sei denn, einer Grundrechts- oder sonstigen Gewährleistung ließe sich die Aussage entnehmen, dass sie einer weitergehenden Gewährleistung der anderen Ebene entgegenstünde. Dies wird kaum jemals der Fall sein.

[53] Vgl. die Nachweise in *Möstl,* AöR 130 (2005), 350 (361 [Fn. 78], 374 [Fn. 142], 375 [Fn. 145]).

[54] *Menzel,* in: Löwer/Tettinger, NRW Verf, Einführung B Rn. 10.

[55] BVerfGE 96, 345 (366 [„Soweit Landesgrundrechte auch im konkreten Fall nicht durch Art. 31 GG verdrängt werden"]); offen noch BVerfGE 36, 342 (365 f.).

[56] Die ansonsten streng genommen gezwungen wären, ihren landesverfassungsrechtlichen Prüfungsmaßstab über den konkreten Fall hinaus auf seine Vereinbarkeit mit dem gesamten Bundesrecht zu überprüfen.

nung[57] – einer einschränkenden Auslegung, die der Verfassungsautonomie der Länder und Art. 28 I GG Rechnung trägt. Punktuelle Unvereinbarkeiten von Landesverfassungsnormen mit höherrangigem Bundesrecht haben demnach (anders als dies bzgl. sonstigem Landesrecht der Fall sein mag, wo Art. 31 GG nach h. A. die Nichtigkeitsfolge nach sich zieht) in einer mit dem Anwendungsvorrang des Europarechts vergleichbaren Weise nicht die generelle Nichtigkeit, sondern allein die **Unanwendbarkeit** im konkreten Fall zur Folge.[58] Dass Landesverfassungsrecht im Falle von Kollisionen zwar im konkreten Fall zurücktritt, nicht aber generell nichtig wird, sondern ansonsten die Kraft behält, die Landesstaatsgewalt jenseits der vielleicht ganz punktuellen Kollision zu konstituieren und zu steuern, ist für die Verfassungsautonomie der Länder von ganz entscheidender Bedeutung. Art. 31 GG darf nicht zur Folge haben, von der Verfassungsautonomie der Länder gedeckte und sich voll und ganz im Rahmen des Art. 28 I GG haltende Normen der Landesverfassung in stärkerem Maße zu „brechen", als dies zur Ausräumung punktueller Unvereinbarkeiten mit Bundesrecht erforderlich ist.[59]

17　d) Zu klären bleibt, welche Wirkkraft die Landesverfassung bei der **Anwendung von Bundesrecht** durch Organe, Behörden und Gerichte des Landes zu entfalten vermag (siehe dazu – für die Landesgrundrechte – auch Vor Art. 98, Rn. 144 ff.).[60] Im Kern geht es hierbei darum, welche Maßstabskraft nach Art. 28 I, 31, 142 GG generell gültiges (ggf. neben parallelen Grundgesetzgewährleistungen weitergeltendes) Landesverfassungsrecht im konkreten Fall im Rahmen der Anwendung einfachen Bundesrechts nach Art. 31 GG zu entfalten vermag (Maßstabsproblem)[61]; im Zentrum steht die Bedeutung des Art. 31 GG für das Verhältnis von Landesverfassung und einfachem Bundesrecht. Eindeutig ist hierbei im Ausgangspunkt, dass das von der Landesgewalt anzuwendende Bundesrecht wegen Art. 31 GG nicht selbst und als solches an niederrangigem Landesverfassungsrecht gemessen werden kann.[62] Zu weit würde es indes gehen, hieraus zu folgern, dass Landesverfassungsrecht bei der Anwendung höherrangigen Bundesrechts von vornherein nicht zum Zuge kommen könne.[63] Die Anwendung von Bundesrecht durch Behörden, Gerichte und sonstige Organe des Landes ist und bleibt, wie auch das BVerfG anerkannt hat, **Ausübung von Landesstaatsgewalt,** die damit prinzipiell der Bindung an die Landesverfassung unterliegt.[64] Art. 31 GG sperrt die Maßstabskraft der Landesverfassung hierbei keineswegs von vornherein und generell, vielmehr setzt er als Kollisionsauflösungsnorm grundsätzlich und im Ausgangspunkt sogar voraus, dass Normen unterschiedlicher Rangstufe auf ein und denselben Sachverhalt anwendbar, d. h. prinzipiell beide für den Normanwender beachtlich sind;[65] nur im Falle einer Kollision (d. h. einer Unvereinbarkeit der Normbefehle, s. o.) tritt das niederrangige Landesrecht zurück; ansonsten indes bleibt es bei der Regel, dass der Normanwender, soweit ohne Verstoß gegen höherrangiges Bundesrecht möglich, auch niederrangiges Landesrecht zu beachten hat. Deutlich wird, dass, wenn man die hier vertretene Ansicht zu Art. 31 GG zugrundelegt (punktuelles Zurücktreten allein im Maße der Unvereinbarkeit der Normbefehle, s. o.), die Problematik der Wirkkraft der Landesverfassung bei der Anwendung von Bundesrecht nur im Sinne einer konsequenten **Spielraumtheorie** aufgelöst werden kann: Die Bestimmungen der Landesverfassung können und müssen bei der Anwendung von Bundesrecht durch die Landesgewalt

---

[57] Zum Streitstand siehe die Nachweise bei *Möstl,* AöR 130 (2005), 350 (360 [Fn. 72], 374 [Fn. 140]).

[58] *Menzel,* Landesverfassungsrecht, 201 ff. m. w. N.

[59] Vgl. bereits den Grundgedanken bei BVerfGE 36, 342 (362).

[60] Ausführlich dazu m. w. N. zum Streitstand *Möstl,* AöR 130 (2005), 350 (362 ff., 382 ff.).

[61] *Lindner,* BayVBl. 2004, 641 (646); BVerfGE 96, 345 (365).

[62] VerfGH 50, 219 (223); 57, 7 (10); 57, 16 (20).

[63] So indes zunächst der HessStGH, vgl. Nachweise in BVerfGE 96, 345 (353).

[64] BVerfGE 96, 345 (366); prononciert auch der BerlVerfGH, vgl. Nachweise in BVerfGE 96, 345 (354).

[65] BVerfGE 96, 345 (364).

insoweit zum Zuge kommen, als das Bundesrecht der Landesgewalt wie auch immer geartete Spielräume belässt; nur soweit das Bundesrecht die Landesgewalt determiniert, muss die Maßstabskraft der Landesverfassung zurücktreten.[66] Auch der einschlägigen Leitentscheidung des BVerfG (E 96, 345) liegt die so umrissene Spielraumtheorie im Ansatz zugrunde. Gleichwohl ist sie in der verfassungsgerichtlichen Praxis – auch in der Praxis des VerfGH – bislang nicht konsequent verwirklicht. Folgende **Fallgruppen** sind zu unterscheiden:

Unbestritten ist und ständiger verfassungsrechtlicher Praxis entspricht es zunächst, **18** dass landesrechtliche **Rechtsverordnungen und Satzungen,** die auf bundesrechtlichen Ermächtigungsnormen beruhen, sowie der Vollzug dieser Normen im Maße der bundesrechtlichen Spielräume an der Bayerischen Verfassung gemessen werden können.[67]

Einer längeren verfassungsgerichtlichen Praxis entspricht es auch, dass die Anwendung **19** von **Bundesprozessrecht** durch bayerische Gerichte vom VerfGH an den (mit den Prozessgrundrechten des Bundesrechts inhaltsgleichen) **Landesprozessgrundrechten** gemessen werden kann.[68] Angesichts der Überlastung des BVerfG und der im Rahmen des bundesrechtlichen Verfassungsbeschwerdeverfahrens zu bewältigenden Hürden (Annahmeverfahren!) kommt dieser Fallgruppe eine erhebliche praktische Bedeutung zu. Die einschlägigen bundesverfassungsrechtlichen Maßgaben hat das BVerfG in seiner Leitentscheidung E 96, 345 in einer für die Landesverfassungsgerichte verbindlichen Weise (§ 31 I BVerfGG) dargelegt.[69] Die Maßgabe, dass die Anwendung der Landesverfassung zu exakt demselben Ergebnis führen müsse wie die Anwendung des Grundgesetzes, mag im konkreten Fall der Prozessgrundrechte im praktischen Ergebnis richtig und akzeptabel sein (Bundes- und Landesprozessgrundrechte sind in der Tat inhaltsgleich; das zunächst im Lichte der inhaltsgleichen Bundesprozessgrundrechte auszulegende Bundesprozessrecht wird in der Regel nur noch eine Rechtsanwendung als richtig erscheinen lassen, so dass für landesrechtliche Abweichungen kein Spielraum mehr verbleibt)[70]. Im Allgemeinen freilich lässt sich das Erfordernis der Ergebnisgleichheit mit dem auch vom BVerfG konzedierten Ausgangspunkt, dass Landesgrundrechte weiter oder weniger weit reichen dürften als Bundesgrundrechte und in den Spielräumen des Bundesrechts auch zur Anwendung kommen dürften[71], nicht vereinbaren.

Strittig und auch vom BVerfG ausdrücklich offen gelassen[72] bleiben die Wirkmöglich- **20** keiten der Landesverfassung im Rahmen der Anwendung und des **Vollzugs von materiellem Bundesrecht** durch Landesbehörden/-gerichte. Der VerfGH sieht sich – anders als der BerlVerfGH[73] – in seiner bisherigen Rechtsprechung daran gehindert, die Anwendung materiellen Bundesrechts an den Landesgrundrechten zu messen; allein eine Überprüfung des Willkürverbots soll möglich sein.[74] Prozessökonomisch mag diese Weichenstellung verständlich sein, weil die Spielräume, in denen Landesverfassungsrecht effektiv zur Geltung kommen könnten, aus den sogleich darzulegenden Gründen regelmäßig nicht allzu groß sein dürften, so dass der prozessuale Aufwand der Auslotung der Spielräume und der resultierende Gewinn an Landesautonomie häufig in keinem rechten Verhältnis zueinander stünden.[75] Rechtsdogmatisch freilich lässt es sich nicht befriedigend be-

---

[66] *Lindner,* BayVBl. 2004, 641 (648); *Möstl,* AöR 130 (2005), 350 (382 ff.); s. a. Vor Art. 98, Rn. 144 ff.

[67] BVerfGE 18, 407 (418 f.); VerfGH 32, 29 (33); 44, 5 (6); 59, 109.

[68] VerfGH 11, 90; 17, 59; 43, 12 (17); 47, 47 (51); 49, 67 (70 f.).

[69] BVerfGE 96, 345 (363 ff.); im Gefolge: VerfGH 51, 49; 53, 16; zur überreichen Literatur siehe die Nachweise bei *Möstl,* AöR 130 (2005), 350 (362 [Fn. 84]).

[70] Vgl. *Clemens,* in: Umbach/Clemens, Art. 31, Rn. 58 ff.; *Möstl,* AöR 130 (2005), 350 (384 [Fn. 178]).

[71] BVerfGE 96, 345 (365 f.).

[72] BVerfGE 96, 345 (362).

[73] BerlVerfGH NJW 1993, 513; 1993, 515; 1994, 436.

[74] VerfGH 46, 185 (187); 47, 47 (51); 50, 219 (223); 53, 131 (133); 57, 1 (3); 57, 16 (20).

[75] Vgl. die Begründung bei *Lotz,* in FS 50 Jahre BayVerfGH, 115 ff.

gründen, warum die Landesgrundrechte gegenüber prozeduralem Bundesrecht schon, gegenüber materiellem Bundesrecht dagegen nicht zum Zuge kommen sollen. Auch muss sich der VerfGH, soweit er auf die Wahrnehmung bundesrechtlich zulässiger Prüfungsspielräume verzichtet, vorhalten lassen, dass er die Wirkkraft der ihm anvertrauten BV nicht voll zur Geltung bringt. Es wäre demnach wünschenswert, wenn sich der VerfGH auch gegenüber materiellem Bundesrecht auf die vertretene konsequente Spielraumtheorie einlassen würde. Zugleich freilich muss konzediert werden, dass die bundesrechtlichen Spielräume nicht überbewertet werden dürfen:[76] (1) Nicht das Bundesgesetz allein, sondern erst das bereits im Lichte des Grundgesetz ausgelegte Bundesgesetz, gibt an, wie groß die Spielräume sind; grundgesetzkonform ausgelegt aber wird in den kritischen Fällen der Spielraum häufig nicht mehr allzu groß sein. (2) Bundesrechtlich eingeräumte Ermessens- oder Beurteilungsspielräume sind vorrangig nach dem bundesrechtlichen Zweck der Ermächtigung auszuüben; nur soweit dann noch Spielraum verbleibt, kann die Landesverfassung als nachrangige Ermessens-/Beurteilungsdirektive zum Zuge kommen. (3) Bezüglich unbestimmter Rechtsbegriffe, die letztlich voller gerichtlicher (und das heißt letztlich auch: voller bundesgerichtlicher, d. h. nicht an die Landesverfassung gebundener) Prüfung unterliegen, gibt es keinen echten materiell-rechtlichen Spielraum, den die Landesverfassung ausfüllen könnte; allein prozedural betrachtet kann die Landesverfassung im Rahmen der zunächst Landesbehörden/-gerichten anvertrauten Erstauslegung als zusätzlicher, nachrangiger Auslegungsimpuls zum Zuge kommen, der indes nie zu einem Ergebnis führen darf, zu dem man nicht auch im Rahmen einer rein bundesrechtsimmanenten Auslegung hätte kommen können.

3. Zur Auslegung der Landesverfassung innerhalb ihrer bundesrechtlichen Spielräume

21   Soweit das Bundesrecht, wie bis hierher herausgearbeitet, Spielräume belässt und den Landesverfassungen ein „Anderssein" erlaubt, stellt sich die Frage, in welcher Weise die Landesverfassungsgerichte im Rahmen der ihnen anvertrauten Aufgabe der Interpretation der Landesverfassung von diesen Spielräumen Gebrauch machen sollten. Sollten sie die ihnen belassenen Spielräume möglichst autonom ausschöpfen oder ist es weise, obwohl eine Abweichung zulässig wäre, sich dennoch so weit wie möglich am Grundgesetz und der Rechtsprechung des BVerfG zu orientieren? Eine Analyse der Praxis der Landesverfassungsgerichte – auch des VerfGH – kann nicht verhehlen, dass die **Orientierung am Grundgesetz** zumal in der Grundrechtsjudikatur sich als eine ungebrochen wirkkräftige Auslegungsmaxime erwiesen hat.[77] Hiergegen ist im Grunde auch nichts einzuwenden. Es besteht kein Zwang zum Anderssein[78] und es ist in einem von einem lebendigen Ineinander zweier Verfassungsräume[79] und einem hohen Grundkonsens geprägten Verfassungsverbund völlig legitim, sich von der anderen Verfassungsebene inspirieren zu lassen; ja eben darin – im fruchtbaren Diskurs und einem wechselseitigen Voneinander-Lernen – kann sogar der spezifische Vorzug eines föderativen Verfassungsverbundes erblickt werden.[80] Die Orientierung an der die Landesverfassungen verklammernden, gemeinsamen und übergreifenden Bundesverfassung wird man dabei auch als eine Auslegungsmethode

---

[76] Zum Ganzen ausführlich und m. w. N.: *Möstl*, AöR 130 (2005), 350 (383–386); dort auch zu den prozessualen Komplikationen.

[77] *Lange*, in: FS 50 Jahre BVerfG, Bd. I, 289 (293).

[78] *Graf Vitzthum*, VVDStRL 46 (1987), 7 (29).

[79] *Hufen*, BayVBl. 1987, 513 (520).

[80] *Menzel*, Landesverfassungsrecht, 239; *Dreier*, in: Schmidt (Hrsg.), Vielfalt des Rechts – Einheit der Rechtsordnung, 1994, 113 (137); *Isensee*, SächsVBl. 1994, 28 (32); *Tietje*, AöR 124 (1999), 282 (303); *Häberle*, in: Kramer (Hrsg.), Föderalismus zwischen Integration und Sezession, 1993, 201 (206). Dies ist freilich nicht als Einbahnstraße gedacht, sondern gilt ebenso in der umgekehrten Richtung im Sinne eines Lernens von der Landesverfassung, siehe dazu die folgende Randnummer.

anzusehen haben, der größeres Gewicht beizumessen ist, als sie gewöhnlicher Rechtsvergleichung mit einer „fremden" Rechtsordnung zukommt.[81]

Die Orientierung am Grundgesetz übersteigt ein unproblematisches Maß, wenn sie **22** zur dominierenden Auslegungsmethode wird und sich nivellierend über die Besonderheiten der Verfassungstexte legt. Man wird die Frage, ob einer am Grundgesetz orientierten oder einer eigenständigen Interpretation der Landesverfassung aus sich selbst heraus der „Vorrang" zukommt, sicher nicht schematisch beantworten können. Richtig indes ist, dass eine an den je eigenen Strukturentscheidungen und Wertungen der Landesverfassung orientierte Auslegung in der Praxis der landesverfassungsgerichtlichen Judikatur Deutschlands eher gestärkt als geschwächt zu werden verdient.[82] Der VerfGH hat die Chancen einer autonomen Judikatur teilweise beherzt genutzt[83], teilweise aber auch Tendenzen einer vernachlässigten Texttreue erkennen lassen[84]. Den bundesstaatlichen Verfassungsverbund bereichern und seinen spezifischen Vorzug des lebendigen Diskurses und des wechselseitigen „Voneinander-Lernens"[85] möglich machen kann die Landesverfassung nur, wenn ihre Handhabung nicht von einem Geist vorauseilender Einförmigkeit geprägt ist. Ohne Mut zur kreativen Vielfalt und entsprechende Räume lebendiger Eigenverfasstheit verspielt ein föderativer Verfassungsverbund sein Potential.[86]

III. Wirkkraft gegenüber Gemeinschaftsrecht

Die **Integrationsgewalt,** d.h. die Fähigkeit, durch Übertragung von Hoheitsrechten **23** eine supranationale europäische öffentliche Gewalt und eine mit unmittelbarer und vorrangiger Geltung ausgestattete Gemeinschaftsrechtsordnung hervorzubringen, liegt im deutschen Bundesstaat allein beim **Bund;** allein das Grundgesetz entscheidet über die verfassungsrechtlichen Maßgaben des Fortgangs der europäischen Integration (Art. 23 GG). Die Landesverfassung vermag hierzu nichts beizutragen; sie kann den Prozess der europäischen Integration im Wesentlichen nur nachvollziehen und deklaratorisch befürworten (Art. 3a BV).[87] Auch das Abstimmungsverhalten der bayerischen Vertreter im **Bundesrat** im Rahmen der Beschlussfassung über Zustimmungsgesetze zu Änderungen der vertraglichen Grundlagen von EU und EG wird durch bayerisches Verfassungsrecht nicht determiniert und kann daher nicht zum Gegenstand einer Verfassungsbeschwerde gemacht werden.[88] Entsprechendes gilt für die Mitwirkungsrechte des Bundesrates bzgl. europäischer Rechtsetzungsakte (Art. 23 IV, V GG), für die Wahrnehmung der deutschen Beteiligungsrechte durch einen „**Vertreter der Länder**" nach Art. 23 VI GG (der nicht Vertreter seines Landes, sondern des Bundes ist[89]) sowie für die Mitwirkung im – ohnehin nur beratenden – Ausschuss der Regionen (Art. 263 ff. EG).

---

[81] Missverständlich insoweit *Menzel,* in: Löwer/Tettinger, NRW Verf, Einführung B Rn. 26.

[82] Vgl. die Stoßrichtung bei *Menzel,* in: Löwer/Tettinger, NRW Verf, Einführung B Rn. 25.

[83] Z.B. VerfGH 37, 101.

[84] Kritik z.B. bei *Gallwas,* in: Bayerische Landeszentrale für politische Bildungsarbeit (Hrsg.), 50 Jahre Bayerische Verfassung, 1996, 166 (172 ff.). Eine zumindest weit in den Hintergrund gerückte Texttreue zeigt sich z.B. darin, dass die im Verfassungstext angelegten Ansätze einer eigenständigen Grundrechts-Schrankensystematik praktisch bedeutungslos geblieben sind, während andererseits die jeweiligen Schranken des Grundgesetzes als ungeschriebene/immanente Schranken in die bayerischen Grundrechte hineingelesen werden (dazu *Lindner* BayVBl. 2004, 641 [651], s.a. Vor Art. 98, Rn. 61 ff.

[85] Siehe oben Fn. 80.

[86] *Möstl,* AöR 130 (2005), 350 (389 f.).

[87] *Möstl,* AöR 130 (2005), 350 (353). Zu den europabezogenen Bestimmungen der Landesverfassung siehe *Menzel,* in: Löwer/Tettinger, NRW Verf, Einführung C, Rn. 6 ff. Zu den geringfügigen Rechtswirkungen des Art. 3a im Rahmen der dem Freistaat Bayern nach Bundes- und Europarecht offenstehenden Aktionsfeldern vgl. die Kommentierung zu Art. 3a.

[88] VerfGH BayVBl. 2006, 498.

[89] *Classen,* in: v. Mangoldt/Klein/Starck, Art. 23, Rn. 93.

Vorbemerkungen B

24   Auch das Verhältnis von nationalem und europäischem „Verfassungsrecht"[90] kann – aufgrund der Eigenart des Gemeinschaftsrechts, trotz mitgliedstaatlicher Hervorbringung „autonome" Rechtsordnung zu sein[91] – als prinzipiell selbständiges **Nebeneinander** zweier Verfassungsräume beschrieben werden. Konsequenz ist unter anderem, dass Gewährleistungen des europäischen Verfassungsrechts (z. B. die Unionsbürgerrechte zur Teilnahme an Kommunalwahlen) nicht etwa Bestandteil der BV werden und daher auch vor dem VerfGH nicht geltend gemacht werden können.[92]

25   Das Gemeinschaftsrecht beansprucht nach st. Rspr. des EuGH **Vorrang** gegenüber mitgliedstaatlichem Recht jeglicher Rangstufe, d. h. auch gegenüber dem Landesverfassungsrecht.[93] Landesverfassungsrecht kann demnach in seiner Maßstabskraft gebrochen sein, soweit es mit vorrangigem Gemeinschaftsrecht nicht vereinbar ist; der VerfGH darf aus der Landesverfassung keine Rechtsfolgen ableiten, die in Widerspruch zu Gemeinschaftsrecht stehen.[94] Die Bindung der Landesstaatsgewalt an das Gemeinschaftsrecht folgt hierbei unmittelbar aus Gemeinschaftsrecht selbst (das die Kraft hat, nicht nur für, sondern auch in den Mitgliedstaaten zu gelten und den nach nationalem Verfassungsrecht jeweils zuständigen Adressaten unmittelbar zu verpflichten, vgl. Art. 10 EG[95]), und nicht erst vermittelt über den bundesverfassungsrechtlichen Grundsatz der Bundestreue. Der Grundsatz der Bundestreue bezweckt vielmehr allein, dem nach außen hin haftenden Bund (Vertragsverletzungsverfahren!) innerstaatlich eine Rechtsposition an die Hand zu geben, mithilfe derer er von den zuständigen Ländern einfordern kann, wozu diese aufgrund Gemeinschaftsrechts unmittelbar verpflichtet sind.[96]

26   In seinen praktischen Auswirkungen auf das Landesverfassungsrecht lässt sich der Vorrang des Gemeinschaftsrechts mit dem oben zum Vorrang des Bundesrechts (Art. 31 GG, siehe Rn. 11 ff.) Gesagten durchaus vergleichen. Insbesondere ist hier ganz unstrittig, dass dem Gemeinschaftsrecht ein bloßer **Anwendungsvorrang** zukommt, d. h., dass er nicht zur Nichtigkeit, sondern allein zu einem punktuellen Zurücktreten (Nichtanwendung im Einzelfall) des nationalen Rechts führt, soweit dieses mit Gemeinschaftsrecht unvereinbar ist.[97] In gleicher Weise ist anerkannt, dass die nationale Staatsgewalt (dies gilt auch für die Landesstaatsgewalt) bei der Umsetzung, der Anwendung und dem Vollzug von Gemeinschaftsrecht an nationales Verfassungsrecht (auch Landesverfassungsrecht) gebunden bleibt, soweit das Gemeinschaftsrecht **Spielräume** belässt.[98]

27   Den Vorrang des Gemeinschaftsrechts gegenüber nationalem Verfassungsrecht hat das BVerfG unter einen grundrechtlichen (im Wesentlichen vergleichbarer Grundrechtsschutz auf Gemeinschaftsebene)[99] und einen kompetenziellen (kein „Ausbrechen" aus dem Integrationsprogramm)[100] **Solange-Vorbehalt** gestellt, der im Normalzustand des Verfassungslebens zwar keine Rolle spielt, im Krisenfall aber doch als Manifestation der „im

---

[90]   Zu diesem Begriff: *Huber*, 194 ff., und *Pernice*, 148 ff., beide in: VVDStRL 60 (2001).

[91]   *Badura*, Staatsrecht, D 143; *Hirsch*, in FS 50 Jahre BayVerfGH, 45 (47).

[92]   VerfGH 50, 76 (96 ff.). Vorstellbar ist allein, dass offensichtliche und schwerwiegende Verstöße gegen das Gemeinschaftsrecht zugleich als Verstoß gegen das Rechtsstaatsprinzip des Art. 3 I BV gewertet werden (offengelassen in VerfGH a. a. O.; VerfGH BayVBl. 2006, 212 f.).

[93]   EuGH Slg. 1964, 1251; 1970, 1125; 1978, 629; *Jutzi*, KritV 1996, 138.

[94]   Zur prozessualen Bewältigung (insbesondere zur Frage einer Vorlagepflicht an den EuGH): *Hirsch*, in FS 50 Jahre BayVerfGH, 45 ff.

[95]   *Streinz*, in: ders. (Hrsg.), EUV/EGV, 2003, Art. 10 EG Rn. 4, 15 ff.; zur gemeinschaftsrechtlichen Verpflichtung jedes „im Rahmen seiner Zuständigkeit angerufenen Richters" (d. h. auch eines Richters des Landesverfassungsgerichts), „das Gemeinschaftsrecht uneingeschränkt anzuwenden", siehe *Hirsch*, in: FS 50 Jahre BayVerfGH, 45 (61).

[96]   *Müller-Terpitz*, in: Löwer/Tettinger, NRWVerf, Einführung C Rn. 17.

[97]   *Hirsch*, in FS 50 Jahre BayVerfGH, 45 (55).

[98]   Am Beispiel der Grundrechte siehe Vor Art. 98, Rn. 144 ff.; weitere Nachweise bei *Möstl*, AöR 130 (2005), 350 (371 [Fn. 128]).

[99]   BVerfGE 37, 271; 73, 339; 102, 147.

[100]   BVerfGE 89, 155 (188).

letzten Wort der Verfassung liegenden Souveränität"[101] der Mitgliedstaaten, den diese im Prozess der europäischen Integration noch nicht aufgegeben haben, gewertet werden muss. Den Landesverfassungen sowie den Landesverfassungsgerichten kommt dieser letzte Verfassungsvorbehalt nationaler Souveränität gegenüber dem Vorrang des Gemeinschaftsrechts nicht unmittelbar zugute. Jedenfalls dürfte ein Landesverfassungsgericht den Solange-Vorbehalt, wenn es Zweifel am europäischen Grundrechtsschutzniveau hat oder einen Kompetenzausbruch vermutet, nicht aus eigener Kraft in Stellung bringen und sich ohne Einschaltung des BVerfG über den Vorrang des Gemeinschaftsrechts hinwegsetzen. Ein „Widerruf" der vom BVerfG nach Maßgabe des Solange-Vorbehalts bis auf Weiteres generell zurückgenommenen deutschen Verfassungsgerichtsbarkeit über Gemeinschaftsrecht wäre nämlich wohl als eine Divergenz in der Auslegung zu Art. 23 GG zu werten, die das Landesverfassungsgericht zur Vorlage an das BVerfG nach Art. 100 III GG verpflichtete.[102] Es liegt letztlich an der beim Bund und dem Grundgesetz konzentrierten Integrationsgewalt, dass es nicht Aufgabe eines Landesverfassungsgerichts sein kann, nationale Verfassungsvorbehalte in Stellung zu bringen.

Alles in allem bleibt die überformende Kraft, die vom europäischen Verfassungsrecht **28** auf die Landesverfassung ausgeht, trotz des prinzipiell vergleichbaren Vorrangs in der Normenhierarchie deutlich hinter derjenigen des Grundgesetzes zurück.[103] Ein Homogenitätsgebot, das unmittelbar zur Unanwendbarkeit oder Nichtigkeit von entgegenstehendem nationalem Verfassungsrecht (auch Landesverfassungsrecht) führen könnte, kennt das Unionsrecht nicht (allenfalls kennt es mittlerweile gewisse Homogenitätserwartungen, an die auch Sanktionsmechanismen auf Unionsebene geknüpft sind, vgl. **Art. 6 I, Art. 7 EU**). Im Gegenteil ist es das nationale Verfassungsrecht, das dem europäischen Integrationsprozess und Konstitutionalisierungsprozess verbindliche Strukturvorgaben macht (Art. 23 I GG, deklaratorisch bekräftigend: Art. 3 a BV). Auch die Problematik konkurrierender Regelungsansprüche ist weitaus geringer ausgeprägt als im Verhältnis zum Grundgesetz. So binden beispielsweise die europäischen Grundrechte die nationale Staatsgewalt (auch die Landesstaatsgewalt) – anders als die Bundesgrundrechte (Art. 1 III GG) – nicht etwa durchgehend, sondern allein bei der Anwendung von Gemeinschaftsrecht, und treten somit nicht in eine durchgehende Anwendungskonkurrenz mit den Landesgrundrechten. Im Übrigen war es im Europarecht nie zweifelhaft, dass auch, soweit eine Regelungskonkurrenz besteht, nicht allein die Existenz paralleler Gewährleistungen, sondern allein Konstellationen echter Unvereinbarkeit zur Nichtanwendung des nationalen Rechts führen (vgl. zum bundesstaatlichen Pendant oben Rn. 12 ff.; für die Grundrechte nunmehr auch **Art. 53 GRC**). Für die Verfassungsautonomie der Länder bedeutsam ist schließlich die in **Art. 6 III EU** normierte Pflicht der Union, die nationale Identität ihrer Mitgliedstaaten zu achten. Zur nationalen Identität gehört insbesondere auch die ggf. bestehende föderative Struktur und Eigenart eines Mitgliedstaates.[104] Die für den deutschen Bundesstaat prägende **Verfassungshoheit der Länder** dürfte zu jener **„nationalen Identität"** Deutschlands zu rechnen sein, die gegenüber der Europäischen Union Achtung beanspruchen darf und auch im Integrationsprozess geschützt bleibt.

---

[101] BVerfG NJW 2004, 3407 (3408).
[102] Hierzu m. w. N. *Möstl*, AöR 130 (2005), 350 (369).
[103] Zum folgenden: *Möstl*, AöR 130 (2005), 350 (369 f.).
[104] *Badura*, Staatsrecht, D 155.

Vorspruch

Angesichts des Trümmerfeldes, zu dem eine Staats- und Gesellschaftsordnung ohne Gott, ohne Gewissen und ohne Achtung vor der Würde des Menschen die Überlebenden des zweiten Weltkrieges geführt hat,
in dem festen Entschluss, den kommenden deutschen Geschlechtern die Segnungen des Friedens, der Menschlichkeit und des Rechtes dauernd zu sichern,
gibt sich das Bayerische Volk, eingedenk seiner mehr als tausendjährigen Geschichte, nachstehende demokratische Verfassung.

Rechtsprechung: VerfGH 9, 147; 22, 26; 41, 44.

Literatur: Häberle, „Gott" im Verfassungsstaat, Festschrift für Zeitler, 1987, S. 2 ff.; *ders.,* Präambeln im Text und Kontext von Verfassungen, in: Festschrift für Broermann, 1982, S. 211 ff. *Glück,* Die Werteordnung der Bayerischen Verfassung – Auftrag und Verpflichtung für die Zukunft, in: 50 Jahre Bayerische Verfassung, 1996, S. 90; *Böttcher,* Die Präambel der Bayerischen Verfassung und ihr geistiger Vater, BayVBl. 1998, 385; *Rumschöttel/Ziegler (Hg.),* Staat und Gaue in der NS-Zeit. Bayern 1939–1945, 2004.

1. Dem Vorspruch, dessen Textfassung auf einen Entwurf des Vorsitzenden des Verfassungsausschusses der Verfassungsgebenden Landesversammlung, Dr. Lorenz Krapp, zurückgeht[1], kommt die Funktion einer **Präambel** und damit eine primär **verfassungspolitische Bedeutung** zu. Er bildet die politische, moralische und philosophische Überhöhung der Verfassung, ihr **Leitbild.** Das Gestelltsein jeder Verfassung als Menschenwerk in die historische Bedingtheit findet in der Präambel seinen aussagekräftigsten Standpunkt: Der mahnende Blick zurück auf das Ungeheuerliche, das Monströse verbindet sich mit der Hoffnung auf eine positive Zukunft. Der Vorspruch ist ein den Leser beeindruckender, wortmächtiger, tief religiös geprägter Text[2], der auch sechzig Jahre später noch die Situation der Entstehung der Verfassung spürbar werden lässt. Dies umso mehr, als im Verfassungsentwurf des Frühjahrs 1946 – dem Vorbild der Bamberger Verfassung von 1919 folgend – noch keine Präambel vorgesehen war. Erst in der 28. Sitzung des Verfassungsausschusses am 3. 9. 1946 wurde die Präambel beraten.[3] **1**

2. Die Bayerische Verfassung ist entstanden auf dem „Trümmerfeld" nicht nur des zweiten Weltkrieges, sondern der Barbarei des Nationalsozialismus. Verdinglichung des Menschen, Relativierung der Gleichwertigkeit jedes Menschen bis hin zur systematischen Vernichtung sind Zeichen und Konsequenzen einer Staats- und Gesellschaftsordnung ohne Achtung vor der **Würde des Menschen.** Auf dieser im Jahr 1946 unmittelbar präsenten Erfahrung der „trostlosen geistigen, politischen und wirtschaftlichen Situation"[4] und ihrer Ursachen und in deutlicher Reaktion darauf will bereits der Vorspruch deutlich den Entschluss zum Ausdruck bringen, „dem Geist der Gottlosigkeit und der Unmenschlichkeit entgegenzutreten und dem Frieden, der Menschlichkeit und dem Recht zu dienen."[5] **2**

Der Vorspruch stellt die in ihm formulierten **Leitziele** in historischer Dimension auf die Schiene der Zeit: er nimmt zunächst – in bewusster Kontradiktion zum sog. „Dritten Reich" – auf die mehr als tausendjährige Geschichte des Bayerischen Volkes[6] Bezug und impliziert damit dessen besondere **Legitimationskraft** für die Verfassungsgebung. Sodann wird – den Blick in die Zukunft gerichtet – der Anspruch erhoben, den „kom- **3**

---

[1] *Böttcher,* BayVBl. 1998, 385, dort auch zur Frage der Rolle Hundhammers im Hinblick auf die Entstehung der Präambel.

[2] *Böttcher* (Fn. 1), 387, der auf die starke religiöse Bindung Krapps hinweist.

[3] Prot. I, 38 f.; III, 619 f.

[4] *Schweiger,* in: Nawiasky/Schweiger/Knöpfle, Vorspruch, Rn. 3.

[5] *Nawiasky,* 78: „scharfe Verurteilung der nationalsozialistischen Gewaltherrschaft". VerfGH 9, 147 (154); 22, 26; 41, 44 (47).

[6] Geschichtlich korrekt ist diese Bezugnahme allerdings nur, wenn man auf den Bereich Altbayerns abstellt; vgl. *Schweiger* (Fn. 4), Rn. 5 sowie Art. 9 Rn. 4.

menden deutschen Geschlechtern" die genannten Leitziele „dauernd zu sichern". Der Vorspruch hat insofern durchaus **absoluten Charakter** und stellt sich gegen jedweden Relativismus. Gleichzeitig schwingt der Aspekt der „**Nachhaltigkeit**" mit, aus der sich auch Anhaltspunkte für den Verfassungsgrundsatz einer konsequenten Politik für die künftigen Generationen, etwa im Bereich der Haushaltspolitik, erschließen lassen (vgl. auch Art. 141 I).[7]

4   3. Der **Bezug auf Gott** wird nicht lediglich als Bezug auf das geistige, kulturelle und religiöse Erbe des christlich geprägten Abendlandes, gewissermaßen als dessen „gesunkenes Kulturgut", verstanden, sondern als Bezugnahme auf den Gott des **Christentums** selbst, ohne dessen „Segnungen" Friede, Menschlichkeit und Recht nicht dauerhaft gesichert werden können.[8] Von diesem konkret-religiösen, appellativen Gehalt in der Präambel zu unterscheiden sind die staatskirchenrechtlichen Aussagen der Verfassung insbesondere zur Religionsfreiheit (Art. 107). Danach ist der Freistaat Bayern kein christlicher, sondern ein **religiös grundsätzlich neutraler, säkularer Staat** (Art. 142 I), der freilich auf den Grundlagen des Christentums entstanden ist – was zumal in der Präambel zum Ausdruck kommt (vgl. auch Art. 131 II, 136, 150)[9]. Dem totalitären Staat des Nationalsozialismus wurde und wird mit dem Bezug auf Gott und die Menschenwürde „ewig" und „symbolisch" eine Absage erteilt.[10] Die Bayerische Verfassung hat damit eine aus historischer Erfahrung überpositive, **transzendente Verankerung.**[11]

5   4. Der Vorspruch enthält – obwohl Bestandteil der BV[12] – **kein unmittelbar anwendbares Verfassungsrecht** und verbürgt auch **keine subjektiven Rechte** der Bürgerinnen und Bürger.[13] Eine Verfassungsbeschwerde oder eine Popularklage kann daher nicht allein darauf gestützt werden, eine Maßnahme bzw. ein Rechtssatz des Landesrechts widerspreche dem im Vorspruch zum Ausdruck kommenden Geist der BV.[14] In der **verfassungstheoretischen Überhöhung** des Vorspruchs, seiner „Entrückung" vom verfassungsrechtlichen und verfassungspolitischen Alltag, von staatsfundamentalphilosophischer Problematisierung[15], liegt seine Besonderheit und Kraft als „**Paradigma**"[16] für die Verfassung und die Verfassungswirklichkeit. Dementsprechend ist seine Rechtswirkung von grundsätzlicher, transzendenter und im Hinblick auf die Möglichkeit der konkreten Verfassung auch **transzendentaler** Art – abseits nüchterner Verfassungstheorie und technischer Verfassungsdogmatik. Der Vorspruch ist die „**Seele der Verfassung**".

6   5. Das Paradigma des Vorspruchs **entfaltet sich** zunächst im **Verfassungstext** selbst. Dieser setzt um, was jener vorgibt. Der Vorspruch spiegelt sich wider vor allem in der Verankerung des **Demokratieprinzips** („demokratische Verfassung") insbesondere in Art. 1 I, Art. 2, Art. 11 IV, Art. 13 ff., Art. 75 I, **im Rechts- und Sozialstaatsprinzip** (Art. 3 I), in der Bändigung von Hoheitsgewalt und Machtkumulation durch eine horizontale (Art. 4 und 5) sowie vertikale **Gewaltenteilung** (Art. 9–11: Gliederung des Staatsgebietes

---

[7] Vgl. dazu Rn. 2 zu Art. 78, Rn. 1 zu Art. 81.

[8] *Böttcher* (Fn. 1), 386.

[9] *Isensee,* Menschenwürde: die säkulare Gesellschaft auf der Suche nach dem Absoluten, AöR 131 (2006), 173 (178) betont mit Recht, dass religiöse Bezüge in Präambeln als solche die Säkularität eines Staates nicht in Frage stellen, aber eben auf die nicht säkularen Wurzeln und Voraussetzungen Bezug nehmen.

[10] *Häberle,* „Gott" im Verfassungsstaat, Festschrift für Zeitler, 1987, 2 ff.; vgl. auch *Ennuschat,* „Gott" und Grundgesetz, NJW 1998, 953.

[11] VerfGH 4, 51.

[12] *Schweiger* (Fn. 4), Rn. 2.

[13] VerfGH (Fn. 5); *Meder,* Vorspruch Rn. 3; allgemein zur Frage des Rechtsgehalts von Präambeln *Starck,* in: v. Mangoldt/Klein/Starck, Präambel Rn. 29 ff. m. w. N.; *Huber,* in: Sachs, Präambel Rn. 11 ff.; *Häberle,* Präambeln, 211 ff.

[14] VerfGH 9, 147.

[15] Grundsätzlich *Höffe,* Politische Gerechtigkeit, Grundlegung einer kritischen Philosophie von Recht und Staat, 1989.

[16] Vgl. *Kuhn,* Die Struktur wissenschaftlicher Revolutionen, 2. Aufl. 1976.

auch in kommunale Selbstverwaltungskörperschaften), in der Verankerung eines **Grundrechtskataloges** mit besonderer Betonung der **Würde des Menschen** im Sinne einer absoluten Gleichwertigkeit jedes menschlichen Lebens ungeachtet seiner konkreten Bedingtheit (Art. 98 ff.), einer effektiven **Durchsetzung der Grundrechte** mittels der Popularklage (Art. 98 S. 4) und der Verfassungsbeschwerde (Art. 120), aber auch in grundsätzlichen Wertungen unter Schwerpunktsetzung sozialer Gesichtspunkte in den Bereichen Wirtschaft und Arbeit (Art. 151 ff.).

6. Eine weitere grundsätzliche Rechtswirkung des Vorspruches liegt in seiner **Direktionsfunktion** bei der Anwendung, insbesondere der **Auslegung** der Verfassungsbestimmungen.[17] Bei Zweifelsfragen kann ein Rückgriff auf die Präambel sinnvoll und geboten sein, auch wenn die Bedeutung dieser Funktion des Vorspruchs in der Praxis angesichts der Komplexität zu lösender Auslegungs- und Abwägungsprobleme eher gering ist.

7. Schließlich enthält der Vorspruch eine Aussage zur Stellung des Freistaates Bayern in **Deutschland.** Unabhängig von der Regelung des Art. 178 deutet die Formulierung von den „kommenden deutschen Geschlechtern" darauf hin, dass die Bayerische Verfassung einen Beitrag Bayerns zur Wiedererrichtung Deutschlands leisten sollte, was mit der Vorstellung eines souveränen, eigenständigen Bayern mindestens nicht ohne weiteres kompatibel gewesen wäre.[18] Freilich hat sich diese Frage historisch überholt (vgl. dazu die Erläuterungen zu Art. 178).

7

8

---

[17] Vgl. zu dieser Funktion BVerfGE 5, 85 (126 f.); 36, 1 (16).
[18] Prot. III, 620; *Böttcher* (Fn. 1), 386.

Erster Hauptteil. Aufbau und Aufgaben des Staates

Vorbemerkung: Der Erste Hauptteil ist – anders als die Gliederung der Verfassung von 1919 – klar und sachlich folgerichtig **aufgebaut**.[1] Er beginnt mit den „Grundlagen des Bayerischen Staates" (Art. 1–12), behandelt sodann die Staatsorgane (den *Landtag* als demokratisches Hauptorgan [Art. 13–33a], die sich in ihrer Legitimation aus dem Landtag ableitende *Staatsregierung* [Art. 43–59] sowie den die Verfassungskonformität des Staatshandelns kontrollierenden *Verfassungsgerichtshof* [Art. 60–69]) und daran anschließend die Staatsfunktionen, staatlichen Handlungsformen und Handlungsträger (*Gesetzgebung* [Art. 70–76]; *Verwaltung* einschließlich des Staatshaushalts [Art. 77–83]; *Rechtspflege* [Art. 84–93] sowie die *Beamten* [urspr. vorgesehener Titel: *Beamtentum*] als hoheitliche Personalkategorie [Art. 94–97]). Der bisherige dritte Abschnitt (Art. 34–42), der den *Senat* und seine Funktion als konsultative Mitwirkung an der Gesetzgebung geregelt hatte, ist mit dem auf ein Volksbegehren zurückgehenden „Gesetz zur Abschaffung des Bayerischen Senats" vom 20. 2. 1998[2] aufgehoben worden.

1. Abschnitt. Die Grundlagen des Bayerischen Staates

Der 1. Abschnitt, der im Vorentwurf und im Entwurf noch mit „Land und Gemeinden" überschrieben war und nur acht Artikel umfasste, versammelt **Basis–Regelungen** insbesondere über **Staatsform** (Art. 1 I, Art. 2), **Staatssymbole** (Art. 1 II, III), **Staatsaufgaben** (Art. 3, 3 a), über die **Ausübung der Staatsgewalt** (Art. 4 und 5), über die **Staatsangehörigkeit** (Art. 6–8) sowie über die **Gliederung des Staatsgebietes** (Art. 9 ff.). Alle drei Elemente des klassischen Staatsbegriffs – Staatsvolk, Staatsgebiet, Staatsgewalt – finden sich wieder. Dies entspricht dem Anspruch der Verfassung nach – freilich nunmehr durch das GG und die europäischen Verträge überlagerter – **Eigenstaatlichkeit** des Freistaates Bayern.[3]

Art. 1 [Freistaat; Landesfarben; Landeswappen]

(1) Bayern ist ein Freistaat.
(2) Die Landesfarben sind Weiß und Blau.
(3) Das Landeswappen wird durch Gesetz bestimmt.

Parallelvorschriften im GG und anderen Landesverfassungen: Art. 20 I, 22 und 28 I 1 GG; Art. 23 I und 24 BaWüVerf; Art. 1 und Art. 5 BerlVerf; Art. 2 I und Art. 4 BbgVerf; Art. 64 und Art. 68 BremVerf; Art. 1 und Art. 5 HmbVerf; Art. 64 bis 66 HessVerf; Art. 1 III und Art. 2 M-VVerf; Art. 1 II, III NdsVerf; Art. 1 NRWVerf; Art. 74 RhPfVerf; Art. 60 I, 62 SaarlVerf; Art. 1 Satz 1 und Art. 2 SächsVerf; Art. 1 VerfLSA; Art. 1 SchlHVerf; Art. 44 ThürVerf.

Rechtsprechung: VerfGH 46, 298; BVerfG 81, 278; 81, 298.

Literatur: Isensee, Republik – Sinnpotenzial eines Begriffs, JZ 1981, 1; *Henke,* Zum Verfassungsprinzip der Republik, JZ 1981, 249; *Quaritsch (Hg.),* Die Selbstdarstellung des Staates, 1977; *Löw,* Was bedeutet Republik in der Verfassung der Bundesrepublik Deutschland? DÖV 1979, 819; *Hoog,* Deutsches Flag-

---

[1] Die Gliederung entspricht bereits dem Entwurf, jedoch ohne die Abschnitte über den Senat und den Verfassungsgerichtshof. Der im Verfassungsausschuss eingefügte Abschnitt über den Staatspräsidenten ist im Zuge des Entstehungsprozesses der Verfassung wieder entfallen; vgl. dazu Rn. 10 vor Art. 43.

[2] GVBl 42; dazu *Isensee,* Verfassungsreferendum mit einfacher Mehrheit. Der Volksentscheid zur Abschaffung des Bayerischen Senats als Paradigma, 1999. Zu früheren Bemühungen um die Abschaffung des Senats s. *Lindner,* Sechzig Jahre Bayerische Verfassung, BayVBl. 2006, 1 (3), dort in Fn. 37; dazu VerfGH 52, 104.

[3] Zur Eigenstaatlichkeit Bayerns s. die Vorbemerkungen zu diesem Kommentar.

genrecht, 1982; *Hattenhauer,* Deutsche Nationalsymbole, 2. Aufl. 1990; *Frankenberg,* Die Verfassung der Republik, 1996; *Reinalter (Hg.),* Republikbegriff und Republiken seit dem 18. Jh. Im europäischen Vergleich, 1999; *Murswiek,* Verfassungsfragen der staatlichen Selbstdarstellung, in: Festschrift für Quaritsch, 2000, S. 307 ff.; *Gröschner,* Die Republik, HdBStR II, § 23.

I. Allgemeines

1. Bedeutung

1   I enthält eine Fundamentalentscheidung zu Gunsten der **Republik als Staatsform.** Er steht in systematischem Zusammenhang mit weiteren Verfassungsnormen zur Charakterisierung des Staatswesens (Art. 2: Volksstaat; Art. 3 I: Rechts-, Kultur- und Sozialstaat). II und III regeln – allerdings unvollständig – Staatssymbole zur Repräsentation und Identifikation.[1]

2. Entstehung

2   Die Kennzeichnung Bayerns als **Freistaat** sowie die Bestimmung der Landesfarben haben in § 1 VU 1919 ihr Vorbild. Art. 1 entspricht Art. 1 VE und Art. 1 E, wobei in Art. 1 I VE noch von „Republik" die Rede war.

3. Verhältnis zum Grundgesetz

3   Die Vorschrift ist in ihrer Geltung und im Anwendungsbereich vom GG nicht beeinträchtigt. Die Festlegung des Freistaates Bayern als Freistaat, also als Republik, ist mit der **„Harmonisierungsklausel"** des Art. 28 I 1 GG („Grundsätze des republikanischen Rechtsstaates") ohne weiteres vereinbar. Eine Rückkehr zur Monarchie jeglicher Ausgestaltungsmodalität ist – trotz Vorhandenseins entsprechender, freilich in deutlicher Minderheit befindlicher politischer Tendenzen – durch Art. 28 I 1 GG ausgeschlossen. Landesstaatssymbole fallen kraft Natur der Sache in die Zuständigkeit des Landes, solange und soweit dadurch nicht Geltung und Bedeutung der Bundesstaatssymbole (vgl. Art. 22 GG) beeinflusst oder in Frage gestellt werden.

II. Einzelkommentierung

1. Grundentscheidung für die Staatsform der Republik

4   Der Begriff „Freistaat" gilt, obwohl vom Wortlaut her nicht unmittelbar einleuchtend, als deutsche Entsprechung des Wortes **Republik** (res publica – Öffentliche Sache; Gemeinwesen).[2] Proprium der Staatsform „Republik", die – begrifflich – nicht trennscharf von der rechtsstaatlichen Demokratie abzugrenzen ist, ist die Orientierung des Staates nicht an den Interessen der Herrschenden oder einzelner Gruppen, sondern am **Gemeinwohl** sowie der **Freiheit und Gleichheit aller Menschen.**[3] Die Republik ist **ideologiefeindlich,** da sich Ideologie nicht am Gemeinwohl orientiert. Seit der Weimarer Reichsverfassung (Art. 1 I WRV) bedeutet die republikanische Staatsform die **Negation der Monarchie.** Ein monarchisches Staatsoberhaupt ist selbst bei Beibehaltung von Volkssouveränität und Demokratie ausgeschlossen.[4] Die der Staatsgewalt Unterworfenen sind nicht Untertan, sondern Bürger, citoyen. Damit untrennbar verbunden ist die Unparteilichkeit der Amtsführung durch Mandatsträger und Amtswalter. Ein darüber hinausgehender Rechtsgehalt wird dem Begriff „Republik" zumeist abgespro-

---

[1] *Huber,* in: Sachs, Art. 22 Rn. 5; BVerfGE 81, 278 (Verunglimpfung der Bundesflagge); 81, 298 (Verunglimpfung des Deutschlandliedes).

[2] *Meder,* Art. 1 Rn. 1; Prot. I, S. 44; *Hoegner,* BayVBl. 1953, 97; *Nawiasky,* 79.

[3] Zur geistesgeschichtlichen Entwicklung von *Cicero* über *Machiavelli, Montesquieu* und *Kant* s. *Schweiger,* in: Nawiasky/Schweiger/Knöpfle, Art. 1 Rn. 5; *Sommermann,* in: v. Mangoldt/Klein/Starck, Art. 20 Rn. 12 ff.

[4] *Sachs,* in: ders., Art. 20 Rn. 9.

chen[5] – zu Recht, da die wesentlichen Determinanten des modernen Staates sich in anderen Konstitutionsprinzipien finden (v. a. Art. 2 und Art. 3). Art. 1 I verbürgt **keine grundrechtlichen Positionen.** Eine Popularklage, mit der das Fehlen der Namen „Franken" und „Schwaben" im Staatsnamen moniert wurde, hat der VerfGH für unzulässig erklärt.[6]

2. Staatssymbole

II und III regeln Staatssymbole zur **internen und externen Repräsentation** sowie 5
zur **Identifikation** der Menschen mit ihrer Verfassung:

a) II regelt die **Landesfarben** in der Modalität Weiß und Blau.[7] Nach § 1 der Verwal- 6
tungsanordnung über die bayerischen Staatsflaggen[8] ist die Staatsflagge eine **Rautenflagge** aus mindestens 21 weißen und blauen Rauten oder eine Streifenflagge mit zwei gleich breiten Querstreifen.

b) Das **Staatswappen** ist geregelt durch das „Gesetz über das Wappen des Freistaates 7
Bayern" vom 5. 6. 1950.[9] Art. 1 I dieses Gesetzes regelt das Erscheinungsbild des **großen** bayerischen Staatswappens, Art. 1 II das des **kleinen** bayerischen Staatswappens. Die Verordnung zur Ausführung des Gesetzes über das Wappen des Freistaates Bayern (AVWpG)[10] regelt in § 1 die **Führung** des großen, in §§ 2 und 3 die Führung des kleinen Staatswappens.[11]

c) Zur Staatssymbolik im weiteren Sinne rechnen auch **Orden, Ehrenzeichen** und 8
sonstige **Auszeichnungen.**[12] Nach Art. 118 V dürfen Orden und Ehrenzeichen vom Staat nur auf Grund Gesetzes (regelmäßig in Verbindung mit einem „Ordensstatut") verliehen werden.[13] Davon zu unterscheiden sind die nicht anlegbaren und daher nicht unter Art. 118 V fallenden, gesetzlich nicht normierten, zumeist durch Bekanntmachungen ge-

---

[5] *Löw*, DÖV 1979, 821.

[6] VerfGH 46, 298.

[7] Zur Entstehung s. *Schweiger* (Fn. 3), Art. 1 Rn. 6. Die Farbenfolge Weiß-Blau ist auf die heraldische Gepflogenheit zurückzuführen, in die rechte obere Ecke des Schildes eine weiße Raute zu setzen.

[8] Flaggen-Verwaltungsanordnung – VwAoFlag vom 16. 2. 1971 (GVBl S. 69, BayRS 1130-1-I) in der Fassung der Bek. v. 5. 4. 2005 (GVBl S. 93). Hier finden sich auch die Einzelheiten über Beflaggungsdaten und die Reihenfolge der Beflaggung der Landes-, Bundes- und Europaflagge. Der private Gebrauch von Flaggen und der Landesfarben – etwa auf Aufklebern oder Ansteckern – ist von Art. 101 BV geschützt.

[9] BayRS 1130-2-I; Bek. über die Führung des Wappens des Freistaates Bayern (Wappen-Bekanntmachung – Wap-Bek) vom 12. 10. 1950 (BayRS 1130-2-1-I), geändert durch Bek. v. 6. 11. 2001 (GVBl 729).

[10] In der Fassung der Bek. vom 22. 12. 1998 (GVBl S. 29, BayRS 1130-2-2-I), zuletzt geändert durch Verordnung vom 16. 5. 2006 (GVBl 305).

[11] Nach § 5 steht es jedermann frei, das große und kleine Staatswappen zu künstlerischen, kunstgewerblichen oder wissenschaftlichen Zwecken etc. zu verwenden.

[12] Eine vollständige Übersicht enthält die von der Bayerischen Staatskanzlei erlassene Verwaltungsvorschrift „Orden und sonstige staatliche Ehrungen des Freistaates Bayern" v. 1. 8. 2007 (B II 1 113-12-9). Daneben können die Gemeinden nach Art. 16 GO Persönlichkeiten zu Ehrenbürgern ernennen. Ein vergleichbares Recht haben die staatlichen Hochschulen (Art. 17 I 2 BayHSchG).

[13] Zu nennen sind insbesondere: (1) *Bayerischer Verdienstorden* in der Form eines „Malteserkreuzes" als „Zeichen ehrender und dankbarer Anerkennung für hervorragende Verdienste um den Freistaat Bayern und das bayerische Volk" nach dem „Gesetz über den Bayerischen Verdienstorden" vom 11. 6. 1957 (BayRS 1132-1-S), zuletzt geändert durch § 5 des Gesetzes vom 16. 12. 1999 (GVBl S. 521); (2) *Bayerischer Maximiliansorden für Wissenschaft und Kunst* (Gesetz v. 18. 3. 1980, BayRS 1132-4-S, zuletzt geändert durch § 6 des Gesetzes vom 16. 12. 1999 [GVBl S. 521]); (3) *Bayerische Rettungsmedaille am Band* (Gesetz über staatliche Auszeichnungen für die Rettung von Menschen aus Lebensgefahr vom 22. 12. 1952, BayRS 1132-2-S, zuletzt geändert durch Gesetz v. 22. 12. 1983 [GVBl S. 1098]); (4) *Ehrenzeichen des Bayerischen Ministerpräsidenten für Verdienste von im Ehrenamt tätigen Frauen und Männern* (Gesetz v. 23. 7. 1994, GVBl S. 599, BayRS 1132-6-S); (5) *Ehrenzeichen für Verdienst um das Bayerische Rote Kreuz* (Gesetz v. 15. 2. 1957, BayRS 281-2-I); (6) *Feuerwehrehrenzeichen* (Gesetz v. 28. 4. 1953, BayRS 215-3-2-I).

regelten Auszeichnungen, zumal **Staatsmedaillen** für besondere Verdienste[14], sowie die staatlich verliehenen – dotierten oder nicht dotierten – **Preise.**[15]

9   d) Keine Regelung in der Verfassung haben gefunden: die **Hauptstadt** (nach Art. 3 III GO führt die Stadt München die Bezeichnung „Landeshauptstadt"), eine **Landeshymne** (die Funktion einer Landeshymne hat das sog. „Bayern-Lied"[16]) sowie ein eigener **Landesfeiertag.**

Art. 2 [Volksstaat; Mehrheitsprinzip]

(1) [1]**Bayern ist ein Volksstaat.** [2]**Träger der Staatsgewalt ist das Volk.**
(2) [1]**Das Volk tut seinen Willen durch Wahlen und Abstimmungen kund.** [2]**Mehrheit entscheidet.**

Parallelvorschriften im GG und anderen Landesverfassungen: Art. 20 I, II GG; Art. 25 BaWüVerf; Art. 2 BerlVerf; Art. 2 II BbgVerf; Art. 66 BremVerf; Art. 3 HmbVerf; Art. 70, 71 HessVerf; Art. 3 M-VVerf; Art. 2 I NdsVerf; Art. 2 NRWVerf; Art. 75 RhPfVerf; Art. 61 SaarlVerf; Art. 3 SächsVerf; Art. 2 II VerfLSA; Art. 2 SchlHVerf; Art. 45, 46 ThürVerf.

Rechtsprechung: VerfGH 52, 104; 53, 23; 53, 42; 53, 81; 54, 109; 58, 113; BVerfGE 83, 60; 93, 37; 107, 59; 111, 191.

Literatur: Kelsen, Vom Wert und Wesen der Demokratie, 2. Aufl. 1929; *Heun,* Das Mehrheitsprinzip in der Demokratie, 1983; *Jestaedt,* Demokratieprinzip und Kondominialverwaltung, 1993; *Zacher,* Plebiszitäre Elemente in der Bayerischen Verfassung, BayVBl. 1998, 737; *Isensee,* Verfassungsreferendum mit einfacher Mehrheit, 1999; *Lindner,* Die Koppelungsproblematik i.R.d. Verfassungsreferendums nach Art. 75 II 2 BV, BayVBl. 1999, 485; *Böckenförde,* Demokratie als Verfassungsprinzip, HdbStR II, § 24; *Badura,* Die parlamentarische Demokratie, HdBStR II § 25; *Di Fabio,* Demokratie im System des Grundgesetzes, in: FS für Badura, 2004, S. 77 ff.; *Roellecke,* Das ganze Volk: zur demokratischen Legitimation, FS für Badura, 2004, S. 443 ff.; *Schliesky,* Souveränität und Legitimität von Herrschaftsgewalt, 2004; *Dederer,* Korporative Staatsgewalt, 2004; *C. Möllers,* Demokratie, 2008.

I. Allgemeines

1. Bedeutung

1   Art. 2 ist die Schlüsselnorm der Verfassung zur Legitimationsfrage, insofern eine elementare, **fundamentale Norm.**[1] Während Art. 1 I die Republik als Staats*form* manifestiert, regelt Art. 2 I die **Legitimation** der Ausübung von Staats- und Hoheits*gewalt.*

---

[14] Z. B. Medaille für besondere Verdienste um die Innere Sicherheit, um die kommunale Selbstverwaltung.

[15] Z. B. Bayerischer Filmpreis, Bayerischer Innovationspreis, Bayerischer Printmedienpreis, Bayerischer Theaterpreis, Bayerischer Literaturpreis, Meisterpreis der Bayerischen Staatsregierung u.w.m.

[16] Vgl. Bek. des Bayerischen Ministerpräsidenten v. 18. 7. 1980 (StAnz. Nr. 29 1); vgl. zu den verschiedenen Fassungen und ihren Ursprüngen *Schweiger* (Fn. 3), Art. 1 Rn. 10.

[1] VerfGH 2, 181 (218); 19, 105 (110); 25, 57 (63); 47, 59 (64): Neutralitätsgebot für Staat und Gemeinden bei Wahlen.

Legitimations*subjekt* ist nicht ein Einzelner (Mon-Archie), nicht eine „Elite" (Aristo-Kratie), sondern das Volk als Träger der Staatsgewalt[2]: Jegliche staatliche Maßnahme muss sich personell und inhaltlich auf den Willen des Volkes als Ganzem zurückführen lassen. Art. 2 II 1 beschreibt die **Modalitäten** demokratischer Legitimation: **Repräsentanz** und **Unmittelbarkeit** – ohne freilich selbst eine Gewichtung vorzunehmen. Diese ergibt sich erst aus einer Zusammenschau der einschlägigen Normen der Verfassung, die sich mit Legitimations- und Mehrheitsfragen befassen; insofern ist Art. 2 II 1 eine **normsystem-immanent-offene Verweisungsnorm.** In Art. 2 II 2 ist als Essentialium des Demokratieprinzips die Mehrheitsregel in sprachlich unüberbietbarer Prägnanz formuliert; erst die weiteren einschlägigen Verfassungsbestimmungen geben freilich Auskunft darüber, welche Modalität der Mehrheit – ggf. unter Einhaltung von Quoren[3] – erforderlich ist. Art. 2 verbürgt (wie Art. 4, aber anders als Art. 7 II) nach ständiger Rspr. des VerfGH **kein Grundrecht.**[4] Das Demokratieprinzip ist **verfassungsänderungsfest** (Art. 75 I 2).[5]

2. Entstehung

Die Vorschrift ist seit In-Kraft-Treten der Verfassung **unverändert.** Sie entspricht – **2** mit Ausnahme von I 2 – Art. 2 VE und Art. 2 E. Die ursprünglich vorgesehene Formel „Die Staatsgewalt geht vom Volke aus", die auch in Art. 1 S. 2 WRV, in § 2 VU 1919 enthalten war und sich in Art. 20 II 1 GG findet, wurde nicht gewählt, um der christlichen Staatsauffassung, wonach Gott – und nicht das Volk – „Ursprung und Norm" allen Rechts ist, nicht zu widersprechen[6].

3. Verhältnis zum Grundgesetz

An der **Kompatibilität mit dem Grundgesetz,** insbesondere mit Art. 28 I 1 GG, be- **3** stehen **keine Zweifel.** Unzulässig wäre die Einführung der Monarchie, einer Räterepublik, eines Einparteiensystems oder die vollständige Verdrängung der parlamentarischen durch die Volksgesetzgebung.[7] Art. 28 I GG steht indes einer im Vergleich zum GG erweiterten Etablierung plebiszitärer Elemente nicht entgegen. Über Art. 28 I 1 GG gelten die wesentlichen Inhalte der Rechtsprechung des BVerfG zum Demokratieprinzip auch für Art. 2.

II. Einzelkommentierung

1. Grundsatzentscheidung für das Demokratieprinzip

Art. 2 enthält die **Grundsatzentscheidung**[8] für das **Demokratieprinzip,** auch wenn **4** der Begriff weder in Art. 2 noch in Art. 4 auftaucht (wohl aber in Art. 75 I 2)[9]: „Volksstaat" (I 1) meint „demokratischer" Staat; die Trägerschaft der Staatsgewalt durch das Volk (I 2) ist Kerngehalt des Demokratieprinzips. Begriff und Ausprägung von Demokratie haben

---

[2] VerfGH 44, 9 (14).

[3] VerfGH 52, 104 (127).

[4] VerfGH 49, 23 (30); 46, 166 (172); 22, 84 (85); 25, 57 (63); 19, 100 (103); 18, 79 (83); 16, 32 (37); 13, 153 (159); *Meder,* Art. 2 Rn. 4; Popularklage (Art. 98 S. 4) und Verfassungsbeschwerde (Art. 120 BV) können mithin nicht allein auf eine Verletzung des Art. 2 gestützt werden.

[5] VerfGH 53, 42 (60): Unzulässig seien Verfassungsänderungen, die die Funktionsfähigkeit der demokratisch legitimierten Repräsentationsorgane maßgeblich beeinträchtigen; der Schutzbereich der „Ewigkeitsklausel" umfasse alle wesentlichen Merkmale freiheitlicher, rechtsstaatlicher Demokratie in der Ausprägung, die sie in der BV gefunden hätten.

[6] *Meder,* Art. 2 Rn. 1; Prot. I, 42 f.

[7] *Jarass/Pieroth,* Art. 28 Rn. 4.

[8] VerfGH 53, 42 (61).

[9] Davon geht ohne weiteres auch der VerfGH aus: z. B. VerfGH 58, 113 (124); 55, 28 (36); 51, 34 (41); 50, 181 (204); in VerfGH 49, 23 (30) wird das Demokratieprinzip nicht nur in Art. 2, sondern auch in Art. 4 verankert; 47, 59 (64) („elementares Demokratieprinzip"); 46, 166 (172).

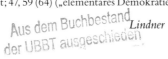

Lindner 37

in der Geschichte und Geistesgeschichte von der frühen griechischen Polis bis zu „Scheindemokratien" („Deutsche Demokratische Republik") eine wechselvolle Bedeutung und Wertschätzung erfahren.[10] Aus dem Begriff allein können mithin kaum belastbare verfassungsrechtliche Gehalte abgeleitet werden. Maßgeblich für die **Interpretation** des Art. 2 ist zweierlei: (1) zum einen das moderne Verständnis von Demokratie in der „Tradition der westeuropäischen liberalen Demokratien"[11], wie es sich insbesondere in der **jüngeren europäischen Geschichte** und – diese aufgreifend – in der Rechtsprechung des BVerfG herausgebildet hat und auch für die Bayerische Verfassung maßgeblich ist (Art. 28 I 1 GG), (2) zum anderen die **konkrete Ausgestaltung in den einschlägigen Normen der BV selbst** (dazu unten 4). Demokratie meint Herrschaftsausübung durch das Volk selbst oder durch von ihm legitimierte Organe (vgl. Art. 4), keinesfalls durch eine Partei, und sei sie politisch auch noch so gewichtig.[12] Alle Staatsgewalt[13] – wozu jedes amtliche Handeln mit Entscheidungscharakter einschließlich behördeninternen Handelns gehört[14] – muss vom Volk ausgehen[15] und von diesem nach Maßgabe der Art. 2 II und 4 ausgeübt werden. Die Organe der Gesetzgebung, der vollziehenden Gewalt und der Rechtsprechung bedürfen einer „Legitimation, die sich auf die Gesamtheit der Bürger als Staatsvolk zurückführen lässt"[16], wobei Volk das jeweilige „Bundes- oder Landesstaatsvolk" ist.[17] Da es eine bayerische Staatsangehörigkeit nicht gibt (vgl. die Erläuterungen zu Art. 6), konstituiert sich das bayerische **Staatsvolk** aus allen deutschen Staatsbürgern, die in Bayern ihren Wohnsitz haben (vgl. auch Art. 1 LWG). Ausländische Mitbürger sind nicht dem Volk im Sinne des Art. 2 zuzurechnen.[18] Zum Grundsatz vom **Vorbehalt des Gesetzes** Rn. 18 ff. zu Art. 55, zur Zulässigkeit **dynamischer Verweisungen** Rn. 29, 30 zu Art. 3.

2. Modalitäten demokratischer Legitimation

Das BVerfG unterscheidet im Grundsatz **zwei Modalitäten demokratischer Legitimation,** eine klassische und ergänzend eine funktionale[19]:

5   a) Die **klassische** Ableitung betrifft die unmittelbare Staatsverwaltung und die kommunale Selbstverwaltung. Notwendig ist eine „ununterbrochene Legitimationskette vom Volk zu den mit staatlichen Aufgaben betrauten Organen und Amtswaltern".[20] Ein hinreichendes **Legitimationsniveau** ist gegeben, wenn die Bestellung und Kontrolle der Amtsträger auf das Staatsvolk personell und inhaltlich zurückführbar ist. Ein Amtsträger ist hinreichend personell legitimiert, wenn er sein Amt im Wege einer Wahl durch Volk oder Parlament oder durch einen seinerseits personell legitimierten Amtsträger, etwa

---

[10] Vgl. dazu instruktiv *Sommermann,* in: v. Mangoldt/Klein/Starck, Art. 20 Rn. 63 ff. m. w. N.; *Sachs,* in: ders., Art. 20 Rn. 11.

[11] *Zippelius/Würtenberger,* Deutsches Staatsrecht, 31. Aufl. 2005, S. 73.

[12] Deutlich *Schweiger,* in: Nawiasky/Schweiger/Knöpfle, Art. 2 Rn. 9.

[13] Das Demokratieprinzip ist kein die Gesellschaft und ihre Wirkungsbereiche durchziehendes Strukturprinzip, es entfaltet – anders als die Grundrechtsnormen – grundsätzlich keine „Drittwirkung". Daher finden Forderungen nach einer Demokratisierung von Wirtschaft, Wissenschaft, Kultur, Kirchen etc. jedenfalls keinen verfassungs*rechtlichen* Rückhalt; vgl. *Meder,* Art. 2 Rn. 7; VerfGH 23, 23 (30); 28, 75 (81). Aus Art. 2 lässt sich keine „Demokratisierung" der Verwaltung in dem Sinne ableiten, dass ein Behördenleiter oder ihm untergeordnete zuständige Beamte für eine Entscheidung auf das Votum anderer (gewählter) Gremien angewiesen sind, VerfGH 23, 23 (Ls. 4). Allerdings kann die Mitwirkung von Gremien bei Verwaltungsentscheidungen gesetzlich vorgesehen werden.

[14] BVerfGE 107, 59 (87); 93, 37 (68).

[15] BVerfGE 107, 59 (87).

[16] BVerfGE 107, 59 (87); 93, 37 (66); 83, 60 (71); 77, 1 (40); 38, 258 (271); VerfGH 20, 101 (112).

[17] BVerfGE 107, 59 (87); 83, 60 (74).

[18] BVerfGE 83, 37 (50). *Meder,* Art. 2 Rn. 1; VerfGH 19, 64 (70); 21, 83 (88); zur europarechtlich bedingten Ausnahme im Hinblick auf das Kommunalwahlrecht s. Art. 28 I 3 GG (und Art. 1 I Gemeinde- und Landkreiswahlgesetz – GLKrWG).

[19] Grundlegend nunmehr BVerfGE 107, 59 (87 ff.).

[20] BVerfGE 107, 59 (87); 93, 37 (66); 83, 60 (72).

einen Staatsminister, oder mit dessen Zustimmung erhalten hat.[21] Eine solche **personelle Legitimationskette** stellen insbesondere sicher: Art. 14 (Wahl der Abgeordneten durch das Volk), Art. 44 I (Wahl des Ministerpräsidenten durch den Landtag), Art. 45 (Berufung der Staatsminister durch den Ministerpräsidenten mit Zustimmung des Landtags), Art. 55 Nr. 4, 5, 6 (Ernennung der Beamten; Unterordnung der gesamten Staatsverwaltung unter Staatsregierung und Staatsministerien; Dienstaufsicht).[22] Hinzukommen muss eine ausreichende **sachlich-inhaltliche Legitimation,** die dadurch hergestellt wird, dass der personell legitimierte Amtsträger nicht willkürlich, sondern im Auftrag und nach Weisung letztlich der Staatsregierung tätig wird, die ihrerseits dem Parlament verantwortlich ist und nach Maßgabe der von diesem erlassenen Gesetze handeln muss. Hier findet der **Grundsatz der Gesetzmäßigkeit der Verwaltung** (Vorrang und Vorbehalt des Gesetzes) ebenso eine demokratietheoretische Verankerung[23] wie die hierarchische Struktur der Staatsverwaltung. **Ministerialfreie Räume** darf es grundsätzlich nicht geben (vgl. Rn. 78 ff. zu Art. 55). Auch der **Privatisierung** von Staatsaufgaben sowie der Übertragung hoheitlicher Befugnisse auf Dritte sind durch das Demokratieprinzip Grenzen gesetzt.

b) Das BVerfG[24] hat diesen klassischen legitimatorischen Ableitungszusammenhang er- **6** gänzt durch Legitimationspotenziale im Bereich **funktionaler,** also nicht-kommunaler **Selbstverwaltung**[25]. Das Demokratieprinzip sei offen für andere Formen demokratischer Legitimation und erlaube es, für abgegrenzte Bereiche der Erledigung öffentlicher Aufgaben durch Gesetz besondere Organisationsformen der Selbstverwaltung zu schaffen. Die funktionale Selbstverwaltung ergänze und verstärke das demokratische Prinzip.[26] Der Gesetzgeber dürfe daher insofern ein wirksames Mitspracherecht der Betroffenen schaffen und verwaltungsexternen Sachverstand aktivieren. Notwendig sei aber, dass die Aufgaben und Handlungsbefugnisse der Organe in einem Gesetz ausreichend vorherbestimmt seien und ihre Wahrnehmung der Aufsicht personell demokratisch legitimierter Amtswalter unterliege.[27]

3. Funktionsbedingungen

Das Demokratieprinzip unterliegt vielfältigen **Funktionsbedingungen**[28], die teils **7** von der Verfassung als nicht garantierbar vorausgesetzt (insbes. tatsächliche Akzeptanz; Gewaltfreiheit; Amtsethos), teils ihrerseits verfassungsrechtlich abgesichert sind: Kanali-

---

[21] BVerfGE 107, 59 (88); wird der Amtsträger von einem Gremium mit nur zum Teil personell legitimierten Amtsträgern bestellt, erfordert die volle demokratische Legitimation, dass die die Entscheidung tragende Mehrheit aus einer Mehrheit unbeschränkt demokratisch legitimierter Mitglieder des Kreationsorgans besteht (Prinzip der doppelten Mehrheit); BVerfGE 93, 37 (69) zur Beteiligung einer Mitarbeitervertretung an Entscheidungen.

[22] Zur demokratischen Legitimation des zur Hälfte aus „externen" Mitgliedern bestehenden Hochschulrates s. *Lindner/Störle,* Das neue bayerische Hochschulrecht, BayVBl. 2006, 584 (591 f.).

[23] VerfGH 37, 59 (67); nach VerfGH 35, 56 (64) verbieten es das Rechtsstaats- und das Demokratieprinzip, dass sich der Gesetzgeber seiner Rechtsetzungsbefugnis zu weitgehend entäußert; Rn. 12 ff. zu Art. 55.

[24] BVerfGE 107, 59 (91 ff.).

[25] Dazu *Kluth,* Funktionale Selbstverwaltung, 1997; *Musil,* Das BVerfG und die demokratische Legitimation der funktionalen Selbstverwaltung, DÖV 2004, 116.

[26] Im Sinne einer „demokratischen Betroffenen-Selbstverwaltung" durch vom Gesetzgeber geschaffene „Verbandsvölker"; *Zippelius/Würtenberger* (Fn. 11), 78.

[27] BVerfGE 107, 59 (94); 111, 191 (217). Nach VerfGH 16, 32 (37) lassen sich aus Art. 2 keine bestimmten Vorgaben für die organisatorische Ausgestaltung von Anstalten des öffentlichen Rechts ableiten.

[28] An spezifischen Mängeln dieser Funktionsbedingungen entzündet sich immer wieder Demokratie- und Parlamentarismuskritik, die der Sache nach zumeist **Parteienkritik** ist (Stichworte „Machterhalt"; „Entparlamentarisierung" politischer Entscheidungen; „Reformunfähigkeit"; „Ämterpatronage"); vgl. *v. Arnim,* Vom schönen Schein der Demokratie, 2000; *Zippelius/Würtenberger* (Fn. 11), 82 ff. m. w. N.

sierung des politischen Willens durch freie (öffentliche) Meinungsbildung[29] (Art. 110, 111, 111a, 113, 114), Transparenz der Entscheidungsprozesse und Informationszugang, Bündelung des Meinungsspektrums in miteinander konkurrierenden freien und staatsfernen Parteien (Art. 21 GG; Art. 15), der Grundsatz des freien Mandats (Art. 13 II)[30], politische Freiheit und Gleichheit (insbesondere des Stimmengewichts, Art. 14 I[31]).[32]

4. Die konkrete Ausgestaltung des Demokratieprinzips in der Bayerischen Verfassung

8   a) Ihre konkrete Erscheinungsform erfährt die Demokratie durch die **Ausgestaltung in der Verfassung** selbst[33]. Art. 2 verbindet die repräsentativ-parlamentarische[34] mit starken Elementen unmittelbar-plebiszitärer Demokratie. Die **repräsentative** Komponente verwirklicht sich in der zentralen Stellung, die dem Landtag als Gesetzgeber[35] zukommt (Art. 12, 13 ff.); vom Landtag leitet sich die Legitimation der Staatsregierung und deren Verantwortlichkeit gegenüber dem Parlament ab (Art. 44 I, III 1; 45; 47 II; 49 S. 2; 51 I, II 2; 56; 59). In stärkerem Maße als andere Landesverfassungen und das GG enthält die BV **plebiszitäre** Elemente[36]: Art. 2 II 1 („Abstimmungen"), Art. 4 Alt. 1 („durch die stimmberechtigten Staatsbürger selbst"), Art. 5 Alt. 1, Art. 18 III (Abberufung des Landtages durch Volksentscheid), Art. 71 Alt. 3, 72 I Alt. 2 i.V.m. Art. 74 (Gesetzgebung durch das Volk), Art. 75 II 2 (obligatorisches Verfassungsreferendum).

9   b) Zweifelhaft ist, in welchem **Verhältnis repräsentative** und **unmittelbare** Demokratie zueinander stehen, welche Legitimationsmodalität überwiegt.[37] Die Rechtsprechung des VerfGH ist insofern schwankend. Einerseits qualifiziert der VerfGH das Demokratiemodell der BV als „repräsentativ-parlamentarische Demokratie"[38], andererseits betont er, dass das Recht des Volkes zur Gesetzgebung durch Volksbegehren und Volksentscheid *gleichberechtigt* neben der Gesetzgebungsbefugnis des Parlaments stehe.[39] Die Verfassung habe das **Spannungsverhältnis** zwischen parlamentarischer Gesetzgebung und Volksgesetzgebung in Kauf genommen.[40] Letztlich dürfte die Frage, welcher Art der Gesetzgebung ein höheres Gewicht zukomme, ein **Scheinproblem** formulieren. Es handelt sich um unterschiedliche Legitimationsmechanismen, die primär nicht miteinander konkurrieren, sondern sich ergänzen und auch ineinandergreifen. So kann per Volksentscheid ein Parlamentsgesetz geändert oder aufgehoben werden, umgekehrt kann das Parlament ein vom Volk beschlossenes Gesetz ohne weiteres aufheben oder ändern.[41] Beide Gesetze sind gleichrangig. Ein Vorrang

---

[29] Auch durch Organisation von Bürgerinitiativen, Interessenverbänden etc.; zu restriktiv und skeptisch *Meder,* Art. 2 Rn. 7a.

[30] VerfGH 58, 113 (124).

[31] VerfGH 54, 109 (135).

[32] Dazu gehört auch die Freiheit des Wahlkampfes von Einflussnahmen des Staates und von Amtsträgern (in dieser Eigenschaft): VerfGH 47, 59 (64).

[33] Dazu sei auch auf die Kommentierung zu den genannten Artikeln verwiesen.

[34] VerfGH 58, 113 (124); 50, 181 (204).

[35] Zur Frage dynamischer Verweisungen insbes. auf Bundesrecht s. VerfGH 48, 109 (113); 42, 1 (9) sowie Rn. 29, 30 zu Art. 3.

[36] *Zacher,* BayVBl. 1998, 737; VerfGH 52, 104 (126): „hohe Wertschätzung, die die BV der Volksgesetzgebung entgegenbringt".

[37] *Lindner,* BayVBl. 1999, 485.

[38] VerfGH 58, 113 (124); 55, 28 (41); 53, 42 (61); 50, 181 (204); 49, 23 (30); 47, 194 (199).

[39] VerfGH 60, 131 (145); 53, 42 (61). Diese Gleichberechtigungsthese steht im Kontrast zu den Ausführungen des VerfGH an gleicher Stelle, wo auf die praktischen Schwierigkeiten der Volksgesetzgebung verwiesen wird. Einige Zeilen später formuliert der VerfGH sodann ein Regel-Ausnahme-Verhältnis: Die Gesetzgebung durch das Parlament sei die Regel, die Gesetzgebung durch das Volk die Ausnahme. Soweit dadurch jedenfalls die Staatspraxis beschrieben wird, ist die Aussage zutreffend.

[40] VerfGH 53, 42 (61); 29, 244 (265); 11, 1 (9): Wo die Verfassung die unmittelbare Entscheidung des Volkes vorsehe, sei für eine mittelbare Entscheidung durch Repräsentanz kein Raum.

[41] VerfGH 53, 42 (61); 47, 1 (16).

ist dem Volk indes im Rahmen der Verfassungsänderung nach Art. 75 eingeräumt: Das Volk hat nach Art. 74, 75 die Möglichkeit, per Volksbegehren und Volksentscheid[42] eine Verfassungsänderung gegen den Willen des Landtags durchzusetzen. Umgekehrt kann sich der Landtag nicht gegen den Willen des Volkes durchsetzen (Art. 75 II 2).[43]

5. Der Mehrheitsentscheid

a) Art. 2 II 2 formuliert in spartanischer Kürze das **Mehrheitsgebot.** Dieses gilt für **10** die Repräsentanz und die Unmittelbarkeit und auch im kommunalen Bereich.[44] Das Mehrheitsprinzip ist ein elementarer Bestandteil[45] des Demokratieprinzips, indes wie dieses **kein Grundrecht.**[46] Die Minderheit hat die Entscheidung der Mehrheit zu akzeptieren, auch wenn sie diese inhaltlich ablehnt.[47] Davon zu unterscheiden ist allerdings der Grundrechtsschutz, der immer auch Minderheitenschutz ist (dazu sogleich c.).

b) Welche **Modalität der Mehrheit** für das Zustandekommen einer Entscheidung not- **11** wendig ist, ergibt sich nicht aus Art. 2 II 2 selbst[48], sondern aus den einschlägigen speziellen Verfassungsnormen (vgl. Art. 18 I, III; 22 I 2; 23 I; 25 I, IV; 25 a; 33 a IV; 48 II 2; 54; 74 I; 75 II 1; 80 II). Regelungstechnisch formuliert Art. 2 II 2 ein **Regel-Ausnahme-Verhältnis**[49]: Erforderlich ist die „einfache" Mehrheit, soweit nicht die Verfassung selbst ausdrücklich oder – ungeschrieben[50] – ein anderes Entscheidungs- oder Beteiligungsquorum, insbes. eine „qualifizierte" Mehrheit, vorsieht.

c) Mehrheit ist ein **formales Prinzip.** Dass eine Entscheidung mit der erforderlichen **12** Mehrheit zustande kommt, bedeutet nicht automatisch, dass sie *richtig* ist. Verfahren gebiert nicht Richtigkeit[51], kann aber mindestens die Akzeptanz des Entschiedenen erhöhen. Die moderne Demokratie begnügt sich mit **Akzeptanz,** flankiert das formale Entscheidungsaxiom aber durch **Missbrauchshemmnisse**[52]: durch (1) materielle, den Gesetzgeber unmittelbar bindende Vorgaben (Art. 3, insbesondere das Rechtsstaatsprinzip; die Grundrechte: Art. 98 ff., insbesondere Menschenwürde, Ausgangsvermutung zu Gunsten der Freiheit und Gleichheit), (2) durch organisationsrechtliche Missbrauchsvorkehr (Begrenzung der Legislaturperiode – „Herrschaft auf Zeit", „Abrechnung am Wahltag" –, qualifizierte Mehrheiten, insbesondere bei der Verfassungsänderung; verfassungsrechtliche

---

[42] Für den es eines Quorums bedarf: nunmehr VerfGH 52, 104 (127) in Abkehr von VerfGH 2, 181.

[43] Daraus dürfte sich richtigerweise ein Koppelungsverbot des Landtages bei verfassungsändernden Gesetzen, die vom Volk nach Art. 75 II 2 vorgelegt werden, ergeben; *Lindner* (Fn. 37), 488; anders ausdrücklich VerfGH 58, 253 (262 ff.); 53, 23 (32); 27, 153 (161) mit dem wenig überzeugenden Hinweis auf die „Besonderheiten der parlamentarischen Gesetzgebung"; insoweit adelt der VerfGH das Schnüren von (partei)politischen „Kompromisspaketen" verfassungsrechtlich, was die ²/₃-Hürde in Art. 75 II 1 insgesamt schwächen dürfte. Anders entscheidet der VerfGH für das vom Volk ausgehende Volksbegehren, wo er ein Koppelungsverbot bei sachlich nicht zusammenhängenden Materien – zutreffend – bejaht: VerfGH 53, 23 (29); 47, 276 (314); 29, 244 (253).

[44] VerfGH 25, 27.

[45] BVerfGE 29, 154 (165).

[46] VerfGH 36, 83 (88); 25, 57 (63); 19, 105 (110); 13, 153 (159); 12, 37 (42).

[47] VerfGH 41, 124 (132); 21, 1 (8).

[48] VerfGH 53, 81 (103); 46, 1 (10).

[49] *Schweiger* (Fn. 12), Art. 2 Rn. 12.

[50] VerfGH 52, 104 (127 ff.) unter Aufgabe von VerfGH 2, 181 (218) für ein im Verfassungstext nicht vorgesehenes Zustimmungsquorum beim Volksentscheid auf Verfassungsinitiative des Volkes; vgl. dazu die Kommentierung zu Art. 75 sowie *Schweiger* (Fn. 12), Art. 2 Rn. 12–15 m. w. N. aus intensiven Diskussionen in der Literatur. Eingehend *Isensee,* Verfassungsreferendum, 1999.

[51] Damit teilt das Demokratieprinzip die gleichen Einwände wie die prozeduralen Gerechtigkeitstheorien, insbesondere die Diskurstheorie (*Apel, Habermas, Alexy*), die aus der Einhaltung von Form und Verfahren auf die Richtigkeit des Ergebnisses schließen will; dagegen überzeugend *A. Kaufmann,* Rechtsphilosophie, 2. Aufl. 1997, 263 ff. m. w. N.; zur Diskussion *Lindner,* Zur Kategorie des rechtswertungsfreien Raumes aus rechtsphilosophischer Sicht, ZRPh 2004, 87 (90).

[52] *Meder,* Art. 2 Rn. 3. Sie ist insofern eine freiheitliche demokratische Ordnung (*Meder,* Rn. 6 m. w. N.).

Verankerung der parlamentarischen Opposition – Art. 16 a[53]; parlamentarische Aufklärungsrechte etc.), sowie (3) durch die verfassungsrechtliche Absicherung einer kritischen Öffentlichkeit (Art. 110 ff.).

Art. 3 [Rechts-, Kultur- und Sozialstaat; Gemeinwohl]

(1) [1]Bayern ist ein Rechts-, Kultur- und Sozialstaat. [2]Er dient dem Gemeinwohl. (2) Der Staat schützt die natürlichen Lebensgrundlagen und die kulturelle Überlieferung.

Parallelvorschriften im GG und anderen Landesverfassungen: Art. 20 I, 20 a GG; Art. 3 a, b, c, 23 I BaWüVerf; Art. 22, 31 BerlVerf; Art. 2 I BbgVerf; Art. 11 a, b, 67 BremVerf; Art. 3 I HmbVerf; Art. 2 III, 26 a HessVerf; Art. 2, 12 M-VVerf; Art. 1 II, 2, 6 b NdsVerf; Art. 29 a NRWVerf; Art. 1 III, 69, 70 RhPfVerf; Art. 59 a, 60 SaarlVerf; Art. 1, 10 SächsVerf; Art. 2 I VerfLSA; Art. 7, 9 SchlHVerf; Art. 31 ff., 44 I ThürVerf.

Literatur: Zum **Rechtsstaatsprinzip:** *Bachof,* Wege zum Rechtsstaat, 1979; *Kunig,* Das Rechtsstaatsprinzip, 1986; *Sobota,* Das Prinzip Rechtsstaat, 1997; *Schmidt-Aßmann,* HbBStR, § 26; *H.A.Wolff,* Das Verhältnis von Rechtsstaatsprinzip und Demokratieprinzip, in: FS Quaritsch, 2000, S. 73 ff.; *Depenheuer,* Selbstbehauptung des Rechtsstaates, 2007.

Zum **Sozialstaatsprinzip:** *Badura,* Der Sozialstaat, DÖV 1989, 491; *Neuner,* Privatrecht und Sozialstaat, 1999; *Kingreen,* Das Sozialstaatsprinzip im europäischen Verfassungsverbund, 2003; *Wallerath,* Der Sozialstaat in der Krise, JZ 2004, 949; *Zacher,* Das soziale Staatsziel, HbBStR, § 28; *Enders/Wiederin,* Sozialstaatlichkeit im Spannungsfeld zwischen Eigenverantwortung und Fürsorge, VVDStRL 64 (2005), S. 7 ff., 53 ff.; *Kotzur,* Der nachhaltige Sozialstaat, BayVBl. 2007, 257.

Zum **Kulturstaatsprinzip:** *Häberle,* Kulturstaatlichkeit und Kulturverfassungsrecht, 1982; *Steiner/Grimm,* Kulturauftrag im staatlichen Gemeinwesen, VVDStRL 42 (1984), S. 7 ff., 46 ff.; *Geis,* Kulturstaat und kulturelle Freiheit, 1990; *ders.,* Die „Kulturhoheit der Länder", DÖV 1992, 522; *Mahrenholz,* Die Kultur und der Bund, DVBl. 2002, 857; *Sommermann/Huster,* Kultur im Verfassungsstaat, VVDStRL 65 82006), 7, 51.

Zum **Nachhaltigkeitsprinzip:** *Schink,* Umweltschutz als Staatsziel, DÖV 1997, 221; *Calliess,* Rechtsstaat und Umweltstaat, 2001; *Kahl* (Hg.), Nachhaltigkeit als Verbundbegriff, 2008; vgl. auch die Kommentierungen zu Art. 20 a GG.

Übersicht

I. Allgemeines

1. Bedeutung

1   a) Art. 3 ergänzt Art. 1 und 2 um materielle Leitgrundsätze im Sinne von **Staatszielbestimmungen.** Während Art. 1 die Republik als Staats*form* postuliert und Art. 2 die Legitimation der Ausübung von Hoheitsgewalt bestimmt, formuliert Art. 3 die materiellen Maßstäbe, an denen sich das staatliche Handeln auszurichten hat und rechtfertigen lassen muss. Die in Art. 3 genannten Grundsätze rechtfertigen und begrenzen staatliches Handeln und stehen in

---

[53] VerfGH 51, 34 (41): Rederecht des Abgeordneten als Teil des Rechts auf Ausübung von Opposition; VerfGH 29, 62 (91); VerfGH 55, 28 (35); 41, 125 (Ls. 4): „*Das Demokratieprinzip (Art. 2 und 4 BV) gewährleistet den Schutz parlamentarischer Minderheiten und das Recht auf verfassungsmäßige Bildung und Ausübung der Opposition.*"

einer Wechselwirkung zueinander. Art. 3 enthält – nicht abschließend[1] – **fünf Leitmaßstäbe,** die in weiteren Bestimmungen der Verfassung konkret ausgeformt werden.

aa) An erster Stelle ist das **Rechtsstaatsprinzip** (Art. 3 I 1 Alt. 1) genannt. Hierin liegt **2**
eine bewusste Abkehr von der nationalsozialistischen Pervertierung der Idee des Rechts
als Gerechtigkeitsordnung.[2] Der auf die Staatsrechtslehre des 19. Jahrhunderts, insbesondere auf *v. Mohl,* zurückgehende Begriff des Rechtsstaats meint die Legitimierung und
Begrenzung von Hoheitstätigkeit durch Recht.[3] Nicht ein (selbst auch noch so wohlwol-
lender) Herrscher, nicht die Religion oder die Moral, sondern das Recht steuert die Ausübung von Hoheitsgewalt, die Lösung von Konflikten, die Gewährung von Rechten und
die Auferlegung von Pflichten. Mit einem solchen zunächst **formellen Begriff des
Rechtsstaats** ist einiges, aber noch nicht viel gewonnen, da über den **Rechtsinhalt** noch
nichts ausgesagt ist. In die Form einer Rechtsnorm gegossen werden kann jeder auch noch
so barbarische Regelungsgehalt. Die Herrschaft des Rechts, the „rule of law“, bedarf mithin verfahrensrechtlicher wie materieller **Flankierungen.** Nicht *jeder* Inhalt einer jeden
Rechtsnorm ist bereits per se akzeptabel, sondern nur solcher, der in einem hinreichend
legitimationsgerechten Verfahren zustande gekommen ist *und* bestimmten materiellen
Gerechtigkeitsmaßstäben genügt. Das Rechtsstaatsprinzip ist mithin kein formelles, sondern ein solches, das verfahrensrechtlich anspruchsvoll und materiell-inhaltlich „auf-
geladen“ ist. Man spricht insofern von **materiellem Rechtsstaatsprinzip.** Dieses liegt
der BV wie dem GG zu Grunde.[4] Art. 3 I 1 Alt. 1 wird **ergänzt** durch das **Demokratieprinzip** (Art. 2, 4), den Grundsatz der **Gewaltenteilung** (Art. 5) sowie insbesondere
durch die herrschaftsbegrenzende Wirkung der **Grundrechte** (Art. 98 ff.). Rechtsstaat
meint zudem die Möglichkeit der **Durchsetzung** von Recht: Dem dienen insbesondere
die Vorschriften über den **Verfassungsgerichtshof** (Art. 60 ff., VfGHG), über die **Rechtspflege** (Art. 84 ff.) und der (ungeschriebene) **Justizgewährungsanspruch.**

Soweit Aspekte des Rechtsstaatsprinzips eigens Ausprägung im Verfassungstext gefun- **3**
den haben, sind sie jeweils dort kommentiert. Der Grundsatz der **Gewaltenteilung** ist
bei Art. 5 erläutert, der **Verhältnismäßigkeitsgrundsatz** wird im Rahmen der Darstellung der Grundrechte behandelt, da er dort seinen Hauptanwendungsbereich hat
(Rn. 69 ff. vor Art. 98).[5] Die in Art. 55 Nr. 1 genannten Grundsätze des **Vorrangs der Verfassung** und der **Gesetzmäßigkeit der Verwaltung** (Vorrang und Vorbehalt des Gesetzes) finden sich unter Rn. 12 ff. zu Art. 55. Zu den verfassungsrechtlichen Anforderungen
an die **Verordnungsgebung** Rn. 35 ff. zu Art. 55.

bb) Das **Sozialstaatsprinzip**[6] (Art. 3 I 1 Alt. 3) als Grundprinzip der Bayerischen Ver- **4**
fassung[7] und **materieller Gestaltungsauftrag** verpflichtet den Staat zur Gestaltung

---

[1] Weitere Leitmaßstäbe ergeben sich aus Art. 3 a, den Grundrechten sowie aus weiteren materiell-
rechtlichen Verfassungsnormen (Art. 124 ff.: Ehe, Familie und Kinder; Art. 128 ff.: Bildung und
Schule; Art. 151 ff.: Wirtschaft und Arbeit).

[2] *Nawiasky,* S. 80 (in Anlehnung an Radbruch): „*Der nationalsozialistische Staat hat die Rechtsidee,
d. h. die Herrschaft objektiver Rechtsnormen, die Rechtssicherheit und Rechtsgleichheit, aber auch die Gerechtigkeit
mit Füßen getreten. Nunmehr soll die Rechtsidee wieder zu Ehren kommen.*“ (vgl. auch VerfGH 4, 51 (58)).

[3] Zur rechtsphilosophischen Frage nach dem Wesen, dem Proprium des Rechts s. die konzise Darstellung bei *Hoerster,* Was ist Recht? Grundfragen der Rechtsphilosophie, 2006; ferner *Alexy,* Begriff
und Geltung des Rechts, 1992; *Hart,* The Concept of Law, 1994; *Kaufmann,* Rechtsphilosophie, 2. Aufl.
1997, 134 ff., 151 ff. Zum Problem der Handlungsoptionen des Rechtsstaates gegen dessen Negation
durch den Terrorismus *Depenheuer,* Selbstbehauptung des Rechtsstaates, 2007.

[4] *Meder,* Art. 3 Rn. 1; *Zippelius/Würtenberger,* Deutsches Staatsrecht, 31. Aufl. 2005, 95 f. VerfGH 38,
96 (100): „elementare Grundentscheidung der bayerischen Verfassung“.

[5] Aus der Literatur zum Verhältnismäßigkeitsprinzip s. nur: *Lerche,* Übermaß und Verfassungsrecht,
2. Aufl. 1999; *H. A. Wolff,* Ungeschriebenes Verfassungsrecht unter dem Grundgesetz, 2000, 229 ff.;
weitere Nachweise bei *Lindner,* Theorie der Grundrechtsdogmatik, 2005, 217 ff.

[6] *Nawiasky,* S. 80: „*Der Sozialstaat setzt sich zum Ziel, allen Schichten der Bevölkerung, insbesondere aber
den mit materiellen Gütern weniger ‚gesegneten‘, zu einem menschenwürdigen Dasein zu verhelfen.*“

[7] VerfGH 55, 57 (64).

einer sozial ausgewogenen Rechtsordnung. Es vermittelt als **Staatszielbestimmung** allerdings **keine subjektiven Rechte**[8] und verpflichtet auch nicht zu einer bestimmten Sozialpolitik oder gar zur Herstellung faktischer Gleichheit der Lebensverhältnisse. Das Sozialstaatsprinzip ist kein verfassungsrechtlich zulässiger Hebel zur Umsetzung politischer Egalisierungskonzepte[9], da dies mit den ebenfalls in der Verfassung gewährleisteten Freiheitsrechten nicht kompatibel wäre. Die praktische **Direktivkraft** des Sozialstaatsprinzips ist **gering**[10], ebenso wie seine begriffliche Dichte. Als dessen Gegenstand lässt sich im Anschluss an *Zacher* in etwa begreifen: *„Hilfe gegen Not und Armut und ein menschenwürdiges Existenzminimum für jedermann; mehr Gleichheit durch den Abbau von Wohlstandsdifferenzen und die Kontrolle von Abhängigkeitsverhältnissen; mehr Sicherheit gegenüber den Wechselfällen des Lebens; und schließlich Hebung und Ausbreitung des Wohlstandes."*[11]

5   Der Gesetzgeber hat dabei einen Gestaltungsspielraum, der allerdings durch die Gesetzgebungskompetenzen des Bundes im Bereich des Arbeits- und Sozialrechts stark eingeschränkt ist (Art. 74 I Nr. 7, 12, 13 GG). Das Sozialstaatsprinzip hat **spezielle Ausprägungen** in verschiedensten Vorschriften der Verfassung gefunden (vgl. jeweils die dortige Erläuterung): Zu nennen sind insbesondere Art. 106 I, II; 118, 118 a; 121–123; 124 ff.; 128; 151 ff.

6   cc) Das **Kulturstaatsprinzip**[12] findet sich in Art. 3 in doppelter Ausprägung: Art. 3 I 1 Alt. 2 postuliert die Kulturstaatlichkeit als **Staatszielbestimmung**, Art. 3 II Alt. 2 legt dem Staat eine **Schutzpflicht** zu Gunsten der kulturellen Überlieferung auf. Beides dürfte indes nicht zu trennen sein, vielmehr erscheint es sachgerecht, den Schutz der kulturellen Überlieferung als besondere Ausprägung (neben anderen) des Kulturstaatsprinzips zu begreifen.[13] Das Kulturstaatsprinzip vermittelt allein **keine subjektiven Rechte**[14] **des Einzelnen,** wohl aber objektiv-rechtliche **Pflichten von Staat und Gemeinden** zur Pflege kultureller Güter[15], zur Wahrung des kulturellen Erbes, zum Schutz „Kulturschaffender", die sich ihrerseits auf kulturelle Freiheitsgrundrechte berufen können: Art. 101, 107, 108 Alt. 1, 110, 111, 111 a (s. jeweils die Erläuterungen dort). Zudem finden sich in weiteren Verfassungsnormen **spezielle Ausprägungen der Kulturstaatlichkeit** (vgl. jeweils die dortige Erläuterung): Art. 128 ff. (Bildung und Schule, insbes. die Bildungsziele in Art. 131); Art. 140 (Förderung von Wissenschaft und Kunst); Art. 141 II (Denkmalschutz); Art. 142 ff. (Religion und Religionsgemeinschaften). Ingesamt haben Staat und Gemeinden bei der Ausfüllung des Kulturstaatsprinzips einen weiten **Gestaltungsspielraum,** von dem sie kompetenzrechtlich auch weitgehend Gebrauch können (Art. 30 GG).[16]

---

[8] VerfGH 13, 109 (115); 13, 141 (145); 52, 79 (89); 55, 57 (64); *Meder,* Art. 3 Rn. 22.

[9] *Meder,* Art. 3 Rn. 22; zur Egalitarismusdiskussion s. *Lindner,* Theorie (Fn. 5) 400 ff.; VerfGH 13, 109 (124); 15, 59 (65): kein „sozialpolitischer Perfektionismus".

[10] Vgl. die eher beiläufige Erwähnung in VerfGH 58, 271 (276) im Hinblick auf die Rundfunkgebühren.

[11] *Zacher,* Das soziale Staatsziel, in: Isensee/Kirchhof (Hrsg.), Handbuch des Staatsrechts, Bd. I, 1987, 1045 ff., 1060 f.; s. auch *Badura,* Der Sozialstaat, DÖV 1989, 491; *Schnapp,* Was können wir über das Sozialstaatsprinzip wissen? JuS 1998, 873.

[12] *Nawiasky,* S. 80: *„Der Kulturstaat steht im Dienste der geistigen Ideale der Menschheit, welche durch die nationalsozialistische Barbarei geschändet worden sind."*

[13] *Meder,* Art. 3 Rn. 25.

[14] VerfGH 13, 109 (125); 28, 107 (118).

[15] Der Gesichtspunkt der Baugestaltung findet seine verfassungsrechtliche Verankerung im Kulturstaatsgrundsatz, VerfGH 52, 9 (26); ebenso das Gebot „schicklicher Totenbestattung", VerfGH 49, 79 (96).

[16] Zur Verteilung der Kompetenzen im Kulturbereich s. *Zippelius/Würtenberger* (Fn. 4), 310 ff.; *Mahrenholz,* DVBl. 2002, 857. Kompetenzen hat der Bund nur nach Art. 73 I Nr. 5 a GG (Schutz des deutschen Kulturgutes gegen Abwanderung ins Ausland) und ggf. kraft Natur der Sache, was freilich eng zu interpretieren ist.

dd) Das **Gemeinwohlprinzip** (Art. 3 I 2) ist Korrektiv zur grundsätzlichen, in den 7 Grundrechtsverbürgungen zum Ausdruck kommenden Ausgangsvermutung für die Freiheit des Einzelnen.[17] Freiheit ist nicht anarchische, sondern gebundene Freiheit. Gleichzeitig bindet das Gebot der Gemeinwohlorientierung die Staatsgewalt selbst. Diese Doppelfunktion des Art. 3 I 2 kommt auch in der Rechtsprechung des VerfGH zum Ausdruck: *„Staatsfundamentalnorm, die sowohl im organisatorischen Bereich der Staatstätigkeit als auch im Verhältnis des Staates zu den einzelnen, insbesondere bei einem Widerstreit öffentlicher und privater Interessen, Bedeutung erlangt.“*[18] **Gemeinwohl umfasst die Gesamtheit** überindividueller Interessen[19]. Der Inhalt des Gemeinwohlprinzips wird in der parlamentarischen Demokratie durch den Gesetzgeber bestimmt; insofern ist er „metajuristischer, politischer Provenienz“.[20] Die Gemeinwohlklausel verbürgt **kein Grundrecht.** Ihre **praktische Bedeutung** ist **gering,** da sich aus ihr unmittelbare und konkrete Rechtsfolgen nicht ableiten lassen. Gemeinwohlbelange, die mit Freiheitsbeeinträchtigungen verbunden sind, sind im Rahmen des **grundrechtlichen Rechtfertigungsschemas** zu beachten, können aber nicht *per se* einen Grundrechtseingriff legitimieren (Rn. 30 ff., 61 ff. vor Art. 98). Kurz: Gemeinwohl ist **keine Grundpflicht** und auch **keine eigenständige Grundrechtsschranke,** es fungiert in seinen verschiedenen Facetten als verfassungsrechtlich legitimer Zweck im Rahmen der **Verhältnismäßigkeitsprüfung** (Rn. 69 ff. vor Art. 98).[21]

Das Gemeinwohlprinzip in Art. 3 I 2 wird zusätzlich konkretisiert durch **spezielle ver-** 8 **fassungsrechtliche Ausprägungen** (vgl. die Erläuterungen jeweils dort), die dem Art. 3 I 2 vorgehen: Art. 48 (Grundrechtseinschränkungen im Notstandsfall); Art. 82 (Kreditaufnahme nur bei außerordentlichem Bedarf); Art. 98 S. 2 (Schrankenklausel für die Grundrechtsbeschränkung); Art. 99 (Grundrecht auf Sicherheit); Art. 103 II, 158, 159 (Gemeinwohlbindung des Eigentums); Art. 117, 121 ff. (Grundpflichten); Art. 131 II (Gemeinwohlorientierung als Bildungsziel); Art. 151 I, II (Gemeinwohlbindung wirtschaftlicher Tätigkeit); Art. 160 (Sozialisierung); Art. 161 (Bodenverteilung); Art. 163 (Gemeinwohlbindung landwirtschaftlich genutzten Bodens); Art. 166 III (Arbeitsethos zu Gunsten der Allgemeinheit).

ee) Der Schutz der natürlichen Lebensgrundlagen ist eine Ausprägung des **Nachhaltig-** 9 **keitsprinzips,** das im Gebot der Sparsamkeit und Wirtschaftlichkeit der Haushaltsführung eine finanzverfassungsrechtliche Ergänzung findet (Rn. 23 zu Art. 78 und Rn. 1 zu Art. 81). Den Staat trifft eine **Schutzpflicht** zu Gunsten der natürlichen Lebensgrundlagen, der Umwelt i. w. S., wovon auch die Tierwelt umfasst ist. Diese Schutzpflicht ist ausgeformt durch Art. 141 I. Art. 3 II sowie Art. 141 I, II enthalten objektiv bindendes Verfassungsrecht, das „Staatsziel Umweltschutz bindet auch den Gesetzgeber und schränkt dessen politisches Ermessen ein.“[22] Vgl. i. E. die Erläuterungen zu Art. 141. Art. 131 II postuliert das Verantwortungsbewusstsein für Natur und Umwelt als Bildungsziel.

b) Art. 3 verbürgt selbst **keine Grundrechte.** Auf Art. 3 allein kann weder eine Popu- 10 larklage (Art. 98 S. 4) noch eine Verfassungsbeschwerde (Art. 120) gestützt werden.[23] Allerdings kann Art 3 I 1, insbesondere das Rechtsstaatsprinzip, **Prüfungsmaßstab** im Rahmen einer zulässig erhobenen Popularklage sein. Nach ständiger Rechtsprechung erstreckt der VerfGH, soweit eine Popularklage in zulässiger Weise erhoben worden ist, seine Prü-

---

[17] Rn. 30 ff. vor Art. 98.

[18] VerfGH 26, 144 (Ls. 4); *Meder,* Art. 3 Rn. 25.

[19] VerfGH 58, 212 (247): Der Staat habe dem Gemeinwohl zu dienen und nicht nur den Interessen einzelner Gruppen oder Personen.

[20] VerfGH 58, 212 (247): Die Auflösung des BayObLG verstoße nicht gegen das Gemeinwohlprinzip.

[21] VerfGH 56, 57 (66).

[22] VerfGH 59, 109 (115); 55, 98 (119); 48, 119 (125).

[23] VerfGH 2, 1 (4); 4, 21 (26); 13, 153 (159); 29, 191 (201); 44, 109 (118); 45, 68 (75); 46, 273 (277); 49, 103 (106); 51, 49 (52); 54, 1 (6); 55, 66 (69); 56, 67 (69); 57, 7 (10); 57, 62 (65); 58, 1 (16); 59, 195 (197) und öfter; *Meder,* Art. 3 Rn. 2.

fung auf alle in Betracht kommenden Normen der BV, auch wenn diese nicht als verletzt gerügt worden sind oder wenn sie keine Grundrechte verbürgen.[24] Das Rechtsstaatsprinzip (Art. 3 I 1 Alt. 1) ist damit neben den Grundrechtsbestimmungen eine der **Hauptmaßstabsnormen** im Popularklageverfahren und auf diese Weise vom VerfGH in reichhaltiger Rechtsprechung ausgeformt worden. Art. 3 I gehört neben Art. 118 zu den am meisten zitierten Verfassungsnormen in der amtlichen Entscheidungssammlung.

11   Der VerfGH prüft im Rahmen einer zulässigen Popularklage, ob eine abgeleitete Vorschrift auf einer **ausreichenden gesetzlichen Ermächtigung** (Rn. 35 ff. zu Art. 55) beruht und ob sie sich in deren Rahmen hält. Fehlt es daran, so liegt bereits darin ein Verstoß gegen das Rechtsstaatsprinzip, ohne dass es darauf ankommt, ob ein Grundrecht der BV verfassungswidrig eingeschränkt wird.[25] Im Rahmen des Art. 3 I 1 prüft der VerfGH ferner, ob eine Norm dem Bestimmtheitsgebot genügt[26], gegen das Rückwirkungsverbot verstößt[27] und ordnungsgemäß zu Stande gekommen ist.[28] Allerdings fungiert das Rechtsstaatsprinzip im Rahmen der Popularklage nicht als genereller „Hebel" zur Überprüfung der angegriffenen Vorschriften am Maßstab der gesamten Rechtsordnung. Im Rahmen des Art. 3 I 1 wird zwar auch geprüft, ob ein Verstoß des angegriffenen Landesrechts gegen Bundesrecht vorliegt, eine Verletzung des Rechtsstaatsprinzips ist allerdings erst dann gegeben, wenn der Widerspruch des Landesrechts zum **Bundesrecht** „besonders krass" ist. Das Rechtsstaatsprinzip erstrecke – so der VerfGH – seine Schutzwirkung nicht in den Bereich des Bundesrechts mit der Folge, dass jeder Verstoß einer landesrechtlichen Vorschrift gegen Bundesrecht zugleich als Verletzung der BV anzusehen wäre. Art. 3 I 1 sei vielmehr erst dann verletzt, wenn der Widerspruch des bayerischen Landesrechts zum Bundesrecht offen zutage trete und darüber hinaus als schwerwiegender Eingriff in die Rechtsordnung zu werten sei.[29] Vergleichbares wird man für die Übereinstimmung landesrechtlicher Normen mit dem EG-Recht annehmen müssen, was der VerfGH bislang aber offen gelassen hat.[30] Auch im Hinblick auf die Gesetzgebungskompetenz des Landesgesetzgebers prüft der VerfGH einen Verstoß gegen Art. 30, 70 ff. GG regelmäßig nur daraufhin, ob er schwerwiegend und „krass" sei.[31]

---

[24] Aus den unzähligen einschlägigen Entscheidungen s. nur VerfGH 60, 71 (74); 59, 219 (223); 59, 134 (138); 59, 62 (68); 58, 1 (17); 57, 175 (178); 56, 178 (185); 55, 98 (109); 54, 36 (39); 52, 47 (56); 51, 74 (81); 50, 129 (134); 48, 99 (103); 45, 33 (40); 17, 19 (24); 14, 4 (8); 13, 10 (14) und öfter.

[25] VerfGH 60, 71 (74); 59, 134 (139); 58, 196 (203); 58, 1 (17, 22); 57, 161 (164); 57, 84 (93); 55, 1 (7); 55, 66 (70); 48, 87 (94); 47, 77 (81); 10, 95 (98) und öfter.

[26] VerfGH 57, 30 (37); 57, 113 (127).

[27] VerfGH 58, 1 (25); 57, 84 (98).

[28] VerfGH 58, 1 (25); 39, 1 (7): Dabei prüft der VerfGH allerdings nicht alle verfahrensrechtlichen Einzelheiten, Prüfungsmaßstab ist nicht das einfachrechtliche Verfahrensrecht, sondern allein die Verfassung. Es könne beim Zustandekommen einer Norm allerdings Verfahrensfehler geben, die so elementar seien, dass darin zugleich ein Verstoß gegen das Rechtsstaatsprinzip liege. Dies könne z. B. dann der Fall sein, wenn die Vorschrift nicht auf der Willensbildung des dafür zuständigen Organs beruhe, s. VerfGH 34, 40 (44).

[29] VerfGH 41, 59 (64); 43, 107 (120); 44, 5 (9); 48, 119 (123); 51, 94 (99); 55, 98 (110); 56, 99 (107); 58, 94 (105); 58, 277 (288); 59, 1 (17); 59, 80 (108): *„Es ist nicht Aufgabe des VerfGH, gleichsam ein einfachrechtliches Normenkontrollverfahren im Sinn des § 47 VwGO durchzuführen".* Die Rechtsprechung des VerfGH war insoweit schwankend. In VerfGH 41, 59 (64), bestätigt in VerfGH 41, 69 (73); 42, 135 (142) und öfter, ist der VerfGH von seiner früheren Rechtsprechung abgerückt, wonach er im Rahmen der Popularklage die Vereinbarkeit des angegriffenen abgeleiteten Landesrechts mit dem GG und sonstigem Bundesrecht (zumal der bundesgesetzlichen Ermächtigung) als Vorfrage – ggf. mit Vorlage nach Art. 100 I GG zum BVerfG – überprüft hat. Vgl. zu dieser früheren Rechtsprechung VerfGH 29, 191 (201); 35, 39 (43); 35, 56 (63). S. dazu auch die Kommentierung zu Art. 98 S. 4.

[30] VerfGH Entsch. v. 18. Dezember 2007, Vf. 14-VII-05, sub V.B.1.a; 58, 196 (204); 52, 47 (61); 50, 76 (99); 50, 226 (266); und öfter; dazu *Lindner,* Das Europarecht in der Rechtsprechung des Bayerischen Verfassungsgerichtshofs, BayVBl. 2009 (Heft 3)

[31] VerfGH 43, 107 (120); 45, 33 (41); 50, 226 (266); 59, 219 (224). Anders aber VerfGH 56, 28 (44), wo der VerfGH die Gesetzgebungskompetenz für Art. 13 PAG eingehend prüft; so auch VerfGH

c) Die in Art. 3 enthaltenen staatsleitenden Prinzipien können zueinander und zu ande- **12** ren Grundsatzentscheidungen der Verfassung in **Konflikt** geraten. Soweit zur Realisierung des Sozialstaatsprinzips oder zum Schutz der natürlichen Lebensgrundlagen grundrechtsbeeinträchtigende Maßnahmen getroffen werden sollen, sind diese nach Maßgabe des grundrechtlichen Rechtfertigungsschemas zu behandeln; die Prinzipien des Art. 3 I fungieren insofern als verfassungsrechtlich legitime Zwecksetzung (Rn. 70 vor Art. 98). Zielkonflikte zwischen verschiedenen Aspekten der „Rechtsidee"[32] sind grundsätzlich nach dem Gebot der **praktischen Konkordanz** aufzulösen.[33] Konflikte zwischen der materiellen Gerechtigkeit oder Richtigkeit von Entscheidungen und der Rechtssicherheit[34] sind nach Maßgabe des einfachen Rechts, zumal des Prozessrechts, aufzulösen.[35]

2. Entstehung

Eine dem Art. 3 entsprechende Vorschrift war weder in der VU 1919 noch im VE/E ent- **13** halten. Er wurde in der Fassung des jetzigen Abs. 1 im VA eingefügt, „um den Charakter des bayerischen Staates programmatisch zu umschreiben".[36] Absatz 2 wurde durch das 5. Gesetz zur Änderung der Verfassung vom 20. 6. 1984[37] ergänzt.

3. Verhältnis zum Grundgesetz

Die **Geltung** des Art. 3 steht vor dem Hintergrund des Art. 28 I 1 GG **nicht in Frage.** **14** Art. 3 postuliert den **sozialen Rechtsstaat** im Sinne des Art. 28 I 1 GG. Das **Kulturstaatsprinzip** ist zwar im GG nicht eigens vorgesehen, damit aber für die Länder nicht ausgeschlossen. Der **Schutz der natürlichen Lebensgrundlagen** findet in Art. 20 a GG eine Entsprechung. Auch die **Gemeinwohlklausel** (Art. 3 I 2) hat vor dem GG Bestand. Auch wenn sich im GG eine solche Klausel nicht eigens und ausdrücklich findet, sind Gemeinwohlerwägungen dem GG nicht fremd (vgl. nur Art. 14 II GG und andere Vorbehaltsregelungen in den GG-Grundrechtsbestimmungen). Art. 3 I 2 postuliert insgesamt keinen weitergehenden Gemeinwohlvorbehalt, insbesondere im Hinblick auf die Freiheitsausübung als das Grundgesetz.

II. Einzelkommentierung

1. Das Rechtsstaatsprinzip

a) Kern des Rechtsstaatsprinzips ist die **Bindung** der **Herrschaftsausübung** an die **15** **Maßstäbe des Rechts und der Gerechtigkeit.** Außerrechtliche Normkomplexe (Moral, Religion) entfalten grundsätzlich keine unmittelbar rechtliche Wirkung.[38] Allerdings

---

BayVBl. 2007, 492 im Hinblick auf die Einführung des Büchergelds. Auch insofern ist die Rechtsprechung des VerfGH schwankend.

[32] Dazu aus rechtsphilosophischer Sicht *Radbruch,* Rechtsphilosophie, 1932, § 9 („Antinomien der Rechtsidee").

[33] *Alexy,* Theorie der Grundrechte, 1994, S. 152; auch das BVerfG postuliert in ständiger Rechtsprechung, Konflikte zwischen verfassungsrechtlich geschützten Rechtsgütern – dazu gehören auch Staatszielbestimmungen – seien in einer Weise zu lösen, dass nicht eine der widerstreitenden Positionen bevorzugt und maximal behauptet werde, sondern dass beide möglichst weitgehend Berücksichtigung fänden, also ein möglichst schonender Ausgleich herbeigeführt werde; BVerfGE 93, 1 (21).

[34] Dazu *Lindner,* Das Regel-Ausnahme-Verhältnis im Verwaltungsrecht, VerwArch 98 (2007), 213 (231 ff.).

[35] Am Beispiel der VwGO *Lindner,* in: Posser/Wolff (Hrsg.), VwGO, 2008, § 121 Rn. 56 ff.

[36] *Nawiasky,* S. 79; Prot. II, S. 385 ff.

[37] GVBl S. 223. Damit sollte eine Staatszielbestimmung geschaffen werden, die sich mit rechtlich verbindlicher Wirkung an alle Träger staatlicher Gewalt richtet. Belange des Umweltschutzes sollten nunmehr mit noch größerem Gewicht als früher in die Entscheidung der öffentlichen Hand einfließen, VerfGH 48, 119 (125).

[38] Freilich stehen Recht, Moral und Religion nicht beziehungslos gegenüber. Moralische und religiöse Handlungsmaßstäbe und Wertungen liegen rechtlichen Regelungen meist zu Grunde. Zudem

ist Rechtsnormen die Geltung zu versagen, die in unerträglicher Weise außerrechtliche Gerechtigkeitsmaßstäbe außer Acht lassen.[39] Der BV liegt – wie dem GG – ein **materielles Rechtsstaatsprinzip** zu Grunde (Rn. 2). Das formale Prinzip der Bindung an das Recht wird flankiert durch materielle Gerechtigkeitsmaßstäbe, denen das Recht genügen muss. Dazu gehören die anderen in Art. 3 und anderen Normen der Verfassung verankerten **Staatszielbestimmungen,** zumal das Sozialstaatsprinzip, sowie die **Freiheits- und Gleichheitsgrundrechte** (Rn. 21 ff. vor Art. 98 sowie die Erläuterungen zu den einzelnen Grundrechten).

16   b) Die Grundrechte in der Struktur als Regel-Ausnahme-Verhältnisse zu Gunsten der Freiheit des Einzelnen bilden auch die eigentliche Grundlage des **Verhältnismäßigkeitsgrundsatzes,** der üblicherweise als Bestandteil des Rechtsstaatsprinzips verstanden wird.[40] Überzeugender ist es, den Verhältnismäßigkeitsgrundsatz als in erster Linie **grundrechtliches Phänomen** zu deuten, der im Bereich der Rechtfertigung staatlicher Eingriffe eine Rolle spielt.[41] Nähere Ausführungen zum Verhältnismäßigkeitsgrundsatz und zu dessen Teilaspekten finden sich daher bei Rn. 69 ff. vor Art. 98, worauf an dieser Stelle verwiesen sei. Dieser Verankerung des Verhältnismäßigkeitsgrundsatzes neigt nunmehr auch der VerfGH zu[42]: Ihm komme in erster Linie eine die individuelle Rechts- und Freiheitssphäre verteidigende Funktion zu. Allerdings könnten sich aus dem Prinzip auch Schranken für organisationsrechtliche Maßnahmen ergeben. Insofern mahnt der VerfGH aber mit Recht zur Zurückhaltung. Der Verhältnismäßigkeitsgrundsatz ist ebenso wenig wie das Prinzip praktischer Konkordanz ein **verfassungsrechtliches Weltenei zur Lösung aller Rechtskonflikte.**[43] Insbesondere darf der Verhältnismäßigkeitsgrundsatz in nicht grundrechtlich relevanten Bereichen den Gestaltungsspielraum des Gesetzgebers nicht zu weit gehend einschränken. Dies bringt der VerfGH zum Ausdruck, wenn er dem Verhältnismäßigkeitsgrundsatz in Bereichen, wo es nicht um Eingriffe in Rechte Einzelner geht, „von vorneherein ein geringeres Gewicht"[44] zumisst.

17   Bei **organisationsrechtlichen Maßnahmen,** etwa der Auflösung des BayObLG, besagt der Verhältnismäßigkeitsgrundsatz, „dass das zur Erreichung eines bestimmten Zwecks eingesetzte Mittel hierzu geeignet und erforderlich sein muss".[45] Dabei stehe dem Gesetzgeber ein größerer **Beurteilungsspielraum** zu als bei grundrechtsverkürzenden Maßnahmen. Insgesamt dürfte der Verhältnismäßigkeitsgrundsatz bei nicht grundrechtsrelevanten Maßnahmen mit der allgemeinen Willkürkontrolle identisch sein.

18   c) Herrschaft des (materiell legitimierten) Rechts impliziert die Bindung der Staatsgewalt an das Recht, zumal an die Verfassung, die förmlichen Gesetze und das untergesetzliche Recht. Die Verfassung geht mithin von einem **Stufenbau der Rechtsordnung** aus.[46]

---

kommt es vor, dass außerrechtliche Wertvorstellungen ausdrücklich in den Regelungsgehalt einer Rechtsnorm aufgenommen werden (vgl. z. B. Art. 2 I PAG: öffentliche „Ordnung", worunter die „Gesamtheit der ungeschriebenen Regeln über das Verhalten des Einzelnen in der Öffentlichkeit" zu verstehen ist; *Gallwas/Wolff,* Bayerisches Polizei- und Sicherheitsrecht, 3. Aufl. 2004, Rn. 78).

[39] Zurückgegriffen werden kann dazu auf die sog. „Radbruchsche Formel"; *Radbruch,* Gesetzliches Unrecht und übergesetzliches Recht, SJZ 1946, S. 105 ff. *„Der Konflikt zwischen der Gerechtigkeit und der Rechtssicherheit dürfte dahin gehend zu lösen sein, dass das positive, durch Satzung und Macht gesicherte Recht auch dann den Vorrang hat, wenn es inhaltlich ungerecht und unzweckmäßig ist, es sei denn, dass der Widerspruch des positiven Gesetzes zur Gerechtigkeit ein so unerträgliches Maß erreicht, dass das Gesetz als unrichtiges Recht der Gerechtigkeit zu weichen hat."* Vgl. zur Problematik auch *Kaufmann,* Rechtsphilosophie, 2. Aufl. 1997, S. 39 ff.

[40] VerfGH 55, 123 (131); 49, 111 (118).

[41] Überblick zu den verschiedenen Herleitungskonzepten bei *Lindner,* Theorie (Fn. 5), 217 ff. m. w. N.

[42] VerfGH 58, 212 (236).

[43] Vgl. dazu auch *Lindner,* „Parteienprivileg und Verfassungstreue – eine Scheinkonkurrenz", ZBR 2006, 402 (411).

[44] VerfGH 58, 212 (236); 56, 57 (66); 48, 17 (27).

[45] VerfGH 58, 212 (236); 49, 111 (118); 47, 17 (27); 26, 144 (160).

[46] *Kelsen,* Reine Rechtslehre, 2. Aufl. 1960, 228 ff.

aa) An der **Spitze** des Stufenbaus steht die **Verfassung,** die als oberste Norm die gesamte Hoheitsgewalt bindet. Diese **Vorrangwirkung der Verfassung** bringt diese selbst – deklaratorisch – in Art. 55 Nr. 1 zum Ausdruck, wonach die **Staatsverwaltung** nach Maßgabe der Verfassung ausgeübt wird (Rn. 12 ff. zu Art. 55). Die Verfassungsbindung des **Gesetzgebers** kommt in Art. 76 I zum Ausdruck, die der **Judikative** in Art. 85 („Gesetz" im Sinne dieser Vorschrift ist auch das Verfassungsgesetz). Der Vorrang der Verfassung schließt nicht aus, dass es sog. **verfassungswidriges Verfassungsrecht** geben kann. Solches kann bereits originäres Verfassungsrecht sein, aber auch entstehen, wenn der verfassungsändernde Gesetzgeber die Verfassung in einer Weise ändert, die „den demokratischen Grundgedanken der Verfassung" widerspricht[47] (Art. 75 I 2; s. die Erläuterungen dort sowie Rn. 2 zu Art. 118 m. w. N. zur Rechtsprechung des VerfGH). Die Entscheidung darüber trifft der VerfGH nach Art. 75 III i. V. m. Art. 49 VfGHG.

bb) Die **zweite Stufe** der Rechtsordnung bilden die förmlichen, vom Landtag oder **19** vom Volk beschlossenen **Gesetze** (Art. 70 ff.), die ihrerseits verfassungskonform sein müssen (Art. 76 I). Die Gesetze binden die Exekutive (Art. 55 Nr. 1) und die Judikative (Art. 85), nicht jedoch den Gesetzgeber selbst. Dieser kann Gesetze jederzeit ändern, wenn die Neuregelungen ihrerseits verfassungskonform und die Grundsätze des Vertrauensschutzes eingehalten sind (Rn. 33 ff.). Der **Grundsatz der Gesetzmäßigkeit** der Verwaltung, der sich in die Postulate des **Vorbehalts** und des **Vorrangs des Gesetzes** unterteilt, ist eigens in Art. 55 Nr. 1 enthalten und dort erläutert (Rn. 15 ff. zu Art. 55, dort insbes. auch zur sog. **„Wesentlichkeitslehre"**).

Hält eine Behörde oder ein Gericht ein förmliches Gesetz für **verfassungswidrig, 20** darf dieses nicht einfach unangewendet bleiben. Dies würde die Autorität des Landtags desavouieren. Behörden und Gerichte haben zwar eine **Prüfungs-,** aber **keine Verwerfungskompetenz. Gerichte** haben die Frage der Verfassungswidrigkeit eines förmlichen Gesetzes im Falle der Entscheidungserheblichkeit[48] dem BVerfG nach Art. 100 I GG (wenn es sich um die Verletzung des GG handelt[49]) und/oder dem VerfGH nach Art. 65, 92 i. V. m. Art. 50 VfGHG (bei Verletzung der BV) im Wege der **konkreten Normenkontrolle** vorzulegen. Hält eine **Behörde** ein Gesetz, das sie vollziehen muss, für verfassungswidrig (was der behördenintern zuständige Amtswalter zu prüfen hat), darf dieses nicht einfach unangewendet bleiben. Der Amtswalter hat seine Überzeugung von der Verfassungswidrigkeit des Gesetzes kraft des **beamtenrechtlichen Verantwortungsprinzips**[50] bei seinem Vorgesetzten geltend zu machen.[51] Auf diese Weise kann die Frage der Verfassungswidrigkeit des Gesetzes im Zuge der Behördenhierarchie bis zum zuständigen Staatsminister und über diesen in die Staatsregierung getragen werden, die eine **abstrakte Normenkontrolle** nach Art. 93 I Nr. 2 GG oder Art. 75 III i. V. m. Art. 49 VfGHG anstrengen kann. Denkbar wäre auch, dass der Beamte selbst eine Popularklage nach Art. 98 S. 4 erhebt, wenn er ein Landesgesetz für mit Grundrechten der BV nicht vereinbar hält. Solange eine verfassungsgerichtliche Entscheidung nicht vorliegt, muss das Gesetz vollzogen werden (es sei denn, es läge ein Fall der Fn. 39 vor).

---

[47] *Meder,* Rn. 2 vor Art. 98 m. w. N.; VerfGH 54, 109 (159) m. w. N.; VerfGH 20, 125 (128); 41, 44 (45), wo der VerfGH die praktische Gefahr verfassungswidrigen Verfassungsrechts allerdings – in historischer Dimension möglicherweise zu leichtfertig – als gering einschätzt: *„Die Möglichkeit, dass ein der freiheitlich-demokratischen Grundordnung verpflichteter Verfassungsgeber derartige elementaren Rechtsgrundsätze missachtet, erscheint allerdings praktisch nahezu ausgeschlossen."*

[48] Diese ist zu verneinen, wenn eine verfassungskonforme Auslegung des Gesetzes möglich ist.

[49] Gleiches gilt, wenn es sich um die Unvereinbarkeit eines Landesgesetzes mit einem Bundesgesetz handelt (Art. 100 I 2 GG).

[50] Art. 65 I BayBG: „Der Beamte trägt für die *Rechtmäßigkeit* seiner dienstlichen Handlungen die volle persönliche Verantwortung."

[51] Zum Remonstrationsverfahren s. Art. 65 II BayBG; *Lindner,* Grundrechtssicherung durch das Berufsbeamtentum, ZBR 2006, 1 (9).

21   Hält ein Gericht oder eine Behörde ein **förmliches Landesgesetz** für **unvereinbar mit europäischem Gemeinschaftsrecht,** gelten andere Maßstäbe. **Gemeinschaftsrecht,** das im Falle einer Norminhaltskollision mit mitgliedstaatlichem Recht **Anwendungsvorrang** genießt[52], ist Prüfungsmaßstab weder im konkreten (Art. 100 I GG; Art. 65, 92) noch im abstrakten (Art. 93 I Nr. 2 GG; Art. 75 III) Normenkontrollverfahren.[53] Das **Gericht** kann also nicht im Wege der konkreten Normenkontrolle die gesetzliche Regelung dem BVerfG oder dem VerfGH vorlegen, es hat die betreffende Gesetzesnorm vielmehr selbst unangewendet zu lassen.[54] Daran ändert auch nichts, dass es sich um ein förmliches Gesetz handelt. Die Kontrollbefugnis deutscher Gerichte im Hinblick auf förmliche Gesetze geht im Falle der Gemeinschaftsrechtswidrigkeit mithin weiter als im Falle von Verstößen gegen Verfassungsrecht.[55] Während die Gerichte im zweiten Fall dem BVerfG nach Art. 100 I GG und dem VerfGH nach Art. 65, 92 vorlegen müssen, können und müssen sie eine für gemeinschaftsrechtswidrig erachtete gesetzliche Regelung wegen Vorrang des Gemeinschaftsrechts selbst für unanwendbar erklären.[56] Gleiches gilt, wenn eine **Behörde** ein förmliches Gesetz für mit Gemeinschaftsrecht unvereinbar hält.[57]

22   cc) Die **dritte Stufe** der Rechtsordnung bildet das **untergesetzliche Recht,** also insbesondere Rechtsverordnungen und Satzungen. Für den Bereich der **Rechtsverordnungen** enthält Art. 55 Nr. 2 die verfassungsrechtlichen Vorgaben (s. dazu, insbes. zum Problem der hinreichenden gesetzlichen **Ermächtigung** und zur **Abgrenzung von Verwaltungsvorschriften** eingehend Rn. 28 ff. zu Art. 55). Zur Normkategorie der Satzungen Rn. 89 f. zu Art. 55.

23   Hält eine **Behörde** eine **untergesetzliche Rechtsnorm** für **verfassungswidrig,** hat sie keine Verwerfungskompetenz. Es gilt das oben bei Rn. 20 Gesagte. Zusätzlich besteht die Möglichkeit, dass die Behörde ein Normenkontrollverfahren nach § 47 VwGO anstrengt (vgl. aber die Begrenzung des Prüfungsmaßstabs in § 47 III VwGO). Hält ein **Gericht** eine untergesetzliche Norm des Landesrechts für verfassungswidrig, so ist zu unterscheiden: Liegt eine Verfassungswidrigkeit wegen Verstoßes gegen das Grundgesetz vor, so hat das Gericht eine inzidente Verwerfungsbefugnis, eine Vorlagepflicht nach Art. 100 I GG zum BVerfG besteht nicht. Liegt die Verfassungswidrigkeit in einem Verstoß gegen die BV, darf das Gericht die untergesetzliche Rechtsnorm nicht selbst verwerfen, sondern muss nach Art. 92 i.V.m. Art. 50 VfGHG dem VerfGH vorlegen; Art. 50 I VfGHG bezieht sich auf jede „Rechtsvorschrift des bayerischen Landesrechts" (vgl. die Kommentierung zu Art. 92).

24   Im Falle der **Gemeinschaftsrechtswidrigkeit** der untergesetzlichen Rechtsnorm gilt das bei Rn. 21 Gesagte entsprechend; zudem besteht die Möglichkeit, die Gemeinschaftsrechtswidrigkeit in einem Verfahren nach § 47 VwGO geltend zu machen.

25   d) Der Stufenbau der Rechtsordnung (Rn. 18 ff.) betrifft die rechtstheoretische Architektur einer materiell-rechtsstaatlichen Rechtsordnung. Herrschaft des Rechts (Rn. 15, 18) meint aber auch **Erkennbarkeit des Rechts,** des rechtlich Gewollten und Geforderten. Wichtiges Element des Rechtsstaatsprinzips ist daher das **Bestimmtheitsgebot.** Nach ständiger Rechtsprechung des VerfGH, die im Wesentlichen mit der Judikatur des BVerfG[58] übereinstimmt, verpflichtet der Bestimmtheitsgrundsatz den „*Normgeber, seine*

---

[52] Dazu *Lindner,* JuS 2008, 1.
[53] So BVerfGE 31, 145 (174); 82, 159 (191); 85, 191 (205).
[54] EuGH Slg. 2000, I-4217; BFH, NJW 2001, 847; BVerwG, NVwZ 1998, 520 (523).
[55] Kritik bei *Hillgruber/Goos,* Verfassungsprozessrecht, 2. Aufl. 2006, Rn. 619 ff.
[56] Wird das Gemeinschaftsrecht selbst vom Gericht für rechtswidrig erachtet (wegen Verstoßes gegen eine höherrangige Norm des Gemeinschaftsrechts), so besteht keine Nichtanwendungskompetenz, sondern eine Vorlagepflicht nach Art. 234 EG zum EuGH.
[57] Nach der Rechtsprechung des EuGH ist auch die Exekutive nach dem Grundsatz der Effektivität des Gemeinschaftsrechts verpflichtet, ein für gemeinschaftsrechtswidrig erachtetes formelles Gesetz außer Anwendung zu lassen; Nachweise bei *Hillgruber/Goos,* Rn. 622 sowie bei *Kahl,* in: Calliess/Ruffert (Hrsg.), EUV/EGV, 3. Aufl. 2007, Art. 10 Rn. 60; vgl. dazu auch *Streinz/Herrmann,* BayVBl. 2008, 1.
[58] BVerfGE 108, 186 (235); 110, 33 (53).

Vorschriften so zu fassen, dass sie den rechtsstaatlichen Anforderungen der Klarheit und Justiziabilität entsprechen. Normen müssen so formuliert sein, dass die davon Betroffenen die Rechtslage erkennen können und die Gerichte in der Lage sind, die Anwendung der betreffenden Vorschrift durch die Verwaltung zu kontrollieren".[59] Die Anforderungen an die Bestimmtheit und Klarheit der Normen dienen auch dazu, die Verwaltung zu binden und ihr Verhalten nach Inhalt, Zweck und Ausmaß zu begrenzen. Die Entscheidung über die Freiheit des Bürgers dürfe nicht einseitig in das Ermessen der Verwaltung gestellt sein.[60] Dieses allgemeine Bestimmtheitserfordernis[61] hat der VerfGH relativierend[62] konkretisiert:

aa) Das Gebot der Bestimmtheit dürfe **nicht übersteigert** werden, weil die Normen **26** ansonsten zu starr und kasuistisch würden und der Vielgestaltigkeit der Lebenswirklichkeit und den Besonderheiten des Einzelfalls nicht mehr gerecht werden könnten. Der Normgeber sei nicht verpflichtet, jeden Tatbestand mit exakt erfassbaren Merkmalen bis ins Letzte zu umschreiben, sondern nur insoweit, als dies nach der Eigenart des zu ordnenden Sachverhalts und mit Rücksicht auf den Normzweck möglich ist.[63]

bb) Aus dem Rechtsstaatsprinzip ergibt sich kein Verbot der Verwendung **unbestimm-** **27** **ter Rechtsbegriffe** und der Einräumung von **Ermessen.**[64] Vielmehr kann sich diese Form der Normgebung als sinnvoll erweisen.[65] Notwendig ist jedoch, dass sich „mit Hilfe der üblichen Auslegungsmethoden eine zuverlässige Grundlage für die Auslegung und Anwendung der Vorschrift gewinnen lässt".[66] Je intensiver eine Regelung in Rechte eingreift, desto bestimmter muss sie sein bzw. desto sicherer müssen die Auslegungs- und Anwendungsgrundlagen sein.[67] So genügen beispielsweise die polizei- und sicherheitsrechtlichen Generalklauseln dem Bestimmtheitsgebot, soweit sich feste dogmatische Anwendungsgrundsätze herausgebildet haben. Im Einzelnen **genügen** dem Bestimmtheitsgebot **z.B.**[68]:

– Die Normierung der sog. „Schleierfahndung" in Art. 13 I Nr. 5 PAG[69], die polizei- **28** rechtlichen Datenerhebungsvorschriften[70],
– Art. 26 I des Bayerischen Mediengesetzes[71],
– die Abhängigmachung eines Studiengangwechsels von einem wichtigen Grund[72],
– der Begriff „Kampfhund" i.S.d. Art. 37 LStVG[73],
– die Regelung des Art. 113 I 2 BayEUG (Befugnisse der Schulaufsicht)[74],

---

[59] VerfGH 60, 1 (6); 57, 113 (127); 57, 30 (37); 56, 148 (162); 56, 28 (44); 56, 1 (9); 55, 123 (131); 50, 226 (248); 49, 160 (164); 47, 207 (217); 17, 19 (25) und öfter.

[60] VerfGH 1, 81 (91); 59, 29 (35) mit Bezug auf BVerfGE 110, 33 (54).

[61] Zum Grundsatz der hinreichenden Bestimmtheit einer gesetzlichen Ermächtigungsgrundlage zum Erlass von Rechtsverordnungen Rn. 36 ff. zu Art. 55.

[62] Nähme man den Anspruch der Erkennbarkeit des rechtlich Gesollten für den Bürger in strengem Sinne wirklich ernst, wären weite Teile der Rechtsordnung wegen Verstoßes gegen das Bestimmtheitsgebot verfassungswidrig. Als Beispiel seien nur die Datenerhebungsvorschriften in den Art. 30 ff. PAG genannt.

[63] VerfGH 60, 1 (6); 59, 29 (35); 57, 113 (127); 57, 30 (37); 56, 1 (8); 49, 160 (164) und öfter.

[64] VerfGH 57, 113 (127); 56, 1 (9); 50, 129 (136); 49, 160 (164); 41, 17 (24) und öfter.

[65] VerfGH 57, 113 (127); 56, 75 (90); 56, 1 (9).

[66] VerfGH 57, 113 (127); 56, 28 (45); 56, 1 (9); 41, 17 (24) und öfter.

[67] VerfGH 49, 160 (164); 50, 129 (136); 56, 28 (45); 59, 29 (35).

[68] Nachweise aus der älteren Rechtsprechung des VerfGH bei *Meder,* Art. 3 Rn. 6 f. Für ein Beispiel eines *Verstoßes* gegen das Bestimmtheitsgebot s. VerfGH 43, 67 (79). Art. 16, 17 BayDSchG stellen keine hinreichend bestimmten Befugnisnormen für eine Videoüberwachung öffentlicher Plätze durch die Sicherheitsbehörden dar: BVerfG, NVwZ 2007, 688.

[69] VerfGH 56, 28 (45); dort insbesondere zum Begriff „Durchgangsstraßen" und „grenzüberschreitende Kriminalität".

[70] VerfGH 50, 226 (248 ff.). Zu Art. 16 PAG (polizeilicher Gewahrsam) s. VerfGH 43, 107 (126 ff.).

[71] VerfGH 56, 1 (9).

[72] VerfGH 50, 129 (136).

[73] VerfGH 47, 207 (217).

[74] VerfGH 57, 30 (37).

– die Informationspflichten der Schule gegenüber früheren Erziehungsberechtigten nach Art. 75 BayEUG[75].

29   cc) Mit dem Bestimmtheitsgrundsatz vereinbar sind auch **Verweisungen** und **Verweisungsketten,** soweit diese für den Rechtsanwender nachvollziehbar und hinreichend verständlich sind.[76] Die Verweisungskette in Art. 22 Abs. 1 Nr. 1 i.V. m. Art. 21 Abs. 1 Nr. 3 und Art. 13 Abs. 1 Nr. 5 PAG genügt nach Auffassung des VerfGH diesen Grundsätzen.[77] Auch Verweisungen auf Vorschriften, die von einem anderen Gesetzgeber erlassen worden sind, sind zulässig.[78] Dies gilt jedenfalls für **statische Verweisungen,** bei denen auf die bei Erlass der Verweisungsregelung geltende Fassung des in Bezug genommenen Rechts verwiesen wird.[79]

30   Problematischer, auch im Hinblick auf das Demokratieprinzip, sind **dynamische Verweisungen** auf Rechtsvorschriften in ihrem jeweiligen Bestand, da sich der Normgeber dadurch dem nicht planbaren Willen eines anderen Normgebers unterwirft. Solche Verweisungen sind zulässig, wenn der Normgeber die Entwicklung des in Bezug genommenen Rechts beobachtet und bei Änderungen begleitend prüft, ob und inwieweit Anpassungen des verweisenden Rechts erforderlich oder zweckmäßig sind. Den Normgeber trifft eine **Beobachtungs-, Reflexions- und ggf. Anpassungspflicht.** Insbesondere bei **grundrechtsrelevanten** Regelungen[80] sind daran besonders strenge Anforderungen zu stellen. Der Gesetzgeber muss bei Erlass der verweisenden Regelung und auf der weiteren Schiene der Zeit Art und Ausmaß der Grundrechtsbeeinträchtigung selbst festlegen und rechtfertigen; nur in diesem Rahmen kann er auf andere Vorschriften auch dynamisch Bezug nehmen. Eine freiheitsbeeinträchtigende Regelung lediglich „nach Maßgabe" eines in Bezug genommenen Regelungskomplexes ist unzulässig.[81]

31   dd) Eine Sonderregelung des Bestimmtheitsgebots formuliert Art. 104 I mit dem Grundsatz **„nulla poena sine lege";** vgl. die Kommentierung dort.

32   ee) Das Rechtsstaatsprinzip verlangt, dass Rechtsnormen in einer Weise förmlich **bekannt** gemacht werden, dass die Betroffenen in verlässlicher und zumutbarer Weise von ihrem Inhalt **Kenntnis** erlangen können.[82] Gesetze und auch Rechtsverordnungen des Staates werden im Gesetz- und Verordnungsblatt bekannt gemacht (Art. 76 I). Die Bekanntmachung von Rechtsvorschriften von Körperschaften, Anstalten und Stiftungen des öffentlichen Rechts richtet sich nach den jeweils einschlägigen einfachrechtlichen Vorschriften.[83] Auch eine elektronische Bekanntmachung durch Einstellung ins **Internet** ist zulässig, jedenfalls wenn gleichzeitig die Möglichkeit besteht, den authentischen, aus-

---

[75] VerfGH 57, 113 (127). Vgl. auch VerfGH 60, 1 (6): „Kopftuchverbot".
[76] VerfGH 59, 29 (35); 57, 113 (127); BVerfGE 110, 33 (63).
[77] VerfGH 59, 29 (34).
[78] VerfGH 29, 173 (176); 42, 1 (7); *Meder,* Art. 3 Rn. 5. Der VerfGH hält sowohl statische als auch dynamische Verweisungen für zulässig, VerfGH 42, 1 (8); 48, 109 (113) und öfter. Dabei besteht – so VerfGH 48, 149 (156) – grundsätzliche Einigkeit, dass bei Verweisung einer Rechtsvorschrift auf eine andere Rechtsvorschrift deren Inhalt nach „Rang und Geltungskraft" Bestandteil der verweisenden Vorschrift wird. Verweist ein förmliches Gesetz auf Verwaltungsvorschriften oder Regelungen untergesetzlichen Ranges, so enthalten diese nicht als solche, wohl aber im Rahmen der Verweisung den Geltungsrang der verweisenden Norm; vgl. VerfGH 48, 149 (156); 45, 68 (75); 46, 14 (18); 17, 61 (66).
[79] VerfGH 17, 61 (66); 42, 1 (8) mit Beispielen.
[80] *Meder,* Art. 3 Rn. 5; so in der Tendenz auch VerfGH 42, 1 (9).
[81] BVerfGE 47, 285 (311); 73, 261 (272).
[82] VerfGH 38, (43); 32, 29 (34). Eine nicht veröffentlichte, also bekanntgemachte/verkündete Verordnung ist nicht existent und entfaltet keine Rechtswirkungen (VerfGH 42, 148 [155]), eine Popularklage gegen sie ist unzulässig, VerfGH 24, 199 (214). Die Einzelheiten der Staatspraxis ergeben sich aus der Bek. der Staatsregierung über die amtl. Veröffentlichung von Rechts- und Verwaltungsvorschriften (Veröffentlichungs-Bekanntmachung – VeröffBek) vom 6. 1. 2001 (GVBl 730, BayRS 1140-1-S), zuletzt geändert durch Bek. vom 13. 12. 2005 (GVBl 711) sowie aus speziellen gesetzlichen Regelungen (vgl. z. B. Art. 51 LStVG).
[83] Vgl. z. B. Art. 13 III BayHSchG.

gefertigten Text des Rechtssatzes einzusehen. Die elektronische Bekanntmachung allein dürfte nicht genügen.

ff) Die vorgenannten Maßgaben gelten nicht nur für Rechtsnormen, sondern auch für andere Hoheitsakte, zumal Verwaltungsakte[84] und Gerichtsurteile. Diese müssen grundsätzlich bekannt gegeben und auch **begründet** werden.[85]

e) Das Rechtsstaatprinzip verlangt nicht nur die Erkennbarkeit, sondern auch die **Ver-** **33** **lässlichkeit** des Rechts[86]; auch **Rechtssicherheit** ist − neben der Gerechtigkeit und der Gleichheit − maßgeblicher Teil der Rechtsidee. Es muss nicht nur erkennbar sein, *was* eine Norm regelt, sondern auch, dass sie gilt und als verlässliche, beständige Grundlage für die Kalkulation eigenen Handelns dienen kann.

aa) Allerdings gibt es **kein Verfassungsprinzip der Kontinuität** im Sinne einer **34** Unveränderbarkeit des Rechts.[87] Recht ist der Dynamik von Veränderungen in der Lebenswirklichkeit ausgesetzt und untersteht ständigem tatsächlichen und politischen Anpassungsdruck. Der Gesetzgeber hat das Recht auf der Schiene der Zeit fortzuentwickeln. Die **Diskontinuität** des Rechts in der Dimension der Zeit ist unausweichliche Konsequenz des Demokratieprinzips, das einer Versteinerung des Rechts konzeptionell entgegensteht.[88] Kontinuität vermitteln allerdings die unabänderbaren Verfassungsprinzipien wie die Grundrechtsnormen oder die Staatszielbestimmungen in Art. 3, die nach Art. 75 I 2 der Aufhebung entzogen sind. Indes ist auch Art. 75 I 2, wie Art. 79 Abs. 3 GG, und damit die gesamte Verfassung auf der Schiene der Zeit nicht unantastbar. Zwar firmieren Art. 75 I 2 BV und Art. 79 Abs. 3 GG als sog. „Ewigkeitsklauseln", damit kann jedoch nur eine verfassungsimmanente, keine verfassungsexistenzielle Ewigkeit gemeint sein.

bb) Hat der Einzelne demnach zwar **keinen grundsätzlichen Anspruch auf Fort-** **35** **bestand einer bestimmten Rechtslage,** die ihm Vorteile gewährt oder ihn vor Nachteilen verschont[89], so muss er doch in seinen Dispositionen, die er im **Vertrauen** auf eine bestimmte Rechtslage getätigt hat, in gewissem Umfang geschützt werden. Freiheitsentfaltung setzt Planbarkeit, diese Verlässlichkeit voraus.[90] Daher verbietet es das Rechtsstaatprinzip, dass belastende Rechtsakte uneingeschränkt Wirkung für die Vergangenheit entfalten können.[91] Erforderlich ist eine schonende **Abwägung** zwischen dem Vertrauen in den Fortbestand einer rechtlichen Dispositionsgrundlage und der Notwendigkeit zur Anpassung der Rechtsordnung. Die Rechtsprechung des BVerfG[92] und des VerfGH[93]

---

[84] *Jarass/Pieroth,* Art. 20 Rn. 76.

[85] Vgl. Art. 39 BayVwVfG sowie grundsätzlich *Kischel,* Die Begründung, 2002.

[86] *Sachs,* in: Sachs, Art. 20 Rn. 122; VerfGH 48, 87 (98): „Rechtssicherheit ist ein wesentlicher Bestandteil des Rechtsstaatsprinzips."

[87] Vgl. dazu *A. Leisner,* Kontinuität als Rechtsprinzip, 2002.

[88] VerfGH 57, 84 (96): *„Grundsätzlich steht jedes Rechtsgebiet im Rahmen der verfassungsrechtlichen Bindungen zur Disposition des Normgebers; der Gesetzgeber ist befugt, die geltenden Gesetze zu verändern, bisherige Rechte zu modifizieren oder aufzuheben."*

[89] VerfGH 59, 63 (78); 57, 84 (96): *„Der Bürger kann grundsätzlich nicht darauf vertrauen, dass eine für ihn günstige Regelung in alle Zukunft bestehen bleibt."* VerfGH 49, 11 (119); 42, 72 (78); 38, 1 (6) und öfter. BVerfGE 105, 17 (40).

[90] *Zippelius/Würtenberger,* Deutsches Staatsrecht, 31. Aufl. 2005, 108. Vgl. bereits VerfGH 4, 90 (100); 5, 243 (264).

[91] VerfGH 56, 178 (193): *„Der Rückwirkung von Rechtssätzen sind durch das rechtsstaatliche Gebot des Vertrauensschutzes Grenzen gezogen. Es gilt der Grundsatz, dass eine Rechtslage nicht nachträglich zu Lasten des Bürgers verschlechtert werden darf, wenn er in schutzwürdiger Weise auf das Fortbestehen der bisherigen Rechtslage vertrauen durfte."*

[92] Dazu m. w. N. *Jarass/Pieroth,* Art. 20 Rn. 67 ff.

[93] Die nachfolgende Kommentierung beschränkt sich im Wesentlichen auf die Rechtsprechung des VerfGH. Aus der umfangreichen Literatur vgl. nur *Blanke,* Vertrauensschutz im deutschen und europäischen Verwaltungsrecht, 2000; *Fischer,* Die Verfassungsmäßigkeit rückwirkender Normen, JuS 2001, 861; *Schwarz,* Vertrauensschutz als Verfassungsprinzip, 2002.

unterscheidet zwischen der sog. **echten** und der **unechten Rückwirkung**.[94] Während die echte Rückwirkung grundsätzlich unzulässig ist, wird die unechte Rückwirkung weitgehend für zulässig erachtet.

36   cc) Die **echte Rückwirkung** einer Norm ist dadurch gekennzeichnet, dass der „Beginn ihres zeitlichen Anwendungsbereichs auf einen Zeitpunkt festgelegt ist, der vor dem Zeitpunkt liegt, zu dem die Norm gültig geworden ist".[95] Die Anordnung, dass eine Rechtsfolge, etwa eine Zahlungspflicht[96], eine sonstige öffentlich-rechtliche Rechtspflicht oder die Beseitigung eines Rechtsanspruches bzw. einer rechtlichen Vergünstigung schon für einen vor dem Zeitpunkt der Verkündung der Norm liegenden Zeitraum gelten soll, stellt eine „Rückbewirkung von Rechtsfolgen", eine echte Rückwirkung dar.[97] Eine solche ist grundsätzlich unzulässig, da die Verfassung nur solche belastenden Rechtsnormen zulässt, deren Rechtsfolgen für einen frühestens mit der Verkündung beginnenden Zeitraum eintreten. Der von einer rechtlichen Regelung Betroffene muss grundsätzlich bis zum Zeitpunkt der Verkündung einer Neuregelung bei seinen persönlichen, beruflichen, finanziellen Dispositionen etc. darauf vertrauen können, dass er nicht nachträglich einer bisher nicht geltenden Belastung unterworfen wird. In diesem Vertrauen wird der Einzelne verletzt, wenn eine Rechtsvorschrift an abgeschlossene Tatbestände rückwirkend ungünstigere Folgen knüpft als diejenigen, von denen er im Zeitpunkt seiner Dispositionen ausgehen durfte.[98] Die **Grundlage** für den Schutz vor echter Rückwirkung sieht der VerfGH „vorrangig in den allgemeinen rechtsstaatlichen Grundsätzen, insbesondere des Vertrauensschutzes und der Rechtssicherheit".[99]

37   Rechtsnormen, die gegen das Verbot der echten Rückwirkung verstoßen, sind insoweit grundsätzlich **verfassungswidrig**.[100] Davon sind **Ausnahmen** anerkannt für Fälle, in denen das **Vertrauen** auf den retrospektiven Bestand der rechtlichen Dispositionsgrundlagen nicht schutzwürdig ist oder „zwingende Gründe des gemeinen Wohls" vorliegen.[101] Im Anschluss an die Rechtsprechung des VerfGH[102] und des BVerfG[103] lassen sich (nicht abschließend) folgende **fünf Ausnahmegruppen** typisieren:[104]

38   (1) Der von einer echt rückwirkenden Norm Betroffene musste ab dem Zeitpunkt, auf den die Rechtsfolge rückwirkend bezogen wird, mit der belastenden Regelung **rechnen**, etwa weil nur die herrschende Rechtsansicht kodifiziert wird oder es zum maßgeblichen Zeitpunkt bereits einen einschlägigen und abschließenden Parlamentsbeschluss gab.[105] Insoweit ist allerdings **Zurückhaltung** angebracht. Angesichts der Komplexität der Lebenssachverhalte und der wachsenden Undurchsichtigkeit des Meinungsbildungsprozesses in der politischen Praxis ist es dem Einzelnen kaum möglich, die Diskussion über die Einführung von Belastungen oder den Abbau von Vergünstigungen nachzuvoll-

---

[94] VerfGH 49, 111 (119); 56, 99 (105); 59, 63 (77); BayVBl. 2007, 492 (495) und öfter.

[95] VerfGH 58, 1 (25); 56, 178 (194); andere Formulierung in VerfGH 44, 124 (132).

[96] Beispiel: Eine echte Rückwirkung läge in der Erhebung von Studiengebühren für bereits in der Vergangenheit absolvierte Studien oder Semester, in der steuerlichen Belastung bereits erfolgter und abgeschlossener Dispositionen oder in der Erhebung von Kommunalabgaben für die Vergangenheit, VerfGH 56, 178 (194).

[97] VerfGH 59, 63 (77); 58, 1 (25); 55, 1 (11); ähnlich bereits VerfGH 5, 243 (265); 18, 1 (7); *Meder*, Art. 3 Rn. 8.

[98] VerfGH 49, 120 (123); 56, 99 (105); 56, 178 (193); 59, 63 (77).

[99] VerfGH 58, 1 (25); 56, 178 (194); 56, 99 (105); 49, 120 (123) und öfter. Aus der parallelen Rechtsprechung des BVerfG s. BVerfGE 72, 200 (241 ff.); 97, 67 (78).

[100] VerfGH 55, 1 (11); 44, 124 (132); 38, 1 (6); 37, 31 (33) und öfter.

[101] VerfGH 56, 178 (194); 58, 1 (26).

[102] VerfGH 58, 1 (26); 56, 178 (194); 37, 31 (33).

[103] BVerfGE 72, 200 (259 ff.).

[104] *Meder*, Art. 3 Rn. 8. Dabei lässt der VerfGH auch eine „Zusammenschau" dieser Gründe zu: VerfGH 56, 178 (194).

[105] BVerfGE 43, 291 (392); 72, 200 (261); 95, 64 (87), wonach der Gesetzesbeschluss das schützenswerte Vertrauen beseitige.

ziehen. An „vertrauenszerstörende" Äußerungen und Beschlüsse im Rahmen des Normsetzungsverfahrens sind daher – jedenfalls was die echte Rückwirkung angeht – strengste Anforderungen zu stellen. Das Bekanntwerden von Gesetzesinitiativen allein genügt ebenso wenig[106] wie Ankündigungen in einer Regierungserklärung.[107] Grundsätzlich zerstört erst die Verkündung eines Gesetzes das Vertrauen in die Rechtslage.

(2) Eine aus anderen Gründen nichtige wird durch eine nunmehr gültige Rechtsvor- **39** schrift mit der gleichen *belastenden* Rechtsfolge **ersetzt.** Die ersetzende Rechtsnorm darf mit Wirkung ab dem Zeitpunkt erlassen werden, in dem die ursprüngliche, aber – aus anderen Gründen – nicht wirksam erlassene Norm Gültigkeit erlangen sollte.[108] Ab diesem Zeitpunkt musste der Einzelne die Regelung in seine Dispositionsgrundlagen einbeziehen. Eine rückwirkende **Verschärfung** ist indes nur insoweit zulässig, als der Betroffene rückwirkend mit einer höheren Belastung als der ursprünglich vorgesehenen rechnen musste.[109] Der Erlass einer nichtigen Vorschrift darf dem Normgeber nicht dadurch zum Vorteil gereichen, dass er durch eine rückwirkende ersetzende Norm für die Vergangenheit höhere Abgabebeträge einnimmt – was er unzweifelhaft nicht könnte, wenn die ursprüngliche Norm rechtmäßig gewesen wäre. Deshalb: Kein Lohn für Nichtigkeit, keine Prämie auf Schlampigkeit in der Normsetzung.[110] Davon zu unterscheiden ist der Fall, dass sich eine *begünstigende* Norm als nichtig erweist und der Normgeber die Begünstigung nicht durch eine wirksame Rechtsnorm ersetzt oder die Bedingungen verschärft. In einem solchen Fall kommt es darauf an, ob der Betroffene sich „auf den durch eine ungültige Norm erzeugten Rechtsschein verlassen" konnte, was nach Auffassung des VerfGH „nicht immer" der Fall sei.[111] Abzustellen sein dürfte auf die Art und das Ausmaß der Begünstigung, die Bedeutung der – unwirksamen – rechtlichen Regelung als Dispositions- und Kalkulationsgrundlage sowie die Erkennbarkeit der Unwirksamkeitsgründe.

(3) Ein Vertrauensschutz soll nach h.M. ferner nicht bestehen, wenn das geltende Recht **40** „**unklar und verworren**" sei.[112] Diese Ausnahme erscheint in solcher Pauschalität zu weitgehend. Unklar und verworren ist aus der Sicht der Bürgerinnen und Bürger eine Vielzahl von Regelungskomplexen. Den Normgeber vom Verbot der echten Rückwirkung zu dispensieren, hieße ihn für die von ihm selbst zu verantwortende Rechtsunklarheit zu belohnen. Schafft oder belässt der Staat eine unklare Rechtslage, darf er daraus nicht ohne Weiteres den Profit der Zulässigkeit einer echten Rückwirkung ziehen.

(4) Zusätzlich wird von der h.M. ein **Bagatellvorbehalt** akzeptiert, nach dem eine ge- **41** ringfügige Belastung durch ein rückwirkendes Gesetz hinzunehmen sei.[113] Allerdings dürfte für die Bestimmung der Bagatellgrenze ein strenger Maßstab anzulegen sein.

---

[106] BVerfGE 72, 200 (260).

[107] Anders BVerfGE 97, 67 (80) mit Sondervotum *Kruis.*

[108] BVerfGE 13, 261 (272); VerfGH 58, 1 (27) für den praktisch wichtigen Bereich des **Kommunalabgabenrechts**: Seit Inkrafttreten des Kommunalabgabengesetzes (KAG) am 1. Juli 1974 müsse jeder Grundstückseigentümer grundsätzlich mit einer Belastung durch Straßenausbaubeiträge rechnen. Die Erwartung, die Gemeinde werde von der Ermächtigung zur Erhebung solcher Beiträge keinen Gebrauch machen, wäre schon deshalb nicht gerechtfertigt, weil auch der Erlass einer nichtigen Satzung unmissverständlich den Willen der Gemeinde zum Ausdruck bringe, dass solche Beiträge erhoben werden sollen. Ein Vertrauen darauf, dass eine Straßenausbaubeitragssatzung den Vorschriften des KAG widerspreche und deshalb nichtig sei, sei nicht schützenswert; VerfGH 58, 1 (27); 48, 55 (59); 40, 144 (147); 37, 31 (33); BVerwGE 50, 2 (8); 67, 129 (131).

[109] BVerwGE 67, 129 (131); VerfGH 58, 1 (27): *„Selbst wenn die rückwirkende Satzung zu einer höheren Beitragspflicht führt, als sie durch die vorangegangene nichtige Satzung begründet zu sein schien, kann das unter dem Blickwinkel des Rechtsstaatsprinzips unbedenklich sein. Das ist insbesondere dann der Fall, wenn der Mangel der Ausgangssatzung in einem Fehler des Beitragsmaßstabes (der Verteilungsregelung) besteht und das Entstehen einer höheren Beitragspflicht eine unmittelbare Konsequenz der rückwirkenden Beseitigung gerade dieses Fehlers ist."*

[110] Ähnlich VerfGH 58, 1 (36).

[111] VerfGH 58, 1 (26).

[112] VerfGH 56, 178 (194); 58, 1 (26); BVerfGE 88, 384 (404).

[113] BVerfGE 30, 367 (389); 72, 200 (258); 95, 64 (86).

42   (5) Schließlich können **zwingende Gründe des gemeinen Wohls,** die „dem Gebot der Rechtssicherheit übergeordnet sind", eine echte Rückwirkungsanordnung rechtfertigen.[114]

43   dd) Die **unechte Rückwirkung** ist durch eine **tatbestandliche Rückanknüpfung** charakterisiert.[115] Sie betrifft nicht den zeitlichen, sondern den sachlichen Anwendungsbereich einer Norm.[116] Eine unechte Rückwirkung liegt dann vor, wenn eine Rechtsposition nachträglich durch Vorschriften entwertet wird, die auf gegenwärtige, noch nicht abgeschlossene Sachverhalte einwirken[117], wenn eine Rechtsnorm künftige Rechtsfolgen „von Gegebenheiten aus der Zeit vor ihrer Verkündung abhängig macht".[118] Die Rechtsfolgen eines Gesetzes treten erst nach der Verkündung, also mit Wirkung für die Zukunft, ein, der Tatbestand erfasst aber Sachverhalte, die bereits vor Verkündung „ins Werk gesetzt" wurden.[119]

44   (1) **Beispiele**[120]: Unechte Rückwirkung liegt vor bei der Einführung von **Studienbeiträgen** für in der Zukunft liegende Semester auch für Studierende, die bereits ein Studium aufgenommen haben[121], bei der Einbeziehung der sechsten Jahrgangsstufe des Schuljahres 2004/2005 in das **achtjährige Gymnasium** („G 8")[122], bei der Einführung eines **Büchergeldes** für bereits in der Schule befindliche Kinder[123], oder beim Wechsel des **Beitragsmaßstabes** von der tatsächlichen zur zulässigen Geschossfläche.[124]

45   (2) Im Gegensatz zur echten ist die **unechte Rückwirkung nicht grundsätzlich unzulässig.** Der Grundsatz des Vertrauensschutzes gehe – so der VerfGH in ständiger Rechtsprechung[125] – nicht so weit, den Bürger für die Zukunft vor jeder nachteiligen Änderung einer bisher gewährten Rechtsposition zu bewahren. Der Bürger kann z. B. nicht darauf vertrauen, dass bestimmte Abgaben (etwa Studienbeiträge, Kommunalabgaben, Steuern) nicht oder in unveränderter Höhe erhoben werden, dass die rechtlichen Anforderungen an die Ausübung eines Gewerbes, eines Berufs oder die Realisierbarkeit eines sonstigen Interesses unverändert bleiben[126], dass Voraussetzungen für eine staatliche Leistung oder für den Zugang zu einer solchen konstant bleiben, dass Gestaltung, Ablauf und Prüfungsbedingungen in einem Studiengang nicht modifiziert werden etc. Auf gegenwärtige, noch nicht abgeschlossene Sachverhalte darf der Normgeber deshalb mit Wirkung für die Zukunft grundsätzlich einwirken. Allerdings ergeben sich aus den Grundsätzen der Rechtssicherheit und des Vertrauensschutzes **verfassungsrechtliche Grenzen** auch für unecht rückwirkende normative Belastungen[127]:

46   (3) Während bei der echten Rückwirkung ein Regel-Ausnahme-Verhältnis zu deren Lasten wirkt, ist es bei der unechten Rückwirkung umgekehrt: Diese ist zulässig, wenn nicht eine **Abwägung** „des Anliegens des Normgebers für das Wohl der Allgemeinheit

---

[114] VerfGH 56, 178 (196): Ein solch zwingendes öffentliches Interesse könne auch der Schutz kommunaler Haushalte im Rahmen des Kommunalabgabenrechts darstellen (Anliegerregie bei Art. 9 V KAG).

[115] VerfGH 59, 63 (77).

[116] VerfGH 59, 63 (77).

[117] VerfGH 25, 129 (142); 37, 4 (8); 42, 72 (78); BVerfGE 101, 239 (263).

[118] VerfGH 56, 99 (106); BVerfGE 72, 200 (242).

[119] VerfGH 56, 99 (105); 59, 63 (77); BVerfGE 97, 67 (79).

[120] Weitere Beispiele bei *Meder,* Art. 3 Rn. 9; s. auch VerfGH 56, 99 (106): Führen der Bezeichnung „Professor".

[121] So die Regelung in Art. 71, 107 I BayHSchG.

[122] VerfGH 59, 63 (77).

[123] VerfGH 60, 80 (95).

[124] VerfGH 55, 1 (11).

[125] VerfGH 39, 67 (73); 49, 120 (123); 56, 99 (106); 59, 63 (78); 60, 80 (95).

[126] Zusätzliche Voraussetzung ist selbstverständlich, dass solche Anforderungen mit den Freiheitsgrundrechten in Einklang stehen.

[127] VerfGH 59, 63 (78).

gegen das Vertrauen des Bürgers auf den Fortbestand der Rechtslage"[128] zu Gunsten des Vertrauens ausfällt. In die Abwägung sind insbesondere einzustellen die Schwere der Belastung, deren Vorhersehbarkeit[129] und die tatsächliche Gefahr der Wertlosigkeit von Dispositionen und Entscheidungen, die im Vertrauen auf den Fortbestand der bisherigen Rechtslage getroffen wurden. Diese Abwägung ist im Einzelfall nach Maßgabe der Modalitäten des einschlägigen Regelungskomplexes zu ermitteln. So ist z. B. die Einführung von **Studienbeiträgen** während des laufenden Studiums (für die noch bevorstehenden Semester) gemäß Art. 71 BayHSchG zulässig, wenn die Höhe der Beiträge und die Ausgestaltung des Studienbeitragsrechts so sozialverträglich konzipiert sind, dass kein Studierender das Studium wegen der finanziellen Belastung abbrechen muss. Strenger sind die Anforderungen etwa bei der Änderung der **Prüfungsbedingungen.**[130] Weiter geht der Vertrauensschutz auch bei befristeten Regelungen, da der Normadressat davon ausgehen kann, dass die Regelung wenigstens bis zur Befristung unverändert bleibt.[131]

ee) Ein wichtiges Mittel zur Herstellung der Zumutbarkeit von Rechtsveränderungen **47** sind **Übergangsbestimmungen.** Der Normgeber hat die Überleitung vom bisherigen in den neuen Rechtszustand „mit Schonung vorzunehmen", soweit Inhaber bisher bestehender, nunmehr veränderter oder aufgehobener Rechtspositionen betroffen sind.[132] Selbst wenn eine neu eingeführte belastende Vorschrift für sich genommen verfassungskonform ist, kann der Normsetzer aus Gründen des Vertrauensschutzes und der Verhältnismäßigkeit verpflichtet sein, eine angemessene Übergangsregelung zu treffen.[133] Das Instrument der Übergangsvorschriften ist **doppelfunktional**[134]: Es dient dem aus dem Rechtsstaatsprinzip folgenden Grundsatz des Vertrauensschutzes sowie dem grundrechtlichen Verhältnismäßigkeitsprinzip. Das Interesse des Gesetzgebers an der beschleunigten Durchsetzung einer Regelung reicht für sich allein grundsätzlich nicht aus, um eine bislang zulässig ausgeübte Befugnis ohne Übergangsregelung zu entziehen.[135]

Für die konkrete Ausgestaltung des Übergangs kommt dem Normsetzer allerdings ein **48** breiter **Gestaltungsspielraum** zu.[136] Zwischen dem sofortigen, übergangslosen Inkrafttreten des neuen Rechts und dem ungeschmälerten Fortbestand bestehender Rechtspositionen sind vielfache Abstufungen möglich; für die konkrete Ausgestaltung der Übergangsregelungen muss der Normgeber zwischen dem Vertrauen auf den Fortbestand des Rechtszustandes nach der bisherigen gesetzlichen Regelung und der Bedeutung des ge-

---

[128] VerfGH 59, 63 (78); 56, 99 (106) m. w. N. zur Rechtsprechung des VerfGH; BVerfGE 101, 239 (263).

[129] Mit Gesetzesbeschluss wird nach der Rechtsprechung ein schützenswertes Interesse zerstört, BVerfGE 31, 222 (227).

[130] Prüfungsrechtliche Normen können zwar geändert werden. Hierbei ist indes der Schutz des Vertrauens derer besonders zu beachten, die sich nach Maßgabe der bisherigen prüfungsrechtlichen Vorschriften und der darin geregelten Fristen, Prüfungsanforderungen und -gegenstände etc. auf die Prüfung vorbereiten, dementsprechend zeitlich disponieren und inhaltlich Schwerpunkte setzen. Dem insoweit notwendigen Vertrauensschutz ist durch Übergangsvorschriften Rechnung zu tragen. Diese sind so zu fassen, dass sie die bisher geltenden prüfungsrechtlichen Vorschriften für diejenigen in Geltung lassen, die sich nicht mehr in zumutbarer Weise auf das neue Prüfungsrecht einstellen können, weil sie im Studium schon ein beachtliches Stück fortgeschritten sind. Der Grundsatz der Chancengleichheit gebietet es, die Übergangsvorschriften großzügig zu fassen und regelmäßig diejenigen von einer wesentlichen Änderung der prüfungsrechtlichen Vorgaben auszunehmen, die ein Studium nach „altem Recht" aufgenommen haben. Vgl. dazu *Niehues*, Schul- und Prüfungsrecht, Bd. 2, 4. Aufl. 2004, Rn. 81 ff. mit Beispielen und weiteren Nachweisen; BVerfG, NVwZ 1989, 645; BVerwG, DVBl. 1989, 119; BayVGH, BayVBl. 2005, 761.

[131] BVerfGE 102, 68 (97).

[132] VerfGH 57, 84 (97); 53, 1 (12); 39, 67 (72).

[133] VerfGH 31, 138 (145); 53, 1 (12); 57, 84 (97); BVerfGE 75, 246 (279).

[134] *Jarass/Pieroth*, Art. 20 Rn. 89.

[135] VerfGH 53, 1 (12).

[136] VerfGH 57, 84 (97); 44, 109 (120).

setzgeberischen Anliegens für das Wohl der Allgemeinheit abwägen.[137] Maßgeblich ist dabei auch die Gewichtigkeit der neuen Beeinträchtigung. Der **verfassungsgerichtlichen Nachprüfung** unterliegt aber nur die Frage[138], „ob der Gesetzgeber bei seiner Gesamtabwägung zwischen der Schwere des Eingriffs und dem Gewicht und der Dringlichkeit der ihn rechtfertigenden Umstände unter Berücksichtigung aller Umstände die Grenze der Zumutbarkeit überschritten hat".[139] Einfachgesetzliche Ausprägungen findet der Grundsatz des Vertrauensschutzes im Verwaltungsrecht in Art. 48, 49 BayVwVfG im Hinblick auf den Widerruf und die Rücknahme begünstigender Verwaltungsakte. Im Bereich des Subventionsrechts ist allerdings die Überlagerung durch das europäische Gemeinschaftsrecht zu beachten (Art. 87 ff. EGV).[140]

49   ff) Ein absolutes Rückwirkungsverbot für strafbegründende und strafverschärfende Gesetze enthält Art. 104 I: **„nulla poena sine lege praevia"** (s. dazu die Kommentierung zu Art. 104).

50   gg) Das Gebot des Vertrauensschutzes findet im **Beamtenrecht** eine spezielle Ausprägung dadurch, dass es zu den hergebrachten Grundsätzen des Berufsbeamtentums im Sinne des Art. 95 I gehört.[141]

51   hh) Gelegentlich wird neben dem Rückwirkungs-Vertrauenstatbestand noch ein **allgemeiner Vertrauensschutztatbestand** angenommen.[142] Dieser erscheint insoweit überflüssig, als die Kategorien der echten und unechten Rückwirkung die tatsächlichen Vertrauenslagen weitestgehend abdecken. Bedeutung kann ein allgemeiner Vertrauensschutztatbestand aber für solche Fallkonstellationen entfalten, in denen **weder eine echte noch eine unechte Rückwirkung** vorliegt. **Beispiel:** Die Einführung von Studienbeiträgen entfaltet für diejenigen, die erst später ihr Studium aufnehmen, weder echte noch unechte Rückwirkung. In solchen Fällen erst in der Zukunft betroffener Dispositionen ist der Vertrauensschutz am schwächsten ausgeprägt. Niemand kann sich grundsätzlich darauf verlassen, dass eine Rechtslage auch in Zukunft unverändert bleibt. Lediglich in Sonderfällen wird man einen Vertrauensschutz annehmen können, etwa in Fällen einer Zusicherung, dass die Rechtslage für eine bestimmte Zeit oder unter bestimmten Voraussetzungen unverändert bleibt; vgl. z. B. Art. 38 BayVwVfG.

52   ii) Vom Vertrauensschutz zu unterscheiden sind die **grundrechtlichen** Anforderungen, die an die Verfassungsmäßigkeit belastender Rechtsakte zu stellen sind. Allerdings lassen sich, zumal bei der Eigentumsgarantie, die Erwägungen im Hinblick auf den Vertrauensschutz bei grundrechtsbeeinträchtigenden Maßnahmen nicht trennscharf von denen der Verhältnismäßigkeitsprüfung abschichten.[143]

53   f) **Rechtsstaat** ist die **Negation des Faustrechts.** Die Lösung von Konflikten zwischen Privaten wird dem Bereich der **Selbsthilfe** entzogen und dem Staat überantwortet, dem dementsprechend das **Gewaltmonopol** zukommt.[144]

54   aa) Da dem Einzelnen das Recht zur eigenmächtigen Durchsetzung seiner (vermeintlichen) Ansprüche genommen ist, muss ihm der Staat eine Möglichkeit zur staatlich

---

[137] VerfGH 57, 84 (97); BVerfGE 67, 1 (15); 76, 256 (359).

[138] Beispiel: Im Hinblick auf die rechtliche Neubestimmung bei Kampfhunden war der Normgeber nicht verpflichtet, den „Altbestand", also die zum Inkrafttreten der Neuregelung bereits gehaltenen Hunde, von den Neuregelungen völlig auszunehmen, VerfGH 57, 85 (Ls. 3). Zur Zumutbarkeit von Übergangsregelungen bei der Umstellung vom neunjährigen auf das achtjährige Gymnasium s. VerfGH 59, 63 (73).

[139] VerfGH 57, 84 (97); 53, 1 (11); 44, 109 (120).

[140] Dazu *Lindner,* BayVBl. 2002, 193.

[141] VerfGH 58, 196 (209), wonach ein Vertrauen auf den Fortbestand der 40-Stunden-Woche für Beamte nicht schutzwürdig ist.

[142] *Sodan/Ziekow,* Grundkurs Öffentliches Recht, 2. Aufl. 2007, § 7 Rn. 64 ff.

[143] Deswegen sieht das BVerfG bei Art. 14 GG die Regeln über die unechte Rückwirkung als durch Art. 14 GG verdrängt an; Nachweise bei *Jarass/Pieroth,* Art. 20 Rn. 74; ähnlich VerfGH 56, 178 (196).

[144] Vgl. dazu m. w. N. *Lindner* (Fn. 5) 246.

geordneten Durchsetzung seiner Ansprüche zur Verfügung stellen. Diese Kompensation geschieht (1) durch die **Einrichtung von Gerichten,** die die rechtlichen Beziehungen, die vertraglichen zumal, als rechtsverbindlich feststellen und die Anspruchslage klären, (2) durch einen (ungeschriebenen) grundrechtlichen Anspruch auf Zugang zu ihnen sowie (3) durch einen Anspruch auf Entscheidung in angemessener Frist.[145] Nach der Rechtsprechung des BVerfG hat der Einzelne einen sog. **Justizgewährungsanspruch**[146]**,** der das Recht auf Zugang zu den Gerichten umfasst sowie *„eine grundsätzlich umfassende tatsächliche und rechtliche Prüfung des Streitgegenstandes sowie eine verbindliche Entscheidung durch den Richter".*[147] Gemeinhin leitet man diesen Anspruch aus dem Rechtsstaatsprinzip ab.[148]

So auch der VerfGH: Das Rechtsstaatsprinzip umfasse eine „Justizgewährungs- **55** pflicht"[149], die vom Staat verlange, für eine **funktionsfähige Rechtspflege** zu sorgen, wirkungsvollen Rechtsschutz inter privatos zu ermöglichen.[150] Der Staat habe Gerichte einzurichten – was bereits implizit aus Art. 4, 5 III, 85 ff. folgt – und hinreichend zu besetzen. Der Staat müsse dafür sorgen, dass Gerichte in einer Weise zur Verfügung stehen, dass sie in **richterlicher Unabhängigkeit** (Art. 5 III, 85) alle auf sie zukommenden Aufgaben in der richtigen Besetzung und mit der gebotenen Sorgfalt bewältigen könnten.[151] Dazu gehört die Ausstattung mit hinreichenden sächlichen und personellen Ressourcen[152], die es den Richtern auch ermöglicht, schwierige und problematische Rechtsfälle in der gebotenen Gründlichkeit (was Zeitaufwand pro Einzelfall impliziert) zu behandeln. Die **Auflösung des BayObLG** beeinträchtigt nach Auffassung des VerfGH die Funktionsfähigkeit der Rechtsprechung nicht.[153] Der Justizgewährungsanspruch wird erfüllt durch das GVG, die ZPO sowie das ArbGG und die landesrechtlichen Ausführungsgesetze. Zum Problem der Überprüfung von landesrechtlichen Hoheitsakten, die in einem bundesrechtlich geregelten Verfahren (ZPO) ergangen sind, am Maßstab der Grundrechte der BV Rn. 144 ff. vor Art. 98.

bb) Der Justizgewährungsanspruch wird durch weitere justitielle Grundrechte und **56** Prinzipien **ergänzt:** Durch das **Recht auf den gesetzlichen Richter** (Art. 86 I 2; s. die Erl. dort), das **Recht auf Gehör** (Art. 91 I; s. die Erl. dort), durch den Grundsatz der **Öffentlichkeit** gerichtlicher Verhandlungen (Art. 90; s. die Erl. dort) sowie durch das Gebot eines **fairen Verfahrens.** Notwendige Ergänzung der Justizgewährung ist die Ermöglichung der **Zwangsvollstreckung,** die ebenfalls der Kompensation des Selbsthilfeverbotes dient. Einer effektiven Durchsetzung zivilrechtlicher Ansprüche im Wege der Zwangsvollstreckung dienen die Vorschriften der §§ 704 ff. ZPO, die freilich nicht am Maßstab der BV zu messen sind.

cc) Vom Justizgewährungsanspruch zu unterscheiden ist der **Rechtsschutz gegen ho- 57 heitliche Rechtsakte.** Dieser wird in der BV auf mehrfache Weise sichergestellt: zum einen durch die spezifisch **verfassungsrechtlichen Rechtsbehelfe** der Popularklage gegen Rechtssätze (Art. 98 S. 4) und der Verfassungsbeschwerde gegen behördliche und ge-

---

[145] Dazu *Schlette,* Der Anspruch auf gerichtliche Entscheidung in angemessener Frist, 1999, 23 ff.

[146] Der Sprachgebrauch ist uneinheitlich; gelegentlich ist auch von *„Justizgewährleistungsanspruch"* die Rede (vgl. etwa *Wolff,* Ungeschriebenes Verfassungsrecht unter dem Grundgesetz, 2000, 3, 141, 260 f., 418 f.); in der Begründung wie hier *Huber,* in: v. Mangoldt/Klein/Starck, Art. 19 Rn. 363.

[147] BVerfGE 85, 337 (345); s. auch BVerfGE 54, 277 (291); 80, 103 (107).

[148] *Wolf,* Gerichtsverfassungsrecht aller Verfahrenszweige, 6. Aufl. 1987, S. 24 f.; *Wolff,* Ungeschriebenes Verfassungsrecht, S. 418 f. ordnet den Justizgewährungsanspruch als ungeschriebenes Verfassungsrecht der Kategorie des mitgesetzten Rechts oder dem Verfassungsgewohnheitsrecht zu. Das Bundesverfassungsgericht sieht den Justizgewährungsanspruch „im Rechtsstaatsprinzip in Verbindung mit den Grundrechten verankert" (BVerfGE 107, 395 [401]).

[149] VerfGH 38, 96 (99); 44, 156 (162); 58, 212 (238).

[150] Vgl. dazu *Jarass/Pieroth,* Art. 20 Rn. 91 ff.

[151] VerfGH 58, 212 (238).

[152] VerfGH 58, 212 (238); 38, 96 (100) zur haushaltsgesetzlichen Wiederbesetzungssperre bei Richterstellen (mit drei Sondervoten); s. auch Rn. 31 f. zu Art. 78.

[153] VerfGH 58, 212 (238).

richtliche Entscheidungen (Art. 66, 120), zum anderen durch die Zuweisung verwaltungs-rechtlicher Streitigkeiten an die Verwaltungsgerichte (Art. 93, der allerdings überlagert wird durch Art. 19 IV GG sowie durch die Prozessordnungen VwGO, SGG, FGO). Der VerfGH verankert den Anspruch auf gerichtlichen Rechtsschutz gegen Akte öffentlicher Gewalt im Rechtsstaatsprinzip[154], das freilich nicht selbst Rechte gewähre, sondern die schützenden Rechte voraussetze.[155] Das Rechtsstaatsprinzip schreibt eine über die Recht-mäßigkeitskontrolle hinausgehende Zweckmäßigkeitskontrolle von Ermessensentschei-dungen ebenso wenig vor wie die verwaltungsinterne Nachprüfung in einem **Wider-spruchsverfahren.**[156]

58 g) Besondere Anforderungen stellt das Rechtsstaatsprinzip an das **Strafverfahren,** da dieses mit erheblichen Grundrechtseingriffen und Belastungen für den Betroffenen ver-bunden ist. Allerdings ist die Bindungswirkung der BV für das Strafverfahren begrenzt, weil dieses ganz überwiegend bundesrechtlich – in der StPO – geregelt ist. Die Vorschrif-ten der StPO selbst können nicht am Maßstab der BV überprüft werden. Zum Problem der Überprüfung von landesrechtlichen Hoheitsakten, die in einem bundesrechtlich gere-gelten Verfahren (StPO) ergangen sind, am Maßstab der Grundrechte der BV s. Rn. 144 ff. vor Art. 98 sowie Rn. 13, 14 zu Art. 102. Anderes gilt für das **Strafvollzugsrecht,** das seit der Föderalismusreform 2006 in die Gesetzgebungszuständigkeit der Länder fällt. Die Normen des bayerischen Strafvollzugsgesetzes und deren Vollzug können vollumfänglich am Maßstab der BV gemessen werden.

59 aa) Zunächst enthält die BV selbst spezielle Vorgaben für das Strafverfahren (vgl. je-weils die Erläuterungen dort): Art. 104 I regelt den Grundsatz **nulla poena sine lege praevia,** Art. 104 II den Grundsatz **ne bis in idem.** Das Strafverfahren darf nicht von Ausnahmegerichten durchgeführt werden (Art. 86 I 1), es gilt der Grundsatz des gesetz-lichen Richters (Art. 86 I 2). Weitere insbesondere auch im Strafverfahren wirkende Prin-zipien sind die Ansprüche auf **rechtliches Gehör** (Art. 91 I) sowie auf einen **Verteidiger** (Art. 91 II).

60 bb) Spezielle Anforderungen an das Strafverfahrensrecht, zumal was die Untersu-chungshaft betrifft, sowie an den Vollzug der Freiheitsstrafe, enthält Art. 102 (Rn. 28 ff., 44 ff. zu Art. 102).

61 cc) Weitere, ungeschriebene, zumeist aus dem Rechtsstaatsprinzip abgeleitete Grund-sätze für ein rechtsstaatliches Strafverfahrensrecht sind:

62 (1) Der Anspruch auf ein **faires, rechtsstaatliches Verfahren.**[157] Dieser verlangt u.a.[158]: Waffengleichheit zwischen Beschuldigtem und der Staatsanwaltschaft, die Mög-lichkeit für den Beschuldigten, zur Wahrung seiner Rechte auf den Gang und das Ergebnis des Strafverfahrens Einfluss zu nehmen, das Gebot der Wahrheitsfindung und der objek-tiven Aufklärung von Straftaten ohne Ansicht der Person des Beschuldigten oder den Grundsatz der zügigen Durchführung des Verfahrens.

---

[154] VerfGH 59, 219 (227): „*Das Rechtsstaatsprinzip garantiert gerichtlichen Rechtsschutz gegen Akte öffent-licher Gewalt nur so weit, als rechtlich geschützte Interessen des Einzelnen berührt werden.*"

[155] VerfGH 59, 219 (227).

[156] VerfGH 59, 219 (227). Besonderheiten gelten dort, „wo den Behörden ein Beurteilungsspiel-raum zusteht. Sind hiervon materielle Grundrechte betroffen" – wie etwa im Prüfungsrecht –, müsse der Betroffene die Möglichkeit haben, Einwände bereits im Verwaltungsverfahren vorzutragen. Erfahre er von der Entscheidung und Begründung erst nach deren Erlass, so müsse die Begrenzung der gerichtlichen Kontrolldichte durch eine – gegenständlich unbeschränkte – verwaltungsinterne Nachprüfung kompensiert werden. Hierfür müsse der Landesgesetzgeber ein Verfahren bereitstellen. Vgl. für den praktisch wichtigsten Bereich des Prüfungsrechts BVerfGE 84, 34 (46) sowie zusammen-fassend *Lindner,* Prüfungen und akademische Grade, in: Geis (Hrsg.), Handbuch des bayerischen Hoch-schulrechts, 2008, Kap. 2 II. sub 10.

[157] BVerfGE 107, 104 (118); VerfGH 56, 92 (98); 56, 22 (27); 50, 150 (155); 40, 108 (110), wobei aller-dings die Frage offenbleibt, ob es sich dabei um ein Grundrecht handelt.

[158] Vgl. i. E. *Jarass/Pieroth,* Art. 20 Rn. 98 ff. m. w. N. zur Rechtsprechung des BVerfG.

(2) Das **Schuldprinzip**[159] fordert, dass eine Strafe oder strafähnliche Sanktionen „in **63** einem gerechten Verhältnis zur Schwere der Tat und zum Verschulden des Täters"[160] stehen müssen. Eine Strafbarkeit des Angeklagten kommt nicht in Betracht, solange die Schuld des Angeklagten nicht rechtskräftig festgestellt ist. Das Schuldprinzip ist *materielle* Bedingung für eine Strafbarkeit überhaupt, schützt den Angeklagten also vor der Strafe als solcher.

(3) Auch die **Unschuldsvermutung** gehört zu den tragenden Konstitutionsprinzipien **64** des Strafrechts. Gleichwohl ist ihre verfassungsrechtliche Verankerung und Tragweite bislang undeutlich geblieben. Das BVerfG changiert zwischen Verankerung im Rechtsstaatsprinzip und grundrechtlicher Fundierung.[161] Im Bereich des Völkerrechts, des europäischen Rechts (EMRK, Europäische Grundrechtecharta) sowie in manchen Landesverfassungen und Verfassungen anderer Staaten ist die Unschuldsvermutung als Grundrecht anerkannt. Vorzugswürdig dürfte eine **grundrechtliche Begründung** der Unschuldsvermutung sein. Diese lässt sich als spezielle Ausprägung des in Art. 100, 101 gewährleisteten Allgemeinen Persönlichkeitsrechts verstehen. Von der Unschuldsvermutung geschützt ist danach das Interesse des Einzelnen, nicht als einer Straftat schuldig oder verdächtig bezeichnet oder behandelt zu werden, solange die Schuld nicht rechtskräftig in dem dafür vorgesehenen gerichtlichen Verfahren festgestellt worden ist.

Kern einer so verstandenen Unschuldsvermutung ist ein **umfassendes Anknüpfungs-** **65** **verbot:** „Einer Straftat schuldig oder verdächtig" zu sein darf nicht – auch nicht impliziter oder stillschweigender – Anknüpfungspunkt für Maßnahmen tatsächlicher oder rechtlicher Natur sein, solange die strafrechtliche Schuld nicht rechtskräftig festgestellt ist.[162]

h) Der **Grundsatz der Gewaltenteilung** wird gemeinhin als Ausprägung des Rechts- **66** staatsprinzips verstanden. Dies ist insofern gerechtfertigt, als die Gewährleistung der Bindung an das Recht durch die Trennung der mit dem Recht befassten Gewalten effektuiert wird. Der Grundsatz der Gewaltenteilung hat in Art. 5 eine eigene Regelung erfahren, so dass auf die Erläuterungen dort zu verweisen ist.

i) Ein allgemeiner Grundsatz der **Widerspruchsfreiheit, der Einheit der Rechtsord-** **67** **nung**[163] oder der **Systemgerechtigkeit**[164] ist als solcher aus dem Rechtsstaatsprinzip ebenso wenig abzuleiten wie ein Verfassungsgrundsatz der Kontinuität (Rn. 34). Vielmehr sind jeweils nur **Teilaspekte der Widerspruchsfreiheit** verfassungsrechtlich relevant.[165] Es ist wie folgt zu unterscheiden[166] (vgl. auch Rn. 43 ff. zu Art. 118):

---

[159] Der Grundsatz „nulla poena sine culpa" wird überwiegend aus einem Zusammenspiel des Rechtsstaatsprinzips mit Art. 1 I GG und Art. 2 I GG abgeleitet; vgl. *Jarass/Pieroth,* Art. 20 Rn. 103 m. w. N.; *Degenhart,* in: Sachs, Art. 103 Rn. 94; *H. A. Wolff,* Der Grundsatz „nulla poena sine culpa" als Verfassungsrechtssatz, AöR 124 (1999), 55; BVerfGE 86, 288 (313); 110, 1 (13); VerfGH 44, 41 (56): Art. 3 I 1, 100, 101; Rn. 29 vor Art. 98.

[160] BVerfGE 110, 1 (13).

[161] BVerfGE 19, 342 (347); 22, 254 (265); 35, 311 (320); 74, 358 (370); 82, 106 (114); Beschl. vom 16. 5. 2002 (1 BvR 2257/01) = NJW 2002, 3231, Rn. 9; BVerfGE 110, 1 (22); VerfGH 35, 39 (48): „in dubio pro reo".

[162] Dazu und zu den Konsequenzen, insbesondere der Beschränkbarkeit dieses Grundrechts s. *Lindner,* Der Verfassungsrechtssatz von der Unschuldsvermutung, AöR 133 (2008), 235.

[163] *Felix,* Einheit der Rechtsordnung, 1998; *Jarass,* Die Widerspruchsfreiheit der Rechtsordnung als verfassungsrechtliche Vorgabe, AöR 126 (2001), 588. Davon zu unterscheiden ist die Kategorie der Widerspruchsfreiheit als theoretisches Element einer Methodenlehre, dazu *Lindner,* (Fn. 5) 156 f.; *Möllers,* Staat als Argument, 2000, S. 228 ff.

[164] *Degenhart,* Systemgerechtigkeit und Selbstbindung des Gesetzgebers als Verfassungspostulat, 1976; *Peine,* Systemgerechtigkeit, 1985.

[165] Zutreffend *Jarass/Pieroth,* Art. 20 Rn. 63; der VerfGH ordnet die Widerspruchsfreiheit dem Rechtsstaatsprinzip zu: VerfGH 31, 198 (206); 53, 81 (104); 59, 80 (108): Sowohl im Interesse der Rechtsanwender wie der Rechtsunterworfenen dürfe die Systematik eines Gesetzes keine „gedanklichen Brüche" aufweisen; es müsse erkennbar sein, welche Vorschriften im Einzelfall gelten sollen oder welchen von ihnen der Vorrang zukommen solle (VerfGH 53, 81 [104]). In VerfGH 48, 87 (98) wird betont, dass

68   aa) **Wertungswidersprüche politischer Art** sind verfassungsrechtlich unerheblich. Der Vorwurf widersprüchlicher oder inkonsistenter Politik hat keine verfassungsrechtliche Dimension, soweit nicht Art. 118 I betroffen ist. Mangelnde Konsistenz der Richtlinienvorgaben des Ministerpräsidenten (Art. 47 II) oder verschiedener Gesetzgebungskomplexe ist auf politischer Ebene zu kompensieren, führt aber nicht zur Rechtsstaatswidrigkeit.

69   bb) **Wertungswidersprüche rechtlicher Art** können im Rahmen des Gleichbehandlungsgrundsatzes (Art. 118 I) Bedeutung haben, wenn der Gesetzgeber Vergleichspaare unterschiedlich behandelt, obwohl es für eine Ungleichbehandlung keine sachlichen Gründe gibt.[167]

70   cc) Von den Wertungswidersprüchen zu unterscheiden sind **Normwidersprüche.** Ein solcher liegt dann vor, wenn mindestens zwei Normen oder Normkomplexe bei gleichzeitiger Anwendung zu mit einander nicht zu vereinbarenden oder vom Gesetzgeber nicht intendierten Ergebnissen oder zur Nichtrealisierbarkeit des Zwecks einer Regelung führen und sich dieser Widerspruch auch nicht durch eine **kollisionsvermeidende Auslegung** ausräumen lässt.[168] Das Rechtsstaatsprinzip verlangt die **Vermeidung von Normwidersprüchen,** es verpflichtet „alle rechtsetzenden Organe des Bundes und der Länder, die Regelungen jeweils so aufeinander abzustimmen, dass den Normadressaten nicht gegenläufige Regelungen erreichen, die die Rechtsordnung widersprüchlich machen".[169]

71   Zu unterscheiden ist zwischen unechten und echten Normwidersprüchen: Ein **unechter Normwiderspruch** liegt vor, wenn es eine ausdrückliche Regelung zur Lösung des Normkonflikts gibt (z. B. Art. 31 GG) oder eine ungeschriebene Kollisionsregel dafür bereit steht (z. B. Anwendungsvorrang des Gemeinschaftsrechts; Vorrang der Verfassung und des jeweils höherrangigen Rechts; lex specialis-Grundsatz; lex posterior-Grundsatz[170]). Ein **echter Normwiderspruch** lässt sich weder durch Auslegung noch durch eine geschriebene oder ungeschriebene Kollisionsregel auflösen. In einem solchen Fall sind die betreffenden Rechtsvorschriften entweder nichtig oder eine der beiden Normen ist vorübergehend (nicht) anwendbar, bis der Normkonflikt durch den Gesetzgeber gelöst ist (wozu dieser verpflichtet ist).

72   k) Das Rechtsstaatsprinzip verbietet es dem Staat und seinen Repräsentanten, bewusst die Unwahrheit zu sagen. Es gibt kein Recht des Staates auf **Lüge und Desinformation.**[171] Ausnahmen sind möglich in Krisenzeiten zur Verhinderung von Unruhe und Panik in der Bevölkerung sowie zur Abwehr dringender Gefahren für ein hochwertiges Rechtsgut.

73   l) Ob und inwieweit sich aus dem Rechtsstaatsprinzip ein **Recht** auf **Anhörung** ableiten lässt, hat der VerfGH offengelassen.[172]

---

das Verbot widersprüchlichen Verhaltens („venire contra factum proprium") jedenfalls nicht als Grundrecht oder grundrechtsähnliches Recht angesehen werden kann; vgl. jüngst VerfGH, Entsch. v. 18. Dezember 2007, Vf. 9-VII-05, sub V.A.1. (gewerbliche Vermittlung von Glücksspielen).

[166] Zur Unterscheidung zwischen Wertungs- und Normwiderspruch *Zippelius/Würtenberger,* (Fn. 4) 101 ff.

[167] Zum Grundsatz konsequenter Zweckverfolgung s. *Lindner,* Konsequente Zweckverfolgung als Verfassungspflicht des Gesetzgebers, ZG 22 (2007), 188.

[168] *Lindner,* Normwiderspruch zwischen Statusrecht und Besoldungsrecht, ZBR 2005, 148 (149); VerfGH 15, 29 (36).

[169] BVerfGE 98, 106 (118).

[170] Zur Pflicht zur Beseitigung von Normwidersprüchen zwischen Bundes- und Landesrecht auf Grund des Grundsatzes der Bundestreue *Lindner* (Fn. 168), 152.

[171] BVerfGE 105, 252 (273); vgl. dazu *Schmalenbach,* Wenn der Staat lügt: Desinformation im demokratischen Rechtsstaat, NVwZ 2005, 1357. Umgekehrt gebietet es das Rechtsstaatsprinzip nicht, dass jeder Normgeber alle Betroffenen darüber informiert, welche Rechtsfolgen sich für ihn ergeben können, VerfGH 55, 1 (9); 58, 94 (107).

[172] VerfGH 56, 57 (62); 35, 50 (52).

2. Das Sozialstaatsprinzip

a) Das Sozialstaatsprinzip (bereits Rn. 4 f.) verpflichtet nach der Rechtsprechung des **74** VerfGH den Gesetzgeber, „die wirtschaftliche Unterdrückung oder schwere Benachteiligung einzelner Gruppen zu verhindern und die Mindestvoraussetzungen für ein menschenwürdiges Dasein der Bürger zu schaffen, für einen Ausgleich der sozialen Gegensätze und insgesamt für eine gerechte Sozialordnung zu sorgen".[173] Das Sozialstaatsprinzip verbürgt kein Grundrecht[174], umgekehrt folgt aus Art. 100 ein Grundrecht auf ein Existenzminimum.[175] Dazwischen ist dem Gesetzgeber ein weiter Ermessensspielraum eingeräumt.[176]

b) Ingesamt liegt der BV – wie dem GG – ein **dreistufiges Sozialstaatskonzept**[177] zu Grunde:

aa) Der Anspruch auf das **Existenzminimum** ist dem Grunde nach subjektiv-verfas- **75** sungsrechtlich verbürgt und damit stärkster Teil des Sozialstaatskonzepts der BV. Er lässt sich aus Art. 100 begründen. Bei der Erfüllung steht dem Gesetzgeber ein weiter **Ausgestaltungsspielraum** zu.

bb) Die **zweite Stufe** bilden die **sozialen Mindeststandards,** die nicht der unmit- **76** telbaren Sicherung des Existenzminimums dienen, sondern soziale Sicherheit in den Wechselfällen des Lebens gewährleisten sollen. Auf den Erlass dahingehender Vorschriften oder Leistungen besteht kein *grundrechtlicher* Anspruch. Das Sozialstaatsprinzip gibt dem Gesetzgeber jedoch auf, für eine sozialstaatliche Mindest-Ordnung zu sorgen.[178] Den nach der grundgesetzlichen Kompetenzverteilungsordnung jeweils zuständigen Normgeber – das ist ganz überwiegend der Bund (Art. 74 I Nr. 7, 12 GG), weshalb die Direktionswirkung des landesrechtlichen Sozialstaatsprinzips begrenzt ist – trifft eine **objektiv-rechtliche Pflicht,** entsprechende Regelungen zu erlassen. Der Gesetzgeber hat dabei einen weiten **Regelungsspielraum**[179], der an Mindeststandards seine Grenzen findet („Untermaßverbot"). Dabei hat der Gesetzgeber auch faktische Entwicklungen zu berücksichtigen, die kurz-, mittel- oder langfristig Auswirkungen auf die soziale Balance in einer Gesellschaft haben können (z. B. Migrationsentwicklungen, demographische Aspekte etc.)[180].

cc) Auf darüber hinaus gehende Standards besteht weder ein grundrechtlicher An- **77** spruch noch existiert insoweit eine objektiv-rechtliche Pflicht des Gesetzgebers aus Art. 3 I 1. Allerdings kann der demokratisch legitimierte Gesetzgeber unter Beachtung des allgemeinen und der speziellen Gleichheitssätze sowie sonstiger Differenzierungsver- und -gebote über die (soeben skizzierten) Stufen 1 und 2 **hinausgehende Umverteilungsregelungen** erlassen. Dies unterliegt seinem politischen Einschätzungsspielraum.[181]

---

[173] VerfGH 55, 57 (64); 37, 126 (132); 26, 28 (44); 23, 92 (98); VerfGH 55, 143 (159): „Das Sozialstaatsprinzip verpflichtet den Staat zu sozialer Gerechtigkeit"; s. auch VerfGH 52, 79 (89).

[174] VerfGH 28, 99 (107); 52, 79 (89); 55, 57 (64).

[175] Rn. 38 zu Art. 100; VerfGH 55, 57 (64).

[176] VerfGH 28, 99 (107); 52, 79 (89); 55, 57 (64); *Meder,* Art. 3 Rn. 22.

[177] Dazu eingehend *K.-E. Hain,* Die Grundsätze des Grundgesetzes, 1999, 306 ff.

[178] Zu Begriff und Entwicklung des Sozialstaatsprinzips *Sommermann,* in: v. Mangoldt/Klein/ Starck, Art. 20 Rn. 93 ff.; *Koslowski,* Vom socialen Staat zum Sozialstaat, Der Staat 34 (1995), 221.

[179] BVerfGE 59, 231 (263); Katzenstein, Das Sozialstaatsprinzip in der Rechtsprechung des Bundesverfassungsgerichts, ZSR 1985, 189.

[180] Zum Zusammenhang zwischen Sozialstaatlichkeit und Nachhaltigkeit s. *Kotzur,* BayVBl. 2007, 257.

[181] Zum Aspekt der freiheitsrechtlichen Grenzen sozialstaatlicher Gestaltung und der damit notwendigerweise verbundenen Umverteilungsprozesse s. *Herzog,* in: Maunz/Dürig, Art. 20, VIII Rn. 41 ff.; *Sommermann,* in: v. Mangoldt/Klein/Starck, Art. 20 Rn. 102: *„Die zur Verwirklichung des sozialen Staatsziels durchgeführte Umverteilung und soziale Steuerung darf nicht eine Lähmung der Freiheitsbetätigung des einzelnen zur Folge haben."* VerfGH 37, 126 (132) zur Kostenfreiheit des Schulwegs; VerfGH 23, 92 (98) zum sozialen Wohnungsbau.

78 c) Soweit hoheitliche Maßnahmen zur Realisierung des Sozialstaatsprinzips getroffen werden (etwa die Einführung oder Erhöhung von Abgaben, die Einführung sonstiger materieller Solidarpflichten), die **Grundrechtsverkürzungen** darstellen, müssen sich diese an der jeweils einschlägigen Grundrechtsnorm nach dem freiheitsrechtlichen Abwehrschema rechtfertigen lassen (Rn. 61 ff. vor Art. 98).[182] Sie sind nicht per se gerechtfertigt, weil sie in Umsetzung des Sozialstaatsprinzips ergehen, wohl aber kann das Sozialstaatsprinzip als verfassungsrechtlich legitimer Zweck im Zuge der Verhältnismäßigkeitsprüfung angesehen werden. Nach dem VerfGH dürfe das Sozialstaatsprinzip nicht dahingehend ausgelegt werden, dass mit seiner Hilfe jede Einzelregelung, deren Anwendung in bestimmten Fällen zu Härten und Unbilligkeiten führe, modifiziert werden müsste.[183] Davon zu unterscheiden ist die Frage, ob die Notwendigkeit eines Dispenses von einzelnen Regelungen im atypischen Einzelfall aus Art. 118 I folgen kann oder zur Herstellung der Verhältnismäßigkeit grundrechtlich geboten ist.[184]

79 d) Zum Verhältnis des Sozialstaatsprinzips zum **Gleichheitssatz,** insbes. zum Problem der faktischen Gleichheit s. Rn. 37 vor Art. 98 sowie Rn. 28 zu Art. 118.

3. Weitere Staatsprinzipien

80 Zum Kulturstaatsprinzip, zum Gemeinwohlprinzip und zum Nachhaltigkeitsprinzip s. bereits Rn. 6 ff. sowie die Erläuterungen zu den dort genannten Verfassungsnormen.

Art. 3 a [Europäische Einigung]

[1]**Bayern bekennt sich zu einem geeinten Europa, das demokratischen, rechtsstaatlichen, sozialen und föderativen Grundsätzen sowie dem Grundsatz der Subsidiarität verpflichtet ist, die Eigenständigkeit der Regionen wahrt und deren Mitwirkung an europäischen Entscheidungen sichert.** [2]**Bayern arbeitet mit anderen europäischen Regionen zusammen.**

Parallelvorschriften im GG und anderen Landesverfassungen: Art. 23 GG; Vorspruch und Art. 34 a BaWü-Verf; Präambel BbgVerf; Art. 64 BremVerf; Art. 11 M-VVerf; Art. 1 II NdsVerf; Art. 74 a RhPfVerf; Art. 60 Abs. 2 SaarlVerf; Art. 12 SächsVerf; Präambel ThürVerf; Art. 1 I VerfLSA.

Rechtsprechung: VerfGH 50, 76.

Literatur: Häberle, Föderalismus, Regionalismus, Kleinstaaten, DV 1992, 1; *ders.,* Das Prinzip der Subsidiarität aus der Sicht der vergleichenden Verfassungslehre, AöR 119 (1994), 169; *Lecheler,* Das Subsidiaritätsprinzip, Strukturprinzip einer Europäischen Union, 1993; *Lerche,* Zur Position der deutschen Länder nach dem neuen Europa-Artikel des GG, in: FS f. Schambeck, 1994, 753 ff.; *Knemeyer,* Europa der Regionen – Europa der Kommunen, 1994; *Schelter/Wuermeling,* Europa der Regionen. Eine Idee gewinnt Gestalt, 1995; *Blumenwitz,* Das Subsidiaritätsprinzip und die Stellung der Länder und Regionen in der EU, in: GedSchr. f. Grabitz, 1995, 1 ff.; *Geiger,* Die Bayerische Verfassung im Rahmen der Europäischen Union, in: 50 Jahre Bayerische Verfassung, 1996; *Suerbaum,* Die Kompetenzverteilung beim Verwaltungsvollzug des Europäischen Gemeinschaftsrechts in Deutschland, 1998; *Berg,* Bayern im Europa der Regionen, BayVBl. 2001, 257; *Kotzur,* Grenznachbarschaftliche Zusammenarbeit in Europa, 2004; *Röper,* EU-Demokratisierung mittels EU-Regionen/Euregios, VerwArch 2004, 301; *Zimmermann-Steinhart (Hrsg.),* Regionale Wege in Europa, 2006; *Koschmal,* Die europäische Region, BayVBl. 2007, 9; *Lindner,* Das Europarecht in der Rechtsprechung des Bayerischen Verfassungsgerichtshofes, BayVBl. 2009 (i. E.).

---

[182] So bereits VerfGH 15, 59 (65); 13, 109 (124); 12, 21 (34).

[183] VerfGH 55, 57 (64); 52, 79 (89); 41, 4 (12).

[184] Rn. 73 vor Art. 98 sowie Rn. 37 ff. zu Art. 118.

I. Allgemeines

1. Bedeutung

Art. 3 a 1 ergänzt die Staatsfundamentalnormen in Art. 1 bis 3 um eine **europäische Di-** **1** **mension,** er eröffnet dem Freistaat Bayern auch verfassungs*rechtlich* die europäische Perspektive. Angelehnt an Art. 23 I GG ist er **Staatszielbestimmung**[1] und daher nicht nur politischer, sondern auch **rechtlicher Handlungsauftrag.** Gleichwohl ist seine Bedeutung gering – nicht nur wegen Art. 23 GG, sondern weil dem Freistaat Bayern eine eigenständige Rechtsposition in der EU/EG nicht zukommt. Der Freistaat Bayern ist weder Mitgliedstaat des Vertrages zur Gründung der Europäischen Gemeinschaft noch des Vertrages über die Europäische Union.[2] Er hat mithin kein spezifisches europarechtliches Mandat, mit dem er die in Art. 3 a 1 genannten materiellen Ziele rechtlich effektiv einfordern und – im negativen Falle – entsprechende Konsequenzen ziehen könnte.[3] Abgesehen von verfassungsrechtlich informellen Kontakten über die „Vertretung" des Freistaates in Brüssel (Rn. 15) und von geringfügigen Mitwirkungsmöglichkeiten auf der europäischen Ebene durch den im wesentlichen auf Beratungsfunktionen beschränkten **„Ausschuss der Regionen"**[4] ist Bayern auf die innerstaatlichen Mitwirkungsmodalitäten des Art. 23 GG insbesondere über den **Bundesrat** verwiesen.[5] Das kritische Wort von der „Landesblindheit" der EU/EG hat noch immer seine Berechtigung.[6] Art. 3 a 1 hat bislang weder in der Staatspraxis noch in der Rechtsprechung des VerfGH eine erkennbare Rolle gespielt. Anderes gilt für die **Kooperationsklausel** des Art. 3 a 2, die in der bayerischen Staatspraxis mit reichhaltigem Leben erfüllt ist.

2. Entstehung

Art. 3 a wurde durch § 1 Nr. 1 des Gesetzes zur Änderung der Verfassung des Freistaates **2** Bayern „Verfassungsreformgesetz – Weiterentwicklung im Bereich der Grundrechte und Staatsziele" vom 20. 2. 1998 (GVBl S. 38) in die Verfassung aufgenommen. Die Vorschrift ist am 1. März 1998 in Kraft getreten[7]. Sie entspricht bis auf eine redaktionelle Änderung dem in einem von den drei Fraktionen eingebrachten Entwurf des Landtages[8] vorgesehe-

---

[1] *Pestalozza,* in: Nawiasky/Schweiger/Knöpfle, Art. 3 a Rn. 8.

[2] Zur rechtlichen Stellung des Freistaats Bayern in EU/EG und zu den damit verbundenen Überlagerungen der Bayerischen Verfassung s. bereits die Vorbemerkungen B., Rn. 23 ff., zu den Konsequenzen im Bereich der Grundrechte, insbesondere zur Frage, ob und inwieweit Gemeinschaftsrecht Prüfungsgegenstand und Prüfungsmaßstab sein kann, Rn. 109 ff. vor Art. 98.

[3] Zum Regelungspotenzial des Art. 178 im Zuge der weiteren Entwicklung der europäischen Integration Rn. 10 zu Art. 178.

[4] Art. 263 ff. EG-Vertrag (= Art. 305 ff. EU AV); vgl. dazu *Streinz,* Europarecht, 8. Aufl. 2008, Rn. 395 ff.

[5] Vgl. dazu die Kommentierung bei *Streinz,* in: Sachs (Hg.), Art. 23.

[6] *Ipsen,* Als Bundesstaat in der Gemeinschaft, in: FSf. Hallstein, 1966, S. 248 ff. (256); *Streinz* (Fn. 4), Rn. 171 m. w. N., dort auch zu den Klagemöglichkeiten der Länder gegen sekundäre Gemeinschaftsrechtsakte.

[7] Zur Entstehungsgeschichte ausführlich *Pestalozza* (Fn. 1), Rn. 1 ff.

[8] Vom 27. 2. 1997; LT-Drs. 13/7436. Die Einfügung als Art. 3 a geht auf systematisch berechtigte Anregungen des Senats zurück (Sen.-Drs. 123/97 und 129/97). Die Anregung des Senats, in einem Absatz 2 des Art. 3 a Informationspflichten der Staatsregierung gegenüber Senat und Landtag sowie Beteiligungsrechte für Landtag und Senat festzulegen, wurde im weiteren Verfahren nicht aufgegriffen; vgl. zu einer solchen Regelung Art. 34 a BaWüVerf.

nen Art. 2 a. Begründet wurde die Einfügung als Ausdruck der **„Integrationsoffenheit Bayerns",** als landesverfassungsrechtliche Flankierung des Art. 23 Abs. 1 GG, verbunden mit einer „Struktursicherungsklausel".[9]

3. Verhältnis zum Grundgesetz

3   a) **Art. 3 a 1** postuliert ein **Staatsziel** in der Modalität eines Bekennens des Freistaates Bayern zu einem geeinten Europa, das den dort genannten Grundsätzen verpflichtet ist. Davon unberührt bleibt Art. 23 I GG. Allerdings weicht die Bekenntnisklausel des Art. 3 a 1 von Art. 23 I 1 GG in mehrfacher Hinsicht ab (Rn. 6 ff.), zumal insofern, als ein „im Wesentlichen vergleichbarer Grundrechtsschutz" auf europäischer Ebene als Bedingung nicht genannt ist – der Freistaat Bayern sich also möglicherweise auch zu einem Europa bekennen könnte, das einen vergleichbaren Grundrechtsschutz nicht gewährt. Zwei Lösungen zur Auflösung dieses **Normwiderspruchs** erscheinen diskutabel: (1) Vorzugswürdig[10] dürfte es sein, den Art. 23 I GG als auch den Freistaat Bayern bindendes Bundesrecht anzusehen, so dass im Konfliktfall Art. 3 a 1 unbeachtet bleiben müsste, anderenfalls die Wirkung des Art. 31 GG einträte. (2) Zählt man ein nur nach Maßgabe des Art. 23 I 1 GG beschränktes Bekenntnis zu Europa zum Bestandteil der Homogenitätsklausel (Art. 28 I 1 GG), bedürfte Art. 3 a 1 einer insofern verfassungskonformen Auslegung.[11] Angesichts der im Hinblick auf die Entwicklung des Grundrechtsschutzes auf europäischer Ebene[12] kaum zu erwartenden praktischen Relevanz bedarf diese Frage derzeit keiner Vertiefung. Zwar ist es in der politischen Praxis im Freistaat Bayern durchaus nicht ungewöhnlich, dass im Hinblick auf die Entwicklung der europäischen Integration kritischere, mindestens zurückhaltendere Töne angeschlagen werden als auf Bundesebene. Es handelt sich dabei indes nicht um verfassungs*rechtliche,* sondern um europa*politische* Differenzen, die in der politischen Diskussion und nicht zuletzt im Bundesrat (Art. 23 I 2, 3 GG) ausgetragen werden müssen. Weder Art. 23 I GG noch Art. 28 I 1, 31 GG sind europapolitische Harmonisierungsklauseln, die einen politisch gleichlaufenden mainstream zwischen dem Bund und den Ländern, gar die Einhaltung einer europäischen „political correctness" erforderten. Sind indes Gesetzgebungsakte nach Maßgabe des Art. 23 I GG bei Ablehnung des Freistaates Bayern im Bundesrat ergangen, ist Bayern rechtlich daran gebunden[13], unbeschadet der Möglichkeit, verfassungsprozessrechtlich, insbes. mit der abstrakten Normenkontrolle nach Art. 93 Abs. 1 Nr. 2 GG, gegen ein Zustimmungsgesetz vorzugehen. Eine die gefundenen Entscheidungen systematisch konterkarierende „Neben"-Europapolitik des Freistaates würde jedenfalls – neben dem Europarecht selbst – den Grundsatz der Bundestreue verletzen.

4   b) **Art. 3 a 2** räumt dem Freistaat Bayern keine Zuständigkeiten und Kompetenzen ein, die er nach dem Grundgesetz nicht hat. Erfolgt die **Zusammenarbeit** mit anderen europäischen Regionen in der Modalität von Verträgen (worunter auch Verwaltungsabkommen fallen können) mit anderen Staaten[14], sind der Zuständigkeits- und Zustimmungsvorbehalt in Art. 32 III GG (vgl. auch Art. 181) zu beachten. Unterhalb der Vertragsebene gilt Art. 32 III GG nicht; eine Kompetenz der Länder für anderweitige auswärtige Kontakte mit anderen Völkerrechtssubjekten („Besuchsdiplomatie", Arbeitsgemeinschaften, Unterhaltung von Büros in anderen Staaten etc.) ergibt sich aus der „Natur

---

    [9] LT-Drs. 13/7436, S. 4.

    [10] So auch *Pestalozza* (Fn. 1), Rn. 80 mit dem überzeugenden Hinweis, dass Art. 23 I 1 GG nicht vom „Bund", sondern der „Bundesrepublik Deutschland" spricht und daher Bund und Länder erfasst.

    [11] Vgl. dazu *Pestalozza* (Fn. 1), Rn. 79 ff.

    [12] Zu Schutzdefiziten s. aber *Lindner,* Fortschritte und Defizite im EU-Grundrechtsschutz, ZRP 2007, 54.

    [13] Ebenso wie er verpflichtet ist, sekundäres Gemeinschaftsrecht, das auf der Basis neuer oder geänderter Verträge erlassen wird, zu beachten und anzuwenden.

    [14] Art. 32 III GG gilt nicht für die Zusammenarbeit mit anderen Regionen oder Kommunen *ohne* Völkerrechtsqualität. Insoweit kann Bayern im Rahmen seiner Zuständigkeiten ohne weiteres kooperieren (unter Beachtung des Grundsatzes der Bundestreue).

der Sache"; allerdings sind die Kompetenzvorschriften und der Grundsatz der Bundestreue zu beachten.[15] Eine selbständige organisatorische oder materielle **Außenpolitik** in Konkurrenz zum Bund (Art. 73 Nr. 1, 87 Abs. 1 GG) ist dem Freistaat Bayern verwehrt.[16]

c) Die **Übertragung** von **(Landes)-Hoheitsrechten** im Zuge der regionalen Zusam- 5 menarbeit auf „grenznachbarschaftliche Einrichtungen" ist nach Maßgabe des Art. 24 Abs. 1 a GG zulässig; zusätzlich bedürfte es für die Möglichkeit einer Übertragung von Hoheitsrechten einer entsprechenden Änderung der BV.[17]

II. Einzelkommentierung

1. Grundentscheidung für die Integrationsfreundlichkeit

Der Freistaat Bayern ist **nicht Mitgliedstaat der EU/EG,** jedoch gleichwohl an das 6 primäre und sekundäre **Gemeinschaftsrecht gebunden.**[18] Dieses hat als **eigenständige Rechtsordnung**[19] Anwendungsvorrang vor widersprechendem Landes-, auch Landesverfassungsrecht.[20] Die Gestaltungsmöglichkeiten insbesondere des Landtages sind daher auch im klassischen Kompetenzbereich der Länder nicht unerheblich beschränkt. Gleichwohl haben die gemeinschaftsrechtlichen „Überlagerungen" des Landesrechts bislang keinen nachhaltigen verfassungsrechtlichen Niederschlag gefunden, insbesondere nicht in der Rechtsprechung des VerfGH[21], der bislang keine Grundsatzentscheidung getroffen hat. Art. 3 a 1 stellt nunmehr die Europafreundlichkeit der Verfassung klar. Die Aussage des Art. 3 a 1 ist allerdings in mehrfacher Hinsicht anders als Art. 23 I GG gefasst[22]:

a) Zunächst „bekennt" sich Bayern lediglich zu einem geeinten Europa, von einem Mit- 7 wirken zu dessen Verwirklichung wie in Art. 23 I GG ist nicht die Rede. Freilich wird man dem „Bekennen" auch eine **aktive Dimension** beimessen können (vgl. zu den Rechtswirkungen Rn. 12).

b) Das Bekenntnis bezieht sich auf ein „geeintes Europa", nicht indes auf eine bestimmte 8 Form, Modalität oder gar finale Gestalt der jetzigen oder künftigen EU/EG; Art. 23 I GG hingegen bezieht sich auf die Entwicklung „der" Europäischen Union, nimmt also Bezug auf die konkrete Organisationsform „EU". Art. 3 a 1 ist mithin für **verschiedene Formen der Integration in Europa** offen, solange es sich um ein einiges Europa handelt und die in Art. 3 a S. 1 genannten materiellen Voraussetzungen eingehalten sind. Dem würde ebenso eine EU entsprechen, die in der Kompetenzdichte hinter der der heutigen Gestalt (auch deutlich) zurückbliebe, wie eine solche, die im Vergleich zum Status quo ein weiteres Kompetenzspektrum supranationaler Natur oder gar bundesstaatliche Qualität erhielte.[23]

c) Die Bedingung eines dem Grundrechtsschutz des GG **vergleichbaren Grund-** 9 **rechtsschutzes** auf Gemeinschaftsrechtsebene ist in Art. 3 a 1 nicht genannt. Die Gründe

---

[15] Vgl. dazu i. E. die Kommentierung von *Streinz,* in: Sachs (Hg.), Art. 32 Rn. 47 ff.

[16] BVerfGE 2, 347 (379). Das bedeutet, dass der Freistaat Bayern keinen eigenen auswärtigen Dienst einrichten und keinen diplomatischen oder konsularischen Verkehr zu anderen Staaten und Völkerrechtssubjekten unterhalten darf.

[17] Zum Ganzen eingehend und instruktiv *Kotzur,* Grenznachbarschaftliche Zusammenarbeit, 2004; dazu die Rezension von *Lindner,* DÖV 2005, 398.

[18] Dazu Vorb. B., Rn. 23 ff.

[19] EuGH, Slg. 1964, 1251/1270 (ENEL); BVerfG 22, 293 (296).

[20] VerfGH 50, 76 (97) im Anschluss an BVerfGE 73, 339 (374 f.).

[21] Vgl. VerfGH 50, 76 (Kommunalwahlrecht für Unionsbürger) sowie VerfGH 55, 123 (127); 54, 85 (90); 52, 47 (63); 50, 226 (266) – alle zur Frage, ob Gemeinschaftsrecht Prüfungsmaßstab im Rahmen der Popularklage oder der Verfassungsbeschwerde sein kann (dazu Rn. 134 ff. vor Art. 98). Eine Verfassungsbeschwerde gegen die Zustimmung der Vertreter des Freistaates Bayern im Bundesrat zum Europäischen Verfassungsvertrag hat der VerfGH für unzulässig erklärt: VerfGH, BayVBl. 2006, 498.

[22] Zu den in erster Linie europa*politischen* Konsequenzen dieser Divergenz vgl. oben Rn. 3.

[23] Zu evtl. Grenzen bei Verlust der Staatlichkeit Bayerns in einem Drei-Ebenen-Bundesstaat Rn. 10 zu Art. 178.

dafür werden auch aus der Entstehungsgeschichte nicht deutlich[24]. Vertritt man die These der Bindung auch der Länder an Art. 23 I GG, so ist dieses Manko unschädlich. Ansonsten dürfte die Notwendigkeit einer Verfassungsergänzung angezeigt sein, wenn man nicht ein entsprechendes Grundrechtsniveau auf EU-Ebene als in Art 3 a 1 ungeschrieben mitgedacht[25] ansehen möchte.

10   d) Nicht in Art. 23 I GG genannt ist der in Art. 3 a 1 enthaltene Passus der Wahrung der **„Eigenständigkeit der Regionen"** und der Sicherung deren „Mitwirkung an europäischen Entscheidungen". Die Formulierung in Art. 3 a 1 ist – im Hinblick auf die ansonsten selbstbewusste politische Haltung Bayerns im Bund und in der EU – merkwürdig passiv, zumal sich Bayern – mindestens politisch/faktisch – nicht nur innerhalb der Bundesrepublik Staatsqualität zumisst und die Mitwirkungsmöglichkeit im Ausschuss der Regionen allenfalls ein Minimum darstellt. Von dieser Formulierung dürfte ein Anspruch auf Eigenständigkeit Bayerns in der Modalität von – wenn auch kompetenziell beschränkter – Staatlichkeit nicht umfasst[26] und ein Sich-Begnügen mit dem gegenwärtig bescheidenen Maß an Mitwirkung Bayerns an europäischen Entscheidungen verfassungsrechtlich festgeschrieben sein.

11   e) Im Übrigen sind in Art. 3 a 1 die gleichen Kohärenz-Bedingungen genannt wie in Art. 23 I 1 GG. Die **„Struktursicherungsklausel"**[27] der „demokratischen, rechtsstaatlichen, sozialen und föderativen" Grundsätze erfordert weder Identität noch gleiches Niveau auf europäischer Ebene, wohl aber eine „strukturangepasste Grundsatzkongruenz"[28] mit dem Grundgesetz und der Landesverfassung. Im Übrigen sei auf die Kommentierungen zu Art. 23 I GG verwiesen.[29]

2. Rechtswirkungen

12   Die **Rechtswirkungen** des Art. 3 a 1 sind angesichts der nur sehr eingeschränkten europapolitischen Handlungsfähigkeit des Freistaates Bayern beschränkt. Der Freistaat Bayern ist jedenfalls nach innen und außen zu einer grundsätzlich positiven Haltung zur europäischen Integration[30] verpflichtet, was (konstruktive) Kritik auf den einzelnen Handlungsebenen (Staatsregierung, Landtag, Bundesrat, Ausschuss der Regionen, regionale Kontakte etc.) nicht ausschließt. Art. 3 a 1 legt den Freistaat nicht auf eine bestimmte Modalität der europäischen Einigung, insbesondere nicht auf die gegenwärtige Gestalt von EG/EU fest, sondern ist – vorbehaltlich der Vorgaben der Strukturklausel – offen für ein „Mehr", aber auch ein „Weniger" an Integrationsbreite und -tiefe. Ein entsprechendes Spektrum an Abstimmungsoptionen im Bundesrat ist von Art. 3 a 1 gedeckt.

3. Zusammenarbeit mit anderen europäischen Regionen

13   a) Art. 3 a 2 enthält – trotz Formulierung im Indikativ – eine Staatszielbestimmung und damit nicht nur einen verfassungspolitischen, sondern auch einen verfassungs*recht-lichen* **Handlungsauftrag**. Die Verfassung verpflichtet den Freistaat Bayern, mit anderen europäischen Regionen zusammenzuarbeiten. Die Vorschrift richtet sich zwar nicht ausdrücklich an die Kommunen, es kann ihr jedoch eine **Wertentscheidung** dahingehend entnommen werden, dass auch grenzüberschreitende Zusammenarbeit auf kommunaler

---

[24] *Pestalozza* (Fn. 1), Rn. 27.

[25] Zu dieser methodischen Kategorie *Wolff,* Ungeschriebenes Verfassungsrecht unter dem Grundgesetz, 2000, S. 404.

[26] Allerdings umfasst der Strukturvorbehalt „föderative Grundsätze" den Anspruch auf Staatlichkeit Bayerns in einem ggf. entstehenden europäischen Bundesstaat.

[27] *Pestalozza* (Fn. 1), Rn. 28 spricht treffender von „Rechtsstandardvorbehalt".

[28] Dazu näher *Streinz* (Fn. 15), Art. 23 Rn. 20.

[29] *Streinz* (Fn. 15), Art. 23 Rn. 19 ff.

[30] Dazu trägt auch „Symbolik" bei: So verleiht die Bayerische Staatskanzlei eine „Medaille für besondere Verdienste um Bayern in einem Vereinten Europa", die sog. „Europa-Medaille" (Bek. v. 1. 6. 1995, AllMBl 495, zuletzt geändert durch Bek. v. 10. 11. 2003, AllMBl 903).

Ebene[31] sinnvoll ist und angestrebt wird.[32] Wie und in welchem Umfang der Freistaat seiner Verpflichtung zur Zusammenarbeit nachkommt, liegt in seinem politischen Ermessen (zu den möglichen Handlungsformen s. Rn. 4; dort auch zu Art. 32 III GG[33]). In der **Staatspraxis** unterhält der Freistaat Bayern eine **Vielzahl an regionalen Kooperationen,** die den Verfassungsauftrag in durchaus beachtlicher Weise einlösen: (1) Gemeinsame Arbeitsgruppen mit Tirol (seit 1969), Salzburg (seit 1971), Vorarlberg (seit 1972) und Oberösterreich (seit 1973), (2) Zusammenarbeit mit mehreren Partnern in der „Arbeitsgemeinschaft Alpenländer – ARGE ALP" (seit 1972), der „Internationalen Bodenseekonferenz" (seit 1978) sowie der „Arbeitsgemeinschaft Donauländer" (seit 1990), (3) Zusammenarbeit Bayerns mit europäischen Partnerregionen[34].

b) Art. 3 a 2 schließt im Rahmen der **Außenbeziehungen Bayerns** andere Kooperationen als solche mit „europäischen Regionen" nicht aus: (1) Der Freistaat Bayern unterhält eine Mehrzahl von Kooperationen mit Partnerregionen *außerhalb* Europas[35]. Zu nennen ist insbesondere die seit Januar 2002 bestehende Regierungschefkonferenz der Partnerregionen („Regional Leaders Conference" aus Bayern, Oberösterreich, Québec, São Paulo, Shandong, Westkap). (2) Zudem bestehen Kooperationen mit anderen europäischen „Staaten".[36]   **14**

4. Organisation der Europapolitik und der internationalen Beziehungen

Europapolitik und internationale Beziehungen genießen in der bayerischen Staatspraxis   **15** hohe Beachtung. Die spiegelt sich auch organisatorisch-personell wider: Nach Art. 50 S. 1 ist ein eigener Staatsminister mit diesen Aufgaben als **„Sonderaufgabe"** im Bereich der Staatskanzlei betraut (derzeit: Staatsminister für Bundes- und Europaangelegenheiten).[37] Es handelt sich allerdings nicht um einen eigenen Geschäftsbereich, also nicht um ein eigenes Staatsministerium. Nach § 1 Satz 2 Nr. 9 b der Verordnung über die Geschäftsverteilung der Bayerischen Staatsregierung (StRGVV[38]) ist die Staatskanzlei für die Europapolitik und internationale Angelegenheiten zuständig.[39] Innerhalb der Staatskanzlei selbst ist die Erfüllung der europapolitischen und internationalen Aufgaben auf zwei Abteilungen verteilt. Abteilung C I für „Europapolitik und internationale Beziehungen", Abteilung C II bildet die „Vertretung des Freistaates Bayern bei der EU (Brüssel)".[40] Innerhalb jedes Staatsministeriums existiert ein zentrales Referat für Europaangelegenheiten, das die ressortbetreffenden Aspekte der Europapolitik bündelt und mit der Staatskanzlei koordiniert. Die entsprechenden Informationen werden von Abt. C II aus Brüssel der Staatskanzlei und den Ressorts in einem sog. „Europabericht" übermittelt.

---

[31] *Pestalozza* (Fn. 1), Rn. 69.

[32] Art, Umfang und Modalitäten solcher Kooperationen fallen in die Selbstverwaltungsgarantie der Kommunen.

[33] Zu einer Typologie vgl. *Kotzur* (Fn. 17), S. 130 ff.

[34] Derzeitiger Stand: Friaul-Julisch-Venetien, Autonome Provinz Trient, Südtirol, Languedoc-Roussillon, Midi-Pyrénées, Provence-Alpes-Cote-d'Azur, Limousin, Schottland.

[35] Derzeitiger Stand der Partnerregionen außerhalb Europas: (1) Shandong (VR China, seit 1987); (2) Québec (Kanada, seit 1989); (3) Westkap (Südafrika, seit 1995); (4) São Paulo (Brasilien; seit 1997); Kalifornien (USA, seit 1998); Guangdong (VR China, seit 2004).

[36] U.a. Ungarn, Slowakei, Bulgarien, Polen, Ukraine, Rumänien, Makedonien.

[37] Vgl. zur Zulässigkeit dieser „Konstruktion" Rn. 12 zu Art. 50.

[38] Vgl. den Nachweis bei Art. 53.

[39] Vgl. dazu die Bek. der Staatsregierung über Aufgabenbereich und Stellung der Staatsministerin für Bundes- und Europaangelegenheiten in der Staatskanzlei (StM Bundes- und Europaangelegenheiten – StMBE) vom 13. 12. 2005 (AllMBl S. 539).

[40] Vgl. auch § 8 des Gesetzes über die Zusammenarbeit von Bund und Ländern in Angelegenheiten der EU vom 12. 3. 1993 (BGBl. I S. 313). Die „ständigen Verbindungen der Länder" haben – anders als Ständige Vertretung der Bundesrepublik – keinen diplomatischen Status.

Art. 4 [Ausübung der Staatsgewalt]

Die Staatsgewalt wird ausgeübt durch die stimmberechtigten Staatsbürger selbst, durch die von ihnen gewählte Volksvertretung und durch die mittelbar oder unmittelbar von ihr bestellten Vollzugsbehörden und Richter.

Zu Parallelvorschriften im GG und anderen Landesverfassungen, Rechtsprechung und Literatur s. zu Art. 2.

1   Art. 4 ist **Komplementärvorschrift zu Art. 2** (s. zunächst die Kommentierung dort). Art. 2 I 2 erklärt das Volk zum Träger der Staatsgewalt, Art. 4 regelt – in Ergänzung zu Art. 2 II 1 –, in welcher **Modalität** die vom Volk getragene Staatsgewalt ausgeübt wird.[1] Auch in Art. 4 treffen – gleichberechtigt – **Repräsentanz** und **Unmittelbarkeit** (Rn. 9 zu Art. 2) zusammen. Art. 4 ist – wie Art. 2 – eine „elementare", in der Substanz nicht änderbare (Art. 75 I 2) Norm der Verfassung, indes **keine Grundrechtsnorm**.[2] Zu den Fällen der Ausübung der Staatsgewalt unmittelbar durch die stimmberechtigten Staatsbürger selbst Rn. 8 zu Art. 2, durch die von ihnen gewählte Volksvertretung, also den Landtag, s. Art. 13 ff.

2   Die **Vollzugsbehörden** und **Richter** werden nicht unmittelbar durch das Volk bestimmt[3], sondern unmittelbar oder mittelbar von der Volksvertretung.[4] Fälle **unmittelbarer Legitimation** durch die Volksvertretung: Art. 33 a (Datenschutzbeauftragter); Art. 44 I (Wahl des Ministerpräsidenten), Art. 45 (Berufung der Staatsminister und Staatssekretäre durch den MPr. mit Zustimmung des Landtages), Art. 68 II, III (Richter am VerfGH), Art. 80 II (Präsident des Rechnungshofes). Zu nennen sind zudem der organisationsrechtliche Gesetzesvorbehalt in Art. 77, wonach wesentliche organisationsrechtliche Entscheidungen durch Gesetz zu regeln sind, sowie Art. 94 I, wonach Beamte vom Volk gewählt werden können.[5] **Mittelbare Legitimation** durch den Landtag im Hinblick auf Exekutive und Judikative: Art. 55 Nr. 4 (Ernennung der Beamten[6]), Nr. 5 S. 1 (Hierarchieprinzip in der Staats- und Verwaltungsorganisation), Nr. 6 (Dienstaufsicht über Behörden und Beamte), Art. 77 I 2 (Einrichtung der Behörden), Art. 94 I Alt. 2.[7]

3   Der Gesetzgeber kann die Erfüllung staatlicher Aufgaben auch anderen **übertragen,** zumal Körperschaften des öffentlichen Rechts (vgl. nur Art. 8 Abs. 1 GO), aber auch des Privatrechts (Beleihung). Davon zu unterscheiden ist die **Privatisierung** einer staatlichen Aufgabe als solcher; hier delegiert der Staat die Erfüllung seiner Aufgabe nicht an eine Körperschaft des öffentlichen Rechts oder einen Privaten, der Staat begibt sich einer Aufgabe vielmehr völlig; es handelt sich dann nicht mehr um eine staatliche Aufgabe; vgl. dazu Rn. 10 zu Art. 53 sowie Rn. 78 ff. zu Art. 55.

4   Art. 4 entspricht Art. 3 VE und Art. 3 E. Zum Verhältnis zum **GG** Rn. 3 zu Art. 2.

---

[1] Systematisch nicht zutreffend ordnet der VerfGH in VerfGH 49, 23 (30) das Prinzip der repräsentativen Demokratie dem Art. 2 II 1 (dort ist aber auch das Unmittelbarkeitsprinzip erfasst) und das Demokratieprinzip selbst dem Art. 4 zu. Richtig *Meder,* Art. 4 Rn. 2; *Schweiger,* in: Nawiasky/Schweiger/Knöpfle, Art. 4 Rn. 2.

[2] VerfGH 19, 100 (103); 22, 84 (85); 47, 36 (40); 48, 61 (78).

[3] Außer den Verfassungsorganen selbst, die vom Volk durch die Annahme der Verfassung unmittelbar legitimiert sind.

[4] Das Wort „ihr" bezieht sich nach allg. Meinung – s. etwa *Schweiger* (Fn. 1), Art. 4 Rn. 3 – auf die „Volksvertretung", was allerdings grammatikalisch schief ist; es hätte heißen müssen „von *dieser".*

[5] Praktisch geworden ist dies bisher im Kommunalrecht; vgl. Art. 1 des Gesetzes über kommunale Wahlbeamte (KWBG) i.d.F. der Bek. v. 19. 11. 1970 (BayRS 2022-1-I).

[6] Davon umfasst sind auch die Richter: VerfGH 13, 182 (187); *Meder,* Art. 55 Rn. 21.

[7] Zum Verhältnis von Art. 94 Abs. 1 zu Art. 4 s. *Schweiger* (Fn. 1), Art. 4 Rn. 3, zu Art. 55 Nr. 4 *Meder,* Art. 94 Rn. 2.

Art. 5 [Gewaltenteilung]

(1) Die gesetzgebende Gewalt steht ausschließlich dem Volk und der Volksvertretung zu.
(2) Die vollziehende Gewalt liegt in den Händen der Staatsregierung und der nachgeordneten Vollzugsbehörden.
(3) Die richterliche Gewalt wird durch unabhängige Richter ausgeübt.

Parallelvorschriften im GG und anderen Landesverfassungen: Art. 20 II 2, III, 28 I 1 GG; Art. 25 BaWüVerf; Art. 3 BerlVerf; Art. 2 IV BbgVerf; Art. 67 BremVerf; Art. 3 I 2 M-VVerf; Art. 2 I NdsVerf; Art. 3 NRWVerf; Art. 77 RhPfVerf; Art. 61 SaarlVerf; Art. 3 SächsVerf; Art. 2 II 3 LSAVerf; Art. 2 SchlHVerf; Art. 47 ThürVerf.

Rechtsprechung: VerfGH 7, 113 (121); 10, 57 (62); 38, 165 (176); 49, 1 (7); 58, 212 (248); BVerfGE 9, 268 (279); 67, 100 (130); 95, 1 (15).

Literatur: Kratzer, Die Gewaltentrennung in Bayern, BayVBl. 1962, 293; *Leisner,* Die quantitative Gewaltenteilung, DÖV 1969, 405; *Hanauer,* Landtag und Staatsregierung in Bayern. Ein Beitrag zum Problem der Gewaltentrennung, BayVBl. 1970, 381; *Ossenbühl,* Aktuelle Probleme der Gewaltenteilung, DÖV 1980, 545; *Isensee (Hrsg.),* Gewaltenteilung heute, 2000; *v. Bogdandy,* Gubernative Rechtsetzung, 2000; *Di Fabio,* HdBStR II, § 27; *Möllers,* Gewaltengliederung. Legitimation und Dogmatik im nationalen und internationalen Vergleich, 2005; *ders.,* Dogmatik der grundgesetzlichen Gewaltengliederung, AÖR 132 (2007), 493 ff.

Übersicht

I. Allgemeines

1. Bedeutung

Art. 5 formuliert in klassischer[1] Manier den **Grundsatz der Gewaltenteilung** und er- **1** gänzt damit harmonisch die voranstehenden Grundsatzartikel: Art. 1 I postuliert den „Freistaat", also die Republik als Staats*form,* Art. 2 stellt die Legitimation der Ausübung der Staats*gewalt* auf die Basis des Demokratieprinzips, Art. 3[2] bändigt – gemeinsam mit den Grundrechtsbestimmungen (Art. 98 ff.) – das materiell per se neutrale und damit auch missbrauchsanfällige Demokratieprinzip durch am Gerechtigkeitsprinzip orientierte Direktiven, Art. 3a stellt diese Grundsatzentscheidungen in den europäischen Kontext. Art. 4 regelt in Ergänzung zu Art. 2, in welcher Modalität die vom Volk getragene Staatsgewalt ausgeübt wird und leitet damit über zu Art. 5, der den Grundsatz der Gewaltentei-

---

[1] Die Idee der Gewaltenteilung – aus der Antike stammend – wurde zumal von *Locke* und *Montesquieu* theoretisch aufbereitet und hat sodann Eingang in die modernen Verfassungen der USA (1787) und Frankreich (1791) gefunden; Nachweise bei *Sachs,* in: ders., Art. 20 Rn. 79; dort auch zur verzögerten Rezeption in der deutschen Verfassungsgeschichte; aus geistesgeschichtlicher Perspektive *Schweiger,* in: Nawiasky/Schweiger/Knöpfle, Art. 5 Rn. 2; *Sommermann,* in: v. Mangoldt/Klein/Starck, Art. 20 Rn. 199 ff.

[2] Der Gewaltenteilungsgrundsatz ist nach der BV als eigenständiges Konstitutionsprinzip, nicht – wie in der Literatur häufig zu finden – als Unterfall des Rechtsstaatsprinzips ausgestaltet; schief VerfGH 49, 1 (7), der die Gewaltenteilung dem Rechtsstaatsprinzip zuordnet.

lung festlegt. Art. 5 gehört zu den **elementaren**[3], durch die Verfassung in der Substanz **nicht änderbaren** (Art. 75 I 2) **Verfassungsnormen.** Primäre **Funktion** der Gewaltenteilung ist es, die **Staatsgewalt** – gerade auch die vom Volk getragene und legitimierte – zu **mäßigen** und damit insbesondere die **Freiheit** des Einzelnen vor freiheits- und gleichheitsgefährdender **Machtkumulation** zu **schützen.**[4] Das Gewaltenteilungsprinzip lässt sich als eine **objektiv-rechtliche Flankierung der Grundrechte** begreifen, wenn Art. 5 auch seinerseits **keine grundrechtlichen Positionen** verbürgt.[5]

2   Weitere **Funktion**[6] der Gewaltenteilung ist die rationale und **sachgerechte Organisation** des Staates; staatliche Entscheidungen sollen „möglichst richtig, d. h. von den Organen getroffen werden, die dafür nach ihrer Organisation, Funktion und Verfahrensweise über die besten Voraussetzungen verfügen".[7] Kern des Gewaltenteilungsgrundsatzes ist nach der Rechtsprechung des VerfGH, „dass sich die Organe der Legislative, Exekutive und Judikative gegenseitig kontrollieren und begrenzen."[8]

3   Trotz seines **fundamentalen staatstheoretischen Gehalts** hat Art. 5 in der staatsrechtlichen Praxis nur wenig eigenständige dogmatische Relevanz erfahren[9], da sich die **konkrete Ausgestaltung** der Gewaltenteilung erst nach Maßgabe der einschlägigen verfassungsrechtlichen Normen darstellt und sich verfassungsrechtliche Streitigkeiten dort entzünden. Im Zweifelsfall kann der Grundsatz der Gewaltenteilung als Teil eines vorverfassungsrechtlichen Gesamtbildes **interpretationsleitend** wirken.[10]

2. Entstehung

4   Die Formulierung des Gewaltenteilungsgrundsatzes in Art. 5 hat in der bayerischen Verfassungsgeschichte keinen Vorläufer. In §§ 3 bis 5 VU 1919 war das Prinzip zwar angelegt, jedoch nicht auf den Punkt gebracht. Im Verfassungsgebungsprozess war Art. 5 indes weitgehend unstreitig und bereits in Art. 4 VE und in Art. 4 E enthalten.

3. Verhältnis zum Grundgesetz

5   An der **Weitergeltung** des Art. 5 im Hinblick auf das GG bestehen keine Zweifel. Die Harmonisierungsklausel des Art. 28 I 1 GG umfasst auch das Prinzip der Gewaltenteilung und dessen Ausprägung durch die Rechtsprechung des BVerfG.[11] Das GG selbst sieht die Gewaltenteilung als Grundsatz, **nicht** indes als **Postulat absoluter Trennung** an, als „gegenseitige Kontrolle, Hemmung und Mäßigung der Gewalten".[12] Nicht Isolierung der

---

[3] VerfGH 7, 113 (121): „unerlässliche Voraussetzung des Rechtsstaats"; 10, 57 (62); 24, 181 (195); 49, 1 (7). Das BVerfG spricht von „tragendem Organisationsprinzip": BVerfGE 3, 225 (247); 34, 52 (59); 67, 100 (130).

[4] BVerfGE 9, 268 (279); 67, 100 (130).

[5] VerfGH 3, 95 (104); 10, 57 (62); 44, 41 (48); 54, 85 (89); 54, 104 (106). Popularklage und Verfassungsbeschwerde können nicht auf eine Verletzung des Art. 5 gestützt werden; ist eine Popularklage jedoch in zulässiger Weise erhoben worden, prüft der VerfGH auch objektives Verfassungsrecht, wozu auch Art. 5 zählt, VerfGH 44, 41 (48).

[6] Bislang nicht Eingang in die verfassungsrechtliche Praxis gefunden haben jüngere Tendenzen in der Staatsrechtswissenschaft, die Gewaltenteilung im Rahmen des Spannungsverhältnisses zwischen den Grundrechten als individuellen Abwehrrechten und kollektiver demokratischer Mitbestimmung zu analysieren; so v.a. der Ansatz von *Möllers,* Gewaltengliederung, 2005.

[7] BVerfGE 68, 1 (86); 95, 1 (15); 98, 218 (251); *Zippelius,* Allgemeine Staatslehre, 14. Aufl. 2003, § 31 II 3 spricht plastisch von „organadäquater Funktionenteilung".

[8] VerfGH 49, 1 (7); 58, 212 (248); das ist der klassische Gedanke von „checks and balances".

[9] So auch für Art. 20 II 2 GG *Jarass/Pieroth,* Art. 20 Rn. 23. Grundsatzentscheidungen des VerfGH zum Gewaltenteilungsprinzip sind selten, auch wenn es – en passant – in vielen Entscheidungen erwähnt wird. Grundsätzlich etwa VerfGH 10, 57 (62); 38, 165 (176); 58, 212 (248). Zu Nachweisen aus der Rechtsprechung des BVerfG s. *Sachs,* Art. 20 Rn. 93.

[10] *Jarass/Pieroth,* Art. 20 Rn. 23.

[11] BVerfGE 2, 307 (319); *Jarass/Pieroth,* Art. 28 Rn. 4.

[12] BVerfGE 95, 1 (15).

Gewalten, sondern Begrenzung, Ergänzung und Kontrolle lautet das Paradigma.[13] Deswegen bestehen auch zahlreiche „Gewaltenverschränkungen und -balancierungen". Allerdings muss die in der Verfassung vorgenommene Verteilung zwischen den drei Gewalten **im Grundsatz gewahrt bleiben.**[14] Dem entspricht die Ausgestaltung des Gewaltenteilungsprinzips in der BV ohne weiteres. So formuliert der VerfGH: „*Die Teilung der Gewalten ist ein tragendes Organisations- und Funktionsprinzip in einer demokratischen, rechtsstaatlichen Verfassungsordnung. Der Inhalt der Gewaltenteilung besteht nicht darin, dass die Funktionen der Staatsgewalt scharf getrennt werden, sondern dass die Organe der Legislative, Exekutive und Justiz sich gegenseitig hemmen, kontrollieren und mäßigen. Die in der Verfassung vorgenommene Verteilung der Gewichte zwischen den drei Gewalten muss aufrechterhalten bleiben.*"[15]

II. Einzelkommentierung

1. Grundsatz

Gewaltenteilung meint im Grundsatz die **Trennung der Ausübung der Staatsgewalt** 6 durch die Verteilung bestimmter funktional abgegrenzter Aufgabenbereiche auf voneinander abgegrenzte und grundsätzlich voneinander unabhängige Organe. In staatstheoretischer und verfassungsgeschichtlicher Tradition werden die drei Aufgabenbereiche „Gesetzgebung", „Verwaltung" und „Rechtsprechung" auf Parlament als **Legislative,** Regierung (Gubernative) und nachgeordnete Behörden (Administrative) als **Exekutive** sowie auf die Gerichte als **Judikative** verteilt.[16] Dieses **Grundschema** formuliert Art. 5 in seinen drei Absätzen aus.

2. Die Ausgestaltungsoffenheit und ihre Grenzen

Allerdings liegt damit nur die Grundidee der Gewaltenteilung fest; Art. 5 ist norm- 7 systemimmanent **ausgestaltungsoffen:** Die verfassungsrechtliche Verteilung der Gewichte zwischen den drei Gewalten ergibt sich konkret erst aus dem Zusammenwirken der einschlägigen verfassungsrechtlichen Vorschriften[17], die – gemeinsam mit nachrangigem Recht – auch **Legitimationsableitungen** (z. B. Art. 44 I, III; 45; 68 II), **Gewaltenverschränkungen** und **Funktionsverschiebungen** (z. B. Art. 55 Nr. 2 S. 3) zwischen den grundsätzlich getrennten Gewalten vorsehen können (dazu Rn. 14 ff.). Der Grundsatz beschränkt die Möglichkeit seiner Ausgestaltung allerdings selbst: „*Keine Gewalt darf ein in der Verfassung nicht vorgesehenes Übergewicht über die andere Gewalt erhalten, und keine Gewalt darf der für die Erfüllung ihrer verfassungsmäßigen Aufgaben erforderlichen Zuständigkeiten beraubt werden.*"[18] Jeder der drei Gewalten muss ein **substantieller Kern**[19] an eigenverantwortlicher Erfüllung der ihr jeweils zugedachten Funktion verbleiben.[20] Es muss ausgeschlossen werden, dass eine der Gewalten die ihr von der Verfassung zugeschriebenen typischen Aufgaben verliert.[21] Der Gesetzgeber kann indes **„Randgebiete"** eines Aufgabenbereichs,

---

[13] *Zippelius/Würtenberger,* Deutsches Staatsrecht, 31. Aufl. 2005, S. 99; VerfGH 49, 1 (7).

[14] BVerfGE 95, 1 (15).

[15] VerfGH 49, 1 (7); 58, 212 (248). Daher sind **Einzelfallgesetze** zulässig, soweit diese ihrerseits mit den Grundrechten vereinbar sind und Art. 19 I 1 GG nicht entgegensteht, VerfGH 18, 85 (94).

[16] BVerfGE 9, 268 (279).

[17] VerfGH 7, 113 (121); 24, 181 (195); 58, 212 (248): „*Prägung der Einzelausgestaltung durch die allgemeinen Organisationsstrukturen der Verfassung, besonders durch die Entscheidung für das im Wesentlichen von politischen Parteien gestaltete parlamentarische Regierungssystem.*"

[18] So die grundlegende Formulierung in VerfGH 49, 1 (7) unter Verweis auf BVerfGE 9, 268 (279); 22, 106 (111); 67, 100 (130) sowie in VerfGH 58, 212 (248) in wörtlicher Übereinstimmung mit BVerfGE 95, 1 (15).

[19] VerfGH 7, 113 (121); BVerfGE 95, 1 (15): „*Der Kernbereich der verschiedenen Gewalten ist unveränderbar.*"

[20] Vgl. BVerfGE 110, 199 (214): „*Kernbereich exekutiver Eigenverantwortung*"; zum „Kernbereich" der Judikative s. VerfGH 58, 212 (248).

[21] BVerfGE 34, 52 (59); 95, 1 (15).

etwa den Erlass gesetzeskonkretisierender Rechtsverordnungen (Art. 55 Nr. 2 S. 3), einer anderen Gewalt, insbesondere der Exekutive, übertragen, wenn es dafür sachliche Gründe gibt.[22]

3. Dimensionen der Gewaltenteilung

8   Der Grundsatz der Gewaltenteilung lässt sich in verschiedene **Dimensionen** auffächern, die überwiegend in der Verfassung selbst angelegt sind, sich teilweise aber auch in der Verfassungswirklichkeit herausgebildet haben.

9   a) **Funktionale Gewaltenteilung** ist die Unterscheidung zwischen den Staatsfunktionen. Art. 5 unterscheidet die drei Teilbereiche „gesetzgebende Gewalt" (Abs. 1)[23], „vollziehende Gewalt" (Abs. 2) und „richterliche Gewalt" (Abs. 3).[24]

10   b) Zur funktionalen tritt eine **organisatorische Dimension** hinzu: Die drei Funktionen werden nicht nur als solche voneinander getrennt, sondern auch auf **unterschiedliche Funktionsträger** verteilt, auf „Volk und Volksvertretung" (Abs. 1 i.V. m. Art. 13 ff., 70 ff.), auf „Staatsregierung und nachgeordnete Vollzugsbehörden" (Abs. 2 i.V. m. Art. 43 ff., 55, 77, 94 ff.) sowie auf „unabhängige Richter" (Abs. 3 i.V. m. Art. 60 ff., 85 ff.). Dabei privilegiert[25] Art. 5 III die Judikative gegenüber der Exekutive insofern, als die Richter „unabhängig" sein müssen[26] (vgl. auch Art. 85, 87), während die Exekutive hierarchisch strukturiert und dem Parlament verantwortlich ist. Zwischen den Gewalten besteht kein kompetenzielles Regel-Ausnahme-Verhältnis etwa zu Gunsten des Landtages: Dieser darf nur im Rahmen seiner inhaltlich freilich weit gefächerten Aufgaben tätig werden.[27] Der Landtag hat kein allgemeines Weisungsrecht gegenüber Staatsregierung und Exekutive.[28]

---

[22] *Meder,* Art. 5 Rn. 1; VerfGH 12, 119 (126); 23, 32 (45); nach BVerfGE 30, 1 (Ls. 7) erlaube das Prinzip der Gewaltenteilung, dass Rechtsschutz gegenüber Maßnahmen der Exekutive ausnahmsweise nicht durch Gerichte, sondern durch vom Parlament bestellte oder gebildete unabhängige Institutionen innerhalb des Funktionsbereichs der Exekutive gewährt werde (zu Art. 10 II 2 GG).

[23] Daher verstößt die Forderung, ein Bürger könnte einen gerichtlich durchsetzbaren **Anspruch auf ein bestimmtes Handeln des Gesetzgebers** haben, gegen Art. 5. Eine Ausnahme gilt lediglich dann, wenn ein verfassungsunmittelbarer Regelungsauftrag besteht (z. B. aus der Schutzpflicht des Art. 99) oder wenn ein Unterlassen einer Regelung gleichheitswidrig wäre. In diesen Fällen „bricht" die Judikative nicht in den Entscheidungsspielraum von Legislative und normsetzender Exekutive ein; VerfGH 51, 155 (159); 48, 55 (57); 45, 143 (147); 38, 143 (149) und öfter.

[24] VerfGH 10, 57 (62). Die Bayerische Verfassung kennt keine auswärtige Gewalt, die indes auch im GG keine *eigene* Gewalt darstellt. Auch die vieldiskutierte sog. „4. Gewalt", die die Medien angeblich darstellen, ist keine verfassungsrechtliche Kategorie, sondern eine verfassungsreal-soziologische. Man mag die Kontrollfunktion der Medien, aber auch ihre teilweise gestaltungsbeanspruchende Erscheinungsweise als 4. Gewalt bezeichnen, indes darf dabei nicht verkannt werden, dass die Medien ihrerseits im grundrechtlich geschützten Raum, also gerade nicht als „Staatsgewalt", tätig werden.

[25] *Meder,* Art. 5 Rn. 6: „stärker abgeschirmt"; VerfGH 43, 107 (137): keine Verletzung des Art. 5 durch Art. 17 PAG.

[26] Der VerfGH sieht den Kernbereich der Judikative in der Unabhängigkeit der Richter. Die Auflösung des Bayerischen Obersten Landesgerichts durch den Gesetzgeber verstößt – ungeachtet des landespolitischen Skandalons der Auflösung dieses traditionsreichen und weithin anerkannten Gerichts (vgl. *Lindner,* Sechzig Jahre Bayerische Verfassung, BayVBl. 2006, 1, 6 m. w. N.) – nicht gegen den Grundsatz der Gewaltenteilung; durch das „Gerichtsauflösungsgesetz" (BayObLG-AuflG) vom 25. 10. 2004 (GVBl S. 400) werde nicht in die Eigenständigkeit und Unabhängigkeit der rechtsprechenden Gewalt, vor allem in deren Kernbereich, nämlich die konkrete Ausübung der Rechtsprechung durch den einzelnen unabhängigen Richter, eingegriffen. Durch die Auflösung des BayObLG werde das Gleichgewicht der Gewalten nicht verschoben, es komme nicht zu einem verfassungswidrigen Übergewicht von Exekutive/Legislative gegenüber der Judikative – VerfGH 58, 212 (248 f.).

[27] *Meder,* Art. 5 Rn. 3 m. w. N.: „kein Gewaltenmonismus in Form eines allumfassenden Parlamentsvorbehalts."

[28] VerfGH 12, 119 (126); vgl. auch Rn. 25, 26 zu Art. 55.

c) Die funktionell-organisatorische Gewaltengliederung allein kann eine Machtbalance **11** und -kontrolle im Sinne wirklicher „checks and balances" nicht garantieren, wenn nicht eine **personelle Trennung** hinzukommt.[29] Vereinigen Personen mehrere Ämter oder Funktionen unterschiedlicher Gewalten in sich, drohen die Funktionen der Gewaltenteilung zu erodieren. Deswegen gilt im Grundsatz das Gebot, dass Personen, die einer Gewalt zugeordnet sind, nicht gleichzeitig für die andere Gewalt tätig sein dürfen. Dieses Prinzip personeller Gewaltenteilung ist in der Verfassung allerdings nur **schwach ausgeprägt**[30], es finden sich nur wenige „Inkompatibilitätsvorschriften": Art. 57 („Nebentätigkeit" des Ministerpräsidenten, der Staatsminister und der Staatssekretäre)[31]; Art. 68 III 2 (Berufsrichter des VerfGH werden zwar vom Landtag gewählt, dürfen ihm allerdings nicht angehören). Weitere Inkompatibilitäten zur Sicherung der personellen Gewaltenteilung regelt das **einfache Recht:** Art. 29 ff. AbgG[32] normieren die Unvereinbarkeit von Amt (auch Richteramt) und Abgeordnetenmandat. Nach Art. 5 II VfGHG können die Mitglieder des VerfGH nicht gleichzeitig Mitglieder des Landtages oder der Staatsregierung sein. Ministerpräsident, Staatsminister und Staatsekretäre dürfen hingegen als Vertreter der Exekutive Mitglieder des Landtages sein – und sind es regelmäßig –, was auf den ersten Blick zwar unproblematisch ist, weil sie von ihrer Anzahl (vgl. Art. 43 II) regelmäßig keine mehrheitsbildende Funktion im Landtag haben. Im Hinblick auf eine mindestens faktische Disziplinierungswirkung ist diese Gewaltenverschränkung jedoch bedenklich, da die Bildung der im Zuge der Einführung des Art. 16 a politisch kritisierten „Aktionseinheit" zwischen der in der Staatspraxis ohnehin an Bedeutung gestärkten Exekutive („Exekutivföderalismus") und der Legislative durch die Personalverflechtung zwischen Legislative und Exekutive strukturell erleichtert wird.

d) In der Staatspraxis bedeutsam ist die Dimension der **gewalteninternen Macht-** **12** **kontrolle** und -hemmung. (1) Der **Landtag** bildet zwar eine eigene Gewalt im Sinne der organisatorischen Gewaltentrennung, er ist jedoch seinerseits keine homogene, monolithische Einheit. Vielmehr verlaufen in ihm selbst trennende Linien: zwischen Regierungsfraktionen und Opposition, der in Art. 16 a[33] eine ausdrückliche verfassungsrechtliche Position eingeräumt worden ist, aber auch innerhalb der Regierungsfraktion(en) zwischen Abgeordneten verschiedener „Flügel", die ihrerseits mit tendenziell machthemmenden Profilierungstendenzen einhergehen. (2) Auch **innerhalb der Staatsregierung** bilden sich kontrollierende und machthemmende Mechanismen heraus. Die einzelnen Staatsministerien verfolgen im Rahmen des Ressortprinzips unterschiedliche, nicht selten gegenläufige politische Zielsetzungen, die kompromisserzeugende Wirkungen haben.[34] Zu nennen ist beispielsweise das Verhältnis des für die Finanzen und den Staatshaushalt zuständigen Ressorts zu den anderen, teilweise finanzintensiven Ressorts. (3) **Behördenintern,** insbes. ministeriumsintern machthemmende Wirkung hat der Grundsatz der persönlichen Unabhängigkeit („Lebenszeitprinzip") des Beamten, der zwar weisungsabhängig, aber remonstrationsberechtigt und -verpflichtet ist. Die politische Spitze eines Ministeriums kann eine politische Zielsetzung nicht stets per Weisung ungehindert durchsetzen, sondern muss mit Bedenken und Remonstration der Beamten rechnen und auch umgehen, kann sich letzten Endes allerdings auch darüber hinwegsetzen. Dem Berufsbeamtentum kommt – was wenig beachtet wird – eine die Grundrechte und das Gewaltenteilungsprinzip flankierende Funktion zu.[35]

---

[29] VerfGH 10, 57 (62); 58, 113 (126); *Meder,* Art. 5 Rn. 1. Zur personellen Trennung von Amt und Mandat s. VerfGH 39, 56 (59).

[30] So für das GG auch *Sachs,* Art. 20 Rn. 91.

[31] Vgl. auch Art. 3 des Gesetzes über die Mitglieder der Staatsregierung (BayRS 1102-1-S).

[32] Vgl. dazu Art. 137 I GG.

[33] Dazu soeben Rn. 11; VerfGH 54, 62 (74).

[34] Entsprechende Konflikte – in der Staatspraxis spricht man von „Differenzpunkten" – werden entweder im Ministerrat entschieden oder durch eine Richtlinienentscheidung des Ministerpräsidenten (Art. 47 II) gelöst.

[35] Dazu *Lindner,* Grundrechtssicherung durch das Berufsbeamtentum, ZBR 2006, 1.

13   e) Durch die Verteilung der Hoheitsgewalt nicht nur auf den Staat, sondern auch auf die Kommunen (Art. 10, 11, 83) wird **Gewaltenteilung** auch in **vertikaler Hinsicht** möglich. Insbesondere die Selbstverwaltung der Gemeinden dient nicht nur dem Aufbau der Demokratie von unten nach oben (Art. 11 IV), sondern verwirklicht auch Aspekte der Gewaltenteilung. Vergleichbares gilt für die **föderale Gewaltenteilung** zwischen Bund und Ländern sowie zwischen Land, Bund und EG.

4. Modifikationen

Der Grundsatz der Gewaltenteilung erfährt eine Reihe von **Modifikationen,** die sich in **drei Gruppen** einteilen lassen:

14   a) **Gewaltentranszendierende Legitimationszusammenhänge** liegen vor, wenn eine Gewalt legitimatorisch von der anderen abhängt. (1) Ein **schwacher** legitimatorischer Zusammenhang ist gegeben, wenn Organe oder Personen einer Gewalt durch die andere legitimiert werden, dann aber unabhängig agieren (z. B. Art. 68 II, III 1[36]: Wahl von Verfassungsrichtern durch den Landtag; Bestellung der Richter durch die Exekutive nach Art. 15 des Bayerischen Richtergesetzes). (2) Von einem **starken** legitimatorischen Zusammenhang zweier Gewalten kann man sprechen, wenn Organe einer Gewalt von der anderen nicht nur im Rahmen der Kreation, sondern auch in ihrem Bestand abhängig oder ihr gegenüber verantwortlich sind. Paradigmatisch dafür ist in der parlamentarischen Demokratie das Verhältnis von Parlament und Regierung. Der Landtag wählt den Ministerpräsidenten (Art. 44 I, IV) und muss der Berufung von Staatsministern und Staatssekretären (Art. 45), der Bestellung des Stellvertreters des Ministerpräsidenten (Art. 46) sowie der Bestimmung der Zahl und der Abgrenzung der Geschäftsbereiche (Art. 49) zustimmen. Nach Art. 44 III muss der Ministerpräsident zurücktreten[37], wenn die politischen Verhältnisse ein vertrauensvolles Zusammenarbeiten mit dem Landtag unmöglich machen. Des Weiteren unterliegt die vollziehende Gewalt der parlamentarischen Kontrolle durch den Landtag[38]: Art. 24, 25, 47 II, 51 I, II 2, 55, 59. Staatsregierung und Exekutive handeln grundsätzlich nicht „aus eigenem Recht", sondern nach Maßgabe der vom Landtag beschlossenen Gesetze (Grundsatz vom Vorrang und Vorbehalt des Gesetzes[39]) und im Rahmen des vom Landtag durch formelles Gesetz festgestellten Staatshaushaltes (Art. 70 II).[40] Allerdings darf sich die parlamentarische Kontrolle nicht auf den **Kernbereich der Exekutive** erstrecken, wozu insbesondere die Willensbildung der Regierung selbst gehört.[41]

15   b) **Gewaltenverschränkungen** sind etwa gegeben, wenn Personen oder Organe einer Gewalt auch einer anderen angehören, also der Grundsatz der personellen Gewaltentrennung durchbrochen ist (Rn. 11). Des Weiteren zu nennen ist die Überprüfbarkeit und Nichtigerklärung bzw. Aufhebbarkeit von Parlamentsgesetzen und Exekutivakten durch die Rechtsprechung (Art. 65, 92, 98 S. 4, 120; 93 i.V. m. §§ 40 ff., 47 VwGO). Die Legislative wird durch Einräumung gerichtlich nicht überprüfbarer Einschätzungsprärogativen[42] „ge-

---

[36] VerfGH 43, 107 (116): Entscheidung der Berufsrichterbank über Normenkontrollen als Ausfluss des Gewaltenteilungsprinzips.

[37] Dies hat den Rücktritt der gesamten Staatsregierung zur Folge: Art. 44 III 3; s. auch die Erl. zu Art. 44.

[38] BVerfGE 49, 70 (85); VerfGH 38, 165 (176); 54, 62 (74).

[39] BVerfGE 20, 150 (157).

[40] Zur „Verzahnung" der Gewalten im Rahmen des Staatshaushaltsrechts (Art. 78 III, IV; Art. 81 S. 1; Art. 82 S. 2) s. VerfGH 18, 85 (96); 24, 181 (195); 37, 59 (68).

[41] BVerfGE 67, 100 (139); VerfGH 38, 165 (176). Untersuchungsausschüsse dürfen sich zudem nur mit abgeschlossenen Verwaltungsvorgängen befassen; vgl. dazu auch die Erläuterungen zu Art. 25.

[42] Der VerfGH spricht von „Gestaltungsspielraum", den ein Normgeber bei der Beurteilung und Regelung eines Sachgebietes haben müsse, weshalb der einzelne Bürger nach bayerischem Verfassungsrecht grundsätzlich keinen verfassungsgerichtlich verfolgbaren Anspruch auf ein bestimmtes Handeln des Gesetzgebers oder eines anderen Normgebers habe; VerfGH 48, 55 (57). Etwas anderes gelte nur dann, wenn sich der Einzelne auf einen ausdrücklichen Auftrag der Verfassung berufen oder

schützt", die Exekutive – wegen Art. 19 IV GG lediglich partiell – durch gerichtlich nur beschränkt überprüfbare Wertungsentscheidungen.[43]

c) In der Staatspraxis bedeutsam sind **Funktionsverschiebungen,** die dadurch geprägt   16
sind, dass eine Gewalt der Sache nach eine Funktion erfüllt, die im Grundsatz einer anderen Gewalt zugeordnet ist.

(1) Zu nennen ist zum einen die **exekutivische Rechtsetzung.** Zwar ist das Recht   17
der Gesetzgebung nach Art. 5 I dem Landtag und dem Volk zugeordnet und kann auch nicht übertragen werden (Art. 70 III), Art. 55 Nr. 2 S. 3 lässt jedoch ausdrücklich exekutivisches Verordnungsrecht auf Grund besonderer gesetzlicher Ermächtigung zu. Das Gewaltenteilungsprinzip entfaltet allerdings insoweit seine Prägewirkung, als sich der Verordnungsgeber[44] im Rahmen einer nach Inhalt, Zweck und Ausmaß hinreichend bestimmten gesetzlichen Verordnungsermächtigung halten muss.[45]

(2) Praktisch wichtig ist zudem das Phänomen richterlicher **Rechtsfortbildung:** Ge-   18
setze, Verordnungen und Satzungen können auf Grund ihres abstrakt-generellen Charakters nicht allein im Wege der Subsumtionstechnik angewandt werden. Insbesondere Generalklauseln, Wertungs- und Regelungslücken machen eine Rechtsfortentwicklung durch die Gerichte unausweichlich und daher verfassungsrechtlich hinnehmbar.[46] In der konkreten Falllösung durch das Gericht fließen unausweichlich Gesetz, Subsumtion im Sinne eines Hin-und-Her-Wanderns des Blickes zwischen Fall und Gesetz und fallbezogene Rechtsnormbildung durch den Richter zusammen.[47] Diese Durchbrechung des Gewaltenteilungsprinzips ist angesichts der Unabhängigkeit der Judikative die prekärste, da insoweit immer die Gefahr einer Ablösung des demokratisch legitimierten Rechts durch eine unkontrollierbare Richter"demokratie" droht. Deswegen dürfte es im Sinne des Demokratieprinzips wie des Gewaltenteilungsprinzips notwendig sein, die juristische Methodenlehre – entgegen der h.M. und der Rechtsprechung – auf eine primär am **subjektiven Willen** des Normgebers orientierte Auslegung umzustellen, um der Gefahr richterlicher Willkür mindestens die Spitze zu nehmen.[48]

---

ein gleichheitswidriges Unterlassen geltend machen könne, VerfGH 51, 155 (159); 48, 55 (57); 46, 104 (108); 45, 143 (147); 42, 188 (194). Zur Problematik der verwaltungsprozessualen Normerlassklage s. *Ziekow,* in: Sodan/Ziekow VwGO, 2. Aufl. 2006, § 42 Rn. 46 ff.

[43] Vgl. für das Prüfungsrecht BVerfGE 84, 34 und 59; vgl. zum Ganzen auch *Wolff,* in: Sodan/Ziekow (Fn. 42), § 114.

[44] Zum kommunalen Satzungsrecht s. Rn. 89 zu Art. 55.

[45] Vgl. 36 f. zu Art. 55 sowie VerfGH 28, 24 (33); 37, 59 (68); 44, 41 (51); 48, 87 (95); 50, 129 (141); 56, 75 (88); die Begründung aus dem Gewaltenteilungsprinzip tritt neben die aus dem Rechtsstaatsprinzip und die aus dem in Art. 70 III enthaltenen Übertragungsverbot; vgl. auch Art. 9 II 2 und dazu VerfGH 24, 181 (195). Nach VerfGH 35, 56 (64) darf sich der Gesetzgeber seiner Rechtsetzungsbefugnis nicht vollständig entäußern.

[46] VerfGH 18, 43 (49); 20, 36 (44); 24, 57 (68); BVerfGE 71, 354 (363); 96, 375 (394); 102, 347 (361).

[47] Zur hermeneutischen Dimension juristischer Methodik *Kaufmann,* Rechtsphilosophie, 2. Aufl. 1997, S. 83 ff.

[48] Im Hinblick auf die Grundrechtsinterpretation *Lindner,* Theorie der Grundrechtsdogmatik, 2005, S. 128 ff.; zum objektivierten Willen des Gesetzgebers s. VerfGH 7, 69 (79); zur „authentischen" Interpretation eines formellen Gesetzes s. VerfGH 5, 41 (52); VerfGH 3, 15 (24): *„Die Absicht des Gesetzgebers, die in Vorarbeiten zu einem Gesetz zum Ausdruck gekommen ist, kann als Behelf zur Auslegung des Gesetzes verwertet werden. Sie ist jedoch belanglos, wenn sie nicht aus dem Gesetz selbst entnommen werden kann oder wenn das Gesetz jener Absicht widerspricht."* Vgl. auch VerfGH 60, 101 (109).

Art. 6 [Staatsangehörigkeit]

(1) Die Staatsangehörigkeit wird erworben
1. **durch Geburt;**
2. **durch Legitimation;**
3. **durch Eheschließung;**
4. **durch Einbürgerung.**

(2) Die Staatsangehörigkeit kann nicht aberkannt werden.

(3) Das Nähere regelt ein Gesetz über die Staatsangehörigkeit.

Parallelvorschriften im GG und anderen Landesverfassungen: Art. 16, 116 GG; Art. 2 S. 1 BerlVerf; Art. 3 BbgVerf; Art. 73 I HessVerf; Art. 75 II RhPfVerf; Art. 5 SächsVerf.

Rechtsprechung: VerfGH 12, 171; 18, 79; 39, 30; BVerfGE 113, 273.

Literatur: Tschira, Bayerische Landesangehörigkeit? BayVBl. 1955, 261; *Hoffmann,* Die Staatsangehörigkeit in den deutschen Bundesländern, AöR 81 (1956), 300; *Kalkbrenner,* Ein Staat ohne Staatsangehörige, BayVBl. 1976, 714; *Gremer,* Die bayerische Staatsangehörigkeit, BayVBl. 1981, 527; *Bornemann,* Die Bayerische Staatsangehörigkeit, BayVBl. 1982, 590; *Huber/Butzke,* Das neue Staatsangehörigkeitsrecht und sein verfassungsrechtliches Fundament, NJW 1999, 2769; *Hailbronner/Renner,* Staatsangehörigkeitsrecht, 4. Aufl. 2005.

I. Allgemeines

1. Bedeutung

1   Art. 6 vervollständigt die staatskonstituierenden Normen der Verfassung (Art. 2, 4: Staatsgewalt; Art. 9: Staatsgebiet) durch die Einführung einer **bayerischen Staatsangehörigkeit,** die neben die deutsche Staatsangehörigkeit treten sollte (Art. 8). Unter „Staatsangehörigkeit" versteht man ein **spezifisches staatsrechtliches Rechtsverhältnis zwischen Staat und Einzelnem,** das die rechtlichen Voraussetzungen für den **gleichen staatsbürgerlichen Status** formuliert. Dieser begründet einerseits **gleiche Pflichten,** vor allem aber **gleiche „Rechte,** durch deren Gewährleistung die Staatsgewalt in der Demokratie legitimiert wird".[1] Art. 6 ist in der Staatspraxis allerdings **obsolet,** da das zum Vollzug eines speziellen bayerischen Staatsangehörigkeitsrechts notwendige **Gesetz nach Art. 6 III bislang nicht erlassen** worden ist und wohl auch nicht mehr erlassen wird. Selbst wenn es erlassen würde – wozu eine verfassungsrechtliche Pflicht besteht –, wäre die praktische Bedeutung ungeachtet der Symbolwirkung zu Gunsten bayerischer Staatlichkeit gering, da die bayerische Staatsangehörigkeit nur Deutschen im Sinne des Grundgesetzes verliehen werden dürfte.[2] Umgekehrt dürfen Deutsche ohne bayerische Staatsangehörigkeit nicht von Rechten und Pflichten ausgenommen werden, die an die bayerische Staatsangehörigkeit anknüpfen (Art. 8).

2. Entstehung

2   Eine Frühform der bayerischen Staatsangehörigkeit war mit dem Indigenat nach Titel IV §§ 1 ff. der Verfassungs-Urkunde des Königreichs Baiern vom 26. Mai 1818 verbunden.[3] Nach dem Verlust der souveränen Eigenstaatlichkeit Bayerns 1871 sah das Reichs- und Staatsangehörigkeitsgesetz vom 22. 7. 1913[4] in § 3 die „Staatsangehörigkeit in einem Bundesstaat" und damit auch die bayerische Staatsangehörigkeit (nach Reichsrecht) vor.[5] Die Verfassungsurkunde von 1919 enthielt nähere Vorschriften über die Staatsangehörigkeit in

---

[1] BVerfGE 113, 273.
[2] VerfGH 39, 30 (Ls. 3; 34 f.).
[3] GBl. S. 101.
[4] RGBl. S. 583.
[5] Damit war gleichzeitig die deutsche Staatsangehörigkeit neben der – ausnahmsweisen – unmittelbaren Reichsangehörigkeit verbunden (§ 1 RuStAG 1913).

§§ 6 ff. Mit dem sog. „Gesetz über den Neuaufbau des Reiches vom 30. 1. 1934"[6] verlor Bayern seinen Staatscharakter und wurde zu einer „Gebietskörperschaft höherer Art" degradiert.[7] Eine bayerische Staatsangehörigkeit existierte 1946 mithin nicht mehr[8] und konnte erst durch die Verfassung neu begründet werden[9]; davon gingen auch Art. 6 VE und Art. 6, 7 E aus. Zu einer konkreten Neubegründung kam es indes nicht: weder existiert ein Gesetz nach Art. 6 III noch begründet Art. 6 I die bayerische Staatsangehörigkeit unmittelbar.[10] Daher **läuft Art. 6** derzeit immer noch **leer**, obwohl nach Auffassung des VerfGH durch Art. 6 die bayerische Staatsangehörigkeit als **Institution wieder eingeführt** worden ist.[11]

3. Verhältnis zum Grundgesetz

Art. 6 ist durch das Hinzutreten des GG **Landesrecht geblieben** und als solcher nicht **3** gegenstandslos geworden.[12] Art. 74 I Nr. 8 GG früherer Fassung ordnete die „Staatsangehörigkeit" in den Ländern der konkurrierenden Gesetzgebung zu. Nach dessen Aufhebung[13] weist Art. 73 I Nr. 2 GG die Regelung der „Staatsangehörigkeit im Bunde", also der deutschen Staatsangehörigkeit, dem Bund zu, ohne dass damit eine Landesstaatsangehörigkeit ausgeschlossen wäre. Diese zu regeln, fällt in die alleinige Gesetzgebungskompetenz der Länder.[14] Dabei ist nach allgemeiner Meinung die **Kongruenz zwischen der deutschen und der Landes-Staatsangehörigkeit** zu wahren: Nur wer die deutsche Staatsangehörigkeit besitzt, kann auch die Landesstaatsangehörigkeit erhalten.[15]

II. Einzelkommentierung

1. Bayerische Staatsangehörigkeit de constitutione?

Art. 6 I formuliert die Voraussetzungen für den **Erwerb** der **Staatsangehörigkeit**, ver- **4** leiht diese aber nicht selbst, also **nicht verfassungsunmittelbar**.[16] Die genannten Er-

---

[6] RGBl. I S. 75; vgl. auch § 1 I der VO über die deutsche Staatsangehörigkeit vom 5. 2. 1934 (RGBl. I S. 85): „Die Staatsangehörigkeit in den deutschen Ländern fällt fort."

[7] VerfGH 9, 57 (78); 12, 171 (174). Nicht verloren ging die Rechtspersönlichkeit der Länder: VerfGH 9, 57 (78).

[8] Es sei denn man würde – entgegen der h.M. und VerfGH 12 171 (174) – der „Regelung" aus dem Jahr 1934 die Rechtswirksamkeit absprechen.

[9] VGH, BayVBl. 1959, S. 59.

[10] VerfGH 12, 171 (176); 39, 30 (34).

[11] VerfGH 39, 30 (34).

[12] VerfGH 12, 171 (174).

[13] Durch das Gesetz zur Änderung des GG vom 27. 10. 1994 (BGBl. I S. 3146).

[14] *Jarass/Pieroth,* Art. 73 Rn. 7.

[15] VerfGH 39, 30 (34 f.) m. w. N. Es widerspräche dem Wesen des im GG verankerten und ausgestalteten Bundesstaats, wenn es in den einzelnen Ländern Staatsbürger mit unterschiedlicher Rechtsstellung in Bezug auf den Bundesstaat einerseits und auf das betreffende Land andererseits gäbe. *Zwingend* ist eine solche Argumentation indes nicht: Der Freistaat Bayern könnte verfassungstheoretisch ohne bundesstaatliche Brüche eine von den Voraussetzungen für die deutsche Staatsangehörigkeit abweichende bayerische Staatsangehörigkeit einführen, solange und soweit er dadurch die deutsche Staatsangehörigkeit selbst nicht in Frage stellt. Ähnlich konstruiert man heute das Verhältnis von Bundes- und Landesgrundrechten (zu Art. 142 GG s. unten Rn. 109 ff. vor Art. 98). So könnte eine Person, die nicht die deutsche Staatsangehörigkeit besitzt, sehr wohl die bayerische erhalten, womit die Wahrnehmung der in der Bayerischen Verfassung vorgesehenen Rechte und Pflichten, *nicht* indes des GG, verbunden wäre. Umgekehrt müsste auch nicht jeder in Bayern wohnende Bürger, der die deutsche Staatsangehörigkeit besitzt, die bayerische erhalten; die deutsche Staatsangehörigkeit bliebe unberührt; und vor Diskriminierungen in Bayern schützt Art. 8. Hinzuweisen ist freilich darauf, dass das Genehmigungsschreiben von General *Clay* vom 24. 10. 1946 an den Präsidenten der Verfassungsgebenden Landesversammlung einen Vorbehalt dahingehend enthielt, dass es eine Landesstaatsangehörigkeit außerhalb der deutschen Staatsangehörigkeit nicht geben dürfe; vgl. dazu *Hoegner,* BayVBl. 1956, 353.

[16] VerfGH 39, 30 (34).

werbsgründe setzen eine Person, die ihrerseits die bayerische Staatsangehörigkeit besitzt, bzw. einen staatlichen Akt (Einbürgerung) voraus. Dafür ist eine gesetzliche Regelung nach Art. 6 III notwendig, die bislang nicht existiert.[17] Art. 6 II, der als Grundrechtsnorm konzipiert ist, ist damit derzeit ebenfalls obsolet.[18]

2. Pflicht zum Erlass des Gesetzes nach Art. 6 III

5   Nach einer in der Literatur vertretenen Ansicht **verpflichtet** Art. 6 III den **Gesetzgeber nicht** zum Erlass eines Staatsangehörigkeitsgesetzes.[19] Unabhängig von der Frage der praktischen Relevanz[20] sprechen die besseren Argumente für die **gegenteilige Ansicht**[21]: (1) Art. 6 III ist als Gesetzgebungsauftrag formuliert, und die gleiche Formulierung wird in anderen Verfassungsbestimmungen eben so verstanden.[22] (2) Andere Vorschriften setzen durch das Tatbestandsmerkmal „Staatsangehöriger", „Staatsbürger" oder gar „Bayer" (Art. 7 I, 8, 44 II, 94 II 1, 116) die Vollziehbarkeit des Art. 6 voraus.[23] (3) Die Verfassung begreift und konstituiert den Freistaat Bayern als − wenn auch von anderen Rechtsordnungen überlagerten − Staat mit dem Anspruch der Beibehaltung der Staatlichkeit auch in einem bundesdeutschen oder europäischen Bundesstaat (Art. 3 a, 178 S. 2). Staatstheoretisches und auch verfassungspsychologisch wichtiges Element und **Symbol**[24] der Staatlichkeit ist die Existenz von Staatsbürgern im Sinne von Staatsangehörigen.[25]

6   Auch wenn nach hier vertretener Auffassung eine Pflicht zum Erlass eines bayerischen Staatsangehörigkeitsgesetzes besteht, korrespondiert diese nicht mit einem subjektiven Recht des Einzelnen auf Erlass eines solchen Gesetzes.[26]

Art. 7 [Staatsbürger; Rechte des Staatsbürgers]

(1) Staatsbürger ist ohne Unterschied der Geburt, der Rasse, des Geschlechts, des Glaubens und des Berufs jeder Staatsangehörige, der das 18. Lebensjahr vollendet hat.
(2) Der Staatsbürger übt seine Rechte aus durch Teilnahme an Wahlen, Bürgerbegehren und Bürgerentscheiden sowie Volksbegehren und Volksentscheiden.
(3) Die Ausübung dieser Rechte kann von der Dauer eines Aufenthalts bis zu einem Jahr abhängig gemacht werden.

Parallelvorschriften im GG und anderen Landesverfassungen: Art. 33 I-III GG; Art. 26 I BaWüVerf; Art. 2 I 2 BerlVerf; Art. 3 BbgVerf; Art. 73 f. HessVerf; Art. 8 II NdsVerf; Art. 31 II NRWVerf; Art. 76 RhPfVerf; Art. 64 SaarlVerf; Art. 4 SächsVerf; Art. 42 VerfLSA; Art. 46 ThürVerf.

---

[17] Zu den Versuchen zur Umsetzung des Auftrages und den Gründen für ihr Scheitern s. *Gremer,* BayVBl. 1981, 527.

[18] *Meder,* Art. 6 Rn. 2; VerfGH 12, 171 (176).

[19] *Meder,* Art. 6 Rn. 3; offen gelassen in VerfGH 12, 171 (176); 18, 79 (82); 39, 30 (34); VerfGH 1, 26 (Ls. 4) scheint von einer entsprechenden Pflicht des Gesetzgebers auszugehen.

[20] Schon gar kein Argument ist es, dass auch andere Länder Deutschlands kein eigenes Staatsangehörigkeitsrecht kennen; das GG lässt eine eigene Landes-Staatsangehörigkeit zu.

[21] So auch *Schweiger,* in: Nawiasky/Schweiger/Knöpfle, Art. 6 Rn. 10; *Kalkbrenner,* DÖV 1963, 41 (43); BayVBl. 1971, 106 f. und 1976, 714 (718).

[22] Vgl. z. B. Art. 12 III 2; 58; 69; 80 III; VerfGH 18, 79 (82) m. w. N. aus der Literatur.

[23] Man behilft sich damit, die Staatsangehörigkeit als *deutsche* Staatsangehörigkeit zu verstehen, verbunden mit einem territorialen Anknüpfungspunkt in Bayern (insbes. Wohnsitz); vgl. *Meder,* Art. 7 Rn. 1, Art. 8 Rn. 1.

[24] Solche Gesichtspunkte im Sinne einer verfassungsrechtlichen Integrationslehre (*Smend*) widersprechen freilich der herrschenden eher funktional-technokratischen Staatspraxis, der nicht nur der Senat, sondern − in noch drastischerer Weise − das Bayerische Oberste Landesgericht die Abschaffung zu verdanken haben.

[25] *Bornemann,* BayVBl. 1982, 590: „Ein Staat ist ohne Staatsangehörige nicht denkbar." *Meder,* Art. 6 Rn. 3: „ideelle Gründe".

[26] VerfGH 12, 171 (Ls. 2); 18, 79 (82).

Rechtsprechung: VerfGH 28, 222; 44, 23; 50, 181; 53, 23; 53, 81; 58, 253; 60, 131.

Literatur: s. zu Art. 2 und Art. 6.

I. Allgemeines

1. Bedeutung

Art. 7 **konkretisiert** das in Art. 2, 4 konstituierte, organisatorisch „aufgegliederte" und nach Maßgabe des Art. 5 gewaltengeteilte **Demokratieprinzip** im Hinblick auf die Ausübbarkeit staatsbürgerlicher Rechte („status activus"), insbesondere der Wahl- und sonstigen demokratischen **Beteiligungs- und Mitwirkungsrechte.** Der Begriff „Staatsbürger" wird in historischer Erfahrung von sachwidrigen Diskriminierungen (Geburt, Rasse, Geschlecht, Glaube, Beruf) befreit. Die Gesamtheit der Staatsbürger als Träger der staatsbürgerlichen Rechte und Pflichten ist identisch mit der Gesamtheit der Staatsangehörigen, die das 18. Lebensjahr vollendet haben, vorbehaltlich der Möglichkeit der Jahresfrist in Art. 7 III. Anders als Art. 7 I[1] verbürgt Art. 7 II das **Grundrecht des Staatsbürgers auf Teilhabe an der Staatsgewalt** nach den dort genannten Modalitäten. Unabhängig von seiner grundsätzlichen Bedeutung ist die praktische Relevanz des Art. 7 eher gering, da sich die Teilnahme an den demokratischen Mitwirkungsformen nach den jeweils speziellen Vorschriften richtet (z. B. Art. 14, 12 III, 74, 75 i.V. m. konkretisierendem einfachen Recht: LWG, GLKrWG, Art. 18 a, b GO, Art. 12 a, b LKrO). Das Grundrecht auf Teilhabe an der Staatsgewalt kann nur im Rahmen der durch die Verfassung vorgeschriebenen Wahlrechtsgrundsätze wahrgenommen werden.[2]

1

2. Entstehung

Die Vorschrift findet in §§ 6 bis 9 VU 1919 Vorläufer, war bereits in Art. 7 E vorgesehen und hat seit 1946 zwei **Veränderungen** erfahren: (1) Durch das „Zweite Gesetz zur Änderung der Verfassung des Freistaates Bayern" vom 15. Juni 1970[3] wurde das aktive Wahlalter von 21 Jahren auf 18 Jahre herabgesetzt (Art. 7 I BV), das passive vom 25. auf das 21. Lebensjahr gesenkt (Art. 14 II BV). (2) Art. 7 II wurde durch das auf ein Volksbegehren zurückgehende „Gesetz zur Einführung des kommunalen Bürgerentscheids" vom 27. Oktober 1995[4] geändert.

2

3. Verhältnis zum Grundgesetz

Die **Geltung** des Art. 7 wird durch das Grundgesetz nicht angetastet, insbesondere verstößt III nicht gegen Art. 33 I GG. Ein bestimmter zeitlicher **Aufenthalt** in einem Land als Voraussetzung für die Wahrnehmung der staatsbürgerlichen Rechte lässt sich im Hinblick auf Art. 33 I dadurch rechtfertigen, dass erst eine gewisse Nähe zu den politischen Problemen eines Landes die sinnvolle Ausübung des Wahlrechts erlaubt.[5] Dass im GG plebiszitäre Entscheidungsstrukturen nur sehr schwach ausgeprägt sind, steht den weitergehenden Möglichkeiten in einer Landesverfassung nicht entgegen (kein Verstoß gegen die Harmonisierungsklausel des Art. 28 I 1 GG).[6]

3

---

[1] VerfGH 12, 171 (Ls. 2, 177).

[2] VerfGH 27, 139 (142); 28, 222 (242); 44, 23 (25); 49, 23 (30); 60, 131 (140). Deswegen ist eine Regelung, die nicht gegen die Wahlrechtsgrundsätze des Art. 14 I 1 (ggf. i.V. m. Art. 12 I) verstößt, auch mit Art. 7 II vereinbar; VerfGH 49, 23 (30). Zum Verhältnis von Art. 7 II zu Art. 81 LWG s. VerfGH 50, 181 (196 f.). Auf Art. 7 II „i.V. m." Art. 14 I 1, 12 I, 118 I abstellend VerfGH 55, 85 (89).

[3] GVBl S. 239.

[4] GVBl S. 730. Bei diesem Volksentscheid setzte sich der Entwurf des Volksbegehrens gegen einen Entwurf des Bayerischen Landtages durch. Neben Art. 7 II wurde Art. 12 III ergänzt.

[5] *Jarass/Pieroth,* Art. 33 Rn. 6; VerfGH 19, 105 (111); 20, 58 (60) zur Vereinbarkeit entsprechender Fristen im GLKrWG mit der Verfassung.

[6] BVerfGE 60, 175 (208).

II. Einzelkommentierung

1. Der Begriff „Staatsbürger"

4   Die Staatsbürgerschaft knüpft an die Staatsangehörigkeit an, Staatsbürger kann nur sein, wer Staatsangehöriger ist. Da es mangels des Vollzugsgesetzes nach Art. 6 III eine bayerische Staatsangehörigkeit nicht gibt[7], ist auf die **deutsche Staatsangehörigkeit** zurückzugreifen.[8] Staatsbürger ist mithin jeder, der die deutsche Staatsangehörigkeit nach Art. 16, 116 GG besitzt. I enthält zugleich ein **absolutes Differenzierungsgebot** (a) sowie **absolute Differenzierungsverbote** (b):

5   a) Deutsche Staatsangehörige, die das 18. Lebensjahr[9] nicht vollendet haben, sind nicht Staatsbürger im Sinne des Art. 7. Damit sind sie freilich *nicht* von anderen Rechten, zumal den *Grundrechten,* ausgeschlossen. Weitere Ausschlusstatbestände enthält I nicht. Einfachrechtliche Ausschlusstatbestände (Art. 2 LWG, Art. 2 GLKrWG) knüpfen nicht an ein Fehlen der Staatsbürgerschaft an, sondern stellen Einschränkungen des Grundrechts aus Art. 7 II dar und sind nur ganz ausnahmsweise zulässig (Rn. 9). Art. 7 III regelt eine verfassungsunmittelbare Möglichkeit des Ausschlusses von den in II genannten Rechten.

6   b) Geburt, Rasse, Geschlecht, Glauben und Beruf stellen absolute Differenzierungsverbote dar, I ist insofern ein im Verhältnis zu Art. 118 I **spezieller Gleichheitssatz** (Rn. 3 zu Art. 118). Die Aufzählung der Differenzierungsverbote dürfte als nicht abschließend anzusehen sein; hinzuzuzählen sind auch: politische Überzeugungen, die geschlechtliche Orientierung, Zugehörigkeit zu einer ethnischen Minderheit etc.

2. Staatsbürgerliche Rechte

7   Jedem Staatsbürger im Sinne von I steht das **gleiche**[10] **Grundrecht**[11] auf staatsbürgerliche Teilhabe durch Teilnahme an Wahlen (Art. 14 i.V. m. Art. 1 ff. LWG), Bürgerbegehren und Bürgerentscheiden (Art. 12 Abs. 3 i.V. m. Art. 18 a, b GO und 12 a, b LKrO) sowie Volksbegehren und Volksentscheiden (Art. 74, 75 II 2 i.V. m. Art. 62 ff. LWG) zu. Das **Teilhaberecht** stellt „auf die Gesamtheit der Bürger, nicht aber auf Minderheiten, kleine Gruppen oder Einzelpersonen ab", weshalb eine Legitimation nur dann als demokratisch anzusehen ist, wenn sie auf die Gesamtheit der Bürger zurückgeht.[12] Art. 7 II steht in seinem tatbestandlichen Anwendungsbereich hinter den **speziellen staatsbürgerlichen Grundrechten,** insbes. Art. 14, zurück. Seine Bedeutung in der Staatspraxis, insbes. in der Rechtsprechung des VerfGH, ist daher eher gering. **Unmittelbar** aus Art. 7 II i.V. m. Art. 2 I hat der VerfGH ein **Koppelungsverbot** für sachlich nicht zusammenhängende Regelungsmaterien in einem Volksbegehren abgeleitet[13]: Dem Staatsbürger werde durch Art. 7 II ein „echtes Mitwirkungsrecht am Legislativakt" gegeben.[14]

---

[7] Vgl. die Erläuterungen zu Art. 6.

[8] *Meder,* Art. 7 Rn. 1. Davon gehen auch die einfachrechtlichen Vorschriften aus: vgl. Art. 1 I LWG; Art. 1 I Nr. 1, II GLKrWG, wo wegen Art. 28 I 3 GG die Unionsbürger mit einbezogen sind; Art. 15 II GO; VerfGH, Entsch. vom 19. 7. 2007, Vf. 6 –V–06; VerfGH 39, 30 (34 ff.).

[9] Im Hinblick auf die Bedeutung der staatsbürgerlichen Rechte und der für deren Ausübung notwendigen geistigen Reife dürfte die Altersgrenze von 18 – bei aller Problematik der Pauschalierung – angemessen sein und kein „verfassungswidriges Verfassungsrecht" darstellen. Eine Absenkung auf 16 Jahre dürfte vertretbar, wenn auch verfassungsrechtlich nicht geboten sein (BVerfG, NVwZ 2002, 69); zur Problematik eines Familienwahlrechts und seiner Vereinbarkeit mit dem Grundsatz der Wahlgleichheit s. *Jarass/Pieroth,* Art. 38 Rn. 18 m. w. N.

[10] VerfGH 55, 85 (89).

[11] VerfGH 27, 139 (142); 28, 222 (229); 39, 30 (33); 44, 23 (25); 50, 181 (196, 198); 60, 131 (140).

[12] VerfGH 53, 81 (99); BVerfGE 93, 37 (67).

[13] Im Rahmen des Art. 75 II lehnt der VerfGH ein Koppelungsverbot für den Landtagsbeschluss nach Art. 75 II 1 hingegen ab: VerfGH 27, 153 (161); 53, 23 (32); 58, 253 (263); krit. dazu *Lindner,* BayVBl. 1999, 485; vgl. auch Rn. 9 zu Art. 2.

[14] VerfGH 53, 23 (29).

Echte Mitwirkung am Volksbegehren und am Volksentscheid setze voraus, dass der Bürger bei den Einzelakten des Gesetzgebungsvorgangs seinen Willen unverkürzt und unverfälscht zum Ausdruck bringen könne[15], was eine Koppelung ausschließe. Zudem fordere Art. 7 II, dass der Bürger im Rahmen der plebiszitären Gesetzgebung aus einem Gesetzentwurf und dessen Begründung die Abstimmungsfrage sowie deren Bedeutung und Tragweite entnehmen könne.[16] Die Möglichkeit der freien Sammlung von Unterschriften bei Bürger- und Volksbegehren eröffnet nach Ansicht des VerfGH eine Gefahrenquelle für das Grundrecht aus Art. 7 II, da Beeinflussungsmöglichkeiten geschaffen werden.[17]

3. Der Ausschluss von den staatsbürgerlichen Rechten

III ermächtigt den Gesetzgeber, die Ausübung der in II genannten Rechte von der 8 Dauer eines **Aufenthaltes** im Gebiet des Freistaates Bayern von bis zu einem Jahr abhängig zu machen.[18] Der Gesetzgeber ist zum Erlass einer solchen Regelung zwar nicht verpflichtet, er hat jedoch in den einschlägigen Regelungskomplexen davon im Umfang von **drei Monaten** Gebrauch gemacht (vgl. Art. 1 I Nr. 2 LWG; Art. 1 I Nr. 3 GLKrWG).

Von der verfassungsunmittelbar eingeräumten Ausschlussmöglichkeit sind die **Aus-** 9 **schlusstatbestände** zu unterscheiden, die der Gesetzgeber darüber hinaus ohne unmittelbare Stütze in der Verfassung formuliert. Dabei handelt es sich um **Eingriffe** in das Grundrecht aus Art. 7 II, die der verfassungsrechtlichen **Rechtfertigung** bedürfen. Dafür sind nur solche Gründe tragfähig, die selbst verfassungsrechtliches Gewicht haben. Die Ausschlussgründe der Betreuung und der Unterbringung in einem psychiatrischen Krankenhaus (vgl. Art. 2 Nrn. 2 und 3 LWG) dürften zwar im Grundsatz im Hinblick auf den Aspekt der Wahlfähigkeit gerechtfertigt sein, jedoch wird man eine Einzelfallprüfung verfassungsrechtlich fordern müssen. Problematisch ist dagegen der Ausschluss von den staatsbürgerlichen Rechten bei Personen, die „infolge Richterspruchs" (Art. 2 Nr. 1 LWG i. V. m. § 45 V StGB) das Stimmrecht nicht besitzen. Rechtfertigen lässt sich ein solcher Ausschluss allenfalls, wenn die Straftat eine Ablehnung der freiheitlich-demokratischen Grundordnung erkennen lässt. Ansonsten kann der Bürger durch die Begehung einer selbst schwereren Straftat seinen Status als Staatsbürger und die damit verbundenen Teilhaberechte nicht verlieren. Aus Art. 7 Abs. 2 ergibt sich kein Anspruch auf Eröffnung neuer Informationsquellen (VerfGH 60, 131 [148]).

Art. 8 [Staatsbürgerliche Gleichstellung aller Deutschen]

Alle deutschen Staatsangehörigen, die in Bayern ihren Wohnsitz haben, besitzen die gleichen Rechte und haben die gleichen Pflichten wie die bayerischen Staatsangehörigen.

Parallelvorschriften im GG und anderen Landesverfassungen: Art. 33 I GG; Art. 26 I, VII BaWüVerf; Art. 3 II BbgVerf; Art. 8 I LSAVerf.

Rechtsprechung: VerfGH 1, 26; 2, 127; 24, 1; BVerfGE 33, 303.

Literatur: Pfütze, Die Verfassungsmäßigkeit von Landeskinderklauseln, 1998; *Boysen,* Gleichheit im Bundesstaat, 2005.

---

[15] VerfGH 50, 181 (198); 52, 104 (141); 53, 23 (29); 60, 131 (148).

[16] VerfGH 58, 253 (262).

[17] VerfGH 53, 42 (71): Der Bürger müsse die Möglichkeit haben, ohne Zwang, Druck oder sonstige unzulässige Beeinflussung über eine Unterstützung eines Volksbegehrens zu entscheiden. Für Bürgerbegehren auf kommunaler Ebene hat der VerfGH indes eine freie Sammlung von Unterschriften noch für vertretbar gehalten: VerfGH 50, 181 (211).

[18] Zur Zulässigkeit im Hinblick auf Art. 33 I s. Rn. 3; VerfGH 20, 58 (59).

I. Allgemeines

1. Bedeutung

1   Art. 8 normiert in weitgehender Übereinstimmung mit Art. 33 I GG den **Grundsatz der gleichen Rechtsstellung** aller deutschen und bayerischen Staatsangehörigen. Da es mangels eines Vollzugsgesetzes nach Art. 6 III keine bayerische, sondern nur eine deutsche Staatsangehörigkeit gibt, ist Art. 8 dahingehend auszulegen, dass „alle deutschen Staatsangehörigen, die in Bayern ihren Wohnsitz haben, die gleichen Rechte und Pflichten haben".[1] Art. 8 formuliert einen im Verhältnis zu Art. 118 I **speziellen Gleichbehandlungsgrundsatz**[2] in der Modalität eines **absoluten Differenzierungsverbotes.** Die „Zugehörigkeit"[3] zu einem anderen Land, vermittelt etwa durch Geburt, Herkunft, langjährigen Wohnsitz oder sonstige staatsangehörigkeitsähnliche Anknüpfungspunkte, darf grundsätzlich kein Differenzierungskriterium im Rahmen der Zuerkennung von Rechten und der Auferlegung von Pflichten sein. Allerdings gilt dies nur für solche deutschen Staatsangehörigen[4], die in Bayern ihren Wohnsitz haben. Sachverhalte unterschiedlicher Behandlung von deutschen Staatsangehörigen, die in Bayern ihren Wohnsitz haben, und solchen, bei denen das nicht der Fall ist, fallen *nicht* in den Anwendungsbereich des Art. 8 – sie werden von Art. 118 I sowie von Art. 33 I GG erfasst. Art. 8 verbürgt als spezieller Gleichheitssatz – ebenso wie Art. 33 I GG – ein **Grundrecht.**[5] Die **Bedeutung** in der **Staatspraxis** ist allerdings durchaus **gering,** Entscheidungen des VerfGH zu Art. 8 sind ebenso wie solche des BVerfG zu Art. 33 I GG selten.

2. Entstehung

2   Art. 110 II WRV sah in Fortentwicklung von Art. 3 der Verfassung von 1871 („gemeinsames Indigenat"[6]) erstmals das Prinzip staatsbürgerlicher Gleichbehandlung aller Deutschen in jedem Land des Deutschen Reiches vor. Diese Regelung wurde durch Art. 33 I GG fortgeführt. Art. 8, der weder im VE noch im E vorgesehen war und erst im Verfassungsausschuss eingefügt wurde, ergänzt diesen Grundsatz aus landesverfassungsrechtlicher Sicht.

3. Verhältnis zum Grundgesetz

3   Anders als Art. 44 II („Bayer") hat Art. 8 im Verhältnis zum Grundgesetz **Bestand** und ist insbesondere mit **Art. 33 I GG** kompatibel. Beide Vorschriften stimmen in ihrem Grundanliegen überein, allen deutschen Staatsangehörigen jeweils die gleiche Rechtsstellung unabhängig davon einzuräumen, welchem Land sie zugehörig sind oder waren. Allerdings sind beide Vorschriften **nicht deckungsgleich.** Art. 33 I ist einerseits enger, andererseits weiter als Art. 8:

4   a) **Enger** ist Art. 33 I GG vom Wortlaut her insofern, als er sich auf die „gleichen *staatsbürgerlichen* Rechte und Pflichten" bezieht, wohingegen Art. 8 – weiter – die gleichen Rechte und Pflichten betrifft. Allerdings besteht in der Rechtspraxis keine Diskrepanz, da Art. 33 I GG weit ausgelegt wird: Mit staatsbürgerlichen Rechten und Pflichten sind nicht

---

[1] VerfGH 1, 26 (29); 24, 1 (22); Entscheidung vom 19. 7. 2007, Vf. 6–V–06; *Meder,* Art. 8 Rn. 1.

[2] VerfGH 2, 127 (138); Rn. 3 zu Art. 118.

[3] Eine spezifische Staatsangehörigkeit existiert in keinem Land der Bundesrepublik Deutschland. Die „Landeszugehörigkeit" muss daher durch Kriterien umschrieben werden, die gemeinhin auch für die Begründung der Staatsangehörigkeit herangezogen werden, *Jarass/Pieroth,* Art. 33 Rn. 3.

[4] Für Nicht-Deutsche gilt Art. 118 I und Art. 3 I GG. EU-Angehörige („Unionsbürger") fallen nicht in den Anwendungsbereich des Art. 8, es sind jedoch die Grundfreiheiten des EG-Vertrages (Art. 18; 28 ff.; 39 ff.; 43 ff.; 49 ff. EG-Vertrag) sowie das allgemeine Diskriminierungsverbot (Art. 12 EG-Vertrag) zu beachten.

[5] So auch *Meder,* Art. 8 Rn. 2; offen gelassen in VerfGH 2, 127 (139).

[6] Vgl. bereits § 134 der Paulskirchenverfassung, wo das Prinzip der Rechtsgleichheit im Reich angelegt war.

nur politische Mitwirkungsrechte gemeint, erfasst ist vielmehr das „gesamte Rechts-verhältnis des Staatsbürgers zum Staat".[7]

b) **Weiter** ist Art. 33 I zunächst insofern – selbstverständlich –, als er anders als Art. 8 **5** *alle* Länder Deutschlands umfasst, sowie dadurch, dass er nicht auf den Wohnsitz abstellt. Während Art. 8 die Gleichbehandlung nur auf in Bayern ihren Wohnsitz innehabende deutsche Staatsangehörige bezieht, formuliert Art. 33 I das staatsbürgerliche Gleichbe-handlungsgebot anknüpfungsunabhängig. Das bedeutet: Die Ungleichbehandlung einer aus einem anderen Land stammenden Person ohne Wohnsitz in Bayern wird von Art. 8 nicht erfasst (wohl aber von Art. 118 I), fällt indes unter den Anwendungsbereich des Art. 33 I. Diese **Diskrepanz** zwischen Art. 8 und Art. 33 I GG führt allerdings nicht zur (partiellen) Unwirksamkeit des Art. 8, weil dieser die Anwendbarkeit des insoweit weiter-gehenden Art. 33 I GG nicht ausschließt.[8]

II. Einzelkommentierung

1. Anwendungsbereich des Differenzierungsverbotes

Zentraler **Regelungsgehalt** des Art. 8 I ist es, rechtliche und rechtlich bewirkte faktische **6** Differenzierungen zwischen deutschen Staatsangehörigen (nach Maßgabe des Art. 116 GG i.V.m. dem einfachrechtlichen Staatsangehörigkeitsrecht, insbesondere dem StAG) mit Wohnsitz[9] in Bayern *wegen* ihrer anderweitigen Landeszugehörigkeit grundsätzlich auszu-schließen.[10] Art. 8 betrifft daher **nicht alle Differenzierungslagen.** Im Einzelnen sind folgende **Fallgruppen** zu unterscheiden:

a) Differenziert ein Rechtsakt zwischen deutschen Staatsangehörigen mit Wohnsitz in **7** Bayern und ist das maßgebliche Differenzierungskriterium für die Ungleichbehandlung die Zugehörigkeit zu einem anderen Land, ist der Anwendungsbereich des Art. 8 sowie des 33 I GG eröffnet. *Beispiel:* Ausschluss oder Beschränkung von deutschen Staatsangehörigen mit Wohnsitz in Bayern, die aus anderem Land stammen und dort ihre Hochschulzugangsbe-rechtigung erworben haben, beim Hochschulzugang und/oder der Hochschulzulassung.

b) Wie a), aber das Differenzierungskriterium ist nicht die Zugehörigkeit zu einem **8** anderen Land, sondern ein anderes, materielles Kriterium (z. B. Dauer des Aufenthaltes; Belegenheit eines Grundstückes; Qualität eines Bildungsnachweises; Unternehmenssitz[11]). In diesem Fall ist Art. 8 nicht anwendbar, wohl aber Art. 118 I BV oder ein spezielles Frei-heitsrecht, etwa die Berufsfreiheit (Art. 101 BV). *Beispiel:* Nach § 6 der Qualifikationsver-ordnung (QualV)[12] wird die für ein Universitätsstudium notwendige allgemeine Hoch-schulreife auch durch ein in einem anderen Land erworbenes Reifezeugnis nachgewiesen,

---

[7] *Jarass/Pieroth,* Art. 33 Rn. 2 m. w. N.

[8] Offen geblieben in VerfGH 12, 171 (177). Nach der Rechtsprechung des BVerfG zu Art. 142 GG gelten auch im Schutzbereich gegenüber dem GG zurückbleibende Grundrechte der Landesverfassung weiter, wenn sie ihrerseits den weitergehenden Grundrechtsschutz der GG-Grundrechte nicht aus-schließen wollen; vgl. grundlegend BVerfGE 96, 345 (365), *Lindner,* BayVBl. 2004, 641 (644), sowie Rn. 109 ff. vor Art. 98. Dies kann auch für Art. 8 im Verhältnis zu Art. 33 I gelten.

[9] „Wohnsitz" lässt sich als verfassungsrechtlicher Begriff nicht allein nach Maßgabe des einfachen Rechts, etwa des Melderechts (vgl. §§ 11 ff. MRRG; Art. 13 ff. BayMeldeG, wo zwischen „Hauptwoh-nungen" und „Nebenwohnungen" unterschieden wird), sondern nur verfassungsunmittelbar auslegen. Angesichts des Optimierungscharakters des in Art. 8 geregelten Differenzierungsverbotes ist „Wohn-sitz" weit zu verstehen und meint das „Wohnen" (auch in einem Hotel) für eine nicht unerhebliche Zeit des Jahres im Staatsgebiet des Freistaates Bayern. Darunter fällt auch das Innehaben einer Zweitwoh-nung, wenn diese nur zu Urlaubszwecken benutzt wird. Eine Anknüpfung an das Innehaben der Hauptwohnung über einen bestimmten Zeitraum hinweg (vgl. Art. 1 Abs. 1 Nr. 2 LWG) ist durch die spezielle Regelung des Art. 7 III gerechtfertigt.

[10] VerfGH 8, 80 (88).

[11] Fördermaßnahmen zu Gunsten von Unternehmen können vom Unternehmenssitz abhängig gemacht werden, *Battis,* in: Sachs, Art. 33 Rn. 18.

[12] Vom 2. November 2007 (GVBl S. 767, BayRS 2210-1-1-3 UK/WFK).

wenn die Gleichwertigkeit mit dem entsprechenden bayerischen Zeugnis festgestellt wird. Anknüpfungspunkt ist nicht die Zugehörigkeit zu einem anderen Land, sondern die gleichwertige Qualität des Reifezeugnisses.

9   c) Differenziert der Rechtsakt zwischen Personen, die in Bayern ihren Wohnsitz haben, und solchen, bei denen das nicht der Fall ist, ist Art. 8 nicht anwendbar und kann damit auch nicht verletzt sein.[13] Die Rechtfertigung der Differenzierung richtet sich nach Art. 118 I sowie nach Art. 33 I GG und ggf. einschlägigen Freiheitsgrundrechten. Unter diese Fallgruppe fallen regelmäßig die sog. „Landeskinderklauseln" im Bereich der Hochschulzulassung und neuerdings auch der Studiengebühren.[14]

2. Regelungsgehalt des Differenzierungsverbotes

10   Art. 8 normiert ein Differenzierungsverbot im Hinblick auf **anderweit** geregelte Rechte und Pflichten, begründet also selbst keinen Anspruch auf die Einräumung bestimmter Rechtspositionen.[15] Art. 8 verpflichtet den Freistaat Bayern nicht zur Schaffung solcher Rechte und Pflichten, die in einem anderen Land bestehen.[16] Anderes ergibt sich auch nicht aus Art. 33 I GG: Der Landesgesetzgeber ist innerhalb seines Kompetenzbereichs nicht gehindert, von der Gesetzgebung anderer Länder abweichende Regelungen zu treffen[17]; der Gleichbehandlungsgrundsatz findet seine offene Flanke nicht nur auf der Schiene der Zeit, sondern auch in der gegliederten Fläche (Rn. 31 ff. zu Art. 118). Weder Art. 8 noch Art. 33 I GG fordern, dass jeder Deutsche in jedem Land die gleichen Rechte hat; verfassungsrechtliches Postulat ist die Gleichbehandlung *im Rahmen* des Landesrechts.

3. Rechtfertigung von Differenzierungen

11   Liegt eine Differenzierung zwischen deutschen Staatsangehörigen mit Wohnsitz in Bayern nach Maßgabe der Landeszugehörigkeit[18] vor, so ist diese nach der Grundentscheidung des Art. 8 in der Regel unzulässig, also verfassungswidrig. Eine **Rechtfertigung** ist **nur ausnahmsweise** und unter strengen Vorgaben zulässig; sie kommt in folgenden Fällen in Betracht:

12   a) Die Ungleichbehandlung ist **verfassungsunmittelbar** durch eine spezielle Regelung gerechtfertigt: das ist z. B. bei Art. 36 I GG (Verwendung von Beamten an obersten Dienstbehörden des Bundes) der Fall, nicht hingegen bei Art. 44 II (Wahl des Ministerpräsidenten), der im Hinblick auf die Voraussetzung „Bayer" mit Art. 33 I GG nicht im Einklang steht und daher partiell nichtig ist (Rn. 3 zu Art. 44).

13   b) Des Weiteren ist eine Ungleichbehandlung gerechtfertigt, wenn sich dafür zwingende verfassungsrechtliche Gründe anführen lassen, insbesondere **kollidierendes Verfassungsrecht.**[19]

---

[13] VerfGH 24, 1 (22).

[14] Ein pauschaler „Landeskinderbonus" bei der Zulassung zum Hochschulstudium ist nach Auffassung des BVerfG nicht zu rechtfertigen, wobei das Gericht aber nicht auf Art. 33 I GG, sondern auf Art. 12 GG i. V. m. Art. 3 I GG abstellt, BVerfGE 33, 303 (353 f.). Gegen die Bildung von Landesquoten im Zulassungsverfahren bestehen hingegen keine verfassungsrechtlichen Bedenken, BVerfGE 43, 291. Zulässig ist auch ein „Malus" für Abiturnoten aus Ländern mit überdurchschnittlichen Ergebnissen (BVerfGE 37, 104 [113 ff.]). Nach – kritikwürdiger – Auffassung des BVerwG, NVwZ 1983, 223 verstößt es nicht gegen Art. 33 I GG, wenn die Zulassung zu einer Externenprüfung an Fachhochschulen „Landeskindern" vorbehalten bleibt. Vgl. auch BVerfG, NVwZ 2005, 545 (Zulässigkeit der „Landeskinderklausel" im bremischen Privatschulgesetz); *OVG Hamburg,* DVBl. 2006, 717 (Unzulässigkeit einer „Landeskinderklausel", nach der nur Studierende aus anderen Ländern eine Studiengebühr zu entrichten haben); ähnlich *VG Bremen,* Beschl. v. 16. 8. 2006 (6 V 1583/06).

[15] VerfGH 1, 26 (29).

[16] VerfGH 21, 205 (210); 24, 1 (13); BVerfGE 13, 54 (91).

[17] BVerfGE 33, 303 (352).

[18] Besteht das Differenzierungskriterium nicht in der Landeszugehörigkeit, sondern in anderen Aspekten, ist nicht Art. 8, sondern Art. 118 I einschlägig (oben Rn. 8).

[19] *Jarass/Pieroth,* Art. 33 Rn. 6. Beispiele aus der Rechtsprechung existieren nicht.

c) Schließlich erscheint es plausibel, parallel zur Rechtsprechung des BVerfG zum Ver- 14
bot der Differenzierung nach dem Geschlecht eine Differenzierung nach der Landeszugehörigkeit zuzulassen, wenn dies zur Lösung von Problemen erforderlich ist, „die
ihrer Natur nach einen besonderen Landesbezug aufweisen.“[20] Unter diesen Voraussetzungen wird nicht nur Art. 8, sondern auch Art. 33 I nicht verletzt sein. Allerdings besteht insofern kein Automatismus: Dass der VerfGH eine Differenzierung für mit Art. 8
vereinbar hält, sagt über deren Vereinbarkeit mit Art. 33 I GG oder sonstigem Bundesrecht
per se nichts aus.[21] Eine Differenzierung kann nach Art. 8 zulässig und gleichwohl wegen
Verstoßes gegen Art. 33 I GG, 3 I GG oder ein GG-Freiheitsrecht nichtig sein, ebenso wie
umgekehrt ein Verstoß gegen Art. 8 vorliegen kann, ohne dass gleichzeitig das GG verletzt
ist.

Art. 9 [Gliederung des Staatsgebietes]

**(1) Das Staatsgebiet gliedert sich in Kreise (Regierungsbezirke); die Abgrenzung
erfolgt durch Gesetz.**
**(2) Die Kreise sind in Bezirke eingeteilt; die kreisunmittelbaren Städte stehen
den Bezirken gleich. Die Einteilung wird durch Rechtsverordnung der Staatsregierung bestimmt; hierzu ist die vorherige Genehmigung des Landtags einzuholen.**

Parallelvorschriften im GG und anderen Landesverfassungen: Art. 28 GG; Art. 74 BaWüVerf; Art. 99, 99 a
BerlVerf; Art. 98 BbgVerf; Art. 143 BremVerf; Art. 137 HessVerf; Art. 72 M-VVerf; Art. 59 NdsVerf;
Art. 3, 78 NWVerf; Art. 88 SächsVerf; Art. 90 SachsAnhVerf; Art. 2 SchlHVerf; Art. 92 ThürVerf.

Rechtsprechung: VerfGH 24, 181 ff.; 25, 57 ff.; 26, 144; 27, 14 ff.; 31, 99 ff.

Literatur: Clausen, Kreisgebietsreform in Mecklenburg-Vorpommern, LKV 1992, 111; *Fink,* Verwaltungsreform in Bayern, DÖV 1969, 241; *Henneke,* Individualisierung und Integration von Kreisen,
DVBl 1994, 516; *Hoegner,* Verfassungsänderung in Bayern, BayVBl 1970, 125 f.; *Kastner,* Gebiets- und
Verwaltungsreformen in Bayern – eine Zusammenfassung, KommunalPraxis BY 2002, 364; *Knemeyer, F.-L.,* Kommunale Neugliederung vor den Landesverfassungsgerichten, in: Landesverfassungsgerichtsbarkeit 1983, Teilbd 3, 143; *Köstering,* Erfolge und Kosten der kommunalen Neugliederung,
DÖV 1983, 110; *Meyer,* Funktional- und Gebietsreformen in den Bundesländern – Chancen und Risi-
ken für die kommunale Selbstverwaltung, DVBl 2007, 78; *Meyer,* Die Große Kreisstadt in Bayern,
BayVBl 1984, 225; *Münzenrieder,* Zwanzig Jahre Landkreisreform, BayVBl 1993, 481; *ders.,* Vor 25 Jah-
ren – 72 Landkreise, 23 kreisfreie Städte und über 70 Gemeinden verschwinden von der kommunalen
Landkarte, BayVBl 1997, 401; *ders.,* Als die „wilden“ Siebziger zu Ende gingen …, BayVBl 1998, 271;
Obermayer, Die Rechtsverordnung im formellen Sinne im bayerischen Landesrecht, DÖV 1954, 73;
Pappermann/Stollmann, Kreisgebietsreform in den neuen Bundesländern – Kriterien für den Zuschnitt
des Kreisgebietes, NVwZ 1993, 240; *Renck-Laufke,* Zu den materiellrechtlichen Schranken, die der
Verordnungsgeber beim Erlaß der Rechtsverordnung unterliegt, zum Rechtsschutz vor die-
sen Verordnungen, BayVBl 1972, 580; *Schack,* Rechtsverordnungen im formellen Sinn?, DÖV 1958,
273; *Schnur,* Grundgesetz, Landesverfassung und „höhere Gemeindeverbände“, DÖV 1965, 114;
Schulte/Kloos, Kreisneugliederung: Zur Zulässigkeit kommunaler Verfassungsbeschwerden derzeitiger Kreissitzgemeinden bei drohendem Kreissitzverlust, Landkreis 2007, 571; *Schweiger,* Staatsgrenzen
im Bodensee und IGH-Statut, BayVBl 1995, 65; *Stüer, B.,* Gebietsreform in den neuen Bundesländern
– Bilanz und Ausblick, LKV 1998, 209; *ders.,* Verfassungsfragen der Gebietsreform, DÖV 1978, 78;
ders., Verwaltungsreform auf Kreisebene, DVBl 2007, 1267; *ders.,* Abwägungsgebot, Mehrfachneuglie-
derung und Vertrauensschutz, DVBl 1977, 1; *Wagener,* Gebietsreform und kommunale Selbstverwaltung, DÖV 1983, 745; *Wiebel,* Die kommunale Gebietsreform im Rückblick, BayVBl 1987, 677; *Win-
kelmann,* Das Recht der öffentlich-rechtlichen Namen und Bezeichnungen, 1984.

---

[20] *Jarass/Pieroth,* Art. 33, Rn. 6.
[21] Vgl. zu divergierenden Entscheidungen über die Landeskinderklausel in Art. 3 II des Gesetzes
über die Zulassung zu den bayerischen Hochschulen vom 8. 7. 1970 (GVBl S. 273) VerfGH 24, 1 einerseits und BVerfGE 33, 303 andererseits.

I. Allgemeines

1. Bedeutung

1   Art. 9 Abs. 1 BV befasst sich mit der Gliederung des Staatsgebiets. Die Festlegung des Staatsgebiets ist nach dem dreigliedrigen Staatsbegriff, nach dem der Staat durch die Existenz von Staatsvolk, -gebiet und -gewalt charakterisiert wird,[1] ein zentrales Element des Staates, dessen Festlegung in der Verfassung daher nicht fern liegt. Dennoch war eine vergleichbare Norm in der Verfassung von 1919 nicht enthalten.[2]

2. Die Gliederung des Staatsgebiets in Kreise, Bezirke

2   **a) Räumliche Dreigliedrigkeit.** Nach Art. 9 BV ist das Staatsgebiet noch einmal in zwei Ebenen gegliedert. Von unten her gesehen gibt es daher drei Gebietseinteilungen: Bezirke, Kreise, Freistaat. Die Untergliederung der „Bezirke" (Landkreise) in Gemeinden wird in Art. 9 BV nicht erwähnt. Von einer Einteilung der „Bezirke" (Landkreise) in die kreisfreien Gemeinden und in die ausmärkischen Gebiete ist in der BV bewusst nicht die Rede.[3] Die Gemeinden sind Teil der Bezirke und aus der Sicht des Art. 9 Abs. 1 BV keine selbständige räumliche Einheit. Dazu kommt noch ein weiterer Unterschied zwischen Bezirk und Gemeinde hinzu. Jedes Staatsgebiet ist einem Bezirk, nicht aber notwendig einer Gemeinde zugeordnet.

3   **b) Differenzen zwischen verfassungsrechtlichem und einfach-rechtlichem Sprachgebrauch.** Art. 9 BV spricht zwei Gliederungsebenen an, die „Kreise" und die „Bezirke". Der Normtext des Art. 9 BV ist dabei etwas verwirrend, da er im Vergleich zu dem Sprachgebrauch des einfachen Gesetzgebers gerade die beiden Begriffe vertauscht. Bezirke sind nach der Bezirksordnung das, was Art. 9 Abs. 1 BV als Kreise „bezeichnet". Umgekehrt meint der Begriff der „Bezirke" die „Kreise" im Sinne der KrO. Der Grund für dieses Verwirrspiel ist folgender: Die Wortwahl der BV orientiert sich an dem altbayerischen Sprachgebrauch,[4] die des einfachen Rechts (vgl. BezO und KrO) findet seine Wurzeln dagegen in dem einheitlichen Gemeinderecht, das die Begrifflichkeit aus der preußischen Gerichtsorganisation übernommen hat (vgl. auch Art. 28 Abs. 1 S. 2 GG).[5] Die terminologische Abweichung des einfachen Rechts von der verfassungsrechtlichen Terminologie ist verfassungsrechtlich zulässig.[6] Durchgesetzt hat sich die verfassungsrechtliche Begrifflichkeit nicht. Die bayerische Verfassung verwendet in den Normen jüngeren Datums nun auch nicht mehr den Begriff „Kreis", sondern den des Regierungsbezirkes (vgl. Art. 14 Abs. 1 S. 2 und 3 BV).[7]

---

[1] *Jellinek, Georg,* Allgemeine Staatslehre, 3. Aufl. 1914, S. 174 ff.; 394 ff.; *Maurer,* Staatsrecht I, 5. Aufl. 2007, § 1 Rn. 6.

[2] *Schweiger,* in: Nawiasky/Schweiger/Knöpfle, Art. 9, Rn. 2.

[3] *Schweiger,* in: Nawiasky/Schweiger/Knöpfle, Art. 9, Rn. 2.

[4] VerfGH 24, 181 (192).

[5] *Schweiger,* in: Nawiasky/Schweiger/Knöpfle, Art. 9, Rn. 3.

[6] VerfGH 12, 91 (100); *Schweiger,* in: Nawiasky/Schweiger/Knöpfle, Art. 9, Rn. 3.

[7] Vgl. nur *Schweiger,* in: Nawiasky/Schweiger/Knöpfle, Art. 9, Rn. 3.

3. Entstehung

Die Regelung des Art. 9 BV wurde erst im VA in die Verfassungsurkunde eingefügt. **4** Einen Vorläufer in der Verfassung von 1919 hatte die Norm nicht. Der Vorschlag, die alte Kreiseinteilung in der Verfassung festzulegen, erhielt keine Mehrheit.[8]

4. Verhältnis zum Grundgesetz

Gegen die Weitergeltung des Art. 9 BV bestehen daher keine Bedenken. Die Einteilung **5** der Länder wird bundesrechtlich nur mittelbar durch Art. 28 GG vorgegeben. Diese Vorgaben hält Art. 9 BV ein. Da die bayerische Verfassung auch den Grenzverlauf von Bayern nicht festlegt, besteht auch insoweit kein Kollisionsfall.

II. Einzelkommentierung

1. Die „Kreise" (Regierungsbezirke) – Absatz 1

a) Begriffliches. Der Begriff „Staatsgebiet" meint die territoriale Ausdehnung des **6** Freistaats Bayern. „Gliedern" ist im Sinne von unterteilen gemeint, eine hierarchische Stufung soll der Ausdruck nicht erfassen. Der Begriff „Kreis" meint eine räumlich kleinere Einheit des Freistaats Bayern. Der Begriff „Regierungsbezirk" ist ebenfalls im Sinne einer räumlich kleineren Einheit gemeint.

b) Das Staatsgebiet. *aa) Die tatsächliche Ausdehnung.* Das Staatsgebiet, von dem Art. 9 **7** BV spricht, umfasst das Gebiet Bayern nach dem Stand des Jahres 1933 einschließlich des Kreises Lindau.[9] Der Gesetzgeber hat das Staatsgebiet in sieben „Kreise" eingeteilt, und zwar: Oberbayern, Niederbayern, Oberpfalz, Schwaben, Unter-, Mittel- und Oberfranken. Die Gebiete fallen mit den Regierungsbezirken, also den staatlichen Regierungssprengeln mit den Regierungen als mittleren Verwaltungsbehörden, zusammen.

bb) Keine verfassungsrechtliche Definition. Art. 9 BV spricht zwar von Staatsgebiet und des- **8** sen Gliederung, ohne das Staatsgebiet selbst festzulegen. Der Grund für den Verzicht auf eine Regelung waren die Ungewissheiten hinsichtlich der territorialen Zuordnungen und der Entwicklung Deutschlands zum Zeitpunkt der Verfassungsgebung. Insbesondere wollte Bayern nicht auf die Rheinpfalz verzichten, die früher zu Bayern gehörte. Die Zuordnung der Rheinpfalz richtet sich später nach dem GG (Art. 23 GG alte Fassung), für künftige Veränderungen gilt Art. 29 GG.[10]

§ 1 Abs. 2 der Verfassung von 1919 enthielt demgegenüber eine Definition für das Staats- **9** gebiet. Danach wurde dieses durch die bisherigen Landesteile Bayerns in ihrem Gesamtbestand gebildet.

cc) Grenzverlauf durch den Bodensee. Der genaue Grenzverlauf Deutschlands und damit **10** Bayerns im Bodensee ist bis heute unklar. Völkervertragliche Regelungen gibt es nur zu Detailfragen. Die Staatenpraxis ist nicht eindeutig. Die Vorgaben des außervertraglichen Völkerrechts sind für die Gegebenheiten am Bodensee ebenfalls nicht ausreichend bestimmt genug. Im Kern geht es um die Frage, wie das Gebiet der Hohen See aufzuteilen ist. In Frage kommt zunächst eine Realteilung, nach der das Seegebiet entsprechend der jeweiligen Uferlänge hoheitlich aufgeteilt wird, mit einer Grenze durch die Seemitte (Mittellinie) – so die Position der Schweiz, als auch die Annahme eines ungeteilten Miteigentums oder einer Befugnis zur gesamten Hand der Uferstaaten (Kondominiums-Lösung) – so die Position von Deutschland und Österreich.[11]

---

[8] *Schweiger*, in: Nawiasky/Schweiger/Knöpfle, Art. 9, Rn. 1; Prot. II, S. 448 ff.

[9] VerfGH 9, 57 (77 ff.); *Schweiger*, in: Nawiasky/Schweiger/Knöpfle, Art. 9, Rn. 4.

[10] *Schweiger*, in: Nawiasky/Schweiger/Knöpfle, Art. 9, Rn. 4.

[11] Ausführlich *Schweiger*, in: Nawiasky/Schweiger/Knöpfle, Art. 9, Rn. 2 a; *Schweiger*, BayVBl 1995, 65; *Kurz*, BayVBl 1972, 346; s. a. VGH BayVBl 1964, 20 (22).

11   **c) Der Unterschied zwischen „Kreis" und Regierungsbezirk.** Mit dem Begriff „Kreis" wird in Art. 10 BV die räumliche Ausdehnung einer Selbstverwaltungskörperschaft bezeichnet. Die Regierungsbezirke sind demgegenüber im Gebrauch des einfachen Gesetzes die Zuständigkeitsbereiche der allgemeinen mittleren staatlichen Verwaltung. Art. 9 BV setzt hinter die „Kreise" unmittelbar in Klammern den Begriff der Regierungsbezirke. Der Klammerzusatz soll nicht den begrifflichen Unterschied zwischen den Selbstverwaltungskörperschaften und der staatlichen Verwaltung einebnen, sondern nur verdeutlichen, dass die räumlichen Zuständigkeiten der Selbstverwaltungseinheit „Kreis" sich mit denen der staatlichen Verwaltung (Regierungsbezirke) decken. Gleichzeitig dient der Zusatz der Verdeutlichung, dass mit „Kreisen" eigentlich die Bezirke gemeint sind.[12]

12   **d) Die Festlegung durch Gesetz.** *aa) Begriff des Gesetzes.* Nach Art. 9 Abs. 1 HS 2 BV ist die Abgrenzung der „Kreise" durch Gesetz zu regeln.

13   Mit Gesetz i.S.v. Art. 9 Abs. 1 BV ist das formelle Parlamentsgesetz gemeint.[13] Änderungen der „Kreise" (Regierungsbezirke) in ihrem territorialen Umfang sind allein der Legislative vorbehalten.[14] Dies liegt auch daran, dass die „Kreise" (Regierungsbezirke) zugleich Wahlkreise i.S.v. Art. 14 BV darstellen.[15] Die Abgrenzung vollzog sich zuletzt durch das Gesetz zur Neuabgrenzung der Regierungsbezirke vom 21. 12. 1971.[16]

14   *bb) Begriff der Abgrenzung.* Art. 9 Abs. 1 HS 2 BV spricht bewusst von „Abgrenzung". Der Begriff ist von „Gliederung" i.S.v. HS 1 und von „Einteilung" in Art. 9 Abs. 2 S. 2 BV zu unterscheiden.[17] Mit „Abgrenzung" ist nur die Grenze zwischen bestehenden Einheiten, nicht aber der Bestand der einzelnen Einheiten gemeint.

15   Da die Abgrenzung nach Art. 9 Abs. 1 HS 2 BV nur durch Gesetz bewirkt werden darf, ist wichtig, ob es Gebietsverschiebungen zwischen den „Kreisen" (Regierungsbezirken) geben kann, die zu geringfügig sind, um als „Abgrenzung" verstanden zu werden. Die Entstehungsgeschichte ist insoweit unergiebig.[18] Art. 8 Abs. 3 BezO geht davon aus, dass die Verfassung nur Verschiebungen in der Größe eines ganzen Landkreises oder einer ganzen kreisfreien Gemeinde dem Gesetzesvorbehalt unterwirft, bei geringfügigeren Änderungen dagegen die Rechtsverordnung genügen lässt. Daher geht die Literatur zum Teil von der Verfassungswidrigkeit des Art. 8 Abs. 3 BayBezO aus.[19] Demgegenüber erkennt der VerfGH zu Recht eine Bagatellgrenze an,[20] die er allerdings widersprüchlich und großzügig definiert[21] und deren genaue Festlegung noch nicht klar herausgearbeitet wurde. Entscheidend dürfte sein, welche Rechtsänderungen beabsichtigt sind. Soll nur die Ausdehnung einzelner „Bezirke" (Landkreise) verändert werden mit der Folge der mittelbaren Verschiebung des Grenzverlaufs der „Kreise" (Regierungsbezirke), so liegt darin keine Abgrenzung der „Kreise" (Regierungsbezirke).

16   *cc) Der Gesetzgebungsauftrag des Art. 185 BV.* Der Freiraum, den Art. 9 Abs. 1 HS 2 BV scheinbar dem Gesetzgeber gibt, wird zudem durch Art. 185 BV eingeschränkt. Nach Art. 185 BV sind die alten „Kreise" (Regierungsbezirke) mit ihren Regierungssitzen

---

[12] So auch *Schweiger,* in: Nawiasky/Schweiger/Knöpfle, Art. 9, Rn. 3.

[13] *Schweiger,* in: Nawiasky/Schweiger/Knöpfle, Art. 9, Rn. 6.

[14] VerfGH 24, 181 (193).

[15] VerfGH 31, 99 (131).

[16] BayRS 1012-2-4-I.

[17] VerfGH 24, 181 (LS 3 und S. 192).

[18] *Schweiger,* in: Nawiasky/Schweiger/Knöpfle, Art. 9, Rn. 6; s.a. Prot. II, S. 448; Prot. III, S. 743.

[19] *Schweiger,* in: Nawiasky/Schweiger/Knöpfle, Art. 9, Rn. 6; s.a. *Masson,* BayVBl 1964, 178; a.A. *Meder,* Art. 9, Rn. 1; VerfGH 31, 99 (131); VGHE 31, 60 ff.

[20] VerfGH 31, 99 (131); s.a. VGHE 31, 60.

[21] Da die Abgrenzung i.S.v. Art. 9 Abs. 1 BV nach eigener Rechtsprechung des VerfGH nicht den Bestand der „Kreise" (Regierungsbezirke) beeinträchtigen darf, ist die Begründung, es liege keine Abgrenzung vor, weil der territoriale Bestand der Regierungsbezirke im Kern (Art. 185 BV) unberührt bliebe, nicht überzeugend, so aber VerfGH 31, 99 (131).

wiederherzustellen. Hieraus entnimmt der VerfGH mit Billigung der überwiegenden Literatur, dass die alten „Kreise" als solche ihrer Zahl nach erhalten bleiben sollten.[22] Gemeint sind die „Kreise" (Regierungsbezirke) zum Zeitpunkt des Jahres 1932. Die davon erfassten acht Regierungsbezirke wurden durch Verordnung vom 29. 9. 1837 gebildet.[23]

Aus Art. 185 BV folgt zunächst die Pflicht des Freistaates, die Kreise in ihrer ursprüng- **17** lichen Form wiederherzustellen.[24] Die rückgängig zu machenden Veränderungen waren vor allem die Zusammenlegung der Bezirke Niederbayern und Oberpfalz sowie von Ober- und Mittelfranken aus dem Jahre 1932/33.[25] Der Gesetzgebungsauftrag des Art. 185 BV wurde durch Gesetz vom 20. 4. 1948 erfüllt.[26]

Darüber hinaus geht die überwiegende Ansicht und insbesondere der VerfGH davon **18** aus, Art. 185 BV i. V. m. Art. 9 Abs. 1 BV lasse eine Reduzierung der Bezirke („Kreise") auch nach deren Wiederherstellung nicht zu, sondern nur die Verschiebung ihrer internen Abgrenzung.[27] Zwingend ist die Auslegung nicht, insbesondere, da sie zu einem Ergebnis kommt, das bei der Verfassungsgebung ausdrücklich abgelehnt worden war (s. o. A. 2.). Dennoch dürfte sie sachlich zutreffend sein.

dd) Voraussetzungen für Gebietsveränderungen. Soweit der Gestaltungsspielraum des Gesetz- **19** gebers reicht (nach h. M. nur hinsichtlich der Gebietsveränderung der sieben Regierungsbezirke), kann dieser nicht völlig frei von ihm Gebrauch machen. Veränderungen i. S. v. Art. 9 Abs. 1 Satz 2 BV sind nach überwiegender Ansicht nur zulässig aus Gründen des öffentlichen Wohls, nur durch Gesetz und nur nach Anhörung der betroffenen Selbstverwaltungskörperschaften.[28]

2. Die „Bezirke" (Landkreise) – Absatz 2

a) Gliederung in „Bezirke" (Landkreise). Art. 9 Abs. 2 BV betrifft die Einteilung **20** der „Kreise" (Regierungsbezirke) in „Bezirke". Mit der scheinbaren Feststellung, nach der die „Kreise" (Regierungsbezirke) in „Bezirke" eingeteilt seien, ist der Auftrag an den Verordnungsgeber gemeint, eine Einteilung vorzusehen.

Hinter den Begriff der „Bezirke" setzt die BV nicht die Erklärung (Landkreise). Diese **21** Erklärung hätte nahe gelegen, da auf diese Weise die Parallele zu Art. 9 Abs. 1 BV gewahrt worden wäre und die Bayerische Verfassung den Begriff des Landkreises in Art. 12 BV und Art. 14 BV verwendet. Wie die „Bezirke" (Landkreise) untergliedert sind, ergibt sich nicht aus Art. 9 Abs. 2 BV, sondern aus Art. 11 Abs. 1 BV.

b) Gleichstellung von Bezirk und „kreisunmittelbaren Städten". Nach Art. 9 **22** Abs. 1 HS 2 BV stehen den „Bezirken" die kreisunmittelbaren Städte gleich. Die Gleichstellung bezieht sich nicht unmittelbar auf die Aufgabe und Funktion der kreisunmittelbaren Städte, sondern nur auf deren territoriale Ausdehnung. Eine Gleichrangigkeit hinsichtlich der Funktion wird von der Ratio der Norm aber zumindest nahe gelegt; d. h. dort, wo eine „kreisunmittelbare Stadt" ist, kann kein „Bezirk" sein.

Der Begriff „kreisunmittelbare Stadt" ist nur im Zusammenhang mit Art. 9 Abs. 1 BV **23** und dem dort verwendeten Begriff des Kreises zu verstehen, d. h. es sind Städte, die unmittelbar der nächst höheren Ebene der Bezirke i. S. v. Art. 9 Abs. 2 BV angehören. Ge-

---

[22] VerfGH 24, 181 (192 f.); *Meder*, Art. 9, Rn. 1.

[23] RBl Sp. 793; s. dazu *Schweiger*, in: Nawiasky/Schweiger/Knöpfle, Art. 9, Rn. 5; *Hoegner*, 28; *Schmitt-Lermann*, BayVBl 1957, 307 (310).

[24] VerfGH 24, 181 (193); s. Gesetz zur Neuabgrenzung der Regierungsbezirke vom 27. 12. 1971 (GVBl. S. 493) sowie VO vom 25. 3. 1976 (GVBl. 111).

[25] *Schweiger*, in: Nawiasky/Schweiger/Knöpfle, Art. 9, Rn. 5.

[26] *Schweiger*, in: Nawiasky/Schweiger/Knöpfle, Art. 9, Rn. 5.

[27] VerfGH 24, 181 (193); *Paptistella*, in: Praxis der Kommunalverwaltung Bayern, BV, Art. 9 Anm.; *Meder*, Art. 9, Rn. 1; *Schweiger*, in: Nawiasky/Schweiger/Knöpfle, Art. 9, Rn. 6; kritisch dagegen insoweit *Mang*, BayVBl 1958, 77; *Schmitt-Lermann*, BayVBl 1959, 204 ff.

[28] *Paptistella*, in: Praxis der Kommunalverwaltung Bayern, BV, Art. 9 Anm.; *Meder*, Art. 9, Rn. 1.

meint sind demnach die Städte, die die GO als „kreisfreie Stadt" bezeichnet.[29] Zurzeit hat Bayern 25 kreisfreie Städte.

24   Landesunmittelbare Städte, die den „Kreisen" (Regierungsbezirken) gleichstehen, bedürften einer ausdrücklichen Erwähnung in Art. 9 BV. Ohne eine solche Ermächtigung sind sie nicht zulässig.[30]

25   **c) Art. 9 Abs. 2 S. 2 BV – Die Einteilung durch Verordnung.** *aa) Verordnungsauftrag.* Die Einteilung der „Kreise" (Regierungsbezirke) in „Bezirke" hat gemäß Art. 9 Abs. 2 S. 2 BV durch Rechtsverordnung der Staatsregierung zu erfolgen. Der Begriff Rechtsverordnung ist dabei technisch zu verstehen. Die Einteilung hat Rechtsnormcharakter.[31] Auch der Rechtsschutz richtet sich nach der Qualität der Einteilung als Rechtsverordnung. Die Rechtsverordnungen unterliegen daher auch der verwaltungsgerichtlichen Normenkontrolle nach § 47 VwGO.[32] Eine Gemeinde, die durch eine Neugliederungsverordnung aufgelöst wird, ist im Normenkontrollverfahren nicht nur antragsbefugt, wenn sie sich gegen ihre Auflösung wendet, sondern auch dann, wenn sie lediglich die vorgesehene Zuordnung ihres Gebietes und ihrer Gemeindeangehörigen bekämpft.[33] Auch die Popularklage nach Art. 98 S. 4 BV ist statthaft.[34] Die Anfechtungsklage ist nicht statthaft.[35] Die Figur der Doppelnatur oder ein Rückgriff auf den materiellen Gehalt der Einteilung als Einzelakt[36] ist abzulehnen.[37]

26   Eine Einteilung durch förmliches Gesetz wäre unzulässig, da Art. 9 Abs. 2 S. 2 BV der Staatsregierung eine Kompetenz vermitteln möchte. Die Einteilungen stehen unübertragbar der Staatsregierung zu.[38] Die Interessen des Landtages sind durch den Genehmigungsvorbehalt gesichert. Die Staatsregierung darf die Wahrnehmung ihrer Kompetenzen nach Art. 9 Abs. 2 S. 2 BV auch dann nicht dem Gesetzgeber überlassen, wenn die konkrete Rechtsverordnung in der Folge Organisationsmaßnahmen nach sich zieht, die ihrerseits ein Gesetz erfordern.[39]

27   Mit Staatsregierung ist das Organ i. S. v. Art. 43 Abs. 1 BV gemeint. Die gesetzliche Ermächtigung i. S. v. Art. 55 Nr. 2 BV wird der Sache nach durch Art. 9 Abs. 2 HS 2 BV gegeben; materiell gesehen kann Art. 55 Nr. 2 BV den gleichrangigen Art. 9 BV sowieso nicht einschränken.

28   *bb) Kein verfassungswidriges Verfassungsrecht.* Art. 9 Abs. 2 S. 2 HS 2 BV ist mit höherrangigem Verfassungsrecht vereinbar.[40] Er verstößt insbesondere nicht gegen das „überverfassungsrechtliche" Willkürverbot.[41] Art. 9 Abs. 2 S. 2 HS 2 BV bildet dabei keine abschließende verfassungsrechtliche Sonderregelung, mit der Folge, dass sog. Zustimmungsverordnungen in allen anderen Fällen ausgeschlossen wären.[42]

29   *cc) Der Genehmigungsvorbehalt.* Der Genehmigungsvorbehalt greift zu Gunsten des Parlaments. Die Genehmigung muss vor dem Wirksamwerden der RVO vorliegen, nicht zwin-

---

[29] *Schweiger,* in: Nawiasky/Schweiger/Knöpfle, Art. 9, Rn. 7.

[30] *Schweiger,* in: Nawiasky/Schweiger/Knöpfle, Art. 9, Rn. 5; *Mang,* BayVBl 1958, 77.

[31] VerfGH 24, 181 (LS 3d); VerfGH 27, 14 (21 ff.); VGH BayVBl 1977, 433 ff.; *Meder,* Art. 9, Rn. 2.

[32] VGH BayVBl 1977, 433 ff.

[33] VGH BayVBl 1977, 433 ff.

[34] VerfGH 27, 14 (22).

[35] BVerwG DÖV 1974, 426 f.

[36] *Knemeyer,* BayVBl 1972, 180 f.; *Wilke,* Bundesverfassungsgericht und Rechtsverordnungen, AöR 98 (1973), 196 (202 f.).

[37] So aber *Schweiger,* in: Nawiasky/Schweiger/Knöpfle, Art. 9, Rn. 8.

[38] *Meder,* Art. 9, Rn. 2.

[39] VerfGH 24, 181 (LS 4 und S. 197).

[40] VerfGH 24, 181 ff.; *Meder,* Art. 9, Rn. 2; *Schweiger,* in: Nawiasky/Schweiger/Knöpfle, Art. 9, Rn. 8.

[41] VerfGH 24, 181 (LS 1 u. 2).

[42] VerfGH 37, 59 (68).

gend schon vor dem Kabinettsbeschluss. Ohne die Genehmigung ist die Rechtsverordnung nichtig.

dd) Begriff der Einteilung. Nicht jede territoriale Veränderung der „Bezirke" (Landkreise) **30** und „kreisunmittelbaren Städte" (im Sinne von kreisfreien Städten) ist als eine Einteilung i.S.v. Art. 9 Abs. 2 S. 2 BV zu verstehen. Eine Einteilung liegt nur vor, wenn „Bezirke" (Landkreise) und/oder „kreisunmittelbare Städte" (im Sinne von kreisfreien Städten) neu gebildet, zusammengelegt oder in ihrer räumlichen Ausdehnung verändert werden oder Gemeinden ihre Kreisangehörigkeit verlieren bzw. eine neue erhalten.[43] Eine Gebietsänderung einer kreisangehörigen Gemeinde ist dagegen nach zutreffender Ansicht keine Einteilung i.S.v. Art. 9 BV, weil sich dadurch das Gebiet der Kreise nicht verändert.

ee) Die bestehende Neugliederung. Nach der auf der Grundlage des Art. 9 Abs. 2 Satz 2 BV **31** im Rahmen der Landkreis-Gebietsreform erlassenen Rechtsverordnung (Neugliederungsverordnung) vom 27.12.1971 (in Kraft getreten am 1.7.1972) bestehen in Bayern 71 Landkreise und 25 kreisfreie Städte. Diese Verordnung hat zugleich die Funktion, die unteren Verwaltungseinheiten zu strukturieren und ist insoweit auf Art. 77 Abs. 2 BV gestützt.[44]

ff) Der Gestaltungsfreiraum. Die Gestaltungsmöglichkeiten bei der „Einteilung" nach **32** Abs. 2 Satz 2 sind weitergehend als die Änderungsmöglichkeiten der „Abgrenzung" in Abs. 1 HS 2 BV.[45] Dies liegt schon daran, dass Art. 185 BV den Wiederherstellungsauftrag auf die Gliederungseinheit „Kreise" (Regierungsbezirke) beschränkt. Die Einteilungsbefugnis umfasst auch das Recht der Bestandsänderung, d.h. die Auflösung bestehender und die Schaffung neuer Landkreise.[46]

Bei einer Rechtsverordnung i.S.v. Art. 9 Abs. 2 S. 2 BV hat die Staatsregierung als Ver- **33** ordnungsgeber einen weiten Spielraum, der jedoch nicht grenzenlos ist. Die Organisationsakte gem. Art. 9 Abs. 2 S. 2 BV sind ebenso wie die des Art. 9 Abs. 1 BV durch ungeschriebene Merkmale eingeschränkt, die ihre Rechtfertigung vor allem aus dem Schutz der Selbstverwaltungsgarantie der „Bezirke" ableiten. Die Veränderungen müssen zunächst am öffentlichen Wohl ausgerichtet sein.[47] Dem Verordnungsgeber bleibt allerdings ein weiter Spielraum, zumal die in Betracht kommenden öffentlichen Interessen einem Auffassungs- und Wertungswandel unterliegen.[48] Der Verordnungsgeber darf sich nicht von Wertungen und Erwägungen leiten lassen, die „eindeutig widerlegbar oder offensichtlich fehlsam sind oder zu der Wertordnung der Bayerischen Verfassung in Widerspruch stehen".[49] Der VerfGH spricht davon, dass sich die Maßnahmen am Gebot einer effektiven Verwaltungsorganisation ausrichten müssen.[50]

Weiter hat der Verordnungsgeber nach h.M. – auch wenn es um staatsinterne Maßnah- **34** men geht – den Grundsatz der Verhältnismäßigkeit zu beachten.[51] Schließlich folgt nach der Rechtsprechung aus der „Wahrung der institutionell verbürgten Selbstverwaltung der betreffenden Selbstverwaltungskörperschaft(en)", dass die betroffenen Verwaltungsträger vor einer Neugliederung zu hören sind.[52]

---

[43] *Schweiger,* in: Nawiasky/Schweiger/Knöpfle, Art. 9, Rn. 7.
[44] VerfGH 27, 14 (25).
[45] VerfGH 24, 181 (LS 3).
[46] VerfGH 25, 57 (66); *Meder,* Art. 9, Rn. 2.
[47] VerfGH 25, 57 (LS 3b); VerfGH 27, 14 (24); *Meder,* Art. 9, Rn. 3.
[48] *Meder,* Art. 9, Rn. 3.
[49] VerfGH 27, 14 (29); VerfGH 29, 1 (7 f.).
[50] VerfGH 27, 14 (26 u 32).
[51] VerfGH 27, 14 (32).
[52] VerfGH 24, 181 (194); *Meder,* Art. 9, Rn. 4; *Schweiger,* in: Nawiasky/Schweiger/Knöpfle, Art. 9, Rn. 8; *Paptistella,* in: Praxis der Kommunalverwaltung Bayern, BV, Art. 9 Anm.

35   **d) Die Gebietsreform.** *aa) Überblick.* An Art. 9 Abs. 2 S. 2 BV sind vor allem die in den 80er Jahren durchgeführten Kommunalgebietsreformen zu messen.[53] Reformiert wurde damit insbesondere die Gemeinde- und Kreisaufteilung, die durch die Allerhöchste Verordnung vom 24. 2. 1862 begründet wurde,[54] und damals ihrerseits eine Trennung der Verwaltungsdistrikte von den Amtsgerichtsbezirken erreichen sollte. Sie wurde zwar schon durch die Regierungserklärung vom 25. 1. 1967 angekündigt,[55] aber erst knapp fünf Jahre später, insbesondere – bezogen auf die Landkreise – durch die Verordnung zur Neugliederung Bayerns in Landkreise und kreisfreie Städte – Neugliederungsverordnung – vom 27. 12. 1971[56] umgesetzt. Die Verordnung stützt sich zunächst auf Art. 9 Abs. 2 BV. Da die Verordnung zugleich die Landkreise neu einteilte, beruht sie darüber hinaus auch auf Art. 77 Abs. 2 BV. Durch die Gebietsreform wurden die 143 Landkreise auf 71, die kreisfreien Städte von 48 auf 25, die kreisangehörigen Gemeinden von 7045 auf 2026 reduziert. Dazu kamen neu gebildete Verwaltungsgemeinschaften und die Erschaffung der Großen Kreisstädte.[57] Das verfassungskonforme Reformziel der Gebietsreform von 1971 war die Schaffung leistungsfähiger Landkreise und kreisfreier Städte unter Berücksichtigung der im modernen Leistungsstaat zu bewältigenden gesteigerten Aufgaben der örtlichen Gemeinschaft.[58]

36   *bb) Verfassungsrechtlicher Rahmen.* Die Gebietsreform hat die Gliederung des Freistaates in „Kreise" (Regierungsbezirke) und „Bezirke" (Landkreise) als solche unberührt gelassen und wirft insoweit keine verfassungsrechtlichen Fragen auf. Auch die Neuschaffung des Gemeindetyps der Großen Kreisstadt und des Verwaltungsträgers „Verwaltungsgemeinschaft" ist verfassungsgemäß, da diese die Zweiteilung des Art. 9 BV unberührt lässt.[59] Auch die vorzeitige Beendigung der Amtszeit der Landräte als kommunale Wahlbeamte aus Anlass der Neugliederung der Gemeindeverbände verstieß nicht gegen die Bayerische Verfassung.[60]

37   *cc) Anforderungen im Einzelfall.* Die Rechtmäßigkeit der Auflösung der einzelnen Gemeinden selbst hing davon ab, dass bei einer mit der Neugliederung von Verwaltungseinheiten verbundenen Auflösung und Schaffung neuer Landkreise dem Sinn und dem Zweck der Selbstverwaltung entsprechende lebensfähige Selbstverwaltungskörperschaften geschaffen wurden[61] und vor einer solchen Neugliederung die Organe – nicht aber die Bürger – der betroffenen Landkreise gehört wurden.[62]

38   *dd) Einzelheiten.* Ein aufgelöster Gemeindeverband gilt zum Zwecke der Geltendmachung seiner Verteidigung als fortbestehend.[63] Nicht erforderlich ist, dass für ein Gebiet

---

[53] S. dazu VerfGH 25, 57 (66 f.); VerfGH 26, 144; VerfGH 27, 14.

[54] RGBl Sp. 409; vgl. *Schweiger,* in: Nawiasky/Schweiger/Knöpfle, Art. 9, Rn. 7; *Hoegner,* 29.

[55] *Schweiger,* in: Nawiasky/Schweiger/Knöpfle, Art. 9, Rn. 2.

[56] GVBl. S. 495; BayRS 1012-3-1-I; zur Neugliederung der Gemeindegebiete beachte die Bekanntmachung über die Gebietseinteilung. S. zur Gebietsreform auch das G. zur Neuabgrenzung der Regierungsbezirke vom 27. 12. 1971 (BayRS 1012-2-4-I) und das Gesetz über Maßnahmen zur kommunalen Gebietsreform vom 25. 5. 1972 (BayRS 2020-5-4-I).

[57] S. dazu *Schweiger,* in: Nawiasky/Schweiger/Knöpfle, Art. 9, Rn. 2; *Ulrich Becker,* in: Becker/Heckmann/Kempen/Manssen, Öffentliches Recht in Bayern, 3. Aufl. 2005, 2. Teil, Rn. 115; *Meyer,* BayVBl 1984, 225 ff.

[58] VerfGH 26, 144 (LS 2); VerfGH 27, 14 (26); s.a. *Meder,* Art. 9, Rn. 6 m. w. N.; *Münzenrieder,* BayVBl 1993, 481 ff.

[59] *Schweiger,* in: Nawiasky/Schweiger/Knöpfle, Art. 9, Rn. 2 und Rn. 7.

[60] VerfGH 25, 57 (Ls).

[61] S. dazu die Richtlinien des Staatsministeriums des Innern vom 10. 8. 1971 (MABl. 845) und vom 7. 2. 1975 (MABl. 166); deren Bedeutung als Entscheidungshilfe s. VerfGH 31, 99 (137); VerfGH 33, 144 (158).

[62] VerfGH 27, 14 (33); *Meder,* Art. 9, Rn. 4.

[63] VerfGH 27, 14 (20 f.); *Meder,* Art. 9, Rn. 4.

jeweils ein gemeinsamer Sitz der Behörden vorgesehen ist.[64] Die vorzeitige Beendigung der Amtszeit der Landräte als kommunale Wahlbeamte aus Anlass der Neugliederung der Gemeindeverbände verstieß nicht gegen die BV.[65]

Art. 10 [Gemeindeverbände]

(1) Für das Gebiet jedes Kreises und jedes Bezirks besteht ein Gemeindeverband als Selbstverwaltungskörper.
(2) Der eigene Wirkungskreis der Gemeindeverbände wird durch die Gesetzgebung bestimmt.
(3) Den Gemeindeverbänden können durch Gesetz weitere Aufgaben übertragen werden, die sie namens des Staates zu erfüllen haben. Sie besorgen diese Aufgaben entweder nach den Weisungen der Staatsbehörden oder kraft besonderer Bestimmung selbständig.
(4) Das wirtschaftliche und kulturelle Eigenleben im Bereich der Gemeindeverbände ist vor Verödung zu schützen.

Parallelvorschriften im GG und anderen Landesverfassungen: Art. 28 GG; Art. 71 BaWüVerf; Art. 97 BbgVerf; Art. 137 HessVerf.; Art. 72 M-VVerf; Art. 57 NdsVerf; Art. 78 NWVerf; Art. 49 RhPfVerf; Art. 118–124 SaarlVerf; Art. 84 SächsVerf; Art. 87 SachsAnhVerf; Art. 46 SchlHVerf; Art. 91 ThürVerf.

Rechtsprechung: VerfGH 12, 48; 27, 14; 33, 87; 50, 15; 50, 181; 51, 1; 53, 81; 54, 1.

Literatur: Ahlers, Beteiligungsrechte im Verwaltungsverfahren unter Berücksichtigung der Grundrechte sowie der kommunalen Selbstverwaltungsgarantie, 1984; *Bernet,* Aspekte zur Wiedereinführung der Länder, LKV 1991, 2; *Birk/Inhester,* Die verfassungsrechtliche Rahmenordnung des kommunalen Finanzausgleichs, dargestellt am Beispiel des Landes Nordrhein-Westfalen, DVBl 1993, 1281; *Blanke/Hufschlag,* Kommunale Selbstverwaltung im Spannungsfeld zwischen Partizipation und Effizienz, JZ 1998, 653; *Borchmann,* Zur Reform der bayerischen Bezirksverwaltung, AfK 1978, 286; *Dieckmann,* Kommunale Selbstverwaltung, in: Festgabe 50 Jahre Bundesverwaltungsgericht 2003, 815; *Eberl,* Kommunale Kulturförderung, BayVBl 1994, 399; *Eiding/Hannich,* Bürgerbegehren und Bürgerentscheide in Bayern nach dem Wegfall der gesetzlichen Sperrwirkung (Art. 18a Abs. 8 GO/Art. 25a Abs. 8 LKrO), BayVBl 1998, 551; *Hennecke,* Verwaltungseffizienz und Betroffenenakzeptanz, Leitbildgerechtigkeit und politische Durchsetzbarkeit, NVwZ 1994, 555; *ders.,* Das verfassungsrechtliche Verhältnis zwischen Städten, Gemeinden und Kreisen im Spiegel der höchstrichterlichen Rechtsprechung, Landkreis 2007, 560; *ders.,* Der kommunale Finanzausgleich, DÖV 1994, 1; *Ipsen,* Schutzbereich der Selbstverwaltungsgarantie und Einwirkungsmöglichkeiten des Gesetzgebers, ZG 1994, 194; *Jarass,* Aktivitäten kommunaler Unternehmen außerhalb des Gemeindegebiets, insbesondere im öffentlichen Personennahverkehr, DVBl 2006, 1; *Jung,* Kommunale Direktdemokratie mit Argusaugen gesehen, BayVBl 1998, 225; *Mayr,* Die Bezirke als Selbstverwaltungskörperschaften, BayVBl 1984, 677; *Muth,* Wem gehört die Feuerwehr?, DNV 1997, 24; *Papier,* Kommunale Daseinsvorsorge im Spannungsfeld zwischen nationalem Recht und Gemeinschaftsrecht, DVBl 2003, 686; *ders.,* Rechtsfragen zur Finanzausstattung der Bezirke, BayVBl 1994, 737; *Petz,* Aufgabenübertragungen und kommunales Selbstverwaltungsrecht, DÖV 1991, 320; *Puhr-Westerheide,* Rechtsfragen zur Finanzausstattung der Bezirke, BayVBl 1995, 161; *Richter, G.-J.,* Kommunale Selbstverwaltung im Verhältnis verschiedener Selbstverwaltungsträger, DÖV 1980, 419; *Schmidt-Jortzig,* Der Einnahmefächer der Kommunen zwischen Stärkung der Eigengestaltung und landesverfassungsrechtlichen Finanzgarantien, DVBl 2007, 96; *ders.,* Ermessensgrenzen bei der Bedarfsermittlung des Kreises für die Höhe des Kreisumlagesatzes – kommunale Selbstverwaltungsgarantie, DVBl 1986, 1067; *ders.,* Gemeinde- und Kreisaufgaben, DÖV 1993, 973; *Schoch,* Aufgaben und Funktionen der Landkreise, DVBl 1995, 1047; *Simnacher,* Nochmals Rechtsfragen zur Finanzausstattung der Bezirke, BayVBl 1995, 678; *Thieme,* Die Gliederung der deutschen Verwaltung, in: Handbuch der kommunalen Wissenschaft und Praxis Bd. 1, 1981, 135; *Thum,* Die Rückübertragung von Veterinäraufgaben nach dem Gesundheitsdienstgesetz; BayVBl 2000, 641; *Tomerius,* Vergaberecht und kommunale Selbstverwaltungsgarantie aus Art. 28 Abs. 2 GG, Gemeindehaushalt 2006, 173; *Tivehues,* Die Kreisverwaltung – ein Verwaltungsmodell mit Zukunft, DVBl 1994, 100; *Wieland,* Zur Wahrnehmung von Ergänzungsaufgaben und Ausgleichsaufgaben durch die Kreise und ihre Möglichkeiten zur Gewährung von Zuschüssen, JZ 1997, 357.

---

[64] VerfGH 26, 144 (LS 2); *Meder,* Art. 9, Rn. 6.
[65] VerfGH 31, 34 (40 ff.).

I. Allgemeines

1. Bedeutung

1   **a) Unterschied zu Art. 9 BV.** Während Art. 9 BV nur die räumliche Aufteilung des Staatsgebiets normierte, weist Art. 10 Abs. 1 BV diesen Raum einem Verwaltungsträger zu. Streng genommen sind die Selbstverwaltungsträger „Kreis" (Regierungsbezirke) und „Bezirke" (Landkreise) daher erst in Art. 10 BV und nicht schon in Art. 9 BV angesprochen. Art. 10 Abs. 1 BV hat zunächst zum Inhalt die Selbstverwaltungskörperschaften als Verwaltungsträger zu begründen und zu konstituieren. Nach Abs. 1 sind die „Kreise" (Regierungsbezirke) und die „Bezirke" (Landkreise) eigene Rechtssubjekte und nicht nur unselbständige Verwaltungseinheiten des Freistaats Bayern.

2   **b) Keine abschließende Regelung.** Art. 10 BV befasst sich mit der Selbstverwaltungsgarantie der Gemeindeverbände, allerdings nicht abschließend, da sich in Art. 12 BV und Art. 83 Abs. 2–7 BV Ergänzungen finden. Die kommunale Selbstverwaltungsgarantie ist in Art. 11 BV normiert.

2. Entstehung

3   **a) Genese.** Die Regelung wurde im VA eingefügt, wobei Art. 10 Abs. 2 und Abs. 3 Satz 1 aus Art. 5 E übernommen wurden.[1]

4   **b) Historischer Hintergrund.** Die Gewährung des Selbstverwaltungsrechts an Gemeindeverbände hat eine wechselhafte Historie.[2] Die Geschichte ist dabei vor allem durch zwei Fragen geprägt: zum einen das Verhältnis zwischen dem Selbstverwaltungsrecht der Gemeindeverbände und Gemeinden und zum anderen die Qualität als rein objektives oder auch als subjektives Recht.

5   In Bayern haben das Distriktratsgesetz vom 28. 5. 1852[3] und die Gemeindeordnungen vom 29. 4. 1869[4] das Recht der Distrikts- und der Ortsgemeinden anerkannt, ihre eigenen Organe zu bestellen und einen eigenen Wirkungskreis zu besitzen.[5] § 22 der Bayerischen Verfassung von 1919 hat den bürgerlichen Gemeinden und den Gemeindeverbänden das Selbstverwaltungsrecht – ohne Grundrechtscharakter – gewährleistet, ohne zwischen beiden Körperschaften zu differenzieren. Darüber hinaus traf § 22 der Bayerischen Verfassung von 1919 Regelungen zu den übertragenen Aufgaben, zur Finanzautonomie und zum Rechtsschutz. Dabei war § 22 BV 1919 Teil eines eigenen Abschnitts über die Selbstverwaltung, der in der Bamberger Verfassung enthalten war. Einfachrechtlich gewährte das Selbstverwaltungsgesetz vom 22. 5. 1919 (GVBl. S. 239) die entsprechenden Rechte.[6]

---

[1] Prot. I S. 151, Prot. II S. 448 ff.; *Schweiger,* in: Nawiasky/Schweiger/Knöpfle, Art. 10, Rn. 1.
[2] Ausführlich *Borchmann,* AfK 1978, 286 ff.
[3] GBl. Sp. 245.
[4] GBl. Sp. 865 und 1009.
[5] Zitiert nach *Schweiger,* in: Nawiasky/Schweiger/Knöpfle, Art. 10, Rn. 2.
[6] *Schweiger,* in: Nawiasky/Schweiger/Knöpfle, Art. 10, Rn. 5.

Auf Reichsebene garantierte die WRV bekanntlich das Selbstverwaltungsrecht im Ab- 6
schnitt über die Grundrechte. Art. 127 WRV wies den Gemeinden und Gemeindeverbänden das (subjektive) Recht der Selbstverwaltung innerhalb der Gesetze zu. Danach durfte
die Exekutive des Staates nur auf formeller und gesetzlicher Grundlage in die Selbstverwaltung eingreifen und dieses dabei weder aufheben noch in einer Weise einschränken,
die einer innerlichen Aushöhlung gleichgekommen wäre.[7] Ebenso wie § 22 BV 1919 sah
auch Art. 127 WRV keine Differenzierung zwischen gemeindlicher Selbstverwaltungsgarantie und dem Selbstverwaltungsrecht der Gemeindeverbände vor.

Der Verfassungsgeber der Bayerischen Verfassung entschloss sich zu einer Differenzie- 7
rung zwischen der gemeindlichen Selbstverwaltungsgarantie und der Selbstverwaltungsgarantie der Gemeindeverbände und zur Ausgestaltung als objektive Garantie. Sinn war
dabei vor allem die Stärkung der gemeindlichen Selbstverwaltungsgarantie, nicht aber die
Herabsetzung des Selbstverwaltungsrechts der Gemeindeverbände.

c) Ratio der Differenzierung zwischen Gemeinden und Gemeindeverbänden. 8
Der bayerische Verfassungsgeber 1946 ging im Zusammenhang mit der Genese der Art. 10,
Art. 11 BV von einem verschiedenen geschichtlichen Ursprung der Gemeinden und der
Gemeindeverbände aus: Die Gemeinden seien älter als der Staat und hätten einen ihnen
durch Natur zugewachsenen Aufgabenkreis.[8] Daher könne der Staat die Gemeinden nur
anerkennen, nicht aber konstituieren. Den Gemeindeverbänden hingegen würden ihre
Eigenschaft als Gebietskörperschaften und ihr Aufgabenkreis vom Staat verliehen, bzw.
gesetzlich bestimmt.[9] Diese Differenzierung bildet die theoretische Grundlage für die differenzierende Regelung zwischen Art. 10 und Art. 11 BV.

Die Anerkennung der gemeindlichen Selbstverwaltungsgarantie als vorstaatlich besitzt 9
nur einen rechtsphilosophischen und rechtspolitischen, nicht aber einen überver-
fassungsrechtlichen oder vorstaatlichen Charakter.[10] Hätte die bayerische Verfassung den
Gemeinden keine Selbstverwaltungsgarantie zugewiesen, wäre sie deshalb insoweit nicht
unwirksam gewesen. Dennoch ist die Vorstellung des Verfassungsgebers bei der Norm-
interpretation im Sinne eines gewollten Respekts gerade vor der Selbstverwaltungsgarantie der Gemeinden zu berücksichtigen, unabhängig von der Frage, ob die Vorstellung, die
Gemeinden seien älter als der Staat, historisch gesehen richtig ist.[11]

3. Verhältnis zum Grundgesetz

Das GG normiert das Selbstverwaltungsrecht der Gemeindeverbände abweichend von 10
der Garantie des § 22 der Bayerischen Verfassung von 1919. Es übernimmt zwar insofern
strukturell das Modell der bayerischen Verfassung, indem es die Regelung über das Selbstverwaltungsrecht in den staatsorganisatorischen Teil und nicht in den Grundrechtsteil einfügt und hinsichtlich der Intensität der Gewährleistung zwischen Gemeinden und Gemeindeverbänden differenziert. In Art. 28 Abs. 1 S. 1 GG wird den Gemeinden das Recht
gewährleistet sein, alle Angelegenheiten der örtlichen Gemeinschaft im Rahmen der Gesetze in eigener Verantwortung zu regeln. Nach Satz 2 haben auch die Gemeindeverbände
das Recht der Selbstverwaltung im Rahmen ihres gesetzlichen Aufgabenbereiches nach
Maßgabe der Gesetze.[12]

Die Regelung unterscheidet sich von Art. 10 und Art. 11 BV vor allem durch folgende 11
zwei Umstände: Zunächst ist das Selbstverwaltungsrecht der Gemeindeverbände in

---

[7] *Schweiger,* in: Nawiasky/Schweiger/Knöpfle, Art. 10, Rn. 2; *Anschütz,* WRV, 14. Aufl. 1933,
Art. 127, Anm. 1.

[8] Prot. II S. 392, 394; *Schweiger,* in: Nawiasky/Schweiger/Knöpfle, Art. 10, Rn. 2.

[9] *Schweiger,* in: Nawiasky/Schweiger/Knöpfle, Art. 10, Rn. 2.

[10] Ebenso *Schweiger,* in: Nawiasky/Schweiger/Knöpfle, Art. 10, Rn. 4; a.A. *Hoegner,* S. 34 f.; s.a. *Jobst,*
BayVBl 1960, 201 ff.

[11] Zweifel hieran *Schweiger,* in: Nawiasky/Schweiger/Knöpfle, Art. 10, Rn. 4; *Schilling,* BayVBl
1965, 113 (115).

[12] S. dazu *Nierhaus,* in: Sachs, GG, Art. 28, Rn. 80.

Art. 28 GG anders als in Art. 10 Abs. 2 BV doppelt gesetzlich begrenzt („im Rahmen ihres gesetzlichen Aufgabenbereichs" und „nach Maßgabe der Gesetze"). Weiter spricht das GG nur von den Gemeindeverbänden allgemein, ohne wie Art. 9 BV und Art. 10 Abs. 1 BV zwischen zwei Ebenen – „Kreise" (Regierungsbezirke) [Bezirke i.S.d. Bezirksordnung] und „Bezirke" (Landkreise) [Kreise i.S.d. LKrO] – zu differenzieren. Daher schützt nach überwiegender Ansicht Art. 28 Abs. 2 S. 3 GG keine bestimmte Erscheinungsform der Gemeindeverbände; allerdings lässt sich aus Art. 28 Abs. 1 S. 2 u. S. 3 GG folgern, dass das GG zumindest von der Existenz der Kreise als Gemeindeverbände ausgeht.[13] Eine völlige Ablösung der Landkreise, etwa durch Großkreise oder Regionen, wäre daher unzulässig.[14] Die „Kreise" (Bezirke nach der BezO) als solche sind demgegenüber in ihrem Bestand durch Art. 28 GG überhaupt nicht geschützt, genießen jedoch als Gemeindeverbände im Rahmen der Gesetze das Recht der Selbstverwaltung.[15]

12   Demgegenüber ist der Spielraum des Gesetzgebers zur Umgestaltung der „Kreise" (Regierungsbezirke) und „Bezirke" (Landkreise) bei Art. 9 und 10 BV im Vergleich zu Art. 28 GG deutlich enger, da die bayerische Verfassung durch die namentliche Benennung der Selbstverwaltungsgarantie und durch die Garantie von zwei Ebenen der Gemeindeverbände sehr viel stärker an die existierenden Formen anknüpft als das GG. Eine völlige Ablösung der Landkreise, etwa durch Großkreise oder Regionen, wäre ohne Änderung des Art. 10 Abs. 1 BV nicht möglich.[16] Auch das Selbstverwaltungsrecht wird in der BV weniger relativiert als bei Art. 28 GG, da keine doppelte gesetzliche Begrenzung eingefügt wird,[17] auch wenn die Reichweite dieses Unterschieds im Ergebnis schwer zu konkretisieren ist.

13   Der verfassungsgebende Gesetzgeber hat in Art. 28 Abs. 3 GG dem Bund auferlegt, die Vorgaben des Art. 28 GG in den Landesverfassungen zu gewährleisten. Da Art. 9 BV und Art. 10 BV den Gemeindeverbänden aber mehr gewährleisten als es Art. 28 Abs. 2 S. 3 GG für die Gemeindeverbände vorsieht, genügt die BV den Vorgaben des GG.[18] An der Weitergeltung des Art. 10 BV mit Inkrafttreten des GG bestehen berechtigterweise keine Zweifel.

II. Einzelkommentierung

1. Die „Kreise" (Regierungsbezirke) – Absatz 1

14   a) „Kreise" (Regierungsbezirke) und „Bezirke" (Landkreise) als Selbstverwaltungskörperschaften. *aa) Existenzgarantie von zwei Selbstverwaltungsebenen.* Wegen Art. 10 BV muss es auf den Gebieten der „Kreise" (Regierungsbezirke) und der „Bezirke" (Landkreise) Selbstverwaltungskörperschaften geben. Die Abschaffung der „Kreise" (Regierungsbezirke) und der „Bezirke" (Landkreise) zugunsten anderer Selbstverwaltungskörper wäre unzulässig.[19] Eine Bestandsgarantie für einzelne bestimmte Gemeindeverbände enthält Art. 10 Abs. 1 BV dagegen nicht.[20]

15   Möglich bleibt die Umgestaltung und Modernisierung der bestehenden Körperschaften. Wo die Grenze zwischen unzulässiger Abschaffung und noch identitätswahrender Fortbildung liegt, lässt sich abstrakt nicht abschließend bestimmen. Entscheidend ist, wie weit sich die Änderungen von den überlieferten Formen entfernen.

---

[13] *Nierhaus,* in: Sachs, GG, Art. 28, Rn. 80.

[14] *Nierhaus,* in: Sachs, GG, Art. 28, Rn. 80.

[15] *Schweiger,* in: Nawiasky/Schweiger/Knöpfle, Art. 10, Rn. 11; *Nierhaus,* in: Sachs, GG, Art. 28, Rn. 80.

[16] *Schweiger,* in: Nawiasky/Schweiger/Knöpfle, Art. 10, Rn. 11.

[17] *Schweiger,* in: Nawiasky/Schweiger/Knöpfle, Art. 10, Rn. 11.

[18] VerfGH 27, 14 (34); *Schweiger,* in: Nawiasky/Schweiger/Knöpfle, Art. 10, Rn. 11.

[19] VerfGH 31, 44 (59); VerfGH 33, 87 (91) – bezogen auf Art. 10 und Art. 11 BV; offen gelassen in VerfGH 27, 14 (34).

[20] VerfGH 2, 143 (164); VerfGH 25, 57 (68); VerfGH 27, 14 (34); *Meder,* Art. 10, Rn. 1.

bb) Verbot weiterer Verwaltungsträger auf Kommunalebene? Von der Frage der Abschaffung der **16** „Kreise" (Regierungsbezirke) und „Bezirke" (Landkreise) zu trennen ist die Frage, ob Art. 10 Abs. 1 BV übergemeindliche Institutionen neuer Art, wie etwa Verwaltungsregionen, zulässt oder nicht. Das hat der VerfGH, bezogen auf die Verwaltungsgemeinschaften, bestätigt.[21] Zutreffenderweise wird man hier differenzieren müssen.

Die Schaffung neuer Verwaltungsträger mit umfassender Befugnis wird man mit **17** Art. 10 Abs. 1 BV kaum vereinbaren können, da eine dritte Ebene bei der gegenwärtigen Aufgabenverteilung die beiden anderen Ebenen wesentlich schwächen würde oder selbst keine Aufgaben erhielte. Die Bildung neuer Verwaltungsträger für einzelne spezielle Verwaltungsaufgaben, wie etwa die Regionalverbände im Planungsrecht, ist verfassungsrechtlich zulässig. Die Zweiteilung der Gliederung der Verwaltungsebenen unterhalb der Körperschaft des Freistaates schließt abweichende Zuständigkeiten für spezielle Verwaltungsaufgaben nicht aus.

Bis zu welchem Aufgabenvolumen man noch von speziellen Verwaltungsaufgaben **18** sprechen kann, und ab wann eine unzulässige dritte Ebene angestrebt wird, kann in Grenzfällen schwierig sein. So geht die überwiegende Ansicht zu Recht davon aus, dass die Bildung so genannter Regionen mit Aufgaben und Befugnissen im Bereich des Raumordnungs- und Landesplanungsrechts nicht mit Art. 9, 10 BV kollidiert.[22] Mit dieser Einteilung sollen die unter den sozioökonomischen Gegebenheiten richtigen Planungsräume geschaffen werden.[23] Dabei sind Überschreitungen der herkömmlichen Verwaltungsgrenzen für die Planung unvermeidlich.

cc) Auftrag an den Gesetzgeber. Umzusetzen ist die Pflicht, die beiden Selbstverwaltungs- **19** ebenen zu schaffen, durch den Gesetzgeber. Dies ist in Art. 10 Abs. 1 BV zwar nicht ausdrücklich gesagt, ergibt sich aber aus allgemeinen Grundsätzen. Dieser Pflicht ist er durch Erlass der BezO[24] – bezogen auf die „Kreise" (Regierungsbezirke) – und durch Erlass der LKrO[25] – bezogen auf die „Bezirke" (Landkreise) – nachgekommen. Vorgaben für diese Gesetze macht die BV über Art. 9, Art. 10 und Art. 11 BV. Grob gesprochen gilt: Den Gemeindeverbänden muss eine Organisation zugewiesen werden, die eine Selbstverwaltung ermöglicht; es muss einen Bereich von Selbstverwaltungsaufgaben geben, und zudem müssen Wahlen i. S. v. Art. 12 BV vorgesehen sein.

b) Begriff des Gemeindeverbands. Der Verwaltungsträger auf beiden Ebenen wird **20** von der Bayerischen Verfassung als „Gemeindeverbände" bezeichnet. Der Verfassungsgeber wählte den Begriff, weil die Gemeindeverbände der Idee nach eine Zusammenfassung mehrerer Gemeinde- (und gemeindefreier) Gebiete zu Verwaltungszwecken darstellen. Er wollte damit auch einen im Gemeinderecht entstandenen Begriff übernehmen.[26] Der Begriff Gemeindeverband ist dennoch irreführend. Die „Kreise" (Regierungsbezirke) und die „Bezirke" (Landkreise) sind keine Körperschaften, die sich aus mehren Gemeinden zusammensetzen (anders als etwa die Verwaltungsgemeinschaften). Sie sind vielmehr unmittelbare Hoheitsträger über die Bevölkerung ihres Gebiets.[27]

---

[21] VerfGH 31, 44 (59); VerfGH 33, 87 (91) – bezogen auf Art. 10 und Art. 11 BV. Zur Frage, ob die Schaffung von Verwaltungsgemeinschaften mit dem kommunalen Selbstverwaltungsrecht vereinbar ist (s. Art. 11 B II. 1. f).

[22] *Schweiger,* in: Nawiasky/Schweiger/Knöpfle, Art. 9, Rn. 2 a; *Meder,* Art. 9, Rn. 7.

[23] *Meder,* Art. 9, Rn. 7; zum verfassungsgerichtlichen Rechtsschutz gegen den LEP – VerfGH 29, 140: Keine Verfassungsbeschwerde gegen landesplanerische „Beurteilungen".

[24] In der Fassung der Bekanntmachung vom 22. August 1998 (GVBl S. 851); zuletzt geändert durch § 3 G zur Änd. des kommunalen Haushaltsrechts vom 8. 12. 2006 (GVBl S. 975) – BayRS 2020-4-2-I.

[25] In der Fassung der Bekanntmachung vom 22. August 1998 (GVBl S. 826), zuletzt geändert durch § 2 G zur Änd. des kommunalen Haushaltsrechts vom 8. 12. 2006 (GVBl S. 975), BayRS 2020-3-1-I.

[26] *Schweiger,* in: Nawiasky/Schweiger/Knöpfle, Art. 10, Rn. 5; VerfGH 27, 14 (LS 6 u. 32).

[27] *Schweiger,* in: Nawiasky/Schweiger/Knöpfle, Art. 10, Rn. 5.

21 **c) Selbstverwaltungskörperschaften.** Die beiden Gemeindeverbände werden als „Selbstverwaltungskörper" bezeichnet. Art. 11 BV bezeichnet demgegenüber die Gemeinden als ursprüngliche Gebietskörperschaften. Damit will die Verfassung verdeutlichen, dass die „Kreise" (Regierungsbezirke) und „Bezirke" (Landkreise) ihrer Auffassung nach, im Gegensatz zu den Gemeinden, „künstliche" Verwaltungsträger, also durch das Recht geschaffene Körperschaften sind. Weshalb die Verfassung den Begriff der Gebietskörperschaft nicht auch in Art. 10 Abs. 1 BV verwendet, ist unklar. Ein Selbstverwaltungskörper als Gemeindeverband, der keine Gebietskörperschaft ist, sondern eine andere Rechtsform besitzt, ist gegenwärtig nicht bekannt.

22 **d) Das Selbstverwaltungsrecht.** *aa) Begriff.* Selbstverwaltungskörperschaften ohne Selbstverwaltungsrecht wären ein Widerspruch in sich. Daher gewährleistet Art. 10 Abs. 1 BV den Gemeindeverbänden auch das Selbstverwaltungsrecht.[28] Der Inhalt des über Art. 10 Abs. 1 BV erfassten Selbstverwaltungsrechts bleibt zunächst noch vage, da es weitgehend nur aus dem Begriff selbst abgeleitet werden kann. Die folgenden Absätze zu der näheren Beschreibung der Aufgaben helfen demgegenüber ein wenig.

23 Das Selbstverwaltungsrecht ist – allgemein formuliert – das Recht einer Organisationseinheit zur Verwaltung ihrer Aufgaben in eigener Verantwortung, in eigenem Namen und durch eigene gewählte Organe.[29] Das Selbstverwaltungsrecht erstreckt sich auf die Bereiche der Exekutive (Selbstverwaltung im engeren Sinn), der Rechtssetzung (Autonomie) und der Organisation. Der Staat hat zudem die Pflicht, die finanzielle Lebensfähigkeit der Gemeindeverbände bei der Gestaltung des innerstaatlichen Finanzausgleichs zu erhalten.[30] Das Selbstverwaltungsrecht soll den Gedanken der Dezentralisierung, der Partizipation der Bürger an der Hoheitsgewalt und der Örtlichkeit der Aufgabenerledigung umsetzen und besitzt geistesgeschichtlich mehrere Wurzeln.[31]

24 *bb) Unterschied zwischen gemeindlicher Selbstverwaltungsgarantie und Selbstverwaltungsrecht der Gemeindeverbände.* Das Selbstverwaltungsrecht der Gemeindeverbände und die Selbstverwaltungsgarantie der Gemeinden sind in der Verfassung deutlich unterschiedlich ausgestaltet. Nur im Zusammenhang mit der gemeindlichen Selbstverwaltungsgarantie spricht die Verfassung von ursprünglichen Gebietskörperschaften (Art. 11 Abs. 2 S. 1 BV), von Gebietskörperschaften (und nicht von Selbstverwaltungskörpern [Art. 10 Abs. 1 BV]) und von Rechten, die die Gemeinden haben (Art. 11 Abs. 2 S. 2 BV). Nur bei den Gemeinden zieht die Bayerische Verfassung eine Verbindung zwischen Selbstverwaltung und Demokratie (Art. 11 Abs. 4 BV). Zudem kommt noch die Vorstellung des Verfassungsgebers hinzu, den Gemeinden stünde ein vorstaatliches Selbstverwaltungsrecht zu, das der Staat nur respektieren, nicht aber verleihen müsse.

25 Schließlich ist Art. 10 BV rein objektiv formuliert. An keiner Stelle weist die Norm den Gemeindeverbänden ausdrücklich ein Recht zu, das diese in eigenem Namen geltend machen dürfen. Erst wenn sie das Selbstverwaltungsrecht erhalten haben – von dem Art. 10 Abs. 1 BV spricht –, können sie dies im eigenen Namen durchsetzen. Nicht aber ergibt sich aus dem Normtext des Art. 10 BV die Annahme, die Gemeinden hätten die Befugnis, die Verleihung des Selbstverwaltungsrechts an sich zu verlangen.

26 *cc) Institutionelle Garantie.* Der Verfassungsgerichtshof zog bisher daraus folgenden Schluss: Die bayerische Verfassung garantiere den Gemeindeverbänden das Selbstverwaltungsrecht teils nur objektiv i.S. einer Institution, und nur sehr beschränkt als subjektives öffentliches Recht. Das Selbstverwaltungsrecht der Gemeindeverbände habe nicht den Charakter eines natürlichen, vom Staate nicht geschaffenen, sondern nur anerkannten Rechts. Der Gesetzgeber hat die verfassungsrechtliche Pflicht, Selbstverwaltungskörper

---

[28] VerfGH 53, 81 (95).
[29] BVerfGE 6, 104 (117); *Schweiger,* in: Nawiasky/Schweiger/Knöpfle, Art. 10, Rn. 2.
[30] VerfGH 12, 48 (54 ff.); vgl. auch BVerfGE 23, 353 (366); *Meder,* Art. 10, Rn. 1.
[31] *Schweiger,* in: Nawiasky/Schweiger/Knöpfle, Art. 10 Rn. 2; VerfGH 2, 143 (162 f.).

i.S.v. Art. 10 BV zu schaffen und zu unterhalten. Dieser Pflicht steht aber kein entsprechendes subjektives Recht der Gemeindeverbände gegenüber, im eigenen Namen die Einhaltung dieser Pflicht zu verlangen. Missachtet der Gesetzgeber diese Voraussetzungen, sind die entsprechenden Normen verfassungswidrig und etwa im Rahmen der Normenkontrolle auch zu prüfen. Ob aber die betroffenen Gemeindeverbände die Verfassungswidrigkeit im Weg verfassungsprozessualen Rechtsschutzes durchsetzen können, ist damit noch nicht geklärt.

In seiner letzten Entscheidung zum kommunalen Finanzausgleichsgesetz hat der **27** VerfGH allerdings ausdrücklich offen gelassen, ob er an der Auffassung des rein objektiven Charakters des Art. 10 BV weiter festhalten möchte.[32] Da die bisherige Ansicht gut begründet war, spricht mehr dafür, bei ihr zu verbleiben.

Auch wenn Art. 10 BV weitgehend eine institutionelle und keine subjektiv-rechtliche **28** Garantie enthält, so vermittelt er dennoch den Gemeindeverbänden auch subjektive Rechte. Ob diese Wirkungen stark genug sind, um den Charakter als institutionelle Garantie zu relativieren, oder ob man von subjektiv-rechtlichen Reflexen spricht, ist eine rein terminologische Frage, die hier offen bleiben kann. Zunächst gibt Art. 10 BV einen rudimentären Schutz vor Auflösung der einzelnen konkreten Gemeindeverbände (Bestandsschutz). Die Auflösung ist nur bei sachlichem Grund und nach Anhörung zulässig,[33] etwa um der Selbstverwaltung entsprechend lebensfähige Selbstverwaltungskörperschaften zu schaffen.[34] Auch die Verletzungen der Wesensgehaltsgarantie können die Gemeindeverbände zutreffender Ansicht nach rügen. Darüber hinaus ist die Selbstverwaltung den Gemeindeverbänden nur institutionell – nicht dagegen wie den Gemeinden auch als grundrechtsähnliches Recht – gewährleistet.[35]

dd) Inhalt des Selbstverwaltungsrechts. Die Reichweite des Selbstverwaltungsrechts ist we- **29** gen seiner Gesetzesabhängigkeit nicht einfach zu bestimmen. Man wird zunächst zwischen den Urhebern der Belastung differenzieren müssen. Wird durch die Verwaltung oder durch die Gerichte das Selbstverwaltungsrecht, das den Gemeindeverbänden durch Gesetz zugewiesen wird, nicht ausreichend beachtet, liegt ein Eingriff in das Selbstverwaltungsrecht vor. So kann etwa auch die finanzielle Belastung der Gemeindeverbände mit der Kreisumlage, die über die gesetzliche Grundlage hinausgeht, als Eingriff in das Selbstverwaltungsrecht verstanden werden.[36] Das subjektive Recht wird in diesen Fällen zumindest über das einfache Recht gewährleistet.

Entzieht der Gesetzgeber den Gemeindeverbänden eine Aufgabe oder verschärft er die **30** gesetzlichen Vorgaben der Erfüllung bestehender Aufgaben, die in das Selbstverwaltungsrecht fallen, dann macht er von seinem Recht aus Art. 10 BV Gebrauch, die Reichweite des Selbstverwaltungsrechts durch Gesetz zu bestimmen. Dennoch steht ihm dieses Recht nicht grenzenlos zu. Zunächst darf der Aufgabenentzug nicht grundlos und nicht gleichheitswidrig (bezogen auf die Gemeindeverbände) sein.

Weiter darf das Selbstverwaltungsrecht nicht vollständig institutionell ausgehöhlt wer- **31** den. Das, was den Gemeindeverbänden nach der gesetzlichen Regelung (Aufgabenentzug oder Auflagen bei der Aufgabenerfüllung) als Selbstverwaltungsrecht übrig bleibt, muss noch den Namen Selbstverwaltungsrecht verdienen. Die Rechtsprechung spricht vom unentziehbaren Schutz des Kernbereichs oder vom Wesensgehalt des Selbstverwaltungsrechts.[37] Der Staat darf den Wesensgehalt – den essentiellen Kern – der Selbstverwal-

---

[32] VerfGH, Ents. v. 28.11.2007, Az: 15-VII-05 (zitiert nach der Veröffentlichung unter http://www.bayern.verfassungsgerichtshof.de).

[33] VerfGH 27, 14 (34).

[34] VerfGH 2, 143 (163).

[35] VerfGH 24, 181 (194); VerfGH 27, 14 (34); *Meder,* Art. 10, Rn. 1.

[36] VGH BayVBl 1993, 112 ff.; m. Anm. v. *Eberl,* BayVBl 1994, 399 f.; *Hennecke,* SachsVBl 1995, 25 ff.; VGH BayVBl 1996, 691 f.; VGH Urt. v. 2.8.1996, Az: 4 B 94.1200.

[37] VerfGH 27, 14 (32); VerfGH 24, 181 (194); s.a. VerfGH 10, 113 (LS 3 u. 121); *Meder,* Art. 10, Rn. 2.

tungsgarantie nicht antasten.[38] Die ständige Formel lautet: Der Kernbereich des Selbstverwaltungsrechts sei unantastbar.[39] Der Wesensgehalt der Selbstverwaltungsgarantie ist zu schonen. Der Inhalt des Kernbereichs steht nicht fest. Es gibt dennoch Bereiche, die für die Frage der Existenz des Kernbereichs wichtiger sind als andere. Sensible Bereiche sind die Existenz einer Organisationshoheit, Personalhoheit, Regelungshoheit und eines Mindestbestands an Aufgaben. Die Aufgaben, die einen örtlichen Bezug haben, die historisch von den Gemeindeverbänden wahrgenommen wurden, stützen den Kernbereich dabei eher als andere Aufgaben. Steht den Gemeindeverbänden eine ausreichende Substanz an Aufgaben zu, ist die Entscheidung des Gesetzgebers, ob er eine Aufgabe als eigene oder übertragene qualifiziert, faktisch kaum überprüfbar. Nur wenn er die Qualifizierung evident gegen die historische Entwicklung und den örtlichen Bezug der Aufgaben handeln würde, wäre das Ergebnis verfassungswidrig.[40]

32   *ee) Finanzielle Garantie s. Art. 83 BV*

33   *ff) Schutz der Funktionsfähigkeit der Organe.* In seinen Entscheidungen über die Begrenzung der Beeinträchtigung der Funktionsfähigkeit der Kreisorgane durch Volksentscheide auf Gemeinde- und Kreisebene (s. dazu ausführlich Art. 12 BV Rn. 47) hat der VerfGH dem Selbstverwaltungsrecht noch eine weitere Komponente entnommen.[41] So schützt Art. 10 Abs. 1 BV über den Kernbereich und Wesensgehalt des Selbstverwaltungsrechts auch die Funktionsfähigkeit ihrer Organe und Verwaltungen.[42] Art. 10 Abs. 1 BV gewähre auch den Landkreisen das Selbstverwaltungsrecht. Rechtsänderungen, die die Funktionsfähigkeit der Vertretungsorgane und Verwaltungen von Gemeinden und Landkreisen aushöhlen, griffen in den Kernbereich und Wesensgehalt des Selbstverwaltungsrechts ein und seien daher nicht nur dem einfachen, sondern auch dem verfassungsändernden Gesetzgeber untersagt.[43]

2. Der eigene Wirkungskreis – Absatz 2

34   **a) Die Unterscheidung zwischen eigenem und übertragenem Wirkungskreis.** Art. 10 BV unterscheidet zwischen dem eigenen Wirkungskreis nach Art. 10 Abs. 2 BV und dem übertragenen Wirkungskreis nach Abs. 3. In den übertragenen Wirkungskreis fallen die Angelegenheiten, die sie „namens des Staates" zu behandeln haben, während sie im eigenen Wirkungskreis die Aufgaben erfüllen, „die ihnen selbst zugerechnet werden".[44] In beiden Fällen bestimmt das Gesetz den Aufgabenbereich.[45] Daher kann die Qualifizierung einer Aufgabe als eigene oder übertragene schwer sein.

35   Trotz der Schwierigkeit der Grenzziehung besteht auch hinsichtlich der Gesetzesabhängigkeit beider Aufgabenbereiche ein Unterschied. Bei Art. 10 Abs. 2 BV spricht der Verfassungstext nicht von einzelnen Aufgaben, sondern von dem Wirkungskreis, demnach von einem zusammenhängenden Gebiet, während bei Absatz 3 von (einzelnen) Aufgaben die Rede ist. Bei Absatz 2 wird zudem der eigene Wirkungskreis bestimmt, und bei Art. 10 Abs. 3 BV werden Aufgaben übertragen. Die Bestimmung setzt ein bestehendes Objekt, auf das sich die Bestimmung bezieht, voraus, während die Übertragung konstitutiv ist.

36   Der eigene Wirkungskreis der Gemeindeverbände unterscheidet sich vom übertragenen Wirkungskreis gem. Art. 10 Abs. 3 BV dadurch, dass es sich bei ihm um Aufgaben handelt,

---

[38] VerfGH 24, 181 (194); s.a. VerfGH 10, 113 (LS 3 u.121); *Meder*, Art. 10, Rn. 1.

[39] VerfGH 38, 118 (126); VerfGH 41, 140 (147); VerfGH 47, 165 (172 f.); VerfGH 50, 181 (204); VerfGH 53, 81 (95) – nicht zwischen Art. 10 und Art. 11 BV differenzierend.

[40] VerfGH, Ents. v. 28. 11. 2007, Az: 15-VII-05 (zitiert nach der Veröffentlichung unter http://www.bayern.verfassungsgerichtshof.de).

[41] VerfGH 50, 181 ff.; VerfGH 53, 81 ff.

[42] Bezogen auf die Landkreise VerfGH 50, 181 (203); VerfGH 53, 81 (95).

[43] VerfGH 53, 81 (95).

[44] VerfGH 2, 143 (165).

[45] *Meder*, Art. 10, Rn. 2.

die dem Selbstverwaltungskörper selbst zugerechnet werden. Diese erledigt er demnach im eigenen Namen und nicht „materiell gesehen" im Namen des Staates. Die Formulierung könnte allerdings zu Fehlvermutungen leiten, weil die Gemeindeverbände auch den übertragenen Aufgabenbereich formal im eigenen Namen erledigen.

Weiter ist die Differenzierung zwischen eigenen und übertragenen Aufgaben auch für **37** die Art der staatlichen Aufsicht gem. Art. 83 BV erheblich. Im eigenen Wirkungskreis unterstehen die Gemeindeverbände nur der staatlichen Rechtsaufsicht. Diese erstreckt sich nur auf Einhaltung der gesetzlichen Vorschriften und die Erfüllung der gesetzlichen und sonstigen Verpflichtungen. Eine Weisungsmöglichkeit in den Bereich der Zweckmäßigkeit hinein existiert nicht (vgl. Art. 92 BayBezO). Auch bei der Frage des finanziellen Konnexitätsprinzip differenziert die Verfassung nach der Art der Aufgaben. Bei den übertragenen Aufgaben sind die notwendigen Mittel zu erschließen (Art. 83 Abs. 4, 6; Art. 10 Abs. 3 Satz 2).

b) Das Bestimmungsrecht. *aa) Allgemein.* Das gesetzliche Bestimmungsrecht gilt **38** nach Art. 10 Abs. 2 BV – anders als bei der gemeindlichen Selbstverwaltungsgarantie – auch für den eigenen Wirkungskreis, weil die Gemeindeverbände keinen „durch die Natur zugewachsenen Aufgabenkreis" haben.[46] Die Gemeindeverbände haben keinen Anspruch darauf, dass eine bestimmte Aufgabe ihnen als Selbstverwaltungsaufgabe zugewiesen wird, bzw. bei ihnen verbleibt. Der Gesetzgeber darf den Aufgabenzuschnitt gesetzlich festlegen.

bb) Grenzen der gesetzlichen Gestaltung. Das Bestimmungsrecht ist nicht grenzenlos. Der **39** Gesetzgeber muss darauf achten, den Gemeindeverbänden im Ergebnis einen Bereich zur eigenen Verantwortung zuzuweisen, der den Namen Selbstverwaltung noch verdient (s.o.). Diese Schutzwirkung hat der Verfassungsgerichtshof – bezogen auf den Schutz der Funktionsfähigkeit der Kreisorgane – über den Schutz des Demokratieprinzip gem. Art. 75 Abs. 1 S. 2 BV auch gegenüber dem verfassungsändernden Gesetzgeber anerkannt.[47] Bei der Regelung der Anforderungen an die Aufgabenerledigung muss der Gesetzgeber die Bestimmung über die Kosten i.S.v. Art. 83 Abs. 3 BV treffen.

cc) Umsetzung des Bestimmungsrechts. Die gesetzliche Bestimmung nach Art. 10 Abs. 2 **40** BV muss nicht durch eine einzige Bestimmung erfolgen; vielmehr kann sich der eigene Aufgabenbereich auch durch eine Summe von mehreren Bestimmungen ergeben. Den eigenen Wirkungskreis für die „Kreise" (Regierungsbezirke) bestimmt als Grundnorm Art. 5 BezO dahingehend, dass der eigene Wirkungskreis die Angelegenheit der örtlichen Gemeinschaft umfasst, die auf dem Gebiet des Bezirks bzw. des Kreises lebt. Die allgemeine Aufgabenbestimmung wird durch Art. 48 BezO ergänzt. Weitere einfachgesetzliche Zuständigkeiten kommen hinzu.[48] Eine strukturell gleichlautende Regelung für die „Bezirke" (Landkreise) = Kreise enthält Art. 5 KrO bzw. Art. 51 KrO.

dd) Abgrenzung der verschiedenen Ebenen. Es ist nicht immer einfach, eine bestimmte Auf- **41** gabe einer der drei Selbstverwaltungsebenen in Bayern zuzuordnen. Als Auslegungshilfe kann folgendes Prinzip gelten: Es besteht eine grundsätzliche Aufgabentrennung zwischen den verschiedenen Ebenen, insbesondere zwischen den Landkreisen und Gemeinden. Gemeinsame Zuständigkeiten bestehen nur, soweit sie gesetzlich angeordnet sind. Besteht eine spezialgesetzliche Aufgabenzuweisung zugunsten der einen Gebietskörperschaft, so muss in der Regel davon ausgegangen werden, dass der Gesetzgeber diese Zuständigkeit nicht zugleich auch der anderen Gebietskörperschaft zugestehen wollte.[49]

---

[46] VerfGH 2, 143 (163); *Meder,* Art. 10, Rn. 2.
[47] VerfGH 53, 81 (96).
[48] *Schweiger,* in: Nawiasky/Schweiger/Knöpfle, Art. 10, Rn. 8.
[49] VGH BayVBl 1993, 112 ff.; m. Anm. v. *W. Eberl,* BayVBl 1994, 399 f.; *H-G. Hennecke,* SachsVBl 1995, 25 ff.; VGH Urt. v. 2. 8. 1996, Az: 4 B 94.1200.

42   **c) Prozessualer Schutz.** *aa) Schutz durch den Bayerischen VerfGH.* Eine Beschwerdemöglichkeit zum Landesverfassungsgericht ist in Bayern nicht gegeben. Eine Verfassungsbeschwerde wegen der Verletzung der Selbstverwaltungsgarantie der Gemeindeverbände durch diese ist unzulässig. Art. 10 Abs. 2, Abs. 3 BV enthält nur eine institutionelle Garantie, die keine subjektiven Rechte vermittelt.[50]

43   Ob die Popularklage zulässig ist, wenn sich ein Gemeindeverband auf das Selbstverwaltungsrecht gem. Art. 10 BV beruft, hat der VerfGH ausdrücklich offen gelassen.[51] Die Literatur verneint dies bisher.[52]

44   *bb) Grundrechtsfähigkeit der Gemeindeverbände bei freiwilliger Aufgabenerfüllung. aaa) Allgemein.* Von einem Schutz vor Verletzung des Art. 10 BV ist der Schutz vor Verletzung anderer Grundrechte zu unterscheiden. Der VerfGH erkennt für das Landesverfassungsrecht den juristischen Personen auch des öffentlichen Rechts stets grundsätzlich die Grundrechtssubjektivität zu – anders als das BVerfG. Danach können nach bayerischem Verfassungsrecht im Grundsatz auch juristische Personen des öffentlichen Rechts Träger von Grundrechten sein.[53] Es bedarf allerdings immer einer Prüfung im Einzelfall, ob das als verletzt erachtete Grundrecht seinem Wesen nach auf juristische Personen des öffentlichen Rechts anwendbar ist.[54] Die Grundrechtsfähigkeit der Gemeinden wird nur angenommen, sofern diese – in der konkreten Situation – materiell gesehen nicht als Teil der öffentlichen Gewalt auftreten. Erfüllen sie dagegen öffentliche Aufgaben, befinden sie sich als Teil der öffentlichen Gewalt nicht in einer Situation, die typischerweise von den Grundrechten geschützt wird.[55]

45   *bbb) Einzelfälle.* So werden die Kreise beispielsweise bei einer Neuregelung für die Festlegung der Einzugsbereiche von Tierkörperbeseitigungsanstalten nicht in einer grundrechtlich geschützten Position getroffen. Mit dem Betrieb der Tierkörperbeseitigungsanstalten erfüllen die Gemeindeverbände eine seuchenhygienische, dem Schutz der Gesundheit von Mensch und Tier dienende öffentliche Aufgabe. Die Aufgabe obliegt ihnen als Pflichtaufgabe im Rahmen des eigenen Wirkungskreises. Das zur Erfüllung dieser Aufgabe geschaffene Vermögen ist Verwaltungsvermögen. Grundrechtlichen Schutz durch Art. 101 BV oder Art. 103 Abs. 1 BV als Abwehrrechte gegen hoheitliche Eingriffe können sie im Rahmen der Erfüllung dieser Aufgabe nicht beanspruchen.[56] Ebenso kann sich ein Gemeindeverband nicht auf das Grundrecht aus Art. 103 Abs. 1 BV berufen, wenn mit der Übertragung einer bisher gemeindlichen Hoheitsaufgabe des übertragenden Wirkungskreises auf den Staat das dieser Aufgabe unmittelbar und ausschließlich oder überwiegend dienende Verwaltungsvermögen vom Staat in Fortführung der Hoheitsaufgabe und unter Aufrechterhaltung der öffentlich-rechtlichen Zweckbindung in Anspruch genommen wird.[57] Demgegenüber können sich die Gebietskörperschaften bei ihrer fiskalischen Tätigkeit in einem Rechtsstreit zwischen gleichgeordneten Trägern privater Rechte auf den Grundrechtsschutz des Art. 103 Abs. 1 BV berufen.[58] Die Möglichkeit der Verletzung des Willkürverbots wurde auch bei einer Popularklage u.a. von Landkreisen gegen das FAG angenommen.[59]

46   *bb) Der Schutz vor dem BVerfG.* Nach Art. 93 Nr. 4b GG können Gemeinden und Gemeindeverbände die Verfassungsbeschwerde zum BVerfG mit der Behauptung erheben, dass ein Gesetz des Bundes oder des Landes den Art. 28 GG verletze, soweit nicht eine Be-

---

[50] *Meder*, Art. 10, Rn. 4.

[51] VerfGH 54, 1 (6).

[52] *Schweiger*, in: Nawiasky/Schweiger/Knöpfle, Art. 10, Rn. 11; *Meder*, Art. 10, Rn. 4.

[53] VerfGH 27, 14 (20); s.a. VerfGH 37, 101 (107).

[54] VerfGH 29, 105 (119); VerfGH 54, 1 (5).

[55] VerfGH 54, 1 (LS).

[56] VerfGH 54, 1 (5 f.).

[57] VerfGH 49, 111 (115 f.); VerfGH 54, 1 (5 f.).

[58] VerfGH 37, 101 (107 f.) zu Gemeinden.

[59] VerfGH 51, 1 (13); s. zu Art. 118 BV noch: VerfGH 27, 14 (LS 2 u. 20); *Schweiger*, in: Nawiasky/Schweiger/Knöpfle, Art. 10, Rn. 11.

schwerde wegen Verletzung des Rechts auf Selbstverwaltung zum Landesverfassungsgericht gegeben ist.[60]

cc) Prozessrechtliche Einzelheiten. Die Popularklage gegen die Neuregelung der Einzugsbe- **47** reiche der Tierkörperbeseitigungsanstalten von Gemeinden war unzulässig.[61] Das Volksbegehren zu dem Entwurf eines Gesetzes zum Schutz und zur Stärkung der Mitwirkungsrechte der Bayerischen Bürgerinnen und Bürger in Städten, Gemeinden und Landkreisen von 1999 wurde nicht zugelassen.[62] Art. 25 a Abs. 9, Abs. 11 und Abs. 12 S. 2 LKrO in ihrer Ursprungsfassung verstießen gegen Art. 10 Abs. 1 BV.[63] Die Änderungen des Finanzausgleichsänderungsgesetzes von 1995, mit denen u.a. der Anteil der Kommunen an der Gewerbesteuer angehoben wurde, verstieß nicht deshalb gegen Art. 10 Abs. 1 BV, weil sie keine weit genug gehende Entlastung bewirkt hätten.[64]

3. Übertragener Aufgabenbereich – Absatz 3

a) Der übertragene Aufgabenbereich. *aa) Der übertragene Aufgabenbereich.* Die Formu- **48** lierung „namens des Staates" ist missverständlich. Es ist nicht ein Vertretungsverhältnis gemeint, bei dem die Gemeindeverbände für den Staat auftreten. Die Formulierung will vielmehr auf folgenden Umstand hinweisen: Die Aufgaben sind materiell gesehen eigentlich Staatsaufgaben. Auch die übertragenen Aufgaben erledigen die Gemeindeverbände im eigenen Namen. Im Unterschied zu dem eigenen Aufgabenbereich haben sie aber eine schwächere Stellung bei der Reichweite der Selbständigkeit (Weisungsrecht), bei der Aufsicht und beim Rechtsschutz. Die Übertragung erfolgt durch Gesetz, gemeint ist das formelle Gesetz (Parlamentsgesetz).[65] Bei der Übertragung neuer Aufgaben muss der Gesetzgeber die Bestimmung über die Kosten i.S.v. Art. 83 Abs. 3 BV treffen.

Eine ausdrückliche Grenze für die Zuweisung neuer übertragener Aufgabenbereiche **49** nennt Art. 10 Abs. 3 BV nicht. Allerdings darf die Erledigung der übertragenen Aufgaben die Gemeinde nicht faktisch daran hindern, ihr Selbstverwaltungsrecht auszuüben.[66] Die Vorrangigkeit der Selbstverwaltungsaufgaben folgt aus dem unterschiedlichen Normtext von Art. 10 Abs. 2 BV einerseits und Art. 10 Abs. 3 BV andererseits. Dadurch, dass der Gesetzgeber den Bezirken 1982 die Hilfen an Asylbewerber zugewiesen hat, wurden diese in ihrem Recht auf Selbstverwaltung nicht verletzt.[67]

bb) Konstitutive Wirkung der gesetzlichen Bestimmung. Die gesetzliche Zuweisung ist für die **50** Zuständigkeit konstitutiv. Ohne gesetzliche Zuweisung haben die Gemeindeverbände außerhalb ihres Selbstverwaltungsrechts gem. Art. 10 Abs. 2 BV keine Zuständigkeit. Verwaltungsvorschriften vermögen die Zuständigkeit allein nicht zu begründen. Daher fehlt es etwa für die Durchführung der Allgemeinen Verwaltungsvorschriften über Beihilfen zur Eingliederung junger Aussiedler, junger Zuwanderer aus der DDR und Berlin (Ost) sowie junger ausländischer Flüchtlinge – Garantiefonds – (AVV-GF) vom 17. 12. 1981 an einer gesetzlichen Zuständigkeitszuweisung.[68]

cc) Landratsamt als Organ des Landes. Die Erledigung der übertragenen Aufgaben durch **51** die „Bezirke" (Landkreise) i.S.v. Art. 8 Abs. 3 BV ist von der Erledigung staatlicher Aufgaben durch das Landratsamt als Staatsbehörde zu unterscheiden. Die Erfüllung dieser

---

[60] So z. B. im Bereich des Personal-, Wohnungs- oder Finanzwesens BVerfGE 21, 117 (128 f.).

[61] VerfGH 54, 1 ff.

[62] VerfGH 53, 81 ff.

[63] VerfGH 50, 181 ff.; s. dazu *Jung,* BayVBl 1998, 225 ff.; *Scheder,* BayVBl 1998, 240 f.; *Eiding/Hannich,* BayVBl 1998, 551 ff.; *Schwarz,* BayVBl 1998, 710 ff.; *W. Schmitt Glaeser,* DÖV 1998, 824 ff.; *Beckmann,* DVP 1997, 468 ff.; *Blanke/ Hufschlag,* JZ 1998, 653 ff.

[64] VerfGH 51, 1 ff.

[65] *Schweiger,* in: Nawiasky/Schweiger/Knöpfle, Art. 10, Rn. 9.

[66] VGH BayVBl 1995, 180 ff.

[67] VGH BayVBl 1995, 180 ff.

[68] VG München Beschl. v. 25. 3. 1988, Az: 12 C 88.00693.

Aufgaben durch das Landratsamt gem. Art. 37 Abs. 1 Satz 2 LKrO betrifft Aufgaben, die nicht den Gemeindeverbänden i.S.v. Art. 10 Abs. 2 oder 3 BV zugewiesen wurden, sondern die beim Staat verblieben und nur für ihn – auch formell für ihn – erledig werden. In diesem Fall liegt eine Organleihe vor. Damit meint man den Umstand, dass das Landratsamt als Organ des Kreises nicht für den Kreis, sondern für den Freistaat handelt.

52   **b) Die Bestimmung der Aufgabenerledigung – Satz 2.** Art. 10 Abs. 3 S. 2 BV gibt dem Gesetzgeber ein Wahlrecht, in welcher Form er den Gemeindeverbänden die übertragenen Aufgaben zuweisen möchte. Sollte eine Bestimmung des Gesetzgebers fehlen, liegt ein Fall des Art. 10 Abs. 3 S. 2 HS 1 BV vor – Besorgung der Aufgabe nach Weisung (Auftragsangelegenheiten nach Weisung). Auf diese Aufgabengruppe nimmt Art. 83 Abs. 4 S. 3 BV Bezug.

53   Der Gesetzgeber kann aber auch, wenn er dies möchte – durch formellgesetzliche Bestimmung –, die selbständige Besorgung der übertragenen Aufgaben festgelegen. Art. 6 Abs. 3 BezO (Art. 6 Abs. 3 BayKrO) übernimmt dies einfachgesetzlich. Macht der Gesetzgeber von dieser Möglichkeit Gebrauch, sind die Gemeindeverbände bei der Erfüllung so frei, als wenn es sich um eine eigene Aufgabe handelte. Der verbleibende Unterschied solcher Auftragsangelegenheiten gegenüber den Angelegenheiten des eigenen Wirkungskreises ist dann weitgehend nur begrifflicher Natur.[69]

4. Schutzpflicht des kulturellen und wirtschaftlichen Eigenlebens – Absatz 4

54   **a) Allgemeines.** Art. 11 Abs. 4 BV normiert eine Schutzpflicht für das kulturelle und wirtschaftliche Eigenleben. Dabei gibt Art. 11 Abs. 4 BV zugleich eines der Motive wieder, die den Verfassungsgeber veranlasst haben, in der Bayerischen Verfassung die Selbstverwaltung zu stärken.[70] So, wie Art. 11 Abs. 4 BV sich bemüht, die Demokratie von unten nach oben entstehen zu lassen, so soll als Organisationsgrundlagen im Sinne des Staatsaufbaus im wirtschaftlichen und kulturellen Bereich ebenfalls das Prinzip „von unten nach oben" durch Art. 10 Abs. 4 BV ermöglicht werden.[71]

55   Diese Schutzpflicht ist vor allem dann sinnvoll, wenn es kulturelle und wirtschaftliche Besonderheiten in dem jeweiligen Gemeindeverband gibt. Motiv für die Aufnahme der Regelung des Art. 11 Abs. 4 BV war die Förderung der fränkischen und schwäbischen Landesteile.[72] Art. 10 Abs. 4 BV verdeutlicht auf diese Weise mittelbar, dass die Gemeindeverbände auch die Aufgabe haben, das regionale Leben zu stärken und ihm eine institutionelle Form zu geben.

56   **b) Inhalt der Schutzpflicht.** Die Schutzpflicht des Art. 11 Abs. 4 BV ist vor allem als Förderpflicht zu verstehen. Der Freistaat muss den Gemeindeverbänden die Möglichkeit einräumen, das regionale, kulturelle und wirtschaftliche Leben zu stärken und sie dabei unterstützen. Die Norm richtet sich nicht nur an den Gesetzgeber,[73] sondern auch an die Verwaltung.

Art. 11 [Gemeinden]

(1) ¹**Jeder Teil des Staatsgebiets ist einer Gemeinde zugewiesen.** ²**Eine Ausnahme hiervon machen bestimmte unbewohnte Flächen (ausmärkische Gebiete).**
(2) ¹**Die Gemeinden sind ursprüngliche Gebietskörperschaften des öffentlichen Rechts.** ²**Sie haben das Recht, ihre eigenen Angelegenheiten im Rahmen der Gesetze selbst zu ordnen und zu verwalten, insbesondere ihre Bürgermeister und Vertretungskörper zu wählen.**

---

[69] *Schweiger,* in: Nawiasky/Schweiger/Knöpfle, Art. 10, Rn. 9.

[70] *Schweiger,* in: Nawiasky/Schweiger/Knöpfle, Art. 10, Rn. 10.

[71] *Schweiger,* in: Nawiasky/Schweiger/Knöpfle, Art. 10, Rn. 10.

[72] Prot. II, S. 448; Hoegner, 38; *Meder,* Art. 10, Rn. 3.

[73] Zu eng daher *Meder,* Art. 10, Rn. 3: Programm an den Gesetzgeber.

(3) Durch Gesetz können den Gemeinden Aufgaben übertragen werden, die sie namens des Staates zu erfüllen haben.

(4) Die Selbstverwaltung der Gemeinden dient dem Aufbau der Demokratie in Bayern von unten nach oben.

(5) Für die Selbstverwaltung in der Gemeinde gilt der Grundsatz der Gleichheit der politischen Rechte und Pflichten aller in der Gemeinde wohnenden Staatsbürger.

Parallelvorschriften im GG und anderen Landesverfassungen: Art. 28 GG; Art. 71 BaWüVerf; Art. 97 BbgVerf; Art. 143 BremVerf; Art. 137 HessVerf; Art. 72 M-VVerf; Art. 57 NdsVerf; Art. 78 NWVerf; Art. 49 RhPfVerf; Art. 118–124 SaarlVerf; Art. 84 SächsVerf; Art. 87 SachsAnhVerf; Art. 46 SchlHVerf; Art. 91 ThürVerf.

Rechtsprechung: 29, 105; 31, 44; 31, 99; 33, 144; 33, 47; 33, 87; 34, 180; 35, 50; 36, 113; 36, 173; 37, 119; 38, 118; 40, 53; 40, 154; 41, 140; 45, 33; 45, 157; 47, 165; 49, 37; 49, 79; 52, 47; 52, 66; 55, 98; 57, 134; 57, 175.

Literatur: Adler, Das Satzungsrecht der Gemeinden als verfassungsrechtlich eigenständiges Rechtsetzungsrecht, 1997; *Ahlers,* Beteiligungsrechte im Verwaltungsverfahren unter Berücksichtigung der Grundrechte sowie der kommunalen Selbstverwaltungsgarantie, 1984; *Battis/Kersten,* Public Private Partnership in der Städtebauförderung, LKV 2006, 442; *Blanke/Hufschlag,* Kommunale Selbstverwaltung im Spannungsfeld zwischen Partizipation und Effizienz, JZ 1998, 653; *Brohm,* Die Eigenständigkeit der Gemeinden, DÖV 1986, 397; *Brosius-Gersdorf,* Wirtschaftliche Betätigung von Gemeinden außerhalb ihres Gebiets, AöR 130 (2005), 392; *Dieckmann,* Kommunale Selbstverwaltung, in: Festgabe 50 Jahre Bundesverwaltungsgericht 2003, 815; *Eiding/Hannich,* Bürgerbegehren und Bürgerentscheide in Bayern nach dem Wegfall der gesetzlichen Sperrwirkung (Art. 18a Abs. 8 GO/Art. 25a Abs. 8 LKrO), BayVBl 1998, 551; *Engelbrecht,* Die rechtsaufsichtliche Genehmigung kommunaler Steuersatzungen in Bayern, KommunalPraxis spezial 2005, 35 ff.; *Funke/Schroer,* Selbstverwaltungsgarantie und gemeindliche Zusammenarbeit bei der Bauleitplanung, ZG 1986, 256; *Gallwas,* Die „räumliche Komponente der Vorhersehbarkeit" – eine neue Argumentationsfigur?, BayVBl 1992, 644; *Gern,* Handlungsspielräume der Gemeinden bei Entschuldung durch Veräußerung des Wohnungsbestands, NVwZ 2007, 12; *ders.,* Privatrechtliche Entgelte für die Benutzung öffentlicher Einrichtungen der Kommunen, VBlBW 2006, 458; *Gröpl,* Beeinträchtigung kommunaler Aufgaben durch die Zulassung privater Feuerbestattungsanlagen?, BayVBl 1995, 485; *Hauk,* Verfassungsrechtliche Voraussetzungen einer Verkürzung der Kommunalwahlperiode unter den Bedingungen des Verwaltungsaufbaus in den neuen Bundesländern, LKV 1992, 361; *Heberlein,* Auslandspartnerschaften und kommunale Selbstverwaltung, ThürVBl 1995, 121; *Hellermann,* Risiken der Privatisierung vor dem Hintergrund kommunaler Einstandspflichten, SächsVBl 2004, 249; *Hennecke,* Verwaltungseffizienz und Betroffenenakzeptanz, Leitbildgerechtigkeit und politische Durchsetzbarkeit, NVwZ 1994, 555; *Henneke,* Das verfassungsrechtliche Verhältnis zwischen Städten, Gemeinden und Kreisen im Spiegel der höchstrichterlichen Rechtsprechung, Landkreis 2007, 560; *ders.,* ThürVerfGH schreibt Lehrbuch der Kommunalfinanzausgleichsgesetzgebung, ZG 2006, 73; *ders.,* Verpflichtung der Kommunen zur Ausführung neuer oder erweiterter Sozialleistungstatbestände durch den Bund?, ZG 2007, 21; *Hufen,* Kulturauftrag als Selbstverwaltungsgarantie, NVwZ 1983, 516; *Ipsen,* Schutzbereich der Selbstverwaltungsgarantie und Einwirkungsmöglichkeiten des Gesetzgebers, ZG 1994, 194; *Jarass,* Aktivitäten kommunaler Unternehmen außerhalb des Gemeindegebiets, insbesondere im öffentlichen Personennahverkehr, DVBl 2006, 1; *Jung,* Kommunale Direktdemokratie mit Argusaugen gesehen, BayVBl 1998, 225; *Kemmer,* Die Leistungsnormen des BSHG und die gemeindliche Selbstverwaltungsgarantie, 1982; *Knemeyer,* Die bayerischen Gemeinden als Grundrechtsträger – Zugleich eine Positionsbestimmung der Gemeinden im Staat, BayVBl 1988, 129; *ders.,* Grenzen staatlicher Kontrolle bei der Genehmigung kommunaler Abgabensatzungen, BayVBl 1989, 232; *Ladeur,* Zum Anspruch des fraktionslosen Gemeinderatsmitglieds auf Einräumung von Mitgliedschaftsrechten in Gemeinderatsausschüssen, BayVBl 1992, 387; *Lange,* Die gemeindliche Selbstverwaltungsgarantie in der Rechtsprechung der Landesverfassungsgerichte, Aufsatz, NdsVBl 2005, Sonderheft, 19; *Leidinger,* Energiewirtschaftsgesetz contra kommunale Selbstverwaltungsgarantie?, DÖV 1999, 861; *Meier/Greiner,* Rechtliche Handlungsmöglichkeiten der Kommunen bei finanzieller Überforderung durch landes- und bundesgesetzliche Aufgabenzuweisungen und gleichzeitiger Verpflichtung zum Haushaltsausgleich, VerwArch 2006, 293; *Meiski,* Über die Verschwiegenheitspflichten kommunaler Mandatsträger als Aufsichtsräte in kommunalen Eigengesellschaften in Form der GmbH, BayVBl 2006, 300; *Meyer,* Die kommunale Finanzgarantie als Herausforderung für die Landesverfassungsgerichte, NVwZ 2001, Sonderheft, 36; *Morlok/Voss,* Grenzen der staatlichen Informationstätigkeit bei Volksentscheiden, BayVBl 1995, 513; *Möstl,* Fauna-Flora-Habitat-Schutzgebiete in der kommunalen Bauleitplanung, DVBl 2002, 726; *Muth,* Wem gehört die Feuerwehr?, DNV 1997, 24; *Oebbecke,* Sparkassentätigkeit als kommunale Selbstverwaltungsaufgabe, LKV 2006, 145; *Papier,* Kommunale Daseinsvorsorge im Spannungsfeld zwischen nationalem Recht und Gemeinschaftsrecht, DVBl 2003, 686; *ders.,* Rechtsfragen zur Finanzausstattung der Bezirke, BayVBl 1994, 737; *Petz,* Aufgabenübertragungen und kommunales Selbstverwaltungsrecht, DÖV 1991, 320; *ders.,* Die Übertragung von Staatsaufgaben als Kreisverwaltungsaufgaben auf die kreisfreien Städte, BayVBl 1989, 353; *Pfeiffer, Thomas Michael,* Haftung für Pflichtverletzungen der Kommunalaufsichtsbehörde, 2006; *Rennert,* Der Selbstverwaltungsgedanke im kommunalen Wirtschaftsrecht, JZ 2003, 385; *ders.,* Kommunalwirtschaft und Selbstverwaltungsgarantie, DV 35 (2002), 319; *Richter,* Kommunale Selbstverwaltung im Verhältnis verschiedener Selbstverwaltungsträger, DÖV 1980, 419; *Rödl/Pichura,* Kommunalrechtliche Hindernisse für die Einführung eines gemeindlichen Sicherheitsbeirates – ein Beitrag zur Abgrenzung der gemeindlichen Wirkungskreise im allgemeinen Sicherheitsrecht und zum Antragsrecht nur mittelbar demokratisch legitimierter Gremien, BayVBl 1996, 525; *Ruffert,* Grundlagen und Maßstäbe einer wirkungsvollen Aufsicht über die kommunale wirtschaftliche Betätigung, VerwArch 2001, 27; *Scharpf,* Die wirtschaftliche Betätigung von Gemeinden zwischen Grundrechtsrelevanz und kommunalem Selbstverwaltungsrecht, GewArch 2005, 1; *Schink,* Wirtschaftliche Betätigung kommunaler Unternehmen, NVwZ 2002, 129; *Schliesky,* Gemeindefreundliches Konnexitätsprinzip, DÖV 2001, 714; *ders.,* Rechtsprechung öffentliches Recht, JA 1998, 370 ff.; *Schmehl,* Zur Bestimmung des Kernbereichs der kommunalen Selbstverwaltung, BayVBl 2006, 325; *Schmidt-Jortzig,* Gemeinde- und Kreisaufgaben, DÖV 1993, 973; *Schmitt Glaeser,* Grenzen des Plebiszits auf kommunaler Ebene, DÖV 1998, 824; *Schnutenhaus/Günther,* Zum Erlass eines Anschluss- und Benutzungszwangs aus Gründen des Klimaschutzes, ZUR 2006, 367; *Schrader,* Justiziabilität kommunaler Beteiligungsrechte im Gesetzgebungsverfahren, VBlBW 2007, 81; *Schroeder,* Wozu noch Zweckverbände?, DV 34 (2001), 205; *Schwarz,* Funktionsfähigkeit als Abwägungstopos, BayVBl 1998, 710; *Schwind,* Anspruch einer Gemeinde auf Entwidmung nicht mehr entsprechend genutzter Bahnflächen, DVBl 2003, 839; *Soria,* Kommunale Selbstverwaltung im europäischen Vergleich, in: T. Mann/G. Püttner, Handbuch der kommunalen Wissenschaft und Praxis, Bd. 1, 3. Aufl. 2007, § 36, 1015; *Spreen,* Beteiligungsrechte bei Maßnahmen zum Ausbau des öffentlichen Stromnetzes, UPR 2007, 175; *Thieme,* Die Gliederung der deutschen Verwaltung, in: Handbuch der kommunalen Wissenschaft und Praxis Bd 1, 1981, 135; *Tomerius,* Vergaberecht und kommunale Selbstverwaltungsgarantie aus Art. 28 Abs. 2 GG, Gemeindehaushalt 2006, 173; *Vetzberger,* Verfahrensschutz bei Eingriffen des Gesetzgebers in die kommunale Selbstverwaltung, LKV 2004, 433; *Wagener,* Anmerkung, Kommunale Selbstverwaltungsgarantie, Festlegung von Einzugsbereichen kommunaler Datenverarbeitungszentralen, DÖV 1979, 639; *Weber,* Die gemeindliche Satzungsgewalt im Spannungsverhältnis zwischen autonomer Rechtsgestaltung und staatlicher Einflußnahme, BayVBl 1998, 327; *Wessel,* Energieversorgung als wirtschaftliche Betätigung kommunaler Gebietskörperschaften im Licht der Selbstverwaltungsgarantie, NVwZ 2002, 1083.

Übersicht

I. Allgemeines

1. Bedeutung

1   Art. 11 BV legt mit Art. 12 BV und Art. 83 BV die wesentlichen verfassungsrechtlichen Grundlagen der Rechtsstellung der Gemeinden im Staat fest. Die Gemeinden werden als Verwaltungsträger geschaffen, die dem Freistaat gegenüber eigene Rechte besitzen, obwohl

sie selbst Teil des Staates sind. Die Norm gilt für die Gemeinden, nicht für die Landkreise und Bezirke. Die kreisfreien Gemeinden nehmen zwar auch Aufgaben der Landkreisen wahr (Art. 9 Abs. 2 Satz 1 BV), sind aber dennoch Gemeinden und keine „Bezirke".[1]

Verfassungsrechtlich besitzen die Gemeinden keine Rechtsstellung gegenüber dem **2** Staat, sondern nur eine verfassungsrechtlich gesicherte Sonderstellung im Staat,[2] allerdings mit prozessual durchsetzbaren Ansprüchen gegen den Freistaat.

Die starke Stellung der Kommunen ist eine Besonderheit des deutschen Verfassungs- **3** rechts. Da die Gesetzgebungskompetenz für das Kommunalrecht bei den Ländern liegt, besitzt die verfassungsrechtliche Garantie der kommunalen Selbstverwaltung für die Gemeinden eine hohe praktische Relevanz.

2. Entstehung

Die Selbstverwaltungsgarantie hat eine alte und wechselnde Geschichte (s. dazu o. **4** Art. 10 A. 1.). Bei der Garantie der Selbstverwaltung für die Gemeinden betreffen die wechselnden Vorstellungen zunächst die Qualifizierung der Selbstverwaltungsgarantie als Grundrecht bzw. als institutionelle Garantie. Darüber hinaus wechselte das Maß, in dem die Garantie zur Disposition des Gesetzgebers steht. Die Bayerische Verfassung hat sich für die Gewährleistung als institutionelle Garantie entschieden und dabei eine starke Ausgestaltung der Selbstverwaltungsgarantie gewählt, wie durch die von den Gemeindeverbänden getrennte Gewährleistung, den abweichenden Normtext im Vergleich zu Art. 10 BV und die Berufung der „Ursprünglichkeit" deutlich wird.

Während des Verfassungsgebungsprozesses war die Norm kaum umstritten. Art. 5 und **5** Art. 46 VE enthielten grundlegende Bestimmungen über die Gemeinden bzw. nähere Vorschriften über den eigenen Wirkungskreis, die Gemeindefinanzen, die Staatsaufsicht und die Entscheidung von Verwaltungsstreitigkeiten. Diesen Vorschlägen entsprachen im E die Art. 5 und 53 (nunmehr Art. 11 und Art. 83 BV)[3].

3. Verhältnis zum Grundgesetz

Das GG enthält in Art. 28 Abs. 2 S. 2 GG ebenfalls eine Garantie der gemeindlichen **6** Selbstverwaltung. Nach Art. 28 Abs. 2 Satz 1 GG muss den Gemeinden das Recht gewährleistet sein, alle Angelegenheiten der örtlichen Gemeinschaften im Rahmen der Gesetze in eigener Verantwortung zu regeln. Das GG übernimmt von der Bayerischen Verfassung sowohl die Einordnung als institutionelle Garantie, als auch die gegenüber den Gemeindeverbänden selbständige Ausgestaltung. Zwischen Art. 28 Abs. 2 Satz 1 GG und Art. 11 BV bestehen keine Unterschiede dergestalt, dass die eine Norm etwas gebieten würde, was die andere untersagt. Art. 11 Abs. 2 S. 2 BV gilt daher neben Art. 28 Abs. 2 S. 2 GG weiter.[4]

II. Einzelkommentierung

1. Die Gemeindegebiete – Absatz 1

a) Allgemein. Die Bayerische Verfassung teilt die Garantie der Selbstverwaltung der **7** Gemeindeverbände auf zwei Normen auf. Eine widmet sich der räumlichen Ausdehnung der Gemeindeverbände – Art. 9 BV –, und die zweite beschäftigt sich mit dem eigentlichen Verwaltungsträger. Die Gemeinden erwähnt die Verfassung bei Art. 9 und Art. 10 BV nicht. Für die Gemeinden geht sie dennoch systematisch vergleichbar vor, indem sie räumliche Aufteilung und Kompetenzzuweisungen trennt – allerdings nicht in zwei Artikel,

---

[1] *Schweiger,* in: Nawiasky/Schweiger/Knöpfle, Art. 11, Rn. 2.
[2] *Schweiger,* in: Nawiasky/Schweiger/Knöpfle, Art. 11, Rn. 4.
[3] Vgl. Prot. I S. 133 bis 145 und II S. 389 bis 399; *Schweiger,* in: Nawiasky/Schweiger/Knöpfle, Art. 11, Rn. 1; *Paptistella,* in: Praxis der Kommunalverwaltung Bayern, BV, Art. 11, Erl.
[4] *Meder,* Art. 11, Rn. 3.

sondern in zwei Absätze. Art. 11 Abs. 1 BV betrifft das Gemeindegebiet, während der nachfolgende Absatz die rechtliche Ausgestaltung enthält.

8   **b) Art. 11 Abs. 1 S. 1 – Gemeindegebiet.** Art. 11 Abs. 1 S. 1 BV teilt jeden Teil des Staatsgebiets einer Gemeinde zu. Umgesetzt ist diese Vorgabe durch unterverfassungs-rechtliches Recht. Gebietsänderungen schließt Art. 11 Abs. 1 BV nicht aus. Die Norm vermittelt zwei Inhalte. Zum einen begründet Art. 11 Abs. 1 S. 1 BV die Regel, nach der das gesamte Staatsgebiet zugleich auch Gemeindegebiet (verschiedener Gemeinden) ist. Weiter enthält die Norm die Aussage, dass jedes Staatsgebiet nur einer Gemeinde zugewiesen sein kann. Die Zuweisung des gleichen Teils an zwei Gemeinden zugleich würde dem Art. 11 Abs. 1 S. 1 BV widersprechen. Art. 10 GO wiederholt diese Vorgaben noch einmal auf einfachgesetzlicher Ebene.

9   **c) Art. 11 Abs. 1 S. 2 – ausmärkische Gebiete.** Die Staatsgebiete, die keiner Gemeinde zugeordnet sind – ausmärkische Gebiete –, sind zwar Staatsgebiet, aber kein Gemeindegebiet. Sie bilden eine Ausnahme von dem Grundsatz, nach dem das gesamte Staatsgebiet Gemeinden zugeordnet ist. Art. 10 a GO normiert sie einfachrechtlich.

10   Da die ausmärkischen Gebiete keiner Gemeinde zugeordnet sind, ist für diese Gebiete auch keine Gemeinde zuständig.[5] Die Hoheitsgewalt, die die Gemeinden in ihrem Gebiet im Rahmen der Selbstverwaltung und im Rahmen des übertragenen Aufgabenbereichs wahrnehmen, muss daher in diesen Gebieten anderen Hoheitsträgern zustehen. Die Gemeindeordnung erklärt die Landratsämter für zuständig.[6] Sinnvoll sind die gemeinde-freien Gebiete nur für Flächen, die unbewohnt sind.

11   Die Fläche des Staatsgebietes, die keiner Gemeinde zugerechnet wird, ist relativ groß.[7] Besonders die ursprünglich zum Grafen- bzw. Herzogsgut gehörenden, später königlichen Seen, Waldungen und Gebirge („bestimmte unbewohnte Flächen") gehören dazu. Insgesamt bildet die Fläche wohl 8,65 % des Staatsgebiets.[8] Seit der Gebietsreform bestehen immer noch über 300 gemeindefreie Gebiete,[9] die zusammengelegt worden sind. Gemeindefreies Gebiet ist einfachgesetzlich auf Antrag angrenzender Gemeinden in diese einzugliedern, wenn nicht dringende Gründe des öffentlichen Wohls entgegenstehen (Art. 11 Abs. 1 GO).

2. Das Selbstverwaltungsrecht – Absatz 2

12   **a) Art. 11 Abs. 2 S. 1 – ursprüngliche Gebietskörperschaft.** *aa)* „*Ursprüngliche Gebietskörperschaft*. Die Bedeutung des Begriffs „ursprünglich" erklärt sich entstehungs-geschichtlich. Der Verfassungsgeber war der Auffassung, die Gemeinden seien älter als der Staat und als Erscheinungsformen mit eigenen Rechten zu akzeptieren (s. o. Art. 10 A. 1.).[10] Mit dem Begriff der ursprünglichen Gebietskörperschaft betont die Verfassung daher die Rechte der Gemeinde, die sie in Art. 11 Abs. 2 S. 2 BV noch einmal konkretisiert. Wie schon dargelegt, wollte der Verfassungsgeber mit der Hervorhebung der Ursprünglichkeit der Gemeinden feststellen, dass ihnen dem Staat gegenüber eine selbständige Rechtsstellung zukommt.[11] Es ist aber nicht anzunehmen, dass die Reichweite des Art. 11 Abs. 2 S. 1 und S. 1 BV geringer wäre, wenn die Bayerische Verfassung auf den Begriffsteil „ursprünglich" in Art. 11 Abs. 2 S. 1 BV verzichtet hätte. Dennoch macht dieses Adjektiv das Anliegen des Verfassungsgebers, die Gemeinden und die gemeindliche Selbstverwaltungsgarantie hervorzuheben, besonders eindringlich.[12]

---

5 *Schweiger,* in: Nawiasky/Schweiger/Knöpfle, Art. 11, Rn. 2.
6 Art. 11 Abs. 5 GO.
7 *Prandl,* BayVBl 1967, 420 (421).
8 *Schweiger,* in: Nawiasky/Schweiger/Knöpfle, Art. 11, Rn. 3
9 *Schweiger,* in: Nawiasky/Schweiger/Knöpfle, Art. 11, Rn. 3.
10 S. a. VerfGH 2, 143 (162 ff.); VerfGH 7, 113 (118).
11 VerfGH 7, 113 (118).
12 Zurückhaltender gegenüber dem Sinn des Begriffs - *Meder,* Art. 11, Rn. 2.

Aus dem Verweis auf die Ursprünglichkeit lässt sich aber nicht folgern, jede Gemeinde **13** habe ein Recht darauf, in ihrem Bestand und Gebietsumfang, so, wie er zur Zeit des Inkrafttretens der Verfassung gegeben war, dauernd unangetastet zu bleiben.[13]

bb) Gebietskörperschaft. Die Gemeinden sind Selbstverwaltungskörperschaften. Der Be- **14** griff ist im juristischen Sinne gemeint. Die Gebietskörperschaft ist eine juristische Person des öffentlichen Rechts, die durch ihre Mitglieder, die wiederum in ihrer Gebundenheit an das Hoheitsgebiet der Körperschaft zusammengefasst werden, charakterisiert wird.[14] Körperschaften sind immer juristische Personen und daher stets selbständige Verwaltungsträger. Selbstverwaltungskörperschaften sind nur solche, denen auch das Selbstverwaltungsrecht zukommt. Die Reichweite dieses Selbstverwaltungsrechts wird durch Art. 11 Abs. 2 S. 2 BV näher konkretisiert, so dass insoweit Art. 11 Abs. 1 S. 1 BV keine konkrete Wirkung zukommt.

cc) Qualifizierung. Die Bayerische Verfassung qualifiziert die Gemeinden selbst als ur- **15** sprüngliche Gebietskörperschaft. Diese Qualifizierung gilt unmittelbar aufgrund der Verfassung. Dennoch bedarf diese der Umsetzung durch Gesetz, allerdings wohl nicht wegen der Anerkennung als Verwaltungsträger, sondern zur Ausgestaltung der Organisation und Verwaltung. Gebietskörperschaften sind ohne Organisationsregeln nicht denkbar. Zurzeit finden sie sich in Art. 1 ff. GO.

dd) Bestandsgarantie. Art. 11 Abs. 2 S. 1 BV statuiert die Gemeinden nicht nur als Selbstver- **16** waltungskörperschaften, sondern enthält auch die Garantie, dass es Gemeinden geben muss.[15] Art. 11 Abs. 2 S. 1 BV und das Selbstverwaltungsrecht gem. Art. 11 Abs. 2 S. 2 BV vermitteln den einzelnen Gemeinden aber keine Bestandsgarantie.[16] Art. 11 Abs. 2 S. 1 BV garantiert die Gemeinde als Institution, nicht aber die einzelnen existierenden Gemeinden. Es existieren zurzeit 25 kreisfreie und 2026 kreisangehörige Gemeinden. Die „Großen Kreisstädte" sind kreisangehörige Gemeinden. Ohne rechtliche Folgen sind die unterschiedlichen Bezeichnungen der Gemeinden als „Stadt" oder „Markt" oder „Gemeinde" oder „Landeshauptstadt" (s. dazu Art. 3 GO).[17]

Art. 11 Abs. 2 Satz 1 und Satz 2 BV vermittelt den Gemeinden auch gegenüber der Auf- **17** lösung oder Veränderungen im Bestand (Zusammenschluss, Verkleinerung und Auflösung) gewisse Rechte – die nicht ganz spannungsfrei zu dem angeblich institutionellen Gehalt des Art. 11 Abs. 2 Satz 1 BV herzuleiten sind. Die Rechtsprechung scheint dabei mehr auf Art. 11 Abs. 2 S. 2 BV als auf Art. 11 Abs. 2 S. 1 BV zurückzugreifen.

Danach gehört zum verfassungsrechtlich garantierten Kernbereich der kommunalen **18** Selbstverwaltung auch, dass Bestands- und Gebietsänderungen von Gemeinden nur aus Gründen des öffentlichen Wohls und nur nach vorheriger Anhörung der betroffenen Gemeinde (nicht auch der Gemeindebevölkerung) zulässig sind.[18] Als Grund des öffentlichen Wohls ist vor allem das Ziel, dem Sinn und Zweck der Selbstverwaltung entsprechender leistungsfähiger kommunaler Einheiten zu schaffen, anerkannt.[19] Programm und Tendenz einer gemeindlichen Gebietsreform müssen darauf ausgerichtet sein, nach Gebiet, Bevölkerung und Leistungsfähigkeit ein Gemeinwesen zu schaffen, das eine sachgerechte Erfüllung der Gemeindeaufgaben aus heutiger Sicht erwarten lässt.[20]

---

[13] VerfGH 31, 44 (58); VerfGH 31, 99 (LS 3 a u. 122 f.); *Schweiger,* in: Nawiasky/Schweiger/Knöpfle, Art. 11, Rn. 4.

[14] *Schweiger,* in: Nawiasky/Schweiger/Knöpfle, Art. 11, Rn. 4.

[15] Ständige Rechtsprechung vgl. nur VerfGH 36, 173 (178).

[16] *Meder,* Art. 11, Rn. 5; *Schweiger,* in: Nawiasky/Schweiger/Knöpfle, Art. 11, Rn. 4.

[17] *Schweiger,* in: Nawiasky/Schweiger/Knöpfle, Art. 11, Rn. 4.

[18] VerfGH 27, 14 (33); VerfGH 31, 99 (123 ff.); VerfGH 33, 47 (56); VerfGE 36, 12 (20); *Schweiger,* in: Nawiasky/Schweiger/Knöpfle, Art. 11, Rn. 4a.

[19] VerfGH 31, 44 (LS 5 u. 68 ff.); VerfGH 40, 14 (LS 3 u. 20); *Schweiger,* in: Nawiasky/Schweiger/Knöpfle, Art. 11, Rn. 4a.

[20] VerfGH 40, 154 (161); VerfGH 52, 66 (71).

19   Die Änderungen im Bestand oder Gebiet bedürfen nach h.M. der Form einer Rechtsnorm (formelles Gesetz[21] bzw. Rechtsverordnung).[22] Gegen diese Normen steht das Normenkontrollverfahren offen (Art. 98 Satz 4 BV/ § 47 VwGO).[23] Eine aufgelöste Gemeinde gilt zur Wahrnehmung ihrer Rechte vor dem VerfGH als fortbestehend.[24] Das Antragsrecht kann verwirkt werden.[25]

20   *ee) Gemeindegebietsreform.* Im Rahmen der Gemeindegebietsreform (s. Art. 9 BV Rn.) ist es zu zahlreichen verfassungsgerichtlichen Verfahren gekommen.[26] Als Leitlinien haben sich dabei folgende Grundsätze herausgeschält: Der VerfGH gesteht dem Normgeber eine weite planerische und organisatorische Gestaltungsfreiheit zu.[27] Die organisatorische Gestaltungsfreiheit des Normgebers ist bei der Aufteilung einer Gemeinde größer als bei der Entscheidung, ob überhaupt die Auflösung einer Gemeinde geboten ist.[28] Nach der Gebietsreform muss noch eine ausreichende Anzahl von Gemeinwesen, die dem herkömmlichen Bild der Gemeinden in politischer, soziologischer und wirtschaftlicher Hinsicht entsprechen, erhalten bleiben.[29]

Leistungsfähige und mit selbständiger Entscheidungsgewalt ausgestattete Gemeinwesen bieten die Gewähr dafür, dass die gemeindliche Selbstverwaltung auch weiterhin den ihr in der Verfassung zuerkannten hohen Stellenwert tatsächlich und wirksam einnehmen kann.[30] Die Frage der Eingliederung einer Gemeinde in eine andere Gemeinde ist nicht nur nach den örtlichen Gegebenheiten der bisherigen Gemeinde, sondern auch im größeren Rahmen der für die Gemeindegebietsreform maßgeblichen Erwägungen zu beurteilen.[31] Die Bedürfnisse des öffentlichen Wohls müssen mit den Interessen der betroffenen Gemeinden abgewogen werden.[32] Dies gilt vor allem bei der Auflösung einer „lebensfähigen Gemeinde".[33] Die Zugrundelegung einer regelmäßigen Mindestzahl von 1800 bis 2200 Einwohnern für die Funktionsfähigkeit einer Gemeindeverwaltung ist nicht verfassungswidrig.[34] Der Einbezug einer Gemeinde in eine Verwaltungsgemeinschaft geht grundsätzlich ihrer Auflösung vor.[35] Neu geschaffene größere Gemeinden müssen dem herkömmlichen Bild der Gemeinden, das geprägt ist von bürgernaher Verwaltung und örtlicher Verbundenheit der Einwohner und Möglichkeit ihrer Teilnahme am Gemeindegeschehen, entsprechen.[36]

---

[21] VerfGH 36, 173 (179).

[22] *Meder,* Art. 11, Rn. 5.

[23] VerfGH 36, 173 (177).

[24] VerfGH 33, 47 (53 f.); VerfGH 34, 1 (6 f.); VerfGH 39, 169 (173).

[25] VerfGH 40, 154 (159), nahezu 17 Jahre nach der Gemeindereform ist die Klage gegen diese verwirkt – VerfGH 50, 115 (121).

[26] VerfGH 31, 44 ff.; VerfGH 31, 99 ff.; VerfGH 33, 1 ff.; VerfGH 33, 47; VerfGH 33, 87 ff.; VerfGH 33, 144 (154 ff.); VerfGH 34, 1 ff.; VerfGH 34, 180 (192); VerfGH 34, 180 (LS u. 187 ff.); VerfGH 36, 15 (20); VerfGH 36, 173 (178 ff.); VerfGH 40, 154 ff.; BVerfGE 50, 50; VerfGH, Ents. v. 24. 6. 1988, Az: Vf.10-VII-86; VerfGH, Ents. v. 25. 2. 1987, Az: Vf.1-VII-83, VR 1987, 397; VerfGH, Ents. v. 6. 7. 1983, Az: Vf.24-VII-79; *Meder,* Art. 11, Rn. 5; zur Bundesebene vgl. *Nierhaus,* in: Sachs, GG, Art. 28, Rn. 42 f.

[27] VerfGH 33, 47 (56 f.); VerfGH, Ents. v. 16. 10. 1987, Vf.16-VII-84; VerfGH, Ents. v. 25. 2. 1987, Az: Vf.1-VII-83, VR 1987, 397; *Schweiger,* in: Nawiasky/Schweiger/Knöpfle, Art. 11, Rn. 4 a.

[28] VerfGH 33, 144 (154 f.).

[29] VerfGH 31, 99 (LS 3 a u. 122 f.); VerfGH, Ents. v. 26. 1. 1982, Az: Vf.23-VII-78.

[30] VerfGH 31, 99 (134 f.); VerfGH, Ents. v. 26. 1. 1982, Az: Vf.23-VII-78.

[31] VerfGH, Ents. v. 26. 1. 1982, Az: Vf.23-VII-78 m. w. N.

[32] VerfGH 31, 99 (135 f.); VerfGH 33, 144 (157).

[33] VerfGH 34, 64 (75); VerfGH 34, 180 (192).

[34] VerfGH 40, 14 (LS 4/21).

[35] VerfGH 40, 154 (161); VerfGH 36, 162 (171); VerfGH 36, 173 (178); *Schweiger,* in: Nawiasky/Schweiger/Knöpfle, Art. 11, Rn. 4 a.

[36] VerfGH 36, 162 (171); *Schweiger,* in: Nawiasky/Schweiger/Knöpfle, Art. 11, Rn. 4.

Gründe des öffentlichen Wohls müssen nicht nur die Auflösung einer Gemeinde als 21
solche rechtfertigen, sondern auch die Entscheidungsgrundlage dafür bilden, in welche andere Gemeinde die aufgelöste Gemeinde oder Teile von ihr eingegliedert werden.[37] Für die
Beurteilung der gemeindlichen Leistungskraft einer Gemeinde ist die Einwohnerzahl nur
eines von mehreren Beurteilungskriterien. Die Erwägung, eine Gemeinde deshalb in eine
Verwaltungsgemeinschaft einzubeziehen oder sie in dieser zu belassen, weil die Unterhaltung einer eigenen Verwaltung im Hinblick auf die schwache Finanzkraft und die
sonstigen kommunalen Aufgaben zu aufwendig und unter dem Gesichtspunkt der Bür-
gernähe auch nicht unbedingt erforderlich wäre, ist zulässig.[38] Entscheidungen über
Eingemeindungen sind auch im größeren Rahmen der für die Gemeindegebietsreform
maßgebenden Erwägungen zu beurteilen.[39] Es können aber nicht Eingriffe in das Selbstverwaltungsrecht einer Einheitsgemeinde allein zu dem Zweck, durch die Bildung einer
Verwaltungsgemeinschaft die Auflösung einer kleineren Gemeinde zu vermeiden, verlangt
werden.[40] Eine Gemeinde hat keinen Anspruch darauf, dass an Stelle einer Verwaltungsgemeinschaft aus mehreren Mitgliedsgemeinden eine Einheitsgemeinde gebildet wird.[41] Den
Namen einer neu geschaffenen Gemeinde dürfen die „alten" Gemeinden nicht bestimmen.[42]
Die Gemeinden haben kein Recht auf Beibehaltung der Landkreis- oder Bezirkseinteilung
oder der bestehenden Behördenorganisation, auch nicht auf die Bestimmung des Sitzes der
Kreisverwaltung.[43] Eine Begrenzung des Anhörungszeitraums auf drei Wochen ist angemessen.[44] Vergleichbare Maßstäbe gelten auch für die Frage der Nachkorrektur der Gemeindegebietsreform[45] und der Entlassung aus einer Verwaltungsgemeinschaft.[46]

ff) Kein Verbot eines weiteren Selbstverwaltungskörpers – Verwaltungsgemeinschaften. Der Gesetz- 22
geber hat mit der Verwaltungsgemeinschaftsordnung für den Freistaat Bayern (BayRS
2020-2-1-I) sowie der VO über die Aufgaben der Mitgliedsgemeinden von Verwaltungsgemeinschaften (BayRS 2020-2-1-1-I) die Verwaltungsgemeinschaft als Verwaltungsträger
geschaffen. Die Verwaltungsgemeinschaften werden durch Gesetz gegründet, bilden einen
Zusammenschluss mehrerer Gemeinden, die neben der Verwaltungsgemeinschaft bestehen
bleiben, sind Körperschaften des öffentlichen Rechts und nehmen vor allem die meisten
Aufgaben des übertragenen Aufgabenbereichs (mit Ausnahme der administrativen Normgebung) für die Mitgliedsgemeinden wahr. Die Schaffung dieses Verwaltungsträgers verstößt nach Auffassung des VerfGH nicht gegen die BV.[47]

Angesichts der wesentlichen Deformation des gemeindlichen Selbstverwaltungsrechts, 23
durch die die Einbindung der Verwaltungsgemeinschaften verursacht wird, wird man dieser
Meinung kaum folgen können, auch wenn nicht zu erwarten ist, dass der Verfassungsgerichtshof seine rechtsirrige Auffassung aufgeben wird. Legt man die Rechtsprechung zugrunde, gilt: Die Verwaltungsgemeinschaften bilden keine neue kommunale Ebene zusätzlich zu den „Kreisen" und „Bezirken" und den Gemeinden.[48] Das Selbstverwaltungsrecht der
Mitgliedsgemeinschaften wird durch die Bildung einer Verwaltungsgemeinschaft nicht ver-

---

[37] VerfGH 33, 144 (154 ff.).
[38] VerfGH, Ents. v. 6. 7. 1983, Az: Vf.24-VII-79.
[39] VerfGH 34, 180 (189).
[40] VerfGH 34, 180 (LS u. 187 ff.).
[41] VerfGH 34, 1 (LS 2 u. 11).
[42] BVerfGE 50, 195; s. aber auch BVerfGE 59, 216.
[43] VerfGH 29, 1 ff.
[44] VerfGH 52, 66 (73).
[45] VerfGH 36, 136 ff.; VerfGH, Ents. v. 6. 7. 1983, Az: Vf.24-VII-79.
[46] VerfGH 40, 14 (19 ff.); VerfGH 40, 29 (LS 2 u. 36 f.); VerfGH, Ents. v. 30. 9. 1987, Az: Vf.18-VII-
84; VerfGH, Ents. v. 12. 8. 1987, Az: Vf.2-VII-83; VerfGH, Ents. v. 30. 7. 1987, Az: Vf.5-VII-83; VerfGH,
Ents. v. 22. 5. 1987, Az: Vf.20-VII-85; VerfGH, Ents. v. 26. 3. 1987, Az: Vf.25-VII-84.
[47] VerfGH 40, 14 (21 ff.): Bedeutung der Einwohnerzahl; VerfGH 35, 50 (53): Bestimmung des Sitzes
einer Verwaltungsgemeinschaft; kritisch *Schweiger*, in: Nawiasky/Schweiger/Knöpfle, Art. 11, Rn. 16.
[48] VerfGH 36, 173; VerfGH 31, 44 (58); VerfGH 33, 87 (91 ff.).

fassungswidrig eingeschränkt,[49] ebenso nicht durch die Entlassung einer Gemeinde aus der Verwaltungsgemeinschaft.[50] Eine Gemeinde, die in eine der Mitgliedsgemeinden einer Verwaltungsgemeinschaft eingegliedert worden ist, kann nicht auf Grund des Art. 11 Abs. 2 BV geltend machen, die Bildung einer Einheitsgemeinde aus den Mitgliedsgemeinden wäre zweckmäßiger gewesen.[51] Ob das Ziel einer Neugliederung (statt durch die Eingliederung einer Gemeinde) nicht bereits mit einer Verwaltungsgemeinschaft erreicht werden kann, hat der Normgeber abzuwägen. Eine Eingliederung in eine andere Gemeinde muss unterbleiben, wenn die Bildung einer Verwaltungsgemeinschaft ausreicht.[52]

24   Einzelheiten: Eine Gemeinde darf in die Verwaltungsgemeinschaft wegen ihrer zentralörtlichen Bedeutung für die anderen Mitgliedsgemeinden eingebunden bleiben, auch wenn sie selbst nach Größe und Leistungskraft den Kriterien für eine selbständige Einheitsgemeinde entspricht.[53] Es ist aber nicht geboten, eine – für sich allein lebensfähige – Einheitsgemeinde in eine Verwaltungsgemeinschaft mit einer kleineren Gemeinde einzubeziehen, nur damit dieser die Auflösung erspart bleibt.

25   **b) Art. 11 Abs. 2 S. 2 – Das Selbstverwaltungsrecht der Gemeinden.** *aa) Allgemein.* Art. 11 Abs. 2 Satz 2 BV enthält zunächst eine institutionelle Garantie und vermittelt dabei zugleich den Gemeinden ein grundrechtsähnliches Recht.[54] Für Gemeindeverbände gilt Art. 11 Abs. 2 Satz 2 BV nicht, sondern nur Art. 10 Abs. 2 BV. Die kommunale Selbstverwaltungsgarantie soll die Beteiligten für ihre eigenen Angelegenheiten aktivieren und die in der örtlichen Gemeinschaft lebendigen Kräfte zur eigenverantwortlichen Erfüllung öffentlicher Aufgaben der engeren Heimat mit dem Ziel erschlossen werden, das Wohl der Einwohner zu fördern und die geschichtliche und heimatliche Eigenart zu wahren.[55]

26   Art. 11 Abs. 2 S. 2 BV gewährleistet den Gemeinden das Recht, ihre eigenen Angelegenheiten im Rahmen der Gesetze selbst zu ordnen und zu verwalten. Das Selbstverwaltungsrecht sichert ihnen einen grundsätzlich alle Angelegenheiten der örtlichen Gemeinschaft umfassenden Aufgabenbereich zu (Allzuständigkeit der Gemeinde).[56] Darüber hinaus kennzeichnet es auch die Aufgabenerledigung; für diese gilt das Prinzip der Eigenverantwortlichkeit der Gemeinden.[57]

27   Die staatlichen Behörden sind auf Grund der verfassungsrechtlichen Garantie des Selbstverwaltungsrechts grundsätzlich verpflichtet, die Selbstverwaltung zu fördern und zu stärken, die finanzielle Leistungsfähigkeit der Gemeinden zu erhalten und sich gemeindefreundlich zu verhalten.[58] Einfachrechtlich setzen vor allem Art. 7 GO, Art. 57 GO diese Vorgaben um.

28   *bb) Überblick.* Das Selbstverwaltungsrecht erfasst zwei Bereiche, den eigenen Aufgabenbereich und die eigenverantwortliche Erfüllung der Aufgaben. Man versucht, die verschiedenen Ebenen des Selbstverwaltungsrechts durch verschiedene Begriffe zu erfassen – mit denen der Personalhoheit, Organisationshoheit, Organautonomie, Satzungsautonomie, Finanzautonomie und Planungshoheit. Die Selbstverwaltungsgarantie gilt auch im Verhältnis zwischen Gemeinden und Landkreisen.[59]

---

[49] VerfGH 40, 29 (36).

[50] VerfGH 52, 66 (73).

[51] VerfGH 36, 136 (140).

[52] VerfGH 36, 173 (180); *Meder,* Art. 11, Rn. 5.

[53] VerfGH 34, 180 (192 f.).

[54] VerfGH 29, 105 (LS); VerfGH 33, 47 (53); VerfGH 40, 53 (56); VerfGH 41, 140 (146); *Meder,* Art. 11, Rn. 3; VerfGE 39, 17 (24).

[55] Vgl. BVerfGE 11, 266 (275 f.).

[56] VerfGH 47, 165 (172); VerfGH 20, 101 (109); BVerfGE 79, 127 (146 f.).

[57] VerfGH 45, 33 (43); VerfGH 47, 165 (172); VerfGH 50, 181 (203); VerfGH 55, 98 (121); *Kment,* BayVBl 2003, 496.

[58] VerfGH 41, 140 (148).

[59] BVerfGE 79, 127 (147 f., 152 f.); *Meder,* Art. 11, Rn. 7.

cc) Selbstverwaltungsaufgaben. aaa) Begriff der Selbstverwaltungsaufgaben. Die Selbstverwal- **29**
tungsgarantie bezieht sich zunächst auf einen bestimmten Aufgabenbereich. Man spricht
von dem eigenen Wirkungskreis. Der Selbstverwaltungsbereich der Gemeinden wird bei
Art. 11 Abs. 2 Satz 2 BV auf gleiche Weise wie bei Art. 28 Abs. 2 S. 2 GG bestimmt. Ihr
eigener Wirkungskreis umfasst grundsätzlich alle Aufgaben der örtlichen Gemeinschaft,
die von ihr eigenverantwortlich und selbständig bewältigt werden können. Entscheidend
ist dabei der örtliche Bezug. Zur Konkretisierung der Aufgaben im eigenen Wirkungskreis
arbeitet die Rechtsprechung auf Bundesebene mit einer langen Formel. Danach sind Angelegenheiten der örtlichen Gemeinschaft diejenigen Bedürfnisse und Interessen, die in der
örtlichen Gemeinschaft wurzeln oder auf sie einen spezifischen Bezug haben, die also den
Gemeindeeinwohnern als solchen gemeinsam sind; auf die Verwaltungskraft der Gemeinde
kommt es hierfür grundsätzlich nicht an.[60] Der Verfassungsgerichtshof arbeitet nicht mit
dieser „Wurzeltheorie",[61] insbesondere deshalb nicht, weil die Bayerische Verfassung mit
Art. 83 BV die wichtigsten Gebiete der eigenen Angelegenheiten selbst ausdrücklich nennt
und daher kein Bedürfnis nach einer alle Fälle umfassenden Formel besteht.

Die detaillierte Hinwendung der Bayerischen Verfassung zum kommunalen Selbstver- **30**
waltungsrecht beschränkt sich dabei nicht auf Art. 83 BV. So werden einzelne gemeindliche Aufgaben in einer Reihe von einzelnen Bestimmungen der Bayerischen Verfassung
genannt (s. Art. 83 Rn. 12). Eine Reihe von gemeindlichen Aufgaben wird dem Staat und
den Gemeinden gemeinsam auferlegt. In dieser gemeinsamen Zuweisung liegt zugleich
eine Beschränkung der Selbstverwaltungsaufgaben, da die Verfassung selbst die Ausschließlichkeit der gemeindlichen Aufgabenerledigung in diesen Sachbereichen relativiert, wie etwa bei Art. 149 BV (Bestattungswesen),[62] oder bei Art. 133 Abs. 1 BV und
Art. 130 Abs. 1 BV (Volksschulwesen).[63]

bbb) Beschränkung auf örtliche Aufgaben. Aus der Beschränkung auf Angelegenheiten der **31**
örtlichen Gemeinschaft ergibt sich eine Begrenzung des gemeindlichen Zuständigkeitsbereichs. Eine Überschreitung dieser Grenzen ist dann anzunehmen, wenn eine Gemeinde
zu allgemeinen, überörtlichen, vielleicht hochpolitischen Fragen Resolutionen fasst oder
für bzw. gegen eine Politik Stellung nimmt, die sie nicht als einzelne Gemeinde besonders
trifft, sondern der Allgemeinheit eine Last aufbürdet oder sie allgemeinen Gefahren aus-
setzt.[64] Die Warnung vor den Gefahren bestimmter Religionen gehört als solche nicht zu
den Aufgaben einer Gemeinde.[65]

ccc) Einzelheiten. Die kommunale Selbstverwaltungsgarantie erfasst grundsätzlich auch **32**
wirtschaftliche Aktivitäten der Gemeinden.[66] Die Errichtung und der Betrieb einer Sparkasse gehört herkömmlicherweise zu den Aufgaben, welche die Gemeinden in Ausführung ihres Selbstverwaltungsrechts wahrnehmen.[67] Sparkassen-Zweigstellen müssen
dabei nicht unbedingt ausschließlich im Bereich der Gebietskörperschaft ihres Gebiets
betrieben werden.[68] Zu den Selbstverwaltungsangelegenheiten zählt auch die Bereitstellung von Kindergartenplätzen. Die Nichterwähnung von Kindergärten in Art. 83 BV
schließt nicht aus, die Sorge für die Einrichtung und den Betrieb von Kindergärten (Art. 5
Abs. 1 BayKiG) den Angelegenheiten des eigenen Wirkungskreises zuzuweisen.[69] Aller-

---

[60] BVerfGE 110, 370 (400) m. w. N.; s.a. schon BVerfGE 79, 127 (151).
[61] Anders der VGH NVwZ-RR 1999, 492 (498).
[62] VerfGH 49, 79 ff.; VerfGH 57, 175 (178 ff.).
[63] VerfGH 36, 113 (119).
[64] VGH NVwZ-RR 1998, 207 ff. (atomwaffenfreie Zone); VGH NVwZ-RR 1999, 492 (498);
VGH NVwZ-RR 1990, 211 ff.; *Meder,* Art. 11, Rn. 11.
[65] Vgl. VerfGH 50, 219 (224).
[66] *C. Scharpf,* GewArch 2005, 1 ff.
[67] VerfGH 38, 118 (126).
[68] VerfGH 38, 118 (131).
[69] VG Augsburg, Urt. v. 22. 2. 2000, Az: Au 9 K 99.426.

dings gibt das gemeindliche Selbstverwaltungsrecht einer Gemeinde keinen Anspruch auf Erweiterung des Einzugsbereichs des Kindergartens.[70] Die Auferlegung von finanziellen Leistungen für nicht im Bedarfsplan vorgesehene Kindergärten verletzt nicht Art. 11 Abs. 2 BV.[71] Aus dem Selbstverwaltungsbereich des Volksschulwesens kann kein Anspruch auf eine eigene Schule abgeleitet werden.[72] Die tatsächliche Durchführung der Landtagswahl fällt nicht in den Kreis der Selbstverwaltungsaufgaben der Gemeinden.[73]

33   *dd) Recht auf Verwaltung. aaa) Allgemein.* Die Zuweisung der eigenen Aufgaben besitzt nur einen Wert, wenn die Gemeinden diese auch selbst wahrnehmen dürfen. Daher enthält die Selbstverwaltungsgarantie auch einen Schutz der eigenständigen Erledigung der Aufgaben. Die Verfassung trennt dabei begrifflich zwischen dem „Verwalten" und dem „Ordnen", wobei dieser Unterscheidung keine übermäßige Bedeutung beigemessen werden darf.

34   Gemäß Art. 11 Abs. 2 Satz 2 BV haben die Gemeinden das Recht, ihre eigenen Angelegenheiten im Rahmen der Gesetze selbst zu verwalten.[74] Dies gilt für jeden einzelnen Tätigkeitsbereich des eigenen Wirkungskreises.[75] Die Zuständigkeit erfasst die Befugnis, über das „Ob" und das „Wie" der Aufgabenerledigung grundsätzlich selbst zu entscheiden. In diesem Selbstverwaltungsrecht ist dabei auch die Befugnis enthalten, staatliche Maßnahmen abzuwehren, die die Erfüllung der eigenen Aufgaben hindern.

35   *bbb) Personalhoheit. Allgemein.* Von dem Recht zur Verwaltung ist zunächst die Personalhoheit der Gemeinden erfasst (einfachrechtlich: Art. 43 GO).[76] Die Personalhoheit einer Gemeinde ist wesentlicher Bestandteil des Selbstverwaltungsrechts. Sie umfasst vor allem die Befugnis, Beamte, Angestellte und Arbeiter der Gemeinde auszuwählen, anzustellen, zu befördern und zu entlassen.

36   *Speziell – Dienstherrnfähigkeit.* Zur Personalhoheit gehört unter anderem auch die Dienstherrnfähigkeit.[77] Die Personalhoheit gewährt aber keine Garantie, das Dienstrecht für die Gemeindebeamten und Gemeindebediensteten selbst zu erlassen. Einschränkungen der Personalhoheit der Gemeinde über den Gesetzesvorbehalt sind auf Grund der geschichtlichen Entwicklung und der historischen Erscheinungsform der Selbstverwaltung herkömmlich.[78] Der Status der kommunalen Wahlbeamten, die auch Beamte im staatsrechtlichen Sinn sind, ist weitgehend dem der Staatsbeamten angeglichen.[79]

37   *Einzelheiten.* Keine verfassungswidrige Beeinträchtigung der Personalhoheit bilden: die Pflicht, die Zusicherung einer Ernennung zu erfüllen,[80] die Mitwirkungsrechte des Landespersonalausschusses,[81] die Altersbeschränkungen für das Amt des Bürgermeisters,[82] das Institut des Ehrensoldes für frühere Bürgermeister,[83] die Gestattung von Disziplinarmaßnahmen gegen kommunale Wahlbeamte, auch gegen Landräte, deren Bindung an Gesetz und Recht,[84] ebenso wenig Art. 43 Abs. 4 GO.[85]

38   *ccc) Finanzhoheit.* Zur Finanzhoheit s. Art. 83 BV.

---

[70] VGHE 57, 134 ff.; s.a. VGH NVwZ-RR 2005, 559 ff.
[71] VGH NVwZ-RR 1990, 155.
[72] VerfGH 36, 113 (119).
[73] VerfGH 54, 109 (148).
[74] VerfGH 20, 101 (109).
[75] VerfGH 45, 33 (43); VerfGH 47, 165 (172); VerfGH 49, 79 (85 f.); VerfGH 57, 175 (178 ff.).
[76] VerfGH 20, 101 (109); VerfGH 31, 44 (63); VerfGH 33, 87 (LS 2 u. 3).
[77] Konkludent VerfGH 20, 101 (109).
[78] VerfGH 33, 87 (93); VerfGH 44, 63 f.; VerfGH 52, 47 (64).
[79] VerfGH 22, 19 (24).
[80] BVerfGE 17, 172; *Meder,* Art. 11, Rn. 8.
[81] BVerwGE 31, 345.
[82] VerfGH 21, 83 ff.; VerfGH 36, 188 ff.
[83] VerfGH 23, 115 ff.
[84] VerfGH 42, 54 (59).
[85] VerfGH 52, 47 (64).

dd) Planungshoheit. aaa) Allgemein. Zur „Verwaltung" der eigenen Angelegenheiten gehört **39** auch die Planungshoheit. Mit der Planungshoheit meint man vor allem den in Art. 83 BV erwähnten Bereich der Ortsplanung.[86] Die durch Art. 11 Abs. 2 BV geschützte Planungshoheit kann einer Gemeinde zwar unter bestimmten Voraussetzungen eine wehrfähige, in die Abwägung einzubeziehende Rechtsposition gegenüber fremden Fachplanungen auf ihrem Hoheitsgebiet vermitteln. Voraussetzung hierfür ist, dass eine eigene hinreichend bestimmte Planung der Gemeinde nachhaltig gestört wird, auf noch nicht verfestigte, aber konkrete Planungsabsichten der Gemeinde nicht hinreichend Rücksicht genommen wird oder das Fachplanungsvorhaben wegen seiner Großräumigkeit wesentliche Teile des Gemeindegebiets einer durchsetzbaren eigenen Planung der Gemeinde entzieht.[87] Dagegen kann die Gemeinde nicht rügen, eine bestimmte Trasse für eine Straße gehe auf eine rechtswidrige landesplanerische Zielbestimmung zurück.[88] Konkrete Planvorstellungen müssen von anderen Planungsträgern beachtet werden, sofern deren Planungen rechtliche oder erhebliche faktische Auswirkungen auf hinreichend konkretisierte Planungen der Gemeinde haben können.[89] Die Planungshoheit einer Gemeinde als Bestandteil ihres Selbstverwaltungsrechts kann unter bestimmten Voraussetzungen auch gegenüber grenzüberschreitenden Auswirkungen von Planungen anderer Gemeinden Bedeutung erlangen.[90]

Eine Gemeinde kann in ihrer Planungshoheit durch den Bauleitplan einer anderen Ge- **40** meinde verletzt werden, wenn die fremde Planung unmittelbare rechtliche Auswirkungen auf das eigene Gemeindegebiet hat. Dagegen werden die faktischen Auswirkungen fremder Bauleitplanung die eigene Planungshoheit in der Regel nicht verletzen. Anderes kann allerdings gelten, wenn die fremde Planung unmittelbare Auswirkungen gewichtiger Art hat und hinreichend konkretisierte eigene örtliche Planungen beeinträchtigt.[91]

bbb) Einzelheiten. Die Planungshoheit einer betroffenen Gemeinde wird grundsätzlich **41** nicht verletzt, wenn die Fachplanungsbehörde Entscheidungen mit bauplanerischen Auswirkungen trifft − etwa im Rahmen einer luftverkehrsrechtlichen Planfeststellung auf dem Gelände eines Sonderflughafens neue Hochbauflächen ausweist, die sich im Rahmen der dort genehmigten Nutzungszwecke halten.[92] Die von einer fernstraßenrechtlichen Planfeststellung betroffene Gemeinde kann nicht die Wahl einer bestimmten Trasse mit dem Einwand abwehren, diese gehe auf eine rechtswidrige landesplanerische Zielbestimmung zurück.[93] Art. 11 Abs. 2, 83 Abs. 1 BV gebietet nicht, dass der Standortvorschlag eines Flugplatzes in einem eigenen Verfahrensteil geprüft werden muss.[94] Die Bindung der Gemeinden an die übergemeindliche Raumordnungs- und Landesplanung ist verfassungsgemäß.[95]

Rechte der Stadt als Ausfluss ihrer Planungshoheit sind im Baugenehmigungsverfahren **42** über das Einvernehmen oder dessen Verweigerung einzubringen (vgl. § 36 BauGB),[96] nicht aber bei der Regelung der Benutzung des Eigentums und der öffentlichen Einrichtungen.[97] Die vorläufige Untersagung der Inkraftsetzung eines Bebauungsplans verstößt nicht gegen die kommunale Selbstverwaltungsgarantie.[98] Eine Gemeinde wird in ihrem Selbstverwaltungsrecht verletzt, wenn die Bauaufsichtsbehörde eine Baugenehmigung er-

---

[86] VerfGH 37, 59 (LS 1 u. 66 u. 73); VerfGE 39, 17 (24); VerfGH 38, 51 (65); *Schweiger,* in: Nawiasky/Schweiger/Knöpfle, Art. 11, Rn. 5; *Schmehl,* BayVBl 2006, 325 (326).

[87] VGH BayVBl 2006, 568.

[88] VGH NVwZ-RR 2006, 432 ff.

[89] VerfGH 39, 17 (LS 2, 24 f.); vgl. aber auch VerfGH 40, 53 (56).

[90] VerfGH 39, 17 (24).

[91] VerfGH 40, 53 (56); VerfGH 39, 17 (24).

[92] VGH Ut. v. 16. 1. 2007, Az: 8 BV 05.1391.

[93] VGH, Urt. v. 19. 4. 2005, Az: 8 A 05.40020.

[94] VerfGH 27, 82 ff.

[95] VerfGH 55, 98 (121 ff.) mit Anm. v. *Kment,* BayVBl 2003, 496 ff.

[96] VGH BayVBl 2003, 210 ff.

[97] VGH, Ents. v. 30. 5. 2001, 23 B 01.470.

[98] VerfGH 52, 39 (42).

teilt, obwohl das Vorhaben der gemeindlichen Bauvorschrift gem. Art. 98 I Nr. 3 BauO (a. F. entspricht Art. 81 BauO) widerspricht und die Gemeinde das Einvernehmen zu einer Abweichung rechtmäßig versagt.[99]

43   Der Schutzbereich des Selbstverwaltungsrechts ist jedoch nicht berührt, wenn allein Nachteile aus dem zur Entsorgung einer Wiederaufbereitungsanlage notwendigen Transport radioaktiver Stoffe über das Gemeindegebiet befürchtet werden, denn die Transportwege sind nicht Gegenstand der gemeindlichen Bauleitplanung und unterliegen zudem einem eigenen atomrechtlichen Genehmigungsverfahren.[100]

44   *ee) Recht zu ordnen: aaa) Allgemein.* Gemäß Art. 11 Abs. 2 Satz 2 BV haben die Gemeinden das Recht, ihre eigenen Angelegenheiten im Rahmen der Gesetze selbst zu ordnen. Das Recht des Ordnens unterscheidet sich vom Normtext her vom Recht der Verwaltung. Die überwiegende Ansicht versteht im Recht auf Ordnen die Befugnis zum Erlass von generellen Normen und die Organisationshoheit verbürgt.

45   *bbb) Satzungsrecht. aaaa) Allgemein.* Ein Recht auf Ordnen besteht nur, wenn den Gemeinden zumindest eine Form von genereller Regelungsbefugnis zusteht. Solange den Gemeinden keine andere Art von Administrativnormen gewährt wird, verbürgt Art. 11 Abs. 2 Satz 2 BV demnach das Satzungsrecht.[101] Man spricht von der Satzungsautonomie.[102] Sie gibt den Gemeinden das Recht, in ihren eigenen Angelegenheiten Satzungen zu erlassen.[103] In den §§ 22 Satz 2 und 3, 23 der Bayerischen Verfassung von 1919 war die Satzungsautonomie nicht ausdrücklich erwähnt.[104] Zutreffender Ansicht nach beruht die Ermächtigung zum Satzungserlass unmittelbar auf Art. 11 Abs. 2 Satz 2 BV.[105] Der gesetzlichen Wiederholung (Art. 23 Satz 1 GO) hätte es daher nicht bedurft. Satzungen im Bereich des übertragenen Aufgabenbereiches sind nicht unzulässig. Ihre Grundlage findet sich aber nicht in Art. 11 Abs. 2 S. 2 BV. Sie bedürfen daher einer gesonderten gesetzlichen Grundlage (s. Art. 23 Satz 2 GO).[106]

46   *bbbb) Bestimmtheitsanforderungen.* Für Satzungsermächtigungen gelten nicht die strengen Grundsätze über die Bestimmtheit von Ermächtigungen zum Erlass von Rechtsverordnungen.[107] Dennoch bedarf die Gemeinde mitunter einer konkreten und somit auch hinreichend bestimmten gesetzlichen Grundlage. Die Satzungsautonomie stellt die Gemeinde nicht von der Beachtung des Vorbehalts des Gesetzes frei. Eingriffe in Freiheit oder Eigentum der Bürger, die Auferlegung vermögensrechtlicher Leistungen,[108] sowie bewehrte Satzungen (Satzungen, deren Verstoß mit einer Ordnungswidrigkeitssanktion belegt ist) und Satzungen zur Regelung übertragener Angelegenheiten benötigen eine besondere gesetzliche Ermächtigung (s. Art. 24 GO).[109] Das allgemeine Recht zum Erlass von Satzungen (Art. 23 S. 1 GO) gestattet den Gemeinden jedenfalls dann nicht, ohne besondere Rechtsgrundlage in Grundrechte ihrer Bürger einzugreifen, wenn nicht spezifisch örtliche, gerade nur diese Gemeinde betreffende Vorgänge geregelt werden.[110]

47   *cccc) Genehmigungsvorbehalte.* Genehmigungsvorbehalte für Satzungen sind zulässig, bedürfen aber als Einschränkung der Satzungsautonomie einer gesetzlichen Grundlage.[111]

---

[99]   VGH NVwZ 1998, 205 ff.
[100]   VerfGH 40, 53 (56 ff.).
[101]   VGH NVwZ-RR 2007, 223 (225).
[102]   *Schweiger,* in: Nawiasky/Schweiger/Knöpfle, Art. 11, Rn. 7; *Weber,* BayVBl 1998, 327 ff.
[103]   *Schweiger,* in: Nawiasky/Schweiger/Knöpfle, Art. 11, Rn. 7.
[104]   Vgl. *Schweiger,* in: Nawiasky/Schweiger/Knöpfle, Art. 11, Rn. 6.
[105]   Konkludent auch *Schweiger,* in: Nawiasky/Schweiger/Knöpfle, Art. 11, Rn. 7.
[106]   *Schweiger,* in: Nawiasky/Schweiger/Knöpfle, Art. 11, Rn. 7.
[107]   VGH NVwZ-RR 2007, 223 (225).
[108]   VerfGH 23, 47 (50).
[109]   VerfGH 22, 138 (143).
[110]   VGH NVwZ 1992, 1004 = BayVBl 1992, 337 ff., mit Anm. *Gallwas,* BayVBl 1992, 644 ff.
[111]   VerfGH 41, 140 (148 f.).

Ihre Erteilung oder Verweigerung ist der Gemeinde gegenüber ein Verwaltungsakt.[112] Satzungen bedürfen für ihre Gültigkeit der Bekanntmachung.[113] Die Auffassung, neben den gesetzlichen Versagungstatbeständen bei den Genehmigungsvorbehalten von Satzungen im eigenen Aufgabenbereich bestehe noch ein Ermessensspielraum für die Genehmigungsbehörden, berücksichtigt nach Ansicht des bayerischen Verfassungsgerichtshof Inhalt und Tragweite des Selbstverwaltungsrechts nicht ausreichend. Selbstverwaltung im Rahmen der Gesetze kann nicht bedeuten, dass der Gesetzgeber die Inhaltsbestimmung des gemeindlichen Selbstverwaltungsrechts im Bereich der kommunalen Finanzhoheit dem Ermessen der staatlichen Exekutive überlässt.[114]

dddd) Divergierendes Satzungsrecht. Die Satzungen sind Landesrecht, auch wenn sie auf **48** bundesrechtlichen Ermächtigungen beruhen; der Satzungsgeber hat auch die BV zu beachten.[115] Übt die Gemeinde ihre Rechtsetzungsbefugnis aus, so braucht sie sich dabei den Regelungen anderer Gemeinden nicht anzupassen.[116] Mit der Gewährleistung der gemeindlichen Satzungsautonomie erkennt die Verfassung zwangsläufig auch an, dass in den einzelnen Gemeinden unterschiedliches Recht bestehen kann. Die Autonomie ist gerade dazu bestimmt, die Berücksichtigung örtlicher Verschiedenheiten zu ermöglichen. Eine Verletzung des Gleichheitsrechts kann in unterschiedlichen Regelungen der gleichen Sachfrage in verschiedenen Gemeinden daher nicht gesehen werden.[117] Der Befugnis der Gemeinden, für die von ihnen als öffentliche Einrichtungen betriebenen Märkte Satzungen zu erlassen, stehen höherrangige Vorschriften nicht entgegen.[118]

eeee) Einzelheiten. Die gemeindliche Geschäftsordnung (Art. 45 GO) beruht nicht auf der **49** Satzungsautonomie, sondern auf der Organisationshoheit.[119] Die Heranziehung eines einzelnen Wohnungseigentümers als Gesamtschuldner für eine die Wohnanlage betreffende Sondernutzung fand keine ausreichende Grundlage im BayStrWG und kann daher nicht durch die Abgabensatzung selbst festgelegt werden.[120]

ccc) Organisationshoheit. aaaa) Allgemein. Das Recht, die eigenen Angelegenheiten zu ord- **50** nen, umfasst auch die Organisationshoheit.[121] Zur Organisationshoheit gehört auch das Recht auf Funktionsfähigkeit der Gemeindeorgane.[122] Als Teil des Selbstverwaltungsrechts versteht die Bayerische Verfassung die Befugnis, den Bürgermeister und Vertretungskörper zu wählen.[123] Der Passus – „ihre Bürgermeister und Vertretungskörper zu wählen" – wurde auf Vorschlag der Besatzungsmacht durch das Plenum eingefügt.[124] Die Wahl der Vertretungsorgane bildet ein zentrales Element der mittelbaren Verwaltung.[125] Die Mitwirkungsbefugnisse der Gemeindebürger beschränken sich nicht auf das Wahlrecht zum Gemeinderat und des Bürgermeisters, sondern erfassen auch den Bürgerentscheid und das Bürgerbegehren.

bbbb) Weitgehende gesetzliche Vorgaben. Die Organisationshoheit gilt wiederum nur im **51** Rahmen der Gesetze.[126] Die gesetzlichen Vorgaben sind dabei eng. Nach der Gemeinde-

---

[112] VerfGH 41, 140 (146); VGH BayBl. 1982, 337.
[113] VerfGH 21, 24 (26): Verkündung erst nach der staatsaufsichtlichen Genehmigung.
[114] VerfGH 41, 140 (148 f.) zu Kommunalabgabensatzungen.
[115] VerfGH 36, 1 ff.
[116] VerfGH 13, 27 (30), auch nicht im Abgabenrecht VerfGH 16, 128 (136); vgl. BVerfGE 21, 54 (68).
[117] VerfGH 13, 27 (30).
[118] VerfGH 36, 93 (97).
[119] Vgl. *Meder,* Art. 11, Rn. 9.
[120] VGH NVwZ-RR 2007, 223 (225).
[121] *Schmehl,* BayVBl 2006, 325 (327).
[122] VerfGH 33, 87 (95); VerfGH 54, 81 ff. m. Anm. v. *M. Sachs,* JuS 2001, 293 f.
[123] VerfGH 19, 105 (108); VerfGH 20, 101 (109); *Meder,* Art. 11, Rn. 10.
[124] Vgl. Prot. IV S. 228.
[125] VerfGH 37, 119 (122).
[126] VerfGH 19, 105 (108); VerfGH 20, 101 (109); VerfGH 47, 165 (172); *Tettinger,* in Mann/Püttner (Hg), Handbuch der kommunalen Wissenschaft und Praxis, Band 1, 3. Aufl. 2007, § 11, Rn. 16; *Gallwas,*

ordnung wird die Gemeinde durch den ersten Bürgermeister und den Gemeinderat verwaltet. Zwar muss der Gesetzgeber der Gemeinde als Körperschaft einen organisatorischen Rahmen geben, dennoch muss dieser noch ein hinreichender Gestaltungsraum verbleiben. Das Selbstverwaltungsrecht wird eingeschränkt, wenn der Staat zu seinen Gunsten oder auch etwa zu Gunsten von Gemeindebediensteten den Gemeinden Rechte wegnimmt, die ihnen kraft Personalhoheit oder Organisationsbefugnis zustehen.[127]

52 *cccc) Einzelheiten.* Die gesetzliche Ausgestaltung der Organrechte muss dem besonderen Status der Gemeinderatsmitglieder gerecht werden. Die Regeln des Parlaments können auf den Gemeinderat nicht übertragen werden, da dieser kein Parlament ist.[128] Die gesetzliche Festlegung der Gesamtmitgliederzahl des Gemeinderats (Art. 31 Abs. 2 GO) ist verfassungsgemäß,[129] ebenso das Verbot der Stimmenthaltung im Gemeinderat (Art. 48 Abs. 1 Satz 2 GO).[130] Die Ausschlussmöglichkeit von Gemeinderatsmitgliedern wegen Inkompatibilität kann rechtmäßig sein.[131] Der Ausschluss der Geltendmachung von Ansprüchen Dritter gegen die Gemeinde durch Mitglieder des Gemeinderats verstößt nach Einschätzung der bayerischen Gericht nicht gegen die BV,[132] dagegen tendiert die Rechtsprechung des BVerfG deutlich in Richtung der Qualifizierung als Verletzung des Art. 28 Abs. 2 S. 2 GG.[133] Die öffentlichen Nutzungsrechte der Art. 80 ff. GO sind verfassungsgemäß.[134] Ein generelles gesetzliches Verbot der beschließenden Bezirksausschüsse (Art. 60 Abs. 2 S. 1 GO) verstößt nicht gegen die gemeindliche Organisationshoheit.[135]

53 *ff) Im Rahmen der Gesetze. aaa) Allgemein.* Das Selbstverwaltungsrecht besteht nur „im Rahmen der Gesetze". Gesetz i.S.v. Art. 11 Abs. 2 S. 2 BV sind formelle Gesetze und Rechtsverordnungen.[136] Der Gesetzesvorbehalt bezieht sich zunächst auf den Aufgabenkreis der Gemeinde. Das Gesetz darf diesen näher umschreiben und im Einzelnen festlegen.[137] Weiter bezieht sich der Gesetzesvorbehalt auch auf die Art und Weise der Aufgabenerfüllung. Der Gesetzgeber kann daher auch alle „Gemeindehoheiten" näher ausformen, insbesondere die Organisationshoheit.[138] Dabei besitzt der Gesetzgeber einen „Bewertungs- und Gestaltungsspielraum".[139]

54 Nach ständiger Rechtsprechung des Verfassungsgerichtshofs bedarf es zur Bestimmung dieser verfassungsrechtlichen Schranken jeweils der Untersuchung, welche Bedeutung dem Selbstverwaltungsrecht in dem betreffenden Sachbereich in verfassungsrechtlicher und verfassungspolitischer Hinsicht unter Berücksichtigung der geschichtlichen Entwicklung des Instituts der Selbstverwaltung zukommt und welche Funktion es in diesem Sach-

---

Die Bestimmung des „Näheren" bei der Bildung von Bezirksausschüssen durch eine Gemeindesatzung nach Art. 60 Abs. 5 GO, BayVBl 1990, 106 f.; s.a. *Nierhaus*, in: Sachs, GG, Art. 28, Rn. 54 ff.

[127] VerfGH 13, 153 (161 f.); *Schweiger*, in: Nawiasky/Schweiger/Knöpfle, Art. 11, Rn. 6.

[128] VerfGH 37, 119 (123 f.); *Wurzel*, Usurpation parlamentarischer Kompetenzen durch Stadt- und Gemeinderäte, BayVBl 1986, 417; *Schweiger*, in: Nawiasky/Schweiger/Knöpfle, Art. 11, Rn. 6.

[129] VerfGH 15, 29 (37).

[130] VerfGH 37, 119 (122 f.); *Schweiger*, in: Nawiasky/Schweiger/Knöpfle, Art. 11, Rn. 6; m. Anm. *Hofmann*, BayVBl 1984, 747 (749).

[131] VerfGH 32, 1 (6).

[132] VerfGH 8, 34 (37).

[133] BVerfGE 41, 231; VerfGH 56, 99 (103 ff.); VerfGH 61, 68.

[134] VerfGH 14, 104 ff.; VerfGH 18, 43 ff. (Verfassungsmäßigkeit der Art. 68 ff. GO – vgl. nunmehr Art. 80 ff. – GO).

[135] VerfGH 47, 165 (172 f.) m. Anm. *Bäumler*, BayVBl 1994, 689 ff.; s.a. *Schmitt Glaeser/Horn*, Die Novelle zum Kommunalrecht, BayVBl 1993, 1 (7).

[136] *Meder*, Art. 11, Rn. 6; VerfGH 31, 99 (123 f.); VerfGH 37, 59 (66).

[137] VerfGH 20, 101 (109); VerfGH 37, 59 (66 f.); *Meder*, Art. 11, Rn. 6.

[138] S. nur VerfGH 47, 165 (173 ff.).

[139] VerfGH 40, 29 (LS 1, 36).

bereich nach der getroffenen gesetzlichen Begrenzung noch entfalten kann (Substraktionsmethode und historische Betrachtung).[140]

bbb) Wesensgehaltsgarantie. Die gesetzliche Einschränkung darf zunächst den Wesensgehalt des Kernbereichs des Selbstverwaltungsrechts nicht antasten und auch nicht innerlich aushöhlen.[141] Allerdings lässt sich der Wesensgehalt der Selbstverwaltungsgarantie nicht abschließend und generell bestimmen.[142] Maßgeblich sind verschiedene Aspekte, insbesondere welche Bedeutung dem betroffenen Bereich für die Selbstverwaltung zukommt und welche historische Bezüge er aufweist. Zentral ist auch, welche Funktionen die Gemeinden nach der getroffenen Einschränkung noch entfalten können.[143] Einfluss kann darüber hinaus auch die Frage haben, ob eine Beschränkung durch andere Maßnahmen kompensiert wird. **55**

Die Rechtsprechung greift zur Konkretisierung des Kernbereichs auf die Aufzählung in Art. 83 BV zurück. Das Selbstverwaltungsrecht besteht für jeden einzelnen Tätigkeitsbereich. Danach soll es dem Gesetzgeber verwehrt sein, „auch nur einen der in Art. 83 Abs. 1 BV erwähnten Aufgabengebiete der Gemeinde völlig zu entziehen und sie auf die restlichen Aufgaben zu verweisen."[144] Weiter gehört nach der Rechtsprechung zum Kernbereich auch das Recht auf Anhörung vor einem Eingriff,[145] sowie das Recht der Gemeinden, Abgabensatzungen zu erlassen.[146] **56**

ccc) Grundsatz der Verhältnismäßigkeit. Berührt die Regelung den Kernbereich und den Wesensgehalt nicht, steht die Gemeinde dennoch nicht schutzlos da. Vielmehr müssen Regelungen über den Inhalt und Umfang des Selbstverwaltungsrechts auch dem Grundsatz der Verhältnismäßigkeit genügen.[147] **57**

Nach dem Grundsatz der Verhältnismäßigkeit muss eine Regelung einen Gemeinwohlzweck verfolgen, weiter geeignet sein, diesen Zweck zu verfolgen (Geeignetheit), die Maßnahme muss das mildeste unter allen gleich geeigneten Mitteln sein (Erforderlichkeit), und schließlich muss zwischen dem verfolgten Gemeinwohlzweck und der durch die Regelung bewirkten Belastung ein angemessenes Verhältnis bestehen (Verhältnismäßig i.e.S. und Angemessenheit (Verfolgung eines Gemeinwohlzwecks).[148] Mitunter zieht der VerfGH für Einschränkungen außerhalb des Kernbereichs auch nicht den Grundsatz der Verhältnismäßigkeit heran, sondern prüft nur, ob für die Regelung ein sachlicher Grund besteht.[149] Nicht erforderlich ist dabei, dass die Regelung zwingend geboten ist und jede andere Lösungsmöglichkeit unvertretbar wäre. Wann seiner Ansicht nach die strenge Verhältnismäßigkeitsprüfung erforderlich ist und wann eine einfache Plausibilitätsprüfung genügt, wird nicht hinreichend deutlich. **58**

Zur Staatsaufsicht s. Art. 83 Abs. 4 BV

gg) Rechtsschutz. aaa) Klagefähige Rechtsposition. Verletzungen der Selbstverwaltungsgarantie können gerichtlich angegriffen werden. Nach Erschöpfung des Rechtswegs kann die Gemeinde wegen Verletzung ihres Selbstverwaltungsrechts durch eine Behörde Verfas- **59**

---

[140] VerfGH 45, 157 (161 ff.); VerfGH 47, 165 (172); VerfGE 45, 33 (43); *Stern*, Das Staatsrecht in der Bundesrepublik Deutschland, 2. Aufl. 1984, Band I, 415 ff.

[141] VerfGH 10, 113 (121); VerfGH 31, 44 (57 f.); VerfGH 31, 99 (122); VerfGH 38, 51 (66); VerfGH 37, 59 (66); VerfGH 41, 140 (147); VerfGH 47, 165 (173).

[142] *Schmehl*, BayVBl 2006, 325.

[143] VerfGH 10, 113 (121); VerfGH 31, 44 (58); VerfGH 37, 59 (66); BVerfGE 26, 172 (180 f.).

[144] VerfGH 10, 113 (121).

[145] VerfGH 36, 113 (LS 1 f. u. 118).

[146] VerfGH 6, 21 (27); VerfGH 12, 48 (55); VerfGH 23, 47 (50); VerfGH 41, 140 (146); VerfGE 45, 33 (43).

[147] VerfGH 41, 140 (147); VerfGH 45, 33 (44 m. w. N.; VerfGH 47, 165 (173); VerfGH 50, 181 (204); VerfGH 52, 39 (44); VerfGH 55, 98 (121); *Kment*, BayVBl 2003, 496.

[148] VerfGH 41, 140 (147); *Meder*, Art. 11, Rn. 6.

[149] VerfGH 38, 118 (126); VerfGH 37, 59 (73).

sungsbeschwerde einlegen (Art. 66, 120 BV).[150] Gegen unzulässige Einschränkungen durch Gesetze oder Verordnungen besteht für die betroffene Gemeinde die Möglichkeit, Popularklage zu erheben.[151] Dabei darf eine Gemeinde geltend machen, eine Rechtsvorschrift, die generell das gemeindliche Selbstverwaltungsrecht berührt, missachte Art. 11 Abs. 2 Satz 2 BV, auch wenn sie selbst von der Vorschrift nicht konkret betroffen ist (sofern es nicht um den Bestand einer konkreten Gemeinde geht).[152]

60   Die Gemeinden können im Wege der Popularklage auch ein Unterlassen des Gesetzgebers angreifen, etwa mit der Behauptung, es verletze das Selbstverwaltungsrecht, dass der Gesetzgeber eine Gemeinde nicht aus einer Verwaltungsgemeinschaft entlassen habe.[153] Der Verfassungsgerichtshof kann dabei den Normgeber aber nicht verpflichten, im Zusammenhang mit der Aufhebung einer Vorschrift eine Neuregelung der Gemeindegebietsreform in einem bestimmten Sinne vorzunehmen.[154]

61   Von der potentiellen Beeinträchtigung des Selbstverwaltungsrechts zu unterscheiden ist die Möglichkeit der Gemeinden, sich bei Tätigkeiten, die sie wie Private ausführen, auf die Grundrechte zu berufen.[155]

62   *bbb) Kein subjektives Recht zu Gunsten der Bürger.* Die (Gemeinde-)Bürger können dagegen keine Popularklage erheben, mit der Begründung, die Norm würde die Selbstverwaltungsgarantie des Art. 11 BV verletzen.[156] Eine verfassungsgerichtliche Prüfung auf Verstöße gegen Art. 11 Abs. 2 BV unterbleibt selbst dann, wenn der Dritte – hier der Bürger einer aufgelösten Gemeinde – eine im Übrigen zulässige, z. B. auf Art. 118 BV gestützte, Popularklage erhoben hat.[157] Diese Sonderbehandlung des Art. 11 Abs. 2 BV beruht auf dem Gedanken, dass die betroffene Gemeinde durch ihre Organe selbst entscheiden soll, ob sie eine legislative Organisationsentscheidung, die ihre Stellung als Selbstverwaltungskörperschaft betrifft, hinnehmen oder auf eine Verletzung ihres Selbstverwaltungsrechts überprüfen lassen will. Eine Ausnahme hat der Verfassungsgerichtshof dann zugelassen, wenn eine Gemeinde vor ihrer Auflösung eindeutig in Form eines Gemeinderatsbeschlusses zu erkennen gegeben hatte, dass sie eine Verletzung des Art. 11 Abs. 2 Satz 2 BV beim Verfassungsgerichtshof geltend machen wolle.[158] In diesem Ausnahmefall kann auch ein Dritter die Verletzung von Art. 11 Abs. 2 BV rügen.

63   *ccc) Speziell bei Bestandsveränderungen.* Ist eine Gemeinde in die Mitgliedsgemeinde einer Verwaltungsgemeinschaft eingegliedert worden, und rügt sie die Verletzung der Selbstverwaltungsgarantie durch die Eingemeindung, so gilt sie für das Verfahren als fortbestehend. Sie kann aber nicht mit Erfolg geltend machen, dass die Bildung einer Einheitsgemeinde eine zweckmäßigere Form der Neugliederung an Stelle der verwirklichten Bildung einer Verwaltungsgemeinschaft gewesen wäre.[159] Eine Gemeinde, die zum Gesamtrechtsnachfolger einer aufgelösten und teilweise in sie eingegliederten Nachbargemeinde bestellt worden ist, erhält dadurch nicht die Befugnis zur Erhebung einer gegen die Art der Aufteilung gerichteten Popularklage, welche die aufgelöste Gemeinde nicht erheben wollte.[160] Die Voraussetzungen für den Erlass einer einstweiligen Anordnung gegen Maßnahmen der Bestandsänderungen sind hoch.[161]

---

[150] VerfGH 24, 48 ff.; VerfGH 27, 82 (86); VerfGH 45, 157 (160 f.).

[151] VerfGH 29, 105 ff.; VerfGH 37, 59 (66); VerfGH 40, 154 (159).

[152] VerfGH 49, 37 (49 f.).

[153] VerfGH 40, 14 (18 f.).

[154] VerfGH, Ents. v. 20. 12. 1978, Az: Vf.9-VII-76, BayVBl 1979, 143 ff.

[155] Vgl. oben Art. 10 Rn. 44 f.; s. nur VerfGH 37, 101 (107); VerfGH 45, 157 (160).

[156] VerfGH 33, 1 (7); VerfGH 39, 169 (173).

[157] VerfGH 50, 115 (124) VerfGH, Ents. v. 29. 3. 2007, Vf.13-VII-06.

[158] VerfGH 36, 162 (167); VerfGH 40, 154 (160); VerfGH 50, 115 (124); VerfGH, Ents. v. 29. 3. 2007, Vf.13-VII-06.

[159] VerfGH 34, 1 (11).

[160] VerfGH, Ents. v. 24. 6. 1988, Az: Vf.10-VII-86.

[161] VerfGH 38, 71 ff.

ddd) Kommunale Verfassungsbeschwerde nach Art. 93 Abs. 1 Nr. 4 b GG. Das Beschwerderecht 64
der Gemeinde nach Art. 93 Abs. 1 Nr. 4 b GG zum BVerfG ist subsidiär gegenüber anderweitigen Beschwerdemöglichkeiten. Die Popularklage nach Art. 98 Satz 4 BV bildet eine solche anderweitige Beschwerdemöglichkeit.[162] Art. 98 S. 1 BV schließt daher Art. 93 Abs. 1 Nr. 4 b GG aus.[163] Daran ändert auch der Umstand nichts, dass der Bayerische Verfassungsgerichtshof sich darauf beschränkt, das angegriffene Landesgesetz allein anhand der Maßstäbe der Bayerischen Verfassung zu überprüfen.[164]

3. Der übertragene Wirkungskreis – Absatz 3

a) Allgemein. Art. 11 Abs. 3 BV ermächtigt den Gesetzgeber, den Gemeinden über den 65
eigenen Wirkungskreis hinaus weitere Aufgaben zuzuweisen. Man spricht vom übertragenen Wirkungskreis der Gemeinden. Der Sache nach handelt es sich dabei um staatliche Aufgaben, deren Erfüllung aus Gründen der Zweckmäßigkeit und um dem Prinzip einer ortsnahen, bürgerschaftsverbundenen Aufgabenerfüllung zu entsprechen, den Gemeinden überlassen wird. Dadurch entfällt auch die Notwendigkeit, eine eigene staatliche Verwaltung auf Ortsebene aufzubauen. In aller Regel sind die Aufgaben im übertragenen nicht wie diejenigen im eigenen Wirkungskreis davon geprägt, den jeweiligen örtlichen Gegebenheiten Rechnung zu tragen.[165] Dieser umfasst alle Angelegenheiten, die den Gemeinden durch Gesetz (oder auf Grund gesetzlicher Ermächtigung durch Rechtsverordnung) zur Besorgung für den Staat zugewiesen werden. Art. 8, Art. 9, Art. 58 GO konkretisiert dies einfach-rechtlich.

Während der eigene Wirkungskreis in Art. 83 BV von Verfassungs wegen konkretisiert 66
wird, wird der übertragene Wirkungskreis durch (formelles) Gesetz bestimmt. In Art. 11 Abs. 3 BV fehlt eine dem Art. 10 Abs. 3 Satz 2 BV entsprechende Bestimmung. Dennoch ist davon auszugehen, dass der Gesetzgeber auch den Gemeinden übertragene Aufgaben zur selbständigen Besorgung überweisen könne[166] (s. a. Art. 8 Abs. 3 GO).

b) Der Erlass von Rechtsverordnungen. Die Ermächtigungen zum Erlass kommu- 67
naler Verordnungen gehören im Zweifel zum übertragenen Aufgabenbereich, da durch die Wahl der Handlungsform Verordnung der Gesetzgeber konkludent seine Einschätzung zur Qualifizierung des Aufgabenbereichs kundtut. Da der Gesetzgeber in Grenzbereichen ein Qualifikationsrecht von nicht eindeutig zuzuordnenden Aufgaben besitzt, kommt der Formwahl mittelbar Bedeutung für die Qualifizierung zu. Dieser Grundsatz gilt aber nur, sofern nicht die Zuordnung zum eigenen Aufgabenbereich hinreichend deutlich ist. Kommunale Verordnungen bedürfen stets spezieller Ermächtigungsgrundlagen. Sie brauchen den Verordnungen anderer Gemeinden nicht angeglichen zu werden.[167]

c) Einzelheiten – Übertragener Aufgabenbereich. Die Rückübertragung der bis- 68
her von der Gemeindepolizei wahrgenommenen staatlichen Aufgaben auf die staatliche Landespolizei war rechtmäßig.[168]

4. Der Demokratiebezug – Absatz 4

Aus Art. 11 Abs. 4 BV lässt sich ersehen, dass der Verfassungsgeber die gemeindliche 69
Selbstverwaltungsgarantie den Gemeinden nicht nur zuwies, weil er dachte, wegen deren Ursprünglichkeit dazu verpflichtet zu sein. Er hielt die Selbstverwaltungsgarantie vielmehr auch aus demokratiepolitischen Gründen für wichtig. Die Gemeinden sollten als kleinste politische Einheiten mit gewählten Bürgermeister und Gemeinderäten den Staat

---

[162] BVerfG (Kammer), NVwZ 1994, 58 f. = BayVBl 1993, 303 f.
[163] VerfGH 29, 105 (118 f.); *Meder*, Art. 11, Rn. 13.
[164] BVerfG (Kammer), NVwZ 1994, 58 f. = BayVBl 1993, 303 f.
[165] VGH NVwZ 1998, 205 (206).
[166] S. o. *Schweiger*, in: Nawiasky/Schweiger/Knöpfle, Art. 11, Rn. 11.
[167] VerfGH 21, 211 (214).
[168] VerfGH 29, 105 ff.

von unter her aufbauen.[169] Dass nach überwiegendem Demokratieverständnis das Gemeindevolk kein Volk ist und daher keine demokratische Legitimation vermitteln kann, ignoriert Art. 11 Abs. 4 BV mit der für eine Verfassung angemessenen Souveränität. Art. 11 Abs. 4 BV bringt die Bedeutung der Gemeinden für die Verwirklichung des demokratischen Prinzips zum Ausdruck.[170] Die Gemeinden nehmen im Staatsleben einen besonderen Platz ein.[171]

70   In der Rechtsprechung werden die weitreichenden Formen der Öffentlichkeitsteilhabe in der GO als eine Folge des Art. 11 Abs. 4 BV verstanden.[172]

5. Gleichheit bei den politischen Rechten – Absatz 5

71   Art. 11 Abs. 5 BV wiederholt eine Selbstverständlichkeit, die sich aus Art. 118 Abs. 1 BV ergibt.[173] Die Mitwirkungsrechte auf dem Gemeindegebiet sind politische Rechte, die allen Staatsbürgern unter Wahrung eines strengen Gleichheitssatzes zustehen. Vorrechte einer Gruppe von Staatsbürgern darf es genauso wenig geben wie besondere Belastungen. Dem Grundsatz kommt Grundrechtscharakter zu.[174] Art. 12 Abs. 1 BV ist spezieller als Art. 11 Abs. 3 BV.[175]

72   „Staatsbürger" i.S.v. Art. 11 Abs. 5 BV sind alle deutschen Staatsbürger.[176] Sollte es darauf ankommen, wären diesen die Deutschen nach Art. 116 GG gleich zu stellen. Art. 11 Abs. 5 BV greift nur bei politischen Rechten ein, nicht bei Rechten und Pflichten mit wirtschaftlichem Inhalt. Daher gilt Art. 11 Abs. 5 BV nicht für das Recht und die Pflicht, die öffentlichen Einrichtungen der Gemeinde zu benutzen.[177] Für den Bereich des Gemeindewahlrechts gilt die Sondervorschrift des Art. 12 Abs. 1 BV (s. dort Rn. 16 ff.).[178] Durch diese Beschränkung wird nicht etwa zum Ausdruck gebracht, dass der Gleichheitssatz hinsichtlich der allgemeinen Bürgerrechte in den Gemeinden nicht gelten solle, also etwa auf dem Gebiet der Besteuerung. Dieser gilt auch in diesen Bereichen, nur ist sein Rechtsgrund nicht Art. 11 Abs. 5 BV.

Art. 12 [Kommunalwahlen; Bürgerbegehren und Bürgerentscheid]

(1) Die Grundsätze für die Wahl zum Landtag gelten auch für die Gemeinden und Gemeindeverbände.
(2) ¹Das Vermögen der Gemeinden und Gemeindeverbände kann unter keinen Umständen zum Staatsvermögen gezogen werden. ²Die Vergabung solchen Vermögens ist unzulässig.
(3) ¹Die Staatsbürger haben das Recht, Angelegenheiten des eigenen Wirkungskreises der Gemeinden und Landkreise durch Bürgerbegehren und Bürgerentscheid zu regeln. ²Das Nähere regelt ein Gesetz.

Parallelvorschriften im GG und anderen Landesverfassungen: Art. 28 GG; Art. 72 BaWüVerf; Art. 137 HessVerf; Art. 72 M-VVerf; Art. 57 NdsVerf; Art. 50 RhPfVerf; Art. 121 SaarlVerf; Art. 86 SächsVerf; Art. 89 SachsAnhVerf; Art. 3 SchlHVerf; Art. 95 ThürVerf.

Rechtsprechung: VerfGH 5, 66; 11, 1ff.; 14, 17ff.; 14, 77ff.; 19, 105ff.; 20, 58ff.; 24, 137ff.; 27, 101; 29, 105ff.; 29, 143; 31, 17; 36, 83ff.; 37, 19ff.; 45, 49; 46, 21ff.; 46, 234ff.; 47, 59; 49, 11; 50, 75; 50, 181; 53, 81ff.; 55, 85ff.

---

[169] *Schweiger,* in: Nawiasky/Schweiger/Knöpfle, Art. 11, Rn. 12.
[170] VerfGH 33, 87 (95); *Meder,* Art. 11, Rn. 15.
[171] VerfGH 10, 113 (122).
[172] VG Regensburg, Ut. v. 18. 4. 2007, RO 3 K 06.01951.
[173] VerfGH 1, 15 (LS 4, 20).
[174] VerfGH 19, 121 (124); *Meder,* Art. 11, Rn. 16.
[175] VerfGH 19, 121 (124).
[176] *Meder,* Art. 11, Rn. 15.
[177] VerfGH 22, 138 (144); VerfGH 29, 233 (237); Ents. vom 25. 3. 1977, BayVBl 1977, 400.
[178] VerfGH 14, 77 (85).

Literatur: Blanke/Hufschlag, Kommunale Selbstverwaltung im Spannungsfeld zwischen Partizipation und Effizienz, JZ 1998, 653; *Büchner,* Zum Verbot des Doppelauftretens im Kommunalwahlrecht, BayVBl 1990, 321; *Deubert,* Bürgerbegehren und Bürgerentscheid – Der kommunalpolitischen Weisheit letzter (Kurz-)Schluß?, BayVBl 1996, 268; *ders.,* Bürgerbegehren, Bürgerentscheid und die Problematik der Stichfrage, BayVBl 1997, 619; *ders.,* Das Gesetz zur Änderung der Gemeindeordnung und der Landkreisordnung vom 26. März 1999; BayVBl 1999, 556; *Eiding/Hannich,* Bürgerbegehren und Bürgerentscheide in Bayern nach dem Wegfall der gesetzlichen Sperrwirkung (Art. 18 a Abs. 8 GO/Art. 25 a Abs. 8 LKrO), BayVBl 1998, 551; *Hein,* 10 Jahre Bürgerbegehren und Bürgerentscheid in Bayern – neue (statistische) Erkenntnisse, BayVBl 2006, 627; *Horn,* Das sog Mehrfachlistenverbot im bayerischen Kommunalwahlrecht, BayVBl 1995, 353; *Jachmann,* Der Schutz gemeindlichen Eigentums nach der Bayerischen Verfassung, BayVBl 1998, 129; *Jung,* Kommunale Direktdemokratie mit Argusaugen gesehen, BayVBl 1998, 225; *Junker,* Verhältniswahlrecht im bayerischen Kommunalwahlrecht, BayVBl 1990, 129; *Kautz,* Bürgerbegehren und Bürgerentscheid beim Erlass von Bebauungsplänen, BayVBl 2005, 193; *Knemeyer,* Bürgerbegehren und Bürgerentscheid, BayVBl 1996, 545; *ders.,* Direkte Demokratie und funktionsfähige kommunale Selbstverwaltung, DVBl. 1998, 113; *Kottke,* Fraktionsstatus kommunaler Wahlbeamter, BayVBl 1987, 417; *Mayer,* Die Veräußerung kommunaler Vermögensgegenstände unter Wert, BayVBl 1994, 65; *Oebbecke,* Die rechtlichen Grenzen amtlicher Einflußnahme auf Bürgerbegehren und Bürgerentscheid, BayVBl 1998, 641; *Schmidt,* Zum passiven Wahlrecht für den Gemeinderat, DVBl 1987, 212; *Schmitt Glaeser, Walter,* Grenzen des Plebiszits auf kommunaler Ebene, DÖV 1998, 824; *Schrapper,* Die Richtlinie 94/80/EG zum aktiven und passiven Kommunalwahlrecht für Unionsbürger, DVBl 1995, 1167; *Schweiger,* Weiterentwicklung der verfassungsgerichtlichen Rechtsprechung zum Plebiszit, BayVBl 2005, 321; *Seckler,* „Vertreter-Demokratie" statt Bürgermitwirkung?, BayVBl 1997, 232; *ders.,* Eine Frage der inneren Organisation?, BayVBl 1998, 650; *Seewald,* Bürgerbegehren und Bürgerentscheid im Zweckverband, BayVBl 1997, 609; *Thum,* Rechtspolitische Überlegungen zu Bürgerbegehren und Bürgerentscheid, BayVBl 1998, 193; *ders.,* Zur Ausgestaltung des Mehrheitsprinzips in der unmittelbaren Demokratie, BayVBl 2000, 33 und 74; *ders.,* Rechtsfolgen bei Missachtung der Sperrwirkung oder des Sicherungsrechts eines Bürgerbegehrens, KommunalPraxis BY 2006, 131; *ders.,* 10 Jahre Bürgerbegehren und Bürgerentscheid in Bayern – Grundlagen, Erfahrungen, Bewertungen und neue Entwicklungen –, BayVBl 2006, 613; *Wehr,* Rechtsprobleme des Bürgerbegehrens (Art 18 a BayGO), BayVBl 1996, 549.

I. Allgemein

1. Bedeutung

Art. 12 BV enthält drei Einzelbestimmungen über die Gemeinden und Gemeindever- **1** bände, die inhaltlich nur lose zusammenhängen. Er ergänzt die Garantien der Art. 10, Art. 11 BV um selbständige Bestandteile. Art. 12 Abs. 2 BV hängt eng mit Art. 83 Abs. 3 BV zusammen.

2. Entstehung

Art. 12 Abs. 1 BV geht auf Art. 5 Abs. 2 VE und E zurück; im EVA war Art. 12 Abs. 1 **2** BV als Art. 11 Abs. 6 enthalten. Art. 12 Abs. 2 BV wurde im VA eingefügt. Sein Satz 1 entspricht inhaltlich § 22 Abs. 5 BV 1919, der Satz 2 richtet sich gegen Missbräuche, die im NS-Staat stattfanden.[1] Art. 12 Abs. 3 BV wurde durch Volksentscheid vom 1. 10. 1995 angefügt.

---

[1] Vgl. Prot. II 454 f.

3. Verhältnis zum Grundgesetz

3 Die nach Art. 14 Abs. 1 BV für die Landtagswahl geltenden Wahlrechtsgrundsätze gelten über Art. 12 Abs. 1 BV auch für die Kommunalwahlen. Diese Wahlgrundsätze garantiert auch Art. 28 Abs. 1 Satz 2 GG, mit Ausnahme des Grundsatzes des verbesserten Verhältniswahlrechts. Allerdings vermittelt Art. 28 Abs. 1 S. 2 GG den Wählern in den Kreisen und Gemeinden keine unmittelbaren Rechte.[2]

II. Einzelkommentierung

1. Die Wahlrechtsgrundsätze – Absatz 1

4 **a) Allgemein.** *aa) Die erfassten Wahlvorgänge.* Gemäß Art. 12 Abs. 1 BV gelten für die Wahl der Gemeinderats-, Kreistags- und Bezirkstagsmitglieder die Grundsätze der Wahl zum Landtag. Die Grundsätze sind Grundrechte i. S. des Art. 98 S. 4 BV.[3] Die Übertragung gilt nur für die Vertreter der Gemeinden und Gemeindeverbände, nicht dagegen für die Wahl des Landrats und seines Stellvertreters.[4] Der Verweis auf Art. 14 BV ordnet daher eine strukturelle Gleichheit zwischen den Kommunalwahlen und den Parlamentswahlen an. Dies ist konsequent, da durch Art. 11 Abs. 4 BV die Selbstverwaltung in Beziehung zur Demokratie gesetzt wird und Wahlen unaufgebbarer Bestandteil der Demokratie sind. Art. 12 Abs. 1 BV ist lex specialis gegenüber Art. 11 Abs. 5 BV.[5] Art. 116 BV erstreckt sich nicht auf die Mandate der ehrenamtlichen Gemeinderats-, Kreisrats- und Bezirksratsmitglieder. Diese Mandate sind keine „öffentlichen Ämter" i. S. des Art. 116 BV.[6]

5 Art. 12 Abs. 1 BV gilt auch für die Wahl des Bürgermeisters. Diese Wahl ist in Art. 11 Abs. 2 S. 2 HS 2 BV ausdrücklich erwähnt. Da Art. 12 Abs. 1 BV nur von Wahlen für die Gemeinde spricht, liegt es nahe, nicht nur die Wahl zu den Kollegialorganen einzubeziehen. Art. 12 BV gilt für jede Direktwahl auf der Ebene der Gemeinden und Gemeindeverbände.[7]

6 *bb) Begriff des Wahlrechtsgrundsatzes.* Nicht erforderlich ist nach Art. 12 Abs. 1 BV eine Identität im Wahlrecht bei den Parlaments- und den Kommunalwahlen. Der Verfassungstext spricht von Grundsätzen, die auch bei den Gemeindewahlen und den Wahlen zu den Gemeindeverbänden gelten würden. Die Norm unterscheidet daher zwischen den Grundsätzen des Wahlrechts und den einfachen Wahlrechtsregeln. Nur die ersteren sind auch bei den Kommunen zu beachten. Der VerfGH qualifiziert als Wahlrechtsgrundsatz „einen Satz, auf dem das Wahlrecht aufgebaut ist, der ihm sein Gepräge gibt und der nicht weggedacht werden kann, ohne dass das Wahlrechtssystem eine wesentliche Änderung erfährt".[8] Gesetzliche Grundlagen für die Wahlen finden sich im Gemeinde- und Landkreiswahlgesetz (GLKrWG) i. V. m. der GLKrWO und dem Bezirkswahlgesetz.

7 **b) Die erfassten Wahlrechtsgrundsätze.** *aa) Allgemein.* Die meisten Wahlrechtsgrundsätze, die Art. 12 Abs. 1 BV im Blick hat, ergeben sich unmittelbar aus Art. 14 Abs. 1 BV, aber nicht alle.[9] Die Wahlen müssen in angemessenen Abständen wiederholt werden; eine Periode zwischen drei bis sechs Jahren stößt auf keine Bedenken.[10] Die Amtsdauer be-

---

  [2] BVerfGE 1, 208 (236); vgl. *Schweiger,* in: Nawiasky/Schweiger/Knöpfle, Art. 12, Rn. 3.

  [3] VerfGH 49, 23 (26); VerfGH 49, 11 (16); *Paptistella,* in: Praxis der Kommunalverwaltung Bayern, BV, Art. 12.

  [4] *Paptistella,* in: Praxis der Kommunalverwaltung Bayern, BV, Art. 12.

  [5] VerfGH 13, 1 (9); VerfGH 14, 77 (85); VerfGH 19, 121 (124 f.); *Schweiger,* in: Nawiasky/Schweiger/Knöpfle, Art. 12, Rn. 2.

  [6] VerfGH 14, 77 (85 f.); s. a. A. *Schweiger,* in: Nawiasky/Schweiger/Knöpfle, Art. 12, Rn. 3a.

  [7] S. auch VerfGH 21, 83 (88 f.).

  [8] VerfGH 11, 1 (6); s. dazu *Meder,* Art. 12, Rn. 1; *Schweiger,* in: Nawiasky/Schweiger/Knöpfle, Art. 12, Rn. 3.

  [9] VerfGH 11, 1 (6 ff.); *Nawiasky,* S. 87.

  [10] *Paptistella,* in: Praxis der Kommunalverwaltung Bayern, BV, Art. 12; *Schweiger,* in: Nawiasky/Schweiger/Knöpfle, Art. 12, Rn. 3m.

reits gewählter kommunaler Organe kann nachträglich nicht verlängert werden,[11] da sich die demokratische Legitimation auf die Zeit bezog, die das Wahlrecht im Augenblick der Wahl vorsah. „Allenfalls in einer atypischen Situation wäre eine Ausnahme denkbar."[12] Eine Wahlpflicht besteht nicht. Der Grundsatz des freien Mandats gilt in seinem Kernbestand auch für den Gemeinderat, legitimiert durch die Wahl.[13] Die Regelung des Mandatsverlusts in Art. 19 BV ist nicht übertragbar.[14] Auch die Normen gegen die Splitterparteien – Art. 14 Abs. 4 BV sind nicht übertragbar.[15]

Der Grundsatz der Wahlfreiheit bildet die Grundlage des aktiven Wahlrechts und gilt **8** deshalb als Grundrecht für alle Wahlen zu Volksvertretungen, obwohl er in Art. 14 Abs. 1 BV nicht ausdrücklich erwähnt wird.[16] Er untersagt jede Behinderung der Wahlberechtigten in der Ausübung ihres Wahlrechts und jeden Druck, von ihm in fremdbestimmtem Sinne Gebrauch zu machen. Er ist strafrechtlich abgesichert.[17] Den Wählern gibt er das Recht der freien Kandidatenaufstellung und freies Wahlvorschlagsrecht, ohne Monopolisierung dieses Rechts bei den Parteien.[18] Die Grundsätze des aktiven und des passiven Wahlrechts und die Grundsätze der allgemeinen und der formal gleichen Wahl lassen für die Gestaltung der Wahlrechtsvorschriften keinen großen Spielraum.[19]

bb) Bezug zu Art. 14 Abs. 1 BV. Grundsätze i.S.v. Art. 12 Abs. 1 BV sind von den Vorgaben **9** des Art. 14 Abs. 1 BV her vor allem: das aktive und passive Wahlrecht aller Staatsbürger als Grundrecht,[20] und die Grundsätze der allgemeinen, gleichen, unmittelbaren und geheimen Wahl.[21] Diese Grundsätze sind nicht nur auf den Wahlvorgang selbst, sondern auch auf die Ausübung des Wahlvorschlagsrechts durch Parteien und Wählergruppen sinngemäß anzuwenden.[22]

Staatsbürger i.S.v. Art. 12 BV sind die deutschen Staatsbürger und die Deutschen i.S.v. **10** Art. 116 GG.[23] EG-Bürger sind keine „Staatsbürger" i.S. von Art. 14 Abs. 1 Satz 1 BV.[24] Ihnen steht daher das Wahlrecht nicht nach Art. 12 Abs. 1 i.V.m. Art. 14 Abs. 1 BV zu.[25] Nahe liegt weiter die Interpretation, Art. 14 Abs. 1 BV i.V.m. Art. 12 Abs. 1 BV beschränke das aktive und passive Wahlrecht zunächst auf Staatsbürger.[26] Davon abweichend sieht Art. 1 Abs. 1 Nr. 1, Art. 1 Abs. 2 GLKrWG (seit 1996) einfach-rechtlich das Wahlrecht zu den Gemeinde- und Kreistagswahlen auch für EU-Ausländer vor. Andere Ausländer können sich auch an Kommunalwahlen weiterhin nicht beteiligen.

Die Einräumung des Wahlrechts an EU-Ausländer ist trotz der Abweichung von der **11** Landesverfassung rechtmäßig, da sie auf Art. 28 Abs. 1 Satz 3 GG und Art 19 EGV i.V.m. der Richtlinie 94/80/EG des Europäischen Rates vom 19. 12. 1994[27] beruht, die gegenüber Art. 12 Abs. 1 BV vorrangig sind.[28] Art. 12 Abs. 1 BV wird insoweit vom vorgehenden Bun-

---

[11] VerfGH 11, 1 (9 f.); *Schweiger,* in: Nawiasky/Schweiger/Knöpfle, Art. 12, Rn. 3 m.

[12] VerfGH 11, 1 (10).

[13] VerfGH 37, 119 (121); *Meder,* Art. 12, Rn. 13; *Schweiger,* in: Nawiasky/Schweiger/Knöpfle, Art. 12, Rn. 30 m. w. N.

[14] VerfGH 11, 164 (181); *Meder,* Art. 12, Rn. 14.

[15] *Nawiasky,* 87; Prot. I 144 f.; StenBer 232.

[16] VerfGH 19, 105, LS 1 (110); *Schweiger,* in: Nawiasky/Schweiger/Knöpfle, Art. 12, Rn. 3 b.

[17] §§ 107, 108 und 108 b StGB.

[18] VerfGH 44, 23, LS 2 (25 f.); VerfGH 46, 21 (31); BVerfG 47, 253, LS 4 (282 f.).

[19] VerfGH 46, 21 (31 ff.); s. a. *Schweiger,* in: Nawiasky/Schweiger/Knöpfle, Art. 12, Rn. 3 a.

[20] VerfGH 19, 105 (108); *Meder,* Art. 12, Rn. 2.

[21] VerfGH 11, 1 (6); *Meder,* Art. 12, Rn. 3.

[22] VerfGH 3, 115 (124); VerfGH, 48, 61; VerfGH 49, 23 (26); VerfGH 49, 11 (16); *Paptistella,* in: Praxis der Kommunalverwaltung Bayern, BV, Art. 12.

[23] VerfGH 39, 30 (LS 1, 36); VerfGH 50, 76 (96).

[24] VerfGH 50, 76 (96).

[25] VerfGH 50, 76 (96); *Schweiger,* in: Nawiasky/Schweiger/Knöpfle, Art. 12, Rn. 3 b.

[26] So etwa *Schweiger,* in: Nawiasky/Schweiger/Knöpfle, Art. 12, Rn. 3 b.

[27] Abl L 368/38 vom 31. 12. 1994.

[28] Vgl. hierzu VerfGH 50, 76 (96 ff.); BVerfG (Kammer), NVwZ 1998, 52 = BayVBl 1997 S. 499; *Wegmann,* Kommunalwahlrecht für ausländische Unionsbürger, KommunalPraxis 1995, 367.

desrecht und vom Anwendungsvorrang des EG-Rechts verdrängt.[29] Die einfach-gesetzliche Regelung des Wahlrechts der EU-Bürger ist dabei nicht vollständig deckungsgleich mit der Regelung des Wahlrechts für die Staatsbürger. Darin sieht der VerfGH aber weder einen Verstoß gegen die Bayerische Verfassung noch gegen das Europarecht.[30]

12   Unter „Kreisen und Gemeinden" in Art. 28 Abs. 1 Satz 3 GG[31] und i.S.v. Art. 19 EGV[32] sind die Gemeinden und „Bezirke" (Landkreise), nicht aber die „Kreise" (Bezirke) zu verstehen. Die Ämter des Ersten Bürgermeisters, eines weiteren Bürgermeisters und des Landrats sowie deren Stellvertretung im Einzelfall sind weiterhin Deutschen i.S.d. Art. 116 Abs. 1 GG vorbehalten (Art. 39 Abs. 1 GLKrWG), was mit Art. 28 Abs. 1 S. 3 GG und Art. 19 EGV vereinbar ist.[33]

13   *cc) Bezug zu Art. 14 Abs. 2 BV.* Für das passive Wahlrecht verbürgt Art. 14 Abs. 2 BV die allgemeine und gleiche Wählbarkeit. Diese Grundsätze gelten auch im kommunalen Bereich.[34] Die Beschränkung der Wählbarkeit bedarf besonderer rechtfertigender Gründe.[35] Der Ausschluss von Verwandtschaften im Gemeinderat ist in Grenzen zulässig.[36] Der Rechtsgedanke des „Verbots der Vetternwirtschaft" rechtfertigt die Abweichung von dem Prinzip der formal gleichen Wahl.[37] Art. 31 Abs. 3 GO sperrt Nachrücker, aber nur, solange das Verwandtschaftsverhältnis besteht.[38] Das passive Wahlalter in Art. 14 Abs. 2 BV gilt nur für die Landtagswahl. Die Altersfestlegung ist kein Wahlrechtsgrundsatz i.S.v. Art. 12 Abs. 1 BV.[39]

14   **c) Einzelheiten.** *aa) Zur Allgemeinheit.* Nach dem Grundsatz der Allgemeinheit der Wahl muss das Stimmrecht auch bei Kommunalwahlen grundsätzlich allen Bürgern der Gemeinde bzw. des Landkreises oder Bezirks zustehen. Die Regelung in Art. 7 Abs. 3 BV, die es zulässt, die Ausübung der staatsbürgerlichen Rechte von einem Aufenthalt von einem Jahr abhängig zu machen, verstößt nicht gegen den Grundsatz der Allgemeinheit der Wahl.[40] Das Erfordernis eines Mindestaufenthalts in der Gemeinde ist daher zulässig, ebenso eine Bindung an die Familienwohnung.[41] Bestimmungen über das Wahlalter, die Maßgeblichkeit der Hauptwohnung für die Wahlberechtigung oder den Besitz eines Wahlscheins sind mit dem Grundsatz der allgemeinen Wahl vereinbar.[42]

15   Wendet man den Grundsatz der allgemeinen Wahl sinngemäß auf das Wahlvorschlagsrecht der Wahlvorschlagsträger an, vermittelt er jeder Partei oder Wählergruppe das Recht, Wahlvorschläge zu machen, ausgenommen Wählergruppen, die unter Art. 15 BV, und Parteien, die unter Art. 21 Abs. 2 GG fallen.[43]

16   *bb) Zur Gleichheit. aaa) Allgemein.* Der Grundsatz der Wahlgleichheit ist ein Anwendungsfall des allgemeinen Gleichheitssatzes nach Art. 118 Abs. 1 BV,[44] aber formaler, sche-

---

[29] *Schweiger,* in: Nawiasky/Schweiger/Knöpfle, Art. 12, Rn. 3b.

[30] VerfGH 50, 76 (96 ff.).

[31] *Schweiger,* in: Nawiasky/Schweiger/Knöpfle, Art. 12, Rn. 3b.

[32] *Kluth,* in: Callies/Ruffert, Art. 19 EGV, 2007, Rn. 10; *Schrapper,* DVBl 1995, 1167 (1170).

[33] VerfGH 50, 76 (96 ff.).

[34] VerfGH 24, 137 (143); *Meder,* Art. 12, Rn. 11a.

[35] VerfGH 29, 143 (147f.); VerfGH 36, 83 (90f.).

[36] VerfGH 14, 77 (84); VerfGH 29, 143 (148).

[37] VerfGH 14, 77 (81); VerfGH 29, 143 (148); a.A. *Schweiger,* in: Nawiasky/Schweiger/Knöpfle, Art. 12, Rn. 3a – s. Art. 31 Abs. 3 BayGO.

[38] VerfGH 36, 83 (90f.).

[39] VerfGH 14, 77 (81); a.A. *Schweiger,* in: Nawiasky/Schweiger/Knöpfle, Art. 12, Rn. 3a.

[40] VerfGH 19, 105 (109); VerfGH 20, 58 (60).

[41] Vgl. auch VGH 38, 4 (7).

[42] VerfGH 19, 105 (110f.); VerfGH 24, 137 (143ff.); *Schweiger,* in: Nawiasky/Schweiger/Knöpfle, Art. 12, Rn. 3d.

[43] VerfGH 49, 11 (16); VerfGH 48, 61 (LS 2 und 3, 69f.); VerfGH 48, 17 (LS 2 und 3, 69f.).

[44] VerfGH 31, 17 (31); VerfGH 37, 19 (23); VerfGH 49, 11 (16).

matischer als dieser.[45] Die Wahlgleichheit erfasst den gesamten Wahlvorgang von der Aufstellung der Bewerber bis zur Zuteilung der Sitze.[46] Die Wahlrechtsnormen innerhalb ein und derselben Gemeinde müssen für alle Wahlberechtigten die gleichen rechtlichen Wirkungen haben.[47] Abweichungen von der Formenstrenge der Wahlrechtsgleichheit bedürfen stets zwingender Rechtfertigungsgründe.[48] Der Gleichheitsgrundsatz gebietet nicht das gleiche Gewicht aller Stimmen in allen Gemeinden,[49] eine unterschiedliche Zahl von Gemeinderatsmitgliedern je nach der Größe der Gemeinde ist möglich.[50] Die Zahl der den Wählern in Gemeinden verschiedener Größe zustehenden Stimmen kann je nach der Zahl der zu wählenden Gemeinderatsmitglieder abgestuft werden.[51] Das Gebot des gleichen Erfolgswerts wird über die Elemente der Persönlichkeitswahl – insbesondere Kumulieren und Panaschieren – in verfassungsrechtlich zulässiger Weise relativiert.[52]

bbb) Speziell zur Wahlaufstellung. Zulässig ist es, die Reihenfolge der Wahlvorschläge auf **17** den Stimmzetteln nach dem Abschneiden der Parteien und Wählergruppen bei der letzten Landtagswahl festzusetzen.[53] Im Stadium der Aufstellung der Wahlvorschläge können die Wahlrechtsgrundsätze eingeschränkt werden, insbesondere um sicherzustellen, dass die Vorschläge auch ein gewisses politisches Gewicht besitzen.[54] Unterstützungsunterschriften (auch nach Einwohnerzahlen gestaffelte) kann der Gesetzgeber verlangen.[55] Die Begrenzung des Wahlvorschlagsrechts auf jeweils einen Wahlvorschlag („Verbot des Doppelauftretens" – Verbot der Zweitlisten),[56] ferner die Begrenzung der Bewerberzahl je Wahlvorschlag auf die Zahl der zu wählenden ehrenamtlichen Gemeinderatsmitglieder bzw. Kreisräte dient dem Schutz der Rathausparteien und daher der Wahlgleichheit und ist verfassungsgemäß.[57] Die großzügige Praxis der Verwaltungsgerichte, das Vorliegen einer Doppelliste anzunehmen, fand beim VerfGH im Jahr 1993 wiederholt keine Gefolgschaft.[58] Ob ein Wahlvorschlag von einer selbständigen Wählergruppe stammt oder nur die unzulässige Zweitliste einer sich bereits mit einem Wahlvorschlag beteiligenden Partei oder Wählergruppe darstellt, hängt letztlich davon ab, ob ein Wahlvorschlagsträger einen weiteren Vorschlag durch seine Organe beherrschend betreibt.[59]

ccc) Speziell zu den Rathausparteien. Die Parteien genießen gegenüber anderen Wahlbe- **18** werbern keine Vorzugsstellung, kein „Monopol". Die ortsgebundenen, lediglich kommunale Interessen vertretenden Wählergruppen („Rathausparteien") sind nach h.M. keine po-

---

[45] VerfGH 51 66 (LS 2 u. 73); VerfGH 55, 85, 90; *Schweiger,* in: Nawiasky/Schweiger/Knöpfle, Art. 12, Rn. 3 f.

[46] VerfGH 29, 62 (94); VerfGH 31, 17 (28); VerfGH 47, 184 (LS u. 190).

[47] VerfGH 15, 29 (35); VerfGH 19, 121 (124); VerfGH 22, 76 (82); s.a. BVerfGE 13, 1 (20); *Meder,* Art. 12, Rn. 5; *Paptistella,* in: Praxis der Kommunalverwaltung Bayern, BV, Art. 12.

[48] VerfGH 14, 77 (81); VerfGH 22, 76 (82); VerfGH 37, 19 (23); VerfGH 45, 54 (62 ff.); VerfGH 55, 85 (90).

[49] VerfGH 15, 29 (35 ff.).

[50] VerfGH 15, 29 (35 ff.); *Schweiger,* in: Nawiasky/Schweiger/Knöpfle, Art. 12, Rn. 3 h.

[51] VerfGH 15, 29 (35); VerfGH 31, 18 (29); *Schweiger,* in: Nawiasky/Schweiger/Knöpfle, Art. 12, Rn. 3 g.

[52] VerfGH 5, 125 (LS 6 u. 145); VerfGH 15, 29 (35 ff.); *Schweiger,* in: Nawiasky/Schweiger/Knöpfle, Art. 12, Rn. 3 e.

[53] VerfGH 29, 154 (157, 160); VerfGH 37, 19 (23 ff.).

[54] VerfGH 49, 11 (16); VerfGH 48, 61 (LS 2 und 3, 69 f.).

[55] VerfGH 49, 11 (16).

[56] VerfGH 46, 21 (31 ff.); VerfGH 46, 166 (172 f.); VerfGH 46, 141 (146 ff.); VerfGH 46, 117 (126); VerfGH 46, 94 (191); VerfGH 46, 257 ff.; VerfGH 46, 234 (241); VerfGH 46, 209 (217); s.a. VerfGH 43, 29 ff.

[57] VerfGH 46, 234 (241); VerfGH 44, 23, LS 2 (25 f.).

[58] S. nur VerfGH 46, 21 (31 ff.); VerfGH 46, 141 (146 ff.); VerfGH 46, 117 (126); VerfGH 46, 94 (191); BVerfGE 46, 53 (61 ff.); VerfGH, Ents. v. 12. 2. 1993, Az: Vf.28-VI-92, Vf.44-VI-92; VerfGH, Ents. v. 5. 2. 1993, Az: Vf.26-VI-92.

[59] *Horn,* BayVBl 1995, 354 ff.; *Schweiger,* in: Nawiasky/Schweiger/Knöpfle, Art. 12, Rn. 3 f.

litischen Parteien i. S. von Art. 21 Abs. 1 GG, weil sie nicht am Staatsganzen ausgerichtet sind.[60] Sie unterfallen daher dem Art. 9 Abs. 1 GG, nicht dem Art. 21 Abs. 1 GG. „Rathausparteien" muss eine chancengleiche Teilnahme an den Kommunalwahlen gewährleistet sein.[61] Vorschriften, die für die Aufstellung von Wahlvorschlägen für politische Parteien und für örtliche Wählervereinigungen – sog. Rathausparteien – unterschiedliche Regeln aufstellten, waren nach nicht überzeugender Auffassung des VerfGH verfassungsgemäß.[62] Der völlige Ausschluss der kommunalen Wählervereinigungen von steuerlichen Entlastungen ist rechtswidrig.[63]

19   *ddd) Einzelheiten.* Die Norm über die Erhöhung der Zahl der Bewerber in Wahlvorschlägen auf das Doppelte der zu wählenden Gemeinderatsmitglieder war verfassungsgemäß,[64] ebenso die Beschränkung der Rechtsbehelfe gegen Einzelentscheidungen während des Wahlablaufs. Dagegen ist eine Beschränkung der Briefwahl auf größere Gemeinden unzulässig.[65] Die Anzeigepflicht und das Unterschriftenquorum als Voraussetzung für eine Kandidatur ist verfassungsgemäß,[66] ebenso die Verkürzung der Wahlzeit von Landräten infolge Beendigung der rechtlichen Existenz ihrer Landkreise.[67]

20   *eee) Neutralitätsgebot.* Das Gebot der Wahlgleichheit wird ergänzt durch das Neutralitätsgebot. Dieses verpflichtet die Organwalter nicht verzerrend in den Wahlkampf in ihrer Organwaltereigenschaft einzugreifen.[68]

21   *cc) Zur Geheimheit der Wahl.* Der Grundsatz der Geheimheit der Wahl garantiert die Vertraulichkeit der Stimmabgabe. Niemand darf gezwungen werden, seine Wahlentscheidung ausdrücklich oder konkludent gegen seinen Willen zu offenbaren. Dieser Grundsatz gilt für den Vorgang der Stimmabgabe selbst und für die Zeit danach. Wahlrechtsbestimmungen, die dazu führen, dass auf Stimmzetteln handschriftliche Eintragungen vorzunehmen sind, sind nicht in jedem Fall unzulässig.[69] Die Briefwahl ist verfassungsgemäß.[70]

22   *dd) Zur Freiheit und Unmittelbarkeit der Wahl.* Für das passive Wahlrecht verbürgt Art. 14 Abs. 2 BV die allgemeine und gleiche Wählbarkeit. Diese Grundsätze gelten auch im kommunalen Bereich.[71]

23   *ee) Zum Verhältniswahlrecht.* Beim Verhältniswahlrecht muss grundsätzlich der gleiche Erfolgswert der Stimmen sichergestellt sein.[72] Gibt es keine Liste, kann die Verhältniswahl nicht durchgeführt werden, und eine Mehrheitswahl ist zulässig.[73] Die verfassungsrechtlichen Einwände gegen die d'Hondt'sche Berechnungsmethode bezogen auf die Landtagswahl[74] ändern nichts daran, dass diese Berechnungsmethode für kom-

---

[60] BVerfGE 6, 367 (372 f.); BVerfGE 78, 350 (357 f.).

[61] VerfGH 37, 19 (23); *Meder,* Art. 12, Rn. 6; *Paptistella,* in: Praxis der Kommunalverwaltung Bayern, BV, Art. 12.

[62] VerfGH 6, 65 (69 f.); VerfGH 13, 1 (8).

[63] BVerfGE 78, 350 ff. zur Art. 3 GG.

[64] VerfGH 31, 17 (28): Verfassungsmäßigkeit des damaligen Art. 19 Abs. 2 Satz 2 GWG.

[65] VerfGH 19, 121 (125); VerfGH 20, 11 (14).

[66] VerfGH 6, 65 (LS 3 u. 75); VerfGH 48, 61, (LS 2 und 3, 69 f.); VerfGH 49, 11 (16); – Zur „Beteiligungsanzeige" bei den Bezirkswahlen s. VerfGH 49, 23 (LS 1 und 2 S. 26 ff.).

[67] VerfGH 25, 57 (LS 1/69 f.).

[68] VerfGH 47, 1 (13); VerfGH 47, 59 (LS 1 und 3, 64 f.); VGH NVwZ 1992, 287 ff.; VGH BayVBl 1992, 272 ff.; *Schweiger,* in: Nawiasky/Schweiger/Knöpfle, Art. 12, Rn. 3 k.

[69] VerfGH 22, 76 (83).

[70] VerfGH 19, 121 (125); VerfGH 20, 11 (14).

[71] VerfGH 14, 77 (80 f.); BVerfGE 48, 64 (81); *Meder,* Art. 12, Rn. 11 a.

[72] VerfGH 14, 17 ff.; VerfGH 22, 76 (81 f.).

[73] VerfGH 22, 76 (82).

[74] VerfGH 45, 54 (62 ff.).

munale Wahlen statthaft ist.[75] Das Hare-Niemeyer-Verfahren ist aber ebenso verfassungsgemäß.[76]

ff) Zum passiven Wahlrecht. Das passive Wahlrecht bestimmt, wer wählbar ist. Der Gesetz- **24** geber darf dieses Recht sachgerecht ausgestalten und immanente Schranken, die aus der Funktion des Kommunalmandats folgen, gesetzlich festlegen. So ist etwa die Festlegung der Nichtwählbarkeit wegen fehlender persönlicher Eignung – Bestraften, Überalterten, Gegnern der demokratischen Grundordnung – zulässig.[77] Auch der gesetzliche Ausschluss von Personen, die in einem psychiatrischen Krankenhaus untergebracht sind, ist zulässig, sofern der Gesetzgeber bei generalisierender und typisierender Betrachtung davon ausgehen durfte, dass diesem – schuldunfähigen – Personenkreis ein Mindestmaß an Einsichts- und Wahlfähigkeit fehlt.[78] Die Altersgrenze für hauptberufliche erste Bürgermeister ist verfassungsgemäß.[79]

Eine Inkompatibilitätsnorm, die so gestaltet ist, dass der Gewählte das Mandat in **25** der Vertretungskörperschaft der Gemeinde nur bei Aufgabe seiner beruflichen Existenz als Beamter oder Angestellter im Dienst der Gemeinde wahrnehmen darf, kann – je nach Ausgestaltung – verfassungsgemäß sein.[80] Eine Wahlbeschränkung für Angestellte privatrechtlicher, von der Gemeinde beherrschter Unternehmen, die keinen bestimmenden Einfluss auf Unternehmensentscheidungen haben, ist zumindest mit der passiven Wahlrechtsgleichheit in der Ausgestaltung durch das GG unvereinbar, anders bei leitenden Angestellten.[81] Art. 137 GG gilt auch für Kommunen,[82] begründet aber keine Pflicht des Landesgesetzgebers.[83] Der Ausschluss[84] bzw. der spätere Wegfall[85] des passiven Wahlrechts von Beamten der Rechtsaufsichtsbehörde von Amts wegen ist verfassungsgemäß.

Die alte Zehn-Prozent-Klausel des Art. 14 Abs. 4 a. F. BV konnte auf das Gemeinde- **26** wahlrecht nicht übertragen werden.[86] Auch die Fünf-Prozent-Klausel hielt der VerfGH in einer alten Entscheidung in einem obiter dictum für unzulässig.[87] Der Gemeinderat ist seinem Aufgabenkreis nach kein „Parlament".[88]

gg) Zum Rechtsschutz. Beim einstweiligen Rechtsschutz verdient die Aufrechterhaltung **27** der gewählten kommunalen Vertretungen in ihrer derzeitigen Zusammensetzung bis zu den Hauptsacheentscheidungen des VerfGH den Vorzug gegenüber der Durchführung von Nachwahlen auf verfassungsrechtlich ungeklärter Grundlage, solange nicht feststeht, ob die angefochtenen Entscheidungen verfassungsmäßig sind.[89]

---

[75] VerfGH 14, 17 ff.; VerfGH 46, 201 (203 ff.); *VerfGH* 47, 184 (LS u. 190 ff.); *Schweiger,* in: Nawiasky/Schweiger/Knöpfle, Art. 12, Rn. 3 i; *Paptistella,* in: Praxis der Kommunalverwaltung Bayern, BV, Art. 12.

[76] VGH BayVBl 1986, 366 ff.

[77] VerfGH 20, 101 (112); VerfGH 21, 83 (88 f. u. 91 f.); VerfGH 55, 85 (90).

[78] VerfGH 55, 85 (89 ff. u. 95 f.).

[79] VerfGH 36, 188 (190); VerfGH 21, 83 ff.

[80] VerfGH 24, 137 (143 ff.); VerfGH 27, 101 (LS 1 und 2 und 107); *Schweiger,* in: Nawiasky/Schweiger/Knöpfle, Art. 12, Rn. 3 e.

[81] BVerfGE 48, 64 (81), s.a. BVerfGE 58, 117; s. a. *Schweiger,* in: Nawiasky/Schweiger/Knöpfle, Art. 12, Rn. 3 a.

[82] VerfGH 24, 137 (141 ff.); VerfGH 32, 1 (6); BVerfGE 48, 64 (82).

[83] VerfGH 32, 1 (6).

[84] VerfGH 7, 15 ff.

[85] VerfGH 27, 101 ff.

[86] VerfGH 5, 66 (LS 4 u. 74 ff.).

[87] VerfGH 51 66 (77); *Schweiger,* in: Nawiasky/Schweiger/Knöpfle, Art. 12, Rn. 3 n; kritisch *Meder,* Art. 12, Rn. 14.

[88] VerfGH 37, 119 (LS 3 Satz 2 und 121); BVerfG 32, 346 (361).

[89] VerfGH 45, 49 (52); VerfGH, Ents. v. 21.5.1992, Az: Vf.52-VI-92 u.a.; VerfGH, Ents. v. 25.6.1992, Az: Vf.79-VI-92 u.a.; VerfGH, Ents. v. 9.4.1992, Az: Vf.3-VII-92 u.a.; VerfGH, Ents. v.

2. Kommunales Vermögen – Absatz 2

28   **a) Art. 12 Abs. 2 S. 1 Verbot der Einziehung.** *aa) Schutz des Gemeindevermögens.* Art. 12 Abs. 2 S. 12 BV ist eine Ausprägung des kommunalen Selbstverwaltungsrechts.[90] Er bewahrt das gemeindliche Vermögen vor staatlichem Zugriff ohne angemessenes Entgelt.[91] Zum Vermögen zählen die im Eigentum der Kommunen stehenden beweglichen und unbeweglichen, privaten und öffentlichen Sachen sowie die ihnen zustehenden vermögenswerten Rechte.[92] Geschützt ist nicht nur das Finanzvermögen, sondern auch das Verwaltungsvermögen. Verwaltungsvermögen ist die Summe der Objekte, die der Verwaltung zur Erfüllung ihrer Aufgaben zur Verfügung stehen, und die zu den öffentlichen Sachen gerechnet wird.[93] Nicht dazu gehören die Besteuerungs- und Einnahmemöglichkeiten[94], denn die sind nur kurzfristig nutzbare, zum baldigen Verbrauch bestimmte Gegenstände.[95] Geschützt ist das kommunale Vermögen als Ganzes und, wie der Zusammenhang mit Satz 2 ergibt, die einzelnen Vermögensgegenstände und -werte.[96]

29   *bb) Verbot der ausgleichslosen Einverleibung.* Gezogen wird das Gemeindevermögen dann zum Staatsvermögen, wenn der Vermögensgegenstand oder dessen Wert in Staatsvermögen ohne angemessene Gegenleistung fließt.[97] Der ungebräuchliche Sprachgebrauch dürfte sich aus der Anknüpfung an § 22 Abs. 5 der Verfassung von 1919 erklären.[98]

30   Der gegenständlichen oder materiellen Einverleibung gleich zu werten ist es, wenn der Vermögensgegenstand zu Gunsten des Staates derart belastet wird, dass eine dem Vermögensübergang nahe kommende Vermögensbeeinträchtigung zumindest für einen nicht unerheblichen Zeitraum vorliegt.[99]

31   *cc) Angemessener Ausgleich.* Art. 12 Abs. 2 S. 1 BV steht einer Vermögensübertragung an den Staat nicht entgegen, wenn hierfür ein angemessenes Entgelt gewährt wird.[100] Ein angemessenes Entgelt liegt vor, wenn der Staat auf Grund des Entzugs kommunalen Vermögens im Rahmen der Rückübertragung staatlicher Aufgaben die Gemeinde in mindestens gleichem Ausmaß finanziell entlastet.[101] Ein Ausgleich kann auch in der Übernahme einer Verwaltungsaufgabe liegen. So soll der Übergang des Eigentums am Straßengrundstück auf den Staat bei Aufstufung einer Straße nicht unter das Verbot fallen.[102]

32   **b) Verbot der Vergabung – Satz 2.** *aa) Allgemein.* Art. 12 Abs. 2 Satz 1 BV schützt das der Selbstverwaltung unterliegende Vermögen der Gemeinden und „Gemeindeverbände" vor (selbst formellrechtlich angeordnetem) staatlichem Zugriff, wenn dieser ohne angemessenes Entgelt erfolgt.[103]

29.7.1992, Az: Vf.86-VI-92 u.a.; s.a. VerfGH 43, 29 ff. Subsidiaritätsgrundsatz des Verfassungsrechtsschutzes.

[90] VerfGH 29,105 (136); *Meder,* Art. 12, Rn. 17.

[91] VerfGH 29,105 (136 ff.).

[92] VerfGH 29, 105 (136 f.); *Paptistella,* in: Praxis der Kommunalverwaltung Bayern, BV, Art. 12; *Schweiger,* in: Nawiasky/Schweiger/Knöpfle, Art. 12, Rn. 7.

[93] VerfGH 29,105 (136 f.).

[94] VerfGH 12, 48 (58); *Meder,* Art. 12, Rn. 17.

[95] *Meder,* Art. 12, Rn. 17.

[96] *Schweiger,* in: Nawiasky/Schweiger/Knöpfle, Art. 12, Rn. 8; missverständlich VerfGH 29, 105 (136).

[97] *Schweiger,* in: Nawiasky/Schweiger/Knöpfle, Art. 12, Rn. 8.

[98] § 22 Abs. 5 Bamberger Verfassung: „Das Vermögen der Gemeinden und Gemeindeverbände kann unter keinem Vorwande zum Staatsvermögen gezogen werden."

[99] *Meder,* Art. 12, Rn. 17.

[100] *Meder,* Art. 12, Rn. 17.

[101] VerfGH 29,105 (138).

[102] *Meder,* Art. 12, Rn. 17; *Paptistella,* in: Praxis der Kommunalverwaltung Bayern, BV, Art. 12.

[103] *Paptistella,* in: Praxis der Kommunalverwaltung Bayern, BV, Art. 12.

bb) Inhalt. Vergabung von Vermögensbestandteilen meint ihre Verschenkung.[104] Unzuläs- **33** sig ist auch unentgeltliche Überlassung zur Nutzung.[105] Auch der Verzicht ist unzulässig.[106] Ausnahmen zur Erfüllung herkömmlicher Anstandspflichten sind statthaft.[107] Eine Unterwertveräußerung von Gemeindevermögen ist nur dann eine unzulässige Verschenkung, wenn das Entgelt grob unangemessen ist.[108] Die Gegenleistung für die Hingabe gemeindlichen Vermögens kann auch in der Mitwirkung bei der Erfüllung – nichthoheitlicher – gemeindlicher Aufgaben bestehen.[109] Art. 75 Abs. 3 GO konkretisiert diese Norm. Eine Missachtung dieses Verbots führt zur Nichtigkeit des betreffenden Vorgangs (vgl. § 134 BGB).[110]

3. Bürgerbegehren und Bürgerbescheid – Absatz 3

a) Allgemein. *aa) Überblick.* Art. 12 Abs. 3 BV wurde als ein Element der direkten De- **34** mokratie aufgrund eines Volksentscheids vom 1. 1. 1995 in die Bayerische Verfassung aufgenommen.[111] Er dient der direkten Demokratie auf der Ebene der Selbstverwaltung.[112] Einfachgesetzlich wird die Verfassungsnorm in Art. 18 a GO und Art. 12 a LKrO umgesetzt.

bb) Entstehung. Die plebiszitären Elemente auf Kommunalebene fügen sich insofern in **35** die BV ein, als diese schon seit ihrem Erlass Elemente der unmittelbaren („plebiszitären") Demokratie kannte, vor allem durch die Bestimmungen der Art. 73 und 74 BV.[113] Im kommunalen Bereich waren zunächst vor Erlass der Bayerischen Verfassung unmittelbare Mitwirkungsrechte der Bewohner von Landgemeinden durch Art. 29 Abs. 1 des Selbstverwaltungsgesetzes vom 22. 5. 1919 vorgesehen.[114] Gesetzentwürfe zur Einführung von Bürgerbegehren und -entscheid auf Gemeindeebene blieben mehrfach, zuletzt 1991[115], erfolglos. Erst auf einen Volksentscheid vom 1. 10. 1995 hin wurde in Folge eines Volksbegehrens der Bürgeraktion „Mehr Demokratie in Bayern e.V." in Art. 7 Abs. 2 und Art. 12 Abs. 3 Satz 1 BV ein Recht der Staatsbürger aufgenommen, Angelegenheiten des eigenen Wirkungskreises der Gemeinden und Landkreise durch Bürgerbegehren und Bürgerentscheid zu regeln.[116] Damit setzte sich das Volksbegehren gegen einen im Verfahren nach Art. 74 Abs. 4 BV zustande gekommenen Gesetzentwurf des Landtags durch, demzufolge in der Verfassung lediglich die gesetzliche Ermöglichung von „Formen unmittelbarer Mitwirkung an den Aufgaben der Gemeinden und Landkreise" vorgesehen werden sollte.[117]

Die Zulassung von Bürgerbegehren und -entscheid durch Art. 7 Abs. 2 und Art. 12 **36** Abs. 3 BV ist verfassungsrechtlich nicht zu beanstanden, zumindest nicht, solange der Bürgerentscheid andererseits keinen höheren Rang als die kommunale Willensbildung durch Gemeinderat bzw. Kreistag einnimmt.[118]

---

[104] *Meder,* Art. 12, Rn. 18; *Schweiger,* in: Nawiasky/Schweiger/Knöpfle, Art. 12, Rn. 8.
[105] *Meder,* Art. 12, Rn. 18; *Schweiger,* in: Nawiasky/Schweiger/Knöpfle, Art. 12, Rn. 8.
[106] BayObLG BayVBl 1993, 378 f.
[107] *Meder,* Art. 12, Rn. 18.
[108] Vgl. VGH E 48, 17 ff.
[109] *Meder,* Art. 12, Rn. 18.
[110] *Schweiger,* in: Nawiasky/Schweiger/Knöpfle, Art. 12, Rn. 9; *Paptistella,* in: Praxis der Kommunalverwaltung Bayern, BV, Art. 12; *Mayer,* BayVBl 1994, 65 ff.
[111] *Wehr,* BayVBl 1996, 549; *Knemeyer,* BayVBl 1996, 545; *Schader,* BayVBl 1998, 240; *Thum,* BayVBl 2000, 33 und 74; *Jung,* BayVBl 1998, 225 ff.; *Oebbecke,* BayVBl 1998, 641; *Ritgen,* Zu den thematischen Grenzen von Bürgerbegehren und Bürgerentscheid, NVwZ 2000, 129 ff.
[112] Kirtisch *Schmitt Glaeser,* DÖV 1998, 824 ff.
[113] *Schweiger,* in: Nawiasky/Schweiger/Knöpfle, Art. 12, Rn. 10.
[114] GVBl. S. 239.
[115] LT-Drs. XII/373 und 1458; Lt.-Prot. XII/9 und 18; vgl. Prot. der 14. Sitzung des Ausschusses für Verfassungs-, Rechts- und Kommunalfragen vom 17. 4. 1991.
[116] LT-Drs. XIII/1252, 2141; Plenar-Prot. XIII/16, 23; Art. 1 des G vom 27. 10. 1995 (GVBl. S. 730).
[117] LT-Drs. XIII/1333, 1523, 2142; *Schweiger,* in: Nawiasky/Schweiger/Knöpfle, Art. 12, Rn. 10.
[118] *Schweiger,* in: Nawiasky/Schweiger/Knöpfle, Art. 12, Rn. 10; s. parallel zum Volksentscheid VerfGH 29, 244 (265); VerfGH 47, 1 (15).

37 *cc) Bedeutung.* Die Existenz der unmittelbaren Demokratieelemente auf der Kommunalebene entfaltet eine segenreiche Wirkung.[119] Die Mitwirkungsformen ermöglichen es „dem Souverän auf Gemeindeebene" bei wichtigen Gemeinwohlfragen notfalls die Entscheidung selbst an sich zu ziehen. Diese Instrumente verursachen eine ganze Reihe von Wirkungen, die überwiegend positiv zu beurteilen sind. Bei Existenz solcher Instrumente wird zunächst die Akzeptanz auch mit den Entscheidungen der verfassten Gemeindeorgane höher; die verfassten Organe bemühen sich, ihre Entscheidungen verständlich und nachvollziehbar darzustellen, der Einfluss sachfremder Einflüsse wird zurückgedrängt, und die Gefahr der „Elfenbeinverwaltung" wird reduziert. Nachteilig ist allein der Umstand, dass notwendige, die Gemeindebürger belastende Entscheidungen ggf. verhindert werden können, mit Nachteilen für die nachfolgende Generation – aber auch bei solchen Sachlagen ist bei entsprechender Problemaufbereitung eine sachgerechte Lösung zusammen mit der Mehrheit der Bevölkerung möglich.

38 **b) Die Erstreckung auf EU-Ausländer.** Das einfache Recht erstreckt das Bürgerbegehren und den Bürgerentscheid auch auf EU-Ausländer, Art. 18 a i.V. m. Art. 15 Abs. 2 GO/ Art. 12 Abs. 2 i.V. m. Art. 12 a LKrO. EU-Ausländer sind keine Staatsbürger i.S.v. Art. 12 Abs. 3 BV.[120] Darüber hinaus ist Art. 12 Abs. 3 BV wegen dessen Bezug zur Demokratie als abschließend aufzufassen. Die Erstreckung des Teilnahmerechts an den Bürgerentscheiden und Bürgerbegehren durch den einfachen Gesetzgeber wäre daher mit Art. 12 Abs. 3 BV nur vereinbar, wenn der Vorrang des EG-Rechts oder der Bundesverfassung eingreifen würde.

39 Der Anwendungsvorrang des Art. 19 EGV ergreift jedoch nur das Recht zur Teilnahme an Wahlen (von Personen), nicht das zur Teilnahme an Abstimmungen (über Sachfragen).[121] Auch der Begriff Wahlen i.S.v. Art. 28 Abs. 1 S. 3 GG erfasst keine „Abstimmungen".[122] Die gegenwärtige gesetzliche Regelung ist daher wegen Verstoßes gegen Art. 12 Abs. 3 BV verfassungswidrig.

40 Fraglich ist allerdings, ob Art. 28 Abs. 1 S. 3 GG einer ausdrücklichen landesverfassungsrechtlichen Normierung des Abstimmungsrechts für EU-Ausländer entgegensteht. Geht man davon aus, Art. 28 Abs. 1 S. 3 GG erfasse die Sachabstimmungen nicht, bleibt die Frage, ob die Norm auch ein Verbot gegenüber dem Landesverfassungsgeber enthält, ein Abstimmungsrecht für EU-Ausländer einzuführen. Art. 28 Abs. 1 S. 2 GG wurde vom BVerfG vor Einfügung des Art. 28 Abs. 1 S. 3 GG so verstanden, als ließe es kein abweichendes Landesverfassungsrecht zu.[123] Andererseits ist durch Art. 28 Abs. 1 S. 3 GG der strenge Grundsatz, die demokratischen Rechte seien auf Kommunalebene auf Staatsbürger beschränkt, aufgebrochen worden. Zudem wirken die hier in Rede stehenden Abstimmungen wie ein Gemeinderatsbeschluss. Es ist daher – trotz der bestehenden Auslegungsschwierigkeiten – davon auszugehen, dass Art. 28 Abs. 1 S. 3 GG eine Erweiterung von Abstimmungsbefugnissen der Gemeindebürger auf EU-Bürger zulässt, allerdings nicht gebietet.[124] Die gegenwärtige gesetzliche Regelung könnte und sollte aber durch eine dem

---

[119] *Thum,* BayVBl 2006, 613 (631); s.a. *Hein,* BayVBl 2006, 627 ff.

[120] S. dazu *Knemeyer,* BayVBl 1996, 545; *Paptistella,* in: Praxis der Kommunalverwaltung Bayern, BV, Art. 12.

[121] *Schweiger,* in: Nawiasky/Schweiger/Knöpfle, Art. 12, Rn. 3 b; *Kluth,* in: Callies/Ruffert, Art. 19 EGV, 2007, Rn. 11; *Magiera,* in: Streinz, Art. 19 EGV, Rn. 18; *Schrapper,* DVBl 1995, 1167 (1170).

[122] *Kluth,* in: Callies/Ruffert, Art. 19 EGV, 2007, Rn. 11.

[123] *BVerfG* 83, 37 (59).

[124] *Engelken,* Einbeziehung der Unionsbürger in kommunale Abstimmungen (Bürgerentscheide, Bürgerbegehren)?, NVwZ 1995, 432 ff.; *Thum* BayVBl 1997, 225 (232); *Kluth,* in: Callies/Ruffert, Art. 19 EGV, 2007, Rn. 11; A.A. *Schweiger,* in: Nawiasky/Schweiger/Knöpfle, Art. 12, Rn. 3 b; *Meyer-Teschendorf/Hofmann,* Teilnahme von Unionsbürgern nicht nur an Kommunalwahlen, sondern auch an kommunalen Plebisziten?, in ZRP 1995, 290 ff.; *Burkhol,* Teilnahme von Unionsbürgern an kommunalen Bürgerentscheiden?, DÖV 1995, 816 ff.; *Wehr,* BayVBl 1996, 549 f.

Art. 28 Abs. 1 S. 3 GG entsprechende Ermächtigung für Abstimmungen in Art. 12 BV verfassungsrechtlich abgesichert werden.

c) Unmittelbare Bürgerbeteiligung – Satz 1. *aa) Allgemein.* Art. 12 Abs. 3 S. 1 BV **41**
weist den Staatsbürgern das Recht zu, in den Gemeinden und den Landkreisen ihre Angelegenheiten durch Bürgerentscheid zu regeln. Die Norm legt dem Gesetzgeber die Pflicht auf, entsprechendes Recht einfach-gesetzlich zu schaffen. Wäre der Gesetzgeber dem nicht nachgekommen, wäre eine Normenerlassklage gegen den Gesetzgeber zu erwägen gewesen.

bb) Bürgerbegehren und Bürgerentscheid. Die Verfassung verwendet die beiden Ausdrücke **42**
in ihrer herkömmlichen Bedeutung. Danach bezeichnet das Bürgerbegehren das Verfahren, das zum Ziel hat, einen Bürgerentscheid durchzuführen. Der Bürgerentscheid ist dagegen eine verbindliche Entscheidung, die die Funktion eines Beschlusses des Gemeinderates oder des Kreisrates besitzt.

Die BV spricht davon, die Staatsbürger dürften die Angelegenheiten des eigenen Wir- **43**
kungskreises regeln. Sie knüpft damit bewusst an die Formulierung in Art. 28 Abs. 2 S. 2 GG an, die auch von Regeln spricht. Dennoch besitzen die beiden Verben nicht die gleiche Bedeutung. Regeln i. S. v. Art. 28 Abs. 2 S. 2 GG erfasst die gesamte Tätigkeit der Gemeinde, d. h. die Befugnis aller Organe zusammengefasst, während Regeln i. S. v. Art. 12 Abs. 3 S. 1 BV nur den Kompetenzbereich des Gemeinderates bzw. des Kreisrates meint. Die Angelegenheiten des eigenen Wirkungskreises von Gemeinden und Landkreisen meint die eigenen Angelegenheiten i. S. v. Art. 10 Abs. 2 BV für die „Bezirke" (Landkreise) und i. S. v. Art. 11 Abs. 2 BV für die Gemeinden.

cc) Praktische Konkordanz. Die Rechte des Bürgerbegehrens aus Art. 12 Abs. 3 BV sind mit **44**
dem durch Art. 28 Abs. 2 GG, Art. 11 Abs. 2 BV geschützten Selbstverwaltungsrecht der Gemeinden in Ausgleich zu bringen. Das Gebot des Ausgleichs verlangt zunächst, dass die Bürgerentscheide die Funktionsfähigkeit der gemeindlichen Organe nicht aufheben. Weiter dürfen umgekehrt die Gemeindeorgane den Bürgerentscheid auch nicht konterkarieren. So darf z. B. eine Gemeinde grundsätzlich nicht durch beschleunigte Durchsetzung ihrer Interessen und gleichzeitige Verzögerung des Verfahrens des Bürgerbegehrens Fakten schaffen, die eine objektive Zwangslage zu ihren Gunsten herbeiführen oder dem Bürgerbegehren die Grundlage entziehen.[125] Eine Abstimmungsempfehlung in amtlicher Eigenschaft ist den Organwaltern untersagt, nicht dagegen als Privatperson im Rahmen des kommunalpolitischen Meinungskampfes im Vorfeld eines Bürgerentscheids.[126] An die Stelle des Neutralitätsgebots tritt ein weniger strenges Objektivitätsgebot[127] – oder Sachlichkeitsgebot.[128] Den Gemeinden ist es untersagt, ihren Bürgern zu empfehlen, bei einem Volksentscheid für oder gegen einen zur Abstimmung stehenden Gesetzentwurf zu stimmen.

d) Gesetzliche Regelung – Satz 2. Nach Abs. 3 Satz 2 regelt das Nähere ein Gesetz. **45**
Das ist in dem ebenfalls im Volksentscheid vom 1. 10. 1995 beschlossenen Gesetz zur Einführung des kommunalen Bürgerentscheids vom 27. 10. 1995[129] durch die Einfügung von Art. 18a in die GO und Art. 25a in die LKrO geschehen. Der VerfGH erklärte die darin enthaltene Sperrwirkung des Bürgerbegehrens gegen abweichende Entscheidungen und das Fehlen eines Beteiligungs- oder Zustimmungsquorums im Zusammenhang mit einer dreijährigen Bindungswirkung des Bürgerentscheids für verfassungswidrig.[130] Der von

---

[125] VGH BayVBl 1998 S. 85 f. m. Anm. *Eiding/Hannich,* BayVBl 1998, 551 ff.
[126] VGH BayVBl 1997 S. 435; vgl. *Oebbecke,* Die rechtlichen Grenzen amtlicher Einflußnahme auf Bürgerbegehren und Bürgerentscheid, BayVBl 1998 S. 641.
[127] VerfGH 47, 1 (15).
[128] VGH BayVBl 1996, 597 ff.
[129] GVBl. S. 730.
[130] VerfGH 50, 181 (LS 5 u. 202 ff.); s. dazu *Jung,* BayVBl 1998, 225; *Scheder,* BayVBl 1998, 240 f.; *Eiding/Hannich,* BayVBl 1998, 551; *Schwarz,* BayVBl 1998, 710; *Schmitt Glaeser,* DÖV 1998, 824; *Beckmann,* DVP 1997, 468; *Blanke/Hufschlag,* JZ 1998, 653.

der Bürgerinitiative „Mehr Demokratie e.V." gestartete Versuch durch eine Verfassungsänderung den Anwendungsbereich der Bürgerentscheide zu erweitern, scheiterte auch am VerfGH,[131] da die vorgesehenen Änderungen nach dessen Auffassung den Kernbereich und Wesensgehalt des kommunalen Selbstverwaltungsrechts und damit den Schutz der vollen Handlungs- und Funktionsfähigkeit der kommunalen Vertretungsorgane und Verwaltungen zu sehr beeinträchtigten.

2. Abschnitt. Der Landtag

Parallelvorschriften im GG und anderen Landesverfassungen: Art. 38 ff. GG; Art. 27 ff. BaWüVerf; Art. 38 ff. BerlVerf; Art. 55 ff. BbgVerf; Art. 75 ff. BremVerf; Art. 6 ff. HmbVerf; Art. 75 ff. HessVerf; Art. 20 ff. M-VVerf; Art. 7 ff. NdsVerf; Art. 30 ff. NRWVerf; Art. 79 ff. RhPfVerf; Art. 65 ff. SaarlVerf; Art. 39 ff. SächsVerf; Art. 41 ff. VerfLSA; Art. 10 ff. SchlHVerf; Art. 48 ff. ThürVerf.

Rechtsprechung: BVerfGE 27, 44; 40, 296; 99, 1; 102, 224; VerfGH 12, 119; 18, 79; 23, 80; 30, 179; 38, 165; 46, 176; 51, 34; 53, 42.

Literatur: Badura, Die parlamentarische Demokratie, in: HdbStR, Bd. II, 3. Auflage 2004, § 25; *Bayerischer Landtag (Hrsg.),* Reform des Föderalismus – Stärkung der Landesparlamente. Bericht der Enquete-Kommission des bayerischen Landtags, Beiträge zum Parlamentarismus Band 14, 2002; *Decker,* Das parlamentarische System in den Ländern. Adäquate Regierungsform oder Auslaufmodell?, Aus Politik und Zeitgeschichte 50-51/2004, S. 3; *Gremmer,* Wandlungen in der Gesetzgebungsfunktion des Bayerischen Landtags von 1946 bis 1986, Bayerischer Landtag, Beiträge zum Parlamentarismus Bd. V, 1990; *Greß (Hrsg. im Auftrag des Hessischen Landtags),* Landesparlamente und Föderalismus. Hat das parlamentarische System in den Bundesländern eine Zukunft?, 1990; *Kremer (Hrsg.),* Das Selbstverständnis des Landesparlamentarismus, Bayerischer Landtag, Beiträge zum Parlamentarismus Bd. I, 3. Auflage 1992; *Kremer (Hrsg.),* Die Landesparlamente im Spannungsfeld zwischen europäischer Integration und europäischem Regionalismus, Bayerischer Landtag, Beiträge zum Parlamentarismus Bd. II, 1988; *Menzel,* Das parlamentarische System in den deutschen Ländern und die Toleranzgrenze des Art. 28 GG, DÖV 1969, 765; *Metzmeier,* Der Bayerische Landtag zwischen drohendem Verlust seiner Gesetzgebungskompetenz und vermehrter Beschäftigung mit Petitionen, Diss. Trier, 2001; *Mielke/Reutter (Hrsg.),* Länderparlamentarismus in Deutschland. Geschichte – Struktur – Funktionen, 2004; *Reutter,* Landesparlamente im kooperativen Föderalismus, Aus Politik und Zeitgeschichte B 50-51/2004, S. 18.

Vorbemerkungen

I. Allgemeines

1. Entstehung

1 Unter den Vorschriften des 2. Abschnitts waren bis in die Verhandlungen des VA der Verfassunggebenden Landesversammlung hinein vor allem die Themenkreise Wahlsystem (näher dazu siehe Art. 14), Parteienverbot (siehe Art. 15) und Immunität (siehe Art. 27, 28) umstritten geblieben.[1] Ansonsten konnten die Vorschläge des E (Art. 9 ff.) weitgehend übernommen werden. Die Bestimmungen über den Landtag sind in der Folgezeit verhältnismäßig oft geändert worden. Neben punktuellen Modifikationen, z. B. zu aktivem und passivem Wahlalter, zur Stimmkreiseinteilung sowie zur Sperrklausel (verfassungsändernde Gesetze vom 15. 6. 1970[2], vom 19. 7. 1973[3] und vom 10. 11. 2003[4]) hat vor allem das Verfassungsreformgesetz – Reform von Landtag und Staatsregierung vom 20. 2. 1998[5] zu größeren Änderungen sowie zu neu eingefügten Artikeln geführt.

---

[131] VerfGH 53, 81 ff.

[1] *Schmidt,* Staatsgründung und Verfassunggebung in Bayern, Bd. I, 1997, 177 ff.

[2] GVBl. 239.

[3] GVBl. 389.

[4] GVBl. 816 und 817.

[5] GVBl. 39.

2. Grundgesetzlicher Rahmen

Die den Art. 13 ff. BV entsprechenden Parallelvorschriften der **Art. 38 ff. GG** betreffen 2
ausschließlich Fragen der Wahl, Organisation und Arbeitsweise des Deutschen Bundestages und sind für den Bayerischen Landtag ohne unmittelbare Aussagekraft. Nur über die
(freilich sehr wirkkräftige) „weiche" Einflussschiene der vergleichenden Orientierung an
Parallelwertungen des Grundgesetzes[6], oder soweit ihre Aussagen ausnahmsweise zugleich
vom Homogenitätsgebot des Art. 28 I GG erfasst werden[7], können die Art. 38 ff. GG für
die bayerische Verfassungswirklichkeit von mittelbarem Belang sein. Auch die lange Zeit
praktizierte, über Art. 3 I GG konstruierte Durchgriffswirkung der bundesrechtlichen
Wahlrechtsgleichheit (als subjektives Recht des Einzelnen) auf das Landeswahlrecht ist
vom BVerfG mittlerweile aufgegeben worden.[8] Auszugehen ist demnach von der prinzipiellen Trennung der Verfassungsräume in Bezug auf die Organisation der Volksvertretungen. Ihre maßgebliche Grenze findet die Landesverfassungsautonomie in Bezug auf die
Ausgestaltung des Landtags ausschließlich in der allgemeinen Homogenitätsvorgabe des
Art. 28 I 1 GG (namentlich im grundgesetzlich vorgegebenen Demokratieprinzip) sowie
in der speziellen Vorschrift des **Art. 28 I 2 GG**, wonach das Volk in den Ländern eine Vertretung haben muss, die aus allgemeinen, unmittelbaren, freien, gleichen und geheimen
Wahlen hervorgegangen ist.[9] Art. 28 I 1 GG bedeutet nach der Rechtsprechung des
BVerfG auch in Fragen der Ausgestaltung des Parlaments nicht Konformität oder Unifor-
mität, sondern nur eine gewisse Homogenität in den leitenden Prinzipien, die den Ländern einen beträchtlichen Spielraum belässt;[10] es lässt sich darüber streiten, inwieweit das
BVerfG diesen seinen eigenen Leitsatz immer hinreichend beachtet hat.[11] Dichtere Vorgaben (vor allem für das Landeswahlrecht)[12] folgen aus den – in Entsprechung zu Art. 38 I 1
GG formulierten – Wahlrechtsgrundsätzen des Art. 28 I 2 GG; auch diese lassen einen
Spielraum für unterschiedliche Ausgestaltungen der Wahlsysteme[13]; außerdem wirken sie
allein als objektiv-rechtliche Vorgabe, nicht indes als subjektiv-rechtliche, vom Einzelnen
vor dem BVerfG einforderbare Verbürgung.[14]

3. Funktion und Inhalt des 2. Abschnitts

Der 2. Abschnitt trifft – in Ausfüllung der Art. 4 und 5 I – nähere Regelungen zum 3
Staatsorgan „Landtag" als der **„Volksvertretung"** im Sinne der genannten Grundlagenbe-
stimmungen; zugleich wird der Auftrag des Art. 28 I 2 GG, das Volk müsse in den Ländern
eine nach bestimmten Grundsätzen gewählte „Vertretung" haben, umgesetzt. Regelungssystematisch entspricht die BV darin voll und ganz dem Aufbauschema des Grundgesetzes
und anderer Landesverfassungen, dass es die gewaltenteilige Ausübung öffentlicher Gewalt zunächst unter vorwiegend organisatorischem Blickwinkel („Der Landtag", „Die
Staatsregierung", „Der Verfassungsgerichtshof") und erst dann unter vorwiegend funktionalem Blickwinkel („Die Gesetzgebung", „Die Verwaltung", „Die Rechtspflege") betrach-

---

  [6] Vgl. Vorbem. B Wirkkraft LVerfR, Rn. 21.

  [7] Dies gilt namentlich für Aussagen des Art. 38 I 1 GG, an den Art. 28 I 2 GG angelehnt ist.

  [8] BVerfGE 99, 1 (8 ff., auf S. 11 auch allgemein zur Trennung der Verfassungsräume).

  [9] Hinzu kommt Art. 137 I GG.

  [10] BVerfGE 27, 44 (56); dazu *Menzel,* DÖV 1969, 765.

  [11] Problematisch z. B. BVerfGE 40, 296 (319), wo in Fragen der Abgeordnetenentschädigung die
  Maßgaben des Art. 48 III GG über Art. 28 I 1 GG vollumfänglich auf die Länder erstreckt werden; siehe
  auch BVerfGE 102, 224 (234 f. einerseits und 237 ff. andererseits); VerfGH 35, 148. Allenfalls über den
  untrennbaren Wechselbezug von Abgeordnetenstatus und Wahlrechtsgleichheit (BVerfGE 102, 224
  [238 f.]; bezüglich letzterer bestehen über Art. 28 Abs. 1 2 GG in der Tat strengere Vorgaben für die Länder, siehe sogleich) lässt sich der relativ geringe Spielraum der Länder rechtfertigen, näher hierzu die
  Kommentierung zu Art. 13 und 31.

  [12] Z. B. BVerfGE 98, 145 (160). Zu Fragen des Abgeordnetenstatus siehe schon vorige Randnummer.

  [13] *Tettinger,* in: v. Mangoldt/Klein/Starck, Art. 28 Rn. 85.

  [14] Siehe Fn. 8.

tet. Innerhalb der zunächst erfolgenden **organisationsrechtlichen Regelung** der obersten Staatsorgane wiederum steht der Landtag als die unmittelbar gewählte „Volksvertretung" im Sinne der Art. 4, 5 I und damit als die demokratische Kraftmitte der gesamten Staatsorganisation[15] zu Recht an der Spitze. Im Hinblick auf den spezifisch organisationsrechtlichen Zugriff des 2. Abschnitts sind es vor allem **drei** (sich z.T. überschneidende) **Fragenkreise,** die in den Art. 13 ff. geregelt sind: erstens Fragen der Bildung, Wahl und Zusammensetzung des Landtags (z. B. Art. 13 I, 14 bis 16, 18, 33), zweitens Fragen des Status des einzelnen Abgeordneten sowie der Aufgaben und Rechte von Fraktionen, Opposition, Präsidium, Ausschüssen sowie sonstiger Organteile (z. B. Art. 13 II, 16 a, 19, 20 I und II, 21, 24 I, 25 bis 32) sowie drittens Fragen der Funktions- und Arbeitsweise des Landtags und seiner Organteile (z. B. Art. 17, Art. 20 III, 22 bis 26, 33 a).[16]

4. Die (im 2. Abschnitt nur zum Teil geregelten) Aufgaben des Landtags

4   Der vorwiegend organisationsrechtliche Zugriff der Art. 13 ff. bringt es andererseits mit sich, dass die funktionale Stellung der „Volksvertretung" im gewaltenteiligen Verfassungsgefüge (d. h. die maßgeblichen **Aufgaben und Rechte des Landtags** im Verhältnis zu den anderen Gewalten) innerhalb des 2. Abschnitts nur sehr bruchstückhaft geregelt ist und erst aus einer Gesamtschau der Verfassung erschlossen werden kann.[17] Dies gilt namentlich für die dem Landtag (neben dem Volk) sogar ausschließlich vorbehaltene (Art. 5 I) Gesetzgebungsfunktion, die sich überwiegend aus den Art. 70 ff. sowie aus Art. 77 I 1, 95 I 1 ergibt. Es gilt für das parlamentarische Budgetrecht (Art. 73, 78) sowie für die Kreationsfunktionen des Parlaments, insbesondere bei der Wahl der Staatsregierung und der Mitglieder des Verfassungsgerichtshofs (Art. 44, 45, 49, 68). Auch die Aufgabe der Kontrolle der Exekutive ist im 2. Abschnitt nur teilweise geregelt (Art. 24, 25, 33 a), überwiegend ergibt sie sich aus den Regeln über die parlamentarische Verantwortlichkeit der Regierung (v. a. Art. 44 I, III) sowie aus sonstigen Bestimmungen z. B. über die Ministeranklage, die Haushaltskontrolle und das Petitionswesen (Art. 59, 61, 80 I, 115). Noch am ehesten finden − wenn auch nur zum Teil ausdrücklich normiert − das **Selbstorganisationsrecht** des Landtags (Geschäftsordnungsautonomie, Art. 20 III) sowie das durch bundesstaatliche Kompetenzgrenzen nicht eingeschränkte, **allgemeinpolitische Mandat** der Volksvertretung zur öffentlichen Diskussion und Artikulation jedweden politik- und öffentlichkeitsrelevanten Themas[18] (Zusammenschau von Art. 13 i. V. m. Art. 4, 5 I „Volksvertretung" und Art. 22 „Öffentlichkeit der Verhandlungen") im 2. Abschnitt ihre überwiegende Heimstatt.

II. Die verfassungsrechtliche Stellung des Landtags

1. Der Landtag als ein oberstes Staatsorgan und seine Teilorgane

5   Der Landtag gehört zu den **obersten Staatsorganen** im Sinne des Art. 64.[19] Die Bestimmungen der Art. 13 ff. statten verschiedene **Teile** des Staatsorgans Landtag mit eigenen Rechten aus, so z. B. den einzelnen Abgeordneten (Art. 13, 16 a, 27 bis 31), das Präsidium (Art. 20 II), den Landtagspräsidenten (Art. 20 I, 21) Ausschüsse (Art. 24 I), Untersuchungsausschüsse (Art. 25), den Zwischenausschuss (Art. 26) sowie in bestimmten Kontexten unterschiedliche Mehr- oder Minderheiten, bzw. eine bestimmte Anzahl von Abgeordneten,

---

[15] Zur „dominierenden Stellung" des Landtags: VerfGH 18, 79 (84). Näher dazu unten Rn. 7.

[16] Ähnliche Gliederung bei *Kempen,* in: Becker/Heckmann/Kempen/Mannsen, Öffentliches Recht in Bayern, 3. Auflage 2005, 36 ff.

[17] Zu den nachfolgenden Funktionen der parlamentarischen Volksvertretung (am Beispiel der Landtage): *Löwer,* in: Löwer/Tettinger, NRW Verf, Art. 30 Rn. 8 ff.; *Reutter,* APuZ B 50-51/2004, 18 (19 ff.).

[18] *Menzel,* in: Löwer/Tettinger, NRW Verf, Einführung B Rn. 2; dort auch *Löwer,* Art. 30 Rn. 24 f.; *Isensee,* HdbStR IV, § 98, Rn. 195; unzutreffend bzw. bundesrechtlich nicht geboten und auf die BV nicht übertragbar: Art. 48 II ThürVerf, VerfGH Bbg DVBl. 1999, 708 ff.

[19] *Hoegner,* Lehrbuch des Bayerischen Verfassungsrechts, S. 39.

die jeweils eine bestimmte Rechtsfolge hervorzubringen imstande ist (Art. 17 II, 22 I 2, 23 I, 25 I, 25 a S. 2). Auch diese Organteile sind antragsberechtigt i. S. d. Art. 64.[20] Gleiches gilt – trotz ihrer schwachen und allein auf die Opposition bezogenen Erwähnung im Verfassungstext (Art. 16 a II) – auch für die Fraktionen als notwendige Einrichtungen des Verfassungslebens.[21] Zur Stellung der Parteien siehe unten Rn. 10.

2. Der Landtag als Volksvertretung – die Grundentscheidung für die repräsentative Demokratie

Mit der in Art. 13 ff. getroffenen Ausgestaltung des Landtags als an der Idee und Institu-   **6** tion parlamentarischer Repräsentation ausgerichtete „Volksvertretung"[22] (Art. 4, 5 I BV, Art. 28 I 2 GG) hat die Bayerische Verfassung zugleich eine Grundentscheidung zugunsten der **repräsentativen Demokratie** als der maßgeblichen Verwirklichungsform der in Art. 2 normierten Volkssouveränität getroffen. Elemente der direkten Demokratie sind in der BV, wie sowohl die prominente Nennung des Volkes/der stimmberechtigten Staatsbürger in Art. 4 und Art. 5 I als auch die konkrete Ausgestaltung der Volksgesetzgebung in Art. 74, 75 zeigt, zwar besonders stark (und vor allem weitaus stärker als im GG) ausgeprägt. Sie treten zur regelmäßigen Form der Ausübung der Staatsgewalt durch Repräsentativorgane, namentlich zur die Regel darstellenden parlamentarischen Gesetzgebung indes nur ergänzend (als gleichberechtigte Ausnahme) hinzu und dürfen nicht zu einer Schwächung der Funktionsfähigkeit der für die Verwirklichung einer freiheitlich-rechtsstaatlichen Demokratie unverzichtbaren Repräsentativorgane führen; einer Ausweitung direkt-demokratischer Elemente zu Lasten des Landtages sind insoweit durch Art. 75 I 2 Grenzen gesetzt.[23]

3. Der Landtag als Volksvertretung und seine Einbindung in das verfassungsrechtliche System der Gewaltenteilung

In der parlamentarischen Demokratie ist die Volksvertretung kraft ihrer unmittelbaren   **7** Legitimation sowie ihrer Befugnisse der Gesetzgebung und der Kontrolle der Regierung das Staatsorgan, in der die ausschlaggebenden Entscheidungs- und Handlungsmöglichkeiten politischer Herrschaft vereint sind.[24] Beim Landtag liegt auch nach bayerischem Verfassungsrecht der **politische Schwerpunkt;** ihm kommt eine dominierende Stellung zu.[25] Dieser politische Vorrang freilich hat sich einzufügen in das durch die Verfassung aufgerichtete System der **Gewaltenteilung** (Art. 5); er darf daher nicht im Sinne einer die gewaltenteilige Kompetenzverteilung überspielenden, einseitigen rechtlichen Vormachtstellung oder einer allumfassenden Entscheidungsvollmacht missverstanden werden.[26] Auch von der noch in der Verfassung von 1919 enthaltenen „Vermutung" zugunsten einer Landtagszuständigkeit mangels entgegenstehender besonderer Kompetenzzuweisungen (§ 3 I) hat die BV zu Recht Abstand genommen; auch insoweit kommt dem Landtag in Zuständigkeitsfragen keine in Richtung eines Gewaltenmonismus gehende rechtliche Sonderstellung zu; Zuständigkeitsfragen sind allein nach der Lehre von der Gewaltenteilung in ihrer spezifischen Ausprägung der Kompetenzordnung der BV zu beantworten.[27] Die Staatsregierung ist dem Landtag nach dieser Kompetenzordnung zwar parlamentarisch verantwortlich, **nicht** jedoch kommt dem Landtag ein von einzelnen Verfassungsbestimmungen losgelöstes allgemeines **Weisungsrecht** gegenüber der Staatsregierung

---

[20] *Schweiger,* in: Nawiasky/Schweiger/Knöpfle, Art. 64 Rn. 3; *Meder,* Art. 64 Rn. 1.
[21] VerfGH 29, 62 (81); 51, 34.
[22] *Badura,* HdbStR II, § 25, Rn. 1 ff.
[23] VerfGH 53, 42 (61 ff.); siehe auch die Kommentierungen zu Art. 72, 74, 75.
[24] *Badura,* HdbStR II, § 25, Rn. 5.
[25] VerfGH 18, 79 (84). S. a. *Maunz/Papier,* in: Berg/Knemeyer/Papier/Steiner, Staats- und Verwaltungsrecht in Bayern, 6. Auflage, S. 39: „das zentralste Organ".
[26] *Badura,* HdbStR II, § 25, Rn. 6.
[27] *Hoegner,* Lehrbuch des Bayerischen Verfassungsrechts, 40.

(d. h. ein Recht, die Staatsregierung durch gewöhnlichen Landtagsbeschluss rechtlich zu binden) zu; ein solches Weisungsrecht ergibt sich auch nicht aus Art. 55 Nr. 2 S. 1 (der vielmehr voraussetzt, dass Landtagsbeschlüsse bereits kraft anderweitiger Verfassungsbestimmung ausnahmsweise bindend sind), ebenso wenig aus Art. 115.[28] Dies gilt auch für den praktisch wichtigen Fall von Bundesratsangelegenheiten (siehe auch folgende Rn.); ein Weisungsrecht des Landtags wäre hier nach h. M. auch aus bundesrechtlichen Gründen unzulässig.[29] Grenzen aus dem Gewaltenteilungsprinzip ergeben sich auch für die Ausübung und Reichweite der dem Landtag ausdrücklich eingeräumten Kontrollrechte: Diese – namentlich auch das Recht, Untersuchungsausschüsse einzurichten (Art. 25) – haben einen **Kernbereich exekutiver Eigenverantwortung** zu respektieren, auf den sich die Kontrolle nicht erstrecken darf.[30]

4. Die Stellung des Landesparlaments im bundesstaatlichen und europäischen Kontext

8   Die Wirkmöglichkeiten des Landtags können losgelöst von ihren bundesstaatlichen und supranationalen Rahmenbedingungen, allein durch einen Blick in die BV, nicht adäquat erfasst werden. In bundesstaatlicher und europäischer Perspektive betrachtet freilich bläst den deutschen Landesparlamenten eher Gegenwind ins Gesicht. Die zugrunde liegende Problematik wird gern mit dem Wort **„Exekutivföderalismus"** auf den Punkt gebracht, d. h. mit der Eigenart der bundesstaatlichen Ordnung Deutschlands, dass erstens die Gesetzgebungskompetenzen der Länder relativ schwach ausgeprägt sind und die Länder ihre politische Kraft nicht in erster Linie aus ihren Legislativbefugnissen ziehen (die Abwanderung von Rechtsetzungsbefugnissen nach Europa hat dieses Problem noch verschärft), dass zweitens im Gegenzug das Schwergewicht der vollziehenden Gewalt (auch beim Vollzug von Bundes- und Europarecht) bei den Ländern liegt, dass drittens die Landesregierungen (und nicht die Landesparlamente) über den Bundesrat erhebliche Mitwirkungsbefugnisse auf Bundesebene und mittelbar (Art. 23 IV, V GG) auch auf europäischer Ebene haben und gerade auch hieraus politisches Gewicht ableiten und dass schließlich viertens auch im Bereich originärer Landesgesetzgebungskompetenzen infolge der von den Landesregierungen betriebenen und in Deutschland stark ausgeprägten Kooperation zwischen den Ländern (Ministerkonferenzen etc.) häufig faktische Vorwegbindungen eintreten, die die Gestaltungsbefugnisse der Landtage schwächen.[31] Die in der BV angelegte Gewichtsverteilung zwischen Landtag und Staatsregierung wird hierdurch tendenziell in Richtung Staatsregierung (Ministerpräsident) verschoben und auch die in der vorigen Randnummer vertretene These von der **politischen Dominanz des Landtags** wird ein Stück weit **relativiert**. Eine bereits seit längerem andauernde intensive Diskussion über das Selbstverständnis und die **Zukunft des Landesparlamentarismus** ist die Folge.[32] Dass auch der Bayerische Landtag selbst die Entwicklung als problematisch ansieht, macht etwa die Einsetzung einer Enquete-Kommission „Reform des Föderalismus – Stärkung der Landesparlamente" im Jahre 1998[33] oder auch die Beteiligung des Landtags an einer Lü-

---

[28] VerfGH 12, 119 (126); 18, 79 (84 f.); 38, 179 (186 f.); 46, 176 (182).

[29] LTag-Drs. 14/8660, 8 f., 27; *Korioth,* in: v. Mangoldt/Klein/Starck, Art. 51 Rn. 25; BVerfGE 8, 104 (120 f.).

[30] VerfGH 38, 165.

[31] Vgl. die Analyse in LT-Drs. 14/8660, 5.

[32] *Gremmer,* Wandlungen; *Kremer (Hrsg.),* Selbstverständnis des Landesparlamentarismus; *ders. (Hrsg.),* Die Landesparlamente im Spannungsfeld zwischen europäischer Integration und europäischem Regionalismus; *Greß,* Landesparlamente und Föderalismus; *Metzmeier,* Der Bayerische Landtag zwischen drohendem Verlust seiner Gesetzgebungskompetenz und vermehrter Beschäftigung mit Petitionen; *Reutter,* APuZ B 50-51/2004; *Decker,* APuZ B 50-51/2004, 3.

[33] *Bayerischer Landtag (Hrsg.),* Reform des Föderalismus – Stärkung der Landesparlamente. Bericht der Enquete-Kommission des bayerischen Landtags, Beiträge zum Parlamentarismus XIV, 2002 = LT-Drs. 14/8660.

becker Erklärung der deutschen Landesparlamente „Bekenntnis zum Föderalismus und zur Subsidiarität – Landesparlamente stärken!"[34] im Jahre 2003 deutlich. Die Problematik der Schwächung des Landtags darf indes auch nicht überzeichnet werden: Dass gliedstaatlicher Parlamentarismus nicht den gleichen Funktionsbedingungen unterliegt wie ein Bundesparlament oder das Parlament eines Einheitsstaates, liegt auf der Hand und ist für sich genommen kein Argument dafür, das parlamentarische Modell für die deutschen Länder grundsätzlich in Frage zu stellen. Auch ein Blick auf die Praxis der Landesparlamente bestätigt keineswegs, dass sich in den Ländern kein **lebendiger Parlamentarismus** halten könnte oder die Landtage nicht mehr imstande wären, ihre wesentlichen parlamentarischen Funktionen (siehe Rn. 4) zu erfüllen:[35] Die Wahlfunktionen und Kreationsrechte des Landtags sind durch die bundesstaatliche und europäische Einbindung schon von vornherein nicht berührt. Hinsichtlich der Gesetzgebungsfunktion ist nicht etwa ein Rückgang, sondern eher ein Anstieg der Rechtsetzungstätigkeit zu verzeichnen (der Landtag hat seit seinem Bestehen mehr als 1700 Gesetze verabschiedet[36]); auch wenn Landesgesetzgebung häufig bundes- oder europarechtlich vorgezeichnet sein mag, verbleibt immer noch ein zwar nicht sehr großer, aber für eine lebendige Legislativtätigkeit doch ausreichender Bereich originärer Landeskompetenz, zumal der jahrzehntelange Trend einer steten Kompetenzverlagerung zum Bund in jüngerer Zeit (Verfassungsreform von 1994[37], Rechtsprechung des BVerfG[38], Föderalismusreform[39]) eher gestoppt worden sein dürfte; ob sich die Föderalismusreform umgekehrt belebend auf die Landesparlamente auswirken wird, bleibt abzuwarten. Hinsichtlich der Kontrollaufgabe des Parlaments gegenüber der Exekutive schließlich ist angesichts der großen Exekutivmacht der Länder sogar eine besonders rege Tätigkeit der Landesparlamente zu verzeichnen (etwa über das Petitionswesen); etwaige Defizite eigener Rechtsetzungsmacht können hierdurch im Sinne eines lebendigen Parlamentarismus auch bis zu einem gewissen Grade kompensiert werden.[40] Eine Reform auf landesverfassungsrechtlicher Ebene scheint daher nicht geboten. Die zum Teil gemachten Vorschläge, etwa die Direktwahl des Ministerpräsidenten[41], würden die Landtage eher noch mehr schwächen und letztlich der Eigenstaatlichkeit der Länder Schaden zufügen. Mangelnde Gesetzgebungskompetenzen durch Weisungsrechte gegenüber der Staatsregierung in Bundesratsangelegenheiten zu kompensieren, wäre mit dem Gewaltenteilungsprinzip schwer vereinbar und überdies bundesrechtlich bedenklich.[42]

5. Landtag und entfallener Senat – das Einkammersystem

Spätestens seit Wegfall des Senats (vgl. Kommentierung zum 3. Abschnitt) ist vollends **9** klar, dass auch die Bayerische Verfassung – so, wie alle anderen deutschen Landesverfassungen – dem Modell eines parlamentarischen **Einkammersystems** folgt. Richtig betrachtet war freilich auch bereits der frühere Senat aufgrund seiner nicht auf allgemeine Wahlen rückführbaren Legitimation und seiner begrenzten Kompetenzen allenfalls eine unechte zweite Kammer;[43] das Attribut „Volksvertretung" konnte seit jeher allein der Landtag für sich in Anspruch nehmen.[44]

---

[34] Vom 31. 3. 2003, dazu *Robbers,* in: FS Badura, 2004, 431 ff.

[35] *Reutter,* APuZ B 50–51/2004, 18 ff.

[36] *Glück,* Ansprache des Landtagspräsidenten anlässlich der Feierstunde 60 Jahre Bayerische Verfassung, 60 Jahre Bayerischer Landtag, am 30. 11. 2006.

[37] G vom 27. 10. 1994, BGBl. I 3146.

[38] Im Gefolge von BVerfGE 106, 62.

[39] G vom 28. 8. 2006, BGBl. I 2034.

[40] *Metzmeier,* Der Bayerische Landtag zwischen drohendem Verlust seiner Gesetzgebungskompetenz und vermehrter Beschäftigung mit Petitionen.

[41] *Decker,* APuZ B 50–51/2004, S. 3 (8); *v. Arnim,* in: FS König, 2004, S. 371.

[42] Siehe schon Fn. 29.

[43] *Herdegen,* in: HdbStR IV, § 97, Rn. 18; *Meder,* vor Art. 34 Rn. 1.

[44] *Schweiger,* in: Nawiasky/Schweiger/Knöpfle, Art. 5 Rn. 6; *Badura,* BayVBl. 1997, Beiheft, S. I (II).

III. Exkurs: Die Position der politischen Parteien in der BV

10   Die **politischen Parteien** sind trotz ihrer Wichtigkeit im Text der BV nur an wenigen Stellen, und auch dann stets nur in negativer Form (Art. 13 II: „Vertreter ... nicht nur einer Partei", Art. 15: Parteiverbot, Art. 96) erwähnt.[45] Die BV liegt in dieser textlichen Geringschätzung der Parteien auf einer Linie mit den meisten deutschen Landesverfassungen[46]; zugleich steht sie in scharfem Kontrast zum GG, das den Parteien in Art. 21 einen positiven verfassungsrechtlichen Status zuspricht. Die Bewältigung dieses Auseinanderfallens der Verfassungstexte in Bund und Ländern bereitet seit langem Schwierigkeiten. Das BVerfG sieht in st. Rspr. **Art. 21 GG** als eine Norm an, deren Bestimmungen in lückenfüllender Weise unmittelbar in den Ländern – und zwar als Landesverfassungsrecht – gelten sollen (sog. Bestandteilnorm als Ergebnis eines Hineinwirkens der Bundes- in die Landesverfassung).[47] Diese Konstruktion, gemäß derer eine Norm der Bundesverfassung kraft Bundesrechts Landesrecht sein soll, unterliegt erheblichen Bedenken und ist mit dem Gedanken einer grundsätzlichen Trennung der Verfassungsräume schwerlich vereinbar.[48] Nichts spricht freilich dagegen, dass Art. 21 GG als Normierung im Abschnitt „Der Bund und die Länder" auch unmittelbar in den Ländern gilt und die Landesstaatsgewalt unmittelbar zu verpflichten vermag – dann freilich aber als Bundes- und nicht als Landesrecht, das konsequenterweise vor dem BVerfG und nicht vor dem VerfGH geltend zu machen wäre.[49] Was die Landesverfassungen als zwingenden Mindestinhalt zu enthalten haben und was folglich nötigenfalls in die Landesverfassung hineinzulesen ist (auch dann aber durch entsprechende Auslegung der Landesverfassung, und nicht durch hineinwirkende Durchgriffsgeltung einer Grundgesetznorm als Landesverfassungsrecht), kann sich dagegen ausschließlich aus Art. 28 I GG, nicht aber aus Art. 21 GG ergeben.[50] Auch das BVerfG selbst hat mittlerweile in allgemeiner Form Skepsis gegen die Technik des Hineinlesens erkennen lassen.[51] Der VerfGH hat vor diesem Hintergrund bislang zu Recht davon abgesehen, Art. 21 GG als unmittelbar geltenden landesverfassungsrechtlichen Prüfungsmaßstab heranzuziehen.[52] Stattdessen hat er sich – und gegen eine solche rechtsvergleichende Anlehnung an die Bundesverfassung ist in einem von hohem Konsens geprägten Verfassungsverbund nichts einzuwenden (vgl. Vorbem. B Wirkkraft LVerfR Rn. 21) – bemüht, im Wege der Auslegung bayerischer Verfassungsnormen Ergebnisse zu erzielen, die dem bundesrechtlichen Schutzniveau des Art. 21 GG weitgehend nahe kommen. Dies gilt zum einen für die Anerkennung der Antragsberechtigung von Parteien im Organstreitverfahren des Art. 64[53], so dass sich eine Geltendmachung des Art. 21 GG vor dem BVerfG über Art. 93 I Nr. 4 3. Alt. GG erübrigt[54]. (Ob dieses Ergebnis durch Art. 21 GG, wie VerfGH und BVerfG meinten, zwingend verlangt wird, steht auf einem anderen Blatt und scheint auf der Basis der hier vertretenen Ablehnung der Doktrin von den Bestandteilnormen eher fraglich). Dies gilt zum anderen für die auf Art. 24 I 1 und Art. 118 I gestützte Rechtsprechung zur Parteiengleichheit[55], über die regelmäßig ein ausreichender Prüfungsmaßstab bereitsteht.

---

[45] *Hoegner,* Lehrbuch des Bayerischen Verfassungsrechts, S. 40 f.

[46] *Menzel,* Landesverfassungsrecht, S. 405 ff.

[47] Z. B. BVerfGE 60, 53 (61); referierend m. w. N. BVerfGE 103, 332 (352 f.).

[48] Kritisch: *Dreier,* in: ders., Art. 28 Rn. 54 m. w. N.

[49] *Menzel,* Landesverfassungsrecht, S. 406.

[50] *Möstl,* AöR 130 (2005), 350 (378).

[51] BVerfGE 103, 332 (357).

[52] VerfGH 23, 80 (85 f.); a. A. *Fleury,* Verfassungsprozessrecht, 4. Auflage, Rn. 82 f.

[53] VerfGH 23, 80 (84).

[54] Vgl. *Umbach/Dollinger,* in: Umbach/Clemens/Dollinger, BVerfGG, § 71 Rn. 43; BVerfGE 4, 375 (377); 6, 366 (374 f.).

[55] Z. B. VerfGH 30, 1 (14).

Art. 13 [Größe des Landtags, Stellung der Abgeordneten]

(1) Der Landtag besteht aus 180 Abgeordneten des bayerischen Volkes.

(2) ¹Die Abgeordneten sind Vertreter des Volkes, nicht nur einer Partei. ²Sie sind nur ihrem Gewissen verantwortlich und an Aufträge nicht gebunden.

Parallelvorschriften im GG und anderen Landesverfassungen: Art. 38 I 2 GG; Art. 27 BaWüVerf; Art. 38 Berl-Verf; Art. 55 f. BbgVerf; Art. 75 II, 83 BremVerf; Art. 6 II, 7 HmbVerf; Art. 77 HessVerf; Art. 20, 22 M-VVerf; Art. 7, 12 NdsVerf; Art. 30 NRWVerf; Art. 79 RhPfVerf; Art. 66 SaarlVerf; Art. 39 Sächs-Verf; Art. 41 VerfLSA; Art. 10 f. SchlHVerf; Art. 53 ThürVerf.

Rechtsprechung: BVerfGE 40, 296; 80, 188; 102, 224; VerfGH 11, 179; 23, 32; 24, 137; 29, 62; 35, 148; 41, 124; 46, 176; 47, 194; 51, 34; 54, 62; 55, 28; 58, 113; 58, 212; 59, 144.

Literatur: Klein, Status des Abgeordneten, in: Isensee/Kirchhof (Hrsg.), Handbuch des Staatsrechts, Bd. III, 3. Auflage 2005, § 51.

Übersicht

I. Allgemeines

1. Bedeutung

Art. 13 regelt die **Größe des Landtags** und stellt die grundlegende Bestimmung der **1** BV zur **parlamentarischen Repräsentation** und zum **Status der Abgeordneten** dar.

2. Entstehung

Art. 13 in seiner ursprünglichen Fassung stimmte mit Art. 9 VE und E im Wesentlichen **2** überein. Das „Verfassungsreformgesetz – Reform von Landtag und Staatsregierung" vom 8. 2. 1998[1] führte zu einer Festlegung der vormals nur gesetzlich bestimmten Zahl der Abgeordneten im Verfassungstext selbst (Abs. 1); hierbei wurde die Mitgliederzahl ab der 15. Wahlperiode (2003) von 204 (seit 1950) auf 180 abgesenkt.

3. Verhältnis zum Grundgesetz

Siehe zunächst Vor Art. 13, Rn. 2. Die Länder sind im Ausgangspunkt zu einer autono- **3** men Ausgestaltung des Landtags und des Abgeordnetenstatus befugt; die sachliche Paral-lelregelung des GG zum Abgeordnetenstatus (**Art. 38 I 2 GG;** die Mitgliederzahl des Bun-destages ist nur einfachgesetzlich, nicht aber im GG geregelt) gilt allein für den Deutschen Bundestag und entfaltet für die Landtage keine Durchgriffswirkung. Gleichwohl sind die **bundesrechtlichen Vorgaben** im Ergebnis **verhältnismäßig dicht.** Grund hierfür ist, dass die die Volksvertretungen in den Ländern betreffende Regelung des **Art. 28 I 2 GG** – über die allgemeinen Homogenitätsvorgaben des Art. 28 I 1 GG (Demokratieprinzip im Sinne des Grundgesetzes) hinaus – den Ländern durch das Wort Volks-„Vertretung" nicht nur das Grundprinzip parlamentarischer Repräsentation zur Vorgabe macht[2], sondern vor

---

[1] GVBl. 39.

[2] Anders als eine prinzipielle Forderung nach einer dem Gedanken parlamentarischer Repräsenta-tion verpflichteten Volksvertretung kann das Wort „Vertretung" des Volkes auf der staatlichen Ebene (Landtag) nicht verstanden werden; für die zugleich mitgeregelte kommunale Ebene (d. h. für die exe-kutiven Kollegialorgane Gemeinderat, Kreistag etc., die keine „Parlamente" im staatsrechtlichen Sinne darstellen) hingegen passt das Wort „Volksvertretung" nicht ganz, so dass ihm auch nur mit Behutsam-

allem auch die Wahlrechtsgrundsätze im Einzelnen zwingend vorschreibt – und zwar in voller inhaltlicher Entsprechung zu Art. 38 I 1 GG. Die Wahlrechtsgrundsätze, insbesondere die Gleichheit der Staatsbürger in der freien Ausübung ihres Wahlrechts, wiederum sieht das BVerfG[3] in einem unauflöslichen Wechselbezug zum freien und gleichen Mandat, d. h. zum Status des Abgeordneten; das den Abgeordneten betreffende Freiheitsgebot des Art. 38 I 2 GG „fuße" insoweit auf den Wahlrechtsgrundsätzen des Art. 38 I 1 GG. Da für die die Landtage betreffenden inhaltsgleichen Wahlrechtsgrundsätze des Art. 28 I 2 GG nichts anderes gelten kann, muss davon ausgegangen werden, dass auch der **Abgeordnetenstatus in den Ländern,** obwohl nicht ausdrücklich normiert, als von Art. 28 I 2 GG weitgehend mitbedingt und mitbestimmt, d. h. implizit mitgeregelt anzusehen ist. (Die BVerfG-Rechtsprechung[4] zu den Abgeordnetendiäten in den Ländern legt hierfür auch anschaulich Zeugnis ab; Art. 31). Dass Art. 13 II BV dem Art. 38 I 2 GG schon dem Wortlaut nach und erst recht in der Sache praktisch vollständig entspricht, ist so gesehen nicht nur eine glückliche Parallelwertung, sondern auch eine bundesstaatliche Notwendigkeit. Auch die einzige signifikante Wortlautabweichung, nämlich die betont negative Abgrenzung „Vertreter … nicht nur einer Partei" gibt dem Mandat des Abgeordneten im Ergebnis keine von Art. 38 I 2 GG abweichende Tragweite. Da Art. 21 GG nämlich unmittelbar in den Ländern gilt (siehe Vor Art. 13, Rn. 10), darf dem Art. 13 II BV keine Auslegung zuteil werden, die mit dem grundgesetzlich vorgegebenen positiven verfassungsrechtlichen Status der politischen Parteien unvereinbar wäre (Art. 31 GG). Auch insoweit also gilt, dass die Auslegung von Art. 13 II BV weitgehend an Art. 38 I 2 GG orientiert werden kann und muss.

II. Einzelkommentierung

1. Größe des Landtags (Abs. 1)

4   Art. 13 I legt die **Zahl der Abgeordneten** nunmehr auf 180 (statt vormals 204) fest; diese Zahl kann durch Überhang- und Ausgleichmandate überschritten werden (Art. 14 I 6). Die Verkleinerung des Landtags verstieß nicht gegen die demokratischen Grundgedanken der Verfassung (Art. 75 I 2), die allenfalls dann berührt wären, wenn die Abgeordneten infolge der Verkleinerung ihren in Art. 13 vorausgesetzten Aufgaben nicht mehr funktionsgerecht nachkommen könnten, wovon bei einer Zahl von 180 keine Rede sein kann; allein dass der (seit jeher schwer zu verwirklichende und mit dem Grundsatz der Wahlrechtsgleichheit zum Ausgleich zu bringende) Grundsatz der möglichsten Deckungsgleichheit von Stimmkreis und Landkreis/kreisfreier Stadt (Art. 14 I 3 und 4) infolge der Verkleinerung noch schwerer zu verwirklichen ist, genügt nicht.[5]

2. Status des Abgeordneten (Abs. 2)

5   **a) Parlamentarische Repräsentation des bayerischen Volkes.** Der in Art. 13 geregelte repräsentative Status des Abgeordneten ist auf die repräsentative Stellung des Landtags bezogen und um ihretwillen gewährleistet; Art. 13 weist insofern über sich hinaus und stellt – gemeinsam mit den Regelungen zur Wahl der Abgeordneten in Art. 14 – zugleich die grundlegende Bestimmung der BV zur **parlamentarischen Repräsentation** durch den Landtag als der „Volksvertretung" i. S. d. Art. 4, 5 I dar. Parlamentarische Repräsentation bedeutet die frei von Weisungen in eigener Verantwortung, aber in durch Wahlen sanktionierter Verantwortlichkeit gegenüber dem repräsentierten Volk für dieses und mit Wirkung für diese getroffene Entscheidung.[6] Das **„bayerische Volk"** (Abs. 1), dessen

---

keit Rechtsfolgen entnommen werden dürfen (vgl. *Tettinger,* in: v. Mangoldt/Klein/Starck, Art. 28 Rn. 79 ff.; BVerwGE 90, 359 [362]).

[3] BVerfGE 102, 224 (238 f.).

[4] BVerfGE 40, 296; 102, 224; siehe auch VerfGH 35, 148 und Vor Art. 13, Rn. 2.

[5] VerfGH 54, 109 (160 f.).

[6] *Klein,* in: HdbStR III, § 50, Rn. 4, § 51, Rn. 2.

Vertretung in Art. 13 geregelt ist, sind – nicht nur wegen des Nichtbestehens einer eigenständigen bayerischen Staatsangehörigkeit (vgl. Kommentierung zu Art. 6), sondern in erster Linie wegen der bundesrechtlich zwingenden Identität des Legitimationssubjekts in Bund und Ländern (Art. 20 II, 28 I 2, 116 GG)[7] – alle in Bayern lebenden Deutschen, d. h. ein territorial begrenzter Verband, für den die Eigenschaft als Deutscher im Sinne des Art. 116 GG ausschlaggebend ist.[8] Dass Art. 13 II an den einzelnen Abgeordneten appelliert, seine Entscheidung nach einem Maßstab zu treffen, als müsse er allein das ganze Volk repräsentieren („Vertreter des Volks, nicht nur einer Partei", „Gewissen" als Richtschnur)[9], ändert nichts daran, dass allein der Landtag als Ganzes zur Ausübung der vom Volk ausgehenden Staatsgewalt (Art. 4) imstande ist und dass in diesem Sinne das Volk nur durch den Landtag insgesamt repräsentiert werden kann **(Kollektivrepräsentation).**[10]

b) Das freie Mandat. Art. 13 II gewährleistet in klassischer Formulierung und vollem **6** Gleichklang sowohl mit dem Grundgesetz als auch den anderen Landesverfassungen das **freie Mandat.** Die Gewährleistung des freien Mandats bedeutet zugleich die unbedingte Absage an alle Formen des imperativen Mandats, seien es historisch fassbare Formen (wie das gebundene Mandat der altständischen Verfassung oder das imperative Mandat der Rätedemokratie), seien es moderne Versuche parteienstaatlicher, basisdemokratischer oder sonstiger Bindung des Abgeordneten an den Willen irgendwelcher Kollektive.[11] Das (v. a. in Satz 2 besonders klar ausgesprochene) freie Mandat des Abgeordneten ist das Instrument zur Verwirklichung der (v. a. in Satz 1 zum Ausdruck kommenden) Vorstellung von der Repräsentation des ganzen Volkes; gerade aufgrund seiner freien, eigenständigen Stellung soll der Abgeordnete zur Mitwirkung an dem Integrationsprozess der Herausbildung eines überindividuellen Gesamtwillens befähigt werden. Deutlich wird, dass die Aussagen der Sätze 1 und 2 des Art. 13 II letztlich untrennbar zusammengehören; nicht umsonst werden sie sowohl vom Grundgesetz (Art. 38 I 2) als auch von vielen anderen Landesverfassungen auch in einem einzigen Satz und Atemzug zusammengeführt. Die in der parteienstaatlichen Demokratie besonders handgreifliche Form der Gefährdung des freien Mandats, die Abhängigkeit des Abgeordneten von seiner **Partei und Fraktion**[12], ist in Art. 13 II 1 ausdrücklich angesprochen („nicht nur einer Partei"); in dem Schutz vor dieser Abhängigkeit liegt unter den Bedingungen der Gegenwart die hauptsächliche Stoßrichtung der Gewährleistung des freien Mandats (siehe folgende Rn.). Die ältere (vor allem unter den – in Bayern freilich nur zum Teil gegebenen – Bedingungen der Mehrheitswahl relevante) Stoßrichtung, dass ein Stimmkreisabgeordneter nicht etwa nur seinen eigenen **Stimmkreis** zu vertreten hat, ist eine nicht ausdrücklich ausgesprochene Selbstverständlichkeit.[13] Das freie Mandat – dies ist eine weitere Schutzrichtung – will den Abgeordneten auch gegen Formen der Abhängigkeit von **Verbänden, Unternehmen, Gewerkschaften und Interessengruppen,** namentlich gegen eine wirtschaftliche Abhängigkeit von diesen Gruppen, schützen; auch mit solchen Gruppen geschlossene Vereinbarungen über die Art der Mandatsausübung verstoßen gegen das freie Mandat; Regelungen zur Offenlegung von Interessenkonflikten und zum Verbot bestimmter Zuwendungen („Verhaltensregeln", Art. 4a BayAbgG) sind zulässig und im Grundsatz geboten; die Ausgestaltung ist in vielem strittig, siehe Art. 30, Rn. 8, Art. 31, Rn. 10[14] (zur Frage diesbezüglicher Inkompatibilitätsregelungen hingegen siehe unten Rn. 11).

---

[7] BVerfGE 83, 37 (53).

[8] Siehe auch VerfGH 39, 30.

[9] *Löwer,* in: Löwer/Tettinger, NRWVerf, Art. 30 Rn. 42.

[10] Vgl. BVerfGE 44, 308 (316); 92, 130 (135).

[11] *Klein,* in: HdbStR III, § 51, Rn. 3.

[12] Oder im Falle der Regierungsfraktion auch von der Staatsregierung, vgl. VerfGH 58, 212 (230) (Richtlinienentscheidung des Ministerpräsidenten).

[13] *Schweiger,* in: Nawiasky/Schweiger/Knöpfle, Art. 13 Rn. 5.

[14] *Badura,* Staatsrecht, E 28; VerfGH 58, 113 (125 f.); BVerfG Urteil v. 4. 7. 2007 – 2 BvE 1/06.

7   Was den **zentralen Schutz des Abgeordneten vor Abhängigkeiten von seiner Partei oder Fraktion** (als der Erscheinungsform der Partei im Parlament) anbelangt, darf die Aussage des Art. 13 II 1 („nicht nur einer Partei") nicht isoliert betrachtet werden; in die Überlegungen mit einzubeziehen ist vielmehr gleichermaßen, dass nicht nur das GG in Art. 21 (der auch für die Länder verbindlich ist und in ihnen unmittelbar gilt) die parteienstaatliche Demokratie ausdrücklich anerkannt hat (Vor Art. 13, Rn. 10), sondern dass auch die BV die Fraktionen – und zwar auch über Art. 16 a hinaus – als notwendige Einrichtungen des Verfassungslebens mit eigenständigem verfassungsrechtlichem Status ansieht[15].[16] Wenn aber Parteien und Fraktionen für eine funktionstüchtige politische Willensbildung im Volk und im Parlament unverzichtbar sind und mit dieser unverzichtbaren Funktion vor der Verfassung Anerkennung finden, so kann es nicht schlechthin mit der Verfassung unvereinbar sein, wenn Partei und Fraktion zur Sicherstellung einer einheitlichen Haltung der Fraktionsmitglieder auf die Meinung und das Abstimmungsverhalten des Abgeordneten – und sei es auch mit Nachdruck – einzuwirken versuchen (**Fraktionsdisziplin**). Es wäre allerdings überspitzt, wollte man hieraus umgekehrt folgern, das freie Mandat sei von vornherein nur in partei-/rahmengebundener[17] Weise gewährleistet. Vielmehr bleibt es ohne Abstriche bei der Gewährleistung des freien Mandats, an dem der als solche legitime Partei-/Fraktionseinfluss seine maßgebliche Grenze findet. Sobald die im Grunde zulässige Einwirkung die Gestalt rechtlich greifbarer Bindung erhält und damit zum „Auftrag" im Sinne des Art. 13 II S. 2 mutiert, greift das verfassungsrechtliche Verbot, ohne dass dieser „Eingriff" in das freie Mandat noch einer parteienstaatlichen Rechtfertigung zugänglich wäre. Die Entscheidung nicht nur der BV, sondern auch des GG und der anderen Landesverfassungen, auch unter den Bedingungen der parteienstaatlichen Demokratie am freien Mandat festzuhalten, kann nur so verstanden werden, dass es ausschließlich der Gewissensfreiheit des einzelnen Abgeordneten unterliegen soll, inwieweit er sich dem im Grunde legitimen Partei-/Fraktionseinfluss öffnet. Jegliche Form rechtlich sanktionierter Bindung dagegen (d. h. eine Verlagerung des vom Gewissen zu bewältigenden Problems in die Sphäre des Rechts) ist verboten. Zur Frage, was dies im Einzelnen bedeutet, wo genau die Grenzen zu ziehen sind, kann voll und ganz auf die entsprechenden Erkenntnisse zu Art. 38 I 2 GG, d. h. auf die bundesrechtliche Rechtslage, verwiesen werden.[18] Unzulässig bzw. unwirksam sind insbesondere der sog. **Fraktionszwang,** Aufträge, Weisungen und Versprechungen eines bestimmten Abstimmungsverhaltens jeglicher Art, Umgehungen des nur freiwillig zulässigen Mandatsverzichts (Blankoverzichtserklärungen, Zahlungsversprechen für den Fall eines Parteiaustritts ohne Mandatsniederlegung; auch das sog. Rotationsprinzip; siehe auch Kommentierung zu Art. 19). Da dem Abgeordneten aus eigenem Recht nur die Rechte eines fraktionslosen Abgeordneten zustehen können, nicht aber diejenigen Rechte, die sich erst aus der Verbindung mit anderen Abgeordneten zu einer Fraktion ergeben, ist es hingegen ein grundsätzlich unbedenkliches Druckmittel der Fraktion, dass sie einen Abgeordneten ggf. aus der Fraktion ausschließen (was freilich keinen Mandatsverlust zu Folge hat und haben darf[19]) und/oder aus einem Ausschuss zurückrufen kann.[20]

---

[15]   Z. B. VerfGH 51, 34 (40); näher unten Rn. 13.

[16]   Von einer „Einbuße" des Art. 13 II BV infolge von Art. 21 GG spricht sogar VerfGH 11, 164 (179); kritisch gegen die v. a. in der älteren verfassungsgerichtlichen Praxis vorfindliche Rede von einer parteienstaatlichen „Einschränkung" oder „Einbuße" des freien Mandats: *Klein,* in: HdbStR III, § 51, Rn. 5. Wie hier, auch zum Folgenden: *Badura,* Staatsrecht, E 28.

[17]   *Achterberg,* Das rahmengebundene Mandat, 1975.

[18]   *Magiera,* in: Sachs, Art. 38 Rn. 47 ff.; *Klein,* in: HdbStR III, § 51, Rn. 13 ff.

[19]   Gleiches gilt für einen Parteiausschluss/-austritt. Zum Mandatsverlust aufgrund Parteiverbots dagegen BVerfGE 2, 1; VerfGH 11, 164; Art. 19, Rn. 8.

[20]   BVerfGE 80, 188 (233 f.). Zum Ausschussrückruf ohne Fraktionsausschluss *Klein,* in: HdbStR III, § 51, Rn. 18; zum Fraktionsausschluss: BerlVerfGH NVwZ-RR 2006, 441; MVVerfG LKV 2003, 516.

Für die Gewährleistung des freien Mandats ist, was die durch sie hervorgebrachten **8** Rechtsfolgen anbelangt, eine ganz spezifische – begrenzte – **Wirkungsweise** prägend. Art. 13 II verbietet mit dem freien Mandat unvereinbare Praktiken und erklärt sie für rechtlich unwirksam. Rechtlich verbindliche und durchsetzbare Aufträge, Weisungen, Vereinbarungen, Richtlinienvorgaben etc. kann es von Verfassungs wegen nicht geben. Nicht hingegen ist es möglich, einen Parlamentsbeschluss mit der Begründung anzugreifen, an ihm hätten Abgeordnete mitgewirkt, die derartigen Aufträgen, Weisungen oder Vereinbarungen unterlegen hätten; denn gerade weil eine rechtlich durchsetzbare Bindung durch derartige Praktiken nicht erzeugt werden kann, sie mit anderen Worten die Entscheidungsfreiheit des Abgeordneten – rechtlich betrachtet – nicht zu beeinträchtigen vermögen, kann aus ihnen auch kein rechtlicher Einwand gegen den Parlamentsbeschluss hergeleitet werden. Die Gewissensentscheidung des Abgeordneten, inwieweit er einem rein faktischen Druck nachzugeben bereit ist, entzieht sich der verfassungsgerichtlichen Nachprüfung.[21] Art. 13 II BV ist eine Schutzposition des Abgeordneten, nicht aber ein Verfahrensrecht des Bürgers.

Dass der Abgeordnete frei und **nur seinem Gewissen unterworfen** ist, gilt durch- **9** gehend und nicht allein bei etwa ethisch besonders problematischen sog. Gewissensfragen.[22]

c) Gleichheit der Abgeordneten. Mit der Freiheit der Abgeordneten untrennbar ver- **10** bunden ist ihre **Gleichheit (Prinzip der egalitären Repräsentation)**. Das letztlich in der Gleichheit der Bürger in der freien Ausübung ihres Wahlrechts fußende abgeordnetenbezogene Freiheitsgebot des Art. 13 II verlangt zugleich, die Abgeordneten in Statusfragen sowie bei der Ausübung ihrer Rechte gleichzubehandeln. Prägend ist hierbei der Leitgedanke formaler Gleichheit und das Prinzip der Beteiligung aller Abgeordneten an den Parlamentsaufgaben, von dem nur eng umrissene Ausnahmen, namentlich zur Gewährleistung der Arbeitsfähigkeit des in Fraktionen gegliederten Parlaments, zulässig sind.[23]

d) Amt des Abgeordneten. Der Abgeordnete ist als Mitglied des Landtags Träger **11** eines **öffentlichen Amtes** (vgl. die Formulierung in Art. 30).[24] Er wird dadurch nicht zum Beamten i. S. d. Art. 94 ff.,[25] sondern besitzt einen besonderen verfassungsrechtlichen Status, der im Bayerischen Abgeordnetengesetz[26] näher ausgestaltet ist. In Ausübung seines Amtes ist der Abgeordnete nicht durch die Grundrechte, sondern durch seine aus Art. 13 (ggf. i. V. m. anderen Verfassungsnormen) entspringenden Mandatsrechte geschützt.[27] Zum Recht des Abgeordneten, eine angemessene Vollalimentation zu erhalten, die eine der Bedeutung des Amtes entsprechende Lebensführung gestattet, und zu den damit zusammenhängenden Streitfragen siehe Art. 31.[28] Zur Gleichheit des Abgeordnetenstatus vgl. bereits die vorhergehende Rn. Zur Frage der **Inkompatibilität** des Abgeordnetenstatus mit anderen Ämtern treffen BV und GG z. T. ausdrückliche Regelungen (Art. 68 III BV, Art. 55 I, 94 I 3 GG; näher dazu Art. 19, Rn. 9); im Übrigen gestatten Art. 137 I GG und auch der in Art. 5 BV statuierte Grundsatz der Gewaltenteilung Inkompatibilitätsregelungen für Angehörige des öffentlichen Dienstes (Art. 29 ff. BayAbgG; Art. 19, Rn. 9).[29] Inkompatibilitätsregelungen auch für Inhaber von Führungspositionen in Wirtschaft, Verbänden etc. dagegen müssten als eine auch unter dem Gesichtspunkt des freien Mandats

---

[21] VerfGH 58, 212 (229 f.).

[22] *Löwer*, in: Löwer/Tettinger, NRWVerf, Art. 30 Rn. 52 ff.

[23] *Badura*, Staatsrecht, E 27; BVerfGE 40, 296; 102, 224; 80, 188; VerfGH 35, 148.

[24] Zum Bundesrecht: *Magiera*, in: Sachs, Art. 38 Rn. 52 ff.

[25] VerfGH 37, 140 (146 f.); BVerfGE 76, 256 (341).

[26] I. d. Fassung d. Bekanntmachung v. 6. 3. 1996, GVBl. S. 82, zuletzt geändert durch Gesetz v. 24. 6. 2004, GVBl. S. 224 und 226.

[27] *Badura*, Staatsrecht, E 29.

[28] VerfGH 35, 148 (156 ff.); 58, 113 (128 ff.); BVerfGE 40, 296; 102, 224.

[29] VerfGH 23, 32 (38 ff.); 32, 1.

(Schutz vor Abhängigkeiten) verfassungsrechtlich nicht rechtfertigbare, weil unverhältnismäßige und in gleichheitsgerechter Weise kaum durchführbare Einschränkung des in Art. 13 II, 14 I und 2, 27 bis 31 gewährleisteten Abgeordnetenstatus angesehen werden (zu den „Verhaltensregeln" vgl. schon Rn. 6);[30] zur Zulässigkeit der Beibehaltung eines bürgerlichen Berufs, zum Behinderungsverbot sowie zu Fragen der Offenlegung von Tätigkeiten (und Einkünften) siehe die Kommentierungen zu Art. 30, 31. Keine Unvereinbarkeit besteht zwischen dem Abgeordnetenmandat und der Eigenschaft als Mitglied der Staatsregierung; die Parlamentszugehörigkeit von Regierungsmitgliedern ist nach den Grundsätzen des parlamentarischen Regierungssystems nicht nur zulässig, sondern auch üblich.[31]

12   **e) Rechte des Abgeordneten (und der Fraktionen).** Art. 13 II 1 gibt jedem Abgeordneten das **subjektive Recht,** sein Mandat innerhalb der Schranken der Verfassung und der Gesetze ungehindert auszuüben; er verbürgt einen Kernbestand an Rechten auf Teilhabe am Verfassungsleben; dazu gehört unter anderem ein gewisser Mindestbestand an Rede- und Antragsbefugnissen.[32] Diese Rechte beruhen unmittelbar auf der Verfassung und werden nicht erst durch die Geschäftsordnung begründet; die **Geschäftsordnung** (Art. 20 III) kann aber die Art und Weise sowie die Grenzen der Ausübung dieser Rechte regeln, um dem Parlament seine Arbeitsfähigkeit zu erhalten und insgesamt eine sachgerechte Erfüllung seiner Aufgaben zu gewährleisten; die Abgeordnetenrechte unterliegen insoweit den vom Parlament kraft seiner Autonomie gesetzten Schranken.[33]

13   Das Mandat und die aus ihm fließenden Rechte des Abgeordneten sind nicht von der Zugehörigkeit zu einer **Fraktion** abhängig.[34] Da andererseits die Fraktionen innerhalb des Parlaments die maßgeblichen Faktoren der parlamentarischen Willensbildung sind, das politische Gliederungsprinzip für die Arbeit des Parlaments darstellen und als solche auch von der BV als notwendige Einrichtungen des Verfassungslebens anerkannt sind, muss es als zulässig angesehen werden, wenn das Parlament im Rahmen seiner Geschäftsordnungsautonomie (Art. 20 III) etwa Redezeiten oder Ausschusssitze den Fraktionen zumisst und auf diese Weise die Ausübung der Abgeordnetenrechte von Entscheidungen der Fraktion abhängig macht[35], soweit das aus der Abgeordnetengleichheit folgende Prinzip der Beteiligung aller Abgeordneten an den Aufgaben des Parlaments gewahrt bleibt.[36] Was die Stellung **fraktionsloser Abgeordneter** anbelangt, wird man sich auch für das bayerische Verfassungsrecht an die entsprechende Leitentscheidung des BVerfG[37] anlehnen können (siehe auch Art. 16 a, Rn. 7). Als Zusammenschlüsse von Abgeordneten (die letztlich auf der aus Art. 13 II entspringenden Freiheit der Abgeordneten, sich zu Fraktionen zusammenzuschließen, beruhen) und als notwendige Einrichtungen des Verfassungslebens sind die Fraktionen in der Lage, ihre **Rechtsstellung** – so, wie die Abgeordneten selbst – unmittelbar aus Art. 13 II herzuleiten; sie können sich in diesem Rahmen in Verfahren nach Art. 64 auf Abgeordnetenrechte berufen und verfassungsmäßige Rechte wie die Abgeordneten geltend machen (Rederecht, Antragsrecht, Recht auf Zugang zu Ausschüssen).[38] Zur Rechtsstellung der Fraktionen im Übrigen Art. 20, Rn. 12; zum Fraktionsausschluss oben Rn. 7.

14   Zu den **Rechten des Abgeordneten** gibt es eine reiche Rechtsprechungspraxis des VerfGH. Vor allem folgende Rechte sind zu unterscheiden[39]:

---

[30] VerfGH 58, 113 (124 ff.).

[31] VerfGH 24, 137 (151 f.); *Badura,* Staatsrecht, E 27.

[32] VerfGH 11, 164 (179); 29, 62 (89); 47, 194 (199); 51, 34 (51); 54, 62 (73).

[33] VerfGH 47, 194 (199 f.); 51, 34 (42).

[34] *Badura,* Staatsrecht, E 29 (auch zum Folgenden).

[35] VerfGH 29, 62 (89 f.); 51, 34 (41 f.); 41, 124 (132).

[36] BVerfGE 80, 188 (217 ff.).

[37] BVerfGE 80, 188.

[38] VerfGH 41, 124 (132); 46, 176 (180); 47, 194 (199); 51, 34 (40); 55, 28 (35 f.).

[39] Zum Folgenden (aus Sicht des Bundesrechts): *Klein,* in: HdbStR III, § 51, Rn. 31 ff.

- Das **Stimmrecht** des Abgeordneten folgt aus Art. 13 II i.V.m. 23 I. Anders als im Kommunalrecht schließt die Selbstbetroffenheit des Abgeordneten seine Beteiligung an der Abstimmung nicht aus. Die Stimmenthaltung ist traditionell zulässig.[40]
- Das **Rederecht** des Abgeordneten ist eine in der repräsentativen Demokratie unverzichtbare Befugnis zur Wahrnehmung seiner parlamentarischen Aufgaben, die seinen Status wesentlich mitbestimmt. Es gilt auch für die Ausschüsse. Eine Ordnung und Begrenzung des Rederechts durch die Geschäftsordnung ist zulässig; ihre Grenze findet die Geschäftsordnungsautonomie in dem Wesen und der Aufgabe des Parlaments, Forum für Rede und Gegenrede zu sein. Das Rederecht darf nicht missbräuchlich ausgeübt werden.[41]
- Das **Antragsrecht** des Abgeordneten ist Folge und notwendiger Bestandteil des Rederechts. Es ist auch insoweit verfassungsrechtlich verbürgt, als es Anträge erfasst, die keinen Gesetzentwurf enthalten. Missbräuchliche Anträge können beschränkt werden; allein dass der Antrag einen Gegenstand erfasst, für den nach der bundesstaatlichen Kompetenzverteilung der Bund zuständig ist, begründet angesichts des allgemeinpolitischen Mandats des Parlaments keinen Missbrauchsvorwurf (siehe schon Vor Art. 13, Rn. 4). Das Antragsrecht schließt einen Anspruch ein, dass sich das Parlament mit ihm befasst, ihn berät und über ihn abstimmt. Regelungen in der Geschäftsordnung zur Abwehr von Gefährdungen der Funktionsfähigkeit des Landtags sind zulässig.[42]
- Auch das **Frage- und Informationsrecht** des Abgeordneten gegenüber der Exekutive (das die BV im Gegensatz zu den Verfassungen anderer Länder nicht ausdrücklich regelt[43]) kann unmittelbar aus Art. 13 II abgeleitet werden. Mit ihm korrespondiert eine grundsätzliche Antwortpflicht der Exekutive. Zu Inhalt und Grenzen des Rechts im Einzelnen vgl. VerfGH 54, 62; 59, 144; siehe auch Art. 24, Rn. 6.

Art. 14 [Wahl]

(1) ¹Die Abgeordneten werden in allgemeiner, gleicher, unmittelbarer und geheimer Wahl nach einem verbesserten Verhältniswahlrecht gewählt. ²Jeder Regierungsbezirk bildet einen Wahlkreis. ³Jeder Landkreis und jede kreisfreie Gemeinde bildet einen Stimmkreis. ⁴Soweit es der Grundsatz der Wahlgleichheit erfordert, sind räumlich zusammenhängende Stimmkreise abweichend von Satz 3 zu bilden. ⁵Je Wahlkreis darf höchstens ein Stimmkreis mehr gebildet werden, als Abgeordnete aus der Wahlkreisliste zu wählen sind. ⁶Durch Überhang- und Ausgleichsmandate, die in Anwendung dieser Grundsätze zugeteilt werden, kann die Zahl der Abgeordneten nach Art. 13 Abs. 1 überschritten werden.
(2) Wählbar ist jeder wahlfähige Staatsbürger, der das 18. Lebensjahr vollendet hat.
(3) Die Wahl findet an einem Sonntag oder öffentlichen Ruhetag statt.
(4) Wahlvorschläge, auf die im Land nicht mindestens fünf vom Hundert der insgesamt abgegebenen gültigen Stimmen entfallen, erhalten keinen Sitz im Landtag zugeteilt.
(5) Das Nähere bestimmt das Landeswahlgesetz.

Parallelvorschriften im GG und anderen Landesverfassungen. Art. 38 GG; Art. 28 BaWüVerf; Art. 39 BerlVerf; Art. 22 BbgVerf; Art. 75 BremVerf; Art. 6 HmbVerf; Art. 72 f., 75 f. HessVerf; Art. 20 II MVVerf; Art. 8 NdsVerf; Art. 31 NRWVerf; Art. 80 RhPfVerf; Art. 63 f., 66 I 2 SaarlVerf; Art. 4, 41 SächsVerf; Art. 42 VerfLSA; Art. 3, 10 II SchlHVerf; Art. 49 ThürVerf.

---

[40] Hierzu VerfGH 37, 119 (122 f.).
[41] VerfGH 51, 34 m. w. N.
[42] VerfGH 46, 176 (nicht ganz deutlich zur Zuständigkeit des Freistaats Bayern); 47, 194, jeweils m. w. N.; NRWVerfG NVwZ-RR 2000, 265; zur Frage eines Wahlvorschlagsrechts BerlVerfGH NVwZ 1996, 783.
[43] Zu Art. 53 II, 67 I ThürVerf z. B. ThürVerfGH LKV 2003, 422.

Rechtsprechung. BVerfGE 95, 335; 99, 1; VerfGH 2, 45; 2, 50; 2, 181; 5, 66; 5, 125; 7, 99; 9, 109; 11, 103; 12, 11; 13, 19; 19, 105; 20, 58; 23, 155; 27, 139; 27, 154; 28, 222; 29, 154; 36, 83; 39, 30; 39, 75; 43, 100; 44, 23; 45, 54; 46, 21; 46, 281; 47, 59; 48, 27; 48, 61; 49, 12; 49, 23; 50, 76; 54, 109; 54, 181; 55, 85; 56, 141; 59, 125.

Literatur: Badura, Kommentierung zu Art. 38 GG (mit Anhang, in: Bonner Kommentar [Zweitbearbeitung]); *Gassner,* Verfassungsrechtliche Determinanten der Stimmkreiseinteilung in Bayern, BayVBl. 2001, 1; *Kautz,* Verfassungsrechtliche Vorgaben für die Stimmkreiseinteilung bei der Landtagswahl in Bayern, BayVBl. 2001, 97; *Meyer,* Demokratische Wahl und Wahlsystem. Wahlrechtsgrundsätze, Wahlverfahren, Wahlprüfung, in: Isensee/Kirchhof (Hrsg.), Handbuch des Staatsrechts, Bd. III, 3. Aufl. 2005, §§ 45, 46; *Möstl,* Die Wahlrechtsgleichheit im Zuge der Parlamentsreform im Bund und im Freistaat Bayern, AöR 127 (2002), 401; *Unterpaul,* Die Grundsätze des Landeswahlrechts nach der Bayerischen Verfassung im Lichte der Entwicklung von 1946 bis 1989, 1992.

Übersicht

I. Allgemeines

1. Bedeutung

1 Art. 14 regelt die Wahl zum Landtag. Er gewährleistet (z.T. im Zusammenspiel mit Art. 7 II) das aktive und passive **Wahlrecht** der Staatsbürger, statuiert die **Wahlrechtsgrundsätze** und trifft – hierin unterscheidet er sich von seinem grundgesetzlichen Pendant (Art. 38 GG) – bereits kraft Verfassung die wesentlichen Grundentscheidungen zur Ausgestaltung des **Wahlsystems;** im Übrigen bleibt die nähere Regelung des Wahlrechts dem Gesetz vorbehalten. Die Grundsätze für die Wahl zum Landtag gelten über Art. 12 I auch für die Gemeinden und Gemeindeverbände. Art. 14 spielt in der Rechtsprechungspraxis des VerfGH eine große Rolle.

2. Entstehung

2 Fragen des Wahlsystems (v. a. Verhältnis- oder Mehrheitswahl; Sperrklausel) waren sowohl im VVA als auch im VA umstritten gewesen;[1] der letztlich verabschiedete Art. 14 wies gegenüber den Art. 10 VE und E erhebliche Modifikationen auf (verbessertes Verhältniswahlrecht, Stimmkreissystem, Wahlalter). Auch seither ist Art. 14 mehrfach geändert worden;[2] hierbei wurden das Wählbarkeitsalter zweimal herabgesetzt, die Regeln über den Stimmkreiszuschnitt modifiziert (ausdrückliche Ermächtigung zur Abweichung von Verwaltungsgrenzen aus Wahlgleichheitsgründen; Verzicht auf die vormalige Stadtbezirksregelung; terminologische Anpassungen; Kontext dieser Änderungen: Gebietsreform seit 1971), die Sperrklausel neu konzipiert (landesweite 5%-Hürde statt der ursprünglichen in nur einem Wahlkreis zu erfüllenden 10%-Klausel) sowie Regelungen über die Zahl der Stimmkreise pro Wahlkreis sowie über die Zahl der Überhangs- und Ausgleichsmandate getroffen (Kontext dieser Änderung: Verkleinerung des Landtags durch das Verfassungsreformgesetz 1998).

---

[1] Zur Entstehung: *Schmidt,* Staatsgründung und Verfassungsgebung in Bayern, Bd. I, 1997, S. 178 ff.

[2] Gesetze vom 15. 6. 1970 (GVBl. S. 239), vom 19. 7. 1973 (GVBl. S. 389), vom 20. 2. 1998 (GVBl. 39), vom 10. 11. 2003 (GVBl. 817).

3. Verhältnis zum Grundgesetz

Art. 38 I 2, II, III GG, die bundesrechtliche Entsprechung zu Art. 14 BV, gilt unmittelbar **3** allein für Wahlen zum Deutschen Bundestag und kann wegen des auch im Bereich des Wahlrechts geltenden Grundsatzes der Trennung der Verfassungsräume auf das Landeswahlrecht nicht, auch nicht analog angewendet werden.[3] Allerdings ordnet **Art. 28 I 2 GG** mit seiner Bestimmung, dass die Volksvertretung auch auf Landesebene aus allgemeinen, unmittelbaren, freien, gleichen und geheimen Wahlen hervorgegangen sein muss, für die Landtagswahlen **die gleichen Wahlrechtsgrundsätze** an, wie sie Art. 38 I 2 GG für die Bundestagswahlen statuiert. Objektivrechtlich und im Ergebnis unterliegen die Länder damit keinen geringeren Bindungen, als wenn Art. 38 I 2 GG für diese unmittelbar gälte; es sind inhaltsgleiche Wahlrechtsgrundsätze, die die Art. 28 I 2 und 38 I 2 GG für Bund und Länder statuieren (insoweit **Identität und nicht bloße Homogenität der Maßstäbe**).[4] Nur subjektivrechtlich und prozessual verbleibt ein Unterschied, da Art. 28 I 2 GG anders als Art. 38 I 2 GG für den Einzelnen kein mittels Verfassungsbeschwerde vor dem BVerfG rügbares Recht ist; landesrechtliche Verstöße gegen die Wahlrechtsgrundsätze kann er folglich unmittelbar nur vor den Landesverfassungsgerichten geltend machen; allein mittels abstrakter oder konkreter Normenkontrolle können landesrechtliche Verstöße gegen Art. 28 I 2 GG vor das BVerfG gebracht werden.[5] Die Bindung allein an Art. 28 I 2 GG, und nicht an Art. 38 I 2 GG, hat demnach zwar **prozessual einen Vorrang** landesverfassungsgerichtlicher Individualrechtsbehelfe zur Konsequenz, nicht jedoch schafft sie inhaltlich Raum für Abweichungen von dem in Art. 28 I 2, 38 I 2 GG für Bund und Länder einheitlich aufgerichteten Schutzstandard. Die Landesverfassungsgerichte haben das Landesverfassungsrecht, was die Wahlrechtsgrundsätze anbelangt, im Wege entsprechender Auslegung oder ggf. auch Lückenfüllung vielmehr auf Linie mit dem Grundgesetz zu bringen (von Bedeutung z. B. für den Grundsatz der Freiheit der Wahl Rn. 21).

Die dichte Bindung der Länder an die grundgesetzlichen Wahlrechtsgrundsätze hat **4** nicht etwa zur Folge, dass die Länder auch in der Ausgestaltung ihres Wahlsystems weitgehend bundesrechtlich determiniert wären; im Gegenteil bestehen hier beträchtliche Freiheiten, die Länder sind *nur* an die bundesrechtlichen Wahlrechts*grundsätze,* nicht aber an ein bestimmtes **Wahlsystem** gebunden.[6] Bereits für den Bundesgesetzgeber folgt aus der Anordnung der Wahlrechtsgrundsätze in Art. 38 I 2 GG nicht die Festlegung auf ein bestimmtes Wahlsystem (das GG hat insoweit ein Stück materielles Verfassungsrecht offengelassen)[7]; nichts anderes kann für die Länder aufgrund ihrer Bindung an Art. 28 I 2 GG gelten. Vielmehr sind die Länder im Rahmen ihrer Verfassungsautonomie frei, sich auch für andere Wahlsystemgestaltungen zu entscheiden, als diese das Bundesrecht kennt. Die Länder haben insoweit für die Ausgestaltung des Landeswahlrechts keinen geringeren (aber auch keinen größeren) Spielraum, als er dem Bundesgesetzgeber bei der Ausgestaltung des Bundeswahlrechts zusteht. Die Länder sind insbesondere frei, statt des personalisierten Verhältniswahlrechts des Bundes auch ein reines Verhältnis- oder Mehrheitswahlrecht einzuführen oder das Verhältniswahlrecht in im Detail anderer Weise zu „verbessern" als das Bundesrecht (so in der Tat Art. 14 I, vgl. Einzelkommentierung). Aus der Freiheit in der Ausgestaltung des Wahlsystems wiederum ergibt sich mittelbar auch eine wichtige Lockerung der prinzipiell vollständigen Bindung an die bundesrechtlichen Wahlrechtsgrundsätze, namentlich im Bereich des besonders wichtigen Grundsatzes der Wahlrechtsgleichheit. Was nämlich konkret aus dem Grundsatz der Wahlrechtsgleichheit folgt, lässt

---

[3] BVerfGE 99, 1 (7, 11).

[4] Zur Identität der Anforderungen: *Löwer,* in: Löwer/Tettinger, NRW Verf, Art. 31 Rn. 6; *Magiera,* Art. 38 Rn. 77, *Nierhaus,* Art. 28 Rn. 18, beide in: Sachs.

[5] BVerfGE 99, 1 (7 ff.).

[6] *Nierhaus,* in: Sachs, Art. 28 Rn. 19; auch zum Folgenden.

[7] BVerfGE 95, 335 (349).

sich nach der ständigen Rechtsprechung des BVerfG nicht abstrakt bestimmen, sondern hängt zuallererst von dem jeweils bestehenden Wahlsystem ab (Wahlsystemabhängigkeit wahlgleichheitsrechtlicher Anforderungen).[8] In dem Maße, in dem es das Grundgesetz erlaubt, dass die Länder sich für andere Wahlsysteme entscheiden als der Bund, kann es demnach sein, dass – trotz der vollständigen Bindung der Länder an den bundesrechtlichen Wahlgleichheitsgrundsatz – wahlgleichheitsrechtliche Aussagen des BVerfG in bundesrechtlichen Kontexten nicht unbesehen auf das ggf. andere Wahlsystem der Länder übertragen werden können (siehe z. B. unten Rn. 27).

5　　Von dem in Rn. 3 dargestellten Grundsatz, dass die Länder an die Wahlrechtsgrundsätze des Art. 28 I 2 GG zwar objektivrechtlich gebunden sind, diese Gewährleistung vom Einzelnen aber nicht subjektiv-rechtlich im Wege der Verfassungsbeschwerde zum BVerfG geltend gemacht werden kann, hat das BVerfG für die Grundsätze der Allgemeinheit und Gleichheit der Wahl jahrzehntelang insofern eine Ausnahme gemacht, als es diese Grundsätze zugleich in dem regulativen und letztlich übergeordneten allgemeinen Gleichheitssatz **(Art. 3 I GG)** verankert sah, der seinerseits mit der Verfassungsbeschwerde rügbar ist – mit der Konsequenz, dass auch Individualrechtsbehelfe gegen landeswahlrechtliche Bestimmungen häufig vor dem BVerfG (statt vor dem Landesverfassungsgericht) verhandelt wurden. Diesen Weg hat das BVerfG durch seine Entscheidung E 99, 1 verschlossen, nach der nunmehr ein Rückgriff auf Art. 3 I GG im Anwendungsbereich der speziellen wahlrechtlichen Gleichheitssätze (auch Art. 28 I 2 GG) ausgeschlossen ist.[9] Die Landesverfassungsgerichte sind insoweit prozessual gestärkt; inhaltlich ergeben sich hieraus freilich keine zusätzlichen Freiheiten.

II. Einzelkommentierung

1. Anwendungsbereich

6　　Art. 14 gilt unmittelbar nur für die **Wahlen zum Landtag.** Die Grundsätze für die Wahl zum Landtag (hierzu zählen das aktive und passive Wahlrecht und die Wahlrechtsgrundsätze, nicht aber jedes in Art. 14 I 2 bis 6, IV geregelte Element der Verbesserung des Verhältniswahlrechts, z. B. nicht die 5 %-Hürde)[10] gelten gemäß Art. 12 I indes auch für die Gemeinden und Gemeindeverbände. Auf sonstige Wahlen, z. B. zu Personalvertretungen, Selbstverwaltungsorganen oder im Hochschulbereich, sind die Grundsätze des Art. 14 nicht durchgehend und ohne weiteres entsprechend anwendbar; der Gesetzgeber ist frei, den besonderen Zwecken und Eigenarten der jeweiligen Wahl Rechnung zu tragen.[11] Auch bzgl. Volks- und Bürgerentscheiden sind gewisse Abstriche und Modifikationen von den für Wahlen geltenden Grundsätzen denkbar (z. B. staatliches Objektivitäts- statt Neutralitätsgebot[12]).

2. Wahlrecht

7　　**a) Aktives Wahlrecht.** Art. 14 I 1 ist dem Wortlaut nach nicht als eine subjektiv-rechtliche Gewährleistung formuliert, und doch ist unstreitig, dass aus ihm (namentlich aus der Garantie der Wahlrechtsgrundsätze, insbesondere der Garantie allgemeiner und gleicher Wahlen) in Verbindung mit Art. 7 II (Ausübung der staatsbürgerlichen Rechte durch Teilnahme an Wahlen) das **aktive Wahlrecht** als ein subjektiv-öffentliches Recht abgeleitet

---

[8] BVerfGE 95, 335 (353); *Möstl,* AöR 127 (2002), 401 (405).

[9] Zur Frage, ob vor diesem Hintergrund die Rspr. des VerfGH (VerfGE 31, 17 [31]; 49, 12 [16]; offengelassen in VerfGH 52, 35 [37]; doch wieder kumulative Anwendung in VerfGH 55, 85 [89]), der Wahlgleichheitsgrundsatz des Art. 14 I 1 sei ein Anwendungsfall des allgemeinen Gleichheitssatzes (Art. 118 I), noch haltbar ist, siehe unten Rn. 23.

[10] *Schweiger,* in: Nawiasky/Schweiger/Knöpfle, Art. 12 Rn. 3 ff., VerfGH 11, 1 (6); s. a. Kommentierung zu Art. 12.

[11] VerfGH 28, 75 (81); 28, 214 (219); 29, 154 (158 f.); 30, 126 (127 f.); 52, 35 (37).

[12] VerfGH 47, 1 (12 f.).

werden kann.[13] Bei diesem Recht handelt es sich um ein Grundrecht i. S. v. Art. 98 S. 4 in Gestalt eines staatsbürgerlichen, politischen Teilhaberechts (kein vorstaatliches Menschenrecht).[14] Das Grundrecht steht allein Staatsbürgern (siehe auch Art. 7 I), nicht dagegen Ausländern, auch nicht Unionsbürgern, zu; für die Staatsbürgereigenschaft ist die deutsche Staatsangehörigkeit maßgebend.[15] Inhaltlich gewährleistet es das Recht auf Teilnahme an der Wahl durch Stimmabgabe und durch Einreichung von Wahlvorschlägen;[16] auch entspringt ihm ein Anspruch auf (rechtzeitige) Durchführung von Wahlen.[17] Die genaue Reichweite der Gewährleistung des aktiven Wahlrechts und die Möglichkeiten seiner Beschränkung ergeben sich letztlich aus den Wahlrechtsgrundsätzen (d. h. dem jeweiligen Wahlrechtsgrundsatz, unter dessen Gesichtspunkt das aktive Wahlrecht im konkreten Fall betroffen ist).[18] Nicht verletzt werden das Grundrecht des aktiven Wahlrechts sowie die Wahlrechtsgrundsätze der allgemeinen und gleichen Wahl dadurch, dass das Stimmrecht nach Art. 1 LWG neben der Deutscheneigenschaft an die Voraussetzungen Volljährigkeit (siehe ausdrücklich Art. 7 I) und (Haupt-)Wohnsitz/gewöhnlicher Aufenthalt in Bayern (territoriale Radizierung; siehe bereits Art. 13, Rn. 5; zur Dauer des Aufenthalts Art. 7 III)[19] gebunden wird und dass Art. 1 I Nr. 3, Art. 2 LWG in überkommener Weise den Ausschluss vom Stimmrecht bestimmter individuell disqualifizierter Personen vorsieht; Voraussetzungen und Ausschlussgründe des Stimmrechts sind möglichst genau zu regeln, wodurch eine typisierende Anknüpfung an formale Kriterien nicht ausgeschlossen wird.[20] Das aktive Wahlrecht ist ein höchstpersönliches, unübertragbares Recht.[21] Die Einführung eines Familienwahlrechts bzw. eines Elternwahlrechts für das Kind wäre deswegen sowie wegen Verstoßes gegen den Wahlgleichheitsgrundsatz mit Art. 14 I nicht vereinbar.[22]

b) Passives Wahlrecht. Das **passive Wahlrecht** ist in Art. 14 II – und zwar erneut als **8** Grundrecht – gewährleistet. Es ist hierbei zusätzlich zur Wahlfähigkeit allein an die Vollendung des 18. Lebensjahres (früher 25. bzw. 21., vgl. Rn. 2) geknüpft – ein Alterserfordernis, das sich seit der Verfassungsänderung 2003 freilich von dem des aktiven Wahlrechts nicht mehr unterscheidet. Das passive Wahlrecht darf deshalb, auch wenn es im Allgemeinen als leichter einschränkbar gelten mag als das aktive Wahlrecht[23], nach bayerischem Verfassungsrecht im Vergleich zum aktiven Wahlrecht an keine zusätzlichen Hürden geknüpft werden;[24] § 45 StGB bleibt unberührt. Inhaltlich gewährt das Grundrecht des Art. 14 II, vom Staat als wählbar behandelt und nicht einseitig benachteiligt zu werden; gewährleistet ist das Recht, sich um ein Mandat zu bewerben, es anzunehmen und auszuüben.[25] Einschränkungen bedürfen zwingender rechtfertigender Gründe; Praktikabilitätserwägungen reichen nicht aus.[26] Zu Inkompatibilitäten vgl. Art. 19, Rn. 9; die Gründe des Verlusts der Mitgliedschaft im Landtag sind in Art. 19 abschließend geregelt. Nicht erfasst

---

[13] *Meder,* Art. 14 Rn. 1.

[14] VerfGH 5, 66 (72 f.); 48, 61 (69).

[15] Siehe dazu bereits Kommentierung zu Art. 13, Rn. 5; VerfGH 39, 30; 50, 76; BVerfGE 83, 37 (60).

[16] VerfGH 44, 23 (25); 46, 21 (31).

[17] VerfGH 27, 139 (142).

[18] VerfGH 19, 105 (109); 46, 21 (31); 55, 85 (89 f.).

[19] Fragwürdig erscheint, dass Art. 1 II LWG die Stimmberechtigung nur auf solche ins Ausland entsandten Angehörigen des öffentlichen Dienstes erstreckt, die ihren Wohnsitz an einen Ort „nahe der Landesgrenze" verlegen mussten, was u. U. z. B. Beamte der bayerischen Landesvertretung in Brüssel oder in sonstigen Auslandsbüros des Freistaats von der Wahl ausschließt.

[20] VerfGH 2, 50; 9, 109; 13, 19; 19, 105 (109); 20, 58; 28, 75 (81); 28, 214 (219); 55, 85 (Ausschluss von Personen, für die die Betreuung zur Besorgung aller Angelegenheiten angeordnet worden ist).

[21] VerfGH 55, 85 (92 f.).

[22] VerfGH 56, 141 f.

[23] *Maunz,* in: Maunz/Dürig, Art. 38 Rn. 37.

[24] VerfGH 11, 103; s. a. HessStGH NJW 1964, 1668 (1669).

[25] VerfGH 11, 103; 44, 23 (27).

[26] VerfGH 36, 83.

sind vom passiven Wahlrecht das Recht auf Festlegung eines bestimmten Wahltermins[27] oder das Recht, sich unmittelbar, d. h. ohne demokratische Vorauswahl durch eine Partei oder Wählergruppe, um ein Mandat zu bewerben[28].

9   **c) Reichweite der subjektiven Gewährleistung.** Von der **subjektivrechtlichen Gewährleistung** des Art. 14 erfasst sind unstreitig das aktive und passive Wahlrecht an sich (mit der in den vorangegangenen Rn. geschilderten Reichweite) sowie die einzelnen Wahlrechtsgrundsätze (Recht auf freie, allgemeine, gleiche etc. Wahl, s. u. Rn. 20 ff.). Kein subjektives Recht soll hingegen bestehen hinsichtlich der Einhaltung z. B. der Grundsätze des verbesserten Verhältniswahlrechts oder der Anforderungen an den Wahltag (Abs. 3); nicht also alle Regelungen des Art. 14 zur Gestaltung der Wahl sollen an dessen Grundrechtscharakter teilhaben.[29] Nach hier vertretener Ansicht spricht nichts dagegen, das in Art. 14 geregelte subjektiv-rechtliche Wahlrecht des Bürgers schlechthin auf Wahlen in der von Art. 14 vorgesehenen Gestalt zu beziehen und dem Bürger so ein Grundrecht auf Einhaltung aller in Art. 14 vorgeschriebenen Wahlgrundsätze und -modalitäten einzuräumen.

3. Wahlsystem und Wahlverfahren

10   **a) Das verbesserte Verhältniswahlrecht.** Art. 14 BV hat sich innerhalb des durch Art. 28 I 2 GG belassenen Spielraums zur landesrechtlichen Ausgestaltung des Wahlverfahrens (s. o. Rn. 4) – anders als sein bundesrechtliches Pendant, Art. 38 GG, der die Frage des Wahlsystems offen lässt – für eine Regelungstechnik entschieden, in der bereits durch die **Verfassung selbst** die Grundzüge des Wahlsystems festgelegt werden, welche sodann durch einfaches Recht näher auszugestalten sind (Abs. 5). Dieses in seinen Grundzügen verfassungsrechtlich vorgegebene Wahlsystem bezeichnet Art. 14 I 1 als **„verbessertes Verhältniswahlrecht".**

11   Die **Verhältniswahl,** für die sich die BV grundsätzlich entschieden hat, zielt ihrem Wesen nach darauf ab, das Parlament zu einem möglichst getreuen Abbild der parteipolitischen Gruppierung der Wählerschaft zu machen. Die Abgeordnetenmandate werden nach dem zahlenmäßigen Verhältnis der für die verschiedenen Wahlvorschläge abgegebenen gültigen Stimmen aufgeteilt. Charakteristisch ist, dass jede Stimme grundsätzlich nicht nur gleichen Zählwert, sondern auch gleichen Erfolgswert besitzt (so die spezifisch verhältniswahlrechtliche Ausprägung des Wahlgleichheitssatzes, s. u. Rn. 24). Der Begriff der Verhältniswahl deckt hierbei allerdings eine Fülle von Berechnungsarten und eröffnet verschiedene Gestaltungsmöglichkeiten für die Ausschöpfung des als solchen begriffsnotwendigen Proporzes.[30]

12   Die verfassungsrechtliche Grundentscheidung für eine **„Verbesserung"** des Verhältniswahlrechts bezieht sich nicht auf eine Perfektionierung des verhältniswahlrechtlichen Leitgedankens der möglichst getreuen Abbildung nach Parteilinien, sondern auf eine Ergänzung und ggf. auch Modifikation dieses Leitgedankens durch von anderen Erwägungen getragene Gestaltungsformen; bei diesen anderen zur Geltung zu bringenden Erwägungen handelt es sich im Wesentlichen um das Ziel einer Stärkung der Bindung zwischen Wählern und Abgeordneten durch hinzutretende Elemente der Mehrheits- und Persönlichkeitswahl in Stimm- und Wahlkreisen sowie um das Ziel einer Verbesserung der Funktionsfähigkeit des Landtags und der von ihm zu wählenden Regierung durch eine Sperrklausel (vgl. Abs. 1 S. 2 bis 6, Abs. 4).[31]

---

[27] VerfGH 27, 119.

[28] VerfGH 44, 23 (27); zum Freiraum der Parteien auch SächsVerfGH LKV 2006, 270.

[29] VerfGH 5, 125; 22, 76 (81); 27, 139 (142).

[30] VerfGH 14, 17 (21); 28, 222 (234); 29, 154 (157 f.); 45, 54 (63). Zu den Grundtypen Verhältnis- und Mehrheitswahl: *Möstl,* AöR 127 (2002), 401 (405 ff.).

[31] *Schweiger,* in: Nawiasky/Schweiger/Knöpfle, Art. 14 Rn. 9; VerfGH 2, 45 (48); 2, 181 (203 ff.); 27, 153 (159); 28, 222 (230); 45, 12 (18); 45, 54 (65).

Die verfassungsrechtlichen Grundentscheidungen zugunsten des Verhältniswahlrechts **13** einerseits und zugleich zu seiner Verbesserung andererseits stehen in einem nicht leicht aufzulösenden **Spannungsverhältnis** der wechselseitigen Begrenzung, die insbesondere bei der Ausmessung der wahlgleichheitsrechtlichen Anforderungen an das bayerische Wahlrecht eine große Rolle spielt: Einerseits gestattet das Ziel der Verbesserung des Verhältniswahlrechts, jedenfalls soweit die Instrumente zu seiner Verwirklichung ausdrücklich in der Verfassung vorgeschrieben oder zumindest zugelassen werden (Sperrklausel, Mehrheitswahl in Stimmkreisen, Wahl in den Wahlkreisen als selbstständigen Wahlkörpern), echte Modifikationen und Abweichungen von dem verhältniswahlrechtlichen Gebot eines landesweit möglichst genauen Parteiproporzes; Proporzabweichungen, die notwendige Folge des verfassungsrechtlich vorgesehenen verbesserten Verhältniswahlrechts sind, können insbesondere den Wahlgleichheitsgrundsatz nicht verletzen. Andererseits indes behält das verhältniswahl- und wahlgleichheitsrechtliche Gebot eines möglichst getreuen Parteiproporzes auch bei der näheren Ausgestaltung der von der Verfassung vorgesehenen oder zugelassenen Verbesserungen des Verhältniswahlrechts seine regulative und begrenzende Funktion: Der Gesetzgeber hat von mehreren, das Verbesserungsziel gleich gut erreichenden Ausgestaltungsvarianten diejenige zu wählen, die die verhältniswahlrechtliche Wahlgleichheit am wenigsten beeinträchtigt. Außerdem können der verbessernden Abweichung vom reinen Verhältniswahlrecht infolge der Grundentscheidung für das (nur zu verbessernde, nicht aber als solches zur Disposition stehende) Verhältniswahlrecht sowie durch einen im Ausgangspunkt verhältniswahlrechtlich zu interpretierenden Wahlgleichheitsgrundsatz auch absolute Grenzen gesetzt sein; die Abweichung vom verhältniswahlrechtlichen Parteiproporz darf nicht so groß werden, dass der Grundcharakter der Verhältniswahl in Frage gestellt ist. Der Gesetzgeber ist, wie der VerfGH formuliert hat, gehalten, das in der Verfassung verankerte Wahlsystem und den Grundsatz der gleichen Wahl in möglichster Übereinstimmung zu halten. Genauso gut könnte man sagen: Er ist gehalten, die Grundentscheidung für das Verhältniswahlrecht einerseits und für seine Verbesserung andererseits zu einem schonenden Ausgleich zu bringen (s. a. unten Rn. 24 ff.).[32]

Folgende **Instrumente der Verbesserung** des Verhältniswahlrechts werden von **14** Art. 14 ausdrücklich vorgesehen oder zumindest zugelassen:

– Die **Wahl in Wahlkreisen** (den sieben Regierungsbezirken) als selbstständigen Wahl- **15** körpern. Art. 14 I 1 und 2 schreiben eine Wahl in Wahlkreisen (den Regierungsbezirken) vor. Bezweckt wird damit eine verstärkte, regional radizierte Bindung zwischen Wählern und Abgeordneten sowie die Vermeidung unübersichtlicher Landeslisten. Nach Sinn und Zweck des Art. 14 I 1 kommt den Wahlkreisen nicht die bloße Funktion von Abstimmungsbezirken, sondern die Bedeutung selbstständiger Wahlkörper zu. Die für das bayerische Wahlrecht typische Methode der Durchführung der Verhältniswahl in sieben selbstständigen Wahlkörpern mit von vornherein je fester Sitzzahl und ohne landesweiten Verhältnisausgleich ist daher zulässig und im Grunde geboten. Die hierin liegende Abweichung von der für die Verhältniswahl an sich maßgeblichen Bezugsgröße eines *landesweit* einwandfreien Parteiproporzes ist wahlsystembedingt, d. h. eine prinzipiell notwendige Folge der verfassungsrechtlich vorgezeichneten Wahl in sieben Wahlkreisen, und kann den Wahlgleichheitsgrundsatz somit nicht verletzen. Der Wahlgleichheitsgrundsatz sowie die Grundentscheidung für die Verhältniswahl behalten indes ihre regulative und begrenzende Funktion: Sie verlangen eine strikte Bevölkerungsproportionalität der Sitze je Wahlkreis, haben Auswirkungen auf die Umrechnung von Stimmen in Mandate (ausnahmsweise Unzulässigkeit der Methode d'Hondt) und könnten in besonderen Konstellationen sogar ein Aufbrechen der strikten Separierung in selbstständige Wahlkörper verlangen (vgl. im Einzelnen unten Rn. 26).[33]

---

[32] VerfGH 28, 222 (234 ff.); 45, 54 (63 f.); *Schweiger,* in: Nawiasky/Schweiger/Knöpfle, Art. 14 Rn. 5 b, 9.
[33] VerfGH 28, 222; 45, 12; 45, 54.

16   – Die **Mehrheitswahl** in einer Höchstzahl an **Stimmkreisen mit Überhang- und Ausgleichsmandaten** (Abs. 1 S. 1 und 3 bis 6). Die Entscheidung zugunsten einer Wahl in Stimmkreisen führt zu einer Anreicherung der Verhältniswahl um Elemente der Mehrheitswahl in Einerwahlkreisen (die Stimmkreise sind erneut nicht bloße Abstimmungsbezirke);[34] Sinn und Zweck sind eine Akzentverschiebung zugunsten einer persönlichkeits- statt parteienwahlrechtlichen Komponente, die Stärkung der Bindung zwischen Wählern und Abgeordneten sowie der mehrheitswahlrechtliche Vorteil, den Status des Abgeordneten als Vertreter des ganzen Volkes, nicht nur einer Partei (Art. 13 II 1), örtlich (im Stimmkreis) fassbar und lebendig werden zu lassen.[35] Die Höchstzahl der in diesem Verfahren je Wahlkreis zu vergebenden direkten Stimmkreismandate ist in Abs. 1 S. 5 geregelt.[36] Der Grundcharakter der Verhältniswahl[37] darf durch die verbessernd hinzutretenden Elemente der Mehrheitswahl nicht verloren gehen. Ein System wie das gegenwärtige, in dem der Parteienproporz durch die Wahl in Stimmkreisen letztlich nicht verzerrt wird und sich das mehrheitswahlrechtliche Element somit voll und ganz in das verhältniswahlrechtliche Verteilungsprinzip einfügt, weil bei der Mandatsverteilung über die direkt gewonnenen Mandate hinaus aus dem Wahlkreisvorschlag nur bis zur Gesamtzahl der auf den Wahlkreisvorschlag entfallenden Sitze „aufgefüllt" wird (Art. 44 I LWG) und auch etwa auftretende Überhangmandate durch Erhöhung der insgesamt auf den Wahlkreis entfallenden Sitze ausgeglichen werden (Ausgleichsmandate, Art. 44 II LWG)[38], trägt diesem Erfordernis auf jeden Fall Rechnung. In gleicher Weise wäre es möglich – wie in der Geschichte des bayerischen Wahlrechts auch bereits der Fall[39] –, auf Überhang- (und Ausgleichs-)mandate ganz zu verzichten;[40] die Erlaubnis des Abs. 1 S. 6, die Gesamtabgeordnetenzahl durch Überhang- und Ausgleichsmandate erhöhen zu dürfen, war nicht als Zwang, sondern nur als Ermächtigung zur Einführung und Beibehaltung dieser Gestaltungsformen gedacht.[41] Darüber hinaus hat es der VerfGH als auch zulässig angesehen, Überhangmandate ohne den Proporz wiederherstellenden Ausgleich (ohne Ausgleichsmandate) zuzulassen.[42] Diese Ansicht ist relativ großzügig, weil sie – wenngleich in begrenztem Umfang – ein echtes Kombinationssystem von Verhältnis- und Mehrheitswahl, d. h. ein partielles Ausbrechen aus dem, was die Gesamtmandatszahl je Partei anbelangt, maßgeblichen Verhältniswahlsystem, zulässt;[43] der VerfGH hat auch ein derartiges partielles Abrücken vom reinen Parteienproporz als durch die Systementscheidung zur „Verbesserung" der Verhältniswahl noch gedeckt erachtet.[44] Dass somit ein Abweichen von einer rein verhältniswahlrechtlich gedachten Wahlgleichheit gestattet wird, obwohl dieses Abweichen, will man dem persönlichkeitsrechtlichen Element der Wahl in Stimmkreisen Rechnung tragen, keineswegs zwingend ist (weil ein den Proporz wiederherstellender Ausgleich ja in verschiedener Weise denkbar ist), dürfte daran liegen, dass alle denkbaren Formen des

---

[34] VerfGH 43, 100 (104).

[35] Hierzu allgemein: *Möstl,* AöR 127 (2002), 401 (406 f.).

[36] Zu der nach dem Sinn des Art. 14 I 1 möglichst gleich großen Zahl von Stimmkreis- und Wahlkreismandaten zuvor schon VerfGH 46, 281 (288 f.).

[37] Dazu schon VerfGH 2, 181.

[38] Die Wiederherstellung des Parteienproporzes durch Ausgleichsmandate wird freilich durch eine weitere Abweichung von dem grundsätzlich zwingenden Regionalproporz zwischen den Wahlkreisen (Art. 21 II LWG, s. u. Rn. 26) erkauft.

[39] *Schweiger,* in: Nawiasky/Schweiger/Knöpfle, Art. 14 Rn. 25.

[40] VerfGH 7, 99.

[41] LT-Drs. 13/9366, S. 6.

[42] VerfGH 19, 64 (71 ff.).

[43] Vgl. zum Bundesrecht BVerfGE 95, 335; hierzu *Möstl,* AöR 127 (2002), 401 (413 ff.).

[44] Art. 14 I 6 dürfte – trotz der Nennung von Überhang und Ausgleichsmandaten in einem Atemzug – hieran nichts geändert haben, weil er nicht als Pflicht, sondern nur als Ermächtigung zur Einführung dieser Instrumente gedacht war (siehe Fn. 41).

Ausgleichs mit greifbaren Nachteilen für das verfassungsrechtlich vorgesehene System der Wahl in Wahlkreisen (i. S. v. selbstständigen Wahlkörpern) verknüpft sind (weil entweder ein wahlkreisübergreifender Ausgleich notwendig wird[45] oder aber – wie gegenwärtig – der Regionalproporz[46] zwischen den Wahlkreisen spürbar verzerrt wird); in dem Maße, in dem die verfassungsrechtlich erstrebte „Verbesserung" des Verhältniswahlrechts somit anderweitig leiden würde, kann nicht gefordert werden, innerhalb der denkbaren Varianten diejenige zu wählen, die die (rein verhältniswahlrechtlich gedachte) Wahlgleichheit am wenigsten beeinträchtigt (s. o. Rn. 13). Weitergehende Elemente der Mehrheitswahl, etwa ein Grabensystem aus nach Verhältnis- und nach Mehrheitswahlprinzipien zu besetzenden Sitzen, dürften jedoch schnell an die Grenzen dessen stoßen, was noch als Verbesserung des prinzipiell zwingenden Verhältniswahlrechts angesehen werden kann. Zu den aus dem Wahlgleichheitsgrundsatz sowie aus dem Prinzip der möglichsten Deckungsgleichheit folgenden Vorgaben für den Stimmkreiszuschnitt siehe Rn. 27.

– Eine bedeutende Abweichung vom rein verhältniswahlrechtlichen Verteilungsprinzip **17** bedeutet die **5%-Klausel** des Art. 14 IV, die nunmehr (anders als die ursprüngliche wahlkreisbezogene 10%-Hürde) systemgerecht auf das landesweite Wahlergebnis abstellt.[47] Anders als das GG statuiert die BV die im Interesse der Funktionsfähigkeit des Landtags und der Erleichterung der Bildung regierungsfähiger Mehrheiten geltende Sperrklausel unmittelbar selbst; im Blick auf den Gleichheitssatz des Art. 14 I 1 (anders freilich im Blick auf den Gleichheitssatz des Art. 28 I 2 GG[48]) unterliegt die Sperrklausel als solche folglich keiner verfassungsrechtlichen Rechtfertigungslast; der rechtfertigende Grund ist vielmehr in der Verfassung selbst enthalten.[49] Selbst wenn man Art. 14 IV an höherrangigem Verfassungsrecht (Art. 118 I, Art. 14 I 1, Art. 75 I 2 [dazu Art. 75 Rn. 10]) messen möchte, führt dies zu keinem anderen Ergebnis.[50] Vom Wortlaut und Sinn und Zweck her rechtfertigt und gebietet es Art. 14 IV, auch direkt gewählten Kandidaten (und nicht allein Wahlkreisbewerbern) keinen Sitz zuzuteilen, sofern ihr Wahlvorschlag an der landesweiten 5%-Hürde scheitert.[51]

– Art. 14 I 1 ist offen für **weitere Techniken** der Verbesserung des Verhältniswahl- **18** rechts, auch wenn diese nicht ausdrücklich in Art. 14 statuiert sind.[52] Dies gilt jedenfalls dann, wenn diese Techniken, z. B. die Einfügung persönlichkeitswahlrechtlicher Elemente, keine eigentliche Abweichung vom verhältniswahlrechtlichen Verteilungsprinzip nach Parteiproporz bedeuten, sondern etwa nur die Zuteilung der Sitze auf einzelne Kandidaten innerhalb einer parteiproportionalen Sitzverteilung betreffen (z. B. Art. 45 I LWG: Zusammenzählung der Stimmkreis- und Wahlkreisstimmen; auch Kumulieren und Panaschieren wäre zulässig[53]). Aber auch Techniken mit Auswirkungen auf das Verhältnis von auf einen Wahlvorschlag (eine Partei) entfallenen Stimmen und zugeteilten Mandaten sind nicht von vornherein ausgeschlossen;[54] die Toleranzgrenzen für Abweichungen vom verhältniswahlrechtlichen Proporzprinzip werden allerdings strenger zu ziehen sein als bei verfassungsrechtlich ausdrücklich vorgesehenen Techniken der Verbesserung.

---

[45] VerfGH 19, 64 (73).

[46] VerfGH 28, 222 (236); *Möstl*, AöR 127 (2002), 401 (424).

[47] Art. 43 II LWG, VerfGH 45, 54 (63).

[48] Zur Zulässigkeit von 5%-Klauseln auch unter dem GG: BVerfGE 34, 81; 55, 222 (237); 95, 408 (419, 421 f.); ständige Rechtsprechung.

[49] VerfGH 39, 75 (80).

[50] VerfGH BayVBl. 2007, 13 ff.

[51] VerfGH 39, 75.

[52] *Schweiger*, in: Nawiasky/Schweiger/Knöpfle, Art. 14 Rn. 9.

[53] VerfGH 29, 154 (157 f.).

[54] Vgl. *Schweiger*, in: Nawiasky/Schweiger/Knöpfle, Art. 14 Rn. 5 e zu Art. 42 V LWG.

19   **b) Wahltag (Abs. 3).** Art. 14 III bestimmt zum Schutze der Allgemeinheit der Wahl, dass die Wahlen nur an Sonntagen oder öffentlichen Ruhetagen, d. h. nicht an Werktagen, stattfinden dürfen. Eine freiwillige Briefwahl an anderen Tagen ist dadurch nicht ausgeschlossen.[55] Zum Grundrechtscharakter siehe bereits Rn. 9.

4. Die Wahlrechtsgrundsätze (Abs. 1 S. 1)

20   **a) Allgemeines.** Die in Art. 14 I 1 normierten Grundsätze der allgemeinen, gleichen, unmittelbaren und geheimen Wahl bilden neben den Vorfestlegungen des „verbesserten Verhältniswahlrechts" den zentralen Rechtsmaßstab für die nach Abs. 5 dem Gesetzgeber hinsichtlich des „Näheren" aufgegebene Wahlrechtsgestaltung. Sie belassen dem Gesetzgeber – aufgrund des ausdrücklichen Regelungsauftrags des Abs. 5, weil die Wahlrechtsgrundsätze untereinander in einem nicht immer bruchlos auflösbaren Spannungsverhältnis stehen können (Beispiel Briefwahl), sowie weil sie auch aus sonstigen zwingenden Gründen der Wahlrechtsgestaltung einschränkbar sind – einen nur auf die Verletzung der äußeren Grenzen überprüfbaren Gestaltungsspielraum.[56] Die Wahlrechtsgrundsätze schützen (in personeller Hinsicht) nicht allein vor staatlichen Beeinträchtigungen, sondern können auch die Dimension eines dem Staat aufgegebenen Schutzes vor privaten Beeinträchtigungen enthalten; ebenso wenig betreffen sie (in zeitlichen Hinsicht) allein den Wahlakt als solchen, sondern grundsätzlich das gesamte Wahlverfahren, ggf. auch die Wahlvorbereitung.[57]

21   **b) Freiheit der Wahl.** Der Grundsatz der **Freiheit der Wahl** ist in Art. 14 I 1 nicht gesondert aufgeführt. Gleichwohl ist er durch die BV – und zwar als Grundrecht – geschützt: Da die Entschließungsfreiheit bei der Ausübung des staatsbürgerlichen Wahlrechts ein unerlässliches Merkmal des demokratischen Staatslebens (Art. 2 I) darstellt und sich das durch Art. 2 II, 7 II garantierte Recht auf Willenskundgabe durch Wahlen nur auf einen freien Willen beziehen kann, kann das aktive Wahlrecht des Art. 14 I nur ein freies Wahlrecht sein.[58] Die Freiheit der Wahl ist den Ländern im Übrigen auch bundesrechtlich zwingend vorgegeben (Art. 28 I 2 GG). Die Wahlfreiheit besteht darin, dass jeder Wahlberechtigte sein Wahlrecht frei, d. h. ohne Zwang oder sonstige unzulässige Beeinflussung, von außen ausüben kann.[59] Insbesondere darf niemand gezwungen werden, für eine bestimmte Partei oder einen bestimmten Bewerber zu stimmen.[60] Auch eine Wahlpflicht wäre mit der Wahlfreiheit nicht vereinbar.[61] Zur Wahlfreiheit gehört ein grundsätzlich freies Wahlvorschlagsrecht aller Wahlberechtigten.[62] Die Wahlfreiheit verlangt, dass eine Wahlmöglichkeit (z. B. zwischen Listen) besteht, nicht aber steht sie bestimmten Listengestaltungen, z. B. lose gebundenen oder starren Listen, entgegen.[63] Durch die Briefwahl wird sie nicht verletzt.[64] Staatliche Organe unterliegen im Interesse der Wahlfreiheit bei Wahlen einem strikten Neutralitätsgebot;[65] Wahlbeeinflussung durch Private dagegen ist als prinzipiell grundrechtsgeschützte Betätigung nicht schlechthin verboten und schlägt erst ab einer bestimmten Schwelle (Art und Intensität) in eine im Hinblick auf die Wahlfreiheit problematische und ggf. gesetzlich zu unterbindende (vgl. §§ 108 ff. StGB) Beeinträchtigung um.

---

[55] VerfGH 27, 139 (152).

[56] VerfGH 27, 139 (150); 49, 23 (27).

[57] *Löwer,* in: Löwer/Tettinger, NRW Verf, Art. 31 Rn. 13 f.; VerfGH 27, 139 (146 ff.); 52, 35 (37); zur Einschränkbarkeit im Stadium Aufstellung von Wahlvorschlägen VerfGH 49, 12 (17); 23 (26).

[58] VerfGH 19, 105 (110).

[59] VerfGH 58, 56 (66).

[60] VerfGH 19, 105 (110).

[61] Vgl. VerfGH 21, 110 (120); *Magiera,* in: Sachs, Art. 38 Rn. 85.

[62] VerfGH 46, 21 (31).

[63] BVerfGE 7, 63; VerfGH 27, 154 (160).

[64] VerfGH 27, 139 (149).

[65] VerfGH 47, 1 (12); 59 (64).

c) Allgemeinheit der Wahl. Der Grundsatz der **Allgemeinheit der Wahl** schützt 22
den allgemeinen, d. h. grundsätzlich allen Staatsbürgern und nicht nur bestimmten Bevölkerungsgruppen zustehenden Zugang zur Wahl; er verbietet den Ausschluss bestimmter
Bevölkerungsgruppen aus politischen, wirtschaftlichen und sozialen Gründen und verlangt, dass das Wahlrecht nur von Voraussetzungen abhängig gemacht wird, die grundsätzlich jeder Staatsbürger/jede Wählergruppe erfüllen kann. Er ist ebenso wie der mit
ihm eng verwandte Grundsatz der Gleichheit der Wahl eine spezielle Ausprägung des allgemeinen Gleichheitssatzes (Rn. 23 ff.), die sich gegenüber diesem durch stärkere For-
malisierung und begrenzte Einschränkbarkeit (zwingende Gründe) abhebt.[66] Durch Beschränkung des Wahlrechts auf Deutsche, durch Regelungen zu Wohnsitz und Wahlalter,
durch Ausschluss individuell disqualifizierter Personen oder durch Bindung an bestimmte
formale, von jedermann zu erfüllende Kriterien und Modalitäten der Ausübung wird sie
nicht verletzt (siehe schon Rn. 7).[67] Auf den Grundsatz der Allgemeinheit der Wahl können sich auch Parteien und Wählergruppen hinsichtlich des Wahlvorschlagsrechts berufen;
die Möglichkeit, Wahlvorschläge zu machen, muss grundsätzlich jeder Partei oder Wählergruppe offen stehen, die nicht unter Art. 15 BV bzw. Art. 21 II GG fällt; Einschränkungen
sind im Stadium der Aufstellung der Wahlvorschläge zulässig, soweit dies erforderlich ist
und dem Grundsatz der Verhältnismäßigkeit nicht widerspricht; es ist ein grundsätzlich
legitimes Anliegen des Gesetzgebers, den Wähler davor zu schützen, dass er einem in der
Bevölkerung nicht ernsthaft unterstützten Bewerber oder Wahlvorschlag seine Stimme
gibt; der Gesetzgeber darf auch übermäßiger Stimmenzersplitterung entgegenwirken.[68]
Maßnahmen der Erleichterung der Ausübung des Wahlrechts (z. B. Briefwahl, Öffnungs-
zeiten der Wahllokale) können im Grundsatz der Allgemeinheit der Wahl eine sachliche
Rechtfertigung finden, auch soweit sie andere Wahlrechtsgrundsätze beeinträchtigen; der
Gesetzgeber ist zu einer Überprüfung und erforderlichenfalls Anpassung der Ausübungsmodalitäten an sich verändernde Bedingungen verpflichtet.[69] Ob die überkommene Ansicht, es bestehe (z. B. selbst für Behinderte) keine Pflicht zur Einführung der Briefwahl,
noch richtig ist, scheint überprüfungsbedürftig.[70]

d) Gleichheit der Wahl. Allgemeines. Gleichheit der Wahl bedeutet − dem Grund- 23
gedanken egalitärer Gleichheit der Staatsbürger in der Demokratie gemäß − Ausübung des
aktiven und passiven Wahlrechts in formal möglichst gleicher Weise.[71] Die Abgrenzung zu
dem − den Zugang zur Wahl betreffenden − Grundsatz der Allgemeinheit der Wahl[72] ist
nicht immer trennscharf möglich; nicht selten werden die beiden Grundsätze in einem Zug
geprüft.[73] Der VerfGH ist bislang nicht ausdrücklich von seiner traditionellen Linie abgerückt, dass der **Wahlgleichheitsgrundsatz** des Art. 14 I 1 ein Anwendungsfall des **allgemeinen Gleichheitssatzes** (Art. 118 I) darstelle und dass auch im Anwendungsbereich
des speziellen Wahlgleichheitsgrundsatzes des Art. 14 I 1 (zusätzlich) auf den allgemeinen
Gleichheitssatz zurückgegriffen werden könne (zuletzt offen gelassen).[74] Bundesrechtlich
ist diese Linie mittlerweile überholt.[75] Wegen der Parallelität der Gewährleistungen in
Art. 28 I 2, 38 I 1 GG, Art. 14 I 1 BV läge es nahe, dem BVerfG zu folgen, auch wenn es das

---

[66] Vgl. z. B. VerfGH 55, 85 (90).
[67] *Schweiger,* in: Nawiasky/Schweiger/Knöpfle, Art. 14 Rn. 4 m. w. N.
[68] Z. B. VerfGH 49, 12 (16 f.); 23 (26); zu Quoren, formalen Kriterien etc. *Schweiger,* in: Nawiasky/
Schweiger/Knöpfle, Art. 14 Rn. 4 a m. w. N.
[69] *Magiera,* in: Sachs, Art. 38 Rn. 82.
[70] Vgl. BVerfG 12, 139; VerfGH 12, 11; zu Behinderten siehe auch Art. 118 a (vgl. VerfGH 55, 85
[92]); *Schweiger,* in: Nawiasky/Schweiger/Knöpfle, Art. 14 Rn. 5 a.
[71] BVerfGE 99, 69 (77 f.); VerfGH 45, 54 (62).
[72] *Magiera,* in: Sachs, Art. 38 Rn. 90.
[73] Z. B. VerfGH 46, 12 (16); 55, 85 (90).
[74] Traditionell VerfGH 31, 17 (31); 37, 19 (25); 49, 12 (16); offengelassen in VerfGH 52, 35 (37); unklar:
VerfGH 55, 85 (89).
[75] BVerfGE 99, 1.

Bundesrecht freilich nicht verbietet, die Wahlrechtsgleichheit neben oder gemeinsam mit Art. 14 I 1 auch auf Art. 118 I zu stützen. Richtigerweise handelt es sich auch nach bayerischem Verfassungsrecht bei der Wahlrechtsgleichheit des Art. 14 I 1 um eine spezielle Ausprägung des allgemeinen Gleichheitssatzes, die in ihrem Anwendungsbereich letzteren verdrängt; eines zusätzlichen oder regulativen Rückgriffs auf den allgemeinen Gleichheitssatz bedarf es weder (die Einschränkbarkeit der Wahlrechtsgleichheit ist mittlerweile auch ohne Rückgriff auf den allgemeinen Gleichheitssatz anerkannt) noch liegt er nahe (die Wahlrechtsgleichheit hebt sich als formale Gleichheit vom allgemeinen Gleichheitssatz ab, siehe sogleich). Unstreitig ist jedenfalls, dass der allgemeine Gleichheitssatz, falls er in Wahlgleichheitsfragen Anwendung findet, nur mit den besonderen inhaltlichen Maßgaben Anwendung finden kann, wie sie für den Wahlgleichheitssatz typisch sind: Das Besondere der Gleichheitsgewährleistung des Art. 14 I 1 besteht darin, dass es sich um einen im Ausgangspunkt streng **formalen Gleichheitssatz** handelt und dass Einschränkungen – jenseits der von Art. 14 ausdrücklich vorgesehenen oder zugelassenen Modifikationen infolge des „verbesserten Verhältniswahlrechts" – nur aus zwingenden Gründen gerechtfertigt sein können, so dass für Differenzierungen nur ein enger Spielraum verbleibt.[76] In zeitlicher Hinsicht erfasst die Wahlgleichheit den gesamten Wahlvorgang von der Aufstellung der Bewerber über die Stimmabgabe bis zur Zuteilung der Mandate.[77]

24   *Wahlsystemabhängigkeit der Wahlgleichheit und verbessertes Verhältniswahlrecht.* Wahlgleichheitsrechtliche Maßstäbe lassen sich nur begrenzt abstrakt bestimmen; ihren konkreten Inhalt erhält die Wahlgleichheit vielmehr erst im Zusammenhang mit einem bestimmten Wahlsystem, das durch die Verfassung selbst oder durch ein darauf beruhendes Gesetz vorgeschrieben wird **(Wahlsystemabhängigkeit).**[78] Die Verhältniswahl will das Parlament zum getreuen Abbild der parteipolitischen Gruppierung der Wählerschaft machen; die Wahlrechtsgleichheit zielt demgemäß primär auf ein verzerrungsfreies Bild des Stärkeverhältnisses der Parteien; Parteienproporz und parteibezogene Erfolgswertgleichheit der Stimme (nicht bloße Zählwert- und Erfolgschancengleichheit) sind ihr oberstes Gebot.[79] Die Mehrheitswahl dagegen bildet das Volk in einer territorial gegliederten Gestalt ab; dementsprechend zielt die Wahlrechtsgleichheit primär auf die strikte Bevölkerungsproportionalität der Stimmkreise und einen strikten Gebietsproporz der Repräsentation (gleiche Stimmkreisgröße);[80] die parteienbezogene Erfolgswertgleichheit dagegen spielt keine Rolle; insoweit genügt bloße Zählwert- und Erfolgschancengleichheit (die freilich ihrerseits gleich große Stimmkreise voraussetzt). Die BV hat sich für ein **verbessertes Verhältniswahlrecht,** d. h. für ein dem Grundcharakter nach verhältniswahlrechtliches Wahlsystem entschieden, das u.a. durch Elemente der Mehrheitswahl in Stimmkreisen sowie der Aufspaltung des Elektorats in Wahlkreisen angereichert wird (siehe oben Rn. 10 ff.). Konsequenz ist, dass im Grundsatz sowohl die verhältniswahlrechtlichen (Parteienproporz; Erfolgswertgleichheit) als auch die mehrheitswahlrechtlichen (Gebietsproporz, gleiche Stimmkreisgröße, bevölkerungsproportionale Sitzzahl je Wahlkreis) Anforderungen der Wahlgleichheit voll zur Geltung kommen.[81] Die Verfassungsentscheidung zugunsten einer „Verbesserung" des Verhältniswahlrechts kann, soweit durch das Wahlsystem bedingt und erforderlich, auch echte Abweichungen vom verhältniswahlrechtlichen Grundsatz verzerrungsfreien Parteienproporzes und voller Erfolgswertgleichheit rechtfertigen; der verhältniswahlrechtliche Wahlgleichheitssatz wird hierbei indes nicht etwa völlig verdrängt, sondern behält bei der näheren Ausgestaltung des verfassungsrechtlich vorgezeichneten „verbesserten" Verhältniswahlrechts seine regulative und begrenzende Funktion, d. h. unter

---

[76] VerfGH 22, 222 (234); 55, 85 (90) m. w. N.

[77] VerfGH 28, 222 (234); 37, 19 (23); 52, 35 (37); zum Folgenden: *Möstl,* AöR 127 (2002), 401 (405 ff.).

[78] VerfGH 28, 222 (234); 45, 54 (62); 54, 109 (135).

[79] VerfGH 27, 153 (164).

[80] VerfGH 43, 100 (104).

[81] *Möstl,* AöR 127 (2002), 401 (417 f.).

mehreren Gestaltungsvarianten mit gleichem Verbesserungseffekt ist diejenige zu wählen, die die verhältniswahlrechtliche Wahlgleichheit am meisten schont, und schließlich können der die Erfolgswertgleichheit beeinträchtigenden „Verbesserung" des Verhältniswahlrechts auch absolute Grenzen gesetzt sein; der Gesetzgeber ist gehalten, das in der Verfassung verankerte Wahlsystem und den Grundsatz der gleichen Wahl in möglichster Übereinstimmung zu halten (vgl. bereits Rn. 13 m. w. N.). Umgekehrt stellt sich die Frage, ob das mehrheitswahlrechtliche Erfordernis gleicher Stimmkreisgröße in einem System wie dem bayerischen, wo die Mehrheitswahl in Stimmkreisen aufgrund der erforderlichenfalls vorgesehenen Ausgleichsmandate den im Vordergrund stehenden verhältniswahlrechtlichen Parteienproporz letztlich nicht stört, sich das mehrheitswahlrechtliche Element also letztlich voll in den übergreifenden Proporzgedanken einordnet, wirklich mit der gleichen Schärfe zu Geltung kommen muss wie in einem reinen Mehrheitswahlrecht, bzw. einem echten Mischsystem; gewisse Abstriche dürften hinnehmbar sein.[82]

Verhältniswahlrechtliche Erfolgswertgleichheit. Die wichtigste Abweichung vom dominie- **25** renden Erfordernis verhältniswahlrechtlicher **Erfolgswertgleichheit** (Proportionalität zwischen Stimmen und Sitzen je Partei), die 5%-Klausel, ist in Abs. 4 selbst verfassungskräftig verankert und bedarf insoweit als solche keiner verfassungsrechtlichen Rechtfertigung (siehe bereits Rn. 17). Der verhältniswahlrechtliche Gleichheitsgrundsatz deckt nicht nur eine, sondern eine Reihe von in der Staatspraxis eingebürgerten Arten der Umrechnung von Stimmen in Sitze und eröffnet verschiedene Gestaltungsmöglichkeiten für die Ausschöpfung des als solchen begriffsnotwendigen Proporzes; sowohl die Berechnungsmethoden von d'Hondt als auch das von Hare-Niemeyer sind im Grunde zulässig (zu den Komplikationen infolge der Wahl in sieben Wahlkreisen siehe sogleich).[83]

Wahl in sieben Wahlkreisen. Bezugsgröße für die verhältniswahlrechtlich entscheidende **26** Proportionalität von Mandaten und Stimmen ist prinzipiell das landesweite Wahlergebnis. Die für das bayerische Wahlrecht typische Verhältniswahl in **sieben je selbstständigen Wahlkörpern** (den Regierungsbezirken als Wahlkreisen) mit von vornherein (ohne Rücksicht auf die tatsächliche Wahlbeteiligung) fest zugewiesenen Mandatszahlen je Wahlkreis und ohne Reststimmenausgleich bedeutet eine nicht unerhebliche Abweichung von diesem Bezugspunkt landesweiter Proportionalität – eine Abweichung, die jedoch durch die ausdrückliche Festlegung des Art. 14 I 1 und 2 auf eine Wahl in Wahlkreisen prinzipiell gedeckt ist (siehe schon Rn. 15). Sehr wohl indes entfaltet der Wahlgleichheitsgrundsatz (mit seinem Bezugspunkt landesweiter Proportionalität) bei der näheren Ausgestaltung der als solchen zulässigen Wahl in sieben Wahlkreisen regulative und begrenzende Kraft: So hat sich die Versiebenfachung des je für sich betrachtet noch hinnehmbaren Nachteils für kleine Parteien, die aus dem Umrechnungsverfahren **d'Hondt** resultieren, als nicht mehr akzeptabel erwiesen (mit der Folge der Umstellung des Berechnungsverfahrens[84]), und so könnte es unter besonderen Umständen vorstellbar sein, dass ein wahlkreisübergreifender Stimmenausgleich notwendig wird (die vom VerfGH seinerzeit beispielhaft angedachte Konstellation, dass auf einen Wahlkreis aufgrund seiner geringen Bevölkerungszahl so wenige Mandate entfallen, dass zur Erringung eines Mandats mehr als 5 % der Stimmen nötig sein würden – was zu einer bedenklichen faktischen Anhebung der **Sperrklausel** in diesem Wahlkreis führen würde – ist infolge der Verkleinerung des Landtags durch Art. 13 I n. F. Realität geworden – auf Oberfranken und die Oberpfalz entfallen nur noch je 17 Sitze –, so dass insoweit eine nicht unproblematische Situation eingetreten ist[85].)[86] Im Übrigen hat die Verfassungsentscheidung zugunsten einer

---

[82] *Möstl,* AöR 127 (2002), 401 (418); siehe unten Rn. 27.

[83] VerfGH 14, 17 (21); 28, 222 (234 ff.); 29, 154 (157 f.); 45, 54 (63 f.); 47, 178.

[84] VerfGH 54, 45.

[85] VerfGH 28, 222 (239). Die Verkleinerung auf 180 Sitze mag so gesehen nicht als solche angreifbar sein (VerfGH 54, 109 [160 f.]), aber Nachjustierungen bei der Aufspaltung in sieben Wahlkreise notwendig machen.

[86] Zum Ganzen: VerfGH 28, 222; 45, 12; 45, 54.

Wahl in sieben je selbstständigen Wahlkreisen eine weitere, sehr wichtige wahlgleichheitsrechtliche Konsequenz: Die mit ihr verbundene territoriale Aufspaltung des Elektorats in
selbstständige Wahlkörper hat – insoweit der mehrheitswahlrechtlichen Aufspaltung in
Stimmkreise vergleichbar – zur Folge, dass der Aspekt der territorial gleichmäßig verteilten Repräsentation, d. h. eines prinzipiell strikten Gebietsproporzes zum entscheidenden
Maßstab des Wahlgleichheitsgrundsatzes avanciert (hier freilich nicht in der Gestalt gleich
„großer" i. S. v. bevölkerungsstarker Wahlkreise, da als Wahlkreise ja von vornherein die
unterschiedlich großen Regierungsbezirke festgelegt sind, sondern in der Gestalt einer der
Bevölkerungszahl je Regierungsbezirk entsprechenden Zahl von Abgeordnetensitzen;
vgl. Art. 21 LWG); der verhältniswahlrechtliche Aspekt des landesweit möglichst verzerrungsfreien Parteienproporzes und regional unbeeinflusster Erfolgswertgleichheit kommt
verstärkend hinzu.[87] Die **Bevölkerungsproportionalität der Mandatszahl je Wahlkreis** ist strikt durchzuführen; anders als beim Stimmkreiszuschnitt (siehe sogleich), wo
bei festliegender Mandatszahl (Einer-Stimmkreis) die Belange der Stimmkreiskontinuität
sowie der Substanzhaftigkeit des Stimmkreiszuschnitts (Deckungsgleichheit mit Verwaltungsgrenzen) einer schematischen Anwendung arithmetischer Gleichheit der Stimmkreisgröße entgegenstehen, bestehen bei der Verteilung der Mandatszahlen auf die Wahlkreise keine Gründe, die ein Abweichen vom Grundsatz möglichst strikter, formaler
Gleichheit rechtfertigen könnten. Durch Überhang- und Ausgleichsmandate kann es zu
Verzerrungen des Gebots strikter Bevölkerungsproportionalität der Mandatszahlen je
Wahlkreis kommen, die als wahlsystembedingt (Überhangmandate als Folge des mehrheitswahlrechtlichen Elements; Ausgleichsmandate zur Wiederherstellung des Parteien-
proporzes) jedoch grundsätzlich hinnehmbar sind, soweit sie nicht auf einer fehlerhaften
Stimmkreiseinteilung beruhen (ungleiche Stimmkreisgrößen können die Entstehung von
Überhangmandaten befördern).[88]

27   *Stimmkreiszuschnitt zwischen Wahl- und Deckungsgleichheit (Abs. 1 S. 3 und 4).* Zur Frage der
verfassungsrechtlichen Anforderungen an den **Stimmkreiszuschnitt** zwischen den
Maßgaben der **Wahlgleichheit** (Abs. 1 S. 4) einerseits und der möglichsten **Deckungsgleichheit** mit Verwaltungsgrenzen (Abs. 1 S. 3) andererseits sind mehrere Grundsatzentscheidungen des VerfGH ergangen, die zu einer weitgehend konsolidierten Rechtslage geführt haben.[89] Das bayerische Wahlsystem folgt für einen Teil der Abgeordnetensitze der
mehrheitswahlrechtlichen Idee der territorial radizierten Repräsentation durch Stimm-
kreisabgeordnete, denen für die Vertretung der Interessen ihrer Wählerschaft besonderes
Gewicht zukommt. Allein schon dies rechtfertigt es, den Wahlgleichheitssatz in seiner
mehrheitswahlspezifischen Ausprägung in Ansatz zu bringen und – als zentrales mehr-
heitswahlrechtliches Postulat des Wahlgleichheitsgrundsatzes – das Gebot möglichst gleicher Stimmkreisgröße und damit möglichst gleichmäßiger Repräsentation durch Stimm-
kreisabgeordnete aufzustellen. Dass nach bayerischem Wahlrecht Überhangmandate (wie
sie durch ungleiche Stimmkreisgrößen befördert werden können) ausgeglichen werden
und sich auf den Parteiproporz nicht auswirken, dass also das mehrheitswahlrechtliche
Element, was die parteimäßige Zusammensetzung des Landtags angeht, letztlich ganz in
einem Verhältniswahlrecht aufgeht, steht dem Zur-Geltung-Bringen mehrheitswahlrecht-
licher Wahlgleichheitsanforderungen für denjenigen Teil der Abgeordnetensitze, der
mehrheitswahlrechtlich besetzt wird, nicht entgegen (allenfalls fragt sich, ob die wahlgleichheitsrechtlichen Anforderungen an die Stimmkreisgröße wirklich gleich streng sein
müssen wie bei einem reinen Mehrheitswahlrecht oder echtem Mischsystem). Die in vo-
riger Rn. a. E. beschriebene Verzerrung des Regionalproporzes zwischen den Wahlkreisen
infolge von Überhang- und Ausgleichmandaten sowie mittelbare Auswirkungen auch auf

---

[87] VerfGH 28, 222 (236); *Möstl,* AöR 127 (2002), 401 (421, 423 f.) m. w. N.
[88] *Möstl,* AöR 127 (2002), 401 (411, 425).
[89] VerfGH 43, 100; 54, 109; 54, 181. Zum Ganzen *Möstl,* AöR 127 (2002), 401 (401 ff., v. a. 405 ff.,
417 ff.); s. a. NdsStGH NVwZ 2000, 670.

die Besetzung aus den Wahlkreisvorschlägen (die Stimmkreisstimmen werden nach Art. 45 I 2 LWG mitgezählt) geben dem wahlgleichheitsrechtlichen Gebot gleicher Stimmkreisgröße zusätzliches Gewicht. Auf der anderen Seite jedoch steht das verfassungsrechtliche Gebot, den Stimmkreiszuschnitt möglichst an den Verwaltungsgrenzen (Land- und Stadtkreisgrenzen – Grundsatz der Deckungsgleichheit, Abs. 1 S. 3) zu orientieren, was ohne Abweichungen vom Ziel gleicher Stimmkreisgröße nicht denkbar ist. Auch der Grundsatz der Deckungsgleichheit ist in der Idee der Mehrheitswahl fest verwurzelt, fordert der Grundgedanke territorial radizierter lebendiger Repräsentation doch, dass die jeweiligen Stimmkreise keine rein arithmetischen Kunstprodukte sind, sondern einen möglichst gewachsenen Zusammenhang verkörpern und dass darüber hinaus auch eine hinreichende Kontinuität des Stimmkreiszuschnitts gewahrt ist. Die wahlgleichheitsrechtliche Forderung nach formaler, arithmetischer Gleichheit des Stimmkreiszuschnitts einerseits und die in der mehrheitswahlrechtlichen Repräsentationsidee wurzelnde Ablehnung rein arithmetischer Kunstprodukte andererseits bildet den kaum ohne Brüche auflösbaren **Zielkonflikt,** den jede Stimmkreiseinteilung zu bewältigen hat. Wahl- und Deckungsgleichheit stehen sich bei der Auflösung dieses Zielkonflikts gleichgewichtig gegenüber; nicht etwa kommt dem Grundsatz der Deckungsgleichheit allein aufgrund seiner Zuerstnennung ein sachlicher Vorrang zu (dies wäre auch bundesrechtlich problematisch, da das Grundgesetz für deckungsgleichheitsbedingte Abweichungen von Wahlgleichheitsanforderungen zwar offen sein mag, dem Grundsatz der Deckungsgleichheit indes nicht ausdrücklich eigenständiges verfassungsrechtliches Gewicht beimisst[90]). Dem Gesetzgeber muss bei der Auflösung des Zielkonflikts ein Spielraum zugestanden werden. Folgende verfassungsrechtliche Maßgaben lassen sich aufstellen: Zum einen bestehen verfassungsrechtliche Obergrenzen größenmäßiger Abweichung vom Durchschnitt, ab denen ein Neuzuschnitt unerlässlich ist. Der VerfGH hat diesen auf $33^1/_3\%$ beziffert; er hat nach hier vertretener Ansicht zu Recht offengelassen, ob diese Grenze – ähnlich wie vom BVerfG für das Bundesrecht befürwortet – der Absenkung bedarf;[91] das bayerische Wahlrecht etabliert (aufgrund des Ausgleichs von Überhangmandaten) anders als das Bundeswahlrecht kein echtes Mischsystem aus Verhältnis- und Mehrheitswahl, so dass die mehrheitswahlrechtlichen Anforderungen nicht mit der selben Strenge zu Buche schlagen müssen. Umgekehrt stand es dem Gesetzgeber frei, diesen Spielraum nicht auszuschöpfen, und geringere Grenzen festzulegen (Art. 5 II 3 LWG); auch insoweit steht ihm ein Spielraum zu.[92] Zum anderen muss der Gesetzgeber innerhalb der so umrissenen Toleranzgrenzen einen konkreten Ausgleich zwischen den Anforderungen der Wahl- und Deckungsgleichheit finden. Der Vorgang der konkreten Stimmkreiseinteilung ist ein komplexer, planungsähnlicher Abwägungsvorgang, der nur begrenzt gerichtlich überprüfbar ist.[93] Immerhin allerdings wird sich der Grundsatz aufstellen lassen, dass innerhalb der gesetzlichen Obergrenzen Größenunterschiede umso eher hinnehmbar sind, als sich der Zuschnitt tatsächlich an Verwaltungsgrenzen orientiert; je weniger er dies tut und Deckungsgleichheit verfehlt wird, desto stärker schlägt die Wahlgleichheit zu Buche.[94]

Wahlvorschläge. Der Grundsatz der Wahlgleichheit ist auch auf die Ausübung des **Wahl-** **28** **vorschlagsrechts** durch Parteien und Wählergruppen sinngemäß anzuwenden; Beschränkungen – etwa zur Vermeidung nachträglicher Erschwerungen des Wahlvorgangs, zur Aussonderung nicht ernsthafter Bewerbungen etc., zur Verhinderung übermäßiger Stimmenzersplitterung – sind nach Maßgabe des Erforderlichkeits- und Verhältnismäßigkeitsprinzips zulässig. Rechtsfragen, die den VerfGH auch in jüngerer Zeit beschäftigt haben, waren etwa die Problematik von Unterschriftenquoren, von Anzeigepflichten

---

[90] Vgl. BVerfGE 95, 335 (364); *Masing,* Wahlkreiseinteilung und kommunale Gebietsgrenzen, 2001, S. 28 („Grundsatz substanzhafter Gebietseinteilung").

[91] VerfGH 43, 100 (106); 54, 109 (137); BVerfG 95, 335 (365).

[92] VerfGH 54, 109 (137 ff.).

[93] VerfGH 43, 109 (141 f.).

[94] *Möstl,* AöR 127 (2002), 401 (420).

oder der Beschränkung auf einen Wahlvorschlag je Partei oder Wählergruppe (siehe auch bereits Rn. 22).[95]

29   *Chancengleichheit der Parteien.* Ausfluss der Wahlgleichheit ist (im Zusammenwirken mit anderen Wahlrechtsgrundsätzen) schließlich der Grundsatz der **Chancengleichheit der Parteien.**[96] Auch ohne ausdrückliche Normierung eines dem (in den Ländern unmittelbar geltenden) Art. 21 GG entsprechenden Artikels gewährleistet die BV, was die Chancengleichheit der Parteien betrifft, über Art. 14 I 1 bzw. Art. 118 BV ein dem GG entsprechendes Schutzniveau (vgl. bereits Vor Art. 13, Rn. 10). Aufgrund des parteienrechtlichen Gesetzgebungskompetenz des Bundes (§ 5 PartG[97] – Gleichbehandlung; §§ 18 ff. – Staatliche Finanzierung[98]) verbleibt der Landesverfassung eher wenig Spielraum für eigenständige Steuerungskraft; zu staatlichen Leistungen an sonstige Wählergruppen vgl. Art. 61 LWG.

30   **e) Unmittelbarkeit der Wahl.** Der Grundsatz der **Unmittelbarkeit** der Wahl verbietet eine Wahl durch Wahlmänner und schließt jedes Wahlverfahren aus, bei dem zwischen Wähler und Wahlbewerber nach der Wahlhandlung eine Instanz eingeschaltet wird, die nach ihrem Ermessen in der Lage ist, die Vertreter auszuwählen und damit den Wählern die Möglichkeit nimmt, den zukünftigen Vertreter durch Stimmangabe selbst zu bestimmen.[99] Durch die Wahl aus einer im Voraus festgelegten Liste wird die Unmittelbarkeit der Wahl nicht beeinträchtigt. Einem in das Ermessen etwa einer Partei gestellten Abweichen von der Reihenfolge der gewählten Listennachfolger dagegen stünde sie entgegen.[100]

31   **f) Geheime Wahl. Geheim** ist die Wahl, wenn der Wähler seine Stimme abgeben kann, ohne dass andere Personen von der von ihm getroffenen Wahl Kenntnis erhalten. Der Grundsatz erlegt den staatlichen Organen Achtungs- und Schutzpflichten auf. Durch freiwillige Erklärungen des Wählers außerhalb des Wahllokals, wie er abgestimmt hat oder abstimmen wird, wird der Grundsatz nicht berührt. Einschränkungen sind aus zwingenden Gründen, etwa zur ordnungsgemäßen Durchführung der Wahl, zulässig. Durch die Vorschriften zur Wahlhilfe oder zur Briefwahl wird der Grundsatz der geheimen Wahl nicht verletzt. Der Grundsatz erstreckt sich auch auf die Vorbereitung der Wahl, steht dabei allerdings nach anderen Grundsätzen zulässigen Unterschriftenquoren nicht entgegen.[101]

5. Gesetzgebungsauftrag (Abs. 5)

32   Zu den Spielräumen des Gesetzgebers innerhalb des verfassungsrechtlich vorgezeichneten Wahlsystems sowie der vorgegebenen Wahlrechtsgrundsätze siehe bereits Rn. 10 ff., 20. In Umsetzung des Regelungsauftrags ist das Landeswahlgesetz in der Fassung der Bekanntmachung vom 5. Juli 2002 (GVBl. S. 277) ergangen.

Art. 15 [Verbotene Wählergruppen]

(1) Wählergruppen, deren Mitglieder oder Förderer darauf ausgehen, die staatsbürgerlichen Freiheiten zu unterdrücken oder gegen Volk, Staat oder Verfassung Gewalt anzuwenden, dürfen sich an Wahlen und Abstimmungen nicht beteiligen.

(2) Die Entscheidung darüber, ob diese Voraussetzungen vorliegen, trifft auf Antrag der Staatsregierung oder einer der im Landtag vertretenen politischen Parteien der Bayerische Verfassungsgerichtshof.

---

[95] VerfGH 44, 23; 46, 21; 48, 61; 49, 12; 49, 23; *Schweiger,* in: Nawiasky/Schweiger/Knöpfle, Art. 14 Rn. 5 c und d.

[96] *Schweiger,* in: Nawiasky/Schweiger/Knöpfle, Art. 14 Rn. 5 i ff.

[97] Vgl. VerfGH 23, 155.

[98] Zur früheren Rechtslage VerfGH 30, 1.

[99] VerfGH 27, 139 (146).

[100] *Schweiger,* in: Nawiasky/Schweiger/Knöpfle, Art. 14 Rn. 6. m. w. N. zu – derzeit in Bayern nicht aktuellen – Problemfällen.

[101] VerfGH 17, 139 (146 ff.); *Schweiger,* in: Nawiasky/Schweiger/Knöpfle, Art. 14 Rn. 7.

Parallelvorschriften im GG und anderen Landesverfassungen: Art. 21 II GG; Art. 32 NRW Verf.

Rechtsprechung: BVerfGE 2, 1; 5, 85; 107, 339; VerfGH 11, 164.

Literatur: Becker, Die wehrhafte Demokratie des Grundgesetzes, in: Isensee/Kirchhof (Hrsg.), Handbuch des Staatsrechts, Bd. VII, 1992, § 167.

I. Allgemeines

1. Bedeutung

Art. 15 ist ein zentraler Ausdruck dafür, dass die BV nicht anders als das Grundgesetz **1** eine **wehrhafte Demokratie** errichtet hat; zur Untermauerung dieses Grundcharakters der Verfassung kann Art. 15 auch in ganz anderen Kontexten als demjenigen des **Parteienverbots** ein wichtiger Argumentationstopos sein.[1] Zugleich lässt sich aus dem Umstand, dass die BV den „Wählergruppen" einen eigenen Artikel widmet und in diesem Zusammenhang den im Landtag vertretenen „Parteien" ein Antragsrecht zubilligt, ableiten, dass auch die BV – obwohl in ihr eine positive Umschreibung des verfassungsrechtlichen Status der Parteien in Entsprechung zu Art. 21 I GG fehlt – die Parteien als notwendige Einrichtungen des Verfassungslebens anerkennt (vgl. bereits Vor Art. 13, Rn. 10). Ihrem unmittelbaren Regelungsgegenstand nach, dem Verbot verfassungsfeindlicher Parteien und Wählergruppen, hat die Vorschrift – neben Art 21 II GG – hingegen so gut wie keine praktische Bedeutung erlangen können (vgl. Rn. 3).

2. Entstehung

Die Frage des Parteienverbots und der wehrhaften Demokratie hat – im unmittelbaren **2** Eindruck der nationalsozialistischen Diktatur und der vorausgegangenen Schwäche des Weimarer Verfassungsgefüges – bei der Entstehung der Verfassung eine große Rolle gespielt.[2] Die Bestimmung war weitgehend bereits im VE (Art. 11) und im E enthalten gewesen, die Beratungen im VA haben zusätzlich zum Abstellen auch auf „Förderer" sowie zum Antragsrecht auch der Parteien im Landtag geführt.

3. Verhältnis zum Grundgesetz

Die mit **Durchgriffswirkung** in den Ländern ausgestattete Parallelnorm des Grund- **3** gesetzes, **Art. 21 II GG,** hat zur weitgehenden praktischen **Bedeutungslosigkeit des Art. 15 BV** geführt; die meisten anderen Landesverfassungen enthalten eine dem Art. 15 BV entsprechende Norm bereits von vornherein nicht. Nach der Rspr. des VerfGH ist Art. 15 BV, soweit die Art. 21 II, 9 II GG eingreifen, nicht mehr unmittelbar anwendbares Recht.[3] Hieran ist richtig, dass das in Art. 21 II GG geregelte Parteiverbotsverfahren vor dem BVerfG zugleich ein „Parteienprivileg" dahingehend bedeutet, dass für eine Aberkennung von Rechten (zumal des zentralen Wahlrechts) politischer Parteien wegen „Verfassungswidrigkeit" in einem anderen als dem in Art. 21 II GG geregelten Verfahren – etwa nach Art. 9 II GG oder auch in einem landesverfassungsrechtlich geregelten Verfahren – kein Raum mehr bleibt; ein Vorgehen nach Art. 15 II BV gegen eine Organisation, die „Partei" im Sinne des Art. 21 GG (konkretisiert durch § 2 PartG) ist, kommt nicht mehr in Betracht.[4] Nur soweit Wählergruppen nicht Partei im Sinne des Grundgesetzes sind, also z. B. nur vorübergehend zusammentreten oder – nach umstrittener Rechtsprechung – allein auf kommunaler Ebene operieren und nicht an Landtagswahlen teilnehmen wollen, bleibt Art. 15 anwendbar; ihm ist dabei auch nicht durch Art. 9 II GG (freilich nur, solange ein Vereinsverbot nicht erfolgt ist) der Weg versperrt, da Art. 9 II GG auf eine andere, wei-

---

[1] VerfGH 11, 164 (180); 17, 94.

[2] *Schmidt,* Staatsgründung und Verfassungsgebung in Bayern, Bd. I, 1997, S. 183 ff.

[3] VerfGH 11, 164 (180).

[4] *Streinz,* in: v. Mangoldt/Klein/Starck, Art. 21 Rn. 215, 221 (mit Rn. 59); *Menzel,* in: Löwer/Tettinger, NRW Verf, Art. 32 Rn. 6 ff.; *Meder,* Art. 14 Rn. 1; jeweils auch zum Folgenden.

tergehende Rechtsfolge zielt als Art. 15 BV und diesen deswegen nicht völlig zu verdrängen vermag. Theoretisch bleibt also ein gewisser unmittelbarer Anwendungsbereich für Art. 15, mag es auch wenig wahrscheinlich sein, dass derartige vorübergehende oder rein kommunal operierende Wählergruppen jemals Anlass für ein Verfahren nach Art. 15 geben. Hinsichtlich sonstiger mittelbarer Ausstrahlungswirkungen des Art. 15 – zur Untermauerung der wehrhaften Natur der bayerischen Demokratie oder zur Auslotung des verfassungsrechtlichen Status der Parteien – hat Art. 15 freilich ungeschmälerte Bedeutung (siehe schon Rn. 1).[5]

II. Einzelkommentierung

4   *Tatbestandliche Voraussetzungen.* Art. 15 I knüpft das Wahlteilnahmeverbot für Wählergruppen an **Voraussetzungen,** die sich dem Wortlaut nach von Art. 21 II 1 GG signifikant abheben; dennoch dürften sich in der Sache keine großen Unterschiede ergeben.[6] Die in der ersten Alternative angesprochene Unterdrückung der staatsbürgerlichen Freiheiten dürfte (nur vom Einzelnen und nicht von der objektiven Ordnung her gedacht) nichts anderes meinen als die freiheitliche demokratische Grundordnung, auf die Art. 21 II 1 GG abstellt. Die zweite Alternative rekurriert statt auf eine inhaltliche Zielrichtung auf ein bestimmtes Vorgehen, die Gewaltanwendung gegen Volk, Staat oder Verfassung. Jeweils genügt das „darauf ausgehen", so dass auch das Vorfeld konkreten Handelns mit umfasst ist. Abgestellt wird (statt unmittelbar auf die „Partei" wie in Art. 21 I 1 GG) auf das Verhalten von Mitgliedern und – um Tarnungen zu verhindern – auch von Förderern, von denen sich freilich das der Partei als Organisation zurechenbare Verhalten nicht trennen lässt. Ein insgesamt staatsgefährdendes, d.h. das politische Gesamtsystem gefährdendes Potential, braucht die Wählergruppe nicht erreichen.

5   *Rechtsfolgen.* **Rechtsfolge** ist nicht das Verbot der Wählergruppe an sich, sondern das Verbot der Teilnahme an Wahlen und Abstimmungen, auch schon hinsichtlich der Einrichtung von Wahlvorschlägen oder Unterschriftensammlungen für Volks-/Bürgerbegehren, also hinsichtlich der Vorbereitung. Anders als etwa in der Parallelregelung der VerfNRW ist das Wahlrecht von Einzelpersonen nicht betroffen.

6   *Verfahren (Abs. 2).* Zuständig ist ausschließlich der **VerfGH** (Art. 15 II, 62, 68 IIc BV, Art. 46f. VerfGHG), und zwar auf Antrag der Staatsregierung oder einer im Landtag vertretenen (bzw. vor Auflösung vertretenen, vgl. Prot. I 104) Partei (eine bestimmte Mandatszahl oder gar Mehrheit ist nicht gefordert); antragsberechtigt ist die Partei, nicht die Abgeordneten (vgl. Art. 47 I 3 VerfGHG; anders z. B. Art. 32 II NRWVerf). Die Entscheidung des Verfassungsgerichtshofs ist konstitutiv.[7] Bislang ist keine Entscheidung nach Art. 15 II ergangen.[8]

Art. 16 [Wahldauer]

(1) ¹Der Landtag wird auf fünf Jahre gewählt. ²Seine Wahlperiode beginnt mit seinem ersten Zusammentritt und endet mit dem Zusammentritt eines neuen Landtags. ³Die Neuwahl findet frühestens 59 Monate, spätestens 62 Monate nach dem Tag statt, an dem der vorausgegangene Landtag gewählt worden ist.
(2) Der Landtag tritt spätestens am 22. Tag nach der Wahl zusammen.

Parallelvorschriften im GG und anderen Landesverfassungen: Art. 39 GG; Art. 30 BaWüVerf; Art. 54 BerlVerf; Art. 62 BbgVerf; Art. 75, 81 BremVerf; Art. 10 HmbVerf; Art. 79 ff. HessVerf; Art. 27 f. M-VVerf;

---

5   *Meder,* Art. 14 Rn. 9.

6   So für den dem bayerischen Vorbild nachgebildeten Art. 32 VerfNRW: *Menzel,* in: Löwer/Tettinger, NRWVerf, Art. 32 Rn. 12 ff.; *Schweiger,* in: Nawiasky/Schweiger/Knöpfle, Art. 15 Rn. 3 ff. (auch zum Folgenden).

7   *Schweiger,* in: Nawiasky/Schweiger/Knöpfle, Art. 15 Rn. 8 f.

8   Erwähnung des Art. 15 z. B. in VerfGH NVwZ-RR 1991, 418.

Art. 9 NdsVerf; Art. 34 ff. NRW Verf; Art. 83 RhPfVerf; Art. 67 SaarlVerf; Art. 44 SächsVerf; Art. 43, 45 VerfLSA; Art. 13 SchlHVerf; Art. 50 ThürVerf.

Rechtsprechung: VerfGH 27, 119.

I. Allgemeines

1. Bedeutung

Art. 16 regelt die **Dauer der Wahlperiode, den Zeitpunkt der Neuwahl und das** 1
erste Zusammentreten des Landtags nach der Wahl. Die z.T. technische Natur der Einzelregelungen darf nicht den Blick dafür verstellen, dass es in Art. 16 um die näheren Modalitäten eines Kernelements des Demokratieprinzips geht, nämlich die zeitliche Begrenzung der Amtszeit der gewählten Volksvertretung (**Herrschaft auf Zeit**)[1].

2. Entstehung

Der ursprüngliche Art. 16 ist durch Gesetz vom 20. 2. 1998 (GVBl. S. 39) grundlegend 2
umgestaltet worden. Die Wahlperiode wurde dabei von vier auf fünf Jahre verlängert; zugleich wurden Beginn und Ende der Wahlperiode stimmiger geregelt (Vermeidung von Zeiten, in denen entweder zwei gewählte Landtage oder gar kein Landtag bestehen[2]) und die Festsetzung des Wahltermins flexibilisiert. Durch Gesetz vom 10. 11. 2003 (GVBl. S. 816) wurde dann noch der spätestmögliche Zeitpunkt des ersten Zusammentretens (Abs. 2) von dem (als zu kurz bemessen empfundenen[3]) 15. auf den 22. Tag verschoben.

3. Verhältnis zum Grundgesetz

Die für den Bundestag geltende Parallelregelung des **Art. 39 GG** ist auf Landtage nicht 3
unmittelbar anwendbar und kann bei der Auslegung des Art. 16 allenfalls vergleichend herangezogen werden. Die Länder sind frei, hinsichtlich der Dauer der Legislaturperiode und der näheren Regelungen zu Wahltermin, Beginn und Ende der Wahlperiode sowie erstmaligem Zusammentreten auch von Art. 39 GG abweichende Bestimmungen zu treffen und haben dies auch getan (so auch Art. 16: längere Wahlperiode, frühere Konstituierung); die ansonsten bestehenden Strukturähnlichkeiten legen im Übrigen eine interpretatorische Anlehnung an Art. 39 GG nahe. Äußerste Grenzen setzt das Homogenitätsprinzip des **Art. 28 I 1 und 2 GG** insofern, als sich aus dem Demokratieprinzip unter dem Gesichtspunkt der periodischen Kontrolle und Legitimation durch Wahlen einerseits wie der hinreichenden Arbeitsfähigkeit des Parlaments andererseits äußerste Grenzen für die Länge bzw. Kürze von Wahlperioden ableiten lassen. Durch die fünfjährige Wahlperiode wird dieser äußerste Rahmen nicht verlassen.[4] Eine (gelegentlich angeregte) Zusammenlegung des Zeitpunkts von Bundes- und Landtagswahlen kann nach gegenwärtiger Verfassungsrechtslage nicht bundesrechtlich verlangt werden.

II. Einzelkommentierung

Dauer der Wahlperiode (Abs. 1 S. 1). Die **Dauer der Wahlperiode** wird in Abs. 1 S. 1 – ab- 4
weichend vom Bundesrecht und von der vormaligen bayerischen Staatspraxis – auf **fünf Jahre** festgelegt; die Verlängerung von vier auf fünf Jahre erfolgte „im Interesse einer kontinuierlichen Sacharbeit des Parlaments"[5]. Der Ausdruck **„Legislaturperiode"** wird (obwohl streng genommen allein auf die Gesetzgebungsfunktion des Landtags abstellend)

---

[1] Vgl. *Magiera,* in: Sachs, Art. 39 Rn. 3.
[2] Vgl. VerfGH 27, 119; LT-Drucks. 13/7436, S. 4, 13/9366, S. 6.
[3] LT-Drs. 14/12011, S. 6.
[4] *Magiera,* in: Sachs, Art. 39 Rn. 3; *Tettinger,* in: v. Mangoldt/Klein/Starck, Art. 28 Rn. 48.
[5] LT-Drs. 13/9366, S. 6.

zumeist synonym verwendet. Die regelmäßige Wahldauer kann durch besondere Umstände verkürzt (Auflösung oder Abberufung, Art. 68), im Verteidigungsfall ausnahmsweise auch verlängert werden (Art. 115h I 1 GG); eine gewisse Flexibilisierung folgt auch aus Abs. 1 S. 3 (Rn. 7); ansonsten ist eine Verlängerung oder Verkürzung künftiger oder laufender Legislaturperioden (in den durch Art. 75 I 2 BV, Art. 28 I 1 GG gezogenen Grenzen) nur im Wege der Verfassungsänderung möglich.[6] Die Unterteilung der Wahlperiode in Sitzungsperioden („Tagungen") ist in Bayern theoretisch weiterhin möglich, wenn auch nicht üblich (vgl. Art. 17, Rn. 1, 4; §§ 1, 95 ff., 98 ff. GeschOLT). Die Wahlperiode des Landtags ist kein auf die Kommunen übertragbarer Grundsatz des Landtagswahlrechts (Art. 12 I).[7]

5　　*Beginn und Ende (Abs. 1 S. 2).* Die jeweils auf den ersten Zusammentritt des alten und neuen Landtags abstellende Regelung des Abs. 1 S. 2 schafft Klarheit über **Beginn und Ende der Wahlperiode,** und zwar in einer Weise, die – anders als die frühere Rechtslage – keine Überlappungen von Wahlperioden oder Lücken zwischen ihnen mehr kennt.[8] Die bayerische Rechtslage entspricht in diesem Punkt nunmehr der bundesrechtlichen.[9] Dies dürfte selbst für den Fall der Auflösung oder Abberufung des Landtags nach Art. 18 gelten – dergestalt, dass auch im Fall der vorzeitigen Auflösung oder Abberufung die Wahlperiode gemäß der Regel des Art. 16 I 2 nicht sofort, sondern erst mit dem Zusammentritt des neuen Landtags endet;[10] dass ggf. der Zwischenausschuss nach Art. 26 in Aktion tritt, ändert hieran nichts, da dieser (wie die Alternative „außerhalb der Tagung" deutlich macht) keine parlamentslose Zeit voraussetzt.

6　　*Diskontinuität.* In der Regelung über die Wahldauer mit enthalten, im Übrigen jedenfalls verfassungsgewohnheitsrechtlich anerkannt[11] ist der Grundsatz der **Diskontinuität,** der die personelle, institutionelle und materielle Zäsur zum Ausdruck bringt, die mit der periodischen Neuwahl der Abgeordneten verbunden ist. Personelle Diskontinuität bedeutet Erwerb und Verlust des Mandats mit Beginn und Ende der Wahlperiode (auch im Falle der Wiederwahl); einzelne Ausflüsse des Mandats können freilich gesonderten Zeitbestimmungen zugeführt werden (so knüpft z. B. die Immunität nach Art. 28 nicht an die Wahlperiode, sondern an die Zeit der Tagung an;[12] ergänzend hierzu Art. 32 I; zum Ende von Zahlungsansprüchen vgl. z. B. Art. 24 VI AbgG). Die sog. institutionelle Diskontinuität bedeutet, dass die Organe und Ausschüsse des alten Landtags enden und vom neuen Landtag neu zu wählen bzw. einzusetzen sind; auch die Geschäftsordnung muss sich der neue Landtag neu geben, wenn auch die alte im Regelfall übernommen wird (§ 2 IV GeschOLT). Die sachliche Diskontinuität bedeutet, dass alle Vorlagen, die noch einer Beschlussfassung bedürfen, mit Ende der Wahlperiode als erledigt gelten; Gesetzentwürfe müssen beispielsweise neu eingebracht werden (dies gilt nicht für Volksbegehren[13]). Die Staatsregierung kann nicht erledigte Landtagsbeschlüsse weiterbehandeln, muss dies jedoch nicht.[14] Noch rechtzeitig beschlossene Gesetze sind auch nach Ende der Wahldauer auszu-

---

[6] Die für das Bundesrecht formulierten Bedenken (*Magiera,* in: Sachs, Art. 39 Rn. 4 f.) greifen in Bayern aufgrund der zwingenden Volksbeteiligung bei Verfassungsänderungen einerseits und eines bestehenden Selbstauflösungsrechts des Landtags andererseits nicht.

[7] VerfGH 11, 1.

[8] Zur früheren Rechtslage vgl. VerfGH 27, 119; LT-Drs. 13/7436, S. 6. Dementsprechend konnte in Art. 26 auch die Alternative „nach Beendigung der Wahldauer" gestrichen werden. Dazu, dass gegen Ende der Legislaturperiode die Tagung geschlossen wird (Art. 17 III) und deswegen ein Zwischenausschuss gemäß Art. 26 eingesetzt werden muss („außerhalb der Tagung") vgl. VerfGH 47, 178.

[9] *Magiera,* in: Sachs, Art. 39 Rn. 6 ff.; auch zum Folgenden m. w. N.

[10] Vgl. auch Art. 44 I 1 SächsVerf.

[11] Für das Bundesrecht vgl. *Magiera,* in: Sachs, Art. 39 Rn. 11 bis 16 (auch zum Folgenden); siehe auch *Badura,* Staatsrecht, E 25.

[12] Undeutlich insoweit *Meder,* Art. 16 Rn. 3.

[13] Vgl. Art. 26 I 2 BV, Art. 73 I 2 LWG; s. a. BbgVerfG LKV 1995, 221 (222).

[14] *Meder,* Art. 16 Rn. 3; *Schweiger,* in: Nawiasky/Schweiger/Knöpfle, Art. 16 Rn. 2.

fertigen und bekanntzumachen (Art. 72, Rn. 10). Außenwirksame Rechtshandlungen, z. B. Prozesshandlungen, bleiben wirksam.[15]

Neuwahl (Abs. 1 S. 3). Die Regelung des Abs. 1 S. 3 führt dazu, dass sich die Wahldauer **7** um einen Monat verkürzen oder um bis zu zwei Monate verlängern kann. Im Vergleich zur früheren Regelung, die zu einer tendenziellen Verkürzung und Vorverlagerung der Wahlperioden geführt hatte, wird hierdurch eine gewisse Flexibilisierung geschaffen.[16] Für die Festsetzung des Wahltermins bestimmt Art. 20 S. 1 LWG in verfassungskonformer Weise die Zuständigkeit der Staatsregierung; gegen die Entscheidung der Staatsregierung ist vor der Wahl die Verfassungsbeschwerde und nach der Wahl das Wahlprüfungsverfahren statthaft (Art. 33, Rn. 7); denkbar ist auch eine Streitigkeit nach Art. 64.[17]

Zusammentritt (Abs. 2). Der **Zusammentritt** spätestens am 22. Tag nach der Wahl ist **8** ein Kompromiss zwischen der als zu knapp bemessenen 15-Tages-Frist alten Rechts (siehe schon Rn. 2) und dem Ziel, möglichst bald die Aktionsfähigkeit des neuen Landtags sicherzustellen (im Bund: 30 Tage). Die Einberufung erfolgt traditionell (so auch § 2 I GeschOLT; z. T. ausdrücklich andere Landesverfassungen[18]) durch den Präsidenten des alten Landtags (Art. 20, Rn. 6); den Vorsitz in der konstituierenden Sitzung führt der Alterspräsident (§ 2 II GeschOLT).

Art. 16 a [Parlamentarische Opposition]

(1) Parlamentarische Opposition ist ein grundlegender Bestandteil der parlamentarischen Demokratie.
(2) ¹Die Fraktionen und die Mitglieder des Landtags, welche die Staatsregierung nicht stützen, haben ein Recht auf ihrer Stellung entsprechende Wirkungsmöglichkeiten in Parlament und in der Öffentlichkeit. ²Sie haben Anspruch auf eine zur Erfüllung ihrer besonderen Aufgaben erforderliche Ausstattung.
(3) Das Nähere wird durch Gesetz geregelt.

Parallelvorschriften im GG und anderen Landesverfassungen: Keine Parallelregelung im GG; Art. 38 III BerlVerf; Art. 55 II BbgVerf; Art. 78 BremVerf; Art. 24 HmbVerf; Art. 26 M-VVerf; Art. 19 NdsVerf; Art. 85 b RhPfVerf; Art. 40 SächsVerf; Art. 48 VerfLSA; Art. 12 SchlHVerf; Art. 59 ThürVerf.

Rechtsprechung: BVerfGE 70, 324; 80, 188; VerfGH 41, 124; 51, 34; 55, 23; 59, 178; LVerfG S-A LKV 1998, 101; BremStGH NVwZ 2005, 929.

Literatur: Cancik, Parlamentarische Opposition in den Landesverfassungen, 2000; *Goppel,* Die Rechtsstellung der Opposition in Bayern, BayVBl. 1963, 261; *Haberland,* Die verfassungsrechtliche Rolle der Opposition nach dem Grundgesetz, 1995; *Poscher,* Die Opposition als Rechtsbegriff, AöR 122 (1997), 444; *Schneider,* Die parlamentarische Opposition im Verfassungsrecht der Bundesrepublik Deutschland, 1973.

---

[15] BVerfGE 79, 311 (327); 82, 286 (297).
[16] LT-Drs. 13/7436, S. 4.
[17] VerfGH 27, 119; *Schweiger,* in: Nawiasky/Schweiger/Knöpfle, Art. 16 Rn. 5.
[18] Art. 28 S. 2 M-VVerf; Art. 45 I VerfLSA; Art. 13 IV 2 SchlHVerf.

I. Allgemeines

1. Bedeutung

1 Art. 16 a regelt die verfassungsrechtliche Stellung und die Rechte der parlamentarischen Opposition. **Oppositionsartikel** in der Art des Art. 16 a BV gehören einer noch recht jungen Schicht der deutschen Verfassungsentwicklung an; vom Vorreiter Hamburg (1971) abgesehen, haben sie erst seit den 1990er Jahren Eingang in die Verfassungen aller neuen Bundesländer sowie einer Mehrheit der alten Bundesländer gefunden.[1] Auf der Ebene des Grundgesetzes dagegen hat man bislang von der Normierung eines Oppositionsartikels abgesehen.[2] Regelungsthema des Art. 16 a ist nicht die Rechtsstellung, wie sie allen Abgeordneten und allen Fraktionen gleichermaßen zukommt (dies ist Thema anderer Normen, z. B. Art. 13 II, 20 III); vielmehr geht es um die besondere Stellung bzw. etwaige besondere Rechte, wie sie gerade den Oppositionsfraktionen und -abgeordneten als solchen zustehen sollen. Diese tendenziell auf eine Sonderbetrachtung der Oppositionsfraktionen und -abgeordneten abzielende Stoßrichtung freilich wirft sogleich das **Grundproblem des Art. 16 a** in aller Schärfe auf, denn jeder Versuch, einzelne Abgeordnete und Fraktionen (noch dazu der parlamentarischen Minderheit) mit besonderen Rechten auszustatten, wird unweigerlich mit zwei grundlegenden Prinzipien der Demokratie in Konflikt geraten: zum einen dem (letztlich in der Wahlgleichheit wurzelnden) Grundsatz der egalitären, **formalen Gleichheit** aller Abgeordneten und der von ihnen gebildeten Fraktionen (vgl. Art. 13, Rn. 10)[3], der jeder Sonderbehandlung einzelner Abgeordneter oder Gruppen enge Grenzen setzt; zum anderen der demokratischen Grundregel „**Mehrheit entscheidet**" (Art. 2 II 2), die durch besondere Minderheitenrechte nur ergänzt, nicht aber unterlaufen werden darf. Hinzu kommt die noch nicht recht gelöste Problematik, ob sich der (politikwissenschaftliche) **Oppositionsbegriff** überhaupt als Rechtsbegriff eignet, ob es also überhaupt möglich ist, ggf. ganz unterschiedliche Fraktionen und fraktionslose Abgeordnete außerhalb der Regierungsmehrheit in der Weise unter einen einheitlichen Begriff zu fassen und zu einer abgrenzbaren Organisationseinheit zusammenzufassen, dass sie zum einheitlichen Zuordnungssubjekt besonderer Rechte und Pflichten werden können.[4] Es kann vor diesem Hintergrund nicht verwundern, dass es in hohem Maße unsicher ist, ob dem Art. 16 a — jenseits der noch einigermaßen klaren Festschreibung der „Oppositionszulage" in Abs. 2 S. 2[5] — überhaupt ein greifbarer **normativer Gehalt** zukommt. Die bisherige Rechtsprechung des VerfGH ist von der Tendenz geprägt, dem Art. 16 a im Vergleich zur vorgefundenen Rechtslage keine eigenständigen, die Oppositionsrechte verändernden oder erweiternden Wirkungen zuzuschreiben.[6] Auch in der Literatur ist den Rechtszuweisungen der Oppositionsartikel ein eigener Regelungsgehalt im Wesentlichen abgesprochen worden.[7] In der Gemeinsamen Verfassungskommission von Bundestag und Bundesrat ist die Aufnahme eines Oppositionsartikels in das GG u.a. deswegen gescheitert, weil diese „nur deklaratorische Bedeutung" habe.[8] Die unstreitige Hauptbedeutung des Art. 16 a dürfte deswegen darin liegen, dem zunächst aus der Verfassungswirklichkeit und Politikwissenschaft stammenden Befund, dass im parlamentarischen Regierungssystem faktisch vor allem den Oppositionsfraktionen die Last der dem Parlament obliegenden gewaltenteiligen Aufgabe der Kontrolle der Exekutive zukommt, einen adäquaten

---

[1] Zur Entwicklung siehe *Pestalozza*, in: Nawiasky / Schweiger / Knöpfle, Art. 16 a Rn. 85 f.

[2] Vgl. BT-Drs. 12/6000, S. 89 f. zur Diskussion in der Gemeinsamen Verfassungskommission.

[3] *Badura*, Staatsrecht, E 27.

[4] *Poscher*, AöR 122 (1997), 444 ff.; BT-Drucks. 12/6000, S. 90.

[5] Art. 3 I Fraktionsgesetz; vgl. LT-Drs. 13/9366, S. 6; *Pestalozza*, in: Nawiasky / Schweiger / Knöpfle, Art. 16 a Rn. 77.

[6] VerfGH 55, 28 (35 f.); allenfalls zusätzliche Abstützung (z. B. des parlamentarischen Fragerechts) in Art. 16 a, VerfGH 59, 144 (178).

[7] *Cancik*, Parlamentarische Opposition in den Landesverfassungen, S. 245 (These 2 e).

[8] BT-Drs. 12/6000, S. 90.

verfassungsrechtlichen Ausdruck zu verleihen[9]. Inwieweit mit Art. 16 a darüber hinaus die Zuweisung neuer Rechte verbunden ist (die man nicht bereits zuvor aus der Verfassung ableiten konnte oder jedenfalls hätte können), kann nur im Rahmen der Einzelkommentierung geklärt werden. Bei der Ableitung konkreter Rechtspositionen aus Art. 16 a wird man jedenfalls Vorsicht walten lassen müssen, denn das Recht auf verfassungsmäßige Bildung und Ausübung der Opposition ist zwar unbestreitbarer (und nunmehr ausdrücklich normierter) Teil des Demokratieprinzips, findet im Demokratieprinzip, wie der VerfGH formuliert hat, aber auch seine Grenzen (egalitäre Gleichheit, Mehrheitsentscheidung, s. o.).[10] Die aus dem Demokratieprinzip folgenden Grenzen für die Schaffung besonderer Oppositionsrechte sind der Auslegung des Art. 16 a sowohl durch das Grundgesetz (Art. 28 I 1, Rn. 3) wie auch durch die BV selbst (Art. 75 I 2: demokratische Grundgedanken) zwingend vorgegeben.

2. Entstehung

Der noch recht junge Art. 16 a wurde in die Verfassung durch Gesetz vom 20. 2. 1998 (Verfassungsreformgesetz – Reform von Landtag und Staatsregierung)[11] eingefügt. Die durch dieses Gesetz bezweckte Stärkung des Landtages und insbesondere auch der Opposition im Landtag (neben Art. 16 a auch durch Normierung von Minderheitsrechten in Bezug auf Untersuchungsausschüsse und Enquete-Kommissionen) erfolgte laut Entwurfsbegründung als Reaktion auf eine in der Verfassungswirklichkeit zu beobachtende Verschiebung der Gewichte zugunsten der Exekutive, verbunden mit dem Phänomen der „Aktionseinheit" zwischen Regierung und der/den sie tragenden Parlamentsfraktion(en).[12]

3. Verhältnis zum Grundgesetz

Der Umstand für sich genommen, dass das GG keinen dem Art. 16 a entsprechenden Oppositionsartikel kennt, hindert die Länder aufgrund der Trennung der Verfassungsräume nicht daran, einen derartigen Oppositionsartikel zu schaffen. Dies gilt umso mehr, als die Grundaussage des Art. 16 a zur demokratischen Bedeutung der Opposition auch dem Grundgesetz – wenn auch nicht ausdrücklich normiert – sehr wohl vertraut ist; von Beginn an hat das BVerfG das Recht auf verfassungsmäßige Bildung und Ausübung einer Opposition als notwendigen Bestandteil der freiheitlichen demokratischen Grundordnung des Grundgesetzes und als Ausfluss des Demokratieprinzips verstanden.[13] Auch die greifbarste mit Art. 16 a verbundene Rechtszuweisung, die Garantie einer zur Erfüllung der besonderen Aufgaben der Oppositionsfraktionen erforderlichen (Finanz-)Ausstattung (Abs. 2 S. 2; eingelöst durch Art. 3 I FraktG: Oppositionszulage) findet zwar nicht im Grundgesetz, sehr wohl aber im einfachen Bundesrecht eine Entsprechung (§ 50 II AbgG) und steht mit dem GG auch nicht in Widerspruch. Zu beachten sind jedoch die sich aus Art. 28 I 1 und 2 GG, namentlich aus dem Demokratieprinzip und der Wahlgleichheit ergebenden Maßgaben (egalitäre, formale Gleichheit der Abgeordneten und der von ihnen gebildeten Fraktionen, Mehrheitsprinzip); sie setzen einer Bevorzugung einzelner, nämlich oppositioneller Fraktionen und Abgeordneter durch Einräumung besonderer Rechte, die über den Ausgleich faktischer Nachteile (Stichwort „Aktionseinheit" von Staatsregierung und Mehrheitsfraktion) durch besondere finanzielle und sonstige ausstattungsmäßige Ressourcen (Oppositionszulage) hinausgehen, enge Grenzen.[14]

---

[9] *Edinger,* in: Grimm/Caesar, RhPfVerf, Art. 85 b Rn. 1.

[10] VerfGH 55, 28 (36).

[11] GVBl. S. 39.

[12] LT-Drs. 13/9366, S. 1 f.; ausführlich zur Entstehungsgeschichte: *Pestalozza,* in: Nawiasky/Schweiger/Knöpfle, Art. 16 a Rn. 2 ff.

[13] BVerfGE 2, 1 (13); 70, 324 (363).

[14] Zu Art. 28 I 1 GG: *Pestalozza,* in: Nawiasky/Schweiger/Knöpfle, Art. 16 a Rn. 81 ff.; *Cancik,* Parlamentarische Opposition in den Landesverfassungen, S. 22 ff.

II. Einzelkommentierung

1. Regelungskontext

4   Die Regelung des Art. 16 a zum besonderen Status der Opposition wird durch das **Demokratieprinzip** (Art. 2, 75 I 2) gleichermaßen gestützt wie rechtlich begrenzt (Mehrheitsprinzip, s. a. Art. 23; egalitäre Repräsentation).[15] Ähnliches gilt für das Verhältnis zu **Art. 13 II:** Einerseits unterstützt Art. 16 a eine (freilich auch schon früher gängige) Auslegung des Art. 13 II, die auf ausreichende Abgeordneten- und Fraktionsrechte dringt; andererseits findet die Idee besonderer Oppositionsrechte im freien und gleichen Status des Abgeordneten Grenzen. Ein enger Bezug besteht schließlich zu einigen ausdrücklichen parlamentarischen **Minderheitenrechten** (Art. 17 II, 25 I, 25 a), die freilich insofern eine andere Regelungstechnik als Art. 16 a aufweisen, als diese Rechte nicht an die Zugehörigkeit zur Opposition geknüpft sind und so gesehen die Abgeordnetengleichheit nicht berühren. Unglücklich und schwer erklärbar ist der Regelungsstandort zwischen Art. 16 und 17.[16]

2. Absatz 1

5   *Parlamentarische Opposition ist ein grundlegender Bestandteil der parlamentarischen Demokratie.* Absatz 1 trifft eine Aussage zum verfassungsrechtlich anerkannten **Stellenwert der Opposition,** die in anderen Kontexten (bei der Auslegung des Abs. 2, des Art. 13 II etc.) argumentativ herangezogen werden kann, nicht jedoch aus sich heraus eigene Rechtsfolgen hervorzubringen imstande ist. In der Sache deckt sie sich mit der seit langem anerkannten Selbstverständlichkeit, dass aus dem Demokratieprinzip ein Recht auf Ausübung von Opposition und ein Gebot zum Schutz parlamentarischer Minderheiten folgt. Mit dieser Selbstverständlichkeit war bereits früher argumentiert worden, wenn es z. B. um die Ausmessung der aus Art. 13 II folgenden Abgeordneten- und Fraktionsrechte ging (in dem Sinne, dass die Reichweite dieser Rechte gerade auch im Hinblick auf die demokratische Bedeutung einer funktionstüchtigen Opposition zu ermitteln ist). Man mag es als ein Stück Anpassung an die Verfassungswirklichkeit begreifen, dass die Bedeutung der Opposition für die Verwirklichung des Gewaltenteilungsprinzips unter den Funktionsbedingungen des parlamentarischen Regierungssystems nunmehr ausdrücklich anerkannt ist; auch wird der argumentative Rückgriff auf diese Bedeutung im Rahmen der Ausmessung anderweitiger Rechtspositionen zweifellos erleichtert; eine wirkliche Änderung im Vergleich zum bereits früher gegebenen Rechtszustand ist mit der Normierung des Abs. 1 dennoch nicht eingetreten.[17] Aufgabe des Abs. 1 innerhalb des Art. 16 a ist es nicht, eigenständige Rechtszuweisungen zu begründen; vielmehr bildet er gleichsam den Hintergrund, auf dem sodann Abs. 2 – der eigentlich operative Teil des Art. 16 a – die maßgeblichen Rechtszuweisungen vornimmt ("haben das Recht", "haben Anspruch"). Es ist deswegen auch müßig, darüber zu spekulieren, welchen **Oppositionsbegriff** im Einzelnen Abs. 1 verwendet, da die so umrissene Opposition ohnehin nicht als eigenständiger Rechtsträger konzipiert ist; Rechtsträger sind nach Abs. 2 vielmehr die Fraktionen bzw. Abgeordnete, die die Regierung nicht stützen. Aus der Eigenart des Abs. 1, eine grundsätzliche Stellenwertbeschreibung zu leisten, nicht aber eigenständige Rechtsfolgen hervorbringen zu wollen, folgt auch, dass es nach Abs. 1 nicht etwa besonders rechtfertigungsbedürftig oder gar verboten ist, große Koalitionen oder Allparteienregierungen zu bilden (im Sinne einer grundsätzlichen Pflicht zur Installierung einer möglichst funktionstüchtigen Opposition). Dass Abs. 1 nicht „die" Opposition (im Sinne einer konkreten Organisationseinheit), sondern allgemeiner „parlamentarische Opposition" (als Funktion und Idee) als grundlegenden Bestandteil der Demokratie beschreibt, unterstützt dieses

---

[15] VerfGH 55, 28 (36).

[16] *Pestalozza,* in: Nawiasky/Schweiger/Knöpfle, Art. 16 a Rn. 6, 79.

[17] Vgl. VerfGH 41, 125 (132 f.); 51, 34 (41); 55, 28 (36); 59, 144 (178): zusätzliche Abstützung von Abgeordneten- und Fraktionsrechten in Art. 16 a.

Ergebnis zusätzlich.[18] Bei seiner Stellenwertbeschreibung nimmt Abs. 1 allein die parlamentarische, nicht dagegen die sog. außerparlamentarische und auch nicht die Rolle der Oppositionsparteien im Kontext von Volksbegehren und -entscheiden in den Blick.[19]

3. Absatz 2

Die Fraktionen und die Mitglieder des Landtags, welche die Staatsregierung nicht stützen. Mit **6** diesen Worten bezeichnet Absatz 2 die Träger der in ihm verliehenen Rechte. Gemäß dem Regelungsansatz des Art. 16 a, nicht etwa Begriff und Status der Fraktionen im Allgemeinen regeln zu wollen, sondern allein die Rechte der Oppositionsfraktionen (und -abgeordneten) im Besonderen, wird nicht näher definiert, was unter **„Fraktionen"** zu verstehen ist; eine derartige Definition findet sich auch an anderer Stelle nicht, da die BV die Fraktionen zwar als notwendige Einrichtungen des Verfassungslebens anerkennt[20], jenseits von Art. 16 a jedoch keiner ausdrücklichen Regelung zuführt. Hieraus ist einerseits zu schließen, dass auch Art. 16 a den verfassungsrechtlichen Spielraum zur Bestimmung des Fraktionsbegriffs durch Geschäftsordnung (Art. 20 III BV, § 5 GeschOLT) oder Gesetz (Art. 1 FraktG) nicht näher eingrenzen will, andererseits (indem es keinen Regelungsbedarf sieht) aber auch den der bisherigen Staatspraxis entsprechenden Rechtszustand als verfassungskonform akzeptiert.[21] Was unter **„Mitgliedern des Landtags"** zu verstehen ist, ist nicht weiter erläuterungsbedürftig, sehr wohl aber die Frage, ob nur der **fraktionslose Oppositionsabgeordnete** oder auch das Mitglied einer **Oppositionsfraktion** geschützt ist. Die Eigenständigkeit der Normierung neben den Fraktionen sowie die insgesamt eher auf die Oppositionsfunktion als ganzes und nicht auf individuelle Abgeordnetenrechte (dazu Art. 13 II) abstellende Regelungsnatur des Art. 16 a sprechen eher dafür, den Oppositionsabgeordneten nicht als solchen und in jedem Fall, sondern nur dann als geschützt anzusehen, wenn er nicht Mitglied einer Oppositionsfraktion ist und daher nicht bereits dem (mittelbaren) Schutz der ersten Alternative unterfällt[22]; das Mitglied einer oppositionellen Fraktion ist insoweit weiterhin darauf angewiesen, seine Rechte über (den freilich im Lichte des Art. 16 a I ausgelegten) Art. 13 II geltend zu machen. Die potentiell größten (aufgrund der stabilen politischen Verhältnisse in Bayern bislang nicht virulent gewordenen) Auslegungsschwierigkeiten freilich bereitet das dritte (auf Fraktionen wie Abgeordnete gleichermaßen bezogene) Merkmal, **„welche die Staatsregierung nicht stützen"**; erst auf dieser Ebene scheidet sich die Regierungs- von der Oppositionsfraktion. Problematisch ist insbesondere die Einordnung von Fraktionen/fraktionslosen Abgeordneten, die die Regierung allein fallweise oder auch über längere Zeit „tolerieren" bzw. „dulden", ohne dass dies in den üblichen Formen einer Koalitionsvereinbarung geschieht. Der Wortlaut „nicht stützen", der von Art. 3 I FraktG („nicht trägt") abweicht, legt eine großzügigere, eventuell auch für hinter eigentlichem echten „Mittragen" zurückbleibendes „Unterstützen" offene Auslegung nahe (mit der Konsequenz des Verlustes der besonderen Oppositionsrechte); andererseits hat das LVerfG Sachsen-Anhalt auf der Basis eines insoweit identischen Verfassungswortlauts („nicht stützen") bezüglich der seinerzeitigen **Duldung** der Landesregierung durch die PDS entschieden, dass ein bloßes Dulden, Tolerieren und fallweises Kooperieren ohne koalitionsähnliche Abrede nicht ausreicht.[23] Soweit es eine **Minderheitsregierung** geben kann und diese im Amt bleiben darf (Art. 44), müssen die Oppositionsangehörigen nicht unbedingt in der Minderheit sein.

---

[18] *Cancik,* Parlamentarische Opposition in den Landesverfassungen, S. 135 ff.

[19] *Pestalozza,* in: Nawiasky/Schweiger/Knöpfle, Art. 16 a Rn. 22 ff.

[20] VerfGH 51, 34 (40).

[21] *Pestalozza,* in: Nawiasky/Schweiger/Knöpfle, Art. 16 a Rn. 33 ff.

[22] *Pestalozza,* in: Nawiasky/Schweiger/Knöpfle, Art. 16 a Rn. 37; sehr deutlich auch in vergleichbaren Verfassungsbestimmungen, die die Opposition als die Fraktionen und die Abgeordneten, die die Regierung nicht stützen, definieren (hier würde eine Erfassung auch von Fraktionsmitgliedern eine Doppelnennung bedeuten; z. B. Art. 48 VerfLSA; Art. 26 Verf M-V).

[23] LVerfG S-A LKV 1998, 101.

7   *Wirkungsmöglichkeiten (Abs. 2 S. 1).* Abs. 2 S. 1 gewährleistet den Oppositionsfraktionen
und fraktionslosen Abgeordneten das Recht auf ihrer Stellung entsprechende **Wirkungs-**
möglichkeiten in Parlament und Öffentlichkeit. Die Frage, ob und ggf. welcher eigenständige normative Gehalt dieser Norm zukommt, muss als höchst unsicher angesehen werden.[24]
Klar ist im Ausgangspunkt, dass ein subjektives Recht gewährleistet werden soll ("haben das
Recht"); doch worauf soll es sich beziehen? Sicher ist allein, dass es bei den "Wirkungsmöglichkeiten" des Satzes 1 im Gegensatz zu Satz 2 nicht um Fragen der (v. a. finanziellen) Ausstattung gehen kann, sowie dass sich das Maß der zuzugestehenden Wirkungsmöglichkeiten
nach der "Stellung" der Oppositionsfraktionen/-abgeordneten bemisst, was wiederum auf
die Stellenwertbeschreibung des Absatzes 1 verweist. Dennoch bleiben hinsichtlich der
Frage, welche Wirkungsmöglichkeiten garantiert werden sollen und in welchem Verhältnis
hierbei Art. 16 a I 1 zu anderen Gewährleistungen der Verfassung steht, viele Fragen offen.
Einen Anhaltspunkt, was mit angemessenen Wirkungsmöglichkeiten gemeint sein könnte,
kann man – rechtsvergleichend – gewinnen, wenn man sich vor Augen hält, dass viele
andere Landesverfassungen in diesem Kontext vom Recht auf **"Chancengleichheit** in
Parlament und Öffentlichkeit" bzw. von "politischer Chancengleichheit" sprechen[25]. Dies
verweist auf zwei denkbare Gewährleistungsgehalte, bzgl. derer es indes je auf seine Weise
fraglich ist, welche eigenständige Wirkung Art. 16 a II 1 zu entfalten vermag:

– Zum einen bedeutet Chancengleichheit, dass den Oppositionsfraktionen/-abgeord-
  neten in **diskriminierungsfreier** Weise die gleichen Rechte zustehen müssen, wie
  sie allen Fraktionen und Abgeordneten zustehen. Alle Fraktionen und Abgeordneten
  – auch diejenigen der Opposition – haben ein Recht auf ihrer Stellung entsprechende Wirkungsmöglichkeiten in Parlament und Öffentlichkeit; es geht hierbei um die
  klassischen Abgeordneten- und Fraktionsrechte (Rederechte, Fragerechte, Informationsrechte, Antragsrechte, Stimmrechte, Rechte auf Ausschusszugang etc.). Deutlich
  wird freilich, dass es bei diesen Rechten nicht um Themen des Art. 16 a gehen kann,
  der ja gerade nicht den Status der Abgeordneten und Fraktionen im Allgemeinen im
  Blick hat (vgl. Rn. 1), sondern den speziell der Opposition (allenfalls könnte Art. 16 a
  I 2 zusätzlich bekräftigen, dass diese Rechte auch der Opposition zustehen, was freilich eine Selbstverständlichkeit ist). Geregelt sind die allgemeinen Abgeordneten/
  Fraktionsrechte vielmehr vor allem in Art. 13 II (vgl. Art. 13, Rn. 12 ff.); aus ihnen
  folgt das maßgebliche subjektive Recht. Freilich bleibt der Gedanke des Oppositions-
  und Minderheitenschutzes bei alledem nicht völlig außen vor, da die Frage, welches
  Maß an allgemeinen Abgeordneten-/Fraktionsrechten bestehen muss, häufig gerade
  im Blick darauf ermittelt werden muss, welche Bedeutung diese Rechte für eine
  funktionstüchtige Opposition haben (die mangels Aktionseinheit mit der Regierung
  beispielsweise auf Fragerechte o.ä. besonders angewiesen ist). Den Gedanken des Oppositionsschutzes in die Auslegung der unmittelbar einschlägigen Norm, z. B. des
  Art. 13 II einzubeziehen, war freilich auch bereits vor Schaffung des Art. 16 a möglich
  und üblich. Dieser tritt allenfalls bekräftigend hinzu, ohne wirklich eigenständige
  Regelungskraft als subjektives Recht zu erhalten. Besonders deutlich wurde dies etwa
  in dem Streit um den Zugang von Oppositionsfraktionen zu (z. B. aus Geheimhal-
  tungsgründen) klein bemessenen Ausschüssen.[26]
– Chancengleichheit könnte zum anderen – nunmehr nicht allein im Sinne bloßer
  Nichtbenachteiligung, sondern im Sinne positiver Herstellung gleicher Chancen
  durch Maßnahmen aktiver **Gleichstellung** (vgl. die ähnliche Struktur bei der

---

[24] *Cancik,* Parlamentarische Opposition in den Landesverfassungen, S. 160 ff.; *Edinger,* in: Grimm/
Caesar, RhPfVerf, Art. 85 b Rn. 11 ff.

[25] Art. 38 III BerlVerf; Art. 55 II BbgVerf; Art. 78 II BremVerf; Art. 26 III M-VVerf; Art. 19 II
NdsVerf; Art. 40 SächsVerf; Art. 48 II VerfLSA; Art. 12 I 4 SchlHVerf; Art. 59 II ThürVerf. In ähnlicher
Weise hat das BVerfG das Recht auf verfassungsmäßige Bildung und Ausübung einer Opposition von
Beginn an als Aspekt der Chancengleichheit für alle Parteien begriffen, vgl. BVerfGE 2, 1 (13).

[26] Hierzu VerfGH 41, 124; 55, 28.

Gleichberechtigung von Mann und Frau, Art. 3 II GG) – auch bedeuten, dass eine Pflicht besteht, faktische Nachteile durch besondere, allein den Oppositionsfraktionen/-abgeordneten zustehende Rechte auszugleichen. Minderheitenrechte sind der Verfassung keineswegs fremd (z. B. Art. 17 II, 25 I, 25 a); allerdings sind diese Minderheitenrechte wiederum nicht Regelungsgegenstand des Art. 16 a, außerdem sind sie normalerweise nicht formal an die Voraussetzung der Oppositionszugehörigkeit geknüpft. Inwieweit ermächtigt oder verpflichtet Art. 16 a, die Opposition über diese allgemeinen Minderheitsrechte hinaus zum Ausgleich bestehender Nachteile (insbesondere zum Ausgleich der zwischen Regierung und Regierungsmehrheit bestehenden „Aktionseinheit") mit besonderen Rechten zu bedenken, um ihnen auf diese Weise „ihrer Stellung entsprechende Wirkungsmöglichkeiten" zu sichern? Der Spielraum für derartige Sonderrechte der Opposition muss als sehr gering eingestuft werden. Zunächst ist nicht ganz klar, um welche Rechte es gehen soll; der einzig eingeführte und bislang praxisbedeutsame Sondervorteil ist die Oppositionszulage (Art. 3 I FraktG), die indes zu Art. 16 a II 2 und nicht S. 1 gehört; sonstige Sondervorteile scheinen bislang keine Rolle zu spielen. Entscheidend ist aber vor allem, dass – wie bereits in Rn. 1 und 3 ausgeführt – das Demokratieprinzip, namentlich das Prinzip „Mehrheit entscheidet" (Art. 2 II 2, 23 I) und das Prinzip strikter (egalitärer, formaler) Gleichheit der Fraktionen (Art. 13 II) jeder Sonderbehandlung einzelner Gruppen enge Grenzen setzt. Das Spannungsverhältnis von strikter Gleichheit einerseits und Ausgleich bestehender Nachteile wird noch gewahrt, wenn eine Gestaltungsform, wie z. B. die Oppositionszulage (die freilich Satz 2 unterfällt!) den Oppositionsfraktionen nicht eigentlich besondere Beteiligungsrechte im Parlament einräumt, sondern nur die finanziellen und ausstattungsmäßigen Voraussetzungen dafür schaffen will, dass die Opposition (z. B. durch Finanzierung sachverständigen Rats, da sie auf den Sachverstand der Regierung nicht zugreifen kann) von ihren formal unterschiedslosen Beteiligungsrechten (Rede-, Frage-, Antrags-, Stimmrechte etc.) auch in einer chancengleichen i. S. einer gleich effektiven Weise Gebrauch machen kann. Sobald dagegen eine Ungleichheit der Beteiligungsrechte selbst in Rede steht, ist ein Bereich betreten, der grundsätzlich mit der Gleichheit der Abgeordneten und Fraktionen nicht mehr vereinbar ist; nur in engen Grenzen (z. B. bei ausnahmsweiser „Aktionseinheit" im Parlament selbst) sind Ausnahmen denkbar (z. B. besondere Rederechte der Opposition nach Wortergreifung durch die Staatsregierung, vgl. 4. des Anhanges 1 zur GeschOLT; Art. 24, Rn. 8)[27].

Zu erwähnen bleiben zwei Punkte: Erstens: Die dem **fraktionslosen Abgeordneten** nach Art. 16 a II 1 garantierten Wirkungsmöglichkeiten dürften nicht über das hinausgehen, was das BVerfG auch ohne speziellen Oppositionsartikel aus allgemeinen Regeln heraus entwickelt hat.[28] Zweitens: Unklar bleibt, was mit den Wirkungsmöglichkeiten in der „Öffentlichkeit" gemeint ist. Die Zulässigkeit einer eigenständigen **Öffentlichkeitsarbeit** der Oppositionsfraktionen (zumal mit Mitteln aus den Fraktionszuschüssen) ist jedenfalls umstritten; bei isolierter Betrachtung des Art. 16 a mag eine derartige Zulässigkeit (auch mit Mitteln der Oppositionszulage) nahe liegen; unter dem Aspekt der Chancengleichheit der Parteien (auch der im Parlament nicht vertretenen) bleibt sie hingegen problematisch.[29]

Ausstattung (Abs. 2 S. 2). Die Vorschrift des Abs. 2 S. 2, die den Oppositionsfraktionen **8** und -abgeordneten eine zur Erfüllung ihrer Aufgaben angemessene **Ausstattung** zusichert, wirft geringere Auslegungsschwierigkeiten auf. Er sanktioniert in erster Linie die auch schon vor Einführung des Art. 16 a üblichen und verfassungsrechtlich zulässigen

---

[27] *Cancik,* Parlamentarische Opposition in den Landeverfassungen, S. 219 ff.; siehe aber BVerfGE 10, 5 (17 ff.).

[28] BVerfGE 80, 188.

[29] *Cancik,* Parlamentarische Opposition in den Landeverfassungen, S. 188 ff., 203 ff.; vgl. RhPf-VerfGH NJW 2003, 1111.

Oppositionszuschläge nach Art. 3 I FraktG, die den Oppositionsfraktionen (die sich nicht der Regierung „bedienen" können) eine verbesserte personelle und sachliche Ausstattung ermöglichen sollen. Neu ist, dass Abs. 2 S. 2 diese vormals nur zulässige Gestaltungsform einer besonderen finanziellen, personellen oder sachlichen Ausstattung verfassungsrechtlich festschreibt und einen entsprechenden Anspruch einräumt. Der Höhe nach wollte Art. 16 a im Vergleich zur vorgefundenen Rechtslage keine zusätzliche Besserstellung bewirken.[30] Unter dem Aspekt der formalen Gleichheit der Fraktionen scheint die besondere finanzielle Förderung der Oppositionsfraktionen hinnehmbar, da sie allein die ressourcenmäßigen Voraussetzungen für eine effektive (im Vergleich zu den Regierungsfraktionen chancengleiche) Wahrnehmung der als solche gleichen Beteiligungsrechte aller Fraktionen sichert (siehe bereits vorige Rn.). Die „besonderen Aufgaben" der Opposition, auf die S. 2 verweist, werden in der BV – anders als in anderen Landesverfassungen – nicht ausdrücklich definiert; hierdurch wird eine unnötige Verengung vermieden. Der Maßstab der „Erforderlichkeit" für die Aufgabenerfüllung zielt auf ein Mindestmaß an funktionsgerechter Ausstattung; bei der Festsetzung der Zulagen besteht ein Spielraum, der jedenfalls bei einer Orientierung am bisher Üblichen nicht überschritten wird. Hinsichtlich der Mindestausstattung **fraktionsloser Abgeordneter** wird man sich erneut an BVerfGE 80, 188 orientieren können[31]; ein Anspruch auf Zuteilung eines „Oppositionszuschlags" dürfte (trotz zweideutigen Wortlauts) nicht bestehen.[32]

9   *Prozessuales.* Die in Art. 16 a II verbürgten Rechte können im Wege des Verfahrens nach Art. 64 geltend gemacht werden; zur Antragsberechtigung von Fraktionen im Übrigen vgl. Art. 13, Rn. 13. Gegen Gesetze (vgl. Abs. 3) kann auch ein Vorgehen nach Art. 75 III[33] und – aufgrund des engen Bezugs zu den Rechten nach Art. 14 I 1, 118 (Chancengleichheit) – wohl auch eine Popularklage (auch gegen die Geschäftsordnung) in Betracht kommen.[34]

4. Absatz 3

10   Der Regelungsauftrag des Abs. 3 an den Gesetzgeber bezüglich des Näheren ist bei konkretisierungsbedürftigen Rechtszuweisungen (wie dem Absatz 2) an sich nichts Ungewöhnliches. Dass die nähere Regelung gerade „durch Gesetz" erfolgen soll, passt zwar in Bezug auf den wichtigen Anwendungsfall der Oppositionszulage (§ 3 I FraktG) – schon hier indes nur halb, weil die Oppositionszulage im FraktG nur dem Grunde nach geregelt ist, die konkrete Höhe aber im Haushaltsplan/-gesetz, d. h. in einem nur-formellen, nicht außenwirksamen Gesetz festgesetzt wird. Erst recht passt die Regelungszuweisung an den Gesetzgeber nicht in Bezug auf all diejenigen Fragen des Parlamentsrechts, die üblicherweise durch Geschäftsordnung geregelt werden. Man wird hier entweder die Zuweisung an den Gesetzgeber im Lichte der Geschäftsautonomie des Parlaments nach Art. 20 III einschränkend auslegen oder aber die Geschäftsordnung als Gesetz im Sinne des Art. 16 a III anerkennen müssen.[35]

Art. 17 [Tagungen, Einberufung]

**(1) Der Landtag tritt jedes Jahr im Herbst am Sitz der Staatsregierung zusammen.
(2) ¹Der Präsident kann ihn früher einberufen. ²Er muß ihn einberufen, wenn es die Staatsregierung oder mindestens ein Drittel der Landtagsmitglieder verlangt.
(3) Der Landtag bestimmt den Schluß der Tagung und den Zeitpunkt des Wiederzusammentritts.**

   30 LT-Drs. 13/9366, S. 6; *Pestalozza*, in: Nawiasky/Schweiger/Knöpfle, Art. 16 a Rn. 54 ff., 77.
   31 *Pestalozza*, in: Nawiasky/Schweiger/Knöpfle, Art. 16 a, Rn. 60, 69 kritisiert hier einen Nachholbedarf an gesetzlicher Regelung.
   32 BremStGH NVwZ 2005, 929 (932).
   33 Vgl. VerfGH 55, 28 (35).
   34 VerfGH 29, 62 (79 ff.); *Pestalozza*, in: Nawiasky/Schweiger/Knöpfle, Art. 16 a Rn. 54 ff., 70 ff.
   35 Zu Letzterem aus prozessualem Blickwinkel schon VerfGH 29, 62 (82 f.); a. A. *Pestalozza*, in: Nawiasky/Schweiger/Knöpfle, Art. 16 a Rn. 65.

Parallelvorschriften im GG und anderen Landesverfassungen: Art. 39 III GG; Art. 30 IV BaWüVerf; Art. 42 BerlVerf; Art. 64 BbgVerf; Art. 88 BremVerf; Art. 23 HmbVerf; Art. 83 HessVerf; Art. 21 II NdsVerf; Art. 38 III, IV NRWVerf; Art. 83 III, IV RhPfVerf; Art. 68 SaarlVerf; Art. 44 IV SächsVerf; Art. 45 VerfLSA; Art. 57 II ThürVerf.

Rechtsprechung: VerfGH 47, 178.

I. Allgemeines

1. Bedeutung

Art. 17 ist Ausdruck des – für den modernen Parlamentarismus essentiellen (wenngleich **1** in Deutschland erst spät, nämlich nach dem 1. Weltkrieg verwirklichten[1]) – sog. **Selbstversammlungsrechts** des Parlaments; der Landtag selbst beschließt im Rahmen seiner Parlamentsautonomie (mit einfacher Mehrheit, Art. 23 I) über Beginn und Ende seiner Tagungen/Sitzungen (Abs. 3).[2] Besondere – zu dem gewöhnlichen, dem Landtag als solchem (mit einfacher Mehrheit) zustehenden Selbstorganisationsrecht hinzutretende – Rechte, den Landtag einzuberufen bzw. eine solche Einberufung zu erwirken, werden dem Landtagspräsidenten, der Staatsregierung sowie einer qualifizierten Minderheit des Landtags (mindestens ein Drittel der Landtagsmitglieder) eingeräumt (Abs. 2). Überholt und in seinem Regelungsansatz unglücklich ist Art. 17 insofern, als er noch von einer (wenn auch nicht zwingenden) Zerlegung der Wahlperiode in **Sitzungsperioden** (**„Tagungen"**) ausgeht und auch vor allem diese Zerlegung einer ausdrücklichen Regelung zuführt (Absätze 1 und 3); in der Parlamentspraxis durchgesetzt hat sich indes die rechtlich ununterbrochene (**„permanente"**) **Tagung** des Landtags (freilich mit tatsächlichen Unterbrechungen, d. h. „Vertagungen" auf einzelne Sitzungen/Sitzungsfolgen), vgl. §§ 1 I, 95 GeschOLT. Die Aussagen des Art. 17 zum Selbstversammlungsrecht des Landtags können und müssen, auch soweit sie dem Wortlaut nach z. T. allein auf die Frage der Tagungen bezogen sind, auf die praktisch wichtigere Frage der Sitzungen übertragen werden (so z. B. Abs. 3). Das Grundgesetz (Art. 39 III GG) sieht bereits von vornherein keine Zerlegung in Sitzungsperioden/Tagungen mehr vor und bezieht das Selbstversammlungsrecht folgerichtig auf die Terminierung der einzelnen Sitzungen.

2. Entstehung

Im Vergleich zu Art. 13 VE und E hat der VA als Zeitpunkt des Zusammentritts offener **2** den Herbst festgelegt und dem Landtagspräsidenten ausdrücklich ein Recht zur früheren Einberufung zugestanden.[3] Art. 17 ist bislang nicht geändert worden.

3. Verhältnis zum Grundgesetz

Die Parallelnorm des **Art. 39 III GG** gilt allein für den Bundestag und ist auf den Land- **3** tag nicht anwendbar. Die Grundentscheidung für das Selbstversammlungsrecht sowie Mindestanforderungen an die parlamentarische Arbeitsfähigkeit, die den Ländern einen äußeren Rahmen für die zeitliche Ausgestaltung der Parlamentsarbeit setzen, dürften indes aus Art. 28 I 1 und 2 GG (Demokratieprinzip, Volksvertretung) folgen. Dieser Rahmen ist nicht überschritten. Die (nicht praktizierte) rechtliche Zerlegbarkeit der Legislaturperiode in Sitzungsperioden/Tagungen wird man, auch wenn sie das GG für den Bundestag nicht mehr kennt, nicht als solche angreifen können; dennoch gibt die Rspr. des BVerfG zur Alimentation des Landtagsabgeordneten für sein zur Hauptbeschäftigung („full-time-job") gewordenes Mandat[4] einen Fingerzeig dafür, dass das GG unter den

---

[1] Vgl. § 30 BV 1919; anders noch Tit. VII § 22 I BV 1818.
[2] *Schweiger,* in: Nawiasky/Schweiger/Knöpfle, Art. 17 Rn. 1; *Klein,* in: Maunz/Dürig, Art. 39 Rn. 62 ff.
[3] Verhandlungen des Verfassungs-Ausschusses, 5. Sitzung, Sten. Bericht, 105 f.
[4] BVerfGE 40, 296 (314).

Bedingungen der Gegenwart nicht mehr von einem nur gelegentlich tagenden Landtag ausgeht. Wendet man die Aussagen des Art. 17 BV auf die Frage der Terminierung von Sitzungen (innerhalb ununterbrochener „Tagung") an, so ergibt sich eine mit Art. 39 III GG weitgehend vergleichbare Regelungsstruktur.

II. Einzelkommentierung

1. Sitzungsperioden und permanente Tagung

4   Die BV geht in Art. 17, aber auch in Art. 20 II, 26, 28, von einer Zerlegung der Wahlperiode in **Sitzungsperioden/Tagungen** aus, trifft Mindestvorkehrungen für deren Häufigkeit (Art. 17 I: jeden Herbst) und regelt relativ ausführlich, wie in den Zwischenzeiten außerhalb der Tagung zu verfahren ist (Bestellung des Zwischenausschusses, Erledigung der laufenden Geschäfte durch das Präsidium, Ruhen der Immunität). Rechtlich zwingend ist diese Zerlegung in Tagungen freilich nicht, vielmehr ist die Option, die Tagung bis zum Ende der Legislaturperiode nicht zu schließen und so in rechtlicher Hinsicht „permanent" zu tagen (freilich mit tatsächlichen Vertagungen auf einzelne Sitzungen/Sitzungsfolgen), von Beginn an als eine zulässige Variante des Gebrauchmachens von dem dem Landtag in Art. 17 III eingeräumten Recht, den Schluss der Tagung selbst zu bestimmen (Selbstversammlungsrecht), verstanden worden. Die **permanente Tagung** hat sich ausnahmslos durchgesetzt; die Zerlegung in Tagungen ist nur noch eine theoretische Alternative (vgl. § 1 I GeschOLT, der, es sei denn, der Landtag beschlösse anderes, von einer Dauer der Tagung bis zum Ende der Wahlperiode ausgeht).[5] Erst gegen Ende der Legislaturperiode schließt der Landtag gemäß Art. 17 III die Tagung (samt Einsetzung des Zwischenausschusses); diese Schließung ist nicht schon deswegen missbräuchlich, weil durch sie die Arbeit eines Untersuchungsausschusses rechtlich unterbrochen und praktisch beendet wird.[6] Zum zwingenden Ende der Tagung führt auch die Auflösung bzw. Abberufung des Landtags nach Art. 18. (Art. 18 Rn. 7, § 1 I GeschOLT). Für den theoretischen Fall einer Zerlegung in mehrere Sitzungsperioden wird man von einer Kontinuität der Parlamentsarbeit (anders als die Diskontinuität der Wahlperioden, vgl. Art. 16 Rn. 6) auszugehen haben, d. h. die Arbeit wird an dem Punkt fortgesetzt, an dem sie abgebrochen wurde.[7]

2. Selbstversammlungsrecht

5   Zentraler Ausdruck des dem Landtag zukommenden **Selbstversammlungsrechts** und seiner Autonomie der zeitlichen Arbeitsplanung ist die Regelung des Absatzes 3. Unter den Bedingungen der permanenten Tagung muss man seine Aussage – über den engen, auf Tagungen bezogenen Wortlaut hinaus – auch auf die Sitzungsplanung hin ausdehnen, dergestalt, dass der Landtag selbst den Schluss und Wiederbeginn seiner Sitzungen bestimmt (so der Wortlaut des Art. 39 III 1 GG; vgl. auch Art. 83 IV HessVerf: „Vertagung"). Der Landtag hat in seiner Geschäftsordnung Regelungen über die Sitzungsplanung durch den Ältestenrat und die Einberufung durch den Landtagspräsidenten getroffen (§§ 15 I 3, 95, 99 I GeschOLT). Diese Organe werden insoweit nicht kraft eigener verfassungsrechtlicher Rechtsposition, sondern in Umsetzung des dem Landtag zukommenden Selbstversammlungsrechts (für den Landtag) tätig.[8] Unabhängig von diesen Bestimmungen zur regulären Sitzungsplanung wird man dem Landtag ein jederzeitiges verfassungsunmittelbares (aus Art. 17 III folgendes) Recht zubilligen müssen, mit einfacher Mehrheit (Art. 23 I) Fragen der Sitzungsterminierung an sich zu ziehen und im Plenum zu entscheiden (für den Bundestag: §§ 20 I, 26 GeschOBT).[9]

---

[5] *Schweiger,* in: Nawiasky/Schweiger/Knöpfle, Art. 17 Rn. 5.

[6] VerfGH 47, 178.

[7] Hierzu: *Schweiger,* in: Nawiasky/Schweiger/Knöpfle, Art. 17 Rn. 1; *Meder,* Art. 17 Rn. 3.

[8] Insoweit wie *Klein,* in: Maunz/Dürig, Art. 39 Rn. 67; siehe aber nächste Rn.

[9] In diese Richtung: *Menzel,* in: Löwer/Tettinger, NRW Verf, Art. 38 Rn. 33.

3. Besondere Rechte und Pflichten zur Einberufung

Besondere, zum Selbstversammlungsrecht des Landtags (Abs. 3) hinzutretende Rechte, **6** den Landtag einzuberufen, bzw. seine Einberufung zu erwirken, räumt Absatz 2 dem Landtagspräsidenten, der Staatsregierung und einer qualifizierten Landtagsminderheit ein. Diese **besonderen Einberufungsrechte** und -pflichten beziehen sich auch und gerade auf einzelne Sitzungen (nicht allein auf Tagungen/Sitzungsperioden).[10] Das Tätigwerden des Landtagspräsidenten auch im Rahmen des Absatzes 2 , d. h. bei der Einberufung des Landtags auf eigene Entscheidung oder auf Verlangen der Staatsregierung oder einer bloßen Landtagsminderheit hin, als Ausfluss des Selbstversammlungsrechts des Landtags zu deuten und ihm beispielsweise bei Abs. 2 S. 1 ein Tätigwerden kraft eigenen Rechts abzusprechen, erscheint künstlich; vielmehr ist davon auszugehen, dass das Selbstversammlungsrecht des Landtags durch besondere (nicht aus dem Selbstversammlungsrecht fließende) Einberufungs(erwirkungs)rechte des Landtagspräsidenten, der Exekutive und einer bloßen Landtagsminderheit ergänzt wird.[11] Freilich stoßen diese besonderen, eigenständigen Einberufungs(erwirkungs)rechte am Selbstversammlungsrecht des Landtags wiederum an Grenzen: So kann von ihnen zum einen allein außerhalb laufender Sitzungen Gebrauch gemacht werden; während laufender Sitzung hat der Landtag das Heft selbst in der Hand und vermag mit einfacher Mehrheit (Art. 23 I) zu beschließen – ein Recht, das weder durch ein eigenmächtiges Handeln des Landtagspräsidenten noch einer Landtagsminderheit konterkariert werden darf. Zum anderen bleibt es dem Landtag unbenommen, auf besondere Einberufung durch den Landtagspräsidenten hin zwar zusammenzukommen, sich kraft seines Selbstversammlungsrechts (Abs. 3) allerdings alsbald wieder zu vertagen; auch bleibt er nach Maßgabe der allgemeinen Bestimmungen (§ 101 GeschOLT) Herr seiner Tagesordnung; um die Rechte der Staatsregierung und das Minderheitenrecht eines Drittels der Mitglieder nicht leer laufen zu lassen, müssen Mitglieder der Staatsregierung allerdings nach Art. 24 II 2 zu Wort kommen können und muss die Minderheit ihr Anliegen zur Sprache bringen und von etwaigen Minderheitenrechte (z. B. Art. 25 I) Gebrauch machen können.[12] Weder das Einberufungsrecht des Landtagspräsidenten noch die Erwirkungsrechte von Staatsregierung und Landtagsminderheit sind – rechtlich – an einen wichtigen Grund gebunden, wenn auch der Respekt vor der Parlamentsautonomie regelmäßig dazu führen wird, dass von diesen Rechten nur aus wichtigem Grund Gebrauch gemacht wird. Das Verlangen der Staatsregierung (eine Art Überbleibsel des früheren exekutiven Einberufungsrechts) setzt einen Kollegialbeschluss voraus; das Minderheitenrecht (mindestens ein Drittel) bezieht sich auf die Zahl der dem Landtag zur Zeit des Antrags angehörenden Mitglieder; die Einberufung muss unverzüglich erfolgen; ggf. kann der Verfassungsgerichtshof nach Art. 64 angerufen werden.[13] Zur Einberufung zur Behandlung von Volksbegehren vgl. § 99 II GeschOLT.

4. Ort des Zusammentritts

Als Ort des Zusammentritts bestimmt Absatz 1 den Sitz der Staatsregierung, der seiner- **7** seits in der Verfassung nicht festgelegt wird. Durch die örtliche Ankoppelung an den Sitz der Staatsregierung wird dem Landtag ein Stück seines Selbstorganisationsrechts genommen. Mag es demnach so sein, dass die Staatsregierung ggf. kraft einfachen Beschlusses ihren Sitz (jedenfalls vorübergehend) aus München wegverlegen könnte und der Landtag dem zu folgen hätte[14], so stellt sich umgekehrt die Frage, inwieweit die für das Gemein-

---

[10] *Schweiger*, in: Nawiasky/Schweiger/Knöpfle, Art. 17 Rn. 4; *Meder*, Art. 17 Rn. 2.

[11] Insoweit gegen *Klein*, in: Maunz/Dürig, Art. 39 Rn. 67; s. a. *Achterberg/Schulte*, in: v. Mangoldt/Klein/Starck, Art. 39 Rn. 26 f.

[12] Hierzu: *Schweiger*, in: Nawiasky/Schweiger/Knöpfle, Art. 17 Rn. 4; *Meder*, Art. 17 Rn. 2; *Klein*, in: Maunz/Dürig, Art. 39 Rn. 67 ff.; *Magiera*, in: Sachs, Art. 39 Rn. 26; *Menzel*, in: Löwer/Tettinger, NRW Verf, Art. 38 Rn. 34; im Einzelnen ist vieles str.

[13] *Schweiger*, in: Nawiasky/Schweiger/Knöpfle, Art. 17 Rn. 4; *Meder*, Art. 17 Rn. 2.

[14] *Schweiger*, in: Nawiasky/Schweiger/Knöpfle, Art. 17 Rn. 3.

wesen durchaus wesentliche Frage von **Parlaments- und Regierungssitz** (jedenfalls soweit es um eine nicht nur vorübergehende Verlegung ginge) nicht einer Regelung durch Gesetz (also durch den Landtag) zugänglich wäre oder sogar einem Gesetzesvorbehalt unterläge (vgl. die entsprechende Diskussion auf Bundesebene und das Berlin/Bonn-Gesetz[15]). Sitz des Landtags ist – aufgrund eines Miet- und Erbbaurechtsvertrags mit der Stiftung Maximilianeum – das Maximilianeum in München.

Art. 18 [Auflösung, Abberufung]

(1) Der Landtag kann sich vor Ablauf seiner Wahldauer durch Mehrheitsbeschluß seiner gesetzlichen Mitgliederzahl auflösen.
(2) Er kann im Falle des Art. 44 Abs. 5 vom Landtagspräsidenten aufgelöst werden.
(3) Er kann auf Antrag von einer Million wahlberechtigter Staatsbürger durch Volksentscheid abberufen werden.
(4) Die Neuwahl des Landtags findet spätestens am sechsten Sonntag nach der Auflösung oder Abberufung statt.

Parallelvorschriften im GG und anderen Landesverfassungen: Art. 39 I 4, 63 IV 3, 68 GG; Art. 30 II, 43 BaWü-Verf; Art. 54 II, III, IV BerlVerf; Art. 62 II, III BbgVerf; Art. 76 BremVerf; Art. 11, 36 HmbVerf; Art. 80 f. HessVerf; Art. 27 II M-V Verf; Art. 9 II, 10 NdsVerf; Art. 35 NRW Verf; Art. 84 RhPfVerf; Art. 67 I, 69 SaarlVerf; Art. 44 II , 58 SächsVerf; Art. 43, 60 VerfLSA; Art. 13 II, III SchlHVerf; Art. 50 II ThürVerf.

Rechtsprechung: BVerfGE 62, 1; 114, 121; VerfGH 2, 181; VerfGH Berlin DÖV 2002, 431.

Literatur: Höfling, Das Institut der Parlamentsauflösung in den deutschen Landesverfassungen, DÖV 1982, 889; *Ley,* Die Auflösung der Parlamente im deutschen Verfassungsrecht, ZParl 1981, 367.

I. Allgemeines

1. Bedeutung

1   Art. 18 regelt die Fälle einer im Vergleich zur Regelanordnung des Art. 16 I 1 verkürzten Wahldauer durch **vorzeitige Auflösung oder Abberufung** des Landtags. Die Problematik einer vorzeitigen Parlamentsauflösung/-abberufung sieht die BV – in auffallendem Unterschied zum GG – nicht allein im Zusammenhang mit Störungen im parlamentarischen Regierungssystem (Auflösung bei Scheitern der Regierungsbildung oder zerstörtem Vertrauen zwischen Parlament und Regierung); auf diesen, thematisch zum Abschnitt „Die Staatsregierung" gehörenden Fall nimmt Art. 18 vielmehr nur unter anderem Bezug (Art. 18 II, 44 V).[1] Vielmehr räumt Art. 18 I dem Landtag – als Gegenstück zu seinem Selbstversammlungsrecht nach Art. 17 – ein eigenständiges **Selbstauflösungsrecht** ein; in diesem von allen Landesverfassungen (wenngleich mit unterschiedlich stark ausgeprägten Hürden) anerkannten parlamentarischen Selbstauflösungsrecht manifestiert sich ein Stück Eigenständigkeit des deutschen Landesverfassungsrechts gegenüber der Bundesverfassung, welches ein Selbstauflösungsrecht des Bundestages gerade nicht kennt (mit den bekannten Folgeproblemen der teilweisen Substitution durch die „auflösungsgerichtete Vertrauensfrage"[2]). In einer zum Selbstauflösungsrecht und zum parlamentarischen Regierungssystem hinzutretenden dritten Dimension der vorzeitigen Beendigungsgründe wird – dem plebiszitfreundlichen Grundzug der BV gemäß – auch dem **Volk** die Möglichkeit einer vorzeitigen Abberufung des Landtags eingeräumt (Abs. 3); diese Möglichkeit sieht nur ein Teil der Landesverfassungen (das GG ohnehin nicht) vor. Aufgrund der stabilen

---

[15] Berlin/Bonn-Gesetz vom 26. 4. 1994 (BGBl. I S. 9128); *Hufen,* NJW 1991, 1321; jetzt Art. 22 GG; für Bayern wäre Art. 77 I zu bedenken.
   [1] Vgl. BVerfGE 62, 1 (41).
   [2] BVerfGE 62, 1; 114, 121.

politischen Verhältnisse ist es unter der BV bislang noch zu keiner vorzeitigen Auflösung/Abberufung des Landtags gekommen.

2. Entstehung

Art. 18 in seiner bislang unveränderten Gestalt geht im Wesentlichen auf Art. 14 VE **2** und E zurück (Verlängerung der Frist für die Neuwahl und Einfügung der Bezugnahme auf Art. 44 V im VA; dagegen Beibehaltung des Quorums von 1 Mio. Stimmberechtigter[3]).

3. Verhältnis zum Grundgesetz

Vgl. schon Rn. 1. Das Selbstauflösungsrecht des Landtags und die Abberufung durch **3** das Volk halten sich, auch wenn das GG Vergleichbares auf Bundesebene nicht kennt, innerhalb des von Art. 28 I 1 und 2 GG gezogenen Homogenitätsrahmens.[4] Auch eine einschränkende Auslegung dieser Rechte im Lichte des insoweit engeren Grundgesetzes (z. B. durch Hineinlesen zusätzlicher materieller Voraussetzungen in das Selbstauflösungsrecht) ist grundgesetzlich nicht geboten und würde sich mit einer eindeutigen Systementscheidung der BV in Widerspruch setzen.[5]

II. Einzelkommentierung

1. Voraussetzungen und Fallgruppen einer vorzeitigen Beendigung der Wahlperiode

Selbstauflösungsrecht des Landtags (Abs. 1). Die **Selbstauflösung** des Landtags ist allein an **4** die prozedurale Hürde eines Mehrheitsbeschlusses seiner gesetzlichen Mitgliederzahl geknüpft. Die gesetzliche Mitgliederzahl bemisst sich – gemäß den verfassungsrechtlichen Vorgaben (Art. 13 I: 180 Abgeordnete; Art. 14 I 6 fakultative Erhöhung um Ausgleichs- und Überhangmandate) – nach Art. 21 I 1, 44 II LWG (auch bei noch nicht festgestelltem Listennachfolger, Art. 58). Zufallsmehrheiten werden so eingedämmt; dennoch ist das **Quorum** ein vergleichsweise niedriges; etwaigen verfassungspolitischen Einwänden ist entgegenzuhalten, dass ein noch höher gelegtes Quorum von der Systementscheidung zugunsten des Selbstauflösungsrechts her gedacht inkonsequent erschiene, sich gerade in Krisenzeiten als kontraproduktiv erweisen könnte und sich auch in der bisherigen Praxis als nicht erforderlich zur Gewährleistung stabiler Verhältnisse erwiesen hat.[6] Weitere – anderwärts durchaus übliche – prozedurale Hürden sind nicht vorgesehen (z. B. kein qualifiziertes Antragserfordernis, keine Bedenkzeit). Auch an materielle Voraussetzungen ist das Selbstauflösungsrecht nicht gebunden: Mag es auch praktisch vor allem zur Bewältigung von Krisen, bei knappen Mehrheiten oder gestörtem Vertrauen zur Regierung, um einer Auflösung oder Abberufung zuvorzukommen etc., in Betracht kommen, so ist das Vorliegen derartiger Umstände dennoch keine materielle Voraussetzung für eine verfassungskonforme Inanspruchnahme des Selbstauflösungsrechts. Derartige Erfordernisse hineinzulesen, wäre systemwidrig und ist auch vor dem Grundgesetz nicht geboten.[7] Allenfalls mag aus der BV selbst – und zwar aus der Grundentscheidung des **Art. 16 I 1** für eine regelmäßig fünfjährige Wahlperiode – eine äußerste Grenze für das ansonsten unbegrenzte politische „Ermessen" des Landtags abgeleitet werden können: So wird man eine Selbstauflösung, die sich als rechtsmissbräuchliche oder willkürliche Abweichung von der 5-Jahres-Regel erweist (also z. B. völlig grundlos oder allein aus wahltaktischem Kalkül

---

[3] Prot. I, S. 105 ff.

[4] BVerfGE 36, 342 (361 f.); *Müller-Terpitz*, in: Löwer/Tettinger, NRW Verf, Art. 35 Rn. 6.; *Tettinger*, in: v. Mangoldt/Klein/Starck, Art. 28 Rn. 48.

[5] Vgl. VerfGH Berlin, DÖV 2002, 431 (433) (m. w. N. auch zur vorigen Fn.).

[6] Vgl. für NRW: *Müller-Terpitz*, in: Löwer/Tettinger, NRW Verf, Art. 35 Rn. 8 ff. (auch zum Folgenden).

[7] Ausführlich: VerfGH Berlin DÖV 2002, 431 (432 f.) m. w. N.

der Landtagsmehrheit erfolgt), als verfassungswidrig ansehen können; die Hürden für eine verfassungsgerichtliche Feststellung einer derartigen Rechtsmissbräuchlichkeit wird man dabei allerdings hoch ansetzen müssen (Evidenzkontrolle)[8]. Der Auflösungsbeschluss ist bedingungs- und befristungsfeindlich sowie unwiderruflich.[9]

5   *Auflösung durch den Landtagspräsidenten (Abs. 2).* Abs. 2 verweist in seinen Voraussetzungen auf Art. 44 V (vgl. Kommentierung dort). Entgegen dem insoweit missverständlichen Wortlaut *muss* der **Landtagspräsident,** ohne dass ihm Ermessen zustünde, unter den in Art. 44 V normierten Bedingungen den Landtag auflösen; das „kann" des Art. 18 II erklärt sich sprachlich daraus, dass hier neben Abs. 1 nur eine weitere – mögliche – Variante der Auflösung aufgeführt ist.

6   *Abberufung durch Volksentscheid (Abs. 3).* Näher ausgestaltet durch Art. 83 ff. LWG, die weitgehend auf die Verfahrensvorschriften zu Volksbegehren und **Volksentscheid** verweisen. Der VA hat bewusst an dem für die Herbeiführung des Volksentscheids nötigen festen Quorum von 1 Mio. wahlberechtigter Staatsbürger festgehalten; diese im Vergleich zum gewöhnlichen Volksbegehren (Art. 74 I: 10 % der Wahlberechtigten) ursprünglich wesentlich strengere Hürde[10] ist durch den Bevölkerungsanstieg seit 1946 mittlerweile (bei ca. 9 Mio. Wahlberechtigten) beinahe auf das Normalmaß herabgesunken. Im Gegenzug besteht beim Volksentscheid selbst weder ein Beteiligungs- noch ein Erfolgsquorum, einfache Mehrheit der gültigen Stimmen genügt (Art. 86 LWG). Nach einer frühen Entscheidung des VerfGH ist es dem Gesetzgeber durch Art. 18 III verwehrt, derartige Quoren einzuführen.[11] Das in Abweichung von dieser frühen Entscheidung vom VerfGH mittlerweile für den besonderen Fall der verfassungsändernden Volksgesetzgebung verlangte Quorum[12] beruht auf Überlegungen (erschwerte Abänderbarkeit der Verfassung), die sich auf den Fall der Abberufung des Landtags nicht übertragen lassen; es ist also weiterhin davon auszugehen, dass ein Quorum weder besteht noch eingeführt werden dürfte. Ein Volksbegehren auf Abberufung kann auch schon kurz nach Beginn und noch kurz vor Ende der Legislaturperiode eingebracht werden; auch gegen seine Wiederholung während einer Legislaturperiode bestehen keine verfassungsrechtlichen Bedenken.[13]

2. Folgen der Auflösung/Abberufung; Neuwahl (Abs. 4)

7   Die Auflösung oder Abberufung hat zur **Folge,** dass der für die Zeit nach der Auflösung oder Abberufung bestellte Zwischenausschuss in Funktion tritt (Art. 26 I 1) und die Tagung des Landtags von Verfassungs wegen beendet ist (vgl. § 1 I GeschOLT). Die Wahlperiode dürfte – aufgrund der nunmehr eindeutigen Regelung des Art. 16 I 2, die eine „parlamentslose" Zeit gerade vermeiden will – dennoch nicht sofort, sondern erst mit dem Zusammentritt des neuen Landtags enden (siehe bereits Art. 16, Rn. 5). Die Neuwahl hat spätestens am sechsten Sonntag nach der Auflösung oder Abberufung (gemeint ist der Auflösungsbeschluss nach Abs. 1, die Auflösungsanordnung nach Abs. 2 oder der Tag des Volksentscheids nach Abs. 3[14]) stattzufinden; der Termin wird von der Staatsregierung festgesetzt (Kommentierung zu Art. 16, Rn. 7). Aus dieser Frist darf nicht etwa abgeleitet

---

[8] Ähnlich: VerfGH Berlin DÖV 2002, 431 (433 f.).

[9] *Schweiger,* in: Nawiasky/Schweiger/Knöpfle, Art. 18 Rn. 3; siehe z. B. Art. 10 I 2 NdsVerf.

[10] Vgl *Schweiger,* in: Nawiasky/Schweiger/Knöpfle, Art. 18 Rn. 5: ein Fünftel der Wahlberechtigten.

[11] VerfGH 2, 181 (219 f.).

[12] VerfGH 52, 104.

[13] VerfGH 2, 181 (219 f.).

[14] *Schweiger,* in: Nawiasky/Schweiger/Knöpfle, Art. 18 Rn. 6. Gegen ein Verständnis des Art. 87 LWG (umgehender Vollzug der Abberufung durch den Landtagspräsidenten), das dem Landtagspräsidenten ein Recht einräumte, die Abberufung gesondert zu verfügen und vor allem auch den Termin ihres Wirksamwerdens zu bestimmen, bestehen Bedenken. Art. 18 III statuiert eine Abberufung unmittelbar durch das Volk; nicht indes sieht er – als Konsequenz des Volksentscheids – eine Auflösung durch den Landtagspräsidenten vor (vgl. auch Art. 43 II BaWüVerf „ist aufgelöst").

werden, eine Selbstauflösung des Landtags sei rechtsmissbräuchlich, wenn innerhalb von sechs Wochen ohnehin eine Landtagswahl stattfinden sollte.[15]

Art. 19 [Verlust der Mitgliedschaft]

Die Mitgliedschaft beim Landtag während der Wahldauer geht verloren durch Verzicht, Ungültigkeitserklärung der Wahl, nachträgliche Änderung des Wahlergebnisses und Verlust der Wahlfähigkeit.

Parallelvorschriften im GG und anderen Landesverfassungen: Art. 41 II, III BaWüVerf; Art. 61 III BbgVerf; Art. 80 BremVerf; Art. 8 HmbVerf; Art. 17 III NdsVerf; Art. 81 f. RhPfVerf; Art. 85 III SaarlVerf; Art. 43, 118 I SächsVerf; Art. 44 VerfLSA; Art. 52 ThürVerf; nicht aufgeführt sind hier Vorschriften, die Art. 33 S. 3 BV (Entscheidung über Verlust der Mitgliedschaft) entsprechen; siehe hierzu die Liste von Parallelvorschriften bei Art. 33.

Rechtsprechung: BVerfGE 2, 1; 56, 396; VerfGH 1, 1; 8, 91; 11, 164; NdsStGH NJW 1985, 2319.

Literatur: Schmitt, Der Verlust des Abgeordnetenmandats in den politischen Volksvertretungen der Bundesrepublik Deutschland, 1955; *Versteyl,* Beginn und Ende der Wahlperiode, Erwerb und Verlust des Mandats, in: Schneider/Zeh, Parlamentsrecht und Parlamentspraxis, 1989.

I. Allgemeines

1. Bedeutung

Art. 19 regelt, aus welchen Gründen während der Wahldauer ein **Verlust des Abgeord-** 1 **netenmandats** eintreten kann; der Verlust mit dem Ende der Wahlperiode (auch nach Auflösung/Abberufung des Landtags, siehe Art. 18, Rn. 7[1]) versteht sich von selbst (personelle Diskontinuität, Art. 16, Rn. 6). Nicht geregelt sind Fragen des Erwerbs des Mandats; zum Ruhen der Mitgliedschaft (Art. 57 LWG) siehe unten Rn. 11. Art. 19 ist im Zusammenhang mit den sonstigen Verfassungsbestimmungen zum Status des Abgeordneten (namentlich Art. 13 II, aber auch Art. 14 I 1, 27 bis 31) zu sehen; einerseits ist der durch Art. 19 eröffnete freiwillige Mandatsverzicht Ausfluss der Freiheit des Abgeordneten (Art. 13, Rn. 6 ff.; unten Rn. 4); andererseits bedeuten die unfreiwilligen Verlustgründe einen (durch Art. 19 legitimierten) Eingriff in das Amt des Abgeordneten (Art. 13, Rn. 11). Entscheidet sich eine Verfassung dafür (dies ist keineswegs die Regel und weder im GG noch in vielen anderen Landesverfassungen der Fall), die verschiedenen Verlustgründe in einer eigenständigen Norm im Einzelnen aufzuzählen und zusammenzufassen, so muss grundsätzlich davon ausgegangen werden, dass diese Aufzählung (abgesehen von Selbstverständlichkeiten wie Verlust durch Tod[2]) auch als zumindest in der Weise abschließend gedacht ist, dass es dem (Landes)-Gesetzgeber nicht frei steht, nach eigener Zwecksetzung ohne weiteres zusätzliche Verlustgründe zu kreieren.[3] Sehr wohl freilich ist Art. 19 offen für eine Ergänzung durch solche Bestimmungen der Landesverfassung wie auch des Grundgesetzes, die zu Art. 19 BV hinzutretende Verlustgründe entweder ausdrücklich vorsehen (z. B. Inkompatibilitätsvorschriften, Art. 68 III, 55 I GG) oder zumindest implizit gestatten (d. h. kraft unmittelbarer verfassungsrechtlicher Legitimation[4] und nicht allein kraft freier gesetzgeberischer Zwecksetzung). Die materiellrechtliche Regelung des Art. 19 wird prozessual durch die Art. 33 S. 3, 63 flankiert.

---

[15] *Müller-Terpitz,* in: Löwer/Tettinger, NRWVerf, Art. 35 Rn. 35.

[1] Dass der Verlust bereits mit der Auflösung/Abberufung eintritt (*Meder,* Art. 19 Rn. 5), kann bezweifelt werden; zum Ende der Ansprüche vgl. Art. 24 VI AbgG.

[2] *Schweiger,* in: Nawiasky/Schweiger/Knöpfle, Art. 19 Rn. 4 a. E.

[3] Vgl. VerfGH 8, 91 (106). Nicht unproblematisch daher die Einlassung von *Schweiger,* in: Nawiasky/Schweiger/Knöpfle, Art. 19 Rn. 2, 4, die Verlustgründe des Art. 19 seien nicht erschöpfend; s. a. *Meder,* Art. 19 Rn. 5 f.; wie hier: ThürVerfGH LKV 2000, 441.

[4] Eine Rechtfertigung durch Güter mit Verfassungsrang verlangt (selbst für das Bundesrecht) zu Recht *Trute,* in: v. Münch/Kunig, Art. 38 Rn. 81.

2. Entstehung

2 Die Vorschrift wurde unverändert und ohne große Diskussion im VA[5] aus Art. 15 VE und E übernommen und seither nicht abgeändert.

3. Verhältnis zum Grundgesetz

3 Das GG enthält einzelne Durchgriffsregelungen zum Landtagsmandat (Art. 55 I, 94 I 3, 137 I GG), die in den Ländern unmittelbar gelten und zu Art. 19 BV sachlich hinzutreten. Ansonsten gilt allein die Homogenitätsvorgabe des Art. 28 I 1 und 2 GG, die durch Art. 19 BV gewahrt wird. Eine dem Art. 19 BV vergleichbare Parallelregelung zum Verlust des Bundestagsmandats enthält das GG nicht (sehr wohl jedoch kennt das einfache Bundesrecht vergleichbare Verlustgründe, siehe § 46 BWG; Art. 41 GG dagegen betrifft allein die Zuständigkeit für die Prüfung eines Mandatsverlusts, was aber immerhin impliziert, dass es legitime Verlustgründe geben kann).[6] Der Landesverfassung steht es frei, anders als das Bundesrecht Verlustgründe auf Verfassungsebene festzuschreiben, und sie kann in den Grenzen des Art. 28 I 1 und 2 GG auch Verlustgründe vorsehen, die das Bundesrecht nicht kennt (z. B. eine Abgeordnetenanklage, z. B. Art. 17 III NdsVerf, zu den Folgen von Art. 61 BV unten Rn. 10).

II. Einzelkommentierung

4 *Verzicht (Art. 56 I Nr. 4, II LWG).*[7] Die Möglichkeit eines freiwilligen **Verzichts** ist Ausfluss der Gewährleistung des freien Mandats (Art. 13 II, siehe dort). Diese Verankerung im *freien* Mandat zeigt zugleich die Grenzen eines zulässigen Mandatsverzichts auf: Unzulässig und unwirksam ist der unfreiwillige, d. h. unter Druck und Zwang abgegebene oder durch Dritte (z. B. die Partei) bindend vorgegebene Mandatsverzicht; auch Blankoverzichtserklärungen, Zahlungsversprechungen oder ein sanktioniertes Rotationsprinzip[8] sind verfassungswidrig. Der Verzicht muss ausdrücklich und höchstpersönlich erklärt werden; er darf um der Eindeutigkeit willen an eine bestimmte Form gebunden werden (Art. 56 II 1 LWG). Die Verzichtserklärung darf nicht an Bedingungen und Vorbehalte geknüpft werden; üblich und zulässig ist indes eine zeitliche Bestimmung des Ausscheidens.[9] Die Verzichtserklärung ist unwiderruflich (Art. 56 II 2 LWG) und nicht anfechtbar; zulässig ist es, die Wirksamkeit des Ausscheidens an die sachliche Prüfung und förmliche Feststellung des Landtagspräsidenten (Art. 56 II 3 LWG) oder des Landtags zu binden.

5 *Ungültigkeitserklärung der Wahl (hierzu: Art. 55 I Nr. 1 LWG).* Diese Alternative bezieht sich auf die Feststellung der **Ungültigkeit der Wahl** in einem Wahl- oder Stimmkreis im Rahmen des Wahlprüfungsverfahrens. Die vom Gesetz (Art. 55 I Nr. 1 LWG) hinzugesetzte Alternative „sonstiges Ausscheiden beim Wahlprüfungsverfahren" meint Fälle der Berichtigung des Wahlergebnisses ohne Ungültigkeitserklärung; ob diese Variante – verfassungsrechtlich betrachtet – zur Alternative „Ungültigkeit" oder „nachträgliche Änderung des Wahlergebnisses" des Art. 19 BV gehört, ist letztlich ohne Belang. Die gesetzliche Einschränkung auf „unanfechtbare" Ungültigkeitserklärungen hängt mit der Einführung der Figur des „Ruhens der Mitgliedschaft" (Art. 57 LWG) zusammen (Rn. 11). Über den Verlust der Mitgliedschaft nach Art. 55 I Nr. 1 LWG beschließt der Landtag (Abs. 3); hiergegen kann der Verfassungsgerichtshof angerufen werden (Art. 33 S. 3, 63 BV, Art. 48

---

⁵ Prot. I, S. 105.

⁶ Zum Bundesrecht siehe *Klein,* in: Maunz/Dürig, Art. 41 Rn. 131 ff.

⁷ Zum Folgenden (soweit nicht gesondert nachgewiesen): *Wagner,* in: Grimm/Caesar, RhPfVerf, Kommentierung zu Art. 81; *Neumann,* Verfassung der Freien Hansestadt Bremen, Art. 80.

⁸ NdsStGH NJW 1985, 2319; zum Meinungsstand m. w. N.: *Trute,* in: v. Münch/Kunig, Art. 38 Rn. 85.

⁹ *Meder,* Art. 19 Rn. 1; zweifelhaft: *Schweiger,* in: Nawiasky/Schweiger/Knöpfle, Art. 19 Rn. 3.

VfGHG; inwieweit diesen Entscheidungen feststellende oder rechtsgestaltende Wirkung zukommt, ist umstritten[10]).

Nachträgliche Änderung des Wahlergebnisses (hierzu: Art. 56 I Nr. 2 LWG). Das LWG rechnet **6** zu dieser Alternative die Fälle der **Nachwahl und der Wiederholungswahl** (Art. 54, 55 LWG); zu sonstigen Berichtigungen im Rahmen des Wahlprüfungsverfahrens siehe vorige Randnummer (vom Gesetzgeber Art. 56 I Nr. 1 LWG zugeordnet). Beschluss und Anrufung des VerfGH wie vorige Randnummer.

Verlust der Wahlfähigkeit (hierzu: Art. 56 I Nr. 3 LWG). Gemeint ist im Kontext des Art. 19 **7** der **Verlust der Wählbarkeit;** einschlägig sind die Voraussetzungen und Ausschlussgründe Art. 1, 2 LWG[11]. Beschluss des Landtags und Anrufung des VerfGH wie Rn. 5.

Parteibezogene Verlustgründe?[12] Ausschluss oder Austritt aus Partei oder Fraktion lassen den **8** Bestand des Mandats unberührt. Hingegen führt ein **Parteiverbot** (Art. 21 II GG) nach der Rspr. des BVerfG[13] zum Mandatsverlust (dazu: Art. 59 LWG); es handelt sich hierbei um einen zu Art. 19 BV hinzutretenden, in Art. 21 II GG verankerten Verlustgrund.

Inkompatibilitäten. BV und GG statuieren einige Fälle der **Unvereinbarkeit** eines be- **9** stimmten Amtes mit einem Landtagsmandat, die mit Annahme des Amtes unmittelbar zum Erlöschen der Mitgliedschaft im Landtag führen (Mitglied des VerfGH, Art. 68 III BV, Art. 5 II VfGHG[14]; Bundespräsident, Art. 55 I GG; Mitglied des BVerfG, Art. 94 I 3 GG).[15] Miteinander vereinbar sind die Mitgliedschaft in Landtag und Bundestag sowie in Landtag und Staatsregierung.[16] Die auf der Basis des Art. 137 I GG aus Gewaltenteilungsgründen statuierten und insoweit auch durch Art. 5 BV gerechtfertigten[17] Inkompatibilitätsregelungen für Angehörige des öffentlichen Dienstes (Art. 29 ff. AbgG) führen nicht zum Mandatsverlust, sondern zum Ruhen des öffentlichen Dienstverhältnisses, bzw. zur Entlassung aus ihm, soweit der Abgeordnete nicht freiwillig auf sein Mandat verzichtet. Inkompatibilitätsregelungen, auch bzgl. Führungspositionen in Wirtschaft und Verbänden, wären mit dem verfassungsrechtlichen Abgeordnetenstatus nicht vereinbar (siehe schon Art. 13, Rn. 11)[18].

Abgeordnetenanklage (Art. 61 III). Die Konsequenzen einer Verurteilung im Rahmen der **10** **Abgeordnetenanklage** (Art. 61 III BV, Art. 44 VfGHG) sind nach wie vor[19] unklar geregelt. Nach Sinn und Zweck der Vorschrift und in einer mit der Entstehungsgeschichte vereinbarten Weise dürfte es zulässig sein, den Verlust des Mandats als Konsequenz einer Verurteilung gesetzlich anzuordnen, auch wenn dies weder in Art. 19 noch in Art. 61 III ausdrücklich vorgesehen ist. Andererseits lassen das VfGHG und das LWG eine derartige Anordnung vermissen. Sollte selbst die Verurteilung nicht zum Verlust des Mandats führen, kann es nicht zulässig sein, bereits während des Verfahrens das Ruhen des Mandats anzuordnen (so der insoweit problematische Art. 57 I Nr. 1 LWG).

Ruhen der Mitgliedschaft und Mandatsverlust durch Wegfall der Gründe für die Berufung als Listen- **11** *nachfolger (Art. 56 I Nr. 5; 57 LWG).* Art. 57 LWG hat für die Zeit bis zur Unanfechtbarkeit von Wahlprüfungsentscheidungen und während laufender verfassungsgerichtlicher Ver-

---

[10] Für allein feststellende Wirkung wegen des Wortlauts des Art. 33 S. 3 („verloren hat"): *Schweiger,* in: Nawiasky/Schweiger/Knöpfle, Art. 19 Rn. 3; *Meder,* Art. 33 Rn. 1 a); offen gelassen in BVerfGE 56, 396 (402 f.); für rechtsgestaltende Wirkung VerfGH 1, 1. Die Formulierung des Art. 33 S. 3 BV lässt sich mit einem vorangegangenen rechtsgestaltenden Akt des Landtags (Art. 56 III LWG) sehr wohl vereinbaren. Die Streitfrage wird durch die Figur des Ruhens der Mitgliedschaft (Art. 57 LWG, siehe unten Rn. 11) während der verfassungsgerichtlichen Klärung entschärft und überlagert.

[11] Vgl. BVerfGE 5, 2.

[12] *Klein,* in: HdbStR, § 51 Rn. 19, 20 m. w. N.

[13] BVerfGE 2, 1; VerfGH 11, 164.

[14] Art. 5 II VfGHG dehnt den Anwendungsbereich des Art. 68 III BV aus, setzt also voraus, dass dieser nicht abschließend ist; vgl. *Meder,* Art. 68 Rn. 6.

[15] *Schweiger,* in: Nawiasky/Schweiger/Knöpfle, Art. 19 Rn. 4.

[16] *Klein,* in: Maunz/Dürig, Art. 41 Rn. 134; siehe schon Art. 13 Rn. 11.

[17] VerfGH 23, 32 (38).

[18] VerfGH 58, 113 (124 ff).

[19] Trotz der eingehenden Darlegung in *Schweiger,* in: Nawiasky/Schweiger/Knöpfle, Art. 19 Rn. 5.

fahren die Figur des **Ruhens der Mitgliedschaft** eingeführt. Dies ist verfassungsrechtlich unbedenklich[20], soweit es sich nicht um zu Art. 19 hinzutretende, neue Ruhensgründe handelt, sondern das Ruhen bis zum Abschluss der verfassungsgerichtlichen Prüfung gleichsam nur als Minus zu einem nach der Verfassung auch sogleich möglichen oder sogar vorgesehenen Verlust des Mandats angeordnet wird[21] (Art. 57 I Nr. 2 und 4 LWG) oder aber auf einer prozessualen Befugnis des VerfGH beruht (Art. 57 I Nr. 3 LWG); zum nicht unproblematischen Art. 57 I Nr. 1 LWG siehe vorige Rn. Der in Art. 56 I Nr. 5 LWG scheinbar zusätzlich zu den Gründen des Art. 19 BV vorgesehene Verlustgrund „Wegfall der Gründe für die Berufung als Listennachfolger" ist zwangsläufige Konsequenz der Einführung der Figur eines vorübergehenden Ruhens der Mitgliedschaft und insoweit wie diese verfassungsrechtlich zulässig. Unzulässig wäre ein Ruhen der Mitgliedschaft für die Zeit der Mitgliedschaft in der Staatsregierung.[22] Einem Ausschluss des Abgeordneten von einer oder mehreren Sitzungen als Ordnungsmaßnahme nach Maßgabe der GeschOLT (§§ 117 ff.) steht Art. 19 nicht entgegen.[23]

Art. 20 [Präsidium, Geschäftsordnung]

(1) Der Landtag wählt aus seiner Mitte ein Präsidium, bestehend aus einem Präsidenten, dessen Stellvertretern und den Schriftführern.
(2) Zwischen zwei Tagungen führt das Präsidium die laufenden Geschäfte des Landtags fort.
(3) Der Landtag gibt sich eine Geschäftsordnung.

Parallelvorschriften im GG und anderen Landesverfassungen: Art. 40 I GG; Art. 32 I BaWüVerf; Art. 41 Berl-Verf; Art. 68 f. BbgVerf; Art. 86, 106 BremVerf; Art. 18 I HmbVerf; Art. 84 f., 99 HessVerf; Art. 29 I M-VVerf; Art. 18 I, 21 I NdsVerf; Art. 38 I NRWVerf; Art. 85 I, II RhPfVerf; Art. 70 SaarlVerf; Art. 46 f. SächsVerf; Art. 46, 49 VerfLSA; Art. 14 I, II SchlHVerf; Art. 57 ThürVerf.

Rechtsprechung: BVerfGE 1, 144; 44, 308; 70, 324; 80, 188; 84, 304; VerfGH 8, 91; 10, 20; 29, 62; 41, 124; 46, 176; 55, 28.

Literatur: Bollmann, Verfassungsrechtliche Grundlagen und allgemeine verfassungsrechtliche Grenzen des Selbstorganisationsrechts des Deutschen Bundestages, 1991; *Klein,* Kommentierung zu Art. 40 GG, in: Maunz/Dürig; *Köhler,* Die Rechtsstellung der Parlamentspräsidenten in den Ländern der Bundesrepublik Deutschland und ihre Aufgaben im parlamentarischen Geschäftsgang, 2000; *Köhler,* Die staatsrechtliche Stellung des Präsidenten des Bayerischen Landtags, BayVBl. 1988, 33; *Schneider/Zeh (Hrsg.),* Parlamentsrecht und Parlamentspraxis, 1989, darin: *Kretschmer,* Geschäftsordnungen deutscher Volksvertretungen, § 9; *Pietzcker,* Schichten des Parlamentsrechts: Verfassung, Gesetze und Geschäftsordnung, § 10; *Bücker,* Präsident und Präsidium, § 27, *Jekewitz,* Politische Bedeutung, Rechtsstellung und Verfahren der Bundestagsfraktion, § 37; *Zeh,* Das Ausschusssystem im deutschen Bundestag, § 39.

---

[20] Zu vorsichtig: *Schweiger,* in: Nawiasky/Schweiger/Knöpfle, Art. 19 Rn. 2.
[21] Siehe oben Fn. 10. Je nach Ansicht stellt der VerfGH den bereits eingetretenen Verlust nur fest oder aber ist es wenigstens zulässig, dass der Landtag eine konstitutive (wenn auch überprüfbare) Verlustentscheidung trifft (vgl. VerfGH 1, 1).
[22] *Klein,* in: HdbStR § 51 Rn. 21; HessStGH ESVGH 27, 193.
[23] VerfGH 8, 91 (105 f.).

I. Allgemeines

1. Bedeutung

Die Regelungen des Art. 20 zur Wahl des Präsidiums (Abs. 1) und zum Recht des Land- **1** tags, sich eine Geschäftsordnung zu geben (Abs. 3), sind zentraler verfassungsrechtlicher Ausdruck der sog. **Parlamentsautonomie.** Diese – v. a. das Verhältnis zur Exekutive betreffende – Autonomie, im Konstitutionalismus der monarchischen Regierung erst nach und nach abgerungen, hat auch in der gewaltenteiligen Ordnung des parlamentarischen Regierungssystems Bedeutung. Das vor allem in der Geschäftsordnungsautonomie des Abs. 3 verankerte, aber auch im Recht zur Wahl eigener Organe (Abs. 1) exemplarisch ausgedrückte sog. **Selbstorganisationsrecht des Landtags** gibt ihm das Recht, in den Grenzen der Verfassung seine interne Organisation und sein Verfahren (Geschäftsgang) autonom zu regeln (Organisations- und Verfahrensautonomie). Art. 20 weist insoweit einen engen Zusammenhang zum Selbstversammlungs- und Selbstauflösungsrecht der Art. 17 f. sowie zur Verwaltungsautonomie des Art. 21 II auf. Das auf die interne Organisation und Verfahrensgestaltung bezogene, d. h. innenrechtlich ausgerichtete Selbstorganisationsrecht, wird nach außen flankiert durch Sicherungsvorkehrungen zur räumlichen (Hausrecht, Polizeigewalt, Art. 21 I) und personellen (Art. 27 bis 33) Integrität des Landtags.[1]

2. Entstehung

Der seither nicht veränderte Art. 20 geht auf den wortgleichen Art. 16 E zurück.[2] **2**

3. Verhältnis zum Grundgesetz

Art. 20 stimmt in der Sache mit seinem auf den Bundestag bezogenen (auf den Landtag **3** nicht unmittelbar anwendbaren) Pendant (Art. 40 I GG) weitgehend überein.[3] Der Rahmen des Art. 28 I 1 und 2 GG ist unzweifelhaft eingehalten.

II. Einzelkommentierung

1. Das Präsidium (Abs. 1 und 2)

Verfassungsvorgaben und Geschäftsordnungsautonomie. Art. 20 I berechtigt und verpflichtet **4** den Landtag, aus seiner Mitte ein **Präsidium** zu wählen; hierzu wird bestimmt, dass dieses aus einem Präsidenten, dessen Stellvertretern und den Schriftführern besteht; außerdem wird dem Präsidium die Aufgabe des Art. 20 II zugewiesen. Bezüglich alles Weiteren ist der Landtag – im Rahmen vereinzelter sonstiger Verfassungsvorgaben (z. B. zu den Aufgaben des Landtagspräsidenten in Art. 17 II, 18 II, 21) – frei, die nähere Art und Weise der Wahl, die genauere zahlenmäßige Zusammensetzung sowie die Aufgaben und Befugnisse des Präsidiums und seiner Mitglieder sowie dessen Ergänzung um weitere Organe (z. B. Ältestenrat) in der Geschäftsordnung zu regeln (zum Präsidium siehe insbesondere die §§ 7 ff. GeschOLT).[4]

Wahl, Zusammensetzung. Das in §§ 7, 8 GeschOLT geregelte Wahlverfahren, das jeweils **5** gesonderte Wahlgänge für den Präsidenten und die zwei Vizepräsidenten auf der Basis eines Vorschlags der nach dem d'Hondtschen Verfahren jeweils zum Zuge kommenden Fraktion vorsieht, dürfte sicherstellen, dass dem (verfassungsrechtlich allerdings nicht zwingenden) parlamentarischen Brauch Rechnung getragen wird, dass der Landtagspräsident von der stärksten Fraktion gestellt wird.[5] Wird der von einer Fraktion Vorge-

---

[1] *Magiera,* in: Sachs, Art. 40 Rn. 1; *Klein,* in: Maunz/Dürig, Art. 40 Rn. 18, 31 ff.; BVerfGE 70, 324 (360 f.); 102, 224 (235 ff.).

[2] Prot. I, S. 108.

[3] Von der wenig praxisrelevanten Regelung zur Zeit zwischen zwei Tagungen abgesehen, siehe Art. 17.

[4] Vgl. *Klein,* in: Maunz/Dürig, Art. 40 Rn. 87.

[5] Aufgrund Änderung des § 8 GeschOLT insoweit überholt: *Köhler,* BayVBl. 1988, 33.

schlagene nicht mit der nötigen Mehrheit der abgegebenen gültigen Stimmen gewählt, wird man ein erneutes Vorschlagsrecht der Fraktion annehmen müssen; ein rechtlicher Zwang zur Wahl eines bestimmten Kandidaten besteht nicht, solange die Zusammensetzung nach dem d'Hondtschen Verfahren nur beachtet wird[6] (auch sie freilich könnte durch Änderung der Geschäfsordnung modifiziert werden). Hinsichtlich der weiteren Mitglieder des Präsidiums, den grundsätzlich sieben Schriftführern (die nicht in gesonderten Wahlgängen zu wählen sind), wird die Besetzung nach dem d'Hondtschen Verfahren (auf Vorschlag der Fraktionen) fortgesetzt; Fraktionen, auf die nach diesem Verfahren kein Sitz entfällt, erhalten einen zusätzlichen Schriftführersitz im Präsidium (§ 7 S. 3 GeschOLT). Einen Anspruch auf (mindestens) einen Vizepräsidenten für jede Fraktion (so für den Bundestag § 2 I 2 GO BT) wird man, zumal in Bayern auch die Schriftführer zum Präsidium zählen, aus dem Grundsatz der Wahl- und Abgeordnetengleichheit nicht ableiten können.[7] Die Mitglieder des Präsidiums werden für die gesamte Dauer der Wahlperiode gewählt, können – anders als auf Bundesebene[8] – vom Fall des Art. 44 V 3 abgesehen – jedoch jederzeit vom Landtag abberufen werden (§ 8 I 1, II GeschOLT).

6   *Aufgaben.* Ausdrücklich regelt Art. 20 II die Aufgabe des Präsidiums zur Führung der laufenden Geschäfte zwischen zwei Tagungen. Im Gegensatz zu den politischen Aufgaben des Zwischenausschusses (Art. 26) geht es hierbei um die laufenden Verwaltungsgeschäfte.[9] Wegen der in der Praxis permanenten Tagung des Landtags (vgl. Art. 17, Rn. 1, 4) spielt dieses Recht vor allem in der Zeit zwischen dem Tagungsende des alten und dem Zusammentritt des neuen Landtags eine Rolle, für die Art. 20 II ebenfalls gilt[10]; auch dass der neue Landtag zu seiner konstituierenden Sitzung noch vom alten Landtagspräsidenten geladen wird (§ 2 I 1 GeschOLT; siehe Art. 16 Rn. 8), ist folgerichtiger Ausfluss der bis zum Zusammentritt des neuen Landtags dauernden Zuständigkeit des alten Präsidiums. Nach § 9 I 1 GeschOLT ist das Präsidium Beratungs-, Kontroll- und Beschlussorgan in Verwaltungsangelegenheiten des Landtags.[11] Die Aufgaben des Landtagspräsidenten sind nicht in Art. 20, sondern an anderer Stelle in der Verfassung (z. B. Art. 17 II, 21) sowie ansonsten in der GeschOLT (§ 11: Sitzungsleitung etc.) geregelt (vgl. Art. 21); dem Landtagspräsidenten kommt nach der BV sowohl die Stellung eines für den Landtag handelnden Unterorgans desselben als auch in bestimmten Fällen die Stellung eines selbständigen Staatsorgans zu.[12] Zur Stellvertretung durch die Vizepräsidenten vgl. § 12 GeschOLT; die Schriftführer unterstützen den Präsidenten in der Vollversammlung (§ 13 GeschOLT).

2. Die Geschäftsordnung (Abs. 3)

7   *Rechtsnatur, Rechtswirkungen, Rechtsschutz.* Die rechtliche Einordnung der parlamentarischen Geschäftsordnungen ist nach wie vor unsicher.[13] Die weit verbreitete und auch vom VerfGH[14] vertretene Einstufung als „autonome Satzung" ist nicht falsch, aber doch insofern in hohem Maße missverständlich, als Verwechslungen mit den – ganz andersartigen (nämlich außenrechtlichen) – Satzungen rechtsfähiger Selbstverwaltungskörperschaften auf-

---

[6] Vgl. § 2 GO BT sowie den 2005 gescheiterten Versuch der Linkspartei, ihren Vorsitzenden Lothar Bisky als Bundestagsvizepräsidenten durchzusetzen.

[7] Allgemein zum Anspruch der Fraktionen auf Vertretensein in Landtagsgremien: VerfGH 41, 124; 55, 28. Maßgebliche Bezugsgröße des Vertretenseins ist bei Art. 10 I das Präsidium, in dem in der Tat alle Fraktionen vertreten sind.

[8] *Klein,* in: Maunz/Dürig, Art. 40 Rn. 91.

[9] *Meder,* Art. 20 Rn. 2.

[10] *Schweiger,* in: Nawiasky/Schweiger/Knöpfle, Art. 20 Rn. 4.

[11] Zu den Aufgaben siehe *Schweiger,* in: Nawiasky/Schweiger/Knöpfle, Art. 20 Rn. 5.

[12] *Köhler,* BayVBl. 1988, 33 ff.

[13] *Klein,* in: Maunz/Dürig, Art. 40, Rn. 58 ff.; *Meder,* Art. 20 Rn. 3.

[14] VerfGH 8, 91 (97); 29, 62 (82).

grund verliehener Satzungsautonomie geradezu heraufbeschworen werden. Noch die größten Ähnlichkeiten hinsichtlich Wirkungsweise und Bindungskraft bestehen im Ergebnis zur Normkategorie der sog. Verwaltungsvorschriften, obwohl parlamentarische Geschäftsordnungen – die vom Parlament für das Parlament und gerade nicht von der Exekutive für die Exekutive erlassen werden – natürlich keine „Verwaltungs"-Vorschriften sein können (die Geschäftsordnungen kollegialer Exekutivorgane dagegen kann man durchaus als besondere Form der innenrechtlichen Verwaltungsvorschrift bezeichnen)[15]. Es bleibt wohl nur, die Geschäftsordnung als Norm/Verfassungssatzung eigener Art zu begreifen,[16] deren Wirkungsweise und Bindungskraft eine gewisse Nähe zu dem von der Verwaltungsvorschrift her Bekannten aufweist: Dies gilt erstens für die **innenrechtliche Natur** der Geschäftsordnung („gibt *sich* eine Geschäftsordnung"[17]), die aus einer originären Kompetenz zur organisatorischen und verfahrensmäßigen Selbstregelung des eigenen Innenbereichs entspringt, im Gegenzug aber ihren Rechtswirkungen nach auch auf diesen Innenbereich autonomer Selbststeuerung begrenzt bleibt. Fehlende Außenwirkung bedeutet, dass Rechte und Pflichten Dritter durch die Geschäftsordnung nicht begründet werden können[18]; soweit Geschäftsordnungen gleichwohl das Rechtsverhältnis zu Dritten (etwa zur Staatsregierung, z. B. § 176 GeschOLT) thematisieren, können sie allenfalls Pflichten konkretisieren, die sich ohnehin aus der allgemeinverbindlichen Verfassung ergeben (z. B. Art. 24 I BV), oder aber rein interne Vorfragen (Art der Antragstellung etc.) regeln.[19] Fehlende Außenwirkung heißt auch, dass die Verletzung von Geschäftsordnungsvorschriften als solche nicht die Unwirksamkeit eines Parlamentsbeschlusses nach außen zur Folge haben kann; nur soweit sich die Verletzung auf eine Anforderung bezieht, die bereits durch einen Außenrechtssatz (z. B. eine Verfassungsbestimmung, die von der Geschäftsordnung konkretisiert wird) zwingend verlangt wird, kann die Verletzung auf die Wirksamkeit des Parlamentsbeschlusses durchschlagen.[20] Ähnlich wie Verwaltungsvorschriften sind parlamentarische Geschäftsordnungen zweitens, soweit ihre Interpretation vor Gericht Bedeutung erlangt – anders als allgemeinverbindliche Außenrechtssätze –, keiner objektiven Auslegung durch den Richter zugänglich; dem internen, nur für den eigenen Gebrauch gedachten Charakter entspricht vielmehr eine **subjektive Auslegung,** die zuallererst diejenige Bedeutung als maßgeblich zugrundelegt, die dem Innenrechtssatz in der Parlamentstradition und -praxis tatsächlich beigemessen wird.[21] Der Verwaltungsvorschrift ähnlich kommt der Geschäftsordnung im Verhältnis zum verbindlichen Außenrechtssatz schließlich eine verminderte, **flexiblere Bindungskraft** zu: Der Landtag kann jederzeit, auch ohne die Geschäftsordnung im Allgemeinen ändern zu müssen, im Einzelfall von ihr abweichen, sofern nicht eine Fraktion oder 20 Mitglieder des Landtags widersprechen (§ 193 GeschOLT). Für die praxisrelevante Frage des verfassungsgerichtlichen **Rechtsschutzes** gegen Geschäftsordnungsbestimmungen ist freilich weniger die exakte dogmatische Erfassung ihrer Rechtsnatur als die pragmatische Überlegung maßgeblich, dass Rechtsschutz gegeben sein muss, soweit durch Geschäftsordnungsbestimmungen subjektive verfassungsmäßige Rechte berührt sein können. Dass aber durch Geschäftsordnungen, soweit ihre innenrechtliche Wirkung reicht, verfassungsrecht-

---

[15] *Möstl,* in: Erichsen/Ehlers, Allgemeines Verwaltungsrecht, 13. Aufl., § 18, Rn. 13; zu den Verwaltungsvorschriften allgemein: § 19, Rn. 16 ff.

[16] *Klein,* in: Maunz/Dürig, Art. 40 Rn. 61.

[17] *Menzel,* in: Löwer/Tettinger, NRW Verf, Art. 38 Rn. 7.

[18] VerfGH 8, 91 (100).

[19] Anderes gilt für Dritte, die sich kraft eigenen Rechts oder auf Einladung des Parlaments am parlamentarischen Verfahren (als Redner, Mitglied von Enquete-Kommissionen, Zuhörer etc.) beteiligen und insoweit an die parlamentarischen Verfahrensregeln gebunden werden können; so zu Recht *Klein,* in: Maunz/Dürig, Art. 40 Rn. 71.

[20] VerfGH 35, 148 (162).

[21] *Schweiger,* in: Nawiasky/Schweiger/Knöpfle, Art. 20 Rn. 15; notwendig werden kann jedoch eine verfassungskonforme Auslegung, die die äußeren Grenzen des außenwirksamen Verfassungsrechts zur Geltung bringt, vgl. VerfGH 41, 124 (134). Zur Handhabung der Auslegungsautonomie in der Parlamentspraxis siehe §§ 194 f. GeschOLT.

liche Rechtspositionen von am Parlamentsleben Beteiligten (namentlich der Abgeordneten und Fraktionen etc.) berührt sein können, kann nicht zweifelhaft sein, so dass die Möglichkeit verfassungsgerichtlichen Rechtsschutzes gegen Geschäftsordnungsvorschriften bei aller Unsicherheit ihrer dogmatischen Einordnung auch als anerkannt gelten kann. In Betracht kommt insbesondere Rechtsschutz im Rahmen des Organstreitverfahrens nach Art. 64 BV, der sich sowohl direkt wie inzident gegen eine Geschäftsordnungsvorschrift richten kann (ggf. muss die Frage der Verfassungsmäßigkeit der Norm hierbei dem Berufsrichtersenat nach Art. 68 II b BV vorgelegt oder unmittelbar bei ihm anhängig gemacht werden).[22] Auch eine Popularklage (Art. 98 S. 4) ist als zulässig angesehen worden[23], was insofern als problematisch erscheint, als im organschaftlichen (internen) Rechtsverhältnis (das allein durch die Geschäftsordnung geregelt werden kann) Grundrechte regelmäßig nicht entscheidungserheblich sein dürften.

8   *Erlass.* Aus der Formulierung des Art. 20 III, aber auch aus der praktischen Unerlässlichkeit einer näheren Regelung des parlamentarischen Geschäftsgangs, wird man schließen können, dass der Landtag zum Erlass einer Geschäftsordnung verfassungsrechtlich verpflichtet ist.[24] Für das Beschlussverfahren gelten von Verfassungs wegen allein die allgemeinen Regeln des Art. 23. Nach dem Grundsatz der Diskontinuität (Art. 16 Rn. 6) muss sich jeder Landtag eine neue Geschäftsordnung geben; die (auch stillschweigende[25]) Übernahme der alten Geschäftsordnung wird jedoch als zulässig angesehen; nach § 2 IV GeschOLT stellt der Landtag in seiner konstituierenden Sitzung fest, ob und in welchem Umfang die Geschäftsordnung der vorausgegangenen Legislaturperiode übernommen wird. Aufgrund ihrer innenrechtlichen Natur bedarf die Geschäftsordnung zwar der Bekanntmachung an die Mitglieder des Landtags, nicht aber einer Verkündung in der für Gesetze vorgesehenen Form (Art. 76)[26]; eine Bekanntmachung im Gesetz- und Verordnungsblatt ist gleichwohl üblich.[27] Die Geschäftsordnung kann jederzeit durch Parlamentsbeschluss geändert werden[28]; zu Abweichungen im Einzelfall siehe die vorige Rn. Auch die Technik probeweiser, zunächst nicht in den Geschäftsordnungstext eingearbeiteter Ergänzungen und Modifikationen ist zulässig[29].

9   *Geschäftsordnung, Gesetz, Verfassung.* Die Frage, in welchem Maße die Geschäftsordnung und das Gesetz austauschbare Instrumente zur Regelung parlamentsrechtlicher Fragen sind (Wahlrecht?), ist nach wie vor umstritten.[30] Dem Gesetz vorbehalten sind zweifellos echte Außenrechtsbeziehungen zu Dritten, aber auch die grundlegenden Statusfragen zu Amt und Mandat des Abgeordneten[31]. Aus der Kompetenzzuweisung des Art. 20 III an den Landtag folgt andererseits auch ein – allerdings schwer bestimmbarer – Kernbereich der Geschäftsordnung vorbehaltener interner Organisations- und Verfahrensfragen. Ansonsten aber wird man ein begrenztes Wahlrecht anerkennen müssen, Fragen, die in der Geschäftsordnung regelbar wären, etwa um der verlässlicheren Bindungskraft und Stetigkeit des Gesetzes willen (keine Abweichungsmöglichkeit wie nach § 193 GeschOLT) einer

---

[22] VerfGH 29, 61 (79 ff.); 41, 124 (133).

[23] VerfGH 8, 91 (101); 29, 62 (82 ff.).

[24] *Klein,* in: Maunz/Dürig, Art. 40 Rn. 39.

[25] Die hierin liegende Abweichung von Art. 23, der gewöhnlich einen ausdrücklichen Beschluss verlangen dürfte (*Menzel,* in: Löwer/Tettinger, NRW Verf, Art. 38 Rn. 8), scheint unausweichlich, soweit nur auf diese Weise der Vorgabe des Art. 20 III, dass eine Geschäftsordnung bestehen muss (siehe soeben), Genüge getan werden kann.

[26] VerfGH 8, 91 (101).

[27] Zuletzt: Bekanntmachung vom 17. 3. 2004 (GVBl. 168).

[28] Zur Frage der Abänderbarkeit durch Ausschussbeschluss: MV VerfG LKV 2001, 510.

[29] Vgl. die ab Januar 2007 probeweise geltenden, von der GeschO abweichenden Regelungen im Plenum.

[30] BVerfGE 70, 324 (360 ff.); *Klein,* in: Maunz/Dürig, Art. 40 Rn. 74 ff.; *Menzel,* in: Löwer/Tettinger, NRW Verf, Art. 38 Rn. 15 ff.

[31] *Badura,* Staatsrecht, E 43; vgl. das Bayerische Abgeordnetengesetz sowie die Regelungen des LWG zu Erwerb und Verlust der Mitgliedschaft.

gesetzlichen Regelung zuzuführen. Zu bedenken ist dabei, dass es der gleiche (und auch nicht etwa durch eine zweite Kammer beeinträchtigte) Landtag ist, der insoweit als Gesetzgeber fungiert, so dass die Einbuße an Parlamentsautonomie nicht nennenswert ins Gewicht fällt. Soweit zulässigerweise ein Gesetz ergangen ist, steht außer Zweifel, dass die Geschäftsordnung an das Gesetz gebunden ist. Die Bindung der Geschäftsordnung an die Verfassung versteht sich von selbst. In diesem Zusammenhang ist von Bedeutung, dass ein Kernbestand an Abgeordneten-/Fraktionsrechten durch die Verfassung selbst garantiert wird; diese Rechte werden nicht erst durch die Geschäftsordnung begründet, sie dürfen von der Geschäftsordnung jedoch, um dem Parlament seine Arbeitsfähigkeit zu erhalten und eine sachgerechte Erfüllung seiner Aufgaben zu ermöglichen, ausgestaltet und beschränkt werden; die Abgeordnetenrechte unterliegen insoweit den vom Parlament kraft seiner Autonomie gesetzten Schranken; eine Unterschreitung der verfassungsrechtlichen Mindestgewährleistung ist jedoch ausgeschlossen (Art. 13 Rn. 12 ff. m.w.N.).

3. Regelungsfelder der Geschäftsordnung, insbesondere die Ausschüsse und die Fraktionen

Allgemeines. Ältestenrat. Die typischen **Regelungsfelder** des parlamentarischen Ge- **10** schäftordnungsrechts sind vielfältig; sie betreffen insbesondere die „Aufbau- und Ablauforganisation" des Landtags, d. h. Organe und Organisationsstrukturen, Geschäftsgang und Verfahren, Sitzungsordnung und Disziplin.[32] Ein in der Verfassung nicht vorgesehenes, in der parlamentarischen Praxis jedoch sehr wichtiges Leitungsgremium ist insbesondere der **Ältestenrat** (§§ 14 ff. GeschOLT), der aus dem Präsidenten, den Vizepräsidenten sowie von den Fraktionen benannten Fraktionsvertretern (einer pro angefangener Zahl von je 20 Mitgliedern) besteht. Der Ältestenrat unterstützt den Präsidenten bei der Durchführung der Geschäfte; er ist Beratungs- und Koordinationsorgan in parlamentarischen Angelegenheiten; er beschließt insbesondere über Sitzungsplan, Tagesordnung und Ablauf der Plenarsitzungen sowie (vorbehaltlich der Genehmigung der Vollversammlung) über die Verteilung der Ausschusssitze und die Stellen der Ausschussvorsitzenden und ihrer Stellvertreter auf die Fraktionen. Der Ältestenrat ist jedoch kein in der Verfassung (im Sinne des Art. 64) mit eigenen verfassungsmäßigen Rechten ausgestattetes Organ(teil).[33]

Ausschüsse. Für moderne Arbeitsparlamente typisch ist die Erledigung eines wesent- **11** lichen Teils der parlamentarischen Arbeit in **Ausschüssen.** Die Ausschüsse werden in der BV keiner eigenen Regelung zugeführt, aber doch an verschiedenen Stellen (Art. 22 II, 24, 25) ausdrücklich erwähnt und als selbstverständlich vorausgesetzt; ihre nähere Ausgestaltung obliegt dem Parlament im Rahmen seiner Geschäftsordnungsautonomie. § 23 GeschOLT sieht zwölf ständige Ausschüsse, die Möglichkeit der Schaffung weiterer Ausschüsse sowie die Einsetzung von Unterausschüssen vor. Normalerweise obliegt den Ausschüssen nur die Vorbereitung der von der Vollversammlung zu fassenden Beschlüsse (mittels Beschlussempfehlungen, siehe z. B. §§ 52 I 2 , 150 GeschOLT); eigene Entscheidungsrechte sind dem Petitionsausschuss (Art. 115)[34] sowie in besonderen Fällen auch anderen Ausschüssen (z. B. dem Haushaltsausschuss nach Art. 64 II, 65 VII BayHO) zugewiesen; nicht auf Ausschüsse übertragbar ist aber das Recht zur Gesetzgebung an sich (Art. 70 III). Eine besondere Stellung kommt den Untersuchungsausschüssen zu (Art. 25); der Zwischenausschuss ist nicht bloßes Hilfsorgan des Landtags, sondern selbstständiges Verfassungsorgan (Art. 26); auch für das besonders ausgestaltete Parlamentarische Kontrollgremium nach dem PKKG gelten die Bestimmungen über die Ausschüsse nur insoweit entsprechend, als im Gesetz und in der Geschäftsordnung des PGK nichts anderes bestimmt ist (§ 37 GeschOLT). Die Ausschüsse sind durch ihre Aufgabenstellung in die

---

[32] *Edinger,* in: Grimm/Caesar, RhPFVerf, Art. 85 Rn. 8; *Klein,* in: Maunz/Dürig, Art. 44 Rn. 5; *Menzel,* in: Löwer/Tettinger, NRWVerf, Art. 38 Rn. 6.

[33] *Schweiger,* in: Nawiasky/Schweiger/Knöpfle, Art. 20 Rn. 10.

[34] VerfGH 10, 20.

Repräsentation des Volkes durch das Parlament einbezogen. Deshalb muss grundsätzlich jeder Ausschuss ein verkleinertes Abbild des Parlaments sein (vgl. § 25 II GeschOLT)[35]; verfassungsrechtlich unbedenklich ist das grundsätzliche Benennungs- und Abberufungs- recht der Fraktionen (§ 26 GeschOLT). Da ein wesentlicher Teil der Willensbildung des Parlaments in den Ausschüssen geleistet wird, muss die Repräsentation der Fraktionen und sonstigen Gruppen in die Ausschüsse vorverlagert werden. Grundsätzlich hat daher jede Fraktion das Recht, in jedem Ausschuss vertreten zu sein; Ausnahmen sind nur aus besonderen Gründen, insbesondere aus Gründen des Geheimschutzes, zulässig; Gründe bloßer Arbeitsökonomie reichen nicht[36]. Die in BVerfGE 80, 188 entwickelten Grundsätze für ein Rede- und Antragsrecht (nicht notwendig Stimmrecht) des einzelnen fraktions- losen Abgeordneten in jedenfalls einem Ausschuss (siehe bereits Art. 13, Rn. 13) werden in der GeschOLT nicht ausdrücklich aufgegriffen.[37]

12   *Fraktionen.* Zum Verhältnis von Abgeordneten- und Fraktionsrechten siehe bereits Art. 13 Rn. 7, 12 ff. Den Fraktionsstatus regelt die GeschOLT in § 5; **Fraktionen** sind dem- nach Vereinigungen von Mitgliedern des Landtages einer Partei, welche bei der vorange- gangenen Landtagswahl mindestens fünf Prozent der Gesamtstimmzahl im Land und mindestens fünf Sitze im Landtag erhalten hat; ein Mitglied des Landtags kann nur einer Fraktion angehören. Regelungen zu den Rechten, die den Fraktionen zustehen oder an den Fraktionsstatus geknüpft sind, ziehen sich quer durch die ganze Geschäftsordnung. Die Verfassung selbst dagegen enthält sich ausdrücklicher Bestimmungen dazu, was unter einer Fraktion zu verstehen ist und welche Rechte ihr zukommen (im Gegensatz zu eini- gen anderen, v.a. jüngeren Landesverfassungen[38]; wie hier jedoch das GG). Zwar sind die Fraktionen vom VerfGH, da sie in der Verfassungswirklichkeit das politische Gliederungs- prinzip für die Arbeit des Parlaments und die maßgeblichen Faktoren der parlamentari- schen Willensbildung darstellen, seit langem als notwendige Einrichtungen des Verfas- sungslebens anerkannt; auch wurden sie im Rahmen des Art. 64 – trotz ihrer früheren Nichterwähnung im Verfassungstext – als „in der Verfassung" mit eigenen Rechten ausge- stattete Teile eines obersten Staatsorgans angesehen, die in der Lage sind, vor dem VerfGH eigene Rechte, Rechte des Landtags und u. U. auch Abgeordnetenrechte geltend zu ma- chen.[39] Hinzugekommen ist mittlerweile die Erwähnung der Fraktionen in Art. 16a II, wo indes nicht Begriff und Status der Fraktionen im Allgemeinen, sondern allein der Oppositionsfraktionen im Besonderen geregelt werden (Art. 16a Rn. 6). Zwar wird man sagen können, dass der verfassungsändernde Gesetzgeber dadurch, dass er die Fraktionen in Art. 16a zwar genannt und dennoch weiterhin keiner näheren Begriffs- und Aufgaben- bestimmung zugeführt hat, den vorgefundenen Rechtszustand bis zu einem gewissen Grade akzeptiert hat.[40] Ansonsten jedoch bleibt es dabei, dass die Verfassung den Spielraum des Parlaments, Begriff und Funktionen der Fraktionen im Rahmen seiner Geschäftsord- nungsautonomie näher zu bestimmen, nicht durch ausdrückliche Bestimmungen einen- gen möchte. Maßgeblich sind vielmehr allein die allgemeinen Grenzen, die sich insbeson- dere aus Art. 13 II, d.h. den Abgeordnetenrechten und dem freien und gleichen Mandat des Abgeordneten, ergeben, auf dem das Recht zur Fraktionsbildung gleichermaßen be- ruht, wie sich alle Fraktionsrechte an ihm messen lassen müssen (Art. 13 II als Grund und Grenze des Fraktionsstatus; siehe Art. 13 Rn. 13). Die zur Fraktionsbildung notwendige Zahl an Abgeordneten war nicht immer gleich; der VerfGH hat es akzeptiert, dass aus der

---

[35] BVerfGE 80, 188 LS 4a; zum Verfahren d'Hondt und zum Problem der Überaufrundung (in kommunalrechtlichem Kontext): BayVGH vom 17. 3. 2004, 4 BV 03.1159 und 4 BV 03.117.

[36] VerfGH 41, 124; 55, 28.

[37] Vgl. § 57 II 2 GO BT; in §§ 25 f. GeschOLT fehlt eine entsprechende Regelung; dafür greift aller- dings ein allgemeines beschränktes Anwesenheits- und Rederecht (§ 136 I GeschOLT).

[38] Art. 40 BerlVerf; Art. 67 BbgVerf; Art. 25 M-VVerf; Art. 19 NdsVerf; Art. 85a RhPfVerf; Art. 14 VerfLSA; Art. 58 ThürVerf.

[39] VerfGH 29, 62 (81); 41, 124 (131); 51, 34 (40).

[40] *Pestalozza,* in: Nawiasky/Schweiger/Knöpfle, Art. 16a Rn. 33 ff.

Überwindung der 5%-Hürde noch nicht in jedem Fall die Fraktionsstärke folgt, sondern eine höhere Abgeordnetenzahl verlangt wurde;[41] die jetzt durch § 5 I GeschOLT geforderte Anzahl von 5 (aus 180) Abgeordneten stellt (im Vergleich zur ohnehin zu überwindenden 5%-Klausel) keine relevante zusätzliche Hürde mehr da und ist jedenfalls verfassungsrechtlich unbedenklich. Dass § 5 I GeschOLT nunmehr die gemeinsame Zugehörigkeit zu einer Partei fordert (großzügiger § 10 I GO BT), wird man im Blick auf die notwendige politische Homogenität der Fraktionsarbeit, da die Fraktionen die (wenn auch in die organisierte Staatlichkeit eingefügte und auf der Ausübung des freien Mandats beruhende[42], s. u.) Erscheinungsweise der Parteien im Parlament darstellen[43] und solange nicht auf Besonderheiten bestimmter hinreichend homogener politischer Kräfte (wie die Fraktionsgemeinschaft von CDU und CSU im Bundestag; Parteien im Fusionierungsprozess, z. B. Linkspartei etc.) Rücksicht zu nehmen ist, als prinzipiell verfassungskonform akzeptieren können.[44] Da aus Art. 13 II auch das Recht von Abgeordneten, sich in anderer Weise als in Fraktionen zu gemeinsamer Arbeit zusammenschließen, folgt, müssen bestimmte Rechte – insbesondere hinsichtlich der Ausschussbesetzung – auch anderen **Gruppen** als Fraktionen zustehen;[45] die GeschOLT trägt dem Rechnung (z. B. § 14 II, § 25 II); ob die Einschränkung, dass die Mitglieder der Gruppe der gleichen Partei zugehören müssen, in jedem Falle haltbar ist, scheint indes nicht zweifelsfrei.[46] Auch insoweit ist zu bedenken, dass der Zusammenschluss zu Fraktionen und Gruppen zuallererst auf dem freien Mandat der Abgeordneten beruht, und nicht etwa unmittelbarer und ausschließlicher Ausdruck des (auch in den Ländern unmittelbar geltenden) Art. 21 GG ist.[47] Begriff und Rechtsnatur der Fraktionen werfen nach wie vor ungelöste Fragen aus.[48] Sie sind „dem staats-organschaftlichen Bereich" zugeordnet[49], aber kein Organ des Landtags (da ihr Handeln nicht dem Landtag zugerechnet wird; Art. 1 FraktionsG: „Vereinigung im Landtag").[50] Eine gewisse Klärung (z. B. zur Teilnahme am Rechtsverkehr) bringt das Bayerische Fraktionsgesetz[51]; dort ist auch die Finanzierung der Fraktionen aus staatlichen Zuschüssen zur Deckung ihres allgemeinen Bedarfs geregelt; zum „Oppositionszuschlag" siehe Art. 16 a Rn. 8.

Art. 21 [Aufgaben des Präsidenten]

(1) Der Präsident übt das Hausrecht und die Polizeigewalt im Landtagsgebäude aus.
(2) Er führt die Hausverwaltung, verfügt über die Einnahmen und Ausgaben des Hauses und vertritt den Staat in allen Rechtsgeschäften und Rechtsstreitigkeiten dieser Verwaltung.

Parallelvorschriften im GG und anderen Landesverfassungen: Art. 40 II 1 GG; Art. 32 II, III BaWüVerf; Art. 41 IV, V BerlVerf; Art. 69 IV BbgVerf; Art. 92 BremVerf; Art. 18 II HmbVerf; Art. 86 HessVerf;

---

[41] VerfGH 29, 62; vorsichtiger BVerfGE 84, 304 (324 f.).

[42] BVerfGE 84, 304 (324).

[43] *Badura,* Staatsrecht, E 33.

[44] *Schneider,* in: Grimm/Caesar, RhPFVerf, Art. 85 a Rn. 12; skeptisch *Schweiger,* in: Nawiasky/Schweiger/Knöpfle, Art. 20 Rn. 9; s. a. BbgVerfG NVwZ 1995, 583.

[45] BVerfGE 84, 304.

[46] Vorsichtiger BVerfGE 84, 304 (323) („jedenfalls wenn sie sich wegen gleicher Parteizugehörigkeit oder aufgrund eines Wahlbündnisses zusammengeschlossen haben").

[47] BVerfGE 84, 304 (324); *Magiera,* in: Sachs, Art. 38 Rn. 37 – und zwar ungeachtet des Umstandes, dass die Anerkennung der Fraktionen als notwendige Einrichtung des Verfassungslebens nicht zuletzt aus der Anerkennung der Parteien in Art. 21 GG folgt; vgl. auch VerfGH 29, 62 (87).

[48] *Zeh,* in: HdbStR III, § 52, Rn. 7 ff.

[49] VerfGH 29, 62 (87); BVerfGE 20, 56 (104).

[50] *Schweiger,* in: Nawiasky/Schweiger/Knöpfle, Art. 20 Rn. 9.

[51] Vom 26. 3. 1992, GVBl. S. 39; BayRS 110-2-F), in der Fassung der Gesetze vom 8. 7. 1994 (GVBl. S. 550) und vom 24. Juli 2001 (GVBl. S. 347).

Art. 29 III, V, VI M-VVerf; Art. 18 II, III NdsVerf; Art. 39 NRWVerf; Art. 85 III RhPfVerf; Art. 71 SaarlVerf; Art. 47 III, IV SächsVerf; Art. 49 VerfLSA; Art. 14 III, IV SchlHVerf; Art. 57 III, IV Thür-Verf.

Rechtsprechung: VerfGH 23, 62; VGH 34, 1; StGH BW NJW 1988, 3199.

Literatur: Hemmer, Der Präsident des Landtags Nordrhein-Westfalen, 2000; *Köhler,* Die staatsrechtliche Stellung des Präsidenten des Bayerischen Landtags, BayVBl. 1988, 33; *ders.,* Die Rechtsstellung des Parlamentspräsidenten in den Ländern der Bundesrepublik Deutschland und ihre Aufgaben im Geschäftsgang, 2000; *ders.,* Die Polizeigewalt des Parlamentspräsidenten im deutschen Staatsrecht, DVBl. 1992, 1577; *Richter,* Die Stellung des Bundestagspräsidenten, insbesondere seine Ordnungsgewalt, sein Hausrecht und seine Polizeigewalt, 1954.

Übersicht

I. Allgemeines

1. Bedeutung

1　Art. 21 ist die zentrale Norm der BV zu den Aufgaben und Befugnissen des **Landtagspräsidenten;** ausdrücklich geregelt werden hierbei Aspekte der Sicherung der **räumlichen Integrität** des Landtags (Abs. 1: Hausrecht, Polizeigewalt) sowie Fragen der **Verwaltung und Vertretung** des Landtags (Abs. 2). Die Kompetenzen des Landtagspräsidenten werden in Art. 21 freilich nicht abschließend normiert; hinzu treten Aufgabenzuweisungen durch die Geschäftsordnung des Landtags (Art. 20 III, z. B. die Sitzungs-/Ordnungsgewalt, s. u. Rn. 12) sowie weitere Befugnisse, die bereits durch die Verfassung selbst begründet werden (Art. 17 II, 18 II, 29 II, 33 a III 2, 44 III 4, 44 V). Die Organstellung des Landtagspräsidenten wird in der bayerischen Literatur gerne in **zwei Schichten** unterteilt: Einerseits sei der Präsident selbstständiges, aber der jeweiligen Funktion nach doch ausführendes Unter- und Hilfsorgan des Staatsorgans Landtag (hierzu sollen auch die Befugnisse nach Art. 21 gehören), zum anderen trete er dem Landtag auch als unabhängiges Staatsorgan gegenüber (z. B. bei der Auflösung nach Art. 18 II oder beim Außenvertretungsrecht nach Art. 44 III 4).[1] Diese Einteilung weist zutreffend auf eine gewisse Janusköpfigkeit der staatsrechtlichen Stellung des Landtagspräsidenten hin, darf aber nicht darüber hinwegtäuschen, dass eine trennscharfe Zuordnung zu einem der beiden Bereiche vielfach nicht möglich ist (z. B. hinsichtlich des Einberufungsrechts nach Art. 17 II[2]). Rechtlich relevanter dürfte daher eine Einteilung der Befugnisse des Präsidenten nach dem Kriterium sein, ob ihm diese Befugnisse bereits durch die **Verfassung** selbst zuge-

---

[1] *Köhler,* BayVBl. 1988, 33 (34); *Meder,* Art. 20 Rn. 1; *Schweiger,* in: Nawiasky/Schweiger/Knöpfle, Art. 20 Rn. 2.

[2] Die schon bei *Köhler* (aaO) selbst einerseits als Befugnis eines unabhängigen Staatsorgans gedeutet, dann aber doch unter der Überschrift „Der Landtagspräsident als selbständiges Unterorgan" abgehandelt wird. Zu den diesbezüglichen (strittigen) Abgrenzungsfragen siehe bereits Art. 17, Rn. 5 und 6: Das Einberufungsrecht des Präsidenten kann sowohl Ausdruck des (autonom in der Geschäftsordnung zu regelnden) Selbstversammlungsrechts des Landtags sein, als auch weist es über dieses hinaus und steht dem Präsidenten als eigenes Recht eines insoweit unabhängigen Organs zu.

wiesen sind (und insoweit auch nicht zur Disposition des Landtags stehen) oder aber erst durch die **Geschäftsordnung** begründet werden, d.h. auf dem autonomen Selbstorganisationsrecht des Landtags beruhen. Auch hier freilich ist zuzugeben, dass das Verhältnis von verfassungskräftig zugewiesenen Befugnissen einerseits und Geschäftsordnungsautonomie andererseits nicht immer unproblematisch ist[3]: So folgt aus dem Umstand, dass eine Befugnis bereits durch die Verfassung selbst zugewiesen ist, noch nicht, dass eine nähere Konkretisierung und Ausgestaltung dieser Befugnis (soweit sie zugleich den parlamentarischen Innenbereich berührt) in der Geschäftsordnung von vornherein unzulässig sein müsste (auch zu Art. 21 BV gibt es solche Konkretisierungen, z.B. §§ 11 IV, V, 192 GeschOLT; im Bundesrecht z.B. § 8 II 2 GOBT [Hausordnung] zu Art. 40 II 1 GG [Hausrecht]). Nicht zulässig und möglich kann es hingegen sein, verfassungsrechtlich zugewiesene Rechte im Wege der Geschäftsordnung substantiell zu beschneiden[4]. Je mehr eine Befugnis des Präsidenten den parlamentarischen Innenbereich verlässt und das Außenverhältnis betrifft (z.B. Polizeigewalt, Vertretungsrecht), desto mehr muss sich die Geschäftsordnung als bloßes Innenrecht darauf beschränken, die Befugnis allenfalls deklaratorisch zu wiederholen (vgl. § 11 I GeschOLT). Die Gegensatzpaare „unselbstständiges Hilfsorgan" – „selbstständiges Staatsorgan" bzw. „Befugnisse kraft Geschäftsordnung" – „Befugnisse kraft Verfassung" dürfen nach alledem nicht als im Verhältnis wechselseitiger Ausschließlichkeit und trennscharfer Abgrenzbarkeit stehend missverstanden werden; vielmehr bezeichnen sie äußerste Pole, zwischen denen die Befugnisse des Landtagspräsidenten in unterschiedlicher Weise eingespannt und zu verorten sind.

2. Entstehung

Der bislang unveränderte Art. 21 geht auf Art. 17 VE und E zurück; er erfuhr im VA **2** keine wesentliche Änderung.[5]

3. Verhältnis zum Grundgesetz

Art. 21 I BV entspricht sachlich der Parallelregelung des **Art. 40 II 1 GG,** der freilich al- **3** lein für den Bundestag, nicht für den Landtag gilt. Fragen der Parlamentsverwaltung und -vertretung regelt die BV – wie viele andere Landesverfassungen, jedoch anders als das GG (das diese Fragen der GO BT [§ 7] überlässt) – in den Grundzügen bereits auf Verfassungsebene (Art. 21 II BV). Das Homogenitätsgebot des Art. 28 I GG ist gewahrt.

II. Einzelkommentierung

1. Vorfragen

Zur Wahl, Amtsdauer und Abberufung des Landtagspräsidenten siehe bereits Art. 20, **4** Rn. 5. Zu seiner Entschädigung und Altersentschädigung siehe Art. 5 II, 13 S. 3 AbgG; seine besonderen Funktionen rechtfertigen, ohne dass gegen die Abgeordnetengleichheit verstoßen würde, eine höhere Entschädigung.[6] Besondere (zu den allgemeinen Abgeordnetenregeln, siehe Art. 19, Rn. 9) hinzukommende Inkompatibilitätsvorschriften für den Landtagspräsidenten sieht die BV nicht vor; derartige (praktisch wenig wahrscheinliche) Inkompatibilitäten gleichwohl in die Verfassung hineinzulesen (Verbot der Mitgliedschaft in Staatsregierung, Verbot der Fraktionsführerschaft[7]), begegnet Bedenken und erscheint auch nicht notwendig, weil es der Landtag in der Hand hat, durch seine Wahlentscheidung sowie die Möglichkeit der Abberufung etwaigen Gefährdungen der gebotenen Neutralität

---

[3] Vgl. *Menzel,* in: Löwer/Tettinger, NRW Verf, Art. 39 Rn. 2, 5.

[4] Im Bund ist z.B. die Regelung des § 7 II 2 GOBT, die den Erlass einer Hausordnung trotz des in Art. 40 III 1 GG dem Präsidenten zugewiesenen Hausrechts an das Einvernehmen eines Ausschusses bindet, deswegen problematisch, vgl. *Klein,* in: Maunz/Dürig, Art. 40 Rn. 159.

[5] Prot. I, S. 108 f. Kurze Diskussion zum Vertretungsrecht. „Staat" statt „Land" in Abs. 2.

[6] Hierzu VerfGH 23, 62.

[7] *Köhler,* BayVBl. 1988, 33 (34); *Schweiger,* in: Nawiasky/Schweiger/Knöpfle, Art. 21 Rn. 2.

oder Störungen im gewaltenteiligen Verhältnis vorzubeugen; die Frage mag also getrost dem Selbstorganisationsrecht des Landtags überlassen bleiben (zum Ablehnungsrecht des Landtags siehe Art. 20, Rn. 4). Auch die aus dem repräsentativen Amt sowie seinen Aufgaben (z. B. Ordnungsgewalt) folgende „Pflicht" zur parteipolitisch neutralen Amtsführung sowie zur parteipolitischen Mäßigung auch in der sonstigen politischen Arbeit (die als solche freilich erlaubt bleibt; der Parlamentspräsident ist kein politisches Neutrum!) wird man eher als eine politisch sanktionierte Selbstverständlichkeit als eine rechtlich durchsetzbare Pflicht ansehen müssen.[8] Zur Stellvertretung des Präsidenten siehe Art. 20 I BV, § 12 GeschOLT.

2. Hausrecht (Abs. 1 1. Alt)

5   Das **Hausrecht** bezeichnet die Befugnis, für einen bestimmten räumlichen Herrschaftsbereich darüber zu verfügen, wer in diesen unter welchen Voraussetzungen und Modalitäten eintreten und in ihm verweilen darf. Art. 21 I weist die Ausübung dieses Hausrechts für das Landtagsgebäude dem Landtagspräsidenten zu; Art. 21 I begründet insoweit eine eigene Zuständigkeit des Landtagspräsidenten, der diese nicht etwa für den Landtag (sondern allenfalls für den Rechtsträger Freistaat Bayern) ausübt. Der Parlamentsautonomie ist die Hausrechtsausübung damit von Verfassungs wegen entzogen; der Landtag darf Hausrechtsentscheidungen in ihrer Substanz (zu deklaratorischen Wiederholungen und bloßen Ausgestaltungsregeln in der Geschäftsordnung siehe Rn. 1; § 11 I 2 GeschOLT) nicht an sich ziehen.[9] Das durch Art. 21 I verfassungsunmittelbar zugewiesene Hausrecht schließt selbstverständlich (und ohne dass es hierzu einer Ermächtigung in der Geschäftsordnung bedürfte) das Recht ein, eine Hausordnung zu erlassen;[10] ebenso folgt aus ihm die Befugnis, Hausverbote auszusprechen[11].

6   Hoch umstritten ist allerdings nach wie vor die (privat- oder öffentlich-rechtliche) **Rechtsnatur des Hausrechts;** die Unsicherheiten speziell in Bezug auf das Hausrecht an Parlamentsgebäuden sind hierbei nur ein Teilaspekt der allgemeineren und ihrerseits ungeklärten Frage des Hausrechts an Sachen im Verwaltungsgebrauch.[12] Während die traditionelle und wohl noch herrschende Meinung das Hausrecht als Ausfluss des Eigentums oder des (berechtigten) Besitzes und der zu ihrem Schutz eingeräumten zivilrechtlichen Abwehr- und Selbsthilferechte, d. h. als privatrechtlich einstuft, ist eine andere Ansicht im Vordringen, die das Hausrecht im Lichte des mit ihm verfolgten Zwecks (Sicherung

---

[8] Vgl. *Klein,* in: Maunz/Dürig, Art. 40 Rn. 94 f. Möglich ist auch eine ausdrückliche Regelung in der Geschäftsordnung (vgl. § 7 I 2 GO BT), auf die die GeschOLT allerdings bislang verzichtet.

[9] *Klein,* in: Maunz/Dürig, Art. 40 Rn. 146; *Köhler,* BayVBl. 1988, 33 (36); gegen eine Debatte über Hausrechtsentscheidungen des Landtagspräsidenten im Plenum ist freilich nichts einzuwenden (*Menzel,* in: Löwer/Tettinger, NRWVerf, Art. 39 Rn. 15).

[10] Anders als § 7 I 2 GOBT thematisiert die GeschOLT die Hausordnung nicht ausdrücklich; in § 121 IV GeschOLT ist allerdings von einer vom Präsidenten zu erlassenden Besucherordnung die Rede. Der thematische Bereich einer Besucherordnung ist einerseits enger als der einer Hausordnung (die nicht nur Zutritts- und Aufenthaltsfragen von Besuchern, sondern auch von Abgeordneten, Mitarbeitern, Regierungsmitgliedern etc. regeln kann), andererseits aber auch weiter (da, wie der Regelungskontext des § 121 GeschOLT zeigt, auch Fragen des Verhaltens während Parlamentssitzungen geregelt werden sollen, die nicht zum Hausrecht, sondern zu der der Parlamentsautonomie entspringenden Sitzungs-/Ordnungsgewalt unterfallen, s. u. Rn. 12). Tatsächlich gibt es nur eine Hausordnung (vom 3. 7. 2000), die zugleich alle Besucherfragen (auch hinsichtlich des Sitzungsverlaufs) regelt, d. h. zugleich Haus- und Besucherordnung ist und sowohl auf das originäre Hausrecht wie auf die ihm vom Landtag übertragene Ordnungs-/Sitzungsgewalt gestützt ist.

[11] VG Berlin NJW 2002, 1063 (1064).

[12] Zum Streitstand siehe: *Klein,* in: Maunz/Dürig, Art. 40 Rn. 139 ff.; *Menzel,* in: Löwer/Tettinger, NRWVerf, Art. 39 Rn. 13 ff.; *Schweiger,* in: Nawiasky/Schweiger/Knöpfle, Art. 21 Rn. 3 a; *Meder,* Art. 21 Rn. 2; *Köhler,* BayVBl. 1988, 33 (36); *Brüning,* DÖV 2003, 389 ff.; Rechtsprechung zu Hausverboten durch den Parlamentspräsidenten: VG Berlin NJW 2002, 1063; VG Düsseldorf NWVBl. 2001, 69.

hoheitlicher Aufgabenerfüllung und des jeweiligen öffentlich-rechtlichen Widmungszwecks) als öffentlich-rechtlich qualifiziert. Es darf nicht übersehen werden, dass diese öffentlich-rechtliche Sichtweise, so einleuchtend ihr Abstellen auf den öffentlich-rechtlichen Widmungszweck auf den ersten Blick erscheint, auch erhebliche Folgeprobleme mit sich bringt: Diese betreffen erstens die Ermächtigungsgrundlage für Hausverbote (bei öffentlich-rechtlicher Betrachtung bedarf es einer Befugnisnorm, die zumeist nicht – jedenfalls nicht ausdrücklich – existiert), zweitens die Qualifikation von Hausordnungen (welche Art von Norm [Rechtsverordnung, Satzung, Verwaltungsvorschrift?] liegt hier vor und woher kommt das Mandat für dergleichen untergesetzliche Rechtsetzung – oder aber handelt es sich um eine Allgemeinverfügung?), und drittens auch die in der Praxis (jedenfalls bei Verwaltungsgebäuden) weithin übliche Einschaltung privater Sicherheitsdienste zur Sicherung des Hausrechts (müsste bei öffentlich-rechtlicher Betrachtung nicht eine Beleihung stattfinden, die einer entsprechenden gesetzlichen Grundlage bedürfte?). Zuzugeben ist, dass sich diese Probleme im speziellen Fall des parlamentarischen Hausrechts noch beheben ließen, weil hier ja ausnahmsweise eine ausdrückliche Normierung dieses Hausrechts (in Art. 21 I BV) vorliegt, die als verfassungsunmittelbare öffentlich-rechtliche Ermächtigungsgrundlage zum Erlass von Hausverboten, Hausordnungen und ggf. auch zur Einschaltung von Hilfspersonen gedeutet werden könnte. Auch im speziellen Fall des Art. 21 I BV jedoch spricht die scharfe Gegenüberstellung von Hausrecht und Polizeigewalt (die ihrerseits eindeutig öffentlich-rechtlicher Natur ist) unter systematischen Gesichtspunkten eher dafür, dass der Verfassungsgeber mit dem Hausrecht ein privatrechtliches Phänomen regeln wollte. Nach wie vor bestehen daher gute Gründe dafür, das Hausrecht als ein der öffentlichen Hand im Ausgangspunkt nicht anders als jedem Privaten zustehendes **Jedermannrecht** zu deuten, dass in den im Zivilrecht statuierten Schutz- und Selbsthilferechten zur Abwehr von Störungen des Eigentums und des berechtigten Besitzes resultiert und aus dem unmittelbar die privatrechtliche „Befugnis" zur Regelung von Zutrittsvoraussetzungen und -modalitäten in Hausordnungen, zum Ausspruch von Hausverboten sowie zur Einschaltung von Hilfspersonen folgt, ohne dass es hierfür auf die spezifisch für den Staat als Hoheitsträger bestehenden Restriktionen (hinsichtlich Ermächtigungsgrundlage, Normsetzungsbefugnis, Beleihungsrechten etc.) ankäme. Hierbei schadet es nicht, dass der Bayerische Landtag nicht Eigentümer am Landtagsgebäude ist (dies ist die Stiftung Maximilianeum), sondern als Mieter bzw. Erbbauberechtigter auftritt, weil das so umrissene zivilrechtliche Hausrecht aufgrund der im BGB vorgesehenen Schutz- und Selbsthilferechte auch für den (berechtigten) Besitzer sowie ansonsten aufgrund entsprechender Einräumung durch den Eigentümer auch dem Mieter zugute kommt. Auch dem berechtigten Anliegen der Befürworter einer öffentlich-rechtlichen Sichtweise, dass die öffentlich-rechtliche Widmung oder sonstige materiell-rechtliche Sonderbindungen des Staates durch das Privatrecht nicht konterkariert werden dürfen (keine Flucht ins Privatrecht), lässt sich im Rahmen einer privatrechtlichen Sichtweise voll und ganz Rechnung tragen: Dadurch nämlich, dass man das privatrechtliche Hausrecht als durch derartige sich aus der Widmung oder sonstigem öffentlichen Recht ergebende Sonderbindungen überlagert und modifiziert ansieht (eine Art verwaltungsprivatrechtliche Sonderbindung) – mit der Konsequenz, dass die öffentliche Hand von ihrem jedermann-rechtlichen Hausrecht nach Maßgabe dieser Sonderbindungen ggf. nur in eingeschränkter Form Gebrauch machen darf.[13] So stößt auch ein zivilrechtlich konzipiertes Hausrecht des Landtagspräsidenten an verfassungsunmittelbare Grenzen sowohl im Art. 22 I (Sitzungsöffentlichkeit), im Art. 24 II (Zutrittsrecht der Staatsregierung) als auch im Art. 13 II (soweit es um die Rechte der Abgeordneten geht); darüber hinaus können sich

---

[13] *Brüning,* DÖV 2003, 389 ff. Die Zuweisung des „Hausrechts" in Art. 21 I muss auch als eine materiell-rechtliche Entscheidung dahingehend verstanden werden, dass es der Landtag in der Hand haben soll, inwieweit er (jenseits der Sitzungsöffentlichkeit) Besucher zulassen will, d. h. gerade keine allgemeine Widmung an eine allgemeine Besucheröffentlichkeit kraft Verfassung bestehen soll.

Grenzen aus dem verfassungsrechtlich vorgezeichneten Widmungszweck des Landtagsgebäudes ergeben (hierbei darf allerdings nicht vorschnell von einer Widmung an eine über die Sitzungsöffentlichkeit hinausgehende allgemeine Besucheröffentlichkeit ausgegangen werden[14]).

7   Zur **Durchsetzung des privaten Hausrechts** bestehen zunächst die allgemeinen privatrechtlichen Abwehr- und Selbsthilferechte; zu Hilfe kommt zweitens die ebenfalls in Art. 21 I zugewiesene Polizeigewalt. Da nämlich die Verletzung der Hausordnung eines Gesetzgebungsorgans bzw. der Verstoß gegen entsprechende Anordnungen im Einzelfall eine Ordnungswidrigkeit nach § 112 OWiG darstellen und bei entsprechenden Zuwiderhandlungen häufig auch ein Fall des Hausfriedensbruchs nach § 123 StGB oder der Störung der Veranstaltungen und Einrichtungen des Staates gegeben sein wird, sind Hausrechtsverstöße regelmäßig zugleich Störungen der öffentlichen Sicherheit, so dass die Polizeigewalt zur Durchsetzung des Hausrechts eingesetzt werden kann. Schwierige Konstellationen des Zusammenwirkens von Hausrecht, Polizeigewalt sowie – vorgelagert – der (aus der Parlamentsautonomie entspringenden, nicht in Art. 21 I BV, sondern in der Geschäftsordnung geregelten[15] und ebenfalls dem Landtagspräsidenten zugewiesenen; Rn. 12) Sitzungs- und Ordnungsgewalt, können sich ergeben, wenn ein Abgeordneter oder Zuschauer wegen Störung aus der Sitzung ausgeschlossen und entfernt werden soll: Die Entscheidung über den Ausschluss/die Entfernung infolge der Ordnungsstörung (§§ 117 ff., 121 GeschOLT) unterfällt der Sitzungs- und Ordnungsgewalt und ist als solche wohl noch kein Ausfluss des Hausrechts; jedenfalls mit dieser Entscheidung indes werden die Betroffenen zu „Sitzungsexternen" und unterfallen nunmehr dem Hausrecht, das seinerseits mithilfe der Polizeigewalt durchgesetzt werden kann.[16] Es liegt auf der Hand, dass dieser rechtlich noch ausdifferenzierbare Dreischritt praktisch – v. a. gegenüber Besuchern, die kein sofortiges Einspruchsrecht nach § 119 GeschOLT haben – auch in einer einzigen Anordnung zusammenfallen kann, so dass es nicht verwundert, dass Geschäftsordnung und Hausordnung den Fall des Entfernens von Besuchern in einem Atemzug regeln (§ 121 II GeschOLT, § 5 Hausordnung).[17]

8   Der Begriff des **Landtagsgebäudes** in Art. 21 I ist um der Funktionsfähigkeit des Landtags willen weit auszulegen und umfasst nicht nur den Tagungsort, sondern auch sonstige Gebäude, in denen sich die Arbeit des Landtags, seiner Unterorgane, der Fraktionen und der Landtagsverwaltung abspielt.[18] Dies gilt auch für die nunmehr zu behandelnde Polizeigewalt.

3. Polizeigewalt (Abs. 1 2. Alt.)

9   Art. 21 I weist dem Landtagspräsidenten für das Landtagsgebäude (siehe Rn. 8) auch die Ausübung der **Polizeigewalt** zu;[19] die Ausübung der Polizeigewalt ist ihm hierbei von Verfassungs wegen als eigene Kompetenz zugewiesen, die er für den Freistaat Bayern

---

[14] *Brüning,* DÖV 2003, 389 (399).

[15] §§ 11 II, 102 ff. GeschOLT.

[16] *Menzel,* in: Löwer/Tettinger, NRW Verf, Art. 39 Rn. 14 f.

[17] Dass die Geschäftsordnung (in § 121 II 1) es dem Präsidenten zur Pflicht macht, Störer ggf. zu entfernen, d. h., soweit nötig, von seinem Hausrecht/seiner Polizeigewalt auch Gebrauch zu machen, ist angesichts der Tatsache, dass Art. 21 I BV das Hausrecht/die Polizeigewalt dem Landtagspräsidenten zuweist und so der Parlamentsautonomie gerade entzieht (siehe oben), an sich nicht unproblematisch, aber wohl noch damit zu rechtfertigen, dass nur so eine effektive Durchsetzung der in der Tat dem Parlament zustehenden Sitzungsgewalt gewährleistet werden kann. Auch scheint es im Ergebnis einwandfrei, dass die Hausordnung etwa in § 5 auch Aspekte der Sitzungsorganisation regelt, obwohl diese gerade nicht dem Hausrecht, sondern der Sitzungsgewalt unterfällt (die durch § 121 IV GeschOLT nämlich ihrerseits dem Landtagspräsidenten zugewiesen ist, siehe schon Fn. 10).

[18] *Köhler,* BayVBl. 1988, 33 (36); *Menzel,* in: Löwer/Tettinger, NRW Verf, Art. 39 Rn. 16.

[19] Zum Folgenden (soweit nicht besonders nachgewiesen): *Köhler,* BayVBl. 1988, 33 (36 f.); *Meder,* Art. 21 Rn. 3; *Schweiger,* in: Nawiasky/Schweiger/Knöpfle, Art. 21 Rn. 3 b; *Klein,* in: Maunz/Dürig, Art. 40 Rn. 152 ff., 169 ff.; *Menzel,* in: Löwer/Tettinger, NRW Verf, Art. 39 Rn. 18 ff.

(nicht für den Landtag) ausübt. Die Polizeigewalt i. S. d. Art. 21 I bezieht sich nach h. M. auf den sog. materiellen Polizeibegriff, d. h. auf grundsätzlich alle Aufgaben der präventiven Abwehr von Gefahren für die öffentliche Sicherheit und Ordnung (Art. 2 I PAG, Art. 6 LStVG); gegen eine Einengung auf den formellen Polizeibegriff sprechen sowohl die parallele Wortverwendung in Art. 83 I und 99 BV als auch der Zweck des umfassenden Schutzes der räumlichen Integrität des Landtags gegenüber der exekutiven Gewalt. Nicht stehen dem Landtagspräsidenten hingegen Befugnisse der repressiven Strafverfolgung (abgesehen von Jedermannrechten wie § 127 StPO) zur Seite; für die Frage der Abschirmung des Landtags gegen Maßnahmen der Strafverfolgung hat **Art. 29 II** eine besondere Regelung getroffen, ohne dem Landtagspräsidenten im Gegenzug eigene Ermittlungsbefugnisse zuzuweisen. Derartige eigene (repressive) Ermittlungskompetenzen erscheinen als zur Einlösung der dem Staat obliegenden Schutzpflicht für die öffentliche Sicherheit (Art. 99) auch nicht unbedingt erforderlich; einen Raum ohne (präventive) Polizeigewalt dagegen lässt sich vor Art. 99 nicht denken, so dass die Abschirmung der regulären Polizeikräfte durch eine eigene Polizeigewalt im Landtag kompensiert werden muss.

Die besondere Polizeigewalt des Landtagspräsidenten schließt es – zumal im Lichte **10** des Schutzzwecks der Abschirmung des Landtags gegen die Exekutive – grundsätzlich aus, dass die regulären **Sicherheitsbehörden** des Staates im Landtagsgebäude tätig werden. Im Einzelnen indes ist zu differenzieren: Die Zuständigkeit der mit Fragen der Gefahrenabwehr befassten Verwaltungsbehörden („Verwaltungspolizei") kann bei teleologischer Betrachtung nur insoweit verdrängt sein, als sie räumlich in das Landtagsgebäude hineinreicht und die Funktionsfähigkeit des Landtags beeinträchtigt. Die Vollzugspolizei (Art. 1 PAG) hat den Vorrang der speziellen Zuständigkeit des Landtagspräsidenten zu achten und davon auszugehen, dass der Landtagspräsident grundsätzlich zur Aufrechterhaltung der Sicherheit im Landtagsgebäude imstande ist; der Landtag gehört daher nicht zu ihrem regulären Einsatzgebiet. Umgekehrt spricht nichts dagegen, sie gemäß der allgemeinen Subsidiaritätsregel des Art. 3 PAG für ausnahmsweise zuständig zu erachten, soweit im Einzelfall eine Gefahrenabwehr durch den Landtagspräsidenten nicht oder nicht rechtzeitig möglich erscheint (Gefahr im Verzug). Die Annahme einer noch weitergehenden Exklusivität der Zuständigkeit des Landtagspräsidenten und Verdrängung der Polizei, die letztlich auf Kosten der Sicherheit gehen würde, lässt sich mit Art. 99 BV nicht vereinbaren. Erst recht ist es möglich, dass die Polizei auf Weisung des Landtagspräsidenten (Art. 9 II POG) oder im Rahmen erbetener Vollzugshilfe (Art. 50 ff. PAG) im Landtagsgebäude tätig wird. Die Verdrängung regulärer Zuständigkeiten greift auch im Verhältnis zu Bundespolizeien: Es ist zu schematisch, hier Art. 21 I BV schon allein wegen des Vorrangs des Bundesrechts (Art. 31 GG) als unanwendbar anzusehen; im Gegenteil stehen alle bundespolizeilichen Gesetzgebungs- und Vollzugskompetenzen von vornherein unter dem aus der Landesverfassungsautonomie fließenden Vorbehalt, dass die Länder zu einem Schutz ihres Landtagsgebäudes gegen exekutive Eingriffe (auch des Bundes) berechtigt sind, die Grenzen dieser Berechtigung mögen eine Frage des Homogenitätsgebots sein; es besteht aber kein Anhaltspunkt, dass diese Grenzen – bei völliger Inhaltsgleichheit mit Art. 40 II 1 GG – hier überschritten wären (siehe auch Art. 27, Rn. 5). Freilich steht es dem Landtagspräsidenten im Rahmen seiner Polizeigewalt frei, Bundespolizeien zuzulassen; ebenso wird man mit den obigen zur Landespolizei angestellten Überlegungen Eilkompetenzen der Bundespolizeien akzeptieren können. Das (weithin akzeptierte) Ergebnis, dass Bundespolizeien nur im Eilfall mit Genehmigung des Landtagspräsidenten tätig werden können, folgt jedenfalls nicht erst aus dem Gebot bundesfreundlichen Verhaltens, sondern aus Art. 21 I BV selbst.

Was die **Befugnisse** des Landtagspräsidenten anbelangt, so finden die Vorschriften des **11** PAG und des LStVG (jedenfalls soweit sie zu klassischer Gefahrenabwehr und nicht etwa zu weiter vorgelagerter Gefahren- und Informationsvorsorge berechtigen) entsprechende Anwendung. Der Präsident kann von seinen Befugnissen nicht nur gegenüber von außen kommenden Gefahren, sondern auch gegenüber internen Gefahrenquellen (auch Abgeordneten) Gebrauch machen.[20] Er kann sich als Leiter der Hausverwaltung (Art. 21 II) zur Ausübung seiner Polizeigewalt sowohl eigener Bediensteter bedienen als auch die Landespolizei (vgl. vorige Rn.) einschalten. Private könnte er nur beauftragen, soweit man Art. 21 I BV als verfassungsunmittelbare Beleihungsbefugnis ansähe, was jedenfalls in Bezug auf die Polizeigewalt wenig plausibel erscheint.

4. Zur Abgrenzung: Sitzungs- und Ordnungsgewalt, Bannmeilengewalt

12   Kein Regelungsgegenstand des Art. 21 I ist die sog. **Sitzungsgewalt oder Ordnungsgewalt,** d. h. das Recht, die Sitzungen des Landtags zu leiten und für ihren ordnungsgemäßen Verlauf zu sorgen (einschließlich etwaiger Ordnungs- und disziplinarischer Maßnahmen). Inhaber dieser Sitzungs- und Ordnungsgewalt ist nicht der Landtagspräsident kraft eigenen Rechts, sondern im Ausgangspunkt der Landtag im Rahmen seines Selbstorganisationsrechts, der diese kraft seiner Geschäftordnungsautonomie (Art. 20 III) näher ausgestalten und hierbei auch dem Landtagspräsidenten und seinen Stellvertretern übertragen kann (§§ 102 ff., 116 ff.); allenfalls kann aus der Regelung des Art. 20 I zur Wahl des Präsidiums implizit geschlossen werden, dass die Verfassung davon ausgeht, dass es Leitungs- und Ordnungsaufgaben gibt, die zweckmäßigerweise auf dieses Präsidium zu übertragen sind. Zu den sich stellenden Abgrenzungsfragen zum Hausrecht siehe schon Rn. 7.

13   Kein Regelungsgegenstand des Art. 21 I ist auch der Schutz der Integrität des Landtags gegen **Versammlungen** in unmittelbarer Nähe, der sich vielmehr in § 16 VersG i.V. m. dem Gesetz über die Befriedung des Landtagsgebäudes[21] und der entsprechenden Durchführungsverordnung[22], auch wenn dem Landtagspräsidenten durch diese Regelungen gewisse Einvernehmensrechte eingeräumt werden.

5. Hausverwaltung und Haushaltsvollzug (Abs. 2)

14   Der Landtag unterhält zur Erledigung seiner laufenden Geschäfte ein **Landtagsamt** (§ 192 I GeschOLT); die Befugnis, sich mit einer eigenen Verwaltung auszustatten, ist notwendiger Bestandteil der Organisationsautonomie des Parlaments[23]; sie ist nicht als solche in Art. 21 II geregelt. Was Art. 21 II hingegen leistet, ist, den **Landtagspräsidenten** zum **Leiter** dieser (auf der Parlamentsautonomie beruhenden) Behörde zu bestimmen und ihm insoweit den Haushaltsvollzug anzuvertrauen. Als Leiter dieser Behörde ist er für die Ernennung und Beförderung der Beamten des Landtags (siehe auch Art. 125 BayBG) sowie für die Einstellung, Entlassung und Höhergruppierung der Angestellten und Arbeiter des Landtags zuständig, er übt die Dienstaufsicht über die Bediensteten aus (§ 11 IV, V GeschOLT) und ist ihr Vorgesetzter; er erlässt eine Dienstordnung für das Landtagsamt (§ 192 II 1 GeschOLT). Dass sowohl dieser Dienstordnungserlass als auch verschiedene Personalentscheidungen durch Gesetz oder Geschäftsordnung an die Zustimmung des Präsidiums gebunden werden, wird man in der für das Landtagsamt typischen Gemengelage von parlamentarischem Selbstorganisationsrecht (Art. 20 III) und verfassungskräftiger Leitungsbefugnis des Präsidenten (Art. 21 II) akzeptieren können. Die Verfügung über den Haushalt erfolgt im Rahmen der allgemeinen gesetzlichen Vorgaben.

6. Vertretung des Landtags (Abs. 2 a. E.)

15   Der Landtagspräsident vertritt den Staat (als den Rechtsträger des Landtags) in allen Rechtsgeschäften und Rechtsstreitigkeiten dieser Verwaltung. Der Umfang dieses als solchen „verfassungsfesten", d. h. nicht zur Disposition des Landtags stehenden **Vertretungsrechts**[24]

---

[20] StGH BW NJW 1988, 3199.

[21] Vom 7. 3. 1952, BayRS 2180-5-I; künftig Art. 17 ff. des BayVersG (LT-Drs. 15/10181).

[22] Verordnung zur Durchführung des Gesetzes über die Befriedung des Landtagsgebäudes vom 30. 4. 1969, BayRS 2180-5-1-I.

[23] *Klein,* in: Maunz/Dürig, Art. 40 Rn. 106, z. T. auch zum Folgenden.

[24] *Menzel,* in: Löwer/Tettinger, NRWVerf, Art. 39 Rn. 6 f., auch zur Abgrenzung zum nicht erfassten staatsrechtlichen Bereich (siehe sogleich).

des Landtagspräsidenten ist nicht in jeder Hinsicht zweifelsfrei. Die bayerische Praxis tendiert zu einer großzügigen Auslegung, die nicht nur auf die Hausverwaltung im engeren Sinne bezogene Gegenstände erfasst, sondern alle das „Hohe Haus" betreffenden Angelegenheiten (vgl. auch § 11 I 2 GeschOLT: „in allen Rechtsgeschäften und Rechtsstreitigkeiten des Landtags") – mit der Folge, dass der Landtagspräsident den Staat etwa auch in Verwaltungsrechtsstreitigkeiten über die Tätigkeit eines Untersuchungsausschusses oder die Erledigung von Petitionen vertritt.[25] Nicht erfasst werden dürfte jedoch die Vertretung des Landtags in staatsrechtlichen und verfassungsgerichtlichen Fragen (vgl. Wortlaut: „dieser Verwaltung"), die insoweit ungeachtet des Art. 21 I durch Gesetz oder Geschäftsordnung auch in anderer Weise geregelt werden kann (vgl. z.B. Art. 31 III VfGHG, §§ 85, 88, 91 II GeschOLT). Mit der Frage des Vertretungsrechts nach Art. 21 I nicht unbedingt identisch (str.[26]) ist die Frage der wirksamen Vertretungsmacht; jedenfalls soweit der Präsident innerhalb seines eigenen Aufgabenkreises tätig wird und nicht von speziellen Zustimmungsvorbehalten abhängig ist, bedarf er keiner besonderen Bevollmächtigung, um wirksame Rechtshandlungen vornehmen zu können.[27]

Art. 22 [Öffentlichkeit der Verhandlungen]

(1) [1]Der Landtag verhandelt öffentlich. [2]Auf Antrag von 50 Mitgliedern oder der Staatsregierung kann mit Zweidrittelmehrheit der anwesenden Mitglieder die Öffentlichkeit für die Behandlung eines bestimmten Gegenstandes ausgeschlossen werden. [3]Sie muß ausgeschlossen werden, wenn und solange die Staatsregierung zur Begründung ihres Antrages den Ausschluß der Öffentlichkeit verlangt. [4]Der Landtag entscheidet darüber, ob und in welcher Art die Öffentlichkeit über solche Verhandlungen unterrichtet werden soll.
(2) Wahrheitsgetreue Berichte über die Verhandlungen in den öffentlichen Sitzungen des Landtags oder seiner Ausschüsse bleiben von jeder Verantwortlichkeit frei, es sei denn, dass es sich um die Wiedergabe von Ehrverletzungen handelt.

Parallelvorschriften im GG und anderen Landesverfassungen: Art. 42 I, III GG; Art. 33 I, III BaWüVerf; Art. 42 III, IV, 52 BerlVerf; Art. 64 II, III BbgVerf; Art. 91, 93 BremVerf; Art. 16, 21 HmbVerf; Art. 89, 90 HessVerf; Art. 31 M-VVerf; Art. 22 NdsVerf; Art. 42 f. NRWVerf; Art. 86 f. RhPfVerf; Art. 72 f. SaarlVerf; Art. 48 I, IV SächsVerf; Art. 50 VerfLSA; Art. 15 SchlHVerf; Art. 60 ThürVerf.

Rechtsprechung: VerfGH 46, 1; BGH NJW 1980, 780.

Literatur: Dieterich, Die Funktion der Öffentlichkeit der Parlamentsverhandlungen im Strukturwandel des Parlamentarismus, 1970; *Hett,* Die Öffentlichkeit der Parlamentsverhandlungen, das Grundrecht der Informationsfreiheit und Informationspflichten der Exekutive, 1987; *Kißler,* Die Öffentlichkeitsfunktion des Deutschen Bundestages, 1976; *Linck,* Die Parlamentsöffentlichkeit, ZParl 1992, 673; *Pernice,* Öffentlichkeit und Medienöffentlichkeit, 2000.

---

[25] VGH 34, 1; VGH BayVBl. 1981, 211.
[26] Vgl. den Streit um die Vertretungsmacht des Bürgermeisters und Art. 38 I GO: *Bauer/Böhle/Ecker,* Bayerische Kommunalgesetze, Stand: Januar 2007, Art. 38 Rn. 3.
[27] *Köhler,* BayVBl. 1988, 33 (35 f.); zur Abhängigkeit der Vertretungsmacht vom Aufgabenkreis siehe *Freundling,* BayVBl. 1969, 11.

I. Allgemeines

1. Bedeutung

1   Art. 22 legt für den Landtag den Grundsatz des Verhandlungsöffentlichkeit fest, der seinerseits sowohl die **Sitzungsöffentlichkeit** (freier Zutritt zu Sitzungen, Abs. 1) als auch – ergänzend hierzu – die **Berichtsöffentlichkeit** (freie Berichterstattung über die Verhandlungen, Abs. 2) umfasst.[1] Die Öffentlichkeit der parlamentarischen Auseinandersetzung und Entscheidungssuche ist ein wesentliches Element des demokratischen Parlamentarismus.[2] So essentiell die parlamentarische Verhandlungsöffentlichkeit ist, so selbstverständlich ist sie mittlerweile[3] auch geworden (jedenfalls bzgl. Plenarsitzungen, s. u. Rn. 4): Von den Möglichkeiten des Art. 22 I BV (bzw. der Parallelbestimmungen in GG und anderen Landesverfassungen) zum Ausschluss der Öffentlichkeit wird praktisch nicht Gebrauch gemacht[4]; auch zur Verantwortungsfreiheit der Berichterstattung (Abs. 2) gibt es nur sehr vereinzelte Rechtsprechungspraxis[5]. Zur Folge hat diese relativ geringe Praxisbedeutung der in Art. 22 vorgesehenen Instrumente andererseits, dass die durch Art. 22 theoretisch aufgeworfenen Rechtsfragen in vielem noch wenig konsolidiert und umstritten sind.

2. Entstehung

2   Art. 22 erhielt erst im VA seine endgültige Fassung (gegenüber Art. 18 VE und E); vor allem die Fragen der für einen Öffentlichkeitsausschluss nötigen $^2/_3$-Mehrheit (der Anwesenden/der Mitglieder), der Reichweite der Rechte der Staatsregierung (hierbei auch Vorgaben der Besatzungsmacht: bloßes Antragsrecht der Staatsregierung), der Unterrichtung der Öffentlichkeit (Abs. 1 S. 4) sowie des Ausschlusses von Ehrverletzungen aus dem Schutz des Abs. 2 haben in den Diskussionen eine Rolle gespielt.[6]

3. Verhältnis zum Grundgesetz

3   Das Grundgesetz enthält hinsichtlich Fragen der Sitzungs- und Berichtsöffentlichkeit keine unmittelbar für die Landtage geltende Durchgriffsnorm (für den Bundestag: **Art. 42 I und III GG**); anders als noch in Art. 30 WRV, wird auch die Verantwortungsfreiheit der Berichterstattung bewusst nicht für die Landtage mitgeregelt, so dass insoweit der Gesamtkomplex der Verhandlungsöffentlichkeit der Verfassungsautonomie der Länder überlassen bleibt.[7] Freilich gilt das allgemeine Homogenitätsgebot des Art. 28 I 1 und 2 GG, und soweit man den Grundsatz der Verhandlungsöffentlichkeit mit der allgemeinen Meinung zu einem (auch der Verfassungsänderung nach Art. 79 III GG entzogenen) **Essentiale der Demokratie** zu rechnen hat[8], wird man auch die Länder über Art. 28 I GG als prinzipiell an ihn gebunden anzusehen haben, was freilich Abweichungen im Detail (z. B. hinsichtlich Antragsrechten und nötigen Mehrheiten für einen Öffentlichkeitsausschluss, hinsichtlich der genauen Reichweite der Berichtsfreiheit etc.) nicht ausschließt.[9] Art. 22 weicht von seinem bundesrechtlichen Pendant (Art. 41 I, III GG) vor al-

---

[1] *Magiera*, in: Sachs, Art. 42 Rn. 1.

[2] VerfGH 51, 34 (41); BVerfGE 70, 324 (355); 84, 304 (329).

[3] Zur historischen Entwicklung: *Klein,* in: Maunz/Dürig, Art. 42 Rn. 16 ff.

[4] Zu einem Ausschluss der Öffentlichkeit nach Art. 22 I 2 BV ist es nur einmal, nämlich 1947, gekommen (Sitzung vom 25. 5. 1947, LT Sten. Ber. 1947, S. 602). Für den Bund: *Klein,* in: Maunz/Dürig, Art. 42 Rn. 20, 49; *Müller-Terpitz,* in: Löwer/Tettinger, NRW Verf, Art. 42 Rn. 18.

[5] BGH NJW 1980, 780; OLG München BayVBl. 1975, 54.

[6] Prot. I, S. 109 ff.; II, S. 473 f., III, S. 735 f.; *Schweiger,* in: Nawiasky/Schweiger/Knöpfle, Art. 22 Rn. 1.

[7] *Müller-Terpitz,* in: Löwer/Tettinger, NRW Verf, Art. 43 Rn. 9.

[8] *Klein,* in: Maunz/Dürig, Art. 42 Rn. 31.

[9] Tatsächlich bestehen im Einzelnen durchaus Unterschiede, vgl. den Überblick bei *Klein,* in: Maunz/Dürig, Art. 42 Rn. 23 ff.

lem in dem höheren Antragsquorum (50 Mitglieder statt nur 10 % der Mitglieder) sowie durch den Ausschluss von Ehrverletzungen aus der Berichtsfreiheit (Art. 22 II a. E.) ab; dafür, dass hierdurch der Homogenitätsrahmen des Art. 28 I GG überschritten wäre, ist nichts ersichtlich. Schwierige Fragen des Zusammenspiels mit einfachem Bundesrecht (Problematik des **Art. 31 GG**) wirft allerdings Art. 22 II BV auf (siehe Rn. 14).

II. Einzelkommentierung

1. Sitzungsöffentlichkeit (Abs. 1)

Das in Art. 22 I 1 enthaltene Gebot, dass der Landtag grundsätzlich öffentlich verhandelt, bezieht sich nach der Rspr. des VerfGH und der h. M. (auch zum gleichgelagerten Art. 42 I 1 GG) allein auf das **Landtagsplenum,** nicht auch auf Ausschüsse; dies ergebe sich aus der von der Verfassung selbst getroffenen Unterscheidung zwischen Landtag einerseits und den Ausschüssen andererseits in Art. 22 II, 24 BV sowie im Gegenschluss aus der ausdrücklichen Regelung zur Öffentlichkeit in Untersuchungsausschüssen (Art. 25 III 1).[10] Ob es sachgerecht ist, für Ausschüsse von Verfassungs wegen trotz ihrer großen Praxisbedeutung eine nur fakultative Sitzungsöffentlichkeit vorzusehen, ist im deutschen Schrifttum (zumal zu Art. 42 I 1 GG) umstritten[11]; für Bayern wird dieser Streit dadurch abgemildert, dass jedenfalls in der GeschOLT (§ 138) – anders als in § 69 I 1 GO BT für Bundestagsausschüsse – die grundsätzliche Ausschussöffentlichkeit angeordnet wird.

Garantiert ist die Verhandlungsöffentlichkeit vom Beginn bis zum Ende der Sitzungen, d. h. die Möglichkeit des freien **Zutritts zur Sitzung** sowie der ungehinderten **Beobachtung des Sitzungsablaufs.** Nicht Regelungsgegenstand des Art. 22 I ist hingegen die Frage, wie im Einzelnen der Sitzungsverlauf zu gestalten ist. Dies gilt auch für die (strittige) Frage etwaiger (in der GeschOLT nur für Wahlen, nicht jedoch ansonsten vorgesehener, vgl. §§ 42, 128 ff.) „geheimer", d. h. nicht offener Abstimmungsvorgänge; soweit Abstimmungsvorgänge nach den hierfür bestehenden Bestimmungen der Verfassung (Art. 23, 44 etc.) oder der Geschäftsordnung zulässigerweise „geheim" stattfinden dürfen, folgt aus Art. 22 I allein ein Anspruch, den solchermaßen zulässigerweise nicht offenen Abstimmungsvorgang beobachten zu dürfen, nicht jedoch auch ein Recht auf Offenlegung des Abstimmungsverhaltens der einzelnen Abgeordneten.[12] Nicht von der Garantie des Art. 22 I 1 erfasst sein dürfte auch der Zugang zu Parlamentspapieren, auch soweit ihre Kenntnis für das Verständnis der Verhandlungen hilfreich oder sogar notwendig ist. Solange eine ausreichende Dokumentation der parlamentarischen Vorgänge nicht ausdrücklich institutionell garantiert ist (so nur Art. 50 II VerfLSA), gibt der allein auf „Verhandlungen", d. h. auf einen mündlichen Vorgang bezogene Art. 22 I 1 zu wenig her, um eine solche Erstreckung zu rechtfertigen.[13] Dass der Zugang zu Parlamentspapieren – zumal in Zeiten des Internet (www.bayern.landtag.de) – tatsächlich weithin üblich und leichter denn je möglich ist, ist Ausfluss des dem Landtag (selbst im Fall nicht öffentlicher Sitzungen, vgl. Art. 22 I 4, und erst recht ansonsten) zustehenden Rechts zur autonomen Ausgestaltung seiner Öffentlichkeitsarbeit (siehe Rn. 10).

Sitzungsöffentlichkeit bedeutet[14] die prinzipielle Möglichkeit freien Zutritts für jedermann. Dieses Zutrittsrecht kann freilich nur in den Grenzen des nach den räumlichen Gegebenheiten Möglichen bestehen; umgekehrt wäre es mit Art. 22 I nicht vereinbar, von vornherein keinen angemessenen Zuschauerraum vorzusehen. Die **Modalitäten des**

---

[10] VerfGH 46, 1 (10).

[11] Zum Meinungsstreit: *Klein,* in: Maunz/Dürig, Art. 42 Rn. 38 ff.; s. a. Rn. 24 zu den Landesverfassungen, wo vereinzelt Ausschussöffentlichkeit ausdrücklich angeordnet, z. T. aber auch für den Regelfall ausdrücklich ausgeschlossen wird.

[12] *Klein,* in: Maunz/Dürig, Art. 42 Rn. 37; *Magiera,* in: Sachs, Art. 42 Rn. 4.

[13] *Edinger,* in: Grimm/Caesar, RhPfVerf, Art. 86 Rn. 7.

[14] Zum Folgenden: *Klein,* in: Maunz/Dürig, Art. 42 Rn. 33 ff., 53; *Müller-Terpitz,* in: Löwer/Tettinger, NRWVerf, Art. 42 Rn. 8 ff.

freien Zutritts können – gestützt auf das Hausrecht, die Polizeigewalt und die Sitzungsgewalt von Landtag/Landtagspräsident (die nicht immer leicht voneinander abzugrenzen
sind, vgl. Art. 21 Rn. 7 ff.) – im Rahmen einer Haus- oder Besucherordnung näher geregelt und ausgestaltet werden (vgl. § 121 IV GeschOLT, Hausordnung vom 3. 7. 2000).
Hierbei können Kontingente für angemeldete Gruppen vergeben werden, solange für un-
angemeldete Einzelbesucher eine nach den Erfahrungen ausreichende Zahl freier Plätze
zurückgehalten wird; bei Raumknappheit darf der Zutritt auch durch Vergabe kostenloser
Eintrittskarten o. Ä. reguliert werden. Zugang für jedermann bedeutet selbstverständlich
auch freien Zugang für Vertreter von Presse und Rundfunk. Die Frage, inwieweit diesen
aufgrund ihrer für die Demokratie unverzichtbaren Vermittlungsfunktion (Art. 5 I 2 GG,
Art. 111, 111a BV) gegenüber sonstigen Besuchern v. a. bei Raumknappheit eine Sonderstellung zukommt (vgl. § 3 Hausordnung: besondere Pressetribüne, ggf. Vorrang für
Presse), ist umstritten; zu praktischen Problemen scheint es insoweit nicht zu kommen.
Umstritten ist auch die Frage, inwieweit das Zutrittsrecht des Rundfunks auch das grundsätzliche (freilich in technischer Hinsicht sowie zur Vermeidung von Störungen näher zu
regelnde) Recht zu **Direktübertragungen** und Aufzeichnungen im Plenarsaal umfasst.
Im Ausgangspunkt kann hierbei nicht zweifelhaft sein, dass derartige, über die Saalöffent-
lichkeit hinausgehende Übertragungsrechte nicht vom ursprünglichen Bedeutungsgehalt
der Norm umfasst sind und jedenfalls nicht der überkommenen Auslegung entsprechen;
nach wie vor geht die GeschOLT daher davon aus, dass Aufnahmen in Ton und Bild einem
besonderen Regelungsregime und der freien Entscheidungsvollmacht des Plenums unterliegen (§§ 97 GeschOLT). Veränderte Kommunikationsmöglichkeiten und -gewohnhei-
ten werfen zwar die Frage auf, ob insoweit der Begriff der Öffentlichkeit in Art. 22 I 1
nicht der Weiterentwicklung bedarf; auch ist zuzugeben, dass – anders als namentlich bei
den Gerichten – keine besonderen Gründe erkennbar sind, die (tatsächlich seit langem
übliche) Medienöffentlichkeit zu beschränken.[15] Dennoch bleibt zu bedenken, dass die
Regelungssystematik des Art. 22 die Frage der Berichterstattung aus dem Landtag offenbar nicht als ein Problem des Abs. 1, sondern des Abs. 2 betrachtet. Es gibt also gute
Gründe, an der überkommenen Auffassung festzuhalten, auch wenn die Wirklichkeit (bis
hin zu Liveübertragungen im Internet) mittlerweile weit über den durch Art. 22 I gewährleisteten Mindestgehalt hinausgegangen ist. Das natürliche Interesse des Landtags an einer
Medienöffentlichkeit dürfte so groß sein, dass die Frage einer verfassungskräftigen Verankerung in Art. 22 I BV zweitrangig erscheint. Der auf die Sitzungsgewalt und ggf. das
Hausrecht gestützte Ausschluss Einzelner von der Sitzung (§ 121 II GeschOLT; Art. 21,
Rn. 7) wegen Störungen der Ordnung lässt die durch Art. 22 I gewährleistete Öffentlichkeit der Sitzung unberührt.[16]

7   Zumindest verkürzt scheint die Einschätzung, Art. 22 I 1 gewähre kein **subjektiv-
öffentliches Recht** auf Zutritt, sondern bewirke nur Rechtsreflexe.[17] Zu beachten ist
insoweit das Zusammenspiel des die Öffentlichkeit anordnenden Art. 22 I BV mit der **Informationsfreiheit** des Einzelnen, d. h. des grundrechtlich verbürgten Rechts, sich aus
öffentlich zugänglichen Quellen zu unterrichten (Art. 5 I 1 GG sowie Art. 112 II BV, der
vom VerfGH über seinen engeren Wortlaut hinaus in Anlehnung an Art. 5 I 1 GG als allgemeine Informationsfreiheit ausgelegt wird[18]; Art. 112 Rn. 9). Zwar ist richtig, dass die
Informationsfreiheit nicht selbst die Öffentlichkeit einer bestimmten Informationsquelle
garantiert und erst nach Herstellung der Öffentlichkeit greifen kann (d. h. nicht selbst
Leistungsrecht auf Öffentlichmachung ist) sowie dass andererseits auch Art. 22 I BV für
sich genommen nicht als subjektives Recht, sondern als objektive Garantie verbürgt ist.[19]

---

[15]   Zur Medienöffentlichkeit bei Gerichtsverhandlungen vgl. BVerfGE 103, 44.
[16]   Allerdings muss sich der Ausschluss von der weiterhin öffentlichen Sitzung vor der Informationsfreiheit der Besucher (siehe nächste Rn.) rechtfertigen lassen.
[17]   *Meder,* Art. 22 Rn. 1.
[18]   VerfGH 38, 134 (139).
[19]   *Klein,* in: Maunz/Dürig, Art. 22 Rn. 35.

Gleichwohl hat das BVerfG die Informationsfreiheit so interpretiert, dass es ein gegen den Staat gerichtetes Recht auf Zugang umfasst, wenn eine im staatlichen Verantwortungsbereich liegende Informationsquelle auf Grund rechtlicher Vorgaben zur öffentlichen Zugänglichkeit bestimmt ist, der Staat den Zugang aber verweigert.[20] Art. 22 I 1 BV ist eine rechtliche Vorgabe, die die öffentliche Zugänglichkeit von Plenarsitzungen garantiert. Wird die Öffentlichkeit unter Verstoß gegen Art. 22 I BV nicht zugelassen, liegt hierin infolgedessen zugleich ein Verstoß gegen die Informationsfreiheit.

Art. 22 I Sätze 2 und 3 sehen die Möglichkeit eines **Ausschlusses der Öffentlichkeit** 8 vor und binden diese an bestimmte **verfahrensmäßige Voraussetzungen**.[21] Berechtigt, einen Ausschluss zu beantragen, ist die Staatsregierung (als Kollegialorgan; Beschluss des Kollegiums erforderlich) sowie das vergleichsweise hohe Quorum von 50 Abgeordneten. Einen Anspruch auf Ausschluss der Öffentlichkeit hat die Staatsregierung allein für die Dauer der Begründung ihres Antrags auf Ausschluss (Satz 3), ansonsten entscheidet der Landtag nach eigenem Ermessen. Für diese Entscheidung wird eine Zweidrittelmehrheit der anwesenden Mitglieder (nicht bloß der abgegebenen Stimmen) verlangt; nicht abgegebene Stimmen von im Sitzungssaal Anwesenden wirken sich daher wie Ablehnungen aus. Der Beschluss kann nicht für die ganze Sitzung, sondern nur für bestimmte Gegenstände der Tagesordnung gefasst werden. Strittig ist, inwieweit ein Ausschluss der Öffentlichkeit neben diesen verfahrensmäßigen Hürden noch an bestimmte **materiell-rechtliche Voraussetzungen** geknüpft ist (höherrangige Erwägungen des staatspolitischen Interesses, der öffentlichen Sicherheit, des Schutzes des Persönlichkeitsrechts etc.).[22] Für die Forderung nach derartigen materiellen Rechtfertigungsgründen spricht nicht schon der hohe Rang des Publizitätsprinzips, weil diesem Rang bereits durch die notwendige Zweidrittelmehrheit (samt der ihrerseits hohen Antragshürden) Rechnung getragen ist; auch dass Art. 22 I 3 von „Begründung" des Antrags spricht, gibt nichts her, da der Umstand, dass ein Antrag nur erfolgreich sein wird, wenn er intern hinreichend begründet wird, nicht zugleich bedeutet, dass für die Rechtmäßigkeit des Antrags im Außenverhältnis und in verfassungsgerichtlich überprüfbarer Weise hinreichend gewichtige Gründe gegeben sein müssen. Gegen die Forderung nach höherrangigen materiell-rechtlichen Gründen spricht erstens die damit verbundene hohe Rechtsunsicherheit (auch angesichts der gravierenden Rechtswidrigkeitsfolgen eines fehlerhaften Ausschlusses, s. u.), zweitens die Überlegung, dass sich die Frage des Ausschlusses letztlich vom Parlament und seiner Autonomie auf den Verfassungsgerichtshof verlagern würde sowie drittens, dass derartige Hürden nicht normiert sind und in Art. 22 I hineingelesen werden müssten. Die hohen prozeduralen Hürden des Art. 22 I sowie das öffentliche Aufsehen, das jeder Ausschluss zwangsläufig bewirken würde, erscheinen als hinreichende Sicherung gegen eine missbräuchliche Handhabung. Zur geringen Praxisbedeutung der Ausschlussmöglichkeit (bisher nur ein Fall im Jahr 1947) siehe schon Rn. 1.

Folge des Ausschlusses[23] ist, dass der Zutritt allen Personen verwehrt ist, denen der 9 Zutritt nicht von Amts wegen erlaubt ist (Anwesenheitsrecht der Staatsregierung und ihrer Beauftragten, Art. 24 II; Bedienstete der Landtagsverwaltung nach Maßgabe autonomer Entscheidung des Landtags). Nicht zulässig ist ein nur teilweiser Ausschluss der Öffentlichkeit (zum die Öffentlichkeit nicht berührenden Ausschluss Einzelner aus Ordnungsgründen s. o. Rn. 6 a. E.). Strittig sind die **Folgen eines fehlerhaften Ausschlusses** der Öffentlichkeit (Nichtigkeit der unter fehlerhaftem Ausschluss gefassten Beschlüsse oder letztlich unbeachtliche bloße Ordnungsvorschrift?).[24] Die Charakterisierung als

---

[20] BVerfGE 103, 44 (LS 2), 60.

[21] Für die VerfNRW vgl. *Müller-Terpitz*, in: Löwer/Tettinger, NRWVerf, Art. 42 Rn. 18 ff.

[22] Dagegen z. B. *Klein*, in: Maunz/Dürig, Art. 42 Rn. 49; dafür z. B. *Müller-Terpitz*, in: Löwer/Tettinger, NRWVerf, Art. 42 Rn. 21.

[23] Zum Folgenden vgl. *Klein*, in: Maunz/Dürig, Art. 42 Rn. 53 ff.

[24] Für Nichtigkeit und zum Meinungsstand: *Meder*, Art. 72 Rn. 2; *Klein*, in: Maunz/Dürig, Art. 42 Rn. 55.

bloße Ordnungsvorschrift wird der Bedeutung des Öffentlichkeitsgrundsatzes nicht gerecht. Vielmehr handelt es sich um einen Verstoß gegen eine wesentliche verfassungsrechtliche Verfahrensvorschrift. Die resultierende Nichtigkeitsfolge ist umso eher hinnehmbar, als man – mit der hier vertretenen Ansicht (vgl. vorige Rn.) – die Fehlerhaftigkeit des Ausschlusses allein an den eindeutigen verfahrensrechtlichen Anforderungen der Art. 22 I 2, 3 misst und nicht zusätzlich materielle Kriterien hineinliest, die unweigerlich mit einer großen Rechtsunsicherheit belastet wären.

10   Mit dem Ausschluss der Öffentlichkeit ist nicht stets und automatisch verbunden, dass der Inhalt der Sitzung auch ansonsten **geheim** wäre, also keine Erklärungs- oder Berichtsöffentlichkeit mehr bestünde. Dies folgt unzweifelhaft aus Art. 22 II 4, der es auch bei nicht-öffentlicher Sitzung der Entscheidung des Landtags anheim stellt, ob und in welcher Art die Öffentlichkeit über solche Verhandlungen unterrichtet werden soll. Im Einklang mit dieser Entscheidungsautonomie des Landtags behandelt die GeschOLT die Frage der Geheimhaltung als eine gesonderte, eigenständig (wenngleich in analogem Verfahren zu Art. 22 I 2) zu entscheidende Frage (§ 96 II; für Ausschüsse: § 139). Auch ansonsten (z. B. hinsichtlich im Interesse des Geheimschutzes kleiner Ausschussgrößen) kann Art. 22 I S. 2 bis 4 keinesfalls eine abschließende Regelung entnommen werden.[25] Im Wege eines Erst-recht-Schlusses folgt aus Art. 22 I 4 im Übrigen, dass es auch bei öffentlichen Sitzungen im autonomen Ermessen des Landtags liegt, in welcher Weise er – über den Mindestgehalt des Art. 22 I 1 hinaus – seine **Öffentlichkeitsarbeit** gestalten möchte. Eine institutionelle Garantie der Öffentlichkeitsarbeit kann in Art. 22 I 4 hingegen nicht erblickt werden (vgl. schon Rn. 5).

2. Verantwortungsfreiheit der Berichterstattung (Abs. 2)

11   Art. 22 II statuiert einen zweiten Aspekt der Verhandlungsöffentlichkeit, indem er – über das Zutrittsrecht zu Sitzungen nach Abs. 1 hinaus – auch die freie Berichterstattung über die Verhandlungen unter Schutz stellt und auf diese Weise die gleichsam auf den Saal beschränkte Sitzungsöffentlichkeit nach Abs. 1 nach draußen hin erweitert und verstärkt. Nur über ungehinderte **Parlamentsberichterstattung** (nicht schon über bloße Sitzungsöffentlichkeit) kann die parlamentarische Arbeit in einer Weise die öffentliche Meinungsbildung erreichen, dass der mit der Parlamentsöffentlichkeit verfolgte Zweck erreicht wird. Die Berichterstattungsfreiheit ist insofern nicht bloßes Parlamentsprivileg, sondern wie schon die Sitzungsöffentlichkeit wesentlicher Bestandteil des demokratischen Parlamentarismus. Ein enger Bezug besteht darüber hinaus zu den Grundrechten der Meinungsfreiheit und der freien Berichterstattung durch Medien (Art. 5 I 1 GG, Art. 110 ff. BV). Art. 22 II deswegen – trotz seiner systematischen Stellung – selbst als Grundrecht zu kennzeichnen, erscheint überzogen; richtigerweise dagegen kann Art. 22 II als „Schranken-Schranke" verstanden werden, die ansonsten u. U. denkbaren Einschränkungen der grundrechtlich verbürgten Meinungs-, Presse- und Rundfunkfreiheit eine Grenze setzt. Weniger stark als anderswo (z. B. zwischen Art. 42 III und Art. 46 I GG) ausgeprägt findet sich in Bayern der Bezug zur Abgeordnetenindemnität (im Sinne einer Äußerungsfreiheit des Abgeordneten sowohl im Parlament als auch außerhalb bei der Berichterstattung), da Art. 27 BV nur Abstimmungen, nicht aber bloße Äußerungen der Abgeordneten, unter Schutz stellt (siehe Art. 27, Rn. 4).[26]

12   Geschützt sind: **Berichte.** Dies sind „erzählende Darstellungen eines historischen Vorgangs in seinem wesentlichen Verlaufe"[27]. Unerheblich ist, von wem der Bericht stammt; in Betracht kommen sowohl die Berichte des Stenographischen Dienstes, als auch von Abgeordneten, als auch die Berichterstattung durch Rundfunk und Presse oder sonstige Dritte; unerheblich ist auch das Medium (Wort, Schrift oder Bild). Zwar kann sich der

---

[25] VerfGH 41, 124 (135); 55, 28 (38).
[26] Zum Ganzen: *Klein*, in: Maunz/Dürig, Art. 42 Rn. 57, 66 ff.; *Magiera*, in: Sachs, Art. 42 Rn. 16.
[27] So die allgemein akzeptierte Definition in RGSt 18, 207 (210).

Bericht auf einzelne Gegenstände oder Vorgänge/Vorfälle der Sitzung beschränken, die stark verkürzte, aus dem Zusammenhang gerissene oder rein selektive Wiedergabe einzelner Äußerungen kann dem Berichtscharakter indes entgegenstehen.[28] Ein Bericht muss sachlich und objektiv sein; die Vermischung mit Werturteilen und subjektiven Zugaben nimmt dem Bericht seinen Charakter (unberührt bleibt freilich ein Schutz durch die Meinungsfreiheit).[29] Der Bericht muss **wahrheitsgetreu** sein, d. h. ein in sich abgeschlossener Teil muss richtig und vollständig wiedergegeben sein. Der Bericht muss sich **auf die Verhandlungen in den öffentlichen Sitzungen des Landtags oder seiner Ausschüsse** beziehen. Nicht geschützt sind daher Berichte über nichtöffentliche Sitzungen oder über sonstige Vorgänge, die sich nicht unter Beteiligung der Öffentlichkeit abspielen (z. B. die schriftliche Anfrage nach § 17 f. GeschOLT[30]). Es erschiene zu streng, aus dem Wort „Verhandlungen" zu schließen, dass nur Wortäußerungen und nicht auch die Wiedergabe von sonstigen Vorfällen bei der Verhandlung geschützt seien.[31] Bewusst ausgenommen vom Schutz des Art. 22 II BV wurde im Prozess der Verfassungsgebung schließlich **die Wiedergabe von Ehrverletzungen.** Hierin unterscheidet sich das bayerische Recht sowohl vom bundesrechtlichen (für den Bundestag geltenden) Pendant des Art. 42 III GG, als auch von dem auch für die Landtage geltenden § 37 StGB (hierzu siehe Rn. 14). Was eine Ehrverletzung ist, darf freilich nur im Lichte der Meinungs-/Presse-/Rundfunkfreiheit erschlossen werden (Wechselwirkungslehre).

Freiheit von jeder Verantwortlichkeit bedeutet, dass die wahrheitsgetreue Berichterstat- **13** tung weder strafrechtlichen, noch dienstrechtlichen, zivilrechtlichen, presserechtlichen oder sonstigen staatlichen **Sanktionen** unterliegt.[32] Unberührt bleibt der presserechtliche Gegendarstellungsanspruch.[33] Strittig ist die genaue Wirkungsweise der in Art. 22 II BV (sowie entsprechenden Parallelregelungen, v. a. § 37 StGB) ausgesprochenen Verantwortungsfreiheit, namentlich, ob sie als Rechtfertigungsgrund oder als sonstiger Straf-/Sanktionsausschließungsgrund fungiert; dem Regelungszweck des Art. 22 II, der die wahrheitsgetreue Parlamentsberichterstattung ermöglichen, befördern und nicht nur hinnehmen will, entspricht am ehesten die Annahme eines Rechtfertigungsgrundes.[34]

Schwierige Fragen wirft Art. 22 II BV im **Verhältnis zum einfachen Bundesrecht 14** auf.[35] Zumeist diskutiert wird das Verhältnis zu (dem ausdrücklich auch für die Landtage geltenden) **§ 37 StGB;** für Bayern stellt sich hierbei vor allem die Frage, ob die Einschränkung des Art. 22 II a. E. BV, wonach ehrverletzende Äußerungen vom Schutz ausgenommen sind, vor dem höherrangigen § 37 StGB, der diese Einschränkung nicht kennt, Bestand haben kann oder nach Art. 31 GG gebrochen wird. Der Frage der inhaltlichen Reichweite des Rechtfertigungs-/Sanktionsausschließungsgrundes noch vorgelagert stellt sich indes bereits die Frage, in welcher Weise der landesrechtliche Art. 22 II BV überhaupt einer höherrangigen bundesrechtlichen (z. B. auch zivilrechtlichen) Rechtsfolgenanordnung entgegengehalten werden kann. Nach hier vertretener Ansicht greift es zu kurz, die Problematik unter schlichtem Rückgriff auf Art. 31 GG lösen zu wollen. Vielmehr ist zunächst zu bedenken, dass jedwede Kompetenz des Bundesgesetzgebers von vornherein unter dem aus der Landesverfassungsautonomie fließenden Vorbehalt steht, dass die Länder in der Lage sein müssen, zum Schutze ihres Parlaments und seiner Funktionstüch-

---

[28] OLG München BayVBl. 1975, 54 (55). Hier verschwimmen die Grenzen zur Wahrheitstreue, s. u.

[29] *Klein,* in: Maunz/Dürig, Art. 42 Rn. 59; auch zum Folgenden (Rn. 63 f.).

[30] BGH NJW 1980, 780.

[31] Vgl. zum Bundesrecht: *Magiera,* in: Sachs, Art. 42 Rn. 19.

[32] *Magiera,* in: Sachs, Art. 42 Rn. 20.

[33] *Schweiger,* in: Nawiasky/Schweiger/Knöpfle, Art. 22 Rn. 6.

[34] *Klein,* in: Maunz/Dürig, Art. 42 Rn. 70 f.; *Perron,* in: Schönke/Schröder, § 37 Rn. 1.

[35] Zum Folgenden: *Meder,* Art. 22 Rn. 2; *Perron,* in: Schönke/Schröder, § 37 Rn. 3 (m. w. N.); *Edinger,* in: Grimm/Caesar, RhPfVerf, Art. 8 Rn. 9 f.; *Müller-Terpitz,* in: Löwer/Tettinger, NRWVerf, Art. 43 Rn. 8 f.

tigkeit die im deutschen Verfassungsraum typischen Schutzinstrumente (v. a. Polizei-hoheit, Berichtsfreiheit, Immunität, Indemnität, vgl. auch die Kommentierungen zu Art. 21, Rn. 10 sowie zu Art. 27 f.) vorzusehen; die Gesetzgebungskompetenzen der Art. 70 ff. GG bedürfen insoweit einer im Lichte der Verfassungsautonomie (Art. 28 I 1 GG) einschränkenden Auslegung. Freilich ist es eine bundesrechtliche, durch das Homo-genitätsgebot zu beantwortende Frage, wie weit diese Autonomie reicht; dass der Homo-genitätsrahmen (selbst im Sonderfall Ehrverletzungen) durch Art. 22 II BV überschritten ist, scheint angesichts der weitgehenden Strukturähnlichkeit mit Art. 42 III GG indes we-nig plausibel; dass Art. 42 III GG anders als noch Art. 30 WRV die Landtage bewusst nicht mitregelt und so der Landesverfassungsautonomie überlässt, unterstreicht diesen Befund noch zusätzlich. Art. 22 II BV kann deswegen auch – gegenüber zwar höherrangigem, aber insoweit unter einem Kompetenzvorbehalt stehendem – Bundesrecht als Rechtferti-gungs-/Sanktionsausschließungsgrund zum Zuge kommen. Schwieriger gestaltet sich das Verhältnis zu § 37 StGB. Zwar ist es auch hier im Ausgangspunkt so, dass der einfache Bundesgesetzgeber nicht in der Lage ist, originär staatsorganisationsrechtliche Regelun-gen, die die Landesverfassung im Rahmen grundgesetzkonformer Verfassungsautonomie abschließend geregelt hat, in einer das Landesverfassungsrecht verdrängenden Weise (Art. 31 GG) an sich zu ziehen. Dies kann allerdings nur gelten, soweit die Landesverfas-sung die Sache auch tatsächlich abschließend geregelt hat und keinen Raum für abwei-chendes Bundesrecht lassen will. Im Falle des Art. 22 II (ähnlich Art. 27, siehe dort) würde es nach hier vertretener Ansicht zu weit gehen, allein aus der Tatsache, dass die BV ehrver-letzenden Äußerungen den Schutz der Verantwortungsfreiheit nicht selbst zusprechen will, zu schließen, dass sie auch Bundesrecht entgegenstehen will, das eben diesen weiter-gehenden Schutz gewährt. Wenn bundesrechtliche Gewährleistungen im Interesse der Landesverfassungsautonomie grundsätzlich als Mindestgarantien zu verstehen sind, über die das Landesverfassungsrecht auch hinausgehen kann[36], so sollten umgekehrt (in unse-rem Fall) auch landesverfassungsrechtliche Garantien im Zweifel als Mindestgarantien verstanden werden, die bundesrechtlich aufgebessert werden dürfen. Freilich war es eine durchaus bewusste Entscheidung des Verfassungsausschusses, ehrverletzenden Äußerun-gen den Schutz zu versagen.[37] Dennoch geben die Materialien nichts dafür her, dass eine abschließende Aussage auch im Verhältnis zu einer späteren bundeseinheitlichen Regelung getroffen werden sollte. In diesem Sinne scheint es möglich, trotz des kompetenziellen Vorrangs der Landesverfassung der weitergehenden Regelung des Bundesrechts Raum zu lassen und auch in Bayern die Wiedergabe ehrverletzender Äußerungen als straflos anzuse-hen. Für Fälle außerhalb des Strafrechts bleibt es bei der ausschließlichen Maßgeblichkeit des Art. 22 II BV.

Art. 23 [Beschlussfassung, Beschlussfähigkeit]

(1) Der Landtag beschließt mit einfacher Mehrheit der abgegebenen Stimmen, sofern die Verfassung kein anderes Stimmverhältnis vorschreibt.
(2) Zur Beschlussfähigkeit des Landtags ist die Anwesenheit der Mehrheit seiner Mitglieder erforderlich.
(3) Die in der Verfassung vorgesehenen Ausnahmen bleiben unberührt.

Parallelvorschriften im GG und anderen Landesverfassungen: Art. 42 II GG; Art. 33 II BaWüVerf; Art. 43 BerlVerf; Art. 65 BbgVerf; Art. 89 f. BremVerf; Art. 19 f. HmbVerf; Art. 87 f. HessVerf; Art. 32 f. M-VVerf; Art. 21 IV NdsVerf; Art. 44 NRWVerf; Art. 88 RhPfVerf; Art. 74 SaarlVerf; Art. 48 II, III SächsVerf; Art. 51 VerfLSA; Art. 16 SchlHVerf; Art. 61 ThürVerf.

---

[36] Vgl. BVerfGE 96, 345 (365). Zuzugeben ist, dass diese Vermutung zugunsten einer Mindestga-rantie bei Dreiecksverhältnissen widerstreitender Rechte an Grenzen stößt und dass es auch hier (Ehr-verletzung!) um ein Dreiecksverhältnis geht.
[37] Prot. I, S. 108 ff.

Rechtsprechung: BVerfGE 40, 308; VerfGH 46, 1; StGH RGZ 139, Anh. S. 1.

Literatur: Heun, Das Mehrheitsprinzip in der Demokratie, 1983; *Kratzer,* Parlamentsbeschlüsse, ihre Wirkung und Überprüfung, BayVBl. 1966, 365, 408; *Vonderbeck,* Die parlamentarische Beschlussfähigkeit, FS Blischke, 1982, 191 ff.

Übersicht

I. Allgemeines

1. Bedeutung

Art. 23 statuiert allgemeine (unter dem Vorbehalt spezieller Sonderbestimmungen ste- **1** hende, vgl. Abs. 1 a. E., Abs. 3) Regeln zur parlamentarischen **Beschlussfähigkeit** und **Beschlussfassung.** Die in Abs. 1 normierte Mehrheitsregel ist Ausfluss des für die Demokratie wesentlichen Prinzips der Mehrheitsentscheidung (Art. 2 I 2)[1]; die in Abs. 2 getroffene Regelung zur Beschlussfähigkeit sichert ein Mindestmaß an Repräsentativität der Entscheidungen der Volksvertretung[2] und steht insoweit in engem Zusammenhang mit Art. 4, 5 I, 13.

2. Entstehung

Im Vergleich zu Art. 19 VE und E schwächte der VA die Anforderungen zur Beschluss- **2** fähigkeit ab (Anwesenheit der Mehrheit statt Zweidrittelmehrheit), um die Möglichkeit der Obstruktion durch eine Minderheit auszuschließen. Ansonsten wurde – ohne wesentliche inhaltliche Differenzen – vor allem um die textliche Fassung des Vorbehalts zugunsten von in der Verfassung vorgesehenen Ausnahmen gerungen; die letztlich (offenbar versehentlich) beibehaltene Doppelregelung in Abs. 1 a. E. und Abs. 3 ist wenig glücklich.[3]

3. Verhältnis zum Grundgesetz

Von der allein für den Bundestag geltenden Parallelregelung des **Art. 42 II GG** unter- **3** scheidet sich Art. 23 BV vor allem darin, dass Mindestanforderungen zur Beschlussfähigkeit bereits auf Verfassungsebene selbst (statt allein in der Geschäftsordnung) angeordnet werden; bzgl. des Mehrheitsprinzips herrscht weitgehender Gleichklang (allein Art. 44 II 2 GG hat keine unmittelbare Entsprechung). Der durch Art. 28 I 1, 2 GG, namentlich durch das Demokratieprinzip und das Prinzip parlamentarischer Repräsentation gezogene Homogenitätsrahmen ist unzweifelhaft gewahrt.[4]

---

[1] VerfGH 46, 1 (10).

[2] BVerfGE 44, 308 (315 ff.).

[3] Prot. I, S. 111 f.; II, S. 404 f.; IV, S. 161, 200; zur Textierung: Prot. III, S. IX; *Schweiger,* in: Nawiasky/Schweiger/Knöpfle, Art. 23 Rn. 1, 7.

[4] Art. 23 II BV ist tendenziell strenger als die in BVerfGE 44, 308 aus dem Prinzip demokratischer Repräsentation abgeleiteten Mindestanforderungen (s. u. Rn. 9). Zur Unbedenklichkeit der einfachen Mehrheitsregel auch im Sonderfall der Wahl von Mitgliedern des VerfGH: BVerfG vom 23. 7. 1998, 1 BvR 2470/94.

II. Einzelkommentierung

1. Anwendungsbereich

4　　Art. 23 formuliert prozedurale Maßgaben für **Beschlüsse** des Landtags. Gegenstand eines Beschlusses i. S. d. Art. 23 (mit der Konsequenz der Geltung der in Art. 23 statuierten Rechtsfolgen) kann alles sein, wozu der Landtag seinen Willen oder seine Meinung bekunden möchte[5]; Regelungsthema des Art. 23 ist nicht die Frage, worüber der Landtag rechtmäßigerweise Beschluss fassen darf oder muss. Art. 23 BV greift daher sowohl bei in der Verfassung selbst vorgesehenen (z. B. Gesetzesbeschluss, Art. 70), als auch bei in der Geschäftsordnung geregelten, als auch bei sonstigen vom Landtag kraft autonomer Entscheidung gefassten Beschlüssen (zum allgemeinpolitischen Mandat des Landtags sowie zur grundsätzlich nicht gegebenen Bindungskraft schlichter Parlamentsbeschlüsse gegenüber der Exekutive siehe bereits vor Art. 13 Rn. 4, 7; Art. 13 Rn. 14).[6] Erfasst sind sowohl Abstimmungen (§§ 122 ff. GeschOLT) als auch Wahlen (§§ 41 ff. GeschOLT), sowohl Beschlüsse zum Verfahren als auch zur Sache. Die Regeln des Art. 23 gelten allein für den Landtag **(Plenum)**, für Ausschüsse greift die Geschäftsordnungsautonomie des Landtags (Art. 20 III, §§ 166 ff. GeschOLT) in den allgemeinen verfassungsrechtlichen Grenzen. Die in Art. 23 formulierten Voraussetzungen und Maßgaben betreffen allein den Beschlussvorgang an sich; die Anwesenheitspflichten des Abs. 2 beziehen sich daher nicht auf die Beratung insgesamt (anders z. B. Art. 87 I HessVerf).[7]

2. Beschlussfassung mit einfacher Abstimmungsmehrheit (Abs. 1, 3)

5　　Abs. 1 konkretisiert das Mehrheitsprinzip (Art. 2 II 2) für Beschlüsse des Landtags dahingehend, dass zu deren Gültigkeit grundsätzlich die **einfache Abstimmungsmehrheit** notwendig und ausreichend ist. Im Unterschied zur Abgeordnetenmehrheit (Mehrheit der Mitglieder) oder zur Anwesendenmehrheit (Mehrheit der Anwesenden) genügt die Mehrheit der tatsächlich abgegebenen Stimmen. Ungültige Stimmen und **Stimmenthaltungen** gelten hierbei nach traditioneller Ansicht und ständiger Praxis nicht als abgegebene Stimmen (Stimmenenthaltungen zählen somit faktisch nicht als Neinstimmen). Es muss mindestens eine Ja-Stimme mehr abgegeben sein als Nein-Stimmen; Stimmengleichheit verneint die Frage (s. a. § 127 III GeschOLT). Dass Stimmenthaltungen nicht als abgegebene Stimmen zählen, mag bei isolierter Betrachtung der Anforderung „Mehrheit der abgegebenen Stimmen" fragwürdig erscheinen, wird durch Art. 23 I aber dadurch eindeutig klargestellt, dass die notwendige Mehrheit zusätzlich als „einfache" Mehrheit der abgegebenen Stimmen qualifiziert wird. **Keine Regelung** trifft Art. 23 I hinsichtlich der Fassung und Reihenfolge der Fragestellungen, über die abzustimmen ist, sowie über das genaue Verfahren der Abstimmung (Art der Zählung, offen oder geheim etc.); diese Bestimmungen hat der Landtag im Rahmen seiner Geschäftsordnungsautonomie zu treffen (§§ 41 ff. GeschOLT für Wahlen, §§ 122 ff. GeschOLT für Abstimmungen). Hierfür gelten allgemeine verfassungsrechtliche Grenzen; die (derzeit praktizierte) Offenheit aller Abstimmungsvorgänge (anders die grundsätzlich geheimen Wahlen) scheint hierbei nicht zwingend.[8]

6　　Die Verfassung selbst sieht für Beschlüsse vielfach **qualifizierte Mehrheiten** vor; an verschiedenen Stellen finden sich auch Minderheitenrechte normiert (z. B. Art. 15 II, 17 II, 18 I, 22 I 2, 25 I, 48 II 2, 61 IV, 75 II 1). All diese ausdrücklichen Ausnahmen gehen − aufgrund der in Abs. 1 a. E. und Abs. 3 doppelt angeordneten Vorbehaltsklausel − der Regel

---

[5]　*Klein,* in: Maunz/Dürig, Art. 42 Rn. 89.

[6]　Zu den Arten an Parlamentsbeschlüssen siehe *Kratzer,* BayVBl. 1955, 365 ff., 408 ff.

[7]　Zum Ganzen vgl. *Edinger,* in: Grimm/Caesar, RhPfVerf, Art. 88 Rn. 4; *Magiera,* in: Sachs, Art. 42 Rn. 8.

[8]　Zum Ganzen: *Meder,* Art. 23 Rn. 1; *Schweiger,* in: Nawiasky/Schweiger/Knöpfle, Art. 23 Rn. 3, 5; *Menzel,* in: Löwer/Tettinger, NRWVerf, Art. 44 Rn. 4 ff., 13 f.; für mehr geheime Abstimmungen: *Klein,* ZRP 1976, 81.

des Art. 23 I vor. Anders als das Grundgesetz (Art. 42 II 2) oder einige Landesverfassungen (z. B. Art. 88 II 2 RhPfVerf) kennt die BV keine allgemeine Ermächtigung, für Wahlen durch Gesetz oder Geschäftsordnung abweichende Mehrheiten vorzusehen; tatsächlich ist in Bayern auch für die ganz zentralen Wahlentscheidungen des Landtags (Wahl des Ministerpräsidenten, Art. 44 I; Wahl der berufsmäßigen Verfassungsrichter, Art. 68 III) die einfache Mehrheit üblich[9]. Hiergegen bestehen aus Sicht des Demokratieprinzips (auch des Art. 28 I 1 GG) keine Einwände; die Forderung nach qualifizierten Mehrheiten ist verfassungspolitischer Natur.[10] Fraglich ist, ob in Bayern Raum bleibt für die unterverfassungsrechtliche Anordnung qualifizierter Mehrheiten, auch wo sie die Verfassung nicht ausdrücklich anordnet[11]. Der Wortlaut der Vorbehaltsklauseln in Abs. 1 und 3 („sofern die Verfassung kein anderes Stimmverhältnis vorschreibt", „die in der Verfassung vorgesehenen Ausnahmen") lässt wenig Spielraum für Ausnahmen, die in der Verfassung nicht ausdrücklich vorgeschrieben bzw. vorgesehen, sondern als nur implizit zugelassen oder durch verfassungsrechtliche Wertungen gerechtfertigt erscheinen. In der Entscheidung zum PKKG hat der VerfGH die Bestimmung des Art. 1 II 4 PKGG (Wahl durch Mehrheit der Mitglieder des Landtags) für verfassungskonform erachtet, ohne sie explizit an Art. 23 I zu messen.[12] Wahlen nach dem Verhältniswahlrecht (§ 46 GeschOLT) hat der VerfGH als mit Art. 23 I vereinbar angesehen.[13]

Der Landtag hat das Recht, im Rahmen seiner Geschäftsordnungsautonomie (Art. 20 **7** III) verbindlich festzulegen, in welchem Verfahren das Vorliegen der nach Art. 23 I oder nach anderen Vorschriften erforderlichen Mehrheit **festgestellt** wird und ggf. ad hoc angezweifelt werden kann (vgl. §§ 128 ff. GeschOLT: Formen der Abstimmung, ggf. Wiederholung der Abstimmung). Die im Rahmen seiner Autonomie getroffenen Feststellungen des Landtags sind nach hier vertretener Auffassung (s. a. unten Rn. 9) endgültig und einer nachträglichen gerichtlichen Überprüfung – von Evidenz- und Missbrauchsfällen abgesehen – grundsätzlich entzogen.[14]

3. Beschlussfähigkeit (Abs. 2, 3)

Abs. 2 verlangt für die **Beschlussfähigkeit** des Landtags die Anwesenheit der Mehrheit **8** seiner Mitglieder (Abgeordnetenmehrheit); das ursprüngliche Vorhaben, sogar eine Zweidrittelmehrheit zu verlangen (Art. 19 II E), wurde vom Verfassungsausschuss zur Verhinderung von Obstruktionsmöglichkeiten einer Minderheit fallengelassen (siehe bereits Rn. 2). Abzustellen ist regelmäßig auf die gesetzliche Mitgliederzahl (Art. 13 I, 14 I 6), die sich indes verringern kann, solange ein Ersatzmann (Art. 58 LWG) noch nicht einberufen ist; Krankheit oder Beurlaubung verringern die Mitgliederzahl nicht. Anwesenheit meint Anwesenheit im Sitzungssaal, nicht Teilnahme an der Abstimmung.[15]

Als nicht wirklich geklärt muss es angesehen werden, welche **Folgen es für die Gül- 9 tigkeit eines Beschlusses** hat, wenn (ohne dass dies in der Sitzung gerügt würde) tatsächlich nicht das erforderliche Anwesenheitsquorum erreicht wird.[16] **§ 123 I GeschOLT** normiert hierzu, die Beschlussfähigkeit werde angenommen, solange sie nicht von einem Mitglied des Landtags bezweifelt wird (in Abs. 2, 3 folgt sodann die nähere Regelung des

---

[9] *Meder,* Art. 44 Rn. 1; VerfGH 46, 1 (10).

[10] Für die Verfassungsrichterwahl: BVerfG vom 23. 7. 1998, 1 BvR 2470/94.

[11] Vgl. für NRW *Menzel,* in: Löwer/Tettinger, NRW Verf, Art. 44 Rn. 11.

[12] VerfGH 55, 28 (38 f.).

[13] VerfGH 46, 1 (11).

[14] Vgl. BerlVerfGH LKV 1999, 503 (Rechtsschutzbedürfnis verneint; Auswirkungen sonst offengelassen).

[15] *Schweiger,* in: Nawiasky/Schweiger/Knöpfle, Art. 23 Rn. 6; *Meder,* Art. 23 Rn. 2.

[16] Hierzu für Bayern: *Schweiger,* in: Nawiasky/Schweiger/Knöpfle, Art. 23 Rn. 8; *Meder,* Art. 23 Rn. 2; für das GG (dort freilich keine Regelung der Beschlussfähigkeit in der Verfassung selbst): BVerfGE 44, 308; für vergleichbare landesverfassungsrechtliche Regelungen: *Menzel,* in: Löwer/Tettinger, NRW Verf, Art. 44 Rn. 6; *Edinger,* in: Grimm/Caesar, RhPfVerf, Art. 88 Rn. 6; nach wie vor instruktiv: StGH RGZ 139, Anh. S. 1.

Verfahrens zur Feststellung der Beschlussfähigkeit im Falle der Rüge). Kann eine derartige durch bloße Geschäftsordnungsnorm angeordnete Vermutung der Beschlussfähigkeit vor der Verfassung Bestand haben und Wirkkraft entfalten, obwohl doch in Bayern (anders als im GG) die Voraussetzungen der Beschlussfähigkeit bereits von der Verfassung selbst festgelegt werden (und insoweit gerade nicht der Geschäftsordnungsautonomie des Parlaments zugewiesen sind) und hierbei auch keiner im Verfassungstext selbst angelegten Relativierung unterworfen werden (anders jene Verfassungen, die bereits im Verfassungstext selbst eine Fiktion der Beschlussfähigkeit anordnen, so z. B. Art. 33 II 3 BaWüVerf)? Nach hier vertretener Ansicht sind **drei Fragenkreise** auseinanderzuhalten: **(1)** Zum einen folgt aus der Anordnung der Beschlussfähigkeitsvoraussetzungen in Art. 23 II noch nicht zwingend, dass das Vorliegen dieser Voraussetzungen auch voller nachträglicher verfassungsgerichtlicher Überprüfung unterliegen müsste. Zu bedenken ist das Zusammenspiel mit der Geschäftsordnungsautonomie des Landtags (Art. 20 III). So dürfte unbestritten sein, dass die Regelung des Art. 23 II jedenfalls insoweit keine Vollregelung ist und der notwendigen Ergänzung durch geschäftsordnungsrechtliche Regelungen bedarf, als in prozeduraler Hinsicht festgelegt werden muss, von wem und in welchem Verfahren die Beschlussfähigkeit im Landtag festgestellt wird oder bestritten werden darf (vgl. § 123 GeschOLT). Hinzu kommt, dass die nachträgliche Feststellung der Beschlussfähigkeit mit erheblichen Beweisschwierigkeiten belastet sein kann und dass Beschlüsse des Landtags (zumal außenwirksame Beschlüsse wie z. B. Gesetzesbeschlüsse) mit einer hohen Rechtsunsicherheit belastet wären, wenn sie auch durch nachträgliche Rügen der Beschlussunfähigkeit zu Fall gebracht werden können. Es spricht vor diesem Hintergrund – auch angesichts der deutschen Parlamentstradition – viel dafür, dass Art. 23 II BV, so sehr er verbindliche Voraussetzungen der Beschlussfähigkeit normiert, die Entscheidung darüber, ob diese Voraussetzungen gegeben sind, der autonomen und endgültigen Prüfung des Landtags (der allein zu einer verlässlichen Entscheidung in der konkreten Situation in der Lage ist) überlassen und grundsätzlich (von Evidenz- und Missbrauchsfällen abgesehen) nicht einer nachträglichen Kontrolle durch die Gerichte zugänglich machen will (vgl. auch bereits die Ausführungen zur Feststellung der erforderlichen Mehrheit nach Art. 23 I, oben Rn. 7). **(2)** Eine andere Frage ist es, an welche Voraussetzungen der Landtag die – im Prinzip legitime – Vermutung der Einhaltung der Beschlussfähigkeitsvoraussetzungen nach Art. 23 II binden darf und inwieweit er hierbei gestützt auf seine Geschäftsautonomie insbesondere in der Lage ist, die in Art. 23 II normierten Voraussetzungen durch allzu großzügige Vermutungsregeln faktisch zu konterkarieren. Das BVerfG hat es gebilligt, dass auf Bundesebene die in § 45 GO BT angeordnete Vermutung der Beschlussfähigkeit selbst dann greift, wenn ihre Voraussetzungen (Anwesenheit der Abgeordnetenmehrheit) offensichtlich nicht gegeben, d. h. tatsächlich nur sehr wenige Abgeordnete anwesend sind. Die aus dem Grundsatz der repräsentativen Demokratie folgenden Mindestanforderungen seien insoweit – jedenfalls soweit die Entscheidung in den Ausschüssen und Fraktionen hinreichend vorbereitet und abgestimmt seien – nicht verletzt.[17] Diese für das GG getroffenen Aussagen lassen sich auf die BV, in der eben nicht allein die aus dem Grundsatz der repräsentativen Demokratie folgenden Mindestanforderungen gelten, sondern in der die Voraussetzungen der Beschlussfähigkeit im Verfassungstext selbst festgelegt werden, nicht ohne weiteres übertragen. Eine Regelung wie die in § 123 I GeschOLT getroffene, wonach das Gegebensein der Beschlussfähigkeitsvoraussetzungen nicht von Amts wegen, sondern allein auf entsprechende Rüge hin festgestellt wird (sodass bei allseitigem Einverständnis die Voraussetzungen des Art. 23 II faktisch unterlaufen werden können), muss vor diesem Hintergrund[18] problematisch erscheinen. Sicherlich unzulässig wäre eine § 45 II GO BT

---

[17] BVerfGE 44, 308 (315 ff.).

[18] Auch vor dem Hintergrund der Entstehungsgeschichte, bei der großer Wert auf das Anwesenheitsquorum gelegt wurde und die zunächst sogar vorgesehene Zweidrittelmehrheit nur zur Verhinderung von Obstruktion fallengelassen wurde, siehe Nachweise bei Rn. 2.

entsprechende Regelung, die die Rüge der Beschlussunfähigkeit zusätzlich erschwert, indem sie sie allein Fraktionen oder 5 % der Mitglieder gestattet. Die bayerische Regelung, nach der die Rüge der Beschlussunfähigkeit immerhin jedem einzelnen Abgeordneten gestattet ist, kann allenfalls mit Mühe (da sie einem einvernehmlichen Unterlaufen des Art. 23 II letztlich keinen Einhalt gebietet) als eine gerade noch zulässige Ausschöpfung der Parlamentsautonomie begriffen werden. **(3)** In jedem Fall einzuhalten und insoweit auch voll justiziabel sind die in BVerfGE 44, 308 (320 f.) angedeuteten, aus dem Grundsatz der repräsentativen Demokratie abzuleitenden Mindestanforderungen (diese Anforderungen gelten über Art. 28 I 1 GG auch für die Länder und sind auch der BV inhärent): hinreichende inhaltliche Vorbereitung und Abstimmung, Einvernehmlichkeit des prozeduralen Vorgehens.

Fazit: Der Landtag darf Regeln zu der gerichtlichen Kontrolle entzogenen Vermutung und verbindlichen Feststellung der Beschlussfähigkeit aufstellen, solange diese die Voraussetzungen des Art. 23 II nicht faktisch konterkarieren; der aus dem Grundsatz der repräsentativen Demokratie folgende und voll justiziable Mindeststandard ist zu wahren.

Art. 24 [Zitier-, Zutritts-, Anhörungsrecht]

(1) Der Landtag und seine Ausschüsse können das Erscheinen des Ministerpräsidenten und jedes Staatsministers und Staatssekretärs verlangen.

(2) ¹Die Mitglieder der Staatsregierung und die von ihnen bestellten Beauftragten haben zu allen Sitzungen des Landtags und seiner Ausschüsse Zutritt. ²Sie müssen während der Beratung jederzeit, auch außerhalb der Tagesordnung, gehört werden.

Parallelvorschriften im GG und anderen Landesverfassungen: Art. 43 GG; Art. 34 BaWüVerf; Art. 49 BerlVerf; Art. 66 BbgVerf; Art. 98 BremVerf; Art. 23 HmbVerf; Art. 91 HessVerf; Art. 38 ff. M-VVerf; Art. 23 ff. NdsVerf; Art. 45 NRWVerf; Art. 89–89 b RhPfVerf; Art. 76, 76 a SaarlVerf; Art. 49 ff. SächsVerf; Art. 52 f., 62 VerfLSA; Art. 20 ff. SchlHVerf; Art. 66 f. ThürVerf.

Rechtsprechung: BVerfGE 10, 4; zum Fragerecht: VerfGH 54, 62; 59, 144.

Literatur: Glauben/Edinger, Parlamentarisches Fragerecht in den Landesparlamenten, DÖV 1995, 941; *Klein,* Kommentierung zu Art. 43 GG, in: Maunz/Dürig, 2004; *Meier,* Zitier- und Zutrittsrecht im parlamentarischen Regierungssystem, 1982; *Queng,* Das Zutritts- und Rederecht nach Art. 43 II GG, JuS 1998, 610; *Sauer,* Das Interpellationsrecht in der Bundesrepublik Deutschland und im Freistaat Bayern, 1968; *Schönfeld,* Das Zitier-, Zutritts- und Rederecht des Art. 43 Grundgesetz, 1973; *Teuber,* Parlamentarische Informationsrechte, 2007.

Übersicht

I. Allgemeines

1. Bedeutung

Das in Art. 24 geregelte **Zitierrecht des Landtags** einerseits (Abs. 1) sowie das **1** **Zutritts- und Anhörungsrecht der Staatsregierung** andererseits (Abs. 2) gehören zum Kernbestand der das Verhältnis von Regierung und Volksvertretung bestimmenden Normen im demokratischen Verfassungsstaat. Zumal das Zitierrecht ist wichtiger Baustein sowohl der parlamentarischen Verantwortlichkeit der Regierung als auch der dem Parlament gegenüber der Exekutive obliegenden Kontrollaufgabe. Über diesen engeren Aspekt der „checks and balances" hinausgehend geht es Art. 24, wie vor allem Abs. 2 deutlich macht, aber auch um die Gewährleistung eines fruchtbaren staatsleitenden Dialogs zwischen Parlament und Regierung sowie um die Position des Landtags als des zentralen Orts der Begegnung und öffentlichen Debatte zwischen den obersten Organen der Staatsleitung; Art. 24 dient insoweit einem nicht allein (negativ) im Sinne der Hemmung und Kontrolle, sondern auch (positiv) im Sinne eines funktionsgerechten Zusammenwirkens verstandenen Gewaltenteilungsprinzip.[1] Keine ausdrückliche Regelung erfahren hat in der BV – anders als in einigen (neueren) Landesverfassungen[2] – das allgemeine **Frage-/Interpellationsrecht** des Parlaments (das anders als Art. 24 I kein Mehrheits-, sondern ein Minderheits- bzw. ein Recht des einzelnen Abgeordneten ist) sowie die Frage etwaiger ohne weiteres (auch ohne Anfrage) greifender **Unterrichtungspflichten** der Staatsregierung gegenüber dem Parlament, obwohl diese Auskunftsrechte und -pflichten in der heutigen Parlamentspraxis eine eher größere Rolle spielen als das traditionelle Zitierrecht des Art. 24 I, von dem nur selten Gebrauch gemacht wird (näher dazu unten Rn. 6).

2. Entstehung

2   Art. 24 wurde gegenüber Art. 20 E nicht mehr verändert.

3. Verhältnis zum Grundgesetz

3   Im Vergleich zu der allein für den Bundestag geltenden Parallelnorm des **Art. 43 GG** ergeben sich, was das Verhältnis von Parlament und Regierung anbetrifft, keine sachlichen Unterschiede; teilweise vorfindliche Besonderheiten anderer Landesverfassungen (Sonderregeln für Untersuchungsausschüsse, Aussagen zur Ordnungsgewalt, zusätzliche Normierung von Fragerechten und Informationspflichten) finden in Bayern keine Entsprechung. Sowohl ist damit der durch Art. 28 I 1, 2 (Gewaltenteilung, Demokratie, Volksvertretung) vorgegebene Homogenitätsrahmen gewahrt, als auch kann sich die Auslegung an Art. 43 GG orientieren.

II. Einzelkommentierung

1. Zitierrecht (Abs. 1)

4   **a) Inhaber und Adressaten. Inhaber** des Zitierrechts des Abs. 1 (näher ausgestaltet in § 176 GeschOLT) ist zum einen der Landtag (das Plenum) und zum anderen seine Ausschüsse, gleichviel, ob sie von der Verfassung vorgesehen oder vom Landtag sonst kraft seines Selbstorganisationsrechts eingerichtet sind (auch das PKG; zum Zwischenausschuss siehe Art. 26 S. 2). Zweifelhaft ist ein Zitierrecht von Unterausschüssen (§ 23 II GeschOLT), die in § 176 GeschOLT auch nicht gesondert erwähnt sind; zu verneinen sein dürfte auch ein Zitierrecht von Enquete-Kommissionen (Art. 25 a), denen auch Nichtparlamentarier angehören können (beides str.). Kein Zitierrecht haben der Ältestenrat oder die Fraktionen.[3] Der Landtag entscheidet mit Mehrheit (Art. 23 I)[4]; Entsprechendes gilt für Ausschüsse (§ 176 I 3 GeschOLT); den vorangehenden Antrag auf Herbeirufung kann der Landtag kraft seiner Geschäftsordnungsautonomie an Quoren binden (§ 176 I 2 GeschOLT: Fraktion oder 20 Mitglieder bzgl. Plenum). Mögliche **Adressaten** des Zitierrechts sind alle Mitglieder der Staatsregierung i. S. v. Art. 43 II. Eine Stellvertretung durch

---

[1] Zum Ganzen: *Klein,* in: Maunz/Dürig, Art. 43 Rn. 1, 25, 35 ff., 119 ff.; *Magiera,* in: Sachs, Art. 43 Rn. 1, 7.

[2] Siehe alle Verweise auf Parallelregelungen oben, in denen mehr als nur ein Artikel zitiert ist.

[3] Zu den Inhabern des Zitierrechts: *Klein,* in: Maunz/Dürig, Art. 43 Rn. 51 ff.; *Morlok,* in: Dreier, Art. 43 Rn. 9.

[4] *Schweiger,* in: Nawiasky/Schweiger/Knöpfle, Art. 24 Rn. 3.

Beauftragte ist (anders als in Abs. 2) von Verfassungs wegen nicht vorgesehen und nur mit Einverständnis des Landtags oder aus wichtigem Grund (insoweit immanente Grenze des Zitierrechts, siehe Rn. 5) zulässig (§ 176 II GeschOLT). Richtigerweise kann nicht allein der fachlich zuständige Ressortminister, sondern – dem Wortlaut entsprechend – jedes Regierungsmitglied, zu dem sich ein sachlicher Bezug ergibt (insoweit gilt allein die Missbrauchsgrenze), geladen werden.[5]

b) Inhalt und Grenzen. Der Beschluss, ein Regierungsmitglied herbeizurufen, be- 5 gründet die Pflicht des Betroffenen, **persönlich zu erscheinen**.[6] Der Herbeirufung nicht Folge zu leisten, ist nur gerechtfertigt, soweit sie im Einzelfall missbräuchlich wäre, der Herbeigerufene im Sinne objektiver Unmöglichkeit oder subjektiver Unzumutbarkeit (v. a. Krankheit) verhindert ist oder ein Fall der Pflichtenkollision besteht, bei der sich die entgegenstehenden Dienstpflichten (auch hinsichtlich Dringlichkeit und Unaufschiebbarkeit) als höherrangig erweisen. Der auf einen **„wichtigen Grund"** abstellende § 176 II GeschOLT gibt, obgleich die innenrechtliche Geschäftsordnung als solche freilich nicht die Staatsregierung determinieren kann, die Verfassungsrechtslage insoweit richtig wieder. Die Anwesenheitspflicht erstreckt sich zeitlich auf den Verhandlungsgegenstand, zu dem der Betroffene herbeigerufen wurde. Da das Zitierrecht seinen Zweck verfehlt, wenn der Herbeigerufene nur stumm und passiv dabeisitzt, schließt die aus ihm folgende Pflicht nach h. M. auch die Verpflichtung ein, dem Parlament in der Sache **Rede und Antwort** zu stehen. Diese Antwortpflicht unterliegt den gleichen inhaltlichen Grenzen wie das sogleich zu behandelnde allgemeine Fragerecht der Abgeordneten (v. a. Kernbereich der Exekutive, Geheimnisschutz; Rechte Dritter).[7]

c) Zur Abgrenzung: Allgemeines Fragerecht, Interpellationsrecht, Berichts- 6 **pflichten.** Streng zu unterscheiden von dem Zitierrecht des Art. 24 I (samt den aus ihm fließenden Antwortpflichten des Herbeigerufenen) sind die **allgemeinen Fragerechte des Abgeordneten** und hieraus fließenden **Interpellationsrechte des Parlaments** (siehe dazu §§ 67 ff. GeschOLT, sowie die Punkte 2. und 3. der seit Januar 2007 probeweise geltenden, von der GeschO abweichenden Regelungen im Plenum).[8] Während das Zitierrecht des Art. 24 I ein Mehrheitsrecht ist, fließen die (in der BV nicht ausdrücklich geregelten) allgemeinen Frage- und Interpellationsrechte aus dem Status des einzelnen Abgeordneten (Art. 13 II, zusätzlich Abstützung in Art. 16 a) und sind so ihrer Natur nach ein Minderheitenrecht. Die Geschäftsordnung des Landtags kann diese, ohne als solche Pflichten der Staatsregierung begründen zu können, prozedural näher ausgestalten (Interpellationen, schriftliche und mündliche Befragung, Ministerbefragung, unmittelbare Auskunftsverlagen). Die mit dem Fragerecht korrespondierende Antwortpflicht der Staatsregierung unterliegt bestimmten Grenzen, die sich aus der Verfassung und verfassungsrechtlichen Grundsätzen ergeben (Art. 13 Rn. 14); hinsichtlich der Art und Weise der Beantwortung hat die Exekutive eine gewisse Einschätzungsprärogative.[9] Richtig ist im Ausgangspunkt, dass die aus dem Fragerecht resultierenden Antwortpflichten der Staatsregierung (anders als Art. 24 I) unabhängig von der Präsenz einzelner Regierungsmitglieder im Plenum bestehen und eine derartige Präsenz typischerweise auch nicht voraussetzen; dennoch wäre es überspitzt, die Dimension der Präsenz als von dem allgemeinen Fragerecht völlig unberührt anzusehen. So scheint es nicht ausgeschlossen, dass der Landtag im Rahmen seiner Geschäftsordnungsautonomie (Art. 20 III) bestimmte – eine entsprechende Präsenz voraussetzende – Formen der Befragung im Parlament vorsehen kann

---

[5] *Klein,* in: Maunz/Dürig, Art. 43 Rn. 61; *Morlok,* in: Dreier, Art. 43 Rn. 10; a. A.: *Schweiger,* in: Nawiasky/Schweiger/Knöpfle, Art. 24 Rn. 3.

[6] Zum Folgenden: *Klein,* in: Maunz/Dürig, Art. 43 Rn. 63 ff.; *Morlok,* in: Dreier, Art. 43 Rn. 11 ff.

[7] VerfGH 54, 62 (74 f.); 59, 144 (178 f.).

[8] *Klein,* in: Maunz/Dürig, Art. 43 Rn. 75 ff.; *Morlok,* in: Dreier, Art. 43 Rn. 12; undeutlich: *Schweiger,* in: Nawiasky/Schweiger/Knöpfle, Art. 24 Rn. 2; *Meder,* Art. 24 Rn. 1 a.

[9] VerfGH 54, 62; 59, 144.

(z. B. den seit Januar 2007 probeweise eingeführten Typus der Ministerbefragung) und dass die Staatsregierung aus dem Aspekt der wechselseitigen Organtreue heraus auch eine korrespondierende Pflicht trifft, die solchermaßen näher ausgestaltete Form der Befragung möglich zu machen (die Pflichten der Staatsregierung stehen insoweit – hinsichtlich Terminierung und sonstiger Handhabung – allerdings unter dem Vorzeichen wechselseitiger Rücksichtnahme und nicht etwa einseitiger Bestimmungsmacht wie bei Art. 24 I). Verfassungsunmittelbare Pflichten der Staatsregierung, den Landtag von sich aus zu informieren, sieht die BV (anders als einige neuere Landesverfassungen) nicht vor; derartige Informationspflichten sind gem. Art. 55 Nr. 3 S. 2 einer Vereinbarung zwischen Landtag und Staatsregierung auf gesetzlicher Grundlage vorbehalten und werden im **Parlamentsinformationsgesetz**[10] geregelt.

2. Das Zutritts- und Rederecht (Abs. 2)

7   **a) Zutrittsrecht (Abs. 2 S. 1).** Das **Zutrittsrecht** der Staatsregierung in Abs. 2 S. 1 ist nicht nur Gegenstück des in Abs. 1 normierten Zitierrechts (Korrespondenzthese), sondern dient (in Verbindung mit dem Rederecht des Abs. 2 S. 1) umfassender dem staatsleitenden Dialog zwischen Parlament und Regierung.[11] Berechtigte[12] sind die Mitglieder der Staatsregierung (Art. 43 II) und die von ihnen (je einzeln oder durch die Staatsregierung insgesamt) Beauftragten (z. B. Ministerialbeamte); die Beauftragteneigenschaft ist nicht von zusätzlichen Merkmalen (z. B. bestimmten Qualifikationsvoraussetzungen, Rang etc.) abhängig. Adressaten des Zutrittsrechts[13] sind das Landtagsplenum und die Ausschüsse; aufgrund der im Vergleich zu Abs. 1 umfassenderen Funktion des Abs. 2 (fruchtbarer Dialog und Zusammenarbeit statt bloße Kontrollfunktion) wird man den Kreis der Adressaten des Zutrittsrechts tendenziell größer ziehen dürfen als den Kreis der nach Abs. 1 Zitierberechtigten und so auch Unterausschüsse (vgl. § 176 I 1 GeschOLT) und Enquete-Kommissionen einbeziehen können (str.). Das Zutrittsrecht der Staatsregierung besteht dabei auch und insbesondere, wenn die Öffentlichkeit nach Art. 22 I ausgeschlossen wurde. Umstritten ist, inwieweit das Zutrittsrecht der Staatsregierung bzgl. solcher Ausschüsse beschränkt werden kann, die in der Sache als Kontrollgremien gegenüber der Staatsregierung operieren (z. B. Untersuchungs-, Petitionsausschuss etc.). Da es in der BV (v. a. in Bezug auf Untersuchungsausschüsse, anders z. B. Art. 45 III NRWVerf) an einer ausdrücklichen Regelung in dieser Richtung fehlt und das Zutrittsrecht – zwar nicht nur, aber jedenfalls auch – Gegenstück der dem Parlament gegenüber der Staatsregierung obliegenden Kontrollrechte (z. B. Art. 24 I) ist, wird man allgemeine Zutrittsverbote dieser Art nicht vorschnell annehmen dürfen; in Betracht kommen sie allenfalls ausnahmsweise und im konkreten Fall, soweit die Anwesenheit eines bestimmten Regierungsmitglieds oder -beauftragten als missbräuchlich erscheint und den Untersuchungszweck des Ausschusses zu vereiteln droht. Auch die in einem Verfahren des einstweiligen Rechtsschutzes in BVerfGE 74, 7 (8 f.) ausgesprochene Variante der Beschränkung auf *ein* zur Geheimhaltung verpflichtetes Regierungsmitglied darf nicht vorschnell verallgemeinert werden.

8   **b) Anhörungs-/Rederecht (Abs. 2 S. 2).** Das mit dem Zutrittsrecht des S. 1 einhergehende **Anhörungsrecht** des S. 2[14] gewährt allein eine Redebefugnis, nicht dagegen ein

---

[10] Gesetz über die Unterrichtung des Landtags durch die Staatsregierung (Parlamentsinformationsgesetz – PIG) vom 25. 5. 2003 (GVBl. S. 324) mit Vereinbarung zwischen Landtag und Staatsregierung über die Unterrichtung des Landtags durch die Staatsregierung (VerIPIG) vom 3./4. 9. 2003 (GVBl. S. 670).

[11] *Magiera,* in: Sachs, Art. 43 Rn. 7.

[12] *Klein,* in: Maunz/Dürig, Art. 43 Rn. 125 ff.; *Morlok,* in: Dreier, Art. 43 Rn. 18; *Schweiger,* in: Nawiasky/Schweiger/Knöpfle, Art. 24 Rn. 4.

[13] Zum Folgenden: *Klein,* in: Maunz/Dürig, Art. 43 Rn. 130 ff.; Art. 44, Rn. 188 ff.; *Morlok,* in: Dreier, Art. 43 Rn. 19; *Edinger,* in: Grimm/Caesar, RhPfVerf, Art. 89 Rn. 3; BVerfGE 74, 7 (8 f.).

[14] Zum Folgenden: *Klein,* in: Maunz/Dürig, Art. 43 Rn. 142 ff.; *Morlok,* in: Dreier, Art. 43 Rn. 21; *Magiera,* in: Sachs, Art. 43 Rn. 11 ff.

Antragsrecht oder ein Recht zu Zwischenfragen, Zwischenrufen etc. Die Bestimmung „jederzeit, auch außerhalb der Tagesordnung", bedeutet das Recht, unabhängig von Tages- und Redeordnung als nächster Redner zu Wort zu kommen, nicht jedoch eine laufende Rede zu unterbrechen. Das Rederecht besteht (auch nach dem letzten Tagesordnungs- punkt) bis zur Schließung der Sitzung, aber auch nur bis zu dieser; allerdings darf die Sit- zung nicht geschlossen werden, um das Rederecht zu unterlaufen. Fragen der Beschlussfä- higkeit (Vereitelung des Rederechts durch Verlassen des Sitzungssaals[15]) spielen hierbei keine Rolle, da die Beschlussfähigkeit für die Beratung als solche irrelevant ist (Art. 23, Rn. 4). Das Rederecht des Abs. 2 S. 1 ist – von der Missbrauchsgrenze abgesehen – weder inhaltlich noch zeitlich begrenzt oder durch das Parlament begrenzbar; auch ist es nach einer frühen BVerfG-Entscheidung verfassungsrechtlich nicht geboten, Redezeit der Staatsregierung auf die Redezeit der Parlamentsmehrheit anzurechnen oder im Wege der Verlängerung der Redezeit der Opposition auszugleichen (str.)[16]; auch aus Art. 16a II 1 wird sich – angesichts der Unterscheidung von Regierung und Regierungsmehrheit einerseits sowie des Prinzips der Abgeordnetengleichheit andererseits – jedenfalls ein Anspruch auf vollen Ausgleich nicht ableiten lassen (Art. 16a Rn. 7). Kompromisshafte Lösungen der in der Praxis üblichen Art (besondere Rederechte, vgl. 4. des Anhanges 1 zur GeschOLT) sind von der Geschäftsordnungsautonomie (Art. 20 III) gedeckt und durch Art. 16 a II 1 legitimiert.

c) Sitzungs- und Ordnungsgewalt. Auch ohne ausdrückliche Regelung in der Art **9** z. B. des Art. 45 I 2 NRW Verf unterstehen die Mitglieder oder Beauftragten der Staatsre- gierung, soweit ihnen Art. 24 II das Recht einräumt, in den Innenbereich des Parlaments einzutreten und dort das Wort zu ergreifen, der diesen Innenbereich betreffenden, aus der Parlamentsautonomie entspringenden allgemeinen **Sitzungs- und Ordnungsgewalt** des Landtagspräsidenten und der Ausschussvorsitzenden (Art. 21, Rn. 12). Freilich muss die Handhabung der Ordnungsgewalt ihrerseits die Rechte der Staatsregierung nach Art. 24 II respektieren und stößt insoweit auf verfassungsrechtliche Grenzen.[17] Auch das Hausrecht des Landtagspräsidenten (Art. 21 I) wird durch Art. 24 II eingeschränkt.[18]

Art. 25 [Untersuchungsausschüsse]

(1) Der Landtag hat das Recht und auf Antrag von einem Fünftel seiner Mitglie- der die Pflicht, Untersuchungsausschüsse einzusetzen.

(2) Bei der Einsetzung jedes neuen Untersuchungsausschusses wechselt der Vorsitz unter den Fraktionen entsprechend ihrem Stärkeverhältnis im Landtag.

(3) ¹Diese Ausschüsse und die von ihnen ersuchten Behörden können in entspre- chender Anwendung der Strafprozessordnung alle erforderlichen Beweise erhe- ben, auch Zeugen und Sachverständige vorladen, vernehmen, beeidigen und das Zeugniszwangsverfahren gegen sie durchführen. ²Das Brief-, Post-, Telegraphen- und Fernsprechgeheimnis bleibt jedoch unberührt. ³Die Gerichts- und Verwal- tungsbehörden sind verpflichtet, dem Ersuchen dieser Ausschüsse um Beweis- erhebung Folge zu leisten. ⁴Die Akten der Behörden sind ihnen auf Verlangen vorzulegen.

(4) ¹Auf Antrag von einem Fünftel ihrer Mitglieder haben die Ausschüsse zulässi- gen Anträgen nach Absatz 3 stattzugeben. ²Hält die Mehrheit der Mitglieder die- ses Ausschusses einen Antrag nach Absatz 3 für unzulässig, so entscheidet darüber der Landtag. ³Gegen dessen Entscheidung kann der Bayerische Verfassungsge- richtshof angerufen werden.

---

[15] So *Schweiger*, in: Nawiasky/Schweiger/Knöpfle, Art. 24 Rn. 4.
[16] BVerfGE 10, 4.
[17] *Klein*, in: Maunz/Dürig, Art. 43 Rn. 162 ff.
[18] *Schweiger*, in: Nawiasky/Schweiger/Knöpfle, Art. 24 Rn. 4.

(5) ¹Die Untersuchungsausschüsse verhandeln öffentlich, doch wird die Öffentlichkeit auf Verlangen einer Zweidrittelmehrheit ausgeschlossen. ²Art. 22 Abs. 1 Satz 3 und 4 gilt entsprechend.

Parallelvorschriften im GG und anderen Landesverfassungen: Art. 44 GG; Art. 35 BaWüVerf; Art. 48 Berl-Verf; Art. 72 BbgVerf; Art. 105 V BremVerf; Art. 26 HmbVerf; Art. 92 HessVerf; Art. 34 M-VVerf; Art. 27 NdsVerf; Art. 41 NRWVerf; Art. 91 RhPfVerf; Art. 79 SaarlVerf; Art. 54 SächsVerf; Art. 54 VerfLSA; Art. 18 SchlHVerf; Art. 64 ThürVerf.

Rechtsprechung: BVerfGE 49, 70; 67, 100; 76, 363; 77, 1; 83, 175; 105, 197; 13, 113; VerfGH 30, 48; 34, 119; 35, 82; 38, 165; 45, 89; 47, 87; 48, 34; 59, 209; BVerwGE 79, 339; 109, 258.

Literatur: Badura, Das Recht der Minderheit auf Einsetzung eines parlamentarischen Untersuchungsausschusses, in FS Helmrich, 1994; *Geis,* Untersuchungsausschuss, in Isensee/Kirchhof (Hrsg.), HdBStR III, 3. Aufl. 2005, § 55; *Glauben/Brocker,* Das Recht der parlamentarischen Untersuchungsausschüsse in Bund und Ländern, 2005; *Klein,* Kommentierung zu Art. 44 GG, in Maunz/Dürig, 2005; *Simons,* Das parlamentarische Untersuchungsrecht im Bundesstaat, 1991.

Übersicht

I. Allgemeines

1. Bedeutung

1   Das Untersuchungsrecht (**Enquêterecht**) ist eines der wichtigsten und wirksamsten Mittel der Information und Kontrolle, die dem Parlament zur Vorbereitung seiner Entscheidungen zur Verfügung stehen.[1] Es gibt ihm das Recht, selbstständig, d. h. unabhängig von Behörden und Gerichten mit hoheitlichen Mitteln die Sachverhalte zu prüfen, die es in Erfüllung seines Verfassungsauftrags als Volksvertretung für aufklärungsbedürftig hält (**Selbstinformationsrecht**); besonders für die Aufgabe der parlamentarischen **Kontrolle von Regierung und Verwaltung** kommt dem Enquêterecht eine entscheidende Rolle zu; unter den Bedingungen des parlamentarischen Regierungssystems muss das Enquêterecht, um wirksam zu sein, deswegen (auch) als ein **Minderheitenrecht** ausgestaltet sein (vgl. Abs. 1).[2] Nicht ganz überschneidungsfrei lassen sich **Sachstands- und Kontrollenquêten** unterscheiden; in der Praxis dominierend sind Kontrollenquêten gegenüber der Exekutive (sog. **Missstandsenquêten**); an Bedeutung gewinnen auch sog. Skandalenquêten bzgl. sonstiger – über den engeren staatlichen Bereich hinausgreifender – Bereiche des öffentlichen Lebens; die – freilich weiterhin statthaften – sog. Gesetzgebungsenquêten (Sachstandsenquêten zur Vorbereitung von Gesetzgebungsvorhaben) und Kollegialenquêten (Untersuchungen des Verhaltens von Abgeordneten) dagegen sind weitgehend durch andere Mechanismen abgelöst worden (Enquêtekommissionen, Art. 25 a; Anhörungen § 173 GeschOLT; Verhaltensregeln und ihre Kontrolle durch das Präsidium, Art. 4 a AbgG).[3] Von seinem Untersuchungsrecht macht der Landtag (bzw. die Opposition im Landtag) regen Gebrauch; von 1946 bis 2006 sind 53 Untersuchungsausschüsse eingesetzt

---

[1] *Pieroth,* in: Jarass/Pieroth, Art. 44 Rn. 1.
[2] BVerfGE 49, 70 (85 f.); VerfGH 30, 48 (59).
[3] *Magiera,* in: Sachs, Art. 44 Rn. 4 ff.

worden[4]; die Rechtsprechungspraxis des VerfGH ist reichhaltig (vgl. Nachweise oben). Die verfassungsrechtlichen Normierungen des Art. 25 werden ergänzt[5] durch das Gesetz über die Untersuchungsausschüsse des Bayerischen Landtags[6] (**BayUAG).**

2. Entstehung

Abs. 1 und der jetzige Abs. 3 (ursprünglich Abs. 2) waren fast wörtlich bereits in **2** Art. 21 VE enthalten gewesen; modifiziert wurden im Prozess der Verfassungsgebung die Vorschriften über die Öffentlichkeit (jetzt Abs. 5).[7] Durch das Verfassungsreformgesetz vom 20. 2. 1998 (GVBl. S. 39) wurden Abs. 2 und 4 ergänzt.

3. Verhältnis zum Grundgesetz

Im Vergleich zu der – allein für den Bundestag geltenden und nicht auf die Landtage **3** durchgreifenden – Parallelregelung des **Art. 44 GG** weist Art. 25 BV (ähnlich die Parallelregelungen anderer Landesverfassungen) eine weitgehende Vergleichbarkeit in den wesentlichen Strukturfragen bei kleineren Abweichungen im Detail (z. B. Minderheitsquorum von einem Fünftel statt einem Viertel) auf. Die Existenz eines wirksamen parlamentarischen Untersuchungsrechts gehört zu den den Ländern nach Art. 28 I 1, 2 GG zwingend vorgegebenen **Essentialia des Demokratieprinzips,**[8] was freilich keine Uniformität der Einzelregelungen zur Folge haben muss[9]. Untersuchungsausschüsse üben öffentliche Gewalt aus[10]; ihre Tätigkeit (ggf. auch bereits ihre Einsetzung) muss sich daher – neben den Landesgrundrechten – auch an den Bundesgrundrechten messen lassen, die freilich ihrerseits (auch soweit sie vorbehaltlos gewährleistet sind) im (landesverfassungsrechtlich verbürgten) parlamentarischen Untersuchungsrecht an Grenzen stoßen. Für die Wirksamkeit ihrer Untersuchungen sind die Untersuchungsausschüsse der Landesparlamente vielfach auf eine länderübergreifende und ggf. auch Bundesbehörden erfassende Amtshilfe angewiesen, die durch Art. 35 I GG ermöglicht und gewährleistet wird.[11]

II. Einzelkommentierung

1. Einsetzung und Auftrag (Abs. 1)

a) Mehrheits- und Minderheitsenquête. Dem Art. 25 I liegt, was das Verfahren der **4** Einsetzung anbelangt, die im deutschen Parlamentsrecht übliche Unterscheidung von Mehrheits- und Minderheitsenquête zugrunde.[12]

Zum einen hat der Landtag jederzeit das Recht, durch Mehrheitsbeschluss (Art. 23 I) **5** Untersuchungsausschüsse zu berufen (**Mehrheitsenquête).** Wird der Untersuchungsausschuss von der Mehrheit gewollt und beschlossen, besteht kein Grund, bereits den Antrag auf Einsetzung eines Untersuchungsausschusses (über den sodann mit Mehrheit abzustimmen ist) an besondere Hürden zu binden; maßgeblich hat insoweit mangels Sonderregelung die allgemeine Bestimmung des § 59 GeschOLT zu sein. Sollte – hiervon abweichend – Art. 1 I 2 BayUAG so zu verstehen sein, dass alle Anträge auf Errichtung von Untersuchungsausschüssen (d. h. nicht nur Anträge auf Durchführung einer Minderheitsenquête) von vornherein der Unterstützung durch ein Fünftel der Landtagsmitglieder

---

[4] *Schweiger,* in: Nawiasky/Schweiger/Knöpfle, Art. 25 Rn. 19; http://www.bayern.landtag.de unter „Organisation" – „Gremien" – Untersuchungsausschüsse.

[5] VerfGH DÖV 2007, 338 f.

[6] Vom 23. 3. 1970 (GVBl. S. 95), zuletzt geändert durch § 2 des Gesetzes vom 24. 4. 2001 (GVBl. S. 140).

[7] Prot. I S. 112, II S. 405, 475, IV S. 161, 200, 236.

[8] BVerwGE 79, 338 (345).

[9] Zu den Besonderheiten des Landesrechts, aber auch zur Übereinstimmung im Grundsätzlichen: *Klein,* in: Maunz/Dürig, Art. 44 Rn. 36 ff.

[10] BVerfGE 76, 363 (387); VerfGH 47, 87, LS 1.

[11] BVerwG 79, 339; 109, 258.

[12] *Klein,* in: Maunz/Dürig, Art. 44 Rn. 73 ff.; VerfGH 30, 48 (59).

bedürfen (was die eigenartige Konsequenz hätte, dass es nur noch Minderheitsenquêten gäbe!), so müsste die Frage gestellt werden, ob eine derartige Hürde nicht als unverhältnismäßige Einschränkung sowohl des jedem einzelnen Abgeordneten zustehenden Antragsrechts (Art. 13 II, Art. 13, Rn. 14) als auch des aus Art. 25 I folgenden Rechts des Landtags, jederzeit durch Mehrheitsbeschluss Untersuchungsausschüsse einrichten zu können, angesehen werden müsste. Beschließt der Landtag auf Antrag von weniger als einem Fünftel seiner Mitglieder mit einfacher Mehrheit, so ist er frei in seiner Entscheidung, sowohl was das weitere Verfahren (Beschluss, Vertagung, Überweisung etc.), als auch was die Formulierung des Untersuchungsthemas anbetrifft; insbesondere kann er den gestellten Antrag ohne Beschränkung um Zusatzanträge ergänzen.

6   Anders liegen die Dinge, wenn der Antrag auf Einrichtung eines Untersuchungsausschusses von vornherein von einem Fünftel der Mitglieder des Landtags (gesetzliche Mitgliederzahl, Art. 13 I, 14 I 6; ggf. Abzug bei noch nicht festgestelltem Listennachfolger, Art. 58 LWG) gestellt wird (**Minderheitsenquête;** nötig ist insoweit die je einzelner Unterschrift dieser Mitglieder, Art. 1 I 2 BayUAG; die Antragstellung durch eine entsprechend starke Fraktion reicht für sich genommen nicht; nicht schadet es allerdings, wenn die Fraktion gleichzeitig als Antragsteller auftritt[13]). Dann nämlich greifen die besonderen Schutzvorkehrungen des Minderheitenrechts; der Landtag ist in prozeduraler und inhaltlicher Hinsicht in seiner weiteren Beschlussfassung nicht mehr frei, sondern unterliegt der in Art. 25 I ausgesprochenen „Pflicht". Zwar bedarf es auch hier noch der mit Mehrheit (Art. 23 I) zu erfolgenden formalen Beschlussfassung des Landtags über Einsetzung und Untersuchungsthema – ein Verfahrensschritt, der nach dem eindeutigen Wortlaut des Art. 25 I nicht einfach übersprungen werden kann.[14] Der Landtag ist jedoch verpflichtet, diesen Beschluss zu fassen (eine Pflicht, die ggf. auch vor dem VerfGH mittels des Verfahrens nach Art. 64 eingeklagt werden kann; antragsberechtigt ist insoweit die Landtagsminderheit des Art. 25 I sowie die Fraktion, soweit sie neben dieser Landtagsminderheit zugleich als Antragsteller aufgetreten ist[15]); er muss hierbei sowohl (in zeitlicher Hinsicht) unverzüglich entscheiden als auch ist er (in inhaltlicher Hinsicht) an das **Untersuchungsthema** des Minderheitsantrags gebunden; bei der Minderheitsenquête ist es die Minderheit, die das Untersuchungsthema bestimmt. Der in einem Minderheitsantrag bezeichnete Untersuchungsgegenstand darf grundsätzlich nicht verändert und allenfalls dann durch Zusatzanträge erweitert oder ergänzt werden, wenn der Kern des ursprünglichen Untersuchungsgegenstandes gewahrt bleibt und dadurch keine wesentliche Verzögerung des Untersuchungsverfahrens eintritt (Art. 2 III BayUAG); selbst die solchermaßen beschränkte Änderungsbefugnis stößt teilweise auf Bedenken.[16] Auf einem anderen Blatt steht, dass der Landtag das Recht und die Pflicht hat zu prüfen, ob der Antrag einer Minderheit auf Einrichtung eines Untersuchungsausschusses zulässig ist, d. h. inhaltlich den verfassungsrechtlichen und gesetzlichen Anforderungen entspricht (zu diesen Anforderungen Rn. 7 ff.).[17] Nach der Rspr. des VerfGH hat die Landtagsmehrheit das Recht, einem Antrag, der nicht in allen Punkten den Zulässigkeitsanforderungen entspricht, nur teilweise stattzugeben (d. h. er ist nicht verpflichtet, den immerhin teilweise zulässigen Antrag vollständig zurückzuweisen), soweit durch die Teilstattgabe das Untersuchungsthema nicht

---

[13] Vgl. VerfGH 38, 165 (174); 47, 87 (122); tritt die Fraktion zugleich als Antragsteller auf, kann sie sich prozessual auf das Minderheitsrecht des Art. 25 I berufen.

[14] VerfGH 30, 48 (61). Eine andere Frage ist es, ob das etwaige Fehlen dieses rein formalen Beschlusses, soweit dieses nicht gerügt wurde, auch wirklich die Verfassungswidrigkeit der Einsetzung zur Folge hat, vgl. HessStGH, ESVGH 17, 1 (8 ff.).

[15] Siehe Fn. 13.

[16] *Klein,* in: Maunz/Dürig, Art. 44 Rn. 76, 80. Vgl. BVerfGE 49, 70 (80 ff.); VerfGH 30, 48 (61); 47, 87 (132). Nach der Rspr. soll eine Ergänzung v. a. in Betracht kommen, soweit sie nötig ist, um ein umfassenderes und wirklichkeitsgetreueres Bild des angeblichen Missstandes zu vermitteln. S.a. HmbVerfG NVwZ-RR 2007, 289.

[17] VerfGH 47, 87 (123).

derart verändert wird, dass das Recht der Minderheit wesentlich beeinträchtigt und damit gegenstandslos wird, und soweit überdies das Untersuchungsziel als solches nicht geändert oder gar in das Gegenteil verkehrt wird.[18] Umgekehrt besteht aber auch keine Pflicht, einen teilweise unzulässigen Antrag durch Änderungen oder Streichungen zulässig zu machen; eine Ablehnung insgesamt bleibt unbenommen; auch bloße Tatsachenbehauptungen müssen nicht übernommen werden.[19] Die Minderheit kann ihren Antrag während der Beratungen bis zur Beschlussfassung des Landtags noch ergänzen oder verändern, um etwaige rechtliche Bedenken auszuräumen.[20] Nach Aufnahme der Tätigkeit des Untersuchungsausschusses kann sie einen Anspruch auf Modifikation des Untersuchungsauftrags durch die Mehrheit haben, wenn ansonsten der Untersuchungszweck gefährdet wäre.[21]

b) Grenzen des Untersuchungsrechts, Zulässigkeit des Einsetzungsantrages. 7 Art. 25 I grenzt das Untersuchungsrecht des Landtags weder in formaler noch in inhaltlicher Hinsicht näher ein. Es ist daher weder von vornherein auf bestimmte Bereiche beschränkt, noch ist es im Ausgangspunkt von sonstigen einschränkenden Voraussetzungen (z. B. der verallgemeinernden Forderung nach einem wie auch immer gearteten „Anfangsverdacht") abhängig. Gewisse Beschränkungen folgen indes aus dem System der Verfassung selbst: Namentlich aus der **Kompetenzordnung** von GG und BV, aus dem **Gewaltenteilungsgrundsatz** sowie aus dem **Rechtsstaatsprinzip** und den **Grundrechten** Dritter können sich Grenzen ergeben. Der **VerfGH** hat vor diesem Hintergrund formuliert, die Tätigkeit von Untersuchungsausschüssen sei inhaltlich durch die Zuständigkeit des Landtags und funktionsmäßig dadurch beschränkt, dass sie auf die Vorbereitung künftiger Beschlüsse des Landtags gerichtet sein muss; die Aufklärung müsse im öffentlichen Interesse liegen; schließlich müsse der Antrag hinreichend bestimmt sein. Diese Grenzen bringt auch das **BayUAG** zum Ausdruck: So wird ein Untersuchungsausschuss nur von Fall zu Fall für einen *bestimmten* Untersuchungsauftrag eingesetzt, der bei der Erteilung hinreichend umschrieben sein muss (Art. 1 II, 2 II 1 BayUAG); so muss die beantragte Untersuchung geeignet sein, dem Landtag Grundlagen für eine Beschlussfassung im Rahmen seiner *verfassungsmäßigen Zuständigkeit* zu vermitteln (Art. 1 III BayUAG) und so hat sich die Aufgabe eines Untersuchungsausschusses auf Gegenstände zu beziehen, deren Aufklärung *im öffentlichen Interesse* liegt (Art. 2 I BayUAG). Es war zulässig und kein Verstoß gegen Art. 25 I, diese Schranken, die sich bereits aus der Verfassung selbst ergeben, gesetzlich zu normieren.[22] Über die Tragfähigkeit und theoretische Grundlegung dieser Schranken herrscht freilich nach wie vor **Unsicherheit:** So lässt sich bezweifeln, ob die ungebrochen wirkkräftige sog. „Korollartheorie", nach der das Untersuchungsrecht mit seinen besonderen Zwangsbefugnissen inhaltlich mit der Befassungskompetenz des Parlaments deckungsgleich ist, angesichts der praktisch unbeschränkten Befassungskompetenz einer Volksvertretung nicht übers Ziel hinausschießt; auch fragt sich, ob dem Kriterium des „öffentlichen Interesses" neben den sonstigen verfassungsrechtlichen Schrankenziehungen (Gewaltenteilung, Grundrechte etc.) wirklich ein eigenständiger Abgrenzungswert zukommen kann.[23] Auch praktisch kommt es wiederholt zu Streitfragen, die der verfassungsgerichtlichen Klärung bedürfen. Zur Lösung bietet es sich an, die typischen Pro-

---

[18] VerfGH 30, 48 (62 ff.); kritisch (für Totalabweisung): *Klein,* in: Maunz/Dürig, Art. 44 Rn. 78.

[19] VerfGH 38, 165 (178 f., 182 ff.) (LS. 7 und 8); dort auch zur Obliegenheit, Ablehnungen möglichst zu begründen, sowie zum Recht, zulässige Teile des ursprünglichen Antrags erneut zur Abstimmung zu stellen.

[20] VerfGH 30, 48, LS. 4 c.

[21] BVerfGE 83, 175 (279 f.).

[22] Zum Ganzen: VerfGH 30, 48 (59 ff.); 38, 165 (175 ff.).

[23] *Klein,* in: Maunz/Dürig, Art. 44 Rn. 104 ff. Nach der Rspr. des VerfGH (30, 48 [64]; 47, 87 [128]) soll aus dem Kriterium des öffentlichen Interesses das Erfordernis folgen, dass sich die Untersuchung nicht auf lange zurückliegende Tatbestände beziehen darf, an deren Aufklärung kein aktuelles Interesse mehr besteht; dieses Erfordernis könnte freilich auch aus dem Gewaltenteilungsprinzip oder aus etwa betroffenen Grundrechten Betroffener abgeleitet werden. Ansonsten kommt das öffentliche

blemfälle in vier Fallgruppen zu ordnen, die jeweils einer relativ klar in der Verfassung verortbaren Grenzlinie des Untersuchungsrechts zugeordnet werden können:[24]

8   *Bestimmtheitsgebot.* Der Untersuchungsausschuss darf nur von Fall zu Fall für einen bestimmten Untersuchungsauftrag eingesetzt werden, der hinreichend umschrieben sein muss. Das Erfordernis, dass der Untersuchungszweck auf einen konkreten Fall bezogen sein muss (d. h. nicht als Daueraufgabe ausgestaltet sein darf[25]) und hinreichend bestimmt zu umschreiben ist, folgt sowohl aus dem Gewaltenteilungsgrundsatz als auch aus dem Rechtsstaatsprinzip (sowie den Grundrechten von dem Untersuchungsrecht Betroffener) als auch aus der Stellung des Untersuchungsausschusses als Hilfsorgan des Landtags, das über den vom Landtag erteilten Untersuchungsauftrag nicht hinausgehen darf (Art. 2 II 2 BayUAG).[26] Wie freilich der unbestimmte Rechtsbegriff der **„Bestimmtheit"** im Einzelnen auszufüllen ist, lässt sich abstrakt nur schwer bestimmen und hängt weithin von der Art des Untersuchungszwecks (Missstands- oder Sachstandsenquête) sowie von den Umständen des Einzelfalls (Konkretheit der bereits bekannten Tatsachengrundlage) ab; auch groß angelegte Untersuchungszwecke können um der Wirksamkeit des Untersuchungsrechts willen zulässig sein; jedenfalls muss dem Untersuchungsausschuss ein klares, möglichst genau und deutlich umschriebenes, in zeitlicher, sachlicher und personeller Hinsicht eingegrenztes und (jedenfalls in der Erzielbarkeit sinnvoller Teilergebnisse) mit einem darstellbaren Aufwand bewältigbares Arbeitsprogramm vorgegeben sein.[27] Das Erfordernis hinreichender Bestimmtheit bezieht sich jedenfalls auf den Einsetzungsbeschluss, bei Minderheitsenquêten aufgrund der aus ihnen folgenden Bindung des Plenums, aber auch bereits für den Einsetzungsantrag.[28]

9   *Kompetenzordnung (des GG und der BV, des Europarechts).* Die Untersuchung muss geeignet sein, dem Landtag Grundlagen für eine Beschlussfassung im Rahmen seiner verfassungsmäßigen **Zuständigkeit** zu vermitteln. Grundsätzlich ausgeschlossen sind damit z. B. Angelegenheiten, die in die alleinige Zuständigkeit des Bundes fallen (ähnlich: andere Länder; EG).[29] Dieser schneidige Ausgangspunkt wird freilich schnell unsicher, wenn man bedenkt, dass z. B. Bundesgesetze zumeist von Ländern vollzogen werden, die Länder über den Bundesrat an der Bundesgesetzgebung mitwirken (insoweit zwar kein Weisungsrecht, aber doch Befassungskompetenz des Landtags, vgl. vor Art. 13, Rn. 4, 7), d. h. dass die Verfassungsordnung von vielerlei Kompetenzverschränkungen gekennzeichnet ist und bei auch auf den ersten Blick „alleinigen" Bundeskompetenzen durchaus Bezüge zum Handeln bayerischer Staatsorgane und Staatsgewalt gegeben sein können. Die Frage, inwieweit ein hinreichender Landesbezug besteht und so gerade ein Zugriff des Landesparlaments zulässig sein kann und hierbei z. B. den Rückgriff auf Bundesbehörden im Rahmen der Sachverhaltsermittlung zu rechtfertigen vermag, kann nur im Geiste der Bundestreue und wechselseitiger Rücksichtnahme beantwortet werden.[30] Auch gegenüber den Kommunen ist im Prinzip ein dem Untersuchungsrecht entzogener Bereich „eigener Angelegenheiten" anzuerkennen; die Befugnisse der Staatsaufsicht auch in eigenen Angelegenheiten und ggf. sonstige Bezüge zur Landespolitik werden aber auch hier häufig einen mittelbaren Zugriff zu rechtfertigen vermögen.[31] Insgesamt zeigt sich, dass

---

Interesse vor allem innerhalb der Prüfung anderer Fallgruppen (z. B. Rechtfertigung von „Gesellschaftsenquêten" vor den Grundrechten; VerfGH 47, 87 [128 f.]) zum Tragen.

[24] Ähnlich: *Magiera,* in: Sachs, Art. 44 Rn. 7 ff.; *Brocker,* in: Grimm/Caesar, RhPfVerf, Art. 91 Rn. 14 ff.

[25] Anders noch VerfGH 8, 91; siehe aber VerfGH 47, 87 (132: „kein generelles Oberaufsichtsrecht").

[26] VerfGH 30, 48 (60); 47, 87 (129 f.).

[27] VerfGH 47, 87 (130 f.).

[28] *Klein,* in: Maunz/Dürig, Art. 44 Rn. 85; BW StGH NJW 1977, 1872; VerfGH 47, 87 (129).

[29] *Magiera,* in: Sachs, Art. 44 Rn. 8; *Brocker,* in: Grimm/Caesar, RhPfVerf, Art. 91 Rn. 14 ff.; BVerfGE 77, 1 (44).

[30] Vgl. BVerwGE 109, 258.

[31] *Schweiger,* in: Nawiasky/Schweiger/Knöpfle, Art. 25 Rn. 3 b; VerfGH 48, 34 (39 f.).

sich das Untersuchungsrecht der Landtage – aufgrund der vielfältigen Kompetenzverschränkungen sowie der prinzipiell gerade unbeschränkten Befassungskompetenz einer Volksvertretung (allgemeinpolitisches Mandat; vor Art. 13, Rn. 4) – einer schematischen Betrachtung nach kompetenziellen Gesichtspunkten weitgehend entzieht. Das maßgebliche Kriterium des hinreichenden Landesbezugs ist weiter als das der Landeskompetenz und dürfte seinen Sitz eher in den „weicheren" Prinzipien des Missbrauchsverbots, der Bundestreue und Rücksichtnahme haben, als in der „strikten" Kompetenzordnung als solcher.

Gewaltenteilung. Die aus dem Gewaltenteilungsprinzip folgenden Grenzen für Miss- **10** standsenquêten gegenüber der Exekutive hat der VerfGH in der Leitentscheidung „Wiederaufbereitungsanlage Wackersdorf"[32] exemplarisch herausgearbeitet: Die parlamentarische Kontrolle darf sich demnach nicht auf den **Kernbereich der Exekutive** erstrecken, zu dem z. B. die Willensbildung der Regierung selbst gehört, und zwar sowohl hinsichtlich der Erörterungen im Kabinett als auch bei der Vorbereitung von Kabinetts- und Ressortentscheidungen, die sich vornehmlich in ressortübergreifenden und -internen Abstimmungsprozessen vollzieht. Parlamentarische Untersuchungen dürfen des Weiteren in der Regel nur im Rahmen einer ex-post-Kontrolle (bei „Verantwortungsreife") durchgeführt werden und nicht in laufende Entscheidungsprozesse eingreifen; im Stadium der Vorbereitung und Planung und Abwägung von Entscheidungen soll die Exekutive frei von parlamentarischen Einflussnahmen sein. Etwas anderes kann gelten, wenn diese Verfahrensschritte ihrerseits bereits abgeschlossene, verantwortungsreife Aspekte aufweisen; der dem Untersuchungsrecht entzogene Kernbereich darf nicht so bemessen werden, dass dieses nicht mehr wirksam ist.[33]

Grundrechte. Noch nicht ins letzte geklärt ist die Zulässigkeit sog. **Skandalenquêten,** **11** die – über den engeren staatlichen Bereich hinausgehend – Missstände im gesellschaftlichen oder gar im privaten Bereich zum Gegenstand haben.[34] Die h. M. und auch die Rspr. des VerfGH[35] hält an der grundsätzlichen Zulässigkeit der Gesellschaftsenquête fest, betont aber, dass die Untersuchung privater Sachverhalte andererseits in den **Grundrechten** an Grenzen stoßen könne; je nach Fallgestaltung könne die Rechtsposition des Bürgers nicht erst durch die Handhabung der Beweiserhebung, sondern bereits durch den Einsetzungsbeschluss unmittelbar betroffen sein, wenn z. B. die Untersuchung wegen eines Fehlverhaltens gegen bestimmte Personen gerichtet ist. Dann sei die nötige Abwägung zwischen dem Aufklärungsinteresse der Öffentlichkeit und den Grundrechten des betroffenen Privaten bereits bei der Einsetzung des Untersuchungsausschusses im Landtag vorzunehmen. Private Angelegenheiten dürften nur dann zum Gegenstand eines Untersuchungsausschusses gemacht werden, wenn tatsachengestützte Anhaltspunkte dafür vorlägen, dass Missstände gegeben sein könnten, deren Aufklärung im öffentlichen Interesse liege. Erst recht zulässig sind unter diesen Voraussetzungen Untersuchungen gegen Unternehmen, auf die der Staat beherrschenden Einfluss ausübt und die besonderen gemeinwirtschaftlichen Zielen unterliegen, sowie gegen politische Parteien, soweit sie in die institutionalisierte Staatlichkeit hineinwirken.

2. Rechtsstellung, Rechtsgrundlagen und Zusammensetzung

a) Rechtsstellung. Unterausschüsse sind spezielle **Ausschüsse** des Landtags (Hilfsor- **12** gan, kein selbstständiges Staatsorgan);[36] soweit BV und BayUAG nichts Besonderes regeln, gelten folgerichtig die allgemeinen Bestimmungen über Ausschüsse (§ 30 S. 2 GeschOLT).

---

[32] VerfGH 38, 165 (176 f.); BVerfGE 67, 100 (139).

[33] *Klein,* in: Maunz/Dürig, Art. 44 Rn. 146 ff.; Jarass/Pieroth, Art. 44 Rn. 4; *Magiera,* in: Sachs, Art. 44 Rn. 9.

[34] *Klein,* in: Maunz/Dürig, Art. 44 Rn. 110 ff.

[35] VerfGH 47, 87; 48, 34 (dort auch zur Frage einer Verfassungsbeschwerde des Bürgers gegen ein Einsetzungsbeschluss); BVerfGE 77, 1 (44).

[36] Jarass/Pieroth, Art. 44 Rn. 3; *Schweiger,* in: Nawiasky/Schweiger/Knöpfle, Art. 25 Rn. 2.

Das Verhältnis von Landtag und Untersuchungsausschuss ist dadurch geprägt, dass einerseits der Landtag selbst (und nicht der Untersuchungsausschuss als bloßes Hilfsorgan des Landtags) Träger des durch Art. 25 I gewährleisteten Untersuchungsrechts und Herr des Untersuchungsverfahrens ist und dass andererseits aber die besonderen Untersuchungsbefugnisse des Art. 25 III allein dem Ausschuss, nicht aber dem Landtag als solchem zustehen:[37]

- **Träger des Untersuchungsrechts** ist der Landtag; der Untersuchungsausschuss ist lediglich sein **Hilfsorgan.** Er ist an den Untersuchungsauftrag des Landtags gebunden und soll diesem Grundlagen für seine Beschlussfassung vermitteln; nicht hat er selbst Entscheidungen zu fällen (Art. 1 III, 2 I, 2 II 2 BayUAG).[38] Als Träger des Untersuchungsrechts bleibt der Landtag „Herr des Verfahrens"; er kann dem Untersuchungsausschuss – stets vorbehaltlich der Minderheitenrechte – bereits im Einsetzungsbeschluss oder auch jederzeit später Weisungen über die Gestaltung und Fortsetzung der Untersuchung erteilen oder Berichte von ihm anfordern (Art. 21 I BayUAG); die bayerische Staatspraxis hat dem Landtag stets das Recht zugebilligt, dem Ausschuss hierbei auch Vorgaben über Fragen der Beweiserhebung machen zu dürfen, insbesondere wenn entsprechende Meinungsverschiedenheiten im Ausschuss auszuräumen sind und eine Klärung durch den Landtag gesucht wird.[39] Auf dieser Linie liegt nunmehr auch Art. 25 IV 2, der dem Landtag (vorbehaltlich der Anrufung des VerfGH) die Letztentscheidung in Beweisfragen zubilligt. Äußere Grenze ist (neben den Minderheitenrechten) nur, dass der Landtag die Untersuchung nicht selbst führen darf.[40] Aus der Trägerschaft des Landtags folgt auch das Recht, einen Untersuchungsausschuss aufzulösen, wobei bei Minderheitenquêten eine $^4/_5$-Mehrheit zu fordern ist; ebenso folgt aus der Hilfsorganstellung des Untersuchungsausschusses, dass er mit der Wahlperiode endet (Art. 16 I 2; Diskontinuität); die Schließung der Tagung (Art. 17 III) unterbricht ihn und kommt im Falle der Schließung der permanenten Tagung gegen Ende der Legislaturperiode praktisch seiner Beendigung gleich; der Beschluss über die Schließung der Tagung am Ende der Wahlperiode ist nicht schon deswegen missbräuchlich, weil sie die Arbeit eines Untersuchungsausschusses faktisch beendet.[41]
- Die **besonderen Rechte des Art. 25 III** andererseits stehen allein dem Untersuchungsausschuss zu; das Plenum darf sie nicht wahrnehmen und sich auch nicht als Ganzes als Untersuchungsausschuss konstituieren.[42] Innerhalb der Vorgaben des Landtags als Träger des Untersuchungsrechts und „Herr des Verfahrens" ist der Untersuchungsausschuss in seiner Verfahrensgestaltung frei und insofern „Herr im Verfahren" sowie Träger einer „Verfahrenshoheit".[43] Wohl nicht Inhaber der besonderen Rechte des Untersuchungsausschusses ist der nach Art. 7 BayUAG für Zwecke der vorbereitenden Untersuchung mögliche Unterausschuss; nur eine freiwillige Aktenvorlage oder Zeugenaussage kann insoweit statthaft sein.[44]

13   **b) Rechtsgrundlagen.** Die Normierungen des Art. 25 werden seit 1970 durch das Gesetz über die Untersuchungsausschüsse des Bayerischen Landtags **(BayUAG)** ergänzt und

---

[37] Vgl. *Klein,* in: Maunz/Dürig, Art. 44 Rn. 62; *Brocker,* in: Grimm/Caesar, RhPfVerf, Art. 91 Rn. 5.

[38] VerfGH 30, 48 (59); 35, 82 (88).

[39] VerfGH 34, 119 (124, 126); 35, 82 (88 f.); *Meder,* Art. 44 Rn. 5; tendenziell anders: Jarass/Pieroth, Art. 44 Rn. 3 („weisungsfrei").

[40] *Klein,* in: Maunz/Dürig, Art. 44 Rn. 71.

[41] VerfGH 47, 178; *Schweiger,* in: Nawiasky/Schweiger/Knöpfle, Art. 44 Rn. 7; Art. 17 Rn. 4.

[42] BVerfGE 67, 100 (167); *Klein,* in: Maunz/Dürig, Art. 44 Rn. 62.

[43] BVerfGE 93, 195 (207); *Brocker,* in: Grimm/Caesar, RhPfVerf, Art. 91 Rn. 6; tendenziell a. A. *Morlok,* in: Dreier, Art. 44 Rn. 16.

[44] *Schweiger,* in: Nawiasky/Schweiger/Knöpfle, Art. 25 Rn. 8; a. A. *Klein,* in: Maunz/Dürig, Art. 44 Rn. 195.

konkretisiert (Rn. 1). Auch ohne besonderen Gesetzgebungsauftrag, das Nähere zu bestimmen, kommt dem Landtag eine Gesetzgebungskompetenz zum Erlass eines solchen Gesetzes zu[45] (denkbar wäre grundsätzlich auch eine Konkretisierung durch die Geschäftsordnung, die jedoch, soweit beim Untersuchungsrecht naturgemäß Rechte Dritter betroffen sind, aufgrund des innenrechtlichen Charakters der Geschäftsordnung schnell an Grenzen stößt). Zwar ist Art. 25 III eine verfassungsunmittelbare Befugnisgrundlage, die Rechtseingriffe, auch ohne dass es eines Gesetzes bedürfte, zu legitimieren vermag (auf Bundesebene gibt es deswegen auch erst seit 2001 ein entsprechendes Gesetz[46]); dennoch erscheint eine gesetzliche Konkretisierung rechtsstaatlich wünschenswert, wenn nicht geboten.[47] Das Gesetz darf den verfassungsrechtlich vorgegebenen Rahmen freilich weder überschreiten noch kann es bereits kraft Verfassung eingeräumte Rechtspositionen in Frage stellen; soweit das Gesetz umgekehrt Konkretisierung vornimmt, die über einen verfassungsrechtlich gebotenen Mindeststandard hinausgehen, können diese nicht vor dem VerfGH eingefordert werden.[48]

c) Zusammensetzung und Vorsitz (Abs. 2). Der **Vorsitzende** bestimmt sich nach **14** der nunmehrigen Regelung des Art. 25 II nach dem Prinzip der politischen Rotation (Wechsel unter den Fraktionen gemäß ihrem Stärkeverhältnis); Art. 3 BayUAG konkretisiert die Bestellung durch die Vollversammlung auf Vorschlag der Fraktionen (d'Hondtsches Verfahren für die Berechtigungsfolge der Fraktionen) und bestimmt, dass Vorsitzender und Stellvertreter jeweils verschiedenen Fraktionen angehören müssen, sowie die Befähigung zum Richteramt haben sollen. Zu den **Ausschussmitgliedern** bestimmt Art. 4 BayUAG im Übrigen, dass ein Untersuchungsausschuss aus mindestens sieben Mitgliedern besteht, die von den Fraktionen nach ihrem Stärkeverhältnis (d'Hondt) bestimmt und vom Plenum bestellt werden; nicht zum Zuge kommende Fraktionen entsenden je ein weiteres Mitglied; Vorsitzender und Stellvertreter werden ihren Fraktionen zugerechnet; Mitglieder können (anders als bei den Enquête-Kommissionen, Art. 25a) nur Abgeordnete sein. Die Zahl von mindestens sieben lässt Arbeitsfähigkeits- und ggf. Geheimschutzinteressen hinreichend Rechnung tragen und ist verfassungsrechtlich nicht zu beanstanden. Auch die Bestimmung durch die Fraktionen ist bedenkenfrei[49]; ebenso (noch dazu bei einem garantierten Sitz für jede Fraktion) grundsätzlich das Verfahren d'Hondt.[50] Ausschussmitglieder scheiden nach Art. 5 BayUAG aus, wenn sich ergeben hat, dass sie an einer Handlung oder Unterlassung beteiligt waren, die Gegenstand der Untersuchung ist. Der Gefahr von Beeinträchtigungen des Untersuchungsauftrags aufgrund von Interessenkollisionen wird dadurch hinreichend Rechnung getragen; darüber hinaus Maßstäbe der Unparteilichkeit und Ablehnung wegen Befangenheit anlegen zu wollen, trüge weder dem politischen Charakter des Untersuchungsausschusses Rechnung (politische „Befangenheit" ist naturgemäß) noch wird es von der in Art. 25 III ausgesprochenen Verweisung auf die StPO verlangt (Anwendung der auf den Richter zugeschnittenen Befangenheitsregelungen wäre nicht „sinngemäß", vgl. Art. 5 II BayUAG).[51]

3. Verfahren (Abs. 3 bis 5)

a) Öffentlichkeit (Abs. 5). Art. 25 V ordnet im grundsätzlich gleichen Umfang wie für **15** den Landtag selbst (Art. 22 I) die **Öffentlichkeit** der Verhandlungen der Untersuchungsausschüsse an.[52] Anders als in Art. 44 I GG und einigen Landesverfassungen gilt die Anord-

---

[45] VerfGH 30, 48 (60).

[46] PUAG vom 19. 6. 2001, BGBl. I S. 1142.

[47] *Magiera,* in: Sachs, Art. 44 Rn. 2.

[48] VerfGH DÖV 2007, 338 f.

[49] Vgl. BVerfGE 77, 1 (39 ff.).

[50] Zum Problem der Überaufrundung bei Ausschussbesetzungen in anderem Kontext allerdings VGH, Urteil vom 17. 3. 2004 – 4 BV 03.1159 und 4 BV 03.117.

[51] *Brocker,* in: Grimm/Caesar, RhPfVerf, Art. 91 Rn. 34 f.; *Klein,* in: Maunz/Dürig, Art. 44 Rn. 93.

[52] *Schweiger,* in: Nawiasky/Schweiger/Knöpfle, Art. 25 Rn. 17; auch zum Folgenden.

nung nicht nur für die Beweisaufnahme als solche, sondern überhaupt; dennoch sieht Art. 9 III BayUAG Nichtöffentlichkeit der Beratungen über das prozessuale Vorgehen und über die Beschlussfassung vor. Ein Ausschluss ist aufgrund eines mit Zweidrittelmehrheit gefassten Beschlusses (das „Verlangen" i. S. v. Art. 25 V BV, Art. 9 I 2 BayUAG ist bereits der Beschluss selbst, nicht der dahingehende Antrag) möglich. Anders als bei Art. 22 I, bei dem die Rechtmäßigkeit des Öffentlichkeitsausschlusses richtigerweise zusätzlich zur hohen formalen Hürde der Zweidrittelmehrheit nicht von materiell-rechtlichen Rechtfertigungsgründen abhängt (Art. 22, Rn. 8), befürwortet die h. M. aufgrund der entsprechenden Anwendbarkeit der Vorschriften über das gerichtliche Verfahren (Art. 25 III 1), dass der **Ausschluss der Öffentlichkeit** bei Untersuchungsausschüssen nicht aus beliebigen Gründen erfolgen darf, sondern in analoger Anwendung der §§ 171 b, 172 GVG zu bestimmen ist (Schutz der Privatsphäre und Abwehr von Gefährdungen), wobei umgekehrt auch dem hohen Rang des Öffentlichkeitsprinzips Rechnung zu tragen sei.[53] Anerkannt ist auch, dass ein Ausschluss aus grundrechtlichen Gründen (Datenschutz; Privatsphäre etc.) sowie bei einer Gefährdung des Staatswohls geboten sein kann.[54] Zwar kann die Staatsregierung einen Öffentlichkeitsausschluss nicht erzwingen, ggf. kann sie jedoch Akten und Beweismittel zurückhalten, solange der nötige Geheimschutz nicht gewährleistet ist; auch ein Gericht darf Akten ggf. erst freigeben, wenn Geheimschutz sichergestellt ist.[55] Geheimhaltung muss (über den Öffentlichkeitsausschluss hinausgehend) gesondert beschlossen werden (Art. 9 II BayUAG). Der Öffentlichkeitsausschluss lässt das Zutrittsrecht der Staatsregierung (Art. 24 II) unberührt; zur Frage eines Ausschlusses von Vertretern der Staatsregierung, um den Erfolg einer Misstandsenquête nicht zu gefährden (str.), siehe bereits Art. 24, Rn. 7. Das Recht, Zeugen in Abwesenheit der später zu vernehmenden Zeugen zu hören (§ 58 I StPO), folgt aus der Verweisung auf die StPO in Art. 25 III, und nicht aus Art. 25 V.[56] Entsprechende Anwendung finden gemäß Art. 25 V 2 die Vorschriften des Art. 22 I 3 und 4 zum vorläufigen Ausschluss während der Begründung eines Ausschlussantrages sowie zur Öffentlichkeitsunterrichtung; ob Art. 9 I 3 BayUAG den Verweis auf Art. 22 I 3 BV richtig umsetzt, kann bezweifelt werden, da der Staatsregierung (anders als in Art. 22 I 2) bei Art. 25 V ja gar kein eigenes Ausschlussantragsrecht zusteht.

16   **b) Beweiserhebung (Abs. 3, 4).** Art. 25 III 1 stellt für den Untersuchungsausschuss und die vom ihm ersuchten Behörde eine verfassungsunmittelbare **Rechtsgrundlage** zur Erhebung der zur Erreichung des Untersuchungszwecks erforderlichen Beweise dar. Für das **Beweisverfahren** wird eine entsprechende Anwendung der jeweils geltenden Vorschriften über den Strafprozess (d. h. v. a. die namentlich erwähnte StPO, aber auch das GVG, soweit es für den Strafprozess maßgebliche Regelungen enthält) angeordnet. Auszugehen ist danach zunächst vom Sinn und Zweck des parlamentarischen Untersuchungsverfahrens; von daher ist jeweils zu prüfen, welche strafprozessualen Vorschriften sinngemäß heranzuziehen sind und in welchem Umfang sie anzuwenden sind.[57] Das BayUAG trifft ergänzende und konkretisierende Regelungen (Art. 11 ff.), die rechtstechnisch dem analogen Rückgriff auf die StPO vorgehen, sachlich indes voll und ganz an die Verfassungsvorgabe zur sinngemäßen, funktionsgerechten Anwendung des Strafprozessrechts gebunden sind. Der Begriff der Beweiserhebung in Art. 25 III 1 ist weit zu verstehen; er umfasst nicht nur die Beweisaufnahme in der Sitzung selbst, sondern erstreckt sich funktionell betrachtet auf den gesamten Prozess der Sachverhaltsaufklärung; Beweiserhebung meint die Beschaffung, Sicherung und Verwertung derjenigen Beweismittel, die auch im Strafprozess herangezogen werden können.[58] Auch Beschlagnahmen als Mittel der Be-

---

[53] BVerfGE 77, 1 (47 f.); *Klein*, in: Maunz/Dürig, Art. 44 Rn. 175 ff.
[54] *Magiera*, in: Sachs, Art. 44 Rn. 19 f.; auch zum Folgenden.
[55] BVerfGE 67, 100 (137); 77, 1 (55 ff.).
[56] Vgl. BVerfGE 93, 195 (207 f.).
[57] VerfGH 59, 209 (215); BVerfGE 68, 100 (133 f.); 77, 1 (50).
[58] VerfGH 59, 209 (215); BVerfGE 77, 1 (49).

weissicherung kommen in Betracht; dass auch Maßnahmen des Zeugniszwangs gestattet sind, sagt Art. 25 I 1 ausdrücklich. Der Richtervorbehalt gilt jedoch uneingeschränkt; ihm unterliegende Maßnahmen müssen vom Untersuchungsausschuss daher beim zuständigen Gericht beantragt werden.[59] Auch das Brief-, Post-, Telegraphen- und Fernmeldegeheimnis bleibt unberührt (Art. 25 III 2); die strafprozessualen Möglichkeiten zu seiner Einschränkung greifen also nicht. Da im parlamentarischen Untersuchungsverfahren die Grundsätze der Unmittelbarkeit und Mündlichkeit nicht gelten[60], steht es dem Untersuchungsausschuss frei, sich zur Beweiserhebung auch anderer Gerichts- und Verwaltungsbehörden zu bedienen, die ihm insoweit kraft der ausdrücklichen Regelung des Art. 25 III 3 zur Rechts- und Amtshilfe verpflichtet sind (siehe auch Art. 11 II BayUAG). Von betroffenen Bürgern angestrengte Rechtsstreitigkeiten zur Zulässigkeit von Beweiserhebungsmaßnahmen eines Untersuchungsausschusses sind nicht-verfassungsrechtlicher Art und vor den Verwaltungsgerichten auszutragen.[61]

Beweisanträge (Abs. 4). Über die Erhebung einzelner Beweise (einschließlich Art, Zeit **17** und Verfahren) entscheidet der Untersuchungsausschuss grundsätzlich durch Beschluss der Mehrheit der anwesenden Mitglieder (Art. 12 I BayUAG) – Grundsatz der Verfahrensherrschaft der Mehrheit. Die Frage, ob und in welcher Weise es auch Minderheitsrechte (der Ausschussminderheit oder der Einsetzungsminderheit im Plenum) in Bezug auf die Beweiserhebung gibt, hat lange Zeit Schwierigkeiten bereitet;[62] auf Bundesebene wurde ein aus Art. 44 I 1 GG ableitbares Beweiserhebungsrecht der Einsetzungsminderheit durch das BVerfG erst 2002 anerkannt.[63] Für Bayern schafft seit 1998 der nunmehrige Art. 25 IV BV (dazu Art. 12 II, III BayUAG) Klarheit: Auf Antrag von einem Fünftel ihrer Mitglieder (Minderheitsrecht) haben Untersuchungsausschüsse zulässigen Anträgen nach Art. 25 III stattzugeben. Der Ausschussmehrheit ist dabei die Prüfung der Erforderlichkeit untersagt; allein die Zulässigkeit darf überprüft werden. Bei Meinungsverschiedenheiten über die Zulässigkeit entscheidet der Landtag; hiergegen kann – im Verfahren des Art. 64 BV – der VerfGH angerufen werden, und zwar sowohl von der Minderheit im Untersuchungsausschuss wie von der Einsetzungsminderheit im Landtag.[64] Das **Beweiserhebungsrecht** der Minderheit beschränkt sich nach der Rspr. des VerfGH[65] zwar nicht allein auf die Fassung des Beweisbeschlusses, sondern auch auf den Vollzug dieser Beschlüsse einschließlich der hierzu erforderlichen Zwangsmaßnahmen (Entscheidung über das „Ob" der Beweiserhebung und seiner Durchsetzung). Hiervon zu unterscheiden sei jedoch die Frage, „wie" das Verfahren bei der Durchführung der Beweiserhebung ausgestaltet wird (z. B. hinsichtlich Reihenfolge, besondere Formen der Zeugenvernehmung, wie z. B. Gegenüberstellung); bezüglich dieses „Wie" bleibe es grundsätzlich bei der Verfahrensautonomie der Ausschussmehrheit, soweit die Weigerung der Ausschussmehrheit, dem Antrag der Minderheit nachzukommen, nicht ausnahmsweise deren Recht auf angemessene Beteiligung an der Sachaufklärung verletzen würde.

Einzelne Beweismittel, insbesondere Aktenvorlage (Abs. 3 S. 4) und Zeugenbeweis (Abs. 3 S. 1). **18** Nach Art. 25 III 4 sind die Behörden auf Ersuchen zur **Aktenvorlage** an den Untersuchungsausschuss verpflichtet; im Aktenvorlagerecht liegt die praktisch wohl bedeutendste Kompetenz des Untersuchungsausschusses.[66] Aktenvorlage kann allenfalls unter ganz besonderen Umständen (Schutz des Kernbereichs der Exekutive[67]; Grundrechte

---

[59] BVerfGE 77, 1 (51 ff.) (auch zu sonstigen Grenzen).

[60] *Klein,* in: Maunz/Dürig, Art. 44 Rn. 195.

[61] VerfGH 45, 89.

[62] Zur früheren Rechtslage: *Meder,* Art. 15 Rn. 5; VerfGH 34, 119; 35, 82.

[63] BVerfGE 102, 197.

[64] Hierzu: VerfGH 59, 209 ff.

[65] VerfGH 59, 209 (215 ff.).

[66] *Brocker,* in: Grimm/Caesar, RhPfVerf, Art. 91 Rn. 46 ff.

[67] Grundsätzlich kein Kernbereichsschutz für abgeschlossene Vorgänge: BremStGH NVwZ 1989, 953.

Dritter) und grundsätzlich dann nicht verweigert werden, wenn der Ausschuss oder der Landtag hinreichende Schutzvorkehrungen der Geheimhaltung sichergestellt haben.[68] Ob § 96 StPO auch in Bayern entsprechende Anwendung findet (wo Art. 25 III 4 als eine neben Art. 25 III 1 stehende und daher nicht von einem Verweis in die StPO abhängige Befugnisgrundlage angesehen werden könnte[69]), spielt hierfür keine entscheidende Rolle, da die ggf. für eine Verweigerung der Aktenvorlage ins Feld zu führenden Gründe auch unmittelbar aus der Verfassung abgeleitet werden können (Gewaltenteilung, Grundrechte). Zu den Grenzen und Modalitäten einer Beschlagnahme von Schriftstücken bei Privaten vgl. BVerfGE 77, 1 (48 ff.). Art. 25 III 1 räumt dem Untersuchungsausschuss ausdrücklich das Recht ein, **Zeugen und Sachverständige** vorzuladen, zu vernehmen, zu beeidigen und das Zeugniszwangsverfahren gegen sie durchzuführen; in Art. 13 ff. BayUAG finden sich nähere Regelungen; im Übrigen kommt es auf eine sinngemäße Heranziehung der StPO an. Konsequenzen daraus, dass es im parlamentarischen Untersuchungsverfahren keinen „Beschuldigten" im strafprozessualen Sinne gibt, ggf. aber dennoch Einzelne von parlamentarischen Untersuchungen in beschuldigtenähnlicher Weise betroffen sein können, zieht Art. 13 BayUAG: Geht aus dem Untersuchungsauftrag eindeutig hervor, dass sich die Untersuchung ausschließlich oder ganz überwiegend gegen eine bestimmte Person richtet (z. B. Vorbereitung einer Anklage nach Art. 59, 61 BV), so darf diese Person nicht als Zeuge vernommen werden, sondern ist nach Art eines Beschuldigten anzuhören. Im Übrigen indes bleibt es dabei, dass auch „Betroffene" grundsätzlich als Zeugen zu vernehmen sind; ggf. kommt ihnen jedoch ein Zeugnisverweigerungsrecht (z. B. § 55 StPO) zugute (siehe auch Art. 14 BayUAG). Hängt die Aussage eines Beamten, Ministers o. Ä. von einer Aussagegenehmigung ab (z. B. Art. 12 BayUAG), so muss – um Wertungswidersprüche zu vermeiden – die Verweigerung der Aussagegenehmigung an die gleichen strengen verfassungsrechtlichen Voraussetzungen gebunden werden, wie sie auch für die Verweigerung der Aktenvorlage gelten (Art. 25 III 4, s. o.).[70]

19   *Beweiserhebung im Bundesstaat.* Die Zeugenpflicht ist nicht auf das Landesgebiet beschränkt, die Untersuchungsausschüsse von Landesparlamenten sind bundesweit zur Zeugenladung berechtigt; Landes- und Bundesbehörden sind ggf. zur Rechts- und Amtshilfe (z. B. bei Zwangsmaßnahmen) nach **Art. 35 I GG** verpflichtet. Auch für die Erteilung von Aussagegenehmigungen für Bundesbeamte oder Beamte anderer Länder gelten, soweit der Untersuchungsauftrag einen hinreichenden Bezug zu dem die Untersuchung führenden Land aufweist und insoweit bundesstaatsrechtlich einwandfrei ist, die allgemeinen Regeln. Für aus Art. 35 I GG resultierende Pflichten zur Vorlage von Akten von Bundes- oder Landesbehörden an Untersuchungsausschüsse eines (anderen) Landes gilt Entsprechendes.[71]

20   **c) Ende der Untersuchung.** Nach Abschluss der Untersuchung erstattet der Untersuchungsausschuss dem Landtag einen **Schlussbericht,** über den der Ausschuss mit Mehrheit entscheidet; abweichende Berichte sind möglich (Art. 21 II bis IV BayUAG). Der Untersuchungsausschuss endet im Regelfall mit der Kenntnisnahme des Berichts durch das Plenum; eine Rücküberweisung des Berichts durch das Plenum mit dem Ersuchen um Fortsetzung der Untersuchung wird man aufgrund der Verfahrensträgerschaft des Landtags (Rn. 12) für zulässig erachten müssen.[72]

---

[68] Vgl. BVerfGE 67, 100; HmbVerfG NVwZ 1996, 1201.

[69] So *Schweiger,* in: Nawiasky/Schweiger/Knöpfle, Art. 25 Rn. 14.

[70] M. E. eher strengere Regeln als im normalen Strafverfahren; a. A. BVerwGE 109, 258 (264: „gleiche Voraussetzungen"); vgl. auch § 23 II PUAG, der auf die Aktenvorlage verweist.

[71] BVerwGE 79, 339; 109, 258.

[72] *Klein,* in: Maunz/Dürig, Art. 44 Rn. 98; siehe auch VerfGH 35, 82 (89).

4. Verhältnis zur Rechtsprechung

Eine ausdrückliche Regelung in der Art des Art. 44 IV GG, wonach die Beschlüsse der **21** Untersuchungsausschüsse (gemeint ist allein der Schlussbericht und etwaige Zwischenberichte) der richterlichen Erörterung entzogen sind, umgekehrt jedoch die Gerichte in der Würdigung des der Untersuchung zugrunde liegenden Sachverhalts frei sind, fehlt in der BV. Der Grundsatz der unabhängigen Beurteilung ein und desselben Sachverhalts durch Landtag und Gerichte ergibt sich jedoch auch ohne ausdrückliche Normierung bereits aus dem Gewaltenteilungsprinzip. Ein von Art. 19 IV GG abweichender Rechtswegausschluss bzgl. denkbarer Rechtsverletzungen durch den Abschlussbericht ist in der BV dagegen nicht normiert.[73]

Art. 25 a [Enquete-Kommission]

[1]**Zur Vorbereitung von Entscheidungen über umfangreiche und bedeutsame Angelegenheiten, die in die Zuständigkeit des Freistaates Bayern fallen, kann der Landtag eine Enquete-Kommission einsetzen.** [2]**Auf Antrag eines Fünftels seiner Mitglieder ist er dazu verpflichtet.** [3]**Der Antrag muß den Auftrag der Kommission bezeichnen.** [4]**Das Nähere regelt die Geschäftsordnung des Landtags.**

Parallelvorschriften im GG und anderen Landesverfassungen: Art. 44 IV BerlVerf; Art. 73 BbgVerf; Art. 27 HmbVerf; Art. 77 SaarlVerf; Art. 55 VerfLSA; Art. 63 ThürVerf.

I. Allgemeines

1. Bedeutung

In der parlamentarischen Praxis des Bundes und der Länder sind **Enquête-Kommis-** **1** **sionen** weithin an die Stelle von Untersuchungsausschüssen getreten, soweit es nicht um Missstandsenquêten, sondern um die Vorbereitung von Gesetzgebungsvorhaben oder sonstiger bedeutender Entscheidungen (Sachstandsenquête, Gesetzgebungsenquête) geht.[1] Zwar sind Gesetzgebungs- und sonstige Sachstandsenquêten in Gestalt klassischer Untersuchungsausschüsse i. S. v. Art. 25 weiterhin zulässig und möglich; Untersuchungsausschüsse haben jedoch den Nachteil, dass ihnen keine externen Sachverständigen, die nicht Mitglied des Landtags sind, angehören können, obwohl zur Vorbereitung und Aufarbeitung komplexer Sachfragen gerade an einer institutionalisierten Zusammenarbeit mit solchen externen Experten großes Interesse besteht[2]; die besonderen Befugnisse von Untersuchungsausschüssen zur Beweiserhebung in entsprechender Anwendung der StPO (Art. 25 III) hingegen scheinen zur Aufarbeitung komplexer Sachfragen unnötig und wenig geeignet. Enquête-Kommissionen können als mittlerweile verselbstständigte Weiterentwicklung, aufgrund ihrer Besonderheiten (mögliche Mitgliedschaft Externer; keine Hoheitsbefugnisse) jedoch nicht mehr als Ausprägung des klassischen, in Art. 25 (Untersuchungsausschüsse) verwirklichten Enquêterechts begriffen werden.[3] Das in Art. 25 a normierte Recht, eine Enquête-Kommission einzusetzen, ist – wie das Untersuchungsrecht des Art 25 – (auch) Minderheitsrecht (Satz 2) und steht insoweit in engem Zusammenhang zu Art. 16 a. In der Absicherung dieses Minderheits- und Oppositionsrechts liegt auch die besondere Bedeutung der Verankerung in der Verfassung[4]; ansonsten können Enquête-Kommissionen, wie sowohl das Beispiel des Bundes (§ 56 GOBT) als auch das anderer Länder zeigen, ohne dass es einer Normierung in der Verfassung bedürfte, auch in

---

[73] Siehe auch *Meder*, Art. 25 Rn. 3; zum Bundesrecht: *Klein*, in: Maunz/Dürig, Art. 44 Rn. 228 ff.

[1] *Magiera*, in: Sachs, Art. 44 Rn. 5.

[2] LT-Drucks. 13/9366, S. 2.

[3] *Badura*, Staatsrecht, E 40.

[4] Zur Bedeutung des Oppositionsschutzes (auch entstehungsgeschichtlich): *Leisner-Egensperger*, in: Nawiasky/Schweiger/Knöpfle, Art. 25 a Rn. 1.

der Geschäftsordnung des Parlaments geregelt werden. Von seinem Recht, eine Enquête-Kommission einzurichten, hat der Bayerische Landtag in der laufenden 15. Wahlperiode bislang einmal, in der 14. Wahlperiode zweimal Gebrauch gemacht.

2. Entstehung

2   Art. 25 a wurde durch das Verfassungsreformgesetz des Jahres 1998[5] eingefügt.

3. Verhältnis zum Grundgesetz

3   Eine Parallelregelung für den Bundestag fehlt im GG; eine sachlich vergleichbare Normierung liegt nur in § 65 GO BT vor. Die Frage von Enquête-Kommissionen auf Landesebene unterliegt ungeschmälerter Landesverfassungsautonomie, ohne dass relevante Grenzlinien des Art. 28 I 1, 2 GG ersichtlich wären.

II. Einzelkommentierung

4   **Rechtsgrundlagen.** Die Enquête-Kommissionen werden auf Grund der Verfassung selbst gebildet und tätig;[6] allein das Nähere zu regeln, verbleibt gemäß Art. 25 S. 4 der Geschäftsordnung des Landtags (§§ 31 ff.). § 36 GeschOLT wiederum verweist, soweit keine speziellen Regelungen existieren, auf eine sinngemäße Anwendung der Vorschriften über Ausschüsse (diese ausdrückliche Verweisung ist nötig, weil die z.T. extern besetzen Enquête-Kommissionen an sich gerade keine Ausschüsse sind; Rn. 6). Aus dieser Verweisung auf die allgemeinen, für alle Ausschüsse geltenden Vorschriften kann nicht geschlossen werden, dass auch und gerade die besonderen Bestimmungen für Untersuchungsausschüsse (§ 30 GeschOLT, BayUAG) entsprechende Anwendung fänden[7]. Diese gelten im Gegenteil gerade nicht; sowohl Art. 25 a BV als auch die §§ 31 ff. GeschOLT treffen eigenständige Regelungen, die neben diejenigen zum Untersuchungsausschuss treten, ohne auf sie zu verweisen.

5   **Gegenstand.** Enquête-Kommissionen dienen der „Vorbereitung von Entscheidungen über umfangreiche und bedeutsame Angelegenheiten" (Art. 25 a S. 1). Wie auch Untersuchungsausschüsse (Art. 25, Rn. 12) dienen Enquête-Kommissionen der Vermittlung von Entscheidungsgrundlagen für den Landtag; nicht jedoch sind sie selbst zu Entscheidungen berufen („Vorbereitung"). Die Entscheidung darüber, ob eine „umfangreiche und bedeutsame Angelegenheit" gegeben ist und deswegen eine Enquête-Kommission eingerichtet werden soll, obliegt dem freien politischen Ermessen des Landtags und – bis zur Missbrauchsgrenze – auch der Landtagsminderheit, ohne dass die Einsetzung von einem etwa justiziablen Kriterium der Erforderlichkeit abhängig wäre.[8] Hinsichtlich der Einschränkung, „die in die Zuständigkeit des Freistaates Bayern fallen" kann auf die entsprechend geltenden Ausführungen in Art. 25, Rn. 9 verwiesen werden (hinreichender Landesbezug); auch hier ist die Abgrenzung aufgrund der vielen Kompetenzverschränkungen alles andere als einfach; im Zweifel spricht das allgemein-politische Mandat jeder Volksvertretung, zumal soweit anders als beim Untersuchungsausschuss keine Rechte Dritter betroffen sind, eher für eine Landtagszuständigkeit. Ob es richtig ist, dem Umstand Gewicht beizumessen, dass Art. 25 a von einer Zuständigkeit des Freistaats, und nicht des Landtags spricht,[9] erscheint zweifelhaft: Dass auch das Handeln der Exekutive zulässiger Untersuchungsgegenstand ist, ist eine Selbstverständlichkeit, die aus der diesbezüglichen Befassungs-, Kontroll- und Gesetzgebungskompetenz des Landtags herrührt; umgekehrt könnte die Formulierung „Zuständigkeit des Freistaats" nichts daran ändern, dass jedenfalls ein exekutivischer Kernbereich durch das Gewaltenteilungsprinzip geschützt ist und

---

[5] Gesetz vom 20. 2. 1998, GVBl. S. 39.
[6] *Leisner-Egensperger,* in: Nawiasky/Schweiger/Knöpfle, Art. 25 a Rn. 3.
[7] A. A. *Leisner-Egensperger,* in: Nawiasky/Schweiger/Knöpfle, Art. 25 a Rn. 3, 18; siehe auch Rn. 7.
[8] *Leisner-Egensperger,* in: Nawiasky/Schweiger/Knöpfle, Art. 25 a Rn. 4 ff.
[9] So *Leisner-Egensperger,* in: Nawiasky/Schweiger/Knöpfle, Art. 25 a Rn. 8 f.

vom Landtag zu respektieren ist (vgl. Art. 25, Rn. 10); eine Loslösung der Enquête-Kommission von Zuständigkeiten des Landtags stünde schließlich in einem schwer erklärbaren Widerspruch zu ihrer vorbereitenden Natur („zur Vorbereitung"), denn was würde vorbereitet, wenn der Landtag keine Entscheidungsbefugnisse hat? Der Auftrag der Enquête-Kommission kann sich auch auf gesellschaftliche Phänomene und die Betätigung Privater beziehen; zu Grundrechtseingriffen ist die Enquête-Kommission mangels Rechtsgrundlage (Rn. 7) jedoch nicht befugt und in der Lage, was die diesbezügliche Einsetzbarkeit, soweit es um einzelne Betroffene und nicht nur um gesellschaftliche Phänomene im Allgemeinen geht, schmälert; geht es um Einzelne, bleibt praktisch nur die Skandalenquête nach Art. 25.[10]

Einsetzung, Rechtsstellung und Zusammensetzung. Die Einsetzung kann auf ge- **6** wöhnlichen Antrag hin durch die Landtagsmehrheit erfolgen (Art. 25 a Satz 1, 23 I; Art. 25, Rn. 5). Auf Antrag eines Fünftels der Mitglieder (Art. 25, Rn. 6) ist der Landtag verpflichtet, einen solchen Beschluss zu fassen (Art. 25 a Satz 2). Insoweit gilt das zur Parallelregelung der Untersuchungsausschüsse (Art. 25 I) Gesagte entsprechend. Der Antrag muss den Auftrag der Kommission bezeichnen (Art. 25 a S. 3 BV, § 31 Satz 3 GeschOLT); an die Bestimmtheit des Antrags können und müssen, da Rechte Dritter nicht berührt sind und es sich definitionsgemäß um „umfangreiche" Angelegenheiten handelt, im Gegensatz zu Art. 25 I (Art. 25, Rn. 8) keine strengen Anforderungen gestellt werden.[11] Die Maßgabe des § 31 Satz 3 GeschOLT, der Kommission ein zeitliches Ziel zu setzen, ist angesichts der Verfahrenshoheit des Landtags und des Diskontinuitätsgrundsatzes berechtigt.[12] Die Zusammensetzung (§ 32 GeschOLT) zeichnet sich dadurch aus, dass der Enquête-Kommission neben Landtagsmitgliedern auch externe Mitglieder angehören dürfen (§ 31 Satz 1 GeschOLT; die Zahl der internen muss die Zahl der externen Mitglieder übersteigen, § 32 Satz 2 GeschOLT); diese Eigenart der Enquête-Kommission wird von Art. 25 a – im Gegensatz zu anderen Landesverfassungen (Art. 44 IV 2 BerlVerf) – nicht explizit zum Ausdruck gebracht, aber jedenfalls in der Sache gedeckt.[13] Die Bestellung erfolgt einvernehmlich oder nach dem Stärkeverhältnis der Fraktionen (d'Hondt); jede Fraktion kommt zum Zuge (ggf. Zusatzmitglieder); zum Vorsitzenden und Stellvertreter vgl. § 33 GeschOLT. Aufgrund der möglichen Mitgliedschaft auch Externer sind Enquête-Kommissionen keine „Ausschüsse" des Landtags[14], sondern haben einen eigenen Status, auch wenn § 36 GeschOLT subsidiär auf die Regelungen über Ausschüsse verweist.

Verfahren. Die Sitzungen der Enquête-Kommission sind grundsätzlich nicht-öffent- **7** lich (§ 34 I GeschOLT); auf Minderheitsantrag hin ($^1/_5$) sind jedoch Ausnahmen zu beschließen; der nur für das Plenum geltende Art. 22 I steht nicht entgegen; die mangelnde Gerichtsähnlichkeit rechtfertigt auch den Unterschied zu Art. 25 V. Da Enquête-Kommissionen keine Ausschüsse des Landtags sind, greift Art. 24 I (Zitierrecht) nicht; umgekehrt wird man aufgrund der anders gelagerten Zielsetzung des Art. 24 II ein Zutrittsrecht der Staatsregierung bejahen können (siehe schon Art. 24, Rn. 4, 7; str.[15]). Enquête-Kommissionen haben mangels entsprechender Rechtsgrundlage **keine Befugnisse** zu Rechtseingriffen, insbesondere nicht die besonderen Befugnisse von Untersuchungsausschüssen (Art. 25 III).[16] Weder lässt sich Art. 25 a eine derartige Eingriffsermächtigung entnehmen, noch wird auf Art. 25 III verwiesen. Die GeschOLT ist schon aufgrund ihrer Rechtsnatur als parlamentarisches Innenrecht nicht imstande, eine derartige Rechtsgrundlage abzugeben; im Übrigen formuliert und thematisiert auch sie weder selbst derartige Befugnisse

---

[10] Schief: *Leisner-Egensperger,* in: Nawiasky/Schweiger/Knöpfle, Art. 25 a Rn. 15.

[11] *Klein,* in: Maunz/Dürig, Art. 44 Rn. 32.

[12] *Leisner-Egensperger,* in: Nawiasky/Schweiger/Knöpfle, Art. 25 a Rn. 13.

[13] Siehe auch die Entstehungsgeschichte: Rn. 1 mit Fn. 2.

[14] *Klein,* in: Maunz/Dürig, Art. 44 Rn. 31.

[15] *Klein,* in: Maunz/Dürig, Art. 44 Rn. 33.

[16] *Klein,* in: Maunz/Dürig, Art. 44 Rn. 33; a. A. *Leisner-Egensperger,* in: Nawiasky/Schweiger/Knöpfle, Art. 25 a Rn. 18 f.

noch verweist sie auf die Regelungen zum Untersuchungsausschuss. Das BayUAG ist nicht allein deswegen sinngemäß heranzuziehen, weil § 36 GeschOLT in allgemeiner Form auf die Regelungen zu den Ausschüssen verweist und unter anderem auch Untersuchungsausschüsse Ausschüsse sind (siehe schon Rn. 4). Im Übrigen ist es auch gar nicht nötig, Enquête-Kommissionen Eingriffsbefugnisse zuzubilligen: erstens, weil sie solcher für ihre typische Arbeit nicht bedürfen (die komplexen Sachverhalten und strukturellen Fragen, um die es geht, lassen sich auch durch auf Freiwilligkeit basierende Befragungen, Expertenanhörungen etc. sowie durch den eigenen Sachverstand der ja auch externe Mitglieder umfassenden Kommission klären), zweitens, weil es dem Landtag ja unbenommen bleibt, jederzeit auch zur Klärung von Sachfragen und zur Vorbereitung von Gesetzgebungsvorhaben einen Untersuchungsausschuss einzurichten (Gesetzgebungs-Sachstandsenquête), der dann ungeschmälert über die besonderen Befugnisse des Art. 25 III verfügt. Die Enquête-Kommission beendet ihre Arbeit mit einem schriftlichen Bericht (§ 34 II GeschOLT).

Art. 26 [Zwischenausschuss]

(1) ¹Der Landtag bestellt zur Wahrung der Rechte der Volksvertretung gegenüber der Staatsregierung und zur Behandlung dringlicher Staatsangelegenheiten für die Zeit außerhalb der Tagung sowie nach der Auflösung oder der Abberufung des Landtags bis zum Zusammentritt des neuen Landtags einen Zwischenausschuß. ²Dieser Ausschuß hat die Befugnisse des Landtags, doch kann er nicht Ministeranklage erheben und nicht Gesetze beschließen oder Volksbegehren behandeln.

(2) Für diesen Ausschuß gelten die Bestimmungen des Art. 25.

Parallelvorschriften im GG und anderen Landesverfassungen: Art. 36 BaWüVerf; Art. 93 HessVerf; Art. 40 NRWVerf; Art. 92 RhPfVerf.

Rechtsprechung: VerfGH 35, 105; 47, 178.

Literatur: Klemm, Der Zwischenausschuß nach dem Grundgesetz und der Bayerischen Verfassung, 1971.

I. Allgemeines

1. Bedeutung

1   Für die **„parlamentslose"**[1] **Zeit** außerhalb der Tagung (Art. 17 III) sowie nach Auflösung oder Abberufung des Landtags (Art. 18) sieht Art. 26 die Bestellung eines **Zwischenausschusses** vor. Während dem Präsidium zwischen den Tagungen die Führung der laufenden Geschäfte obliegt (Art. 20 II), gehen auf den Zwischenausschuss die **politischen Funktionen** des Landtags v. a. der Kontrolle der Staatsregierung über[2], wozu ihm grundsätzlich die Rechte des Landtags, einschließlich derjenigen eines Untersuchungsausschusses, eingeräumt werden; Legislativrechte hat der Zwischenausschuss dagegen nicht.[3] Dem Zwischenausschuss kommt nach bayerischem Staatsrecht die Stellung eines **selbstständigen Verfassungsorgans** i. S. d. Art. 64 BV zu.[4] Seine praktische Bedeutung ist – infolge der ständiger Übung entsprechenden ununterbrochenen („permanenten") Tagung des Landtags (Art. 17, Rn. 1) – gering; nur kurz vor Ende der Legislaturperiode, nach „endgül-

---

[1] Gemeint ist eine Zeit der Unterbrechung oder des Abbruchs der Tätigkeit der Volksvertretung (vgl. VerfGH 35, 105 [115 f.]) infolge einer Schließung der Tagung oder infolge Auflösung/Abberufung; eine im eigentlichen Sinne „parlamentslose" Zeit (Zeit ohne Landtag) gibt es aufgrund der jetzt geltenden Regelung zum nahtlosen Übergang der Wahlperioden (Art. 16 I 2) nicht mehr (Art. 16 Rn. 5).

[2] *Meder,* Art. 26 Rn. 1.

[3] Vgl. *Glauben,* in: Grimm/Caesar, RhPfVerf, Art. 92 Rn. 6.

[4] VerfGH 35, 105 (113).

tiger" Schließung der Tagung[5] kommt er typischerweise zum Einsatz. Das Grundgesetz und die meisten anderen Landesverfassungen verzichten deswegen mittlerweile auf einen Zwischenausschuss o.Ä.[6]

2. Entstehung

Seine wesentliche Gestalt erhielt die Regelung im VVA, der im Vergleich zu Art. 22 **2** VE nur einen „ständigen" Ausschuss beließ und ihn Zwischenausschuss nannte; im VA wurden auf Intervention *Nawiaskys* noch die Worte „oder der Abberufung" und „oder Volksbegehren behandeln" eingefügt.[7] Die Verfassungsänderung 1998[8] führte – als Konsequenz der neuen Regelung zum nahtlosen Übergang der Wahlperioden in Art. 16 I 2 – zum Wegfall des Anwendungsfalles „und nach Beendigung der Wahldauer".

3. Verhältnis zum Grundgesetz

Das GG enthält seit Streichung der Regelung zum „Ständigen Ausschuss" in Art. 45 **3** GG a. F. im Jahre 1976 für den Bundestag keine dem Art. 26 BV entsprechende Regelung mehr. Die Beibehaltung von Sitzungsperioden (Tagungen), die während oder vor Ende der Wahlperiode unterbrochen und geschlossen werden können, ist von der Landesverfassungsautonomie gedeckt (Art. 17, Rn. 3); in diesem Fall ist es ein Gebot des Art. 28 I 1, 2 GG (Demokratie, Volksvertretung), für „parlamentslose" Zeiten ein an die Stelle des Landtags tretendes parlamentarisches Kontrollorgan in der Art des Zwischenausschusses vorzusehen.[9]

II. Einzelkommentierung

a) Rechtsstellung. Der Zwischenausschuss ist nicht etwa nur Hilfsorgan des Land- **4** tags, sondern selbstständiges Verfassungsorgan i. S. d. Art. 64, der zu bestimmten Zeiten an die Stelle des Landtags tritt.[10] Zu weit würde es angesichts der zeitlich und sachlich beschränkten Befugnisse des Zwischenausschusses indes gehen, ihn als Ersatzparlament zu bezeichnen.[11] Ebenso wenig ist er Sachwalter eines vergangenen oder kommenden Parlaments.[12]

b) Zusammensetzung. Art. 26 I sieht vor, der Zwischenausschuss sei vom Landtag **5** zu bestellen, ohne nähere Aussagen zur Zusammensetzung zu machen. Aus der verfassungsrechtlichen Funktion des Zwischenausschusses, zeitweilig an die Stelle des Landtags zu treten, folgt, dass ihm nur Abgeordnete angehören können und das Prinzip der verkleinerten Spiegelbildlichkeit der politischen Zusammensetzung des Landtags zu beachten ist. Das Nähere regelt § 21 GeschOLT. Die Mitgliederzahl bestimmt demnach der Landtag. Die Bestellung erfolgt auf Vorschlag der Fraktionen; die Zusammensetzung bemisst sich nach deren Stärkeverhältnis (d'Hondt), wobei jede Fraktion vertreten sein muss. Der Landtagspräsident und die Vizepräsidenten können im Blick auf ihre Aufgaben nach Art. 20 II und 44 III BV nicht Mitglied des Zwischenausschusses sein (§ 21 III GeschOLT); der Vorsitzende ist folgerichtig vom Zwischenausschuss zu wählen (§ 22 GeschOLT). Die Mitglieder des Zwischenausschusses kommen über Art. 32 I in den Genuss der Rechtsstellung nach Art. 27 mit 31.

c) Zeitlich beschränktes Tätigwerden. Der Zwischenausschuss ist nur während be- **6** stimmter Zeitspannen unterbrochener bzw. nicht mehr gegebener Funktionstüchtigkeit

---

5 Vgl. die Konstellationen in VerfGH 35, 195; 47, 178.
6 *Menzel,* in: Löwer / Tettinger, NRW Verf, Art. 40 Rn. 4.
7 *Schweiger,* in: Nawiasky / Schweiger / Knöpfle, Art. 26 Rn. 1; Prot. I, S. 113.
8 G vom 20. 2. 1998, GVBl. S. 39.
9 *Glauben,* in: Grimm / Caesar, RhPfVerf, Art. 92 Rn. 12.
10 VerfGH 35, 105 (113).
11 *Schweiger,* in: Nawiasky / Schweiger / Knöpfle, Art. 26 Rn. 2.
12 VerfGH 35, 105 (116); 47, 178 (182).

des Landtags zur Wahrung der Rechte der Volksvertretung berufen[13], nämlich „außerhalb der Tagung" (d. h. praktisch nur für die Zeit nach Schließung der permanenten Tagung vor einer Neuwahl; sonstige Schließungen der Tagung während laufender Wahlperioden kennt die Praxis nicht mehr; Art. 17, Rn. 1) sowie nach Auflösung/Abberufung eines Landtags (Art. 18) vor Zusammentritt des neuen; während bloßer „Vertagungen" auf neue Sitzungen/Sitzungsfolgen kommt der Zwischenausschuss nicht zum Zuge.[14]

7　　**d) Aufgaben und Befugnisse.** Der Stellung des Zwischenausschusses nach bayerischem Verfassungsrecht liegt der Gedanke zugrunde, dass die Staatsregierung auch während der Unterbrechung der Tätigkeit der Volksvertretung keine unkontrollierte politische Bewegungsfreiheit eingeräumt werden soll; die **Überwachungsfunktion gegenüber der Staatsregierung** auch während der „parlamentslosen" Zeit bildet die eindeutige und unbestrittene Hauptaufgabe des Zwischenausschusses (vgl. Abs. 1 S. 1: „zur Wahrung der Rechte ... gegenüber der Staatsregierung).[15] Zu diesem Zweck hat er die Befugnisse des Landtags (Abs. 1 S. 2), namentlich das Zitierrecht nach Art. 24 II, das allgemeine Fragerecht (Art. 13 II) sowie das Petitionsüberweisungsrecht (Art. 115 II); zum Untersuchungsrecht (Abs. 2) siehe nächste Rn.[16] Klar ist umgekehrt, dass der Zwischenausschuss jedenfalls **keine Gesetzgebungsbefugnisse** hat („nicht Gesetze beschließen oder Volksbegehren behandeln"[17]; für die Zustimmung zu Staatsverträgen nach Art. 72 II kann nichts anderes gelten[18]; – Kontrollfunktion, keine Legislativfunktion) und dass er nicht Ministeranklage (Art. 61) erheben kann. Nicht ganz geklärt ist das – so auch in anderen Landesverfassungen nicht enthaltene – Aufgabenfeld **„Behandlung dringlicher Staatsangelegenheiten".**[19] Es eröffnet dem Zwischenausschuss jedenfalls keine neuen staatsleitenden oder gar exekutiven Aufgaben, die dem Landtag nicht auch ansonsten zukämen.[20] Zu bejahen sein dürfte allerdings eine allgemeinpolitische Befassungskompetenz auch des Zwischenausschusses (vor Art. 13, Rn. 4). Außerdem ergibt sich eine gewisse Öffnung für unaufschiebbare Beschlüsse, die ansonsten dem Landtag obliegen (z. B. Art. 48 II; auch an Art. 45, z. B. bei Entlassung eines Ministers, wäre zu denken); die Kreationsrechte des Landtags im Allgemeinen dürften dem Zwischenausschuss jedoch nicht zukommen.[21]

8　　**e) Insbesondere die Rechte eines Untersuchungsausschusses (Abs. 2).** Für den Zwischenausschuss gelten gemäß Art. 26 II die Bestimmungen des Art. 25 über **Untersuchungsausschüsse.** Hieraus folgt, dass sich der Zwischenausschuss zur Wahrnehmung seiner Kontrollfunktion gegenüber der Staatsregierung als Untersuchungsausschuss konstituieren darf; ob er seinerseits einen Untersuchungsausschuss einsetzen darf, hat der VerfGH offen gelassen. Im Falle der Konstituierung eines Untersuchungsausschusses gelten die Bestimmungen des BayUAG entsprechend. Auch innerhalb des Zwischenausschusses ist das Enquêterecht (auch) ein Minderheitenrecht, so dass die Konstituierung bei Antrag von einem Fünftel der Mitglieder zu erfolgen hat (Art. 25 I). Aufgrund des zeitlich begrenzten Mandats des Zwischenausschusses, der nicht etwa genereller Sachwalter des vergangenen Parlaments ist (kein Ersatzparlament), ist es jedoch nicht Aufgabe des Zwischenausschusses, eine nicht beendete Beweisaufnahme eines Untersuchungsausschusses des alten Landtags über den Zeitpunkt des Schlusses der Tagung fortzuführen. Das gilt

---

[13] VerfGH 35, 105 (116).

[14] *Schweiger,* in: Nawiasky/Schweiger/Knöpfle, Art. 26 Rn. 3.

[15] VerfGH 35, 105 (114, 115).

[16] *Schweiger,* in: Nawiasky/Schweiger/Knöpfle, Art. 26 Rn. 3, 4, auch zum Folgenden.

[17] Bei Volksbegehren: Pflicht zur Einberufung einer außerordentlichen Tagung, Art. 73 I 2 LWG.

[18] Auch wenn dies nicht durch Gesetz geschieht; für NRW: *Menzel,* in: Löwer/Tettinger, NRW-Verf, Art. 40 Rn. 8.

[19] Offen gelassen in VerfGH 35, 105 (115).

[20] *Schweiger,* in: Nawiasky/Schweiger/Knöpfle, Art. 26 Rn. 3.

[21] *Menzel,* in: Löwer/Tettinger, NRW-Verf, Art. 40, Rn. 8; *Glauben,* in Grimm/Caesar, RhPfVerf, Art. 92 Rn. 6.

insbesondere dann, wenn das Landtagsplenum selbst über denselben Gegenstand beraten und Beschluss gefasst hat und neue Gesichtspunkte nicht hervorgetreten sind. Das Untersuchungsrecht des Zwischenausschusses beschränkt sich inhaltlich auf neue Untersuchungsgegenstände; die Notwendigkeit eines Tätigwerdens muss nach Schluss der Tagung hervortreten.[22]

Art. 27 [Indemnität]

Kein Mitglied des Landtags darf zu irgendeiner Zeit wegen seiner Abstimmung gerichtlich oder dienstlich verfolgt oder sonst außerhalb der Versammlung zur Verantwortung gezogen werden.

Parallelvorschriften im GG und anderen Landesverfassungen: Art. 46 I GG; Art. 37 BaWüVerf; Art. 51 I BerlVerf; Art. 57 BbgVerf; Art. 94 BremVerf; Art. 14 HmbVerf; Art. 95 HessVerf; Art. 24 I M-VVerf; Art. 14 NdsVerf; Art. 47 NRWVerf; Art. 93 RhPfVerf; Art. 81 SaarlVerf; Art. 55 I SächsVerf; Art. 57 I VerfLSA; Art. 24 I SchlHVerf; Art. 55 I ThürVerf.

Rechtsprechung: BGH NJW 1980, 780.

Literatur: Friesenhahn, Zur Indemnität der Abgeordneten in Bund und Ländern, DÖV 1981, 512; *Härth,* Die Rede- und Abstimmungsfreiheit der Parlamentsabgeordneten in der Bundesrepublik Deutschland, 1983; *Klein,* Indemnität und Immunität, ParlRPr 1989, 555; *Mang,* Die Indemnität der Abgeordneten des Bayerischen Landtags, BayVBl. 1980, 550; *Schröder,* Rechtsfragen des Indemnitätsschutzes, Der Staat 21 (1982), S. 25; *Wurbs,* Regelungsprobleme der Immunität und der Indemnität in der parlamentarischen Praxis, 1988.

I. Allgemeines

1. Bedeutung

Art. 27 gewährleistet die sog. **Indemnität** im Sinne einer fortwährenden (zeitlich **1** über die Dauer der Landtagsmitgliedschaft hinausgehenden) Verantwortungsfreiheit des Abgeordneten für seine parlamentarischen Abstimmungen, d. h. für Amtshandlungen im Landtag (daher auch: „berufliche" Immunität). Ergänzt wird die Regelung durch Art. 28, der die sog. Immunität im Sinne einer zeitlich auf die Dauer des Mandats beschränkten Verfolgungsfreiheit in Bezug auf jedwede, auch außerparlamentarisch begangene Straftat zum Gegenstand hat (daher auch „außerberufliche" Immunität).[1] Beiden Gewährleistungen geht es zuallererst (objektiv) um den Schutz der **Funktionsfähigkeit,** Freiheit und Unabhängigkeit des Parlaments gegenüber Beeinträchtigungen durch die Exekutive und Judikative. Zugleich bilden sie wesentliche Bestandteile des dem einzelnen Abgeordneten von der Verfassung eingeräumten Status[2] und sind insoweit auch **subjektives Recht** des Abgeordneten;[3] die Annahme einer subjektiven Schutzrichtung und Rechtsposition ist bei Art. 27 (Indemnität) leichter möglich und muss nicht in derselben Weise gegen eine Rechtsposition des Parlaments insgesamt abgewogen werden, wie dies bei Art. 28 (Immunität) der Fall ist.[4]

2. Entstehung

Um die Fassung der Indemnitätsvorschrift (Art. 23 VE, E, Art. 27 BV) ist im Prozess **2** der Verfassungsgebung erheblich gerungen worden;[5] dieses Ringen bezieht sich vor allem

---

[22] Zum Ganzen: VerfGH 35, 105 (116 f.); 47, 178 (182 f.).

[1] Zur Abgrenzung: *Maunz,* in: Maunz/Dürig, Art. 46 Rn. 2 ff.

[2] Vgl. VerfGH 58, 113 (124).

[3] *Meder,* Art. 27 Rn. 1; *Schweiger,* in: Nawiasky/Schweiger/Knöpfle, Art. 27 Rn. 3.

[4] *Schulze-Fielitz,* in: Dreier, Art. 46 Rn. 8; zur Immunität als einem primären Recht der Volksvertretung und der begrenzten subjektiven Rechtsposition des einzelnen Abgeordneten: BVerfGE 104, 310 (325 ff.).

[5] *Schmidt,* Staatsgründung und Verfassungsgebung in Bayern, Bd. I, S. 190 ff.; Prot I, S. 114 ff.

auf die große Besonderheit des Art. 27 BV, dass dieser nämlich – im Bruch mit der Verfassungstradition (auch § 37 I BV 1919), anders als noch Art. 23 VE sowie im Gegensatz sowohl zu Art. 46 I GG auch zu allen anderen Landesverfassungen – **allein das Abstimmungsverhalten,** nicht aber auch parlamentarische Äußerungen der Abgeordneten unter seinen Schutz stellen will. Diese Entscheidung wurde bewusst getroffen, um angeblichen Missständen, wie in der Schlussphase der Weimarer Zeit, entgegenzutreten, in der die Redefreiheit für Diffamierungen und Agitation genutzt und missbraucht worden sei.

3. Verhältnis zum Grundgesetz

3   Von seinem bundesrechtlichen Pendant, dem **Art. 46 I GG,** unterscheidet sich Art. 27 BV vor allem durch die Besonderheit, dass nur Abstimmungen, von vornherein nicht aber parlamentarische Äußerungen dem Indemnitätsschutz unterfallen. Art. 46 I GG gilt indes allein für den Bundestag und lässt die Freiheit der Länder, für die Landtage Abweichendes zu regeln, unberührt; gerade der Umstand, dass Art. 46 I GG – anders als noch Art. 36 WRV – die Landtage nicht mitregelt, sondern sich auf den Bundestag beschränkt, kann nur so verstanden werden, dass die Frage der Indemnität für Landtagsabgeordnete bewusst der Landesverfassungsautomie überlassen bleiben sollte. Freilich gelten die allgemeinen Grenzen des **Art. 28 I 1, 2 GG,** und es spricht viel dafür, dass sich aus ihm (d. h. aus den Homogenitätsvorgaben zu Demokratie, Gewaltenteilung, Volksvertretung) sowohl ein Mindestmaß an Schutz der Funktionsfähigkeit des Parlaments durch Vorschriften über Indemnität, Immunität etc. ableiten lässt (was in Bayern problematisch sein könnte, wo der Schutz im Punkt Äußerungsfreiheit hinter dem Grundgesetz zurückbleibt), als auch, dass aus ihm bestimmte Obergrenzen für eine Freistellung der Abgeordneten von rechtlicher Verantwortung und damit einhergehender Schutzlosstellung des etwa verletzten Bürgers folgen (was z. B. in den Ländern problematisch ist, die anders als Art. 46 I 2 GG selbst verleumderische Beleidigungen verantwortungsfrei stellen). Es würde hingegen zu weit gehen und dem Sinn der Art. 28 I GG widersprechen, hieraus das Erfordernis völliger Uniformität ableiten zu wollen. Dass etwa die bayerische Regelung, die sämtliche Äußerungen (nicht nur verleumderische Beleidigungen) aus dem Indemnitätsschutz ausnimmt, die Funktionstüchtigkeit des Bayerischen Landtags in einem Maße beeinträchtigt hätte, dass von einem Verstoß gegen die Grundsätze des demokratischen Rechtsstaats i. S. d. Art. 28 I GG ausgegangen werden könnte, wird man nach hier vertretener Ansicht schwerlich behaupten können.[6] Wenn demnach Art. 27 BV vor Art. 28 I GG Bestand hat und trotz substanzieller Abweichung von Art. 46 I GG maßgeblich bleibt, so sind damit noch nicht alle Probleme des Verhältnisses zum Bundesrecht ausgeräumt: Zu klären bleibt, in welchem Verhältnis Art. 27 BV zu solchen Normen des einfachen Bundesrechts (namentlich zu § 36 StGB) steht, die die Abgeordnetenindemnität für Teilbereiche des Rechts (Strafrecht) einer bundeseinheitlichen Regelung zuführen, die indes von Art. 27 BV abweicht (unten Rn. 5.).

II. Einzelkommentierung

4   **a) Reichweite des Schutzes.** Geschützt sind in **persönlicher** Hinsicht allein Mitglieder des Landtags[7]; dass zugleich andere Ämter bekleidet werden (Regierungsmitglied o. Ä.) schadet nicht. **Zeitlich** reicht der Schutz über die Dauer des Mandats hinaus („zu irgendeiner Zeit"). **Institutionell** erfasst der Indemnitätsschutz allein den Bereich des Landtags, d. h. das (Abstimmungs-)Verhalten im Plenum und in sonstigen Gremien des Landtags (dass nur dieser Innenbereich gemeint ist, ergibt sich, auch ohne dass es einer Präzisierung wie in Art. 46 I 1 GG [„im Bundestage oder in einem seiner Ausschüsse"]

---

[6] Vgl. zum Ganzen: *Menzel,* Landesverfassungsrecht, S. 423 f.; *Friesenhahn,* DÖV 1981, S. 512 (517 f.); *Schweiger,* in: Nawiasky/Schweiger/Knöpfle, Art. 17 Rn. 5.

[7] Nicht z. B. Sachverständige einer Parlamentsanhörung: BGH NJW 1981, 2117.

bedürfte, bereits aus der – ansonsten überflüssigen[8] – Gegenüberstellung zur Verantwortung „außerhalb der Versammlung"); auch das Abstimmungsverhalten in den Fraktionen wird man noch diesem der unmittelbaren Betätigung als Mitglied des Landtags zugehörigen Innenbereich zuordnen können, nicht jedoch sonstiges Verhalten des Abgeordneten außerhalb des Landtags, etwa in der Partei, auf Wahlversammlungen etc.[9] **Sachlich-gegenständlich** geschützt – dies ist die große Besonderheit des Bayerischen Verfassungsrechts[10] – ist allein das Abstimmungsverhalten (gemeint sind Sach- und Personalentscheidungen), von vornherein nicht geschützt sind dagegen parlamentarische Äußerungen; dass damit die Freiheit der Parlamentsberichterstattung nach Art. 22 II BV weiter reicht als die Äußerungsfreiheit im Landtag selbst, kann hierbei durchaus als eine gewisse Inkonsistenz betrachtet werden (Art. 22 Rn. 11). Da Äußerungen vom Schutz ausgenommen sind, stellen sich diesbezüglich relevante Abgrenzungsfragen (schriftliche Anfragen und Anträge, Verhandlungen mit der Regierung; Mitglied einer Parlamentsabordnung, vgl. Art. 81 II SaarlVerf; Weitergabe von Äußerungen oder Anfragen an die Presse[11]) für die BV von vornherein nicht. Nicht geschützt sind Tätlichkeiten im Landtag. Von seiner **Schutzrichtung** und seinen **Rechtsfolgen** her schützt Art. 27 gegen jedwede gerichtliche (strafgerichtliche, ehrengerichtliche, nach h. M. und Rspr. auch zivilgerichtliche) oder dienstliche (disziplinäre) Verfolgung sowie gegen jedes sonstige staatliche Zur-Verantwortung-Gezogenwerden, d. h. gegen sonstige nachteilige Reaktionen der Staatsgewalt (z. B. der Polizei); nicht schützt Art. 27 hingegen gegen Sanktionen und Nachteilszufügungen aus dem gesellschaftlichen, nicht-staatlichen Bereich (Partei, Wirtschaft, Publizistik etc.), ebenso wenig gegen innerparlamentarische, auf der Ordnungsgewalt beruhende Maßnahmen („außerhalb der Versammlung"); im Bereich des Strafrechts wirkt sich die Indemnität nach h. M. als persönlicher Strafausschließungsgrund, wohl aber auch als Verfahrenshindernis aus.[12] Der Abgeordnete kann auf seine Indemnität weder verzichten noch kann der Landtag sie aufheben (partiell anders im deutschen Verfassungsraum nur Art. 14 II HmbVerf).

b) Verhältnis zum einfachen Bundesrecht. Große Schwierigkeiten wirft die Frage **5** auf, in welchem Verhältnis Art. 27 zum einfachen Bundesrecht, namentlich zu § 36 StGB steht, der die Frage der Indemnität für den besonders wichtigen Bereich des Strafrechts (nach h. M. trotz des weiten Wortlauts keine Anwendbarkeit auf das Zivilrecht[13]) einer abweichenden Regelung zuführt (Schutz auch für nicht verleumderische Äußerungen). Das Meinungsspektrum reicht von einer Verdrängung des Art. 27 BV durch den höherrangigen § 36 StGB (Art. 31 GG) bis hin zur Gegenthese, der Bund habe angesichts der Verfassungsautonomie der Länder keine Kompetenz zur Regelung von Indemnitätsfragen, so dass § 36 StGB unmaßgeblich sei, soweit er Art. 27 BV widerspreche und ihn nicht allein deklaratorisch wiederhole; nach Ansicht des BGH „erweitert" § 36 StGB den bereits durch Art. 27 BV gegebenen Schutz auch auf Äußerungen im Parlament[14] (zu einem ähnlichen Problem vgl. bereits Art. 22 Rn. 14). Zu kurz greift im Ausgangspunkt jedenfalls der schlichte Rückgriff auf Art. 31 GG. Vielmehr ist vorgelagert zu bedenken, dass jedwede Kompetenz des Bundesgesetzgebers von vornherein unter dem aus der Landesverfassungs-

---

[8] *Schweiger,* in: Nawiasky/Schweiger/Knöpfle, Art. 27 Rn. 4.

[9] *Magiera,* in: Sachs, Art. 46 Rn. 4 f.

[10] Diesen Unterschied durch Auslegung hinwegdiskutieren zu wollen, um die bayerischen Abgeordneten nicht schlechter zu stellen als ihre nichtbayerischen Kollegen, ist weder mit der Entstehungsgeschichte noch mit dem Wortlaut vereinbar (so aber *Mang,* BayVBl. 1980, S. 550 [551]).

[11] BGH NJW 1980, 780; OLG Stuttgart NJW 2004, 1747: Pressekonferenz einer Fraktion.

[12] *Schweiger,* in: Nawiasky/Schweiger/Knöpfle, Art. 27 Rn. 4; *Magiera,* in: Sachs, Art. 46 Rn. 8 ff.

[13] Vgl. Nachweise in BGH NJW 1980, 780 (781).

[14] BGH NJW 1980, 780 (781); *Lenckner/Perron,* in: Schönke/Schröder, Vor § 36 StGB Rn. 3 m. w. N.; *Schweiger,* in: Nawiasky/Schweiger/Knöpfle, Art. 27 Rn. 5 f.; *Meder,* Art. 27 Rn. 2; *Menzel,* Landesverfassungsrecht, S. 423 f.; *Friesenhahn,* DÖV 1981, S. 512; *Glauben,* in: Grimm/Caesar, RhPf-Verf, Art. 93 Rn. 15.

autonomie fließenden Vorbehalt steht, dass die Länder in der Lage sein müssen, kraft ihrer originären Kompetenz zur Regelung staatsorganisationsrechtlicher Fragen zum Schutze ihres Parlaments und seiner Funktionstüchtigkeit die im deutschen Verfassungsraum typischen Schutzinstrumente (Immunität, Indemnität, Berichtsfreiheit etc.) vorzusehen und in ihrer Reichweite auszugestalten. Freilich sind sie hierbei an die äußeren Grenzen des Art. 28 I GG gebunden; es ist, wie bereits in Rn. 3 dargelegt, jedoch wenig plausibel, dass Art. 27 BV, auch soweit er sich von Art. 46 I GG unterscheidet, diesen äußeren Rahmen sprengt. Ist Art. 27 BV aber gültig, so ist er aus kompetenziellen Gründen in der Lage, bundesrechtlichen Regelungen (die insoweit unter einem kompetenziellen Vorbehalt stehen) entgegengehalten zu werden, ohne durch Art. 31 GG gebrochen zu werden. Dies gilt sowohl gegenüber einer bundesrechtlichen Sanktionsnorm (sei es straf- oder zivilrechtlicher Art), der Art. 27 BV unmittelbar, ohne dass es einer bundesrechtlichen Bestätigung (in der Art des § 36 StGB) bedürfte, entgegengesetzt werden kann, als auch gilt es im Verhältnis zu einer die Indemnitätsfrage selbst abweichend regelnden Bundesnorm (wie § 36 StGB): Die Landesverfassung darf die Indemnitätsfrage in einer Weise abschließend regeln, dass Bundesrecht keine hiervon abweichenden Bestimmungen vorsehen darf. Für Bundesrecht bleibt hingegen Raum, soweit es Landesrecht allein deklaratorisch wiederholt oder soweit das Landesverfassungsrecht die Frage nicht abschließend geregelt hat und offen ist für abweichende (insbesondere weitergehende) Bundesregelungen. So wie es für die Wirkkraft des Landesverfassungsrechts von entscheidender Bedeutung ist, dass parallele Bundesgewährleistungen im Zweifel als Mindestgewährleistungen auszulegen sind, über die das Landesverfassungsrecht auch hinausgehen kann, so müssen aus föderaler Rücksichtnahme umgekehrt auch landesverfassungsrechtliche Gewährleistungen im Zweifel so ausgelegt werden, dass sie weitergehenden Bundesgewährleistungen nicht entgegenstehen wollen.[15] Zwar ist es richtig, dass der Schutz für Äußerungen im Prozess der Verfassungsgebung bewusst aus Art. 27 BV ausgenommen wurde. Die Frage, wie abschließend Art. 27 BV auch gegenüber etwa weitergehenden späteren Bundesregelungen sein solle, ob ein bundeseinheitlich geltender Schutz gegen Bestrafung gerade bayerischen Abgeordneten wegen Art. 27 BV abzuerkennen sein soll, ist im VA hingegen nicht thematisiert worden. Zu bedenken ist auch, dass die im VA tragenden Bedenken hinsichtlich eines Schutzes auch von Parlamentsäußerungen (Missbrauchsgefahr in der Art der späten Weimarer Zeit) sich in der Verfassungswirklichkeit sowohl des Bundes wie der anderen Länder nicht bewahrheitet haben und als weitgehend überholt gelten können. Auch trägt die Regelung des § 36 StGB, indem sie in Satz 2 immerhin verleumderische Beleidigungen vom Schutz ausnimmt, einem wesentlichen Anliegen des VA Rechnung, sodass keine allzu große Abweichung zu verzeichnen ist[16]. Die für eine abschließende, § 36 StGB völlig verdrängende Auslegung des Art. 27 BV sprechenden Gründe sind nach alledem nicht so gewichtig, dass sie sich gegenüber der föderalen Vermutungsregel durchzusetzen vermögen, verfassungsrechtliche Gewährleistungen im Verhältnis zur jeweils anderen föderativen Ebene grundsätzlich als Mindestgewährleistung anzusehen. Art. 27 BV wollte nach dieser Sichtweise einem weitergehenden bundeseinheitlichen Schutz, den der Bundesgesetzgeber im Rahmen seiner Strafrechtskompetenz allen deutschen Abgeordneten zukommen lassen will, nicht entgegenstehen, so dass es im Ergebnis richtig ist, dass § 36 StGB den durch Art. 27 BV gegebenen Schutz erweitert. Außerhalb des Strafrechts dagegen bleibt es bei dem Schutz des Art. 27 BV in seiner eingeschränkten Gestalt.

---

[15] Vgl. BVerfGH 96, 345 (365).

[16] Abgeschwächt wird dadurch auch der denkbare Einwand, dass die Vermutung zugunsten von Mindestgewährleistungen im Falle von Dreiecksverhältnissen (Schutz des Abgeordneten oder des von der verleumderischen Beleidigung betroffenen Dritten) schnell an Grenzen stößt. Der Dritte ist nicht in einer den Intentionen des VA völlig zuwiderlaufenden Weise schutzlos gestellt, erstens, weil § 36 StGB Verleumdungen ausnimmt, zweitens, weil zivilrechtlicher Rechtsschutz (für den § 36 StGB nicht gilt) uneingeschränkt möglich bleibt.

Art. 28 [Immunität]

(1) Kein Mitglied des Landtags kann ohne dessen Genehmigung während der Tagung wegen einer mit Strafe bedrohten Handlung zur Untersuchung gezogen oder verhaftet werden, es sei denn, dass es bei der Ausübung der Tat oder spätestens im Laufe des folgenden Tages festgenommen worden ist.

(2) Die gleiche Genehmigung ist erforderlich, wenn der Abgeordnete anderweitig in seiner persönlichen Freiheit beschränkt und dadurch in der Ausübung seines Abgeordnetenberufes beeinträchtigt wird.

(3) ¹Jedes Strafverfahren gegen ein Mitglied des Landtags und jede Haft oder sonstige Beschränkung seiner persönlichen Freiheit wird auf Verlangen des Landtags für die Dauer der Tagung aufgehoben. ²Ein solches Verlangen kann jedoch nicht gestellt werden, wenn der Abgeordnete eines unpolitischen Verbrechens bezichtigt wird. ³Ob dieser Fall vorliegt, entscheidet der Landtag.

Parallelvorschriften im GG und anderen Landesverfassungen: Art. 46 II–IV GG; Art. 38 BaWüVerf; Art. 51 III, IV BerlVerf; Art. 58 BbgVerf; Art. 95 BremVerf; Art. 15 HmbVerf; Art. 96 HessVerf; Art. 24 II M-VVerf; Art. 15 NdsVerf; Art. 48 NRWVerf; Art. 94 RhPfVerf; Art. 82 SaarlVerf; Art. 55 II, III SächsVerf; Art. 58 VerfLSA; Art. 24 II SchlHVerf; Art. 55 II–IV ThürVerf.

Rechtsprechung: BVerfGE 104, 310; VerfGH 1, 38; 5, 216; 11, 146; 19, 1; NWVerfG NVwZ-RR 2006, 1.

Literatur: Butzer, Immunität im demokratischen Rechtsstaat, 1991; *Wagner,* Die Immunität der deutschen Landtagsabgeordneten, 1957; *Wiefelspütz,* Die Immunität des Abgeordneten, DVBl. 1982, 1229; s. a. Lit. zu Art. 27.

Übersicht

I. Allgemeines

1. Bedeutung

Art. 28 regelt mit der sog. (formellen, außerberuflichen, prozessualen) **Immunität** die **1** **Verfolgungsfreiheit** des Abgeordneten gegenüber strafrechtlicher Verfolgung und Freiheitsbeschränkungen (Abgrenzung zur Indemnität Art. 27 Rn. 1); zeitlich ist sie auf die Dauer der „Tagung" (Art. 28 I, III 1) beschränkt; sie wirkt als Verfahrenshindernis zugunsten des Abgeordneten.[1] Die Immunität dient der Sicherung der Arbeits- und Funktionsfähigkeit des Parlaments und seiner repräsentativen Zusammensetzung; sie dient damit vornehmlich dem Parlament als Ganzem **(Parlamentsprivileg),** was sich insbesondere darin manifestiert, dass die für Art. 28 relevanten Entscheidungsrechte über die Zulässigkeit von strafverfolgenden oder freiheitsbeschränkenden Maßnahmen (Genehmigung nach Abs. 1/2; Verlangen nach Abs. 3) sämtlich dem Landtag insgesamt zugewiesen sind, während die Immunität umgekehrt nach einhelliger Meinung nicht zur Disposition des einzelnen Abgeordneten steht.[2] Zugleich allerdings ist die Abgeordnetenimmunität Bestandteil des den Mitgliedern des Landtags von der Verfassung eingeräumten Abgeord-

---

[1] *Magiera,* in: Sachs, Art. 46 Rn. 11 f.; VerfGH 11, 146 (154); BVerfGE 104, 310 (326).
[2] BVerfGE 104, 310 (325 ff.); *Glauben,* in: Grimm/Caesar, RhPfVerf, Art. 94 Rn. 1 f.

netenstatus[3] und als solcher auch **subjektives Recht** des Abgeordneten, das dieser insbesondere den Strafverfolgungsbehörden und sonstigen staatlichen Stellen entgegenhalten kann.[4] Gegenüber dem Landtag als dem eigentlichen Träger der in Art. 28 normierten Entscheidungsrechte über die Zulässigkeit von strafverfolgenden oder freiheitsbeschränkenden Maßnahmen stößt diese subjektive Rechtsposition des einzelnen Abgeordneten freilich schnell an Grenzen; der Landtag ist bei seinen Entscheidungen weitgehend frei und nur an das Willkürverbot gebunden; der Abgeordnete hat allein einen Anspruch darauf, dass sich der Landtag nicht – seinen Status verkennend – von sachfremden, willkürlichen Motiven leiten lässt (der VerfGH schwankt in der Herleitung dieses Rechts: Art. 28, 13 II, 118 BV; BVerfG: Art. 46 II i.V. m. 38 I GG).[5] Die Abgeordnetenimmunität nach Art. 28 steht in einem gewissen Spannungsverhältnis insbesondere zum Gleichheitssatz sowie zum Rechtsstaatsprinzip und ist deswegen verfassungspolitisch nicht unumstritten; sie ist indes auch im demokratischen Rechtsstaat nicht überholt und durch hinreichende Gründe verfassungsrechtlicher Art gerechtfertigt, so dass sie auch nicht etwa gegen höherrangige Normen der BV verstößt und insofern verfassungswidriges Verfassungsrecht darstellt.[6] Die Praxis ist in weitgehendem Umfang zur Technik von vornherein erteilter allgemeiner Genehmigungen der Strafverfolgung übergegangen (§ 92 GeschOLT: Vereinfachte Handhabung; noch weitergehend z. B. Art. 58 BbgVerf: Immunität nur noch auf Verlangen des Landtags).

2. Entstehung

2   Art. 28 BV stimmt im Wesentlichen bereits mit Art. 24 VE und E überein; die Einschränkung des Abs. 1 („es sein denn") wurde im VVA erst gestrichen, im VA dann wieder hergestellt; in Abs. 3 wurde der Zeitraum „für die Dauer der Tagung ergänzt".[7]

3. Verhältnis zum Grundgesetz (und zum einfachen Bundesrecht)

3   Die mit Art. 28 BV bis auf Details weitgehend übereinstimmende Parallelregelung des **Art. 46 II–IV GG** gilt allein für den Deutschen Bundestag und überlässt die Frage der Immunität der Landtagsabgeordneten damit – anders als noch Art. 37 WRV – bewusst der Landesverfassungsautonomie. Etwaige aus Art. 28 I GG folgende äußerste Homogenitätsgrenzen werden für Bayern nicht aktuell; denn zwar dürften aus ihm (Demokratieprinzip, Volksvertretung) Mindestanforderungen an die Funktionsfähigkeit der Landtage folgen; ob dazu aber auch der Immunitätsschutz gehört, ist nicht sicher; denkbare, z. B. aus dem Rechtsstaatsprinzip folgende Obergrenzen (z. B. hinsichtlich der Dauer) des Immunitätsschutzes sind jedenfalls nicht berührt.[8] Dass die Länder zu einer abschließenden Regelung der Immunität ihrer Landtagsabgeordneten in der Lage sind, die auch bundesrechtlichen (z. B. strafprozessualen) Normen unmittelbar entgegengehalten werden kann und auch für Behörden des Bundes und anderer Länder unmittelbar verbindlich ist, ist an sich bereits eine Folge der bzgl. Immunitätsfragen greifenden Landesverfassungsautonomie sowie der bundesstaatlichen Kompetenzordnung (vgl. Art. 27 Rn. 5). Mit dieser bereits kraft Verfassungsrechts bestehenden Rechtslage stimmt es überein, wenn § 152 a StPO und § 6 II Nr. 1 EGStPO eben dies deklaratorisch bekräftigen (grundsätzlich problematisch, wenngleich hier unschädlich §§ 904 f. ZPO).[9]

---

[3] VerfGH 58, 113 (124).

[4] *Meder*, Art. 28 Rn. 1; *Schweiger*, in: Nawiasky/Schweiger/Knöpfle, Art. 28 Rn. 7; VerfGH 5, 216 (219); offen in VerfGH 1, 38 (42).

[5] VerfGH 1, 38 (42); 5, 216 (219); 19, 1; BVerfGE 104, 310 (325).

[6] VerfGH 11, 146; BVerfGE 104, 310 (328 ff.).

[7] Prot. I, S. 119 ff.

[8] *Menzel*, Landesverfassungsrecht, S. 424 f.; verneinend: VerfGH 11, 146 (154).

[9] *Löwer*, in: ders./Tettinger, NRWVerf, Art. 47–49 Rn. 11 ff.; *Menzel*, Landesverfassungsrecht, S. 424.

II. Einzelkommentierung

1. Genehmigungsvorbehalt für Strafverfolgung und Freiheitsbeschränkungen (Abs. 1, 2)

a) Persönlicher und zeitlicher Schutz. Art. 28 schützt die **Mitglieder des Landtags** 4 (auch falls sie zugleich andere Funktionen innerhaben); sie können auf diesen Schutz nicht von sich aus verzichten (vgl. Rn. 1); Maßnahmen gegen Tatbeteiligte bleiben statthaft. Zeitlich greift der Schutz nur **„während der Tagung"**; hierunter ist die (in der Praxis ununterbrochene) Tagung im Sinne des Art. 17 III zu verstehen, wie sich insbesondere aus dem Zusammenhang mit der für die Zeiten außerhalb der Tagung relevant werdenden Vorschrift des Art. 32 ergibt; es widerspräche dem Sprachgebrauch der BV, wäre auch rechtsvergleichend (im Bund: gesamte Dauer des Mandats) ungewöhnlich und brächte zudem Abgrenzungsschwierigkeiten mit sich, den Immunitätsschutz nur auf Zeiten des tatsächlichen Versammeltseins in Sitzungen beschränken zu wollen.[10]

b) Sachlicher Schutz des Abs. 1: *„wegen einer mit Strafe bedrohten Handlung zur Unter-* 5 *suchung gezogen oder verhaftet werden".* Der verfassungsrechtliche Begriff der **mit Strafe bedrohten Handlung** wird in der Literatur weit gezogen und reicht traditionell über das Kriminalstrafrecht hinaus;[11] die Rechtsprechung weist jedoch eine zunehmend restriktive Tendenz auf und nimmt Disziplinarsachen sowie die Verfolgung von Ordnungswidrigkeiten mittlerweile aus (str.; anders § 92 I GeschOLT);[12] nicht genehmigungspflichtig sind wegen ihres Bagatellcharakters jedenfalls Verwarnungsgelder. Uneingeschränkt ohne Genehmigung statthaft sind Zivilprozesse einschließlich Zwangsvollstreckung, wobei stets zu bedenken ist, dass auch an sich genehmigungsfreie Verfahren dann nach Abs. 2 genehmigungspflichtig werden, wenn sie in eine Haft oder Freiheitsbeschränkung umschlagen (z. B. im Rahmen der Zwangsvollstreckung). **„Zur Untersuchung ziehen"** bedeutet, die Summe aller derjenigen von einem Gericht oder einer Verwaltungsbehörde vorgenommenen oder angeordneten Untersuchungsakte und Maßnahmen, welche dazu dienen sollen, die Richtigkeit des Verdachts einer strafbaren Handlung zu ermitteln.[13] Nicht erfasst werden jedoch Ermittlungen, die nur dazu dienen festzustellen, ob die Verfolgungsgenehmigung des Landtags eingeholt werden soll, die bloße Entgegennahme von Anzeigen, die Einstellung des Verfahrens, die Stellung eines Strafantrags sowie die Erhebung (nicht Mitteilung) einer Privatklage.[14] Mit **„verhaftet"** im Sinne des Abs. 1 sind, wie der Zusammenhang mit Abs. 2 zeigt, nicht alle Freiheitsbeschränkungen, sondern nur Freiheitsentziehungen und -beschränkungen im Zuge der Untersuchung einer Straftat, insbesondere Untersuchungshaft und § 127 StPO gemeint.[15]

c) Sachlicher Schutz des Abs. 2: *„anderweitige Freiheitsbeschränkung".* Abs. 2 schützt ge- 6 gen alle nicht bereits von Abs. 1 („verhaftet") erfassten Entziehungen oder Beschränkungen der **körperlich-räumlichen Bewegungsfreiheit** (insbesondere Vollstreckung der Strafhaft, aber auch Ordnungshaft, Polizeigewahrsam etc.; grundsätzlich auch: Aufenthaltsbeschränkungen, körperliche Durchsuchung, falls auf frischer Tat greift hier allerdings Abs. 1 [minus zu „verhaftet" und „es sei denn"]); eine Ausdehnung auf sonstige Freiheitsrechte findet in der Verfassung keinen Anhalt, daher kein Schutz gegen sonstige Zwangsmaßnahmen.[16] Kein Schutz dürfte – anders als nach Art. 46 III GG – gegen Verfahren nach Art. 18 GG bestehen.[17]

---

[10] *Meder,* Art. 28 Rn. 3; a. A. *Schweiger,* in: Nawiasky/Schweiger/Knöpfle, Art. 28 Rn. 3.

[11] *Magiera,* in: Sachs, Art. 46 Rn. 14.

[12] BVerwGE 83, 1 (8 f.); OLG Düsseldorf, NJW 1989, 2207; OLG Köln, NJW 1988, 1606.

[13] *Meder,* Art. 28 Rn. 4 mit Hinweis auf RGSt 23, 184 (193); 24, 205 (207).

[14] *Meder,* Art. 28 Rn. 4; *Magiera,* in: Sachs, Art. 46 Rn. 15.

[15] *Jarass/Pieroth,* Art. 46 Rn. 6.

[16] *Magiera,* in: Sachs, Art. 46 Rn. 22 ff.

[17] *Menzel,* Landesverfassungsrecht, S. 425; a. A. *Glauben,* in: Grimm/Caesar, RhPfVerf, Art. 94 Rn. 6.

7   **d) Genehmigungsvorbehalt und Genehmigungsfreiheit.** Maßnahmen nach Abs. 1 und 2 (Rn. 5, 6) dürfen nur mit **Genehmigung** des Landtags vorgenommen werden; ohne Genehmigung liegt ein Verfahrenshindernis vor.[18] Die Genehmigung muss gegenständlich begrenzt sein.[19] Eine **Ausnahme** gilt für Maßnahmen nach Abs. 1 (d. h. für die „Verhaftung" einschließlich unaufschiebbarer Sicherungsmaßnahmen, wie körperliche Durchsuchung, Blutprobe, aber auch für das weitere Untersuchungsverfahren; für erneute Festnahmen oder die Vollstreckung der Freiheitsstrafe dagegen ist nach Abs. 2 die Genehmigung erforderlich), wenn das Landtagsmitglied bei der Ausübung der Tat oder spätestens im Laufe des folgenden Tages festgenommen worden ist; die Festnahme muss hierbei ohne weitere Ermittlungen gegen den Abgeordneten möglich sein.[20] Mit Genehmigung des Landtags ist die vorherige Zustimmung des Plenums gemeint; ob der betroffene Abgeordnete ausgeschlossen werden darf (§ 135 GeschOLT), ist nicht unumstritten; gegen bloße Beschlussempfehlungen eines Ausschusses (§ 93 II GeschOLT) ist nichts einzuwenden.[21] Bei seiner Genehmigungsentscheidung hat der Landtag eine **Abwägung** zwischen seinem Interesse an einer ungestörten Mitarbeit des Abgeordneten einerseits und dem öffentlichen und rechtsstaatlichen Interesse an einer ungestörten Strafrechtspflege zu treffen; dass dies so ist, lässt Art. 28 an verschiedenen Stellen selbst exemplarisch anklingen (vgl. Abs. 2: Beeinträchtigung des Abgeordnetenberufes; Abs. 3: kein Einschreiten gegen die Verfolgung unpolitischer Verbrechen).[22] Diese Hinweise des Verfassungstextes dürfen jedoch nicht dahin missverstanden werden, als sei der Landtag an ein (verfassungs)gerichtlich voll überprüfbares Entscheidungsprogramm gebunden. Wie Abs. 3 S. 3 exemplarisch deutlich macht, soll die verbindliche Entscheidung über die abzuwägenden Belange vielmehr dem Landtag obliegen; die Immunität ist sein Privileg. Er ist daher in seiner Entscheidung **grundsätzlich frei und allein an das Willkürverbot gebunden,** das ihm das Anstellen sachfremder Überlegungen verbietet; auch nur insoweit – im Sinne eines bloßen Verbots willkürlicher, von sachfremden Überlegungen getragener und den Abgeordnetenstatus grob verkennender Entscheidungen – kann sich der Abgeordnete gegenüber dem Landtag auf sein aus Art. 28 fließendes subjektives Recht berufen (Rn. 1); Entsprechendes gilt für den Bürger, der nicht etwa einen Anspruch auf Ermöglichung der Verfolgung unpolitischer Verbrechen, sondern allein auf willkürfreie Entscheidung hierüber hat; wenn der Landtag die Immunität wegen „politischer" Beleidigungen grundsätzlich nicht aufhebt, so ist dies kein Verstoß gegen das Willkürverbot.[23] Nicht zu beanstanden sein dürfte die Praxis vom Landtag im vorhinein erteilter **allgemeiner Genehmigungen** für die Verfolgung bestimmter Straftaten (§ 92 I GeschOLT); denn aus Art. 28 i. V. m. 13 II BV folgt für den Abgeordneten allein ein Recht darauf, dass der Landtag nicht willkürlich entscheidet, d. h. sich nicht von sachfremden Überlegungen leiten lässt oder den Abgeordnetenstatus im Allgemeinen grob verkennt; nicht aber besteht das Immunitätsrecht in einer Weise im Interesse des je einzelnen Abgeordneten, dass diesem ein umfassendes Recht auf Berücksichtigung seiner je individuellen Belange zukäme.[24] Für Streitigkeiten zwischen Abgeordnetem und Landtag bietet sich **in prozessualer Hinsicht** das Verfahren nach Art. 64 geradezu an;[25] die gelegentliche Praxis des VerfGH[26], die Verfassungsbeschwerde

---

[18] Zu den Folgen einer verfassungswidrigen Genehmigung: BGH NJW 1992, 701.

[19] VerfGH 1, 38 (43 f.).

[20] *Magiera,* in: Sachs, Art. 46 Rn. 17 f.

[21] *Jarass/Pieroth,* Art. 46 Rn. 8 m. w. N.

[22] Grundsätze in Immunitätsangelegenheiten, Beschluss der Präsidenten der deutschen Landtage in Kiel vom 22./24. 6. 1963; *Schweiger,* in: Nawiasky/Schweiger/Knöpfle, Art. 28 Rn. 5.

[23] VerfGH 19, 1; BVerfGE 104, 310.

[24] Für nicht bedenkenfrei hält diese Praxis *Magiera,* in: Sachs, Art. 46 Rn. 20; wie hier dagegen NRW VerfG NVwZ-RR 2006, 1.

[25] *Schweiger,* in: Nawiasky/Schweiger/Knöpfle, Art. 28 Rn. 8; im Bund: BVerfGE 104, 310 (325 ff.).

[26] VerfGH 1, 38; anders: 5, 216; für Verfassungsbeschwerde (allerdings eines Dritten!): 19, 1.

(Art. 120) zuzulassen, kann als nicht konsolidiert gelten und befriedigt (auch soweit der Anspruch auf Art. 118 BV gestützt wird) auch in der Sache nicht.

2. Das Reklamationsrecht (Abs. 3)

Das **Reklamationsrecht** des Landtags, d. h. das Recht, für die Dauer der Tagung die **8** Aufhebung jedes Strafverfahrens und jeder Freiheitsbeschränkung verlangen und auf diese Weise den Immunitätsschutz des Abgeordneten wiederherstellen oder auch erstmals herstellen zu können (Rechtsfolgen und Anwendungsbereich wie Abs. 1 und 2), greift nach der bayerischen Auslegung[27] nicht allein, wenn eine Genehmigung entweder ausnahmsweise entbehrlich war (Abs. 1 a. E.) oder aber im Nachhinein widerrufen werden soll, sondern auch bei sog. „mitgebrachten" Verfahren, d. h., wenn ein Strafverfahren für Beginn des Mandats oder bei unterbrochener Tagung wirksam begonnen worden ist (d. h. keine ipso iure eintretende Aufhebung bzw. Genehmigungspflicht, sondern allein Möglichkeit zur Reklamation).[28] Nach Satz 2 kann das Verlangen bei Strafverfolgungen wegen unpolitischer Verbrechen nicht gestellt werden; mit „Verbrechen" sind allein besonders schwere Straftaten im Sinne des § 12 StGB, nicht jedoch jedes unpolitische Vergehen gemeint, denn allein die Kombination von unpolitischem Charakter und Schwere der Tat rechtfertigt die allgemeine Wertung, dass das Interesse des Landtags an ungestörter Funktionswahrnehmung zurückzutreten hat. Satz 2 ist nicht im vollen Umfange justiziabel, wie sich aus Satz 3 ergibt, wonach über das Vorliegen der Voraussetzungen des Satzes 2 der Landtag entscheidet (wäre Satz 3 eine bloße Zuständigkeitsregelung, der nicht zugleich die prinzipielle materielle Letztverbindlichkeit der Landtagsentscheidung klarstellen will, wäre er neben Satz 1 überflüssig!).[29] Dem einzelnen Abgeordneten, der ein nach Abs. 3 Satz 2 zulässiges Reklamationsverlangen erbittet, wird man auch nach bayerischem Recht keine stärkere Rechtsposition zuerkennen können, als sie im Bundesrecht anerkannt ist (Anspruch auf willkürfreie Entscheidung)[30].

Art. 29 [Zeugnisverweigerungsrecht, Untersuchungsschutz, Beschlagnahme]

(1) ¹Die Mitglieder des Landtags sind berechtigt, über Personen, die ihnen in ihrer Eigenschaft als Abgeordnete Tatsachen anvertrauten oder denen sie in Ausübung ihres Abgeordnetenberufes Tatsachen anvertraut haben, sowie über diese Tatsachen selbst, das Zeugnis zu verweigern. ²Soweit dieses Zeugnisverweigerungsrecht reicht, ist die Beschlagnahme von Schriftstücken bei ihnen unzulässig.
(2) Eine Untersuchung oder Beschlagnahme darf in den Räumen des Landtags nur mit Genehmigung des Präsidenten vorgenommen werden.

Parallelvorschriften im GG und anderen Landesverfassungen: Art. 40 II 2, 47 GG; Art. 32 II 2, 39 BaWüVerf; Art. 41 IV 2, 51 II BerlVerf; Art. 59, 69 IV 4 BbgVerf; Art. 96 BremVerf; Art. 17 18 III HmbVerf; Art. 97 HessVerf; Art. 24 III, 29 IV M-VVerf; Art. 16, 18 I 2 NdsVerf; Art. 49 NRWVerf; Art. 95 RhPfVerf; Art. 71 II 2, 83 SaarlVerf; Art. 47 III 2, 56 SächsVerf; Art. 59 VerfLSA; Art. 24 III, 25 SchlHVerf; Art. 56, 57 III 3 ThürVerf.

Rechtsprechung: BVerfGE 108, 251.

Literatur: Neumann, Das berufliche Zeugnisverweigerungsrecht des Abgeordneten, ZParl 2000, 797; *Ohler,* Verfassungsrechtliche Grenzen staatsanwaltschaftlicher Durchsuchungen im Bundestag, NVwZ 2004, 696; *Schulte,* Volksvertreter als Geheimnisträger – Zeugnisverweigerungsrecht und Verschwiegenheitspflicht des Abgeordneten des Deutschen Bundestages, 1987; *Wiefelspütz,* Das Zeugnisverweigerungsrecht des Abgeordneten – funktionsnotwendig für das Abgeordnetenmandat?, Staat 2004, 543.

---

[27] VerfGH 1, 38, LS. 10.
[28] *Meder,* Art. 28 Rn. 10; a. A. die Auslegung im Bund: z. B. *Jarass/Pieroth,* Art. 26 Rn. 10.
[29] Vgl. *Schweiger,* in: Nawiasky/Schweiger/Knöpfle, Art. 28 Rn. 7.
[30] BVerfGE 104, 310 (331, 336).

I. Allgemeines

1. Bedeutung

1   Art. 29 vereint in sich – in der Tradition des Art. 38 WRV – zwei Gewährleistungen (Abs. 1 und Abs. 2), die zwar dem Regelungsgegenstand (Beweiserhebungen bei Abgeordneten und im Parlament) nach miteinander verwandt sind, sich andererseits aber nach Schutzrichtung und Normzweck so grundlegend voneinander unterscheiden, dass sie sich im Grundgesetz (Art. 40 II 2, 47 GG) und einigen anderen Landesverfassungen mittlerweile auch regelungssystematisch an unterschiedlichen Stellen normiert finden.[1] Das **Zeugnisverweigerungsrecht** und korrespondierende **Beschlagnahmeprivileg** des Abgeordneten in **Absatz 1** schützt das Vertrauensverhältnis, das im Einzelfall zwischen dem Abgeordneten und einem Dritten in Rücksicht auf die Mandatsausübung zustande gekommen ist; es verstärkt in erster Linie das freie Mandat des Abgeordneten (Art. 13 II); nur mittelbar und zugleich dient es auch dem Funktionsschutz des Parlaments; dementsprechend ist es als ein subjektives, nicht zur Disposition des Landtags stehendes **Recht des Abgeordneten** ausgestaltet.[2] Der **Durchsuchungs- und Beschlagnahmeschutz** des Landtags in **Absatz 2** hingegen dient in erster Linie dem Schutz der räumlichen Integrität des Landtags vor möglichem Druck durch andere Hoheitsträger und gehört insoweit regelungssystematisch zum Kontext des Art. 21 I; er dient vornehmlich dem Parlament als Ganzem und stellt folgerichtig ein echtes Parlamentsprivileg dar; nur in zweiter Linie und daneben schützt Art. 29 II auch den einzelnen Abgeordneten als Teil des Parlaments und fungiert insoweit als funktionelle Ergänzung zum persönlichen Schutz des Abgeordneten in Art. 27, 28; konsequenterweise normiert Art. 29 II zuallererst ein **Entscheidungsrecht des Landtagspräsidenten;** der subjektiv-rechtliche Schutz des Abgeordneten gegen die Entscheidung des Landtagspräsidenten ist demgegenüber zweitrangig und kann jedenfalls nicht weiterreichen als derjenige in Art. 28 (Rn. 6).[3]

2. Entstehung

2   Art. 29 geht im Wesentlichen auf Art. 25 VE und E zurück; der ursprünglich enger konzipierte Art. 29 I 2 hat erst im VA seine jetzige, an die Verfassungstradition anknüpfende Gestalt gefunden.[4]

3. Verhältnis zum Grundgesetz

3   Im Vergleich zu seinen bundesrechtlichen Parallelbestimmungen **(Art. 40 II 2, 47 GG),** die (anders als noch Art. 38 WRV) allein für den Bundestag gelten und die Landesverfassungsautonomie, was den Schutz des Landtags und seiner Abgeordneten anbelangt, bewusst unangetastet lassen, weist Art. 29 BV in der Sache keine nennenswerten Unterschiede auf. Dass damit auch der Homogenitätsrahmen des Art. 28 I GG gewahrt ist, versteht sich von selbst. Der Regelungsgegenstand des Art. 29 BV stellt originäres, der Landesverfassungsautonomie unterfallendes Staatsorganisationsrecht der Länder dar, das im System der bundesstaatlichen Kompetenzverteilung zur Regelungszuständigkeit der Länder gehört.[5] Art. 29 BV hat deswegen die Kraft, auch bundesrechtlichen Beweiserhebungsvorschriften (die insoweit unter einem kompetenziellen Vorbehalt zugunsten der Landesverfassungsautonomie stehen) unmittelbar entgegengehalten zu werden; ebenso sind (jedenfalls über den Grundsatz des bundesfreundlichen Verhaltens) auch Behörden des Bundes und anderer Länder an ihn gebunden. Diese sich bereits aus bundesstaatlichem

---

[1] *Löwer,* in: Löwer/Tettinger, NRW Verf, Art. 49 Rn. 2.
[2] BVerfGE 108, 251 (269); *Meder,* Art. 29 Rn. 1.
[3] BVerfGE 108, 251 (273 ff.).
[4] Prot. I, S. 121 f.
[5] *Menzel,* Landesverfassungsrecht, S. 423 f.; *Glauben,* in: Grimm/Caesar, RhPfVerf, Art. 96 Rn. 21.

Verfassungsrecht ergebende Rechtslage wird für den praktisch wichtigsten Bereich des Strafprozessrechts durch **§§ 53 I 1 Nr. 4, 97 III StPO,** die mit Art. 29 I BV sachlich übereinstimmen, durch einfaches Bundesrecht deklaratorisch bekräftigt (undeutlicher z. B. § 383 I Nr. 6 ZPO).

II. Einzelkommentierung

1. Zeugnisverweigerungsrecht (Abs. 1 S. 1)

Das **Zeugnisverweigerungsrecht** des Art. 29 I 1[6] umfasst – in persönlicher Hinsicht **4** – nur die Abgeordneten des Landtags sowie nach dem Sinn und Zweck (keine Umgehung) auch ihre Mitarbeiter (vgl. § 53 a StPO); zum Zwischenausschuss und zum Präsidium siehe Art. 32 I. Zeitlich reicht es über die Dauer des Mandats hinaus. Sachlich unterfällt ihm die Preisgabe von Personen (Informanten des Abgeordneten ebenso wie Adressaten von Informationen des Abgeordneten) sowie von Tatsachen (den Informationen, die dem Abgeordneten anvertraut wurden oder die er anvertraut hat). Voraussetzung ist jeweils, dass Informationen „anvertraut" wurden, d. h. in Bezug auf die Vertraulichkeit des Mandatsverhältnisses mitgeteilt wurden; nicht müssen die Informationen ihrer Natur nach vertraulich sein.[7] Die Informationen müssen einen unmittelbaren Zusammenhang mit der parlamentarischen Tätigkeit haben („in ihrer Eigenschaft als Abgeordnete"; „in Ausübung ihres Abgeordnetenberufes"); nicht also unterfallen dem Schutz Informationen, die in privatem oder geschäftlichem Kontext mitgeteilt oder dem Abgeordneten in anderer Funktion (z. B. seiner gleichzeitigen Eigenschaft als Regierungsmitglied[8]) anvertraut wurden. Das Zeugnisverweigerungsrecht bezieht sich nicht nur auf den Strafprozess, sondern grundsätzlich auf alle staatlichen Verfahren mit Zeugnis- und Auskunftspflichten, seien sie gerichtlicher oder etwa verwaltungsbehördlicher Art; auch besteht es gegenüber parlamentarischen Untersuchungsausschüssen. Ob auch Auskunftspflichten kraft polizeirechtlicher Störerverantwortlichkeit (die einer anderen Systematik folgen als Zeugenpflichten/Zeugnisverweigerungsrechte und für die nach Art. 99 S. 2 BV auch ein besonderes verfassungsrechtliches Gewicht streitet) erfasst sind, und ob es deswegen richtig ist, in allgemeiner Form zu sagen, Art. 29 I schütze auch gegen präventiv-polizeiliche Maßnahmen[9], erscheint zweifelhaft (s. a. Rn. 5). Nicht schützt Art. 29 I jedenfalls, soweit der Abgeordnete nicht als Zeuge, sondern als Beschuldigter betroffen ist; hier greift – neben den allgemeinen Rechten („nemo tenetur") – der Immunitätsschutz nach Art. 28. Berechtigt durch das Zeugnisverweigerungsrecht des Art. 29 I 1 ist allein der Abgeordnete, dessen Entscheidung es obliegt, ob er von seinem subjektiven Recht Gebrauch machen will. Sein Recht steht weder zur Disposition des Landtags, noch kann ihn ein Informant hindern (auch nicht durch „Entbindung von der Schweigepflicht") oder zwingen, das Zeugnisverweigerungsrecht in Anspruch zu nehmen; auch vorweggenommene Bindungen (Verzichtserklärungen o. Ä.) sind unzulässig. Das Zeugnisverweigerungsrecht ist ein verfassungsmäßiges Recht des Abgeordneten, das dieser gegenüber behördlichen und gerichtlichen Entscheidungen mit der Verfassungsbeschwerde (Art. 120) verteidigen kann.[10]

2. Beschlagnahmeprivileg (Abs. 1 S. 2)

Das **Beschlagnahmeverbot** des Art. 29 I 2[11] steht in akzessorischem Zusammenhang **5** mit dem Zeugnisverweigerungsrecht des Art. 29 I 1 („soweit dieses Zeugnisverweige-

---

[6] Zum Folgenden, soweit nicht gesondert nachgewiesen: *Magiera,* in: Sachs, Art. 47 Rn. 1 ff.; *Jarass/Pieroth,* Art. 47 Rn. 2.

[7] *Löwer,* in: Löwer/Tettinger, NRW Verf, Art. 49 Rn. 4.

[8] *Glauben,* in: Grimm/Caesar, RhPfVerf, Art. 95 Rn. 9.

[9] So – für Beschlagnahmen – z. B. *Schulze-Fielitz,* in: Dreier, Art. 47 Rn. 14.

[10] Für das GG: BVerfGE 108, 215 (266 f.).

[11] Zum Folgenden, soweit nicht gesondert nachgewiesen: *Magiera,* in: Sachs, Art. 47 Rn. 6 ff.; *Jarass/Pieroth,* Art. 47 Rn. 3.

rungsrecht reicht"); es dient dazu, eine Umgehung des Zeugnisverweigerungsrechts dergestalt, dass statt des Zeugenbeweises ein Urkundsbeweis geführt wird, unmöglich zu machen. Es gilt daher grundsätzlich das in Rn. 4 Gesagte entsprechend. Erfasst sind „Schriftstücke", d. h. gegenständlich verfestigte Mitteilungen (auch Ton-, Bild- und Datenträger). Von der Beschlagnahme ausgenommen sind nur Gegenstände im funktionellen Herrschaftsbereich des Abgeordneten (das Abgrenzungskriterium „Gewahrsam" ist, wenn man es nicht mit diesem funktionellen Herrschaftsbereich gleichsetzt, demgegenüber weniger aussagekräftig)[12]; diese immanente Begrenzung des Schutzbereichs bringt die BV („bei ihnen") klarer zum Ausdruck als Art. 47 Satz 2 GG; die genauen Grenzen sind allerdings strittig: Nach dem BVerfG sollen bei Mitarbeitern untergebrachte Akten nur in den Räumen des Bundestags beschlagnahmbar sein; auch außerhalb des Parlamentsgebäudes kann das Vorliegen funktioneller Herrschaftsmacht nicht ausnahmslos ausgeschlossen werden (z. B. Wahlkreisbüro).[13] Soweit der Abgeordnete selbst einer Straftat verdächtig ist, greift nicht Art. 29 I 2, sondern allein der der Immunitäts- und Beschlagnahmeschutz der Art. 28, 29 II;[14] zur Frage des Schutzes gegen präventiv-polizeiliche Maßnahmen gegenüber dem Störer siehe Rn. 4. Art. 29 I 2 schützt nicht nur gegen die Beschlagnahme an sich, sondern auch gegen vorgelagerte oder vergleichbare Maßnahmen (Durchsuchung, Herausgabeerzwingung etc.). Zu erstrecken ist der Schutz auch auf funktional äquivalente Vorgänge (z. B. Anfertigung von Kopien); dem Sinn und Zweck nach (keine Umgehung des Zeugnisverweigerungsrechts) dürften auch sonstige Überwachungsmaßnahmen (Wohnraum-, Telefonüberwachung etc.) erfasst sein (str.), bei denen ohne Wissen des Abgeordneten von vertraulichen Gesprächen Kenntnis genommen wird (so z. T. ausdrücklich das einfache Recht: Art. 34 I, III, 34 a I 3 PAG, § 100 c VI StPO); dies freilich nur, soweit der Schutz des Art. 29 I 2 überhaupt greift, also nicht, wenn der Abgeordnete selbst Beschuldigter oder Störer ist.[15] Zur verfassungsprozessualen Wehrfähigkeit (Verfassungsbeschwerde) Rn. 4.

3. Untersuchungs- und Beschlagnahmeschutz des Landtags (Abs. 2)

6   **Untersuchungen** (das GG und andere Landesverfassungen sprechen von „Durchsuchungen") und **Beschlagnahmen** dürfen in den Räumen des Landtags (hierzu: Art 21 Rn. 8) nur mit Genehmigung (gemeint ist vorherige Zustimmung; sie ist ausdrücklich zu erteilen) des Landtagspräsidenten vorgenommen werden.[16] Erfasst sind grundsätzlich Durchsuchungen und Beschlagnahmen aller Art (nicht nur strafprozessuale); die Zulässigkeit präventiv-polizeilicher Maßnahmen richtet sich allerdings nach Art. 21 I (Polizeigewalt des Landtagspräsidenten; Art. 21 Rn. 9). Bei Verhaftungen gilt wegen ihrer vergleichbaren Eingriffswirkung Art. 29 II entsprechend; soweit es um Abgeordnete geht, sind Art. 28 und 29 II ggf. kumulativ anzuwenden (str.). Das Genehmigungserfordernis dient dem Schutz des Parlaments vor Beeinträchtigungen seiner Arbeitsfähigkeit, nicht jedoch der Entbindung von Gesetz und Recht; die Genehmigung darf anderen Gewalten daher, soll kein rechtsfreier Raum entstehen (anders als bei der präventiven Polizeigewalt nach Art. 21 I tritt im repressiven Bereich gerade keine eigene Ersatzkompetenz des Landtagspräsidenten an die Stelle der gewöhnlichen Zuständigkeiten; Art. 21 Rn. 9), nicht willkürlich verweigert werden.[17] Der Landtagspräsident muss nicht im Einzelnen prüfen (und kann dies regelmäßig auch nicht), ob bei Durchsuchungen und Beschlagnahmen die Vor-

---

[12] BVerfGE 108, 251 (269 f.).

[13] BVerfGE 108, 251 (269 f.); kritisch: *Achterberg/Schulte,* in: v. Mangoldt/Klein/Starck, Art. 47 Rn. 12.

[14] BVerfGE 108, 251 (269).

[15] *Trute,* in: v. Münch/Kunig, Art. 47 Rn. 15; *Löwer,* in: Löwer/Tettinger, NRWVerf, Art. 49 Rn. 10; nicht ausdrücklich zu den Abgeordneten: BVerfGE 109, 279 (329 f.).

[16] Zum Folgenden, soweit nicht gesondert nachgewiesen: *Magiera,* in: Sachs, Art. 40 Rn. 32 ff.; *Jarass/Pieroth,* Art. 40 Rn. 13.

[17] *Löwer,* in: Löwer/Tettinger, Art. 49 Rn. 13; s. a. BVerfGE 108, 251 (274, 276 f.).

aussetzungen des Art. 29 I 2 oder des Art. 28 gegeben sind.[18] Der Abgeordnete kann auf den (dem Parlament als Ganzem geltenden) Schutz des Art. 29 II weder verzichten noch hat er (weil Art. 29 II in erster Linie dem Schutz des Parlaments und nur in zweiter Linie seinem eigenen Schutz dient; Rn. 1) einen Anspruch auf Verweigerung der Genehmigung. Sein Anspruch geht allein dahin, dass der Präsident von der in seinem Ermessen stehenden Entscheidung nicht willkürlich und unter grober Verkennung des Abgeordnetenstatus Gebrauch macht, was nur bei evident ungerechtfertigter Verfolgung durch die Exekutive der Fall ist.[19] Die so umrissene − begrenzte − Rechtsposition kann der Abgeordnete im Wege des Verfahrens nach Art. 64 BV geltend machen.

Art. 30 [Urlaub]

Abgeordnete bedürfen zur Ausübung ihres Amtes als Mitglied des Landtags keines Urlaubs von ihrem Arbeitgeber.

Parallelvorschriften im GG und anderen Landesverfassungen: Art. 48 I, II GG; Art. 29 BaWüVerf; Art. 22 IV BbgVerf; Art. 82 BremVerf; Art. 13 III HmbVerf; Art. 76 HessVerf; Art. 23 M-VVerf; Art. 13 I, II NdsVerf; Art. 46 NRWVerf; Art. 96 RhPfVerf; Art. 84 SaarlVerf; Art. 42 I, II SächsVerf; Art. 56 I, II VerfLSA; Art. 4 SchlHVerf; Art. 51 ThürVerf.

Rechtsprechung: VerfGH 58, 113.

Literatur: Medding, Das Verbot der Abgeordnetenbehinderung nach Art. 48 Abs. 2 GG, DÖV 1991, 494.

I. Allgemeines

1. Bedeutung

In der Urlaubsregelung des Art. 30 treffen sich **zwei Zweckrichtungen,** von denen 1 die historisch ursprünglichere mittlerweile weitgehend überholt ist.[1] Ursprünglich bezweckten Urlaubsregelungen für Abgeordnete, die zunächst allein für Beamte galten (Art. 39 WRV; § 35 II 1 BV 1919), den Schutz des Parlaments gegen die Exekutive, indem diese daran gehindert werden sollte, Einflüsse auf die Beschlüsse des Parlaments dadurch zu nehmen, dass sie ihren Bediensteten keinen Urlaub gewährt, um an der Abstimmung teilzunehmen; dieser Zweck ist aufgrund der nunmehr geltenden Inkompatibilitätsregeln für Angehörige des öffentlichen Dienstes (Art. 29 ff. AbgG: grds. Ruhen des Dienstverhältnisses), die ihrerseits durch Art. 137 I GG, Art. 5 BV gerechtfertigt sind (Art. 13 Rn. 11; Art. 19 Rn. 9), weitgehend hinfällig geworden. Umso stärker tritt dagegen der zweite Zweck hervor, der − nunmehr primär auf den Status des einzelnen Abgeordneten bezogen − in dem umfassenderen Gedanken des Verbots der **Abgeordnetenbehinderung** zu finden ist. Von diesem Zweck her erklärt sich, dass Art. 30 BV (über seine Vorgängerbestimmungen hinausgehend) auch **private Arbeitnehmer** gegenüber privaten Beeinträchtigungen schützt.[2] Der Gedanke des Verbots der Abgeordnetenbehinderung ist in Art. 30 BV nur ansatz- und ausschnittweise und nicht so umfassend wie in Art. 48 I, II GG verwirklicht. Er folgt jedoch auch bereits aus dem Grundsatz der repräsentativen Demokratie sowie aus dem in Art. 13 II statuierten Abgeordnetenstatus, die insoweit zu der nur partiellen Normierung in Art. 30 ergänzend hinzutreten (Rn. 7).[3]

2. Entstehung

Art. 26 VE und E bezogen sich, den historischen Vorbildern folgend, zunächst auf 2 Beamte, wobei der in Art. 26 VE vorgesehene Urlaubsanspruch auch für die Zeit der Be-

---

[18] BVerfGE 108, 251 (277).
[19] BVerfGE 108, 251 (276).
[1] *Schweiger,* in: Nawiasky/Schweiger/Knöpfle, Art. 30 Rn. 2, 5 a. E.; Prot. I, S. 124 f.
[2] VerfGH 23, 32 (40).
[3] VerfGH 58, 113 (124).

werbung um ein Landtagsmandat im VVA fallengelassen wurde. Im VA erfolgte dann die Erstreckung auf den privatwirtschaftlichen Bereich und mit ihr einhergehend, wie *Nawiasky* und *Ehard* scharfsinnig herausstrichen, auch eine Verschiebung der primären Zweckrichtung weg vom Schutz des Parlaments gegen die Exekutive hin zum umfassenderen Gedanken des Behinderungsverbots.[4] Über Einzelheiten (Gehaltsfortzahlung, Kündigungsschutz) herrschte viel Unsicherheit und auch Uneinigkeit, was durch die von *Hundhammer* abschließend zu Protokoll gegebene Bemerkung, es habe Einigkeit geherrscht, dass die Frage der Bezahlung, der Entschädigung und der Kündigung nicht präjudiziert sein solle, eher verschleiert wird.

3. Verhältnis zum Grundgesetz

3 　　**Art. 48 I und II GG** geht über Art. 30 BV in verschiedener Hinsicht hinaus (Urlaubsanspruch auch zur Wahlbewerbung; umfassenderes Behinderungsverbot; ausdrückliches Kündigungsverbot). Er gilt indes – anders als noch Art. 39 WRV – allein für Abgeordnete des Bundestages und überlässt die Regelungsthematik des Art. 30 BV (Landtag) damit bewusst der Landesverfassungsautonomie. Aufgrund seiner durch das Grundgesetz nicht bestrittenen Verankerung im originären Kompetenzbereich der Länder hat Art. 30 BV auch die Kraft, bundesrechtlichen (z. B. arbeitsrechtlichen) Bestimmungen unmittelbar entgegengehalten werden zu können; er wird insoweit nicht durch Bundesrecht verdrängt.[5] Freilich gelten die allgemeinen Grenzen des Art. 28 I GG, der in Fragen des passiven Wahlrechts und des Abgeordnetenstatus relativ dichte Vorgaben macht (Art. 13 Rn. 3; Art. 14 Rn. 3), so dass das vom Landesrecht zu gewährleistende Schutzniveau für Landtagsabgeordnete hinsichtlich Behinderungsverbot, Kündigungsschutz und Wahlbewerbungsurlaub tendenziell über das hinausgehen dürfte, was Art. 30 BV dem Wortlaut nach gewährleistet. Dies ist bei der Auslegung der BV, namentlich bei der Ableitung von Rechtsfolgen aus Art. 13 II, 14 II und dem Grundsatz der repräsentativen Demokratie (siehe schon Rn. 1 a. E.), zu beachten.

II. Einzelkommentierung

1. Ausübungsanspruch ohne Urlaub des Arbeitgebers

4 　　Art. 30 regelt einen Ausschnitt aus dem Gesamtkomplex des Behinderungsverbotes; er stellt klar, dass der Abgeordnete nicht der Bewilligung von Urlaub durch seinen Arbeitgeber bedarf, um sein Mandat wahrnehmen zu können; er muss den Urlaub nur anzeigen, ihm wird gleichsam von Verfassungs wegen Urlaub eingeräumt.[6] Aufgrund der Inkompatibilitätsregelungen für Angehörige des öffentlichen Dienstes spielt Art. 30 BV (mit Ausnahme der Arbeiter im öffentlichen Dienst) praktisch nur noch für privatwirtschaftliche Arbeitsverhältnisse eine Rolle und entfaltet insoweit unmittelbare Drittwirkung gegenüber Privaten. Die Freistellung gilt nur für die Ausübung des Mandats, d. h. an sich nicht für die sonstige politische Betätigung[7], was bei Anerkennung des Vollzeitparlamentariers indes wenig ins Gewicht fällt. Über die Lohnfortzahlung sagt Art. 30 BV nichts aus, was sowohl aus der Entstehungsgeschichte folgt als auch dem Bundesrecht entspricht.[8] Anderes dürfte für den Kündigungsschutz gelten:[9] Der Schutz des Art. 30 liefe leer, wenn der Arbeitgeber den infolge des Art. 30 BV eintretenden Urlaub zum Anlass nehmen dürfte, dem Abgeordneten zu kündigen; die Entstehungsgeschichte ist in diesem Punkt nicht eindeutig; auch Art. 28 I GG legt eine eher großzügige Auslegung nahe. Die Regelung des

---

　[4] Prot. I, S. 123 ff.

　[5] VerfGH 23, 32 (40).

　[6] *Meder,* Art. 39 Rn. 1; *Menzel,* in: Löwer/Tettinger, NRW Verf., Art. 46 Rn. 12 („Nichturlaubs-Anspruch").

　[7] *Schweiger,* in: Nawiasky/Schweiger/Knöpfle, Art. 30 Rn. 3.

　[8] BVerwGE 86, 211.

　[9] A. A. *Meder,* Art. 30 Rn. 1; *Schweiger,* in: Nawiasky/Schweiger/Knöpfle, Art. 30 Rn. 3.

Art. 2 II 1 AbgG (keine Kündigung oder Entlassung wegen der Annahme oder Ausübung eines Mandats) kann insoweit als in Art. 30 BV fundiert angesehen werden. Im Übrigen geht Art. 2 II 2, 3 jedoch über das verfassungsrechtlich Gebotene hinaus.

2. Wahlvorbereitungsurlaub

Einen Wahlvorbereitungsurlaub sieht Art. 30 BV, anders als Art. 48 I GG und andere **5** Landesverfassungen, nicht ausdrücklich vor; einfachgesetzlich gibt es ihn kraft Art. 3, 28 AbgG. Es liegt nahe, einen Anspruch auf Wahlvorbereitungsurlaub dem Grunde nach als durch die Gewährleistung der passiven Wahlfreiheit (Art. 14 II BV, Art. 28 I 1 2 GG) mitumfasst anzusehen.

3. Inkompatibilitäten

Art. 30 trifft keine Aussage über die Zulässigkeit von Inkompatibilitätsregelungen, son- **6** dern gilt nur für solche Abgeordnete, die nicht bereits kraft einer Inkompatibilitätsvorschrift in den Ruhestand getreten sind.[10] Zur Zulässigkeit und den verfassungsrechtlichen Grenzen von Inkompatibilitätsregelungen siehe Art. 13 Rn. 11, Art. 19 Rn. 9.

4. Behinderungsverbot

Art. 30 gewährleistet – anders als Art. 48 II 1 GG – das Verbot der Abgeordnetenbehin- **7** derung nicht umfassend, sondern nur ausschnittweise; einfachgesetzlich gilt es kraft Art. 2 I, II AbgG. Das Behinderungsverbot kann jedoch bereits aus dem Grundsatz der repräsentativen Demokratie sowie aus Art. 13 II abgeleitet werden[11]; dies dürfte auch Art. 28 I 1, 2 GG gebieten.[12] Über diese, zu Art. 30 BV hinzutretenden allgemeinen Gewährleistungen dürfte die BV letztlich doch ein dem GG[13] (und den meisten anderen Landesverfassungen) zumindest nahe kommendes Schutzniveau bereitstellen. Die Ableitung eines über Art. 30 hinausgehenden, umfassenderen Behinderungsverbotes aus Art. 13 II und dem Grundsatz der repräsentativen Demokratie steht nicht im Widerspruch zur Entstehungsgeschichte des Art. 30; vielmehr führt sie die 1946 durchaus innovative, wenn auch in Art. 30 zunächst nur partiell und vorsichtig verwirklichte Grundentscheidung der Verfassungsväter für ein Behinderungsverbot mit unmittelbarer Drittwirkung nur konsequent weiter.

5. Abgeordnetenmandat und bürgerlicher Beruf

Aus Art. 30 lässt sich die sichere Wertung entnehmen, dass für Abgeordnete die Bei- **8** behaltung ihres bürgerlichen Berufs grundsätzlich zulässig ist; dies gilt über den engeren Regelungsgegenstand des Art. 30 hinaus auch für selbständige Berufe.[14] Ansonsten jedoch muss die Frage des Verhältnisses vom Mandat und Beruf – ob die Beibehaltung des bürgerlichen Berufs die Unabhängigkeit des Abgeordneten stärkt und insoweit positiv zu sehen ist oder ob sie umgekehrt die Gefahr von Interessenkonflikten mit sich bringt und insofern negativ zu würdigen ist, ob vom Abgeordneten verlangt werden kann, die Ausübung des Mandats in den Mittelpunkt seiner Tätigkeit zu stellen, ob ihm deswegen von Verfassungs wegen ein Recht auf Vollalimentation zukommt und inwieweit er zur Offenlegung von Nebentätigkeiten (oder sogar zur Offenlegung der erzielten Einkünfte[15]) verpflichtet werden kann oder muss – als noch nicht wirklich geklärt gelten.[16] Siehe dazu Art. 31 Rn. 10 sowie Art. 13 Rn. 6.

---

[10] VerfGH 23, 32 (39 f.).

[11] VerfGH 58, 113 (124); *Meder*, Art. 13 Rn. 2 f.

[12] *Klein*, in: Maunz/Dürig, Art. 48 Rn. 46.

[13] Vgl. *Jarass/Pieroth*, Art. 48 Rn. 3 ff.; *Magiera*, in: Sachs, Art. 48 Rn. 6 ff.

[14] BVerfG vom 4. 7. 2007 – 2 BvE 1/06, Abs.-Nr. 207.

[15] In Bayern bislang nicht verwirklicht; anders im Bund.

[16] Auf Bundesebene deutlich geworden in dem mit 4:4 Stimmen ergangenen BVerfG-Urteil: BVerfG, Urteil v. 4. 7. 2007 – 2 BvE 1/06.

Art. 31 [Freifahrt, Aufwandsentschädigung]

Die Mitglieder des Landtags haben das Recht zur freien Fahrt auf allen staatlichen Verkehrseinrichtungen in Bayern sowie auf eine Aufwandsentschädigung.

Parallelvorschriften im GG und anderen Landesverfassungen: Art. 48 III GG; Art. 40 BaWüVerf; Art. 53 Berl-Verf; Art. 60 BbgVerf; Art. 82 II BremVerf; Art. 13 I HmbVerf; Art. 98 HessVerf; Art. 22 III M-VVerf; Art. 13 III NdsVerf; Art. 50 NRWVerf; Art. 97 RhPfVerf; Art. 42 III SächsVerf; Art. 56 V VerfLSA; Art. 11 III SchlHVerf; Art. 54 ThürVerf.

Rechtsprechung: BVerfGE 40, 296; 102, 224; BVerfG vom 4.7.2007 2 BvE 1/06; VerfGH 20, 96; 35, 148; 58, 113; NW VerfG NVwZ 1996, 154; ThürVerfGH NVwZ-RR 1999, 282; BremStGH NVwZ 2005, 929.

Literatur: v. Arnim, Entschädigung und Amtsausstattung, in: Schneider/Zeh (Hrsg.), Parlamentsrecht und Parlamentspraxis, 1989, § 16; *Determann,* Verfassungsrechtliche Vorgaben für die Entschädigung von Abgeordneten, BayVBl. 1997, 385; *Fischer,* Abgeordnetendiäten und staatliche Fraktionsfinanzierung in den fünf neuen Bundesländern, 1995; *Holthoff-Pförtner,* Landesparlamentarismus und Abgeordnetenentschädigung. Dargestellt am Beispiel Nordrhein-Westfalens, 1999; *Klein,* Kommentierung zu Art. 48 GG, in: Maunz/Dürig; *Menzel,* Freie Länder, Gleiche Abgeordnete, mächtige Fraktionsvorsitzende, ThürVBl. 2001, S. 6 ff; *Welti,* Die soziale Absicherung der Abgeordneten des Deutschen Bundestages, der Landtage und der deutschen Abgeordneten im Europäischen Parlament, 1998.

Übersicht

I. Allgemeines

1. Bedeutung

1   Art. 31 bildet die verfassungsrechtliche Grundlage für das **Diätenrecht,** das zu den großen Diskussionsfeldern des Parlamentsrechts zählt.[1] Das Recht der Abgeordneten auf eine Entschädigung sichert die Freiheit des Bürgers, sich ohne Rücksicht auf seine berufliche Lage zur Wahl zu stellen.[2] Nach der Wahl sichert es die **Unabhängigkeit** und Entschließungsfreiheit des Abgeordneten nicht nur gegenüber der öffentlichen Gewalt, sondern auch gegenüber gesellschaftlichen Kräften, namentlich Partei und Fraktion; es ermöglicht ihm, frei von wirtschaftlichen Zwängen seine sich aus seinem repräsentativen verfassungsrechtlichen Status ergebenden Rechte und Pflichten in Freiheit wahrzunehmen; als solches wurzelt es im freien Mandat (Art. 13 Rn. 6) und ist von essentieller Bedeutung für das Funktionieren der repräsentativen Demokratie.[3] Die Entschädigungsbemessung ist an der formellen Gleichheit (Art. 13 Rn. 10) der Abgeordneten auszurichten.[4] Das Recht auf **freie Fahrt** in staatlichen Verkehrsmitteln bildet nur noch einen Teilaspekt der im Zuge der Entschädigung zu gewährleistenden angemessenen Amtsausstattung (Art. 6 AbgG), der an praktischer Bedeutung verloren hat.[5] Art. 31 gewährt dem Abgeordneten ein subjektives verfassungsmäßiges Recht (rügefähig insbesondere über Art. 64), nicht aber

---

[1] Vgl. *Jarass/Pieroth,* Art. 48 Rn. 6; *Menzel,* in: Löwer/Tettinger, NRWVerf, Art. 50 Rn. 4.

[2] *Meder,* Art. 31 Rn. 2.

[3] VerfGH 20, 96 (100); 35, 148 (159 f.); BVerfGE 102, 224 (239); *Magiera,* in: Sachs, Art. 48 Rn. 17; *Menzel,* in: Löwer/Tettinger, NRWVerf, Art. 50 Rn. 7.

[4] BVerfGE 102, 224; VerfGH 35, 148 (LS. 4).

[5] *Menzel,* in: Löwer/Tettinger, NRWVerf, Art. 50 Rn. 4: „akzessorisch-marginale Bedeutung".

ein Grundrecht; Popularklagen können nicht auf Art. 31, sondern ggf. auf Art. 118 gestützt werden.[6]

2. Entstehung

Art. 31 stimmt mit Art. 27 E wörtlich überein und wurde im VA (nach einer kurzen Diskussion zum Begriff der staatlichen Verkehrseinrichtungen) nicht mehr geändert.[7] **2**

3. Verhältnis zum Grundgesetz

Die Parallelnorm des **Art. 48 III GG** gilt unmittelbar allein für den Bundestag, nicht **3** für die Landtage.[8] Dennoch hat die Auslegung des Art. 48 III GG durch das BVerfG maßgeblichen Einfluss auf die Praxis in den Ländern (auch Bayern) genommen und die Landesverfassung (auch Art. 31 BV) sowie die Landesverfassungsgerichte (auch die Rspr. des VerfGH) in eine weithin nachvollziehende Rolle gedrängt. Grund hierfür sind zwei Weichenstellungen des sog. **Diätenurteils** des Jahres 1975[9]:

– erstens die Einschätzung, die aus Art. 48 III GG folgenden Grundsätze gälten, da sie zu den Essentialia des Demokratieprinzips zählten, über Art. **28 I GG** auch für die Länder,

– zweitens die Feststellung, aus der in Art. 48 III vorgesehenen Entschädigung, die ursprünglich bloße Aufwandsentschädigung gewesen sei (vgl. auch Art. 31 BV: „Aufwandsentschädigung"), sei unter den Bedingungen des modernen Parlamentarismus eine **Alimentation des Abgeordneten** und seiner Familie aus der Staatskasse geworden, die als Entgelt für die Inanspruchnahme des Abgeordneten durch sein zur **Hauptbeschäftigung** gewordenes Mandat anzusehen sei.

In seinem zweiten Diätenurteil vom Jahr 2000 hat das BVerfG zwar die Landesverfassungsautonomie etwas stärker betont, im Ergebnis den bundesverfassungsrechtlichen Zugriff indes nicht spürbar gelockert.[10] Der VerfGH ist 1982 von seiner bis dahin vertretenen Qualifizierung der Diäten als „pauschalierte oder vorveranschlagte Aufwandsentschädigung"[11] abgerückt und hat die Weichenstellungen des BVerfG weitgehend nachvollzogen: Auch in Bayern sei die Abgeordnetenentschädigung zu einer Alimentation aus der Staatskasse geworden; dem stehe Art. 31 BV nicht entgegen.[12] 2005 hat der VerfGH noch einmal ausdrücklich klargestellt, dass er sich über Art. 28 I GG weiterhin an den vom BVerfG im ersten Diätenurteil aus Art. 48 III GG entwickelten Grundsatz der Vollalimentation gebunden fühlt.[13]

Der starke bundesverfassungsrechtliche Zugriff in Sachen Entschädigung der Landtags- **4** abgeordneten ist nicht ohne **Kritik** geblieben. Sowohl ist landesverfassungsgerichtlicherseits die grundsätzliche Trennung der Verfassungsräume auch in Diätenfragen betont worden[14] als auch versucht die Literatur auszuloten, wie weit die Spielräume des Landesrechts für abweichende Gestaltungen ist (im Mittelpunkt des Interesses hierbei: wäre auch ein Teilzeitparlamentarismus zulässig?).[15] Vor allem an zwei Punkten entzündet sich die Kritik:

– Zum einen an der Erstreckung des Art. 48 III GG auf die Landesparlamente über den Hebel des Art. 28 I GG. Diese weist nicht nur verschiedene Ungereimtheiten auf (so z. B. in der Andeutung, die Erstreckung könne u. U. auf den Fall beschränkt bleiben,

---

[6] VerfGH 23, 70 (74); 35, 148 (154).

[7] Prot. I S. 127.

[8] *Klein,* in: Maunz/Dürig, Art. 48 Rn. 42.

[9] BVerfGE 40, 296 (310 ff., 319).

[10] BVerfGE, 102, 224; dazu *Menzel,* in: Löwer/Tettinger, NRW Verf, Art. 50 Rn. 5, 9.

[11] VerfGH 20, 96 (100).

[12] VerfGH 35, 196.

[13] VerfGH 58, 113 (128).

[14] ThürVerfGH NVwZ-RR 1999, 282; BremStGH NVwZ 2005, 929.

[15] *Menzel,* in: Löwer/Tettinger, NRW Verf, Art. 50 Rn. 9.

dass das Landesrecht eine Lücke lasse[16]: soweit Art. 28 I GG reicht, ist dieser verbindlich, egal ob das Landesverfassungsrecht eine Lücke hat oder nicht)[17]; auch in der Sache erscheint es – angesichts der Beteuerung, Art. 28 I verlange Homogenität, nicht Uniformität (Vorbem. B Wirkkraft LVerfR Rn. 7) – gewagt, Art. 48 III GG so weitgehend in den Landesverfassungsraum hineinwirken zu lassen.

– Zum anderen an der Ableitung des Grundsatzes der „Vollalimentation"; diese ist nicht nur insgesamt umstritten geblieben (auch für den Bund[18]; gerade die mit 4:4 Stimmen ergangene Entscheidung des BVerfG vom 7. 4. 2007[19] zur Offenlegung von Nebeneinkünften hat deutlich gemacht, dass in der Beurteilung des verfassungsrechtlichen Leitbilds des Abgeordneten zwischen den Extremen „berufsloser Vollzeitparlamentarier" und „Honoratiorenparlament" nach wie vor beträchtliche Unterschiede der Akzentsetzung existieren, mögen dort auch die vom 1. Diätenurteil entwickelten Grundsätze von keiner Seite offen in Frage gestellt worden sein). Vor allem aber wird für die Landtage geltend gemacht, diese unterschieden sich nach Aufgaben und Arbeitsbelastung so sehr vom Bundestag, dass hier (auch jenseits der Stadtstaaten) Raum bleiben müsse für Formen des Teilzeitparlamentarismus mit bloßer Teilalimentation.[20]

5   **Stellungnahme.** So berechtigt die Kritikpunkte in Vielem sind, so können sie doch nichts daran ändern, dass das Netz der bundesverfassungsrechtlichen Vorgaben relativ eng geknüpft bleiben wird. Grund dafür ist weniger die – in der Tat angreifbare – „Geltungserstreckung" des Art. 48 III GG, sondern dass die Frage der Abgeordnetenentschädigung, wie vor allem in BVerfGE 102, 224 (237 ff.) deutlich wurde, untrennbar mit Fragen des Status des Abgeordneten (mit der Freiheit und Gleichheit der Abgeordneten) im Allgemeinen verknüpft ist; dieser freie und gleiche Status wiederum steht in einem unauflöslichen Wechselbezug zum freien und gleichen Wahlrecht, wie es in Art. 28 I 2 GG (in mit Art. 38 I 2 GG inhaltsgleicher Weise) auch den Ländern zwingend vorgegeben ist. Über die Regelung zur Volksvertretung und zu den Wahlrechtsgrundsätzen in Art. 28 I 2 GG sowie im Übrigen in der Vorgabe der repräsentativen Demokratie (Art. 28 I 1 GG) unterliegen die Länder in der Ausgestaltung des Abgeordnetenstatus (und dazu gehört auch die Entschädigungsfrage) daher vergleichsweise engen Bindungen (siehe dazu schon Art. 13 Rn. 3). Solange die Rechtsprechung des BVerfG zur „Vollalimentation" Gültigkeit hat, können die Länder zu markant abweichenden Ausgestaltungen der Abgeordnetenentschädigung deswegen nur greifen, soweit sie nachweisen, dass der Landesparlamentarismus anderen faktischen Funktionsbedingungen unterliegt als der Parlamentarismus im Bundestag, so dass sich die für ihn geltenden Maßgaben nicht ohne weiteres übertragen lassen. Für eine darüber hinausgehende Verfassungsautonomie zur abweichenden rechtlichen Bewertung bleibt wenig Raum.

II. Einzelkommentierung

1. Entschädigung

6   *Aufwandsentschädigung oder Vollalimentation?* Siehe schon Rn. 3 ff: Der VerfGH ist von der ursprünglich vertretenen Konzeption einer bloßen „pauschalierten oder vorveranschlagten **Aufwandsentschädigung**"[21] abgegangen und fühlt sich über Art. 28 I GG an den vom BVerfG aus Art. 48 III GG abgeleiteten Grundsatz der **Vollalimentation,** von

---

[16] BVerfGE 40, 296 (319); hierauf abstellend: ThürVerfGH NVwZ-RR 1999, 282 (285).

[17] *Klein,* in: Maunz/Dürig, Art. 48 Rn. 44, auch zu anderen Ungereimtheiten.

[18] A. A. z. B. *Jarass/Pieroth,* Art. 48 Rn. 6.

[19] BVerfG, Urteil v. 4. 7. 2007 – 2 BvE 1/06 siehe z. B. Abs.-Nr. 216 einerseits und 252 andererseits.

[20] Zur Diskussion: *Menzel,* in: NRWVerf, Art. 50 Rn. 9; *Klein,* in: Maunz/Dürig, Art. 48 Rn. 183 ff.; für den Stadtstaat Bremen: BremStGH NVwZ 2005, 921 (931).

[21] VerfGH 20, 96 (100).

dem das BVerfG bislang nicht abgerückt ist[22], gebunden.[23] Fraglich ist, ob dieser Grundsatz nur kraft Bundesrecht gilt (d. h. nicht von der BV selbst garantiert wird) oder mittlerweile derart auf Art. 31 BV ausstrahlt, dass dieser – über seinen Wortlaut hinaus („Aufwandsentschädigung") – selbst im Sinne einer garantierten Vollalimentation auszulegen ist. Der VerfGH hat sich zunächst gescheut, so weit zu gehen, und in VerfGH 35, 148 (157) nur gesagt, Art. 31 BV stehe einer über die Aufwandsentschädigung hinausgehenden Vollalimentation nicht entgegen. Sehr undeutlich bleibt nunmehr VerfGH 58, 113 (128 ff.): Einerseits erfolgen die Aussagen zum Grundsatz der Vollalimentation dort im Rahmen der Prüfung der Vereinbarkeit eines Volksbegehrens mit der BV (vgl. aaO, S. 124) und können durchaus so verstanden werden, als sei die BV selbst verletzt; andererseits wird vor allem auf die Rechtsprechung des BVerfG, auf die Bindung durch Art. 28 I GG und auf das vom VerfGH nur verfassungsrechtlich „anerkannte" gegenwärtige Entschädigungssystem abgestellt und ist der VerfGH bei der Überprüfung von Volksbegehren ja keineswegs auf die BV als Prüfungsmaßstab beschränkt (er durfte also auch unmittelbar Bundesrecht heranziehen, ohne sich zur BV zu äußern[24]). Der eindeutige Wortlaut des Art. 31 („Aufwandsentschädigung") sowie der Umstand, dass die Option eines Teilzeitparlamentarismus vor allem auf Landesebene nach wie vor diskutiert wird und als eine nicht von vornherein unvernünftige Alternative erscheint (Rn. 4), sprechen dafür, die Optionen offenzuhalten und Art. 31, wie vom VerfGH zunächst ausdrücklich festgehalten[25], als eine Mindestgarantie aufzufassen, die einer (ggf. bundesrechtlich zwingenden) Vollalimentation zwar nicht entgegensteht, sie nicht aber selbst zwingend vorschreibt. Dies gilt jedenfalls, solange nicht vollends geklärt ist, inwieweit der für den Bundestag geltende Grundsatz der Vollalimentation über Art. 28 I GG wirklich „eins zu eins" auf die u. U. hinsichtlich Aufgaben und Arbeitsbelastung anders gelagerten Landtage zu übertragen ist (oben Rn. 4 f.; soweit gesicherte Anforderungen des Art. 28 I GG bestehen, ist gegen eine grundgesetzkonforme Auslegung der Landesverfassung dagegen sicher nichts einzuwenden Vor Wirkkraft LVerfR Rn. 7); solange Unsicherheit herrscht, genügt es völlig, dass Art. 31 BV etwaigen bundesrechtlichen Vorgaben jedenfalls nicht entgegensteht. Allein, dass auch für den gegenwärtigen Vollzeitparlamentarismus – zumal in einem bevölkerungsreichen Flächenland wie Bayern – sicherlich gute Gründe sprechen und nicht ersichtlich ist, dass der Gesetzgeber von ihm abrücken will, ist noch kein hinreichender Grund, den gegenwärtigen Status quo unter Verbiegung des Gesetzeswortlauts zu zementieren.

Gesetzgebungsauftrag. Anders als in Art. 48 III 2 GG und vielen Landesverfassungen fehlt **7** in Art. 31 BV der Hinweis darauf, dass das Nähere **durch Gesetz** zu regeln sei; die Zuständigkeit des Gesetzgebers ergibt sich jedoch bereits aus den allgemeinen Regeln (Art. 5 I, 70 I, III, 72 I); auch Volksgesetzgebung kommt in Betracht.[26] Dass das Parlament bei Fragen der Abgeordnetenentschädigung in eigener Sache entscheidet, ist in der parlamentarischen Demokratie nicht zu vermeiden und unbedenklich, solange das Parlament in einem transparenten Verfahren und vor den Augen der Öffentlichkeit im Plenum diskutiert und

---

[22] Auch nicht durch BVerfGE 76, 256 (341) (keine dem Beamten vergleichbare „dauernde Vollalimentation"); so zu Recht *Klein,* in: Maunz/Dürig, Art. 48 Rn. 186. Auch die Entscheidung des BVerfG, Urteil v. 4. 7. 2007 – 2 BvE 1/06 lässt – selbst bei den vier die Entscheidung nicht tragenden Richtern – kein Abrücken von dem Grundsatz der Vollalimentation erkennen; vielmehr geht dort es allein um die Konsequenzen für die Zulässigkeit und Offenlegung von Nebeneinkünften: Vollalimentation als Argument für eine Konzeption, die das Mandat als notwendigen Tätigkeitsmittelpunkt des Abgeordneten ansieht und Nebentätigkeiten aufgrund der ihnen innewohnenden Gefahr von Interessenkonflikten eher reserviert begegnet (Abs.-Nr. 217) oder Vollalimentation als bloße Ermöglichung einer eigenverantwortlichen Entscheidung darüber, in welchem Ausmaß der Abgeordnete weiter beruflich tätig sein will (Abs.-Nr. 252).
[23] VerfGH 58, 113 (128).
[24] VerfGH 43, 35.
[25] VerfGH 35, 148 (157).
[26] VerfGH 20, 96 (99); zur Volksgesetzgebung siehe auch VerfGH 58, 113; *Meder,* Art. 31 Rn. 3.

entscheidet (ggf. kann Ausschluss der Öffentlichkeit trotz Art. 22 I 2 unzulässig sein). Im Gegenteil darf sich das Parlament in Sachen Abgeordnetenentscheidung eine politische Entscheidung selbst zu treffen und vor der Öffentlichkeit zu verantworten, nicht entledigen, indem es die Entscheidung über wesentliche Fragen der Entschädigung auf Ausschüsse, das Präsidium, externe Kommissionen o. Ä. delegiert;[27] gegen ein externes Beratungsgremium (Diätenkommission, Art. 23 AbgG) ist hingegen nichts einzuwenden. Ob die so umrissene Selbstentscheidungspflicht des Parlaments auch Indexierungslösungen (z. B. der Koppelung an bestimmte Beamtengehälter) entgegensteht – immerhin liegt auch hierin eine rationale und transparente politische Entscheidung –, scheint trotz der dahingehenden Einlassung des BVerfG nicht sicher; jedenfalls dürfte dergleichen nicht aus Art. 28 I GG folgen und insoweit Raum für abweichendes Landesverfassungsrecht bestehen (vgl. Art. 54 III ThürVerf).[28] Die gesetzliche Regelung der Abgeordnetenentschädigung findet sich in Art. 5 ff. des Bayerischen Abgeordnetengesetzes.[29]

8   *Bemessung und Höhe.* Die Alimentation ist nach der Rspr. des BVerfG so zu bemessen, dass sie dem Abgeordneten, der infolge des Mandats sein Berufseinkommen ganz oder teilweise verliert oder sonst kein Einkommen hat, eine Lebensführung gestattet, die der Bedeutung des Amtes angemessen ist (Rn. 6).[30] Diese Zielvorgabe darf nicht dahin missverstanden werden, als lasse sich aus der Verfassung ein absoluter Bemessungsmaßstab ableiten; dem Gesetzgeber kommt insoweit eine gewisse **Gestaltungsfreiheit** zu; grundsätzlich lässt sich keine aus dem Verfassungsrecht begründbare Aussage darüber treffen, welche exakte Höhe die Abgeordnetenalimentation haben muss; vor allem Systementscheidungen und -veränderungen sind hingegen effektiver verfassungsgerichtlicher Kontrolle zugänglich[31]. Die in erster Linie relevanten verfassungsrechtlichen Maßgaben sind: ein **Untermaß-** wie ein **Übermaßverbot** sowie der Grundsatz formalisierter **Abgeordnetengleichheit.**[32] Das Untermaßverbot ist – je nach zugrundegelegter Konzeption (Rn. 6) – am Ziel der angemessenen Vollalimentation oder der Aufwandsentschädigung/ Teilalimentation auszurichten. Soweit eine über den Aufwandsersatz hinausgehende Alimentation gewährt wird, ist diese aus Gleichheitsgründen zu versteuern; der bloße Ersatz besonderen, angemessenen Aufwands kann (auch pauschaliert) steuerfrei bleiben.[33] Eine übermäßige, unangemessen hohe Entschädigung würde gegen das Willkürverbot des Art. 118 I verstoßen.[34] Die Entschädigung steht den Abgeordneten aufgrund ihrer formalisierten Gleichheit in grundsätzlich gleicher Höhe zu, unabhängig vom je individuellen Ausmaß an Beanspruchung, Aufwand und Einkommen.[35] Der Gewährung von Funktionszulagen sind zur Verhinderung von Hierarchien und Abhängigkeiten enge Grenzen gesetzt (wenige politisch herausgehobene Funktionen).[36] Ruhebezüge für ins Parlament eingetretene Beamte oder differenzierte Verdienstausfallentschädigungen sind unter Zugrundelegung eines Systems der Vollalimentation unzulässig.[37] Der Abgeordnete hat aufgrund der vorübergehenden Natur des Mandats keinen beamtenrechtsähnlichen Anspruch auf dauernde Vollalimentation auch für den Versorgungsfall.[38] Ein System der

---

[27] NRW VerfGH NVwZ 1996, 164.

[28] Zum Ganzen: BVerfGE 40, 296 (316 f., 327); VerfGH 35, 148 (161 f.); *Badura,* Staatsrecht, E 32; *Meder,* Art. 31 Rn. 3; VerfGH NW DVBl. 1995, 921; ThürVerfGH NVwZ-RR 1999, 282.

[29] In der Fassung der Bekanntmachung vom 6. März 1996, GVBl. S. 82, zuletzt geändert durch Gesetze vom 24. 6. 2004 (GVBl. S. 224, 226).

[30] BVerfGE 40, 296 (316).

[31] VerfGH 35, 148 (164); 58, 113 (129).

[32] *Glauben,* in: Grimm/Caesar, RhPfVerf, Art. 97 Rn. 4.

[33] BVerfGE 40, 296 (328).

[34] VerfGH 20, 96 (99).

[35] BVerfGE 40, 296, LS 2 a; VerfGH 35, 148 (163).

[36] BVerfGE 102, 224.

[37] BVerfGE 40, 296 (324 f., 328); VerfGH 39, 56 (59); anders noch VerfGH 22, 19; s. a. VerfGH 39, 56 (59).

[38] BVerfGE 76, 256 (341 f.).

Altersversorgung ist gleichwohl zulässig; Alternativen sind möglich (z. B. Eigenvorsorge bei höherer Entschädigung), nicht jedoch die ersatzlose Streichung der jetzigen Leistungen.[39]

Vollalimentation und Nebentätigkeiten. Das Prinzip der Vollalimentation will den Abgeordneten, dem das Mandat typischerweise zur Hauptbeschäftigung geworden ist, in seiner Unabhängigkeit stärken, nicht jedoch nimmt es dem Abgeordneten das Recht, gleichwohl einen **bürgerlichen Beruf** beizubehalten (Art. 30 Rn. 8); auch eine Anrechung von Einkommen ist nicht geboten, sondern wäre im Gegenteil gleichheitsrechtlich problematisch.[40] Inwieweit der Abgeordnete von Rechts wegen verpflichtet werden kann, die Ausübung seines Mandats in den Mittelpunkt seiner Tätigkeit zu stellen, ist auf Bundesebene strittig geblieben.[41] Soweit berufliche Nebentätigkeiten die Gefahr von Interessenkonflikten mit sich bringen, können Beschränkungen der Freiheit des Abgeordneten (z. B. durch Pflichten zur Offenlegung von Berufen, Art. 4 a II Nr. 1 AbgG) zulässig oder sogar geboten sein (Art. 13 Rn. 6). Der Gesetzgeber muss Vorkehrungen treffen, dass Abgeordnete nicht für bloße Interessenvertretung ohne sonstige tatsächliche Gegenleistung Bezüge aus einem Angestelltenverhältnis oder Beratervertrag o. Ä. erhalten (Art. 4 a II Nr. 4 AbgG).[42] Die Streitfrage einer Offenlegung von Einkünften aus Nebentätigkeiten ist in Bayern bislang nicht aktuell geworden; aufgrund des in sich gespaltenen Meinungsbilds des BVerfG[43] in dieser Frage wird man kaum annehmen können, dass das Landesverfassungsrecht und die Landesverfassungsgerichtsbarkeit insoweit bundesrechtlich determiniert ist.

2. Freifahrt

Die Regelung zur **freien Fahrt** auf allen staatlichen Verkehrseinrichtungen in Bayern **10** hat an praktischer Bedeutung verloren und ist zum Teilaspekt der angemessenen Amtsausstattung (Kostenpauschale für Fahrten; Benutzung städtischer Verkehrsmittel; Reisekostenvergütung für Dienstreisen, Art. 6, 10 AbgG) geworden (Art. 6 V AbgG). Dass mit „staatlichen" Verkehrseinrichtungen wirklich nur solche des Freistaats, nicht jedoch auch solche des Bundes gemeint sein sollen[44], ist in einem Bundesstaat mit zwei Ebenen der Staatlichkeit fragwürdig (siehe auch die Erstreckung auf die Deutsche Bahn in Art. 6 V AbgG oder z. B. in Art. 50 NRW Verf sowie die Entstehungsgeschichte[45]). Nicht erfasst sind jedenfalls – auch laut den Materialien a. a. O. – kommunale (siehe aber Art. 6 III AbgG) oder private Einrichtungen. Für den Charakter als „staatliche" Verkehrseinrichtung ist nicht die Organisationsform, sondern die staatliche Beherrschung maßgeblich (z. B. öffentliches Unternehmen in Privatrechtsform); auch unter diesem Aspekt ist die Deutsche Bahn AG erfasst. In welcher Form die Freifahrtsregelung verwirklicht wird – durch unmittelbar gesetzlich angeordnete Unentgeltlichkeit, durch Kostenerstattung gegenüber dem Abgeordneten oder durch staatliche Zahlungen an die Verkehrseinrichtung – ist verfassungsrechtlich nicht vorgezeichnet. Staatliche Verkehrseinrichtungen (auch in Privatrechtform) unmittelbar zur kostenfreien Beförderung zu verpflichten, wäre eine durch Art. 31 BV legitimierte besondere Gemeinwohlbindung eines öffentlichen Unternehmens. Tatsächlich erhalten die Abgeordneten auf Kosten des Landtags eine Netzcard 1. Klasse der Deutschen Bahn AG für das Gebiet des Freistaats.

---

[39] VerfGH 58, 113 (131 f.).

[40] *Magiera,* in: Sachs, Art. 48 Rn. 22; *Jarass/Pieroth,* Art. 48 Rn. 7.

[41] BVerfG, Urteil v. 4. 7. 2007 – 2 BvE 1/06. In Bayern existiert eine dem § 44 a I BundesAbgG entsprechende Mittelpunktsregelung nicht.

[42] BVerfGE 40, 296 (319); VerfGH 35, 148 (155).

[43] BVerfG, Urteil v. 4. 7. 2007 – 2 BvE 1/06 (4:4-Entscheidung).

[44] So *Schweiger,* in: Nawiasky/Schweiger/Knöpfle, Art. 31 Rn. 3, auch zum Folgenden.

[45] Prot. I, S. 127: „Zoneneinrichtung".

Art. 32 [Rechtsstellung des Präsidiums und des Zwischenausschusses]

(1) Die Art. 27 mit 31 gelten für das Präsidium des Landtags sowie für die Mitglieder des Zwischenausschusses und ihre ersten Stellvertreter.
(2) In den Fällen des Art. 28 wird die Mitwirkung des Landtags durch die Mitwirkung des Zwischenausschusses ersetzt.

Parallelvorschriften in anderen Landesverfassungen: Art. 44 BaWüVerf; Art. 93 S. 5 HessVerf; Art. 40 S. 6 NRW Verf; Art. 92 S. 2 RhPfVerf.

I. Allgemeines

1. Bedeutung

1   Art. 32 trifft Regelungen für die Zeit **außerhalb der Tagung** des Landtags (Art. 17 Rn. 4); er erstreckt die Bestimmungen über die Rechtsstellung der Abgeordneten auf jene Organe und ihre Vertreter, die außerhalb der Tagung den Landtag repräsentieren.[1] Aufgrund der während der Wahlperiode in der Praxis ununterbrochenen Tagung ist die Bedeutung eher gering.

2. Entstehung

2   Ohne wesentliche Änderungen in der Sache hat der VA die Fassung des Art. 28 E modifiziert.[2]

3. Verhältnis zum Grundgesetz

3   Da das GG für den Bundestag keine Zerlegung der Wahlperiode in Sitzungsperioden/ Tagungen kennt, fehlt es an einer Parallelnorm. Für das Landesrecht gleichwohl eine solche Regelung zu treffen, ist von der Landesverfassungsautonomie gedeckt.

II. Einzelkommentierung

4   *Absatz 1.* Die Abgeordnetenrechte der Art. 27 bis 31 gelten für die Zeit zwischen den Tagungen für das Präsidium in seiner Funktion des Art. 20 II (laufende Geschäfte) sowie für die Mitglieder des Zwischenausschusses (Art. 26) und ihre ersten Stellvertreter. Nur soweit die Abgeordnetenrechte für diese Zeit nicht ohnehin weiter gelten[3], hat Art. 32 konstitutive Bedeutung. Relevant wird dies vor allem für die außerhalb der Tagung ausgesetzte Immunität nach Art. 28, soweit es um den Schutz des Tätigwerdens des Abgeordneten in seiner besonderen Funktion als Mitglied des jeweiligen Übergangsorgans (bzgl. Art. 27, 29, 30) geht.

5   *Absatz 2.* Der Zwischenausschuss tritt für die Zeit außerhalb der Tagung an die Stelle des Landtags, was dessen Mitwirkungsrechte anbelangt. Da zu dieser Zeit nach Art. 28 I, 32 nur die Mitglieder des Zwischenausschusses (samt erster Stellvertreter) sowie des Präsidiums Immunitätsschutz genießen, kann es auch nur um deren Immunität gehen.[4]

Art. 33 [Wahl- und Mandatsprüfung]

[1]Die Wahlprüfung obliegt dem Landtag. [2]Wird die Gültigkeit einer Wahl bestritten, so entscheidet der Bayerische Verfassungsgerichtshof. [3]Er entscheidet auch über die Frage, ob ein Abgeordneter die Mitgliedschaft beim Landtag verloren hat.

Parallelvorschriften im GG und anderen Landesverfassungen: Art. 41 GG; Art. 31 BaWüVerf; Art. 22 III 4–6, 63 BbgVerf; Art. 9 HmbVerf; Art. 78 HessVerf; Art. 21 M-VVerf; Art. 11 II-IV NdsVerf; Art. 33

---

[1] *Schweiger,* in: Nawiasky/Schweiger/Knöpfle, Art. 32 Rn. 2.
[2] Prot. I, S. 127 f.
[3] Eine im eigentlichen Sinne parlamentslose Zeit gibt es nicht mehr. Art. 16 Rn. 5.
[4] *Schweiger,* in: Nawiasky/Schweiger/Knöpfle, Art. 32 Rn. 4.

NRW Verf; Art. 82 RhPfVerf; Art. 75 SaarlVerf; Art. 45 SächsVerf; Art. 44 VerfLSA; Art. 3 III SchlHVerf; Art. 49 III, 80 I Nr. 8 ThürVerf.

Rechtsprechung: BVerfGE 85, 148; 103, 111; VerfGH 1, 1; 21, 202; 26, 45; 28, 207; 45, 3; 50, 181; 58, 56.

Literatur: Aulehner, Die Disproportion von Stimmen- und Mandatsanteilen in der Bayerischen Landtagswahl, BayVBl. 1991, 577; *Lang,* Subjektiver Rechtsschutz im Wahlprüfungsverfahren, 1997; *Rauber,* Wahlprüfung in Deutschland, 2005; *Schmitt-Vockenhausen,* Die Wahlprüfung in Bund und Ländern unter Einbeziehung Österreichs und der Schweiz, 1969.

I. Allgemeines

1. Bedeutung

Art. 33 regelt mit der Wahlprüfung i. e. S. und der Mandats(verlust)prüfung, die gemein- **1** sam als Wahlprüfung i. w. S. bezeichnet werden können,[1] das Verfahren, in dem die **ordnungsgemäße Zusammensetzung des Landtags** überprüft und festgestellt wird.[2] Die Existenz eines solchen Verfahrens ist zwingender Bestandteil des **Demokratieprinzips.**[3] Die BV folgt in der näheren Ausgestaltung einem **Mischsystem,** das dem Landtag kraft seiner Parlamentsautonomie zunächst ein Selbstprüfungsrecht einräumt, die endgültige Entscheidung bestrittener Wahl-/Mandatsprüfungsfragen hingegen dem Verfassungsgerichtshof zuweist.[4] Die Wahlprüfung dient zuallererst dem **Schutz des objektiven Wahlrechts,** zudem ggf. auch dem Schutz des Abgeordneten, dessen Mandat bestritten ist; inwieweit darüber hinaus der subjektive Rechtsschutz des aktiven und passiven Wahlrechts von Wählern und Wahlbewerbern zum Schutzzweck des Art. 33 gehört, ist nicht unumstritten; richtigerweise kann das Wahlprüfungsverfahren, wie der VerfGH (treffender als das BVerfG) betont hat, zwar im Ergebnis mittelbar, wenn ein Wahlergebnis für ungültig erklärt wird, auch dem Schutz subjektiver Rechte Rechnung tragen, nicht jedoch ist der Individualrechtsschutz als solcher Gegenstand des Wahlprüfungsverfahrens.[5] Art. 33 steht in engem Zusammenhang insbesondere mit Art. 14 (Wahlrechtsgrundsätze), Art. 19 (Mandatsverlust) und Art. 63 (Zuständigkeit des VerfGH für Wahlstreitigkeiten).

2. Entstehung

Nachdem Art. 29 E die Wahlprüfung noch allein dem Staatsgerichtshof übertragen **2** wollte, führten erst die Beratungen im VA zum jetzt charakteristischen Mischsystem, wonach die Wahlprüfung zunächst dem Landtag und nur in bestrittenen Fällen dem VerfGH obliegt.[6]

---

[1] *Magiera,* in: Sachs, Art. 41 Rn. 1.

[2] *Badura,* Staatsrecht, E 26.

[3] BVerfGE 103, 111 (134 f.).

[4] *Magiera,* in: Sachs, Art. 41 Rn. 1; zur verfassungsgeschichtlichen Entwicklung: *Schweiger,* in: Nawiasky/Schweiger/Knöpfle, Art. 33 Rn. 2; *Löwer,* in: Löwer/Tettinger, NRW Verf, Art. 33 Rn. 1 ff.

[5] VerfGH 45, 3 (6). Das BVerfG hingegen formuliert, das Wahlprüfungsverfahren diene auch dem Schutz des aktiven und passiven Wahlrechts (BVerfGE 85, 148 [158 f.]; 99, 1 [18]); s. a. *Jarass/Pieroth,* Art. 41 Rn. 1; kritisch hierzu *Löwer,* in: Löwer/Tettinger, NRW Verf, Art. 33 Rn. 16; wie hier auch *Badura,* Staatsrecht, E 26.

[6] Prot. I S. 129 ff., II S. 419 ff.

3. Verhältnis zum Grundgesetz

3   Das BVerfG[7] sieht die Länder aus dem **Homogenitätsgebot** (Demokratieprinzip) des Art. 28 I GG verpflichtet, ein Verfahren zur Prüfung ihrer Parlamentswahlen einzurichten. In der Ausgestaltung genießen die Länder grundsätzlich Autonomie. Allerdings seien – so das BVerfG – in **materiell-rechtlicher** Hinsicht die Grenzen dieser Gestaltungsfreiheit überschritten, wenn schwerwiegende Verstöße gegen die Wahlrechtsgrundsätze von vorn-herein außer Betracht blieben, ebenso wie es umgekehrt das Erfordernis des Bestands-schutzes einer gewählten Volksvertretung verbiete, Wahlbeeinflussungen einfacher Art und ohne jedes Gewicht schlechthin zum Wahlausschließungsgrund zu erheben; je schwe-rer der Wahlfehler, desto tiefer dürfe auch der Eingriff in die Zusammensetzung der gewählten Volksvertretung sein. In **verfahrensrechtlicher** Hinsicht dürfte, auch wenn sich das BVerfG insoweit nicht ganz eindeutig äußert, zu verlangen sein, dass jedenfalls die endgültige Entscheidung einem Gericht i. S. v. Art. 92 GG zugewiesen sein muss; rein parlamentarische Wahlprüfungsverfahren oder letztverbindliche Entscheidungen ge-mischt zusammengesetzter, Art. 92 GG nicht genügender Stellen sind unzulässig. Das Wahlprüfungsrecht des Freistaats Bayern hält diesen Rahmen ein. Mit seiner allein für den Bundestag geltenden Parallelvorschrift des **Art. 41 GG** stimmt Art. 33 BV in den wesentlichen Zügen (namentlich in der Etablierung eines Mischsystems aus parlamenta-rischer Selbstkontrolle und verfassungsgerichtlicher Letztentscheidung) überein; in pro-zeduralen Details bestehen aber durchaus Unterschiede: Während das Bundesrecht dem Schema Einspruch beim Bundestag und gegen die Entscheidung des Bundestags gerich-tete Beschwerde zum BVerfG folgt (s. a. das WahlprüfG des Bundes), entzieht sich das bayerische Recht diesem Rechtsbehelf-Rechtsmittel-Schema weitgehend; so kann die Wahlprüfung durch den Landtag auch von Amts wegen erfolgen und es steht im Ermessen des Landtags, inwieweit er Wahlbeanstandungen des Einzelnen (Art. 53 LWG) verwerten möchte (kein subjektives Recht auf Sachentscheidung); auch sind die Wahlprüfungs-verfahren vor dem Landtag und dem VerfGH zwar zeitlich gestaffelt (Art. 48 I VfGHG), stehen sich ansonsten aber selbständig gegenüber, mit der Folge, dass der VerfGH un-abhängig vom Verfahren des Landtags (der nicht Vorinstanz ist) zu einer Prüfung in vol-lem Umfang berufen ist.[8]

II. Einzelkommentierung

1. Wahlprüfung (Satz 1 und 2)

4   **a) Allgemeines.** Gegenstand der Prüfung ist die Gültigkeit einer Wahl zum Landtag[9] (für Volksentscheide siehe Art. 80 LWG: entsprechende Geltung der Art. 51 ff. LWG und des Art. 48 VfGHG[10]). Zeitlich setzt die Wahlprüfung eine Wahl voraus und ist nur bis zum Ende der Wahlperiode möglich.[11] **Gegenstand** der Prüfung ist das gesamte Wahlverfahren von der Aufstellung der Bewerber bis zum Mandatserwerb, auch soweit Entscheidungen in diesem Verfahren für die Durchführung der Wahl als endgültig erklärt sind (Art. 52 LWG).[12] Relevant sein können nicht nur Handlungen von Wahlorganen, sondern auch von Dritten, soweit diese (wie z. B. Parteien bei der Kandidatenaufstellung) unter Bindung an wahlgesetzliche Anforderungen Aufgaben bei der Wahlorganisation erfüllen.[13] Wahlprü-

---

[7] BVerfGE 103, 111 (134 ff.), dazu *Löwer*, in: Löwer/Tettinger, NRW Verf, Art. 33 Rn. 7 ff.; HessStGH NVwZ 2007, 328.

[8] VerfGH 1, 1 (8); 26, 45 (47); *Meder*, Art. 33 Rn. 3; *Aulehner*, BayVBl. 1991, 577.

[9] Keine Geltung für Bezirkstagswahlen: VerfGH 58, 56 (63).

[10] Vgl. VerfGH 44, 9 (15); 50, 181 (197), auch zur Ausschließlichkeit der dort vorgesehenen Prüfver-fahren.

[11] *Jarass/Pieroth*, Art. 41 Rn. 2.

[12] *Meder*, Art. 33 Rn. 1.

[13] *Magiera*, in: Sachs, Art. 41 Rn. 3; HmbVerfG DVBl. 1993, 1070; NVwZ-RR 1999, 354; BVerfGE 89, 243 (251); VerfGH 50, 56 (65).

fung ist in jedem Falle (auch bei der Prüfung durch den Landtag) reine Rechtskontrolle; **Prüfungsmaßstab** für die Feststellung von Wahlfehlern ist das materielle und formelle Wahlrecht, insbesondere die das Wahlverfahren unmittelbar regelnden Vorschriften (wie das LWG), aber auch sonstige den ordnungsgemäßen Wahlablauf gewährleistende Vorschriften (namentlich die Wahlrechtsgrundsätze des Art. 14 I BV, ggf. auch Strafrecht oder Parteienrecht).[14] Während es dem VerfGH unbenommen ist, das einfachgesetzliche Wahlrecht im Zuge der Wahlprüfung an der Verfassung zu messen, ist der Landtag an das geltende Wahlgesetz gebunden und allenfalls zu einer verfassungskonformen Auslegung in der Lage.[15] Da Ziel der Wahlprüfung die Feststellung der richtigen Zusammensetzung des Landtags ist, können nur solche Wahlfehler beachtlich sein, die auf die konkrete Mandatsverteilung von Einfluss gewesen sein könnten (**Erheblichkeitsgrundsatz,**) wobei eine solche Möglichkeit nicht nur theoretisch bestehen darf, sondern nach allgemeiner Lebenserfahrung konkret und nicht ganz fern liegend sein muss.[16] Hinsichtlich der **Folgen** der Feststellung von Wahlfehlern ist die Wahlrichtigkeit mit der Arbeitsfähigkeit und dem Bestandsschutz des Parlaments abzuwägen; die Fehlerkorrektur ist nach Verhältnismäßigkeitsgesichtspunkten auf das schonendste Mittel zu beschränken; mögliche Berichtigungen des Wahlergebnisses gehen deswegen Wiederholungswahlen vor, die ihrerseits räumlich auf das erforderliche Maß zu beschränken sind (vgl. Art. 55 LWG); die Ungültigerklärung einer gesamten Wahl setzt einen so gewichtigen Wahlfehler voraus, dass der Fortbestand des fehlerhaft gewählten Parlaments unerträglich erschiene.[17] Die Feststellungen des Landtags und des VerfGH haben rechtsgestaltende Wirkung; sie wirken **ex nunc;** die Gültigkeit zwischenzeitlich gefasster Beschlüsse und Rechtsakte des Landtags bleibt unberührt.[18]

b) Wahlprüfung des Landtags. Die Wahlprüfung obliegt zunächst auf jeden Fall, **5** gleichviel, ob die Gültigkeit bestritten ist, dem **Landtag** (Art. 33 S. 1; gesetzliche Ausgestaltung in Art. 51 ff. LWG).[19] Die Wahlprüfung wird durch den Landtag von Amts wegen, auf Antrag aus seiner Mitte oder auf Wahlbeanstandung (Art. 53 LWG) von Wahlberechtigten hin eingeleitet; die Verwertung des durch Wahlbeanstandung Vorgebrachten steht im Ermessen des Landtags; der einzelne Stimmberechtigte hat keinen subjektiven Rechtsanspruch auf Prüfung der Wahl (siehe schon Rn. 3 a. E.).[20] Über die Gültigkeit der Wahl und eventuelle Wahlbeanstandungen beschließt die Vollversammlung nach Vorprüfung im Ausschuss für Verfassungs-, Rechts- und Parlamentsfragen auf Grund dessen Beschlussempfehlung; Antragsteller von Wahlbeanstandungen erhalten Mitteilung (§ 94 GeschOLT).

c) Entscheidung des Verfassungsgerichtshofs. Ist die Gültigkeit der Wahl bestritten **6** (d. h. sowohl bei Ungültigerklärung durch den Landtag als auch bei Gültigerklärung, wenn die Gültigkeit anderwärts, z. B. von einer Landtagsminderheit oder von Wahlberechtigten bestritten wird[21]), entscheidet der **Verfassungsgerichtshof** (Art. 33 S. 2, Art. 63). Das Verfahren und die Zulässigkeitsvoraussetzungen sind in Art. 48 VfGHG näher ausgestaltet. Das Verfahren vor dem VerfGH setzt zeitlich einen Beschluss des Landtags voraus und ist diesem nachgeschaltet; nicht jedoch handelt es sich um eine Art Rechtsmittel gegen ihn; vielmehr stehen beide Verfahren selbständig nebeneinander; der VerfGH hat die Sache, unabhängig von der Entscheidung des Landtags, in vollem Umfang zu prüfen (siehe schon Rn. 3 a. E.; zum weitergehenden Prüfungsmaßstab hinsichtlich der Prüfung

---

[14] *Magiera,* in: Sachs, Art. 41 Rn. 14; VerfGH 58, 56 (64 f.).

[15] VerfGH 45, 12 (17); *Meder,* Art. 33 Rn. 1.

[16] VerfGH 58, 56 (72).

[17] *Jarass/Pieroth,* Art. 41 Rn. 8; *Magiera,* in: Sachs, Art. 41 Rn. 16 f.; BVerfGE 103, 111 (134); HmbVerfG DVBl. 1993, 1070; NdsStGH DVBl. 2000, 626 (627).

[18] *Meder,* Art. 33 Rn. 1, 2.; BVerfGE 34, 81 (92 f.).

[19] *Meder,* Art. 33 Rn. 1; VerfGH 1, 1 (6).

[20] VerfGH 26, 45 (47).

[21] *Aulehner,* BayVBl. 1991, 577.

von Gesetzen auf Verfassungsmäßigkeit siehe Rn. 4).[22] Der Antrag kann – binnen eines Monats seit Beschlussfassung des Landtags – von Abgeordneten, deren Mitgliedschaft beim Landtag bestritten ist, von Fraktionen des Landtags oder Landtagsminderheiten von mindestens $^1/_{10}$ sowie von Stimmberechtigten, deren Wahlbeanstandung vom Landtag verworfen wurde, wenn ihnen mindestens 100 Stimmberechtigte beitreten, erhoben werden. Die Regelung des Art. 48 I VfGHG zur Antragsberechtigung ist eine einwandfreie einfachgesetzliche Ausgestaltung des Art. 33; sie ist abschließend; eine weitergehende Antragsberechtigung ist von Verfassungs wegen nicht erforderlich; insbesondere kommt dem einzelnen Stimmberechtigten kein Rechtsanspruch auf Wahlprüfung zu; auch Parteien oder nicht zum Zuge gekommene Wahlbewerber sind nicht antragsberechtigt; zu bedenken ist hierbei die objektiv-rechtliche, nicht (oder allenfalls indirekt) auf den Schutz subjektiver Rechte abzielende Schutzrichtung des Wahlprüfungsverfahrens (siehe oben Rn. 1).[23] Der gemäß Art. 48 II 1 2. Hs. VfGHG zu begründende Antrag muss einen Tatbestand erkennen lassen, der sich als Wahlfehler qualifizieren lässt, und diesen durch substantiierte Tatsachen belegen.[24] Der Antrag hat keine aufschiebende Wirkung.[25] Zu den Entscheidungsfolgen (Wirkung ex nunc) siehe schon Rn. 4. Eine Verfassungsbeschwerde zum BVerfG gegen die Entscheidung des VerfGH kommt nicht in Betracht.[26]

7   **d) Ausschließlichkeit.** Dem Wahlprüfungsverfahren nach Art. 33 kommt (nicht anders als seinem bundesrechtlichen Pendant nach Art. 41 GG) **Ausschließlichkeitscharakter** zu; d. h. Wahlfehler können grundsätzlich nur in diesem Verfahren angegriffen und korrigiert werden.[27] Die Landtagswahl erfordert eine Fülle von Einzelentscheidungen zahlreicher Wahlorgane; sie lässt sich nur gleichzeitig und termingerecht durchführen, wenn die Rechtskontrolle dieser Einzelentscheidungen während des Wahlablaufs begrenzt wird und im Übrigen einem nach der Wahl stattfindenden Wahlprüfungsverfahren vorbehalten bleibt. Art. 33 BV und Art. 41 GG sind insoweit Sonderbestimmungen zur Überprüfung demokratischer Wahlen, die den allgemeinen Regeln zum Rechtsschutz des Einzelnen vorgehen (auch Art. 19 IV GG, der insoweit unter einem kompetenziellen Vorbehalt zugunsten der Landesverfassungsautonomie steht, und Art. 33 BV nicht etwa nach Art. 31 GG bricht).[28] Die Verfassungsbeschwerde gegen Entscheidungen und Maßnahmen, die sich unmittelbar auf das Wahlverfahren beziehen, kommt daher grundsätzlich nicht in Betracht.[29] Unberührt bleibt ein (sich ggf. auf künftige Wahlen oder auch ein noch anhängiges Wahlprüfungsverfahren auswirkender[30], nicht aber die Gültigkeit der Wahl unmittelbar in Frage stellender) Antrag, mit dem die Verfassungswidrigkeit einer Wahlrechtsnorm gerügt wird (z. B. Popularklage gegen eine Vorschrift des LWG). Gegen die Nichteintragung in das Wählerverzeichnis ist der Verwaltungsrechtsweg eröffnet.[31]

2. Mandatsprüfung (Satz 3)

8   Die **Mandatsprüfung** des Satzes 3 bezieht sich auf die Verlustgründe des Art. 19. Auch hier beschließt über den Verlust zunächst der Landtag (Art. 56 III LWG[32]); dem steht Satz 3 mit seiner Kompetenzzuweisung an den VerfGH nicht entgegen, erstens weil viele der in

---

[22] VerfGH 26, 45 (47); *Aulehner,* BayVBl. 1991, 577.

[23] VerfGH 26, 45 (47); 45, 3 (6 f.); BVerfGE 79, 47 (48).

[24] VerfGH 58, 56 (69).

[25] VerfGH 21, 202 (204).

[26] BVerfGE 99, 1; anders noch BVerfGE 34, 81.

[27] VerfGH 26, 45 (47); 27, 119 (126 f.); 28, 207 (209); 45, 3 (6); BVerfGE 46, 196 (198); 74, 96 (101).

[28] VerfGH 45, 3 (6); *Jarass/Pieroth,* Art. 41 Rn. 5, auch zu Gegenstimmen; *Löwer,* in: Löwer/Tettinger, NRWVerf, Art. 33 Rn. 17.

[29] VerfGH 28, 207; Ausnahme: Festsetzung des Wahltages: VerfGH 27, 119 (127).

[30] *Meder,* Art. 33 Rn. 3.

[31] VerfGH 21, 202.

[32] Beim Verzicht der Landtagspräsident, Art. 56 II 3 LWG; auch hier dürfte im Streitfall Art. 33 S. 3 greifen.

Art. 19 angesprochenen Verlustgründe ohnehin mit der Wahlprüfung nach Satz 1 zusammenfallen, zweitens weil Satz 3 auch hier (wie Satz 2) nur sicherstellen will, dass der VerfGH im Streitfall endgültig entscheidet. Zur Streitfrage der nur feststellenden oder konstitutiven Entscheidung des Landtags siehe schon Art. 19 Rn. 5, Fn. 10. Für das Verfahren vor dem VerfGH nach Art. 33 S. 3, 63 BV trifft Art. 48 VfGHG die näheren Bestimmungen; es kann insoweit auf das oben Gesagte verwiesen werden.

Art. 33 a [Landesbeauftragter für den Datenschutz]

(1) Der Landtag wählt auf Vorschlag der Staatsregierung einen Landesbeauftragten für den Datenschutz.
(2) Der Landesbeauftragte für den Datenschutz kontrolliert nach Maßgabe des Gesetzes bei den öffentlichen Stellen die Einhaltung der Vorschriften über den Datenschutz.
(3) [1]Der Landesbeauftragte für den Datenschutz ist in Ausübung seines Amtes unabhängig und nur dem Gesetz unterworfen. [2]Er untersteht der Dienstaufsicht des Landtagspräsidenten.
(4) [1]Der Landesbeauftragte für den Datenschutz wird auf sechs Jahre gewählt. [2]Wiederwahl ist zulässig. [3]Er kann ohne seine Zustimmung vor Ablauf seiner Amtszeit nur mit Zweidrittelmehrheit der Mitgliederzahl des Landtags abberufen werden, wenn eine entsprechende Anwendung der Vorschriften über die Amtsenthebung von Richtern auf Lebenszeit dies rechtfertigt.
(5) Das Nähere wird durch Gesetz geregelt.

Parallelvorschriften im GG und anderen Landesverfassungen: Art. 47 BerlVerf; Art. 74 BbgVerf; Art. 37 M-VVerf; Art. 62 NdsVerf; Art. 77 a NRWVerf; Art. 57 SächsVerf; Art. 63 VerfLSA; Art. 69 ThürVerf.

Literatur: Zöllner, Der Datenschutzbeauftragte im Verfassungssystem. Grundsatzfragen der Datenschutzkontrolle, 1995.

I. Allgemeines

1. Bedeutung

Die Datenschutzkontrolle durch unabhängige Datenschutzbeauftragte gehört zu den institutionellen und prozeduralen Vorkehrungen, die für den Schutz des **Rechts auf informationelle Selbstbestimmung** (Art. 100 i.V. m. 101) von erheblicher Bedeutung sind.[1] Der Datenschutzbeauftragte ist eine Variante des allgemeinen Beauftragtenwesens, das sich seinerseits von der skandinavischen Institution des Ombudsmannes her inspiriert.[2] Kennzeichnend ist die **Unabhängigkeit** der Amtsausübung (Abs. 3). In Betracht kommt eine Ausgestaltung als ministerialfreie Verwaltung, d. h. in institutioneller, wenngleich weisungsfreier Anbindung an die Regierung (so im Bundesrecht; vgl. §§ 22 IV, V BDSG) oder aber eine **institutionelle Zuordnung zum Parlament;** für die letztere Variante hat sich Art. 33 a BV entschieden (so auch der überwiegende Trend der anderen Landesverfassungen).[3] Die Aufgaben des Datenschutzbeauftragten rücken damit – neben ihrer grundrechtssichernden Funktion – in den Kontext der allgemeinen Kontrollfunktionen des Landtags.

1

2. Entstehung

Art. 33 a wurde durch Verfassungsänderungsgesetz vom 20. 2. 1998[4] eingefügt. Die wesentliche Änderung gegenüber der bereits zuvor bestehenden einfachgesetzlichen Rechtslage besteht in der Zuordnung zum Parlament.

2

---

[1] BVerfGE 65, 1 (46).
[2] *Menzel,* in: Löwer/Tettinger, NRWVerf, Art. 77 a Rn. 4.
[3] Hierzu *Leisner-Egensperger,* in: Nawiasky/Schweiger/Knöpfle, Art. 33 a Rn. 1 f., 9 f.
[4] GVBl. S. 39; s. a. LT-Drs. 13/9366, S. 6.

3. Verhältnis zum Grundgesetz

3   Im GG fehlt eine ausdrückliche Regelung zum Datenschutzbeauftragten; siehe aber **§§ 22 ff. BDSG,** der freilich allein für den Bundesbeauftragten, nicht für die Landesbeauftragten gilt. Es dürfte zu weit gehen, die Institution des Datenschutzbeauftragten – auch für die Länder – als ein zwingendes Erfordernis des bundesrechtlichen Grundrechts auf informationelle Selbstbestimmung anzusehen;[5] siehe aber Art. 28 der **EG-Datenschutzrichtlinie.**[6] In den Grenzen des Art. 28 I GG und des EG-Rechts unterfällt die institutionelle Ausgestaltung der Landesverfassungsautonomie. Gegen eine Anbindung an das Parlament ist bundesrechtlich nichts zu erinnern (vgl. z. B. Art. 45 c GG).

II. Einzelkommentierung

4   *Wahl (Abs. 1, Abs. 4 S. 1 und 2).* Das Vorschlagsrecht liegt bei der Staatsregierung (als Kollegium); der Landtag wählt mit einfacher Mehrheit nach Art. 23 I. Die Ernennung erfolgt durch den Landtagspräsidenten (Art. 29 I 2 BayDSG). Die Amtszeit beträgt sechs Jahre. Wiederwahl ist zulässig.

5   *Aufgaben (Abs. 2).* Der Kontrollauftrag bezieht sich nach Maßgabe des Gesetzes (BayDSG, v. a. Art. 30 ff.) auf die Einhaltung der Vorschriften über den Datenschutz (BayDSG und andere Vorschriften über den Datenschutz, vgl. Art. 30 I BayDSG) bei öffentlichen Stellen (Art. 4 II BayDSG). Über die genauen Befugnisse sagt die nur thematische Beschreibung des Art. 33 a II nichts aus; sie ist durch Gesetz auszugestalten (Absatz 5). Hervorzuheben ist die Berichtspflicht gegenüber dem Landtag und der Staatsregierung (Art. 30 V BayDSG) sowie das Beanstandungsrecht nach Art. 31 BayDSG. Aus der Zuordnung zum Landtag folgt nicht, dass der die Befugnisse des Datenschutzbeauftragten in den allgemeinen Kontrollrechten des Parlaments aufzugehen hätten; vielmehr können dem Datenschutzbeauftragten auf der Basis des Art. 33 a II auch Entscheidungsbefugnisse in konkreten Verwaltungsvorgängen zugesprochen werden.

6   *Rechtsstellung (Abs. 3, 4 S. 3).* Der Datenschutzbeauftragte ist – in bewusster Anlehnung an die Rechtsstellung des Richters (sachliche und persönliche Unabhängigkeit) – in Ausübung seines Amtes unabhängig und nur dem Gesetz unterworfen (Abs. 3 S. 1). Auch die Dienstaufsicht des Landtagspräsidenten (Abs. 3 S. 2) ist hieran auszurichten.[7] Die Unabhängigkeit besteht nicht nur gegenüber der zu kontrollierenden Exekutive, sondern auch gegenüber dem Parlament.[8] Flankiert wird der Unabhängigkeitsstatus durch die Erschwerung der Amtsenthebung nach Abs. 4 S. 3, die eine ungewöhnliche Kumulation prozeduraler ($^2/_3$-Mehrheit der Mitgliederzahl des Landtags) und materieller (Amtsenthebungsgründe wie bei Richtern) Hürden enthält.[9] Der Datenschutzbeauftragte bedient sich einer Geschäftsstelle, die beim Landtag eingerichtet wird (Art. 29 III BayDSG). Öffentliche Stellen trifft eine Unterstützungspflicht (Art. 32 BayDSG). Unterstützt wird der Datenschutzbeauftragte auch durch eine beim Landtag gebildete Datenschutzkommission (Art. 33 BayDSG).

7   *Gesetzgebungsauftrag (Abs. 5).* Dem Gesetzgebungsauftrag nach Abs. 5 ist der Landtag durch **Art. 29 ff. BayDSG** nachgekommen.

3. Abschnitt. Der Senat

Art. 34–42 *(aufgehoben)*

Der Bayerische Senat – eine große Besonderheit des Bayerischen Verfassungsrechts – wurde auf Grund eines Volksentscheides mit Wirkung ab 1.1.2000 abgeschafft.[1] Die

---

[5] *Menzel,* in: Löwer/Tettinger, NRW Verf, Art. 77 a Rn. 6 (Fn. 11, auch zur a. A.).
[6] Richtlinie 95/46/EG, ABl. L 281, S. 31.
[7] *Leisner-Egensperger,* in: Nawiasky/Schweiger/Knöpfle, Art. 33 a Rn. 6.
[8] *Menzel,* in: Löwer/Tettinger, NRW Verf, Art. 77 a Rn. 10.
[9] Kritisch: *Leisner-Egensperger,* in: Nawiasky/Schweiger/Knöpfle, Art. 33 a Rn. 7.
[1] Gesetz vom 20. 2. 1998 (GVBl. S. 42); Volksentscheid vom 8. 2. 1998.

Art. 34 bis 42 wurden gestrichen; nur die verbliebene Abschnittsüberschrift erinnert an den früheren Rechtszustand.

Art. 34 hatte den Senat als „die Vertretung der sozialen, kulturellen und gemeindlichen Körperschaften des Landes" definiert. In Art. 35 ff. waren sodann die Zusammensetzung des Senats sowie die Wahl und die Rechtsstellung der Senatoren genauer geregelt. Nach Art. 39 hatte der Senat das Recht zur Gesetzesinitiative. Art. 40 regelte die Aufgabe des Senats, zu Gesetzesvorlagen der Staatsregierung gutachtlich Stellung zu nehmen. Nach Art. 41 waren vom Landtag beschlossene Gesetze dem Senat noch vor der Veröffentlichung vorzulegen, dem das fristgebundene Recht zukam, begründete Einwendungen zu erheben; im Falle von Einwendungen hatte der Landtag darüber zu beschließen, ob er den Einwendungen Rechnung tragen wollte (abgeschwächtes suspensives Veto).

Der Bayerische Senat war ein Unikat, dessen treffende staatsrechtliche Einordnung seit jeher Schwierigkeiten bereitet hatte.[2] Aufgrund seiner im Wesentlichen beratenden und begutachtenden Funktion, die sich – mangels echter Mitentscheidungsrechte – nicht wirklich zu einem politischen Gegengewicht zum Landtag verdichten konnte und sollte, war der Senat nur äußerlich, nicht aber im eigentlichen Sinne eine Zweite Kammer. Er war keine gewählte Volksvertretung im Sinne der parlamentarischen Demokratie, aber auch nicht etwa nur ein Areopag hervorragender Persönlichkeiten oder bloßes Sachverständigengremium, ebenso wenig eine berufsständische Kammer oder bloße Interessenvertretung durch entsandte Vertrauensleute, sondern „Vertretung" bestimmter „Körperschaften des Landes". Der verfassungspolitische Grundgedanke des Senats bestand darin, die parteiendemokratische Legitimität des Staatslebens durch Mobilisierung und Integration nicht parteigebundener politischer Kräfte zu stärken; der Senat versammelte in sich „die Erfahrung und den Sachverstand der nicht parteiendemokratisch bestimmten politischen Kräfte des tätigen Staatsvolkes Bayerns".[3] Er verkörperte ein Element des Rates, das zur demokratischen Volksrepräsentation durch den Landtag ergänzend hinzutrat, indem es eine besondere Art der Repräsentation des Volkes in seinen natürlichen, nicht (partei-)politischen Gliederungen verwirklichte.[4]

Beim Volksentscheid vom 8.2.1998 stimmten bei einer Beteiligung von 39,9 % der Stimmberechtigten 69,2 % (= 27, 32 % der Stimmberechtigten) für den Entwurf des Volksbegehrens „Schlanker Staat ohne Senat". Der hiergegen angerufene VerfGH rechnete den Senat nicht zu den durch die „Ewigkeitsklausel" des Art. 75 I 2 geschützten demokratischen Grundgedanken der Verfassung: Dem Senat komme nach der BV keine so unverzichtbare Rolle zu, dass seine Abschaffung als Widerspruch zu dem von der BV verwirklichten Typus freiheitlich-rechtsstaatlicher Demokratie angesehen werden könne; dem Art. 75 I 2 gehe es nicht um die Bewahrung von Eigenarten der BV als solcher, sondern um den Schutz von Kerninhalten dieser Verfassung.[5] Auch das in diesem Verfahren für Verfassungsänderungen im Wege des Art. 74 erstmals geforderte Zustimmungsquorum von 25 % der Stimmberechtigten war (gerade noch) erfüllt. Die Abschaffung des Senats war demnach verfassungskonform.

4. Abschnitt. Die Staatsregierung

Parallelvorschriften im GG und anderen Landesverfassungen: Art. 62 ff. GG; Art. 45 ff. BaWüVerf; Art. 55 ff. BerlVerf; Art. 82 ff. BbgVerf; Art. 107 ff. BremVerf; Art. 33 ff. HmbVerf; Art. 100 ff. HessVerf; Art. 41 ff. M-VVerf; Art. 28 ff. NdsVerf; Art. 51 ff. NRWVerf; Art. 98 ff. RhPfVerf; Art. 86 ff. SaarlVerf; Art. 59 ff. SächsVerf; Art. 41 ff. VerfLSA; Art. 26 ff. SchlHVerf; Art. 70 ff. ThürVerf.

Rechtsprechung: VerfGH 58, 212.

---

[2] Zum Folgenden: *Badura*, BayVBl. 1997, Beiheft zu Heft 24, S. I ff.
[3] *Badura*, a. a. O., S. III.
[4] VerfGH 8, 11 (22); 14, 87 (98); 52, 104 (124) mit Nachweisen zur Literatur.
[5] VerfGH 52, 104 (v. a. 124 f.).

Literatur: Knöpfle, Inhalt und Grenzen der „Richtlinien der Politik" des Regierungschefs, DVBl. 1965, 857; *Hanauer,* Landtag und Staatsregierung in Bayern, BayVBl. 1970, 381; *Köhler,* Der bayerische Staatssekretär nach der Verfassung von 1946, 1982; *Gollwitzer,* Ressortprinzip und Leitungsfunktion der Staatsregierung, in: FS für Bengl, 1984, S. 203 ff.; *Dauster,* Regierungsbildung in Bayern, BayVBl. 1988, 417; *Kruis,* Regierungsorganisation der Bayerischen Verfassung, BayVBl. 1988, 423; *Böckenförde,* Die Organisationsgewalt im Bereich der Regierung, 2. Aufl. 1998.

Vorbemerkungen

1. Entstehung

1   Die Entstehung der Vorschriften über die **Staatsregierung,** die gegenüber den §§ 57 ff. VU 1919 deutlich abweichend gestaltet wurden, war insbesondere durch die Diskussion über einen – dann doch nicht eingeführten – **Staatspräsidenten**[1] sowie über die **Ausgestaltung der parlamentarischen Abhängigkeit der Staatsregierung** geprägt. Das im **Vorentwurf** (VE) enthaltene rein parlamentarische System sah in Art. 33 noch ein **destruktives Misstrauensvotum** des Landtags gegenüber der Staatsregierung vor. Bereits im **Entwurf** (Art. 30 ff. E) war ein Misstrauensvotum **nicht mehr** vorgesehen, ein Tribut an die Weimarer Erfahrung instabiler Regierungsverhältnisse.[2] Allerdings wurde eine **Rücktrittspflicht** des Ministerpräsidenten für den Fall politischer Instabilität aufgenommen („veredeltes parlamentarisches System"); dabei ist es bis heute geblieben. **Modifizierungen** allerdings nicht grundsätzlicher Art haben die Vorschriften über die Staatsregierung erfahren durch Gesetz zur Änderung der Verfassung des Freistaates Bayern vom 20. 2. 1998[3] (Änderungen in Art. 43 II, 44 I, 49, 50 und 52)[4] sowie durch Gesetz zur Änderung der Verfassung des Freistaates Bayern vom 10. 11. 2003[5] (Änderung des Art. 55 Nr. 3).

2. Systematik und Inhalt des 4. Abschnitts

2   Der 4. Abschnitt regelt in Ausfüllung der Art. 4, 5 II das Staatsorgan „Staatsregierung". In Komplementarität mit dem Landtag wird damit die **parlamentarische Demokratie** ins Werk gesetzt, vorbehaltlich der **plebiszitären Elemente** der Verfassung (Art. 18 III, 74, 75 II 2). Geregelt werden die **Aufgaben** der Staatsregierung als ganzer (Art. 43 I), ihre **Zusammensetzung** (Art. 43 II), die **Bildung, Legitimation** und Gliederung in **Geschäftsbereiche** (Art. 44 ff.), die **Geschäftsführung,** insbesondere nach Maßgabe des Ressortprinzips (Art. 51 ff.) sowie die **Rechtsstellung** der Mitglieder der Staatsregierung (Art. 56 ff.). In der Staatsregierung sind die **Leitung** des Staates **(Gubernative)** sowie die **vollziehende Gewalt (Administrative)** vereinigt. Allerdings finden sich Vorschriften

---

[1] Dazu Rn. 10 (dort Fn. 21).
[2] *Hoegner,* Prot. II, S. 513.
[3] GVBl S. 39.
[4] Vgl. dazu jeweils die Kommentierung unter I. 2. bei den einzelnen Artikeln.
[5] GVBl S. 816.

über die Administrative auch in anderen Abschnitten des Ersten Hauptteils der Verfassung: 7. Abschnitt (Art. 77 ff.: Organisation und Haushalt), 9. Abschnitt (Die Beamten). Einen Fremdkörper im 4. Abschnitt stellt der – allerdings praktisch bedeutungslose – Art. 48 dar, der die Einschränkbarkeit von Grundrechten im Notstandsfall betrifft und daher systematisch zum Zweiten Hauptteil gehört.

3. Die verfassungsrechtliche Stellung der Staatsregierung (insbes. gegenüber dem Landtag)

Die Bayerische Verfassung etabliert eine **starke Stellung der Staatsregierung,** insbesondere gegenüber dem Landtag, die sich im Sinne **politischer Stabilität** in den letzten 60 Jahren **bewährt** hat: **3**

a) Der Staatsregierung kommt in **funktioneller Hinsicht** wie der Bundesregierung nach dem Grundgesetz die Aufgabe zu, „in Verantwortlichkeit gegenüber der Volksvertretung und von ihr getragen, der Staatstätigkeit eine bestimmte Richtung zu geben und für die Einhaltung dieser Linie durch die ihr unterstellten Instanzen zu sorgen".[6]

b) Wie die Bundesregierung ist die Staatsregierung zwar – allerdings in unterschiedlicher Modalität – vom **Parlament legitimiert** und diesem gegenüber **verantwortlich,** die Stellung des Parlaments gegenüber der Regierung ist in der Bayerischen Verfassung jedoch deutlich **schwächer** ausgeprägt als im Grundgesetz sowie in der Verfassung von 1919 (vgl. § 59 II VU 1919: Misstrauensvotum des Landtages). Ein **konstruktives Misstrauensvotum** (Art. 67 GG) ist **ebenso wenig vorgesehen** wie das Instrument der **Vertrauensfrage** (Art. 68) oder ein **destruktives Misstrauensvotum.**[7] Art. 44 III 2 formuliert lediglich eine – in der Verfassungspraxis freilich kaum durchsetzbare – **Rücktrittspflicht** des **Ministerpräsidenten** für den Fall einer Vertrauenskrise. Der Landtag kann von sich aus eine vorzeitige Beendigung der Amtszeit der Staatsregierung nur herbeiführen, indem er sich **selbst auflöst** (Art. 18 I, IV i.V. m. Art. 44 I, III[8]). **4**

c) Zusätzliches **politisch-praktisches Gewicht** gewinnt die Staatsregierung durch ihre spezifische Funktion im bundesdeutschen **„Exekutivföderalismus"**[9], insbesondere durch ihre Rolle im **Bundesrat** (Art. 51 I GG), sowie im Rahmen der vielfältigen, in der politischen Praxis wichtigen, die Legislative häufig faktisch-politisch bindenden **Landesministerkonferenzen.**[10] Der Landtag hingegen ist zudem durch das im Laufe der Zeit immer stärker reduzierte Maß an Gesetzgebungskompetenzen der Länder in seiner politischen Bedeutung entgegen der Konzeption der Verfassung, die Homogenität zwischen Legislative und Exekutive anstrebte[11], geschwächt[12], wozu eine „faktische Aktionseinheit" zwischen Staatsregierung und der Mehrheitsfraktion im Landtag in der politischen Praxis **5**

---

[6] BVerfGE 9, 268 (281); VerfGH 12, 119 (126): *„selbständige Entscheidungsmacht und Verantwortlichkeit".*

[7] VerfGH 47, 194 (200).

[8] Dazu Rn. 20 zu Art. 44. Vgl. Art. 8 und 9 des Gesetzes über die Rechtsverhältnisse der Mitglieder der Staatsregierung (StRG) vom 4. 12. 1961 (BayRS 1102-1-S) in der jeweils geltenden Fassung, sowie *Meder,* Art. 44 Rn. 4. *Nawiasky,* S. 36 f., der von einem „veredelten parlamentarischen System", von einem „originellen Weg" spricht (Ergänzungsband, S. 23); VerfGH 12, 119 (126): *„besondere Form des parlamentarischen Systems".*

[9] *Sommermann,* in: v. Mangoldt/Klein/Starck, Art. 20 Rn. 31 m. w. N.

[10] In diesen werden die einzelnen Politiken der Länder koordiniert und in – notwendigerweise kompromisshaften – Beschlüssen ohne Beteiligung der Landesparlamente festgelegt. Diese Beschlüsse, zumal die der Kultusministerkonferenz, haben zwar keinen staatsrechtlich bindenden Charakter, jedoch meist faktisch-politische Bindungswirkung, der sich dann das Landesparlament etwa bei der Verabschiedung von Gesetzen, in denen sich Beschlüsse der Fachministerkonferenzen widerspiegeln, nicht verschließen kann.

[11] *Nawiasky,* S. 37.

[12] Es wird zu analysieren sein, inwieweit sich die **Föderalismusreform,** die in der Gestalt des Gesetzes zur Änderung des Grundgesetzes vom 28. 8. 2006 (BGBl. I S. 2034) seit 1. 9. 2006 in Kraft und mit einer Ausweitung der Gesetzgebungskompetenzen der Länder verbunden ist, auf die praktisch-politische Stellung des Landtages und dessen Verhältnis zur Staatsregierung auswirkt.

der letzten Jahrzehnte durchaus beigetragen hat. Die starke verfassungsrechtliche und politische Stellung der Staatsregierung wird flankiert durch eine herausgehobene Position des Ministerpräsidenten innerhalb der Staatsregierung, die in der jüngeren Staatspraxis zu einer **faktischen Hierarchisierung zwischen Staatskanzlei und Staatsministerien** und damit tendenziell zu einer Schwächung des Ressortprinzips geführt hat.[13]

4. Die Staatsregierung als Staatsorgan und ihre Teilorgane

6   a) Die Staatsregierung hat eine **Doppelnatur.** Sie ist in ihrer **Funktion kontinuierliches Staatsorgan**[14], in ihrer **Zusammensetzung** indes ein der **Diskontinuität** unterliegendes **Personalkollegium** (Art. 43 II, 44 I, 45, 46). Sie ist nach Art. 43 I die „oberste leitende und vollziehende Behörde des Staates". Zur Erfüllung dieser komplexen Aufgabe ist sie in die **Teilorgane**[15] „Staatsregierung" als Kollegialorgan, „Ministerpräsident" sowie „Staatsminister" bzw. „Staatssekretäre" aufgegliedert.[16]

7   b) Die Staatsregierung ist **komplex organisiert.** Die Verfassung geht von einem **viergliedrigen Modell** der „Staatsregierung" aus: (1) Die Staatsregierung als **funktionelle Gesamtheit,** als kontinuierlich bestehendes Staatsorgan im grundsätzlichen Steuerungssinne des Art. 43 I, (2) die Staatsregierung („in einem engeren Sinne"[17]) als Teilorgan der Staatsregierung im Sinne von (1) und **Kollegialorgan** mit den ihr als solcher zugewiesenen Aufgaben zur Erfüllung der Grundfunktion des Art. 43 I, (3) der **Ministerpräsident** als kompetenziell herausgehobenes Teil-Organ der Staatsregierung sowie (4) die **Staatsminister** und die **Staatssekretäre**[18] als Teil-Organe mit eigenem Verantwortungsbereich.

8   c) Gegenüber dem **Landtag** sind der Ministerpräsident für die Bestimmung der **Richtlinien** seiner Politik (Art. 47 II) und die Staatsminister für die selbständige Führung ihrer **Geschäftsbereiche** (Art. 51 I) verantwortlich. Eine Verantwortlichkeit der Staatsregierung als solcher gegenüber dem Landtag ist nicht vorgesehen.[19] Dies erscheint von der Konstruktion der Verfassung her insofern konsequent, als der „Bestand" der Staatsregierung als Kollegialorgan in engerem Sinne grundsätzlich am Amt des Ministerpräsidenten hängt. Genießt die Staatsregierung als solche nicht mehr das Vertrauen des Landtages, kann der Ministerpräsident entweder die dafür „verantwortlichen" Minister mit Zustimmung des Landtages entlassen (Art. 45) oder er muss nach Art. 44 III 2 selbst zurücktreten, was den Rücktritt der gesamten Staatsregierung zur Folge hat (Art. 44 III 3).

---

[13] Zur Frage der Kompatibilität dieser Praxis mit Art. 52 s. die Erläuterungen dort.

[14] Das zeigt sich an den „Übergangsvorschriften" bei Amtsverlust des Ministerpräsidenten und damit der Staatsregierung: Art. 44 III 3, 4 i. V. m. Art. 8 III, IV; 9 III, IV StRG. Eine **„staatsregierungsfreie" Zeit** ist im geltenden bayerischen Staatsrecht grundsätzlich nicht vorgesehen; eine Ausnahme gilt, wenn zwischen Vereidigung des Ministerpräsidenten und der Vereidigung der sonstigen Mitglieder der Staatsregierung ein Zeitraum liegt und der neue Ministerpräsident von der Möglichkeit der Art. 9 III, IV StRG (Weiterführung der Amtsgeschäfte durch die bisherigen Mitglieder der Staatsregierung) nicht Gebrauch macht, wozu er nicht verpflichtet ist. In diesem Zeitraum regiert der Ministerpräsident gewissermaßen allein, ohne freilich die Befugnisse der Staatsregierung zu haben.

[15] Die einzelnen Geschäftsbereiche (Staatsministerien) sind nicht Teil der Staatsregierung, sondern von der Verfassung eigens vorgesehene, vom Ministerpräsidenten in Zahl und Abgrenzung bestimmte oberste Landesbehörden, derer sich die Staatsminister zur Erfüllung ihrer Aufgaben insbesondere nach Art. 55 bedienen. Auch die Staatskanzlei ist nicht Teil der Staatsregierung, sondern oberste Landesbehörde mit der spezifischen in Art. 52 beschriebenen Aufgabe der „Unterstützung" des Ministerpräsidenten und der Staatsregierung.

[16] *Gollwitzer,* FS für Bengl, 1984, S. 203 f.

[17] Zutreffend *Meder,* Art. 43 Rn. 1 a.

[18] Zur „Doppelfunktion" der Staatssekretäre als Mitglieder der Staatsregierung und als weisungsgebundene „Mitarbeiter" der Staatsminister s. Art. 43 II, 45, 51 II. Die Staatssekretäre sind – wie die Staatsminister – Mitglieder des Kollegialorgans Staatsregierung, jedoch nur im Fall von Art. 51 II 2 deren – temporäres – Teilorgan.

[19] *Meder,* Art. 43 Rn. 2.

d) Das **Verhältnis** der drei Teilorgane der Staatsregierung i. S. d. Art. 43 I zueinander be- **9** stimmt sich nach Maßgabe der jeweils einschlägigen Bestimmungen der Verfassung selbst. Maßgeblich sind **drei Prinzipien**[20]: das „**Präsidialprinzip**" (5.), das „**Ressortprinzip**" (6.) sowie das „**Kollegialprinzip**" (7.).

5. Das Präsidialprinzip – die Stellung des Ministerpräsidenten

Die Verfassung hat nicht nur der Staatsregierung als solcher eine **starke Stellung** ein- **10** geräumt, sondern **innerhalb der Staatsregierung** auch dem **Ministerpräsidenten**. Dieser ist selbst **oberstes Staatsorgan** und zugleich **Mitglied** (Art. 43 II) des Staatsorgans „Staatsregierung" i. S. d. Art. 43 I. Er ist als **herausgehobenes Teilorgan der Staatsregierung** nicht „primus inter pares", sondern „Präsident" des Ministerrates, hat indes nicht alle Befugnisse des im Verfassungsgebungsprozess nicht durchsetzbaren „Staatspräsidenten".[21] Die deutlich herausgehobene Stellung des Ministerpräsidenten zeigt sich an folgenden **Einzelfunktionen**[22]:

(1) **Personelle Legitimationsfunktion** gemeinsam mit dem Landtag für die Staatsregierung als Kollegialorgan: Art. 44 I, 45, 46, 50;

(2) **Materielle Leitungsfunktion:** Richtlinienkompetenz (Art. 47 II, 51 I), pattauflösende Stimme bei Stimmengleichheit in der Staatsregierung (Art. 54 S. 2);

(3) **Formelle Leitungsfunktion:** Vorsitz und Geschäftsleitung in der Staatsregierung (Art. 47 I), Organisation der Geschäftsbereiche (Art. 49), unterstützt durch die Staatskanzlei (Art. 52);

(4) Partielle „**Vorgesetztenfunktion**" gegenüber Staatsministern und Staatssekretären (z. B. betr. Anzeige von Urlaub sowie Dienstreisen außerhalb der EU, § 1 IX StRGO; Zustimmung zur Mitgliedschaft in Aufsichtsräten etc., § 1 X StRGO);

(5) „**Kontakt**"-Funktion zum **Landtag** (Art. 47 V, 71, 74 III);

(6) **Vertretungsfunktion** „nach außen" (Art. 47 III, 72 II);

(7) **Präsidialfunktionen:** Notarfunktion (Prüfung der Verfassungsmäßigkeit[23] sowie Ausfertigung und Bekanntmachung der Gesetze sowie der Rechtsverordnungen der Staatsregierung, Art. 76 I), Begnadigung (Art. 47 IV).

(1) bis (5) sind die Funktionen des Ministerpräsidenten als Teilorgan der Staatsregierung, (6) und (7) Funktionen als selbständiges oberstes Verfassungsorgan. Die von der Verfassung herausgehobene Stellung des Ministerpräsidenten könnte es rechtfertigen, die Verfassung durch die Einführung einer **Direktwahl des Ministerpräsidenten durch das Volk** weiterzuentwickeln.[24]

---

[20] *Meder,* Art. 43 Rn. 3.

[21] Vgl. dazu *Nawiasky,* S. 39; die Forderung nach der Schaffung eines Amtes des **Staatspräsidenten** ging auf Nawiasky selbst zurück. Der Staatspräsident sollte – gewählt durch den Landtag mit Zwei-Drittel-Mehrheit für sechs Jahre – als pouvoir neutre über den Parteien fungieren. Seine wesentlichen Funktionen sollten unter anderem sein: (1) Die Vertretung des Staates nach außen im Fall des Rücktritts des Ministerpräsidenten, (2) die Auflösung des Landtages für den Fall des Misslingens der Bildung einer neuen Regierung. Der Verfassungsausschuss hatte den „Staatspräsidenten" vorgesehen, in der Verfassunggebenden Landesversammlung selbst fand der entsprechende Abschnitt der Verfassung jedoch – denkbar knapp – keine Mehrheit; *Nawiasky,* Ergänzungsband, S. 24, spricht von einer „Intrige", räumt jedoch ein, dass die Stellung des Ministerpräsidenten sich der eines Staatspräsidenten „einigermaßen" angenähert habe.

[22] Vgl. auch die Aufstellung in § 1 der Geschäftsordnung der Bayerischen Staatsregierung in der Fassung der Bekanntmachung vom 2. 11. 2006 (1102-2-1-S; B III 2-15240-1-50), abgek. StRGO.

[23] Zur Möglichkeit, eine Entscheidung des VerfGH herbeizuführen, s. Art. 64, 75 III i.V. m. Art. 49 VfGHG.

[24] *Maurer,* Volkswahl des Ministerpräsidenten, in: FS für Stein, 2002, S. 143 ff.; *v. Arnim,* Systemwechsel durch Direktwahl des Ministerpräsidenten? in: FS für König, 2004, S. 371 ff. m. w. N.; *Lindner,* BayVBl. 2006, 1 (13).

6. Das Ressortprinzip – die Stellung der Staatsminister und Staatssekretäre

11   Der Ministerpräsident ist das herausgehobene Teilorgan der Staatsregierung, jedoch nicht „Vorgesetzter" der Staatsminister und Staatssekretäre. Er ruft zwar mit Zustimmung des Landtages die Staatsregierung ins Leben (Art. 45, 46) und bestimmt die Richtlinien der Politik (Art. 47 II), ist jedoch den Staatsministern gegenüber **nicht weisungsbefugt** (arg. e Art. 51 II). Die Staatsminister haben die vom Ministerpräsidenten bestimmten Richtlinien der Politik zu beachten, sie führen jedoch – als Teilorgan der Staatsregierung[25] – ihren Geschäftsbereich oder eine ihnen zugewiesene Sonderaufgabe (vgl. Art. 50 S. 1) **selbständig** und unter **eigener Verantwortung gegenüber dem Landtag**, Art. 51 I.[26] Diese Vorschrift ist der Kern des **„Ressortprinzips"** (neben den Art. 49; 50 S. 1; 55 Nr. 2, Nr. 4 S. 2, Nr. 5, 6, 7; 59). Zur Bindung des Ministers an Kabinettsbeschlüsse s. sogleich Rn. 12, zur Kollision zwischen Präsidial- und Ressortprinzip s. unten Rn. 16 ff. Sieht ein Gesetz ein **Einvernehmen** zwischen zwei oder mehreren Ressorts für den Erlass eines Rechtsaktes vor, so ist insoweit die Ressortkompetenz eingeschränkt (vgl. z. B. Art. 42 BayHSchPG). Meinungsverschiedenheiten sind in der Staatsregierung (Kabinett) zu lösen.[27]

7. Das Kollegialprinzip – die Stellung der Staatsregierung als Kollegialorgan

12   Der Ministerpräsident führt zwar den **Vorsitz in der Staatsregierung** und ihre Geschäfte, er ist indes nicht „Vorgesetzter" des Teilorgans Staatsregierung als personelles Kollegialorgan, kann ihr gegenüber die **Richtlinienkompetenz nicht rechtlich durchsetzen** (arg. Art. 54 S. 2). Der Staatsregierung als Kollegialorgan (im engeren Sinne als Teilorgan der Staatsregierung nach Art. 43 I) ist eine **Vielzahl an Aufgaben** zugewiesen. Zu nennen sind insbesondere[28]:

(1) **Vollzug** der **Gesetze** und Beschlüsse des Landtags[29] sowie Erlass von **Rechtsverordnungen** und **Verwaltungsvorschriften** der Staatsregierung (z. B. Art. 9 II 2; Art. 55 Nr. 2; Art. 80 I 1 GG: die Staatsregierung ist „Landesregierung" im Sinne dieser Vorschrift[30]);

(2) Beschluss über alle **dem Landtag zu unterbreitenden Vorlagen** (Art. 55 Nr. 3)[31];

(3) Beteiligung am **Gesetzgebungsverfahren** (Art. 71: Gesetzesinitiative der Staatsregierung[32]; Art. 74 III, VII: Stellungnahme zu Volksbegehren, „Weisung" der Staatsregierung zu Volksentscheiden);

(4) Beschluss über Stellungnahme zu Vorlagen für die Vollversammlung des **Bundesrates** (§ 4 I Nr. 3 StRGO)[33];

---

[25] Im Gegensatz zum Ministerpräsidenten sind die Staatsminister lediglich Teilorgan des Staatsorgans „Staatsregierung", nicht indes selbst oberstes Staatsorgan.

[26] VerfGH 58, 212 (228 ff.); zum Ressortprinzip und den Ausnahmen s. auch VerfGH 18, 85 (97). Der Gesetzgeber kann einzelne Vollzugsaufgaben – abweichend vom Ressortprinzip – der Staatsregierung (im engeren Sinne) zuordnen, soweit er das Ressortprinzip nicht in seiner Substanz antastet; VerfGH 18, 85 (Ls. 5; 96 f.); vgl. z. B. Art. 114 III GO.

[27] Vgl. § 4 IV StRGO.

[28] Daneben hat die Staatsregierung als Kollegialorgan eine Fülle anderer, insbesondere auch personalrechtlicher Aufgaben: vgl. Art. 55 Nr. 4 i. V. m. Art. 13 BayBG; Art. 78 V sowie den Überblick in § 4 II und III StRGO.

[29] Art. 55 Nr. 2 Satz 1; zur Kompetenzverteilung zwischen Staatsregierung und Staatsministerien s. Rn. 24 zu Art. 55.

[30] BVerfG 11, 77 (86). *Kalkbrenner*, BayVBl. 1960, 309; a. A. *Zippelius*, BayVBl. 1960, 311. Die „obersten Landesbehörden" i. S. d. Art. 84 III 2, 85 III 2 GG sind die Staatsministerien.

[31] Die Staatsminister können Vorlagen nicht unmittelbar beim Landtag einreichen.

[32] Zu Initiativgesetzentwürfen aus der Mitte des Landtages beschließt die Staatsregierung nach § 8 StRGO über die Haltung der Vertreter der Staatsregierung in den parlamentarischen Beratungen.

[33] Nach Art. 51 I GG bestellt die Staatsregierung ihre Mitglieder des Bundesrats; vgl. auch § 1 der Geschäftsordnung des Bundesrats. Die Stellungnahmen Bayerns zu den Vorlagen werden nach Vorbereitung durch den bei der Staatskanzlei zusammentretenden „Koordinierungsausschuss" von der Staats-

(5) **Organisationskompetenzen** (Art. 77 I 2);
(6) **Notstandsbefugnisse** (Art. 48).

Neben den in der Verfassung selbst oder in Gesetzen normierten Zuständigkeiten kommt der Staatsregierung als Kollegialorgan eine **politische Koordinierungs- und Abstimmungsfunktion** zu[34], sie ist der Ort der Diskussion politischer Grund- und Leitentscheidungen, aber auch zur Lösung von Meinungsverschiedenheiten zwischen den Geschäftsbereichen (Art. 43 I; § 4 IV StRGO). Die Staatsminister und Staatssekretäre sind an von der Koordinierungsfunktion getragene Beschlüsse der Staatsregierung gebunden.[35] Halten sie sich daran nicht, kann ein Grund zur Entlassung nach Art. 45 gegeben sein.

8. Zusammenwirken, Kooperation und Teilorgantreue

a) Die genannten, die komplexe Organisation „Staatsregierung" konstituierenden und **13** die Teilorgane kompetentiell voneinander abschichtenden Prinzipien wirken in einer **funktionierenden Regierungspraxis** ohne tiefere Krisen zusammen. Der vom Landtag gewählte Ministerpräsident (Art. 44 I) gibt nach Bildung der Staatsregierung (Art. 45, 46, 49, 50) vor dem Landtag zu Beginn der Legislaturperiode eine **Regierungserklärung** ab, in der die – im Idealfall mit dem vorangegangenen Wahlkampf übereinstimmenden – politischen Zielsetzungen und Eckpunkte für deren Umsetzung formuliert werden. Damit macht der Ministerpräsident in grundlegender Weise von seiner Richtlinienkompetenz – verantwortet gegenüber dem Landtag (Art. 47 II) – Gebrauch.[36] Die Zielsetzungen werden von den jeweils zuständigen Staatsministern beachtet und umgesetzt (Ressortprinzip). Zur Umsetzung ggf. notwendige Gesetzentwürfe werden vom Ressort erarbeitet[37], nach der Abstimmung mit den anderen Ressorts und der Verbändeanhörung von der Staatsregierung als Gesetzentwurf beschlossen (Kollegialprinzip) und vom Ministerpräsidenten namens der Staatsregierung im Landtag eingebracht (Art. 71).

b) Damit ein **möglichst reibungsloser Ablauf** der Regierungsgeschäfte gelingt, ist **14** aus der Verfassung ein ungeschriebenes Gebot der **Kooperation** nicht nur zwischen den obersten Staatsorganen (Landtag, Staatsregierung, Ministerpräsident), sondern auch zwischen den Teilorganen der Staatsregierung sowie den Geschäftsbereichen abzuleiten. Die Kompetenzverteilung in der Verfassung, konkretisiert durch die Geschäftsordnung und Geschäftsverteilung der Staatsregierung, wird ergänzt durch ein Gebot der **Organtreue**[38], des „innerorganfreundlichen Verhaltens"[39], das eine „Pflicht zur Selbstbeschränkung und zu loyaler Rücksichtnahme"[40] impliziert.

c) Kooperation und Organtreue sind in der Regierungspraxis nur zu verwirklichen, **15** wenn es dafür geeignete **organisatorische Instrumentarien** gibt, die ein **hinreichendes Maß an Abstimmung und Kommunikation** zwischen den Staatsministern sowie zwischen diesen und dem Ministerpräsidenten gewährleisten. Zu nennen sind in diesem Zusammenhang die **Staatskanzlei** (Art. 52), die die Sitzungen des Ministerrats vorbereitet und in Kommunikation mit den Staatsministerien koordiniert[41], sowie die **Regelungen**

---

regierung beschlossen. Daran sind die Mitglieder des Bundesrats gebunden, nicht indes an ein Votum des Landtags, ungeachtet der potenziellen politischen Bindungswirkung eines solchen Votums.

[34] *Meder,* Art. 43 Rn. 1 a; *Gollwitzer,* S. 221 f., 225.

[35] VerfGH 58, 212 (229); *Kruis,* Die Geschäftsbereiche und ihre Abgrenzung nach bayerischem Verfassungsrecht, in: FS 25 Jahre VerfGH, 1972, S. 133 ff., 141.

[36] VerfGH 58, 212 (228 ff.).

[37] VerfGH 58, 212 (228 ff.).

[38] Ähnlich der bundesverfassungsrechtlichen Figur der Bundestreue: vgl. *Sachs,* in: ders. Art. 20 Rn. 68 ff.; *Gollwitzer,* S. 209; *Meder,* Art. 43 Rn. 1 a.

[39] *Gebauer,* Verfassungsergänzende Vereinbarungen zwischen Parlament und Regierung, in: FS für König, 2004, S. 341 ff., 350.

[40] *Sommermann,* in: v. Mangoldt/Klein/Starck, Art. 20 Rn. 225 m. w. N.

[41] Jedes Staatsministerium hat einen „Ministerratsreferenten", der die einschlägigen Vorgänge innerhalb des Ministeriums koordiniert und mit dem Ministerratsreferenten der Staatskanzlei und denen der anderen Ressorts in Kontakt steht.

der StRGO über die interministerielle Abstimmung von Vorlagen an die Staatsregierung („Ministerratsvorlagen"; vgl. §§ 5 ff. StRGO). Zudem finden – abgesehen von koordinierenden Gesprächen zwischen Staatsministerien „auf Arbeitsebene" (regelmäßig der Ebene der Referats- oder Abteilungsleiter) – vor den Ministerratssitzungen regelmäßig koordinierende Besprechungen der Amtschefs[42] statt. „Differenzpunkte", die auch dort nicht ausgeräumt werden, bleiben der Entscheidung der Staatsregierung vorbehalten. Des Weiteren gibt es das Instrument „interministerieller Arbeitsgruppen".[43] Der Ministerrat selbst kann für bestimmte Fragen **Kabinettsausschüsse** einrichten.

9. Prinzipienkollisionen

16   a) Gleichwohl kann es zu **Kollisionen** zwischen den unter 5. bis 7. genannten selbständigen Prinzipien kommen. Kollisionen können, müssen aber nicht stets Zeichen einer politischen Krise oder gar einer „Staatskrise" sein. Eine Prinzipienkollision liegt z. B. vor, wenn ein ressortmäßig eigenverantwortlicher Staatsminister Richtlinien des Ministerpräsidenten nicht oder nicht hinreichend beachtet oder die Staatsregierung als Kollegialorgan Beschlüsse fasst, die mit Richtlinien des Ministerpräsidenten nicht kompatibel sind.

    b) Je nach Kollisionslage sind unterschiedliche **Auflösungsmodalitäten** denkbar, wobei zwischen **verfassungsrechtlichen** und **politischen** Konsequenzen zu unterscheiden ist:

17   aa) Eine **„Scheinkollision"** liegt vor zwischen Art. 43 I und Art. 47 II: Nach Art. 43 I ist einerseits die oberste leitende Behörde des Staates die Staatsregierung, nach Art. 47 II bestimmt andererseits der Ministerpräsident die Richtlinien der Politik. Die Kollision löst sich dadurch auf, dass Art. 43 I die Staatsregierung als „Gesamtorgan" meint, das nur nach Maßgabe seiner drei Teilorgane und deren Zuständigkeiten tätig wird – und das „Teilorgan Ministerpräsident" bestimmt die Richtlinien der Politik (oben Rn. 6 ff.).

18   bb) Eine **Kollision** zwischen dem **Präsidial-** und dem **Ressortprinzip** (Staatsminister handelt entgegen den Richtlinien des Ministerpräsidenten) sowie zwischen dem **Präsidial-** und **Kollegialprinzip** (Staatsregierung fasst mehrheitlich einen Beschluss, der einer Richtlinienentscheidung des Ministerpräsidenten widerspricht) geht verfassungsrechtlich zu Lasten des Präsidialprinzips. Der Ministerpräsident kann seine Richtlinienkompetenz weder durch Weisung gegenüber dem Staatsminister noch gegenüber der Staatsregierung durchsetzen. Rechtsakte der Geschäftsbereiche oder Beschlüsse der Staatsregierung werden nicht dadurch rechtswidrig oder nichtig, dass sie mit den politischen Vorgaben des Ministerpräsidenten nicht vereinbar sind.

19   cc) In den Fällen von bb) wird die Lösung auf die **politische Ebene** verlagert: Der Ministerpräsident kann nach Art. 45 die „renitenten" Staatsminister/Staatssekretäre mit Zustimmung des Landtages entlassen. Stimmt der Landtag nicht zu, dürfte eine Situation vorliegen, die Art. 44 III 2 vor Augen hat. In diesem Fall kann nur der Ministerpräsident selbst die Lösung herbeiführen, indem er seiner Rücktrittspflicht nachkommt.

Art. 43 [Funktion der Staatsregierung; Zusammensetzung]

(1) Die Staatsregierung ist die oberste leitende und vollziehende Behörde des Staates.
(2) Sie besteht aus dem Ministerpräsidenten und bis zu 17 Staatsministern und Staatssekretären.

Parallelvorschriften im GG und anderen Landesverfassungen: Art. 62 GG; Art. 45 II BaWüVerf; Art. 55 II BerlVerf; Art. 82 BbgVerf; Art. 107 I BremVerf; Art. 33 I HmbVerf; Art. 100 HessVerf; Art. 41 II M-VVerf; Art. 28 II NdsVerf; Art. 51 NRWVerf; Art. 98 I RhPfVerf; Art. 86 SaarlVerf; Art. 59 II SächsVerf; Art. 64 I VerfLSA; Art. 26 I SchlHVerf; Art. 70 II ThürVerf.

Rechtsprechung und Literatur: s. Vorbem. sowie BVerfGE 105, 252 (268); 105, 279 (301).

---

[42] Vgl. § 11 III 1 StRGO; zur Organisation der Staatsministerien s. Rn. 16 zu Art. 49.
[43] § 11 III 2 StRGO.

I. Allgemeines

1. Bedeutung

Art. 43 hat eine **doppelte Funktion: I** enthält eine **Legaldefinition** und gleichzeitig **1**
die **zentrale Funktionsbeschreibung** der Staatsregierung. Gemeint ist dabei die Staatsregierung als verfassungsrechtliches Gesamtorgan in der Modalität der obersten leitenden
und vollziehenden Behörde des Staates (vgl. zur viergliedrigen Struktur der Staatsregierung Rn. 6 ff. vor Art. 43). In **II** ist die **personelle Zusammensetzung** der Staatsregierung als Kollegialorgan im engeren Sinne geregelt.[1] Die Rechtsstellung der Mitglieder der
Staatsregierung, insbesondere die verfassungsrechtliche Stellung des Ministerpräsidenten,
ergibt sich nicht aus Art. 43, sondern aus einer Zusammenschau aller einschlägigen Vorschriften der Verfassung (vgl. Rn. 3 ff. vor Art. 43).

2. Entstehung

Im VE und im E (jeweils Art. 30) war die Staatsregierung nur als oberste Vollzugs- **2**
behörde genannt. Nach schweizerischem Vorbild wurde im Verfassungsausschuss auf Vorschlag von Nawiasky (Prot. II, S. 514) zusätzlich der Aspekt der **Staatsleitung** in I aufgenommen. Durch Gesetz zur Änderung der Verfassung des Freistaates Bayern vom
20. 2. 1998 (vgl. Rn. 1 vor Art. 43) wurde II dahingehend geändert, dass die **Zahl der Mitglieder der Staatsregierung auf höchstens 18** (Ministerpräsident und *bis zu* 17 Staatsminister und Staatssekretäre) begrenzt wurde. Eine zahlenmäßige Begrenzung hatte es bis
dahin nicht gegeben.[2]

3. Verhältnis zum Grundgesetz

Die Gestaltung der Staatsregierung weicht von den entsprechenden Regelungen des **3**
GG zur Bundesregierung ab, insbesondere was die Zusammensetzung (Art. 62 GG) und
die Bestellung (Art. 64 I GG) angeht. Allerdings sind die Funktion und grundsätzliche
Stellung der Staatsregierung im System der parlamentarischen Demokratie der Bundesregierung funktionell vergleichbar, auch wenn ihre Stellung stärker ist als die der Bundesregierung (vgl. dazu Rn. 3 ff. vor Art. 43). Art. 28 I 1 GG fordert lediglich Vergleichbarkeit
in demokratischer Funktion und Verantwortung, aber keine Identität in der konkreten
Ausgestaltung.[3]

II. Einzelkommentierung

1. Die Aufgabe des Vollzugs (Administrative) und der Staatsleitung (Gubernative)

a) Die in der Vorbemerkung vor Art. 43 unter 3. skizzierte starke Stellung der Staats- **4**
regierung gegenüber dem Landtag zeigt sich materiell darin, dass die Staatsregierung
nicht nur die **oberste vollziehende** (Art. 55 Nr. 1; Nr. 2 S. 1; Nr. 5–7; Art. 77 I 2[4]), sondern
auch die **oberste leitende Behörde des Staates** ist. „Staatsleitung" ist zwar kein staats-

---

[1] Zur Unterscheidung zwischen der Staatsregierung als funktionalem Gesamtorgan (Art. 43 I) und
der Staatsregierung als Kollegialorgan im engeren Sinne und als Teilorgan der Staatsregierung im
Sinne des Art. 43 I vgl. Rn. 6 ff. vor Art. 43 sowie *Meder,* Art. 43 Rn. 1 a.

[2] Vgl. Art. 49 in der bis zum 28. 2. 1998 geltenden Fassung sowie die Erläuterungen zu Art. 49.

[3] Vgl. auch BVerfGE 9, 268 (281).

[4] Innerhalb der Staatsregierung ist für den Vollzug der jeweils zuständige Staatsminister in seinem
Geschäftsbereich mit den entsprechenden nachgeordneten Behörden verantwortlich (Art. 49, 51 I, 55 II
Nr. 2 S. 1; Nr. 5–7). Die Staatsregierung ist nicht selbst oberste Vollzugsbehörde im Sinne eines Verwal-
tungsinstanzenzuges. Allerdings gibt es einzelne eigens gesetzlich festgelegte Zuständigkeiten der
Staatsregierung im Vollzugsbereich: vgl. z. B. Art. 114 III GO; Art. 100 III LKrO. Ein „Gesamtministerium" (vgl. §§ 57 ff. VU 1919) kennt die Verfassung nicht, insbesondere ist auch nicht die Staatskanzlei
an dessen Stelle getreten.

rechtlich abschließend definiertes Phänomen, jedoch jedenfalls mehr als bloßer Gesetzesvollzug; sie meint auch **Gestaltung,** kreative **Steuerung** durch grundsätzliche politische
Entscheidungen und Weichenstellungen, die Vorgabe der politischen Koordinaten, die
„schöpferische Entscheidung, politische Initiative, zusammenfassende Leitung des Staatsganzen und dirigierende Kontrolle der ausführenden Tätigkeiten".[5] Staatsleitung zielt „auf
die in einer Demokratie wichtige Gewinnung politischer Legitimation und erfasst die
Mitwirkung an der Erfüllung konkreter öffentlicher Aufgaben außerhalb der Administrative". Staatsleitung werde durch die richtungweisende Einwirkung auf den Gesetzesvollzug, aber auch durch Informationen an die Öffentlichkeit und die damit verbundene
Auseinandersetzung aktueller streitiger Probleme von politischer, gesellschaftlicher oder
sonstiger erheblicher Bedeutung wahrgenommen.[6] **Innerhalb der Staatsregierung**
(i. S. d. Art. 43 I) nehmen die Aufgabe der Staatsleitung wahr: der **Ministerpräsident**
durch seine Richtlinienkompetenz (Art. 47 II)[7], die **Staatsminister** durch die eigenverantwortliche Leitung ihrer Geschäftsbereiche (Art. 51 I) sowie die **Staatsregierung** als Kollegialorgan im engeren Sinne, insbesondere durch Grundsatzbeschlüsse des Kabinetts zu
politisch wichtigen Fragen.

5   b) Die Ausübung der **Leitungsfunktion** der Staatsregierung ist vor dem Hintergrund
der **Gesamtsystematik der Verfassung** zu sehen; sie steht unter **mehrfachem,** auch den
Prinzipien der Gewaltenteilung und des parlamentarischen Regierungssystems verpflichteten **Vorbehalt:**

6   aa) Die Staatsregierung teilt sich die Leitungsfunktion mit dem **Parlament.** Ist die
Umsetzung politischer Leitentscheidungen mit dem Erlass oder der Änderung förmlicher
Gesetze verbunden, greift der materielle, zumal grundrechtliche sowie der organisatorische (Art. 77 I 1) Parlamentsvorbehalt. Zudem ist auch der Landtag aufgerufen, zu aktuellen politischen Themen außerhalb der Gesetzgebung schlichte Parlamentsbeschlüsse mit
faktischer politischer Wirkungskraft zu fassen und entsprechende Fragen oder Anregungen an die Staatsregierung zu richten. Staatsregierung und Parlament tragen je in ihrem
Zuständigkeitsbereich und nach Maßgabe ihres jeweiligen verfahrensmäßigen Entschei-
dungsfindungsprozesses zur Staatsleitung bei. Von einer „Staatsleitung zur gesamten
Hand" zu sprechen erscheint allerdings nicht treffend.[8]

7   bb) Die Staatsleitung unterliegt **materiell-rechtlichen Schranken,** insbesondere dem
Rechts- und Sozialstaatsprinzip (Art. 3 I GG) sowie den **Grundrechten** (Art. 98 ff.). Wie
das per se formelle Demokratieprinzip wird auch die per se formelle Leitungsfunktion
materiell-gerechtigkeitstheoretisch flankiert. Eine Maßnahme der Leitungsgewalt ist nicht
allein deswegen etwa grundrechtskonform, weil sie in Ausübung der Staatsleitung ergangen ist, sondern sie ist als Maßnahme der Staatsleitung nur zulässig, wenn und soweit sie
grundrechtskonform ist.[9]

8   cc) Die Verfassung enthält **keine politisch-inhaltliche Begrenzung der Leitungsfunktion** der Staatsregierung. Sie ist nicht auf „Landespolitik" beschränkt, auch wenn
dort ihr eigentlicher Schwerpunkt liegt. „Landespolitik" ist weder ein verfassungsrechtlich
konziser noch ein praktisch handhabbarer Begriff. Die Staatsregierung kann sich vielmehr

---

⁵ *Meder,* Art. 43 Rn. 1; vgl. auch die Formulierung bei *Oldiges,* in: Sachs, Art. 62 Rn. 27. Treffend
Nawiasky, S. 117: „Führung der amtlichen Staatspolitik, die ein weites Maß von freiem (pflichtgemä-
ßem) Ermessen umfasst."

⁶ BVerfGE 105, 252 (268); 279 (301).

⁷ Zur normativen „Scheinkollision" zwischen Art. 43 I (Leitungsfunktion der Staatsregierung)
und der Richtlinienkompetenz des Ministerpräsidenten (Art. 47 II) s. Rn. 17 vor Art. 43.

⁸ *Friesenhahn,* VVDStRL 16 (1958), S. 37 f.; *Zippelius/Würtenberger,* Deutsches Staatsrecht. 31. Aufl.
2005, S. 365 f.

⁹ Die Staatsleitung ermächtigt die Regierung zur Öffentlichkeitsarbeit, wobei die Grundrechte
der von öffentlichen Informationen Betroffenen zu beachten sind; vgl. dazu BVerfGE 105, 252 (273);
279 (292) mit grundsätzlich zustimmender Besprechung von *Lindner,* DÖV 2003, 185; krit. *Murswiek,*
NVwZ 2003, 1; *Huber,* JZ 2003, 290.

aller Themen politisch-grundsätzlich annehmen, die in einem weiteren Sinne den Freistaat Bayern betreffen. Dazu gehören auch bundespolitische (schon wegen der Beteiligung durch den Bundesrat), europa- und außenpolitische Themen. Die **Befassungs- und Beschlussfassungskompetenz der Staatsregierung ist allumfassend,** ihre **Entscheidungs- und Bewirkungskompetenz** indes durch das grundgesetzliche Kompetenzverteilungsschema **beschränkt.** Deshalb steht es der Staatsregierung auch ohne weiteres offen, sich zu welt-, europa- und bundespolitischen Themen zu äußern und auch Beschlüsse zu fassen, ohne dass allein dadurch Art. 32 GG verletzt wäre.

2. Die Zusammensetzung der Staatsregierung als Personalkollegium

a) Die Staatsregierung als Kollegialorgan setzt sich nach II aus dem **Ministerpräsi-** **9** **denten** (Art. 44) sowie **bis zu 17 Staatsministern und Staatssekretären** (Art. 45) zusammen. Es handelt sich um eine **Höchstzahl,** die zwar – auch deutlich – unterschritten, aber nicht überschritten[10] werden darf. Ein spezielles **zahlenmäßiges Verhältnis** zwischen den Staatsministern und Staatssekretären gibt die Verfassung nicht mehr vor, insbesondere ist nicht mehr jedem Staatsminister zwingend ein Staatssekretär[11] zuzuweisen (so Art. 50 II in der bis 28. 2. 1998 geltenden Fassung). Möglich ist dies aber nach wie vor. Ebenso ist es zulässig, dass einem Staatsminister zwei oder mehrere Staatssekretäre zugewiesen werden. Nicht zulässig ist es, *einen* Staatssekretär mehreren Staatsministern oder dem Ministerpräsidenten zuzuweisen (arg. Art. 51 II 1). Aus dem Wortlaut von Art. 43 II und Art. 45 („die Staatssekretäre") wird man schließen müssen, dass der Staatsregierung als Kollegialorgan Staatssekretäre, also mindestens zwei angehören müssen. Der Ministerpräsident kann also nicht ausschließlich Staatsminister, jedoch mehr Staatsminister als Staatssekretäre oder auch mehr Staatssekretäre als Staatsminister bestimmen. Die Staatssekretäre gehören der Staatsregierung wie die Staatsminister mit Sitz und Stimme an; dies war in Art. 50 II 2 a. F. ausdrücklich geregelt und ergibt sich bereits unmittelbar aus Art. 43 II. Sie sind zwingend einem Staatsminister zugewiesen; es gibt mithin keine „ministerfreien" Staatssekretäre (Art. 51 II 1), wohl aber „staatssekretärfreie" Minister.[12] Ein Anspruch eines Staatsministers auf Zuteilung eines Staatssekretärs besteht nicht, sie liegt im **Ermessen des Ministerpräsidenten,** ebenso wie die Bestimmung der Zahl der Staatsminister und Staatssekretäre und deren Zuweisung an die Staatsminister.

b) Die **Rechte und Pflichten** der Mitglieder der Staatsregierung ergeben sich aus **10** den jeweils einschlägigen Vorschriften der Verfassung (Art. 44 ff.; s. die Erläuterungen dort) sowie aus dem Gesetz über die Rechtsverhältnisse der Mitglieder der Staatsregierung.[13] Zu Präsidial-, Ressort- und Kollegialprinzip und Prinzipienkollisionen s. bereits Rn. 3 ff., 10 ff. vor Art. 43.

---

[10] Benennt der Ministerpräsident **mehr als 17 Kabinettsmitglieder,** hat der Landtag insofern seine Zustimmung nach Art. 45 zu verweigern. Der Ministerpräsident hat den (die) überzähligen „Kandidaten" zu streichen. Tut er dies nicht, kann ein Verfahren nach Art. 59, 61 in Betracht kommen oder ein Fall des Art. 44 III 2 vorliegen. Stimmt der Landtag gleichwohl zu, ist die Staatsregierung **fehlerhaft zusammengesetzt.** Dieser Fehler kann in einem Verfahren nach Art. 59, 61 geltend gemacht werden. Fordert der Landtag den Ministerpräsidenten auf, ein „überzähliges" Kabinettsmitglied zu entlassen und kommt dieser der Forderung nicht nach, kann wiederum ein Fall des Art. 44 III 2 vorliegen. Beschlüsse einer überzählig zusammengesetzten Staatsregierung dürften aus Gründen der Rechtssicherheit wirksam sein, da Art. 43 II nur eine verfassungsrechtliche „Ordnungsvorschrift", jedoch keine Wirksamkeitsbedingung darstellt.

[11] Zur Doppelfunktion der Staatssekretäre s. bereits Rn. 7 vor Art. 43 (dort Fn. 18), sowie die Erläuterungen zu den Art. 45, 50, 51.

[12] Zu den Konsequenzen im Hinblick auf die Vertretung des Ministers s. Erl. zu Art. 51.

[13] Vom 4. 12. 1961 (BayRS 1102-1-S), zuletzt geändert durch § 3 des Gesetzes vom 7. 12. 2004 (GVBl S. 489).

Art. 44 [Wahl des Ministerpräsidenten; Rücktritt; Tod]

(1) Der Ministerpräsident wird von dem neu gewählten Landtag spätestens innerhalb einer Woche nach seinem Zusammentritt auf die Dauer von fünf Jahren gewählt.

(2) Wählbar ist jeder wahlberechtigte Bayer, der das 40. Lebensjahr vollendet
hat.

(3) [1]Der Ministerpräsident kann jederzeit von seinem Amt zurücktreten. [2]Er
muss zurücktreten, wenn die politischen Verhältnisse ein vertrauensvolles Zusammenarbeiten zwischen ihm und dem Landtag unmöglich machen. [3]Der Rücktritt des Ministerpräsidenten hat den Rücktritt der Staatsregierung zur Folge.
[4]Bis zur Neuwahl eines Ministerpräsidenten geht die Vertretung Bayerns nach
außen auf den Landtagspräsidenten über. [5]Während dieser Zeit kann der Landtagspräsident vom Landtag nicht abberufen werden.

(4) Bei Rücktritt oder Tod des Ministerpräsidenten während seiner Amtsdauer
wird in der nächsten Sitzung des Landtags ein neuer Ministerpräsident für den
Rest der laufenden Amtsdauer gewählt.

(5) Kommt die Neuwahl innerhalb von vier Wochen nicht zustande, muss der
Landtagspräsident den Landtag auflösen.

Parallelvorschriften im GG und anderen Landesverfassungen: Art. 63, 67, 68 GG; Art. 46 I, 47, 55 BaWüVerf;
Art. 56 BerlVerf; Art. 83, 85–87 BbgVerf; Art. 107 II, 110 BremVerf; Art. 34 I, 36, 37 HmbVerf;
Art. 101 I, 113, 114 HessVerf; Art. 42, 50, 51 M-VVerf; Art. 29, 30, 32, 33 NdsVerf; Art. 52 I, II, 61, 62
NRWVerf; Art. 98 II, III, 99 RhPfVerf; Art. 87, 88 SaarlVerf; Art. 60, 68, 69 SächsVerf; Art. 65 I, II, 71,
72, 73 VerfLSA; Art. 26, 27, 35, 36 SchlHVerf; Art. 70, 73, 74 ThürVerf.

Literatur: Köhler, Zur historischen Entwicklung des bayerischen Ministerpräsidentenamtes, BayVBl.
1992, 33; *Kratzer,* Der Bayerische Ministerpräsident. Bedeutungswandel des Amtes im Spiegel der Geschäftsordnungen der Staatsregierung, 2003; s. i. ü. die Nachweise vor Art. 43.

Übersicht

I. Allgemeines

1. Bedeutung

1   Art. 44 gehört zu den **Kernnormen des Staatsorganisationsrechts.** Er regelt Wahl
(I, II), Rücktritt (III) und Konsequenzen bei vorzeitigem Ende der Amtsdauer (Rücktritt,
Tod; IV, V) des Ministerpräsidenten. Dieser kann vom Landtag **nicht per** (destruktivem
oder konstruktivem) **Misstrauensvotum abberufen** werden (anders § 59 II VU 1919;
vgl. bereits Rn. 1 ff. vor Art. 43); III 2 begründet für politische Krisen eine vom VerfGH
überprüfbare (Art. 59, 64; str.) **Rücktrittpflicht** des Ministerpräsidenten. In der Staatspraxis hat Art. 44 bislang nicht zu größeren Streitfragen oder zu Verfahren vor dem

VerfGH geführt, was ein Indiz für die bisherige **politische Stabilität der Verfassungs-wirklichkeit** im Freistaat darstellt.[1]

2. Entstehung

Die ursprünglich in Art. 33 VE (nicht mehr indes im E) vorgesehene **Rücktritts-** 2 **pflicht** jedes Mitglieds der Staatsregierung bei Vertrauensentzug durch den Landtag wurde nicht übernommen. Die Rücktrittspflicht nach III 2 war im E nicht enthalten und kam erst im Verfassungsausschuss der Verfassunggebenden Landesversammlung auf Vor-schlag von *Nawiasky* in den Verfassungstext.[2] Die Ernennung des Ministerpräsidenten durch einen bayerischen Staatspräsidenten entfiel mit der Aufgabe des Amtes des Staats-präsidenten im Plenum der Landesversammlung (vgl. Rn. 10 zu Art. 43). Durch Gesetz zur Änderung der Verfassung vom 20. 2. 1998 (GVBl S. 39) wurde die **Amtsdauer** des Ministerpräsidenten parallel zu Art. 16 I 1 von vier auf fünf Jahre **verlängert.**

3. Verhältnis zum Grundgesetz

Art. 44 **weicht** von den entsprechenden Vorschriften für den **Bundeskanzler** nicht 3 unwesentlich **ab:** für das Amt des Bundeskanzlers, dessen Wahl mit der Mehrheit der Mitglieder des Bundestages erfolgen muss, s. Art. 63 GG; anders I. Das GG kennt das kon-struktive Misstrauensvotum und die Vertrauensfrage (Art. 67, 68 GG), indes keine Rück-trittspflicht bei politischen Krisen (anders III 2). Diese Abweichungen führen nicht zu einer Unwirksamkeit des Art. 44 im Hinblick auf Art. 28 I 1 GG (s. Rn. 3 zu Art. 43). An-deres gilt für II („Bayer"), der insofern wegen Art. 33 I obsolet (teilnichtig) ist, wenn man nicht mangels eines Vollzugsgesetzes nach Art. 6 III ohnehin von einer Nichtvollziehbar-keit des II ausgeht (s. Erl. zu Art. 6). Die Altersgrenze in II ist sachgerecht und im Hinblick auf Art. 33 I, II GG unbedenklich.

II. Einzelkommentierung

1. Das Amt des Ministerpräsidenten

Der Ministerpräsident ist **oberstes Staatsorgan** und zugleich herausgehobenes **Teilor-** 4 **gan der Staatsregierung** (dazu sowie zu den einzelnen Funktionen im Überblick Rn. 6 ff. vor Art. 43). Vom **Amt** des Ministerpräsidenten zu unterscheiden ist die **Person,** die dieses Amt wahrnimmt. Deren Rechtsstellung bestimmt sich nach dem **Gesetz über die Rechtsverhältnisse der Mitglieder der Staatsregierung (StRG).**[3] Nach Art. 1 dieses Gesetzes steht der Ministerpräsident wie die übrigen Mitglieder der Staatsregierung zum Freistaat Bayern in einem spezifischen **öffentlich-rechtlichen Amtsverhältnis**[4], nicht indes in einem Beamtenverhältnis.

2. Die Inamtsetzung des Ministerpräsidenten

a) Die **Regierungsbildung** ist **mehrstufig konzipiert:** 5
(1) **Wahl des Ministerpräsidenten**[5] durch den neu gewählten Landtag spätestens in-nerhalb einer Woche nach dessen Zusammentritt (22. Tag nach der Wahl [Art. 16 II]), mit-

---

[1] Der einzige Fall eines Rücktritts nach III 2 war der Wilhelm Hoegners im Jahr 1957; vgl. Lt-Prot. III, S. 3826. *Freiwillige* Rücktritte gab es bislang drei: Hanns Seidel (1960); Max Streibl (1993); Edmund Stoiber (2007).

[2] Prot. II S. 514 f.

[3] G. v. 4. 12. 1961 (BayRS 1102-1-S), zuletzt geändert durch Gesetz vom 7. 12. 2004 (GVBl S. 489); dort sind u. a. geregelt: Amtsverhältnis mit den Rechten und Pflichten; Amtsbezüge; Versorgung; Ausscheiden aus einem Beamten- oder Richterverhältnis.

[4] Es handelt sich um ein öffentliches Amt im Sinne des § 39 II BVerfGG und der §§ 31, 43, 92a, 101 Nr. 3 StGB.

[5] Ein Vorschlagsrecht (vgl. Art. 63 I GG) sieht die Verfassung nicht vor, das „Findungsverfahren" bleibt dem politischen Prozess überlassen. Der Wahlvorgang richtet sich nach den einschlägigen Vor-schriften der Geschäftsordnung des Landtages (§§ 41 ff.). Im VE und E war noch eine Drei-Tages-Frist

hin spätestens am 29. Tag nach der Wahl des Landtages. Kommt die **Neuwahl nicht zustande,** insbes. weil für keinen „Kandidaten" eine Mehrheit erreicht wird, kommt Art. 44 V zur Anwendung, auch wenn dieser wohl in erster Linie für die Fälle von III und IV konzipiert ist. Auch die Wahl nach Art. 44 Abs. 1 ist eine Neuwahl i. S. d. Art. 44 Abs. 5. Daraus ergibt sich: Ist die Wahl innerhalb von 4 Wochen nach Zusammentritt des Landtages nicht erfolgt, muss der Landtagspräsident den Landtag auflösen.[6] Lehnt man eine Anwendung des Art. 44 V ab, bleibt zur Verhinderung eines möglicherweise dauerhaften „Interregnums" nur der Ausweg, dass sich der Landtag selbst auflöst (Art. 18 I), wozu dieser seinerseits indes nicht verpflichtet ist; möglich ist daneben auch die Auflösung durch Volksentscheid nach Art. 18 III.

6   (2) **Berufung der Staatsminister und Staatssekretäre** durch den nach (1) gewählten Ministerpräsidenten mit Zustimmung des Landtages (Art. 45).

(3) Bestellung eines **Stellvertreters des Ministerpräsidenten** durch diesen mit Zustimmung des Landtags (Art. 46).

(4) Bestimmung **der Zahl und Abgrenzung der Geschäftsbereiche** durch den Ministerpräsidenten mit Bestätigung durch Beschluss des Landtags (Art. 49). Die konkrete Zuweisung der Geschäfte an die einzelnen Geschäftsbereiche erfolgt nach Maßgabe des Art. 53.

(5) **Zuweisung der Geschäftsbereiche** und ggf. Sonderaufgaben durch den Ministerpräsidenten an die Staatsminister ohne Zustimmung des Landtags (Art. 50).

(6) **Zuweisung von Staatssekretären** durch den Ministerpräsidenten an die Staatsminister ohne Zustimmung des Landtags (Art. 51 II 1; vgl. dazu auch Rn. 9 zu Art. 43).

7   b) Für die Wahl des Ministerpräsidenten genügt die **einfache Mehrheit der abgegebenen Stimmen** (Art. 44 I i.V. m. Art. 23 I; anders § 58 I 3 VU 1919 und Art. 63 GG) bei **Anwesenheit der Mehrheit der Mitglieder des Landtages** (Art. 23 II). Sind diese Voraussetzungen nicht gegeben, ist die Wahl erfolglos und zu wiederholen. Eine Beschränkung der Zahl der Wahlgänge enthält die Verfassung nicht. Steht *ein* Kandidat zur Wahl, ist gewählt, wer mehr Ja-Stimmen als Nein-Stimmen oder ungültige Stimmen erhält (vgl. Rn. 5 zu Art. 23). Stehen *mehrere* Kandidaten zur Wahl, so ist gewählt, wer die Mehrheit der abgegebenen Stimmen erhält. Bei Stimmengleichheit ist die Wahl nicht zustande gekommen und zu wiederholen. Der Gewählte ist zur Annahme des Amtes nicht verpflichtet, nimmt er es an, hat er dies vor dem Landtag zu erklären. Das Amtsverhältnis beginnt mit der Vereidigung[7], gleichzeitig endet ggf. ein Amt als Beamter oder Richter[8]; zu weiteren Inkompatibilitäten s. auch Art. 57.[9] Der Ministerpräsident kann, muss aber nicht gleichzeitig Mitglied des Landtages sein (dazu Rn. 11 zu Art. 5). Auch eine Mitgliedschaft im Deutschen Bundestag ist von Verfassungs wegen nicht ausdrücklich ausgeschlossen.

8   c) **Wählbar** ist jeder wahlberechtigte[10] (Art. 14 V i.V. m. Art. 1 LWG) deutsche Staatsangehörige mit Wohnsitz in Bayern (vgl. zur obsoleten Voraussetzung „Bayer" Rn. 3. sowie Rn. 3 zu Art. 8). Es genügt, wenn der Wohnsitz mit der Wahl begründet wird. Die

---

vorgesehen, die im Plenum der Landesversammlung durch die Wochen-Frist ersetzt wurde (Prot. IV, S. 231).

[6] In diesem Fall dürfte der „alte" Ministerpräsident die Amtsgeschäfte weiterführen, da sein Amtsverhältnis – außer im Falle des Rücktritts und des Todes – erst mit der Vereidigung eines *neuen* Ministerpräsidenten endet (Art. 8 I Nr. 1 StRG); vgl. auch Art. 9 Abs. 1 Nr. 1 StRG.

[7] Art. 2 II StRG.

[8] Art. 20 StRG.

[9] Nach § 4 des Bundesministergesetzes kann ein Mitglied der Bundesregierung nicht zugleich Mitglied einer Landesregierung sein; gleiches gilt für Parlamentarische Staatssekretäre nach § 7 ParlStG. Wird also der Ministerpräsident zum Bundeskanzler gewählt oder zu einem Bundesminister oder Parlamentarischen Staatssekretär bestellt, so muss er – bundesrechtlich – als Ministerpräsident zurücktreten. Gleiches dürfte aus Art. 57 folgen; vgl. auch Art. 94 I GG zur Inkompatibilität mit dem Amt eines Richters des Bundesverfassungsgerichts.

[10] Nicht geregelt ist der Fall, dass eine Person zum Ministerpräsidenten gewählt wird, dessen Nicht-Wählbarkeit sich erst im Nachhinein herausstellt. In einem solchen Fall dürfte die Wahl nichtig sein, so dass – entsprechend Art. 44 IV, V – ein neuer Ministerpräsident zu wählen ist. Diese Rechts-

Altersgrenze von 40 Jahren ist angesichts der Bedeutung des Amtes sachgerecht und im Hinblick auf Art. 33 GG unbedenklich. Weitere persönliche Voraussetzungen für die Wählbarkeit bestehen nicht. **Wiederwahl** ist beliebig oft möglich.[11]

3. Das reguläre Ende der Amtsdauer

Nach I wird der Ministerpräsident „auf die Dauer von fünf Jahren" gewählt, was der **9** **Legislaturperiode** entspricht (Art. 16 I 1). Dies bedeutet nicht, dass die reguläre Amtsdauer stets exakt fünf Jahre dauert. Je nach Zeitpunkt der Wahl des nächsten Landtages (Art. 16 I), dessen ersten Zusammentritts (Art. 16 II) und der Wahl eines neuen (auch personengleichen) Ministerpräsidenten (Art. 44 I) endet die reguläre Amtsperiode kurz vor oder nach dem Fünfjahres-Zeitraum.[12] Mit dem Ende der regulären Amtsdauer des Ministerpräsidenten endet auch das Amt der Staatsminister und Staatssekretäre.[13]

4. Das vorzeitige Ende der Amtsdauer durch Rücktritt

a) Anders als das GG hinsichtlich des Bundeskanzlers regelt Art. 44 den **Rücktritt** des **10** Ministerpräsidenten eigens und unterscheidet dabei zwischen dem jederzeitigen Rücktrittsrecht, also dem **freiwilligen Rücktritt,** und der **Rücktrittspflicht.** Der Rücktritt erfolgt durch nicht widerrufbare **Erklärung gegenüber dem Landtagspräsidenten**[14] und bewirkt das **Ende der Amtszeit des Ministerpräsidenten.**[15]

aa) Der Ministerpräsident kann **jederzeit ohne Vorliegen besonderer Gründe** oder **11** ohne deren Angabe zurücktreten. Auch ein Rücktritt „zur Unzeit" oder aus rein privaten, eigennützigen Erwägungen ist zulässig. Ein freiwilliger Rücktritt kann parteipolitisch motiviert sein oder notwendig werden, weil die Person des Ministerpräsidenten ein anderes Amt (vgl. Art. 57), etwa das des Bundeskanzlers oder des Bundesministers oder eine Funktion in der Wirtschaft, bekleiden will.

bb) Ein **Spezifikum** der Bayerischen Verfassung ist die **Rücktrittspflicht** nach Art. 44 **12** III 2, die an die Stelle des destruktiven Misstrauensvotums trat (§ 58 VU 1919 und Art. 33 VE) und von *Nawiasky* als „veredelte" Form der parlamentarischen Demokratie bezeichnet wurde.[16] Diese – Erfahrungen aus der Weimarer Republik Rechnung tragende – Konstruktion stärkt die Stellung des Ministerpräsidenten und damit der Staatsregierung insgesamt gegenüber dem Landtag und schützt die parlamentarische Demokratie in Zeiten, in denen

---

folge ist aus Gründen der Rechtssicherheit „ex nunc" zu veranschlagen, so dass mittlerweile ergangene Rechtsakte in ihrer Wirksamkeit davon nicht betroffen sind.

[11] Zur verfassungspolitischen Notwendigkeit einer Einschränkung der Wiederwählbarkeit bei Einführung der Direktwahl des Ministerpräsidenten s. *Lindner,* BayVBl. 2006, 1 (13).

[12] Nach Art. 8 I Nr. 1 StRG endet das Amtsverhältnis des Ministerpräsidenten mit der Vereidigung des neuen, ggf. personenidentischen Ministerpräsidenten; für den Fall, dass eine Neuwahl nicht zustande kommt, s. Fn. 6.

[13] Art. 9 I Nr. 1, V StRG: Ende des Amtes mit der Vereidigung des neuen Ministerpräsidenten; zur Weiterführung der Amtsgeschäfte bis zur Vereidigung eines neuen Staatsministers s. Art. 9 III, V.

[14] Art. 8 II StRG. Eine bestimmte **Form** für die Rücktrittserklärung ist nicht vorgesehen. Sie kann schriftlich (auch per fax oder e-mail), fernmündlich oder mündlich vor dem Landtag (in einer Erklärung oder auch Rede gegenüber dem Landtagspräsidenten selbst) abgegeben werden. Bestehen **Zweifel** am Inhalt oder der Ernsthaftigkeit der Erklärung oder an der Zurechenbarkeit des Ministerpräsidenten, so hat der Landtagspräsident sich – ggf. nach einer angemessenen Überdenkensfrist – durch Nachfrage über den wirklichen Willen des Ministerpräsidenten zu vergewissern. Gleiches gilt, wenn der Ministerpräsident keinen Rücktrittszeitpunkt angibt; vgl. dazu auch die folgende Fußnote.

[15] Art. 8 I Nr. 2 StRG („mit dem Rücktritt"). Zu unterscheiden sind der **Zeitpunkt der Rücktrittserklärung** und der Zeitpunkt der **Rücktrittswirkung.** Diese Zeitpunkte können („hiermit trete ich mit sofortiger Wirkung von meinem Amt zurück"), müssen aber nicht zusammenfallen (z. B. „hiermit trete ich mit Wirkung vom 1. Oktober 2007 zurück"). Art. 8 I Nr. 2 StRG stellt auf die Rücktrittswirkung ab.

[16] *Nawiasky,* Systematischer Überblick, S. 36 sowie oben Rn. 2 und Rn. 4 vor Art. 43; VerfGH 47, 194 (200).

sich die Parlamentsmehrheit zwar in der Ablehnung der Regierung, nicht indes in der Bildung einer neuen einig ist, vor vorschnellen politischen Krisen durch Vertrauensentzug durch das Parlament.[17] Gleichwohl gibt die Verfassung nicht die Notwendigkeit einer stabilen parlamentarischen Demokratie auf[18], sie ordnet vielmehr die Einschätzungsprärogative, ob auf Grund der konkreten politischen Verhältnisse noch eine „vertrauensvolle" Zusammenarbeit mit dem Landtag möglich ist, dem Ministerpräsidenten zu. Kommt dieser bei **pflichtgemäßer Beurteilung der politischen Verhältnisse** zum Ergebnis, dass ein weiteres gedeihliches Regieren nicht möglich ist, muss er zurücktreten. Um dies sachgerecht einschätzen zu können, kann er das Parlament fragen, ob er das Vertrauen der Mehrheit der Abgeordneten genießt. Zwar ist eine **formalisierte Vertrauensfrage** wie in Art. 68 GG mit den darin vorgesehenen und – wie die Staatspraxis im Bund gezeigt hat – missbrauchsanfälligen Konsequenzen[19] in III nicht vorgesehen und damit nicht zulässig, man wird eine **schlichte Vertrauensfrage** jedoch als Möglichkeit zur wirklichen Einschätzung der politischen Verhältnisse zulassen müssen. Ebenso kann der Landtag von sich aus per Mehrheitsbeschluss dem Ministerpräsidenten sein Misstrauen aussprechen und sogar einen Vorschlag für die Wahl eines neuen Ministerpräsidenten machen – dies bewirkt allerdings nicht, dass der Ministerpräsident allein deswegen zurücktreten müsste oder durch eine andere Person ersetzt würde. Allerdings dürfte ein derartiges – informelles – Misstrauensvotum ein gewichtiges objektives Indiz[20] dafür sein, dass die Voraussetzungen einer Rücktrittspflicht bestehen. Die politische Ankündigung eines freiwilligen Rücktritts zu einem bestimmten Zeitpunkt löst für sich genommen eine Rücktrittspflicht nicht aus.

13   Kommt der Ministerpräsident seiner – unter Berücksichtigung seiner Einschätzungsprärogative bestehenden – Rücktrittspflicht[21] nicht nach, ist eine **Überprüfung durch den VerfGH** nach Art. 59 oder 64 möglich.[22]

14   b) Die **Konsequenzen** des freiwilligen (III 1) oder nach III 2 notwendigen Rücktritts sind – anders als im GG – **klar geregelt:**

aa) **Wahl eines neuen Ministerpräsidenten** in der auf den Rücktrittszeitpunkt folgenden nächsten Sitzung des Landtages für den Rest der laufenden Amtsdauer (IV); es genügt für die Wahl einfache Mehrheit bei Anwesenheit der Mehrheit der Mitglieder des Landtages (Art. 23 I, II). **Scheitert** – aus welchem Grund auch immer[23] – eine **Neuwahl** innerhalb von vier Wochen[24], *muss*[25] der Landtagspräsident den Landtag **auflösen** (V); kommt er dieser Pflicht nicht nach, kommt ein Verfahren nach Art. 64 vor dem VerfGH in

---

[17] *Hoegner*, in: Prot. II S. 513; zum Stabilitätsargument auch *Meder*, Art. 44 Rn. 3.

[18] *Meder*, Art. 44 Rn. 3; VerfGH 12, 119 (126); 47, 194 (200).

[19] BVerfGE 62, 1; 114, 121.

[20] *Kratzer*, BayVBl. 1966, 408 (411); VerfGH 47, 194 (200): Zulässigkeit von Anträgen auf Erörterung der Frage im Landtag, ob die Voraussetzungen des Art. 44 III 2 vorliegen.

[21] Bei gewichtigen objektiven Indizien – z.B. formelles Misstrauensvotum des Landtages; Scheitern wichtiger politischer Projekte der Staatsregierung im Landtag – verdichtet sich die Einschätzungsprärogative zur Rücktrittspflicht. Einzelne, auch grundlegende sachliche Meinungsverschiedenheiten lösen eine Rücktrittspflicht noch nicht aus.

[22] *Meder*, Art. 44 Rn. 3; a. A. *Friesenhahn*, VVDStRL 16 (1958), S. 9 ff., 56, der eine Feststellung des Wegfalls der Vertrauensgrundlage durch den VerfGH für unmöglich hält.

[23] Eine Ausnahme wird man für Fälle zulassen müssen, in denen die Vier-Wochen-Frist aus nicht vertretbaren Gründen nicht eingehalten wird, etwa bei Unmöglichkeit des Zusammentritts des Landtages bei Naturkatastrophen, Ausnahmezuständen etc.

[24] Findet die nächste reguläre Sitzung des Landtages nicht innerhalb von vier Wochen statt, muss der Landtagspräsident eigens eine Sitzung zur Wahl eines neuen Ministerpräsidenten anberaumen; *Meder*, Art. 44 Rn. 6.

[25] Ein Widerspruch zu Art. 18 II lässt sich dadurch vermeiden, dass das dort genannte „kann" einen Fall der Auflösbarkeit des Landtages überhaupt beschreibt, also die institutionelle Möglichkeit im Auge hat, während V diese Möglichkeit speziell als Auflösungspflicht ausgestaltet. Es handelt sich mithin nicht um eine redaktionelle Nachlässigkeit; so allerdings *Köhler*, BayVBl. 1988, 33 (39) und wohl auch *Meder*, Art. 44 Rn. 6; vgl. auch Rn. 5 zu Art. 18.

Betracht. Der neu gewählte Ministerpräsident kann mit dem zurückgetretenen personenidentisch sein.

bb) In der **Zeit zwischen dem Rücktrittszeitpunkt und dem Amtsantritt** eines 15
neuen Ministerpräsidenten gilt Folgendes:

(1) Die **Vertretung Bayerns „nach außen"** (vgl. Rn. 15 zu Art. 47) geht nicht auf
den Stellvertreter des Ministerpräsidenten (Art. 46), sondern auf den **Landtagspräsidenten**[26] über[27] (III 4), der während dieser Zeit vom Landtag nicht abberufen werden kann[28]
(III 5) und auch nicht an Richtlinienentscheidungen des Ministerpräsidenten gebunden,
sondern allein dem Parlament verantwortlich ist.[29] Allerdings kann der Landtagspräsident
den Ministerpräsidenten oder ein anderes Kabinettsmitglied beauftragen (allerdings rechtlich nicht zwingen), im Rahmen deren vorübergehender Geschäftsführung Termine der
Außenvertretung für ihn wahrzunehmen; in diesem Fall besteht auch ein inhaltliches
Weisungsrecht des Landtagspräsidenten.

(2) **Fortführung der Amtsgeschäfte durch den zurückgetretenen Ministerpräsi-** 16
denten bis zur Vereidigung des neuen Ministerpräsidenten, sofern er dies nicht ausdrücklich ablehnt, was ihm grundlos und jederzeit freisteht; in diesem Fall führt der Stellvertreter des Ministerpräsidenten (Art. 46) die Geschäfte unter voller parlamentarischer
Verantwortung weiter.[30] Der Ministerpräsident hat sich bei der übergangsweisen Geschäftsführung auf die **Aufrechterhaltung der Staatspraxis zu beschränken** und
grundsätzliche, nicht drängende Entscheidungen auszusetzen (Notwendigkeit eines „political self restraint" während der bloßen „Geschäftsphase"); auch von der Richtlinienkompetenz darf er nur noch im Ausnahmefall Gebrauch machen, da er sich seiner Legitimation
durch den Rücktritt weitgehend begeben hat. Ausgeschlossen dürften auch – abgesehen
von eilbedürftigen Angelegenheiten – die Unterbreitung neuer Gesetzesvorlagen nach
Art. 47 V, 71 sowie die Abgabe von Stellungnahmen nach Art. 74 III, VII sein.[31]

cc) **Zwingende Folge** des Rücktritts des Ministerpräsidenten ist der **Rücktritt der** 17
Staatsregierung als ganzer (III 3). Es handelt sich dabei eigentlich nicht um einen Rücktritt, sondern um ein **vorzeitiges Ende der Amtszeit**[32] auch der Staatsminister und
Staatssekretäre, und zwar auch ohne oder gegen deren Willen und außerhalb des Entlassungsverfahrens (Art. 45 Alt. 2 findet keine Anwendung). Staatsminister und Staatssekretäre führen die Amtsgeschäfte – ohne Ablehnungsmöglichkeit – bis zur Vereidigung des
neuen Ministerpräsidenten weiter.[33] Will der Ministerpräsident für den Fall seines Rücktritts verhindern, dass ein Staatsminister oder Staatssekretär die Geschäfte weiterführt,
muss er ihn mit Zustimmung des Landtages vor seinem Rücktritt entlassen (Art. 45). Ein
Rücktritt des Staatsministers oder Staatssekretärs kommt nicht mehr in Betracht, da deren
Ämter bereits mit Wirksamwerden des Rücktritts des Ministerpräsidenten geendet haben
(Art. 9 I Nr. 2 StRG).

---

[26] Ist dieser verhindert, wird er durch den Ersten Stellvertreter bzw. nach Maßgabe der Reihenfolge
des § 7 der Geschäftsordnung des Bayerischen Landtags vertreten.

[27] Diese Regelung ist konsequent, weil die Vertretung Bayerns nach außen eine Aufgabe ist, die
der Ministerpräsident nicht als Teil der Staatsregierung, sondern als oberstes Staatsorgan wahrnimmt;
vgl. auch *Köhler*, BayVBl. 1988, 33 (37); krit. *ders.*, BayVBl. 1983, 168 (174).

[28] Ein dahingehender Beschluss des Landtages wäre nichtig.

[29] *Köhler*, BayVBl. 1983, 168 (172).

[30] *Meder*, Art. 44 Rn. 3; Art. 8 III, IV StRG.

[31] A.A. *Köhler*, BayVBl. 1983, 168 (171) sowie die h. M. zu Art. 69 GG, vgl. *Jarass/Pieroth*, Art. 69
Rn. 3.

[32] So auch Art. 9 I Nr. 2, V StRG.

[33] Art. 9 IV, V StRG. Nach Art. 9 IV 2, V StRG kann der neu gewählte Ministerpräsident, wenn zwischen seiner Vereidigung und der Vereidigung der neuen Staatsminister und Staatssekretäre ein Zeitraum liegt, die bisherigen Staatsminister und Staatssekretäre oder einige oder auch nur einen von ihnen
mit der Weiterführung der Amtsgeschäfte bis zur Vereidigung der Nachfolger beauftragen. In diesem
Zeitraum bleiben sie (wenn sie es bisher waren) Mitglieder des Bundesrats und können Bayern dort
vertreten.

5. Das vorzeitige Ende der Amtsdauer durch Tod

18   a) Das Amt des Ministerpräsidenten endet durch den **Tod**.[34] Hinsichtlich des Todesbegriffs dürfte in Zweifelsfällen auf den Hirntod nach § 3 des Transplantationsgesetzes abzustellen sein.[35] Kein Fall des IV stellt eine lang andauernde oder gar irreversible **Erkrankung** dar. Steht nach ärztlicher Diagnose fest, dass eine Wiederaufnahme der Geschäfte durch den erkrankten Ministerpräsidenten aus medizinischen Gründen auf Dauer ausgeschlossen ist (z. B. massive Schädigung des Gehirns nach Schlaganfall, nicht indes bei auch nur geringer Aussicht auf Heilung bei einer Krebserkrankung), dürfte – um eine möglicherweise mehrjährige Vertretung nach Art. 46 zu vermeiden – eine **entsprechende Anwendung des Art. 44 IV, V** in Betracht kommen (vgl. auch Rn. 8 zu Art. 46).

19   b) **Konsequenzen** des Todes des Ministerpräsidenten:

aa) **Wahl eines neuen Ministerpräsidenten nach IV, V**, wie oben 4.b. (Rn. 14).

bb) Nach dem Wortlaut des III 4 geht die **Vertretung nach außen** nur im Falle des Rücktritts auf den Landtagspräsidenten über. Richtigerweise wird man III 4 aber auch auf den Fall des Todes anwenden müssen. Dafür spricht nicht nur der Repräsentationsaspekt der Außenvertretung, sondern insbesondere der Gesichtspunkt, dass die Außenvertretung eine Aufgabe des Ministerpräsidenten als selbständiges oberstes Staatsorgan, nicht als Teilorgan der Staatsregierung ist, so dass eine Vertretung insoweit durch den stellvertretenden Ministerpräsidenten weniger sachgerecht ist.[36]

cc) Im Übrigen führt bis zur Vereidigung eines neuen Ministerpräsidenten der **Stellvertreter** die Geschäfte weiter (Art. 8 IV StRG). Der Tod hat – anders als der Rücktritt des Ministerpräsidenten – **nicht den Rücktritt der Staatsregierung als solcher** zur Folge.[37] Die Staatsminister und Staatssekretäre bleiben regulär im Amt. Beabsichtigt der neu gewählte Ministerpräsident eine Kabinettsumbildung, muss er die entsprechenden Kabinettsmitglieder mit Zustimmung des Landtags entlassen und neue benennen (Art. 45). Im Falle des Ressortwechsels von Kabinettsmitgliedern ist eine Zustimmung des Landtags entbehrlich, da es sich hierbei nur um eine Änderung der Zuweisung der Geschäftsbereiche nach Art. 50 handelt (Rn. 6).

6. Das vorzeitige Ende der Amtsdauer durch Auflösung des Landtages (Art. 18 I, III)

20   Nicht geregelt ist die Konsequenz einer – bislang nicht praktisch gewordenen – **Auflösung des Landtages nach Art. 18 I, III** (Selbstauflösung; Volksentscheid) auf die Stellung des Ministerpräsidenten und der Staatsregierung.[38] Hier dürfte Folgendes gelten: (1) Mit der Auflösung des Landtages verliert die Staatsregierung ihre parlamentarische Legitimation[39], das Amt des Ministerpräsidenten und der Staatsminister/Staatssekretäre endet in entsprechender Anwendung des Art. 44 III 3. (2) Ministerpräsident und Staatsregierung führen die Geschäfte bis zur Vereidigung eines neuen Ministerpräsidenten weiter (davon

---

[34] Art. 8 I StRG. Gleiches gilt im Falle des Amtsverlustes nach § 45 III StGB und § 39 II BVerfGG („bürgerlicher Tod").

[35] *Murswiek*, in: Sachs, Art. 2 Rn. 142: vollständiger und irreversibler Zusammenbruch der Gesamtfunktion des Gehirns; allerdings ist das Hirntodkonzept deutlicher Kritik ausgesetzt (vgl. die Nachweise bei *Murswiek*, a. a. O.).

[36] Wie hier *Köhler*, BayVBl. 1983, 168 (172); a. A. *Kratzer*, BayVBl. 1962, 293 (294); anders auch Art. 8 III, IV StRG.

[37] Davon geht auch Art. 9 StRG aus. A.A. *Schweiger*, Art. 44 Rn. 6 a mit der Begründung des Gleichlaufes von Tod und Rücktritt.

[38] Vgl. zur Verlängerung andererseits Art. 115 h I GG.

[39] *Meder*, Art. 44 Rn. 4. Darüber herrschte im Rahmen der Entstehung der Verfassung Einigkeit. *Nawiasky* bezeichnete es als selbstverständlich, „dass, wenn der Landtag sich auflöse, die Regierung selbstverständlich auch gehen müsse". (7. Sitzung des VVA am 3. 4. 1946; abgedr. in: *Gelberg*, Die Protokolle des VVA in Bayern 1946, 2004, S. 154).

geht auch Art. 26 aus), der nach Neuwahl des Landtages (vgl. Art. 18 IV) nach Art. 44 I, II gewählt wird.

Art. 45 [Berufung und Entlassung der Staatsminister und Staatssekretäre]

Der Ministerpräsident beruft und entlässt mit Zustimmung des Landtags die Staatsminister und Staatssekretäre.

Parallelvorschriften im GG und anderen Landesverfassungen: Art. 64 I GG; Art. 46 II BaWüVerf; Art. 56 II BerlVerf; Art. 84 BbgVerf; Art. 107 II BremVerf; Art. 34 II HmbVerf; Art. 101 II HessVerf; Art. 43 M-VVerf; Art. 29 II NdsVerf; Art. 52 III NRWVerf; Art. 98 II RhPfVerf; Art. 87 I SaarlVerf; Art. 60 IV SächsVerf; Art. 65 III VerfLSA; Art. 26 II SchlHVerf; Art. 70 IV ThürVerf.

Literatur: Badura, Das politische Amt des Ministers, FS für Quaritsch, 2000, S. 295 ff; s. auch die Nachweise vor Art. 43.

I. Allgemeines

1. Bedeutung

Art. 45 bildet die **zweite Stufe der Regierungsbildung** (Rn. 5 f. zu Art. 44). Der Mi- **1** nisterpräsident stellt die Staatsregierung (Art. 43 II) nach seinem **politischen Ermessen** zusammen, bedarf dafür aber der Zustimmung des Landtages. Dieser indes hat keine Möglichkeit, gegen den Willen des Ministerpräsidenten einen Staatsminister oder Staatssekretär per Misstrauensvotum (anders § 59 II VU 1919) aus der Staatsregierung zu entfernen. Eine dem Art. 44 III 2 vergleichbare Rücktrittspflicht von Staatsministern und Staatssekretären besteht nicht, da der Ministerpräsident jeden Staatsminister und Staatssekretär nach seinem politischen Ermessen, allerdings mit Zustimmung des Landestags, entlassen kann. Stimmt der Landtag einer Entlassung nicht zu oder kommt der Ministerpräsident umgekehrt einer entsprechenden Aufforderung des Landtags nach Entlassung nicht nach, kann ein Fall des Art. 44 III 2 gegeben sein. Art. 45 bewirkt eine „Geschlossenheit" des Kabinetts[1], macht allerdings Staatsminister und Staatssekretäre vom Ministerpräsidenten politisch abhängig, insbesondere, wenn diese nicht Mitglied des Landtages sind oder in diesem keine politische „Hausmacht" haben.

2. Entstehung

Art. 32 VE formulierte: „Der Ministerpräsident beruft seine Minister", von Entlassung **2** war nicht die Rede. Auch Staatssekretäre waren nicht erwähnt, wohl aber in Art. 33 VE, der zudem ein destruktives Misstrauensvotum des Landtages regelte. In Art. 32 E sah der VVA dann die Berufung und Entlassung der Staatsminister und Staatssekretäre durch den Ministerpräsidenten vor, wobei die Berufung der Bestätigung des Landtags mit einfacher Mehrheit bedurfte. Die Zustimmung wurde im VA auf die Entlassung erstreckt. Ein Misstrauensvotum des Landtags gegenüber den Staatsministern und Staatssekretären war nicht mehr vorgesehen.

3. Verhältnis zum Grundgesetz

Art. 45 weicht durch den parlamentarischen Zustimmungsvorbehalt von Art. 64 I GG **3** ab, was aber im Hinblick auf Art. 28 I 1 GG **unbedenklich** ist.

II. Einzelkommentierung

1. Das Amt der Staatsminister und der Staatssekretäre

Zu Funktion und Stellung von Staatsministern und Staatssekretären, insbes. zum Res- **4** sortprinzip s. Rn. 6 ff. vor Art. 43 sowie die Erläuterungen zu Art. 51. Vom **Amt** des Staatsministers und des Staatssekretärs zu unterscheiden ist die **Person,** die dieses Amt je-

---

[1] *Nawiasky,* BayVBl. 1956, 355 f.

weils wahrnimmt. Deren Rechtsstellung bestimmt sich nach dem Gesetz über die Rechtsverhältnisse der Mitglieder der Staatsregierung (StRG).[2] Nach Art. 1 dieses Gesetzes
stehen die Mitglieder der Staatsregierung zum Freistaat Bayern in einem **spezifischen
öffentlich-rechtlichen Amtsverhältnis**[3], nicht indes in einem Beamtenverhältnis.

2. Die Inamtsetzung der Staatsminister und Staatssekretäre

5   a) Die Staatsminister und Staatssekretäre (zur Anzahl und zur „Verteilung" s. Rn. 9 zu
Art. 43) werden vom Ministerpräsidenten berufen. Art. 45 begründet eine verfassungsrechtliche **Pflicht** des Ministerpräsidenten **zur Bildung der Staatsregierung.** Kommt
er dieser in angemessener Zeit[4] nicht nach oder „findet" er keine zur Amtsübernahme bereiten geeigneten Personen, kann ein Fall des Art. 44 III 2 vorliegen. Bei der Auswahl ist
der Ministerpräsident rechtlich weitgehend frei, ihm steht ein **weites politisches Ermessen** zu, das indes durch den Zustimmungsvorbehalt des Landtags begrenzt ist.[5] Auch
wenn die Verfassung keine **Anforderungen** an Alter, Qualifikation, Staatsangehörigkeit[6],
bisherige Amtsdauer etc. stellt[7], wird der Ministerpräsident in der Staatspraxis mehr-
heitsfähige, „ministrable" Personen mit einem Mindestmaß an Fachkenntnissen berufen[8]
und den parteipolitisch motivierten „Regionalproporz" beachten; zu Inkompatibilitäten
s. Art. 57 sowie Rn. 7 zu Art. 44. Staatsminister und Staatssekretäre können zugleich Land-
tags- oder Bundestagsabgeordnete sein[9]. Politische Zusagen (etwa im Wahlkampf durch
Berufung in ein sog. „Schattenkabinett") vermitteln keinen verfassungsrechtlichen Anspruch auf Berufung ins Kabinett. Umgekehrt ist der Berufene nicht zur Annahme des
Amtes verpflichtet.

---

[2] G.v. 4. 12. 1961 (BayRS 1102-1-F), zuletzt geändert durch Gesetz vom 7. 12. 2004 (GVBl S. 489);
dort sind u. a. geregelt: Amtsverhältnis mit den Rechten und Pflichten; Amtsbezüge; Versorgung;
Ausscheiden aus einem Beamten- oder Richterverhältnis.

[3] Es handelt sich um ein öffentliches Amt im Sinne des § 39 II BVerfGG und der §§ 31, 43, 92 a,
101 Nr. 3 StGB.

[4] Die Verfassung legt nicht fest, innerhalb welcher **Frist** der Ministerpräsident die Berufung der
Staatsminister und Staatssekretäre vornehmen muss. Er kann es frühestens in unmittelbarem
Anschluss an seine Vereidigung tun (da er erst ab diesem Zeitpunkt im Amt ist). Als spätester Termin
dürfte die 4-Wochen-Frist des Art. 44 V (in analoger Anwendung) heranzuziehen sein. Wird diese Frist
überschritten und lassen sich dafür keine triftigen Gründe anführen, hat der Landtagspräsident den
Landtag aufzulösen, wenn nicht der Ministerpräsident vorher zurücktritt (Art. 44 III 2). Wahl des
Ministerpräsidenten (Art. 44 I), seine Vereidigung, die Bestellung der Staatsminister und Staatssekretäre (Art. 45), die Bestellung des Stellvertreters des Ministerpräsidenten (Art. 46) und die Entscheidung
nach Art. 49 können in derselben Sitzung des Landtags erfolgen. Auch wenn sie zeitlich zusammenfallen, handelt es sich um verfassungsrechtlich zu unterscheidende Akte. Für die **Zeit zwischen der Vereidigung des Ministerpräsidenten und der Vereidigung der neuen Staatsminister und Staatssekretäre** kann der Ministerpräsident die bisherigen Amtsinhaber oder einige von ihnen nach Art. 9
III, V StRG mit der Weiterführung der Amtsgeschäfte beauftragen. Verpflichtet dazu ist der Ministerpräsident nicht, die bisherigen Amtsinhaber können die Weiterführung nicht ablehnen und auch nicht
mehr zurücktreten, da ihr Amt bereits geendet hat (Art. 9 I Nr. 1 StRG). Die ihre Geschäfte weiterführenden Staatsminister/Staatssekretäre bleiben (wenn sie es waren) Mitglieder des Bundesrats. Der neu
gewählte Ministerpräsident muss nicht sofort Mitglied des Bundesrates sein, da er noch nicht von der
Staatsregierung bestellt ist (Art. 51 I GG). War der neue Ministerpräsident bisher Staatsminister oder
Staatssekretär, kann er sich selbst nach Art. 9 III, V StRG mit der Weiterführung der Geschäfte beauftragen. Er fungiert dann als Ministerpräsident und kommissarischer Staatsminister oder Staatssekretär.
Dies ist vor dem Hintergrund unbedenklich, dass sich der Ministerpräsident nach Art. 50 einen oder
mehrere Geschäftsbereiche selbst vorbehalten kann.

[5] Die Berufung eines Staatssekretärs bedarf nicht der Zustimmung des Staatsministers, dem er
zugewiesen wird.

[6] A. A. *Meder*, Art. 45 Rn. 1: deutsche Staatsangehörigkeit sei unerlässlich.

[7] Allerdings darf die zu berufende Person nicht die Fähigkeit zur Bekleidung öffentlicher Ämter
verloren haben (vgl. § 39 II BVerfGG; §§ 31, 43 III, 92 a und 101 Nr. 3 StGB).

[8] *Dauster*, BayVBl. 1988, 417 (419).

[9] *Meder*, Art. 45 Rn. 1; *Ziller*, DVBl. 1962, 577; VerfGH 24, 137 (151).

b) Die Berufung bedarf der (vorherigen oder nachträglichen) **Zustimmung**[10] des 6
Landtages.[11] Es genügt einfache Mehrheit bei Anwesenheit der Mehrheit der Mitglieder
des Landtages (Art. 23 I, II). Stimmt der Landtag nicht zu, ist die Berufung gescheitert[12],
womit ein Fall des Art. 44 III 2 vorliegen kann, aber nicht muss. Der Landtag kann formell
keine eigenen Personalvorschläge unterbreiten, sondern den einzelnen Berufungsvor-
schlag des Ministerpräsidenten nur ablehnen oder annehmen.[13] Freilich kann er – auf
politischem Felde – informelle Vorschläge oder Präferenzen zum Ausdruck bringen. Die
Zustimmung, die nicht widerruflich ist, muss für jeden einzelnen Staatsminister und
Staatssekretär erfolgen und ist nicht auf das Kabinett als Ganzes beschränkt.

c) Das Amt der Staatsminister und Staatssekretäre beginnt mit der **Vereidigung.**[14]   7

3. Das reguläre Ende der Amtsdauer

Art. 45 nennt anders als Art. 44 I **keine Berufungsdauer.** Tritt kein besonderer Be- 8
endigungsgrund ein (dazu sogleich Rn. 9 ff.), endet das Amt der Staatsminister und Staatssekretäre „regulär" mit dem regulären Ende des Amtes des Ministerpräsidenten, also mit
der Vereidigung des neuen Ministerpräsidenten nach regulärer Neuwahl.[15]

4. Das vorzeitige Ende der Amtsdauer

a) Das Amt des Staatsministers (und des Staatssekretärs) endet **vor dem regulären
Ende** der Amtsdauer (soeben Rn. 8) durch:

aa) **Tod**[16]. In diesem Fall kann der Ministerpräsident mit Zustimmung des Landtags 9
einen neuen Staatsminister oder Staatssekretär berufen, aber nach Art. 50 S. 1 auch eine
„Kabinettsumbildung" vornehmen, Geschäftsbereiche (mit Zustimmung des Landtags,
Art. 49) zusammenlegen oder sich den Geschäftsbereich selbst vorbehalten (Art. 50 S. 2).
Ein Staatssekretär muss nicht ersetzt werden; wird er ersetzt, kann er auch einem anderen
Staatsminister zugewiesen werden. Bis zur Bestellung eines neuen Staatsministers bzw. bis
zur Entscheidung nach Art. 50 führt die Geschäfte der Staatssekretär (Art. 51 II 2); ist ein
solcher nicht zugewiesen, der jeweils vertretende Staatsminister (s. Erläuterungen zu
Art. 51). Eine Vertretung des verstorbenen Staatssekretärs ist nicht vorgesehen.

---

[10] Die Zustimmung bezieht sich nur auf die Berufung in das Amt des Staatsministers oder
Staatssekretärs, nicht auf die Zuweisung eines Geschäftsbereichs oder einer Sonderaufgabe (Art. 50)
und auch nicht auf die Zuweisung eines bestimmten Staatssekretärs zu einem bestimmten Staatsminister (Art. 51 II); insoweit ist der Ministerpräsident nicht auf die Zustimmung des Landtages
angewiesen. Davon zu unterscheiden ist die Entscheidung des Ministerpräsidenten nach Art. 49
(Bestimmung der Zahl und Abgrenzung der Geschäftsbereiche), die der Bestätigung durch Beschluss des Landtags bedarf.

[11] Die Inamtsetzung der Staatsminister und Staatssekretäre erfolgt also in drei Stufen: (1) Beru-
fungserklärung (öffentlich-rechtliche Willenserklärung) des Ministerpräsidenten gegenüber der als
Staatsminister oder Staatssekretär zu berufenden Person, die bis zur Zustimmung des Landtags widerrufen werden kann. Danach kommt nur die Entlassung mit Zustimmung des Landtags in Betracht. (2)
Zustimmung des Landtags. (3) Vereidigung, mit der nach Art. 2 II StRG das Amtsverhältnis
beginnt.

[12] Eine gleichwohl unzulässigerweise erfolgende Vereidigung lässt ein Amt nicht beginnen.

[13] Es ist daher nicht gerechtfertigt, von „gesamthänderischer Kompetenzwahrnehmung" durch
Landtag und Ministerpräsident zu sprechen, so aber *Dauster,* BayVBl. 1988, 417 (419).

[14] Art. 2 II StRG.

[15] Art. 9 I Nr. 1, V StRG. Nach Art. 9 III StRG kann der neue Ministerpräsident den Staatsminister
(und den Staatssekretär, Art. 9 V StRG) mit der Weiterführung der Amtsgeschäfte bis zur Vereidigung
des für seinen Geschäftsbereich berufenen neuen (auch personenidentischen) Staatsministers beauftragen. Dieser hat kein Ablehnungsrecht. Will er die übergangsweise Geschäftsführung „unter" einem
neuen Ministerpräsidenten vermeiden, muss er *vor* dessen Vereidigung zurücktreten (mit der Folge,
dass sein Amt endet).

[16] Art. 9 I, V StRG. Gleiches gilt im Falle des Verlustes der Amtsfähigkeit nach § 45 III StGB und
§ 39 II BVerfGG. Anderes gilt beim Tod des Ministerpräsidenten (dazu unten Rn. 14).

10   bb) **Rücktritt** des Staatsministers oder Staatssekretärs, der − obwohl in der Verfassung nicht geregelt[17] − jederzeit ohne Grund oder Angabe von Gründen, ohne Zustimmung des Ministerpräsidenten und des Landtages möglich ist. Die Rücktrittserklärung, die **gegenüber dem Ministerpräsidenten** zu erfolgen hat und einer bestimmten Form nicht bedarf, ist nicht widerrufbar, der Ministerpräsident kann den Zurückgetretenen jedoch nach Art. 45 mit Zustimmung des Landtags erneut berufen. Eine dem Art. 44 III 2 vergleichbare Rücktrittspflicht besteht nicht, auch nicht im Falle entsprechender Aufforderungen durch den Landtag oder den Ministerpräsidenten, der indes das Entlassungsrecht hat. Zu den Konsequenzen eines Rücktritts wie Rn. 9. Es ist nicht vorgesehen, dass der zurückgetretene Staatsminister oder Staatssekretär die Geschäfte bis zur Bestellung eines neuen weiterführt.[18]

11   cc) **Rücktritt des Ministerpräsidenten.** s. zu den Konsequenzen Rn. 17 zu Art. 44.[19]

12   dd) **Entlassung.** Der Ministerpräsident kann einen Staatsminister oder Staatssekretär jederzeit ohne Gründe oder Angabe von Gründen entlassen.[20] Die Entlassung bedarf der Zustimmung des Landtages, der mit einfacher Mehrheit bei Anwesenheit der Mehrheit der Mitglieder des Landtages entscheidet (Art. 23 I, II). Die Entlassung wird erst mit (vorheriger oder nachträglicher) Zustimmung des Landtages wirksam. In der Zeit zwischen der Entlassungserklärung des Ministerpräsidenten (gegenüber dem Staatsminister oder Staatssekretär) und der Zustimmung durch den Landtag hat der Betreffende die vollen Rechte und Pflichten eines Mitglieds der Staatsregierung. Der Ministerpräsident darf ihm in dieser Zeit nicht etwa die Teilnahme an einer Kabinettssitzung verweigern. Der Ministerpräsident ist − unbeschadet des Art. 44 III 2 − zur Entlassung nicht verpflichtet, auch nicht auf ausdrücklichen Wunsch des Betreffenden selbst, des Landtags oder des Kabinetts oder bei politischem, öffentlichem Druck. Er kann ihn um freiwilligen Rücktritt bitten, ebenso wie der Betreffende einer Entlassung durch eigenen Rücktritt zuvorkommen kann. Die Entlassung eines Staatssekretärs ist ohne Beteiligung oder Einvernehmen des jeweiligen Staatsministers oder des Kabinetts zulässig[21], ebenso umgekehrt. Die Entlassung des Staatsministers bewirkt nicht die Entlassung des zugeordneten Staatssekretärs. Zu den Konsequenzen der Entlassung wie Rn. 9. Die Entlassung ist als gestaltende öffentlich-rechtliche Willenserklärung jedenfalls nach Zustimmung durch den Landtag nicht widerrufbar, der Ministerpräsident hat jedoch die Möglichkeit, den Entlassenen erneut nach Art. 45 zu berufen.

13   ee) **Auflösung** des **Landtages** nach Art. 18 I, III: s. Rn. 20 zu Art. 44.

14   b) Ein **vorzeitiges Ende** der Amtszeit von Staatsminister oder Staatssekretär bewirken **nicht:**

aa) der Tod des Ministerpräsidenten (s. Rn. 18 f. zu Art. 44),

bb) ein (in der Verfassung nicht vorgesehenes und daher unzulässiges) förmliches Misstrauensvotum des Landtages gegenüber dem Staatsminister oder dem Staatssekretär oder der Staatsregierung als ganzer,

cc) eine Entscheidung nach Art. 59, 61 i.V. m. Art. 31 ff. VerfGHG, die aber regelmäßig eine Entlassung zur Folge haben wird.

dd) Das Amt eines Staatssekretärs endet nicht allein durch das Ende des Amtes des jeweiligen Staatsministers.[22]

---

[17] Die voraussetzungslose Zulässigkeit des Rücktritts ist in Art. 9 I Nr. 4, V StRG unterstellt; es dürfte sich um einen Anwendungsfall ungeschriebenen Verfassungsrechts handeln.

[18] Vgl. Art. 9 III, IV StRG.

[19] Vgl. Art. 9 I Nr. 2, V sowie (zur Weiterführung der Amtsgeschäfte) Art. 9 IV StRG.

[20] Vgl. Art. 9 I Nr. 3, II, V StRG. In der Staatspraxis sind es regelmäßig gewichtige Gründe, die zu einer Entlassung führen, insbesondere ein gestörtes Vertrauensverhältnis zwischen Ministerpräsident und Staatsminister/Staatssekretär, die Nichtbeachtung der politischen Richtlinien etc., aber auch Fälle dauerhafter Amtsunfähigkeit, etwa infolge schwerer Erkrankung.

[21] Anders ist es bei den Parlamentarischen Staatssekretären auf Bundesebene, zu deren Entlassung das Einvernehmen des zuständigen Bundesministers notwendig ist, § 4 S. 2 ParlStG.

[22] *Herzog*, BayVBl. 1969, 225 (229).

Art. 46 [Stellvertreter des Ministerpräsidenten]

Der Ministerpräsident bestimmt mit Zustimmung des Landtags seinen Stellvertreter aus der Zahl der Staatsminister.

Parallelvorschriften im GG und anderen Landesverfassungen: Art. 69 I GG; Art. 46 II 2 BaWüVerf; Art. 91 I 2 BbgVerf; Art. 115 I BremVerf; Art. 43 S. 2 M-VVerf; Art. 29 II NdsVerf; Art. 52 III 2 NRWVerf; Art. 105 II 3 RhPfVerf; Art. 60 IV 2 SächsVerf; Art. 65 III VerfLSA; Art. 26 II 2 SchlHVerf; Art. 70 IV 2 ThürVerf.

Literatur: Wahl, Stellvertretung im Verfassungsrecht, 1971; *Köhler,* Die Stellvertretung des Bayerischen Ministerpräsidenten, BayVBl. 1983, 168.

I. Allgemeines

1. Bedeutung

Für den Fall, dass der Ministerpräsident ganz oder teilweise **verhindert** ist, seine Auf- **1** gaben wahrzunehmen, erfordert das Gebot der **Kontinuität der Staatspraxis,** dass er vertreten wird (zur Vertretung der Staatsminister s. die Erläuterungen zu Art. 51). Art. 46 regelt den Grundsatz der **Einzelvertretung** durch *einen* Staatsminister (nicht: Staatssekretär), der mit Zustimmung des Landtags vom Ministerpräsidenten bestellt wird. Es handelt sich nicht um ein eigenes dauerndes Amt, nicht um eine „ständige Vertretung" mit Arbeitsteilung[1], sondern um eine an den Vertretungsfall anknüpfende „intermittierende" Tätigkeit, deren Träger im voraus bestimmt ist. Außerhalb des Vertretungsfalls ist der Stellvertreter des Ministerpräsidenten „normaler" Staatsminister ohne besondere weitere Aufgaben oder Rechtsstellung.[2] Der Stellvertreter des Ministerpräsidenten ist weder „stellvertretender Ministerpräsident"[3], noch bekleidet er ein ressortfreies Stellvertreteramt. Damit kann allerdings eine schwache Stellung gegenüber dem in der politischen Praxis regelmäßig einflussreichen Leiter der Staatskanzlei verbunden sein.[4]

2. Entstehung

§ 58 IV VU 1919 sah keine Bestimmung des Stellvertreters durch den Ministerpräsiden- **2** ten selbst vor. Im VE fehlte eine Regelung über die Vertretung des Ministerpräsidenten überhaupt, Art. 33 E entspricht der Sache nach Art. 46.

---

[1] *Wahl,* Stellvertretung im Verfassungsrecht, 1971, S. 27.

[2] Eine Ausnahme ergibt sich aus Art. 10 I Nr. 3 StRG, wonach der Stellvertreter des Ministerpräsidenten eine Dienstaufwandsentschädigung in Höhe von 900 € erhält, wohingegen sonstige Staatsminister nur 650 € beziehen.

[3] *Köhler,* BayVBl. 1983, 168 (169; in Fn. 11).

[4] *Köhler,* BayVBl. 1983, 168 (173). Allerdings ist es möglich, dass der Leiter der Staatskanzlei, wenn er als Staatsminister (mit Sonderaufgabe) bestellt ist (Art. 50 S. 1), gleichzeitig nach Art. 46 zum Stellvertreter des Ministerpräsidenten bestimmt wird.

3. Verhältnis zum Grundgesetz

3   Art. 46 weicht durch den parlamentarischen Zustimmungsvorbehalt von Art. 69 I GG ab, was aber im Hinblick auf Art. 28 I 1 GG **unbedenklich** ist.

II. Einzelkommentierung

1. Die Bestimmung des Stellvertreters des Ministerpräsidenten

4   a) Der Ministerpräsident bestimmt seinen Stellvertreter selbst, worin sich seine dominierende Stellung in der Staatsregierung manifestiert (vgl. Rn. 10 vor Art. 43). Er ist bei der Auswahl **rechtlich wie politisch frei,** an Vorschläge nicht gebunden, bedarf indes der Zustimmung des Landtages. Einzige Bedingung ist, dass der Stellvertreter zugleich Staatsminister (nicht: Staatssekretär) ist. Auch ein Staatsminister, dem lediglich eine Sonderaufgabe zugewiesen ist, kann zum Stellvertreter bestimmt werden, wenn die Sonderaufgabe nicht allein in der Stellvertretung besteht. Die Voraussetzungen des Art. 44 II („Bayer", 40 Jahre) müssen nicht vorliegen[5], auf Alter, Erfahrung, Dauer der Zugehörigkeit zum Kabinett oder die Gewichtigkeit des zugewiesenen Geschäftsbereichs[6] oder der Sonderaufgabe kommt es nicht an. Auch ein politisches „Leichtgewicht" kann zum Stellvertreter bestimmt werden, wenn der Landtag zustimmt. Ein Anspruch eines Staatsministers auf (erneute) Bestimmung zum Stellvertreter besteht nicht. Der zum Stellvertreter Bestimmte kann die Funktion ablehnen. Der Ministerpräsident muss einen Stellvertreter bestellen; bei Verstoß gegen die Bestimmungspflicht[7] kann ein Verfahren nach Art. 59 in Betracht kommen. Eine Bestimmungsfrist ist nicht festgelegt, der Grundsatz der Kontinuität gebietet jedoch eine Bestimmung spätestens in unmittelbarem Anschluss an die Bestellung nach Art. 45, um das Risiko eines Vertretungsfalls ohne Stellvertreter zu minimieren (dazu Rn. 12 f.).

5   b) Für die **Zustimmung** des Landtages, die gemeinsam mit der Zustimmung nach Art. 45, aber auch getrennt davon – spätestens – im Anschluss daran[8] erfolgen kann, genügt die einfache Mehrheit bei Anwesenheit der Mehrheit der Mitglieder des Landtags (Art. 23 I, II). Fehlt die Zustimmung, ist die Bestellung des Vertreters unwirksam (tritt ein Vertretungsfall ein, Rn. 12 f.).

2. Die Beendigung der Funktion des Stellvertreters des Ministerpräsidenten

6   a) Die Funktion des Stellvertreters **endet** (1) mit dem Ende des Amts als Staatsminister (Vereidigung eines neuen Ministerpräsidenten, Tod, Rücktritt, Entlassung[9], Rn. 8 ff. zu Art. 45). (2) Der Stellvertreter kann auch **isoliert** von der Stellvertretung „zurücktreten", indes als Staatsminister im Amt bleiben. Tritt er hingegen als Staatsminister zurück, endet auch die Funktion als Stellvertreter. (3) Obwohl Art. 46 insofern schweigt, muss der Ministerpräsident – etwa bei gestörtem Vertrauen oder bei unzureichender Leistung des Stellvertreters im Vertretungsfall – nach seinem politischen Ermessen die Bestimmung seines Stellvertreters in analoger Anwendung des Art. 46 – also mit Zustimmung des Landtags – rückgängig machen können, ohne dass er den Stellvertreter als Staatsminister nach Art. 45 entlässt. Ein formelles Misstrauensvotum des Landtags existiert auch gegenüber dem Stellvertreter nicht. In den Fällen (1) bis (3) muss der Ministerpräsident unverzüglich einen neuen Stellvertreter nach Art. 46 bestimmen.

---

[5] *Köhler,* BayVBl. 1983, 168 (172).

[6] Auch eine Inkompatibilität mit dem Amt des Finanzministers trotz dessen Sonderstellung auf Grund der Haushaltsordnung (vgl. etwa Art. 28, 31 BayHO; Art. 80 I BV) besteht nicht, Argument: Der Ministerpräsident kann sich selbst das Amt des Finanzministers vorbehalten (Art. 50 S. 2).

[7] *Köhler,* BayVBl. 1983, 168 (172).

[8] Dies hängt davon ab, ob der Ministerpräsident die Bestimmung seines Stellvertreters gleichzeitig mit der Berufung der Staatsminister und Staatssekretäre (Art. 45) vornimmt oder erst im Anschluss daran. In dieser Entscheidung ist der Ministerpräsident frei.

[9] Vgl. Art. 9 I StRG.

b) Die Funktion des Stellvertreters **endet nicht** im Fall des **Todes des Ministerpräsi- 7 denten** (Führung der Geschäfte durch den Stellvertreter[10]; s. Rn. 19 zu Art. 44) und auch nicht mit dessen **Rücktritt** (obwohl in diesem Fall das Amt als Staatsminister endet; Rn. 14 ff. zu Art. 44); letzterenfalls führt der Stellvertreter die Geschäfte – mit Ausnahme der Vertretung nach außen (Art. 44 III 4) – bis zur Vereidigung eines neuen Ministerpräsidenten weiter, wenn der zurückgetretene Ministerpräsident die Geschäftsführung ausdrücklich ablehnt[11] oder soweit währenddessen kommissarischer Geschäftsführung ein Vertretungsfall eintritt.

3. Der Vertretungsfall und dessen Modalitäten

a) Der Stellvertreter des Ministerpräsidenten tritt als solcher nur im **Verhinderungsfall**[12] 8 in Aktion (Vertretungsfall). Der Ministerpräsident kann nicht – etwa aus Amtsmüdigkeit (dafür steht der Rücktritt zur Verfügung, Art. 44 III 1) – einzelne oder alle Aufgaben auf den Stellvertreter delegieren. Die StRGO unterscheidet **drei Fallgruppen der Verhinderung:** (1) Der Ministerpräsident kann sich aus **dringenden Gründen** (z. B. Erkrankung, Befangenheit, Urlaub) für verhindert erklären, auch im Hinblick auf Teilbereiche (§ 2 II StRGO; Grundsatz der Selbstbeurteilung des Verhinderten). Bei Vorliegen objektiver Gründe ist der Ministerpräsident verpflichtet, sich für verhindert zu erklären. (2) **Abwesenheit** vom Dienstort oder kurzfristige Erkrankung des Ministerpräsidenten bewirken den Vertretungsfall, wenn er zur Entscheidung über unaufschiebbare Amtsgeschäfte innerhalb des Bundesgebiets auch fernmündlich oder fernschriftlich nicht zu erreichen ist (§ 2 III StRGO), wobei die Beschränkung dieser Regelung auf das Bundesgebiet nicht nachvollziehbar ist.[13] (3) Eine **länger dauernde Verhinderung,** etwa im Falle einer schwereren Erkrankung des Ministerpräsidenten, wird durch Beschluss des Ministerrats konstitutiv, nicht lediglich deklaratorisch festgestellt (§ 2 IV StRGO), insbesondere wenn sich der Ministerpräsident selbst nicht für verhindert erklären kann oder dies trotz offensichtlicher Amtsunfähigkeit nicht tun will. Zum Problem der **Irreversibilität einer Erkrankung** mit der Folge, dass eine Wiederaufnahme der Geschäfte des Ministerpräsidenten ausgeschlossen erscheint, s. bereits Rn. 18 zu Art. 44. Auch in einem solchen Fall liegt ein Vertretungsfall vor, man wird jedoch differenzieren müssen: Ist der Zeitraum der restlichen regulären Amtszeit überschaubar, was bei bis zu einem Jahr zu bejahen ist, so führt der Stellvertreter die Geschäfte weiter. Ist der Zeitraum länger, dürfte eine analoge Anwendung der Vorschriften über den Tod des Ministerpräsidenten sachgerecht sein (Art. 44 IV, V).

b) Die Stellvertretung erfolgt nur, **solange** und **soweit** der Ministerpräsident verhin- 9 dert ist. Ausmaß, Art und Dauer der Verhinderung steuern mithin die Modalitäten der Vertretung. Zu unterscheiden ist (1) die **Ersatzvertretung,** bei der der Vertretungsfall alle Dienstgeschäfte betrifft und (2) die **Nebenvertretung,** die sich auf einzelne Tätigkeiten (bei teilweiser Verhinderung)[14] bezieht. Der Ministerpräsident kann dem Stellvertreter Weisungen zur Wahrnehmung der Stellvertretung erteilen.[15]

4. Die Vertretungstätigkeit und ihre Grenzen

a) Im Vertretungsfall handelt der Stellvertreter, der zugleich weiterhin seine Aufgaben 10 als Staatsminister wahrnimmt, **nicht als Ministerpräsident,** aber in **dessen Funktion**

---

[10] Art. 8 IV StRG.

[11] Art. 8 III, IV StRG.

[12] *Köhler,* BayVBl. 1983, 168 (169) definiert die Verhinderung als „vorübergehende, behebbare Unfähigkeit zur Ausübung von Amtsbefugnissen".

[13] Befindet sich der Ministerpräsident etwa auf einer Dienstreise in Brüssel und ist er dort per Handy oder Fax für eine Entscheidung erreichbar, so dürfte insoweit ein Vertretungsfall nicht vorliegen; ähnlich *Köhler,* BayVBl. 1983, 168 (170). Anderes gilt, wenn zur gleichen Zeit eine Kabinettssitzung stattfindet, die dann selbstverständlich vom Stellvertreter geleitet werden muss.

[14] *Köhler,* BayVBl. 1983, 168 (169).

[15] *Köhler,* BayVBl. 1983, 168 (170).

mit entsprechender Verantwortung gegenüber dem Landtag. Dieser kann den Stellvertreter des Ministerpräsidenten im Umfang des Vertretungsfalls nach Art. 24, im übrigen als Staatsminister, zitieren. Die **Handlungen des Stellvertreters** (etwa Leitung der Kabinettssitzung; Ausübung des Begnadigungsrechts; Unterbreitung der Vorlagen der Staatsregierung an den Landtag) sind rechtlich als **Handlungen des Ministerpräsidenten** zu qualifizieren. Grundsätzlich deckt sich das Spektrum der Vertretungsbefugnis mit dem Aufgabenspektrum des Ministerpräsidenten: Vertretung ist in grundsätzlich allen Aufgaben (Ausnahme: Art. 44 III 4) möglich. Sie ist insbesondere nicht auf die Aufgaben des Ministerpräsidenten als Teilorgan der Staatsregierung begrenzt, sondern umfasst auch dessen Stellung als oberstes Staatsorgan (s. Rn. 10 ff. vor Art. 43). Der Stellvertreter **zeichnet** mit „In Vertretung" („i.V.").[16] Leitet der Stellvertreter eine Sitzung der Staatsregierung (Art. 47 I), hat er bei der Abstimmung keine weitere Stimme als Staatsminister; Art. 54 Satz 2 ist im Falle der Stimmengleichheit anwendbar.

11   b) Allerdings ergeben sich aus dem Wesen und der Kontinuitätsfunktion der Stellvertretung auch **Grenzen ihrer Ausübung.** Der Stellvertreter darf selbstverständlich nicht für den Ministerpräsidenten zurücktreten[17] (Rücktritt ist eine höchstpersönliche Handlung) oder inhaltlich und personell die Politik des Ministerpräsidenten nicht konterkarieren; er hat „political self restraint" zu üben. Der Stellvertreter hat daher (1) die **Richtlinien der Politik des Ministerpräsidenten** (Art. 47 II) zu **beachten** (§ 2 I 2 StRGO)[18], auch wenn er einer anderen Partei als der Ministerpräsident angehören sollte. Er darf (2) keine **Organisationsentscheidungen** betreffend die Staatsregierung treffen, also nicht Staatsminister und Staatssekretäre berufen oder entlassen (Art. 45), die Zahl und Abgrenzung der Geschäftsbereiche nicht ändern, selbst wenn der Landtag zustimmen sollte (Art. 49), und die Geschäfte und Staatssekretäre nicht anders verteilen (Art. 50, 51 II). Eine Ausnahme kann bei langer Vertretungsdauer (lange Erkrankung) und dringendem Handlungsbedarf bestehen. *Beispiel:* Der Ministerpräsident ist wegen Krankheit für ein Jahr amtsunfähig und nicht ansprechbar (z. B. künstliches Koma). In dieser Zeit treten mehrere Staatsminister zurück. Hier erscheint es vertretbar, dass der Stellvertreter nach Art. 45 Neubesetzungen mit Zustimmung des Landtages vornimmt, die der Ministerpräsident nach Wiedergenesung allerdings nach Art. 45 wieder rückgängig machen kann.[19]

5. Vertretungsfall ohne Stellvertreter

Zwei Fälle sind insoweit zu unterscheiden:

12   a) Bei Eintritt des Vertretungsfalles **existiert kein Stellvertreter,** weil noch keine (wirksame) Bestimmung nach Art. 46 erfolgt ist oder die Funktion des Stellvertreters geendet hat und noch kein neuer Stellvertreter bestimmt ist. In einem solchen Fall sind folgende Lösungen denkbar: Wahl eines Stellvertreters durch die Staatsregierung mit Zustimmung des Landtags (vorzugswürdig), Bestimmung allein durch den Landtag oder durch den Landtagspräsidenten mit Zustimmung des Landtags.

13   b) Existiert zwar ein **Stellvertreter,** ist dieser aber **seinerseits verhindert** (doppelter Vertretungsfall), so geht nach § 2 V 1 StRGO (eine Regelung in der Verfassung selbst fehlt) die Stellvertretung auf den dienstältesten Staatsminister, bei gleichem Dienstalter auf den ältesten[20] von ihnen über. Dieser hat dann die Stellung des Stellvertreters. Nicht geregelt ist der Fall, dass das gesamte Kabinett verhindert ist (z. B. Geiselnahme aller Regierungsmitglieder); in diesem Fall kommt die Führung der Geschäfte durch den Präsidenten des Landtags in Betracht.

---

[16] § 2 I 3 StRGO.

[17] Den Stellvertreter trifft eine Rücktrittspflicht nach Art. 44 III 2 auch selbst nicht.

[18] Er kann etwa keine Regierungserklärung für den Ministerpräsidenten abgeben und dort eigene politische Richtlinien i. S. d. Art. 47 II formulieren.

[19] Restriktiver *Köhler,* BayVBl. 1983, 168 (169).

[20] Bei gleichem Alter kommt es auf den Geburtszeitpunkt an; ist dieser nicht feststellbar, so entscheidet das Los.

6. Handeln des Stellvertreters außerhalb oder jenseits des Vertretungsfalles

Liegt ein **Vertretungsfall nicht** vor (oben Rn. 8) oder **überschreitet** der Stellvertreter **14** die **Grenzen der Vertretungstätigkeit** (oben Rn. 10 f.), so richtet sich die Rechtmäßigkeit gleichwohl erfolgter Vertretungshandlungen und Rechtsakte zunächst nach dem jeweils einschlägigen Recht (z. B. Art. 35 ff. BayVwVfG für Verwaltungsakte; Art. 14 BayBG für beamtenrechtliche Ernennungen). Existiert eine spezielle Regelung nicht, dürfte die Handlung aus Gründen der Rechtssicherheit grundsätzlich zunächst wirksam, aber vom Ministerpräsidenten ggf. rücknehmbar sein. Allerdings wird immer der Einzelfall im Blick zu stehen haben[21]: Eine in unzulässiger Stellvertretung geleitete Kabinettssitzung und die in dieser gefassten Beschlüsse haben Bestand, ein fälschlicherweise vom Stellvertreter ausgefertigtes Gesetz (Art. 76 I) dürfte nichtig sein, wenn der Ministerpräsident es nicht bestätigt.

Art. 47 [Aufgaben und Befugnisse des Ministerpräsidenten]

(1) Der Ministerpräsident führt in der Staatsregierung den Vorsitz und leitet ihre Geschäfte.
(2) Er bestimmt die Richtlinien der Politik und trägt dafür die Verantwortung gegenüber dem Landtag.
(3) Er vertritt Bayern nach außen.
(4) Er übt in Einzelfällen das Begnadigungsrecht aus.
(5) Er unterbreitet dem Landtag die Vorlagen der Staatsregierung.

Parallelvorschriften im GG und anderen Landesverfassungen: Art. 59 I, 60 II, 65 GG; Art. 49, 50, 52 II BaWüVerf; Art. 59, 81 BerlVerf.; Art. 89, 90, 91, 92 BbgVerf; Art. 115, 121 BremVerf; Art. 42, 43, 44 HmbVerf; Art. 102, 103, 109 HessVerf; Art. 46 I, 47, 49 M-VVerf; Art. 35, 36, 37 NdsVerf; Art. 54, 55 I, 57, 59 NRWVerf; Art. 101, 103, 104, 105 I RhPfVerf; Art. 90, 91 I, 93, 95 SaarlVerf; Art. 63 I, 65, 67 SächsVerf; Art. 68 I, 69, 85 VerfLSA; Art. 29 I, 30 I, 32 SchlHVerf; Art. 76 I, 77, 78 II, IV ThürVerf.

Rechtsprechung: VerfGH 18, 140; 31, 230 (Begnadigung); 58, 212 (Richtlinien der Politik); BVerfGE 25, 352 (Begnadigung).

Literatur: Eschenburg, Die Richtlinien der Politik im Verfassungsrecht und in der Verfassungswirklichkeit, DÖV 1954, 193; *Hennis,* Richtlinienkompetenz und Regierungstechnik, 1964; *Junker,* Die Richtlinienkompetenz des Bundeskanzlers, 1965; *Knöpfle,* Inhalt und Grenzen der „Richtlinien der Politik" des Regierungschefs, DVBl. 1965, 857; *Karehnke,* Richtlinienkompetenz des Bundeskanzlers, Ressortprinzip und Kabinettsgrundsatz, DVBl. 1974, 101; *Merten,* Rechtsstaatlichkeit und Gnade, 1978; *Huba,* Gnade im Rechtsstaat? Der Staat 29 (1990), 117 *Maurer,* Die Richtlinienkompetenz des Bundeskanzlers, in: FS Thieme 1993, S. 123 ff.; *Mikisch,* Die Gnade im Rechtsstaat, 1996; *Held,* Gnade und Recht, in: FS für Odersky, 1996, S. 413 ff.; *Campagna,* Das Begnadigungsrecht: vom Recht zu begnadigen zum Recht auf Begnadigung, ARSP 2003, 171.

---

[21] *Köhler,* BayVBl. 1983, 168 (169) geht – zu pauschal – von der Nichtigkeit im Verhältnis der Staatsorgane zueinander aus.

I. Allgemeines

1. Bedeutung

1   Art. 47 legt **zentrale Aufgaben des Ministerpräsidenten** fest und konstituiert insbesondere durch die Zuweisung der Richtlinienkompetenz gemeinsam mit weiteren Aufgabenzuweisungsnormen (v. a. Art. 45 f., 49, 50, 54 S. 2, 71, 74 III, 76) die **herausgehobene Stellung des Ministerpräsidenten in der Staatsregierung.**[1] Art. 47 unterscheidet nicht zwischen den Aufgaben des Ministerpräsidenten als (herausgehobenes) **Teilorgan der Staatsregierung** (I, II, V) und den Aufgaben, die er als **oberstes Staatsorgan** erfüllt (III, IV); vgl. dazu bereits Rn. 10 vor Art. 43. Letztere waren während der Beratungen der Verfassung teilweise einem eigenen **Staatspräsidenten** zugedacht (s. dazu Rn. 10 mit Fn. 21 vor Art. 43). Der Ministerpräsident hat anders als die Staatsminister **keine** eigenen **unmittelbaren Vollzugsaufgaben** (vgl. Art. 55), er kann sich jedoch nach Art. 50 S. 2 einen oder mehrere Geschäftsbereiche vorbehalten.

2. Entstehung

2   Art. 47 entspricht im Wesentlichen bereits Art. 34 VE und Art. 34 E. Durch § 1 Nr. 2 des Gesetzes vom 20. 2. 1998[2] wurde der ursprüngliche Satz 2 des Absatzes 4 („Der Vollzug der Todesstrafe bedarf der Bestätigung der Staatsregierung") gestrichen.[3]

3. Verhältnis zum Grundgesetz

3   Die Richtlinienkompetenz kommt nach Art. 65 S. 1 GG für den Bereich der Bundesregierung dem Bundeskanzler zu, der auch die Geschäfte der Bundesregierung leitet (Art. 65 S. 4 GG).[4] Die Vertretung der Bundesrepublik nach außen sowie das Begnadigungsrecht stehen dem **Bundespräsidenten** zu (Art. 59 I 1, 60 II GG). Mangels eines bayerischen Staatspräsidenten ist die **Position des Ministerpräsidenten** strukturell also **stärker** als die des **Bundeskanzlers,** der sich das entsprechende Aufgabenspektrum mit dem Bundespräsidenten teilt. Im Hinblick auf Art. 28 I 1 GG ist dieser Unterschied zwischen GG und BV freilich **unproblematisch.** Die Außenvertretung (III) ist vor dem Hintergrund der Art. 23, 32 GG zu interpretieren und insoweit eingeschränkt. Das Gnadenrecht ist zwischen Bund (Art. 60 II GG: „für den Bund") und Ländern in föderaler Konsequenz aufgeteilt, so dass IV weiter gültig ist.

II. Einzelkommentierung

4   I, II und V betreffen die Kompetenzverteilung innerhalb der Staatsregierung, III und IV Aufgaben des Ministerpräsidenten als eigenes oberstes Staatsorgan.

1. Vorsitz und Geschäftsleitung in der Staatsregierung (I)

5   I ist eine organisationsrechtliche Vorschrift, die dem Ministerpräsidenten die **Organisationsverantwortung** für die Aufgabenerfüllung der Staatsregierung zuweist. Der Ministerpräsident ist als **Vorsitzender in der Staatsregierung** nicht nur für die **Leitung der**

---

[1] Davon, dass er nur „primus inter pares" sei, kann keine Rede sein; so aber *Hoegner,* Prot. II S. 519.

[2] GVBl S. 38 – Verfassungsreformgesetz – Weiterentwicklung im Bereich der Grundrechte und Staatsziele.

[3] Diese Streichung trägt Art. 102 GG sowie Art. 1 des 6. und 13. Zusatzprotokolls zur Europäischen Menschenrechtskonvention Rechnung, wonach die Todesstrafe definitiv abgeschafft ist und – mindestens konventionsrechtlich – nicht mehr eingeführt werden darf. Abwegig daher aus heutiger Sicht *Meder,* Art. 47 Rn. 5 a. Allerdings ist zu betonen, dass Art. 47 IV 2 a. F. keine Grundentscheidung der Verfassung für die Todesstrafe enthielt (so aber *Meder,* a. a. O.), sondern eigentlich eine verfahrensrechtliche Schutzvorschrift zu Gunsten eines zum Tod Verurteilten darstellen sollte.

[4] Im Gegensatz zum „Kanzlerprinzip" hat sich ein Begriff „Ministerpräsidentenprinzip" nicht etabliert.

Ministerratssitzungen[5] verantwortlich, sondern auch für deren Anberaumung, die ordnungsgemäße Durchführung und Dokumentierung; er setzt die Tagesordnung (u. a. auf Vorschläge der Staatsminister) fest, wobei er selbst Angelegenheiten von politischer Bedeutung in den Ministerrat einbringen (§ 4 VI StRGO), aber auch Gegenstände ablehnen kann, wenn diese noch nicht genügend vorbereitet (§ 11 II StRGO) oder die §§ 5–10 StRGO nicht beachtet sind. Die Einzelheiten der **Geschäftsführung** richten sich nach der **Geschäftsordnung der Staatsregierung** (StRGO; s. Art. 53 S. 1 und die Erl. dort; s. auch Rn. 15 vor Art. 43), in der insbesondere Vorschriften über das die Ministerratssitzungen vorbereitende Verfahren (§ 5), über die Normsetzung (§ 6) und über das Verfahren im Ministerrat selbst (§ 11) enthalten sind. Ministerratssitzungen finden regelmäßig einmal pro Woche (§ 11 I 2 StRGO; üblicherweise dienstags)[6] im Kabinettssaal der Staatskanzlei statt. Zur **Beschlussfassung** und Beschlussfähigkeit s. die Erl. zu Art. 54 sowie § 11 VII StRGO. Die Ministerratssitzungen sind streng vertraulich, nicht öffentlich, die Teilnehmer[7] trifft eine Verschwiegenheitspflicht.[8] Der Ministerpräsident entscheidet nach I auch über Form und Ausmaß der Unterrichtung der Öffentlichkeit über die Beschlüsse des Ministerrats (§ 12 V StRGO). Organisatorisch bedient sich der Ministerpräsident zur Erfüllung der Aufgaben nach I der **Staatskanzlei** (Art. 52), insbesondere des Ministerratsreferenten (Beamter des höheren Dienstes in der Staatskanzlei), der die Ministerratssitzungen in Abstimmung mit den Ministerratsreferenten der Ressorts vorbereitet[9] und die Niederschrift[10] verfasst (§ 12 III StRGO). Der Ministerpräsident wirkt auf eine einheitliche Geschäftsführung der Ministerien hin (§ 1 III 2 StRGO).[11]

2. Die Richtlinienkompetenz des Ministerpräsidenten (II)

a) **Bedeutung.** Die **dominierende Stellung des Ministerpräsidenten** in organisatorischer Hinsicht wird flankiert durch dessen **materiell-politische Leitungsfunktion,** die im Begriff der „Richtlinienkompetenz" kulminiert. II, wonach der Ministerpräsident die Richtlinien der Politik bestimmt, formuliert den verfassungsrechtlichen und -politischen Kern[12] der Rechtsstellung des Ministerpräsidenten. Dieser wird dadurch zwar nicht

6

---

[5] Nach § 11 I 1 StRGO berät und beschließt die Staatsregierung in Sitzungen des „Ministerrats".

[6] Daneben finden einige Male pro Jahr Klausursitzungen des Ministerrats statt. Auf Verlangen eines Drittels der Mitglieder der Staatsregierung muss eine Sitzung des Ministerrats anberaumt werden (§ 11 I 3 StRGO). Zulässig sind auch gemeinsame Ministerratssitzungen mit dem Ministerrat eines anderen Landes.

[7] Teilnehmer sind neben den Kabinettsmitgliedern (Art. 43 II), die zur Teilnahme verpflichtet sind (§ 11 V StRGO), der Leiter der Staatskanzlei (falls dieser nicht ohnehin Staatsminister oder Staatssekretär ist), der Amtschef der Staatskanzlei (im Rang eines Ministerialdirektors), der Leiter der Rechtsabteilung der Staatskanzlei, der Pressesprecher der Staatsregierung sowie der Ministerratsreferent. Der Ministerpräsident kann die Teilnahme anderer Personen anordnen, wenn ihm dies für die Behandlung eines Gegenstandes sachdienlich erscheint (§ 11 VI StRGO).

[8] § 12 I, II StRGO.

[9] Zur Vorberatung durch die Ministerialdirektoren (in der Praxis sog. „MD-Runde"), die regelmäßig montags vor der Ministerratssitzung stattfindet, s. § 11 III StRGO sowie Rn. 15 vor Art. 43.

[10] Die Ausfertigung der Niederschrift, die vom Ministerpräsidenten, dem Ministerratsreferenten sowie vom Leiter der Staatskanzlei unterschrieben wird und vom Ministerrat zu genehmigen ist, ist – wie auch die „Ministerratsvormerkungen" – als „VS – nur für den Dienstgebrauch" zu behandeln (§ 12 III, IV StRGO). Ein Anspruch der Öffentlichkeit oder der Presse auf Einsicht besteht nicht. In der Staatspraxis erfolgt nach jeder Sitzung des Ministerrats eine Unterrichtung der Presse im Wege einer schriftlichen Pressemitteilung, in besonderen Fällen auch durch eine Pressekonferenz. Damit wird Art. 4 BayPressG Rechnung getragen.

[11] Vgl. dazu die Allgemeine Geschäftsordnung für die Behörden des Freistaates Bayern (AGO) vom 12. 12. 2000 (GVBl S. 873), zuletzt geändert am 26. 7. 2006 (GVBl S. 364). Es handelt sich um eine Verwaltungsvorschrift ohne Rechtsnormqualität. Die Allgemeine Geschäftsordnung wird ergänzt durch Geschäftsordnungen der einzelnen Staatsministerien, die regelmäßig nicht veröffentlicht, sondern nur ministeriumsintern bekanntgegeben werden.

[12] *Nawiasky,* S. 124: „Kernstück".

formell-personalrechtlich, aber materiell-politisch „Vorgesetzter" der Staatsminister und Staatssekretäre; er kann diesen zwar keine formellen, wohl aber richtlinienkonkretisierende politische Weisungen erteilen.[13] Der Ministerpräsident ist **verpflichtet**[14], solche **Richtlinien zu bestimmen.** In Umfang, Dichte und Konkretisierungsgrad ist er jedoch frei und von den politischen Rahmenbedingungen (z. B. im Falle einer Koalitionsregierung) abhängig; zu den Grenzen unten bei e. (Rn. 11).

7   b) **Begriff und Phänomen.** Die Wendung „Richtlinien der Politik", die sich erstmals in Art. 56 S. 1 WRV, aber nicht in der VU 1919 findet, hat eine materielle und eine funktionelle Dimension:

aa) In **materieller Hinsicht** meint sie die **Festlegung der Grundzüge der obersten Staatsleitung** i. S. d. Art. 43 I[15], der **programmatisch-politischen Direktiven,** anhand derer die politischen Einzelprojekte und -maßnahmen ausbuchstabiert werden. Die Richtlinien formulieren Maßstäbe für die Gestaltung des Gemeinwesens, an denen sich die Leitungs- und Vollzugstätigkeit i. S. d. Art. 43 I messen lassen müssen. Nach der Rechtsprechung des VerfGH sind Richtlinienentscheidungen an die Regierung und die Verwaltung gerichtet und haben die „allgemeinen politischen Ziele und die leitenden Grundsätze zu ihrer Erreichung zum Inhalt".[16] In dieser Dimension sind die Richtlinien relativ **abstrakt im Sinne allgemeiner politischer Zielvorgaben** (z. B.: Ziel eines ausgeglichenen Haushalts; Ziel einer umfassenden Deregulierung der Staatsverwaltung, einer Schul- und Hochschulreform o. Ä.); sie müssen von den Ressortministern in eigener Zuständigkeit und Verantwortlichkeit (Art. 51 I) konkretisiert und umgesetzt werden.

8   bb) Hinzu kommt in **funktioneller Dimension** die Richtlinienkompetenz als **politische Konfliktlösungskompetenz.** Der Ministerpräsident kann Meinungsverschiedenheiten zwischen mehreren Ressorts – auch aus Anlass wichtiger Einzelfragen – thematisch in seine Richtlinienkompetenz überführen; diese fungiert dann als Instrument politischer Führung und dient der Handlungsfähigkeit der Staatsregierung.[17] In funktionaler Hinsicht wird die Richtlinienkompetenz verstanden als Gesamtheit derjenigen Befugnisse, mit denen der Ministerpräsident „seinen politischen Führungsanspruch behaupten und durchsetzen kann".[18] Allerdings darf der Ministerpräsident unter Berufung auf seine Richtlinienkompetenz nicht die verfassungsrechtlichen Regelungen über die Organkompetenz innerhalb der Staatsregierung unterlaufen (dazu unten f., Rn. 12 f.).

9   c) **Bestimmungsmodalitäten** und **Bestimmungsumfang.** Der Ministerpräsident bestimmt die Richtlinien der Politik selbst, ohne an ein Votum des Landtages oder des Ministerrats gebunden zu sein; diese haben allenfalls beratende Funktion.[19] Er kann die Richtlinien während der Legislaturperiode[20] ändern, modifizieren oder verdeutlichen

---

[13] *Oldiges*, in: Sachs, Art. 65 Rn. 25.

[14] Tut er dies nicht, wird er den verfassungsrechtlichen Anforderungen an sein Amt nicht gerecht, worin sich ein Fall des Art. 44 III 2 manifestieren kann.

[15] *Wöckel*, BayVBl. 1956, 257; zur Scheinkollision zwischen Art. 43 I und 47 II s. Rn. 17 vor Art. 43.

[16] VerfGH 58, 212 (228).

[17] Besteht der Konflikt fort, entscheidet die Staatsregierung unter Beachtung der Richtlinienentscheidung des Ministerpräsidenten. Widerspricht der Beschluss dieser, bleibt er gleichwohl wirksam; der Ministerpräsident kann seine Richtlinienentscheidung dem Kabinett gegenüber verfassungs*rechtlich* nicht durchsetzen; s. Rn. 18 f. vor Art. 43.

[18] *Oldiges*, in: Sachs, Art. 65 Rn. 14 m. w. N.

[19] **Politische Bindungswirkung** können die in der bayerischen Staatspraxis in den letzten Jahrzehnten nicht vorgekommenen *Koalitionsvereinbarungen* zwischen politischen Parteien entfalten, die den Ministerpräsidenten politisch, indes nicht verfassungsrechtlich auf das „Koalitionsprogramm" festlegen; s. *Oldiges*, in: Sachs, Art. 65 Rn. 17. Solche Vereinbarungen sind keine verfassungsrechtlichen Verträge, sondern allein politisch wirkende Absprachen. Der Ministerpräsident kann also – aus verfassungsrechtlicher Sicht – von seiner Richtlinienkompetenz auch im Widerspruch zu einer Koalitionsvereinbarung Gebrauch machen, ungeachtet der (partei)politischen Konsequenzen eines solchen Vorgehens.

[20] Eine Bindung an die eigenen Richtlinien, etwa aus einer vorhergehenden Amtszeit, besteht ebenso wenig wie eine Bindung an Aussagen im Wahlkampf, die vom Wähler ohnehin nicht für bare Münze genommen werden. Eine andere Frage ist die des politischen Vertrauensverlustes.

und trägt dafür allein auch die Verantwortung gegenüber dem Landtag. Politische Richtlinien werden formuliert in allgemeinen politischen oder themenspezifischen **Regierungserklärungen** zu Beginn und – bilanzierend oder anlassbezogen – während der Legislaturperiode, in Sitzungen des Ministerrats[21], auf Anfragen oder in Aussprachen des Parlaments, in Briefen an Kabinettsmitglieder oder in politischen Grundsatzreden.[22] Was „politisch" ist, steht weder in gegenständlicher noch in modaler Hinsicht ein für allemal fest. Auch Einzelfragen, Konkretes und Singuläres können Gegenstand von Richtlinienentscheidungen sein, wenn sich darin Grundsätzliches oder Exemplarisches manifestiert oder in besonderer Weise konkretisiert.[23] Im Hinblick auf das „Ressortprinzip" (Art. 51 I; s. bereits Rn. 11 vor Art. 43) darf die Richtlinienkompetenz indes nicht auf eine „kleine Münze" reduziert werden. Dem jeweils zuständigen Staatsminister muss ein **substanzieller politischer Umsetzungsspielraum** verbleiben, worauf nicht zuletzt dessen eigene politische Verantwortung gegenüber dem Landtag (Art. 51 I) hindeutet. Der Ministerpräsident und die ihm zuarbeitende Staatskanzlei dürfen sich nicht in **Einzelheiten des Ressortgeschäfts einmischen,** sondern lediglich darauf achten, dass die politischen Grundlinien eingehalten werden.[24]

d) **Wirkungen.** Die Richtlinien der Politik sind **keine Rechtssätze** im herkömm- **10**
lichen Sinne (Mangel der Außenwirkung und der förmlichen Publikation), sie sind vielmehr verfassungsrechtliche Rechtssätze eigener Art, da sie nicht nur politische, sondern auch **verfassungsrechtliche Bindungswirkung** entfalten. Sie binden – in ihrer jeweils unterschiedlichen inhaltlichen Dichte – (1) die Staatsminister und Staatssekretäre (Art. 51 I, § 1 I 2 Alt. 2 StRGO[25]) und (2) die Staatsregierung (§ 1 I 2 Alt. 1 StRGO), nicht indes Legislative und Judikative. Die Staatsminister sind verpflichtet, ihre Ressortgeschäftsführung an den politischen Richtlinien des Ministerpräsidenten auszurichten.[26] Öffentliche Äußerungen der Staatsminister und Staatssekretäre dürfen den Richtlinien der Politik nicht widersprechen.[27]

---

[21] Ohne dass damit eine Kompetenz des Ministerrats verbunden wäre, über die Richtlinien einen – konstitutiven – Beschluss zu fassen; ein solcher wäre verfassungswidrig (*Zippelius/Würtenberger,* S. 370). Allerdings hat der Ministerpräsident die Möglichkeit, sich „seine" politischen Vorstellungen vom Ministerrat politisch „absegnen" zu lassen (vgl. auch § 4 VI StRGO).

[22] Die Ausübung der Richtlinienkompetenz unterliegt keinen speziellen Form- oder Verfahrensvorschriften, der Ministerpräsident muss jedoch – mindestens konkludent – zu erkennen geben, wann und inwieweit er in Ausübung seiner Richtlinienkompetenz handelt, etwa indem er etwas zur „Chefsache" macht.

[23] VerfGH 58, 212 (228): „besonders bedeutsame Einzelprobleme".

[24] Nicht unproblematisch ist vor diesem verfassungsrechtlichen Hintergrund die Auffassung des VerfGH in VerfGH 58, 212 (228), die Ankündigung des Ministerpräsidenten in der Regierungserklärung vom 6. 11. 2003 (LT-Prot 15/5), das Bayerische Oberste Landesgericht solle „abgeschafft" werden, sei Ausübung der Richtlinienkompetenz. Politischer „Obersatz" und zweifelsohne Bestimmung einer politischen Richtlinie war die Ankündigung eines ausgeglichenen Haushalts; die einzelnen Wege dazu zu bestimmen, ist aber Sache der Ressorts. Das durchaus willkürliche Herausgreifen des BayObLG in der Regierungserklärung als – überdies sachlich untaugliches – Beispiel für die Untermauerung der Sparpolitik dürfte eine Überschreitung der Richtlinienkompetenz des Ministerpräsidenten darstellen. Die Entscheidung war daher für das zuständige Justizressort entgegen der Auffassung des VerfGH nicht verbindlich. Davon unberührt bleibt allerdings die Wirksamkeit des Gerichtsauflösungsgesetzes selbst.

[25] Nach § 1 I 3 StRGO sind die Staatsminister verpflichtet, den Ministerpräsidenten über Maßnahmen und Vorhaben zu unterrichten, die für die Bestimmung und Durchsetzung der Richtlinien der Politik von Bedeutung sind. Dies ist Ausfluss des Kooperationsprinzips (Rn. 13 ff. vor Art. 43).

[26] VerfGH 58, 212 (229): „*Jeder Staatsminister ist in seiner Amtsführung an diese Richtlinien gebunden und muss auch dem Landtag gegenüber dafür einstehen, dass diese Richtlinien in seinem Geschäftsbereich umgesetzt werden."* Zum Fall, dass ein Staatsminister dem ihm zugeordneten Staatssekretär richtlinienwidrige Weisungen erteilt, mit der Folge, dass der Staatssekretär in einen politischen Weisungskonflikt gerät, s. *Köhler,* Der bayerische Staatssekretär nach der Verfassung von 1946, 1982, 19 ff.

[27] § 1 VIII StRGO.

11   e) **Grenzen der Richtlinienkompetenz.** Wichtig für das Verständnis der verfassungsrechtlichen Konzeption der Richtlinienkompetenz sind auch deren Grenzen.[28] Der Ministerpräsident hat zwar einen **weiten politischen Beurteilungsspielraum** und das
Recht zur **authentischen Interpretation der Richtlinien** im Zweifelsfalle, er ist jedoch
nicht der förmlich und materiell uneingeschränkt regierende „Chef". Die Richtlinienbe-
fugnis räumt **ihm keine „Kompetenz-Kompetenz"** ein[29], er ist vielmehr an die Verfassung, zumal die Kompetenz- und Grundrechtsbestimmungen, an Recht und Gesetz, das
GG, die EMRK etc. gebunden und kann sich unter Berufung auf seine Richtlinienkompetenz auch nicht über verfassungsrechtliche Zuständigkeitsregelungen hinwegsetzen.[30]
Beispiel: Erfordert die Umsetzung einer Richtlinienentscheidung den Erlass eines Gesetzes, wird dieses vom jeweils zuständigen Ressort erarbeitet und bedarf der Beschlussfassung durch die Staatsregierung (Art. 71 Alt. 1 i.V. m. § 4 I Nr. 1 StRGO). Findet der Gesetzentwurf im Ministerrat keine Mehrheit, so kann er nicht im Wege der Ausübung der
Richtlinienkompetenz vom Ministerpräsidenten selbst beschlossen werden.[31] Auch das
Stimmverhalten im Bundesrat beruht auf einem Beschluss der Staatsregierung.[32]

12   f) Zu in solchen Fällen entstehenden **Konflikten** mit dem Ressort- oder dem Kollegialprinzip s. bereits oben Rn. 16 ff. vor Art. 43. Die Richtlinienkompetenz ist ein **scharfes
politisches,** aber im Konfliktfall als solches ein relativ **stumpfes verfassungsrechtliches
Schwert.** Denn der Ministerpräsident kann seine als solche verfassungsrechtlich bindende
Richtlinienentscheidung verfassungsrechtlich weder gegenüber dem einzelnen Staatsminister noch gegenüber der Staatsregierung und schon gar nicht gegenüber dem Landtag
durchsetzen. Die Richtlinienkompetenz ist weder von einem formellen Weisungsrecht
noch von einem Selbsteintritts- oder einem Ersatzvornahmerecht flankiert. Auch ein Verfassungsstreit nach Art. 64[33] dürfte – jedenfalls praktisch – nicht in Betracht kommen.
Durchsetzungsprobleme insbesondere im Rahmen von Gesetzgebungsverfahren müssen nach der Konzeption der Verfassung auf *politischer* Ebene gelöst werden: durch politische Kompromisse, Krisengespräche und notfalls durch Rüge oder Entlassung des betreffenden Staatsministers (Art. 45) oder gar durch einen Rücktritt des Ministerpräsidenten
nach Art. 44 III 2 in Konsequenz seiner Verantwortung gegenüber dem Landtag, insbesondere wenn dieser die politische Grundkonzeption des Ministerpräsidenten nicht (mehr)
mittragen will oder gar Gesetze gegen die politischen Richtlinien erlässt.[34]

13   Der Ministerpräsident ist bei der Formulierung der Richtlinien seiner Politik zwar
nicht an Voten des **Landtags** gebunden, er kann seine politischen Vorstellungen jedoch
nur insoweit durchsetzen, als der Landtag innerhalb seiner Zuständigkeit „mitspielt", zumal notwendige Gesetze erlässt. Insoweit ist die Durchsetzung der Richtlinienkompetenz
im Sinne der Gewaltenteilung (Art. 5) zwischen Gubernative und Legislative geteilt. Die
Verantwortung, die der Ministerpräsident gegenüber dem Landtag trägt, ist flankiert von
einer kompetenziellen, demokratisch notwendigen Abhängigkeit[35] der Staatsregierung
vom Landtag. Nach zutreffender Auffassung des VerfGH ist es dem parlamentarisch-de-
mokratischen Regierungssystem geradezu immanent, dass – neben anderen politischen
Kräften wie vor allem dem Landtag und den politischen Parteien – der Ministerpräsident

---

[28] Von den verfassungsrechtlichen Grenzen sind die *politischen* Grenzen zu unterscheiden, die ihren
Grund nicht nur in parteipolitischen Rücksichtnahmen (z. B. Regionalproporz), sondern zunehmend
auch in der wachsenden Komplexität und nationalen, europäischen wie globalen Vernetzung der
Lebenssachverhalte haben.

[29] *Oldiges,* in: Sachs, Art. 65 Rn. 16.

[30] *Oldiges,* in: Sachs, Art. 65 Rn. 17.

[31] *Zippelius/Würtenberger,* Deutsches Staatsrecht, 31. Aufl. 2005, 371.

[32] § 4 I Nr. 3 StRGO.

[33] Dazu *Köhler* (Fn. 26), 20 f.

[34] *Meder,* Art. 47 Rn. 3.

[35] Eine Richtlinienentscheidung wird als solche nicht dadurch in Frage gestellt, dass sie zur Umsetzung eines Gesetzgebungsaktes bedarf; VerfGH 58, 212 (229) m. w. N.

in der Erwartung Ziele der Politik formuliert, dass diese durch die Mehrheit des Landtags, die ihn gewählt hat, auch mitgetragen werden – eine freilich politische, keine verfassungsrechtliche Erwartung. Letztlich sei es eine Frage des politischen Verhältnisses zwischen der Exekutive, verkörpert durch den seine Richtlinienkompetenz ausübenden Ministerpräsidenten, und der Legislative, ob die angestrebten Politikziele vom Parlament unterstützt würden. Nachgerade selbstverständlich ist die Feststellung des VerfGH, dass die Verfassungswidrigkeit eines Gesetzes nicht damit begründet werden könne, dass es ein von der Spitze der Exekutive formuliertes Ziel umsetze.[36]

g) **Justiziabilität.** Die Ausübung der Richtlinienkompetenz ist grundsätzlich **nicht** 14 justiziabel, da sie **primär im politischen Raum angesiedelt** ist. Umgekehrt ist ein Rechtsakt nicht schon deswegen verfassungskonform, weil er in Umsetzung der politischen Richtlinien ergangen ist. Diese sind kein geeigneter Prüfungsgegenstand einer Popularklage oder Verfassungsbeschwerde. Verfassungsrechtlicher Rechtsschutz hat an entsprechenden Umsetzungsakten, zumal an in Konkretisierung der politischen Entscheidungen erlassenen Gesetzen anzuknüpfen. Der VerfGH hat klargestellt, dass **Richtlinienentscheidungen nicht Teil des Gesetzgebungsverfahrens** sind und daher nicht Gegenstand einer verfassungsgerichtlichen Kontrolle im Rahmen von Normenkontrollverfahren sein können.[37] Fraglich ist, ob etwas anderes bei offensichtlich verfassungswidrigen politischen Zielsetzungen des Ministerpräsidenten gilt. Hier könnte ein Verfahren nach Art. 59 in Betracht kommen. Eine „vorbeugende" Popularklage dürfte indes unzulässig, die umsetzende gesetzliche Regelung mithin abzuwarten sein.

3. Die Vertretung Bayerns nach außen (III)

Die Vertretung Bayerns nach außen (vgl. auch die Regelung des Art. 44 III 4 im Rück- 15 trittsfall; Rn. 15 zu Art. 44) ist Aufgabe des **Ministerpräsidenten** nicht als Teil der Staatsregierung, sondern als **oberstes Staatsorgan.** Vertretung nach außen ist nicht lediglich „Repräsentation" (im politisch-gesellschaftlichen Bereich, bei Staatsempfängen, bei Besuchen in anderen Ländern und Staaten), sondern gibt dem Ministerpräsidenten auch sachlich-politische Kompetenz im Außenverhältnis, etwa gegenüber dem Bund und anderen Ländern, aber auch gegenüber dem Hlg. Stuhl. Die Bedeutung des Art. 47 III ist durch Art. 23, 32 GG **beschränkt** (s. Rn. 3 ff. zu Art. 3 a). Zum Abschluss von **Staatsverträgen** s. Art. 72 II[38], 181 f. und die Erl. dort. Das Abstimmungsverhalten im Bundesrat fällt nicht unter die Außenvertretung, sondern ist Aufgabe der Staatsregierung als Kollegialorgan (s. § 4 I Nr. 3 StRGO).[39]

4. Das Begnadigungsrecht (IV)

a) Das **Begnadigungsrecht** ist eine **traditionell** dem **Staatsoberhaupt**[40] zukom- 16 mende Aufgabe, es ist als Akt der Barmherzigkeit („Gnade vor Recht") und des Wohlwollens[41] **monarchisch-theologischen Ursprungs**[42] („Die Gnade fließet aus vom Throne"; *Uhland*), hat aber heute durchaus auch **funktionalistischen Charakter (Korrektiv** zu Ungerechtigkeiten in der Bestrafung oder Strafzumessung).[43] In § 51 II VU 1919 war das Begnadigungsrecht dem Gesamtministerium vorbehalten, das es auf einzelne Ministerien übertragen konnte. Begnadigung meint in erster Linie den völligen oder teilweisen Straferlass nach Rechtskraft des Urteils.

---

[36] VerfGH 58, 212 (229) mit Hinweis auf BVerfGE 86, 90 (113).

[37] VerfGH 58, 212 (228).

[38] Vgl. auch § 1 II StRGO.

[39] *Schweiger,* in: Nawiasky/Schweiger/Knöpfle, Art. 47 Rn. 6.

[40] Art. 49 I WRV: Reichspräsident; Art. 60 II GG: Bundespräsident.

[41] *Meder,* Art. 47 Rn. 5; VerfGH 18, 140 (146); 19, 23 (27).

[42] BVerfGE 25, 352 (358 f.): „auf das engste mit der Person des Herrschers und seinem Gottesgnadentum verknüpft." *Held,* S. 413.

[43] BVerfGE 25, 352 (358 f.) mit weiteren Hinweisen zur Entwicklung des Gnadenrechts.

17   b) Die **Begnadigungskompetenz** ist zwischen Bund und Ländern verteilt. Nach Art. 60 II GG übt der Bundespräsident im Einzelfall das Begnadigungsrecht für den Bund aus. Dafür kommen nur Gerichtsentscheidungen in Betracht, die in Ausübung der Gerichtsbarkeit des Bundes ergangen sind. Das ist der Fall, wenn das Verfahren nur vor Bundesgerichten durchgeführt wird.[44] Im Übrigen liegt die Begnadigungskompetenz bei den Ländern.[45]

18   c) **Gegenstand** des Begnadigungsrechts nach IV ist die Begnadigung im **Einzelfall,** also nicht die **Abolition** (Eingriff in laufendes Strafverfahren in der Modalität der Niederschlagung) und nicht die **Amnestie** (Begnadigung einer Vielzahl von Personen). Beides soll dem Gesetzgeber vorbehalten sein, wofür sich die Gesetzgebungskompetenz nach Art. 72, 74 I Nr. 1 GG richtet.[46] Begnadigung im Einzelfall kommt insbesondere in Betracht bei Haupt- und Nebenfolgen einer rechtskräftigen, in Ausübung der Gerichtsbarkeit des Freistaats Bayern ergangenen strafgerichtlichen Entscheidung, aber auch bei einer Vielzahl weiterer nachteiliger Entscheidungswirkungen, etwa im Ordnungswidrigkeiten- oder im Beamtenrecht (vgl. Art. 49 BayBG, Art. 25 KWBG) oder bei Ehren- oder Berufsgerichtssachen.[47]

19   d) Die **Ausübung des Begnadigungsrechts** erfolgt durch den Ministerpräsidenten, der dieses, obwohl nicht ausdrücklich in IV vorgesehen (anders Art. 60 III GG), übertragen kann. Dies ist durch die Bek. des Bayerischen Ministerpräsidenten über die Ausübung des Begnadigungsrechts[48] erfolgt. Zu unterscheiden ist zwischen dem Ministerpräsidenten vorbehaltenen Gnadensachen (insbesondere bei lebenslanger Freiheitsstrafe) und solchen, die auf andere Behörden, zumal das Staatsministerium der Justiz übertragen sind.[49] Gnadenentscheidungen sind **kostenfrei** (Art. 3 I Nr. 7 KostG).

20   e) Die **Gnadenentscheidung** selbst liegt im **rechtlich nicht gebundenen Ermessen**[50] der jeweils zuständigen Gnadenbehörde; sie stellt einen Eingriff der Exekutive in die Judikative und damit eine verfassungsunmittelbar zugelassene **Durchbrechung der Gewaltenteilung** dar.[51] Es handelt sich **weder** um einen **Verwaltungsakt** i. S. d. Art. 35 BayVwVfG **noch** um einen **Justizverwaltungsakt** i. S. d. § 23 EGGVG[52], sondern um einen (Rechts-)[53]**Akt sui generis.**[54] Eine positive Gnadenentscheidung beseitigt das

---

[44] *Fink,* in: v. Mangoldt/Klein/Starck, Art. 60 Rn. 24 m. w. N. Wird der BGH in Strafsachen auf die Revision eines Landesgerichts tätig, so sind für den Gnadenerweis die Länder zuständig. Im Falle des Art. 96 V GG (i. V. m. § 120 GVG) übt der Bundespräsident das Begnadigungsrecht aus; vgl. auch *Nierhaus,* in: Sachs, Art. 60 Rn. 14.

[45] Vgl. auch § 452 StPO.

[46] *Meder,* Art. 47 Rn. 5.

[47] Vgl. die neun Ziffern umfassende Aufzählung der möglichen Begnadigungsgegenstände in § 1 II der Bek. des Bayerischen Ministerpräsidenten über die Ausübung des Begnadigungsrechts vom 20. 9. 1973 (BayRS 313-2-S).

[48] Vgl. Nachweis in vorstehender Fn.

[49] Vgl. dazu §§ 2–4 der in Fn. 47 genannten Bek. sowie die Bayerische Gnadenordnung (BayGnO) vom 29. 5. 2006 (GVBl S. 321; BayRS 313-3-J) mit detaillierten Vorschriften zum Gnadenverfahren, zur Gnadenentscheidung und auch zur Rücknahme einer solchen. Angesichts der vorgeblichen Nichtrechtsförmlichkeit des Gnadenwesens überrascht der Umfang dieser Gnadenordnung (36 Paragraphen). Es handelt sich bei diesen Vorschriften nicht um Rechtsvorschriften mit Außenwirkung, sondern um Verwaltungsvorschriften. Da sie aber materiell den Charakter von Rechtsvorschriften haben, könnten sie Gegenstand einer Popularklage sein.

[50] *Nierhaus,* in: Sachs, Art. 60 Rn. 15: „materiell rechtsfreie Entscheidung", die „höchstpersönlich vor dem Gewissen zu verantworten ist". *Fink* (Fn. 44), Rn. 32: „Billigkeitsentscheidung, die sich der Rationalität rechtlicher Entscheidungen entzieht". VerfGH 18, 140 (146): „sehr weiter Ermessensspielraum".

[51] BVerfGE 25, 352 (361).

[52] VerfGH 49, 103 (Ls. 2); 31, 230 (233); anders *Baltes,* DVBl. 1972, 562 (564); zum Ganzen *Held,* S. 416 ff.

[53] Z.T. wird ihr auch jeglicher Rechtscharakter abgesprochen: *Bachof,* JZ 1983, 469 (471); *Huba,* Der Staat 29 (1990), 117 (122).

[54] *Fink* (Fn. 44), Rn. 29.

rechtskräftige Strafurteil nicht, sondern bezieht sich nur auf die Rechtsfolgen und die Vollstreckung der Entscheidung, die (teilweise) aufgehoben oder modifiziert werden.[55]

f) **Justiziabilität.** Die Gnadenentscheidung ist **grundsätzlich unanfechtbar**[56], es **21** gibt dagegen jedenfalls **keinen ordentlichen Rechtsbehelf**[57]; Art. 19 IV GG ist nicht anwendbar.[58] Dies entspricht der h. M., überzeugt indes nur teilweise: Zwar ist Gnadenrecht historisch vorgeformt, diese Vorformung entzieht die Ausübung des Gnadenrechts indes nicht völlig der rechtsstaatlichen Überprüfung.[59] Nicht überprüfbar sind allerdings grundsätzlich die Beweggründe der Entscheidung selbst, wohl aber ist diese daraufhin kontrollierbar, ob sie willkürfrei, d. h. frei von sachfremden Erwägungen getroffen wurde. Zwar besteht **kein Rechtsanspruch auf Gnade**[60], wohl aber ein solcher **auf willkürfreie Entscheidung** und damit korrespondierend auf **Willkürkontrolle;** insoweit wird eine **Verfassungsbeschwerde** gegen eine Gnadenentscheidung nach Art. 120 i. V. m. Art. 118 I vom VerfGH für **zulässig** erachtet.[61] Vor diesem Hintergrund ist auch ein **Anspruch auf aussagekräftige Begründung** der Gnadenentscheidung zu bejahen.[62]

5. Repräsentanzfunktion gegenüber dem Landtag (V)

Der Ministerpräsident unterbreitet als Repräsentant der Staatsregierung deren Vorlagen **22** dem Landtag. Es handelt sich dabei um eine formelle **Übermittlungsfunktion** in Konsequenz der Geschäftsführungsbefugnis nach I. Von dieser Funktion umfasst werden alle Vorlagen der Staatsregierung an den Landtag (Art. 55 Nr. 3)[63]: Gesetzentwürfe (Art. 71), Entwürfe von Staatsverträgen (Art. 72 II), Stellungnahmen nach Art. 74 III sowie sonstige Vorlagen, wie etwa Antworten der Staatsregierung auf Anfragen des Landtags. V begründet eine (ggf. im Verfahren nach Art. 59, 64 durchsetzbare) **Vorlagepflicht.** Der Ministerpräsident kann im Zuständigkeitsbereich der Staatsregierung eine Vorlage nicht mit der Begründung ablehnen, eine solche, etwa ein Gesetzentwurf der Staatsregierung, widerspreche den Vorgaben seiner politischen Richtlinien. Allerdings wird man ihm ein formelles und materielles Prüfungsrecht im Hinblick auf die Verfassungsmäßigkeit der Vorlage vergleichbar zu Art. 76 I einräumen müssen (s. Erl. zu Art. 76 sowie § 1 VI StRGO).

Art. 48 [Suspendierung von Grundrechten]

(1) Die Staatsregierung kann bei drohender Gefährdung der öffentlichen Sicherheit und Ordnung das Recht der öffentlichen freien Meinungsäußerung (Art. 110), die Pressefreiheit (Art. 111), das Brief-, Post-, Telegraphen- und Fernsprechgeheimnis (Art. 112) und die Versammlungsfreiheit (Art. 113) zunächst auf die Dauer einer Woche einschränken oder aufheben.
(2) [2]**Sie hat gleichzeitig die Einberufung des Landtags zu veranlassen, ihn von allen getroffenen Maßnahmen unverzüglich zu verständigen und diese auf Verlangen des Landtags ganz oder teilweise aufzuheben.** [2]**Bestätigt der Landtag mit der**

---

[55] *Fink* (Fn. 44), Rn. 28.
[56] BVerfG 25, 352 (358): „4 zu 4"-Entscheidung; 30, 108 (110); 45, 187 (243); 66, 337 (363); NJW 2001, S. 3771: „Das Gnadenrecht knüpft die Ausübung des Begnadigungsrechts nicht an bestimmte normative Voraussetzungen, sondern begründet ... eine Gestaltungsmacht eigener Art. So kann ein Gnadenakt ohne Antrag, ohne Zustimmung, ohne Billigung oder sogar gegen den Willen des Begünstigten ergehen." VerfGH 18, 140 (147); s. auch BVerwGE 49, 221 ff.; *Meder,* Art. 47 Rn. 5. Anderes gilt für die den Widerruf oder Rücknahme einer Gnadenentscheidung: BVerfGE 30, 108 (110).
[57] Das BVerfG hat die Qualifizierung der Rechtsnatur offen gelassen; BVerfGE 25, 352 (361).
[58] BVerfGE 25, 352 (358); VerfGH 49, 103 (Ls. 2): keine Überprüfung nach § 23 EGGVG.
[59] *Fink* (Fn. 44), Rn. 31; *Huber,* in: v. Mangoldt/Klein/Starck, Art. 19 Rn. 427; Sondervotum von vier Richtern in BVerfGE 25, 352 (363 ff.).
[60] VerfGH 31, 230 (233) und öfter.
[61] VerfGH 18, 140 (147); 19, 23 (29); 24, 53 (54); 29, 38 (40); 31, 230 (232 f.).
[62] Anders VerfGH 29, 38 (41 f.).
[63] Vgl. auch § 1 V 1 StRGO.

Mehrheit seiner gesetzlichen Mitgliederzahl die getroffenen Maßnahmen, so wird ihre Geltung um einen Monat verlängert.

(3) Gegen die getroffenen Maßnahmen ist außerdem Beschwerde zum Bayerischen Verfassungsgerichtshof zulässig; dieser hat innerhalb einer Woche wenigstens eine vorläufige Entscheidung zu treffen.

Parallelvorschriften im GG und anderen Landesverfassungen: Art. 10 II, 11 II, 12 a, 13 VII, 17 a, 18, 35, 87 IV, 91, 115 a ff. GG; Art. 62 BaWüVerf; Art. 10 BremVerf; Art. 110, 125 HessVerf; Art. 44 NdsVerf; Art. 60 NRWVerf; Art. 111, 112 RhPfVerf; Art. 113 SächsVerf.

Literatur: Oberreuther, Notstand und Demokratie, 1978; *Stein,* Grundrechte im Ausnahmezustand, in: *Merten/Papier (Hrsg.),* Handbuch der Grundrechte I, 2004, § 24; *Isensee (Hrsg.),* Der Terror, der Staat und das Recht, 2004; *Depenheuer,* Selbstbehauptung des Rechtsstaats, 2007.

1. Bedeutung

1   Art. 48 ist **praktisch bedeutungslos** (weshalb auch auf eine *Einzelkommentierung* verzichtet wird).[1] Er hat bislang in der Staatspraxis keine Relevanz erlangt, da ein wirklicher **Notstandsfall,** auf den die Vorschrift gemünzt ist, **bislang nicht eingetreten** ist. Aber auch für einen **künftig** ggf. tatsächlich eintretenden Notstandsfall dürfte Art. 48 **keine Bedeutung** erlangen können: Im Gegensatz zu anderen Notstandsregelungen – etwa Art. 48 WRV (auch § 64 I VU 1919) – lässt Art. 48 nicht alle „nötigen Maßnahmen" als Notstandsgegenmittel zu, er stellt keine allgemeine Notstandsklausel dar, sondern beschränkt sich auf die Einschränkung und Aufhebung der in I genannten Grundrechte. Insofern besteht indes eine **Konkurrenz zu den Grundrechtsnormen des GG,** das jedoch einen allgemeinen Einschränkungsvorbehalt durch die Exekutive bei Gefährdung der öffentlichen Sicherheit und Ordnung nicht kennt. Selbst wenn also die Staatsregierung (nur sie ist zuständig, nicht der Ministerpräsident – auch nicht kraft Richtlinienkompetenz) eine Anordnung nach I erlässt, werden zwar die entsprechenden Grundrechte der BV suspendiert (Art. 31 GG greift nicht; vgl. Rn. 4), **nicht jedoch** die inhaltsgleichen **Grundrechte des GG** (Art. 5 I, 8, 10 GG), die auch in Bayern trotz einer Maßnahme nach I weiterhin gelten (Art. 1 III GG). Diese können nur nach Maßgabe der im GG selbst vorgesehenen, auch schwerwiegende Sicherheitsstörungen erfassenden Relativierungsvorbehalte (vgl. etwa Art. 10 II, 11 II, 12 a, 13) eingeschränkt werden, einen generellen Einschränkungsvorbehalt in Notstandsfällen (vergleichbar Art. 48 oder darüber hinausgehend) kennt das GG[2] nicht, nicht einmal im Verteidigungsfall (arg. Art. 115 c II GG).[3] Art. 48 selbst kann Grundrechte des GG nicht einschränken.[4]

2   Das bedeutet: Bejaht die Staatsregierung einen Notstandsfall[5] und schränkt sie die in I genannten Grundrechte[6] ganz oder teilweise ein[7], so sind damit nicht gleichzeitig Art. 5, 8

---

[1] So im Grundsatz auch *Meder,* Art. 48 Rn. 1 m. w. N.; vgl. – dazu kontrastierend – den großen Raum, den die Kommentierung bei *Nawiasky* einnimmt.

[2] Es sei denn man würde – was aus heutiger grundrechtsdogmatischer Sicht abwegig sein dürfte – exekutivische Grundrechtsverkürzungen als „allgemeine Gesetze" im Sinne des Art. 5 II GG auffassen; in diese Richtung aber *Nawiasky,* Ergänzungsband, S. 49.

[3] *Robbers,* in: Sachs, Art. 115 c Rn. 5; vgl. auch Art. 17 a, 18 GG.

[4] Zum Verhältnis der Grundrechtsbestimmungen im Mehr-Ebenen-System s. Rn. 109 ff. vor Art. 98.

[5] I spricht zwar „nur" von „drohender Gefährdung der öffentlichen Sicherheit und Ordnung", ein Vergleich mit Art. 98 S. 2, der allgemeinen grundrechtlichen Vorbehaltsklausel, zeigt jedoch, dass hier ein über herkömmliche Bedrohungslagen hinausgehender, mit den klassischen polizei- und sicherheitsrechtlichen Instrumentarien nicht beherrschbarer Sachverhalt vorliegen muss. Dafür spricht auch, dass die Regelung nicht im Rahmen des Grundrechtsteils (Art. 98 ff.), sondern im Abschnitt über die Staatsregierung enthalten ist. So hat der VerfGH konsequent entschieden, dass grundrechtsbeschränkende Einzelmaßnahmen nicht nach Art. 48 zu beurteilen sind: VerfGH 7, 83 (85).

[6] Nicht genannt sind – im Gegensatz zu Art. 48 WRV (weiter auch § 64 VU 1919) – u. a. die Freiheit der Person (Art. 102) und die Unverletzlichkeit der Wohnung (Art. 106).

und 10 GG suspendiert. Entsprechende **Grundrechtsverkürzungen** wären also zwar nach der BV gerechtfertigt, sie stellten jedoch **Grundrechtsverletzungen** im Hinblick auf die **GG-Grundrechte dar und müssten deswegen unterbleiben.** Die Erklärung nach I wäre daher sinnlos, da die Notstandsklausel des Art. 48 die nicht unter einer Notstandsklausel stehenden GG-Grundrechte nicht brechen kann. Lediglich in dem – eher theoretisch denkbaren – Fall, dass eine rein exekutivische Notstandserklärung nach I gleichzeitig unter einen Schrankenvorbehalt der GG-Grundrechte fiele, gälte etwas anderes. Das Los der Bedeutungslosigkeit teilen mit I auch die flankierenden verfahrensrechtlichen, missbrauchssichernden Absätze II und III.

2. Entstehung

Klauseln für den Staatsnotstand, also den verfassungsrechtlichen Ausnahmezustand, **3** sind in demokratischen Verfassungen weit verbreitet (vgl. insbes. Art. 48 WV; § 64 I VU 1919). Sie stellen – gemeinsam mit Widerstandsrechten (Art. 20 IV GG) und anderen Normen – die sog. „wehrhafte Demokratie" auf. Art. 74 II VE und Art. 81 II E enthielten in der Substanz bereits die Regelung des Art. 48. Der VA ordnete die Vorschrift dem (geplanten) Abschnitt über den Staatspräsidenten zu und ersetzte die „erhebliche" durch die „drohende" Gefährdung.

3. Verhältnis zum Grundgesetz

Art. 48 ist weder wegen Art. 31 GG noch über Art. 142 GG unanwendbar oder nichtig **4** – abgesehen von seiner praktischen Bedeutungslosigkeit. Nach Auffassung des BVerfG[8] bleiben nach Art. 142 GG auch solche Landes-Grundrechtsbestimmungen in Kraft, die im Schutzniveau hinter denen des GG zurückstehen. Art. 142 GG fungiert als umfassende Geltungserhaltungsklausel. Dies gilt nicht nur für zurückbleibende Schutzbereiche, sondern auch für weitergehende Vorbehalts- oder Schrankenregelungen. Art. 142 GG lässt weitergehende Einschränkungsmöglichkeiten im Bereich der Landesgrundrechte zu als sie für die GG-Grundrechte vorgesehen sind, da diese von diesen Einschränkungsmöglichkeiten nicht erfasst werden, letztere also praktisch ins Leere laufen.

Art. 49 [Zahl und Abgrenzung der Geschäftsbereiche]

[1]**Der Ministerpräsident bestimmt die Zahl und die Abgrenzung der Geschäftsbereiche (Staatsministerien).** [2]**Dies bedarf der Bestätigung durch Beschluss des Landtags.**

Parallelvorschriften im GG und anderen Landesverfassungen: Art. 45 III BaWüVerf; Art. 58 IV BerlVerf; Art. 104 II HessVerf; Art. 37 II NdsVerf; Art. 105 II RhPfVerf; Art. 91 I SaarlVerf; Art. 59 III SächsVerf; Art. 68 III VerfLSA; Art. 76 II ThürVerf.

Literatur: Kruis, Die Geschäftsbereiche und ihre Abgrenzung nach Bayerischem Verfassungsrecht, in: FS zum 25-jährigen Bestehen des Bayerischen Verfassungsgerichtshofs, 1972, S. 133 ff.; s.i.ü. die Literaturangaben vor Art. 43.

Übersicht

---

[7] *Meder,* Art. 48 Rn. 1 qualifiziert eine solche Einschränkung als „Rechtsverordnung", was indes nicht überzeugt; es handelt sich um einen verfassungsrechtlichen Rechtsakt sui generis. Grundrechtsverkürzende Einzelmaßnahmen – insofern ist *Meder* Recht zu geben – dürfen auf Art. 48 aber nicht gestützt werden.

[8] S. dazu ausf. Rn. 109 ff. vor Art. 98.

I. Allgemeines

1. Bedeutung

1   Die Vorschrift ist Baustein in der **Regierungsbildung durch den Ministerpräsiden-ten** (vgl. dazu bereits Rn. 5 f. zu Art. 44). Die Bestimmung von Zahl und Abgrenzung der Geschäftsbereiche[1], die von der Staatsregierung als Kollegium nach Art. 43 II zu unter-scheiden sind, ergänzt die personelle Gestaltungskompetenz des Ministerpräsidenten (Art. 45, 46) in organisatorischer Hinsicht. Wie die Berufung der Staatsminister und Staatssekretäre (Art. 45) sowie die Bestellung des Vertreters des Ministerpräsidenten (Art. 46) bedürfen auch die Bestimmung der Zahl und die Abgrenzung der Geschäftsbe-reiche durch den Ministerpräsidenten der **Zustimmung**[2] des **Landtags.** Der Zustim-mungsvorbehalt für den Zuschnitt der obersten Ebene der Exekutive unterstreicht auch insoweit die Abhängigkeit des Ministerpräsidenten vom Vertrauen des Landtags und stellt eine Modifizierung des Grundsatzes der Gewaltenteilung dar (Art. 5).

2   Von der Festlegung der Geschäftsbereiche nach Art. 49 systematisch[3] zu **unterscheiden** sind deren Zuweisung an die einzelnen Staatsminister[4], die nach Art. 50 S. 1 ohne Zustim-mung des Landtages erfolgt, sowie die Verteilung der vielfältigen Politik- und Rechtsma-terien (Einzelgeschäfte) auf die Geschäftsbereiche, was sich – ebenfalls ohne Mitwirkung des Landtags – nach Art. 53 S. 2, 3 richtet[5] (s. die Erl. dort).[6] Art. 49 räumt dem Minister-präsidenten bei der Bestimmung von Zahl und Abgrenzung der Geschäftsbereiche einen **weiten Ermessensspielraum** ein, da nähere verfassungsunmittelbare Vorgaben seit der Verfassungsänderung von 1998 nicht mehr (Rn. 3) geregelt sind. Eine grobe Orientierung für die Zahl der Geschäftsbereiche gibt Art. 43 II. Zusätzlich hat der Ministerpräsident die Möglichkeit, Sonderaufgaben zu schaffen, die keinem Geschäftsbereich zugewiesen sind (Art. 50 S. 1; s. Erl. dort). Die Staatskanzlei ist kein eigener Geschäftsbereich (Art. 52; s. Erl. dort). Art. 49 ist lex specialis zu Art. 77 I, die Zustimmung des Landtags nach S. 2 muss also nicht in der Modalität eines förmlichen Gesetzes erfolgen.[7]

---

[1] Die Begriffe „Geschäftsbereich", „Staatsministerium" und „Ressort" werden synonym gebraucht. Satz 1 enthält durch den Klammerzusatz eine verfassungsunmittelbare Synonymitätsklausel.

[2] „Bestätigung" i. S. d. Art. 49 S. 2 ist synonym mit „Zustimmung".

[3] Vgl. bereits Fn. 10 zu Art. 45.

[4] Davon zu unterscheiden ist die Zuweisung der Staatssekretäre an die Staatsminister, die der Minis-terpräsident ohne Zustimmung des Landtags vornimmt (Art. 51 II).

[5] Einschlägig ist die Verordnung über die Geschäftsverteilung der Bayerischen Staatsregierung (StRGVV) i. d. F. d. Bek. vom 5. 4. 2001 (GVBl S. 161, BayRS 1102-2-S), zuletzt geändert durch Ver-ordnung vom 13. 12. 2005 (GVBl S. 691).

[6] *Beispiel:* Die Bestimmung, dass es ein Staatsministerium für Wissenschaft, Forschung und Kunst geben soll, erfolgt nach Art. 49 mit Zustimmung des Landtags. Wer „Wissenschaftsminister" wird, legt der Ministerpräsident nach Art. 50 S. 1 ohne Zustimmung des Landtages aus der Zahl der nach Art. 45 (mit Zustimmung des Landtages) bestimmten Staatsminister fest. Ob dem Wissenschaftsminister ein Staatssekretär zugewiesen wird, entscheidet der Ministerpräsident nach Art. 51 II ohne Zustimmung des Landtags. Den konkreten Zuständigkeitsbereich des Staatsministeriums für Wissenschaft, For-schung und Kunst legt § 5 StRGVV (vgl. Fn. 5) fest, was nicht der Zustimmung des Landtags bedarf.

[7] A. A. *Nitsche,* BayVBl. 1956, 359. Erfolgt allerdings ein Ressortneuzuschnitt nach Art. 49 gemein-sam mit einer Reform des Mittel- und Unterbaus der Verwaltung oder einer Änderung im Bestand oder Zuschnitt von Landesoberbehörden, ist insoweit eine gesetzliche Regelung nach Art. 77 I erfor-derlich.

2. Entstehung

In seiner **ursprünglichen,** im Hinblick auf Zahl und Benennung der Geschäftsbereiche 3
konkreteren Fassung[8] stimmte Art. 49 mit Art. 35 VE und Art. 35 E, die die 1946 bestehende Einteilung der Ressorts widerspiegelten[9], überwiegend überein. Die Möglichkeit einer Verminderung der Zahl von ursprünglich 8 Staatsministerien und einer
Änderung der Abgrenzung der Geschäftsbereiche wurde im VA eingefügt.[10] Durch § 1
Nr. 11 des Gesetzes zur Änderung der Verfassung des Freistaates Bayern vom 20. 2. 1998[11]
wurde **Art. 49 völlig neu gefasst.** Die grundsätzliche Festlegung de constitutione auf
eine bestimmte Zahl und einen bestimmten thematischen Zuschnitt der Geschäftsbereiche
mit Abweichungsvorbehalt im Zusammenwirken von Ministerpräsident und Landtag
wurde ersetzt durch eine offenere Regelung, die die Bestimmung von Zahl und Abgrenzung der Geschäftsbereiche primär der politischen Entscheidung des Ministerpräsidenten
überantwortet. In der Konsequenz musste – um die Mitwirkungskompetenz des Landtags
nicht zu schwächen – die Zustimmungsbedürftigkeit durch den Landtag von der Abweichung (Art. 49 III a. F.) auf die Gesamtentscheidung des Ministerpräsidenten erstreckt werden. Berechtigtes Ziel der Regelung ist **mehr Flexibilität** bei der Einteilung der Ressorts
durch den Ministerpräsidenten, zumal die bisherige verfassungsunmittelbare Einteilung
ohnehin unter einem Änderungsvorbehalt (mit Zustimmung des Landtags) außerhalb des
Verfassungstextes[12] stand, so dass Art. 49 I nicht mehr den wahren Zuschnitt der Ministerien widergespiegelt hatte.[13] Die bisherige Vorschrift des Art. 49 II a. F. über Minister für
Sonderaufgaben wurde in Art. 50 S. 1 verlagert – systematisch konsequent, da Sonderaufgaben eben ressortunabhängig sind. Dabei wurde die Beschränkung auf *zwei* Staatsminister für Sonderaufgaben aufgegeben (s. auch die Erl. zu Art. 50).

3. Verhältnis zum Grundgesetz

Art. 49 **weicht** insofern vom GG **ab,** als die Bestimmung und Aufteilung der Ge- 4
schäftsbereiche der Zustimmung des Landtags bedarf. Das GG enthält eine Vorschrift über
Anzahl und Zuschnitt der Geschäftsbereiche nicht; der Bundestag ist an der Aufteilung
der Geschäftsbereiche der Bundesregierung (Bundesministerien) ebenso wenig beteiligt
wie an der Berufung und Entlassung der Bundesminister. Diese landesverfassungsrechtliche Abweichung ist im Hinblick auf Art. 28 I 1 GG indes **unproblematisch.**

II. Einzelkommentierung

1. Die Organisationskompetenz des Ministerpräsidenten

Der Ministerpräsident ist berechtigt und **verpflichtet,** die Zahl und die Abgrenzung, 5
also den jeweiligen thematischen Zuschnitt der Geschäftsbereiche, zu bestimmen. Kommt

---

[8] In der ursprünglichen Fassung enthielt Art. 49 eine materielle Geschäftsbereichseinteilung de constitutione und lautete:

„(1) Die Geschäfte der Staatsregierung werden in folgende Geschäftsbereiche aufgeteilt: 1. Inneres, 2. Justiz,
3. Unterricht und Kultus, 4. Finanzen, 5. Wirtschaft, 6. Landwirtschaft, Ernährung und Forsten, 7. Arbeit und
soziale Fürsorge, 8. Verkehrsangelegenheiten, Post- und Telegraphenwesen.

(2) Es können auch Minister für Sonderaufgaben, jedoch nicht mehr als zwei bestellt werden.

(3) Die Zahl der Geschäftsbereiche kann auf Vorschlag des Ministerpräsidenten durch Beschluss des Landtags
erhöht oder vermindert und ihre Abgrenzung anders bestimmt werden."

[9] In der VU 1919 gab es keine Aufzählung der Geschäftsbereiche, diese beruhten vielmehr auf Organisationsverordnungen; vgl. etwa die Verordnung über die Staatsministerien vom 11. 2. 1932 (GVBl
S. 61), wonach – abgesehen vom Gesamtministerium – fünf Ministerien bestanden: Äußeres, Inneres,
Justiz, Unterricht und Kultus, Finanzen. Durch Gesetz v. 12. 4. 1933 (GVBl S. 113) wurde das Ministerium des Äußeren aufgelöst und an dessen Stelle eine Staatskanzlei errichtet.

[10] Prot. II S. 520.

[11] GVBl S. 39, Verfassungsreformgesetz – Reform von Landtag und Staatsregierung.

[12] Art. 49 III a. F. stellte eine Sonderregel zu Art. 75 IV dar.

[13] Dieser ergab sich erst aus der in Fn. 5 zitierten StRGVV.

er dieser Pflicht nicht nach, ist ein Verfahren nach Art. 59, 64 in Betracht zu ziehen, oder es kann ein Fall des Art. 44 III 2 vorliegen. Über den **Zeitpunkt** der Bestimmung schweigt Art. 49. Sinnvollerweise ist auf den Beginn der Legislaturperiode abzustellen. Änderungen sind jederzeit während der Legislaturperiode möglich. Der Ministerpräsident trifft regelmäßig in zeitlichem Zusammenhang – aber rechtlich davon getrennt – mit der Entscheidung nach Art. 45 und 46 auch die Festlegung der Geschäftsbereiche nach Art. 49 (vgl. Rn. 5 [dort Fn. 4] zu Art. 45).

6   Eine Bestimmung der Zahl und des thematischen Zuschnitts der Geschäftsbereiche hat auch zu erfolgen, wenn der Ministerpräsident nach seiner **(Neu-)Wahl** die **Geschäftsverteilung unverändert** lassen will. Denn der neu gewählte Landtag muss die Möglichkeit erhalten, ein Votum nach Art. 49 S. 2 zu Zahl und Abgrenzung der Geschäftsbereiche abzugeben, auch wenn sich gegenüber der vorangehenden Legislaturperiode keine Änderungen ergeben haben; auch ein unverändertes Tableau an Staatsministern und Staatssekretären und die Bestellung des (selben) Stellvertreters bedürfen ja der Zustimmung durch den „neuen" Landtag nach Art. 45, 46. Im Falle der Neuwahl des Ministerpräsidenten **während der Legislaturperiode** (nach Tod oder Rücktritt des Ministerpräsidenten) ist eine Entscheidung nach Art. 49 nicht herbeizuführen, wenn das Tableau an Staatsministerien unverändert bleibt. Im Gegensatz zur ursprünglichen Fassung enthält Art. 49 **keine Vorgaben für die Anzahl und den thematischen Zuschnitt der Geschäftsbereiche.** Der Ministerpräsident hat ein weites **Organisationsermessen.** Er kann abweichend von der vorgefundenen oder von ihm früher geschaffenen Organisation Geschäftsbereiche schaffen, benennen, abgrenzen, beseitigen, teilen oder zusammenlegen. Dabei unterliegt er nur **geringen Gestaltungsgrenzen:**[14]

2. Anzahl der Geschäftsbereiche

7   Was die **Zahl** der Geschäftsbereiche angeht, enthält **Art. 43 II** mit der Beschränkung auf 17 Staatsminister und Staatssekretäre eine gewisse **Orientierung.** Geht man davon aus, dass es insgesamt mindestens zwei Staatssekretäre geben muss (s. Rn. 9 zu Art. 43), so beträgt die maximale Anzahl an Staatsministern 15. Da nach Art. 50 S. 1 jedem Staatsminister ein Geschäftsbereich oder eine Sonderaufgabe zugewiesen wird, kann es mithin **maximal 15 Geschäftsbereiche** geben, wenn ein Minister für Sonderaufgaben nicht installiert wird.[15] Die Zahl der Geschäftsbereiche kann sich allerdings noch insoweit **erhöhen,** als sich der **Ministerpräsident** einen oder mehrere Geschäftsbereiche selbst vorbehalten und/oder einem Staatsminister mehrere Geschäftsbereiche zuweisen kann.[16] Über eine **Mindestzahl** an Geschäftsbereichen sagt die Verfassung nichts. Untergrenze ist die Zahl, die zu einer ordnungsgemäßen Führung der Geschäfte nach Art. 55 erforderlich ist. Da es in der Verfassungspraxis tendenziell eher mehr als weniger Staatsministerien gibt und geben wird, ist die Frage nach der Mindestzahl praktisch nicht relevant.

3. „Thematischer" Zuschnitt der Geschäftsbereiche

8   Auch im Hinblick auf den **thematischen Zuschnitt** der Geschäftsbereiche hat der Ministerpräsident nach der Änderung des Art. 49 eine weitgehende, allerdings nicht un-

---

[14] Problematisch sind Änderungen in der Aufteilung der Geschäftsbereiche, die parteipolitisch motiviert sind, etwa die Teilung eines großen Ministeriums in zwei Geschäftsbereiche, um den bisher amtierenden Staatsminister politisch zu schwächen.

[15] Die Staatskanzlei würde – da kein Ressort – dann nicht von einem Staatsminister mit der Sonderaufgabe „Leiter der Staatskanzlei", sondern von einem Staatssekretär oder vom beamteten Ministerialdirektor geleitet (vgl. dazu Erl. zu Art. 52).

[16] Etwa infolge einer Teilung eines Staatsministeriums (Entscheidung nach Art. 49), wenn der Ministerpräsident den bisher zuständigen Staatsminister mit der (vorübergehenden) Führung beider dann selbständigen Ressorts beauftragt (Entscheidung nach Art. 50 S. 2). Davon zu unterscheiden ist die „Zusammenlegung" bisher selbständiger Staatsministerien zu einem Staatsministerium. Auch dies ist eine Entscheidung nach Art. 49.

beschränkte **Gestaltungsfreiheit.** Zwar ist er weder an ein herkömmliches Verteilungs-modell noch an ein vorgefundenes noch an ein zweckmäßiges oder bewährtes gebunden. Abwegigen Ressort-Verteilungsvorstellungen des Ministerpräsidenten kann der Landtag durch Verweigerung der Zustimmung nach S. 2 entgegentreten. Einige wenige **verfas-sungsrechtliche Vorgaben** sind jedoch zu beachten:

a) Nach Art. 53 S. 3 ist jede Aufgabe der Staatsverwaltung einem Geschäftsbereich zuzu- 9 teilen, gemäß Art. 55 Nr. 5 S. 1 ist die gesamte Staatsverwaltung der Staatsregierung und den zuständigen Staatsministerien zugeordnet. Die Staatsministerien müssen vom thema-tischen Zuschnitt mithin so gestaltet sein, dass jeder Bereich der Staatsverwaltung thema-tisch erfasst wird. Diese Hürde ist freilich nicht sehr hoch, weil durch die Einzelgeschäfts-zuweisung nach Art. 53 S. 2 eine vollumfängliche Aufteilung der Einzelgeschäfte auf die Staatsministerien erfolgen kann, auch wenn deren thematischer Zuschnitt ein Einzel-geschäft nicht unmittelbar umfassen würde.[17]

b) Nach der Neufassung des Art. 49 gibt es **keine „verfassungsfesten" Ressorts** im 10 Sinne bisherigen Zuschnitts. Selbst gewichtige Ressorts, wie die Staatsministerien des In-nern oder Finanzen, genießen keinen unabänderlichen „Selbstand". So wäre es – ungeachtet der Frage der verfassungspolitischen und verwaltungsökonomischen[18] Zweckmäßigkeit – verfassungsrechtlich zulässig, auch diese Ressorts anders zu benennen, mit anderen Res-sorts zusammenzulegen, solange die Erfüllung der jeweiligen Aufgaben sichergestellt ist.[19] Selbst eine Zusammenlegung des Innen- mit dem Justizressort wäre verfassungsrechtlich unproblematisch, wenn im Rahmen der Organisation des neu gebildeten Ressorts für In-strumentarien zur Sicherstellung der Unabhängigkeit der Justiz gesorgt wäre.

c) Auch die Schaffung eines **Außenministeriums** wäre denkbar für die insoweit ein- 11 schlägigen Bereiche, die in die Kompetenz des Freistaates Bayern fallen: Für eine „Neben"-Außenpolitik Bayerns neben der Außenpolitik des Bundes ist freilich kein Raum (s. dazu die Erläuterungen zu Art. 3 a). Unzulässig dürfte die Einrichtung eines Geschäftsbereichs sein, für den der Freistaat weder eine Rechtssetzungs- noch eine Vollzugskompetenz hat, etwa im Bereich der Verteidigung. So dürfte ein Bayerisches Staatsministerium für **Ver-teidigung** ausscheiden, nicht jedoch ein solches für Zivil- oder Heimatschutz.

d) Im Einzelfall kann streitig sein, was unter Abgrenzung der Geschäftsbereiche zu 12 verstehen ist. Man wird nicht allein auf die Benennung der Geschäftsbereiche („Staats-ministerium für …..") abstellen dürfen, da anderenfalls das **Zustimmungsrecht** des Landtags durch „geschickte" Geschäftsverteilung nach Art. 53 S. 3 **unterlaufen** werden könnte. Eine Änderung in der Abgrenzung der Geschäftsbereiche, die der Zustimmung des Landtags bedarf, liegt bereits dann vor, wenn einem Geschäftsbereich ohne Änderung des „Titels" ein **wesentlicher Zuständigkeitsbereich entzogen oder hinzugefügt** wird.[20]

---

[17] So wäre es z. B. denkbar, in einem einzigen Staatsministerium die Aufgaben Umweltschutz, Lan-desplanung, Landwirtschaft, Ernährung, Forst, Verbraucherschutz, Gesundheit, Familie und Soziales zusammenzufassen und diesen Geschäftsbereich als „Staatsministerium für nachhaltige Entwicklung" zu bezeichnen, soweit nach Art. 53 S. 2 und durch die entsprechende Geschäftsverteilungsverordnung (s. Fn. 5) sichergestellt ist, dass alle einschlägigen Aufgaben diesem Ressort zugeordnet sind.

[18] Bei Umressortierungen sind stets Reibungsverluste im Verwaltungsablauf zu erwarten.

[19] Am ehesten eine Sonderstellung dürfte das Staatsministerium der Finanzen genießen, das nach der Haushaltsordnung für die exekutivinterne Aufstellung des Haushalts verantwortlich ist; vgl. Art. 80 I, der einen „Staatsminister der Finanzen" voraussetzt. Allerdings impliziert dies nicht zwin-gend die Etablierung eines eigenen Finanzministeriums. Es genügt die Existenz eines Ressorts, das auch die Aufgaben des Finanzressorts wahrnimmt.

[20] *Beispiel:* Werden dem Staatsministerium der Justiz sämtliche Aufgaben der Rechtspflege auch im Bereich der speziellen Gerichtsbarkeiten zugeordnet, dieses mithin zu einem Rechtspflegeministe-rium entwickelt, ohne dass die beteiligten Ressorts in ihrer Bezeichnung geändert werden, liegt nicht nur ein Fall des Art. 53 S. 3, sondern auch ein solcher des Art. 49 vor. Vgl. dazu *Masson,* BayVBl. 1968, 159; *Feneberg,* BayVBl. 1968, 185.

13   e) Durch eine Neuabgrenzung der Geschäftsbereiche können sich **Anpassungsbedarfe** im **nachrangigen Recht** ergeben, in dem auf bestimmte Geschäftsbereiche Bezug genommen wird und diesen Zuständigkeiten eingeräumt werden. Neben redaktionellen Anpassungen können gesetzliche Regelungen zur Überleitung von Zuständigkeiten notwendig werden.[21]

4. Bestätigung durch Beschluss des Landtags

14   a) Der **Zustimmungsvorbehalt** gilt nur zu Gunsten des Landtags, nicht der Staatsregierung oder eines Staatsministers oder Staatssekretärs. Er gilt für **jede Maßnahme** nach Art. 49 S. 1: Schaffung eines neuen Geschäftsbereichs, Umbenennungen von Geschäftsbereichen infolge der Umressortierung von Einzelgeschäften, Verschiebung von wesentlichen Einzelgeschäften zwischen Ressorts ohne Änderung der Ressortbezeichnung, ersatzlose Aufhebung oder Zusammenlegung von Geschäftsbereichen, Teilung von Geschäftsbereichen in zwei oder mehrere neue Geschäftsbereiche[22], Überführung eines Geschäftsbereichs in eine Sonderaufgabe (dazu Erl. zu Art. 50). Hat eine Maßnahme nach Art. 49 notwendigerweise personelle Konsequenzen, so richten sich diese Entscheidungen nach den jeweils einschlägigen Vorschriften, etwa Art. 45 oder 50.[23] Bei **„Kabinettsumbildungen"** ist also jeweils zu prüfen, ob es sich allein um Entlassungen und Neuberufungen von Staatsministern und Staatssekretären nach Art. 45, verbunden mit einer personellen Neuzuweisung nach Art. 50 S. 1, 51 II, handelt, oder ob zugleich eine Veränderung in Zahl und thematischer Abgrenzung der Ressorts nach Art. 49 erfolgt.

15   b) Die Beschlussfassung nach Art. 49 S. 2 im Landtag erfolgt mit Mehrheit nach Art. 23 I, II. Der Landtag hat kein eigenes rechtliches, wohl aber ein politisches **Vorschlagsrecht,** er kann den Vorschlag des Ministerpräsidenten lediglich als Ganzes ablehnen oder billigen. Die Zustimmung oder Ablehnung bezieht sich auf das „Gesamtpaket". Der Landtag kann die Zustimmung ohne Angabe von Gründen erteilen oder verweigern. In der Verfassungspraxis wird regelmäßig darauf geachtet, dass der Zuschnitt der Geschäftsbereiche im Wesentlichen mit dem Zuschnitt der Ausschüsse des Landtags kompatibel ist.

5. Organisatorische Gliederung eines Staatsministeriums

16   Die Staatsministerien in Bayern sind nach einem im Wesentlichen **einheitlichen Organisationsschema** gestaltet. Die „politische Spitze" bilden Staatsminister (und ggf. ein Staatssekretär), parlamentarische Staatssekretäre existieren nicht. Der beamtete Leiter eines Staatsministeriums ist nicht – wie im Bund – ein Staatssekretär, sondern ein Ministerialdirektor in der Funktion des Amtschefs; dieser ist nicht politischer Beamter i. S. d. § 31 BRRG. Neben diversen Stabsstellen („Führungshilfen", Presse etc.) gliedert sich ein Staatsministerium in allgemeine und Fachabteilungen, denen jeweils ein Abteilungsleiter im

---

[21] Als Beispiel sei genannt das „Gesetz zur Überleitung von Zuständigkeiten auf das Staatsministerium für Unterricht, Kultus, Wissenschaft und Kunst vom 13. 12. 1990 (GVBl S. 510, BayRS 1102-5-S). Weitere Beispiele bei *Schweiger,* in: Nawiasky/Schweiger/Knöpfle, Art. 49 Rn. 6.

[22] Als *Beispiel* sei genannt die wiederholte Teilung des Staatsministeriums für Unterricht, Kultus, Wissenschaft und Kunst in die Bereiche Unterricht und Kultus sowie Wissenschaft, Forschung und Kunst (und deren zwischenzeitliche Wiederzusammenführung); vgl. dazu die Beschlüsse des Landtags vom 30. 10. 1986 (Drs. XI/22) – Teilung –, vom 30. 10. 1990 (Drs. XII/16) – Zusammenführung – und vom 6. 10. 1998 (Drs. XIV/21) – erneute Teilung.

[23] *Beispiel:* Durch die Zusammenlegung von zwei Geschäftsbereichen zu einem nach Art. 49 wird ein Staatsminister „überflüssig", da zwar einem Staatsminister zwei Geschäftsbereiche zugewiesen werden können, nicht aber ein Geschäftsbereich zwei Staatsministern (arg. Art. 50 S. 1). Der insoweit „überflüssige" Staatsminister bleibt indes Staatsminister, ihm wird entweder ein anderer Geschäftsbereich oder eine Sonderaufgabe zugewiesen, anderenfalls ist er nach Art. 45 zu entlassen, da ein Staatsminister ohne Geschäftsbereich und ohne Sonderaufgabe von der Verfassung nicht vorgesehen ist.

Rang eines Ministerialdirigenten vorsteht. Die Abteilungen selbst gliedern sich in Fachreferate, die i. d. R. von Ministerialräten geleitet werden. Insgesamt zeichnen sich die Staatsministerien durch eine straffe, hierarchische Struktur aus, was der **Effektivität der Staatsverwaltung** in Bayern förderlich ist.

Art. 50 [Zuweisung der Geschäftsbereiche; Sonderaufgaben]

[1]**Jedem Staatsminister wird durch den Ministerpräsidenten ein Geschäftsbereich oder eine Sonderaufgabe zugewiesen.** [2]**Der Ministerpräsident kann sich selbst einen oder mehrere Geschäftsbereiche vorbehalten oder einem Staatsminister mehrere Geschäftsbereiche zuweisen.**

Parallelvorschriften im GG und anderen Landesverfassungen: Art. 45 IV BaWüVerf; Art. 104 II HessVerf; Art. 105 II RhPfVerf; Art. 91 I SaarlVerf; Art. 59 III SächsVerf; Art. 68 III VerfLSA; Art. 76 II ThürVerf.

Literatur: Kruis, Die Geschäftsbereiche und ihre Abgrenzung nach Bayerischem Verfassungsrecht, in: FS zum 25-jährigen Bestehen des Bayerischen Verfassungsgerichtshofs, 1972, S. 133 ff.; *Köhler,* Der Sonderminister nach Art. 49 II, BayVBl. 1982, 266.

I. Allgemeines

1. Bedeutung

Die Vorschrift regelt die **Zuweisung der nach Art. 49 bestimmten Geschäftsbereiche an die einzelnen Staatsminister** (nicht: Staatssekretäre; dazu Erl. zu Art. 51) und ist damit ein wichtiger Baustein in der **Regierungsbildung** durch den Ministerpräsidenten (vgl. dazu bereits Rn. 5 f. zu Art. 44). Anders als bei der Berufung der Staatsminister (Art. 45), der Bestellung des Stellvertreters des Ministerpräsidenten (Art. 46) und der Bestimmung von Zahl und Abgrenzung der Geschäftsbereiche (Art. 49) bedarf die personelle Zuordnung der Staatsministerien nach Art. 50 S. 1 **nicht**[1] der **Zustimmung des Landtags.**[2] Art. 50 S. 1 sieht zudem die Möglichkeit vor, einem Staatsminister statt eines Geschäftsbereichs eine **Sonderaufgabe,** etwa die Leitung der Staatskanzlei oder die Angelegenheiten der Europapolitik[3], zuzuweisen (vgl. auch § 15 V 1 StRGO). **1**

Art. 50 S. 2 gibt dem Ministerpräsidenten die weitere **Option,** sich selbst einen oder mehrere Geschäftsbereiche vorzubehalten oder einem Staatsminister mehrere Geschäftsbereiche zuzuweisen. Art. 50 räumt dem Ministerpräsidenten bei der personellen Zuweisung der Geschäftsbereiche oder von Sonderaufgaben einen politischen **Ermessensspielraum** ein. Er kann die Zuweisungen jederzeit ohne Zustimmung des Landtages und des betroffenen Staatsministers **ändern.** Ist mit der Änderung eine Entlassung eines Ministers oder ein Neuzuschnitt der Geschäftsbereiche verbunden, so gelten insoweit Art. 45 und 49 mit dem Zustimmungsvorbehalt zugunsten des Landtags. **2**

---

[1] Anders noch § 58 I 5, 6 VU 1919.

[2] Vgl. zur Systematik der Regierungsbildung auch Fn. 10 zu Art. 45 sowie Rn. 1 zu Art. 49.

[3] Rn. 15 zu Art. 3 a.

2. Entstehung

3   Die ursprüngliche Fassung des Art. 50[4] hatte noch keinen Vorläufer im VE, ihm entsprach jedoch sodann im Wesentlichen Art. 36 E. Eine in mehrfacher Hinsicht signifikante **Änderung** erfolgte durch § 1 Nr. 12 des Gesetzes zur Änderung der Verfassung des Freistaates Bayern vom 20. 2. 1998[5]: (1) Die Möglichkeit, Staatsministern anstelle eines Geschäftsbereichs auch eine Sonderaufgabe zu übertragen, wurde aus Art. 49 II a. F. in Art. 50 S. 1 übernommen, wobei die Beschränkung auf zwei Minister für Sonderaufgaben entfiel. (2) Die Option des Ministerpräsidenten, sich selbst mehrere Geschäftsbereiche vorzubehalten oder einem Staatsminister mehrere Geschäftsbereiche anzuvertrauen, wurde vom Vorbehalt des „vorübergehend"[6] befreit, so dass nunmehr eine Mehrfachressortierung sowohl beim Ministerpräsidenten als auch bei einem Staatsminister auch als „Dauerlösung" in Betracht kommt. (3) Die Regelung über die Staatssekretäre (Art. 50 II a. F.) wurde aus Art. 50 hinausgenommen, so dass insoweit nur noch der unverändert gebliebene Art. 51 II einschlägig ist. An der weggefallenen Regelung (Art. 50 II 2), dass Staatssekretäre „Sitz und Stimme in der Staatsregierung" haben, hat sich jedoch der Sache nach nichts geändert, da sich Gleiches auch aus Art. 43 II ergibt. Geändert wurde die Regelung, dass jedem Staatsminister ein Staatssekretär als Stellvertreter für einen bestimmten Geschäftsbereich zugewiesen wird.[7] Durch die Möglichkeit „staatssekretärfreier" Staatsminister (Rn. 9 zu Art. 43) sollte die Kabinettsverkleinerung erleichtert werden.[8]

3. Verhältnis zum Grundgesetz

4   Art. 50 weicht insofern vom Grundgesetz ab, als dort eine entsprechende Vorschrift nicht vorgesehen ist, was im Hinblick auf Art. 28 I 1 GG indes unproblematisch ist.

II. Einzelkommentierung

1. Die Zuweisung der Geschäftsbereiche

5   a) Art. 50 S. 1 begründet die **zustimmungsfreie Organisationsentscheidung** des Ministerpräsidenten und ein weites (personal)politisches **Ermessen** bei der Zuweisung der Geschäftsbereiche an die Staatsminister; einem Staatssekretär kann ein Geschäftsbereich nicht zugewiesen werden (Art. 51 II 2). An Kriterien wie Sachkompetenz, Neigung, Erfahrung, Alter des Staatsministers im Hinblick auf die Bedeutung des Ressorts o. Ä. ist er rechtlich nicht gebunden. Ein **Anspruch** eines Staatsministers auf Zuweisung eines bestimmten Ressorts besteht nicht, auch wenn er dieses lange Jahre mit Erfolg geführt hat oder es ihm im Wahlkampf (etwa im Rahmen eines „Schattenkabinetts") versprochen worden ist, er es also „verdient" hätte. Umgekehrt kann der Staatsminister die Zuweisung eines bestimmten Geschäftsbereichs **ablehnen,** er muss dann freilich damit rechnen, dass er gar nicht erst ernannt oder nach Art. 45 wieder entlassen wird.

6   b) Einen **Zeitpunkt** für die personelle Besetzung der Geschäftsbereiche sieht Art. 50 nicht vor. Zweckmäßiger Weise – und so geschieht es zumeist in der Praxis – wird die Re-

---

[4] Art. 50 lautete in seiner ursprünglichen Fassung:
(1) Jedem Staatsminister wird durch den Ministerpräsidenten ein Geschäftsbereich zugewiesen. Der Ministerpräsident kann sich selbst einen Geschäftsbereich vorbehalten. Vorübergehend kann der Ministerpräsident mehrere Geschäftsbereiche selbst übernehmen oder einem Staatsminister zuweisen.
(2) Jedem Minister wird ein Staatssekretär als Stellvertreter für einen bestimmten Geschäftsbereich zugewiesen. Die Staatssekretäre haben Sitz und Stimme in der Staatsregierung.

[5] GVBl S. 39, Verfassungsreformgesetz – Reform von Landtag und Staatsregierung.

[6] In Art. 36 E hatte es noch geheißen: „Im Bedarfsfalle".

[7] Anders als § 58 II VU 1919, der der jetzigen Rechtslage entsprach, hatte man 1946 den obligatorischen Staatssekretär eingeführt, um eine „politische" Vertretung des verhinderten Staatsministers sicherzustellen und eine solche durch einen Berufsbeamten zu verhindern. Vor 1919 waren Berufsbeamte als „Staatsräte" Stellvertreter der Minister.

[8] LT-Drs. XIII/9366, S. 7.

gierungsbildung nach der Landtagswahl in einem „Paket" oder in aufeinanderfolgenden Sitzungen des Landtags verhandelt; verfassungs*rechtlich* sind allerdings die Schritte des Art. 45, 46, 49 und 50 voneinander zu trennen (Rn. 5 [dort Fn. 4] zu Art. 45). Aus Gründen der Handlungsfähigkeit der Exekutive ist der Ministerpräsident verpflichtet, die Ressortaufteilung möglichst bald nach seiner Wahl (Art. 44 I) und der Bestellung der Staatsminister (Art. 45) vorzunehmen. Regelmäßig sind im Beschluss des Landtags nach Art. 45 (Bestellung der Staatsminister) zugleich auch die jeweiligen Geschäftsbereiche zugeordnet, obwohl sich die Zustimmung des Landtags darauf nicht bezieht.

Der Ministerpräsident kann die personelle Geschäftsverteilung nach Art. 50 jederzeit **7** ohne Grund **ändern**, ohne Zustimmung des Landtags, der Staatsregierung, des betroffenen Staatsministers selbst oder des/r diesem zugeordneten Staatssekretäre. Scheidet ein Staatsminister aus, kann das Ressort neu besetzt oder mit Zustimmung des Landtags (Art. 49 S. 2) aufgelöst oder mit einem anderen zusammengelegt werden. Der Ministerpräsident kann sich das Ressort nach S. 2 auch selbst vorbehalten, einem Staatsminister als zweites oder weiteres Ressort zuweisen oder – ggf. nach Ernennung gem. Art. 45 – mit einem (neuen) Staatsminister besetzen (s. Rn. 9 zu Art. 45). Der **isolierte Rücktritt** eines Staatsministers lediglich von einem bestimmten Ressort (nicht indes vom Amt des Staatsministers) ist nicht möglich. Kommt der Ministerpräsident einer politischen Bitte eines Staatsministers nach einem Ressortwechsel nicht nach, kann dieser, wenn er das Amt nicht weiterführen will, nur von seinem Ministeramt als solchem zurücktreten (Rn. 10 zu Art. 45) oder vom Ministerpräsidenten wegen gestörten Vertrauens mit Zustimmung des Landtags entlassen werden.

2. Die Zuweisung von Sonderaufgaben

a) **Jeder Geschäftsbereich** muss einem Staatsminister zugewiesen oder dem Minister- **8** präsidenten vorbehalten sein (arg. Art. 50, 51 I, 55 Nr. 5, 6 und 7). „Verwaiste" oder nur mit einem Staatssekretär versehene Ressorts sind verfassungsrechtlich unzulässig. Ebenso gibt es **keinen Staatsminister „ohne portefeuille":** Weist der Ministerpräsident einem Staatsminister keinen Geschäftsbereich zu, muss er ihm eine **Sonderaufgabe** übertragen und darf ihn nicht etwa ohne Aufgabe als bloßen „Regierungsberater" oder „Regierungssprecher" im Ministeramt belassen. **Staatssekretären** kann eine Sonderaufgabe nicht übertragen werden, sie können indes einem Staatsminister für Sonderaufgaben zugewiesen werden (anders Art. 50 II 1 a. F.). Die Zahl der Minister für Sonderaufgaben ist nicht mehr auf zwei beschränkt, kann also – auch deutlich – darüber hinausgehen (vgl. Art. 49 II a. F. und Rn. 3 zu Art. 49).

b) Zum **Begriff.** Sonderaufgabe ist in **formeller Hinsicht** eine Aufgabe, die nicht **9** einem Ressort nach Art. 53 S. 2, 3[9] zugeordnet ist und daher ge*sonder*t erfüllt wird, sei es dass sie als neue entstanden ist oder definiert wird, ohne einem Geschäftsbereich zugeordnet zu sein oder zu werden, sei es dass sie aus einem Geschäftsbereich herausgelöst und zu einer Sonderaufgabe bestimmt wird (in diesem Fall dürfte gleichzeitig die Zustimmung des Landtags nach Art. 49 S. 2 notwendig werden[10]). Grundsätzlich kann **jeder Gegenstand der Politik** – für den Bayern die Kompetenz hat – zu einer Sonderaufgabe bestimmt werden. Ein Geschäftsbereich als solcher kann jedoch nicht als Sonderaufgabe deklariert werden, weil die Verfassung beides deutlich unterscheidet. Ausscheiden als Sonderaufgaben müssen auch solche Geschäfte, deren Erfüllung einen Verwaltungsunterbau im Sinne eines gestuften Behördenunterbaus erfordert (z. B. Polizei, Schulwesen etc.), da Art. 55 insoweit eine Ministerialstruktur voraussetzt; insoweit sind „ressortpflichtige" Aufgaben anzuerkennen.

---

[9] Nach Art. 53 S. 3 muss zwar jede Aufgabe der Staatsverwaltung einem Geschäftsbereich zugewiesen sein; darin liegt jedoch kein Widerspruch zu Art. 50 S. 1, da dieser im Hinblick auf die Möglichkeit von „Sonderaufgaben" lex specialis ist.

[10] A. A. *Schweiger,* in: Nawiasky/Schweiger/Knöpfle, Art. 50 Rn. 4.

10   Keine Sonderaufgabe im Sinne des Art. 50 S. 1 ist die **Vertretung** des Ministerpräsidenten (Rn. 4 zu Art. 46). Nicht zur Sonderaufgabe erklärt werden können auch die verfassungsmäßig allein dem Ministerpräsidenten zugewiesenen Aufgaben[11], da er sich dieser nicht begeben kann. Typischerweise werden Sonderaufgaben **Querschnittsaufgaben** oder **ad-hoc-Projekte** sein, die als solche keinen gestuften Verwaltungsunterbau haben oder verlangen (z. B. Bundesangelegenheiten; Europaangelegenheiten; Bürokratieabbau; Verwaltungsreform).[12] Sonderaufgaben sind indes nicht nur solche vorübergehender Natur (z. B. „politische Befreiung"[13]; Wiederaufbau), sie können **auch von Dauer** (z. B. Leitung der Staatskanzlei; Europaangelegenheiten) und durchaus von politischem Gewicht sein[14], so dass Staatsminister für Sonderaufgaben (der Begriff „Sonderminister" wird von der Verfassung nicht verwendet) nicht ohne weiteres Staatsminister zweiter Klasse sind. Allerdings leiten sie kein Staatsministerium als Spitze der Exekutive und entbehren damit der Funktionen des Art. 55 (insbes. Nrn. 5, 6 und 7). Die Sonderaufgaben können – obwohl keine Geschäftsbereiche – in der nach Art. 53 S. 2 zu erlassenden Verordnung über die Geschäftsverteilung genannt und in ihren Einzelgeschäften beschrieben werden.

11   c) Ist einem Staatsminister ein **Geschäftsbereich** übertragen, so könnte er nach dem Wortlaut des Art. 50 S. 1 („oder") **nicht zugleich** mit einer **Sonderaufgabe** betraut werden; ebenso könnte einem Staatsminister mit einer Sonderaufgabe nicht zugleich ein Geschäftsbereich zugewiesen werden. Dies erscheint vor dem Hintergrund, dass einem Staatsminister nach Art. 50 S. 2 sogar mehrere Geschäftsbereiche zugewiesen können, **nicht konsequent,** so dass es überzeugender ist, einen Geschäftsbereich neben einer Sonderaufgabe in der Hand eines Staatsministers zuzulassen.[15] Auch gegen die Zuweisung von zwei oder mehr Sonderaufgaben an einen Staatsminister (auch neben einem oder mehreren Geschäftsbereichen) dürfte nichts einzuwenden sein.[16] Der **Ministerpräsident** darf sich zwar selbst einen oder mehrere Geschäftsbereiche vorbehalten (Art. 50 S. 2), nach dem Wortlaut jedoch keine **Sonderaufgabe.** Auch dies ist inkonsequent: Wenn es die Verfassung zulässt, dass der Ministerpräsident neben seinen sonstigen gewichtigen Aufgaben sogar mehrere Ressorts übernimmt, muss er sich erst recht (arg. a maiore ad minus) eine Sonderaufgabe, z. B. die Zuständigkeit für die Europaangelegenheiten, vorbehalten können[17]; darin kann sogar die Ausübung der Richtlinienkompetenz zum Ausdruck kommen. Auch gegen mehrere Sonderaufgaben in der Hand des Ministerpräsidenten ist verfassungsrechtlich nichts einzuwenden.

12   d) Staatsminister für **Sonderaufgaben** können **organisatorisch** in der **Staatskanzlei** „angesiedelt" werden.[18] Da sie keinen Verwaltungsapparat mit Unterbau benötigen, ist diese Lösung auch aus verwaltungsökonomischer Sicht sinnvoll, da sie die Schaffung einer eigenen Behörde für den Sonderminister erübrigt. So sind etwa derzeit (Stand: 1. 7. 2008) dem Bayerischen Staatsminister für **Bundes- und Europaangelegenheiten** in der Staatskanzlei mehrere Abteilungen der Staatskanzlei zugeordnet, denen ein eigener Amtschef im Rang eines Ministerialdirektors vorsteht.[19] Die Staatskanzlei wird damit nicht, auch nicht partiell zu einem Geschäftsbereich „Staatsministerium für Bundes- und Europa-

---

[11] *Meder,* Art. 49 Rn. 2; Rn. 10 vor Art. 43.

[12] Allerdings bedeutet dies nicht, dass der Minister für Sonderaufgaben keinen eigenen „Verwaltungsapparat" haben dürfte, da er anderenfalls faktisch-politisch nicht handlungsfähig wäre.

[13] Einen „Sonderminister" für „politische Befreiung" gab es von 1946 bis 1962.

[14] *Köhler,* BayVBl. 1982, 266; *Kruis,* BayVBl. 1988, 423 (428); a. A. *Dauster,* BayVBl. 1988, 417 (422).

[15] *Schweiger* (Fn. 10), Art. 50 Rn. 9.

[16] *Beispiel:* In der ersten Hälfte der Legislaturperiode 2003/2008 war ein Staatsminister (*Erwin Huber*) nicht nur mit der Sonderaufgabe „Leitung der Staatskanzlei", sondern zugleich mit den Sonderaufgaben „Bundesangelegenheiten" und „Verwaltungsreform" betraut.

[17] *Köhler,* BayVBl. 1982, 266 (269); *Schweiger* (Fn. 10), Art. 50 Rn. 8.

[18] Für die Sonderaufgabe „Leitung der Staatskanzlei" versteht sich dies ohnehin.

[19] Der „eigentliche" Amtschef der Staatskanzlei ist inhaltlich insoweit für diese Abteilungen nicht zuständig.

angelegenheiten"[20], sondern sie stellt zur Erfüllung der Sonderaufgabe Personal und Verwaltungsressourcen zur Verfügung. Nach § 1 Satz 2 Nr. 9 b der Verordnung über die Geschäftsverteilung der Bayerischen Staatsregierung (StRGVV) ist dementsprechend die Staatskanzlei für die Europa- und internationalen Angelegenheiten zuständig.[21]

3. Der Selbstvorbehalt des Ministerpräsidenten und die Mehrfachzuweisung (Art. 50 S. 2)

a) Der Ministerpräsident kann sich nach seinem politischen **Ermessen** einen oder mehrere Geschäftsbereiche und/oder auch eine oder mehrere Sonderaufgaben (s. dazu Rn. 11) selbst vorbehalten oder mehrere Geschäftsbereiche und/oder Sonderaufgaben einem Staatsminister zuweisen. Die Übernahme mehrerer Geschäftsbereiche steht nicht mehr (anders Art. 50 I 3 a. F.) unter dem temporären Vorbehalt des „vorübergehend". Von seinem Vorbehalts- und Mehrfachzuweisungsrecht kann der Ministerpräsident zu Beginn, aber auch während der Legislaturperiode Gebrauch machen, letzteres freilich nur, wenn der bisher mit der Führung des entsprechenden Ressorts beauftragte Staatsminister aus seinem Amt ausscheidet (dazu Rn. 9 ff. zu Art. 45). Durch ein weiteres Ressort erhält der Ministerpräsident oder der jeweilige Staatsminister **keine weitere Stimme in der Staatsregierung** (Art. 54). Ein Geschäftsbereich oder eine Sonderaufgabe können nicht einem Staatsminister und zugleich dem Ministerpräsidenten und auch nicht mehreren Staatsministern gemeinsam übertragen werden. **13**

b) Vom Wortlaut des Art. 50 S. 2 her wäre es theoretisch denkbar, dass alle Geschäftsbereiche (und Sonderaufgaben) auf wenige „Köpfe" – den Ministerpräsidenten und einige wenige Staatsminister – aufgeteilt würden. Sind damit Entlassungen von Staatsministern oder Neuzuschnitte von Geschäftsbereichen verbunden, so ist die Zustimmung des Landtags notwendig (Art. 45, 49 S. 2). Im Übrigen könnte eine zu intensive Vereinigung der Macht in der Person des Ministerpräsidenten oder eines Staatsministers durch eine extensive Handhabung des Art. 50 S. 2 – wenn ein solcher Fall denn überhaupt eintreten sollte – vom Landtag missbilligt und als Frage des Art. 44 III 2 interpretiert werden. **14**

Art. 51 [Ressortprinzip; Stellung des Staatssekretärs]

(1) Gemäß den vom Ministerpräsidenten bestimmten Richtlinien der Politik führt jeder Staatsminister seinen Geschäftsbereich selbständig und unter eigener Verantwortung gegenüber dem Landtag.
(2) ¹Die Staatssekretäre sind an die Weisungen des Staatsministers, dem sie zugewiesen sind, gebunden. ²Im Falle der Verhinderung des Staatsministers handeln sie selbständig und unter eigener Verantwortung gegenüber dem Landtag.

Parallelvorschriften im GG und anderen Landesverfassungen: Art. 65 S. 2 GG; Art. 45 II, 49 I 4 BaWüVerf; Art. 58 V BerlVerf; Art. 89 S. 1 BbgVerf; Art. 120 BremVerf; Art. 42 II HmbVerf; Art. 102 S. 2 HessVerf; Art. 46 II M-VVerf; Art. 37 I 2 NdsVerf; Art. 55 II NRWVerf; Art. 104 S. 2 RhPfVerf; Art. 91 II SaarVerf; Art. 63 II SächsVerf; Art. 68 II VerfLSA; Art. 76 I 2 ThürVerf.

---

[20] Durch Landtagsbeschluss vom 14. 6. 1988 (Drs. XI/6866) wurde nach Art. 49 III a. F. ein eigener Geschäftsbereich „Staatsministerium für Bundes- und Europaangelegenheiten" geschaffen. Dieses wurde 1994 wieder aufgelöst (Drs. XIII/16); seitdem werden diese Aufgaben als Sonderaufgaben erfüllt; vgl. *Schweiger* (Fn. 10), Art. 50 Rn. 7. Zunächst wurden diese Aufgaben einer Staatsministerin (für Bundesangelegenheiten) und einem Staatsminister (Europaangelegenheiten; zugleich Leitung der Staatskanzlei) übertragen. Seit 6. 10. 1998 (Drs. XIV/23) werden beide Aufgaben (Bundes- und Europaangelegenheiten) von einem „Staatsminister für Bundes- und Europaangelegenheiten" (StMBE) wahrgenommen (mit einer Unterbrechung zwischen 2003 und 2005, wo die Bundesangelegenheiten wiederum dem Leiter der Staatskanzlei überantwortet waren).

[21] Vgl. dazu die Bek. der Staatsregierung über Aufgabenbereich und Stellung der Staatsministerin für Bundes- und Europaangelegenheiten in der Staatskanzlei (StM Bundes- und Europaangelegenheiten – StMBE) vom 13. 12. 2005 (AllMBl 539).

Literatur: Herzog, Der Staatssekretär nach Bayerischem Verfassungsrecht, BayVBl. 1969, 225; *Köhler,* Der bayerische Staatssekretär nach der Verfassung von 1946, 1982; s. auch die Hinweise vor Art. 43 und zu Art. 47.

Übersicht

I. Allgemeines

1. Bedeutung

1   Art. 51, der kein verfassungsmäßiges Recht im Sinne von Art. 120 verbürgt[1], hat als eine **Kernvorschrift des Staatsorganisationsrechts** einen **doppelten Regelungsgehalt:** (1) **I** legt fest, dass jeder Staatsminister die Führung seines gesamten Geschäftsbereichs selbst bestimmt und dafür dem Landtag gegenüber verantwortlich ist, dabei indes die vom Ministerpräsidenten bestimmten Richtlinien der Politik zu beachten hat; I konstituiert in Übereinstimmung mit dem GG und anderen Landesverfassungen das **Ressortprinzip**[2] als Widerpart zum Präsidialprinzip (s. dazu Rn. 10 ff. vor Art. 43).

2   (2) **II** regelt die **Rechtsstellung** der **Staatssekretäre,** die zwar selbständige und stimmberechtigte Mitglieder der Staatsregierung sind (Art. 43 II), jedoch keine Ressortleitungskompetenz besitzen, sondern den Weisungen des jeweiligen Staatsministers, dem sie zugewiesen sind[3], unterliegen. Staatssekretäre sind keine (leitenden) Beamten (Art. 43 II sowie Rn. 3 zu Art. 50). Im Gegensatz zum früheren Recht ist nicht mehr jedem Staatsminister mindestens ein Staatssekretär zugewiesen, es gibt vielmehr „staatssekretärfreie" Staatsminister, nicht indes „staatsministerfreie" Staatssekretäre (s. Rn. 3 zu Art. 50 und Rn. 9 zu Art. 43). Staatssekretäre **vertreten** den Staatsminister im Verhinderungsfalle und handeln *insoweit* selbständig und unter eigener Verantwortung gegenüber dem Landtag, wobei sie Weisungen des Staatsministers und die Richtlinienentscheidungen des Ministerpräsidenten zu beachten haben. Ist einem Staatsminister kein Staatssekretär zugewiesen, wird er im Verhinderungsfall in Angelegenheiten der Exekutive vom beamteten Amtschef (Ministerialdirektor), in Angelegenheiten der Verantwortung gegenüber dem Landtag durch den mit der Vertretung betrauten Staatsminister vertreten.

2. Entstehung

3   I entspricht Art. 35 I VE, die endgültige Fassung des Art. 51 war in Art. 37 E enthalten, II wurde im VVA eingefügt. Im Hinblick auf II ist darauf hinzuweisen, dass zwar nicht dieser selbst, wohl aber Art. 50 II a. F., der die Zuweisung eines Staatssekretärs als Stellvertreter des Staatsministers obligatorisch vorsah, 1998 geändert worden ist (Rn. 3 zu Art. 50).

---

[1] *Meder,* Art. 51 Rn. 1; VerfGH v. 18. 11. 1963 (Vf. 28-VI-63); Streitigkeiten sind im Rahmen der Verfahren nach Art. 59, 61 oder Art. 64 zu klären.

[2] *Meder,* Art. 51 Rn. 1: „Kernstück des Ressortprinzips"; vgl. auch § 14 I 1 StRGO. Nach VerfGH 18, 85 (97) ist der Gesetzgeber befugt, Ausnahmen vom Ressortprinzip zuzulassen, soweit dieses dadurch nicht in seinem Kerngehalt angetastet wird.

[3] *Köhler,* Der bayerische Staatssekretär nach der Verfassung von 1946, S. 29 bezeichnet den Staatssekretär als „Element der politischen Führung".

3. Verhältnis zum Grundgesetz

I entspricht im Kern Art. 65 S. 2 GG, allerdings enthält die BV keine allgemeine Kon- **4** fliktschlichtungsfunktion der Staatsregierung (anders Art. 65 S. 3 GG; vgl. dazu Rn. 16 ff. vor Art. 43). Das GG kennt keine **Staatssekretäre**[4] als Mitglieder der Bundesregierung. Auch die – ihrerseits in Bayern nicht vorgesehen – **Parlamentarischen Staatssekretäre**[5] sind nicht Mitglieder der Bundesregierung (Art. 62 GG; vgl. Rn. 16 zu Art. 49). Im Hinblick auf Art. 28 I 1 GG sind diese **Unterschiede** zwischen GG und BV **unbedenklich**. Die in I vorgesehene Ministerverantwortlichkeit gegenüber dem Parlament gehört zu den Grundsätzen des demokratischen Rechtsstaats, könnte also ohne Verstoß gegen Art. 28 I 1 GG nicht beseitigt werden.[6] Nicht zu beanstanden, sondern konsequent ist die Regelung, dass die Staatssekretäre in ihrer Funktion als weisungsabhängige „Mitarbeiter" der Staatsminister selbst nicht dem Landtag gegenüber verantwortlich sind, die Verantwortlichkeit im Vertretungsfall jedoch eintritt. So ist eine **lückenlose politische Verantwortlichkeit in der Ressortführung** gegenüber dem Landtag gesichert.

II. Einzelkommentierung

1. Das Ressortprinzip

a) I räumt dem Staatsminister eine im Verhältnis zum Ministerpräsidenten **ambiva** **5** **lente Stellung** ein: Einerseits ist er an dessen **Richtlinien** der Politik (s. Rn. 10 vor Art. 43 sowie Rn. 6 ff. zu Art. 47) **gebunden**[7], hat sie also als – politische – Weisungen zu beachten, auf der anderen Seite führt er seinen Geschäftsbereich – also Staatsministerium und den nachgeordneten Verwaltungsapparat[8] – **selbständig** und unter **eigener Verantwortung** gegenüber dem Landtag. Er hat die Ressortleitungskompetenz, also die „Sachentscheidungskompetenz in allen Angelegenheiten des Geschäftsbereichs"[9], soweit nicht die Staatsregierung als Kollegialorgan kraft Verfassung oder nach Maßgabe des einfachen Rechts zuständig ist oder das Ressort nur im Einvernehmen mit einem anderen handeln kann.[10]

Die **Richtlinienkompetenz** ist ein scharfes politisches, aber im **Konfliktfall** ein rela- **6** tiv stumpfes verfassungs*rechtliches* Schwert. Sie umfasst zwar eine politische Weisungsbefugnis gegenüber dem Staatsminister, nicht jedoch eine verfassungsrechtliche Durchsetzungsoption: Sie ist weder mit einem Selbsteintrittsrecht noch mit dem Recht der Ersatzvornahme noch mit der Möglichkeit verknüpft, einzelnen Beamten eines Geschäftsbereichs Weisungen zu erteilen. Ministerpräsident und Staatskanzlei können einzelne Ressortaufgaben auch nicht einfach an sich ziehen und selbst erledigen, sondern den zuständigen Staatsminister – auch im Einzelfall – lediglich an die politischen Richtlinien „erinnern", an denen der Staatsminister seinen im übrigen bestehenden politischen Gestal-

---

[4] „Staatssekretäre" gibt es zwar auch auf Bundesebene, nicht indes als politische Mitglieder der Bundesregierung, sondern als leitende Beamte der Bundesministerien (regelmäßig der Besoldungsgruppe B 11).

[5] Gesetz über die Rechtsverhältnisse der Parlamentarischen Staatssekretäre (ParlStG) vom 24. 7. 1974 (BGBl. I S. 1538).

[6] BVerwGE 22, 299 (310).

[7] VerfGH 58, 212 (229); die Bindung ergibt sich aus dem Wort „gemäß", das einen höheren Bindungsgrad indiziert als Art. 65 S. 2 GG („innerhalb dieser Richtlinien").

[8] *Meder*, Art. 51 Rn. 1.

[9] *Oldiges*, in: *Sachs*, Art. 65 Rn. 21.

[10] *Beispiel:* Art. 42 des Bayerischen Hochschulpersonalgesetzes (BayHSchPG), wonach Rechtsverordnungen nach diesem Gesetz nur im Einvernehmen mit dem Staatsministerium der Finanzen erlassen werden können. Kommt es zwischen beiden Staatsministerien nicht zur Einigung, kann der „federführende" Staatsminister seine Vorstellung nicht unter Berufung auf das „Ressortprinzip" durchsetzen, da dieses durch den Gesetzgeber insoweit relativiert ist. Im Konfliktfall entscheidet die Staatsregierung (vgl. § 4 IV StRGO); vgl. bereits Rn. 16 ff. vor Art. 43.

tungsspielraum orientieren muss. Die **juristische Weisungsfreiheit** korrespondiert mit dem Grundsatz der **parlamentarischen Verantwortung** des Staatsministers. Im Konfliktfall zwischen Präsidial- und Ressortprinzip setzt sich ersteres rechtlich nicht durch, die Lösung wird vielmehr insofern auf die politische Ebene verlagert, als der Ministerpräsident den Staatsminister – mit Zustimmung des Landtags – entlassen kann (vgl. zum Ganzen auch Rn. 16 ff. vor Art. 43, Rn. 12 zu Art. 45 sowie Rn. 12 zu Art. 47). Rechtlich kommt dem **Staatsminister** in seinem Zuständigkeitsbereich die **letzte Entscheidung** zu (vgl. auch § 14 I 2 StRGO).

7   b) Im Rahmen der Führung der Geschäfte seines Geschäftsbereichs ist der Staatsminister – neben seiner Funktion als Mitglied der Staatsregierung – unter Beachtung der politischen Richtlinien des Ministerpräsidenten nicht nur für alle Geschäfte (Art. 53 S. 2, 3) des Staatsministeriums, dem er vorsteht, verantwortlich, sondern für alle Behörden der Staatsverwaltung, die diesem Staatsministerium zugeordnet sind (Art. 55 Nr. 5, 6, 7), mithin für den **gesamten Geschäftsbereich.**[11] Zum Verantwortungsbereich eines Staatsministers[12] gehören zumal folgende Aufgaben (s. auch die Erl. zu Art. 55 sowie § 14 StRGO):

8   – **Vollzug** der Gesetze, Rechtsverordnungen und sonstigen Rechtsvorschriften im jeweiligen Geschäftsbereich (Art. 55 Nr. 1, Nr. 2 S. 1),
     – **Erlass** der zum Vollzug notwendigen Rechtsverordnungen und Verwaltungsvorschriften (Art. 55 Nr. 2 S. 2, 3) sowie deren Ausfertigung (§ 14 IV StRGO),
     – die **Gewährleistung** eines gleichmäßigen, gesetzes- und verfassungskonformen Vollzugs durch die nachgeordneten Behörden (durch allgemeine Verwaltungsvorschriften, innerstaatliche Weisungen und Entscheidungen im Einzelfall, Dienstbesprechungen mit den Leitern nachgeordneter Behörden etc.), wozu sich der Staatsminister alle politisch bedeutsamen, grundsätzlichen oder sonst wichtigen Angelegenheiten vorlegen lässt (§ 14 I 3 StRGO),
     – die **Aufsicht** im Rahmen der Gesetze über Körperschaften, Anstalten und Stiftungen des öffentlichen Rechts (Art. 55 Nr. 5 S. 2),
     – die Erledigung von **Personalangelegenheiten** im Geschäftsbereich (Art. 55 Nr. 4 S. 2 i. V. m. Art. 13 BayBG; Art. 55 Nr. 6) sowie die Entscheidung über Verwaltungsbeschwerden (Art. 55 Nr. 7),
     – die Vorbereitung von **Gesetzentwürfen,** die in den Zuständigkeitsbereich des Ressorts fallen.[13]

9   c) Für die Erfüllung dieses Aufgabenspektrums trägt der Staatsminister die **Verantwortung** gegenüber dem **Landtag,** nicht indes gegenüber dem Ministerpräsidenten[14] oder der Staatsregierung. Die Verantwortung, die sich nicht nur auf die **Gesetz- und Verfassungsmäßigkeit,** sondern auch auf die **politische Zweckmäßigkeit** erstreckt[15], drückt sich aus in Rechenschafts- und Berichtspflichten, in der Beantwortung von Anfragen von Abgeordneten sowie im Zitierungsrecht des Landtags (Art. 24 I). Der Verantwortung des

---

[11] Es ist also zu unterscheiden zwischen dem Begriff „Geschäftsbereich" als Synonym für Staatsministerium (Art. 49 S. 1) und dem Geschäftsbereich als Inbegriff aller Einzelgeschäfte (im Sinne des Art. 53 S. 2), Behörden und Zuständigkeiten, die einem Staatsministerium zu- und nachgeordnet sind (vgl. auch Art. 55 Nr. 5 S. 1).

[12] Schreiben aus dem jeweiligen Geschäftsbereich an den Ministerpräsidenten werden vom Staatsminister unterzeichnet (§ 14 V StRGO).

[13] Dabei ist zu unterscheiden zwischen Gesetzen, für die der Freistaat Bayern selbst die Gesetzgebungskompetenz besitzt (insofern ist der Ressortentwurf in der Staatspraxis der erste Schritt des Gesetzgebungsverfahrens), und solchen, für die die Kompetenz beim Bund liegt (insofern kann der Gesetzentwurf im Wege einer Bundesratsinitiative des Freistaats eingebracht werden).

[14] Hier zeigt sich eine **Diskrepanz:** Der Staatsminister ist zwar an die politischen Richtlinien des Ministerpräsidenten gebunden, ihm gegenüber politisch jedoch nicht verantwortlich; allerdings kann ihn der Ministerpräsident jederzeit mit Zustimmung des Landtags entlassen. Der Ministerpräsident selbst trägt die Verantwortung gegenüber dem Landtag für die Richtlinien seiner Politik, nicht indes für die Tätigkeit der Staatsminister.

[15] *Meder,* Art. 51 Rn. 2; VerfGH 38, 165 (178).

Staatsministers korrespondiert indes **keine Möglichkeit des Landtags,** den Minister zu **entlassen** oder ihm formell das **Misstrauen** auszusprechen. Davon unberührt bleibt die politische Möglichkeit, den Ministerpräsidenten zur Entlassung des Staatsministers aufzufordern (dazu Rn. 12 zu Art. 45). Kommt dieser dem nicht nach, kann ein Fall des Art. 44 III 2 vorliegen.

d) Dem Wortlaut nach bezieht sich I auf Staatsminister, die einen „Geschäftsbereich" **10** führen, nicht indes auf solche, denen eine **Sonderaufgabe** nach Art. 50 S. 1 zugewiesen ist. Da sich die Richtlinienkompetenz nach Art. 47 II jedoch nicht auf Fragen beschränkt, die Geschäftsbereichen zugeordnet sind, und die Ministerverantwortlichkeit ein von Art. 28 I 1 GG gefordertes Prinzip darstellt, ist die **Anwendbarkeit** von I entsprechend teleologisch auf **Staatsminister** mit **Sonderaufgaben** zu **erweitern.**

e) Der Staatsminister hat keine Kompetenz, sich mit **ressortfremden Aufgaben** zu be- **11** fassen, wenn und soweit diese nicht mit seinem eigenen Ressort in thematischer Verbindung stehen. Allerdings kann er als Mitglied der Staatsregierung (Art. 43 II) im Kabinett auch ressortfremde Themen zur Sprache bringen.

2. Die Funktion des Staatssekretärs im „Normalfall"

a) Zum Staatssekretär[16] s. bereits Rn. 6 ff. vor Art. 43, Rn. 9 zu Art 43 (zur Zahl und **12** „Verteilung" der Staatssekretäre), Rn. 4 ff. zu Art. 45 (dort insbes. zur Ernennung und Amtsdauer), Rn. 3 zu Art. 50.

b) Dem **Staatssekretär** kommt – wie dem Staatsminister – eine **Doppelfunktion 13** zu: Er ist **stimmberechtigtes Mitglied der Staatsregierung** und gleichzeitig einem **Staatsminister** (auch möglich: einem Staatsminister für Sonderaufgaben[17]) **zugewiesen.**[18] In der zweiten Funktion ist er an die Weisungen des Staatsministers, dem er zugeordnet ist, gebunden. Als Mitglied der Staatsregierung hingegen ist der Staatssekretär in seinem Stimmverhalten nicht weisungsabhängig.[19] Nur im Fall des Art. 51 II 2, also als Vertreter des Staatsministers, ist er (temporäres) Teilorgan des Kollegialorgans Staatsregierung (s. Rn. 6 ff. vor Art. 43). Als Mitglied der Staatsregierung kann der Staatssekretär den Staatsminister nicht vertreten.[20] Der Staatssekretär kann als Mitglied der Staatsregierung dem **Bundesrat** angehören.

c) Art. 51 II regelt die **Stellung** des Staatssekretärs **innerhalb** des **Staatsministeriums. 14** Der Staatssekretär ist – unbeschadet seiner Stellung als gleichwertiges und gleichberechtigtes Mitglied der Staatsregierung (Art. 43 II) und außerhalb des Vertretungsfalls – weisungsgebundener „Mitarbeiter"[21] des Staatsministers, dabei jedoch seinerseits dem Personal des Staatsministeriums, insbesondere auch dem Amtschef gegenüber weisungsberechtigt.[22] Außerhalb des speziell dem Staatsminister vorbehaltenen Zuständigkeits-

---

[16] Zur geschichtlichen Entwicklung des Amtes des Staatssekretärs s. *Köhler,* S. 1 ff.

[17] Für die alte Rechtslage a. A. *Meder,* Art. 50 Rn. 2; Rn. 8 zu Art. 50.

[18] Aus Art. 51 II 1 lässt sich entnehmen, dass Staatssekretäre ohne Portefeuille nicht zulässig sind; allerdings kann einem Staatssekretär die Leitung der Staatskanzlei übertragen werden (vgl. auch § 15 V 1 StRGO sowie Rn. 9 zu Art. 52). Durch die Änderungen in Art. 50 hat sich auch das Problem gelöst, ob einem Staatsminister mehrere Staatssekretäre zugewiesen werden können, was nach dem Wortlaut von II 1 nunmehr ohne weiteres zu bejahen ist; zum damaligen Streitstand die Nachweise bei *Schweiger,* in: Nawiasky/Schweiger/Knöpfle, Art. 50 Rn. 10.

[19] Klarstellend § 11 VII 4 StRGO; der Staatssekretär kann im Kabinett also auch gegen den Staatsminister stimmen.

[20] *Meder,* Art. 50 Rn. 2.

[21] *Meder,* Art. 51 Rn. 3; vgl. auch § 15 II 1 StRGO: „Die Staatssekretäre unterstützen den Staatsminister, dem sie zugewiesen sind." Sie sind jedoch nicht weisungsgebundene „Beamte", auch wenn sie vor ihrer Berufung solche gewesen sein sollten.

[22] Da der Staatssekretär in der Praxis stets ein Politiker und zudem regelmäßig Mitglied des Landtags ist, deutet vieles darauf hin, dass der Staatssekretärsposten nicht nur der Vertretung des Staatsministers, sondern auch der Profilierung des (partei)politischen „Nachwuchses" dient. Der Posten ist häufig gewissermaßen eine Qualifikationsstelle für ein späteres Ministeramt; so auch *Köhler,* S. 84.

bereichs kann dieser dem Staatssekretär alle Angelegenheiten des Geschäftsbereichs zur Bearbeitung übertragen, insbesondere auch Repräsentationstermine.[23] Neben den Weisungen des Staatsministers ist er an die Richtlinienentscheidungen des Ministerpräsidenten gebunden.[24] Der Staatssekretär ist nicht Träger der Ressortkompetenz und deswegen auch nicht dem Landtag gegenüber verantwortlich.

15   Kommt der Staatssekretär den **Weisungen** des Staatsministers **nicht nach,** verhält er sich diesem gegenüber sonst illoyal oder erweist er sich als schlicht unfähig, so kann der Staatsminister ihn nicht selbst entlassen, sondern den Ministerpräsidenten lediglich bitten, den Staatssekretär nach Maßgabe des Art. 45, also mit Zustimmung des Landtags, zu entlassen oder ihn (ohne Zustimmung des Landtags) einem anderen Staatsminister zuzuweisen.[25] Der materiellen Direktionsbefugnis des Staatsministers nach II 1 entspricht mithin keine personalrechtliche Entscheidungsbefugnis. Ist der Staatssekretär verhindert, stirbt er oder tritt er zurück, tritt keine Vertretung ein, der betroffene Geschäftsbereich ist vielmehr so gestellt wie ein Geschäftsbereich ohne Staatssekretär (vgl. dazu Rn. 18).

3. Die Vertretung des Staatsministers durch den Staatssekretär

16   Im Fall der **Verhinderung** (auch des Todes; vgl. Rn. 9 ff. zu Art. 45) des Staatsministers, also im **Vertretungsfall** (vgl. dazu Rn. 8 zu Art. 46 für den Fall der Verhinderung des Ministerpräsidenten[26]), tritt der Staatssekretär aus seiner Stellung als weisungsgebundener erster Mitarbeiter des Staatsministers heraus. Er handelt als Vertreter selbständig und unter eigener Verantwortung gegenüber dem Landtag im gesamten Zuständigkeitsbereich des Staatsministers (vgl. § 15 III StRGO). In den laufenden Geschäften sowie in Angelegenheiten, für die nicht nach der Verfassung oder anderen Vorschriften ausschließlich der Staatsminister zuständig ist, kann sich der Staatsminister für den Fall der Verhinderung auch durch einen Beamten des Staatsministeriums vertreten lassen (s. § 15 VI StRGO). Gegenständlich abgegrenzte Aufgabenzuweisungen an den Staatssekretär in der Modalität **ständiger Vertretung** sind im Hinblick auf ausschließlich dem Minister vorbehaltene Aufgaben nicht zulässig[27], da II 2 auf den Fall der „Verhinderung", also auf den Vertretungsfall, abstellt.

17   Allerdings kann der Staatsminister dem Staatssekretär bestimmte Aufgaben zur selbständigen Erledigung übertragen.[28] Für den Fall, dass neben dem Staatsminister **auch der Staatssekretär verhindert** ist, wird die weitere Vertretung des Staatsministers durch den Ministerpräsidenten geregelt (§ 15 IV StRGO).[29] Sind einem Staatsminister mehrere

---

[23] Zur Frage, ob der Staatsminister den Staatssekretär von allen Angelegenheiten ausschließen und ihn damit gewissermaßen „kaltstellen" kann, s. *Köhler,* S. 18, der dies mit Recht verneint.

[24] Zum Fall des Diskrepanz zwischen der Weisung des Staatsministers und der Richtlinienentscheidung des Ministerpräsidenten s. *Köhler,* S. 19 f. Hier wird eine Entlassung des Staatsministers in Frage kommen.

[25] Kommt der Ministerpräsident dem nicht nach, bleibt dem Staatsminister als politische Konsequenz der Rücktritt von seinem Ministeramt (dazu Rn. 10 zu Art. 45). Es ist nach der Konstruktion der verfassungsrechtlichen Stellung des Staatssekretärs also nicht ausgeschlossen, dass der Staatssekretär den Staatsminister „vorführt".

[26] § 2 II-IV StRGO gelten entsprechend; *Köhler,* S. 25 ff. Art. 51 II 2 ist auch anzuwenden, wenn das Amtsverhältnis des Staatsministers endet und dieser die Amtsgeschäfte bis zur Bestellung eines neuen Staatsministers nicht weiterführt (*Meder,* Art. 51 Rn. 3).

[27] A. A., indes ohne Begründung *Meder,* Art. 51 Rn. 3.

[28] Nur insoweit kann von einer „ständigen Vertretung" im Sinne einer ständigen Aufgabenwahrnehmung gesprochen werden.

[29] Vgl. dazu den Erlass des Bayerischen Ministerpräsidenten über die Stellvertretung der Mitglieder der Staatsregierung gem. § 15 IV der Geschäftsordnung der Bayerischen Staatsregierung vom 4. 11. 2003 (AllMBl S. 868): Dort ist in Nr. 1 geregelt, welcher Staatsminister einen anderen Staatsminister vertritt, wenn dieser und sein Staatssekretär verhindert sind. Es handelt sich dabei um Gegenseitigkeitsvertretungen. So vertritt etwa der Staatsminister für Unterricht und Kultus den Staatsminister für

Staatssekretäre zugewiesen (was nach Wegfall des Art. 50 II a. F. nunmehr fraglos möglich ist), teilt der Staatsminister die Vertretung – zweckmäßigerweise nach Sachgebieten – auf. Eine Vertretung des Staatsministers in seiner Eigenschaft als **Kabinettsmitglied** (Art. 43 II) findet nicht statt. Der Staatssekretär hat daher bei Abwesenheit des Staatsministers in einer Kabinettssitzung nicht etwa zwei Stimmen. Eine Vertretung kommt zudem nicht in Betracht in Verfahren gegen den Staatsminister nach Art. 59, 61, bei der Eidesleistung nach Art. 56 sowie im Falle der Zitierung des Staatsministers nach Art. 24 I.

4. Der „staatssekretärfreie" Staatsminister

Seit der Verfassungsänderung von 1998 (dazu oben Rn. 3 sowie Rn. 3 zu Art. 50) ist **18** nicht mehr jedem Staatsminister ein Staatssekretär verfassungsrechtlich zwingend zugewiesen. In einem solchen Fall gilt II nicht. Das bedeutet zunächst, dass der erste „Mitarbeiter" des Staatsministers kein Politiker, sondern ein Beamter ist, nämlich der Amtschef, regelmäßig im Rang eines Ministerialdirektors. Im **Vertretungsfall** kann der Staatsminister nicht durch den Staatssekretär vertreten werden. Es ist vielmehr zu **unterscheiden:** (1) Außerhalb der eigenen Verantwortung gegenüber dem Landtag, also im gesamten Bereich der exekutiven Tätigkeit als Leiter des Staatsministeriums, wird der Staatsminister durch seinen Amtschef vertreten (§ 15 IVa S. 1 StRGO). (2) Lediglich im engeren Bereich der „eigenen Verantwortung gegenüber dem Landtag" (z. B. Regierungserklärung des Staatsministers, Zitierung nach Art. 24 I, mündliche Berichterstattung o. Ä.) wird der Staatsminister durch den ihn vertretenden Staatsminister (im Falle dessen Verhinderung durch dessen Staatssekretär) nach Maßgabe des in Fn. 29 zitierten Vertretungserlasses vertreten (§ 15 IVa S. 2 StRGO). *Beispiel:* Der Staatsminister für Wissenschaft, Forschung und Kunst ist nach Art. 18 VI 1 des bayerischen Hochschulpersonalgesetzes (BayHSchPG) zuständig für die Entscheidung über die Berufung von Professoren und Professorinnen. Im Verhinderungsfall[30] wird er – als staatssekretärsfreier – Staatsminister von seinem Amtschef vertreten, der das Rufschreiben unterzeichnet. Geht es dagegen um die Vertretung von Berufungsentscheidungen oder der „Berufungspolitik" des Staatsministers gegenüber dem Landtag, so vertritt ihn im Verhinderungsfall der Staatsminister für Unterricht und Kultus.

Art. 52 [Staatskanzlei]

Zur Unterstützung des Ministerpräsidenten und der Staatsregierung in ihren verfassungsmäßigen Aufgaben besteht eine Staatskanzlei.

Parallelvorschriften im GG und anderen Landesverfassungen: –

Literatur: Köhler, Der bayerische Staatssekretär nach der Verfassung von 1946, 1982, S. 67 ff.

I. Allgemeines

1. Bedeutung

Art. 52 verleiht der Staatskanzlei **Verfassungsrang** im Sinne einer **obersten Landes- 1 behörde,** macht in Verbindung mit Art. 49 S. 1 aber gleichzeitig deutlich, dass es sich dabei **nicht** um einen **Geschäftsbereich** handelt. Die Staatskanzlei hat im Gegensatz zu den Staatsministerien weder einen Exekutivauftrag (im Sinne des Art. 55) noch einen materiell-politischen Gestaltungsauftrag im Sinne des richtliniengebundenen Ressort-

---

Wissenschaft, Forschung und Kunst und umgekehrt. In besonderen und unaufschiebbaren Fällen kann der Ministerpräsident die Vertretung eines Mitglieds der Staatsregierung übernehmen (Nr. 2), was allerdings in der Verfassung so nicht vorgesehen ist.

[30] Davon zu unterscheiden ist die ständige Übertragung einer Aufgabe des Staatsministers auf den Amtschef, die einer gesetzlichen Grundlage bedarf; vgl. etwa Art. 18 VI 1 HS. 2 BayHSchPG, wonach der Staatsminister die Berufungszuständigkeit innerhalb des Staatsministeriums delegieren kann.

prinzips. Sie hat – jedenfalls dem Wortlaut nach – **dienenden Charakter:** Sie existiert zur Unterstützung des Ministerpräsidenten sowie der Staatsregierung als Kollegialorgan, nicht indes der Staatsminister und Staatssekretäre (dafür bestehen die einzelnen Staatsministerien).

2   Im Übrigen hat sie **keine eigenen verfassungsrechtlichen Aufgaben** (arg. Art. 53 S. 3). Vollzugsaufgaben der Ressorts[1] dürfen ihr nicht übertragen werden.[2] In der **politischen Praxis** indes ist das Gewicht der Staatskanzlei über die Unterstützungsfunktion hinaus gewachsen in Richtung einer **politischen Gestaltungs- und Planungsfunktion.** Dies ist im Hinblick auf die Richtlinienkompetenz des Ministerpräsidenten verfassungspraktisch kaum vermeidbar und **verfassungsrechtlich unbedenklich,** solange und soweit die Staatskanzlei das **Ressortprinzip beachtet** und sich aus der Einzelgeschäftsführung grundsätzlich heraushält, sich mithin nicht als „Überministerium"[3] geriert. Aufgabenzuwachs hat die Staatskanzlei auch dadurch erlangt, dass sie für den Bayerischen Staatsminister für Bundes- und Europaangelegenheiten zuständig ist (vgl. dazu bereits Erl. Rn. 12 zu Art. 50; auch dagegen bestehen keine verfassungsrechtlichen Bedenken).

2. Entstehung

3   Die Staatskanzlei ging aus dem am 12. 4. 1933 **aufgelösten Staatsministerium des Äußern** hervor.[4] Geleitet wurde sie von einem Staatsminister ohne Geschäftsbereich. Mit Zerschlagung der Eigenständigkeit Bayerns durch das „Gesetz" über den Neuaufbau des Reichs vom 30. 1. 1934[5] verlor die Staatskanzlei ihre wesentlichen Aufgaben. Im VE wurde die Staatskanzlei nicht erwähnt. Art. 38 E – auf Vorschlag Nawiaskys im VVA eingebracht[6] – entsprach dem Art. 52 in dessen ursprünglicher Fassung, die noch einen zweiten Satz enthielt: „Ihre Leitung kann einem eigenen Staatssekretär übertragen werden." Dieser Satz wurde durch § 1 Nr. 13 des Gesetzes zur Änderung der Verfassung des Freistaates Bayern vom 20. 2. 1998[7] aufgehoben, ohne dass damit freilich die Möglichkeit, die Leitung der Staatskanzlei einem Staatssekretär zu übertragen, als solche beseitigt werden sollte.[8]

3. Verhältnis zum Grundgesetz

4   Eine vergleichbare Vorschrift besteht im GG nicht. Dies ist im Hinblick auf Art. 28 I 1 GG unbeachtlich, zumal auch auf Bundesebene ein – strukturell vergleichbares – Bundeskanzleramt existiert.

---

[1] Nach Art. 53 S. 3 i.V. m. dem Ressortprinzip gibt es für Regierungsgeschäfte keine ressortfreien Räume, so dass der Staatskanzlei – neben der Unterstützungsfunktion – nur solche Angelegenheiten zugewiesen werden können, die von der Richtlinienkompetenz des Ministerpräsidenten abgedeckt oder von der Koordinierungsfunktion der Staatsregierung umfasst sind; vgl. *Köhler*, S. 68.

[2] Wohl aber können in der Staatskanzlei Abteilungen und Referate für einzelne Politikbereiche (z. B. Wirtschaftspolitik, Medienpolitik) im Sinne einer politischen Befassungskompetenz vorgesehen werden, die dem Ministerpräsidenten zur Wahrnehmung seiner Richtlinienkompetenz zuarbeiten.

[3] *Köhler*, S. 71 spricht von „Superministerium".

[4] GVBl S. 113. Ihr wurden dabei zugewiesen: Angelegenheiten im Verhältnis zum Reich („Reichsstatthalter") und zu anderen Ländern, der allgemeine Pressedienst sowie Sonderaufgaben (v. a. Rundfunk- und Filmwesen, Fremdenverkehr, Luftverkehr); vgl. dazu die Verordnung über den Geschäftsbereich der Staatskanzlei des Freistaates Bayern vom 31. 5. 1933 (GVBl S. 153).

[5] RGBl S. 75.

[6] Vgl. dazu *Köhler*, S. 67 f.

[7] GVBl S. 39, Verfassungsreformgesetz – Reform von Landtag und Staatsregierung.

[8] Vgl. § 15 V StRGO. Die Änderung diente der Klarstellung der Möglichkeit, angesichts der politischen Bedeutung der Staatskanzlei als deren Leiter auch einen Staatsminister (für Sonderaufgaben) zu bestellen; Drs. XIII/9366, S. 7.

II. Einzelkommentierung

1. Aufgaben der Staatskanzlei

a) Hauptaufgabe der Staatskanzlei ist die **Unterstützung des Ministerpräsidenten** 5 und der **Staatsregierung** in ihren **verfassungsmäßigen Aufgaben.** Damit ist der **Funktionsbereich** der Staatskanzlei im Sinne einer **„Stabsfunktion" weit formuliert.** Sie „unterstützt" Ministerpräsident und Staatsregierung (als Kollegialorgan i. S. d. Art. 43 II), nimmt also deren Aufgaben nicht selbst wahr. Allerdings ist ihr inhaltlicher **Befassungsraum umfassend,** da er die Aufgaben des Ministerpräsidenten sowohl als oberstes Staatsorgan als auch als herausgehobenes Teilorgan der Staatsregierung (vgl. Rn. 10 vor Art. 43) erfasst. Da dazu auch die **Richtlinienkompetenz** des Ministerpräsidenten gehört, muss sich die Staatskanzlei zwangsläufig mit allen wichtigen politischen Fragen in grundsätzlicher Hinsicht und auch mit repräsentativen und bedeutsamen Einzelfragen befassen (können). Dazu können auch **beratende Gremien** mit unabhängigen Sachverständigen ins Leben gerufen werden, wie etwa der Wissenschaftlich-Technische Beirat (WTB) der Staatsregierung[9], der organisatorisch von der Staatskanzlei betreut wird.

Angesichts der Breite des „Unterstützungs"-Bereichs ist die Staatskanzlei faktisch zu 6 einer den Staatsministerien mindestens ebenbürtigen Instanz gewachsen, die – anders als nach der Änderung des Art. 49 die einzelnen Staatsministerien in ihrem konkreten Zuschnitt – **Verfassungsrang** hat. In der **Staatspraxis** ist es indes immer wieder zu beobachten, dass die Staatskanzlei sich auch mit Details aus den Geschäftsbereichen befasst. Dies ist insoweit unbedenklich, als es der Richtlinienvorbereitung dienlich ist. Im Hinblick auf das verfassungsrechtliche Ressortprinzip (Art. 51 I) ist es allerdings Pflicht der Staatskanzlei, sich in Einzelfragen einem **„self-restraint"** zu unterwerfen.[10] Dies insbesondere deswegen, weil die – zwar personell großzügig ausgestattete[11] – Staatskanzlei selbst **nicht über das notwendige Fachwissen** aller Geschäftsbereiche verfügt. Die Staatskanzlei hat im Hinblick auf die Richtlinienkompetenz des Ministerpräsidenten also zwar eine umfassende Befassungs- und Problematisierungskompetenz, jedoch keine Problemlösungskompetenz im Einzelfall; letzteres ist Aufgabe der Ressorts. Die konkrete politisch-praktische Ausgestaltung des – unvermeidbar spannungsgeladenen – Verhältnisses zwischen Staatskanzlei und Staatsministerien hängt nicht zuletzt vom **politischen Führungsstil** des Ministerpräsidenten und des Leiters der Staatskanzlei ab.

b) Im Einzelnen ist der **Zuständigkeitsbereich** der Staatskanzlei in § 1 der Verordnung 7 über die Geschäftsverteilung der Bayerischen Staatsregierung (StRGVV)[12] fixiert. Zu nennen sind aus der derzeit 17 Nummern umfassenden Aufzählung insbesondere[13]:

- die Unterstützung des Ministerpräsidenten bei der Bestimmung der Richtlinien der Politik in Landes-, Bundes- und Europaangelegenheiten unter Mitwirkung der beteiligten Staatsministerien,
- die Vorbereitung der Sitzungen und der Beschlussfassung der Staatsregierung und insoweit die Stellungnahme zu allen Angelegenheiten unter politischen, staatsrechtlichen und formellen Gesichtspunkten[14],

---

[9] Nach § 5 I 4 StRGO soll bei wichtigen wissenschafts- und technologiepolitischen Entscheidungen der Staatsregierung von grundsätzlicher Bedeutung im Bereich von Naturwissenschaft und Technik der Wissenschaftlich-Technische Beirat der Staatsregierung gehört werden.

[10] Insoweit die richtige Balance zu finden, ist maßgebliche Aufgabe des Leiters und des Amtschefs der Staatskanzlei.

[11] Was angesichts des Aufgabenbereichs auch gerechtfertigt ist; vgl. bereits *Nawiasky*, S. 135: „… muss es sich um eine ziemlich umfangreiche Behörde handeln."

[12] In der Fassung der Bekanntmachung vom 5. 4. 2001 (GVBl S. 161, BayRS 1102-2-S), zuletzt geändert durch Verordnung vom 13. 12. 2005 (GVBl S. 691).

[13] Hinzu kommen die Aufgaben, die die Staatskanzlei für den Staatsminister für Bundes- und Europaangelegenheiten erfüllt: vgl. § 1 Nr. 9 a und b StRGVV; s. Rn. 12 zu Art. 50.

[14] Problematisch im Hinblick auf die (nur) unterstützende Funktion der Staatskanzlei und das Res-

- die Vorbereitung der Angelegenheiten, die der Ministerpräsident als selbständiges oberstes Staatsorgan wahrnimmt (u. a. Vertretung Bayerns nach außen, Gnadensachen, Ausfertigung verfassungsmäßig zustande gekommener Gesetze und Rechtsverordnungen der Staatsregierung),
- die Unterrichtung der Öffentlichkeit über Ergebnisse der Sitzungen des Ministerrats sowie die Koordinierung der Öffentlichkeitsarbeit der Staatsregierung[15],
- die Federführung bei der Sammlung des Landesrechts einschl. der Schriftleitung des Gesetz- und Verordnungsblattes (GVBl).

2. Gliederung der Staatskanzlei

8   Zur Erfüllung dieses **breiten und politisch anspruchsvollen Aufgabenspektrums** weist die Staatskanzlei eine **umfangreiche Gliederungsstruktur** auf. In der Staatskanzlei „ressortieren" „räumlich" der Ministerpräsident (samt Planungsstab, Büroleiter und persönlichen Referenten) sowie zwei Staatsminister für Sonderaufgaben (ein Staatsminister als Leiter der Staatskanzlei; Staatsminister für Bundes- und Europaangelegenheiten und Bevollmächtigter Bayerns beim Bund). Dem Leiter der Staatskanzlei untergeordnet sind ein Amtschef im Rang eines Ministerialdirektors sowie derzeit insgesamt sieben Abteilungen.[16] Dem Staatsminister für Bundes- und Europaangelegenheiten untergeordnet sind ein Amtschef im Rang eines Ministerialdirektors sowie vier Abteilungen. Organisatorisch in der Staatskanzlei angesiedelt ist auch der Normprüfungsausschuss, dessen Aufgaben die einheitliche Normgestaltung und v. a. die Prüfung von Deregulierungspotenzialen bei der Normsetzung sind.[17] Die früher der Staatskanzlei organisatorisch zugewiesene Geschäftsstelle des Landespersonalausschusses (vgl. Art. 114 I 1 BayBG) wurde durch Beschluss des Landtags vom 6. 10. 1998[18] auf das Staatsministerium der Finanzen übertragen, das Haus der Bayerischen Geschichte mit gleichem Beschluss auf das Staatsministerium für Wissenschaft, Forschung und Kunst.[19]

3. Leitung der Staatskanzlei

9   Nach der Aufhebung des Satzes 2 (oben Rn. 3) enthält die Verfassung **keine Vorgaben** mehr dafür, wer mit der **Leitung der Staatskanzlei** betraut werden kann. Der Ministerpräsident ist bei der Entscheidung darüber frei. Es bestehen **drei Möglichkeiten:** (1) Die Wahrnehmung der Leitung durch den **höchsten Beamten der Staatskanzlei,** also den Ministerialdirektor. Gegen diese in der Staatspraxis lange bevorzugte Variante[20] einer nicht politischen Leitung sprechen Bedeutung und Umfang des Aufgabenbereichs der Staatskanzlei[21], dafür sprechen die „eigentliche" Unterstützungsfunktion der Staatskanzlei und die damit verbundene Notwendigkeit politischer Zurückhaltung insbesondere gegenüber

---

sortprinzip erscheint die Aufgabe „Koordinierung der Tätigkeit der Staatsministerien". Als verfassungsrechtlich zulässig wird man nur eine formelle Koordinierungsfunktion anerkennen können.

[15] In der Staatskanzlei ist daher auch der Sprecher der Bayerischen Staatsregierung samt „Apparat" angesiedelt. Daneben hat die Staatskanzlei – wie jedes Ressort – eine eigene Pressestelle.

[16] Abt. A I: Richtlinien der Politik; A II: Planung und Bürgeranliegen; A III: Grundsatzfragen; A IV: Wirtschafts-, Wissenschafts- und Medienpolitik; B I: Personal und Verwaltung; B II: Gesetzgebung und Recht; Streitkräfte.

[17] Bek. der Staatsregierung über Bestimmungen über den Normprüfungsausschuss (NPA) vom 26. 6. 1984 (Beilage Nr. 4/1984 zum StAnz. Nr. 26 S. 11).

[18] Drs. XIV/21.

[19] Die früher der Staatskanzlei angeschlossene Bayerische Landeszentrale für politische Bildungsarbeit ressortiert seit 15. 11. 1995 beim Staatsministerium für Unterricht und Kultus. Zum Datenschutzbeauftragten s. die Erl. zu Art. 33 a.

[20] Die Staatskanzlei wurde von einem Beamten geleitet von 1950 bis 1954, von 1957 bis 1960, von 1963 bis 1982 sowie von 1986 bis 1988. Diese Möglichkeit besteht weiter, auch wenn § 15 V 1 StRGO nur von Staatsminister oder Staatssekretär spricht, indes nicht mehr den leitenden Beamten der Staatskanzlei nennt.

[21] *Schweiger,* in: Nawiasky/Schweiger/Knöpfle, Art. 52 Rn. 7: „politisch nicht mehr vertretbar".

den Staatsministerien. (2) Leitung der Staatskanzlei durch einen **Staatssekretär**[22] oder (3) durch einen **Staatsminister**[23] als Sonderaufgabe.[24]

Die **Bestellung** als Staatsminister oder Staatssekretär erfolgt nach Art. 45 mit Zustim- **10** mung des Landtags, die Zuweisung der Sonderaufgabe nach Art. 50 S. 1 ohne Zustimmung des Landtags. Dem Leiter der Staatskanzlei als Minister mit Sonderaufgabe kann ein **Staatssekretär** zugewiesen werden (Rn. 13 zu Art. 51). **Vertreten** wird der Leiter der Staatskanzlei außerhalb der eigenen Verantwortung gegenüber dem Landtag (als Staatsminister oder Staatssekretär) durch den Amtschef der Staatskanzlei. Der Leiter der Staatskanzlei ist selbst „Chef" der Staatskanzlei, er zeichnet daher nicht „i.V." des Ministerpräsidenten.

Der **Ministerpräsident** ist – jedenfalls verfassungsrechtlich – **nicht selbst „Chef"** **11** **der Staatskanzlei,** diese ist vielmehr eine dem Ministerpräsidenten verfassungsunmittelbar zugeordnete „Dienststelle", die vom Leiter der Staatskanzlei geleitet wird.[25] Dieser ist – anders als ein Ressortminister – in der Leitung der Staatskanzlei, nicht indes als Mitglied der Staatsregierung, an Weisungen des Ministerpräsidenten gebunden; insoweit ist er nicht dem Landtag gegenüber verantwortlich, da Art. 51 I nur bei Führung eines Geschäftsbereichs gilt. Ein Staatsminister als Leiter der Staatskanzlei kann auch Vertreter des Ministerpräsidenten sein (Rn. 4 zu Art. 46). Zur Beendigung des Amtes eines Staatsministers oder Staatssekretärs s. Rn. 8 ff. zu Art. 45. Der Staatsminister oder Staatssekretär als Leiter der Staatskanzlei ist im Kabinett voll stimmberechtigt und in dieser Funktion an Weisungen des Ministerpräsidenten nicht gebunden. Er kann im Kabinett gegen den Ministerpräsidenten votieren, muss dann aber ggf., da zwischen ihm und dem Ministerpräsidenten ein besonderes Vertrauensverhältnis besteht, mit seiner Entlassung nach Art. 45 rechnen.

Art. 53 [Geschäftsordnung]

¹**Die Staatsregierung gibt sich eine Geschäftsordnung.** ²**In dieser wird die Zuweisung der Geschäfte an die einzelnen Geschäftsbereiche geregelt.** ³**Jede Aufgabe der Staatsverwaltung ist einem Geschäftsbereich zuzuteilen.**

Parallelvorschriften im GG und anderen Landesverfassungen: Art. 65 S. 4 GG; Art. 49 I BaWüVerf; Art. 58 IV BerlVerf; Art. 90 II BbgVerf; Art. 120 S. 1 BremVerf; Art. 42 II 1 HmbVerf; Art. 104 I 3 HessVerf; Art. 46 IV M-VVerf; Art. 39 I NdsVerf; Art. 54 II NRWVerf; Art. 104 S. 3 RhPfVerf; Art. 90 II SaarlVerf; Art. 64 II SächsVerf; Art. 68 III Nr. 8 VerfLSA; Art. 29 III SchlHVerf; Art. 76 III ThürVerf.

Literatur: Zippelius, Die Regelung von Zuständigkeiten in der Geschäftsordnung der Staatsregierung, BayVBl. 1956, 193.

I. Allgemeines

1. Bedeutung

Art. 53 hat **dreifache Bedeutung:**

(1) Er sieht in **Satz 1** – wie Art. 20 III für den Landtag – die **Geschäftsordnungskom-** **1** **petenz** der Staatsregierung (als Kollegialorgan) vor und konkretisiert damit den allgemeinen Grundsatz, dass sich jedes Kollegialorgan für das innerorganschaftliche Verfahren im Rahmen der verfassungsrechtlichen Vorgaben **eigenes Organ-Innenrecht** schaffen kann. Die Geschäftsordnung¹ (im engeren Sinne) enthält Vorschriften über die **Organi-**

---

[22] Praktiziert von 1946 bis 1950, von 1954 bis 1957, von 1960 bis Ende 1962, von 1982 bis 1986 sowie von 1988 bis 1994. Diese Option besteht weiter, vgl. § 15 V 1 StRGO.

[23] Seit 1994.

[24] Einem Staatsminister können neben der Sonderaufgabe „Leitung der Staatskanzlei" weitere Sonderaufgaben und auch ein eigener Geschäftsbereich (oder mehrere) zugewiesen werden (s. Rn. 11 zu Art. 50).

[25] *Köhler,* S. 69.

¹ Geschäftsordnung der Bayerischen Staatsregierung (StRGO) in der Fassung der Bekanntmachung vom 2. November 2006 (1102-2-1-S; BIII2-15240-1-50).

sation und das **Verfahren innerhalb der Staatsregierung.** Da sie keiner Beteiligung anderer Organe bedarf, kann man von **Geschäftsordnungsautonomie** sprechen.[2] (2) **Satz 2** bestimmt, dass in der Geschäftsordnung auch die **Zuweisung der einzelnen Geschäfte** an die einzelnen Geschäftsbereiche geregelt wird. In der Geschäftsordnung wird – **ohne Zustimmung des Landtags** (anders als bei der Aufteilung der Geschäftsbereiche nach Art. 49; zur Abgrenzung von Art. 53 zu Art. 49 s. Rn. 12 zu Art. 49) – festgelegt, welcher Geschäftsbereich (Staatsministerium, Art. 49 S. 1) für welche einzelnen staatlichen Angelegenheiten zuständig ist.[3] (3) **Satz 3** schließlich formuliert ein – demokratietheoretisches – **Vollständigkeitsgebot,** wonach jede einzelne Aufgabe der Staatsverwaltung einem Geschäftsbereich zuzuteilen ist (Grundsatz des **Verbots ministerialfreier Räume**[4]). Dies dient in Zusammenwirken mit Art. 51 I und Art. 55 Nr. 2, 4 bis 7 der Realisierung des **Demokratieprinzips** im Sinne einer ununterbrochenen Legitimationskette (dazu Rn. 5 zu Art. 2) vom Parlament über den dem Parlament verantwortlichen Staatsminister (Art. 51 I) bis hin zu jedem einzelnen Beamten nachgeordneter Dienststellen (Art. 55 Nr. 5 bis 7) – und dies für *jede* staatliche Angelegenheit (Art. 53 S. 3). Insgesamt ist Art. 53 **lex specialis zu Art. 77,** so dass die Geschäftsverteilung auf die einzelnen Staatsministerien keiner gesetzlichen Regelung bedarf.[5]

2. Entstehung

2 Art. 34 I VE sah den Erlass der Geschäftsordnung durch den Ministerpräsidenten vor. Die endgültige Fassung wurde im VVA beschlossen (Art. 39 E).

3. Verhältnis zum Grundgesetz

3 Eine vergleichbare Vorschrift enthält das GG in Art. 65 S. 4. Die Geschäftsordnung der Bundesregierung bedarf indes der **Genehmigung des Bundespräsidenten,** wohingegen die Staatsregierung ihre Geschäftsordnung „autonom" erlässt. **Bedenken** im Hinblick auf Art. 28 I 1 GG ergeben sich daraus **nicht.**

II. Einzelkommentierung

1. Die Geschäftsordnung im engeren Sinne

4 a) Die Geschäftsordnung als **Organ-Innenrecht**[6] nach Art. 53 S. 1 wird **erlassen**[7] von der **Staatsregierung als Kollegialorgan,** nicht vom Ministerpräsidenten. Dieser hat auch kein Vetorecht, sondern hat sich einem Mehrheitsbeschluss der Staatsregierung

---

[2] *Nawiasky,* S. 135: „alte Tradition"; anders für das GG *Schröder,* in: v. Mangoldt/Klein/Starck, Art. 65 Rn. 39.

[3] Diese Geschäftsverteilung ist allerdings nicht in der Geschäftsordnung der Bayerischen Staatsregierung (Fn. 1) selbst geregelt, sondern isoliert davon in einer **Rechtsverordnung** der Staatsregierung, nämlich der Verordnung über die Geschäftsverteilung der Bayerischen Staatsregierung (StRGVV) in der Fassung der Bekanntmachung vom 5. 4. 2001 (GVBl S. 161, BayRS 1102-2-S), zuletzt geändert durch Verordnung vom 13. 12. 2005 (GVBl S. 691). Nach § 13 II StRGVV gilt diese als „Bestandteil der Geschäftsordnung der Bayerischen Staatsregierung"; zur Zulässigkeit dieser dem Wortlaut des Art. 53 widersprechenden Konstruktion s. unten Rn. 9.

[4] S. dazu und zu den Ausnahmen Rn. 78 ff. zu Art. 55. Nach VerfGH 18, 85 (97) ist der Gesetzgeber befugt, Ausnahmen vom Ressortprinzip vorzusehen, wenn es dafür stichhaltige Gründe gibt und das Prinzip nicht in seinem Wesensgehalt angetastet wird.

[5] *Zippelius,* BayVBl. 1956 S. 193; *Meder,* Art. 53 Rn. 1. Allerdings steht die Geschäftsverteilung nach Art. 53 S. 2 unter dem Vorbehalt abweichender gesetzlicher Regelungen. Der Gesetzgeber kann eigenständig Zuständigkeitsregelungen oder Beteiligungsvorbehalte schaffen; so ausdrücklich § 2 II StRGVV.

[6] *Oldiges,* in: Sachs, Art. 65 Rn. 38: „Regierungsinnenrecht", ebenso dort zum Terminus „Verfassungsatzung".

[7] Sie wird im Allgemeinen Ministerialblatt (AllMBl) veröffentlicht. Ein verfassungsrechtliches Gebot zur Veröffentlichung ist aus Gründen der Transparenz zu bejahen.

(Art. 54 S. 1) zu beugen. Allerdings hat der **Ministerpräsident** insofern **faktischen Einfluss** auf den Inhalt der Geschäftsordnung, als die Staatskanzlei für Angelegenheiten der Geschäftsordnung zuständig ist und die entsprechenden Vorlagen zur Beschlussfassung im Ministerrat vorbereitet.[8] Die Geschäftsordnung der Staatsregierung unterliegt nicht dem Zugriff des Gesetzgebers.

b) Die Geschäftsordnung muss nicht von jeder **neu gebildeten Staatsregierung** neu   5
erlassen oder bestätigt, sie kann ohne weiteres **übernommen,** aber auch modifiziert werden. Ein Grundsatz der Diskontinuität besteht insoweit nicht. Verfassungsrechtlich geboten ist lediglich, dass eine Geschäftsordnung existiert, die ein Mindestmaß an funktionalen Regelungen über das Verfahren innerhalb der Staatsregierung enthält.

c) **Inhaltlich** ist die Staatsregierung bei der Ordnung ihres Verfahrens weitgehend   6
frei. Allerdings darf durch die Geschäftsordnung nicht gegen **Verfassungsrecht** verstoßen werden. Die Geschäftsordnung darf mithin keine Regelungen enthalten, die von den Art. 43 ff. abweichen. Fraglich ist, ob und inwieweit die Geschäftsordnung Aspekte regeln darf, die in der Verfassung zwar selbst, jedoch nicht abschließend angelegt sind. Insoweit dürfte Folgendes gelten: Wurde die Frage vom Verfassungsgeber bewusst mit einer bestimmten inhaltlichen Vorstellung offen gelassen, darf die Geschäftsordnung dem nicht widersprechen. Im Übrigen sind sinnvolle Ergänzungen möglich, soweit dadurch nicht gegen das **verfassungsrechtliche Gesamtbild eines Regelungskomplexes** verstoßen wird. *Beispiel:* Art. 51 II 2 regelt die Stellvertretung des Staatsministers durch den Staatssekretär. Nicht in der Verfassung geregelt ist die Vertretung des staatssekretärslosen Staatsministers. Dafür kann die Geschäftsordnung ergänzend Regelungen vorsehen (vgl. § 15 IV a StRGO sowie Rn. 18 zu Art. 51). Zulässig ist auch die **Konkretisierung** verfassungsrechtlicher Regelungen durch die Geschäftsordnung, z. B. die nähere Bestimmung des Vertretungsfalls i. S. d. Art. 46 (vgl. § 2 StRGO); s. auch Rn. 1 zu Art. 54 bezüglich des „Umlaufverfahrens" (§ 13 StRGO).

d) Der Inhalt der Geschäftsordnung bezieht sich im Wesentlichen auf den **Geschäfts-**   7
gang und das dabei zu beachtende **Verfahren der Staatsregierung.** Deklaratorisch werden die bereits de constitutione zugewiesenen Kompetenzen des Ministerpräsidenten, der Staatsregierung und der Staatsminister bzw. Staatssekretäre wiederholt.[9]

e) Von der Geschäftsordnung der Staatsregierung zu **unterscheiden** sind: (1) die Allge-   8
meine Geschäftsordnung für die Behörden des Freistaates Bayern (AGO) vom 12. 12. 2000 (GVBl S. 873), zuletzt geändert am 26. 7. 2006 (GVBl S. 364); hierbei handelt sich um eine Verwaltungsvorschrift ohne Rechtsnormqualität, die den Geschäftsgang in den Behörden des Freistaates Bayern regelt[10], (2) die (regelmäßig nicht veröffentlichten) Geschäftsordnungen der Staatsministerien, die Organisation, Geschäftsgang und Geschäftsverteilung innerhalb des Ministeriums regeln, (3) die Bekanntmachung der Staatsregierung über die „Leitlinien zur Führung und Zusammenarbeit in der Bayerischen Staatsverwaltung"[11], (4) die Vorschriften über den Geschäftsverkehr zwischen der Staatsregierung und dem Landtag.[12]

---

[8] § 1 S. 2 Nr. 2 StRGVV.

[9] Im Einzelnen umfasst die StRGO folgende Regelungskomplexe (vgl. auch die jeweiligen Erl. zu Art. 43 ff.): (1) „Der Ministerpräsident" (§§ 1, 2), (2) „Die Staatsregierung" (§§ 3–13), (3) „Die Staatsminister und die Staatssekretäre" (§§ 14 f.). Im Einzelnen sei auf den Text der StRGO verwiesen.

[10] VerfGH 28, 84 (86) zur früheren Allgemeinen Dienstordnung.

[11] Bek. vom 19. 5. 2003 (AllMBl S. 215).

[12] Vgl. das Gesetz über die Unterrichtung des Landtags durch die Staatsregierung (Parlamentsinformationsgesetz – PIG) vom 25. Mai 2003 (GVBl S. 324, BayRS 1100-6-S) sowie die auf Art. 2 dieses Gesetzes beruhende Vereinbarung zwischen Landtag und Staatsregierung über die Unterrichtung des Landtags durch die Staatsregierung (VerPIG) vom 3./4. September 2003 (GVBl S. 670, BayRS 1100-6-1-S); zusätzlich ist die Bekanntmachung der Bayerischen Staatsregierung über die Richtlinien für den Verkehr der Staatsministerien mit dem Landtag vom 14. 12. 1999 (AllMBl. 2000, S. 4, B III 2-200-17-1-6) zu beachten.

2. Die Geschäftsverteilung innerhalb der Staatsregierung

9 a) Nach Art. 53 S. 2 ist die **Zuweisung** der **einzelnen Geschäfte** (d. h. der einzelnen Aufgaben der Staatsverwaltung, arg. Art. 53 S. 3) an die Staatsministerien ebenfalls in der Geschäftsordnung zu regeln. Entgegen dem Wortlaut des Art. 53 S. 2 ist die Einzelgeschäftsverteilung auf die Geschäftsbereiche indes nicht in der Geschäftsordnung, der StRGO, selbst geregelt, sondern in einer eigenen **Rechtsverordnung.**[13] Dieser Widerspruch zu Art. 53 S. 2 („In dieser") ist **verfassungsrechtlich unbedenklich.** Zum einen erklärt § 13 II StRGVV diese selbst zum Bestandteil der Geschäftsordnung der Bayerischen Staatsregierung, zum anderen stellt die Geschäftsverteilung in der Modalität einer **Verordnung** ein **qualitatives „Mehr"** im Vergleich zur bloßen Geschäftsordnung dar, so dass dem Regelungszweck des Art. 53 S. 2, nämlich der **Transparenz der Geschäftsverteilung** im Einzelnen, ohne weiteres genügt ist.

10 b) Alle Aufgaben der Staatsverwaltung sind einem Geschäftsbereich zuzuweisen. Es darf mithin mindestens grundsätzlich keine ministerialfreien Räume im Bereich der staatlichen Aufgaben geben, weil ansonsten die demokratische Legitimationskette unterbrochen wäre (Art. 55 Nr. 2, 5 bis 7; dazu Rn. 78 ff. zu Art. 55). Allerdings ist durch Art. 53 S. 3 nicht vorgegeben, was unter den Begriff **„Aufgabe der Staatsverwaltung"** fällt. *Wenn* der Staat sich die Erfüllung einer Aufgabe vorbehält, ist diese einem Geschäftsbereich zuzuweisen oder als Sonderaufgabe (Art. 50) zu deklarieren[14], um dem Demokratieprinzip zu genügen (oben Rn. 1). Eine andere Frage ist, welche Angelegenheiten der Staat als staatliche deklarieren muss und welche er ggf. privatisieren kann. Jedenfalls die **klassischen Hoheitsaufgaben** – das sind solche, im Rahmen derer vor allem grundrechtsrelevante Entscheidungen getroffen werden – müssen nach Art. 33 IV GG hoheitliche Aufgaben bleiben (zumal die öffentliche Sicherheit und Ordnung, das Schul- und Hochschulwesen [vgl. Art. 138 I], Strafrecht und Strafvollzug[15], Justiz). Die reine **Rechtsformprivatisierung** entzieht dem Staat eine Aufgabe nicht, er nimmt sie nur in der Rechtsform des Privatrechts wahr, so dass die Angelegenheit im Anwendungsbereich des Art. 53 S. 3 verbleibt. Begibt sich der Staat einer bisher von ihm wahrgenommenen Aufgabe, liegt also ein Fall einer **materiellen Privatisierung** vor, ist zu unterscheiden: Behält sich der Staat infolge einer politisch oder verfassungsrechtlich definierten Garantenstellung Aufsichts- und Gewährleistungsrechte und -pflichten sowie Regulierungsoptionen gegenüber den Privaten vor, handelt es sich *insoweit* um eine staatliche Aufgabe, die nach Art. 53 S. 3 einem Ressort zuzuweisen ist. **Verzichtet** der Staat auf jegliche **Ingerenzmöglichkeiten,** bleibt für Art. 53 S. 3 kein Raum, da eine staatliche Aufgabe nicht (mehr) vorliegt.[16]

11 c) Der Regelungsgehalt der **StRGVV** stellt sich i. E. wie folgt dar: § 1 regelt den Zuständigkeitsbereich der Staatskanzlei, obwohl diese keinen Geschäftsbereich darstellt[17], § 2 fasst deklaratorisch die nach Art. 49 bestimmten und abgegrenzten Geschäftsbereiche

---

[13] Vgl. die Nachweise in Fn. 3.

[14] Art. 50 ist insoweit lex specialis zu Art. 53 S. 3; s. Rn. 8 ff. zu Art. 50.

[15] Die Verantwortung für die Durchführung des Strafvollzugs ist staatliche Aufgabe; einzelne Angelegenheiten des Strafvollzugs können allerdings durchaus privatisiert werden (z. B. die Bewirtschaftung der entsprechenden Immobilien, der Anstaltsservice), freilich nicht die im Strafvollzug notwendigen Zwangsbefugnisse; vgl. auch *Mösinger,* Die Privatisierung des Strafvollzugs, BayVBl. 2007, 417.

[16] Das insgesamt komplexe Problem der Privatisierung bislang hoheitlicher Aufgaben und deren Grenzen kann hier nicht erschöpfend ausgelotet werden; vgl. dazu auch Rn. 80 zu Art. 55 sowie grundsätzlich *Bauer/Osterloh,* Privatisierung von Verwaltungsaufgaben, VVDStRL 54 (1995), S. 204 ff.; *Di Fabio,* Privatisierung und Staatsvorbehalt, JZ 1999, S. 585 ff.; *Mayen,* Privatisierung öffentlicher Aufgaben: rechtliche Grenzen und rechtliche Möglichkeiten, DÖV 2001, S. 110 ff.; *Kämmerer,* Privatisierung, 2001; *Weiß,* Privatisierung und Staatsaufgaben, 2002; zusammenfassend G. *Kirchhof,* Rechtsfolgen der Privatisierung, AöR 132 (2007), 215.

[17] Aus Gründen der Transparenz und Vollständigkeit ist es sinnvoll, die Staatskanzlei, einschließlich deren Zuständigkeiten für den/die Staatsminister für Sonderaufgaben in die StRGVV einzubeziehen.

(Staatsministerien) zusammen, die §§ 3 bis 11 legen die Verteilung der Einzelgeschäfte auf die einzelnen Staatsministerien fest. § 12 enthält besondere Bestimmungen u. a. für die federführende Zuständigkeit bei Gesetz- und Verordnungsentwürfen. Neben der StRGVV sind gesetzliche Regelungen zur Zuständigkeit sowie zur Überleitung gesetzlich bestimmter Zuständigkeiten[18] zu beachten.[19]

3. Verstoß gegen die Geschäftsordnung oder die Geschäftsverteilung

a) Kommt ein Beschluss der Staatsregierung **entgegen Bestimmungen der Geschäfts-** 12 **ordnung** zustande, ist dies **grundsätzlich unbeachtlich,** da die Geschäftsordnung reines Organ-Innenrecht darstellt. Etwas anderes gilt nur, wenn im Geschäftsordnungsverstoß zugleich ein **Verfassungsverstoß,** etwa gegen die Beschlussfassungsvorschriften des Art. 54, vorliegt. *Beispiel:* Kommt eine Rechtsverordnung der Staatsregierung unter Verstoß gegen die Bestimmungen über das vorbereitende Verfahren nach § 5 StRGO zustande, ist dieser Verstoß unbeachtlich, hat also keine Auswirkung auf die Wirksamkeit der Verordnung. Sind bei der Beschlussfassung die verfassungsunmittelbaren Vorschriften des Art. 54 nicht eingehalten, so zieht dies die Nichtigkeit der Verordnung (aus formellen Gründen) nach sich.

b) Handelt ein **sachlich unzuständiges Ressort,** richtet sich die Rechtsfolge nach 13 der jeweiligen Handlungsform: Eine von einem unzuständigen Ressort erlassene Verordnung ist nichtig, die Wirksamkeit eines von einem nicht zuständigen Staatsministerium erlassenen Verwaltungsakts richtet sich nach Art. 35 ff. BayVwVfG.

Art. 54 [Beschlüsse der Staatsregierung]

[1]Die Staatsregierung fasst ihre Beschlüsse mit Stimmenmehrheit der Abstimmenden. [2]Bei Stimmengleichheit entscheidet die Stimme des Ministerpräsidenten. [3]Zur Beschlussfähigkeit ist die Anwesenheit der Mehrheit der Mitglieder erforderlich. [4]Kein Mitglied darf sich der Stimme enthalten.

Parallelvorschriften im GG und anderen Landesverfassungen: Art. 49 III BaWüVerf; Art. 90 I BbgVerf; Art. 117 BremVerf; Art. 42 III HmbVerf; Art. 104 I 2 HessVerf; Art. 46 III M-VVerf; Art. 39 II NdsVerf; Art. 54 I 2 NRWVerf; Art. 91 III SaarlVerf; Art. 68 V VerfLSA.

I. Allgemeines

1. Bedeutung

Art. 54 regelt − in Anlehnung an die entsprechende Vorschrift für den Landtag 1 (Art. 23) − die mit der **Beschlussfassung** des **Kollegialorgans Staatsregierung** verbundenen Fragen und ergänzt damit Art. 47 I (Vorsitz und Geschäftsführung in der Staatsregierung durch den Ministerpräsidenten; s. Rn. 5 zu Art. 47) und Art. 53 S. 1. Er formuliert **verfassungsunmittelbare Geschäftsordnungsregeln** für die Beschlussfassung, denen die Geschäftsordnung nach Art. 53 nicht widersprechen darf, die jedoch durch diese ergänzt werden können. Dementsprechend wiederholt § 11 VII StRGO die Regelungen des Art. 54; ergänzend und in zulässiger Weise regelt § 13 StRGO die „Beschlussfassung im **Umlaufverfahren".**[1]

---

[18] S. § 2 II StRGVV sowie oben Fn. 5.

[19] Vgl. z. B. die Gesetze zur Überleitung von Zuständigkeiten vom 23. 7. 1993 (GVBl S. 496, BayRS 1102-7-S), vom 23. 12. 1994 (GVBl S. 1047, BayRS 1102-8-S) und vom 29. 12. 1998 (GVBl S. 1013, BayRS 1102-9-S).

[1] In nicht streitigen Angelegenheiten, deren mündliche Behandlung in der Staatsregierung nicht erforderlich erscheint, kann der Leiter der Staatskanzlei die Zustimmung der Mitglieder der Staatsregierung auf schriftlichem Weg („Umlaufverfahren") einholen. Für das Zustandekommen der Zustimmung gelten die Regelungen des Art. 54. Die Beschlussfassung im Umlaufverfahren unterbleibt, wenn ein Mitglied der Staatsregierung die mündliche Behandlung im Ministerrat wünscht (§ 13 III StRGO).

2 Art. 54 stellt für die Beschlussfassung **vier Grundsätze** auf, wobei die logisch-zeitliche Reihenfolge nicht eingehalten ist[2]: (1) die **Beschlussfassung mit einfacher Mehrheit** (Satz 1), (2) die **Stichstimme** des Ministerpräsidenten (Satz 2), (3) das Gebot der (qualifizierten) **Beschlussfähigkeit** (Satz 3) sowie (4) die **Abstimmungspflicht** (Satz 4). Keine Vorgaben enthält Art. 54 im Hinblick auf die Wiederholbarkeit von Abstimmungen, auf die Abstimmungsmodalität (offene oder geheime, mündliche oder schriftliche Abstimmung etc.) sowie zu den Konsequenzen fehlerhafter Abstimmung. Insofern ist Raum für Regelungen in der Geschäftsordnung, von dem jedoch insoweit bislang kein Gebrauch gemacht worden ist. Nach Art. 47 I entscheidet alle mit der Beschlussfassung zusammenhängenden Fragen, die weder in Art. 54 noch in anderen Vorschriften der Verfassung noch in der Geschäftsordnung nach § 53 geregelt sind, der **Ministerpräsident** kraft seiner **Geschäftsleitungsbefugnis.**

2. Entstehung

3 Sätze 1 und 2 entsprechen Art. 36 VE, wobei die Stimmenmehrheit erst im VVA auf die Abstimmenden, nicht auf die Anwesenden (so aber § 63 VU 1919) bezogen wurde. Dort kamen auch die Sätze 3 und 4 in den Text (Art. 40 E). Die Vorschrift ist seit In-Kraft-Treten der Verfassung unverändert.

3. Verhältnis zum Grundgesetz

4 Eine vergleichbare Vorschrift enthält das GG nicht, die Fragen der Beschlussfassung der Bundesregierung sind vielmehr in der Geschäftsordnung der Bundesregierung nach Art. 65 S. 4 GG[3] geregelt. Bedenken gegen Art. 54 im Hinblick auf Art. 28 I 1 GG bestehen nicht.

II. Einzelkommentierung

5 Art. 54 regelt lediglich – und auch dies **nicht vollständig** (vgl. oben Rn. 2) – Fragen der **Beschlussfassung der Staatsregierung.** Andere Aspekte wie Anberaumung, Vorbereitung, Ablauf der Ministerratssitzungen, Teilnahme, Vertraulichkeit, Berichterstattung etc. richten sich nach der **Geschäftsordnung der Staatsregierung** (Rn. 4 ff. zu Art. 53 und insbes. §§ 5 bis 12 StRGO) sowie den **geschäftsleitenden Anordnungen des Ministerpräsidenten** (Art. 47 I; s. Rd. 5 zu Art. 47). Vorausgesetzt ist in Art. 54, dass der der Beschlussfassung der Staatsregierung jeweils zu Grunde liegende Gegenstand in den Zuständigkeitsbereich der Staatsregierung fällt, dass diese mithin eine entsprechende **Befassungskompetenz** hat (s. dazu Rn. 12 vor Art. 43, Rn. 4 ff. zu Art. 43 sowie die ausführliche Übersicht in § 4 StRGO).

1. Beschlussfassung mit einfacher Mehrheit (Satz 1)

6 a) In Übereinstimmung mit dem **Grundsatz des Art. 2 II 2** entscheidet innerhalb der Staatsregierung die „Mehrheit". Mehrheit im Sinne des Satzes 1 ist die **einfache Mehrheit,** da als Bezugsgröße für die Ermittlung der Mehrheit die **Zahl der Abstimmenden** maßgeblich ist, nicht indes die Zahl der Mitglieder des Kabinetts und auch nicht die Zahl der anwesenden Mitglieder – auch wenn die Zahl der anwesenden mit der Zahl der abstimmenden Mitglieder wegen der Abstimmungspflicht in Satz 4 identisch sein muss. Ein **Beschluss kommt zustande,** wenn er die Mehrheit der Abstimmenden findet, auch wenn sich ein oder mehrere Mitglieder der Abstimmung entgegen Satz 4 enthalten. Ansonsten könnte durch verfassungswidrige Stimmenthaltung die Blockade der Staatsregierung erreicht werden, was dem Sinn und Zweck des Satzes 4 zuwiderliefe. Ein Beschluss

---

[2] Dies erklärt sich durch die Entstehungsgeschichte (Rn. 3). Die eigentlich „richtige" Reihenfolge wäre: (1) Beschlussfähigkeit (Satz 3), (2) Abstimmungspflicht (Satz 4), (3) Zustandekommen des Beschlusses bei Stimmenmehrheit der Abstimmenden (Satz 1), (4) Stichentscheid bei Stimmengleichheit (Satz 2).

[3] Vgl. §§ 20 ff. GOBReg.

wird also gefasst, wenn (1) von den abgegebenen Stimmen entweder alle auf „ja" oder „Zustimmung" lauten oder (2) die zustimmenden und ablehnenden (oder ungültigen) Stimmen zueinander im Verhältnis von mindestens x zu x-1 stehen. Eine ungültige Stimme ist gleichwohl abgegeben und in die Mehrheitsberechnung einzubeziehen (str.). Zur Anzahl und zum Zählgewicht der Stimmen s. Rn. 8 ff.

b) Im Gegensatz zu Art. 23 I kennt Art. 54 S. 1 keine Ausnahme von der Abstimmung 7 mit einfacher Mehrheit, also **keine qualifizierte Mehrheit.** Auch bei bedeutenden Abstimmungsgegenständen, etwa wichtigen Gesetzentwürfen, auch solchen, die auf Änderung der Verfassung gerichtet sind, und nicht einmal im Rahmen des Art. 48 gilt etwas anderes. Auch der Gesetzgeber kann, wenn er Zuständigkeiten der Staatsregierung begründet (etwa zum Verordnungserlass), keine qualifizierte Abstimmungsmehrheit vorsehen, da Art. 54 S. 1 **keine verfassungsunmittelbare Öffnungsklausel** enthält.

2. Stichstimme des Ministerpräsidenten (Satz 2)

a) Bei der Abstimmung hat **jedes Mitglied** der Staatsregierung (Art. 43 II), auch der 8 insoweit nicht weisungsgebundene Staatssekretär, die gleiche, nämlich *eine* **Stimme.** Eine **Vertretung** in der Abstimmung **findet nicht** statt. Ist für einen Geschäftsbereich nur der Staatssekretär anwesend, hat er nur seine, nicht etwa auch die Stimme des Staatsministers, dem er nach Art. 51 II 1 zugewiesen ist. Führt ein Staatsminister mehrere Geschäftbereiche oder ist er daneben für eine oder mehrere Sonderaufgaben bestellt, hat er ebenfalls nur eine Stimme. Gleiches gilt für den Ministerpräsidenten, der sich ein oder mehrere Geschäftsbereiche und/oder Sonderaufgaben vorbehält (s. Rn. 11 zu Art. 50).

b) Ein Vetorecht des Finanzministers bei haushaltsrechtlich relevanten Beschlüssen 9 kennt Art. 54 nicht, ein solches dürfte auch nicht durch die StRGO oder die BayHO eingeführt werden.

c) Lediglich bei **Gleichheit** der zustimmenden und ablehnenden (oder ungültigen) 10 Stimmen zählt die Stimme des Ministerpräsidenten **doppelt.** Hat er mit ja gestimmt, ist der Beschluss angenommen, anderenfalls abgelehnt. Der Zählwert der Stimme des Ministerpräsidenten wird verdoppelt (Stichstimme), dieser kann seine Stimme indes nicht erneut und gegenteilig abgeben (kein Stichentscheid).

3. Beschlussfähigkeit (Satz 3)

Wie der Landtag (Art. 23 II) ist die Staatsregierung **beschlussfähig,** wenn die **Mehr-** 11 **heit ihrer Mitglieder anwesend** ist (bei z. B. 18 [vgl. Art. 43 II] Kabinettsmitgliedern also 10). Anwesenheit bedeutet nicht nur körperliche Präsenz, sondern **physische und psychische Teilnahmefähigkeit.** Ein schlafendes oder nicht zurechnungsfähiges Mitglied ist nicht „anwesend" im Sinne des Satzes 3. Eine Pflicht zur Teilnahme ergibt sich aus § 11 V StRGO, der die insoweit schweigende Verfassung in zulässiger Weise ergänzt.[4] Ist der Ministerpräsident nicht anwesend, führt dies nicht per se zur Beschlussunfähigkeit. Die Sitzung leitet sein Vertreter (Art. 46). Die Beschlussunfähigkeit muss nicht ausdrücklich gerügt oder festgestellt werden. Ist die Beschlussfähigkeit nicht gegeben, ist ein gleichwohl gefasster Beschluss verfassungswidrig, eine dadurch zustande gekommene Verordnung nichtig, ein Verwaltungsakt rechtswidrig; bei Ernennungen richtet sich die Rechtsfolge nach dem Beamtenrecht (Art. 13 ff. BayBG). Eine bei Beschlussunfähigkeit zustande gekommene Gesetzesvorlage nach Art. 71 kann durch das nachfolgende ordnungsgemäße Gesetzgebungsverfahren im Landtag selbst geheilt werden.

4. Abstimmungspflicht (Satz 4)

Nach Satz 4 darf sich kein Mitglied der Staatsregierung der Stimmabgabe enthalten 12 (zur Teilnahmepflicht soeben Rn. 11). Tut es dies dennoch ohne zureichenden Grund, macht dies die Abstimmung **nicht unwirksam** (Rn. 6). Die Abgabe einer **ungültigen**

---

[4] Bei wiederholtem, unentschuldigtem oder grundlosem Fehlen kommen keine Zwangsmaßnahmen, sondern notfalls die Entlassung des Kabinettsmitglieds nach Art. 45 in Betracht.

Stimme ist keine Stimmenthaltung i. S. d. Satzes 4. Eine Ausnahme von der Abstimmungspflicht ergibt sich aus allgemeinen Regeln, zumal aus Gründen der Befangenheit.[5] Die Abgabe der Stimme kann nicht mit der Begründung verweigert werden, im Hinblick auf den Abstimmungsgegenstand bestünde keine hinreichende Sachkompetenz.

Art. 55 [Grundsätze der Staatsverwaltung]

Für die Geschäftsführung der Staatsregierung und der einzelnen Staatsministerien gelten folgende Grundsätze:

1. **Die Staatsverwaltung wird nach der Verfassung, den Gesetzen und dem Haushaltsplan geführt.**
2. **[1]Der Staatsregierung und den einzelnen Staatsministerien obliegt der Vollzug der Gesetze und Beschlüsse des Landtags. [2]Zu diesem Zweck können die erforderlichen Ausführungs- und Verwaltungsverordnungen von ihr erlassen werden. [3]Rechtsverordnungen, die über den Rahmen einer Ausführungsverordnung hinausgehen, bedürfen besonderer gesetzlicher Ermächtigung.**
3. **[1]Die Staatsregierung beschließt über alle dem Landtag zu unterbreitenden Vorlagen. [2]Die Unterrichtung des Landtags durch die Staatsregierung bleibt einer Vereinbarung zwischen Landtag und Staatsregierung auf gesetzlicher Grundlage vorbehalten.**
4. **[1]Die Staatsregierung ernennt die leitenden Beamten der Staatsministerien und die Vorstände der den Ministerien unmittelbar untergeordneten Behörden. [2]Die übrigen Beamten werden durch die zuständigen Staatsminister oder durch die von ihnen beauftragten Behörden ernannt.**
5. **[1]Die gesamte Staatsverwaltung ist der Staatsregierung und den zuständigen Staatsministerien untergeordnet. [2]Den Staatsministerien obliegt auch im Rahmen der Gesetze die Aufsicht über die Gemeinden und Gemeindeverbände sowie die sonstigen Körperschaften des öffentlichen Rechts und die öffentlich-rechtlichen Stiftungen.**
6. **Jeder Staatsminister übt die Dienstaufsicht über die Behörden und Beamten seines Geschäftsbereichs aus.**
7. **Jeder Staatsminister entscheidet über Verwaltungsbeschwerden im Rahmen seines Geschäftsbereichs.**

Parallelvorschriften im GG und anderen Landesverfassungen: Art. 20 III, 80 GG; Art. 25 II, 58, 61 BaWüVerf; Art. 59 I, 64, 66, 67 I BerlVerf; Art. 80, 96 BbgVerf; Art. 124, 127 BremVerf; Art. 53 HmbVerf; Art. 107, 108, 118 HessVerf; Art. 57, 70 M-VVerf; Art. 38, 43 f, 56 NdsVerf; Art. 58, 70 NRWVerf; Art. 102, 110 RhPfVerf; Art. 104 SaarlVerf; Art. 75, 82, 89 SächsVerf; Art. 79, 86 VerfLSA; Art. 38, 45 SchlHVerf; Art. 84, 90 ThürVerf.

Rechtsprechung: Zu Nr. 1: BVerfGE 33, 1; 33, 125; 49, 89; 108, 282; VerfGH 37, 59. *Zu Nr. 2:* BVerfGE 1, 14; 8, 274; 58, 257; 78, 214; 101, 1; VerfGH 33, 33; 37, 59. *Zu Nr. 5:* BVerfGE 107, 59; 111, 191; VerfGH 24, 199.

Literatur: Zu Nr. 1: Badura/Huber, Die Staats- und Verwaltungsorganisation des Freistaats Bayern, BayVBl. 1989, 769; *Haltern/Mayer/Möllers,* Wesentlichkeitstheorie und Gerichtsbarkeit. Zur Kritik des Gesetzesvorbehalts, DV 30 (1997), 51; *Hömig,* Grundlagen und Ausgestaltung der Wesentlichkeitslehre, FS BVerwG, 2003, S. 273 ff.; *Ladeur/Gostomzyk,* Der Gesetzesvorbehalt im Gewährleistungsstaat, DV 36 (2003), 141; *Ohler,* Der institutionelle Vorbehalt des Gesetzes, AöR 131 (2006), 336; *Maurer,* Allgemeines Verwaltungsrecht, 16. Aufl. 2006, §§ 6, 7. *Zu Nr. 2: Spanner,* Grundsätzliche Fragen des Verordnungsrechts, BayVBl. 1962, 225; *Selmer,* Rechtsverordnung und Verwaltungsvorschrift, VerwArch 59 (1968), 114; *Ossenbühl,* Autonome Rechtsetzung in der Verwaltung, HStR III, § 65; *Lepa,* Verfassungsrechtliche Probleme der Rechtsetzung durch Rechtsverordnung, AöR 105 (1980), 335; *Badura,* Das normative Ermessen beim Erlass von Rechtsverordnungen und Satzungen, GS Martens, 1987, S. 25 ff.; *v. Danwitz,* Die Gestaltungsfreiheit des Verordnungsgebers, 1989; *Uhle,* Parlament und Rechtsverordnungen, 1999;

---

[5] Vgl. auch Art. 3 c StRG.

Ziekow, Verordnungsermächtigungen mit supra- und internationalen Bezügen, JZ 1999, 963; *v. Bogdandy,* Gubernative Rechtsetzung, 2000; *Uerpmann,* Normkonkretisierende Verwaltungsvorschriften im System staatlicher Handlungsformen, BayVBl. 2000, 705; *Schmidt-Aßmann,* Die Rechtsverordnung in ihrem Verhältnis zu Gesetz und Verwaltungsvorschrift, FS Vogel, 2000, S. 477 ff.; *Erichsen,* Verwaltungsvorschriften als Steuerungsnormen und Rechtsquellen, FS Kruse, 2001, S. 39 ff.; *Guckelberger,* Zum methodischen Umgang mit Verwaltungsvorschriften, DV 35 (2002), 61; *A. Leisner,* Verwaltungsgesetzgebung durch Erlasse, JZ 2002, 219; *Wahl,* Verwaltungsvorschriften: Die ungesicherte dritte Kategorie des Rechts, BVerwG-FS, 2003, S. 571 ff.; *Sauerland,* Die Verwaltungsvorschrift im System der Rechtsquellen, 2005; *Saurer,* Die neueren Theorien zur Normkategorie der Verwaltungsvorschriften, VerwArch 97 (2006), 249; *Lindner,* Experimentelle Rechtsetzung durch Rechtsverordnung, DÖV 2007, 1003; *Maurer,* Allgemeines Verwaltungsrecht, 16. Aufl. 2006, § 13 (Rechtsverordnung) und § 24 (Verwaltungsvorschriften). *Zu Nr. 5: Brandner,* Grenzen des ministeriellen Weisungsrechts gegenüber nachgeordneten Behörden? DÖV 1990, 966; *Badura,* Die organisatorische Gestaltungsfreiheit des Staates und die juristischen Personen des öffentlichen Rechts, FS 50 Jahre VerfGH, 1997, S. 9 ff.; *Schmidt-Aßmann,* Zum staatsrechtlichen Prinzip der Selbstverwaltung, GS Martens, 1987, S. 249 ff.; *Jestaedt,* Demokratieprinzip und Kondominialverwaltung, 1993; *Kluth,* Funktionale Selbstverwaltung, 1997; *Kahl,* Die Staatsaufsicht, 2000; *Dederer,* Korporative Staatsgewalt, 2004; *Musil,* Das BVerfG und die demokratische Legitimation der funktionalen Selbstverwaltung, DÖV 2004, 116; *Maurer,* Allgemeines Verwaltungsrecht, 16. Aufl. 2006, §§ 21-23; vgl. auch die Literaturhinweise zu Art. 11.

Übersicht

I. Allgemeines

1. Bedeutung

a) Art. 55 ist eine **zentrale materielle wie formelle Vorschrift** für die **Organisation** 1 und **Verwaltung** des Freistaates Bayern. Er hat eine **multifunktionale Bedeutung.** Die insgesamt sieben Ziffern der Vorschrift firmieren zwar unter dem einleitenden Obersatz „Grundsätze der Geschäftsführung der Staatsregierung und der einzelnen Staatsministerien", dahinter verbirgt sich jedoch Heterogenes: Art. 55 formuliert **materielle Verwaltungsgrundsätze** (Nr. 1, Nr. 2 S. 2, 3), enthält Regelungen zur **Kompetenzverteilung** zwischen Staatsregierung und Staatsministerien (Nr. 2 S. 1, Nrn. 4 bis 7), **Verfahrensvorschriften** (Nr. 3 S. 2) und bildet wesentliche Glieder der **demokratischen Legitimationskette** (Nr. 2 S. 1, Nr. 4 bis 7).

b) Im Einzelnen: 2

Nummer 1 formuliert ein Essentialium des modernen Rechtsstaats, nämlich den **Grundsatz der Verfassungsmäßigkeit und der Gesetzmäßigkeit der Verwal-**

tung[1], und ergänzt damit das Demokratieprinzip (Art. 2), das Rechtsstaatsprinzip (Art. 3 I 1 Alt. 1) sowie den grundrechtlichen Gesetzesvorbehalt in Art. 98 S. 2. Art. 55 Nr. 1 entspricht von seiner Bedeutung her – auch wenn im Aufbau der Verfassung etwas versteckt – den Art. 1 III, 20 III GG.

3   **Nummer 2** hat **doppelte Bedeutung: Satz 1** weist die **Exekutivfunktion** im Sinne des Vollzugs der Gesetze und der Beschlüsse des Landtags der Staatsregierung als Kollegialorgan (Art. 43 II) sowie den einzelnen Staatsministerien zu und ergänzt und konkretisiert insofern den in Art. 4 und 5 postulierten Grundsatz der Gewaltenteilung (Art. 5 II). Zugleich bildet er – gemeinsam mit den Nummern 4 bis 7 sowie den Art. 44 I, 45, 47 II, 51, 53 S. 3 – ein wesentliches Glied in der vom Demokratieprinzip geforderten **Legitimationskette** vom Parlament zur Verwaltung (Rn. 5 zu Art. 2). **Sätze 2 und 3** sehen – vergleichbar Art. 80 GG – die Möglichkeit vor, gesetzeskonkretisierende Ausführungsverordnungen, Verwaltungsverordnungen sowie – auf gesetzlicher Grundlage – gesetzesergänzende **Rechtsverordnungen** zu erlassen; sie **modifizieren** insofern den Grundsatz der **Gewaltenteilung** (Rn. 16 f. zu Art. 5: „Gewaltenverschiebung").

4   **Nummer 3** regelt keinen materiellen Verwaltungsgrundsatz, sondern stellt in **Satz 1** eine **Zuständigkeitsregel** (Beschluss der Staatsregierung über alle dem Landtag zu unterbreitenden Vorlagen) und in **Satz 2** als konkrete Ausprägung des Grundsatzes der **Verfassungsorgantreue**[2] eine Verfahrensvorschrift, betreffend die Kommunikation zwischen Landtag und Staatsregierung, auf. Satz 1 ist im Zusammenhang mit Art. 47 V (Unterbreitung der Vorlagen der Staatsregierung an den Landtag durch den Ministerpräsidenten) zu lesen.

5   **Nummer 4** ist eine **Kompetenzverteilungsregel** für die **Ernennung der Beamten** des **Staates: Satz 1** behält der **Staatsregierung** die Ernennungskompetenz für die dort genannten Beamten vor, **Satz 2** regelt die Ernennungszuständigkeit der **Staatsminister** einschließlich der Möglichkeit zur Delegation auf nachgeordnete Behörden. Beide Sätze werden durch die einschlägigen Vorschriften des Beamtenrechts (vgl. Art. 13 ff. BayBG) sowie durch die auf der Grundlage des Art. 13 I 2 BayBG ergangenen Rechtsverordnungen ergänzt.

6   **Nummer 5** postuliert in **Satz 1** das klassische **staatliche Hierarchieprinzip,** wonach die gesamte Staatsverwaltung der Staatsregierung und den zuständigen Staatsministerien untergeordnet ist. Dieses Hierarchieprinzip, das **ministerialfreie Räume** allerdings nicht gänzlich ausschließt[3], bildet einen essentiellen Bestandteil der demokratischen Legitimationskette. **Satz 2** postuliert eine aus dem Demokratieprinzip folgende Garantiestellung des Staates im Bereich der **mittelbaren Staatsverwaltung,** also der Hoheitsausübung durch nicht-staatliche Hoheitsträger; diese Garantiestellung wird im Wege der **Aufsicht** nach Maßgabe der jeweils einschlägigen gesetzlichen Regelungen erfüllt.

7   **Nummer 6** gibt jedem **Staatsminister** die Befugnis zur **Dienstaufsicht** über die dem Geschäftsbereich des jeweiligen Staatsministeriums nach Art. 53 zugewiesenen Behörden („Ämteraufsicht") und Beamten (einschl. der sonstigen Arbeitnehmer; „Personalaufsicht") und damit die Möglichkeit, seiner nach Art. 51 I gegenüber dem Landtag bestehenden **Verantwortung** durch rechtmäßige und sachgerechte Führung seines Geschäftsbereichs gerecht zu werden.

8   Eine ähnliche Funktion erfüllt **Nummer 7,** wonach der **Staatsminister** über **Verwaltungsbeschwerden** (Dienst- und Sachaufsichtsbeschwerden) entscheidet. Zugleich stellt Nr. 7 als Zuständigkeitsregel eine formale **Ergänzung des Petitionsrechts** dar, das in Art. 17 GG und Art. 115 I grundrechtlich geschützt ist.

---

[1] Zur Gesetzesbindung der Richter s. Art. 85. Nr. 1 verbürgt **kein Grundrecht:** VerfGH 46, 273 (277); ebenso wenig die anderen Nummern des Art. 55: VerfGH 18, 79 (85) für Nr. 2 Satz 1.

[2] Vgl. bereits Rn. 14 vor Art. 43.

[3] S. dazu bereits Rn. 10 zu Art. 53 sowie unten Rn. 78 ff.

c) Art. 55 formuliert objektives, unmittelbar anwendbares Verfassungsrecht, verbürgt **9** jedoch **keine Grundrechtspositionen.**[4] Verfassungsbeschwerde (Art. 120) und Popularklage (Art. 98 S. 4) können allein darauf nicht gestützt werden.[5]

2. Entstehung

Eine dem Art. 55 **vergleichbare,** noch umfangreichere Regelung enthielt § 61 VU **10** 1919. Der VE sah eine entsprechende Regelung nicht vor, sie wurde erst im VVA eingefügt, Art. 41 E. Dessen Nr. 4 regelte noch die Ernennung von **Staatsräten** als **beamteten Stellvertretern der Staatsminister** durch die Staatsregierung, was durch den späteren Verzicht auf die Personalkategorie „Staatsräte" obsolet wurde. In Nr. 5 hieß es statt „Staatsverwaltung" noch „Landesverwaltung" und die Staatsaufsicht umfasste nur die Gemeinden und Gemeindeverbände. Satz 2 in Nummer 3 wurde durch § 1 Nr. 2 des Gesetzes zur Änderung der Verfassung des Freistaats Bayern vom 10. 11. 2003[6] eingefügt. Telos dieser Verfassungsergänzung ist die Optimierung der informatorischen Kooperation zwischen Landtag und Staatsregierung.

3. Verhältnis zum Grundgesetz

An der **Weitergeltung** des Art. 55 im Hinblick auf das Grundgesetz, insbesondere **11** Art. 28 I 1 GG, bestehen **keine Zweifel,** auch wenn das GG viele Regelungsgehalte des Art. 55 nicht ausdrücklich kennt. Art. 55 entspricht in Nr. 1 dem Art. 20 III GG. Art. 55 Nr. 2 S. 3 weicht zwar von Art. 80 I 2 GG ab, das Erfordernis einer nach Inhalt, Zweck und Ausmaß hinreichend bestimmten gesetzlichen Verordnungsermächtigung folgt jedoch unmittelbar aus Art. 3 I 1 sowie aus dem Demokratieprinzip (unten Rn. 35 ff.).

II. Einzelkommentierung

Angesichts der Heterogenität der in Art. 55 enthaltenen Regelungsgegenstände werden die einzelnen Nummern grundsätzlich einzeln erläutert:

1. Der Grundsatz der Verfassungs- und Gesetzmäßigkeit der Staatsverwaltung (Nr. 1)

Nr. 1 ist **wesentliche Ausprägung**[7] des **Rechtsstaats- und des Demokratieprin- 12 zips,** eine dem Art. 20 III GG vergleichbare Fundamentalnorm, deren systematische Stellung in Art. 55 indes nicht angemessen erscheint und die besser im 1. Abschnitt über die „Grundlagen des Bayerischen Staates" verankert worden wäre. Nr. 1 regelt **drei Unterprinzipien:** (1) den Grundsatz der **Verfassungsbindung,** (2) den Grundsatz vom **Vorrang** sowie (3) vom **Vorbehalt** des Gesetzes:

a) Nr. 1 regelt zunächst – heute selbstverständlich, historisch indes keineswegs – die **13** **Bindung** der Staatsverwaltung **an die Verfassung** und damit insbesondere auch – i. V. m. Art. 98 S. 1 – an die **Grundrechte** und das darin zum Ausdruck kommende **Grundrechtsverständnis** (dazu Rn. 21 ff. vor Art. 98). Die Verfassung ordnet deklaratorisch ihre eigene Bindungswirkung als höherrangiges Recht mit Maßstabswirkung für sämtliches nachgeordnetes Recht, auch förmliches Gesetzesrecht (Art. 76 I), an und konstituiert damit den für einen demokratisch-grundrechtlichen Rechtsstaat **notwendig-paradigmatischen Stufenbau der Rechtsordnung.**[8]

---

[4] Liegt eine im Übrigen zulässige Popularklage vor, prüft der VerfGH allerdings auch, ob die Vorgaben des Art. 55 (insbes. Nr. 2 S. 3) eingehalten sind; VerfGH 56, 198 (203); 57, 161 (164); s. auch Rn. 10 zu Art. 3.

[5] VerfGH 8, 52 (57); 34, 65 (72); 46, 273 (Ls 1, 277).

[6] GVBl S. 816; „Gesetz über den Zusammentritt des Landtags nach der Wahl, über die Parlamentsinformation und zur Verankerung eines strikten Konnexitätsprinzips."

[7] VerfGH 56, 75 (90): „wesentliches Element der Rechtsstaatlichkeit".

[8] *Kelsen,* Reine Rechtslehre, 2. Aufl. 1960, S. 228 ff.; s. auch Rn. 18 ff. zu Art. 3.

14   Anders als Art. 20 III GG ordnet Nr. 1 keine Bindung an **„Gesetz und Recht"** an. Darin liegt indes keine im Hinblick auf Art. 28 I 1 GG bedenkliche Differenz, da die Bindung an die Verfassung und ihre formellen und materiellen Gerechtigkeitsgrundsätze (Art. 3, 84 ff., 98 ff., 124 ff., 151 ff.) all das umfasst, was auch „Recht" i. S. d. Art. 20 III GG meint. Die formelle und materielle Verfassungsgerechtigkeit, das Menschenbild der Verfassung (s. Rn. 22 ff. vor Art. 98), dürften gesetzliches Unrecht im Sinne der historischen Erfahrung ausschließen. Dies gilt freilich nur **verfassungsrechtsimmanent** und schützt nur beschränkt gegen *tatsächliche* Irrungen und Machtmissbräuche auf der Schiene der Zeit. Zur Not bleibt das Widerstandrecht nach Art. 20 IV GG. Zum Problem **verfassungswidrigen Verfassungsrechts** Rn. 18 zu Art. 3, Rn. 2 zu Art. 118 sowie die Erläuterungen zu Art. 75 I 2.

15   b) Die erste Flanke des **Grundsatzes der Gesetzmäßigkeit der Verwaltung** ist der **Vorrang des Gesetzes.** Die (unmittelbare wie mittelbare) Staatsverwaltung ist an bestehende Gesetze[9] (nicht nur in formellem, sondern auch in materiellem Sinne) gebunden. Ein nachrangiger Rechtsakt kann einen höherrangigen grundsätzlich nicht derogieren, es sei denn, der letztere enthielte eine Derogierungsermächtigung zu Gunsten des ersteren.[10] Jede Behörde hat bei ihrem Handeln die einschlägigen Gesetze, Rechtsverordnungen, Satzungen zu beachten. Darüber hinaus besteht eine Bindung an das **europäische Gemeinschaftsrecht,** das eine eigenständige Rechtsordnung darstellt. Kein Vollzugsakt darf gegen gemeinschaftsrechtliche Vorgaben verstoßen, insbesondere nicht gegen die Grundfreiheiten des EG-Vertrages.[11] Das Gemeinschaftsrecht entfaltet neben einer positiven Anwendungspflicht eine negative Maßstabswirkung im Sinne eines Nichtwiderspruchsvorbehalts.[12] Räumen die gesetzlichen Vorgaben der Verwaltung einen **Ermessensspielraum** ein, so ist dieser ermessensfehlerfrei zu handhaben.[13]

16   Das Vorrangprinzip bindet die Staatsverwaltung an bestehendes Landes-, Bundes- und Europarecht, sagt jedoch als solches nichts über **Konsequenzen** bei Verstößen gegen das Prinzip aus. Diese richten sich nach der Rechtsform des Vollzugshandelns: Verfassungs- oder gesetzwidrige **Rechtsverordnungen** sind grundsätzlich nichtig, mit dem Vorbehalt, dass bestimmte Fehler, zumal Verfahrensfehler, stets oder nach Ablauf einer bestimmten Rügefrist nach Maßgabe des jeweils einschlägigen Rechts unbeachtlich sein können. Die Rechtsfolge verfassungs- oder gesetzwidriger **Verwaltungsakte** richtet sich nach Art. 42 ff. BayVwVfG: Sie sind grundsätzlich wirksam, aber anfecht- und aufhebbar, wenn sie nicht ausnahmsweise nach Art. 44 BayVwVfG nichtig sind. Heilung und Unbeachtlichkeit von Verstößen gegen Verfahrensvorschriften richten sich nach Art. 45, 46 BayVwVfG. Rechtswidrige **öffentlich-rechtliche Verträge** sind nach Maßgabe des Art. 59 BayVwVfG nichtig. Aus dem Vorranggrundsatz sowie aus der kompensatorischen Reaktionswirkung der Grundrechte (Rn. 80 ff. vor Art. 98) folgt die Notwendigkeit, bei nicht mehr rückgängig zu machenden Rechtsverstößen der Verwaltung dem vom rechtswidrigen Handeln Betroffenen Folgenbeseitigungs-, Schadensersatz- und Entschädigungsansprüche einzuräumen. Die Einzelheiten ergeben sich aus dem Staatshaftungs- und Entschädigungsrecht **(„Recht der staatlichen Ersatzleistungen").**[14]

17   Umstritten ist die Frage, ob und in welchem Umfang Vollzugsbehörden anzuwendendes Recht auf seine Gültigkeit hin **überprüfen** können. Zu differenzieren ist zwischen der **Prüfungs- und der Verwerfungskompetenz.** Die Prüfungskompetenz der Behörde bzw. des jeweils zuständigen Beamten ist zu bejahen. Eine Verwerfungskompetenz

---

[9] Die Erwähnung der Bindung an den Haushaltsplan ist insofern überflüssig, als dieser durch Gesetz festgestellt wird (Art. 78 III).

[10] Beispiel: Art. 106 II BayHSchG, wonach durch Rechtsverordnung unter bestimmten Voraussetzungen vom BayHSchG abgewichen werden kann; dazu *Lindner,* DÖV 2007, 1003.

[11] Zur Dogmatik der Grundfreiheiten s. nur *R. Streinz,* Europarecht, 6. Aufl. 2003, Rn. 652 ff.

[12] Vgl. dazu *Lindner,* JuS 2005, 302.

[13] Dazu sowie zu Beurteilungsspielräumen bei unbestimmten Rechtsbegriffen s. *Maurer,* § 7.

[14] Vgl. dazu *Maurer,* §§ 25 ff.; monographisch *Grzeszick,* Rechte und Ansprüche, 2002.

in der Modalität des Rechts zur Nichtanwendung hat die Behörde indes nicht. Dies ergibt sich aus Art. 100 I GG, Art. 65, 92 BV sowie aus § 47 VwGO.[15]

c) Der Grundsatz vom **Vorbehalt des Gesetzes**[16] als zweite Flanke des Grundsatzes **18** der Gesetzmäßigkeit der Verwaltung besagt, dass die Verwaltung nur auf Grund und nach Maßgabe gesetzlicher Regelungen tätig werden darf. Im Gegensatz zum Grundsatz vom Vorrang des Gesetzes meint „Gesetz" hier das **förmliche Gesetz:** Die Verwaltung bedarf für ein Tätigwerden einer formalgesetzlichen Grundlage. Umstritten ist, wie weit dieser Vorbehalt reicht. Dazu ist zwischen drei verfassungsrechtlichen Erklärungsansätzen zu unterscheiden[17]:

aa) Art. 55 Nr. 1 regelt in Verbindung mit Art. 3 I 1 den **rechtsstaatlichen Vorbehalt 19** des Gesetzes. Das Rechtsstaatsprinzip gebietet, dass hoheitliches Handeln nur auf gesetzlicher Grundlage erfolgen darf. Dieser Erklärungsansatz ist für die Frage nach der Reichweite des Grundsatzes unergiebig, wenn man nicht einem „Totalvorbehalt" das Wort reden wollte, nach dem jegliches Handeln der Exekutive einer gesetzlichen Grundlage bedürfte.

bb) Weiterführender ist der Vorbehalt des Gesetzes, der aus den **Grundrechten be- 20 gründet** wird. Jedes Verwaltungshandeln, das grundrechtlich relevant ist, also entweder eine Verkürzung grundrechtlich geschützter Interessen darstellt oder eine grundrechtsrelevante Vorenthaltung staatlicher Leistungen, etwa staatlicher Schutz-, Verfahrens- oder Organisationsvorkehrungen, impliziert, kurz jeder[18] staatliche Akt, der einen **grundrechtswidrigen Effekt** hervorruft, muss sich, wenn er nicht als solcher unvorhersehbar und daher unregelbar ist, auf eine gesetzliche Grundlage zurückführen lassen – unabhängig davon, ob die entsprechende Grundrechtsnorm selbst einen Gesetzesvorbehalt enthält oder nicht (vgl. auch Art. 70 I).

cc) Ein dritter Erklärungsansatz leitet den Vorbehalt des Gesetzes aus dem **Demokra- 21 tieprinzip** ab. Dieses fordert eine ununterbrochene Legitimationskette zwischen den im Einzelfall Handelnden und dem Volk (dazu sowie zu weiteren Legitimationsmodalitäten im Rahmen der funktionalen Selbstverwaltung Rn. 5, 6 zu Art. 2). Dazu dient neben Art. 45, 51, 55 Nrn. 4 bis 7 die **inhaltliche Legitimation** der einzelnen Maßnahme durch den Volkswillen. Da diese nicht für jeden Einzelakt praktisch realisierbar ist, fungiert das nach Maßgabe der Art. 71 ff. direkt vom Volk oder repräsentativ durch die Volksvertretung erlassene Gesetz als abstrakt-generelle Regelung der materiellen Vervollständigung der demokratischen Legitimationskette. Da nicht jeder Lebenssachverhalt und jede gegebenenfalls notwendig oder sinnvoll werdende behördliche Tätigkeit gesetzlich erfassbar ist, kann es schon rechtstheoretisch einen **„Totalvorbehalt"**[19] **nicht geben.**

Allerdings fordert das Demokratieprinzip, dass bedeutsame, **wesentliche Entschei- 22 dungen** einer gesetzlichen Grundlage bedürfen oder wenigstens auf eine solche zurückführbar sein müssen. Dies ist das berechtigte Anliegen der sog., vom BVerfG begründeten **„Wesentlichkeitstheorie".**[20] Nicht nur Eingriffsakte bedürfen mithin der gesetzlichen Grundlage, sondern jede Entscheidung, die für den Einzelnen oder die Gemeinschaft „we-

---

[15] S. dazu *Maurer*, § 4 Rn. 52 ff.; unberührt bleibt das beamtenrechtliche Remonstrationsrecht (Art. 65 BayBG), dazu *Lindner*, Grundrechtssicherung durch das Berufsbeamtentum, ZBR 2006, 1 (9) sowie ausführlich Rn. 19 ff. zu Art. 3.

[16] Begrifflich zu unterscheiden ist der „Vorbehalt des Gesetzes" vom „Gesetzesvorbehalt". Letzterer Begriff ist ein Begriff der Grundrechtsdogmatik, der die Einschränkbarkeit der einzelnen Grundrechte betrifft (Art. 98 S. 2; vgl. Rn. 61 ff. vor Art. 98).

[17] Zu den unterschiedlichen Ansätzen s. *Maurer*, § 6 Rn. 4 ff. Der VerfGH „mischt" die Begründungsansätze: VerfGH 37, 59 (67); 47, 276 (302).

[18] Auch in besonderen Rechtsverhältnissen: BVerfGE 33, 1 (Strafvollzug); 33, 125 (Facharzt). Gleiches gilt für das Schul-, Hochschul- und Beamtenrecht; vgl. VerfGH 27, 47 (54); BVerfGE 41, 251 (259); 47, 46 (80); 58, 257 (268); 98, 218 (250); 108, 282 (302).

[19] Vgl. dazu *Sachs*, Art. 20 Rn. 116 m. w. N.

[20] Vgl. etwa BVerfGE 34, 165 (192); 40, 237 (248); 45, 400 (417); 47, 46 (78); 49, 89 (126); 101, 1 (34): „alle wesentlichen Entscheidungen selbst zu treffen"; VerfGH 31, 99 (127); 33, 33 (37); 34, 82 (93); 37, 59 (67); 47, 276 (302) und öfter.

sentlich" ist. Angesichts der erheblichen Steuerungswirkung staatlicher Leistungen, insbesondere von Subventionen, dürfte auch im Bereich der Leistungsverwaltung grundsätzlich eine gesetzliche Grundlage zu fordern sein, durch die diese Steuerungswirkungen legitimiert werden.[21] Den Kritikern der Wesentlichkeitsformel ist zuzugeben[22], dass sie unbestimmt ist. Eine konkrete(re) Bestimmung dessen, was gesetzlicher Regelung bedarf und was nicht, dürfte indes nicht möglich sein. Es kommt stets auf den jeweiligen Sachbereich, die Art und Intensität der getroffenen Regelung, insbesondere im Hinblick auf die Grundrechte der Bürger, an.[23] Zur Zulässigkeit von gesetzlichen Verweisungen Rn. 29 f. zu Art. 3.

23   **Fazit:** Das Handeln eines Hoheitsträgers muss auf eine formalgesetzliche Grundlage rückführbar sein, wenn es entweder einen grundrechtswidrigen Effekt impliziert oder sonst für den Einzelnen oder die Gemeinschaft von wesentlicher Bedeutung ist.[24] Gesetzliche Generalklauseln, Ermessens- und Beurteilungsspielräume sind zulässig[25], wenn sie sich zumal anhand gesetzlicher oder historisch vorgeformter[26] Grund- und Wertentscheidungen konkretisieren und zu einer gesetzeskonformen Anwendung im Einzelfall verdichten lassen. Zur gesetzlichen Ermächtigung zum Erlass von Rechtsverordnungen unten Rn. 28 ff.

Hinzu kommen der organisationsrechtliche Gesetzesvorbehalt, der in Art. 77 eine spezifische Ausprägung erfahren hat (vgl. die Erl. zu Art. 77) sowie die haushaltsbezogenen Sondervorbehalte in Art. 78 III, 81 S. 1, 82 S. 2.

2. Exekutivfunktionen I: Der Gesetzesvollzug (Nr. 2 S. 1)

24   a) Nr. 2 S. 1 weist die **Funktion der Exekutive** der Staatsregierung und den einzelnen Staatsministerien zu. Damit ist nicht gesagt, dass den Staatsministerien nachgeordnete Behörden keine Vollzugsaufgaben hätten; diese ergeben sich vielmehr aus Nr. 5 S. 1. Neben ihrer Eigenschaft als Zuständigkeitsnorm weist Nr. 2 S. 1 die **Verantwortung** für einen der Nr. 1 entsprechenden Vollzug insbesondere den Staatsministerien zu, deren „Leiter", die Staatsminister, ihrerseits dem Parlament gegenüber verantwortlich sind (Art. 51 I). Unklar ist die **Verteilung der Vollzugskompetenzen** zwischen Staatsregierung als Kollegialbehörde im Sinne des Art. 43 II (nicht des Absatzes I; vgl. zur viergliedrigen Organisation der Staatsregierung Rn. 7 vor Art. 43) und den Staatsministerien, da beide nebeneinander genannt sind.[27] Vor dem Hintergrund des Art. 53 S. 3, wonach jede Aufgabe der Staatsverwaltung einem Geschäftsbereich, also einem Staatsministerium (Art. 49 S. 1), zuzuordnen ist[28], wird man von einem **Regel-Ausnahme-Verhältnis** auszugehen haben: Der verantwortliche Vollzug der Gesetze und Beschlüsse des Landtags obliegt den nach Maßgabe des Art. 49 abgegrenzten Staatsministerien. Die Staatsregierung als Kollegialorgan ist in den Vollzug nur insoweit eingeschaltet, als dies in der Verfassung eigens bestimmt ist (vgl. z. B. Art. 9 II 2, 48, 55 Nr. 4 S. 1) oder eine gesetzliche oder untergesetzliche Vollzugskompetenzzuweisung existiert, sei es in der Modalität von Einzelmaßnahmen, sei es in der Modalität von Rechtsverordnungen, die von der Staatsregierung zu erlassen

---

[21] A. A. für Subventionen BVerwGE 6, 282 (287); 90, 112 (126); vgl. dazu auch *Maurer*, § 6 Rn. 13 ff.

[22] S. die Nachweise bei *Sachs*, Art. 20 Rn. 117 ff.

[23] VerfGH 37, 59 (67).

[24] Regelmäßig werden beide Aspekte – sich selbst verstärkend – eine gesetzliche Grundlage fordern: So ist z. B. die Befreiung bestimmter Studierender von der Entrichtung von Studienbeiträgen sowohl grundrechtsrelevant als auch von sozial- und gesellschaftspolitisch wesentlicher Bedeutung. Auch das BVerfG zieht beide Aspekte heran (vgl. BVerfGE 49, 89 [126]).

[25] *Meder*, Art. 55 Rn. 2; VerfGH 25, 27 (37); 50, 226 (248); 56, 75 (90). Zum Bestimmtheitsgrundsatz auch Rn. 25 ff. zu Art. 3.

[26] Zur Kategorie des „vorverfassungsmäßigen Gesamtbildes" s. *Ossenbühl*, DÖV 1965, 649 (654).

[27] Anders § 61 VU 1919.

[28] In der StRGVV oder einer speziellen gesetzlichen Regelung.

sind[29] (dazu gehören auch die Rechtsverordnungen nach Art. 80 I 1 GG[30]). Zu den Kompetenzen der Staatsregierung s. auch Rn. 12 vor Art. 43.

b) Vollzogen werden „*Gesetze und Beschlüsse des Landtags*". *Gesetze* sind über den Wortlaut **25** hinaus nicht nur[31] die vom Landtag beschlossenen förmlichen Gesetze, sondern auch die förmlichen Bundesgesetze[32] sowie das unmittelbar geltende gemeinschaftsrechtliche Primär- und Sekundärrecht, zu dessen Vollzug der Freistaat Bayern innerhalb seines Zuständigkeitsbereichs verpflichtet ist.[33]

Beschlüsse des Landtags sind nur solche, die dieser auf der Grundlage anderer Verfassungsbestimmungen als für die Exekutive unmittelbar bindend fassen kann (z. B. Art. 24 I, 25 III, 48 II).[34] Der Landtag hat **kein allgemeines Direktionsrecht** im Sinne eines verfassungsrechtlichen Weisungsrechts gegenüber der Exekutive und kann sich dieses auch per Gesetz ohne Verstoß gegen das Gewaltenteilungsprinzip (Art. 4, 5)[35] nicht vorbehalten.[36] Der Landtag kann die Gesetze und seine Beschlüsse (mit Ausnahme des Organinnenrechts) auch nicht selbst ausführen.

Davon zu **unterscheiden** sind (1) das Recht des Parlaments, den **Erlass** von **Rechts-** **26** **verordnungen** insbesondere der Staatsregierung durch eine entsprechende Formulierung in der gesetzlichen Ermächtigungsnorm an einen **Zustimmungsvorbehalt** des **Landtags** zu binden[37] sowie (2) die aus der **Kontrollfunktion** folgende Möglichkeit des Parlaments, besondere gesetzliche **Berichtspflichten** der Exekutive gegenüber dem Landtag oder einem seiner Ausschüsse zu normieren.[38] Schlichte Landtagsbeschlüsse, die die Staatsregierung zu einer bestimmten Vollzugspraxis generell oder in einem Einzelfall oder zu einem bestimmten Abstimmungsverhalten im Bundesrat auffordern, haben lediglich politischen Empfehlungscharakter.[39] Ignoriert die Staatsregierung solche Beschlüsse beharrlich, kann ein Fall des Art. 44 III 2 vorliegen. Zudem bleibt dem Landtag die Möglichkeit unbenommen, die entsprechenden gesetzlichen Grundlagen zu ändern und insofern eine andere Vollzugspraxis zu erzwingen.

c) **Vollzug** bedeutet **Anwendung** der Gesetze als abstrakt-generelle Rechtssätze mit **27** Außenwirkung (1) auf den **Einzelfall** durch Erlass eines Realaktes, eines Verwaltungsaktes nach Art. 35 ff. BayVwVfG, ggf. in der Form eines Planfeststellungsbeschlusses nach Art. 72 ff. BayVwVfG (oder besonderer Regelungen), durch Abschluss eines öffentlich-

---

[29] Beispiele: Art. 5 III 2 GO (Kreisfreierklärung von Gemeinden); Art. 5 a GO (Eingliederung kreisfreier Gemeinden in den Landkreis); Art. 9 II GO (Aufgaben der Großen Kreisstadt); Art. 8 II LKrO (Änderungen im Bestand der Landkreise); Art. 45 I Nr. 1 BayNatSchG (Verordnungen über Naturparke); Art. 16 BayUniKlinG (Öffnungsklausel bezüglich der Universitätsklinika).

[30] Die „Staatsregierung" ist „Landesregierung" i. S. d. Art. 80 I GG.

[31] Im Zeitpunkt der Entstehung der Verfassung war die Zukunft der Staatlichkeit Deutschlands offen und die Entstehung einer supranationalen Rechtsordnung in Europa unabsehbar.

[32] Insoweit ergibt sich die Vollzugpflicht aus Art. 83 ff. GG.

[33] So hat der Freistaat Bayern bei der Vergabe von Subventionen das EG-Beihilferecht (Art. 87 ff. EGV i. V. m. den auf dieser Grundlage erlassenen EG-Verordnungen) anzuwenden, also zu vollziehen.

[34] VerfGH 12, 119 (126); 18, 79 (84).

[35] VerfGH 12, 119 (126). Der Verwaltungs- und Exekutivvorbehalt gehört zum unantastbaren Kernbereich des Gewaltenteilungsprinzips, dessen sich die Staatsregierung auch nicht freiwillig begeben dürfte; vgl. BVerfGE 9, 268 (279); 22, 106 (111); 34, 52 (59); *Kratzer*, BayVBl. 1962, 293 (298). Selbst eine entsprechende Verfassungsänderung dürfte an Art. 75 I 2 scheitern.

[36] Anderes ergibt sich auch nicht aus Art. 115. Hält der Landtag eine Petition für begründet, kann er die Staatsregierung gleichwohl nicht anweisen, das mit der Petition verbundene Anliegen im Vollzug umzusetzen. Ein auf „Berücksichtigung" lautender Landtagsbeschluss hat keine verfassungsrechtliche Bindungswirkung, sondern politischen Empfehlungscharakter, VerfGH 30, 179 (186); 35, 7 (8).

[37] Vgl. z. B. Art. 5 III GO, Art. 16 BayUniKlinG; vgl. unten Rn. 54.

[38] Vgl. z. B. Art. 106 II BayHSchG.

[39] *Meder*, Art. 55 Rn. 4; *Zacher*, JöR 15 (1966), 321 (352). Es besteht kein Vorrang des Parlaments „als ein alle konkreten Kompetenzzuordnungen überspielender Auslegungsgrundsatz"; BVerfGE 49, 89; VerfGH 38, 165 (176).

rechtlichen Vertrages nach Maßgabe der Art. 54 ff. BayVwVfG) oder (2) auf eine **Mehr-zahl** von Einzelfällen (durch Erlass einer Allgemeinverfügung nach Art. 35 S. 2 BayVw-VfG). Rechtlich gesteuert wird der Vollzug in materieller Hinsicht durch die jeweilige gesetzliche Grundlage insbes. des Besonderen Verwaltungsrechts, durch verfassungsrecht-liche Maßgaben, zumal das Rechtsstaatsprinzip (Art. 3 I) und die Grundrechte (Art. 98), in formeller Hinsicht durch die Vorgaben des allgemeinen Verwaltungsrechts (BayVwVfG; BayVwZVG).

3. Exekutivfunktionen II: Exekutivischer Normerlass in der Modalität der Rechtsverordnung (Nr. 2 S. 2 und 3)

28   a) Nr. 2 S. 2 und 3 lassen den Erlass von Rechtsverordnungen durch die Exekutive[40] zu und stellen sowohl eine verfassungsunmittelbare Modifizierung des Gewaltenteilungs-grundsatzes (vgl. Rn. 16 zu Art. 5) als auch eine verfassungsrechtlich zulässige Relativie-rung des Grundsatzes vom Vorbehalt des Gesetzes dar. Der Normerlass durch die Exekutive ist indes nicht vom Gesetz gelöst, also **keine eigenständige, autonome Rechtsetzung**[41], sondern funktional dem Gesetzesvollzug zugeordnet.[42] Dies machen die Worte „zu diesem Zweck" (also zum Gesetzesvollzug) deutlich. Angesichts der Komplexität der Lebens-sachverhalte und ihrer Unvorhersehbarkeit kann der parlamentarische Gesetzgeber nicht jede Einzelheit selbst regeln, er ist auf Unterstützung durch die Exekutive angewiesen, wo-bei er Ausmaß, Modalität und Dichte der Unterstützung auf Grund des **Demokratieprin-zips** selbst bestimmen muss.

29   Wesentliches normatives Unterstützungsinstrument der Exekutive ist – neben der An-wendung von Generalklauseln, Ermessens- und Beurteilungsspielräumen – die Rechts-verordnung, verstanden als von der Exekutive erlassene abstrakt-generelle[43] Regelung mit Außenwirkung gegenüber Bürgern und Gerichten.[44] Die Rechtsverordnung ist als Rechtsnorm im Rang unter dem förmlichen Gesetz unentbehrlich, da sie den parlamenta-rischen Gesetzgeber in inhaltlicher, technischer und zeitlicher Hinsicht – freilich nur **im Rahmen des gesetzlichen Regelungsprogramms – entlastet.** Von der Rechtsverord-nung zu unterscheiden, ist die **Verwaltungsvorschrift,** die sich „lediglich" an die Ver-waltung richtet und grundsätzlich keine rechtlich verbindliche Außenwirkung entfaltet (s. unten Rn. 56 ff.).

30   b) Nr. 2 S. 2 und 3 unterscheiden **Ausführungs-, Verwaltungs- und Rechtsverord-nungen.** Auch Ausführungsverordnungen sind Rechtsverordnungen (arg. Satz 3), be-dürfen aber keiner besonderen gesetzlichen Ermächtigung.[45] Einer solchen bedarf es nur, wenn eine Rechtsverordnung über den Rahmen einer Ausführungsverordnung hinaus-geht. Verwaltungsverordnungen stellen keine Rechtsverordnungen, sondern Verwal-tungsinnenrechtssätze dar, die ebenfalls keiner gesetzlichen Ermächtigung bedürfen (unten Rn. 56 ff.). Diese bereits auf § 61 VU 1919 zurückgehende Terminologie **weicht** in-sofern **von der heutigen Dogmatik ab,** als von Verwaltungs*verordnungen* heute nicht

---

[40] Art. 55 Nr. 2 S. 2 und 3 gelten nicht nur für Staatsregierung und Staatsministerien, sondern für die gesamte Staatsverwaltung. Für die Verordnungsgebung auf Grund von Bundesgesetzen gilt Art. 80 GG; insoweit sei auf die Kommentierung bei *Lücke,* in: Sachs, Art. 80 verwiesen. Die Wendung „von ihr" in S. 2 dürfte jedenfalls insoweit als Redaktionsversehen anzusehen sein, als damit die Staatsminis-terien von der Zuständigkeit zum Erlass entsprechender Verordnungen ausgeschlossen wären.

[41] Weder haben Rechtsverordnungen den Rang formeller Gesetze noch können sie unabgeleitet als „gesetzesvertretende Rechtsverordnungen" erlassen werden.

[42] Vereinzelt finden sich auch verfassungsunmittelbare Verordnungsermächtigungen: z. B. Art. 9 II.

[43] Zu unterscheiden, aber mitunter schwer abzugrenzen von konkret-individuellen Regelungen, zumal in der Modalität des Verwaltungsakts oder auch der Allgemeinverfügung (Art. 35 BayVwVfG); s. VerfGH 19, 114 (120); *Meder,* Art. 55 Rn. 9 m. w. N. und Beispielen aus der Rechtsprechung zur Abgrenzung.

[44] VerfGH 5, 279 (283); 28, 84 (86); 40, 90 (92).

[45] VerfGH 21, 92 (98).

mehr die Rede ist; dieser Begriff ist deckungsgleich mit dem heute gängigen Begriff „Verwaltungsvorschriften". Auch der Terminus „Ausführungsverordnungen" ist der heutigen Dogmatik des öffentlichen Rechts fremd, gleichwohl Verfassungstext.

c) **Ausführungsverordnungen** sind **Rechtsverordnungen**[46]**,** also Außen- und **31** Bindungswirkung gegenüber Bürgern und Gerichten entfaltende abstrakt-generelle Regelungen, die lediglich den bereits gesetzlich vorgesehenen Inhalt, insbesondere die gesetzlich festgelegten Rechte und Pflichten **nachzeichnen.** Sie dürfen als „reine Ausführungsvorschriften"[47] eine Ergänzung des Gesetzes, die einen selbständigen Inhalt hat, insbesondere zusätzliche Rechte und Pflichten begründet, nicht enthalten.[48] Sie müssen sich, da sie keiner gesetzlichen Ermächtigung bedürfen, darauf beschränken, den durch das Gesetz bereits festgelegten Rahmen auszufüllen.[49] Sie dürfen daher nach allgemeiner Meinung keinen eigenständigen Willen des Verordnungsgebers zum Ausdruck bringen, sondern nur den Willen des Gesetzgebers **konkretisieren.**[50]

Diese Formulierungen machen deutlich, dass es sich bei Ausführungsverordnungen in **32** der Modalität von Rechtsverordnungen um eine **problematische Kategorie** handelt. Sie sind **entweder überflüssig** oder im Hinblick auf den **Vorbehalt des Gesetzes prekär:**

(1) Zeichnen sie den vorhandenen Regelungswillen des Gesetzgebers lediglich nach, sind sie als reine Gesetzeswiederholungen zwar im Hinblick auf den Vorbehalt des Gesetzes (Nr. 2 S. 3) unbedenklich, aber überflüssig.

(2) Prekär im Hinblick auf Nr. 2 S. 3 ist allerdings die Vorstellung, Ausführungsverord- **33** nungen könnten den gesetzlichen Rahmen lediglich ausfüllen, konkretisieren oder gar den Willen des Gesetzgebers weiterentwickeln, ohne dass der Verordnungsgeber, also die Exekutive, dabei einen **eigenen Regelungswillen** zum Ausdruck brächte. Konkretisierung, Weiterentwicklung von Gesetztem in untergesetzlichen Rechtssätzen ist indes immer auch **eigene Rechtsetzung.** Eigene Rechtsetzung der Exekutive bedarf indes der **gesetzlichen Ermächtigung** (Satz 3). In der Kategorie „Ausführungsverordnung" als Rechtsverordnung lauert stets die **Umgehung des Erfordernisses der gesetzlichen Ermächtigung.**[51]

Die Verwaltungspraxis sollte daher (und dies geschieht auch ganz überwiegend) auf **34** die Kategorie Ausführungs*verordnung* **verzichten**[52] und sich zur Ausführung von Gesetzen auf zwei Kategorien beschränken: auf die Ausführungsvorschriften in der Modalität von Verwaltungsvorschriften[53] (Rn. 56 ff.) oder auf die Rechtsverordnung i. S. d. Satzes 3, die dann aber einer nach Inhalt, Zweck und Ausmaß bestimmten gesetzlichen Ermächtigungsnorm bedarf (Rn. 35 ff.). Erlässt die Exekutive eine Rechtsverordnung als Ausführungsverordnung, die über einen rein ausführenden Charakter hinausgeht und daher nur

---

[46] *Schweiger,* in: Nawiasky/Schweiger/Knöpfle, Art. 55 Rn. 5 a; *Spanner,* BayVBl. 1962, 225; Schief *Meder,* Art. 55 Rn. 8, der Ausführungsverordnungen „zwischen bloßen Dienstanweisungen und Rechtsverordnungen, die über den Rahmen einer Ausführungsverordnung hinausgehen" ansiedelt.

[47] Ausführungsvorschriften können freilich nicht nur als Rechtsverordnung, sondern auch als allein die Verwaltung bindende Verwaltungsvorschriften erlassen werden. Die Verwaltung hat insoweit ein Wahlrecht.

[48] *Meder,* Art. 55 Rn. 8; VerfGH 2, 143 (169); 11, 196 (202).

[49] VerfGH 41, 97 (100); 56, 198 (203). *Schweiger* (Fn. 46), Rn. 5 a: „Einzelausprägung des gesetzgeberischen Willens".

[50] *Meder,* Art. 55 Rn. 8; *Schweiger* (Fn. 46), Rn. 5 a; VerfGH 15, 83 (87).

[51] Bedenklich *Schweiger* (Fn. 46), Rn. 5 a, der die Abgrenzung zwischen Ausführungsverordnungen und Rechtsverordnungen i. S. d. Satzes 3 für „praktisch ohne Bedeutung" hält. Der VerfGH hat diese Frage bislang nicht problematisiert.

[52] In einem solchen Verzicht läge kein Verfassungsverstoß, da Nr. 2 S. 2 zwar Ausführungsverordnungen zulässt, die Exekutive zu deren Erlass allerdings nicht zwingt.

[53] Vom Problem des Rechtsverordnungscharakters von Ausführungsverordnungen zu unterscheiden ist die Frage der Außenrechtswirkung von Verwaltungsvorschriften, insbes. die neuere Figur der „normkonkretisierenden" Verwaltungsvorschriften, die ihrerseits gerade keine Rechtsverordnungen darzustellen scheinen (vgl. *Maurer,* § 24 Rn. 25 a sowie unten Rn. 56 ff.).

als Rechtsverordnung i. S. d. Satzes 3 hätte erlassen werden dürfen, ist sie gleichwohl wirksam, wenn sie auf einer nach Inhalt, Zweck und Ausmaß bestimmten oder nach dem Gesetzgebungsprogramm mindestens bestimmbaren gesetzlichen Ermächtigung beruht, im GVBl. veröffentlicht ist[54] und den übrigen Rechtmäßigkeitsanforderungen an eine Rechtsverordnung entspricht. Fehlt es an einer gesetzlichen Ermächtigung, ist die Ausführungsverordnung nichtig. Denkbar ist es allerdings, eine solche „überschießende" Ausführungsverordnung ohne Ermächtigungsgrundlage in eine – grundsätzlich lediglich die Verwaltung, nicht den Bürger und Gerichte – bindende Verwaltungsvorschrift umzudeuten.[55] Ausführungsverordnungen sind als Rechtsverordnungen mit der Popularklage (Art. 98 S. 4) angreifbar.

35   d) **Rechtsverordnungen,** die über den Inhalt reiner Ausführungsverordnungen hinaus eigenständigen Regelungsgehalt mit Außenwirkung entfalten, insbesondere Rechte und Pflichten des Bürgers begründen, ändern oder aufheben, bedürfen als Gesetze im materiellen Sinn[56] einer **besonderen gesetzlichen Ermächtigung** (Art. 55 Nr. 2 S. 3; lex specialis zu Art. 70 I, III).[57]

36   aa) Im Gegensatz zur **Art. 80 I 2 GG,** wonach **bundesgesetzliche** Verordnungsermächtigungen **nach Inhalt, Zweck und Ausmaß bestimmt** sein müssen, enthält Art. 55 Nr. 2 S. 3 eine solche rechtsstaatliche Qualitätsanforderung (Prinzip der Spezialermächtigung) an eine *landes*gesetzliche Ermächtigungsnorm nicht ausdrücklich.[58] Gleichwohl entspricht es der allgemeinen Meinung und der ständigen Rechtsprechung des VerfGH wie des BVerfG, dass auch **landesgesetzliche Verordnungsermächtigungen** nach Inhalt, Zweck und Ausmaß hinreichend bestimmt sein müssen.[59] In der Rechtsverordnung darf sich kein eigenständiger, inhaltlich unabgeleiteter, autonomer Regelungswillen des Verordnungsgebers manifestieren[60]; dieser muss sich vielmehr am Willen des Gesetzgebers orientieren.[61] Der Gesetzgeber darf sich seiner Regelungskompetenz nicht begeben.[62] **Gesetzesvertretende Verordnungen** sind jedenfalls insoweit unzulässig, als der Grundsatz vom Vorbehalt des Gesetzes, zumal die Wesentlichkeitsmaxime, eine gesetzliche Regelung verlangt.[63]

---

[54] Zur Veröffentlichung von Rechtsverordnungen der Staatsregierung und der Staatsministerien im GVBl s. § 1 VI und § 14 IV StRGO sowie die Bek. der Staatsregierung über die amtl. Veröffentlichung von Rechts- und Verwaltungsvorschriften (Veröffentlichungs-Bekanntmachung – VeröffBek) vom 6. 11. 2001 (GVBl S. 730, BayRS 1140-1-S), zuletzt geändert durch Bek. vom 13. 12. 2005 (GVBl S. 711).

[55] Vgl. zu dieser Frage *Maurer,* § 24 Rn. 42.

[56] *Meder,* Art. 55 Rn. 5.

[57] Eine dynamische Verweisung in einem Gesetz auf andere Rechtsvorschriften in deren jeweils geltender Fassung stellt keine Verordnungsermächtigung dar: VerfGH 42, 1 (9); dort auch zu den Grenzen dynamischer Verweisung aus Gründen des Demokratieprinzips; s. auch Rn. 30 zu Art. 3.

[58] Für Rechtsverordnungen der Staatsregierung auf der Grundlage eines Bundesgesetzes gilt Art. 80 I GG unmittelbar. Es handelt sich dann nicht um eine Bundes-, sondern um eine Landesverordnung, da die Staatsregierung trotz bundesrechtlicher Ermächtigung als Landesbehörde handelt; *Jarass/ Pieroth,* Art. 80 Rn. 21; BVerfGE 18, 407 (414); VerfGH 26, 87 (94); 27, 68 (72). Bei Erlass solcher Verordnungen ist die Staatsregierung auch an das Landesverfassungsrecht, insbesondere die Grundrechtsbestimmungen der Landesverfassung, gebunden, soweit das Bundesrecht Regelungs- und Umsetzungsspielräume belässt, VerfGH 41, 83 (87); dazu ausf. Rn. 134 ff. vor Art. 98.

[59] *Meder,* Art. 55 Rn. 12; VerfGH 11, 196 (201); 24, 1 (19); 24, 116 (121); 24, 199 (224); 26, 48 (63); 28, 24 (35); 29, 53 (56); 41, 17 (20); 41, 97 (100); 56, 75 (88); 57, 161 (165) und öfter. BVerfGE 41, 251 (266); 58, 257 (277).

[60] BVerfGE 78, 249 (273); VerfGH 56, 75 (88).

[61] VerfGH 26, 48 (62); 31, 198 (206).

[62] VerfGH 33, 33 (38): *„Der Landtag darf sich seiner Verantwortung als gesetzgebende Körperschaft nicht dadurch entäußern, dass er einen Teil der Gesetzgebungsmacht der Exekutive überträgt, ohne die Grenzen dieser Kompetenzen bedacht und diese nach Tendenz und Programm so genau wie möglich umrissen zu haben . . ."*

[63] VerfGH 29, 53 (58).

Das Erfordernis der **Bestimmtheit nach Inhalt, Zweck und Ausmaß** lässt sich auf **37** mehrerlei Weise begründen: (1) Landesverfassungsunmittelbar aus dem Rechtsstaatsprinzip (Art. 3 I 1), dem Demokratieprinzip (Art. 2), dem Grundsatz der Gewaltenteilung (Art. 4, 5) sowie aus dem Delegationsverbot in Art. 70 III; (2) Landesverfassungsmittelbar über eine (a) nach Art. 28 I 1 GG[64] notwendige analoge Anwendung des Art. 80 I 2 GG oder über eine (b) direkte Anwendung. Die Rechtsprechung stützt sich, wenn sie überhaupt eine Begründung gibt[65], überwiegend auf (1)[66] und (2 a). Ist die ermächtigende landesgesetzliche Vorschrift nicht oder nicht hinreichend nach Inhalt, Zweck und Ausmaß bestimmt, ist nicht nur diese, sondern auch die darauf gestützte Verordnung (ggf. teilweise) **nichtig.**[67]

bb) Der parlamentarische Gesetzgeber selbst muss das **Regelungsprogramm definie-** **38** **ren,** in dem sich der Verordnungsgeber bewegen und ergänzend regelnd tätig werden darf.[68] Der Bürger muss aus dem ermächtigenden Gesetz hinreichend deutlich ersehen können, „in welchen Fällen und mit welcher Tendenz von der Ermächtigung Gebrauch gemacht werden wird und welchen möglichen Inhalt die auf Grund der Ermächtigung erlassenen Verordnungen haben können."[69]

Die Bestimmtheit muss sich nicht aus der ermächtigenden Norm selbst, sondern kann **39** sich aus einer Gesamtsicht des gesamten Gesetzes und einschlägiger allgemeiner Rechtsgrundsätze oder auch aus der geschichtlichen oder dogmatischen Entwicklung eines Rechtsgebietes, etwa des Polizei- und Sicherheitsrechts, ergeben.[70] Daher ist auch die Verwendung **unbestimmter Rechtsbegriffe** in einer Ermächtigungsnorm zulässig. Insgesamt lässt sich in der Rechtsprechung eine Abschwächung in den Anforderungen an die Bestimmtheit erkennen.[71] Jedenfalls „wesentliche" Regelungen muss der Gesetzgeber selbst treffen. Cum grano salis können folgende **„Faustregeln"** aufgestellt werden:

(1) Je konkreter der gesetzliche Zweck bestimmt ist, desto geringere Anforderungen **40** können an Inhalt und Ausmaß gestellt werden, da sich diese aus dem Zweck ableiten lassen und zudem durch den Verhältnismäßigkeitsgrundsatz begrenzt und damit bestimmbar werden. Die drei Kriterien lassen sich ohnehin nicht trennscharf voneinander abgrenzen.

(2) Je höher die Eingriffsintensität der Verordnung oder darauf gestützter Verwaltungs- **41** akte ist, desto bestimmter muss die gesetzliche Ermächtigungsgrundlage sein[72]; bei „begünstigenden" Regelungen oder solchen mit organisationsrechtlichem Bezug sind die Anforderungen entsprechend reduziert.[73]

---

[64] BVerfGE 55, 207 (226); 58, 257 (277); 107, 1 (15).

[65] Ohne Begründung etwa VerfGH 56, 198 (203).

[66] VerfGH 26, 48 (65); kompilatorische Begründung z. B. in VerfGH 34, 173 (176); 41, 4 (7); 41, 17 (20); 56, 75 (88).

[67] *Maurer,* § 13 Rn. 6; *Meder,* Art. 55 Rn. 12; VerfGH 5, 103 (112); 33, 33 (38).

[68] VerfGH 33, 33 (38).

[69] VerfGH 33, 33 (38). BVerfGE 1, 14 (60); 8, 274 (307); 58, 257 (276); 80, 1 (20); 101, 1 (31); 106, 1, (19). Zu den verschiedenen „Formeln", die das BVerfG entwickelt hat („Selbstentscheidungsformel", „Programmformel", „Vorhersehbarkeitsformel") s. *Jarass/Pieroth,* Art. 80 Rn. 11 ff. m. w. N.

[70] VerfGH 20, 1 (7); 28, 24 (35); 32, 121 (124); 33, 33 (38); 34, 173 (176); 37, 59 (69); 41, 4 (7); 41, 17 (20). Allerdings hat Bayern insbesondere im Bereich des allgemeinen Sicherheitsrechts am Grundsatz der Spezialermächtigung im Bereich des Verordnungsrechts festgehalten, vgl. *Gallwas/Wolff,* Bayerisches Polizei- und Sicherheitsrecht, 3. Aufl. 2004, Rn. 831. Die im Sicherheitsrecht gewählte Blankett-Technik (Gesetz legt ein bestimmtes Verhalten als Straftat oder als Ordnungswidrigkeit fest, überlässt aber die konkrete Bestimmung des Verhaltens dem Verordnungsgeber, vgl. z. B. Art. 27 LStVG) ist verfassungsrechtlich zulässig, wenn das verbotene Verhalten seinerseits bereits im Gesetz hinreichend vorherbestimmt ist (*Gallwas/Wolff,* Rn. 863 ff.).

[71] Krit. und m. w. N. *Schweiger* (Fn. 46), Rn. 6 e.

[72] BVerfGE 58, 257 (277); 62, 203 (210); BVerwGE 100, 323 (326); 115, 125 (131); VerfGH 24, 30 (41).

[73] VerfGH 56, 198 (207).

42   (3) Bei vielgestaltigen, insbesondere sich häufig und rasch ändernden Lebenssachverhalten etwa im Bereich des Technik- und Umweltrechts sind geringere Anforderungen an die Bestimmtheit zu stellen.[74]

43   (4) Auch im Rahmen der Umsetzung des Gemeinschaftsrechts ist das Bestimmtheitsgebot zu beachten. Eine allgemeine gesetzliche Ermächtigung an den Verordnungsgeber zur Ausführung oder Umsetzung des Gemeinschaftsrechts wäre unzulässig. Dieses selbst kann Ermächtigungsgrundlage für den Erlass einer Rechtsverordnung sein, wenn es hinreichend bestimmt ist.

44   cc) In **zeitlicher Hinsicht** gilt Folgendes:

(1) Das nach Inhalt, Zweck und Ausmaß hinreichend bestimmte, zum Verordnungserlass ermächtigende Gesetz muss grundsätzlich **im Zeitpunkt des Verordnungserlasses in Geltung** sein.[75] Es genügt, wenn die ermächtigende Gesetzesnorm und die darauf gestützte Verordnung am selben Tag in Kraft treten.[76] Es genügt zudem, wenn die die Verordnungsermächtigung enthaltende Norm eines Gesetzes isoliert vorab in Kraft gesetzt wird, falls diese selbst hinreichend bestimmt ist. Im Falle einer **Subdelegation**[77] darf die ermächtigte Stelle von der Verordnungsermächtigung erst Gebrauch machen, wenn die subdelegierende Verordnung in Kraft getreten ist.

45   (2) **Fehlt** im Zeitpunkt des In-Kraft-Tretens der Verordnung eine **gesetzliche Ermächtigungsnorm,** ist zu unterscheiden: (a) Die Verordnung ist wirksam, wenn eine ermächtigende Gesetzesnorm **rückwirkend** in Kraft tritt, vorausgesetzt, dass die Anforderungen des Rechtsstaatsprinzips an die Rückwirkung eingehalten sind (Rn. 33 ff. zu Art. 3). (b) Anderenfalls ist die Verordnung **nichtig:** der Gesetzgeber kann sie nicht nachträglich „genehmigen", wohl aber die Verordnung als Gesetz erlassen, unter den Voraussetzungen des Art. 3 I auch rückwirkend.[78] Erlässt er – nicht rückwirkend – eine gesetzliche Ermächtigungsnorm, wird die Verordnung **nicht geheilt,** sondern kann nur erneut erlassen werden.[79]

46   (3) Tritt das **ermächtigende Gesetz** *nach* Erlass der Rechtsverordnung **außer Kraft** oder wird es geändert, bleibt die **Gültigkeit** einer darauf gestützten, wirksam erlassenen **Rechtsverordnung** davon **unberührt,** sie tritt nicht automatisch auch außer Kraft.[80] Ausnahmen: (a) Die gesetzliche Grundlage wird vom BVerfG (Art. 100 I GG) oder vom VerfGH (Art. 65, 92) *ex tunc* für nichtig erklärt; dann ist die Rechtsverordnung von Anfang an nichtig. (b) Ist der Wille des aufhebenden oder ändernden Gesetzgebers auch auf die Aufhebung oder Änderung der Rechtsverordnung gerichtet[81], so tritt diese auch ohne ausdrückliche Aufhebung außer Kraft bzw. der Verordnungsgeber ist zu einer entsprechenden Änderung verpflichtet. (c) Die Rechtsverordnung kann durch den Wegfall der Ermächtigungsnorm sinn- oder gegenstandslos werden.[82]

---

[74] BVerfGE 58, 257 (278); VerfGH 24, 116 (121); 37, 59 (69).

[75] VerfGH 26, 48 (62). Auf den Zeitpunkt der Verkündung im GVBl kommt es nicht an.

[76] BVerfGE 3, 255 (259). Zum In-Kraft-Treten eines Gesetzes s. Art. 76 II. Verordnungen treten an dem von ihnen bestimmten Zeitpunkt in Kraft, wenn nicht gesetzlich etwas anderes bestimmt ist (vgl. z. B. Art. 50 I LStVG).

[77] Eine solche ist zulässig, wenn und soweit dies das ermächtigende Gesetz vorsieht (vgl. auch Art. 80 I 4 GG); VerfGH 26, 48 (60); 27, 68 (74).

[78] *Meder,* Art. 55 Rn. 14; VerfGH 26, 48 (62); 35, 58 (65).

[79] VerfGH 33, 130 (135); krit. *Schweiger* (Fn. 46), Rn. 6 g.

[80] VerfGH 29, 53 (56); 39, 1 (5); 40, 149 (151); 41, 69 (76); BVerfGE 78, 179 (198). Dies gilt auch für Rechtsverordnungen, die auf vorkonstitutionellem Recht beruhen (vgl. Art. 186 II; s. die Erl. dort); dazu eingehend *Meder,* Art. 55 Rn. 17 ff. m. w. N. sowie *Schweiger* (Fn. 46), Rn. 6 f.; s. auch Art. 60 LStVG.

[81] VerfGH 30, 142 (146). Dies kann insbesondere dann der Fall sein, wenn die Rechtsverordnung der neuen Gesetzeslage widerspräche. Vgl. auch *Kotulla,* Fortgeltung von Rechtsverordnungen nach Wegfall ihrer gesetzlichen Grundlage? NVwZ 2000, 1263.

[82] VerfGH 41, 69 (76). Das kann bei reinen „Ausführungsverordnungen" sowie dann der Fall sein, wenn wegfallendes Gesetz und Verordnung einen funktional aufeinander bezogenen Regelungskomplex bilden.

(4) Eine Rechtsverordnung kann auch **rückwirkend** in Kraft gesetzt werden, wenn **47** kein Fall der unzulässigen Rückwirkung vorliegt (Rn. 33 ff. zu Art. 3).

dd) **Gültigkeitsvoraussetzungen** einer Rechtsverordnung **(Überblick)**[83]: Eine **48** Rechtsverordnung ist rechtswirksam und damit gültig, wenn sich **(1)** ihr Regelungsgehalt im Rahmen der ihrerseits wirksamen gesetzlichen Ermächtigungsnorm[84] hält[85], **(2)** sie mit sonstigem höherrangigem Recht, insbesondere den Grundrechten (des GG wie der BV), vereinbar ist[86], **(3)** von einem zuständigen Ermächtigungsadressaten[87] im dafür ggf. vorgesehenen Verfahren[88] erlassen worden ist, **(4)** ggf. vorgesehene Zustimmungs-, Benehmens- oder Beteiligungsvorbehalte[89] eingehalten sind, **(5)** sie in wirksamer Weise ausgefertigt[90] und veröffentlicht[91] ist.

(6) Ist der Erlass der Verordnung ins **Ermessen** gestellt, ist das Normsetzungsermessen **49** **sachgerecht auszuüben.**[92] In besonderen Fällen kann sich das Normsetzungsermessen auf Null reduzieren (vgl. Art. 46 LStVG). Ein **Rechtsanspruch des Bürgers** auf Erlass einer Verordnung oder mindestens auf fehlerfreie Ausübung des Normsetzungsermessens besteht grundsätzlich nicht. Ausnahmen sind denkbar, wenn sich die Ermächtigungsgrundlage dahin gehend auslegen lässt, oder ein Rechtsanspruch sich aus der Schutzpflichtdimension der Grundrechte oder dem Gleichbehandlungsgrundsatz ableiten lässt.[93]

Keine Rechtswirksamkeitsvoraussetzung sind **(1)** die Einhaltung eines **Zitiergebots** **50** (Nennung der gesetzlichen Ermächtigungsgrundlage in der Verordnung), da eine solches verfassungsunmittelbar nicht vorgesehen ist, Art. 80 I 3 GG weder unmittelbar gilt noch einen Grundsatz i. S. d. Art. 28 I 1 GG noch ein Gebot des Rechtsstaatsprinzips

---

[83] Vgl. auch *Schweiger* (Fn. 46), Rn. 6 g.

[84] Diese muss nicht nur nach Inhalt, Zweck und Ausmaß bestimmt sein, sondern in jeder Hinsicht – formell und materiell – mit dem GG und der BV sowie mit europäischem Gemeinschaftsrecht in Einklang stehen.

[85] VerfGH 56, 198 (204).

[86] Vgl. auch Art. 45 I LStVG.

[87] Wer für den Erlass der Verordnung zuständig ist, hat sich aus der gesetzlichen Ermächtigung zu ergeben. In Betracht kommen nicht nur Staatsregierung und Staatsministerien, sondern auch nachgeordnete Staatsbehörden und Selbstverwaltungskörperschaften, vgl. z. B. Art. 42 LStVG; *Schweiger* (Fn. 46), Rn. 8. Letzterenfalls ist zu prüfen, ob ein konkreter Rechtssatz eine Verordnung oder eine – aus der Satzungsautonomie (z. B. Art. 11, 138) folgende – Satzung darstellt. Denkbar ist auch, dass eine Verordnung von mehreren Behörden oder Staatsministerien gemeinsam erlassen wird. Zur Zulässigkeit der **Subdelegation:** VerfGH 20, 62 (67); 26, 48 (60). Art. 55 Nr. 2 enthält (im Gegensatz zu Art. 80 I GG) keine erschöpfende Aufzählung der Stellen, die Empfänger einer Verordnungsermächtigung sein können: VerfGH 5, 148 (155); 6, 136 (144); 20, 62 (67).

[88] Z. B. Art. 42 ff. LStVG.

[89] Der Gesetzgeber kann den Erlass der Verordnung von der Beteiligung anderer Stellen oder deren Zustimmung abhängig machen, selbstredend auch von der Zustimmung des Landtags selbst (Rn. 52 ff.); *Meder,* Art. 55 Rn. 11; BVerfGE 24, 184 (199); VerfGH 7, 113 (120); 37, 59 (68); 39, 1 (6).

[90] Bei Rechtsverordnungen der Staatsregierung fertigt der Ministerpräsident aus, bei solchen der Staatsministerien der jeweilige Staatsminister.

[91] Die Veröffentlichung selbst gebietet das Rechtsstaatsprinzip (Rn. 32 zu Art. 3). Eine nicht veröffentlichte, also bekanntgemachte/verkündete Verordnung ist nicht existent und entfaltet keine Rechtswirkungen (VerfGH 42, 148 [155]), eine Popularklage gegen sie ist unzulässig, VerfGH 24, 199 (214). Die Modalität der Veröffentlichung ist nicht verfassungsrechtlich vorgegeben (Art. 76 gilt nur für förmliche Gesetze). Zu fordern ist eine Art der Veröffentlichung, die dem Bürger zumutbaren Zugang und Kenntnisnahme ermöglicht; VerfGH 42, 148 (155). Die Einzelheiten der Staatspraxis ergeben sich aus der Bek. der Staatsregierung über die amtl. Veröffentlichung von Rechts- und Verwaltungsvorschriften (Veröffentlichungs-Bekanntmachung – VeröffBek) vom 6. 11. 2001 (GVBl S. 730, BayRS 1140-1-S), zuletzt geändert durch Bek. vom 13. 12. 2005 (GVBl S. 711) sowie aus speziellen gesetzlichen Regelungen (vgl. z. B. Art. 51 LStVG).

[92] *Maurer,* § 13 Rn. 15; *v. Danwitz,* Die Gestaltungsfreiheit des Verordnungsgebers, 1989, S. 161 ff.; VerfGH 42, 188 (193).

[93] VerfGH 40, 81 (84); 42, 188 (193); 46, 298 (299); BVerwG, NVwZ 2002, 1505; s. auch *Sodan/Ziekow,* VwGO, § 47 Rn. 68 m. w. N.

darstellt[94], **(2)** die Einhaltung der sog. **„Redaktionsrichtlinien"**[95], die für eine einheitliche Gestaltung der Rechtstexte sorgen sollen, **(3)** die Beifügung einer **förmlichen Begründung** (VerfGH 37, 59 [71]); allerdings muss sich aus der Entstehung der Verordnung die ordnungsgemäße Ausübung des Normsetzungsermessens erkennen lassen.

51   ee) Die **Rechtswirksamkeit** einer Verordnung **endet: (1)** Bei zeitlicher Befristung mit Erreichen des in der Verordnung oder in der gesetzlichen Ermächtigung[96] benannten Zeitpunktes (verordnungs- bzw. gesetzesunmittelbares Außerkrafttreten); **(2)** bei Aufhebung der Verordnung durch Verordnung oder Gesetz mit dem Zeitpunkt, der im aufhebenden Rechtsakt bestimmt ist; **(3)** durch Nichtigerklärung der Verordnung in einem Normenkontrollverfahren (z. B. Art. 98 S. 4, § 47 V 2 VwGO) ex tunc oder ex nunc[97], nicht hingegen bei einer Inzidentverwerfung, etwa im Rahmen einer verwaltungsgerichtlichen Anfechtungsklage; **(4)** durch Eintritt der Funktionslosigkeit infolge Zeitablaufs oder Veränderung der tatsächlichen Umstände[98]; **(5)** nicht hingegen allein durch den Wegfall der Ermächtigungsgrundlage (s. oben Rn. 46). Unabhängig davon bleibt der Verordnungsgeber verpflichtet, zu überprüfen, ob er die Verordnung aufrechterhalten will, insbesondere, ob das dahinterstehende Regelungskonzept noch aktuell und wirksam ist, oder ob er sie infolge einer Veränderung nicht aufheben oder ändern muss.[99] Das auch insoweit bestehende Normsetzungsermessen kann sich auf Null reduzieren.

52   ff) Das **Verhältnis** zwischen **förmlichem Gesetz** und **Rechtsverordnung** ist komplexer als es nach Art. 55 Nr. 2 S. 3 den Anschein hat. Über den Gesetzesvorbehalt des Verordnungserlasses hinaus sind folgende **Relationsmodalitäten** zu unterscheiden[100]:

53   **(1)** Der **Gesetzgeber** kann eine Materie, die er der Rechtsetzung durch die Exekutive überantwortet hat, nicht nur durch Aufhebung der gesetzlichen Ermächtigung, sondern auch dadurch **wieder an sich ziehen**[101], dass er selbst statt der Verordnung ein Gesetz[102]

---

[94] *Maurer*, § 13 Rn. 4; anders BVerfGE 101, 1 (42). Freilich kann ein Zitiergebot einfach-gesetzlich vorgesehen sein und muss dann grundsätzlich eingehalten werden, vgl. v. a. Art. 45 II LStVG, Art. 23 S. 3 GO, Art. 17 S. 3 LKrO, Art. 17 S. 3 BezO. Ein Verstoß gegen das Zitiergebot macht die Verordnung – anders als im Falle des Art. 80 I S. 3 GG – nicht nichtig; VerfGH 26, 48 (59); 34, 131 (132). Vom Zitiergebot zu unterscheiden sind Rückverweisungsgebote wie z. B. in Art. 4 I LStVG. Wird in der Verordnung eine falsche gesetzliche Ermächtigungsnorm angeführt, so macht dies die Verordnung nicht nichtig, wenn es eine verfassungsunmittelbare oder eine gesetzliche Grundlage gibt, auf die die Verordnung mit ihrem konkreten Regelungsgehalt gestützt werden kann; so auch *Schweiger* (Fn. 46), Art. 55 Rn. 6 d.

[95] „Richtlinien für die Redaktion von Vorschriften (Redaktionsrichtlinien – RedR)" vom 6. 8. 2002 (Beilage zu StAnz Nr. 35/2002). Es handelt sich dabei um verwaltungsinterne Richtlinien, auf deren Einhaltung von der Zentralen Normprüfstelle (in der Staatskanzlei) im Rahmen der formellen Normprüfung geachtet wird.

[96] Vgl. Art. 50 II LStVG.

[97] Im Falle der vorübergehenden Weitergeltung der Verordnung aus Gründen der Rechtssicherheit, des Rechtsfriedens, aus sonst funktionalen Gründen oder weil der Normgeber mehrere Möglichkeiten zur Beseitigung des verfassungswidrigen Zustandes hat, tritt die Verordnung spätestens zu dem in der gerichtlichen Entscheidung genannten Datum außer Kraft. Der VerfGH stellt in solchen Fällen „lediglich" die Verfassungswidrigkeit fest und gibt dem Normgeber einen zeitlichen Spielraum zur Beseitigung des verfassungswidrigen Zustandes; VerfGH 44, 109 (123); 45, 54 (65); 50, 181 (208); 56, 198 (206); vgl. auch BVerfGE 87, 153 (177); 93, 121 (148).

[98] Vgl. *Gallwas/Wolff*, Bayerisches Polizei- und Sicherheitsrecht, Rn. 844 f.; VerfGH 8, 25 (28).

[99] VerfGH 41, 69 (76); BVerfGE 65, 1 (55).

[100] *Gass*, Gesetz und Verordnung – ein Wechselspiel? afp 2006, 1; *Uhle*, DÖV 2001, 241; *ders.*, DVBl. 2004, 1272.

[101] Insofern gilt eine „actus contrarius"-Theorie nicht. Der Gesetzgeber darf eine Verordnung aufheben oder ändern, allerdings gilt entsprechendes nicht umgekehrt.

[102] Regelt der Gesetzgeber die Materie als Gesetz, so kann die Exekutive Änderungen nur vornehmen, soweit das Gesetz dazu ermächtigt. Erlässt der Landtag indes einen Rechtssatz in der Modalität der Verordnung, liegt kein Gesetz, sondern eine Verordnung vor, die der Verordnungsgeber im Rahmen der gesetzlichen Ermächtigung wieder ändern kann.

erlässt[103], bevor der Verordnungsgeber tätig wird[104], oder dass er eine bereits erlassene Verordnung per Gesetz ändert oder aufhebt.[105] Das **Parlament** bleibt „**Herr über das Verordnungsrecht".** Ändert es etwa wegen sachlichen Zusammenhangs eines Reformgesetzes bestehende Verordnungen oder fügt es neue Regelungen in eine bestehende Verordnung ein, „so ist das dadurch entstandene Normgebilde aus Gründen der Normenklarheit insgesamt als Verordnung zu qualifizieren"[106], nicht als förmliches Gesetz.[107] Der Verordnungsgeber kann die durch Gesetz geänderte oder aufgehobene Verordnung wiederum ändern oder erlassen[108], wenn eine Ermächtigungsgrundlage (ggf. nach wie vor) existiert und der Wille des zuvor tätig gewordenen ändernden oder aufhebenden Gesetzgebers einem Erlass oder einer Änderung nicht entgegen steht. Will der eine Verordnung ändernde oder aufhebende Gesetzgeber ein erneutes Tätigwerden des Verordnungsgebers vermeiden, so hat er die Materie in einem Gesetz zu regeln oder die Verordnungsermächtigung zu streichen oder zu ändern.

(2) Der Gesetzgeber kann den Erlass einer Rechtsverordnung an einen **Zustimmungs-** **54** **vorbehalt** des **Landtags** binden: Wenn der Gesetzgeber den Normerlass vorbehaltlos auf die Exekutive delegieren kann, dann muss er es auch in der Modalität können, dass er sich die Zustimmung vorbehält.[109] Keinen Bedenken begegnet es auch, den Verordnungserlass unter einen Zustimmungsvorbehalt eines **Landtagsausschusses** zu stellen.[110] Wenn der Landtag sich selbst eine Zustimmung vorbehalten kann, dann kann er diese auch auf einen Ausschuss delegieren; Art. 70 III steht dem nicht entgegen, da es sich bei einem Zustimmungsvorbehalt nicht um „Gesetzgebung" handelt.

(3) Zulässig sind auch **Abweichungsermächtigungen** (sog. „**Experimentierklau-** **55** **seln"),** die den Verordnungsgeber ermächtigen, etwa zur Erprobung neuer Regelungsmodelle von gesetzlichen Regelungen abzuweichen[111], soweit die Abweichungstatbestände bzw. -voraussetzungen hinreichend bestimmt oder bestimmbar sind und die gesetzgeberische Grund- und Gesamtkonzeption durch die abweichende Verordnung nicht vereitelt oder konterkariert wird.[112]

---

[103] Die gesetzliche Verordnungsermächtigung hat also nur zuweisenden, nicht abschiebenden Charakter, BVerfG, DVBl. 2005, 1503.

[104] In diesem Fall wird die Verordnungsermächtigung gegenstandslos, es sei denn der Gesetzgeber wird nicht im gesamten inhaltlichen Spektrum der Verordnungsermächtigung tätig oder er sieht seinerseits eine nach Inhalt, Zweck und Ausmaß bestimmte Verordnungsermächtigung vor.

[105] Vgl. aus der Staatspraxis etwa das „Vierte Gesetz zur Aufhebung von Rechtsvorschriften (4. Aufhebungsgesetz – 4. AufhG)" vom 24. 10. 2006 (GVBl S. 794), durch das eine Fülle von Rechtsverordnungen aufgehoben worden ist.

[106] BVerfG, Beschl. vom 13. 9. 2005 (2 BvF 2/03) und vom 27. 9. 2005 (2 BvL 11/02), DVBl. 2005, 1503; BayVGH BayVBl. 2007, 277.

[107] Anders, aber nach der neuesten Rechtsprechung des BVerfG überholt *Kreiner,* BayVBl. 2005, 106 m. w. N. insbes. auch zur Rechtsprechung des BVerwG. Für den Rechtsschutz gilt § 47 VwGO.

[108] Dies gilt auch, wenn im die Verordnung ändernden Gesetz nicht bestimmt ist, dass der Verordnungsgeber die durch Gesetz geänderte Verordnung seinerseits wieder ändern kann. Da die durch den Gesetzgeber geänderte Verordnung insgesamt eine Verordnung ist, bedarf es einer sog. „Entsteinerungsklausel" nicht. Eine solche hat nur noch klarstellenden Charakter; vgl. auch BVerwGE 117, 313.

[109] VerfGH 37, 59 (68). Art. 9 II stellt keine abschließende verfassungsrechtliche Sonderregelung dar, VerfGH 7, 113 (121). Vgl. für den Bereich des Bundes BVerfGE 8, 274 (322); 24, 184 (199). Ein „legitimes Interesse" des Parlaments an einem Zustimmungsvorbehalt (so BVerfGE 8, 274 [321]) ist nicht erforderlich, offen gelassen in VerfGH 37, 59 (69). Zustimmungsverordnungen sind zweifelsohne Rechtsverordnungen, keine Gesetze; VerfGH 37, 59 (69).

[110] Str., wie hier *Jarass/Pieroth,* Art. 80 Rn. 9; a. A. BVerfGE 4, 193 (203).

[111] Beispiel: Art. 106 II BayHSchG; dazu *Lindner,* Experimentelle Rechtsetzung durch Rechtsverordnung, DÖV 2007, 1003.

[112] *Jarass/Pieroth,* Art. 80 Rn. 14; BVerfGE 8, 155 (171).

4. Exekutivfunktionen III: Exekutivischer Normerlass in der Modalität der Verwaltungsvorschrift (Nr. 2 S. 2)

56   Verwaltungsverordnungen, im Folgenden allein **„Verwaltungsvorschriften"** genannt, haben im Gegensatz zur Rechtsverordnung (sowohl in der Modalität der Ausführungs-verordnung als auch nach Satz 3) grundsätzlich nur **verwaltungsinterne Bindungs-wirkung.**

57   a) Vom Staatsministerium oder der Staatsregierung nach Nr. 2 S. 2 erlassene[113] Verwal-tungsvorschriften sind abstrakt-generelle[114] Regelungen, die insbesondere an nachgeord-nete Behörden und deren Bedienstete gerichtet sind. Es handelt sich um Rechtssätze, nicht um Rechtsnormen, um **Innenrechtssätze,** nicht um Außenrechtssätze, so dass sie **keiner besonderen gesetzlichen Ermächtigung** bedürfen.[115] Sie finden ihre Rechtsgrundlage nicht nur in Nr. 2 S. 2[116], sondern beruhen auf der **generellen staatlichen Weisungs-kompetenz im Hierarchieverhältnis** (Nr. 5 S. 1)[117] und binden nur die von der Verwal-tungsvorschrift betroffenen Behörden und Bediensteten, grundsätzlich (s. aber unten Rn. 60 ff.) aber nicht Bürger und Gerichte.[118] Verwaltungsvorschriften dienen einem gleichmäßigen, gesetzeskonformen effektiven **Verwaltungsvollzug** in organisatorischer und materieller Hinsicht und stellen daher ein Mittel des Staatsministers dar, seiner **Ver-antwortung** gegenüber dem Landtag gerecht werden können.

58   b) Terminologisch findet sich in der Staatspraxis eine **Vielzahl von Begriffen:** Richt-linien, (Ministerial)-Erlasse, Verfügungen, innerdienstliche Weisungen, Verwaltungsanord-nungen, Ausführungsbestimmungen, Vollzugshinweise, Dienstvorschriften, Bekanntma-chungen etc.[119] Ungeachtet des jeweils gewählten Terminus liegt eine Verwaltungsvorschrift vor, wenn sie sich an die Bediensteten innerhalb einer Behörde oder des Geschäftsbereichs (zur Abgrenzung von Verwaltungsvorschrift und Rechtsverordnung s. unten Rn. 67) rich-tet.

59   Von der **Funktion** her lassen sich **unterscheiden:** (1) **Organisations- und Dienst-vorschriften,** die der Organisation von Behörden, dem Geschäftsablauf, der Verteilung von Zuständigkeiten und dem innerdienstlichen Betrieb[120] dienen. Wird nicht die amt-liche Funktion, sondern die persönliche Rechtsstellung eines Bediensteten geregelt, liegt i. d. R. ein Rechtssatz mit Außenwirkung, zumal eine Rechtsverordnung vor.[121] (2) **Ge-setzesauslegende oder norminterpretierende[122] Verwaltungsvorschriften** steuern die Rechtsanwendung, insbesondere den Ermessensgebrauch („Ermessensrichtlinien") und die Ausfüllung unbestimmter Rechtsbegriffe.[123] Ziel ist die einheitliche Anwendung

---

[113] Die nachfolgenden Ausführungen gelten auch für Verwaltungsvorschriften nachgeordneter Staatsbehörden oder von Kommunen oder sonstiger Körperschaften, Anstalten und Stiftungen des öffentlichen Rechts in deren jeweiligem Bereich.

[114] Davon zu unterscheiden ist die verwaltungsinterne Einzelentscheidung oder Einzelweisung, die ihre Grundlage in Art. 55 Nr. 5 bzw. 6 finden; VerfGH 56, 75 (84).

[115] *Meder,* Art. 55 Rn. 6; VerfGH 28, 84 (87).

[116] In manchen Gesetzen finden sich deklaratorische Wiederholungen dieser Befugnis: vgl. z. B. Art. 106 I 3 BayHSchG; Art. 42 S. 2 BayHSchPG.

[117] BVerwGE 67, 222 (229).

[118] VerfGH 16, 55 (63); 35, 33 (37); 36, 123 (128); 40, 90 (92); 41, 13 (15).

[119] Auch wenn „Bekanntmachungen" einem weiteren Personenkreis zur Kenntnis gebracht werden, handelt es sich regelmäßig um Verwaltungsvorschriften; *Meder,* Art. 55 Rn. 6; VerfGH 17, 117 (119); 28, 84 (86).

[120] Davon zu unterscheiden sind die Dienstvereinbarungen nach Maßgabe des Personalvertretungs-rechts.

[121] Bzw. muss ein solcher erlassen werden; Beispiel: Die Lehrverpflichtung des Lehrpersonals an Hochschulen wird nicht durch Verwaltungsvorschrift, sondern durch Rechtsverordnung festgelegt (vgl. Art. 5 BayHSchPG).

[122] Zur davon zu unterscheidenden Kategorie der „normkonkretisierenden" Verwaltungsvorschrif-ten s. unten Rn. 65.

[123] VerfGH 16, 55 (63).

gesetzlicher Regelungen, die vor dem Gleichbehandlungsgrundsatz des Art. 118 I Bestand hat. (3) **Gesetzesvertretende Verwaltungsvorschriften** „normieren" einen Regelungsgegenstand, der gesetzlich nicht geregelt ist. Sie sind freilich nur zulässig, soweit nicht der Vorbehalt des Gesetzes eingreift (s. oben Rn. 18 ff.).[124] Keine[125] Verwaltungsvorschriften i. S. d. Nr. 2 sind Geschäftsordnungen als Regelungen von Kollegialorganen.[126]

c) Verwaltungsvorschriften sind zwar keine Rechtsnormen, sie entfalten als Rechtssätze **60** gleichwohl **Rechtswirkungen,** grundsätzlich indes **nur Innenwirkung** im staatlichen Innenbereich, indem sie die nachgeordneten Behörden und deren Bedienstete binden.[127]

aa) Die staatlichen Bediensteten haben die Verwaltungsvorschriften kraft ihrer **Wei- 61 sungsunterworfenheit** zu beachten, jedoch das Recht und ggf. die Pflicht zur **Remonstration.**[128] Verwaltungsvorschriften eines Staatsministeriums binden nur die Behörden und Bediensteten des eigenen Geschäftsbereichs[129], Umfang und Reichweite der Bindung ergeben sich aus der Verwaltungsvorschrift selbst. Zulässig sind gemeinsame Verwaltungsvorschriften mehrerer Staatsministerien für die von ihnen jeweils betroffenen Geschäftsbereiche, wenn es sich um ressortübergreifende Angelegenheiten handelt.

bb) Verwaltungsvorschriften begründen **keine Rechte und Pflichten der Bürger, 62** da ihr Regelungsgehalt den Bürger infolge der Innenwirkung „nicht erreicht".[130] Sie können eine **Klagebefugnis** i. S. d. § 42 II VwGO **nicht** begründen und nicht mit der Verfassungsbeschwerde oder Popularklage angegriffen werden (zur gerichtlichen Überprüfung s. unten Rn. 66). Auch die **Gerichte** sind an Verwaltungsvorschriften **nicht gebunden**[131], diese können sich deren Inhalt aber bei der Anwendung der jeweils einschlägigen Rechtsvorschriften aus eigener Überzeugung zu Eigen machen.[132]

Allerdings entfalten Verwaltungsvorschriften insofern **mittelbare Außenwirkung, 63** als eine Entscheidung, etwa ein Verwaltungsakt, der den Bürger unmittelbar betrifft, auf der Anwendung einer Verwaltungsvorschrift beruhen kann. Diese „faktische Außenwirkung" besitzt nach heute überwiegender Meinung auch eine gewisse rechtliche Relevanz. Dogmatischer „Hebel"[133] zur Herstellung dieser Relevanz ist der in Art. 3 I GG, Art. 118 I verankerte Gleichbehandlungsgrundsatz. Ein gerichtlich überprüfbarer und Klagebefugnis vermittelnder Gleichheitsverstoß liegt vor, wenn die Behörde ohne sachlichen Grund von einer durch Verwaltungsvorschriften bestimmten **rechtmäßigen**[134] **Verwaltungspraxis** abweicht oder diese beendet.[135] Der Grundsatz der Selbstbindung der Verwal-

---

[124] Beispiel: Subventionsrichtlinien zur Vergabe von Haushaltsmitteln. Die bisher gesetzesvertretenden Verwaltungsvorschriften über die Zahlung von Beihilfen an Beamte im Krankheitsfall wurden vom BVerwG für mit dem Grundsatz vom Vorbehalt des Gesetzes nicht vereinbar erklärt, BVerwG BayVBl. 2006, 736; vgl. dazu *Summer,* Gedanken zum Gesetzesvorbehalt im Beamtenrecht, DÖV 2006, 249.

[125] *Maurer,* § 24 Rn. 12 f.: organinternes Recht; „Regelungstyp eigener Art".

[126] Z. B. Art. 20 III (Landtag); Art. 53 (Staatsregierung); Art. 45 GO (Gemeinderat).

[127] VerfGH 41, 13 (15).

[128] Vgl. Art. 64 II, 65 BayBG. Zum Spannungsverhältnis zwischen Weisungsunterworfenheit des Beamten und seiner persönlichen Verantwortung (Art. 65 I) s. *Lindner,* ZBR 2006, S. 1 (9).

[129] Anderes gilt für Verwaltungsvorschriften der Bundesregierung nach Art. 84 ff. GG, die die Landesbehörden binden.

[130] *Maurer,* § 24 Rn. 17.

[131] BVerwGE 116, 332 (333).

[132] BVerfGE 78, 214 (Ls. 1); BVerwGE 55, 250: Verwaltungsvorschrift als „antizipiertes Sachverständigengutachten".

[133] Die Verwaltungsvorschriften erhalten damit indes selbst keine unmittelbare Außenwirkung. Eine solche entsteht auch nicht aus Gründen des Vertrauensschutzes, da infolge mangelnder Außenwirkung gerade kein Vertrauenstatbestand entstehen kann (Zirkelschluss).

[134] Rechtswidrige, weil mit Gesetz oder Verfassung nicht vereinbare Verwaltungsvorschriften entfalten keine mittelbare Außenwirkung („keine Gleichheit im Unrecht"): BVerwGE 34, 278; 36, 313.

[135] Grundsätzlich BVerwG NVwZ 2006, 1184. Allerdings kann eine auf Verwaltungsvorschriften beruhende finanzielle Förderung aus sachlichen (auch finanzpolitischen) Gründen eingestellt werden.

tung[136] kann dem Bürger einen (derivativen) Leistungs- oder Teilhabeanspruch[137] vermitteln.[138] **Abzulehnen** hingegen ist aus der Sicht des Art. 55 Nr. 2 und dessen Systematik die von einer Mindermeinung vertretene Auffassung, Verwaltungsvorschriften könne unmittelbar rechtliche Außenwirkung im Sinne einer **autonomen Rechtsetzung der Verwaltung** zukommen.[139] **Außenrechtssetzung** der Exekutive ist nur in der Modalität der **Rechtsverordnung** auf der Basis einer gesetzlichen Ermächtigung zulässig.

64   Die im Vordringen befindliche Meinung[140], die die Möglichkeit einer Außenrechtswirkung von Verwaltungsvorschriften bejaht, ist − abgesehen von der Konzeption des Art. 55 Nr. 2 − auch aus grundsätzlichen Erwägungen abzulehnen: Sie sprengt die vom Gewaltenteilungsprinzip geforderte Maxime der ausschließlich gesetzesgebundenen Rechtssetzung (mit Außenwirkung) durch die Exekutive, schwächt das Demokratieprinzip, untergräbt den Grundsatz vom Vorbehalt des Gesetzes und erhöht − unnötigerweise − die ohnehin schon vorhandene Komplexität öffentlich-rechtlicher Handlungsformen.[141]

65   Allerdings hat das BVerwG der Lehre von der unmittelbaren Außenwirkung von Verwaltungsvorschriften insofern Auftrieb verliehen, als es bei Beurteilungsspielräumen insbesondere im Bereich des Umwelt- und Technikrechts zur näheren Bestimmung des „Stands der Wissenschaft und Technik" **„normkonkretisierende" Verwaltungsvorschriften** anerkennt, die für die Gerichte **verbindlich** seien.[142] Ähnliches gilt für **anspruchskonkretisierende Verwaltungsvorschriften** im Bereich des Sozialrechts, die auch Wirkung gegenüber dem Bürger entfalten sollen.[143] Insgesamt dürfte es sich bei der Frage, ob Verwaltungsvorschriften Außenwirkung haben können, um ein **Scheinproblem** handeln (vgl. dazu sogleich Rn. 67).[144]

66   d) Verwaltungsvorschriften können weder im Wege der **Normenkontrolle** nach § 47 VwGO i.V. m. Art. 5 AGVwGO beim VGH[145] noch per **Popularklage** nach Art. 98 S. 4 beim VerfGH angefochten werden, da es sich nicht um Rechtsnormen handelt.[146] **Ausnahmen** lässt die Rechtsprechung bei Verwaltungsvorschriften zu, die die subjektiv-öffentlichen Rechte des Bürgers unmittelbar berührten.[147] Eine **mittelbare Überprüfung** erfolgt im einfachgerichtlichen Verfahren, wenn im Rahmen der Prüfung einer Einzel-

---

[136] Aus der umfangreichen Rechtsprechung s. nur BVerwGE 8, 4 (10); 34, 278 (282); 36, 323 (327); 44, 72 (74); 104, 220 (223); BVerwG DVBl. 2004, 126.

[137] Zur Unterscheidung zwischen originärem und derivativem Teilhabeanspruch s. auch Rn. 92 vor Art. 98.

[138] Vgl. im Einzelnen *Maurer,* § 24 Rn. 21 ff. m. w. N.; dort auch zum Problem einer „antizipierten" Verwaltungspraxis.

[139] *Ossenbühl,* HdBStR III, § 65, *K. Vogel,* VVDStRL 24 (1966), S. 125; *Krebs,* Zur Rechtsetzung der Exekutive durch Verwaltungsvorschriften, VerwArch 70 (1979), 259; *A. Leisner,* JZ 2002, 219; weitere Nachweise bei *Maurer,* § 24 Rn. 25, 43.

[140] Instruktive Darstellung der Entwicklung bei *Leisner,* JZ 2002, 219.

[141] Wie hier *Maurer,* § 24 Rn. 25 a, 26 sowie *ders.* JZ 2005, 895.

[142] Das kann hier nicht vertieft werden; s. BVerwGE 72, 300 (320); 107, 338 (340); 110, 216 (218). Skeptisch dazu BVerfGE 78, 214 (227); 80, 257 (265). *Uerpmann,* BayVBl. 2000, 705. Hingewiesen sei darauf, dass der EuGH für die korrekte Umsetzung von EG-Richtlinien außenrechtswirksame Vorschriften verlangt, denen Verwaltungsvorschriften nicht genügten (EuGH NVwZ 1991, 866).

[143] BVerwG JZ 2005, 892.

[144] Jedenfalls keine Bedeutung und Berechtigung mehr hat die dogmatische Kategorie der sog. „Sonderverordnung" zur Regelung von Sonderrechtsverhältnissen. Mit der grundrechtlich unhaltbaren Figur des besonderen Gewaltverhältnisses ist auch die „Sonderverordnung" überflüssig geworden; vgl. *Maurer,* § 8 Rn. 31. Allenfalls lässt sich von Sonderverordnungen noch im Bereich von Anstalts- und Nutzungsordnungen öffentlicher Einrichtungen sprechen.

[145] BayVGH, BayVBl. 2001, 238.

[146] VerfGH 4, 109 (126); 19, 23 (26); 22, 93 (100); 35, 100 (103); 36, 123 (128); 36, 197 (200); 39, 63 (65); 40, 90 (92); 41, 13 (15) und öfter; weitere Beispiele mit Nachweisen bei *Meder,* Art. 55 Rn. 6; *Schweiger* (Fn. 46), Rn. 5 b.

[147] BVerwGE 94, 335 (338) − Regelsatzfeststellung durch Verwaltungsvorschrift; BVerwG, JZ 2005, 892 − Ausführungsbestimmungen der Pauschalierung der Hilfe zum Lebensunterhalt. Bei sol-

maßnahme auch Verwaltungsvorschriften (zumal im Hinblick auf eine Verletzung des Gleichbehandlungsgrundsatzes im Rahmen der Selbstbindung der Verwaltung) überprüft werden, an die das Gericht selbst allerdings nicht gebunden ist.

e) Im Einzelfall kann fraglich sein, ob ein konkreter Rechtssatz eine **Rechtsverord-** 67 **nung oder** eine **Verwaltungsvorschrift** darstellt.[148] Konkrete Bezeichnung[149], Form des Erlasses, Veröffentlichung und die Existenz einer Ermächtigungsgrundlage sind lediglich Indizien.[150] Maßgeblich kommt es für die Abgrenzung[151] auf den von der erlassenen Stelle *intendierten* Inhalt an.[152] Sollen insbesondere Rechte und Pflichten des Einzelnen geregelt werden, dürfte es sich regelmäßig um eine Rechtsverordnung handeln[153], auch wenn der Rechtssatz als Verwaltungsvorschrift o. Ä. bezeichnet wird.[154] Die Rechtmäßigkeit richtet sich dann nach den für die Rechtsverordnung geltenden Grundsätzen, insbesondere muss eine nach Inhalt, Zweck und Ausmaß bestimmte Rechtsgrundlage vorliegen; hinzukommen müssen eine wirksame Veröffentlichung im GVBl. oder einem ministeriellen Amtsblatt sowie ggf. die Einhaltung einfach-rechtlicher Form- und Verfahrensvorschriften (z. B. Art. 42 ff. LStVG). Umgekehrt kann ein als Rechtsverordnung deklarierter Rechtssatz in Wahrheit eine Verwaltungsvorschrift darstellen. Wäre er mangels Ermächtigungsgrundlage als Rechtsverordnung nichtig, könnte er als Verwaltungsvorschrift aufrechterhalten bleiben, weil diese keiner Ermächtigungsgrundlage bedarf.

f) Einer **Veröffentlichung**[155] bedürfen Verwaltungsvorschriften von Verfassungs wegen 68 grundsätzlich nicht[156], bei besonderer Bedeutung werden sie jedoch im GVBl oder in einem ministeriellen Amtsblatt veröffentlicht.[157] Verwaltungsvorschriften mit Außenwirkung sind in Wirklichkeit Rechtsnormen und bedürfen als solche der Veröffentlichung. Durch die Errichtung der Datenbank „BayernRecht" haben alle Verwaltungsvorschriften, die von Behörden der Staatsverwaltung erlassen worden waren, ihre Wirksamkeit verloren, wenn sie nicht am 31. 12. 2006 oder danach in die Datenbank eingestellt waren.[158]

---

chen Verwaltungsvorschriften dürfte es sich in Wirklichkeit um Rechtsverordnungen handeln; weitergehend *Sodan/Ziekow,* VwGO, 2. Aufl. 2006, § 47 Rn. 124 ff.; VerfGH 35, 33 (37); 39, 63 (66).

[148] Zur Abgrenzung s. *Meder,* Art. 55 Rn. 7; *Schweiger* (Fn. 46)*,* Rn. 5 c; BayVGH, BayVBl. 2001, 238.

[149] VerfGH 28, 84 (87); 35, 33 (37).

[150] VerfGH 17, 117 (120); 35, 100 (103); 39, 63 (65); 40, 90 (92); 41, 13 (15); 48, 149 (152); 56, 75 (84).

[151] *Maurer,* § 24 Rn. 37 ff.

[152] VerfGH 11, 203 (207); 22, 93 (101); 27, 47 (55); 36, 97 (101). Nach VerfGH 37, 59 (64) komme es im Zweifelsfall auf die vom Hoheitsträger gewählte Form an.

[153] Gegen eine „im Gewande einer Verwaltungsvorschrift" veröffentlichte Rechtsvorschrift ist die Popularklage zulässig, VerfGH 35, 33 (37).

[154] Hier dürfte auch ein Weg zur Lösung des Problems liegen, ob es Verwaltungsvorschriften mit Außenwirkung geben kann. Werden in einem Rechtssatz Rechte und Pflichten geregelt oder konkretisiert wie z. B. bei einer Richtlinie im Sozial- oder Steuerrecht, dürfte es sich regelmäßig – trotz anderer Bezeichnung – um eine Rechtsverordnung handeln. Eine Verwaltungsvorschrift mit Außenwirkung ist ein Widerspruch in sich und in Wahrheit eine Rechtsverordnung (so auch *Maurer,* JZ 2005, 896). Freilich ist eine solche Rechtsverordnung nur wirksam, wenn es dafür eine ausreichende gesetzliche Ermächtigung gibt. Fehlt eine solche, darf dieses Fehlen nicht durch eine Annahme der Außenwirksamkeit als Verwaltungsvorschrift umgangen werden, es sei denn, man erklärte diese dann ihrerseits wegen Fehlens einer Ermächtigungsgrundlage für unwirksam.

[155] Nach Auffassung des BVerwG, JZ 2005, 892 müssen Verwaltungsvorschriften mit unmittelbarer Außenwirkung bekannt gegeben, also veröffentlicht werden; dies ergibt sich nach hier vertretener Ansicht bereits daraus, dass es sich bei solchen Verwaltungsvorschriften in Wirklichkeit um veröffentlichungsbedürftige Rechtsverordnungen handelt.

[156] BVerwGE 104, 220 (224).

[157] Vgl. dazu die Bek. der Staatsregierung über die amtl. Veröffentlichung von Rechts- und Verwaltungsvorschriften (Veröffentlichungs-Bekanntmachung – VeröffBek) vom 6. 11. 2001 (GVBl S. 730, BayRS 1140-1-S), zuletzt geändert durch Bek. vom 13. 12. 2005 (GVBl S. 711), insbes. § 2.

[158] Bek. der Bayerischen Staatsregierung vom 7. 12. 2006 (B III 3-038-21) über die „Bereinigung veröffentlichter Verwaltungsvorschriften (VVBerBek)", KWMBl I 2006, 392.

5. „Arbeitsgrundsätze" im Verhältnis der Staatsregierung zum Landtag (Nr. 3)

69   Das verfassungsrechtliche **Verhältnis zwischen Landtag und Staatsregierung** wird durch eine Vielzahl von Vorschriften konstituiert, die insbesondere die legitimatorische Ableitung der Staatsregierung vom Landtag (Art. 44 I, 45, 46, 49) sowie die Verantwortlichkeit der Mitglieder der Staatsregierung gegenüber dem Landtag betreffen (Art. 24; 25; 44 III; 47 II; 51 I, II 2; 59; 61). Neben diesen grundsätzlichen Normen formuliert Nr. 3 Regeln der täglichen staatspraktischen Arbeit im Verhältnis von Staatsregierung und Landtag.

70   a) Nach S. 1 beschließt die Staatsregierung über alle dem Landtag zu unterbreitenden **Vorlagen.** Dadurch soll ein einheitliches „Auftreten" der Staatsregierung gegenüber dem Landtag sichergestellt werden. Das einzelne Staatsministerium und schon gar nicht eine diesem nachgeordnete Behörde darf daher dem Landtag unmittelbar Vorlagen übermitteln. Die beschlossenen Vorlagen werden dem Landtag durch den Ministerpräsidenten unterbreitet (Art. 47 V, 71, 74 III; § 1 V StRGO). Unter „Vorlagen" sind insbes. schriftliche Initiativen i. S. d. Art. 71, 74 III zu verstehen[159] sowie jegliche schriftliche Befassung des Landtags außerhalb der bloßen Unterrichtung (arg. S. 2). Bloße Auskünfte, ressortspezifische Stellungnahmen auf mündliche oder schriftliche Anfragen oder Berichte über die Ausführung von Landtagsbeschlüssen sind keine „Vorlagen" i. S. d. Nr. 3 S. 1. Ferner kann der Gesetzgeber **Berichtspflichten** eines Staatsministeriums unmittelbar gegenüber dem Landtag oder einem Ausschuss des Landtags festlegen (vgl. z. B. Art. 106 II 2 BayHSchG). Verstöße gegen S. 1 machen Rechtsvorschriften nicht rechtswidrig, da es sich um eine lediglich im Innenverhältnis zwischen Staatsregierung und Landtag wirkende Verfassungsnorm handelt.

71   b) Der 2003 neu eingefügte S. 2 (oben Rn. 10) betrifft die **Unterrichtung des Landtags** durch die **Staatsregierung** außerhalb der verfassungsrechtlichen Rechte des Landtags (v. a. Art. 24). Er begründet eine verfassungsrechtliche Pflicht zum Erlass einer **gesetzlichen Kooperationsvereinbarung** und konkretisiert damit den Grundsatz **interorganschaftlicher Zusammenarbeit** (Organtreue). Die gesetzliche Regelung nach S. 2 ist auf die *Unterrichtung* des Landtags durch die Staatsregierung beschränkt, darf indes keine über die Verfassung hinausgehenden Sanktionsregelungen enthalten. Der verfassungsunmittelbare Gesetzgebungsauftrag ist umgesetzt durch das Gesetz über die Unterrichtung des Landtags durch die Staatsregierung (Parlamentsinformationsgesetz – PIG) vom 25. Mai 2003 (GVBl S. 324, BayRS 1100-6-S)[160], dessen Art. 1 den Umfang der Informationspflicht der Staatsregierung gegenüber dem Landtag regelt. Ein Verstoß dagegen bewirkt nicht die Nichtigkeit von Rechtsvorschriften, da es sich um reines verfassungsrechtliches Innenrecht handelt, kann aber auf politischer Ebene Konsequenzen haben (Art. 44 III 2) oder Gegenstand eines Verfahrens nach Art. 59, 61 sein.

6. Ernennungskompetenzen (Nr. 4)

72   Nr. 4 stellt eine **verfassungsunmittelbare Kompetenzverteilungsregel** für die **Ernennung** der **Beamten** des Staates dar. Sie verteilt die Organzuständigkeit zwischen der Staatsregierung und dem jeweils zuständigen Staatsminister, der seinerseits eine Delegationsmöglichkeit hat. Nr. 4 gilt auch für Richter[161], nicht indes für Beamte, die nach

---

[159] Nach § 5 IV 4 StRGO stellt das federführende Staatsministerium dem Landtagsamt bei Gesetzentwürfen und Rechtsverordnungen, die der Zustimmung des Landtags unterliegen, zur Information der Fraktionen eine ausreichende Zahl von Abdrucken zur Verfügung. Dies kann auch elektronisch erfolgen.

[160] Ergänzend ist hinzuweisen auf die auf Art. 2 dieses Gesetzes beruhende Vereinbarung zwischen Landtag und Staatsregierung über die Unterrichtung des Landtags durch die Staatsregierung (VerPIG) vom 3./4. September 2003 (GVBl S. 670, BayRS 1100-6-1-S); zusätzlich ist die Bekanntmachung der Bayerischen Staatsregierung über die Richtlinien für den Verkehr der Staatsministerien mit dem Landtag vom 14. 12. 1999 (AllMBl. 2000, S. 4, B III 2-200-17-1-6) zu beachten.

[161] VerfGH 13, 182 (185).

Art. 94 I vom Volk gewählt werden, wozu in erster Linie die kommunalen Wahlbeamten zählen.[162] Die materiellen Grundsätze für das Berufsbeamtentum selbst enthält nicht Art. 55, sondern Art. 95 (s. die Erläuterungen dort).

a) Nach S. 1 kommt die Ernennungszuständigkeit für bedeutsame **Leitungspositionen** 73 in der Staatsverwaltung der **Staatsregierung** zu. Notwendig für die Wirksamkeit der Ernennung ist ein Beschluss der Staatsregierung,[163] der vom Ministerpräsident durch Unterschrift der Ernennungsurkunde vollzogen wird. Eine Entscheidung des – unzuständigen – Ministerpräsidenten hätte nach Art. 14 I BayBG die Nichtigkeit der Ernennung zur Folge, könnte aber durch schriftliche Bestätigung der Staatsregierung geheilt werden. Leitende Beamte der Staatsministerien sind die Beamten von der Besoldungsgruppe A 16 an („Ministerialrat"), denen i. d. R. die Leitung eines Referats obliegt.[164] „Vorstände" der den Staatsministerien unmittelbar untergeordneten Behörden (z. B. Landesämter) sind nach Art. 13 I 1 BayBG nur die in der Besoldungsordnung B aufgeführten[165] Beamten.

b) Die **übrigen Beamten** des Staates werden durch die ressortmäßig zuständigen 74 **Staatsminister** ernannt (Art. 13 I 2 BayBG; § 14 III StRGO). Der Staatsminister hat die Möglichkeit, nicht indes die Pflicht, die Ausübung der Ernennungszuständigkeit auf andere Behörden zu übertragen.[166]

c) Nicht in Nr. 4 geregelt ist die Zuständigkeit der Ernennung für die Beamten staat-75 licher Dienststellen, die nicht dem Geschäftsbereich eines Ministeriums zugeordnet sind. Insoweit gelten die einfach-gesetzlich bestimmten Ernennungszuständigkeiten.[167] Beamte anderer Dienstherrn als des Staates werden von den gesetzlich hierfür bestimmten Stellen ernannt.[168]

7. Die Behördenhierarchie im Rahmen der unmittelbaren Staatsverwaltung (Nr. 5 S. 1)

a) Nr. 5 S. 1 formuliert den **Grundsatz der Behördenhierarchie** in der **unmittel-** 76 **baren Staatsverwaltung**, gilt aber nicht für die „mittelbare Staatsverwaltung" (arg. S. 2). Der Grundsatz der staatlichen Behördenhierarchie ist in systematischem **Zusammenhang u. a. mit Art. 43 I, 49, 53** zu sehen. Er dient der Herstellung der demokratischen **Legitimationskette** zwischen dem Volk und der Ausübung jeglicher staatlichen Hoheitstätigkeit und ermöglicht es dem Staatsminister, Verantwortung gegenüber dem Landtag überhaupt übernehmen zu können. Das „zuständige" Ministerium bestimmt sich nach Maßgabe der Art. 49, 53 (s. die Erl. jeweils dort).

b) Elemente der Unterordnung, der Hierarchie sind die **Weisungsgebundenheit** der 77 den Staatsministerien nachgeordneten Behörden bzw. Bediensteten in materieller und personeller Hinsicht (insoweit überschneiden sich Nr. 5 S. 1 und Nr. 6) sowie die **Möglichkeit des Selbsteintritts der jeweils höheren Behörde** (Art. 3 b BayVwVfG[169]).

---

[162] Vgl. Art. 1 KWBG; zum Verhältnis von Art. 55 Nr. 4 zu Art. 94 I s. *Meder*, Art. 55 Rn. 21; Art. 94 Rn. 2; VerfGH 21, 91 (103).

[163] Vgl. auch § 4 III StRGO.

[164] Art. 13 I 1 BayBG.

[165] Darin liegt eine gesetzliche Einschränkung gegenüber Nr. 4 S. 1, die in der Praxis jedoch unbedenklich ist, da die Leiter der den Staatsministerien unmittelbar nachgeordneten Behörden regelmäßig Beamte der B-Besoldung sind.

[166] Davon ist in weitgehendem Maße Gebrauch gemacht worden. Die Staatsministerien haben sog. Zuständigkeitsverordnungen erlassen, in denen beamtenrechtliche Kompetenzen auf nachgeordnete Behörden übertragen werden; vgl. exemplarisch die „Verordnung über dienstrechtliche Zuständigkeiten im Geschäftsbereich des Bayerischen Staatsministeriums für Wissenschaft, Forschung und Kunst" (ZustV-WFKM) vom 5. 9. 2006 (GVBl S. 736, BayRS 2030-3-4-2-WFK).

[167] Zuständig für die Ernennung der Beamten der Staatskanzlei ist nach Art. 13 I 1 BayBG die Staatsregierung. Für die Ernennung des Präsidenten, des Vizepräsidenten und der weiteren Mitglieder des Obersten Rechnungshofes ist der Ministerpräsident zuständig (Art. 5 RHG).

[168] Art. 13 II BayBG i. V. m. z. B. Art. 43 GO, Art. 38 LKrO, Art. 34 BezO.

[169] *Meder*, Art. 55 Rn. 29.

Demokratie- und Verantwortungsprinzip fordern nicht nur die Möglichkeit rechtlicher Kontrolle der gesamten staatlichen Tätigkeit, sondern auch Steuerungs-, Kontroll- und Ersetzungsfunktionen in inhaltlich-materieller Hinsicht unter Zweckmäßigkeitsaspekten.

78   c) Dies schließt **„ministerialfreie Räume"** im Rahmen der Staatsverwaltung zwar grundsätzlich[170], allerdings nicht kategorisch[171] aus (vgl. bereits Rn. 10 zu Art. 53).[172] Ein ministerialfreier Raum, verstanden als Bereich der Staatsverwaltung, der in das hierarchische System nicht oder nur in eingeschränktem Umfang (z. B. Weisungsfreiheit in fachlicher Hinsicht) einbezogen ist, ist nur zulässig, wenn dies die **Verfassung eigens vorsieht** (z. B. Art. 80 I 2: ORH[173]) oder mit dem **Demokratie- und Verantwortungsprinzip in Einklang zu bringen** ist. Im Einzelnen ist wie folgt zu **unterscheiden:**

79   aa) Von einem ministerialfreien Raum ist schon **begrifflich**[174] nicht zu sprechen, soweit keine *un*mittelbare Staatsverwaltung vorliegt, also bei der **mittelbaren Staatsverwaltung,** für die Nr. 5 S. 2 eine Sonderregel enthält, die auch die Beschränkung des Staates auf die Rechtsaufsicht und damit eine fachliche Weisungsfreiheit zulässt (dazu sogleich Rn. 82 ff.).[175]

80   bb) Im Falle der **materiellen Privatisierung** (dazu auch oben Rn. 10 zu Art. 53) einer (bislang) staatlichen Aufgabe liegt überhaupt keine Staatsaufgabe und damit auch keine unmittelbare Staatsverwaltung mehr vor, so dass *insoweit* ein ministerialfreier Raum gegeben ist.[176]

81   cc) Im Bereich der unmittelbaren Staatsverwaltung selbst kann ein **ministerialfreier Raum gerechtfertigt** sein, wenn die entsprechende (ministerialfreie) Behörde über **besonderen Sachverstand,** eigene personelle oder inhaltliche **Legitimation**[177] verfügt oder spezifische, zumal prüfungs-, beurteilungs- oder sonst **wertungsbezogene Entscheidungen** trifft[178], die sich dem Wesen nach hierarchischer Weisungsverhältnisse ent-

---

[170]   *Meder,* Art. 55 Rn. 22.

[171]   Zu pauschal daher *Schweiger* (Fn. 46), Rn. 12.

[172]   Vgl. dazu auch *Sachs,* Art. 20 Rn. 41 m. w. N. zum Diskussionsstand. BVerfGE 9, 268 (282); 83, 130 (150); grundsätzlich *E. Klein,* Die verfassungsrechtliche Problematik des ministerialfreien Raums, 1974; *Mayen,* Verwaltung durch unabhängige Einrichtungen, DÖV 2004, 45; *Ohler,* AöR 131 (2006), 336 (371 ff.).

[173]   Bsp. im Bereich des Bundes ist die Bundesbank (Art. 88 GG). Auch im Bereich der staatlich organisierten Forschung und Lehre gibt es im Hinblick auf die insoweit bestehende grundrechtlich geschützte Freiheit (Art. 5 III GG, Art. 108) ministerialfreie Räume.

[174]   Nicht von ministerialfreiem Raum spricht man auch in den Fällen grundrechtlich gebotener Staatsferne, zumal bei den öffentlich-rechtlichen Rundfunkanstalten (s. Erl. Art. 111 a).

[175]   Hierunter fällt nicht nur die kommunale, sondern auch die funktionale Selbstverwaltung; vgl. dazu oben Rn. 6 zu Art. 2 sowie BVerfGE 107, 59 (91); 111, 191 (217). Einen Sonderfall stellen die Hochschulen dar, die zugleich staatliche Behörden und Körperschaften des öffentlichen Rechts sind (Art. 11 BayHSchG). Soweit sie staatliche Aufgaben wahrnehmen, handelt es sich um unmittelbare Staatsverwaltung, im Übrigen um Selbstverwaltung, wo die Aufsicht auf die Rechtsaufsicht beschränkt ist; vgl. i. E. die Erl. zu Art. 138. Zur verfassungsrechtlichen Zulässigkeit des Hochschulrats neuer Prägung (Art. 26 BayHSchG) s. *Lindner/Störle,* BayVBl. 2006, 584 (591).

[176]   Allerdings ist zu **unterscheiden:** Unterliegt die privatisierte Tätigkeit der staatlichen Aufsicht durch Aufsichts- oder Regulierungsbehörden, so liegt *insoweit* unmittelbare Staatsverwaltung vor. Dann ist zwar die privatisierte Tätigkeit als solche ministerialfrei, nicht indes der Bereich der staatlichen Aufsicht oder Regulierung.

[177]   Bei solchen Konstellationen wird man in der Praxis nicht die Modalität einer ministerialfreien unmittelbaren Staatsverwaltung wählen, sondern den Weg der funktionalen Selbstverwaltung gehen und eine juristische Person des öffentlichen Rechts gründen, diese mit bestimmten Aufgaben und Legitimation ausstatten und die staatliche Aufsicht auf die Rechtsaufsicht beschränken. Dabei sind die Anforderungen, die das BVerfG in E 107, 59 und E 111, 191 aufgestellt hat, zu beachten.

[178]   *Beispiele:* Weisungsfreie Ausschüsse (z. B. der frühere Prüfungsausschuss für Kriegsdienstverweigerer nach § 9 KDVG a. F.; Bundesprüfstelle für jugendgefährdende Medien nach §§ 17 ff. JuSchG; Landespersonalausschuss nach Art. 105 ff. BayBG; Landesjustizprüfungsamt nach § 3 JAPO). Davon

ziehen, oder wenn sonst ein besonderes **Bedürfnis nach Neutralität in der Aufgabenwahrnehmung** besteht. Unabhängig von Art. 77 I darf ministerial- oder weisungsfreie
Bereiche der Staatsverwaltung – ebenso wie die funktionale Selbstverwaltung[179] – nur der
Gesetzgeber selbst schaffen, da nur dieser die entstehenden **Lücken** im **Demokratie-**
und **Verantwortungsprinzip**[180] **kompensieren** kann. Die Lücke in der demokratischen
Legitimationskette kompensiert der Gesetzgeber, indem er die Lücke selbst legitimiert
und damit den im ministerialfreien Raum nicht weisungsbefugten Staatsminister durch
gesetzliche Entscheidung *insoweit* von seiner Verantwortung ganz oder teilweise befreit.

8. Die Staatsaufsicht im Rahmen der mittelbaren Staatsverwaltung (Nr. 5 S. 2)

a) Nr. 5 S. 2 betrifft die **mittelbare Staatsverwaltung,** also die Wahrnehmung hoheit- **82**
licher Aufgaben durch andere juristische Personen des öffentlichen Rechts als den Staat.[181]
Die Verfassung[182] trifft mit Nr. 5 S. 2 **zwei Aussagen.** (1) Mittelbare Staatsverwaltung
über den Rahmen der verfassungsunmittelbar vorgesehenen kommunalen Selbstverwaltung (Art. 10 ff., 83) hinaus durch sonstige juristische Personen des öffentlichen Rechts ist
verfassungsrechtlich zulässig, (2) eine **Aufsicht** ist verfassungsrechtlich **verpflichtend**
nach Maßgabe der Gesetze vorzusehen.

Verfassungsunmittelbar nicht vorgegeben ist indes die **Modalität der Aufsicht.** Der **83**
Staat hat mithin folgende **Optionen: (1)** Er nimmt die Aufgabe selbst wahr durch eigene
staatsunmittelbare Behörden oder in Rechtsformen des privaten Rechts[183] (Nr. 5 S. 1),
(2) er privatisiert die Aufgabe materiell und behält sich Ingerenz-, zumal Regulierungsbe-
fugnisse vor oder **(3)** er belässt oder überträgt die Erfüllung einer insbesondere räumlich
oder fachlich beschränkten Aufgabe[184] (unter Verbleib im hoheitlichen Bereich) juristischen Personen des öffentlichen Rechts (Körperschaften, Anstalten oder Stiftungen des
öffentlichen Rechts), denen er in der Regel Satzungsbefugnisse einräumt. Letzterenfalls
muss sich der Staat wegen des Demokratieprinzips **Aufsichtsrechte** vorbehalten, deren
Intensität und Umfang von der Art der Aufgabe, der damit verbundenen – grundrechtlichen – Eingriffsintensität sowie den Legitimationsstrukturen des jeweiligen nichtstaatlichen Hoheitsträgers abhängen.

b) **Träger** der „mittelbaren Staatsverwaltung" sind alle **Körperschaften, Stiftungen** **84**
– und über den Wortlaut der Nr. 5 S. 2 hinaus – **Anstalten des öffentlichen Rechts.**[185]
Zu den kirchlichen Körperschaften s. Art. 143.

---

zu unterscheiden sind Beratungsgremien, die sich die Staatsregierung oder ein Staatsministerium
schafft (z. B. der Wissenschaftlich-Technische Beirat der Staatsregierung); diese sind zwar weisungsfrei, treffen jedoch keine Entscheidungen. Zur verfassungsrechtlichen Zulässigkeit der Personalvertretung s. BVerfGE 93, 37.

[179] Insgesamt dürften für die Schaffung weisungsfreier Räume in der unmittelbaren Staatsverwaltung und für die Schaffung von Strukturen funktionaler Selbstverwaltung (mittelbare Staatsverwaltung) mit Beschränkung auf die Rechtsaufsicht vergleichbare Anforderungen zu stellen sein.

[180] Ist die Angelegenheit von solcher Tragweite, dass sie eine parlamentarische Kontrolle erfordert,
darf sie der Regierungsverantwortung nicht entzogen werden, BVerfGE 22, 106 (113).

[181] Vgl. dazu generell *Maurer,* § 23. Der herkömmlich verwendete Begriff „mittelbare Staatsverwaltung" ist unglücklich, da es sich nicht um eine „Staatsverwaltung", sondern um Verwaltung durch
andere Hoheitsträger handelt. Vorzugswürdig wäre daher der Begriff „nichtstaatliche Hoheitsverwaltung". Zu den Gemeinden und Gemeindeverbänden s. die Erl. zu Art. 10, 11 und 83.

[182] Die komplexen Probleme der vielgestaltigen mittelbaren Staatsverwaltung können hier nicht
skizziert werden. Es sei auf die einschlägigen Darstellungen des Allgemeinen Verwaltungsrechts verwiesen, dem auch die „Verwaltungsorganisation" zugeordnet wird; vgl. etwa *Maurer,* § 23.

[183] **Rechtsformprivatisierung;** wird eine Aufgabe nicht mehr hoheitlich wahrgenommen (materielle Privatisierung), so liegt keine hoheitliche Aufgabe mehr vor, allenfalls noch in der Gestalt einer
Gewährleistungs- oder Regulierungsverwaltung; vgl. dazu auch Rn. 10 zu Art. 53 sowie oben Rn. 80.

[184] Zur „Motivation" solchen Vorgehens – außerhalb der verfassungsunmittelbar geschützten kommunalen Selbstverwaltung – s. *Schweiger* (Fn. 46), Rn. 13.

[185] *Meder,* Art. 55 Rn. 24.

85 aa) **Körperschaften** des öffentlichen Rechts sind nach überkommener, vom Verfassungsgeber vorausgesetzter Terminologie und Vorstellung durch den Verfassungs- oder Gesetzgeber geschaffene mitgliedschaftlich organisierte, mit Rechtsfähigkeit ausgestattete Verbände des öffentlichen Rechts, denen die Wahrnehmung hoheitlicher Aufgaben im Rahmen staatlicher Aufsicht obliegt.[186] Die Körperschaften lassen sich nach verschiedenen Kriterien **kategorisieren**[187]: verfassungsunmittelbar existente (Kommunen) vs. erst durch Gesetz geschaffene; Körperschaften im wirtschaftlichen Bereich, bei den freien, aber staatsgebundenen Berufen (Kammer, Innungen etc.) sowie im Sozialrecht; Gebietskörperschaften (Gemeinde und Gemeindeverbände) vs. reine Personalkörperschaften; Nur-Körperschaften vs. Auch-Körperschaften.[188] Die rechtliche Stellung als „Körperschaft" setzt einen staatlichen Hoheitsakt, die Verleihung des Körperschaftsstatus' voraus. Diesem muss aus demokratisch-legitimatorischen Gründen ein förmliches Gesetz zu Grunde liegen (dazu unten Rn. 89).

86 bb) Rechtsfähige **Anstalten**[189] des öffentlichen Rechts sind mit Rechtsfähigkeit ausgestattete Bestände sächlicher und personeller Mittel, die der Erfüllung eines konkreten, in der Regel gesetzlich definierten Zwecks zu dienen bestimmt sind.[190] Anders als die Körperschaft kennt die Anstalt keine Mitglieder, sondern Benutzer, Teilnehmer oder Destinatäre. Die Anstalt ist daher ganz überwiegend im Bereich der Leistungsverwaltung und der Daseinsvorsorge verbreitet.[191] Als selbständiger Verwaltungsträger mit Rechtspersönlichkeit wird sie unmittelbar durch Gesetz oder auf Grund Gesetzes errichtet, in dem insbesondere die Errichtung selbst, Aufgabe, Organe, Satzungsrecht, Benutzerkreis und Einwirkungs- sowie Aufsichtsrechte des Staates zu regeln sind.[192]

87 cc) Öffentlich-rechtliche **Stiftungen** sind rechtsfähige Organisationen zur Verwaltung eines vom Stifter zweckgebunden übergebenen Bestands an Vermögenswerten.[193] Sie werden durch Gesetz[194] oder auf Grund Gesetzes (vgl. Art. 4 BayStiftG) errichtet und haben Satzungsrecht.[195]

---

[186] *Meder*, Art. 55 Rn. 25; *Maurer*, § 23 Rn. 30, 37; VerfGH 15, 22 (27); 24, 199 (213).

[187] Vgl. i. E. *Maurer*, § 23 Rn. 30 ff.

[188] Z. B. die staatlichen Hochschulen, die eine Doppelrechtsnatur als Körperschaften und zugleich staatliche Einrichtungen haben (Art. 11 I BayHSchG; s. dazu die Erl. zu Art. 138). Zu einer Übersicht über die im Freistaat Bayern neben den Kommunen bestehenden Körperschaften s. *Schweiger* (Fn. 46), Rn. 14.

[189] Davon zu unterscheiden sind die unselbständigen Anstalten, die einer staatlichen Behörde (oder einer Kommune) unterstehen und zwar organisatorisch, aber nicht rechtlich verselbständigt sind; hier stellen sich keine Aufsichtsfragen, da die Anstalt noch unmittelbar in der Hierarchie des Staates (z. B. Staatsoper; staatliche Schulen) oder der Kommune steht.

[190] In Anlehnung an die Definition von Otto Mayer; s. *Meder*, Art. 55 Nr. 26; *Maurer*, § 23 Rn. 46 ff.; VerfGH 4, 219 (240); 24, 199 (213).

[191] *Beispiele* aus der bayerischen Staatspraxis für rechtsfähige Anstalten des öffentlichen Rechts: die Universitätsklinika (s. auch nachfolgende Fn.); Bayerischer Rundfunk; Versorgungsanstalten für die freien Berufe nach Maßgabe des Gesetzes über das öffentliche Versorgungswesen vom 25. 6. 1994 (GVBl S. 466, BayRS 763-1-I); weitere Beispiele mit Nachweisen bei *Schweiger* (Fn. 46), Rn. 15.

[192] Vgl. etwa zur Überführung der Universitätsklinika in die Rechtsform von rechtsfähigen Anstalten des öffentlichen Rechts des Freistaates Bayern die Regelungen des BayUnivKlinG vom 23. 5. 2006 (GVBl S. 285, BayRS 2210-2-4-WFK); dazu *Lindner/Störle*, BayVBl. 2006, 584.

[193] *Beispiele:* Bayerische Landesstiftung; Bayerische Forschungsstiftung sowie die unter der Gl.-Nr. 282 des Fortführungsnachweises zur Bayerischen Rechtssammlung aufgeführten Stiftungen.

[194] Vgl. z. B. das „Gesetz über die Errichtung der Bayerischen Forschungsstiftung" vom 24. 7. 1990 (GVBl S. 241, BayRS 282-2-11-W), zuletzt geändert durch Gesetz vom 16. 12. 1999 (GVBl S. 521).

[195] Die Einzelheiten zur Entstehung von Stiftungen, zu deren Satzungen, zur Verwaltung und zur Stiftungsaufsicht ergeben sich aus dem Bayerischen Stiftungsgesetz (BayStG) in der Fassung der Bekanntmachung vom 19. 12. 2001 (GVBl 2002, S. 10, BayRS 282-1-1-UK/WFK). Dieses gilt nach Art. 1 I für die rechtsfähigen Stiftungen nicht nur des öffentlichen, sondern auch des bürgerlichen Rechts. Nach Art. 1 II sind Stiftungen des öffentlichen Rechts Stiftungen, die ausschließlich öffentliche Zwecke verfolgen und mit dem Staat, einer Gemeinde, einem Gemeindeverband oder einer sonsti-

dd) Nicht zum Bereich der mittelbaren Staatsverwaltung i. S. d. Art. 55 Nr. 5 S. 2 gehö-   88
ren die sog. „**Beliehenen**": Dabei handelt es sich um natürliche oder juristische Personen
des Privatrechts, denen die Kompetenz zur selbständigen hoheitlichen Wahrnehmung im
eigenen Namen übertragen worden ist.[196] Die Beleihung bedarf einer gesetzlichen Grundlage.[197]

c) Da die von Art. 2 geforderte demokratische Legitimationskette im Rahmen der mit-   89
telbaren Staatsverwaltung nicht gegeben ist, bedarf es anderer **Legitimationsstrukturen**.[198] Bei Kommunen erfolgt die Herstellung demokratischer Legitimation über die
Wahlen der Vertretungsorgane, bei anderen Körperschaften insbesondere durch die for-
mal-gesetzliche Grundlegung: Der Gesetzgeber[199] gründet die Körperschaft oder Anstalt[200], verleiht ihr Rechtsfähigkeit, stattet sie mit Aufgaben und zu deren Erfüllung
sachgerechten Strukturen aus und verleiht ihnen **Satzungsautonomie** zur Regelung
ihrer Angelegenheiten. Satzungen bedürfen anders als Rechtsverordnungen nicht einer
nach Inhalt, Zweck und Ausmaß bestimmten gesetzlichen Ermächtigungsgrundlage[201],
müssen sich jedoch im Rahmen des gesetzlich beschriebenen Zwecks der Einrichtung und
ihres Aufgabenbereiches halten.[202] Sehen Satzungen darüber sowie über Organisationsnormen hinausgehende **Grundrechtseingriffe**[203] oder andere wesentliche Maßnahmen
vor, bedürfen sie insoweit einer **zusätzlichen gesetzlichen Grundlage**.[204] Die Satzungen unterliegen der Normenkontrolle und können mit der Popularklage angegriffen werden. Ergänzt wird das formalgesetzlich fundierte Legitimationskonzept durch die **staatliche Aufsicht**.[205] Der Staat stellt mindestens durch die **Rechtsaufsicht** die rechtmäßige,
also verfassungs- und gesetzeskonforme Aufgabenerfüllung sicher.

Je nach Aufgabenbereich, hoheitlicher Eingriffsdichte oder Nähe zum staatlichen Auf-   90
gabenbereich kann sich der Staat auch die Fachaufsicht vorbehalten und auf diese Weise
eine ähnliche Legitimationskette herstellen wie bei der unmittelbaren Staatsverwaltung.
Defizite im gesetzlichen Legitimationsniveau des Trägers der mittelbaren Staatsverwaltung können und müssen durch die Möglichkeit staatlicher Fachaufsicht kompensiert

---

gen Körperschaft oder Anstalt des öffentlichen Rechts in einem organischen Zusammenhang stehen,
der die Stiftung selbst zu einer öffentlichen Einrichtung macht. Davon zu unterscheiden ist der Begriff
der „öffentlichen Stiftung" (Art. 1 III BayStG).

[196] *Maurer,* § 23 Rn. 56 ff.

[197] VerfGH 13, 53 (57).

[198] Zu den Anforderungen des Demokratieprinzips an die *funktionale* Selbstverwaltung s. BVerfGE
107, 59; 111, 191 sowie Rn. 6 zu Art. 2.

[199] Vereinzelt gibt es auch Körperschaften, die durch Rechtsverordnung errichtet werden, was
unproblematisch ist, wenn dieser Körperschaft keine spezifischen Hoheitsrechte zukommen und auch
keine Zwangsmitgliedschaft besteht; vgl. etwa die Verordnung über die Bayerische Akademie der
Schönen Künste i. d. F. der Bek. v. 18. 8. 1994 (GVBl S. 948, BayRS 220-1-K).

[200] Ein geringeres Legitimationsniveau genügt bei solchen juristischen Personen, die keine Eingriffsverwaltung vornehmen wie z. B. Stiftungen. Für die Errichtung von Stiftungen ist daher kein
eigenes Gesetz notwendig, soweit sie auf der Basis des Bayerischen Stiftungsgesetzes erfolgt.

[201] VerfGH 15, 22 (25); 42, 174 (181).

[202] VerfGH 4, 219 (249); 36, 123 (130); 39, 96 (161); 40, 113 (120).

[203] BVerfGE 111, 191 (216): Überlasse der Staat öffentlich-rechtlichen Körperschaften und Anstalten
als Trägern funktionaler Selbstverwaltung Aufgaben zur Regelung in Satzungsautonomie, dürfe er
ihnen die Rechtsetzungsbefugnis nicht zur völlig freien Verfügung überlassen. Dies gelte insbesondere
bei Regelungen, die mit Grundrechtseingriffen verbunden seien. Der Gesetzesvorbehalt weise dem
parlamentarischen Gesetzgeber die Entscheidung darüber zu, welche Gemeinschaftsinteressen so
wichtig seien, dass Freiheitsrechte des Einzelnen zurücktreten müssten (vgl. BVerfGE 33, 125 [159]).
Im Blick auf den jeweiligen Sachbereich und die Eigenart des betroffenen Regelungsgegenstandes,
insbesondere die Intensität der Grundrechtseingriffe, sei zu beurteilen, wie weit die gesetzlichen Vorgaben ins Einzelne gehen müssten; s. auch BVerfGE 98, 218 (251).

[204] BVerfGE 33, 125 (159); zur Zwangsmitgliedschaft s. Rn. 16 zu Art. 101; VerfGH 35, 56 (64).

[205] *Schweiger* (Fn. 46), Rn. 13 f.

werden. Dient hingegen eine Anstalt auch einer spezifischen Grundrechtssicherung gegenüber dem Staat, wie vor allem die öffentlich-rechtlichen Rundfunkanstalten, so muss eine Fachaufsicht in den grundrechtsspezifischen Fragen ausscheiden (vgl. die Erl. zu Art. 111 a). Gleiches gilt für die Körperschaft Hochschule in den sog. „Körperschaftsangelegenheiten" (vgl. die Erl. zu Art. 138). Die Mittel der Aufsicht (Informationsrechte, Beanstandungsrecht und -pflichten, Weisungen, Ersatzvornahme u. Ä.) ergeben sich aus den für die konkrete Körperschaft, Anstalt oder Stiftung[206] jeweils einschlägigen gesetzlichen Vorschriften.

9. Die Dienstaufsicht (Nr. 6)

91   Nr. 6[207] ergänzt Nr. 5 S. 1 und bildet ein **unverzichtbares Glied in der demokratischen Legitimations- und Verantwortungskette** (Art. 44 I, 45, 49, 51, 53). Der dem Parlament gegenüber verantwortliche Staatsminister (Art. 51 I)[208] muss die Möglichkeit haben, den Behörden und Beamten seines Geschäftsbereichs dienstliche Weisungen zu geben, die Ausführung der Amtsgeschäfte zu überwachen, rechtswidriges Handeln und Pflichtwidrigkeiten zu beanstanden sowie Unzweckmäßigkeiten entgegenzusteuern. Die **staatsunmittelbare Dienstaufsicht** umfasst daher die Recht- wie die Zweckmäßigkeit des Handelns staatlicher Behörden und erstreckt sich auf alle Behörden und Beamten des Geschäftsbereichs. Sie ist **nicht** auf ein unabhängiges Gremium **übertragbar.**[209] Der Staatsminister kann den Beamten „seines" Staatsministeriums dienstliche Weisungen (zu einem bestimmten dienstlichen Tun, Dulden oder Unterlassen) erteilen, ebenso den Beamten nachgeordneter Behörden.[210] Dabei ist der Staatsminister nicht darauf beschränkt, dem Behörden*leiter* die Weisung zu erteilen, er hat vielmehr einen **verfassungsunmittelbar verbürgten Weisungsdurchgriff auf jeden staatlichen Beamten seines Geschäftsbereichs.**[211] Damit korrespondiert die **Gehorsamspflicht und Weisungsgebundenheit aller Bediensteten.**[212] Verstöße werden nach Maßgabe des Disziplinarrechts bzw. des Arbeitsrechts sanktioniert. Die Bediensteten anderer juristischer Personen des öffentlichen Rechts unterliegen der Dienstaufsicht ihres jeweiligen Dienstherrn (vgl. Nr. 5 S. 2).

92   Nr. 6 verleiht dem Bürger **keinen Rechtsanspruch auf ein dienstaufsichtliches Einschreiten** des Staatsministers.[213] Der Einzelne ist auf die Aufsichtsbeschwerde nach Nr. 7 sowie auf das Petitionsrecht (Art. 115) verwiesen. Davon unberührt bleibt, dass sich ein Anspruch auf staatliches Tätigwerden aus den Grundrechten oder aus dem einfachen Recht ergeben kann. Solche Ansprüche sind vor den Gerichten, zumal den Verwaltungsgerichten, geltend zu machen. Der Staatsminister selbst untersteht keiner Dienstaufsicht, auch nicht der des Ministerpräsidenten (arg. Art. 51 I). Er ist dem Parlament verantwortlich, zur Beachtung der Richtlinien des Ministerpräsidenten verpflichtet und kann nach Art. 45 entlassen werden.

---

[206] Vgl. zur Stiftungsaufsicht Art. 18 ff. BayStG.

[207] Vgl. auch § 14 II StRGO.

[208] *Schweiger* (Fn. 46), Rn. 17.

[209] *Schweiger* (Fn. 46), Rn. 17.

[210] Eine Ausnahme gilt bei Professoren im Hinblick auf die grundrechtlich geschützte Freiheit von Forschung und Lehre. Der Staatsminister kann die Professoren zwar anweisen, z. B. ihre gesetzlich bestimmte Lehrverpflichtung zu erfüllen, ihnen dafür aber keine inhaltlichen und methodischen Vorgaben machen.

[211] Vgl. Art. 64 II BayBG. Davon zu unterscheiden ist die Frage, wer „Dienstvorgesetzter" eines Beamten, also für beamtenrechtliche Entscheidungen, über dessen persönliche Angelegenheiten zuständig ist. Dies ergibt sich aus dem einfachen Beamtenrecht (Art. 4 II BayBG).

[212] Dazu, sowie zu Fragen der persönlichen Verantwortung des Beamten s. *Lindner*, ZBR 2006, 1 (9).

[213] *Meder*, Art. 55 Rn. 29.

10. Entscheidung über Verwaltungsbeschwerden (Nr. 7)

Nr. 7 ergänzt die allgemeine Vorschrift über das Petitionsrecht (Art. 115) und enthält **93** **drei verfassungsrechtliche Aussagen:** **(1)** Verwaltungsbeschwerden des Einzelnen sind verfassungsrechtlich anerkannt und zulässig. **(2)** Der Staatsminister in seinem Geschäftsbereich (Art. 49), nicht die Staatsregierung oder der Ministerpräsident[214], ist für die Entscheidung zuständig. **(3)** Es findet eine Entscheidung statt.[215]

a) Verwaltungsbeschwerden sind **formlose Beschwerden**[216] außerhalb des institutionalisierten Verwaltungsverfahrens und des Verwaltungsprozesses[217]: Erfasst werden Sachaufsichtsbeschwerden (gegen die sachliche Entscheidung einer Behörde) und Dienstaufsichtsbeschwerden (gegen ein Verhalten eines Bediensteten).[218] Aus Nr. 7 ergibt sich – ebenso wenig wie aus Art. 115 – **kein Anspruch** auf aufsichtliches Einschreiten.[219]

b) Nr. 7 besagt nicht, dass jede Verwaltungsbeschwerde vom Staatsminister persönlich **95** oder vom Staatsministerium verbeschieden werden müsste.[220] Wendet sich der Bürger mit seiner Beschwerde an eine nachgeordnete Behörde, genügt eine Entscheidung von dort, wendet er sich an das Staatsministerium, verbescheidet dieses.

Art. 56 [Eid der Mitglieder der Staatsregierung]

Sämtliche Mitglieder der Staatsregierung leisten vor ihrem Amtsantritt vor dem Landtag einen Eid auf die Staatsverfassung.

Parallelvorschriften im GG und anderen Landesverfassungen: Art. 64 II i.V. m. 56 GG; Art. 48 BaWüVerf; Art. 88 BbgVerf; Art. 109 BremVerf; Art. 38 HmbVerf; Art. 111 HessVerf; Art. 44 M-VVerf; Art. 31 NdsVerf; Art. 53 NRWVerf; Art. 100 RhPfVerf; Art. 89 SaarlVerf; Art. 61 SächsVerf; Art. 66 VerfLSA; Art. 28 SchlHVerf; Art. 71 ThürVerf.

I. Allgemeines

1. Bedeutung

Art. 56[1] verpflichtet sämtliche Mitglieder der Staatsregierung (Art. 43 II) dazu, *vor* ihrem **1** Amtsantritt vor dem Landtag einen **Eid auf die Staatsverfassung** zu leisten. Mit Staatsverfassung ist die Bayerische Verfassung gemeint, nicht das GG, auch wenn die Staatsregierung bei ihrem Handeln auch dieses zu beachten hat (vgl. Art. 1 III GG). Konkretisiert wird Art. 56 durch Art. 2 des Gesetzes über die Rechtsverhältnisse der Mitglieder der Staatsregierung (StRG).[2] Auch in einer Zeit säkularer Aufgeklärtheit und Rationalität

---

[214] Die Staatspraxis sieht wie folgt aus: Eingaben werden nicht nur beim jeweiligen Geschäftsbereich oder den nachgeordneten Behörden, sondern in großer Zahl auch bei der Staatskanzlei bzw. beim Ministerpräsidenten selbst eingereicht. Die Staatskanzlei hat eine eigene Eingabenstelle und gibt die Eingaben an Ministerien ab oder bittet sie um Stellungnahme; ein eigenes sachliches Entscheidungsrecht kommt weder dem Ministerpräsidenten selbst noch der Staatskanzlei zu. Die Staatskanzlei ist bei eigener Beantwortung entsprechender Anfragen und Beschwerden an Stellungnahmen des zuständigen Staatsministeriums gebunden. Freilich kann der Ministerpräsident eine Fülle gleicher thematischer Eingaben zum Anlass nehmen, insoweit von seiner Richtlinienkompetenz Gebrauch zu machen.

[215] Der (grundrechtliche) Anspruch darauf ergibt sich aus Art. 115 (vgl. die Erl. dort).

[216] *Schweiger* (Fn. 46), Rn. 18.

[217] Nr. 7 trifft daher auch – unabhängig von der Kompetenzlage – keine Aussage darüber, wer über Widersprüche nach §§ 68 ff. VwGO entscheidet. Führt der Landesgesetzgeber neue verfahrensrechtliche Beschwerdeformen ein, so gilt dafür Nr. 7 nicht.

[218] Dagegen ist die „Gegenvorstellung" keine Aufsichtsbeschwerde bei der nächst höheren Behörde oder gar dem Staatsministerium, sondern eine Einwendung bei der Ausgangsbehörde selbst.

[219] VerfGH 13, 80 (87).

[220] *Schweiger* (Fn. 46), Rn. 18; VerfGH 11, 187 (Ls. 2).

[1] Vgl. auch Art. 187 für die Vereidigung der Beamten und Angestellten im öffentlichen Dienst (s. die Erl. dort).

[2] Nachweis in Fn. 3 zu Art. 44.

kommt der Eidesleistung in seiner feierlich-formellen Modalität ein verfassungspsychologischer Wert zu, da durch sie gezeigt wird, dass sich die Mitglieder der Staatsregierung der Verantwortung ihres Amtes bewusst und für die staatlich garantierte Wertordnung einzutreten bereit sind („promissorischer politischer Eid"; „Mittel zum Schutz der Verfassung und der auf ihr beruhenden Rechtsordnung").[3]

2. Entstehung

2   VE enthielt keine Vorschrift über die Eidesleistung der Mitglieder der Staatsregierung. Art. 42 E sah dann die Ablegung eines Eides oder eines Gelöbnisses vor. Das Gelöbnis wurde in der Folge gestrichen.

3. Verhältnis zum Grundgesetz

3   Die Geltung des Art. 56 im Hinblick auf das GG ist unzweifelhaft (vgl. Art. 64 II, 56 GG).

II. Einzelkommentierung

1. Eidesleistung

4   Der Ministerpräsident leistet den Eid nach seiner Wahl (Art. 44 I), die Staatsminister und die Staatssekretäre nach der Zustimmung des Landtags zu ihrer Berufung (Art. 45). Die **Eidesformel** ergibt sich nicht aus Art. 56, sondern aus Art. 2 I 1 StRG.[4] Die Vereidigung hat bei jeder Neuwahl nach Art. 44 I und jeder Bestellung nach Art. 45 zu erfolgen, auch im Falle einer Kabinettsumbildung, die mit einer Berufung nach Art. 45 verbunden ist. Wird der bisherige Staatssekretär zum Staatsminister berufen, ist eine Zustimmung des Landtags nach Art. 45 und eine Vereidigung nach Art. 56 notwendig.[5]

2. Wirkung der Eidesleistung

5   Nach Art. 2 II StRG beginnt das Amtsverhältnis der Mitglieder der Staatsregierung mit ihrer Vereidigung, worin kein Widerspruch zu Art. 56 liegt. Vorher vorgenommene Amtshandlungen sind unwirksam, genauer: Sie sind noch keine Amtshandlungen.[6] Im Falle der **Verweigerung** der Eidesleistung oder der falschen[7] Eidesleistung beginnt das Amtsverhältnis nicht. Wird die Eidesleistung **endgültig** verweigert, ist dies einem Rücktritt, besser einem Amtsverzicht gleichzusetzen[8]; es müssen ein neuer Ministerpräsident nach Art. 44 I gewählt oder ein neuer Staatsminister oder Staatssekretär (Art. 45) berufen werden.[9] Nach ihrer Vereidigung erhalten die Staatsminister und Staatssekretäre eine vom Ministerpräsidenten vollzogene Urkunde (deren Vorbereitung und Fertigung durch die Staatskanzlei erfolgt) über ihre Berufung. Die Urkunde hat keine konstitutive Wirkung. Die Eidesleistung als solche generiert keine eigenen Pflichten.

---

[3] *Schröder,* in: v. Mangoldt / Klein / Starck, Art. 64 Rn. 35 f.; VerfGH 17, 94 (97) zu Art. 187.

[4] Sie lautet: „*Ich schwöre Treue der Verfassung des Freistaates Bayern, Gehorsam den Gesetzen und gewissenhafte Erfüllung meiner Amtspflichten, so wahr mir Gott helfe.*" Der Eid kann ohne oder mit einer anderen religiösen Beteuerungsformel geleistet werden (Art. 2 I 2 StRG; vgl. auch Art. 107 VI).

[5] *Köhler,* Der bayerische Staatssekretär nach der Verfassung von 1946, 1982, S. 43.

[6] *Meder,* Art. 56 Rn. 1. Eine von einem nicht vereidigten Staatsminister erlassene Verordnung dürfte aber aus Gründen der Rechtssicherheit ebenso Wirksamkeit entfalten wie ein vom nicht vereidigten Staatsminister erlassener Verwaltungsakt.

[7] Eine Eidesleistung ist „falsch", wenn sie nicht dem in Art. 2 I StRG vorgesehenen Text (mit Ausnahme der religiösen Beteuerungsformel) entspricht oder nicht „vor dem Landtag" erfolgt. Allerdings erscheint die Auffassung vertretbar, dass der Einzelne in der Formulierung frei ist, da die Eidesformel in Art. 56 nicht verfassungsunmittelbar geregelt ist. Der Landtag muss, da er nur passiv beteiligt ist, nicht in Beschlussfähigkeit versammelt sein.

[8] *Meder,* Art. 56 Rn. 1; *Köhler,* Der bayerische Staatssekretär nach der Verfassung von 1946, 1982, S. 42.

[9] Ein eher theoretischer Weg ist der über Art. 59, 61.

Art. 57 [Inkompatibilitäten]

[1]**Der Ministerpräsident, die Staatsminister und die Staatssekretäre dürfen ein anderes besoldetes Amt, einen Beruf oder ein Gewerbe nicht ausüben; sie dürfen nicht Mitglieder des Aufsichtsrats oder Vorstands einer privaten Erwerbsgesellschaft sein.** [2]**Eine Ausnahme besteht für Gesellschaften, bei denen der überwiegende Einfluss des Staates sichergestellt ist.**

Parallelvorschriften im GG und anderen Landesverfassungen: Art. 66 GG; Art. 53 II BaWüVerf; Art. 95 BbgVerf; Art. 113 BremVerf; Art. 39 HmbVerf; Art. 45 I M-VVerf; Art. 34 II NdsVerf; Art. 64 II, III NRWVerf; Art. 62 II SächsVerf; Art. 67 I VerfLSA; Art. 34 SchlHVerf; Art. 72 II ThürVerf.

Literatur: Achterberg, Probleme der Inkompatibilität, ZStW 126 (1970), 344; *Köhler,* Der bayerische Staatssekretär nach der Verfassung von 1946, 1982, S. 34 ff. („Inkompatibilitäten"); *Nebendahl,* Inkompatibilität zwischen Ministeramt und Aufsichtsratsmandat, DÖV 1988, 961; *Epping,* Die Trennung von Amt und Mandat, DÖV 1999, 529; *Morlok/Krüger,* Ministertätigkeit im Spannungsfeld von Privatinteresse und Gemeinwohl, NVwZ 2003, 573.

Übersicht

I. Allgemeines

1. Bedeutung

Das Amt des Ministerpräsidenten und der weiteren Mitglieder der Staatsregierung **1** verträgt im Hinblick auf die damit verbundene Verantwortung, zeitliche Belastung und Verpflichtung gegenüber dem Gemeinwohl **grundsätzlich keine entgeltliche Nebentätigkeit.** Die Mitglieder der Staatsregierung sollen sich **vollumfänglich** und zudem **ohne Rücksichtnahme auf (private) Partikularinteressen** ihrem Amt widmen. Bereits der **Anschein** von Interessen- und Pflichtenkollisionen sowie mangelnder Integrität und damit verbundener Ansehensverlust sollen vermieden werden, ebenso wie die Kumulation von politisch-funktioneller und wirtschaftlicher Macht. Daher formuliert Art. 57 eine **weit reichende Inkompatibilitätsregelung**[1], die nicht nur die Innehabung anderer besoldeter Ämter, sondern auch die Ausübung jeglichen anderen Berufs oder Gewerbes, mithin „Betätigungs- und Zugehörigkeitsverbote"[2] umfasst. Art. 57 ist von dieser Zwecksetzung her **streng zu handhaben**[3] und wird durch Art. 3 ff. des Gesetzes über Rechtsverhältnisse der Mitglieder der Staatsregierung (StRG)[4] ergänzt und konkretisiert.

Allerdings dürfte Art. 57 im Lichte des Art. 12 I GG und des Art. 101 insofern **ein-** **2** **schränkend** auszulegen sein, als **nicht jede berufsbezogene Nebentätigkeit generell**

---

[1] Der Begriff „Inkompatibilität" wird hier in einem umfassenden Sinne verstanden, nicht lediglich beschränkt auf die gleichzeitige Inhaberschaft zweier oder mehrerer verfassungsorganschaftlicher Positionen.

[2] *Oldiges,* in: Sachs, Art. 66 Rn. 2.

[3] *Oldiges* (Fn. 2), Rn. 4; vgl. im Hinblick auf Art. 12 I GG aber auch Rn. 2, 5.

[4] Vgl. den Nachweis in Fn. 3 zu Art. 44.

ausgeschlossen ist. So wird man dem Universitätsprofessor, der zum Staatsminister berufen wird und der aus seinem Amt als Professor nach Maßgabe des Art. 20 StRG ausscheidet, weiterhin die Abhaltung von Lehrveranstaltungen sowie die Vornahme wissenschaftlicher Veröffentlichungen – freilich in zeitlicher Abstimmung in seinem Hauptamt – gestatten müssen. Der bisherige Rechtsanwalt wird – soweit keine Interessenkollision vorliegt – das ein oder andere Mandat zu Ende führen können, der Arzt eine begonnene Behandlung. Gleiches gilt für Tätigkeiten, die dem „Kontakt" zum früheren Amt, Beruf oder Gewerbe dienen und notwendig oder sinnvoll sind, um nach dem Ausscheiden aus der Staatsregierung, das nach Art. 45 jederzeit „droht", wieder den Weg zurück in die bisherige Lebensgestaltung zu ebnen. Art. 57 verlangt nicht, dass ein Mitglied der Staatsregierung seine erwerbsbiographische Vergangenheit unwiderruflich kappt. Dies wäre nicht nur vor dem Hintergrund des Art. 101 und des Art. 12 I GG unvertretbar, sondern würde „Quereinsteiger" ohne „Karriere" in der Partei faktisch ausschließen, was verfassungspolitisch nicht sinnvoll ist.

3 Art. 57 kann nur formelle Gefährdungslagen für die Integrität erfassen, nicht indes **intrinsische** Voreinstellungen, Präferenzen und Begünstigungstendenzen der biographisch vorgeprägten Person „Kabinettsmitglied", das seine Interessen „mitbringt". Es bedarf der persönlich-integralen Anstrengung des einzelnen Kabinettsmitglieds, insoweit Zurückhaltung, self restraint zu üben und ggf. auch das eigene politische „Vorverständnis" und sonstige einschlägige Interessen zurücktreten zu lassen.

2. Entstehung

4 Eine Inkompatibilitätsvorschrift enthielt bereits § 59 III VU 1919. Der wesentliche Inhalt des Art. 57 fand sich in Art. 43 E – der VE enthielt noch keine entsprechende Vorschrift. Satz 2 wurde erst im VA angefügt. Die in Art. 43 II E vorgesehene Möglichkeit, dass Staatssekretäre das Amt eines Staatsrats (verbeamteter Amtschef) bekleiden können, wurde wegen Wegfalls der Vertretung der Minister durch Staatsräte gestrichen.

3. Verhältnis zum Grundgesetz

5 Art. 66 enthält für Bundeskanzler und Bundesminister eine vergleichbare Vorschrift, so dass im Hinblick auf Art. 28 I 1 GG keine Bedenken bestehen. Ein Verstoß gegen das Grundrecht der **Berufsfreiheit** (Art. 12 I GG) besteht nicht, da die Inkompatibilitätsvorschrift jedenfalls aus einem überragend wichtigen Gemeinwohlbelang her gerechtfertigt ist und bezüglich bestimmter Nebentätigkeiten verfassungskonform ausgelegt werden kann (dazu Rn. 2).

II. Einzelkommentierung

1. Inkompatibilität mit öffentlichen Ämtern – „organschaftliche Unvereinbarkeit"

6 a) Nach Art. 57 Satz 1 Halbsatz 1 dürfen Mitglieder der Staatsregierung während ihrer Amtsdauer[5] ein **anderes besoldetes Amt**[6] nicht ausüben. Dies bedeutet im Umkehrschluss, dass eine **unbesoldete Nebentätigkeit** in einem öffentlichen Amt **zulässig** ist (z. B. als Privatdozent, außerplanmäßiger Professor, Honorarprofessor oder im Rahmen eines unbesoldeten Lehrauftrags an einer Hochschule[7]), soweit diese inhaltlich mit dem Amt als Kabinettsmitglied vereinbar ist und nicht zu Interessenkollisionen führt. Nach Art. 3 II 2 StRG sollen die Mitglieder der Staatsregierung generell kein **öffentliches**

---

[5] Diese zeitliche Begrenzung ergibt sich nicht aus Art. 57 selbst, sondern erst aus Art. 3 StRG, der Art. 57 verfassungskonform konkretisiert.

[6] „Amt" meint das „öffentliche Amt im statusrechtlichen Sinne des Beamtenrechts einschließlich des Amtes der Richter und Soldaten", *Oldiges* (Fn. 2), Rn. 10.

[7] Vgl. dazu Art. 25 ff., 30 ff. BayHSchPG; für den verbeamteten Professor, der Mitglied der Staatsregierung werden soll, gilt Art. 20 StRG.

Ehrenamt bekleiden[8], wobei die Staatsregierung Ausnahmen zulassen kann. Ob diese einfach-gesetzliche Restriktion mit Art. 57 vereinbar ist, erscheint zweifelhaft, jedenfalls dürfte eine großzügige Ausnahmepraxis in verfassungskonformer Auslegung erforderlich sein.

Dies gilt auch für Art. 3 II 1 StRG, wonach die Mitglieder der Staatsregierung während 7 ihrer Amtsdauer gegen Vergütung weder als **Schiedsrichter** tätig sein noch **außergerichtliche Gutachten** abgeben oder **Vorträge** halten dürfen. Unzulässig ist die gleichzeitige hauptberufliche Tätigkeit in interessenfokussierten Verbänden oder einer Partei. Ein Mitglied der Staatsregierung darf mithin nicht Generalsekretär oder Geschäftsführer einer Partei sein. Eine nicht hauptberufliche Tätigkeit in einer Partei ist dagegen nicht ausgeschlossen. Ein Mitglied der Staatsregierung kann daher etwa Vorsitzender der Programmkommission einer **Partei** sein und Ämter in Vorstand (auch Parteivorsitzender, soweit dieses Amt kein Hauptamt ist) oder Präsidium einer Partei wahrnehmen.

b) Ein Mitglied der Staatsregierung ist **kein Beamter** i. S. d. Beamtenrechts. War es 8 dies zuvor, scheidet es mit Beginn des Amtsverhältnisses, also mit Vereidigung (Art. 2 II StRG), aus dem Amt als Beamter oder Richter aus; die Rechte und Pflichten aus dem Dienstverhältnis ruhen für die Dauer des Amtsverhältnisses; das Nähere ist in Art. 20 StRG mit Rückkehrmöglichkeit in Abs. 2 dieser Vorschrift geregelt. Die Mitglieder der Staatsregierung dürfen gleichzeitig auch kein Amt als Kommunaler Wahlbeamter ausüben und auch nicht Mitglied der Europäischen Kommission sein[9], da auch dies besoldete Ämter i. S. d. Art. 57 sind. Zur Unvereinbarkeit mit dem Amt eines Richters des **BVerfG** s. Art. 94 I 3 GG; ein Mitglied der Staatsregierung darf auch nicht Mitglied des **VerfGH** sein (Art. 5 II VfGHG).

c) Nach § 4 des Bundesministergesetzes kann ein Mitglied der **Bundesregierung** nicht 9 zugleich Mitglied einer Landesregierung sein; Gleiches gilt für Parlamentarische Staatssekretäre nach § 7 ParlStG. Wird also der Ministerpräsident oder ein sonstiges Mitglied der Staatsregierung zum Bundeskanzler gewählt oder zu einem Bundesminister oder Parlamentarischen Staatssekretär bestellt, so muss er – bundesrechtlich – als Ministerpräsident oder Staatsminister/Staatssekretär zurücktreten. Gleiches dürfte unmittelbar aus Art. 57 Satz 1 folgen. Die gleichzeitige Mitgliedschaft in der Bundesregierung, einer anderen Landesregierung oder der Regierung eines anderen Staates ist als besoldetes Amt nach Art. 57 Satz 1 ausgeschlossen.

d) Nicht ausdrücklich geregelt ist und daher umstritten ist die Frage, ob Mitglieder 10 der Staatsregierung zugleich einem **Parlament** angehören dürfen; vgl. dazu bereits Rn. 11 zu Art. 5 sowie Rn. 7 zu Art. 44.[10] Wer ein Amt als Mitglied der Staatsregierung antritt, muss sein Mandat als Mitglied des **Landtags** nach h. M. nicht niederlegen.[11]

e) Inkompatibilität dürfte für die Mitgliedschaft eines Mitglieds der Staatsregierung in 11 einem **Gemeinderat**, **Kreistag** oder **Bezirkstag** zu fordern sein, obliegt doch den Staatsministerien nach Art. 55 Nr. 5 die Aufsicht über die Kommunen.[12]

f) Im Falle von **Interessenskonflikten** im Sinne der Art. 20 BayVwVfG, die unabhän- 12 gig von den Fallgestaltungen des Art. 57 entstehen können, ist das Kabinettsmitglied nach Art. 3 c StRG insoweit von der Führung seiner Geschäfte und der Beratung und Beschlussfassung im Ministerrat ausgeschlossen.

---

[8] So wird z. B. die Mitgliedschaft eines Mitglieds der Staatsregierung im Hochschulrat einer Hochschule nach Art. 26 BayHSchG ausscheiden.

[9] *Köhler*, S. 37.

[10] Vgl. die Nachweise bei *Köhler*, S. 37; VerfGH 24, 137 (151); s. auch *Oldiges*, in: Sachs, Art. 66 Rn. 24 ff. m. w. N.

[11] Gleiches gilt für die Mitgliedschaft im **Bundestag** (str.; *Köhler*, S. 40 m. w. N.) oder einem Parlament eines **anderen Landes.** Anderes im **Europäischen Parlament;** vgl. 22 II Nr. 12 EuWG. Die Tätigkeit als Landtags- oder Bundestagsabgeordneter ist kein besoldetes Amt und (trotz BVerfGE 40, 296 [311]) kein Beruf i. S. d. Art. 57, *Meder*, Art. 57 Rn. 2. Vgl. zum Ganzen *Epping*, DÖV 1999, 529.

[12] Zutreffend *Köhler*, S. 38 f.

2. Inkompatibilität mit sonstiger Berufs- und Gewerbeausübung

13   Kein Mitglied der Staatsregierung darf während seiner Amtszeit einen sonstigen (freien oder abhängigen) Beruf oder ein Gewerbe ausüben. Darunter fällt **jede auf privaten Erwerb gerichtete haupt- oder nebenberufliche Tätigkeit.** Ein etwaiger Arbeitsvertrag ist vor Amtsantritt zu kündigen, oder es ist vertraglich zu regeln, dass die Rechte und Pflichten aus dem Arbeitsvertrag während der Amtsdauer ruhen. Die Ausübung eines Gewerbes ist vor Amtsantritt einzustellen. Nach Beendigung der Amtszeit als Mitglied der Staatsregierung können Beruf und Gewerbe fortgesetzt werden. Der Fortbestand und die Fortführung eines Unternehmens durch einen Dritten im Namen des Mitglieds der Staatsregierung sind nach h. M. zulässig[13], da die Arbeitskraft des Mitglieds der Staatsregierung in einem solchen Fall nicht absorbiert wird und es dem Mitglied der Staatsregierung zumal im Hinblick auf Art. 12 I, 14 GG sowie Art. 101, 103 BV nicht zumutbar ist, sein Unternehmen aufzugeben und sich für den Fall des Ausscheidens aus der Staatsregierung seiner Lebensgrundlage zu berauben. Art. 57 S. 1 verbietet **nicht jegliche entgeltliche Nebentätigkeit.** So ist etwa die Publikation von Schriften, soweit sie nicht ohnehin in Zusammenhang mit der Mitgliedschaft in der Staatsregierung steht, unbedenklich.[14] Gleiches gilt für eine öffentliche, unentgeltliche Vortragstätigkeit.

3. Inkompatibilität mit Funktionen in „Erwerbsgesellschaften"

14   a) Neben dem allgemeinen Gewerbeverbot nach Satz 1 Halbsatz 1 dürfen Mitglieder der Staatsregierung während ihrer Amtszeit nicht **Mitglieder des Aufsichtsrats oder Vorstands einer privaten Erwerbsgesellschaft** sein (Satz 1 Halbsatz 2). Auch ein „Ruhen" der Mitgliedschaft ohne Bezüge dürfte ausscheiden. Nicht umfasst ist die Tätigkeit als Geschäftsführer einer Gesellschaft, die unter Satz 1 Halbsatz 1 fällt. Halbsatz 2 ist gesellschaftsrechtlich offen formuliert, also nicht auf ein spezielles Gesellschaftsrecht oder bestimmte Rechtsformen (AG, GmbH, OHG, KG etc.) bezogen. Umfasst ist **jede gesellschaftsrechtliche Rechtsform,** die auf Erwerb gerichtet ist und dem privaten Gesellschaftsrecht unterliegt. Nicht nur Aufsichtsrat oder Vorstand, sondern auch die Positionen, die bei besonderen Rechtsformen an deren Stelle treten, z. B. persönlich haftender Gesellschafter in einer KGaA, werden von Art. 57 erfasst, was in Art. 3 a I 1 StRG ausdrücklich klargestellt wird („oder einem ähnlichen Organ"). Die Tätigkeit als persönlich haftender Gesellschafter in einer OHG oder KG fällt unter Halbsatz 1 („Gewerbe"). Die Mitgliedschaft in auf Beratung beschränkten Beiräten in Erwerbsgesellschaften ist zwar vom Wortlaut der Vorschrift nicht umfasst, jedoch wegen drohender Interessenkollision (es gilt bereits den Anschein einer solchen zu vermeiden!) unzulässig.[15]

15   b) Art. 57 S. 2 macht eine **Ausnahme** von Satz 1 Halbsatz 2 (nicht von Halbsatz 1) für Erwerbsgesellschaften, bei denen der überwiegende Einfluss des Staates sichergestellt ist.[16] Diese Ausnahme hat eine **doppelte Rechtfertigung:** Zum einen ist die Gefahr von Interessenkollisionen reduziert (wenn auch nicht ganz beseitigt, soweit Private an der staatlich beherrschten Gesellschaft beteiligt sind), zum anderen ist es berechtigtes Interesse des Staates, mit hochrangigen Persönlichkeiten in Organen der betreffenden Gesellschaft vertreten zu sein. Nach Art. 3 a I 2 StRG ist der **überwiegende Einfluss des Staates sichergestellt** insbesondere durch seine Mehrheit am Grundkapital (also mindestens 50 %),

---

[13] *Köhler,* S. 34.

[14] Dies ergibt sich mittelbar aus Art. 3 b I 1 Nr. 4 StRG.

[15] Anders jedoch Art. 3 b I 1 Nr. 1 StRG, wonach mit dem Amtsverhältnis zusammenhängende Vergütungen für Tätigkeiten in Beiräten oder ähnlichen Gremien privater Erwerbsgesellschaften dem Freistaat Bayern zustehen.

[16] Anders die Regelung in Art. 66 GG, wonach die Mitgliedschaft im Aufsichtsrat (auch einer nicht vom Staat beherrschten Gesellschaft) von der Zustimmung des Bundestags abhängt. Eine Mitgliedschaft im Vorstand ist nach Art. 66 GG generell ausgeschlossen.

durch Stimmenmehrheit[17] oder durch die rechtlichen und organisatorischen Verhältnisse.[18] Unter Staat im Sinne des Art. 57 S. 2 sind der „Freistaat Bayern, allein oder zusammen mit dem Bund, den Ländern oder anderen Gebietskörperschaften oder Einrichtungen der mittelbaren Staatsverwaltung zu verstehen" (Art. 3 a I 3 StRG). Nach Art. 3 a II StRG berichtet das Staatsministerium der Finanzen dem Landtag über die Zugehörigkeit von Mitgliedern der Staatsregierung zu Gesellschaftsorganen. Art. 3 b StRG enthält Regelungen über Vergütungen und die Haftung aus Nebentätigkeiten.

c) Weitere **Einzelheiten** ergeben sich aus Art. 3 bis 3 b StRG, sowie insbesondere aus **16** auf der Grundlage des Art. 23 I StRG erlassenen **Richtlinien.** Nach § 1 X StRGO bedürfen Staatsminister und Staatssekretäre zur Übernahme und Verlängerung der entgeltlichen oder unentgeltlichen Mitgliedschaft in Aufsichtsräten, Verwaltungsräten, Beiräten oder ähnlichen Organen von Gesellschaften jeder Art der **Zustimmung des Ministerpräsidenten.**

4. Folgen der Nichtbeachtung

Verstöße gegen Art. 57 oder sonstige Inkompatibilitätsregelungen machen die Mitglied- **17** schaft in der Staatsregierung als solche nicht unwirksam, das betreffende Mitglied ist jedoch verpflichtet, die „konkurrierende" Tätigkeit oder Funktion (auch in einer Gesellschaft) nach den dafür jeweils vorgesehenen arbeits- oder gesellschaftsrechtlichen o. Ä. Vorschriften **niederzulegen** bzw. die berufliche oder gewerbliche Tätigkeit zu beenden oder für die Amtsdauer zu unterbrechen, wenn das Amt nicht bereits − wie im Falle des Art. 20 I StRG − de lege ruht oder unterbrochen wird.[19] Wird diese Pflicht **nicht erfüllt,** kommen in Betracht: **Rücktrittspflicht** des Ministerpräsidenten nach Art. 44 III 2, **Entlassung** eines Staatsministers oder Staatssekretärs nach Art. 45 oder eine **Anklage** nach Art. 59, 61. Auch die in der „konkurrierenden" Funktion abgeschlossenen Rechtsgeschäfte bleiben als solche wirksam, Art. 57 ist kein Gesetz i. S. d. § 134 BGB.

Art. 58 [Gehalt und Versorgung]

Gehalt, Ruhegehalt und Hinterbliebenenversorgung der Mitglieder der Staatsregierung werden durch Gesetz geregelt.

Parallelvorschriften im GG und anderen Landesverfassungen: Art. 53 I BaWüVerf; Art. 112 II BremVerf; Art. 41 HmbVerf; Art. 105 HessVerf; Art. 45 M-VVerf; Art. 34 I NdsVerf; Art. 64 I NRWVerf; Art. 106 RhPfVerf; Art. 62 I SächsVerf; Art. 67 II VerfLSA; Art. 33 SchlHVerf; Art. 72 I ThürVerf.

1. Bedeutung

Art. 58 hat einen **doppelten Regelungsgehalt.** Er gewährt den Mitgliedern der **1** Staatsregierung einen **verfassungsunmittelbaren Anspruch auf Gehalt, Ruhegehalt und Hinterbliebenenversorgung dem Grunde nach** und unterwirft die nähere Ausgestaltung einem **Gesetzesvorbehalt.** Der Gesetzgeber ist verpflichtet, entsprechende gesetzliche Regelungen zu erlassen. Dieser Pflicht ist er nachgekommen durch die Schaffung einschlägiger Vorschriften im Gesetz über die Rechtsverhältnisse der Mitglieder der Staatsregierung (StRG).[1] Über die **Höhe** der Bezüge sagt Art. 58 nichts aus, sie müssen

---

[17] Zu denken ist auch an besondere Stimmgewichtung durch Mehrstimmrechtsaktien, Sperrklauseln etc.

[18] Dabei kommen alle Umstände in Betracht, die Interessenkollisionen zwischen der Tätigkeit im Vorstand oder Aufsichtsrat einer Gesellschaft und dem Amt als Mitglied der Staatsregierung verhindern. Das kann der Fall sein, wenn die Gesellschaft vertraglich an den Staat gebunden oder von einer Gesellschaft beherrscht wird, die ihrerseits vom Staat beherrscht wird. Lediglich faktische oder wirtschaftliche Bindungswirkungen (z. B. Staat als Hauptabnehmer des von der betreffenden Gesellschaft hergestellten Produkts) genügen indes nicht.

[19] Nach § 22 II Nr. 12 EuWG verliert ein Abgeordneter die Mitgliedschaft im Europäischen Parlament u. a. mit der „Ernennung zum Mitglied einer Landesregierung".

[1] Vgl. den Nachweis in Fn. 3 zu Art. 44. Dieses Gesetz regelt neben dem Amtsverhältnis der Mitglieder der Staatsregierung (Art. 1 bis 9) die *„Amtsbezüge"* (Art. 10 bis 12: Amtsbezüge [Art. 10: Amtsgehalt,

jedoch in Anlehnung an beamtenrechtliche Grundsätze **amtsangemessen** sein. Zwar stehen die Mitglieder der Staatsregierung nicht in einem Beamtenverhältnis[2], sondern in einem **„öffentlich-rechtlichen Amtsverhältnis"** (Art. 1 StRG), doch lassen sich Grundsätze wie der der Amtsangemessenheit der Besoldung übertragen.[3] Angesichts der Bedeutung und Verantwortung insbesondere des Amtes des Ministerpräsidenten dürften die derzeit in Art. 10 I StRG auf der Basis der Besoldungsgruppe B 11 errechneten Amtsbezüge eher im unteren Bereich der Amtsangemessenheit liegen. Ist ein Mitglied der Staatsregierung – was in der Staatspraxis regelmäßig, aber nicht stets der Fall ist[4] – gleichzeitig Mitglied des **Landtags,** so wird die Abgeordnetenentschädigung nach Maßgabe des Art. 22 des Gesetzes über die Rechtsverhältnisse der Mitglieder des Bayerischen Landtages (Bayerisches Abgeordnetengesetz) angerechnet.

2. Entstehung

2   Nach § 60 I, VI VU 1919 hatten die Minister und Staatssekretäre Anspruch auf Besoldung, Versorgungsansprüche für sich und ihre Hinterbliebenen standen ihnen jedoch nicht zu. Im VE war eine entsprechende Regelung noch nicht enthalten, sie kam im VVA in den Text (Art. 44 E) und wurde später geringfügig geändert.[5]

3. Verhältnis zum Grundgesetz

3   Die Geltung des Art. 58 im Hinblick auf das GG ist unzweifelhaft, auch wenn dieses eine vergleichbare Regelung nicht enthält (vgl. aber §§ 11 ff. des Gesetzes über die Rechtsverhältnisse der Mitglieder der Bundesregierung zu Gehalt, Ruhegehalt und zur Hinterbliebenenversorgung auf Bundesebene).

Art. 59 [Anklage gegen Mitglieder der Staatsregierung]

Der Landtag ist berechtigt, den Ministerpräsidenten, jeden Staatsminister und Staatssekretär vor dem Bayerischen Verfassungsgerichtshof anzuklagen, dass sie vorsätzlich die Verfassung oder ein Gesetz verletzt haben.

Parallelvorschriften im GG und anderen Landesverfassungen: Art. 61 GG (Bundespräsident); Art. 53 II BaWü-Verf; Art. 105 BremVerf; Art. 115 HessVerf; Art. 45 I M-VVerf; Art. 40 NdsVerf; Art. 63 NRW Verf; Art. 131, 135 RhPfVerf; Art. 94 SaarlVerf; Art. 118 SächsVerf.

Literatur: s. die Nachweise zu Art. 61.

1. Bedeutung

1   a) Art. 59, 61[1] übernehmen die hergebrachte konstitutionelle Möglichkeit des Landtags, die Mitglieder der Staatsregierung **verfassungsgerichtlich** durch die sog. **„Ministeranklage"** zur **Rechenschaft** zu ziehen, wenn diese vorsätzlich die Verfassung oder ein Gesetz verletzt haben (vgl. bereits § 56 VU 1919; Art. 59 WV). Da die Mitglieder der Staatsregierung keine Beamten sind, findet ein Disziplinarverfahren gegen sie nicht

---

Familienzuschlag, Dienstaufwandsentschädigung, Zulagen]; Versorgungsrücklage [Art. 10a i.V. m. § 14a BBesG]; Amtsbezüge im Krankheitsfall [Art. 11]; Umzugs- und Reisekosten [Art. 12]), die *„Versorgung"* (Art. 13 bis 19: Übergangsgeld [Art. 14]; Ruhegehalt [Art. 15]; Hinterbliebenenversorgung [Art. 16]; Unfallfürsorge [Art. 17]) sowie „Besondere Vorschriften für Angehörige des öffentlichen Dienstes" (Art. 20 bis 22: Ausscheiden aus dem Beamten- oder Richterverhältnis [Art. 20]; Zusammentreffen von Versorgungsansprüchen [Art. 22]).

[2] Art. 7 I 2 StRG.

[3] Vgl. dazu die Erl. zu Art. 95.

[4] Vgl. auch Rn. 10 zu Art. 57.

[5] In Art. 44 E hieß es „besonderes Gesetz", das Wort „besonderes" ist in den weiteren Beratungen entfallen.

[1] Art. 7 I 1 StRG.

statt.[2] Art. 59 fügt sich ein in das reichhaltige Instrumentarium des Landtags zur Kontrolle der Staatsregierung. Deren Mitglieder (Art. 43 II) sind nicht nur bei der Bestellung (Art. 44 I, 45) vom Landtag abhängig, sie sind in ihrer Tätigkeit dem Landtag gegenüber verantwortlich (Art. 24, 25, 47 II, 51 I, II 2) und dem Grundsatz der Gesetz- und Verfassungsmäßigkeit der Verwaltung unterworfen (Art. 55 Nr. 1, 2, 4 bis 7). Allerdings kennt die Bayerische Verfassung **weder die formelle Vertrauensfrage noch ein destruktives oder konstruktives Misstrauensvotum** (vgl. dazu bereits Rn. 4 vor Art. 43, Rn. 12 zu Art. 45). In politischen Krisensituationen kann der Landtag also nicht unmittelbar die Staatsregierung, den Ministerpräsidenten oder einen einzelnen Staatsminister oder Staatssekretär „zu Fall bringen", der Ministerpräsident ist jedoch ggf. nach Art. 44 III 2 zum Rücktritt verpflichtet.

Als politische „ultima ratio" kann der Landtag[3] mit der in Art. 61 IV genannten Mehr- **2** heit (nicht der Zwischenausschuss, Art. 26 I 2) Anklage vor dem VerfGH wegen **vorsätzlicher Verletzung der Verfassung oder eines Gesetzes** erheben. Gegenstand des Verfahrens nach Art. 59 i. V. m. Art. 2 Nr. 1 VfGHG kann jede verfassungsrechtliche oder einfachgesetzliche Regelung sein (Art. 61 II), gegen die ein Kabinettsmitglied in dieser Eigenschaft[4] verstoßen haben soll, insbes. auch Art. 44 III 2 selbst (s. Rn. 13 zu Art. 44). Die Erhebung oder Weiterbehandlung der Ministeranklage nach Art. 59 wird durch den Rücktritt des Ministerpräsidenten (Art. 44 III), den Rücktritt bzw. die Entlassung des betroffenen Staatsministers oder Staatssekretärs oder durch den Ablauf der Wahlperiode nicht berührt (vgl. Art. 32 VfGHG). Kommt der VerfGH (in der Zusammensetzung nach Art. 68 II lit. a i. V. m. Art. 3 II 1 Nr. 1 VfGHG) auf Grund der Anklageschrift (Art. 31 VfGHG), der Voruntersuchungen (Art. 37 VfGHG) sowie der mündlichen Verhandlung (Art. 38 VfGHG) zur Überzeugung, das angeklagte Kabinettsmitglied habe vorsätzlich die Verfassung oder ein näher zu bezeichnendes Gesetz verletzt, so spricht er dies in seinem Urteil aus (Art. 40 II VfGHG).

Es handelt sich um ein **Feststellungsurteil,** das die verfassungsrechtliche **Rechts-** **3** **stellung** des verurteilten Kabinettsmitglieds **als solche unberührt** lässt. Das Amt als Mitglied der Staatsregierung endet nicht automatisch. Der Ministerpräsident muss zurücktreten (Art. 44 III 2), ein verurteilter Staatsminister oder Staatssekretär vom Ministerpräsidenten mit Zustimmung des Landtags entlassen werden (Art. 45). Tritt der verurteilte Ministerpräsident nach Art. 44 III nicht zurück, so kann dagegen seinerseits ein Verfahren nach Art. 59, 61 in Gang gesetzt werden.

b) Angesichts des Erfordernisses der „Vorsätzlichkeit" der Verletzung (Tun oder Unter- **4** lassen bei Handlungspflicht) – wofür auf die dogmatischen Grundsätze des Strafrechts zurückgegriffen werden kann – hat das Instrument der Ministeranklage **bislang keine praktische Relevanz** erlangt. Für verfassungsrechtliche Streitigkeiten zwischen Landtag und Staatsregierung über Rechte und Pflichten der Staatsregierung erscheint zudem die Klageart nach Art. 64 als das passendere Instrument. Gleichwohl sollte die „Ministeranklage" schon aus **Präventionszwecken erhalten** bleiben.

c) Ergänzt wird Art. 59 durch Art. 61 (vgl. die Erl. dort) sowie einfach-gesetzlich durch **5** die Verfahrensvorschriften der Art. 31 bis 43 VfGHG. Art. 42 VfGHG verweist im Übrigen auf die für die Hauptverhandlung einschlägigen Vorschriften der StPO.

d) Neben der **staatsrechtlichen Verantwortlichkeit,** die im Verfahren nach Art. 59, **6** 61 festgestellt wird, besteht die **straf- und zivilrechtliche Verantwortung,** die sich nach den allgemeinen Gesetzen richtet. Zum auf Vorsatz und grobe Fahrlässigkeit beschränkten Regress im Falle der Amtshaftung (Art. 34 S. 1 GG, § 839 BGB) s. Art. 7 II, III und IV StRG.[5]

---

[2] Art. 7 I 2 StRG.

[3] Zur Selbstpurgation, insbes. zur Ausräumung oder Klärung entsprechender Verdächtigungen, kann jedes Mitglied der Staatsregierung nach Art. 61 IV 2 einen Antrag gegen sich selbst stellen.

[4] *Meder,* Art. 59 Rn. 1.

[5] Vgl. auch Art. 3 b II StRG für die Haftung im Rahmen von Nebentätigkeiten.

2. Entstehung

7   Art. 37 I VE bezog die Anklage gegen Mitglieder der Staatsregierung auf eine „schuld-hafte" Verletzung der Verfassung, die Verletzung von Gesetzen war noch nicht erfasst. Art. 45 I E beschränkte die Anklage auf Vorsatz und bezog das einfache Gesetz als Verletzungsgegenstand ein. Art. 37 II VE und Art. 45 II E sind in Art. 61 IV aufgegangen.

3. Verhältnis zum Grundgesetz

8   Das GG kennt lediglich die Anklage gegen **Bundespräsidenten** (Art. 61 GG), nicht in-des gegen Mitglieder der Bundesregierung. Dies stellt die Geltung des Art. 59 im Hinblick auf Art. 28 I 1 nicht in Frage. Zur Richteranklage s. Art. 98 V 3 GG.

5. Abschnitt. Der Verfassungsgerichtshof

Art. 60 [Aufgaben]

Als oberstes Gericht für staatsrechtliche Fragen besteht der Bayerische Verfassungsgerichtshof.

Parallelvorschriften im GG und anderen Landesverfassungen: Art. 68 BaWüVerf; Art. 84 BerlVerf; Art. 112 BbgVerf; Art. 139 BremVerf; Art. 65 HmbVerf; Art. 130 HessVerf.; Art. 52 M-VVerf; Art. 54. NdsVerf; Art. 75 ff. NRWVerf; Art. 134 RhPfVerf; Art. 96 SaarlVerf; Art. 81 SächsVerf; Art. 74 ff. SachsAnh-Verf; Art. 78, 80 ThürVerf.

Rechtsprechung: VerfGH 15, 1; 18, 76; 18, 140; 37, 35; 38, 51; 43, 35.

Literatur: Bethge, Entscheidungsbesprechung, Rundfunkfreiheit in der Perspektive von Bundes- und Landesverfassungsgerichtsbarkeit, ZUM 1987, 199; *Elsäßer,* Der Bayerische Verfassungsgerichtshof, BayVBl 1963, 165; *Fiedler,* Die Entstehung der Landesverfassungsgerichtsbarkeit nach dem Zweiten Weltkrieg, Landesverfassungsgerichtsbarkeit 1983, Teilbd 1, 103; *Friesenhahn,* Zur Zuständigkeitsabgrenzung zwischen Bundesverfassungsgerichtsbarkeit und Landesverfassungsgerichtsbarkeit, in: FS für das Bundesverfassungsgericht, 1976, Bd 1, S. 748; *Geiger,* Die Bundesverfassungsgerichtsbarkeit in ihrem Verhältnis zur Landesverfassungsgerichtsbarkeit und ihre Einwirkung auf die Verfassungsordnung der Länder, in FS f. Laforet, 1952, S. 251; *Götz,* Landesverfassungsgerichtsbarkeit und Innere Sicherheit, NdsVBl 2005, Sonderheft, S. 7; *Groß,* Landesverfassungsgerichtsbarkeit im bundesstaatlichen System am Beispiel der Novellierungsvorschläge zum Hessischen Staatsgerichtshofsgesetz, RiA 1979, 1; *Gruber,* Die Bindung der Gerichte an Entscheidungen des Bayerischen Verfassungsgerichtshofs, BayVBl 1976, 76; *Grupp,* Über Landesverfassungsgerichtsbarkeit, VBlBW 1993, 81; *Hammerstein, Christian von,* Das Verhältnis von Bundes- und Landesverfassungsgerichtsbarkeit, 1960; *Huber, Karl,* Grundfragen der Bayerischen Verfassungsgerichtsbarkeit – 60 Jahre Bayerischer Verfassungsgerichtshof, BayVBl 2008, 65 ff.; *Huber, P. M.,* Die Landesverfassungsgerichtsbarkeit zwischen Anspruch und Wirklichkeit, ThürVBl 2003, 73; *Knöpfle,* Die Verfassung des bayrischen Verfassungsgerichtshofs, 1972; *Lange, Klaus,* Das Bundesverfassungsgericht und die Landesverfassungsgerichte, in: FS 50 Jahre Bundesverfassungsgericht, Bd. 1, 2001, S. 289 ff.; *Leisner,* Landesverfassungsgerichtsbarkeit als Wesenselement des Föderalismus, in: Festschrift für den Bayerischen Verfassungsgerichtshof, 1972, 183; *Lichtenberger,* Der Bayerische Verfassungsgerichtshof, BayVBl 1989, 289; *Mann,* Rechtsprechungsübersicht, Fünfzig Jahre Landesverfassungsgerichtsbarkeit in NRW, NWVBl 2002, 85; *Rinken,* Landesverfassungsgerichtsbarkeit im Bundesstaat, NordÖR 2000, 89; *Rüfner,* Zum Verhältnis von Bundes- und Landesverfassungsgerichtsbarkeit im Bereich der Grundrechte, DÖV 1967, 668; *Schäfer,* Die Bindung an Entscheidungen des Bayerischen Verfassungsgerichtshofs, BayVBl 1978, 161; *Schenke,* Verwaltungsgerichtliche Normenkontrolle und Landesverfassungsgerichtsbarkeit, NJW 1978, 671; *Stern,* Nahtstellen zwischen Bundes- und Landesverfassungsgerichtsbarkeit, BayVBl 1976, 547; *Stern,* Zur Landesverfassungsgerichtsbarkeit, DVBl 1984, 261; *Streicher,* Zur Entwicklung der Staatsgerichtsbarkeit in Bayern, Verfassung und Verfassungsrechtsprechung, in: FS f. den Bayerischen Verfassungsgerichtshof, 1972, 195; *Wallerath,* Landesverfassungsgerichtsbarkeit in den neuen Bundesländern, NdsVBl 2005, Sonderheft, 43; *Wilke,* Entscheidungsbesprechung, Landesverfassungsgerichtsbarkeit und Einheit des Bundesrechts, NJW 1993, 887; *Yushkova/Stolz,* Die Entwicklung der Verfassungsgerichtsbarkeit in den Subjekten der Russischen Föderation im Vergleich zur Entwicklung der deutschen Landesverfassungsgerichtsbarkeit, OstEuR 2004, 1.

I. Allgemeines

1. Bedeutung von Art. 60 innerhalb der Bayerischen Verfassung

Art. 60 BV eröffnet den fünften Abschnitt des Ersten Hauptteils, der sich ausschließlich **1** mit dem Bayerischen Verfassungsgerichtshof beschäftigt. Die systematische Stellung verdeutlicht den Charakter des Bayerischen Verfassungsgerichtshofs als Organ des Freistaates Bayern. Infolge der Zugehörigkeit der dritten Gewalt ist der Abschnitt über den Bayerischen Verfassungsgerichtshof hinter den Organen der Legislativen und Judikativen angeordnet. Die Rechtsprechung als Funktion wird drei Kapitel später im achten Abschnitt erörtert. Demnach trennt die Bayerische Verfassung, anders als das GG bei Art. 92 ff. GG, zwischen den Organen und der Funktion der Rechtsprechung. Der VerfGH zieht Art. 60 BV selten heran. Er zitiert ihn, sofern er auf seine Stellung als Hüter der Verfassung oder als oberstes Organ hinweisen will.[1]

2. Entstehungsgeschichte des Art. 60 BV

a) Die Rechtslage vor der BV 1948. Einen Verfassungsgerichtshof mit den Kompe- **2** tenzen des Bayerischen Verfassungsgerichtshofs hat Bayern erst mit der Verfassung von 1948 erhalten. Die Verfassung von 1818 kannte zwar Verfassungsstreitigkeiten, aber keinen Staats- oder Verfassungsgerichtshof. Nach Titel X § 5 der Bayerischen Verfassung von 1818 konnten sich die Stände über Verfassungsverletzungen durch die Ministerien oder andere Staatsbehörden nur unmittelbar beim König beschweren. Bei vorsätzlicher Verfassungsverletzung durch einen höheren Staatsbeamten durften die Stände gemeinsam gemäß § 6 der Bayerischen Verfassung von 1818 Anklage beim König erheben. In Titel VII § 21 war eine Verfassungsbeschwerde normiert, die aber nicht durch ein Gericht, sondern durch die beiden Kammern der Ständeversammlung behandelt und allenfalls durch den König entschieden wurde.

Ein Staatsgerichtshof wurde in Bayern erstmals durch das Gesetz vom 30. 3. 1850 ge- **3** schaffen.[2] Der Staatsgerichtshof war zunächst für Ministeranklagen wegen Verletzung der Gesetze zuständig. Die bayerische Verfassung von 1919 übertrug dem Staatsgerichtshof verschiedene Zuständigkeiten, so insbesondere die Entscheidung über die Ministeranklage (§ 56), die Entscheidung über Verfassungsbeschwerden (§ 93) sowie für Verfassungsstreitigkeiten (§ 70 Abs. 1). Verfassungsstreitigkeiten wurden verstanden als Streitigkeiten über die Anwendung und Auslegung verfassungsrechtlicher Bestimmungen.[3] 1925 wurden die Zuständigkeiten um die Entscheidung über die Aberkennung der Mitgliedschaft des Landtagsmandats erweitert.

b) Vom Staatsgerichtshof zum Verfassungsgerichtshof. Den Namen Verfassungs- **4** gerichtshof erhielt das Gericht erst mit der Verfassung von 1948. Ursprünglich sollte es den Namen „Staatsgerichtshof" weiterführen. Mit einer im Laufe der Beratungen über die

---

[1] VerfGH 15, 1; VerfGH 18, 140; VerfGH 27, 35.

[2] GBl S. 134; *Schweiger*, in: Nawiasky/Schweiger/Knöpfle, Art. 60, Rn. 3; *Huber, K.*, BayVBl 2008, 65.

[3] *Schweiger*, in: Nawiasky/Schweiger/Knöpfle, Art. 60, Rn. 3.

Bayerische Verfassung immer weiter vorschreitenden Ausdehnung der Kompetenzen des Gerichts wurde der Name „Verfassungsgerichtshof" gewählt, um auf diese Weise der Erweiterung der Zuständigkeiten, insbesondere auf dem Gebiet der abstrakten Normkontrolle, Rechnung zu tragen.[4]

3. Verhältnis zum Grundgesetz

5   Das Grundgesetz lässt den Ländern Raum für eine eigene Verfassung und damit auch für eine eigene Verfassungsgerichtsbarkeit. Art. 100 GG geht ausdrücklich von der Existenz von Landesverfassungsgerichten aus. An der Geltung des Art. 60 BV bestehen daher keine Zweifel.

4. Reformbedarf

6   Die Rechtsprechung des Bayerischen Verfassungsgerichtshofs wurde einhellig als eine Bereicherung des Verfassungslebens in Deutschland begriffen.[5] Seine Rechtsprechung besaß und besitzt eine große Impulswirkung, die deutlich über Bayern hinausreicht. Die Existenz des Bayerischen Verfassungsgerichtshofs und dessen Rechtsprechung waren ein maßgeblicher Grund dafür, dass bei der Verfassungsgebung der neuen Länder nach 1990 jeweils starke Verfassungsgerichtshöfe mit Individualbeschwerdemöglichkeiten geschaffen wurden. Die weit reichenden Entscheidungsbefugnisse des Bayerischen Verfassungsgerichtshofs besaß Modellcharakter für die anderen Bundesstaaten. Der Art. 60 BV ist ein Fundament der Selbständigkeit der Bayerischen Verfassung und sollte in keiner Form geändert werden.

II. Einzelkommentierung des Art. 60 BV

1. Bestandsgarantie für den Bayerischen Verfassungsgerichtshof

7   Art. 60 BV errichtet rechtlich den Bayerischen Verfassungsgerichtshof von Verfassungs wegen. Durch Art. 60 BV wird der Bayerische Verfassungsgerichtshof zu einem Organ des Freistaates Bayern. Art. 60 BV enthält eine Zweckbestimmung „für staatsrechtliche Fragen". Durch diese Bestimmung wird die gesetzliche Zuweisung anderer Fragen als die Beantwortung staatsrechtlicher Fragen nicht ausgeschlossen, dennoch muss das Schwergewicht bei staatsrechtlichen Fragen bleiben. Der Begriff des Staatsrechts in Art. 60 BV umfasst dabei auch das Verfassungsrecht, wie sich schon aus dem Namen des Gerichts ergibt.[6]

8   Art. 60 BV begründet eine Bestandsgarantie des Bayerischen Verfassungsgerichtshofs. Für das frühere Bayerische Oberste Landesgericht enthält die Bayerische Verfassung keine vergleichbare ausdrückliche Bestandsgarantie.[7] Aus Art. 60 BV folgen unmittelbar keine Zuständigkeiten des Bayerischen Verfassungsgerichtshofs, diese müssen sich vielmehr aus anderen Bestimmungen ergeben.

2. Der Verfassungsgerichtshof

9   **a) Stellung.** Der Bayerische Gerichtshof ist oberstes Gericht für staats- und verfassungsrechtliche Fragen. Er ist ein oberstes Staatsorgan, dem die Aufgabe übertragen ist, die Einhaltung der verfassungsmäßigen Schranken zu garantieren, die der öffentlichen

---

[4] *Schweiger,* in: Nawiasky/Schweiger/Knöpfle, Art. 60, Rn. 1. Der Namensgebung lag dabei ein Begriffsverständnis zugrunde, nach dem das Staatsrecht einerseits und das Verfassungsrecht andererseits zwei sich überschneidende Gebiete darstellen, aber keine vollständige Identität oder Teilidentität vorlag. Das Staatsrecht wird als das Recht der Staatsorgane verstanden, während das Verfassungsrecht (darüber hinausgehend) zumindest das gesamte formelle Verfassungsrecht erfasst – vgl. etwa *Schweiger,* in: Nawiasky/Schweiger/Knöpfle, Art. 60 Rn. 4.

[5] S. nur *Huber, K.,* BayVBl 2008, 65, 66.

[6] *Meder,* Art. 60, Rn. 1.

[7] VerfGH 58, 212.

Gewalt, und zwar auch den anderen obersten Staatsorganen, gezogen sind.[8] Er bezeichnet sich selbst als Hüter der Verfassung,[9] bzw. wiederholt den Normtext des Art. 60 BV,[10] sofern er auf seine Bedeutung hinweisen will. Durch die Qualifizierung als Gericht wird seine Normgebundenheit statuiert und seine Unabhängigkeit gesichert.[11]

Der Verfassungsgerichtshof ist ein Gericht, allerdings mit anderem Aufgabenbereich **10** als alle anderen Gerichte des Landes: Er besitzt weit reichende Kompetenzen, von denen er regen Gebrauch macht, und ist berufen, das Verfassungsrecht bindend auszulegen und fortzubilden,[12] allerdings steht ihm nicht die Kompetenz–Kompetenz zu.[13] Er übt Rechtsprechung und keine Gesetzgebung aus. Als Gericht kann er nur auf Antrag tätig werden. Bei den Normkontrollverfahren ist er auf die Kassation einer Norm, bzw. auf die Erklärung der Verfassungswidrigkeit beschränkt. Er kann nicht eine verfassungswidrige Bestimmung durch eine verfassungsgemäße ersetzen.[14] Als Gericht entscheidet er nach rechtlichen und nicht nach politischen Gesichtspunkten.[15]

Sofern er im Rahmen der konkreten verfassungsgerichtlichen Verfahren berechtigt ist, **11** die Entscheidungen anderer Gerichte aufzuheben, steht er insoweit über diesen Gerichten. Innerhalb des Auslegungsspielraums, der bei Einhaltung der Methodenregeln dem Staatsgerichtshof verbleibt, muss er auch die Selbständigkeit der anderen Verfassungsorgane achten.[16]

b) Organisation und Verfahren. Die Zusammensetzung des Verfassungsgerichtshofs **12** regelt Art. 68 BV. Die Grundsätze des Verfahrensrechts sind gesetzlich in Art. 14–Art. 30 VfGHG geregelt. Im Einzelnen gilt:

c) Zuständigkeiten. Die Zuständigkeiten des Bayerischen Verfassungsgerichtshofs be- **13** ziehen sich auf Streitigkeiten im Verhältnis der Bayerischen Staatsorgane untereinander oder der Bürger zur Staatsgewalt des Freistaates Bayern. Sie sind zum großen Teil in den Art. 60 ff. BV, aber nicht ausschließlich dort zu finden (s. etwa auch Art. 15 Abs. 2 BV, Art. 33 S. 2 u. 3, Art. 48 Abs. 3, Art. 59, Art. 75 Abs. 3, Art. 92, Art. 98 S. 4 und Art. 120 BV). Diese Zuständigkeiten erfassen zunächst klassische Bereiche der Staatsgerichtsbarkeit (Organstreitigkeiten – Art. 64 BV; Ministeranklage gemäß Art. 59 und Art. 61 BV), sowie Streitigkeiten im Zusammenhang von Wahlen (Art. 33 BV, Art. 63 BV, Art. 15 Abs. 2 BV bzw. Art. 62 BV). Praktisch wichtig sind die Befugnisse, die Handlungen der Staatsorgane auf (zumindest mittelbare) Initiative der Bürger hin auf ihre Übereinstimmung mit der Bayerischen Verfassung zu überprüfen. Die Verfahrensart hängt dabei von der Form ab, in der der Freistaat gehandelt hat. Bei Normen greifen die Normenkontrollverfahren. Hält ein Richter innerhalb eines Verfahrens eine entscheidungserhebliche Norm für verfassungswidrig, ist die Richtervorlage gemäß Art. 65 BV i.V. m. Art. 92 BV statthaft, will der Bürger sich gegen grundrechtswidrige Normen wehren, greift die Popularklage gemäß Art. 98 S. 4 BV ein. Eine abstrakte Normenkontrolle, wie sie das GG kennt, ist der Bayerischen Verfassung fremd. Geht es um andere Handlungsformen der Exekutiven oder der Judikativen, ist die Verfassungsbeschwerde gemäß Art. 66 BV sowie Art. 48 Abs. 3 und Art. 120 BV maßgebend.

---

[8] VerfGH 18, 140 (148); VerfGH 19, 1 (5); *Meder,* Art. 60, Rn. 2.

[9] Vgl. VerfGH 1, 101 (107); VerfGH 3, 4 (7); VerfGH 11, 146 (162); VerfGH 19, 1 (5); VerfGH 15, 1 (4); VerfGH 18, 140 (148).

[10] VerfGH 15, 1 (4); VerfGH 27, 35 (45).

[11] VerfGH 18, 140 (148).

[12] VerfGH 20, 36 (44); s. a. BVerfG BayVBl 1985, 239 mit der Anerkennung des Rechts des Verfassungsgerichtshofs zur letztverbindlichen Auslegung der BV.

[13] Anderer Ansicht *Schweiger,* in: Nawiasky/Schweiger/Knöpfle, Art. 60, Rn. 4.

[14] VerfGH 11, 1 (10).

[15] *Schweiger,* in: Nawiasky/Schweiger/Knöpfle, Art. 60, Rn. 4.

[16] Vgl. VerfGH 35, 82 (89); *Meder,* Art. 60, Rn. 2.

14   **d) Streitgegenstände.** Der Jurisdiktion des Verfassungsgerichtshofs unterliegen Akte von unmittelbaren oder mittelbaren juristischen Personen des Freistaates Bayern, sowie von Personen des Privatrechts, sofern sie bei ihrem Handeln an die Bayerische Verfassung gebunden sind. Beliehene gelten als Teile des Freistaates, sofern sie von diesem mit der Hoheitsgewalt betraut wurden.

15   Maßnahmen, die von Bundesbehörden oder von Behörden anderer Länder vorgenommen werden, unterliegen nicht der Rechtsprechung des Verfassungsgerichtshofs und zwar auch dann nicht, wenn diese die Vorschriften des bayerischen Rechts beachten müssen.

16   **e) Prüfungsmaßstab.** *aa) Unmittelbarer Prüfungsmaßstab — die Bayerische Verfassung.* Unmittelbarer Prüfungsmaßstab, an dem der Verfassungsgerichtshof das Verhalten des Freistaates Bayern messen kann, ist die Bayerische Verfassung. Die Bayerische Verfassung besteht zunächst aus den geschriebenen Normen der Bayerischen Verfassung. Daneben tritt das ungeschriebene Verfassungsrecht, das nach zutreffender Ansicht solches Verfassungsrecht ist, das zwar nicht in der Verfassungsurkunde niedergelegt ist, aber die gleiche Geltungskraft und die gleiche Bindungswirkung besitzt wie die Normen, die dort schriftlich fixiert sind.[17] Weiter sind Prüfungsmaßstab Ableitungen oder Konkretisierungen aus den geschriebenen und ungeschriebenen Normen.

17   Fraglich ist, inwieweit zum ungeschriebenen Verfassungsrecht so genanntes überpositives Recht oder Naturrecht hinzuzählt. Das überpositive Recht unterscheidet sich von dem ungeschriebenen Verfassungsrecht vor allem dadurch, dass es den Verfassungsgeber selbst zu binden vermag. Der Bayerische Verfassungsgerichtshof ist schon früh nach seiner Gründung durch die Anerkennung von überpositivem Recht aufgefallen. Nach seiner Auffassung gibt es Verfassungsgrundsätze, die so elementar und so sehr Ausdruck eines auch der Verfassung vorausliegenden Rechts sind, dass sie den Verfassungsgeber selbst binden.[18]

18   Kommt es auf die Geltung einer Norm der Bayerischen Verfassung an, ist danach zu unterscheiden, ob die Norm später im Wege einer Verfassungsänderung erlassen wurde oder nicht. Bei nachträglichen Verfassungsänderungen darf der Bayerische Verfassungsgerichtshof die Einhaltung der Voraussetzungen der Verfassungsänderung prüfen. Weiter darf er — unabhängig von der Entstehung der Norm der Bayerischen Verfassung — Widersprüche zwischen zwei Normen der Bayerischen Verfassung auflösen. Die Normen begegnen sich grundsätzlich auf der gleichen Ebene, so dass die allgemeinen Kollisionsgrundsätze, insbesondere der Grundsatz lex specialis derogat legi generali, heranzuziehen sind.

19   Ob der Verfassungsgerichtshof darüber hinaus berechtigt ist, Normen der Bayerischen Verfassung wegen Verstoßes gegen Naturrecht für nichtig zu erklären, ist bisher noch nicht aktuell geworden. Diese Möglichkeit ist aber theoretisch anzuerkennen. Auch die Verfassungsgebung ist an die Grenzen jeder Rechtsetzung, wie insbesondere der Gleichheit der zur Selbstorientierung berufenen Menschen, gebunden. Dennoch ist bei gegenwärtigem Verfassungsniveau auszuschließen, dass dieser Vorbehalt des Naturrechts jemals aktuell werden wird, und es ist zu hoffen, dass es dabei bleibt.[19]

20   *bb) — Mittelbarer Prüfungsmaßstab.* Das Recht, das am Maßstab der Bayerischen Verfassung zu messen ist, ist Teil einer Rechtsordnung, die von anderen Rechtsordnungen überwölbt wird. Die überwölbenden Rechtsordnungen wirken auf die überwölbte Rechtsordnung in unterschiedlicher Form ein (s. im Verhältnis zum Bundesrecht nur Art. 31 GG, Art. 28 GG und Art. 142 GG). Da Gegenstand einer verfassungsgerichtlichen Streitigkeit nur ein wirksamer Rechtsakt sein kann, muss der VerfGH mitunter als Vorfrage prüfen, ob der bayerische Rechtsakt wegen Widerspruchs gegen eine höherrangige Rechtsordnung

---

[17] Ausführlich *Heinrich Amadeus Wolff*, Ungeschriebenes Verfassungsrecht unter dem Grundgesetz, 2000.

[18] Vgl. VerfGH 2, 45 (47); VerfGH 4, 51 (58 f); VerfGH 6, 28; VerfGH 11, 146 (153) – vgl. dazu *Schweiger*, in: Nawiasky/Schweiger/Knöpfle, Art. 60, Rn. 5.

[19] Vgl. dazu ausführlich: *Heinrich Amadeus Wolff*, Ungeschriebenes Verfassungsrecht unter dem Grundgesetz, 2000.

(außer der BV) schon nichtig ist.[20] Die Einzelheiten werden bei den einzelnen Verfahrensarten angesprochen.

f) Entscheidungsbindung. Die Bindungswirkung der Entscheidungen des VGH ist 21 in Art. 29 VfGHG geregelt.[21] Die Bindungswirkung des Art. 29 VfGHG erstreckt sich auch auf die tragenden Entscheidungsgründe, soweit sie sich auf die Auslegung und Anwendung der BV beziehen.[22] Die Rechtslage ist insofern mit § 31 Abs. 1 BVerfGG vergleichbar. Die Bindungswirkung bezieht sich aber grundsätzlich nicht auf die Auslegung einfachen Rechts.[23] Anders soll es sein, wenn die Auslegung des einfachen Rechts eine zwingende Vorfrage darstellt. Der Verfassungsgerichtshof selbst ist befugt, von seinen früheren Interpretationen abzuweichen.[24]

g) Das Verhältnis des Bayerischen Verfassungsgerichtshofs zum BVerfG. Die 22 Bereiche der Verfassungsgerichtsbarkeit des Bundes und der Länder sind grundsätzlich selbständig nebeneinander angeordnet.[25] Entscheidungen des Landesverfassungsgerichts darf der Bund daher nur aufheben, sofern dafür eine ausdrückliche Kompetenz besteht.[26]

Die Zuständigkeit des Bayerischen Verfassungsgerichtshofs besteht nur, soweit die Gel- 23 tungskraft der Bestimmung der Bayerischen Verfassung reicht. Ob die Geltung einer Norm der Bayerischen Verfassung wegen vorrangigem Bundesrecht entfällt, ist allerdings nicht der Jurisdiktion des Bayerischen Verfassungsgerichtshofs vorbehalten. Daher kann es zu einer Verfassungsbeschwerde zum Bundesverfassungsgericht gegen Entscheidungen des Bayerischen Verfassungsgerichtshofs kommen.[27] Das Bundesverfassungsgericht ist dabei an die Auslegung einer Vorschrift der Landesverfassung durch den Verfassungsgerichtshof gebunden. Es kann die Entscheidung des Landesverfassungsgerichtshofs aber insoweit überprüfen, ob eine Bestimmung des Landesverfassungsrechts in der Auslegung, die es durch den Verfassungsgerichtshof erhalten hat, mit dem Grundgesetz unvereinbar ist.[28]

Die Selbständigkeit der Verfassungsräume von Bund und Ländern äußert sich insbeson- 24 dere dadurch, dass es in vielen Fällen möglich ist, sowohl ein Verfahren beim BVerfG als auch beim BayVerfGH parallel anzustrengen.

Im Verhältnis zur Verfassungsbeschwerde nach Bundesrecht bestimmt § 90 Abs. 3 25 BVerfGG ausdrücklich insofern, als dass das Recht eine Verfassungsbeschwerde an das Landesverfassungsgericht nach dem Recht der Landesverfassung zu erheben unberührt bleibt. Im Falle von inhaltlich übereinstimmenden Grundrechtsnormen des GG und der BV wird demnach eine doppelte verfassungsrechtliche Garantie gewährt.[29] So ist eine parallele Erhebung einer Verfassungsbeschwerde nach § 90 BVerfGG und eine Verfassungsbeschwerde gemäß Art. 66, 120 BV zum VerfGH möglich. Der Beschwerdeführer darf den Bayerischen Verfassungsgerichtshof auch dann noch anrufen, wenn das BVerfG seine Verfassungsbeschwerde bereits abgewiesen hat.[30] Dagegen fehlt ihm für eine Verfassungsbeschwerde zum Bayerischen Verfassungsgerichtshof das Rechtsschutzbedürfnis,

---

[20] VerfGH 38, 51 (57 f.). Bei der Entscheidung des Verfassungsgerichtshofs darüber, ob die gesetzlichen Voraussetzungen für die Zulassung eines Volksbegehrens gegeben sind, überprüft er den vorgelegten Gesetzentwurf umfassend am Maßstab höherrangiger Normen, einschließlich des Bundesrechts.

[21] Zum Verhältnis der Feststellung der Verfassungswidrigkeit einer gerichtlichen Entscheidung zu deren Aufhebung siehe VerfGH 2, 9; VerfGH 3, 4.

[22] VerfGH 28, 143 (171).

[23] VGH Urteil vom 12.7.1989 – 4 B 88.3280, NJW 1990, 2014; a. A. *Meder,* Art. 60, Rn. 4.

[24] *Meder,* Art. 60, Rn. 4.

[25] *Schweiger,* in: Nawiasky/Schweiger/Knöpfle, Art. 60, Rn. 6.

[26] BVerfGE 6, 376 (381 f.); VerfGH 18, 51 (55); vgl. a. VerfGH 20, 87 (91); VerfGH 27, 35 (45); *Schweiger,* in: Nawiasky/Schweiger/Knöpfle, Art. 60, Rn. 6.

[27] BVerfGE 42, 312 (325).

[28] *Meder,* Art. 60, Rn. 7; s. a. BVerfGE 60, 175 (209).

[29] BVerfGE 22, 267 (271); VerfGH 11, 11 (16); VerfGH 27, 109 (118).

[30] VerfGH 11, 11 (18); VerfGH 18, 140 (150).

wenn einer zum Bundesverfassungsgericht erhobenen Verfassungsbeschwerde stattgegeben wurde.[31]

26   Ein Betroffener kann neben einer Verfassungsbeschwerde zum BVerfG auch die Popularklage nach Art. 98 S. 4 BV zum VerfGH erheben.[32] Dies ist auch noch nach erfolglosem Abschluss des Verfahrens beim BVerfG möglich.[33] Dies liegt daran, dass das Bundesverfassungsgericht und der Verfassungsgerichtshof unterschiedliche Entscheidungsmaßstäbe besitzen.

27   Auch die Vorlageverfahren nach Art. 100 Abs. 1 GG zum BVerfG und nach Art. 92 BV zum Bayerischen Verfassungsgerichts stehen nebeneinander.[34] Kommt ein Richter zu der Überzeugung, dass eine landesrechtliche Norm sowohl das Grundgesetz als auch die BV verletzt, so hat er die Frage der Unvereinbarkeit der Norm mit dem Grundgesetz dem Bundesverfassungsgericht vorzulegen und die Frage der Unvereinbarkeit mit der BV dem Verfassungsgerichtshof.[35] Die Reihenfolge steht im Ermessen des Gerichts.[36]

28   Zum Schutz der Einheitlichkeit der Auslegung des Grundgesetzes besteht die Vorlagepflicht gemäß Art. 100 Abs. 3 GG, deren praktische Bedeutung gering ist. Der Verfassungsgerichtshof hat offen gelassen, ob eine Vorlagepflicht nach Art. 100 Abs. 3 GG besteht, wenn er eine Norm der Bayerischen Verfassung auslegt und dabei von der Auslegung einer inhaltsgleichen Grundgesetznorm durch das Bundesverfassungsgericht abweichen will.[37]

Art. 61 [Anklagen gegen ein Mitglied der Staatsregierung oder des Landtags]

(1) Der Verfassungsgerichtshof entscheidet über Anklagen gegen ein Mitglied der Staatsregierung oder des Landtags.

(2) Die Anklage gegen ein Mitglied der Staatsregierung ist darauf gerichtet, daß die Verfassung oder ein Gesetz von ihm vorsätzlich verletzt worden ist.

(3) Die Anklage gegen ein Mitglied des Landtags ist darauf gerichtet, daß es in gewinnsüchtiger Absicht seinen Einfluß oder sein Wissen als Mitglied des Vertretungskörpers in einer das Ansehen der Volksvertretung gröblich gefährdenden Weise mißbraucht hat oder daß es vorsätzlich Mitteilungen, deren Geheimhaltung in einer Sitzung des Landtags oder einer seiner Ausschüsse beschlossen worden ist, in der Voraussicht, daß sie öffentlich bekannt werden, einem anderen zur Kenntnis gebracht hat.

(4) ¹Die Erhebung der Anklage erfolgt durch den Landtag auf Antrag von einem Drittel der gesetzlichen Mitgliederzahl und bedarf einer Zweidrittelmehrheit dieser Zahl. Jedes Mitglied der Staatsregierung oder des Landtags kann Antrag gegen sich selbst stellen.

Parallelvorschriften im GG und anderen Landesverfassungen: Art. 42, 76 BaWüVerf; Art. 61 BbgVerf; Art. 111 BremVerf; Art. 65 HmbVerf; Art. 115 HessVerf; Art. 17 NdsVerf; Art. 63 NRWVerf; Art. 131, 135 RhPfVerf; Art. 85, Art. 94 SaarlVerf; Art. 118 SachsAnhVerf.

Literatur: Dauster, Die Ministeranklage im deutschen Landesverfassungsrecht, in: GS f. W. K. Geck, 1989, 123; *Elsäßer,* Der Bayerische Verfassungsgerichtshof, BayVBl 1963, 165; *Freund,* Die Anklagever-

---

[31] *Meder,* Art. 60, Rn. 7; a.A. *Schuhmann,* Einwirkungen des Bundesrechts auf die Bayerische Verfassungsgerichtsbarkeit, in: FS f. VfGH, 1972, 302.

[32] BVerfGE 36, 342 (368 f.).

[33] VerfGH 18, 51 (55); VerfGH 24, 199 (216).

[34] BVerfGE 33, 303 (325).

[35] VerfGH 25, 27 (33 f.); *Meder,* Art. 60, Rn. 9.

[36] *Stern,* Nahtstellen zwischen Bundes- und Landesverfassungsgerichtsbarkeit, BayVBl 1976, 547 (550); *Lerche,* Probleme der Vorfragenkompetenz in der Judikatur des Bayerischen Verfassungsgerichtshofs, in: FS f. VfGH 1972, 257; anders *Schuhmann* (Fn. 31), in: FS f. VfGH, 1972, 294 ff.

[37] VerfGH 28, 143 (171) – Die Literatur verneint dies: *Meder,* Art. 60, Rn. 10; *Stern,* in: BK – GG, Art. 100, Rn. 304.

fahren vor den Landesverfassungsgerichten, in: Starck/Stern (Hg), Landesverfassungsgerichtsbarkeit, 1983, Band 2, S. 307; *Huber, Karl,* Grundfragen der Bayerischen Verfassungsgerichtsbarkeit – 60 Jahre Bayerischer Verfassungsgerichtshof, BayVBl 2008, 65; *Meier,* Die Ministeranklage nach der nordrhein-westfälischen Landesverfassung, VR 1985, 376; *Schneider,* Die Ministeranklage im parlamentarischen Regierungssystem, ZParl 1985, 495.

I. Allgemeines

1. Bedeutung von Art. 61 BV innerhalb der BV

Art. 61 BV normiert zwei Anklageverfahren, die Anklage der Kabinettsmitglieder und **1** die der Abgeordneten. Der erste und der vierte Absatz gelten für beide Verfahrensarten, der zweite dagegen nur für die Anklage der Regierungsmitglieder und der dritte nur für die Abgeordnetenanklage. Die Bayerische Verfassung bietet nur für das erste Verfahren mit Art. 59 BV materielle Maßstäbe, die über Art 61 BV hinausgehen. Beide Verfahren sind in Bayern niemals praktisch geworden.[1] Fehlverhalten von Staatsdienern werden üblicherweise auf politischem und nicht auf juristischem Wege sanktioniert.

2. Entstehungsgeschichte des Art. 61 BV

Das Anklageverfahren kennt das Bayerische Verfassungsrecht seit über 150 Jahren.[2] Die **2** Abgeordnetenanklage war dagegen im Verfassungsentwurf der Staatskanzlei noch nicht enthalten und wurde erst im Laufe der Diskussion aufgenommen.[3] Die in Art. 61 BV vorgesehenen Anklagen wurden vom einfachen Gesetzgeber auf der Grundlage des Art. 67 BV um die Anklagen gegen Senatoren des Bayerischen Senats ergänzt. Mit Wegfall des Senats ist dieses Verfahren gegenstandslos geworden. Eine Anklage von Richtern kennt weder die BV noch das Gesetz. Für solche Fälle wäre gemäß Art. 98 Abs. 5 S. 3 GG das BVerfG zuständig.

3. Verhältnis zum Grundgesetz und Reformbedarf

An der Weitergeltung des Art. 61 BV im Hinblick auf das GG bestehen keine Zweifel. **3** Auch wenn die Verfahren nach Art. 61 BV bisher nicht praktisch wurden, besitzen sie dennoch eine systematische Bedeutung. Sie betonen die Verfassungsbindung sowohl der Legislativen als auch der Exekutiven und die Gesetzesbindung der Landesregierung. Von ihrer Existenz geht eine nicht genau messbare vorbeugende Wirkung aus, die es rechtfertigt, diese Verfahren aufrechtzuerhalten und nicht etwa unter Berufung auf ihre fehlende praktische Relevanz für eine Aufhebung zu plädieren.

II. Einzelkommentierung des Art. 61 BV

1. Anklageverfahren – Art. 61 Abs. 1 BV

Art. 61 Abs. 1 BV begründet die Kompetenz des Verfassungsgerichtshofs für die dort ge- **4** nannten zwei Anklageverfahren, ohne das Verfahren und die Entscheidung näher zu qualifizieren. Die Besetzung des Gerichtshofs in den Verfahren nach Art. 61 BV ist in Art. 68 Abs. 2 Buchstabe a) BV niedergelegt.

Der Verfassungsgerichtshof spricht nur aus, ob der geltend gemachte Verstoß wirklich **5** vorliegt: „Schuldspruch". Die Konsequenzen aus dem Schuldspruch sind dann politisch zu ziehen, insbesondere über die Möglichkeiten des Art. 44 Abs. 3 BV und Art. 45 BV. Der Urteilsspruch wurde bewusst nicht verfassungsrechtlich geregelt.[4]

---

[1] *Schweiger,* in: Nawiasky/Schweiger/Knöpfle, Art. 61 Rn. 8; *Pestalozza,* Verfassungsprozessrecht, § 23 Rn. 28; *Huber, K.,* BayVBl 2008, 65.

[2] Vgl. *Pestalozza,* Verfassungsprozessrecht, § 23, Rn. 28.

[3] *Meder,* Art. 61 Rn. 30; Stenographische Berichte über die Verhandlungen des Verfassungsausschusses der Bayerischen Verfassungsgebenden Landesversammlung, 12. Sitzung vom 5. August 1946, S. 291–294.

[4] *Schweiger,* in: Nawiasky/Schweiger/Knöpfle, Art. 61, Rn. 2; vgl. Prot. II S. 419.

2. Ministeranklage – Art. 61 Abs. 2 BV

6   Art. 61 Abs. 2 BV bildet in Kombination mit Art. 59 BV die Ministeranklage. Es können nur die in Art. 59 BV genannten Amtswalter angeklagt werden. Die Kabinettsmitgliedschaft muss nur im Moment des Verstoßes, nicht aber im Moment des Verfahrens vorliegen.[5] Verfassung im Sinne von Art. 61 Abs. 2 BV ist die Bayerische Verfassung und mit Gesetz nur die bayerischen Landesgesetze gemeint.[6] Vorsätzlich meint den Begriff im strafrechtlichen Sinne[7] und kann auch bei einem Unterlassen vorliegen, sofern eine entsprechende Handlungspflicht und -fähigkeit existiert.[8] Die vorsätzliche Verletzung muss im inneren Zusammenhang mit der Stellung des Angeklagten als Kabinettsmitglied stehen.[9] Anklageberechtigt ist gem. Art. 61 Abs. 4 BV der Landtag. Die Anforderungen an die Anklageschrift, das Verfahren und die Entscheidungswirkungen werden nicht in der Bayerischen Verfassung geregelt, sondern sind einer Regelung durch einfaches Gesetz vorbehalten (vgl. dazu Art. 31 bis Art. 43 VfGHG).

3. Abgeordnetenanklage

7   Angeklagt können gem. Art. 61 Abs. 3 BV nur Mitglieder des Bayerischen Landtages sein. Das Gesetz nennt zwei Arten von Verfehlungen. Der Missbrauch oder die zur Kenntnisbringung, wobei es sich in beiden Fällen gerade um Fähigkeiten bzw. Kenntnisse handeln muss, die der Betroffene als Mitglied des Landtages besitzt.

8   **a) Missbrauchstatbestand.** Der Missbrauch ist die zweckwidrige Einsetzung des Einflusses oder des Wissens, das der Abgeordnete gerade als Mitglied des Bayerischen Landtages besitzt. Die gewinnsüchtige Absicht liegt vor, wenn jemand seinen Erwerbssinn in einem ungewöhnlichen, ungesunden und sittlich anstößigen Maße betätigt.[10] Dies kann auch bei geringfügigem Gewinn vorliegen.[11] Der Missbrauch muss geeignet sein, das Ansehen der Volksvertretung erheblich zu beeinträchtigen. Ob diese Beeinträchtigung tatsächlich eingetreten ist, ist unerheblich. Hinsichtlich des Ansehensverlustes muss der Handelnde keinen Vorsatz haben, es genügt Fahrlässigkeit.[12] Die Qualifizierung als „gröblich" bezieht sich auf die Art und Weise der Handlung und nicht etwa auf die Wahrscheinlichkeit der Entdeckung der Pflichtverletzung.[13]

9   **b) Unzulässige Kenntnisbringung.** Der Vergehenstatbestand bezieht sich auf Informationen, hinsichtlich derer ausdrücklich in den Sitzungen des Landtags oder seiner Ausschüsse die Geheimhaltung beschlossen wurde. Zur Kenntnisbringung ist nur die wissentliche Mitteilung, nicht schon der unvorsichtige Vorgang mit diesen Informationen. Öffentlich bekannt ist eine Mitteilung, wenn sie einer unbestimmten Anzahl von Personen zugänglich ist.[14] Der Abgeordnete muss die Mitteilungen nicht in der Absicht vorgenommen haben, dass diese später von einem anderen öffentlich bekannt gemacht werden. Es reicht, wenn er die spätere öffentliche Bekanntgabe als realistische Folge für möglich halten konnte. So ist die „Voraussicht" etwa anzunehmen, wenn der Abgeordnete geheim zu haltende Mitteilungen an Personen weitergibt, deren Zuverlässigkeit und Schweigsamkeit nicht völlig erprobt ist. Der Hinweis „unter dem Siegel der Verschwiegenheit" schließt die Voraussicht der Bekanntgabe nicht aus.[15]

---

[5] *Schweiger*, in: Nawiasky/Schweiger/Knöpfle, Art. 61, Rn. 3.

[6] *Pestalozza*, Verfassungsprozessrecht, § 23, Rn. 29.

[7] *Schweiger*, in: Nawiasky/Schweiger/Knöpfle, Art. 61 Rn. 4.

[8] *Schweiger*, in: Nawiasky/Schweiger/Knöpfle, Art. 61 Rn. 4.

[9] *Schweiger*, in: Nawiasky/Schweiger/Knöpfle, Art. 61 Rn. 4.

[10] *Meder*, Art. 61 Rn. 3.

[11] *Schweiger*, in: Nawiasky/Schweiger/Knöpfle, Art. 61 Rn. 5.

[12] *Schweiger*, in: Nawiasky/Schweiger/Knöpfle, Art. 61 Rn. 5.

[13] *Schweiger*, in: Nawiasky/Schweiger/Knöpfle, Art. 61 Rn. 5.

[14] *Schweiger*, in: Nawiasky/Schweiger/Knöpfle, Art. 61 Rn. 5.

[15] *Schweiger*, in: Nawiasky/Schweiger/Knöpfle, Art. 61 Rn. 5.

Anklageberechtigt ist wiederum der Landtag und der einzelne Abgeordnete (Art. 61 **10** Abs. 4 BV). Die Einzelheiten des Verfahrens und der Entscheidungsausspruch sind verfassungsrechtlich nicht vorgegeben, sondern gesetzlich geregelt. Art. 44 Abs. 1 VfGHG verweist auf das Verfahren für die Regierungsanklage. Einfach-rechtlich steht dem Verfassungsgerichtshof nicht die Kompetenz zu, dem Abgeordneten das Mandat im Falle der Begründetheit eines Antrags zu entziehen.

4. Antragserhebung – Art. 61 Abs. 4 BV

Die Erhebung der Anklage ist für beide Anklagen einheitlich geregelt. Sie ist zweistufig **11** ausgerichtet. Die Mehrheit bezieht sich auf die gesetzliche Mitgliederzahl des Landtages (s. Art. 13 BV). Der Antrag bedarf einer Mehrheit von einem Drittel und die Anklageerhebung selbst einer Mehrheit von zwei Dritteln des Landtages. Die Möglichkeit des Betroffenen, den Antrag selbst zu stellen gemäß Satz 2, bezieht sich nur auf den ersten Akt der Antragstellung. Die Zustimmung des Landtages mit der Zweidrittelmehrheit muss auch in diesem Fall hinzukommen.[16]

Art. 62 [Ausschluss von Wählergruppen von Wahlen und Abstimmungen]

Der Verfassungsgerichtshof entscheidet über den Ausschluß von Wählergruppen von Wahlen und Abstimmungen (Art. 15 Abs. 2).

Rechtsprechung: VerfGH 17, 1; 17, 3; VerfGH, Ents. v. 15. 7. 1949, Az: Vf.15-VI-48.

Literatur: S. bei Art. 15 BV und dazu: *Arndt/Schweitzer,* Mandat und Fraktionsstatus, ZParl 1976, 71; *Elsäßer,* Der Bayerische Verfassungsgerichtshof, BayVBl 1963, 165; *Huber, K.,* Grundfragen der Bayerischen Verfassungsgerichtsbarkeit – 60 Jahre Bayerischer Verfassungsgerichtshof, BayVBl 2008, 65.

1. Entstehung

Die Möglichkeit des Ausschlusses von Wählergruppen von Wahlen und Abstimmungen **1** wurde in die Verfassung 1946 neu eingefügt, als Reaktion auf die Erfahrung der Weimarer Zeit und danach.[1]

2. Bedeutung

Art. 62 BV ist als Verfassungsstreitverfahren nie praktisch geworden.[2] Die Norm besitzt **2** daher nur insofern Bedeutung, als sie für die Auslegung anderer Normen und für das Verfassungssystem in Bayern relevant ist.

3. Inhalt

Die Bayerische Verfassung wiederholt weitgehend nur aus Gründen der Systematik in **3** dem Abschnitt über die Verfassungsgerichtsbarkeit die Kompetenz, die sie schon in Art. 15 Abs. 2 BV geschaffen hat. Die Einzelheiten sind daher bei Art. 15 BV kommentiert. Art. 62 BV besitzt nur insoweit eine selbständige Bedeutung, als er klarer als Art. 15 Abs. 2 BV bestimmt, dass der Bayerische Verfassungsgerichtshof den Ausschluss selbst konstitutiv beschließt. Die Besetzung richtet sich nach Art. 68 Abs. 2 Buchstabe c) BV.

Art. 63 [Gültigkeit der Wahl und Verlust der Mitgliedschaft zum Landtag]

Der Verfassungsgerichtshof entscheidet über die Gültigkeit der Wahl der Mitglieder des Landtags und den Verlust der Mitgliedschaft zum Landtag (Art. 33).

Parallelvorschriften im GG und anderen Landesverfassungen: Art. 41 GG; Art. 31 BaWüVerf; Art. 63 BbgVerf; Art. 9 HmbVerf; Art. 78 HessVerf; Art. 21 M-VVerf; Art. 11 NdsVerf; Art. 33 NRWVerf; Art. 82 RhPfVerf; Art. 75 SaarVerf; Art. 45 SächsVerf; Art. 44 SachsAnhVerf; Art. 80 ThürVerf.

---

[16] *Meder,* Art. 61 Rn. 4, *Schweiger,* in: Nawiasky/Schweiger/Knöpfle, Art. 61 Rn. 7.
[1] *Pestalozza,* § 23, Rn. 32; Stenographische Berichte (Fn. 3, Art. 61), S. 97–104.
[2] *Huber, K.,* BayVBl 2008, 65.

Rechtsprechung: VerfGH 14, 87; 45, 3, 45, 12; 58, 56; VerfGH, Ents. v. 22. 9. 1947, Az: Vf. 23–III a–47; VerfGH, Ents. v. 16. 9. 1949, Az: Vf.3–VI, VIII–48; VerfGH, Ents. v. 31. 7. 1952, Az: Vf.112–VII–50; VerfGH, Ents. v. 15. 11. 1961, Az: Vf.47–63–III a–60.

Literatur: Aulehner, Die Disproportion von Stimmen- und Mandatsanteilen in der bayerischen Landtagswahl, BayVBl 1991, 577; *Hermes,* Zur Ausgestaltung der Wahlprüfung in den Ländern, JZ 2001, 873; *Hoppe,* Die Wahlprüfung durch den Bundestag (Art 41 Abs 1 Satz 1 GG) – ein „Wahlprüfungsverhinderungsverfahren?", DVBl 1996, 344; *Huber, Karl,* Grundfragen der Bayerischen Verfassungsgerichtsbarkeit – 60 Jahre Bayerischer Verfassungsgerichtshof, BayVBl 2008, 65; *Mückenheim,* Wahlprüfung und Wahlrecht in der Rechtsprechung des Hamburgischen Verfassungsgerichts, NordÖR 2002, 487; *Olschewski,* Wahlprüfung und subjektiver Wahlrechtsschutz, 1969; *Schmidt, Steffen,* Die „interne Richtervorlage" im Bayerischen Verfassungsgerichtshofgesetz, BayVBl 1992, 742; *Schmitt-Vockenhausen,* Dissertation, Die Wahlprüfung in Bund und Ländern unter Einbeziehung Österreichs und der Schweiz, 1968; *Versteyl,* Das passive Wahlrecht unabhängiger Kandidaten, ZParl 1976, 65.

I. Allgemein

1. Bedeutung

Die Wahlprüfung durch den Bayerischen Verfassungsgerichtshof gem. Art. 33 S. 2, **1** Art. 63 BV dient ebenso wie die vorausgehende Wahlprüfung durch den Landtag dem Schutz des objektiven Wahlrechts. Ihr Ziel ist die Feststellung der verfassungs- und gesetzmäßigen Zusammensetzung des Landtags in der laufenden Legislaturperiode. Wird ein Wahlergebnis für ungültig erklärt, so trägt das im Ergebnis zwar auch dem Schutz subjektiver Rechte Rechnung; gleichwohl ist der Individualrechtsschutz nicht der Gegenstand des Wahlprüfungsverfahrens.[1]

2   Die Wahlprüfungsentscheidung des Verfassungsgerichtshofs nach Art. 33, Art. 63 BV dient nicht dem Individualrechtsschutz. Die Überprüfung von Wahlfehlern, die zugleich Verletzungen subjektiver Rechte darstellen, ist durch die Sonderregelungen für die Wahlprüfung von der Rechtsweggarantie des Art. 19 Abs. 4 GG ausgeschlossen. Die Befugnis der Landesverfassung dazu ergibt sich aus Art. 28 Abs. 1 S. 1 GG. Die Sonderregelungen der Art. 33, Art. 63 BV, Art. 48 Abs. 1 VfGHG schließen den Rechtsbehelf der Verfassungsbeschwerde zum Verfassungsgerichtshof nach Art. 66, 120 BV, Art. 51 ff. VfGHG aus.[2]

2. Entstehungsgeschichte des Art. 63 BV

3   Eine Landtagswahl erfordert eine Fülle von Einzelentscheidungen zahlreicher Wahlorgane. Sie kann nur gleichzeitig und termingerecht durchgeführt werden, wenn die Rechtskontrolle dieser Einzelentscheidungen während des Wahlablaufs begrenzt wird und im Übrigen einem nach der Wahl stattfindenden Wahlprüfungsverfahren vorbehalten bleibt. Deshalb können in Wahlrechtsangelegenheiten Entscheidungen und Maßnahmen, die sich unmittelbar auf das Wahlverfahren beziehen, grundsätzlich nur mit den in den Wahlvorschriften vorgesehenen Rechtsbehelfen und im Wahlprüfungsverfahren angefochten werden.[3] Die Regelungen in Art. 33, Art. 63 BV knüpfen an eine lange Rechtsentwicklung in Deutschland an. Für die Überprüfung demokratischer Parlamentswahlen wurden von Anfang an eigenständige, besonderen Regeln unterworfene Verfahren eingeführt, die sich von anderen Rechtskontrollen deutlich abhoben.[4] Auf diese allgemeinen Vorstellungen baute auch der bayerische Verfassungsgeber auf. Reformbedarf besteht in diesem Bereich, soweit ersichtlich, nicht.

---

[1] VerfGH 45, 3 (5 ff.).

[2] VerfGH 27, 119 (126 f.); VerfGH 28, 207 (209); *Schweiger* in: Nawiasky/Schweiger/Knöpfle, Die Verfassung des Freistaates Bayern, Art. 33, Rn. 4; *Meder,* Art. 33, Rn. 4; *Aulehner,* BayVBl 1991, 577 (578 f.); *Schenke,* Der gerichtliche Rechtsschutz im Wahlrecht, NJW 1981, 2440 ff.

[3] VerfGH 26, 45 (47); VerfGH 27, 119 (126 f.); VerfGH 28, 207 (209); VerfGH 45, 3 (5 ff.).

[4] Vgl. Art. 27 der Reichsverfassung von 1871; Art. 31 WRV und dazu *Kaisenberg,* Handbuch des Deutschen Staatsrechts, 1930, Bd. I, § 36; *Anschütz,* WRV, 14. Aufl. 1933, Art. 31.

3. Verhältnis zum Grundgesetz

An der Vereinbarkeit des Art. 63 BV mit Bundesrecht besteht kein Zweifel. Der Art. 63 **4** BV verstößt gegen kein einschlägiges Bundesrecht und genügt den Anforderungen der Homogenitätsklausel des Art. 28 Abs. 1 S. 1 GG.

II. Kommentierung des Art. 63 BV

1. Beschränkter Regelungsgehalt

Art. 33 BV i. V. m. Art. 63 BV begründet in der Kombination die Zuständigkeit des Ver- **5** fassungsgerichtshofs zur Entscheidung über die Gültigkeit einer Wahl oder über die Frage, ob ein Abgeordneter die Mitgliedschaft beim Landtag verloren hat. Art. 63 BV ist dabei wiederum nur deklaratorischer Natur und wiederholt die Zuständigkeit, die Art. 33 BV begründet. Die Antragsbefugnis und das Verfahren überlässt Art 63 BV der gesetzlichen Ausgestaltung (Art. 69 BV).[5] Das gesetzlich vorgesehene Erfordernis der Antragsberechtigung (Art. 48 Abs. 1 VfGHG) hat der Bayerische Verfassungsgerichtshof als zulässige gesetzliche Ausgestaltung angesehen.[6] Die Verfassung nennt auch nicht, wann eine Wahl ungültig ist oder wann ein Mitglied des Landtages seine Mitgliedschaft zum Landtag verloren hat (s. dazu Art. 38 BV).

2. Begriff des Wahlfehlers

Ein Antrag auf Wahlprüfung kann nur dann zum Erfolg führen, wenn Wahlfehler **6** behauptet und festgestellt werden.[7] Als Wahlfehler in diesem Sinne sind Verstöße gegen das materielle und formelle Wahlrecht zu verstehen. Prüfungsmaßstab sind danach zum einen die das Wahlverfahren unmittelbar regelnden Vorschriften, z. B. das Landeswahlgesetz, daneben aber auch andere Rechtsnormen, die den ungestörten und ordnungsgemäßen Verlauf der Wahl gewährleisten. Zu nennen sind neben den in Art. 14 Abs. 1 BV niedergelegten Wahlrechtsgrundsätzen die sonstigen zwingenden Rechtsvorschriften mit Bezug zum Wahlverfahren, soweit sie Unregelmäßigkeiten entgegenstehen, die geeignet sind, den vom Gesetz vorausgesetzten regelmäßigen Ablauf des Wahlverfahrens zu stören.[8]

Keinen Wahlfehler stellt es dar, wenn die nach den einschlägigen wahlrechtlichen Be- **7** stimmungen notwendige schriftliche Anzeige, die bei einer unzuständigen Stelle eingereicht wird, nicht an die zuständige Stelle (Wahlleiter) weitergereicht wird, u. a. deshalb, weil sie unvollständig war (Landtagswahl 2003).[9]

Bei einer Sachentscheidung über die Gültigkeit der Landtagswahl ist gemäß Art. 33 **8** BV Art. 63 BV, Art. 48 Abs. 1 VfGHG auch zu prüfen, ob die der Wahl zu Grunde liegenden Wahlrechtsvorschriften mit der Verfassung vereinbar sind, da die verfassungsmäßige Rechtsgrundlage Voraussetzung für eine gültige Wahl ist.[10]

3. Verletzungshandlung

Fehler in der Organisation und Abwicklung des Wahlverfahrens können nicht nur **9** von den amtlichen Wahlorganen (Art. 6 BayWahlG) begangen werden, sondern auch von Dritten, soweit sie unter Bindung an wahlgesetzliche Anforderungen kraft Gesetzes Aufgaben bei der Organisation einer Wahl erfüllen.[11]

---

[5] VerfGH 45, 3 (5 ff.); vgl. auch *Aulehner,* BayVBl 1991, 577 f.
[6] VerfGH 45, 3 (5 ff.).
[7] VerfGH 45, 3 (6); VerfGH 58, 56.
[8] VerfGH 58, 56 ff.
[9] VerfGH 58, 56 ff.
[10] VerfGH 26, 45 (47); VerfGH 45, 12 ff.; *Meder,* Art. 33, Rn. 3.
[11] VerfGH 58, 56 ff.

Art. 64 [Organstreit]

Der Verfassungsgerichtshof entscheidet über Verfassungsstreitigkeiten zwischen den obersten Staatsorganen oder in der Verfassung mit eigenen Rechten ausgestatteten Teilen eines obersten Staatsorgans.

Parallelvorschriften im GG und anderen Landesverfassungen: Art. 93 Abs. 1 Nr. 2 GG; Art. 68 BaWüVerf; Art. 84 BerlVerf; Art. 113 BbgVerf; Art. 65 HmbVerf; Art. 131 HessVerf; Art. 53 M-VVerf; Art. 54 NdsVerf; Art. 75 NRWVerf; Art. 130 RhPfVerf; Art. 97 SaarlVerf; Art. 81 SächsVerf; Art. 25 Sachs-AnhVerf; Art. 44 SchlHVerf; Art. 80 ThürVerf.

Rechtsprechung: VerfGH 2, 61; 4, 375; 20, 36; 21, 108; 23, 80; 27, 10; 29, 62; 30, 48; 33, 139; 34, 119; 35, 105; 35, 82; 41, 124; 42, 108.

Literatur: Arndt, Zum Begriff der Partei im Organstreitverfahren vor dem Bundesverfassungsgericht, AöR 87 (1962), 197; *Bethge,* Organstreitigkeiten des Landesverfassungsrechts, in: Landesverfassungsgerichtsbarkeit Bd. II, S. 17; *Cancik,* Entwicklungen im Parlamentsrecht, DÖV 2005, 577; *Clemens,* Politische Parteien und andere Institutionen im Organstreitverfahren, in: FS f. W. Zeidler 1987, 1261; *Ehlers,* Organstreitverfahren vor dem Bundesverfassungsgericht gemäß Art 93 Abs. 1 Nr. 1 GG, §§ 13 Nr. 5, 63 ff BVerfGG, Jura 2003, 315; *Elsäßer,* Der Bayerische Verfassungsgerichtshof, BayVBl 1963, 165; *Ewald,* Zur Parteifähigkeit einer politischen Partei im Verfahren nach Art 64 BV, BayVBl 1970, 433; *Kalkbrenner,* Verfassungsauftrag und Verpflichtung des Gesetzgebers, DÖV 1963, 41; *Lücke,* Die Stattgebende Entscheidung im verfassungsrechtlichen Organstreitverfahren und ihre Konsequenzen, JZ 1983, 380; *Pestalozza,* Verfassungsprozessrecht, 3. Aufl. 1991, § 23; *Schmitt Glaeser,* Das neue Gesetz über den Bayerischen Verfassungsgerichtshof, NVwZ 1992, 444.

I. Allgemein

1. Bedeutung

1   Die Zuständigkeit der Verfassungsstreitigkeit gem. Art. 64 BV betrifft die Innenstreitigkeiten zwischen Verfassungsorganen des Freistaates Bayern. Die Zuständigkeit ist ähnlich, aber nicht identisch mit der Organstreitigkeit gem. Art. 93 Abs. 1 Nr. 2 GG auf Bundesebene. Die Verfassung spricht von Verfassungsstreit, ebenso zutreffend ist der Begriff des Organstreits. Der Organstreit auf bayerischer Ebene hat alte Wurzeln und findet sich als Organstreit erstmals in der Bayerischen Verfassung von 1919 (§ 70 Abs. 1 der Verfassungsurkunde).[1] Von seiner Funktion her ist der Organstreit mit der Ministeranklage verwandt.[2] Die umfassende Zuständigkeit gem. Art. 64 BV schließt die subsidiäre Kompetenz des Bundesverfassungsgerichts gem. Art. 93 Abs. 1 Nr. 4 Var. 3 GG weitgehend aus.[3] Das Organstreitverfahren besitzt in Bayern eine nicht unerhebliche Bedeutung.

---

[1] Vgl. *Pestalozza,* Verfassungsprozessrecht, § 23, Rn. 42.
[2] *Schweiger,* in: Nawiasky/Schweiger/Knöpfle, Art. 64, Rn. 2.
[3] *Pestalozza,* Verfassungsprozessrecht, § 23, Rn. 42.

2. Entstehungsgeschichte

Auf Grund der traditionellen Wurzeln des Organstreitverfahrens war diese Zuständig- **2** keit der Sache nach unbestritten. Fraglich war nur, ob man die Verfassungsstreitigkeiten mit den Verfassungsbeschwerdeverfahren in eine Vorschrift zusammenfassen sollte.[4]

3. Verhältnis zum Grundgesetz und Reformbedarf

Die Zuständigkeit der Länder, Streitigkeiten zwischen ihren Staatsorganen und Verfas- **3** sungsorganen zu entscheiden, verstößt nicht gegen grundgesetzliche Bestimmungen. Die Möglichkeit, bei Streitigkeiten zwischen Verfassungsorganen den Verfassungsgerichtshof anzurufen, ist ein wesentliches Element für die Bindung der Staatsorgane an die Verfassung. Änderungsbedarf ist – soweit ersichtlich – nicht vorhanden.

II. Einzelkommentierung des Art. 64 BV

1. Begriff der Verfassungsstreitigkeit

Der Streitgegenstand wird durch den Begriff der Verfassungsstreitigkeit bestimmt. **4** Was genau unter einer Verfassungsstreitigkeit zu verstehen ist, ist immer noch nicht endgültig geklärt. Die Verfassungsstreitigkeit betrifft Streitigkeiten im Zusammenhang mit der Anwendung oder Auslegung einer Norm der Bayerischen Verfassung über Rechte oder Pflichten eines Beteiligten.[5] Im Kern wird der Begriff der Verfassungsstreitigkeit durch den formellen Gesichtspunkt der am Streit Beteiligten bestimmt.[6] Entscheidend ist zunächst, dass oberste Staatsorgane oder Teile von solchen, die in der Verfassung mit eigenen Rechten ausgestattet sind, miteinander streiten.

Nicht jeder Streit zwischen Staatsorganen ist dabei zugleich ein Verfassungsstreit i. S. v. **5** Art. 64 BV. Ansonsten hätte die Verfassung an Stelle des Begriffs „Verfassungsstreitigkeit" den Begriff „Streitigkeit" verwenden können. Auch das Ziel des Art. 64 BV und die Entstehungsgeschichte sprechen dafür, einen Streit als solchen nicht genügen zu lassen. Notwendig ist ein Streit um verfassungsrechtliche Rechte. Die Streitfrage muss sich daher auf Befugnisse, Rechte oder Pflichten zumindest eines Beteiligten beziehen, die aus der Verfassung abgeleitet werden.[7] Der Bayerische Verfassungsgerichtshof verlangt darüber hinausgehend, dass die Verfahrensbeteiligten über bestimmte Folgerungen aus dem zwischen ihnen bestehenden verfassungsrechtlichen Verhältnis streiten.[8]

Das Verhalten des Antragsgegners kann in einem Tun, Dulden oder Unterlassen liegen. **6** Als Tun gilt dabei auch eine Behauptung, wie etwa der Vorwurf der Rechtswidrigkeit.[9] Das Verhalten des Antragsgegners muss die verfassungsrechtlichen Rechte des Antragstellers beeinträchtigen.[10] Dabei genügt es als Beeinträchtigung, wenn der Antragsgegner dem Antragsteller vorwirft, sich verfassungswidrig zu verhalten, indem er etwas verfassungsrechtlich Unzulässiges gemacht oder einer verfassungsrechtlichen Pflicht nicht nachgekommen sei.[11] Eine Verfassungsstreitigkeit liegt schon dann vor, wenn ein Staatsorgan eine bestimmte Kompetenz eines anderen Organs bestreitet, bzw. eine bestimmte Handlung für verfassungswidrig hält, oder behauptet, diese treffe eine verfassungsrechtliche Handlungspflicht, die von diesem wiederum bestritten wird. Nicht entscheidend ist, dass

---

[4] *Schweiger,* in: Nawiasky/Schweiger/Knöpfle, Art. 64, Rd. 1; Prot. I S. 52, S. 294, Prot. II S. 399, S. 422.

[5] VerfGH 30, 48 (57); VerfGH 34, 119 (121); VerfGH 42, 108 (114); *Meder,* Art. 65, Rn. 3.

[6] VerfGH 2, 61 (68); VerfGH 34, 119 (120); VerfGH 38, 165 (174); *Meder,* Art. 64 Rn. 1.

[7] VerfGH 30, 48 (57); VerfGH 34, 119; VerfGH 35, 105 (113); VerfGH 38, 165; VerfGH 42, 109 (114); *Pestalozza,* Verfassungsprozessrecht, § 23 Rn. 45.

[8] VerfGH 38, 165 (174); *Meder,* Art. 64 Rn. 2.

[9] *Meder,* Art. 64 Rn. 2; *Pestalozza,* Verfassungsprozessrecht, § 23 Rn. 45.

[10] VerfGH 38, 165 (174); VerfGH 39, 96 (136); *Meder,* Art. 64 Rn. 2.

[11] *Meder,* Art. 64 Rn. 2; *Pestalozza,* Verfassungsprozessrecht, § 23 Rn. 45.

die Handlungspflicht gerade dem anderen Organ gegenüber bestehen muss. Die Verfassungsstreitigkeit kann dabei in der Vergangenheit liegen.

7   Es ist nicht erforderlich, dass die umstrittenen verfassungsrechtlichen Rechte Antragsteller und Antragsgegner in einem Verhältnis von „Kontrastorganen" zueinandersetzen. Das Erfordernis des Bestehens eines Verfassungsrechtsverhältnisses darf aber nicht dahingehend verstanden werden, dass die streitigen Rechte gerade zwischen den Beteiligten bestehen müssen. Insofern ist es etwas missverständlich, wenn der Verfassungsgerichtshof davon spricht, dass zwischen den Parteien „in Bezug auf den Streitgegenstand ein verfassungsrechtliches Rechtsverhältnis bestehen" muss.[12]

8   Wegen des weiten Begriffs der Verfassungsstreitigkeit kann eine solche zugleich auch eine Meinungsverschiedenheit nach Art. 75 BV über die Verfassungsmäßigkeit eines Gesetzes oder eines Gesetzesentwurfs darstellen.[13] Mögliche Streitgegenstände sind etwa die Fragen, ob ein bestimmtes Gesetz erlassen werden darf,[14] ob eine von Staatsorganen erlassene Norm verfassungsgemäß ist,[15] ob eine Verfassungsänderung wirksam ist[16] nicht ausreichend ist, dass sich die Mehrheit über die verfassungsrechtlichen Bedenken der Minderheit hinwegsetzt, sofern die Minderheit nicht selbst mit eigenen Rechten ausgestattet ist. Verfassungsstreitigkeiten gem. Art. 64 BV, die sich auf die Gültigkeit eines Gesetzes oder Gesetzesentwurfs beziehen, sind in der für die Normenkontrolle zuständigen Besetzung des Verfassungsgerichtshofs gem. Art. 68 Abs. 2 Buchst. b BV zu entscheiden,[17] obwohl dies nicht unmittelbar aus Art. 68 BV abzuleiten ist. Dies gilt auch, wenn die Norm noch nicht veröffentlicht ist.[18] An diesem Verfahren können die auch sonst zu Normenkontrollverfahren beizuziehenden Beteiligten teilnehmen (vgl. Art. 55 Abs. 2 VfGHG).[19] Die Verbindung eines Verfassungsstreitverfahrens, bei dem es um eine Normenkontrollentscheidung geht, mit einem Verfahren nach Art. 75 Abs. 3 BV oder Art. 98 Satz 4 BV ist möglich.[20]

2. In der Verfassung mit eigenen Rechten ausgestattete Teile

9   **a) Allgemein.** Die Parteifähigkeit ist in Art. 64 BV selbst niedergelegt. Oberste Staatsorgane sind: der Landtag, die Staatsregierung und das Volk.

10   Neben den obersten Staatsorganen können auch Teile von denselben parteifähig sein. Im Gegensatz zu Art. 93 Abs. 1 Nr. 1 GG, wonach auch in der Geschäftsordnung des Deutschen Bundestags den Bundestagsabgeordneten eingeräumte Rechte zum Gegenstand eines Verfassungsstreits gemacht werden können, fordert Art. 64 BV, dass der am Verfassungsstreit beteiligungsfähige Teil eines obersten Staatsorgans in der Verfassung mit eigenen Rechten ausgestattet ist.[21] Die Rechte, die umstritten sind, müssen in der Verfassung vorgesehen sein. Es genügt nicht, dass sie in der Geschäftsordnung niedergelegt sind.[22] Die Prozessfähigkeit der jeweiligen Organteile richtet sich nach den betreffenden Vorschriften, insbesondere nach deren Geschäftsordnungen. Die Postulationsfähigkeit der Organteile ist in Art. 49 Abs. 2 S. 2 VfGHG geregelt.

11   **b) Keine Prozessstandschaft.** Sofern Teile eines obersten Staatsorgans mit dem Staatsorgan eine Verfassungsstreitigkeit austragen, ist es nach der Rechtsprechung des Verfassungsgerichtshofs erforderlich, dass es um die Rechte des Organteils geht, eine Prozess-

---

[12]   VerfGH 29, 62 (79); VerfGH 35, 105 (113); VerfGH 44, 9.

[13]   *Schweiger,* in: Nawiasky/Schweiger/Knöpfle, Art. 64 Rn. 5.

[14]   VerfGH 2, 61 (68 f.).

[15]   VerfGH 23, 80 (85); VerfGH 29, 62 (79 f.).

[16]   VerfGH 23, 80 (85).

[17]   VerfGH 29, 62 (80); VerfGH 41, 124 (131); *Schweiger,* in: Nawiasky/Schweiger/Knöpfle, Art. 64 Rn. 5; *Schmitt Glaeser,* NVwZ 1992, 444 ff.

[18]   VerfGH 2, 61 (69).

[19]   VerfGH 23, 80 (85).

[20]   VerfGH 39, 96 (133 f.).

[21]   VerfGH 35, 82 (86 f.).

[22]   *Pestalozza,* Verfassungsprozessrecht, § 23 Rn. 43.

standschaft des Organteils etwa für „sein Organ" kennt die Bayerische Verfassung nicht.[23] So kann eine Landtagsfraktion ein Verfahren nach Art. 64 BV nicht mit der Begründung durchführen, der Landtag habe sich bei der Verabschiedung eines Gesetzes über die vorgetragenen verfassungsrechtlichen Bedenken hinweggesetzt.[24] Auch ein Abgeordneter, der selbst keinen Antrag im Landtag einbringt, kann im Organstreitverfahren nicht geltend machen, er sei durch die Nichtzulassung eines Antrags seiner Fraktion selbst in eigenen Rechten verletzt.[25] Es genügt daher in diesem Fall – anders als wenn ein oberstes Organ den Antrag stellt – nicht, dass der Antragsteller eine Handlung des Antragsgegners für rechtswidrig hält.

c) Einzelheiten. Teile eines obersten Staatsorgans, die von der Bayerischen Verfassung **12** mit eigenen Rechten ausgestattet sind, sind z. B. als Teile des Landtags die einfache Mehrheit des Landtags (Art. 23 Abs. 1 BV), die Fraktionen der im Landtag vertretenen Parteien,[26] ein Drittel der Landtagsmitglieder bei Art. 17 Abs. 2 BV, 50 Mitglieder im Fall des Art. 22 Abs. 1 S. 1 BV, ein Fünftel der Mitgliederzahl im Falle des Art. 25 Abs. 1 BV,[27] ein Drittel der gesetzlichen Mitgliederzahl im Falle des Art. 61 Abs. 4 BV, einzelne Abgeordnete.[28] Klagen wegen Statusverletzung eines Abgeordneten oder einer politischen Partei sind entweder nach Art. 64 oder nach Art. 98 Satz 4 BV möglich.[29] Den strengen gegenseitigen Ausschluss zwischen Organstreitverfahren und Verfassungsbeschwerde kennt die Bayerische Verfassung, anders als das Bundesrecht, nicht. Bei Verletzung der verfassungsmäßigen Rechte durch eine Behörde bleibt den Abgeordneten das Recht der Verfassungsbeschwerde.[30] Weitere Teile des Landtages sind die Landtagsausschüsse (Art. 24 Abs. 1 BV); die Untersuchungsausschüsse im Hinblick auf Art. 25 Abs. 2 BV;[31] die antragstellende Minderheit nach Art. 25 Abs. 1 BV hinsichtlich der Bestellung und Realisierung eines Untersuchungsausschusses;[32] der Zwischenausschuss gem. Art. 26 BV;[33] ein Fünftel der Zwischenausschussmitglieder gem. Art. 26 Abs. 2 BV, Art. 25 Abs. 1 BV; die Gruppen der im Zwischenausschuss als Minderheit auftretenden Abgeordneten;[34] das Präsidium des Landtages (Art. 20 Abs. 2 BV) und der Landtagspräsident.

Parteifähige Teile der Landesregierung sind der Ministerpräsident[35] und die Staatsmi- **13** nister. Kein Teil ist der oberste Rechnungshof, der nur eine oberste Landesbehörde ist.[36] Teile des Staatsvolkes sind neben einem Zehntel der stimmberechtigten Staatsbürger im Falle des Art. 74 Abs. 1 BV auch eine Million wahlberechtigte Staatsbürger im Falle des Art. 18 Abs. 3 BV. Der Beauftragte i. S. d. Landeswahlgesetzes ist dabei für die Teile des Staatsvolkes nach Art. 64 BV antragsberechtigt.[37]

d) Insbesondere Parteien. Politische Parteien hat der Bayerische Verfassungsgerichts- **14** hof als parteifähig anerkannt. Soweit sie im Landtag vertreten sind, werden sie in Art. 15

---

[23] *Pestalozza,* Verfassungsprozessrecht, § 23 Rn. 46.

[24] VerfGH 39, 96 (136); s. dazu *Meder,* Art. 64 Rn. 4.

[25] VerfGH 42, 108 (114).

[26] VerfGH 29, 62 (81); VerfGH 30, 48 (57); VerfGH 35, 82 (86).

[27] VerfGH 38, 165 (174).

[28] VerfGH 42, 108 (114) – ein Verfassungsstreit liegt aber nur dann vor, wenn die verfassungsmäßigen Rechte des Abgeordneten von einem obersten Staatsorgan streitig gemacht werden.

[29] VerfGH 30, 1 (9).

[30] *Meder,* Art. 64, Rn. 1; vgl. *Umbach,* in: FS Zeidler 1987, 1240 f.

[31] Offen gelassen in VerfGH 35, 82; *Scholz,* Parlamentarischer Untersuchungsausschuß und Steuergeheimnis, AöR 105 (1980) 564 (600).

[32] VerfGH 35, 82 (86 f.).

[33] VerfGH 35, 105 (111).

[34] VerfGH 35, 105 (113).

[35] Vgl. VerfGH 44, 9 (14 f.).

[36] VerfGH 21, 108 (109).

[37] VerfGH 44, 9 (14 f.); *Meder,* Art. 64 Rn. 1.

Abs. 2 BV mit eigenen Rechten ausgestattet.[38] Soweit sie nicht im Landtag vertreten sind, gelten sie als parteifähig zumindest dann, wenn es gerade um die Vertretung im Parlament geht.[39] Können die Fraktionen noch als Teile des obersten Staatsorgans Landtag angesehen werden, so ist dies bei Parteien, die keinen Fraktionsstatus genießen, nicht mehr der Fall. Insoweit liegt demnach eine extensive Auslegung des Art. 64 BV vor, die der besonderen Bedeutung der Parteien für die Demokratie Rechnung tragen soll.[40]

15   **e) Keine Passivberechtigung besitzen.** Nicht antragsberechtigt sind einzelne Bürger aus der jeweiligen Teilgruppe, einzelne Angehörige eines Untersuchungsausschusses oder die Minderheit innerhalb eines Untersuchungsausschusses. Daher sind Meinungsverschiedenheiten innerhalb des Untersuchungsausschusses, etwa über den Umfang, die Dauer oder die Bewertung der Beweisaufnahme, zunächst an den Landtag heranzutragen, bevor ein Organstreit nach Art. 64 BV beim VerfGH anhängig gemacht werden kann.[41]

16   **f) Antragsteller und -gegner.** Aus dem Charakter des Art. 64 BV als Verfassungsstreitigkeit wird zutreffenderweise geschlossen, dass das Verfahren nicht nur einen Antragsteller, sondern auch einen Antragsgegner erfordert.[42] Auch der Antragsgegner muss die Parteifähigkeit besitzen.[43] Geht der Streit um ein Gesetz, so kann sich der Antrag gegen den Landtag oder die Staatsregierung richten.[44]

3. Verfahren

17   Für die Zulässigkeit eines Antrags muss der Antragsteller zumindest die Beeinträchtigung seines Rechtes substantiiert behaupten. Der Antragsteller muss dartun, dass er durch eine Behauptung oder durch ein sonstiges Tun oder durch eine Duldung oder Unterlassung des Antragsgegners in einer ihm durch die Bayerische Verfassung eingeräumten Rechtsposition verletzt oder gefährdet ist.[45]

18   Das Ende der Legislaturperiode steht der Durchführung des Verfahrens nicht entgegen.[46] Der Antrag ist unzulässig, wenn der Verfassungsgerichtshof die Rechtsfrage bereits entschieden hat und die Umstände sich nicht geändert haben.[47] Der Erlass einer einstweiligen Anordnung gem. Art. 26 VerfGH ist möglich.[48] Die Hauptsacheentscheidung darf dabei grundsätzlich nicht vorweggenommen werden.[49]

19   Organstreitverfahren und Verfassungsbeschwerden sollen sich einander ausschließen.[50]

20   Begründet ist der Antrag nur, wenn das Recht verletzt ist. Eine Gefährdung des Rechts genügt für die Begründetheit nicht.[51] Entfaltet der Streit keine Wirkungen mehr, wird dadurch der Antrag nicht unzulässig.[52]

---

[38] VerfGH 29, 62 (80 f.); VerfGH 30, 48 (57); VerfGH 34, 119 (121); VerfGH 39, 96 (136); VerfGH 41, 124 (131); VerfGH 42, 109 (113 f.).

[39] VerfGH 23, 80 (84 f.).

[40] Vgl. *Meder,* Art. 64 Rn. 1.

[41] VerfGH 35, 82 (88).

[42] *Pestalozza,* Verfassungsprozessrecht, § 23 Rn. 44.

[43] Vgl. VerfGH 29, 62 (82); VerfGH 34, 119 (121); VerfGH 35, 82 (86); VerfGH 38, 165 (174); VerfGH 42, 109 (114).

[44] *Pestalozza,* Verfassungsprozessrecht, § 23 Rn. 44.

[45] VerfGH 23, 80 (84); vgl. a. VerfGH 38, 167 (174).

[46] *Meder,* Art. 64 Rn. 5, vgl. auch VerfGH 20, 36 (42 f.).

[47] VerfGH 23, 80 (86); *Pestalozza,* Verfassungsprozessrecht, § 23 Rn. 46.

[48] VerfGH 35, 82 (87).

[49] VerfGH 35, 82 (87); VerfGH 35, 105 (114).

[50] *Meder,* Art. 65, Rn. 7.

[51] *Pestalozza,* Verfassungsprozessrecht, § 23 Rn. 46.

[52] VerfGH 41, 124 (132); *Pestalozza,* Verfassungsprozessrecht, § 23 Rn. 46.

4. Tenor

Der Tenor der Entscheidung ist nicht ausdrücklich geregelt. Er hängt von dem Streit- 21
gegenstand ab. In der Praxis stellt der Verfassungsgerichtshof fest, dass das angegriffene
Verhalten des Antragsgegners mit der Verfassung vereinbar bzw. verfassungswidrig ist.[53]
Geht es um die Verfassungsmäßigkeit einer Norm, so spricht der Verfassungsgerichtshof
aus, dass die Norm verfassungswidrig und nichtig ist.[54]

Art. 65 [Verfassungsmäßigkeit von Gesetzen]

**Der Verfassungsgerichtshof entscheidet über die Verfassungsmäßigkeit von Geset-
zen (Art. 92).**

Literatur und Rechtsprechung s. Art. 92 BV.

I. Allgemein

1. Bedeutung

Art. 65 BV begründet keine Zuständigkeit des Bayerischen Verfassungsgerichtshofs, 1
sondern wiederholt nur aus systematischen Gründen die auf Grund anderer Normen bestehende Befugnis des Bayerischen Verfassungsgerichtshofs, über die Verfassungsmäßigkeit von Gesetzen zu entscheiden. Art. 65 BV folgt der Struktur, die auch Art. 64 BV und
Art. 66 BV und Art. 67 BV aufweisen. Die Norm regelt eine Kompetenz des Verfassungsgerichtshofs, ohne anderen damit zugleich eine Klagemöglichkeit einzuräumen. Sie ist
eine objektive Zuständigkeitsnorm.[1] Die Norm stellt klar, welche Kompetenzen der Verfassungsgerichtshof den anderen Staatsorganen gegenüber hat. Sie regelt die jeweiligen
Verfahren aber noch nicht unmittelbar.

2. Entstehung

Das richterliche Prüfungsrecht von formellen Gesetzen war während der Entstehung 2
der Bayerischen Verfassung sehr umstritten. Die konkrete Normenkontrolle kam daher
erst am Ende des Entstehungsprozesses im VA im Verfassungsentwurf hinein.[2]

3. Verhältnis zum Grundgesetz

Da der Staatsgerichtshof Ausfluss der Staatlichkeit des Freistaates Bayern ist und Entschei- 3
dungen über die Übereinstimmung von Landesgesetzen mit der Landesverfassung den Vorrang des Bundesrechts nicht beeinträchtigen, gilt die Norm auch neben dem GG weiter.

II. Einzelkommentierung des Art. 65 BV

1. Objektive Kompetenznorm

Art. 65 BV stellt die Kompetenz zur Normenkontrolle klar. Eine Entscheidung über 4
die Verfassungsmäßigkeit von Gesetzen meint eine gerichtliche Feststellung der Verfassungsmäßigkeit bzw. der Verfassungswidrigkeit von Gesetzen. Der Begriff der Gesetze ist
dabei weit zu verstehen. Die Bayerische Verfassung kennt verschiedene Formen der Normenkontrolle. Art. 65 BV bezieht sich auf alle Verfahren, da er die grundsätzliche Kompetenz für die Verfahren begründen soll. Der Klammerbeisatz „Art. 92" ist daher irreführend.
Der VerfGH entscheidet i. S. des Art. 65 BV über die Verfassungsmäßigkeit von Gesetzen
nicht nur nach Art. 92 (Richtervorlage) BV, sondern vor allem auch nach Art. 98 Satz 4
(Popularklage) BV, ferner u. U. nach Art. 64 BV und nach Art. 75 Abs. 3 BV.[3] Der Grund

---

[53] Vgl. VerfGH 29, 62 (63); VerfGH 30, 48.
[54] VerfGH 19, 64.
[1] VerfGH, Ents. v. 20. 6. 1966, Az: Vf. 28–VI–66.
[2] *Nawiasky,* S. 144; s. im Einzelnen die Entstehungsgeschichte bei Art. 92 BV.
[3] *Meder,* Art. 65 Rn. 1; *Nawiasky-Schweiger,* Art. 65 Rn. 2.

für die zu enge Fassung des Zitats liegt darin, dass eine den Ergebnissen der Beratung der verfassungsgebenden Landesversammlung vom 11. Okt. 1946 entsprechende redaktionelle Überprüfung des Art. 65 BV unterblieb.[4]

2. Besetzung mit Berufsrichtern

5   Liegt eine Normenkontrollentscheidung vor, hat dies Auswirkungen auf die Besetzung des Verfassungsgerichtshofs. Er setzt sich demgemäß in diesen Fällen nicht nach Art. 68 Abs. 2 Buchstabe c) BV, sondern nach Art. 68 Abs. 2 Buchst. b) BV zusammen, also nur aus Berufsrichtern.[5] Dies gilt dabei nicht nur im Fall des Art. 92 BV, sondern in allen anderen Fällen, in denen über die Verfassungsmäßigkeit von Rechtsvorschriften befunden wird, in der Besetzung von neun Berufsrichtern gem. Art. 68 Abs. 2 Buchst. b) BV.[6]

3. Begriffsbedingte Mindestbedingungen

6   Die einzelnen Zulässigkeitsvoraussetzungen für die Normenkontrollverfahren ergeben sich nicht aus Art. 65 BV, sondern aus den Bestimmungen, die die einzelnen Normenkontrollverfahren regeln, demnach Art. 92 BV, Art. 98 S. 4 BV u. a. Aus Art. 65 BV folgen nur die Elemente, die allen Normenkontrollverfahren gemeinsam sind und sich begrifflich aus der Existenz eines Normenkontrollverfahrens notwendig ergeben. Dazu dürfte die Fähigkeit des Gerichts gehören, die Anwendung einer Norm, die sie für verfassungswidrig hält, zu unterbinden, und die Freiheit bei der Auslegung der Verfassung.

Art. 66 [Verfassungsbeschwerde]

Der Verfassungsgerichtshof entscheidet über Beschwerden wegen Verletzung der verfassungsmäßigen Rechte durch eine Behörde (Art. 48 Abs. 3, Art. 120).

Zu den Parallelvorschriften in anderen Landesverfassungen, der Rechtsprechung und Literatur zu Art. 66 BV s. die Angaben bei Art. 120 BV.

Kommentierung

1   Art. 66 BV begründet keine selbständige Kompetenz des Bayerischen Verfassungsgerichtshofs, sondern verweist für die Begründung und im Umfang der Verfassungsbeschwerde auf Art. 48 Abs. 3 BV, Art. 120 BV. Dabei ist im Falle der Beschwerde nach Art. 48 Abs. 3 BV zu beachten, dass diese nicht notwendig eine Verfassungsbeschwerde i. S. v. Art. 120 BV sein muss, sondern auch eine Popularklage besonderer Art darstellen kann, und zwar dann, wenn sie sich gegen die Einschränkung der Grundrechte als solche wendet. In diesem Fall ist die Beschwerde gem. Art. 48 BV ein Fall, in dem der Verfassungsgerichtshof über die Verfassungsmäßigkeit von Gesetzen i. S. v. Art. 65 BV entscheidet.[1] Die einzelnen Voraussetzungen der Verfahren sind bei Art. 120 BV bzw. Art. 48 BV kommentiert.

Art. 67 [Sonderfälle]

Der Verfassungsgerichtshof entscheidet ferner in den besonderen ihm durch Gesetz zugewiesenen Fällen.

Parallelvorschriften in anderen Landesverfassungen: Art. 68 Abs. 1 Nr. 4 BaWüVerf; Art. 84 Abs. 2 Nr. 6 BerlVerf; Art. 113 Nr. 5 BbgVerf; Art. 140 Abs. 2 BremVerf; Art. 65 Abs. 4 HmbVerf; Art. 53 Abs. 1 Nr. 9 M-VVerf; Art. 54 Nr. 6 NdsVerf; Art. 75 Nr. 4 NRWVerf; Art. 135 Abs. 1 Nr. 7 RhPfVerf; Art. 97 Nr. 4 SaarVerf; Art. 81 Abs. 1 Nr. 6 SächsVerf; Art. 75 Nr. 8 SachsAnhVerf; Art. 80 Abs. 2 ThürVerf.

Rechtsprechung: VerfGH 25, 92; VerfGH 31, 77; VerfGH 38, 51; VerfGH 47, 276.

---

[4] VerfGH 2, 61 (71).
[5] VerfGH 43, 100 (116).
[6] VerfGH 43, 107 (116); *Nawiasky-Schweiger*, Art. 65 Rn. 2; *Meder*, Art. 65 Rn. 1.
[1] *Schweiger*, in: Nawiasky/Schweiger/Knöpfle, Art. 66, Rn. 2.

Literatur: Elsäßer, Der Bayerische Verfassungsgerichtshof, BayVBl 1963, 165; *Fiedler,* Die Entstehung der Landesverfassungsgerichtsbarkeit nach dem Zweiten Weltkrieg, Landesverfassungsgerichtsbarkeit 1983, Teilbd 1, 103; *Friesenhahn,* Zur Zuständigkeitsabgrenzung zwischen Bundesverfassungsgerichtsbarkeit und Landesverfassungsgerichtsbarkeit, in: FS für das Bundesverfassungsgericht, 1976, Bd 1, S. 748; *Lichtenberger,* Der Bayerische Verfassungsgerichtshof, BayVBl 1989, 289; *Mann,* Rechtsprechungsübersicht, Fünfzig Jahre Landesverfassungsgerichtsbarkeit in NRW, NWVBl 2002, 85; *Rinken,* Landesverfassungsgerichtsbarkeit im Bundesstaat, NordÖR 2000, 89; *Rüfner,* Zum Verhältnis von Bundes- und Landesverfassungsgerichtsbarkeit im Bereich der Grundrechte, DÖV 1967, 668; *Schäfer,* Die Bindung an Entscheidungen des Bayerischen Verfassungsgerichtshofs, BayVBl 1978, 161; *Schenke,* Verwaltungsgerichtliche Normenkontrolle und Landesverfassungsgerichtsbarkeit, NJW 1978, 671; *Stern,* Nahtstellen zwischen Bundes- und Landesverfassungsgerichtsbarkeit, BayVBl 1976, 547; *Stern,* Zur Landesverfassungsgerichtsbarkeit, DVBl 1984, 261; *Streicher,* Zur Entwicklung der Staatsgerichtsbarkeit in Bayern, Verfassung und Verfassungsrechtsprechung, in: FS f. den Bayerischen Verfassungsgerichtshof, 1972, 195; *Wallerath,* Landesverfassungsgerichtsbarkeit in den neuen Bundesländern, NdsVBl 2005, Sonderheft, 43; *Wilke,* Entscheidungsbesprechung, Landesverfassungsgerichtsbarkeit und Einheit des Bundesrechts, NJW 1993, 887; *Yushkova/Stolz,* Die Entwicklung der Verfassungsgerichtsbarkeit in den Subjekten der Russischen Föderation im Vergleich zur Entwicklung der deutschen Landesverfassungsgerichtsbarkeit, OstEuR 2004, 1.

I. Allgemein

1. Bedeutung

Art. 67 BV besitzt im systematischen Sinne eine nicht unerhebliche Bedeutung. Er stellt **1** klar, dass die Zuständigkeiten im fünften Abschnitt der BV nicht als strenger Numerus Clausus zu verstehen sind. Er ist gleichzeitig die systematische Grundlage dafür, dass der ausführende Gesetzgeber bei den einzelnen Verfahrenszuständigkeiten weiter gehen kann als die Verfassung ausdrücklich vorsieht. Ein Reformbedarf besteht nicht.

2. Entstehungsgeschichte

Art. 67 BV wurde im VA in den Entwurf eingefügt.[1] **2**

3. Verhältnis zum Grundgesetz

Art. 67 BV betrifft die Zuständigkeiten des Landesverfassungsgerichts. Die Verfassungs- **3** gerichtlichkeit ist ein Ausdruck der Staatlichkeit der Bundesländer und kollidiert daher nicht mit Normen des GG oder mit einfachem Bundesrecht. An der Wirksamkeit des Art. 67 BV bestehen daher keine Zweifel.

II. Einzelkommentierung des Art. 67 BV

1. Durch Verfassung oder Gesetz

Art. 67 BV gibt dem Gesetzgeber die Befugnis, dem Verfassungsgerichtshof weitere Zu- **4** ständigkeiten zuzuweisen. Der Begriff „ferner" bezieht sich dabei aus systematischen Gründen auf die Vorschriften der Art. 60 BV – Art. 66 BV. Dem Verfassungsgerichtshof können weitere Zuständigkeiten demnach durch die Bayerische Verfassung selbst (mit Normen außerhalb des fünften Abschnittes) oder durch ein förmliches Gesetz zugewiesen werden. Nur der verfassungsändernde Gesetzgeber oder der einfache Gesetzgeber sind befugt, dem Verfassungsgerichtshof weitere Fälle als die, die im fünften Abschnitt vorgesehen sind, zuzuweisen. Gesetze i. S. v. Art. 67 BV sind nicht materielle Gesetze, demnach nicht Rechtsverordnungen oder Satzungen.

2. Materielle Voraussetzung

Materielle Voraussetzungen für die Zuweisung sieht Art. 67 BV nicht vor. Sie können **5** sich aber aus vorrangigem Bundesrecht ergeben. So ist der bayerische Gesetzgeber nicht

---

[1] *Schweiger,* in: Nawiasky/Schweiger/Knöpfle, Art. 67, Rn. 2.

befugt, dem Bayerischen Verfassungsgerichtshof Verfahren zuzuweisen, die der Bundesgesetzgeber der ordentlichen Gerichtsbarkeit oder einer anderen Gerichtsbarkeit schon zugewiesen hat.[2] Weiter geht die überwiegende Ansicht zu Recht davon aus, dass sich durch das Wesen der Verfassungsgerichtsbarkeit und durch den Umfang der in der BV selbst niedergelegten verfassungsrechtlichen Rechtsbehelfe ergibt, dass der Gesetzgeber dem Verfassungsgerichtshof nicht willkürlich Zuständigkeiten zuweisen darf. Als erforderlich wird daher ein gewisser Bezug zu einer verfassungsrechtlichen Frage verlangt.[3] Die Zuweisungen müssen daher mit der Verfassungsorganstellung des Verfassungsgerichtshofs vereinbar sein.[4] Weiter dürfen die gesetzlichen Zuweisungen die Funktionsfähigkeit des Verfassungsgerichtshofs nicht wesentlich beeinträchtigen.[5] Gemäß Art. 67 BV entscheidet der Verfassungsgerichtshof über die gesetzlich zugewiesenen Fälle. Daraus lässt sich der Schluss ziehen, dass der Gesetzgeber den Bayerischen Verfassungsgerichtshof nicht als Gutachter einsetzen darf.[6]

6   Der Gesetzgeber kann von der Zuständigkeit des Art. 67 BV zutreffender Ansicht nach nicht nur dadurch Gebrauch machen, dass er dem Verfassungsgerichtshof neue Zuständigkeiten zuweist. Der Gesetzgebungskompetenztitel ermöglicht vielmehr auch, einzelne prozessuale oder materielle Verfahrensvoraussetzungen der verfassungsgerichtlichen Verfahren, die in der BV vorgesehen sind, auszuweiten und so die Zuständigkeit des Verfassungsgerichtshofs zu erweitern. Unzulässig wäre es demgegenüber, die Tatbestandsvoraussetzungen, die in der Bayerischen Verfassung niedergelegt sind, einzuschränken.

3. Die Befugnis über die Voraussetzung eines Volksbegehrens zu entscheiden

7   Die wichtigste einfachgesetzlich zugewiesene Zuständigkeit ist die Befugnis im Zusammenhang mit der Durchführung eines Volksbegehrens oder eines Volksentscheids, insbesondere über das Vorliegen der gesetzlichen Voraussetzung für die Zulassung eines beantragten Volksbegehrens zu entscheiden (Art. 64 Abs. 1 LWG).[7] Hierbei hat der Bayerische Verfassungsgerichtshof vor allem zu klären, ob der Inhalt des beantragten Gesetzesentwurfs mit der Bayerischen Verfassung im Einklang steht.[8] Der Verfassungsgerichtshof nimmt dabei im Rahmen der Volksgesetzgebung eine abstrakte Überprüfung vor, ob die gesetzlichen Voraussetzungen für eine Zulassung des Volksbegehrens vorliegen. Von dieser Pflicht ist der Verfassungsgerichtshof auch dann nicht befreit, wenn das Volksbegehren, über dessen Zulässigkeit zu entscheiden ist, seine eigene Organisation und Struktur betrifft.[9]

Art. 68 [Bildung; Zusammensetzung]

(1) Der Verfassungsgerichtshof wird beim Oberlandesgericht in München gebildet.

(2) Der Gerichtshof setzt sich zusammen:

a) in den in Art. 61 geregelten Fällen aus einem der Präsidenten der Bayerischen Oberlandesgerichte, acht Berufsrichtern, von denen drei dem Verwaltungsgerichtshof angehören, sowie zehn weiteren Mitgliedern, welche vom Landtag gewählt werden;

---

[2] *Schweiger*, in: Nawiasky/Schweiger/Knöpfle, Art. 67, Rn. 2.

[3] *Schweiger*, in: Nawiasky/Schweiger/Knöpfle, Art. 67, Rn. 2.

[4] *Jutzi*, in: Linck/Jutzi/Hopfe, Die Verfassung des Freistaats Thüringen, Art. 80, Rn. 37 (zur thüringischen Verfassung).

[5] *Jutzi*, in: Linck/Jutzi/Hopfe, Die Verfassung des Freistaats Thüringen, Art. 80, Rn. 37.

[6] *Jutzi*, in: Linck/Jutzi/Hopfe, Die Verfassung des Freistaats Thüringen, Art. 80, Rn. 37 (zur thüringischen Verfassung).

[7] Vgl. VerfGH 38, 51; VerfGH 58, 113 ff; *Schweiger*, in: Nawiasky/Schweiger/Knöpfle, Art. 67, Rn. 3.

[8] VerfGH 31, 77 (89).

[9] VerfGH 40, 94 (98); VerfGH 43, 107 (117); VerfGH 46, 1 (9 f.); VerfGH 47, 276 (292); VerfGH 48, 1 (3); VerfGH 50, 147 (150).

b) in den Fällen des Art. 65 aus dem Präsidenten und acht Berufsrichtern, von denen drei dem Verwaltungsgerichtshof angehören;

c) in den übrigen Fällen aus dem Präsidenten, drei Berufsrichtern, von denen zwei dem Verwaltungsgerichtshof angehören, und fünf vom Landtag gewählten Mitgliedern.

(3) Der Präsident und die Berufsrichter werden vom Landtag gewählt. Sie können nicht Mitglieder des Landtags sein.

Zu den Parallelvorschriften s. die Angaben bei Art. 60 BV.

Rechtsprechung: VerfGH 18, 85; 23, 1; 29, 244; 30, 48; 38, 165; 38, 51; 39, 96; 40, 94; 42, 108; 43, 107; 46, 1; 48, 17; BVerfG, Beschluss vom 11. 8. 1998 – 1 BvR 2470/94; BVerfG (Kammer), NVwZ 1993, 1079.

Literatur: Hoegner, Berufsrichter und weitere Mitglieder am Bayerischen Verfassungsgerichtshof, in: FS f. den VerfGH, Verfassung und Verfassungsrechtsprechung 1972, 213; *Knöpfle,* Die Verfassung des bayerischen Verfassungsgerichtshofs, 1972; *Knöpfle,* Zur Neuordnung der Organisation der Verfassungsgerichtsbarkeit in Bayern, VerwArch 83 (1992) 213; *Kratzer,* Landtagsabgeordnete als bayerische Verfassungsrichter, BayVBl 1968, 89; *Schäfer, L.,* Grundfragen der richterlichen Unabhängigkeit, BayVBl 1970, 85; *Schechinger,* Verfassungswidrige Organisation des Bayerischen Verfassungsgerichtshofs? NVwZ 1993, 446; *Schmidt, Steffen,* Die „interne Richtervorlage" im Bayerischen Verfassungsgerichtshofgesetz, BayVBl 1992, 742; *Schmitt Glaeser, W.,* Das neue Gesetz über den Bayerischen Verfassungsgerichtshof, NVwZ 1992, 443; *Sprenger,* Die „interne Richtervorlage" beim Bayerischen Verfassungsgerichtshof, BayVBl 1992, 746; *Streicher,* Zur Entwicklung der Staatsgerichtsbarkeit in Bayern, in: Festschrift zum 25-jährigen Bestehen des bayerischen Verfassungsgerichtshofs, 1972, S. 195.

Übersicht

I. Allgemein

1. Bedeutung

Die Besetzung des Verfassungsgerichtshofs überlässt die Bayerische Verfassung, anders **1** als das Verfahren und die sonstige Organisation, nicht dem einfachen Gesetzgeber, sondern regelt sie selbst. Art. 68 BV ist eine organisatorische und verfahrensrechtliche Vorschrift, die eine hohe praktische Relevanz, aber eine geringe systematische Bedeutung besitzt. Als einziges Landesverfassungsgericht besteht der Bayerische Verfassungsgerichtshof aus drei in Art. 68 Abs. 2 BV vorgesehenen Spruchkörpern, die in der Geschäftsordnung als Senate vorgesehen werden. In jeder dieser Spruchkörperbesetzung wird der Bayerische Verfassungsgerichtshof tätig. Der 2. Senat (Art. 68 Abs. 2 lit. b BV) wird auch als der Berufsrichtersenat bezeichnet, weil ihm nur Berufsrichter angehören.

2. Entstehungsgeschichte

Der Staatsgerichtshof von 1850, der zur Aburteilung von Ministeranklagen zuständig **2** war, wurde beim obersten Gerichtshof eingerichtet. § 70 Abs. 2 der Bayerischen Verfassung von 1919 errichtete den Staatsgerichtshof beim bayerischen obersten Landesgericht. Der Staatsgerichtshof nach der Bayerischen Verfassung von 1919 bestand aus dem Präsidenten des obersten Landesgerichts, acht Berufsrichtern, von denen drei dem VGH angehören mussten, und zehn vom jeweiligen Landtag mit Zweidrittelmehrheit der anwesenden Mitglieder zu wählenden Mitgliedern. An dieser Entstehungsgeschichte ist ersichtlich, dass die

Regelung des Art. 68 BV historische Wurzeln trägt.[1] Ursprünglich enthielt Art. 68 Abs. 3 S. 2 BV noch den Zusatz „oder des Senats", der aber im Zuge der Abschaffung des Senats aufgehoben wurde.[2]

3. Reformbedarf

3   Der Art. 68 BV ist nicht unumstritten und hat auch schon das BVerfG beschäftigt.[3]

4   Die Regelung des Art. 68 BV im Einzelnen ist nicht die einzige Möglichkeit der Ausgestaltung des Verfassungsgerichts.[4] Die alternativen Regelungsmöglichkeiten, etwa die Zuordnung des Verfassungsgerichtshofs zum Verwaltungsgerichtshof oder die Errichtung als selbständiges Gericht, sowie die Gründung eines einheitlichen Senats oder verschiedener Senate mit anderen Besetzungen, erscheinen als mögliche Reformmodelle. Keine dieser Reformvorstellungen kann sich jedoch auf Gründe stützen, die stark genug sind, um die Nachteile, die mit jeder Reform und Veränderung vorgegebener Zustände verbunden sind, eindeutig zu überwiegen.

II. Einzelkommentierung des Art. 68 BV

1. Das Annexgericht – Absatz 1

5   Der Bayerische Verfassungsgerichtshof ist, wie schon seine Vorgänger, als Annexgericht zum Oberlandesgericht München ausgestaltet.[5] Eine Anbindung an das bayerische oberste Landesgericht schied im Zeitpunkt der Inkrafttretung der BV aus, da dieses noch nicht wiedererrichtet war.[6] Die Schaffung als Annexgericht beruhte wohl auch auf der Annahme der Verfassungsgesetzgeber, dass dem Gericht weniger Bedeutung zukommen werde, als er heute besitzt.

6   Die Anbindung an das OLG München hat nur organisatorische Bedeutung. Der Bayerische Verfassungsgerichtshof bleibt ein selbständiges Gericht. Die Bedeutung von Art. 68 Abs. 1 BV bezieht sich auf den Haushalt und die Geschäftsstelle. In diese Richtung spricht auch die Wahl, als Richter Juristen auszuwählen, die zwar nicht notwendigerweise, aber typischerweise andere Berufe parallel auswählen.

2. Die Spruchkörperbesetzung – Absatz 2

7   **a) Der Regelungsgegenstand.** Art. 68 BV normiert die Größe der Spruchkörper, nicht aber die Größe des Gerichts selbst. Die Norm sieht ebenso wie andere Vorschriften der Bayerischen Verfassung keine feste Mitgliederzahl des Verfassungsgerichtshofs vor. Auch gesetzlich ist keine Mindestmitgliederzahl vorgesehen. Die Verfassung lässt die Bildung mehrerer Spruchgruppen für dieselbe Verfahrensart ebenso zu,[7] wie die Zuordnung einzelner Richter zu verschiedenen Spruchgruppen.

8   Der Verfassungsgerichtshof hatte bis 1990 keine feste Mitgliederzahl. Darin lag kein Verfassungsverstoß.[8] Seit dem 1. Januar 1991 besteht das Gericht aus dem Präsidenten, 22 berufsrichterlichen und 15 weiteren Mitgliedern sowie deren Vertretern (Art. 3 Abs. 1 VfGHG).[9]

---

[1] Vgl. *Schweiger*, in: Nawiasky/Schweiger/Knöpfle, Art. 68, Rn. 2; *Meder*, Art. 68, Rn. 1; VerfGH, Entscheidung vom 2. 8. 1990, S. 37.

[2] Gesetz vom 20. 2. 1998, GVBl S. 42, *Schweiger*, in: Nawiasky/Schweiger/Knöpfle, Art. 68 Rn. 1.

[3] BVerfG (Kammer), BayVBl 1999, 16 = NVwZ 1999, 638; BVerfG (Kammer), NVwZ 1993, 1079 f.; BVerfG (Kammer), BayVBl 1993, 145 = NVwZ 1993, 1080–1081.

[4] S. zu der kritischen Frage der Anbindung an das OLG München und die Wahl der Richter etwa *Schweiger*, in: Nawiasky/Schweiger/Knöpfle, Art. 68 Rn. 4 c; *Knöpfle*, Verfassung, 1972; S. 58 ff.; *Streicher*, Zur Entwicklung der Staatsgerichtsbarkeit in Bayern, in: FS f. VerfGH, 1972, S. 195 (198).

[5] *Schweiger*, in: Nawiasky/Schweiger/Knöpfle, Art. 68, Rn. 3.

[6] *Schweiger*, in: Nawiasky/Schweiger/Knöpfle, Art. 68, Rn. 3.

[7] VerfGH 46, 1 (9); *Schweiger*, in: Nawiasky/Schweiger/Knöpfle, Art. 68, Rn. 4.

[8] VerfGH 43, 107 (117), *Schweiger*, in: Nawiasky/Schweiger/Knöpfle, Art. 68 Rn. 4.

[9] *Schweiger*, in: Nawiasky/Schweiger/Knöpfle, Art. 68, Rn. 4; *Knöpfle*, VerwArch 1992, 213 (216 f.); *Pestalozza*, Verfassungsprozessrecht, § 23, Rn. 7.

b) Die einzelnen Spruchkörper. *aa) Die Anklageverfahren.* In den Anklageverfahren **9**
des Art. 61 BV entscheidet der Bayerische Verfassungsgerichtshof in seiner stärksten Besetzung mit 19 Mitgliedern. Den Vorsitz führt einer der Präsidenten der bayerischen Oberlandesgerichte. Art. 68 Abs. 3 BV schreibt zwar nicht ausdrücklich vor, dass der Präsident eines der bayerischen Oberlandesgerichte, der im Verfahren gem. Art. 68 Abs. 2 lit. a) BV beteiligt sein muss, zugleich der Präsident des Bayerischen Verfassungsgerichtshofs ist, jedoch wird dieser Schluss vom Normtext zumindest sehr nahe gelegt und von der h. M. als zwingend angesehen.[10]

Der Vorsitz variiert nicht von Fall zu Fall zwischen einem der drei OLG-Präsidenten, **10**
vielmehr ist die Wahl des Präsidenten des Bayerischen Verfassungsgerichtshofs gem. Art. 68 Abs. 3 S. 1 BV auf einen der drei Präsidenten zu beschränken. Die beiden anderen OLG-Präsidenten, wie auch der Präsident des VGH des Landesarbeitsgerichts und des Landessozialgerichts, können als Berufsrichter dem Verfassungsgerichtshof angehören.[11]

Von den acht Berufsrichtern müssen drei dem Verwaltungsgerichtshof angehören. Die **11**
Beschränkung auf drei bildet zugleich eine Ober- und eine Untergrenze. Zulässig bleibt es allerdings, dass die anderen acht Berufsrichter der Verwaltungsgerichtsbarkeit, aber nicht dem Verwaltungsgerichtshof entstammen. Sofern ein Richter des Verwaltungsgerichtshofs seine Position dort verliert, scheidet er in dieser Eigenschaft auch als Richter des Bayerischen Verfassungsgerichtshofs aus. Seine Wahl als Berufsrichter oder sonstiger Richter bleibt möglich.[12] Die Berufsrichter werden ehrenamtlich tätig.[13]

bb) Der Berufsrichtersenat. In der Besetzung des Art. 68 Abs. 2 lit. b) BV entscheidet der **12**
Verfassungsgerichtshof – zumindest wenn man den Präsidenten aus den Präsidenten der OLGs auswählt – als reiner Berufsrichterspruchkörper. Zuständig ist er für die Normenkontrolle. Als Grund für diese besondere Besetzung hat dabei nicht etwa die Vorstellung gewirkt, dass die Frage der Verfassungsmäßigkeit von Gesetzen nur mit rechtsdogmatischen Kenntnissen angemessen beantwortet werden könnte. Motiv für den Verfassungsgeber war vielmehr der Gedanke, dass die vom Landtag gewählten Mitglieder nicht an der Frage der Verfassungsmäßigkeit von Gesetzen mitwirken sollten.[14] Der Normtext beschränkt sich dabei auf den Fall der Richtervorlage gem. Art. 65 BV, Art. 92 BV.

Kommt der Bayerische Verfassungsgerichtshof in der Besetzung gem. Art. 68 Abs. 2 **13**
lit. a) oder lit. c) zu der Überzeugung, dass eine relevante Norm verfassungswidrig wäre, muss er diese Frage intern dem Berufsrichtersenat gem. Art. 68 Abs. 2 lit. b) vorlegen.[15]

Schon früh hat der Bayerische Verfassungsgerichtshof die Sonderbesetzung des Art. 68 **14**
Abs. 2 lit. b) BV weit ausgelegt.[16] Danach entscheidet der Bayerische Verfassungsgerichtshof in der Besetzung des Berufsrichtersenats nicht nur im Fall des Art. 65 BV, sondern in all den Fällen, in denen es um die Verfassungsmäßigkeit eines förmlichen Gesetzes geht. Erfasst werden demnach neben dem Verfahren nach Art. 65 BV vor allem auch die Verfahren gem. Art. 98 Satz 4 BV, Art. 92 BV, sofern bei der Inzidenzprüfung die Verfassungswidrigkeit eines Gesetzes festgestellt werden müsste, Art. 75 Abs. 3 BV, u. U. auch nach Art. 64 BV und in besonderen Fällen auch nach Art. 48 Abs. 3 BV.

cc) Die Regelbesetzung. Art. 68 Abs. 2 lit. c) normiert die Regelbesetzung. Diese greift bei **15**
allen Verfahren, die nicht von lit a) oder b) erfasst werden, demnach die Verfahren nach

---

[10] *Schweiger,* in: Nawiasky/Schweiger/Knöpfle, Art. 68, Rn. 4 a; *Pestalozza,* Verfassungsprozessrecht, § 23, Rn. 16; *Meder,* Art. 68, Rn. 6.

[11] *Schweiger,* in: Nawiasky/Schweiger/Knöpfle, Art. 68, Rn. 4 a.

[12] A. A. *Schweiger,* in: Nawiasky/Schweiger/Knöpfle, Art. 68, Rn. 4 b: Der Richter bleibt Richter, jedoch scheidet seine Anrechnung auf die Anzahl der Verfassungsgerichtshofrichter aus.

[13] *Schweiger,* in: Nawiasky/Schweiger/Knöpfle, Art. 68 Rn. 4 b.

[14] *Schweiger,* in: Nawiasky/Schweiger/Knöpfle, Art. 68 Rn. 4 d.

[15] Vgl. *Pestalozza,* Verfassungsprozessrecht, § 23, Rn. 9; *Meder,* Art. 68, Rn. 4.

[16] *Schweiger,* in: Nawiasky/Schweiger/Knöpfle, Art. 68 Rn. 4 d; VerfGH 43, 107 (116); VerfGH 46, 1 (9).

Art. 15 Abs. 2, Art. 62, Art. 33, Art. 63, Art. 64, Art. 48 Abs. 3, Art. 120, Art. 66 und Art. 67 BV. Als Regelbesetzung, die insbesondere bei der Entscheidung über Verfassungsbeschwerden greift, sieht die Verfassung ein Überwiegen der nicht-richterlichen Mitglieder vor. Allerdings wird in der Praxis gerne auch auf ehemalige Richter zurückgegriffen.

16   *dd) Kleine Besetzung.* Das VfGHG kennt darüber hinaus in Art. 3 Abs. 5 VfGHG die sog. kleine Besetzung (Präsident mit einem Richter des VerfGH und einem anderen Berufsrichter), die in den im VfGHG geregelten Fällen tätig werden, etwa Wiedereinsetzung in den vorherigen Stand, Festsetzung von Ordnungsmittel etc. Sofern die kleine Besetzung keine echten Streitentscheidungen trifft, ist diese Regelung von Art. 69 BV gedeckt.[17]

17   Wird der VerfGH vom BVerfG gem. § 85 Abs. 2 BVerfGG um Stellung gebeten, entscheidet die Besetzung, deren Entscheidungen von der BVerfG-Entscheidung betroffen sein kann, notfalls mehrere verschiedene Spruchkörper.[18]

18   **c) Die Wahl der Richter, Art. 68 Abs. 3 BV.** *aa) Allgemein.* Art. 68 Abs. 3 BV gibt hinsichtlich des Präsidenten und der Berufsrichter gewisse Vorgaben für deren Wahl. Sie sind vom Landtag zu wählen. Die Wahl der sonstigen Mitglieder durch den Landtag ist nicht in Art. 68 Abs. 3 BV geregelt, sondern in Art. 68 Abs. 2 BV.

19   Die Modalitäten der Wahl und die Amtsdauer werden von der Bayerischen Verfassung nicht vorgegeben und sind gesetzlich festgelegt. Es widerspricht der Bayerischen Verfassung nicht, für den Präsidenten, die Berufsrichter und die sonstigen Richter unterschiedliche Wahlverfahren und unterschiedliche Amtsdauer vorzusehen. Nach gegenwärtiger Rechtslage werden die Berufsrichter für acht Jahre und die sonstigen Richter für die jeweilige Legislaturperiode gewählt.[19]

20   *bb) Die einfache Mehrheit.* Nach der gesetzlichen Ausgestaltung (Art. 23 Abs. 1 BV, Art. 4 Abs. 1 VfGHG) genügt eine einfache Mehrheit. Dies ist zwar nicht glücklich, aber verfassungsgemäß.[20] Das Erfordernis der Zweidrittelmehrheit, das in der Bayerischen Verfassung von 1919 vorgesehen war, hat der Verfassungsgeber aufgegeben. Ein Volksbegehren der Bürgerinitiative „Mehr Demokratie e.V." im Jahr 2000 mit dem Ziel, für die Wahl eine Zweidrittelmehrheit der Mitglieder des Landtages einzuführen, erreichte nicht die notwendige Mehrheit.[21]

21   Der Wahlmodus führt dazu, dass eine gewisse parteipolitische Gebundenheit der gewählten Richter nicht immer auszuschließen ist. Diese hat der VerfGH – insoweit konsequent – auch nicht als eine Befangenheit angesehen.[22] Insgesamt nimmt der VerfGH die Befangenheit der Richter des VerfGH nicht vorschnell an.[23]

22   *cc) Die Inkompatibilität.* Art. 68 Abs. 3 Satz 2 BV legt fest, dass die Präsidenten und die Berufsrichter nicht Mitglieder des Landtages sein können. Für die weiteren Mitglieder des Bayerischen Verfassungsgerichtshofs sieht die Bayerische Verfassung keine entsprechende Inkompatibilitätsregelung vor.[24] Der einfache Gesetzgeber hat die Regelung des Art. 68 Abs. 3 S. 2 BV auch auf die sonstigen Mitglieder seit 1991 erstreckt (Art. 5 Abs. 2 VfGHG). Da Art. 68 Abs. 3 S. 2 BV vom Sinn her nur als Mindest-Inkompatibilitätsregel zu verstehen ist, ist diese gesetzliche Ausdehnung von Art. 69 BV gedeckt.[25]

---

[17] *Schweiger,* in: Nawiasky/Schweiger/Knöpfle, Art. 68, Rn. 4 f; *Pestalozza,* Verfassungsprozessrecht, § 23, Rn. 11; s. a. BVerfG (Kammer), NVwZ 1993, 1079 f.

[18] VerfGH 23, 1 (3); *Schweiger,* in: Nawiasky/Schweiger/Knöpfle, Art. 68, Rn. 4 g.

[19] *Schweiger,* in: Nawiasky/Schweiger/Knöpfle, Art. 68, Rn. 5.

[20] VerfGH 43, 107 (117); VerfGH 46, 1 (9 f.); s. a. gemessen am GG BVerfG (Kammer), BayVBl 1999, 16 = NVwZ 1999, 638.

[21] *Schweiger,* in: Nawiasky/Schweiger/Knöpfle, Art. 68, Rn. 5.

[22] VerfGH 46, 234; VerfGH, Ents. v. 9. 5. 1995, Az: Vf.22-VII-94.

[23] VerfGH 40, 108 (111); VerfGH 48, 17 (21 ff).

[24] *Schweiger,* in: Nawiasky/Schweiger/Knöpfle, Art. 68, Rn. 4 c.

[25] *Schweiger,* in: Nawiasky/Schweiger/Knöpfle, Art. 68, Rn. 5 a; *Meder,* Art. 68, Rn. 6.

dd) Die Wiederwahl. Es ist verfassungsrechtlich nicht unzulässig, eine Wiederwahl der   23
Verfassungsrichter vorzusehen. Die Berufsrichter scheiden jedoch in ihrer Eigenschaft als
Berufsrichter aus, wenn sie die Stellung als Richter verlieren. Die Richter des Verfassungsgerichtshofs scheiden als Berufsrichter des Verfassungsgerichtshofs aus, wenn sie
nicht mehr Richter des Verfassungsgerichtshofs sind. Der Präsident oder die Präsidentin
des Bayerischen Verfassungsgerichtshofs verliert seine/ihre Stellung, wenn er/sie nicht
mehr Präsident/in eines der drei Oberlandesgerichte ist.

Art. 69 [Verfassungsgerichtshofsgesetz]

**Die weiteren Bestimmungen über die Organisation des Gerichtshofs und über
das Verfahren vor ihm sowie über die Vollstreckung seiner Urteile werden durch
Gesetz geregelt.**

Parallelvorschriften in anderen Landesverfassungen: Art. 68 Abs. 4 BaWüVerf; Art. 84 Abs. 3 BerlVerf;
Art. 112 Abs. 6 BbgVerf; Art. 65 Abs. 7 HmbVerf; Art. 130 Abs. 3 HessVerf; Art. 54 M-VVerf; Art. 55
Abs. 4 NdsVerf; Art. 76 Abs. 3 NRWVerf; Art. 135 Abs. 2 S. 1 RhPfVerf; Art. 81 Abs. 4 SächsVerf;
Art. 76 SachsAnhVerf; Art. 80 Abs. 5 ThürVerf.

Rechtsprechung: VerfGH 15, 1; VerfGH 16, 137; VerfGH 18, 76; VerfGH 28, 14; VerfGH 31, 71.

Literatur: Knöpfle, Die Verfassung des bayerischen Verfassungsgerichtshofs, 1972; *Knöpfle,* Zur Neuordnung der Organisation der Verfassungsgerichtsbarkeit in Bayern, VerwArch 83 (1992) 213; *Kratzer,
Schechinger,* Verfassungswidrige Organisation des Bayerischen Verfassungsgerichtshofs? NVwZ 1993,
446; *Schmitt Glaeser, W.,* Das neue Gesetz über den Bayerischen Verfassungsgerichtshof, NVwZ 1992,
443; *Streicher,* Zur Entwicklung der Staatsgerichtsbarkeit in Bayern, in: Festschrift zum 25-jährigen
Bestehen des bayerischen Verfassungsgerichtshofs, 1972, S. 195; *Vill,* Das Gesetz über den Bayerischen
Verfassungsgerichtshof, BayVBl 1991, 353.

Kommentierung

Art. 69 BV sieht ausdrücklich hinsichtlich des Verfahrens, der Organisation und der   1
Vollstreckbarkeit der Urteile einen Gesetzesvorbehalt vor. Zugleich ist Art. 69 BV die
Grundlage für das Verfassungsgerichtshofgesetz und gibt dem Gesetzgeber eine gewisse
Gestaltungsmöglichkeit. Die Regelung ist verfassungsprozessuales Allgemeingut und
kommt so gut wie in jeder Verfassung, die ein Verfassungsgericht vorsieht, vor. Eine ausdrückliche Ermächtigung liegt nahe, weil ansonsten die Frage entstehen würde, ob der
Grundsatz des materiellen Rechtsstaatsprinzips es gestatten würde, dass der Gesetzgeber
das Verfassungsgericht gesetzlich formen darf, obwohl dieses doch zu wesentlichen Teilen dazu da ist, ihn selbst zu kontrollieren. Art. 69 BV ist allgemein gefasst und enthält
keine Einschränkung, so dass die Gestaltungsbefugnis des Gesetzgebers weit zu fassen
ist.[1]

Auf dem Art. 69 BV beruht das VfGHG vom 10. 5. 1990. Das VfGHG von 1990 wird   2
als umfassende Bereinigung und Neuordnung qualifiziert. Dessen Vorläufer war das
VfGHG i. d. F. der Bekanntmachung vom 26. 10. 1962 (GVBl S. 33), das wiederum als Vor-
läufer die GeschOVerfGH vom 15. 7. 1963 (GVBl S. 151), geändert am 18. 2. 1966 (GVBl
S. 159), hatte. Das VfGHG sieht eine subsidiäre Regelung der VwGO und der ZPO vor
(Art. 30 Abs. 1 VfGHG).

Das Gesetz wird ergänzt durch die Geschäftsordnung, Art. 30 Abs. 2 VfGHG. Die heu-   3
tige Geschäftsordnung beruht auf Art. 30 Abs. 2 VfGHG.

---

[1] *Meder,* Art. 69, Rn. 1; VerfGH 28, 14 (21).

6. Abschnitt. Die Gesetzgebung

Vorbemerkung

1. Funktion und Inhalt des 6. Abschnitts

1   Die BV entspricht (in Abweichung von der BV 1919) darin der **Regelungsstruktur** der WRV, des GG und anderer Landesverfassungen, dass es den Abschnitten über die wesentlichen Organe des Staates (2. bis 5. Abschnitt) drei Abschnitte zu den gewaltenteiligen Hauptfunktionen der Gesetzgebung, der Verwaltung und der Rechtspflege (6. bis 8. Abschnitt) folgen lässt;[1] der Leitgedanke der Gewaltenteilung (Art. 5) wird auf diese Weise zweifach – zunächst unter vorwiegend organisatorischem, sodann unter vorwiegend funktionalem Blickwinkel – entfaltet. Innerhalb der Staatsfunktionen wird die Gesetzgebung (Art. 70 ff.) an erster Stelle behandelt. Regelungsgegenstand des 6. Abschnitts ist allein das **Gesetz/die Gesetzgebung im formellen Sinne**[2], d. h. Gesetzgebungsakte der Legislative in den von der Verfassung vorgesehenen Formen und Verfahren (einschließlich Haushaltsgesetz [Art. 70 II] und Zustimmung zu Staatsverträgen [Art. 72 II]);[3] das Gesetz im materiellen Sinne (alle allgemeinverbindlichen abstrakt-generellen Rechtsnormen) spielt für den 6. Abschnitt nur insoweit eine Rolle, als die Befugnis zur Setzung allgemeinverbindlichen Rechts nach näherer Maßgabe des Art. 70 (Abs. 1: „die für alle verbindlichen Gebote und Verbote"; Abs. 3: Übertragungsverbot) und in den Grenzen der von der Verfassung vorgesehenen oder erlaubten Ausnahmen zulässiger exekutiver Normsetzung (Verordnungsgebung kraft Delegation, Art. 55 Nr. 2 S. 3; Satzungserlass kraft verliehener Autonomie, z. B. Art. 11 II, 83) grundsätzlich der Legislative vorbehalten, d. h. an die Gesetzesform (Gesetz im formellen Sinn) gebunden wird (Art. 70).[4] Neben dem so umrissenen **Gesetzesvorbehalt** (Art. 70) regeln die Art. 71 ff. vor allem Fragen des **Gesetzgebungsverfahrens** in seinen beiden Formen der **Parlaments- und Volksgesetzgebung;** eine besondere Regelung erfährt – in prozeduraler und inhaltlicher Hinsicht – die **verfassungsändernde Gesetzgebung** (Art. 75).

2. Gesetzgebung im Bundesstaat – die bundesstaatliche Kompetenzordnung

2   Kein Regelungsgegenstand der Art. 70 ff. ist die Frage, für welche Materien der Freistaat Bayern überhaupt das Recht zur Gesetzgebung in Anspruch nehmen kann; diese Frage der bundesstaatlichen **Kompetenzverteilung** kann allein durch die verklammernde Bundesverfassung beantwortet werden. Soweit das Grundgesetz die Gesetzgebungskompetenz nicht bei den Ländern belässt, sondern dem Bund zuweist, kann eine bayerische Gesetzgebung in den Formen der Art. 70 ff. BV in grundgesetzkonformer Weise nicht mehr stattfinden, so dass das Gesetzgebungsrecht der Art. 70 ff. in thematischer Hinsicht eine beträchtliche Einbuße erfährt.[5] Eine Ausnahme gilt allein für die verfassungsändernde Gesetzgebung (Art. 75), die auf der thematisch unbegrenzten Verfassungsautonomie der Länder (Recht zur Vollverfassung) beruht und keine umfassend an die Kompetenzordnung des Grundgesetzes gebundene „Gesetzgebung unter dem Grundgesetz" darstellt (dass Landesverfassungsrecht ggf. nach Art. 31 GG durch kompetenzmäßiges Bundesrecht überlagert wird, steht auf einem anderen Blatt und ändert nichts an dem Recht, auch im Kompetenzbereich des Bundes, Verfassungsnormen zu erlassen; vgl. Vorbem. B Wirkkraft LVerfR, Rn. 3). In der Sache folgt das GG der Grundentscheidung, dass die Gesetzgebungskompetenz bei den Ländern liegt, soweit das GG nicht dem Bundes

---

[1] *Schweiger,* in: Nawiasky/Schweiger/Knöpfle, Art. 70 Rn. 2.
[2] *Schweiger,* in: Nawiasky/Schweiger/Knöpfle, Art. 70 Rn. 2; ausdrücklich: Art. 70 II.
[3] Zu den Begriffen (auch zum materiellen Gesetz): *Degenhart,* in: Sachs, Art. 70 Rn. 16.
[4] *Hoegner,* Verfassungsrecht, S. 106.
[5] *Schweiger,* in: Nawiasky/Schweiger/Knöpfle, Art. 70 Rn. 7.

Gesetzgebungsbefugnisse verleiht **(Art. 70 GG)**; diese Technik der Kompetenzverteilung darf nicht darüber hinwegtäuschen, dass der Schwerpunkt der Gesetzgebungstätigkeit bereits seit langem beim Bund und nicht bei den Ländern liegt; es handelt sich also nur um ein technisches, nicht um ein inhaltliches Regel-Ausnahme-Verhältnis.[6] Zu einer tendenziellen Stärkung der Landesgesetzgebungskompetenz hat die Grundgesetzänderung des Jahres 1994[7] samt nachfolgender Rspr. des BVerfG[8] geführt, die der **Erforderlichkeitsklausel (Art. 72 II GG)** im Rahmen der konkurrierenden Gesetzgebung deutlich schärfere Konturen verliehen hat. Die **Föderalismusreform** des Jahres 2006[9] hat diese Entwicklung, indem sie große Teile der konkurrierenden Gesetzkompetenz von der strengeren Erforderlichkeitsprüfung des Art. 72 II GG n. F. wieder ausgenommen hat und auch ansonsten einige neue Bundeskompetenzen geschaffen hat, zum Teil wieder revidiert; ansonsten ist jedoch auch die Föderalismusreform vom Ziel einer Stärkung der Landesgesetzkompetenz getragen (Rückübertragung vom Materien; die neuartige Abweichungskompetenz nach Art. 72 III GG).

Die **Kompetenznormen des GG,** namentlich die Art. 70 ff. GG, sind **kein Landes-** 3 **verfassungsrecht;** sie sind nach der Rspr. des BVerfG auch nicht etwa kraft Bundesrechts in die Landesverfassung „hineinzulesen".[10] Es ist deswegen bundesrechtlich unbedenklich, wenn ein Landesverfassungsgericht Gesetze des Landesrechts allein an der Landesverfassung, nicht dagegen an der Kompetenzordnung des Grundgesetzes misst. Umgekehrt ist es allerdings auch nicht bundesrechtlich verboten, dass Landesverfassungsgerichte ihren **Kognitionshorizont** erweitern (oder kraft ausdrücklicher Rezeptionsklauseln erweitern müssen, z. B. Art. 153 HessVerf), Landesrecht – mittelbar oder unmittelbar – an den Kompetenznormen des Grundgesetzes messen und sich auf diese Weise in den Dienst auch der Bundesverfassung stellen; bundesrechtlich zwingend ist es – im Interesse der Einheitlichkeit der Auslegung des Grundgesetzes – in diesen Fällen jedoch, dass die Vorlagepflichten des Art. 100 I, III GG beachtet werden.[11] Der VerfGH steuert, was die Frage der Prüfung anhand der Kompetenzordnung des GG anbelangt, bereits seit längerem eine mittlere Linie: Er misst seinen landesrechtlichen Prüfungsgegenstand nicht unmittelbar an den Kompetenznormen des Grundgesetzes, sondern nur **mittelbar** und in einer inhaltlich eingeschränkten Form über das bayerische **Rechtsstaatsprinzip des Art. 3 I:** Einen Verstoß gegen das bayerische Rechtsstaatsprinzip kann ein grundgesetzlicher Kompetenzverstoß hiernach nur konstituieren, wenn der bayerische Gesetzgeber offensichtlich den Bereich der Rechtsordnung des Bundes verlässt und die gesetzliche Regelung eindeutig ohne Rechtsetzungsbefugnis schafft; zudem muss der Widerspruch zum Bundesrecht nicht nur offensichtlich zu Tage treten, sondern auch inhaltlich nach seinem Gewicht als schwerwiegender Eingriff in die Rechtsordnung zu werten sein (Evidenz- und Schwerekriterium).[12] Dass sich der VerfGH in diesem Rahmen, da er die zu überprüfende Norm nicht „anwende" und sie allein am Maßstab der BV messe (Bundesrecht sei kein unmittelbarer Prüfungsmaßstab), von der Vorlagepflicht nach Art. 100 I GG entbunden fühlt,[13] ist nicht unproblematisch (immerhin ist es, wenn auch mittelbar, doch ein Verstoß gegen das GG, der zur Normverwerfung führt), mag aber gerade noch angehen; nicht jedenfalls kann sich der VerfGH, soweit er (und sei es auch mittelbar) Bundesrecht prüft, von der

---

[6] BVerfGE 106, 62; 111, 226; 112, 226.

[7] *Badura,* Staatsrecht, F 29; vgl. auch BVerfGE 111, 226 (247).

[8] G. vom 27. 10. 1994, BGBl. I S. 3146.

[9] G. vom 28. 8. 2006 (BGBl. I, S. 2034); hierzu: *Rengeling,* DVBl. 2006, 1537; *Degenhart,* NVwZ 2006, 1209; *Ipsen,* NJW 2006, 2801.

[10] BVerfGE 103, 332 (356 f.); *Jarass/Pieroth,* Art. 70 Rn. 3.

[11] *Möstl,* AöR 130 (2005), S. 350 (281 f.) m. w. N., auch zum Folgenden.

[12] VerfGH 45, 33 (40 f.); 51, 94 (99 f.). Eine Sonderdoktrin gilt für die Zulassung von Volksbegehren: Hier wird allein überprüft, ob der Gesetzentwurf des Volksbegehrens Bundesrecht bei jeder vertretbaren Auslegung widerspricht: VerfGH 43, 35, siehe Art. 74, Rn. 11.

[13] VerfGH 45, 33 (40 f.); dazu: *Schmitt Glaeser/Horn,* BayVBl. 1992, 673 (684).

Bindung nach Art. 100 III GG freizeichnen, wonach das Landesverfassungsgericht an die Auslegung des GG durch das BVerfG gebunden und, sofern es abweichen möchte, zur Vorlage an das BVerfG verpflichtet ist.

3. Parlamentsgesetzgebung und Volksgesetzgebung

4   Die BV bringt der **Volksgesetzgebung** eine hohe Wertschätzung entgegen (vgl. Art. 2 II 1, 4, 5 I, 7 II) und hat sie in den Art. 71 ff. als **gleichwertige Alternative** neben die reguläre **Parlamentsgesetzgebung** gestellt.[14] Andererseits geht sie, wie sich insbesondere aus den Hürden und Grenzen ergibt, an die sie die Volksgesetzgebung bindet (Art. 73 f.), doch davon aus, dass die Gesetzgebung durch das Parlament die Regel, die Gesetzgebung durch das Volk dagegen die Ausnahme ist.[15] In diesem Sinne lässt sich auch der BV – trotz ihrer im Vergleich zum GG und anderen Landesverfassungen betont plebiszitfreundlichen Haltung – **eine Grundentscheidung zugunsten der repräsentativen Demokratie** und der parlamentarischen Gesetzgebung entnehmen (vor Art. 13, Rn. 6).[16] Vor dem Hintergrund dieser Grundentscheidung schützt die BV die **Funktionsfähigkeit der Repräsentativorgane** (insbesondere des Landtags) gegen eine Handhabung der Volksrechte, die – durch Absenkung der nötigen Voraussetzungen – zu einer solchen Vielzahl von Plebisziten mit ggf. geringer demokratischer Legitimationskraft führen würde, dass der für die repräsentative Demokratie unerlässliche Zusammenhang von periodischer Wahl und „Zur-Verantwortung-Gezogen-Werden" für eine Politik, die die Repräsentativorgane auch tatsächlich gestaltet und zu verantworten haben, zerbricht. Näher zum Spannungsverhältnis von Plebiszitfreundlichkeit der BV einerseits und ihrer Grundentscheidung für die repräsentative Demokratie andererseits sowie zu den Konsequenzen für die richtige Auslegung der BV siehe Art. 72 Rn. 6 ff. (Grundsatz) und Art. 73, Rn. 4 ff., 74, Rn. 16 sowie Art. 75, Rn. 6, 9 (konkrete Folgen).

Art. 70 [Erfordernis formeller Gesetze]

(1) Die für alle verbindlichen Gebote und Verbote bedürfen der Gesetzesform.
(2) Auch der Staatshaushalt muß vom Landtag durch formelles Gesetz festgestellt werden.
(3) Das Recht der Gesetzgebung kann vom Landtag nicht übertragen werden, auch nicht auf seine Ausschüsse.

Parallelvorschriften im GG und anderen Landesverfassungen (aufgeführt werden allein ausdrückliche Statuierungen eines allgemeinen Gesetzesvorbehalts, d. h. weder spezielle/partielle, z. B. grundrechtliche oder organisatorische Gesetzesvorbehalte noch Regelungen zum Rechtsstaatsprinzip oder zum Prinzip der Gesetzmäßigkeit der Verwaltung im Allgemeinen [wie z. B. Art. 20 III GG], die den Vorbehalt des Gesetzes nur implizit mitenthalten; für Parallelregelungen zu Art. 70 II siehe die Nachweise bei Art. 78): Art. 58 BaWüVerf; Art. 59 I BerlVerf; Art. 2 II HessVerf; Art. 41 NdsVerf; Art. 2 RhPfVerf; Art. 2 SaarlVerf.

Rechtsprechung: BVerfGE 33, 1; 40, 237; 47, 46; 98, 218; 105, 279; 111, 191; VerfGH 24, 1; 37, 59; 52, 48; 56, 75.

Literatur: Detterbeck, Vorrang und Vorbehalt des Gesetzes, JURA 2002, 235; *Eberle,* Gesetzesvorbehalt und Parlamentsvorbehalt, DÖV 1984, 685; *Hoffmann-Riem,* Gesetz und Gesetzesvorbehalt im Umbruch, AöR 120 (2005), S. 507; *Möstl,* Normative Handlungsformen, in: Erichsen/Ehlers (Hrsg.), Allgemeines Verwaltungsrecht, 13. Aufl. 2005, §§ 18, 19; *Ossenbühl,* Vorrang und Vorbehalt des Gesetzes, in: Isensee/Kirchhof (Hrsg.), Handbuch des Staatsrechts, Bd. III, 1. Aufl. 1988, § 62.

---

[14] VerfGH 52, 104 (126).
[15] *Hoegner,* Verfassungsrecht, S. 63.
[16] VerfGH 53, 42 (61 ff.), auch zum Folgenden.

I. Allgemeines

1. Bedeutung

Der in Art. 70 I (iVm III) normierte **Vorbehalt des formellen Gesetzes** für alle allge- **1** meinverbindlichen Ge- und Verbote verwirklicht einen zentralen Aspekt des **Gewaltenteilungsprinzips** (Art. 5), was das Verhältnis von Legislative und Exekutive anbelangt: Allein die Legislative soll prinzipiell zur Setzung allgemeinverbindlicher Rechtsnormen berufen sein; die Exekutive ist zur Vollziehung im Einzelfall (samt innenrechtlicher Selbstprogrammierung durch Verwaltungsvorschriften), zur außenwirksamen Rechtsetzung jedoch nur dann berufen, wenn sie – soweit mit Art. 70 III vereinbar – von der Legislative hierzu ermächtigt ist;[1] zugleich soll auch ein bestimmter Bereich nicht-normativen, gewöhnlichen Vollzugshandelns der Exekutive nur auf der Basis eines förmlichen Gesetzes zulässig sein. Der so umrissene **Rechtsetzungs- und Gesetzesvorbehalt** hat eine zweifache Wurzel sowohl im **Rechtsstaats-** als auch im **Demokratieprinzip** (Art. 2, 3 I).[2] Die rechtsstaatliche Wurzel manifestiert sich in der klassischen rechtsstaatlichen Errungenschaft eines Vorbehalts des Gesetzes für alle Eingriffe in „Freiheit und Eigentum", wie er bereits in VII. § 2 BV 1818 und § 74 I BV 1919 enthalten war und auch einen gesicherten Bestandteil des Art. 20 III GG bildet, samt seinen modernen, grundrechtlich inspirierten Erweiterungen (erweiterter Eingriffsbegriff, Wesentlichkeitstheorie)[3]. Der hinzugetretene demokratische Begründungsstrang basiert auf dem Gedanken, dass allein das Parlament – als die unmittelbar gewählte Volksvertretung, aber auch aufgrund seines besonderen Verfahrens der Entscheidungsfindung (Diskursfunktion, Öffentlichkeit) – die demokratische Legitimation dafür besitzt, ihm prinzipiell das Recht zu Normsetzung einzuräumen (während exekutive Normsetzung stets rechtfertigungsbedürftig bleibt und eine legislative Übertragung von Normsetzungsbefugnissen voraussetzt); Regelungen von grundlegender, wesentlicher Bedeutung können darüber hinaus in einem solchen Maße der Legitimation gerade durch förmliches Gesetz bedürfen, dass insoweit selbst die Übertragung von Normsetzungsbefugnissen unzulässig wird, d. h. der Gesetzgeber gehalten ist, die wesentlichen Regelungen selbst zu treffen.[4] Art. 70 greift alle diese Gedankenstränge auf, versucht – durch Abkehr von der „Freiheit und Eigentum"-Formel in Abs. 1, durch Statuierung eines strikten Übertragungsverbots in Abs. 3 – bewusst, über den überkommenen rechtsstaatlichen Bestand hinauszugehen und einen modernen demokratischen Gesetzesvorbehalt zu formulieren,[5] ohne freilich im Jahre 1946 (vor der Entwicklung der Wesentlichkeitslehre; vor der Erweiterung des Eingriffsbegriffs; vor der Statuierung der „Inhalt, Zweck und Ausmaß"-Formel in Art. 80 I 2 GG etc.) in der Lage zu sein, diesen Ansatz in genau jene Worte zu kleiden, wie sie nach heutigem Sprachgebrauch und unter dem Einfluss des GG üblich geworden sind. Art. 70 ist insofern eine innovative Norm, die die modernen Tendenzen einer Ausweitung des Gesetzesvorbehalts

---

[1] *Möstl,* Normative Handlungsformen, in: AllgVwR, § 18 Rn. 5 ff.
[2] *Jarass/Pieroth,* Art. 20 Rn. 44.
[3] *Jarass/Pieroth,* Art. 20 Rn. 46 f.
[4] BVerfGE 40, 237 (249); 95, 1 (15 f.); 98, 218 (251).
[5] Prot. I, S. 164.

(Parlamentsvorbehalt) einerseits klarsichtig antizipiert hat, andererseits aber in einer Weise durch die nachfolgende Entwicklung eingeholt und überholt wurde, dass sie nicht mehr in jedem Punkt wörtlich genommen werden kann, sondern im Lichte dieser Entwicklung (auch aufgrund zwingender bundesrechtlicher Vorgaben, Rn. 3) ausgelegt werden muss; eine derartige **fortbildende Auslegung** ist immer noch texttreuer, als Neuerungen der Lehre vom Gesetzesvorbehalt, etwa die Wesentlichkeitstheorie, ohne jede Erwähnung des Art. 70 in die BV hineinzulesen.[6] Art. 70 ist nicht die einzige Normierung der BV zum Thema „Gesetzesvorbehalt"; flankiert wird er insbesondere durch den grundrechtlichen Gesetzesvorbehalt des **Art. 98 S. 2** sowie den organisatorischen Gesetzesvorbehalt des **Art. 77 I 1;** Art. 70 selbst statuiert in **Art. 70 II** (im Verbund mit **Art. 78 III**) den das Budgetrecht des Parlaments sichernden Vorbehalt einer Feststellung des Staatshaushalts durch formelles Gesetz; hinzu treten weitere Gesetzesvorbehalte und Gesetzgebungsaufträge mit partieller Bedeutung.

2. Entstehung

2   Im Zuge der Diskussion des Art. 46 E (der im Vergleich zu dem Art. 70 BV nur geringfügige Veränderungen aufweist: „alle" statt „alle Staatsbürger" in Abs. 1; Übertragungsverbot nicht nur in bezug auf Ausschüsse in Abs. 3) im VA wurde betont, dass über die klassische „Freiheit- und Eigentum"-Formel der BV 1818 und 1919 hinausgegangen werden solle. Auch wurde festgehalten, dass Art. 46 E/70 BV einer (inhaltlich begrenzten) Verordnungsermächtigung nicht entgegenstehen soll (Art. 41 Nr. 2 E = Art. 55 Nr. 2 BV).[7]

3. Verhältnis zum Grundgesetz

3   Das GG enthält keine dem Art. 70 BV entsprechende bündige ausdrückliche Normierung eines allgemeinen Gesetzesvorbehalts. Dennoch hat das BVerfG eine so reichhaltige und ausdifferenzierte Doktrin zum Gesetzes- und Parlamentsvorbehalt entwickelt und diese praktisch durchgehend so selbstverständlich und unterschiedslos auch auf die Landesstaatsgewalt angewandt, dass der Landesverfassung nur **äußerst geringe Spielräume** für eigene Akzentsetzungen verbleiben. Der klassische Vorbehalt des Gesetzes für Grundrechtseingriffe, wie er aus Art. 20 III GG, aber auch aus den Grundrechten folgt, gilt als bundesverfassungsrechtliche Gewährleistung ohnehin unmittelbar in den Ländern; sowohl die Grundrechte (Art. 1 III GG) als auch Art. 20 III GG werden in ständiger Praxis als Durchgriffsnormen begriffen, die die Landesstaatsgewalt unmittelbar binden.[8] Gleiches hat auch für neuere Errungenschaften der Grundrechtsdogmatik (Wesentlichkeitslehre, erweiterter Eingriffsbegriff) zu gelten. Freilich hat die Landesverfassung theoretisch das Recht, hinter dem rechtsstaatlichen/grundrechtlichen Standard des GG zurückzubleiben und nicht jede Verästelung der bundesrechtlichen Dogmatik nachzuvollziehen (Vorbem. B Wirkkraft LVerfR, Rn. 13 f.); praktisch aber wäre der grundgesetzliche Standard (wenn auch nicht vor dem VerfGH einklagbar) dennoch verbindlich und von der bayerischen Staatsgewalt zu beachten; auch würde sich sogleich die Frage stellen, inwieweit der grundgesetzliche Standard nicht auch dem Homogenitätsgebot des Art. 28 I GG unterfällt; die Rspr. des BVerfG zum Parlamentsvorbehalt lässt wenig Bereitschaft erkennen, in dieser Zentralfrage des Gewaltenteilungs-, Rechtsstaats- und Demokratieprinzips föderale Spielräume auch nur in Erwägung zu ziehen (vgl. die Rspr. zur Bestimmtheit von Verordnungs- und Satzungsermächtigungen, s. u.). Auch die Grundweichenstellung des Gewaltenteilungsprinzips, dass zur außenwirksamen Rechtsetzung grundsätzlich allein die Legislative, die Exekutive dagegen allenfalls aufgrund gesetzlicher Ermächtigung berufen sein kann (kein originäres Normsetzungsrecht der Exekutive; vgl. Rn. 1, 5), wird man – jedenfalls über Art. 28 I GG, wenn nicht über unmittelbar geltende Gehalte des Rechts-

---

[6] So aber z. B. VerfGH 31, 99 (127); 35, 59 (67).

[7] Prot. I S. 164 f.

[8] Für Art. 20 III: *Herzog*, in: Maunz/Dürig, Art. 20 I Rn. 33; VI Rn. 25, 87.

staats- und Demokratieprinzip – als für die Länder verbindlich anzusehen haben. Deutlich wird dies z. B. daran, dass das BVerfG (über das bloße Erfordernis einer besonderen Ermächtigung noch hinausgehend) auch die „Inhalt, Zweck und Ausmaß"-Formel des Art. 80 I 2 GG, obwohl dieser auf landesrechtliche Verordnungsermächtigungen nicht unmittelbar anwendbar ist, als auch für die Landesstaatsgewalt ohne Abstriche maßgeblich angesehen hat (ob aufgrund unmittelbarer Durchgriffsgeltung des Rechtsstaats- und Demokratieprinzips, oder – richtiger – über Art. 28 I GG, geht nicht eindeutig hervor).[9] Auch schließlich, was die Voraussetzungen exekutiver Satzungsgebung anbelangt (hinreichende demokratische Strukturen der Selbstverwaltung; Erfordernis besonderer Ermächtigung für Grundrechtseingriffe; Übertragungsverbote aufgrund der Wesentlichkeitslehre), ist – sei es über Art. 28 I GG, über unmittelbar durchgreifende Anforderungen des Demokratie- und Rechtsstaatsprinzips oder über die unmittelbar wirkenden Grundrechte (Gesetzesvorbehalt, Wesentlichkeitslehre) – nicht erkennbar, dass das BVerfG von einem Spielraum für unterschiedliche Handhabungen in den Ländern ausginge.[10] Das Grundgesetz richtet nach alledem in Fragen des Parlamentsvorbehalts einen (weit überwiegend unmittelbar durchgreifenden) Standard auf, hinter dem die Landesverfassungen jedenfalls faktisch und beinahe durchgehend auch rechtlich (über Art. 28 I GG) nicht zurückbleiben können; eine grundgesetzkonforme Auslegung des Art. 70 ist insoweit geboten oder zumindest angezeigt. Umgekehrt wäre es theoretisch denkbar, über diesen Standard (im Sinne eines noch verschärften Parlamentsvorbehalts) hinauszugehen – ohne dass Anzeichen hierzu in der Rspr. des VerfGH ersichtlich wären –; zu beachten wären zum Schutz der Exekutive und einer funktionsgerechten Gewaltenteilung freilich äußerste Grenzen: So dürfte etwa ein Totalvorbehalt des Gesetzes unter dem Grundgesetz nicht zulässig sein.[11]

II. Einzelkommentierung

1. Rechtsetzungsvorbehalt, Gesetzesvorbehalt (Abs. 1)

Art. 70 I, wonach die für alle verbindlichen Gebote und Verbote der Gesetzesform bedürfen, vereint nach heutigem dogmatischem Verständnis zwei verschieden gelagerte Aussageebenen in sich, die im Text in einer undeutlichen Weise ineinanderfließen und doch strikt auseinanderzuhalten sind: **4**

- **Einen grundsätzlichen Rechtsetzungsvorbehalt zugunsten der Legislative.** **5**
  Im gewaltenteiligen Schema originär zur außenwirksamen, abstrakt-generellen Normsetzung berufen ist aufgrund seiner besonderen demokratischen Legitimation allein das Parlament (bzw. der Volksgesetzgeber); die Exekutive dagegen hat kein originäres Normsetzungsrecht; will sie normsetzend tätig werden, bedarf sie stets eines entsprechenden Akts der Übertragung von Normsetzungsbefugnissen durch die Legislative (Verordnungsermächtigung, Übertragung von Satzungsautonomie bzw. Satzungsermächtigung); inwieweit eine solche Übertragung zulässig ist, richtet sich wiederum nach Art. 70 III i. V. m. sonstigen Normen und Prinzipien der BV (z. B. Art. 55 Nr. 2 S. 3 für die Verordnungsermächtigung).[12] Dass die Exekutive aus eigenem Recht (ohne gesetzliche Ermächtigung) zum Erlass von Verwaltungsvorschriften befugt ist (so ausdrücklich Art. 55 Nr. 2 S. 2), ist hierzu kein Widerspruch, weil Verwaltungsvorschriften bloßes, allein die Verwaltung bindendes Innenrecht ohne Außenwirkung für den Bürger darstellen und insofern keine „für alle verbindlichen" Normen i. S. v. Art. 70 I sind. Die Ableitung eines allgemeinen Rechtsetzungsvorbehalts der Legislative aus Art. 70 I gründet sich vor allem darauf, dass diese Bestim-

---

[9] Z. B. BVerfGE 55, 207 (226); dazu (kritisch) *Bryde,* in: v. Münch/Kunig, Art. 80 Rn. 1 a.

[10] BVerfGE 33, 171; 107, 59; 111, 191.

[11] Vgl. BVerfGE 68, 1 (109).

[12] Ausführlich zu diesem Rechtsetzungsvorbehalt zugunsten der Legislative: *Möstl,* Normative Handlungsformen, AllgVwR, § 18 Rn. 5 ff. (auch m. w. N. zum Streitstand).

mung ausdrücklich auf die **für alle verbindlichen** Gebote und Verbote abstellt, d. h. alle außenwirksamen Gesetze im materiellen Sinne grundsätzlich der Legislative (dem formellen Gesetz) vorbehalten will;[13] unter den „für alle verbindlichen" Normen sind selbstredend nicht nur Regelungen zu verstehen, die wirklich alle Bürger betreffen, sondern auch solche, die nur einen begrenzten Adressatenkreis haben, solange dieser nur nach abstrakten Merkmalen definiert ist.[14] Einer ausweitenden Auslegung (zur Notwendigkeit ausweitender Auslegungen siehe schon Rn. 1, 3) dagegen bedürfen die Wörter **„Gebote und Verbote",** da nach hiesiger Ansicht dem Rechtsetzungsvorbehalt auch solche Regelungen des Außenrechts unterfallen können, die sich nicht im engen Sinne als Gebote oder Verbote an den Bürger erweisen. Die erweiternde Auslegung, die den Legislativvorbehalt statt allein auf die „für alle verbindlichen Gebote und Verbote" auf sämtliche „allgemeinverbindlichen Rechtsnormen" erstreckt, entspricht sowohl dem Grundgesetz (zum grundgesetzlichen Rechtsetzungsvorbehalt Rn. 3) als auch dem historisch intendierten Sinn und Zweck der Norm: Der ausdrückliche Zweck, über die klassische „Freiheit- und Eigentum"-Formel hinauszugehen, würde ansonsten nämlich verfehlt, weil jedes Ge- oder Verbot ja stets zumindest in die Handlungsfreiheit eingreift und insofern bereits von der klassischen Formel abgedeckt wird. Die hier vertretene These vom **Rechtsetzungsvorbehalt** der Legislative darf **nicht** mit einem **Totalvorbehalt** des Gesetzes gleichgesetzt werden, den es nach der deutschen Verfassungsordnung nicht gibt.[15] Der Rechtsetzungsvorbehalt der Legislative besagt allein, dass die Exekutive zur außenwirksamen Normsetzung der gesetzlichen Ermächtigung bedarf; keine Aussage lässt sich ihm hingegen zur Frage entnehmen, inwieweit die Exekutive für ihr sonstiges Vollzugshandeln einer gesetzlichen Ermächtigung bedarf; dies ist vielmehr eine Frage des sogleich (Rn. 6) zu besprechenden Gesetzesvorbehalts. Soweit die Verwaltung für ihr Vollzugshandeln im Einzelfall nach der deutschen Doktrin vom Vorbehalt des Gesetzes keiner gesetzlichen Ermächtigung bedarf (z. B. im Rahmen der Subventionsverwaltung), ändert hieran der hier vertretene umfassende Rechtsetzungsvorbehalt gar nichts: Die Exekutive kann auch ohne Gesetz zum Einzelfallvollzug schreiten und darf ihr Handeln hierbei auch durch innenrechtliche Verwaltungsvorschriften (die keine Norm i. S. v. Art. 70 I sind, siehe bereits oben; z. B. Subventionsrichtlinien) steuern. Nur soweit sie außenwirksame Normen erlassen will, die über eine rein innenrechtliche Verwaltungsvorschrift hinausgehen, greift der Rechtsetzungsvorbehalt des Art. 70 I (so auch Art. 55 Nr. 2).

6   – **Einen Gesetzesvorbehalt für Grundrechtseingriffe (auch mittelbar-faktische) und grundrechtswesentliche Regelungen.** Hier geht es um eine ganz andere Fragestellung als beim soeben behandelten Rechtsetzungsvorbehalt, um die Frage nämlich, in welchem Maße die Verwaltung schlechthin (d. h. nicht nur für ihre normsetzende, sondern auch für ihre ihr originär und regulär zugewiesene vollziehende Tätigkeit) einer gesetzlichen Ermächtigung bedarf, um aktiv werden zu dürfen, und wie bestimmt diese Ermächtigung ggf. zu sein hat. Die Antwort, die das klassische deutsche Staatsrecht hierauf gibt, ist, dass die Verwaltung – namentlich im Bereich der Leistungsverwaltung[16] – keinem Totalvorbehalt des Gesetzes unterliegt, sondern dass allein Eingriffe in Freiheit und Eigentum (Grundrechtseingriffe) dem rechtsstaatlichen Vorbehalt des Gesetzes unterfallen.[17] Dieser gesicherte klassische (auch be-

---

[13] *Meder,* Art. 70 Rn. 1; *Schweiger,* in: Nawiasky/Schweiger/Knöpfle, Art. 70 Rn. 3.

[14] *Meder,* Art. 70 Rn. 1; *Schweiger,* in: Nawiasky/Schweiger/Knöpfle, Art. 70 Rn. 3.

[15] BVerfG 68, 1 (109).

[16] Dazu *Meder,* Art. 70 Rn. 1a. Dies gilt freilich nur, soweit es nicht zu Grundrechtseingriffen (z. B. bei Dritten) kommt und es nicht um grundrechtswesentliche Fragen geht (am Beispiel des Subventionsrechts: BVerwG DVBl. 2003, 139 (142 f.).

[17] Zur klassischen Lehre und ihren neueren Ausweitungen (mittelbar-faktische Eingriffe, Wesentlichkeitslehre): *Badura,* Staatsrecht, C 19, D 56, F 13; *Jarass/Pieroth,* Art. 20 Rn. 46 ff.

reits in den BV 1818, 1919 verankerte) Gehalt, wie er etwa aus Art. 20 III GG folgt, ist von Art. 70 I unstreitig mit umfasst (parallel hierzu: Art. 98 S. 2). Art. 70 sollte, wie die Entstehungsgeschichte zeigt (Rn. 2), hierüber indes noch hinausgehen und ist daher auch offen für die Erweiterungen, die der klassische Gesetzesvorbehalt seither erfahren hat: zum einen die Ausweitung des klassischen Eingriffsbegriffs auf bestimmte mittelbar-faktische Beeinträchtigungen (Kriterien im Einzelnen str.; vgl. vor Art. 98, Rn. 59 f.)[18], zum anderen die Erstreckung auf grundrechtswesentliche Regelungen auch jenseits klassischer Eingriffe (Wesentlichkeitslehre; vom VerfGH anerkannt, wenngleich nicht beim thematisch einschlägigen Art. 70 verortet, sondern an ihm vorbeikonstruiert, s. o. Rn. 1, unten Rn. 9 f.[19]). Nötig ist es hierzu erneut, das Kriterium „Gebote und Verbote" erweiternd auszulegen: Ge- und Verbote, sonstige (auch mittelbar-faktische) Grundrechtseingriffe und alle grundrechtswesentlichen Regelungen (zur Notwendigkeit der erweiternden Auslegung allg. Rn. 1, 3).

Nicht im eigentlichen Sinn **von Art. 70 geregelt,** sondern allenfalls in thematischem **7** Zusammenhang mit ihm stehend und dogmatisch anderswo zu verorten, sind einige Fragen, die in der Kommentarliteratur gelegentlich bei Art. 70 mitbehandelt werden:[20]

- Die Frage der Zulässigkeit von **Maßnahme- und Einzelfallgesetzen.** Art. 70 trifft hierzu keine Aussage (kein Umkehrschluss aus Abs. 1); Maßnahmegesetze sind allgemein zulässig und an keine besonderen Voraussetzungen gebunden; die Zulässigkeit von – nicht schlechthin verbotenen – Einzelfallgesetzen stößt im Gleichheitssatz (Art. 118) und im Gewaltenteilungsprinzip (Art. 5) an Grenzen.[21]
- Die Frage von **Gesetzgebungspflichten.** Art. 70 statuiert einen Vorbehalt, keine Pflicht. Im Allgemeinen besteht kein Anspruch auf bestimmte Gesetzgebungsakte. Ausnahmen können aus verfassungsrechtlichen Gesetzgebungsaufträgen, aus dem Gleichheitssatz (Art. 118) oder aus grundrechtlichen Schutzpflichten (Art. 99) folgen.[22]
- Der **Vorrang des Gesetzes,** der nicht aus Art. 70, sondern aus Art. 55 Nr. 1 und aus dem Rechtsstaatsprinzip (Art. 3 I) folgt.

2. Haushaltsgesetz (Abs. 2)

Nach Abs. 2 muss auch der **Staatshaushalt** durch förmliches Gesetz festgestellt werden **8** (so auch Art. 78 III; siehe im Einzelnen die Kommentierung dort). Anders noch §§ 48, 79 II BV 1919 (Beschlussfassung). Geschützt ist das Budgetrecht des Parlaments (dazu auch Art. 73). Das Haushaltsgesetz wird aufgrund seiner zwar die Verwaltung ermächtigenden, Rechte und Pflichten des Bürgers indes nicht begründenden (Art. 3 BayHO) Natur als Gesetz im nur-formellen Sinne eingestuft.

3. Verbot der Übertragung des Gesetzgebungsrechts (Abs. 3)

Art. 70 III sichert den Rechtsetzungsvorbehalt des Art. 70 I (oben Rn. 5: originäres **9** Rechtsetzungsrecht allein der Legislative; exekutive Normsetzung allein aufgrund gesetzlicher Ermächtigung) zusätzlich dadurch ab, dass auch die Übertragung des Gesetzgebungsrechts grundsätzlich ausgeschlossen wird. Art. 70 gibt der Legislative demnach keinen Titel, aufgrund dessen sie zu einer Ermächtigung der Exekutive mit Normsetzungsbefugnissen befugt wäre; dieser Titel muss vielmehr aus einer anderen Verfassungsnorm abgeleitet werden können (indem diese eine Ermächtigung der Verwaltung entweder ausdrücklich vorsieht [Verordnungsermächtigung; Art. 55 Nr. 2 S. 3; Rn. 10]

---

[18] Z. B. BVerfGE 105, 279.

[19] VerfGH 37, 59 (76); 39, 96 (160); *Meder,* Art. 70 Rn. 7.

[20] Vgl. *Meder,* Art. 70 Rn. 1, 2 f., 4.

[21] Maßnahmegesetze: VerfGH 21, 211 (215); 33, 1 (9); 39, 1 (7); Einzelfallgesetze: VerfGH 18, 1 (93); 37, 31 (34); BVerfGE 95, 1.

[22] VerfGH 18, 79 (83); 24, 57 (67); 40, 81 (83); *Möstl,* DÖV 1998, 1029.

oder zumindest stillschweigend voraussetzt oder zulässt [wie bei den Satzungen, Rn. 11]). Auch soweit derartige Ermächtigungen zur Übertragung von Normsetzungsbefugnissen existieren und das grundsätzliche Verbot des Art. 70 III insoweit eingeschränkt wird, vermag Art. 70 III immer noch als eine Art **Schranken-Schranke** zu fungieren, die der Übertragung von Normsetzungsbefugnissen Grenzen setzt und die **wesentliche Substanz** des Gesetzgebungsrechts wahrt (**Parlamentsvorbehalt**[23]). Dass der Gesetzgeber sich seiner Rechtsetzungsbefugnis nicht völlig entäußern und seinen Einfluss auf exekutive Normsetzung nicht gänzlich preisgeben darf, sondern dass er gehalten ist, wesentliche Fragen selbst zu regeln, folgt nicht allein aus den Prinzipien des Rechtsstaats und der Demokratie, sondern zuallererst aus dem unmittelbar einschlägigen Art. 70 III.[24] Ausdrücklich erwähnt Art. 70 III – als bloßes Beispiel („auch nicht") – zwar nur das Übertragungsverbot auf **Ausschüsse**[25]; erfasst sein soll, wie die Diskussionen im VA belegen[26], aber gerade auch die **Exekutive;** dies ist – im Zusammenspiel mit Abs. 1 – sogar als die eigentliche Hauptstoßrichtung des Abs. 3 anzusehen.

10   Die Befugnis, der Exekutive **Verordnungsermächtigungen** zu erteilen, folgt ausdrücklich aus Art. 55 Nr. 2 S. 3 (siehe Kommentierung dort). Art. 70 III wahrt auch hier seine begrenzende Kraft: Namentlich aus Art. 70 III (Parlamentsvorbehalt) nämlich ist es – neben dem Rechtsstaats-, dem Demokratie- und dem Gewaltenteilungsprinzip im Allgemeinen – herzuleiten, dass über das Erfordernis einer besonderen Ermächtigung nach Art. 55 Nr. 2 S. 3 hinaus diese Verordnungsermächtigung (im Ergebnis wie bei Art. 80 I 2 GG) auch **nach Inhalt, Zweck und Ausmaß hinreichend bestimmt** zu sein hat.[27] Es darf nicht eine ganze Materie zur Regelung durch eine Art „gesetzesvertretende Verordnung" freigegeben werden;[28] Subdelegation ist nur zulässig, soweit im ermächtigenden Gesetz vorgesehen.[29] Auch soweit aus der **Wesentlichkeitslehre** im konkreten Fall noch strengere Bestimmtheitsanforderungen folgen oder sie gar einer Delegation überhaupt entgegensteht, ist hierfür – neben den Grundrechten – nach hier vertretener Auffassung der die wesentliche Substanz des Gesetzgebungsrechts wahrende Art. 70 III der richtige Aufhänger; Art. 70 III sollte als vorausschauende Antizipation der erst später entwickelten Wesentlichkeitslehre und damit als ihr richtiger Standort begriffen werden; nicht dagegen sollte die vom BVerfG entwickelte Wesentlichkeitsdoktrin an Art. 70 III vorbei in die BV hineingelesen werden.

11   Das Recht, Selbstverwaltungskörper mit **Satzungsautonomie** auszustatten, ist in der BV – nicht anders als im GG – nicht bündig normiert. Diese Möglichkeit wird aber an verschiedenen Stellen implizit vorausgesetzt oder sogar garantiert (z. B. Art. 11 II für Gemeinden; Art. 138 II für Universitäten; Art. 154 für die Selbstverwaltung der Wirtschaft); und auch darüber hinaus wird man dem explizit dem Konzept der „Demokratie von unten nach oben" (Art. 11 IV) verpflichteten Demokratieprinzip der BV (siehe auch Art. 77 II: Dezentralisierung) die allgemeine Befugnis entnehmen können, Selbstverwaltungskörpern abweichend von Art. 70 III Normsetzungsbefugnisse einzuräumen.[30] Voraussetzung ist aber stets das Bestehen funktionierender Strukturen der Selbstverwaltung und der Demokratie von unten, bei der die Normbetroffen selbst über durch sie demokratisch legitimierte Organe ihre eigenen Angelegenheiten in die Hand nehmen und die Normen in

---

[23] VerfGH 56, 75 (88); zur historischen Stoßrichtung gegen „Ermächtigungsgesetze": *Schweiger,* in: Nawiasky/Schweiger/Knöpfle, Art. 70 Rn. 6.

[24] Ohne auf Art. 70 III abzustellen, jedoch z. B. VerfGH 37, 59 (67); 42, 174 (181).

[25] Die Behandlung von Eingaben im Rahmen des Petitionswesens ist nicht von Art. 70 III erfasst und kann auf Ausschüsse übertragen werden: VerfGH 10, 20 (27).

[26] Prot. I, S. 164 f. (Diskussion zu den Rechtsverordnungen; Änderung des Wortlauts des Abs. 3).

[27] VerfGH 11, 196 (201); 24, 1 (19); 48, 87 (95); 50, 129 (141); 56, 75 (88).

[28] VerfGH 3, 28 (45); 16, 128 (132; 28, 24 (35); 28, 48 (56).

[29] VerfGH 2, 28 (51); 20, 62 (67 f.); 26, 48 (60 f.); 27, 48 (74).

[30] VerfGH 35, 56 (63 f.); 42, 56 (63 f.); *Möstl,* Normative Handlungsformen, in: AllgVwR, § 19 Rn. 12, jeweils auch zu den folgenden Maßgaben und Grenzen.

ihren Wirkungen grundsätzlich auch auf diesen Kreis von Normbetroffenen beschränkt bleiben.[31] Zusätzlich zur allgemeinen Verleihung von Satzungsautonomie bedarf es einer besonderen Ermächtigung (die aber nicht unbedingt dem Erfordernis einer Bestimmtheit nach Inhalt, Zweck und Ausmaß genügen muss, sondern grundsätzlich nur dem Gegenstand nach umrissen sein muss), soweit die Satzung in Grundrechte eingreift; dies folgt schon aus Art. 70 I. Zusätzliche Anforderungen können sich aus der Wesentlichkeitslehre ergeben (erhöhte Bestimmtheitsanforderungen oder völliges Übertragungsverbot, z.B. bei statusbildenden Berufsregelungen); hierfür ist erneut (vorige Rn.) neben den Grundrechten Art. 70 III der richtige Aufhänger.

Nicht berührt ist Art. 70 III durch die originäre Befugnis der Exekutive, ihr Vollzugs- **12** handeln durch innenrechtliche **Verwaltungsvorschriften** zu steuern (Art. 55 Nr. 2 S. 2; siehe schon Rn. 5). Hier nämlich geht es nicht um außenwirksame „Gesetzgebung" im Sinne des Art. 70 III.

Art. 70 III steht nach der Rspr. des VerfGH **Verweisungen** auf andere Regelwerke **13** (u. U. sogar dynamischen Verweisungen) nicht entgegen, solange es um einen eng begrenzten und überschaubaren Regelungsbereich geht, so dass der Inhalt der Norm demokratisch legitimiert im Willen des Gesetzgebers verankert bleibt.[32]

Art. 71 [Gesetzesinitiative]

Die Gesetzesvorlagen werden vom Ministerpräsidenten namens der Staatsregierung, aus der Mitte des Landtags oder vom Volk (Volksbegehren) eingebracht.

Parallelvorschriften im GG und anderen Landesverfassungen: Art. 76 GG; Art. 59 I BaWüVerf; Art. 59 II BerlVerf; Art. 75 BbgVerf; Art. 123 I BremVerf; Art. 48 I HmbVerf; Art. 117 HessVerf; Art. 55 I M-VVerf; Art. 42 III NdsVerf; Art. 65 NRWVerf; Art. 108 RhPfVerf; Art. 98 SaarlVerf; Art. 70 I SächsVerf; Art. 77 II VerfLSA; Art. 37 I SchlHVerf; Art. 81 I ThürVerf.

Rechtsprechung: BVerfGE 1, 144; VerfGH 18, 79; 47, 265.

I. Allgemeines

1. Bedeutung

Art. 71 regelt mit der **Gesetzesinitiative** die Einleitung und das erste Stadium des Ge- **1** setzgebungsverfahrens. Unter Gesetzesinitiative versteht man das Recht, bei der parlamentarischen Volksvertretung als Legislative Gesetzesvorlagen mit dem Anspruch einzubringen, dass die gesetzgebende Körperschaft über diese Vorlage beraten und beschließen muss.[1] Im Prozess der Transmission gesellschaftlicher Willensbildung in den staatlichen Bereich wirkt das – auf wenige Träger beschränkte – Initiativrecht als ein wichtiger Filter, der, indem sich zunächst ein Initiativberechtigter ein Vorhaben zu eigen gemacht haben muss, darüber bestimmt, wer ein förmliches Gesetzgebungsverfahren in Gang zu setzen berechtigt ist.[2] Die Modalitäten des Initiativrechts sind z.T. anderwärts in der Verfassung näher ausgestaltet **(Art. 54, 55 Nr. 3 S. 1, 74 I, II)**; im Übrigen trifft **§ 49 GeschOLT** nähere Regelungen. Eine Sonderstellung innerhalb der verschiedenen Formen der Initiativrechte nimmt das **Volksbegehren** ein, da es auf das besondere Verfahren der Volksgesetzgebung (Art. 74) bezogen und auf Herbeiführung eines Volksentscheides gerichtet ist, der sich jedoch – hierdurch wird der Bezug zum Landtag gewahrt – erübrigt, wenn der Landtag den Entwurf des Volksbegehrens unverändert annimmt (Art. 73 III LWG, Art. 74 III, IV, V BV; Ausnahme: Art. 75 II 2 BV).[3]

---

[31] Zu einem Grenzfall BVerfGE 111, 191.
[32] VerfGH 46, 14 (18); 48, 109 (113 f.); 52, 47 (64 f.).
[1] *Badura*, Staatsrecht, F 41.
[2] *Masing*, in: v. Mangoldt/Klein/Starck, Art. 76 Rn. 4 f.
[3] *Meder*, Art. 71 Rn. 1.

2. Entstehung

2   Nachdem gegenüber Art. 39 I VE in Art. 47 I E das „namens der Staatsregierung" ergänzt worden war, wurde im weiteren Verlauf der Verfassungsberatungen noch der Senat als Initiativberechtigter hinzugefügt – eine Ergänzung, die dann im Zuge der Abschaffung des Senats zum 1.1.2000 wieder entfallen ist.[4]

3. Verhältnis zum Grundgesetz

3   Die Parallelnorm des **Art. 76 I GG** gilt allein für Gesetzgebungsvorhaben des Bundestages und ist auf die Landesgesetzgebung nicht anwendbar. Die (abgesehen davon, dass dem Bundesrat in Bayern in die Entsprechung fehlt) einzige signifikante Abweichung liegt in dem plebiszitären Initiativrecht durch Volksbegehren, das in Art. 71 BV, nicht aber in Art. 76 I GG vorgesehen ist – eine Abweichung, die (wie die Volksgesetzgebung überhaupt) indes den Homogenitätsrahmen des Art. 28 I GG einhält und daher volle Maßgeblichkeit beanspruchen kann.[5] Auch soweit Initiativberechtigungen gleichartig normiert sind (z. B. Vorlagen „aus der Mitte" des Parlaments), ist es denkbar und nicht etwa bundesrechtlich verboten, dass die jeweiligen Anforderungen auf Landesebene im Einzelnen anders gehandhabt oder ausgelegt werden (z. B. Vorlageberechtigung auch des einzelnen Abgeordneten in Bayern, siehe unten Rn. 7).

II. Einzelkommentierung

1. Gesetzesvorlagen

4   Art. 71 geht es ausschließlich um die Initiierung **förmlicher Gesetzgebungsverfahren;** andere Normsetzungsakte oder Anträge auf sonstige Parlamentsbeschlüsse werden von ihm nicht erfasst;[6] zu den Besonderheiten der Haushaltsgesetzgebung vgl. Art. 78. Mit „Gesetzesvorlagen" sind ausformulierte und beschlussreife **Gesetzentwürfe** gemeint.[7] **Begründungen** des Gesetzentwurfs sind üblich, können nach h. M. jedoch, um das in Art. 71 gewährleistete Initiativrecht nicht zu erschweren, nicht zwingend verlangt werden; für Bayern ergibt sich dies – im Umkehrschluss – auch aus Art. 74 II, der nur für den Sonderfall des Volksbegehrens einen mit Gründen versehenen Entwurf verlangt; erst recht unzulässig sind noch weitergehende Erschwerungen und sachliche Beschränkungen des Initiativrechts (z. B. die Pflicht zur Unterbreitung von Deckungsvorschlägen für kostenwirksame Gesetze).[8] Zu Recht fasst § 49 III GeschOLT die Vorgaben zur üblichen Gestaltung und Begründung von Vorlagen als Soll- bzw. Kann-Vorschriften; dies muss auch hinsichtlich der Kostenfolgen für Gemeinden und Gemeindeverbände gelten. Die Beratung und Beschlussfassung über den Entwurf, auf die der Initiator einen Anspruch hat (Rn. 10), darf nicht mit der Begründung verweigert werden, der Entwurf sei inhaltlich nicht **verfassungskonform;** missbräuchliche Anträge dürften jedoch zurückgewiesen werden können (str.).[9]

2. Initiativberechtigte

5   Der Kreis der Initiativberechtigten ist in Art. 71 **abschließend** bestimmt; weder durch Gesetz noch durch Geschäftsordnung können zusätzliche Initiativberechtigungen (z. B. von Verbänden, der Kommunen etc.) geschaffen werden; dies gilt auch für neuartige, in

---

[4] *Schweiger,* in: Nawiasky/Schweiger/Knöpfle, Art. 71 Rn. 1; G. vom 20. 2.1998, GVBl. S. 42.

[5] *Nierhaus,* in: Sachs, Art. 28 Rn.15; für RhPf: *Franke,* in: Grimm/Caesar, RhPfVerf, Art.108 Rn. 22.

[6] *Lücke/Mann,* in: Sachs, Art. 76 Rn. 5.

[7] *Jarass/Pieroth,* Art. 76 Rn. 3; *Mann,* in: Löwer/Tettinger, NRWVerf, Art. 65 Rn. 4.

[8] BVerfGE 1, 144 (158 ff.); *Jarass/Pieroth,* Art. 76 Rn. 3 m. w. N.; *Mann,* in: Löwer/Tettinger, NRWVerf, Art. 65 Rn. 4; im Einzelnen str.

[9] *Jarass/Pieroth,* Art. 76 Rn. 4; a. A. *Lücke/Mann,* in: Sachs, Art. 76 Rn. 6; s. a. *Mann,* in: Löwer/Tettinger, NRWVerf, Art. 65 Rn. 25; allgemein zu Anträgen: § 59 III GeschOLT.

Art. 71, 74 (neben dem Volksbegehren) so nicht vorgesehene Formen der erleichterten Volksinitiative.[10] Vorlagen können demnach ausschließlich eingebracht werden:

- **„vom Ministerpräsidenten namens der Staatsregierung".** Das der Regierung **6** zustehende – exekutivische – Initiativrecht spielt im parlamentarischen Regierungssystem eine große Rolle; gestützt auf den Sachverstand der Ministerien und angesichts einer sie stützenden Mehrheit im Landtag, kann die Staatsregierung über ihr Initiativrecht erheblichen Einfluss auf die Gesetzgebung ausüben.[11] Normiert wird nicht etwa ein Initiativrecht des Ministerpräsidenten, sondern (trotz Wortlautabweichung Art. 76 I GG vergleichbar) ein solches **der Staatsregierung;** der Ministerpräsident unterbreitet dem Landtag – als Repräsentant der Staatsregierung – nur deren Vorlagen **(Art. 47 V),** über die die Staatsregierung zuvor – als Kollegium – gemäß **Art. 55 Nr. 3 S. 1 i.V.m. 54** beschlossen hat.[12] Eine Vorlage, die der Staatsregierung nicht als Ganzer zurechenbar ist (hierzu Art. 54)[13], verstößt gegen Art. 71 i.V.m. Art. 55 Nr. 3 S. 1; sie ist nicht korrekt eingebracht worden. Eine andere Frage ist es, inwieweit die korrekte Beschlussfassung durch die Staatsregierung vom Landtag nachgeprüft werden darf oder muss: Angesichts des Wortlauts („vom Ministerpräsidenten namens der Staatsregierung") und im Sinne der Abschichtung der jeweiligen Verantwortungssphären von Staatsregierung und Landtag muss es genügen, dass der Landtag den Ministerpräsidenten beim Wort nimmt, wenn dieser eine Vorlage der Staatsregierung einbringt.[14] Überhaupt keine Vorgaben entfaltet Art. 71 für die Frage, in welchem Verfahren Vorlagen der Staatsregierung in und zwischen den Ressorts vor deren Beschlussfassung vorbereitet und ausgearbeitet werden.

- **„aus der Mitte des Landtags".** Gesetzentwürfe aus der Mitte des Landtags können **7** nach § 49 I GeschOLT von **einzelnen Mitgliedern** des Landtags oder von **Fraktionen,** nicht aber von Ausschüssen eingebracht werden. Die bayerische Rechtslage und Staatspraxis weicht damit von der Handhabung auf Bundesebene ab, die einzelnen Abgeordneten das Initiativrecht gerade verweigert (§ 76 GOBT: Fraktion oder 5 % der Mitglieder; ähnlich auch andere Länder). Fraglich ist, ob eine derartige Einschränkung des Initiativrechts auch nach bayerischem Verfassungsrecht zulässig wäre; nach Bundesverfassungsrecht wird sie überwiegend für zulässig erachtet.[15] Richtig ist, dass die Formulierung „aus der Mitte des Landtags" unbestimmt ist, nicht zwingend mit dem einzelnen Abgeordneten gleichgesetzt werden muss und insofern Raum zu lassen scheint für Konkretisierungen durch die Geschäftordnung (Art. 20 III). Zu beachten ist andererseits die dem Abgeordneten aus Art. 13 II erwachsende Rechtsposition, zu der auch ein allgemeines Antragsrecht gehört (Art. 13, Rn. 14). Wenn der VerfGH betont, dass das Antragsrecht des einzelnen Abgeordneten auch insoweit verbürgt sei, als der Antrag keinen Gesetzentwurf enthalte,[16] so impliziert er damit geradezu, dass das Antragsrecht des einzelnen Abgeordneten jedenfalls zumindest das Recht zur Gesetzesinitiative umfasst. Freilich können die Antragsrechte des Art. 13 II per Geschäftsordnung beschränkt werden, soweit dies die Arbeitsfähigkeit des Landtags erfordert; die bisherige Staatspraxis in Bayern scheint derartige Einschränkungen indes gerade nicht erfordert zu haben. Solange keine (neuen) Gründe aufgeboten werden, warum zur Erhaltung der Arbeitsfähigkeit des Landtags nunmehr ein eingeschränktes Initiativrecht notwendig geworden sein soll, muss deswegen davon ausgegangen werden, dass Art. 71 BV (trotz Wortlautgleichheit) abweichend von Art. 76 I GG auch das Antragsrecht des einzelnen Abgeordneten umfasst.

[10] VerfGH 47, 265 (270 ff.); *Franke,* in: Grimm/Caesar, RhPfVerf, Art. 108 Rn. 15.
[11] *Badura,* Staatsrecht, F 42; *Meder,* Art. 71 Rn. 1.
[12] *Schweiger,* in: Nawiasky/Schweiger/Knöpfle, Art. 71 Rn. 3.
[13] Auf Bundesebene: BVerfGE 91, 148.
[14] *Mann,* in: Löwer/Tettinger, NRWVerf, Art. 65 Rn. 25.
[15] *Lücke/Mann,* in: Sachs, Art. 76 Rn. 10 m. w. N.
[16] VerfGH 47, 194 (200).

8   – **„vom Volk (Volksbegehren)":** Das plebiszitäre Initiativrecht des Volkes (Volksbegehren) verweist auf die nähere Ausgestaltung in Art. 74 I, II (siehe Kommentierung dort; zur Sonderstellung dieses Initiativrechts siehe auch schon oben Rn. 1).

9   Die Initiativrechte – namentlich diejenigen von Staatsregierung und Parlament (z.T. Sonderregelungen für Volksbegehren, z.B. Art. 74 IV) – stehen, was ihr **Verhältnis untereinander** anbelangt, grundsätzlich unabhängig und gleichberechtigt nebeneinander; das Initiativrecht kann von den Berechtigten unabhängig voneinander und auch konkurrierend ausgeübt werden.[17] Zulässig ist es auch, dass ein in der Staatsregierung erarbeiteter Entwurf aus der Mitte des Landtags eingebracht wird; die sich im Bunde zu Art. 76 II GG ergebende Umgehungsproblematik stellt sich in Bayern nicht. Umgekehrt kann der Landtag durch Parlamentsbeschluss die Staatsregierung **ersuchen,** einen Gesetzentwurf auszuarbeiten und vorzulegen.[18] Richtigerweise geht von einem solchen Beschluss allerdings keine rechtliche (sehr wohl aber eine politische) Bindungswirkung aus.[19] Die nach Art. 71 Berechtigten haben grundsätzlich nach eigenem politischen **Ermessen** darüber zu befinden, ob und wie sie von ihrem Initiativrecht Gebrauch machen wollen.[20] Richtig ist, dass den Gesetzgeber ausnahmsweise eine Pflicht zur Gesetzgebung treffen kann; ob derartige (die Legislative als Ganzes treffende) Gesetzgebungspflichten indes auf konkrete Vorlagepflichten einzelner Vorlageberechtigter (der Staatsregierung? des Landtags? einzelner Abgeordneter? oder alle zusammen als „Gesamtschuldner"?) heruntergebrochen und vorverlagert werden können, erscheint zweifelhaft.[21]

3. Folgen der Einbringung und Fehlerfolgen

10   Ist ein Gesetzentwurf ordnungsgemäß eingebracht worden, hat der Landtag die Pflicht und der jeweilige Initiant das korrespondierende Recht, „dass sich das Gesetzgebungsorgan mit seinem Vorschlag beschäftigt. Es muss darüber **beraten** und **Beschluss fassen"**; dies hat auch in angemessener Frist zu erfolgen.[22] Ansonsten jedoch vermag der Initiant das Gesetzgebungsverfahren nur anzustoßen; ist es in Gang gekommen, ist nunmehr das Parlament zum Herren des Verfahrens geworden; der Initiator verliert damit die Verfügungsbefugnis über die Vorlage.[23] Dem Landtag steht es deswegen frei, die ursprüngliche Vorlage zu ändern, zu ergänzen oder auch völlig umzugestalten[24] (anders nur im Volksgesetzgebungsverfahren vgl. Art. 74 Rn. 12, 14). Dieses Recht zur **Umgestaltung** steht allerdings nur dem Landtag als dem Herren des Verfahrens in vollem Umfang zu; für die Ausschüsse, denen selbst kein Initiativrecht zusteht (Art. 71 BV, § 49 I GeschOLT), ergeben sich Grenzen; sie müssen bei ihren Änderungen den Sachzusammenhang wahren und dürfen die Vorlage nicht so grundlegend umgestalten, dass dies auf eine verfassungswidrige Gesetzesinitiative des Ausschusses hinausliefe (zu etwaigen Grenzen auch Art. 72 Rn. 11).[25] Aufgrund des mit Befassung durch den Landtag eintretenden Verlusts der Verfügungsbefugnis des Initianten erscheint es zweifelhaft, ob diesem – jedenfalls ohne ausdrückliche Regelung und Zuweisung in der GeschOLT – bis zur Beschlussfassung des Landtags ein Recht zur **Rücknahme** der Vorlage zukommen kann, womit mittlerweile erfolgten Änderungen der Boden entzogen werden könnte.[26] Vielmehr besteht für den Initianten nur mehr die Möglichkeit, im Wege eines gewöhnlichen Änderungsantrags die

---

[17] *Jarass/Pieroth,* Art. 76 Rn. 3; *Mann,* in: Löwer/Tettinger, NRWVerf, Art. 65 Rn. 14; Ausnahme: Initiativmonopol bei Art. 78 III.

[18] VerfGH 18, 79 (84 f.).

[19] *Meder,* Art. 71 Rn. 1; allgemein VerfGH 12, 119 (126).

[20] VerfGH 18, 79 (84).

[21] Fraglich z.B. *Lücke/Mann,* in: Sachs, Art. 76 Rn. 14.

[22] BVerfGE 1, 144 (153); 84, 304 (328).

[23] *Mann,* in: Löwer/Tettinger, NRWVerf, Art. 65 Rn. 29.

[24] *Lücke/Mann,* in: Sachs, Art. 76 Rn. 36.

[25] NdsStGH DVBl. 1979, 507; *Franke,* in: Grimm/Caesar, RhPfVerf, Art. 108 Rn. 13.

[26] So aber die h. M.: *Lücke/Mann,* in: Sachs, Art. 76 Rn. 37; *Jarass/Pieroth,* Art. 76 Rn. 4.

Wiederherstellung des ursprünglichen Wortlauts der Vorlage zu verlangen (§ 54 III 1 GeschOLT).

Gesetze, die abweichend von Art. 71 eingebracht und sodann beschlossen wurden, sind **11** **nicht verfassungsgemäß zustande gekommen** und dürfen nach Art. 76 I nicht ausgefertigt werden; anderenfalls sind sie nichtig.[27] Da dem Initiativrecht im Stadium der Einleitung eines förmlichen Gesetzgebungsverfahrens eine eigenständige Filterfunktion zukommt (Rn. 1), die dem Gesetzgebungsverfahren, dessen Herr der Landtag ist, noch vorgelagert ist, kann dieser Verfassungswidrigkeits-/Nichtigkeitsfolge nicht einfach entgegengehalten werden, der Landtag habe sich den (fehlerhaft eingebrachten) Entwurf zu eigen gemacht.

Art. 72 [Gesetzgebungsgewalt, Gesetzesbeschluss, Staatsverträge]

(1) Die Gesetze werden vom Landtag oder vom Volk (Volksentscheid) beschlossen.

(2) Staatsverträge werden vom Ministerpräsidenten nach vorheriger Zustimmung des Landtags abgeschlossen.

Parallelvorschriften im GG und anderen Landesverfassungen: Art. 59 II, 77 I 1 GG; Art. 50 S. 2, 59 III, BaWü-Verf; Art. 60 I BerlVerf; Art. 91 II BbgVerf; Art. 101 I Nr. 1 BremVerf; Art. 43 S. 3, 48 II HmbVerf; Art. 103 II, 116 II HessVerf; Art. 47 II, 55 II M-VVerf; Art. 35 II, 42 I NdsVerf; Art. 66 NRW Verf; Art. 101 S. 2, 107 RhPfVerf; Art. 65 II, 95 II SaarlVerf; Art. 65 II, 70 II SächsVerf; Art. 69 II, 77 I Verf-LSA; Art. 30 II, 37 II SchlHVerf; Art. 77 II, 81 II ThürVerf.

Rechtsprechung: BVerfGE 1, 144; 12, 205; 34, 216; 36, 321; 37, 191; 42, 103; 48, 1; 60, 175; 90, 60; VerfGH 26, 101; 28, 143; 31, 158; 33, 65; 38, 152; 42, 11; 52, 104; 53, 42; Entscheidung v. 25. 5. 2007, Vf. 15-VII-04; BVerwGE 22, 299; 50, 137; 74, 139.

Literatur: Bick, Landesparlamente und Staatsverträge, ZG 1986, 369; *Ossenbühl,* Verfahren der Gesetzgebung, in: Isensee/Kirchhof, HdbStR III, 1. Aufl. 1988, § 63; *Schneider,* Beteiligung der Landesparlamente beim Zustandekommen von Staatsverträgen und Verwaltungsabkommen der Bundesländer, 1978; *Weizendörfer,* Die Staatsverträge des Freistaats Bayern, 1998; *Vedder,* Intraföderale Staatsverträge, 1996; *Zacher,* Plebiszitäre Elemente in der Bayerischen Verfassung, BayVBl. 1998, 737.

Übersicht

I. Allgemeines

1. Bedeutung

Art. 72 vereint in sich drei recht verschiedene Bedeutungsgehalte: **1**
– Art. 72 stellt in Abs. 1 zunächst **Parlamentsgesetzgebung** und **Volksgesetzgebung** gleichwertig nebeneinander; er weist diesbezüglich einen engen Bezug zu Art. 5 I auf, der seinerseits Volk und Volksvertretung als grundsätzlich gleichberechtigte Träger der **Gesetzgebungsgewalt** aneinanderreiht.[1] Regelungsgegenstand ist insoweit das Verhältnis von repräsentativer und Elementen direkter Demokratie in Bayern.

---

[27] *Schweiger,* in: Nawiasky/Schweiger/Knöpfle, Art. 71 Rn. 2.
[1] VerfGH 52, 104 (126); 53, 42 (61).

– Während das Verfahren der Volksgesetzgebung anderwärts, nämlich in Art. 74 im Einzelnen ausgestaltet ist, trifft Art. 72 I, indem er auf den dem Landtag (Plenum) vorbehaltenen **Gesetzesbeschluss** abstellt (die „Gesetze werden vom Landtag [...] beschlossen"), die wesentliche verfassungsrechtliche Aussage zum **parlamentarischen Gesetzgebungsverfahren** unmittelbar selbst; Art. 72 I steht insoweit in engem Zusammenhang mit Art. 70 III und Art. 22 f. Die Regelung des dem Gesetzesbeschluss vorangehenden parlamentarischen Beratungsverfahrens dagegen erfolgt weitgehend nicht in der Verfassung, sondern wird der Geschäftsordnung (Art. 20 III) überlassen.

– Art. 72 II schließlich regelt die Position der Legislative in Bezug auf den Abschluss von **Staatsverträgen** und statuiert diesbezüglich einen Zustimmungsvorbehalt; er steht insoweit in engem Zusammenhang mit Art. 47 III (Außenvertretung durch den Ministerpräsidenten) und Art. 181. Durch den Zustimmungsvorbehalt wahrt die Legislative ihre Entschließungsfreiheit; die Exekutive soll nach außen keine vertraglichen Verpflichtungen eingehen können, deren Erfüllung nach der innerstaatlichen Kompetenzverteilung **(Gewaltenteilungsprinzip)** dem Zuständigkeitsbereich der Legislative unterfällt. Hinzu tritt die **Transformationsfunktion** des Zustimmungsakts: Staatsverträge werden durch den Zustimmungsbeschluss des Landtags und seine Bekanntmachung in allgemeinverbindliches innerstaatliches materielles Recht transformiert.[2] Art. 72 II regelt insoweit ein besonderes Verfahren der materiellen Gesetzgebung, das gleichrangig neben dem Verfahren zum Erlass förmlicher Gesetze steht.[3]

2. Entstehung

2   Art. 72 I BV geht auf Art. 39 II VE und Art. 47 II E zurück; „Volksvertretung" wurde durch „Landtag" ersetzt (klarstellende Abgrenzung zum Senat); der Abschluss von Staatsverträgen wurde erstmals in Art. 83 II EVA geregelt.[4]

3. Verhältnis zum Grundgesetz

3   **a) Volksgesetzgebung und repräsentative Demokratie.** Die Weichenstellung des Art. 72 I (i.V.m. Art. 5 I, 74), für Bayern der Gesetzgebung durch die gewählte Volksvertretung ein Verfahren der unmittelbaren **Volksgesetzgebung** an die Seite zu stellen, findet – für die Bundesebene – in dem betont antiplebiszitären GG keine Entsprechung (plebiszitäre Elemente dort nur in Art. 29, 118, 118 a; hierauf allein bezieht sich auch Art. 20 II 2 GG: „und Abstimmungen"[5]). Auch für die Landesebene schreibt das GG zwar das Bestehen einer Volksvertretung (Art. 28 I 2 GG), d.h. ein funktionstüchtiges Repräsentativorgan, vor, nicht jedoch gewährleistet es plebiszitäre Elemente. Umgekehrt steht es der Einführung von Verfahren des Volksbegehrens und Volksentscheids auf Landesebene auch nicht entgegen: Die Entscheidung, ob es die Gesetzgebung dem Parlament vorbehalten oder daneben ein Volksgesetzgebungsverfahren vorsehen möchte, trifft das Land in Ausübung seiner – insoweit durch Art. 28 I GG nicht determinierten – **Landesverfassungsautonomie;** auch hinsichtlich der näheren Ausgestaltung der Voraussetzungen und zulässigen Inhalte von Volksbegehren ist das Land prinzipiell frei.[6] Eine äußere Grenze der so umrissenen Freiheit wird man aus dem Demokratieprinzip „im Sinne dieses" – selbst klar repräsentativ-demokratischen – „Grundgesetzes" (Art. 28 I 1 GG) sowie aus der ausdrücklichen Gewährleistung einer (funktionstüchtigen) Volksvertretung auf Landesebene in Art. 28 I 2 GG jedoch dahin gehend ableiten können, dass ein Übergewicht der parlamentarischen Gesetzgebung, d.h. ein Regel-Ausnahme-Verhältnis zwischen Parlaments- und Volksgesetzgebung, gewahrt bleiben muss; Volksgesetzgebung kommt – was sich in den für sie geltenden Hürden und Maßgaben niederschlagen muss – nur als punktuelle Ergän-

---

[2] *Mann,* in: Löwer/Tettinger, NRW Verf., Art. 66 Rn. 27.
[3] VerfGH 38, 152 (157 f.).
[4] *Schweiger,* in: Nawiasky/Schweiger/Knöpfle, Art. 72 Rn. 1.
[5] *Sachs,* in: ders., Art. 20 Rn. 32.
[6] BVerfGE 60, 175 (207 f.); s. a. 102, 176 ff.

zung der regulären und kontinuierlichen Arbeit der Repräsentativorgane in Betracht und kann daher nicht in größerem Umfang an deren Stelle treten; die Funktionstüchtigkeit der gewählten Repräsentativorgane darf nicht wesentlich beeinträchtigt werden.[7] Die so umrissene, bereits vom Grundgesetz vorgegebene **Grundentscheidung für die repräsentative Demokratie,** die durch Elemente lebendiger Volksgesetzgebung nur ergänzt, nicht aber in ihrer Funktionstüchtigkeit geschwächt werden darf, trifft sich mit einer autonomen Weichenstellung der BV, welche – bei aller Wertschätzung, die die BV der Volksgesetzgebung entgegenbringt – diese Grundentscheidung zugunsten einer funktionstüchtigen repräsentativen Demokratie ihrerseits zu den – änderungsfesten – „demokratischen Grundgedanken" der BV (Art. 75 I 2) zählt[8] (vor Art. 70, Rn. 4; unten Rn. 8; Art. 75, Rn. 9).

b) Gesetzesbeschluss und Gesetzgebungsverfahren. Art. 72 I BV stimmt darin, **4** dass er für den Regelfall der parlamentarischen Gesetzgebung einen **Gesetzesbeschluss** der Volksvertretung fordert, voll und ganz mit seinem bundesrechtlichen (allein für den Bundestag und die Bundesgesetzgebung geltenden) Pendant des **Art. 77 I 1 GG** überein; dies gilt sowohl insofern, als der abschließende Beschluss dem Plenum vorbehalten wird (allein die Entscheidungsvorbereitung kann in den Ausschüssen erfolgen)[9], als auch insofern, als – anders als in einigen neueren Landesverfassungen der Fall (z. B. Art. 55 II M-VVerf) – das dem Beschluss vorangehende Beratungsverfahren nicht näher in der Verfassung geregelt, sondern der Ausgestaltung durch Geschäftsordnungsrecht (Art. 40 I 2 GG, Art. 20 III BV) zugewiesen ist. Die Freiheit der Ausgestaltung durch autonomes Parlamentsrecht bringt es mit sich, dass es im Vergleich von Bundes- und Landesgesetzgebung auch Unterschiede gibt, namentlich darin, dass im Landesrecht regelmäßig nur zwei **Lesungen** vorgeschrieben sind (§§ 50ff. GeschOLT; dagegen §§ 78ff. GOBT: drei Lesungen). Dies schadet nicht; die Beratung in drei Lesungen ist vom GG schon für die Bundesgesetzgebung nicht zwingend vorgegeben; für die Landesgesetzgebung gilt dies erst recht; auch die erste Lesung noch vor Überweisung an einen Ausschuss ist nicht zwingend.[10] Aus dem Demokratieprinzip des Art. 28 I 1 GG sowie aus der Garantie einer funktionierenden Volksvertretung in Art. 28 I 2 GG wird man allerdings ein – auch für die Länder verbindliches – **Mindestmaß** an öffentlichem parlamentarischem Diskurs über das Gesetzgebungsvorhaben fordern können, ohne das die spezifische Legitimationskraft und Richtigkeitsgewähr des parlamentarischen Verfahrens nicht mehr gegeben wäre.[11]

c) Staatsverträge. Die markante Besonderheit, die Art. 72 II BV im Vergleich zu sei- **5** nem (allein für Verträge des Bundes und den Bundestag geltenden) Pendant des **Art. 59 II GG** aufweist, dass nämlich die Umsetzung von Staatsverträgen nach bayerischem Recht nicht durch förmliches Zustimmungsgesetz, sondern durch einen parlamentarischen **Zustimmungsbeschluss** erfolgt, ist – dies kann als mittlerweile geklärt gelten – von der Landesverfassungsautonomie gedeckt[12]: Es verstößt nicht gegen Art. 28 I GG (namentlich nicht gegen das Rechtsstaatsprinzip des GG [Vorbehalt des Gesetzes, Rechtssicherheit, Rechtsklarheit]), wenn Staatsverträge, auch soweit sie Rechte und Pflichten des Einzelnen begründen, zwar nicht durch förmliches Gesetz, aber doch in einem Zustimmungsverfahren parlamentarisch umgesetzt werden, das einem förmlichen Gesetzgebungsverfahren im wesentlichen entspricht (auch beim Zustimmungsgesetz sind die parlamentarischen Gestaltungsmöglichkeiten stark eingeschränkt!), das die jeweilige normative Verpflich-

---

[7] *Herzog,* in: Maunz/Dürig, Art. 20 II Rn. 97; *Nierhaus,* in: Sachs, Art. 28 Rn. 15; *Franke,* in: Grimm/Caesar, RhPfVerf, Art. 107 Rn. 14; ThürVerfGH LKV 2002, 83 (90); BremStGH, BayVBl. 2000, 342.

[8] VerfGH 53, 42 (61 ff.).

[9] Für Bayern: Art. 70 III; für den Bund: *Lücke/Mann,* in: Sachs, Art. 77 Rn. 5.

[10] BVerfGE 1, 144 (151 f.); 29, 221 (234).

[11] Vgl. *Masing,* in: v. Mangoldt/Klein/Starck, Art. 77 Rn. 21 ff.

[12] BVerfGE 37, 191 (197); 90, 60 (84 ff.); BVerwGE 22, 299 (301 ff.); 74, 139 (140 ff.).

tung klar und erkennbar auf einen Normsetzungswillen des Parlaments zurückführt und das schließlich transformiertes Recht hervorbringt, welches dem förmlichen Gesetz rangmäßig nicht nachsteht und auch wie ein förmliches Gesetz publiziert wird (entscheidend ist die Publikation des transformierten Vertragsinhalts, nicht die Publikation des Zustimmungsbeschlusses). Die bayerische Praxis (dazu Rn. 13)[13] entspricht diesen Vorgaben. Dass somit hinsichtlich des Verfahrens der Transformation ein gewisser bundesrechtlicher Spielraum besteht, darf nicht darüber hinwegtäuschen, dass das Recht der Länder, völkerrechtliche Verträge und intraföderale Staatsverträge zu schließen, in seinen Voraussetzungen und Modalitäten **sehr weitgehend von Bundesrecht abhängig und geprägt ist.** Völkerrechtliche Verträge mit auswärtigen Staaten kommen, da auswärtige Beziehungen grundsätzlich Sache des Bundes sind (Art. 32 I GG), ohnehin nur unter den Voraussetzungen des **Art. 32 III GG** (sowie Art. 24 I a GG) – d. h. allein im eigenen Zuständigkeitsbereich und nur mit Zustimmung der Bundesregierung – in Betracht; nach Maßgabe des sog. **„Lindauer Abkommens"** vom 14. 11. 1957 kann der Bund gemäß der deutschen Staatspraxis (theoretisch ist die Frage weiter strittig) überdies selbst im Zuständigkeitsbereich der Länder, wenngleich nur im Einvernehmen mit diesen, Verträge abschließen; ggf. ist nach dem Rechtsgedanken des Art. 72 II vor Erklärung des Einvernehmens durch die Staatsregierung die Zustimmung des Landtags einzuholen; auch kann eine Transformation durch Parlamentsgesetz des Landes notwendig werden (hierfür ist Art. 72 II nicht unmittelbar anwendbar).[14] Staatsverträge der Länder mit dem Heiligen Stuhl unterliegen nicht den Einschränkungen des Art. 32 III GG; maßgeblich für die Zuständigkeit ist allein die innerstaatliche Gesetzgebungskompetenz.[15] Auch **intraföderale Staatsverträge** zwischen den Ländern (oder auch zwischen Ländern und Bund) können die Länder aus bundesstaatsrechtlichen Gründen nur im Rahmen ihrer (durch das Grundgesetz determinierten) Gesetzgebungszuständigkeiten schließen (so auch Art. 181 BV).[16] Auch im Übrigen werden Voraussetzungen und Folgen derartiger Staatsverträge maßgeblich durch Bundesrecht determiniert; das maßgebliche Bundesstaatsrecht kann sich hierbei von (nicht unmittelbar einschlägigen) Regeln des Völkerrechts inspirieren lassen und lückenfüllend auf diese zurückgreifen, wird sie jedoch aufgrund der Besonderheiten des Bundesstaates häufig zu modifizieren und zu überlagern haben.[17] Thematisch ergibt sich für Staatsverträge der Länder unter den Bedingungen des **kooperativen Föderalismus** nichtsdestoweniger ein breites Anwendungsfeld;[18] aufgrund besonderer Umstände können die Länder aus bundesrechtlichen Gründen (kooperative Verwirklichung des Grundrechtsschutzes) sogar verpflichtet sein, eine Materie länderübergreifend im Wege des Staatsvertrags zu regeln;[19] umgekehrt können dem grundsätzlich zulässigen kooperativen Zusammenwirken, soweit dadurch Zuständigkeiten modifiziert und Verantwortlichkeiten vermischt werden sollen, durch Bundesstaatsrecht auch Grenzen gesetzt sein (Unabdingbarkeit der bundesstaatlichen Kompetenzordnung und Geschlossenheit der Verwaltungstypen, keine Preisgabe unverzichtbarer Hoheitsrechte, keine „supraföderativen" Gemeinschaftseinrichtungen).[20] Durch den Abschluss und die Transformation von Staatsverträgen schaffen die beteiligten Länder **Landesrecht,** das in diesen Ländern gleichlautend und in gleichem Rang – und

---

[13] Vgl. VerfGH 38, 152.
[14] *Streinz,* in: Sachs, Art. 32 Rn. 25 ff.; *Ebling,* in: Grimm / Caesar, RhPfVerf, Art. 101 Rn. 17 ff.; *Badura,* Staatsrecht, D 81; *Schweiger,* in: Nawiasky / Schweiger / Knöpfle, Art. 72 Rn. 7.
[15] BVerfGE 6, 309 (362).
[16] BVerfGE 37, 191 (198).
[17] Zum Folgenden, am Beispiel der Kooperation im Bereich der Sicherheitsgewährleistung: *Möstl,* Die staatliche Garantie für die öffentliche Sicherheit und Ordnung, 2002, S. 482 ff., 494 ff.
[18] *Ebling,* in Grimm / Caesar, RhPfVerf, Art. 101 Rn. 13.
[19] BVerfG 33, 303 (357 f.); 42, 102 (114 f.) – Numerus clausus; für den Rundfunkbereich (Rundfunkstaatsverträge): *Badura,* Staatsrecht, D 70.
[20] BVerfGE 12, 205 (251 f.); 63, 1 (36 ff.); BVerwG 22, 299 ff.; *Schweiger,* in: Nawiasky / Schweiger / Knöpfle, Art. 72 Rn. 6 a, 6 d.

insofern einheitlich – gilt.[21] Den Prozess der Hervorbringung dieses Rechts (ob der Landtag zustimmen, ob der Vertrag geschlossen werden darf oder ob dies aus verfassungsrechtlichen Gründen unzulässig ist) vermag die Landesverfassung vollumfänglich zu steuern; sowohl der Landtag als auch der Ministerpräsident sind beim Abschluss von Staatsverträgen uneingeschränkt an die Normen der BV gebunden; diese Bindung kann präventiv – durch entsprechende Rechtsbehelfe zur Verhinderung des Vertragsschlusses – durchgesetzt werden; aber auch nach Vertragsschluss kann der Zustimmungsbeschluss (innerstaatlich) wie jedes sonst in Kraft getretene Gesetz noch wegen Verstoßes gegen die Landesverfassung angegriffen werden.[22] Zugleich freilich kann die Pflicht der Länder untereinander, einmal geschlossene Staatsverträge auch zu halten (pacta sunt servanda), nur bundesrechtlicher Natur sein; diese Pflicht ist – vor dem BVerwG nach § 50 I Nr. 1 VwGO (bzw. vor dem BVerfG nach Art. 93 I Nr. 4 GG) – auch einklagbar.[23] In dem Maße jedoch, in dem auf diese Weise ein einmal wirksam geschlossener Staatsvertrag auch **bundesrechtlich garantiert** wird, kann es sein, dass die Entscheidung über die fortdauernde Beachtlichkeit eines Staatsvertrags **der Landesverfassung – aufgrund des Vorrangs des Bundesrechts (Art. 31 GG) – entgleitet.** In diesem Sinne hat das BVerwG entschieden, dass sich ein Land, auch wenn sich vor dem Landesverfassungsgericht herausgestellt hat, dass der Staatsvertrag materiell gegen die Landesverfassung (z.B. ein Landesgrundrecht) verstößt, an dem Staatsvertrag festhalten lassen und diesen weiter anwenden muss, sofern der Staatsvertrag mit dem Grundgesetz (dem entsprechenden Bundesgrundrecht) vereinbar ist und diese Vereinbarkeit durch ein Bundesgericht klärend festgestellt worden ist; dies gelte jedenfalls dann, wenn die vertragliche Regelung nur einheitlich anwendbar ist.[24] Noch nicht geklärt ist die (freilich eher theoretische) Frage, inwieweit der interne Abschlussmangel einer gänzlich fehlenden oder ausdrücklich versagten Zustimmung des Landtags auf die Wirksamkeit des durch den Ministerpräsidenten gleichwohl abgeschlossenen Vertrags im Außenverhältnis durchschlagen würde; dieser Fall liegt insofern anders, als das Bundesrecht selbst (Art. 28 I GG) eine hinreichende parlamentarische Zustimmung zwingend verlangt (vgl. diese Rn. am Anfang), der gänzlich ohne oder sogar gegen den Landtag geschlossene Vertrag also auch gegen Bundesrecht verstößt.[25] Bundesverfassungsrechtlich determiniert ist schließlich auch die Frage, inwieweit sich ein Land von einem einmal geschlossenen Staatsvertrag wegen geänderter Umstände wieder lösen darf; die **clausula rebus sic stantibus** ist ungeschriebener Bestandteil des Bundesverfassungsrechts; sie für das deutsche Verfassungsrecht auszulegen, ist Sache des BVerfG.[26]

II. Einzelkommentierung

1. Zum Verhältnis von Parlaments- und Volksgesetzgebung (Art. 72 I)

Art. 72 I trifft, indem er Parlaments- und Volksgesetzgebung nebeneinanderstellt, eine **6** wichtige Grundsatzaussage zum Verhältnis zwischen diesen beiden Formen der Gesetzgebung und damit zum Verhältnis von repräsentativer und direkter Demokratie in der BV

---

[21] VerfGH 38, 152 (159 f.); *Schweiger,* in: Nawiasky/Schweiger/Knöpfle, Art. 72 Rn. 6 a.

[22] VerfGH 26, 101; 28, 143; 31, 158; 42, 11.

[23] BVerwGE 50, 137; BVerfGE 42, 103. Dazu, dass das Rechtsverhältnis zwischen den Ländern durch Bundesrecht und nicht durch eine wie auch immer geartete „dritte", intraföderative Ebene der Rechtsordnung bestimmt wird: *Möstl,* Die staatliche Garantie für die öffentliche Sicherheit und Ordnung, 2002, S. 482 ff.

[24] BVerwGE 50, 137; anders noch VerfGH 26, 101 (109 f.): wechselseitiger Respekt vor der Landesverfassung, Bundestreue; offen gelassen in VerfGH 28, 143 (156); 31, 158 (162); siehe auch VerfGH v. 25.5.2007 – 15-VII-04, IV. 2.; etwas anders gelagert (nachträgliche Verfassungswidrigkeit): VerfGH 42, 11 (18).

[25] *Schweiger,* in: Nawiasky/Schweiger/Knöpfle, Art. 72 Rn. 6 a; *Ebling,* in: Grimm/Caesar, RhPf-Verf, Art. 101 Rn. 37; *Mann,* in: Löwer/Tettinger, Art. 66 Rn. 44 ff.; a. A. *Meder,* Art. 72 Rn. 8.

[26] BVerfGE 34, 216 (230 ff.); 42, 345 (358 f.).

insgesamt. Die BV bringt der Volksgesetzgebung, wie an verschiedenen Artikeln (Art. 2 II 1, 4, 5 I, 7 II – und insbesondere auch Art. 72 II) deutlich wird, eine **hohe Wertschätzung** entgegen.[27] Gerade die Diskussionen im VA, die von einer intensiven Auseinandersetzung mit dem Vorbild Schweiz gekennzeichnet sind, lassen (bei aller Notwendigkeit der Begrenzung im Einzelnen) eine prinzipiell positive Grundeinstellung zu lebendigen Elementen der direkten Demokratie erkennen, welche durch die BV praktisch ermöglicht werden und nicht nur auf dem Papier bestehen sollen.[28] Die BV begreift die Volksgesetzgebung als ein Element der „Verbesserung" des überkommenen parteienstaatlichen Parlamentarismus, das – zusammen mit anderen Elementen, einer derartigen Verbesserung (vgl. paradigmatisch: Art. 14 I 1: „verbessertes Verhältniswahlrecht") – zum Aufbau einer vitalen Demokratie von unten nach oben beitragen soll.[29] Prinzipielles Misstrauen gegen das Volk als unmittelbaren Gesetzgeber ist der BV fremd. Die BV stellt in Art. 72 I die Parlaments- und die Volksgesetzgebung daher **gleichberechtigt nebeneinander.**[30] Sie nimmt das Spannungsverhältnis zwischen beiden bewusst in Kauf.[31] Volksgesetzgebung darf als Korrektiv gegenüber der parlamentarischen Gesetzgebung wirken; umgekehrt kommt ihm keinerlei höherer Rang als Parlamentsgesetzen zu: per Volksentscheid beschlossene Gesetze sind wie jedes Gesetz an die Verfassung gebunden und ohne Abstriche durch Parlamentsgesetz abänderbar.

7   Trotz dieser Wertschätzung für die Volksgesetzgebung und obwohl die Demokratie von der BV aufgrund ihrer direktdemokratischen Elemente unzweifelhaft nicht als eine rein repräsentative Demokratie ausgestaltet ist,[32] kann bei einer Gesamtschau der BV (Art. 72 II isoliert betrachtet, bringt dies nur undeutlich zum Ausdruck) kein Zweifel bestehen, dass für das Demokratiekonzept der BV die **Grundentscheidung für eine repräsentative Demokratie prägend** ist, zu der die – durchaus lebendigen – Elemente der direkten Demokratie nur punktuell und ergänzend hinzutreten sollen (punktuelle Kontroll- und Oppositionsfunktion), ohne indes die Funktionstüchtigkeit der Repräsentativorgane in ihrer kontinuierlichen Arbeit wesentlich beeinträchtigen zu dürfen.[33] Deutlich wird dies im Text der BV insbesondere darin, dass die Volksgesetzgesetzgebung (v. a. in Art. 74 I: Quorum von 10 % der Stimmberechtigten für ein Volksbegehren) an Hürden gebunden wird, die ausschließen sollen, dass Vorhaben zur Abstimmung gelangen, die auf einem politischen Gestaltungswillen beruhen, der keinen hinreichenden Rückhalt im Volk hat und es an Legitimationskraft mit dem parlamentarischen Gesetz nicht aufnehmen kann; dass es nur ausnahmsweise zu Volksentscheiden kommen wird, ist die unausweichliche Konsequenz dieser Hürden. Hinzu kommt, dass weitergehende Erleichterungen von Volksentscheiden (obligatorisches Referendum, Initiierung durch qualifizierte Landtagsminderheit) im VA bewusst abgelehnt wurden; der Befund einer primär repräsentativen Demokratie mit „einigen Farbtönen unmittelbarer Demokratie" wird so entstehungsgeschichtlich untermauert.[34] Zu bedenken ist schließlich, dass plebiszitäre Willensbekundungen schon aus praktischen Gründen nur punktuell und aus konkreten Anlässen zum Tragen kommen und so nicht in größerem Umfang an die Stelle der kontinuierlich arbeitenden Repräsentativorgane treten können. Aus alledem kann geschlossen

---

[27] VerfGH 52, 104 (126); VerfGH v. 25. 5. 2007 – 15-VII-04, V. A. 3. e. aa.

[28] Prot. I, S. 166 ff., 171 ff. Gerade ein Detail, wie, dass die Volksentscheide aus Rücksicht auf die Landwirtschaft gewöhnlich im Frühjahr oder Herbst stattfinden sollen (Art. 74 VI, dazu Prot. I, S. 179), zeigt, dass die Verfassungsväter damit rechnen, dass die Volksrechte auch tatsächlich praktische Bedeutung erlangen werden.

[29] *Zacher,* BayVBl. 1998, 737 (738).

[30] VerfGH 52, 104 (126); 53, 42 (61).

[31] VerfGH 29, 244 (265).

[32] VerfGH 29, 244 (264).

[33] VerfGH 50, 181 (204); 53, 42 (61 ff.); VerfGH v. 25. 5. 2007 Vf. 15-VII-04, V. A. 3. e. aa., auch zum Folgenden.

[34] *Schmidt,* Staatsgründung und Verfassungsgebung in Bayern, Bd. 1, 1997, S. 267.

werden, dass die BV (auch wenn sie die Volksgesetzgebung als rechtlich gleichwertig konzipiert und keinen rechtlichen Primat der Parlamentsgesetzgebung kennt[35]) doch davon
ausgeht, dass **die Parlamentsgesetzgebung die Regel, Volksgesetzgebung dagegen
die Ausnahme** sein wird;[36] zur bundesrechtlichen Bedingtheit dieses Regel-Ausnahme-
verhältnisses Rn. 3; siehe auch bereits vor Art. 70, Rn. 4.

Aus dieser Grundentscheidung für die repräsentative Demokratie und eine regelmäßige **8**
Parlamentsgesetzgebung folgen wiederum **Grenzen für die Volksgesetzgebung.** Die
repräsentative Demokratie basiert auf dem Grundgedanken, dass die Repräsentativorgane
in periodischen Wahlen für die von ihnen verwirklichte Politik zur Verantwortung gezogen werden. Dieser Verantwortungszusammenhang setzt voraus, dass die Repräsentativorgane auch tatsächlich in der Lage waren, ihren Politikentwurf kohärent in die Praxis
umzusetzen und kontinuierlich zu verwirklichen. Je mehr Volksentscheidungen es gibt,
die den Repräsentativorganen einzelne Entscheidungen abnehmen und diese aus deren
kohärenten Politikentwurf herausbrechen, je mehr die in einer Wahlperiode getroffenen
Politikentscheidungen tatsächlich nicht von den Repräsentativorganen, sondern unmittelbar vom Volk verantwortet werden, umso mehr zerbricht der für die repräsentative Demokratie konstitutive Grundzusammenhang eines Zur-Verantwortung-gezogen-Werdens
für eine Politik, die man auch tatsächlich gestaltet hat und somit verantworten kann. Werden Plebiszite allzu sehr erleichtert und verlieren sie ihren nur punktuell ergänzenden
Ausnahmecharakter, so gleitet das von der Grundentscheidung für die repräsentative Demokratie geprägte System ab in eine andere Art von (halb)direkter Demokratie, in der die
Politikgestaltung durch Wahlen und Bestellung wechselnder Repräsentativorgane unweigerlich an Bedeutung verlieren wird (Beispiel Schweiz, wo auf Bundesebene eine Art per-
manenter Allparteienregierung etabliert ist); an die Stelle der primären und kontinuierlichen Politikverantwortung durch Repräsentativorgane (mit nur punktueller Ergänzung
und Korrektur durch Plebiszite) tritt ein System, in dem das Volk selbst mit der Last ko-
härenter Entscheidung und kontinuierlicher Politikverantwortung belegt wird.[37] Die BV
stellt sich einer solchen Entwicklung entgegen. Hauptanliegen der Verfassungsväter war
es, eine Demokratie zu schaffen, die auch tatsächlich funktioniert.[38] Als solchermaßen
funktionstüchtige Demokratie wird eine repräsentative Demokratie verstanden, die von
den hinzutretenden Elementen direkter Demokratie nur punktuell ergänzt und verbessert, nicht aber kontinuierlich geschwächt werden darf. Die **Funktionstüchtigkeit der
Repräsentativorgane** ist deswegen ein Verfassungswert, der gegen das Anliegen verstärkter Volksrechte in Stellung gebracht werden kann.[39]

Parlamentsgesetzgebung und Volksgesetzgebung stehen nach alledem in der BV in **9**
einem Verhältnis, das von wechselseitiger **Spannung** geprägt ist und in einem fein austarierten **Gleichgewicht** zu halten ist.[40] Parlaments- und Volksgesetzgebung können nicht
beliebig gemischt werden, ohne dass die Balance zwischen Grundentscheidung zugunsten
einer funktionstüchtigen repräsentativen Demokratie und Bereicherung derselben durch
lebendige Elemente direkter Demokratie aus den Fugen gerät. Für die Auslegung der BV
– sei es für die Handhabung der Art. 73, 74 oder für die Frage, inwieweit Art. 75 I 2 einer
Ausweitung von Volksrechten entgegensteht – ist dies von entscheidender Bedeutung.

2. Das parlamentarische Gesetzgebungsverfahren (Art. 72 I)

Der zweite Regelungskomplex des Art. 72 I ist das **parlamentarische Gesetzge-** **10**
bungsverfahren, das sich an die Gesetzesinitiative nach Art. 71 anschließt. Die Art und
Weise der Behandlung von Gesetzesvorlagen im Parlament bleibt dabei weit überwiegend

---

[35] VerfGH 29, 244 (265).
[36] *Hoegner,* Verfassungsrecht, S. 63, VerfGH 53, 42 (61).
[37] *Zacher,* BayVBl. 1998, 737 (742).
[38] *Von Prittwitz und Gaffron,* Prot. I, S. 175.
[39] VerfGH 53, 42 (63).
[40] VerfGH 53, 42 (69).

unbehandelt und der Geschäftsordnungsautonomie des Landtags (Art. 20 III; nächste Rn.) überlassen. Nur der Schlusspunkt des parlamentarischen Gesetzgebungsverfahrens – die Notwendigkeit eines abschließenden **Gesetzesbeschlusses** – wird normiert. („Die Gesetze werden vom Landtag beschlossen.") Dieser Beschluss ist, wie insbesondere die Zusammenschau mit Art. 70 III zeigt, dem **Plenum** vorbehalten und kann keinem Ausschuss übertragen werden;[41] das Demokratie- und das Rechtsstaatsprinzip fordern, dass die dem formellen Gesetz vorbehaltenen Regelungen auf einen dem Landtag als Ganzem zurechenbaren Normsetzungswillen zurückführbar sind.[42] Für die Beschlussfassung gelten, sofern nicht Sonderregeln greifen (z. B. Art. 75 II 1 für verfassungsändernde Gesetze) die allgemeinen Bestimmungen über **Beschlussfähigkeit und einfache Mehrheit des Art. 23** sowie über die **Öffentlichkeit der Verhandlungen des Art. 22** (siehe Kommentierungen dort). Der in der Schlussabstimmung zu treffende Gesetzesbeschluss markiert den Abschluss der parlamentarischen Willensbildung und enthält die Feststellung dessen, was Inhalt des Gesetzes werden soll, sowie den Befehl, dass dieser beschlossene Wortlaut Gesetz werden soll.[43] Der Beschluss erzeugt Bindungswirkung; der beschlossene Gesetzestext kann nach dem Grundsatz der **Unverrückbarkeit** prinzipiell weder vom Landtag selbst (noch im gleichen Verfahren) noch von anderen Stellen abgeändert werden.[44] Die Berichtigung offensichtlicher Unrichtigkeiten bleibt möglich; der materielle Gehalt der Norm darf dadurch jedoch keinesfalls angetastet werden.[45] **Willensmängel** der Abgeordneten berühren die Gültigkeit des Gesetzesbeschlusses nicht;[46] gleiches gilt für etwa unzulässige Formen des Fraktionszwangs (Art. 13, Rn. 8) oder der Beeinflussung durch die Staatsregierung.[47] Noch rechtzeitig beschlossene Gesetze sind – trotz **Diskontinuitätsgrundsatz** (Art. 16, Rn. 6) – auch nach Ende der Wahldauer auszufertigen und bekannt zu machen.[48]

11   Zu dem dem Gesetzesbeschluss vorangehenden parlamentarischen **Beratungsverfahren** trifft Art. 72 I keine ausdrückliche Regelung; er überlässt die nähere Ausgestaltung damit bewusst der Geschäftsordnungsautonomie nach Art. 20 III (§§ 50 ff. GeschOLT). Verstöße gegen die Geschäftsordnung führen nicht zur Nichtigkeit des Beschlusses (es sei denn, die in der Geschäftsordnung statuierte Anforderung wird vom Verfassungsrecht zwingend verlangt).[49] Da weder die Verfassung noch Verfassungsgewohnheitsrecht eine bestimmte Anzahl an **Lesungen** vorschreiben[50], ist die – der Praxis der deutschen Landtage entsprechende[51] – Entscheidung des § 50 GeschOLT, grundsätzlich zwei Lesungen und nur auf Antrag des Ältestenrats einer Fraktion oder von 20 Abgeordneten eine dritte Lesung vorzusehen, verfassungsrechtlich einwandfrei. Selbst diese Praxis darf nicht vorschnell mit dem verfassungsrechtlich zwingend erforderlichen Minimum gleichgesetzt werden. Die BV schreibt – anders als einige neuere Verfassungen (z. B. Art. 55 II M-VVerf: Grundsatz- und Einzelberatung) – auch zwei Lesungen nicht zwingend vor: Eine Grundsatzbehandlung noch vor Überweisung an die Ausschüsse (§ 51 GeschOLT) ist nicht von Verfassungs wegen gefordert[52]; auch soweit andere Landesverfassungsgerichte (auf der Basis ausdrücklicher Normen zum Erfordernis zweier Lesungen) davon ausgehen, bei be-

---

[41] Für den Bund: BVerfGE 44, 308 (316); für NRW: *Mann,* in: Löwer/Tettinger, NRWVerf, Art. 66 Rn. 5.

[42] BVerfGE 90, 60 (85).

[43] *Mann,* in: Löwer/Tettinger, NRWVerf, Art. 66 Rn. 16.

[44] VerfGH 25, 97 (109); *Meder,* Art. 72 Rn. 3; *Mann,* in: Löwer/Tettinger, NRWVerf, Art. 66 Rn. 16; Ausnahme: sofortige Wiederholung der Abstimmung bei Willens- oder Verfahrensmängeln: *Mann,* a. a. O. Rn. 21.

[45] *Meder,* Art. 72 Rn. 3; BVerfGE 48, 1 (18 f.).

[46] BVerfGE 16, 82 (88).

[47] VerfGH 49, 1 (7).

[48] *Meder,* Art. 16 Rn. 3; Art. 76 Rn. 5.

[49] VerfGH 35, 148 (162).

[50] BVerfGE 1, 155 (151); 29, 221 (234).

[51] *Mann,* in: Löwer/Tettinger, NRWVerf, Art. 66 Rn. 8.

[52] BVerfGE 1, 144 (151).

stimmten wesentlichen Änderungen der Vorlagen im Gesetzgebungsverfahren könne eine erneue Grundsatzberatung (erste Lesung) erforderlich werden,[53] lässt sich diese Judikatur auf die insoweit andere Rechtslage in Bayern nicht übertragen; das Umgestaltungsrecht während des laufenden Gesetzgebungsverfahrens bleibt also ungeschmälert erhalten (zu den Grenzen der Abänderungsbefugnis von Ausschüssen jedoch Art. 71, Rn. 10). Freilich verlangen die Grundsätze der repräsentativen Demokratie i.V. m. Art. 70 III, 72 I ein bestimmtes **Minimum an öffentlichem parlamentarischem Diskurs,** ohne den das parlamentarische Gesetzgebungsverfahren seine besondere Richtigkeitsgewähr und Legitimationskraft verlieren würde. Hierdurch wird nicht ausgeschlossen, dass in Arbeitsparlamenten moderner Prägung ein wesentlicher Teil der Beratung und vorbereitenden Willensbildung in den Ausschüssen geleistet wird (Art. 20, Rn. 11; Art. 22, Rn. 4; Art. 23, Rn. 9); hinreichende Vorbereitung und Abstimmung in den Ausschüssen kann und soll die Beratungspflicht des Plenums entlasten.[54] Zwingend zu fordern dürfte aber sein, dass im Plenum auf entsprechenden Antrag hin (v. a. auch durch die nicht im Ausschuss Vertretenen hin) zumindest die Möglichkeit zu einer auch ins Einzelne gehenden Beratung besteht und dass auch Änderungsanträge gestellt werden können; wenn die GeschOLT in §§ 52 III, 54, 59 I diese Rechte auch dem einzelnen Abgeordneten einräumt, ist sie damit jedenfalls auf der verfassungsrechtlich sicheren Seite. Auch auf wenigstens eine Grundsatzberatung (§ 51 I GeschOLT) dürfte nicht verzichtet werden können (auf eine zweite allgemeine Aussprache dagegen schon, § 52 II GeschOLT). Prozedurale Verfassungspflichten zu Veranstaltungen von Expertenanhörungen oder zur Beteiligung von Interessenvertretern (§ 173 GeschOLT) bestehen nicht[55]; derartige Anhörungen stehen vielmehr im Ermessen des Parlaments; eine andere Frage ist es, dass fehlerhafte Sachverhaltsermittlungen oder Prognosen zur materiellen Verfassungswidrigkeit eines Gesetzes führen können.

3. Staatsverträge (Art. 72 II)

Anwendungsbereich. Zur **bundesrechtlichen Zulässigkeit** von Staatsverträgen eines 12 Landes mit anderen Ländern, mit dem Bund oder mit auswärtigen Staaten siehe bereits Rn. 5; zum Recht des Freistaats, Staatsverträge zu schließen, siehe des weiteren Art. 181 BV. Art. 72 II gilt schon dem Wortlaut nach, aber vor allem im Lichte des zugrunde liegenden Gewaltenteilungsprinzips allein für **Staatsverträge,** nicht jedoch für **Verwaltungsabkommen** (Rechtslage insoweit im Ergebnis wie in Art. 59 II GG, wo dies ausdrücklich thematisiert wird).[56] Staatsverträge sind solche Verträge mit Ländern, Bund oder auswärtigen Staaten, die sich auf Gegenstände der Gesetzgebung (Legislative) beziehen, d. h. für deren innerstaatliche Verwirklichung und Umsetzung nach den allgemeinen Regeln zum Vorbehalt des Gesetzes ein förmliches Gesetz vonnöten wäre, insbesondere weil Grundrechte der Bürger (rechtsstaatlicher Vorbehalt des Gesetzes, Wesentlichkeitslehre, Art. 70 I, III), weil der organisationsrechtliche Gesetzesvorbehalt (Art. 77 I) oder das Budgetrecht des Parlaments (Art 78 i.V. mit. 70 II) berührt sind. Verwaltungsabkommen dagegen sind solche Abreden, die die Verwaltung kraft eigenen Rechts (ohne eines förmlichen Gesetzes zu bedürfen) umsetzen kann. Hierzu rechnet die Praxis auch Verträge, die im Verordnungswege, d. h. aufgrund einer bereits erteilten Verordnungsermächtigung, umsetzbar sind (str.). Verfahrensvorschriften für den Abschluss von Verwaltungsabkommen enthält die StRGeschO (§§ 1 II, 4 I Nr. 4: grds. Abschluss durch Ministerpräsidenten namens der Staatsregierung, ggf. nach ihrer Zustimmung).

Verfahren, insbesondere Zustimmungsbeschluss. Das Zustandekommen und Wirksamwerden 13 eines Staatsvertrages vollzieht sich in vielerlei **Verfahrensschritten,** die von Vertrags-

---

[53] VerfG M-V vom 7. 7. 2005 – LVerfG 8/04, LKV 2006, 26.

[54] BVerfGE 44, 308; VerfGH 55, 28 (36).

[55] BVerfGE 36, 321 (330).

[56] *Meder,* Art. 72 Rn. 5; *Schweiger,* in: Nawiasky/Schweiger/Knöpfle, Art. 72 Rn. 5, 6 b; *Ebling,* in: Grimm/Caesar, RhPfVerf, Art. 101 Rn. 12; *Mann,* in: Löwer/Tettinger, NRWVerf, Art. 66 Rn. 28 ff. (jeweils auch zum Folgenden).

verhandlungen, der Paraphierung, der Unterzeichnung durch die Exekutive über die Zustimmung des Landtags bis hin zum nach außen wirksamen und seine Verbindlichkeit herbeiführenden Abschluss (der Ratifikation) des Vertrags durch den Ministerpräsidenten reichen.[57] Von all diesen Verfahrensschritten regelt Art. 72 II – dem Regelungskontext (förmliche Gesetzgebung und Rechte der Legislative) nach – im vollen Sinne nur das Erfordernis der vorherigen **Zustimmung des Landtags.** Schon die (ebenfalls erwähnte) Abschlusskompetenz des Ministerpräsidenten gehört schwerpunktmäßig anderswohin, nämlich zu **Art. 47 III,** aus der sie bereits in einer Weise folgt, dass es keiner Wiederholung in Art. 72 II bedürfte. Auch die Pflicht zu einer frühzeitigen Information des Landtags über staatsvertragliche Vorhaben folgt nicht aus Art. 72 II BV, sondern aus Art. 1 I Nr. 3 PIG (i. V. m. III. der dazugehörigen Vereinbarung zwischen Landtag und Staatsregierung) und gehört damit thematisch zu Art. 55 Nr. 3 BV. Eine Besonderheit weist das bayerische Staatsrecht darin auf, dass die Zustimmung des Landtags – anders als nach Art. 59 II GG – in Gestalt eines **Zustimmungsbeschlusses, nicht eines Zustimmungsgesetzes,** ergeht;[58] dass dies bundesrechtlich einwandfrei ist, wurde bereits in Rn. 5 im Einzelnen dargelegt. Das zum Zustimmungsbeschluss führende parlamentarische Verfahren ist dem Gesetzgebungsverfahren weitgehend angenähert (§ 58 GeschOLT; zwei Lesungen, allerdings keine Einzelabstimmung; Initiierung allein durch die Staatsregierung). Der Zustimmungsbeschluss des Landtags trägt einen **Doppelcharakter** und ist von zwei unterschiedlichen Rechtswirkungen geprägt:[59] Zum einen ermächtigt (nicht verpflichtet) er den Ministerpräsidenten, den Vertrag abzuschließen (zu ratifizieren): **Ermächtigungsfunktion;** zu den Rechtsfolgen einer fehlenden oder verweigerten Zustimmung Rn. 5. Zum anderen ist der Zustimmungsbeschluss ein legislativer Akt, durch den der Inhalt des Staatsvertrags in innerstaatliches Recht transformiert wird; der Inhalt des Staatsvertrags erhält, sobald der Staatsvertrag nach außen in Kraft tritt, auch innerstaatlich Gesetzeskraft im Range eines förmlichen Gesetzes; Art. 72 II regelt insoweit ein besonderes Verfahren der materiellen Gesetzgebung, das gleichrangig neben dem Verfahren zum Erlass förmlicher Gesetze steht: **Transformationsfunktion.** Zur notwendigen Publikation des Staatsvertrags und dazu, dass die bayerische Praxis insoweit bundesrechtlichen Anforderungen genügt: Rn. 5. Art. 72 II gilt grundsätzlich auch für **Änderungen** eines Staatsvertrags.[60] **Kündigungen** eines Staatsvertrags (infolge derer auch die innerstaatliche Transformationswirkung endet) bedürfen keiner Zustimmung durch den Landtag.[61]

14   *Rechtsbehelfe.* Da der Zustimmungsbeschluss aufgrund seiner Transformationswirkung materielles Recht im Rang eines förmlichen Landesgesetzes hervorbringt und da Landtag und Ministerpräsident beim Abschluss eines Staatsvertrages voll an die BV gebunden sind (oben Rn. 5), sind gegen den Zustimmungsbeschluss, auch wenn er nicht als Zustimmungsgesetz ergeht, die üblichen Rechtsbehelfe der verfassungsgerichtlichen Normenkontrolle, d. h. (neben Art. 75 III) insbesondere auch die **Popularklage** nach Art. 98 S. 4, statthaft.[62] Abweichend vom Normalfall können Zustimmungsbeschlüsse bereits ab Beschlussfassung (vor Verkündung des Staatsvertrags) angegriffen werden.[63] Nach Inkraft-

---

[57] *Meder,* Art. 72 Rn. 6; *Schweiger,* in: Nawiasky/Schweiger/Knöpfle, Art. 72 Rn. 4 b; *Ebling,* in: Grimm/Caesar, RhPfVerf, Art. 101 Rn. 25.

[58] VerfGH 28, 143 (155); 38, 152 (157 f.).

[59] Hierzu und zum Folgenden: VerfGH 28, 143 (155); 31, 158 (161); 33, 65 (69); 38, 152 (157 ff.); s. a. *Ebling,* in: Grimm/Caesar, RhPfVerf, Art. 101 Rn. 27; *Mann,* in: Löwer/Tettinger, NRW Verf, Art. 66 Rn. 41.

[60] *Mann,* in: Löwer/Tettinger, NRW Verf, Art. 66 Rn. 47; zu Techniken der antizipierten Zustimmung: *Steinbach,* DÖV 2007, 555.

[61] BVerwGE 60, 172.

[62] VerfGH 26, 101 (108 f.); 28, 143 (154 f.); 38, 152; 42, 11 (15, 18, dort auch zum Sonderproblem einer erst nachträglich eingetretenen Verfassungswidrigkeit).

[63] *Fleury,* Verfassungsprozessrecht, 5. Aufl. 2002, Rn. 137.

treten des Staatsvertrags kann die Entscheidung über die fortdauernde Beachtlichkeit des Staatsvertrags der BV und dem VerfGH unter Umständen entgleiten; trotz Verstoßes gegen die BV kann der Freistaat Bayern aus bundesrechtlichen Gründen an den Vertrag gebunden und zu seiner Anwendung verpflichtet bleiben (str., siehe oben Rn. 5)[64]; dennoch fehlt es der nachträglich erhobenen Popularklage auch in solchen Fällen nicht am Rechtsschutzbedürfnis, weil die verfassungsgerichtliche Feststellung der Verfassungswidrigkeit die Organe des Landes zumindest verpflichtet, eine einvernehmliche Lösung des Konflikts zu suchen (z. B. durch Hinwirken auf eine Vertragsänderung) und notfalls eine gerichtliche Klärung im bundesrechtlichen Bereich herbeizuführen.[65]

Art. 73 [Kein Volksentscheid über Staatshaushalt]

Über den Staatshaushalt findet kein Volksentscheid statt.

Parallelvorschriften im GG und anderen Landesverfassungen: Art. 60 VI BaWüVerf; Art. 62 V BerlVerf; Art. 76 II BbgVerf; Art. 70 II BremVerf; Art. 50 I 2 HmbVerf; Art. 124 I 2 HessVerf; Art. 60 II 1 M-VVerf; Art. 48 I 3 NdsVerf; Art. 68 I 4 NRWVerf; Art. 109 III 3 RhPfVerf; Art. 99 I 3 SaarlVerf; Art. 73 I SächsVerf; Art. 81 I 3 VerfLSA; Art. 41 II SchlHVerf; Art. 82 II ThürVerf.

Rechtsprechung: BVerfGE 102, 176; VerfGH 29, 244; 47, 276; 53, 42; VerfGH vom 4. 4. 2008 – Vf. 8-IX-08; NRWVerfG NVwZ 1982, 188; BremStGH NVwZ 1998, 388; BremStGH, BayVBl. 2000, 342; BbgVerfG LKV 2002, 77; HbgVerfG NVwZ-RR 2006, 370; NdsStGH NVwZ-RR 2002, 161; Thür-VerfGH LKV 2002, 83; SächsVerfGH SächsVBl. 2002, 263.

Literatur: Degenhart, Volksbegehren und Volksentscheide „über den Haushalt" – zur Auslegung des Art. 73 BV BayVBl. 2008, 453; *Janz,* Volksinitiativen versus Haushaltsvorbehalt, LKV 2002, 67; *Schweiger,* Verfassungsgericht und Plebiszit, BayVBl. 2002, 65; *ders.,* Volksbegehren und „Volksinitiative" – Verfassungsgerichtliche Vorprüfung von Anträgen auf ihre Zulassung, NVwZ 2002, 1471; *Waldhoff,* Finanzwirtschaftliche Entscheidungen in der Demokratie, in: Bertschi u. a. (Hrsg.), Demokratie und Freiheit, 1999, 181.

I. Allgemeines

1. Bedeutung

Art. 73 normiert die einzige thematische Einschränkung des grundsätzlich gleichberech- **1** tigt neben der Parlamentsgesetzgebung (Art. 72 Rn. 6) stehenden Volksgesetzgebungsrechts; über den engen Wortlaut („kein Volksentscheid") hinaus wird dabei eine **materielle Zulässigkeitsvoraussetzung** auch bereits für das vorgelagerte und auf Herbeiführung eines Volksentscheids gerichtete Volksbegehren (Art. 74 I) statuiert.[1] Die entscheidende Streitfrage zur Auslegung des Art. 73 betrifft das Wort **„Staatshaushalt":** Sollen Volksentscheide (eng) allein zum Haushaltsgesetz (Art. 78 III), (weit) zu allen finanzwirksamen Gesetzen oder (mittlere Linie) zusätzlich zum Haushaltsgesetz nur zu besonders gravierenden, die Budgetverantwortung des Parlaments wesentlich beeinträchtigenden Finanzgesetzen ausgeschlossen sein? Der VerfGH hat sich für eine mittlere Linie entschieden.[2] Schutzzweck des Art. 73 ist die – vor dem Hintergrund der Systementscheidung der BV

---

[64] Auch die völkerrechtliche Verbindlichkeit wird durch innerstaatliche Mängel ggf. nicht in Frage gestellt; vgl. *Ebling,* in: Grimm / Caesar, RhPfVerf, Art. 101 Rn. 36.

[65] VerfGH 42, 11 (18); VerfGH v. 25. 5. 2007 – Vf. 15-VII-04, IV. 2. b.

[1] VerfGH 29, 244 (263); 47, 276 (303).

[2] VerfGH 29, 244; 47, 276.

für die repräsentative Demokratie, die durch plebiszitäre Elemente nur punktuell ergänzt und verbessert, nicht aber insgesamt geschwächt und delegitimiert werden darf (Art. 72 Rn. 6 ff.) – unverzichtbare Sicherung der **Funktionsfähigkeit der gewählten Repräsentativorgane,** zu der die (durch einzelne Plebiszite nicht in Frage zu stellende) Gesamtverantwortung des Parlaments für eine kohärente und kontinuierliche Politikverwirklichung und in diesem Zusammenhang auch die **wesentliche Budgetverantwortung** des Landtags zu zählen ist. Gerade in dem – deutscher Verfassungstradition entsprechenden – **Finanzvorbehalt** (wie eng oder weit er auch zu konstruieren ist) manifestiert sich die nur plebiszitär angereicherte, dem prägenden Grundzug nach aber dennoch repräsentative Demokratie, wie sie für die deutschen Länder (auch aufgrund von Art. 28 I GG; unten Rn. 3 und Art. 72 Rn. 3) – im Gegensatz etwa zur Schweiz – prägend ist (Last der kohärenten und kontinuierlichen Politikverwirklichung beim Parlament und nicht beim Volk; vgl. Art. 72 Rn. 8).[3] Einen Bezug weist Art. 73 auch zum **parlamentarischen Budgetrecht** (Art. 70 II, 78 III) auf – dies jedenfalls soweit über das dem Parlament vorbehaltenen (Art. 70 II) Haushaltsgesetz selbst kein Volksentscheid stattfinden darf; inwieweit sonstige, den Haushaltsgesetzgeber bindende Finanzgesetze das Budgetrecht beeinträchtigen ist str. (unten Rn. 6).[4] Der VerfGH rechnet Art. 73 zu den nach Art. 75 I 2 änderungsfesten **demokratischen Grundgedanken** der BV.[5]

2. Entstehung

2   Art. 73 stimmt mit Art. 48 E wörtlich überein; bereits im VVA war der Zusatz („über den Staatshaushalt") im Ganzen" (Art. 40 VE) gestrichen worden.[6] Zur Bedeutung des Wortes „Staatshaushalt" liefern die Diskussionen im VA kein eindeutiges Bild: Einerseits – dies spricht für eine weite Auslegung – wurde betont, dass sich Haushalts- und Steuergesetze nicht für die Volksgesetze eignen (Missbrauchsgefahr), andererseits aber – dies spricht für eine enge Auslegung – wurde ein Vorschlag des Finanzministers, auch Steuergesetze förmlich vom Volksentscheid auszunehmen, mit dem Argument abgelehnt, das Volksbegehren solle nicht weiter eingeschränkt werden als unbedingt nötig und ihm sollten nicht ganze Gesetzgebungsgebiete von vornherein entzogen werden.[7]

3. Verhältnis zum Grundgesetz

3   Das GG kennt keine Volksgesetzgebung und daher auch keine unmittelbare Entsprechung zu Art. 73 BV. Verfahren der Volksgesetzgebung einzuführen und näher auszugestalten und (wie durch Art. 73 BV) zu begrenzen, ist dennoch – in den Grenzen des Art. 28 I GG – von der Landesverfassungsautonomie gedeckt (Art. 72 Rn. 3). Soweit ein Ausschluss von Volksentscheiden für finanzwirksame Gesetze zum Zwecke der Sicherung der Funktionstüchtigkeit der gewählten Volksvertretung zwingend erforderlich ist, ist ein derartiger Ausschluss durch Art. 28 I 1 und 2 GG, dem sich eine Grundentscheidung für eine funktionstüchtige repräsentative Demokratie entnehmen lässt (Art. 72 Rn. 3), geboten. Grenzen für finanzwirksame Volksentscheide folgen auch aus Art. 109 II GG.[8] Von Art. 28 I GG geschützt ist schließlich das parlamentarische Budgetrecht,[9] wobei strittig ist,

---

[3] Vgl. *Zacher,* BayVBl. 1998, 737 (742); *Waldhoff,* in: Bertschi (Hrsg.), Demokratie und Freiheit, 181 (220 ff.).

[4] Von einer Beeinträchtigung des Budgetrechts spricht der VerfGH 29, 244, LS 9; 47, 276, LS 4; 53, 42, LS 3; dagegen: *Schweiger,* BayVBl. 2002, 65 (70); *ders.,* in: Nawiasky/Schweiger/Knöpfle, Art. 72 Rn. 6.

[5] VerfGH 53, 42 (64 f., 67 ff.).

[6] *Schweiger,* in: Nawiasky/Schweiger/Knöpfle, Art. 73 Rn. 1.

[7] Prot. I, S. 166 ff.; II, S. 412; dazu VerfGH 29, 244 (265 f.); *Schweiger,* in: Nawiasky/Schweiger/Knöpfle, Art. 73 Rn. 3; ausführliche Bezugnahme im Sondervotum zu VerfGH vom 4. 4. 2008 – Vf. 8-IX-08.

[8] BremStGH, BayVBl. 2000, 342 (LS 4).

[9] Vgl. BVerfGE 70, 324 (356): prägend für die rechtsstaatliche Demokratie.

inwieweit dieses – jenseits des Verbots des plebiszitären Erlasses der Haushaltsgesetzes selbst – auch durch (zu Vorwegbindungen des Haushaltsgesetzgebers führende) finanzwirksame Gesetze im Allgemeinen berührt wird (vgl. Rn. 1, 6).

II. Einzelkommentierung

Die Auslegung des VerfGH. Der VerfGH hat – zwischen den denkbaren Extrempositionen   **4** eine mittlere Linie einnehmend – dem Verbot des Volksentscheids über den **Staatshaushalt** folgende Bedeutung beigemessen:[10] Unter dem (dem Volksentscheid entzogenen) „Staatshaushalt" sei nicht allein der Haushaltsplan oder das Haushaltsgesetz im engeren Sinne zu verstehen, sondern die Gesamtheit der Einnahmen und Ausgaben des Staates. Mit Art. 73 unvereinbar sei die Volksgesetzgebung allerdings nicht bzgl. aller finanzwirksamer (Einnahmen und Ausgaben betreffender) Gesetzentwürfe, sondern nur bzgl. solcher, die auf den Gesamtbestand des Haushalts Einfluss nehmen, dadurch das Gleichgewicht des gesamten Haushalts stören und damit zu einer wesentlichen Beeinträchtigung des Budgetrechts des Parlaments führen könnten. Falls das Gesetz hingegen nur geringfügige Auswirkungen auf den Staatshaushalt habe, komme ein Volksentscheid in Betracht; im Falle der Annahme des Gesetzes haben Landtag und Staatsregierung die für den Haushaltsausgleich notwendigen Beschlüsse zu fassen. Bei der Frage, ob die Voraussetzungen des Art. 73 gegeben sind, sei eine wertende Gesamtbeurteilung anzustellen, die neben der absoluten und relativen Höhe der Kosten eines Volksbegehrens auch die Umstände des Einzelfalls einbezieht, so z. B. die Art und Dauer der zu erwartenden Belastungen. Ein Volksbegehren zur Lernmittelfreiheit, das den Gesamthaushalt mit 0,06 % belastete, wurde akzeptiert; ein Volksbegehren zur Klassenstärke in Schulen, obwohl die prozentuale Belastung des Gesamthaushalts auch nur etwa 0,06–0,07 % betrug, aufgrund der Langfristigkeit der eingegangenen Verpflichtungen (neue Lehrerplanstellen) dagegen abgelehnt. Folgende **Gründe** sind für den VerfGH maßgeblich: Für eine eher restriktive Auslegung des Verbots (nicht alle finanzwirksamen Gesetze, sondern nur wesentliche Beeinträchtigungen) spreche: (1) die Entstehungsgeschichte, (2) die Wertschätzung der BV für die Volksgesetzgebung, die als Einrichtung bewusst gewollt sei und bei einer ausweitenden Auslegung (da fast alle Gesetze finanzielle Auswirkungen hätten) zur faktischen Bedeutungslosigkeit herabsinken müsste. Dafür, dass andererseits nicht allein das Haushaltsgesetz, sondern auch sonstige, das Budgetrecht wesentlich beeinträchtigende Gesetze vom Verbot erfasst sein sollen, wird angeführt: (1) Ein Verbot des plebiszitären Erlasses allein des Haushaltsgesetzes sei eine (Art. 73 verkürzende) Selbstverständlichkeit; (2) finanzwirksame Volksgesetzgebung berge eine besondere Missbrauchsgefahr der Instrumentalisierung durch Interessengruppen; (3) der Schutz des Budgetrechts des Parlaments, das allein zu einem verantwortungsvollen Ausgleich der vielen für die Haushaltswirtschaft relevanten Belange und Interessen in der Lage sei und allein zur umfassenden Haushaltsplanung berufen sei; (4) die Funktionstüchtigkeit der Repräsentationsorgane, die ohne eine von wesentlichen Störungen freie kontinuierliche Budgetverantwortung des Parlaments in Frage gestellt sei. Die Punkte (3) und (4) treten vor allem in der jüngeren Rechtsprechung stärker hervor. Zu einer **zusätzlichen Differenzierung** hat die Entscheidung des VerfGH vom 4. 4. 2008 (Transrapid) geführt: Gesetzesentwürfe, deren Regelungsgehalt sich, ohne eine eigentliche Sachregelung zu treffen (die der Freistaat im konkreten Fall aus kompetenziellen Gründen auch gar nicht hätte treffen dürfen), darin erschöpft, dem Staat eine bestimmte Ausgabe zu gebieten oder zu verbieten, stellen sich danach hinsichtlich funktionaler Bedeutung und rechtlicher Wirkung als ein Akt der Haushaltsgesetzgebung zu einzelnen Haushaltsansätzen dar (auch wenn es zu keiner förmlichen Änderung des Haushaltsplanes kommt). Derartige Volksbegehren zu einzelnen Haushalts-

---

[10] VerfGH 29, 244 (263 ff.); 47, 276 (303 ff.), bestätigt in VerfGH 53, 42 (64 f., 67 f.); Weiterentwicklung in VerfGH vom 4. 4. 2008 – Vf. 8-IX-08.

ansätzen ohne eigenständigen Sachregelungscharakter sollen – so die Entscheidung – stets und ausnahmslos, d. h. unabhängig von ihrer Höhe und ihrer Bedeutung für den Gesamthaushalt, unzulässig sein; auf Art und Umfang der finanziellen Auswirkungen kommt es hier bereits von vornherein nicht an. Anderes gilt – unverändert – für sachpolitische Volksbegehren (d. h. echte Sachgesetzgebung auf der Basis entsprechender Landesgesetzgebungskompetenzen), die zwar finanzwirksam sind, ohne sich jedoch funktional als reine Haushaltsgesetzgebung zu einzelnen Haushaltsansätzen im o. g. Sinne darzustellen: Hier bleibt es dabei, dass dergleichen – zwar finanzwirksame, aber doch einen sachpolitischen Regelungsgehalt aufweisende – Volksbegehren grundsätzlich zulässig und nur insoweit nach Art. 73 verboten sind, als sie (aufgrund von Art und Umfang ihrer finanziellen Auswirkungen) das Gleichgewicht des gesamten Haushalts stören und damit zu einer wesentlichen Beeinträchtigung des Budgetrechts führen.

5   *Meinungsstand.* Die Rspr. des VerfGH liegt im Wesentlichen auf einer Linie mit der – freilich zu im Einzelnen anders gestalteten Landesverfassungen ergangenen – Rspr. des BVerfG (als Landesverfassungsgericht für Schleswig-Holstein) und anderer Landesverfassungsgerichte.[11] Eine prononciert andere Haltung (kein Verbot finanzwirksamer Volksentscheide jenseits des Haushaltsgesetzes selbst) hat hingegen der SächsVerfGH eingenommen.[12] Auch in Bayern ist die Rechtsprechung des VerfGH, die Volksgesetzgebung in Bayern trotz der vergleichsweise plebiszitfreundlichen Haltung der BV bzgl. des Finanzvorbehalts im Wesentlichen auf den Standard anderer Landesverfassungen absenkt, umstritten geblieben.[13]

6   *Stellungnahme.* Der Leitgedanke des VerfGH, dass Art. 73 jenseits des Haushaltsgesetzes selbst auch sonstige finanzwirksame Gesetze erfasst, soweit diese die Budgetverantwortung des Parlaments wesentlich beeinträchtigen, hat nach hier vertretener Auffassung Bestand. Zwar kann nicht jeder Begründungsstrang überzeugen: So lässt sich darüber, ob Finanzgesetze besonders missbrauchsanfällig sind und ob dieses Argument angesichts der prinzipiellen Wertschätzung der BV für das Volk als Gesetzgeber überhaupt zulässig ist, streiten. Auch dass das Budgetrecht wirklich betroffen sei, erscheint fraglich: In Betracht kommt dies ohnehin nur dann, wenn man das Budgetrecht nicht nur formell (im Sinne des Rechts, im Verhältnis zur Exekutive, den Haushalt festzustellen und seine Einhaltung zu überwachen), sondern materiell/substantiell versteht (im Sinne der Gewährleistung eines hinreichenden Spielraums der eigenverantwortlichen Entscheidung über die Haushaltsstruktur); selbst dann jedoch ist nicht ersichtlich, inwieweit das Budgetrecht des Parlaments durch vom Volk beschlossene haushaltswirksame Gesetze (die ja abgeändert werden können) so viel stärker tangiert sein sollen als durch andere (parlamentarisch beschlossene) haushaltswirksame Gesetze, die in großer Zahl vorhanden sind und den Landeshaushalt weit überwiegend (bis auf eine kleine „freie Spitze") binden (die denkbaren Bindungen durch Volksentscheide fallen demgegenüber bescheiden aus).[14] Richtig dagegen ist der v. a. in der jüngeren Rspr.[15] hervorgetretene Gedanke der Sicherung der Funktionstüchtigkeit des Parlaments als des zentralen Organs der repräsentativen Demokratie. Dieser fügt sich ein in die allgemeine Positionsbestimmung der BV zum Verhältnis von repräsentativer und direkter Demokratie (Art. 72 Rn. 6 ff.) und ist im Kern auch durch Art. 28 I GG vorgegeben (oben Rn. 3 und Art. 72 Rn. 3). Die BV hat sich für eine im Wesentlichen repräsentativ geprägte Demokratie entschieden. Für die repräsentative Demokratie mit ihren

---

[11] BVerfGE 102, 176; NRWVerfG NVwZ 1982, 188; BremStGH NVwZ 1998, 388; BremStGH, BayVBl. 2000, 342; BbgVerfG LKV 2002, 77; HbgVerfG NVwZ-RR 2006, 370; NdsStGH NVwZ-RR 2002, 161, ThürVerfGH LKV 2002, 83.

[12] SächsVerfGH SächsVBl. 2002, 263.

[13] Sondervoten in VerfGH 53, 42 (77 f.) und VerfGH vom 4. 4. 2008 – Vf. 8–IX-08; *Schweiger,* BayVBl. 2002, 65 ff.; *ders.,* in: Nawiasky/Schweiger/Knöpfle, Art. 73 Rn. 5.

[14] Vgl. *Schweiger,* BayVBl. 2002, 65 (70); *ders.,* in: Nawiasky/Schweiger/Knöpfle, Art. 72 Rn. 6; SächsVerfGH SächsVBl. 2002, 263 ff.

[15] VerfGH 53, 42 (64 f., 67).

periodischen Wahlen ist es entscheidend, dass sich das Parlament für eine Politik zur Wahl stellen kann, die es auch tatsächlich kontinuierlich und kohärent gestaltet hat. Hierzu gehört vor allem auch die Budgetverantwortung des Parlaments, denn im Budget drückt sich wie in keinem anderen Dokument die Gesamtverantwortung für die Politik des Landes aus („Schicksalsbuch der Nation", „Regierungsprogramm in Gesetzesform"[16]). Entgleitet dem Parlament die Gesamtverantwortung für die Haushaltswirtschaft, weil Plebiszite wesentliche Finanzentscheidungen an sich ziehen und damit (in einer für das Parlament jedenfalls politisch bindenden Weise) die Grundstruktur des Haushalts und der finanzpolitischen Prioritätensetzung verändern, so zerbricht der für die Funktionsfähigkeit demokratischer Wahlen notwendige Grundzusammenhang des „Zur-Verantwortung-gezogen-Werdens" für eine Politik, die man in seinen wesentlichen Strukturen auch tatsächlich gestaltet und zu verantworten hat. Es ist deswegen richtig, dass Art. 73 – so der Leitsatz des VerfGH – finanzwirksame Volksentscheide verbietet, soweit sie „auf den Gesamtbestand des Haushalts Einfluss nehmen, dadurch das Gleichgewicht des gesamten Haushalts stören und damit zu einer wesentlichen Beeinträchtigung des Budgetrechts" (besser: der Budgetverantwortung) „des Parlaments führen". Eine andere Frage allerdings ist es, ob der VerfGH diesen – an sich richtigen – Leitsatz auch richtig (oder nicht vielleicht zu restriktiv) ausgelegt und auf den Einzelfall angewandt hat. Ist es wirklich eine so wesentliche Beeinträchtigung der Budgetverantwortung, dass die Funktionsfähigkeit des Parlaments insgesamt in Frage gestellt ist (dies ist, wie gezeigt, das einzig legitime Kriterium!), wenn ein Volksentscheid das Budget, und sei es auch längerfristig, um 0,06 % bindet? Die Auslegung der Volksrechte in Art. 72 ff. ist stets eine Gratwanderung (Art. 72 Rn. 9): Es ist ein schonender Ausgleich zu finden zwischen der grundsätzlichen Wertschätzung der BV für lebendige Elemente der direkten Demokratie einerseits und des notwendigen Schutzes der Repräsentativorgane in einer vorwiegend repräsentativ geprägten Demokratie andererseits. Volksgesetzgebung darf und muss erst dann – dann allerdings sehr wohl – begrenzt und eingedämmt werden, wenn die Funktionsfähigkeit der Repräsentativorgane gefährdet ist. Bedenkt man, dass fast alle – und gerade die für eine lebendige Volksgesetzgebung interessanten – Gegenstände unweigerlich finanzielle Auswirkungen haben, so fragt sich, ob der VerfGH in Anwendung seiner an sich richtigen Leitsätze die Grenzen nicht vielleicht zu restriktiv gezogen hat und damit Volksgesetzgebung gerade in Bereichen unmöglich macht, wo sie sich lebendig entfalten könnte.[17] Nicht folgen sollte der VerfGH der Idee des BbgVerfG[18], für die Frage, wann eine wesentliche Beeinträchtigung der Budgetverantwortung vorliege, spiele es u. a. auch eine Rolle, ob eine Volksinitiative sich in engem zeitlichem Zusammenhang bewusst gegen eine konkrete haushaltspolitische Entscheidung des Parlaments richtet: Die BV hat das Spannungsverhältnis von Parlaments- und Volksgesetzgebung in Kauf genommen (Art. 72 Rn. 6), und gerade wenn man Plebisziten allein eine punktuelle und ergänzende (nicht aber die kontinuierliche Gesamtverantwortung an sich reißende) Funktion zubilligen möchte, muss man ihnen gestatten, im Einzelfall auch tatsächlich als ein Korrektiv zu wirken, das Entscheidungen des Parlaments bewusst revidiert.[19] Keinen wesentlichen Unterschied für die Zulässigkeit

---

[16] *Hillgruber,* in: v. Mangoldt/Klein/Starck, Art. 110 Rn. 5.

[17] Interessant ist in diesem Zusammenhang, dass auf kommunaler Ebene nur die Haushaltssatzung selbst dem Bürgerentscheid entzogen ist (z. B. Art. 18 a III GO), Bürgerentscheide über finanzwirksame Maßnahmen ansonsten aber ohne Einschränkung erlaubt sind und in der Praxis eine große Rolle spielen (Entscheidungen über kommunale Einrichtungen; über Baumaßnahmen etc.). Freilich existiert für Bürgerentscheide keine dem Art. 73 BV entsprechende Verfassungsnorm und lassen sich die für das Parlament und die Machtbalance zwischen den Staatsorganen geltenden Überlegungen nicht unbesehen auf die Kommunalverfassung übertragen (VerfGH 50, 181 [209 ff.]). Eine Beeinträchtigung der Funktionsfähigkeit der Repräsentativorgane – dies ist das entscheidende Kriterium – ist hingegen auf Kommunalebene bislang nicht behauptet und vom VerfGH auch nicht in Betracht gezogen worden.

[18] BbgVerfG LKV 2002, 77.

[19] Vgl. VerfGH 53, 42 (70).

haushaltsrelevanter Volksgesetzgebung kann es machen, ob das Volksbegehren im Einzelfall zu Mehrausgaben (das ist der typische Fall) oder zu Minderausgaben führt (indem es dem Parlament Ausgaben unmöglich macht, die dieses tätigen möchte[20]); denn Zweck des Art. 73 ist nicht der Schutz der Staatsfinanzen, sondern der Schutz der wesentlichen Budgetverantwortung des Parlaments; diese kann jedoch auch dann berührt sein, wenn dem Parlament die Entscheidung über eine wesentliche Prioritätensetzung in der Frage der befürworteten Ausgaben aus der Hand geschlagen wird (freilich muss es nach hier vertretener Ansicht um eine Ausgabe von solchem Gewicht gehen, dass wirklich die Haushaltsstruktur insgesamt, d. h. das Gefüge der wesentlichen haushaltspolitischen Prioritätensetzung, berührt ist).

7   *Änderungsfestigkeit.* Wenn man Art. 73 restriktiv auslegt und allein solche Volksentscheide darunter fasst, die die Budgetverantwortung des Parlaments so wesentlich beeinträchtigen, dass seine Funktion als Volksvertretung gefährdet ist, trifft es zu, dass Art. 73 zu jenen demokratischen Grundgedanken der BV (unabdingbarer Schutz der repräsentativen Demokratie) gehört, die nach Art. 75 I 2 einer Verfassungsänderung entzogen sind.[21] Nicht richtig wäre es, die bisherige (nach hier vertretener Ansicht im konkreten Ergebnis zu restriktive) Auslegung des VerfGH insgesamt unter den Schutz des Art. 75 I 2 zu stellen. Soweit Art. 73 nach Art. 75 I 2 änderungsfest ist, kann es angehen, nicht nur gewöhnliche, sondern auch verfassungsändernde (finanzwirksame) Volksbegehren unmittelbar an Art. 73 zu messen;[22] ansonsten erscheint diese Praxis fraglich.

Art. 74 [Volksbegehren und Volksentscheid]

(1) Ein Volksentscheid ist herbeizuführen, wenn ein Zehntel der stimmberechtigten Staatsbürger das Begehren nach Schaffung eines Gesetzes stellt.

(2) Dem Volksbegehren muß ein ausgearbeiteter und mit Gründen versehener Gesetzentwurf zugrunde liegen.

(3) Das Volksbegehren ist vom Ministerpräsidenten namens der Staatsregierung unter Darlegung ihrer Stellungnahme dem Landtag zu unterbreiten.

(4) Wenn der Landtag das Volksbegehren ablehnt, kann er dem Volk einen eigenen Gesetzentwurf zur Entscheidung mit vorlegen.

(5) ¹Rechtsgültige Volksbegehren sind von der Volksvertretung binnen drei Monaten nach Unterzeichnung zu behandeln und binnen weiterer drei Monate dem Volk zur Entscheidung vorzulegen. ²Der Ablauf dieser Fristen wird durch die Auflösung des Landtags gehemmt.

(6) Die Volksentscheide über Volksbegehren finden gewöhnlich im Frühjahr oder Herbst statt.

(7) Jeder dem Volk zur Entscheidung vorgelegte Gesetzentwurf ist mit einer Weisung der Staatsregierung zu begleiten, die bündig und sachlich sowohl die Begründung der Antragsteller wie die Auffassung der Staatsregierung über den Gegenstand darlegen soll.

Parallelvorschriften im GG und anderen Landesverfassungen: Art. 59 f. BaWüVerf; Art. 62 f. BerlVerf; Art. 77 f. BbgVerf; Art. 69 ff. BremVerf; Art. 50 HmbVerf; Art. 124 HessVerf; Art. 60 M-VVerf; Art. 48 ff. NdsVerf; Art. 68 NRWVerf; Art. 108 a, 109 RhPfVerf; Art. 99 f. SaarlVerf; Art. 71 f. SächsVerf; Art. 80 f. VerfLSA; Art. 41 f. SchlHVerf; Art. 82 ThürVerf.

Rechtsprechung: VerfGH 2, 181; 18, 85; 21, 110; 29, 244; 31, 77; 38, 51; 40, 94; 43, 35; 47, 1; 47, 265; 50, 181; 52, 104; 53, 23; 53, 35; 53, 81; 58, 253; VerfGH vom 25. 5. 2007, Vf. 15-VII-04.

---

[20] Beispiel: Volksbegehren gegen den Transrapid; so im Ergebnis auch VerfGH vom 4. 4. 2008 – Vf. 8-IX-08 (IV.3.b.dd mit Hinweis auf VerfGH Berlin vom 22. 11. 2005 und VerfG Bbg. LVerfGE 12, 119), allerdings unmittelbar allein auf Gesetzgebung zu einzelnen Haushaltsansätzen ohne sachpolitischen Gehalt (vgl. Rn. 4 a. E.) und nicht auf finanzwirksame Sachgesetzgebung jeglicher Art abstellend.

[21] VerfGH 53, 42 (64 f., 67 ff.).

[22] VerfGH 29, 244 (263).

Literatur: Dreier, Landesverfassungsänderung durch quorenlosen Volksentscheid aus der Sicht des Grundgesetzes, BayVBl. 1999, 513; *Herrmann,* Die außerparlamentarische Verfassungsänderung in Bayern, BayVBl. 2004, 213; *Holzheid,* Maßgebliche Verfassungsgrundsätze bei Wahlen und bei Volksbegehren, Schriften der Juristischen Studiengesellschaft Regensburg, Heft 14; *Isensee,* Verfassungsreferendum mit einfacher Mehrheit, 1999; *Jürgens,* Direkte Demokratie in den Bundesländern, 1993; *Pestalozza,* Der Popularvorbehalt – Direkte Demokratie in Deutschland, 1981; *Mittenberger-Huber,* Das Plebiszit in Bayern, 2000; *Przygode,* Die deutsche Rechtsprechung zur unmittelbaren Demokratie, 1995; *Schweiger,* Verfassungsgericht und Plebiszit, BayVBl. 2002, 65; *Weber,* Direkte Demokratie im Landesverfassungsrecht, DÖV 1985, 178; *Wolff,* Unmittelbare Gesetzgebung durch Volksbegehren und Volksentscheid in den Verfassungen der Bundesrepublik Deutschland, 1993; *Zacher,* Plebiszitäre Elemente in der Bayerischen Verfassung, BayVBl. 1998, 737.

Übersicht

I. Allgemeines

1. Bedeutung

Art. 74 regelt das **Verfahren der Volksgesetzgebung,** das im Wesentlichen durch die **1** (nur durch die Behandlung im Landtag [Art. 74 III-V] unterbrochene) Aufeinanderfolge zweier selbständiger Verfahrensstufen[1] gekennzeichnet ist: erstens des – bereits in Art. 71 angesprochenen und auf Herbeiführung eines Volksentscheids gerichteten – **Volksbegehrens** (als besondere Form der Gesetzesinitiative – erste Stufe; näher geregelt in Art. 74 I, II BV, Art. 63 ff. LWG) sowie zweitens des – bereits in Art. 72 angesprochenen – **Volksentscheids** (als Alternative zum parlamentarischen Gesetzesbeschluss; näher geregelt in Art. 74 V–VII BV, Art. 75 ff. LWG).

Vor allem der Ausgestaltung des Volksgesetzgebungs**verfahrens,** d. h. der für eine **2** erfolgreiche Volksinitiative maßgeblichen prozeduralen Voraussetzungen und Hürden, kommt die Aufgabe zu, das von der Verfassung intendierte **Verhältnis von repräsentativer und direkter Demokratie** (siehe im Einzelnen Art. 72 Rn. 6 ff.) in die Praxis umzusetzen; die prozeduralen Voraussetzungen, Quoren, Abstimmungsmodi etc. des Art. 74 sind Spiegelbild der trotz aller Wertschätzung für die Volksgesetzgebung gleichwohl **prägenden Grundentscheidung der BV für die repräsentative Demokratie,** die durch Elemente einer lebendigen direkten Demokratie nur punktuell ergänzt und verbessert, nicht aber in ihrer prägenden Rolle in Frage gestellt oder in ihrer Funktionstüchtigkeit geschwächt werden soll. Im Lichte dieser Grundentscheidung – die das Spannungsverhältnis von Ermöglichung lebendiger Volksgesetzgebung einerseits und Schutz der Repräsentativorgane und ihrer kontinuierlichen Verantwortung für eine kohärente Politikverwirklichung andererseits zu einem fein austarierten Ausgleich bringt – ist Art. 74 zu verstehen und auszulegen: Die von Art. 74 aufgestellten Hürden wollen Volksgesetzgebung nicht verhindern, sondern die kontinuierliche Arbeit der Volksvertretung vor plebiszitären Eingriffen schützen, die keinen genügenden Rückhalt in der Bevölkerung haben; Akte der Volksgesetzgebung sollen eine Dignität und demokratische Legitimationskraft aufweisen, die derjenigen parlamentarischer Gesetzgebung nicht nachsteht.[2]

---

[1] VerfGH 44, 1 (4).
[2] VerfGH 53, 42 (62 f., 69).

Die BV konstituiert eine repräsentative Demokratie, die der Volksgesetzgebung eine vergleichsweise **hohe Wertschätzung**[3] entgegenbringt; entsprechend sind die **Hürden,** die Art. 74 für die Volksgesetzgebung aufstellt – namentlich die Kombination eines Quorums von (nur) 10 % für das Volksbegehren (Art. 74 I) und eines (normalerweise) überhaupt nicht geforderten Beteiligungs- oder Zustimmungsquorums beim Volksentscheid –, für deutsche Verhältnisse **vergleichsweise niedrig;** nach Einschätzung der VerfGH sogar die aufs Ganze gesehen überhaupt niedrigsten in Deutschland.[4] Art. 74 schöpft den Spielraum, den eine repräsentative Demokratie zur Ermöglichung hinzutretender Elemente der direkten Demokratie hat, ohne ihren Grundcharakter einer repräsentativ geprägten Demokratie einzubüßen, also bereits recht weitgehend aus; entsprechend eng sind die durch Art. 75 I 2 gesetzten Grenzen für eine Änderung des Art. 74 im Sinne noch größerer Plebiszitfreundlichkeit, wie die Entscheidung VerfGH 53, 42 deutlich gemacht hat. Bayern kann auf eine **Volksgesetzgebungspraxis** zurückblicken, die dem Anspruch, eine – freilich nur punktuelle und ausnahmsweise greifende – Volksgesetzgebung ermöglichen und lebendig werden lassen zu wollen, insgesamt gerecht geworden ist: Seit 1946 sind 17 (zugelassene) Volksbegehren zu verzeichnen, von denen sechs zu einem Volksentscheid geführt haben.[5]

3   Art. 74 mit seinen Verfahrensanforderungen ist nicht nur im Lichte des Spannungsverhältnisses und Ausgleichs von repräsentativer und direkter Demokratie, sondern auch im Lichte des **Art. 7 II** als eines staatsbürgerlichen Rechts des Einzelnen zu sehen. Art. 7 II verbürgt ein **Grundrecht auf Teilhabe an der Staatsgewalt** u. a. durch Teilnahme an der Volksgesetzgebung. Echte Mitwirkung an der Volksgesetzgebung setzt voraus, dass der Bürger bei der Abstimmung seinen Willen unverkürzt zum Ausdruck bringen kann: Hieraus folgen Anforderungen an die Ausgestaltung des dem Volksbegehren/-entscheid zugrunde liegenden **Gesetzentwurfs** und eine hinreichende **Information** der Bürger, die von Art. 74 zu bewältigen sind (vgl. Abs. 2 zur Fassung des Gesetzentwurfs und Abs. 7 zur Unterrichtung der Bürger); denn die Entscheidung über den Gesetzentwurf kann der Bürger nur sachgerecht treffen, wenn dieser so ausgestaltet ist und der Bürger so hinreichende Informationsmöglichkeiten hatte, dass er seinen Inhalt verstehen, seine Auswirkungen überblicken und seine wesentlichen Vor- und Nachteile abschätzen kann.[6]

4   Schwierigkeiten hat seit jeher die Frage bereitet, inwieweit die in Art. 74 getroffenen Regelungen **abschließend** oder einer einfachgesetzlichen Ergänzung zugänglich sind.[7] Art. 74 enthält keine ausdrückliche Ermächtigung an den Gesetzgeber, das Nähere zu regeln. Dennoch ist offensichtlich, dass die zentralen prozeduralen Weichenstellungen des Art. 74 der näheren Ausgestaltung bedürfen, die in **Art. 63 ff. LWG** ja auch in der Tat erfolgt ist. Das Mandat des Gesetzgebers erschöpft sich dabei nicht in der Statuierung rein technischer Einzelheiten, sondern kann auch selbständige prozedurale Regeln aufstellen, soweit diese den in Art. 74 angelegten Verfahrensgang folgerichtig weiterentwickeln, ohne in der Sache zusätzliche Hürden aufzurichten: So war es beispielsweise zulässig, dem Volksbegehren ein Zulassungsverfahren vorzuschalten (Quorum von 25.000 Stimmberechtigten; Zulässigkeitsprüfung durch Innenministerium und ggf. VerfGH; Art. 63 f. LWG), das gänzlich aussichtslose oder gesetzwidrige Initiativen von vornherein ausscheidet.[8] Unzulässig ist es hingegen, die Volksgesetzgebung an zusätzliche materielle/substan-

---

[3] VerfGH 52, 104 (126); VerfGH v. 25. 5. 2007 – Vf. 15-VII-04, V. A. 3. e. aa.

[4] VerfGH 53, 42 (70). Die Quoren für das Volksbegehren sind in anderen Landesverfassungen zwar mittlerweile zum Teil niedriger, dafür wird üblicherweise jedoch auch für den Volksentscheid ein Mindestquorum an Beteiligung oder Zustimmung gefordert.

[5] VerfGH v. 25. 5. 2007 – Vf. 15-VII-04, V. A. 3. e. bb.

[6] VerfGH 50, 181 (198 f.); 53, 23; 53, 81 (105 f.); VerfGH v. 25. 5. 2007 – Vf. 15-VII-04, V. C. 1.

[7] Vgl. *Schweiger,* in: Nawiasky/Schweiger/Knöpfle, Art. 74 Rn. 2; VerfGH 2, 181 (218: „nicht in sich selbst lückenhaft"); 47, 1 (16 f.: „nicht [...] abschließende Regelung", „nur insoweit [...] abschließend"); 52, 104 (134: „planwidrige Unvollständigkeit").

[8] VerfGH 53, 35 (55); 47, 265 (271).

tielle Hürden zu binden, die in Art. 74 nicht angelegt sind. Nicht möglich war es deswegen, für den **Volksentscheid generell ein Beteiligungs- oder Zustimmungsquorum** vorzuschreiben, obwohl Art. 74 dergleichen nicht vorsieht;[9] eine Ausnahme gilt nach der neueren Rechtsprechung allerdings für die verfassungsändernde Volksgesetzgebung, bezüglich derer Art. 74 eine planwidrige Unvollständigkeit aufweise und der Grundsatz der erschwerten Abänderbarkeit der Verfassung ein Quorum verlange.[10] Abschließend ist Art. 74 (in Verbindung mit Art. 71) auch darin, dass er den einzigen nach der BV möglichen Weg der plebiszitären Gesetzesinitiative beschreibt und daher keinen Raum lässt für die einfach-gesetzliche Einführung neuartiger Verfahren der **Volksinitiative,** bei denen der Landtag unter Umgehung der in Art. 74 I aufgestellten Hürden – d. h. mit niedrigeren Quoren – zu einer Befassung mit einem aus dem Volk initiierten Gesetzesvorhaben gezwungen werden kann.[11] Fragwürdig erscheint es allerdings, dass der VerfGH auch die Einführung derartiger Volksinitiativrechte (die eine Reihe anderer Bundesländer mittlerweile sehr wohl kennen) im Wege der Verfassungsänderung als mit Art. 75 I 2 unvereinbar angesehen hat; es erscheint überzogen, dass die bloße Befassung des Landtags mit einem Thema, und sei es auch nur auf der Basis von 25.000 Unterschriften, seine Funktionsfähigkeit in Frage stellen und das repräsentative System aus dem Gleichgewicht bringen könnte.[12]

2. Entstehung

Art. 74 stimmt mit Art. 41 VE und Art. 49 E im Wesentlichen überein. Hauptsächlich **5** Fragen der zeitlichen Terminierung (Abs. 5, 6) wurden noch modifiziert. Diese Stabilität darf nicht darüber hinwegtäuschen, dass über die Reichweite der Volksrechte im VA intensiv gerungen wurde. Weder ein obligatorisches Referendum zu bestimmten Gegenständen noch ein fakultatives, von der Landtagsminderheit (angedacht waren 2/5) zu initiierendes Gesetzesreferendum konnten sich durchsetzen; auch eine Referendumsinitiative nach dem Vorbild des Art. 73 II WRV, Art. 77 II BV 1919 (Herbeiführung eines Volksentscheids über vom Landtag beschlossene, aber noch nicht in Kraft getretene Gesetze; „Vetogesetz") ist nicht mehr vorgesehen.[13]

3. Verhältnis zum Grundgesetz

Das Grundgesetz kennt selbst weder Volksbegehren noch Volksentscheid, steht der Einführung derselben auf Landesebene aber nicht entgegen (siehe im Einzelnen bereits **6** Art. 72 Rn. 3). Auch in der Ausgestaltung der Voraussetzungen von Volksbegehren und -entscheiden sind die Länder prinzipiell frei.[14] In dem Maße, in dem Art. 28 I 1 und 2 GG indes eine Grundentscheidung für eine funktiontüchtige repräsentative Demokratie und ein Regel-Ausnahme-Verhältnis von Parlaments- und Volksgesetzgebung vorgibt, können sich aus Art. 28 I GG auch Vorgaben für die Ausgestaltung des Volksgesetzgebungsverfahren, namentlich Mindestvorgaben für Quoren, etc. ergeben.[15] Es ist nicht ersichtlich, dass aus Art. 28 I GG restriktivere Anforderungen folgen würden als diejenigen, die der VerfGH bereits aus der BV (namentlich aus Art. 75 I 2) selbst ableitet. Art. 74 BV in seiner heutigen Auslegung verstößt daher nicht gegen Art. 28 I GG: Dass die Hürden des Art. 74 in einem Maße niedrig seien und zu einem Überhandnehmen an Plebisziten geführt hätten, dass die repräsentative Demokratie in Bayern Schaden genommen

---

[9] VerfGH 2, 181 (217 f.); 47, 1 (17).

[10] VerfGH 52, 104 (134).

[11] VerfGH 47, 265; auch konsultative Volksbefragungen wären unzulässig, *Meder,* Art. 74 Rn. 1.

[12] VerfGH 53, 42 (72 f., abweichende Meinung: 80); *Schweiger,* in: Nawiasky/Schweiger/Knöpfle, Art. 74 Rn. 3 a.

[13] *Schweiger,* in: Nawiasky/Schweiger/Knöpfle, Art. 74 Rn. 1 f.; Prot. I, S. 166–187; VerfGH 29, 244 (253).

[14] BVerfGE 60, 175 (207 f.).

[15] BremStGH, BayVBl. 2000, 342.

hätte, wird man angesichts der Praxiserfahrungen (Rn. 2) schwerlich behaupten können. Die einzig virulente Problemzone – das nach früherer Auslegung fehlende Zustimmungsquorum auch für verfassungsändernde Volksentscheide[16] – ist mittlerweile ausgeräumt; nicht nur verlangt der VerfGH nunmehr ein (wenn auch niedriges) Zustimmungsquorum (Rn. 16 Art. 75, Rn. 6), sondern er hat diese neue Auslegung sogar für nach Art. 75 I 2 BV änderungsfest erklärt.[17] Auch ansonsten, bei einfachen, nicht verfassungsändernden Volksentscheiden zwingend ein Quorum zu verlangen, erscheint dagegen – jedenfalls solange das vorgelagerte 10%-Quorum für das Volksbegehren bleibt (das wiederum durch Art. 75 I 2 BV abgesichert ist[18]) – überzogen. Art. 28 I GG hat, was Art. 74 BV anbelangt, infolgedessen bislang weder in der Rechtsprechung des VerfGH noch des BVerfG eine eigenständige Rolle entfaltet.[19]

II. Einzelkommentierung

1. Volksbegehren (Abs. 1, 2)

7   **a) Zulassungsverfahren.** Das Volksbegehren (i. w. S.) beginnt mit einem **Zulassungsverfahren** (Art. 63 f. LWG), das der Durchführung des eigentlichen Volksbegehrens (i. e. S.) als eine Art Vorverfahren vorgeschaltet ist und völlig aussichtslose oder rechtswidrige Volksbegehren bereits in einem frühen Stadium ausscheiden soll.[20] Die gesetzliche Einführung dieser in Art. 74 nicht ausdrücklich erwähnten Verfahrensstufe, die im Vergleich zu den sich bereits aus der Verfassung ergebenden Zulässigkeitsvoraussetzungen (Quorum, ausgearbeiteter Gesetzentwurf, Rechtmäßigkeit) keine zusätzlichen Hürden aufrichtet, sondern ihre Prüfung nur in ein frühes Stadium vorverlagert, war verfassungsrechtlich einwandfrei und verstößt (in Bezug auf die Prüfrechte des Innenministeriums und des VerfGH) auch nicht gegen den Gewaltenteilungsgrundsatz (Rn. 4).[21] Der Antrag auf Zulassung eines Volksbegehrens ist schriftlich an das Innenministerium zu richten, es bedarf der Unterschrift von 25.000 Stimmberechtigten, muss bereits den ausgearbeiteten Gesetzentwurf (Art. 74 II) enthalten sowie einen vertretungsberechtigten Beauftragten und Stellvertreter benennen (Art. 63 LWG). Das Staatsministerium des Innern prüft die gesetzlichen Voraussetzungen der Zulassung des Volksbegehrens (zu diesen Zulässigkeitsvoraussetzungen: folgende Rn.); hält es diese nicht für gegeben, hat es von Amts wegen eine **Entscheidung des VerfGH** herbeizuführen (Art. 64 LWG). In diesem, auf Art. 67 BV beruhenden Verfahren, entscheidet der VerfGH in der Besetzung des Art. 68 II c) BV. Zu prüfen ist die Gesetzmäßigkeit, nicht die Zweckmäßigkeit des Zulassungsantrags; als Prüfungsmaßstab in Betracht kommen nicht nur die in Art. 64 I 2 LWG beispielhaft genannten Normen, sondern jegliches höherrangiges Recht (mit Einschränkungen auch Bundesrecht) und sowohl formelle wie materielle Voraussetzungen in Betracht (im Einzelnen Rn. 8 ff.).[22] In Abkehr von seiner früheren Praxis geht der VerfGH nunmehr davon aus, er sei hinsichtlich des Prüfungsgegenstands grundsätzlich auf die bereits vom Innenministerium vorgetragenen Beanstandungen beschränkt (ohne andere Zulässigkeits-

---

[16] Sicher ist ein Verstoß gegen Art. 28 I GG auch hier keineswegs: Wenn Art. 28 I GG nach h. A. die Länder nicht zur förmlichen Verfassungsgebung zwingt, sondern auch eine auf einfach-gesetzlicher Ebene geregelte „verfassungsmäßige Ordnung" gestattet (*Dreier*, in: ders., Art. 28 Rn. 52; *ders.*, BayVBl. 1999, 513 [514]), so können sich aus ihm auch keine Vorgaben für eine zwingend erschwerte Abänderbarkeit von Verfassungsrecht ergeben (a. A. BremStGH BayVBl. 2000, 342; *Herrmann*, BayVBl. 2004, 513 [515]). Der Homogenitätsrahmen des Art. 28 I GG ist inhaltlicher, nicht förmlicher Art. Näher dazu: Art. 75 Rn. 3.

[17] VerfGH 52, 104; 53, 42 (65 ff.); BremStGH BayVBl. 2000, 342.

[18] VerfGH 53, 42 (69 ff.).

[19] Der VerfGH lässt die Frage regelmäßig offen: VerfGH 53, 42 (74); 53, 81 (112).

[20] *Meder*, Art. 74 Rn. 3 f.

[21] VerfGH 43, 35 (55); 47, 265 (271).

[22] *Schweiger*, in: Nawiasky/Schweiger/Knöpfle, Art. 74 Rn. 3 c, auch zum Folgenden.

mängel prüfen zu können); das Verfahren sei einem Rechtsschutzverfahren angenähert, Rechtsschutz aber nur im Maße der ministeriellen Beanstandungen vonnöten; dies kann nicht überzeugen, da es bei dem Prüfverfahren nach Art. 64 LWG gerade nicht nur um (subjektiven) Rechtsschutz, sondern auch – objektiv – um die möglichst frühzeitige Ausscheidung rechtswidriger Volksbegehren geht.[23]

b) Zulässigkeitsvoraussetzungen. Die **Zulassung** des Volksbegehrens ist von folgenden „gesetzlichen Voraussetzungen" (Art. 64 I 1 LWG) abhängig: 8

– Das Begehren muss – inhaltlich/thematisch – auf die **Schaffung eines Gesetzes** gerichtet sein (Art. 74 I BV): Gesetzesreferendum. Ein Verwaltungsreferendum über der Exekutive zugewiesene Verwaltungsentscheidungen kennt die BV nicht; der Gegenstand des Begehrens muss einer Regelung durch förmliches Gesetz (Art. 70) zugänglich sein und darf nicht der Exekutive vorbehalten sein; bei Planungsakten und Standortentscheidungen kann die Abgrenzung schwierig sein.[24] Das Begehren darf sich auch auf **verfassungsändernde** Gesetze beziehen; der VerfGH hat daran festgehalten, dass die BV auch im Wege der Volksgesetzgebung nach Art. 74 geändert werden kann und das Verfahren nach Art. 75 II nicht exklusiv ist (näher dazu Art. 75, Rn. 6);[25] mit dem Antrag auf Verfassungsänderung kann auch ein Antrag auf Erlass eines einfachen Gesetzes verbunden werden, dies jedenfalls dann, wenn es sich dabei um sachlich zusammenhängende Materien handelt, über die der Bürger ohne Aufteilung der Abstimmungsfragen einheitlich entscheiden kann.[26] Volksbegehren dürfen zwar nicht (ex ante) auf die Verhinderung vom Landtag beschlossener, aber noch nicht verkündeter Gesetze abzielen (keine Referendumsinitiative, kein „Vetogesetz" Rn. 5), sehr wohl zulässig sind hingegen (ex post) Referenden über die **Aufhebung von Gesetzen** und die Wiederherstellung des früheren gesetzlichen Zustands (die rückwirkende Außerkraftsetzung indes erscheint problematisch)[27]; ein Volksbegehren darf (im Sinne eines gleichzeitigen Nebeneinanders) schließlich auch Materien betreffen, zu denen auch bereits der Landtag ein Gesetzgebungsverfahren eingeleitet hat, d. h. in Konkurrenz zu einem Gesetzgebungsverfahren des Landtags treten (das Volksbegehren kann – anders als im Kommunalrecht [Art. 18 a IX GO] – den Fortgang des Landtagsgesetzgebungsverfahrens nicht aufhalten; sieht der Landtag davon ab, seinen Gesetzentwurf dem Volk mit zur gemeinsamen Entscheidung vorzulegen [Art. 74 IV], setzt sich nach der lex-posterior-Regel dasjenige Gesetz [Volks- oder Parlamentsgesetz] durch, das später beschlossen wird; allgemein zum von der BV in Kauf genommenen Spannungsverhältnis von Parlaments- und Volksgesetzgebung Art. 72, Rn. 6; siehe auch unten Rn. 18). Aus Art. 7 II i. V. m. 2 I (vgl. Rn. 3) folgt ein **Verbot der Koppelung** sachlich nicht zusammenhängender Materien in einem Volksbegehren.[28] Der Bürger soll seinen Willen differenziert zum Ausdruck bringen können und nicht gezwungen sein, über heterogene Materien (zu denen er ggf. unterschiedliche Auffassungen hat) „im Paket" abzustimmen. Die Frage des sachlichen Zusammenhangs oder der Abtrennbarkeit ist nach materiellen Kriterien zu bemessen, die sich schwer verallgemeinern lassen; ein sachlicher Zusammenhang ist nicht schon gegeben, weil verschiedene Regelungsmaterien unter eine gemeinsame Zielsetzung/Motivation subsumiert werden können; umgekehrt muss dem Bürger bei einem sachlich zusammenhängenden Gesetzentwurf nicht Gelegenheit zur Abstimmung über jede einzelne Bestimmung ge- 9

---

[23] VerfGH 53, 23 (29), anders noch VerfGH 29, 244 (251); 31, 77 (89).

[24] VerfGH 38, 51 (mit abw. Meinung 66 ff.); 40, 94 (103); zur Planung durch Gesetz auch: BVerfGE 95, 1.

[25] VerfGH 52, 104 (125 ff.).

[26] VerfGH 29, 244 (253).

[27] VerfGH 29, 244 (253); 31, 77 (93).

[28] VerfGH 53, 23 (29 ff.), auch zum Folgenden; beim nachgeschalteten Volksentscheid nach Art. 75 II 2 gilt das Koppelungsverbot nicht (Art. 75 Rn. 5): VerfGH 27, 163, LS 3; 58, 253, LS 2.

geben werden. Das Koppelungsverbot gilt für alle Stufen eines Volksbegehrens (auch bereits für die Sammlung der 25.000 Unterschriften für den Zulassungsantrag); eine nachträgliche Abtrennung (statt Zurückweisung) aus Vertrauensschutzgründen kann allenfalls ausnahmsweise in Betracht kommen. Sachlich nicht zusammenhängende, aber von einer einheitlichen Motivation getragene Volksbegehren müssen nicht gemeinsam zur Eintragung ausgelegt werden.[29] Bloße Programmsätze, Proklamationen, Konsultationen kommen als Gegenstand des Volksbegehrens nicht in Betracht.[30] Zum Erfordernis eines abstimmungsfähigen Inhalts des Volksbegehrens siehe nächste Rn.

10   – Hinsichtlich **formeller Zulassungsvoraussetzungen** sind die Anforderungen des **Art. 63 LWG** zu prüfen, namentlich das Erfordernis von 25.000 Unterschriften samt Nachweis des Stimmrechts und die Benennung eines Beauftragten, eines Stellvertreters und mindestens drei weiterer Stellvertreter. Von Bedeutung ist vor allem das bereits in **Art. 74 II BV** vorgegebene Erfordernis eines **ausgearbeiteten und mit Gründen versehenen Gesetzentwurfs** (Art. 63 I 2 LWG), das wiederum im Lichte der Abstimmungsfreiheit des Art. 7 II BV zu verstehen ist (Rn. 4). Der Bürger muss auf allen Stufen des Volksgesetzgebungsverfahrens aus dem Gesetzentwurf und dessen Begründung die Abstimmungsfrage und deren Bedeutung und Tragweite entnehmen können.[31] Der Gesetzentwurf (mit Begründung) muss daher einen **abstimmungsfähigen Inhalt** haben, d. h. die zur Abstimmung gestellte Frage selbst in allgemein verständlicher Form enthalten.[32] Gesetzentwurf und Begründung dürfen, soweit für die Abstimmung relevant, **keine unzutreffenden Tatsachen** behaupten oder die geltende Rechtslage verfälscht oder unvollständig erläutern; „gefärbte" und auch plakative Wertungen sind indes hinnehmbar.[33] Mängel des Gesetzentwurfs und seiner Begründung werden nicht durch die (erst in einem weitaus späteren Stadium erfolgende und einem anderen Zweck dienende) sachliche „Weisung" der Staatsregierung nach Art. 74 VII BV geheilt.[34] Auch eine Heilung durch nachträgliche Änderung oder Ergänzung des Gesetzentwurfs kommt nicht in Betracht (nur die Korrektur offenbarer Unrichtigkeiten oder rein redaktioneller Mängel ist zulässig).[35]

11   – In **materiell-rechtlicher Hinsicht** ist der Gesetzentwurf (zusätzlich zu den bereits in Rn. 9 genannten Anforderungen) grundsätzlich am gesamten höherrangigen Recht zu messen.[36] Der Gesetzentwurf darf nicht gegen **Art. 73 (kein Volksentscheid über Staatshaushalt),** die einzige ausdrückliche und besondere materielle Grenze der BV für die Volksgesetzgebung, verstoßen (vgl. Kommentierung zu Art. 73). Darüber hinaus muss der Entwurf aber auch mit der **gesamten BV,** d. h. allen ihren materiellen Maßstäben, im Einklang stehen (insbesondere – aber nicht nur – mit den Grundrechten der BV, vgl. die nur beispielhafte Nennung in Art. 64 I 2: „insbesondere").[37] Was die Frage der Prüfung anhand von höherrangigem **Bundesrecht** betrifft, hat der VerfGH erst nach und nach seine Linie gefunden: Nachdem er diese Prüfung zunächst für außerhalb seiner Zuständigkeit liegend angesehen hatte[38], geht der VerfGH nunmehr bereits seit längerem vom Grundsatz der umfassenden Prüfung an höherrangigem Recht einschließlich des Bundesrechts aus,[39] hat später aber klargestellt, dass er nicht zu einer verbindlichen Auslegung des Bundesrechts be-

---

[29] VerfGH 53, 35 (m. abw. Ansicht).
[30] *Schweiger,* in: Nawiasky/Schweiger/Knöpfle, Art. 74 Rn. 4.
[31] VerfGH 53, 81 (105).
[32] VerfGH 29, 244 (LS 5, S. 253 ff.); 31, 77.
[33] VerfGH 53, 81 (106 ff.).
[34] VerfGH 29, 244 (255); 53, 81 (105).
[35] VerfGH 53, 81 (109 ff.).
[36] *Schweiger,* in: Nawiasky/Schweiger/Knöpfle, Art. 74 Rn. 3 c.
[37] VerfGH 31, 77 (89); 40, 94 (102).
[38] VerfGH 18, 85 (91).
[39] VerfGH 38, 51; 40, 94.

rufen sei: Er könne den Entwurf nur daraufhin prüfen, ob er dem Bundesrecht bei jeder vertretbaren Auslegung des Bundesrechts widerspreche; im Zweifel sei zugunsten des Volksbegehrens zu entscheiden.[40] Letztere Einschränkung ist bundesrechtlich hinnehmbar, denn freilich muss Volksgesetzgebung (nicht anders als Landtags-Gesetzgebung) zwar uneingeschränkt mit Bundesrecht vereinbar sein, eine andere, bundesrechtlich nicht determinierte Frage indes ist es, ob diese Vereinbarkeit auch bereits präventiv geprüft werden muss; die Vorlagepflicht nach Art. 100 III GG darf jedoch nicht umgangen werden. Noch nicht geklärt ist die Prüfung auf Vereinbarkeit mit höherrangigem **Europarecht;** es dürfte (trotz bloßer Unanwendbarkeitsfolge) entsprechend zum Bundesrecht zu verfahren sein; eine Vorlage an den EuGH nach Art. 234 EG ist zwar möglich, wegen der Eilbedürftigkeit (vgl. die Fristen des Art. 64 II LWG) allerdings untunlich und nach Art. 234 III EG wohl auch nicht zwingend.[41] Im Falle verfassungsändernder Volksbegehren kommt als Prüfungsmaßstab grundsätzlich allein **Art. 75 I 2 BV** in Betracht (s. a. Art. 64 I 2 LWG; zu den Grenzen der Verfassungsänderung Art. 75 Rn. 7 ff.); daneben kann – mit den für Bundesrecht allgemein gültigen Einschränkungen – auch Art. 28 I GG zu prüfen sein; eine umfassende Prüfung an sonstigem, z. B. auch einfachem Bundesrecht sollte, um das unbeschadet des Art. 31 GG (Zurücktreten des Landesverfassung im Konfliktfall) bestehende Recht der Länder auf eine Vollverfassung nicht zu konterkarieren (Vorbem. B Wirkkraft LVerfR, Rn. 3 ff.), unterbleiben; gleiches gilt für Europarecht.

c) Folgen der Teilunzulässigkeit. Die Verfassungswidrigkeit eines Teils des Volks- **12**
begehrens macht den ganzen Antrag unzulässig, wenn nicht davon auszugehen ist, dass die erforderliche Zahl von Antragstellern bei Kenntnis der Unzulässigkeit den unbedenklichen Teil für sich allein vorgeschlagen hätte. Nur wenn die die Unzulässigkeit begründenden Vorschriften einen unwesentlichen Teil des Gesetzentwurfs darstellen und von diesem sachlich trennbar sind (hierfür besteht infolge des Gebots der Einheit der Materie/ des Koppelungsverbots, s. o. Rn. 9, indes nur wenig Spielraum!), kann das Volksbegehren mit den verbleibenden Vorschriften ausnahmsweise zugelassen werden. Nicht jedoch kommt eine Teilzulassung in Betracht, wenn die verfassungswidrigen Normen einen wesentlichen Teil oder gar das „Herzstück" des Entwurfs ausmachen und dieser ohne sie zum Torso verkommen würde.[42]

d) Durchführung des Volksbegehrens. Wird dem Zulassungsantrag stattgegeben, so **13**
macht das Staatsministerium des Innern das Volksbegehren bekannt und setzt Beginn und Ende der Frist fest, während derer die Eintragungen für das Volksbegehren vorgenommen werden können (Art. 65 I, II LWG); es kommt zur Durchführung des eigentlichen Volksbegehrens (i. e. S.). Der Antrag kann nicht mehr geändert, aber noch zurückgenommen werden (Art. 66 LWG). **Eintragungsberechtigt** sind die stimmberechtigten Staatsbürger (Art. 74 I BV, Art. 69 LWG); Streitigkeiten hierüber sind vor den Verwaltungsgerichten auszutragen.[43] Die Eintragung erfolgt bei den Gemeinden gemäß Art. 67 f. LWG; es herrscht das Prinzip der **Amtseintragung;** freies Unterschriftensammeln, das aufgrund der damit verbundenen Missbrauchsgefahren eine Gefahrenquelle für das Grundrecht des Art. 7 II darstellt, könnte – jedenfalls im Zusammenspiel mit dem Fehlen eines Beteiligungs- oder Zustimmungsquorums beim Volksentscheid selbst – auch im Wege der Verfassungsänderung nicht eingeführt werden.[44] Die **Eintragungsfrist** beträgt 14 Tage

---

[40] VerfGH 43, 35.

[41] Im rein präventiven, spätere Rechtsbehelfe nicht ausschließenden Verfahren des Art. 64 LWG dürfte der VerfGH nicht als letztinstanzliches Gericht im Sinne des Art. 243 III EG fungieren.

[42] VerfGH 18, 85 (103); 29, 244 (262); 43, 35 (64); 47, 265 (273 ff.); 53, 81 (112); im Anschluss hieran auch ThürVerfGH LKV 2002, 83 (97).

[43] VerfGH 21, 202.

[44] VerfGH 53, 42 (71 f.).

(Art. 65 III LWG); diese Frist, die bislang unbeanstandet geblieben ist (obwohl andere Landesverfassungen längere Fristen vorsehen, z. B. Art. 109 II RhPfVerf: 2 Monate; Art. 72 SächsVerf: 6 Monate)[45], ist nicht zu kurz bemessen, da es für den Erfolg eines Volksbegehrens wohl eher auf eine kurzfristige Mobilisierung als auf eine lange Dauer ankommen dürfte und Art. 74 BV im Interesse der Effektivität der Volksgesetzgebung auch ansonsten zur Beschleunigung drängt (Art. 74 V). Das zu erreichende **Quorum** liegt bei 10 % der Stimmberechtigten (Art. 74 I BV, Art. 71 II LWG); diese Hürde mag nicht leicht zu nehmen sein, hat sich in der Praxis aber keineswegs als unüberwindbar erwiesen; ihr Zweck ist es nicht, Volksgesetzgebung zu verhindern, sondern ihr eine Legitimation und Dignität zu verleihen, die sie der Parlamentsgesetzgebung gleichstellt; solange für den Volksentscheid selbst kein Quorum gefordert ist, kann das 10 %-Quorum für das vorgelagerte Volksbegehren auch im Wege der Verfassungsänderung nicht wesentlich abgesenkt werden.[46]

2. Verfahren im Landtag (Abs. 3 bis 5)

14   Der Ministerpräsident hat rechtsgültige Volksbegehren dem Landtag namens der Staatsregierung unter Darlegung ihrer Stellungnahme zu **unterbreiten** (Art. 74 III BV); Art. 72 I LWG bestimmt hierfür eine 4-Wochen-Frist. Der Landtag hat das Volksbegehren binnen 3 Monaten zu **behandeln** (Art. 74 V 1 BV; Art. 73 I 1 LWG); bei bereits beendeter Tagung (Art. 17 III) ist eine außerordentliche Tagung einzuberufen (Art. 73 I 2 LWG), da der Zwischenausschuss zur Behandlung von Volksbegehren nicht befugt ist (Art. 26 S. 2 BV); nur die Auflösung des Landtags (Art. 18 BV) hemmt den Ablauf der Frist (Art. 74 V 2 BV). Mehrere Volksbegehren zum gleichen Gegenstand, deren Laufzeit sich überschnitten hat, werden gemeinsam behandelt und auch gemeinsam zum Volksentscheid gebracht (Art. 73 II LWG). Der Landtag ist befugt, die **Zulässigkeit** (Rn. 8 ff.) des Volksbegehrens einer erneuten **Prüfung** zu unterziehen; die „Rechtsgültigkeit" des Volksbegehrens i. S. v. Art. 73 V 1 darf vom Landtag also hinterfragt werden. Man wird ihn hierbei allerdings als an eine etwa bereits ergangene Entscheidung des VerfGH zum Zulassungsantrag gebunden ansehen müssen (Art. 29 I VfGHG),[47] wobei zu bedenken ist, dass soweit der VerfGH mit der neueren Rspr. die Zulässigkeit des Antrags im Rahmen von Art. 64 LWG nicht mehr umfassend, sondern nur noch im Maße der Beanstandungen des Innenministeriums prüft (Rn. 7), der Landtag nicht gebunden sein kann und frei sein muss, neue Unzulässigkeitsgründe ins Feld zu führen. Bestreitet der Landtag die Rechtsgültigkeit des Volksbegehrens, so entscheidet hierüber auf Antrag von Unterzeichnern des Volksbegehrens der Verfassungsgerichtshof (Art. 67 BV, 73 V LWG).[48] Zu einem rechtsgültigen Volksbegehren hat der Landtag folgende **Entscheidungsoptionen:** Er kann dem Volksbegehren **zustimmen** und den Gesetzentwurf unverändert annehmen; dann erübrigt sich ein Volksentscheid (Art. 73 III LWG).[49] Er kann ihn des Weiteren **ablehnen** und binnen drei Monaten einen Volksentscheid herbeiführen. Schließlich kann der Landtag dem Volk auch einen **eigenen Gesetzentwurf** mit zur Entscheidung vorlegen (Art. 74 IV BV, Art. 74 IV LWG).[50]

---

[45] Ohne Rüge z. B. VerfGH 53, 35.

[46] VerfGH 53, 42 (69 ff.); a. A. abw. Meinung S. 79.

[47] *Schweiger,* in: Nawiasky/Schweiger/Knöpfle, Art. 74 Rn. 6; *Meder,* Art. 74 Rn. 6.

[48] Unterbleibt ein solcher Antrag, ist das Volksbegehren gescheitert (zu einem Beispielfall Art. 111a Rn. 7 m. w. N.); die Entscheidung des VerfGH vom Antrag eines Unterzeichners abhängig zu machen, d. h. nicht von Amts wegen einzuholen, ist mit Art. 7 II vereinbar.

[49] Dies steht mit Art. 74, auch wenn dort nicht ausdrücklich erwähnt, im Einklang; *Schweiger,* in: Nawiasky/Schweiger/Knöpfle, Art. 74 Rn. 6 b.

[50] Er kann dies tun, muss es jedoch nicht. Verzichtet der Landtag darauf, einen eigenen Gesetzentwurf mit zum Volksentscheid vorzulegen, ist er dennoch nicht gehindert, einen eigenen Gesetzentwurf zu beraten und als Gesetz zu beschließen. Tut er dies noch vor dem Volksentscheid, so muss er freilich damit rechnen, im Volksentscheid ggf. „überstimmt" zu werden (das spätere Gesetz setzt sich durch, siehe bereits Rn. 9). Ist das Volksgesetz bereits zustande gekommen (durch erfolgreichen Volksentscheid), kann der Landtag dieses auch nachträglich jederzeit abändern (Rn. 18).

Eine vierte Option gibt es nicht; insbesondere kann sich der Landtag mit den Initiatoren des Volksbegehrens nicht im Wege von „Vergleichsverhandlungen" darauf einigen, dem Volk (statt des Volksbegehrens und ggf. eines Alternativvorschlags des Landtags) einen Kompromiss zur Entscheidung vorzulegen oder (ohne Volksentscheid) einen solchen mit Zustimmung der Initiatoren selbst als Parlamentsgesetz zu beschließen.[51] Die drei dargestellten Varianten gelten in im Grunde gleicher Weise auch, soweit sich das Volksbegehren auf eine **Verfassungsänderung** bezieht – mit der Ausnahme, dass das nach dem Rechtsgedanken des Art. 75 II 2 BV bei Verfassungsänderungen stets notwendige Referendum auch im Falle der Zustimmung des Landtags zum Volksbegehren nicht entfällt (Art. 73 III LWG). Auch soweit es um Verfassungsänderungen geht, beschließt der Landtag mit einfacher (Art. 23 I) und nicht mit $^2/_3$-Mehrheit (Art. 75 II 1), denn das Verfahren der Verfassungsänderung bleibt insgesamt ein im Wege der Volksgesetzgebung (Art. 74) und nicht ein im Wege der Parlamentsgesetzgebung mit obligatorischen Referendum (Art. 75 II) betriebenes.[52] Folgerichtig bedarf es für das Zustandekommen der Verfassungsänderung beim Volksentscheid (auch soweit der Landtagsentwurf gewählt wird) des besonderen Zustimmungsquorums nach Art. 79 I Nr. 2 LWG, während dieses Quorum bei einem Volksentscheid im Verfahren nach Art. 75 II (nach Gesetzesbeschluss mit $^2/_3$-Mehrheit) nicht erforderlich ist (Art. 88 III LWG).

3. Der Volksentscheid (Abs. 5 bis 7)

Rechtsgültige Volksbegehren sind nach der Befassung und Beschlussfassung des Land- **15** tags binnen weiterer 3 Monate dem Volk zur Entscheidung vorzulegen **(Volksentscheid)**; Art. 74 V 1 BV. Für gewöhnlich sollen Volksentscheide – mit Rücksicht auf die Landwirtschaft; Rücksicht auf den Sommerurlaub kommt heutzutage hinzu – im Frühjahr oder Herbst stattfinden (Art. **74 VI** BV). Art. 74 VI hat nicht die Kraft, die Frist des Art. 74 V 1 zu verlängern; innerhalb der Frist des Art. 74 V 1 ist jedoch auf das Anliegen des Art. 74 VI Rücksicht zu nehmen.[53] Jeder dem Volk zur Entscheidung vorgelegte Gesetzentwurf ist mit einer **Weisung** (d. h. Erläuterung) der Staatsregierung zu begleiten, die bündig und sachlich sowohl die Begründung der Antragsteller wie die Auffassung der Staatsregierung über den Gegenstand darlegen soll **(Art. 74 VII** BV); nach Art. 75 II Nr. 3 LWG ist auch die Auffassung des Landtags einschließlich seines Abstimmungsergebnisses darzulegen; dies ist, da es um Materien der Legislative geht, eine folgerichtige und zulässige Ergänzung.[54] Die Erläuterungspflicht des Art. 74 VII soll dem Volk eine abwägende Entscheidung ermöglichen und ist im Lichte des Art. 7 II (Erfordernis einer ausreichenden Information der Bürger) zu sehen und auszulegen, vor allem was die Dichte der Erläuterungspflicht anbelangt; das Gebot der Bündigkeit setzt der Weisungspflicht umgekehrt Grenzen.[55] Die Staatsregierung unterliegt bei ihrer Erläuterung keinem Neutralitäts-, sondern einem **Sachlichkeitsgebot** (so Art. 74 VII ausdrücklich: „sachlich"), die eine sachliche Parteiergreifung nicht ausschließt; dieser Gedanke lässt sich verallgemeinern und gilt für das Verhalten und die amtlichen Äußerungen der staatlichen Organe im gesamten Volksgesetzgebungsverfahren (Rn. 16).[56] Stehen mehrere Gesetzentwürfe zur Wahl, die miteinander

---

[51] Vgl. dazu die Entstehungsgeschichte des Art. 111 a (Art. 111 a, Rn. 5 m. w. N.). Dort freilich war das Volksbegehren – richtig betrachtet – bereits zuvor gescheitert. Ist ein Volksbegehren rechtsgültig zustande gekommen, kann es wegen Art. 7 II nicht mehr zur Disposition der Initiatoren/Vertretungsberechtigten stehen.

[52] Allgemein zur Alternativität dieser beiden Wege: VerfGH 52, 104 (125 f.); wie hier: *Schweiger,* in: Nawiasky/Schweiger/Knöpfle, Art. 74 Rn. 6 b; *Meder,* Art. 74 Rn. 6.

[53] *Schweiger,* in: Nawiasky/Schweiger/Knöpfle, Art. 74 Rn. 6; gegen jede Bindung des Art. 74 VI: *Meder,* Art. 74 Rn. 8.

[54] VerfGH 47, 1 (24 f.); *Nawiasky,* in: Nawiasky/Schweiger/Knöpfle, III (Systematischer Überblick), S. 26.

[55] VerfGH 47, 1 (22 ff.); 50, 181 (198 ff.); 58, 253 (261 ff.).

[56] VerfGH 47, 1.

nicht vereinbar ist, kann dennoch bzgl. jedes einzelnen Entwurfs mit ja oder nein gestimmt werden; zusätzlich ist eine Präferenz abzufragen (Stichfrage); Art. 76 IV, 79 III LWG).[57]

16   Der Erfolg des Volksentscheids ist grundsätzlich **weder von einem Beteiligungs- noch von einem Zustimmungsquorum** abhängig; maßgeblich ist allein, dass mehr gültige Ja- als Nein-Stimmen abgegeben wurden (Art. 79 I Nr. 1 LWG). Diese Eigentümlichkeit des bayerischen Staatsrechts ist nach wie vor als zwingende Vorgabe des in diesem Punkt abschließenden Art. 74 anzusehen, der ein Quorum für den Volksentscheid nicht vorsieht (siehe bereits oben Rn. 4).[58] Eine Ausnahme besteht nach der neueren Rechtsprechung allein für den Volksentscheid über **verfassungsändernde Volksbegehren,** bzgl. derer die Verfassung eine planwidrige Regelungslücke aufweise, die im Wege der Auslegung zu schließen sei (vgl. bereits oben Rn. 4); der Grundsatz der erschwerten Abänderbarkeit der Verfassung verlange, dass verfassungsändernde Gesetze auch im Falle des Art. 74 an – im Vergleich zum einfachen Gesetz – erhöhte Anforderungen gebunden seien; ein Quorum, das andererseits nicht prohibitiv wirken dürfe, sei insoweit unverzichtbar. Der Gesetzgeber hat sich – innerhalb der ihm zugebilligten relativ engen Bandbreite der Konkretisierung – für den vom VerfGH bereits ausdrücklich als möglich vorgezeichneten Weg entschieden und ein Zustimmungsquorum von 25 % statuiert (Art. 79 I Nr. 2 LWG).[59] Dieses Erfordernis eines Quorums für verfassungsändernde Volksgesetzgebung gehört nach einer weiteren Entscheidung sogar zu den demokratischen Grundgedanken der Verfassung und ist nach Art. 75 I 2 seinerseits einer Verfassungsänderung entzogen.[60] Das Erfordernis eines Quorums gilt allein für im Wege des Art. 74 herbeigeführte Verfassungsänderungen, für Verfassungsänderungen im Wege des Art. 75 II (dort: erschwerte Abänderbarkeit schon infolge der vorgeschriebenen $^2/_3$-Mehrheit im Landtag) bleibt es dabei, dass das obligatorische Referendum an kein Quorum gebunden ist (Art. 88 III LWG, siehe schon Rn. 14).

17   Die Durchführung des Volksentscheids unterliegt der abschließenden **Prüfung** durch den Landtag in entsprechender Anwendung der Vorschriften zur Wahlprüfung (Art. 80 LWG; zur Wahlprüfung vgl. Kommentierung zu Art. 33 BV). Gegen die in diesem Rahmen ergehenden Beschlüsse des Landtags kann der Verfassungsgerichtshof angerufen werden, und zwar von Fraktionen und qualifizierten Minderheiten des Landtags, von den Beauftragten des Volksbegehrens sowie – dies ist neu[61] – von Stimmberechtigten, deren Beanstandung vom Landtag verworfen wurde, wenn ihnen mindestens 100 Stimmberechtigte beitreten (Art. 80 II LWG; verwiesen wird erneut auf die Vorschriften zur Wahlprüfung, vgl. Art. 33 Rn. 6[62]). Problematisch ist, ob dem Prüfungsverfahren nach Art. 80 LWG, was Fehler bei der Durchführung des Volksentscheids anbelangt, in gleicher Weise **Ausschließlichkeitscharakter** zukommt, wie dies beim Wahlprüfungsverfahren der Fall ist (Art. 33 Rn. 7) – mit der Folge, dass z. B. ein durch Volksentscheid zustande gekommenes Gesetz mit der Popularklage nicht im Hinblick auf solche im Zuge der Durchführung des Volksentscheids unterlaufene Grundrechtsverstöße angegriffen werden könnte, deren Prüfung im Rahmen des besonderen Verfahrens nach Art. 80 LWG möglich ist. Der VerfGH hat zunächst dem Ausschließlichkeitsgedanken zugeneigt,[63] ihn dann aber mit dem Argument verworfen, das Verfahren nach Art. 80 LWG könne vom einzelnen Stimmberechtigten – anders als das Wahlprüfungsverfahren – überhaupt nicht (nicht einmal bei Beitritt anderer Stimmberechtigter) betrieben werden[64], eine Argumentation, die mit der im Jahre 2006 erfolgten Änderung des Art. 80 II LWG (die nunmehr auch dem einzelnen Stimmberechtigten, sofern ihm 100 weitere beitreten, ein Anrufungsrecht ein-

---

[57] Zur früheren Rechtslage: VerfGH 21, 110.
[58] VerfGH 2, 181 (217 f.); s. a. VerfGH 47, 1 (17); 53, 42 (71 f.).
[59] Zum Ganzen VerfGH 52, 104 (127 ff.).
[60] VerfGH 53, 42 (65 ff.).
[61] Gesetz vom 26. 7. 2006 (GVBl. S. 367).
[62] Zum Prüfungsumfang: VerfGH 47, 1 (11 f.).
[63] VerfGH 44, 9 (15 f.); 47, 1 (196 ff.).
[64] VerfGH 58, 253 (260 f.).

räumt) freilich bereits wieder hinfällig geworden ist. Die Vermutung streitet nun wieder für die Ausschließlichkeit (Anliegen der zeitnahen abschließenden Klärung[65]). Wird ein durch Volksbegehren verlangtes Gesetz durch Volksentscheid angenommen, so ist es als Gesetz **auszufertigen und bekannt zu machen** (Art. 76 BV, Art. 81 LWG).

Das durch Volksentscheid zustande gekommene (nicht verfassungsändernde) Gesetz **18** hat **keinerlei höheren Rang** als ein Parlamentsgesetz.[66] Es kann jederzeit durch Parlamentsgesetz wieder geändert werden; soweit sich Teile des Volkes hierdurch brüskiert fühlen, steht ihnen das Verfahren der plebiszitären Abberufung des Landtags (Art. 18 III) oder ein erneutes Volksgesetzgebungsverfahren offen.[67] Das durch Volksentscheid zustande gekommene Gesetz ist in vollem Umfang an die Verfassung gebunden und unterliegt – auch nachträglich (zur präventiven Prüfung vgl. Rn. 8 ff., 14) – den gewöhnlichen verfassungsgerichtlichen Rechtsbehelfen (insbesondere der Popularklage). Zum Verhältnis zum besonderen Prüfungsverfahren nach Art. 80 LWG siehe vorige Rn.

4. Sachlichkeitsgebot und Werbung

Das für Wahlen geltende Neutralitätsgebot (Art. 12 III LWG), das es staatlichen und **19** kommunalen Behörden (in amtlicher Eigenschaft) untersagt, die Abstimmung in irgendeiner Weise zu beeinflussen, lässt sich auf das Volksgesetzgebungsverfahren nicht übertragen. Grund ist der fundamentale Unterschied zwischen der Wahl einerseits (Grundakt demokratischer Legitimation und Herrschaftsübertragung) und der Volksgesetzgebung andererseits (wo es um Sachfragen geht und ein Gesetz hervorgebracht wird, das gegenüber dem Parlamentsgesetz keinerlei höheren Rang aufweist). Art. 74 VII zeigt paradigmatisch, dass die staatlichen Organe im Volksgesetzgebungsverfahren – im Interesse der hinreichenden Information des Bürgers, die wiederum von Art. 7 II verbürgt wird (Rn. 3) – sogar dazu aufgerufen sind, in sachlicher Form Stellung zu nehmen. Dieser Gedanke lässt sich verallgemeinern; an die Stelle des Neutralitätsgebots tritt so im Volksgesetzgebungsverfahren das **Sachlichkeitsgebot.**[68] In amtlicher Eigenschaft gegebene Äußerungen sind nach diesem Kriterium unzulässig, wenn sie eine unmittelbare Abstimmungsempfehlung enthalten oder – auch bei Zubilligung plakativer und überspitzter Äußerungen – in nicht mehr sachbezogener Weise Partei ergreifen oder auf unvertretbaren, offensichtlichen Irrtümern oder Fehlbewertungen beruhen. Soweit staatliche Stellen sich im Rahmen des Sachlichkeitsgebots äußern dürfen, ist auch der damit verbundene Einsatz öffentlicher Mittel nicht zu beanstanden. Das nicht-amtliche Handeln von Politikern und die Äußerungen von Parteien sowie erst recht die Öffentlichkeitsarbeit der Initiatoren des Volksbegehrens oder sonstiger Organisationen und Interessengruppen sind von vornherein nicht an das Sachlichkeitsgebot gebunden. **Werbung** für oder gegen das Volksbegehren ist insoweit erlaubt und als notwendige Voraussetzung für eine informierte Wahrnehmung der Abstimmungsfreiheit nach Art. 7 II sogar erwünscht. Es ist – auch vor dem Hintergrund der hohen Publizitätsabhängigkeit der Volksgesetzgebung – ein Verstoß gegen die Rundfunkfreiheit, politische Werbung im Rundfunk auch aus Anlass eines zugelassenen Volksbegehrens völlig zu verbieten; soweit der Rundfunkveranstalter politische Werbung aus Anlass eines Volksentscheids zulässt, ist er freilich an die Grundsätze der Chancengleichheit gebunden; Gesetzgeber und Rundfunkveranstalter sind insoweit zur Entwicklung eines Konzepts aufgerufen. Die Veranstalter von Rundfunk sind berechtigt, nicht jedoch von Verfassungs wegen verpflichtet, Werbung für oder gegen zugelassene Volksbegehren in ihr Programm aufzunehmen. Art. 7 II BV reicht nicht so weit, einen Anspruch auf Eröffnung bestimmter Informationsquellen einzuräumen, und – aufgrund der fundamentalen Unter-

---

[65] VerfGH 50, 181 (198).

[66] VerfGH 40, 94 (193); 43, 35 (55); 47, 1 (16); 50, 181; 58, 253.

[67] Daher greift auch nicht die Einschränkung des HbgVerfG (JuS 2005, 838 f.), das Gebot der Organtreue verpflichte das Parlament dazu, sich nicht leichtfertig über den Willen des Volksentscheides hinwegzusetzen.

[68] VerfGH 47, 1 (12 ff.); vgl. auch BremStGH NVwZ 1997, 264.

schiede zwischen Wahlen und Volksentscheiden – gebietet es auch der Gleichheitssatz nicht, nach dem Vorbild der Wahlwerbung eine Pflicht zur Ausstrahlung vorzusehen.[69]

Art. 75 [Änderung der Verfassung]

(1) [1]Die Verfassung kann nur im Wege der Gesetzgebung geändert werden. [2]Anträge auf Verfassungsänderungen, die den demokratischen Grundgedanken der Verfassung widersprechen, sind unzulässig.

(2) [1]Beschlüsse des Landtags auf Änderung der Verfassung bedürfen einer Zweidrittelmehrheit der Mitgliederzahl. [2]Sie müssen dem Volk zur Entscheidung vorgelegt werden.

(3) Meinungsverschiedenheiten darüber, ob durch ein Gesetz die Verfassung geändert wird oder ob ein Antrag auf unzulässige Verfassungsänderung vorliegt, entscheidet der Bayerische Verfassungsgerichtshof.

(4) Änderungen der Verfassung sind im Text der Verfassung oder in einem Anhang aufzunehmen.

Parallelvorschriften im GG und anderen Landesverfassungen: Art. 79 GG; Art. 64 BaWüVerf; Art. 62 Abs. 5, 100 BerlVerf; Art. 78 Abs. 3, 79 BbgVerf; Art. 20, 125 BremVerf; Art. 51 HmbVerf; Art. 123, 150 HessVerf; Art. 56, 60 Abs. 4 S. 2 M-VVerf; Art. 46, 49 Abs. 2 S. 2 NdsVerf; Art. 69 NRWVerf; Art. 129 RhPfVerf; Art. 101 SaarlVerf; Art. 74 SächsVerf; Art. 78 VerfLSA; Art. 40, 42 Abs. 4 S. 2 SchlHVerf; Art. 83 ThürVerf.

Rechtsprechung: BVerfGE 30, 1; 34, 9; 84, 90; 89, 155; 94, 49; 109, 279; VerfGH 2, 181; 25, 97; 47, 241; 48, 253; 52, 104; 53, 42; 53, 81.

Literatur: Badura, Verfassungsänderung, Verfassungswandel, Verfassungsgewohnheitsrecht, in: Isensee/Kirchhof (Hrsg.), HdbStR VII, 1992, § 160; *Bushart,* Verfassungsänderung in Bund und Ländern, 1989; *Dreier,* Landesverfassungsänderung durch quorenlosen Volksentscheid aus der Sicht des Grundgesetzes, BayVBl. 1999, 513; *Ehmke,* Grenzen der Verfassungsänderung, 1953; *Herrmann,* Die außerparlamentarische Verfassungsänderung in Bayern, BayVBl. 2004, 213; *Horn,* Die bayerische Verfassung, der Senat und der Volksentscheid, BayVBl. 1999, 430; *Hufeld,* Die Verfassungsdurchbrechung, 1997; *Isensee,* Verfassungsreferendum mit einfacher Mehrheit, 1999; *Lindner,* Sechzig Jahre Bayerische Verfassung – empfiehlt sich eine Revision?, BayVBl. 2006, 1; *ders.,* Die Koppelungsproblematik im Rahmen des Verfassungsreferendums nach Art. 75 Abs. 2 Satz 2 BV, BayVBl. 1999, 485; *Storost,* Revision des Landesverfassungsrechts, in: FS Zeidler, 1987, S. 1199.

I. Allgemeines

1. Bedeutung

1   Art. 75 statuiert, in welchem Verfahren und in welchen Grenzen die Verfassung durch verfassungsändernde Gesetzgebung geändert werden kann. Ihm liegt – nicht anders als

---

[69] VerfGH v. 25. 5. 2007 – Vf. 15-VII-04; zum Verbot politischer Werbung für Volksbegehren vgl. auch VG Berlin NJW 2000, 1588.

seinem bundesrechtlichen Pendant, Art. 79 GG – die staatsrechtliche **Unterscheidung von verfassungsgebender und verfassungsändernder Gewalt** zugrunde; die Verfassungsänderung wird – im Gegensatz zum unabgeleiteten, originären Akt der Verfassungsgebung (pouvoir constituant) – als ein Akt der verfassten Gewalt (pouvoir constitué), d. h. als eine Befugnis der gesetzgebenden Gewalt, angesehen, die nur nach Maßgabe und in den Grenzen der Verfassung besteht, also rechtlich **begrenzte** Gewalt ist; dies gilt auch für Bayern und den Art. 75, obwohl hier der Akt der Verfassungsänderung aufgrund des zwingend vorgesehenen Referendums (Art. 75 II 2) dem der Verfassungsgebung prozedural angenähert ist.[1] Art. 75 hat – mit seiner Bestimmung der Modalitäten und Grenzen der Verfassungsänderung – eine nicht leicht auszubalancierende **Doppelfunktion** zu erfüllen[2]: Einerseits will er evolutionäre **Anpassungen** an neue Einsichten und Bedürfnisse, sofern diese hinreichend demokratisch legitimiert sind, durchaus ermöglichen; andererseits aber gilt es, durch Regeln der erschwerten und nur in bestimmten Grenzen möglichen Abänderbarkeit nicht nur den Vorrang der Verfassung vor der einfachen Gesetzgebung abzusichern, sondern vor allem die **Stabilität** und Bewahrung der **Identität** der Verfassungsordnung dauerhaft zu schützen; die Verfassung soll auf der Höhe der Zeit gehalten werden können, ihre wesentliche Identität hingegen steht nicht zur Disposition. Durch **vier Instrumente** schützt Art. 75 die Stabilität und Identität der Verfassung gegen die grundsätzlich eröffnete Möglichkeit der Änderung durch den Gesetzgeber:

– Verfassungsänderungen müssen **transparent** sein: Die Verfassung darf nur im Wege förmlicher Gesetzgebung geändert werden, welche den Verfassungstext ausdrücklich ändert; Verfassungsdurchbrechungen sind verboten (Art. 75 I 1 i.V. m. IV).

– Durch **Verfahrensgestaltungen** ist sicherzustellen, dass die Verfassung – im Vergleich zum einfachen Gesetz – einer **erschwerten Abänderbarkeit** unterliegt. Art. 75 II bringt dies für die parlamentarische Verfassungsänderung mit seinem Erfordernis einer Zweidrittelmehrheit und einer Bestätigung durch Volksentscheid paradigmatisch zum Ausdruck. Unklar geregelt ist dagegen die Verfassungsänderung im Wege der Volksgesetzgebung (Art. 74), so dass ihre Zulässigkeit und Modalitäten lange strittig waren (Rn. 6).

– Verfassungsänderungen, die den **demokratischen Grundgedanken** der Verfassung widersprechen, sind überhaupt unzulässig (Art. 75 I 2). Durch diese **„Ewigkeitsklausel"** wird die wesentliche Identität der Verfassung dauerhaft vor Veränderung geschützt; die Grundentscheidungen der Verfassung sollen jedenfalls nicht auf legalem Wege umgestoßen werden dürfen (historisches Negativbeispiel: das Ermächtigungsgesetz des Jahres 1933). „Demokratie als Selbstmord" soll ausgeschlossen, Bayern als stabile, **wehrhafte Demokratie** konstituiert werden (vgl. Art. 15).[3]

– Diese Schutzmechanismen sind **verfassungsprozessual** abzusichern (Art. 75 III).

Die BV ist seit 1946 elfmal in insgesamt fast 50 Einzelbestimmungen geändert worden, davon neunmal im parlamentarischen Verfahren mit obligatorischem Referendum nach Art. 75 II und zweimal im Wege reiner Volksgesetzgebung (Art. 74).[4]

2. Entstehung

Art. 50 E (zuvor Art. 42 VE) wurde im VA noch an entscheidenden Punkten verändert. **2** So wurde erst an dieser Stelle (auf Antrag *Hoegner*s; letzten Endes ging der Vorschlag jedoch offenbar auf *Nawiasky* zurück) die damals neuartige und intensiv diskutierte Ewigkeitsklausel des Art. 75 I 2 eingefügt. Diese Klausel ersetzte, ohne dass darüber weiter diskutiert wurde, einen – im VVA eingefügten und nunmehr entfallenen – Satz, der die Volksinitiative auf Verfassungsänderungen ausgeschlossen hatte (was bedeutet hätte, dass Verfassungsänderungen nicht im Wege der Volksgesetzgebung nach Art. 74 möglich ge-

---

[1] *Badura*, HdbStR VII, § 160 Rn. 2, 3, 16 ff.
[2] Vgl. *Frey*, in: Grimm / Caesar, RhPfVerf, Art. 129 Rn. 4.
[3] Prot. I, S. 187, 190.
[4] Übersicht bei *Lindner*, BayVBl. 2006, 1 (2 f.); siehe auch Vorbem. A.

wesen wären). Auf Anregung der amerikanischen Besatzungsmacht wurde andererseits das Erfordernis eines Abstimmungsquorums (Mehrheit der Stimmberechtigten) beim obligatorischen Verfassungsreferendum im Verfahren nach Abs. 2 bewusst fallen gelassen (um auszuschließen, dass Verfassungsänderungen an bloßem Desinteresse scheitern, obwohl niemand sie verhindern will); einfache Mehrheit sollte genügen. Das im VVA eingefügte Verbot der Verfassungsdurchbrechung wurde auf Anregung *Nawiaskys* im Interesse der Verfassungsästhetik dahin modifiziert, dass Änderungen (z. B. technischer Art) auch in einen Anhang aufgenommen werden können. Die Zuständigkeit des VerfGH (Abs. 3) wurde auf die Prüfung der Einhaltung der Ewigkeitsklausel des Abs. 1 S. 2 erweitert.[5]

3. Verhältnis zum Grundgesetz

3   Art. 75 BV nimmt mit seinen zentralen Weichenstellungen – Verbot der Verfassungsdurchbrechung, prozedural erschwerte Abänderbarkeit, materiell-rechtliche Ewigkeitsklausel – im Jahre 1946 viele Grundentscheidungen vorweg, wie sie dann auch für sein bundesrechtliches Pendant, **Art. 79 GG,** charakteristisch wurden. Vor allem im Punkt der Volksrechte (obligatorisches Verfassungsreferendum nach Art. 75 II 2; Verfassungsänderung im vollplebiszitären Verfahren nach Art. 74) tun sich größere Unterschiede auf. Die Landesverfassung unterliegt in der Ausgestaltung ihrer Bestimmungen zur Verfassungsänderung nur **geringfügigen bundesrechtlichen Bindungen:**

- Art. 79 GG gilt unmittelbar allein für die Änderung des GG und kann für die Auslegung des Art. 75 BV allenfalls mittelbar (im Wege des bundesstaatlichen Rechtsvergleichs oder über Art. 28 I GG) von Interesse sein.
- Was materiell-rechtliche Grenzen der Verfassungsänderung (Ewigkeitsklausel) anbelangt, ist zu bedenken, dass das Grundgesetz in Art. 28 I i.V. m. III GG (Homogenitätsrahmen, dessen Einhaltung der Bund garantiert) bereits seinerseits eine Art **bundesrechtliche Ewigkeitsklausel** formuliert; in ihrer wesentlichen, unter dem Grundgesetz unverzichtbaren republikanischen, demokratischen, sozial- und rechtsstaatlichen Identität wird die verfassungsmäßige Ordnung in den Ländern bereits vom Bund und vom Grundgesetz selbst garantiert. In dem Maße aber, in dem bereits das Grundgesetz selbst materiell-rechtliche Schranken der Verfassungsänderung formuliert und eine Art bundesrechtliche Ewigkeitsklausel vorhält, kann es dem Grundgesetz gleichgültig sein, ob und in welcher Weise die Länder ihrerseits ihre Verfassungen durch den Schutz einer eigenständigen Unabänderlichkeitsklausel flankieren. Art. 28 I GG verlangt deswegen nicht, dass die Landesverfassungen selbst eine Ewigkeitsklausel in der Art des Art. 79 III GG vorsehen; Art. 75 I 2 BV liegt auf einer Linie mit Art. 28 I, 79 III GG, wird jedoch als solcher nicht bundesrechtlich garantiert und kann über Art. 79 III hinausgehen oder hinter ihm zurückbleiben. Die bundesrechtliche Bindung jedes einzelnen Akts der Verfassungsänderung an Art. 28 I GG (neben Art. 75 I 2 BV) freilich bleibt unberührt, weshalb es sinnvoll sein mag, Art. 75 I 2 BV im Lichte des Art. 28 I GG auszulegen und auf ihn abzustimmen (Rn. 7 ff.); bundesrechtlich zwingend ist dies indes nicht.
- Auch in **formeller Hinsicht,** was das Verbot von Verfassungsdurchbrechungen und die Regeln über das Änderungsverfahren (erschwerte Abänderbarkeit) anbelangt, folgen aus Art. 28 I GG nach hier vertretener Ansicht für die Ausgestaltung des Art. 75 BV keine zwingenden Vorgaben (str.). Art. 28 I GG bindet die verfassungsmäßige Ordnung in den Ländern an einen bestimmten materiell-rechtlichen bundesrechtlichen Mindeststandard. Nicht jedoch macht er den Ländern, wie insbesondere an der bewusst offenen Formulierung „verfassungsmäßige Ordnung" deutlich wird, Vorgaben bzgl. der formellen Gestalt ihres materiellen Verfassungsrechts. Nach h. M. zwingt Art. 28 I GG die Länder deswegen nicht dazu, sich überhaupt Verfassungen

---

[5] Prot. I S. 187 ff.; II, S. 413 ff.; *Schweiger,* in: Nawiasky/Schweiger/Knöpfle, Art. 75 Rn. 1; *Schmidt,* Staatsgründung und Verfassungsgebung in Bayern, Bd. I, 1997, S. 268 ff.; VerfGH 52, 104 (126).

im formellen Sinne zu geben (solange die materielle verfassungsmäßige Ordnung nur dem Standard des Art. 28 I GG entspricht).[6] Wenn die Länder aber keine Verfassungsurkunde im formellen Sinne haben müssen, dann kann für sie auch weder das Verbot der Verfassungsdurchbrechung verbindlich sein, noch kann sich aus Bundesrecht zwingend ergeben, dass alle Regelungen verfassungsrechtlicher Art in den Ländern nur erschwert abänderbar sein dürfen.[7] Erneut genügt es dem Grundgesetz vollständig, dass der materielle Mindeststandard durch eine bundesrechtliche Norm (Art. 28 I, III GG) garantiert wird, die ihrerseits nur erschwert (Art. 79 II GG), wenn überhaupt (Art. 79 III GG)[8] abänderbar ist. Auch aus Art. 20 III GG folgt nichts anderes: Dieser garantiert die Bindung aller Gesetzgebung an das Grundgesetz,[9] nicht jedoch den Vorrang und die erschwerte Abänderbarkeit des Landesverfassungsrechts. Auch was die Zulässigkeit plebiszitärer Elemente anbelangt, so folgen nach hier vertretener Ansicht aus Art. 28 I GG für die Verfassungsänderung keine strengeren Maßstäbe, als für die Gesetzgebung insgesamt (dazu Art. 72, Rn. 3, Art. 74, Rn. 3). Nach a. A. ist der Grundsatz der erschwerten Abänderbarkeit durch Art. 28 I GG zwingend vorgegeben.[10] Sollte dies richtig sein, würde die BV – in ihrer Auslegung durch den VerfGH – den grundgesetzlichen Anforderungen jedenfalls genügen: Für die parlamentarische Verfassungsänderung folgt die erschwerte Abänderbarkeit schon aus Art. 75 II 2; für die vollplebiszitäre Verfassungsänderung hat sie der VerfGH im Wege der Auslegung verwirklicht (Hineinlesen eines Zustimmungsquorums; unten Rn. 6; Art. 74, Rn. 16).[11] Der VerfGH hat es bislang – völlig zu Recht – vermieden, seine Entscheidungen zu Art. 75 BV auf Art. 28 I GG zu stützen; vielmehr hat er die relevanten Lösungen aus der BV selbst heraus – freilich nicht ohne einen vergleichenden Blick auf GG und andere Landesverfassungen – entwickelt.

II. Einzelkommentierung

1. Verfassungsänderung nur im Wege der Gesetzgebung, Verbot der Verfassungsdurchbrechung, Zulässigkeit des Verfassungswandels (Abs. 1 S. 1, Abs. 4)

Die in Art. 75 I 1 und IV getroffenen Regelungen dienen vor allem der **Transparenz** **4** jeglicher Änderung der Verfassung. Mit der Regelung des Abs. 1 S. 1, die die Verfassungsänderung der Gesetzgebung (gemeint ist, wie im ganzen 6. Abschnitt, die förmliche Gesetzgebung[12]) vorbehält, soll nicht nur bekräftigt werden, dass die BV die Verfassungsänderung als Ausfluss der – nur nach Maßgabe und in den Grenzen der Verfassung bestehenden – gesetzgebenden Gewalt begreift (vgl. Rn. 1); auch soll nicht in erster Linie auf die beiden Verfahren der förmlichen Gesetzgebung (Art. 72 I) verwiesen werden (Rn. 5 f.). Kern der Aussage ist vielmehr, dass Verfassungsänderungen **„nur"** im Wege der förmlichen Gesetzgebung möglich sein sollen; jedweder „schleichender", intransparenter Verfassungsänderung soll hierdurch ein Riegel vorgeschoben werden.[13] Abs. 1 S. 1 trifft sich hierin mit Abs. 4 (vgl. auch Art. 79 I 1 GG, der beide Aussagen in einem Satz zusam

---

[6] *Dreier,* in: ders., Art. 28 Rn. 52 m. w. N.; *Bartlsperger,* in: HdbStR IV, § 96, Rn. 27; a. A. *Menzel,* Landesverfassungsrecht, S. 177 ff.

[7] *Dreier,* BayVBl. 1999, 513 (514).

[8] *Menzel,* Landesverfassungsrecht, S. 280 f.

[9] *Schulze-Fielitz,* in: Dreier, Art. 20 Rn. 83; *Herzog,* in: Maunz/Dürig, Art. 20 VI. Rn. 9; a. A. (mit „ggf." abgeschwächt) *Sachs,* in: Sachs, Art. 20 Rn. 101. Etwas anderes folgt auch nicht aus Art. 100 Abs. 1 GG, der den Vorrang der Landesverfassung nicht anordnet, sondern an ihn, sofern er nach Landesverfassungsrecht existiert, mit seiner Rechtsfolgenanordnung (Vorlagepflicht) anknüpft.

[10] BremStGH, BayVBl. 2000, 342; *Herrmann,* BayVBl. 2004, 513 (515 f.) m. w. N.

[11] VerfGH 52, 104 (125 ff, 137 f.).

[12] Vgl. *Jarass/Pieroth,* Art. 79 Rn. 2; siehe Vor Art. 70, Rn. 1.; daher z. B. keine Verfassungsänderung durch Rechtsverordnung.

[13] VerfGH 52, 104 (125).

menzieht), der präzisiert, dass Verfassungsänderungen nur durch **ausdrücklich verfassungsänderndes** Gesetz möglich sein sollen; **verboten sind** damit **Verfassungsdurchbrechungen,** d. h. die noch zur Weimarer Zeit übliche Technik, dass auch nicht ausdrücklich verfassungsändernden Gesetzen (die den Text der Verfassung unangetastet lassen) verfassungsändernde Kraft beigemessen wurde (mit der Folge, dass das Gesetz trotz Abweichung vom bestehen bleibenden Verfassungstext nicht verfassungswidrig war), wenn es nur in dem für Verfassungsänderungen nötigen Verfahren beschlossen wurde.[14] Auch der Vorrang der Verfassung vor jeder einfachen Gesetzgebung wird hierdurch abgesichert. Von der Möglichkeit, eher technische Verfassungsänderungen, um die „Schönheit" der BV zu bewahren, in einen Anhang aufzunehmen (Rn. 2), wurde bislang nicht Gebrauch gemacht. Durch die Bekräftigung der Abs. 1 S. 1, Abs. 4, dass Verfassungsänderungen nur durch ausdrücklich verfassungsändernde Gesetze möglich sein sollen, wird sog. **Verfassungswandel,** d. h. die Möglichkeit, dass Normen der Verfassung (ohne Textänderung) im Lichte neuerer Entwicklungen und Einsichten einer veränderten Interpretation und Anwendung zugeführt werden, nicht ausgeschlossen. Derartiger Verfassungswandel ist keine Verfassungsänderung im Sinne des Art. 75, sondern ein durch die Verfassung selbst gesteuerter Vorgang der Rechtsfortbildung in der Zeit, der den (verfassungsgebundenen) Staatsorganen, namentlich dem VerfGH, anvertraut und in den Grenzen lege artis vorgenommener Verfassungsauslegung/-anwendung zulässig ist. Allenfalls ruft Art. 75 I 1, IV die **Grenzen einer derartigen Verfassungsfortbildung** (namentlich die Wortlautgrenze) ins Bewusstsein und schärft ein, dass es Veränderungen der Umstände und Ansichten gibt, die sich, nimmt man die von der Verfassung getroffenen Entscheidungen ernst, eben nicht im Wege des stillen Verfassungswandels, sondern nur durch transparente und hinreichend demokratisch fundierte Verfassungsänderung im Sinne des Art. 75 bewältigen lassen.[15]

2. Verfahren der Verfassungsänderung

5   **a) Das parlamentarische Änderungsverfahren mit obligatorischem Verfassungsreferendum (Abs. 2).** Eines der beiden möglichen Verfahren der Verfassungsänderung wird in Art. 75 II einer ausdrücklichen Regelung zugeführt. Es handelt sich dabei um ein **parlamentarisches Änderungsverfahren** (Verfassungsänderung durch Parlamentsgesetz)[16] mit dem zusätzlichen Erfordernis, dass der parlamentarische Gesetzesbeschluss dem Volk zur Entscheidung vorgelegt werden muss **(obligatorisches Verfassungsreferendum).** Das parlamentarische Verfahren ist überdies in zweierlei Hinsicht modifiziert: Die Gesetzesvorlage (Art. 71) kann allein von der Staatsregierung oder aus der Mitte des Landtags eingebracht werden; auf Verfassungsänderungen gerichtete Volksbegehren führen zum Verfahren nach Art. 74 und werden von Art. 75 II nicht erfasst (nächste Rn.);[17] daher besteht z. B. kein Erfordernis der $^2/_3$-Mehrheit für Konkurrenzvorlagen des Landtags im Rahmen von Art. 74 IV (Art. 74, Rn. 14). Für den Gesetzesbeschluss ist – abweichend von Art. 72 I, 23 I – sodann die **Zweidrittelmehrheit** der Mitgliederzahl erforderlich (Art. 75 II 1); abzustellen ist hierbei auf die gesetzliche Mitgliederzahl (Art. 13 I, 14 I 6), die sich jedoch verringern kann, solange ein Ersatzmann nicht nachgerückt ist (Art. 58 LWG). Durch das Erfordernis einer qualifizierten Mehrheit wird das Prinzip der erschwerten Abänderbarkeit der Verfassung und ihres erhöhten Bestandsschutzes verwirklicht.[18] Das obligatorische Verfassungsreferendum (Art. 75 II 2) stellt klar, dass die verfassungsändernde Gewalt in Bayern niemals dem Landtag allein, sondern allenfalls zur

---

[14] VerfGH 40, 94 (102 f.); *Badura,* Staatsrecht, F 63.

[15] *Schweiger,* in: Nawiasky/Schweiger/Knöpfle, Art. 75 Rn. 8; *Lücke/Sachs,* in: Sachs, Art. 79 Rn. 17; *Jarass/Pieroth,* Art. 79 Rn. 3; *Badura,* HdbStR VII, § 160 Rn. 13 f.

[16] VerfGH 58, 253 (268).

[17] VerfGH 27, 152 (161).

[18] Dazu VerfGH 52, 104 (127 ff.), wo Art. 75 II mehrfach als Vergleichspunkt zu Art. 74 herangezogen wird.

gesamten Hand mit dem Volk zusteht.[19] Für den Volksentscheid selbst gibt es **kein Quorum,** weder ein Beteiligungs- noch ein Abstimmungsquorum; dass die einfache Mehrheit der Abstimmenden genügen soll (so auch Art. 88 III LWG), ist nach der Entstehungsgeschichte eindeutig (Rn. 2). Der Gesichtspunkt der erschwerten Abänderbarkeit der Verfassung steht nicht entgegen, da ihm bereits durch das Erfordernis der $^2/_3$-Mehrheit im Landtag hinreichend Rechnung getragen ist.[20] Das für die Volksgesetzgebung nach Art. 74 charakteristische **Koppelungsverbot** (Art. 74, Rn. 9) gilt für Art. 75 II nach st. Rspr. **nicht;** der Landtag kann dem Volk „im Paket" auch mehrere, sachlich nicht zusammenhängende Verfassungsänderungen zur einheitlichen Entscheidung (ohne Möglichkeit der differenzierten Abstimmung) vorlegen. Bei Art. 75 II handelt es sich um ein im Kern parlamentarisches und nur plebiszitär ergänztes Verfahren, nicht um ein vollplebiszitäres Verfahren wie in Art. 74; Art. 75 II 2 setzt bereits einen parlamentarischen Gesetzesbeschluss (d. h. das Ergebnis eines parlamentarischen Willensbildungsprozesses) voraus, das nunmehr dem Volk zur zustimmenden oder ablehnenden Entscheidung vorgelegt wird; dementsprechend steht der Volksentscheid nicht unter dem Vorzeichen einer möglichst umfassenden und differenzierten plebiszitären Abstimmungsfreiheit (Art. 7 II), vielmehr reduziert sich die Abstimmungsfreiheit des Art. 7 II zu einer bloßen Freiheit der Zustimmung oder Ablehnung zu einem parlamentarischen Beschluss (im Gegenzug kommt das in Art. 7 II ebenfalls gewährleistete Wahlrecht zum Tragen, soweit die Verfassungsänderung auf die gewählte Volksvertretung zurückgeht).[21] Obwohl das parlamentarische Verfassungsänderungsverfahren nach Art. 75 II von dem vollplebiszitären nach Art. 74 zu unterscheiden ist, ist – ob in direkter oder analoger Anwendung spielt letztlich keine Rolle – die sich aus Art. 74 VII ergebende **Pflicht zur bündigen und sachlichen Information** der Bürger zu beachten; dies ergibt sich sowohl aus dem Wortlaut („jeder dem Volk zur Entscheidung vorgelegte Gesetzentwurf") als auch aus dem Sinn und Zweck der Schaffung einer informierten Entscheidungsgrundlage zur Wahrnehmung des Rechts aus Art. 7 II.[22]

b) Das vollplebiszitäre Änderungsverfahren nach Art. 74. Als durch den VerfGH **6** geklärt können mittlerweile die Streitfragen um die Zulässigkeit und Modalitäten des zweiten in Betracht kommenden Verfahrens der Verfassungsänderung, des **vollplebiszitären Verfahrens nach Art. 74,** gelten. Grund für die lange Zeit bestehenden Unsicherheiten ist die unzureichende Regelung, die dieses Verfahren in der BV gefunden hat (weder Art. 75 noch Art. 74 treffen besondere Regelungen für die vollplebiszitäre Verfassungsänderung: Art. 75 II regelt allein die parlamentarische Verfassungsänderung, Art. 74 allein die vollplebiszitäre Gesetzgebung im Allgemeinen), ein Umstand, der wiederum daher rührt, dass im VA das ursprünglich vorgesehene Verbot des auf Verfassungsänderung gerichteten Volksbegehrens fallen gelassen und durch eine ganz andersgeartete Regelung (die Ewigkeitsklausel) ersetzt wurde, ohne dass über diesen Wegfall und über die sich ergebenden Konsequenzen (Ausgestaltung des nunmehr möglich gewordenen vollplebiszitären Verfassungsänderungsverfahrens) näher diskutiert wurde (Rn. 2). Das verfassungsgerichtliche Verfahren zur im Wege des Volksgesetzgebungsverfahrens herbeigeführten Abschaffung des Senats bot dem VerfGH[23] – begleitet durch eine eingehende literarische Auseinandersetzung[24] – Gelegenheit, die relevanten Streitfragen zu klären. Die Rechtslage stellt sich wie folgt dar (siehe bereits Art. 74, Rn. 16):

---

[19] Im VA (Prot. I S. 187) wurde als Grund angeführt, dass, wenn die Verfassung ursprünglich vom Volk beschlossen wurde, es nur konsequent sei, auch alle Änderungen dem Volk vorzulegen. Trotz dieser prozeduralen Annäherung sind auch nach bayerischem Staatsrecht verfassunggebende und verfassungsändernde Gewalt zu unterscheiden (siehe Rn. 1).

[20] VerfGH 52, 104 (128).

[21] VerfGH 27, 153 (161 ff.); VerfGH 53, 23 (32 f.); 58, 253 (263 f.); z. T. a. A. *Meder,* Art. 75 Rn. 1; *Schweiger,* in: Nawiasky/Schweiger/Knöpfle, Art. 75 Rn. 6 a; *Lindner,* BayVBl. 1999, 485.

[22] VerfGH 58, 352 (261 ff.).

[23] VerfGH 52, 104.

[24] Z. B. die Beiträge von *Dreier, Isensee* und *Horn* in den Literaturhinweisen zu Art. 75.

– Die BV kann – trotz der nicht ausdrücklichen Regelung – neben dem Verfahren nach
Art. 75 II **auch im Verfahren des Art. 74** geändert werden.[25] Zwar mag hierfür die
allgemeine Bezugnahme auf die „Gesetzgebung" in Art. 75 I 1 (die grundsätzlich auf
beide Gesetzgebungsformen nach Art. 72 1, die parlamentarische und die plebiszitäre,
verweist) noch kein wirklich schlagendes Argument sein, weil der Bedeutungsschwerpunkt des Art. 75 I 1 anderswo liegt (Rn. 4). Jedenfalls die Entstehungsgeschichte, die
hohe Wertschätzung und allgemein gleichberechtigte Stellung, die die BV der Volksgesetzgebung zubilligt, sowie die Staatspraxis (VerfGH und Gesetzgeber hatten die
plebiszitäre Verfassungsänderung von Anfang an für möglich gehalten[26]) sprechen jedoch klar für die Zulässigkeit auch der vollplebiszitären Verfassungsänderung.

– Obwohl von Art. 74 nicht ausdrücklich vorgesehen, ist es – um das Prinzip der erschwerten Abänderbarkeit und des erhöhten Bestandsschutzes der Verfassung zu verwirklichen, dem sich auch die BV verpflichtet weiß (vgl. Art. 75 II) und dem auch der
VA hohes Gewicht beigemessen hatte – notwendig, den Volksentscheid (anders als im
Normalfall einfacher Gesetzgebung) an ein **Quorum** zu binden.[27] Gerade weil bei
den Verfassungsberatungen, nachdem das Verbot plebiszitärer Verfassungsänderung
gestrichen worden war, offenbar vergessen wurde, das Verfahren plebiszitärer Verfassungsänderung einer konsistenten besonderen Regelung zuzuführen, kann die Nichterwähnung einer besonderen Hürde der Volksgesetzgebung im Falle der Verfassungsänderung in der Tat als eine planwidrige Unvollständigkeit verstanden werden, die im
Wege der Auslegung geschlossen werden muss. Für die plebiszitäre Verfassungsänderung keinerlei Erschwerung im Vergleich zur einfachen Volksgesetzgebung vorzusehen, würde sich in einen schwer erklärlichen Widerspruch zu Art. 75 II setzen. Der
Gesetzgeber hat – im Einklang mit einer vom VerfGH bereits als möglich bezeichneten und vorläufig angewandten Lösung – ein **Zustimmungsquorum von 25 %
der Stimmberechtigten** (Art. 79 I Nr. 2 LWG) festgeschrieben.

– Zu den sonstigen Modalitäten vgl. bereits Art. 74, Rn. 14. Der **Landtag** beschließt,
soweit es um seine Zustimmung, Ablehnung oder einen Konkurrenzentwurf
(Art. 74 IV) zu einer per Volksbegehren beantragten Verfassungsänderung geht, nicht
mit $^2/_3$-Mehrheit, sondern mit **einfacher Mehrheit,** da das Verfahren trotz gegenständlicher Verfassungsänderung nach Art. 74 und nicht nach Art. 75 II zu bemessen
ist. Im Gegenzug genügt beim Volksentscheid – anders als bei Art. 75 II – die einfache Mehrheit nicht, sondern ist das soeben besprochene Zustimmungsquorum zu
beachten. Auch soweit der Landtag dem Volksbegehren auf Verfassungsänderung zustimmt, **entfällt der Volksentscheid nicht** (Art. 73 III LWG); dies ergibt sich aus
einem Erst-Recht-Schluss aus Art. 75 I 2, der den Volksentscheid selbst im Falle des
parlamentarischen Verfahrens (und nach Erreichen der $^2/_3$-Mehrheit) zwingend verlangt und somit erst recht für das vollplebiszitäre Verfahren (nach Landtagszustim-
mung mit bloß einfacher Mehrheit) nicht zur Disposition stellen kann.

3. Die Ewigkeitsklausel (Abs. 1 S. 2)

7   *Regelungsanliegen und Rechtswirkungen.* Art. 75 I 2 bezweckt, indem er die demokratischen
Grundgedanken der Verfassung der Verfassungsänderung entzieht und auf diese Weise die
verfassungsändernde Gewalt an eine materiell-rechtliche Grenze bindet, den **Schutz von
Kerninhalten der Verfassung; Identität und Substanz** der Verfassung sollen dauerhaft
gesichert, Bayern als eine **wertgebundene, wehrhafte Demokratie** konstituiert werden.[28] Anders als Art. 79 III GG verzichtet Art. 75 I 2 BV darauf, den änderungsfesten Kern
in aufzählender Weise in einzelne Teilprinzipien zu zerlegen; vielmehr wird der ände-

---

[25] VerfGH 52, 104 (125 ff.); nicht überzeugend: *Herrmann,* BayVBl. 2004, 513.
[26] VerfGH 2, 181; 52, 104 (126).
[27] VerfGH 52, 104 (127 ff.), anders noch VerfGH 2, 181 (216 ff.).
[28] VerfGH 52, 104 (124); *Meder,* Art. 75 Rn. 3.

rungsfeste Kern auf eine einzige bündige Formel gebracht; gerade *Nawiasky* hatte im VA eindringlich vor einer (stets unweigerlich unvollständigen) Aufzählung gewarnt und für eine „lapidare" Formel geworben.[29] Es ist bezeichnend für den betont demokratischen Duktus der BV (vgl. Präambel, Art. 2, 4, 7 II, 11 IV etc.), dass die Quintessenz der Verfassung mit dem Wort **„demokratische Grundgedanken"** auf den Punkt gebracht wird, ohne damit in der Sache die Grundsätze, v. a. der Freiheitlichkeit, Rechtsstaatlichkeit vom Kernbereichsschutz, ausnehmen zu wollen (Rn. 8 f.). Dadurch, dass bereits **„Anträge"**, die den demokratischen Grundgedanken widersprechen, für unzulässig erklärt werden, wird klargestellt, dass nicht nur die Verfassungsänderung als solche verfassungswidrig ist, d. h. in der Sache verfassungswidriges Verfassungsrecht hervorbringt, sondern dass auch bereits prozedural jeder einzelne Schritt der Hervorbringung solchen Rechts (Antragstellung, sachliche Beratung, Beschlussfassung, Ausfertigung, Verkündung) unzulässig ist.[30] Abgesehen wurde jedoch von der (andiskutierten) Variante, ein Nichtbefolgungsrecht gegenüber verfassungswidrigem Verfassungsrecht einzuräumen; die Entscheidung über die Verfassungswidrigkeit soll in die Hände des VerfGH (Abs. 3), nicht des Einzelnen, gelegt sein. Auch **Art. 75 I 2 selbst** muss, soll sein Schutz nicht unterlaufen werden, als in der Substanz änderungsfest angesehen werden.[31]

Grundfragen der Auslegung. Für die Auslegung des Art. 75 I 2 sind folgende allgemeine **8** Leitlinien relevant:

– **Enge oder weite Auslegung?** Für Art. 79 III GG wird, um einer normativen Zementierung des Verfassungsrechts vorzubeugen und der Volkssouveränität nicht allzu enge Fesseln anzulegen sowie weil es sich um eine Ausnahmevorschrift handelt, allgemein eine enge Auslegung befürwortet.[32] In scheinbarem Widerspruch hierzu ist es in Bayern üblich, für eine „nicht zu enge" oder eher „weite" Auslegung des Art. 75 I 2 zu plädieren.[33] Dieser nur scheinbare Widerspruch löst sich auf, wenn man bedenkt, dass bei der Frage der engen oder erweiterten Auslegung zwei Fragenkreise auseinanderzuhalten sind. Einer **ausweitenden** Auslegung bedarf Art. 75 I 2 insofern, als unter seinen Schutz nicht allein das Demokratieprinzip im engeren Sinne subsumiert werden darf (Frage der gegenständlichen Reichweite). Schon im VA war klar, dass der Schutzbereich weiter greifen solle;[34] so hat dies von Beginn an auch das Schrifttum verstanden;[35] der unzertrennbare Zusammenhang von Demokratie und Rechtsstaatlichkeit, Freiheitlichkeit, Menschenwürdeschutz etc. wird etwa auch in der Präambel deutlich; dass die Formel von den „demokratischen" Grundgedanken (gegenständlich) erweiternd auszulegen ist, ist letztlich die unausweichliche Konsequenz ihrer bewusst lapidaren Kürze. Es ist nur folgerichtig, dass der VerfGH **alle wesentlichen Merkmale freiheitlicher, rechtsstaatlicher Demokratie** unter Art. 75 I 2 fasst.[36] Eine andere Frage ist es, wie tief der diesen Merkmalen zugedachte Schutz im Einzelnen reicht (Frage der Schutzintensität): Hier ist zu bedenken, dass stets allein die „Grundgedanken" jedes einzelnen Prinzips oder Merkmals geschützt sind und dass ansonsten aus Respekt vor der Volkssouveränität und im Interesse der Lebendigkeit des Verfassungsrechts die Verfassungsänderung möglich sein soll; insoweit bleibt es – auch in der BV –, was die Schutztiefe anbelangt, in der Tat bei dem Gebot einer **engen** Auslegung. **Fazit:** Tendenziell erweiternd ist das Merkmal „demokratisch" auszulegen, tendenziell restriktiv dagegen das Kriterium „Grundgedanken".

---

[29] Prot. I. S. 189, 191.

[30] *Schweiger,* in: Nawiasky/Schweiger/Knöpfle, Art. 75 Rn. 4 c; anders das GG: *Lücke/Sachs,* in: Sachs, Art. 79 Rn. 31.

[31] *Schweiger,* in: Nawiasky/Schweiger/Knöpfle, Art. 75 Rn. 4 a.

[32] BVerfG 30, 1 (25); *Jarass,* in: Jarass/Pieroth, Art. 79 Rn. 6; *Maunz/Dürig,* Art. 79 Rn. 31.

[33] VerfGH 52, 104 (122); 53, 42 (60).

[34] Prot. I S. 189: Gleichheitsprinzip, Freiheitlichkeit.

[35] *Hoegner,* Verfassungsrecht, S. 67.

[36] VerfGH 52, 104 (122 ff.); 53, 42 (60).

– **Anlehnung an Art. 79 III GG?** Es ist nach hier vertretener Ansicht im Ausgangspunkt sinnvoll, sich bei der Auslegung der bayerischen Ewigkeitsklausel von der zu
Art. 79 III GG ergangenen Rechtsprechung und Literatur inspirieren zu lassen und
sich, soweit ohne Hintanstellung besonderer Akzentsetzungen der BV möglich, an sie
anzulehnen. Zu bedenken ist dabei, dass zwischen den von Art. 79 III GG erfassten
Prinzipien und den in Art. 28 I GG aufgeführten weitgehender Gleichklang herrschen dürfte (Korrespondenzverhältnis von Art. 28 I und 79 III GG[37]), dass also die
durch Art. 79 III GG unabänderbar geschützten Gehalte über Art. 28 I GG auch für
die Länder verbindlich sind. Zwar sind die Länder, wie in Rn. 3 ausgeführt, bundesrechtlich frei, in ihren Ewigkeitsklauseln hinter Art. 79 III GG zurückzubleiben (bis
hin zum völligen Verzicht) oder über sie hinauszugehen; gerade weil bereits der Bund
über Art. 28 I, III GG die wesentliche Identität des Landesverfassungsrechts garantiert,
muss er vergleichbare Garantien nicht von den Landesverfassungen verlangen.
Nichtsdestoweniger erscheint es, soweit die Landesverfassungen Ewigkeitsklauseln
enthalten, sinnvoll, in einer so zentralen Frage wie den äußeren Grenzen der verfassungsändernden Gewalt möglichste Harmonie zwischen den bundes- und den
landesrechtlichen Forderungen anzustreben. Dies heißt nicht, dass die Begründungs-
wege immer gleich zu sein hätten; so wird man in der BV, was unabänderbare
Grundrechtsgehalte angeht, nicht den (nach Art. 79 III GG alternativlosen) (Um-)
Weg des Herausfindens des dem jeweiligen Grundrecht innewohnenden Men-
schenwürdegehalts gehen müssen, sondern auch unmittelbar fragen dürfen, welche
Grundrechte für eine freiheitliche Demokratie unverzichtbar sind. Auch soweit die
BV besondere Akzentsetzungen erkennen lässt (z. B. die besondere Wertschätzung der
kommunalen Selbstverwaltung und der durch sie zu verwirklichenden „Demokratie
von unten nach oben", Art. 11 IV), spricht nichts dagegen, diese Akzentsetzungen,
z. B. die Gewährleistung der kommunalen Selbstverwaltung, zum änderungsfesten
Kern zu zählen[38], auch wenn die Selbstverwaltungsgarantie unter dem GG nicht zu
den änderungsfesten Gehalten zählen mag[39].

– **Schutz der Individualität der BV oder Schutz universeller Prinzipien?** Eng
mit den soeben behandelten Problemen verwandt ist die Frage, inwieweit Art. 75 I 2
allein verallgemeinerungsfähige Ideen und Prinzipien oder auch die spezifische Identität gerade der BV schützt. Im Ausgangspunkt kann hierbei nicht zweifelhaft sein,
dass es um den Schutz von Grundgedanken „der Verfassung" geht; geschützt ist nicht
ein abstraktes Ideal freiheitlicher Demokratie, sondern die wesentlichen Merkmale
der freiheitlichen Demokratie in der spezifischen Ausgestaltung, die diese gerade in
der BV gefunden haben; die Ewigkeitsklausel hat insofern sehr wohl identitätsschüt-
zenden Charakter.[40] Die Entscheidung zur Abschaffung des Senats hat andererseits
deutlich gemacht, dass Eigenarten der BV (und seien es auch identitätsprägende)
nicht als solche geschützt werden, sondern nur soweit sie in der Verfassungsordnung
der BV als so wesentlich einzustufen sind, dass sie zur Substanz, zu ihren Kerngehal-
ten, zu rechnen sind.[41]

9   *Schutzgehalte und Rechtsprechungsbeispiele.* Art. 75 I 2 schützt **alle wesentlichen Merkmale freiheitlicher rechtsstaatlicher Demokratie in der Ausprägung, die sie in der
BV gefunden haben.** Es ist weder möglich noch sinnvoll, diese Merkmale abschließend
auflisten zu wollen. Für die bayerische Praxis von Einfluss gewesen ist dennoch eine **Interpretation Hoegners,** für den der Schutz des Art. 75 I 2 mindestens umfasst: die Volkssouveränität, die Teilung der Gewalten, die Selbstverwaltung, die Gesetzmäßigkeit der
Verwaltung, das Gesetzgebungsrecht des Landtags, das Budgetrecht der Volksvertretung,

---

[37] *Dreier,* in: ders., Art. 28 Rn. 62; *Herzog,* in: Maunz/Dürig, Art. 20 II Rn. 91 ff.
[38] So VerfGH 53, 81.
[39] *Dreier,* in: ders., Art. 79 Rn. 61, Art. 28 Rn. 37.
[40] VerfGH 52, 104 (123 f.); 53, 42 (60).
[41] VerfGH 52, 104 (123 f.).

das Verbot von Ausnahmegerichten, die Unabhängigkeit der Richter, das Verbot der Einschränkung von Grundrechten und die Vorschriften über die hergebrachten Menschenrechte, wie persönliche Freiheit, Gewissens- und Glaubensfreiheit, Meinungsfreiheit und Pressefreiheit, Vereinsfreiheit, Versammlungsfreiheit, Gleichheit der Staatsbürger vor dem Gesetz, Petitionsrecht und Recht der Verfassungsbeschwerde.[42] Der VerfGH hat diese Auflistung mehrfach zitiert, ohne sich im Einzelnen auf sie festzulegen.[43] Aus der jüngeren **Rechtsprechung** sind folgende Aussagen des VerfGH zu Art. 75 I 2 zu berichten: Die Abschaffung des **Senats** verstieß nicht gegen Art. 75 I 2.[44] Erfasst ist dagegen die Grundentscheidung für die **repräsentative Demokratie** und die Funktionsfähigkeit der Repräsentativorgane; einer weiteren Stärkung der Volksgesetzgebung sind dadurch Grenzen gesetzt.[45] Geschützt ist das **Budgetrecht** des Parlaments.[46] Der Ewigkeitsklausel unterfällt der Kernbereich der **kommunalen Selbstverwaltung** und in diesem Zusammenhang auch der Schutz der kommunalen Repräsentativorgane gegen zu viel plebiszitäre Demokratie.[47] Auch das Prinzip der **erschwerten Abänderbarkeit der Verfassung** (samt seinen Folgen für ein bei Art. 74 zu forderndem Quorum; Rn. 6) unterfallen Art. 75 I 2.[48] Nicht gegen Art. 75 I 2 verstoßen dagegen Art. **13 I** (Herabsetzung der Abgeordnetenzahl), solange die Abgeordnetenzahl nicht so niedrig ist, dass das Parlament seine Funktionen nicht mehr erfüllen kann, sowie Art. **14 I 5** (Verhältnis Wahl- und Stimmkreise);[49] kein Verstoß auch durch **Art. 14 IV** (5%-Klausel), obwohl das Prinzip der Wahlrechtsgleichheit als solches erfasst ist.[50]

4. Verfassungswidriges Verfassungsrecht jenseits von Art. 75 I 2?

Der VerfGH überprüft nachträglich eingefügte oder geänderte Normen der BV bisweilen nicht allein an Art. 75 I 2, sondern auch an anderen Normen der Verfassung.[51] Grund ist, dass der VerfGH in ungewöhnlich weitgehender Weise bereit ist anzuerkennen, dass den Normen innerhalb der BV unterschiedlicher Rang zukommt und deswegen eine Verfassungsnorm gegen eine andere verstoßen kann.[52] Nicht nur nachträglich im Wege der Verfassungsänderung geschaffenes, sondern auch ursprüngliches Verfassungsrecht des Verfassungsgebers kann auf diese Weise an höherrangigen Normen der BV gemessen werden (ggf. originär verfassungswidriges Verfassungsrecht).[53] Vor allem das Willkürverbot und die Menschenwürde, aber auch die Meinungsfreiheit, das Rechtsstaatsprinzip, das Gewaltenteilungsprinzip hat der VerfGH als dergleichen höherrangiges Verfassungsrecht anerkannt. Die so umrissene Rechtsprechung verdient Kritik: Zwar mag es nicht begrifflich undenkbar sein, dass Normen der BV wegen Verstoßes gegen die Verfassung nichtig sind (bzgl. Art. 75 I 2 kann dies z. B. tatsächlich der Fall sein); auch mag es möglich sein, einen Kreis elementarster Gerechtigkeitspostulate zu formulieren, an die selbst ein Verfassungsgeber (erst recht der verfassungsändernde Gesetzgeber) gebunden ist.[54] Je mehr jedoch ein System der inhärenten Normhierarchie in eine Verfassung hineingelesen und ausgebaut wird, desto mehr steht ein Verfassungsgericht in der **Gefahr, die Einheit der Verfassung zu zerstören** und **selbstständige Aussagen** des Verfassungsgebers zugunsten von ande-

10

---

[42] *Hoegner,* Verfassungsrecht, S. 67.
[43] VerfGH 52, 104 (122 f.); 53, 42 (60).
[44] VerfGH 52, 104 (124 f.).
[45] VerfGH 53, 42 (61 ff.); Art. 72 Rn. 6 ff.; Kommentierung zu Art. 74.
[46] VerfGH 53, 42 (64 f.); Art. 73.
[47] VerfGH 53, 81.
[48] VerfGH 53, 42 (62, 65 ff.).
[49] VerfGH 54, 109 (159 ff.).
[50] VerfGH 59, 125 (127 f.).
[51] Zuletzt z. B. VerfGH 59, 125: Prüfung des Art. 14 IV anhand von Art. 14 I 1 und Art. 118; früher z. B. auch VerfGH 27, 153; 30, 78.
[52] Vgl. *Meder,* Vorbem. vor Art. 98 Rn. 2 m. w. N.
[53] Z. B. VerfGH 2, 45; 24, 181; 27, 153, LS 1.
[54] Dazu aus der frühen Rspr. des BVerfG z. B. BVerfGE 3, 225.

ren, nach Ansicht des Gerichts höherrangigen Normen der Verfassung **zu relativieren.**[55] Es muss befremden und fügt der Geltungskraft der BV auch Schaden zu, wenn der VerfGH beispielsweise die 5%-Klausel des Art. 14 IV in einer Weise am Wahlgleichheitsgrundsatz des Art. 14 I 1 misst, als sei Art. 14 IV einfaches Recht, und wenn er so den Umstand verwischt (in dem ein wichtiger Unterschied zum Bundesrecht liegt), dass in Bayern die Verfassung selbst (und nicht erst das einfache Recht) die 5%-Klausel formuliert und insoweit die Rechtfertigung der Abweichung vom Prinzip reiner Gleichheit schon in sich trägt (Art. 14, Rn. 17).[56] Für das GG wird die Möglichkeit verfassungswidrigen Verfassungsrechts jenseits von Art. 79 III GG daher von der h. M. mittlerweile abgelehnt; wenn überhaupt hätte sie sich, soll die Aussagekraft der Verfassung nicht geschwächt werden, auf Fälle zu beschränken, in denen grundlegende Gerechtigkeitspostulate so grundlegend missachtet werden, dass sie in einer freiheitlichen Demokratie einer praktischen Unmöglichkeit gleichkommen.[57] Es mag verständlich sein, wenn BVerfG und VerfGH zu Beginn der neuen Verfassungsordnungen nach dem Kriege, kurz nach Ende einer schrecklichen Diktatur, die Möglichkeit originär verfassungswidrigen Verfassungsrechts in Betracht gezogen haben; nicht mehr verständlich ist es, wenn der VerfGH – nach über 60 Jahren praktischer demokratischer Bewährung der BV – an dieser Linie festhält. Nicht weniger problematisch ist es aber auch, wenn nachträglich eingefügtes Verfassungsrecht – an Art. 75 I 2 vorbei – an sonstigem höherrangigem Verfassungsrecht gemessen wird; Art. 75 I 2 wird dadurch unnötig entwertet; hierfür besteht keinerlei Notwendigkeit, da alle in der bisherigen Rechtsprechung relevanten „höherrangigen" Gehalte ohnehin von Art. 75 I 2 erfasst sind oder in ihn hineingelesen werden können (die Modifizierung der Sperrklausel in Art. 14 IV ist richtigerweise allein an Art. 75 I 2 und nicht an Art. 14 I 1 zu messen). Sollte es dem VerfGH schließlich mit seiner Judikatur darauf ankommen, Bürgern die Popularklage gegen Verfassungsnormen zu eröffnen (Behauptung des Verstoßes gegen höherrangige Grundrechte), so ließe sich auch dieses Problem bewältigen, indem man dem Art. 75 I 2 Grundrechtscharakter zubilligt, soweit grundrechtliche Gehalte zum änderungsfesten Identitätskern gehören. **Fazit: Der VerfGH sollte die Idee originär verfassungswidrigen Verfassungsrechts aufgeben und Verfassungsänderungen allein an Art. 75 I 2 messen; höherrangiges Verfassungsrecht jenseits von Art. 75 I 2 ist nicht anzuerkennen.**

5. Meinungsverschiedenheiten (Abs. 3)

11   *Allgemeine Charakterisierung.* Abs. 3 flankiert die Regelungen des Art. 75 in verfassungsprozessualer Hinsicht, indem er dem VerfGH die Entscheidungskompetenz hinsichtlich bestimmter Meinungsverschiedenheiten über Verfassungsänderungen zuweist. Bezüglich der Streitgegenstandsalternative 2 („darüber, [...] ob ein **Antrag auf unzulässige Verfassungsänderung** vorliegt") ist es ganz offensichtlich, dass hierdurch die materiell-rechtliche Regelung des **Art. 75 I 2** mit einem entsprechenden verfassungsprozessualen Rechtsbehelf versehen und abgesichert wird. Schwieriger zu verstehen ist die Streitgegenstandsalternative 1 („darüber, ob durch ein Gesetz **die Verfassung geändert** wird"): Freilich wahrt der Wortlaut den Bezug zur Verfassungsänderung und damit zum Thema des Art. 75, allerdings fragt sich, ob nach Einführung des Verbots der Verfassungsdurchbrechung (Abs. 4: nur noch ausdrückliche Verfassungsänderungen) ein Streit darüber, ob ein Gesetz (ausdrücklich) verfassungsändernd ist oder nicht, realistischerweise überhaupt noch auftreten kann, weil sich die Frage durch einen schlichten Blick in den Gesetzentwurf ohne weiteres und zweifelsfrei beantworten lässt. Tatsächlich geht es um etwas anderes und schimmert in der Formulierung des Abs. 3 noch ein Stück Terminologie aus Zeiten, in denen die Verfassungsdurchbrechung nicht verboten war, durch. Gemeint ist mit der Streitgegenstandsalternative 1 die Meinungsverschiedenheit darüber, ob ein Gesetz die Verfassung in der Sache „ändert" (im Sinne

---

[55] Vgl. *Badura,* Staatsrecht, F 67.
[56] VerfGH 59, 125 (127 ff.).
[57] *Dreier,* in: ders., Art. 79 Rn. 14 Fn. 49.

von: von ihr abweicht, in Widerspruch zu ihr steht), ohne jedoch den Wortlaut der Verfassung ausdrücklich zu ändern und ohne damit die besonderen formellen Voraussetzungen für verfassungsändernde Gesetze (Verfahren, Mehrheiten, Verbot der Verfassungsdurchbrechung) einzuhalten.[58] Richtig ausgedrückt, geht es also um Meinungsverschiedenheiten darüber, ob durch ein (einfaches) Gesetz **„die Verfassung verletzt** wird" (so zu Recht Art. 49 I VfGHG); dies ist nicht nur eine im Rahmen des Art. 75 III 1. Alt. „auch" zulässige Fragestellung[59], sondern die einzig praktisch in Betracht kommende. Deutlich wird damit, dass die Verfahrensart der Meinungsverschiedenheit im bayerischen Verfassungsprozessrecht die Rolle der **abstrakten Normenkontrolle** einnimmt und insoweit Gegenstück zu Art. 93 I Nr. 2 GG ist.[60] Trotz dieser Funktion wird sie von Art. 49 VfGHG und von der Rechtsprechung als Unterfall des **Organstreits** (gemeinsame Regelung von Art. 64 und Art. 75 III BV in Art. 49 VfGHG), anders als die abstrakte Normenkontrolle, also als kontradiktorisches Verfahren konzipiert, obwohl nicht über eigene Rechte und Pflichten der Beteiligten, sondern über die Verfassungsmäßigkeit einer Norm gestritten wird.[61] Je nach Zeitpunkt kommt die Meinungsverschiedenheit als **nachträgliche oder vorbeugende Normenkontrolle** in Betracht.[62]

Antragsteller, Antragsgegner, Beteiligte. Die Meinungsverschiedenheit muss, wie sich aus **12** dem Regelungskontext (Gesetzgebung) ergibt, zwischen **am Gesetzgebungsverfahren beteiligten Organen** (v. a. Landtag, Staatsregierung, Ministerpräsident) oder (mit eigenen Rechten ausgestatteten) **Teilen derselben** entstanden sein; diese Streitparteien bilden den Antragsteller und Antragsgegner (Art. 49 II VfGHG).[63] Ihnen stehen **Fraktionen** gleich, die in sich die Mehrheit der mit gegenteiligen Auffassungen sich gegenüberstehenden Abgeordneten vereinigen.[64] Bei Streitigkeiten innerhalb des Landtags können sich aber auch jede andere, unterschiedliche Meinungen vertretende **Minderheit oder Mehrheit** als Streitparteien gegenüberstehen (vgl. Art. 49 II 3 VfGHG)[65], ohne dass es auf das Erreichen bestimmter mit eigenen Rechten ausgestatteter Mindestzahlen an Abgeordneten (Eindrittelminderheit bei Art. 17 II[66], Einfünftelminderheit bei Art. 25 I) ankäme (weil über diese Minderheitenrechte hier nicht gestritten wird); ja selbst der einzelne **Abgeordnete** (der auch über eigene Rechte verfügt, Art. 13 II und daher Art. 49 II VfGHG erfüllt; dass es um diese Rechte hier nicht geht, ist ohne Belang, da es bei Art. 75 III überhaupt nicht um eigene Rechte, sondern um objektive Meinungsverschiedenheiten geht) käme als Antragsteller in Betracht. Denkbar ist auch, dass organähnliche Rechtsträger im **Volksgesetzgebungsverfahren,** z. B. die Initianten eines Volksbegehrens (Art. 63 III LWG) als Antragsteller in Betracht kommen, soweit hierfür neben den im LWG besonders geregelten Verfahren Raum bleibt[67] (z. B. bzgl. der Verfassungsmäßigkeit einer Konkurrenzvorlage des Landtags). Der einzelne **Staatsbürger** hat hingegen **kein** Antragsrecht.[68] Beteiligt sind neben den Streitparteien auch **alle sonstigen an der Gesetzgebung mitwirkenden Staatsorgane.**[69] Zur Pflicht, sich durch einen Bevollmächtigten vertreten zu lassen, siehe Art. 49 II 2, 3 VfGHG.

Streitgegenstand. Streitgegenstand ist die **Meinungsverschiedenheit** darüber, ob ein **13** (einfaches) Gesetz die Verfassung verletzt oder ein (nach Art. 75 I 2) unzulässiger Antrag

---

[58] *Pestalozza,* Verfassungsprozessrecht, 3. Aufl. 1991, § 23 Rn. 51.
[59] So VerfGH 11, 1 (5); 19, 64 (68); 21, 110 (1115); 25, 97 (107); 39, 96 (136).
[60] VerfGH 47, 241 (253).
[61] VerfGH 25, 97 (109 f.).
[62] *Pestalozza,* Verfassungsprozessrecht, 3. Aufl. 1991, § 23 Rn. 48.
[63] VerfGH 25, 97 (109); 39, 96 (136); *Schweiger,* in: Nawiasky/Schweiger/Knöpfle, Art. 75 Rn. 7; *Meder,* Art. 75 Rn. 4, 9.
[64] VerfGH 25, 97 (108); 47, 241 (252); 55, 28 (35).
[65] VerfGH 3, 115 (119).
[66] So aber *Meder,* Art. 75 Rn. 4.
[67] *Meder,* Art. 75 Rn. 4.
[68] VerfGH 20, 135 (136); 52, 104 (138).
[69] VerfGH 25, 25, 97 (107).

auf Verfassungsänderung vorliegt (Rn. 11). Die Meinungsverschiedenheit muss sich bereits **im Gesetzgebungsverfahren** – zwischen Einbringung und Schlussabstimmung im Landtag – herausgebildet haben und **erkennbar geworden** sein.[70] Hierfür genügt nicht eine ablehnende Abstimmung für sich allein (umgekehrt signalisiert Zustimmung nicht unbedingt einen Verzicht auf zuvor erhobene Einwendungen). Vielmehr muss die Meinungsverschiedenheit konkretisiert zum Ausdruck gebracht worden sein, sei es vom Sprecher einer Fraktion oder von einzelnen Abgeordneten.[71] Die Meinungsverschiedenheit bildet in der Abgrenzung, wie sie sich aus dem schriftlichen Antrag ergibt, den Gegenstand des Verfahrens; die damalige Meinungsverschiedenheit muss identisch sein mit der, die vor den VerfGH gebracht wird; dass irgendwelche verfassungsrechtlichen Bedenken erhoben wurden, reicht nicht aus.[72] Ist die Verfassungswidrigkeit der Norm vor der Schlussabstimmung geltend gemacht worden, so kann jedoch auch eine weitere mit ihr in Zusammenhang stehende Norm zum Verfahrensgegenstand gemacht werden.[73] Im Übrigen muss jedoch **Identität** zwischen der im Gesetzgebungsverfahren und der vor dem VerfGH erhobenen Rüge bestehen, und zwar sowohl hinsichtlich des Prüfungsgegenstandes wie des Prüfungsmaßstabs.[74]

14 *Fragen des Zeitpunkts.* Grundsätzlich ist **nicht erheblich, wann** die Meinungsverschiedenheit an den VerfGH herangetragen wird.[75] Der Antrag auf Klärung der Meinungsverschiedenheit kann bereits vor Beschlussfassung, Ausfertigung und Verkündung des Gesetzes erhoben werden (insoweit vorbeugende Normenkontrolle)[76]; ggf. kann – unter den hierfür geltenden strengen Voraussetzungen – auch ein Antrag auf einstweilige Anordnung (Art. 26 VfGHG) erfolgreich sein. Umgekehrt steht aber auch die Publikation des Gesetzes einem Antrag nach Art. 75 III nicht entgegen (insoweit nachträgliche Normenkontrolle).[77] Da eine Frist nicht vorgesehen ist, das Verfahren nach Art. 75 III nach Abschluss des Gesetzgebungsverfahrens Ähnlichkeiten mit dem Popularklageverfahren aufweist und ansonsten kein Verfahren der abstrakten Normenkontrolle besteht, kann selbst eine Antragstellung nach Ende der Legislaturperiode zulässig sein; äußerste Grenzen (etwa der Verwirkung, des entfallenden Klarstellungsinteresses) hat der VerfGH bislang nicht abschließend geklärt.[78]

15 *Entscheidung.* Der Verfassungsgerichtshof entscheidet in der Zusammensetzung nach Art. 68 II b. Er würdigt den Streitgegenstand nur in den Grenzen des Antrags und der erkennbar gewordenen Meinungsverschiedenheit (grundsätzlich auch hinsichtlich des Prüfungsmaßstabs).[79] Der Entscheidungsausspruch ist feststellender Art; bereits verkündete Gesetze sind ggf. für verfassungswidrig und regelmäßig auch für nichtig zu erklären.[80]

Art. 76 [Ausfertigung, Bekanntmachung und Inkrafttreten der Gesetze]

(1) Die verfassungsmäßig zustandegekommenen Gesetze werden vom Ministerpräsidenten ausgefertigt und auf seine Anordnung binnen Wochenfrist im Bayerischen Gesetz- und Verordnungsblatt bekanntgemacht.
(2) In jedem Gesetz muß der Tag bestimmt sein, an dem es in Kraft tritt.

---

[70] VerfGH 39, 96 (136). Die Problematik der erstmaligen Einwendungserhebung durch den Senat ist entfallen; VerfGH 25, 97 (113).
[71] VerfGH 47, 241 (252 f.).
[72] VerfGH 21, 110 (115); *Pestalozza,* Verfassungsprozessrecht, 3. Aufl. 1991, § 23 Rn. 50.
[73] VerfGH 3, 115 (119).
[74] VerfGH 25, 97 (109).
[75] VerfGH 47, 241 (254).
[76] *Pestalozza,* Verfassungsprozessrecht, 3. Aufl. 1991, § 23 Rn. 48, 51.
[77] VerfGH 19, 64; 21, 110 (116).
[78] VerfGH 47, 241 (253 f.); 56, 28 (43).
[79] VerfGH 25, 97 (114).
[80] Z. B. VerfGH 19, 64 (79); *Meder,* Art. 75 Rn. 9.

Parallelvorschriften im GG und anderen Landesverfassungen: Art. 82 GG; Art. 63 BaWüVerf; Art. 60 Abs. 2, 3 BerlVerf; Art. 81 BbgVerf; Art. 123 Abs. 3, 126 BremVerf; Art. 52, 54 HmbVerf; Art. 120–122 Hess-Verf; Art. 58 M-VVerf; Art. 45 NdsVerf; Art. 71 NRWVerf; Art. 113 f. RhPfVerf; Art. 102 f. SaarlVerf; Art. 76 SächsVerf; Art. 82 VerfLSA; Art. 39 SchlHVerf; Art. 85 ThürVerf.

Rechtsprechung: BVerfGE 1, 396; 16, 6; 18, 389; 20, 56; 34, 9; 42, 263; 44, 322; 87, 48; VerfGH 11, 1; 21, 24; 21, 92; 22, 92; 31, 77; 42, 148; 48, 109.

Literatur: Gröpl, Ausfertigung, Verkündung und Inkrafttreten von Bundesgesetzen nach Art. 82 GG, Jura 1995, 641; *Rau,* Vom Gesetzesprüfungsrecht des Bundespräsidenten, DVBl. 2004, 1; *Sahlmüller,* Ausfertigung und Verkündung von Gesetzen in Bund und Ländern, 1966; *Wittling,* Die Publikation von Rechtsnormen einschließlich der Verwaltungsvorschriften, 1991.

I. Allgemeines

1. Bedeutung

Ausfertigung und Bekanntmachung des Gesetzes (Abs. 1) schließen das Gesetz- **1** gebungsverfahren ab; sie sind integrierender Bestandteil des Rechtsetzungsakts und Geltungsbedingung der Rechtsnorm.[1] Das in Abs. 2 geregelte **Inkrafttreten** des verkündeten Gesetzes hingegen ist Teil der normativen Regelung, nicht des Gesetzgebungsverfahrens; sie betrifft den Inhalt des Gesetzes.[2] Art. 76 gilt nur für **förmliche Gesetze,** nicht für sonstige (exekutive) Normen (Rechtsverordnungen, Satzungen).[3] Die Ausfertigung sowie eine Form der Bekanntmachung, die den Betroffenen in zumutbarer Weise eine verlässliche Kenntnisnahme ermöglicht, sind jedoch **zwingende Erfordernisse des Rechtsstaatsprinzips** (Art. 3 I), die für alle (außenwirksamen) Normen, auch für Rechtsverordnungen und Satzungen gelten;[4] auch die hinreichende Erkennbarkeit des Zeitpunkts des Inkrafttretens muss vor dem Hintergrund der Gebote der Rechtssicherheit und Rechtsklarheit gesehen werden und ist als solche rechtsstaatlich unverzichtbar.[5] (Interne) Verwaltungsvorschriften bedürfen von Verfassungs wegen grundsätzlich keiner (in der Praxis allerdings durchaus üblichen) Veröffentlichung; ggf. bestehen aber Hinweis- oder Auskunftspflichten; normkonkretisierende Wirkung können Verwaltungsvorschriften allerdings nur beanspruchen, soweit sie bekanntgemacht werden.[6] Zur Publikation von Staatsverträgen siehe Art. 72, Rn. 5, 13.

2. Entstehung

Art. 76 stimmt mit Art. 44 VE und Art. 52 E im Wesentlichen überein; der VA strich **2** die ursprünglich vorgesehene Beteiligung von Ministern an der Ausfertigung. Auch die in Art. 51 E vorgesehene Sonderregelung zum Inkrafttreten von durch Volksentscheid zustande gekommenen Gesetzen entfiel.[7]

3. Verhältnis zum Grundgesetz

Art. 76 BV stimmt mit seinem – allein für Bundesgesetze und Rechtsverordnungen **3** des Bundes geltenden – bundesrechtlichen Pendant des Art. 82 GG im Wesentlichen überein; Unterschiede bestehen bzgl. der Zuständigkeit (im Bund: Auseinanderfallen von Bundespräsident und Bundesregierung), der Regelung von Rechtsverordnungen (in

---

[1] BVerfGE 42, 263 (283); VerfGH 42, 148 (155).
[2] BVerfGE 34, 9 (23); 42, 263 (283).
[3] *Schweiger,* in: Nawiasky/Schweiger/Knöpfle, Art. 76 Rn. 8.
[4] *Lücke/Nierhaus,* in: Sachs, Art. 82 Rn. 1; VerfGH 42, 263 (155). Zur Veröffentlichung und zum Inkrafttreten von Rechtsverordnungen und Satzungen siehe Art. 55; *Schweiger,* in: Nawiasky/Schweiger/Knöpfle, Art. 76 Rn. 8 f.; *Meder,* Art. 76 Rn. 7, 10.
[5] BVerfGE 42, 263 (285).
[6] *Möstl,* in: Erichsen/Ehlers (Hrsg.), Allgemeines Verwaltungsrecht, 13. Aufl. 2005, § 19 Rn. 23; BVerwGE 104, 220 (237); BVerwG NVwZ 2004, 1003; BVerwG DÖV 2005, 605.
[7] *Schweiger,* in: Nawiasky/Schweiger/Knöpfle, Art. 76 Rn. 1; Prot. I, S. 194 f.

Bayern nicht mitgeregelt) und darin, dass Art. 82 II 2 GG – anders als Art. 76 II BV – eine hilfsweise geltende Regelung zum Inkrafttreten enthält, soweit der Tag des Inkrafttretens nicht in der Norm bestimmt ist. Das grundsätzliche Erfordernis der Ausfertigung, der hinreichend zugänglichen Veröffentlichung und eines erkennbaren Zeitpunkts des Inkrafttretens (vgl. schon Rn. 1) ist rechtsstaatlich zwingend und insoweit auch von Art. 28 I GG vorgegeben; hinsichtlich der Ausgestaltung im Einzelnen bestehen aber durchaus Spielräume, solange jeweils die rechtsstaatliche Funktion gewahrt ist.[8]

II. Einzelkommentierung

1. Ausfertigung und Bekanntmachung (Abs. 1)

4   Die **Zuständigkeit** für die Ausfertigung und die Anordnung der Bekanntmachung ist dem Ministerpräsidenten zugewiesen; die BV liegt damit auf einer Linie mit den meisten Landesverfassungen, während einige (v. a. neuere) Landesverfassungen diese Aufgaben (zumindest die Ausfertigung) Organen der Legislative (Landtagspräsident) zuweisen.[9] Eine Mitwirkung oder Gegenzeichnung durch andere Mitglieder der Staatsregierung ist nicht vorgesehen. Die vergleichsweise kurz bemessene **Wochenfrist** dient dem Zweck, der Exekutive ein Hinauszögern der Publikation aus politischen Erwägungen unmöglich zu machen; sie kann diesen Zweck nur erfüllen, wenn sie sich – trotz des insoweit nicht klaren Wortlauts – nicht allein auf die Zeit zwischen Anordnung und Ausführung der Bekanntmachung bezieht, sondern auch die Ausfertigung einschließt. Die Frist beginnt mit der Zuleitung des Gesetzes durch den Landtagspräsidenten an den Ministerpräsidenten zu laufen.[10] Die Überschreitung der Frist macht das Gesetz nicht nichtig, ist aber ein im Wege des Art. 64 angreifbarer Verfassungsverstoß.

5   **Ausfertigung** bedeutet, dass der Ministerpräsident die Authentizität des Gesetzestextes (Übereinstimmung der von ihm unterzeichneten Urkunde mit dem vom Landtag oder vom Volk beschlossenen Gesetzestext) und die Ordnungsmäßigkeit des Gesetzgebungsverfahrens durch seine Unterschrift bestätigt.[11] Dass die Zuständigkeit zur Ausfertigung ein **formelles Prüfungsrecht** (sowie eine entsprechende Prüfpflicht) des Ministerpräsidenten dahin einschließt, dass das Gesetz, wie Art. 76 I sagt, „verfassungsmäßig", d. h. in einem der BV entsprechenden Gesetzgebungsverfahren zustande gekommen ist, ist eindeutig und unbestritten. Die Frage eines darüber hinausgehenden **materiellen Prüfungsrechts** (materielle Vereinbarkeit mit der BV) ist schwieriger zu beantworten; es gilt hier im Ausgangspunkt das Gleiche wie zur entsprechenden Streitfrage bzgl. des materiellen Prüfungsrechts des Bundespräsidenten nach Art. 82 I GG, ohne dass die relevanten Argumente hier im Einzelnen wiederholt werden sollen.[12] Entgegen der bisherigen Kommentarliteratur, die ein materielles Prüfungsrecht im Grunde bejaht[13], ist allerdings zu bedenken, dass die gegen ein materielles Prüfungsrecht sprechenden Gründe in der BV eher stärkeres Gewicht haben dürften als im GG. Vor allem die für Ausfertigung und Verkündung geltende, sehr kurz bemessene Frist von nur einer Woche (Rn. 4) macht eine umfassende materielle Prüfung praktisch unmöglich und deutet darauf hin, dass die BV mit einer solchen Prüfung nicht rechnet; dass der Ministerpräsident im Verhältnis zu den Gesetzgebungsorganen eine weniger unabhängige Stellung aufweist als der Bundespräsident und sich insofern für eine eigenständige Prüfung in der Sache weniger eignet, kommt noch hinzu (ganz abgesehen davon, dass die Verweigerung der Unterschrift bei einem vom Vertrauen des Parlaments abhängigen Regierungschef jedenfalls politisch unwahr-

---

[8] BVerfGE 90, 60 (85).

[9] Vgl. *Franke,* in: Grimm/Caesar, RhPfVerf, Art. 113 Rn. 2 f., 4.

[10] *Schweiger,* in: Nawiasky/Schweiger/Knöpfle, Art. 76 Rn. 4; *Meder,* Art. 76 Rn. 3.

[11] *Badura,* Staatsrecht, F 55; *Meder,* Art. 76 Rn. 2.

[12] Siehe *Lücke/Nierhaus,* in: Sachs, Art. 82 Rn. 5 ff.; *Jarass/Pieroth,* Art. 82 Rn. 3; *Badura,* Staatsrecht, E 85.

[13] *Meder,* Art. 76 Rn. 1; *Schweiger,* in: Nawiasky/Schweiger/Knöpfle, Art. 76 Rn. 3.

scheinlicher sein wird als beim Bundespräsidenten). Noch mehr als im Bundesrecht sprechen daher gute Gründe dafür, dem Ministerpräsidenten ein Recht zur Verweigerung der Ausfertigung aus materiellen Gründen, wenn überhaupt, nur bei **offensichtlichen** Verfassungsverstößen zuzugestehen; im Zweifelsfalle ist das Gesetz auszufertigen. Dies gilt umso mehr, als dem Ministerpräsidenten mit Art. 75 III (Anrufung des VerfGH wegen einer Meinungsverschiedenheit darüber, ob durch ein Gesetz die Verfassung verletzt wird) eine Möglichkeit offen steht, aus eigener Initiative und bereits vor Verkündung des Gesetzes eine Klärung der Streitfrage durch die hierzu berufene Instanz, den VerfGH, in die Wege zu leiten. Ähnliches gilt auch für die Frage einer Prüfung des Gesetzes auf Vereinbarkeit mit **Bundesrecht** (auch hier geht es, und zwar auch, soweit die Vereinbarkeit mit den Kompetenznormen des Grundgesetzes geprüft wird [Zuständigkeit des Landesgesetzgebers], um ein Problem des materiellen Prüfungsrechts, nicht um ein Problem des formell ordnungsgemäßen Zustandekommens nach der BV[14]).[15] Zwar mag es in einem Bundesstaat durchaus denkbar (wenn auch keineswegs zwingend) erscheinen, dass sich, soweit man überhaupt ein materielles Prüfungsrecht anerkennt, dieses nicht allein auf die BV, sondern auch auf das GG erstreckt („verfassungsmäßig" im Sinne von „im Einklang mit Landes- und Bundesverfassungsrecht"). Jedenfalls eine Beschränkung der Ausfertigungsverweigerung allein auf offensichtliche Verstöße ist hier indes schon deswegen unverzichtbar, um die Prüfungskompetenz des Ministerpräsidenten mit derjenigen des (ggf. klärend nach Art. 75 III oder Art. 64 angerufenen) VerfGH zu harmonisieren, der seinerseits Bundesrecht als Prüfungsmaßstab eines bayerischen Gesetzes nur heranzieht[16], soweit der Verstoß wegen seiner Offensichtlichkeit und Schwere zugleich eine Verletzung des bayerischen Rechtsstaatsprinzips nach Art. 3 I impliziert. Zur Frage, ob ein Gesetz bereits vor Inkrafttreten seiner verfassungsrechtlichen Ermächtigungsnorm ausgefertigt werden darf, siehe BVerfGE 34, 9.

Bekanntmachung[17] bedeutet die amtliche Veröffentlichung des Gesetzeswortlauts; **6** sie hat im (von der Staatskanzlei redigierten und herausgegebenen) Bayerischen Gesetz- und Verordnungsblatt zu erfolgen; eine Verkündung in anderen amtlichen Veröffentlichungsblättern reicht nicht aus. Die Bekanntmachung darf erst nach der Ausfertigung, auf entsprechende Anordnung des Ministerpräsidenten hin, erfolgen. Erst mit der Verkündung ist das Gesetz rechtlich existent und in diesem Sinne „gültig", aber noch nicht wirksam (zum Inkrafttreten: Abs. 2, Rn. 7). Die Unterschrift des Ausfertigenden muss nicht mit abgedruckt sein. Hinsichtlich des Zeitpunkts der Bekanntmachung hat das Datum im Kopf des GVBl. die Vermutung der Richtigkeit für sich; maßgeblich ist letztlich das Inverkehrbringen (Entäußerung), nicht der Zugang. Ausfertigung und Bekanntmachung dürfen auch noch nach Ende der Legislaturperiode erfolgen, ohne dass der Grundsatz der Diskontinuität entgegenstünde. Die Gesetze sind grundsätzlich vollständig bekanntzumachen (Vollständigkeitsprinzip);[18] zum Umfang der Verkündung beim Haushaltsgesetz siehe Art. 1 S. 2 BayHO; überschaubar bleibende (u. U. sogar dynamische) Verweisungen können zulässig sein.[19] Von der Bekanntmachung eines Gesetzes im Sinne des Art. 76 I muss die (auf gesetzlicher Ermächtigung beruhende) Neubekanntmachung eines (geänderten) Gesetzes unterschieden werden, die eine bloß deklaratorische Feststellung des Gesetzestextes darstellt, die weder Inhalt noch Inkrafttreten berührt. Eine Berichtigung offensichtlicher Unrichtigkeiten ist – in den Grenzen des Unverrückbarkeitsprinzips (Art. 72, Rn. 10) – möglich und von derjenigen Stelle vorzunehmen, bei der der

---

[14] *Badura*, Staatsrecht, E 85; a. A. *Jarass/Pieroth*, Art. 82 Rn. 3.

[15] Für Prüfungs*recht* (nicht -*pflicht*), aber nur bzgl. offensichtlicher Verstöße: *Meder*, Art. 76 Rn. 1; kritisch: *Schweiger*, in: Nawiasky/Schweiger/Knöpfle, Art. 76 Rn. 3.

[16] Z. B. VerfGH 48, 119 (123).

[17] Zum Folgenden: *Meder*, Art. 76 Rn. 4 ff.; *Schweiger*, in: Nawiasky/Schweiger/Knöpfle, Art. 76 Rn. 4 ff.; *Jarass/Pieroth*, Art. 82 Rn. 5 ff.

[18] *Franke*, in: Grimm/Caesar, RhPfVerf, Art. 113 Rn. 20 ff.

[19] VerfGH 48, 109 (113 f.).

Fehler aufgetreten ist (Druckfehler durch die Redaktion; Ausfertigungsfehler vom Ministerpräsidenten; Fehler im parlamentarischen Verfahren können durch den Ministerpräsidenten erst nach Veranlassung durch den Landtagspräsidenten berichtigt werden); in keinem Fall darf der materielle Gehalt der Norm angetastet werden.[20]

2. Inkrafttreten (Abs. 2)

7   In jedem förmlichen Gesetz – auch in dem durch Volksentscheid zustande gekommenen[21] – muss der **Tag bestimmt sein, an dem es in Kraft tritt.** Erst mit dem Inkrafttreten beginnt die Wirksamkeit/Rechtsverbindlichkeit des Gesetzes. In der Bestimmung
des Inkrafttretens ist der Gesetzgeber grundsätzlich frei, jedoch hat er die Grenzen zu beachten, die sich ggf. aus dem Gleichheitssatz, dem Grundsatz des Vertrauensschutzes, aus
Verfassungsaufträgen, aus Pflichten, eine verfassungswidrige Rechtslage zu beseitigen, etc.
ergeben.[22] Rückwirkend in Kraft gesetzt (echte Rückwirkung) ist das Gesetz, wenn der
Tag des Inkrafttretens vor dem Tag der Bekanntmachung liegt (dies kann auch infolge Ver-
zögerungen der Bekanntmachung eintreten[23]); die Zulässigkeit derartiger echter Rückwir-
kungen bemisst sich nach dem Rechtsstaatsprinzip (Art 3 I). Der Tag des Inkrafttretens
muss nach Art. 76 II zwingend im Gesetz selbst bestimmt sein. Nicht möglich ist es nach
bayerischem Recht deswegen, dass der Tag des Inkrafttretens von dem Zeitpunkt der Bekanntmachung abhängig gemacht wird oder das Gesetz auch ohne ausdrückliche Bestimmung automatisch nach einer bestimmten Zeit in Kraft tritt (anders: Art. 82 II 2 GG); jeder
Zweifel über den Tag des Inkrafttretens soll dadurch ausgeschlossen werden.[24] Es muss vor
diesem Hintergrund bezweifelt werden, ob die im deutschen Staatsrecht ansonsten in
engen Grenzen für zulässig erachtete Möglichkeit, den Tag des Inkrafttretens an Bedingungen (an ein mit großer Wahrscheinlichkeit erwartetes Ereignis; niemals an Willensbedin-
gungen) zu knüpfen[25], auf Bayern übertragen werden kann;[26] für Staatsverträge (hier soll
die ins innerstaatliche Recht transformierende Zustimmung erst mit Inkrafttreten des
Staatsvertrages wirksam werden) gilt Art. 76 II ohnehin nicht (kein Zustimmungsgesetz,
siehe Art. 72 II). Fehlt die Bestimmung des Tags des Inkrafttretens, ist das Gesetz als Ganzes
nichtig; dies gilt auch, wenn die rückwirkende Inkraftsetzung gegen das Rechtsstaatsprinzip verstößt.[27] Das Gesetz tritt um 0.00 Uhr des gesetzlich bestimmten Tages in Kraft.

7. Abschnitt. Die Verwaltung

Art. 77 [Behördenorganisation]

**(1) Die Organisation der allgemeinen Staatsverwaltung, die Regelung der Zustän-
digkeiten und der Art der Bestellung der staatlichen Organe erfolgen durch Gesetz. Die Einrichtung der Behörden im einzelnen obliegt der Staatsregierung und
auf Grund der von ihr erteilten Ermächtigung den einzelnen Staatsministerien.
(2) Für die Organisation der Behörden und die Regelung ihres Verfahrens hat als
Richtschnur zu dienen, daß unter Wahrung der notwendigen Einheitlichkeit der
Verwaltung alle entbehrliche Zentralisation vermieden, die Entschlußkraft und
die Selbstverantwortung der Organe gehoben wird und die Rechte der Einzelperson genügend gewahrt werden.**

Parallelvorschriften: Art. 96 BbgVerf; Art. 70 M-V Verf; Art. 56 NdsVerf; Art. 77 NRW Verf; Art. 83
SächsVerf; Art. 86 SachsAnhVerf; Art. 45 SchlH Verf; Art. 90 ThürVerf.

---

[20] BVerfGE 48, 1 (18 f.); *Schweiger,* in: Nawiasky/Schweiger/Knöpfle, Art. 76 Rn. 6.
[21] VerfGH 31, 77.
[22] BVerfGE 47, 85 (93 f.).
[23] VerfGH 11, 164 (168).
[24] *Schweiger,* in: Nawiasky/Schweiger/Knöpfle, Art. 76 Rn. 7 a.
[25] BVerfGE 42, 263 (285).
[26] A. A. *Meder,* Art. 76 Rn. 9.
[27] VerfGH 11, 1.

Rechtsprechung: VerfGH 16, 76; 26, 144; 27, 68; 40, 7; VerfGH, 13. 4. 2005, Vf. 9-VII-03.

Literatur: Badura/Huber, Die Staats- und Verwaltungsorganisation des Freistaates Bayern, BayVBl 1989, 769; *Burmeister, G. C.,* Herkunft, Inhalt und Stellung des institutionellen Gesetzesvorbehalts, 1991; *Czybulka,* Die Legitimation der öffentlichen Verwaltung, 1989; *Kruis,* Die Geschäftsbereiche und ihre Abgrenzung nach bayerischem Verfassungsrecht, in: FS f. den VerfGH, 1972, 133; *Kuchinke,* Rechtsstellung und Verwaltung der bayerischen Universitäten und wissenschaftlichen Hochschulen, DVBl 1959, 121; *Leisner, W.,* Errichtung und Einrichtung juristischer Personen in Bayern, BayVBl 1967, 329; *Ohler,* Der institutionelle Vorbehalt des Gesetzes, AöR 131, 336; *Petz,* Die Übertragung von Staatsaufgaben als Kreisverwaltungsaufgaben auf die kreisfreien Städte, BayVBl 1989, 353; *Renck,* Zur Bildung sog. Körperschaften des öffentlichen Rechts im formellen Sinne, BayVBl 1993, 452; *Stettner,* Grundfragen einer Kompetenzlehre, 1983.

I. Allgemein

1. Bedeutung

Art. 77 BV ist die erste Vorschrift im siebten Abschnitt, die allerdings – anders als ihre **1** Nomination vermuten lässt – die Rechtsfragen im Zusammenhang mit der Verwaltung nicht vollständig erfasst. Art. 77 BV ist die einzige Bestimmung im siebten Abschnitt, die grundsätzlichen Charakter hat, ansonsten sind dort spezielle Fragen des Haushaltsrechts und der Kommunalverwaltung niedergelegt. Die Regierung selbst hat einen eigenen Abschnitt erhalten und zudem sind andere zentrale Verwaltungsvorschriften, wie etwa die Gliederung des Staatsgebietes und die Grundsätze der kommunalen Selbstverwaltung, an anderen Stellen in der bayerischen Verfassung niedergelegt.

Art. 77 BV betrifft den Kreis des institutionellen Gesetzesvorbehaltes. Damit wird die **2** Frage bezeichnet, unter welchen Voraussetzungen organisatorische Maßnahmen einer gesetzlichen Grundlage bedürften. Auf Bundesebene besteht keine einheitliche Regelung, vielmehr arbeitet man mit der Wesentlichkeitstheorie, wobei die Frage der Wesentlichkeit dabei nicht rein grundrechtlich orientiert bewertet werden darf.[1] Für das bayerische Verfassungsrecht existiert mit Art. 77 Abs. 1 BV eine Regelung, die aus der Sicht der bundesstaatlichen Verfassung von beneidenswerter Klarheit ist. Fast einhellig wird Art. 77 Abs. 1 BV als eine von ihrem Aussagegehalt her wichtige Norm verstanden. Art. 77 BV entspricht den allgemeine Lehren vom organisatorischen Gesetzesvorbehalt[2] allgemein gesprochen insoweit, als sie verdeutlicht, dass organisatorische Fragen nicht nur der „Binnenstruktur" des Staates zuzurechnen sind.[3]

Art. 77 BV bestimmt programmatisch, welche Grundsätze für die Organisation der **3** Behörden des Landes maßgebend sein sollen. Sie wendet sich an den Gesetzgeber als den Inhaber der Organisationsgewalt und stellt für diesen im Rahmen seines Zuständigkeitsbereichs allgemeine Richtlinien auf.[4] Die Norm verteilt die staatliche Organisationsgewalt zwischen Legislative und Exekutive.

---

[1] *Hufen,* NJW 1981, 1321 (1324).

[2] S. zu einem Überblick nur *Collin/Fügemann,* Zuständigkeit – Eine Einführung zu einem Grundelement des Verwaltungsorganisationsrechts, JuS 2005, 694 (695).

[3] *F. Hufen,* NJW 1981, 1321 (1324).

[4] VerfGH 26, 144 (155); VerfGH 27, 68 (79); VerfGH, Ents. v. 14. 2. 1995, Vf. 6-VII.

2. Entstehungsgeschichte des Art. 77 BV

4   Der Art. 77 BV ist in einer späteren Phase der Verfassungsgebung in den siebten Abschnitt aufgenommen worden, der zunächst nur finanzrechtliche und kommunalrechtliche Normen enthielt.[5] Erst im VA kam der Vorschlag auf, eine grundlegende Vorschrift über die staatliche Verwaltung an die Spitze zu stellen.[6] Die Vorgängerverfassungen hatten die Exekutive großzügiger in einem Abschnitt zusammengefasst, der aber keine, dem Art. 77 BV vergleichbare grundsätzliche Norm enthält.[7]

3. Verhältnis zum Grundgesetz

5   Art. 77 BV bezieht sich auf Organisationsregelungen oder Aufgabenzuweisungen durch bayerische Normen. Sofern ausnahmsweise Bundesrecht organisationsrechtliche Vorschriften enthält oder Zuständigkeitsfragen normiert, ist dieses an den ungeschriebenen Grundsatz des organisatorischen Gesetzesvorbehaltes des Bundes und nicht an Art. 77 BV zu messen. Das Grundgesetz schreibt nicht vor, dass die Aufgaben einer Behörde in allen Einzelheiten, also über die Erfordernisse der sog. Wesentlichkeitslehre hinaus, auf gesetzlicher Zuweisung beruhen müssen.[8] So kann es gem. Art. 84 Abs. 2 GG Aufgabenzuweisungen an Behörden auch durch Verwaltungsvorschrift des Bundes geben. Diesem Umstand darf das Landesrecht auch insoweit Rechnung tragen, als es an eine durch Verwaltungsvorschriften i. S. v. Art. 84 Abs. 2 GG wirksam begründete Zuständigkeit anknüpft.[9]

6   Inhaltlich widerspricht Art. 77 BV den Anforderungen, die das GG oder gültiges Bundesrecht an die landesrechtliche Organisationsgewalt stellt, nicht. An der Geltung des Art. 77 BV bestehen daher keine Zweifel.

II. Einzelkommentierung

1. Die Organisationsvorgaben – Art. 77 Abs. 1 BV

7   **a) Beschränkung auf die staatliche Verwaltung.** *aa) Unmittelbare Normgeltung.* Art. 77 Abs. 1 S. 1 BV trennt zwischen Organisation, Zuständigkeit und Bestellung. Die Organisation bezieht sich auf die allgemeine Staatsverwaltung und die Bestellung auf die staatlichen Organe. Bezüglich der Zuständigkeit enthält Art. 77 Abs. 1 S. 1 Va. 2 BV dagegen keine Konkretisierung. Dennoch liegt es nahe anzunehmen, die Vorgaben für die Organisation, Zuständigkeit und Bestellung bezögen sich auf den gleichen Bereich der Verwaltung. Dem entspricht es, auch die Zuständigkeitsregelung i. S. v. Art. 77 Abs. 1 S. 1 BV zunächst auf die staatliche unmittelbare Verwaltung zu beziehen. Auch der systematische Gegensatz von Art. 77 BV einerseits und Art. 83 BV andererseits spricht dafür, Art. 77 BV auf die staatliche Verwaltung und Art. 83 BV auf die kommunale Verwaltung anzuwenden. Ebenso deutet der Satz 2, der von der Einrichtungsgewalt der Regierung spricht, darauf hin, dass der S. 1 sich nur auf die unmittelbare staatliche Verwaltung bezieht. Gleiches gilt, wenn man Art. 77 Abs. 2 BV heranzieht, der bewusst von Organen und nicht von Körperschaften spricht. Art. 77 BV ist daher zutreffender Ansicht nach insgesamt unmittelbar nur auf die unmittelbare staatliche Verwaltung des Freistaates anwendbar.[10]

8   Demgegenüber hält die überwiegende Ansicht ohne ausreichende Begründung Art. 77 BV unmittelbar auch auf die mittelbare Staatsverwaltung für anwendbar.[11] Allerdings sollen Stiftungen nicht darunter fallen, da Stiftungen nicht verwalten.[12]

---

[5] *Schweiger,* in: Nawiasky/Schweiger/Knöpfle, Art. 77, Rn. 1.
[6] *Schweiger,* in: Nawiasky/Schweiger/Knöpfle, Art. 77, Rn. 1.
[7] *Schweiger,* in: Nawiasky/Schweiger/Knöpfle, Art. 77, Rn. 1 f.
[8] VerfGH 40, 7 (11 unter Berufung auf BVerfGE 8, 155, 166 ff.).
[9] VerfGH 40, 7 (11).
[10] *Renck,* BayVBl 1993, 452 (455).
[11] VerfGH 24, 199 (213), *Schweiger,* in: Nawiasky/Schweiger/Knöpfle, Art. 77, Rn. 4; *Meder,* Art. 77, Rn. 2.
[12] *Schweiger,* in: Nawiasky/Schweiger/Knöpfle, Art. 77 Rn. 4; *Meder,* Art. 77, Rn. 2.

bb) Die Grundsätze für die mittelbare Staatsverwaltung. Auf die mittelbare Verwaltung ist **9** Art. 77 Abs. 1 BV daher allenfalls analog und nur unter Berücksichtigung der Besonderheiten heranziehbar. Für die Organisation der Rechtsprechung kann er so allenfalls analog herangezogen werden.[13] Die analoge Anwendung bei den kommunalen Selbstverwaltungsträgern liegt zumindest dann nahe, sofern sie staatliche Aufgaben wahrnehmen.[14]

Für die mittelbare Staatsverwaltung dürften folgende Grundsätze gelten: Für die Schaf- **10** fung von Verwaltungsträgern bedarf es einer gesetzlichen Grundlage. Gleiches gilt für die Festlegung der Organe und der Frage, wie diese grundsätzlich bestellt werden. Die Zuständigkeit der Verwaltungsträger muss sich ebenfalls aus dem Gesetz ergeben. Nicht erforderlich ist, dass jeder einzelne Verwaltungsträger eine gesetzliche Grundlage hat, wenn für den Typus dieser Art von Verwaltungsträger eine ausreichende gesetzliche Regelung besteht. So ist es etwa zulässig, dass die Gemeinden ein Kommunalunternehmen mit Rechtspersönlichkeit durch Satzung gründen können, da die Gemeindeordnung die erforderliche gesetzliche Regelung enthält (Art. 89 GO).

b) Grundaussage zur Organisationsgewalt. Art. 77 Abs. 1 BV geht in Überein- **11** stimmung mit vielen Landesverfassungen – allerdings deutlicher als die meisten – davon aus, dass die Organisationsgewalt kein der Exekutive ungeteilt zustehender Bereich ist. Daher nennt der VerfGH Art. 77 Abs. 1 BV als eine Norm im Kontext der parlamentarischen Einwirkungsmöglichkeit des Landtags gegenüber der Exekutiven.[15] Die Organisationsgewalt teilt Art. 77 Abs. 1 BV auf den Gesetzgeber und die Exekutive auf (S. 1 und S. 2), wobei sich beide Kompetenzbereiche nicht immer trennscharf gegeneinander absetzen lassen.[16]

Im Grundsatz gilt dabei auch für die Abgrenzung von Art. 77 Abs. 1 S. 1 zu S. 2 BV, **12** dass sich die der Verwaltung exklusiv zugewiesenen Kompetenzen umso mehr verdichten, als es um den Innenbereich einer Organisationseinheit geht, wohingegen sich der Bereich des Gesetzesvorbehalts eher auf die Schaffung neuer Organisationseinheiten erstreckt.[17]

c) Organisation der allgemeinen Staatsverwaltung. *aa) Begriff der Organisation.* **13** Organisation ist die Bestimmung des grundsätzlichen Verhältnisses einzelner Behördenarten. Dazu gehört insbesondere die Neuschaffung oder Abschaffung einer Behördenart und die Festlegung ihrer Grundstruktur.[18] Die Ausgestaltung einer Behördenart, insbesondere die Festlegung der einzelnen Behörden und die Organisation innerhalb der einzelnen Behörden, kann zwar auch als Organisation begrifflich verstanden werden, wird aber von Art. 77 Abs. 1 S. 2 BV erfasst.

Die Abschaffung oder Neuschaffung einer Landeszentralbehörde ohne Verwaltungs- **14** unterbau wird als eine Organisationsregelung i. S. v. Satz 1 verstanden.[19]

Nicht unter Organisation fällt die Gliederung des Staatsgebietes i. S. v. Art. 9 ff. BV.[20] **15**

bb) Nachkonstitutionelle Organisation. Nicht erfasst von Art. 77 Abs. 1 Satz 1 BV ist die zum **16** Zeitpunkt des Erlasses der BV vorhandene Organisation der Staatsverwaltung. Die Norm gilt nur für Veränderungen. Organisationseinheiten, die aus der Zeit vor Erlass der Bayerischen Verfassung stammen, bedürfen demnach nicht in gleicher Form einer gesetzlichen

---

[13] VerfGH 26, 144 (155); VerfGH 27, 68 (79); s. VerfGH, Ents. v. 14. 2. 1995, Vf. 6-VII: Art. 77 Abs. 2 BV (analog) wird durch die Errichtung auswärtiger Senate des Bayerischen Verwaltungsgerichtshofs nicht verletzt, vielmehr soll das Konzept der Behördenverlagerung aus München gerade dem Art. 77 Abs. 2 BV Rechnung tragen.

[14] *Petz,* BayVBl 1989, 353 (356).

[15] VerfGH 38, 165 (176).

[16] *Krebs,* NVwZ 1985, 601 (614).

[17] *Krebs,* NVwZ 1985, 601 (614).

[18] Zur Abschaffung eines Behördenzuges siehe VerfGH 16, 76 (81); *Badura/Huber,* BayVBl 1989, 769 (773).

[19] *Schweiger,* in: Nawiasky/Schweiger/Knöpfle, Art. 77, Rn. 4.

[20] VerfGH 31, 99 (LS 4.b); *Schweiger,* in: Nawiasky/Schweiger/Knöpfle, Art. 77, Rn. 4.

Grundlage wie Organisationseinheiten, die unter der Geltung des Art. 77 BV geschaffen werden. So reicht es zumindest aus, wenn der Gesetzgeber einen alten Verwaltungsträger, der nicht auf gesetzlicher Grundlage beruht, in seinen Willen aufgenommen hat.[21]

17   *cc) Keine Anwendung für die Subventionsverwaltung.* Die Rechtsprechung wendet Art. 77 Abs. 1 S. 1 BV im Bereich der leistungsgewährenden Verwaltung im Subventionsbereich nicht an.[22] Anders soll es wiederum im Bereich der Daseinsvorsorge sein. Schon der Normtext des Art. 77 Abs. 1 Satz 1 BV schließe die Zuständigkeiten im staatlichen Zuwendungswesen nicht mit ein. Vielmehr würde eine solche Anwendung einer Erstreckung der Norm über ihren Normtext darstellen, die aber vom Grundgedanken her nicht erforderlich sei. Der Unterschied zwischen Daseinsvorsorge und Zuwendungswesen sei dadurch gerechtfertigt, dass die Zuwendungen nicht aufgrund eines gesetzlich eingeräumten Rechtsanspruchs zur Befriedigung von Individualinteressen, sondern aufgrund allgemeiner Zwecksetzung und Mittelbereitstellung vorrangig zur Verfolgung des öffentlichen Subventionsinteresses gewährt werden. Für diese Zweckverfolgung griffen die in erster Linie auf die Eingriffsverwaltung abgestellten Rechtsschutzerwägungen des Art. 77 Abs. 1 Satz 1 BV nicht ein.[23] Es entspräche vielmehr den in Art. 55 Nrn. 1 und 2 BV aufgeführten Grundsätzen der Staatsverwaltung, wenn Zuwendungen im Zuwendungsbereich durch von den jeweils zuständigen Staatsministerien für ihren Geschäftsbereich zu erlassende Richtlinien geregelt werden.[24] So soll für die Gewährung von Zuwendungen nach dem Gemeindeverkehrsfinanzierungsgesetz eine Zuständigkeitsregelung durch Richtlinie genügen.[25] Gleiches gilt für die Zuwendungen an kommunale Körperschaften nach Maßgabe des Staatshaushalts (zu Gemeindeverbindungsstraßen).[26]

18   Die Literatur geht demgegenüber davon aus, der Gesetzesvorbehalt für die Zuständigkeit greife auch im Bereich der Leistungsverwaltung.[27] Dem ist zuzustimmen, da das Verhältnis von erster und zweiter Gewalt im Organisationsbereich nicht von der Art der Tätigkeit abhängt. Auch der Normtext lässt einen solchen Ausschluss der gewährenden Verwaltung entgegen der Rechtsprechung nicht erkennen. Der Normtext differenziert nicht zwischen Eingriff und Leistungszuständigkeit. Auch bei der leistenden Verwaltung muss für den Bürger schon von Anfang an die Zuständigkeit erkennbar sein, damit dieser seinen Anspruch geltend machen kann.[28]

19   Auch wenn man diese strengeren Maßstäbe an die Zuständigkeitsregelung der gewährenden Verwaltung stellt, muss dennoch die Zuständigkeit für die Rückforderung einer Bewilligung nicht ausdrücklich geregelt sein, da sich die Zuständigkeit der (gesetzlich bestimmten) Bewilligungsbehörde aus dem allgemeinen Rechtsgrundsatz, dass der Erstattungsanspruch die Kehrseite des Leistungsanspruchs ist („actus contrarius"), ergibt.[29]

20   **d) Zuständigkeitsregelungen der Staatsverwaltung.** Art. 77 Abs. 1 S. 1 BV unterscheidet zwischen Organisation und Zuständigkeitsbestimmungen. Zuständigkeitsbestimmungen sind die Regelungen über die sachliche, örtliche und funktionale Zuständigkeit der Behörden. Die Verteilung innerhalb einer Behörde wird nicht von dem Begriff der Zuständigkeit erfasst. Meist wird mit der Festlegung der Organisation auch schon eine Festlegung der Zuständigkeit getroffen. Als Grund für den Gesetzesvorbehalt der Zuständigkeit führt die Rechtsprechung und Literatur das Argument an, dass die Zuständigkeit

[21] VerfGH, Ents. v. 13. 4. 2005, Vf. 9-VII-03, Rn. 117.

[22] VGH BayVBl 2000, 245 ff. = NVwZ 2000, 829 f.

[23] VGH BayVBl 2000, 245 ff. = NVwZ 2000, 829 f.; s. a. VGH BayVBl 1969, 139 f.

[24] VGH BayVBl 2000, 247 f. = NVwZ 2000, 829 f.

[25] VGH BayVBl 2000, 245 ff. = NVwZ 2000, 829 f.; s. a. VGH BayVBl 1969, 139 f.

[26] VGH BayVBl 2000, 247 f. = NVwZ 2000, 829 f.

[27] *Schweiger,* in: Nawiasky/Schweiger/Knöpfle, Art. 77, Rn. 4; *Meder,* Art. 77 Rn. 2; *Petz,* BayVBl 1989, 353 (356).

[28] *Petz,* BayVBl 1989, 353 (356).

[29] VerfGH 40, 7 ff.; VGH BayVBl 2000, 247 f. = NVwZ 2000, 829 f.

eine unmittelbare Wirkung für den Bürger besäße und daher in normative Regelungen gegossen werden müsste.[30]

e) Bestellung der staatlichen Organe. Die Erstreckung des organisatorischen Geset- **21** zesvorbehalts, auch auf die Art der Bestellung der staatlichen Organe, ist missverständlich. Bei wörtlicher Auslegung hätte die Vorgabe so gut wie keinen Anwendungsbereich, da „die Art der Bestellung" einen kleinen Ausschnitt aus dem Bestellungsvorgang betrifft und sich der Sache nach im Wesentlichen in der Unterscheidung zwischen der Wahl und der Ernennung erschöpft. Es besteht daher Übereinstimmung, dass die Einschränkung auf „die Art" nicht streng zu fassen ist, es sich vielmehr nur um ein Redaktionsversehen handelt.[31]

Mit dem Begriff der staatlichen Organe sind Organe des Freistaats Bayern zu verstehen, **22** die nicht in der allgemeinen Staatsverwaltung aufgehen, und auch nicht Körperschaften oder Anstalten der mittelbaren Staatsverwaltung sind. Auch die Organe, die die bayerische Verfassung selbst schon erwähnt, werden vom Gesetzesvorbehalt nicht erfasst, müssen daher nicht noch einmal gesetzlich geschaffen werden. Der Anwendungsbereich dieses Teils des organisatorischen Gesetzesvorbehalts des Art. 77 Abs. 1 S. 1 BV dürfte daher beschränkt sein.

f) Regelung durch Gesetz. Bestimmungen über die Organisation oder die Zustän- **23** digkeit oder die Bestellung staatlicher Organe sind durch Gesetz vorzunehmen.[32] Nach überwiegender Auffassung muss das Gesetz die Regelung nicht selbst enthalten, sondern es genügt, wenn es eine hinreichende gesetzliche Grundlage für eine Rechtsverordnung darstellt, die dann ihrerseits die konkreten Organisations- oder Zuständigkeitsregeln formuliert.[33] Das Handeln durch Rechtsverordnung soll bei Art. 77 Abs. 1 Satz 1 BV auch deshalb genügen, weil dieses wiederum aufgrund von Art. 55 Nr. 2 BV i.V. m. Art. 70 Abs. 3 BV auf einer gesetzlichen Grundlage beruhen müsse.

Mit der Funktion des Art. 77 Abs. 1 Satz 1 BV lässt sich diese leichtfüßige Definition einer **24** Rechtsverordnung als Gesetz i. S. v. Art. 77 Abs. 1 Satz 1 BV allerdings nicht vereinbaren. Art. 77 Abs. 1 Satz 1 und Satz 2 BV unterscheiden zudem deutlich zwischen dem Urheber der Regelung, der einmal das Parlament und zum anderen die Exekutive ist. Gesetz i. S. v. Art. 77 Abs. 1 Satz 1 ist daher nur das förmliche Gesetz. Konkretisierungen durch Regelung der Rechtsverordnung sind daher nur soweit zulässig, als schon die gesetzliche Regelung selbst eine substantielle Ordnung der Organisation oder der Zuständigkeit enthält. Es gelten daher strengere Regelungen als im Rahmen der allgemeinen Wesentlichkeitstheorie.

Der Gesetzesvorbehalt gilt umfassend für Zuständigkeitsregelungen, es sei denn, es **25** handelt sich ausnahmsweise um eine reine verwaltungsinterne Aufgabenverteilung ohne Außenwirkung (Geschäftsverteilung).[34] Gleiches gilt, wenn die Zuständigkeitsregeln Teil der Einrichtung einer Behörde im Allgemeinen sind, da insofern Art. 77 Abs. 1 Satz 2 BV als Spezialregelung vorgeht.[35] Art. 77 Abs. 1 Satz 1 BV greift auch für Zuständigkeitsregelungen der mittelbaren Staatsverwaltung.[36]

g) Art. 77 Abs. 1 Satz 2: Die Einrichtung der Behörden. Art. 77 Abs. 1 Satz 1 BV ei- **26** nerseits und Art. 77 Abs. 1 Satz 2 BV andererseits unterscheiden zwischen der Organisation der allgemeinen Staatsverwaltung und der Zuständigkeitsregeln auf der einen Seite und der Einrichtung der Behörden im Einzelnen auf der anderen Seite.

---

[30] VerfGH 16, 76 (79); *Meder,* Art. 77 Rn. 2.

[31] So auch *Schweiger,* in: Nawiasky/Schweiger/Knöpfle, Art. 77 Rn. 4 unter Berufung auf Protokolle II S. 466.

[32] *Petz,* BayVBl 1989, 353 (355).

[33] VerfGH 24, 199 (213); *Schweiger,* in: Nawiasky/Schweiger/Knöpfle, Art. 77 Rn. 4; *Meder,* Art. 77 Rn. 1; *Paptistella,* Praxis der Kommunalverwaltung, Art. 77 BV.

[34] *Petz,* BayVBl 1989, 353 (355).

[35] *Petz,* BayVBl 1989, 353 (355).

[36] VerfGH 24, 199 (213); *Petz,* BayVBl 1989, 353 (355).

27   Im Anschluss an die Verordnung über die Einrichtung der staatlichen Behörden von 1984 hat der Verfassungsgerichtshof in Folge des Verwaltungsgerichtshofs die Regelung der Verwaltungsorganisation von der Einrichtung einer Behörde wie folgt unterschieden: Die Neuschaffung eines bisher noch nicht vorhandenen Behördenzuges wird als Organisation der Staatsverwaltung i. S. v. Art. 77 Abs. 1 Satz 1 BV verstanden, dagegen wird die Schaffung einer neuen Behörde bzw. die Zusammenlegung mehrerer Behörden zu einer Behörde als Einrichtung einer Behörde i. S. v. Art. 77 Abs. 1 Satz 2 BV qualifiziert.[37]

28   Die Literatur greift, mit vergleichbarem Ergebnis für die nähere Umschreibung, was unter Einrichtung der Behörden zu verstehen ist, auf die Definition zurück, die der Verordnungsgeber mit § 1 Abs. 2 der Verordnung über die Einrichtung der staatlichen Behörden vom 31. März 1954 (BayBS I S. 37) getroffen hat.[38] Danach gehören zur Einrichtung von Behörden die Errichtung und Aufhebung, die Vergrößerung und Verkleinerung, die Zusammenlegung und Teilung von Behörden, die Bestimmung ihres Sitzes, die Abgrenzung ihrer Amtsbezirke und die Ordnung ihrer inneren Verhältnisse sowie ihres Verhältnisses zu vorgesetzten, gleichrangigen und nachgeordneten Behörden. Auch die Zusammenlegung mehrerer Behörden zu einer Behörde ist zur Einrichtung zu zählen.[39] Die Errichtung einer einzelnen Behörde gehört ebenfalls zur Einrichtung der Behörden und bewirkt nicht die Begründung eines neuen Behördenzweiges, sofern es nicht die einzige Behörde des betreffenden Zweiges ist.[40] Die Befugnis nach Art. 77 Abs. 1 Satz 2 BV erfasst nicht die Frage der Abgrenzung von Gebietskörperschaften.[41]

29   Art. 77 Abs. 1 S. 2 BV gestattet der Staatsregierung, die Befugnis über die Einrichtung der Behörden auf die einzelnen Ministerien zu übertragen. Von dieser Befugnis hat die Staatsregierung durch o. g. Verordnung Gebrauch gemacht. Die bayerische Verfassung sagt nicht, in welcher Form die Staatsregierung bzw. die ermächtigten Staatsminister von ihrer Kompetenz Gebrauch machen sollen. Vom Normtext und in Abgrenzung zu den generellen Regelungen in Satz 1 liegt es nahe, den Satz 2 nur auf organisatorische Einzelmaßnahmen zu beschränken.[42]

2. Einräumigkeit bei Dezentralisation – Art. 77 Abs. 2 BV

30   **a) Überblick.** Art. 77 Abs. 2 BV enthält verschiedene, teilweise miteinander im Spannungsverhältnis stehende Prinzipien, die vom Gesetzgeber zu konkretisieren und umzusetzen sind. Gegenständlich bezieht sich die Norm auf die Behördenorganisation und das Verwaltungsverfahren. Die Regelung vermittelt keine subjektiven Rechte, daher kann eine Verfassungsbeschwerde auch nicht auf einen Verstoß gegen Art. 77 Abs. 2 BV gestützt werden.[43]

31   Der Sinn von Art. 77 Abs. 2 BV liegt darin, den nachgeordneten Behörden ein möglichst großes Maß an Bewegungsfreiheit zu ermöglichen.[44] Insofern bildet die Norm ein gewisses Gegengewicht zu der Grundsatznorm über die hierarchische Unterordnung aller Behörden unter die ministerielle Leitung (Art. 54 Nr. 5 bis 7, Art. 51 Abs. 1 BV).[45]

32   **b) Dezentrale Einräumigkeit.** *aa) Einheitlichkeit der Verwaltung.* Art. 77 Abs. 2 BV geht zunächst von der Selbstverständlichkeit aus, dass die staatliche Verwaltung zunächst eine einheitliche Verwaltung ist. Dies gilt umso mehr, wenn man den Anwendungsbereich des Art. 77 BV – wie hier angenommen – auf die unmittelbare Staatsverwaltung begrenzt.

---

[37] VerfGH 16, 76 (81).

[38] *Schweiger,* in: Nawiasky/Schweiger/Knöpfle, Art. 77 Rn. 5; *Meder,* Art. 77 Rn. 3.

[39] VerfGH 16, 76 (81).

[40] *Schweiger,* in: Nawiasky/Schweiger/Knöpfle, Art. 77 Rn. 4.

[41] VerfGH 7, 113 (122).

[42] So auch *Schweiger,* in: Nawiasky/Schweiger/Knöpfle, Art. 77 Rn. 5; a. A. *Meder,* Art. 77 Rn. 3.

[43] VerfGH 12, 91 (105); VerfGH, Ents. v. 24. 3. 1965, Vf.48-VI-64 S. 4; VerfGH, Ents. v. 13. 3. 1969, Vf.55-VI-67.

[44] VerfGH 12, 91 (105).

[45] VerfGH 12, 91 (105).

Aber auch wenn man den Anwendungsbereich auf die mittelbare Staatsverwaltung (mit Ausnahme der kommunalen, weil diese eine Sonderregelung in Art. 83 BV erfahren hat) erstreckt, bleibt die Staatsgewalt aus der Sicht der BV eine einheitliche. Die einheitliche Verwaltung ist dabei zugleich – bezogen auf das Gebiet des Freistaates Bayern – eine einräumige.[46] Die Einheitlichkeit der Verwaltung wird in Art. 77 Abs. 2 BV deutlich angesprochen, dennoch ist dieser Charakter nicht das, was Art. 77 Abs. 2 BV festlegen will – er wird von der Norm vielmehr als vorausliegend normativ anerkannt.

bb) Dezentralisation. Die eigentlichen Vorgaben des Art. 77 Abs. 2 BV bestehen in der **33** Zielfestsetzung der Dezentralisation, der Hebung der Selbstverantwortung der Organe und der Wahrung der Rechte des Einzelnen.

Ziel der Vermeidung aller entbehrlichen Zentralisation ist es, den Gedanken der Dezen- **34** tralisation, der Grund für die Anerkennung der mittelbaren Verwaltung überhaupt ist, in die Staatsverwaltung selbst einzubeziehen. Dieses Prinzip bezieht sich auf eine Dezentralisation der Organisation und der Zuständigkeiten. Die Dezentralisation ist dabei örtlich und funktional zu verstehen. Die Aufgaben einer Behörde sollen nicht bei einer bestimmten Stelle zentriert werden. Das Prinzip für diese Dezentralisation gibt die Norm selbst im Halbsatz 2 an. Diese besteht zum einen aus einem verwaltungsorganisatorischen Prinzip, das die Dezentralisation Ressourcen bei den betroffenen Staatsbehörden und -organen freisetzt, und zum anderen aus dem Gedanken, nach dem die ortsnahe Verwaltung dem Einzelnen stärker als die zentralisierte Verwaltung entgegenkommt. Die Norm steht dabei inhaltlich in Verbindung mit dem Prinzip des Aufbaus der Demokratie in Bayern von unten (vgl. nur Art. 11 Abs. 4 BV).

Da Art. 77 Abs. 2 BV nur Prinzipien enthält, verstößt der Gesetzgeber gegen diese nur, **35** wenn er erstens sich für die Beeinträchtigung eines der Prinzipien gem. Art. 77 Abs. 2 BV nicht zugleich auf ein anderes Prinzip in dieser Norm stützen kann und zudem die Missachtung des Prinzips nicht durch andere Verfassungsnormen hinreichend entschuldigt ist.[47]

Art. 78 [Staatshaushalt]

(1) Alle Einnahmen und Ausgaben des Staates müssen für jedes Jahr veranschlagt und in den Haushaltsplan eingestellt werden.
(2) Ausgaben, die zur Deckung der Kosten bestehender, bereits bewilligter Einrichtungen und zur Erfüllung rechtlicher Verpflichtungen des Staates erforderlich sind, müssen in den Haushaltsplan eingestellt werden.
(3) Der Haushaltsplan wird vor Beginn des Rechnungsjahres durch Gesetz festgestellt.
(4) Wird der Staatshaushalt im Landtag nicht rechtzeitig verabschiedet, so führt die Staatsregierung den Haushalt zunächst nach dem Haushaltsplan des Vorjahrs weiter.
(5) ¹Beschlüsse des Landtags, welche die im Entwurf des Haushaltsplans eingesetzten Ausgaben erhöhen, sind auf Verlangen der Staatsregierung noch einmal zu beraten. ²Diese Beratung darf ohne Zustimmung der Staatsregierung nicht vor Ablauf von 14 Tagen stattfinden.
(6) Die Ausgaben werden in der Regel für ein Jahr, in besonderen Fällen auch für eine längere Dauer bewilligt.

Parallelvorschriften im GG und anderen Landesverfassungen: Art. 109 ff. GG; Art. 79 ff. BaWüVerf; Art. 85 ff. BerlVerf; Art. 101 ff. BbgVerf; Art. 131 ff. BremVerf; Art. 66 ff. HmbVerf; Art. 139 ff. HessVerf; Art. 61 ff. M-VVerf; Art. 63 ff. NdsVerf; Art. 81 ff. NRWVerf; Art. 116 ff. RhPfVerf; Art. 105 ff. SaarlVerf; Art. 93 ff. SächsVerf; Art. 92 ff. VerfLSA; Art. 50 ff. SchlHVerf; Art. 98 ff. ThürVerf.

---

[46] VGH BayVBl 1978, 701 (703).
[47] Vergleichbar *Meder,* Art. 77 Rn. 5.

Rechtsprechung: VerfGH 29, 244; 37, 148; 38, 96; 53, 42; Entsch. v. 4. April 2008 (Vf. 8-IX-08). BVerfGE 20, 56; 45, 1; 79, 311.

Literatur: v. Mutius/Schuppert, Die Steuerung des Verwaltungshandelns durch Haushaltsrecht und Haushaltskontrolle, VVDStRL 42 (1984), S. 147 ff.; 216 ff.; *Rzepka,* Staatliches Haushaltsrecht, 1984; *Heun,* Staatshaushalt und Staatsleitung, 1989; *Puhl,* Budgetflucht und Haushaltsverfassung, 1996; *F. Kirchhof,* Das Haushaltsrecht als Steuerungsreserve, DÖV 1997, 749; *Korioth,* Der Finanzausgleich zwischen Bund und Ländern, 1997; *Böhm,* Fortentwicklung des Haushaltsrechts, NVwZ 1998, 934; *Kube,* Neue Steuerung im Haushaltsrecht, DÖV 2000, 810; *Gröpl,* Haushaltsrecht und Reform, 2001; *Jahndorf,* Grundlagen der Staatsfinanzierung, 2003; *Wieland,* Staatsverschuldung als Herausforderung für die Finanzverfassung, JZ 2006, 751; *Blankart,* Öffentliche Finanzen in der Demokratie, 6. Aufl. 2006; *Pünder,* Das neue öffentliche Finanz- und Verwaltungsmanagement, VerwArch 99 (2008), S. 102 ff.
Für die bayerische Staatspraxis wichtig: *Bayerisches Staatsministerium der Finanzen,* Haushaltsrecht des Freistaates Bayern, Stand 2004; *Birkner,* Bayerisches Haushaltsrecht, Stand 2007.

Übersicht

I. Allgemeines (zugleich als Vorbemerkung zu Art. 78–82)

1. Bedeutung

1   a) Art. 78 ist die **Kernnorm der Vorschriften über das Finanzwesen (Art. 78 bis 82),** die – anders als in den Verfassungen anderer Länder – nicht in einem eigenen Abschnitt über das „Finanzwesen" geregelt sind, sondern innerhalb des Abschnitts über die Verwaltung. Dies ist regelungstechnisch insofern unglücklich, als das **Budgetrecht** gerade kein Recht der Verwaltung, sondern des **Parlaments** ist (Art. 78 III i.V. m. Art. 70 II, Art. 81 S. 1, Art. 82 S. 2).[1] Das Budgetrecht[2] ist dem Parlament vorbehalten, dem **Volksentscheid** indes **entzogen** (Art. 73[3]). Es ist „eines der **wesentlichen Elemente der parlamentarischen Regierungskontrolle,** die die rechtsstaatliche Demokratie entscheidend prägt".[4] Im demokratisch-pluralistischen Staat müssen die „Interessen einzelner Gruppen mit dem Gemeinwohlinteresse" ausgeglichen werden.[5] Diese Aufgabe kann nur von einer von der Mehrheit des Volkes getragenen und damit demokratisch legitimierten Institution, nämlich dem **Parlament,** erfüllt werden. Dieses ist nach dem Repräsentativsystem zur Haushaltsplanung und damit – angesichts der Begrenztheit der zur Verfügung stehenden Finanzmittel – zur **Prioritätensetzung** legitimiert und dem Volk gegenüber – am Wahltag – **verantwortlich.** Nur das Parlament hat – mindestens der Grundidee nach – alle Staatseinnahmen und -ausgaben im Blick und kann deshalb nach verantwortungs-

---

[1] *Meder,* Art. 78 Rn. 1.

[2] Man unterscheidet verschiedene Funktionen des Budgets: (1) die *allgemeine politische* Funktion der politischen Schwerpunkt- und Prioritätensetzung, (2) die *finanzpolitische* Funktion, (3) die *wirtschaftspolitische* Funktion sowie (4) die *Kontrollfunktion;* vgl. dazu *Siekmann,* in: Sachs, Art. 110 Rn. 6 ff. m. w. N.

[3] Nach Art. 73 sind Volksentscheide (und darauf gerichtete Volksbegehren) untersagt, „die das Gleichgewicht des gesamten Haushalts stören und damit zu einer wesentlichen Beeinträchtigung des Budgetrechts des Parlaments führen können", VerfGH 53, 42 (64); 47, 276 (303); 29, 244 (263 ff.); Entsch. v. 4. 4. 2008, Vf. 8-IX-08; vgl. dazu i. E. die Erläuterungen zu Art. 73.

[4] VerfGH 38, 96 (99); 53, 42 (64); BVerfGE 70, 324 (356).

[5] VerfGH 53, 42 (64).

bewusster Einschätzung der Gesamtsituation entscheiden, wo das Schwergewicht des finanziellen Engagements des Staates liegen soll und in welcher Abstufung andere Bereiche demgegenüber zurücktreten müssen.[6]

Die Aufrechterhaltung des Budgetrechts des Parlaments gehört deswegen „zu den demokratischen Grundgedanken der Verfassung im Sinn des Art. 75 I 2".[7] Das parlamentarische Budgetrecht ist zwar „weitgehend dem Parlament zugeordnet"[8], allerdings auch zu Gunsten von Verhandlungspositionen und Handlungskompetenzen der Exekutive **modifiziert** (Abs. 2, 4, 5; Art. 79).[9] Das Parlament darf sich seines Budgetrechts nicht begeben, auch nicht dadurch, dass es lediglich Ausgabeobergrenzen festlegt und im Übrigen die Verwendung der Mittel und die Zweckbestimmung der Staatsregierung überlässt. Die Verwaltung ist an den durch förmliches Gesetz festgestellten Haushaltsplan gebunden (Art. 55 Nr. 1), kann aber die dort selbst vorgesehenen Handlungsspielräume (z. B. gegenseitige Deckungsfähigkeit von Ausgaben, Übertragbarkeit von Haushaltsmitteln ins Folgejahr, Spielräume bei der Besetzung von Planstellen, Globalbudgets bei bestimmten staatlichen Einrichtungen[10] etc.) nutzen.

b) In Art. 78 ff. sind – neben dem Budgetrecht des Parlaments – die **wichtigsten** 2 **Grundsätze staatlicher Haushaltswirtschaft** niedergelegt[11]: **(1)** Grundsatz der **Trennung von Haushaltsplan und Haushaltsgesetz** (Abs. 3 i. V. m. Art. 70 Abs. 2). **(2)** Grundsätze der **Vollständigkeit,** der **Spezialität** und der **Jährlichkeit** des Haushaltsplans (Abs. 1, 6). **(3)** Grundsätze der **Haushaltseinheit, -wahrheit** und **-klarheit** (Abs. 1, 2). **(4)** Grundsatz der **Kontinuität** im Falle nicht rechtzeitiger Verabschiedung des Haushaltsgesetzes (Abs. 4). **(5)** Grundsatz der **Ausgeglichenheit** des Haushalts (Abs. 1 i. V. m. Art. 79). **(6)** Art. 80 enthält den Grundsatz der **Rechnungslegung** und **unabhängigen Rechnungsprüfung. (7)** Art. 81 formuliert den Grundsatz der **Erhaltung des Grundstockvermögens. (8)** In Art. 82 schließlich sind der Grundsatz der **Außerordentlichkeit der Staatsverschuldung** und ein diesbezüglicher Gesetzesvorbehalt verankert. Ein **Verbot der Staatsverschuldung** ist daraus indes **nicht abzuleiten,** aber ein (politisches) Gebot einer nachhaltigen Haushaltspolitik[12], die auch künftigen Generationen haushaltsrechtlichen Handlungs- und politischen Gestaltungsspielraum erhält.[13] Zudem lässt sich einer Gesamtschau der Art. 78 ff. der Grundsatz der **Sparsamkeit** und des **effizienten Mitteleinsatzes** entnehmen (vgl. Art. 7 I BayHO). Zusammenfassend ist der Staat „zu einer vorausschauenden Planung seines Finanzgebahrens"[14] verpflichtet.

---

[6] VerfGH 53, 42 (65); 38, 96 (99).

[7] VerfGH 53, 42 (65).

[8] VerfGH 53, 42 (64); 47, 276 (306).

[9] Der VerfGH zählt die Art. 78 bis 80 zu den Normen der Verfassung, aus denen sich Einfluss- und Kontrollmöglichkeiten des Landtags gegenüber der Exekutive ergeben, VerfGH 38, 165 (176). An anderer Stelle spricht der VerfGH im Hinblick auf Art. 78 III, Art. 81 S. 1 und Art. 82 S. 2 von „Verzahnungen der Befugnisse von Exekutive und Legislative", VerfGH 37, 60 (68); 24, 181 (195); 18, 85 (96): Durchbrechung des Gewaltenteilungsprinzips auf dem Gebiet des Haushaltsrechts. Nach VerfGH 12, 119 (125) hat der Landtag zwar das Budgetrecht, jedoch **keine Weisungsbefugnis** gegenüber der Staatsregierung im Hinblick auf den Haushaltsvollzug.

[10] Vgl. z. B. Art. 5 Abs. 4 BayHSchG. Zur Diskussion um die Modernisierung des (bislang kameralistischen) Haushaltsrechts insbesondere im Zusammenhang mit dem sog. „Neuen Steuerungsmodell" s. unten Rn. 36.

[11] Vgl. dazu auch die Aufstellung bei *Siekmann,* in: Sachs, Art. 110 Rn. 45 ff. Folgende Grundsätze haben Verfassungsrang: *Vollständigkeit, Einheit* (Erfassung der Zahlungsströme in *einem* Plan), *Wahrheit* und *Klarheit, Vorherigkeit, Periodizität, Spezialität, Bruttoprinzip, Haushaltsausgleich, Budgetöffentlichkeit, Wirtschaftlichkeit.* Kein Verfassungsgrundsatz ist der Grundsatz der *Gesamtdeckung* (vgl. Art. 8 BayHO).

[12] Zur Diskussion s. etwa *Wieland,* JZ 2006, 751.

[13] Ein ausgeglichener Haushalt ohne Neuverschuldung wurde festgelegt in Art. 2 des Gesetzes über die Feststellung des Haushaltsplans des Freistaates Bayern für die Haushaltsjahre 2007 und 2008 (HG – 2007/2008) vom 22. Dezember 2006 (GVBl S. 1056).

[14] VerfGH 50, 181 (210).

3   c) Weitere normative Vorgaben enthält die **Haushaltsordnung** des Freistaates Bayern (Bayerische Haushaltsordnung – BayHO).[15] Dabei handelt es sich um ein **förmliches Landesgesetz,** das in Konkretisierung der verfassungsrechtlichen Vorgaben Vorschriften zum Haushaltsplan, zu dessen Aufstellung und Ausführung, zur Rechnungslegung und Rechnungsprüfung enthält.

4   d) Zu beachten sind auch **bundesrechtliche Vorgaben** (s. dazu unten Rn. 7 ff.).

5   e) **Nicht Regelungsgegenstand** der Art. 78 ff. ist die **Einnahmenseite,** insbesondere das **Steuererhebungsrecht.** Die Verfassung geht ohne weiteres vom Steuererhebungsrecht des Freistaates Bayern aus, das nunmehr allerdings durch die Bundeskompetenzen in Art. 105 GG überlagert ist (vgl. dazu auch die Erl. zu Art. 123). Ebenso nicht Regelungsgegenstand der Art. 78 ff. sind die **Verteilung des Steueraufkommens,** der **Länderfinanzausgleich** und das **Gesamtgefüge der Finanzbeziehungen zwischen Bund und Ländern,** vgl. dazu Art. 104 a ff. GG. Für die **Gemeinden** ist auf Art. 83 II zu verweisen (s. dazu die Erl. zu Art. 83).

2. Entstehung

6   Vorschriften über das Finanzwesen gehören zum **klassischen Bestand moderner Konstitutionen** (vgl. § 48 und §§ 78 ff. VU 1919). Art. 47 VE enthielt die Absätze I, III und VI bereits im endgültigen Wortlaut, ebenso Art. 54 E. Im VA wurden auf Vorschlag von *Nawiasky* die Absätze II, IV und V eingefügt.[16]

3. Verhältnis zum Grundgesetz und zum EG-Recht

7   a) Im Grundsatz sind Bund und Länder nach Art. 109 I GG in ihrer Haushaltswirtschaft selbständig und voneinander **unabhängig.** Dies ist die fiskalische Dimension der Eigenstaatlichkeit der Länder und wesentliches Instrument zur Sicherung ihrer politischen Autonomie.[17]

8   b) Allerdings wird das Staatshaushaltsrecht der Länder durch das **Grundgesetz** partiell überlagert und normativ **beeinflusst:**

9   aa) Dies gilt zunächst für die **Einnahmenseite** durch die Verteilung der **Steuergesetzgebung** und des **Steueraufkommens** zwischen Bund und Ländern (Art. 104 a–106 GG) sowie durch den **Länderfinanzausgleich** (Art. 107 GG).

10   bb) Nach Art. 109 II GG haben Bund und Länder bei ihrer Haushaltswirtschaft den Erfordernissen des **gesamtwirtschaftlichen Gleichgewichts** Rechnung zu tragen. Konkretisiert ist dieses Gebot im Gesetz zur Förderung der Stabilität und des Wachstums der Wirtschaft (StWG) vom 8. Juni 1967.[18] Nach § 1 StWG ist die Haushaltswirtschaft so zu gestalten, „dass sie im Rahmen der marktwirtschaftlichen Ordnung gleichzeitig zur Stabilität des Preisniveaus, zu einem hohen Beschäftigungsstand und außenwirtschaftlichem Gleichgewicht bei stetigem und angemessenem Wirtschaftswachstum" beiträgt. Im Einzelnen sei auf die Vorschriften des StWG und auf die Kommentierungen zu Art. 109 GG[19] verwiesen.[20]

11   cc) Zu beachten ist zudem das auf der Basis des Art. 109 III GG erlassene Gesetz über die Grundsätze des Haushaltsrechts des Bundes und der Länder **(Haushaltsgrundsätzegesetz** – HGrG) vom 19. August 1969.[21] Dieses Gesetz enthält in Teil I Grundsätze für die

---

[15] Vom 8. Dezember 1971 (BayRS 630 – 1 – F) in der jeweils geltenden Fassung. Vgl. dazu sowie zu den „Verwaltungsvorschriften zur Bayerischen Haushaltsordnung (VV-BayHO)" vom 5. Juli 1973 (FMBl S. 257) die vom Staatsministerium der Finanzen herausgegebene Sammlung „Haushaltsrecht des Freistaats Bayern"; eine umfangreiche Sammlung von VVen findet sich bei *Birkner* (s. Lit.-Verzeichnis).

[16] Prot. I, S. 153 ff.

[17] BVerfGE 86, 148 (264).

[18] BGBl I S. 582.

[19] Vgl. insbesondere *Siekmann,* in: Sachs, Art. 109.

[20] S. auch BVerfGE 79, 311.

[21] BGBl I S. 1273.

Gesetzgebung des Bundes und der Länder und verpflichtet sie, ihr Haushaltsrecht nach diesen Grundsätzen zu regeln (§ 1 HGrG). Die Grundsätze selbst sind in §§ 2 ff. HGrG (Allgemeine Vorschriften zum Haushaltsplan, Aufstellung, Ausführung etc.) enthalten und vom Bund in der Bundeshaushaltsordnung (BHO) und in Bayern durch die BayHO rezipiert. Teil II des HGrG enthält Vorschriften, die unmittelbar auch für die Länder gelten, insbesondere die Pflicht zu einer **fünfjährigen Finanzplanung.**[22]

c) Aus Art. 104 EG-Vertrag ergeben sich **gemeinschaftsrechtliche Direktiven** für **12** die Mitgliedstaaten im Rahmen der Wirtschafts- und Währungsunion, in deren Zentrum die Pflicht zur Vermeidung „übermäßiger öffentlicher Defizite" steht. Art. 104 EG-Vertrag bindet auch die Länder.[23] Vgl. zur Aufteilung der Lasten im Falle der Verletzung solcher supranationaler Pflichten zwischen Bund und Ländern nunmehr Art. 104 a Abs. 6 GG.

II. Einzelkommentierung

1. Der Haushaltsplan

a) Der **Haushaltsplan** ist verfassungsrechtlich vom **Haushaltsgesetz** zu **unterschei-** **13** **den.**[24] Beides ist nicht identisch, vielmehr wird der Haushaltsplan durch das Haushaltsgesetz festgestellt und damit dessen Bestandteil.[25] Der Haushaltsplan wird dem Haushaltsgesetz regelmäßig durch dessen Art. 1 als Anlage beigefügt. Verkündet und im GVBl veröffentlicht wird aus Raumgründen nur der **Gesamtplan** (Art. 1 Satz 2, 13 IV BayHO), nicht die Einzelpläne. Der Haushaltsplan ist ein „Wirtschaftsplan und zugleich ein staatsleitender Hoheitsakt in Gesetzesform".[26] Er dient der Feststellung und Deckung des **Finanzbedarfs,** der zur Erfüllung der **Aufgaben des Staates** voraussichtlich notwendig ist (Art. 2 BayHO). Der Haushaltsplan ermächtigt die Verwaltung, Ausgaben zu leisten und Verpflichtungen einzugehen (Art. 3 I BayHO), wobei Bindung an den jeweiligen Verwendungszweck besteht (vgl. Art. 17 I, 45 I BayHO: Grundsatz der sachlichen **Spezialität**[27]**).** Mit Ausgabe- und Verpflichtungsermächtigungen korrespondieren keine Ansprüche und sonstigen Rechte Dritter (Art. 3 II BayHO). **Überplanmäßige und außerplanmäßige Ausgaben** sind grundsätzlich unzulässig. Nach Art. 37 BayHO kann das Staatsministerium der Finanzen „im Fall eines unvorhergesehenen und unabweisbaren Bedürfnisses" eine Ausnahme bewilligen (vgl. dazu auch Art. 112 GG). Allerdings gilt zur Sicherung des Budgetrechts des Parlaments der Grundsatz des Vorrangs des **Nachtragshaushaltsgesetzes.**[28] Weitere allgemeine Vorschriften zum Haushaltsplan finden sich in den Art. 1–10 BayHO sowie den dazu ergangenen Verwaltungsvorschriften (VV-BayHO).[29]

b) Der Haushaltsplan besteht nach Art. 13 I BayHO aus dem **Gesamtplan** (Art. 13 IV **14** BayHO) und den **Einzelplänen,** deren Einteilung sich nach Art. 13 II, III BayHO richtet. Die Einzelheiten über den **Inhalt** und die **Aufstellung** des Haushaltsplans ergeben sich aus Art. 11–33 BayHO sowie den dazu ergangenen Verwaltungsvorschriften (VV–BayHO).[30] Dabei sind die folgenden (zur Übersicht bereits Rn. 2) verfassungsrechtlichen **Grundsätze** maßgeblich:

aa) Nach dem in Abs. 1 postulierten Grundsatz der **Vollständigkeit,** der durch die Re- **15** gelung des Art. 79 zusätzlich abgesichert wird, sind **alle Einnahmen und Ausgaben des**

---

[22] § 50 HGrG i.V.m. Art. 31 BayHO.

[23] *Jarass/Pieroth,* Art. 109 Rn. 5.

[24] Davon wiederum zu unterscheiden ist der Begriff „Staatshaushalt", der in Art. 70 II, 73 und 78 IV vorkommt; vgl. zur unterschiedlichen Auslegung VerfGH 29, 244 (263 ff.) sowie die Erl. zu Art. 70 und 73.

[25] *Meder,* Art. 78 Rn. 6.

[26] BVerfGE 79, 311 (328); *Meder,* Art. 78 Rn. 2.

[27] Vgl. zur Deckungsfähigkeit aber Art. 20, 46 BayHO.

[28] Art. 37 I BayHO; *Meder,* Art. 78 Rn. 2.

[29] S. den Nachweis in Fn. 15.

[30] S. den Nachweis in Fn. 15.

Staates – auch die nach Abs. 2 gebundenen – zu veranschlagen und in den Haushaltsplan einzustellen (vgl. auch Art. 11, 35 BayHO). Die haushaltsmäßig zu Buche schlagenden Aktivitäten sind vollständig zu erfassen[31], was letztlich Bedingung für die Budgetverantwortung und das Budgetrecht des Parlaments ist. **„Schwarze Kassen"** sind ohne Ausnahme verfassungswidrig; auch „offizielle" Nebenhaushalte, sog. **„Parafisci"** des Staates[32], sind grundsätzlich unzulässig, wenn nicht ausnahmsweise eine besondere Rechtfertigung dafür gegeben ist.[33] Bei **Staatsbetrieben** (Art. 26 BayHO) sind nur die Zuführungen und -ablieferungen zu veranschlagen, Gleiches gilt für **Sondervermögen** (Art. 26 II BayHO).

16   bb) Eine notwendige Konsequenz der Vollständigkeitsmaxime ist das sog. **Bruttoprinzip.** Einnahmen und Ausgaben sind vollständig und getrennt voneinander, also nicht bereits saldiert oder aufgerechnet in den Haushaltsplan einzustellen (Art. 15 BayHO). Saldierung und Nettoveranschlagung sind unzulässig. Ausnahmen bedürfen einer besonderen sachlichen Rechtfertigung (vgl. dazu Art. 15 S. 2 und 3 BayHO für die Veranschlagung der Einnahmen aus Krediten[34]).

17   cc) Der Grundsatz der **Einheit** verlangt, dass die vollständig und nach dem Bruttoprinzip erfassten Zahlungsströme in einen einzigen Plan eingestellt werden, was dessen Aufteilung in einen Gesamtplan und Einzelpläne nicht entgegensteht. Dadurch soll einer intransparenten Haushaltswirtschaft, insbesondere in der Modalität der Fondswirtschaft, entgegengewirkt werden.

18   dd) Der Grundsatz der **Vorherigkeit**, der in Abs. 1 („für jedes Jahr") und in Abs. 3 („vor Beginn") und 4 verankert ist, besagt, dass das Haushaltsgesetz grundsätzlich vor Beginn der Haushaltsperiode in Kraft getreten sein muss (was sich nach Art. 76 II richtet) muss. Alle beteiligten Verfassungsorgane (Staatsministerien als die für Voranschläge zuständigen Stellen; Staatsminister der Finanzen, der den Entwurf vorbereitet; Staatsregierung, die den Entwurf beschließt und dem Landtag zuleitet) sind im Rahmen des Haushaltsaufstellungsverfahrens (Art. 27 ff. BayHO) nach dem verfassungsrechtlichen Grundsatz der Organtreue verpflichtet, daran mitzuwirken, dass der Haushaltsplan rechtzeitig verabschiedet wird. Gelingt dies nicht, greift **Abs. 4,** nicht etwa ist das (verspätete) Haushaltsgesetz nichtig. Änderungen können im Rahmen eines Nachtragshaushaltsgesetzes beschlossen werden (Art. 33 BayHO), was in der Verfassungspraxis regelmäßig der Fall ist. Auch mehrere Nachtragshaushaltsgesetze sind nicht ausgeschlossen. Bei beharrlichen Verstößen gegen das Gebot der Vorherigkeit und der Beschleunigung können Art. 44 III 2, 59, 61 zur Anwendung kommen.

19   ee) Der Grundsatz der **Periodizität,** verankert in Abs. 1 und 6, fordert, dass die Ausgaben in der Regel nur für ein Jahr[35] bewilligt werden (vgl. auch Art. 11 I BayHO). Sinn der Jährlichkeit ist die Stärkung des Budgetrechts des Parlaments. Nicht ausgeschlossen sind durch Abs. 6 die in der Staatspraxis herrschenden **Doppelhaushalte,** die für zwei Jahre,

---

[31] BVerfGE 70, 324 (357).

[32] Keine Parafisci in diesem Sinne sind die Haushalte der Körperschaften, Anstalten und Stiftungen des öffentlichen Rechts. Zum Problem der „Flucht des Staates aus dem Budget" durch Gründung von Rechtssubjekten des öffentlichen Rechts bei gleichzeitiger Haftung des Staates für deren Verbindlichkeiten s. *Siekmann,* Art. 110 Rn. 96 f. Zu fordern ist jedenfalls, dass sich solche Verschränkungen zwischen Staat und anderen juristischen Personen des öffentlichen Rechts (und auch des Zivilrechts; vgl. Art. 26 Ia BayHO) im Haushaltsplan abbilden. Gleiches wird man auf der Einnahmenseite für sog. „Sonderabgaben" fordern müssen, die zur Erfüllung eines bestimmten Zweckes erhoben und z. B. einer landesunmittelbaren Anstalt oder einem Fonds zufließen. Auch diese Zahlungsflüsse müssen mindestens ihrer Art und Größenordnung nach im Haushaltsplan abgebildet werden; vgl. auch Art. 110 I 1 HS 2 GG sowie insges. Art. 26 BayHO. Von diesen Fragen zu unterscheiden ist die Frage der Geltung der BayHO für die landesunmittelbaren juristischen Personen des öffentlichen Rechts; dies richtet sich nach Art. 105 ff. BayHO.

[33] *Siekmann,* Art. 110 Rn. 93 m. w. N.

[34] Zum Streit um die Verfassungsmäßigkeit s. *Siekmann,* Art. 110 Rn. 51 f.

[35] Haushaltsjahr ist nach Art. 4 S. 1 BayHO das Kalenderjahr, Ausnahmen kann das Staatsministerium der Finanzen für einzelne Bereiche festlegen.

indes getrennt nach Jahren aufgestellt werden (vgl. Art. 12 BayHO). In besonderen Fällen reicht die Bewilligung auch über einen längeren Zeitraum: Das kann der Fall sein bei Verpflichtungsermächtigungen (Art. 11 II Nr. 3, 16, 38 BayHO) sowie bei der Übertragbarkeit von Haushaltsansätzen (Art. 19, 45 II BayHO). Durch die Periodizität erklärt sich das Phänomen des **Haushaltskreislaufs** (Budgetzyklus). Das Haushaltsverfahren durchläuft periodisch immer wiederkehrende Stadien[36]: **(1)** Haushaltsaufstellung, **(2)** parlamentarische Beratung und Feststellung, **(3)** Vollzug, **(4)** Rechnungsprüfung und **(5)** Entlastung.

ff) Ein besonders wichtiger Grundsatz des Haushaltsverfassungsrechts ist die **Haushaltswahrheit und -klarheit.** Zwar ist er nicht ausdrücklich in der Verfassung normiert, er folgt jedoch aus Abs. 1, 2 und aus den verfassungsrechtlich anerkannten Budgetfunktionen.[37] Die Veranschlagungen müssen **richtig** und **vollständig** sein, sie dürfen die wahren Sachverhalte nicht verschleiern. Gesamtplan und Einzelpläne müssen so aufgestellt und gegliedert sein, dass sie für einen in den Grundzügen des Staatshaushaltsrechts kundigen Betrachter les- und verstehbar sind (vgl. Art. 13, 14 BayHO). Erforderlichenfalls sind die Veranschlagungen zu erläutern (Art. 17 I BayHO). Unzulässig ist die Veranschlagung von Einnahmen, mit denen realistischer Weise nicht zu rechnen ist. Bei größeren Beschaffungen, Baumaßnahmen und längerfristigen Entwicklungsvorhaben sind den veranschlagten Ausgaben und Verpflichtungsermächtigungen **realistische Kostenprognosen** zu Grunde zu legen (vgl. dazu Art. 24 BayHO). Zur Haushaltswahrheit gehört auch die Einstellung von gebundenen Ausgaben im Sinne von **Abs. 2.** Allerdings ist Abs. 2 selbst keine Grundlage für die Notwendigkeit von Ausgaben: Ob eine solche besteht, hat sich vielmehr aus materiell-rechtlichen Anspruchsgrundlagen, begünstigenden Verwaltungsakten oder Verträgen zu ergeben. Ebenso wenig steht Abs. 2 dem Abbruch einer begünstigenden Verwaltungspraxis, z. B. der Einstellung von Subventionen, entgegen.

gg) Der Haushalt muss in Einnahmen und Ausgaben **formell ausgeglichen** sein (Art. 11 III BayHO).[38] Dies ergibt sich zwar nicht ausdrücklich aus Art. 78 (anders Art. 110 I 2 GG), folgt aber mittelbar aus Abs. 1 („alle" Einnahmen und Ausgaben, also auch Kredite zum Ausgleich von Deckungslücken)[39] sowie aus dem Grundsatz der Haushaltsklarheit, da anderenfalls unklar wäre, was mit überschießenden Einnahmen passiert bzw. wie überschießende Ausgaben gedeckt werden. Von einem formell ausgeglichenen ist der **materiell ausgeglichene** Haushalt zu unterscheiden, bei dem der Ausgleich von Einnahmen und Ausgaben ohne oder ohne nennenswerte Kreditaufnahme erfolgt.[40]

hh) Nach dem Grundsatz der sachlichen und zeitlichen **Spezialität** müssen die Ansätze im Haushalt hinreichend spezifiziert sein. Der Haushaltsplan muss in Titelsummen und Zweckbestimmungen so genau sein, dass er die Exekutive sachlich und zeitlich binden kann. Dies dient der Wirksamkeit des parlamentarischen Budgetrechts und folgt zudem aus dem Grundsatz der Haushaltsklarheit. Zum **Spannungsverhältnis zum Wirtschaftlichkeitsgrundsatz** im Zusammenhang mit der Einführung von **Globalhaushalten** s. unten Rn. 36.

20

21

22

---

[36] Vgl. dazu auch *Birkner,* Einführung, S. 23 f.

[37] *Siekmann,* Art. 110 Rn. 55; *Meder,* Art. 78 Rn. 3.

[38] VerfGH 53, 42 (64). Art. 1 des Haushaltsgesetzes 2007/2008 vom 22. 12. 2006 (GVBl S. 1056) formuliert daher z. B.: „*Der diesem Gesetz als Anlage beigefügte Haushaltsplan des Freistaates Bayern für die Jahre 2007 und 2008 wird in Einnahmen und Ausgaben auf 35.986.783.000 € für das Haushaltsjahr 2007 und 36.371.498.700 € für das Haushaltsjahr 2008 festgestellt.*"

[39] *Meder,* Art. 78 Rn. 3.

[40] Insofern sind die Haushaltspläne für 2007 und 2008 materiell ausgeglichen, da das Haushaltsgesetz 2007/2008 in Art. 2 das Staatsministerium der Finanzen ermächtigt, Kredite am Kreditmarkt bis zur Höhe von „Null €" aufzunehmen. Allerdings ist Art. 9 HG 2007/2008 zu beachten, wonach aus dem Grundstock der allgemeinen Landesverwaltung im Haushaltsjahr 2008 eine rückzahlbare Ablieferung an den Haushalt bis zur Höhe von 171.100.000 € erfolgt, die spätestens im Haushaltsjahr 2014 an den Grundstock zurückzuführen ist (vgl. dazu auch Rn. 19 f. zu Art. 81).

23   ii) Die Grundsätze der **Wirtschaftlichkeit** und **Sparsamkeit** verpflichten den Staat zum sachgerechten und schonenden Umgang mit den öffentlichen, zumal durch Steuereinnahmen erzielten Mitteln. Ob sie Verfassungsrang haben, ist umstritten[41], folgt aber – trotz ihrer nur geringen Justiziabilität – aus dem **grundrechtlichen Verhältnismäßigkeitsgrundsatz:** Der Staat darf Abgaben nur in dem Umfang erheben, in dem es erforderlich ist. Soweit Wirtschaftlichkeits- und Einsparungspotenziale bestehen, liegt Erforderlichkeit nicht vor. Mittelbar ergeben sich die Grundsätze auch aus **Abs. 5.** Diese das Budgetrecht des Parlaments modifizierende Regelung (nach dem Vorbild des § 81 VU 1919) gibt der Staatsregierung die Möglichkeit, übereilte Erhöhungen der Ausgaben durch das Parlament (gegenüber dem Entwurf der Staatsregierung) noch einmal beraten zu lassen. Die Staatsregierung muss von diesem Recht keinen Gebrauch machen. Wenn sie es tut, findet die erneute Beratung frühestens nach dem Ablauf von 14 Tagen (gerechnet ab dem Tag des Erhöhungsbeschlusses) statt, es sei denn die Staatsregierung erklärt sich mit einem früheren Beratungstermin einverstanden (Abs. 5 S. 2). Hält der Landtag an seinem Beschluss fest, hat die Staatsregierung kein Vetorecht.[42] Dem **Übereilungsschutz**[43] und damit der Sparsamkeit dienen auch Art. 79 (s. Erl. dort) sowie Art. 28 II 2 BayHO.

24   c) Innerhalb dieser Grundsätze haben die Staatsregierung bei der Aufstellung des Haushaltsplans und der Landtag bei dessen Feststellung durch das Haushaltsgesetz einen **Gestaltungsspielraum,** der zur Umsetzung politischer und finanzpolitischer Präferenzen und Schwerpunkte genutzt werden kann.[44] Allerdings ist ein hoher Teil der Einnahmen durch feststehende Leistungspflichten gebunden (Gehaltszahlungen für Beamte und Angestellte[45]; Leistungsgesetze; Zins- und Tilgungslasten), so dass die „Manövriermasse" für gestaltende Maßnahmen begrenzt ist.

25   d) Die **Ausführung** des Haushaltsplans richtet sich nach Art. 34 ff. BayHO. Für den Vollzug maßgebliche Vorgaben enthalten nicht nur die BayHO, sondern auch die dazu erlassenen Durchführungsvorschriften[46], Vorschriften im Haushaltsgesetz[47] selbst sowie die in diesem enthaltenen Durchführungsvorschriften.[48] Eine **Verpflichtung zur Verausgabung** der ausgewiesenen Mittel besteht nur, wenn entsprechende Rechtsvorschriften eine solche Pflicht postulieren (v. a. Rechtsansprüche Dritter[49]); im übrigen kann im Rahmen der eingestellten Mittel eingespart werden.[50] Ein **fehlerhafter Vollzug** des Haushaltsplans macht einen entsprechenden Rechtsakt mit Außenwirkung weder rechtswidrig noch unwirksam, kann sich aber – politisch – im Rahmen der Rechnungsprüfung und

---

[41] *Siekmann,* Art. 110 Rn. 67 ff. m. w. N.; VerfGH 53, 42 (64): *„Art. 78, 79 und Art. 73 BV zeigen, dass es ein Grundanliegen der Bayerischen Verfassung ist, die finanzielle Stabilität des Staates zu sichern."*

[42] *Meder,* Art. 78 Rn. 7.

[43] Prägnant *Nawiasky,* S. 160: *„Abs. V will einer etwa aus Popularitätshascherei gegründeten allzu großen Ausgabefreudigkeit des Landtags einen Riegel vorschieben."*

[44] VerfGH 38, 96 (99).

[45] Hinzu kommen die Versorgungslasten. Die Personalausgabenquote lag im Jahr 2007 bei 43,7 %.

[46] Vgl. den Nachweis in Fn. 15, es handelt sich dabei um Verwaltungsvorschriften.

[47] Anders als Art. 110 IV GG enthält die BV kein „Bepackungsverbot" (dazu Rn. 29).

[48] *Beispiel:* Nach Art. 18 S. 1 HG 2007/2008 vom 22. 12. 2006 (GVBl S. 1056) gelten für die Ausführung des durch dieses Gesetz festgestellten Haushaltsplans neben den allgemeinen haushaltsrechtlichen Vorschriften „die Durchführungsbestimmungen zu diesem Gesetz (Anlage DBestHG 2007/2008)". Es handelt sich um Verwaltungsvorschriften in Gesetzesform. Darüber hinaus erlässt nach Art. 18 S. 2 HG 2007/2008 das Staatsministerium der Finanzen die zur Ausführung dieses Gesetzes erforderlichen Anordnungen.

[49] Freiwillige Leistungen des Staates können bei Vorliegen sachlicher Gründe eingestellt werden, wenn Vertrauensschutzerwägungen nicht dagegenstehen, vgl. dazu BVerwG NVwZ 2006, 1184.

[50] Str., vgl. m. w. N. *Siekmann,* Art. 110 Rn. 28 f., dort auch zur wenig diskutierten Frage einer Pflicht zur Realisierung veranschlagter Einnahmen. Zur Frage der Übertragbarkeit nicht verausgabter Mittel s. Art. 19 BayHO.

Entlastung niederschlagen.[51] *Beispiel:* Die Bewilligung einer Leistung oder einer Zuwendung unter Verstoß gegen Art. 23, 44 BayHO macht diese nicht rechtswidrig und damit auch nicht nach Art. 48 BayVwVfG rücknehmbar. Etwas anderes gilt, wenn die Anspruchsvoraussetzungen selbst im Staatshaushaltsgesetz im Wege der „Bepackung" geregelt sind und *diese* nicht eingehalten sind. Eine spezielle Regelung zum Abweichen vom Haushaltsplan enthält Art. 79 (s. Erl. dort). Im Haushaltsplan oder -gesetz vorgesehene **Zustimmungsvorbehalte** zu Gunsten des Staatsministeriums der Finanzen, des Landtags oder dessen Haushaltsausschusses sind zulässig.

2. Das Haushaltsgesetz (Abs. 3)

a) Das Haushaltsgesetz ist ein **Gesetz im förmlichen Sinne,** das durch das Parlament **26** beschlossen wird und nach Maßgabe des Art. 76 Wirksamkeit erlangt; eine Rechtsverordnung genügt in keinem Falle. Das alleinige **Initiativrecht** liegt nach Art. 29, 30 BayHO bei der **Staatsregierung**[52], obwohl dies in der Verfassung nicht ausdrücklich verankert ist. Art. 71 enthält keine Ausnahme für das Haushaltsgesetz, ebenso wenig ergibt sich aus Art. 70 II ein Initiativmonopol für die Staatsregierung. Mittelbar folgt ein solches – abgesehen von staatspraktischen Gesichtspunkten – allerdings aus Abs. 5.

b) Innerhalb der Haushaltsgrundsätze hat der Landtag politischen **Gestaltungsspiel-** **27** **raum,** bei ihm liegt die Budgethoheit. Er ist nicht an den Entwurf der Staatsregierung gebunden (arg. e Abs. 5) und kann im Entwurf der Staatsregierung festgelegte Zweckbestimmungen und Dotierungen ändern, modifizieren oder aufheben. Zu beachten ist indes Abs. 5 (Rn. 23).

c) Das Haushaltsgesetz, das den Haushaltsplan feststellt, wird nach Art. 76 I im GVBl **28** **bekannt gemacht.** Schon aus Raumgründen[53] wird als Anlage zum Haushaltsgesetz nur der Gesamtplan bekanntgemacht, nicht indes die Einzelpläne[54], die ebenfalls als Anlage Bestandteil des Haushaltsgesetzes, indes mehrere tausend Seiten umfassen. Die Einzelpläne – dort spielt die eigentliche „Musik" – müssen indes gleichwohl der Öffentlichkeit bekannt gegeben werden (Grundsatz der **Budgetöffentlichkeit).** Wie das geschieht, ist weder in der BayHO noch im jeweiligen Haushaltsgesetz geregelt. Einsehbar sind die Einzelpläne auf der Homepage des Bayerischen Staatsministeriums der Finanzen (www.stmf.bayern.de). Auf Verlangen hat das Staatsministerium zusätzlich Einsicht zu gewähren und dazu ein Einsichtsexemplar und eine Einsichtsmöglichkeit im Staatsministerium vorzuhalten. Zusätzlich besteht die Möglichkeit des Erwerbs.

d) Anders als Art. 110 IV GG kennt die BV **kein „Bepackungsverbot".**[55] Es handelt **29** sich beim „historisch überkommenen Bepackungsverbot" nicht „um einen ungeschriebenen Grundsatz des Haushaltsrechts".[56] Im Haushaltsgesetz dürfen also neben den Regelungen zur Feststellung des Haushaltsplans, zur Kreditaufnahme und zum Vollzug des Haushaltsplans sowie sonstigen haushaltsrelevanten Normen[57] auch materiell-rechtliche Vorschriften aufgenommen werden. Davon wird in der Staatspraxis häufig Gebrauch

---

[51] Fehlerhafte Vollzugsakte der für den Haushaltsvollzug in den einzelnen Behörden verantwortlichen Beamten (zum Beauftragten für den Haushalt s. Art. 9 BayHO) können disziplinarrechtliche Folgen haben. Die Haftung gegenüber dem Dienstherrn beschränkt sich allerdings auf Vorsatz und grobe Fahrlässigkeit (Art. 85 I BayBG).

[52] S. auch *Siekmann,* Art. 110 Rn. 71: „von der Verfassung als selbstverständlich vorausgesetzte Pflicht der Regierung."

[53] Realitätsfern insoweit *Siekmann,* Art. 110 Rn. 85, der offensichtlich von einer vollständigen Veröffentlichungspflicht im Gesetzblatt ausgeht. *Jarass/Pieroth,* Art. 110 Rn. 13, fordern Publizierung als Anlage zum Gesetzblatt.

[54] BVerfGE 20, 56 (93).

[55] *Meder,* Art. 78 Rn. 6; VerfGH 37, 140 (161); zu Art. 110 IV *Siekmann,* Art. 110 Rn. 87 f.; vgl. auch *Portatius,* Das haushaltsrechtliche Bepackungsverbot, 1975.

[56] VerfGH 37, 148 (161/162).

[57] Insbesondere zu Stellenbewirtschaftung und Stellensperrungen (vgl. Art. 4 ff. HG 2007/2008); VerfGH 38, 96.

gemacht. So finden sich in den Haushaltsgesetzen insbesondere Vorschriften über die Änderung anderer Gesetze[58] und Verordnungen.[59] Es sind aber auch eigenständige materiell-rechtliche Regelungen, etwa eine gesetzliche Anspruchsgrundlage für eine Leistung o. Ä. verfassungsrechtlich nicht ausgeschlossen.[60] Die Differenzierung zwischen den haushaltsplanbezogenen Feststellungs-, Ermächtigungs- und Vollzugsregelungen einerseits sowie den „hinzugepackten" Regelungen andererseits zeigt sich auch im Hinblick auf die Geltungsdauer des Haushaltsgesetzes. Während erstere wegen des Periodizitätsprinzips lediglich bis zum Tag der Verkündung des Haushaltsgesetzes des folgenden Haushaltsjahres gelten, bleiben letztere grundsätzlich unbefristet in Kraft.[61] **Kritisch** ist anzumerken, dass die in durchaus beachtlichem Umfang üblichen Bepackungen nicht unbedingt zur Transparenz der Gesetzeslage beitragen; dieses Defizit wird allerdings durch die Fortführungsnachweise zur BayRS abgeschwächt. Vorteilhaft ist, dass durch die Bepackungsmöglichkeit mehrere parallele Gesetzgebungsverfahren vermieden werden können. Ingesamt sollte die Bepackungsmöglichkeit daher beibehalten und auch weiterhin genutzt werden.

30   e) Auch das **Nachtragshaushaltsgesetz** (Art. 33 BayHO) ist ein Haushaltsgesetz, durch das der Haushaltsplan ergänzt und in sonstiger Weise modifiziert wird. Es gelten die gleichen Grundsätze wie für das „erste" Haushaltsgesetz. Das Nachtragshaushaltsverfahren hat Vorrang vor der Genehmigung über- und außerplanmäßiger Ausgaben (vgl. dazu auch Art. 112 GG sowie Art. 37 BayHO); vgl. auch Art. 79.

31   f) Zur **Anfechtbarkeit des Haushaltsgesetzes:**
aa) Dieses kann Gegenstand einer **Popularklage** nach Art. 98 S. 4 sein, nicht der Verfassungsbeschwerde nach Art. 120. Zwar kann eine Grundrechtsverletzung durch den Haushaltsplan selbst (der i. Ü. nicht selbständig angegriffen werden kann) nicht substantiiert behauptet werden, da dieser keine Außenwirkung gegenüber dem Bürger entfaltet, sondern ein reines Staatsinternum darstellt; allerdings können „beigepackte" Normen im Haushaltsgesetz Grundrechtsverletzungen enthalten.[62] Liegt eine solche vor, muss der VerfGH die entsprechende Norm für nichtig (oder nicht anwendbar) erklären, was die Gültigkeit der Feststellung des Haushaltsplans allerdings unberührt lässt. Eine Popularklage dahingehend, der Haushaltsplan sehe für eine bestimmte Leistung keine oder zu wenig Mittel vor, ist nicht statthaft. Davon unberührt bleibt die Möglichkeit, per Popularklage insoweit ein verfassungswidriges Unterlassen des Gesetzgebers zu rügen.

32   bb) Das Haushaltsgesetz und der Haushaltsplan als sein Teil können auch Gegenstand eines Verfahrens nach Art. 75 III, also der **abstrakten Normenkontrolle,** sein.[63] Prüfungsmaßstab ist in diesem Verfahren die gesamte Verfassung. Es kann z. B. geltend gemacht werden, dass das Haushaltsgesetz nicht nach den Vorschriften der BV korrekt zu Stande gekommen ist, der Haushaltsplan als Teil des Haushaltsgesetzes gegen haushaltsverfassungsrechtliche Grundsätze oder Art. 81, 82 verstößt oder eine Stellenbesetzungssperre[64] in Bezug auf Richterstellen mit der Justizgewährungspflicht nicht vereinbar ist.[65] Die Überprüfungsmöglichkeit des VerfGH findet seine Grenzen am politischen und finanzpolitischen **Handlungs- und Gestaltungsspielraum des Parlaments.** Eine Verfassungsrüge dahingehend, der Haushalt lasse eine Prioritätenschieflage erkennen, stelle nicht genug Mittel für einen bestimmten Zweck, für einen anderen indes zu viel zu Verfügung, kann keinen Erfolg haben. Etwas anderes gilt, wenn der Haushaltsgesetzgeber verfassungswidrige Zielsetzungen verfolgt oder verfassungsrechtlichen Pflichten nicht

---

[58] Vgl. z. B. Art. 10 bis 17 HG 2007/2008.

[59] Dazu Rn. 52 ff. zu Art. 55.

[60] So z. B. materiell-rechtliche Regelungen über die Privatschulfinanzierung, dazu VerfGH 37, 148 (161/162).

[61] Vgl. z. B. Art. 20 III HG 2007/2008.

[62] VerfGH 38, 96 (98); 59, 1 (10).

[63] *Meder,* Art. 78 Rn. 9.

[64] Vgl. z. B. Art. 6 II, 6 b, 6 c HG 2007/2008.

[65] VerfGH 38, 96: im konkreten Fall verneint (allerdings bei 2 Sondervoten).

nachkommt. Stellt der VerfGH dies fest, wird er allerdings nicht das ganze Haushaltsgesetz, sondern nur die entsprechende Norm dieses Gesetzes kassieren, oder den Haushaltsplan insoweit, als er verfassungswidrige Zwecksetzungen enthält, für nicht vollziehbar erklären.

3. Verzögerung des Haushaltsgesetzes (Abs. 4)

Aus verschiedensten, insbesondere politischen Gründen („Budgetkonflikte")[66] kann es **33** dazu kommen, dass das den Haushaltsplan feststellende Gesetz am 1.1. des betreffenden Haushaltsjahres noch nicht in Kraft ist. Für diesen Fall regelt **Absatz 4**[67] ein **Recht der weiteren Haushaltsführung** durch die Staatsregierung.[68] Diese erfolgt nicht auf der Basis des Entwurfs des neuen Haushaltes, sondern nach dem Haushaltsplan des Vorjahres (vgl. dazu auch Art. 5 BayHO; „**Prorogation**" des bisherigen Budgets[69]). Der Erlass eines **Nothaushaltsgesetzes** durch den Landtag ist zwar nicht vorgesehen, dürfte aber zulässig sein, da er dem Budgetrecht des Parlaments gerecht wird. Abs. 4 enthält zwar keine Einschränkungen, allerdings dürfte der Staatsregierung eine **Zurückhaltung** obliegen: Sie darf nur die Ausgaben tätigen, zu denen sie gesetzlich oder vertraglich verpflichtet ist (Lohn- und Gehaltszahlungen, laufende Verbindlichkeiten) und die notwendig sind, um eine geordnete Verwaltungstätigkeit sicherzustellen. Die Ermächtigung ist zeitlich begrenzt, sie endet mit dem Inkrafttreten des neuen Haushaltsgesetzes, sofern dieses den neuen Haushaltsplan feststellt. Einnahmen und Ausgaben der budgetlosen Zeit sind mit dem neuen Haushaltsplan abzugleichen. Die Verausgabung von Mitteln, die Gegenstand eines Budgetkonflikts sind, ist unzulässig, auch wenn das bisherige Budget die Ausgaben vorsieht.

4. Staatshaushaltsrecht und Rechtspositionen Dritter

a) Hier ist zu differenzieren zwischen dem Haushaltsplan und dem Haushaltsgesetz. **34** Durch den **Haushaltsplan** selbst werden, obwohl dieser Teil des Haushaltsgesetzes ist, weder Verbindlichkeiten noch Rechtsansprüche Dritter begründet, da der Haushaltsplan alleine Innenrechtswirkung hat (vgl. Art. 3 II BayHO). Eine im Haushaltsplan vorgesehene Einnahme begründet keine Zahlungsverpflichtung auf dritter Seite – ob eine solche besteht, richtet sich vielmehr nach dem materiellen Recht (insbes. dem Abgabenrecht). Eine im Haushaltsplan vorgesehene Veranschlagung für eine Zuwendung begründet keinen Rechtsanspruch auf diese – ein solcher kann sich nur aus materiell-rechtlichen Vorschriften (etwa Leistungsgesetzen, ausnahmsweise auch direkt aus den Grundrechten[70]) ergeben, die – mangels Bepackungsverbots – auch im **Haushaltsgesetz** enthalten sein können. Art. 23, 44 BayHO sind keine Anspruchsgrundlagen. Umgekehrt gilt: Eine gesetzlich festgelegte Verbindlichkeit, eine Abgabe zumal, ist vom Dritten auch dann zu leisten, wenn entsprechende Einnahmen im Haushaltsplan gar nicht eingeplant sind; der Haushaltsplan ist dann insoweit wegen Verstoßes gegen den Grundsatz der Haushaltsklarheit und -wahrheit rechtswidrig. Ein materiell-rechtlich bestehender Anspruch wird nicht dadurch hinfällig, dass dafür im Haushaltsplan keine oder nicht ausreichende Mittel ausgebracht sind. Die fehlerhaften Haushaltspläne sind ggf. im Rahmen des Nachtragshaushaltsverfahrens zu korrigieren. Auch der Staat wird bei Geldmangel nicht von seinen Verbindlichkeiten befreit[71]; vgl. auch die Sonderregelung des Art. 79.

---

[66] *Beispiel:* Die Ausräumung von Differenzpunkten in den Verhandlungen der Ministerialdirektoren und sodann im Kabinett nimmt so viel Zeit in Anspruch, dass der Entwurf des Haushaltsgesetzes dem Landtag erst verspätet zugeleitet wird. Hinzu kommt eine Situation des Abs. 5, die das Verfahren im Landtag selbst verzögert.

[67] „Staatshaushalt" i. S. d. Abs. 4 meint das Haushaltsgesetz, VerfGH 29, 244 (264).

[68] Vgl. auch Art. 111 GG für die Nothaushaltsführung der Bundesregierung.

[69] Anders Art. 111 GG.

[70] Vgl. dazu Rn. 88 ff. vor Art. 98.

[71] *Siekmann,* Art. 110 Rn. 37 f.

35   b) Dogmatisch nach wie vor unklar sind gesetzliche Regelungen, die Ansprüche vom Vorhandensein entsprechender Mittel im Haushalt abhängig machen. Unproblematisch ist eine solche **Anknüpfung** an Positionen des Haushaltsplans, wenn ein rechtlicher Anspruch aus anderen Gründen nicht besteht und der Gesetzgeber deutlich macht, dass ein Anspruch eben nur dann gegeben sein soll, wenn Geld im Haushalt zur Verfügung[72] steht; freilich muss die Entscheidung über die Vergabe der Leistung ihrerseits grundsätzlich und im Einzelfall ermessensfehlerfrei sein. Problematischer ist die Verknüpfung der Einräumung von Rechtsansprüchen mit einem Haushaltsvorbehalt.[73] Hierbei handelt es sich im Grunde um eine in sich widersprüchliche Regelung: Wenn der Gesetzgeber einen Rechtsanspruch einräumen will, so hat er diesen zu erfüllen und dafür Haushaltsmittel bereitzustellen; stellt er die Leistung von vorneherein unter einen Haushaltsvorbehalt, räumt er in Wirklichkeit *keinen* Anspruch ein. Was gewollt ist, kann jeweils nur eine Auslegung der im Raum stehenden Norm ergeben.

5. Reformüberlegungen – Der Globalhaushalt

36   Im Mittelpunkt der **Verwaltungsreformdiskussion** steht neben der organisatorischen und normativen Deregulierung[74] das **Neue Steuerungsmodell**[75] (New Public Management). Ein Kernelement dieses Modells ist die Einführung von **Globalhaushalten,** verbunden mit der Einführung der Kosten-Leistungs-Rechnung, mit Zielvereinbarungen („Kontraktmanagement") und deren Überwachung („Controlling").[76] Ein Globalhaushalt, der vom Gesetzgeber selbst durch Haushaltsgesetz mittels einer Verdichtung der Titel im Haushaltsplan einzuräumen ist[77], ist ein Gesamt- oder Pauschalhaushalt für eine Behörde (z. B. eine Hochschule) ohne weitere Zweckspezifizierungen, wobei auf die Gliederung in einzelne Haushaltsstellen weitgehend verzichtet oder diese in beachtlichem Ausmaß verdichtet wird (verbunden mit gegenseitiger Deckungsfähigkeit, Übertragbarkeit). Der darin liegende partielle Verlust der Budgethoheit des Parlaments ist durch die Erwartung **gerechtfertigt**[78], dass Globalhaushalte effektiveres und damit wirtschaftlicheres Haushalten gewährleisten. Zu flankieren sind Globalhaushalte mit Zielvereinbarungen und durch die Einführung der Kosten-Leistungs-Rechnung. Deren Einhaltung obliegt dem parlamentarischen Kontrollrecht. Das Parlament behält seine Budgethoheit insofern, als es einmal eingeräumte Globalhaushalte im neuen Haushaltsplan wieder entziehen oder modifizieren kann; insofern kann man auch von **experimentellem Haushalt** sprechen.

Art. 79 [Deckungsprinzip]

Eine Angelegenheit, welche Ausgaben verursacht, für die im festgesetzten Haushaltsplan kein entsprechender Betrag eingestellt ist, darf seitens des Landtags nur in Beratung gezogen und beschlossen werden, wenn gleichzeitig für die notwendige Deckung gesorgt wird.

Parallelvorschriften in Verfassungen anderer Länder: s. zu Art. 78.

Rechtsprechung: s. zu Art. 78.

Literatur: s. zu Art. 78.

---

[72] So für den Bereich von Subventionen BVerwGE 6, 282 (287); 58, 45 (48); *Stober,* Besonderes Wirtschaftsverwaltungsrecht, 13. Aufl. 2004, S. 250 f.; A. A. *Siekmann,* Art. 110 Rn. 40.

[73] Vgl. z. B. Art. 84 II 1 BayHSchG (Zuschüsse für nichtstaatliche Fachhochschulen).

[74] Dazu *Lindner,* Die Deregulierungskommission der Bayerischen Staatsregierung – Mandat, Methode, Empfehlungen, BayVBl. 2004, 225.

[75] *Mehde,* Neues Steuerungsmodell und Demokratieprinzip, 2000.

[76] *Böhm,* NVwZ 1998, 934 zu § 6 a HGrG; *Gröpl,* Haushaltsrecht und Reform, 2001.

[77] Die Staatshaushaltspraxis spricht von „Globalhaushalt mit verdichteter Titelstruktur"; vgl. Haushaltsplan 2007/2008, Einzelplan 15, Teil I, S. 170 ff. (TU München), S. 592 ff. (FH München).

[78] *Kube,* DÖV 2000, 810.

1. Bedeutung

a) Art. 79, der kein Grundrecht verbürgt[1], ist Ausdruck des Grundsatzes der **formellen** **1** **Ausgeglichenheit des Haushalts** (Rn. 21 zu Art. 78) sowie des Grundsatzes der **Sparsamkeit** (Rn. 23 zu Art. 78).[2] In **Ergänzung zu Art. 78 V** (Übereilungsschutz bei Beschlussfassung über das Budget, Rn. 23 zu Art. 78) soll die Vorschrift verhindern, dass der Landtag *nach* der Feststellung des Haushaltsplans, also während des Rechnungsjahres, ungedeckte Ausgaben beschließt.[3]

b) Art. 79 enthält ein **Beratungs-** sowie ein **Beschlussverbot.** Beratung und Be- **2** schlussfassung über eine Maßnahme (etwa ein Leistungsgesetz oder eine Investitionsmaßnahme) sind nur zulässig, wenn gleichzeitig dargetan wird, wie die Mittel dafür aufgebracht werden sollen (z. B. durch Umschichtung im Haushaltsplan oder Erhöhung der gesetzlichen Ermächtigung zur Kreditaufnahme durch Änderung des Haushaltsgesetzes). Art. 79 muss insoweit ein **Initiativrecht des Parlaments zur Änderung des Haushaltsgesetzes**[4] implizieren – im Gegensatz zum „normalen" Haushaltsaufstellungsverfahren (Rn. 26 zu Art. 78) –, da ansonsten für die notwendige Deckung nicht gesorgt werden kann. Der bloße Verweis auf Einsparmöglichkeiten im Haushaltsvollzug genügt nicht.

c) **Ohne konkreten Deckungsvorschlag** beschlossene Gesetze sind nicht verfassungs- **3** konform zu Stande gekommen, so dass der Ministerpräsident nach Art. 76 I die Ausfertigung verweigern muss.[5] Fertigt er gleichwohl aus und wird das Gesetz im GVBl veröffentlicht, so ist es nichtig.

2. Entstehung

Eine vergleichbare Vorschrift war weder im VE noch im E enthalten und kam erst auf **4** Vorschlag von *Nawiasky* in den Verfassungstext.[6]

3. Verhältnis zum Grundgesetz

S. Rn. 7 ff. zu Art. 78. **5**

Art. 80 [Rechnungslegung; Rechnungshof]

(1) [1]Über die Verwendung aller Staatseinnahmen legt der Staatsminister der Finanzen im folgenden Rechnungsjahr zur Entlastung der Staatsregierung dem Landtag Rechnung. [2]Die Rechnungsprüfung erfolgt durch einen mit richterlicher Unabhängigkeit ausgestatteten Rechnungshof.
(2) [1]Der Landtag wählt auf Vorschlag der Staatsregierung den Präsidenten des Rechnungshofs. [2]Die Wahldauer beträgt 12 Jahre. [3]Wiederwahl ist ausgeschlossen. [4]Er kann ohne seine Zustimmung vor Ablauf seiner Amtszeit nur abberufen werden, wenn eine entsprechende Anwendung der Vorschriften über die Amtsenthebung von Richtern auf Lebenszeit dies rechtfertigt. [5]Die Durchführung eines Amtsenthebungsverfahrens bedarf der Zustimmung des Landtags mit Zweidrittelmehrheit seiner Mitgliederzahl.
(3) Das Nähere wird durch Gesetz geregelt.

Parallelvorschriften im GG und anderen Landesverfassungen: Art. 114 GG; Art. 83 BaWüVerf; Art. 94, 95 BerlVerf; Art. 106, 107 BbgVerf; Art. 133, 133 a BremVerf; Art. 70, 71 HmbVerf; Art. 144 HessVerf; Art. 67, 68 M-VVerf; Art. 69, 70 NdsVerf; Art. 86, 87 NRWVerf; Art. 120 RhPfVerf; Art. 106 SaarlVerf; Art. 99, 100 SächsVerf; Art. 97, 98 VerfLSA; Art. 55–57 SchlHVerf; Art. 102, 103 ThürVerf.

---

[1] *Meder,* Art. 79 Rn. 1.
[2] VerfGH 53, 42 (64): Sicherung der „finanziellen Stabilität des Staates".
[3] *Meder,* Art. 79 Rn. 1.
[4] Es handelt sich hierbei nicht um das Nachtragshaushaltsgesetz i. S. d. Art. 33 BayHO.
[5] *Nawiasky,* S. 161.
[6] Prot. I, S. 157.

Rechtsprechung: VerfGH 21, 108. BVerfGE 20, 56; 79, 311.

Literatur[1]: *Grupp,* Die Stellung der Rechnungshöfe in der Bundesrepublik Deutschland, 1972; *Stern,* Bundesrechnungshof und Finanzkontrolle aus verfassungsrechtlicher Sicht, DÖV 1990, 261; *Blasius,* Der Rechnungshof als körperschaftlich-kollegial verfasste unabhängige Einrichtung, JZ 1990, 954; *v. Böning/v. Mutius (Hrsg.),* Finanzkontrolle im repräsentativ-demokratischen System, 1990; *Wieland,* Rechnungshofkontrolle im demokratischen Rechtsstaat, DVBl. 1995, 894; *Degenhart/Schulze-Fielitz,* Kontrolle der Verwaltung durch Rechnungshöfe, VVDStRL 55 (1996), 190 ff., 231 ff.

I. Allgemeines

1. Bedeutung

1   Art. 80 regelt das vierte, fünfte und sechste Element des Systems **„Budgetkreislauf"**.[2] Dieser besteht aus den Elementen **(1)** Haushaltsaufstellung, **(2)** parlamentarische Haushaltsberatung und -feststellung, **(3)** Haushaltsvollzug, **(4)** Rechnungslegung, **(5)** Rechnungsprüfung und **(6)** Entlastung. Rechnungslegung, unabhängige Rechnungsprüfung und Entlastung sind notwendige Ergänzungen des parlamentarischen Budgetrechts (sog. **Budgetkontrolle**[3]). Dem Vertrauen folgt die Kontrolle, der (positiv verlaufenen) Kontrolle das Vertrauen. Für *Nawiasky* ist die jährliche Rechnungslegung eine „Selbstverständlichkeit", die Beauftragung des Finanzministers damit liege „in der Natur der Sache".[4] Die **Rechnungslegung** durch die Exekutive bedarf der Kontrolle, Objektivierung und Vermeidung von Verzerrungen seitens der Staatsregierung und daher der Prüfung durch eine **unabhängige Instanz,** den **Rechnungshof.** Der Rechnungshof ist gewissermaßen die **„Judikative" des Staatshaushaltsrechts.** Das Nähere wird nach Art. 80 III durch Gesetz geregelt: dazu sind ergangen:

   – das Gesetz über den Bayerischen Obersten Rechnungshof (Rechnungshofgesetz – RHG)[5], in dem Einzelheiten über den Obersten Rechnungshof (ORH), insbesondere über die richterliche Unabhängigkeit der Mitglieder des ORH (Art. 5 ff. RHG), geregelt sind,

   – sowie Art. 70 ff. BayHO (Vorschriften über Zahlungen, Buchführung und die Rechnungslegung), Art. 88 ff. BayHO (Rechnungsprüfung) und Art. 114 BayHO (Entlastung).

2   Der Landtag ist bei seiner Kontrolle und bei der Beschlussfassung über die Entlastung der Staatsregierung weder an die Rechnungslegung des Staatsministers der Finanzen noch an die Rechnungsprüfung durch den Rechnungshof gebunden.[6] Der Beschluss über die **Entlastung** (die Beschlussfassung richtet sich nach Art. 23) ist eine **politische Entscheidung ohne unmittelbare rechtliche Wirkung.**

---

[1] Vgl. auch die umfangreichen Nachweise im Lit.-Verz. zur Kommentierung von *Schwarz,* in: v. Mangoldt/Klein/Starck, Art. 114 Rn. 127.

[2] *Siekmann,* in: Sachs, Art. 114 Rn. 3 nimmt 4 Elemente an.

[3] *Meder,* Art. 80 Rn. 1.

[4] *Nawiasky,* S. 161.

[5] Vom 23. Dezember 1971 (BayRS 630 – 15 – F) in der jeweils geltenden Fassung.

[6] *Meder,* Art. 80 Rn. 1.

2. Entstehung

Die Prinzipien der Rechnungslegung und unabhängigen Rechnungsprüfung haben 3
ein Vorbild in §§ 57 II, 69 I, 84 II, III VU 1919. Die Tradition eines unabhängigen Rechnungshofes reicht bis ins frühe 19. Jahrhundert.[7] Art. 48 VE und Art. 55 E enthielten Abs. 1
Satz 1 fast wörtlich. Hinsichtlich Abs. 1 Satz 2 beschränkten sie sich darauf, die Rechnungsprüfung der näheren Regelung durch ein Gesetz zu überantworten. Im VA wurde die endgültige Fassung des Abs. 1 Satz 2 beschlossen. Die nähere Regelung durch Gesetz war in
Abs. 1 Satz 3 vorgesehen. Ursprünglich bestand Art. 80 nur aus einem Absatz, der durch
drei Sätze gebildet wurde. Durch § 1 Nr. 14 des Gesetzes zur Änderung der Verfassung des
Freistaates Bayern **(Verfassungsreformgesetz** – Reform von Landtag und Staatsregierung) vom 20. Februar 1998[8] erhielt Art. 80 unter Beibehaltung der bisherigen Sätze 1 und
2, die Absatz 1 wurden, die jetzige Fassung.[9]

3. Verhältnis zum Grundgesetz

Art. 80 wird durch Art. 114 GG in seiner Geltung **nicht beeinflusst,** da dieser das Bun- 4
deshaushaltsrecht betrifft, mithin keine Normkollision vorliegt. Bund und Länder sind in
ihrer Haushaltswirtschaft selbständig und voneinander unabhängig (Art. 109 I GG). Das
auf der Basis des Art. 109 III GG erlassene **Haushaltsgrundsätzegesetz** (Rn. 11 zu
Art. 78) enthält Vorgaben für die Rechnungslegung (§§ 32 ff. HGrG) sowie für die Prüfung und Entlastung (§§ 42 ff. HGrG). Diese Grundsätze sind durch das RHG und die
Art. 70 ff., 88 ff., 114 BayHO in Landesrecht umgesetzt.

II. Einzelkommentierung

1. Die Rechnungslegung durch den Staatsminister der Finanzen

a) **Rechnungslegung** ist der Nachweis, dass der Haushaltsplan nach Zweckbestim- 5
mung und Zahlungsflüssen betragsmäßig und haushaltsrechtlich korrekt vollzogen wurde. Die Rechnungslegung umfasst „alle Einnahmen und Ausgaben des abgelaufenen
Haushaltsjahres" (Art. 114 I BayHO).[10]

b) „Federführend" für die Rechnungslegung ist nach Art. 80 I 1[11] der **Staatsminister** 6
der Finanzen. Rechnungspflichtig ist allerdings die gesamte Staatsverwaltung (arg.
Art. 80 I 1 BayHO): Alle zuständigen Stellen haben für jedes Haushaltsjahr auf der Grundlage der abgeschlossenen Bücher Rechnung zu legen. Das Staatsministerium der Finanzen
stellt auf dieser Grundlage die Haushaltsrechnung auf.[12] Näheres dazu regeln die Art. 81 ff.
BayHO.

c) Der Staatsminister der Finanzen übermittelt die Haushaltsrechnung dem Landtag 7
„im folgenden Rechnungsjahr". **Unterlässt** er dies ohne hinreichenden Grund, kann die
Vorlage nicht durch einen anderen Staatsminister oder gar die Staatsregierung ersetzt werden.[13] Konsequenz der Weigerung wird notfalls die Entlassung des Finanzministers nach
Art. 45 sein. In Betracht kommt auch ein Verfahren nach Art. 59, 61.

---

[7] Verordnung über das Finanzrechenwesen für das Königreich vom 11. 1. 1826 (RBl. S. 169).

[8] GVBl S. 39.

[9] In Begründung zum Gesetzentwurf finden sich keine Erläuterungen zum Motiv dieser Änderungen, vgl. LT-Drs 13/9366, S. 7 f.

[10] Vgl. auch BVerfGE 79, 311 (327).

[11] Insoweit ist Art. 80 I 1 als verfassungsunmittelbare Aufgabenzuweisung an einen Staatsminister
lex specialis zu Art. 53 S. 2.

[12] Das Nähere hat das Staatsministerium der Finanzen nach Art. 80 I 2 BayHO im Einvernehmen
mit dem Obersten Rechnungshof bestimmt in der Bek. über Richtlinien der Rechnungslegung über
Einnahmen und Ausgaben des Freistaates Bayern (Rechnungslegungsrichtlinien – RlR) vom 3. März
2006 (FMBl S. 43).

[13] *Siekmann,* Art. 114 Rn. 9.

2. Die Rechnungsprüfung durch den Rechnungshof

8   Zur Rechnungslegung tritt deren **Prüfung** durch den unabhängigen ORH, der dem Landtag und der Staatsregierung unmittelbar berichtet (Art. 114 I 2 BayHO). Die Einzelheiten zur Rechnungsprüfung durch den ORH sind in Art. 88 ff. BayHO geregelt. Die Prüfung erstreckt sich nach Art. 90 BayHO u. a. auf die Einhaltung der für die Haushalts- und Wirtschaftsführung geltenden Vorschriften und Grundsätze, insbesondere auch auf die wirtschaftliche und sparsame Verwendung der Mittel (Rn. 23 zu Art. 78; Art. 90 Nr. 3 BayHO). Haushaltsgesetz und Haushaltsplan sind Prüfungsmaßstab, nicht Prüfungsgegenstand.[14] Es ist nicht Aufgabe des ORH, über die Verfassungsmäßigkeit des Haushaltsgesetzes oder dessen politische Zweckmäßigkeit zu beraten. Der ORH kann monieren, dass eine Ausgabe nicht hätte erfolgen dürfen (Art. 90 Nr. 1 BayHO), nicht ordnungsgemäß belegt ist (Art. 90 Nr. 2 BayHO) oder eine Angelegenheit mit weniger Mittelaufwand hätte erreicht werden können (Art. 90 Nr. 3 BayHO), verwehrt ist ihm die Behauptung falscher politischer oder verfassungswidriger Prioritätensetzung.[15] Dies ist allein Entscheidung des Parlaments. Insofern hat der ORH **„political self restraint"** zu üben. Der ORH ist **kein Nebenverfassungsgericht.** Verstöße des ORH dagegen können nach h. M.[16] nicht zu einem Verfahren nach Art. 64 führen, da der ORH kein oberstes Staatsorgan (und auch kein Teil davon) ist, sondern eine „nur dem Gesetz unterworfene oberste Staats*behörde*" (Art. 1 I RHG).[17] Art. 80 II S. 4 und 5 sind lex specialis für die Reaktion auf Pflichtverstöße des Präsidenten des ORH.

3. Die Entscheidung über die Entlastung

9   a) Nach Maßgabe des Art. 97 BayHO fasst der ORH das Ergebnis seiner Prüfung jährlich in einem **Bericht** für den Landtag zusammen.[18] Auf der Basis der Haushaltsrechnung des Staatsministers der Finanzen und des Prüfberichts des ORH, an den der Landtag nicht gebunden ist, „stellt der Landtag die wesentlichen Sachverhalte fest und beschließt über die Entlastung der Staatsregierung" (Art. 114 II BayHO). Die Entscheidung darüber, ein schlichter Parlamentsbeschluss, steht im **politischen Ermessen** des Landtags.[19] Eine Verweigerung der Entlastung dürfte jedoch gegen den Grundsatz der **Organtreue** zwischen Landtag und Staatsregierung verstoßen, wenn Rechnungslegung und Prüfbericht nicht oder nur in geringem Umfang Anlass zur Beanstandung geben.[20] Die Entlastung kann nur im Ganzen erteilt oder verweigert werden.[21]

---

[14] *Meder,* Art. 80 Rn. 2; vgl. auch BVerfGE 20, 56 (96).

[15] Nicht verwehrt ist es dem ORH dagegen, auf Grund seiner Prüfungserfahrungen Landtag, Staatsregierung und Staatsministerien zu beraten, vgl. Art. 88 II, III BayHO.

[16] *Meder,* Art. 64 Rn. 1.

[17] Str. für den BRH, vgl. *Siekmann,* Art. 114 Rn. 25. Überzeugender wäre es, den ORH als organklagefähig anzusehen, da er immerhin verfassungsunmittelbar vorgesehen und mit eigener Kompetenz ausgestattet ist. Die Prüfungstätigkeit und deren Ergebnisse können aber nicht unmittelbarer Gegenstand der verfassungsgerichtlichen Kontrolle sein.

[18] Der ORH hat nach Maßgabe des einfachen Rechts ein mehrfaches Aufgabenspektrum: (1) Periodische Prüfung der Haushaltsrechnung nach Art. 80 I 2 BV i. V. m. Art. 97 I, 114 I 2 BayHO. (2) Unabhängig von (1) die Prüfung der gesamten Haushalts- und Wirtschaftsführung des Staates einschließlich seiner Betriebe und Sondervermögen durch den ORH selbst oder durch die Staatlichen Rechnungsprüfungsämter (Art. 88 I 1, 2 BayHO i. V. m. Art. 13, 14 RHG). (3) Prüfung der Haushalts- und Wirtschaftsführung der landesunmittelbaren juristischen Personen des öffentlichen Rechts, soweit nicht etwas anderes bestimmt ist (Art. 111 BayHO). (4) Beratung der Staatsregierung und Erstattung von Gutachten nach Art. 88 II, III BayHO. Ob jeweils das Große oder das Kleine Kollegium des ORH entscheidet, richtet sich nach 8 RHG.

[19] *Siekmann,* Art. 114 Rn. 21 ff.

[20] *Jarass/Pieroth,* Art. 114 Rn. 3. Insoweit kommt ein Organstreit nach Art. 64 in Betracht.

[21] *Jarass/Pieroth,* Art. 114 Rn. 3.

b) Der Landtag hat bzgl. der Beschlussfassung mehrere **Optionen:** 10

(1) **Erteilung der Entlastung ohne Vorbehalt;** diese hat politischen Charakter und befreit nicht von zivil- oder strafrechtlicher Verantwortung.[22]

(2) **Erteilung der Entlastung unter Ersuchen** der Staatsregierung, bestimmte Maßnahmen einzuleiten (Art. 114 III Hs. 1, IV BayHO), unter ausdrücklicher **Missbilligung** bestimmter Sachverhalte (Art. 114 V BayHO) oder unter **Zurückverweisung** einzelner Sachverhalte zur weiteren Aufklärung an den ORH (Art. 114 III Hs. 2 BayHO).

(3) **Verschiebung** der Entscheidung über die Entlastung unter Zurückweisung einzelner Sachverhalte zur weiteren Aufklärung durch den ORH (Art. 114 III Hs. 2 BayHO).

(4) **Verweigerung der Entlastung,** ggf. unter ausdrücklicher Missbilligung.

c) Die Verweigerung kann neben strafrechtlichen oder zivilrechtlichen Folgen ver- 11 schiedene **Konsequenzen** nach sich ziehen: **(1)** Rücktritt des Ministerpräsidenten (und der Staatsregierung) nach Art. 44 III 2, 3; **(2)** Entlassung des betroffenen Staatsministers oder Staatssekretärs mit Zustimmung des Landtags nach Art. 45; **(3)** Einsetzung eines Untersuchungsausschusses nach Art. 25; **(4)** Ministeranklage (Art. 59, 61) und Organstreitigkeit (Art. 64) vor dem VerfGH. **(5)** Innerhalb des jeweiligen Ministeriums oder der nachgeordneten Behörden können Beamte, die für Unregelmäßigkeiten im Haushaltsvollzug verantwortlich sind, nach Maßgabe des Disziplinarrechts belangt werden.

4. Die Rechtsstellung des Obersten Rechnungshofs

a) Der **ORH** (mit Sitz in München, Art. 1 II RHG) ist nach Art. 80 I 2 mit **richter-** 12 **licher Unabhängigkeit** auszustatten. Dies bedeutet ein doppeltes: Zum einen muss der ORH als oberste Staatsbehörde unabhängig, also weisungsfrei und nur dem Gesetz unterworfen sein, zum anderen müssen die prüfenden Mitglieder des ORH unabhängig sein. Ein Gesetz nach Abs. 3, das dem nicht entspricht, ist verfassungswidrig. Der ORH wird damit nicht zum Gericht im Sinne der Judikative[23], er ist eine Behörde sui generis „zwischen" den Gewalten, der von Verfassungs wegen Unabhängigkeit zukommt. Dem ORH müssen deswegen auch keine richterlichen Zwangsbefugnisse eingeräumt werden. Dem Präsidenten und den einzelnen Mitgliedern des ORH[24] muss eine Rechtsposition eingeräumt werden, die der eines unabhängigen Richters entspricht. Demgemäß regelt Art. 6 RHG, dass die Mitglieder des ORH unabhängig und nur dem Gesetz unterworfen sind. Zudem sind **Weisungen** der Staatsregierung (oder eines Staatsministeriums) und des Landtags an den ORH verfassungsrechtlich **ausgeschlossen;** dementsprechend regelt Art. 1 I RHG, dass der Rechnungshof „nur dem Gesetz unterworfen" ist.

b) Der **Präsident des ORH,** der seit der Novellierung des Art. 80 in Abs. 2 verfas- 13 sungsunmittelbar vorgesehen ist, wird nicht mehr − wie vor der Novellierung − vom Ministerpräsidenten mit Zustimmung des Landtags ernannt, sondern auf Vorschlag der Staatsregierung vom Landtag gewählt und sodann vom Ministerpräsidenten zum Beamten auf Zeit ernannt (Art. 3 III 2; 5 I RHG i.V. m. Art. 6 I 1 Nr. 2 BayBG).[25] Die Amtszeit (der Begriff „Wahldauer" in Abs. 2 S. 2 ist verfehlt) beträgt ohne Wiederwahlmöglichkeit (Satz 3) 12 Jahre; vor der Neuregelung wurde der Präsident auf Lebenszeit ernannt. Er-

---

[22] *Siekmann*, Art. 114 Rn. 23.

[23] VerfGH 21, 108; *Meder*, Art. 80 Rn. 3. Die Mitglieder des ORH (Art. 3 I RHG; vgl. die folgende Fn.) sind dementsprechend im statusrechtlichen Sinne auch nicht Richter, sondern Beamte: der Präsident im Beamtenverhältnis auf Zeit (Art. 3 III RHG), die übrigen Mitglieder im Beamtenverhältnis auf Lebenszeit mindestens im Status eines Ministerialrats (Art. 3 III RHG).

[24] Das sind nach Art. 3 I RHG der Präsident, der Vizepräsident, die Abteilungsleiter und die Prüfungsgebietsleiter, zu den Ernennungsvoraussetzungen s. Art. 3 II RHG. Daneben gibt es weitere Beamte des ORH (vgl. Art. 5 III RHG), die nicht Mitglieder im Sinne des Art. 3 I RHG sind und keine Unabhängigkeit genießen (diese ist den Mitgliedern vorbehalten, Art. 6 I 1 RHG).

[25] Der **Vizepräsident,** der den Präsidenten vertritt (Art. 4 II RHG), und die weiteren Mitglieder (Art. 3 I RHG) werden auf Vorschlag des Präsidenten vom Ministerpräsidenten ernannt (Art. 5 II RHG). Die übrigen Beamten des ORH und der Rechnungsprüfungsämter (Art. 13, 14 RHG) werden vom Präsidenten des ORH ernannt (Art. 5 III RHG).

reicht der Präsident vor Ablauf der 12 Jahre die gesetzliche Altersgrenze für Richter, tritt er in den Ruhestand (Art. 5 I 2 RHG). Für die Wahl des Präsidenten durch den Landtag gilt Art. 23. Kommt die Wahl nicht zustande, muss die Staatsregierung einen anderen Kandidaten vorschlagen. Weder Staatsregierung noch Landtag können den Präsidenten ohne Weiteres abberufen. Die vorzeitige Beendigung des Amtes richtet sich – abgesehen von Tod und Rücktritt – nach Abs. 2 Sätze 4 und 5. Eine Abberufung ohne Zustimmung des Präsidenten (mit Zustimmung ist sie mithin jederzeit möglich) ist nur zulässig, wenn die entsprechende Anwendung der Vorschriften über die Amtsenthebung von Richtern auf Lebenszeit dies rechtfertigt (Art. 80 II 4 i.V. m. Art. 6 I S. 2 Hs. 2 RHG). Dies richtet sich nach Art. 67 ff. BayRiG. Die Durchführung eines **Amtsenthebungsverfahrens** bedarf zusätzlich der Zustimmung des Landtags mit Zweidrittelmehrheit seiner Mitgliederzahl (Abs. 2 Satz 5). Dieses Mehrheitserfordernis dient dem Schutz der Unabhängigkeit gerade bei politisch „unpopulären" Prüfungsberichten, kann aber auch dazu führen, dass gegen einen ORH-Präsidenten trotz massiver Verfehlungen ein Amtsenthebungsverfahren unterbleibt. Disziplinarbehörde ist das Präsidium des Landtags (Art. 6 IV RHG).

14   c) Die **weiteren Mitglieder** des ORH (Art. 3 RHG), also der Vizepräsident, die Abteilungs- und Prüfungsgebietsleiter werden auf Vorschlag des Präsidenten vom Ministerpräsidenten ernannt. Sie genießen nach Art. 6 RHG richterliche Unabhängigkeit, sind also an fachliche Weisungen des Präsidenten nicht gebunden.

15   d) Trotz richterlicher Unabhängigkeit ist die Tätigkeit des ORH eher der **Exekutive**[26] zuzurechnen. Greift der ORH bei seiner Tätigkeit in Rechte Dritter ein, indem er in seinem Bericht z. B. personenbezogene Daten veröffentlicht, so ist dagegen der **Verwaltungsrechtsweg** gegeben.[27] Nach Erschöpfung des Rechtswegs kommt eine Verfassungsbeschwerde nach Art. 120 in Betracht, da der ORH eine Behörde in diesem Sinne ist.[28] Grundrechtseingriffe seitens des ORH sind überhaupt nur zulässig, wenn dafür eine gesetzliche Grundlage existiert, die dem Bestimmtheitsgrundsatz entspricht. Die alleinige, auch negative Erwähnung etwa eines nach Art. 92 BayHO geprüften Unternehmens in einem Bericht stellt allerdings noch keine Grundrechtsbeeinträchtigung dar, da niemand einen Anspruch darauf hat, in der Öffentlichkeit nur so dargestellt zu werden, wie er es wünscht.[29] Anders liegt es bei Preisgabe personenbezogener Daten, von Geschäftsgeheimnissen oder bei unwahren Behauptungen.

Art. 81 [Grundstockvermögen]

[1]Das Grundstockvermögen des Staates darf in seinem Wertbestand nur auf Grund eines Gesetzes verringert werden. [2]Der Erlös aus der Veräußerung von Bestandteilen des Grundstockvermögens ist zu Neuerwerbungen für dieses Vermögen zu verwenden.

Parallelvorschriften im GG und anderen Landesverfassungen: Art. 93 II BerlVerf; Art. 72 III HmbVerf; Art. 66 M-V Verf; Art. 63 NdsVerf; Art. 92 VerfLSA.

Rechtsprechung: VerfGH 7, 86; 22, 129.

Literatur: Freudling, Grundstock und Grundstockvermögen, BayVBl. 1955, 101.

---

[26] A. A. für den BRH *Siekmann,* Art. 114 Rn. 2: „zwischen den Gewalten".

[27] *Kopp,* VwGO, 14. Aufl. 2005, § 40 Rn. 28 m. w. N. und Rn. 35.

[28] VerfGH 21, 108.

[29] BVerfGE 105, 252 (265); 279 (294).

I. Allgemeines

1. Bedeutung

Art. 81 ist eine Vorschrift zum **Schutz des Staatsvermögens** und soll einer – in einer **1** Parteiendemokratie stets drohenden – Verschleuderung des „Tafelsilbers" entgegenwirken. In Art. 81 kommt – wie in Art. 82 – der Gedanke der **Nachhaltigkeit** im Staatshaushaltsrecht zum Ausdruck.[1] Im Grundsatz muss das Staatsvermögen in seinem Wertbestand erhalten bleiben. Davon lässt Satz 1 eine Ausnahme auf Grund Gesetzes zu, die allerdings der besonderen Rechtfertigung bedarf. Satz 2 stellt sicher, dass die Erhaltung des Grundstockvermögens nicht zu seiner Versteinerung führt, sondern dass Veräußerungen zulässig sind, wenn der Erlös **grundstockskonform** eingesetzt wird.

Art. 81 verbürgt **weder** ein **Grundrecht** noch **ein sonstiges subjektives Recht**[2], ist **2** jedoch „Richtschnur für die Rechtsauslegung".[3] Ein Verstoß gegen Art. 81 kann mithin weder mit der Popularklage noch mit der Verfassungsbeschwerde geltend gemacht werden. Art. 81 stellt eine **Ausnahme vom Vollständigkeitsprinzip** des Art. 78 I dar, da die das Grundstockvermögen betreffenden Einnahmen und Ausgaben nicht im Haushaltsplan selbst veranschlagt werden.[4] Art. 81 gilt nur für das Grundstockvermögen des Staates, nicht für den Vermögensbestand anderer juristischer Personen des öffentlichen Rechts, insbesondere nicht für Gemeinden.[5]

2. Entstehung

Vorbild ist § 47 III VU 1919[6], der allerdings „strenger" gefasst war, die Erhaltung des **3** Grundstockvermögens unbedingt vorschrieb und zwar eine Veräußerung kraft gesetzlicher Ermächtigung vorsah, nicht indes eine Wertminderung zuließ. Weder der E noch der VE enthielten eine entsprechende Vorschrift. Sie wurde auf Vorschlag von *Nawiasky* im VA eingefügt.[7] Angesichts der Not der Zeit wurde die Vorschrift insoweit großzügiger gefasst als § 47 III VU 1919, als die Verminderung des Grundstockvermögens in seinem Wertbestand durch Gesetz möglich ist, etwa zur verbilligten Abgabe von Land zu **Siedlungszwecken.**

3. Verhältnis zum Grundgesetz

Eine Kollision mit dem GG oder sonstigem Bundesrecht ist nicht erkennbar. Das GG **4** enthält selbst keine Verfassungsnorm zu Gunsten des Vermögens der Bundesrepublik Deutschland.

---

[1] Vgl. dazu bereits Rn. 2 zu Art. 78.

[2] VerfGH 22, 129 (Ls. 2).

[3] *Birkner*, Bayerisches Haushaltsrecht, 2007, Erl. Nr. 1 zu Art. 81 BV.

[4] *Freudling*, 103, der Art. 81 als „Sonderhaushaltsgesetz" bezeichnet. Satz 2 stellt zudem eine Ausnahme vom allgemeinen Deckungsprinzip (Art. 8 BayHO) dar.

[5] Vgl. aber die einfachrechtliche Regelung in Art. 75 I GO; Art. 69 I LKrO; Art. 67 BezO.

[6] Bereits die VU von 1818 enthielt in Titel III strenge Vorschriften zum Erhalt des „Staatsguts": „unveräußerlich".

[7] Prot. I, S. 160 ff. Der Vorschlag von *Nawiasky* orientierte sich an § 47 III VU 1919, wurde im Verlauf der Beratungen aber abgeschwächt, insbesondere mit dem Argument, der Staat müsse Land für Siedlungsprojekte auch unter dem eigentlichen Wert abgeben können (was Wertminderungen beim Grundstockvermögen impliziert); vgl. zur Entstehungsgeschichte auch VerfGH 7, 86 (91 ff.).

II. Einzelkommentierung

1. Das Grundstockvermögen des Staates

5   a) Seit der frühen **Rechtsprechung des VerfGH** vom 3. 11. 1954 ist „*als Grundstockvermögen alles Vermögen des Staates zu erachten, das nicht als Kassenbestand, Reserven (Rücklagen) oder Einnahmen durch den Haushaltsplan oder gesetzliche Anordnung für einen bestimmten Staatszweck zur Verfügung gestellt ist; es umfasst Verwaltungsvermögen, die zur allgemeinen Benutzung oder zum Gemeingebrauch bestimmten Sachen und die Bestände des Finanzvermögens*".[8] Der Verfassungsgeber habe keinen neuen Begriff des Grundstockvermögens schaffen wollen, sondern sei von dem herkömmlichen, bereits in § 47 III VU 1919 verwendeten Begriff ausgegangen.[9]

6   b) Diese Begriffsbestimmung bedarf der **Präzisierung.** Das Grundstockvermögen umfasst[10]:

(1) das **Verwaltungsvermögen:** darunter fallen alle Sachen, die unmittelbar mit ihrem Gebrauchswert als Mittel der öffentlichen Verwaltung verwendet werden (Beispiele: Grundstücke mit Amtsgebäuden, entsprechende dingliche Rechte, werthaltige Gebäudeeinrichtung),

(2) die zur allgemeinen Benutzung oder zum **Gemeingebrauch** bestimmten im Eigentum des Staates stehenden Sachen (z. B. Grundstücke, die als öffentliche Straßen gewidmet sind; Sammlungsgegenstände),

(3) Bestände des **Finanzvermögens,** deren Wert und Ertrag mittelbar öffentlichen Aufgaben dienen (z. B. Staatsbeteiligungen an Unternehmen),

(4) den **Grundstock,** d. i. „der in Geld bestehende Teil des Grundstockvermögens" (Art. 113 II BayHO).[11] „Grundstock" und „Grundstockvermögen" sind nicht identisch, Ersterer ist ein Teil des zweiten in der Rechtsmodalität eines nicht rechtsfähigen Sondermögens (Art. 113 II BayHO).[12]

7   c) Maßgeblich dafür, ob eine Sache oder ein Vermögenswert dem Grundstockvermögen im Sinne von Rn. 6 **zuzurechnen** ist, ist der Wille des zuständigen Staatsorgans.[13] Werden Sachen erworben, um sie bei nächster Gelegenheit wiederzuveräußern[14], gehören diese nicht zum Grundstockvermögen.[15] Im Zweifel müsse sich – so der VerfGH – aus der Natur des Gegenstandes selbst oder aus seiner „Erwerbsgeschichte" feststellen lassen, ob er Grundstockvermögen sei oder nicht.[16] Wichtige Indizien sind der längerfristige Verbleib

---

[8]   VerfGH 7, 86 (Ls. 1, 93); *Meder,* Art. 81 Rn. 2.

[9]   VerfGH 7, 86 (93).

[10]   Vgl. dazu auch die Bekanntmachung „Grundstockvermögen des Staates und Grundstock (Grundstocksbekanntmachung – GrstBek)" des Bayerischen Staatsministeriums der Finanzen vom 8. August 2002 (StAnz Nr. 34, FMBl S. 268, ber. S. 336), Nr. 2.

[11]   Geld im reinen Kassenbestand gehört nicht zum Grundstock.

[12]   Dieses Sondervermögen, für das Art. 81 ohne Abstriche gilt, hat die Funktion, „Erlöse aus der Verwertung von Gegenständen des Grundstockvermögens aufzunehmen, um sie unter Beachtung der Grundsätze der Wirtschaftlichkeit und Sparsamkeit (Art. 7 BayHO) und unter sorgfältiger Würdigung der jeweiligen Bedürfnisse des Staates zu Neuerwerbungen für das Grundstockvermögen zu verwenden", vgl. Nr. 3.1 GrstBek sowie Art. 63 ff. BayHO. Die Zugänge zum und die Aufwendungen aus dem Grundstock sind nicht über den allgemeinen Staatshaushalt abzuwickeln. Diese Geldbewegungen werden in der „Grundstockrechnung" belegt. Die zu Beginn des Haushaltsjahres vorhandenen Mittel im Grundstock werden in einer Anlage zum Haushaltsplan aufgeführt (Art. 26 II 2 BayHO). Der Grundstock gliedert sich in zwei Abteilungen: „Allgemeine Landesverwaltung", „Forstgrundstock" (Nr. 3.3 GrstBek). Letzterer dient der Erhaltung des Forstvermögens als solchem und hat insofern auch eine naturschutzrechtliche Dimension.

[13]   VerfGH 7, 86 (93).

[14]   Beispiele in Nr. 2.4 der GrstBek: Erwerb von Grundstücken durch den Staat als Gläubiger im Rahmen von Zwangsversteigerungsverfahren; Erwerb von Wertpapieren zur Kursstützung.

[15]   Geschieht dies mit Mitteln des Grundstocks und liegt darin eine Wertminderung des Grundstockvermögens, bedarf es nach Art. 81 S. 1 eines förmlichen Gesetzes.

[16]   VerfGH 7, 86 (93). Die staatseigenen Anteile an der früheren Maximilianshütte waren danach Grundstockvermögen.

im Staatsvermögen und die Zweckbindung im Hinblick auf die staatliche Aufgabenerfüllung.[17] Auch aus allgemeinen Haushaltmitteln erworbene Gegenstände können daher zum Grundstockvermögen gehören.[18]

Bewegliche **Gegenstände,** die zum **Verbrauch** bestimmt sind oder dem **Verschleiß** **8** unterliegen und daher regelmäßig zu erneuern sind (z. B. Büroausstattung der Behörden, Fuhrpark der Polizei und Polizeihubschrauber), sind regelmäßig kein Grundstockvermögen.[19] Ein Gegenstand, der zunächst nicht dem Grundstockvermögen angehört, kann durch Änderung des Verwendungszwecks zu einem solchen werden. Umgekehrt kann ein Gegenstand, der einmal Grundstockvermögen geworden ist, diesen Status nicht mehr ohne weiteres[20], sondern nur unter Einhaltung der in Art. 81 geregelten Anforderungen verlieren. Der Staat darf mithin nicht dem Grundstockvermögen angehörende Grundstücke, Unternehmensbeteiligungen etc. „umwidmen" und unter Umgehung des Art. 81 (etwa zur Haushaltskonsolidierung) veräußern.

d) Es kommt für die **Zuordnung zum Grundstockvermögen** nicht darauf an, wel- **9** cher Art der Vermögensgegenstand ist; Grundstockvermögen können sein: Grundstücke, grundstücksgleiche Rechte, bewegliche Sachen (z. B. Kunstwerke und Sammlungsgegenstände, wie z. B. Gemälde, wertvolle historische Gegenstände und Urkunden), Wertpapiere, Geschäftsanteile, Rechte auf „Heimfall eines Vermögensgegenstandes"[21], Forderungen sowie sonstige Rechte wie z. B. Patente[22] etc. Ferner kommt es nicht darauf an, aus welchem Rechtsgrund ein Gegenstand in das Vermögen des Staates gelangt ist (Gesetz [z. B. Legalenteignung], Rechtsgeschäft, Vererbung, Verwaltungsakt [z. B. Administrativenteignung]).

e) Die **Erträge** des Grundstockvermögens (Mieteinnahmen, Zinsen, Dividenden, Li- **10** zenzerlöse) wachsen nicht diesem zu, sondern sind Haushaltseinnahmen.[23] Entsprechend sind die mit dem Grundstockvermögen im wirtschaftlichen Zusammenhang stehenden **Lasten** (z. B. Gebäudeunterhalt) Haushaltsausgaben.[24]

2. Die Verringerung des Wertbestandes des Grundstockvermögens (Art. 81 Satz 1)

a) Art. 81 S. 1 enthält **vier Aussagen,** davon drei geschriebene und eine ungeschriebene: **11**
aa) Die Veräußerung oder sonstige Veränderung von Grundstockvermögen ist **ohne gesetzliche Regelung** möglich, wenn **keine Verringerung im Wertbestand** des Grundstockvermögens eintritt. Die Exekutive darf Vermögensgegenstände des Grundstockvermögens ohne gesetzliche Ermächtigung veräußern oder belasten, wenn ein dem Verkehrswert entsprechender Preis[25] erzielt wird oder marktübliche Vertragsmodalitäten beachtet werden. Daneben sind Art. 63 ff. BayHO und die VV-BayHO dazu, insbesondere der Landtagsvorbehalt in Art. 64 II BayHO zu beachten.

---

[17] Nach Nr. 2.4 GrstBek sind Grundstücke und grundstücksgleiche Rechte „regelmäßig" Grundstockvermögen.

[18] Dies kann zu einem Anwachsen des Grundstockvermögens führen, wenn der Grundstock nicht ausreichend dotiert ist und Neuerwerbungen (z. B. Grundstücke für den Bau neuer Einrichtungen, Unternehmensbeteiligungen), die in den dauerhaften Bestand des Staatsvermögens, also des Grundstockvermögens, eingehen sollen, aus Haushaltmitteln finanziert werden, vgl. dazu *Birkner* (Fn. 3), Erl. Nr. 2 zu Art. 81 BV.

[19] GrstBek Nr. 2.1 a. E.

[20] VerfGH 7, 86 (93).

[21] GrstBek Nr. 2.2.1.

[22] Vgl. § 42 ArbErfG. Die Überlassung von Patenten an Wissenschaftler, etwa im Zuge von Unternehmensgründungen oder im Zuge von Ausgründungen, ist möglich, soweit sie nach Maßgabe von marktüblichen Bedingungen erfolgt.

[23] Keine Erträge sind grundsätzlich „übermäßige Ausbeuten, die den Substanzwert beeinträchtigen" (Nr. 2.5 GrstBek, dort auch zu Ausnahmen).

[24] Vgl. Nr. 2.5 GrstBek.

[25] VerfGH 7, 86 (95); etwa Verkehrswert des Grundstücks, der Börsenkurs bei Unternehmensbeteiligungen usw.

12   bb) Die **Verringerung des Wertbestandes** des Grundstockvermögens ist von Verfassungs wegen **nicht ausgeschlossen.** Das frühere verfassungsrechtliche Verringerungsverbot (§ 47 III VU 1919) wurde ausweislich der Entstehungsgeschichte des Art. 81 ausdrücklich gelockert.[26]

13   cc) Voraussetzung für eine Wertverringerung[27] ist eine gesetzliche Regelung im Sinne eines **förmlichen Parlamentsgesetzes,** eine Rechtsverordnung genügt nicht.[28] Die wertmindernde Verwendung[29] des Grundstockvermögens kann im Gesetz selbst vorgesehen sein, sie kann aber auch kraft gesetzlicher Ermächtigung („auf Grund eines Gesetzes") durch die Exekutive erfolgen.[30] Der − wenn auch unter dem Verkehrswert liegende − Erlös ist nach S. 2 zu Neuerwerbungen für das Grundstockvermögen zu verwenden (Rn. 16 ff.).

14   dd) Die Wertminderung ist − trotz gesetzlicher Regelung − **nicht ohne weiteres** zulässig, sondern muss eigens gerechtfertigt werden. Notwendig ist ein **„zwingendes Interesse des allgemeinen Wohls".**[31] Es können die aus der Grundrechtsdogmatik bekannten Grundsätze der **Verhältnismäßigkeitsprüfung** im Sinne eines Regel-Ausnahme-Verhältnisses herangezogen werden[32]: Eine gesetzliche Regelung, die eine Wertminderung des Grundstockvermögens beinhaltet oder zulässt, ist verfassungskonform, wenn damit ein verfassungsrechtlich legitimer Zweck verfolgt wird, die grundstockmindernde Maßnahme zur Realisierung dieses Zwecks geeignet und erforderlich ist und der Zweck und die Wertminderung im Grundstock zueinander in einem angemessenen Verhältnis stehen.

15   b) Trifft die Exekutive eine das Grundstockvermögen in seinem Wert verringernde Maßnahme, ohne dass eine gesetzliche Grundlage dies rechtfertigt (sei es, dass ein Gesetz überhaupt fehlt, sei es, dass es zwar existiert, jedoch nichtig ist), sind die zivilrechtlichen Rechtsgeschäfte (Verpflichtungs- und Verfügungsgeschäft) **nichtig.**[33] Ein guter Glaube des Erwerbers wird nicht geschützt; allerdings können Ansprüche des potenziellen Erwerbers aus culpa in contrahendo in Betracht kommen. Die Nichtigkeitskonstruktion überzeugt nicht völlig. Vielmehr sollte zivilrechtlich davon ausgegangen werden, dass die Rechtsgeschäfte schwebend unwirksam sind und der Gesetzgeber die Wirksamkeit durch den nachträglichen Erlass einer gesetzlichen Grundlage herstellen kann.

3. Die grundstockkonforme Verwendung des Erlöses (Art. 81 S. 2)

16   a) Erlöse aus der Veräußerung von Bestandteilen des Grundstockvermögens sind für Neuerwerbungen für das Grundstockvermögen zu verwenden. Dies gilt sowohl für die Veräußerung zum Verkehrswert als auch für eine darunter liegende auf gesetzlicher Grundlage nach Satz 1. Von diesem **Gebot grundstockkonformer Verwendung der Erlöse** ist eine **Ausnahme** auch **nicht** durch Gesetz **möglich,** da Satz 2 im Gegensatz zu Satz 1 einen Gesetzesvorbehalt gerade nicht enthält.[34] Die Erlöse dürfen damit auch nicht durch Gesetz einer anderen Verwendung als für Neuerwerbungen für das Grundstockver-

---

[26] VerfGH 7, 86 (95); Rn. 3.

[27] Auf die Modalität der Wertverringerung (unentgeltliche Abgabe, Veräußerung unter Verkehrswert etc.) kommt es nicht an. Eine Wertverringerung liegt auch vor, wenn ein Vermögensgegenstand über dem Verkehrswert aus Grundstockmitteln erworben wird.

[28] *Meder,* Art. 81 Rn. 3.

[29] In der wertmindernden Abgabe von Vermögensgegenständen aus dem Grundstockvermögen kann eine Subvention liegen, die ggf. am Maßstab des gemeinschaftsrechtlichen Beihilferechts zu beurteilen ist (Art. 87 ff. EG-Vertrag).

[30] Beispiel: Das Haushaltsgesetz ermächtigt die Staatsregierung, Grundstücke für Siedlungsprojekte unter Wert abzugeben.

[31] *Meder,* Art. 81 Rn. 3.

[32] Rn. 69 ff. vor Art. 98.

[33] BGHZ 47, 30; BayObLGZ 1995, 225 = BayVBl. 1995, 667.

[34] Allg. Meinung: *Meder,* Art. 81 Rn. 5; *Birkner,* Erl. 2 zu Art. 81 BV; deutlich VerfGH 7, 86 (95 ff.).

mögen zugeführt werden. Es ist damit von Verfassungs wegen ausgeschlossen, Grundstockvermögen zu veräußern und mit den Erlösen Schulden zu tilgen oder eine Neuverschuldung zu verhindern. Allerdings gibt es insoweit doch **Gestaltungsmöglichkeiten:** So können Erlöse aus Veräußerungen von Grundstockvermögen für ohnehin geplante Neuerwerbungen zum Grundstock (etwa Hinzukauf von Grundstücken für bestimmte Hochbauprojekte) verwendet werden, so dass diese nicht über den allgemeinen Staatshaushalt finanziert werden müssen. Die insoweit frei werdenden Mittel können eingespart, zur Schuldentilgung oder für andere Ausgaben verwendet werden.

b) Der Begriff **„Neuerwerbungen"** wird in der Literatur eng ausgelegt[35] im Sinne **17** eines *Erwerbs*vorgangs. Wertsteigernde oder -erhaltende Maßnahmen, wie die Bebauung eines Grundstücks, der Wiederaufbau eines zerstörten Gebäudes etc., dürften nach dieser Ansicht nicht aus den Erlösen nach Art. 81 S. 2 finanziert werden. Davon scheinen auch Nr. 3.6[36] und 3.7 der GrstBek auszugehen. Nr. 3.7 regelt, dass Mittel des Grundstocks, die voraussichtlich für Ankäufe entbehrlich sind, ausnahmsweise, vorbehaltlich späterer Erstattung, als Haushaltseinnahme im Haushalt veranschlagt werden können, um Ausgaben für Neubaumaßnahmen auf dem Gebiet des staatlichen Hochbaus zu decken. Neubaumaßnahmen sind mithin nach dieser Bestimmung keine Neuerwerbung, da ansonsten die Erstattungspflicht inkonsequent wäre.[37]

c) Die **Beschränkung** der Verwendung des Erlöses für „Neuerwerbungen" im engeren **18** Sinne **überzeugt nicht.** Es kann im Ergebnis keinen Unterschied machen, ob aus Grundstockerlösen ein Grundstück *mit* Neubau erworben wird (was voll aus den Erlösen nach Art. 81 S. 2 finanziert werden kann) oder ob nur ein Grundstück erworben wird (aus den Erlösen finanzierbar), das sodann bebaut wird (nach h. M. nicht aus den Erlösen finanzierbar). Entweder sollte daher der Begriff „Neuerwerbungen" in weitem Sinne ausgelegt werden, so dass auch Neubaumaßnahmen auf vorhandenem oder neu erworbenem Grund erfasst werden. Oder Art. 81 S. 2 sollte entsprechend **geändert** werden. So könnten nach dem Wort „Vermögen" die Worte „oder zu dessen Erhalt oder Wertsteigerung" eingefügt werden. Damit wäre jedenfalls mehr Flexibilität gewährleistet, ohne dass das Grundstockvermögen in seiner Substanz nachhaltig angetastet wäre.

4. Ablieferungen aus dem Grundstock an den Haushalt

a) Art. 81 S. 2 schließt **Ablieferungen** aus dem Grundstock an den „normalen" Haushalt **19** zu allgemeinen Ausgabezwecken zwar grundsätzlich aus.[38] Dies gilt allerdings nur für Erlöse aus Veräußerungen von Bestandteilen des Grundstockvermögens. Soweit im Grundstock Gelder vorhanden sind, die nicht Veräußerungserlös darstellen, ist eine Verwendung auch für andere Zwecke zulässig; möglich ist dann auch eine nicht zu erstattende Ablieferung an den Staatshaushalt. Notwendig dafür wäre aber eine gesetzliche Regelung nach Art. 81 S. 1, da in einer solchen Ablieferung eine Verringerung des Wertbestandes des Grundstockvermögens liegt (der Grundstock ist Teil des Grundstockvermögens). Eine solche Regelung kann im Haushaltsgesetz enthalten sein.[39]

b) Soweit die Gelder im Grundstock Grundstockerlöse darstellen, können diese **gegen 20 Erstattung und vorübergehend an den Haushalt abgeliefert** werden. Da Art. 81 S. 2 nicht bestimmt, dass die Grundstockerlöse sofort oder binnen einer bestimmten Frist für Neuerwerbungen zum Grundstockvermögen verwendet werden müssen, ist es verfas-

---

[35] *Schweiger,* in: Nawiasky/Schweiger/Knöpfle, Art. 81 Rn. 5.

[36] Nach Nr. 3.6.2 GrstBek. sollen die Mittel des Grundstocks in erster Linie zum Neuerwerb unbebauter und bebauter Grundstücke verwendet werden, um die für die Staatsverwaltung notwendigen Baumaßnahmen durchzuführen. Die Baumaßnahmen selbst werden offensichtlich nicht als „Neuerwerb" angesehen, so dass sie aus Haushaltsmitteln zu finanzieren sind.

[37] Allerdings kann nach dem letzten Satz der Nr. 3.7 GrstBek. im Haushaltsgesetz oder im Haushaltsplan bestimmt werden, dass eine Erstattung aus Haushaltsmitteln unterbleibt.

[38] *Freudling,* 103.

[39] Vgl. dazu Art. 9 HG 2007/2008.

sungsrechtlich zulässig, diese für einen bestimmten Zeitraum für den Haushalt „zweckzuentfremden", wenn die Rückabführung an den Grundstock gesetzlich bestimmt wird[40], so dass auf der Schiene der Zeit die Grundstockmittel für Neuerwerbungen jedenfalls zur Verfügung stehen.[41] Ein **Zinsverlust** stellt keine Wertminderung im Sinne des Art. 81 S. 1 dar. Der Sache nach stellt die vorübergehende und erstattungspflichtige Ablieferung von neuerwerbspflichtigen Grundstockerlösen an den Haushalt eine Art Kreditaufnahme des Staates bei sich selbst dar, da die Rückerstattung an den Grundstock eben auch – später – finanziert werden muss.

Art. 82 [Kreditaufnahme]

[1]**Im Wege des Kredits dürfen Geldmittel nur bei außerordentlichem Bedarf beschafft werden.** [2]**Alle Kreditbeschaffungen und Kreditgewährungen oder Sicherheitsleistungen zu Lasten des Staates, deren Wirkung über ein Jahr hinausgeht, erfordern ein Gesetz.**

Parallelvorschriften im GG und anderen Landesverfassungen: Art. 115 GG; Art. 84 BaWüVerf; Art. 87 BerlVerf; Art. 103 BbgVerf; Art. 131 a BremVerf; Art. 72 HmbVerf; Art. 141 HessVerf; Art. 65 M-VVerf; Art. 71 NdsVerf; Art. 83 NRWVerf; Art. 117 RhPfVerf; Art. 10 SaarVerf; Art. 95 SächsVerf; Art. 99 VerfLSA; Art. 53 SchlHVerf; Art. 98 II ThürVerf.

Rechtsprechung: BVerfGE 79, 311.

Literatur: s. zunächst die Nachweise zu Art. 78; Püttner, Staatsverschuldung als Rechtsproblem, 1980; *v. Arnim,* Grundprobleme der Staatsverschuldung, BayVBl. 1981, 514; *Höfling,* Staatsschuldenrecht, 1993; *Schwarz,* Voraussetzungen und Grenzen staatlicher Kreditaufnahme, DÖV 1998, 721; *Kirchhof,* Der notwendige Ausstieg aus der Staatsverschuldung, DVBl. 2002, 1569; *Wendt/Elicker,* Staatsverschuldung und intertemporäre Lastengerechtigkeit, DVBl. 2001, 497; *Kloepfer/Rossi,* Die Verschuldung der Bundesländer im Verfassungs- und Gemeinschaftsrecht, VerwArch 2003, 319; *Wieland,* Staatsverschuldung als Herausforderung für die Finanzverfassung, JZ 2006, 751.

I. Allgemeines

1. Bedeutung

1   Art. 82 bringt – wie Art. 81 – den Grundsatz der **Nachhaltigkeit** im Staatshaushaltsrecht zum Ausdruck.[1] Er enthält zwar **kein Verbot der Kreditaufnahme,** formuliert jedoch in Satz 1 ein **Regel-Ausnahme-Verhältnis zu Lasten der Kreditaufnahme** des Staates und in Satz 2 den **Vorbehalt des förmlichen Gesetzes.**

2   a) Die Beschaffung von Geldmitteln durch **Kreditaufnahme** – in welcher Modalität auch immer (Vertragsdarlehen, Schuldscheindarlehen, Anleihen etc.)[2] – ist nur im **Ausnahmefall** gerechtfertigt, nämlich wenn ein **außerordentlicher Bedarf** besteht. Damit soll einer gerade in einer Parteiendemokratie drohenden „leichtfertigen Schuldenaufnahme"[3] zur Verteilung wahlwirksamer Wohltaten ein Riegel vorgeschoben werden.

3   b) Satz 2 fordert für längerfristige, über ein Jahr hinauswirkende Kreditbeschaffungen und -gewährungen ein förmliches **Gesetz.**

4   c) Art. 82 verbürgt **kein Grundrecht** und auch kein sonstiges subjektives Recht.[4] Ein Verstoß gegen Art. 82 kann weder mit der Popularklage noch mit der Verfassungsbeschwerde geltend gemacht werden. Zur Verfügung stehen die Verfahren nach Art. 64 und 75 III.

---

[40] Gegen Art. 9 HG 2007/2008 bestehen daher keine verfassungsrechtlichen Bedenken.

[41] Werden die so dem Haushalt „ausgeliehenen" Grundstockmittel dauerhaft dem Grundstock nicht erstattet, liegt ein Verfassungsverstoß vor.

[1] Vgl. dazu bereits Rn. 2 zu Art. 78.

[2] *Meder,* Art. 82 Rn. 1.

[3] *Nawiasky,* S. 162.

[4] VerfGH 22, 129.

2. Entstehung

Art. 82 findet ein Vorbild in Art. 87 WRV, jedoch nicht in der VU 1919. Art. 49 VE ent- **5** hielt die Vorschrift bereits im Wesentlichen, jedoch ohne den Relativsatz in Satz 2. Dieser wurde auf Anregung von *Nawiasky* im VVA eingefügt (Art. 56 E).[5]

3. Verhältnis zum Grundgesetz

Trotz Abweichung von Art. 115 GG steht die Weitergeltung des Art. 82 nicht in Frage, **6** weil Bund und Länder in ihrer Haushaltswirtschaft grundsätzlich voneinander unabhängig sind (Art. 109 I GG) und deswegen auch unterschiedliche Verfassungsregeln für die Zulässigkeit der Kreditaufnahmen vorsehen können. Zu beachten sind allerdings bundesrechtliche Vorgaben nach Maßgabe des StWG[6] und des HGrG[7] sowie gemeinschaftsrechtliche Direktiven, insbesondere in Art. 104 EG-Vertrag (Rn. 10 ff. zu Art. 78).

II. Einzelkommentierung

1. Das Regel-Ausnahme-Verhältnis in Bezug auf die Staatsverschuldung (Satz 1)

a) Satz 1 stellt klar, dass die Beschaffung von Geldmitteln per **Kredit** angesichts der **7** negativen Bindungswirkungen für die Zukunft **nicht der Normalfall** staatlicher Haushaltsfinanzierung sein kann.[8] Der laufende Verwaltungsbedarf darf nicht durch Schuldenaufnahme gedeckt werden.[9] Sie ist nur und insoweit zulässig, als ein **außerordentlicher Bedarf** dafür besteht. Ein Bedarf ist außerordentlich, wenn er nicht regelmäßig wiederkehrender oder ungewöhnlicher Art ist, so dass „es mit solidem Finanzgebaren vereinbar erscheint, die Zukunft mit Gegenwartsaufgaben zu belasten".[10]

Art. 81 S. 1 ist durch die ausdrückliche Formulierung eines **Regel-Ausnahme-Verhältnisses**[11] strenger als Art. 115 I GG, der eine Kreditfinanzierung bis zur Höhe der Investitionen als Normalfall und auf Dauer zuzulassen scheint.[12] Allerdings kann die Notwendigkeit von Investitionen, zumal in die Infrastruktur, einen außerordentlichen Bedarf im Sinne des Satzes 1 darstellen. Die darüber hinausgehende Kreditaufnahme zur Abwehr einer Störung des gesamtwirtschaftlichen Gleichgewichts kann ebenfalls unter den Begriff des „außerordentlichen Bedarfs" subsumiert werden.[13]

b) Der Haushaltsgesetzgeber (Satz 2) hat im Hinblick auf die Feststellung eines außer- **8** ordentlichen Bedarfs einen **Einschätzungs- und Prognosespielraum,** der der verfassungsrechtlichen Überprüfung weitgehend entzogen ist. Der VerfGH kann bei der Überprüfung der Kreditermächtigungen im Haushaltsgesetz (etwa im Rahmen eines Verfahrens nach Art. 64 oder 75 III) diese nur auf nachvollziehbare und plausible Begründung überprüfen, nicht jedoch im Hinblick auf die politische Zweckmäßigkeit oder richtige Prioritätensetzung des mit der Kreditaufnahme zu realisierenden Zwecks.

---

[5] Vgl. auch Prot. I, S. 158 ff.

[6] Vgl. §§ 6, 14 19 ff. StWG sowie Art. 3 HG 2007/2008 vom 22. 12. 2006 (GVBl S. 1056).

[7] Vgl. §§ 13, 21, 23 HGrG und Art. 18, 39 BayHO.

[8] *Birkner,* Bayerisches Haushaltsrecht, 2007, Erl. 1.2. zu Art. 82.

[9] *Meder,* Art. 82 Rn. 1. Für den Freistaat Bayern gibt es ein sog. „Staatsschuldbuch" nach Maßgabe des Gesetzes über das Staatsschuldbuch des Freistaates Bayern (Staatsschuldbuchgesetz) vom 8. 11. 1954 (BayRS 650-4-F) in der Fassung der Bek. v. 30. 3. 2003.

[10] *Meder,* Art. 82 Rn. 1.

[11] Vgl. zu dieser Rechtsfigur grundsätzlich *Lindner,* Das Regel-Ausnahme-Verhältnis im Verwaltungsrecht, VerwArch 2007, 213.

[12] Richtigerweise wird man Art. 115 I 2 GG als Obergrenze für die Kreditaufnahme ansehen müssen, die nur ausnahmsweise überschritten werden darf. Über die Zulässigkeit der Kreditaufnahme als solche ist damit noch nichts gesagt, so dass auch auf Bundesebene der Annahme eines Regel-Ausnahme-Prinzips nichts im Wege steht, vgl. zu diesen Fragen *Siekmann,* in: Sachs, Art. 115 Rn. 26 ff. sowie BVerfGE 79, 311.

[13] *Birkner* (Fn. 8), Erl. 1.2 zu Art. 82.

2. Der staatsschuldenrechtliche Gesetzesvorbehalt

9   a) Auch wenn die Voraussetzungen des Satzes 1 vorliegen, darf das Staatsministerium der Finanzen nicht einfach Kredite aufnehmen, vielmehr bedarf es dazu einer **formalgesetzlichen Ermächtigung,** wenn die Wirkung des Kredits über ein Jahr (d. i. das laufende Rechnungsjahr) hinausreicht. Die gesetzliche Ermächtigung erfolgt regelmäßig im Haushaltsgesetz.[14] Nur im Rahmen der dort geregelten Höhe der Kreditermächtigung dürfen Kredite aufgenommen werden; vgl. dazu auch Art. 18 BayHO.

10   b) Gleiches gilt für die **Gewährung von Krediten** und **Sicherheitsleistungen** (z. B. staatliche Garantien, Bürgschafts- und Gewährleistungsverträge), vgl. dazu Art. 39 BayHO und das Gesetz über die Übernahme von Staatsbürgschaften und Garantien des Freistaates Bayern (BÜG).[15] Unabhängig davon sind die gemeinschaftsrechtlichen Beihilfevorschriften (Art. 87 ff. EG-Vertrag) zu beachten.

11   c) Wird ein **Rechtsgeschäft** im Sinne von Rn. 9 und 10 durchgeführt, obwohl die Voraussetzungen des Art. 81 nicht gegeben sind, insbesondere ein ermächtigendes Gesetz in formellem Sinne nicht vorliegt, ist dieses über § 134 BGB **unwirksam.**[16]

Art. 83 [Wirkungskreis der Gemeinden]

(1) In den eigenen Wirkungskreis der Gemeinden (Art. 11 Abs. 2) fallen insbesonders die Verwaltung des Gemeindevermögens und der Gemeindebetriebe; der örtliche Verkehr nebst Straßen- und Wegebau; die Versorgung der Bevölkerung mit Wasser, Licht, Gas und elektrischer Kraft; Einrichtungen zur Sicherung der Ernährung; Ortsplanung, Wohnungsbau und Wohnungsaufsicht; örtliche Polizei, Feuerschutz; örtliche Kulturpflege; Volks- und Berufsschulwesen und Erwachsenenbildung; Vormundschaftswesen und Wohlfahrtspflege; örtliches Gesundheitswesen; Ehe- und Mütterberatung sowie Säuglingspflege; Schulhygiene und körperliche Ertüchtigung der Jugend; öffentliche Bäder, Totenbestattung; Erhaltung ortsgeschichtlicher Denkmäler und Bauten.
(2) ¹Die Gemeinden sind verpflichtet, einen Haushaltsplan aufzustellen. ²Sie haben das Recht, ihren Bedarf durch öffentliche Abgaben zu decken.
(3) ¹Überträgt der Staat den Gemeinden Aufgaben, verpflichtet er sie zur Erfüllung von Aufgaben im eigenen Wirkungskreis oder stellt er besondere Anforderungen an die Erfüllung bestehender oder neuer Aufgaben, hat er gleichzeitig Bestimmungen über die Deckung der Kosten zu treffen. ²Führt die Wahrnehmung dieser Aufgaben zu einer Mehrbelastung der Gemeinden, ist ein entsprechender finanzieller Ausgleich zu schaffen.
(4) ¹Die Gemeinden unterstehen der Aufsicht der Staatsbehörden. ²In den Angelegenheiten des eigenen Wirkungskreises der Gemeinden wacht der Staat nur über die Erfüllung der gesetzlichen Pflichten und die Einhaltung der gesetzlichen Vorschriften durch die Gemeinden. ³In den Angelegenheiten des übertragenen Wirkungskreises sind die Gemeinden überdies an die Weisungen der übergeordneten Staatsbehörden gebunden. ⁴Der Staat schützt die Gemeinden bei Durchführung ihrer Aufgaben.
(5) Verwaltungsstreitigkeiten zwischen den Gemeinden und dem Staate werden von den Verwaltungsgerichten entschieden.
(6) Die Bestimmungen der Abs. 2 mit 5 gelten auch für die Gemeindeverbände.
(7) ¹Die kommunalen Spitzenverbände sollen rechtzeitig gehört werden, bevor durch Gesetz oder Rechtsverordnung Angelegenheiten geregelt werden, welche die Gemeinden oder die Gemeindeverbände berühren. ²Die Staatsregierung vereinbart zur Umsetzung des Konnexitätsprinzips (Abs. 3) ein Konsultationsverfahren mit den kommunalen Spitzenverbänden.

---

[14] Vgl. z. B. Art. 2 HG 2007/2008 vom 22. 12. 2006 (GVBl S. 1056).
[15] BayRS 66-1-F.
[16] *Meder,* Art. 82 Rn. 3.

Parallelvorschriften im GG und anderen Landesverfassungen: Art. 28 GG; Art. 73 BaWüVerf; Art. 146 Brem-Verf; Art. 137 HessVerf; Art. 72 M-VVerf; Art. 58 NdsVerf; Art. 78, 79 NRWVerf; Art. 49 RhPfVerf; Art. 119 SaarlVerf; Art. 85, 87 SächsVerf; Art. 87, 88 SachsAnhVerf; Art. 47–49 SchlHVerf; Art. 93 ThürVerf.

Rechtsprechung: VerfGH 7, 59; 24, 48; 30, 28; 32, 45; 33, 130; 33, 174; 36, 113; 37, 59; 37, 119; 38, 118; 40, 53; 41, 140; 45, 33; 45, 157; 49, 37; 49, 79; 50, 15; 51, 1; 54, 109; VerfGH, Ents. v. 28. 11. 2007, Az: 15-VII-05 (zitiert nach der Veröffentlichung unter http://www.bayern.verfassungsgerichtshof.de).

Literatur: S. die Angaben bei Art. 11 BV und siehe zusätzlich *Benzing/Knill/Bauer,* Hemmt das Konnexitätsprinzip politische Innovationen?, DÖV 2007, 550; *Birk/Inhester,* Die verfassungsrechtliche Rahmenordnung des kommunalen Finanzausgleichs, dargestellt am Beispiel des Landes Nordrhein-Westfalen, DVBl 1993, 1281; *Deubert,* „Wer anschafft, soll auch bezahlen", BayVBl 2004, 136; *Durner,* Das Konnexitätsprinzip des Art. 83 Abs. 3 BV und das Abstimmungsverhalten der Staatsregierung im Bundesrat, BayVBl 2007, 161; *Engelbrecht,* Schutzschild der Kommunen vor finanzieller Überforderung?, BayVBl 2007, 164; *Gröpl,* Beeinträchtigung kommunaler Aufgaben durch die Zulassung privater Feuerbestattungsanlagen?, BayVBl 1995, 485; *Hahnzog,* Lebendige Bayerische Verfassung, BayVBl 2007, 321; *Hauk,* Verfassungsrechtliche Voraussetzungen einer Verkürzung der Kommunalwahlperiode unter den Bedingungen des Verwaltungsaufbaus in den neuen Bundesländern, LKV 1992, 361; *Henneke,* Der kommunale Finanzausgleich, DÖV 1994, 1; *ders.,* Durchbruch bei Verankerung des Konnexitätsprinzips im Landesverfassungsrecht, Landkreis 2004, 152; *ders.,* Landesverfassungsrechtliche Finanzgarantien der Kommunen im Spiegel der Rechtsprechung, Landkreis 2004, 166; *ders.,* Lehrbuch, Öffentliches Finanzwesen, Finanzverfassung, 2000; *ders.,* Neupositionierung der Kommunen im Bundesstaat, ZG 2005, 193; *Heun,* Der bundesgesetzliche Mindeststeuerhebesatz für die Gewerbesteuer im Kompetenzgeflecht zwischen Bund, Ländern und Gemeinden, in: FS f. Christian Starck, 2007, 245; *Hösch,* Der öffentliche Zweck als Voraussetzung kommunaler Wirtschaftstätigkeit, GewArch 2000, 1; *Kasper,* Das Gemeindesteuersystem der Bundesrepublik Deutschland, VR 2005, 109; *Mößle,* Die örtliche Polizei in Art. 83 Abs. 1 BV als Gegenstand der Nachkriegsgesetzgebung, BayVBl 1999, 289; *Numberger/Schmitz,* Landkreise als Kostenträger der Altlastensanierung?, BayVBl 1993, 295; *Papier,* Rechtsfragen zur Finanzausstattung der Bezirke, BayVBl 1994, 737; *Puhr-Westerheide,* Rechtsfragen zur Finanzausstattung der Bezirke, BayVBl 1995, 161; *Scharpf,* Die wirtschaftliche Betätigung von Gemeinden zwischen Grundrechtsrelevanz und kommunalem Selbstverwaltungsrecht, GewArch 2005, 1; *Schenek/Kortmann,* Das Konnexitätsprinzip nach der Landesverfassung in Baden-Württemberg, BWGZ 2005, 332; *Schmehl,* Zur Bestimmung des Kernbereichs der kommunalen Selbstverwaltung, BayVBl 2006, 325; *Schmidt-Jortzig,* Der Einnahmefächer der Kommunen zwischen Stärkung der Eigengestaltung und landesverfassungsrechtlichen Finanzgarantien, DVBl 2007, 96; *Schmitt Glaeser/Horn,* Die Rechtsprechung des Bayerischen Verfassungsgerichtshofs, BayVBl 1999, 353; *Schwarz,* Der Anspruch der Gemeinden auf eine finanzielle Mindestausstattung, KStZ 1998, 145; *ders.,* Stillschweigende Aufgabenübertragung und Anwendung des landesverfassungsrechtlichen Konnexitätsprinzips, ZKF 2006, 265; *Simnacher,* Nochmals Rechtsfragen zur Finanzausstattung der Bezirke, BayVBl 1995, 678; *Sohr/Barth, Ecker,* Ein Jahr Praxiserfahrungen mit der Einführung der Zweitwohnungssteuer, KommunalPraxis BY 2005, 364; *Stargardt,* Direkte Partizipationsformen in Gemeinden und in Kreisen, VR 1995, 199; *Volkmann,* Der Anspruch der Kommunen auf finanzielle Mindestausstattung, DÖV 2001, 497; *Wolff,* Die Stärkung des Konnexitätsprinzips in der Bayerischen Verfassung, BayVBl 2004, 129; *Zieglmeier,* Das strikte Konnexitätsprinzip am Beispiel der Bayerischen Verfassung, NVwZ 2008, 270.

Übersicht

I. Allgemein

1. Bedeutung von Art. 83 BV innerhalb der BV

1 **a) Inhaltsüberblick.** Art. 83 BV vereinigt Regelungen, die sich auf die Selbstverwaltung der Gemeinden beziehen. Einige Bestimmungen werden durch Abs. 6 auf die „Gemeindeverbände"[1] erstreckt.

2 Art. 83 Abs. 1 BV konkretisiert die kommunale Selbstverwaltungsgarantie des Art. 11 Abs. 2 S. 1 BV inhaltlich. Art. 83 Abs. 2 BV bezieht sich auf die Finanzhoheit der Gemeinden und Absatz 5 auf die sog. Rechtsstellungsgarantie. Die Absätze 3 und 7 geben dem Konnexitätsprinzip Gestalt. Art. 83 Abs. 4 BV legt die Grundsätze der Staatsaufsicht fest. Art. 83 Abs. 5 BV erfasst die Gemeindeverbände.

3 **b) Systematische Stellung.** Die Stellung des Art. 83 BV innerhalb der Verfassung ist unglücklich. Thematisch gehört er zu Art. 11-12 BV.[2] Der 7. Abschnitt der BV ist primär der Staatsverwaltung gewidmet, wozu die Selbstverwaltung, die wiederum Art. 83 BV thematisiert, nicht gehört.

2. Entstehungsgeschichte des Art. 83 BV

4 Den Ursprung hatte die Regelung in Art. 46 VE, der im VVA (Art. 53 E) erheblich erweitert worden war.[3] Während des Gesetzgebungsverfahrens wurde insbesondere der finanzielle Schutz der Gemeinden verstärkt und das Schutzgebot des Abs. 4 S. 4 BV eingefügt.[4] Aufgrund des Volksentscheids vom 8. 2. 1998 wurde durch § 1 Nr. 15 des Gesetzes vom 20. 2. 1998[5] Abs. 7 eingefügt.

3. Verhältnis zum Grundgesetz

5 An der Gültigkeit des Art. 83 BV werden, soweit ersichtlich, keine Bedenken geäußert.

II. Einzelkommentierung des Art. 83 BV

1. Eigener Wirkungskreis Abs. 1

6 **a) Konkretisierung der eigenen Angelegenheiten in Art. 11 Abs. 2 BV.** *aa) Systematischer Zusammenhang.* Art. 83 Abs. 1 BV soll den zum Zeitpunkt des Erlasses der Verfassung bestehenden Aufgabenbestand erhalten (Wahrung des vorrechtlichen Gesamtbildes). Er sichert den so umschriebenen gemeindlichen Selbstverwaltungsbereich gegenüber dem Staat.[6] Er erweitert diesen nicht.[7] Den eigentlichen Schutz vor staatlicher Entziehung bietet aber nicht Art. 83 Abs. 1 BV selbst, sondern Art. 11 Abs. 2 BV, auf den Art. 83 Abs. 1 BV daher auch ausdrücklich verweist. Der einzelne Bürger kann aus Art. 83 Abs. 1 BV kein Ansprüche ableiten.[8]

7 *bb) Kein vollständiger Entzug einer der genannten Bereiche.* Art. 83 Abs. 1 BV füllt thematisch nur das aus, was Art. 11 Abs. 2 BV mit dem Begriff „ihre Angelegenheiten" umschreibt. Die Rechtsprechung misst der thematischen Umschreibung des Art. 83 Abs. 1 BV über Art. 11 Abs. 2 BV eine erhebliche Bedeutung zu. Danach bewirkt die Konkretisierung der eigenen Angelegenheiten durch Art. 83 Abs. 1 BV folgendes: Die Selbstverwaltungsgarantie des Art. 11 Abs. 2 BV ist so zu verstehen ist, dass der einfache Landesgesetzgeber den Gemein-

---

[1] Zum Begriff der Gemeindeverbände s. Art. 10 Abs. 1 BV.
[2] *Schweiger,* in: Nawiasky/Schweiger/Knöpfle, Art. 83, Rn. 2.
[3] Vgl. Prot. I S. 145 ff.
[4] *Schweiger,* in: Nawiasky/Schweiger/Knöpfle, Art. 83 Rn. 1.
[5] GVBl. S. 39.
[6] *Schweiger,* in: Nawiasky/Schweiger/Knöpfle, Art. 83, Rn. 3.
[7] VerfGH 4, 251 (276); VGH BayVBl 1969, 396 (397); *Meder,* Art. 83 Rn. 1.
[8] *Meder,* Art. 83 Rn. 1.

den keines der in Art. 83 Abs. 1 BV erwähnten Aufgabengebiete vollständig entziehen darf.[9] Die dort genannten Bereiche müssen den Gemeinden grundsätzlich erhalten bleiben.[10] Der Gesetzgeber darf Modifizierungen der bisherigen kommunalen Kompetenzen in den Bereichen des Art. 83 Abs. 1 BV vorsehen, er darf auch private Konkurrenzen auf den Tätigkeitsfeldern des Art. 83 Abs. 1 BV ermöglichen, aber als Selbstverwaltungsaufgabe darf er die dort umschriebenen Themenfelder nicht vollständig entziehen.[11]

cc) Charakter der Aufzählung. Die Aufzählung der Aufgabengebiete des eigenen Wirkungs- **8** kreises ist nicht abschließend („insbesondere"). Das kann sie auch schon deshalb nicht sein, weil von Art. 11 Abs. 2 BV das Recht des ersten Zugriffs auf neue Aufgaben mit umfasst ist.

Die Aufzählung begründet für die Gemeinden Betätigungsmöglichkeiten, aber grund- **9** sätzliche keine Verpflichtungen.[12] Eine Pflicht kann sich aus anderen verfassungsrechtlichen Bestimmungen ergeben, insbesondere den grundrechtlichen Schutzpflichten, aber auch aus besonderen Verfassungsaufträgen (vgl. etwa Art. 153 Satz 1 BV). Die Gemeinden sind als Teil des Freistaates ebenso Adressat der verfassungsrechtlichen Pflichten aus dem Staat-Bürger-Verhältnis wie der Freistaat selbst. Trifft den Freistaat Bayern eine Handlungspflicht und ist für diese Handlung die Gemeinde zuständig, müssen die Gemeinden verfassungsrechtliche Handlungspflichten unmittelbar beachten.

dd) Gesetzliche Vorgaben. Welchen Inhalt und Umfang das Selbstverwaltungsrecht in den **10** einzelnen Bereichen hat, ist in der Verfassung selbst nicht näher geregelt. Das Selbstverwaltungsrecht ist gem. Art. 11 Abs. 2 Satz 2 BV nur „im Rahmen der Gesetze" gewährleistet.[13] Zu fast allen Aufgabenbereichen des Art. 83 Abs. 1 BV gibt es gesetzliche Vorgaben des Bundes oder der Länder. Die gesetzlichen Vorgaben des Bundes sind weder an Art. 11 Abs. 2 BV noch an Art. 83 Abs. 1 BV gebunden. Der Bund hat aber Art. 28 Abs. 2 S. 1 GG zu beachten.

Die landesrechtlichen Regelungen in den Bereichen des Art. 83 Abs. 1 BV müssen da- **11** gegen den Rahmen des Art. 11 Abs. 2 BV i. V. m. Art. 83 Abs. 1 BV beachten. Gesetzliche Regelungen, die sachliche Vorgaben für die Verwaltung im Bereich der Aufgabenbereiche des Art. 83 Abs. 1 BV vorsehen, beeinträchtigen die Eigenverantwortlichkeit der Aufgabenerfüllung. Die Eigenverantwortlichkeit gehört zur Selbstverwaltungsgarantie. Vorgaben hinsichtlich der Aufgabenerfüllung beeinträchtigen die Selbstverwaltungsgarantie allerdings nicht so stark wie ein Aufgabenentzug. Gesetzliche Vorgaben, die für den jeweiligen Aufgabenbereich eine Eingriffsgrundlage bieten, sind schon aufgrund des Grundsatzes des Vorbehalts des Gesetzes erforderlich und insoweit unter dem Gesichtspunkt der kommunalen Selbstverwaltungsgarantie unproblematisch. Eine ausdrückliche Prüfung, ob die jeweilige gesetzliche Ausgestaltung in Einzelheiten dem Art. 11 Abs. 2 BV i. V. m. Art. 83 BV genügt, kann im Rahmen einer Kommentierung nicht geleistet werden. In einigen Bereichen kann der Freistaat sich für eine die Freiheit der Gemeinden einschränkende Regelung auf ausdrückliche Bestimmungen der BV stützen, die einzelne Bereiche Art. 83 BV ausdrücklich auch zu einer Aufgabe des Staates erklären.

ee) Kommunale Aufgaben außerhalb des Art. 83 BV. Die BV sieht an anderen Stellen weitere **12** verfassungsrechtliche Aufgaben für die Gemeinden vor. Zu nennen sind v. a.: die Art. 106 Abs. 2, Art. 125 Abs. 2, Art. 126 Abs. 1 Satz 2, Art. 133 Abs. 1 Satz 2, Art. 140, Art. 141 Abs. 1, Abs. 2, Abs. 3 Satz 3, Art. 145, Art. 149 Abs. 1 Satz 1 BV.

ff) Verhältnis zu Art. 57 Abs. 1 BayGO. Art. 57 Abs. 1 GO enthält ebenso wie Art. 83 BV eine **13** Aufzählung der Selbstverwaltungsaufgaben. Die Aufzählung besitzt aber einen ganz ande-

---

[9] VerfGH 41, 140 (146).

[10] *Meder,* Art. 83 Rn. 1.

[11] VerfGH 10, 113; *Paptistella,* in: Praxis der Kommunalverwaltung Bayern, BV, Art. 83.

[12] *Meder,* Art. 83 Rn. 1.

[13] VerfGH, Ents. v. 16. 12. 1992, Vf. 14-VI-90, NVwZ 1993, 422 f.

ren Charakter, da sie innerhalb der Normenpyramide nur auf der Stufe des einfachen Gesetzestextes und nicht wie Art. 83 Abs. 1 BV auf der Stufe des Verfassungsrechts steht. Art. 57 Abs. 1 GO könnte der einfache Gesetzgeber daher innerhalb des Rahmens, den ihm Art. 11 Abs. 2 BV i.V. m. Art. 83 Abs. 1 BV lässt, ändern – Art. 83 Abs. 1 BV dagegen nicht.

14   Inhaltlich unterscheidet sich Art. 83 Abs. 1 BV gegenüber Art. 57 GO durch den ausschließlich garantierenden Charakter (gegenüber dem Staat), während Art. 57 Abs. 1 GO solche Aufgaben anspricht, zu deren Erfüllung die Gemeinden (in den Grenzen ihrer Leistungsfähigkeit) besonders angehalten sind.

15   **b) Die einzelnen Aufgaben des Art. 83 Abs. 1 BV.** *aa) Verwaltung des Gemeindevermögens und der Gemeindebetriebe.* Der Begriff Gemeindevermögen wird auch in Art. 12 Abs. 2 BV verwendet. Er meint die beweglichen und unbeweglichen Sachen, die im Eigentum der Gemeinde stehen, sowie die Forderungen und Rechte, die der Gemeinde zustehen. Dazu gehört auch der Gemeindewald.[14] Die Verwaltung des Gemeindevermögens ist einfach-rechtlich – von Sondervorschriften abgesehen – in der GO (Art. 74 ff. GO) sowie in der KommHV näher geregelt und steht gegenwärtig der Gemeinde selbst zu. Eine Beitragspflicht für staatliche Leistung im Bereich der Forstwirtschaft verletzt Art. 83 Abs. 1 BV nicht.[15]

16   Mit dem Begriff der Gemeindebetriebe meint die Bayerische Verfassung die Organisationen, die von der Gemeinde gegründet und beherrscht werden und wirtschaftlich tätig sind. Dieses Recht der Gemeinde ist in Art. 86 – Art. 96 GO näher dargelegt. Ergänzend treten die Art. 21 Abs. 1 Satz 1, Art. 23, 24 GO sowie die Vorschriften der Eigenbetriebsverordnung (EBV) und der VO über Kommunalunternehmen (KUV) hinzu. Der Betrieb einer „Sparkasse" findet seine Grundlage im SpkG. Die Vorgaben für die Ausgestaltung des Nutzungsverhältnisses ergeben sich aus anderen Verfassungsbestimmungen. Das einfache Recht kann zwischen wirtschaftlichen und nicht wirtschaftlichen Betrieben unterscheiden.[16]

17   *bb) Der örtliche Verkehr nebst Straßen- und Wegebau.* Der örtliche Verkehr erfasst vom Normtext her zunächst den Straßenverkehr innerhalb des Gemeindegebiets; nicht erfasst ist danach der Durchgangsverkehr. Mit zum Verkehr gehört der öffentliche Nahverkehr.[17] Die Zuständigkeit für das örtliche Verkehrsrecht ist den Gemeinden einfach-rechtlich nicht als eine Selbstverwaltungsangelegenheit gewährt. Die Gemeinden sind nur im übertragenen Wirkungskreis in begrenztem Umfang als örtliche bzw. untere Straßenverkehrsbehörden zuständig (vgl. z. B. Art. 2 Nr. 1 und 2, Art. 1, 3 ZuStGVerk und §§ 4, 6 ZuStVVerk).[18] Dieser gesetzliche Aufgabenentzug ist verfassungsrechtlich durch die Vermischung von überörtlichem Verkehr und örtlichem Verkehr und der Notwendigkeit einer einheitlichen Regelung gerechtfertigt.[19]

18   Auch beim Straßen- und Wegebau ist die Garantie zunächst auf die Straßen und Wege mit örtlichem Bezug begrenzt. Die Unterscheidung zwischen Wege und Straßen ist verfassungsrechtlich irrelevant. Garantiert wird den Gemeinden mit diesem Passus die Zuständigkeit des Straßenrechts im Bereich der örtlichen Straßen. Einfach-rechtlich wird dies über die Art. 3 Abs. 1 Nr. 3–4 i.V. m. Art. 46 ff. und 53 ff. BayStrWG konkretisiert. Für die Gemeindestraßen (d. h. Gemeindeverbindungs- und Ortsstraßen) und für die ausgebauten öffentlichen Feld- und Waldwege tragen die Gemeinden die Straßenbaulast. Zur Straßenbaulast tritt die Verkehrssicherungspflicht als öffentlich-rechtliche Pflicht hinzu (Art. 72 StrWG). Die Regelung des Art. 72 BayStrWG verstößt nicht gegen Art. 11 Abs. 2 BV i.V. m. Art. 83 BV.[20]

---

[14] VerfGH, Ents. v. 16. 12. 1992, Vf. 14-VI-90, NVwZ 1993, 422 f.

[15] VerfGH, Ents. v. 16. 12. 1992, Vf. 14-VI-90, NVwZ 1993, 422 f.

[16] VerfGH 10, 113.

[17] VerfGH 9, 114 (118 ff.) (Straßenbahnen); *Meder*, Art. 83 Rn. 2.

[18] BVerwG NVwZ 1983, 610.

[19] BVerfGE 67, 299 (325) (ruhender Verkehr); *Meder*, Art. 83 Rn. 1; BVerwG NVwZ 1983, 610.

[20] BayObLG NJW 1972, 1325 (1326).

Die Straßenbeleuchtungs- und Straßenreinigungspflicht (Art. 47 ff., Art. 51, Art. 53 f. **19** StrWG) ist zwar im selben Gesetz geregelt, historisch[21] jedoch als Ordnungspflicht entstanden und daher Ausdruck der örtlichen Polizei und nicht Ausdruck des örtlichen Straßenrechts, auch wenn der Unterschied zweitrangig ist und nur bei der einfach-rechtlichen Ausgestaltung der Aufsicht eine Rolle spielt. Gegen die Abwälzung der Straßenreinigungspflicht auf Private bestehen keine verfassungsrechtlichen Bedenken, sofern die Abwälzung im konkreten Fall zumutbar ist.[22] Alternativ können auch die Kosten umgelegt werden.[23]

cc) Die Versorgung der Bevölkerung mit Wasser, Licht, Gas und elektrischer Kraft. Die Versorgung **20** der Bevölkerung mit Wasser, Licht, Gas und elektrischer Kraft ist Ausdruck der Aufgabe der Daseinsvorsorge, die insbesondere den Gemeinden obliegt. Zusammen mit dem Straßenrecht bildet sie zugleich die Erschließung i. S. d. Bauplanungsrechts.[24]

Art. 83 Abs. 1 BV wird durch Art. 152 S. 2 BV ergänzt, nach dem die Sicherstellung der **21** Versorgung des Landes mit elektrischer Kraft dem Land obliegt. Das Verhältnis beider Normen ist so aufzulösen, dass die generelle Versorgung und die Gewährleistung den Freistaat treffen, die Kommunen aber innerhalb ihres Gebietes ebenfalls tätig werden dürfen.[25] Der Elektrizitätsmarkt ist darüber hinaus durch europarechtliche Liberalisierungsregelungen geprägt, die das Betätigungsfeld der Gemeinden zwar eingrenzen, aber nicht ausschließen.

Bei der Sicherung der Wasserversorgung sind einfach-rechtlich einige Bereiche dem eigenen Wirkungskreis der Gemeinden entzogen, die Gemeinden bleiben aber insbesondere **22** zur Stellung und Unterhaltung der Einrichtungen zur Versorgung der Bevölkerung mit Trinkwasser zuständig und auch verpflichtet (Art. 57 Abs. 2 Satz 1 GO). Die Aufgabe der Abwasserbeseitigung wurde den Gemeinden als Selbstverwaltungsaufgabe belassen, ihnen allerdings zur Pflicht gemacht, Art. 41b Abs. 1 Sätze 1 und 2 WG i. V. m. § 18a Abs. 2 WHG.

Die Versorgung der Bevölkerung mit Gas erfolgt weitgehend über öffentliche Einrich- **23** tungen.

dd) Einrichtungen zur Sicherung der Ernährung. Die Zuständigkeit der Einrichtungen zur **24** Sicherung der Ernährung betrifft zunächst die Sozialhilfe durch Naturalleistung und ist eine historisch schon immer den Gemeinden zugewiesene Aufgabe. Die ausdrückliche Erwähnung in Art. 83 BV dürfte auch auf den Eindrücken der Entstehungszeit der Bayerischen Verfassung in den Jahren 1945/46 beruhen. Heute besitzt diese Aufgabe für die Gemeinden durchaus noch eine kompetenzielle Funktion, wenn auch rein praktisch meist karitative Organisationen die Erfüllung der Aufgaben übernehmen.

ee) Die Ortsplanung. Die Planungshoheit ist in der Praxis ein wichtiger Bestandteil der **25** kommunalen Selbstverwaltungsgarantie.[26] Die Ortsplanung meint die hoheitliche Flächenplanung, bezogen auf den Ort. Nicht erfasst von dem Begriff ist die Planung einzelner Vorhaben (im Sinne des Fachplanungsrechts). Wichtigster Bestandteil der Ortsplanung ist die Bauleitplanung, die die Ortsplanung hinsichtlich der baulichen Nutzung der Fläche erfasst.[27] Den Gemeinden steht insoweit das Recht zu, ihren Entscheidungen alle für die Nutzung des Bodens einschlägigen städtebaulichen und sonstigen Gesichtspunkte des öffentlichen Interesses zugrunde zu legen.[28] Sie gewährt den Gemeinden ein Planungs-

---

[21] S. dazu VerfGH 36, 56 (62); *Meder,* Art. 83 Rn. 2.
[22] VerfGH 36, 56 (66 f.); *Meder,* Art. 83 Rn. 2.
[23] *Meder,* Art. 83 Rn. 2.
[24] Vgl. dazu VGH NVwZ 1991, 1107.
[25] S. *Paptistella,* in: Praxis der Kommunalverwaltung Bayern, Art. 83 BV.
[26] BVerfGE 77, 288 (300).
[27] VerfGH 37, 59 (66); VerfGH 39, 17 (24).
[28] BVerwG BayVBl 1976, 692 (693).

ermessen bei ihren örtlichen Planungen.[29] Diese ist (bundesgesetzlich) im Baugesetzbuch gesetzlich ausgeformt und den Gemeinden zugewiesen (§ 2 Abs. 1 BauGB).

26   Die örtliche Bauleitplanung wird durch zahlreiche weitere überregionale Gesamtplanungen bzw. Fachplanungen eingeschränkt. Allerdings bleibt die Position der Gemeinden aus Art. 11 Abs. 2 BV i. V. m. Art. 83 BV bzw. gegenüber bundesrechtlich geregelter Planung aus Art 28 Abs. 2 S. 1 GG immerhin so stark, dass die überregionale Planung zumindest Rücksicht auf die Bauleitplanung zu nehmen hat.[30] Die Schutzintensität ist dabei davon abhängig, ob die beeinträchtigende Planung wiederum eine Raumplanung oder eine Fachplanung ist. Durch Raumplanung kann die Planungshoheit der einzelnen Gemeinden gesetzlich nur dann eingeschränkt werden, wenn und soweit sich bei der gebotenen Güterabwägung ergibt, dass schutzwürdige überörtliche Interessen diese Einschränkung fordern.[31] Die überörtliche Fachplanung beeinträchtigt die Planungshoheit dagegen nur, sofern diese schon hinreichend konkretisiert ist. Auch dann ist ein Vorrang der Fachplanung nach ordnungsgemäßer Beteiligung der Gemeinde grundsätzlich möglich.[32]

27   Gegen unzulässige Einschränkungen der Planungshoheit kann sich die Gemeinde verwaltungsrechtlich (vgl. Art. 83 Abs. 5 BV) und verfassungsgerichtlich mit der Verfassungsbeschwerde gemäß Art. 120 BV (im Falle von Behörden- oder Gerichtsentscheidungen) oder mit der Popularklage nach Art. 98 Satz 4 BV (bei Gesetzen oder Verordnungen) wehren.[33]

28   *ff) Wohnungsbau und Wohnungsaufsicht.* Mit dieser Aufgabe meint die Bayerische Verfassung die staatlichen Tätigkeiten im Bereich der Wohnungsbau- und Wohnungsaufsicht, insbesondere aus dem Gesichtspunkt der Wohnungsfürsorge. Nicht gemeint sind damit die bauordnungsrechtlichen und bauplanungsrechtlichen Anforderungen an Wohnungen. Diese Kompetenz steht daher in enger Beziehung zu Art. 106 Abs. 2 BV, nachdem u. a. jeder einen Anspruch auf eine angemessene Wohnung hat und die Wohnungsbauförderung Aufgabe des Staates und der Gemeinden ist. Art. 106 BV formuliert einen Verfassungsauftrag.

29   Im Bereich des sozialen Wohnungsbaus und der Wohnungswirtschaft haben sich durch die Föderalismusreform die Gesetzgebungskompetenzen verlagert. Dem Bund steht im Vergleich zu früher nur noch ein Ausschnitt der Kompetenzen zu. Daher wurden das Wohnraumförderungsgesetz und das Wohnungsbindungsgesetz aufgehoben. Der Freistaat Bayern hat von seiner neuen Gestaltungsmöglichkeit Gebrauch gemacht und mit Wirkung zum 1. 5. 2007 das Gesetz über die Wohnraumförderung in Bayern (Bayerisches Wohnraumförderungsgesetz – BayWoFG) vom 10. April 2007 erlassen.[34] Gemäß Art. 1 Satz 3 BayWoFG können die Gemeinden und Gemeindeverbände mit eigenen Mitteln eine Förderung nach diesem Gesetz durchführen.

30   *gg) Örtliche Polizei.* Der Begriff „örtliche Polizei" ist in seiner Bedeutung zum Zeitpunkt der Schaffung der Bayerischen Verfassung auszulegen. Damals galt ein umfassender materieller Polizeibegriff. Gemeint ist daher die materielle Aufgabe der Aufrechterhaltung der öffentlichen Sicherheit und Ordnung durch Abwehr von Gefahren und Beseitigung von Störungen im örtlichen Bereich (Polizei im funktionellen Sinne).[35] Der Begriff „örtliche Polizei" beschränkt sich demnach nicht auf die (seit 1974 nur noch staatliche) Polizei im Sinne des Polizeiaufgaben- bzw. Polizeiorganisationsgesetzes (PAG; POG), sondern erfasst auch die Gefahrenabwehr, die im LStVG niedergelegt ist.[36]

---

[29]   VerfGH 36, 1 (6); VerfGH 24, 57 (69).

[30]   VerfGH 39, 17 (24 f.); VerfGH 40, 53 (56).

[31]   BVerfGE 56, 298 (314); BVerfGE 76, 107 (119 f.); BVerwG BayVBl 1995, 156.

[32]   BVerwG NVwZ 1984, 584.

[33]   BVerwGE 40, 323.

[34]   GVBl 2007, S. 260.

[35]   *Meder,* Art. 83 Rn. 2; *Mößle,* BayVBl 1999, 289 ff.

[36]   VGH NVwZ 1994, 716; VGH NVwZ-RR 2004, 480.

Die Abwehr von Gefahren durch die Gemeinden auf der Grundlage des LStVG ist daher **31** eine eigene Aufgabe, sofern es um örtliche Polizei geht. Örtlich sind die Gefahrenlagen, sofern sie rein örtliche Angelegenheiten sind, d. h. die Gefahr, die abgewehrt werden soll, in ihren Auswirkungen und Tragweite auf das Gemeindegebiet beschränkt ist.[37] Angenommen wurde dies z. B. bei der Obdachlosenfürsorge.[38]

Zum Begriff der „örtlichen Polizei" gehört auch der Erlass von Sicherheitsverordnun- **32** gen, sofern sie sich auf die Erledigung örtlicher Polizeiaufgaben beziehen.[39] Der Gesetzgeber hat diese Aufgabe jedoch einfach-rechtlich als übertragene Aufgabe qualifiziert (Art. 42 Abs. 1 Satz 1 und 2 LStVG) und somit insoweit von dem Gesetzesvorbehalt des Art. 11 Abs. 2 BV Gebrauch gemacht.

hh) Feuerschutz. Die Aufgabe „Feuerschutz" meint die klassische Abwehr der Feuergefah- **33** ren, sowohl präventiv als auch repressiv in Form des Löschens eines Feuers.[40] Die Feuerwehr als hoheitliche Aufgabe fällt demnach grundsätzlich in die Zuständigkeit der Gemeinden. Dies wird von dem einfachen Recht entsprechend umgesetzt – s. Art. 57 Abs. 1 Sätze 1 und 2 GO und Art. 1 des Bayerischen Feuerwehrgesetzes (BayFwG).

ii) Örtliche Kulturpflege. Kultur ist – in Abgrenzung zu den von der Natur vorgegebenen **34** Bedingungen – die Gesamtheit von Kenntnissen und Wertvorstellungen auf den Gebieten des Glaubens, der Kunst, Moral, des Rechts, der Bräuche und Sitten, die eine Gemeinschaft erworben hat und die sie pflegt. Art. 83 BV wird durch Art. 140 BV und einfachrechtlich durch Art. 57 GO ergänzt.[41] Nach Art. 140 BV ist die Förderung von Kunst und Wissenschaft Aufgabe von Staat und Gemeinden. In diesem Bereich besteht daher eine für die Bayerische Verfassung typische Konstellation des Bereichs der Selbstverwaltungsgarantie mit Mitwirkungsrecht des Staates.[42]

Von Art. 83 Abs. 1 BV erfasst wird z. B. die Brauchtums- und Heimatpflege, der Schutz **35** des historischen Ortsbildes vor Verunstaltung und (im Rahmen der gemeindlichen Zuständigkeit) der Denkmalschutz und der Betrieb bzw. die Unterstützung gemeindlicher Theater, Orchester, Museen und Galerien, Sing- und Musikschulen, Bibliotheken, Archive, Bürgerfeste und kulturpflegende Vereinigungen, ortsansässige Künstler usw.

Die Erfüllung der Aufgaben des Art. 83 BV kann auf unterschiedliche Weise erfolgen. **36** Die Gemeinden können zunächst Einrichtungen selbst betreiben, die der kulturellen Pflege gewidmet sind. Sie können aber auch Aktivitäten dieser Art, die durch private Organisationen betrieben werden, unterstützen.

jj) Volks- und Berufsschulwesen und Erwachsenenbildung. Die Volksschule ist gesetzlich defi- **37** niert in Art. 6 Abs. 2 Nr. 1 a), Art. 7 Abs. 1 des Bayerischen Gesetzes über das Erziehungs- und Unterrichtswesen – BayEUG. Danach besteht die Volksschule aus der Grund- und der Hauptschule. Es ist nicht ersichtlich, dass die gesetzliche Definition den verfassungsrechtlichen Begriff unzutreffend wiedergeben würde.

Das Volksschulwesen ist gesetzlich nicht primär als Selbstverwaltungsaufgabe, sondern **38** als primär staatliche Aufgabe ausgestaltet. Als Rechtfertigung lässt sich Art. 133 Abs. S. 2 BV und auch Art. 130 Abs. 1 HS 2 BV heranziehen. Die Volksschulen werden durch den Freistaat im Benehmen mit den beteiligten Kommunen errichtet (Art. 26 BAyEUG) und sind staatliche Schulen (Art. 32 BayEUG). Kommunale Schulen können zugelassen werden (Art. 27 BayEUG).

---

[37] VGH BayVBl 1964, 228 (231); VGH NVwZ-RR 2004, 480.

[38] VGH NVwZ 1994, 716.

[39] *Gallwas/Wolff*, Bayerisches Polizei- und Sicherheitsrecht, 3. Aufl. 2004, Rn. 872 ff.; a. A. *Meder*, Art. 83 Rn. 2; *Paptistella*, in: Praxis der Kommunalverwaltung Bayern, Art. 83 BV.

[40] S. a. VerfGH 32, 18.

[41] VGH NVwZ-RR 1993, 574, 576.

[42] *Meder*, Art. 83 Rn. 2.

39   Die örtlich zuständigen Gemeinden müssen für die Volksschulen insbesondere den Schulaufwand (d. h. den Sachaufwand und den Aufwand für das Hauspersonal) aufbringen; bei Berufsschulen gilt dies nur für kreisfreie Gemeinden (vgl. Art. 3, Art. 8 des Bayerischen Schulfinanzierungsgesetzes – BaySchFG).

40   Die Berufsschulen werden in Art. 6 Abs. 2 Nr. 2 a), Art. 11 ff., Art. 34 BayEUG verfassungsrechtlich zutreffend definiert und ausgestaltet.

41   Die Erwachsenenbildung meint das Unterrichtswesen im weiteren Sinne für Erwachsene im Sinne einer Weiterbildung. Insoweit wird Art. 83 BV ergänzt durch Art. 139 BV. Dort wird die Volkshochschule in diese Aufgabe ausdrücklich einbezogen. Art. 57 GO gestaltet die Erwachsenenbildung als gemeindliche Soll-, also nicht als Pflichtaufgabe aus.[43] Durch Art. 2 des Gesetzes zur Förderung der Erwachsenenbildung vom 24. Juli 1974[44] tritt eine staatliche Förderung der Erwachsenenbildung neben die kommunale Zuständigkeit.

42   *kk) Vormundschaftswesen und Wohlfahrtspflege.* Wohlfahrtspflege ist die planmäßige, zum Wohle der Allgemeinheit und nicht des Erwerbs wegen ausgeübte oder abhelfende unmittelbare Betreuung von gesundheitlich, sittlich oder wirtschaftlich gefährdeten Menschen.[45] Einen Ausschnitt der Wohlfahrtspflege formuliert Art. 168 Abs. 3 BV als Anspruch. Erfüllt soll diese Aufgabe wiederum primär mit öffentlichen Einrichtungen werden (vgl. Art. 57 Abs. 1 Satz 1 GO), wie etwa Altersheime, Altenpflegeeinrichtungen, Waisenhäuser, Obdachlosen-, oder Frauenhäuser. Zentraler Teil der Wohlfahrtshilfe ist die Sozialhilfe. Hier sind die kleinen Gemeinden weitgehend ausgeschlossen. Örtliche Träger der Grundsicherung für Arbeitsuchende und örtliche Träger der Sozialhilfe sind die kreisfreien Gemeinden und die Landkreise (§ 6 Abs. 1 Satz 1 Nr. 2 SGB I, Art. 2 AGSG[46], bzw. Art. 80 AGSG i.V. m. § 3 Abs. 2 SGB XII).

43   Das Vormundschaftswesen meint die rechtliche Unterstützung von Bedürftigen. Die einfach-rechtliche Regelung sieht in diesem Bereich weitgehend nur eine Zuständigkeit der (kreisfreien) Gemeinden vor (Art. 3 Abs. 1 Satz 1, Art. 4 Abs. 1 Satz 1 des Bayerischen Kinder- und Jugendhilfegesetzes (BayKJHG) und Art. 1 Abs. 1 Sätze 1 und 2, Abs. 2 des Gesetzes zur Ausführung des Betreuungsgesetzes – AGBtG).

44   *ll) Örtliches Gesundheitswesen.* Der Begriff Gesundheitswesen ist weit zu verstehen und meint die Summe der öffentlichen Einrichtungen und Leistungserbringer, die die Gesundheitsförderung, -erhaltung und -versorgung der Bevölkerung sicherstellen. Örtlich sind die Einrichtungen, die sich auf Leistungen des Gemeindegebiets beziehen und deren Wirkungen auf dieses beschränkt sind. Der Gesundheitsdienst ist einfach-rechtlich überwiegend nicht kommunal, sondern staatlich organisiert.[47] Den Gemeinden verbleiben aber noch Randbereiche, u. a. bei der Trinkwasserversorgung, dem Bestattungswesen und dem Vorsorgebereich.[48] Möglich sind aber die Errichtung und der Betrieb kommunaler Krankenhäuser (Art. 25 Abs. 3 BayKrG), wobei sich deren Rechtsform nach dem Kommunalrecht richtet. Möglich ist jede Form der kommunalen Wirtschaftsunternehmen.

45   *mm) Ehe- und Mütterberatung sowie Säuglingspflege.* Das Thema der Ehe- und Mütterberatung sowie Säuglingspflege als kommunale Aufgabe in Art. 83 Abs. 1 BV wird ergänzt durch Art. 125 Abs. 2 BV und Art. 126 Abs. 2 S. 2 BV, die die Familien- und Erziehungsförderung zu einer gemeinsamen Aufgabe der Gemeinden und des Freistaates erklären. Die Schwangerenberatung qualifiziert Art. 3 Abs. 1 Satz 2 des Schwangerenberatungsgesetzes (BaySchwBerG) als eine gemeinsame Aufgabe des Staates und der Kommunen auf Kreisebene.

---

[43] VGH NVwZ-RR 1993, 574 (576).
[44] BayRS 2239-1-K.
[45] Zum Vormundschaftswesen s. VerfGH 4, 251 (278).
[46] Vom 8. Dezember 2006 (GVBl S. 942).
[47] Vgl. *Paptistella,* in: Praxis der Kommunalverwaltung Bayern, Art. 83 BV.
[48] VerfGH 9, 131 (140).

nn) Schulhygiene und körperliche Ertüchtigung der Jugend. Schulhygiene meint die Gesunder- 46
haltung des Menschen durch Reinhaltung des Körpers und der Kleidung sowie der Umgebung im Bereich der Schulen. Die körperliche Ertüchtigung der Jugend wird durch die
Schaffung und Bereitstellung von Turn- und Sportanlagen gefördert.

oo) Öffentliche Bäder. Öffentliche Bäder sind Schwimmbäder, die – vorbehaltlich eines 47
konkreten Zulassungsakts – jedermann im Rahmen der Nutzungsordnung zugänglich
sind. Die Organisationsform und das Benutzungsregime kann die Gemeinde grundsätzlich selbst wählen. In aller Regel sind die öffentlichen Bäder zugleich öffentliche kommunale Einrichtungen.

pp) Totenbestattung. Totenbestattung erfasst die förmliche endgültige Lagerung mensch- 48
licher Überreste, ggf. nach vorausgehender Behandlung. Art. 149 Abs. 1 S. 1 BV erlegt den
Gemeinden dabei die Sorge um eine „schickliche" Totenbestattung als Aufgabe auf. Die
Gemeinden erfüllen diese Aufgabe durch die Bereitstellung von Friedhöfen, Leichenräume, Einrichtungen für die Bestattung von Fehlgeburten sowie evtl. Feuerbestattungsanlagen. Gem. Art. 7 ff. des Bestattungsgesetzes – BestG – sind die Gemeinde weiter zur
Sorge für den Einsatz von Totengräbern, Leichenfrauen, Leichenwärtern und Leichenwa-
gen verpflichtet.

Für die Bestattungseinrichtungen sieht Art. 24 Abs. 1 Nr. 2 GO die Möglichkeit der 49
Einführung eines Benutzungszwangs vor. Die Zulassung von privaten Krematorien sah
der VerfGH nicht als unzulässige Einschränkung der kommunalen Selbstverwaltungsgarantie an.[49] Durch die gesetzliche Zulassung von Feuerbestattungsanlagen in privater
Trägerschaft werde den Gemeinden die Aufgabe der Totenbestattung in der Form der
Feuerbestattung weder ganz noch teilweise entzogen; die Gemeinden müssen sich lediglich privater Konkurrenz stellen. Das Selbstverwaltungsrecht nach Art. 11 Abs. 2 S. 2
BayVerf. schütze die Gemeinden – soweit nicht eine Monopolisierung durch Anschluss-
und Benutzungszwang zulässig ist – nicht vor privater Konkurrenz.[50]

qq) Erhaltung ortsgeschichtlicher Denkmäler und Bauten. Indem die Verfassung neben der Auf- 50
gabe der „örtlichen Kulturpflege" noch einmal ausdrücklich die Erhaltung ortsgeschichtlicher Denkmäler und Bauten nennt, hebt es diese Aufgabe besonders hervor. Die Aufgabe
steht im Zusammenhang mit dem Verfassungsauftrag des Art. 3 Abs. 2 BV zum Schutz der
kulturellen Überlieferung und Art. 141 Abs. 2 BV, der den Staat, Gemeinden und Körperschaften verpflichtet, die Denkmäler der Kunst, der Geschichte und der Natur zu pflegen
und wieder aufzubauen.[51] Die einfach-rechtliche Zuständigkeit für den Gesetzesvollzug
des Denkmalschutzes überträgt das Gesetz dennoch im Regelfall den Kreisverwaltungsbehörden. (s. Art. 11 Denkmalschutzgesetz – DSchG).[52]

2. Haushaltsplan – Abs. 2

a) Die Finanzhoheit der Gemeinden. *aa) Allgemein.* Zum Selbstverwaltungsrecht 51
des Art. 11 Abs. 2 S. 2 BV gehört auch die kommunale Finanzhoheit.[53] Die Bayerische Verfassung hebt die Gewährleistung der kommunalen Finanzhoheit vor allem in Art. 83
Abs. 2 S. 2 und Abs. 3 sowie Abs. 7 BV besonders hervor. Die Finanzhoheit gewährt den
Gemeinden zunächst die Befugnis zu einer eigenverantwortlichen Einnahmen- und Ausgabenwirtschaft, d. h. zu einer eigenen verantwortlichen Regelung ihrer Finanzen, im
Rahmen eines gesetzlich geordneten Haushaltswesens.[54] Der kommunale Selbstverwal-

---

[49] VerfGH, Ents. v. 4. 7. 1996, Az: Vf. 16-VII-94 u. a., NVwZ 1997, 481.
[50] VerfGH, Ents. v. 4. 7. 1996, Az: Vf. 16-VII-94 u. a., NVwZ 1997, 481.
[51] S. VGH NVwZ-RR 1993, 576.
[52] *Meder,* Art. 141 Rn. 2.
[53] *Schmehl,* BayVBl 2006, 325 (328).
[54] VerfGH 50, 15 (41); VerfGH 45, 33 (43); VerfGH, Ents. v. 27. 2. 1997 NVwZ-RR 1998, 601; VGH
BayVBl 2006, 434 ff.; s. a. BVerfGE 83, 363 (386).

tungsträger entscheidet in eigener Verantwortung darüber, ob, wann und in welcher Höhe er die Abgaben erhebt, die in seiner Hoheit liegen. Die Rechtsaufsichtsbehörde darf bei der Überprüfung von Abgabesatzungen keine politischen oder Zweckmäßigkeitsüberlegungen anstellen.[55] Darüber hinaus enthält die Finanzhoheit auch die Befugnis, in gewissem Rahmen Abgaben zu erheben (s. Art. 83 Abs. 2 S. 2 BV).

52 *bb) Gebot der sachgerechten Finanzausstattung.* Den Staat trifft weiter wegen der Finanzhoheit die Pflicht die Finanzausstattung der Gemeinden im Allgemeinen zu sichern.[56] Der Staat hat im Rahmen seiner finanziellen Möglichkeiten den innerstaatlichen Finanzausgleich so zu gestalten, dass die Gemeinden die ihnen zukommenden Aufgaben selbstverantwortlich erfüllen können und ihre finanzielle Lebensfähigkeit erhalten bleibt.[57] Die Finanzausstattung der Gemeinden muss aufgabengerecht erfolgen. Sie ist dabei nicht auf einen bestimmten Betrag garantiert. Auch die Zusammensetzung ist variabel. Die Gemeinden können nicht beanspruchen, dass ihnen eine einmal zugewiesene Steuermöglichkeit belassen wird oder dass die Merkmale, nach denen die Zuweisungen erfolgen, unverändert bleiben.

53 Bei der Entscheidung, in welcher Weise der Gesetzgeber die sachangemessene Ausstattung sicherstellt, besitzt der Staat einen weiten Entscheidungsspielraum. Innerhalb dieser Grenzen darf der Gesetzgeber typisieren und generalisieren. Seine (insbesondere auch Prognose-)Entscheidungen können vom VerfGH nur auf offensichtliche Fehlerhaftigkeit, eindeutige Widerlegbarkeit oder Unvereinbarkeit mit der verfassungsrechtlichen Werteordnung hin überprüft werden.[58]

54 Der Staat darf zum Ausgleich unterschiedlicher Finanzstärken einen kommunalen Finanzausgleich vorsehen. Die Pflicht, einen Finanzausgleich einzuführen, besteht von Verfassungs wegen nicht.[59] Bei der Beurteilung der Verfassungsmäßigkeit des Finanzausgleichs kommt es zum einen darauf an, ob die Finanzausstattung, die den Kommunen insgesamt zur Verfügung steht, offensichtlich nicht ausreicht; zum anderen ist maßgebend, ob das System des Finanzausgleichs als solches den verfassungsrechtlichen Anforderungen genügt.[60]

55 *cc) Anspruch auf Mindestausstattung.* Art. 11 Abs. 2 Satz 2 BV verbürgt den Gemeinden einen gegen das Land gerichteten Anspruch auf eine angemessene Finanzausstattung (finanzielle Mindestausstattung). Den Gemeinden ist eine Mindestausstattung garantiert, die so zu bemessen ist, dass die Gemeinden in die Lage versetzt werden, neben den Pflichtaufgaben des eigenen und des übertragenen Wirkungskreises noch freiwillige Selbstverwaltungsaufgaben zu übernehmen.[61] Können die Gemeinden die Mindestausstattung nicht aus eigenen Finanzquellen erschließen, müssen ihnen staatliche Zusatzmittel zufließen. Die verfassungsrechtliche Garantie einer finanziellen Mindestausstattung ist verletzt, wenn das Selbstverwaltungsrecht ausgehöhlt und einer sinnvollen Betätigung der Selbstverwaltung die finanzielle Grundlage entzogen wird. Für die Beurteilung ist bei den Auf-

---

[55] VerfGH, Ents. v. 15. 12. 1988, Vf 20-VI-86.; *Schweiger,* in: Nawiasky/Schweiger/Knöpfle, Art. 11, Rn. 8.

[56] VerfGH 49, 37 (50 f.); VerfGH 50, 15 (41 f.); VerfGH, Ents. v. 6. 2. 2007, Az: Vf. 14-VII-04, BayVBl 2007, 364 ff.

[57] VerfGH 50, 15 (41); VerfGH 49, 37 (50 f.); VerfGH 5, 1 (9); VerfGH, Ents. v. 6. 2. 2007, Az: Vf. 14-VII-04, BayVBl 2007, 364 ff.

[58] VerfGH 12, 48 (56); VerfGH 50, 15.

[59] VerfGH, Ents. v. 28. 11. 2007, Az: 15-VII-05 (zitiert nach der Veröffentlichung unter http://www.bayern.verfassungsgerichtshof.de).

[60] VerfGH 50, 14 (44).

[61] VerfGH 49, 37 (51); VerfGH 50, 15 (41 f.); VerfGH, Ents. v. 6. 2. 2007, Az: Vf. 14-VII-04, BayVBl 2007, 364 ff.; *Schmitt Glaeser/Horn,* BayVBl 1999, 353 (354 f.).
S. allgemein: NWVerfGH, OVGE 38, 301 (305); NWVerfGH, OVGE 40, 300 (304); RhPf-VerfGH, NVwZ 1993, 159 (160); s. a. VerfGH 49, 37 (50 ff.).

gaben des eigenen Wirkungskreises auf das Gesamtvolumen der gemeindlichen Einnahmen einschließlich der staatlichen Zuwendungen im Verhältnis zu den den Gemeinden obliegenden Aufgaben abzustellen.[62]

Dem Gesetzgeber steht bei der Erfüllung der Mindestausstattung ein weiter normativer **56** Entscheidungsspielraum zu.[63] Weiter steht auch der Anspruch auf Mindestausstattung unter dem Vorbehalt der finanziellen Leistungsfähigkeit des Staates.[64] Hat der Freistaat keine Haushaltmittel, können die Gemeinden auch keine Unterstützung zwecks Erfüllung ihrer eigenen Aufgaben verlangen. Bei der Feststellung, wie die Mindestausstattung und der Leistungsfähigkeitsvorbehalt des Landes genau zu verstehen sind, gibt es deutlich unterschiedliche Vorstellungen zwischen den Landesverfassungsgerichten. Der VerfGH konnte für das Jahr 1996 keine Verletzung des Gebots der Sicherstellung der Mindestausstattung feststellen.[65]

In seiner jüngsten Entscheidung vom November 2007 hat der VerfGH erneut den wei- **57** ten Spielraum des Gesetzgebers betont. Danach folgt aus der Abhängigkeit des Anspruchs der Kommunen auf Sicherstellung einer angemessenen Finanzausstattung von der finanziellen Leistungsfähigkeit des Staates, dass in besonderen Ausnahmesituationen die finanzielle Mindestausstattung, die der Staat regelmäßig zu gewährleisten hat, vorübergehend unterschritten werden kann. Der Anspruch auf Mindestausstattung unterfalle wie der Anspruch auf angemessene Ausstattung dem Vorbehalt der Leistungskraft des Landes. Dieser Parallelverlauf von staatlichen Finanzmitteln und kommunaler Ausstattung gilt freilich auch im positiven Bereich. Entwickeln sich die staatlichen Finanzen besser, muss sich diese günstige Entwicklung der staatlichen Einnahmen auch im kommunalen Finanzausgleich niederschlagen.[66] Von dieser Verlaufsparallelität abgesehen, setzt der VerfGH dem Gesetzgeber nur weite Grenzen. Es sei nicht Aufgabe des VerfGH, an Stelle des Gesetzgebers das richtige kommunale Finanzierungssystem zu entwickeln oder konkret die richtige Durchführung des Systems „nachzurechnen". Nur offensichtliche verfassungsrechtlich nicht haltbare Verteilungssysteme könne er beanstanden.[67] Als Ausgleich für diese Zurückhaltung bei der Überprüfung des materiellen Rechts verlangt der VerfGH vom Gesetzgeber, dass dieser verfahrensrechtliche Regelungen vorsieht, die sicherstellen, dass das Finanzierungssystem den Anforderungen der Art. 10, 11 BV genügt. Er überträgt ausdrücklich das Modell der Grundrechtssicherung durch Verfahren auf Art. 10, Art. 11 BV. Der Gesetzgeber hat ein geeignetes Verfahren bereitzustellen, das den Gemeindeverbänden eine hinreichende Einflussmöglichkeite gibt.

dd) Nur verhältnismäßige Belastungen. Grundsatz der Verhältnismäßigkeit. Regelungen, die die **58** Finanzausstattung berühren, beeinträchtigen oder vermindern, hat der Verfassungsgerichtshof (außerhalb der Frage, ob das Gebot der Mindestausstattung verletzt ist) nicht nur daraufhin zu überprüfen, ob sie unter dem Gesichtspunkt der Sachgerechtigkeit vertretbar sind und daher nicht gegen das Willkürverbot (Art. 118 Abs. 1 BV) verstoßen. Vielmehr müssen sich gesetzliche Regelungen im Bereich der gemeindlichen Finanzhoheit auch an

---

[62] VerfGH 12, 48 (54 ff.); VerfGH 49, 37 (52 f.).

[63] VerfGH 49, 37 (51 f.); VerfGH, Ents. v. 6. 2. 2007, Az: Vf. 14-VII-04, BayVBl 2007, 364 ff.

[64] VerfGH NVwZ-RR 1998, 601 f.

[65] VerfGH NVwZ-RR 1998, 601 f. m. w. N.

[66] VerfGH, Ents. v. 28. 11. 2007, Az: 15-VII-05 (zitiert nach der Veröffentlichung unter http://www.bayern.verfassungsgerichtshof.de).

[67] VerfGH, Ents. v. 28. 11. 2007, Az: 15-VII-05 (zitiert nach der Veröffentlichung unter http://www.bayern.verfassungsgerichtshof.de): Der VerfGH „hat insoweit nur zu prüfen, ob die betreffenden gesetzgeberischen Entscheidungen offensichtlich fehlerhaft und eindeutig widerlegbar sind oder ob sie der verfassungsrechtlichen Wertordnung widersprechen" (ständige Rechtsprechung; vgl. VerfGH 47, 77 (83); VerfGH 47, 207 (219); VerfGH 48, 17 (23)) und: „Unter den derzeitigen Gegebenheiten kann die Ausübung des Ermessens lediglich dahingehend überprüft werden, ob das Ergebnis des Finanzausgleichs in evidenter Weise den Anforderungen der Selbstverwaltungsgarantie widerspricht. Dies lässt sich vorliegend jedoch nicht feststellen."

den Erfordernissen des im Rechtsstaatsprinzip verankerten Grundsatzes der Verhältnismäßigkeit orientieren. Es muss jeweils eine Abwägung zwischen den Belastungen oder Beeinträchtigungen der gemeindlichen Finanzausstattung und den dafür maßgebenden, am
öffentlichen Wohl orientierten, hinreichend sachlichen Gründen erfolgen.[68] Sind verschiedene kommunale Aufgabenträger betroffen, hat der Gesetzgeber bei der Ausgestaltung die allseitigen Belange zu einem angemessenen Ausgleich zu bringen.[69]

59   *ee) Finanzquellen.* Die Finanzquellen der Gemeinden bestehen aus einem schwer zu
durchschauenden Mischsystem.[70] Ein Anspruch der Gemeinden, dass ihre Finanzmittel-
ausstattung so ausgestaltet ist, dass sie die Selbstverwaltungsaufgaben aus eigenen Finanzmitteln und die übertragenen Aufgaben aus zugewiesenen Mitteln finanzieren können,
besteht nicht.[71] Zunächst steht den bayerischen Gemeinden das Aufkommen der Grund-
und Gewerbesteuer und der örtlichen Verbrauch- und Aufwandsteuern zu, wobei ein Teil
der Gewerbesteuer über eine Umlage an Bund und Land zurückfließt (Art. 106 Abs. 6 S. 1
und 4 GG) und an der örtlichen Verbrauchssteuer- und Aufwandsteuer die Gemeindeverbände beteiligt werden können; weiter steht ihnen ein Anteil am Gesamtaufkommen
der Lohn- und Einkommensteuer (Art. 106 Abs. 5 S. 1 GG) und der Umsatzsteuer zu
(Art. 106 Abs. 5 a GG). Der Bestimmung und Berechnung dieser Anteile liegen jeweils
spezielle Bundesgesetze zugrunde.

60   Darüber hinaus erhalten die Gemeinden auf der Grundlage eines Landesgesetzes
(Art. 106 Abs. 7 GG) zusätzlich noch Mittel aus dem Anteil des Freistaates Bayern, der diesem wiederum an dem Gemeinschaftssteuern (Art. 106 Abs. 3 GG) zusteht. Diesen Finanzausgleich regelt in Bayern das Finanzausgleichsgesetz.

61   Über die Beteiligung an den Steuern hinaus erzielen die Gemeinden noch weitere
Einnahmen, wie insbesondere Beiträge zur Deckung des Aufwands für die Herstellung,
Anschaffung, Erweiterung oder Verbesserung der öffentlichen Einrichtungen, insbesondere nach Art. 5 ff. BayKAG; Gebühren für die Benutzung gemeindlicher Einrichtungen oder gemeindlichen Eigentums nach Art. 8 BayKAG oder anderen Vorschriften
sowie Gebühren für Amtshandlungen (Art. 1, 22 BayKostG); Einnahmen aus öffentlich-
rechtlichen Verträgen, z. B. Stellplatzablösungsverträgen (Art. 47 BayBO) oder Folge-
lastenverträgen; Ablieferungen der gemeindlichen Eigenbetriebe; in die Gemeindekassen
fließende Geldstrafen; Einnahmen privatrechtlicher Natur (z. B. Miet- und Pachtzinsen,
Erträge aus land- oder forstwirtschaftlichen Grundstücken, Zinsen aus Kapitalvermögen,
Veräußerungsgewinne, Zuwendungen durch Schenkungen oder Verfügungen von Todes
wegen), sowie in erheblichem Maße staatliche Zuweisungen nach dem Finanzausgleichsgesetz.[72]

62   *Die Finanzzuweisungen nach dem BayFAG.* Der Finanzausgleich der Länder ist eine Leistung des Landes, die sicherstellen soll, dass die Gemeinden die Mittel erhalten, die sie über
ihre Einnahmen aus den eigenen originären Steuerertragsrechten hinaus für eine sachgerechte Aufgabenerledigung benötigen. Der innerstaatliche Finanzausgleich hat die Aufgabe, die finanzielle Lebensfähigkeit der Gemeinden zu wahren und zu erhalten.[73] Er ist
eine von der Finanzkraft der Kommune unabhängige Ausgleichsregelung, die neben die
allgemeinen Bestimmungen zur Absicherung einer finanziellen Mindestausstattung durch
originäre kommunale Einnahmen und den kommunalen Finanzausgleich tritt.[74]

---

[68] VerfGH 45, 33 (43); VerfGH, Ents. v. 6. 2. 2007, Az: Vf. 14–VII–04, BayVBl 2007, 364.

[69] VerfGH 50, 15 (44); BVerfGE 26, 228 (245); VerfGH, Ents. v. 6. 2. 2007, Az: Vf. 14–VII–04,
BayVBl 2007, 364 ff.

[70] S. dazu VerfGH, Ents. v. 28. 11. 2007, Az: 15–VII–05 (zitiert nach der Veröffentlichung unter
http://www.bayern.verfassungsgerichtshof.de).

[71] VerfGH, Ents. v. 28. 11. 2007, Az: 15–VII–05 (zitiert nach der Veröffentlichung unter http://
www.bayern.verfassungsgerichtshof.de).

[72] S. dazu nur VerfGH NVwZ-RR 1998, 601 f.

[73] VerfGH 12, 48 ff.; vgl. *Meder,* Art. 11, Rn. 4.

[74] LT-Drs. 14/12011 S. 7; VerfGH, Ents. v. 6. 2. 2007, Az: Vf. 14–VII–04, BayVBl 2007, 364 ff.

Da der Finanzausgleich landesrechtlich geregelt ist, steht er unter den Vorgaben der   63
Bayerischen Verfassung. Die verfassungsrechtlichen Vorgaben für eine verfassungsgemäße
staatliche Finanzzuweisung ergeben sich im Umkehrschluss aus der kommunalen Finanzhoheit. Allgemein gilt das Gebot, dass das Selbstverwaltungsrecht in seinem Wesensgehalt
und Kernbereich unangetastet bleiben muss.[75] Es muss jeweils eine Abwägung zwischen
den Belastungen und den dafür maßgebenden, am öffentlichen Wohl orientierten, hinreichend sachlichen Gründen erfolgen. Soweit Finanzausgleichsleistungen zwischen verschiedenen kommunalen Aufgabenträgern in Rede stehen, muss der Gesetzgeber bei deren Ausgestaltung die allseitigen Belange zu einem angemessenen Ausgleich bringen.[76]
Dies führt zu einer doppelten Prüfung der Vorschriften über den kommunalen Finanzausgleich: zum einen, ob die Finanzausstattung, die den Kommunen insgesamt zur Verfügung steht, offensichtlich nicht ausreicht (Gebot der Mindestausstattung); zum anderen,
ob das System des kommunalen Finanzausgleichs als solches den verfassungsrechtlichen
Anforderungen genügt, d. h. ob es z. B. willkürliche Festsetzungen oder vom Gleichheitssatz nicht gerechtfertigte Differenzierungen enthält, insbesondere zu nicht hinnehmbaren,
systemwidrigen Benachteiligungen bestimmter Gemeinden führt, oder ohne plausible
rechtfertigende Gründe von dem selbst gesetzten Regelungssystem abweicht.[77] Das gegenwärtige Systsem enthält nach Auffassung des VerfGH keine offensichtlichen verfassungswidrigen Regelungen.[78]

b) Die Pflicht einen Haushaltsplan aufzustellen – Art. 83 Abs. 2 S. 1 BV. Nach   64
Art. 83 Abs. 2 Satz 1 BV sind die Gemeinden verpflichtet, einen Haushaltsplan aufzustellen. Nach Art. 83 Abs. 6 BV gilt für die „Gemeindeverbände" das Gleiche. Für die Gemeinde ist diese Pflicht in den Art. 61 ff. GO i. V. m. der KommHV näher ausgestaltet.[79]
Die Haushaltssatzung hat auf kommunaler Ebene die Bedeutung, die das Haushaltsgesetz
auf staatlicher Ebene besitzt (Art. 70 Abs. 2, Art. 78 Abs. 3 BV).[80] An die Haushaltssatzung
werden von Verfassungs wegen die gleichen Anforderungen gestellt wie an andere Satzungen.[81] Es verstößt nicht gegen Art. 83 Abs. 2 S. 1 BV, wenn der Gesetzgeber einen Bürgerentscheid mit Auswirkungen auf die Haushaltssatzung zulässt.[82]

Gesetzlich ist den Gemeinden die Beachtung der allgemeinen Haushaltsgrundsätze   65
sowie der Erfordernisse des gesamtwirtschaftlichen Gleichgewichts (d. h. gleichzeitige
Verwirklichung von Stabilität des Preisniveaus, hohem Beschäftigungsstand und außenwirtschaftlichem Gleichgewicht bei stetigem und angemessenem Wirtschaftswachstum)
in Art. 61 GO auferlegt.

c) Abgabenrecht – Art. 83 Abs. 2 S. 2 BV. *aa) Allgemein.* Art. 83 Abs. 2 Satz 2 BV si-   66
chert den Gemeinden das Recht, ihren Bedarf durch öffentliche Abgaben zu decken. Die
Norm gilt gemäß Art. 83 Abs. 6 BV auch für den Finanzbedarf der Landkreise und Bezirke.

Art 83 Abs. 2 BV gewährt zunächst das Recht, zur Deckung des Bedarfs erforderliche   67
Abgaben zu erheben.[83] Abgaben sind insbesondere Steuern, Gebühren und Beiträge. Die
Aufzählung ist nicht abschließend. Es gibt keinen verfassungsrechtlichen numerus clausus

---

[75] VerfGH 37, 59 (66); VerfGH 38, 118 (126); VerfGH 45, 33 (43); VerfGH 45, 157 (162); VerfGH 47,
165 (172 f.); VerfGH NVwZ-RR 1998, 601 f.

[76] VerfGH 49, 37 (50 ff.); BVerfGE 26, 228 (245).

[77] VerfGH NVwZ-RR 1998, 601 f.

[78] VerfGH, Ents. v. 28. 11. 2007, Az: 15-VII-05 (zitiert nach der Veröffentlichung unter http://
www.bayern.verfassungsgerichtshof.de).

[79] Für die Landkreise sind die Art. 55 ff. LKrO i. V. m. der KommHV, für die Bezirke Art. 53 ff. BezO
i. V. m. der KommHV zu beachten.

[80] VerfGH, Ents. v. 29. 8. 1997, Az: Vf. 8-VII-96 u. a., NVwZ-RR 1998, 82; *Meder*, Art. 83 Rn. 3;
Schweiger, in: Nawiasky/Schweiger/Knöpfle, Art. 83, Rn. 5.

[81] VerfGH 22, 84; VerfGH 23, 10 (14).

[82] VerfGH, Ents. v. 29. 8. 1997, Az: Vf. 8-VII-96 u. a., NVwZ-RR 1998, 82.

[83] VerfGH 12, 48 (55); VerfGH 23, 47 (50).

der nicht-steuerlichen Abgaben.[84] Das Abgabenrecht ist kein Gemeindevermögen i. S. v. Art. 12 Abs. 2 S. 1 BV.[85] Innerhalb ihres Abgabenerhebungsrechts muss die Gemeinde die allgemeinen rechtsstaatlichen Grenzen der Abgabenerhebung beachten.[86]

68   *bb) Bezug zur Selbstverwaltungsgarantie.* Das Recht, Abgabensatzungen zu erlassen, ist ein wesentlicher Teil der Selbstverwaltungsgarantie[87] als Teil der Finanzhoheit.[88] Daher darf etwa die Widerspruchsbehörde im Widerspruchsverfahren in Abgabenangelegenheiten nicht im verwaltungsgerichtlichen Vorverfahren auf Widerspruch eines Abgabeschuldners gegen einen kommunalen Abgabebescheid die in diesem festgesetzte Abgabe erhöhen und vom Abgabeschuldner mehr verlangen, als dies der kommunale Selbstverwaltungsträger gefordert hatte. Ist sie der Auffassung, die Gebührenfestsetzung sei rechtswidrig zu gering, muss sie im Wege der Rechtsaufsicht vorgehen.[89]

69   *cc) Konkludenter Gesetzesvorbehalt. aaa) Allgemein.* Das Recht, den Bedarf durch öffentliche Abgaben zu decken, erfasst nach der grammatikalischen Auslegung das Recht, Abgaben zu normieren, zu erheben und einzuziehen. In dieser Breite steht das Recht den Gemeinden aber nicht zu. Das Abgabenerhebungsrecht der Gemeinden ist durch eine ganze Reihe von Normen eingeschränkt.[90] Den Zusatz „im Rahmen der Gesetze" hat man im Rahmen des Gesetzgebungsverfahrens mit der Begründung weggelassen, dies sei selbstverständlich.[91]

70   *bbb) Unterschied von Budgethoheit und Finanzhoheit hinsichtlich der Abgabenerhebung.* Das Bedarfsdeckungsrecht durch Abgaben in Art. 83 BV ist eingebettet in die Budgethoheit der Länder und des Bundes aus Art. 109 Abs. 1 GG. Kern der Budgethoheit des Art. 109 Abs. 1 GG ist das Recht zur Entscheidung über den Einsatz der Finanzmittel, nicht aber über den Finanzausgleich sowie das Geld- und Währungswesen.[92] Die Selbstständigkeit der Haushaltswirtschaft schließt Abhängigkeiten im Bereich der Finanzwirtschaft, insbesondere in Form der Verschränkungen des Steuerverfassungsrechts und des Finanzausgleiches nicht aus.[93] Die Budgetautonomie des Art. 109 Abs. 1 GG wird dem Kernbereich der Staatlichkeit von Bund und Ländern zugerechnet.[94] Sie sichert die politische Autonomie haushaltswirtschaftlich ab.[95] Der Begriff der Haushaltswirtschaft umfasst die Gesamtheit der auf die staatlichen Einnahmen und Ausgaben bezogenen Vorgänge, soweit sie nach dem geltenden bundesstaatlichen Verfassungsrecht eigenständigen haushaltspolitischen Entscheidungen unterliegen.[96] Der Begriff verlangt dabei insbesondere bei den Ländern zugleich den

---

[84] BVerfGE 93, 319 (342); BVerfGE 82, 159 (181); *Jachmann,* in: v. Mangoldt/Klein/Starck, Bd. 3, 2001, Rn. 105, Rn. 7; *Paul Kirchhof,* in: HStR IV, § 88 Rn. 269.

[85] VerfGH 12, 48 (58); *Meder,* Art. 83 Rn. 4.

[86] Abgabengleichheit und Abgabengerechtigkeit (Art. 118 Abs. 1 BV) – s. dazu VerfGH 32, 18 (26 f.). Praktikabilität von Abgabennormen – VerfGH 29, 233; Pauschalierungen sind zulässig – VerfGH 28, 59 (68 f.); Typisierungen bei sachgerechtem Maßstab sind möglich – VerfGH 13, 127 (131); VerfGH 16, 46 (50); Steuerungseffekte sind grundsätzlich zulässig – VerfGH 29, 15 u. 21 f.; zu den rechtsstaatlichen Grenzen: Abgabenklarheit – VerfGH 4, 181 (191); VerfGH 34, 135 (139).

[87] *Meder,* Art. 83 Rn. 4.

[88] VerfGH, Ents. v. 15. 12. 1988, Az: Vf. 70 – VI/86, NVwZ 1989, 551. Unscharf insoweit *Meder,* Art. 83 Rn. 4.

[89] VGH BayVBl 2006, 434 ff.

[90] *Meder,* Art. 83 Rn. 4.

[91] *Schweiger,* in: Nawiasky/Schweiger/Knöpfle, Art. 83, Rn. 6.

[92] *H. Siekmann,* in: Sachs, GG, 2003, Art. 109, Rn. 4 f.; *Werner Heun,* in: Horst Dreier (Hg), GG, Bd. III, 2000, Art. 109, Rn. 15.

[93] BVerfGE 101, 158 (220).

[94] *Siekmann,* in: Sachs, GG, 2003, Art. 109, Rn. 3; *Heun,* in: H. Dreier (Hg), GG, Bd. III, 2000, Art. 109, Rn. 13; *K. Stern,* in: FS f. U. Everling, 1995, Bd. II, S. 1469, 1478.

[95] *Heun,* in: H. Dreier (Hg), GG, Bd. III, 2000, Art. 109, Rn. 13; s. a. BVerfGE 86, 148 (264)

[96] *Heun,* in: H. Dreier (Hg), GG, Bd. III, 2000, Art. 109, Rn. 14; *U. Hartmann,* in: FS f. Hahn, 1997, 161, 164.

Verbleib von Freiräumen von substanziellem Gewicht,[97] die sich nach dem System des GG vor allem auf den Bereich der Ausgaben, und eingeschränkt auch auf den der Einnahmen beziehen.

Den Kommunen steht demgegenüber sowohl nach Art. 28 Abs. 2 S. 1 GG als auch **71** gem. Art. 11 Abs. 2 BV eine Finanzhoheit zu.[98] Die Finanzhoheit der Kommunen ist schwächer ausgebildet als die Budgethoheit der Länder. So können sich die Kommunen gegenüber dem Land für ihre Finanzhoheit nicht auf Art. 109 Abs. 1 GG berufen.[99] Die Finanzhoheit ist Bestandteil der eigenverantwortlichen Aufgabenerledigung i. S. v. Art. 28 Abs. 2 S. 1 GG und akzessorisch zur Kompetenz alle Aufgaben der örtlichen Angelegenheiten wahrzunehmen. Sie ist von ihrer Schutzrichtung her mit der Organisationshoheit, und nicht mit der Allzuständigkeit vergleichbar. Unter Finanzhoheit der Kommunen ist dabei zunächst die Befugnis zu einer eigenverantwortlichen Einnahmen- und Ausgabenwirtschaft im Rahmen des gesetzlich geordneten Haushaltswesens zu verstehen.[100]

ccc) Schutz eines Kernbereichs an Abgabenerhebung. Wegen dieser Einbindung des Deckungs- **72** rechts des Bedarfs in die allgemeine Finanzverfassung geht die h. M. davon aus, dass das Deckungsrecht der Gemeinden primär nur im Rahmen des einfachen Rechts besteht.[101] Darüber hinaus wird man allerdings das Deckungsrecht nicht vollständig unter einen Gesetzesvorbehalt stellen können. Vielmehr muss den Gemeinden ein Kernbereich des eigenen Abgabenrechts erhalten bleiben. Art. 83 Abs. 2 S. 2 BV verpflichtet den Landesgesetzgeber im Rahmen seiner Gesetzgebungskompetenz, den Gemeinden einen Bereich zur eigenverantwortlichen Abgabenerhebung einzuräumen. Dieser kann allerdings je nach Abgabenart unterschiedlich stark ausgestaltet sein. Es gehört zum Kernbereich der Selbstverwaltung, dass die Gemeinden – sei es auch unter staatlicher Mitwirkung – grundsätzlich ein Recht zum Erlass von Abgabensatzungen haben.[102] Mit dem Art. 83 Abs. 2 BV wollte der Verfassungsgeber den Gemeinden – wenn auch im Rahmen der Gesetze und damit unter dem Vorbehalt staatlicher Mitwirkung – bewusst ein als „ursprüngliches Besteuerungsrecht" bezeichnetes Recht verleihen.[103]

ddd) Einzelheiten. Eine Genehmigungspflicht schränkt das Abgabenerhebungsrecht in **73** ulässigem Maße ein.[104] Das Erfordernis der Genehmigung einer Gemeindesatzung über die Erhebung einer Zweitwohnungssteuer verstößt als solches nicht gegen Art. 11 Abs. 2 S. 2 i. V. m. Art. 83 Abs. 2 S. 2 BV. Allerdings hat der VerfGH verlangt, die Genehmigungstatbestände so auszulegen, dass der Rechtsaufsichtsbehörde nur eine Rechtmäßigkeitsprüfung gestattet sei.[105] Das Verbot bestimmter Bagatellsteuern, Art. 3 Abs. 3 BV, ist mit Art. 11 Abs. 2, Art. 83 Abs. 2 S. 2 BV vereinbar.[106] Auch das später vorgenommene und mittlerweile wieder aufgehobene Verbot der Zweitwohnungssteuer war verfassungsgemäß.[107]

dd) Tatsächliche Bedeutung der Abgabenerhebung. Die Garantie des Art. 83 Abs. 2 S. 2 BV ver- **74** spricht mehr, als die Rechtslage einlösen kann. Der Normtext vermittelt den Eindruck, die Gemeinden würden ihren Finanzbedarf – so wie die Körperschaften – wenn man von der Kreditaufnahme einmal absieht, insbesondere durch Abgabenerhebungen decken. Dem ist aber nicht so. Die Realität wird, genauer als dies bei Art. 83 Abs. 2 S. 2 BV der Fall

---

[97] *Heun,* in: H. Dreier (Hg), GG, Bd. III, 2000, Art. 109, Rn. 17.
[98] Vgl. BVerfGE 71, 25 (36 f.); BVerfGE 83, 363 (385 f.); *Nierhaus,* in; Sachs, GG, 3. Aufl. 2003, Art. 28, Rn. 67.
[99] *Heun,* in: H. Dreier (Hg), GG, Bd. III, 2000, Art. 109, Rn. 16.
[100] BVerfGE 71, 25 (36 f.).
[101] *Paptistella,* in: Praxis der Kommunalverwaltung Bayern, Art. 83 BV.
[102] VerfGH, Ents. v. 15. 12. 1988; Az.Vf. 70 – VI/86, NVwZ 1989, 551.
[103] VerfGH, Ents. v. 27. 3. 1992, Az.Vf. 8 – VII/89, NVwZ 1993, 163.
[104] VerfGH 41, 140 (146 ff.); *Meder,* Art. 83 Rn. 4.
[105] VerfGH, Ents. v. 15. 12. 1988, Az.Vf. 70 – VI/86, NVwZ 1989, 551.
[106] VerfGH, Ents. v. 27. 3. 1992; Az.Vf. 8 – VII/89, NVwZ 1993, 163 (zur Zweiwohnungssteuer).
[107] VerfGH, Ents. v. 27. 3. 1992, Az.Vf. 8 -VII-89, NVwZ 1993, 163 f.

ist, durch Art. 22 Abs. 2 GO wiedergegeben.[108] Sofern die „sonstigen Einnahmen" eine Deckungslücke hinterlassen, greift die Abgabenerhebungsgarantie ein. Eine Deckungslücke ist nicht gegeben, soweit die Gemeinde öffentliche Mittel außerhalb des Abgabenrechts erhält. Die wichtigste Finanzquelle für die Kommunen bilden dabei die Finanzzuweisungen nach dem Finanzausgleichsgesetz.

75   *ee) Steuern. aaa) Begriff.* Steuern sind einmalige oder fortlaufende Geldleistungen, die nicht eine Gegenleistung für eine besondere Leistung darstellen und zur − auch nur als Nebenzweck möglichen − Erzielung von Einnahmen allen auferlegt werden, bei denen der Tatbestand zutrifft, an den das Gesetz die Leistungspflicht knüpft (vgl. § 3 Abs. 1 Abgabenordnung − AO). Von Gemeindesteuern kann man nur bei solchen Steuern sprechen, die von der Gemeinde selbst als Gläubigerin der Steuerschuld erhoben werden, nicht aber auch bei solchen, an deren Aufkommen die Gemeinde lediglich beteiligt ist (z. B. Einkommensteuer).

76   *bbb) Verfassungsrechtliche Garantie - Bundesebene.* Inwieweit das kommunale Selbstverwaltungsrecht ein Recht, Steuern zu erheben, mit erfasst, ist nicht endgültig geklärt. Art. 83 Abs. 1 BV wirkt nicht gegenüber dem Bund. Art. 28 Abs. 2 S. 1 GG ist deutlich unspezifischer. Art. 28 Abs. 2 S. 3 HS 1 GG verlangt eine finanzwirtschaftliche Eigenverantwortlichkeit, zu der nicht notwendig Gemeindesteuern gehören müssen; Art. 28 Abs. 2 S. 3 HS 2 GG garantiert die Existenz einer Steuergewalt, die sich auf die Bestimmung der Hebesätze beschränkt (Einkommensteuer − Art. 105 Abs. 5 GG oder Gewerbesteuer − Art. 105 Abs. 6 S. 2 GG). Daher geht die überwiegende Ansicht davon aus, dass die kommunale Selbstverwaltungsgarantie des Art. 28 Abs. 2 S. 1 GG nicht mehr garantiert als Art. 28 Abs. 2 S. 3 GG.

77   *Landesebene.* Art. 83 Abs. 2 BV garantiert vom Normtext her mehr, als Art. 28 Abs. 2 S. 1 i. V. m. S. 3 GG. Die weitergehende Garantie ist dabei trotz Art. 31 GG i. V. m. Art. 28 GG zu beachten, da das Bundesrecht nicht so zu verstehen ist, dass es dem Land verboten wäre, innerhalb des Bereiches, der ihm zusteht, den Kommunen Befugnisse zuzuweisen.

78   Aber auch auf Landesebene wird man das aus Art. 11 Abs. 2 BV i. V. m. Art. 83 BV hergeleitete Recht auf eigene Kommunalsteuern als nicht sehr ausgeprägt verstehen dürfen. Es ist erfüllt, sofern den Gemeinden nur irgendeine eigene Steuer zusteht. Darüber hinaus erkennt man zudem zu Recht ein gewisses, aus Art. 11 Abs. 2 Satz 2, Art. 83 Abs. 2 Satz 2 BV abzuleitendes, eigenes Steuerfindungsrecht der Gemeinden an. Dieses soll allerdings nur im Rahmen der Gesetze bestehen.[109]

79   *ccc) Einfach-rechtliche Gewährleistung.* Nach der gegenwärtigen einfach-gesetzlichen Rechtslage ist der Bereich der Gemeindesteuern sehr eingegrenzt. Das liegt an der Verteilung der Gesetzgebungskompetenzen gem. Art. 105 GG in diesem Bereich. Wegen Art. 105 Abs. 2a GG konnten die Länder den Gemeinden nur die örtlichen Verbrauch- und Aufwandsteuern als eigenen Steuerbereich zuweisen, wobei bei diesen Steuern den Gemeinden gem. Art. 105 Abs. 6 S. 1 GG auch das Aufkommen zusteht. Die Länder haben von ihrer Kompetenz in der Regel Gebrauch gemacht, indem sie die Steuererhebung den Gemeinden durch Gesetz übertragen haben (vgl. Art. 3 KAG).[110]

80   Als Aufwandsteuer ist eine Steuer anzusehen, die an den Gebrauch von Vermögen für einen Zweck anknüpft. Ausschlaggebendes Merkmal für den Aufwand ist danach der Konsum in Form eines äußerlich erkennbaren Vorgangs, für den finanzielle Mittel verwendet werden. Mit der Aufwandssteuer wird die in der Einkommensverwendung zum Ausdruck kommende wirtschaftliche Leistungsfähigkeit belastet.[111] Beispiele sind etwa die Hundesteuer und die Spielgerätesteuer. Die Verbrauchssteuer belastet den Verbrauch oder

---

[108] Zutreffend *Schweiger* in: Nawiasky/Schweiger/Knöpfle, Art. 83, Rn. 6.

[109] VerfGH 41, 140 (148).

[110] BVerfG (Kammer), NVwZ 1997, 573; BVerwG, NVwZ 2004, 1128 f.; VGH Kassel, Beschl. v. 12. 8. 2004 − 5 N 4228/98.

[111] BVerfGE 65, 325 (347); BVerwG, NVwZ 2004, 1128 f.

Verzehr von Wirtschaftgütern unter Einschluss des Verpackungsmaterials (Beispiele sind die Steuern auf den Verzehr von Bier, Speiseeis etc.).[112]

Bei der Ausgestaltung der örtlichen Verbrauchssteuer und der Aufwandssteuer haben **81** die Gemeinden vor allem bei sog. Lenkungssteuern dabei den Grundsatz der Einheit der Rechtsordnung zu beachten. So hat das BVerfG im Zusammenhang mit einer (Einweg-) Verpackungssteuer die dort beabsichtigte Verhaltenslenkung als nicht vereinbar mit der Verhaltenssteuerung angesehen, die der Bund durch das entsprechende Gesetz (Art. 74 Abs. 1 Nr. 24 GG – Abfallwirtschaft) eingeschlagen hat.

Darüber hinaus besitzen die Gemeinden Gestaltungsbefugnisse bei den Realsteuern **82** (Gewerbesteuer und Grundsteuer). Diese sind zwar bundesrechtlich geregelt, aber die Gemeinden haben die Befugnis, den Steuersatz festzulegen. Gegenwärtig besteht ein gerichtlich noch nicht abgeschlossener Streit, ob den Gemeinden gesetzlich die Festlegung eines Mindesthebungssteuersatzes vorgeschrieben werden darf.

Das Steuerfindungsrecht gewährt das KAG nur sehr eingeschränkt. Dies wird zunächst **83** durch das Verbot einer ganzen Reihe von Verbrauchs- und Aufwandssteuern (sog. Verbot der Bagatellsteuern) in Art. 3 Abs. 3 KAG erheblich eingeschränkt. Der VerfGH hat dies für verfassungsgemäß gehalten.[113] Darüber hinaus benötigt eine Satzung, mit der eine Steuer eingeführt wird, die bisher in Bayern nicht erhoben wurde, eine Genehmigung durch die Rechtsaufsichtsbehörde, wobei die Genehmigung selbst wiederum der Zustimmung des Staatsministeriums des Innern bedarf (Art. 2 Abs. 3 Sätze 1 und 2 KAG).

Die Befugnisse der Gemeinden im Steuerbereich sind in Bayern insgesamt durch das **84** KAG sehr eingeschränkt, und es lassen sich durchaus gewichtige Gründe, gerade aus Art. 83 Abs. 1 BV, nennen, die gegen diese starken Einschränkungen sprechen. Der einfache Gesetzgeber hat den Bereich der Aufwandssteuer allerdings einfachgesetzlich wieder erweitert, indem er mit § 6 des Gesetzes zur Änderung des Kommunalrechts vom 26. 7. 2004 das bisher in Art. 3 Abs. 3 KAG bestehende Verbot der sog. Zweitwohnungsteuer aufgehoben hat und somit eine „Steuer auf das Innehaben einer Wohnung" wieder erhoben werden darf.

ff) Gebühren. Gebühren sind öffentlich-rechtliche Geldleistungen, die aus Anlass indivi- **85** duell zurechenbarer und tatsächlich in Anspruch genommener öffentlicher Leistungen dem Gebührenschuldner durch eine öffentlich-rechtliche Norm oder sonstige hoheitliche Maßnahmen auferlegt werden und dazu bestimmt sind, in Anknüpfung an diese Leistung deren Kosten ganz oder teilweise zu decken.[114] Zu unterscheiden sind die Verwaltungsgebühren, die eine Gegenleistung für Amtshandlungen der Gemeinde bilden[115], von den Benutzungsgebühren, die als Entgelt für die Benutzung – gemeindlicher – Anstalten, Unternehmungen oder sonstiger Einrichtungen erhoben werden.[116] Die kommunale Selbstverwaltungsgarantie, insbesondere in der Konkretisierung des Art. 83 Abs. 2 S. 2 BV, gestattet den Gemeinden zumindest das Recht, für ihre Verwaltungsleistungen Gebühren zu erheben, wie die anderen Verwaltungsträger auch.

Für die Rechtmäßigkeit gilt eine Reihe von Grundsätzen, bei denen noch nicht endgül- **86** tig geklärt ist, ob diese zugleich verfassungsrechtlichen Charakter besitzen. Nach dem Äquivalenzprinzip müssen Gebühr und Leistung zueinander in einem adäquaten Verhältnis stehen, dürfen also kein gröbliches Missverhältnis aufweisen.[117] Zwischen der Gebühr und der von der öffentlichen Gewalt zur Verfügung gestellten Leistung bzw. dem Vorteil darf danach kein Missverhältnis bestehen. Der Vorteil darf dabei anhand eines Wahrschein-

---

[112] VerfGH 13, 27; VerfGH 29, 15; VerfGH 29, 224; VerfGH 41, 140 (146 ff.).
[113] VerfGH, Ents. v. 27. 3. 1992; Az. Vf. 8-VII-89, NVwZ 1993, 163 f. bezogen auf die Zweitwohnungssteuer.
[114] Vgl. BVerfGE 50, 217 (226) m. w. N.; VerfGH 20, 21 (30); *Meder,* Art. 83 Rn. 10.
[115] VerfGH 23, 76; *Meder,* Art. 83 Rn. 10.
[116] *Meder,* Art. 83 Rn. 10.
[117] VerfGH 22, 138 (142); VerfGH 14, 116 (121).

lichkeitsmaßstabes bemessen werden.[118] Auch wenn die Gebühren an dem Verwaltungsaufwand und in gewissen Grenzen auch an dem Vorteil, den die Leistung vermittelt, bemessen werden, dürfen sie durch Satzung gestaffelt werden. Das ist insbesondere dann der Fall, wenn aus sachlichen Gründen die Leistung nur für einen Teil der Gebührenschuldner von der Gemeinde bezuschusst wird. Die Gebühren belasten wegen ihres Maßstabes den Schuldner je nach dessen wirtschaftlichen Verhältnissen eventuell unterschiedlich.[119]

87   *gg) Beiträge.* Beiträge sind Geldleistungen, die eine juristische Person des öffentlichen Rechts für die Möglichkeit der Inanspruchnahme öffentlicher Leistungen von einem dadurch Begünstigten erhebt. Sie werden erhoben als einmalige oder als wiederkehrende Leistungen zur teilweisen oder vollständigen Deckung von Kosten, insbesondere von Investitionskosten bestimmter öffentlicher Einrichtungen.[120]

88   Das KAG nennt als Beiträge vor allem die Beiträge zur Ableistung des Investitionsaufwands von öffentlichen Einrichtungen (Art. 5 KAG), sowie die der Fremdenverkehrs- (Art. 6 KAG) und der Kurbeitrag (Art. 7 KAG). Der einfach-gesetzliche Ausschluss, bei der Berechnung des Investitionsaufwandes einen Gewinnzuschlag einzurechnen, stellt zwar einen Eingriff in die Organisationshoheit der Gemeinden, aber keine Verletzung derselben dar.[121]

89   Wie bei den Gebühren garantiert die kommunale Selbstverwaltungsgarantie insbesondere in der Konkretisierung des Art. 83 Abs. 2 S. 2 BV den Gemeinden zumindest das Recht, für ihre Verwaltungsleistungen, wie die anderen Verwaltungsträger auch, Beiträge zu erheben. Wegen der großen Bedeutung der öffentlichen Einrichtungen im Feld der kommunalen Daseinsvorsorge hat diese Abgabenart auf Kommunalebene eine große Bedeutung. Dem Äquivalenzprinzip genügt es, wenn dem Pflichtigen ein Vorteil geboten wird und er ihn nutzen kann. Der Vorteil und der Beitrag dürfen wiederum nicht außer Verhältnis stehen.

90   *hh) Sonderabgaben.* Über die Gebühren und Beiträge hinaus kommen vor allem Sonderabgaben vor, mit denen eine bestimmte Gruppe mit der Finanzierung einer Aufgabe belastet wird, für die sie eine besondere Verantwortung trägt. Grundlage sind die Regelungskompetenzen der Sachmaterie.[122]

91   Die frühere bayerische Feuerschutzabgabe (Art. 4 Abs. 1 KAG i. V. m. Art. 23 Abs. 1 BayFwG) wurde vom BVerfG wegen Verstoßes gegen Art. 3 Abs. 1 und Abs. 3 GG sowie gegen die Grundsätze über die finanzverfassungsrechtliche Zulässigkeit parafiskalischer (auch landesrechtlicher) Sonderabgaben (vgl. Art. 105 Abs. 2 und Abs. 2a GG) für nichtig erklärt.[123] Die Feuerwehrpflicht der Männer, die dieser Regelung zurunde lag, wurde in Folge dieser Entscheidung aufgehoben.

92   *ii) Verhältnis zum Bürger.* Wenn die Kommunen von ihrem Recht, Abgaben zu erheben, Gebrauch machen, sind sie dem Bürger gegenüber an die Grenzen des Abgabenrechts in gleicher Weise gebunden, wie wenn der Freistaat Abgaben erhebt. Abgaben dürfen nur auf der Grundlage gültiger Rechtsnormen geltend gemacht werden (Art. 101 BV). Kommunale Abgabensatzungen bedürfen einer hinreichend bestimmten gesetzlichen Grundlage, die weitgehend im KAG niedergelegt ist. Die Garantie befreit nicht von der Einhaltung rechtsstaatlicher Grundsätze. Insbesondere sind das Gebot der Abgabengleichheit (Art. 118 Abs. 1 BV) und, bezogen auf die Steuer, das Leistungsfähigkeitsprinzip zu beachten. Pauschalierungen bzw. Typisierungen zur Verringerung des Verwaltungsaufwands oder zur Verbesserung der Transparenz sind grundsätzlich zulässig. Ein unterschiedliches örtliches

---

[118] *Meder,* Art. 83 Rn. 10; VerfGH 16, 46 (50); VerfGH 21, 205 (209).

[119] VerfGH 5, 243 (261 f.); *Meder,* Art. 83 Rn. 10.

[120] *Meder,* Art. 83 Rn. 11; VerfGH 19, 89; VerfGH 28, 1; VerfGH 29, 44; VerfGH 30, 24; VerfGH 37, 4.

[121] BVerwG NVwZ 2006, 1404.

[122] *Meder,* Art. 83 Rn. 11a; VerfGH 32, 18 (24).

[123] BVerfGE 92, 91 ff.; s. a. BVerfG BayVBl 1998, 493 m. Anm. *Zugmaier,* BayVBl 1998, 592.

Abgabenrecht in verschiedenen Gemeinden verstößt nicht gegen Art. 118 Abs. 1 BV, da das Gebot der Gleichheit sich an den jeweiligen Kompetenzinhaber richtet.[124] „Erdrosselnde" Abgaben untersagt Art. 103 Abs. 1 BV. Abgaben dürfen neben fiskalischen auch Lenkungszwecken dienen.[125] Eine Zweckbindung einzelner Abgaben (abgesehen von der Sonderabgabe) ergibt sich nicht.[126]

d) Besonderheiten bei den Landkreisen und den Bezirken. Gemäß Art. 83 Abs. 6 **93** BV gilt Art. 83 Abs. 2 BV für die Gemeindeverbände entsprechend. Die finanzielle Ausstattung der Kreise und Bezirke weicht von der der Gemeinden ab, insbesondere, weil sie geringere Kompetenzen im Bereich der Steuern besitzt.[127]

aa) Finanzielle Garantie. aaa) Allgemein. Auf Grund von Art. 10 Abs. 1, Art. 83 Abs. 2 Satz **94** 2, Abs. 6 BV ist der Staat verpflichtet, im Rahmen seiner finanziellen Möglichkeiten den innerstaatlichen Finanzausgleich so zu gestalten, dass die Gemeindeverbände die ihnen zukommenden Aufgaben selbstverantwortlich erfüllen können und ihre finanzielle Lebensfähigkeit erhalten bleibt.[128] Bei Umsetzung der Entscheidung besteht ein weiter Entscheidungsspielraum des Gesetzgebers. Die Gemeinden haben keinen Anspruch auf bestimmte finanzielle Mittel (z. B. bestimmte Steuern oder sonstige Einnahmequellen). Auch die Schaffung bzw. Beibehaltung bestimmter Verteilungsregeln oder Anteile können sie nicht verlangen.[129] Pauschalierungen, Typisierungen und Generalisierungen sind zulässig. Eine verfassungsgerichtliche Beanstandung ist nur möglich, wenn diese evident fehlerhaft oder eindeutig widerlegbar sind.[130] Prognosen des Gesetzgebers über die sachliche Eignung und die Auswirkungen einer gesetzlichen Regelung kann der VerfGH nur dann beanstanden, wenn sie im Ansatz oder in der Methode offensichtlich fehlerhaft oder eindeutig widerlegbar sind.[131] Er kann dagegen nicht seine eigene Prognose an die Stelle derjenigen des Gesetzgebers setzen; er hat nur zu prüfen, ob sich die Entscheidung des Gesetzgebers in den verfassungsrechtlich vorgezeichneten Grenzen hält.

bbb) Grenzen für den Gesetzgeber. Die Grenzen der gesetzgeberischen Gestaltungsfreiheit **95** ergeben sich durch die Garantie des Wesensgehalts des Selbstverwaltungsrechts, durch den Grundsatz der Verhältnismäßigkeit und durch das Willkürverbot. So darf der Gesetzgeber zunächst die Mindestausstattung nicht unterschreiten. Bei der Frage, ob das Recht der Gemeinden auf eine finanzielle Mindestausstattung beeinträchtigt ist, ist auf das Gesamtvolumen der Einnahmen der Landkreise abzustellen.[132] Weiter muss jeweils eine Abwägung zwischen den Belastungen oder Beeinträchtigungen der gemeindlichen Finanzausstattung und den dafür maßgebenden, am öffentlichen Wohl orientierten sachlichen Gründen erfolgen.

ccc) Finanzausgleichsleistungen. Eigene Grundsätze gelten, soweit der Gesetzgeber Finanz- **96** ausgleichsleistungen zwischen verschiedenen kommunalen Aufgabenträgern vorsieht. Er muss dann bei deren Ausgestaltung die allseitigen Belange zu einem angemessenen Ausgleich bringen.[133] Weiter darf der Gesetzgeber die durch vielerlei Ursachen hervorgerufenen örtlichen Finanzkraftunterschiede durch den kommunalen Finanzausgleich nicht

---

[124] VerfGH 13, 27 (31); *Schweiger,* in: Nawiasky/Schweiger/Knöpfle, Art. 83, Rn. 7.
[125] *Meder,* Art. 83 Rn. 8.
[126] Vgl. VerfGH 6, 21.
[127] S. dazu VerfGH, Ents. v. 28. 11. 2007, Az: 15-VII-05 (zitiert nach der Veröffentlichung unter http://www.bayern.verfassungsgerichtshof.de).
[128] VerfGH 51, 1 (14 m. w. N.); kritisch *Papier,* BayVBl 1994, 737 ff.; *Simnacher,* BayVBl 1995, 678; a. A. *Puhr-Westerheide,* BayVBl 1995, 161 ff.; s. nur VerfGH, Ents. v. 28. 11. 2007, Az: 15-VII-05 (zitiert nach der Veröffentlichung unter http://www.bayern.verfassungsgerichtshof.de).
[129] VerfGH 12, 48 (56); VerfGH 51, 1 (14).
[130] VerfGH 42, 72 (76 f.); VerfGH 51, 1 (14 f.).
[131] VerfGH 47, 207 (219); VerfGH 49, 79 (91); VerfGH 51, 1 (15).
[132] VerfGH 49, 37 (53 m. w. N.); VerfGH 50, 15 (44); VerfGH 51, 1 (17).
[133] VerfGH 51, 1 (14).

völlig einebnen (Nivellierungsverbot).[134] Dies verstieße sowohl gegen das Selbstverwaltungsrecht als auch gegen den Gleichheitssatz.[135] Ungleichheiten sollen nur gemildert werden. Ein Ausgleich, der auf eine vollkommene Nivellierung der kommunalen Finanzen abzielte, würde die Eigenverantwortlichkeit der Selbstverwaltungsorgane und somit das Selbstverwaltungsrecht im Kernbereich aushöhlen. Überdies stünde er im Widerspruch zum Willkürverbot, wonach wesentlich Ungleiches nicht ohne sachlichen Grund gleichbehandelt werden darf.[136]

97   *bb) Die Kreisumlage.* Soweit der Bedarf der Landkreise durch die „sonstigen Einnahmen" i. S. des FAG nicht gedeckt ist, wird er über die Kreisumlage finanziert (Art. 18 Abs. 1 bis Art. 20 FAG). Den Bezirken stehen keine Mittel aus der Verbundmasse zu (vgl. Art. 1 FAG e contrario); auch ist ihnen die Erhebung von Abgaben i. S. der Art. 3 bis 7 KAG verwehrt. Sie beziehen ihre Einnahmen – neben Benutzungsgebühren etc.; vgl. z. B. Art. 8 KAG – vielmehr aus konkreten Zuschüssen und Zuweisungen (vgl. z. B. Art. 15 FAG) sowie, soweit der Bedarf nicht durch die „sonstigen Einnahmen" gedeckt wird, insbesondere aus der Bezirksumlage (Art. 21 f. FAG).

98   Der Staat darf zur Finanzierung der Kreise den Gemeinden eine Umlage auferlegen. Kreisangehörige Gemeinden können den Kreisumlagebescheid wegen ihrer Finanzhoheit mit der Begründung anfechten, im Kreishaushalt seien Ausgaben in spürbarem Umfang zur Erfüllung landkreisfremder Aufgaben vorgesehen.[137] Die zusätzliche Finanzausstattung für den kreisangehörigen Raum, die durch die Bildung einer gesonderten Teilschlüsselmasse für die Landkreise eintritt, ist durch sachliche Gründe gerechtfertigt.[138]

99   *cc) Abgabenhoheit.* Für die Landkreise sind hinsichtlich der einfach-rechtlichen Ausgestaltung der Garantie des Art. 83 Abs. 6, Abs. 2 Satz 2 BV die Art. 16 Abs. 2, Art. 56 LKrO sowie die Bestimmungen des KAG und für die Bezirke Art. 16 Abs. 2, Art. 54 BezO i. V. m. KAG maßgeblich.

3. Konnexitätsprinzip – Abs. 3

100   **a) Allgemein.** *aa) Keine Konnexitätsgarantie aus Art. 11 Abs. 2 BV.* Nach Auffassung der Rechtsprechung folgt aus der kommunalen Selbstverwaltungsgarantie kein Konnexitätsprinzip. Aus Art. 11 Abs. 2 BV, auch in Verbindung mit dem Grundsatz der Verhältnismäßigkeit, folgt kein Anspruch auf vollen Ausgleich finanzieller Belastungen, solange eine ausreichende Finanzausstattung der Gemeinden insgesamt noch nicht in Frage gestellt ist.[139] Ist die Auferlegung einer Aufgabe mit der Verfassung vereinbar, so ergibt sich aus den hieraus für die Gemeinden entstehenden Kostenfolgen nach Auffassung der Rechtsprechung grundsätzlich kein Verstoß gegen die gemeindliche Finanzhoheit.[140] Die Kostenlast für einzelne Aufgaben berührt als solche weder das verfassungsrechtliche Gebot einer gemeindlichen Mindestfinanzausstattung noch beeinträchtigt sie die eigenverantwortliche Einnahmen- und Ausgabenwirtschaft der Gemeinden.[141] Die Aufnahme von Gastschülern und die Verpflichtung zur Tragung der dadurch entstehenden Kosten ohne vollen Kostenausgleich war daher beispielsweise vor Geltung des Konnexitätsprinzips gem. Art. 83 Abs. 3 BV verfassungsgemäß. Auch eine Pauschalierung von Gastschulbeiträgen verletzt nicht das Selbstverwaltungsrecht.[142] Eine Regelung im Waldgesetz, nach der die Gemein-

---

134 VerfGH 12, 48 (55); VerfGH 51, 1 (17).
135 VerfGH 51, 1 (17); VerfGH 50, 15 (50).
136 VerfGH 50, 15 (49); VerfGH 51, 1 (17).
137 VGH BayVBl 1993, 112 ff. = NVwZ-RR 1993, 574 ff.
138 VerfGH 50, 14 (50).
139 *Schmitt Glaeser/Horn,* BayVBl 1999, 353 (355 f.).
140 VerfGH 49, 37 (53 f.); BVerfGE 83, 363 (386); BVerfG NVwZ 1987, 123; VerfGH, Ents. v. 6. 2. 2007, Az: Vf. 14-VII-04, BayVBl 2007, 364.
141 VerfGH 49, 37 (54).
142 VerfGH 49, 37 (57 f.).

den für die Erstellung von Forstwirtschaftsplänen durch die Forstbehörden oder ihre Beauftragten einen Beitrag von 50 v. H. der dem Staat entstehenden Kosten entrichten, verstieß nicht gegen die Finanzhoheit.[143]

Dieses Verständnis der Finanzhoheit war der Grund, weshalb der verfassungsändernde **101** Gesetzgeber einen solchen Anspruch nun ausdrücklich in Art. 83 Abs. 3 S. 1 BV festgeschrieben hat.

bb) Entstehungsgeschichte: Verfassungsänderung von 2003. Art. 83 Abs. 3 BV wurde durch die **102** Verfassungsänderung 2003 mit Wirkung zum 1. 1. 2004 neu gefasst.[144] Gleichzeitig wurde Abs. 7 eingefügt. Auf einfach-rechtlicher Ebene bestanden schon früher entsprechende Regelungen (Art. 8 Abs. 4 GO, Art. 6 Abs. 4 LKrO und Art. 6 Abs. 4 BezO). Die Neufassung ersetzt die Ursprungsregelung, nach der bei der Übertragung staatlicher Aufgaben an die Gemeinden gleichzeitig die notwendigen Mittel zu erschließen waren. Diese gewährte keinen Anspruch auf vollen Ausgleich der Mehrbelastung.[145]

Die Neufassung kommt einer langjährigen Forderung der Kommunen nach einer ver- **103** fassungsrechtlichen Verankerung des strikten Konnexitätsprinzips nach. Lange forderten die kommunalen Spitzenverbände eine entsprechende verfassungsrechtliche Regelung, die ihnen zunächst durch eine Verfassungsänderung 1998[146] gegenüber der Staatsregierung und später (Verfassungsänderung 2003) auch gegenüber des Bayerischen Landtags gewährt wurde. Andere Landesverfassungen kannten entsprechende Regelungen schon vorher.[147]

cc) Zeitlicher Anwendungsbereich. Das Konnexitätsprinzip findet Anwendung, wenn die **104** Kosten verursachende Maßnahme des Staates nach dem In-Kraft-Treten der Verfassungsänderung erfolgt. Art. 83 Abs. 3 Satz 1 BV verpflichtet den Staat für Aufgabenmehrungen ab dem 1. 1. 2004. Frühere Maßnahmen sind an Art. 83 Abs. 3 BV n. F. nicht zu messen.[148] Der bis dahin vorhandene Bestand an kommunalen Aufgaben und an Anforderungen an die kommunale Aufgabenerfüllung ist kostenmäßig durch das bisherige System des kommunalen Finanzausgleichs und der sonstigen Finanzbeziehungen zwischen Staat und Kommunen abgedeckt.

dd) Altfälle. Durch die Neufassung des Art. 83 Abs. 3 BV ist die einzige bis dahin in der **105** Verfassung enthaltene ausdrückliche Aussage über das Finanzierungssystem der bayerischen Kommunen gestrichen worden. Eine Aussage, wie die übrigen Fälle, das heißt der bis 31. Dezember 2003 vorhandene Bestand an kommunalen Aufgaben und an Anforderungen an die kommunale Aufgabenerfüllung („Altfälle"), künftig zu behandeln sind, fehlt in der Verfassung. Nach der amtlichen Begründung soll der bis dahin vorhandene Bestand an kommunalen Aufgaben und an Anforderungen an die kommunale Aufgabenerfüllung kostenmäßig durch das bisherige System des kommunalen Finanzausgleichs und der sonstigen Finanzbeziehungen zwischen Staat und Kommunen abgedeckt sein.[149]

ee) Ratio. Das Konnexitätsprinzip soll durch die Stärkung des Gedankens „wer be- **106** stimmt, soll auch zahlen" den Landesgesetzgeber zu einem kommunalfinanzrechtlich

---

[143] VerfGE 45, 157 (161 ff.).

[144] S. dazu *Engelbrecht,* BayVBl 2007, 164; *Hahnzog,* BayVBl 2007, 321 (322); *Deubert,* BayVBl 2004, 136; *Wolff,* BayVBl 2004, 129; zur alten Rechtslage s. *Meder,* Art. 83 Rn. 12; VerfGH 49, 37 (50 ff.); VerfGH NVwZ-RR 1998, 601 f.; VerfGH, Ents. v. 28. 11. 2007, Az: 15-VII-05 (zitiert nach der Veröffentlichung unter http://www.bayern.verfassungsgerichtshof.de).

[145] VerfGH NVwZ-RR 1998, 601 f.

[146] Gesetz v. 20. 2. 1998 (GVBl S. 39).

[147] S. z. B. Art. 71 Abs. 4 BadWürttVerf, Art. 97 Abs. 4 BrandenbVerf, Art. 84 Abs. 2 SächsVerf, Art. 91 Abs. 4 ThürVerf.

[148] VerfGH, Ents. v. 6. 2. 2007, Az: Vf. 14-VII-04; VerfGH, Ents. v. 28. 11. 2007, Az: 15-VII-05 (zitiert nach der Veröffentlichung unter http://www.bayern.verfassungsgerichtshof.de).

[149] VerfGH, Ents. v. 28. 11. 2007, Az: 15-VII-05 (zitiert nach der Veröffentlichung unter http://www.bayern.verfassungsgerichtshof.de).

verantwortungsvollen Handeln zwingen (Disziplinierungsfunktion).[150] Das Konnexitätsprinzip soll auf Landesebene die Kommunen vor der weiteren Übertragung neuer Aufgaben ohne Ausgleich von Mehrbelastungen schützen. Mittelbar kann das Konnexitätsprinzip auch zugleich die gesetzliche Fixierung neuer Aufgaben etwas dämpfen und so wie eine Deregulierung wirken.[151]

107   *ff) Mehrbelastung bei den Kreisen – Landratsämter.* Veränderung von staatlichen Aufgaben auf der Ebene des Kreises führen bei den kreisfreien Städten und evtl. auch bei den großen Kreisstädten zu einer Aufgabenmehrung, die unter das Konnexitätsprinzip fällt, nicht jedoch bei den Landratsämtern, weil bei diesen keine Veränderung der kommunalen Aufgaben vorliegt. Das wurde vom Gesetzgeber als ungerecht empfunden und eine entsprechende Ausgleichsregelung in Art. 53 Abs. 2 LKrO vorgesehen.[152] Danach ist für Mehrbelastungen im Sinn des Art. 83 Abs. 3 BV ein entsprechender finanzieller Ausgleich nach dessen Grundsätzen zu leisten. Dies entspricht der in Teil I. Ziff. 4 der Konsultationsvereinbarung vom 21. 5. 2004 getroffenen Vereinbarung mit dem Inhalt, dass auch den Landkreisen „ein entsprechender finanzieller Ausgleich für Mehrbelastungen" nach den Grundsätzen des Konnexitätsprinzips zu gewähren ist.

108   **b) Tatbestand von Art. 83 Abs. 3 S. 1 BV.** *aa) Übertragung neuer Aufgaben.* Das Konnexitätsprinzip greift zunächst ein, wenn der Staat den Gemeinden Aufgaben überträgt (Art. 83 Abs. 3 Var. 1 BV).[153] Gemeint ist mit der ersten Variante die gesetzliche Zuweisung von Aufgaben, die die Gemeinden bisher noch nicht hatten. Die Gemeinden muss aufgrund der Rechtsänderung eine rechtliche Pflicht treffen, sich mit der neuen Aufgabe zu befassen. Der Begriff Aufgabe versteht sich von selbst und meint jeden Auftrag auf dem Gebiet des öffentlichen Rechts, den das Recht an die Gemeinde richtet. Erfasst wird nicht nur die Übertragung neuer Aufgaben, sondern auch die Erweiterung bisheriger Aufgaben um neue Themenfelder. Entscheidend ist, dass die Gemeinde nach der Änderung in mehr Sachbereichen tätig werden muss als vorher.

109   Die erste Variante ist zunächst auf die Aufgaben im übertragenen Wirkungskreis der Gemeinden (und der „Gemeindeverbände", Art. 83 Abs. 6 BV) bezogen. Im eigenen Wirkungskreis braucht der Staat den Gemeinden die Aufgaben nicht zu übertragen. Selbstverwaltungsaufgaben fallen schon wegen der Selbstverwaltungsgarantie in die Zuständigkeit der Gemeinden. Verpflichtet sich der Staat zu deren Erfüllung, greift die Variante 2 des Art. 83 Abs. 3 BV. Gibt er inhaltlich Standards vor, ist die Var. 3 gegeben. Art. 83 Abs. 3 Var. 1 BV greift daher in dem Bereich der eigenen Angelegenheiten nur dann, wenn der Staat den Gemeinden zunächst eine eigene Angelegenheit gesetzlich entzieht, diese zur staatlichen Angelegenheit erklärt und sie diesen, bzw. einen Teil der Gemeinden, als übertragene Aufgaben auferlegt.

110   Übertragene Angelegenheiten sind solche, die gemäß Art. 11 Abs. 3 BV den Gemeinden zur Besorgung namens des Staates oder anderer Körperschaften des öffentlichen Rechts gesetzlich zugewiesen sind (vgl. Art. 8 Abs. 1 GO, Art. 6 Abs. 1 LKrO, Art. 6 Abs. 1 BezO). Gleiches gilt gem. Art. 10 Abs. 3 BV hinsichtlich der Landkreise und Bezirke.

111   *bb) Verpflichtung zur Erfüllung von Aufgaben im eigenen Wirkungskreis.* Nach Art. 83 Abs. 3 Satz 1 Var. 2 BV greift das Konnexitätsprinzip dann, wenn der Staat den Gemeinden im Bereich der Selbstverwaltungsaufgaben bei der Frage des „ob" Vorgaben macht.[154] Die Selbstverwaltungsgarantie umfasst grundsätzlich auch die Eigenverantwortlichkeit der Aufgabenerledigung. Die Eigenverantwortlichkeit weist dabei grundsätzlich der Gemeinde auch die Wahl zu, ob sie die Selbstverwaltungsangelegenheit überhaupt überneh-

---

[150] *Wolff,* BayVBl 2004, 129; *Paptistella,* in: Praxis der Kommunalverwaltung Bayern, Art. 83 BV.
[151] Vgl. LT-Drs. 14/12011.
[152] „Gesetz zur Änderung des Kommunalrechts" vom 26. 7. 2004.
[153] *Zieglmeier,* NVwZ 2008, 270 (272).
[154] *Zieglmeier,* NVwZ 2008, 270 (272).

men will. Macht der Staat der Gemeinde die Erfüllung einer dieser Aufgaben zur Pflicht, dann beschränkt er diese Freiheit und erfüllt den Tatbestand des Art. 83 Abs. 3 S. 1 Var. 2 BV.

Der Normtext spricht nur die Konstellation an, bei der den Gemeinden die Erfüllung **112** zur Pflicht gemacht wird. Die Auferlegung einer Selbstverwaltungsaufgabe als „Soll-Aufgabe" wird nach der ratio der Norm her aber ebenfalls darunter fassen müssen.[155] Für die Qualifikation als Soll-Aufgabe genügt es, wenn die Gesetze die Aufgaben als solche (in „Soll-Form") vorgeben, wie etwa Art. 57 Abs. 1 Satz 1 GO. Einer darüber hinausgehenden Soll-Vorgabe hinsichtlich der Aufgabenwahrnehmung bedarf es nicht, da die Vorgabe einer Aufgabe deren Wahrnehmung mit umfasst.[156]

cc) Besondere Anforderungen an die Erfüllung bestehender oder neuer Aufgaben. Gem. Art. 83 **113** Abs. 3 Satz 1 Var. 3 BV gilt das Konnexitätsprinzip auch dann, wenn der Gesetzgeber an die Erfüllung gemeindlicher Aufgaben besondere Anforderungen stellt.[157] Ob die Aufgaben neu oder alt sind, ist gleichgültig. Ebenfalls irrelevant ist, ob es sich um eine übertragene oder um eine eigene Aufgabe handelt. Eine Beschränkung auf freiwillige gemeindliche Aufgaben trägt der Normtext nicht.[158] Während sich die beiden ersten Varianten auf das „ob" der Aufgabenerfüllung beziehen, betrifft die dritte Variante das „wie".

Art. 83 Abs. 3 S. 1 Var. 3 BV greift nicht schon ein, wenn der Gesetzgeber irgendwelche **114** Anforderungen stellt. Das Gesetz spricht ausdrücklich von „besonderen Anforderungen". Wie sich die „besonderen" Anforderungen von den „allgemeinen" Anforderungen unterscheiden, gibt der Normtext nicht ausdrücklich an. Nahe liegt es, das Adjektiv „besonders" auf die Gemeinden zu beziehen. Besonders sind die Anforderungen dann, wenn sie nur für die gemeindliche Aufgabenerfüllung vom Gesetzgeber gestellt werden, nicht auch für die Erfüllung durch staatliche Stellen.[159]

dd) Verursachung durch den Freistaat. Die drei Varianten verlangen alle gemeinsam, dass der **115** Aufgabenzuwachs dem Freistaat zugerechnet werden kann. Eine Aufgabenübertragung durch Volksgesetzgebung genügt dafür allerdings.[160] Keine Kostenverursachung durch den Freistaat liegt vor, wenn der Bund eine Aufgabe unmittelbar den Gemeinden überträgt, wenn Inhalt und Umfang der gemeindlichen Aufgabe durch Bundes- und Europarecht bestimmt werden oder wenn durch Landesrecht lediglich bundes- oder europarechtliche Vorgaben umgesetzt werden und dabei kein eigener Gestaltungsspielraum des Landes verbleibt, der eine Rücksichtnahme auf die bei den Gemeinden entstehenden Kosten ermöglicht.[161] Eine Kostenverursachung durch den Freistaat ist nur gegeben, wenn der Freistaat Bayern einen eigenen Gestaltungsspielraum besitzt, den er zu Lasten der Kommunen nutzt.[162] Dies liegt etwa vor, wenn der Freistaat entscheiden kann, ob er die vorgegebene Aufgabe selbst wahrnimmt oder ihre Wahrnehmung den Kommunen überträgt. Keine Verursachung des Landes ist dann gegeben, wenn dieses nur zwingende Vorgaben höherer Normebenen – bundes- oder europarechtlicher Art – wiederholt. Hat der Freistaat nur einen Spielraum bei der Frage, welche kommunale Ebene er mit der Aufgabe belastet, ist ihm die Belastung nicht zuzurechnen.[163] Liegt eine gesetzliche Aufgabenübertragung durch den Bund vor und ist diese eventuell verfassungswidrig, so führt dies nach Auffas-

---

[155] *Paptistella*, in: Praxis der Kommunalverwaltung Bayern, Art. 83 BV.

[156] A. A. *Paptistella*, in: Praxis der Kommunalverwaltung Bayern, Art. 83 BV.

[157] *Zieglmeier*, NVwZ 2008, 270 (272).

[158] A. A. *Paptistella*, in: Praxis der Kommunalverwaltung Bayern, Art. 83 BV.

[159] Vgl. *Paptistella*, in: Praxis der Kommunalverwaltung Bayern, Art. 83 BV.

[160] *Engelbrecht*, BayVBl 2007, 164 (165).

[161] VerfGH, Ents. v. 28. 11. 2007, Az: 15-VII-05 (zitiert nach der Veröffentlichung unter http://www.bayern.verfassungsgerichtshof.de); *Engelbrecht*, BayVBl 2007, 164 (165).

[162] *Zieglmeier*, NVwZ 2008, 270.

[163] VerfGH, Ents. v. 28. 11. 2007, Az: 15-VII-05 (zitiert nach der Veröffentlichung unter http://www.bayern.verfassungsgerichtshof.de).

sung des VerfGH nicht zur Anwendung des Konnexitätsprinzips.[164] Der Freistaat hat aber wegen Art. 83 Abs. 3 BV die – gerichtlich allerdings kaum überprüfbare – Verpflichtung, bei seinen Mitwirkungsmöglichkeiten auf Bundesebene (Bundesrat) möglichst eine Belastung der Kommunen ohne Kostenausgleich zu verhindern.[165]

116   In welcher Rechtsform der Aufgabenzuwachs begründet wird, ist für Art. 83 Abs. 3 S. 1 BV gleichgültig. Entscheidend ist nicht die Rechtsform, sondern nur das Ergebnis. Jede Regelungsform, mit der bei den Gemeinden verbindlich ein Aufgabenzuwachs begründet werden kann, genügt. Wegen des Gesetzesvorbehalts ist dies im Bereich der Selbstverwaltungsaufgaben aber nur durch Gesetz oder aufgrund eines Gesetzes möglich. Auch bei den übertragenen Aufgaben wird man wegen der mittelbaren Beeinträchtigung der Selbstverwaltungsgarantie durch die Aufgabenübertragung eine gesetzliche Grundlage verlangen müssen. Es ist daher schwer vorstellbar, dass etwa der Aufgabenzuwachs durch Verwaltungsvorschriften bewirkt wird.[166]

117   **c) Rechtsfolge gem. Art. 83 Abs. 3 Satz 2 BV.** *aa) Allgemein.* Liegt eine der drei Varianten vor, so hat der Staat Bestimmungen über die Deckung der Kosten zu treffen. Der Staat wird durch Art. 83 Abs. 3 S. 1 HS 2 BV gezwungen, sich Gedanken darüber zu machen, wie die Kosten, die er durch die Aufgabenmehrung bei den Gemeinden verursacht, getilgt werden.

118   Aus der Bestimmung muss sich zum einen ergeben, welche Kosten die Aufgabenmehrungen verursachen werden. Notwendig ist daher eine Prognose des Aufwandes, den die Aufgabenmehrung verursachen wird und weiter eine Schätzung, welche Kostenhöhe dieser Aufwand darstellt. Weiter haben die Bestimmungen darzutun, wie die Kosten auszugleichen sind und, sofern etwas zu veranlassen ist, diese Änderung gleich vorzunehmen. Bestimmungen sind Regelungen jeglicher Art.

119   *bb) Kosten.* Kosten sind alle Belastungen, denen man einen Vermögenswert zuordnen kann. Zu den Kosten gehören Zweckausgaben und Verwaltungskosten (Personal- und Sachkosten). Kosten sind daher insbesondere Personal- und Sachkosten, die durch die Aufgabenmehrung verursacht werden. Personalkosten liegen dann vor, wenn Mitarbeiter der Gemeinde Zeit für die Erledigung der Aufgabenmehrung benötigen. Nicht erforderlich ist, dass neues Personal eingestellt wird. Es genügt, wenn Ressourcen der Gemeinde abgezogen werden. Der Grund für die Verfassungsänderung lag gerade darin, dass die Gemeinden beklagt haben, ihr Personal immer mehr zur Erfüllung übertragener Aufgaben heranziehen zu müssen und daher keine Kapazität für die Erfüllung eigener Aufgaben mehr zu haben. Die Gesamtkosten sind dabei für die Gesamtheit der betroffenen Gemeinden festzustellen.

120   *cc) Kostenprognose.* Aus der Ratio der Norm ergibt sich, dass die Kostenprognose realistisch sein muss. Das Land kann nicht schon bei der Feststellung der zu deckenden Kosten sein eigenes Interesse berücksichtigen. Der Verfassungsgerichtshof darf wegen des Schutzzwecks des Art. 83 Abs. 3 S. 1 BV dem Gesetzgeber auch keinen besonderen Prognosespielraum zuweisen. Der Freistaat hat daher seine Kostenschätzung so gut, wie dies möglich ist, tatsächlich zu untermauern. Er muss die zu erwartende Anzahl an Verwaltungsvorgängen und die Anforderungen der typischen Verwaltungsvorgänge beschreiben und klassifizieren. Er muss Parallelen zu bekannten Vorgängen ziehen, Erfahrungen anderer Länder berücksichtigen und notfalls geeignete Stichproben bei strukturell vergleichbaren Vorgängen erheben. Er muss sich, mit anderen Worten, ernsthaft um eine Untermauerung der Tatsachenbasis bemühen.

---

[164] VerfGH, Ents. v. 28. 11. 2007, Az: 15-VII-05 (zitiert nach der Veröffentlichung unter http://www.bayern.verfassungsgerichtshof.de).

[165] *Durner,* BayVBl 2007, 161 ff.

[166] A. A. ohne Beispiel *Paptistella,* in: Praxis der Kommunalverwaltung Bayern, Art. 83 BV.

Ist die Prognose sachlich vertretbar, entwickeln sich später aber die Rechtsfolgen anders, **121** bleibt die Prognose dennoch ausschlaggebend. Weichen die Prognose und die tatsächliche Entwicklung allerdings erheblich voneinander ab, muss der Gesetzgeber die Bestimmungen über die Deckung der Kosten entsprechend anpassen.[167]

dd) Kostendeckung. Weiter muss das Land durch die Bestimmung kundtun, wie die Kosten **122** zu decken sind. Das erfordert nicht unbedingt die Zuweisung neuer Mittel (Umkehrschluss aus Art 83 Abs. 3 S. 2 BV). Es muss vom Land nur eine Lösung vorgegeben werden, wie die neuen Kosten abgedeckt werden können. Möglich ist dies etwa durch die Erschließung neuer oder Erweiterung bestehender Finanzquellen oder die Nutzung von Synegieeffekten.[168] Auch die Möglichkeit, die neuen Aufgaben über Kommunalabgaben oder sonstige Nutzungsentgelte zu finanzieren, wird hierzu gezählt. Die Einsparungen im Hinblick auf bisherige kommunale Leistungen und Ausgaben sind ebenfalls eine Kostendeckungsmöglichkeit. Nicht zulässig ist es aber, die Finanzierung durch Abstriche an bisherigen eigenen Aufgaben zu finanzieren.

Die Kompensation muss vollständig sein. Es muss eine volle Kostenentlastung gesichert **123** sein. Sie muss zu einer vollständigen und finanzkraftunabhängigen Erstattung der mit der Wahrnehmung der übertragenen Aufgabe verbundenen notwendigen Kosten führen.[169] Der Gesetzgeber darf aber unter Rückgriff auf allgemeine Erfahrungswerte typisieren und pauschalieren.[170]

ee) Treffen der Bestimmungen. Der Freistaat muss die Bestimmungen treffen. Dies ist nur **124** möglich, wenn der Freistaat auch die Befugnis hat, die Kostenmaßnahmen festzulegen. Soll etwa die Kostendeckung durch Einsparungen erzielt werden, muss der Freistaat die Befugnis haben, den Gemeinden auch diese Einsparung vorzuschreiben. Ein entscheidendes Realisierungsmittel ist insofern die Konsultationsvereinbarung nach Art. 83 Abs. 7 BV.

Eine bestimmte Rechtsform sieht dies nicht vor. Eine Regelung in der gleichen Rechts- **125** form, wie die Aufgabenübertragung, verlangt die Verfassung nicht.[171] Die materielle Aufgabenübertragung und Kostenregelung können zeitlich und auch in der Rechtsform auseinanderfallen. In der jüngsten Entscheidung zur angemessenen Finanzausstattung hat der VerfGH aus der Selbstverwaltungsgarantie verfahrensrechtliche Wirkungen abgeleitet. Es liegt nahe, diesen Gedanken auch auf das Konnexitätsprinzip zu übertragen. Danach wäre der Gesetzgeber verpflichtet, die Grundlinien einer Ausgleichsregelung bereits in dem Gesetz festzulegen, das die Aufgabe überträgt.[172] Dies käme dem Sinne des Konnexitätsprinzips, die Kommunen zu schützen, entgegen.[173]

ff) Gleichzeitig. Die Kostendeckungsbestimmung muss gleichzeitig mit der Auf- **126** gabenmehrung erfolgen. Die Lehre versteht diese Bestimmung nicht ganz wörtlich, sondern lässt einen engen zeitlichen und sachlichen Zusammenhang der Aufgabenmehrung und der Kostendeckungsbestimmungen genügen (Junktim).[174]

gg) Finanzieller Ausgleich gem. Abs. 3 S. 2 BV. Gem. Art. 83 Abs. 3 Satz 2 BV ist eine etwaige **127** Mehrbelastung der Gemeinden durch die Wahrnehmung dieser Aufgaben entsprechend fi-

---

[167] Vgl. insoweit die Konsultationsvereinbarung vom 21. 5. 2004, Teil II. „Grundsätze der Kostenfolgenabschätzung und des Ausgleichs, Ziff. 2.5.3 und 2.5.4"; vgl. hierzu a. die Erl. zu Art. 83 Abs. 7 Satz 2 BV; s. dazu *Engelbrecht,* BayVBl 2007, 164 (165 u. 167).

[168] *Engelbrecht,* BayVBl 2007, 164 (165 u. 167).

[169] VerfGH, Ents. v. 28. 11. 2007, Az: 15-VII-05 (zitiert nach der Veröffentlichung unter http:// www.bayern.verfassungsgerichtshof.de); *Engelbrecht,* BayVBl 2007, 164 (165 f.); s. a. VfGH Bbg, DÖV 2002, S. 522; *Hahnzog,* BayVBl 2007, 321 (322).

[170] *Engelbrecht,* BayVBl 2007, 164 (165 f.).

[171] *Engelbrecht,* BayVBl 2007, 164 (165 f.).

[172] *Engelbrecht,* BayVBl 2007, 164 (165 f.).

[173] So völlig zu Recht *Engelbrecht,* BayVBl 2007, 164 (165 f.).

[174] *Engelbrecht,* BayVBl 2007, 164 (165).

nanziell auszugleichen. Gemeint sind die Mehrbelastungen, die trotz der Regelung etwaiger Kostendeckungsbestimmungen anderer Art verbleiben. Der finanzielle Ausgleich ist daher eine bestimmte Form der Kostendeckungsbestimmung i. S. v. Art. 83 Abs. 3 S. 1 BV. Kann das Land keine solide Entlastung für die Gemeinden vorsehen, muss es demnach die finanziellen Folgen durch Zuschüsse ausgleichen. In der Praxis dürfte dies die Regel werden. Das Konnexitätsprinzip tritt somit als eine weitere Finanzierungsregelung neben die allgemeinen Bestimmungen zur Absicherung einer finanziellen Mindestausstattung der Kommunen durch originäre kommunale Einnahmen sowie den kommunalen Finanzausgleich. Der Staat darf daher die zur Finanzierung des Ausgleichs notwendigen Haushaltsmittel nicht dem bisherigen kommunalen Finanzausgleich entnehmen.

128   Der im Vollkostenersatz bestehende finanzielle Ausgleich der Mehrbelastung wird regelmäßig pauschaliert gewährt. Die Pauschalen sollen einfach gestaltet sein. Fraglich ist, ob der Staat vom Prinzip der vollständigen Kostendeckung abweichen darf, wenn die Gemeinden an der Aufgabenmehrung ein kommunales Eigeninteresse besitzen. Dies wird mitunter angenommen,[175] ist mit dem Normtext aber nicht zu vereinbaren.

129   *hh) Verletzungsfolgen.* Fehlt eine angemessene Kostenregelung, haben die Gemeinden unmittelbar aus Art. 83 Abs. 3 BV einen Anspruch auf Mehraufwandsausgleich. Die Aufgabenübertragung selbst bleibt wirksam.[176]

4. Die Kommunalaufsicht – Abs. 4

130   **a) Art. 83 Abs. 4 S. 1 BV – Staatsaufsicht.** Art. 83 Abs. 4 BV widmet sich der staatlichen Aufsicht über die Gemeinden. Er gilt gem. Art. 83 Abs. 6 BV auch für die „Gemeindeverbände". Die Norm wiederholt insoweit Art. 55 Nr. 5 Satz 2 BV. Aufsicht umfasst die präventive und die repressive Kontrolle. Die Staatsaufsicht begründet nur ein Rechtsverhältnis zwischen dem Freistaat Bayern und den Kommunen. Dritten steht kein Anspruch auf Einschreiten der Rechts- oder Fachaufsichtsbehörden zu.

131   **b) Art. 83 Abs. 4 S. 2 BV – Eigene Angelegenheiten.** Art. 83 Abs. 4 S. 2 gilt für den eigenen Wirkungskreis, der wie bei Art. 84 Abs. 1 S. 1 BV durch Art. 11 Abs. 2 BV festgelegt wird. In diesem Bereich beschränkt sich die Staatsaufsicht auf die Rechtsaufsicht. Die Rechtsaufsicht ist schon erforderlich, um den allgemeinen Grundsatz der Gesetzmäßigkeit der Verwaltung sicherzustellen (Art. 3 Abs. 1 Satz 1, Art. 55 Nr. 1 BV und Art. 20 Abs. 3 GG).[177] Die Rechtsaufsicht selbst ist einfach-rechtlich in der GO geregelt (vgl. Art. 108 ff. GO) und für die Landkreise und Bezirke in der LKrO und BezO (vgl. Art. 95 Abs. 1, Art. 96 ff. LKrO, Art. 91 Abs. 1, Art. 92 ff. BezO).

132   Bei der Rechtsaufsicht wacht der Staat nur über die Erfüllung der gesetzlichen Pflichten und die Einhaltung der gesetzlichen Vorschriften durch die Gemeinden.[178] Die Rechtsaufsicht ist als grundlegendes Prinzip zu verstehen. Mit ihr wäre – auch wenn der Normtext das nicht zwingend gebietet – in einzelnen Bereichen ein eingeschränktes staatliches Mitwirkungsrecht vereinbar.[179] So könnte insbesondere im Bereich der präventiven Aufsicht das Prüfprogramm für eine Genehmigungserteilung bei sachlichem Grund auch Zweckmäßigkeitsfragen mit erfassen. Der VerfGH hat jedoch im Rahmen der Genehmigungspflicht von Abgabensatzungen im Selbstverwaltungsbereich eine Zweckmäßigkeitsprüfung für unzulässig gehalten. So heißt es: Der Erlass von Abgabensatzungen, insbesondere auch der Erlass gemeindlicher Satzungen über örtliche Verbrauchs- und Aufwandssteuern, gehöre zum eigenen Wirkungskreis der Gemeinden. Die auf die Rechtsaufsicht be-

---

[175] *Paptistella,* in: Praxis der Kommunalverwaltung Bayern, Art. 83 BV.

[176] Teilweise wird weitergehend die Nichtigkeit der Übertragung bei unzureichender bzw. zumindest bei völlig fehlender Ausgleichsregelung angenommen – *Engelbrecht,* BayVBl 2007, 164 (165 u. 170).

[177] *Meder,* Art. 83 Rn. 13; BVerfGE 6, 104 (118).

[178] VerfGH 41, 140 (150); *Schweiger,* in: Nawiasky/Schweiger/Knöpfle, Art. 83, Rn. 11.

[179] *Meder,* Art. 83 Rn. 13.

schränkte staatliche Behörde dürfe in diesem Rahmen keine politischen Überlegungen und Zweckmäßigkeitserwägungen anstellen.[180]

c) Art. 83 Abs. 4 S. 3 BV – Übertragene Angelegenheiten. In den Angelegenheiten **133** des übertragenen Wirkungskreises (Art. 11 Abs. 3 BV) erweitert Satz 4 die Aufsicht und bindet die Gemeinden an Weisungen. Die Gemeinden unterstehen insoweit der Fachaufsicht. Unter Weisungen sind Einzelvorgaben und generelle Anordnungen zur Erledigung einer Verwaltungsaufgabe zu verstehen.[181] Sie können sich auf die Zweckmäßigkeit und auf die Rechtmäßigkeit einer Verwaltungsentscheidung beziehen. Sie sind auch wirksam, wenn sie inhaltlich in der Sache rechtswidrig sind. Zuständig sind die übergeordneten staatlichen Behörden. Welche Behörden das sind, bestimmt das Gesetz. Eigene Rechte der Gemeinde werden durch eine rechtswidrige Weisung in der Regel nicht verletzt. Eine Weisung verletzt nur das Selbstverwaltungsrecht, wenn in dem Bereich, in dem die Weisung ergeht, kein Weisungsrecht besteht, die gesetzlichen Grenzen des Weisungsrechts missachtet werden oder die Art und Weise der Weisungserteilung die Selbstständigkeit der Gemeinde missachtet.

Die Fachaufsicht ist einfach-gesetzlich in Art. 108 f. und Art. 115 f. GO geregelt. Die **134** einfach-rechtliche Einschränkung des Weisungsrechts durch Art. 109 Abs. 2 GO ist verfassungsrechtlich nicht erforderlich, aber zulässig.[182] Für die Fachaufsicht über die Landkreise und Bezirke (Art. 83 Abs. 6 BV) gelten die Art. 101, 102 LKrO bzw. Art. 97, Art. 98 BezO.

d) Art. 83 Abs. 4 S. 4 BV – Schutzpflicht. Art. 83 Abs. 4 S. 4 BV begründet eine **135** Schutzpflicht des Staates gegenüber den Gemeinden. Der Staat soll den Gemeinden helfen. Die staatlichen Behörden sind auf Grund der verfassungsrechtlichen Garantie des Selbstverwaltungsrechts grundsätzlich verpflichtet, die Selbstverwaltung zu fördern und zu stärken, die finanzielle Leistungsfähigkeit der Gemeinden zu erhalten und sich gemeindefreundlich zu verhalten.[183] Als ein Ausdruck dieser Schutzpflicht wird Art. 84 Abs. 4 S. 4 BV wie Art. 108 GO (Art. 94 LKrO, Art. 90 BezO) verstanden.[184] Sie verpflichtet den Freistaat, gegebenenfalls die Interessen der Gemeinden gegenüber dem Bund und der EG wahrnehmen. Ob die Verletzung dieser Pflicht Rechtsfolgen nach sich zieht, ist nicht ausdrücklich geregelt und noch nicht entschieden. Ausgeschlossen erscheint dies nicht.

5. Rechtsweggarantie – Abs. 5

Nach Art. 83 Abs. 5 BV sind für Verwaltungsstreitigkeiten zwischen den Gemeinden **136** und dem Staat die Verwaltungsgerichte zuständig. Ob man Art. 84 Abs. 5 BV als eine spezielle Regelung zu Art. 93 BV einordnet, hängt davon ab, ob man den Begriff der Verwaltungsstreitigkeiten i. S. v. Art. 83 Abs. 5 BV identisch wie den Begriff der verwaltungsrechtlichen Streitigkeit bei Art. 93 BV fasst. Dies liegt nahe.

Art. 84 Abs. 5 BV regelt etwas, was schon gem. § 40 Abs. 1 S. 1 VwGO gilt. Wegen **137** Art. 28 Abs. 1 GG ist Art. 83 Abs. 5 BV nicht nichtig, sondern gültig.[185] Gleiches gilt im Verhältnis der Landkreise bzw. Bezirke zum Staat (Art. 83 Abs. 6 BV).

Art. 83 Abs. 5 BV trifft nur eine Rechtswegbestimmung. Welche Sachurteilsvoraus- **138** setzungen für ein verwaltungsgerichtliches Verfahren einzuhalten sind, insbesondere unter welchen Voraussetzungen die Gemeinde sich gegenüber Weisungen zur Wehr setzen kann, normiert diese Bestimmung nicht selbst, sondern überlässt dies dem einfachen Recht.

---

[180] VerfGH, Ents. v. 15. 12. 1988, Az: Vf. 70 – VI/86, NVwZ 1989, 551.

[181] *Schweiger,* in: Nawiasky/Schweiger/Knöpfle, Art. 83, Rn. 12.

[182] A. A. *Meder,* Art. 83 Rn. 15; sehr kritisch auch *Schweiger,* in: Nawiasky/Schweiger/Knöpfle, Art. 83, Rn. 12.

[183] VerfGH, Ents. v. 15. 12. 1988, Az: Vf. 70 – VI/86, NVwZ 1989, 551.

[184] *Schweiger,* in: Nawiasky/Schweiger/Knöpfle, Art. 83, Rn. 13.

[185] So wohl im Ergebnis auch *Meder,* Art. 83 Rn. 17.

6. Gemeindeverbände – Abs. 6

139   Nach Art. 83 Abs. 6 BV gelten Art. 83 Abs. 2 BV bis Art. 83 Abs. 5 BV auch für die Gemeindeverbände. Der Begriff „mit" ist im Sinne von „bis" und nicht im Sinne von „und" zu verstehen. Dies ist zwar grammatikalisch nicht eindeutig, ergibt sich aber durch die systematische Auslegung, da die BV an anderer Stelle diesen Begriff eindeutig in diesem Sinne verwendet (s. Art. 32 Abs. 1 BV). Gemeindeverbände in diesem Sinne sind die Landkreise und die Bezirke – s. Art. 10 Abs. 1 BV.

140   Die Verfahrensbestimmung zum Schutz der kommunalen Aufgaben von Art. 83 Abs. 2 – Abs. 5 BV ist nach Auffassung des Verfassungsgebers nicht von der Existenz eines verfassungsrechtlich umfassenden Selbstverwaltungsrechts abhängig und daher auf die Gemeindeverbände übertragbar. Dies ergibt sich zwar nicht unmittelbar aus dem Begriff selbst, aber aus Art. 10 Abs. 1 BV.

7. Art. 83 Abs. 7 BV

141   **a) Art. 83 Abs. 7 S. 1 BV.** Art. 83 Abs. 7 BV wurde durch Gesetz v. 10. 11. 2003 mit Wirkung zum 1. 1. 2004[186] neu eingefügt. Satz 1 normiert ein Anhörungsrecht der kommunalen Spitzenverbände, das vorher nur in der Geschäftsordnung der Staatsregierung vorgesehen war. Das Anhörungsrecht greift, sobald die Gemeinden oder die Gemeindeverbände durch Gesetze oder Rechtsverordnungen betroffen sind. Der Begriff ist weit zu verstehen.

142   Das Anhörungsrecht ist eine Soll-Bestimmung. Demnach kann in begründeten Ausnahmefällen davon abgesehen werden. Die Verbände sind vor der Stelle anzuhören, die für die Regelung verantwortlich ist. Das kann der Landtag[187] oder die Regierung sein.[188] Die Anhörung muss rechtzeitig erfolgen. Die Stellungnahme muss in die Ausgestaltung der Regelung noch einfließen können.

143   Die kommunalen Spitzenverbände sind die Organisationen der Interessenvertretungen der Kommunen auf Landesebene. Davon gibt es zurzeit vier.[189] Sie sind von der Rechtsform her gesehen sämtlich als Körperschaften des öffentlichen Rechts organisiert. Das Anhörungsrecht soll den partnerschaftlichen Umgang des Staates mit den Kommunen verdeutlichen, der schon in Art. 83 Abs. 4 BV angelegt ist.

144   **b) Art. 83 Abs. 7 S. 2 BV – Konsultationsverfahren.** *aa) Allgemein.* Gemeinsam mit der Einführung des Konnexitätsprinzip (s. o. Abs. 3) wurde der Verfassungsauftrag zur Vereinbarung eines Konsultationsverfahrens zwischen der Staatsregierung und den kommunalen Spitzenverbänden zur Umsetzung des strikten Konnexitätsprinzips nach Art. 83 Abs. 3 BV bzw. Art 83 Abs. 6 BV eingefügt.[190]

145   *bb) Rechtscharakter.* Den Rechtscharakter der Konsultationsvereinbarung legt die Norm nicht fest. Satz 2 verstärkt das Anhörungsrecht noch einmal innerhalb des Konnexitätsprinzips. Eine entsprechende Konsultationsvereinbarung zwischen der Bayerischen Staatsregierung einerseits und den vier kommunalen Spitzenverbänden (Bayerischer Gemeindetag, Bayerischer Städtetag, Bayerischer Landkreistag und Verband der Bayerischen Bezirke) wurde am 21. 5. 2004 geschlossen.[191]

---

[186] GVBl S. 816.

[187] Gemäß § 53 Abs. 4 Satz 5 GeschO LT ist vorgesehen, dass bei Gesetzesvorlagen, welche die Gemeinden oder „Gemeindeverbände" berühren, im Vorblatt auch die den Kommunen bei der Ausführung des Gesetzes voraussichtlich entstehenden Kosten ausführlich darzustellen sind.

[188] Die Durchführung dieser Anhörung wird im Einzelnen im § 33 a GeschO LT geregelt.

[189] Bayerischer Gemeindetag / Bayerischer Städtetag / Bayerischer Landkreistag / Verband der bayerischen Bezirke.

[190] Ausführlich dazu *Engelbrecht,* BayVBl 2007, 164 (168 ff.).

[191] *Zieglmeier,* NVwZ 2008, 270 (275); abgedruckt in GVBl 2004, 218.

cc) Rechtswirkungen. Die Konsultationsvereinbarung verstärkt nur das Verfahrensrecht aus **146** Art. 83 Abs. 7 S. 1 BV. Es kann die materiellen Voraussetzungen und die Rechtsfolgen des Konnexitätsprinzips gem. Art. 83 Abs. 3 BV nicht modifizieren. Eine mit Art. 83 Abs. 3 BV unvereinbare Regelung wird auch durch eine Beachtung des Konsultationsverfahrens nicht geheilt. Die Kommunen selbst sind an die Konsultationsvereinbarung nicht gebunden, da sie kein Vertragspartner sind. Die Vereinbarung berührt nicht ihre Rechte.

dd) Rechtsschutz. Streitigkeiten über einzelne Bestimmungen der Konsultationsvereinba- **147** rung sind ihrer Natur nach als verfassungsrechtliche Streitigkeit einzustufen. Eine Verfahrensart vor dem VerfGH enthält aber weder die Bayerische Verfassung noch das VfGHG.

ee) Inhalt der Konsultationsvereinbarung. Die Konsultationsvereinbarung enthält zunächst **148** detaillierte Vorgaben zum Inhalt und Ablauf des Verfahrens, zur Kostenermittlung und zum finanziellen Ausgleich. Sie legt auch fest, dass die kommunalen Spitzenverbände vom jeweiligen Fachministerium bereits im Frühstadium der Vorbereitung eines Gesetzentwurfs unmittelbar in die Überlegungen einzubeziehen sind: Sie können auf den Gesetzesentwurf hinsichtlich Kostenfolgeabschätzung und Ermittlung des Kostenausgleichs bereits maßgeblich einwirken. Nach der Konsultationsvereinbarung ist es zulässig, den nach dem Konnexitätsprinzip zu ermittelnden Mehrkosten Einsparungen dann entgegenzuhalten, wenn sie in einem engen sachlichen und zeitlichen Zusammenhang mit der Aufgabenübertragung, der Verpflichtung zur Aufgabenerfüllung oder der Vorgabe besonderer Anforderungen stehen (vgl. Teil II. der KonsultVer). Sie schließt es auch aus, dass der Staat die zur Finanzierung des Ausgleichs notwendigen Haushaltsmittel dem kommunalen Finanzausgleich entnimmt (vgl. Teil I. Ziff. 6 der KonsultVer). Eine Pflicht, die Kostenbestimmungen anzupassen, wenn sich später herausstellt, dass die Prognose über die Kostenfolgen wesentlich unzutreffend war, liegt der Regelung konkludent zugrunde. Die Regel ist dann auch ggf. für die Vergangenheit anzupassen (vgl. Teil II. Ziff. 2.5.3 der KonsultVer). Entfällt die Aufgabe ganz oder teilweise, wird der hierfür nach Art. 83 Abs. 3 BV gewährte Ausgleich entsprechend angepasst (Teil II. Ziff. 2.5.4; s. o.).

8. Abschnitt. Die Rechtspflege

Art. 84 [Grundsätze des Völkerrechts]

Die allgemein anerkannten Grundsätze des Völkerrechts gelten als Bestandteil des einheimischen Rechts.

Parallelvorschriften im GG und anderen Landesverfassungen: Art. 25 GG; Art. 122 BremVerf; Art. 67 Hess-Verf.

Rechtsprechung: VerfGH 8, 74; 12, 64; 12, 131; 14, 43; 16, 32.

Literatur: Doehring, Die allgemeinen Regeln des völkerrechtlichen Fremdenrechts und das deutsche Verfassungsrecht, 1963; *Domcke,* Verfassungsrechtliche Aspekte der Justizverwaltung in: FS f. Karl Bengl 1984, 3; *Geck,* Das Bundesverfassungsgericht und die allgemeinen Regeln des Völkerrechts, in: FS f. das BVerfG, 1976, Bd. 2, 125 ff.; *Papadimitriu, G.,* Die Stellung der allgemeinen Regeln des Völkerrechts im innerstaatlichen Recht, 1972; *Scholtissek,* Die allgemeinen Regeln des Völkerrechts im Sinne des Artikels 25 des Grundgesetzes, 1953; *Silagi,* Die allgemeinen Regeln des Völkerrechts als Bezugsgegenstand in Art. 25 GG und Art. 26 EMRK, EuGRZ 1980, 632; *Wenig, R.,* Die gesetzeskräftige Feststellung einer allgemeinen Regel des Völkerrechts durch das Bundesverfassungsgericht, 1971.

1. Bedeutung des Art. 84 innerhalb der BV

Art. 84 BV verdeutlicht, dass die Bayerische Verfassung im Augenblick ihres Erlasses **1** als Vollverfassung gedacht war. Zugleich will sie der Vorstellung einer in sich gekehrten nationalen Staatlichkeit eine Absage erteilen.

2. Entstehungsgeschichte

2   Art. 84 BV orientiert sich an Art. 4 WRV. Über die Einfügung der Regelung des Art. 84 BV bestand kein Streit. Die heutige systematische Stellung hat er jedoch erst durch den VVA erhalten.[1]

3. Verhältnis zum Grundgesetz

3   Das Grundgesetz enthält mit Art. 25 Satz 1 GG eine vergleichbare Norm wie Art. 84 BV, die jedoch nicht inhaltsgleich ist. Bestehen in einem Rechtsstreit Zweifel über die Subsumierbarkeit einer Regel des Völkerrechts unter Art. 25 GG, so ist die Entscheidung des BVerfG gem. Art. 100 Abs. 2 GG einzuholen. Es stellt sich demnach die Frage, ob Art. 84 BV durch Erlass des Grundgesetzes seine Bedeutung verloren hat. Die Literatur nimmt dies überwiegend an.[2]

4   Der Verfassungsgerichtshof hat diese Frage bisher offen gelassen.[3] Im Zusammenhang mit der Europäischen Menschenrechtskonvention hat der Verfassungsgerichtshof festgestellt, dass er nicht berufen sei, über deren Einhaltung zu wachen, auch nicht insoweit, als darin evtl. allgemeine anerkannte Grundsätze des Völkerrechts ihren Niederschlag gefunden hätten.[4]

5   Unabhängig von der Frage der Gültigkeit des Art. 84 BV, kann auf eine allgemeine Regel des Völkerrechts, da sie kein bayerisches Landesrecht und auch kein Landesverfassungsrecht ist, weder eine Verfassungsbeschwerde noch eine Popularklage gestützt werden.[5]

6   Die Frage der Gültigkeit des Art. 84 BV hängt davon ab, wie man das Verhältnis zu Art. 31 GG und Art. 28 Abs. 1 Satz 1 GG fasst. Geht man mit der hier vertretenen Meinung davon aus, dass im Verhältnis von Bundesverfassungsrecht und Landesverfassungsrecht die Regel gilt, die Art. 142 GG speziell für die Grundrechte niederlegt, ist entscheidend, ob Art. 84 BV der bundesrechtlichen Regelung des Art. 25 GG entgegensteht. Zwischen beiden Normen besteht keine inhaltliche Identität. Während Art. 84 BV nur „die allgemein anerkannten Grundsätze" des Völkerrechts als Bestandteil des einheimischen Rechts anerkennt, transformiert Art. 25 GG in bewusster Abweichung von der landesrechtlichen Regelung und der Vorgängerregelung in der WRV die „allgemeinen Regeln" des Völkerrechts. Nach ganz überwiegender Meinung geht die bundesrechtliche Regelung somit weiter als die Normen der WRV und weiter als Art. 84 BV.[6] Entscheidend ist demnach für die Gültigkeit des Art. 84 BV, ob der Artikel den Inhalt besitzt, den Normen, die zwar allgemeine Regeln des Völkerrechts (im Verständnis des Art. 25 GG) darstellen, aber nicht zugleich „allgemein anerkannte Grundsätze des Völkerrechts" i. S. v. Art. 84 BV sind, die Transformation zu verweigern. Art. 84 BV ist von seinem Normtext und seiner Ratio her als eine abschließende Vorschrift zu verstehen, sodass man ihm eine Sperrwirkung als Regelungsaussage zugrunde legen muss. Da eine Art. 25 GG erfassende Sperrwirkung gem. Art. 142 GG unzulässig wäre, ist die Folge, dass Art. 84 BV seine Gültigkeit durch Art. 25 GG verloren hat.

4. Hilfsweise: Inhaltliche Vorgaben

7   Hält man Art. 84 BV entgegen der hier niedergelegten Ansicht für anwendbar, gelten inhaltlich die Grundsätze weiter, die der Bayerische Verfassungsgerichtshof bis zum Erlass des Grundgesetzes erarbeitet hatte. Danach ist Art. 84 BV ein unmittelbar wirksamer Rechtssatz. Er transformiert die von ihm erfassten Grundsätze unmittelbar in innerstaatliches Recht.[7] Die betreffenden Grundsätze werden kein Landesverfassungsrecht.[8] Subjek-

---

[1] Vgl. *Schweiger,* in: Nawiasky/Schweiger/Knöpfle, Art. 84, Rn. 1.
[2] *Schweiger,* in: Nawiasky/Schweiger/Knöpfle, Art. 84, Rn. 2; *Meder,* Art. 84, Rn. 1.
[3] VerfGH 12, 64 (71); VerfGH 16, 32 (36).
[4] VerfGH 12, 131 (141 f.); VerfGH 14, 49 (52).
[5] VerfGH 14, 49 (52); *Meder,* Art. 84, Rn. 2.
[6] *Schweiger,* in: Nawiasky/Schweiger/Knöpfle, Art. 84, Rn. 3.
[7] VerfGH 1, 53.
[8] VerfGH 14, 43.

tive verfassungsgemäße Rechte des Einzelnen sind demnach aus den Grundsätzen nicht abzuleiten.[9]

Art. 85 [Sachliche richterliche Unabhängigkeit]

Die Richter sind nur dem Gesetz unterworfen.

Parallelvorschriften im GG und anderen Landesverfassungen: Art. 97 GG; Art. 65 BaWüVerf; Art. 79 Berl-Verf; Art. 108 BbgVerf; Art. 135 BremVerf; Art. 62 HmbGVerf; Art. 126 HessVerf; Art. 76 M-VVerf; Art. 51 NdsVerf; Art. 3 NRWVerf; Art. 121 RhPfVerf; Art. 110 SaarlVerf; Art. 77 SächsVerf; Art. 83 SachsAnhVerf; Art. 86 ThürVerf.

Rechtsprechung: VerfGH 3, 95; 4, 21; 7, 21; 12, 131; 13, 182; 13, 182; 14, 4; 15, 15; 21, 108; 23, 200; 34, 150; 37, 35.

Literatur: S. bei Art. 87 BV und dazu: *Barbey,* Der Status des Richters, HStR III, § 74; *Eichenberger,* Die richterliche Unabhängigkeit als staatsrechtliches Problem, 1960; *Geiger,* Die Unabhängigkeit des Richters, DRiZ 1979, 65; *Papier,* Die richterliche Unabhängigkeit und ihre Schranken, NJW 2001, 1889; *Roellecke,* Die Bindung des Richters an Gesetz und Verfassung, VVDStRL 34 (1976), 7; *Schinkel,* in: Festschrift für Remmers, 1995, S. 297; *Starck,* Die Bindung des Richters an Gesetz und Verfassung, VVDStRL 34 (1976), 45.

I. Allgemeines
1. Überblick

Art. 85 BV normiert die Gesetzesgebundenheit des Richters und, ohne es ausdrücklich **1** zu sagen, die sachliche Unabhängigkeit des Richters. Es gehört zum Wesen richterlicher Tätigkeit, dass sie durch einen unabhängigen Dritten in persönlicher und sachlicher Unabhängigkeit ausgeübt wird.[1] Die sachliche Unabhängigkeit des Richters ist ein wesentliches Strukturprinzip der Rechtsprechung. Daher betont die bayerische Verfassung diesen Grundsatz zu Recht, indem sie ihn an den Beginn der sachlichen Vorschriften über die Rechtsprechung stellt.

Die verfassungsrechtlich garantierte Unabhängigkeit unterscheidet den Richter von **2** dem Beamten. Der Beamte ist in die Beamtenhierarchie eingegliedert und den Weisungen seines Vorgesetzten unterworfen. Eine solche Eingliederung des Richters wäre auf gesetzlicher Grundlage nichtig. Die verfassungsrechtliche Garantie der richterlichen Unabhängigkeit verpflichtet den Gesetzgeber, gesetzliche Vorkehrungen für eine möglichst effektive Entfaltung der richterlichen Unabhängigkeit zu schaffen.[2]

Art. 85 BV gewährt den Richtern ein subjektives Recht, nicht aber Dritten.[3] Eine Verfas- **3** sungsbeschwerde eines Rechtsuchenden ist unzulässig, sofern sie sich auf Art. 85 BV stützt.[4]

---

[9] VerfGH 12, 64 (71); VerfGH 16, 32 (36); VerfGH 20, 208 (210); anders noch: VerfGH 1, 53.

[1] BVerfGE 87, 68 (85); BVerfGE 103, 111 (140); *Wolff,* in: Umbach/Clemens, GG, Art. 92, Rn. 49 ff.

[2] *Detterbeck,* in: Sachs, GG, Art. 97, Rn. 2; *Redecker,* Justizgewährungspflicht des Staates versus richterliche Unabhängigkeit?, NJW 2000, 2796 f.

[3] VerfGH 3, 95 (104); VerfGH 4, 21 (26); VerfGH 15, 15 (18); VerfGH 23, 200 (215); VerfGH 37, 35 (36); *Schweiger,* in: Nawiasky/Schweiger/Knöpfle, Art. 85, Rn. 2.

[4] VerfGH 15, 15 (18); VerfGH 23, 200 (215); VerfGH 37, 35 (36); VerfGH 43, 12 (16); VerfGH 46, 273 (277); VerfGH 49, 8 (9); VerfGH 54, 104 (106); VerfGH, Ents. v. 16. 9. 2004, Az: Vf. 94-VI-03.

2. Die Stellung des Art. 85 BV innerhalb der BV

4　　Art. 85 BV steht wegen seiner Bedeutung zu Beginn des Abschnitts über die Rechtsprechung. Er normiert ein zentrales Element der rechtsprechenden Gewalt und hat daher eine tragende Bedeutung für das rechtsstaatliche Verfassungsgebäude des Freistaats Bayern. Er steht in enger Beziehung zu Art. 87 BV. Die in Art. 85 BV festgeschriebene sachliche Unabhängigkeit der Richter ist Bestandteil des Rechtsstaatsprinzips (Art. 3 Abs. 1 Satz 1 BV). Die Richter üben bei ihrer Rechtsprechung Staatsgewalt i. S. v. Art. 4 BV aus. Art. 95 BV konkretisiert die Unabhängigkeit der dritten Gewalt von Legislative und Exekutive. Er steht daher in unmittelbarer Verbindung mit dem Grundsatz der Gewaltenteilung und vor allem mit Art. 5 Abs. 3 BV.

3. Entstehungsgeschichte des Art. 85 BV

5　　Art. 50 VE war noch wie folgt formuliert: „Die Richter sind unabhängig und nur dem Gesetz unterworfen." Diese Formulierung wurde durch den VVA auf Vorschlag von Nawiasky auf die heutige Formulierung gekürzt. Begründet wurde die Kürzung mit der Überlegung, der Hinweis auf die Unabhängigkeit ergebe sich unmittelbar aus der Gesetzzesunterworfenheit und sei überflüssig.[5]

4. Verhältnis zum Grundgesetz

6　　Das Grundgesetz enthält mit Art. 97 Abs. 1 GG eine vergleichbare Rechtsnorm, die vom Normtext her weitergeht als Art. 85 BV, so dass sich die Frage stellt, ob die grundgesetzliche Norm Art. 85 BV aufhebt.[6] Da Art. 85 BV kein Grundrecht normiert, greift Art. 142 GG nicht ein. Nach dem hier zugrunde liegenden Kollisionsverständnis ist jedoch über Art. 28 GG i. V. m. Art. 31 GG die gleiche Kollisionsregel wie bei Art. 142 GG herzuleiten. Entscheidend ist somit, ob Art. 85 BV der uneingeschränkten Geltung des Art. 97 Abs. 1 GG entgegensteht. Dies könnte nur dann der Fall sein, wenn Art. 85 BV inhaltlich etwas anderes normiert als Art. 97 Abs. 1 GG. Trotz des unterschiedlichen Normtextes geht die h. M. zu Recht von einer inhaltlichen Identität von Art. 85 BV und Art. 97 Abs. 1 GG aus.[7] Dies hat zur Folge, dass Art. 85 BV neben Art. 97 Abs. 1 GG gültig ist und zur Anwendung kommt.[8]

II. Einzelkommentierung des Art. 85 BV

1. Persönlicher Normbereich

7　　Richter i. S. v. Art. 85 BV sind sämtliche Personen, die Rechtsprechung ausüben.[9] Dazu gehören Berufsrichter (Richter auf Probe, auf Zeit oder kraft Auftrags) und ehrenamtliche Richter.[10] Art. 85 BV wendet sich aber aufgrund der eingeschränkten Reichweite der bayerischen Verfassung nur an Landesbedienstete. Keine Richter i. S. v. Art. 85 BV sind die Mitglieder des bayerischen Obersten Rechnungshofes, trotz deren Unabhängigkeit gem. Art. 80 Abs. 1 Satz 2 BV, Art. 6 Abs. 1 Satz 1 des Rechnungshofgesetzes,[11] und die Rechtspfleger.[12]

---

[5] Vgl. Prot. I, S. 57–64; *Schweiger,* in: Nawiasky/Schweiger/Knöpfle, Art. 85, Rn. 1.

[6] Für einen Geltungsverlust spricht sich aus: *Schweiger,* in: Nawiasky/Schweiger/Knöpfle, Art. 85, Rn. 2.

[7] *Schweiger,* in: Nawiasky/Schweiger/Knöpfle, Art. 85, Rn. 2; *Meder,* Art. 85, Rn. 1.

[8] So auch *Meder,* Art. 85, Rn. 1.

[9] VerfGH 7, 21; *Schweiger,* in: Nawiasky/Schweiger/Knöpfle, Art. 85, Rn. 3; *Meder,* Art. 85, Rn. 2; *Detterbeck,* in: Sachs, GG, Art. 97, Rn. 7.

[10] VerfGH 7, 21 (33).

[11] VerfGH 21, 108 (109).

[12] VerfGH 14, 4 (12 f.); VerfGH 34, 150; *Meder,* Art. 85, Rn. 2; *Detterbeck,* in: Sachs, GG, Art. 97, Rn. 8.

2. Sachlicher Geltungsbereich

a) Richterliche Tätigkeit. Art. 85 BV wird ebenso wie Art. 97 Abs. 1 GG aufgrund des **8** Zweckes der Norm teleologisch auf die rechtsprechende Tätigkeit der Richter beschränkt. Soweit die Richter materielle Rechtsprechung oder Rechtsprechung im formellen Sinne wahrnehmen,[13] ist der Grundsatz der richterlichen Unabhängigkeit anwendbar.[14] Den Richtern können ausnahmsweise verwaltungsmäßige Aufgaben innerhalb der Organisation der Gerichte übertragen werden. Soweit die Richter Verwaltungsgeschäfte in diesem Sinne wahrnehmen, ist Art. 85 BV nicht anzuwenden.[15]

b) Gesetzesunterworfenheit. Die Richter sind an die Gesetze gebunden. Unter Ge- **9** setz ist jede Rechtsnorm zu verstehen, nicht nur die formellen Gesetze.[16] Zu den materiellen Gesetzen gehören neben den formellen Gesetzen die Rechtsverordnungen, öffentlich-rechtliche Satzungen und die Normen sui generis. Einzelakte, wie insbesondere die Verwaltungsakte und öffentlich-rechtliche Verträge, werden nicht darunter gefasst. Einzelakte sind Prüfungsgegenstände, aber nicht Prüfungsmaßstäbe für den Richter. Der Richter muss bei der Rechtsprechung nur eine generelle, abstrakte Norm, nicht aber einen individuellen konkreten Willen beachten.[17] „Kein Dienstbefehl kann dem Richter vorschreiben, wie er zu urteilen hat."[18]

Die Gesetzesunterworfenheit des Richters ist im Sinne des heutigen Methodenver- **10** ständnisses zu interpretieren. Danach sind die generellen Vorgaben nicht so eindeutig, als dass jeder Einzelfall durch die Norm selbst schon entschieden wäre. Gesetzesauslegung ist immer auch „Rechtsgestaltung im Kleinen". Normanwendung ohne schöpferische Elemente gibt es nicht. Der Richter ist daher befugt und aufgefordert, die materiellen Gesetze, sofern erforderlich, zur Entscheidung des konkreten Rechtsstreites zu konkretisieren. Der wesentliche Inhalt der Gesetzesunterworfenheit und der Unabhängigkeit des Richters besteht darin, dass der Richter frei ist bei der Konkretisierung der generellen Gesetzesnorm zur Entscheidungsnorm, die den Rechtsstreit entscheidet. Er muss aber die Methodenregeln beachten. Gibt es bei Heranziehung der Methodenregeln mehrere Konkretisierungsmöglichkeiten, muss der Richter diejenige nehmen, die er selbst für die richtige hält. Eine Vorgabe durch einen anderen bei der Entscheidung zwischen mehreren möglichen Konkretisierungen wäre ein Verstoß gegen Art. 85 BV. Auch wenn alle anderen Richter im Land die Auslegungsfrage anders entscheiden würden, muss er die Auslegung wählen, die er persönlich für richtig hält. An andere Judikate ist er nur innerhalb des Instanzenzuges bei einer Zurückverweisung gebunden.

Aus dem Gesagten ergibt sich darüber hinaus, dass er befugt ist, Lücken in den Gesetzen **11** zu schließen.[19]

c) Normprüfungsbefugnis. Die Gesetzesbindung greift nur gegenüber gültigen **12** Rechtsnormen. Ungültige Rechtsnormen darf der Richter nicht anwenden. Er ist daher von seiner Funktion her berechtigt, die Normen, die er anwendet, auf deren Gültigkeit hin zu überprüfen.[20] Daher steht eine Normprüfungsbefugnis des Richters seiner Gesetzesgebundenheit nichts entgegen. Umgekehrt wird die Gesetzesgebundenheit des Richters nicht dadurch verletzt, dass er für bestimmte Normen keine Normverwerfungskompetenz besitzt, sondern einer Vorlagepflicht gem. Art. 100 Abs. 1 GG und Art. 92 BV unterliegt.[21]

---

[13] Zur Begrifflichkeit s. *Wolff*, in: Umbach/Clemens, GG, Art. 92, Rn. 11ff.
[14] Für das GG: *Detterbeck*, in: Sachs, GG, Art. 97, Rn. 11a.
[15] *Meder*, Art. 95, Rn. 2; für Art. 97 Abs. 1 GG siehe *Detterbeck*, in: Sachs, GG, Art. 97, Rn. 11a.
[16] Vgl. Prot. I, S. 57; VerfGH 4, 63 (69 f.); *Schweiger*, in: Nawiasky/Schweiger/Knöpfle, Art. 85, Rn. 3; *Meder*, Art. 85, Rn. 3.
[17] *Schweiger*, in: Nawiasky/Schweiger/Knöpfle, Art. 85, Rn. 2.
[18] *Anschütz*, WRV, Art. 102, Anm. 2.
[19] *Meder*, Art. 85, Rn. 3.
[20] *Schweiger*, in: Nawiasky/Schweiger/Knöpfle, Art. 85, Rn. 3.
[21] *Meder*, Art. 85, Rn. 3.

13   **d) Sachliche Unabhängigkeit.** Gem. Art. 85 BV ist der Richter *nur* dem Gesetz unterworfen. Andere Vorgaben als die des Gesetzes muss er demnach nicht beachten. In dem „nur" ist daher die Garantie der sachlichen Unabhängigkeit mitenthalten. Dies entspricht einhelliger Auffassung[22] und der Entstehungsgeschichte.

14   Sachliche Unabhängigkeit bedeutet: Freiheit von Weisungen. Die nur an die (formellen und materiellen) Gesetze gebundenen Richter werden durch Art. 85 BV vor Eingriffen der Legislative und Exekutive geschützt.[23] Sie unterstehen der Dienstaufsicht nur, soweit dies nicht ihre Unabhängigkeit beeinträchtigt. Jede Form der Einflussnahme auf eine bestimmte richterliche Entscheidung ist unzulässig. Dasselbe gilt für (auch indirekte) Weisungen hinsichtlich des künftigen Inhalts von Verfahrens- oder Sachentscheidungen in der dienstlichen Beurteilung eines Richters oder für besoldungsmäßige Beeinflussungen (vgl. auch §§ 25, 26 des Deutschen Richtergesetzes – DRiG –).[24]

15   **e) Unabhängigkeit von der Legislative.** Die Legislative ist nicht berechtigt, auf die Judikative in anderer Form als durch den Erlass von Gesetzen Einfluss zu nehmen. Insbesondere ist es der ersten Gewalt untersagt, unmittelbar auf die Entscheidungen konkreter Fälle im laufenden Verfahren einzuwirken.[25] Unzulässig sind sowohl förmliche als auch informelle Einflussnahmen jeglicher Art, das gilt insbesondere für schlichte Parlamentsbeschlüsse und Einzelfallgesetze.[26]

16   **f) Unabhängigkeit von der Exekutive.** Art. 85 BV untersagt die Einflussnahme der Exekutive auf die Rechtsprechung durch Einzelweisungen,[27] durch Verwaltungsvorschriften oder durch sonstige Handlungsformen.[28] Auch den am Gerichtsverfahren beteiligten Behörden dürfen keine prozessleitenden Befugnisse zugestanden werden. Die Unabhängigkeit der Richter verlangt eine Trennung zwischen der rechtsprechenden und der vollziehenden Gewalt.[29] Zulässig bleibt jedoch eine prozessuale Bindung an die Anträge.[30]

17   Ob Art. 85 BV auch der inhaltlichen Bindung der Richter an Verwaltungsentscheidungen, insbesondere im Falle des Bestehens eines Beurteilungsspielraumes, Grenzen setzt, wird – soweit ersichtlich – nicht diskutiert. Auf bundesrechtlicher Ebene wird die entsprechende Diskussion an Art. 19 Abs. 4 GG angebunden. Die Frage, inwieweit der Richter an eine Normkonkretisierung der Verwaltung im Einzelfall gebunden ist, kann man jedoch ebenso als ein Problem der Gesetzesunterworfenheit verstehen. Ob und inwieweit der Richter befugt ist, die Bindung der Gesetze selbst zu bestimmen, ist eine Frage der Reichweite der Gesetzesunterworfenheit. Eine rechtsprechende Gewalt, die die Gesetze nicht selbst konkretisieren dürfte, sondern an die Auslegung gebunden wäre, die die Exekutive vornimmt, wäre in Wirklichkeit nicht nur den Gesetzen, sondern auch der Gesetzesinterpretation der zweiten Gewalt unterworfen. Die Befugnis, die Norm selbständig und unabhängig zu konkretisieren, folgt daher nicht nur aus dem Gebot des effektiven Rechtsschutzes, sondern auch aus der ausschließlichen Gesetzesunterworfenheit. Daher erscheint es nahe liegend, die Grenzen für einen Beurteilungsspielraum auf Landesebene aus Art. 85 BV herzuleiten.

18   **g) Unabhängigkeit innerhalb der Judikative.** Die persönliche Unabhängigkeit des Richters gilt auch innerhalb der Judikative. Auch innerhalb eines Spruchkörpers wirkt

---

[22] S. o. Fn. 1.

[23] BVerfGE 12, 67 (71).

[24] BGH NJW 1978 S. 1425; *Meder,* Art. 85 Rn. 2 bis 5.

[25] *Detterbeck,* in: Sachs, GG, Art. 97, Rn. 12.

[26] *Detterbeck,* in: Sachs, GG, Art. 97, Rn. 12.

[27] BVerfGE 14, 56 (69); BVerfGE 26, 186 (198); BVerfGE 27, 312 (322); BVerfGE 31, 137 (140); BVerfGE 36, 174 (185); BVerfGE 60, 175 (214).

[28] BVerfGE 55, 372 (389); *Detterbeck,* in: Sachs, GG, Art. 97, Rn. 13.

[29] VerfGH 11, 67 (77); *Meder,* Art. 85, Rn. 4.

[30] VerfGH 12, 131 (143); *Meder,* Art. 85, Rn. 4.

die richterliche Unabhängigkeit. Ein Richter muss keine Eingriffe des Vorsitzenden dulden, für die es keine rechtliche Grundlage gibt.[31] Sie befreit aber nicht von der Beachtung der Vorschriften, die das Funktionieren der rechtsprechenden Gewalt garantieren. So ist es kein Verstoß gegen die sachliche Unabhängigkeit, wenn bei Kollegialgerichten ein Richter überstimmt werden kann. Auch eine Bindung an Entscheidungen höherrangiger Gerichte innerhalb des Instanzenzuges ist kein Verstoß gegen Art. 85 BV, da sie notwendige Folge der Existenz eines gerichtlichen Instanzenzuges ist. Unzulässig wäre demgegenüber eine Bindung an eine andere Rechtsprechung außerhalb eines bestehenden Rechtszuges.

Das Institut der Rechtskraft wiederum ist der Rechtsprechung immanent und bewirkt **19** eine Bindung der Rechtsprechung. Daher ist die Bindung des einen Richters an rechtskräftige Entscheidungen des anderen Richters keine Verletzung von Art. 85 BV, auch wenn der gebundene Richter sie für falsch hält. Die Bindung der Zivilgerichte an gestaltende Verwaltungsakte stellt ebenfalls keine Verletzung der Unabhängigkeit dar, da nicht der gesetzliche Beurteilungsmaßstab mit bindender Wirkung konkretisiert wird.[32]

Ein Spannungsverhältnis besteht zwischen der sachlichen Unabhängigkeit und der **20** Dienstaufsicht, der der Richter gem. § 26 DRiG unterliegt. Auch die Frage der richterlichen Beurteilung zwecks Auswahl der geeigneten Richter für die Positionen in den Revisionsgerichten erzeugt Spannungen. Die Dienstaufsicht darf die richterliche Unabhängigkeit nicht beeinträchtigen. Sie darf sich daher nicht auf den Kernbereich der richterlichen Tätigkeit selbst beziehen. Die Rechtsprechung unterscheidet zwischen grundsätzlich dienstaufsichtfestem Kernbereich und dienstaufsichtunterworfenem Ordnungsbereich der richterlichen Tätigkeit, wobei der Einzelfall streitig sein kann.[33] Dienstliche Beurteilungen dürfen keine indirekten Weisungen enthalten, welchen Inhalt in Zukunft Verfahrens- oder Sachentscheidungen haben dürfen.[34]

Die richterliche Unabhängigkeit darf auch nicht durch besoldungsrechtliche Bestim- **21** mungen gefährdet werden. Daher wären Normen verfassungswidrig, die es der Justizverwaltung erlaubten, einen Richter in eine höhere Besoldungsgruppe zu heben, ohne ihm gleichzeitig ein neues Amt mit größerer Verantwortung zu übertragen.[35]

h) Schutz vor gesellschaftlichen Einflussnahmen. Umstritten ist, ob Art. 85 BV **22** auch vor gesellschaftlichen Einflussnahmen schützt.[36] Art. 85 BV wirkt nur als Staatsorganisationsnorm und will dem Richter ein subjektives Recht gegenüber der Staatsgewalt bieten. Eine Wirkung gegenüber gesellschaftlichen Einflussnahmen enthält er nach zutreffender Ansicht nicht.[37]

Art. 86 [Ausnahme- und Sondergerichte]

(1) Ausnahmegerichte sind unstatthaft. Niemand darf seinem gesetzlichen Richter entzogen werden.
(2) Gerichte für besondere Sachgebiete sind nur kraft gesetzlicher Bestimmung zulässig.

Parallelbestimmungen im GG und in anderen Landesverfassungen: Art. 101 GG; Art. 15 BerlVerf; Art. 52 BbgVerf; Art. 6 BremVerf; Art. 20 HessVerf.; Art. 6 RhPfVerf; Art. 109 SaarlVerf; Art. 78 SächsVerf; Art. 21 SachsAnhVerf; Art. 87 ThürVerf.

---

[31] *Detterbeck,* in: Sachs, GG, Art. 97, Rn. 16.
[32] VerfGH 16, 64 (65); *Meder,* Art. 85, Rn. 4.
[33] *Detterbeck,* in: Sachs, GG, Art. 97, Rn. 11 c.
[34] *Meder,* Art. 85, Rn. 4 a.
[35] VerfGH 23, 200 (216); *Meder,* Art. 85, Rn. 5.
[36] Für einen Schutz etwa: *Classen,* in: Mangoldt/Klein/Starck, Bd. 3, Art. 97, Rn. 35; a. A. *Papier,* Die richterliche Unabhängigkeit und ihre Schranken, NJW 2001, 1089 (1091).
[37] Differenzierend: *Detterbeck,* in: Sachs, Art. 97, Rn. 19.

Rechtsprechung: VerfGH 37, 1; 38, 11; 38, 88; 38, 90; 38, 96; 39, 53; 40, 132; 40, 94; 41, 51; 41, 54; 42, 105; 42, 122; 42, 143; 43, 12; 43, 107; 43, 187; 44, 136; 46, 1; 48, 17; 48, 41; 49, 126; 50, 60; 51, 126; 54, 95; 58, 212 ff.

Literatur: Degenhart, Gerichtsorganisation, HStR III, 1996, § 75; *Domcke,* Verfassungsrechtliche Aspekte der Justizverwaltung, in: FS f. K. Bengl 1984, 3 ff.; *Fastenrath,* Der Europäische Gerichtshof als gesetzlicher Richter, in: FS f. G. Ress, 2005, 461; *Fichte,* Die Bestellung zum Berichterstatter – Bestimmung des gesetzlichen Richters?, SGb 1996, 93; *Flüchter,* Der Multifunktionsrichter – Das Modell der Zukunft? FS f. Manfred Löwisch, 2007, 115; *Gloria,* Die Verwirklichung des Rechtes auf den gesetzlichen Richter im Prozeß, NJW 1989, 445; *ders.,* Verfassungsrechtliche Anforderungen an die gerichtlichen Geschäftsverteilungspläne, DÖV 1988, 849; *Güntge,* Die willkürliche Ablehnung von Befangenheitsgesuchen nach § 26 a StPO und der gesetzliche Richter, JR 2006, 363; *Herz,* Die gerichtliche Zuständigkeitsbestimmung, 1990; *Leisner, W.,* „Gesetzlicher Richter" – Vom Vorsitzenden bestimmt?, NJW 1995, 285; *Niedzwicki,* Präklusionsvorschriften des öffentlichen Rechts im Spannungsfeld zwischen Verfahrensbeschleunigung, Einzelfallgerechtigkeit und Rechtsstaatlichkeit, 2007; *Pechstein,* Der gesetzliche Richter, Jura 1998, 197; *Rinck,* Gesetzlicher Richter, Ausnahmegericht und Willkürverbot, NJW 1964, 1649 ff.; *Rodi,* Vorlageentscheidungen, gesetzlicher Richter und Willkür, DÖV 1989, 750; *Roth, T.,* Das Grundrecht auf den gesetzlichen Richter, 2000; *Seif,* Recht und Justizhoheit, 2003; *Weitl,* Geschäftsverteilungsplan und gesetzlicher Richter, DRiZ 1977, 112; *Wilke, A.,* Der „neue" gesetzliche Richter, BayVBl 1987, 586.

Übersicht

I. Allgemeines

1. Überblick und Bedeutung

1   Art. 86 BV normiert das Grundrecht auf den gesetzlichen Richter mitsamt dessen organisatorischer Ergänzung durch das Verbot der Ausnahmegerichte bis hin zu den Sondergerichten, die nach Maßgabe des Abs. 2 erlaubt sind. Die Forderung nach vorheriger gesetzlicher Bestimmung des zuständigen Richters ist Folge der Unabhängigkeit des Richters.

2   Da einerseits die Rechtskonkretisierung bei einer materiellen Streitentscheidung mit einem nennenswerten Beurteilungsspielraum verbunden sein kann und andererseits der Richter unabhängig ist, hängt der Ausgang eines konkreten Rechtsstreites unter Umständen von der Person des entscheidenden Richters in besonderer Weise ab. Die sich hieraus ergebenden Divergenzen einzelner Entscheidungen sind in der Rechtsnatur der materiellen Streitentscheidung begründet und daher hinzunehmen. Es kann jedoch verhindert werden, dass dieser Effekt gezielt eingesetzt wird, um konkrete Rechtsstreitigkeiten in dem Sinne des jeweiligen Intervenienten zu beeinflussen. Dies ist die Aufgabe des Grundrechts des gesetzlichen Richters.

3   Das Grundrecht des gesetzlichen Richters ist ein alter prozessualer Grundsatz, der in den meisten Verfassungen enthalten ist. Er ist systematisch im achten Abschnitt zutreffend untergebracht.

2. Entstehung

4   Art. 86 Abs. 1 BV ist im Laufe des Gesetzgebungsverfahrens unverändert geblieben. Art. 86 Abs. 2 BV wurde im VVA eingefügt, das ursprüngliche Wort „Sondergericht" im

VA in „Gerichte für besondere Sachgebiete" geändert.[1] Das Grundrecht des gesetzlichen Richters war schon Teil der Grundrechte der Paulskirchen-Verfassung von 1848. Seine Einfügung in die BV war unbestritten.[2]

3. Verhältnis zum Grundgesetz und Reformbedarf

Art. 86 BV ist wortgleich mit Art. 101 GG. Art 86 Abs. 1 S. 2 BV normiert ein Grund-   **5** recht, so dass sich die Frage der Gültigkeit unmittelbar nach Art. 142 GG richtet, für die anderen Vorschriften ergibt sich im Ergebnis das Gleiche auf der Grundlage von Art. 28 Abs. 1 Satz 1 GG i. V. m. Art. 31 GG. Da Art. 86 BV den Anwendungsbereich des Art. 101 GG in keiner Weise sperrt, sind beide Vorschriften nebeneinander anwendbar. Keine der drei Regelungen des Art. 86 haben daher durch Art. 101 GG ihre Gültigkeit verloren.[3]

II. Einzelkommentierung

1. Ausnahmegerichte sind unzulässig – Abs. 1 Satz 1

Ausnahmegerichte sind Gerichte, die in Abweichung von der gesetzlichen Zuständig-   **6** keit gebildet und zur Entscheidung einzelner oder individuell bestimmter Fälle berufen sind.[4] Diese Gerichte dürfen weder auf gesetzlicher noch auf administrativer Grundlage geschaffen werden. Zulässig sind dagegen die Sondergerichte i. S. v. Art. 86 Abs. 2 BV. Keine Ausnahmegerichte sind die Verwaltungsgerichte hinsichtlich ihrer Vorfragenkompetenz,[5] und die Stellen, die disziplinarische Maßnahmen treffen.[6]

2. Der gesetzliche Richter

Das Recht auf den gesetzlichen Richter schafft für jedermann die Gewähr, dass die Zu-   **7** ständigkeit der Gerichte rechtssatzmäßig festgelegt ist und in jedem Fall von jedem Träger der öffentlichen Gewalt respektiert werden muss.[7] In jedem Einzelfall darf kein anderer Richter tätig werden als der Richter, der in den Gesetzen und in den Geschäftsverteilungsplänen dafür vorgesehen ist.[8] Das Recht auf den gesetzlichen Richter ist mehr als ein bloßes Spiegelbild des Verbots von Ausnahmegerichten gem. Art. 86 Abs. 1 Satz 1 BV, da Art. 86 Abs. 1 S. 2 BV auch die Entziehung des gesetzlichen Richters ohne Unterstellung der Rechtssache zu einem Ausnahmegericht verbietet.[9]

a) Niemand. Das Recht auf den gesetzlichen Richter ist ein grundrechtsgleiches   **8** Recht. Es steht jedem zu, der im gerichtlichen Verfahren als Partei beteiligt ist.[10] Auch die öffentliche Hand kann sich auf dieses Recht berufen.[11] Das Recht steht nicht den Zeugen zu.[12] Der Grundrechtsinhaber kann das Recht jeweils nur für sein eigenes Verfahren, aber nicht für das Verfahren eines Dritten geltend machen.[13] Das Recht gilt auch für Beteiligte in einem sonstigen gerichtlichen Verfahren, etwa einem Wehrdienstverfahren.

---

[1]   *Schweiger,* in: Nawiasky/Schweiger/Knöpfle, Art. 86, Rn. 1; Prot. I S. 64.

[2]   *Schweiger,* in: Nawiasky/Schweiger/Knöpfle, Art. 86, Rn. 2.

[3]   *Schweiger,* in: Nawiasky/Schweiger/Knöpfle, Art. 86, Rn. 2; VerfGH 3, 67 (78); VerfGH 23, 1 (3 ff.).

[4]   *Meder,* Art. 86, Rn. 2; VerfGH 6, 27 (33); VerfGH 23, 192 (199); VerfGH 37, 1 (4); VerfGH 43, 107 (173); vgl. auch BVerfGE 3, 213 (223).

[5]   VerfGH 23, 192 (199).

[6]   VerfGH 23, 23 (29); *Schweiger,* in: Nawiasky/Schweiger/Knöpfle, Art. 86, Rn. 3.

[7]   VerfGH 31, 190 (192); VerfGH 38, 96 (101).

[8]   VerfGH 37, 1 (2).

[9]   *Schweiger,* in: Nawiasky/Schweiger/Knöpfle, Art. 86, Rn. 4.

[10]   VerfGH 5, 277; BVerfGE 21, 139; *Meder,* Art. 86, Rn. 3.

[11]   BVerfGE 6, 45 (49).

[12]   VerfGH 5, 277.

[13]   *Meder,* Art. 86, Rn. 3.

9   **b) Richter.** *aa) Allgemein.* Die Garantie auf den gesetzlichen *Richter* enthält mehrere Ebenen. Mit „Richter" ist zunächst der konkrete Richter innerhalb eines Spruchkörpers gemeint, aber auch der Spruchkörper als Ganzes und das jeweilige Gesamtgericht als Organisationseinheit.

10   Richter i. S. d. Einzelperson kann jeder Richter innerhalb der Rechtsprechung sein, also auch der Untersuchungsrichter,[14] der ehrenamtliche Richter, der Jugendschöffe nach dem JGG, der im Instanzenzug zuständige Richter,[15] der Richter der Verfassungsgerichtsbarkeit, auch der Richter eines Bundesgerichts oder eines Gerichts der Europäischen Gemeinschaften,[16] sofern nur die Verletzungshandlung von einem Träger der landesrechtlichen Hoheitsgewalt begangen wird.

11   *bb) Spruchkörper.* Auch der Spruchkörper, der den Rechtsstreit entscheiden soll, muss gesetzlich i. S. v. Art. 86 Abs. 1 Satz 2 BV bestimmt sein.

12   *cc) Nur Richter, die den verfassungsrechtlichen Anforderungen genügen.* Ein gesetzlicher Richter ist zudem nur ein Richter, der die Anforderungen der BV an den Richter erfüllt, unabhängig davon, ob diese Anforderung selbst subjektive Rechte vermittelt oder nicht. Ein Richter, der nicht unabhängig und nicht unparteilich ist, ist daher kein gesetzlicher Richter i. S. v. Art. 86 BV.[17] Die Mitwirkung eines befangenen Richters, der erfolglos abgelehnt wurde, kann demnach das Recht auf den gesetzlichen Richter verletzten, wenn die Ablehnung willkürlich verweigert wurde.[18]

13   Nicht nur der Richter, sondern auch die Gerichte selbst müssen den Anforderungen an die BV entsprechen, um dem Grundsatz des gesetzlichen Richters genügen zu können.[19] Erfüllt das Gericht nicht die an ein Gericht zu stellenden Anforderungen, so ist dessen Entscheidung verfassungswidrig und kann nicht in die Entscheidung einer Behörde umgedeutet werden.[20]

14   **c) Gesetzliche Bestimmung.** Der Richter muss vom Gesetz durch Normen,[21] also ohne Ansehung der Person, für seinen Fall abstrakt vorherbestimmt sein.[22] Die Ratio der Norm ist, dass die Rechtsprechung vor Manipulation durch sachfremde Einflüsse geschützt ist, insbesondere die Verhinderung, dass die Richterauswahl von Fall zu Fall erfolgt, um so die Entscheidung zu beeinflussen.[23] Vom Gesetzgeber fordert Art. 86 Abs. 1 Satz 1 BV allgemeine Normen, aus denen sich der gesetzliche Richter im Einzelfall möglichst deutlich ergibt.[24]

15   Der Gesetzgeber muss es ermöglichen, einen parteilichen Richter abzulehnen.[25]

16   Es ist eine den rechtsatzmäßigen, abstrakt-generellen und rechtsstaatlichen Bestimmtheitserfordernissen genügende Bestimmung notwendig.[26] Es muss jeder vermeidbare Spielraum ausgeschlossen sein.

17   Der Gesetzgeber muss jedoch nicht jede Regelung der Bestimmung des zuständigen Richters bzw. Gerichts selbst treffen. Er kann die Bestimmung des zuständigen Richters – in engen Grenzen – auch dem Rechtsverordnungsgeber überlassen. Innerhalb des Gerichtes können die generellen Zuständigkeitsregelungen durch Geschäftsverteilungspläne und

---

[14] VerfGH 3, 67 (79).
[15] Vgl. *Degenhart,* in: Sachs, GG, Art. 101, Rn. 8.
[16] BVerfGE 73, 339 (366 f.); *Schweiger,* in: Nawiasky/Schweiger/Knöpfle, Art. 86, Rn. 4.
[17] Zu Art. 101 GG vgl. *Degenhart,* in: Sachs, Art. 101, Rn. 8; BVerfGE 82, 286 (298); BVerfGE 89, 28 (36); BVerfG NJW 1996, 3333.
[18] BVerfGE 102, 122 ff.
[19] VerfGH 38, 96 (101); *Meder,* Art. 86, Rn. 5.
[20] *Meder,* Art. 86, Rn. 5; a. A. VerfGH 4, 30 (41 f.); VerfGH 4, 150 (171).
[21] VerfGH 15, 277 (279); VerfGH 16, 10 (13).
[22] VerfGH 3, 67 (78).
[23] VerfGH 24, 109 (111); *Schweiger,* in: Nawiasky/Schweiger/Knöpfle, Art. 86, Rn. 4a.
[24] VerfGH 43, 107 (131).
[25] VerfGH 31, 190 (192); *Meder,* Art. 86, Rn. 5.
[26] BVerfGE 95, 322 (329).

durch Mitwirkungspläne bestimmt werden.[27] Auch die Geschäftsverteilungspläne und die Mitwirkungspläne müssen generelle Regelungen sein. Der Geschäftsverteilungsplan hat die Verteilung der Rechtssachen innerhalb eines Gerichts an die verschiedenen Spruchkörper objektiv und willkürfrei vorher so zu bestimmen, dass im Moment des Eintritts der Rechtshängigkeit klar ist, welcher Spruchkörper dafür zuständig ist. Besteht innerhalb eines Spruchkörpers eine Überbesetzung, müssen innerhalb des Spruchkörpers Mitwirkungspläne bestehen, die wiederum abstrakt-generell vorher die Zusammensetzung des konkreten Richters bestimmen. Die alte Rechtsprechung, nach der der Vorsitzende Richter die Besetzung des konkreten Spruchkörpers ad hoc bestimmen konnte, genügt nach heutigem Verständnis nicht mehr dem Recht auf den gesetzlichen Richter.[28] Darin, dass das Präsidium einem Richter durch den Geschäftsverteilungsplan eine Rechtssache in dem Wissen zuweist, dass er mit dieser Sache befasst werden wird, liegt kein Verstoß gegen Art. 86 Abs. 1 Satz 2 BV.[29]

Geschäftsverteilungspläne sind Rechtsnormen sui generis.[30] Eine Popularklage soll nach **18** der Rechtsprechung gegen sie nicht möglich sein, da sie keine Außenwirkung besitzen sollen.[31] Überzeugend ist das nicht. Eine Verfassungsbeschwerde nach Art. 120 BV wegen der Anwendung einer verfassungswidrigen Geschäftsverteilung ist auf jeden Fall zulässig.[32] Der betroffene Richter, der durch eine Geschäftsverteilung in eigenen Rechten betroffen ist, kann gegen die Geschäftsverteilung Rechtsschutz vor dem Verwaltungsgericht erhalten.[33] Die Geschäftsverteilungspläne können nur dann gesetzliche Regelungen sein, wenn sie inhaltlich rechtmäßig sind.[34]

d) Ergänzungsgarantien. Das Recht auf den gesetzlichen Richter impliziert, dass ein **19** gesetzlicher Richter vorgesehen ist. Demnach muss der Haushaltsgesetzgeber die für eine funktionsfähige Rechtspflege erforderlichen Planstellen vorsehen und bewilligen.[35] Insbesondere muss eine ausreichende Zahl Vorsitzender Richter bestehen.[36] Eine weitere Ergänzungsgarantie ist die, dass der Gesetzgeber die Entscheidung von Streitsachen den Gerichten zuweisen muss.[37] Dem Bürger darf der gesetzliche Richter nicht dadurch entzogen werden, dass für die Streitentscheidung außergerichtliche Instanzen vorgesehen werden. Die Vorschaltung einer Verwaltungsinstanz wird dagegen als zulässig angesehen.[38] Dem Richter muss weiter die Nachprüfung der Rechtsakte in rechtlicher und tatsächlicher Hinsicht möglich sein.[39] Eine Mehrzahl gerichtlicher Instanzen – einen Rechtsmittelzug – verlangt das Recht auf den gesetzlichen Richter nicht.[40]

Das Recht auf den gesetzlichen Richter hindert den Gesetzgeber nicht, das Gerichtsver- **20** fahren gesetzlich zu regeln und auch bestimmte Sachurteilsvoraussetzungen und Prozessvoraussetzungen zu normieren.[41]

---

[27] VerfGH 28, 1 (4 ff.).

[28] Vgl. *Degenhart,* in: Sachs, GG, Art. 101, Rn. 5; BVerfGE 95, 322 ff.; s. zu altem Verständnis *Meder,* Art. 86, Rn. 8.

[29] VerfGH 20, 78 (82).

[30] Strittig vgl. *Degenhart,* in: Sachs, GG, Art. 101, Rn. 6 b; *Meder,* Art. 86, Rn. 8; VerfGH 38, 90 (91 ff.); VerfGH 30, 189 (196).

[31] VerfGH 38, 90 (91).

[32] VerfGH 20, 78 (82); VerfGH 27, 109 (118).

[33] Vgl. *Wolff,* in: ders./Decker, Studienkommentar zur VwGO/VwVfG, 2. Aufl. 2007, § 4 VwGO, Rn. 9.

[34] Siehe VerfGH 37, 1 (3); *Meder,* Art. 86, Rn. 8.

[35] VerfGH 38, 96 (102).

[36] VerfGH 38, 96 (102).

[37] VerfGH 20, 365 (370).

[38] VGH BayVBl 1969, 434; *Meder,* Art. 86, Rn. 5; VerfGH 23, 23; VerfGH 24, 30.

[39] VerfGH 24, 30.

[40] VerfGH 11, 67 (75); VerfGH 41, 106 (112).

[41] *Meder,* Art. 86, Rn. 5.

21   Einzelfälle: Die Auflösung einer Strafkammer durch einen Organisationsakt des Justiz-
ministers während des laufenden Geschäftsjahres verstößt nicht gegen Art. 86 BV, wenn
sie nicht auf sachfremden Gründen beruht.[42] Eine bewegliche Zuständigkeitsregelung, die
die Anhängigkeit einer Sache bei besonderen Sachlagen die Wahl zwischen zwei Gerichten lässt, kann statthaft sein.[43] Generelle prozessuale Neuregelungen oder Veränderungen des Geschäftsverteilungsplans, die auch bereits anhängige Fälle ergreifen, sind zulässig.[44]

22   **e) Entzogen.** Der gesetzliche Richter darf nicht entzogen werden. Art. 86 Abs. 1 Satz 2
untersagt jede willkürliche Verschiebung innerhalb der Justiz, durch die ein für einen bestimmten Fall berufener Richter verdrängt oder durch den anderen ersetzt würde.[45] Von
der Ratio und vom Normtext her spricht dies für ein Verständnis, bei dem die Verletzungshandlung subjektiv final sein muss.[46] Die Rechtsprechung lässt jedoch schon objektiv willkürliche Verhaltensweisen und Entscheidungen als Verletzungshandlungen zu.

23   Die Anforderung an eine Verletzung unterscheidet sich danach, ob die Verletzung im
objektiven oder im subjektiven Bereich liegt.

24   Genügen die gesetzlichen Zuständigkeitsregelungen nicht dem Gebot der vorherigen
Bestimmung des gesetzlichen Richters nach objektiven Kriterien, ist der entscheidende
Richter nicht der gesetzliche Richter i. S. v. Art. 86 BV. Eine gesetzliche Regelung der
Gerichtszuständigkeiten, eine interne Geschäftsverteilung, die Einflussmöglichkeiten im
Einzelfall lässt, ist genauso ein Verstoß wie eine rechtswidrige Zuständigkeitsregelung. So
ist etwa ein Richter, der durch einen rechtswidrigen Geschäftsverteilungsplan bestimmt
wird, kein gesetzlicher Richter.[47]

25   Entspricht die gesetzliche Zuständigkeitsverteilung den verfassungsrechtlichen Anforderungen, kann Art. 86 BV durch die Anwendung der Zuständigkeitsregeln verletzt sein,
allerdings nur, wenn die Falschanwendung willkürlich geschah.

26   Ein willkürlicher Verstoß gegen die Zuständigkeitsregelung kann mit der Verfassungsbeschwerde gem. Art. 120 BV gerügt werden.[48] Eine Fehlanwendung von Zuständigkeitsregeln, die auf einem normalen Tatsachen- oder Rechtsirrtum beruht („error in proce-
dendo"), reicht dagegen für die Verletzung von Art. 86 BV nicht aus.[49] Ein Verstoß gegen
Art. 86 Abs. 1 Satz 2 BV bewirkt nicht die Nichtigkeit, sondern nur die Anfechtbarkeit der
fehlerhaften Entscheidung in der Sache. Die Garantie des gesetzlichen Richters besagt
nicht, wie der Richter den Rechtsstreit in der Sache zu entscheiden hat.[50]

27   **Einzelfälle:** Eine Verletzung des gesetzlichen Richters kann in der Verletzung der
Vorlagepflicht an das BVerfG,[51] den EuGH[52] , der Nichtzulassung der Revision,[53] der willkürlichen Anwendung der Ablehnungsvoraussetzungen[54] sowie einem Fehler bei der
Streitwertfestsetzung[55] liegen, sofern eine willkürliche Falschanwendung vorliegt. Eine
willkürliche Nichterledigung einer Sache ist auch eine Verletzung des gesetzlichen Richters,[56] eine Prozessverschleppung verletzt dagegen das Rechtsstaatsprinzip, aber nicht das

---

[42] *Meder,* Art. 86, Rn. 4.
[43] BVerfGE 9, 223 (227).
[44] BVerfGE 24, 33 (54).
[45] VerfGH 31, 190 (192 f.); VerfGH 38, 11 (14); VerfGH 40, 132 (135 f.); VerfGH 42, 143 (146).
[46] *Schweiger,* in: Nawiasky/Schweiger/Knöpfle, Art. 86, Rn. 4 a.
[47] VerfGH 31, 74 (76).
[48] VerfGH 20, 78 (82); VerfGH 27, 109 (118).
[49] VerfGH 24, 109 (111); VerfGH 38, 11 (14); VerfGH 31, 190 (193); *Meder,* Art. 86, Rn. 6.
[50] VerfGH 15, 15 (19); VerfGH 13, 132 (149).
[51] VerfGH 41, 51 (53); VerfGH 42, 105 (108).
[52] VerfGH 38, 11 (14 f.); VerfGH 42, 65 (69).
[53] VerfGH 42, 122 (129 f.).
[54] VerfGH 34, 150; VerfGH 39, 49.
[55] VerfGH 24, 109 (11).
[56] BVerfGE 13, 132 (144); a. A. VerfGH 9, 123 (130).

Recht auf den gesetzlichen Richter.[57] Der Prozessbeteiligte hat keinen Anspruch darauf, dass ein Prozessurteil als Sachurteil ergeht.[58] Die Zuteilung der Wiederaufnahmeverfahren in Wirtschaftsstrafsachen an eine andere Strafkammer desselben Landgerichts ist zulässig.[59]

f) Die Gerichtsorganisation. Die Zuständigkeiten der jeweiligen Gerichte müssen **28** aufgrund des Rechts auf den gesetzlichen Richter formalgesetzlich geregelt sein. Wie weit die Regelungsintensität geht, richtet sich nach der Wesentlichkeitstheorie, die zutreffender Ansicht nach auch für organisatorische Gesetzesvorbehalte heranzuziehen ist. Demnach können die Errichtung und Aufhebung sowie die Bestimmungen der Bezirke von Gerichten nur durch formales Gesetz oder aufgrund spezieller gesetzlicher Ermächtigung vorgenommen werden.[60] Die Errichtung gerichtlicher Zweigstellen kann der Rechtsverordnung vorbehalten bleiben.[61] Eine Ermächtigung an die Exekutive, in bestimmten Fällen die Zusammenfassung mehrerer Amtsgerichtsbezirke bei einem Amtsgericht vorzunehmen, ist zulässig.[62] Möglich ist auch, zur Rationalisierung des Geschäftsbetriebs auf gesetzlicher Grundlage hinreichend große Gerichtsbezirke zu schaffen.[63]

Die inhaltlichen Anforderungen an die Bestimmung der Gerichtsbezirke, die insbeson- **29** dere bei der Abschaffung von Einzelgerichten relevant werden, richten sich dabei nicht nach Art. 86 BV. Auch die Entscheidung des Verfassungsgerichtshofs über die Auflösung des Bayerischen Obersten Landesgerichts hat in einer gesetzlichen Auflösung, die hinreichend bestimmt die Zuständigkeit überleitet, keine Probleme aus der Sicht des Art. 86 Abs. 1 S. 2 BV gesehen.[64] Bei der Neugliederungsmaßnahme müssen das Willkürprinzip (Art. 118 Abs. 1 BV) und der Grundsatz der Verhältnismäßigkeit sowie die Gemeinwohlbindung (Art. 3 Satz 2 BV) und das Gebot der Gewähr eines angemessenen Rechtsschutzes beachtet werden. Dem Gesetzgeber steht bei der Neugliederung jedoch ein großer Ermessensspielraum zu. Es ist nur erforderlich, dass er sich auf einen sachlich vertretbaren Grund von einigem Gewicht berufen kann.[65]

3. Sondergerichte

Gerichte für besondere Sachgebiete gem. Art. 86 Abs. 2 BV sind Gerichte, die gesetzlich **30** im Voraus allgemein für bestimmte Sachgebiete zur Entscheidung berufen sind und die im Rahmen ihrer Zuständigkeit an die Stelle der ordentlichen Gerichte treten.[66] Beispiele sind das Schiedsgericht der bayerischen Ärzteversorgung[67] und die Berufsgerichte für Ärzte. Keine Sondergerichte sind dagegen Kammern eines ordentlichen Gerichts, die nach der Geschäftsverteilung für bestimmte Straftaten zuständig sind,[68] oder die für Rechtsstreitigkeiten juristischer Personen des öffentlichen Rechts zuständig sind.[69] Die Sondergerichte werden noch nicht zu Ausnahmegerichten, nur weil sie auf einen bestimmten Personenkreis bezogen sind.[70]

---

[57] *Schweiger,* in: Nawiasky/Schweiger/Knöpfle, Art. 86, Rn. 4e; offen gelassen in VerfGH 16, 10 (13).

[58] VerfGH 15, 15 (19); VerfGH 16, 10 (13); *Schweiger,* in: Nawiasky/Schweiger/Knöpfle, Art. 86, Rn. 4.

[59] VerfGH 42, 143 (146).

[60] VerfGH 27, 68 (71 u. 78); VerfGH 28, 88 (94 ff.); vgl. auch BVerfGE 27, 355 (362); *Meder,* Art. 86, Rn. 5.

[61] VerfGH 28, 1 (4); VerfGH 30, 189 (197); *Meder,* Art. 86, Rn. 5.

[62] VerfGH 27, 68 (78 f.).

[63] VerfGH 26, 144 (155).

[64] VerfGH 58, 212 (228 ff.).

[65] VerfGH 26, 144 (156 f.); VerfGH 28, 88 (97 f.); *Meder,* Art. 86, Rn. 5.

[66] VerfGH 4, 30 (43).

[67] VGH BayVBl 1970, 294.

[68] VerfGH 20, 78 (83).

[69] VerfGH 37, 1.

[70] *Meder,* Art. 86, Rn. 10.

31 Sondergerichte benötigen eine gesetzliche Grundlage, da der Sinn des Art. 86 Abs. 2 BV darin besteht, dass bei gesetzlich geregelten Sondergerichten die einzelnen vor unlauterer Zuständigkeitsverschiebung in der Rechtspflege geschützt sind.[71] Die Sondergerichte müssen, ebenso wie die anderen Gerichte, staatliche Gerichte sein. Staatliche Gerichte sind sie dann, wenn ihr Träger eine Körperschaft des öffentlichen Rechts ist. Sie müssen institutionell von der Exekutiven getrennt sein, so, wie auch die anderen Gerichte. Sie dürfen nur mit Richtern besetzt sein, die die verfassungsrechtlichen Anforderungen an einen Richter erfüllen.[72]

Art. 87 [Persönliche richterliche Unabhängigkeit]

(1) Die Richter können gegen ihren Willen nur kraft richterlicher Entscheidung und nur aus Gründen und unter den Formen, die gesetzlich bestimmt sind, dauernd oder zeitweise ihres Amtes enthoben oder an eine andere Stelle oder in den Ruhestand versetzt werden. Die gesetzliche Bestimmung einer Altersgrenze ist zulässig.

(2) Die Richter der ordentlichen Gerichtsbarkeit werden auf Lebenszeit ernannt.

Parallelvorschriften im GG und anderen Landesverfassungen: Art. 97 GG; Art. 65 BaWüVerf; Art. 79 BerlVerf; Art. 108 BbgVerf; Art. 135, 137 BremVerf; Art. 62 HmbVerf; Art. 126, Art. 128 HessVerf. Art. 76 M-VVerf; Art. 51 NdsVerf; Art. 3 NRWVerf; Art. 121 RhPfVerf; Art. 110 SaarlVerf; Art. 77 SächsVerf; Art. 83 SachsAnhVerf; Art. 86 ThürVerf.

Rechtsprechung: VerfGH 3, 67; 3, 95; 7, 21; 7, 107; 9, 47; 11, 37; 11, 67; 12, 131; 13, 182; 22, 110; 23, 32; 25, 13.

Literatur: Barbey, Der Status des Richters, HStR III, 1996, § 74; *Eichenberger,* Die richterliche Unabhängigkeit als staatsrechtliches Problem, 1960; *Geiger,* Die Unabhängigkeit des Richters, DRiZ 1979, 65; *Hübner,* Die besonderen Verwaltungsgerichte in Bayern und die persönliche Unabhängigkeit ihrer Richter, DÖV 1952, 257; *Papier,* Die richterliche Unabhängigkeit und ihre Schranken, NJW 2001, 1889; *Roellecke,* Die Bindung des Richters an Gesetz und Verfassung, VVDStRL 34 (1976), 7; *Schinkel,* in: Festschrift für Remmers, 1995, S. 297; *Starck,* Die Bindung des Richters an Gesetz und Verfassung, VVDStRL 34 (1976), 45.

I. Allgemeines

1. Allgemeine Bedeutung

1 Art. 87 BV normiert die sog. persönliche Unabhängigkeit, die die sachliche Unabhängigkeit des Richters (Art. 85 BV) absichern soll.[1] Das Gebot der persönlichen Unabhängigkeit verlangt vom Staat, dass Richter während ihrer Amtszeit grundsätzlich nicht gegen ihren Willen versetzt oder entlassen werden dürfen (Grundsatz der Immobilität). Ausnahmen von diesem Grundsatz sind nur in dem von Art. 87 Abs. 1 BV genannten Fallgruppen zulässig. Der Grundsatz der Unabsetzbarkeit und Unversetzbarkeit gilt nur für Berufsrichter.[2]

2. Bedeutung innerhalb der BV

2 Art. 87 BV steht systematisch zutreffend innerhalb des Abschnittes der Rechtspflege. Er ergänzt den Art. 85 BV und steht thematisch mit Art. 55 Nr. 4 und Nr. 6 BV, Art. 95 Abs. 2 bis Abs. 5 und Art. 97 BV im Zusammenhang.[3]

3 Art. 87 BV beruht noch erkennbar auf der alten Vorstellung der beamteten Richter. Art. 97 Abs. 2 GG ist demgegenüber schon in dem Verständnis normiert worden, dass die

---

[71] VerfGH 3, 67 (79); VerfGH 15, 15 (19).
[72] *Meder,* Art. 86, Rn. 11.
[1] *Detterbeck,* in: Sachs, Art. 97, Rn. 22.
[2] VerfGH 7, 21 (33); VerfGH 7, 107 (111 f.); VerfGH 11, 67 (76).
[3] VerfGH 13, 182 (185); *Schweiger,* in: Nawiasky/Schweiger/Knöpfle, Art. 87, Rn. 4.

Richter nicht länger Beamte, sondern eine eigene Gruppe innerhalb des öffentlichen Dienstes darstellen. Art. 87 Abs. 1 BV steht dieser Umstellung von Richterbeamtentum auf eigenes Dienstverhältnis nicht entgegen.[4]

3. Historische Bezüge

Der Grundsatz der persönlichen Unabhängigkeit ist jünger als der Grundsatz der sach- **4** lichen Unabhängigkeit, besitzt aber dennoch eine nennenswerte Geschichte. Er war in Art. 104 Abs. 1 WRV enthalten und besitzt einen Vorläufer in Titel VIII § 3 BV 1818.[5] Die Norm war während der Entstehung der Bayerischen Verfassung weitgehend unbestritten. Nur Art. 87 Abs. 2 BV erhielt im Laufe des Gesetzgebungsverfahrens die nun geltende Einschränkung auf die ordentliche Gerichtsbarkeit.[6]

4. Verhältnis zum Grundgesetz

Art. 87 Abs. 1 Satz 1 BV ist weitgehend identisch mit Art. 97 Abs. 2 Satz 1 GG. Art. 87 **5** Abs. 1 Satz 2 BV entspricht darüber hinaus weitgehend Art. 97 Abs. 2 Satz 2 GG. Die Möglichkeit bei organisatorischen Veränderungen, die betroffenen Richter an ein anderes Gericht zu versetzen oder aus dem Amt zu entfernen – gem. Art. 97 Abs. 2 Satz 3 GG –, kennt Art. 87 BV wiederum nicht. Umgekehrt ist die Normierung des Art. 87 Abs. 2 BV dem Grundgesetz fremd.

Nach der hier vertretenen Auffassung des Verhältnisses der Landesverfassung zum **6** Grundgesetz würde Art. 87 BV seine Geltung dann verlieren, wenn er den Anspruch erheben würde, die Geltung der bundesrechtlichen Bestimmungen zu verhindern. Eine inhaltliche Kollision zwischen Art. 87 BV und Art. 97 GG besteht insofern, als die Versetzung an ein anderes Gericht bzw. die Entfernung aus dem Amt bei organisatorischen Maßnahmen nach Art. 87 BV zumindest – sofern man sich ausschließlich am Normtext orientiert – unzulässig wäre. Demnach sperrt Art. 87 BV von seinem am Normtext orientierten Anspruch her die Anwendung der bundesrechtlichen Verfassungsbestimmungen. Gem. Art. 31 GG i.V. m. Art. 28 Abs. 1 Satz 1 GG besitzt aber Art. 97 Abs. 1 Satz 3 GG Anwendungsvorrang gegenüber Art. 87 BV. Demnach ist eine landesrechtliche Norm, die von dem Vorbehalt der Versetzung bei organisatorischen Maßnahmen i. S. v. Art. 97 Abs. 2 Satz 3 GG Gebrauch machen würde, nicht wegen Verstoßes gegen Art. 87 BV unwirksam, da insoweit Art. 97 GG vorgeht. Von diesem partiellen Anwendungsvorrang des Art. 97 Abs. 2 Satz 3 GG abgesehen, ist Art. 87 BV jedoch gültig und anwendbar.[7]

Die einfach-rechtlichen Bestimmungen über die Amtsenthebung oder Versetzung **7** sind bisher im Deutschen Richtergesetz niedergelegt gewesen. Aufgrund der Verfassungsänderung durch die Föderalismusreform ist die Rahmengesetzgebungskompetenz des Bundes gem. Art. 98 Abs. 3 Satz 2 GG a. F. mittlerweile entfallen. Es greift die konkurrierende Gesetzgebungskompetenz des Bundes hinsichtlich der Statusrechte gem. Art. 74 Abs. 1 Nr. 27 GG. Sofern der Bund kompetenzgemäß von seinem Gesetzgebungsrecht Gebrauch macht, sind die Bestimmungen als Bundesrecht nicht am Maßstab von Art. 87 BV zu messen. Sofern die Länder eventuelle Vorgaben des Bundes ohne Spielraum übernehmen, sind auch die Landesbestimmungen insoweit nicht an Art. 87 BV zu messen. Darüber hinausgehende Maßnahmen des Landes müssen jedoch den Rahmen des Art. 87 BV einhalten.

---

[4] VerfGH 9, 57 (85 f.); *Schweiger,* in: Nawiasky/Schweiger/Knöpfle, Art. 87, Rn. 4.

[5] VerfGH 13, 182; *Schweiger,* in: Nawiasky/Schweiger/Knöpfle, Art. 87, Rn. 2.

[6] Vgl. Prot. I, S. 56 ff. u. 65; Art. 52 Abs. 2 VE; Art. 59 E; *Schweiger,* in: Nawiasky/Schweiger/Knöpfle, Art. 87, Rn. 1.

[7] So auch *Meder,* Art. 87, Rn. 2; ähnlich *Schweiger,* in: Nawiasky/Schweiger/Knöpfle, Art. 87, Rn. 2; s. a. VerfGH 9, 47; VerfGH 11, 37.

II. Einzelkommentierung

1. Personeller Geltungsbereich

8   Art. 87 Abs. 1 und Abs. 2 BV normieren keine Grundrechte.[8] Die Norm gewährt dennoch den Richtern subjektive Rechte, nicht aber Dritten.[9]

2. Absatz 1: Die persönliche Unabhängigkeit

9   **Persönlicher Schutzbereich:** Art. 87 Abs. 1 BV kommt nur den Berufsrichtern zu.[10] Auch wenn der Normtext von Art. 87 Abs. 1 Satz 1 BV insoweit von dem des Art. 97 Abs. 2 Satz 1 GG abweicht, bewirkt die Abweichung keine substantielle Änderung. Der Schutz gilt daher nur für die Berufsrichter, und zwar für die Richter auf Lebenszeit und auf Zeit, nicht aber für die Richter auf Probe und kraft Auftrags.[11] Für die Richter im Nebenamt gilt Art. 87 BV dann, wenn sie im Hauptamt wiederum Richter sind.[12]

10   Den Richtern, die nicht unter Art. 87 Abs. 1 BV fallen, ist jedoch in Konkretisierung des Gewaltenteilungsprinzips und der sachlichen Unabhängigkeit gem. Art. 85 BV ein gewisses Minimum an persönlicher Unabhängigkeit zu garantieren. Die persönliche Unabhängigkeit der nicht berufsmäßigen Richter folgt aus einer interpretatorischen Konkretisierung der genannten Verfassungsbestimmungen.[13]

11   **Sachlicher Geltungsbereich:** Art. 87 Abs. 1 Satz 1 BV stellt die dauernde oder zeitweise Enthebung des Amtes sowie die Versetzung auf eine andere Stelle oder in den Ruhestand unter zwei zwingende Bedingungen. Diese Maßnahmen müssen zunächst formell auf richterlicher Entscheidung beruhen und benötigen sowohl materiell als auch formell eine gesetzliche Grundlage. Nicht ausdrücklich angesprochen, aber in der Ratio des Art. 87 Abs. 1 Satz 1 BV begründet, liegt die Forderung, dass die Gründe für den Eingriff in die persönliche Unabhängigkeit des Richters angesichts der Bedeutung dieses Grundsatzes ein Gewicht besitzen müssen, das die Eingriffe gerechtfertigt erscheinen lassen.

12   Der Grundsatz der Unabsetzbarkeit und Unversetzbarkeit untersagt jeden direkten Entzug des Amtes, unabhängig davon, ob er zeitweise oder dauernd geschieht, sofern er nur gegen den Willen des betroffenen Richters durchgesetzt werden soll.[14] Unzulässig sind aber auch Maßnahmen gleicher Wirkung, die einer dauernden oder zeitweisen Amtsenthebung oder einer Versetzung gleichkommen.[15] Ein Entzug von Verwaltungsbefugnissen verstößt dagegen nicht gegen Art. 87 BV.[16] Dienstaufsichtliche Maßnahmen, die von der Exekutive getroffen werden, dürfen nicht in die persönliche Rechtsstellung des Richters eingreifen.[17] Eingreifende Maßnahmen sind nur auf richterliche Entscheidungen innerhalb des Rahmens des Art. 87 Abs. 1 Satz 1 BV zulässig.

3. Zulässigkeit der Altersgrenze

13   Art. 87 Abs. 1 Satz 2 verweist zur Vermeidung von Zweifeln ausdrücklich auf die Zulässigkeit der Einfügung von Altersgrenzen.

---

[8] *Schweiger,* in: Nawiasky/Schweiger/Knöpfle, Art. 87, Rn. 2; VerfGH 9, 47 (55); VerfGH 11, 37 (42).

[9] VerfGH 3, 67 (78 f.); VerfGH 23, 200 (215); *Meder,* Art. 87, Rn. 1.

[10] VerfGH 7, 21 (33 f.); VerfGH 7, 107 (111); *Meder,* Art. 87, Rn. 3; *Schweiger,* in: Nawiasky/Schweiger/Knöpfle, Art. 87, Rn. 3.

[11] *Meder,* Art. 87, Rn. 3.

[12] Vgl. im einzelnen *Detterbeck,* in: Sachs, Art. 97, Rn. 23 ff.

[13] Vgl. *Meder,* Art. 87, Rn. 3; VerfGH 7, 21 (34).

[14] *Detterbeck,* in: Sachs, Art. 97, Rn. 35.

[15] Vgl. zu Art. 97 GG: BVerfGE 17, 252 (259); *Detterbeck,* in: Sachs, Art. 97, Rn. 35.

[16] *Detterbeck,* in: Sachs, Art. 97, Rn. 36.

[17] Zu Art. 97 GG: BVerfGE 38, 139 (151 f.).

4. Art. 87 Abs. 2 BV Lebenszeitanstellung

Art. 87 Abs. 2 BV enthält die Garantie der Lebenszeitanstellung der Richter. Insofern **14** beruht Art. 87 Abs. 2 BV noch auf der Vorstellung der beamteten Richter. Eine entsprechende Garantie im Grundgesetz ist nicht vorgesehen. Art. 87 Abs. 2 BV kann jedoch nicht den Bundesgesetzgeber binden. Die Norm wurde im Laufe des Gesetzgebungsverfahrens auf die ordentliche Gerichtsbarkeit beschränkt.[18] Eine der Lebenszeit vorausgehenden Probezeit bleibt möglich.[19] Kein Richter der ordentlichen Gerichtsbarkeit ist der Richter, der der Dienststrafgerichtsbarkeit angehört.[20] Das subjektive Recht ist normgeprägt, da es einschlägige ausfüllende gesetzliche Bestimmungen voraussetzt, die die Ernennung auf Lebenszeit im Einzelnen regeln.[21]

An die ehrenamtlichen Richter der ordentlichen Gerichtsbarkeit (Schöffen, Geschwo- **15** rene, Handelsrichter) hat der bayerische Verfassungsgesetzgeber erkennbar nicht gedacht.[22] Es darf als gesichert gelten, dass er die ehrenamtlichen Richter ausschließen wollte, daher ist Art. 87 Abs. 2 BV aufgrund des systematischen Zusammenhangs zu Art. 87 Abs. 1 BV nur auf die Berufsrichter im Hauptamt anzuwenden.[23]

Die Mitwirkung eines abgeordneten Richters am BayObLG während des Gesetzge- **16** bungsverfahrens über das Gesetz zur Abschaffung des BayObLG verletzt Art. 87 BV nicht.[24]

Art. 88 [Laienrichter]

An der Rechtspflege sollen Männer und Frauen aus dem Volke mitwirken. Ihre Zuziehung und die Art ihrer Auswahl wird durch Gesetz geregelt.

Parallelvorschriften in anderen Landesverfassungen: Art. 135 BremVerf; Art. 62 HmbVerf; Art. 127 HessVerf; Art. 72 NRWVerf; Art. 123 RhPfVerf.

Rechtsprechung: VerfGH 7, 21.

Literatur: Duttge, Laienrichter in der Strafgerichtsbarkeit – Anspruch und Wirklichkeit, JR 2006, 358; *Eichenhofer,* Rolle ehrenamtlicher Richter in der Sozialgerichtsbarkeit, SGb 2005, 313; *Frehse,* Die Mitgliedschaft eines ehrenamtlichen Richters in einer verfassungsfeindlichen Partei, NZA 1993, 915; *Harms,* Abschaffung der Beteiligung von Laienrichtern im Strafverfahren im Zuge einer Reform, Recht u Politik 2005, 224; *Kramer,* Soll der Staat sich heute noch ehrenamtliche Richter leisten?, DRiZ 2002, 150.

I. Allgemein

1. Bedeutung

Art. 88 BV normiert einen Verfassungsauftrag an den Gesetzgeber. Unmittelbare Be- **1** deutung für den Bürger besitzt die Norm nicht. Da Art. 88 BV nur den bayerischen Gesetzgeber binden kann, besitzt die Norm im Augenblick keine praktische Bedeutung, da das Gerichtsverfahren aufgrund Art. 74 Abs. 1 Nr. 1 GG vom Bundesgesetzgeber geregelt wurde.

Durch die Normierung von Laienrichtern soll der Gefahr, dass eine nur von Berufs- **2** richtern ausgeübte Gerichtsbarkeit sich zu sehr von dem wirklichen Leben entfernt, vorgebeugt werden.[1]

---

[18] VerfGH 9, 47 (54); VerfGH 11, 37 (44).

[19] *Meder,* Art. 87, Rn. 5.

[20] VerfGH 11, 37; VerfGH 12, 131 (140); *Schweiger,* in: Nawiasky/Schweiger/Knöpfle, Art. 87, Rn. 4.

[21] *Schweiger,* in: Nawiasky/Schweiger/Knöpfle, Art. 87, Rn. 4.

[22] *Schweiger,* in: Nawiasky/Schweiger/Knöpfle, Art. 87, Rn. 4.

[23] *Schweiger,* in: Nawiasky/Schweiger/Knöpfle, Art. 87, Rn. 4.

[24] BayObLG NJW-RR 2004, 1455.

[1] *Schweiger,* in: Nawiasky/Schweiger/Knöpfle, Art. 88, Rn. 2.

2. Entstehung

3　Die Beteiligung von Laien an der Gerichtsbarkeit, insbesondere an der Strafgerichtsbarkeit, besitzt verfassungshistorisch eine lange Tradition. Auch die genaue Formulierung des Art. 88 BV war innerhalb der Verfassungsgebung umstritten. Art. 53 VE sah zunächst vor, dass bei allen Gerichten Männer und Frauen aus dem Volk als Beisitzer mitwirken sollten, die vom Volk auf die Dauer eines Jahres gewählt worden waren. Art. 60 VE wollte sich demgegenüber darauf beschränken, die Art und Auswahl der Laienrichter der Gesetzgebung zu überlassen. Die gegenwärtige Fassung erhielt die Norm durch den VA.[2]

3. Verhältnis zum Grundgesetz

4　Die Mitwirkung der Laienrichter ist weitgehend durch einfaches Bundesrecht normiert. Art. 88 BV richtet sich an den bayerischen Gesetzgeber. Die Norm bewirkt daher keine Normkollision dergestalt, dass das Bundesrecht den Art. 88 BV gem. Art. 31 GG brechen müsste. Die Norm geht demnach gegenwärtig ins Leere.

II. Einzelkommentierung

1. Art. 88 Satz 1 BV

5　Art. 88 Satz 1 meint mit Rechtspflege die richterliche Tätigkeit im Rahmen der dritten Gewalt. Männer und Frauen aus dem Volke sind Personen, die nicht berufsmäßig aufgrund juristischer Ausbildung in der Judikative tätig werden. Zur Übernahme von Ehrenämtern sind die Bürger gem. Art. 121 BV verpflichtet. Männer und Frauen, die eine juristische Ausbildung haben, mittlerweile jedoch in einem anderen Beruf tätig sind, können „aus dem Volke" i. S. v. Art. 88 BV sein. Mitwirken meint die gleichberechtigte Wahrnehmung richterlicher Aufgaben.

6　Art. 88 BV normiert nicht die Rechtsstellung der Laienrichter. Für diese gilt die Garantie des Art. 85 BV uneingeschränkt. Die persönliche Unabhängigkeit gem. Art. 87 BV gilt für die Laienrichter nicht unmittelbar, jedoch folgt aus dem Rechtsstaatsprinzip und der sachlichen Unabhängigkeit auch eine Mindestgarantie an persönlicher Unabhängigkeit.

2. Art. 88 Satz 2 BV

7　Das nähere Verfahren zur Ernennung und zur Bestimmung überlässt die Bayerische Verfassung dem einfachen Gesetz. Ansonsten sind die Laienrichter, sofern sie ernannt sind, vollständige Richter i. S. d. Verfassung und der Gesetze. Aus dem Verhältnis von Art. 87 BV und Art. 88 BV wird man schließen können, dass der Verfassungsgeber grundsätzlich davon ausging, dass der Schwerpunkt der richterlichen Tätigkeit von Berufsrichtern ausgeübt wird und die Laienrichter nur ergänzend hinzutreten.[3]

Art. 89 [Weisungsgebundenheit der Staatsanwaltschaft]

Die öffentlichen Ankläger vor den Strafgerichten sind an die Weisungen ihrer vorgesetzten Behörde gebunden.

Rechtsprechung: VerfGH, Ents. v. 8. 4. 1970, Az: Vf.132-VI-69; VerfGH, Ents. v. 22. 1. 1993, Az: Vf.69-VI-91.

Literatur: Dohmen, Brauchen wir die „unabhängige Staatsanwaltschaft"?, ZRP 1996, 192; *Günter,* Zu den 10 Leitlinien „Weisungsrecht gegenüber den Staatsanwaltschaften" des NRW-Justizministers, DRiZ 2002, 85; *Hund*, Brauchen wir die „unabhängige Staatsanwaltschaft"?, ZRP 1994, 470; *Kretschmer*, Die Staatsanwaltschaft, Jura 2004, 452; *Pförtner*, Staatsanwälte zwischen allen Stühlen?, Betrifft Justiz 2004, 324; *Rautenberg*, Die Abhängigkeit der deutschen Staatsanwaltschaft, GA 2006, 356; *Rudolph*, Die politische Abhängigkeit der Staatsanwaltschaft, NJW 1998, 1205.

---

[2] Protokoll I, S. 66 f.; *Schweiger,* in: Nawiasky/Schweiger/Knöpfle, Art. 88, Rn. 1.
[3] *Schweiger,* in: Nawiasky/Schweiger/Knöpfle, Art. 88, Rn. 2.

I. Allgemeines

1. Bedeutung

Art. 89 BV sieht die Weisungsgebundenheit der Anklagebehörde vor. Dieses Prinzip **1** ist gegenwärtig in § 146 GVG bundesgesetzlich geregelt. Die bayerische Verfassungsbestimmung besitzt daher z. Zt. keinen Anwendungsbereich. Da die Norm keiner grundgesetzlichen Bindung widerspricht, ist sie zwar gültig, aber gegenwärtig gegenstandslos.

2. Entstehung

Die Norm war bei der Verfassungsgebung inhaltlich nicht umstritten. Art. 89 BV **2** stimmt inhaltlich mit Art. 54 VE und mit Art. 61 VE wörtlich überein.[1]

Art. 90 [Öffentlichkeit der Gerichtsverhandlungen]

Die Verhandlungen vor allen Gerichten sind öffentlich. Bei Gefährdung der Staatssicherheit oder der öffentlichen Sittlichkeit kann die Öffentlichkeit durch Gerichtsbeschluß ausgeschlossen werden.

Parallelvorschriften in anderen Landesverfassungen: Art. 52 BbgVerf; Art. 78 SächsVerf.

Rechtsprechung: VerfGH 5, 30; 43, 107; VerfGH, Ents. v. 20. 6. 1966, Az: Vf.28-VI-66; VerfGH, Ents. v. 10. 12. 1968, Az: Vf.53-VI-67.

Literatur: Böttcher, Zum Ausschluß der Öffentlichkeit nach § 172 Nr. 2 GVG, DRiZ 1984, 17; *Bottke*, StPO/GVG – Beschränkung der Öffentlichkeit der Hauptverhandlung durch polizeiliche Überwachungsmaßnahmen, JA 1981, 64; *Enders*, Die Beschränkung der Gerichtsöffentlichkeit durch § 169 S. 2 GVG – verfassungswidrig?, NJW 1996, 2712; *Finger/Baumanns*, Die Öffentlichkeit von Gerichtsverhandlungen bei medienwirksamen Prozessen, JA 2005, 717; *Franzki*, Die Öffentlichkeit der Gerichtsverhandlung, DRiZ 1979, 82; *Olbertz, K.*, Fernsehöffentlichkeit von Gerichtsverfahren unter verfassungsrechtlichen Gesichtspunkten, 2002; *Roxin*, Öffentlichkeit der Verhandlung und Ausweispflicht, JR 1976, 385; *Schwarz*, Fernsehöffentlichkeit im Gerichtsverfahren, AfP 1995, 353; *Stürner*, Gerichtsöffentlichkeit und Medienöffentlichkeit in der Informationsgesellschaft, JZ 2001, 699; *Wyss*, Öffentlichkeit von Gerichtsverfahren und Fernsehberichterstattung, EuGRZ 1996, 1.

I. Allgemeines

1. Bedeutung

Art. 90 BV besitzt den Zweck, der Allgemeinheit die Kontrolle der Rechtsprechung zu ermöglichen. Es soll eine geheime Kammerjustiz verhindert werden. Die Rechte und Interessen der am Gerichtsverfahren Beteiligten stehen gegenüber dem institutionellen Sinn im Hintergrund.[1*] Aus dieser Ratio leiten die Rechtsprechung und die herrschende Meinung ab, dass aus Art. 90 BV keine subjektiven Rechte abgeleitet werden können.[2]

Das Verständnis einer rein objektiv-rechtlichen Wirkung des Art. 90 BV wird weder seinem Normtext noch seiner Bedeutung gerecht. Zumindest die Personen, die vom Prinzip der Öffentlichkeit in einem konkreten Verfahren Gebrauch machen möchten, können sich entgegen der herrschenden Meinung subjektiv-rechtlich auf Art. 90 BV stützen.

2. Entstehung

Art. 90 BV war in dem Gesetzgebungsverfahren weitgehend unumstritten. Er ent- **3** spricht Art. 55 VE mit dem Unterschied, dass die Ursprungsfassung vorsah, die Öffent-

---

[1] Protokoll I, S. 67; *Schweiger*, in: Nawiasky/Schweiger/Knöpfle, Art. 89, Rn. 1.

[1*] VerfGH 5, 30 (39); *Schweiger*, in: Nawiasky/Schweiger/Knöpfle, Art. 90, Rn. 3.

[2] VerfGH 5, 30 (40); *Meder*, Art. 90, Rn. 1; *Schweiger*, in: Nawiasky/Schweiger/Knöpfle, Art. 90, Rn. 2.

lichkeit nur vorübergehend auszuschließen. Im VVA wurde der Begriff „vorübergehend" gestrichen.[3]

3. Verhältnis zum Grundgesetz

4   Die Öffentlichkeit der Gerichtsverhandlungen wird im Grundgesetz nicht angesprochen. Sie ist jedoch bundesgesetzlich in §§ 169 ff. GVG als Grundsatz niedergelegt. Die bundesgesetzliche Ausgestaltung des Verfahrens sieht Einschränkungen der Öffentlichkeit vor, die deutlich über Art. 90 Satz 2 BV hinausgehen. Art. 90 BV ist geltendes bayerisches Verfassungsrecht, bindet jedoch nur die bayerische Staatsgewalt. Sofern einfaches Bundesrecht Einschränkungsmöglichkeiten des Öffentlichkeitsgrundsatzes vorsieht, die über die Einschränkungen hinausgehen, die Art. 90 BV vorsieht, greift der Anwendungsvorrang des einfachen Bundesrechts auf der Grundlage von Art. 31 GG i.V.m. Art. 28 Abs. 1 Satz 1 GG. Sofern der bayerische Gesetzgeber kompetenziell zulässig Gerichtsverfahren normiert, ist er an Art. 90 BV gebunden. Art. 90 gilt neben den bundesgesetzlichen Vorschriften weiter.[4]

II. Einzelkommentierung

5   Art. 90 Satz 1 BV normiert den Grundsatz der Gerichtsöffentlichkeit aller Verhandlungen. Mit Verhandlungen sind nur die mündlichen Verhandlungen gemeint, nicht das schriftliche Verfahren. Aufgrund der beschränkten Reichweite der BV bezieht sich die Norm nur auf Verhandlungen vor bayerischen Gerichten. Öffentlichkeit meint die allgemeine Zugänglichkeit der Gerichtsverhandlungen. Einschränkungen, die aufgrund der räumlichen Kapazität des Gerichts oder aus Sicherheitsgründen notwendig sind, sind zulässig und keine rechtfertigungsbedürftige Beschränkung des Öffentlichkeitsprinzips.

6   Art. 90 Satz 2 BV sieht Einschränkungen der Öffentlichkeit bei Gefährdung der Staatssicherheit oder der öffentlichen Sittlichkeit vor. Der Begriff der Staatssicherheit ist in der BV nicht normiert. Er meint Beeinträchtigungen des Bestandes des Freistaates und seiner Einrichtungen. Öffentliche Sittlichkeit meint die Sittengesetze, d. h. die Normen, die aufgrund überwiegender Auffassung für ein gedeihliches Zusammenleben unerlässlich sind, sofern sie einen Öffentlichkeitsbezug haben. Art. 90 Satz 2 BV gilt für den Ausschluss der Öffentlichkeit. Verfahrensmäßige Ausgestaltungen des Öffentlichkeitsgebotes, wie etwa eine Personenkontrolle oder eine Durchsuchung auf Waffen, stellen keinen Ausschluss dar und ist daher nicht an Art. 90 Satz 2 zu messen.

7   Nach der Rechtsprechung des VerfGH und nach der herrschenden Meinung ist die Einschränkung des Öffentlichkeitsgrundsatzes durch Satz 2 nicht abschließend. Art. 90 BV lässt danach auch weitere Einschränkungen der Öffentlichkeit zu, sofern sie schon zum Zeitpunkt der Verfassungsgebung statthaft gewesen sind. Der bayerische Verfassungsgesetzgeber hat danach die geltende Rechtslage nicht verändern wollen, sondern sie unbewusst als weitere Ausnahme in Art. 90 BV hineingelegt.[5]

8   Relevant wurde die Frage, weil das bayerische Polizeiaufgabengesetz bezüglich des gerichtlichen Verfahrens über die Überprüfung einer Ingewahrsamnahme auf das Gesetz über das gerichtliche Verfahren bei Freiheitsentziehungen verweist, das wiederum über einen Verweis auf das FGG keine öffentliche Verhandlung vorsieht. Nicht entschieden ist die Frage, ob die ungeschriebenen weiteren Ausnahmen von Art. 90 Satz 2 BV streng auf die Fälle beschränkt bleiben, die schon bei Erlass der BV existent waren. Die besseren Argumente dürften für die Annahme einer solchen restriktiven Auslegung sprechen.

---

[3] *Schweiger*, in: Nawiasky/Schweiger/Knöpfle, Art. 90, Rn. 1.
[4] *Meder*, Art. 90, Rn. 3; VerfGH 43, 107 ff.; s. a. *Schweiger*, in: Nawiasky/Schweiger/Knöpfle, Art. 90, Rn. 2.
[5] *Meder*, Art. 90, Rn. 2; VerfGH 5, 30 (39); VerfGH 43, 107 ff.

Art. 91 [Rechtliches Gehör; Verteidigung]

(1) Vor Gericht hat jedermann Anspruch auf rechtliches Gehör.
(2) Jeder wegen einer strafbaren Handlung Angeklagte kann sich eines Verteidigers bedienen.

Parallelvorschriften im GG und anderen Landesverfassungen: Bezogen auf Abs. 1: Art. 103 Abs. 1 GG; Art. 2 BaWüVerf; Art. 15 BerlVerf; Art. 52 BbgVerf; Art. 3 Abs. 2 NdsVerf.; Art. 4 Abs. 1 NRW Verf; Art. 6 Abs. 2 RhPfVerf; Art. 14 Abs. 3 SaarlVerf; Art. 78 Abs. 2 SächsVerf; Art. 21 Abs. 4 SachsAnhVerf; Art. 88 ThürVerf.
Bezogen auf Abs. 2: Art. 53 Abs. 4 BbgVerf; Art. 5 Abs. 4 BremVerf; Art. 20 Abs. 1 S. 2 HessVerf; Art. 14 Abs. 3 SaarlVerf.

Rechtsprechung: VerfGH 39, 96; 43, 139; 43, 148; 43, 156, 43, 170, 45, 9; 46, 80; 46, 273; 49, 67; 49, 74; 51, 49; 51, 67; 51, 119; 51, 160; 52, 96; 52, 167; 53, 123; 53, 162; 54, 13; 54, 85; 54, 95; 55, 174; 55, 182; VerfGH, Ents. v. 26. 4. 2002, Az: Vf.21-VI-01, BayVBl 2003, 184; VerfGH, Ents. v. 28. 4. 2003, Az: Vf.10-VI-02, BayVBl 2004, 700; VerfGH, Ents. v. 20. 5. 2003, Az: Vf.36-VI-02, BayVBl 2003, 685; VerfGH, Ents. v. 20. 8. 2003, Az: Vf.68-VI-01, BayVBl 2003, 748; VerfGH, Ents. v. 26. 8. 2003, Az: Vf.57-VI-02, BayVBl 2004, 123; VerfGH, Ents. v. 22. 9. 2003, Az: Vf.5-VI-03, BayVBl 2004, 16; VerfGH, Ents. v. 13. 11. 2003, Az: Vf.2-VI-02, BayVBl 2004, 440 f.; VerfGH, Ents. v. 8. 3. 2004, Az: Vf.24-VI-03, Vf.27-VI-03, BayVBl 2004, 748 f.; VerfGH, Ents. v. 10. 3. 2004, Az: Vf.30-VI-03, BayVBl 2005, 220 f.; VerfGH, Ents. v. 30. 3. 2004, Az: Vf.60-VI-02, BayVBl 2004, 493 f.; VerfGH, Ents. v. 14. 6. 2004, Az: Vf.20-VI-03, BayVBl 2005, 302; VerfGH, Ents. v. 19. 7. 2004 , Az: Vf.64-VI-03, BayVBl 2004, 690 f.; VerfGH, Ents. v. 26. 4. 2005, Az: Vf. 97-VI-04, BayVBl 2005, 721; VerfGH, Ents. v. 03. 5. 2005, Az: Vf. 53-VI-03, BayVBl 2005, 500; VerfGH, Ents. v. 01. 7. 2005, Az: Vf.10-VI-04, BayVBl 2006, 14; VerfGH, Ents. v. 15. 7. 2005, Az: Vf. 29-VI-04, BayVBl 2006, 480; VerfGH, Ents. v. 14. 9. 2005, Az: Vf. 1-VI-05, BayVBl 2006, 642; VerfGH, Ents. v. 15. 7. 2005, Az: Vf.120-VI-04, BayVBl 2005, 754 = NJW 2006, 283; VerfGH, Ents. v. 06. 10. 2005 , Az: Vf. 87-VI-03, BayVBl 2006, 106; VerfGH, Ents. v. 28. 11. 2005, Az: Vf. 130-VI-04, NJW-RR 2006, 997 = BayVBl 2006, 771; VerfGH, Ents. v. 06. 7. 2006, Az: Vf. 85-VI-04, BayVBl 2007, 123; VerfGH, Ents. v. 5. 12. 2006, Az: Vf. 103-VI-05, BayVBl 2007, 527.

Literatur: Deubner, Verletzung des Anspruchs auf rechtliches Gehör durch verspätetes Vorbringen, NJW 1990, 1655; *ders.,* Zurückweisung verspäteten Vorbringens und Anspruch auf rechtliches Gehör, JuS 1977, 583; *Dunz,* Zur Frage des rechtlichen Gehörs im Armenrechtsbewilligungsverfahren nach ZPO § 118 a, DÖV 1963, 107; *Faust,* Das rechtliche Gehör im Verfassungsrecht, VR 1978, 1; *Gravenhorst,* Rechtsschutz bei Verstößen gegen rechtliches Gehör, MDR 2003, 887; *Kirberger,* Verletzung des rechtlichen Gehörs bei fehlender Vertretung Prozeßunfähiger im Verfahren? Rpfleger 1976, 351; *Kley,* Fachgerichtliche Selbstkorrektur bei Verstößen gegen Recht auf rechtliches Gehör, DVBl 2003, 1160; *Meyer-Mews,* Rechtsschutzgarantie und rechtliches Gehör im Strafverfahren, NJW 2004, 716; *Spiecker,* Verletzung rechtlichen Gehörs in der Rechtsmittelinstanz, NVwZ 2003, 1464; *Zuck,* Rechtliches Gehör in Zivilprozessen – Die anwaltlichen Sorgfaltspflichten nach dem In-Kraft-Treten des Anhörungsrügengesetzes, NJW 2005, 1226.

I. Allgemeines

1. Bedeutung

1   Art. 91 BV normiert zwei Prozessgrundsätze. Das Recht auf rechtliches Gehör ist ein prozessuales „Muttergrundrecht", das ein verfahrensrechtliches, grundsätzlich unabdingbares Urrecht darstellt.[1] Der Anspruch auf rechtliches Gehör ergibt sich zutreffenderweise schon aus dem Rechtsstaatsprinzip des Art. 3 Satz 1 BV und aus dem Grundrecht der Menschenwürde (Art. 100 BV).[2] Das Grundrecht auf rechtliches Gehör wurde später in das Grundgesetz in Art. 103 Abs. 1 GG übernommen.

2   Der zweite prozessuale Grundsatz des Art. 91 BV, das Recht auf Verteidigung, ist nicht in das Grundgesetz übernommen worden, sondern ist in dem weiter gefassten § 137 StPO enthalten. Als prozessuales Grundrecht kennt ihn auch die EMRK.[3]

3   Eine in einem Prozess unterlegene Partei geht naturgemäß häufig davon aus, das Gericht hätte ihr nicht richtig zugehört. Oft denkt sie, dass bei ordnungsgemäßer Anhörung die für sie ungünstige Entscheidung gar nicht möglich gewesen wäre. Deshalb besitzt der Art. 91 BV eine sehr große praktische Bedeutung. Die Anzahl der verfassungsgerichtlichen Entscheidungen zu diesem Grundrecht ist unüberschaubar. Die Kommentierung muss sich daher auf die wichtigsten Grundzüge beschränken.

2. Entstehung

4   Die Normierung des heutigen Art. 91 BV war im Wesentlichen unbestritten. Beim Abs. 2 sprach der Entwurf noch von einem „rechtsgelehrten" Verteidiger. Allerdings waren ursprünglich vier weitere Absätze vorgesehen gewesen (Art. 56 VE)[4]. Die Regelung über den Grundsatz „nulla poena sine lege" war als Abs. 3 gedacht, wurde jedoch später ein eigenes Grundrecht (Art. 101 Abs. 1 BV). Drei weitere Absätze sind im Laufe des Gesetzgebungsverfahrens endgültig entfallen. Sie wurden im VVA gestrichen. Dies betraf die Regelung, nach der niemand ohne seine Zustimmung in Abwesenheit zu einer Strafe verurteilt werden durfte, sowie das Verbot der analogen Anwendung von Strafgesetzen und schließlich das Auslieferungsverbot eines Bayern an einen anderen Staat.

3. Verhältnis zum Grundgesetz

5   Art. 91 Abs. 1 BV enthält eine Regelung, die wortgleich in Art. 103 Abs. 1 GG normiert ist. Es stellt sich daher die Frage, ob die bundesverfassungsrechtliche Normierung den Art. 91 Abs. 1 BV verdrängt. Art. 142 GG ist zwar nicht vom Normtext unmittelbar anwendbar, da Art. 103 Abs. 1 GG kein Grundrecht im formalen Sinne des Grundgesetzes ist, jedoch besteht an der analogen Anwendung dieser Vorschrift auf die Prozessgrundrechte kein Zweifel.[5] Er gilt demnach weiter.

6   Von großer praktischer Bedeutung ist die Frage, ob Art. 91 BV auch bei bundesrechtlich geregelten Verfahren Anwendung findet, sofern diese vor bayerischen Gerichten stattfinden. Die Frage ist im Rahmen einer Grundsatzentscheidung des BVerfG vom 15. 10. 1997 weitgehend geklärt.[6] Danach verbleibt dem Richter eines Landes auch bei der Durchführung eines bundesrechtlich geregelten Verfahrens Raum für die Anwendung der parallel mit den Grundrechten des Grundgesetzes verbürgten inhaltsgleichen Grundrechte der Landesverfassung. Inhaltsgleich – und damit zulässiger Prüfungsmaßstab für das Landes-

---

[1] BVerfGE 55, 1 (6).

[2] *Schweiger,* in: Nawiasky/Schweiger/Knöpfle, Art. 91, Rn. 3; *Paptistella,* in: Praxis der Kommunalverwaltung Bayern, Art. 91.

[3] Art. 6 Abs. 3 c) EMRK.

[4] *Schweiger,* in: Nawiasky/Schweiger/Knöpfle, Art. 91, Rn. 1.

[5] *Meder,* Art. 91, Rn. 1; *Paptistella,* Praxis der Kommunalverwaltung Bayern, Art. 91; *Schweiger,* in: Nawiasky/Schweiger/Knöpfle, Art. 91, Rn. 2.

[6] BVerfGE 96, 345 ff.

verfassungsgericht – ist das entsprechende Landesgrundrecht nach der Rechtsprechung des Bundesverfassungsgericht insoweit nur, wenn es in dem entscheidenden Fall zu demselben Ergebnis wie das Grundgesetz führt. Nur in den Fällen, in denen die Anwendung des Art. 103 Abs. 1 GG zu dem gleichen Ergebnis wie die Anwendung des Art. 91 BV führt, kann die Verletzung des Art. 91 BV bei der Anwendung von bundesrechtlichen Verfahren gerügt werden. § 31 BVerfGG und Art. 100 Abs. 3 GG gewährleisten, dass die Ergebnisse gleich sind. Außerdem muss vorher der von den Verfahrensordnungen des Bundes eröffnete Rechtsweg ausgeschöpft sein. Die in der Literatur vor der Grundsatzentscheidung vertretene weite Auffassung[7] ist mittlerweile überholt.

II. Einzelkommentierung

1. Persönlicher Schutzbereich des Rechts auf rechtliches Gehör

a) Jedermann. Das rechtliche Gehör steht jedermann zu. Der Begriff „jedermann" ist 7 weit zu verstehen. Es gehören alle natürlichen Personen dazu, auch Minderjährige[8] und Ausländer.[9] Für Ausländer folgt aus dem Recht auf rechtliches Gehör aber kein Anspruch auf Zustellung und Belehrung in ihrer Muttersprache.[10] Für Minderjährige wird das Recht von ihren gesetzlichen Vertretern ausgeübt.[11] Bei der Unterbringung sind zum Schutze des Anstaltspersonals oder des Untergebrachten Ausnahmen von der strengen Wahrung des rechtlichen Gehörs möglich.[12] Das Grundrecht steht auch Personengesamtheiten zu, denen ein Recht, das auch gerichtlich geltend zu machen ist, zugewiesen ist.[13] Auch juristische Personen des öffentlichen Rechts können Träger des Grundrechts sein, so auch Gemeinden.[14] Prozessunfähige müssen sich vertreten lassen.[15] Keine persönliche Anhörung ist notwendig, wenn die Verständigung mit dem Betroffenen nicht möglich ist oder ihm in seinem Gesundheitszustand erhebliche Nachteile brächte.[16]

b) Formell oder materiell Betroffene: Träger des Grundrechts auf rechtliches Gehör 8 ist aber nur derjenige, der formell oder materiell durch das Gerichtsverfahren betroffen ist. Formell betroffen ist jeder, der Verfahrensbeteiligter ist, unabhängig davon, ob Haupt- oder ein Nebenbeteiligter. Erfasst werden z. B. Kläger, Beklagter, Nebenintervenient, Beigeladener, Antragsteller, Antragsgegner, Beschuldigter, Angeschuldigter, Angeklagter, Ankläger, Privatkläger[17] Nebenkläger. Förmlich Beteiligte können sich auf das Grundrecht berufen.[18] Nicht erfasst werden allerdings Zeugen und Sachverständige. Das Grundrecht greift zudem für die materiell Beteiligten. Das sind diejenigen, die zwar am Verfahren nicht förmlich beteiligt sind, die aber durch die Entscheidung materiell betroffen werden.[19] Materiell werden sie betroffen, wenn die Entscheidung sich rechtlich auf sie auswirkt. Eine mittelbare Betroffenheit genügt dagegen nicht.[20]

---

[7] *Meder*, Art. 91, Rn. 1; *Schweiger*, in: Nawiasky/Schweiger/Knöpfle, Art. 91, Rn. 2.

[8] *Paptistella*, Praxis der Kommunalverwaltung Bayern, Art. 91.

[9] *Paptistella*, Praxis der Kommunalverwaltung Bayern, Art. 91; *Meder*, Art. 91, Rn. 1.

[10] *Meder*, Art. 91, Rn. 1; BayObLG BayVBl 1997, 241.

[11] *Schweiger*, in: Nawiasky/Schweiger/Knöpfle, Art. 91, Rn. 3 a.

[12] VerfGH 27, 87 (90); VerfGH 34, 162; *Schweiger*, in: Nawiasky/Schweiger/Knöpfle, Art. 91, Rn. 3 a.

[13] *Schweiger*, in: Nawiasky/Schweiger/Knöpfle, Art. 91, Rn. 3 a.

[14] *Paptistella*, Praxis der Kommunalverwaltung Bayern, Art. 91; *Knemeyer*, BayVBl 1988, 129 ff.

[15] VerfGH 27, 109.

[16] VerfGH 27, 87; *Meder*, Art. 91, Rn. 1.

[17] VerfGH 10, 1 (3).

[18] *Paptistella*, Praxis der Kommunalverwaltung Bayern, Art. 91; VerfGH 9, 123.

[19] *Schweiger*, in: Nawiasky/Schweiger/Knöpfle, Art. 91, Rn. 3 a; *Meder*, Art. 91, Rn. 1.

[20] *Meder*, Art. 91, Rn. 1.

2. Sachlicher Schutzbereich des Rechts auf rechtliches Gehör

9 **a) Betroffene Verfahren.** Das rechtliche Gehör gem. Art. 91 BV gilt nur bei Verfahren vor Gerichten. Im Verwaltungsverfahren greift es nicht unmittelbar.[21] Gericht i. S. v. Art. 91 Abs. 1 BV sind nur staatliche Gerichte, nicht daher die Kirchengerichte und auch nicht die Verfahren vor einem Untersuchungsausschuss des Landtages.[22] Die Anwendung auf schiedsgerichtliche Verfahren oder die Schiedsgerichte nach §§ 1025 ff. ZPO ist umstritten.[23] Auch nicht erfasst ist das Verfahren vor den Staatsanwaltschaften.[24]

10 Zu den gerichtlichen Verfahren gehören alle Verfahrensabschnitte und alle Verfahrensarten, daher neben den Hauptsacheverfahren auch die Eilverfahren, die Haftverfahren,[25] die Durchsuchungs- und Beschlagnahmeverfahren[26] sowie die Vollstreckungs- und Vollzugsverfahren.

11 Art. 91 BV gilt auch vor dem Bayerischen Verfassungsgerichtshof.[27] Auch folgende Verfahren werden erfasst: Prozesskostenhilfeverfahren,[28] Normenkontrollverfahren gem. § 47 VwGO.[29]

12 Nicht erfasst werden die Verfahren zur Feststellung der Zeugen- und Sachverständigengebühren[30] und das Verwaltungsverfahren.[31] Allerdings folgt aus dem Rechtsstaatsprinzip, dass dem Betroffenen bei Eingriffsakten im Verwaltungsverfahren grundsätzlich vor der Maßnahme Gehör einzuräumen ist.[32]

13 **b) Recht auf Äußerung.** Art. 91 Abs. 1 BV untersagt es dem Gericht, seiner Entscheidung Tatsachen oder Beweisergebnisse zugrunde zu legen, zu denen die Beteiligten nicht Stellung nehmen konnten.[33] Das Grundrecht gewährt den Betroffenen eine Mindestgarantie des Inhalts, dass eine Entscheidung nicht getroffen werden darf, ohne dass sie vorher gehört worden sind.[34] Der Anspruch besteht unabhängig davon, ob im gerichtlichen Verfahren die Verhandlungs- oder die Untersuchungsmaxime gilt.[35]

14 Anhörung bedeutet „ausreden lassen". Eine Beschränkung auf den jeweiligen prozessualen Gegenstand ist immanente Schranke des rechtlichen Gehörs.[36]

15 Art. 91 BV gibt kein Recht auf möglichst weitgehendes rechtliches Gehör. Er soll verfassungsunmittelbar nur einen Mindestgehalt gewähren. Das Recht auf rechtliches Gehör ist dabei zunächst nach Maßgabe des einschlägigen Prozessrechts[37] garantiert. Soweit die Vorschriften des einfachen Prozessrechts das unmittelbare Gehör nicht ausreichend sichern, muss das Gehör unmittelbar aufgrund der verfassungsrechtlichen Garantie eingeräumt werden.[38] Die Mindestgarantie geht dahin, dass eine Entscheidung nicht getroffen werden darf, ohne dass die Betroffenen oder Beteiligten vorher gehört worden sind.[39] Eine allgemeine Verpflichtung, das Gehör der Betroffenen so frühzeitig wie möglich zu

---

[21] VerfGH 54, 95 ff.; *Schweiger,* in: Nawiasky/Schweiger/Knöpfle, Art. 91, Rn. 3.

[22] VerfGH 1, 34 (38); VerfGH 5, 216 (219); VerfGH 14, 4 (16).

[23] S. *Meder,* Art. 91, Rn. 2; BGH NJW 1983, 867.

[24] *Schweiger,* in: Nawiasky/Schweiger/Knöpfle, Art. 91, Rn. 3.

[25] BVerfGE 9, 89 (98 u. 106).

[26] BVerfGE 18, 399 (404).

[27] *Meder,* Art. 91, Rn. 1.

[28] VerfGH 15, 8.

[29] VerfGH 36, 113.

[30] VerfGH 26, 115.

[31] VerfGH 18, 140 (152); *Meder,* Art. 91, Rn. 2.

[32] VerfGH 25, 143; VerfGH 29, 38 (42); *Meder,* Art. 91, Rn. 2.

[33] VerfGH 9, 123 (126); VerfGH 13, 191; VerfGH 19, 30 (31 f.); *Meder,* Art. 91, Rn. 3.

[34] VerfGH 11, 190 (195).

[35] VerfGH 17, 44; *Schweiger,* in: Nawiasky/Schweiger/Knöpfle, Art. 91, Rn. 3 b.

[36] *Schweiger,* in: Nawiasky/Schweiger/Knöpfle, Art. 91, Rn. 3 b.

[37] VerfGH 17, 44 f.

[38] VerfGH 17, 44; VerfGH 36, 113 (118); *Meder,* Art. 91, Rn. 1.

[39] *Meder,* Art. 91, Rn. 3; VerfGH 11, 190 (195).

gewähren, ist dem Grundrecht nicht zu entnehmen.[40] Eine über die Mindestgarantie hinausgehende Einhaltung einfachen prozessualen oder materiellen Rechts gibt das Grundrecht nicht.[41]

Das rechtliche Gehör ist auch im Verfahren ohne mündliche Verhandlung zu erfüllen.[42] Schwierigkeiten kann die Bestimmung des Zeitraums bereiten, bis zu dem bei schriftlichen Verfahren Vorbringen der Beteiligten berücksichtigt werden müssen. Die überwiegende Meinung geht davon aus, dass das Vorbringen der Beteiligten bis zur Herausgabe der Entscheidung durch die Geschäftsstelle zur Zustellung zu berücksichtigen ist.[43] **16**

Das Recht auf rechtliches Gehör muss entweder dem Beteiligten selbst oder seinem Anwalt gewährt werden.[44] Ist der Verfahrensbeteiligte vertreten, verlangt Art. 91 Abs. 1 BV nicht die Anhörung des Betroffenen in eigener Person.[45] Äußert sich der Anwalt nicht, muss der Beteiligte nicht unbedingt angehört werden.[46] Ist der Pflichtverteidiger ungeeignet, kann das Grundrecht seine Auswechslung gebieten. Die Zurückweisung von Rechtsanwälten, die das Standesrecht nicht einhalten, stellt keine Verletzung des rechtlichen Gehörs dar.[47] Art. 91 Abs. 1 BV gewährt auch kein Recht auf die Vertretung durch einen Anwalt.[48] Der Anspruch aus Art. 91 Abs. 1 BV ist nicht auf persönliche Anhörung gerichtet. Er ist auch nicht auf sofortige Anhörung gerichtet.[49] **17**

Die Sicherung gefährdeter Interessen kann ggf. ausnahmsweise eine sofortige gerichtliche Entscheidung ohne vorherige Anhörung erforderlich machen.[50] Dies gilt vor allem im Bereich des vorläufigen Rechtsschutzes und im Bereich der echten Richtervorbehalte. Endgültige richterliche Entscheidungen dürfen nicht ohne Gewährung des rechtlichen Gehörs ergehen. Ergeht die Entscheidung zulässigerweise ohne Einhaltung des rechtlichen Gehörs, ist dieses möglichst bald nachzuholen. **18**

Einen Anspruch auf ein bestimmtes Verfahren garantiert das Grundrecht nicht.[51] Art. 91 Abs. 1 BV vermittelt kein Recht auf eine mündliche Verhandlung oder auf eine Beweisaufnahme in Gegenwart der Beteiligten.[52] Die Versagung der Prozesskostenhilfe aus sachlichem Grund ist kein Verstoß gegen das Recht auf rechtliches Gehör.[53] **19**

c) Erfordernis der Kenntnisgabe. Die Beteiligten können sich nur zu solchen Tatsachen und Beweismitteln äußern, die sie kennen. Daher verlangt der Anspruch auf rechtliches Gehör, dass das Gericht die Tatsachen, die von der anderen Prozessseite vorgebracht werden, oder Beweisanträge, die gestellt werden, den Verfahrensbeteiligten bekannt gibt. Das Gericht darf seiner Entscheidung keine Tatsachen und Beweisergebnisse zugrunde legen, zu denen die Beteiligten nicht Stellung nehmen konnten.[54] Auch sonstige Tatsachen, die das Gericht seiner Entscheidung zugrunde legen will, muss es vorher den Verfah- **20**

---

[40] *Meder,* Art. 91, Rn. 9; VerfGH 16, 10 (12).

[41] VerfGH 11, 190 (195); VerfGH 28, 70 (72); VerfGH 32, 116 (117); VerfGH 40, 132 (135 f.); *Meder,* Art. 91, Rn. 6; *Schweiger,* in: Nawiasky/Schweiger/Knöpfle, Art. 91, Rn. 3 g.

[42] VerfGH 37, 97; VerfGH 54, 95 ff.; *Meder,* Art. 91, Rn. 8; *Schweiger,* in: Nawiasky/Schweiger/Knöpfle, Art. 91, Rn. 3 b.

[43] VerfGH 31, 235 (237 f.); VerfGH 16, 1 (5); *Schweiger,* in: Nawiasky/Schweiger/Knöpfle, Art. 91, Rn. 3 b; *Meder,* Art. 91, Rn. 8.

[44] *Schweiger,* in: Nawiasky/Schweiger/Knöpfle, Art. 91, Rn. 3 g.

[45] VerfGH 23, 177; *Meder,* Art. 91, Rn. 10.

[46] VerfGH 14, 47 f.

[47] BVerfGE 14, 195; *Meder,* Art. 91, Rn. 24.

[48] *Meder,* Art. 91, Rn. 10.

[49] VerfGH 16, 10 (12).

[50] VerfGH 32, 153 (155); VerfGH 34, 162 (168 ff.); *Meder,* Art. 91, Rn. 13.

[51] VerfGH 23, 143 (148); *Meder,* Art. 91, Rn. 10.

[52] VerfGH 28, 70; VerfGH 42, 28 (33); *Meder,* Art. 91, Rn. 10.

[53] *Meder,* Art. 91, Rn. 24.

[54] VerfGH 38, 47 (49); *Schweiger,* in: Nawiasky/Schweiger/Knöpfle, Art. 91, Rn. 3 b; *Paptistella,* Praxis der Kommunalverwaltung Bayern, Art. 91; VerfGH 9, 123.

rensbeteiligten mitteilen, um ihnen so Gelegenheit zur Äußerung zu vermitteln. Nicht offenbaren muss das Gericht allgemeine Erfahrungssätze und offenkundige Tatsachen.[55]

21   Offenbart werden müssen insbesondere gerichtskundige Tatsachen, Tatsachen aus vorausgehenden Verfahren mit anderen Beteiligten, auf die sich das Gericht stützen will, ebenso dienstliche Stellungnahmen eines abgelehnten Richters, weiter beigezogene Akten, auch sog. Spurenakten.[56]

22   Ein Recht auf Akteneinsicht in der Anwaltspraxis vermittelt Art. 91 BV ebenso wenig[57] wie auf Auskunft über Behördeninformanden.[58] Die Verweigerung der Preisgabe des Namens eines Vertrauensmannes der Fahndungsbehörde verstößt nicht gegen Art. 91 Abs. 1 BV.[59] Zu den Tatsachen, zu denen die Beteiligten Gelegenheit zur Äußerung erhalten müssen, gehören auch rechtserhebliche Verfahrenstatsachen.[60]

23   Wie die Kenntnisgabe zu vollziehen ist, hängt von dem konkreten Verfahren ab. Die Tatsachen können in der mündlichen Verhandlung oder durch Zustellung bekannt gegeben werden. Die Zustellung muss der Bedeutung des rechtlichen Gehörs gerecht werden. Erreicht ein zugestelltes Schriftstück den Verfahrensbeteiligten nicht, liegt darin kein Verstoß gegen rechtliches Gehör, wenn die Zustellungsvorschriften selbst verfassungsgemäß sind und eingehalten wurden.[61] Eine Vermutung dafür, dass Schriftstücke, die formlos an die Beteiligten übersandt wurden, diesen auch zugegangen sind, besteht nicht.[62] Das Gericht ist für die Gewährung des rechtlichen Gehörs verantwortlich. Auf ein Verschulden des Gerichts kommt es für die Verletzung nicht an.[63]

24   **d) Gelegenheit zur Äußerung.** Der Anspruch auf rechtliches Gehör verlangt, dass die Beteiligten Gelegenheit zur Äußerung haben. Ob die Beteiligten von dieser Gelegenheit Gebrauch machen, ist allein ihnen überlassen. Es genügt dem Grundrecht, wenn sie Gelegenheit dazu hatten. Geht einer Partei eine Terminverlegung nicht zu und hätte sie an dem deshalb versäumten Termin noch etwas vortragen wollen, ist Art. 91 BV verletzt.[64]

25   *aa) Fristfragen.* Gibt das jeweils einschlägige Verfahrensrecht den Gerichten die Gelegenheit oder die Pflicht auf, für die Abgabe von Erklärungen oder Prozesshandlungen Fristen zu bestimmen, muss die richterlich gesetzte Frist ausreichend bemessen sein.[65] Welche Zeitspanne angemessen ist, richtet sich nach den Umständen des einzelnen Falles.[66] Nach Ablauf der Frist muss das Gericht mit seiner Entscheidung nicht mehr warten.[67] Die Frist ist allerdings abzuwarten.[68] War die Frist so knapp bemessen, dass man sie nicht einhalten konnte, ist dem Antrag des Verfahrensbeteiligten auf Verlängerung stattzugeben.[69] Auch ohne förmliche Fristsetzung kann das Gericht zum Abwarten verpflichtet sein. So etwa dann, wenn sich ein Verfahrensbeteiligter bei Einlegung einer Beschwerde oder bei Stellung des Antrags auf Zurückweisung einer Beschwerde der Gegenseite vorbehält, eine Begründung nachzureichen.[70]

---

[55] *Meder,* Art. 91, Rn. 3.

[56] *Meder,* Art. 91, Rn. 24; VerfGH 30, 140.

[57] VerfGH 13, 80.

[58] VerfGH 35, 53; *Meder,* Art. 91, Rn. 24.

[59] VerfGH 29, 390; *Meder,* Art. 91, Rn. 24.

[60] VerfGH 15, 38 (39).

[61] *Schweiger,* in: Nawiasky/Schweiger/Knöpfle, Art. 91, Rn. 3 c; VerfGH 34, 154 (157); BVerfGE 35, 73 (76).

[62] BVerfGE 42, 243 (246).

[63] *Meder,* Art. 91, Rn. 3; VerfGH 13, 191.

[64] VerfGH 54, 25 ff.

[65] VerfGH 41, 39 (42 f.); *Schweiger,* in: Nawiasky/Schweiger/Knöpfle, Art. 91, Rn. 3 c.

[66] VerfGH 17, 13; *Meder,* Art. 91, Rn. 7.

[67] VerfGH 33, 101.

[68] VerfGH 18, 8.

[69] VerfGH 15, 41 (46).

[70] VerfGH, Ents. v. 1. 7. 2005, Az: Vf.10-VI-04, BayVBl 2006, 14 f.

Der Beteiligte muss seinen Antrag innerhalb der angemessenen Frist stellen und sich 26
ggf. erkundigen, ob ihm stattgegeben wurde.[71] Fristgerecht nachgereichte Schriftsätze
sind zu berücksichtigen. Nicht fristgerecht nachgereichte Schriftsätze und Äußerungen
sind auch zu berücksichtigen, sofern dies den Verfahrensablauf nicht verzögert und es sich
bei der verletzten Frist nicht um eine Ausschlussfrist handelt.

bb) Präklusion. Der Anspruch auf rechtliches Gehör steht angemessenen Präklusions- 27
vorschriften nicht entgegen.[72] Allerdings muss die Auslegung und Anwendung der Präklusionsvorschriften der Bedeutung und Tragweite des Anspruchs auf rechtliches Gehör
gerecht werden. Angesichts des Ausnahmecharakters der Präklusionsvorschriften geht die
Überprüfung über eine bloße Willkürkontrolle hinaus.[73] Die Zurückweisung eines Vorbringens als verspätet verletzt dann den Anspruch auf rechtliches Gehör, wenn die Präklusion die Folge einer Verfahrensverzögerung ist, die auf einer unzureichenden Verfahrens-
leitung des Gerichts beruht.[74] Gleiches gilt, wenn ein Vorbringen durch die Fachgerichte in
nicht mehr vertretbarer Auslegung und Anwendung formeller Präklusionsvorschriften
zurückgewiesen wird.[75]

cc) Keine Befreiung von Formerfordernissen. Die Gerichte müssen Äußerungen der Betei- 28
ligten nicht beachten, sofern sie nicht den sachlich angemessenen Anforderungen des
jeweiligen Verfahrensrechts genügen. Die Verwerfung einer Berufung, die den einschlägigen Formvorschriften nicht genügt, ist keine Verletzung des rechtlichen Gehörs.[76] Auch
die allgemeinen Strafvorschriften können Formerfordernisse in diesem Sinne begründen;
so ist etwa eine Antragsschrift, die grobe Verunglimpfungen enthält, nicht unbedingt zu
beachten.[77]

dd) Pflicht der Beteiligten, alle Gelegenheiten zur Gehörverschaffung zu nutzen. Die Beteiligten 29
sind verpflichtet, alle prozessualen und tatsächlichen Möglichkeiten, d.h. alle ihnen zur
Verfügung stehenden förmlichen und nichtförmlichen Rechtsbehelfe, auszuschöpfen, um
sich Gehör zu verschaffen.[78] Das gilt in allen Instanzen, auch in Berufungsinstanzen.[79] Sie
müssen ihre Rügen hinreichend substantiieren.[80] Im Zusammenhang mit Wiedereinset-
zungsentscheidungen dürfen die Anforderungen daran, was ein Betroffener zur Wahrung
seines Anspruchs zu tun hat, allerdings nicht überspannt werden.[81]

Einzelheiten: Erteilt das Gericht in der mündlichen Verhandlung einen Hinweis auf 30
einen von den Parteien bisher übersehenen rechtlichen Gesichtspunkt und beantragt der
Beschwerdeführer hierzu keine Schriftsatzfrist nach § 139 Abs. 5 ZPO, so kann er sich im
Verfahren der Verfassungsbeschwerde nicht darauf berufen, sein Grundrecht auf rechtliches Gehör sei verletzt, weil der rechtliche Hinweis erst in der mündlichen Verhandlung
und nicht bereits vorher gegeben wurde.[82]

ee) Anspruch auf Rechtsäußerungen. Der Anspruch erfasst nicht nur das Recht, sich zu den 31
Tatsachen, Beweisanträgen und einbezogenen Verfahren zu äußern, sondern erstreckt sich

---

[71] VerfGH 16, 1; *Meder,* Art. 91, Rn. 7.
[72] *Meder,* Art. 91, Rn. 14.
[73] VerfGH 41, 27 (30); VerfGH 41, 39 (42); VerfGH 42, 122 (145); VerfGH 44, 140 (146); *Schweiger,*
in: Nawiasky/Schweiger/Knöpfle, Art. 91, Rn. 3 c.
[74] *Paptistella,* Praxis der Kommunalverwaltung Bayern, Art. 91.
[75] VerfGH 44, 140 (145); VerfGH 50, 151 (153); VerfGH 53, 123 ff.
[76] VerfGH 39, 42 (46); *Schweiger,* in: Nawiasky/Schweiger/Knöpfle, Art. 91, Rn. 3 c.
[77] *Meder,* Art. 91, Rn. 4 a.
[78] VerfGH 36, 75 (76); VerfGH 37, 79 (83); VerfGH 44, 140 (148); *Meder,* Art. 91, Rn. 15.
[79] VerfGH 32, 13 (17).
[80] Zur Substantiierungspflicht bei § 33 a StPO s. VerfGH 36, 44; VerfGH 39, 82 (84); *Schweiger,* in:
Nawiasky/Schweiger/Knöpfle, Art. 91, Rn. 3 d.
[81] VerfGH 37, 48; VerfGH 37, 135; *Schweiger,* in: Nawiasky/Schweiger/Knöpfle, Art. 91, Rn. 3 d;
Meder, Art. 91, Rn. 24.
[82] VerfGH, Ents. v. 28. 11. 2005, Az: Vf.130-VI-04, NJW-RR 2006, 997 = BayVBl 2006, 771.

auf die Kundgabe von Rechtsmeinungen.[83] Daher gilt der Anspruch auf rechtliches Gehör auch in der Revisionsinstanz.[84] Aus dem Umstand, dass die Verfahrensbeteiligten sich mit Rechtsmeinungen äußern dürfen, folgt jedoch nicht, dass das Gericht verpflichtet wäre, ein Rechtsgespräch mit dem Beteiligten zu führen.[85] Die Beteiligten haben auch keinen Anspruch, vom Gericht auf eine bereits länger zurückliegende Änderung der höchstrichterlichen Rechtsprechung hingewiesen zu werden.[86]

32   Der VerfGH ist der Auffassung, die Gerichte seien nicht verpflichtet, die Rechtsäußerungen, die eine Partei aufgrund des rechtlichen Gehörs vorträgt, der anderen Partei wiederum zur Stellungnahme zuzuleiten.[87] Diese Ansicht ist inkonsequent. Wenn man zutreffenderweise davon ausgeht, dass auch Rechtsäußerungen von Art. 91 Abs. 1 BV erfasst werden, sind diese dann auch der anderen Partei zuzuleiten.

33   **e) Angemessener Zugang zum Rechtsschutzverfahren überhaupt.** Eine Verletzung des Grundrechts auf rechtliches Gehör ist auch möglich, wenn den Beteiligten der Zugang zum Gericht selbst in unzumutbarerweise erschwert wird.[88] Dies ist der Fall, wenn der Zugang zum Gericht aus Gründen, die sachlich nicht gerechtfertigt sind, erschwert wird. Dies kann dadurch der Fall sein, dass die einschlägigen Verfahrensbestimmungen falsch oder unnötig restriktiv ausgelegt werden.[89] So ist eine offensichtlich fehlerhafte Berechnung der Rechtsbehelfsfristen eine Verletzung des rechtlichen Gehörs.[90] Auch übertriebene Anforderungen an eine leserliche Unterzeichnung von Schriftsätzen sind hierzu zu zählen.[91] Die unzumutbare Erschwerung der Erreichung der nächsten Instanz kann ebenfalls eine Verletzung des rechtlichen Gehörs darstellen.[92]

34   **f) Kenntnisnahme.** *aa) Allgemein.* Der Anspruch aus Art. 91 Abs. 1 BV erschöpft sich nicht in einem Abwehrrecht des Betroffenen dahingehend, dass die Sache entschieden wird, bevor er sich hat äußern können. Das Grundrecht gewährleistet auch, dass mündliches und schriftliches Vorbringen der Beteiligten zur Kenntnis genommen wird und ersichtlich bei der Entscheidung in Erwägung gezogen wird,[93] soweit es nach den Prozessvorschriften nicht ausnahmsweise unberücksichtigt bleiben muss oder kann.[94]

35   Es ist eine Verletzung rechtlichen Gehörs, wenn Beweisanträge oder sonstige Anträge außer Betracht gelassen werden, ohne dass das Verfahrensrecht dies gestattet.[95] Das Zurückgreifen auf einen vor der mündlichen Verhandlung vorbereiteten Text ist zulässig, sofern das Gericht bereit ist, ggf. notwendige Änderungen, die sich im Verlauf der mündlichen Verhandlung ergeben, zu berücksichtigen.[96] Äußerungen der Beteiligten, die sich auf materiell Unbedeutsames oder auf Prozessuales außerhalb des Streitgegenstandes Liegendes beziehen, muss das Gericht nicht in die Erwägungen einbeziehen.

---

[83] *Schweiger,* in: Nawiasky/Schweiger/Knöpfle, Art. 91, Rn. 3 f.

[84] VerfGH 11, 190 (194).

[85] *Schweiger,* in: Nawiasky/Schweiger/Knöpfle, Art. 91, Rn. 3 f; VerfGH 13, 24 (26); VerfGH 37, 79 (82).

[86] VerfGH, Ents. v. 22. 9. 2003, Az: Vf.5–VI–03, BayVBl 2004, 16.

[87] VerfGH 15, 38 (39); *Meder,* Art. 91, Rn. 4.

[88] VerfGH 51, 144 (147).

[89] *Paptistella,* Praxis der Kommunalverwaltung Bayern, Art. 91; VerfGH 28, 14 (24); *Meder,* Art. 91, Rn. 4 a.

[90] VerfGH 26, 127 (135); VerfGH 34, 154 (155).

[91] VerfGH 28, 135.

[92] *Meder,* Art. 91, Rn. 4 a.

[93] VerfGH 16, 7 (13); VerfGH 16, 1 (5); VerfGH 17, 13 (14); VerfGH 19, 30 (32); VerfGH 27, 35 (41); VerfGH 41, 78 (80); *Meder,* Art. 91, Rn. 5.

[94] VerfGH 50, 60 (62).

[95] VerfGH 40, 27 (28); VerfGH 41, 78 (80); VerfGH 42, 65 (70).

[96] Vgl. VerfGH 42, 94 (97); VerfGH 54, 13 ff.; *Meder,* Art. 91, Rn. 5; *Paptistella,* Praxis der Kommunalverwaltung Bayern, Art. 91; *Schweiger,* in: Nawiasky/Schweiger/Knöpfle, Art. 91, Rn. 3 b.

Die Rechtsprechung arbeitet hinsichtlich der Frage, ob das Gericht die Erwägungen **36** zur Kenntnis genommen hat, mit folgender Vermutungsregel: Hat das Gericht die Äußerungen der Beteiligten entgegengenommen, so spricht eine Vermutung dafür, dass es diese bei seiner Entscheidung auch in die Erwägung einbezogen hat.[97] Eine Verletzung des rechtlichen Gehörs liegt nach der ständigen Rechtsprechung nur dann vor, wenn sich aus den besonderen Umständen des konkreten Falles klar und eindeutig ergibt, dass das Gericht ein tatsächliches Vorbringen eines Beteiligten entweder überhaupt nicht zur Kenntnis genommen hat oder bei seiner Entscheidung ersichtlich nicht in die Erwägung mit einbezogen hat.[98] Die bloße Möglichkeit eines solchen Verstoßes genügt nicht.[99]

Das Gericht muss die Äußerungen der Beteiligten in die Erwägung einbeziehen, es **37** muss ihnen in der Sache aber nicht folgen.[100] Hat sich der Beteiligte äußern können und hat das Gericht diese Äußerung in seine Entscheidungsfindung einbezogen, so scheidet ein Verstoß gegen Art. 91 Abs. 1 BV aus.[101] Bezieht das Gericht die Überlegungen und den Vortrag der Beteiligten ein und folgt es ihnen nicht, ist Art. 91 BV selbst dann nicht verletzt, wenn das materielle Recht für den Beteiligten gesprochen hätte. Es liegt dann eine Verletzung des materiellen Rechts, nicht aber eine Verletzung des Art. 91 Abs. 1 BV vor.[102]

bb) Kenntnisnahme von Beweisanträgen. Für Beweisanträge gilt strukturell das Gleiche wie **38** bei sonstigen Tatsachenvorträgen: Sind Beweisanträge oder auch andere Anträge rechtzeitig und prozessual korrekt gestellt, so müssen sie zur Kenntnis genommen werden. Sie dürfen nicht außerhalb der richterlichen Erwägung bleiben. Werden sie zur Kenntnis genommen und abgelehnt, so kann evtl. einfaches Prozessrecht verletzt sein, u. U. auch das Willkürverbot des Art. 101 Abs. 1 BV i. V. m. dem einfachen Prozessrecht; grundsätzlich liegt darin aber keine Missachtung des Grundrechts auf rechtliches Gehör.[103] Dieser Grundsatz gilt aber zumindest dann nicht, wenn es sich um einen leichtfertigen Umgang mit dem Prozessrecht handelt.[104] Die Ablehnung eines Beweisantrags verstößt gegen Art. 91 Abs. 1 BV, wenn das Gericht das einfach-rechtliche Prozessrecht hierbei in einer Weise auslegt und handhabt, die unter Berücksichtigung des Anspruchs auf rechtliches Gehör unvertretbar ist.[105] Gleiches muss für die Ablehnung von entscheidungserheblichen Beweisanträgen gelten. Daher wäre ein Verstoß gegen Art. 91 Abs. 1 BV anzunehmen, wenn ein Beweisantrag abgelehnt wird, dessen Erheblichkeit anzunehmen war.[106]

Einen Anspruch einer Partei auf Anwesenheit bei einem Beweistermin vermittelt **39** Art. 91 BV nicht.[107] In der Berufungsinstanz ist eine erneute Einvernahme der in der Vorinstanz vernommenen Zeugen wegen des rechtlichen Gehörs nicht unbedingt erforderlich.[108]

cc) Keine Ermittlungspflicht. Aus Art. 91 Abs. 1 BV folgt keine allgemeine Aufklärungs- **40** pflicht des Gerichts.[109] Die Feststellung des Sachverhalts und die rechtliche Würdigung des

---

[97] VerfGH 20, 60 (61); VerfGH 29, 98 (101); VerfGH 41, 78 (81); VerfGH 50, 60 (62); VerfGH 54, 85 ff.; *Schweiger,* in: Nawiasky/Schweiger/Knöpfle, Art. 91, Rn. 3 b; *Meder,* Art. 91, Rn. 5.

[98] VerfGH 38, 47 (49); VerfGH 43, 148 (152); VerfGH 50, 60 (62); VerfGH 54, 59 (61); *Meder,* Art. 91, Rn. 5.

[99] VerfGH 47, 47 (51 f.).

[100] VerfGH 34, 47 (49); *Schweiger,* in: Nawiasky/Schweiger/Knöpfle, Art. 91, Rn. 3 f.

[101] *Meder,* Art. 91, Rn. 6.

[102] VerfGH, Ents. v. 8. 3. 2004, Az: Vf.24-VI-03 u. a.; BayVBl 2004, 748; *Schweiger,* in: Nawiasky/Schweiger/Knöpfle, Art. 91, Rn. 3 b.

[103] VerfGH 42, 54 (62); *Meder,* Art. 91, Rn. 6.

[104] VerfGH 53, 123 ff.; VerfGH, Ents. v. 26. 4. 2005, Az: Vf.97-VI-04; BayVBl 2005, 721.

[105] VerfGH, Ents. v. 26. 4. 2005, Az: Vf. 97-VI-04, BayVBl 2005, 721.

[106] So VerfGH 32, 145 (148); VerfGH 40, 132 (136); VerfGH 42, 65 (70); vgl. auch *Meder,* Art. 91, Rn. 6 a.

[107] VerfGH 15, 5.

[108] VerfGH 37, 89 (94); VerfGH 40, 132 (136).

[109] VerfGH 54, 85 ff.

festgestellten Sachverhalts sind Aufgabe der zuständigen Gerichte und fallen nicht über Art. 91 BV in die Zuständigkeit der Verfassungsgerichtsbarkeit. Die Behauptung, das Gericht habe die ihm obliegende Aufklärungspflicht verletzt oder es habe versäumt, Beweis zu erheben oder einem tatsächlichen Umstand nicht die richtige Bedeutung für weitere tatsächliche oder rechtliche Folgerungen beigemessen, vermag nach der Rechtsprechung einen Verstoß gegen Art. 91 Abs. 1 BV nicht zu begründen.[110]

41   *dd) Keine Begründungspflicht.* Aus dem Anspruch auf rechtliches Gehör folgt grundsätzlich nicht, dass der Richter seine Entscheidung eingehender begründen muss, als es die Prozessgesetze verlangen.[111] Eine Pflicht zur Urteilsbegründung lässt sich aus Art. 91 Abs. 1 nicht ableiten.[112] Das gilt auch, wenn das Gericht davon abgesehen hat, die Äußerungen der Beteiligten ausdrücklich in den Entscheidungsgründen zu erörtern. Andererseits kann die Entscheidungsbegründung auch als Indiz für die Frage der Verletzung des rechtlichen Gehörs herangezogen werden. Durch den Grundsatz des rechtlichen Gehörs wird das Gericht nicht verpflichtet, auf alle Ausführungen und Anträge eines Beteiligten einzugehen. Weiter begründet es keine Verpflichtung, Anträge ausdrücklich zu bescheiden oder ihnen Folge zu leisten.[113]

42   *ee) Kein Anspruch auf Rechtsgespräch.* Die Beteiligten sind aufgrund des rechtlichen Gehörs berechtigt, zu allen wesentlichen Tatsachen und Anträgen nicht nur in tatsächlicher, sondern auch in rechtlicher Hinsicht vorzutragen. Dennoch folgt aus dem Anspruch auf rechtliches Gehör nicht, dass die Gerichte verpflichtet wären, mit den Beteiligten ein Rechtsgespräch zu führen.[114]

43   Das Gericht ist auch nicht verpflichtet, die Beteiligten auf eigene rechtliche Beurteilungen oder Entscheidungen, die es einbeziehen will, vorab hinzuweisen.[115] Aus Art. 91 BV folgt kein Anspruch auf mündliche Verhandlung,[116] auch nicht zu dem Zweck, dabei die Rechtsauffassung des Gerichts als Grundlage für ergänzende Beweisanträge zu erfahren.[117]

44   Von dem Grundsatz, Art. 91 BV verlange nicht die Kundgabe von Rechtsansichten, wird eine Ausnahme für besonders krasse Fälle vorgenommen. Das Recht auf rechtliches Gehör schützt vor sog. „Überraschungsentscheidungen".[118] Überraschungsentscheidungen sind solche, mit denen die Beteiligten aufgrund der Tatsachengrundlage und der bisherigen rechtlichen Darlegungen während des Verfahrens nicht haben rechnen können.[119] So kann das Gericht verpflichtet sein, einen vorher überhaupt nicht erörterten tatsächlichen oder rechtlichen Gesichtspunkt, mit dessen tragender Bedeutung die Parteien nach dem bisherigen Verlauf nicht rechnen konnten, den Beteiligten erst zur Kenntnis zu geben, bevor dieser der Entscheidung zugrunde gelegt wird.[120] Hat das Gericht den Beteiligten eine Rechtsauffassung dargelegt, an der es sich später nicht mehr festhalten lassen will, muss es die Beteiligten darauf hinweisen.[121]

---

[110] VerfGH 43, 148 (153).

[111] VerfGH 32, 104 (Ls. 2/106); *Schweiger,* in: Nawiasky/Schweiger/Knöpfle, Art. 91, Rn. 3h.

[112] VerfGH 29, 38 (41); *Meder,* Art. 91, Rn. 5.

[113] VerfGH 15, 5 (8); VerfGH 43, 148 (154).

[114] *Meder,* Art. 91, Rn. 11; *Schweiger,* in: Nawiasky/Schweiger/Knöpfle, Art. 91, Rn. 3f.

[115] VerfGH 13, 24 (26); VerfGH 37, 79 (82); VerfGH 54, 95 ff.; *Meder,* Art. 91, Rn. 4 u. 11; *Schweiger,* in: Nawiasky/Schweiger/Knöpfle, Art. 91, Rn. 3f.

[116] VerfGH 54, 95 ff.

[117] VerfGH 42, 28 (Ls. 4/33).

[118] Zum Überraschungsurteil: siehe VerfGH 40, 69 (74); VerfGH 51, 126 (128); VerfGH 50, 9 (13); *Meder,* Art. 91, Rn. 11.

[119] VerfGH 36, 79 (80); VerfGH 17, 72 (73); VerfGH 37, 89 (93); *Schweiger,* in: Nawiasky/Schweiger/Knöpfle, Art. 91, Rn. 3f.

[120] VerfGH 33, 19; VerfGH 36, 79 (80); VerfGH 37, 172 (176f.).

[121] *Meder,* Art. 91, Rn. 12.

ff) Kein Anspruch auf Instanzenzug. Art. 91 BV gibt auch keinen Anspruch auf Über- **45** prüfung des Streitstoffes innerhalb mehrerer Instanzen.[122]

3. Folgen eines Verstoßes gegen das Recht auf rechtliches Gehör

a) Allgemein. Die Verletzung des Rechts auf rechtliches Gehör führt nicht zur Nich- **46** tigkeit der Entscheidung, aber zur Anfechtbarkeit.[123] Nach älterer Rechtsprechung des VerfGH wird ein Rechtsmittel, das nicht statthaft ist, nicht dadurch zulässig, dass es auf die Behauptung einer Verletzung des Rechts auf rechtliches Gehör gestützt wird.[124] Mittlerweile hat das BVerfG für Art. 103 Abs. 1 GG verlangt, dass wegen des Rechts auf rechtliches Gehör auch dann, wenn kein Rechtsbehelf mehr gegeben ist, eine richterliche Kontrolle in allen Rechtsverfahren eingeführt werden muss.[125] Dieses Verständnis des Grundsatzes des rechtlichen Gehörs lässt sich auf Art. 91 BV übertragen.

b) Heilung. Auch wenn die Verletzung des rechtlichen Gehörs zunächst vorlag, kann **47** der Verstoß später geheilt worden sein.[126] Eine Heilung kommt in Betracht, wenn das Gericht erster Instanz oder das Berufungs- oder Beschwerdegericht die nachgeholte Äußerung berücksichtigt hat und in die Entscheidung einbeziehen kann, d. h., die aufgrund des Fehlers entstandene Entscheidung korrigieren kann.[127]

c) Verfassungsbeschwerde wegen der Verletzung des Rechts auf rechtliches Ge- 48 hör. Ist der Rechtsweg erschöpft und die neu eingeführte Anhörungsrüge durchgeführt, kann wegen der Verletzung des Rechts auf rechtliches Gehör eine Verfassungsbeschwerde erhoben werden. Für die Begründetheit der Verfassungsbeschwerde muss allerdings nicht nur die Verletzung des Art. 91 BV vorliegen, sondern zusätzlich muss die Entscheidung auf dieser Verletzung beruhen. Dies ist nur dann der Fall, wenn das Gericht ohne die Verletzung des rechtlichen Gehörs evtl. anders entschieden hätte. Der Beschwerdeführer muss daher bei einer Verfassungsbeschwerde vortragen, weshalb das Gericht eine andere Entscheidung gefällt hätte, wenn es ihm in notwendigerweise Gehör geschenkt hätte.[128] Der Beschwerdeführer muss dem VerfGH innerhalb der Beschwerdefrist dartun, was er vorgetragen hätte, wenn ihm das rechtliche Gehör gewahrt worden wäre.[129] Es darf nicht auszuschließen sein, dass das Gericht infolgedessen eine andere Entscheidung gefällt hätte.[130]

4. Das Recht auf den Verteidiger – Art. 91 Abs. 2 BV

Art. 91 Abs. 2 räumt den Angeklagten das Recht ein, einen Verteidiger zu wählen. Der **49** Begriff des Angeklagten ist identisch mit dem strafprozessrechtlichen Begriff.[131] Das Recht auf den Verteidiger gehört zu den wesentlichen Grundlagen eines rechtsstaatlichen Verfahrens. Im Gegensatz zu § 137 Abs. 1 StPO gesteht die BV das Recht nicht schon dem Beschuldigten, sondern erst dem Angeklagten zu. Da Art. 91 Abs. 2 BV den weitergehenden Schutz des § 137 Abs. 1 StPO aber nicht sperrt, d. h. nicht entgegensteht, ist Art. 91 Abs. 2 BV neben § 137 Abs. 1 StPO weiterhin anwendbar.[132]

---

[122] VerfGH 29, 11 (Ls. 2/14); *Schweiger,* in: Nawiasky/Schweiger/Knöpfle, Art. 91, Rn. 3 f.
[123] VerfGH 34, 19.
[124] VerfGH 30, 150 (151); *Meder,* Art. 91, Rn. 16.
[125] BVerfGE 107, 395.
[126] VerfGH 15, 5 (7); VerfGH 15, 8 (14); *Meder,* Art. 91, Rn. 20; *Schweiger,* in: Nawiasky/Schweiger/Knöpfle, Art. 91, Rn. 3 i.
[127] VerfGH 32, 142 (144); VerfGH 32, 142 (144); VerfGH 51, 49 (56).
[128] VerfGH 13, 191; VerfGH 15, 8 (14); *Meder,* Art. 91, Rn. 23.
[129] VerfGH 24, 198; VerfGH 42, 28 (33).
[130] *Paptistella,* Praxis der Kommunalverwaltung Bayern, Art. 91; VerfGH 55, 81.
[131] *Meder,* Art. 91, Rn. 25.
[132] *Meder,* Art. 91, Rn. 25; a.A. *Schweiger,* in: Nawiasky/Schweiger/Knöpfle, Art. 91, Rn. 4.

Art. 92 [Konkrete Normenkontrolle]

Hält der Richter ein Gesetz für verfassungswidrig, so hat er die Entscheidung des Verfassungsgerichtshofs herbeizuführen.

Parallelvorschriften im GG und in anderen Landesverfassungen: Art. 100 GG; Art. 68 Abs. 1 Nr. 3, Art. 88 Ba-WüVerf; Art. 84 Abs. 2 Nr. 4 BerlVerf; Art. 113 Nr. 3 BbgVerf; Art. 142 BremVerf; Art. 64 Abs. 2, Art. 65 Abs. 3 Nr. 6 HambVerf; Art. 133 HEssVerf; Art. 53 Nr. 5 M-VVerf; Art. 54 Nr. 4 NdsVerf; Art. 75 Rn. 4 NRWVerf; Art. 130 Abs. 3, Art. 135 Abs. 1 Nr. 1 RhPfVerf; Art. 97 Nr. 3 SaarlVerf; Art. 81 Abs. 1 Nr. 3 SächsVerf; Art. 45 Nr. 5 LSAVerf; Art. 80 Abs. 1 Nr. 5 ThürVerf.

Rechtsprechung: VerfGH 8, 59; 16, 76 ff.; 22, 136; 23, 31; 28, 99; 28, 43; 29, 61 f.; 42, 98; 43, 182; 48, 149; VerfGH, Ents. v. 19. 7. 2007, Az: Vf.6-V-06.

Literatur: Elsässer, Der Bayerische Verfassungsgerichtshof, BayVBl 1963, 165; *Fleury,* Verfassungsprozessrecht, 6. Aufl. 2004, C II, S. 48 ff.; *Groschupf, Otto,* Richtervorlagen zu den Landesverfassungsgerichten, in: Landesverfassungsgerichtsbarkeit, hrgg. v. Starck/Stern, Teilband II, 1983, S. 85; *Heun,* Normenkontrolle, In: FS 50 Jahre BVerfG, Bd. 1, 2001, 615; *Heun,* Richtervorlagen in der Rechtsprechung des BVerfG, AöR 122 (1997), 610; *Kratzer,* Parlamentsbeschlüsse, ihre Wirkung und Überprüfung, BayVBl 1966, 365; *Kuch,* Transformation des normativen Inhalts von Staatsverträgen in innerbayerisches Recht – Bindungswirkung von Verfassungsgerichtsentscheidungen – Vorlagepflicht an BVerfG, BayVBl 1986, 20; *Pestalozza,* Verfassungsprozessrecht, 3. Aufl. 1991, § 23, Rn. 52 ff. *Sprenger,* Die „interne Richtervorlage" beim Bayerischen Verfassungsgerichtshof, BayVBl 1992, 746; *Troeger,* Normenprüfung durch den Bayerischen Verfassungsgerichtshof, BayVBl 1969, 414.

I. Allgemein

1. Bedeutung

1   Art. 92 BV normiert die Richtervorlage. Diese bildet die sog. konkrete Normenkontrolle.[1] Hält ein Richter ein bayerisches Gesetz, auf das es für seine Entscheidung ankommt, für verfassungswidrig, muss er durch Beschluss sein Verfahren aussetzen und die Entscheidung des VerfGH nach Art. 65, 92 BV, Art. 2 Nr. 5, Art. 50 VfGHG herbeiführen.[2] Konkret ist die Normenkontrolle, weil sie aus einem laufenden Gerichtsverfahren heraus erfolgt und daher die Prüfung der Verfassungsmäßigkeit auf einen konkreten Anlass zurückgeht. Demgegenüber ist die sog. Popularklage der Sache nach eine abstrakte Normenkontrolle, da sie ohne konkreten Anlass eingeleitet werden kann. Die Kompetenz des VerfGH zur Normenkontrolle wird ausdrücklich mit Art. 65 BV klargestellt.

---

[1] *Schweiger,* in: Nawiasky/Schweiger/Knöpfle, Art. 92, Rn. 3.
[2] Ausführlich *Schmidt,* BayVBl 1992, 742 ff.

Hintergrund der Richtervorlage ist der Stufenbau der Rechtsordnung. Der Stufenbau **2** der Rechtsordnung und insbesondere der Vorrang der Verfassung verlangt, dass alle bayerischen Rechtsnormen unterhalb der Verfassung die Vorgaben der Verfassung beachten. Eine Landesnorm, die gegen die Bayerische Verfassung verstößt, kann keinen Bestand haben. Die Richtervorlage ist eine Folge des Stufenbaus der Rechtsordnung, da sie der Absicherung derselben dient.

Die Richtervorlage ist dabei ein Zwischenverfahren. Es ist immer von einem laufenden **3** Ausgangsverfahren, aus dem die Vorlage heraus erfolgt, abhängig. Daher gibt es bei der Richtervorlage auch keine Beteiligten. Zur Richtervorlage kommt es, wenn der Spruchkörper eines gerichtlichen Verfahrens der Auffassung ist, die entscheidungserhebliche Rechtsnorm verstoße gegen die Bayerische Verfassung und sei deshalb rechtswidrig und nichtig. In dieser Situation darf er die Norm nicht selbst inzident verwerfen, sondern muss sie dem VerfGH vorlegen.

Die Richtervorlage nach Art. 92 BV ist strukturell vergleichbar mit der konkreten **4** Normenkontrolle des Art. 100 Abs. 1 GG. Sie unterscheidet sich von dieser aber durch folgenden Gesichtspunkte: Sie greift nicht nur bei formellen Gesetzen, sondern auch bei materiellen Gesetzen (Rechtsverordnungen und Satzungen) und sie erfasst auch vorkonstitutionelle Gesetze (zudem gilt sie nur für bayerisches Landesrecht und bei Verstößen gegen die bayerische Verfassung).

2. Der Unterschied zwischen Prüfungskompetenz und Verwerfungskompetenz

Bei der Richtervorlage ist zwischen Prüfungskompetenz und Verwerfungskompetenz **5** zu unterscheiden.[3] Jeder Richter darf und muss zugleich jede Norm, die er auf einen Rechtsfall anwendet, gedanklich zunächst auf deren Verfassungsmäßigkeit hin untersuchen.[4] Dies geht meist automatisch und ohne erkennbare Zäsur, da die Verfassungsmäßigkeit der meisten Normen außer Frage steht. Diese inzidente Prüfung muss jeder Richter für sich selbst vornehmen. Sie ist nicht abhängig davon, dass ein Beteiligter Bedenken geltend macht.[5] Hat er selbst keine Bedenken, so hat er die Norm anzuwenden. Ist er aber von der Verfassungswidrigkeit einer Rechtsvorschrift des bayerischen Landesrechts überzeugt, so darf er die Norm nicht einfach unangewendet lassen, er darf sie auch nicht selbst für verfassungswidrig erklären oder die Nichtigkeit feststellen. Das Verwerfungsrecht steht nur dem VerfGH zu. Das Verwerfungsmonopol des VerfGH wird zwar nicht ausdrücklich in der BV festgehalten, ergibt sich aber mit hinreichender Deutlichkeit mittelbar aus Art. 92 BV, Art. 65 BV.

Zwischen Vorlagepflicht und Verwerfungsmonopol des VerfGH besteht ein unmittel- **6** barer Zusammenhang. In der Begrenzung der Normverwerfungskompetenz der Fachgerichte und in der Begründung des Entscheidungsmonopols des Verfassungsgerichtshofs liegt die eigentliche Bedeutung des durch Art. 92 BV, Art. 50 VfGHG festgelegten Verfahrenswegs. Die Vorlagepflicht ist die Kehrseite des Verwerfungsverbots. Beide ergänzen und bedingen einander. Das gilt auch in umgekehrter Richtung: Soweit nach den einschlägigen rechtlichen Vorgaben eine Normverwerfungskompetenz der Fachgerichte gegeben ist, scheidet eine Vorlage an den Verfassungsgerichtshof aus; nach dem Sinn und Zweck der Art. 92 BV, Art. 50 VfGHG besteht für eine Vorlage dann weder eine Rechtfertigung noch ein Bedürfnis.[6]

3. Zweck

Aus den Unterschieden zwischen Duldungspflicht und Verwerfungskompetenz ergibt **7** sich auch der Zweck des Art. 92 BV. Dieser besteht nicht nur in der Durchsetzung des Stufenbaus der Rechtsordnung. Ein wesentlicher Zweck besteht vielmehr auch darin, dass

---

[3] S. dazu nur *Sturm,* in: Sachs, GG, Art. 100, Rn. 2.
[4] *Meder,* Art. 92, Rn. 1.
[5] VerfGH 25, 27 (34); VerfGH 28, 43 (51).
[6] VerfGH 48, 149 (152 ff.).

Rechtssicherheit dadurch geschaffen wird, dass die Frage der Verwerfung von Normen durch die Gerichtsbarkeit bei einem Gericht monopolisiert wird. Auf diese Weise zu denen auch die Autorität des Normgebers gegenüber der Judikative geschützt.[7]

4. Entstehung

8   Der Entstehungsprozess von Art. 92 BV verlief nicht einheitlich. Art. 57 VE sah zunächst die Beschränkung der Prüfungsbefugnis der Richter auf die Frage der formellen Verfassungsmäßigkeit vor. In Art. 64 E wurde ihr Prüfungsrecht noch weitergehender auf die Frage der verfahrensmäßigen Bekanntmachung beschränkt. Erst im VA wurde die Überprüfung der vollständigen Verfassungsmäßigkeit der Gesetze sichergestellt, gleichzeitig aber ein Verwerfungsmonopol beim Verfassungsgerichtshof vorgesehen.[8]

5. Verhältnis zum Grundgesetz

9   Art. 92 BV normiert ein verfassungsgerichtliches Verfahren, das der konkreten Normenkontrolle gemäß Art. 100 Abs. 1 GG strukturgleich ist. Da Art. 92 BV aber mit Art. 100 Abs. 1 GG nicht kollidiert, bestehen an seiner Gültigkeit keine ernsthaften Bedenken.[9] Reformbedarf besteht bei dieser Vorschrift nicht.

II. Einzelkommentierung

1. Vorlageberechtigung

10   Vorlageberechtigt und vorlageverpflichtet sind nur staatliche Gerichte, nicht Verwaltungsbehörden oder Gesetzgebungsorgane. Gericht i. S. v. Art. 92 BV ist jede richterliche Spruchinstanz, unabhängig davon, ob sie kollektiv organisiert ist oder in Form eines Einzelrichters besteht. Will ein Kollegialgericht die Entscheidung des VerfGH herbeiführen, so muss der Vorlagebeschluss in derselben *Besetzung* gefasst werden wie in der bezeichneten Entscheidung, für die die Norm entscheidungserheblich ist, demnach u. U. unter Mitwirkung nichtberufsrichterlicher Beisitzer.[10] Gemeint ist der gesetzliche Richter im Sinne von Art. 86 Abs. 1 S. 2 BV. Entscheidend ist dabei, in den gesetzlichen Regelungen der vorlegenden Stelle die Eigenschaft eines Gerichts zu erkennen.[11] Jedes Gericht kann vorlegen, auch das Gericht der freiwilligen Gerichtsbarkeit.[12] Ob der fakultative Einzelrichter (der Einzelrichter, bei dem die Übertragung auf einer Ermessensnorm beruht) vorlegen kann, wird, soweit ersichtlich, für die konkrete Normenkontrolle nach der bayerischen Verfassung nicht diskutiert. Es liegt allerdings nahe, die Frage ebenso wie bei Art. 100 GG zu entscheiden, mit der Folge, dass der fakultative Einzelrichter nicht vorlageberechtigt ist.[13]

11   Der VerfGH ist selbst „Gericht" im Sinne dieser Vorschrift, sofern er nicht in der Besetzung des Normenkontrollverfahrens tätig ist. Kommt der Verfassungsgerichtshof daher in einem bei ihm anhängigen Verfahren zu der Überzeugung, dass ein einschlägiges Gesetz verfassungswidrig ist, so muss der zuständige Spruchkörper gegebenenfalls das Verfahren aussetzen und in dem für die Normenkontrollverfahren zuständigen Spruchkörper über die Frage der Verfassungsmäßigkeit entscheiden. Diese Zwischenentscheidung ist für den vorliegenden Spruchkörper bindend.[14]

12   Vorlageverpflichtet ist das Gericht nur, sofern es rechtsprechend tätig wird; soweit das Gericht rein exekutiv tätig wird (etwa die Gebühren für das Gerichtsparkhaus erhebt),

---

[7] S. zum Parallelfall des Art. 100 GG *Sturm,* in: Sachs, GG, Art. 100, Rn. 5.

[8] Prot. I, S. 68 ff.; *Schweiger,* in: Nawiasky/Schweiger/Knöpfle, Art. 92, Rn. 1.

[9] *Pestalozza,* S. 424, Rn. 52.

[10] VerfGH 2, 95 (97 f.); VerfGH 23, 31 (31); VerfGH 25, 27 (35); *Schweiger,* in: Nawiasky/Schweiger/Knöpfle, Art. 92, Rn. 3 a; *Meder,* Art. 92, Rn. 4.

[11] VerfGH 7, 107 (Ls 1 u. 110); *Schweiger,* in: Nawiasky/Schweiger/Knöpfle, Art. 92, Rn. 3 a.

[12] *Schweiger,* in: Nawiasky/Schweiger/Knöpfle, Art. 92, Rn. 3 a.

[13] *Sturm,* in: Sachs, GG, Art. 100, Rn. 7; BVerfG (Kammer) NJW 1999, 274.

[14] *Schweiger,* in: Nawiasky/Schweiger/Knöpfle, Art. 92, Rn. 3 a.

greift Art. 92 BV nicht. Richterliche Tätigkeit i. d. S. ist nicht nur die Streitentscheidung im eigentlichen Sinne (Entscheidung eines Rechtsstreites unter Wahren der justiziellen Verfahrensgarantien durch einen unabhängigen Dritten an Hand des Rechts mit Rechtskraftwirkung).[15] Es muss aber zumindest Rechtsprechung im formellen Sinne sein (Fälle des aufgedrängten und vorweggenommenen Rechtsschutzes – z. B. Anordnung der Freiheitsentziehung). Auch Entscheidungen der Richter der freiwilligen Gerichtsbarkeit werden erfasst, ebenso solche im Amtshilfeverfahren oder im Verfahren des vorläufigen Rechtsschutzes.

Ebenfalls erfasst werden Entscheidungen im Verfahren nach § 47 VwGO. Kommt der **13** VGH zur Ansicht, eine Norm, an der der Vorlagegegenstand zu messen ist, sei verfassungswidrig, so muss er die Frage dem VerfGH vorlegen. Kommt er zu der Auffassung, die Norm, die mit § 47 VwGO angegriffen wurde, sei wegen Verstoßes gegen die BV nichtig, ist die Vorlagepflicht umstritten.[16] Der Normtext des Art. 92 BV erfasst auch eine Vorlagepflicht, die Normen erfasst, die Verfahrensgegenstände und nicht nur Entscheidungsmaßstab sind. Auch die Gefahr der Aushöhlung des § 47 VwGO besteht nicht, weil eine untergesetzliche Norm aus einer ganzen Reihe von Gründen nichtig sein kann. Hält der Verwaltungsgerichtshof daher eine Norm, die mit § 47 VwGO angegriffen wurde, deshalb für nichtig, weil sie gegen die BV verstößt, muss er nach zutreffender Ansicht gem. Art. 92 BV vorlegen.[17] Dies gilt jedoch nicht für den Grundrechtsteil der BV, da insoweit nach der Ansicht der bayerischen Gerichte dem VGH wegen der Subsidiarität nach § 47 Abs. 3 VwGO schon die Prüfungskompetenz fehlt (s. u. Art. 98 BV, Rn. 9).[18]

2. Verfahrensgegenstand

Die Vorlagepflicht erstreckt sich nur auf Gesetze. Anders als bei Art. 100 Abs. 1 GG gilt **14** bei Art. 92 BV im Ergebnis ein weiterer Gesetzesbegriff. Gesetze i. S. v. Art. 92 BV sind zunächst die formellen bayerischen Gesetze. Art. 50 VfGHG stellt klar, dass darüber hinaus aber auch Rechtsvorschriften des bayerischen Landesrechts unterhalb des Gesetzes erfasst werden.[19] Vorzulegen sind daher auch Rechtsvorschriften im Rang unter einem förmlichen Gesetz.[20] Es gilt der gleiche Begriff wie bei Art. 98 BV (s. u. Rn. 16 ff.). Ob Art. 50 VfGHG die Art. 65, 92 BV zutreffend interpretiert[21] oder was näher liegt, Art. 92 BV nur formelle Gesetze erfasst und Art. 50 VfGHG daher den Verfahrensgegenstand erweitert, was Art. 67 BV gestattet,[22] ist umstritten.[23] Vorkonstitutionelle Rechtsnormen werden auch erfasst.[24]

Die Vorschrift muss bereits verkündet sein.[25] Weiter muss es eine bayerische Norm **15** sein. Bundesgesetze oder EU-Normen fallen nicht darunter. Ehemaliges Reichsrecht, das gem. Art. 124 f. GG weiter gilt, wird vom Verfassungsgerichtshof nicht mehr geprüft.[26]

---

[15] *Meder,* Art. 92, Rn. 3.

[16] *Pestalozza,* S. 427, Rn. 57.

[17] *Pestalozza,* S. 425, Rn. 57.

[18] S. nur *Schweiger,* in: Nawiasky/Schweiger/Knöpfle, Art. 92, Rn. 3 d.

[19] VerfGH 22, 136 (137); VerfGH 25, 27 (35); VerfGH 28, 43 (50).

[20] VerfGH 25, 27 (35); VerfGH 42, 98 (101); VerfGH 43, 182 (184); VerfGH 48, 149 (152 ff.); zu den Organisationsverordnungen s. VerfGH 16, 76 (79).

[21] So wohl *Meder,* Art. 92, Rn. 2.

[22] So *Pestalozza,* S. 425, Rn. 54.

[23] Vgl. dazu *Groschupf,* Richtervorlage zu den Landesverfassungsgerichten, in: Starck/Stern, 85 (95); *Schweiger,* in: Nawiasky/Schweiger/Knöpfle, Art. 92, Rn. 3 b; *Schumann,* Einwirkungen des Bundesrechts auf die Bayerische Verfassungsgerichtsbarkeit, in: FS f. VerfGH, 1972, 281 (289); a.A. offen gelassen bei *Fleury,* Rn. 197.

[24] *Fleury,* Rn. 197; *Groschupf* (Fn. 23), in: Starck/Stern, Landesverfassungsgerichtsbarkeit, Teilband II, 1983, 85 (94); zurückhaltend insoweit *Pestalozza,* S. 425, Rn. 54.

[25] VerfGH 2, 61 (69); *Schweiger,* in: Nawiasky/Schweiger/Knöpfle, Art. 92, Rn. 3 b.

[26] S. zu der früheren Rechtslage VerfGH 10, 15 ff.; *Schweiger,* in: Nawiasky/Schweiger/Knöpfle, Art. 92, Rn. 3 b.

16   Eine Richtervorlage gegen ein *Unterlassen* des Gesetzgebers ist nicht zulässig.[27] Der Richter kann nicht feststellen lassen, dass es verfassungswidrig ist, dass der Gesetzgeber eine für die Entscheidung des Rechtsstreits entscheidungserhebliche Rechtsnorm nicht erlassen hat.[28] Eine Ausnahme von diesem Grundsatz ist allerdings für den Fall denkbar, dass eine bestimmte verfassungsrechtliche Rechtssetzungspflicht verletzt wird.

17   Eine Vorlage von Verwaltungsvorschriften scheidet dagegen aus.[29] Diese kann das Gericht bei Verfassungswidrigkeit selbst verwerfen.

3. Entscheidungserheblichkeit

18   **a) Begriff.** Die Gerichte dürfen nur Gesetze vorlegen, die für ihre Entscheidung, die sie nach den jeweiligen Prozessordnungen zu treffen haben, relevant sind (Entscheidungserheblichkeit). Entscheidungserheblich ist eine Norm zunächst dann, wenn das Gericht im Falle ihrer Verfassungswidrigkeit zu einem anderen Ergebnis käme als im Falle ihrer Verfassungsmäßigkeit.[30] Es kann daher ausreichen, dass die betreffende Norm nur für die Auslegung von Bedeutung ist und nicht die unmittelbare Entscheidungsgrundlage darstellt.[31]

19   Diese Entscheidungserheblichkeit stellt man mit Hilfe einer hypothetischen Überlegung fest, indem man den Streit einmal unter Heranziehung der Norm löst und einmal ohne Heranziehung derselben. Ein anderes Ergebnis in diesem Sinne liegt zunächst dann vor, wenn die Entscheidungsformel sich ändern würde, aber auch dann, wenn die Begründung der Entscheidungsformel rechtlich qualitativ verschieden wäre. So sind etwa zwei Freisprüche im Strafverfahren vom rechtlichen Gehalt her deutlich unterschiedlich, wenn sie zum einen deshalb erfolgen, weil die Tat rechtlich nicht nachgewiesen werden konnte, oder weil der Straftatbestand wegen Verfassungswidrigkeit der Norm überhaupt nicht existiert. Wann trotz gleich bleibendem Tenor eine andere Entscheidung i. S. v. der Entscheidungserheblichkeit vorliegt, kann im Einzelfall schwierig zu bewerten sein.

20   Die Entscheidungserheblichkeit der Vorlagefrage muss im Zeitpunkt des Vorlagebeschlusses des Gerichts bestehen und bis zum Zeitpunkt seiner Entscheidung andauern.

21   Ob die Entscheidungserheblichkeit unmittelbar oder mittelbar auf der angegriffenen Norm beruht, ist unerheblich. Eine mittelbare Entscheidungserheblichkeit liegt vor, wenn die unmittelbar entscheidungserhebliche untergesetzliche Rechtsnorm auf einer verfassungswidrigen gesetzlichen Ermächtigung beruht. Entscheidungserheblich ist in der Regel eine Norm aber nur dann, wenn sie für die sachliche Endentscheidung kausal ist. Unterscheidet sich die Lösung des Streites mit und ohne Heranziehung zunächst nur dadurch, dass eine Beweisaufnahme entfiele, rechtfertigt dies noch nicht die Vorlage.[32] Ausnahmsweise kann die Vorlage vor Durchführung der Beweisaufnahme zulässig sein, wenn die Vorlagefrage von allgemeiner und grundsätzlicher Bedeutung für das Gemeinwohl und deshalb ihre Entscheidung vordringlich ist.[33]

22   Für die Entscheidungserheblichkeit genügt es, wenn das vorlegende Gericht aufgrund einer nicht offensichtlich unhaltbaren Auslegungsvariante die betreffende Bestimmung für entscheidungserheblich hält.[34] Die Anwendung des einfachen Rechts, aus der sich die Entscheidungserheblichkeit der vorliegenden Norm ergibt, prüft der Verfassungsgerichtshof

---

[27] VerfGH 28, 43 (Ls 1); VerfGH 28, 43 (50); *Fleury,* Rn. 198; *Schweiger,* in: Nawiasky/Schweiger/Knöpfle, Art. 92, Rn. 3 c; teilweise *Meder,* Art. 92, Rn. 2.

[28] VerfGH 28, 43 (50); VerfGH, Ents. vom 21. 7. 1976, Az: Vf.16-V-74, S. 11.

[29] VerfGH 48, 149 (152 ff.) (zu Beihilfsvorschriften).

[30] VerfGH 14, 116 (119); VerfGH 25, 27 (35); *Schweiger,* in: Nawiasky/Schweiger/Knöpfle, Rn. 3 c; *Meder,* Art. 92, Rn. 6.

[31] *Schweiger,* in: Nawiasky/Schweiger/Knöpfle, Art. 92, Rn. 3 c; *Meder,* Art. 92, Rn. 6.

[32] VerfGH 43, 183; BVerfGE 51, 161 (164).

[33] BVerfGE 47, 146 (157 f.).

[34] VerfGH 7, 107 (110); VerfGH 12, 81 (84); *Nawiasky/Schweiger,* Art. 92, Rn. 3 c.

grundsätzlich nur darauf hin nach, ob sie unhaltbar ist.[35] Verfassungsrechtliche Vorfragen unterliegen demgegenüber der vollständigen Kontrolle des Verfassungsgerichtshofs.[36]

b) Alleinige Entscheidungserheblichkeit. Ist die entscheidungserhebliche Rechts- **23** norm schon aus einem anderen Grund als wegen eines unmittelbaren Verstoßes gegen die Verfassung unwirksam (z. B. weil sie nicht ordnungsgemäß verkündet oder weil eine gemeindliche Satzung nicht aufsichtlich genehmigt worden ist, oder auch, „weil eine Rechtsverordnung die Grenzen der gesetzlichen Ermächtigung überschreitet"[37]), ist der Verfassungsverstoß nicht entscheidungserheblich.[38] Mitunter wird davon gesprochen, das Gesetz müsse für die Entscheidung „einschlägig" sein.[39]

In den Fällen, in denen der Maßstab, an dem die Gültigkeit der Norm zunächst zu mes- **24** sen ist, nicht unmittelbar die Verfassung selbst, sondern eine unter ihr stehende Norm ist, hat der Richter in eigener Zuständigkeit zu entscheiden.[40] In diesem Fall ist die Richtervorlage nicht zulässig.[41] Der Richter hat selbst in eigener Zuständigkeit über die Gültigkeit der Norm zu entscheiden und im Falle ihrer Ungültigkeit diese in seiner Entscheidungsfindung nicht zu berücksichtigen (inzidente Verwerfung). Dabei hat nach der Rechtsprechung des VerfGH „außer Betracht zu bleiben, dass der Verstoß gegen eine unter dem Verfassungsrecht stehende Norm, der bereits die Ungültigkeit der Vorschrift zur Folge hat, u. U. zugleich eine Verletzung eines Verfassungsgrundsatzes darstellen kann".[42] Diese Fallgruppe betrifft dabei nur untergesetzliche Normen (Rechtsverordnungen und Satzungen).

c) Selbständiger Regelungsgehalt. Vorgelegt kann nur eine Norm werden, die einen **25** selbständigen landesrechtlichen Regelungsgehalt hat. Wiederholt sie nur Bundesrecht oder Europarecht, kann sie die bayerische Verfassung nicht verletzen und kann nicht vorgelegt werden.[43] Hat der Verfassungsgerichtshof in einem Normenkontrollverfahren bereits entschieden, dass eine Vorschrift nicht gegen die bayerische Verfassung verstößt, so kann das Gericht eine andere Entscheidung über die Verfassungsmäßigkeit nur dann herbeiführen, wenn ein grundsätzlicher Wandel der Lebensverhältnisse oder allgemeiner Rechtsauffassung eingetreten ist oder ein anderer rechtlicher Gesichtspunkt aufgetaucht ist.[44]

4. Überzeugung von der Verfassungswidrigkeit

Das vorlegende Gericht muss überzeugt sein, die streitentscheidende Norm verstoße **26** gegen die Bayerische Verfassung (Art. 50 II 2 BayVfGHG). Bloße Zweifel an der Verfassungsmäßigkeit berechtigen nicht zur Vorlage.[45] Hat das Gericht nur Zweifel über deren Gültigkeit, muss es so lange beraten, bis es sich für oder gegen die Verfassungswidrigkeit entschieden hat. Ist die Norm verfassungskonform auslegbar, entfällt die Annahme der Verfassungswidrigkeit. Die Überzeugung trifft das Gericht dabei in richterlicher Unabhängigkeit. Es ist an keine anderen Ansichten gebunden, sofern dies nicht durch die Verfahrensvorschriften ausnahmsweise vorgesehen ist. So besteht keine Vorlagepflicht,

---

[35] *Schweiger,* in: Nawiasky/Schweiger/Knöpfle, Art. 92, Rn. 3 c; *Meder,* Art. 92, Rn. 11.

[36] *Schweiger,* in: Nawiasky/Schweiger/Knöpfle, Art. 92, Rn. 3 c; *Meder,* Art. 92, Rn. 11.

[37] VerfGH 22, 136 (137).

[38] VerfGH 4, 194 (201); VerfGH 8, 99 (102); VerfGH 14, 116 (119); VerfGH 22, 136 (137); VerfGH 25, 71 (73); *Meder,* Art. 92, Rn. 8; *Pestalozza,* S. 426, Rn. 56.

[39] *Schweiger,* in: Nawiasky/Schweiger/Knöpfle, Art. 92, Rn. 3 c; VerfGH 4, 194 (201).

[40] VerfGH 8, 59 (66).

[41] *Fleury,* Rn. 200.

[42] VerfGH 8, 59 (66); VerfGH 12, 10 (12); VerfGH 14, 116 (119); VerfGH 16, 76 (80); VerfGH 22, 136 (137).

[43] VerfGH 11, 60.

[44] VerfGH 8, 59 (63); VerfGH 17, 1; *Meder,* Art. 92, Rn. 9.

[45] *Schweiger,* in: Nawiasky/Schweiger/Knöpfle, Art. 92, Rn. 3 c; *Meder,* Art. 92, Rn. 1.

sofern als das Gericht nach dem entscheidungserheblichen Prozessrecht an die Rechtsauffassung eines höheren Gerichts gebunden ist.[46] Verstößt eine bayerische Norm nach Überzeugung des Richters sowohl gegen das Grundgesetz als auch gegen die bayerische Verfassung, so hat das Gericht nach richterlichem Ermessen zu entscheiden, ob es die Norm nach Art. 100 GG dem Bundesverfassungsgericht oder nach Art. 92 BV dem Verfassungsgerichtshof vorlegt.[47]

27   Die Beteiligten des Ausgangsverfahrens können die Vorlage zum VerfGH nicht erzwingen. Sie können zwar die Verfassungswidrigkeit der entscheidungserheblichen Normen behaupten und bewundern. Sie dürfen dazu auch vortragen und die Vorlage zum Verfassungsgerichtshof anregen. Sie haben aber kein subjektives Recht darauf, dass das Gericht die Verfassungswidrigkeit annimmt.[48] Selbst wenn das Gericht von der Verfassungswidrigkeit überzeugt ist, können die Beteiligten die Vorlage nicht erzwingen.[49] Wird die richterliche Vorlagepflicht willkürlich verletzt, so liegt darin ein Verstoß gegen das Grundrecht auf den gesetzlichen Richter gesehen.[50] In diesem Fall ist die gerichtliche Entscheidung nicht nichtig, aber aufhebbar.

5. Keine entgegenstehende Rechtskraft

28   Hat der VerfGH in einem Verfahren nach Art. 64, 92, Art. 75 Abs. 3 oder Art. 98 Satz 4 BV bereits entschieden, dass eine Rechtsvorschrift nicht gegen die BV verstößt, so kann ein Gericht eine erneute Entscheidung über ihre Verfassungsmäßigkeit nur dann herbeiführen, wenn ein grundlegender Wandel der Lebensverhältnisse oder der allgemeinen Rechtsauffassung eingetreten ist oder wenn ein neuer rechtlicher Gesichtspunkt[51] oder neue erhebliche Tatsachen geltend gemacht werden.

6. Verfahren

29   **a) Beschluss des Gerichts.** Die Vorlage setzt einen Beschluss des Gerichts voraus, in der Besetzung, in der auch die Sachentscheidung, für die die Norm entscheidungserheblich ist, zu fällen ist. Der Beschluss ist mit den Akten dem VerfGH unmittelbar zuzuleiten (Art. 50 Abs. 2 VfGHG).

30   **b) Begründung des Beschlusses.** Gemäß Art. 50 Abs. 2 VfGHG ist in dem Beschluss das Vorliegen der Vorlagevoraussetzungen darzustellen. Es ist darzulegen, aus welchen Gründen die Rechtsvorschrift für die Entscheidung in dem anhängigen Verfahren entscheidungserheblich ist und weshalb das Gericht von der Verfassungswidrigkeit überzeugt ist (Art. 50 Abs. 2 Satz 2 VfGHG). Das Gericht hat sich mit der Rechtslage auseinanderzusetzen und in Literatur und Rechtsprechung entwickelte Rechtsauffassungen zu berücksichtigen, die für die Auslegung der vorgelegten Vorschrift von Bedeutung sind.[52]

31   Das Gericht hat nicht nur seine rechtlichen Erwägungen, sondern auch den für die Beurteilung wesentlichen Sachverhalt mitzuteilen, der ausreichend aufgeklärt worden sein muss. Für die Darlegung der Entscheidungserheblichkeit ist vom tatsächlichen Sachverhalt auszugehen, nicht von einem konstruierten, im Ausgangsverfahren nicht gegebenen Sachverhalt. Eine Vorlage ist nicht zulässig, solange das vorlegende Gericht den Sachverhalt nicht soweit aufgeklärt hat, dass die Entscheidungserheblichkeit der vorgelegten Rechtsvorschrift feststeht und die Vorlage deshalb unerlässlich ist.[53]

---

[46] *Meder,* Art. 92, Rn. 1.

[47] *Schweiger,* in: Nawiasky/Schweiger/Knöpfle, Art. 92, Rn. 5.

[48] VerfGH, Ents. v. 20. 6. 1966; Az: Vf.28-VI-66; VerfGH, Ents. v. 18. 10. 1965; Az: Vf.61-VI-64; *Meder,* Art. 92, Rn. 1.

[49] VerfGH 29, 61 f.; VerfGH, Ents. v. 16. 3. 1973, Az: Vf.21-VI-72.

[50] VerfGH 29, 61 f.; *Meder,* Art. 92, Rn. 1.

[51] VerfGH 8, 59 (63); VerfGH 17, 1.

[52] VerfGH 42, 98 (101 f.); VerfGH 43, 183 (184 f.); VerfGH 55, 143 (151); VerfGH, Ents. v. 19. 7. 2007, Az: Vf.6-V-06.

[53] VerfGH 42, 98 (101 f.); VerfGH 43, 183 (184).

c) Verfahren. An dem Verfahren des VerfGH (s. Art. 65, 68 Abs. 2 Buchst. b, Art. 92 **32** BV; Art. 50 VfGHG) sind weder das vorlegende Gericht noch die Parteien des Ausgangsprozesses beteiligt.[54] Die Verbindung mit einem Verfahren nach Art. 98 Satz 4 BV ist statthaft. Der Präsident des Verfassungsgerichtshofs hat dem Landtag, der Staatsregierung und den Beteiligten des Ausgangsverfahrens Gelegenheit zur Äußerung zu geben (Art. 50 Abs. 3 VfGHG).

7. Prüfung des VerfGH

a) Zulässigkeitsprüfung. Der VerfGH untersucht zunächst die Zulässigkeit der Vor- **33** lage. Bei der Prüfung der Entscheidungserheblichkeit der Vorlagefrage hat er von der Tatsachenwürdigung und der Rechtsauffassung des vorlegenden Gerichts auszugehen, falls sie nicht offensichtlich unhaltbar sind;[55] das gilt z. B. auch dann, wenn das Gericht der Meinung ist, die von ihm beanstandete Bestimmung habe selbständigen Rechtsgehalt, wiederhole also nicht nur den Inhalt einer höherrangigen Norm.[56]

b) Begründetheitsprüfung. Anschließend prüft der VerfGH die Verfassungsmäßig- **34** keit der Rechtsvorschrift. Den maßgeblichen Inhalt stellt er zunächst (diesmal unabhängig von der Auffassung des vorlegenden Gerichts) durch Auslegung fest. Diesen Normanspruch prüft das Gericht dann am Maßstab der BV unter allen verfassungsrechtlichen Gesichtspunkten. Eine Beschränkung auf Grundrechte oder auf die Gesichtspunkte, die das vorlegende Gericht genannt hat, besteht nicht.[57]

Die vorgelegte Norm ist in der Fassung zu prüfen, mit der sie im Zeitpunkt der Ent- **35** scheidung gilt. Eine Ausnahme besteht dann, wenn noch ein objektives Interesse an der Überprüfung einer älteren Fassung oder eines außer Kraft getretenen Gesetzes besteht.[58] Wird die Norm aufgehoben, so entfällt ihre Entscheidungserheblichkeit, und die konkrete Normenkontrolle wird unzulässig.[59]

c) Ausweitung des Verfahrensgegenstandes. Soweit veranlasst, sind auch weitere **36** nicht beanstandete Vorschriften mit einzubeziehen, wenn dies zur Beantwortung der Frage der Verfassungsmäßigkeit erforderlich ist.

d) Verfahrensabhängigkeit. Erledigt sich das Ausgangsverfahren, so wird die Vorlage **37** gegenstandslos, und der VerfGH hat über ihm vorgelegte Rechtsfragen keine Entscheidungen mehr zu treffen.[60] Sie unterbleibt auch, wenn die Vorlage unzulässig wird, weil die vom vorlegenden Gericht beanstandete Rechtsvorschrift aufgehoben wird und von ihm nicht mehr anzuwenden, also nicht mehr entscheidungserheblich ist.[61]

8. Entscheidung und Entscheidungswirkung

Der Entscheidungsinhalt entspricht dem im Verfahren nach Art. 98 S. 4 BV. Im Fall **38** der Verfassungsmäßigkeit wird die Vereinbarkeit mit der BV positiv festgestellt, im Fall der Verfassungswidrigkeit stellt das Gericht grundsätzlich die Nichtigkeit, ausnahmsweise die Unvereinbarkeit, fest. Die Feststellung, die Norm würde in einer bestimmten Auslegungsvariante gegen die bayerische Verfassung verstoßen, ist zulässig.[62] Je nach Konstella-

---

[54] *Meder,* Art. 92, Rn. 10.

[55] VerfGH 7, 107 (110); VerfGH 12, 81 (84); VerfGH 25, 27 (35); VerfGH 28, 43 (52 f.); *Meder,* Art. 92, Rn. 11.

[56] VerfGH 11, 60 (63); VerfGH 15, 77 (78).

[57] VerfGH 21, 192 (194 f.); VerfGH 25, 27 (35); VerfGH 28, 99 (102 ff.); *Schweiger,* in: Nawiasky/ Schweiger/Knöpfle, Art. 92, Rn. 4.

[58] VerfGH 6, 107 (114); VerfGH 9, 47 (50); VerfGH 10, 95 (97); *Schweiger,* in: Nawiasky/Schweiger/ Knöpfle, Art. 92, Rn. 4.

[59] VerfGG 14, 3 (4); *Schweiger,* in: Nawiasky/Schweiger/Knöpfle, Art. 92, Rn. 4.

[60] *Meder,* Art. 92, Rn. 13.

[61] VerfGH 17, 3.

[62] *Schweiger,* in: Nawiasky/Schweiger/Knöpfle, Art. 92, Rn. 4; VerfGH 8, 115 (123).

tion ist eine Aufhebung oder die Erklärung der Verfassungswidrigkeit, gegebenenfalls mit dem Ausspruch einer rudimentären Weiteranwendbarkeit für eine Übergangszeit, möglich.[63] Die Verfassungswidrigkeitserklärung einer Norm durch den Verfassungsgerichtshof ist gestaltend und allgemein verbindlich. Die Feststellung der Nichtigkeit einer Norm ist endgültig (Art. 29 Abs. 1 VfGHG). Die Auswirkungen auf Entscheidungen, die auf einem für nichtig oder unvereinbar erklärten Gesetz beruhen, regelt § 183 VwGO i. V. m. Art. 30 Abs. 1 VfGHG.[64]

9. Einzelfälle

39   Die in Art. 1 Abs. 1 Satz 1 Landeserziehungsgeldgesetz vorgesehene Bevorzugung von Staatsangehörigen und EU-Bürgern ist verfassungsgemäß.[65] Die in Art. 11 Abs. 1 BayBesG enthaltene Verweisung auf die Beihilfevorschriften des Bundes hat nicht zur Folge, dass die Beihilfevorschriften in diesem Rahmen den Rang eines Gesetzes erhalten.[66] Eine Satzungsbestimmung des Landkreises München, wonach es untersagt war, während der Badesaison Tiere in das Erholungsgebiet „Unterschleißheimer See" mitzubringen, war verfassungsgemäß.[67] Verfassungsgemäß ist die Beschränkung der Schulpflicht auf Schulbesuchsfähige.[68] Die Verordnung über die Durchführung von Aufgaben der landwirtschaftlichen Marktordnung vom 11. Juni 1955 (BayRS IV S. 487), durch die das Amt für landwirtschaftliche Marktordnung errichtet worden ist, verstößt nicht gegen die Bayerische Verfassung.[69]

Art. 93 [Verwaltungsrechtsweg]

Verwaltungsrechtliche Streitigkeiten entscheiden die Verwaltungsgerichte.

Parallelvorschriften in anderen Landesverfassungen: Art. 67 Abs. 2 BaWüVerf; Art. 141 BremVerf; Art. 61 HmbVerf; Art. 74 NRWVerf; Art. 124 RhPfVerf.

Rechtsprechung: VerfGH 4, 109; 4, 150; 5, 220; 11, 67; 16, 64; 25, 27; 23, 192.

Literatur: Brohm, Zum Funktionswandel der Verwaltungsgerichtsbarkeit, NJW 1984, 8; *Kohl, W.,* Das Reichsverwaltungsgericht, 1990; *Lotz,* 50 Jahre bayerische Verwaltungsgerichte, BayVBl 1997, 1; *Sommermann,* Die deutsche Verwaltungsgerichtsbarkeit, 2. Aufl. 1991.

I. Allgemeines

1. Bedeutung

1   Art. 93 BV bildet den Übergang der Normen über die Rechtspflege zu denen über die Beamten. Er bezieht sich auf einen bestimmten Bereich des Rechtsschutzes und zwar auf den vor der öffentlichen Gewalt. Der Gerichtsschutz vor der Verwaltungstätigkeit besitzt dabei für die rechtsstaatliche Struktur der Verfassung des Freistaates Bayern eine wichtige Rolle (Art. 3 Abs. 1 S. 1 BV). Die Vorstellung, dass auch die Exekutive sich einer Rechtskontrolle durch einen unabhängigen Dritten unterwerfen muss, ist eine zentrale Aussage des rechtsstaatlichen Gedankens.[1] Die Zuständigkeit der Verwaltungsgerichte für verwaltungsrechtliche Streitigkeiten werden für Verwaltungsstreitigkeiten zwischen den Kommunen und dem Staat noch einmal in Art. 83 Abs. 5 und Abs. 6 BV wiederholt.

---

[63] S. u. Art. 98 Rn. 74 ff.; s. auch *Schweiger,* in: Nawiasky/Schweiger/Knöpfle, Art. 92, Rn. 4.
[64] *Pestalozza,* S. 428 Rn. 60.
[65] VerfGH, Ents. v. 19. 7. 2007, Az: Vf. 6-V-06.
[66] VerfGH 48, 149 (152 ff.).
[67] VerfGH 43, 183 (184).
[68] VerfGH 28, 99 ff.
[69] VerfGH 16, 76 ff.
[1] *Schweiger,* in: Nawiasky/Schweiger/Knöpfle, Art. 93, Rn. 3.

Art. 93 BV richtet sich als Norm der bayerischen Landesverfassung aber nur an die Landesgewalten. Da die gesetzliche Regelung über die Gerichtszuständigkeiten wegen Art. 74 Abs. 1 Nr. 1 GG weitgehend durch Bundesgesetz geregelt sind, greift Art. 93 BV nur dann ein, wenn der Bundesgesetzgeber dem Landesgesetzgeber Raum gelassen hat oder wenn die bestehenden Bundesnormen den Gerichten bei der Anwendung einen Gestaltungsspielraum belassen, was aber wegen des Gebots des gesetzlichen Richters nur in ausgesprochenen Ausnahmefällen der Fall sein kann. Art. 93 BV besitzt daher gegenwärtig keine große praktische Relevanz. 2

2. Entstehung

Die endgültige Fassung des Art. 93 BV wurde im VE beschlossen (Art. 104 EVA). Die 3 vorausgehenden Fassungen handelten von der Einrichtung des Verwaltungsgerichtshofs (Art. 8 VE), von den Arten der Gerichtsbarkeit (Art. 51 VE) und von den Entscheidungen der Verwaltungsgerichte auf dem Gebiet der Verwaltungsstreitigkeiten (Art. 8 Abs. 2 E).[2]

Art. 93 BV ist nur vor dem Hintergrund der mühsamen Entstehungsgeschichte der Verwaltungsgerichtsbarkeit in Deutschland zu verstehen. Im 19. Jahrhundert stritt man darum, ob für die Streitigkeiten auf dem Gebiet des Verwaltungsrechts echte Gerichte mit richterlicher Unabhängigkeit oder besondere Exekutivspruchkörper zuständig sein sollten. Schon die Paulskirchen-Verfassung von 1849 versuchte mit § 182 den Streit zu Gunsten der Verwaltungsgerichtsbarkeit zu lösen. Dort hieß es: „Die Verwaltungsrechtspflege hört auf; über alle Rechtsverletzungen entscheiden die Gerichte." Aber erst zum Ende des 19. Jahrhunderts setzte sich die Einrichtung echter Verwaltungsgerichte langsam durch.[3] 4

3. Verhältnis zum Grundgesetz

Das Grundgesetz kennt keine dem Art. 93 BV vergleichbare Norm. Dort sind mit 5 Art. 14 Abs. 3 S. 4 GG und Art. 34 S. 3 GG vielmehr zwei verfassungsrechtliche Zuweisungen zu den Zivilgerichten in öffentlich-rechtlichen Streitigkeiten vorgesehen. Diese beiden Rechtswegzuweisungen genießen gegenüber dem Art. 93 BV Anwendungsvorrang.

Darüber hinaus kennt das Bundesrecht auf der Ebene des einfachen Rechts für die Er- 6 öffnung des Verwaltungsrechtswegs die Generalklausel des § 40 VwGO. § 40 VwGO sieht aber – abweichend vor Art. 93 BV – die Möglichkeit vor, für verwaltungsrechtliche Streitigkeiten im Einzelfall einen anderen Rechtsweg als den zu den Verwaltungsgerichten vorzusehen. Soweit es um die Möglichkeit der abweichenden Regelung geht, gestattet daher § 40 VwGO etwas, was Art. 93 BV untersagt. Da § 40 VwGO eine abweichende Regelung aber nicht verlangt, besteht insoweit keine unauflösbare Normkollision. Daher geht die überwiegende Meinung zu Recht davon aus, dass Art. 93 BV neben § 40 VwGO zur Anwendung kommt.[4] Auch die bayerischen Gerichte zitieren Art. 93 BV gegenwärtig noch. Soweit § 40 Abs. 1 S. 2 VwGO dem Landesgesetzgeber gestattet, öffentlich-rechtliche Streitigkeiten auf dem Gebiet des Landesrechtes durch Landesgesetz anderen Gerichten zuzuweisen, darf der Landesgesetzgeber wegen Art. 93 BV davon nur eingeschränkt Gebrauch machen. Nur die Zuweisung zu besonderen Verwaltungsgerichten gestattet ihm Art. 93 BV. Die bundesrechtliche Ermächtigung an den Landesgesetzgeber entbindet diese nicht von Einhaltung der eigenen Landesverfassung.[5]

---

[2] *Schweiger,* in: Nawiasky/Schweiger/Knöpfle, Art. 93, Rn. 1.
[3] Vgl. dazu *Schweiger,* in: Nawiasky/Schweiger/Knöpfle, Art. 93, Rn. 2.
[4] *Meder,* Art. 93, Rn. 2; *Schweiger,* in: Nawiasky/Schweiger/Knöpfle, Art. 93, Rn. 3.
[5] *Meder,* Art. 93, Rn. 2; vgl. a.a. VerfGH 25, 27 (44).

II. Einzelkommentierung

1. Verwaltungsrechtliche Streitigkeiten

7   Die verwaltungsrechtlichen Streitigkeiten umfassen zunächst den Rechtsschutz gegen Verwaltungsakte.[6] Verwaltungsstreitigkeiten sind weiter auch andere öffentlich-rechtliche Streitigkeiten nicht verfassungsrechtlicher Art, selbst wenn die Verwaltung nicht in Form eines Verwaltungsaktes gehandelt hat. Entscheidend ist allein das Vorliegen einer Rechtsstreitigkeit auf dem Gebiet des öffentlichen Rechts. Ausgeklammert werden nur die Streitigkeiten zwischen Verfassungsorganen über verfassungsrechtliche Rechte und Pflichten, da dies verfassungsrechtliche Streitigkeiten und keine verwaltungsgerichtlichen sind – für sie ist ggf. der VerfGH zuständig.

2. Verwaltungsgerichte

8   Verwaltungsgerichte im Sinne von Art. 93 BV sind die allgemeinen und besonderen Verwaltungsgerichte. Diese sind von der ordentlichen Gerichtsbarkeit abzugrenzen. Art. 93 BV will ein Entscheidungsmonopol der Verwaltungsgerichte für verwaltungsrechtliche Streitigkeiten begründen. Art. 93 BV setzt voraus, dass die Verwaltungsgerichte die verfassungsrechtlichen Eigenschaften der Gerichte (Unabhängigkeit und Unparteilichkeit, Garantie der Justiz, angemessene Beweismittel, angemessene Entscheidungsbefugnisse) besitzen.[7] Darin liegt gerade eine wesentliche Funktion des Art. 93 BV. Er will verhindern, dass der Gesetzgeber Institutionen schafft, die er zwar Verwaltungsgerichte nennt, die materiell aber nicht die Anforderungen an Gerichte erfüllen. Art. 93 BV enthält auch eine institutionelle Garantie der Verwaltungsgerichtsbarkeit. Nicht gesichert ist durch Art. 93 BV der Instanzenzug.[8]

3. Entscheiden

9   Sofern eine verwaltungsrechtliche Streitigkeit vorliegt, muss diese gemäß Art. 93 BV vor den Verwaltungsgerichten anhängig gemacht werden können. Ausnahmen sieht die Verfassung nicht ausdrücklich vor. Sie wären daher nur verfassungsimmanent zu begründen. Solange dies nicht der Fall ist, begründet Art. 93 BV demnach eine umfassende Generalklausel für die Eröffnung des Verwaltungsrechtswegs.[9]

10   Die Entscheidung bezieht sich auf die Rechtsstreitigkeit selbst. Art. 93 BV verlangt, dass die Streitigkeit von den Verwaltungsgerichten gelöst wird. Die Norm ist nicht so zu verstehen, dass die Auslegung jeder öffentlich-rechtlichen Norm bei den Verwaltungsgerichten monopolisiert wäre. Die Befugnis der ordentlichen Gerichte, im Rahmen ihrer Zuständigkeit öffentlich-rechtliche Fragen als Vorfrage mitzuentscheiden, verstößt nicht gegen Art. 93 BV.[10] Umgekehrt sind auch die Verwaltungsgerichte durch Art. 93 BV nicht daran gehindert, zivilrechtliche Fragen inzident zu entscheiden.[11] Die rechtssatzmäßige Festlegung der verwaltungsgerichtlichen Vorfragenkompetenz verstößt nicht gegen Art. 93 BV.[12]

11   Aus dem Wort „entscheiden" kann man gewisse Mindestbedingungen an den Urteilsspruch folgern. Die Verwaltungsgerichte müssen nach Art. 93 BV die Befugnis haben, die Streitigkeit mit Verbindlichkeit gegenüber allen Beteiligten zu entscheiden. Daraus lassen sich gewisse Folgerungen hinsichtlich der Prüfungsbefugnis, der Beweiserhebungsrechte und der Verfahrensgestaltung ableiten, auch wenn diese Fragen nicht das eigentliche Thema des Art. 93 BV sind. Art. 93 BV setzt erkennbar die besonderen verfassungsrechtlichen Garantien für die rechtsprechende Gewalt voraus und baut auf diesen auf.

---

6   VerfGH 4, 109 (149); VerfGH 4, 150 (178); VerfGH 5, 220 (224 f.); VerfGH 11, 67 (80).

7   *Schweiger,* in: Nawiasky/Schweiger/Knöpfle, Art. 93, Rn. 6.

8   VerfGH 6, 27; *Schweiger,* in: Nawiasky/Schweiger/Knöpfle, Art. 93, Rn. 4.

9   *Schweiger,* in: Nawiasky/Schweiger/Knöpfle, Art. 93, Rn. 4.

10   *Meder,* Art. 93, Rn. 1.

11   VerfGH 16, 64 (65); VerfGH 23, 192 (198 f.); *Meder,* Art. 93, Rn. 1.

12   VerfGH 23, 192 (LS 2).

9. Abschnitt. Die Beamten

Art. 94 [Ernennungsgrundsätze]

(1) Die Beamten des Staates, der Gemeinden und Gemeindeverbände werden nach Maßgabe der Gesetze vom Volk gewählt oder von den zuständigen Behörden ernannt.

(2) Die öffentlichen Ämter stehen allen wahlberechtigten Staatsbürgern nach ihrer charakterlichen Eignung, nach ihrer Befähigung und ihren Leistungen offen, die, soweit möglich, durch Prüfungen im Wege des Wettbewerbs festgestellt werden. Für die Beförderung des Beamten gelten dieselben Grundsätze.

Parallelvorschriften im GG und in anderen Landesverfassungen: Art. 33 GG; Art. 2 BaWüVerf; Art. 19 BerlVerf; Art. 96 BbgVerf; Art. 128 BremVerf; Art. 59 HambVerf; Art. 134, 135 HessVerf; Art. 71 M-VVerf; Art. 19 RhPfVerf; Art. 91–92 SächsVerf; Art. 8 Abs. 2 SachsAnhVerf; Art. 96 ThürVerf.

Rechtsprechung: VerfGH 14, 30; 14, 77; 17, 46; 36, 10; 42, 34; 42, 135; 46, 104; 50, 76.

Literatur: Battis, Kommentar zum BBG, 3. Aufl., 2004; *Günther,* Beiladung im vorläufigen Rechtsschutz der Beförderungskonkurrenz, ZBR 2006, 117; *Hoof,* Schadensersatzpflicht des unterlegenen Bewerbers in beamtenrechtlichen Stellenbesetzungsverfahren nach erfolglosem Antrag auf einstweiligen Rechtsschutz, DÖV 2005, 234; *Lecheler,* Die „hergebrachten Grundsätze des Berufsbeamtentums" in der Rechtsprechung des Bundesverfassungsgerichts und des Bundesverwaltungsgerichts, AöR 103 (1978), 349; *Rothfuchs,* Das Vorschlagsrecht zur Wahl des Beigeordneten im Land Brandenburg – (einstweiliger) Rechtsschutz des übergangenen Bewerbers und der Grundsatz der Bestenauslese, LKV 2006, 114 ff.; *Schnellenbach,* Beamtenrecht in der Praxis, 6. Aufl. 2005; *Schrader,* Rechtsbegriff und Rechtsentwicklung der Verfassungstreue im öffentlichen Dienst, 1985; *Stern,* Zur Verfassungstreue der Beamten, 1974; *Summer,* Gesetzliche Neuregelungen im Beamtenrecht, BayVBl 1983, 65; *Verlage,* Die Konkurrentenklage bei rechtswidriger Stellenbesetzung, DVP 2005, 359; *Wassermann,* Ämterpatronage durch politische Parteien, NJW 1999, 2330; *Wichmann/Langer,* Öffentliches Dienstrecht, 6. Aufl. 2007; *Wiegand,* Kein Grundrechtsschutz für Extremisten, NJ 1993, 396.

Übersicht

I. Allgemein

1. Bedeutung des Art. 94 BV

a) Das Berufsbeamtentum nach der BV. Anders als das GG widmet die Bayerische **1** Verfassung den Beamten einen eigenen Abschnitt und betont damit deren zentrale Rolle für den Staat. In Abkehr zur WRV werden die Bestimmung auch nicht in den Hauptteil von den Grundrechten und Grundpflichten (Art. 128 bis 131 WRV), sondern in den ersten Hauptteil vom Aufbau und Aufgaben des Staates eingegliedert. Die systematische Stellung betont die Eigenschaft der Beamten als Teil des Staates, nicht als gesellschaftliche Gruppe.[1] Die Normen sollen daher an erster Stelle auch nur objektives Recht, keine Grundrechte oder grundrechtsähnliche Rechte begründen[2] (Ausnahmen: Art. 94 Abs. 2 Satz 2 BV und 95 BV[3]). Die Art. 94 bis 96 BV sprechen die Beamten im staatsrechtlichen

---

[1] *Schweiger,* in: Nawiasky/Schweiger/Knöpfle, Art. 94, Rn. 2.
[2] VerfGH 11, 37 (42).
[3] *Schweiger,* in: Nawiasky/Schweiger/Knöpfle, Art. 94, Rn. 2.

Sinne an, während Art. 97 BV vom erweiterten, haftungsrechtlichen Beamtenbegriff ausgeht. Keine Beamten i. S. der Art. 94 bis 96 BV sind vor allem Angestellte und Arbeiter des
öffentlichen Dienstes, Mitglieder des Landtags oder der Staatsregierung. Auch ehrenamtliche Gemeinderatsmitglieder werden überwiegend herausgenommen.[4]

2   Die Bayerische Verfassung hat sich ebenso wie das Grundgesetz zur Wiederherstellung
des Berufsbeamtentums unter Berücksichtigung der dafür geltenden hergebrachten
Grundsätze entschieden (Art. 95 Abs. 1 Satz 2 BV, Art. 33 Abs. 4 und 5 GG). Auch nach der
BV ist das Berufsbeamtentum eine Institution, die, gegründet auf Sachwissen, fachliche
Leistung und loyale Pflichterfüllung, eine stabile Verwaltung sichern und damit einen
ausgleichenden Faktor gegenüber den das Staatsleben gestaltenden politischen Kräften
darstellen soll.[5]

3   Außerhalb der Art. 94 bis 97 BV enthält die BV weitere Normen mit beamtenrecht-
lichem Bezug: wie etwa Art. 55 Nr. 4 und 6 BV, Art. 107 Abs. 4 BV, Art. 116 BV, Art. 133
Abs. 2 BV und Art. 187 BV. Die Bayerische Verfassung widmet sich dabei deutlich ausführlicher als die meisten anderen Landesverfassungen dem Beamtenrecht. Sie betont dabei die
Bedeutung, die sie diesem speziellen Personalkörper einräumt. Es ist nicht ausgeschlossen,
dass die gut funktionierende Verwaltung im Freistaat Bayern auch auf dem angemessenen
Stellenwert beruht, den die Verfassung den Beamten einräumt.

4   Der Beamte steht zu seinem Dienstherrn in einem öffentlich-rechtlichen Dienst- und
Treueverhältnis. Dieses ist ein gegenseitiges Rechtsverhältnis, das beide Seiten verpflich-
tet. Die Tätigkeit des Beamten ist notwendig der Gesamtheit als solcher geschuldet, nicht
einer Partei, auch dann nicht, wenn diese die absolute Mehrheit besitzt (Art. 96 Satz 1 BV).
Das Beamtentum soll ein tragendes Element der Kontinuität im Aufbau des demokratischen Staates bilden. Daher ist die Verfassungstreue die wesentliche Basis der Tätigkeit der
Beamten (Art. 96 Satz 2 BV). Die Sonderstellung der Beamten beruht gerade auf der
Funktion, durch einen besonderen Rechtsstatus den Beamten in die Lage zu versetzen,
nicht den wechselnden politischen Verhältnissen unterworfen zu sein. Das Rechtsverhältnis soll den Grundsatz der Gesetzmäßigkeit der Verwaltung (Art. 55 Nr. 1 BV) realisieren.[6]

5   Auch im Beamtenrechtsverhältnis gelten zu Gunsten der Beamten die Grundrechte.[7]
Allerdings können sich spezifische Beschränkungsmöglichkeiten für den Dienstherrn
daraus ergeben, dass der Beamte freiwillig in ein Sonderrechtsverhältnis eingetreten ist.
Aus dieser Zweckbestimmung heraus lassen sich bestimmte Beschränkungen legitimieren.[8]

6   Das Demokratieprinzip einerseits und die Ressortverantwortlichkeit des Ministers andererseits verlangen nach einem hierarchisch-bürokratischen Aufbau der Verwaltung
(Art. 55 Nr. 5 BV). Der Weisungsgebundenheit als solche kann der Beamte sich nicht etwa
unter Berufung auf das Gemeinwohl entziehen. Er darf nicht den Vollzug von Weisungen,
die er für unzweckmäßig hält, verweigern.[9]

7   Kompetenzrechtlich stand dem Bund von 1949 bis 2006 nach Art. 75 Abs. 1 Nr. 1 GG
ein Titel der Rahmengesetzgebung für die Regelung der „Rechtsverhältnisse der im öffentlichen Dienste der Länder, Gemeinden und anderen Körperschaften des öffentlichen
Rechts stehenden Personen" zu. Soweit es um die Besoldung bzw. die Versorgung der Beamten und Richter ging, hatte der Bund seit 1971 noch weitergehende Gesetzgebungskompetenzen, da dieser Bereich der konkurrierenden Gesetzgebung nach Art. 74a Abs. 1
und 4 GG unterfiel. Durch die Einfügung des Art. 74a GG hatte der Bund seine Kompe-

---

[4] VerfGH 9, 47 (52); vgl. a. VerfGH 11, 37 (45 ff.); *Schweiger,* in: Nawiasky/Schweiger/Knöpfle,
Art. 94, Rn. 7.
[5] VerfGH 23, 98 (102); VerfGH 37, 140 (145).
[6] *Schweiger,* in: Nawiasky/Schweiger/Knöpfle, Art. 94, Rn. 4.
[7] VerfGH 11, 203 (211); VerfGH 13, 89.
[8] *Schweiger,* in: Nawiasky/Schweiger/Knöpfle, Art. 94, Rn. 5.
[9] VerfGH 13, 147 (LS 3).

tenz im Bereich des Besoldungsrechts erweitert. Von diesen Ermächtigungen hatte der Bund vor allem im BRRG, im Bundespersonalvertretungsgesetz – BPersVG – im Bundesbesoldungsgesetz – BBesG – und im Beamtenversorgungsgesetz – BeamtVG – Gebrauch gemacht. Die verbliebenen landesrechtlichen Regelungsspielräume hatte Bayern insbesondere durch das Bayerische Besoldungsgesetz (BayBesG) ausgefüllt; für die kommunalen hauptamtlichen Wahlbeamten auf Zeit (d. h. für berufsmäßige Bürgermeister, berufsmäßige Gemeinderatsmitglieder und für Landräte) gilt die Bayerische Kommunalbesoldungsverordnung (BayKomBesV), die auf der Grundlage der Ermächtigung in § 21 Abs. 2 BBesG erlassen wurde.

Mit der Föderalismusreform haben sich mit Wirkung zum 1. 9. 2006 die Gesetzgebungsbefugnisse im Beamtenrecht, bezogen auf die Landesbeamten, erheblich verändert. Die Rahmengesetzgebungskompetenzen sind entfallen, Art. 74a GG wurde aufgehoben und ein neuer Titel der konkurrierenden Gesetzgebung wurde eingefügt. Art. 74 Abs. 1 Nr. 27 GG betrifft nun die Statusrechte und -pflichten der Beamten der Länder, Gemeinden und anderer Körperschaften des öffentlichen Rechts sowie der Richter in den Ländern mit Ausnahme der Laufbahnen, Besoldung und Versorgung. **8**

b) Bedeutung des Art. 94 BV. Art. 94 BV steht zu Beginn des 9. Abschnitts, da er den **9** Zugang zu den Ämtern selbst normiert. Abs. 1 legt die Übertragungsmöglichkeiten von öffentlichen Ämtern fest. Art. 94 Abs. 2 BV normiert zwei Grundsätze. Zum einen sind die öffentlichen Ämter allen zugänglich. Zum anderen soll für die Auswahl zwischen mehreren Bewerbern und die Übertragung des Amtes nur die Eignung, Befähigung und Leistung entscheidend sein und keine anderen Kriterien (Leistungsprinzip). Das Leistungsprinzip des Art. 94 Abs. 2 BV gehört zu den das Berufsbeamtentum prägenden Grundsätzen.[10] Art. 94 Abs. 2 BV wird hinsichtlich des Rechts des allgemeinen Zugangs zu den öffentlichen Ämtern durch Art. 116 und Art. 107 Abs. 4 BV ergänzt.

Nach ständiger Rechtsprechung des VerfGH gewährt Art. 94 BV keine subjektiven **10** Rechte.[11] Die subjektiven Rechte in diesem Bereich werden vielmehr durch Art. 116 BV vermittelt. Als Ausnahme ist Art. 94 Abs. 2 Satz 2 BV zu nennen, der die subjektiven Rechte der Beamten selbst begründet.[12]

2. Entstehungsgeschichte

Art. 94 Abs. 1 BV blieb im Gesetzgebungsverfahren weitgehend unverändert. Seine **11** Ursprungsfassung (Art. 58 Abs. 1 VE) unterschied sich von der endgültigen Fassung nur insoweit, als nicht von den zuständigen Behörden, sondern von der Staatsregierung gesprochen wurde. Seine endgültige Fassung erhielt er im VVA (Art. 65 Abs. 1 E). Abs. 2 hat dagegen erhebliche Veränderung erfahren. In der vorgeschlagenen Fassung (Art. 58 Abs. 2 Satz 1 VE und Art. 65 Abs. 2 Satz 1 E) war nur von dem Grundsatz der Allgemeinzugänglichkeit der öffentlichen Ämter ohne Auswahlkriterien auf charakterliche Eignung und Befähigung die Rede. Nach Satz 2 konnte nur die Zulassung zu bestimmten Ämtern von der Ablegung von Prüfungen abhängig gemacht werden. Die endgültige Fassung hat der Absatz 2 erst im VA erhalten.[13] Nicht beschlossen wurde eine vom VVA als „Kann-Bestimmung" vorgeschlagene Vorschrift, nach der Beamte hinsichtlich ihrer politischen Betätigung nach Maßgabe des Beamtengesetzes Beschränkungen unterworfen seien.[14]

---

[10] VerfGH 56, 75 (86 ff.).

[11] VerfGH 11, 37 (42); VerfGH 20, 153 (156); VerfGH 27, 172 (175); VerfGH 36, 106 (109); *Paptistella,* in: Praxis der Kommunalverwaltung Bayern, Art. 94 BV.

[12] *Schweiger,* in: Nawiasky/Schweiger/Knöpfle, Art. 94, Rn. 2.

[13] Vgl. Prot. II S. 426 f., 432 bis 438; Art. 105 Abs. 2 EVA; *Schweiger,* in: Nawiasky/Schweiger/Knöpfle, Art. 94, Rn. 1.

[14] Prot. II S. 439 bis 447 und Prot. IV S. 167.

3. Verhältnis zum Grundgesetz

12   Art. 94 bis 96 BV gelten neben Art. 33 Abs. 5 GG, Art. 33 Abs. 4 GG und Art. 33 Abs. 2 GG, sowie Art. 33 Abs. 3 Satz 1 GG weiter.[15] Eine dem Art. 33 Abs. 4 GG vergleichbare Regelung findet sich in der BV nicht.[16] Die Vorgaben von Art. 94 Abs. 2 S. 1 BV decken sich – sofern es um die objektiv-rechtliche Seite geht – weitgehend mit Art. 33 Abs. 2 GG. Art. 33 Abs. 2 GG schließt die Feststellung einer Prüfung der Befähigung und der fachlichen Leistungen im Wege des Wettbewerbs nicht aus.[17] Art. 98 Abs. 4 GG, der die Mitwirkung von Richterwahlausschüssen gestattet, begründet nur eine Ermächtigung, aber keine entsprechende Pflicht für die Länder.

II. Einzelkommentierung

1. Die Ernennung der Beamten – Art. 94 Abs. 1 BV

13   **a) Ernennung.** Art. 94 Abs. 1 BV kennt zwei Formen der Berufung in ein Amt: die Wahl oder die Ernennung. Ernennung ist ein formgebundener Verwaltungsakt, der der Zustimmung des Betroffenen bedarf. Die Wahl ist eine Mehrheitsentscheidung eines Gremiums. Art. 55 Nr. 4 BV spricht von der Ernennung der Staatsbeamten, nicht aber von deren Wahl. Art. 55 Nr. 4 BV will dennoch zutreffender Ansicht nach Art. 94 Abs. 2 BV nicht einschränken.[18] Art. 55 Nr. 4 BV bezieht sich nicht auf die Beamten, die auf Grund des Art. 94 Abs. 1 BV vom Volk gewählt werden.[19] Die in Art. 94 Abs. 1 BV vorgesehene Ernennung der bayerischen Staats- und Kommunalbeamten ist allerdings einfach-rechtlich der Regelfall. Gegenwärtig ist die Volkswahl von Beamten nur für bestimmte kommunale Wahlbeamte, nämlich die Ersten Bürgermeister und die Landräte, gesetzlich festgelegt (vgl. Art. 17 GO, Art. 40 Abs. 1 GLKrWG; Art. 31 Abs. 1 Satz 2 LKrO; Art. 1 Nr. 1 und 2 KWBG).[20] Beamte sind auch die kommunalen Wahlbeamten.[21]

14   **b) Erfasster Personenkreis.** Art. 94 bis 96 BV gelten auch für die Richter,[22] auch wenn die Rechtspflege selbst im 8. Abschnitt normiert ist. Für Richter der ordentlichen Gerichtsbarkeit soll die Wahl ausgeschlossen sein. Aus dem Begriff „ernennen" schließt man bei Art. 87 Abs. 2 BV, dass Richter der ordentlichen Gerichtsbarkeit nur ernannt und nicht gewählt werden dürfen.[23]

15   **c) Verpflichtete.** Mit Staat in Art. 94 BV ist der Freistaat Bayern gemeint, die Begriffe Gemeinde und Gemeindeverbände nehmen auf Art. 10 und Art. 11 BV Bezug. Zu den in Art. 94 Abs. 1 BV genannten Körperschaften des öffentlichen Rechts stehen die Beamten in einem öffentlich-rechtlichen Dienst- und Treueverhältnis.

2. Das Leistungsprinzip bei Einstellung – Art. 94 Abs. 2 BV

16   **a) Überblick.** Art. 94 Abs. 2 S. 1 BV normiert zwei Grundsätze. Zum einen die Allgemeinzugänglichkeit zu den öffentlichen Ämtern, zum anderen die Auswahl anhand des

---

[15] *Paptistella,* in: Praxis der Kommunalverwaltung Bayern, Art. 94 BV.

[16] Vgl. VerfGH 9, 47 (51); VerfGH 11, 37 (45); *Schweiger,* in: Nawiasky/Schweiger/Knöpfle, Art. 94, Rn. 6.

[17] VerfGH 12, 91 (108 f.); *Schweiger,* in: Nawiasky/Schweiger/Knöpfle, Art. 94, Rn. 6.

[18] So auch *Meder,* Art. 94, Rn. 3.

[19] VerfGH 12, 91 (103); *Meder,* Art. 94, Rn. 3.

[20] *Paptistella,* in: Praxis der Kommunalverwaltung Bayern, Art. 94 BV; *Schweiger,* in: Nawiasky/Schweiger/Knöpfle, Art. 94, Rn. 6.

[21] *Paptistella,* in: Praxis der Kommunalverwaltung Bayern, Art. 94 BV; *Meder,* Vorbem. vor Art. 94 Rn. 1.

[22] *Paptistella,* in: Praxis der Kommunalverwaltung Bayern, Art. 94 BV; *Meder,* Vorbem. vor Art. 94 Rn. 1.

[23] VerfGH 9, 47 (54); *Meder,* Art. 94 Rn. 13; *Hoegner,* S. 127; *Paptistella,* in: Praxis der Kommunalverwaltung Bayern, Art. 94 BV.

Leistungskriteriums. Verlangen bundesrechtliche Vorschriften die bevorzugte Einstellung bestimmter Gruppen, sind diese Normen nicht an Art. 94 Abs. 2 BV zu messen, sondern nur am GG, insbesondere an Art. 33 Abs. 2 GG.

b) Verhältnis von Art. 94 Abs. 2 BV und Art. 116 BV. Der Leistungsgrundsatz ist **17** auch in Art. 116 BV niedergelegt. Das Verhältnis der beiden Vorschriften zueinander ist nicht einfach. Art. 94 Abs. 2 BV ist enger als Art. 116 BV. Die in Art. 94 Abs. 2 BV erwähnte Voraussetzung der charakterlichen Eignung und die Vorgabe, die Leistungskriterien möglichst durch Prüfungen im Wege des Wettbewerbs festzustellen, finden sich in Art. 116 BV nicht. Art. 116 BV ist ein Grundrecht, das einen besonderen Anwendungsfall des Gleichheitssatzes darstellt und sich gegen eine aus unsachlichen Gründen erfolgende unterschiedliche Behandlung von Bewerbern richtet.[24] Überwiegender Ansicht nach ist Art. 116 BV nur nach Maßgabe des Art. 94 Abs. 2 Satz 1 BV gewährt, d. h. die engeren Vorgaben des Art. 94 Abs. 2 S. 1 BV sind in Art. 116 BV hineinzulesen.[25]

c) Öffentliche Ämter. Öffentliche Ämter sind zunächst die Beamtenpositionen. Be- **18** amtenstellen sind die Stellen im öffentlichen Dienst, die im Haushaltsplan als solche ausgewiesen sind. Die Ernennung richtet sich nach den einfachrechtlichen Vorschriften des Beamtenrechts. Nach überwiegender Ansicht sollen auch die Richterstellen unter Art. 94 Abs. 2 S. 1 BV fallen, nicht aber die Mandate der ehrenamtlichen Gemeinderatsmitglieder und die Mandate der Landtagsabgeordneten. Öffentliche Ämter, die keinen Beamtenstatus besitzen, aber öffentlich-rechtliche Rechtsverhältnisse als Grundlage haben, werden auch von Art. 94 Abs. 2 S. 1 BV erfasst, sofern keine abschließende verfassungsrechtliche Sonderregelung besteht. Nicht einbezogen sein dürften etwa die Positionen der Staatsminister, da für diese eigene Ernennungsvorschriften bestehen (Art. 45 BV).

d) Allen wahlberechtigten Staatsbürgern. Ob der Staatsbürger wahlberechtigt ist, **19** richtet sich nach Art. 14 BV. Staatsbürger i. S. v. Art. 94 BV ist jeder, der die deutsche Staatsbürgerschaft besitzt oder Deutscher i. S. d. GG ist. Auf eine bayerische Staatsbürgerschaft ist Art. 94 BV nicht bezogen.

e) Charakterliche Eignung, Befähigung und Leistung. *aa) Begriffsverständnis.* Die **20** Befähigung umfasst die für die dienstliche Verwendung wesentlichen Fähigkeiten, Kenntnisse und Fertigkeiten. Hierzu gehört insbesondere die erfolgreiche Absolvierung von Ausbildungsgängen.

Die fachliche Leistung bezieht sich auf die nach dienstlichen Anforderungen bewerte- **21** ten Arbeitsergebnisse und ist aufgrund praktischer Tätigkeit zu beurteilen.

Die „charakterliche Eignung" meint anlage- und entwicklungsbedingte Persönlichkeits- **22** merkmale, mithin eine Persönlichkeitsstruktur, die Gewähr für eine sachgerechte Amtsausführung bietet. Zur Eignung gehört auch die Verfassungstreue. Ein Eignungsmangel ist gegeben, wenn nicht die Gewähr dafür besteht, dass der Beamte jederzeit für die freiheitliche demokratische Grundordnung eintritt (s. Art. 96 BV). Diese Gewähr ist ein unerlässliches persönliches Eignungsmerkmal.[26] Die „Gewähr bietet" der Bewerber dann, wenn keine Umstände vorliegen, die nach der Überzeugung der Ernennungsbehörde die künftige Erfüllung der Pflicht zur Verfassungstreue zweifelhaft erscheinen lassen.[27]

Zu Art. 33 Abs. 2 GG hat das BVerfG es bekanntlich für zulässig gehalten, aus der Zu- **23** gehörigkeit eines Bewerbers zu einer verfassungsfeindlichen Partei auf dessen Eignungsmangel zu schließen. Das soll auch vor der Erklärung der Verfassungswidrigkeit der Partei gelten. Diese Ansicht wird auf Art. 94 Abs. 2 BV übertragen.[28]

---

[24] VerfGH 14, 30 (42).
[25] *Schweiger,* in: Nawiasky/Schweiger/Knöpfle, Art. 94, Rn. 7; Prot. II S. 432 bis 438.
[26] *Meder,* Art. 94, Rn. 4.
[27] VGH BayVBl 1974, 275 (277) = ZBR 1974, 136; *Meder,* Art. 94, Rn. 4 a.
[28] VGH BayVBl 1974, 275 f. = ZBR 1974, 136; *Meder,* Art. 94, Rn. 4 a.

24   Die Eignung ist nicht als Gegenstück zur „Befähigung" und zu den „Leistungen" aufzufassen, sondern als deren Ergänzung. Das erfolgreiche Bestehen aller Leistungsprüfungen kann als Indiz für das Vorliegen wichtiger Charaktereigenschaften für die Amtsführung verstanden werden, insbesondere von Selbstdisziplin, geistiger Selbständigkeit, Fleiß und Gründlichkeit.

25   *bb) Konkretisierungsauftrag.* Inhalt und Ausmaß von Eignung, Befähigung und Leistung sind nicht abstrakt, sondern konkret am Aufgabenbereich des in Betracht kommenden Amtes zu messen.[29] Eine feste Regel dafür, nach welchen Grundsätzen die maßgeblichen Auswahlkriterien „charakterliche Eignung", „Befähigung" und „Leistungen" bei der Ernennung und der Beförderung der Beamten festzustellen sind, lässt sich nicht aufstellen.[30] Der Art. 94 Abs. 2 S. 1 BV belässt dem Gesetzgeber ein gewisses Ermessen. In dessen Rahmen ist für Bestimmungen Raum, die die Zulassung zu den öffentlichen Ämtern und die Beförderungen unter den Gesichtspunkten dieser Auswahlmerkmale regeln.[31]

26   Der Gesetzgeber darf für das jeweilige Amt bestimmte Profile schaffen; allerdings ist er dabei nicht vollständig frei, vielmehr müssen seine Forderungen zu dem Wesen und den Aufgaben des Amtes eine besondere Beziehung haben.[32] Sie müssen sachgerecht sein und dürfen sich nicht wie eine Zugangssperre auswirken.[33]

27   Zulässig sind etwa die Promotion als Zulassungsvoraussetzung für den höheren Bibliotheksdienst;[34] Lateinkenntnisse für Gymnasiallehrer.[35] Unzulässig war dagegen die Forderung für die Wählbarkeit des Landrats, dass dieser eine „mehrjährige Tätigkeit beim Aufbau des demokratischen Staates" vorzuweisen habe.[36] Es verstößt nicht gegen die Bayerische Verfassung, wenn Sonderschuloberlehrer mit einer Ausbildungszeit von nur zwei Semestern am früheren Staatsinstitut für die Ausbildung der Lehrer an Sonderschulen in München den Sonderschullehrern besoldungsmäßig gleichgestellt werden.[37]

28   **f) Zugang.** *aa) Kein Anspruch auf Übertragung.* Art. 94 Abs. 2 BV ermöglicht es daher jedem Wahlberechtigten nach Maßgabe seiner charakterlichen Eignung, Befähigung und Leistung, als Beamter in den öffentlichen Dienst zu treten.[38] Art. 94 Abs. 2 Satz 1 BV gibt allerdings ebenso wie Art. 116 BV niemandem ein Recht auf ein Amt, selbst wenn er die aufgestellten Voraussetzungen erfüllt. Art. 94 Abs. 2 BV vermittelt keinen Anspruch auf Übertragung eines Amtes.[39] Die Norm schränkt aber das Ermessen der Anstellungs- und Einstellungsbehörden ein.[40] Alle Bewerber müssen die gleiche Chance der Bewerbung besitzen.[41]

29   *bb) Verbot anderer Auswahlkriterien als Leistungskriterien.* Art. 94 Abs. 2 BV schreibt vor, nach welchen Kriterien die Vergabe von öffentlichen Ämtern zu erfolgen hat. Nur wenn diese Kriterien nicht zu einem Ergebnis führen, kann man auf weitere Hilfskriterien abstellen. Art. 94 Abs. 2 BV untersagt Regelungen, nach denen geeignete Bewerber beliebig von einem Amt von vornherein ausgeschlossen werden.[42]

---

[29] VerfGH 6, 35.
[30] VerfGH 26, 1.
[31] VerfGH 26, 1.
[32] VerfGH 29, 163 (169 f.); *Meder,* Art. 94, Rn. 5.
[33] VerfGH 7, 40 (47); VerfGH 17, 46 (53); VerfGH 23, 169 (174); *Meder,* Art. 94, Rn. 5.
[34] VerfGH 29, 163.
[35] VerfGH 37, 43 ff. (mittlerweile einfach-rechtlich überholt).
[36] VerfGH 6, 35 (36).
[37] VerfGH, Ent. v. 13. 2. 1981, Az: Vf.1-VII-80.
[38] *Meder,* Art. 94, Rn. 4.
[39] VerfGH 12, 91 (109); VerfGH 20, 153 (158); *Meder,* Art. 94, Rn. 4.
[40] VerfGH 4, 51 (60); *Schweiger,* in: Nawiasky/Schweiger/Knöpfle, Art. 94, Rn. 8.
[41] VerfGH 19, 51 (57).
[42] VerfGH 6, 35 (52).

Eine Abweisung aus einem der folgenden Gesichtspunkte ist unzulässig: (a) religiöse **30**
Gründe (s. a. Art. 107 Abs. 4 BV), außer bei religions- oder konfessionsgebundenen Ämtern,[43] und bei religiösen Überzeugungen, die zugleich einen Eignungsmangel begründen (religiöse Fanatismus); (b) politische Gründe;[44] (c) wegen fehlender Beziehungen,[45] oder der Herkunft.[46] Der Umstand, dass die Laufbahnbefähigung bei einem anderen als dem um Einstellung angegangenen Dienstherrn erworben wurde, begründet als solchen keinen rechtserheblichen Unterschied hinsichtlich der Eignung, Befähigung und fachlichen Leistung.[47]

Bei Abweisung eines Bewerbers steht der Verwaltungsrechtsweg gem. Art. 93 BV of- **31**
fen.[48] Eine echte „Konkurrentenklage" steht dem Beamten aber nicht zu.[49] Der Inhaber eines Amtes im funktionellen Sinne hat bei einer besoldungsmäßigen Aufwertung desselben zu einem Amt im statusrechtlichen Sinne keinen Anspruch darauf, in dieses Amt im Wege der Ernennung eingewiesen zu werden.[50]

cc) Zusicherungen. Die Zusicherungen von Anstellungen oder Beförderungen werden **32**
durch Art. 94 Abs. 2 BV nicht ausgeschlossen. Sie dürfen allerdings auch nicht zu seiner Umgehung verwendet werden. Für die Abgabe einer entsprechenden Zusicherung muss daher ein sachlicher Grund bestehen, und im Moment der Zusicherung müssen die Kriterien des Art. 94 Abs. 2 BV, soweit dies möglich ist, beachtet werden.[51]

g) Verpflichtete. Art. 94 Abs. 2 BV verpflichtet alle Stellen, die über die Vergabe von **33**
öffentlichen Ämter zu entscheiden haben.[52] Diese müssen sich unsachlichen Einwirkungen von dritter Seite verschließen. Die Leistungskriterien schließen nicht jedes Maß an sachgerechtem Ermessen aus.[53] Die unbestimmten Rechtsbegriffe „charakterliche Eignung" und „Befähigung" lassen nach der Rechtsprechung der Verwaltungsgerichte der Verwaltung einen Beurteilungsspielraum.

h) Das Leistungsprinzip bei Wahlen. Das Leistungsprinzip des Art. 94 Abs. 2 BV **34**
gilt vom Ausgangspunkt her auch für die Übertragung der öffentlichen Ämter durch Wahl gem. Art. 94 Abs. 1 BV. Die Auswahl durch Wahl kann aber offenbar mit dem Leistungsprinzip in Spannung treten.[54] Die Legitimation durch Wahl besitzt einen anderen Charakter als die durch eine Ernennung anhand der Leistungskriterien. Das Leistungsprinzip gilt daher nicht unmittelbar bei der Wahl, sondern im Vorfeld. Die beiden Verfassungsgrundsätze können nur zum Ausgleich gebracht werden, wenn der Gesetzgeber durch normative Vorgaben materielle Mindestvoraussetzungen normiert, die Eignung, Befähigung und Leistung für das konkrete Wahlamt konkretisieren. Ob Art. 31 Abs. 1 S. 2 LKrO diesen Voraussetzungen genügt, wird in der Literatur mit guten Gründen bestritten.[55] Der VerfGH kritisierte das Fehlen von materiellen Voraussetzungen zwar, hielt die Norm dennoch noch für verfassungsgemäß.[56]

i) Feststellung der Leistungskriterien. Art. 94 Abs. 2 S. 1 HS 2 BV schreibt ausdrück- **35**
lich vor, wie die Leistungskriterien (Eignung, Befähigung und Leistung) möglichst fest-

---

[43] VerfGH 19, 51 (57); VerfGH 20, 159 (165).
[44] VerfGH 10, 76 (85).
[45] *Paptistella,* in: Praxis der Kommunalverwaltung Bayern, Art. 94 BV.
[46] *Paptistella,* in: Praxis der Kommunalverwaltung Bayern, Art. 94 BV.
[47] BVerwGE 68, 109 ff.
[48] VerfGH 20, 153 (158); *Meder,* Art. 94, Rn. 4.
[49] *Meder,* Art. 94, Rn. 4.
[50] VerfGH 26, 1.
[51] *Meder,* Art. 94, Rn. 4.
[52] *Meder,* Art. 94, Rn. 5.
[53] VerfGH 12, 91 (108).
[54] *Meder,* Art. 94, Rn. 6.
[55] *Meder,* Art. 94, Rn. 6; *Schweiger,* in: Nawiasky/Schweiger/Knöpfle, Art. 94, Rn. 8.
[56] VerfGH 12, 91 (106 ff.).

zustellen sind: durch Prüfungen im Wege des Wettbewerbs. Die Prüfungen sollen eine gerechte Auslese erleichtern.[57]

36   Der Gesetzgeber besitzt bei der Ausgestaltung des Wettbewerbsprinzips einen Gestaltungsspielraum. Prüfungen mit Wettbewerbscharakter fordert Art. 94 BV für den Zugang zu öffentlichen Ämtern nur, soweit möglich.[58] Der Gesetzgeber hat in der Regel die Wahl, ob er die Befähigung des Beamten durch eine Prüfung oder auf sonstige Weise feststellen will.[59] Die Wettbewerbsklausel darf – wofür schon der Wortlaut der Verfassungsbestimmung „soweit möglich" spricht – nicht zu eng ausgelegt werden.[60] Ein Verzicht auf die Befähigungsfeststellung als solche wäre allerdings mit dem Leistungsprinzip nicht zu vereinbaren.[61]

37   Die Prüfungen sind für alle Teilnehmer unter objektiv gleichen Bedingungen fair durchzuführen. Der Grundsatz der Chancengleichheit ist zu wahren.[62] Wem die Eignungsvoraussetzungen für eine Ernennung fehlen, muss nicht zu den Prüfungen zugelassen werden.[63] Die materielle Chancengleichheit kann es gebieten, bzw. zumindest rechtfertigen, Schwerbehinderten sachgerechte Prüfungserleichterungen einzuräumen.[64] Die Prüfungen sollen auch über die Spannkraft und Leistungsfähigkeit der Teilnehmer Aufschluss geben.[65] Der Wettbewerbscharakter gebietet, die Teilnehmer nach den in der Prüfung gezeigten Leistungen zu reihen.[66]

38   Einzelheiten: Ein Mindeststandard im Sinne des Erfordernisses eines Prüfungsgesprächs beim Landespersonalausschuss ist dem Art. 94 Abs. 2 BV nicht zu entnehmen.[67] Art. 94 Abs. 2 S. 1 BV steht der Gewährung von Alterszuschlägen bei den Anwärterbezügen nicht entgegen, da sie zu keiner Wettbewerbsverzerrung führt.[68] Die Fiktion des Rücktritts von der Prüfung, wenn der Prüfungsteilnehmer bestimmte Nachweise und Angaben nicht rechtzeitig einreicht, verstößt nicht gegen Art. 94 Abs. 2 BV.[69]

39   **j) Das Leistungsprinzip bei Beförderung, Abs. 2 S. 2.** Art. 94 Abs. 2 Satz 2 BV erstreckt das Leistungsprinzip auch auf Beförderungen. Beförderungen sind die Übertragung höherwertiger Ämter im statusrechtlichen Sinne. Art. 94 Abs. 2 Satz 2 BV garantiert die Umsetzung des Leistungsprinzips auf die „innere Ordnung des Berufsbeamtentums", demnach auch auf das Laufbahnwesen und auf den Aufstieg von einer Laufbahn zum nächsthöheren Amt.[70]

40   Beförderungen sind ausnahmslos und ausschließlich nach dem Leistungsprinzip vorzunehmen.[71] Bei der Auswahlentscheidung ist auf die Leistungsanforderung des zu besetzenden Dienstpostens abzustellen, wobei der Dienstherr im Rahmen seines organisatorischen Ermessens bestimmt, welche besonderen Eignungsvoraussetzungen der künftige Dienstposteninhaber mitbringen muss und welchen Gesichtspunkten innerhalb von Eignung, Befähigung und fachlicher Leistung das größte Gewicht zukommen soll. Ein Anspruch auf Beförderung besteht nicht.

---

[57] VerfGH 12, 91 (109); VerfGH 16, 101 (108); VerfGH 25, 21 (27); VerfGH 36, 106 (110); VerfGH 37, 43 (47).

[58] VerfGH 56, 75 (86 ff.).

[59] VerfGH 56, 75 (86 ff.).

[60] VerfGH 16, 101 LS 1; VerfGH 25, 13.

[61] VerfGH 56, 75 (86 ff.).

[62] VerfGH 16, 101 (108); VerfGH 17, 92; *Niebier,* Die Rechtsprechung des Bundesverfassungsgerichts zum Prüfungsrecht für Juristen, BayVBl. 1987, 162 (164).

[63] VerfGH 21, 59 (62 ff.) (Ausschluss Vorbestrafter von der Zulassung zu Prüfungen).

[64] VerfGH 16, 101 (108).

[65] VerfGH 17, 46 (54); *Meder,* Art. 94, Rn. 5.

[66] VerfGH 27, 172 (178).

[67] VerfGH 56, 75 (86 ff.).

[68] VerfGH 25, 13 (19).

[69] VerfGH 20, 213.

[70] VerfGH, Ents. v. 29. 10. 1969, Az: Vf. 24-VI-69.

[71] VerfGH 17, 46 (57).

Wegen des der Beförderung vorausgehenden Rechtsverhältnisses können bei Beförde- 41
rungen gewisse Abstriche beim Erfordernis der Wettbewerbsprüfungen vorgenommen
werden, sofern der Dienstherr bereits auf Grund dienstlicher Beurteilungen und früherer
Prüfungen ein zuverlässiges Bild von der Eignung des Beamten gewinnen konnte.[72] Reine
„Regelbeförderungen" oder Ancienitätsbeförderungen sind allerdings mit der Verfassung
nicht zu vereinbaren.[73]

Der Gesetzgeber darf als Voraussetzung für Beförderung grundsätzlich vorsehen: Min- 42
destdienstzeiten,[74] Mindestdienstalter[75] sowie Altersgrenzen.[76] Die Anforderung an einen
Aufstieg in den höheren Dienst, die letzte periodische Beurteilung müsse mit „sehr gut"
abgeschlossen sein, ist nicht zu streng, sofern keine Aufstiegsprüfung vorgesehen ist. Eine
Aufstiegsprüfung selbst ist nicht verfassungsrechtlich zwingend zu fordern.[77]

Art. 95 [Rechte des Beamten]

**(1) Die Grundlagen des Beamtenverhältnisses werden durch Gesetz geregelt. Das
Berufsbeamtentum wird grundsätzlich aufrechterhalten.**

**(2) Den Beamten steht für die Verfolgung ihrer vermögensrechtlichen Ansprüche
der ordentliche Rechtsweg offen.**

**(3) Gegen jede dienstliche Straferkenntnis muß der Beschwerdeweg und ein Wie-
deraufnahmeverfahren offenstehen.**

**(4) In die Nachweise über die Person des Beamten dürfen ungünstige Tatsachen
erst eingetragen werden, wenn der Beamte Gelegenheit gehabt hat, sich über sie
zu äußern. Die Äußerung des Beamten ist in den Personalnachweis mitaufzuneh-
men.**

**(5) Jeder Beamte hat das Recht, seine sämtlichen Personalnachweise jederzeit
einzusehen.**

Parallelvorschriften im GG und in anderen Landesverfassungen: Art. 33 GG; Art. 2, 77 BaWüVerf; Art. 96
BbgVerf; Art. 59 HambVerf; Art. 134, 135 HessVerf; Art. 71 M-VVerf; Art. 60 NdsVerf; Art. 80
NRWVerf; Art. 125–127 RhPfVerf; Art. 113–115 SaarlVerf; Art. 91 SächsVerf; Art. 91–92 SachsAnh-
Verf; Art. 96 ThürVerf.

Rechtsprechung: VerfGH 5, 166; 9, 47; 12, 91; 14, 4; 23, 99; 24, 159; 31, 138; 36, 157; 41, 119; 48, 137; 48,
29; 48, 87; 50, 272; 51, 170; 58, 196; VerfGH, Ents. v. 24.10.2004, Az: Vf.15-VII-01; VerfGH Ents. v.
30.7.2008, Az: Vf.25-VII-05.

Literatur: Beckmann, Die Haftung des Beamten gegenüber seinem Dienstherrn, 2002; *Bochmann,* Füh-
rungsfunktionen auf Zeit gemäß § 12 BRRG und ihre Bedeutung für Berufsbeamtentum und Verwaltung unter besonderer Berücksichtigung des Problems der Ämterpatronage, 2000; *Detmer,* Die
bayerische Professur auf Zeit, WissR 1997, 352; *Durner, H.,* Altersteilzeit und Arbeitszeit, 1999; *Franke/
Summer/Weiß,* Öffentliches Dienstrecht im Wandel, Festschrift für Walther Fürst, 2002; *Hilg,* Allgemeines Beamtenrecht, 1981; *Kathke,* Beamtenrechtliche Entwicklungen in Bayern in der 11 Legislaturperiode des Landtags, ZBR 1991, 193; *Kathke,* Verfassungstreueprüfung nach der deutschen
Wiedervereinigung – dargestellt anhand einiger Beispiele, ZBR 1992, 344; *Kirschner,* Arbeitsrechtliche
Rundschau – Bayern, RdA 1987, 178; *Kremer, E.,* Die Arbeitszeit des Beamten, 1988; *Leisner-Egensperger,* Arbeitszeitverlängerung für Beamte und Alimentationsgrundsatz, ZBR 2004, 333; *Lindner,* Die
Grundrechte der Bayerischen Verfassung, BayVBl 2004, 641; *Müller,* Versorgungs- und Besoldungsrecht, 1983; *Pechstein,* Das Laufbahnrecht in der Gesetzgebungskompetenz der Länder, ZBR 2008,
73 ff.; *Schubert,* Die Rückzahlung von Ausbildungskosten im Beamtenrecht, BayVBl 1994, 233; *Seume,*

---

[72] VerfGH 56, 75 (86 ff.); *Meder,* Art. 94, Rn. 8; *Schweiger,* in: Nawiasky/Schweiger/Knöpfle,
Art. 94, Rn. 9.

[73] *Meder,* Art. 94, Rn. 8.

[74] VerfGH 23, 169 ff.

[75] VerfGH 23, 173.

[76] VerfGH 22, 63 (75).

[77] VerfGH 17, 46 (56).

Der HIV-Antikörpertest bei Einstellungsuntersuchungen von Beamtenbewerbern, BayVBl 1988, 359; *Summer*, Gesetzliche Neuregelungen im Beamtenrecht, BayVBl 1983, 105; *Summer*, Zum Zusammenhang zwischen Arbeitszeit und Besoldung, ZBR 1994, 130 f.; *Summer/Zängl*, Zwölftes Gesetz zur Änderung beamtenrechtlicher Vorschriften, BayVBl 1995, 545; *Thieme*, Die Verlängerung der beamtenrechtlichen Arbeitszeit durch Landesverordnung, RdJB 1995, 6.

I. Allgemein

1. Bedeutung des Art. 95 BV

1 Art. 95 BV legt den Grundstein für die Selbständigkeit des Beamtenrechts gegenüber dem Arbeitsrecht. Regelungen des Beamtenrechts können nicht direkt mit Regelungen des Arbeitsrechts verglichen werden, da die jeweiligen Rechtsverhältnisse verschiedenen Ordnungsbereichen angehören.[1]

2. Entstehungsgeschichte

2 Art. 95 Abs. 1 Satz 1 BV war im Verfahren der Verfassungsgebung unbestritten und stimmt mit den Entwurfsfassungen inhaltlich überein (Art. 58 Abs. 3 VE und Art. 66 Abs. 1 E). Gleiches gilt für die Absätze 2 bis 5, sie entsprechen Art. 59 Abs. 3, 5 bis 7 VE wörtlich. Art. 95 Abs. 1 S. 2 BV wurde im VA als Art. 106 Abs. 1 Satz 2 EVA eingefügt. Nicht in die Verfassung übernommen wurden die ursprünglich vorgesehenen Regelungen, die dem Art. 129 Abs. 1 Satz 2 und Abs. 2 WRV nachgebildet waren (Art. 59 Abs. 1, 2 und 4 VE – Bestimmungen über die regelmäßig lebenslängliche Anstellung der Beamten der Hoheitsverwaltung, über die gesetzliche Regelung von Ruhegehalt und Hinterbliebenenversorgung, sowie von Suspendierung, Versetzung und Ruhestandsversetzung).[2]

3. Verhältnis zum Grundgesetz und Reformbedarf

3 Art. 95 Abs. 1 Satz 2 BV gilt neben Art. 33 Abs. 5 GG weiter.[3] Gleiches muss für die meisten anderen Bestimmungen des Art. 95 BV gelten.[4] Art. 95 Abs. 2 BV ist allerdings ist seiner Geltung durch § 126 BRRG suspendiert (s. Rn. 72 f.). Ob Art. 95 BV reformbedürftig ist, hängt davon ab, wie man das Berufsbeamtentum in seiner Funktion den Staat zu stärken einschätzt. Dass das Rechtsregime sich für diejenigen, die die Hoheitsgewalt ausüben, von dem der freien Wirtschaft unterscheiden soll, ist unmittelbar einleuchtend. Eine andere Frage ist, ob der Inhalt dieses Rechtsverhältnisses unbedingt durch den Blick zurück, und nicht durch einen Blick auf die Besonderheit des Rechtsverhältnisses bestimmt werden sollte.

4 Art. 95 Abs. 2 BV offenbart ein Misstrauen gegenüber der Verwaltungsgerichtsbarkeit, das nicht mehr zu begründen ist, und sollte aufgehoben werden.

---

[1] VerfGH 41, 119 (123); VerfGH 48, 87 (96).

[2] *Schweiger*, in: Nawiasky/Schweiger/Knöpfle, Art. 95, Rn. 1.

[3] BVerfG NJW 1974, 1181 f.; VerfGH 58, 196 (202 ff.); VerfGH Ents. v. 6. 9. 1974, Az: Vf. 49-VI-71.

[4] Differenzierend *Nawiasky*, BV Art. 95, Rn. 2.

II. Einzelkommentierung

1. Beamtenrechtlicher Gesetzesvorbehalt – Art. 95 Abs. 1 BV

Art. 95 Abs. 1 S. 1 BV normiert einen besonderen Gesetzesvorbehalt für das Beamten- 5
recht. Auf Bundesebene geht man ebenfalls von einem Gesetzesvorbehalt im Beamtenrecht aus. Dieser bundesrechtliche Gesetzesvorbehalt ist unbeschrieben, und daher in seinen Voraussetzungen und Reichweite nicht besonders scharf, besitzt allerdings im Bereich
der Besoldung und Versorgung deutliche Konturen.[5] Das bayerische Landesverfassungsrecht ist insoweit deutlicher, als es ausdrücklich einen Gesetzesvorbehalt normiert. Der
beamtenrechtliche Gesetzesvorbehalt ist nicht identisch mit dem klassischen Vorbehalt des
Gesetzes, da er sich nicht auf Eingriffe in Freiheit und Eigentum beschränkt. Auch mit
dem Vorbehalt der gesetzlichen Regelung des Wesentlichen ist er nicht notwendig deckungsgleich, da das „Wesentliche" im Sinne des Rechtsstaats- und Demokratieprinzips
nicht notwendig nach den gleichen Maßstäben zu beurteilen ist wie die Grundlagen des
Beamtenrechts. Sofern der Gesetzesvorbehalt greift, ist der Gesetzgeber bei der gesetzlichen Regelung an Art. 95 Abs. 1 S. 2 BV gebunden.

Art. 95 Abs. 1 S. 1 BV beschränkt den Gesetzesvorbehalt auf die Grundlagen des Be- 6
amtenverhältnisses. Gesetz i. S. v. Art. 95 Abs. 1 S. 1 BV ist das formelle Gesetz.[6] Das ergibt
sich aus dem Sinn der Regelung. Beamtenrechtliche Fragen, die außerhalb der Grundlagen liegen, dürfen daher insbesondere durch Rechtsverordnungen geregelt werden. Zu
diesem Bereich zählt man die Beihilfen,[7] das Trennungsgeld,[8] die Unterhaltszuschüsse für
Beamte auf Widerruf,[9] die Urlaubsregelungen,[10] die Prüfungsordnungen,[11] das Laufbahnwesen (Laufbahnen, Amtsbezeichnungen, Aufstiegsbeamten)[12] und die spezifischen Voraussetzungen für das funktionale Amt.[13]

2. Institution des Berufsbeamtentums – Art. 95 Abs. 1 S. 2 BV

a) Die Grundlagen. *aa) Institutionelle Garantie mit Rechtsverleihung.* Art. 95 Abs. 1 BV 7
enthält, wie der Art. 33 Abs. 5 GG, eine verfassungsmäßige Garantie für die Institution des
Berufsbeamtentums. Er verbietet, dessen Grundlagen in ihrem Wesensgehalt anzutasten.[14]
Die Norm gewährleistet die grundsätzliche Aufrechterhaltung des Berufsbeamtentums.
Veränderungen sind möglich, da das Berufsbeamtentum nur „grundsätzlich" aufrechter-
halten bleiben soll. Regelt der Gesetzgeber auf der Grundlage des Gesetzesvorbehalts des
Art. 95 Abs. 1 S. 1 BV oder darüber hinausgehend die Beamtenverhältnisse, so muss er das
herkömmliche Berufsbeamtentum beachten.[15]

Über die Garantie der Aufrechterhaltung der wichtigsten Strukturen des Berufsbeam- 8
tentums hinaus schützt diese Norm aber auch die Beamten, soweit diese Strukturen ihnen
zu Gute kommen. Art. 95 Abs. 1 S. 2 BV enthält daher auch einen subjektiv-rechtlichen
Charakter.[16]

bb) Zweck des Berufsbeamtentums. Das Berufsbeamtentum ist eine Einrichtung, die den 9
Zweck hat, eine stabile Verwaltung zu sichern und damit einen Ausgleich gegenüber den

---

[5] Ausführlich *Wolff,* Der Gesetzesvorbehalt im Versorgungsrecht, ZBR 2006, 331–337.
[6] *Schweiger,* in: Nawiasky/Schweiger/Knöpfle, Art. 95, Rn. 3.
[7] VerfGH 11, 203 (207); VerfGH 17, 61; ebenso nun BVerwGE 121, 103.
[8] VerfGH, Ents. v. 1. 8. 1978, Vf. 13 -VII-78.
[9] VerfGH 16, 18 (25); VerfGH 21, 123 (129); VerfGH 22, 107 (109).
[10] VerfGH 9, 141; VerfGH 20, 149; VerfGH 34, 171 (176); VerfGH 41, 119 (123).
[11] *Meder,* Art. 95, Rn. 1.
[12] VerfGH 17, 46 (53); VerfGH 19, 42 (46), *Meder,* Art. 95, Rn. 1.
[13] VerfGH 24, 152 (Stenographiekenntnisse).
[14] VerfGH 10, 31 (42); *Nawiasky,* BV, Art. 95, Rn. 4; *Meder,* Art. 95, Rn. 2.
[15] VerfGH 23, 120 (124); VerfGH 31, 138 (142).
[16] VerfGH 31, 138 (140 f.).

politischen Kräften zu bilden.[17] Sie ist auf Sachwissen, Gesetzesgebundenheit und Neutralität aufgebaut.[18]

10   *cc) Beamtenverhältnis als öffentlich-rechtliches Dienst- und Treueverhältnis.* Das Rechtsverhältnis der Beamten ist ein öffentlich-rechtliches Dienst- und Treueverhältnis, das sich durch besonders enge Bindungen zwischen dem Beamten und seinem Dienstherrn und der von diesem repräsentierten Gemeinschaft von sonstigen Dienstverhältnissen abhebt.[19] Die Beamten sind dazu berufen, die dem Staat und den übrigen juristischen Personen des öffentlichen Rechts übertragenen Gemeinschaftsaufgaben als Sachwalter und Treuhänder der Gesamtheit der Staatsbürger wahrzunehmen. Auf diese Aufgabe bezogen ist die Ausgestaltung des Rechtsverhältnisses. Prägend für das Berufsbeamtentum ist nach wie vor die Verpflichtung des Dienstherrn den Beamten unabhängig vom Bedarf an seiner Dienstleistung bis zum Eintritt in den Ruhestand sowie im Krankheitsfall unabhängig von der Länge der Erkrankung zu alimentieren und ihn nach Beendigung des aktiven Dienstes unabhängig von der Dauer des Dienstverhältnisses lebenslang amtsangemessen zu versorgen.

11   *dd) Geltung auch für Berufsrichter.* Für die Berufsrichter gelten die – den hergebrachten Grundsätzen des Berufsbeamtentums entsprechenden – hergebrachten Grundsätze des Berufsrichtertums.[20] Die durch das GG vorgenommene Differenzierung zwischen Richtern und Beamten ändert nichts daran, dass Art. 95 BV auch für Richter gelten will.[21] An oberster Stelle steht bei den Richtern ihre durch spezielle Bestimmungen (Art. 5 Abs. 3 BV, Art. 85, 87 BV) geschützte persönliche und sachliche Unabhängigkeit.[22] Auch für die Richter ist ihr Beruf Haupt- und lebenslanger Beruf, auch sie werden grundsätzlich auf Lebenszeit ernannt. Auch die Richter haben kein Recht auf Beibehaltung ihrer konkreten Aufgaben, solange in der Zuständigkeitsänderung nicht ein Eingriff in die persönliche Unabhängigkeit zu sehen ist und die konkreten Funktionen „mit dem Richteramt im statusrechtlichen Sinne wesensmäßig verbunden sind".[23]

12   Bei der Richterbesoldung hat der VerfGH in der Zeit, in der diese noch landesweit geregelt war, verlangt, dass die Besoldung nach der Bedeutung der Ämter und der mit ihnen verbundenen Verantwortung abzustufen sei.[24] Als Statusrecht steht den Berufsrichtern auch das Recht auf Amtsbezeichnungen zu, die nach den Gerichten, bei denen sie Dienst tun, und nach der Stellung der Richter (z. B. als Vorsitzender eines Spruchkörpers) differenziert sein müssen.[25] Nach einem hergebrachten und zu beachtenden Grundsatz des Richteramtsrechts gebührt dem Richter eine angemessene Amtsbezeichnung. Angemessen ist sie nur, wenn sie über das dem Richter übertragene Amt hinsichtlich seines Ortes im Gefüge des Gerichtsaufbaus Aufschluss gibt, also wirklichkeitsgerecht ist. Die Gesetzgebungskompetenzen in diesem Bereich sind seit der Föderalismusreform wieder an die Länder gefallen, daher erhalten diese alten Grundsätze wieder eine neue Aktualität.

13   Die Pflichten, sich bei politischer Tätigkeit zurückzuhalten, die Amtsgeschäfte gewissenhaft zu verstehen, sich innerhalb und außerhalb des Dienstes angemessen zu verhalten, gelten auch für Berufsrichter, ebenso das Streikverbot.

---

[17] Vgl. VerfGH 23, 98 (102); VerfGH 37, 140 (145).

[18] *Meder,* Art. 95, Rn. 3.

[19] VerfGH 37, 140 (145).

[20] VerfGH 21, 14 (19); VerfGH 21, 180 (180); VerfGH 22, 12 (16); VerfGH 22, 110 (123); VerfGH 25, 74 (82); *Meder,* Art. 95, Rn. 19 f.; allgemein *Lecheler,* AöR 103 (1978), 349 (378 f.).

[21] A. A. *Schweiger,* in: Nawiasky/Schweiger/Knöpfle, Art. 95, Rn. 2.

[22] VerfGH 25, 13 (19).

[23] VerfGH 26, 1 (7).

[24] VerfGH 22, 10 (16); VerfGH 22, 110 (117 f.); VerfGH 23, 200 (212); VerfGH 25, 119 (127); VerfGH 26, 1 (7); VerfGH 21, 180 (185).

[25] VerfGH 21, 180 (186 f.); VerfGH 22, 12 (16); VerfGH 22, 110 (116); *Meder,* Art. 95, Rn. 18.

ee) Unterschied zum Angestelltenverhältnis. Das öffentlich-rechtliche Dienstverhältnis der **14** Beamten unterscheidet sich wesentlich von dem privatrechtlichen Dienstverhältnis der Arbeiter und Angestellten. Dies gilt auch für die Arbeiter und Angestellten im öffentlichen Dienst,[26] auch wenn sich für diese im Vergleich zu Ihren Kolleginnen und Kollegen in der freien Wirtschaft besondere Pflichten wegen der Staatsaufgaben ergeben können.[27] Wesentliche Unterschiede sind: der weite Gesetzesvorbehalt im Beamtenrecht (Art. 95 Abs. 1 Satz 2 BV); die Begründung des Beamtenverhältnisses nicht durch Vertrag, sondern durch einseitigen mitwirkungsbedürftigen Hoheitsakt;[28] die besondere Treue- und Gehorsamspflicht der Beamten; deren Mäßigungspflicht; das Streikverbot.

Art. 95 Abs. 1 Satz 2 BV gebietet es daher nicht, dass die Beamten in jeder Hinsicht mit **15** den Angestellten gleich stehen müssen. So verlangt er etwa auch nicht, dass die Urlaubsregelungen für Beamte bei allen denkbaren Fallgestaltungen mit den entsprechenden Regelungen für Arbeitnehmer übereinstimmen.[29]

ff) Prozessuale Bedeutung des Art. 95 Abs. 1 S. 2 BV. Die institutionelle Garantie des Berufs- **16** beamtentums nach Art. 95 Abs. 1 Satz 2 BV gewährt – soweit die persönliche Rechtsstellung des Beamten betroffen ist – ein grundrechtsähnliches Recht, dessen Verletzung in zulässiger Weise mit der Popularklage[30] oder der Verfassungsbeschwerde (Art. 120 BV)[31] gerügt werden kann. Gegenstand einer Popularklage könnten auch landesrechtliche Vorschriften sein, die bundesrechtliches Rahmenrecht wortgleich übernehmen, da in der unmittelbaren Wirkung der landesrechtlichen Regelung deren rechtliche Selbständigkeit liegt.[32] Auch innerhalb des verwaltungsgerichtlichen oder des ordentlichen Rechtsweges kann sich der Beamte auf Art. 95 Abs. 1 S. 2 BV berufen.[33] Eine Richtervorlage in Bezug auf die Beihilfevorschriften ist dagegen unzulässig, solange diese den Charakter von Verwaltungsvorschriften haben. Die einfachgesetzliche Verweisung auf Verwaltungsvorschriften hat nicht zur Folge, dass die Beihilfevorschriften in diesem Rahmen den Rang eines Gesetzes erhalten.[34]

b) Die Aufrechterhaltung des Berufsbeamtentums. *aa) Berufsbeamtentum.* Ent- **17** scheidend für die konkrete Reichweite der Norm ist die Frage, was als Berufsbeamtentum zu verstehen ist. Einen Teil der Garantie kann man dem Begriff selbst entnehmen, der aus drei Elementen zusammengesetzt ist – Beruf – Beamter – Beamtentum –, ein Teil lässt sich aus dem Zweck der Norm herleiten. Die Bestimmung will etwas aufrechterhalten – demnach gilt der Schutz etwa Bestehendem und gewissermaßen „dem Blick nach hinten". Eine Kurzfassung des Berufsbeamten i. S. d. Art. 95 BV sah der VerfGH in solchen Beamten, „die in ihrem Beruf eine Lebensaufgabe sehen, eine entsprechende Vorbildung besitzen, zu ihrem Dienstherrn in einem besonderen, öffentlich-rechtlichen Dienst- und wechselseitigen Treueverhältnis stehen und regelmäßig auf Lebenszeit ernannt werden".[35]

bb) Die hergebrachten Grundsätze des Berufsbeamtentums. aaa) Allgemein. Die Garantie der **18** grundsätzlichen Gewährleistung des Berufsbeamtentums wird in der Rechtsprechung des VerfGH über die Anerkennung so genannter hergebrachter Grundsätze des Berufsbeamtentums bewältigt. Der Gesetzgeber muss die hergebrachten Grundsätze des Berufsbeam-

---

[26] VerfGH 10, 31 (42); VerfGH 20, 149 (152); *Meder,* Art. 95, Rn. 10.

[27] VerfGH 13, 80 (84); ausführlich *Meder,* Art. 95, Rn. 10.

[28] VerfGH 20, 149 (152); VerfGH 41, 119 (123).

[29] VerfGH 41, 119 (121 ff.).

[30] VerfGH 31, 138 (139); VerfGH 34, 173 (175); VerfGH 41, 119 (121 ff.); VerfGH 57, 129 (135); VerfGH 58, 196 (202 ff.).

[31] VerfGH 34, 140 (141).

[32] VerfGH 37, 140 (143).

[33] *Meder,* Art. 95, Rn. 2.

[34] VerfGH 48, 149 (152 ff.).

[35] VerfGH 9, 47 (51); *Schweiger,* in: Nawiasky/Schweiger/Knöpfle, Art. 95, Rn. 4.

tentums beachten. Dieses Gebot gehört zu den mit Verfassungsrang ausgestatteten Rechts-werten.[36] Der dahinterstehende Gedanke ist der, über die hergebrachten Grundsätze die pauschale Garantie der Wahrung des Berufsbeamtentums zu konkretisieren. Hinzu kommt, dass Art. 33 Abs. 5 GG den Schutz des Berufsbeamtentums über die hergebrach-ten Grundsätze zu erreichen versucht und man daher – wenn man sich auch bei Art. 95 Abs. 1 S. 2 BV auf die einzelnen Strukturprinzipien besinnt – auf die Vorschläge der Bun-desebene besser zurückgreifen kann.

19   *bbb) Begriff.* Bei den hergebrachten Grundsätzen des Berufsbeamtentums handelt es sich um jenen Kernbestand von Strukturprinzipien, die allgemein oder ganz überwiegend und während eines längeren, traditionsbildenden Zeitraums als verbindlich anerkannt und gewahrt worden sind.[37] Art. 95 Abs. 1 BV schützt wie der inhaltsgleiche Art. 33 Abs. 5 GG nur den Kernbestand der Strukturprinzipien, nicht, wie noch Art. 129 WRV, alle „wohlerworbenen" Rechte des Beamten.[38] Der Verfassungsgrundsatz der Aufrechterhal-tung des Berufsbeamtentums verbürgt dem einzelnen Beamten keinen Anspruch auf Wahrung des Besitzstandes.[39]

20   *ccc) Unterschied zum Beamtenrecht.* Nicht jeder Verstoß gegen eine beamtenrechtliche Vor-schrift oder gegen Bestimmungen des formellen und materiellen Disziplinarrechts bedeu-tet zugleich eine Verletzung hergebrachter Grundsätze des Berufsbeamtentums.[40]

21   *ddd) Anwendungsbereich.* Art. 95 Abs. 1 S. 2 BV geht vom Lebenszeitbeamten aus. Die Rechtsprechung zu Art. 95 Abs. 1 S. 2 BV kann uneingeschränkt nur auf Lebenszeitbeamte herangezogen werden. Für Beamte auf Widerruf gelten sie nicht uneingeschränkt,[41] denn sie stellen in erster Linie auf ein auf Lebenszeit begründetes Dienstverhältnis ab.[42]

22   *cc) Einzelne ausgewählte hergebrachte Grundsätze des Berufsbeamtentums. aaa) Ausübung von Hoheitsgewalt durch Berufsbeamten.* Die Ausübung hoheitlicher Befugnisse ist regelmäßig Be-rufsbeamten zu übertragen.[43] Aus diesem hergebrachten Grundsatz des Berufsbeamten-tums folgt eine grundsätzliche Unzulässigkeit der Übertragung solcher Aufgaben auf Angestellte; Abweichungen von diesem Grundsatz bedürfen einer sachlichen Rechtferti-gung. Soll – noch weitergehender – ein Privater mit hoheitlicher Gewalt beliehen wer-den, ist dafür eine gesetzliche Grundlage erforderlich.[44]

23   *bbb) Berufsbeamtentum als Regelfall.* Art. 95 BV wurde früh der Gedanke entnommen, dass Beamte grundsätzlich Berufsbeamte sein müssten. Das schließt eine Regelung, die ausnahmsweise Zeitbeamten zulässt, nicht aus.[45] Dieser Modellcharakter hat auch Rück-wirkung auf die Anwendung der Garantie des Art. 95 BV auf nicht Lebensbeamte, s. o. Rn. 21.

24   *ccc) Einheitlichkeit des Dienstherrn.* Ein oft unbeachteter aber wichtiger Grundsatz ist die Einheitlichkeit des Dienstherrn. Der Gehorsam gegenüber den Gesetzen und den recht-mäßigen Anordnungen des Dienstvorgesetzten hat zur Voraussetzung, dass der Beamte nur für Stellen seines Dienstherrn verantwortlich ist, die durch ein hierarchisches Über- und Unterordnungsverhältnis eine Einheit bilden, und dass auch nur diese Stellen zu sei-ner Beurteilung und zu den Maßnahmen befugt sind, die seine Laufbahn bestimmen.[46] Dieses Prinzip setzt auch den Mitwirkungsmöglichkeiten der Personalvertretungen Gren-

---

[36] *Meder,* Art. 95, Rn. 3.
[37] VerfGH 22, 110 (123); VerfGH 57, 129 (136 f.); VerfGH 58, 196 (202 ff.); *Meder,* Art. 95, Rn. 4.
[38] VerfGH 5, 166 (194); VerfGH 24, 159 (168); VerfGH 25, 74 (83); *Schweiger,* in: Nawiasky/Schwei-ger/Knöpfle, Art. 95, Rn. 4.
[39] VerfGH 16, 4.
[40] VerfGH, Ents. v. 6. 9. 1974, Az: Vf. 49–VI–71.
[41] VerfGH 9, 47 (51); VerfGH 16, 18 (27); VerfGH 25, 74 (82).
[42] VerfGH 25, 74 (82).
[43] *Meder,* Art. 95, Rn. 5.
[44] VerfGH 13, 53 (57); *Meder,* Art. 95, Rn. 5.
[45] VerfGH 9, 47.
[46] *Meder,* Art. 95, Rn. 11.

zen.[47] Art. 95 Abs. 2 Satz 2 BV verlangt keine Personalvertretung der Beamten auf allen Stufen der öffentlichen Verwaltung.[48]

ddd) Sonderstatusverhältnis. aaaa) Treue- und Gehorsamspflicht. Der Beamte steht in einem **25** besonderen Rechts- und Pflichtenverhältnis.[49] Der Begriff des besonderen Gewaltverhältnisses wurde aufgegeben, da mit diesem Begriff die Vorstellung einer deutlich reduzierten Grundrechtsgeltung verbunden war und diese Vorstellung überholt ist. Das besondere Rechts- und Pflichtenverhältnis erfasst die ganze Persönlichkeit des Beamten.[50] Wesentliche Pflichten des Beamten sind dabei dessen Treue- und Gehorsamspflicht.[51] Der Beamte muss sich weiter mit seinem gesamtes Verhalten zur freiheitlich-demokratischen Grundordnung im Sinn des GG und der BV bekennen und aktiv für ihre Erhaltung eintreten. Dies wird von Art. 96 Abs. 2 Satz 2 BV noch einmal ausdrücklich betont.

bbbb) Weisungsabhängigkeit – Gehorsamspflicht. Zentrales Organisationselement der öffent **26** lichen Verwaltung ist die Verwaltungshierarchie, die Art. 55 Nr. 5 BV in wünschenswerter Klarheit beschreibt. Sie liegt weiter notwendig einem demokratischen Regierungssystem zu Grunde. Das Parlament hat unmittelbar nur Einfluss auf die Regierung (Art. 44 BV). Die demokratische Legitimation des gesamten staatlichen Handelns lässt sich bei dieser Ausgangsposition nur erreichen, sofern die Verwaltung wiederum der Regierung verantwortlich ist. Die Verwaltungshierarchie wirkt in das Beamtenrecht insofern hinein, als die Weisungsgebundenheit des Beamten ein Kennzeichen seiner persönlichen Rechtsstellung im Beamtenverhältnis ist.[52] Die Weisungsgebundenheit des Beamten ist Voraussetzung für das Funktionieren der öffentlichen Verwaltung und des parlamentarischen Regierungssystems. Die Rechtsprechung spricht davon, die Gehorsamspflicht sei „daher eine seiner vornehmsten Pflichten".[53]

Die Gehorsamspflicht steht in einem gewissen Spannungsverhältnis zur strengen Ge **27** setzesbindung des Beamten und der durch das Berufsbeamtentum beabsichtigten Unabhängigkeit des Beamten gegenüber politischer Einflussnahme. Daher gilt die Gehorsamspflicht nur im Rahmen der Gesetzmäßigkeit. Hat der Beamte Bedenken gegen die Rechtmäßigkeit einer dienstlichen Anordnung, muss er diese dem Vorgesetzten vortragen (Remonstrationspflicht). Wird sie trotzdem aufrechterhalten, so muss sie vollzogen werden, es sei denn, die Grenzen des Weisungsrechts werden überschritten.[54] Die Grenzen sind erreicht, wenn die Weisungen von dem Beamten ein Verhalten verlangen, das ein Strafgesetz, einen Ordnungswidrigkeitentatbestand oder die Menschenwürde verletzt. Die bloße Behauptung, der Beamte sei von der Strafbarkeit des vorgeschriebenen Verhaltens ausgegangen, lässt die Gehorsamspflicht nicht entfallen.[55] Zu sachlich begründeter innerdienstlicher Kritik ist der Beamte befugt. An die Öffentlichkeit darf sich der Beamte zwecks Abwehr eines (vermeintlich) verfassungswidrigen Verhaltens nur als letztes Mittel wenden.[56] Dieses Recht endet aber, wo die Kritik nicht mehr vertretbar ist, wo sie die durch die Beamtenstellung gebotenen Grenzen rücksichtsvoller Achtung überschreitet. Auf § 193 StGB kann sich der Beamte nicht berufen, wenn er innerdienstliche Kritik übt. Gehässige Äußerungen gegen staatliche Organe sind mit der Treuepflicht unvereinbar.

cccc) Mäßigungspflicht. Der Beamte hat sein Verhalten innerhalb und außerhalb des **28** Dienstes so einzurichten, dass er sich der Achtung und des Vertrauens würdig erweist, die

---

[47] *Meder,* Art. 95, Rn. 11.
[48] VerfGH 10, 31.
[49] *Meder,* Art. 95, Rn. 12.
[50] VerfGH 20, 149 (152).
[51] VerfGH 13, 147 (151).
[52] *Meder,* Art. 95, Rn. 12.
[53] VerfGH 13, 147 (151).
[54] VerfGH 13, 147 (151).
[55] VerfGH 13, 147 (152).
[56] VGH 24, 67; *Meder,* Art. 95, Rn. 12.

sein Beruf erfordert. Er muss sich mit voller Hingabe seinem Beruf widmen und sein Amt uneigennützig nach bestem Gewissen verwalten. Die Besonderheiten des Beamtenrechtsverhältnisses gestatten Beschränkungen in der Ausübung von Grundrechten, die über das hinausgehen, was Nicht-Beamten auferlegt werden kann. Dies gilt aber nur, sofern die Natur und der Zweck des Dienstverhältnisses dies fordert.[57]

29   *dddd) Streikverbot.* Ein Streikrecht gegen die verfassungsmäßige Staatsgewalt steht dem Beamten nicht zu.[58] Auch streikähnliche Maßnahmen sind dem Beamten weitgehend untersagt.[59] Er darf auch zur Mehrarbeit bei Streiks von Arbeitern und Angestellten im öffentlichen Dienst herangezogen werden.[60]

30   Das strikte Streikverbot folgt unmittelbar aus dem beamtenrechtlichen Gesetzesvorbehalt und den unabdingbaren Besonderheiten des Berufsbeamtentums. Die Besonderheit des Berufsbeamtentums ist durch den Umstand geprägt, dass dieses zwar ein zweiseitiges Rechtsverhältnis bildet, die eine Seite aber (der Dienstherr) verbindlich festlegen darf, was Inhalt des Rechtsverhältnisses ist. Das schließt ein Streikrecht aus. Damit die andere Seite nicht völlig schutzlos ist, gibt Art. 95 Abs. 1 S. 2 BV dem Gesetzgeber Schranken auf. Diese Schranken sind notwendig. Soll das Berufsbeamtentum ein Bollwerk gegenüber politischer Einflussnahme sein, wäre diese Aufgabe unmöglich zu erfüllen, wenn umgekehrt die Politik über die Institutionalisierung des Gesetzes das Berufsbeamtentum frei gestalten könnte.

31   *eee) Hauptberuflichkeit.* Berufsbeamten sind solche, bei denen der Beruf des Beamten grundsätzlich Hauptberuf ist.[61] Dazu gehört i. d. R. auch eine entsprechende Berufsbildung. Weiter hat der Beamte seine ganze Persönlichkeit für den Dienstherrn einzusetzen und seine volle Arbeitskraft zur Verfügung zu stellen.[62] Teilzeittätigkeit ist daher unter Art. 95 Abs. 1 S. 2 BV rechtfertigungsbedürftig. Sie ist aber aus verschiedenen Gründen rechtfertigungsfähig. Zudem hat sich gerade im Bereich der Teilzeit ein Wandel auch im Verständnis zum Staat ergeben, mit der Folge, dass man auch Teilzeitbeamte als „vollwertige Staatsdiener" auffasst, zumindest solange die Beamtenstelle für sie nicht nur eine „Nebenerwerbstätigkeit" ist.

32   Die Hauptberuflichkeit schließt die Nebentätigkeit nicht aus. Die Nebentätigkeit darf unter einen Genehmigungsvorbehalt gestellt werden.[63] Zwingend ist eine Genehmigungspflicht nicht. Sofern die Nebentätigkeitsvergütung die Funktion einnimmt, die das Alimentationsprinzip wahrnimmt (keine Doppelalimentation), kann eine Abführpflicht vorgesehen werden. Sofern der Beamte bei der Nebentätigkeit auf Einrichtungen des Dienstherrn zugreift, kann ebenfalls eine teilweise Abgabepflicht vorgesehen werden. Eine Nebentätigkeit, die in keiner Form mit der Dienstpflicht des Beamten kollidiert, darf der Dienstherr nicht untersagen.

33   *fff) Anstellung auf Lebenszeit – Lebenszeitprinzip.* Berufsbeamten sind Beamten, bei denen die Amtswahrnehmung ihre Lebensaufgabe ist. Das Berufsbeamtentum ist gekennzeichnet durch den Gedanken der lebenslangen Hingabe. Dazu gehört im Regelfall die Ernennung auf Lebenszeit.[64] Die Anstellung auf Lebenszeit ist daher ein prägender Grundsatz des Berufsbeamtentums. Das Dienstrechtsverhältnis der Beamten und Richter ist von seiner Natur her auf Lebenszeit angelegt.[65] Die Gründe, unter denen ein Beamtenverhältnis beendet werden kann, betreffen daher dessen Grundlagen und müssen nach Art. 95 Abs. 1

---

[57] VerfGH 16, 67 (70); VerfGH 18, 59 (74); VerfGH 20, 149 (152); VerfGH 22, 19 (23); VerfGH 43, 148 (156).

[58] VerfGH 22, 19 (23); *Meder,* Art. 95, Rn. 12.

[59] *Meder,* Art. 95, Rn. 12.

[60] *Meder,* Art. 95, Rn. 12.

[61] *Meder,* Art. 95, Rn. 7.

[62] VerfGH 39, 56 (58).

[63] VerfGH 21, 123 (130).

[64] VerfGH 9, 47 (51); VerfGH 11, 37 (45); VerfGH 12, 91 (104); *Meder,* Art. 95, Rn. 6.

[65] VerfGH 23, 120 (124); VerfGH 31, 138 (143).

S. 1 GG gesetzlich geregelt sein.[66] Die lebenslange Dienstpflicht ist allerdings nicht wörtlich zu verstehen. Das Lebenszeitprinzip verlangt nicht, dass Beamte bis zu ihrem Lebensende im aktiven Dienst zu verbleiben müssen. Der Ruhestand, mit dem der aktive Dienst endet, das Beamtenverhältnis aber nicht vollständig aufgelöst wird, ist überkommenes Institut. Der Gesetzgeber darf dabei Altersgrenzen festlegen.[67] Er kann die Altersgrenzen auch verschieben, etwa vorverlegen. Eventuell sind dabei Übergangsregeln geboten.[68] Die Ernennung von Beamten auf Zeit, Probe oder Widerruf kann als Ausnahme vorgesehen werden.[69] So ist auch die Wahl kommunaler Beamter auf Zeit statthaft.[70] Eine Befristung des Urlaubs ohne Dienstbezüge aus familienbezogenen Gründen auf einen Zeitraum von insgesamt neun Jahren ist verfassungsgemäß.[71] Eine Übertragung von Führungspositionen nur auf Zeit verstößt gegen das Lebenszeitprinzip.[72]

Einzelheiten: Der Beamte hat keinen Anspruch darauf, dass der Zeitpunkt des Eintritts **34** in den Ruhestand wegen Erreichens der Altersgrenze sich nicht geringfügig verschiebt – auch wenn dies für ihn sehr kurzfristig ist –, wenn hierfür sachliche Gründe bestehen.[73] Bereits fällige Dienstbezüge dürfen allerdings rückwirkend nicht geschmälert werden, und zwar weder durch eine unmittelbare Kürzung noch durch Vorverlegung der Altersgrenze.[74]

ggg) Leistungsprinzip. Ein hergebrachter Grundsatz des Berufsbeamtentums ist auch das **35** Leistungsprinzip,[75] das allerdings in der Rechtsprechung des VerfGH bisher keine zentrale Rolle spielte. Es erlaubt und gebietet in gewissen Grenzen die Honorierung von Leistungen des Beamten. Daher dürfen z. B. bei Ämterneuordnungen bisher aufgrund unterschiedlicher Leistungen erreichte Stufungen nicht umgedreht werden. Ihre Auswirkungen dürfen abgemildert, die Unterschiede vielleicht auch vollständig eingeebnet werden, aber der leistungsstarke Beamte darf auch bei der Ämterneubewertung nicht vom „leistungsschwächeren Beamten" überholt werden. Weiter wirkt es auf die Laufbahnzuordnung ein. Es hat insbesondere auf die Ernennung und Beförderung Einfluss, was in der Verfassung ausdrücklich normiert ist – Art. 94 Abs. 2 S. 1 HS 2 BV und Art. 94 Abs. 2 S. 2 BV.

hhh) Laufbahnprinzip. Welche Bestandteile des Laufbahnprinzips zu den hergebrachten **36** Grundsätzen des Berufsbeamtentums gehören, ist auf Bundesebene nicht ganz unbestritten. Während das Laufbahnprinzip als solches weitgehend unbestritten zu den Grundsätzen gezählt wird, ist dies beim sogenannten Laufbahngruppenprinzip nicht der Fall.[76] Diese Frage wird in naher Zukunft wichtig werden, da aufgrund der Föderalismusreform den Ländern nun die ausschließliche Gesetzgebungskompetenz im Bereich des Laufbahnwesens zukommt (Art. 74 Abs. 1 Nr. 27 GG). Auf der Ebene der bayerischen Verfassung wird das Laufbahnprinzip als solches zu den hergebrachten Grundsätzen gezählt.[77] Das Laufbahnprinzip gilt als Voraussetzung für eine stabile Verwaltung.

Nach dem Laufbahnprinzip gliedert sich der öffentliche Dienst in verschiedene Lauf- **37** bahnen und diese wiederum in verschiedene Gruppen (Laufbahngruppenprinzip, jeweils Laufbahnen des einfachen, mittleren, gehobenen, höheren Dienstes).[78] Die jeweiligen Laufbahnen sehen bestimmte Vorbildung und Ausbildung vor.

---

[66] *Meder,* Art. 95, Rn. 6.
[67] VerfGH 18, 154; VerfGH 22, 29; VerfGH 22, 63 (75); VerfGH 23, 120 (122 f.); VerfGH 31, 138 (143).
[68] VerfGH 31, 138 (143).
[69] VerfGH 9, 47 (51); VerfGH 11, 37 (45).
[70] VerfGH 12, 91 (104); VerfGH 17, 107 (116).
[71] VerfGH 39, 56.
[72] VerfGH, Ents. v. 24. 10. 2004, Az: Vf.15-VII-01.
[73] VerfGH 23, 120 (124 f.); VerfGH 31, 138 (143).
[74] VerfGH 23, 120 (125); VerfGH 31, 138 (143).
[75] *Meder,* Art. 95, Rn. 8.
[76] Ausführlich *Pechstein,* ZBR 2008, 73 (74).
[77] VerfGH 17, 46 (52); VerfGH 19, 42 (46); VerfGH 51, 170 (178); *Meder,* Art. 95, Rn. 9.
[78] Ausführlich *Pechstein,* ZBR 2008, 73 (74).

38 Die Durchlässigkeit der Laufbahngruppen durch die Möglichkeit des Aufstiegs ist zulässig und eine Folge des Leistungsgrundsatzes. Es muss gewährleistet sein, dass nur die Beamten, die den erhöhten Anforderungen genügen, in der Laufbahn aufsteigen.[79] Ein strenges Regel-Ausnahmeverhältnis zu Lasten der Aufstiegsbeamten lässt sich aber nicht konstruieren.[80]

39 *iii) Anspruch auf amtsangemessene Beschäftigung.* Nach den hergebrachten Grundsätzen des Berufsbeamtentums steht den Berufsbeamten ein Anspruch auf (amtsangemessene) Beschäftigung zu.[81] Der Berufsbeamte hat einen Anspruch auf eine dauerhafte Beschäftigung, die seinem Amt entspricht. Er hat aber kein Recht auf unveränderte und ungeschmälerte Ausübung der ihm einmal übertragenen Amtsgeschäfte.[82] Auf die Überweisung eines „konkreten Amtes im funktionellen Sinne" hat er keinen Anspruch.[83]

40 Der Beamte hat keinen Anspruch auf Verleihung eines der ausgeübten Funktion entsprechenden Amtes.[84] Wird das konkrete Amt im funktionellen Sinne, das der Beamte innehat, besoldungsmäßig aufgestuft, so hat der Beamte, der das Amt innehat, keinen Anspruch darauf, in dieses statusmäßige Amt im Wege der Beförderung ernannt zu werden.[85]

41 *jjj) Fürsorgepflicht. aaaa) Allgemein.* Der Beamte hat über Art. 95 Abs. 1 S. 2 BV ein Recht auf Fürsorge und Schutz.[86] Zu den hergebrachten Grundsätzen des Berufsbeamtentums zählt auch die Fürsorgepflicht.[87] Weiter hat der Beamte einen Anspruch nicht nur auf gerechte Behandlung, sondern auch auf wohlwollende Behandlung.[88] Die Fürsorgepflicht ist nicht im Sinne einer Leistung für besondere Hilfsbedürftige zu verstehen, sondern als Teil des Rechtsverhältnisses und Ausfluss dessen, dass der Beamte einer weit reichenden Hingebungs- und Gehorsamspflicht unterliegt. Daher gehört etwa auch die Pflicht des Dienstherrn, den Beamten gegen ungerechtfertigte Angriffe in der Öffentlichkeit in Schutz zu nehmen. Er hat Einflüssen entgegenzutreten, die den Beamten in seiner Amtsführung behindern könnten.

42 Die Fürsorgepflicht verlangt vom Dienstherrn auch, den Beamten zunächst vor einer generellen übermäßigen Belastung und vor einer gesundheitlichen Gefährdung zu bewahren. Die Fürsorgepflicht gebietet allerdings nicht den Ausgleich jeglicher aus Anlass von Krankheits-, Geburts- und Todesfällen entstandener Aufwendungen und auch nicht deren Erstattung in jeweils vollem Umfang.[89]

43 Aus der Fürsorgepflicht können keine über die bundesrechtlich geregelte Besoldung und Versorgung hinausgehenden weiteren finanziellen Fürsorgeleistungen abgeleitet werden.[90]

44 *bbbb) Einzelheiten Fürsorgeprinzip.* Die im Verfassungsrecht verankerte Fürsorgepflicht des Dienstherrn setzt einer Wiederbesetzungssperre zeitliche Grenzen.[91]

45 Einen Anspruch auf eine bestimmte Beihilfe hat der Beamte nicht. Die Beihilfe muss lediglich sicherstellen, dass der Beamte in diesem Bereich nicht mit erheblichen Aufwendungen belastet bleibt, die er auch über eine zumutbare Eigenbelastung und -vorsorge

---

[79] VerfGH 17, 46 (53 f.).
[80] So aber *Meder,* Art. 95, Rn. 9.
[81] VerfGH 31, 138 (143).
[82] VerfGH 26, 1 (7); VerfGH 27, 116 (172).
[83] VerfGH 27, 166 (172); VerfGH 50, 272 (276); *Meder,* Art. 95, Rn. 17.
[84] VerfGH 34, 140 (142 f); *Meder,* Art. 95, Rn. 17.
[85] VerfGH 26, 1 (6); *Meder,* Art. 95, Rn. 17.
[86] VerfGH 23, 120 (125); VerfGH 34, 140 (141); *Meder,* Art. 95, Rn. 16.
[87] VerfGH 17, 61 (67); VerfGH 45, 68 (76); VerfGH 48, 29 (34); VerfGH 48, 137; VerfGH 58, 196 (202 ff.).
[88] VerfGH 38, 96 (99).
[89] S. zu den notwendigen Aufwendungen in Krankheits-, Geburts- und Todesfällen VerfGH 17, 61 (67); VerfGH 27, 93 (98 f.).
[90] Vgl. VerfGH 45, 143 (149); VerfGH 48, 137.
[91] VerfGH 38, 96 (100).

nicht decken kann.[92] Es verletzt nicht die Fürsorgepflicht, wenn Aufwendungen für Schutzimpfungen, die wegen privater Auslandsreisen vorgenommen werden, nicht beihilfefähig sind.[93] Schutz vor Veränderungen des Rechts auf Privatliquidation bietet Art. 95 Abs. 1 Satz 2 BV nicht.[94] Der Kernbereich der verfassungsrechtlichen Fürsorgepflicht wird durch den Ausschluss von Beamten einer höheren Besoldungsgruppe als A 10 von der Ballungsraumzulage nicht berührt.[95]

cccc) Urlaub. Das Recht des Beamten auf Schutz und Fürsorge erstreckt sich auf den Er- **46** holungsurlaub.[96] Dieser darf nicht beseitigt oder in einem Maß verkürzt werden, dass sein Zweck, Gesundheit und Arbeitsfähigkeit zu erhalten, nicht mehr erreicht wäre.[97] Diese Grenze wird durch § 11 Abs. 3 S. 1 UrlVO nicht überschritten. Art. 95 BV gebietet keine vollständige Übereinstimmung der Urlaubsregelungen für Beamte mit denen der Arbeitnehmer.

kkk) Gebot des Vertrauensschutzes. Das Gebot des Vertrauensschutzes wird durch die her- **47** gebrachten Grundsätze des Berufsbeamtentums gewährleistet. Es schützt die Beamten vor einer rückwirkenden Verschlechterung von Rechtspositionen aus bereits abgeschlossenen Sachverhalten.[98] Auf die Organisationsgewalt des Dienstherrn bezieht sich der Vertrauensschutz in der Regel aber nicht.[99]

lll) Amtsbezeichnung. Nach den hergebrachten Grundsätzen des Berufsbeamtentums **48** und des Berufsrichtertums haben die Beamten und die Richter einen verfassungsrechtlich geschützten Anspruch auf Führung der jeweils ihren Ämtern entsprechenden Amtsbezeichnungen.[100] Einen Anspruch auf eine bestimmte Amtsbezeichnung besitzen sie nicht.[101] Die Amtsbezeichnung muss ihrem Amt entsprechend „wirklichkeitsgerecht" sein.[102] Die Amtsbezeichnungen sollen das Amt und seinen Träger kennzeichnen. Ebenso wie die Dienstbezüge müssen sie nach der Bedeutung der Ämter und der mit ihnen verbundenen Verantwortung differenziert sein.[103] Änderungen der Amtsbezeichnungen, die Unklarheit und Verwirrung schaffen, sind zu vermeiden.[104]

mmm) Einzelfälle Amtsbezeichnung. Es verstößt nicht gegen die Bayerische Verfassung, **49** dass nach den Vorschriften zur Überleitung der Kommunalbeamten in das neue Besoldungsrecht für Stadtdirektoren, die als Juristen überwiegend Justitiaraufgaben wahrnehmen, kein entsprechender Zusatz zur Amtsbezeichnung („rechtskundiger" Stadtdirektor) zugelassen ist.[105] Es ist zulässig, dass der Aufstiegsbeamte während der Bewährungszeit seine bisherige Amtsbezeichnung zunächst weiterführt.[106]

nnn) Einzelheiten. Aus Art. 95 Abs. 1 Satz 2 BV lässt sich nicht der Grundsatz ableiten, **50** dass für die Beamten zur Wahrung ihrer Interessen Vertretungen auf allen Stufen der öffentlichen Verwaltung vorhanden sein müssen.[107] Es besteht kein hergebrachter Grundsatz des Berufsbeamtentums, dass die regelmäßige wöchentliche Arbeitszeit eines Beamten 40 Stunden nicht überschreiten darf.[108] Eine „Höchstdauer" der täglichen Arbeitszeit gehört

---

[92] VerfGH 45, 68 (76); VerfGH 48, 29 (34).
[93] VerfGH 48, 29 (34 ff.).
[94] VerfGH 50, 272 (276).
[95] VerfGH 48, 29 (34); VerfGH 48, 137.
[96] VerfGH 9, 141; VerfGH 11, 52 (56 ff.); VerfGH 34, 173 (177).
[97] VerfGH 9, 141 (145); VerfGH 34, 173 (177); VerfGH 41, 119 (121 ff.).
[98] VerfGH 58, 196 (202 ff.).
[99] VerfGH 48, 87 (98); VerfGH 58, 196 (202 ff.).
[100] VerfGH 21, 180 (185).
[101] VerfGH, VerwRspr 18, 385 ff.
[102] Vgl. VerfGH 19, 42 (49); VerfGH 22, 63 (70 f.).
[103] VerfGH 22, 12 (15); *Meder,* Art. 95, Rn. 18.
[104] VerfGH 22, 63 (72).
[105] VerfGH, Ents. v. 27. 7. 1983, Az: Vf. 5-VII-80.
[106] VerfGH VerwRspr 18, 385 ff.
[107] VerfGH 10, 31 (42 f.).
[108] VerfGH 48, 87 (97 f.); VerfGH 58, 196 (202 ff.).

nicht zum Kernbestand der geschützten Strukturprinzipien, die das Berufsbeamtentum in seinem Wesensgehalt prägen und es von anderen Beschäftigungsverhältnissen abgrenzen. Eine Arbeitszeitverlängerung auf maximal 42 Wochenstunden verstieße nicht gegen Art. 95 Abs. 1 BV.[109] Ob das Privatliquidationsrecht beamteter Krankenhausärzte dem Art. 95 BV zugeordnet werden kann, hat der VerfGH offen gelassen.[110]

51   *dd) Insbesondere das Alimentationsprinzip: aaa) Allgemein.* Einen zentralen hergebrachten Grundsatz bildet das Alimentationsprinzip. Das Alimentationsprinzip gehört zu den Grundlagen, auf denen die Einrichtung des Berufsbeamtentums beruht. Es dient der wirtschaftlichen Absicherung des Berufsbeamtentums. Ohne diese könnte das Berufsbeamtentum seine Funktion, eine stabile Verwaltung zu sichern und damit einen ausgleichenden Faktor gegenüber den politischen Kräften zu bilden, nicht erfüllen.[111]

52   Die Besoldung des Beamten stellt kein Entgelt für bestimmte konkrete Dienstleistungen in einem bestimmten Zeitabschnitt dar, sondern ist eine Gegenleistung des Dienstherrn dafür, dass sich der Beamte ihm mit seiner ganzen Persönlichkeit zur Verfügung stellt und gemäß den jeweiligen Anforderungen seine Dienstpflicht nach Kräften erfüllt.[112] Die Alimentation ist kein Entgelt für konkrete geleistete Arbeit, sondern eine Unterhaltsrente als Gegenleistung für die lebenslängliche Dienstbereitschaft des Beamten.[113]

53   Daran hat sich nach Auffassung des VerfGH auch durch einen gewissen Wandel in der Lebensanschauung über das Berufsbeamtentum und durch einfach-gesetzliche Regelungen, die die Besoldung des Beamten in Relation zur tatsächlichen erbrachten Dienstleistung setzen, nichts Grundlegendes geändert.[114] Der Unterhaltszuschuss, der den Beamtenanwärtern für die Zeit ihrer Ausbildung geleistet wird, ist keine Alimentation,[115] sondern beruht auf dem beamtenrechtlichen Fürsorgegedanken.[116] Beamten auf Zeit können Versorgungsansprüche versagt bleiben.[117]

54   Die Alimentationspflicht des Dienstherrn ist ein prägender Grundsatz des Berufsbeamtentums. Sie ist unabdingbar, unverzichtbar und unteilbar. Das Alimentationsprinzip spielte in den letzten Jahrzehnten in der Rechtsprechung des VerfGH wegen Art 74a GG i. V. m. dem Beamtenbesoldungsgesetz nur eine geringe Rolle. Dies wird sich vermutlich in naher Zukunft wieder ändern, da die Gesetzgebungskompetenz für die Besoldung und Versorgung ausdrücklich ans Land zurückgefallen ist. Im Bereich des Alimentationsprinzips gilt:

55   Art 95 Abs. 1 Satz 2 BV verdrängt die Anwendung von Art 103 Abs. 1 BV auf vermögensrechtliche Ansprüche der Beamten und Versorgungsempfänger, die ihre Grundlage in dem öffentlich-rechtlichen Dienstverhältnis haben.[118]

56   *bbb) Inhalt: aaaa) Allgemein.* Die Alimentationspflicht gebietet die Zahlung von Dienstbezügen, Ruhegehalt und Hinterbliebenenversorgung in einer – nach der Bedeutung des Amtes und der damit verbundenen Verantwortung abgestuften – Höhe, welche den standesgemäßen Unterhalt sichert.[119] Das Alimentationsprinzip verpflichtet den Dienstherrn, den Beamten und seine Familie lebenslang angemessen zu alimentieren und ihm nach seinem Dienstrang, nach der mit seinem Amt verbundenen Verantwortung und nach Maßgabe der Bedeutung des Berufsbeamtentums für die Allgemeinheit entsprechend der

---

[109]   VerfGH 58, 196 (202 ff.).
[110]   VerfGH 50, 272 (276).
[111]   VerfGH 23, 98 (102); VerfGH, Ents. v. 25. 8. 1972, Az: Vf.75-VII-71; *Meder,* Art. 95, Rn. 13.
[112]   VerfGH 58, 196 (202 ff.).
[113]   VerfGH 20, 149 (152); VerfGH 22, 19 (24).
[114]   VerfGH 58, 196 (202 ff.); a. A. *Leisner-Egensperger,* ZBR 2004, 333 (336 f.).
[115]   VerfGH 21, 123 (129); VerfGH 22, 107 (110); VerfGH 25, 21 (25).
[116]   VerfGH 25, 21 (25).
[117]   VerfGH 9, 47 (51 f.); VerfGH 11, 37 (49).
[118]   VerfGH 5, 166 (195); VerfGH 23, 120 (126); VerfGH 31, 138 (141); *Meder,* Art. 95, Rn. 14; *Schweiger,* in: Nawiasky/Schweiger/Knöpfle, Art. 95, Rn. 4.
[119]   VerfGH 36, 157 (159).

Entwicklung der allgemeinen wirtschaftlichen und finanziellen Verhältnisse und des allgemeinen Lebensstandards einen angemessenen Lebensunterhalt zu gewähren.[120] Im Fall des Todes des Beamten muss seinen Hinterbliebenen der standesgemäße Lebensunterhalt gesichert sein.[121] Die Dienstbezüge müssen gesetzlich generell geregelt werden.[122] Die Alimentation ist nach dem Amt und nicht nach den konkreten Vermögensverhältnissen des Beamten auszurichten.[123]

Die Alimentation muss den standesgemäßen oder amtsangemessenen Lebensunterhalt **57** sichern.[124] Wesentlicher Beurteilungsmaßstab für die angemessene Alimentation ist das Amt. Der Beamte hat Anspruch darauf, das zu bekommen, was er benötigt, um so zu leben, wie es seinem Amt entspricht. Er bekommt nicht etwa einen ausgehandelten Lohn.

Maßgebend ist das übertragene Status-Amt, nicht das tatsächlich wahrgenommene **58** funktionale Amt oder die konkrete übernommene Aufgabe.[125] Daher ist es zulässig, wenn der Aufstiegsbeamte während der Bewährungszeit seine bisherige Besoldung zunächst weiter erhält.[126] Eine verfassungsrechtlich verbindliche Definition des Amtes besteht nicht. Einfach-rechtlich wird das Amt im statusrechtlichen Sinne definiert über das Endgrundgehalt, die Amtsbezeichnung und die Laufbahnzugehörigkeit. Als Orientierungsgröße kann man diese Definition auch im Bereich des Alimentationsgrundsatzes heranziehen.

Welche Alimentation für welches Amt angemessen ist, lässt sich nicht punktgenau fest- **59** stellen. Maßgeblich sind die mit dem Amt verbundene Verantwortung, die Bedeutung, die dieses Amt und das Berufsbeamtentum für die Allgemeinheit insgesamt haben, die Entwicklung der allgemeinen wirtschaftlichen und finanziellen Verhältnisse, der Vergleich mit der Einkommensskala von Berufen, die eine dem Amt vergleichbare Ausbildung voraussetzen und vergleichbare Funktion und Bedeutung besitzen und schließlich die Einordnung des Amtes im Ämtergefüge.

Die Amtsangemessenheit bildet dabei die Grenze nach unten. Dem Gesetzgeber steht **60** es frei, gewisse Ämter überzualimentieren. Er darf daher auch einen „besoldungsmäßigen Anreiz" schaffen, um für bestimmte Ämter besonders qualifizierte Bewerber zu gewinnen oder Nachwuchsschwierigkeiten zu begegnen.[127]

Eine Doppelalimentation durch die öffentliche Hand (durch mehrere Dienstherren) **61** findet grundsätzlich nicht statt.[128] Wird ein Beamter durch seinen Dienstherrn amtsangemessen alimentiert und erhält er aus einer anderen öffentlichen Kasse eine Leistung, die die gleiche Funktion wie die Alimentation besitzt, darf der Dienstherr diese Zahlungen auf die Besoldung anrechnen.

Über die Amtsangemessenheit hinaus gewährleistet das Alimentationsprinzip keinen **62** Anspruch auf Bezüge in einer bestimmten Höhe oder auf Beibehaltung der Berechnungsgrundlagen für die aktiven oder die Ruhegehaltsbezüge.[129] Es garantiert dem Beamten keine summenmäßig bestimmte Versorgung.[130] Ein Recht auf ein bestimmtes Besoldungsdienstalter und die Ermöglichung künftiger Vorrückungen vermittelt die Norm nicht.[131] Ein Anspruch auf Beibehaltung der Berechnungsgrundlagen seiner Bezüge exis-

---

[120] VerfGH 58, 196 (202 ff.).

[121] VerfGH 13, 170 (176); VerfGH 31, 138 (143); VerfGH, Ents. v. 25.8.1972, Az: Vf.75-VII-71.

[122] VerfGH 24, 159 (165); VerfGH 25, 147 (151 – Bestimmungen im Haushaltsgesetz); *Meder,* Art. 95, Rn. 13.

[123] VerfGH 22, 19 (22).

[124] VerfGH 36, 157 (159); VerfGH, Ents. v. 13.2.1981, Vf.1-VI-81, S. 15.

[125] VerfGH 25, 13 (21).

[126] VerfGH, VerwRspr 18, 385 ff.

[127] VerfGH 16, 18 (30); VerfGH 21, 50 (56); VerfGH 25, 13 (20).

[128] VerfGH 18, 154; VerfGH 21, 123 (129 f.).

[129] VerfGH 14, 30 (42); VerfGH 17, 4 (10); VerfGH 23, 120 (124); VerfGH 31, 138 (143).

[130] VerfGH 36, 157 (159).

[131] VerfGH 14, 30 (42).

tiert erst recht nicht.[132] Selbst eine gesetzliche Alimentationsabsenkung kann verfassungsrechtlich zulässig sein. Das ist dann der Fall, wenn die Beamten überalimentiert waren oder die Lebenshaltungskosten gesunken sind. Bereits *fällige Dienstbezüge* dürfen allerdings rückwirkend *nicht geschmälert* werden. Ab Fälligkeitstag genießen sie also nicht nur in ihrem Kernbestand, sondern auch in ihrer summenmäßigen Höhe verfassungsrechtlichen Schutz.[133]

63   *bbbb) Versorgung.* Nach den hergebrachten Grundsätzen des Berufsbeamtentums ist dem Beamten ferner das Recht auf Ruhegehalt und Hinterbliebenenversorgung in einer Höhe garantiert, die ihm und im Falle seines Todes den Hinterbliebenen den standesgemäßen Unterhalt sichert. Dessen Abstufung nach Amt und Verantwortung wirkt in die Zeit des Ruhestandes hinein. Die Versorgungsbezüge sind demnach von jeher zumindest nach den Bezügen zu berechnen, die dem Beamten nach dem Besoldungsrecht zuletzt zugestanden haben.[134] Maßgeblich sind die Amtsbezüge – einschließlich der ruhegehaltsfähigen Amts- und Stellenzulagen (nicht aber unbedingt anderer Zulagen),[135] die dem Beamten nach dem Besoldungsrecht zuletzt zugestanden haben.[136] Da die Versorgung Alimentation ist, ist hier eine Anrechnung von Leistungen mit Alimentationswirkung denkbar.[137]

64   *cccc) Einzelheiten Alimentationspflicht.* Es ist mit Art. 95 Abs. 1 Satz 2 BV vereinbar, wenn der Dienstherr Renten, die aus der gesetzlichen Rentenversicherung gewährt werden und dem Unterhalt des Beamten dienen, auf die von ihm zu leistende Alimentation anrechnet.[138] Die Wochenarbeitszeit fällt nicht direkt unter das Alimentationsprinzip.[139] Ebenso wenig die Beihilfe. Dennoch ist es möglich, dass das Alimentationsprinzip dadurch verletzt wird, dass andere Leistungen des Dienstherrn verändert werden, und dies einen mittelbaren Einfluss auf das Alimentationsprinzip ausübt. Das wäre der Fall, wenn die Veränderungen im Bereich der Beihilfe oder der Arbeitszeit den Beamten dazu zwingen würde, auf seine Alimentation zuzugreifen und diese ihm dann keine amtsangemessene Lebensführung mehr gestatten würde.[140] In der Verhängung einer auf Gesetz beruhenden Disziplinarmaßnahme, die mit dem Verlust der Dienst- und Versorgungsbezüge verbunden ist, liegt auch kein Verstoß gegen die verfassungskräftige Garantie des Alimentationsanspruchs des (integren) Beamten.[141] Die Hochschullehrerbesoldung war im Jahr 2008 noch verfassungsgemäß.[142]

65   *dddd) Ämtergefüge.* Eine staatliche Verwaltung, die nur mit einem Amt auskäme, ist nicht denkbar. Bestehen eine Vielzahl von Ämtern und muss die Alimentation amtsbezogen sein, so führt dies zur Notwendigkeit, ein Besoldungsgefüge zu schaffen, das die vorhandenen Ämter sachlich aufeinander bezieht. Die Dienstbezüge müssen nach dem Dienstrang je nach der Bedeutung des Amtes und der mit ihm verbundenen Verantwortung abgestuft sein.[143] Die mit den unterschiedlichen Ämtern verbundene unterschiedliche Verantwortung und Bedeutung darf nicht durch eine einheitliche Besoldung nivelliert werden.[144] Eine gleiche Besoldung, unabhängig mit den wahrgenommenen Ämtern, wäre auch mit dem Leistungsprinzip unvereinbar.

---

[132] VerfGH 5, 166 (Ls 8); VerfGH 13, 170; VerfGH, Ents. v. 29. 10. 1969, Az: Vf. 24-VI-69.

[133] VerfGH 23, 120 (125).

[134] VerfGH 23, 98 (102); VerfGH, Ents. v. 25. 8. 1972, Az: Vf. 75-VII-71.

[135] VerfGH 25, 147 (157 f.).

[136] VerfGH 13, 170 (174 f.); VerfGH 16, 147 (150).

[137] VerfGH 18, 154; VerfGH 22, 29 (33).

[138] VerfGH 36, 157 (159).

[139] VerfGH 48, 87 (97); VerfGH 58, 196 (202 ff.).

[140] VerfGH 58, 196 (202 ff.).

[141] VerfGH, Ents. v. 6. 9. 1974, Az: Vf. 49-VI-71.

[142] VerfGH, Ents. v. 30. 7. 2008, Az: Vf. 25-VII-05.

[143] VerfGH 13, 170 (176); VerfGH 20, 51 (55); VerfGH 21, 51; VerfGH 21, 180; VerfGH 24, 159 (164 f.); *Meder*, Art. 95, Rn. 13.

[144] VerfGH 22, 12 (15).

Während der Geltung des Art. 74a GG war dem Landesgesetzgeber die Gestaltung des **66** Ämtergefüges nur innerhalb des Raumes möglich, den ihm der Bundesgesetzgeber gelassen hatte.[145] In Landesbesoldungsordnungen durften Ämter nur aufgenommen werden, soweit dies im Bundesbesoldungsgesetz vorgesehen war oder wenn sie sich von den Ämtern in den Bundesbesoldungsordnungen nach dem Inhalt der zugeordneten Funktionen wesentlich unterschieden.[146] Mit dem Art. 74 Abs. 1 Nr. 27 GG n. F. hat sich diese Lage verändert. Die Landesgesetzgeber können nun landesweite eigene Besoldungsgefüge normieren. Eine Pflicht, sich an den Gefügen der anderen Ländern zu orientieren, ergibt sich zumindest nicht aus der Landesverfassung.

Dem Landesgesetzgeber steht dabei bei der Schaffung, Veränderung und Neuordnung **67** des Ämtergefüges eine verhältnismäßig weite Gestaltungsfreiheit zu. Dies deshalb, weil er innerhalb dieser Materie nicht nur auf die Verhältnisse einzelner Ämter oder Dienstposten zu benachbarten oder nahe stehenden Ämtern oder Dienstposten zu achten hat, sondern auch übergreifende Gesichtspunkte berücksichtigen kann, also etwa die Frage, welche Auswirkungen eine konkrete Differenzierung oder das Absehen von einer Differenzierung auf das übrige Besoldungsgefüge hat.[147] Im Rahmen seiner Gestaltungsfreiheit muss der Normgeber nicht jeden Unterschied in der Arbeitslast und in der Verantwortung eines Beamten zum Ansatzpunkt für eine Differenzierung wählen. Er darf auf sie verzichten, wo sich nach seiner Auffassung Aufgaben und Verantwortung der in Vergleich zu setzenden Ämter oder Dienstposten nur geringfügig unterscheiden. Ein komplexes Besoldungsgefüge ist immer unter irgendeinem Gesichtspunkt in der Abgrenzung der Besoldungsgruppen für die unmittelbar Betroffenen fragwürdig. Solche Unebenheiten, Friktionen und Mängel müssen in Kauf genommen werden, solange sich für die getroffene Regelung ein sachlich vertretbarer Grund anführen lässt.[148] Jede Besoldungsordnung ist in gewisser Weise unvollkommen und enthält unvermeidbare Härten.[149] Aus solchen Härten lässt sich auch noch kein Verstoß gegen den Gleichheitssatz herleiten.[150] Die Regelung darf allerdings nicht in einer Weise inkonsequent sein, dass ein darin etwa zum Ausdruck gebrachtes System im Einzelnen willkürlich wieder durchbrochen wird.[151]

Der Gesetzgeber darf das Gefüge neu ordnen.[152] Umgekehrt besteht auch kein Anspruch **68** auf Wahrung einer Beibehaltung einer bestimmten Besoldungsrelation.[153] Für die (Neu-) Bewertung eines Amtes ist dabei allein die Entscheidung des Gesetzgebers ausschlaggebend, der sich insofern an die Regel des Art. 95 Abs. 1 Satz 2 BV zu halten hat, insbesondere die Grenzen des amtsangemessenen Unterhalts nicht unterschreiten darf. In diesem Rahmen steht es ihm offen, ein Amt höher oder auch – jedenfalls bei der üblichen Wahrung des Besitzstandes der bisherigen Amtsinhaber – niedriger zu bewerten. Dies gilt selbst dann, wenn sich die Elemente, nach denen das Amt zu beurteilen ist, wie Vorbildung, Aufgabengebiet und Grad der Verantwortung des Amtsinhabers, nicht geändert haben.[154] Bei einer Neuordnung des Ämtergefüges müssen die Ruhestandsbeamten nicht einbezogen werden.[155] Er kann bisher vorhandene Differenzierungen verändern, wenn hierfür zumindest ein sachlicher Grund vorhanden ist. Dem Gesetzgeber ist es aber ver-

---

[145] VerfGH, Ents. v. 22.1.1976, Az: Vf.6-VII-73.
[146] VerfGH, Ents. v. 22.1.1976, Az: Vf.6-VII-73.
[147] VerfGH 23, 200 (213); VerfGH 51, 170 (178).
[148] VerfGH 25, 74 (82); VerfGH 31, 212 (219); VerfGH 51, 170 (178).
[149] VerfGH 24, 97 (104 f.); VerfGH 24, 159 (167); VerfGH 25, 1 (9); VerfGH 25, 74 (81); VerfGH 27, 166 (171).
[150] VerfGH 25, 74 (79); VerfGH 31, 212 (218); VerfGH 51, 170 (178); *Meder*, Art. 95, Rn. 15.
[151] VerfGH 18, 154 (159 f.); VerfGH 31, 212 (218); VerfGH 45, 97 (101 f.)
[152] VerfGH 24, 97 (104); VerfGH 24, 128 (136); VerfGH 24, 159 (164 f.).
[153] VerfGH 17, 4 (10); VerfGH 27, 166 (171).
[154] VerfGH 13, 170 (176).
[155] VerfGH 13, 170 (176).

wehrt, das System, nach dem er die Zuordnung der Ämter zu den Besoldungsordnungen vornimmt, im Einzelnen willkürlich wieder zu durchbrechen.[156]

69   Insoweit decken sich die Anforderungen an den Gesetzgeber aus Art. 95 Abs. 1 Satz 1 BV mit denen aus dem Gleichheitssatz.[157] Der VerfGH misst die Sachgerechtigkeit des Besoldungsgefüges primär am Gleichheitssatz und nur sekundär an Art. 95 Abs. 1 S. 2 BV. Der Gleichheitssatz untersagt auch, dass der Gesetzgeber bei Besoldungsvorschriften für Beamte verschiedener Laufbahnen, „die eine ohne sachlich vertretbaren Grund gegenüber der anderen im Gesamtaufbau benachteiligt".[158] Der Gleichheitssatz ist auch bei der Zulagengewährung zu beachten, durch die die Bewertung einzelner Dienstposten verfeinert werden soll.[159] Dem Gesetzgeber steht aber auch unter dem Gesichtspunkt des Gleichheitssatzes eine verhältnismäßig weite Gestaltungsfreiheit zu.[160]

70   *Einzelfälle Ämterneuordnung.* Ein allgemeiner Satz des Inhalts, dass der Vizepräsident als ständiger Vertreter des Behördenleiters höher besoldet werden müsse als sämtliche an derselben Behörde tätigen Beamten, besteht nicht,[161] dagegen ein solcher, dass der zur Vertretung des Anstaltsleiters berufene Lehrer an einem Gymnasium besoldungsmäßig herauszuheben ist.[162] Die Neubewertung des Amtes des Senatspräsidenten beim FG bedingt nicht die automatische Höherstufung des ständigen Vertreters des Finanzgerichtspräsidenten.[163] Die besoldungsrechtliche niedrigere Einstufung der Senatspräsidenten beim FG im Vergleich zur Einordnung des Senatspräsidenten bei OLG und beim LSG war nicht verfassungswidrig.[164] Die Einstufung der Justizinspektoren in die Besoldungsgruppe A 9 verstößt nicht gegen die Verfassung.[165] Die Einordnung des Amts des Kanzlers von Augsburg war verfassungsgemäß.[166] Hält der Gesetzgeber angesichts der Schwierigkeiten und der Bedeutung eines Amts einen Vorbereitungsdienst und eine bestimmte Prüfung für erforderlich, während er bei einem anderen – an sich ähnlichen – Amt sachgerecht von dieser Voraussetzung absieht, so verletzt er den Gleichheitssatz nicht dadurch, dass er auch die Dienstbezüge demgemäß unterschiedlich bemisst.[167]

3. Rechtswegzuweisung – Art. 95 Abs. 2

71   Die Regelung des Art. 95 Abs. 2 BV ist § 67 Abs. 2 Satz 3 BV 1919 und Art. 129 Abs. 1 Satz 4 WRV nachgebildet. Vor Erlass des § 126 BRRG ergab sich eine Zweispurigkeit des den Beamten offen stehenden Rechtswegs, je nachdem, ob es sich um die Verfolgung vermögensrechtlicher oder sonstiger Ansprüche gegen ihren Dienstherrn handelte.

72   Die Aussage des Art. 95 Abs. 2 BV widerspricht diametral dem § 126 BRRG, der für die von Art. 95 Abs. 2 BV vorgesehen Klagen gerade nicht den ordentlichen, sondern den Verwaltungsrechtsweg vorsieht. Art. 91 Abs. 2 BV wird über Art. 31 GG von § 126 BRRG verdrängt, aber nach der hier vertretenen Ansicht nicht gebrochen. Daher würde Art. 91 Abs. 2 BV wieder gelten, sofern der Bund § 126 BRRG aufheben sollte. Das Beamtenstatusgesetz hat § 126 BRRG aufrechterhalten (§ 63 BeamStG). Gegenwärtig ist Art. 91 Abs. 2 BV aber wegen § 126 BRRG, § 71 Abs. 3 DRiG ohne Bedeutung.

---

[156] VerfGH, Ents. v. 20. 10. 1981, Az: Vf. 4-VII-77.
[157] VerfGH 51, 170 (174 f.).
[158] VerfGH 25, 74 (79).
[159] VerfGH 20, 51 (55); VerfGH 21, 50 (55); VerfGH 25, 1 (8); VerfGH 25, 13 (17); VerfGH 25, 74 (79); VerfGH 25, 147 (156).
[160] VerfGH 21, 14 (18); VerfGH 26, 1 (8).
[161] VerfGH 24, 159 (167).
[162] VerfGH 24, 128 (136).
[163] VerfGH 24, 97 (104 ff.).
[164] VerfGH 21, 180 (185).
[165] VerfGH 14, 4 (16).
[166] VerfGH 51, 170 (175).
[167] VerfGH, VerwRspr 19, 13 ff.

Die Norm ist überholt, von einem unnötigen Misstrauen gegenüber der Verwaltungs- **73** gerichtsbarkeit geprägt und müsste aufgehoben werden.

4. Straferkenntnis – Art. 95 Abs. 3 BV

Art. 95 Abs. 3 BV vermittelt gegen bestimmte Sanktionen einen Mindestrechtsschutz. **74** Straferkenntnisse i. S. v. Art. 95 Abs. 3 BV sind alle dienstlichen Sanktionen für ein ver- schuldetes Fehlverhalten, insbesondere etwa Warnung, Verweise, Geldbuße, Gehaltskür- zung, Versagung des Aufstiegs im Gehalt, Einstufung in eine niedrigere Dienstaltersstufe, Versetzung in ein Amt derselben Laufbahn mit geringerem Endgrundgehalt, Entfernung aus dem Dienst, Kürzung des Ruhegehalts und Aberkennung des Ruhegehalts.[168] Bei die- sen Maßnahmen muss dem Beamten ein Rechtsschutzverfahren zur Verfügung stehen (Beschwerde). Gegenüber bestandskräftigen Entscheidungen muss es die Möglichkeit des Wiederaufnahmeverfahrens geben. Das Bestehen einer Begnadigungsmöglichkeit genügt nicht.[169] Sofern der Bundesgesetzgeber ein Disziplinarrecht regeln würde, das den Vor- gaben des Art. 95 Abs. 3 BV nicht genügen würde, wäre die Norm suspendiert. Das ist aber, soweit ersichtlich, nicht der Fall. Welche Wiederaufnahmegründe dabei vorzusehen sind, sagt Art. 95 Abs. 3 BV nicht. Art. 95 Abs. 3 BV enthält daher einen Gesetzgebungs- auftrag an den Gesetzgeber.[170] Art 95 Abs. 3 BV verbürgt kein subjektives Recht.[171] Eine Verfassungsbeschwerde lässt sich daher auf ihn nicht stützen.[172]

5. Personalakten – Art. 95 Abs. 4 BV

a) Subjektives Recht. Art. 95 Abs. 4 BV verbürgt dem Beamten ein subjektives Recht, **75** das mit der Verfassungsbeschwerde geltend gemacht werden kann.[173] Die Bestimmung ist nicht nur Programmsatz, sondern geltendes Recht und gibt den Beamten einen verwal- tungsgerichtlich verfolgbaren Anspruch auf Anhörung. Die Norm hat den Zweck, die vorgesetzten Dienststellen zu besserer Abwägung der Einträge in die Personalakten zu be- wegen.[174]

b) Anhörungsrecht. Danach dürfen in die Personalakten der Beamten nachteilig be- **76** haftete Tatsachen erst aufgenommen werden, nachdem der Beamte sich zu diesen äußern konnte. Nachweise über die Person des Beamten sind alle amtlichen Urkunden, in denen Aufzeichnungen irgendwelcher Art über die Person des Beamten enthalten sind.[175] Das Anhörungsrecht des Beamten besteht nur vor der Eintragung ihm ungünstiger Tatsa- chen.[176] Auf Werturteile bezieht sich das Anhörungsrecht vom Normtext her nicht.[177] Ob es sich um ungünstige Tatsachen oder um Werturteile handelt, ist Tat- und Rechtsfrage und rein objektiv zu beurteilen. Zum Werturteil sollen auch die Äußerungen des Dienstvorge- setzten über Befähigung, Leistung und Charakter, wie sie in der dienstlichen Beurteilung des Beamten erscheinen, zählen.[178] Sollen bei den Werturteilen neue, dem Beamten ab- trägliche Tatsachen einbezogen werden, so muss er vorher gehört werden. Der Beamte hat einen Anspruch darauf, dass die Aufnahme unterbleibt, solange er keine Äußerungsgele- genheit hatte oder seine Äußerung nicht aufgenommen wurde.[179]

---

[168] S. dazu nur VerfGH 12, 131 (138); VerfGH 20, 101 (109); VerfGH 42, 54 (59 ff.).
[169] *Schweiger,* in: Nawiasky/Schweiger/Knöpfle, Art. 95, Rn. 6.
[170] *Schweiger,* in: Nawiasky/Schweiger/Knöpfle, Art. 95, Rn. 6.
[171] VerfGH vom 14. 6. 1966, Vf. 72–VI–62.
[172] VerfGH, Ents. v. 3. 7. 1987, Az: Vf. 78–VI–85.
[173] VerfGH 16, 1.
[174] *Schweiger,* in: Nawiasky/Schweiger/Knöpfle, Art. 95, Rn. 7; Prot. I S. 73.
[175] *Schweiger,* in: Nawiasky/Schweiger/Knöpfle, Art. 95, Rn. 7; *Meder,* Art. 95, Rn. 23.
[176] *Meder,* Art. 95, Rn. 23.
[177] *Meder,* Art. 95, Rn. 24; *Schweiger,* in: Nawiasky/Schweiger/Knöpfle, Art. 95, Rn. 7.
[178] *Meder,* Art. 95, Rn. 24.
[179] *Schweiger,* in: Nawiasky/Schweiger/Knöpfle, Art. 95, Rn. 7.

77   Aus Art. 95 Abs. 4 BV soll sich nach dem VerfGH kein Recht auf Unterlassung der Eintragung ungünstiger Tatsachen ergeben. Auch ein Anspruch auf Entfernung unrichtiger Tatsachen soll die Norm nicht vermitteln.[180] Sie verbürge dem Beamten nur den Anspruch darauf, dass er vor der Eintragung gehört wird und dass seine Äußerung nach Satz 2 zu den Akten genommen wird. Das ist zwar zutreffend. Der Beamte hat aber – sowohl aus dem Recht auf informationelle Selbstbestimmung als auch aus dem Fürsorgeprinzip – ein Recht darauf, dass unrichtige Tatsachen aus den Personalakten entfernt werden. Diesen Anspruch zu sichern, indem dem Beamten die für die Verfolgung notwendigen Rechtskenntnisse vermittelt werden, ist eine Aufgabe des Art. 95 Abs. 4 BV.

6. Einsichtsrecht – Art. 95 Abs. 5 BV

78   Jeder Beamte hat nach Art. 95 Abs. 5 BV ferner das klagbare Recht in seine Personalakten einzusehen.[181] Ist der Beamte persönlich verhindert, kann das Recht durch einen Bevollmächtigten wahrgenommen werden. Art. 97 Abs. 5 BV verbürgt ein subjektives Recht.

79   Mit dem Begriff „sämtliche Personalnachweise" ist die vollständige Personalakte gemeint. Zu den Personalnachweisen zählen nicht nur Nachweise über ungünstige Tatsachen i. S. v. Abs. 4, sondern auch Werturteile, insbesondere Beurteilungen und alle „für die dienstlichen und persönlichen Verhältnisse des Beamten bedeutsamen Schriftstücke". Dies sind auch Anträge und Eingaben des Beamten, sowie die darauf ergangenen Bescheide. Weiter bezieht sich dies auf Beschwerden über ihn, soweit sie für seine Beurteilung von Bedeutung sind. Prüfungsakten gehören hierzu nicht.[182] Dienststrafakten sind erst nach dem Abschluss des Verfahrens zu den Personalakten zu nehmen.

80   Mit der Aufnahme der Bestimmung wollte der Verfassungsgeber unmissverständlich klarstellen, dass die Führung geheimer Personalakten verboten ist.[183] An der Vertraulichkeit der Personalakten ändert diese Norm nichts.

Art. 96 [Pflichten des Beamten]

[1]Die Beamten sind Diener des ganzen Volkes, nicht einer einzelnen Partei. [2]Der Beamte hat sich jederzeit zum demokratisch-konstitutionellen Staat zu bekennen und zu ihm innerhalb und außerhalb des Dienstes zu stehen.

Parallelvorschriften im GG und in anderen Landesverfassungen: Art. 33 GG; Art. 77–78 BaWüVerf; Art. 96 BbgVerf; Art. 59 HambVerf; Art. 134, 135 HessVerf; Art. 71 M-VVerf; Art. 60 NdsVerf; Art. 80 NRWVerf; Art. 125–127 RhPfVerf; Art. 113–115 SaarlVerf; Art. 91–92 SächsVerf; Art. 91 SachsAnhVerf; Art. 96 ThürVerf.

Rechtsprechung: VerfGH 2, 93; 37, 115; 37, 140; 43, 148.

Literatur: S. Nachweise bei Art. 96 und zusätzlich: *Battis,* Kommentar zum BBG, 3. Aufl., 2004; *Lecheler,* Die „hergebrachten Grundsätze des Berufsbeamtentums" in der Rechtsprechung des Bundesverfassungsgerichts und des Bundesverwaltungsgerichts, AöR 103 (1978), 373; *Schnellenbach,* Beamtenrecht in der Praxis, 6. Aufl. 2005; *Schrader,* Rechtsbegriff und Rechtsentwicklung der Verfassungstreue im öffentlichen Dienst, 1985; *Stern,* Zur Verfassungstreue der Beamten, 1974; *Wassermann,* Ämterpatronage durch politische Parteien, NJW 1999, 2330 ff.; *Wichmann/Langer,* Öffentliches Dienstrecht, 6. Aufl., 2007; *Wiegand,* Kein Grundrechtsschutz für Extremisten, NJ 1993, 396 ff.

---

[180] VerfGH, Ents. v. 14. 6. 1966, Vf.72-VI-62; *Schweiger,* in: Nawiasky/Schweiger/Knöpfle, Art. 95, Rn. 7.

[181] VerfGH, Ents. v. vom 14. 6. 1966, Vf.72-VI-62.

[182] *Meder,* Art. 95, Rn. 26; *Schweiger,* in: Nawiasky/Schweiger/Knöpfle, Art. 95, Rn. 8.

[183] Prot. I S. 73; *Schweiger,* in: Nawiasky/Schweiger/Knöpfle, Art. 95, Rn. 8.

I. Allgemeines

1. Bedeutung des Art. 96 BV

Während Art. 95 BV die wesentlichen Rechte des Beamten aufführt, betont Art. 96 **1** BV die vornehmsten Pflichten des Beamten in einer eigenen Vorschrift.[1] Er konkretisiert daher wesentliche Strukturbestandteile des Berufsbeamtentums i. S. v. Art. 95 BV.

Art. 96 BV stellt in beiden Sätzen rein objektives Recht dar. Die Norm vermittelt nie- **2** mandem einen subjektiven Anspruch, auch nicht auf disziplinäres Einschreiten gegen einen Beamten, der diesen Pflichten nicht genügt.[2] Eine Verfassungsbeschwerde kann auf sie nicht gestützt werden.[3]

2. Entstehungsgeschichte des Art. 96 BV

Art. 96 Abs. 1 S. 1 BV deckt sich inhaltlich mit Art. 130 Abs. 1 WRV und ist während **3** des Verfassungsgebungsverfahrens nicht verändert worden. Er stimmt mit Art. 60 Abs. 1 VE überein.

Satz 2 enthält dagegen eine sachlich neue Pflicht des Beamten und wurde im VA ein- **4** gefügt.[4] Nicht geltendes Recht wurde die ursprünglich geplante Regelung des Art. 60 Abs. 3 VE, nach der die Beamten nach gesetzlicher Regelung besondere Beamtenver- tretungen besitzen. Sie wurde bereits im VVA gestrichen.[5] Auch eine Regelung, nach der Beamten die politische Betätigungsfreiheit gewährleistet werden sollte,[6] konnte keine Mehrheit finden.[7]

3. Verhältnis zum Grundgesetz und Reformbedarf

Sowohl die politische Treuepflicht als auch die Gemeinwohlorientierung und die außer- **5** dienstliche Mäßigungspflicht sind mittlerweile auch bundesrechtlich vorgesehen. Die Zuständigkeit für die Ausgestaltung dieser Pflicht betrifft weitgehend den Status der Be- amten und kann daher vom Bund unter Erfüllung der Voraussetzungen der Art. 72 ff. GG gesetzlich auch nach der Föderalismusreform erfüllt werden. Die bundesrechtlichen und die landesverfassungsrechtlichen Vorschriften kollidieren nach Auffassung der überwie- genden Ansicht zurzeit nicht in einer Weise miteinander, dass die Ungültigkeit von Art. 96 BV anzunehmen ist.[8]

Die Regelung ist auch unter den heutigen Bedingungen sinnvoll und daher nicht **6** reformbedürftig.

---

[1] *Schweiger,* in: Nawiasky/Schweiger/Knöpfle, Art. 96, Rn. 2; *Paptistella,* in: Praxis der Kommunal- verwaltung Bayern, BV, Art. 96.

[2] VerfGH 2, 93; VerfGH 3, 65 (66); VerfGH 20, 183 (186); VerfGH, Ents. v. 17. 3. 1969, Az: Vf.125- VI-68; *Meder,* Art. 96, Rn. 1; *Schweiger,* in: Nawiasky/Schweiger/Knöpfle, Art. 96, Rn. 2.

[3] VerfGH 43, 148 (154).

[4] Prot. I S. 74 ff.

[5] *Schweiger,* in: Nawiasky/Schweiger/Knöpfle, Art. 96, Rn. 1.

[6] S. Art. 60 Abs. 5 VE, dann Art. 11 E und schließlich Art. 107 Abs. 2 EVA.

[7] *Schweiger,* in: Nawiasky/Schweiger/Knöpfle, Art. 96, Rn. 1 f.; Prot. IV S. 167.

[8] *Schweiger,* in: Nawiasky/Schweiger/Knöpfle, Art. 96, Rn. 2.

II. Einzelkommentierung

1. Die Gemeinwohlbindung

7   **a) Zweck der Norm.** Art. 96 Satz 1 BV hat zum Ziel, das staatstreue, parteipolitisch neutrale und streng objektive Berufsbeamtentum nach der NS-Zeit wiederherzustellen.[9] Aus der Norm wird die Aufgabe des Berufsbeamtentums, eine stabile Verwaltung zu sichern und einen Ausgleich gegenüber den politischen Kräften zu bilden, besonders deutlich. Mit dieser Norm ist der Grundsatz eines parteipolitisch neutralen Beamtentums verfassungsrechtlich verankert. Art. 62 f. BeaG konkretisiert dies in zulässiger Weise.[10] Die politische Neutralität bildet eine wesentliche Grundlage für das Vertrauen der Bürger in die Verwaltung des freiheitlichen Rechtsstaates.[11] Die Norm schränkt zugleich in inhaltlich zulässiger Weise das Grundrecht der Meinungsfreiheit ein.[12]

8   **b) Inhalt.** *aa) Gemeinwohlbindung.* Art. 96 Satz 1 BV verpflichtet den Beamten zu unparteiischer Amtsführung. Der Beamte steht im Dienst des Volkes, nicht einer Partei oder einer sonstigen Organisation oder eines einzelnen Bürgers. Der Begriff „Diener" deutet auf ein funktionales Tätigwerden hin; die Beamten müssen so tätig werden, dass die Erfolge dem Volk zu Gute kommen. Diese Formulierung besagt allerdings in einer bewusst auf eine Metapher bezogenen Sprache nichts anderes, als dass die Beamten sich dem Gemeinwohl unterordnen müssen.[13] Der Beamte soll im Gegensatz zum Politiker objektiv, d. h. gegenstands- und sachorientiert, demnach unparteiisch handeln.[14] Es genügt nicht, wenn er auf das Wohl der Allgemeinheit Bedacht nimmt.[15] Der Grundsatz des Satzes 1 steht demnach in engem Zusammenhang mit dem Grundsatz der Gesetzmäßigkeit der Verwaltung (Art. 55 Nr. 1 BV).[16] Auf diese Weise stellt die Norm auch klar, dass der Beamte außer den gesetzlich bestimmten Instanzen (vgl. Art. 55 Nrn. 5 bis 7 BV) niemandem verantwortlich oder zur Rechenschaft verpflichtet ist.

9   *bb) Umfassende Pflicht.* Die Aufgabe dem ganzen Volk, d. h. dem Gemeinwohl, zu dienen, ist umfassend und bezieht sich auf das gesamte Treue- und Gehorsamsverhältnis des Staates. Sie bezieht sich daher zunächst auf die Amtsausführung des Beamten. Das dienstliche Verhalten muss der Beamte vollständig an Verfassung, Gesetz und am Gemeinwohl ausrichten. Die ausschließliche Orientierung an dem Gemeinwohl ist Kern der Besonderheit des staatlichen Tätigwerdens.

10   Auf das dienstliche Verhalten beschränkt sich die Norm aber nicht. Auch außerhalb des Dienstes muss ein Verhalten dem Maßstab des Art. 96 S. 1 BV genügen. Außerdienstlich ist die Gemeinwohlbindung nicht der eigentliche Zweck der Tätigkeit. Der Beamte darf privat eigennützig handeln und muss nicht gemeinwohlorientiert tätig werden. Die Gemeinwohlbindung wandelt sich insofern in eine Mäßigungspflicht dahin, dass der Beamte nicht zu unsozial und staatsfeindlich auftreten darf. So wäre etwa gehässige, aufhetzende Kritik an Verfassungsorganen mit der verfassungsrechtlichen Gemeinwohlbindung und Zurückhaltungspflicht nicht vereinbar.

11   *cc) Insbesondere: Keine Parteidiener.* Art 95 S. 1 HS 2 BV konkretisiert diese Pflicht ausdrücklich dahin, dass der Beamte sich nicht als Diener einer Partei verstehen darf. Der Beamte hat daher verfassungsrechtlich nicht das Recht, sich zwingend in gleicher Weise wie ein Nichtbeamter in den Dienst einer politischen Partei zu stellen.[17]

---

[9] VerfGH 3, 65; *Schweiger,* in: Nawiasky/Schweiger/Knöpfle, Art. 96, Rn. 3.
[10] VerfGH 43, 148 (154); VerfGH 37, 140 ff.; VerfGH 37, 115 (118).
[11] VerfGH 43, 148 (154); VerfGH 37, 140 (145).
[12] VerfGH 43, 148 (155).
[13] *Paptistella,* in: Praxis der Kommunalverwaltung Bayern, BV, Art. 96.
[14] VerfGH 12, 91; *Schweiger,* in: Nawiasky/Schweiger/Knöpfle, Art. 96, Rn. 3.
[15] So aber *Meder,* Art. 96, Rn. 2.
[16] *Schweiger,* in: Nawiasky/Schweiger/Knöpfle, Art. 96, Rn. 3.
[17] VerfGH 37, 140 ff.

Ohne eine gesetzliche Konkretisierung ist der Art. 96 Satz 1 BV andererseits auch nicht **12** im Sinne eines zwingenden Verbotes jeder parteipolitischer Aktivität zu verstehen. Ein generelles Verbot politischer Betätigung ist dem Art. 96 Satz 1 BV nicht unmittelbar zu entnehmen.[18] Die konkrete Reichweite der politischen Mäßigungspflicht ergibt sich nicht unmittelbar aus der Verfassung. Es spricht aber einiges dafür, dass der Staat die politische Neutralität strenger ziehen darf, als es zurzeit die Beamtengesetze vorsehen.[19] Es ist Aufgabe des Gesetzgebers, die Mäßigungspflicht zu konkretisieren. Als Mindestpflicht, die auch ohne gesetzliche Konkretisierung zu beachten ist, gilt dabei die Pflicht, das Vertrauen der Bürger auf neutrale und objektive Amtsführung bei öffentlicher, besonders bei politischer Betätigung, nicht zu gefährden. Ist der Beamte Mitglied einer Partei oder steht er ihr sonst nahe, so ist er nicht nur zur Wahrung der gleichen Unparteilichkeit verpflichtet, sondern auch dazu, jeden Anschein einer Parteinahme zu vermeiden, seine Tätigkeit in Beruf und Partei streng zu trennen und letztere mit der seiner Verpflichtung gegenüber der Allgemeinheit entsprechenden Zurückhaltung auszuüben.[20]

2. Politische Treuepflicht – Art. 96 S. 2 BV

a) Überblick. Art. 96 Satz 2 BV hat die politische und verfassungsrechtliche Treue- **13** pflicht der Beamten zum Inhalt. Danach muss der Beamte sich durch sein gesamtes Verhalten innerhalb und außerhalb des Dienstes zu der freiheitlichen demokratischen Grundordnung im Sinne des GG und der BV bekennen und für ihre Erhaltung eintreten. Satz 1 und Satz 2 von Art. 96 BV beleuchten verschiedene Aspekte des gleichen Gedankens. Satz 2 verlangt eine inhaltliche Identifikation mit den Rahmenbedingungen eines demokratischen Rechtsstaats und Satz 1 verlangt eine funktionale Ausrichtung auf den Willen des Systems, das Satz 2 schützen will, im Einzelfall als Wille des Volkes hervorzubringen. Überschneidungen von beiden Garantien sind unvermeidbar.

Wie an Art. 96 S. 2 BV ersichtlich ist, ist die BV von dem Willen getragen, dass die frei- **14** heitliche demokratische Grundordnung erhalten bleiben muss.[21] Sie sieht in der Verfassungstreue der Beamten eine besonders bedeutsame Garantie der demokratisch-konstitutionellen Staatsordnung.[22] Art. 96 S. 2 BV wurde im Verfassungsgebungsverfahren als „zu den Grundlagen des Staates" gehörig bezeichnet.[23] Art. 96 S. 2 BV ist durch Art. 75 Abs. 1 Satz 2 BV einer Verfassungsänderung entzogen.[24]

Ein Beamter, bei dem die Einhaltung der Erfüllung der Pflichten nach S. 1 und S. 2 **15** nicht gesichert ist, erfüllt ein unerlässliches persönliches Eignungsmerkmal i. S. der BV nicht.[25]

c) Personelle Reichweite. Die politische Treuepflicht ist von allen Beamten zu erfül- **16** len, auch von den Beamten auf Widerruf, auf Probe, auf Zeit und den Ehrenbeamten.[26] Besonders bedeutsam ist die politische Treuepflicht für Richter, für die Beamten der Polizei und sonstige Beamte, denen im besonderen Maße der Schutz der freiheitlichen demokratischen Ordnung obliegt,[27] wie etwa Lehrer und Hochschullehrer.[28] Für die Angestellten im öffentlichen Dienst gilt die politische Treuepflicht mit verminderter Härte,

---

[18] VerfGH 18, 59 (64 ff.).
[19] S. zur gegenwärtigen Mäßigungspflicht VerfGH 37, 140; VerfGH 43, 148 ff.
[20] *Schweiger,* in: Nawiasky/Schweiger/Knöpfle, Art. 96, Rn. 3.
[21] *Meder,* Art. 96, Rn. 3.
[22] VerfGH 17, 94 (97); VerfGH 21, 83 (92).
[23] Nawiasky, Prot. II, S. 442.
[24] *Meder,* BV, Art. 96, Rn. 3.
[25] Vgl. VerfGH 21, 83 (92).
[26] *Meder,* Art. 96, Rn. 6.
[27] VerfGH 18, 59 (69 f.).
[28] VerfGH 23, 32 (42).

wobei sie sich aus der Natur des Rechtsverhältnisses ergibt;[29] Art. 96 BV ist dafür nicht der Rechtsgrund.

17   **d) Inhalt.** *aa) Demokratisch-konstitutioneller Staat.* Art. 96 S. 2 BV spricht vom „Demokratisch-konstitutionellen Staat" und meint dabei den Staat, wie er sich nach der BV darstellt. Art. 96 S. 2 BV soll sicherstellen, dass jeder einzelne Beamte sich vorbehaltlos in den Dienst der demokratischen Grundgedanken des neuen Staates stellt und nicht einwendet, die Verfassungstreue beziehe sich nur auf die Verfassung in ihrer jeweiligen Form.[30] Allerdings ist nicht der Staat in der Gestalt gemeint, die er durch jede einzelne Bestimmung der BV erhält. Wenn ein Beamter für eine Verfassungsänderung einer bestimmten Bestimmung eintritt, verstößt er noch nicht gegen Art. 96 Satz 2 BV. Das wäre schon deshalb ein normativer Widerspruch, als die BV für eine Verfassungsänderung gerade der Zustimmung des Volkes nach Art. 75 Abs. 2 S. 2 BV bedarf, demnach auch der Zustimmung der Beamten in ihrer Eigenschaft als Teil des Staatsvolkes. Art. 96 S. 2 BV meint mit demokratisch-konstitutionellem Staat daher die Grundstrukturen des Freistaats.

18   Der Beamte muss zu den „großen Prinzipien" der BV stehen.[31] Die Prinzipien, die darunter erfasst sind, sind zunächst diejenigen, die gem. Art. 75 Abs. 1 S. 2 BV einer Verfassungsänderung entzogen sind. Wegen der konstitutiven Bedeutung des Art. 96 S. 2 BV (die innere Struktur des Staates) wird man aber noch darüber hinausgehen können und weitere Bestimmungen einbeziehen können. Man kann sich dabei auch an den Konkretisierungen durch den Begriff der freiheitlich demokratischen Grundordnung in Art. 21 Abs. 2 GG, Art. 18 GG (s. a. Art. 9 Abs. 2 GG) orientieren. Zu deren Wesenselementen zählt das BVerfG: Achtung vor den im GG konkretisierten Menschenrechten, Volkssouveränität, Gewaltenteilung, Verantwortlichkeit der Regierung, Gesetzmäßigkeit der Verwaltung, Unabhängigkeit der Gerichte, Mehrparteienprinzip, Chancengleichheit für alle Parteien mit dem Recht auf verfassungsmäßige Bildung und Ausübung einer Opposition.[32]

19   Der demokratisch-konstitutionelle Staat wird gebildet aus der Summe der Normen, die den Grundgedanken der Bayerischen Verfassung als demokratische Verfassung ausmachen oder prägend für die verfassungsrechtliche Struktur und Ausrichtung des Freistaates Bayern sind.

20   *bb) Speziell: Verfassungswidrige Parteien.* Parteien, die die Voraussetzungen des Art. 96 S. 2 BV nicht erfüllen, darf der Beamte nicht unterstützen.[33] Davon ist bei solchen Parteien auszugehen, die nach Art. 12 Abs. 2 GG verboten wurden, ebenso bei Vereinen, die nach Art. 9 Abs. 2 GG verboten wurden. Zwar bezieht sich Art. 96 BV auf die Grundordnung der BV und nicht die des GG – die beiden Ordnungen sind sich aber so ähnlich, dass zumindest eine sehr starke Vermutung dafür spricht, dass eine Organisation, die gegen die eine verstößt, gleichzeitig auch gegen die andere verstößt. Die Pflicht einer verfassungswidrigen Partei fern zu bleiben greift nach h. M. auch dann, wenn gegen die Partei noch kein Beschluss nach Art. 21 Abs. 2 GG ergangen ist.[34]

21   **e) Verhaltenspflichten.** Art 96 BV verlangt vom Beamten zwei aktive Pflichten: Er muss sich zu dem demokratisch-konstitutionellen Staat bekennen und zu ihm stehen. Beide Pflichten sind nicht voneinander zu trennen.[35] Nach Art. 96 S. 2 BV ist der Beamte

---

[29] *Meder,* Art. 96, Rn. 7; *Paptistella,* in: Praxis der Kommunalverwaltung Bayern, BV, Art. 96; s. a. BVerfGE 39, 334.

[30] Prot. II S. 441; *Schweiger,* in: Nawiasky/Schweiger/Knöpfle, Art. 96, Rn. 4; allgemein *Lecheler,* AöR 103 (1978), 349 (373 ff.).

[31] Prot. I, S. 75; *Meder,* Art. 96, Rn. 3.

[32] BVerfGE 2, 1 (12).

[33] *Meder,* Art. 96, Rn. 3.

[34] *Paptistella,* in: Praxis der Kommunalverwaltung Bayern, BV, Art. 96; ausführlich *Battis,* in: Sachs, GG, 3. Aufl. 2003, Art. 33, Rn. 33 ff.

[35] Dagegen für eine stärkere Differenzierung *Schweiger,* in: Nawiasky/Schweiger/Knöpfle, Art. 96, Rn. 4.

zum „aktiven Einsatz für die Grundwerte der Verfassung" verpflichtet.[36] Von dem Beamten wird sehr viel mehr verlangt, als Art. 117 BV von jedem Bürger verlangt. Der Einsatz für die Grundwerte steht mit kritischen Äußerungen zu speziellen Regelungen und konkreten Politiklinien nicht im Widerspruch. Die Basis muss unumstritten sein, über die Folgen aus dieser Basis dürfen auch die Beamten heftig mitstreiten. Die Norm kann daher nicht als Rechtfertigung für ein Denunziantentum unter den Beamten oder für Gesinnungsschnüffelei gelten.[37]

Erforderlich ist ein aktives Eintreten für den Staat. Angriffen gegen die Grundordnung **22** muss der Beamte erkennbar entgegentreten. Art 96 S. 2 BV fordert dabei mehr als nur eine formal korrekte, im übrigen uninteressierte, kühle, innerlich distanzierte Haltung gegenüber Staat und Verfassung. Er hat den Staat und seine Verfassung als einen hohen positiven Wert äußerlich erkennbar anzuerkennen und für ihn einzutreten. Politische Treuepflicht bewährt sich in Krisenzeiten und in ernsthaften Konfliktsituationen, in denen der Staat darauf angewiesen ist, dass der Beamte Partei für ihn ergreift.[38] Er hat sich von allen verfassungsfeindlichen Bestrebungen fernzuhalten.[39]

Art. 97 [Amtspflichtverletzung]

Verletzt ein Beamter in Ausübung der ihm anvertrauten öffentlichen Gewalt schuldhaft die ihm einem anderen gegenüber obliegende Amtspflicht, so haftet für die Folgen der Staat oder diejenige öffentliche Körperschaft, in deren Diensten der Beamte steht. Der Rückgriff gegen den Beamten bleibt vorbehalten. Der ordentliche Rechtsweg darf nicht ausgeschlossen werden.

Parallelvorschriften im GG und in anderen Landesverfassungen: Art. 34 GG; Art. 4 BbgVerf; Art. 136 HessVerf; Art. 128 RhPfVerf.

Rechtsprechung: VerfGH 12, 91; 13, 182; 18, 9; 23, 47; VerfGH, Ents. v. 17. 2. 1995, Vf.88–VI-93. VerfGH, Ents. v. 18. 7. 1975, Vf.39–VI-74 = VerfGH 28.

Literatur: Bömer, Amtshaftung und Vertrauensschutz, NVwZ 1996, 749; *Gramlich,* Amtshaftung und enteignungsgleicher Eingriff, BayVBl 1980, 625; *Gruber,* Amtshaftung der Kommunalaufsicht bei gemeindlicher Überschuldung?, KommunalPraxis BY 2004, 324; *Kirchmaier,* Der schuldlos handelnde Amtswalter – eine Regelungslücke im bayerischen Amtshaftungsrecht?, BayVBl 1988, 396; *Link, C.,* Das Verschulden in der Amtshaftung, 2006; *Littbarski,* Zu Fragen der Amtshaftung bei Erteilung einer unrichtigen Auskunft, EWiR 2003, 59; *Mader,* Zur Amtshaftung der Gemeinde für rechtswidrige Beschlüsse des Gemeinderats – ausgewählte Probleme der Haftungsbegründung, BayVBl 1999, 168; *Mutius von/Groth,* Amtshaftung bei fehlerhafter kommunalaufsichtsbehördlicher Genehmigung privatrechtlicher Rechtsgeschäfte, NJW 2003, 1278; *Schlick,* Die neuere Rechtsprechung des Bundesgerichtshofs zur Amtshaftung im Zusammenhang mit dem Baurecht, DVBl 2007, 457; *Swierczyna,* Die Rechtsprechung der OLG's zur Amtshaftung der Gebietskörperschaften im Jahr 2005, ThürVBl 2007, 29; *Vahle,* Amtshaftung bei nicht ordnungsgemäßer Personalienfeststellung durch Polizei, DVP 2000, 373; *ders.,* Amtshaftung und andere öffentlich-rechtliche Ersatz- und Ausgleichspflichten, DVP 2006, 221; *ders.,* Überblick über die Amtshaftung, DVP 2004, 221; *Wissmann,* Amtshaftung als Superrevision der Verwallungsgerichtsbarkeit, NJW 2003, 3455.

Übersicht

---

[36] *Meder,* Art. 96, Rn. 3.
[37] Prot. II S. 444; *Schweiger,* in: Nawiasky/Schweiger/Knöpfle, Art. 96, Rn. 2.
[38] *Meder,* Art. 96, Rn. 4 a; s. a. BVerfGE 39, 334 zum GG.
[39] VerfGH 22, 19 (23).

I. Allgemeines

1. Bedeutung

1   Art. 97 BV ist keine leicht zu verstehende Norm. Sie beruht auf einer überholten Staatsvorstellung. Nach dieser konnte der Monarch selbst und damit auch die Verwaltung als Exekutive keine schuldhaften Pflichtverletzungen begehen. Dies hatte zur Folge, dass für eine solche Pflichtverletzung nicht der Monarch, sondern der Beamte selbst haften musste. Diesen Anspruch gegen den Beamten selbst leitet der Staat mit dem Art. 97 BV auf sich über. Art. 97 BV regelt daher die Überleitung der Haftung des Dienstherrn bei Amtspflichtverletzungen von Beamten und legt die Möglichkeit, bei diesen Regress zu nehmen, fest. Er bewirkt nur eine Verschiebung der Passivlegitimation für Ansprüche gegen den Organwalter aus § 839 BGB auf den Staat.

2   Art. 97 BV ist kein Grundrecht,[1] aber aktuelles, unmittelbar geltendes Recht. Aus der Amtshaftungsregelung lassen sich auch keine subjektiven Rechte im Sinne des Art. 120 BV ableiten.[2] Sie gilt auch für die Amtspflichtverletzungen durch Richter.[3] Die Einzelheiten des Amtshaftungsanspruchs sind bei den Kommentaren zu Art. 34 GG oder zu § 839 BGB sehr gut nachgewiesen, so dass die Kommentierung des Art. 97 BV sich auf die Grundzüge und die Abweichungen von Art. 34 GG i.V.m. § 839 BGB begrenzen kann.

2. Entstehung

3   Der Grundgedanke des Art. 97 BV ist alt. Es gab ihn schon vor dem ersten Weltkrieg. Er wurde durch Art. 131 WV auf alle Körperschaften („Amtshaftung") ausgedehnt. Art. 97 BV wurde im Gesetzgebungsverfahren nur minimal verändert.[4] Ursprünglich wurde nur von einer „grundsätzlichen" Haftung gesprochen. Die Einschränkung wurde auf „Grund eines Redaktionsversehens" gestrichen.[5]

3. Verhältnis zum Grundgesetz

4   Eine der wenigen spezifischen Fragen zu Art. 97 BV ist die, ob die Norm neben Art. 34 GG eigentlich noch weiter gilt. Das GG enthält mit Art. 34 GG eine dem Art. 97 BV vergleichbare Haftungsüberleitungsnorm, die aber nicht identisch ist. Ob Art. 97 BV neben Art. 34 GG bestehen bleibt, hängt auch davon ab, inwieweit die beiden Normen voneinander abweichen.

5   Zwischen beiden Normen bestehen der Sache nach drei Differenzen:
– Während nach Art. 34 Satz 1 GG die Haftung des Staates (der Körperschaft) „grundsätzlich" eintritt, fehlt diese Einschränkung in Art. 97 Satz 1 BV. Wie Art. 34 GG insoweit zu verstehen ist, ist streitig. Der VerfGH[6] bezieht den Begriff „grundsätzlich" auf den Relativsatz „in deren Dienst er steht". Danach wird durch das „grundsätzlich" nur die Frage des Haftungssubjekts, nicht aber die Haftung selbst relativiert. Bei dieser Auslegung lässt Art. 34 Satz 1 GG noch Raum, um das Haftungssubjekts zu bestimmen. Die überwiegende Ansicht versteht demgegeben den Begriff so, dass er sich auf die Haftung als solche bezieht und demnach Haftungsbeschränkungen ermöglichen will.

---

[1] VerfGH 18, 9 (11); *Meder,* Art. 97, Rn. 1 a.
[2] VerfGH 18, 9 (11); VerfGH 46, 273 (277); VerfGH, Ents. v. 10. 4. 1997, Az: Vf. 57-VI-94.
[3] VerfGH 13, 182.
[4] Art. 61 VE und Art. 68 VE.
[5] Prot. I S. 78, IV S. 167; *Schweiger,* in: Nawiasky/Schweiger/Knöpfle, Art. 97, Rn. 1.
[6] VerfGH 12, 91 (115 f.).

- Art. 97 BV verlangt, anders als Art. 34 Satz 1 GG, eine schuldhafte Verletzung der Amtspflicht.
- Schließlich spricht Art. 97 BV von öffentlicher Gewalt und nicht wie Art. 34 GG von öffentlichem „Amt".
- Der Regress auf den Beamten ist bei Art. 97 BV unbeschränkt möglich, bei Art. 34 Satz 2 GG aber auf Vorsatz oder grobe Fahrlässigkeit beschränkt.

Diese Unterschiede im Normtext werfen unter dem Aspekt der Art. 31 GG, Art. 28 **6** GG aber nur Probleme auf, wenn sie inhaltlich zu Unterschieden führen. Das ist hinsichtlich der Unterschiede von „öffentlicher Gewalt" einerseits und „öffentlichem Amt" andererseits, soweit ersichtlich, nicht der Fall.[7] Auch das Fehlen des Erfordernisses des Verschuldens ist irrelevant. Beide Normen leiten den Anspruch nur über, und dieser Anspruch entsteht nach § 839 BGB nur bei Verschulden.[8]

Fraglich ist allerdings, ob nicht die Möglichkeit eines gesetzlichen Haftungsausschlusses **7** bei Art. 34 GG einen Unterschied zu Art. 97 BV bildet. Im Ergebnis unterscheiden sich beide Normen nach h. M. nicht in ihrer Reichweite.[9] Die Herleitung ist allerdings unterschiedlich. Nach einer Auslegung ist der Art. 97 BV so zu lesen, als enthielte er wie Art. 34 GG den Begriff „grundsätzlich". Danach lässt er auch ohne ausdrücklichen textlichen Hinweis zu, von der Überleitung auf den Staat gesetzliche Ausnahmen vorzunehmen. Zur Begründung wird auf die Historie hingewiesen, nach der Art. 97 BV nicht den Zweck habe die hergebrachte Möglichkeit der gesetzlichen Haftungsbeschränkungen, wie sie seit eh und je bestanden haben, zu beseitigen, auszuschließen noch neue Beschränkungen schlechthin zu untersagen.[10] Die Ausnahmen können aber nur durch förmliches Gesetz angeordnet werden und müssen sachlich gerechtfertigt sein. Nach anderer Ansicht ist der Normtext ernst zu nehmen, mit der Folge, dass Art. 97 BV eine uneinschränkbare Überleitung vorsieht. Da Art. 34 GG aber Haftungsbegrenzungen zulässt, gehen gem. Art. 31 GG zumindest Haftungsbegrenzungen auf bundesgesetzlicher Grundlage dem Art. 97 BV vor und zwar auch, soweit dadurch der Freistaat Bayern entlastet wird.[11] Die Haftungsbeschränkung für den Rückgriff nach Art. 34 S. 2 GG auf Vorsatz und grobe Fahrlässigkeit setzt sich auch bei Art. 97 BV durch und begrenzt folglich den Art. 97 BV.

Im Gesamtergebnis bleibt daher festzuhalten, dass Art. 97 BV neben Art. 34 GG weiter- **8** hin gilt, aber gesetzliche Haftungsausschlüsse zumindest auf bundesgesetzlicher Grundlage nicht ausschließt.[12]

4. Reformbedarf

Das Haftungs- und Entschädigungsrecht ist Deutschland ist ausgesprochen reform- **9** bedürftig. Eine gesetzliche Regelung ist längst überfällig. Das deutsche Entschädigungs- und Haftungsrecht befindet sich in einem untragbaren Zustand. Dennoch wollte die Reform bisher nicht gelingen. Das Staatshaftungsgesetz – StHG – vom 26. 6. 1981 (BGBl. I S. 553) sollte die „Haftung für rechtswidriges Verhalten der öffentlichen Gewalt" neu regeln. Das BVerfG erklärte das StHG für nichtig, weil dem Bund keine Zuständigkeit zur umfassenden Regelung des Staatshaftungsrechts zustand.[13] Mittlerweile hat der Bund einen entsprechenden Titel im Bereich der konkurrierenden Gesetzgebungskompetenz erhalten (Art. 74 Abs. 1 Nr. 25 GG), Gesetzgebungsinitiativen aber bisher nicht entfaltet. Dem Freistaat Bayern wäre daher ein bundesstaatlicher Verdienst sicher, wenn er mit einem Landesgesetz die Gesetzgebungstätigkeit in diesem Bereich anstoßen würde. Da auf Seiten

---

[7] *Schweiger*, in: Nawiasky/Schweiger/Knöpfle, Art. 97, Rn. 3.

[8] Im Ergebnis ebenso *Paptistella*, in: Praxis der Kommunalverwaltung Bayern, BV, Art. 97.

[9] BVerfGE 61, 149 (199); VerfGH 23, 47.

[10] VerfGH 23, 47 (52); *Meder*, Art. 97, Rn. 10.

[11] So *Schweiger*, in: Nawiasky/Schweiger/Knöpfle, Art. 97, Rn. 3.

[12] *Schweiger*, in: Nawiasky/Schweiger/Knöpfle, Art. 97, Rn. 3; *Meder*, Art. 97, Rn. 2; *Paptistella*, in: Praxis der Kommunalverwaltung Bayern, BV, Art. 97.

[13] BVerfGE 61, 149.

des Staates aber große Sorge davor besteht, dass eine gesetzliche Regelung evtl. die Ansprüche gegen den Staat erweitern würde, ist dieser Wunsch nicht sehr realitätsnah.

II. Einzelkommentierung

1. Die Struktur der Haftungsüberleitung

10   **a) Der Wechsel bei der Passivlegitimation.** Art. 97 S. 1 BV leitet den Anspruch, der gem. § 839 BGB entsteht, wenn ein Beamter in Ausübung der ihm anvertrauten öffentlichen Gewalt schuldhaft die ihm einem anderen gegenüber obliegende Amtspflicht verletzt, auf die öffentliche Körperschaft über, in deren Diensten der Beamte steht. Der Amtshaftungsanspruch selbst wird streng genommen nicht durch Art. 97 S. 1 BV begründet, sondern durch § 839 BGB.[14] Sollte – was nach der hier vorgenommenen Auslegung nicht der Fall ist – Art. 97 BV in Einzelbereichen über § 839 BGB hinausgehen, wäre auch er anspruchsbegründend. Mit Art. 31 GG wäre dies vereinbar, weil dem § 839 BGB nicht der Sinn zu entnehmen ist, dass die Länder keine weitergehenderen Ansprüche garantieren dürfen. Dem Landesgesetzgeber bleibt es unbenommen, eine unmittelbare Staatshaftung einzuführen.[15] Art. 97 BV hat demnach den Sinn die Passivlegitimation des Amtshaftungsanspruchs zu ändern.

11   **b) Voraussetzungen für eine Überleitung.** Es wird nur der Anspruch übergeleitet, den Art. 97 BV beschreibt und der zugleich die Voraussetzungen des § 839 BGB erfüllt.

a)   „Beamter" i. S. des Amtshaftungsrechts ist jedermann, dem öffentliche Gewalt anvertraut ist.

b)   Der Begriff „öffentliche Gewalt" ist weit zu verstehen und meint das Handeln auf dem Gebiet des öffentlichen Rechts. Es umschließt auch die schlichte Hoheitsverwaltung, besonders die öffentliche Daseinsvorsorge.[16] Legislatives Unrecht wird nur dann dem Art. 97 BV zugerechnet, wenn nicht nur die verletzte Norm, sondern das normative Tätigwerden selbst im Interesse eines einzelnen Dritten steht. In „Ausübung" der öffentlichen Gewalt bedeutet: Die Tätigkeit des Beamten muss in innerem und äußerem Zusammenhang mit dem Dienst stehen.

> Einzelheiten: Die Verletzung der allgemeinen Verkehrssicherungspflicht auf öffentlichen Straßen und Wegen ist nach der ständigen Rechtsprechung des Bundesgerichtshofs grundsätzlich privatrechtlich zu beurteilen,[17] wurde aber für die bayerischen Straßen und Wege durch Art. 72 BayStrWG wirksam öffentlich-rechtlich qualifiziert.[18] Am Inhalt der Verkehrssicherungspflicht allgemein und der Räum- und Streupflicht im Besonderen ändert sich dadurch nichts.[19] Die Kommission für Kulturschaffende im Bayerischen Staatsministerium für Unterricht und Kultus übte bei Erstattung ihrer Gutachten in Entnazifizierungsverfahren als Gehilfe der Öffentlichen Kläger hoheitliche Gewalt aus. Die Pflicht zur Erstattung sorgfältiger Gutachten oblag ihr als Amtspflicht auch den Betroffenen gegenüber.[20]

c)   Amtspflichten sind die Pflichten, die dem Beamten seinem Dienstherrn gegenüber obliegen. Er besitzt dabei die allgemeine Amtspflicht, dem Bürger gegenüber keine rechtswidrigen Handlungen vorzunehmen.

> Einzelheiten: Eine Verletzung der Streupflicht ist eine Amtspflichtverletzung.[21] Eine Amtspflicht der Gemeinde, eigene Übergänge für Fußgänger jeweils vom Eingang der einzelnen Anwesen quer über die Straße zum gegenüberliegenden Gehweg zu streuen, besteht grund-

---

[14] BayObLG BYObLGZ 1976, 131 ff. = NJW 1976, 1979 f. = BayVBl 1976, 599; BayObLG NJW 1976, 1979 f.

[15] BVerfGE 61, 149, LS. 2.

[16] VerfGH 23, 47 (51).

[17] BGHZ 60, 54 (55).

[18] BGH NJW 1973, 460 (462 f.).

[19] BayObLG BayObLGZ 1990, 162 ff. = BayVBl 1990, 669 f. = NVwZ 1991, 202 f.

[20] BGH LM Nr. 1 zu Art 97 BV (Leitsatz 1).

[21] BayObLG BayObLGZ 1990, 162 ff. = BayVBl 1990, 669 f. = NVwZ 1991, 202 f.

sätzlich nicht.[22] Der Träger eines Nervenkrankenhauses hat die Fenster des Wachsaals so zu gestalten, dass die sich selbst gefährlich werdenden Patienten vor einem Hinausstürzen nach Einschlagen der Scheiben geschützt sind.[23]

d) Die „Amtspflicht" muss dem Beamten zum Mindesten auch im Interesse einzelner dritter Personen auferlegt sein. Sie darf nicht nur im objektiven Interesse bestehen.[24] Weiter muss die Amtspflicht auch gerade vor der Beeinträchtigung des Rechtsguts schützen, das verletzt ist. Rechtsgüter, die über die Rechtsgüter des § 823 Abs. 1 BGB hinausgehen, sind nur erfasst, wenn dies hinreichend erkennbar innerhalb des Schutzzwecks der drittschützenden Amtspflicht erkennbar liegt.

> Einzelheiten: Die allgemeine Zulassung neuer Baustoffe und Bauarten hat nicht den Zweck, den Bauherrn vor nutzlosen Aufwendungen zu schützen, die ihm durch die Anwendung neuer Baustoffe und Bauarten entstehen.[25]

e) Die für die Gesetzgebung verantwortlichen Amtsträger (z. B. eine Landesregierung) haben in der Regel Amtspflichten nur gegenüber der Allgemeinheit, aber nicht gegenüber Einzelpersonen oder Personengruppen, zu erfüllen.[26]

f) „Schuldhaft" bedeutet vorsätzlich oder fahrlässig.

Die unrichtige Auslegung und Anwendung einer Rechtsvorschrift durch einen Beamten muss nicht immer schuldhaft sein.[27] Sie ist schuldhaft, wenn die Norm klar bestimmt ist. Sie ist aber nicht schuldhaft, wenn sie auf einer bindenden generellen oder speziellen Weisung beruht, oder der Inhalt zweifelhaft sein kann und durch eine höchstrichterliche Rechtsprechung noch nicht klargestellt worden ist. Maßstab für die Beurteilung ist dabei ein Beamter, der die für das Amt erforderlichen Fähigkeiten besitzt. Der Beamte muss die zur Führung seines Amtes notwendigen Rechts- und Verwaltungskenntnisse besitzen oder sich verschaffen. Für die Verschuldensfrage kommt es auf die Kenntnisse und Einsichten an, die für die Führung des übernommenen Amtes im Durchschnitt erforderlich sind, und nicht auf die Fähigkeiten, die der Beamte tatsächlich besitzt. Für die Mitglieder kommunaler Vertretungskörperschaften gelten keine milderen Maßstäbe.

So ist etwa eine Klausel, durch die sich eine Gemeinde in einer den Benutzungszwang normierenden Satzung von jeder Haftung bei der Unterhaltung einer Kanalisationsanlage freizeichnet, unzulässig.[28]

c) Die Überleitung. *aa) Die Regel – Überleitung.* Nach Art. 97 BV haftet die Körper- **12** schaft. Mit anderen Worten, der Anspruch geht gem. § 839 BGB gegen den Beamten auf die Körperschaft über. Art. 97 BV stimmt insoweit sachlich mit Art. 34 GG überein.[29]

Fraglich ist, welche Körperschaft genau haftet. Die Formulierung „in deren Dienst der **13** Beamte steht" ist offen. Man kann „Dienst stehen" im Sinne der „Anstellungstheorie" oder der „Funktionstheorie" auslegen. Im ersten Fall ist entscheidend, wer den Beamten als Beamten ernannt hat und besoldet; entscheidend ist danach der Anstellungsakt, nicht dagegen, wessen Aufgaben im Einzelfall wahrgenommen wurden.[30] Dagegen ist im zweiten Fall maßgeblich, für wen der Beamte im konkreten Fall die Aufgabe wahrgenommen hat. Erheblich wird diese Frage dann, wenn der Amtsträger entweder zwei Diensherren hat, oder wenn er Hoheitsrechte einer anderen öffentlich-rechtlichen Körperschaft als der Anstellungskörperschaft wahrnimmt.[31]

---

[22] BayObLG BayObLGZ 1990, 162 ff. = BayVBl 1990, 669 f. = NVwZ 1991, 202 f.
[23] BayObLG BayObLGZ 1980, 114 ff. = VersR 1980, 872.
[24] *Meder,* Art. 97, Rn. 5.
[25] BayObLGZ 1965, 144.
[26] BGHZ 56, 40.
[27] BayObLG BayVBl. 1975, 243; BayObLG BayVBl. 1976, 137 (143).
[28] VerfGH 23, 47.
[29] BayObLG NJW 1969, 846.
[30] BayObLG NJW 1969, 846.
[31] BayObLG NJW 1969, 846.

14   Auszugehen ist von der Anstellungstheorie. Übernimmt der Beamte aber Aufgaben von mehreren Dienstherren, ist auf die konkrete Tätigkeit abzustellen. Entscheidend ist dann, wer ihm diese anvertraut hat[32] – so haftet beim Landrat z. B. für staatliche Aufgabenerfüllung der Freistaat und für kommunale Aufgabenerfüllung der Landkreis.[33] In Bayern haftet die Gemeinde für in ihrem Bereich begangene Amtspflichtverletzungen eines nichtbeamteten Trichinenschauers (in einem Landkreis).[34]

15   *bb) Die Ausnahme.* Art 97 S 1 BV gestattet es nach Ansicht der Rechtsprechung – ebenso wie Art. 34 GG –, die Haftung des Staates oder der sonst zuständigen öffentlichen Körperschaften für Amtspflichtverletzungen ihrer Beamten durch Gesetz einzuschränken. Die Haftungsbeschränkungen dürfen allerdings das Willkürverbot nicht verletzen. Ein Haftungsausschluss für grob fahrlässige Pflichtverletzungen gemeindlicher Bediensteter innerhalb einer gemeindlichen Anstalt, für die ein Benutzungszwang angeordnet wurde, ist verfassungswidrig.[35]

2. Der Rückgriff – Satz 2

16   Der Rückgriff gegen den Beamten ist nach Satz 2 unbeschränkt möglich, wird in der Praxis aber durch den insoweit vorgehenden Art. 34 Satz 2 GG begrenzt.[36] Nach Art. 34 S. 2 GG ist der Rückgriff nur bei Vorsatz oder grober Fahrlässigkeit zulässig.

3. Der Zivilrechtsweg

17   Der ordentliche Rechtsweg darf nicht ausgeschlossen werden, weder für den Anspruch auf Schadensersatz noch für den Rückgriff (Art. 34 Satz 3 GG). Der ordentliche Rechtsweg ist nicht nur für den beamtenrechtlichen Rückgriffsanspruch des Dienstherrn, sondern auch für dessen Anspruch auf Erstattung der Kosten gegeben, die entstanden sind, weil er aus Amtspflichtverletzung in Anspruch genommen wurde.[37] Es handelt sich hier um eine sog. Zivilprozesssache kraft Zuweisung. Die landesrechtliche Festlegung einer bindenden behördlichen oder verwaltungsgerichtlichen Vorentscheidung über die Frage, ob eine Amtspflichtverletzung vorliegt, ist insoweit nicht mehr zulässig. Art. 97 BV Satz 3 gilt neben Art. 34 Satz 3 GG BV weiter.

---

[32] VerfGH 12, 91 (116 f.).

[33] VerfGH 12, 91 (116 f.).

[34] BGH DÖV 1962, 194 = MDR 1961, 917 ff.

[35] VerfGH, Ents. v. 6. 4. 1970, Az: Vf.136-VII-67, BayVBl 1970, 250 = DÖV 1970, 488 = VerfGH 23, 47.

[36] *Schweiger,* in: Nawiasky/Schweiger/Knöpfle, Art. 97, Rn. 4.

[37] BayObLG BayObLGZ 1984, 77 = BayVBl 1984, 374 ff.

Zweiter Hauptteil. Grundrechte und Grundpflichten

Parallelvorschriften im GG und anderen Landesverfassungen: Art. 1 ff. GG; Art. 2 BaWüVerf; Art. 5 ff. BbgVerf; Art. 1 ff. BremVerf; Art. 1 ff. HessVerf; Art. 5 ff. M-VVerf; Art. 3 NdsVerf; Art. 4 NRWVerf; Art. 1 ff. RhPfVerf; Art. 1 ff. SaarlVerf; Art. 14 ff. SächsVerf; Art. 4 ff. VerfLSA; Art. 1 ff. ThürVerf.

Rechtsprechung (s. die Nachweise bei den einzelnen Grundrechtsbestimmungen).

Literatur: Brandhuber, Die Entwicklung der Grundrechte in Bayern, 1954; *Leisner,* Die bayerischen Grundrechte, 1968; *Domcke,* Zur Fortgeltung der Grundrechte der Bayerischen Verfassung, in: FS 25 Jahre VerfGH, 1972, S. 320 ff.; *Gallwas,* Konkurrenz von Bundes- und Landesgrundrechten, JA 1981, 536; *ders.,* Grundrechte, 2. Aufl. 1995; *Böckenförde,* Grundrechte als Grundsatznormen, in: ders., Staat, Verfassung, Demokratie, 2. A. 1992, S. 159 ff.; *ders.,* Schutzbereich, Eingriff, verfassungsimmanente Schranken, Der Staat 42 (2003), 165; *Dietlein,* Die Grundrechte in den Verfassungen der neuen Bundesländer, 1993; *Rozek,* Landesverfassungsgerichtsbarkeit, Landesgrundrechte und die Anwendung von Bundesrecht, AöR 119 (1994), 450; *Kunig,* Die rechtsprechende Gewalt in den Ländern und die Grundrechte des Landesverfassungsrechts, NJW 1994, 687; *Alexy,* Theorie der Grundrechte, 3. Aufl. 1995; *Unruh,* Zur Dogmatik der grundrechtlichen Schutzpflichten, 1996; *Jachmann,* Die Relevanz der Grundrechte der BV aus verfassungsprozessualer Sicht, BayVBl. 1997, 321; *Jestaedt,* Grundrechtsentfaltung im Gesetz, 1999; *Canaris,* Grundrechte und Privatrecht, 1999; *v. Arnauld,* Die Freiheitsrechte und ihre Schranken, 1999; *Gellermann,* Grundrechte in einfachgesetzlichen Gewande, 2000; *Dreier,* Dimensionen der Grundrechte, 1993; *ders.,* Grundrechtsschutz durch Landesverfassungsgerichte, 2000; *Koch,* Der Grundrechtsschutz des Drittbetroffenen, 2000; *Jarass,* Die Grundrechte: Abwehrrechte und objektive Grundsatznormen, FS 50 Jahre BVerfG, 2001, S. 35 ff.; *Ruffert,* Vorrang der Verfassung und Eigenständigkeit des Privatrechts, 2001; *v. Coelln,* Anwendung von Bundesrecht nach Maßgabe der Landesgrundrechte? 2001; *Cremer,* Freiheitsgrundrechte, 2003; *Poscher,* Grundrechte als Abwehrrechte, 2003; *Cornils,* Die Ausgestaltung der Grundrechte, 2005; *Ladeur,* Kritik der Abwägung in der Grundrechtsdogmatik, 2004; *Lindner,* Die Grundrechte der Bayerischen Verfassung, BayVBl. 2004, 641; *ders.,* Theorie der Grundrechtsdogmatik, 2005; *ders.,* Grundrechtsschutz in Europa – System einer Kollisionsdogmatik, EuR 2007, 160; *ders.,* Das Europarecht in der Rechtsprechung des BayVerfGH, BayVBl. 2009 (i. E.); *Wittreck,* Grundrechte in der bayerischen Verfassungsgeschichte, in: Historisches Lexikon Bayerns, 2006; *Kahl,* Neuere Entwicklungslinien der Grundrechtsdogmatik, AöR 131 (2006), 579 m. w. N.

Übersicht

Vorbemerkungen

I. Entstehung

1. Die Entwicklung der Grundrechte bis zur Verfassung von 1946

1   Die **Grundrechtsbestimmungen** der BV, verstanden als Normen, die **Grundrechte** als subjektiv-öffentliche Rechte mit Verfassungsrang verbürgen und verfassungsgerichtlich effektiv durchsetzbar gestalten, stellen verfassungsgeschichtlich keine Selbstverständlichkeit dar. Allerdings kennt die bayerische Verfassungsgeschichte jedenfalls seit der „**Rheinbundverfassung**"[1] von 1808 Normen, die Grundrechtsbestimmungen im heutigen Sinne mindestens ähneln (Erster Titel § III, VII). In der **Verfassungs-Urkunde für das Königreich Baiern vom 26. 5. 1818**[2] war in Titel IV unter der Überschrift „Von allgemeinen Rechten und Pflichten" ein Katalog von Rechten formuliert, der den heutigen Grundrechten teilweise nicht unähnlich ist (Titel IV §§ 1 ff.): Zu nennen sind der gleiche Zugang zu den öffentlichen Ämtern, die Freiheit und Sicherheit der Person, dessen Eigentum, die Gewissens- und Religionsfreiheit. Bemerkenswert ist, dass bereits die Verfassung von 1818 in Titel VII § 21 eine Art „Grundrechtsbeschwerde" an die Stände-Versammlung vorsah. Gleichwohl entfaltete die Verfassungs-Urkunde von 1818 **kein dem heutigen Grundrechtsverständnis vergleichbares Grundrechts-Schutzniveau.**

2   Auch in den **Staatsgrundgesetzen der Übergangszeit** vom 4. 1. 1919[3] (Nrn. 8 ff.) und vom 17. 3. 1919[4] (§§ 9 ff.) waren Grundrechte verbürgt, allerdings ebenfalls noch nicht in heutigem Sinne. Auch die „**Bamberger Verfassung**" vom 14. 8. 1919[5] sah Grundrechtsbestimmungen vor, und zwar in einem eigenen 3. Abschnitt, der mit „Grundrechte" betitelt war (§§ 13 bis 16); darüber hinaus fanden sich Grundrechtsbestimmungen über die Verfassung verteilt (z. B. §§ 12, 17, 18). In § 93 sah die Bamberger Verfassung vor, dass jeder Staatsangehörige und jede juristische Person, die in Bayern ihren Sitz hat, das Recht der

---

[1] Vom 1. 5. 1808 (RegBl S. 985).
[2] GBl S. 101.
[3] GVBl S. 1.
[4] GVBl S. 109.
[5] GVBl S. 531.

Beschwerde an den (bereits 1850 errichteten) **Staatsgerichtshof** hat, „wenn sie glauben, durch die Tätigkeit einer Behörde in ihrem Recht unter Verletzung dieser Verfassung geschädigt zu sein". Auf Grund dieser Vorschrift hat sich eine **Grundrechtsjudikatur des Staatsgerichtshofs** entwickelt, die allerdings mangels einer wissenschaftlich begleiteten Grundrechtsdogmatik mit der heutigen nicht wirklich vergleichbar ist.[6] Insbesondere das Prinzip eines verfassungsunmittelbaren Regel-Ausnahme-Verhältnisses zu Gunsten einer prima facie undefinierten Freiheit jedes Bürgers mit subjektiv-rechtlichen Abwehr- und Kompensationsansprüchen war nicht anerkannt.

2. Die Entstehung des Grundrechtsteils der Verfassung von 1946

Die Entstehung des **Grundrechtsteils der Verfassung von 1946** war geprägt durch **3** die **Erfahrung der Missachtung der Grund- und Menschenrechte** und der brutalen Verdinglichung des Einzelnen. Ziel war die Schaffung von Grundrechten als subjekt-öffentliche Ansprüche des Einzelnen gegen den Staat mit Verfassungsrang, basierend auf einem Menschenbild, in dessen Mittelpunkt der einzelne Mensch als gleicher und freier steht, geschützt gegen Erniedrigung, willkürliche Behandlung als Objekt des Staates und gegen jeglichen unverhältnismäßigen hoheitlichen Zugriff auf die Freiheit, das Eigentum und die körperliche sowie persönliche Integrität.[7] Der VE sah im II. Hauptteil „Grundrechte und Grundpflichten" (Art. 62 ff.) einen umfangreichen Grundrechtskatalog mit der Möglichkeit der Verfassungsbeschwerde (Art. 76) vor; dieser war untergliedert in die Abschnitte „Die Einzelperson", „Das Gemeinschaftsleben", „Bildung und Schule", „Religion und Religionsgesellschaften".

Diese Regelungssystematik enthielt auch der E in Art. 69 ff. Dieser weitgehend der **4** WRV entlehnte Aufbau des Zweiten Hauptteils wurde im VA mit der zutreffenden Erwägung verworfen, eine **Vermengung von grundrechtlichen und programmatischen Regelungen** solle vermieden werden, da dies den Bürger über die Rechtsnatur einer Verfassungsrechtsnorm im Unklaren lasse.[8] Der Bürger solle durch die systematische Stellung einer Vorschrift erkennen können, ob es sich um eine Grundrechtsverbürgung handle.[9] In der 16. Sitzung des VA am 12. 8. 1946 wurde auf Vorschlag von *Nawiasky* einstimmig beschlossen, im Zweiten Hauptteil – mit Modifizierungen in der Zuordnung – nur die Normen zu verankern, die in den bisherigen Entwürfen unter der Überschrift „Die Einzelperson" versammelt waren (Art. 63 bis 83 VE; Art. 69 bis 90 E).[10] Aus dieser Entstehungsgeschichte erklärt sich, dass nicht alle Bestimmungen im Zweiten Hauptteil der BV Grundrechte verbürgen, es andererseits aber auch Verfassungsnormen außerhalb des Zweiten Hauptteils gibt, die Grundrechte verbürgen (dazu unten III., Rn. 11 ff.). Die BV gehört zu den Verfassungen mit einem eigenständigen, **vollständigen Grundrechtskatalog**[11]; andere Länder begnügen sich teilweise mit einer Inkorporierung der Grundrechte des GG in die Landesverfassung.

3. Die Änderungen seit 1946

Art. 98 ff. waren Gegenstand einer Reihe von **Verfassungsänderungen:** **5**
a) Durch das Vierte Gesetz zur Änderung der Verfassung des Freistaates Bayern[12] wurde Art. 111a eingefügt, der aber nur partiell eine Grundrechtsbestimmung darstellt (s. die Erl. dort).

---

[6] Vgl. dazu *Bock,* Das Grundrechtsverständnis des bayerischen Staatsgerichtshofs, 2001.

[7] Deutlich den Kontrast zum nationalsozialistischen Verbrecherregime hervorhebend *Nawiasky,* S. 58 ff.; VerfGH 4, 51 (58).

[8] Prot. I, S. 195 f. (*Nawiasky*).

[9] Prot. I, S. 197 f. (*Wimmer*); anders *Hoegner* (S. 197: „Wir wissen nicht, ob das, was heute als Programmsatz erscheint, morgen nicht schon Gesetz ist").

[10] *Knöpfle,* in: Nawiasky/Schweiger/Knöpfle, vor Art. 98 Rn. 3.

[11] *Knöpfle* (Fn. 10), vor Art. 98 Rn. 2.

[12] Vom 19. 7. 1973 (GVBl S. 389).

b) Durch das Gesetz zur Änderung der Verfassung des Freistaates Bayern vom 20. 2. 1998[13] erhielt Art. 118 II die heutige Fassung; zudem wurde Art. 118 a eingefügt.

c) Art. 100 erhielt seine nunmehr mit Art. 1 I GG wörtlich übereinstimmende Fassung durch Gesetz zur Änderung der Verfassung des Freistaates Bayern vom 10. 11. 2003.[14]

II. Bedeutung der Grundrechte der Bayerischen Verfassung

1. Bedeutung von Grundrechten überhaupt

6   Grundrechte in modernem, auch der BV auf Grund der historischen Erfahrungen zu Grunde liegendem Verständnis sind die Antwort des Verfassungsgebers auf das **Schutzbedürfnis des Einzelnen** gegenüber staatlicher[15], aber auch privater Gewalt sowie der Übermacht gesellschaftlicher Gruppierungen.[16] Grundrechtsbestimmungen **begrenzen die Machtausübung des Staates** mit der Kraft nicht disponiblen Verfassungsrechts und verleihen dem Einzelnen ein Bündel[17] **verfassungsrechtlicher, nicht zur Disposition des Gesetzgebers stehender Ansprüche** gegen den Staat[18], insbesondere auf Unterlassung und Beendigung grundrechtswidriger Grundrechtseingriffe, auf Beseitigung dadurch verursachter Folgen und auf Kompensation entstandener Schäden.

7   Der Staat ist an die Grundrechte gebunden und zugleich ihr **Garant.** Garant in **doppelter Hinsicht:** zum einen insofern, als er selbst den Sanktionsapparat insbesondere in Gestalt der Verfassungsgerichtsbarkeit zur Feststellung von Grundrechtsverletzungen bereitstellt, zum anderen dadurch, dass die Grundrechte den Staat nicht nur verpflichten, seinerseits Grundrechtsverletzungen zu unterlassen, sondern darüber hinaus, sich schützend vor die Grundrechte des Einzelnen zu stellen, wenn diese von dritter Seite bedroht werden (sog. „**Schutzdimension** der Grundrechte"[19]; dazu unten Rn. 94 ff.). Grundrechte sind die **entscheidenden Funktionsbedingungen eines offenen und gerechten Staatswesens,** sie sind Grund und „immerwährendes Ziel eines sich als freiheitlich und demokratisch verstehenden Gemeinwesens".[20]

2. Bedeutung der bayerischen Grundrechte

8   a) Diese **Fundamentalfunktion** von Grundrechten kommt auch den Grundrechten zu, die durch die Bayerische Verfassung verbürgt werden. Diese sind durch das **Hinzutreten weiterer Grundrechtsordnungen** – der des Grundgesetzes, der Europäischen Menschenrechtskonvention (EMRK) und des Europäischen Gemeinschaftsrechts – **weder rechtlich obsolet noch faktisch bedeutungslos** geworden. Sie sind **wesentlicher Baustein im grundrechtlichen Mehrebenensystem in Europa.** Sie werden in ihrer Geltung durch die umfassenden **Geltungserhaltungsklauseln** der Art. 142 GG, Art. 53 EMRK und Art. 53 EGC geschützt[21], sind in ihrer **Maßstabsfunktion** allerdings im Hinblick auf die Überprüfbarkeit von bundes- oder gemeinschaftsrechtlich determiniertem Landesrecht beschränkt. Insgesamt lassen sich die verschiedenen Grundrechtsordnungen in ein **kohärentes System**[22] bringen, in dem die Landesgrundrechte die Funktion der

---

[13] GVBl S. 38: „Verfassungsreformgesetz – Weiterentwicklung im Bereich der Grundrechte und Staatsziele".

[14] GVBl S. 817: „Gesetz zur Weiterentwicklung der Wahlgrundsätze, der Grundrechte und der Bestimmungen über das Gemeinschaftsleben"; unberechtigt drastische Kritik bei *Pestalozza*, in: Nawiasky/Schweiger/Knöpfle, Art. 100, S. 1 Fn. *.

[15] BVerfGE 1, 97 (104).

[16] *Gallwas*, Grundrechte, 2. Aufl. 1995, Rn. 1 ff.

[17] Vgl. dazu *Alexy*, S. 224.

[18] Im Folgenden ist der Einfachheit halber von „Staat" die Rede. Die Ausführungen gelten der Sache nach für alle grundrechtsverpflichteten Hoheitsträger.

[19] BVerfGE 39, 1; VerfGH 40, 58 (61).

[20] *Gallwas* (Fn. 16), Rn. 5.

[21] Dazu eingehend unten Rn. 103 ff.

[22] Für einen Entwurf einer Mehrebenendogmatik s. *Lindner*, EuR 2007, 160.

Bändigung der Landesstaatsgewalt erfüllen (vgl. zu den Problemen einer Mehrebenen-Grundrechtsdogmatik unten Rn. 103 ff.).

b) Die praktische Bedeutung der bayerischen Grundrechte zeigt sich an der **reichhalti-** 9 **gen Rechtsprechung des VerfGH,** die durchaus auch die Rechtsprechung des BVerfG beeinflusst.[23] Mit der Popularklage (Art. 98 Satz 4 BV) und der Verfassungsbeschwerde (Art. 66, 120 BV) zum VerfGH stehen schlagkräftige verfassungsprozessuale Instrumente zur Geltendmachung von Grundrechtsverletzungen zur Verfügung, von denen in der Praxis beachtlicher Gebrauch gemacht wird.[24] Zudem ist die Bedeutung des Landesrechts durch die **Föderalismusreform** gestärkt worden. Das am 1. 9. 2006 in Kraft getretene Gesetz zur Änderung des Grundgesetzes vom 28. 8. 2006[25] bringt erhebliche Veränderungen im Gefüge der Gesetzgebungskompetenzen zu Gunsten der Länder. Damit wächst auch die Relevanz der BV-Grundrechte, an denen Landesrecht zu messen ist. Auch in Bereichen, in denen der Bund die Gesetzgebungskompetenz hat und die daher eigentlich nicht der Maßstabfunktion der BV-Grundrechte unterliegen, können diese gleichwohl ihre Direktivkraft entfalten, indem sie etwa das Abstimmungsverhalten der Staatsregierung im Bundesrat steuern oder diese zu Bundesratsinitiativen „motivieren".

c) Innerhalb der Verfassungsnormen der BV nehmen die Grundrechtsbestimmungen 10 eine **herausgehobene Stellung** ein, so dass auch nachträglich eingefügtes Verfassungsrecht an ihnen gemessen werden kann, was die Möglichkeit „verfassungswidrigen Verfassungsrechts" einschließt.[26] Auf Grund ihrer Fundamentalfunktion sind die Grundrechtsbestimmungen auch gegen das Grundrechtsschutzniveau verschlechternde Verfassungsänderungen nach Art. 75 I 2 geschützt (vgl. dazu die Erl. zu Art. 75 sowie Rn. 2 zu Art. 118 und dort Fn. 3 und 4).

III. Typologie der Grundrechtsbestimmungen der BV

1. Grundsatz

Die BV enthält einen **eigenen Grundrechtsteil,** nämlich den in Anlehnung an die 11 Weimarer Reichsverfassung mit „Grundrechte und Grundpflichten" überschriebenen Zweiten Hauptteil. Dieser bietet jedoch nur einen ersten, freilich gewichtigen Hinweis auf die Grundrechtsnormqualität einer Vorschrift. Es gilt – vor dem Hintergrund der oben (Rn. 4) skizzierten Entstehungsgeschichte – der Satz: **Nicht jede Norm im zweiten Hauptteil der BV enthält Grundrechte, umgekehrt gibt es Bestimmungen außerhalb des zweiten Hauptteils, die Grundrechte verbürgen.**

2. Typologie

Es lassen sich insofern **5 Typen von Verfassungsrechtssätzen**[27] unterscheiden[28]:
(1) Die meisten und wichtigsten Grundrechtsbestimmungen finden sich in den **Art. 98 ff.** 12 Eine dort enthaltene Norm hat angesichts ihrer systematischen Stellung mindestens den

---

[23] *Beispiel:* Das BVerfG bezieht sich in seiner Entscheidung zur Rasterfahndung vom 4. 4. 2006 (1 BvR 518/02) in Rn. 88 ausdrücklich auf die Entscheidung des VerfGH zu Durchsuchungen im Rahmen der Schleierfahndung (VerfGH 59, 29).

[24] Zum Bedeutungszuwachs der Landesverfassungsgerichte gegenüber dem Bundesverfassungsgericht s. *Hesse,* Verfassungsrechtsprechung im geschichtlichen Wandel, JZ 1995, 265 (269); *Stern,* Der Aufschwung der Landesverfassungsbeschwerde im wiedervereinigten Deutschland, in: Festschrift 50 Jahre VerfGH 1997, S. 241 ff.; *Tietje,* Die Stärkung der Verfassungsgerichtsbarkeit im föderalen System Deutschlands in der jüngeren Rechtsprechung des BVerfG, AöR 124 (1999), 282; vgl. auch *Knöpfle* (Fn. 10), vor Art. 98 Rn. 1.

[25] BGBl I S. 2034.

[26] VerfGH 27, 153 (Ls 1); 30, 78 (88); *Leisner,* S. 96; *Meder,* vor Art. 98 Rn. 2 m. w. N.

[27] Ob eine Verfassungsrechtsnorm eine Grundrechtsverbürgung enthält, ist jeweils bei der Kommentierung zu den einzelnen Vorschriften vermerkt.

[28] Vgl. *Knöpfle* (Fn. 10), vor Art. 98 Rn. 5 ff. mit umfangreichen Nachweisen zur Rechtsprechung des VerfGH.

Anschein des Grundrechtscharakters für sich. Davon gibt es **zwei Ausnahmen:** Zum einen kennt die BV auch Grundrechte, die nicht in den Art. 98 ff. verankert sind, zum anderen ist nicht jede Norm oder jeder Normteil innerhalb der Art. 98 ff. eine Grundrechtsnorm.

13 (2) Zu den Verfassungsrechtsnormen innerhalb des zweiten Hauptteils, die **keine Grundrechte** verbürgen, gehören Art. 98[29], die Grundpflichtnormen (Art. 117; Art. 121–123), Art. 99 S. 1[30], Art. 106 I, II[31], Art. 110 II als spezielle Schranke der Meinungsfreiheit, Art. 111a I S. 2 ff. und Art. 119.[32]

14 (3) Eine dritte Gruppe bilden Verfassungsnormen, die **außerhalb** des **zweiten Hauptteils** angesiedelt sind, jedoch gleichwohl **Grundrechte** verbürgen. Hierzu gehören zumal Art. 7 II, der ein Grundrecht auf Teilnahme an Wahlen und plebiszitären Abstimmungen auf kommunaler und staatlicher Ebene enthält[33], ferner Art. 11 V[34], die Wahlrechtsgrundsätze des Art. 14 (i.V. m. Art. 12 I[35]), Art. 86 I (Verbot von Ausnahmegerichten; Recht auf gesetzlichen Richter)[36], Art. 91 (rechtliches Gehör)[37], Art. 124 I (Schutz von Ehe und Familie)[38], Art. 126 I (elterliches Erziehungsrecht)[39], Art. 134 (Privatschulfreiheit)[40] und Art. 141 III (Recht auf Naturgenuss).[41] Trotz eindeutiger Formulierung werden die Art. 125[42] und 128[43] nicht[44] als Grundrechtsbestimmungen, sondern als Programmsätze qualifiziert.

---

[29] *Knöpfle* (Fn. 10), vor Art. 98 Rn. 7. VerfGH 5, 297 (302); 24, 171 (174); 37, 35 (36); 57, 56 (58). Richtigerweise sollte man Art. 98 S. 4 wie Art. 120 (VerfGH 1, 101 [106]; 28, 14 [18]) als prozessuales Grundrecht auf Erhebung einer Popularklage qualifizieren.

[30] Im Gegensatz zu **Art. 99 S. 1,** der überwiegend als **Programmsatz** interpretiert wird (VerfGH 24, 171 [174]; 29, 24 [25]; a. A. *Pestalozza,* Art. 99 Rn. 24 ff.), wird **Art. 99 Satz 2** nunmehr überwiegend – für den innerstaatlichen Bereich – als **grundrechtliche Verbürgung** in Gestalt einer verfassungsunmittelbaren **Schutzpflicht** zu Gunsten der genannten Rechtsgüter qualifiziert: VerfGH 33, 98 (99); 56, 28 (44); anders noch VerfGH 24, 171 (174); 29, 24 (25). Zu den Konsequenzen zumal für das Polizei- und Sicherheitsrecht s. *Gallwas/Wolff,* Bayerisches Polizei- und Sicherheitsrecht, 3. Aufl. 2004, Rn. 61: „*landesverfassungsrechtliches Grundrecht auf Sicherheit";* skeptisch *Berner/Köhler,* Polizeiaufgabengesetz, 15. Aufl. 1998, Art. 2 Rn. 2.

[31] Entgegen der eindeutigen Formulierung („hat Anspruch auf") wird Art. 106 I nicht als Grundrecht, sondern als Programmsatz aufgefasst, der dem Staat eine objektive Verpflichtung zur Förderung des Wohnungsbaus auferlegt: VerfGH 15, 49 (52); 42, 28 (32). Wie das BVerfG schreckt auch der VerfGH – dieser freilich gegen den Wortlaut mancher Verfassungsbestimmung – vor der Annahme sozialer Grundrechte zurück; vgl. dazu die Übersicht bei *Knöpfle* (Fn. 10), vor Art. 98 Rn. 18 mit weiteren umfangreichen Nachweisen zu den einschlägigen Artikeln und der Rechtsprechung des VerfGH.

[32] Art. 120 wird Grundrechtscharakter (prozessuales Grundrecht) beigemessen: VerfGH 28, 14 (18). Dazu, dass eine Belehrung von Amts wegen über die Voraussetzungen, unter denen Verfassungsbeschwerde eingelegt werden kann, weder gesetzlich vorgeschrieben noch verfassungsrechtlich geboten ist s. VerfGH 55, 202 (205).

[33] VerfGH 44, 23 (25); 55, 85 (90); BayVBl. 2006, 272.

[34] VerfGH 19, 121 (124).

[35] VerfGH 55, 85; BayVBl. 2005, 529.

[36] Z. B. VerfGH, BayVBl. 2006, 138.

[37] Vgl. aus der Fülle der einschlägigen Judikate VerfGH 55, 23 (26).

[38] VerfGH 56, 141 (142).

[39] VerfGH 7, 9 (Ls. 1); 55, 189 (194); BayVBl. 2006, 530; zur Beschränkung durch den staatlichen Erziehungsauftrag, der insbesondere in Art. 130 I zum Ausdruck kommt s. VerfGH 47, 276 (293); 51, 109 (114).

[40] VerfGHE 36, 25 (34); 57, 30 (34).

[41] Dazu VerfGH, 53, 137 (141); 55, 160 (166).

[42] VerfGH 15, 49 (52); 36, 1 (6); 57, 156 (160).

[43] VerfGH 13, 141 (146); 17, 30 (38); BayVBl. 2006, 13 und 530; a. A. zu Recht *Gallwas,* BayVBl. 1976, 385.

[44] Zur mangelnden Grundrechtsqualität des Art. 153 s. VerfGH 56, 1 (12), des Art. 156 s. VerfGH BayVBl. 2006, 400.

(4) Eine weitere Normgruppe bilden diejenigen Verfassungsrechtssätze, die sich **außer-** 15
halb des **zweiten Hauptteils** finden und **grundrechtsähnliche Rechte** verbürgen.
Dazu gehören in erster Linie das Selbstverwaltungsrecht der Gemeinden[45] (Art. 11 II) und
das Berufsbeamtentum[46] (Art. 95 I).

(5) Von den bisherigen Normtypen sind diejenigen Verfassungsrechtssätze außerhalb 16
des zweiten Hauptteils zu unterscheiden, die weder Grundrechte noch grundrechtsähnliche Rechte, sondern subjektive verfassungsunmittelbare **Rechte ohne Grundrechts-**
qualität verbürgen. Dazu gehören z. B. Art. 16a II (Rechte der Parlamentarischen Opposition), Art. 27 (Indemnität) oder Art. 28 (Immunität).

3. Grundpflichten

Die BV kennt auch geschriebene **Grundpflichten** (Art. 117, 121 ff.; s. die Erl. dort), die 17
jedoch nur wenig praktische Bedeutung erfahren haben. Insbesondere stellen Grundpflichten **keine eigenen Grundrechtsschranken** dar.[47]

IV. Methodische Fragen

1. Das Problem der Grundrechtsinterpretation

Grundrechtsnormen sind in besonderem Maße **offene Normen,** die einerseits der 18
konkretisierenden Interpretation bedürftig, andererseits für politisch-ideologische Auf-
ladung anfällig sind. Bislang hat sich weder in der Literatur[48] noch in der Rechtsprechung
der Verfassungsgerichte Klarheit über die Methodik der Grundrechtsinterpretation ergeben. Die Rechtsprechung geht pragmatisch vor und wendet neben den allgemeinen
Regeln der juristischen Methodik[49] verschiedene **Argumentationstopoi** an. Dazu gehören insbesondere der Bezug auf das der Verfassung zu Grunde liegende **Menschenbild**
(dazu unten Rn. 22), das Postulat der **Einheit der Verfassung**[50], das Prinzip „**prak-**
tischer Konkordanz" zur Auflösung von Grundrechtskollisionen[51], der Bezug auf ein
„**vorrechtliches Gesamtbild**"[52] sowie der Aspekt einer **freiheitsoptimierenden Aus-**
legung.

Nach der ständigen Rechtsprechung des BVerfG „*ist derjenigen Auslegung der Vorrang zu* 19
geben, die die juristische Wirkungskraft der betreffenden Norm am stärksten entfaltet."[53] Die Grundrechte haben − mindestens was ihren Charakter als Freiheits- und Gleichheitsrechte an-

---

[45] VerfGH 52, 66 (71); 55, 98 (121).

[46] VerfGH 57, 129 (136); 58, 196 (208).

[47] In der Literatur werden „Grundpflichten" als grundrechtsdogmatische Figur überwiegend und
zu Recht für überflüssig gehalten. Auch in der Rechtsprechung des VerfGH und des BVerfG haben sie
keine Bedeutung erlangt. Vgl. zum Ganzen *Randelzhofer*, in: Merten/Papier (Hg.), Handbuch der
Grundrechte II, 2006, § 37. Der VerfGH sieht die **Gesetzesbefolgungspflicht** als Grundpflicht an,
VerfGH 21, 67 (Ls. 3): „*Jedermann schuldet den Gesetzen Achtung und Gehorsam, die der Staat in Einklang mit*
der Verfassung erlassen hat. Von dieser Pflicht ist der Bürger auch dann nicht befreit, wenn er den Sinn und Zweck einer
Norm nicht zu erkennen vermag oder ihre Tendenz missbilligt."

[48] Grundlegend *Böckenförde*, Methoden der Verfassungsinterpretation − Bestandsaufnahme und
Kritik, NJW 1976, 2089; *Häberle*, Die offene Gesellschaft der Verfassungsinterpreten, JZ 1975, 297;
umfassende Nachweise bei *Lindner*, Theorie, 2005, S. 128 ff. mit Überlegungen zu einer Theorie der
Grundrechtsinterpretation.

[49] BVerfGE 1, 299 (312); 67, 100 (128); VerfGH 29, 244 (264).

[50] VerfGH 20, 1 (9); 38, 16 (23).

[51] BVerfGE 93, 1 (21); VerfGH 38, 16 (23); grundlegend *Hesse*, Grundzüge des Verfassungsrechts,
19. Aufl., 1993, Rn. 67.

[52] VerfGH 2, 181 (206); 4, 251 (276) mit Bezug auf *Nawiasky*, Allgemeine Rechtslehre, 2. Aufl.,
1948, S. 138.

[53] BVerfGE 6, 55 (72) sowie BVerfGE 32, 54 (71); 39, 1 (38); 51, 97 (110); 103, 142 (153). Ähnlich
VerfGH 5, 41 (Ls. 3): „*Wenn der Wortlaut . . . mehrere Auslegungen ermöglicht, so kann nur eine solche zulässig*
sein, bei der sich die Norm in das allgemeine Rechtssystem einfügt . . ."

geht – **Optimierungscharakter.**[54] Allerdings darf der Optimierungsgedanke nicht über-
strapaziert werden. Insbesondere bei der Frage nach der leistungsrechtlichen Dimension
der Grundrechte (dazu unten Rn. 88 ff.) ist darauf Bedacht zu nehmen, nicht jede rechts-
oder sozialpolitisch (angeblich) wünschenswerte Forderung durch optimierende Grund-
rechtsauslegung in ein grundrechtliches Postulat zu verwandeln. Jenseits von Wortlaut
und teleologisch-systematischer Auslegung der Grundrechtsbestimmungen ist **grund-
rechtspolitische Zurückhaltung („self restraint")** zu üben.[55]

2. Grundrechtstheorien als Auslegungszirkel

20   Zurückhaltung ist ebenso geboten bei der Formulierung und Anwendung sog. **Grundrechtstheorien,** die den Grundrechtsbestimmungen erst „unterlegt" werden, um aus
ihnen sodann die gewünschten („theoriegerechten") Auslegungsergebnisse – freilich im
Zirkelschluss – gewinnen zu können. Es ist von der Grundrechtswissenschaft eine **Fülle
an Grundrechtstheorien**[56] erarbeitet worden: liberal-bürgerlich-rechtsstaatliche, sozialstaatliche, demokratisch-funktionale, institutionelle Theorien, Wert-Theorien, norm-,
system- und kommunikationsrechtliche Theorien.[57] Solche Theorien formulieren richtige
und wichtige Aspekte für Verständnis und Interpretation von Grundrechtsbestimmungen,
sie sind jedoch für sich genommen zu einseitig und verabsolutieren in der Regel ein anhand der *konkreten* Grundrechtsnormen zu wenig reflektiertes (politisch-ideologisches)
Vorverständnis von Grundrechten überhaupt. Die Rechtsprechung des BVerfG und des
VerfGH hat sich solchen Theorien zu Recht nicht angeschlossen, sondern sie im Wesentlichen ignoriert. Das Bemühen, das Verständnis der Grundrechtsordnung des GG oder der
Landesverfassungen mit bestimmten „Grundrechtstheorien" zu erfassen, dürfte als **endgültig gescheitert** anzusehen sein.

V. Das Grundrechtsverständnis und das Grundrechtssystem der BV

21   Maßgebliche Interpretationshilfe ist neben der klassischen Methodik das Rekurrieren
auf das **Grundrechtsverständnis und das Grundrechtssystem der Verfassung.** Auch
hierbei ist darauf zu achten, nicht ein gewünschtes oder ideologisch hinterlegtes Menschenbild der Verfassung einfach zu unterschieben, sondern mittels einer an Wortlaut,
Systematik und historischer Entstehungssituation orientierten Auslegung das Grundrechtsverständnis des Verfassungsgebers selbst zu ermitteln.

1. Das Menschenbild als Ausgangsformel

22   Die (beliebte) Postulierung eines bestimmten Menschenbildes als Grundlage einer Verfassung ist methodisch nur akzeptabel, wenn es aus den Verfassungs-, insbesondere den
Grundrechtsnormen selbst gewonnen wird. Ein solches **normsystemimmanent ver-
standenes Menschenbild** liegt der Rechtsprechung des BVerfG zu Grunde, das seine be-
rühmte Menschenbild-Formel bereits im frühen Investitionshilfe-Urteil geprägt hat.[58] In

---

[54] Zum Verständnis der Grundrechte als Prinzipien und Optimierungsgebote s. *Alexy,* S. 72 ff.

[55] Zu diesem Grundsatz und den daraus abzuleitenden Interpretationsprinzipien s. *Lindner,* Theorie,
S. 150 ff.

[56] Zur Unterscheidung zwischen „Einpunkt"- und „Mehrpunkt-Theorien" s. *Alexy,* S. 30.

[57] Nachweise zu den einzelnen Ansätzen *Lindner,* Theorie, S. 24 ff.

[58] BVerfGE 4, 7 (15): *„Das Menschenbild des Grundgesetzes ist nicht das eines isolierten souveränen Individuums, das Grundgesetz hat vielmehr die Spannung Individuum – Gemeinschaft im Sinne der Gemeinschaftsbezogenheit und Gemeinschaftsgebundenheit der Person entschieden, ohne dabei deren Eigenwert anzutasten. Das ergibt
sich insbesondere aus einer Gesamtsicht der Art. 1, 2, 12, 14, 15, 19 und 20 GG";* ferner BVerfGE 8, 274 (329); 27,
1 (7); 33, 303 (334); 50, 290 (353); in BVerfGE 65, 1 (44) heißt es, der Einzelne sei eine sich innerhalb
der sozialen Gemeinschaft entfaltende, auf Kommunikation angewiesene Persönlichkeit; *Häberle,* Das
Menschenbild im Verfassungsstaat, 2. Aufl. 2001, S. 47 m. w. N. zu Rechtsprechung und Literatur. Kritisch *Lerche,* Werbung und Verfassung, 1967, S. 139 ff., 140: *„Es mag schon fraglich sein, ob das GG überhaupt
auf einem irgendwie näher fassbaren Menschenbild beruht. Angesichts der durchgehenden ideologischen Offenheit und*

ähnlicher Weise verwendet der VerfGH in seiner Rechtsprechung die Argumentationsfigur des Menschen als eines **primär freien, aber gemeinschaftsgebundenen Wesens.** Die Vorstellung der Verfassungsschöpfer sei nicht der Mensch als isoliertes, selbstherrliches Individuum gewesen, sondern das des in der Gemeinschaft stehenden und ihr vielfältig verpflichteten Bürgers.[59]

Diese Rede vom Menschenbild ist zwar methodisch unbedenklich und der Sache **23** nach unbezweifelbar, jedoch von einer solchen Allgemeinheit und **Abstraktionshöhe,** dass es zur Lösung einzelner Interpretationsfragen und Abwägungsprobleme kaum etwas beitragen kann. Das „Menschenbild" ist daher anhand der Grundrechtsbestimmungen selbst zu **präzisieren:**

2. Die Menschenwürde als Höchstwert

Zentrale Norm für das Menschenbild der BV ist **Art. 100,** der nunmehr in wörtlicher **24** Übereinstimmung mit Art. 1 I GG die **Würde des Menschen als verfassungsrechtlichen Höchstwert** postuliert. Unabhängig von den Einzelproblemen um Auslegung und Anwendung des Art. 100, dürfte heute zumindest in der Rechtsprechung Einigkeit bestehen, dass die Menschenwürde als verfassungsunmittelbares, uneinschränkbares Gebot zu interpretieren ist, jeden Menschen als Wert an sich und damit auch als gleich(wertig)en Wert anzusehen. **Menschenwürde** meint als unantastbares, mithin nicht de*finier*bares Phänomen den **absoluten und relational-intersubjektiven Wert** menschlicher **Existenz an sich** (dazu Rn. 13 ff. zu Art. 100). Art. 100 errichtet damit − wie auch Art. 1 I GG − ein **apriorisches, nicht relativierbares Definitionsverbot:** *Jedes* wie auch immer beschaffene und in seiner realen Existenz befindliche menschliche Leben ist in seinem **konkreten So-Sein** ein Höchstwert an sich und unter allen Umständen und auch ungeachtet temporärer Dimension gleichviel wert.[60] Der Staat darf mithin a priori die Be*wert*ung eines Menschen nicht von dessen kontingenter Bestimmtheit, nicht von dessen jeweiligen physischen und psychischen Anlagen, Schwächen, Vorzügen, seiner Herkunft, seines religiösen Bekenntnisses, seiner sexuellen Orientierung etc. abhängig machen. Ein solches Verständnis von Menschenwürde war die einzig vertretbare Antwort auf die Barbarei und die willkürlichen Relativierungen in der Zeit des Nationalsozialismus.[61]

Früh hat sich so auch der **VerfGH** geäußert, indem er Art. 100 als für alle Menschen **25** ohne weiteres und *ohne Unterschied* gültig bezeichnet.[62] In seiner Entscheidung zur Abschussermächtigung in § 14 III LuftSiG hat das BVerfG das Postulat der absoluten Gleichwertigkeit jedes menschlichen Lebens in den Mittelpunkt seiner Argumentation gestellt. Es sei unter der Geltung des Grundgesetzes schlechterdings unvorstellbar, auf der Grundlage einer gesetzlichen Ermächtigung unschuldige Menschen, die sich wie die Besatzung und die Passagiere eines entführten Flugzeugs in einer für sie hoffnungslosen Lage befänden, vorsätzlich zu töten.[63] Eine Abwägung menschlichen Lebens komme generell nicht in Betracht − denn jedes menschliche Leben ist unabhängig von seiner konkreten Bedingtheit *gleich*viel wert.

Neutralität des GG sind jedenfalls bisher alle Versuche gescheitert, irgendein Bild konkreterer Art näher im GG zu befestigen." Sehr heftige Kritik bei *Ridder,* „Das Menschenbild des Grundgesetzes". Zur Staatsreligion der Bundesrepublik Deutschland, in: Demokratie und Recht 7 (1979), S. 123 ff.: „*Das Menschenbild des Grundgesetzes ist allemal kein solches des Grundgesetzes, sondern ein von den Gedanken der Richter des Ersten Senats des BVerfG gemachtes, ja ein von ihnen zelebriertes."*

[59] *Meder,* Art. 98 Rn. 6; VerfGH 21, 59 (64); 22, 1 (9); 41, 151 (158).

[60] Wie hier *Pestalozza,* in: Nawiasky/Schweiger/Knöpfle, Art. 100 Rn. 7.

[61] Deutlich *Nawiasky,* S. 60: „*scharfe Distanzierung gegenüber den ebenso verabscheuungswürdigen wie verhängnisvollen Maximen der nationalsozialistischen Gewaltherrschaft".*

[62] VerfGH 4, 219 (244).

[63] BVerfG, NJW 2006, 751; vgl. dazu *Lindner,* Die Würde des Menschen und sein Leben, DÖV 2006, 577.

3. Das System der Freiheitsrechte der BV

26   Bedeutet Menschenwürde die gleiche Werthaftigkeit jedes Menschen, so steht damit auch ein bestimmtes Verständnis von Freiheit, nämlich **Freiheit als staatlich nicht gewährte, sondern vorausgesetzte Selbstbestimmung des Menschen** fest. Nicht nur der Mensch als solcher, auch die jeweils im Einzelfall konkrete Inanspruchnahme der Freiheit, die *Selbst*bestimmung entzieht sich a priori staatlicher Bewertung und jedenfalls im Ausgangspunkt der Einschränkung durch den Staat. **Selbstbestimmung ist denknotwendiges Korrelat der Menschenwürde:** Haben alle Menschen trotz ihrer Unterschiedlichkeit in ihrem konkreten So-Sein absoluten und gleichen Wert, so sind auch ihr jeweiliger Lebensentwurf, ihre Vorstellung vom Leben und dessen Sinn gleichwertig.

27   a) Ein solches Verständnis von Freiheit und Selbstbestimmung impliziert ein jedenfalls im Schutzbereich **lückenloses System des Grundrechtsschutzes.** Grundsätzlich jedes vom Einzelnen als für sich maßgeblich definierte Interesse genießt (allerdings nach Maßgabe der jeweiligen Vorbehaltsregeln und Schranken-Schranken [dazu unten bei VI.] einschränkbaren) Grundrechtsschutz: entweder durch ein eigens benanntes, spezielles Grundrecht (z. B. Art. 102 ff.) oder durch das Grundrecht der Allgemeinen Handlungsfreiheit, das als **„Auffanggrundrecht"** fungiert (Art. 101). Die BV eröffnet ebenso wie das GG jedem Menschen eine umfassende und grundsätzlich unbeschränkte, allerdings nach Maßgabe der Verfassung beschränkbare **Interessendefinitionskompetenz.** Der Einzelne hat das Recht, jedes denkbare Interesse als für sich maßgeblich zu definieren, sei es, dass er Fremddefinitionen ganz oder teilweise übernimmt oder mindestens für sich akzeptiert, sei es, dass er solche Fremddefinitionen ablehnt und durch Eigendefinitionen ablöst und ersetzt.

28   Die Freiheitsrechte der BV sind daher als **Kompetenzverteilungsregeln** zu verstehen: Nicht der Grundrechtsverpflichtete besitzt die Interessendefinitionskompetenz, mittels derer er die Interessen nach „gewisser"[64] oder „gesteigerter"[65] Persönlichkeitsrelevanz oder nach einem Persönlichkeitskernbezug differenzieren und in der Schutzwürdigkeit a priori abschichten könnte. Die Interessendefinitionskompetenz liegt vielmehr beim einzelnen Menschen, der in Konsequenz seiner gleichwertigen Würde in gleichwertiger Weise entscheidet, welche Interessen *er* als für *seine* Persönlichkeitsentfaltung relevant erachtet.[66]

29   b) Allerdings finden sich weder die Grundrechte auf **Leben** und **körperliche Unversehrtheit** noch das auf **Berufsfreiheit** ausdrücklich im Text der Verfassung. Der VerfGH hat diese Lücken indes – konsequent – in seiner Rechtsprechung geschlossen: Er sieht das Grundrecht der Berufsfreiheit durch das Grundrecht der Allgemeinen Handlungsfreiheit in Art. 101[67] mit umfasst[68] und gewinnt die Grundrechte auf Leben und körperliche Unversehrtheit durch eine Kombination von Art. 100 und 101.[69]

---

[64] *Duttge,* NJW 1997, 3353 (3355).

[65] *Grimm,* Sondervotum in BVerfGE 80, 137 (165).

[66] *Di Fabio,* in: Maunz/ Dürig, Art. 2 Abs. 1 (Zweit-Kommentierung) Rn. 13: *„Mit der freien Entfaltung der Persönlichkeit schützt Art. 2 Abs. 1 GG den praktischen Selbstentwurf des Menschen nach seinem Willen."*

[67] VerfGH 52, 159 (164).

[68] VerfGH 50, 129 (139); 51, 74 (84); 53, 1 (7); 56, 1 (10): *„Das Grundrecht der Handlungsfreiheit nach Art. 101 BV umfasst den beruflichen und wirtschaftlichen Bereich"; Meder,* Art. 101 Rn. 10.

[69] Zum Grundrecht auf Leben und körperliche Unversehrtheit VerfGH 40, 58 (61); 42, 188 (194); 59, 63 (74). Überhaupt bedient sich der VerfG ähnlich wie das BVerfG (dazu *Kahl,* Die Schutzergänzungsfunktion von Art. 2 Abs. 1 GG, 2000) der dogmatischen Kategorie des Kombinationsgrundrechts gerne. So leitet er aus Art. 100, 101 das Allgemeine Persönlichkeitsrecht, insbes. das Grundrecht auf informationelle Selbstbestimmung (VerfGH 38, 74 [79]; 50, 156 [178]; 56, 28 [43]) ab. Das Grundrecht „nulla poena sine culpa" wird aus Art. 3 Abs. 1, 100, 101 begründet, VerfGH 20, 101 (110); 35, 39 (45); 44, 41 (56); 47, 207 (238).

c) Der Grundsatz des im Schutzbereich lückenlosen Grundrechtsschutzes wird ergänzt 30 durch die **Regel-Ausnahme-Struktur der Freiheitsrechte:** Der grundrechtliche Schutz eines Interesses ist die Regel, dessen Einschränkung die vom Staat eigens verfassungsrechtlich zu rechtfertigende Ausnahme. Der Regel-Ausnahme-Mechanismus[70] konstituiert sich durch **vier Elemente:**

(1) Erstes Element ist die **lückenlose Ausgangsvermutung zu Gunsten der Freiheit** 31 **jedermanns.**[71] Die (normative) Realisierbarkeit eines Interesses ist die Regel, die Nichtrealisierbarkeit die Ausnahme.

(2) Ein konkretes selbstbestimmtes Interesse bzw. dessen Realisierung ist indes – der 32 Mensch ist kein isoliertes Wesen, sondern ein solches, das in verschiedensten Verantwortungszusammenhängen steht und sich daher nicht „anarchisch" entfalten darf – **nicht absolut geschützt,** sondern steht unter dem **Vorbehalt** der verfassungsunmittelbaren **Relativierung** oder verfassungsmittelbaren Relativierbarkeit.[72]

(3) Die **Relativierung** des Grundrechtsschutzes ist als Ausnahme von der Regel **recht-** 33 **fertigungsbedürftig.** Die Rechtfertigung kann nur nach Maßgabe der Verfassung erfolgen. Erst nach Prüfung der verfassungsunmittelbaren Relativierungen bzw. der von der Verfassung aufgestellten Relativierungsvoraussetzungen und -schranken steht fest, ob die Realisierung des Interesses im Ergebnis grundrechtlich geschützt ist.

(4) Aus (1) bis (3) folgt viertens das Prinzip der **Verteilung der Argumentations-** 34 **und Rechtfertigungslast.** Misslingt die Rechtfertigung, etwa im Hinblick auf den Grundsatz der Verhältnismäßigkeit, muss der Einzelne die Verkürzung seiner Interessen nicht hinnehmen. Ihn trifft nicht die Argumentationslast; nach dem Regel-Ausnahme-Mechanismus greift die Regel, nämlich die grundrechtlich abgesicherte Realisierbarkeit des jeweiligen Interesses.

Diese Regel-Ausnahme-Struktur bringt **Art. 98** prägnant zum Ausdruck. **Satz 1** formu- 35 liert die **Regel:** Die durch die Grundrechtsnormen der Verfassung verbürgten Grundrechte dürfen „grundsätzlich" – in diesem Wort manifestiert sich die *Regel* – nicht eingeschränkt werden. In **Satz 2** erfolgt sodann die **Ausnahme** von der Regel: Einschränkungen sind nur durch Gesetz und auch nur dann zulässig, wenn die öffentliche Sicherheit, Sittlichkeit, Gesundheit und Wohlfahrt es zwingend erfordern.[73]

4. Das System der Gleichheitsrechte der BV

Die Gleichwertigkeit jedes Menschen ungeachtet seiner jeweiligen kontingenten Be- 36 stimmtheit impliziert nicht nur eine gleichheitsrechtliche Dimension der Freiheitsrechte[74], sondern auch die **rechtliche Gleichbehandlung aller Menschen** außerhalb des Bereichs der Selbstbestimmung. Auch in der staatlichen Fremdbestimmung, in der Pflichtenstellung des Einzelnen und im Bereich der staatlichen Leistungsverwaltung ist die **rechtliche Gleichheit der Menschen der apriorische Ausgangspunkt.** Sind alle Menschen gleichwertig, so darf der Staat nicht ohne sachlichen Grund dem einen eine Chance oder Leistung gewähren oder versagen, die er einem anderen vorenthält oder einräumt. Der **gleichheitsrechtlichen Dimension der Menschenwürde** trägt die Verfassung durch die Einräumung von **Gleichbehandlungsrechten** Rechnung. Zu unterscheiden ist zwischen (1) **speziellen Gleichheitsrechten,** die für bestimmte Lebenssachverhalte Gleichbehandlungsgebote postulieren (z. B. Art. 7 I, 8: staatsbürgerliche Gleichheit; Art. 11 V: Gleichheit der Gemeindebürger; Art. 14 I: Wahlgleichheit; Art. 94 II, 116: Chancengleich-

---

[70] Dazu allgemein *Lindner,* Das Regel-Ausnahme-Verhältnis im Verwaltungsrecht, VerwArch 98 (2007), 213.

[71] *Dürig,* Der Grundrechtssatz von der Menschenwürde, AöR 81 (1956), 117 (123).

[72] Zu dieser Systematik *Gallwas* (Fn. 16), Rn. 65.

[73] Allerdings wendet der VerfGH Art. 98 S. 2 nicht an, sondern bedient sich einer wenig transparenten Schrankendogmatik in Anlehnung an die Rechtsprechung des BVerfG; dazu und zur Kritik am VerfGH s. unten bei VI.

[74] Vgl. zu diesem Begriff *Lindner,* NJW 1998, 1208.

heit beim Zugang zu öffentlichen Ämtern; Art. 123 I: Lastengleichheit) bzw. absolute Diskriminierungsverbote formulieren (z. B. Art. 107 III; 118 II, III; Art. 118 a; Art. 124 II; Art. 126 II) und (2) dem **allgemeinen Gleichbehandlungsgrundsatz,** der in Art. 118 I verbürgt ist (vgl. dazu Rn. 1 ff. zu Art. 118).

5. Zum Verhältnis grundrechtlicher Freiheit und Gleichheit

37   Die Würde kommt jedem Menschen in gleicher Weise zu. Damit kommen auch die aus der Menschenwürde fließenden Freiheitsrechte jedem Menschen in gleicher Weise zu. **Freiheitsrechte werden nur als gleiche Freiheitsrechte, Gleichheit nur als freiheitsbezogene Gleichheit der Menschenwürde gerecht.** Gleichheit meint indes nicht „faktische" Gleichheit. Das Grundrecht auf Gleichbehandlung darf nicht dahin gehend missverstanden werden, dass in der Lebenswirklichkeit stets tatsächlich Gleichheit herrschte und der Staat verpflichtet wäre, für **faktische Gleichheit** zu sorgen. Die Freiheitsrechte und deren unterschiedliches Gebrauchmachen führen zwangsläufig zu tatsächlicher Ungleichheit, die im Sinne einer **Präponderanz der Freiheit** hinzunehmen ist.[75] Freiheit impliziert tatsächliche, auch natürlich vorgegebene Ungleichheit, die der Staat nicht kompensieren muss[76], solange und soweit er den Einzelnen *rechtlich* gleichbehandelt, ihm **gleiche rechtliche Chancen** einräumt.

38   Von diesem spezifisch grundrechtlichen Vorrang der Freiheit gegenüber der Gleichheit zu unterscheiden ist allerdings die Pflicht des Staates, „Sozialstaat" zu sein (Art. 3 I 1 i.V. m. Art. 151 I). Das Sozialstaatsprinzip gebietet es dem Staat, jedenfalls für ein Mindestmaß an sozialer Gerechtigkeit zu sorgen (dazu Rn. 4 f. zu Art. 3) und insoweit tatsächliche Ungleichheiten zu kompensieren.[77]

6. Grundrechte als subjektive Rechte

39   Die Grundrechtsbestimmungen der BV sind nicht lediglich vom Staat zu beachtende objektiv-rechtliche Normen oder gar Programmsätze, sie verbürgen vielmehr **subjektiv-öffentliche Rechte mit Verfassungsrang.**[78] Dies ergibt sich unzweifelhaft aus Art. 120 und Art. 98 S. 1 und 4 und bedeutet: Jeder **Grundrechtsberechtigte** hat gegen den **Grundrechtsverpflichteten** einen verfassungsrechtlich verbürgten und gerichtlich durchsetzbaren Anspruch darauf, dass dieser die von den Grundrechtsnormen verbürgten **Handlungs- und Unterlassungspflichten** erfüllt:

40   a) **Grundrechtsberechtigter**[79] ist jeder, der vom Tatbestand einer Grundrechtsnorm erfasst ist:

41   aa) In erster Linie grundrechtsberechtigt sind die **natürlichen Personen,** also der Mensch.[80] Die Grundrechtsnormen der BV erfassen grundsätzlich **jeden Menschen** („jedermann"), sie differenzieren nicht – anders als das GG – zwischen Deutschen und Ausländern (anders aber selbstredend Art. 105: Asyl-Grundrecht). Differenzierungen zwischen verschiedenen Menschen sind im Tatbestandsbereich unzulässig. Die Grundrechts-

---

[75] Deutlich *Starck,* in: v. Mangoldt/Klein/Starck, Art. 3 Rn. 4: *„Der die faktische Gleichheit anstrebende Gesetzgeber muss die rechtliche Freiheit beschneiden, um sein Ziel zu erreichen, weil der frei handelnde Mensch ständig die faktische Gleichheit der Menschen bedroht. Zu Ende gedacht könnte faktische Gleichheit nur in einer die Freiheit verneinenden Diktatur verwirklicht werden.";* vgl. dazu Rn. 24 ff. zu Art. 118.

[76] VerfGH 4, 219 (244); 22, 12 (15); 31, 1 (13); 36, 25 (38); 37, 126 (134); *Meder,* Art. 118 Rn. 3; *Stettner,* in: Nawiasky/Schweiger/Knöpfle, Art. 118 Rn. 30.

[77] *Insoweit* zu apodiktisch *Meder,* Art. 118 Rn. 3: Es gebe *keinen* Raum für egalitaristische Tendenzen. Vielmehr ist es dem Gesetzgeber unbenommen, in Verwirklichung des Sozialstaatsauftrags egalitaristische Konzepte zu verfolgen, soweit er sich damit im Rahmen des freiheitsrechtlich Vertretbaren und der Kompetenzordnung (insbes. im Bereich des Steuerrechts) hält; zu den Zusammenhängen zwischen Freiheit, Gleichheit und Sozialstaatsprinzip s. *Lindner,* Theorie, S. 399 ff. m. w. N.

[78] Daneben erkennen die h. M. und die Rechtsprechung objektiv-rechtliche Grundrechtsfunktionen an; dazu s. unten Rn. 87 ff.

[79] Unschön ist der Begriff „Grundrechtsträger", der im Folgenden vermieden wird.

[80] Zur – unzulässigen – Differenzierung zwischen „Mensch" und „Person" s. Rn. 22 f. zu Art. 100.

normen stellen insofern **absolute Differenzierungsverbote** dar.[81] Davon gibt es zwei **Ausnahmen:**

(1) Manche Grundrechte stehen nur „**Bewohnern Bayerns**" zu (z. B. Art. 106 I, 109, **42** 110 I, 113, 114, 115, 120). Vorausgesetzt ist ein **örtlicher Bezug zum Staatsgebiet**, insbesondere durch Wohnsitz oder dauernden Aufenthalt[82], nicht relevant ist die Staatsangehörigkeit. Soweit die entsprechenden Grundrechte des GG „weiter" sind, bleibt es dabei; gleichwohl bleiben die zurückbleibenden BV-Grundrechte nach Art. 142 GG in Geltung (dazu unten X., Rn. 103 ff.). Personen, die nicht „Bewohner Bayerns" sind, können sich bzgl. solcher Interessen, die von den auf Bewohner Bayerns beschränkten Grundrechtsnormen erfasst sind, auf das Auffanggrundrecht des Art. 101 berufen, so dass auch insoweit keine grundrechtsfreien Räume entstehen.[83] Durch den **Rückgriff auf Art. 101** können auch ggf. EU-rechtswidrige Differenzierungen im Grundrechtsschutz zwischen Bürgern anderer EU-Mitgliedstaaten und Bewohnern Bayerns vermieden werden.[84] Art. 101 ist in einem solchen Fall so zu handhaben wie das auf Bewohner Bayerns beschränkte spezielle Grundrecht.

(2) **Staatsbürgerliche Rechte,** wie etwa das Wahlrecht zum Landtag, stehen nur deut- **43** schen Staatsangehörigen zu, wahlberechtigt bei Kommunalwahlen sind auch Staatsangehörige anderer EU-Mitgliedstaaten (Art. 28 I 3 GG).

bb) Auch **juristische Personen** können grundrechtsberechtigt sein. Zu unterscheiden **44** ist zwischen juristischen Personen des Privatrechts und des öffentlichen Rechts:

(1) **Juristische Personen des Privatrechts,** auch teilrechtsfähige und ausländische, **45** sind grundrechtsberechtigt, soweit dies nach der Eigenart des Grundrechts in Betracht kommt[85]: so bei Art. 101 (v.a. im Hinblick auf die Berufsfreiheit), 103, 108, 110, 111, 111a, 112, 118 I. Auf die konkrete Rechtsform kommt es nicht an. Juristische Personen des Privatrechts, bei denen ein Grundrechtsverpflichteter alle oder mehr als die Hälfte der Anteile hält, sind nicht grundrechtsberechtigt, da in solchen Fällen kein Schutzbedürfnis der juristischen Person gegenüber dem Staat besteht, ist es doch der grundrechtsverpflichtete Staat selbst, der die private Gesellschaft beherrscht.[86]

(2) **Juristische Personen des öffentlichen Rechts** (der Staat selbst; Körperschaften, **46** Anstalten und Stiftungen des öffentlichen Rechts) sind **grundsätzlich nicht grundrechtsberechtigt,** sondern grundrechtsverpflichtet.[87] Von ihnen gehen typischerweise Grundrechtsgefährdungen für den Bürger aus. Juristische Personen des öffentlichen Rechts haben Aufgaben, Befugnisse, sie unterstehen ggf. staatlicher Aufsicht, sie haben jedoch keine Grundrechte. **Ausnahmen**[88] ergeben sich insoweit, als auch juristische Personen des öffentlichen Rechts in einem **Grundrechtsgefährdungsverhältnis** zum Staat stehen können: (a) **Gemeinden** können – neben Art. 11 II – grundrechtsberechtigt sein,

---

[81] Grundrechtsberechtigt sind daher auch kranke, geistig behinderte, unzurechnungsfähige Menschen. Diese sind allenfalls auf Grund ihres Zustandes nicht in der Lage, von bestimmten Grundrechten Gebrauch zu machen. Man spricht in solchen Fällen von „Grundrechtsmündigkeit", die von Fall zu Fall und nach Maßgabe des jeweils betroffenen Grundrechts zu prüfen ist; *Meder,* vor Art. 98 Rn. 4; *Sachs,* vor Art. 1 Rn. 75 f.; VerfGH 10, 101 (109). Eine eigenständige dogmatische Bedeutung kommt der „Grundrechtsmündigkeit" nicht zu.

[82] *Meder,* vor Art. 98 Rn. 3; VerfGH 14, 1; 44, 107 (108) zu Art. 120.

[83] S. für Art. 2 I GG BVerfGE 78, 179 (196); Frage offen gelassen bei *Meder,* vor Art. 98 Rn. 3.

[84] Vgl. zu diesem Problem *Sachs,* vor Art. 1 Rn. 73.

[85] Art. 19 III GG kann insofern analog angewendet werden; *Meder,* vor Art. 98 Rn. 5; *Sachs,* Art. 19 Rn. 48 ff.; VerfGH 44, 107 (108): Für Grundrechte, die den „Bewohnern Bayerns" zustehen, müssen die juristischen Personen ihren Sitz in Bayern haben. Dies erscheint etwa im Hinblick auf Art. 120 als zu eng.

[86] Str. für sog. „gemischtwirtschaftliche" Unternehmen; dazu *Sachs,* Art. 19 Rn. 110 ff.; *Jarass/ Pieroth,* Art. 19 Rn. 15 ff.; BVerfG, NJW 1990, 1783. Aus der Literatur s. *Storr,* Der Staat als Unternehmer, 2001, S. 238 ff.; *Möstl,* Grundrechtsbindung öffentlicher Wirtschaftstätigkeit, 1999.

[87] BVerfGE 61, 82 (100).

[88] *Sachs,* Art. 19 Rn. 93 ff.

wenn sie sich *„in einer Schutzsituation befinden, welche die betreffende Grundrechtsnorm voraussetzt"*, wenn sie wie eine natürliche Person der Staatsgewalt unterworfen sind.[89] Dies kann der Fall sein bei Eingriffen in das privatrechtliche Eigentum einer Gemeinde. (b) Juristische Personen des öffentlichen Rechts sind auch dann (teil-)grundrechtsfähig, wenn sie ihrerseits die **Funktion** haben, **Freiheitsausübung** zu **ermöglichen** (so die Hochschulen und Fakultäten), oder wenn die Grundrechtsausübung zum Zwecke der Staatsferne öffentlich-rechtlich organisiert ist (so die öffentlich-rechtlichen Rundfunkanstalten sowie die Landeszentrale für neue Medien).[90] Grundrechtsgeschützt sind auch die öffentlich-rechtlichen Religionsgemeinschaften.[91] (c) Das verfassungsrechtliche **Willkürverbot,** verankert in Art. 118 I, ist auch für juristische Personen des öffentlichen Rechts als „Element des objektiven Gerechtigkeitsprinzips" verbürgt.[92] Liegt die Funktion der juristischen Person des öffentlichen Rechts in der Wahrnehmung gesetzlich zugewiesener und geregelter öffentlicher Aufgaben, so ist insofern keine Grundrechtsfähigkeit gegeben.[93]

47   b) **Grundrechtsverpflichtet** ist in erster Linie der Staat als **Hoheitsträger** in allen Modalitäten der Ausübung staatlicher Gewalt[94] (Legislative, Exekutive, Judikative), aber auch die anderen juristischen Personen des öffentlichen Rechts. Der **private Dritte** ist nicht unmittelbar grundrechtsgebunden (Ausnahme: Art. 141 III), vielmehr entfalten die Grundrechte im Privatrecht ihre Wirkung insbesondere über deren **Schutzpflichtgehalt** (s. dazu unten VII.; Rn. 94 ff.). Eine unmittelbare Grundrechtswirkung zwischen Privaten wie im Verhältnis Bürger-Staat kann es schon deswegen nicht geben, weil im horizontalen Drittverhältnis – anders als im vertikalen Verhältnis Staat–Bürger – auf beiden Seiten Grundrechtspositionen inmitten sind.

48   c) **Inhalt** des grundrechtlich verbürgten subjektiv-öffentlichen Rechts ist die sich jeweils nach Maßgabe der Auslegung und Anwendung der Grundrechtsbestimmung ergebende grundrechtlich gebotene Handlung oder Unterlassung. Es ist zu unterscheiden zwischen **(1) Abwehransprüchen,** die auf die Unterlassung, Beendigung, Beseitigung oder notfalls monetäre Kompensation verfassungsrechtlich nicht gerechtfertigter Grundrechtsverletzungen gerichtet sind, **(2) Leistungsansprüchen,** die die Erfüllung grundrechtlich gebotener Leistungsrechte (zumal auf Schutz, Organisation, Verfahren, Existenzminimum, Teilhabe etc.) beinhalten, **(3) Gleichbehandlungsansprüchen,** die auf die Beseitigung sachlich nicht zu rechtfertigender Gleich- oder Ungleichbehandlungen zielen sowie **(4) Mitwirkungsansprüchen,** die dem Einzelnen die Mitwirkung an der politischen Gestaltung des Gemeinwesens verbürgen (z. B. Art. 7 II, 12, 14); vgl. zu den verschiedenen Grundrechts*dimensionen* unten Rn. 87 ff.

7. Das Problem der Durchsetzung

49   Die Qualität einer Grundrechtsordnung und der von ihr verbürgten subjektiven Rechte entscheidet sich nicht nur am Umfang des Schutzbereiches der Grundrechte sowie am Ausmaß der Einschränkbarkeit grundrechtlich geschützter Interessen, sondern in formeller Hinsicht an der Möglichkeit der Bürger, **Grundrechtsverletzungen geltend** zu

---

[89] *Meder,* vor Art. 98 Rn. 5; VerfGH 27, 14 (20); 29, 1 (4); 29, 105 (118); 37, 101 (105 ff.); 49, 111 (115); 54, 1; a. A. BVerfGE 61, 82 (103); vgl. auch Rn. 24 ff. zu Art. 103. Dass der VerfGH insoweit über die Rechtsprechung des BVerfG hinausgeht, ist im Hinblick auf Art. 142 GG unbedenklich, vgl. unten Rn. 103 ff.; VerfGH 37, 101 (106).

[90] Vgl. dazu die Erl. zu Art. 111a, 108 und 138 sowie *Meder,* vor Art. 98 Rn. 5; VerfGH 49, 111 (115); 59, 144 (186): offen gelassen für die LfA.

[91] Vgl. dazu *Jarass/Pieroth,* Art. 19 Rn. 27 m. w. N. insbes. zur Rechtsprechung des BVerfG.

[92] BVerfGE 23, 353 (372); VerfGH 29, 1 (4); 41, 140 (145); *Meder,* vor Art. 98 Rn. 5. Ähnliches wird man für die justiziellen Grundrechte (Art. 86, 91 I) postulieren müssen.

[93] VerfGH 49, 111 (116): Bayerische Versicherungskammer.

[94] Auch wenn er öffentliche Aufgaben in Privatrechtsform wahrnimmt. Parlamentarische Untersuchungsausschüsse üben öffentliche Gewalt aus und haben daher die Grundrechte zu beachten: VerfGH 47, 87 (124).

machen, den Grundrechtsschutz auch **wirklich und effektiv durchzusetzen.** Dem dienen die prozessualen Instrumente der **Verfassungsbeschwerde** gegen behördliche und gerichtliche Einzelakte der Landesstaatsgewalt (Art. 120), die **Popularklage** gegen Rechtssätze des Landesrechts (Art. 98 S. 4), die Richtervorlage nach Art. 65, 92 sowie der allgemeine **Justizgewährungsanspruch** (dazu Rn. 53 ff. zu Art. 3). Bundesrechtlich tritt ergänzend das formale Hauptgrundrecht des Art. 19 IV GG hinzu[95], das zumal durch die Verwaltungsgerichte erfüllt wird (vgl. auch Art. 93).

VI. Die Grundrechte als Eingriffsabwehrrechte

1. Funktion

Hauptfunktion der Grundrechtsnormen nicht nur des GG und der europäischen Grund **50** rechtsordnungen (EMRK; EGC), sondern auch der BV, ist der **Schutz des Einzelnen gegenüber dem Staat.** Grundrechte sind primär die Antwort des Verfassungsrechts auf die Schutzbedürftigkeit des Einzelnen gegenüber der Ausübung staatlicher Gewalt und insbesondere des Missbrauchs staatlicher Gewaltkumulation. Diese Grundrechtsfunktion darf auch durch Bestrebungen der sog. „neuen" Verwaltungsrechtswissenschaft um kooperative Handlungsformen in der Verwaltung, durch die Rede vom Staat als Partner des Bürgers und von Kundenorientierung der Verwaltung nicht in Frage gestellt werden. Auch gut gemeinte Kooperation zwischen Staat und Bürger kann in paternalistische Bevormundung umschlagen und insofern der grundrechtlichen Schranken bedürfen.

2. Denkschema für die Anwendung der Freiheitsrechte im Eingriffsabwehrbereich

a) Allen Freiheitsrechten der BV – wie des GG, der EMRK und der EGC – liegt ein **51** **gemeinsames Anliegen** zu Grunde, nämlich den Einzelnen nicht nur vor willkürlicher, sondern vor jeglicher Beeinträchtigung[96] seiner Freiheit zu schützen, für die der Staat keine guten, vor dem Hintergrund der Verfassung selbst tragfähigen Gründe benennen kann. Jede **Grundrechtsbeeinträchtigung,** die der Staat nach dem skizzierten Regel-Ausnahme-Verhältnis (s. oben Rn. 30 ff.) nicht rechtfertigen kann, stellt eine **Grundrechtsverletzung** dar, die verfassungsunmittelbare **Reaktionsansprüche** des Bürgers gegen den Staat auslöst.

b) Die Freiheitsrechte lassen sich in einem **einheitlichen, fallbezogenen Denk 52 schema**[97] erfassen. Stellt sich ein Rechtsakt der Landesstaatsgewalt nach dem Anschein oder der Behauptung des davon Betroffenen als Verkürzung eines grundrechtlich geschützten Interesses dar, ist wie folgt zu **prüfen**[98]:

(1) Ist das von der hoheitlichen Maßnahme betroffene **Interesse**[99] grundrechtlich ge **53** **schützt,** also vom Schutzbereich[100] einer BV-Grundrechtsnorm erfasst? Bejahendenfalls:

---

[95] Vgl. dazu *Sachs,* Art. 19 Rn. 113 ff.

[96] Es ist zwischen **drei Begriffsstufen** zu unterscheiden: Eine **Grundrechtsberührung** liegt vor, wenn in dem einschlägigen Sachverhalt thematisch überhaupt ein Interesse betroffen ist, das nach Maßgabe der Grundrechtsbestimmungen der BV Grundrechtsschutz genießt. Eine **Grundrechtsbeeinträchtigung** ist gegeben, wenn dieses Interesse tatsächlich beeinträchtigt ist. Von einer **Grundrechtsverletzung** ist erst dann zu sprechen, wenn sich die Beeinträchtigung nicht rechtfertigen lässt, also verfassungswidrig ist. Dieses Begriffsverständnis liegt auch Art. 98 S. 4 zu Grunde („verfassungswidrig einschränken").

[97] Dazu *Lindner,* Theorie, S. 478 ff.

[98] Der Sache nach liegt dieses Schema auch der Rechtsprechung des VerfGH zu Grunde; vgl. etwa VerfGH 56, 28 (44 ff.).

[99] Vorab ist noch exakt zu analysieren, um *welches* Interesse es genau geht.

[100] In begrifflicher Hinsicht ist der Terminus „Schutzbereich" jedenfalls im Eingriffsabwehrbereich dem Begriff „Gewährleistungsbereich" vorzuziehen, auch wenn Art. 98 S. 1 eine andere Terminologie wählt. Grundrechte werden nicht vom Staat gewährt, sondern als der staatlichen Rechtsordnung vorausliegend geschützt.

54   (2) Ist das betroffene, grundrechtlich geschützte Interesse **beeinträchtigt**? Bejahenden-falls:

55   (3) Lässt sich die **Beeinträchtigung** des grundrechtlich geschützten Interesses **verfassungsrechtlich rechtfertigen,** gibt es also **(a)** eine **Vorbehaltsregelung,** nach deren Maßgabe das grundrechtlich geschützte Interesse überhaupt beschränkt werden kann und stehen **(b)** der Ausfüllung der Vorbehaltsregelung keine Schranken, sog. **Schranken-Schranken** entgegen?[101]

56   (4) Misslingt die verfassungsrechtliche Rechtfertigung: wie reagiert die Grundrechtsnorm darauf, welche **Reaktionsansprüche** gibt sie dem in seinem Grundrecht Verletzten?

57   (5) Wie, insbesondere mit welchen (verfassungs-)prozessualen Mitteln kann der Betroffene seinen **Reaktionsanspruch durchsetzen?**

3. Schutzbereich: Das grundrechtlich geschützte Interesse

58   Da die BV eine im Schutzbereich **lückenlose Schutzordnung** errichtet (oben Rn. 26 ff.), ist dem Grundsatz nach **jedes Interesse** vom Schutzbereich eines Freiheitsrechts erfasst, entweder eines speziellen Freiheitsrechts (Art. 102 ff.) oder der Allgemeinen Handlungsfreiheit (Art. 101). Ein Interesse kann auch vom Tatbestand mehrerer Freiheitsrechte erfasst sein; dann können sich Konkurrenzprobleme ergeben.[102] Zur Konkretisierung des Schutzbereichs s. die Erläuterungen zu den einzelnen Freiheitsrechten; zum Grundsatz der freiheitsfreundlichen Auslegung s. oben Rn. 18 ff. Geschützt ist auch die **negative Grundrechtsausübung,** also das Interesse, von einem Grundrecht keinen Gebrauch zu machen. Nicht hingegen geschützt ist das Interesse, dass ein *anderer* von seinem Grundrecht keinen oder nur einen bestimmten Gebrauch macht, da ansonsten die Selbstbestimmung des einen unter einen Fremdbestimmungsvorbehalt des anderen geriete. Die Freiheitsrechte verbürgen grundsätzlich **keinen Konfrontationsschutz** im Hinblick auf die Grundrechtsausübung anderer.[103]

4. Die Beeinträchtigung des grundrechtlich geschützten Interesses

59   Nach Art. 98 S. 1 dürfen die durch die Verfassung gewährleisteten Grundrechte grundsätzlich nicht „eingeschränkt" werden. Statt von „Einschränkung" spricht man heute zumeist von **„Eingriff"** oder **„Beeinträchtigung".** Eine Beeinträchtigung liegt vor, wenn der Grundrechtsberechtigte ein bestimmtes Interesse, das zu realisieren er tatsächlich in der Lage und willens ist, nicht realisieren kann, weil er durch eine staatliche Maßnahme daran gehindert wird.

60   Zu unterscheiden sind[104]: **(1)** der **klassische imperative Eingriff,** der ein Interesse **unmittelbar** oder **mittelbar** in einer vom Regelungswillen des Grundrechtsverpflichteten umfassten Weise verkürzt, **(2)** der **faktische,** nicht vom Regelungswillen umfasste Eingriff, insbesondere durch Realakt.[105] Jede Art von Beeinträchtigung, die auf eine staatliche Maßnahme zurückgeht, kurz jeder **„grundrechtswidrige Effekt"** löst die Rechtferti-

---

[101] Die Terminologie ist nicht immer einheitlich. Insbesondere sind Vorbehaltsregelungen, also Gesetzesvorbehalte nicht identisch mit „Grundrechtsschranken", sondern deren Geltungsvoraussetzungen: der Gesetzgeber ist nach Maßgabe der Vorbehaltsregelungen berechtigt, grundrechtlich geschützte Interessen zu beschränken, ihnen Schranken zu setzen. Schranke ist demnach die Regelung, die die Interessenverkürzung enthält, die Vorbehaltsregel normiert die Zulässigkeitsvoraussetzungen für diese Interessenverkürzung. Die sog. Schranken-Schranken wiederum enthalten solche Regelungen, die der Beschränkungsbefugnis ihrerseits Grenzen setzen.

[102] Zum Problem der Grundrechtskonkurrenzen s. unten IX, Rn. 101.

[103] Dazu *Lindner,* Konfrontationsschutz als negative Komponente der Freiheitsrechte – eine neue grundrechtsdogmatische Argumentationsfigur? NVwZ 2002, 37.

[104] Vgl. dazu *Jarass/Pieroth,* vor Art. 1 Rn. 24 ff. sowie *Sachs,* vor Art. 1 Rn. 78 ff.

[105] BVerfGE 105, 279 (303); VerfGH 49, 79 (90): „*Grundrechte und grundrechtsähnliche Rechte können auch durch lediglich faktische Beeinträchtigungen verletzt werden.*"; so auch VerfGH 42, 41 (45). S. grundsätzlich *Gallwas,* Faktische Beeinträchtigungen im Bereich der Grundrechte, 1970.

gungsbedürftigkeit der entsprechenden staatlichen Maßnahme aus.[106] Eine Rechtfertigungsbedürftigkeit besteht dann nicht, wenn der Einzelne mit der Grundrechtsbeeinträchtigung einverstanden ist, ein wirksamer **Grundrechtsverzicht** vorliegt.[107] **(3) Geringfügige Belästigungen** oder Beeinträchtigungen „im Bereich des sozial Adäquaten" liegen nach der Rechtsprechung des VerfGH[108] **unterhalb der Eingriffsschwelle.** Dies ist eine problematische Konstruktion, da sie einen bestimmten Bereich von Interessenbeeinträchtigungen aus dem Rechtfertigungsschema herausnimmt. Was eine geringfügige Belästigung oder eine sozial adäquate Beeinträchtigung ist, mag gerade zweifelhaft und rechtfertigungsbedürftig sein.

5. Verfassungsrechtliche Rechtfertigung der Beeinträchtigung

Die **Rechtfertigung** einer Grundrechtsbeeinträchtigung **gelingt,** wenn es eine ge- **61** schriebene oder ungeschriebene **Vorbehaltsregelung** gibt, nach deren Maßgabe die Grundrechtsbeeinträchtigung zulässig ist und dagegen stehende **Schranken-Schranken** nicht überschritten sind:

a) Die Vorbehalts- und Schranken-Schranken-Systematik der BV formuliert der – vor **62** die Klammer gezogene – **Art. 98 S. 2.** Dieser für alle Grundrechte geltende Vorbehalt[109] ist ein **allgemeiner Gesetzesvorbehalt.** Jedes Freiheitsrecht ist grundsätzlich der Relativierung durch Gesetz zugänglich. Dieser allgemeine Vorbehalt wird zugleich mehreren Schranken-Schranken unterworfen. Eine Grundrechtseinschränkung durch Gesetz ist nur zulässig, wenn die in S. 2 genannten materiellen Schrankeninhalte (öffentliche Sicherheit, Sittlichkeit, Gesundheit, Wohlfahrt) betroffen sind und die die Grundrechtseinschränkung enthaltende gesetzliche Regelung im Hinblick darauf zwingend notwendig ist; in Letzterem hat der Verhältnismäßigkeitsgrundsatz verfassungsunmittelbare Verankerung erfahren.

b) Art. 98 S. 2 erhebt von seinem Wortlaut her den Anspruch, **Gesetzesvorbehalt** für **63** alle Grundrechtsbestimmungen zu sein. Eine Grundrechtseinschränkung kann also nur nach Maßgabe des Art. 98 S. 2 gerechtfertigt werden. Darüber hinaus ist eine Rechtfertigung nur durch **verfassungs- oder grundrechtsimmanente Vorbehalte** möglich. **Grundrechtsimmanente Vorbehalte** sind solche, die in einer Grundrechtsbestimmung bereits selbst enthalten sind (z. B. Art. 101: „innerhalb der Schranken der Gesetze und der guten Sitten"; Art. 111 I: „wahrheitsgemäß"; Art. 113: „friedlich und unbewaffnet"; zusätzlich stehen alle Freiheitsrechte unter einem **allgemeinen Missbrauchsvorbehalt**[110]).

---

[106] Dazu *Lindner,* Grundrechtseingriff oder grundrechtswidriger Effekt? DÖV 2004, 765; a. A. die h. M. und die Rechtsprechung, die auf einen imperativen oder faktischen Eingriff abstellen. Allerdings dürfte zwischen dem faktischen Eingriff und dem grundrechtswidrigen Effekt regelmäßig nur ein gradueller Unterschied bestehen. Die Einsetzung eines Untersuchungsausschusses stellt für sich genommen noch keinen Eingriff dar: VerfGH 36, 211 (213); 47, 87 (124); 48, 34 (36).

[107] Ob und inwieweit ein Grundrechtsverzicht zulässig ist, hängt von der Art des Grundrechts ab. So ist ein Verzicht auf die Menschenwürde ebenso wie auf das Leben ausgeschlossen, ein solcher bei anderen Freiheitsinteressen zulässig; s. dazu *Jarass/Pieroth,* vor Art. 1 Rn. 36; *Sachs,* vor Art. 1 Rn. 52 ff. Eine Rechtsprechung des VerfGH dazu existiert nicht.

[108] VerfGH, BayVBl. 2006, 530 (533). Allerdings räumt der VerfGH zu Recht ein, dass sich eine Summe von bloßen Belästigungen oder Gefährdungen unterhalb der Eingriffsschwelle zu einem Eingriff verdichten können.

[109] Zur Unzulässigkeit der Einschränkung der Menschenwürde s. Rn. 25 zu Art. 100; zur (heute obsoleten) Vorbehaltsregelung des Art. 184 s. die Erläuterungen dort.

[110] Vgl. dazu VerfGH 16, 55 (61) sowie *Gallwas,* Der Missbrauch von Grundrechten, 1968. Ein Missbrauch liegt jedenfalls dann vor, wenn die Grundrechtsausübung des Einen eine Beeinträchtigung grundrechtlich geschützter Interessen des Anderen bewirkt und eine Abwägung immer zu Gunsten des beeinträchtigten Interesses ausfällt. So sind Tötungs- und Gewalthandlungen, Eigentums- und Vermögensverletzungen, Ehrverletzungen etc. im Ergebnis nicht grundrechtgeschützt, da sie dem grundrechtsimmanenten Missbrauchsvorbehalt („neminem-laedere-Gebot") entgegenstehen. Allerdings ist dieser Vorbehalt eng zu fassen, nicht jeder Verstoß gegen eine bestehende Rechtsvorschrift ist Grundrechtsmissbrauch, vielmehr ist jede Rechtsvorschrift ihrerseits am Maßstab der Grundrechte zu messen; vgl. zum Ganzen *Lindner,* Theorie, S. 229 ff. m. w. N.

64   **Verfassungsimmanente Vorbehalte** sind solche außerhalb der einzelnen Grundrechtsbestimmungen (z. B. Art. 98 S. 3 i.V. m. Art. 48; Art. 129: „Schulpflicht" als verfassungsimmanente Schranke der Handlungsfreiheit und des Erziehungsrechts). Der Funktion des
Art. 98 S. 2 als Vorbehaltsgeneralklausel entspricht auch die **Entstehungsgeschichte**[111]:
Die im E ursprünglich enthaltenen Einzelvorbehalte bei den einzelnen Grundrechtsbestimmungen wurden auf Druck der amerikanischen Besatzungsmacht gestrichen und
durch die Vorbehaltsgeneralklausel des Art. 98 S. 2 ersetzt. Anliegen der Amerikaner war
es, die Grundrechte durch die Erschwerung ihrer Einschränkbarkeit zu stärken.[112]

65   Gleichwohl ist Art. 98 S. 2 in der **Rechtsprechung des VerfGH** nie wirklich zur Geltung gekommen, er ist heute **ohne Bedeutung.** Der VerfGH hat sich über Gesetzeswort-
laut und Entstehungsgeschichte hinweggesetzt und auf die Entwicklung einer Vorbehalts-
und Schranken-Schrankendogmatik nach Maßgabe des Art. 98 S. 2 verzichtet. Damit hat
er die Chance einer einheitlichen, komplexitätsreduzierten Rechtfertigungsdogmatik
nicht genützt.[113] Stattdessen hat der VerfGH ein schwer überschaubares, unsystematisches
Vorbehalts- und Schranken-Schranken-Geflecht entwickelt, das aus einem Art. 98 S. 2
unbeachtet lassenden Nebeneinander aus immanenten oder inhärenten Schranken[114], Inhaltsbestimmungen und ungeschriebenen allgemeinen Gesetzesvorbehalten besteht[115], die
der VerfGH sodann in Anlehnung an die Rechtsprechung des BVerfG interpretiert und
anwendet. *Beispiel:* Art. 110 I enthält keinen Gesetzesvorbehalt, so dass sich Einschränkungen der Meinungsfreiheit nach dem Wortlaut der Art. 98 S. 2, 110 und der Entstehungsgeschichte[116] eigentlich nach Art. 98 S. 2 rechtfertigen lassen müssten. Gleichwohl[117] lässt
der VerfGH diese Vorschrift unbeachtet, liest einen Vorbehalt der „allgemeinen Gesetze" in
Art. 110 I hinein und handhabt ihn wie das BVerfG den Art. 5 II GG.[118]

66   Auf der Basis dieser Rechtsprechung des VerfGH kann keine einheitliche Vorbehalts-
dogmatik formuliert werden[119], so dass auf die Kommentierung zu den einzelnen Grundrechten zu verweisen ist. Einheitlichkeit für alle Grundrechte herrscht allerdings insofern,
als jede **Grundrechtsbeschränkung** auf einer **gesetzlichen Grundlage** beruhen oder
auf eine solche mit **hinreichender Bestimmtheit** rückführbar sein muss. Grundrechtseinschränkungen durch Rechtsverordnung oder Satzung bedürfen einer gesetzlichen
Grundlage, die zum Erlass entsprechender grundrechtsverkürzender Regelungen hinreichend ermächtigt; vgl. zum grundrechtlichen Gesetzesvorbehalt Rn. 20 zu Art. 55.
Insgesamt ist die Vorbehalts„dogmatik" des VerfGH zwar systematisch und im Hinblick
auf Wortlaut und Entstehungsgeschichte der Art. 98 ff. nicht befriedigend. Im Hinblick

---

[111] Eingehend *Pestalozza*, in: Nawiasky/Schweiger/Knöpfle, Art. 98 Rn. 2 ff.

[112] *Meder*, Art. 98 Rn. 1 c; VerfGH 11, 110 (124).

[113] Heftige Kritik am VerfGH bei *Pestalozza* (Fn. 111), Art. 98 Rn. 20 gar mit der Aufforderung,
Art. 98 S. 2 zu streichen („dem Moribunden den Gnadenstoß zu versetzen", wenn man ihn schon nicht
ernstnähme). Allerdings ist die Kritik insofern zu relativieren, als sich der VerfGH mit seiner Konstruktion auf *Nawiasky* selbst berufen kann, der in seiner Erstkommentierung zu Art. 98 die Unterscheidung
zwischen der Vorbehaltsregelung in Art. 98 S. 2 und den den Grundrechten immanenten Schranken
begründet hat (S. 181 der Erstkommentierung).

[114] VerfGH 37, 119 (124); 50, 156 (179); 52, 173 (185); BayVBl. 2006, 304 („inhärente" Schranken bei
Art. 106 III).

[115] *Pestalozza*, Art. 98 Rn. 71 spricht nicht zu Unrecht von „Erfindung".

[116] Die ursprünglich in Art. 110 I vorgesehene Wendung „innerhalb der Schranken der allgemeinen
Gesetze" wurde ausdrücklich gestrichen.

[117] *Pestalozza*, Art. 98 Rn. 71 kritisiert dieses Vorgehen als „Verfassungsbruch", ein Vorwurf, der im
Hinblick darauf, dass der Verfassungsvater *Nawiasky* dieser Systematik in seiner Kommentierung zu
Art. 98 (S. 181) selbst den Boden bereitet hat, allerdings überzogen ist.

[118] Vgl. z. B. VerfGH 11, 110 (124); 37, 119 (124); 37, 140 (144); 47, 36 (43); ähnlich ist das Vorgehen
des VerfGH bei Art. 111: VerfGH 28, 24 (41); für Art. 101 s. VerfGH 56, 28 (44); 58, 94 (107). Anders noch
VerfGH 2, 1 (6); 5, 13 (16).

[119] Das Problem der Rechtfertigung von Eingriffen in vorbehaltlos gewährleistete Grundrechte
(vgl. etwa Art. 4 I, 5 III GG) stellt sich in der BV nicht; vgl. *Lenz*, Vorbehaltlose Freiheitsrechte, 2006.

auf die Ergebnisse der jeweiligen Grundrechtsprüfungen dürfte die Abweichung des VerfGH vom Verfassungstext aber nicht so gewichtig sein, da, unabhängig von der Konstruktion der Gesetzesvorbehalte, am Ende die Verhältnismäßigkeitsprüfung steht, an der sich der Grundrechtsfall der Sache nach entscheidet; zudem hält sich der VerfGH im Grundsatz an den Regel-Ausnahme-Mechanismus, der Art. 98 S. 1 und 2 zu Grunde liegt.[120] Der Verhältnismäßigkeitsgrundsatz gehört zu den Schranken-Schranken (dazu sogleich Rn. 67 ff.).

c) Zu den **Schranken-Schranken** gehören alle verfassungsrechtlichen Regelungen, **67** die beim Erlass einer grundrechtsbegrenzenden Regelung, also bei der Ausfüllung des Gesetzesvorbehalts, zu beachten sind. Zu unterscheiden ist zwischen geschriebenen und ungeschriebenen Schranken-Schranken:

aa) **Geschriebene Schranken-Schranken,** die der vorbehaltausfüllende Gesetzgeber **68** zu beachten hat, sind: Art. 3 I 1 (Rechtsstaatsprinzip: zumal Rückwirkungsverbot, Bestimmtheitsgebot und Gebot der Normenklarheit[121]), die Vorschriften über das Gesetzgebungsverfahren (Art. 71 ff.) und die Gesetzgebungskompetenz (Art. 70 ff. GG).[122] Die in Art. 19 I, II GG enthaltenen Schranken-Schranken gelten für die Einschränkung der Grundrechte der BV nicht unmittelbar. Allerdings entspricht es ständiger Rechtsprechung des VerfGH, dass ein Grundrecht der BV nicht in seinem Wesensgehalt angetastet werden darf.[123] Ein Zitiergebot besteht nicht[124], auch wenn der Gesetzgeber einem solchen häufig nachkommt[125], Art. 19 I gilt auch nicht über Art. 28 I 1 GG oder gar über Art. 142 GG entsprechend.[126]

bb) Ein weitgehend einheitliches Prüfungsschema für alle Freiheitsrechte wendet der **69** VerfGH im Rahmen **der ungeschriebenen Schranken-Schranken** in Anlehnung an die Rechtsprechung des BVerfG an.[127] Dazu gehören:

(1) Die grundrechtsbeeinträchtigende gesetzliche Regelung muss einem **verfassungs-** **70** **rechtlich legitimen Zweck** dienen. Ein Zweck ist verfassungsrechtlich legitim, wenn er von der Verfassung selbst (z. B. die Art. 98 S. 2 genannten Zwecke)[128] oder vom Gesetzgeber in zulässiger Weise (als verfassungskonformer Zweck) gesetzt wurde.[129]

(2) Es muss ein tatsächliches, nicht lediglich (politisch) vorgeschobenes **Zweckver-** **71** **wirklichungsbedürfnis** bestehen, wobei dem Gesetzgeber eine Einschätzungsprärogative einzuräumen ist.[130]

---

[120] Vgl. die Prüfungssystematik in VerfGH 56, 28 sowie VerfGH 42, 156 (165); 55, 43 (52) sowie BayVBl. 2006, 698: „*Es* (Art. 101; Anm. d. Vf.) *steht zwar unter einem allgemeinen Gesetzesvorbehalt; gesetzliche Regelungen können der Handlungsfreiheit aber nur dann in zulässiger Weise Grenzen setzen, wenn sie ihrerseits verfassungsgemäß sind.*" Und zur verfassungsmäßigen Ordnung gehört eben Art. 101 auch selbst.

[121] VerfGH 56, 28 (45); 59, 29 (35); s. die Erläuterungen zu Art. 3.

[122] VerfGH 59, 29 (34).

[123] *Meder,* Art. 98 Rn. 3; VerfGH 10, 113 (121); 55, 160 (168); 56, 178 (189). Umfangreiche Nachweise bei *Pestalozza,* Art. 98 Rn. 49 ff. Der Verweis des VerfGH auf die Wesensgehaltsgarantie ist meist pauschal ohne weitere Konkretisierung, ihre praktische Bedeutung ist infolge der schärferen Konturierung des Verhältnismäßigkeitsprinzips gering, vgl. VerfGH 56, 178 (189); 57, 161 (166).

[124] *Pestalozza,* Art. 98 Rn. 103 ff.; VerfGH 8, 1 (9).

[125] Vgl. z. B. Art. 74 PAG; Art. 58 LStVG.

[126] Die inkonsistente Handhabung des Art. 19 I 2 GG durch das BVerfG schreckt vor einer entsprechenden Anwendung zusätzlich ab; Nachweise bei *Lindner,* Theorie, S. 496; zum Verbot des Einzelfallgesetzes s. VerfGH 60, 1 (5).

[127] Vgl. exemplarisch VerfGH 56, 28 (47 ff.); 59, 29 (35).

[128] Verfassungsunmittelbar legitime Zwecke ergeben sich insbesondere aus Staatszielbestimmungen (z. B. Art. 3 I, II; 3 a, 99 S. 1; 141), aus anderen Grundrechten (zumal deren Schutzpflichtgehalt; Art. 99 S. 2; dazu unten Rn. 94 ff.) und aus sonstigen Verfassungsnormen; vgl. VerfGH 56, 28 (47).

[129] Beispiel in VerfGH 56, 28 (47).

[130] Diesen Aspekt hebt der VerfGH allerdings nicht eigens hervor; weitere Ausdifferenzierungen bei *Gallwas* (Fn. 16), Rn. 606 ff.; *Lindner,* Konsequente Zweckverfolgung als Verfassungspflicht des Gesetzgebers, ZG 22 (2007), 188.

72   (3) Die beeinträchtigende Maßnahme muss als **Zweckverwirklichungsmittel geeignet** sein, den mit der Regelung verfolgten Zweck zu erreichen, d. h. sie darf nicht von vornherein und erkennbar, „schlechthin" zweckuntauglich sein[131],

73   (4) sie muss **erforderlich** sein, d. h. es darf kein Mittel geben, das im Hinblick auf die Zwecksetzung **gleichwirksam** ist und gleichzeitig die Grundrechte **weniger beeinträchtigt**[132], und

74   (5) sie muss **verhältnismäßig im engeren Sinne** sein. Dazu der VerfGH: *„Der Verhältnismäßigkeitsgrundsatz verlangt, dass die Einbußen an grundrechtlicher Freiheit nicht in unangemessenem Verhältnis zu den legitimen Gemeinwohlzwecken stehen, denen die Grundrechtsbeschränkung dient."*[133] Nach dem Grundsatz der praktischen Konkordanz ist zwischen den Allgemein- und Individualinteressen ein angemessener Ausgleich herbeizuführen. Dabei spiele auf Seiten der Grundrechtsträger eine Rolle, unter welchen Voraussetzungen welche und wie viele von ihnen wie intensiven Beeinträchtigungen ausgesetzt sind.[134]

75   Die **Prüfung der Verhältnismäßigkeit** im engeren Sinne ist trotz der scheinbar schlichten Formulierungen ein **komplexes Unterfangen**[135], dessen Kern eine Interessenabwägung darstellt und das in der Grundstruktur folgende **Prüfungselemente** enthält: **(1) Gewichtung** des beeinträchtigten Interesses, des **Schutzinteresses, (2) Gewichtung** des mit der Beeinträchtigung verfolgten privaten oder öffentlichen Interesses, des **Zweckinteresses, (3) Gegenüberstellung** der **Interessen** nach Maßgabe deren Gewichtung.[136] Überwiegt das Zweckinteresse, ist die Beeinträchtigung gerechtfertigt, anderenfalls – in Anwendung des Regel-Ausnahme-Verhältnisses – ungerechtfertigt.

76   Die besondere Schwierigkeit besteht darin, den jeweiligen **verfassungsrechtlichen Rang** des grundrechtlich geschützten Interesses und des mit der Grundrechtsverkürzung intendierten Zwecks zu ermitteln. Das funktioniert nicht „more geometrico". Zur **Rationalisierung** des Bewertungs- und Abwägungsprozesses sind Rangbeurteilungskriterien zu ermitteln, z. B.: Handelt es sich um ein Interesse mit besonderer Nähe zur Menschenwürde, um ein transzendentales Interesse (Leben, Freiheit, körperliche Unversehrtheit)[137]? Welches Ausmaß hat die Beeinträchtigung, ist sie reparabel? Welches Maß an einschlägiger Interessenrealisierung verbleibt dem Betroffenen noch? Im Grundsatz gilt: Je nachhaltiger ein Grundrecht beschränkt wird, desto höher sind die Anforderungen an die Rechtfertigung.[138]

77   cc) Die soeben behandelten (3) bis (5) firmieren unter dem Begriff **„Verhältnismäßigkeitsprinzip"**, richtigerweise sind auch (1) und (2) Aspekte dieses Grundsatzes, der sich zwanglos aus dem Wesen der Grundrechte, insbesondere ihrer Regel-Ausnahme-Struktur, ableiten lässt.[139] Im Grunde „steckt" er schon in dem durch Art. 98 S. 1 und 2 konstituierten Regel-Ausnahme-Mechanismus. Der VerfGH hat im Hinblick auf die Begründung des Verhältnismäßigkeitsprinzips keine einheitliche dogmatische Linie entwickelt, gelegent-

---

[131] VerfGH 56, 28 (47), wo der VerfGH die Geeignetheit als Anforderung des Rechtsstaatsprinzips behandelt. Soweit der Normgeber bei der Entscheidung über die Eignung eines Mittels zur Erreichung eines bestimmten Ziels Wertungen und fachbezogene Erwägungen anstellt, beanstandet diese der VerfGH nur dann, *„wenn sie eindeutig widerlegbar oder offensichtlich fehlerhaft sind oder wenn sie der verfassungsrechtlichen Wertordnung widersprechen",* VerfGH 40, 123 (129).

[132] VerfGH 56, 28 (48 f.).

[133] VerfGH 56, 28 (49).

[134] VerfGH 56, 28 (49); 59, 29 (35).

[135] Vgl. dazu die detaillierten Überlegungen bei *Gallwas* (Fn. 16), Rn. 578 ff.

[136] Die **Gewichtung der Interessen** ist zudem auf einer **abstrakten** und auf einer **konkreten** Ebene vorzunehmen. (1) Zunächst *abstrakt:* Kann das Zweckinteresse – unabhängig vom konkreten Einzelfall – überhaupt Vorrang vor dem Schutzinteresse haben? Erst wenn diese Frage zu bejahen ist, ist sodann (2) *konkret* zu fragen: Lässt sich ein solcher Vorrang auch für die konkrete Fallgestaltung begründen?

[137] Dazu *Lindner,* Theorie, S. 204 ff.

[138] VerfGH 40, 123 (129); 43, 67 (Ls. 4).

[139] Vgl. zum Streitstand m. w. N. *Lindner,* Theorie, S. 217 ff.

lich greift er auf das Rechtsstaatsprinzip zurück[140], zumeist wendet er es ohne eigene Herleitung an.[141]

dd) Der Verhältnismäßigkeitsgrundsatz kann auch **Dispense** von per se grundrechts- **78** konformen Rechtsakten gebieten, wenn deren Anwendung im **atypischen Einzelfall** zu unverhältnismäßigen Auswirkungen führt. Angesichts des abstrakt-generellen, pauschalierenden Charakters von grundrechtsverkürzenden Normen kann es zu einer **Diskrepanz der grundrechtsdogmatischen Rechtfertigungsmodalitäten** kommen: Was abstrakt-generell als verfassungsrechtlich gerechtfertigte Grundrechtsverkürzung durchgeht, kann unter besonderen tatsächlichen Voraussetzungen oder im Einzelfall zu einer unverhältnismäßigen, einem Einzelnen nicht zumutbaren Belastung führen. Die Grundrechtsverletzung erfolgt nicht durch die abstrakt generelle Regelung als solche, sondern sie liegt in der Unverhältnismäßigkeit ihrer Auswirkungen im Einzelfall.

Zur Behebung der darin liegenden Grundrechtsverletzung bedarf es einer **grund-** **79** **rechtswahrenden Ausnahme** von der gesetzlichen Regel. Paradigmatisches Beispiel für diese im Bereich des Eigentumsgrundrechts besonders bedeutsame, aber auch bei anderen Freiheitsrechten denkbare[142] Fallkonstellation ist die sog. „Pflichtexemplarentscheidung" des Bundesverfassungsgerichts.[143]

6. Reaktion der Grundrechtsnorm – Konsequenzen der Grundrechtswidrigkeit

a) Lässt sich eine Grundrechtsbeeinträchtigung nach Maßgabe der unter Rn. 61 ff. skiz- **80** zierten Prüfungsschritte **nicht rechtfertigen,** liegt eine **Grundrechtsverletzung** vor. Diese führt zu einem **grundrechtlichen Reaktionsanspruch** dem Grunde nach. Der Grundrechtsverpflichtete muss auf die Grundrechtsverletzung „reagieren". Dieser Reaktionsanspruch ist notwendiges Korrelat zur Bindung der Hoheitsgewalt an die Grundrechte, die sich aus dem Charakter der Grundrechte als subjektiv-öffentliche Rechte sowie aus Art. 98 S. 1 ergibt. Wie Art. 1 III GG postuliert **Art. 98 S. 1** nicht nur ein **Bindungsgebot,** sondern impliziert auch ein kompensierendes **Reaktionsgebot** für den Fall, dass die Bindung selbst nicht eingehalten worden ist oder – was bei faktischen Beeinträchtigungen durch Realakte oder bei atypischen Neben- oder Folgewirkungen hoheitlicher Maßnahmen vorkommt[144] – nicht eingehalten werden konnte. Davon zu unterscheiden ist die Frage, wie und mit welchen Mitteln der Grundrechtsverpflichtete diesen dem Grunde nach bestehenden grundrechtlichen Reaktionsanspruch **erfüllt.** Dies hängt von der Modalität der Grundrechtsbeeinträchtigung (s. sogleich Rn. 81) sowie von der Art des die Grundrechtsbeeinträchtigung bewirkenden Hoheitsakts (Rn. 82 ff.) ab.

b) Der Anspruch zielt auf **Unterlassung** einer drohenden und **Beendigung** einer be- **81** reits begonnenen Grundrechtsverletzung, auf **Beseitigung** ggf. bereits eingetretener Fol-

---

[140] VerfGH 56, 28 (47); 50, 226 (249).

[141] VerfGH 59, 29 (35); 49, 111 (119): *„jede Staatstätigkeit bindender Grundsatz."*

[142] Beispiel: Für grundrechtswahrende Ausnahmen vom grundsätzlich grundrechtskonformen und grundrechtsgebotenen Verbot der aktiven Sterbehilfe s. *Lindner,* Grundrechtsfragen aktiver Sterbehilfe, JZ 2006, 373.

[143] BVerfGE 58, 137 (144) – Pflichtexemplare, näher konkretisiert in BVerfGE 100, 226 (239 ff.) – rheinland-pfälzisches Denkmalschutzrecht. Vgl. zur ausgleichspflichtigen Inhaltsbestimmung Rn. 64, 85 ff. zu Art. 103. Zum Ganzen *Lindner,* Das Regel-Ausnahme-Verhältnis im Verwaltungsrecht, VerwArch 98 (2007), 213 (226 f.). Auch der VerfGH anerkennt die Figur der grundrechtswahrenden Ausnahme am Beispiel von Honorarverteilungsmaßstäben im Arztrecht, also im Bereich der Berufsfreiheit: *„Berufsausübungsregelungen können nicht nur dann verfassungswidrig sein, wenn sie in ihrer generellen Wirkung auf die betroffene Berufsgruppe den Grundsatz der Verhältnismäßigkeit verletzen. Sie müssen auch die Ungleichheiten berücksichtigen, die typischerweise innerhalb des Berufs bestehen, deren Ausübung geregelt wird. Werden durch eine Berufsausübungsregelung, die im Ganzen verfassungsrechtlich nicht zu beanstanden ist, innerhalb der betroffenen Berufsgruppe gruppentypische Fälle ohne zureichende sachliche Gründe wesentlich stärker belastet, dann kann Art. 101 BV verletzt sein",* VerfGH 54, 47 (55).

[144] Zu diesen Fragen s. insgesamt *Gallwas,* Faktische Beeinträchtigungen im Bereich der Grundrechte, 1970.

gen sowie auf **Kompensation** nicht mehr rückgängig zu machender Grundrechtsverletzungen. Der Staat erfüllt diese Ansprüche, indem er dem in seinen Grundrechten Verletzten entsprechende Klagemöglichkeiten (z. B. auf Unterlassung, auf Aufhebung eines Verwaltungsakts nach §§ 42, 113 I VwGO, auf Normenkontrolle nach § 47 VwGO etc.) insbesondere nach Maßgabe der VwGO einräumt und Ansprüche im Rahmen des Staatshaftungsrechts und des Rechts der staatlichen Ersatzleistungen gewährt.[145] Der Staat erfüllt die grundrechtlichen Reaktionsansprüche mithin überwiegend durch das **einfache Recht,** insbesondere das **Prozessrecht.** Dabei hat er einen **Erfüllungsspielraum,** der durch das sog. „Untermaßverbot" beschränkt wird: Der Grundrechtsverpflichtete muss mindestens ein solches Reaktionsmittel ergreifen, das die Grundrechtsbeeinträchtigung beseitigt oder hinreichend kompensiert.[146] Die BV räumt ebenso wie das GG dem in seinen Grundrechten Verletzten grundsätzlich **kein Wahlrecht zwischen Aufhebung und Kompensation,** also nicht die Möglichkeit des „dulde und liquidiere"[147], ein. Umgekehrt ist der Grundrechtsverpflichtete nicht berechtigt, den in seinen Grundrechten Verletzten auf die Duldung der Grundrechtsverletzung und monetäre Kompensationsansprüche zu verweisen.[148]

82   c) Im Einzelnen ist im Hinblick auf die Konsequenzen der Grundrechtswidrigkeit nach dem jeweils betroffenen Hoheitsakt wie folgt **zu unterscheiden:**

83   (1) Grundrechtswidrige **Rechtssätze** (Gesetze, Rechtsverordnungen, Satzungen) sind grundsätzlich ex tunc nichtig.[149] Geltend gemacht werden kann die Grundrechtswidrigkeit durch die Popularklage (Art. 98 S. 4), nicht aber durch die Normenkontrolle nach § 47 VwGO (wegen Abs. 3[150]), oder im Rahmen einer verdeckten Rechtssatzbeschwerde, etwa einer Anfechtungsklage (Inzidentkontrolle mit Vorlagepflicht nach Art. 65, 92 zum VerfGH), aber auch im Verfahren nach Art. 75 III. Eine Verfassungsbeschwerde zum VerfGH scheidet ebenso aus (arg. Art. 120) wie eine solche zum BVerfG, da dieses die Grundrechte der BV nicht als Prüfungsmaßstab heranziehen kann (freilich solche des GG).

---

[145] Zum Zusammenhang zwischen Grundrechten und dem Recht der staatlichen Ersatzleistungen s. *Grzeszick,* Recht und Ansprüche, 2002; zum „Recht der staatlichen Ersatzleistungen" s. insges. *Maurer,* Allgemeines Verwaltungsrecht, §§ 25 ff.

[146] *Beispiel:* Die durch den Regelungsgehalt eines Verwaltungsaktes erfolgte Grundrechtsverletzung kann je nach den Umständen des Einzelfalles auf ganz verschiedene Weise beseitigt werden. Die Behörde kann den Verwaltungsakt aufheben und dadurch die Beeinträchtigung als solche beseitigen. Sie hat zweitens die Möglichkeit, die Reaktionsbedürftigkeit der Beeinträchtigung zu beseitigen, indem sie z. B. die dem Verwaltungsakt beigefügte Auflage beseitigt oder eine begünstigende Nebenbestimmung hinzufügt, die geeignet ist, aus der Grundrechtsverletzung eine bloße, hinnehmbare und daher nicht (mehr) reaktionsbedürftige Grundrechtsbeeinträchtigung zu machen.

[147] Der Betroffene kann etwa einen grundrechtswidrigen Verwaltungsakt nicht einfach bestandskräftig werden lassen, die Grundrechtsverletzung also dulden und sodann eine monetäre Kompensation nach Maßgabe des Staatshaftungsrechts verlangen.

[148] Vgl. dazu sowie zu Ausnahmen von diesem Grundsatz *Lindner,* Theorie, S. 527 ff. sowie Rn. 64, 86 ff. zu Art. 103; dort insbes. auch zur sog. „ausgleichspflichtigen Inhaltsbestimmung".

[149] VerfGH 2, 72 (82): „ipso jure". In Ausnahmefällen erklärt der VerfGH die grundrechtswidrige Vorschrift nicht für nichtig, sondern für verfassungswidrig und für noch übergangsweise anwendbar und gibt dem Normgeber einen Korrekturzeit- und spielraum; s. dazu VerfGH 56, 198 (206) sowie die Erl. zu Art. 98 und 118.

[150] § 47 III VwGO beschränkt den Prüfungsmaßstab des VGH. Dieser prüft Grundrechte der BV überhaupt nicht, da der VerfGH das Prüfungs- und Verwerfungsmonopol für sich beansprucht. Deshalb kommt auch eine Richtervorlage des VGH zum VerfGH gem. Art. 92 nicht in Betracht. Ebenso wäre eine Verfassungsbeschwerde gem. Art. 120 gegen eine im Verfahren des § 47 VwGO erlassene Entscheidung des VGH zum VerfGH unzulässig, soweit mit ihr gerügt wird, der VGH habe Grundrechte der BV dadurch verletzt, dass er sie i. d. R. Normenkontrolle nicht geprüft hat – das darf er gem. § 47 III VwGO nicht; VerfGH 30, 40 (43); 36, 173 (177); 37, 35 (36). Allerdings vorsichtig „zurückrudernd" VerfGH 54, 165 (169); 55, 43 (48): „nicht frei von Friktionen"; *Wolff,* BayVBl. 2003, 321.

(2) Ein grundrechtswidriger **Verwaltungsakt** ist rechtswidrig, aber rechtswirksam, **84** indes aufhebbar (Art. 42 II BayVwVfG), aber nur ausnahmsweise nichtig (Art. 44 BayVwVfG). Lässt der Betroffene den grundrechtswidrigen, nicht nichtigen VA bestandskräftig werden, bleibt dieser wirksam, und der Betroffene hat grundsätzlich keinen Anspruch auf monetäre Kompensation. Geht der Betroffene gegen den VA per Anfechtungsklage (§ 42 VwGO) erfolglos vor, bleibt ihm die Verfassungsbeschwerde zum VerfGH (Art. 66, 120).

(3) Grundrechtswidrige **Gerichtsurteile** sind mit den jeweils prozessrechtlich vorgese **85** henen Rechtsmitteln anzugreifen, nach Erschöpfung des Rechtswegs kommt die Verfassungsbeschwerde zum VerfGH in Betracht (Art. 66, 120 BV). Gerichtsurteile können in zwei verschiedenen Gestaltungen grundrechtswidrig sein: (1) Das Gericht verletzt selbst ein Grundrecht (etwa das Grundrecht auf rechtliches Gehör: Art. 91 I) oder (2) es hilft einer streitgegenständlichen Grundrechtsverletzung nicht ab (Bsp: Das VG weist eine Anfechtungsklage gegen einen grundrechtswidrigen VA ab).

(4) Grundrechtswidrige **Realakte** (z. B. polizeiliche Vollzugsmaßnahmen) können **86** i. d. R. nicht mehr verhindert, beendet oder rückgängig gemacht werden. Hier kommen Feststellungsklagen nach der VwGO (§§ 43, 113 I 4), monetäre Kompensationsansprüche nach Maßgabe des Staatshaftungsrechts und letztlich die Verfassungsbeschwerde nach Art. 66, 120 in Betracht.

VII. Weitere Grundrechtsdimensionen

1. Grundrechte als objektive Wertordnungsnormen

Die eingriffsabwehrrechtliche Dimension ist zwar die wichtigste, aber nicht die einzige **87** Wirkungsweise der Grundrechtsnormen. Diese sind darüber hinaus **objektive Wertordnungsnormen,** die in allen Bereichen des Rechts ihre „Ausstrahlungswirkung" entfalten. Der Gedanke, dass die Grundrechtsnormen eine objektive, das gesamte Recht prägende Wertordnung errichten, geht auf *Wintrich* zurück[151], wurde vom BVerfG maßgeblich in der berühmten **Lüth-Entscheidung**[152] aufgegriffen und entspricht seitdem der ständigen Rechtsprechung des BVerfG.[153] Die allerdings dogmatisch kaum fassbare objektiv-rechtliche Dimension der Grundrechte dient dem BVerfG überwiegend zur Begründung der mittelbaren Drittwirkung der Grundrechte im Privatrecht, insbesondere über die Generalklauseln des BGB. Da das bundesrechtlich konzipierte Privatrecht grundsätzlich nicht Prüfungsgegenstand der Landesgrundrechte ist, spielt die objektiv-rechtliche Dimension in der Rechtsprechung des **VerfGH** praktisch bislang nur eine untergeordnete Rolle.[154] Das Thema „Grundrechte und Privatrecht" ist ein primär bundesgrundrechtliches.[155]

2. Die leistungsrechtliche Dimension der Grundrechte

Seit jeher umstritten ist die Frage, ob, unter welchen Voraussetzungen und inwieweit **88** sich den Grundrechtsbestimmungen neben den Eingriffsabwehransprüchen und entsprechenden Kompensationsansprüchen (status negativus) auch **positive Leistungsansprüche** des Einzelnen gegenüber dem Staat entnehmen lassen. Wie das **BVerfG** ist auch der **VerfGH** bei der Annahme „sozialer Grundrechte" äußerst **zurückhaltend.** Die Recht-

---

[151] *Wintrich,* Über Eigenart und Methode verfassungsgerichtlicher Rechtsprechung, FS Laforet, 1952, S. 227 ff.

[152] BVerGE 7, 198.

[153] *Dolderer,* Objektive Grundrechtsgehalte, 2000; Nachweise und kritische Auseinandersetzung mit der Figur der objektiv-rechtlichen Dimension der Grundrechte bei *Lindner,* Theorie, S. 12 ff., 435 ff.

[154] VerfGH 18, 104 (108); 38, 143 (149); 40, 123 (129); 41, 44 (47); 52, 143 (148); 55, 43 (49); 57, 39 (43).

[155] S. dazu v. a. das überzeugende Konzept von *Canaris,* Grundrechte und Privatrecht, 1999, der die Geltung der Grundrechte im Privatrecht unter Verzicht auf die Argumentationsfiguren „mittelbare Drittwirkung" und „Ausstrahlungswirkung" allein mit den Kategorien der eingriffsabwehrrechtlichen und der schutzrechtlichen Dimension der Grundrechte konstruiert. In dieselbe Richtung *Ruffert,* Vorrang der Verfassung, 2001 und *Lindner,* Theorie, S. 442 ff., 500 ff.

sprechung lässt sich in folgenden Grundsätzen zusammenfassen, wobei ergänzend auf die Kommentierung zu den einzelnen Grundrechten verwiesen sei:

89   (1) Es besteht **keine Deckungsgleichheit** zwischen der Reichweite der eingriffsabwehrrechtlichen und der leistungsrechtlichen Dimension der Grundrechte.[156] Mit der Pflicht des Staates, Eingriffe in den Schutzbereich eines Grundrechts zu unterlassen, korrespondiert keine Pflicht, dem Einzelnen durch staatliche Leistungen die Realisierung des Grundrechts zu ermöglichen. *Beispiel:* Der Staat ist verpflichtet, ungerechtfertigte Eingriffe in das Eigentum (Art. 103) des Einzelnen zu unterlassen, dieser hat jedoch gegen den Staat keinen Anspruch auf Verschaffung von Eigentum. Auch der VerfGH lehnt eine Parallelität von Eingriffsabwehr und Leistung ab. Nicht einmal bei eindeutig als Leistungsrecht konzipierten Bestimmungen (z. B. Art. 106 I) bejaht er den Charakter als Leistungsrecht, sondern spricht von Programmsätzen.[157]

90   (2) Grundrechtliche Leistungsrechte können allerdings in speziellen Verfassungs- und Grundrechtsbestimmungen eigens vorgesehen sein (**„originäre" Leistungsrechte**): z. B. Art. 6 IV, 19 IV GG. Die in der BV als Leistungsnormen konzipierten Bestimmungen werden vom VerfGH indes zumeist nur als Programmsätze qualifiziert.[158]

91   (3) Daneben hat die **Rechtsprechung** einzelne originäre Leistungsrechte entwickelt: z. B. das Recht auf staatliche Gewährleistung des **Existenzminimums**[159] oder auf Privatschulfinanzierung[160] sowie das Recht auf Schaffung von Einrichtungen, in denen freie Wissenschaft betrieben werden kann.[161]

92   (4) Von den originären sind die **„derivativen"** (abgeleiteten) **Leistungsansprüche** zu unterscheiden, deren Begründung nicht aus den Freiheitsrechten, sondern aus dem **Gleichbehandlungsgrundsatz** (Art. 118 I) folgt. Gewährt der Grundrechtsverpflichtete unabhängig davon, ob er dazu verfassungsrechtlich verpflichtet ist, Leistungen oder stellt er Einrichtungen zur Verfügung, hat er bei deren Vergabe oder Zuteilung den Gleichbehandlungsgrundsatz zu beachten.[162]

93   (5) Eine Verpflichtung des Staates, Sozialleistungen zu gewähren, kann sich unabhängig von den Grundrechtsbestimmungen aus dem **Sozialstaatsprinzip** (Art. 3 I 1) ergeben (Erl. zu Art. 3).

3. Grundrechte als Schutzpflichten

94   a) Eine spezielle, heute allgemein anerkannte Ausprägung der leistungsrechtlichen Dimension der Grundrechte sind die **grundrechtlichen Schutzpflichten.** Der Staat hat nicht nur nicht gerechtfertigte Grundrechtseingriffe zu unterlassen, er hat sich darüber hinaus schützend vor die Grundrechte zu stellen, wenn eine Verletzung von Dritten oder durch die Umwelt droht. Das BVerfG hat diese Grundrechtskategorie, zumal für das Grundrecht auf Leben, entwickelt[163], sie ist aber grundsätzlich auf alle Freiheitsrechte erstreckbar. Die Figur der Schutzpflicht findet sich auch in der Rechtsprechung des **VerfGH,** der diese insbesondere auf Art. 99 stützt (s. Erl. dort)[164], aber auch in anderen Grundrechtsbestimmungen verortet.[165]

---

[156] BVerfGE 33, 303 (331).

[157] Für Art. 106 I: VerfGH 42, 28 (32).

[158] So z. B. Art. 106 I, II; Art. 128; Art. 153.

[159] BVerfGE 82, 60 (85); VerfGH 15, 49 (59). Dazu ausf. *Lindner,* Theorie, S. 344 ff.

[160] BVerfGE 75, 40 (62); 90, 128 (141); anders VerfGH 37, 148 (155) zu Art. 134.

[161] BVerfGE 111, 333; vgl. dazu die Erl. zu Art. 108.

[162] S. dazu die Erl. zu Art. 118 I.

[163] BVerfGE 39, 1 (§ 218 StBG I); 46, 160 (Schleyer); 53, 30 (Mülheim-Kärlich); 88, 202 (§ 218 StGB II); weitere Nachweise zu Rechtsprechung und Literatur bei *Lindner,* Theorie, S. 351 ff.

[164] *Meder,* vor Art. 98 Rn. 2; VerfGH 33, 98 (99); 47, 207 (223); 47, 241 (264); 50, 226 (257); 57, 84 (98).

[165] Aus dem „objektiv-rechtlichen" Gehalt des Art. 100 folge *„die Pflicht der staatlichen Organe, sich schützend und fördernd vor dieses Rechtsgut zu stellen und es vor rechtswidrigen Eingriffen von Seiten anderer zu bewahren",* VerfGH 42, 188 (192); 40, 58 (61) – zum Nichtraucherschutz. Aus Art. 100 S. 2 n. F. dürfte sich

b) Allerdings ist **Vorsicht** geboten, dass die Berufung auf die grundrechtlichen Schutz- 95
pflichten auf der einen Seite nicht zu übermäßiger Grundrechtsverkürzung auf der anderen Seite führt. Nicht jede grundrechtliche Betätigung des einen, die den anderen stört
oder in seiner Freiheit einengt, ist unter Berufung auf die Schutzpflicht zu untersagen.
Ansonsten geriete der Freiheitsbereich des einen unter **fremdbestimmten Duldungs-
vorbehalt** auf Seiten des anderen, die Freiheitsordnung würde pervertiert.

Eine **Schutzpflicht** wird nur **ausgelöst,** wenn **(1)** ein grundrechtlich geschütztes In- 96
teresse des einen durch das Verhalten eines privaten Dritten beeinträchtigt wird oder beeinträchtigt zu werden droht **und (2)** das beeinträchtigte Interesse nach den tatsächlichen
Umständen des Einzelfalls das seinerseits grundrechtlich geschützte Interesse des Beeinträchtigenden in einer Weise überwiegt, dass der Beeinträchtigte die Beeinträchtigung nicht hinzunehmen hat. Um dies festzustellen, bedarf es einer **Gewichtung** der
widerstreitenden Interessen und einer Interessenabwägung im Einzelfall. Bloße Empfindlichkeiten des Einzelnen bleiben dabei außer Betracht. Angesichts der Heterogenität
der Lebenssachverhalte, die das Spektrum von konkreten, einfach zu analysierenden
Rechtsgutbedrohungen bis hin zu komplexen Risikolagen im Technik- und Umweltrecht umfassen, ist im jeweiligen Einzelfall zu prüfen, ob eine Schutzpflicht ausgelöst
wird.

c) Löst die Interessenanalyse und -gewichtung im Einzelfall eine staatliche Schutz- 97
pflicht aus, hat der in seinen Rechtsgütern „inter privatos" Verletzte oder Bedrohte einen
grundrechtlichen **Anspruch auf Erfüllung der Schutzpflicht.** Dabei hat der Staat
einen weiten Ermessensspielraum. Er muss nicht eine bestimmte Schutzmaßnahme treffen, aber jedenfalls **(„Untermaßverbot")** eine solche, die die grundrechtswidrige Situation beseitigt oder verhindert.

4. Die verfahrens- und organisationsrechtliche Dimension der Grundrechte

Rechtsprechung und Literatur haben darüber hinaus die sog. **verfahrens- und orga-** 98
nisationsrechtliche Dimension der Grundrechte entwickelt.[166] Der Staat gewährleistet Grundrechtsschutz auch dadurch, dass er Verfahren oder Organisationsformen zur
Verfügung stellt, die den Schutz grundrechtlich geschützter Interessen optimieren sollen.
Beispiel: Nach der Rechtsprechung des BVerfG, der sich der VerfGH angeschlossen hat, hat
der Gesetzgeber bei Einschränkungen des Rechts auf informationelle Selbstbestimmung
*„organisatorische und verfahrensrechtliche Vorkehrungen zu treffen, welche der Gefahr einer Verletzung
des Persönlichkeitsrechts entgegenwirken".*[167] In der Rechtsprechung des VerfGH hat diese
Grundrechtsdimension bislang kaum eine Rolle gespielt.[168]

VIII. Das Problem der Ausgestaltungsbedürftigkeit von Grundrechten

1. Das Phänomen der normgeprägten Grundrechte

Die Grundrechtsbestimmungen knüpfen überwiegend an die natürliche Freiheit an, 99
von der Gebrauch gemacht werden kann, ohne dass es eigener staatlicher Regelungen bedürfte. Davon zu unterscheiden sind die **„normgeprägten Grundrechte",** die hoheitlich
gesetzte Regelungen voraussetzen. Zu nennen ist insbesondere das Eigentum. Erst wenn
der Gesetzgeber regelt, was Eigentum ist, existiert ein Schutzgut, das den Schutz des
Art. 103 genießt. Vergleichbares gilt etwa für die Vertragsfreiheit (Art. 151 II 1), die auf ein
Privatrecht angewiesen ist, oder die Ehefreiheit (Art. 124 I), die auf ein Eherecht angewiesen ist.

---

allen Freiheitsrechten eine Schutzpflichtdimension erschließen lassen; zu den verschiedenen Begrün-
dungsansätzen s. *Lindner* (Fn. 163).

[166] BVerfGE 53, 30 (65).
[167] BVerfGE 65, 1 (Ls. 2); VerfGH 57, 113 (120).
[168] Dazu m. w. N. und zur Systematik *Lindner,* Theorie, S. 461 ff.; vgl. VerfGH 57, 113 (120).

2. Das Problem des Zirkelschlusses

100   Die dogmatische Kategorie der **Ausgestaltungsbedürftigkeit** der normgeprägten Grundrechte wirkt **strukturell freiheitsgefährdend,** weil sie den Gesetzgeber bei der Ausgestaltung von der strengen Eingriffsabwehrbindung freistellt und lediglich den Grenzen einer Institutsgarantie (Eigentum [Art. 103]; Privatautonomie [Art. 101, 151 II], Ehe [Art. 124]) sowie dem Verhältnismäßigkeitsprinzip unterstellt.[169] Sie wirkt zudem **zirkulös:** Der Gesetzgeber ist etwa an das Grundrecht auf Eigentum gebunden, bestimmt aber seinerseits dessen Inhalt. Es kommt daher darauf an, auch den Bereich der Ausgestaltung weitgehend dem eingriffsabwehrrechtlichen Rechtfertigungsmechanismus zu unterwerfen, um die insoweit bestehende offene Flanke des Grundrechtsschutzes zu schließen.[170] Im Einzelnen sei dazu auf die Einzelkommentierungen insbes. zu Art. 103 verwiesen.[171]

IX. Grundrechtskonkurrenzen

101   **Grundrechtskonkurrenzen**[172] entstehen, wenn sich ein Interesse mehreren Grundrechtsbestimmungen zuordnen lässt.[173] Zu unterscheiden ist zwischen echter und unechter Konkurrenz. Eine **echte Konkurrenz** liegt vor, wenn ein einziger Lebenssachverhalt mehrere Grundrechtsbestimmungen zu Gunsten *eines* Grundrechtsberechtigten berührt. *Beispiel:* Ein gesetzliches Verbot bestimmter Formen kommerzieller Werbung berührt die Grundrechte der Meinungsfreiheit (Art. 110 I) und der Berufsfreiheit (Art. 101) von Werbeunternehmen. Lässt sich ein einzelner grundrechtsrelevanter Lebenssachverhalt sachlich oder zeitlich so **gliedern,** dass jedem „Abschnitt" nur *eine* Grundrechtsbestimmung zuzuordnen ist, handelt es sich um eine **unechte Konkurrenz.** *Beispiel:* Das Werbeverbot berührt neben den einschlägigen Wirtschaftsunternehmen auch die Presse, die entsprechende Werbung nicht mehr drucken darf (Art. 111 I); da es sich um unterschiedliche Grundrechtsberechtigte handelt, liegt eine **unechte Konkurrenz** vor. Diese ist nicht auflösungsbedürftig, vielmehr ist jede einzelne zeitlich, sachlich oder personell aufteilbare Grundrechtsbeeinträchtigung eigens auf ihre Verfassungsmäßigkeit zu prüfen.

102   Die Frage, wie sich *echte* Konkurrenzen „auflösen" lassen, wird in der Literatur unterschiedlich beantwortet.[174] Stehen die konkurrierenden Grundrechtsbestimmungen selbständig nebeneinander, so kommen alle zur Anwendung mit der Folge, dass der zu überprüfende Rechtsakt im Hinblick auf ein oder mehrere Grundrechte grundrechtskonform, im Hinblick auf ein anderes Grundrecht grundrechtswidrig sein kann. Stellt er auch nur im Hinblick auf *eine* Grundrechtsnorm eine Grundrechtsverletzung dar, ist er insgesamt grundrechtswidrig, auch wenn er mit anderen Grundrechten kompatibel ist. Stehen die Grundrechtsbestimmungen hingegen in einem **Spezialitätsverhältnis,** so kommt nur die speziellere zur Anwendung. Dies gilt insbesondere für das Verhältnis der speziellen Freiheitsrechte zum Auffanggrundrecht der Allgemeinen Handlungsfreiheit (Art. 101).

---

[169]   Vgl. etwa *Lenz,* Vorbehaltlose Freiheitsrechte, 2006, S. 99 ff.

[170]   VerfGH 56, 1 (6).

[171]   Für einen Verzicht auf die grundrechtsdogmatische Figur der „Institutsgarantie" *Lindner,* Theorie, S. 447 ff.; in der Tendenz kritisch zur Figur der Ausgestaltung auch *Cornils,* Die Ausgestaltung der Grundrechte, 2005.

[172]   Zu unterscheiden vom Begriff der „Grundrechtskollision", von der man dann spricht, wenn grundrechtlich geschützte Interessen mehrerer Grundrechtsberechtigter gegeneinanderstehen und es einer Interessengewichtung und Abwägung bedarf, insbesondere im Bereich der grundrechtlichen Schutzpflichten.

[173]   Vgl. dazu etwa *Berg,* Konkurrenzen schrankendivergenter Freiheitsrechte im Grundrechtsabschnitt des Grundgesetzes, 1968; *Fohmann,* EuGRZ 1985, 49; s. auch die Monographie, die die einschlägigen Diskussionen umfassend dokumentiert und die Probleme systematisch ordnet, von *Heß,* Grundrechtskonkurrenzen. Zugleich ein Beitrag zur Normstruktur der Freiheitsrechte, 2000, insbes. S. 48 ff.

[174]   *Heß* (Fn. 173), S. 58 ff. unterteilt die Lösungsvorschläge systematisch überzeugend in „normverdrängende", „normkumulierende" und „normkombinierende".

Ein „Rückgriff" auf Art. 101 ist nur möglich, wenn sich ein Interesse nicht einem speziellen Grundrecht zuordnen lässt.

X. Stellung und Funktion der Landesgrundrechte im europäischen Mehrebenensystem

1. Die Landesgrundrechte im europäischen Mehrebenensystem

Grundrechtsnormen sind nicht nur in der **BV,** sondern auch im **GG,** in der Europä- **103** ischen Menschenrechtskonvention **(EMRK)**[175] sowie in der europäischen Gemeinschaftsrechtsordnung, zumal der Europäischen Grundrechtecharta **(EGC)**[176], ggf. in einem künftigen (nunmehr gescheiterten) Europäischen Verfassungsvertrag (VVE)[177] verankert. Während die BV und das GG Grundrechtsschutz im „klassischen" staatsrechtlichen Verhältnis des Bürgers zum Staat verbürgen, formulieren die Grundrechtsnormen der EGC Grundrechtsschutzstandards in einem supranational strukturierten, kompetenziell beschränkten Herrschaftssystem. Wiederum anders wirkt der Grundrechtsschutz der EMRK. Diese schützt den Einzelnen unmittelbar weder gegenüber staatlicher noch gegenüber supranationaler Hoheitsausübung, sondern sie bewirkt mittelbaren Grundrechtsschutz, indem sie die Mitgliedstaaten im Rahmen deren Hoheitstätigkeit – völkerrechtlich[178] – zur Gewährung eines bestimmten Grundrechtsschutzniveaus verpflichtet.

Die Grundrechte der BV sind mithin Bestandteil eines **Mehrebenensystems des 104 Grundrechtsschutzes in Europa.**[179] Die Existenz mehrerer Grundrechtsordnungen mit unterschiedlichen Wirkungsrichtungen auf unterschiedlichen Ebenen hoheitlicher, kompetenziell diversifizierter Verfasstheit birgt die Gefahr divergierenden oder gar widersprüchlichen Grundrechtsschutzes[180].

Die Probleme der **Kollision zwischen Grundrechtsnormen verschiedener Norm- 105 systeme** lassen sich strukturell auf **drei Problemkreise** zurückführen:

(1) Wie wirkt sich die Existenz einer Grundrechtsnorm einer „überlagernden" Grund- **106** rechtsordnung auf die **Geltung** einer thematisch vergleichbaren, aber im Schutzniveau abweichenden Grundrechtsnorm der „überlagerten" Grundrechtsordnung (der BV) aus? (Rn. 109 ff.).

(2) Bleibt die Grundrechtsnorm der BV nach (1) in Geltung, stellt sich die Frage, in wel- **107** cher Weise sie welchen Hoheitsträger **bindet** und an welche Grundrechtsnormen die Landesstaatsgewalt über die Landesgrundrechte hinaus gebunden ist (Rn. 126 ff.).

(3) In welchem Umfang kann eine Grundrechtsnorm der BV für einen konkret im **108** Raum stehenden Prüfungsgegenstand **Prüfungsmaßstab** sein? (Rn. 134 ff.).

---

[175] Konvention zum Schutze der Menschenrechte und Grundfreiheiten vom 4.11.1950, BGBl. 1952 II S. 686 in der Fassung der jeweiligen Zusatzprotokolle. Internat. Quelle: UNTS Vol. 213 p. 221.

[176] Die Europäische Grundrechtecharta (EGC; ABl. 2000 Nr. C 364/1 mit Erläuterungen des Präsidiums des Konvents) hat bislang keine rechtliche Wirksamkeit erlangt; vgl. zur Entwicklung des gemeinschaftsrechtlichen Grundrechtsschutzes nur *Pernice,* Gemeinschaftsverfassung und Grundrechtsschutz, NJW 1990, 2409; *Nicolaysen,* Die gemeinschaftsrechtliche Begründung von Grundrechten, EuR 2003, 719; *Rengeling/Szczekalla,* Grundrechte in der Europäischen Union. Charta der Grundrechte und Allgemeine Rechtsgrundsätze, 2004, S. 13 ff. m. w. N.; *Jarass,* EU-Grundrechte, 2005, S. 7 ff.

[177] ABl. 2004 Nr. C 310/1. Durch den Vertrag von Lissabon erhält die EGC nunmehr rechtliche Verbindlichkeit: vgl. dazu *Lindner,* Der Vertrag von Lissabon zur Reform der EU, BayVBl. 2008, 421.

[178] Zum völkerrechtlichen Charakter der EMRK und deren völkerrechtlicher Besonderheiten s. *Grabenwarter,* Europäische Menschenrechtskonvention, 2. Aufl. 2005, S. 4 ff.

[179] Dazu *Lindner,* Grundrechtsschutz in Europa. System einer Kollisionsdogmatik, EuR 2007, 160.

[180] *Kirchhof,* Verfassungsrechtlicher Schutz und internationaler Schutz der Menschenrechte: Konkurrenz oder Ergänzung? EuGRZ 1994, 16; *Alber/Widmaier,* Mögliche Konfliktbereiche und Divergenzen im europäischen Grundrechtsschutz, EuGRZ 2006, 113.

2. Die Weitergeltung der Landesgrundrechte (Art. 142 GG; Art. 53 EMRK; Art. 53 EGC)

109   Die Grundrechte der BV sehen sich drei „überlagernden" Grundrechtsordnungen gegenüber: der des GG, der EMRK und der EGC. Die **Weitergeltung** der BV-Grundrechte bleibt davon **unberührt:**

110   a) Das Verhältnis der **BV-Grundrechte zu den Grundrechten des GG** ist in **Art. 142 GG** geregelt. Der langjährige Streit um dessen Auslegung hat sich durch das Urteil des BVerfG vom 15.10.1997 erledigt.[181] Dessen wichtigste Thesen lauten:

111   aa) Art. 142 GG soll den effektiven Schutz der Grundrechte auch durch die Landesverfassung ermöglichen. Das BVerfG deutet die Formulierung „in Übereinstimmung" in Art. 142 GG daher nicht als inhaltliche Identität, sondern im Sinne einer **Widerspruchsfreiheit:** Diese besteht nicht nur bei Inhaltsgleichheit von Bundes- und Landesgrundrechten[182], sondern auch, *„soweit Landesgrundrechte gegenüber dem Grundgesetz einen weitergehenden Schutz oder auch einen geringeren Schutz verbürgen".*[183]

112   bb) Weder im Falle positiver noch negativer Divergenz liegt mithin ein Widerspruch vor, solange und soweit das **engere Grundrecht als Mindestgarantie** zu verstehen ist und *„daher nicht den Normbefehl enthält, einen weitergehenden Schutz zu unterlassen".* Ein Widerspruch zwischen Bundes- und BV-Grundrecht, der gem. Art. 142 GG zur Ungültigkeit des BV-Grundrechts führen würde, liegt nur dann vor, wenn das BV-Grundrecht inhaltlich vom Bundesgrundrecht schutzniveauunterschreitend abweicht und *zugleich* Letzteres durch Ersteres in der Anwendung ausgeschlossen sein soll. Dies kann normlogisch nur der Fall sein, wenn das Landesgrundrecht im Hinblick auf weitergehende GG-Grundrechte einen ausdrücklichen **Nichtanwendungsvorbehalt** enthielte oder einen solchen stillschweigend implizierte.

113   cc) Keines der BV-Grundrechte enthält freilich einen solchen Nichtanwendungsvorbehalt zu Lasten eines (weitergehenden) GG-Grundrechts, so dass alle BV-Grundrechte in Geltung bleiben, unabhängig davon, ob sie im Schutz- oder Vorbehaltsbereich hinter den entsprechenden GG-Grundrechtsnormen zurückbleiben oder darüber hinausgehen.

dd) Zur **Typologisierung** können vier Fallgruppen des Verhältnisses von GG- und BV-Grundrechten gebildet werden:

114   (1) Das BV-Grundrecht ist **wortlaut- und inhaltsgleich** mit dem entsprechenden Grundrecht des GG. Zu nennen sind etwa Art. 86 I 2 und Art. 101 I 2 GG sowie vor allem Art. 100 n. F., der bewusst dem Wortlaut des Art. 1 I GG angepasst wurde.

115   (2) BV- und GG-Grundrecht sind zwar **nicht wortlaut-**, aber im Wesentlichen **inhaltsgleich.** Das gilt für die meisten BV-Grundrechte. Zumal der in der Praxis besonders wichtige Art. 101 wird parallel zu Art. 2 I GG als Auffanggrundrecht der Allgemeinen Handlungsfreiheit verstanden.[184]

116   (3) Das BV-Grundrecht bleibt im **Schutzniveau** hinter dem GG-Grundrecht **zurück,** sei es, dass der Schutzbereich enger, sei es dass der Vorbehaltsbereich weiter ist.[185] Das BV-Grundrecht **gilt fort,** solange und soweit es keinen Anwendungsausschluss hinsichtlich eines weitergehenden Grundrechts des GG impliziert. Problematisch könnte im Hinblick auf Art. 5 I GG Art. 111a sein, der zwar in Absatz 1 Satz 1 die Gewährleistung der Rundfunkfreiheit vorsieht, in Absatz 2 jedoch nicht nur die öffentlich-rechtliche Verantwor-

---

[181] BVerfGE 96, 345 ff.; vgl. bereits VerfGH 11, 11 (17); 27, 35 (46).

[182] So aber wohl *Kempen*, in: Becker/Heckmann/Kempen/Manssen, Rn. 230: „Parallelgewährleistungen (inhaltsgleiche Grundrechte)".

[183] BVerfGE 96, 345 (365).

[184] VerfGH 59, 29 (34).

[185] Für Art. 103, 159 (Eigentumsgarantie) nimmt der Verfassungsgerichtshof Fortgeltung an, obwohl sie hinter der Gewährleistung des Art. 14 GG zurückbleiben: VerfGH 13, 133 (140); 29, 105 (129); s. auch Rn. 16 ff. zu Art. 103.

tung, sondern auch die öffentlich-rechtliche *Trägerschaft* für die Veranstaltung von Rundfunk vorsieht (dazu die Erl. zu Art. 111 a[186]).

(4) Das BV-Grundrecht kann in seinem **Schutzniveau** über das GG-Grundrecht **hin-** 117 **ausreichen** oder ein solches begründen, das das GG überhaupt nicht kennt. Zu nennen ist Art. 141 III.[187] Eine Weitergeltung nach Art. 142 GG ist unproblematisch.

ee) **Art. 1 III GG** und **Art. 142 GG** errichten folgende **Systematik** bei Divergenzen 118 im Schutzniveau zwischen GG- und BV-Grundrechten: Weitergehende BV-Grundrechte binden immer nur die Landesstaatsgewalt und können nicht dem Bund entgegengehalten werden. Umgekehrt gilt: Zurückbleibende Landesgrundrechte können die Anwendbarkeit des weitergehenden Bundesgrundrechts nicht ausschließen (ansonsten Art. 142 GG anwendbar wäre). Eine Maßnahme der Landesstaatsgewalt kann wegen Verstoßes gegen BV-Grundrechte landesverfassungswidrig sein, obwohl sie bundesverfassungsrechtlich nicht zu beanstanden wäre.

Umgekehrt gilt: Ist die Maßnahme der Landesstaatsgewalt im Hinblick auf die BV- 119 Grundrechte nicht zu beanstanden, kann sie gleichwohl – da auch die Landestaatsgewalt gem. Art. 1 III GG uneingeschränkt an Grundrechte des GG gebunden ist – wegen Verletzung eines GG-Grundrechtes verfassungswidrig sein. Prozessual gewendet: Neben der Landesverfassungsbeschwerde (Art. 120 BV) kann der Betroffene den weitergehenden Schutz eines GG-Grundrechts mit der Verfassungsbeschwerde zum BVerfG einfordern. Das zurückbleibende BV-Grundrecht steht der Anwendung des Bundesgrundrechts nicht entgegen.

ff) Zum **Verhältnis von Art. 142 GG zu Art. 31 GG:** Im Hinblick auf die Frage der 120 Weitergeltung von Landesgrundrechten stellt Art. 142 GG eine Spezialregelung zu Art. 31 GG dar. Damit ist das Verhältnis der beiden Vorschriften zueinander aber noch nicht abschließend beschrieben, heißt es doch in Art. 142 GG: „ungeachtet des Art. 31". Das BVerfG stellt in E 96, 345 ff. klar, dass ein gem. Art. 142 GG in Kraft bleibendes Landesgrundrecht im Einzelfall seiner Maßstabsfunktion gem. Art. 31 GG beraubt sein kann, wenn sein Regelungsgehalt mit einfachem **Bundesrecht kollidiert.** Entscheidend ist, dass Art. 31 GG in einem solchen Kollisionsfall nicht zur Nichtigkeit des Landesgrundrechts führt, sondern dass dieses „lediglich" für die spezifische Kollisionssituation mit einfachem Bundesrecht seine **Maßstabsfunktion verliert.**

Das **Verhältnis** von Art. 142 GG zu Art. 31 GG ist mithin ein **gestuftes: Art. 142 GG** 121 betrifft das generelle **Geltungsproblem** im Verhältnis von Bundes- und Landesgrundrecht und geht *insoweit* Art. 31 GG vor. **Art. 31 GG** betrifft das **Maßstabsproblem** im konkreten Einzelfall: Das BV-Grundrecht kann nicht Prüfungsmaßstab für inhaltlich kollidierendes Bundesrecht und auch nicht für Landesrecht sein, das (ohne Umsetzungsspielraum) auf Bundesrecht beruht. Mit der (überzeugenden) extensiven Auslegung des Art. 142 GG durch das BVerfG wird die Lösung von Kollisionslagen von Art. 142 GG auf Art. 31 GG verlagert, der eine Feinsteuerung der Kollisionen zwischen einfachem Bundesrecht und Landesverfassungsrecht unterhalb des Geltungsproblems ermöglicht.[188]

b) Ähnliches gilt für das **Verhältnis der BV-Grundrechte zu den EG/EU-Grund-** 122 **rechten.** Nach **Art. 53 EGC** darf keine Bestimmung der EGC als Einschränkung oder Verletzung der Menschenrechte und Grundfreiheiten ausgelegt werden, die in dem jeweiligen Anwendungsbereich durch das Völkerrecht, insbesondere die EMRK, sowie durch die Verfassungen der Mitgliedstaaten anerkannt werden. Telos des Art. 53 EGC ist es, im Schutzbereich nach unten oder nach oben abweichenden Grundrechtsnormen anderer

---

[186] *Lindner,* BayVBl. 2004, 641 (645); VerfGH 56, 1 (5); 39, 96 (139).

[187] Weitere Beispiele: (1) Art. 109, der das Freizügigkeitsrecht auch auf den Erwerb von Grundstücken erstreckt. (2) Praktisch bedeutsam ist das Auseinanderfallen des Grundrechtsschutzes durch GG und BV bei der Frage nach dem Eigentumsschutz für Gemeinden. Während das BVerfG einen solchen ablehnt (BVerfGE 61, 82), schützt nach Auffassung des VerfGH Art. 103 BV auch die Gemeinden (VerfGH 45, 157 [166]); dazu oben Rn. 46.

[188] Ähnlich *Gallwas* (Fn. 16), Rn. 734 ff.

Grundrechtsordnungen – wozu auch die der BV gehört – ihre **Geltung zu belassen,** ohne den Grundsatz vom Vorrang des Gemeinschaftsrechts in Frage zu stellen. Art. 53 EGC stellt sich mithin als **„Geltungserhaltungsnorm"** dar.[189] Vom Aspekt der Weitergeltung der BV-Grundrechte zu unterscheiden ist freilich die Frage, inwieweit sie Prüfungs*maßstab* für gemeinschaftsrechtlich beeinflusstes Landesrecht sein können (dazu unten Rn. 134 ff.).

123 c) In vergleichbarer Weise wirkt **Art. 53 EMRK** als **geltungserhaltendes „Günstigkeitsprinzip"**[190] im **Verhältnis der BV-Grundrechte zu den EMRK-Grundrechten.** Danach ist die EMRK nicht so auszulegen, als beschränke oder beeinträchtige sie Menschenrechte oder Grundfreiheiten, die u.a. von einem Konventionsstaat (dazu gehört auch ein selbständiger Teil eines Konventionsstaats wie der Freistaat Bayern) anerkannt werden.

124 aa) Das Zusammentreffen von BV-Grundrechtsnormen und solchen der EMRK ist so aufzulösen, dass erstere **unberührt** bleiben, wenn sie **Grundrechtsschutz** verbürgen, der über den der EMRK **hinausgeht** – sei es, dass die EMRK ein grundrechtlich geschütztes Interesse in geringerem Umfang schützt, sei es, dass sie ein entsprechendes Grundrecht überhaupt nicht kennt. *Beispiel*[191]: Nach Art. 141 III sind der Genuss der Naturschönheiten und die Erholung in der freien Natur in ortsüblichem Umfang jedermann gestattet. Ein vergleichbares Grundrecht enthält weder das GG noch die EMRK. Wegen Art. 142 GG und Art. 53 EMRK bleibt Art. 141 III in seiner Geltung unberührt, bindet jedoch nur die Landesstaatsgewalt (zur evtl. eingeschränkten Maßstabsfunktion s. unten Rn. 134 ff.).

125 bb) Art. 53 EMRK differenziert nicht zwischen einem „Mehr" oder „Weniger" an nationalem Grundrechtsschutz. Gewährt eine BV-Grundrechtsnorm **weniger Grundrechtsschutz** als die EMRK, bleibt sie gleichwohl in Geltung, da die EMRK eine **geltungsreduzierende Kollisionsregel** nicht kennt. Allerdings ist der Konventionsstaat (und dessen selbständige Glieder) **völkerrechtlich** verpflichtet, den EMRK-Grundrechtsschutz als Mindeststandard zu gewährleisten[192], sei es durch EMRK-konforme Auslegung, durch verfassungsgerichtliche Rechtsfortbildung oder durch Schaffung einer Grundrechtsnorm, die den notwendigen Mindeststandard sichert.

3. Bindungswirkung der BV-Grundrechte/Grundrechtsbindung der Landesstaatsgewalt

126 Von der Geltung ist das Problem der **Bindungswirkung** zu unterscheiden. Dabei ist zu differenzieren zwischen der Frage, wen die BV-Grundrechte binden und an welche Grundrechtsordnungen die Landesstaatsgewalt über die BV-Grundrechte hinaus noch gebunden ist. Die Antworten auf beide Fragen sind nicht kongruent:

127 a) Die **BV-Grundrechte binden** nur die Herrschaftsträger, die überhaupt von der Bindungskraft der Bayerischen Verfassung erfasst werden, kurz: die **Landesstaatsgewalt.** Dazu gehören neben dem Freistaat Bayern, den Gemeinden, Landkreisen und Bezirken alle sonstigen Körperschaften, Anstalten und Stiftungen des öffentlichen Rechts, deren rechtliche Existenz auf die Ausübung bayerischer Hoheitsgewalt zurückzuführen ist (s. dazu auch Rn. 82 ff. zu Art. 55). Im Hinblick auf die BV-Grundrechte geeignete Prü-

---

[189] Dazu *Lindner,* EuR 2007, 160.

[190] So für Art. 53 EMRK *Grabenwarter,* EMRK, 2. Aufl. 2005, S. 12 ff.; *Bühler,* Einschränkung von Grundrechten nach der Europäischen Grundrechtecharta, 2005, S. 420: „Meistbegünstigungsklausel". Allerdings passt diese Terminologie insofern nicht, als Art. 53 EMRK nicht auf *günstigere,* sondern auf alle Grundrechtsnormen abstellt.

[191] Weitere Beispiele für weiterreichenden Grundrechtsschutz im GG bei *Grabenwarter* (Fn. 190), S. 13.

[192] So im Grundsatz BVerfGE 111, 307 (316). Darüber hinaus besteht eine Bindung an die EMRK als einfaches Bundesgesetz (Art. 59 II GG); vgl. zur Geltung der EMRK *Grabenwarter* (Fn. 190), S. 15 ff. und BVerfG, NJW 2004, 3407 (3408). *Pache,* Die Europäische Menschenrechtskonvention und die deutsche Rechtsordnung, EuR 2004, 393.

fungsgegenstände sind alle Hoheitsakte – oder deren Unterlassen –, die der bayerischen Staatsgewalt unmittelbar oder mittelbar zuzurechnen sind. Dazu gehören alle Rechtsnormen des bayerischen Landesrechts (angreifbar mit der Popularklage gem. Art. 98 S. 4), die Vollzugsmaßnahmen bayerischer Behörden sowie die Entscheidungen bayerischer Gerichte[193] (angreifbar mit der Verfassungsbeschwerde gem. Art. 120).

Nicht an den BV-Grundrechten zu messen sind Rechtsakte des Bundes, anderer Länder **128** und der EG. Anderes gilt wiederum, wenn die Landesstaatsgewalt Bundes- oder Europarecht anwendet: Der Anwendungsakt ist ein Akt der Landesstaatsgewalt und damit grundsätzlich an den BV-Grundrechten zu messen, allerdings kann auf Grund bundes- oder europarechtlicher Determinierung der Umfang der Prüfung am Maßstab der BV-Grundrechte eingeschränkt oder gar auf Null reduziert sein (dazu unten Rn. 134 ff.)

b) Die Landesstaatsgewalt ist **nicht nur an die Landesgrundrechte gebunden:** **129**

aa) Nach Art. 1 III GG besteht auch eine unmittelbare Bindung der Landesstaatsgewalt an die **GG-Grundrechte.**

bb) Eine Bindung an die **EMRK** besteht aus zwei Gründen: (1) Da die Bundesrepublik **130** Deutschland völkerrechtlich an die EMRK gebunden ist, ist der Freistaat Bayern – wenn nicht selbst völkervertragsrechtlich – so doch jedenfalls aus dem Grundsatz der Bundestreue gegenüber dem Bund verpflichtet, die EMRK-Grundrechte bei der Ausübung seiner Hoheitsgewalt zu beachten. (2) Zudem besteht innerstaatlich eine Bindung an die EMRK über Art. 59 II GG, da die EMRK in der Modalität eines Bundesgesetzes gilt. Verstößt der Freistaat Bayern etwa durch einen Rechtsakt oder durch dessen Unterlassen gegen die EMRK, kann dieser Verstoß durch die Individualbeschwerde (Art. 34 EMRK) beim EGMR geltend gemacht werden und zwar unabhängig davon, ob der betreffende Rechtsakt mit den BV- oder GG-Grundrechten vereinbar ist oder nicht.[194]

cc) Nach **Art. 51 I EGC** gilt die Charta für die Organe und Einrichtungen der Union **131** „und für die Mitgliedstaaten bei der Durchführung des Rechts der Union"; auch der Freistaat Bayern als Teil des Bundes ist unmittelbar an die **Gemeinschaftsgrundrechte** gebunden. Die Mitgliedstaaten sind durch Art. 10 EG-Vertrag zur umfassenden Gemeinschaftsrechtskonformität ihrer gesamten Rechtsordnung verpflichtet. Enthält das EG-Recht für eine Rechtsmaterie weder eigenständige Regelungen und hat die EG auch nicht die Kompetenz, den Mitgliedstaaten per Richtlinie den Erlass bestimmter nationaler Regeln aufzugeben, erfolgt die rechtliche Steuerung dieser Rechtsmaterie zwar zunächst allein durch nationale Regelungen. Gleichwohl ist damit das Gemeinschaftsrecht nicht bedeutungslos. Denn das nationale Recht darf auch nicht gegen sonstige gemeinschaftsrechtliche Vorgaben verstoßen, insbesondere nicht gegen die Grundfreiheiten des EGV.[195] Das Gemeinschaftsrecht entfaltet eine negative Maßstabswirkung im Sinne eines Nichtwiderspruchsvorbehalts.[196] Jeder mitgliedstaatliche Rechtsakt und damit auch jeder Rechtsakt der Landesstaatsgewalt hat allein deswegen eine gemeinschaftsrechtliche Dimension, weil er weder in seinem Inhalt noch in seiner Anwendung den Vorgaben des EG-Rechts widersprechen darf.

---

[193] Dabei ist eine Modifikation zu beachten: Nach ständiger Rechtsprechung des VerfGH unterliegen solche landesgerichtlichen Entscheidungen nicht mehr der Überprüfung am Maßstab der BV-Grundrechte, die von einem obersten Gerichtshof des Bundes in einem Rechtsmittelverfahren auf Grund sachlicher Prüfung (mithin nicht bei Verwerfung einer Revision als unzulässig oder bei Zurückweisung einer Nichtzulassungsbeschwerde) in ihrem Inhalt abgeändert oder bestätigt wurden. Eine Verfassungsbeschwerde gem. Art. 120 wäre insoweit unzulässig, da die landesgerichtliche Entscheidung durch die bundesrechtliche Überprüfung in den – anhand der BV-Grundrechte nicht überprüfbaren – Bereich der Bundesgerichtsbarkeit einbezogen sei; vgl. VerfGH 37, 89 (Ls. 1); 46, 21 (29); 55, 202 (204).

[194] Allerdings ist die EMRK nicht selbst Prüfungsmaßstab im Popularklageverfahren: VerfGH 15, 49 (52); 16, 32 (36); 49, 103 (106); 57, 144 (150) und öfter.

[195] Zur Dogmatik der Grundfreiheiten s. nur *Streinz,* Europarecht, 6. Aufl. 2003 Rn. 652 ff.

[196] Vgl. dazu *Lindner,* JuS 2005, 302.

132   Interpretierte man nun den Begriff der **„Durchführung"** in Art. 51 I EGC in diesem weiten Sinne, wäre jeglicher Rechtsakt eines Mitgliedstaates „Durchführung". Die Gemeinschaftsgrundrechte würden eine vollumfängliche Bindung entfalten, die Beschränkungsregelung des Art. 51 I EGC wäre überflüssig. Der Begriff ist mithin enger zu interpretieren und erfasst folgendes[197]: Anwendung primären oder sekundären Gemeinschaftsrechts durch die Mitgliedstaaten[198], Erlass nationaler Rechtsakte auf Grund gemeinschaftsrechtlicher Anordnung (Hauptfall: Umsetzung einer Richtlinie).[199]

133   dd) Bei der Landesstaatsgewalt tritt also eine **„Bindungskumulation"** ein, da sie an alle Grundrechtsordnungen gebunden sind. Erlässt etwa ein Landratsamt in Vollzug einer EG-Verordnung einen Verwaltungsakt, so hat es dabei die BV-Grundrechte, die GG-Grundrechte, die EMRK-Grundrechte sowie die Grundrechte der EGC zu beachten. Bindungskollisionen, die sich ergeben können, wenn derselbe Rechtsakt z. B. im Hinblick auf die BV-Grundrechte grundrechtskonform oder grundrechtswidrig, im Hinblick auf die Grundrechte der anderen Grundrechtsordnungen grundrechtswidrig oder grundrechtskonform ist, sind auf der Maßstabsebene zu lösen (dazu sogleich Rn. 134 ff.).

4. Das Maßstabsproblem

134   Die Weitergeltung der BV-Grundrechte im europäischen Mehrebenen-System (oben Rn. 109 ff.) und deren grundsätzliche Bindungswirkung für die Landesstaatsgewalt (oben Rn. 126 ff.) sagen noch nichts darüber aus, ob der jeweils als Prüfungsgegenstand im Raum stehende Rechtsakt der Landesstaatsgewalt **vollumfänglich** an den BV-Grundrechten **gemessen** werden kann. Unproblematisch ist dies lediglich, wenn die Landesstaatsgewalt Landesrecht erlässt oder solches anwendet, *ohne dass* insoweit eine bundes- oder gemeinschaftsrechtliche Ermächtigung oder Verpflichtung besteht. Die BV-Grundrechte können ihre Maßstabsfunktion dann voll erfüllen (Beispiel: vollumfängliche Überprüfung des Art. 13 BayPAG an BV-Grundrechten: vgl. VerfGH 56, 28; volle Überprüfung des Art. 88 a BayEuG an Art. 101 BV: VerfGH 57, 113). Komplizierter ist es, wenn die Landesstaatsgewalt unter **bundes- oder gemeinschaftsrechtlicher Ingerenz** handelt. **Zwei Fallgruppen** sind insoweit zu unterscheiden:

135   **a) Erste Fallgruppe:** Die Landesstaatsgewalt erlässt Landesrecht oder wendet solches an, das auf **bundes- und/oder gemeinschaftsrechtlichen Vorgaben** beruht:

136   aa) **Bundesrechtliche Vorgaben:** Die Staatsregierung erlässt z. B. eine Rechtsverordnung, deren Ermächtigungsgrundlage in einem Bundesgesetz enthalten ist (Art. 80 I GG); dann gilt Folgendes:

137   (1) Das Bundesrecht selbst kann nicht am Maßstab der BV-Grundrechte gemessen werden (kein geeigneter Prüfungsgegenstand[200]).

138   (2) Das auf dem Bundesrecht beruhende Landesrecht kann jedenfalls insoweit am Maßstab der BV-Grundrechte gemessen werden, als der Inhalt nicht zwingend durch Bundesrecht vorgegeben ist (**grundrechtskonforme Nutzung** von durch Bundesrecht belassenen **Spielräumen**[201]).

---

[197] Ähnlich wie hier *Rengeling/Szczekalla* (Fn. 176), S. 157 ff.; *Jarass* (Fn. 176), S. 38 f. unterscheidet normative, administrative und judikative Durchführung von Gemeinschaftsrecht durch die Mitgliedstaaten; s. dazu auch *Jarass/Beljin,* Die Bedeutung von Vorrang und Durchführung des EG-Rechts für die nationale Rechtsetzung und Rechtsanwendung, NVwZ 2004, 1 (6).

[198] Nicht indes die Anwendung der EGC selbst, sonst wäre Art. 51 Abs. 1 EGC zirkulös.

[199] Der EuGH geht davon aus, dass der von gemeinschaftsrechtlichen Öffnungsklauseln Gebrauch machende nationale Gesetzgeber an die Gemeinschaftsgrundrechte gebunden ist, auch wenn er zur Anwendung der Öffnungsklausel nicht verpflichtet ist, EuGH, EuZW 2006, 566; dazu *Lindner,* Grundrechtsschutz gegen gemeinschaftsrechtliche Öffnungsklauseln, EuZW 2007, 71.

[200] VerfGH 57, 16 (20).

[201] Vgl. auch Rn. 17 Vorbemerkung B sowie *Möstl,* Landesverfassungsrecht – zum Schattendasein verurteilt? AöR 130 (2005), 350 (382); vgl. BVerfGE 96, 345 ff.: Ein Landesgrundrecht, das mehr Schutz als das Grundgesetz gewährt, kollidiert dann nicht mit einer bundesrechtlichen Regelung,

(3) Soweit der Inhalt des Landesrechts **zwingend** durch Bundesrecht vorgegeben ist, **139** kann eine Überprüfung am Maßstab der BV nicht in Betracht kommen (Art. 31 GG).[202]

bb) **Gemeinschaftsrechtliche Vorgaben:** Der Landtag erlässt z. b. auf Grund einer **140** EG-Richtlinie ein Umsetzungsgesetz und wendet dieses an (die Kompetenz für die Umsetzung von EG-Richtlinien richtet sich innerstaatlich nach Art. 30, 70 ff., 83 ff. GG). Hier gilt Folgendes:

(1) Das EG-Recht selbst (also z. B. die Richtlinie) kann nicht am Maßstab der Landes- **141** grundrechte gemessen werden (kein geeigneter Prüfungsgegenstand).

(2) Das auf EG-Recht beruhende Landesrecht kann jedenfalls als Landesrecht[203] inso- **142** weit am Maßstab der Landesgrundrechte gemessen werden, als der Inhalt nicht zwingend durch EG-Recht vorgegeben ist (**grundrechtskonforme Nutzung** von durch EG-Recht belassenen **Spielräumen**).

(3) Soweit der Inhalt des Landesrechts zwingend durch EG-Recht vorgegeben ist, **143** kann eine Überprüfung am Maßstab der BV wegen Vorrang des Gemeinschaftsrechts nicht in Betracht kommen.[204]

b) Zweite Fallgruppe: Die **Landesstaatsgewalt wendet** nicht Landesrecht, sondern **144** **Bundes- oder Gemeinschaftsrecht** an:

aa) Die Landesstaatsgewalt **wendet Bundesrecht** an: Ein Landratsamt erlässt z. B. auf **145** Grund eines Bundesgesetzes einen belastenden Verwaltungsakt; ein bayerisches Gericht wendet Vorschriften der ZPO, StPO, VwGO, des BGB oder des StGB an. Hier gilt Folgendes[205]:

(1) VA und Gerichtsurteil sind **Rechtsakte der Landesstaatsgewalt** und damit im **146** Hinblick auf die BV-Grundrechte geeignete Prüfungsgegenstände, obwohl sie materiell auf Bundesrecht beruhen bzw. in einem bundesrechtlich geregelten Verfahren ergangen sind.

---

wenn diese Spielräume für die Berücksichtigung von weitergehendem Landesrecht belässt. So auch VerfGH 55, 98 (119): Der landesrechtliche Normsetzer, der auf Grund einer bundesrechtlichen Ermächtigung tätig werde, setze damit Landesrecht (so bereits VerfGH 7, 69 [74]; 15, 104 [107]) und habe in Bereichen, in denen das Bundesrecht ihm Entscheidungsfreiheit belasse, auch die ihn bindende BV zu beachten. Gebe das Bundesrecht dem landesrechtlichen Normgeber nur einen Rahmen vor, innerhalb dessen er verschiedene Lösungen wählen könne, sei das Landesverfassungsrecht innerhalb dieses Gestaltungsspielraums nicht verdrängt; so auch VerfGH 31, 212 (216); 36, 1 (7); 41, 83 (87); 46, 97 (100); 48, 119 (125); 59, 1 (10) und öfter.

[202] Gelangt der VerfGH etwa in einem Popularklageverfahren zum Ergebnis, dass die wegen Verstoßes gegen BV-Grundrechte angefochtene landesrechtliche Norm von der bundesrechtlichen Ermächtigungsgrundlage zwingend nach „Ob" und „Wie" der Regelung determiniert ist, darf er der Klage wegen Art. 31 GG nicht stattgeben. Hält der VerfGH allerdings die *bundesrechtliche* Ermächtigungsgrundlage ihrerseits wegen Verstoßes gegen Grundrechte des *GG* (nicht der BV!) für nichtig, könnte eine Vorlage zum BVerfG gem. Art. 100 I GG in Betracht kommen. Denn würde das BVerfG die Ermächtigungsgrundlage für nichtig erklären, würde deren Sperrwirkung für die Überprüfung der landesrechtlichen Rechtsverordnung am Maßstab der BV-Grundrechte entfallen. Insoweit wäre also die Wirksamkeit der bundesrechtlichen Norm im Popularklageverfahren entscheidungserheblich. Einer Vorlage nach Art. 100 I GG könnte man freilich entgegenhalten, es sei nicht Aufgabe des VerfGH, die bundesrechtliche Ermächtigungsgrundlage am Maßstab der Grundrechte des GG zu überprüfen, er habe diese gewissermaßen als gültig zu unterstellen. So wohl *Knöpfle*, in: Nawiasky/Schweiger/Knöpfle, Art. 98 Rn. 69 ff. Der Wortlaut des Art. 100 I GG spricht eher für eine Vorlage zum BVerfG.

[203] VerfGH 50, 76 (95).

[204] Allerdings stellt sich auch insofern die (wohl zu bejahende) Frage, ob der VerfGH das Verfahren aussetzen und dem EuGH gem. Art. 234 EGV die Frage vorlegen müsste, ob die determinierende Richtlinie ihrerseits gegen Gemeinschaftsgrundrechte verstößt. Denn käme der EuGH zum Ergebnis, dass die Richtlinie nichtig wäre, entfiele deren Vorrangwirkung, so dass der VerfGH das Umsetzungsgesetz vollumfänglich anhand der BV-Grundrechte überprüfen und verwerfen könnte.

[205] Vgl. dazu auch *Gärditz*, Das Strafrecht in der Rechtsprechung der Landesverfassungsgerichte, AöR 129 (2004), 584; Rn. 17 ff., Vorbemerkungen B.

147 (2) Das **Bundesrecht** selbst kann nicht an den BV-Grundrechten überprüft werden (Art. 31 GG).[206]

148 (3) Soweit das **materielle Bundesrecht Ermessens-** oder **Beurteilungsspielräume** bereithält, haben bayerische Behörden und Gerichte diese im Hinblick auf die Grundrechte der BV **grundrechtswahrend anzuwenden.** Die Ausfüllung der bundesrechtlich belassenen materiellen Spielräume kann nach einer „konsequenten Spielraumtheorie" am Maßstab der BV-Grundrechte überprüft werden. **Anders** der **VerfGH:** Er prüft eine Entscheidung, die materiell auf Bundesrecht beruht, nur daraufhin, ob sie gegen das Willkürverbot (Art. 118 I BV) verstößt: *„Gegenüber der Anwendung von materiellem Bundesrecht, das wegen seines höheren Rangs nicht am Maßstab der BV gemessen werden kann, beschränkt sich dabei die Überprüfung darauf, ob die Behörde oder das Gericht willkürlich gehandelt hat."*[207]

149 Diese Rechtsprechung ist zu eng, da sie die Ausfüllung im materiellen Bundesrecht belassener Spielräume nur einer engen Willkürkontrolle unterzieht. Eine bundesrechtlich nicht zwingende Entscheidung einer Landesbehörde oder eines Landesgerichts, die gegen ein BV-Grundrecht verstieße, könnte nach der Rechtsprechung des VerfGH an diesem – außerhalb des Bereichs der Willkür – auch dann nicht gemessen werden, wenn eine grundrechtswahrende Entscheidung möglich gewesen wäre, die ebenfalls mit dem zu Grunde liegenden materiellen Bundesrecht vereinbar wäre. Der VerfGH nimmt die Wirkkraft der BV-Grundrechte zu weit zurück.

150 Folgender Grundsatz ist daher **vorzugswürdig:** Soweit materielles Bundesrecht keine bestimmte Entscheidung determiniert, sondern Anwendungsspielräume welchen Typs[208] auch immer eröffnet, sind diese von den bayerischen Behörden und Gerichten im Hinblick auf die BV grundrechtswahrend zu nutzen. Es ist eine mit den BV-Grundrechten vereinbare Entscheidung zu treffen, die ihrerseits mit den bundesrechtlichen Maßgaben vereinbar ist. Ob eine am Maßstab der BV-Grundrechte grundrechtswahrende Ausfüllung der Spielräume erfolgt ist, kann im Rahmen einer Verfassungsbeschwerde gem. Art. 120 BV[209] überprüft werden.[210]

151 (4) Für die landesverfassungsrechtliche Überprüfbarkeit von landesgerichtlichen Urteilen, die in einem **bundesrechtlich geregelten Verfahren** erlassen worden sind, hat das BVerfG die maßgeblichen Grundsätze festgelegt[211]: Das Landesverfassungsgericht kann eine landesgerichtliche Entscheidung, die in einem bundesrechtlich geregelten Verfahren erlassen wurde, am Maßstab der Landesgrundrechte überprüfen, wenn und soweit diese mit den entsprechenden Bundesgrundrechten identisch sind.[212] Diese Konstruktion ist

---

[206] VerfGH 50, 219 (223); 57, 7 (10) für § 321 a ZPO; 57, 16 (20).

[207] VerfGH 43, 156 (161); 46, 185 (187); 47, 47 (51); 50, 219 (223); 53, 131 (133); 54, 95 (98); 57, 1 (3); 57, 16 (20): *„Die Überprüfung beschränkt sich vielmehr darauf, ob das Gericht willkürlich gehandelt, d. h. ob es sich von objektiv sachfremden Erwägungen hat leiten lassen und sich damit außerhalb jeder Rechtsanwendung gestellt hat, seiner Entscheidung somit in Wahrheit kein Bundesrecht zu Grunde gelegt hat."* VerfGH 58, 168 (174); 59, 200 (203); 60, 14 (21).

[208] In Betracht kommen insbesondere durch das einschlägige Bundesrecht belassene Ermessens- und Beurteilungsspielräume, Dispensoptionen, Abweichungs- und Öffnungsklauseln.

[209] Vgl. aber Fn. 193.

[210] *Insofern* ist der umstrittene Honecker-Beschluss des BerlVerfGH (NJW 1993, 515) plausibel. Eine strafrechtliche Entscheidung eines Landesgerichts kann an den Grundrechten einer Landesverfassung gemessen (und auch verworfen) werden, wenn die Entscheidung gegen ein Landesgrundrecht verstößt und vom Bundesrecht nicht zwingend determiniert ist, es also eine landesgrundrechtskonforme und eine zugleich bundesrechtskonforme Alternativentscheidung gäbe. Vgl. zum Honecker-Beschluss auch *Wilke,* Landesverfassungsgerichtsbarkeit und Einheit des Bundesrechts, NJW 1993, 887; *Pestalozza,* Der „Honecker-Beschluss" des Berliner Verfassungsgerichtshofs, NVwZ 1993, 340; vgl. auch die Entscheidung des BerlVerfGH NJW 1999, 47.

[211] BVerfGE 96, 345; aus der Fülle der Literatur *Lange,* Kontrolle bundesrechtlich geregelter Verfahren durch Landesverfassungsgerichte? NJW 1998, 1278; *Hain,* Zur Überprüfung der Anwendung von Bundesrecht durch Landesverfassungsgerichte, JZ 1998, 620.

[212] So auch und bereits vorher VerfGH 27, 35 (40); 29, 11 (14); 47, 47 (51). *„Der Verfassungsgerichtshof kann die Durchführung eines bundesrechtlich geregelten Verfahrens durch Gerichte des Freistaats Bayern daraufhin*

---

zwar in den praktischen Auswirkungen überzeugend, da die in der Praxis einschlägigen Verfahrensgrundrechte im GG und in der BV inhaltsgleich sind; vgl. Art. 86 I 2 und Art. 101 I 2 GG (Recht auf gesetzlichen Richter), Art. 91 I[213] und Art. 103 I GG (rechtliches Gehör), Art. 118 I und Art. 3 I GG (Willkürverbot).

Nach einer konsequent vertretenen Spielraumtheorie ist das Abstellen auf die Inhalts- **152** gleichheit von BV- mit GG-Grundrechten jedoch zweifelhaft. Auch wenn ein Landesgrundrecht im Verfahrensbereich kein Pendant auf Bundesebene fände, müsste es als Prüfungsgegenstand auch dann nicht ausscheiden, wenn die landesgrundrechtswidrige Entscheidung bundesrechtlich nicht determiniert wäre, es also eine Verfahrensentscheidung gäbe, die sowohl mit dem bundesrechtlichen Verfahrensrecht als auch mit den BV-Grundrechten vereinbar wäre.

bb) Die Landesstaatsgewalt **wendet europäisches Gemeinschaftsrecht an**: Ein **153** Landratsamt erlässt z. B. aufgrund einer unmittelbar anwendbaren EG-Verordnung (vgl. Art. 249 EGV) einen belastenden Verwaltungsakt oder vollzieht Gemeinschaftsprimärrecht (z. B. im Beihilferecht: Art. 87 ff. EGV). Hier gilt Folgendes:

(1) Der VA ist als Maßnahme der Landesstaatsgewalt im Hinblick auf die BV-Grund- **154** rechte geeigneter Prüfungsgegenstand, obwohl er auf Gemeinschaftsrecht beruht.

(2) Das EG-Recht (EG-Vertrag; EG-Verordnung) selbst kann nicht an den BV-Grund- **155** rechten überprüft werden.[214]

(3) Soweit EG-Recht Handlungs-, Regelungs- oder Umsetzungsspielräume enthält, **156** haben bayerische Behörden und Gerichte diese im Hinblick auf die Grundrechte der BV grundrechtswahrend anzuwenden. Die Ausfüllung der europarechtlich belassenen Spielräume kann am Maßstab der BV-Grundrechte überprüft werden.

Art. 98 [Einschränkung von Grundrechten; Popularklage]

[1]**Die durch die Verfassung gewährleisteten Grundrechte dürfen grundsätzlich nicht eingeschränkt werden.** [2]**Einschränkungen durch Gesetz sind nur zulässig, wenn die öffentliche Sicherheit, Sittlichkeit, Gesundheit und Wohlfahrt es zwingend erfordern.** [3]**Sonstige Einschränkungen sind nur unter den Voraussetzungen des Art. 48 zulässig.** [4]**Der Verfassungsgerichtshof hat Gesetze und Verordnungen für nichtig zu erklären, die ein Grundrecht verfassungswidrig einschränken.**

Rechtsprechung: Vgl. die Nachweise vor Rn. 7.

Literatur: s. die Literaturhinweise zu den Vorbemerkungen zu Art. 98. Speziell zur Popularklage s. die Nachweise vor Rn. 7.

Übersicht

---

kontrollieren, ob mit dem Grundgesetz inhaltsgleiche subjektive Rechte der Bayerischen Verfassung verletzt sind": VerfGH 51, 49 (53); 57, 56 (65); 58, 184 (187); 59, 200 (203); 60, 14 (21).

[213] VerfGH 55, 137 (141); 57, 25 (27); 57, 62 (66).

[214] *Hirsch,* Vorabentscheidungsvorlagen zum EuGH durch die Landesverfassungsgerichtsbarkeit, FS 50 Jahre VerfGH, 1997, S. 46. Davon zu unterscheiden ist die Frage, ob und inwieweit Gemeinschaftsrecht selbst Prüfungs*maßstab* im Verfahren vor dem VerfGH sein kann. Diese Frage wird vom VerfGH verneint, VerfGH 50, 76 (98). Allenfalls komme eine Prüfung des Gemeinschaftsrechts im Rahmen des Art. 3 I 1 in Betracht (offenkundiger, schwer wiegender Verstoß von Landesrecht gegen Gemeinschaftsrecht als Verletzung des Rechtsstaatsprinzips); s. auch VerfGH 50, 226 (266); 52, 47 (61); 55, 123 (127); Der VerfGH hat dies – im Gegensatz zum Bereich des Bundesrechts – bislang offen gelassen; VerfGH 52, 47 (61); s. auch Rn. 11 zu Art. 3 sowie *Lindner,* Das Europarecht in der Rechtsprechung des BayVerfGH, BayVBl. 2009 (i. E.).

I. Allgemeines

1. Bedeutung

1   a) Art. 98 stellt eine der zentralen Normen der Verfassung dar. Er formuliert in den Sätzen 1 bis 3 das für das Grundrechtsverständnis der BV fundamentale **Regel-Ausnahme-Verhältnis zu Gunsten der Freiheit** (s. dazu bereits Rn. 26 ff. vor Art. 98): **Satz 1** enthält die **Regel** der Nichteinschränkbarkeit der durch die Verfassung[1] gewährleisteten Grundrechte, die **Sätze 2 und 3** regeln die **Ausnahme** der Einschränkbarkeit.

2   b) Allerdings hat der VerfGH bislang davon abgesehen, die Vorbehaltsgeneralklausel des Satzes 2 zur Rechtfertigung von Grundrechtseinschränkungen heranzuziehen und dogmatisch auszuformen. Stattdessen hat er den einzelnen Grundrechten immanente oder „inhärente" Gesetzesvorbehalte erschlossen[2] und diese in Anlehnung an die Rechtsprechung des BVerfG interpretiert (Rn. 61 ff. vor Art. 98). Art. 98 S. 1 bis 3 haben daher in der **Praxis** des VerfGH **keine Bedeutung.** Die Vorbehalts- und Schranken-Schranken-Systematik, die der VerfGH seiner Grundrechtsprüfung zu Grunde legt, ist allgemein in den Rn. 61 ff. vor Art. 98 dargelegt; zur Anwendung dieser Systematik sei zudem auf die Erläuterungen zu den einzelnen Grundrechtbestimmungen verwiesen.

3   c) Es ist nicht davon auszugehen, dass der VerfGH von seiner Rechtsprechung abrückt oder dass der verfassungsändernde Gesetzgeber entsprechend tätig wird. Zudem dürften die in S. 2 genannten verfassungsrechtlichen Zwecke für die Einschränkung von Grundrechten thematisch weder hinreichend aktuell noch vollständig sein[3], so dass – wollte man die Vorbehaltsgeneralklausel wirklich zum Leben erwecken – eine Anpassung des Verfassungstextes erforderlich wäre.[4]

---

[1] Also nicht nur der im Zweiten Hauptteil verbürgten, sondern aller Grundrechte. Dazu, dass auch andere Verfassungsbestimmungen Grundrechte verbürgen können und nicht jede Norm des 2 Hauptteils eine Grundrechtsnorm darstellt s. bereits Rn. 11 ff. vor Art. 98. Sätze 1 bis 3 stellen selbst keine Grundrechtsnormen dar: VerfGH 57, 56 (58); 52, 4 (5); 46, 273 (277) und öfter.

[2] Dies geht auf *Nawiaskys* Erstkommentierung zu Art. 98 selbst zurück (S. 181 des Kommentars).

[3] So bereits *Nawiasky*, S. 181.

[4] Als grobes „Muster" dafür könnte etwa Art. 52 I der Europäischen Grundrechtecharta dienen, der ebenfalls eine allgemeine Vorbehaltsgeneralklausel enthält: *„Jede Einschränkung der Ausübung der in dieser Charta anerkannten Rechte und Freiheiten muss gesetzlich vorgesehen sein und den Wesensgehalt dieser Freiheiten und Rechte achten. Unter Wahrung des Grundsatzes der Verhältnismäßigkeit dürfen Einschränkungen nur vorgenommen werden, wenn sie notwendig sind und den von der Union anerkannten dem Gemeinwohl dienenden Zielsetzungen oder den Erfordernissen des Schutzes der Rechte und Freiheiten anderer tatsächlich entsprechen."*

d) Von **großer praktischer Bedeutung** ist hingegen **Satz 4,** der die Rechtsgrundlage **4** für die **Popularklage** enthält. Grundrechte haben nur dann einen wirklichen Wert, wenn sie auch durchsetzbar sind. Dazu kann der Einzelne beim VerfGH sowohl Verfassungsbeschwerde als auch Popularklage erheben. Mit der **Verfassungsbeschwerde,** geregelt in Art. 66, 120, kann der Einzelne geltend machen, dass eine Entscheidung einer bayerischen Behörde oder eines bayerischen Gerichts ihn in seinen in der BV verbürgten Grundrechten verletzt. Eine besondere Eigenart, geradezu Einzigartigkeit, die nur die BV kennt, ist die **Popularklage.** Damit kann jeder Einzelne geltend machen, dass eine Rechtsnorm des bayerischen Rechts (z. B. ein Gesetz, eine Rechtsverordnung oder eine Satzung einer Gemeinde) gegen die Grundrechte der BV verstößt. Das Besondere an der Popularklage ist, dass sie **jeder** Bürger und **jede** Bürgerin erheben kann, unabhängig davon, ob er oder sie von der Norm selbst betroffen ist. Die Popularklage ist ein besonders schönes Beispiel für einen **bürgernahen Rechtsstaat,** der keine Scheu davor hat, jedem Bürger und jeder Bürgerin die Möglichkeit zu geben, gegen ein Gesetz und grundsätzlich kostenlos sowie ohne Anwaltszwang mit der Behauptung zu klagen, es verletze die Grundrechte. Die Einzelheiten ergeben sich aus Art. 55 VerfGHG; vgl. i. E. unten Rn. 7 ff.

2. Entstehung

Art. 98 hat in der bayerischen und deutschen Verfassungsgeschichte keinen Vorläufer. **5** Die Verfassunggebende Landesversammlung hat den Artikel auf Drängen der amerikanischen Besatzungsmacht eingefügt. Weder der VE noch der E enthielten eine dem Art. 98 entsprechende Bestimmung, auch die Popularklage war in den Entwürfen nicht vorgesehen. Ebenso wenig war eine Vorbehaltsgeneralklausel vorgesehen, vielmehr enthielten die einzelnen Grundrechtsnormen Gesetzesvorbehalte: vgl. z. B. Art. 69 VE und Art. 76 E[5] („innerhalb der Schranken der allgemeinen Gesetze"). Zur Stärkung des Grundrechtsschutzes durch die Erschwerung von Grundrechtseinschränkungen wurden die schlichten Einzel-Gesetzesvorbehalte durch einen thematisch strengen Generalvorbehalt ersetzt, der das grundrechtliche Regel-Ausnahme-Verhältnis als solches konstituiert hat und konstituieren sollte.[6] In der Konsequenz wurden die Einzel-Gesetzesvorbehalte bei den einzelnen Grundrechtsbestimmungen – allerdings nicht vollständig (vgl. z. B. 101) – gestrichen.

3. Verhältnis zum Grundgesetz

Zur **Weitergeltung** der BV-Grundrechte nach Art. 142 GG s. Rn. 109 ff. vor Art. 98. **6** Alle Grundrechte der BV gelten auch vor dem Hintergrund des GG weiter. Die unterschiedliche Schrankensystematik ist unschädlich, da nach der Rechtsprechung des BVerfG auch hinter dem Grundrechtsschutz des GG zurückbleibende Landesgrundrechte in Geltung bleiben, darüber hinaus gehende ohnehin. Die Popularklage ist zwar dem GG unbekannt, was der Geltung des Art. 98 S. 4 BV indes keinen Abbruch tut, bedeutet die Popularklage doch ein verfassungsrechtliches „Plus" für den Bürger, das durch das GG nicht ausgeschlossen ist.

II. Einzelkommentierung zu Satz 4 – Die Popularklage

Rechtsprechung: VerfGH; 46, 137; VerfGH 58, 253; VerfGH, Ents. v. 10. 10. 2007, Az: Vf. 15-VII-06; VerfGH, Ents. v. 25. 5. 2007, Az: Vf. 15-VII-04, DVBl 2007, 1113 ff.; VerfGH, Ents. v. 23. 5. 2007, Az: Vf. 1-VII-06, BayVBl 2007, 595 f.; VerfGH, Ents. v. 24. 4. 2007, Az: Vf. 11-VII-06, BayVBl 2007, 557 f.; VerfGH, Ents. v. 25. 5. 2007, Az: Vf. 15-VII-04, DVBl 2007, 1113 ff.; VerfGH, Ents. v. 6. 2. 2007, Az: Vf. 14-VII-04, BayVBl 2007, 364 ff.; VerfGH, Ents. v. 15. 1. 2007, Vf. 11-VII-05, BayVBl 2007, 235 (239); VerfGH, Ents. v. 17. 5. 2006, Az: 3 Vf. 2-VII-05, BayVBl 2006, 530 ff.; VerfGH, Ents. v.

---

[5] Vorläufer des jetzigen Art. 110.
[6] Ausführlich zur Entstehungsgeschichte s. *Pestalozza,* in: Nawiasky/Schweiger/Knöpfle, Art. 98 Rn. 2 bis 19.

30. 1. 2006, Az: Vf. 5-VII-05, BayVBl 2006, 304 f. = DÖV 2006, 607 f. = NVwZ-RR 2006, 585 f.;
VerfGH, Ents. v. 12. 1. 2005, Az: Vf. 3-VII-03, GVBl BY 2005, 16; VerfGH, Ents. v. 23. 12. 2004, Az:
Vf. 6-VII-03, DVBl 2005, 436 ff. = BayVBl 2005, 237 ff. = GewArch 2005, 205 ff.= NVwZ-RR
2005, 757 ff.; VerfGH, Ents. v. 24. 10. 2004, Az: Vf. 15-VII-01; VerfGH, Ents. v. 12. 5. 2004; Az: Vf. 7-
VII-02, NVwZ 2005, 576 f.; = BayVBl 2004, 559 ff.

Literatur: Benda/Klein, Lehrbuch des Verfassungsprozessrechts, 2. Aufl., 2001; *Domcke,* Die bayerische
Popularklage, in: Starck/Stern, Landesverfassungsgerichtsbarkeit 1983, Teilbd. 2, S. 231; *Elsässer,* Der
Bayerische Verfassungsgerichtshof, BayVBl 1963, 165; *Fleury,* Verfassungsprozessrecht, 6. Aufl. 2004;
Huber, Berücksichtigung des Grundrechts auf Informationsfreiheit im Rahmen örtlicher Bauvor-
schriften, JA 1986, 385; *Huber, Karl,* Grundfragen der Bayerischen Verfassungsgerichtsbarkeit – 60
Jahre Bayerischer Verfassungsgerichtshof, BayVBl 2008, 65; *Kalkbrenner,* Kompetenzverteilung zwischen Landes- und Bundesverfassungsgerichtsbarkeit, BayVBl 1973, 294; *Kriegbaum,* Grundrechtsschutz für den Staat im Fiskalbereich, BayVBl 1972, 481; *Lerche,* Probleme der Vorfragenkompetenz in
der Judikatur des Bayerischen Verfassungsgerichtshofs, in: VerfGH-FS, 1972, 247; *Lindner,* Das Europarecht in der Rechtsprechung des Bayerischen Verfassungsgerichtshofs, BayVBl 2008, zitiert nach dem
Typoskript; *Lossos,* Zur Abgrenzung der Normenkontrolle des Bayerischen Verfassungsgerichtshofs
und des Bayerischen Verwaltungsgerichtshofs, in: Verwaltung und Rechtsbindung – FS f. den Bayerischen Verwaltungsgerichtshof, 1979, S. 1; *Oswald,* Verfassungsklage und Popularklage, VR 1980, 13, *Pestalozza,* Verfassungsprozessrecht, 3. Aufl. 1991; *Reichel,* Zur Rechtsnatur und zur verfassungsrechtlichen Nachprüfbarkeit von Tarifvertragsnormen im Wege der Popularklage nach Verf By Art 98 S 4,
AP Nr 19 zu § 1 TVG; *Renck-Laufke,* Landesverfassungsbeschwerde nach bundesgerichtlich abgeschlossener Normenkontrolle?, BayVBl 2001, 488; *Rüfner,* Die persönlichen Freiheitsrechte der Landesverfassungen in der Rechtsprechung der Landesverfassungsgerichte, in: Landesverfassungsgerichtsbarkeit 1983, Teilbd. 3, 247–269; *Schumann,* Verfassungsbeschwerde (Grundrechtsklage) zu den
Landesverfassungsgerichten, in: Landesverfassungsgerichtsbarkeit, hrgg. v. Starck, Christian und
Stern, Klaus, 1983, Teilbd. 2, S. 149 (202 ff.); *Spanner,* Zum 25-jährigen Bestand des Bayerischen Verfassungsgerichtshofes, BayVBl 1972, 425; *Troeger,* Normenprüfung durch den Bayerischen Verfassungsgerichtshof, BayVBl 1969, 414; *Wieczorek,* Verfassungsrecht als Prüfungsmaßstab im Normenkontrollverfahren nach § 47 VwGO?, BayVBl 1970, 320; *Wintrich,* Schutz der Grundrechte durch Verfassungsbeschwerde und Popularklage, 1950.

1. Allgemeines

7   **a) Grundsätzliches.** Art. 98 Satz 4 BV verbürgt das Recht, beim VerfGH die Verfassungswidrigkeit von Gesetzen und Verordnungen geltend zu machen. Der Antrag kann von
jedermann eingereicht werden, daher spricht der Gesetzgeber in Art. 44 VfGHG von Popularklage. Die Popularklage hat eine ähnliche Funktion wie das Verfahren zur abstrakten Normenkontrolle nach Art. 93 Abs. 1 Nr. 2 GG zum BVerfG.[7] Es soll die Gültigkeit der Normen
sicherstellen, die Normenpyramide durchsetzen, die Wertungswidersprüche innerhalb der
Rechtsordnung beseitigen, Rechtssicherheit ermöglichen, den Rechtsschein von nichtigen
Normen vernichten und den Geltungsvorrang der Grundrechte durchsetzen.[8] Von der abstrakten Normenkontrolle gem. Art. 93 Abs. 1 Nr. 2 GG unterscheidet sie sich durch den viel
größeren Kreis der Antragsberechtigten. Daher bildet die Popularklage eine bayerische Besonderheit, bei der sich die Furcht vor einer Flut von querulatorischen Klagen nicht erfüllt
hat, und die insgesamt nur positiv bewertet werden kann.[9]

8   Die Popularklage ist ein objektives Verfahren und anders als die Verfassungsbeschwerde
des Art. 120 BV nicht ausschließlich ein Rechtsschutzverfahren. Art. 98 S. 4 BV bezweckt
im öffentlichen Interesse „den Schutz der Grundrechte als Institution".[10] Die Popularklage
dient nicht wie die Verfassungsbeschwerde des Art. 120 BV in erster Linie dem Schutz der
verfassungsmäßigen Rechte des Einzelnen, sondern bezweckt im öffentlichen Interesse
den Schutz der Grundrechte als Institution. Sie hat daher auch nicht ein besonderes

---

[7] *Knöpfle,* in Nawiasky/Schweiger/Knöpfle, Art. 98 Satz 4 BV, Rn. 3.

[8] Zu eng *Knöpfle,* in Nawiasky/Schweiger/Knöpfle, Art. 98 Satz 4 BV, Rn. 4.

[9] *Pestalozza,* § 23, Rn. 91, S. 443; *Knöpfle,* in Nawiasky/Schweiger/Knöpfle, Art. 98 Satz 4 BV,
Rn. 2.

[10] VerfGH 25, 45 (47); *Huber, K.,* BayVBl 2008, 65 (68).

Rechtsschutzinteresse des Antragstellers zur Voraussetzung. Der Antragsteller muss nicht selbst in einem Grundrecht verletzt sein, um den verfassungsprozessualen Rechtsbehelf geltend machen zu können.[11]

b) Verwerfungsmonopol des VerfGH. Für die Nichtigerklärung wegen Verstoßes ge- 9 gen Grundrechte schafft die Bayerische Verfassung in der Vorstellung der maßgeblichen bayerischen Gerichte[12] unter Zustimmung weiter Teile der Literatur[13] eine ausschließliche Zuständigkeit des VerfGH. Danach folge aus der Bayerischen Verfassung ein Monopol des Bayerischen Verfassungsgerichtshofes, Landesrecht wegen Verstoßes gegen bayerische Grundrechte zu prüfen und zu verwerfen. Diese ausschließliche Zuständigkeit ist in der Bayerischen Verfassung nicht ausdrücklich niedergelegt. Zur Begründung der Verwerfungskompetenz verwies der Bayerische Verfassungsgerichtshof zunächst auf die Popularklage.[14] Später rückte er von dieser Begründung ab und berief sich auf eine Gesamtanalogie der Verfahren nach Art. 65 BV, Art. 92 BV, Art. 75 Abs. 3 BV, Art. 98 S. 4 BV.[15] Im Gegensatz zu Art. 100 Abs. 1 GG bezieht sich dieses Verwerfungsmonopol auch auf die Verwerfung von Rechtsverordnungen und Satzungen. Es gilt aber nur hinsichtlich des Verstoßes gegen Grundrechte. Wegen dieses Monopols darf der Verwaltungsgerichtshof im Normenkontrollverfahren aufgrund § 47 Abs. 3 VwGO eine Vorschrift nicht am Maßstabe der Grundrechte der Bayerischen Verfassung messen und schon gar nicht wegen eines Verstoßes gegen diese verwerfen.[16] Die Grundrechte stünden ihm im Verfahren nach § 47 VwGO als Prüfungsmaßstab nicht zur Verfügung.[17] Unter Grundrechten versteht er dabei auch die Selbstverwaltungsgarantie des Art. 11 Abs. 2 BV.[18] Den Ausschluss der Rüge wegen § 47 Abs. 3 VwGO hält der Verwaltungsgerichtshof für eine Zulässigkeitsfrage.[19]

Für den Verstoß von Normen gegen sonstige Normen der BV gilt: Die Normverwer- 10 fungskompetenz wegen Verstoßes gegen sonstige Normen der Bayerischen Verfassung liegt bei förmlichen Gesetzes wegen Art. 100 Abs. 1 GG, Art. 65 BV, Art. 92 BV und bei untergesetzlichen Normen gem. Art. 65, Art. 92 BV ebenfalls beim VerfGH. Konsequenterweise gilt hier das allgemeine inzidente Verwerfungsrecht der Gerichte und die Normenkontrolle nach § 47 Abs. 1 Nr. 2 VwGO. Für die Verwaltung gelten sowohl hinsichtlich der förmlichen Gesetze als auch der untergesetzlichen Normen die allgemeinen Regeln. Danach steht der Exekutive nach ganz überwiegender Ansicht eine Normverwerfungskompetenz nicht zu, vielmehr hat diese eine Aufhebung der Norm durch den Normgeber oder im Wege des § 47 Abs. 1 Nr. 2 VwGO zu veranlassen und bis dahin die Norm als gültig zu behandeln.[20]

---

[11] *Meder*, Art. 98, Rn. 7.

[12] VerfGH 30, 40 (43); VerfGH 36, 173 (177f.); VerfGH 37, 35 (36ff.); VGH BayVBl 1985, 437f.; VGH BayVBl 1983, 272ff.; VGH BayVBl 1983, 179 (180); VGH GewArch 1981, 350; VGH BayVBl 1980, 23; VGH BayVBl 1980, 146; VGH DVBl 1978, 113 (114); VGH DVBl 1978, 965 (966).

[13] *Wolf-Rüdiger Schenke*, Verwaltungsgerichtliche Normenkontrolle und Landesverfassungsgerichtsbarkeit, NJW 1978, 671 (679); *Christian Pestalozza*, Die Verwaltungsgerichtsbarkeit in den Grenzen der Verfassungsgerichtsbarkeit, NJW 1978, 1782 (1787); *Lossos*, in: FS f. den Bayerischen Verwaltungsgerichtshof, 1972, S. 1, 4ff.; *Schäfer*, Der Bayerische Verwaltungsgerichtshof und der Bayerische Verfassungsgerichtshof, BayVBl 1977, 590; *Stüer*, Erfahrungen mit der verwaltungsgerichtlichen Normenkontrolle, DVBl 1985, 469 (478); *Kopp/Schenke*, VwGO, § 47, Rn. 103.

[14] VerfGH 30, 40 (43); VerfGH 36, 173 (177f.); s. a. VGH BayVBl 1980, 146; VGH GewArch 1981, 350.

[15] VerfGH 37, 35 (36).

[16] VerfGH 30, 40 (43f.); VerfGH 37, 35 (36f.).

[17] VerfGH 30, 40 (43); VerfGH 36, 173 (177); VerfGH 37, 35 (36).

[18] VerfGH 34, 64 (72f.); VerfGH 36, 173 (177); *Knöpfle*, in Nawiasky/Schweiger/Knöpfle, Art. 98 Satz 4 BV, Rn. 23.

[19] Ausdrücklich VGH DVBl 1978, 113 (114); s. a. VGH GewArch 1981, 350; VGH BayVBl 1980, 23; VGH BayVBl 1980, 146.

[20] *Sachs*, in: Stelkens/Bonk, VwVfG, 6. Aufl., 2001, § 44, Rn. 86f.

11 **c) Systematische Stellung.** Aus der Stellung von Art. 98 S. 4 BV lässt sich folgern, der VerfGH solle zum Wächter über die Einhaltung der ersten drei Sätze des Art. 98 BV erklärt werden.[21]

12 **d) Entstehung.** Der Art. 98 S. 4 BV ist erst zum Ende des Verfassungsgebungsprozesses und auch nur auf Anregung der amerikanischen Besatzungsmacht in die Bayerische Verfassung aufgenommen worden.[22] Dies ist auch der Grund dafür, dass die Kompetenz nach Art. 98 S. 4 BV anders als die anderen Verfahren vor dem VerfGH bei den Art. 60–69 BV nicht mehr ausdrücklich erwähnt wird.[23]

13 **e) Geltung.** An der Weitergeltung des Art. 98 S. 4 BV nach Erlass des GG bestehen keine Zweifel.

f) Prüfungsaufbau der Popularklage:
I. Zulässigkeit
(1) Zuständigkeit des VerfGH – Art. 98 S. 4 BV, Art. 2 Nr. 7, Art. 55 VfGHG
(2) Antragsberechtigung – Art. 55 Abs. 1 VfGHG; Art. 98 S. 4 BV
    – jedermann (einschl. juristischer Personen und nichtrechtsfähiger Vereinigungen; *Letztere, soweit* ihnen Rechte zustehen)
(3) Verfahrensgegenstand – Art. 55 Abs. 1 VfGHG
(4) Mögliche Verletzung bayerischer Grundrechte – Art. 98 S. 4 BV; Art. 55 Abs. 1 S. 2 VfGHG
(5) Form – Art. 14 Abs. 2, Art. 55 Abs. 1 S. 2 VfGHG; keine Frist
(6) (Objektives) Klarstellungsinteresse
    – durch mögliche Grundrechtsverletzung indiziert; fehlt nicht bei anderen Verfahrensmöglichkeiten.
II. Begründetheit
    – Prüfungsmaßstab: (gesamte) BV
    – Formelle und materielle Verfassungsmäßigkeit
Mitunter lässt der VerfGH die Frage, ob der Antrag zulässig ist, offen und stützt sich allein auf die fehlende Unbegründetheit.[24]

2. Antragsberechtigung

14 Art. 98 S. 4 BV besagt nicht, wer den Antrag für dieses Verfahren stellen kann. Art. 55 Abs. 1 S. 2 BV spricht von jedermann. Die Rechtsprechung lässt alle natürlichen und juristischen Personen als Popularkläger zu, stellt also in der Sache an die Antragsberechtigung keine weiteren Anforderungen als die, dass der Popularkläger rechtsfähig sein muss.[25] Die Staatsangehörigkeit, der Wohnsitz oder Aufenthalt[26] sind unerheblich. Antragsberechtigt sind auch juristische Personen des privaten und des öffentlichen Rechts[27] einschließlich der teilrechtsfähigen OHG und KG,[28] auch politische Parteien[29] und Gemeinden[30] sowie Landkreise.[31]

---

[21] *Pestalozza,* § 23, Rn. 88, S. 441.
[22] Prot. IV. S. 230, 237 s. a. S. 167.; *Knöpfle,* in Nawiasky/Schweiger/Knöpfle, Art. 98 Satz 4 BV, Rn. 1.
[23] *Pestalozza,* § 23, Rn. 87, S. 441; *Knöpfle,* in Nawiasky/Schweiger/Knöpfle, Art. 98 Satz 4 BV, Rn. 1.
[24] VerfGH 48, 29 ff.
[25] VerfGH 7, 69 (73); VerfGH 36, 1 (4); VerfGH 39, 30 (33); VerfGH, Ents. v. 15. 1. 2007, Az: Vf. 11-VII-05, BayVBl 2007, 235 (239); *Knöpfle,* in Nawiasky/Schweiger/Knöpfle, Art. 98 Satz 4 BV, Rn. 19; zustimmend *Meder,* Art. 98, Rn. 7.
[26] VerfGH 7, 66 (73).
[27] VerfGH 2, 143 (161); VerfGH 22, 43 (45); VerfGH 26, 69 (74); VerfGH 28, 107 (118); VerfGH 29, 105 (118); *Domcke,* in: Landesverfassungsgerichtsbarkeit 1983, Teilbd 2, S. 231 (244 ff.).; *Meder,* Art. 98, Rn. 7; *Pestalozza,* § 23, Rn. 92, S. 444.
[28] VerfGH 26, S. 69 (74).
[29] VerfGH 23, 155 (159); VerfGH 43, 100 (103); *Meder,* Art. 98, Rn. 7.

Nichtrechtsfähige Vereinigungen sind nur antragsberechtigt, *soweit* ihnen Rechte zuste- 15 hen (Art. 30 Abs. 1 VfGHG i.V.m. § 61 Nr. 2 VwGO).[32] Sie sind nur antragsberechtigt, wenn und soweit es im konkreten Verfahren um eine Norm geht, die sie in ihren eigenen Rechten berührt.[33] Nicht antragsberechtigt sind Bürgerinitiativen, sofern sie keine rechtliche Organisationsform aufweisen.[34]

3. Antragsgegenstand

a) Bayerisches Landesrecht jeder Stufe. *aa) Öffentlich-rechtliche Normen.* Gegenstand 16 der verfassungsgerichtlichen Prüfung können gem. Art. 55 Abs. 2 VfGHG alle – hoheitlich gesetzten – Rechtsvorschriften des bayerischen Landesrechts sein.[35] Rechtsvorschriften sind abstrakt-generelle Vorschriften, die sich an Rechtssubjekte wenden und für diese Rechte oder Pflichten begründen, ändern oder aufheben. Kennzeichnend ist ihre unmittelbar verbindliche Außenwirkung. Für die Entscheidung, ob es sich um eine Rechtsvorschrift handelt, kommt es nach der Rechtsprechung sowohl auf die Form als auch auf den Inhalt der zu prüfenden Maßnahme an.[36] Verwaltungsvorschriften sind keine Rechtsvorschriften in diesem Sinne,[37] ebenso schlichte Parlamentsbeschlüsse.[38] Ob gegen Festsetzungen des Haushaltsplans eine Grundrechtsbeeinträchtigung überhaupt plausibel dargelegt werden kann, wurde offen gelassen.[39]

Zu den Rechtsvorschriften zählen: Normen der BV selbst, die am Maßstab von Verfas- 17 sungsnormen höheren (überverfassungsmäßigen) Ranges zu prüfen sind,[40] bzw. im Falle einer Verfassungsänderung[41] an den Bestimmungen für eine Verfassungsänderung, weiter formelle Gesetze,[42] Zustimmungsbeschlüsse des Landtages zum Abschluss von Staatsverträgen nach Art. 72 Abs. 2 BV,[43] es sei denn, diese sind durch spätere Zustimmungen neu gefasst worden,[44] Rechtsvorschriften in Geschäftsordnungen des Landtags,[45] Rechtsverordnungen des Landes,[46] auch solche organisatorischen Inhalts,[47] ebenso Planungsentscheidungen der Staatsregierung im Rahmen des Landesentwicklungsprogramms.[48] Rechtsverordnungen von Landesbehörden bleiben Landesrecht, auch wenn sie auf einer

---

[30] VerfGH 29, 1 (3); VerfGH 40, 53 (55); VerfGH 47, 165 (170); VerfGH 49, 37 (49); VerfGH 51, 1; geht es um ihre Auflösung, wird ihr Fortbestand zum Zwecke des Verfahrens fingiert – VerfGH 33, 47 (54); VerfGH, BayVBl. 1984, 235.

[31] VerfGH 5, 1 (3); VerfGH 12, 48 (53).

[32] VerfGH 5, 204 (210); *Meder,* Art. 98, Rn. 7; *Knöpfle,* in Nawiasky/Schweiger/Knöpfle, Art. 98 Satz 4 BV, Rn. 24.

[33] VerfGH 18, 51 (55); VerfGH 39, 96 (134 f.); *Domcke,* in: Landesverfassungsgerichtsbarkeit 1983, Teilbd 2, S. 231 (245).

[34] *Fleury,* Rn. 134; *Meder,* Art. 98, Rn. 7.

[35] VerfGH 21, 147 (151); *Meder,* Art. 98, Rn. 8.

[36] VerfGH 37, 115 (117); VerfGH 38, 90 (93); VerfGH 39, 63 (65); VerfGH 40, 90 (92 f.); VerfGH 41, 13 (15); VerfGH, Ents. v. 24. 4. 2007, Az: Vf. 11-VII-06, BayVBl 2007, 557 f.; *Pestalozza,* § 23, Rn. 93, S. 444 f.

[37] VerfGH 27, 47 (54 ff.); VerfGH 35, 100 (103); VerfGH 37, 115 (117); VerfGH 39, 63 (65).

[38] VerfGH 4, 109 (126); VerfGH 14, 71 (74, 76).

[39] VerfGH 59, 1.

[40] *Meder,* Art. 98, Rn. 8.

[41] VerfGH 52, 104 (140 ff.); VerfGH 58, 253 ff.

[42] VerfGH 26, 101 (108); VerfGH 37, 184 (192).

[43] VerfGH, Ents. v. 25. 5. 2007, Az: Vf. 15-VII-04, DVBl 2007, 1113 ff.; *Meder,* Art. 98, Rn. 8 a.

[44] VerfGH, Ents. v. 25. 5. 2007, Az: Vf. 15-VII-04, DVBl 2007, 1113 ff.

[45] Vgl. VerfGH 21, 147 (151).

[46] VerfGH 2, 1 (3).

[47] VerfGH 22, 43 (45); VerfGH 24, 181 (196); VerfGH 24, 199 (213 f.); VerfGH 26, 9; VerfGH 26, 144 (153); VerfGH 27, 14 (21 f.); VerfGH 27, 68; VerfGH 28, 1; VerfGH 29, 1 (5); VerfGH 31, 99 (116); VerfGH, Ents. v. 19. 4. 1980, Az: Vf. 18-VII-77, S. 2 und vom 7. 11. 1980, Az: Vf. 7-VII-78; VerfGH BayVBl. 1984, 235.

[48] VerfGH 37, 59 (65).

bundesrechtlichen Ermächtigung beruhen. Wird der bayerische Verordnungsgeber aufgrund einer bundesrechtlichen Ermächtigung tätig, setzt er bayerisches Landesrecht und bleibt in den Bereichen, in denen ihm das Bundesrecht Entscheidungsfreiheit belässt, an die Bayerische Verfassung gebunden.[49] Rechtsvorschriften sind weiter z. B. Satzungen der Körperschaften, Stiftungen und Anstalten des öffentlichen Rechts,[50] wie etwa Bebauungspläne.[51]

18   Bundesrecht ist nicht angreifbar. Verweist allerdings bayerisches Landesrecht auf Bundesrecht, wird die Regelung durch den Verweis zum Landesrecht und somit überprüfbar. Wird Bundesrecht von Landesrecht in Bezug genommen, kann auch die in Bezug genommene Regelung überprüft werden. Die in Bezug genommene bundesrechtliche Regelung ist dabei nicht unmittelbar Gegenstand der Popularklage, sondern nur insoweit, als sie zum Inhalt des bayerischen Landesrechts gemacht wurde.[52]

19   *bb) Ausschluss von Normen ohne selbständigen Rechtsgehalt.* Bestimmungen, die keinen selbständigen Rechtsgehalt besitzen, sind nicht angreifbar.[53] Gemeint sind die Normen, die nur den Inhalt einer Norm höheren Ranges wiedergeben, mag auch ggf. der Wortlaut abweichend sein.[54] Landesrecht, das unmittelbar in Vollzug von höherrangigen Rechtsnormen ergeht, kann daher nicht angegriffen werden.[55] Der selbständige Regelungsgehalt fehlt, wenn Landesrecht Landesverfassungsrecht wiederholt. Das Gleiche gilt, wenn Landesrecht Bundesrecht vollzieht. Darunter fällt etwa die der Vergangenheit zugehörige Fallkonstellation, in der Landesrecht Rahmengesetzgebung des Bundes umsetzt, sofern das Rahmenrecht ausnahmsweise dem Landesgesetzgeber keinen substanziellen Raum gelassen haben sollte.[56]

20   Gleichgestellt wird der Fall, in der die Norm nur auf die bestehende Rechtslage erläuternd hinweist. So enthält eine Norm, die nur auf bestehendes Recht – auch wenn dieses den gleichen Rang einnimmt – hinweist, keinen weiteren selbständigen Geltungsgrund und schränkt folglich nicht selbst ein Grundrecht ein. Sie kann nicht Gegenstand der Popularklage sein.[57]

21   Das Erfordernis des selbständigen Gehalts klärt auch die prozessualen Möglichkeiten bei Landesrecht mit europarechtlichem Hintergrund. Die Regelungen der EG und der EU können selbst nicht vom VerfGH überprüft werden. Diese muss die BV auch nicht beachten. Soweit bayerisches Landesrecht vorrangiges EG-Recht wiederholt oder umsetzt, enthält es keinen selbständigen Gehalt und kann nicht mit der Popularklage angegriffen werden. Sofern das vorrangige EG-Recht dem Landesgesetzgeber jedoch Raum lässt, ist eine Popularklage zulässig, mit der Begründung, das bayerische Umsetzungsrecht habe, bezogen auf den nationalen Gestaltungsspielraum, die Grundrechte nicht ausreichend beachtet.

22   *cc) Nur verkündetes und nicht aufgehobenes Recht.* Es muss sich um eine „existente Norm" handeln. Nur verkündete Normen sind angreifbar. Noch nicht verkündete[58] oder nicht ordnungsgemäß verkündete Vorschriften sowie sonst formell noch nicht gültig erlassene Vorschriften sind (sofern der Mangel offensichtlich ist)[59] nicht anfechtbar.[60] Davon gibt es Ausnahmen: Zustimmungsbeschlüsse zu Staatsverträgen können bereits ab Beschlussfas-

---

[49] VerfGH 41, 69 (72); VerfGH 57, 129 (135); VerfGH 59, 1 ff.
[50] VerfGH 54, 47 (52 f.); VerfGH 56, 99 (103); VerfGH, Ents. v. 12. 1. 2005, Az: Vf. 3–VII-03.
[51] VerfGH 44, 5 (6); VerfGH 48, 99 (102).
[52] VerfGH 42, 1 (6); VerfGH 46, 14 (18); VerfGH 48, 109 (112 f.).
[53] VerfGH 19, 8 (11); VerfGH 25, 57 (63); VerfGH 26, 9 (14); VerfGH 26, 69; VerfGH 28, 24 (32); VerfGH 29, 173 (178); VerfGH 31, 18 (27); VerfGH 41, 44 (46); VerfGH 41, 151 (155).
[54] VerfGH 20, 191 (197); VerfGH 21, 76 (80); *Meder,* Art. 98, Rn. 9.
[55] VerfGH 10, 86 (92); VerfGH 11, 164 (171).
[56] VerfGH 27, 61 (63); VerfGH 29, 154 (156); VerfGH 37, 140 (143); VerfGH 38, 152 (158).
[57] VerfGH, Ents. v. 25. 5. 2007, Az: Vf. 15–VII-04, DVBl 2007, 1113 ff.
[58] VerfGH 38, 71; VerfGH, Ents. v. 24. 4. 2007, Az: Vf. 11–VII-06, BayVBl 2007, 557 f.
[59] *Pestalozza,* § 23, Rn. 97, S. 447.
[60] VerfGH 32, 45 (50); VerfGH 32, 29 (34); *Meder,* Art. 98, Rn. 10.

sung angegriffen werden;[61] ebenso ist der Antrag zulässig, wenn die Norm schon erlassen, aber noch nicht in Kraft getreten ist.[62]

Der VerfGH prüft die angefochtene Norm grundsätzlich in der Fassung, die im Zeit- **23** punkt seiner Entscheidung gilt.[63] Außer Kraft getretene Rechtsvorschriften oder inzwischen durch eine anderweitige Regelung überholte Rechtsvorschriften, d. h. auch ältere Fassungen einer Bestimmung oder funktionslos gewordene Rechtsnormen,[64] unterliegen der Normenkontrolle nur, wenn ein objektives (nicht nur theoretisches) Interesse an der Feststellung besteht, ob sie mit der BV vereinbar waren.[65] Dies ist insbesondere dann der Fall, wenn nicht auszuschließen ist, dass sie noch rechtliche Wirkungen entfalten,[66] etwa weil sie für künftige Entscheidungen noch rechtlich relevant sind.[67] Daher ist eine Popularklage gegen eine nach § 47 VwGO für nichtig erklärte Rechtsvorschrift nicht zulässig.[68]

dd) Vorkonstitutionelles Recht. Die Popularklage ist auch gegen vorkonstitutionelles Recht **24** statthaft, wenn es nicht schon vor dem 8. 12. 1946 (Inkrafttreten der BV) aufgehoben wurde.[69] Der VerfGH entscheidet, ob es gemäß Art. 186 Abs. 2 BV aufgehoben worden ist.[70] Für ehemaliges Reichsrecht, das gem. Art. 124 oder 125 GG Bundesrecht wurde, nimmt der VerfGH die Zuständigkeit zur Normenkontrolle nicht mehr in Anspruch.[71] Ob ein Gesetz formell ordnungsgemäß zustande gekommen ist, beurteilt sich nach den staatsrechtlichen Verhältnissen zur Zeit seiner Entstehung. Das gilt auch für nationalsozialistische Gesetze.[72]

ee) Unterlassen. Ein Unterlassen des Gesetzgebers und des Verordnungsgebers kann einen **25** Verstoß gegen die BV begründen.[73] Auch dieses Unterlassen kann Gegenstand einer Popularklage sein,[74] wenn in substantiierter Weise geltend gemacht wird, der Normgeber sei auf Grund einer Grundrechtsnorm der Bayerischen Verfassung zum Erlass einer bestimmten Regelung verpflichtet.[75] Ein Anspruch auf Erlass einer bestimmten Rechtsvorschrift kann sich ausnahmsweise nur dann ergeben, wenn ein ausdrücklicher Auftrag der Verfassung besteht, der Inhalt und Umfang der Gesetzgebungspflicht im Wesentlichen umgrenzt, oder wenn der Normgeber einen Sachverhalt gleichheitswidrig ungeregelt gelassen hat und eine dem Gleichheitssatz genügende Regelung nur in einem bestimmten Sinn ausfallen könnte.[76]

ff) Ausschluss zivilrechtlicher Normen. Nicht erfasst werden zivilrechtliche Normen, wie **26** Satzungen von Vereinen und private Regeln der öffentlichen Hand. Keine Rechtsnormen i.S.v. Art. 98 BV sind daher etwa privates Verbandsrecht, die Satzungen des Bayerischen

---

[61] *Fleury,* Rn. 137.

[62] VerfGH 22, 19 (22); VerfGH 23, 32 (38); VerfGH 24, 137 (143); VerfGH 27, 14 (21); *Meder,* Art. 98, Rn. 10 a.

[63] VerfGH 29, 33 (35); *Meder,* Art. 98, Rn. 11.

[64] VerfGH 41, 69 (76); VerfGH 8, 25.

[65] VerfGH 49, 153 (157); VerfGH 51, 74 (81); VerfGH 54, 47 (53); VerfGH, Ents. v. 6. 2. 2007, Az: Vf. 14-VII-04, BayVBl 2007, 364 ff.; VerfGH, Ents. v. 28. 11. 2007, Az: Vf. 15-VII-05 (zitiert nach der Veröffentlichung unter http://www.bayern.verfassungsgerichtshof.de).

[66] VerfGH 26, 87 (93); VerfGH 30, 109 (117 f.); VerfGH 49, 37 (50 ff.).

[67] VerfGH 59, 219.

[68] VerfGH 25, 71; BVerfGE 69, 112 (118 f.).

[69] *Fleury,* Rn. 138; *Pestalozza,* § 23, Rn. 96, S. 446; *Meder,* Art. 98, Rn. 12.

[70] VerfGH 4, 1 (6); VerfGH 12, 1 (4); VerfGH 20, 114 (117); VerfGH 27, 1 (8); VerfGH 42, 157 (166 f.).

[71] VerfGH 10, 15; VerfGH 16, 142 (144).

[72] VerfGH 5, 287 (292); VerfGH 17, 30 (38); vgl. *Wolff,* in: v. Mangoldt/Klein/Starck, GG, 5. Aufl. 2005, Art. 123 Abs. 1 Rn. 31 f.

[73] VerfGH 45, 143 (146); VerfGH 46, 104 (108); VerfGH 46, 298 (299); VerfGH 48, 55 (57); VerfGH 55, 160 (173); VerfGH, Ents. v. 12. 1. 2005, Az: Vf. 3-VII-03, GVBl BY 2005, 16.

[74] VerfGH 27, 61 (64); VerfGH 27, 137 (138); *Fleury,* Rn. 138; *Pestalozza,* § 23, Rn. 98, S. 446; *Meder,* Art. 98, Rn. 17.

[75] VerfGH 42, 188 (192); VerfGH 43, 95 (98); VerfGH 45, 143 (146).

[76] VerfGH 40, 81 (83).

Roten Kreuzes und seiner Wasserwacht,[77] Beschlüsse des Gemeinderats Oberammergau über die Bildung des Passionsspiel-Komitees,[78] privatrechtliche Tarifregelungen und Allgemeine Geschäftsbedingungen, auch nicht, wenn sie von Körperschaften des öffentlichen Rechts erlassen sind,[79] private Stiftungssatzungen, Tarifvertragsnormen, Gewohnheitsrecht.[80]

27   *gg) Ausschluss von Einzelakten.* Nicht mit der Popularklage angreifbar sind Einzelakte, insoweit ist die Verfassungsbeschwerde der zutreffende Rechtsbehelf. Unstatthaft ist daher die Popularklage gegen Staatsakte, wie die Bestimmung des Termins für die Landtagswahl,[81] die Vollzugs- und sonstige Verwaltungsmaßnahmen,[82] auch Entscheidungen über Petitionen,[83] auch Landtagsbeschlüsse ohne Rechtsnormcharakter.[84]

28   **b) Objektive Auslegung der angegriffenen Norm.** *aa) Auslegung durch den VerfGH.* Gegenstand der verfassungsgerichtlichen Prüfung ist die angefochtene Rechtsvorschrift. Maßstab ist daher nicht die Auslegung, die sie gerade „im Einzelfall gefunden hat".[85] Falls erforderlich, prüft der VerfGH erst einmal, wie die angegriffene Norm auszulegen ist. Die Prüfung nimmt er zum Teil in der Zulässigkeitsprüfung[86] und zum Teil in der Begründetheitsprüfung vor.[87] So heißt es etwa: „Um feststellen zu können, ob die angefochtene Regelung den Inhalt hat, den der Antragsteller als verfassungswidrig beanstandet, hat sie der Verfassungsgerichtshof auszulegen und ihren einfach-rechtlichen Anwendungs- und Wirkungsbereich zu ermitteln. Erst nach Feststellung des konkreten Norminhalts kann beurteilt werden, ob die Vorschrift mit der Bayerischen Verfassung vereinbar ist oder nicht."[88] Der VerfGH kann die Norm selbst nach den anerkannten Grundsätzen auslegen.[89] Allerdings geht es bei der Auslegung der Norm durch den VerfGH nicht darum, die Rechtsvorschrift „einfach-rechtlich verbindlich auszulegen".[90] Die Auslegungsbefugnis des VerfGH wird relevant, sofern es darum geht, absurde Auslegungsvarianten des Antragstellers, die die Verfassungswidrigkeit begründen sollen, zurückzuweisen, auf andere Variante hinzuweisen und, falls die anderen Varianten nicht mit den herkömmlichen Auslegungsvarianten begründbar sind, die Norm notfalls verfassungskonform auszulegen.

29   *bb) Verfassungskonforme Auslegung.* Eine Rechtsvorschrift (auch eine vorkonstitutionelle) darf nicht für nichtig erklärt werden, wenn es eine Auslegungsvariante gibt, die im Einklang mit der Verfassung steht.[91] Vor der Aufhebung der Norm muss der VerfGH prüfen, ob bestehende Bedenken nicht im Wege der verfassungskonformen Auslegung ausgeräumt werden können. Nach der sog. verfassungskonformen Auslegung ist die Vorschrift nicht verfassungswidrig, wenn eine Auslegung möglich ist, die im Einklang mit dem GG

---

[77] VerfGH 15, 22 (28).

[78] VerfGH 32, 45; VerfGH 36, 197.

[79] VerfGH 9, 114 (121); VerfGH 16, 112 (115); VerfGH 24, 93 (95).

[80] VerfGH 21, 147; a. M. *Knöpfle,* in Nawiasky/Schweiger/Knöpfle, Art. 98 Satz 4 BV, Rn. 35.

[81] VerfGH 27, 119 (125).

[82] VerfGH 21, 147 (152).

[83] VerfGH 4, 109 (126); VerfGH 14, 71 (76); VerfGH 44, 85 (88); VerfGH, Ents. v. 24. 4. 2007, Az: Vf. 11-VII-06, BayVBl 2007, 557 f.

[84] VerfGH, Ents. v. 24. 4. 2007, Az: Vf. 11-VII-06, BayVBl 2007, 557 f.

[85] VerfGH 29, 44 (50); VerfGH 34, 82 (94); *Meder,* Art. 98, Rn. 25.

[86] VerfGH 56, 75 (86 ff.).

[87] VerfGH, Ents. v. 12. 3. 2007, Az: Vf. 8-VII-06, GewArch 2007, 250 f. = BayVBl 2007, 462 f.

[88] VerfGH 57, 30 (34); VerfGH 59, 23 (24); VerfGH, Ents. v. 12. 3. 2007, Az: Vf. 8-VII-06, GewArch 2007, 250 f. = BayVBl 2007, 462 f.

[89] VerfGH 8, 80 (85); VerfGH 10, 101 (110); VerfGH 29, 44 (50); VerfGH 38, 118 (124); VerfGH 47, 165 (171); VerfGH 56, 75 (86 ff.). m. Anm. *Summer,* ZBR 2003, 359; *Meder,* Art. 98, Rn. 25 ff.; *Knöpfle,* in Nawiasky/Schweiger/Knöpfle, Art. 98 Satz 4 BV, Rn. 61 f.

[90] VerfGH 42, 41 (48 f.); VerfGH 56, 75 (82); VerfGH 57, 30 (34); VerfGH, Ents. v. 30. 1. 2006, Az: Vf. 5-VII-05, BayVBl 2006, 304 f. = DÖV 2006, 607 f. = NVwZ-RR 2006, 585 f.

[91] VerfGH 10, 101 (111); VerfGH 10, 113 (124); VerfGH 27, 172; *Meder,* Art. 98, Rn. 27.

steht, und das Gesetz bei dieser Auslegung sinnvoll bleibt.[92] Die verfassungskonforme Auslegung hat den Sinn, das Ergebnis, das unter Heranziehung der herkömmlichen Methoden gewonnen wurde, noch einmal zu verändern. Die Auslegung braucht nicht streng am Wortlaut zu haften.[93] Umdeutungen von Vorschriften, die, wortgetreu aufgefasst, verfassungswidrig wären, sind nicht ausgeschlossen. Die verfassungskonforme Auslegung besitzt allerdings Grenzen: Die verfassungskonforme Auslegung darf sich nicht zu dem klar erkennbaren Willen des Gesetzgebers in Widerspruch stellen. Sie darf nicht dazu führen, an die Stelle einer Rechtsvorschrift eine andere zu setzen.[94] Der normative Gehalt einer Vorschrift darf nicht erst durch die Auslegung festgesetzt oder grundlegend neu bestimmt werden.[95] Keinesfalls darf der Norm „ein das gesetzgeberische Ziel in einem wesentlichen Punkt verfehlender oder verfälschender Sinn" gegeben werden. Einer verfassungswidrigen Rechtsvorschrift darf nicht mit Hilfe der verfassungskonformen Auslegung ein anderer (verfassungsmäßiger) Inhalt gegeben werden.[96]

Auch Rechtsverordnungen können verfassungskonform ausgelegt werden.[97] Sie sind **30** möglichst so auszulegen, dass sie mit dem ermächtigenden Gesetz in Einklang stehen.

Ist eine verfassungskonforme Auslegung möglich, ist die angegriffene Norm verfas- **31** sungsgemäß, und der Antrag wird mit Maßgabe der Notwendigkeit einer verfassungskonformen Auslegung abgewiesen.[98]

cc) Herkömmliche Auslegungsmethoden. Als herkömmliche Auslegungsmethoden gelten: **32** Ausgangspunkte für die Auslegung einer Norm ist der Wortlaut des Normtextes, mit dem Sinn, der ihm bei objektiver Betrachtung zukommt[99] (grammatikalische Auslegung). Unterstützt wird die grammatikalische Auslegung durch den Zusammenhang, in dem die Norm steht (systematische Auslegung), ihre Entstehungsgeschichte (genetische Auslegung) und ihre historischen Vorläufer (historische Auslegung) sowie durch den Zweck, den die Norm erkennbar verfolgen soll (teleologische Auslegung). Alle diese Methoden schließen sich nicht aus, sondern ergänzen sich gegenseitig. Entscheidend ist das objektive Verständnis der Norm. Bei deren Herleitung können aber die Vorstellungen des Gesetzgebers bei der Normgebung eine zentrale Rolle einnehmen.[100] Eine Vorschrift kann allerdings einen anderen Sinn haben, als der Normgeber es sich gedacht hatte.[101] In die teleologische Auslegung können selbständige Auslegungselemente einfließen, wie etwa die „Folgenerwägungen", d.h. die Erwägungen, zu welchen Konsequenzen eine bestimmte Auslegung führen würde, ob die Norm effektiv und leicht verständlich bleibt etc. Einflüsse höherrangiger Rechtsordnungen können in die Auslegung einbezogen werden, auch schon im Vorfeld vor der verbindlichen Grenze, die das vorrangige Recht im Einzelfall setzt (Grundgesetzfreundiche Auslegung / Europarechtsfreundliche Auslegung).

Von restriktiver Auslegung spricht man, wenn man, aus welchen Gründen auch immer, **33** der Auffassung ist, die Norm bedürfe einer einschränkenden Auslegung;[102] von extensiver Auslegung spricht man im umgekehrten Fall.

---

[92] BVerfGE 2, 266 (Ls 3). Gleiches Prinzip gilt, sofern es um die Konformität nicht mit Normen der Verfassung, sondern mit vorrangigem EG-Recht geht (richtlinienkonforme Auslegung, europarechtskonforme Auslegung; nur ist dieses Prinzip für den VerfGH nicht so relevant, da er EG-Recht nicht als Prüfungsmaßstab heranzieht).

[93] VerfGH 4, 206 (211); VerfGH 20, 36 (44).

[94] BVerfGE 2, 380 (406).

[95] VerfGH 21, 192 (196); VerfGH 26, 28 (40); VerfGH 33, 174 (180); VerfGH 35, 39 (45).

[96] VerfGH 3, 109 (115); VerfGH 11, 1 (10).

[97] VerfGH 17, 19 (28); VerfGH 19, 114 (118 f.).

[98] VerfGH, Ents. v. 10. 10. 2007, Az: Vf. 15-VII-06; VerfGH, Ents. v. 30. 1. 2006, Az: Vf. 5-VII-05, BayVBl 2006, 304 f. = DÖV 2006, 607 f. = NVwZ-RR 2006, 585 f.

[99] VerfGH 7, 69 (79); VerfGH 35, 39 (45).

[100] VerfGH 7, 69 (79); VerfGH 38, 118 (124 f.).

[101] VerfGH 3, 15 (24); VerfGH 7, 69 (79); VerfGH Ents. v. 6. 10. 1969, Az: Vf. 6-VII-69; vgl. BVerfGE 67, 70 (87).

[102] VerfGH 38, 118 (125).

4. Rüge des Verstoßes von bayerischen Grundrechten

34   **a) Allgemein.** Der Antragsteller muss rügen, dass eine Grundrechtsnorm durch die angefochtene Vorschrift verletzt ist; sonst ist die Popularklage unzulässig (Art. 98 S. 4 BV, Art. 55 Abs. 1 S. 1 VfGHG).[103] Die angegriffene Norm muss (möglicherweise) gegen ein Grundrecht (nicht notwendig des Antragstellers) aus der BV verstoßen. Den Grundrechten gleichgestellt sind die grundrechtsgleichen Rechte,[104] wie etwa die institutionelle Garantie des Berufsbeamtentums nach Art. 95 Abs. 1 Satz 2 BV– soweit die persönliche Rechtsstellung des Beamten betroffen ist.[105]

35   Wird bei einer Norm nur der Verstoß gegen die Grundrechte des GG, der EMRK, die europarechtlichen Grundrechte, oder objektiv-rechtliche Normen der BV, wie etwa das Rechtsstaatsprinzip,[106] als verletzt gerügt, ist die Popularklage insoweit unzulässig.

36   Das **Selbstverwaltungsrecht der Gemeinden** aus Art. 11 Abs. 2 BV ist kein Grundrecht, sondern ein „grundrechtsähnliches" Recht. Nach der Rechtsprechung des VerfGH kann es dennoch im Wege der Popularklage geltend gemacht werden.[107] Gleiches gilt für die Rüge einer Verletzung des Konnexitätsprinzips gemäß Art. 83 Abs. 3 BV.[108] Ob die Gemeinde von der Norm konkret betroffen sein muss, um eine Popularklage erheben zu dürfen, hängt von der Art der Norm ab. Bei generell für alle Gemeinden in Bayern geltenden Vorschriften verlangt der VerfGH keine konkrete Betroffenheit der antragstellenden Gemeinde. Es genügt, wenn die angegriffene Vorschrift als solche abstrakt geeignet ist, das gemeindliche Selbstverwaltungsrecht verfassungswidrig einzuschränken.[109] Eine Begrenzung der Antragsbefugnis in dem Sinn, dass nur die jeweils konkret betroffene Gemeinde eine Verletzung in zulässiger Weise geltend machen könne, hat der Verfassungsgerichtshof nur dann vorgenommen, wenn es um konkret-generelle Regelungen wie die in Rechtssatzform ergangenen Maßnahmen der gemeindlichen Gebietsreform ging.[110]

37   Da über den Eingriff in das Recht auf **allgemeine Handlungsfreiheit** (Art. 101 BV) jeder Verstoß gegen objektives Verfassungsrecht gerügt werden kann, erweitert die Popularklage über die allgemeine Handlungsklage die Rügemöglichkeit erheblich. Die Literatur ist um eine einschränkende Auslegung der Popularklage bei der allgemeinen Handlungsfreiheit bemüht, ohne eine einheitliche Linie gefunden zu haben.[111] Die Rechtsprechung lässt demgegenüber den plausiblen Vortrag einer Grundrechtsbeeinträchtigung bei Art. 101 BV genügen, ohne besondere Anforderungen zu stellen.[112]

38   Eine Grundrechtsbeeinträchtigung ist zunächst möglicherweise gegeben, wenn die Rechtswirkungen der angefochtenen Rechtsnorm das grundrechtlich geschützte Verhalten erfassen. Unter Umständen können aber auch mittelbare Beeinträchtigungen genügen, wenn sie schwerwiegend sind (schwerwiegende Reflexwirkungen).[113] Zeitliche Vorwirkungen genügen nur ausnahmsweise.[114] „Grundrechtsgefährdungen" stehen allgemeinen

---

[103] VerfGH 18, 108; VerfGH 24, 1 (11); VerfGH 38, 43 (47); *Meder,* Art. 98, Rn. 14.

[104] *Knöpfle,* in Nawiasky/Schweiger/Knöpfle, Art. 98 Satz 4 BV, Rn. 12.

[105] VerfGH 41, 119 (121); VerfGH, Ents. v. 24. 10. 2004, Az: Vf. 15-VII-01.

[106] VerfGH 54, 1 (6); VerfGH 55, 66 (69); VerfGH, Ents. v. 12. 1. 2005, Az: Vf. 3-VII-03, GVBl BY 2005, 16.

[107] VerfGH 31, 99 (117); VerfGH 33, 47 (53 f.); VerfGH 36, 136 (142); VerfGH 40, 14 (18); VerfGH 47, 165 (171); VerfGH 49, 37 (50 ff.).

[108] VerfGH 41, 140 (145); VerfGH 45, 33 (40); VerfGH, Ents. v. 6. 2. 2007, Az: Vf. 14-VII-04, BayVBl 2007, 364 ff.

[109] VerfGH 12, 48 (55 f.); VerfGH 45, 33 (40); VerfGH 49, 37 (50 ff.); VerfGH 50, 15 (40); VerfGH, Ents. v. 06. 2. 2007, Az: Vf. 14-VII-04, BayVBl 2007, 364 ff.

[110] VerfGH 29, 191 (200); VerfGH 33, 1 (7); VerfGH 40, 154 (158 und 160); VerfGH 44, 41 (48).

[111] Vgl. *Fleury,* Rn. 142 ff.; *Pestalozza,* § 23, Rn. 101 ff. S. 448 f.

[112] VerfGH 33, 130 (133).

[113] VerfGH 20, 15 (20); VerfGH 20, 62 (69); VerfGH 8, 38 (45); *Meder,* Art. 98, Rn. 14.

[114] VerfGH 34, 103 (105).

Grundrechtsbeeinträchtigungen nur unter zusätzlichen Voraussetzungen gleich.[115] Die Verletzung kann auch später aufgrund veränderter Verhältnisse eintreten.[116]

b) Scheinrügen. Nach ständiger Rechtsprechung ist eine Popularklage unzulässig, **39** wenn die geltend gemachte Verletzung einer Grundrechtsnorm nach Sachlage von vornherein nicht möglich ist, weil der Schutzbereich des angeblich verletzten Grundrechts durch die angegriffene Rechtsvorschrift nicht berührt wird.[117] Die Rüge einer offensichtlich nicht einschlägigen Grundrechtsnorm genügt nicht (Scheinrüge).[118] Es reicht deshalb nicht aus, lediglich zu behaupten, die angefochtene Rechtsvorschrift verletze ein Grundrecht. Der zur Überprüfung gestellte Sachverhalt muss es zumindest als möglich erscheinen lassen, dass der Schutzbereich der bezeichneten Grundrechtsnorm berührt ist.[119] Die Popularklage ist auch unzulässig, wenn die geltend gemachte Verletzung eines Grundrechts begrifflich gar nicht möglich ist.[120]

c) Verwaltungsvollzug ist nicht angreifbar. Eine Rechtsvorschrift verstößt nicht **40** schon dann gegen eine Norm der Bayerischen Verfassung, wenn sie die Möglichkeit fehlerhafter oder missbräuchlicher Anwendung bietet[121] oder wenn eine bessere Regelung hätte getroffen werden können.[122] Auch ein fehlerhafter Gesetzesvollzug in der Praxis würde nicht dazu führen, dass die betreffende Vorschrift als solche verfassungswidrig ist.[123] Der Antragssteller muss sich gegen die Norm und nicht gegen ihren Vollzug in der Praxis wenden. Die Gültigkeit einer Norm wird in Frage gestellt, wenn es im Einzelfall zu unrichtigen Anwendungen kommt.[124] Der VerfGH formuliert allgemein dahingehend, dass der Verwaltungsvollzug nicht Gegenstand des Popularklageverfahrens sein könne.[125] Es sei nicht Aufgabe des Verfassungsgerichtshofs, zu überprüfen, wie die angegriffenen Rechtsnormen in der Praxis vollzogen werden.[126]

5. Antrag

a) Allgemein. Popularklagen benötigen einen Antrag (Art. 14 VfGHG). Der Antrag ist **41** schriftlich einzureichen (Art. 14 Abs. 1 VfGHG) und zu begründen (Art. 55 Abs. 1 S. 2 2 VfGHG). Die Schriftlichkeit bezieht sich auf alle erforderlichen Angaben.[127]

Der VerfGH prüft auch die Frage, ob die Möglichkeit einer Grundrechtsverletzung hin- **42** reichend substantiiert (plausibel) dargelegt ist. Eine Frist für die Erhebung der Popularklage gibt es nicht; Verwirkung ist allenfalls in Ausnahmefällen anzunehmen.[128]

Richtet sich die Popularklage gegen eine Verwaltungs- oder Gerichtsentscheidung, ist **43** sie unzulässig, kann aber u.U. in eine Verfassungsbeschwerde (Art. 120 BV) umgedeutet

---

[115] VerfGH 40, 58 (61).

[116] VerfGH 38, 16 (22).

[117] VerfGH 42, 11 (15); VerfGH 46, 298 (300); VerfGH 55, 123 ff.; *Meder,* Art. 98, Rn. 19 ff.; *Pestalozza,* § 23, Rn. 107, S. 450 f.

[118] VerfGH 16, 55 (60).

[119] VerfGH 38, 198 (205); VerfGH 39, 17 (21); VerfGH 39, 169 (173 f.); VerfGH 40, 53 (55 f.); VerfGH 42, 34 (36); VerfGH 44, 109 (117).

[120] VerfGH 19, 16 (19); VerfGH 20, 114 (118); VerfGH 22, 48 (53); VerfGH 24, 181 (190); VerfGH 26, 48 (57); VerfGH 27, 153 (158); VerfGH 29, 1 (3); VerfGH 32, 106 (110); VerfGH 34, 103 (105); VerfGH 37, 184 (194); VerfGH 40, 113 (118); VerfGH 42, 11 (15).

[121] VerfGH 14, 104 (112); VerfGH 20, 101 (110); VerfGH 42, 54 (60); *Meder,* Art. 98, Rn. 18.

[122] VerfGH 27, 93 (100); VerfGH 28, 75 (83).

[123] VerfGH 50, 226 (245); VerfGH 56, 1 (3 f.); VerfGH, Ents. v. 17. 3. 2004, Az: Vf. 11–VII–02; BayVBl 2004, 592 ff. = NVwZ-RR 2004, 802 ff.

[124] VerfGH 44, 61 (75).

[125] VerfGH 56, 1 (4); VerfGH 59, 63 (68); VerfGH, Ents. v. 24. 4. 2007, Az: Vf. 11–VII–06, BayVBl 2007, 557 f.

[126] VerfGH 56, 1 (4); VerfGH 59, 23 (26); VerfGH, Ents. v. 10. 10. 2007, Az: Vf. 15–VII–06.

[127] VerfGH 23, 62 (67); VerfGH 24, 159 (166).

[128] *Pestalozza,* § 23, Rn. 110; *Knöpfle,* in Nawiasky / Schweiger / Knöpfle, Art. 98 Satz 4 BV, Rn. 16.

werden. Eine Umdeutung scheidet allerdings aus, wenn der Antragsteller an dem unzulässigen Rechtsbehelf trotz Belehrung ausdrücklich festhält.[129]

44   Hilfsanträge (Eventualanträge) sind statthaft, müssen aber den prozessualen Anforderungen ebenso genügen wie die unbedingt gestellten Anträge.[130]

45   Die Verbindung eines Popularklageverfahrens mit einem Verfassungsbeschwerdeverfahren (Art. 120 BV) ist unzulässig.[131] Die unterschiedliche Besetzung des VerfGH in den verschiedenen Verfahren steht einer Verbindung entgegen (Art. 68 BV).

46   Die Rücknahme des Antrags beendet das Verfahren – anders als bei der Verfassungsbeschwerde gem. Art. 55 Abs. 4 BV – nicht unbedingt. Wegen des objektiven Charakters des Popularklageverfahrens und seines Zwecks, dem Schutz der Grundrechte als Institution zu dienen, hat der Verfassungsgerichtshof deshalb bei Rücknahme der Popularklage darüber zu befinden, ob ein öffentliches Interesse an der Fortführung des Verfahrens besteht. Die Fortführung des Verfahrens ist dann gerechtfertigt, wenn eine verfassungsgerichtliche Klärung von Fragen, die den Gegenstand des Verfahrens bilden, im öffentlichen Interesse geboten erscheint[132] oder der betroffene Hoheitsträger eine Entscheidung beantragt (Art. 55 Abs. 5 Halbsatz 1, 2 VfGHG).[133] Das Gleiche gilt nach Erledigungserklärung des Antragsstellers.[134]

47   **b) Substantiierungspflicht.** Der Antragsteller muss die angefochtene Rechtsvorschrift bezeichnen und darlegen, inwiefern sie nach seiner Meinung zu einer Grundrechtsnorm der BV in Widerspruch steht (Art. 55 Abs. I Satz 2 VfGHG). Die Zulässigkeit einer Popularklage nach **Art. 98 Satz 4 BV** setzt gemäß **Art. 55 Abs. 1 Satz 2 VfGHG** voraus, dass der Antragsteller mit einem Mindestmaß an Substantiierung nachvollziehbar darlegt, inwiefern die angegriffene Rechtsvorschrift zu einer Grundrechtsnorm der Bayerischen Verfassung in Widerspruch steht.[135] Die Popularklage ist unzulässig, wenn es „an jedem substantiierten Beschwerdevorbringen" fehlt. Zunächst muss das als verletzt behauptete Grundrecht der Sache nach benannt werden, die Nennung des zutreffenden Artikels ist nicht unumgänglich.[136] Die hiernach erforderlichen Angaben müssen bestimmt sein. Es genügt nicht, dass nur zu vermuten ist oder auch eine gewisse Wahrscheinlichkeit besteht, dass der Antragsteller bestimmte Rechtsvorschriften anfechten will und eine bestimmte Grundrechtsnorm als verletzt erachtet.[137] Der VerfGH muss weiter anhand von substantiiert bezeichneten Tatsachen und Vorgängen beurteilen können, ob der Schutzbereich der bezeichneten Grundrechtsnorm berührt ist.[138] Greift der Antragsteller mehrere Rechtsvorschriften an, so muss dies für jede einzelne von ihnen ersichtlich sein.[139] Summarische und nicht präzisierte Anträge sind unzulässig.[140] Bei der Popularklage gegen eine Unterlassung

---

[129] VerfGH 18, 37 (41 f.).

[130] VerfGH 19, 42 (46); VerfGH 24, 57 (63); *Meder,* Art. 98, Rn. 22.

[131] VerfGH 16, 142 (146); VerfGH 26, 127 (132); *Meder,* Art. 98, Rn. 23.

[132] Art. 55 Abs. 5 Halbsatz 1 VfGHG; vgl. VerfGH 48, 46 (48); VerfGH 50, 268 (270); VerfGH, Ents. v. 25. 2. 2002, Az: Vf. 5-VII-01.

[133] VerfGH 21, 190 ff.; VerfGH 26, 69 (74 f.).

[134] VerfGH 35, 26 (27); VerfGH 44, 102 (104); VerfGH 48, 46 (48); VerfGH 51, 1 ff.; VerfGH, Ents. v. 19. 10. 2001, Az: Vf. 10-VII-98.

[135] VerfGH 19, 16 (19); VerfGH 21, 77 (79); VerfGH 24, 1 (11); VerfGH 26, 9 (14); VerfGH 35, 56 (62); VerfGH, Ents. v. 23. 5. 2007, Az: Vf. 1-VII-06, BayVBl 2007, 595 f.; VerfGH, Ents. v. 15. 1. 2007, Vf. 11-VII-05, BayVBl 2007, 235 (239); VerfGH 59, 109 (114); *Meder,* Art. 98, Rn. 19; *Knöpfle,* in Nawiasky/Schweiger/Knöpfle, Art. 98 Satz 4 BV, Rn. 8 ff.

[136] VerfGH 10, 101 (105).

[137] VerfGH 21, 77 (82); VerfGH 21, 147 (152); VerfGH 27, 93 (96); VerfGH 27, 172 (176).

[138] VerfGH 38, 198 (Ls. 4); VerfGH 40, 53 (56); VerfGH 41, 33 (37); VerfGH 41, 59 (63 f.); VerfGH 42, 34 (36).

[139] VerfGH 29, 191 (200 f.); VerfGH 38, 43 (45); VerfGH, Ents. v. 12. 1. 2005, Az: Vf. 3-VII-03, GVBl BY 2005, 16.

[140] VerfGH 21, 67 (70); VerfGH 22, 138 (142); VerfGH 38, 43 (45); VerfGH 58, 253 ff.

ist darzutun, welche Grundrechtsnorm den Gesetzgeber in einer bestimmten Rechtsmaterie zum Handeln verpflichtet haben soll.[141]

Die Popularklage muss sich gegen einzelne Normen wenden. Es ist zwar grundsätzlich **48** nicht möglich, ein mehrere Vorschriften umfassendes Gesetz im Ganzen mit der Popularklage anzugreifen. Der Antragsteller hat die einzelnen Vorschriften, gegen die sich die Popularklage richten soll, genau zu bezeichnen.[142] Eine Ausnahme gilt jedoch, wenn ein Gesetz insgesamt mit der Rüge angegriffen wird, es verletze das Grundrecht der Handlungsfreiheit, weil es nicht ordnungsgemäß zustande gekommen sei und deshalb nicht zur verfassungsmäßigen Ordnung gehöre.[143] Richtet der Antrag sich gegen mehrere Normen, prüft der VerfGH sorgfältig für jede Norm nach, ob für diese eine mögliche Grundrechtsverletzung plausibel vorgetragen wurde. In der Praxis hält der VerfGH häufig einen Antrag bezüglich der Rügen gegen einen Teil der Vorschriften für unzulässig.

6. Klarstellungsinteresse

a) Kein Erfordernis eines Antragsbedürfnisses. Die Popularklage ist ein objektives **49** Verfahren. Ein besonderes Rechtsschutzinteresse oder eine gegenwärtige und unmittelbare Betroffenheit (Antragsbefugnis) setzt die Popularklage nicht voraus.[144] Der Antragsteller muss auch nicht selbst in einem Grundrecht verletzt sein. Die angefochtene Rechtsvorschrift braucht ihn überhaupt nicht zu berühren („abstrakte Normenkontrolle").[145]

b) Objektives Klarstellungsinteresse. Auch wenn kein Rechtsschutzbedürfnis er- **50** forderlich ist, so bedarf der Antrag dennoch eines objektiven Klarstellungsinteresses. Das Erfordernis des Klarstellungsinteresses hat eine ähnliche Funktion wie das Rechtsschutzbedürfnis. Allerdings geht es beim Klarstellungsinteresse um ein objektives Interesse, nicht um ein subjektives Interesse des Antragstellers. Das Vorliegen der Zulässigkeitsvoraussetzungen indiziert das objektive Klarstellungsinteresse. Nur in ausgesprochenen Ausnahmesituationen, in denen die Inanspruchnahme der staatlichen Rechtsschutzinstanzen unter keinem Aspekt sinnvoll erscheint, kann es fehlen. Das wäre etwa der Fall, wenn das BVerfG die angegriffene Norm zwar nicht aufgehoben hat (dann hätte sich das Verfahren vor dem VerfGH erledigt), aber bereits für unvereinbar mit höherrangigem Recht erklärt hat.[146] Dagegen lässt weder ein anhängiges noch ein erfolglos abgeschlossenes Verfahren vor dem BVerfG das Klarstellungsinteresse für ein Popularklageverfahren vor dem VerfGH entfallen.[147]

c) Verwirkung und Missbrauch. Eine Eingrenzung erhält die Popularklage durch die **51** Möglichkeit der Verwirkung[148] und durch das Missbrauchsverbot.[149] Der Antrag kann wegen Missbrauchs unzulässig sein, wenn die bayerischen Grundrechte in keinem Fall für den Antragsteller relevant sein könnten.[150] Eine Popularklage kann, auch wenn ein

---

[141] VerfGH 27, 137 (138); VerfGH 27, 172 (177); VerfGH 36, 106 (109); VerfGH 38, 143 (147); VerfGH 40, 45 (48).

[142] VerfGH 29, 191 (200 f.); VerfGH 50, 181 (196); VerfGH 58, 253 ff.

[143] VerfGH 50, 181 (196); VerfGH 58, 253 ff.

[144] VerfGH 36, 56 (61); VerfGH 54, 109 (133); VerfGH, Ents. v. 25. 5. 2007, Az: Vf. 15-VII-04, DVBl 2007, 1113 ff.; *Fleury,* Rn. 139; *Knöpfle,* in Nawiasky/Schweiger/Knöpfle, Art. 98 Satz 4 BV, Rn. 28.

[145] VerfGH 7, 69 (73); VerfGH 28, 88 (94); VerfGH 32, 45 (48); VerfGH 32, 106 (110); VerfGH 35, 148 (153); VerfGH 36, 56 (61).

[146] *Fleury,* Rn. 111.

[147] *Fleury,* Rn. 153; *Pestalozza,* § 23, Rn. 110, S. 452 f.

[148] VerfGH 40, 154 (158 ff.); *Meder,* Art. 98, Rn. 7; *Knöpfle,* in Nawiasky/Schweiger/Knöpfle, Art. 98 Satz 4 BV, Rn. 32.

[149] VerfGH 16, 55 (61); VerfGH 18, 166 (172); VerfGH 36, 56 (61); VerfGH 36, 162 (166); VerfGH 39, 169 (173); VerfGH 42, 11 (15); *Meder,* Art. 98, Rn. 7; *Knöpfle,* in Nawiasky/Schweiger/Knöpfle, Art. 98 Satz 4 BV, Rn. 30.

[150] VerfGH 36, 56 (61); VerfGH 42, 11 (15); *Pestalozza,* § 23, Rn. 108 f.

Rechtsschutzbedürfnis nicht erforderlich ist, dennoch unzulässig sein, wenn sie unsubstantiiert oder missbräuchlich erhoben wird[151] oder wenn sie verwirkt ist.[152]

52　**d) Wiederholung der abgewiesenen Popularklage.** Wegen der Weite der Popularklage ist es praktisch wichtig, wann eine wiederholende Popularklage zulässig ist. Ein Antrag nach Art. 98 Satz 4 BV, der sich auf Feststellung der Verfassungswidrigkeit einer Rechtsvorschrift richtet, die der VerfGH in einer früheren Entscheidung ausdrücklich für verfassungsgemäß erklärt hat, ist nur unter bestimmten Voraussetzungen zulässig. Gleiches gilt, wenn nicht eine identische Vorschrift überprüft wurde, sondern eine, die mit der nun angegriffenen Norm in engem, die Identität des Streitgegenstands herstellenden Sachzusammenhang stand.[153]

53　Die Formel des VerfGH lautet: Hat der Verfassungsgerichtshof die Verfassungsmäßigkeit einer Norm bejaht, so ist die Rechtslage geklärt, und es soll dabei sein Bewenden haben.[154] Der Verfassungsgerichtshof lässt daher in ständiger Rechtsprechung die Wiederholung eines Normenkontrollbegehrens nur dann zu, wenn seit der früheren Entscheidung ein grundlegender Wandel der Lebensverhältnisse oder der allgemeinen Rechtsauffassung eingetreten ist oder wenn neue rechtliche Gesichtspunkte[155] geltend gemacht werden. Ebenso kann es genügen, wenn der Antrag auf neue, in der früheren Entscheidung nicht gewürdigte Tatsachen[156] gestützt wird.[157] Sind dagegen die Voraussetzungen nicht gegeben, ist der neue Antrag dagegen, der inhaltlich mit einer früheren, vom VerfGH bereits überprüften Rechtsvorschrift im Wesentlichen übereinstimmt, unzulässig.[158] Eine Wiederaufnahme des Verfahrens gibt es nicht.[159] Die Abweisung eines Normenkontrollantrags nach § 47 VwGO durch den VGH berührt die Zulässigkeit der Popularklage nicht.[160]

7. Verfahren

54　Gemäß Art. 55 VfGHG sind folgende Personen am Verfahren beteiligt: der Antragsteller, der Landtag, die Staatsregierung, ferner Körperschaften des öffentlichen Rechts, wenn sie die Rechtsvorschriften erlassen haben, die Gegenstand des Verfahrens sind.[161] Der VerfGH hat den Beteiligten Gelegenheit zur Äußerung zu geben (Art. 55 Abs. 2 VfGHG). Die von der angefochtenen Rechtsnorm Betroffenen gehören nicht zu den „Beteiligten".

8. Prüfungsmaßstab

55　**a) Umfassende Prüfung der Begründetheit.** Prüfungsmaßstab ist die gesamte BV und nur diese.[162] In den Worten des VerfGH: „Im Popularklageverfahren ist allein die Bayerische Verfassung Prüfungsmaßstab."[163]

56　Der Normtext des Art. 98 S. 4 BV und der Zweck der Norm (Schutz der Grundrechte) legen die Vermutung nahe, nur die Grundrechte der BV dürften als Prüfungsmaßstab

---

[151] VerfGH 36, 56 (61); VerfGH 42, 11 (15); VerfGH, Ents. v. 25. 5. 2007, Az: Vf. 15-VII-04, DVBl 2007, 1113.

[152] VerfGH 40, 154 (159); VerfGH 50, 115 (121 f.).

[153] S. VerfGH 33, 168 (171).

[154] Vgl. *Meder,* Art. 98, Rn. 38.

[155] VerfGH 36, 56 (61); VerfGH 39, 75 (77 f.); VerfGH 43, 1 (5 f.).

[156] VerfGH 33, 168 (171); VerfGH 44, 61.

[157] VerfGH 44, 61 (75); VerfGH 50, 226 (244); VerfGH 52, 91 (94); VerfGH, Ents. v. 20. 10. 2003, Az: Vf. 6-VII-02, BayVBl 2004, 268 ff.; *Meder,* Art. 98, Rn. 38.

[158] VerfGH 36, 56 (63); VerfGH 28, 14 (19); VerfGH 36, 188 (189); VerfGH, Ents. v. 26. 7. 1984, Az: Vf. 8-VD-83, S. 11 f.

[159] VerfGH 25, 45.

[160] VerfGH 27, 14 (21); VerfGH 32, 1 (5); VerfGH 33, 47 (54); VerfGH 33, 144 (154).

[161] VerfGH 30, 47 (57); *Meder,* Art. 98, Rn. 7 a.

[162] VerfGH 41, 151 (156); *Fleury,* Rn. 154; *Meder,* Art. 98, Rn. 14; *Knöpfle,* in Nawiasky/Schweiger/Knöpfle, Art. 98 Satz 4 BV, Rn. 64 ff.

[163] VerfGH 50, 76 (98).

herangezogen werden. Die Praxis geht dennoch andere Wege. Nach dem VerfGH gilt: Ist die Popularklage zulässig, erstreckt der Verfassungsgerichtshof seine Prüfung grundsätzlich auf alle in Betracht kommenden Normen der Bayerischen Verfassung, selbst wenn sie nicht als verletzt bezeichnet worden sind oder wenn sie keine Grundrechte verbürgen.[164]

Der VerfGH prüft auch, ob die angefochtene Vorschrift eine institutionelle Garantie **57** der Bayerischen Verfassung verletzt; z. B. Art. 147 BV (Schutz der Sonn- und Feiertage).[165] Verstöße gegen Programmvorschriften lassen eine Norm erst dann unwirksam werden, wenn sie diesen unmittelbar widerspricht.[166] Die Nichterfüllung des in ihnen enthaltenen Programms genügt nicht für die Herbeiführung der Nichtigkeit.[167]

Bei abgeleiteten Vorschriften prüft der VerfGH, ob diese ordnungsgemäß zustande **58** gekommen sind. Er prüft dabei nicht alle verfahrensrechtlichen Einzelheiten nach, sondern nur, ob sie auf einer gültigen Ermächtigung beruhen und sich an diese halten, sowie, ob eine elementare Verfahrensvorschrift verletzt ist, deren Missachtung zugleich als ein Verstoß gegen Art. 3 Abs. 1 Satz 1 BV verstanden werden kann.[168] Er erklärt daher eine Rechtsverordnung für verfassungswidrig und nichtig, wenn sie den Rahmen einer Ermächtigungsnorm überschreitet (oder gar einer gesetzlichen Ermächtigungsgrundlage überhaupt entbehrt) und deshalb gegen Art. 3 Abs. 1 Satz 1 BV verstößt.[169]

Der weite Prüfungsmaßstab führt zu Überschneidungen mit der Normprüfungskompe- **59** tenz des VGH gem. § 47 Abs. 1 Nr. 2 VwGO i. V. m. Art. 5 Abs. 1 AGVwGO, wobei der VGH wegen § 47 Abs. 3 VwGO den Grundrechtsteil nicht als Prüfungsmaßstab heranziehen darf.

b) Vorprüfung der Gültigkeit der Maßstabsnorm. Als Vorprüfung muss der VerGH **60** dabei ggf. untersuchen, ob die den Maßstab seiner Kontrolle bildenden Verfassungsnormen rechtswirksam sind.[170] Die bayerischen Verfassungsnormen könnten durch höherrangiges Recht, insbesondere Bundesrecht,[171] oder durch Landesverfassungsrecht höheren Ranges unwirksam sein.

c) Ausschluss vom GG und EG-Recht. Die Grundrechtsnormen des GG sind keine **61** Maßstabsnormen im eigentlichen Sinne. Der VerfGH hat die Vereinbarkeit der angegriffenen Normen mit den Grundrechten des GG nicht unmittelbar festzustellen[172] oder zu entscheiden. Gleiches gilt für die Grundrechte der EMRK oder der EU[173] und auch für die Normen des einfachen Bundesrechts. Der VerfGH darf nur über die Vereinbarkeit mit der BV abschließend entscheiden.

9. Auslegung der relevanten Maßstabsnorm

Um prüfen zu können, ob die angegriffene Norm gegen die Bayerische Verfassung **62** verstößt, sind die Normen der Bayerischen Verfassung auszulegen.[174] Auch für die Auslegung der Verfassungsbestimmungen selbst gelten zunächst die klassischen Auslegungs-

---

[164] VerfGH, Ents. v. 10. 10. 2007, Az: Vf. 15-VII-06; VerfGH 59, 134 (138 m. w. N.). VerfGH 52, 47 (56); VerfGH 55, 1 (6); VerfGH 58, 253 ff.; *Meder,* Art. 98, Rn. 15 ff.; *Domcke,* in: Landesverfassungsgerichtsbarkeit 1983, Teilbd. 2, S. 231 (S. 249 f.).

[165] *Meder,* Art. 98, Rn. 15 a.

[166] VerfGH 17, 30 (39); VerfGH 20, 36 (45 f.).

[167] VerfGH 21, 205 (211); VerfGH 21, 211 (216); *Meder,* Art. 98, Rn. 16.

[168] VerfGH 44, 41 (49); VerfGH 47, 77 (81); VerfGH 48, 87 (94); VerfGH 55, 66 (70).

[169] VerfGH 42, 21 (26); VerfGH 56, 198 ff; VerfGH 57, 48.

[170] *Meder,* Art. 98, Rn. 14; *Knöpfle,* in Nawiasky/Schweiger/Knöpfle, Art. 98 Satz 4 BV, Rn. 75.

[171] VerfGH 41, 44 (46); VerfGH 12, 91 (116); VerfGH 13, 63 (72); *Lerche,* Probleme der Vorfragenkompetenz in der Judikatur des Bayerischen Verfassungsgerichtshofs, in: FS f. VerfGH, S. 257 f.

[172] VerfGH 12, 1 (27); VerfGH 13, 153 (160); VerfGH 24, 199 (216); VerfGH 28, 107 (118); VerfGH 41, 119 (124); VerfGH 41, 151 (156); VerfGH 52, 104 (137 f.); VerfGH 58, 253 ff.; *Meder,* Art. 98, Rn. 14.

[173] VerfGH 39, 56 (62); *Lindner,* Das Europarecht in der Rechtsprechung des Bayerischen Verfassungsgerichtshofs, BayVBl 2008, zitiert nach dem Typoskript, unter III 1.

[174] *Knöpfle,* in Nawiasky/Schweiger/Knöpfle, Art. 98 Satz 4 BV, Rn. 76.

methoden (s. o.). Neben der grammatikalischen Auslegung spielt dabei die systematische eine wichtige Rolle. So muss etwa ein in der Verfassung mehrmals verwendeter Begriff nicht stets dieselbe Bedeutung haben. Die Auslegung hängt von dem Kontext, in dem er steht und von der Funktion ab, die der Begriff innerhalb des Verfassungsgefüges zu erfüllen hat. Inhalt und Tragweite der Normen sind unter Berücksichtigung ihres Sinnes und Zweckes sowie aus ihrem Zusammenhang zu ermitteln.[175] Über die Geltung der allgemeinen Auslegungsmethoden hinaus gelten bei der Verfassungsauslegung und -interpretation Besonderheiten.[176]

63   Die einzelnen Normen der BV sind so auszulegen, dass sie mit den elementaren Verfassungsgrundsätzen vereinbar sind. Der Gedanke der Einheit der Verfassung verlangt, bestehende Spannungen zwischen den einzelnen Verfassungsnormen möglichst zu vermeiden. Die Verfassung will ein möglichst widerspruchsfreies und reibungsfreies logisch-teleologisches Sinngebilde begründen, mit dem Ziel, eine einheitliche Ordnung des politisch-wirtschaftlichen Lebens der staatlichen Gemeinschaft zu sein.[177] Nach dem Grundsatz praktischer Konkordanz sollen Verfassungsnormen auch bei − scheinbarer − Kollision so ausgelegt werden, dass sie ein Optimum an Effektivität erzielen.[178]

64   Mitunter weist der VerfGH bei der Auslegung einzelner Normen auf das „Menschenbild der Verfassung", den gemeinschaftsbezogenen Bürger, hin. Gleichfalls greift er auch auf das „vorrechtliche Gesamtbild" zurück.[179] In seltenen Fällen und nur aus besonderen Gründen kann sich für ihn die Notwendigkeit ergeben, eine Norm der BV abweichend von ihrem Wortlaut auszulegen oder das Verfassungsrecht fortzubilden.[180]

65   *Verfassungswandel.* Verfassungsnormen können einem Bedeutungswandel unterworfen sein, wobei ein Wandel der als maßgeblich erachteten Rechtsprinzipien und Bewertungsgrundsätze ebenso wirksam zu sein vermag wie ein Wandel der Normsituation, d. h. ein Wandel der tatsächlichen Verhältnisse, auf die hin die Norm geschaffen worden ist.[181] Die Möglichkeit eines Bedeutungswandels findet eine Grenze an der „Normativität der Verfassung". Es ist unzulässig, unter Berufung auf die „Verfassungswirklichkeit" zu versuchen, unliebsame verfassungsrechtliche Vorgaben abzuschütteln, mit der Begründung, der politische, soziale oder wirtschaftliche Forschritt habe der Norm ihren Sinn geraubt und verlange nach einer neuen Auslegung.[182]

10. Mittelbarer Prüfungsmaßstab I: Vereinbarkeit mit Bundesrecht als Element des landesverfassungsrechtlichen Rechtsstaatsprinzips

66   **a) Bundesrecht als mittelbarer Prüfungsmaßstab.** Nach seiner ständigen Rechtsprechung kann der Verfassungsgerichtshof die Frage, ob der bayerische Gesetzgeber das höherrangige Bundesrecht verletzt hat, am Maßstab des Rechtsstaatsprinzips der Bayerischen Verfassung zumindest teilweise überprüfen. Art. 3 Abs. 1 Satz 1 BV ist verletzt, wenn der Widerspruch des bayerischen Landesrechts zum Bundesrecht offen zutage tritt und darüber hinaus auch inhaltlich nach seinem Gewicht als schwerwiegender Eingriff in die Rechtsordnung zu werten ist.[183] Nicht jede Verletzung von Bundesrecht durch eine

---

[175] VerfGH 28, 107 (124).
[176] VerfGH 29, 244 (264 f.).
[177] VerfGH 20, 1 (9); VerfGH 35, 10 (23); VerfGH 38, 16 (23); *Meder*, Art. 98, Rn. 28.
[178] VerfGH 38, 16 (23); *Meder*, Art. 98, Rn. 28.
[179] VerfGH 2, 181 (206); VerfGH 4, 251 (276).
[180] VerfGH 29, 191 (209).
[181] VerfGH 28, 107 (124); VerfGH 39, 96 (140 f.); *Meder*, Art. 98, Rn. 28.
[182] VerfGH 28, 107 (124); VerfGH 32, 56 (66 f.).
[183] VerfGH 41, 59 (64 f.); VerfGH 41, 69 (73 ff.); VerfGH 41, 83 (89); VerfGH 43, 107 (120 ff.); VerfGH 44, 5 (8 f.); VerfGH 45, 33 (40 f.); VerfGH 48, 17 (26 f.); VerfGH 48, 137 (144 f.); VerfGH 50, 76 (98); *Meder*, Art. 98, Rn. 14 a f.; kritisch *Knöpfle*, in Nawiasky/Schweiger/Knöpfle, Art. 98 Satz 4 BV, Rn. 72; *Lerche* (Fn. 171), in: FS f. VerfGH, S. 248 f., *Schumann*, Einwirkungen des Bundesrechts auf die Bayerische Verfassungsgerichtsbarkeit, in: FS f. VerfGH, S. 297 Fußnote 69 Abs. 3; *ders.*, in: Landesverfassungsgerichtsbarkeit 1983, Teilbd. 2, S. 201 f.; *Angerer*, BayVBl 1969, 274.

Landesrechtsnorm genügt daher für die Annahme einer Verletzung von Art. 3 BV. Mit diesem Maßstab hat der VerfGH wiederholt geprüft, ob die angefochtene Vorschrift mit den Kompetenznormen des GG zu vereinbaren ist.[184]

Ein echte Vorprüfung dahin gehend, dass geprüft wird, ob die angegriffene Norm **67** von höherrangigem Recht beseitigt wird, findet nicht (mehr) statt.[185] Die Ungültigkeit von Landesrecht wegen Verstoßes gegen Bundesrecht im eigentlichen Sinne ist dem VerfGH im Popularklageverfahren nicht möglich. Die Heranziehung des Bundesrechts als mittelbarer Prüfungsmaßstab über Art. 3 BV ist ein vernünftiger praktikabler Mittelweg, der einerseits dem Grundsatz der Autonomie der Verfassungsräume und andererseits der Besonderheiten des Stufenbaus der Rechtsordnung gerecht wird. In früheren Entscheidungen hat der VerfGH darauf hingewiesen, dass er die Kompetenz habe zu entscheiden, ob die angegriffene Norm schon aus anderen Gründen als wegen Verstoßes gegen Grundrechte der BV nichtig sei, etwa weil sie nicht wirksam zustande gekommen sei oder weil ihr Inhalt durch höherrangiges Recht nicht gedeckt sei oder beseitigt worden sei.[186] Unter dieser Formel hat er auch die Vereinbarkeit von Landesrecht mit Bundesrecht geprüft.[187] Diese Rechtsprechung dürfte durch den Rückgriff auf Art. 3 BV überholt sein.

b) Folgerungen zur Vorlagepflicht nach Art. 100 Abs. 1 GG. Soweit der VerfGH **68** eine Norm auf deren Übereinstimmung mit dem GG über Art. 3 Abs. 1 BV kontrollieren kann, muss er Art. 100 Abs. 1 GG beachten und die Frage, ob das förmliche Bundesrecht, das er als Maßstab über Art. 3 BV heranzieht, gegen das GG verstößt, dem BVerfG vorlegen, sofern er selbst von dessen Verfassungswidrigkeit überzeugt ist.[188] Diese erweiterte Auslegung des Art. 100 Abs. 1 GG ergibt sich aus dessen Sinn.

Eine andere Frage ist, ob er auch förmliches Landesrecht, das Prüfungsgegenstand des **69** Popularklageverfahrens ist, dem BVerfG vorlegen muss, wenn er der Auffassung ist, es würde evident gegen Bundesrecht verstoßen. Streng genommen liegt keine Anwendung des förmlichen Landesrechts vor, da dieses Prüfungsgegenstand und nicht Prüfungsmaßstab ist. Weiter wird gerade nicht die Übereinstimmung mit dem Bundesrecht, sondern die mit Art. 3 BV geprüft. Dem VerfGH ist daher zuzustimmen, sofern er die Ansicht vertritt, die Grundgesetzmäßigkeit der landesrechtlichen Rechtsvorschrift könne keine Vorfrage i. S. des Art. 100 Abs. 1 GG sein.[189]

11. Mittelbarer Prüfungsmaßstab II: Vereinbarkeit mit Europarecht als Element des landesverfassungsrechtlichen Rechtsstaatsprinzips

Der Verfassungsgerichtshof hat bisher offen gelassen, ob über Art. 3 Abs. 1 BV auch die **70** offensichtliche Unvereinbarkeit von Landesrecht mit vorrangigem EG-Recht zu prüfen ist.[190] Es bestehen zwar strukturelle Unterschiede zwischen der Vorrangigkeit des Bundesrechts einerseits und des EG-Rechts andererseits, insbesondere deshalb, weil der Widerspruch beim EG-Recht allenfalls zur Unanwendbarkeit und nicht zur Nichtigkeit des widersprechenden Landesrechts führt. Diese Unterschiede sind nicht unerheblich, da beim Anwendungsvorrang die nationale Norm in den Fällen, in denen keine Kollision mit dem vorrangigen Recht vorliegt, wirksam bleibt und sie daher nicht vollständig un-

---

[184] VerfGH 29, 191 (201 f.); VerfGH 30, 167 (170 f.); VerfGH 34, 31 (36); VerfGH 35, 39 (43); VerfGH 35, 56 (63).

[185] Diese fordert aber *Pestalozza,* § 23, Rn. 103, S. 449 f.; s. zur Entwicklung der Rechtsprechung *Knöpfle,* in Nawiasky/Schweiger/Knöpfle, Art. 98 Satz 4 BV, Rn. 72.

[186] VerfGH 28, 59 (63) m. w. N.

[187] VerfGH 28, 75 (78).

[188] Anders VerfGH 26, 28 (33 f.).

[189] VerfGH 26, 28 (33 f.); VerfGH 26, 87 (92); VerfGH 28, 59 (63); VerfGH 29, 105 (129); *Knöpfle,* in Nawiasky/Schweiger/Knöpfle, Art. 98 Satz 4 BV, Rn. 69.

[190] VerfGH 39, 56 (62); VerfGH 50, 76 (99); VerfGH 50, 226 (266); VerfGH 52, 47 (61 f.); VerfGH 55, 123 ff.

gültig ist. Weiter ist bei der Popularklage das Verfahren vom Einzelfall losgelöst, so dass unklar ist, in welchem Anwendungsbereich der VerfGH die Norm überprüfen soll; in dem Bereich, in dem der Anwendungsvorrang in Frage steht oder in dem, in dem dies nicht der Fall ist. Diese Unterschiede rechtfertigen es nach der hier vertretenen Ansicht dennoch im Ergebnis nicht, den offenkundigen und schwerwiegenden Widerspruch des Landesrechts zum Europäischen Gemeinschaftsrecht anders zu behandeln als zum Bundesrecht. Das landesverfassungsrechtliche Rechtsstaatsgebot ist die Transformationsnorm für die Einwirkungen des höherrangigen Rechts auch in die Landesverfassungsgerichtsbarkeit. Allerdings dürfte das Klarstellungsinteresse fehlen, wenn die Rechtsprechung und die Praxis den Anwendungsvorrang in der Konstellation, um die es beim Antrag geht, unstreitig anerkennen. Der VerfGH hat daher über Art. 3 Abs. 1 BV auch zu prüfen, ob die vorgelegte Norm deshalb gegen das Rechtsstaatsprinzip verstößt, weil sie offensichtlich den Anwendungsvorrang des EG-Rechts missachtet.[191]

71 Sofern der VerfGH daher im Rahmen der Evidenzprüfung im Zusammenhang mit Art. 3 Abs. 1 BV EG-Recht „anwendet", ist er auch zur Beachtung des Art. 234 EGV verpflichtet.[192]

12. Entscheidung

a) Unbegründete Anträge. Unbegründete Anträge werden abgewiesen.

72 **b) Begründete Anträge.** Verfassungswidrige Normen sind rechtswidrig. Die Rechtspraxis hat sie aber solange zu beachten, bis sie aufgehoben wurden. Erachtet der VerfGH die angefochtene Rechtsvorschrift für verfassungswidrig, so erklärt er sie in der Regel für nichtig, mitunter aber auch nur für verfassungswidrig und unanwendbar.[193] Die Vorschrift wird nicht aufgehoben. Da sie wegen der Rechtswidrigkeit nichtig ist, gibt es rechtstheoretisch nichts, was aufzuheben wäre. Die Nichtigerklärung wirkt ex tunc, d. h. mit Wirkung ab Beginn der Kollision zwischen Norm und Maßstab.[194] Die Entscheidung ist rechtsgestaltend. Sie ist schon ihrer Natur nach allgemeinverbindlich (Art. 25 Abs. 7 VfGHG).

73 *aa) Teilnichtigkeit.* Die Norm kann ganz oder teilweise nichtig sein. Ist ein Teil einer Einzelbestimmung nichtig und wird das Gesetz im Ganzen dadurch nicht berührt, so wird nur der nichtige Teil aufgehoben.[195] Dagegen ist die Einzelbestimmung im Ganzen für nichtig zu erklären, wenn der übrige Teil keine Bedeutung mehr hätte; wenn es zweifelhaft ist, ob der Gesetzgeber sie in dem von der Nichtigkeit nicht erfassten Teil aufrechterhalten hätte; wenn es notwendig wäre, die Einzelbestimmung neu zu formulieren;[196] wenn die für sich genommen verfassungsmäßigen Normen alleine keine Bedeutung mehr haben;[197] oder wenn sie mit den nichtigen Bestimmungen so verflochten sind, dass sie eine untrennbare Einheit bilden.[198] In diesen Fällen können auch Normen aufgehoben werden, die selbst nicht ausdrücklich mit angefochten sind. Die Nichtigerklärung des gesamten

[191] Wie hier ausführlich *Lindner,* Das Europarecht in der Rechtsprechung des Bayerischen Verfassungsgerichtshofs, BayVBl 2008, zitiert nach dem Typoskript, unter V. 2; a. A. *Knöpfle,* in Nawiasky/Schweiger/Knöpfle, Art. 98 Satz 4 BV, Rn. 74.

[192] *Lindner,* Das Europarecht in der Rechtsprechung des Bayerischen Verfassungsgerichtshofs, BayVBl 2008, zitiert nach dem Typoskript, unter V. 2.

[193] VerfGH 23, 47 (53); VerfGH 34, 135 (140).

S. z. B. VerfGH, Ents. v. 12.1.2005, Az: Vf. 3-VII-03, GVBl 2005, 16; VerfGH 57, 175 (178 ff.); VerfGH, Ents. v. 24.10.2004, Az: Vf. 15-VII-01.

[194] *Pestalozza,* Bayern nimmt Abschied von Bonus und Malus – BayVerfGH, NJW 1975, 1733, JuS 1976, 100; *Meder,* Art. 98, Rn. 31.

[195] *Meder,* Art. 98, Rn. 33.

[196] VerfGH 10, 76 (86).

[197] VerfGH 19, 42 (45).

[198] VerfGH 3, 28 (50); VerfGH 21, 192 (197); VerfGH 28, 143 (173); VerfGH 32, 74 (87); VerfGH 36, 123 (135); VerfGH 36, 173 (185); VerfGH 42, 135 (138).

Gesetzes ist weiter vorzunehmen, wenn es an verfassungsrechtlichen („formalen") Voraussetzungen der Rechtsetzung fehlt, z. B. wenn bei einer Rechtsverordnung die erforderliche gesetzliche Ermächtigung fehlt.

bb) Erklärung der Unanwendbarkeit. Wenn es Rechtssicherheit und Rechtsfrieden fordern, **74** kann der VerfGH ausnahmsweise von der Nichtigerklärung (mit Wirkung ex tunc) absehen und sich auf die Feststellung der Verfassungswidrigkeit beschränken.[199] Eine dieser Ausnahmesituationen liegt vor, wenn bis zur notwendigen Neuregelung durch den Gesetzgeber ein „ungeregelter Zustand" vermieden werden soll, der „einer verfassungsmäßigen Regelung ferner stünde als die Anwendung der derzeitigen Vorschriften".[200] Eine andere Fallkonstellation liegt bei gleichheitswidrigen Regelungen vor.

Es ist nicht die Aufgabe des VerfGH, an Stelle einer verfassungswidrigen Rechtsvor- **75** schrift eine dem Gleichheitssatz entsprechende Regelung zu schaffen.[201] Er hat nur eine begünstigende oder benachteiligende Vorschrift für nichtig zu erklären und dadurch zu beseitigen oder aber festzustellen, dass die unterbliebene Gleichbehandlung verfassungswidrig ist. Der Gesetzgeber hat dann innerhalb einer angemessenen Frist den gesamten Bereich unter Beachtung des Gleichheitssatzes zu regeln.[202] Er ist dabei an ihm vom VerfGH gemachte Vorgaben gebunden.[203] Eine Begünstigung, von der eine Gruppe gleichheitswidrig ausgeschlossen wurde, darf auf diese nicht vom VerfGH erstreckt werden, es sei denn, es ist ausnahmsweise mit Sicherheit anzunehmen, dass der Gesetzgeber bei Beachtung des Art. 118 Abs. 1 BV eine solche Regelung getroffen hätte.[204]

Bei den Folgen einer Unvereinbarkeitserklärung muss man differenzieren. Sofern der **76** VerfGH nichts anderes ausspricht, ist eine Norm, die für unvereinbar erklärt wird, grundsätzlich nicht mehr von Gerichten und Verwaltungsbehörden anzuwenden. Erfordert die Übergangszeit bis zum Erlass einer verfassungsmäßigen Regelung eine vorläufige Regelung, hat der VerfGH dies in der Entscheidung deutlich zu bestimmen. Technisch handelt es sich dabei um eine Entscheidung über die Vollstreckung der Entscheidung.

cc) Verfassungswidrigkeitserklärung einer bestimmten Auslegung. Der VerfGH ist befugt, die an- **77** gefochtene Vorschrift in einer bestimmten, im Entscheidungssatz bezeichneten Auslegung für verfassungsmäßig zu erklären.[205] Der Sache nach handelt es sich um eine Teilnichtigkeitserklärung ohne Aufhebung eines Teils des Normtextes. Diese Entscheidung gestaltender Art ist endgültig und wirkt gegenüber jedermann. Kompetenziell rechtfertigt sich dieser Eingriff in die Norm durch den VerfGH mit der Überlegung, die Verfassungswidrigkeitserklärung einer bestimmten Auslegung sei ein geringerer Eingriff als eine (Teil-)Aufhebung der Norm.

13. Wirksamwerden

Nach einer mündlichen Verhandlung (Art. 22, 55 Abs. 3 VfGHG) werden die Entschei- **78** dungen mit der Verkündung wirksam, bei einem schriftlichen Verfahren mit der Zustellung (Art. 15 VfGHG) an die Beteiligten (Art. 25 Abs. 2 VfGHG). (Teil-)Nichtigkeitserklärungen sind im GVBl zu veröffentlichen (Art. 25 Abs. 7 VfGHG).

Es ist umstritten, ob der Landtag gem. Art. 29 Abs. 1 VfGHG daran gehindert ist, ein **79** für nichtig erklärtes Gesetz bei unveränderter Sach- und Rechtslage neu zu erlassen (Normenwiederholungsverbot).[206] Dies ist aus Gesichtspunkten des Demokratiegebotes abzulehnen.

---

[199] *Meder,* Art. 98, Rn. 32; *Pestalozza,* § 23, Rn. 111 f., S. 453.
[200] VerfGH 34, 83 (98); VerfGH 38, 74 (81); VerfGH 42, 21 (LS 3 u. 28).
[201] *Meder,* Art. 98, Rn. 17 a.
[202] VerfGH 28, 184 (188); VerfGH 35, 148 ff.; VerfGH 33, 1 (5); VerfGH 42, 156 (173).
[203] VerfGH 17, 107; VerfGH 40, 45 (52).
[204] VerfGH 36, 25 (40); VerfGH 38, 16 (28); VerfGH 38, 143 (150 f.).
[205] VerfGH 29, 105; VerfGH 30, 109; VerfGH 35, 39 (45 f.); VerfGH 36, 56; VerfGH 39, 96.
[206] *Wolff,* Ungeschriebenes Verfassungsrecht unter dem GG, 2000, S. 306 u. 315.

14. Entscheidungsfolgen

80   Die Nichtigkeitserklärung der Norm lässt trotz ihrer ex tunc-Wirkung Entscheidungen unberührt, die sich auf die nichtige Norm stützen. Dies gilt zumindest dann, wenn diese Entscheidungen bestandskräftig sind und keine Strafurteile darstellen.[207] Trotz ihres Bestandschutzes ist die Vollstreckung dieser Normen unzulässig, da das Unrecht, das in der Anwendung nichtiger Normen beruht, nicht auch noch vertieft werden darf. Gegen rechtskräftige Strafurteile i. w. S. ist die Wiederaufnahme des Verfahrens zulässig, vorausgesetzt, dass die Rechtsvorschrift eine Norm des materiellen Strafrechts gewesen ist.[208] Es ist umstritten, ob sich diese Grundsätze aus § 79 BVerfGG analog[209] oder aus allgemeinen Rechtsgrundsätzen ergeben.[210]

15. Einstweilige Anordnung

81   Der Verfassungsgerichtshof kann im Popularklageverfahren eine einstweilige Anordnung erlassen, wenn dies zur Abwehr schwerer Nachteile, zur Verhinderung drohender Gewalt oder aus einem anderen wichtigen Grund dringend geboten ist (Art. 26 Abs. 1 VfGHG). Wegen der weit reichenden Folgen, die eine einstweilige Anordnung in Popularklageverfahren in der Regel auslöst, stellt der VerfGH an die Voraussetzungen, unter denen sie erlassen werden kann, einen strengen Maßstab. Der Vollzug einer Rechtsnorm darf nur ausgesetzt werden, wenn dies zur Abwehr schwerer Nachteile nicht nur vom Einzelnen, sondern von der Allgemeinheit geboten ist.[211] Wirtschaftliche Nachteile, die Einzelnen durch den Vollzug erwachsen, können die Aussetzung grundsätzlich nicht rechtfertigen.[212] Konkrete Maßnahmen zugunsten Einzelner sind nicht statthaft.[213]

82   Im Rahmen des Verfahrens auf Erlass einer einstweiligen Anordnung bleibt die Frage, ob die Norm verfassungswidrig sein kann, in aller Regel (Ausnahme bei Offensichtlichkeit) unberücksichtigt, da diese Frage nicht einer summarischen und vorläufigen Bewertung zugänglich ist.[214] Davon gibt es eine Ausnahme. Besitzt die Popularklage aus prozessualen oder aus sachlich-rechtlichen Gründen keine hinreichende Aussicht auf Erfolg, so ist für eine einstweilige Anordnung kein Raum.[215] Umgekehrt könnte nach dem VerfGH der Erlass einer einstweiligen Anordnung dann geboten sein, wenn die Verfassungswidrigkeit der angefochtenen Vorschrift offensichtlich wäre.[216]

83   Sofern der Verfahrensausgang nicht offensichtlich ist, entscheidet eine Interessenabwägung. Es sind die Folgen, die eintreten würden, wenn die Norm nichtig wäre und die beantragte einstweilige Anordnung auf Aussetzung ihres Vollzugs unterbliebe, mit den Folgen zu vergleichen, die es nach sich zöge, wenn die Anordnung erlassen würde und sich dann im Hauptverfahren die Verfassungsmäßigkeit der Vorschrift ergäbe.[217] Sind vorläufige Regelungen geboten, entscheidet der VerfGH ohne Bindung an die gestellten Anträge, welche dies sein sollen.[218] Gegen den bevorstehenden Erlass einer Rechtsvorschrift besteht kein vorbeugender Rechtsschutz.[219]

---

[207] VerfGH 43, 67 (80); *Fleury,* Rn. 158 a; *Meder,* Art. 98, Rn. 34.

[208] VerfGH, Ents. vom 23. 9. 1982, Vf. 12-VII-81.

[209] So *Meder,* Art. 98, Rn. 34; *Knöpfle,* in Nawiasky/Schweiger/Knöpfle, Art. 98 Satz 4 BV, Rn. 98.

[210] Vgl. *Zacher,* BayVBl 1956, 27 (28 f.); offen in VerfGH, Ents. v. 23. 9. 1982, Az: Vf. 12-VII-81.

[211] VerfGH 36, 192 (195); *Meder,* Art. 98, Rn. 30.

[212] VerfGH 25, 83 (89).

[213] VerfGH 18, 50.

[214] VerfGH 10, 54; VerfGH 38, 71 (73).

[215] VerfGH 25, 83 (87); VerfGH 41, 102 (105 m. w. N.).

[216] VerfGH 42, 86 (91).

[217] VerfGH 25, 83 (89); VerfGH 26, 101 (110); VerfGH 36, 192 (195); VerfGH 31, 34 (41); VerfGH 42, 86 (91).

[218] VerfGH 26, 101 (107).

[219] VerfGH 38, 71 (74).

Art. 99 [Schutz der Einwohner; Gewährleistung innerer und äußerer Sicherheit]

[1]Die Verfassung dient dem Schutz und dem geistigen und leiblichen Wohl aller Einwohner. [2]Ihr Schutz gegen Angriffe von außen ist gewährleistet durch das Völkerrecht, nach innen durch die Gesetze, die Rechtspflege und die Polizei.

Parallelvorschriften im GG und anderen Landesverfassungen: Art. 99 BV hat im geltenden deutschen Verfassungsrecht keine echte Entsprechung; die engste Verwandtschaft besteht zu Art. 1 II RhPfVerf; und Art. 1 II BaWüVerf; ansonsten klingen Schutzpflichten oder die staatliche Sicherheitsaufgabe allenfalls an, so z. B. in Art. 1 I 2 GG, Art. 3 II BremVerf; Präambel der NRW Verf.[1]

Rechtsprechung: BVerfGE 49, 24/56; 115, 320/346 (Verfassungsrang der Staatsaufgabe Sicherheit); 39, 1; 46, 160; 49, 24; 49, 89; 53, 30; 56, 154; 77, 170; 88, 203; 90, 145; BVerfG NJW 2006, 751 (st. Rspr. zu grundrechtlichen Schutzpflichten); VerfGH 9, 57; 24, 171; 29, 24; 33, 98; 47, 207; 47, 241; 50, 226; 56, 28; RhPfVerfGH NVwZ 2005, 1420.

Literatur: Isensee, Das Grundrecht auf Sicherheit, 1983; *ders.,* Das Grundrecht als Abwehrrecht und staatliche Schutzpflicht, HdbStR V, 1992, § 111; *Möstl,* Die staatliche Garantie für die öffentliche Sicherheit und Ordnung, 2002; *Robbers,* Sicherheit als Menschenrecht, 1987.

Übersicht

I. Allgemeines

1. Bedeutung

Art. 99 BV ist in der deutschen Verfassungslandschaft ein **Unikat**.[2] Er bringt etwas **1** zum Ausdruck, was seit *Th. Hobbes* so sehr zur Gründungsidee des neuzeitlichen Staates gehört[3] und zur seither niemals ernsthaft in Frage gestellten Selbstverständlichkeit geworden ist, dass die meisten neueren Verfassungstexte ganz darauf verzichten, es überhaupt ausdrücklich anzusprechen: dass der Staat nämlich gerade in der Aufgabe der **Gewährleistung innerer und äußerer Sicherheit** seine ursprüngliche und primäre Rechtfertigung findet, dass die den Staat treffende **Schutzpflicht** zugunsten der fundamentalen Rechtsgüter des Einzelnen die notwendige Kehrseite des von ihm beanspruchten Gewaltmonopols darstellt und der tiefere Grund dafür ist, dass dieses Gewaltmonopol besteht.[4] „Die Sicherheit des Staates als verfasster Friedens- und Ordnungsmacht und die von ihm zu gewährleistende Sicherheit der Bevölkerung sind Verfassungswerte, die mit anderen im gleichen Rang stehen und unverzichtbar sind", so haben es sowohl das BVerfG wie der VerfGH ausgedrückt.[5] Den so umrissenen **Verfassungsrang** der Staatsaufgabe Sicherheit, insbesondere seine Gleichrangigkeit mit anderen Verfassungswerten, der für das GG nur mühsam im Wege einer Gesamtschau erschlossen werden kann, bringt Art. 99 BV mit unmissverständlicher Klarheit auf den Punkt: Das alte und bleibend fundamentale Staatsziel Schutz und Sicherheit steht weder hinter jenen neueren Staatsaufgaben und -zielen (Sozialstaatsprinzip, Umweltstaatlichkeit etc.) zurück, die – auch in der BV – zumeist aus-

---

[1] *Pestalozza,* in: Nawiasky/Schweiger/Knöpfle, Art. 99 Rn. 67 ff.
[2] Siehe bereits Fn. 1, dort auch Rn. 1 f., auch zu möglichen Vorbildern.
[3] Vgl. *Meder,* Art. 99 Rn. 6.
[4] Zur Entwicklung der Staatsaufgabe Sicherheit: *Möstl,* Garantie, S. 3 ff.
[5] BVerfGE 49, 24 (56 f.); 115, 320 (346); VerfGH 47, 241 (254); 50, 226 (247); 59, 29 (41).

drücklich normiert sind, noch steht es im Range unter den Freiheitsrechten, die ggf. zum Zwecke der Sicherheitsgewährleistung (des Schutzes anderer) eingeschränkt werden müssen, sondern ist in Art. 99 im Gegenteil in einem Atemzug und unmittelbarem Kontext mit eben jenen Freiheitsrechten gewährleistet. Dass die BV all dies – was an sich selbstverständlich sein müsste – ausdrücklich normiert, ist keineswegs anachronistisch, sondern **von höchster Aktualität:** Die alte Staatsaufgabe Sicherheit hat in den letzten Jahrzehnten – angesichts neuer Risiken der Technik, angesichts einer stark angewachsenen organisierten und internationalen Kriminalität sowie vor allem auch angesichts vormals unbekannter Formen des Terrorismus, zuletzt des islamistischen Terrors – eine ungeahnte „Renaissance" erfahren, sie ist einer der vordringlichsten Herausforderungen der Gegenwart geworden. Es ist gut, sich in diesen Zeiten des hohen verfassungsrechtlichen Rangs der Staatsaufgabe Sicherheit zu vergewissern; die stets schwierige **Balance von Freiheit und Sicherheit** gerät schnell aus dem Gleichgewicht, wenn man aus den Augen verliert, dass nicht nur die Freiheit, sondern auch das Staatsziel Sicherheit Verfassungsrang hat.

2   Art. 99 erschöpft sich nicht darin, eine objektiv-rechtliche Staatsaufgabe mit Verfassungsrang zu statuieren, aufgeworfen ist – schon allein aufgrund der Position des Art. 99 im Zweiten Hauptteil (Grundrechte und Grundpflichten) – vielmehr die Frage, inwieweit dem Art. 99 über diesen staatsaufgabenrechtlichen Gehalt hinausgehend auch ein im engeren Sinne **grundrechtlicher Gehalt** zukommt, inwieweit der in ihm normierte Schutzauftrag eine **grundrechtliche Schutzpflicht** darstellt, inwieweit Art. 99 ein (auch) subjektiv-rechtliches **Grundrecht auf Sicherheit**[6] gewährleistet. Zur Antwort ist es wichtig, sich die systematische Stellung des Art. 99 vor Augen zu halten: Der zweite Hauptteil statuiert vor die Klammer gezogen, d. h. vor der Gewährleistung der je einzelnen Grundrechte (Art. 100 ff.) zwei übergreifende Aussagen zur Funktion und Wirkungsweise der Grundrechte; Art. 98 thematisiert dabei die Grundrechtsdimension des Abwehrrechts (inwieweit darf der Staat Grundrechte einschränken?), Art. 99 die Dimension der Schutzpflicht (inwieweit muss der Staat die Grundrechtsträger gegen nichtstaatliche Angriffe von innen und außen schützen?). In äußerst klarsichtiger, systematisch vorbildlicher Weise wird so erkannt und zum Ausdruck gebracht, dass den Grundrechten eine Doppelfunktion zukommt: Sie sind gleichermaßen Abwehrrecht wie staatliche Schutzpflicht[7]; erst gemeinsam, indem sie die Freiheit nicht allein gegen staatliche Eingriffe, sondern auch gegen sonstige (v. a. private) Beeinträchtigungen schützen, konstituieren diese beiden Grundrechtsdimensionen grundrechtliche Freiheit. Die BV nimmt auf diese Weise bereits im Jahre 1946 vorweg, was auf grundgesetzlicher Ebene erst nach und nach nicht ohne Mühe in die Grundrechte hineininterpretiert werden konnte und mittlerweile als in st. Rspr. des BVerfG[8] etabliert gelten kann: Die – jedenfalls grundsätzliche (im Einzelnen bleibt vieles strittig) – Anerkennung der Grundrechtsdimension der **grundrechtlichen Schutzpflichten** einschließlich der Erkenntnis, dass sich diese – jedenfalls in einem Kernbereich (Untermaßverbot; auch hier ist vieles strittig) – zu subjektiven Rechtspositionen verdichten können. Es ist klar, dass die BV, die insoweit wirklich verfassungsrechtliches Neuland zu betreten hatte, die Idee der grundrechtlichen Schutzpflichten im Jahre 1946 nur tastend und mit einem vielleicht heute ungewohnt klingenden Sprachgebrauch formulieren konnte und deswegen im Einzelnen vielerlei Auslegungsfragen aufwerfen mag. Nur schwer verständlich wäre indes, warum ausgerechnet die BV, die die Idee der grundrechtlichen Schutzpflicht in Art. 99 so deutlich wie keine andere deutsche Verfassung (nämlich als ausdrücklicher Schutzauftrag innerhalb des Grundrechtsteils) zum Ausdruck bringt, hinter dem mittlerweile anerkannten Schutzniveau des Grundgesetzes zurückbleiben und der Dimension auch grundrechtlicher, subjektive Rechte hervorbringender Gehalte entbehren sollte.

---

[6] *Isensee,* Das Grundrecht auf Sicherheit.
[7] *Isensee,* in: HdbStRV, § 111.
[8] Vgl. Rspr.-Nachweise am Anfang dieser Kommentierung.

Die Frage, inwieweit Art. 99 einerseits bloß objektiv-rechtliche Aufgabennorm oder so- 3
gar bloßer (juristisch kaum mehr greifbarer) Programmsatz ist oder inwieweit er andererseits justiziable Gewährleistung oder gar subjektiv-rechtliche Rechtszuweisung (Grundrecht) sein kann, begleitet den Art. 99 von Beginn an und kann auch heute als noch nicht
völlig konsolidiert gelten. Bereits im VA[9] trat das gesamte Spektrum möglicher Auslegungen (vom unverbindlichen Programmsatz bis zum subjektiven Recht auf Schutz) in
Erscheinung und war die richtige Positionierung der Bestimmung (Staatsaufgaben oder
Grundrechte) streitig. *Hoegner,* auf dessen VE die Norm zurückgeht, stritt hierbei mit am
deutlichsten für eine grundrechtliche Sichtweise und war dann später in seinem Lehrbuch[10]
dennoch skeptisch, ob sich aus Art. 99 subjektive Rechte ableiten ließen. Auch die Rspr.
des VerfGH schwankte – freilich mit deutlicher Tendenz zur Anerkennung auch subjektiver Rechte und zur Einreihung unter die grundrechtlichen Schutzpflichten in jüngerer
Zeit.[11] All dies kann nicht überraschen. Auch die grundrechtlichen Schutzpflichten des
Grundgesetzes entspringen nach h. M. sowohl den objektiv-rechtlichen Grundrechtsgehalten als auch können sie sich zu subjektiven Rechten verdichten;[12] sie entfalten sowohl
die Dimension einer objektiven Staatsziel- und -aufgabenbestimmung als auch einer sub-
jektiv-rechtlichen Gewährleistung und Rechtszuweisung.[13] Auch für Art. 99 BV gilt es, die
**Ambivalenz aus objektiv-rechtlicher Aufgabennorm und subjektiv-rechtlichem
Grundrecht bestehen zu lassen;** es wäre falsch, sie einseitig auflösen zu wollen. Art. 99
vereint **beide Dimensionen** in sich; er ist in einem weiteren Sinne objektiv-rechtliche
Festlegung eines Staatsziels/einer Staatsaufgabe mit Verfassungsrang; in einem engeren
Sinne ist er ein subjektives Grundrecht auf Schutz; während die grundrechtliche Dimension eine vorsichtige, tendenziell enge Auslegung verlangt (subjektive Gewährleistung nur
nach Maßgabe des Untermaßverbotes; bloße Mindestgewährleistung), kann die (normativ
schwächere) staatsziel- und -aufgabenrechtliche Dimension mehr Großzügigkeit walten
lassen: Sie legitimiert und postuliert (objektiv-rechtlich) staatlichen Schutz auch jenseits
der subjektiv-rechtlichen Mindestgewährleistung des Untermaßverbotes (mehr Schutz ist
verfassungsrechtlich erlaubt und zu erstreben); ebenso kann sie sich, wie in Art. 99 S. 1, ins
Sozialstaatliche weiten und – den engeren Kern des Schutzes gegen „Angreifer" hinter sich
lassend – auch das „geistige und leibliche Wohl" des Einzelnen in einem umfassenden Sinne
im Blick haben und damit z. B. Maßnahmen des Gesundheitsschutzes einschließen. Es
entspricht dieser hier befürworteten **Auslegungsmaxime** einer Kombination aus einer
eher zurückhaltenden Bemessung subjektiver Rechte als der weitestgehenden normativen
Schutzwirkung einerseits und einer umso großzügigeren Anerkennung normativ schwächerer, rein objektiv-rechtlicher Aufgabengehalte andererseits[14], dass die mittlerweile wohl
h. M. allein dem Art. 99 S. 2 2. Hs. (Schutz nach innen) echten Grundrechtscharakter zusprechen will, ansonsten aber von einem eher programmatischen/staatsaufgabenrecht-
lichen Grundcharakter ausgeht (siehe auch Vor Art. 98, Rn. 13 mit Fn. 30).[15]

2. Entstehung

Art. 99 geht auf den von *Hoegner* formulierten Art. 62 VE (entspricht Art. 69 E) zurück. 4
Der VA stritt, wie bereits erwähnt, über den richtigen Regelungsstandort sowie über die

---

[9] Prot I, S. 195 ff.

[10] *Hoegner,* Verfassungsrecht, S. 154.

[11] VerfGH 33, 98 (99); Beschluss v. 29. 7. 1983 – Vf. 24-VI-82, S. 13; VerfGH 47, 207 (223); 57, 84
(98); ablehnend z. B. noch: 24, 171 (174); 26, 87 (93); 29, 24 (25); undeutlich: VerfGH 48, 61 (78).

[12] *Klein,* NJW 1989, 1633 ff.; *Isensee,* HdbStRV, § 111, Rn. 183 ff.

[13] *Möstl,* Garantie, S. 73 ff., 84 ff.

[14] Vgl. *Möstl,* Garantie, S. 117 f.

[15] So mittlerweile auch *Berner/Köhler,* PAG, 18. Auflage 2006, Art. 2 Rn. 6 (in Vorauflagen noch
skeptischer); *Meder,* Art. 99 Rn. 1, 6; *Gallwas/Wolff,* Bayerisches Polizei- und Sicherheitsrecht, 3. Auflage 2004, Rn. 61; noch weitergehend: *Pestalozza,* in: Nawiasky/Schweiger/Knöpfle, Art. 99
Rn. 24 ff., 57; vermittelnd: *Schmidbauer,* in: ders./Steiner, PAG, 2. Auflage 2006, Art. 11 Rn. 130 ff.

normative Bedeutung des Art. 99, ließ den wesentlichen Regelungsinhalt sowie den grundrechtlichen Regelungskontext letztlich jedoch unberührt; in S. 1. wurde der Schutz von den ursprünglich vorgesehenen „Staatsbürgern" auf „alle Einwohner" erstreckt, in S. 2. trat an die Stelle der Staatsbürger das „Ihr", das an sich grammatikalisch missverständlich ist und sich auch auf die Verfassung (i. S. v. Schutz der Verfassung) beziehen könnte, tatsächlich und entstehungsgeschichtlich eindeutig jedoch die Einwohner (Schutz aller Einwohner) meint. Dass man den grundrechtlichen Regelungskontext bestehen ließ, ist zwar kein Beweis, aber doch Indiz dafür, dass man eine grundrechtliche Deutung (modern gesprochen: grundrechtliche Schutzpflicht, Grundrecht auf Sicherheit) jedenfalls offen halten wollte.[16]

3. Verhältnis zum Grundgesetz

5   Art. 99 hat im Grundgesetz **keine explizite Entsprechung,** das wie die meisten in der Tradition des liberalen Rechtsstaats stehenden demokratischen Verfassungen dem als selbstverständlich vorausgesetzten Staatszweck Sicherheit und der grundrechtlichen Schutzdimension keine ausreichende Aufmerksamkeit schenkt. Im Wege der Auslegung ist es jedoch gelungen, sowohl den Verfassungsrang der Staatsaufgabe Sicherheit zu erschließen als auch eine mittlerweile im Grundsatz fest etablierte Lehre von den grundrechtlichen Schutzpflichten zu entwickeln (siehe bereits Rn. 1, 2), so dass **die wesentlichen Gehalte des Art. 99 BV auch auf grundgesetzlicher Ebene verwirklicht** sind.[17] Bereits das Grundgesetz formuliert auf diese Weise eine für den Gesamtstaat (auch die Länder) unmittelbar geltende **verfassungsrechtliche Garantie für die öffentliche Sicherheit und den Schutz des Einzelnen;** diese bundesverfassungsrechtliche Garantie kann – aufgrund der Verfassungsautonomie der Länder sowie gemäß den allgemeinen Geltungsbedingungen für weiter oder weniger weit reichende Landesgrundrechte und -staatszielbestimmungen (Art. 142, 31 GG; Vor Wirkkraft LVerfR, Rn. 13 ff.; Vorbem. vor Art. 98, Rn. 109 ff.) – **durch eine landesverfassungsrechtliche Garantie des Schutzes und der Sicherheitsgewährleistung ergänzt und verstärkt** werden, die im Einzelnen hinter dem grundgesetzlichen Schutzniveau zurückbleiben oder über es hinausgehen darf.[18] Inwieweit Art. 99 BV tatsächlich über das grundgesetzliche Schutzniveau hinausreicht oder hinter ihm zurückbleibt, ist nicht leicht zu ermessen: Als explizite Thematisierung der Sicherheits- und grundrechtlichen Schutzaufgabe dürfte er jedenfalls nicht hinter den nur implizit zu erschließenden Gehalten des GG zurückbleiben (Rn. 2); umgekehrt muss er, wenn man der Sicherheitsaufgabe auch im GG den ihr gebührenden Platz beimisst, nicht unbedingt über das GG hinausgehen; richtig interpretiert dürfte sich ein weitgehenden Gleichklang ergeben.[19] Aus dem Schutzauftrag des Art. 99 dürfen keine Rechtsfolgen abgeleitet werden, die sich in Widerspruch zu bundesrechtlich gewährleisteten Rechten Dritter, namentlich zu den grundgesetzlichen Freiheitsrechten (als Abwehrrechten), setzen (Art. 31 GG); in der Dreieckskonstellation „Schutz durch Eingriff" bilden die Bundesgrundrechte so eine Grenze der durch Art. 99 BV gebotenen Sicherheitsgewährleistung. Da die Länder im Bereich der Sicherheitsgewährleistung über beträchtliche Gesetzgebungskompetenzen verfügen – so liegt namentlich die allgemeine Polizeigewalt bei ihnen (PAG, LStVG)[20] –, verfügt Art. 99 BV über einen prinzipiell weiten Einwirkungsraum.

---

[16] Prot. I S. 195 ff.; zum Ganzen: *Pestalozza,* in: Nawiasky/Schweiger/Knöpfle, Art. 99 Rn. 3 ff., 47, 61.

[17] Vgl. die Rechtsprechungsnachweise vor der Kommentierung; zum Ganzen: *Möstl,* Garantie, § 2, S. 37 ff.

[18] *Möstl,* Garantie, § 9, S. 447 ff.

[19] *Möstl,* Garantie, S. 458; a. A. (weitergehenden Schutz) z. B. *Kastner,* VerwArch 2001, 216 (250).

[20] BVerfGE 97, 198; *Möstl,* Garantie, S. 464 ff.; s. a. *Meder,* Art. 99 Rn. 2.

II. Einzelkommentierung

1. Der engere grundrechtliche Kern – die grundrechtliche Schutzpflicht im Inneren (S. 2 2. Hs.)

a) Art. 99 S. 2 2. Hs., wonach der Schutz der Einwohner nach innen durch die Gesetze, 6
die Rechtspflege und die Polizei gewährleistet wird, wird von der nunmehr h. M. **grundrechtliche Qualität,** die Qualität einer **grundrechtlichen Schutzpflicht** beigemessen;
auch die Rspr. des VerfGH, der im Zusammenhang mit Art. 99 S. 2 von subjektiven
Rechten gesprochen und die Gewährleistung unter die grundrechtlichen Schutzpflichten
eingereiht hat, wird so verstanden.[21] Diese grundrechtliche Sichtweise ist berechtigt: Sie
steht zunächst mit dem Wortlaut im Einklang; „gewährleistet" meint üblicherweise die
stärkste Form verfassungsrechtlicher Verbindlichkeit und Rechtszuweisung.[22] Sie resultiert zweitens aus der systematischen Stellung des Art. 99, der nicht nur bewusst im Kontext der Grundrechte normiert wurde, sondern vor allem auch im Verbund mit Art. 98 in
geradezu systematisch vorbildlicher Weise vor die Klammer gezogen die beiden grundlegenden Gewährleistungsrichtungen der (sodann ab Art. 100 im Einzelnen aufgeführten)
Grundrechte thematisiert: die Grundrechte als Abwehrrechte (Art. 98: Schutz gegen staatliche Einschränkungen) und als Schutzpflichten (Art. 99: Schutz durch den Staat gegen
nichtstaatliche Beeinträchtigungen) (siehe oben Rn. 2, 4)[23]. Für eine grundrechtliche
Qualität spricht drittens der Vergleich mit dem Bundesrecht: Es wäre schwer verständlich, warum gerade Art. 99 als die expliziteste Normierung der Schutzpflicht im deutschen Verfassungsraum hinter dem Niveau des Grundgesetzes, für das die Existenz grundrechtlicher Schutzpflichten anerkannt ist, zurückbleiben sollte (Rn. 2, 5). Folgerichtig ist
schließlich die Anerkennung grundrechtlicher Schutzpflichten gerade bzgl. der Sicherheitsgewährleistung im Inneren („nach innen"): Nur im Inneren verfügt der Staat mit dem
Gewaltmonopol über dasjenige Instrument, ohne das eine grundrechtliche Garantie des
Schutzes nicht verwirklichbar ist; nur hier greift der unlösbare Zusammenhang von staatlicher Beanspruchung des Gewaltmonopols (Verbot der Selbsthilfe) und korrespondierendem Recht auf Schutz[24] (zur Frage einer Schutzpflicht nach außen Rn. 13). Die aus den
Schutzgehalten der Grundrechte für den Einzelnen resultierenden subjektiven Rechte auf
Schutz sind nach hier vertretener Ansicht nicht im Wege einer umständlichen Resubjekti-
vierung aus ursprünglich objektiv-rechtlichen Grundrechtsgehalten abzuleiten, sondern
resultieren unmittelbar aus der Eigenart der Grundrechte, subjektiv-rechtliche Freiheitsverbürgung zu sein – eine Freiheitsverbürgung, die partiell ins Leere liefe, wenn die
Grundrechtsgüter nur gegen staatliche, nicht aber auch gegen private Eingriffe geschützt
wären.[25]

b) Klärungsbedürftig ist das **Verhältnis von Art. 99 S. 2 2. Hs. zu etwaigen Schutz-** 7
pflichtgehalten der in Art. 100 ff. gewährleisteten einzelnen Grundrechte. Der
VerfGH hat – insoweit der für das GG typischen Vorgehensweise vergleichbar – auch den
einzelnen Grundrechten, namentlich dem Grundrecht auf körperliche Unversehrtheit
(Art. 100, 101) – Schutzpflichtgehalte entnommen (ohne dabei Art. 99 zu erwähnen);[26]
zum Teil ist Art. 99 auch neben derartigen einzelgrundrechtlichen Schutzpflichten genannt worden.[27] Richtigerweise sollten in Fällen einer auf ein bestimmtes Einzelgrundrecht bezogenen Schutzpflicht Art. 99 (als vor die Klammer gezogene, grundrechtsüber-

---

[21] Nachweise siehe oben Fn. 11, 15.

[22] Vgl. *Badura,* HdbStR VII, § 159, Rn. 9; s. a. *Pestalozza,* in: Nawiasky/Schweiger/Knöpfle, Art. 99
Rn. 55.

[23] Ähnlich: *Meder,* Art. 99 Rn. 6.

[24] Vgl. *Klein,* NJW 1989, 1633 (1635 f.); *Meder,* Art. 99 Rn. 6.

[25] *Möstl,* Garantie, S. 84 ff., 117 f. m. w. N.

[26] VerfGH 40, 58 (61, 64); 42, 188 (192).

[27] VerfGH 47, 207 (223).

greifende Aussage zu den Schutzpflichtgehalten der Grundrechte) und das jeweils einschlägige Einzelgrundrecht **gemeinsam („i. V. m.")** **herangezogen** werden. Nur soweit (dies spielt allerdings weniger bei den subjektiven [Recht auf Schutz] als bei den objektivrechtlichen Schutzgehalten, d. h. z. B. im Rahmen der Eingriffsrechtfertigung eine Rolle) noch nicht absehbar ist, um den Schutz welchen Einzelgrundrechts genau es geht (z. B. bei verdachtsunabhängigen Polizeikontrollen), oder soweit ausschließlich allgemeine Aussagen über den Stellenwert der Sicherheitsgewährleistung (ohne Bezug zu speziellen Schutzgütern) getroffen werden sollen, ist Raum dafür, Art. 99 S. 2 für sich allein heranzuziehen.[28]

8   c) **Träger** des Grundrechts aus Art. 99 S. 2 2. Hs. (ggf. i. V. m. einem Einzelgrundrecht) sind **„alle Einwohner"** (dazu, dass sich das „Ihr" am Satzanfang – entstehungsgeschichtlich eindeutig – auf diese und nicht auf die Verfassung bezieht Rn. 4). Den möglichen Auslegungsschwierigkeiten, den der Begriff „alle Einwohner" bereiten könnte,[29] muss hier nicht im Einzelnen nachgegangen werden. Der Verfassungsgeber hat – indem er „Staatsbürger" durch „alle Einwohner" ersetzt hat (Rn. 4) – den Kreis der Grundrechtsträger bewusst weit gezogen und staatsbürgerschaftlich nicht weiter eingegrenzt. Allein im Erfordernis einer gewissen Aufenthaltsdauer (ohne die man nicht Einwohner ist), d. h. darin, dass die Verfassung ihr Schutzversprechen an eine gewisse Verfestigung der Beziehung zum Staatsgebiet knüpft, kann eine Einschränkung erblickt werden; auf formale Kriterien, wie z. B. Wohnsitz, kommt es dabei nicht an. Auch juristische Personen können Träger des Schutzanspruchs sein. Dass der Schutz auf alle Deutschen (auch ohne verfestigten Aufenthalt in Bayern) erstreckt wird,[30] mag nach Art. 8 nicht zwingend und auch im Blick auf Art. 33 I GG diskutabel sein,[31] ist letztlich aber folgerichtige Konsequenz der Überlegung, dass sich Schutz und innere Sicherheit in einem Bundesstaat nur im wechselseitigen Verbund der Anstrengungen der Bundesglieder verwirklichen lassen. Von entscheidender Bedeutung für die Frage des personellen Schutzbereichs grundrechtlicher Schutzrechte ist schließlich das in Rn. 7 skizzierte Zusammenspiel mit dem jeweils einschlägigen Einzelgrundrecht: Art. 99 sagt mit seiner weit bemessenen Konzeption der Grundrechtsträgerschaft zunächst nur, dass von der grundsätzlichen Schutzpflichtdimension der Grundrechte niemand mit Aufenthalt in Bayern ausgeschlossen sein soll; darüber, wer letztlich Träger eines auf ein konkretes Einzelgrundrecht bezogenen Schutzanspruchs sein soll, kann nur der **personelle Schutzbereich dieses Einzelgrundrechts** entscheiden, der insoweit die allgemeine Aussage des Art. 99 zu überlagern imstande ist.[32]

9   d) Als **Adressaten** der grundrechtlichen Schutzpflicht nennt Art. 99 S. 2 2. Hs. alle drei staatlichen Gewalten: die Gesetzgebung („durch die Gesetze"), „die Rechtspflege" und „die Polizei" als für die Sicherheitsgewährleistung zuständigen Exponenten der vollziehenden Gewalt.[33] Klargestellt ist damit zu Recht, dass alle drei Gewalten innerhalb ihres gewaltenteiligen Kompetenzbereichs für die Einlösung der Schutzpflichten zuständig sind. Dem Gesetzgeber, der Art, Maß und Instrumente des Schutzes der grundrechtlichen Schutzgüter näher auszugestalten hat, kommt hierbei die Schlüsselrolle zu. Exekutive und Judikative verwirklichen hierzu komplementär einen vorwiegend gesetzesakzessorischen Rechtsgüterschutz; nur innerhalb ihrer gewaltenteiligen Funktionsgrenzen (namentlich: Vorbehalt des Gesetzes für die Exekutive; Grenzen richterlicher Rechtsfortbildung für die Judikative) kommt ihnen ein Mandat zu eigenständigem (gesetzlich nicht näher vorgezeichnetem) Rechtsgüterschutz zu. Darin, dass durch sie auf die typische **Gesetzesmediatisierung**[34] staatlicher Schutzaufträge hingewiesen wird, übt die Inbezugnahme

---

[28] Z. B. VerfGH 50, 226 (247); 56, 28 (44, 47, 51 f.).

[29] *Pestalozza*, in: Nawiasky/Schweiger/Knöpfle, Art. 99 Rn. 35 ff.

[30] Vgl. VerfGH 9, 21 (23).

[31] *Pestalozza*, in: Nawiasky/Schweiger/Knöpfle, Art. 99 Rn. 41 f.

[32] *Pestalozza*, in: Nawiasky/Schweiger/Knöpfle, Art. 99 Rn. 44.

[33] Zur gewaltenteiligen Einlösung der Sicherheitsaufgabe: *Möstl*, Garantie, § 7, S. 364 ff.

[34] *Isensee*, HdbStRV, § 111, Rn. 8, 151 ff.

des Gewaltenteilungsprinzips in Art. 99 S. 2 2. Hs. eine ähnliche Funktion aus wie die (allerdings komplizierter geratene) vergleichbare Aufzählung in Art. 20a GG[35]. Mit **„Polizei"** ist nicht allein die Polizei im institutionellen Sinne mit ihren präventiven und repressiven Aufgaben gemeint (Art. 1, 2 PAG), sondern – gemäß dem älteren materiellen Polizeibegriff – die gesamte Verwaltungstätigkeit, die mit Aufgaben der Gewährleistung öffentlicher Sicherheit und Ordnung betraut ist; soweit hierbei noch Schutzlücken verbleiben sollten, spricht im Sinne einer grundrechtseffektivierenden Auslegung nichts dagegen, alle Stellen der Exekutive als erfasst anzusehen, denen der Schutz grundrechtlicher Schutzgüter obliegen kann.[36]

e) Zur Konturierung der **Voraussetzungen und der Reichweite grundrechtlicher** 10 **Schutzpflichten** kann nicht auf ein ähnlich bewährtes Prüfprogramm zurückgegriffen werden, wie dies bei den Abwehrrechten der Fall ist.[37] Als notwendige Voraussetzung des Eingreifens der Schutzpflichtdimension wird man es anzusehen haben, dass ein grundrechtliches Schutzgut von nichtstaatlicher Seite beeinträchtigt oder gefährdet wird. Hierbei mag man bagatellartige Belästigungen oder vernachlässigbare Risiken von vornherein ausschließen können; nicht geschützt ist auch die „Freiheit von Furcht" als solche (ohne hinreichenden Realitätsbezug); ansonsten jedoch wäre es falsch, grundrechtliche Schutzpflichten bereits tatbestandlich von vornherein nur ab bestimmten Intensitäts- oder Wahrscheinlichkeitsschwellen (z. B. der Gefahrenschwelle o. Ä.) greifen zu lassen. Die Festlegung, ab welchen Schwellen welche Maßnahmen zu ergreifen sind, ist eine Frage der Reichweite und nicht der tatbestandlichen Voraussetzungen der Schutzpflicht. Demgemäß liegt der Schwerpunkt der Prüfung auch in der Tat bei der Ermittlung der konkreten Reichweite der Schutzpflichten und der Frage, ob die staatlichen Gewalten sie erfüllt haben. Bei der Ermittlung dieser Reichweite wiederum muss Vorsicht walten: Die Erfüllung grundrechtlicher Schutzpflichten ist regelmäßig nur auf Kosten des Eingriffs in Rechte Dritter möglich, sie erfordert komplexe Abwägungen; und vor allem müssen die Funktionsgrenzen der Gerichtsbarkeit beachtet werden (kein Jurisdiktionsstaat, hinreichende Gestaltungsspielräume).[38] Es ist nur folgerichtig, wenn die Gerichte Zurückhaltung üben, z. B. eine Verletzung von Schutzpflichten nur annehmen, wenn die öffentliche Gewalt Schutzmaßnahmen entweder völlig unterlassen hat oder wenn offensichtlich die getroffenen Schutzmaßnahmen gänzlich ungeeignet oder völlig unzureichend sind, das Schutzziel zu erreichen, wenn sie sich auf eine Evidenz- oder allenfalls Vertretbarkeitskontrolle beschränken und allein ein Mindestmaß an Schutz („Untermaßverbot") für grundrechtlich durchsetzbar halten.[39] Gerade dem – in seinen Konturen freilich noch umstrittenen[40] – Untermaßverbot kommt für die Handhabbarmachung der Schutzpflichten (ähnlich wie dem Übermaßverbot für die Abwehrrechte) entscheidende Bedeutung zu, vermag er doch als ein prüffähiges Pendant zum Übermaßverbot zu fungieren, der die Zweck-Mittel-Relation des Verhältnismäßigkeitsprinzips in einer gleichsam spiegelbildlichen Weise thematisiert und zugleich hinreichende Gestaltungsspielräume des Gesetzgebers (zwischen Über- und Untermaßverbot) achtet. Das **Untermaßverbot** ist nach hier vertretener Ansicht verletzt,[41]

– wenn die staatlichen Gewalten bislang keinerlei geeignete Maßnahmen ergriffen haben (Geeignetheit),

---

[35] Dazu *Scholz,* in: Maunz/Dürig, Art. 20a Rn. 46ff.

[36] *Meder,* Art. 99 Rn. 3; *Pestalozza,* in: Nawiasky/Schweiger/Knöpfle, Art. 99 Rn. 59f.

[37] Zum Folgenden im Einzelnen und m. w. N.: *Möstl,* DÖV 1998, 1029 (1035 ff.); *Möstl,* Garantie, S. 90 bis 118.

[38] Vgl. VerfGH 50, 226 (246 f.).

[39] BVerfGE 77, 170 (215); 88, 203 (254, 262); VerfGH 50, 226, 247; RhPfVerfGH NVwZ 2005, 1420.

[40] Aus neuerer Zeit z. B. *Klein,* JuS 2006, 960.

[41] *Möstl,* DÖV 1998, 1029 (1038 f.); *ders.,* Garantie, S. 108 ff.

   – wenn es ein besseres (besseren Schutz gewährendes), ebenso mildes (d. h. Rechte
      Dritter und öffentliche Interessen nicht stärker beeinträchtigendes) Schutz-Mittel
      gibt (Effektivität), oder
   – wenn die (ohne verbesserte Maßnahmen) verbleibende Gefährdung des Grundrechts-
      gutes dem Schutzsuchenden – auch angesichts der gegen zusätzliche Maßnahmen
      sprechenden Rechte Dritter und öffentlichen Interessen – nicht zumutbar ist (Zu-
      mutbarkeit).

11   f) So konturiert kommt den grundrechtlichen Schutzpflichten und korrespondierenden
Schutzansprüchen durchaus mehr **praktische Bedeutung** zu, als dies bisweilen[42] konzediert wird. Unterlassungen des Gesetzgebers können von vornherein allein anhand der
Schutzpflichten bemessen werden.[43] Aber auch für die Anwendung der Gesetze durch
Exekutive und Judikative im konkreten Einzelfall entfalten die nach Maßgabe des Unter-
maßverbots bemessenen grundrechtlichen Schutzansprüche steuernde Kraft: Namentlich
die Auslegung unbestimmter Rechtsbegriffe (z. B. Gefahrbegriff[44]) sowie die Handhabung des Verwaltungsermessens (Ansprüche auf polizeiliches Einschreiten[45]) vermögen sie
zu determinieren.[46]

2. Grenzfälle der Zuordnung

12   Die hier befürwortete Zuordnung der normativen Gehalte (grundrechtlich-subjektiv-
rechtliche Gehalte allein in S. 2 2. Hs., ansonsten staatsaufgaben-/objektivrechtliche Gehalte) bedarf in zweierlei Hinsicht näherer Erläuterung bzw. Präzisierung:

13   a) Erläuterungsbedürftig ist zunächst, warum der in Satz 2 1. Hs. angesprochene
Schutz nach außen keinen grundrechtlichen Charakter tragen soll, obwohl er doch in
einem Atemzug mit dem (grundrechtlichen) Schutz nach innen gewährleistet ist.[47] Der
hierin liegende Bruch ist in der Tat nicht leicht zu erklären: Er folgt jedenfalls nicht aus
einer geringeren Schutzwürdigkeit; die Gewährleistung äußerer Sicherheit ist eine genauso fundamentale Staatsaufgabe wie diejenige innerer Sicherheit; ebenso ist sie typischerweise ein Verfassungsthema. Er folgt auch nicht daraus, dass die BV hier von vornherein „nach außen", d. h. auf eine Gewährleistung „durch das Völkerrecht" (und gerade
nicht durch Staat und Verfassung) verweist; vielmehr ist nach hier vertretener Ansicht
auch dieser (stark verkürzt formulierte) Satzteil durchaus als ein Auftrag an den durch die
BV verfassten Staat zu verstehen, der diesen allerdings nur nach Maßgabe des Völkerrechts (soweit dieses Gewaltanwendung erlaubt, durch Mitarbeit in Systemen kollektiver
Sicherheit etc.), d. h. nicht in selbstherrlicher Weise, erfüllen soll und darf; als schlichter
Verweis auf das quasi allein zuständige Völkerrecht, d. h. als partielle Selbst-Unzuständig-
keitserklärung der BV, wäre der Satzteil schwer verständlich. Die Betonung der äußeren
Sicherheit ist schließlich auch nicht überholt; dies gilt weder für klassische Bedrohungen
(mögen diese auch derzeit nicht aktuell sein) noch für jene neueren Bedrohungen des
internationalen Terrorismus (Beispiel 11. September), bei denen die Aspekte der Gewährleistung innerer und äußerer Sicherheit ohnehin in einer schwerer entwirrbaren Weise ineinanderfließen, als dies vormals der Fall war.[48] Dass die BV dennoch keine grundrecht-

---

[42] Z. B. *Berner/Köhler,* PAG, 18. Auflage 2006, Art. 2 Rn. 6.

[43] Dazu *Möstl,* DÖV 1998, 1029.

[44] Der im Lichte der Schutzpflichten ein notwenig subjektiver ist, vgl. *Möstl,* Garantie, S. 169 ff.;
s. a. VerfGH 47, 207 (223).

[45] *Möstl,* Garantie S. 432 ff.; Gallwas/Wolff, Bayerisches Polizei- und Sicherheitsrecht, 3. Auflage
2004, Rn. 60; *Meder,* Art. 99 Rn. 5.

[46] Allgemeiner, auch zu aus den objektiven Schutzpflichten resultierenden Auslegungskonsequen-
zen: *Schmidbauer,* in: ders./Steiner, PAG, 2. Auflage 2006, Art. 11, Rn. 133.

[47] Vgl. hierzu – mit im Einzelnen z. T. anderer Begründung – *Pestalozza,* in: Nawiasky/Schwei-
ger/Knöpfle, Art. 99 Rn. 48 ff., s. a. *Meder,* Art. 99 Rn. 2.

[48] Dazu, dass innere und äußere Sicherheit auch insoweit noch auseinandergehalten werden können: *Möstl,* Garantie, § 5, S. 277 ff.

liche Garantie für den Schutz nach außen übernehmen will und kann, liegt an einem anderen, indes nichtsdestoweniger zwingenden Grund: Nur im Inneren hat der Staat mit dem Gewaltmonopol dasjenige Instrument der Sicherheitsgewährleistung in der Hand, das den Ausspruch einer grundrechtlichen (subjektive Rechte hervorbringenden) Schutzgarantie überhaupt möglich macht; nur im Inneren kann es den untrennbaren Zusammenhang von Monopolisierung der Gewalt beim Staat und korrespondierendem Schutzversprechen überhaupt geben. Nach außen herrschen andere Gesetze (eben „das Völkerrecht", auf das die BV insofern zu Recht verweist): Ein Gewaltmonopol gibt es nicht, die Staaten stehen sich im Gleichordnungsverhältnis gegenüber, sie fügen sich in Systeme kollektiver Sicherheit ein. Ein Staat kann sich unter diesen Bedingungen um Sicherheit bemühen, sich ggf. nach Kräften verteidigen, er kann indes keine grundrechtliche Garantie äußerer Sicherheit aussprechen. Vielmehr ist allenfalls eine objektiv-staatsaufgabenrechtliche Ausrichtung auf das Staatsziel äußere Sicherheit möglich (unten Rn. 19). Für einen Gliedstaat eines Bundesstaates wie Bayern schließlich, der überdies nicht einmal die einem (nach außen) souveränen Staat zukommenden außenpolitischen Befugnisse besitzt (Art. 32 GG), gilt all dies noch weitaus mehr; eine grundrechtliche Garantie wird erst recht unmöglich.

b) Eine Präzisierung ist des Weiteren auch bzgl. Satz 2 2. Hs. vonnöten. Bis hierher **14** wurde darauf abgestellt (und das ist in der Tat seine primäre Bedeutung), dass Art. 99 S. 2 2. Hs. – seiner systematischen Stellung einer vor die Klammer gezogenen, verallgemeinerten Aussage zur Schutzpflichtdimension der (nachfolgenden) Grundrechte entsprechend – den Schutz gerade der grundrechtlichen Schutzgüter im Auge hat; er wirkt insoweit „in Verbindung mit" dem jeweilig einschlägigen Einzelgrundrecht (Rn. 7).[49] Darüber hinaus stellt sich die Frage, ob Art. 99 S. 2 2. Hs. – insoweit als eigenständiges Grundrecht – auch grundrechtliche Ansprüche auf **Schutz einfach-gesetzlicher subjektiver Rechtspositionen** durch die staatlichen Organe (gegen nichtstaatliche Beeinträchtigungen) zu entfalten vermag. Der Wortlaut legt dies nahe, da hier ganz allgemein (ohne dass allein auf die – freilich zentralen – grundrechtlichen Schutzgüter abgestellt würde) vom Schutz der Einwohner durch die Gesetze, die Rechtspflege und die Polizei die Rede ist. Konsequenz wäre, dass insbesondere der **allgemeine Justizgewährleistungsanspruch** (der unzweifelhaft aus dem objektiven Rechtsstaatsprinzip folgt; Art. 3 Rn. 54 ff.) als eine in Art. 99 S. 2 2. Hs. auch grundrechtlich gewährleistete subjektive Rechtsposition des Einzelnen verstanden werden könnte;[50] diese unmittelbare Abstützung in Art. 99 wäre jedenfalls weitaus nahe liegender und überzeugender als die für das GG befürwortete Hilfskonstruktion einer Verknüpfung von Rechtsstaatsprinzip und Art. 2 I GG;[51] sie läge überdies auf einer Linie mit Art. 6 I EMRK. Für die Exekutive folgte, dass von Verfassungs wegen zumindest **Ansprüche auf ermessensfehlerfreie Entscheidung über polizeiliches/sicherheitsbehördliches Einschreiten** bestehen müssen, soweit es um die Verletzung drittschützender Normen geht, d. h. der Schutz und die Durchsetzung subjektiver Rechtspositionen im Raume steht (auch wenn diese subjektiven Rechte keine Grundrechte sind).[52] Die so umrissene Auslegung des Art. 99 S. 2 2. Hs., die diesen über die grundrechtlichen Schutzpflichten hinaus hin zu einem allgemeinen grundrechtlichen Anspruch zur staatlichen Durchsetzung subjektiver Rechtspositionen erweitert, mag nicht zwingend sein; sie entspricht jedoch dem auf umfassenden Schutz angelegten Duktus der Norm und wird daher auch hier befürwortet.

---

[49] Ähnlich: *Meder,* Art. 99 Rn. 2.

[50] In diese Richtung geht m. E. die Andeutung in VerfGH 33, 98 (99): „Recht auf Rechtsschutz".

[51] BVerfGE 88, 118 (123); 93, 99 (107); 107, 395 (401).

[52] Das Bestehen derartiger Ansprüche ist prinzipiell anerkannt, vgl. Pieroth/Schlink/Kniesel, Polizei- und Ordnungsrecht, 4. Aufl. 2007, § 10, Rn. 45; für das Baurecht z. B.: *Decker* in: Simon/Busse, BayBO 1998, Art. 82, Rn. 482.

3. Objektiv-rechtliche, staatsaufgabenrechtliche Gehalte

15 **a) Innere Sicherheit als Staatsaufgabe mit Verfassungsrang und Staatszielbestimmung, institutionelle Gewährleistungen.** Die Wirkkraft des Art. 99 erschöpft sich nicht darin, in Satz 2 2. Hs. – dem engeren grundrechtlichen Kern – subjektive Rechte auf ein Mindestmaß (Untermaßverbot) an Schutz und Sicherheit für die Grundrechtsgüter zu gewährleisten (Rn. 6 ff.), vielmehr macht er es dem Staat in einem umfassenderen Sinn zur **objektiven Staatsaufgabe, auch jenseits des subjektiv-rechtlichen Mindestmaßes an Schutz möglichst gut für Schutz und Sicherheit im Inneren zu sorgen.**[53] An normativer Kraft bleibt die so umrissene **staatsaufgabenrechtliche** Dimension hinter der grundrechtlichen zurück: Sie wirkt rein objektiv-rechtlich, vermag Grundrechtseingriffe zu rechtfertigen, kann direktive/programmatische Wirkungen entfalten, die Gesetzesauslegung beeinflussen etc., verdichtet sich jedoch nicht zu einer für den Einzelnen einklagbaren Rechtsposition auf Gewährleistung eines bestimmten Schutzniveaus. Umgekehrt geht sie in der Sache jedoch über das subjektive Recht auf Schutz hinaus, da sie sich nicht von vornherein auf ein Untermaßverbot (Mindestgewährleistung) beschränkt, sondern im Gegenteil auf eine möglichst gute Zielverwirklichung **(Optimierung)** ausgerichtet ist. In seiner objektiv-staatsaufgabenrechtlichen Dimension vermag Art. 99 beispielsweise auch weit im Vorfeld konkreter Gefahren, ja u. U. sogar sog. „verdachtslose" Kontrollmaßnahmen der Polizei (Schleierfahndung) zu legitimieren (soweit ohne derartige Vorfeldbefugnisse eine effektive Erfüllung des Schutzauftrags aus Art. 99 gefährdet ist),[54] auch wenn kaum zweifelhaft sein dürfte, dass ein schutzsuchender Bürger natürlich kein subjektives Recht darauf hat, dass solche Kontrollen eingerichtet oder durchgeführt werden (subjektive Rechte auf Schutz werden regelmäßig nur bei Vorliegen qualifizierter Gefahrenlagen bestehen[55]).

16 Sitz der objektiven Staatsaufgabe Schutz und Sicherheit im Inneren ist nicht allein Art. 99 S. 2 2.Hs., sondern auch Satz 1, soweit es auch diesem um den „Schutz" und z. B. die Verteidigung der körperlichen Unversehrtheit („leibliches Wohl") gegen nichtstaatliche Beeinträchtigungen geht (zu darüber hinausgehenden, eigenständigen Gehalten des Satzes 1 Rn. 20); der objektive Schutzauftrag folgt also aus **Art. 99 S. 1 i. V. m. S. 2 2. Hs.**

17 Zur Aufgabe gemacht wird dem Staat die **Gewährleistung innerer Sicherheit in einem umfassenden Sinn.**[56] Den engeren Kern bildet der Schutz der grundrechtlichen Schutzgüter. Aber auch das Ziel einer möglicht effektiven Durchsetzung der einfach-gesetzlichen Rechtsordnung durch „Rechtspflege" und „Polizei" wird man dem Art. 99 S. 2 2. Hs. entnehmen können (siehe auch schon Rn. 14). Geschützt ist schließlich auch der Staat als solcher (als Friedens- und Ordnungsmacht) sowie die Funktionstüchtigkeit seiner mit Sicherheitsaufgaben betrauten Organe (namentlich Rechtspflege und Polizei).[57] Das gesamte Spektrum **öffentlicher Sicherheit,** d. h. die Rechtsgüter des Einzelnen, die Rechtsordnung sowie der Staat und seine Einrichtungen, sind von Art. 99 erfasst.[58] Erfasst sind all diese Schutzgüter des weiteren in zeitlicher Hinsicht, sowohl, was ihren **präventiven** als auch was ihren **repressiven** Schutz anbelangt; Präventive Gefahrenabwehr und repressive Strafrechtspflege sind gleichermaßen von Art. 99 getragen sowie als Aufgaben von Verfassungsrang qualifiziert.[59] Innerhalb der polizeilichen Gefahrenabwehr wiederum trägt Art. 99 nicht nur die eigentliche Gefahrbeseitigung selbst, sondern auch die bereits im **Vorfeld konkreter Gefahren** ansetzende Gefahraufklärung

---

[53] *Schmidbauer,* in ders./Steiner, PAG, 2. Auflage 2006, Art. 11, Rn. 132.
[54] VerfGH 56, 28 (51).
[55] *Möstl,* Garantie, S. 433.
[56] Dazu *Möstl,* Garantie, § 3, S. 119 ff., § 4, S. 147 ff.
[57] VerfGH 47, 241 (255).
[58] Hierzu Schmidbauer, in: ders./Steiner, PAG, 2. Auflage 2006, Art. 11 Rn. 132.
[59] Vgl. *Meder,* Art. 99 Rn. 2; für das GG: BVerfGE 100, 313 (388); 115, 166 (192).

und polizeiliche Informationsvorsorge, ohne die eine effektive Gefahrenabwehr nicht denkbar ist.[60]

Der aus Art. 99 folgende Auftrag zum Schutz der inneren Sicherheit erfasst folgende **18** Wirkdimensionen:

- Art. 99 entfaltet direktive Kraft für die **Auslegung unbestimmter Rechtsbegriffe** sowie für die **Ausfüllung von Handlungsspielräumen** (Ermessen).[61]
- Art 99 – das ist sein häufigstes argumentatives Einsatzfeld in der Praxis – vermag zu Zwecken der Sicherheitsgewährleistung vorgenommene **Grundrechtseingriffe zu rechtfertigen.** Er stellt klar, dass im Rahmen der notwendigen Verhältnismäßigkeitsprüfung das Sicherheitsziel nicht irgendein legitimes Ziel ist, sondern mit dem Gewicht einer **Staatsaufgabe mit Verfassungsrang** zu Buche schlägt.[62]
- Art. 99 ist, was seine positiven Verpflichtungswirkungen anlangt, **nicht bloßer Programmsatz, sondern eine Staatszielbestimmung** mit der für diese typischen objektiv-rechtlichen Direktivkraft (bindende Verpflichtung auf ein Ziel unter Offenlassung der Mittel; Verletzung nur, wenn das Ziel überhaupt nicht oder mit offensichtlich untauglichen Mitteln verfolgt wird).[63] Der ungleich fundamentalere Staatszweck Sicherheit kann – und dies explizit deutlich zu machen, ist das Verdienst des Art. 99 – im Rang nicht unter jenen Staatszielbestimmungen stehen, die im Lauf der Entwicklung des Verfassungsstaates erst später hinzugetreten sind (soziales Staatsziel, Umweltstaatsziel, vgl. Art. 3). Die Einstufung als bloßer Programmsatz[64] wird der Bedeutung des Sicherheitszwecks nicht gerecht.
- Art. 99 S. 2 2. Hs. statuiert eine **institutionelle Garantie** einer funktionstüchtigen Polizei[65] und Rechtspflege (insbesondere Strafrechtspflege[66]). Die Erfordernisse einer effektiven und funktionstüchtigen Polizeiarbeit sind bei der Rechtfertigung von Grundrechtseingriffen ein legitimer Argumentationstopos.[67]

b) Schutz nach außen. Art. 99 S. 2 1. Hs. (i.V. m. S. 1) statuiert nach hier vertretener **19** Ansicht auch, was den Schutz gegen Angriffe von außen anbelangt, eine objektive Staatsaufgabe, die der Staat allerdings nur mit völkerrechtlich zulässigen Mitteln erfüllen darf (Rn. 13). Für den Freistaat Bayern, der als Gliedstaat der Bundesrepublik über fast keinerlei außen- oder gar militärpolitische Kompetenzen verfügt (Art. 32, 87 a, 115 a ff.), spielt die Bestimmung praktisch keine Rolle.

c) Eigenständige Gehalte des Satzes 1. Art. 99 S. 1 für sich genommen gewährleistet **20** – dies ist fast einhellige Meinung – **kein Grundrecht;**[68] bereits der schwache Wortlaut („dient" statt „gewährleistet") sowie der konturenarme Inhalt (Schutz und Wohl im weitesten Sinne) sprechen gegen einen grundrechtlichen Gehalt. Objektive Aufgaben- und **Staatszielbestimmungen** können dem Satz 1 dagegen durchaus entnommen werden; dass sich der engere Schutz- und Sicherheitsauftrag in Satz 1 ins Sozialstaatliche weitet („Wohl"), steht nicht entgegen, da auch das Sozialstaatsprinzip (Art. 3 I) eine anerkannte Staatszielbestimmung darstellt; die Einstufung als bloßer Programmsatz erscheint auch

---

[60] VerfGH 56, 28 (51); zur Informationsvorsorge: *Möstl,* DVBl. 2007, 581.

[61] Mittelbare Auswirkungen im Rahmen der Auslegung anderer Bestimmungen bringt Art. 99 selbst dann hervor, wenn man ihn als „Programmsatz" einstufte, siehe VerfGH 24, 171 (174); vgl. im Übrigen *Schmidbauer,* in ders./Steiner, PAG, 2. Auflage 2006, Art. 11 Rn. 133.

[62] VerfGH 47, 255 (264); 50, 247 (257); 56, 28 (44, 47, 51 f.); 57, 84 (98).

[63] *Möstl,* Garantie, S. 73 ff.; *Schmidbauer,* in ders./Steiner, PAG, 2. Auflage 2006, Art. 11 Rn. 132.

[64] So z. T. der VerfGH, z. B. 24, 171 (174); 29, 24 (25); 48, 61 (78).

[65] *Schmidbauer,* in: ders./Steiner, PAG, 2. Auflage 2006, Art. 11 Rn. 132; s. a. *Pestalozza,* in: Nawiasky/Schweiger/Knöpfle, Art. 99 Rn. 58.

[66] Zum Verfassungsrang einer funktionstüchtigen Strafrechtspflege: VerfGH 50, 226 (247); BVerfGE 46, 214 (222); 115, 166 (192).

[67] VerfGH 50, 226 (257); 56, 28 (51); 59, 29 (41).

[68] *Meder,* Art. 99 Rn. 1; *Berner/Köhler,* PAG, 18. Auflage 2006, Art. 2 Rn. 6; a. A. *Pestalozza,* in: Nawiasky/Schweiger/Knöpfle, Art. 99 Rn. 24 ff.

hier als zu eng. Gegenüber Satz 2 **eigenständige/zusätzliche** Schutzgehalte entfaltet Satz 1 in dreierlei Richtung:

- Während Satz 2 der Aspekt des Schutzes gegen „Angreifer" von innen oder außen zugrunde liegt, verfolgt Satz 1 ein umfassenderes Konzept des Schutzes, das nicht auf Situationen der „Verteidigung" gegen fremdzugefügte Beeinträchtigungen reduziert ist, sondern z. B. auch den Schutz „gegen sich selbst" einschließt (Hilfe für Selbstmordgefährdete, Drogenabhängige etc.), ebenso wie den Schutz gegen Gefahren, die niemandem zurechenbar sind (Naturkatastrophen, Krankheit etc.).
- Mit seiner Erstreckung auf die weit gefasste Formel „geistiges und leibliches Wohl"[69], die schon beinahe einer allgemeinen Gemeinwohlklausel ähnelt (allerdings mehr auf den Einzelnen bezogen bleibt), weitet sich der Schutzauftrag des Art. 99 vom sicherheitsrechtlichen Bereich ins Sozialstaatliche.[70] Es ist vor diesem Hintergrund konsequent, dass der VerfGH beispielsweise den Schutz der Gesundheit unter Art. 99 S. 1 („leibliches Wohl") subsumiert hat.[71]
- In einem weitesten, hier allerdings wirklich nur programmatischen Sinne drückt Art. 99 aus, dass der Staat kein Selbstzweck ist, sondern für den Menschen da ist;[72] Art. 99 erfüllt insoweit eine ähnliche Funktion wie Art. 1 GG.[73]

Art. 100 [Würde des Menschen]

[1]Die Würde des Menschen ist unantastbar. [2]Sie zu achten und zu schützen ist Verpflichtung aller staatlichen Gewalt.

Parallelvorschriften im GG und anderen Landesverfassungen: Art. 1 EGC; Art. 1 GG; Art. 2 I BaWüVerf; Art. 6 BerlVerf; Art. 7 BbgVerf; Art. 5 I BremVerf; Art. 3 HessVerf; Art. 5 II M-VVerf; Art. 3 II NdsVerf; Art. 4 I NRWVerf; Art. 1 SaarlVerf; Art. 7 SächsVerf; Art. 4 VerfLSA; Art. 1 ThürVerf.

Rechtsprechung: VerfGH 1, 29; 4, 51; 43, 23; 49, 79; 55, 123; BVerfGE 30, 1; 109, 279; NJW 2006, 751.

Literatur: S. zunächst die Literaturhinweise zu den Vorbemerkungen vor Art. 98 sowie *Dürig,* Der Grundrechtssatz von der Menschenwürde, AöR 81 (1951), 117; *Wintrich,* Die Bedeutung der „Menschenwürde" für die Anwendung des Rechts, BayVBl. 1957, 137; *Graf Vitzthum,* Die Menschenwürde als Verfassungsbegriff, JZ 1985, 201; *Niebler,* Die Rechtsprechung des BVerfG zum obersten Rechtswert der Menschenwürde, BayVBl. 1989, 737; *Geddert-Steinacher,* Menschenwürde als Verfassungsbegriff, 1990; *Hofmann,* Die versprochene Menschenwürde, AöR 118 (1993), 353; *Kloepfer,* Leben und Würde des Menschen, in: FS 50 Jahre BVerfG, 2001, Bd. II, S. 77 ff.; *Enders,* Die Menschenwürde in der Verfassungsordnung, 1997; *Brugger,* Menschenwürde, Menschenrechte, Grundrechte, 1997; *Hufen,* In dubio pro dignitate, NJW 2001, 849; *Hruschka,* Die Würde des Menschen bei Kant, ARSP 88 (2002), 463; *Picker,* Menschenwürde und Menschenleben, 2002; *Honnefelder/Isensee/Kirchhof (Hrsg.),* Gentechnik und Menschenwürde, 2002; *Wittreck,* Menschenwürde und Folterverbot, DÖV 2003, 873; *Böckenförde,* Menschenwürde als normatives Prinzip, JZ 2003, 809; *Häberle,* Die Menschenwürde als Grundlage der staatlichen Gemeinschaft, HdBStR II, 2004, § 22; *Hufen,* Erosion der Menschenwürde? JZ 2004, 313; *Poscher,* Die Würde des Menschen ist unantastbar, JZ 2004, 756; *Kersten,* Das Klonen von Menschen, 2004; *Seelmann,* Repräsentation als Element von Menschenwürde, ZRPh 2004, 127; *Stern,* Die normative Dimension der Menschenwürdegarantie, in: FS Badura 2004, S. 571 ff.; *Hassemer,* Über den argumentativen Umgang mit der Würde des Menschen, EuGRZ 2005, 300; *Isensee,* Die bedrohte Menschenwürde, 2005; *Nettesheim,* Die Garantie der Menschenwürde zwischen metaphysischer Überhöhung und bloßem Abwägungstopos, AöR 130 (2005), 71; *Otto,* Diskurs über Gerechtigkeit, Menschenwürde und Menschenrechte, JZ 2005, 473; *Lindner,* Die Würde des Menschen und sein Leben, DÖV 2006, 577; *ders.,* Grundrechtsfragen prädiktiver Gendiagnostik, MedR 2007, 286; *Isensee,* Menschenwürde: die säkulare Gesellschaft auf der Suche nach dem Absoluten, AöR 131 (2006), 173; *Höfling,* Wer definiert des Menschen Leben und Würde? In: FS Isensee, 2007, S. 525 ff.

---

[69] Dazu: *Pestalozza,* in Nawiasky/Schweiger/Knöpfle, Art. 99 Rn. 33 f.
[70] Vgl. Prot II, S. 409 f.
[71] VerfGH 4, 150 (160).
[72] Prot. I S. 195; *Hoegner,* Verfassungsrecht, S. 154.
[73] *Jarass/Pieroth,* Art. 1 Rn. 1; ausdrücklich Art. 1 Abs. 1 des Herrenchiemseer Entwurfs.

I. Allgemeines

1. Bedeutung

a) Art. 100 ist die **Kernnorm** für das **Verständnis des Menschenbildes,** das der Baye- **1**
rischen Verfassung zu Grunde liegt. Der gleiche, jeglicher staatlichen Relativierung entzogene, dem Staat voraus liegende[1] **Wert des Menschen an sich** ist Grundlage und
Grenze jeglicher staatlichen Tätigkeit. Die Würde, verstanden als Wert (s. dazu bereits
Rn. 21 ff. vor Art. 98) jedes menschlichen Lebens ungeachtet seiner kontingenten Bestimmtheit, seines konkreten So-Seins[2], ist **unantastbar.** Mit der Betonung einer so verstandenen Menschenwürde haben die Schöpfer der Verfassung der nationalsozialistischen
Barbarei die radikalst mögliche Absage erteilt. Nicht der Staat hat Eigenwert, sondern der
Mensch, dem der Staat zu dienen hat.[3]

Daher unterliegt die Menschenwürde **keinem Relativierungsvorbehalt,** sie ist **ver-** **2**
fassungsänderungsfest i. S. d. Art. 75 I 2, genießt höchsten Rang auch innerhalb der Verfassungsrechtsnormen.[4] Eine Einschränkung, eine Antastung der Menschenwürde ist stets
und unter allen Umständen verfassungswidrig, sie ist nicht rechtfertigungsfähig, weil
Art. 100 keinem Gesetzesvorbehalt unterliegt. Insbesondere gilt Art. 98 S. 2 nicht, da der
verfassungsändernde Gesetzgeber bei der Änderung des Art. 100 zur Anpassung an Art. 1 I
GG (dazu sogleich Rn. 11) von einem **Gleichklang von Art. 1 I GG und Art. 100** ausging und Art. 1 I GG ebenfalls keinem Relativierungsvorbehalt unterliegt.

Art. 100 stellt nicht nur selbst eine **Grundrechtsbestimmung**[5] dar, er enthält den **ge-** **3**
danklichen Kern für das Freiheits- und Gleichheitsverständnis der Bayerischen
Verfassung überhaupt[6] (vgl. dazu bereits Rn. 24 ff. vor Art. 98). Aus dem Verständnis der
Würde des Menschen als (gleicher) Wert jeglichen menschlichen Lebens ergibt sich die
Notwendigkeit eines umfassenden und gleichen Freiheitsschutzes für alle Menschen.
Würde des Menschen bedingt die gleichheitsrechtliche Dimension eines lückenlosen Frei-
heitsschutzes sowie die freiheitsrechtliche Dimension der Gleichbehandlung, die auf glei-
che Chancen, indes nicht auf faktische Gleichheit, zielt.

---

[1] VerfGH 4, 51 (Ls. 2): „dem positiven Recht vorausliegend".
[2] *Pestalozza,* in: Nawiasky/Schweiger/Knöpfle, Art. 100 Rn. 7: *„ Unser menschliches Dasein ist ein Wert*
an sich, ohne Rücksicht auf unser So-Sein."
[3] *Häberle,* Rn. 66.
[4] Art. 100 ist allerdings nicht Über-Verfassungsrecht, sondern eine höchstrangige Verfassungsnorm,
die auf eine überstaatliche, metaphysische (sic!) Wertordnung im Sinne einer transzendenten Richtig-
keitsordnung zurückgreift; VerfGH 1, 29 (32); 4, 51 (58); 8, 1 (85); 9, 109 (111); 20, 140 (148); 54, 109
(159); VerfGH 9, 27 (37); 11, 164 (181): *„vor- und überstaatliches allgemeines Menschenrecht".* VerfGH 45, 125
(133): *„elementares Grund- und Menschenrecht obersten Ranges".*
[5] VerfGH 1, 29 (32); 2, 85 (89); 49, 79 (92): *„Das Grundrecht der Menschenwürde".*
[6] VerfGH 4, 51 (58); 54, 109 (159); 49, 79 (92): *„elementares Menschenrecht und wertentscheidende Grund-*
satznorm".

4   b) Die Grundentscheidung für den Wert des Menschen an sich in Satz 1 wird in Satz 2 ausgeformt in der Modalität einer **Achtungs- und Schutzpflicht.** Der Staat hat den Wert des Menschen zum einen zu **achten.** Er darf ihn weder unmittelbar noch mittelbar, weder gewollt noch faktisch relativieren.[7] Darüber hinaus hat der Staat die Würde des Menschen aktiv zu **schützen** gegen Relativierung von dritter Seite. Satz 2 ist die „Mutter"-Norm für die grundrechtlichen **Schutzpflichten,** die sich allen Grundrechten erschließen lassen (dazu Rn. 94 ff. vor Art. 98). Die Menschenwürde als der zentrale Wert durchzieht die gesamte Verfassung nicht nur als maßgebliche Interpretationsmaxime, sondern auch durch ausdrückliche Bezugnahmen: vgl. etwa die **Präambel:** „Achtung vor der Würde des Menschen"; **Art. 111a I 3:** Achtung der Menschenwürde durch den Rundfunk; **Art. 131 II:** Achtung vor der Würde des Menschen als oberstes Bildungsziel; **Art. 151 I:** menschenwürdiges Dasein für alle als Ziel wirtschaftlicher Betätigung; **Art. 164 I:** menschenwürdiges Auskommen für die landwirtschaftlich tätige Bevölkerung.

5   c) Neben diesen Fundamentalfunktionen für das Menschenbild und die Grundrechtsordnung der BV überhaupt dient Art. 100 dem VerfGH dazu, Grundrechte zu begründen, die im Text der BV nicht eigens zum Ausdruck kommen. Art. 100 kommt insbesondere in Verbindung mit Art. 101 somit eine **Schutzergänzungsfunktion** zu. So leitet der VerfGH aus Art. 100 i.V. m. Art. 101 das **Grundrecht auf Leben und körperliche Unversehrtheit**[8] sowie auf **informationelle Selbstbestimmung** ab[9], das Grundrecht der **Berufsfreiheit** sieht er als durch das Grundrecht der Allgemeinen Handlungsfreiheit in Art. 101[10] mit umfasst[11]. Für die Einzelheiten sei auf die Erl. zu Art. 101 verwiesen.[12]

6   d) Allerdings hat das bislang **stabile Fundament,** das die Würde des Menschen der gesamten Verfassung und dem Zusammenleben der Menschen verleiht, **Risse** bekommen. Die absolute Gleichwertigkeit jeglichen menschlichen Lebens wird **von drei Seiten** relativiert:

7   (1) Von den Erkenntnisfortschritten in den **Lebenswissenschaften,** die die Manipulierbarkeit menschlichen Lebens mit sich bringen[13]: reproduktives und therapeutisches Klonen[14], die Forschung mit embryonalen Stammzellen (die aus der Tötung von Embryonen in einem frühen Zellstadium gewonnen werden), die Präimplantationsdiagnostik, die die „Verwerfung" nicht gesunder, „überflüssiger" Embryonen zur Folge haben kann[15], stellen das Paradigma der Gleichwertigkeit jedes menschlichen Lebens in Frage.[16]

---

[7] Ein Verstoß gegen das Achtensgebot kann auch in der Ausweisung eines Ausländers liegen, dem im Heimatstaat Maßnahmen drohen, die mit Art. 100 nicht vereinbar wären.

[8] VerfGH 52, 167 (172); 59, 63 (74).

[9] Zum Grundrecht auf Leben und körperliche Unversehrtheit VerfGH 10, 101 (105); 40, 58 (61); 42, 188 (194). Überhaupt bedient sich der VerfGH ähnlich wie das BVerfG (dazu *Kahl,* Die Schutzergänzungsfunktion von Art. 2 Abs. 1 GG, 2000) der dogmatischen Kategorie des Kombinationsgrundrechts häufig. So leitet er aus Art. 100, 101 das Allgemeine Persönlichkeitsrecht, insbes. das Grundrecht auf informationelle Selbstbestimmung (VerfGH 38, 74 [79]; 40, 7 [11]; 47, 241 [254]; 50, 156 [178]; 50, 226 [242]; 56, 28 [43]; 59, 29 [34]) ab. Das Grundrecht „nulla poena sine culpa" wird aus Art. 3 Abs. 1, 100, 101 begründet: VerfGH 20, 101 (110); 35, 39 (45); 43, 165 (168); 44, 41 (56); 47, 207 (238).

[10] VerfGH 52, 159 (164).

[11] VerfGH 50, 129 (139); 51, 74 (84); 53, 1 (7); 56, 1 (10): *„Das Grundrecht der Handlungsfreiheit nach Art. 101 BV umfasst den beruflichen und wirtschaftlichen Bereich"; Meder,* Art. 101 Rn. 10.

[12] S. zudem Rn. 29 vor Art. 98.

[13] Zum Grundrecht *Starck,* Verfassungsrechtliche Grenzen der Biowissenschaften und Fortpflanzungsmedizin, JZ 2002, 1065; *Dederer,* Menschenwürde des Embryos in vitro? AöR 127 (2001), 1.

[14] *Kersten,* Das Klonen von Menschen, 2004.

[15] *Böckenförde-Wunderlich,* Präimplantationsdiagnostik als Rechtsproblem, 2001; zur davon zu unterscheidenden Gendiagnostik s. *Lindner,* Grundrechtsfragen prädiktiver Gendiagnostik, MedR 2007, 286.

[16] Insbesondere in den Versuchen von Teilen der Literatur, Menschenwürde und Lebensrecht voneinander abzukoppeln und einen auf der Schiene der Zeit gestuften Würdeschutz vorgeburtlichen Lebens zu konstruieren (z. B. *Herdegen,* in: Maunz/Dürig, Art. 1 Rn. 56: „prozesshafte Betrachtung des Würdeschutzes"), sieht *Böckenförde,* Die Würde des Menschen war unantastbar, FAZ v. 3. 9. 2003, S. 33 nicht zu Unrecht einen Dammbruch.

(2) Die moderne **Hirnforschung** stellt mitunter Thesen auf, die im Ergebnis die **Wil-** 8
lensfreiheit des Menschen in Frage stellen und damit einen wesentlichen Aspekt der
Menschenwürde jedenfalls relativieren könnten.[17]

(3) Der **internationale Terrorismus** nach dem Muster des September 2001 kann Kon- 9
stellationen hervorrufen, in denen eine Abwägung Leben gegen Leben nachgerade unausweichlich wird (Beispiel: Abschuss eines als Waffe entführten Passagierflugzeugs nach § 14
III LuftSiG, der vom BVerfG inzwischen für verfassungswidrig erklärt worden ist[18]).
Angesichts dieser Bedrohungsszenarien für die Menschenwürde, aber auch der Chancen
einer „Ethik des Heilens"[19], mit der die Relativierung vorgeburtlichen Lebens zu Gunsten
medizinisch-naturwissenschaftlicher Forschung legitimiert werden soll, stehen Art. 1 I
GG und Art. 100 die eigentlichen Bewährungsproben wohl erst noch bevor.[20]

2. Entstehung

a) Der Schutz der Menschenwürde als Verfassungsgebot ist in der bayerischen und deut- 10
schen Verfassungsgeschichte **ohne Vorbild.** In der VU von 1919 ist – trotz vorangegange-
ner Kriegsbarbarei – ebenso wenig von der Würde des Menschen die Rede wie in der
WRV. Auch der VE und der E enthielten noch keine dem Art. 100 vergleichbare Norm.
Allerdings war in Art. 93 II VE, 100 E (Achtung und Ehrfurcht vor der Würde des Menschen als oberstes Bildungsziel) die Würde bereits thematisiert. In der 10. Sitzung des VA
wurde auf Vorschlag von *Nawiasky* der Menschenwürdesatz aufgenommen[21], dessen ursprüngliche Fassung lautete: „Die Würde der menschlichen Persönlichkeit ist in Gesetzgebung, Verwaltung und Rechtspflege zu achten." Dies erfolgte in bewusster Absage an
das nationalsozialistische Verbrechensregime. Nawiasky: *„Das ist nach den Geschehnissen der
vergangenen Zeit m. E. unbedingt notwendig. .. Die Würde der menschlichen Persönlichkeit ist in der
Weise niedergetreten worden, dass die neue Verfassung das ausdrücklich hervorheben soll"*[22].

b) Durch § 1 Nr. 2 des Gesetzes zur Änderung der Verfassung des Freistaats Bayern 11
vom 10. 11. 2003[23] wurde Art. 100 wörtlich **an Art. 1 I GG angepasst.** Dies ist begrü-
ßenswert, da Art. 1 I GG durch die Betonung der *Unantastbarkeit* der Würde (des Menschen,
nicht nur der menschlichen Persönlichkeit) sowie durch die Begründung einer Schutzpflicht Bedeutung und Wirkweise der Menschenwürde noch deutlicher akzentuiert.[24]

3. Verhältnis zum Grundgesetz

Art. 100 galt auch in seiner alten Fassung nach **Art. 142 GG** weiter, obwohl[25] er weder 12
von Unantastbarkeit gesprochen noch eine Schutzpflicht vorgesehen hatte[26]; im Hinblick
auf die neue Fassung versteht sich die Weitergeltung angesichts der Wortlautparallelität

---

[17] Hierzu *Wolff,* Die Willensfreiheit und die Grundrechte, JZ 2006, 925.

[18] BVerfG, NJW 2006, 751; vgl. dazu *Lindner,* DÖV 2006, 577; *Merkel,* § 14 III Luftsicherheitsgesetz:
Wann und warum darf der Staat töten? JZ 2007, 373.

[19] *Hufen,* JZ 2004, 313 (316).

[20] Vgl. auch *Poscher,* JZ 2004, 756, der die „Menschenwürde als Tabu" thematisiert.

[21] Prot. I, S. 233; VerfGH 1, 29 (32).

[22] Prot. I, S. 233.

[23] GVBl S. 817.

[24] Die Ansicht von *Pestalozza* (Fn. 2), Art. 100 vor Rn. 1 (dort auch zum Änderungsanlass), diese
Änderung könne „nicht scharf genug kritisiert werden", ist daher nicht nachvollziehbar. Insbesondere
die These, eine solche Anpassung würde dem „Selbstand des Landesverfassungsrechts und damit dem
Freistaat Bayern Schaden" zufügen, ist abwegig, handelt es sich doch bei Art. 1 I GG im Vergleich zu
Art. 100 a. F. um die bessere und weiterreichende Regelung, die in dieser Formulierung auch dem Text
der BV gut ansteht.

[25] Allerdings hat der VerfGH stets betont, dass der Schutz der Menschenwürde „nach bayerischem
Verfassungsrecht nicht hinter den im wesentlichen inhaltsgleichen Grundrechten des GG" zurück-
bleibe, VerfGH 47, 241 (254); 57, 113 (119).

[26] Dazu, dass auch im Schutzniveau hinter den Grundrechten des GG zurückbleibende Grundrechte nach Art. 142 GG in Geltung bleiben s Rn. 109 ff. vor Art. 98.

von selbst. Zur Maßstabswirkung des Art. 100 im Hinblick auf Bundes- und Europarecht bzw. für auf Bundes- oder Europarecht beruhendes Landesrecht s. Rn. 134 ff. vor Art. 98.

II. Einzelkommentierung

1. Der Begriff „Menschenwürde"

13 Über den Begriff „Würde" herrscht bis heute keine Einigkeit. Es überwiegen Definitionsversuche, die insbesondere die sog. **„Objekt-Formel"** verwenden. „Positive" Definitionen sind selten, aber auch zum Scheitern verurteilt, weil in jeder *Defini*tion der Würde bereits eine unzulässige Begrenzung und damit Antastung liegt.

14 a) Mangels konsentierter Definition von „Würde" beschreiten Rechtsprechung und Literatur meist den Weg über eine **Definition „ex negativo":** Wenn schon nicht klar sei, was „positiv" unter Würde zu verstehen sei, so könne man doch sicher sagen, wann sie jedenfalls angetastet werde.[27] Diese ex-negativo-Sichtweise entspricht im Wesentlichen der berühmten „Objektformel" von G. *Dürig: „Die Menschenwürde ist betroffen, wenn der konkrete Mensch zum Objekt, zu einem bloßen Mittel, zu einer vertretbaren Größe herabgewürdigt wird."*[28] Dieser Methode bedient sich auch der VerfGH: Das Grundrecht der Menschenwürde schütze als elementares Menschenrecht und wertentscheidende Grundsatznorm vor „Diskriminierung, Erniedrigung, Ächtung und Entrechtung; es wird durch schwerwiegende Beeinträchtigungen verletzt, die an den Kern der menschlichen Persönlichkeit greifen."[29] Auch die Objektformel verwendet der VerfGH.[30]

15 b) Da es **unbefriedigend** ist, das tragende, für alle Rechtsbereiche maßgebliche[31] Konstitutionsprinzip der Verfassung[32] nur von seiner Verletzung her zu definieren, gibt es in der verfassungsrechtlichen Literatur und Rechtsprechung auch **positive Definitionsversuche.**[33] Auch der **VerfGH** hat sich bereits früh um positive Bestimmungsversuche

---

[27] Auch in der Rechtsprechung des BVerfG findet sich der Interpretationsansatz vom Verletzungscharakter her: *„Was den Grundsatz der Unantastbarkeit der Menschenwürde angeht, so hängt alles von der Festlegung ab, unter welchen Umständen sie verletzt sein kann"*; BVerfGE 30, 1 (25) und NJW 1993, 3315; s. auch BVerfGE 5, 85 (204); 27, 1 (6); 45, 187 (228); 50, 166 (175).

[28] *Dürig,* in: Maunz/Dürig, Art. 1 Abs. 1 Rn. 28 (Erstkommentierung); *ders.,* Der Grundrechtssatz von der Menschenwürde. Entwurf eines praktikablen Wertsystems der Grundrechte, AöR 81 (1956), 117 (127). Ähnlich in Anlehnung an Kant *Wintrich,* Über Eigenart und Methode verfassungsgerichtlicher Rechtsprechung, in: Festschrift für Laforet, 1952, S. 227 ff., 235.

[29] VerfGH 49, 79 (92); 35, 10 (825); 34, 162 (171); 21, 1 (9); 20, 1 (10) und öfter.

[30] VerfGH 39, 87 (94); 52, 167 (172).

[31] VerfGH 1, 29 (32): *„für alle Rechtsgebiete einheitliche, bindende Linie";* VerfGH 4, 51 (59*): „oberster Grundsatz des Rechts, wesentlicher Bestandteil der Rechtsidee".*

[32] BVerfGE 27, 1, (6); 102, 370 (389); 109, 133 (149) sowie Beschl. v. 8. 11. 2006 (2 BvR 578/02), Rn. 68.

[33] Nachweise bei *Lindner,* Theorie der Grundrechtsdogmatik, S. 182 ff. (dort insbes. in Fn. 17). Die Versuche zur positiven Erläuterung des Menschenwürdebegriffs lassen sich einteilen in: **(1) Werttheorien,** die sich aus christlichen oder naturrechtlich-idealistischen Traditionen speisen, vgl. dafür *Starck,* in: v. Mangoldt/Klein/Starck, Art. 1 Rn. 4; **(2) Leistungstheorien,** die die Menschenwürde nicht als intrinsischen Wert, sondern im Prozess der Selbst- und Identitätsbestimmung als Ergebnis und Bedingung gelungener Selbstdarstellung sehen (vgl. dafür *Luhmann,* Grundrechte als Institution, 1965, S. 68 ff.), **(3) Kommunikationstheorien,** wonach Würde kein Substanz-, Qualitäts- oder Leistungs-, sondern ein Relations- oder Kommunikationsbegriff sei; Würde meint die gegenseitige Anerkennung des anderen in seiner Eigenart und individuellen Besonderheit (*Hofmann,* Die versprochene Menschenwürde, AöR 118 [1993], 353). **(4)** *Enders,* Die Menschenwürde in der Verfassungsordnung, 1997, sieht den eigenständigen rechtlichen Gehalt der Menschenwürde in einem **„Recht auf Rechte":** *„Mit der Menschenwürde des Art. 1 Abs. 1 Satz 1 GG ist das abstrakte Vermögen der Menschen anerkannt, als das Subjekt, das schon vorstaatlich ist, auch Rechtssubjekt möglicher Rechte sein zu können, ist mithin anerkannt, dass er ein Recht auf Rechte hat"* (S. 502 f.); **(5)** aus **sprachwissenschaftlicher** Sicht s. *Schreckenberger,* Rhetorische Semiotik, 1978, S. 13 ff., 59 ff.

bemüht. Bereits im ersten Band qualifiziert er den Menschenwürdesatz nicht nur als aktuell zwingenden Rechtssatz, der ein subjektiv-öffentliches Recht und zugleich ein verfassungsmäßiges Recht i. S. d. Art. 120 begründe, sondern er verleiht ihm materiellen Gehalt. Die einschlägige noch unter dem Eindruck der nationalsozialistischen Barbarei entstandene Formulierung lautet[34]: *„Der Mensch als Person ist Träger höchster geistig-sittlicher Werte und verkörpert einen sittlichen Eigenwert. . . . Würde der menschlichen Persönlichkeit ist dieser innere und zugleich soziale Wert- und Achtungsanspruch, der dem Menschen um dessen willen zukommt.“* Die offene Flanke dieser Würdekonzeption liegt auf der Hand: Was ist sittlich? Hier droht wiederum ein Einfallstor für unreflektierte Wertrelativierungen, denen auf Grund der historischen Erfahrungen mit Entschiedenheit entgegengetreten werden muss.

In einer weiteren frühen Entscheidung erklärt der VerfGH die Würde des Menschen **16** als sittlichen Eigenwert „gegenüber allen politischen und rechtlichen Zugriffen des Staats und der Gesellschaft eigenständig und unantastbar“. Gleichzeitig macht er deutlich, dass dem Begriff „Würde“ ein „fest umrissener gesetzlicher Tatbestand“ fehle.[35] In der Folge hat der VerfGH den Art. 100 zumeist von seinem Verletzungstatbestand her definiert: Eine staatliche Maßnahme verletze das Grundrecht des Art. 100 nach dieser Rechtsprechung nur, *„wenn sie eine schwerwiegende, an den Kern der menschlichen Persönlichkeit greifende Beeinträchtigung enthalte“.*[36]

c) Eine solche hat der VerfGH in seiner bisherigen Rechtsprechung noch niemals ange- **17** nommen[37]. Er ist nicht der Versuchung erlegen, die Menschenwürde zur **„kleinen Münze“ zu degradieren**.[38] So hat der VerfGH beispielsweise[39] **nicht als Verletzung der Menschenwürde** angesehen: die Nichtverfolgung einer Strafanzeige[40]; die Unterstrafestellung der Selbstbefreiung[41]; die Zwangsmitgliedschaft im Ärzteversorgungswerk[42]; die Zwangsmitgliedschaft und Ehrengerichtsbarkeit im Rechtsanwaltsrecht[43]; die Freimachung zweckentfremdeten Wohnraums[44]; die Röntgenreihenuntersuchung[45]; die Zwangsräumung von Wohnraum im Winter[46]; Vorschriften über die Lichtöffnung von Häusern[47]; Mandats- und Amtsverluste für die Mitglieder für verfassungswidrig erklärter Parteien[48]; die Sicherungsverwahrung[49]; die Unterlassung von Wohnraumbeschaffung[50]; Anschluss- und Benutzungszwang[51]; die Straßenreinigungspflicht der Grundstückseigentümer[52];

---

[34] VerfGH 1, 29 (32); 4, 51 (57); 8, 1 (5); weitere Nachweise bei *Meder*, Art. 100 Rn. 1.

[35] VerfGH 1, 29 (32); 4, 51 (57).

[36] VerfGH 11, 81 (89); 18, 124 (127); 28, 24 (39); 32, 106 (112); 35, 10 (25); 37, 119 (125); 42, 72 (77); 48, 34 (38); 55, 123 (126) und öfter.

[37] Häufig sind auch Entscheidungen, in denen eine Verletzung des Art. 100 als offensichtlich nicht vorliegend qualifiziert wird. Art. 100 ist in der Verfassungspraxis ein ebenso beliebter wie erfolgloser Prüfungsmaßstab; vgl. etwa VerfGH 48, 41 (46); 55, 123 (127).

[38] Vgl. *Dreier*, Große Würde, kleine Münze, FAZ v. 5. 7. 2001, S. 8: „Veralltäglichung der Menschenwürde“.

[39] Eine vollständige Übersicht über die Entscheidungen des VerfGH zu Art. 100 bis Bd. 50 der Entscheidungssammlung findet sich bei *Pestalozza*, Art. 100 Rn. 76 ff.; jüngst VerfGH 60, 14 (29).

[40] VerfGH 1, 29 (33).

[41] VerfGH 1, 93 (99).

[42] VerfGH 4, 219 (244).

[43] VerfGH 4, 30 (40); 7, 21 (30).

[44] VerfGH 5, 122 (125).

[45] VerfGH 8, 1 (5).

[46] VerfGH 8, 52 (57), allerdings mit dem Hinweis, dass eine „grausame oder unmenschliche Behandlung durch eine Behörde das Grundrecht des Art. 100 verletzen“ könne.

[47] VerfGH 11, 81 (89).

[48] VerfGH 11, 164 (181).

[49] VerfGH 12, 168 (171).

[50] VerfGH 15, 49 (58).

[51] VerfGH 16, 128 (135); 20, 183 (187).

[52] VerfGH 17, 19 (27).

Verwertung von Aufzeichnungen eines Untersuchungsgefangenen im Strafprozess[53]; Nichtzulassung zum Staatsexamen auf Grund von Vorstrafen[54]; Ablehnung eines Gnadenerweises[55]; Nichtbestehen des Habilitationsverfahrens[56]; Fünf-Prozent-Klausel im Landeswahlrecht[57]; Bildungsziel Ehrfurcht vor Gott[58]; Unterbringung selbstmordgefährdeter oder psychisch kranker Menschen[59]; Altersgrenze für Sachverständige[60]; Voraussetzungen und Dauer von Freiheitsentziehungen[61]; das Nichtbestehen eines Anspruches auf Geltendmachung der föderalistischen Eigenständigkeit Bayerns gegenüber dem Bund[62]; Gebührenerhebung bei offensichtlich erfolgloser Verfassungsbeschwerde oder Popularklage[63]; Einsetzung parlamentarischer Untersuchungsausschüsse[64]; polizeirechtliche Ingewahrsamnahme[65]; Einschränkung der Altersteilzeit im Blockmodell[66]; Versagung der finanziellen Förderung für die Beratungsstellen der katholischen Kirche wegen Nichterteilung der Beratungsbescheinigung beim Schwangerschaftsabbruch[67]; Zulassung privat betriebener Feuerbestattungsanlagen[68].

2. Die Undefinierbarkeit: Würde = Wert

18 a) Dass es bislang – auch in der Rechtsprechung des VerfGH – nicht gelungen ist, eine positive Definition für den Begriff „Würde des Menschen" zu finden, ist ein Indiz dafür, dass der Begriff „Würde" einer Definition gar nicht zugänglich ist, dass der Verfassungsgeber den Begriff „Würde" einer **materiellen Definition gerade entziehen** wollte, um Missinterpretationen von vornherein auszuschließen. Die eigentliche **Pointe des Begriffs „Würde"** liegt darin, dass er sich jeglicher positiven Konkretisierung verschließt. Dafür spricht bereits der textliche Zusammenhang der Begriffe „Würde" und „unantastbar". Jede nähere Definition des Begriffs „Würde" ist schon **per definitionem Begrenzung, Antastung.** Eine Antastung soll jedoch durch Art. 100 gerade ausgeschlossen sein. Die Würde des Menschen ist – undefiniert – der (unantastbare) Wert[69] jedes Menschen an sich.

19 Dafür spricht zumal ein **historisches Argument:** Der entscheidende human-zivilisatorische Fortschritt – den der Verfassungsgeber gerade vor dem Hintergrund der Erfah-

---

[53] VerfGH 20, 78 (85), wo der VerfGH allerdings auch betont, dass die „schrankenlose Durchleuchtung persönlicher Verhältnisse" mit der Menschenwürde unvereinbar sei.

[54] VerfGH 21, 59 (65).

[55] VerfGH 29, 38 (42); 31, 230 (232).

[56] VerfGH 30, 109 (119).

[57] VerfGH 39, 75 (79); 27, 153 (158): Stimmkreiseinteilung für die Landtagswahl.

[58] VerfGH 41, 44 (49).

[59] VerfGH 41, 151 (157); 43, 23 (26); 45, 125 (133 ff.).

[60] VerfGH 42, 72 (77).

[61] VerfGH 43, 107 (130).

[62] VerfGH 44, 85 (Ls. 2): Art. 100 gewährleiste kein politisches Selbstbestimmungsrecht in dem Sinne, dass der einzelne einen grundrechtlich geschützten Anspruch gegen die zuständigen Staatsorgane auf Geltendmachung der föderalen Eigenständigkeit Bayerns gegenüber dem Bund hätte.

[63] VerfGH 47, 144 (149).

[64] VerfGH 48, 34 (38).

[65] VerfGH 49, 8 (10).

[66] VerfGH 55, 123 (126); weitere Entscheidungen zum Beamtenrecht: VerfGH 31, 138 (145): Altersgrenze für Ruhestandseintritt; VerfGH 25, 1 (13): Gewährung von Stellenzulagen; VerfGH 27, 93 (99): Beihilfegewährung; VerfGH 39, 56: Höchstdauer des Urlaubs ohne Dienstbezüge; VerfGH 42, 54 (63): überlange Verfahrensdauer im Disziplinarrecht; VerfGH 46, 104 (111): Obergrenzen für Beförderungsämter.

[67] VerfGH 59, 1 (15).

[68] VerfGH 49, 79 (92). Allerdings leitet der VerfGH aus Art. 100 die Pflicht des Staates ab, die Menschenwürde auch nach dem Tod zu schützen, insbesondere in Form einer „schicklichen Totenbestattung", die den jeweiligen Pietätsvorstellungen der Gesellschaft angemessen sei.

[69] „Würde" ist auch sprachlich mit dem Wort „Wert" verwandt.

rungen mit dem Nationalsozialismus gehen wollte[70] – besteht darin, dass die „Würde" des Menschen jeglicher Manipulierbarkeit entzogen sein soll. Jedem einzelnen Menschen wird als solchem ein nicht relativierbarer Wert zugeschrieben.[71] Art. 100 BV könnte demnach auch wie folgt gelesen werden: **„Der Wert des Mensch-Seins ist unantastbar."** Ein solches Verständnis von Würde als absolutem Wert impliziert eine **apriorische Nichtdefinierbarkeit und Nichtbewertbarkeit des Menschen über seine rein biologische Gattungszugehörigkeit** hinaus. Der Begriff „Wert" ist nicht weiter konkretisierbar, er ist das verfassungsunmittelbare, **das transzendentale Gut** schlechthin.[72]

Die Frage nach dem positiven Inhalt des Rechtsbegriffs „Würde" des Menschen ist daher 20 nicht nur sinnlos, in ihrer Beantwortung läge bereits eine erste Antastung, die es nach Art. 100 BV gerade nicht geben darf. Das Grundrecht der Menschenwürde ist „angetastet", wenn durch eine staatliche Maßnahme der Wert des einzelnen Menschen in seinem konkreten So-Sein unmittelbar oder mittelbar in Frage gestellt wird.[73] Auch der Rechtsprechung des **VerfGH** lässt sich ein solches Wertverständnis mindestens partiell entnehmen, wenn er von „sittlichem *Eigenwert*" im Sinne eines „Rechtswerts"[74] spricht, der unverlierbar und unantastbar ist.[75] Dass der VerfGH der Sache nach von einem solch hohen Würdeverständnis ausgeht, zeigt auch seine ständige Rechtsprechung, dass nur eine „schwerwiegende, an den Kern der menschlichen Persönlichkeit greifende Beeinträchtigung" Art. 100 verletze.[76]

b) „Würde" ist nicht nur ein vom Verfassungsgeber anerkannter absoluter Wert, sie hat 21 darüber hinaus auch eine **relationale Dimension,** da Art. 100 nicht zwischen verschiedenen Formen menschlicher Existenz[77] differenziert. Ihre negativ-definitorische Substanz gilt für *jeden* Menschen allein auf Grund seiner Existenz als biologisches Wesen. „Würde" als Wert des Menschen hat mithin auch eine **gleichheitsrechtliche Dimension.**[78] Sie zwingt zum Postulat der **Gleichwertigkeit jedes einzelnen existierenden Menschen.**[79]

c) Die durch Art. 100 jedem Menschen als biologisch-genetisch klassifizierbarem Gat- 22 tungswesen in gleicher Weise zuerkannte Werthaftigkeit lässt die im Rahmen der bioethischen Diskussion verstärkt postulierten **„Nicht-Äquivalenz"-Theorien** als **ver-**

---

[70] *Nawiasky,* S. 183; VerfGH 4, 51 (58).

[71] *Graf Vitzthum,* Die Menschenwürde als Verfassungsbegriff, JZ 1985, 201 (205).

[72] Ein solches Verständnis klingt auch in der Rechtsprechung des BVerfG an, das die Würde des Menschen *„im Dasein um seiner selbst willen",* BVerfGE 88, 203 (252), sieht. Zur Frage der Qualifikation eines Kindes als Schaden: *„Eine rechtliche Qualifikation des Daseins eines Kindes als Schaden kommt von Verfassungs wegen (Art. 1 Abs. 1 GG) nicht in Betracht",* BVerfGE 88, 203 (Ls. 14).

[73] Prägnant *Pestalozza,* Art. 100 Rn. 6: *„ Unser menschliches Dasein ist ein Wert an sich, ohne Rücksicht auf unser So-Sein. Es gibt, was die Würde anlangt, keinen Mehrwert, keinen Minderwert, keinen Unwert. Jeder gilt, wenn er da ist, gleich viel."*

[74] So bereits in VerfGH 1, 29 (32), wo das Gericht deutlich zwischen dem Eigenwert auf Grund von „Sittlichkeit" und der bloßen „Sitte" unterscheidet.

[75] VerfGH 1, 29 (32).

[76] VerfGH 11, 81 (89) und seitdem st. Rspr.; s. die Nachweise oben in Fn. 36. Noch deutlicher VerfGH 34, 162 (171): „Ausdruck der Verachtung des Wertes, der dem Menschen zukommt." Anders aber VerfGH 8, 1 (5), wonach eine Verletzung des Art. 100 nur vorliege, wenn der Persönlichkeitswert des Einzelnen in einer Weise beeinträchtigt sei, dass über die Auswirkung für den Betroffenen selbst die menschliche Würde als solche ohne Berücksichtigung der Einzelperson getroffen erscheine; so auch VerfGH 2, 85 (Ls. 5). Hierin liegt eine zu weitgehende Entsubjektivierung des Art. 100, die der VerfGH in seiner späteren Rechtsprechung zu Recht nicht fortgeführt hat.

[77] Zum Beginn des Würdeschutzes s. unten Rn. 32 ff.

[78] Zur im neueren Schrifttum zu Recht betonten Verbindung zwischen Rechtsgleichheit und Menschenwürde s. *Ipsen,* Der „verfassungsrechtliche Status" des Embryos in vitro, JZ 2001, 989 (993); *Höfling,* in: Sachs, Art. 1 Rn. 27 formuliert prägnant: *„Art. 1 Abs. 1 GG gewährleistet ferner eine elementare Basisgleichheit." Pestalozza,* Art. 100 Rn. 6: *„radikalste Gleichheit".*

[79] *Starck,* in: v. Mangoldt/Klein/Starck, Art. 1 Rn. 7. BVerfG, NJW 2006, 751 (753): *„Jedes menschliche Leben ist als solches gleich wertvoll."*

fassungsrechtlich inadäquat erscheinen.[80] Kern solcher Theorien, die v. a. in der Ethik[81], aber auch in der Rechtswissenschaft[82] vertreten werden, ist die These, dass *nicht* alle der Gattung Mensch zugehörigen Lebewesen gleichwertig seien. Nur *Personen* komme Menschenwürde zu. Nicht jeder Mensch sei indes eine Person, es gebe auch Menschen ohne Personencharakter. An welchen Kriterien die Nicht-Äquivalenz genau anknüpfen soll, wird von den Nicht-Äquivalenz-Theoretikern uneinheitlich beantwortet. Maßgeblich ist letztlich, welche kognitiven Fähigkeiten wie Intentionalität, Selbstbewusstsein, Selbstbestimmungsfähigkeit, Artikulationsfähigkeit etc. für das Person-Sein vorausgesetzt werden.[83]

23   Solche Differenzierungen lassen sich weder für das GG noch für die BV begründen. Art. 100 spricht die Würde *jedem* Menschen zu, von Person[84] ist nicht die Rede.[85] Gerade angesichts der Erfahrungen der nationalsozialistischen Entwürdigung und Tötung von Millionen Menschen auf Grund abnormer Vorverständnisse über die Differenzierbarkeit menschlichen Seins wollte der Verfassungsgeber *jegliche* apriorische Differenzierung im Wertsein von Menschen beseitigen.

3. Art. 100 als Grundrechtsnorm

24   a) Art. 100 verbürgt ein **Grundrecht,** einen subjektiv-öffentlichen Anspruch darauf, dass der Staat den Einzelnen in seinem absoluten und relativen Wert nicht antastet. Der VerfGH hat die Grundrechtsqualität des Art. 100 von Anfang an anerkannt[86], so dass der in der Literatur zu Art. 1 I GG mit hohem Aufwand ausgetragene Streit um die Grundrechtsqualität des Menschenwürdesatzes für die BV obsolet und damit auch keiner vertiefenden Darstellung würdig ist.[87] Ein Grundrecht auf Achtung der Menschenwürde ist insbesondere nicht deswegen überflüssig, weil die speziellen Freiheitsrechte ohnehin alle menschenwürderelevanten Interessenverkürzungen erfassen würden. Abgesehen davon, dass diese These zumindest nicht prognosefest ist, wäre es doch geradezu abstrus, ausgerechnet der Kernnorm des Grundrechtsteils der Verfassung den Grundrechtscharakter abzusprechen.

25   b) **Prüfungssystematisch** ist allerdings **zunächst das spezielle,** im Einzelfall einschlägige **Grundrecht** heranzuziehen. Erweist sich eine staatliche Maßnahme bereits danach als nicht rechtfertigbar, ist sie bereits aus diesem Grunde grundrechtswidrig. Zusätzlich kann – wenn in der Maßnahme zugleich eine Wertnegierung oder -relativierung liegt – ein Verstoß gegen Art. 100 gegeben sein. Da ein Verstoß gegen Art. 100 *immer* zur Verfassungswidrigkeit einer Maßnahme führt, auch wenn diese im übrigen – also gemessen an anderen Grundrechtsnormen – grundrechtskonform wäre, stellt Art. 100 nicht nur selbst ein Grundrecht dar, sondern fungiert darüber hinaus als „Schranken-Schranke" im Hinblick auf andere Grundrechte (s. dazu auch Rn. 39 ff.).[88]

4. Der Schutzbereich und dessen Antastung

26   a) Der **Schutzbereich** des Art. 100 ist immer dann **berührt,** wenn durch eine hoheitliche Maßnahme der Wert der Existenz eines menschlichen Wesens in seinem konkreten

---

[80] BVerfGE 39, 1 (41): *„Wo menschliches Leben existiert, kommt ihm Würde zu – es ist nicht entscheidend, ob der Träger sich dieser Würde bewusst ist und sie selbst zu wahren weiß."*

[81] Genannt sei hier z. B. *Singer,* Weshalb ist Töten verwerflich?, in: Praktische Ethik, 1984, S. 101 ff., 105.

[82] Nach *Dreier,* GG I, Art. 1 Rn. 50 m. w. N. setzt Würde des Menschen „Ich-Bewusstsein, Vernunft, Fähigkeit zur Selbstbestimmung" voraus; *Merkel,* Recht für Embryonen, Die Zeit v. 25. 1. 2001, S. 37.

[83] Vgl. dazu *Birnbacher,* Das Dilemma des Personenbegriffs, ARSP, Beiheft 73 (1997), 9 (13).

[84] Auch in dieser Hinsicht ist die Anpassung des Wortlautes an Art. 1 I GG hilfreich, sprach doch Art. 100 a. F. noch von menschlicher „Persönlichkeit".

[85] In der Sache wie hier BVerfG, NJW 2006, 751 (757): *„Jeder Mensch besitzt als Person diese Würde, ohne Rücksicht auf seine Eigenschaften, seinen körperlichen oder geistigen Zustand, seine Leistungen und seinen sozialen Status."*

[86] VerfGH 1, 29 (Ls. 1) und seitdem st. Rspr.

[87] Vgl. dazu mit umfangreichen Nachweisen *Lindner* (Fn. 33), S. 181 (dort in Fn. 9).

[88] Wie hier *Jarass/Pieroth,* Art. 1 Rn. 5.

So-Sein in Frage gestellt oder relativiert wird. Nur im Falle einer Wertrelativierung „greift" Art. 100, dann aber in seiner vollen Bedeutung, nämlich in der Modalität des absoluten Eingriffsschutzes. Jede Antastung der Menschenwürde **entzieht sich der Rechtfertigung**[89] und ist damit **zugleich** eine **Verletzung der Menschenwürde.** Grundrechtsbeeinträchtigungen auch intensiverer Modalität, die sich nicht auf den Wert des Menschen beziehen, sind nach den speziellen Freiheitsrechten auf ihre Verfassungskonformität hin zu prüfen.[90]

b) Damit ist der Menschenwürdesatz der Gefahr der „**kleinen Münze**" entzogen. Konsequenterweise hat der VerfGH bislang[91] noch keinen Verstoß gegen die Menschenwürde festgestellt.[92] Eine mit der Verfassungsbeschwerde oder der Popularklage angreifbare Antastung (und damit zwangsläufig Verletzung) liegt beispielsweise in folgenden Fällen vor: **27**

aa) Alle hoheitlichen **Maßnahmen** (Rechtsakte oder faktische Maßnahmen), die den **gleichen Wert der Existenz jedes Menschen in Frage** stellen oder mittelbar relativieren: z. B. Sklaverei, Zwangsarbeit, Zwangsprostitution, Klonen eines Menschen zu therapeutischen Zwecken oder als „Ersatzteillager" (dagegen kommt dem erzeugten Klon selbst Menschenwürde zu), die Qualifizierung eines Kindes als Schaden, Tötung, Diskriminierung oder Ausgrenzung alter, kranker oder behinderter Menschen (etwa von medizinischen Leistungen), Diskriminierung auf Grund der Rasse oder sonstiger natürlicher und angeborener Eigenschaften, grausame, unmenschliche oder erniedrigende Strafen[93] (wozu auch die Todesstrafe gehört[94]). **28**

bb) Die Androhung und Anwendung von Gewalt zur Herbeiführung einer Aussage, also „**Folter**", ist zwar nach Art. 58 II PAG verboten und auch ein Verstoß gegen Art. 2 II 3 i. V. m. Art. 104 I 2 GG sowie gegen Art. 3 EMRK und Art. 4 EGC, aber nicht stets und in jeder Modalität ein Verstoß gegen die Menschenwürde. Man wird vielmehr unterscheiden müssen: Ist die Gewaltanwendung oder deren Androhung von einer geringen Intensität, die dem Betroffenen noch die Möglichkeit der eigenen Entscheidung über die Aussage belässt, ist der Eigenwert nicht berührt. Anders ist es, wenn derjenige, dessen Aussage erzwungen werden soll, angesichts von Angst und Schmerzen nicht mehr Herr seiner Gedanken und Entschlüsse ist, also zum reinen Objekt degradiert wird; hier ist Art. 100 verletzt.[95] **29**

cc) Die **aktive Sterbehilfe** stellt nicht zwangsläufig einen Verstoß gegen die Menschenwürde dar. Es ist zu unterscheiden: Beruht die aktive Sterbehilfe auf dem freien Willen des unheilbar kranken Patienten, so ist der Wert seines Lebens nicht relativiert. Ein strafbewehrtes Verbot lässt sich indes auf die Schutzpflicht des Staates zu Gunsten des Lebens- **30**

---

[89] Art. 100 unterliegt keinem Gesetzesvorbehalt, auch nicht dem des Art. 98 S. 2, so dass jede Beeinträchtigung der Menschenwürde zugleich eine verfassungswidrige Verletzung darstellt.

[90] *Beispiel:* Die Vollstreckung der lebenslangen Freiheitsstrafe, zweifelsohne einer der gewichtigsten Grundrechtseingriffe, verletzt nach der Rechtsprechung des BVerfG nicht die Menschenwürde, weil dadurch nicht der Wert des Menschen an sich relativiert wird; BVerfG, Beschl. v. 8. 11. 2006 (2 BvR 578/02). Gleiches gilt auch für die langandauernde Sicherungsverwahrung, BVerfGE 109, 133 (151). Allerdings müssen derartige Freiheitsentziehungen darauf ausgerichtet sein, dass die Betroffenen mindestens eine reelle Chance zur Wiedererlangung der Freiheit haben, BVerfGE 45, 187 (229); 109, 133 (151). Verfassungsrechtlich geboten sind daher Maßnahmen zu Resozialisierung (Arbeits- und Therapieangebote); vgl. dazu auch Rn. 24 ff. zu Art. 102.

[91] Vgl. auch die Nachweise oben Rn. 17.

[92] Wohl aber gegen solche Grundrechte, die der VerfGH aus einer Kombination aus Art. 100 und Art. 101 herleitet; zum Verstoß gegen das informationelle Selbstbestimmungsrecht durch Durchsuchungen anlässlich der Schleierfahndung ohne „erhöhte abstrakte" Gefahr s. VerfGH 59, 29.

[93] BVerfGE 109, 133 (150); VerfGH 8, 52 (57).

[94] *Jarass/Pieroth,* Art. 1 Rn. 11 ff.

[95] Zu der in Folge des tragischen Falles des Bankierssohns Jakob v. Metzler heftig geführten Diskussion *Brugger,* Darf der Staat ausnahmsweise foltern? Der Staat 35 (1996), 67; *Lindner,* DÖV 2006, 577 m. w. N. und dem Vorschlag, die Entscheidung in extremen Fällen in den „rechtswertungsfreien Raum" fallen zu lassen.

rechts und der Menschenwürde stützen: Um missbräuchlichen Relativierungen des Wertes eines Menschen vorzubeugen, kann der Staat die aktive Sterbehilfe generell verbieten. Aktive Sterbehilfe gegen den Willen oder ohne ausdrückliche Einwilligung des Patienten ist stets und ohne Weiteres ein Verstoß gegen die Menschenwürde.[96]

31 dd) Grundsätzlich kein „Verstoß" gegen die Menschenwürde ist gegeben bei **selbstbestimmtem Verhalten,** weil dadurch nicht der Wert des Einzelnen an sich in Frage gestellt wird; z. B.: Ausübung der Prostitution; Zurschaustellung des Körpers; Plastinierung der Leiche und deren Ausstellung mit Zustimmung des Verstorbenen. Allerdings kann der Staat solches Verhalten verbieten oder einschränken, wenn er dafür seinerseits tragfähige Gründe hat, die einen Eingriff in die jeweiligen Freiheitsrechte (v. a. Art. 101) legitimieren. Art. 100 S. 1 entfaltet insofern seine **Schutzpflichtdimension.**

5. „Träger" der Menschenwürde

32 a) ist jedenfalls **jeder** geborene und noch lebende **Mensch,** unabhängig von seinem physischen und psychischen Zustand.[97] Aktuelle, potenzielle oder auch endgültig verlorengegangene Bewusstseinsfähigkeit (kleine Kinder, Komapatienten, schwer hirngeschädigte Menschen, Demenzkranke) ist keine Bedingung. Auch durch „unwürdiges" Verhalten geht die Würde nicht verloren[98], sie unaufgebbar und unverlierbar.

33 b) In aller Schärfe stellt sich die Frage nach dem **Beginn menschlichen Lebens,** nicht nur im Hinblick auf den Problembereich des Schwangerschaftsabbruchs, sondern vor allem im Hinblick auf die Funktionalisierung vorgeburtlichen Lebens im Rahmen der PID oder der Stammzellforschung. Die sehr komplexe Diskussion kann hier nicht nachgezeichnet werden.[99] Angesichts des scheinbar unauflöslichen Streits scheint **ein „in dubio"-Argument** nahezuliegen: Wenn der Verfassungsgeber die Existenz des konkreten menschlichen So-Seins als apriorischen, nicht relativierbaren Wert qualifiziert, dann ist im Zweifel davon auszugehen, dass er diesen Wert auch möglichst umfassend geschützt sehen wollte. Das heißt: Im Zweifel ist auch vorgeburtliches Leben als ja schon konkret vorhandenes So-Sein von Art. 100 erfasst.[100]

34 Dies entspricht auch dem Postulat des **methodischen „self-restraint"**[101]: Im Bereich höchstrangiger Interessen, wie dem der Würde des Menschen, sollte man sich in der **Wertung bescheiden**[102], kann man eben nicht besser wissen, was richtig ist. Darin liegt ein gewisses Maß an Dezision, das jedoch im Hinblick auf den infrage stehenden transzendentalen Wert gerechtfertigt ist. Alle Embryonen[103] haben mithin voll- und gleichwertige

---

[96] Zum Ganzen m. w. N. *Lindner,* Grundrechtsfragen aktiver Sterbehilfe, JZ 2006, 373 m. w. N.

[97] BVerfG, NJW 2006, 751 (753).

[98] BVerfGE 109, 133 (150).

[99] Die moral-philosophische und verfassungsrechtliche Literatur zum moralischen und rechtlichen Status des Embryo ist mittlerweile nur noch schwer überschaubar. Aus der verfassungsrechtlichen Literatur s. nur *Ipsen,* Der „verfassungsrechtliche Status" des Embryo in vitro, JZ 2001, 989; *Dederer,* Menschenwürde des Embryo in vitro? AöR 127 (2002), 1; *Merkel,* Forschungsobjekt Embryo, 2002, S. 22 ff.; *Kersten,* Biotechnologie in der Bundesrepublik Deutschland – Klonen, Keimbahnintervention, Chimären- und Hybridbildung, Jura 2007, 667. Aus ethischer Sicht: *Damschen/Schönecker (Hrsg.),* Der moralische Status menschlicher Embryonen, 2003 – in diesem, die Diskussion erschöpfend darstellenden Band werden systematisch die sog. „SKIP"-Argumente, die für den moralischen Status des Embryo in vitro denkbar sind, kontradiktorisch ausgetauscht: *S* wie *Speziesargument (Schockenhoff:* Pro; *Merkel:* Contra), *K* wie *Kontinuumsargument (Honnefelder:* Pro; *Kaufmann:* Contra), *I* wie *Identitätsargument (Enskat:* Pro; *Stoecker,* Contra), *P* wie *Potenzialitätsargument (Wieland:* Pro; *Schöne-Seifert:* Contra).

[100] So auch *Pestalozza,* Art. 100 Rn. 11.

[101] Dazu *Lindner* (Fn. 33), S. 150 ff.

[102] Dies vielleicht auch deswegen, da jeder Grundrechts-Kommentator selbst einmal im Status des Embryos war.

[103] Der Schutz beginnt mit der Befruchtung der Eizelle, nicht erst mit der Nidation (str; vgl. die Nachweise bei *Jarass/Pieroth,* Art. 1 Rn. 9). Das BVerfG lässt den Schutz „jedenfalls" ab der Nidation eintreten (E 88, 203 [251]).

Menschenwürde und gleiches Lebensrecht.[104] Jede Maßnahme (auch im Bereich der Forschung), die dies in Frage stellt, ist ein Verstoß gegen die Menschenwürde und damit verfassungswidrig. Der Staat ist kraft seiner Schutzpflicht (Art. 100 S. 2) verpflichtet, die Tötung von Embryonen[105] zur „Gewinnung" von Stammzellen[106], die Präimplantationsdiagnostik (jedenfalls die „Verwerfung" von Embryonen), das therapeutische und reproduktive Klonen sowie alle Handlungen zu verbieten, die das ungeborene Leben in seinem Wert relativieren und als Objekt funktionalisieren. Eine andere Frage ist, ob er diese Handlungen auch unter Strafe stellen muss.[107] Das ist eine Frage des Untermaßverbotes.[108]

c) Die Menschenwürde **endet nicht** mit dem **Tod**.[109] Mit diesem endet zwar das Le- **35** ben[110], nicht jedoch der Wert des gewesenen Menschen. Eine Verletzung der Menschenwürde kann darin liegen, dass nach dem Ableben des Einzelnen der Wert des gelebten Lebens relativiert wird. Geschieht dies durch eine staatliche Maßnahme, hat der Staat sie zu unterlassen, geschieht es inter privatos, etwa in der Modalität einer diffamierenden Presseberichterstattung über einen Verstorbenen, hat der Staat in Erfüllung seiner aus Art. 100 S. 2 auch zu Gunsten Verstorbener folgenden Schutzpflicht zivilrechtliche Unterlassungsansprüche und deren Durchsetzbarkeit ggf. in der Modalität des vorläufigen Rechtsschutzes zur Verfügung zu stellen.[111]

---

[104] Dies entspricht auch der bisherigen Rechtsprechung des BVerfG: BVerfGE 39, 1 (41): *„das sich entwickelnde Leben nimmt auch an dem Schutz teil, den Art. 1 I GG der Menschenwürde gewährt. Wo menschliches Leben existiert, kommt ihm Menschenwürde zu."* BVerfGE 88, 203 (251): *„Menschenwürde kommt schon dem ungeborenen menschlichen Leben zu."* Jüngst BVerfG, NJW 2006, 751 (753): *„vom Zeitpunkt ihres Entstehens an".* So auch der VerfGH 59, 1 (15): *„dem ungeborenen menschlichen Leben zukommender Schutz des Art. 100".*

[105] Für den Schwangerschaftsabbruch BVerfGE 88, 203 (Ls. 4).

[106] Dagegen stellt die Zulassung der Forschung mit bereits „gewonnenen" Stammzellen als solche keinen Verstoß gegen Art. 100 dar. Allerdings kann der Staat – wie im sog. „ Stammzellgesetz" (StZG v. 28. 2. 2002; BGBl. I 2277) geschehen – die Forschung auf solche Stammzellen beschränken, die vor einem bestimmten Stichtag gewonnen worden sind, um keinen Anreiz zur weiteren Tötung von Embryonen zu schaffen (so die ausdrückliche Zwecksetzung in § 1 StZG). Die Forschungsfreiheit (Art. 5 III GG; Art. 108) hat insofern zurückzutreten, da der Schutz des Lebens höheres verfassungsrechtliches Gewicht besitzt als die Freiheit der Forschung.

[107] Der Schluss, ein nicht strafbares, also nicht von einem Straftatbestand erfasstes Verhalten, sei „automatisch" rechtmäßig, ist nicht nur rechtslogisch, sondern vor dem Hintergrund der grundrechtlichen Schutzpflichten unzulässig. Aus der Straflosigkeit eines Verhaltens folgt ebensowenig ohne weiteres die Rechtmäßigkeit wie aus der Rechtswidrigkeit die Strafbarkeit. Mit der Straflosigkeit, etwa des Schwangerschaftsabbruches, steht also rechtslogisch nicht fest, ob dieser auch rechtmäßig ist. Dass dieser vielmehr aus Gründen der grundrechtlichen Schutzpflicht zu Gunsten des Lebens grundsätzlich rechtswidrig sein muss, hat das BVerfG in seinem zweiten Abtreibungsurteil entschieden (BVerfGE 88, 203). Im Leitsatz 3 heißt es: *„Rechtlicher Schutz gebührt dem Ungeborenen auch gegenüber seiner Mutter. Ein solcher Schutz ist nur möglich, wenn der Gesetzgeber ihr einen Schwangerschaftsabbruch grundsätzlich verbietet."* Und sodann formuliert Leitsatz 4: *„Der Schwangerschaftsabbruch muss für die ganze Dauer der Schwangerschaft grundsätzlich als Unrecht angesehen und demgemäß rechtlich verboten sein."* Quintessenz: Jedenfalls der nicht indizierte Schwangerschaftsabbruch ist zwar nicht strafbar, aber gleichwohl rechtswidrig. Die verbreitete These „Was nicht strafbar ist, ist rechtmäßig, also erlaubt" (so wohl *Birkner*, ZRP 2006, 53) ist vor dem Hintergrund des Art. 100 S. 2 nicht haltbar.

[108] BVerfGE 88, 203 (254).

[109] BVerfGE 30, 173 (194); Beschl. v. 22. 8. 2006 (1 BvR 1168/04); VerfGH 49, 79 (92): *„Die Pflicht des Staates, die Menschenwürde zu schützen, endet nicht mit dem Tode."* Daraus folge das Gebot einer „schicklichen Totenbestattung", die den „jeweiligen Pietätsvorstellungen der Gesellschaft und der herrschenden Kultur" entspreche. Diese Pflicht werde nicht verletzt, wenn die Einäscherung in privat betriebenen Feuerbestattungsanlagen vorgenommen werde.

[110] Abgestellt wird zur Bestimmung des Todeszeitpunkts überwiegend auf das Erlöschen der Gehirnströme („Hirntod").

[111] Zu beachten ist, dass diese Instrumente grundsätzlich Gegenstand von Bundesrecht sind (StGB; BGB; ZPO).

36   d) **Juristische Personen** des Zivilrechts oder des öffentlichen Rechts haben keine Menschenwürde. Relativierungen ihres „Wertes" sind anhand der speziellen Freiheitsrechte und des Art. 118 I auf ihre Rechtfertigung zu überprüfen.

6. Achtungs- und Schutzpflichten

37   a) Der Staat hat die Menschenwürde zu achten, also jegliche Relativierung des gleichen Wertes menschlichen Lebens zu unterlassen. Darüber hinaus verpflichtet S. 2 den Staat, sich schützend vor die Würde jedes einzelnen, auch des ungeborenen (dazu bereits oben Rn. 33 f.) Menschen zu stellen.[112] Er hat Würdeverletzungen inter privatos (Art. 100 entfaltet **keine unmittelbare Drittwirkung)** zu verhindern, zu unterbinden oder − wenn sie bereits geschehen sind − zu kompensieren. Zur Erfüllung dieser Schutzpflicht stellt der Staat das Instrumentarium des Öffentlichen Rechts (Bsp.: Die Polizei löst eine Versammlung auf, in der die Existenzberechtigung eines Politikers in Frage gestellt wird), des Strafrechts und des Zivilrechts (Bsp.: Einstweilige Verfügung oder zivilrechtliche Unterlassungsklage gegen entwürdigende Presseberichterstattung) zur Verfügung; insoweit liegt die Gesetzgebungskompetenz allerdings überwiegend beim Bund (Art. 74 I Nr. 1 GG).

38   b) Auch **leistungsrechtliche Gehalte** können sich dem Art. 100 erschließen lassen, so etwa das Grundrecht auf ein Existenzminimum[113], das die Entfaltung des Wertes des einzelnen Menschen erst ermöglicht.

7. Zum Verhältnis von Menschenwürde und Lebensrecht[114]

39   a) Die **Würde** des Menschen und sein **Leben** hängen **untrennbar** zusammen.[115] Deswegen und auch im Hinblick auf die nationalsozialistische Gewaltherrschaft mit ihren Tötungsexzessen überrascht es, dass die BV ein Grundrecht auf Leben nicht ausdrücklich kennt. Diese Lücke hat der VerfGH insofern geschlossen, als er das **Grundrecht auf Leben** (ebenso wie das auf körperliche Unversehrtheit[116]) aus Art. 100 i.V. m. Art. 101 ableitet. Das menschliche Leben stelle innerhalb der verfassungsmäßigen Ordnung einen Höchstwert dar und sei Grundlage der Menschenwürde.

40   Durch den Bezug auf Art. 100 i.V. m. Art. 101 scheint das Grundrecht auf Leben dem immanenten Gesetzesvorbehalt des Art. 101 („innerhalb der Schranken der Gesetze") zu unterliegen und anders als die Menschenwürde antastbar zu sein. Nach der Konstruktion des VerfGH scheint es so zu sein, dass der Staat zwar die Würde des Menschen nicht antasten, ihn aber unter Umständen töten dürfe. Anders gewendet: Nicht in jeder staatlich veranlassten Tötung (Bsp.: finaler Rettungsschuss nach Art. 66 PAG; Rettungsabschuss nach dem − für nichtig − erklärten § 14 III LuftSiG) dürfte also ein Verstoß gegen die Menschenwürde liegen, ansonsten der VerfGH den Schutz des Lebens ausschließlich auf Art. 100 hätte stützen müssen.

---

[112] BVerfGE 102, 347 (367); 107, 275 (284): Der Staat müsse „*alle Menschen gegen Angriffe auf die Menschenwürde wie Erniedrigung, Brandmarkung, Verfolgung, Ächtung ... schützen*". VerfGH 41, 151 (158).

[113] BVerfGE 82, 60 (85); VerfGH 55, 57 (64).

[114] Zum Verhältnis von Würde und Leben s. *Lindner*, DÖV 2006, 577; VerfGH 40, 58 (61).

[115] VerfGH 40, 58 (61): „*Das menschliche Leben stellt innerhalb der verfassungsmäßigen Ordnung einen Höchstwert dar; es ist die Grundlage der Menschenwürde. ... In dem Maße, wie die Verfassung die Würde des Menschen und seine Handlungsfreiheit als elementares Grundrecht gewährleistet, schützt sie zugleich sein Leben und seine körperliche Unversehrtheit.*" BVerfG, NJW 2006, 751 (757): „*Das menschliche Leben ist die vitale Basis der Menschenwürde als tragendem Konstitutionsprinzip und oberstem Verfassungswert.*"

[116] VerfGH 10, 101 (105); 40, 58 (61): „*Es kann aber nicht zweifelhaft sein, dass das Leben und die körperliche Unversehrtheit des Menschen auch in der BV Grundrechtsschutz genießen.*" In VerfGH 52, 167 (173) wird nur auf Art. 100, nicht auf Art. 101 Bezug genommen. S. auch VerfGH 42, 188 (192); 48, 46 (49). Aus Art. 100 i.V. m. Art. 101 leitet der VerfGH zudem Schutzpflichten des Staates zu Gunsten des Lebens und der körperlichen Unversehrtheit ab: VerfGH 10, 101 (Unterbringung psychisch Kranker); 40, 58 (Rauchverbot in Warenhäusern); 43, 23 (Fesselung selbstmordgefährdeter Personen; Entnahme einer Blutprobe); VerfGH 42, 188 (Nichtraucherschutz in Gasträumen).

b) Dieser **scheinbare Widerspruch** lässt sich mit folgenden Thesen **auflösen:** 41
(1) Art. 100 (Würde) und Art. 100 i.V. m. 101 (Leben) sind Grundrechtsnormen. Beide
schützen die Existenz des Menschen als solche.[117] **(2)** Sie unterscheiden sich jedoch in der
Modalität der Schutzrichtung. Art. 100 schützt den absoluten und relationalen *Wert* der
Existenz jeden menschlichen Lebens, Art. 100 i.V. m. Art. 101 verbürgt das Lebensrecht als
vitales Essentialium, als transzendentale Bedingung dieses Wertes. **(3)** Aus dem unterschiedlichen Schutzgehalt „Wert der Existenz" und „Leben" folgt, dass eine staatliche Maßnahme, die in das Lebensrecht eingreift und zugleich die Menschenwürde antastet, weil
sie unmittelbar oder implizit den gleichen Wert der menschlichen Existenz relativiert,
schon deswegen verfassungswidrig ist. Grundrechtsdogmatisch fungiert Art. 100 mithin
als **Schranken-Schranke**[118] im Hinblick auf die verfassungsrechtliche Rechtfertigung le-
bensverkürzender staatlicher Maßnahmen. Eine solche ist ungeachtet des Art. 101 nur
dann verfassungsrechtlich zulässig, wenn in der Lebensvernichtung nicht gleichzeitig unmittelbar oder mittelbar eine Infragestellung des gleichwertigen Existenzrechts jeden
menschlichen Lebens liegt.

Damit kommt eine staatlich veranlasste oder bewirkte Tötung nur in extremen Ausnah- 42
mefällen in Betracht, etwa im Rahmen des **finalen polizeilichen Rettungsschusses**
nach Art. 66 II 2 PAG, bei dem das Leben des Täters, etwa des Geiselnehmers, nicht deswegen beendet wird, weil es keinen oder weniger Wert hätte, sondern um die bedrohte
Geisel zu retten.[119] Ein Verstoß gegen die Menschenwürde liegt jedoch im Abschuss eines
vollbesetzten Passagierflugzeugs zur Verhinderung einer größeren Katastrophe im Falle
des gezielt herbeigeführten Absturzes (etwa in das Zentrum einer Großstadt oder ein voll-
besetztes Stadion). Hier findet eine Abwägung Leben gegen Leben statt, die die Menschenwürde nicht zulässt.[120]

Art. 101 [Allgemeine Handlungsfreiheit]

**Jedermann hat die Freiheit, innerhalb der Schranken der Gesetze und der guten
Sitten alles zu tun, was anderen nicht schadet.**

Parallelvorschriften im GG und anderen Landesverfassungen: Art. 2 I GG; Art. 2 I BaWüVerf; Art. 7 BerlVerf;
Art. 10 BbgVerf; Art. 3 BremVerf; Art. 2 HessVerf; Art. 6 I M-VVerf; Art. 3 II NdsVerf; Art. 4 I
NRWVerf; Art. 2 RhPfVerf; Art. 2 SaarlVerf; Art. 15 SächsVerf; Art. 5 VerfLSA; Art. 3 II ThürVerf.

Rechtsprechung: VerfGH 56, 28; 59, 29; BVerfGE 6, 32; 7, 377; 65, 1; 80, 137.

Literatur: s. zunächst die Literaturhinweise zu den Vorbemerkungen vor Art. 98. Zur **allgemeinen
Handlungsfreiheit:** *Peters,* Die freie Entfaltung der Persönlichkeit als Verfassungsziel, in: FS Laun,
1953, S. 669 ff.; *Rüfner,* Die persönlichen Freiheitsrechte der Landesverfassungen in der Rechtspre-

---

[117] Damit ist nicht gesagt, dass Art. 100 *nur* gegen die Vernichtung des Wertes der menschlichen
Existenz schützte. Vielmehr stellt jede staatliche Maßnahme, die den gleichen Wert eines Menschen
infragestellt, einen Verstoß gegen Art. 100 dar, unabhängig davon, ob die Wertrelativierung in einer
Tötung oder in einer anderen Maßnahme, etwa einer öffentlichen Diffamierung, liegt.

[118] Art. 100 hat also in grundrechtsdogmatischer Hinsicht eine *doppelte Funktion:* er verbürgt
zunächst selbst ein Grundrecht und fungiert im Rahmen des Art. 101/100 als „Schranken-Schranke"
im Rahmen der Prüfung der Rechtfertigung von Eingriffen, insbesondere in das Leben und die körperliche Unversehrtheit; vgl. dazu auch oben Rn. 25.

[119] Allerdings ist zu bedenken, dass im Rahmen solcher Fallgestaltungen doch eine Abwägung
Leben gegen Leben stattfindet, die nur deswegen erträglich scheint, weil der Geiselnehmer die Kon-
fliktsituation selbst herbeigeführt hat und sie selbst beenden könnte; vgl. zur Diskussion m. w. N. *Lindner,* DÖV 2006, 577 (585).

[120] Infolgedessen hat das BVerfG, NJW 2006, 751 den § 14 III LuftSiG insoweit für verfassungswidrig erklärt, als sich der Abschuss auf ein Flugzeug mit Passagieren und Besatzungsmitgliedern richtet.
Soweit sich in dem Flugzeug nur Terroristen befänden, wäre ein Abschuss zulässig (Parallelität zum
finalen Rettungsschuss). Gleiches müsste nach Art. 100 für eine Regelung gelten, die der bayerische
Gesetzgeber ins PAG hineinschriebe; vgl. zum Ganzen m. w. N. *Lindner,* DÖV 2006, 577 (586), dort
auch zur Annahme eines rechtswertungsfreien Raumes.

chung der Landesverfassungsgerichte, in: Starck/Stern (Hg.), Landesverfassungsgerichtsbarkeit III, 1983, S. 247 ff.; *Degenhart,* Die allgemeine Handlungsfreiheit des Art. 2 I GG, JuS 1990, 161; *Pieroth,* Der Wert der Auffangfunktion des Art. 2 Abs. 1 GG, AöR 115 (1990), 33; *Duttge,* Freiheit für alle oder allgemeine Handlungsfreiheit? NJW 19987, 3353; *Lindner,* Die gleichheitsrechtliche Dimension des Rechts auf freie Entfaltung der Persönlichkeit, NJW 1998, 1208; *Lorenz,* Allgemeine Handlungsfreiheit und die benannten Freiheitsrechte, in: FS Maurer, 2001, S. 213 ff.; *Schwarz,* Das Postulat lückenlosen Grundrechtsschutzes, JZ 2000, 126; *Hochhuth,* Lückenloser Freiheitsschutz und die Widersprüche des Art. 2 I GG, JZ 2002, 743; *Gampp/Hebeler,* Grundrechtsschutz vor Selbstgefährdung, BayVBl. 2004, 257; zur **Berufsfreiheit:** *Pitschas,* Berufsfreiheit und Berufslenkung, 1983; *Lücke,* Die Berufsfreiheit, 1994; *Hufen,* Berufsfreiheit – Erinnerung an ein Grundrecht, NJW 1994, 2913; *Kluth,* Das Grundrecht der Berufsfreiheit, Jura 2001, 371; *Borrmann,* Der Schutz der Berufsfreiheit im deutschen Verfassungsrecht und im europäischen Gemeinschaftsrecht, 2002; *Sodan,* Verfassungsrechtsprechung im Wandel – am Beispiel der Berufsfreiheit, NJW 2003, 257; *Lindner,* Zur grundrechtsdogmatischen Struktur der Wettbewerbsfreiheit, DÖV 2003, 185; zum **Recht auf informationelle Selbstbestimmung:** *Schlink,* Das Recht der informationellen Selbstbestimmung, Der Staat 25 (1986), 233; *Gallwas,* Der allgemeine Konflikt zwischen dem Recht auf informationelle Selbstbestimmung und der Informationsfreiheit, NJW 1992, 2785; *Hufen,* Schutz der Persönlichkeit und Recht auf informationelle Selbstbestimmung, in: FS 50 Jahre BVerfG, 2001, II, S. 127 ff.; *Albers,* Informationelle Selbstbestimmung, 2005; zum **Recht auf Leben und körperliche Unversehrtheit:** *Hermes,* Das Grundrecht auf Schutz von Leben und Gesundheit, 1987; *Rixen,* Lebensschutz am Lebensende, 1999; *Kloepfer,* Leben und Würde des Menschen, in: FS 50 Jahre BVerfG, 2001, Bd. II, S. 77 ff.; *Lindner,* Die Würde des Menschen und sein Leben, DÖV 2006, 577.

Übersicht

I. Allgemeines

S. zunächst die Erläuterungen in den Vorbemerkungen vor Art. 98

1. Bedeutung

1   a) Art. 101 verbürgt **jedem Menschen**[1] die **allgemeine Handlungsfreiheit** und fungiert damit in der Systematik der Freiheitsrechte der BV als **Hauptfreiheitsrecht und Auffanggrundrecht.**[2] Diese Funktion ergibt sich aus dem **Zusammenhang mit Art. 100,** der die **Würde** des Menschen als unantastbaren Höchstwert der Verfassung schützt.

2   Menschenwürde meint gleiche Werthaftigkeit jedes Menschen (dazu Rn. 21 ff. vor Art. 98 sowie Rn. 18 ff. zu Art. 100). Damit untrennbar verbunden ist ein Verständnis von Freiheit als staatlich nicht gewährte, sondern *vorausgesetzte,* als staatsunabhängig bestehend[3]

---

[1] *Meder,* Art. 101 Rn. 1: „allgemeines Menschen- und Grundrecht"; VerfGH 10, 101.

[2] Dass Art. 101 ein Grundrecht darstellt, ist vom VerfGH seit jeher anerkannt und im Ergebnis unbestritten; ausführliche Begründung bei *Pestalozza,* in: Nawiasky/Schweiger/Knöpfle, Art. 101 Rn. 17 ff.

[3] In diese Richtung deutet auch die Formulierung in Art. 101, dass jedermann die Freiheit *hat,* er sie also nicht erst erwerben und sie ihm auch nicht gewährleistet werden muss; so auch *Pestalozza,* Art. 101 Rn. 16.

denkbare Selbstbestimmung des Menschen. Nicht nur der Mensch als solcher, auch die jeweils im Einzelfall konkrete Inanspruchnahme der Freiheit, die **Selbstbestimmung,** entzieht sich a priori staatlicher Bewertung und im legitimatorischen Ausgangspunkt der Einschränkung durch den Staat. Selbstbestimmung ist **denknotwendiges Korrelat der Menschenwürde.** Ein solches Verständnis von Freiheit impliziert ein jedenfalls im Schutzbereich **lückenloses System des Grundrechtsschutzes.** Grundsätzlich jedes vom Einzelnen als für sich maßgeblich definierte Interesse genießt (allerdings einschränkbaren) Grundrechtsschutz: entweder durch ein eigens benanntes, spezielles Grundrecht (z. B. Art. 102 ff.) oder durch das Grundrecht der allgemeinen Handlungsfreiheit. In dieser Interpretation ist Art. 101 **unverzichtbarer Bestandteil des grundrechtlichen Regel-Ausnahme-Mechanismus** (dazu Rn. 30 ff. vor Art. 98).

b) Art. 101 verbürgt **nicht lediglich** Schutz vor ungesetzlichem Zwang im Sinne eines **3** **allgemeinen einfachen Gesetzesvorbehalts**[4] dergestalt, dass jede Interessenverkürzung schon allein auf Grund einer gesetzlichen Regelung dem Art. 101 genügte und verfassungskonform wäre.[5] Vielmehr ist Art. 101 selbst **Prüfungsmaßstab für die einschränkende gesetzliche Regelung.** Jeder Rechtsakt der Landesstaatsgewalt, der ein von Art. 101 geschütztes Interesse verkürzt, ist seinerseits nach dem freiheitsrechtlichen Rechtfertigungsschema nach Maßgabe des der Grundrechtsordnung der BV generell zugrundeliegenden Regel-Ausnahme-Mechanismus zu überprüfen (dazu Rn. 30 ff. vor Art. 98). Die Wendung „innerhalb der Schranken der Gesetze" meint **nicht Grundrechtsschutz nach Maßgabe der Gesetze,** sondern lässt sich – ebenso wie die Wendung „verfassungsmäßige Ordnung" in Art. 2 I GG – als **Vorbehaltsregelung** verstehen, nach deren Maßgabe sich Grundrechtsverkürzungen als *Ausnahme* von der Regel rechtfertigen lassen müssen.[6] Art. 101 durchbricht mithin nicht das Regel-Ausnahme-System, das von Art. 98 S. 1 und 2 errichtet wird[7], sondern ist dessen maßgebliches und bestätigendes Element.

Ein solches Verständnis des Art. 101 liegt der Sache nach auch der Rechtsprechung des **4** **VerfGH** zu Grunde.[8] Dieser spricht zwar von einem „allgemeinen Gesetzesvorbehalt"[9], hält eine Verkürzung eines durch Art. 101 geschützten Interesses indes nicht schon deswegen für gerechtfertigt, weil sie durch eine gesetzliche Regelung angeordnet ist. Vielmehr müssten die Einschränkungen ihrerseits Grenzen wahren, damit der Grundrechtsschutz nicht gegenstandslos werde. Insbesondere müsse der **Grundsatz der Verhältnismäßigkeit** beachtet werden, der seinerseits Konsequenz des den Freiheitsrechten innewohnenden Regel-Ausnahme-Systems ist. Es wäre allerdings wünschenswert, wenn der VerfGH diese der Sache nach auch von ihm unterstützte Systematik in seiner Rechtsprechung noch stärker akzentuieren würde.[10] In einigen Entscheidungen hat der VerfGH zutreffend

---

[4] So aber *Nawiasky*, S. 184: „*Freiheit von staatlichem Zwang schlechthin*"; VerfGH 2, 9 (13).

[5] In diese Richtung aber *Meder*, Art. 101 Rn. 1.

[6] In ähnlichem Sinne bereits *Nawiasky*, S. 184, der zwar noch nicht ausdrücklich von einem Regel-Ausnahme-System spricht, jedoch fordert, dass der Schutz des Art. 101 i. V. m. Art. 120 nicht „leer laufe".

[7] Zutreffend *Pestalozza*, Art. 101 Rn. 19, der das Regel-Ausnahme-Verhältnis von Freiheit und Beschränkung nicht dem Art. 101 allein entnimmt, sondern ergänzend Art. 98 S. 1 heranzieht.

[8] Vgl. die Prüfungssystematik in VerfGH 56, 28; s. auch VerfGH 42, 156 (165); 44, 109 (120); 55, 43 (52); 57, 39 (47); 57, 161 (166 f.) sowie BayVBl. 2006, 697 ff.: „*Es* (Art. 101; Anm. d. Vf.) *steht zwar unter einem allgemeinen Gesetzesvorbehalt; gesetzliche Regelungen können der Handlungsfreiheit aber nur dann in zulässiger Weise Grenzen setzen, wenn sie ihrerseits verfassungsgemäß sind.*" Und zur verfassungsmäßigen Ordnung gehört eben Art. 101 auch selbst, VerfGH 54, 47 (54). Mit der Rüge einer Verletzung des Art. 101 kann auch geltend gemacht werden, ein belastender Rechtsakt beruhe auf verfassungswidrigem Landesrecht: VerfGH 42, 54 (Ls. 1); 42, 156 (165); 40, 144 (147).

[9] VerfGH 57, 39 (47); 57, 175 (178); umfassende Nachweise bei *Pestalozza*, Art. 101 Rn. 32 (dort Fn. 52).

[10] Deutlich jüngst zwar VerfGH 59, 119 (121); 57, 175 (178): „*Art. 101 verbürgt daher nicht nur die Freiheit von ungesetzlichem Zwang, sondern setzt dem Normgeber selbst Schranken beim Erlass von Rechtsvorschriften . . .*"; andererseits die viel zu schwache Formulierung in VerfGH 58, 277 (287): „*. . . ist die Handlungsfreiheit nur*

darauf hingewiesen, dass er im Falle einer zulässigen Rüge des Art. 101 auch prüfe, ob die angefochtene Vorschrift überhaupt zur verfassungsmäßigen Ordnung gehöre und das Grundrecht der Handlungsfreiheit in rechtswirksamer Weise einschränken könne (VerfGH 41, 83 [87]; 38, 43 [46]). Eine abgeleitete Rechtsvorschrift, die aus Gründen des objektiven Rechts Art. 3 I verletze, verstoße damit zugleich gegen Art. 101 (VerfGH 41, 97 [99]; 33, 130 [Ls. 4]).

5   c) Neben seiner Fundamentalfunktion für die Freiheitsordnung der BV dient Art. 101 dem VerfGH dazu, Grundrechte zu begründen, die im Text der BV nicht eigens zum Ausdruck kommen (s. auch Rn. 5 zu Art. 100). Art. 101 kommt insbesondere in Verbindung mit Art. 100 – wie Art. 2 I GG – eine **Schutzergänzungsfunktion** zu. Der VerfGH leitet aus Art. 100 i. V. m. Art. 101 das Grundrecht auf **Leben** und **körperliche Unversehrtheit**[11] sowie auf **informationelle Selbstbestimmung** ab[12], das Grundrecht der **Berufsfreiheit** sieht er als durch das Grundrecht der allgemeinen Handlungsfreiheit in Art. 101[13] mit umfasst an.[14]

2. Entstehung

6   Weder die VU 1919 noch die WRV enthielten ein Grundrecht der allgemeinen Handlungsfreiheit. *Nawiasky* führt dies darauf zurück, dass die Freiheit von staatlichem Zwang in der Zeit des liberalen Staats eine Selbstverständlichkeit gewesen sei[15]. Diese These ist insofern angreifbar, als es einen wirklich freiheitlichen Rechtsstaat mit effektivem Grundrechtsschutz in Bayern und in Deutschland vor 1946 nicht gegeben hat. Jedenfalls in **Reaktion auf die nationalsozialistische Pervertierung des Rechts** wollte der Verfassungsgeber das allgemeine Freiheitsrecht an maßgeblicher Stelle im Grundrechtskatalog verankern.[16] Bereits der VE enthielt in Art. 63[17] eine entsprechende Regelung, die jedoch noch nicht als Menschenrecht, sondern als Recht der „Staatsbürger" gestaltet war; zudem war die Schranke der „guten Sitten" noch nicht enthalten. Art. 70 E entsprach Art. 63 VE im Wesentlichen.

7   Die endgültige Fassung wurde im VA beschlossen (Art. 111 EVA).[18] Ein gewisses Vorbild in der Formulierung dürfte dabei Art. 4 der **französischen Erklärung der Menschenrechte** gewesen sein.[19] Art. 101 ist seit dem In-Kraft-Treten der Verfassung nicht geändert

---

innerhalb der Schranken der Gesetze gewährleistet." Problematisch ist die Formulierung in VerfGH 55, 123 (127): *„Die Befugnis des Gesetzgebers, das Grundrecht der Handlungsfreiheit zu beschränken, findet erst dann eine Grenze, wenn der Wesensgehalt des Grundrechts angetastet wird."* Diese „nachlässige" Formulierung dürfte allerdings der abwegigen Rüge des Antragstellers geschuldet sein, die Einschränkung der beamtenrechtlichen Altersteilzeit verstoße gegen Art. 101.

[11] VerfGH 59, 63 (74); 52, 167 (172) und öfter.

[12] Zum Grundrecht auf Leben und körperliche Unversehrtheit VerfGH 40, 58 (61); 42, 188 (194). Der VerfGH bedient sich ähnlich wie das BVerfG (dazu *Kahl,* Die Schutzergänzungsfunktion von Art. 2 Abs. 1 GG, 2000) der dogmatischen Kategorie des Kombinationsgrundrechts gerne. Er leitet aus Art. 100, 101 das Grundrecht auf informationelle Selbstbestimmung (VerfGH 38, 74 [79]; 40, 7 [11]; 47, 241 [254]; 50, 156 [178]; 50, 226 [242]; 56, 28 [43]; 59, 29 [34]) ab. Das Grundrecht „nulla poena sine culpa" wird aus Art. 3 I, 100, 101 begründet: VerfGH 20, 101 (110); 35, 39 (45); 43, 165 (168); 44, 41 (56); 47, 207 (238).

[13] VerfGH 52, 159 (164).

[14] VerfGH 50, 129 (139); 51, 74 (84); 53, 1 (7); 56, 1 (10): *„Das Grundrecht der Handlungsfreiheit nach Art. 101 BV umfasst den beruflichen und wirtschaftlichen Bereich"*; *Meder,* Art. 101 Rn. 10.

[15] S. 184; ähnlich *Pestalozza,* Art. 101 Rn. 1 mit dem Hinweis auf die Diskussion zu Art. 114 WRV.

[16] *Nawiasky,* S. 184.

[17] Art. 63 VE: *„Alle Staatsbürger haben die Freiheit, innerhalb der Schranken der Gesetze alles zu tun, was ihnen nicht schadet."* Das Wort „ihnen" war ein Schreibversehen und wurde in Art. 70 E durch „anderen" ersetzt.

[18] Prot. I, S. 200–205.

[19] *„La liberté consiste a pouvoir faire tout ce qui ne nuit pas a autrui"*; vgl. auch § 83 der Einl. des Allg. Landrechts für die preußischen Staaten (1794): *„Die allgemeinen Rechte des Menschen gründen sich auf die natürliche Freiheit, sein eigenes Wohl ohne Kränkung der Rechte eines anderen suchen und befördern zu können."*

worden. Insbesondere ist – anders als bei Art. 100 im Hinblick auf Art. 1 I GG – eine Angleichung an Art. 2 I GG nicht erfolgt. Eine solche wäre auch nicht zu empfehlen, da Art. 2 I GG das Gemeinte, nämlich den Schutz der allgemeinen Handlungsfreiheit, infolge der „elitären" Formulierung „Entfaltung der Persönlichkeit", nicht hinreichend zum Ausdruck bringt. Der Streit, der sich um die Auslegung des Art. 2 I GG gesponnen hat[20] und von dem sich das BVerfG richtigerweise nicht hat anstecken lassen[21], ist dem Art. 101 auf Grund des klaren Wortlauts erspart geblieben. Dass Art. 101 die allgemeine Handlungsfreiheit schützt, ist heute unbestritten und unbestreitbar.

3. Verhältnis zum Grundgesetz

Art. 101 gilt – wie alle Grundrechtsnormen der BV – nach **Art. 142 GG** weiter.[22] Zur **8** Maßstabswirkung des Art. 101 im Hinblick auf Bundes- und Europarecht bzw. für auf Bundes- oder Europarecht beruhende Landesrechtsakte s. Rn. 125 ff., 134 ff. vor Art. 98. Gerichtliche Entscheidungen, die auf der Grundlage materiellen Bundesrechts ergehen, können nach st. Rspr. des VerfGH nicht am Maßstab der Freiheitsrechte, also auch nicht des Art. 101, überprüft werden, sondern lediglich am Maßstab des Willkürverbots (Art. 118 I).[23]

II. Einzelkommentierung

Vorbemerkung: Die allgemeine Handlungsfreiheit entfaltet ihre grundrechtliche Wir- **9** kung ganz überwiegend in der Dimension der **Eingriffsabwehr.**[24] Jegliche hoheitliche Beeinträchtigung eines Interesses, das in den Schutzbereich des Art. 101 fällt, bedarf der verfassungsrechtlichen Rechtfertigung. Misslingt diese, so „reagiert" die Grundrechtsbestimmung dadurch, dass sie dem in seinem Grundrecht auf allgemeine Handlungsfreiheit Verletzten einen subjektiv-verfassungsrechtlichen Anspruch auf Unterlassung, Beendigung oder Kompensation der grundrechtsverletzenden Maßnahme gibt. Vgl. zu diesen sich für alle natürlichen Freiheitsrechte ergebenden Zusammenhängen, Denk- und Prüfungsschritten bereits die Rn. 50 ff. vor Art. 98, auf die hier verwiesen wird. Die nachfolgende Kommentierung beschränkt sich auf die Besonderheiten, die bei Art. 101 zu beachten sind.

1. Persönlicher Schutzbereich (Grundrechtsberechtigte[25])

Vom persönlichen Schutzbereich des Art. 101 umfasst, also **grundrechtsberechtigt,** ist **10** „jedermann", also **jede natürliche Person,** unabhängig von der Staatsangehörigkeit (auch

---

[20] Umfassende Nachweise bei *Lindner,* Theorie der Grundrechtsdogmatik, 2005, S. 193 ff. (1) Die ganz **überwiegende Meinung** favorisiert die Interpretation des Art. 2 I GG als allgemeine Handlungsfreiheit; vgl. aus der Fülle der Lit. etwa *v. Arnauld,* Die Freiheitsrechte und ihre Schranken, 1999, S. 49 ff.; *Kahl,* Die Schutzergänzungsfunktion von Art. 2 Abs. 1 GG, 2000, S. 31 ff. (2) Die **Mindermeinung** ordnet nur solche Interessen dem Art. 2 I GG zu, die Ausdruck der Persönlichkeitsentfaltung in einem „gehobenen" Sinne seien; vgl. etwa *Peters,* Die freie Entfaltung der Persönlichkeit als Verfassungsziel, in: FS Laun, 1953, S. 669 ff.; *Grimm,* in: BVerfGE 80, 137 (164), abw. Meinung; *Duttge,* NJW 1997, 3353 – dagegen *Lindner,* NJW 1998, 1208.

[21] Offen gelassen in BVerfGE 4, 7 (15); seit dem Elfes-Urt. interpretiert das BVerfG Art. 2 I GG im Sinne der allgemeinen Handlungsfreiheit: BVerfGE 6, 32 (36); 20, 150 (154); 54, 143 (144); 59, 275 (278); 80, 137 (152); 90, 145 (171); BVerfG NJW 2002, 2378.

[22] *Meder,* Art. 101 Rn. 1; VerfGH 4, 150 (161); 18, 16 (21); 26, 18 (23). Dazu, dass selbst im Schutzniveau hinter den Grundrechten des GG zurückbleibende BV-Grundrechte nach Art. 142 GG in Geltung bleiben s. Rn. 109 ff. vor Art. 98.

[23] VerfGH 57, 56 (61); zur Kritik s. Rn. 144 ff. vor Art. 98 und Rn. 7 ff. zu Art. 118.

[24] Der VerfGH befasst sich ganz überwiegend mit dieser Dimension, behandelt aber auch schutz-, leistungs- und verfahrens- bzw. organisationsrechtliche Gehalte des Art. 101; dazu unten Rn. 46 ff.

[25] Grundrecht*verpflichtet* sind der Staat und andere Hoheitsträger, nicht indes Private. Art. 101 entfaltet keine unmittelbare Drittwirkung. Der Staat kann allerdings zumal auf Grund der grundrechtlichen Schutzpflicht berechtigt oder verpflichtet sein, in das Rechtsverhältnis inter privatos regelnd einzugreifen (vgl. dazu bereits Rn. 94 ff. vor Art. 98 sowie unten Rn. 53 ff.).

Staatenlose genießen den Schutz des Art. 101), dem Wohnsitz oder einem sonstigen besonderen Bezug zum Freistaat Bayern[26], dem Alter, dem sozialen Status, der Handlungs- und Geschäftsfähigkeit, der Herkunft, des Geschlechts etc.[27] Auch **juristische Personen des Zivilrechts**[28] kommen in den Genuss des Art. 101[29], wenn sie Zwecke und Aktivitäten verfolgen, die nicht in den Schutzbereich eines speziellen Freiheitsrechts fallen. Dies ist praktisch insofern von Bedeutung, als Art. 101 auch die Berufs- und Gewerbefreiheit umfasst.[30] Zur Grundrechtsberechtigung des **ungeborenen Lebens** im Hinblick auf Art. 101 in seiner Schutzfunktion für das Leben s. Rn. 33 f. zu Art. 100 m. w. N. **Verstorbene** kommen nicht in den Genuss der allgemeinen Handlungsfreiheit i. S. d. Art. 101, wohl aber genießen sie Menschenwürde, insbesondere den **postmortalen Schutz des allgemeinen Persönlichkeitsrechts.**[31]

2. Sachlicher Schutzbereich I (allgemeine Handlungsfreiheit, incl. Berufsfreiheit)

11   a) Art. 101 schützt die **Freiheit, alles zu tun, was man will,** nimmt also grundsätzlich **jedes Interesse,** das ein Grundrechtsberechtigter als für sich maßgeblich definieren und realisieren will[32] und – denktheoretisch – auch realisieren[33] könnte, unter seinen Schutz, wenn es nicht bereits in den Schutzbereich eines anderen Grundrechts fällt. Art. 101 füllt als **Auffanggrundrecht** alle Lücken aus, die von den eigens benannten Freiheitsrechten (notwendigerweise[34]) gelassen werden. Allerdings schützt Art. 101 nicht vor jeder unrichtigen Rechtsanwendung.[35]

12   b) Art. 101 steht zu den speziellen Freiheitsrechten damit grundsätzlich im Verhältnis der **Subsidiarität.**[36] Es zunächst zu prüfen, ob das im Raume stehende Interesse thematisch in den Schutzbereich einer speziellen Grundrechtsbestimmung (insbes. Art. 102 ff.) fällt. Ist dies der Fall, so ist die Rechtfertigung eines Grundrechtseingriffs am Maßstab dieser Grundrechtsnorm zu messen. Ein **Rückgriff auf Art. 101** und eine Prüfung an-

---

[26] Beispiel: Auch ein Durchreisender kann sich auf Art. 101 berufen, wenn er von der Polizei zu einem bestimmten Tun, Dulden oder Unterlassen verpflichtet wird (z. B. i. R. der Schleierfahndung).

[27] VerfGH 10, 101 (109).

[28] Juristische Personen des öffentlichen Rechts können sich grundsätzlich nicht auf Art. 101 BV berufen; VerfGH 54, 1 (5). Sie werden im Rahmen ihrer Aufgaben, Befugnisse und sonstigen Zuständigkeiten tätig, nicht in Realisierung der allgemeinen Handlungsfreiheit; vgl. dazu auch Rn. 46 vor Art. 98. Die dort genannten Ausnahmefälle dürften für Art. 101 keine praktische Bedeutung haben.

[29] *Pestalozza,* Art. 101 Rn. 11 ff. Art. 19 III GG kann sinngemäß herangezogen werden.

[30] Vgl. zur Grundrechtsberechtigung insgesamt Rn. 40 ff. vor Art. 98.

[31] Vgl. dazu Rn. 35 zu Art. 100.

[32] Oder auch *nicht* realisieren will: Art. 101 schützt – wie alle Freiheitsrechte – auch **die negative Dimension der Freiheit,** nämlich von dieser nicht Gebrauch machen zu müssen. Art. 101 lassen sich daher unmittelbar keine Handlungspflichten im Sinne von Grundpflichten entnehmen; solche Pflichten sind aber Regelungsgegenstand der Art. 117, 121 ff. (s. die Erl. dort). Von der negativen Dimension der Grundrechte zu unterscheiden ist der Aspekt des **Konfrontationsschutzes:** Das Interesse, dass ein anderer von einem Grundrecht keinen oder einen bestimmten Gebrauch macht, ist nicht grundrechtsgeschützt, es sei denn, die Konfrontationssituation wäre derart gewichtig, dass sie das Selbstbestimmungsrecht des Konfrontierten tangiert; vgl. dazu *Lindner,* Konfrontationsschutz als negative Komponente der Freiheitsrechte? NVwZ 2002, 37 sowie *Gallwas,* Dulden wider Willen als Problem der Grundrechtsdogmatik, in: FS Zacher, 1998, S. 185 ff.

[33] Zum Problem der selbstbestimmten Realisierbarkeit und der davon zu trennenden Frage des **Angewiesenseins auf die Unterstützung Dritter** (auf die inter privatos kein grundrechtlicher Anspruch besteht), s. *Lindner* (Fn. 20), S. 249 ff.

[34] Es ist rechtstheoretisch unmöglich, in speziellen Freiheitsrechtsbestimmungen alle denkbaren Interessen zu formulieren und zu erfassen. Diese können immer nur einen begrenzten Bereich der Lebenswirklichkeit abbilden (z. B. Meinungsäußerung, das Abhalten von Versammlungen, die Bildung von Vereinigungen, die Integrität von Person, Persönlichkeit, Freiheit und räumlicher wie sonstiger Intimität). Daher bedarf es eines Auffanggrundrechts der Allgemeinen Handlungsfreiheit.

[35] VerfGH 54, 13 (24).

[36] So für die Parallelnorm des Art. 2 I GG ausdrücklich *Jarass/Pieroth,* Art. 2 Rn. 2 sowie BVerfGE 6, 32 (37); *Pestalozza,* Art. 101 Rn. 78.

hand dieser Norm kommt grundsätzlich nicht in Betracht. Ist eine Maßnahme im Hinblick auf ein spezielles Grundrecht grundrechtskonform, kann sie nicht im Hinblick auf den wegen Subsidiarität nicht anwendbaren Art. 101 grundrechtswidrig sein. Gleiches gilt umgekehrt: ist die Maßnahme wegen Unvereinbarkeit mit einem speziellen Grundrecht verfassungswidrig, kann sie nicht wegen Vereinbarkeit mit Art. 101 für grundrechtskonform erklärt werden. Auch der **VerfGH** betont in st. Rpr., dass Art. 101 als *„allgemeines Auffanggrundrecht gegenüber den speziellen grundrechtlichen Sicherungen zurücktritt"*[37].

Allerdings können durch eine hoheitliche Maßnahme ein spezielles Grundrecht *und* **13** das Auffanggrundrecht betroffen sein. Beispiel: Ein Verwaltungsakt beschränkt die Nutzung des Eigentums (Art. 103), wobei die Nutzung gleichzeitig Teil der Berufsausübung ist (Art. 101). In einem solchen Fall ist der hoheitliche Rechtsakt an beiden Grundrechten zu überprüfen. Ist er im Hinblick auf ein Grundrecht grundrechtswidrig, so ist er insgesamt grundrechtswidrig, auch wenn er mit dem anderen Grundrecht vereinbar ist. Vgl. zum Problem der **Grundrechtskonkurrenzen** auch Rn. 101 f. vor Art. 98.

c) Die unter die allgemeine Handlungsfreiheit fallenden Interessen lassen sich wie folgt **14** **einteilen**[38]:

aa) Die Freiheit, „alles" zu tun, was man will[39], also das **Interesse, vor jeglicher Unter-** **15** **lassungspflicht verschont zu bleiben:** Dazu gehören die **private Lebensplanung und -gestaltung** ebenso wie die **Freizeitgestaltung,** die Entscheidung für eine vita contemplativa[40] oder eine vita activa. Umfasst sind nicht nur anspruchsvolle Tätigkeiten, sondern auch die kleinen (auch noch so banalen) Dinge des Lebens[41], die bei manchem Kopfschütteln auslösen können, anderen jedoch Freude machen, z. B.[42] das Taubenfüttern[43], das Baden in öffentlichen Gewässern[44], das Nacktbaden[45], das Rauchen[46], die Teil-

---

[37] VerfGH 26, 18 (23); 32, 92 (102); 51, 94 (105). Zu einer Liste der Grundrechte, die der VerfGH als speziell zu Art. 101 ansieht, s. *Pestalozza,* Art. 101 Rn. 78. *Beispiele* aus der Rechtsprechung: VerfGH 20, 1 (10); 34, 157 (161); 43, 107 (130) zu *Art. 102;* VerfGH 52, 4 (8); 53, 1 (15); 57, 39 (46); 58, 94 (104) zu *Art. 103* (VerfGH 47, 207 [237] wendet Art. 101 und Art. 103 nebeneinander an); VerfGH 53, 167 (174); 60, 1 (13) zu *Art. 107 I, II;* VerfGH 24, 199 (223) zu *Art. 108;* VerfGH 32, 106 (115) zu *Art. 110;* VerfGH 32, 92 (102); 51, 94 (105); 55, 160 (172) zu *Art. 141 III;* VerfGH 46, 104 (111) zu *Art. 116;* VerfGH 58, 277 (287) zu *Art. 112.*

[38] Aus dem Rahmen fällt die Ansicht des VerfGH, die freie Wahl bei Personalratswahlen falle in den Schutzbereich der allgemeinen Handlungsfreiheit. Öffentlich-rechtlich geschaffene Wahlmöglichkeiten sind indes kein Aspekt der allgemeinen Handlungsfreiheit, sondern staatlich geschaffene Mitwirkungsrechte; anders VerfGH 29, 154 (Ls. 2, 3).

[39] VerfGH 58, 1 (34); 57, 39 (46); 54, 85 (92): „in allen Lebensbereichen".

[40] Nicht von Art. 101 umfasst ist allerdings ein Anspruch darauf, dass der Staat die für ein contemplatives Leben notwendigen Mittel zur Verfügung stellt, da sich Art. 101 grundsätzlich keine leistungsrechtliche Dimension erschließen lässt; vgl. dazu auch unten Rn. 46 ff.

[41] Schöne Formulierung bei *Pestalozza,* Art. 101 Rn. 66: *„Wichtiges und Unwichtiges, Marotten und Wegweisendes, höchst Privates und höchst Gemeinwohlorientiertes, Unnützes und Nützliches, Liebhaberei und Professionelles – nichts davon spart Art. 101 aus."*

[42] Auf einen vollständigen Nachweis aller einschlägigen Entscheidungen des VerfGH muss aus Raumgründen hier verzichtet werden: vgl. dazu die Übersichtslisten bei *Pestalozza,* Art. 101 Rn. 92 ff.

[43] VerfGH 32, 121 (128); 43, 182 (186): Tierliebe in ihren verschiedenen Erscheinungsformen; 57, 161 (166). Allerdings differenziert der VerfGH zwischen solchen Verhaltensweisen, die in den „unantastbaren Bereich privater Lebensgestaltung" fallen, und solchen, die nicht darunter fallen. Diese Differenzierung ist aber nicht schutzbereichsbezogen, sondern erst im Rahmen der Rechtfertigung einer Grundrechtsbeeinträchtigung relevant. Interessen, die zum „Kernbereich" privater Lebensgestaltung gehören, dürfen grundsätzlich nicht („absolut geschützter Kernbereich") oder nur unter ganz engen Voraussetzungen beeinträchtigt werden, Interessen außerhalb dieses Kernbereichs können im überwiegenden Interesse der Allgemeinheit oder Einzelner „unter Wahrung des Verhältnismäßigkeitsgebotes" eingeschränkt werden.

[44] VerfGH 32, 130 (137).

[45] VerfGH 18, 104 (105, 108).

[46] VerfGH 35, 90 (94); 40, 58 (63); 42, 188 (194); vgl. dazu auch unten Rn. 57 (mit Fn. 171) sowie VerfGH, Beschl. v. 27. 8. 2008, Vf. 5 - VII - 08.

nahme an öffentlichen Vergnügungen[47], die Ausübung und Inanspruchnahme der Prostitution[48], der Besitz von Haustieren, insbes. von Hunden[49], das Reiten in der freien Natur[50], das An- und Laufenlassen von Motoren[51], die Gestaltung von Gebäuden[52], politische Betätigung[53], die Grab- oder Sarggestaltung[54], die Freiheit, Verträge zu schließen.[55] Es gibt grundsätzlich kein Interesse, das nicht (mindestens) den Schutz des Art. 101 genießt. Eine Ausnahme gilt für solche Interessen, deren Realisierung gegen die „guten Sitten" verstößt oder „anderen schadet". Diese beiden **grundrechtsimmanenten Schranken**[56] sind eng auszulegen (unten Rn. 23 ff.).

16   bb) Die Freiheit, alles zu unterlassen, was man will, im Sinne des **Interesses, vor Handlungspflichten jeglicher Art verschont zu bleiben:** Hierzu gehören z. B. die Abgabepflichten[57], die Pflichten, Mitglied in Organisationen oder Vereinigungen (Zwangsmitgliedschaften etwa in Pflichtvorsorgesystemen freier Berufe mit Beitragspflichten)[58] zu sein, Standespflichten im Rahmen freier Berufe[59], Anschluss- und Benutzungspflichten[60] sowie sonstige Pflichten (etwa Straßenreinigungs- oder Räumpflichten[61], Pflichten des Pferdehalters[62], Pflicht zum Anhalten und zur Aushändigung von Ausweispapieren[63]).

17   cc) Die im **weiteren Sinne wirtschaftlichen Freiheiten:** einen **Beruf**, ein **Gewerbe** auszuüben und erworbene Titel zu führen.[64] Da es eine spezielle Grundrechtsbestimmung der Berufs- und Gewerbefreiheit in der BV[65] nicht gibt (anders als im GG: Art. 12), sieht der VerfGH von Art. 101 den gesamten „beruflichen und wirtschaftlichen Bereich" als erfasst an.[66] Was das Grundrecht der Berufsfreiheit betrifft, orientiert sich der VerfGH sehr

---

[47] VerfGH 21, 211 (215).

[48] A. A. VerfGH 15, 104 ff.; 20, 62 (68); 26, 48 (57); 31, 167 (177); 35, 137 (144); 40, 149 (154). Die Prostitution verstößt als solche weder gegen die Menschenwürde, wenn sie selbstbestimmt ausgeübt wird, noch gegen die „guten Sitten". Insoweit hat ein Wandel der Moral stattgefunden. Einschränkungen sind nur nach Maßgabe eines Gesetzes unter Wahrung des Verhältnismäßigkeitsgrundsatzes möglich, etwa zum Schutz der Jugend oder der Prostituierten selbst (vor Ausbeutung etc.). Für Einschränkungen allein auf Grund einer öffentlichen „Moral" ist heute kein Raum mehr.

[49] VerfGH 47, 207 (223, 235).

[50] VerfGH 51, 94 (98); 58, 150 (153): Gruppenausritte im Wald. Allerdings ist Art. 141 III lex specialis; vgl. auch VerfGH 46, 45: Kennzeichnung von Reitpferden.

[51] VerfGH 21, 131 (141).

[52] VerfGH 11, 23 (35); 48, 99 (105); 52, 4 (5, 8).

[53] VerfGH 19, 105 (109).

[54] VerfGH 33, 130 (134 ff.); 33, 174 (177 ff.); 38, 34 (36); 47, 77 (80 ff.); 50, 268 (271).

[55] VerfGH 54, 13 (18); *Höfling,* Die Vertragsfreiheit, 1991; zur grundrechtlichen Konstruktion der Vertragsfreiheit s. *Lindner* (Fn. 20), S. 295 ff.

[56] Dazu grundsätzlich Rn. 63 ff. vor Art. 98.

[57] VerfGH 17, 74 (83); 23, 10 (13); 28, 59 (69); 29, 15 (24); 37, 31 (32); 40, 144 (147); 42, 1 (7); 42, 156 (165); 52, 159 (163 ff.); 55, 43 (52); 54, 13 (23): „Freiheit vor gesetzloser Zahlungsverpflichtung"; 59, 119 (121); 59, 134 (143).

[58] VerfGH 4, 30 (39); 4, 219 (242); 5, 287 (294); 7, 21 (30); 15, 59 (68); 16, 117 (127); 39, 67 (72); 40, 113 (118 ff.); 41, 33 (37); 52, 79 (84).

[59] VerfGH 25, 51 (55); 47, 203 (205).

[60] VerfGH 16, 128 (135); 20, 183 (187); 57, 39 (46) unter Hinweis auf die Subsidiarität zu Art. 103.

[61] VerfGH 17, 19 (27); 36, 56 (64 ff.).

[62] VerfGH 46, 45 (50).

[63] VerfGH 56, 28 (43).

[64] VerfGH 56, 99 (108).

[65] Art. 151, 166 verbürgen keine Grundrechte (vgl. die Erläuterungen dort). Daraus hat VerfGH 5, 297 (300) anfangs noch die Folgerung gezogen, dass die BV das Grundrecht der Gewerbefreiheit nicht kenne.

[66] St. Rspr.: VerfGH 59, 80 (93); 58, 1 (34); 57, 175 (178); s. auch VerfGH 50, 129 (139); 51, 74 (84); 53, 1 (7); 54, 85 (92); 56, 1 (10): *„Das Grundrecht der Handlungsfreiheit nach Art. 101 BV umfasst den beruflichen und wirtschaftlichen Bereich";* VerfGH 28, 59 (69): *„Handlungsfreiheit auf wirtschaftlichem Gebiet"; Meder,* Art. 101 Rn. 10; s. bereits Rn. 29 vor Art. 98 sowie oben Rn. 5. Für den Zugang zum öffentlichen

stark[67] – nicht nur was die Einschränkbarkeit angeht – an der Rechtsprechung des BVerfG. Beruf ist **jede Tätigkeit, die ideell oder materiell der Schaffung und Erhaltung einer Lebensgrundlage dient.**[68] Darunter fällt grundsätzlich auch die Gewerbe- sowie Wettbewerbsfreiheit.[69]

Bzgl. der **Wettbewerbsfreiheit** unterscheidet das BVerfG[70] in seiner jüngeren Recht- **18** sprechung zwischen der **Wettbewerbsteilnahme,** die von Art. 12 I GG geschützt sei, und dem **Wettbewerbserfolg,** der nicht von Art. 12 I GG erfasst werde. In der bestehenden Wirtschaftsordnung schütze das Freiheitsrecht des Art. 12 I GG das berufsbezogene Verhalten einzelner Personen oder Unternehmen am Markt, also die Teilnahme am Wettbewerb „nach Maßgabe seiner Funktionsbedingungen".[71] Dagegen umfasse das Grundrecht **keinen Anspruch auf „Erfolg im Wettbewerb und auf Sicherung künftiger Erwerbsmöglichkeiten".** Vielmehr unterlägen die Wettbewerbsposition und damit auch der Umsatz und die Erträge dem Risiko laufender Veränderung je nach den Marktverhältnissen.[72] Wirkt allerdings der Staat faktisch oder regulierend auf die Marktverhältnisse ein, muss er dabei mindestens den **Gleichbehandlungsgrundsatz** beachten; staatliche Marktingerenzen müssen sachlich gerechtfertigt sein und dürfen einen Marktteilnehmer oder eine bestimmte Gruppe von Marktteilnehmern nicht sachgrundlos bevorzugen oder benachteiligen. Zu einigen **Konsequenzen** aus dieser BVerfG-Rechtsprechung[73], wenn man diese – wie nach der bisherigen Rechtsprechung des VerfGH zu erwarten – auf Art. 101 überträgt (vgl. auch Rn. 47, 64 ff. zu Art. 118).

(1) Der einzelne Unternehmer hat aus Art. 101 **keinen Schutz vor privater oder** **19** **staatlicher Konkurrenz**[74], vielmehr gehört die Existenz von Konkurrenz zu den „Funktionsbedingungen" des Marktes. Allerdings darf sich die öffentliche Hand bei ihrer wirtschaftlichen Konkurrenztätigkeit keine besonderen, nicht marktkonformen Wettbewerbsvorteile verschaffen; darin läge ein Verstoß gegen Art. 101 und den Gleichbehandlungsgrundsatz (Art. 118 I).

(2) Art. 101 verbürgt grundsätzlich auch **keinen Schutz vor Subventionierung des** **20** **Konkurrenten,** es sei denn, die Subvention ist von gewichtiger Lenkungsintensität oder führt zu einer „erheblichen Beeinträchtigung"[75] der Position des Konkurrenten. Überzeugender dürfte es sein, Subventionen – neben dem gemeinschaftsrechtlichen Beihilfenrecht (Art. 87 ff. EG-Vertrag) – generell nur am Maßstab des Art. 118 I zu überprüfen. Gleiches gilt für das Recht der **Vergabe öffentlicher Aufträge.**[76]

Dienst ist Art. 116 lex specialis; vgl. jüngst VerfGH, Entsch. v. 18. Dezember 2007, Vf. 9-VII-05, sub V.A.2.a. (gewerbliche Sportwettenvermittlung).

[67] VerfGH 42, 174 (183); 50, 129 (139); 51, 74 (84); 54, 47 (54); 56, 1 (10); 57, 175 (179); es sei dazu auf die Kommentierungen bei *Tettinger/Mann,* in: Sachs, Art. 12 sowie bei *Jarass/Pieroth,* Art. 12 verwiesen.

[68] BVerfGE 102, 197 (212); 105, 252 (265); 110, 304 (321); 111, 10 (28); es kommt nicht darauf an, ob die jeweilige Tätigkeit erlaubt oder erwünscht ist, vielmehr hat sich ein Verbot seinerseits am Grundrecht der Berufsfreiheit messen zu lassen; anders VerfGH 42, 41 (46): *„jede erlaubte Tätigkeit".* Auf traditionell geprägte oder rechtliche fixierte Berufsbilder kommt es nicht an, VerfGH 42, 41 (46). Art. 101 verbürgt ein **Berufs(er)findungsrecht.**

[69] Vgl. dazu *Lindner,* Zur grundrechtsdogmatischen Struktur der Wettbewerbsfreiheit, DÖV 2003, 185.

[70] Da sich der VerfGH in seiner Rechtsprechung zur Berufsfreiheit stark an die Judikatur des BVerfG zu Art. 12 GG anlehnt (deutlich etwa in VerfGH 57, 175 [179]), steht zu erwarten, dass der VerfGH auch die jüngste Rechtsprechung zur Wettbewerbsfreiheit nachvollziehen wird.

[71] BVerfGE 105, 252 (265); Beschl. vom 13. 6. 2006 (1 BvR 1160/03), Rn. 60.

[72] BVerfG, Beschl. vom 13. 6. 2006 (1 BvR 1160/03), Rn. 60.

[73] Vgl. dazu m. w. N. *Lindner,* DÖV 2003, 185 sowie grundsätzlich *Huber,* Konkurrenzschutz im Verwaltungsrecht, 1991.

[74] BVerwGE 39, 329 (336); a. A. *Tettinger,* NJW 1998, 3473. Umgekehrt schützt Art. 11 II die Gemeinden nicht vor Konkurrenz durch private Unternehmen: VerfGH 49, 79 (90).

[75] BVerwGE 65, 167 (174).

[76] So jetzt BVerfG, Beschl. vom 13. 6. 2006 (1 BvR 1160/03), Rn. 61 ff., 64.

21   (3) Schließlich schützt Art. 101 nicht vor **staatlicher Informationstätigkeit** über ein Unternehmen oder dessen Produkte, da Informationen über Produkte zu den typischen Marktfunktionsbedingungen gehören, unter denen die Teilnahme am Wettbewerb erfolgt.[77] Allerdings muss die **Informationstätigkeit sachlich zutreffend** und in der jeweiligen Modalität sachgerecht sein. Sachwidrige Informationen kann der einzelne Unternehmer über Art. 101 oder über den Gleichbehandlungsgrundsatz (Willkürverbot) abwehren.

22   dd) Art. 101 verbürgt auch den Schutz der allgemeinen Handlungsfreiheit in den früher sog. **„Sonderrechtsverhältnissen".** Er gilt auch für **Schüler**[78], **Beamte**[79], **Strafgefangene**[80] etc. Beschränkungen der allgemeinen Handlungsfreiheit, die über den besonderen, seinerseits verfassungsrechtlich konformen Pflichtenstatus hinausgehen, bedürfen der besonderen Rechtfertigung am Maßstab des Art. 101.[81]

23   d) Art. 101 enthält **zwei grundrechtsimmanente Schranken** im Sinne von **Schutzbereichsgrenzen.** Interessen, die diese Grenzen überschreiten, also anderen schaden oder gegen die guten Sitten verstoßen, genießen keinen Grundrechtsschutz. Eine Einschränkung bedarf keiner Rechtfertigung im Rahmen des Vorbehalts- und Schranken-Schranken-Schemas. Diese grundrechtsimmanenten Schranken sind **eng auszulegen,** um bestimmte Interessen nicht vorschnell dem Rechtfertigungsschema zu entziehen[82]:

24   aa) Ein Interesse, dessen Realisierung anderen **schadet**[83], genießt keinen Grundrechtsschutz. Darunter fällt aber nicht schon jedes Interesse, das einen anderen stört oder dessen Realisierung für diesen nachteilig ist, ansonsten jeglicher Grundrechtsgebrauch unter einen Billigungs- und damit Fremdbestimmungsvorbehalt Dritter geriete. Gemeint sind auch nicht Interessen, deren Realisierung gegen eine rechtliche Bestimmung verstößt, die zum Schutze Dritter erlassen worden ist und deren Verletzung diesem schadet; ansonsten würde Art. 101 in einen einfachen Gesetzlichkeitsvorbehalt umgewandelt, was der überwiegenden Rechtsprechung des VerfGH gerade widerspräche (s. dazu oben Rn. 3 f.).

25   Unter die Schranke „anderen nicht schadet" fällt eine Grundrechtsausübung nur, wenn sie eine **Beeinträchtigung grundrechtlich geschützter Interessen eines anderen bewirkt und eine Abwägung immer zu Gunsten des beeinträchtigten Interesses ausfällt.** Hierzu zählen Tötungs- und Gewalthandlungen, Freiheitsberaubungen, Eigentums- und Vermögensverletzungen, Ehrverletzungen etc. Solche Handlungen sind im Ergebnis auch deswegen nicht grundrechtsgeschützt, da sie dem **grundrechtsimmanenten Missbrauchsvorbehalt** („neminem-laedere-Gebot") entgegenstehen.[84] Letztlich ist die Formulierung „anderen nicht schadet" nichts anderes als ein geschriebenes Missbrauchsverbot.

---

[77] BVerfGE 105, 252 (265 ff.): Die Berufsfreiheit verbürge kein ausschließliches Recht auf eigene Außendarstellung und damit auf eine uneingeschränkte unternehmerische Selbstdarstellung am Markt. Zwar dürfe ein Unternehmen selbst darüber entscheiden, wie es sich und seine Produkte im Wettbewerb präsentieren möchte. Die Berufsfreiheit vermittle aber nicht ein Recht des Unternehmens, nur so von anderen dargestellt zu werden, wie es selbst gesehen werden möchte oder wie es sich und seine Produkte selbst sieht. Ein solches Recht könne auch nicht in Parallele zum allgemeinen Persönlichkeitsrecht begründet werden, zumal auch dieses einen solchen Anspruch nicht umfasse. Sind staatliche Informationen oder Warnhinweise indes sachwidrig, so liegt nach Auffassung des BVerfG ein – nicht zu rechtfertigender – Eingriff in das Grundrecht der Berufsfreiheit vor.

[78] VerfGH 20, 1 (10); 31, 181 (186); 34, 82 (95 ff.); 35, 90 (94); 51, 109 (118); 59, 63 (79).

[79] VerfGH 37, 140 (147); BVerwG, BayVBl. 2007, 23 (Haarlänge von Polizeibeamten).

[80] VerfGH 6, 131 (134 ff.); 10, 63 (69); 23, 17 (19); 23, 20 (21).

[81] Beispiel: Der Schüler kann sich gegenüber der Pflicht zur Teilnahme am Unterricht nicht auf Art. 101 berufen, wohl aber gegenüber der Anordnung des Tragens einer Schuluniform, dem Ausschluss von einer Klassenfahrt, dem Verbot des Mitführens und Benutzens eines Handys.

[82] Unklar bzgl. der Reichweite dieser Schranke *Pestalozza*, Art. 101 Rn. 69 ff.

[83] Der VerfGH spricht in Anlehnung an Art. 2 I GG gelegentlich von „Rechten Dritter": VerfGH 30, 152 (165); 50, 129 (137); anders aber VerfGH 47, 207 (235).

[84] Dazu bereits Rn. 63 f. vor Art. 98.

bb) Strengste **Zurückhaltung** ist auch bei der Interpretation des Begriffs „gute Sit- 26
ten" geboten. Was „gute Sitten" sind, lässt sich jedenfalls heute nicht mehr verbindlich
sagen. Die Grenzen des Akzeptablen hat der Gesetzgeber zu ziehen. Jenseits dieser Grenzen mag es gesellschaftliche Übungen, Bräuche etc. geben, die zwar faktisch verhaltens-
steuernd wirken, jedoch per se keine grundrechtsverkürzende Wirkung haben können.[85]
Allerdings kommt den „guten Sitten" eine – praktisch indes selten relevante – **Auffangfunktion** im Sinne einer **Schrankenreserve** für solche Interessen zu, deren Realisierung
inakzeptabel ist, die der Gesetzgeber aber noch nicht verboten hat, weil es sich etwa um
ein neues Phänomen handelt, auf das er noch nicht reagieren konnte. Dem Begriff „gute
Sitten" kommt mithin in etwa die Bedeutung zu, die der Begriff der „öffentlichen Ordnung" im Polizei- und Sicherheitsrecht hat.[86]

3. Sachlicher Schutzbereich II (allgemeines Persönlichkeitsrecht/Recht auf informationelle Selbstbestimmung)

a) Der **VerfGH** hat in seiner bisherigen Rechtsprechung ein **eigenständiges verfas-** 27
sungsrechtliches Persönlichkeitsrecht[87] **nicht herausgebildet,** im Gegensatz zum
BVerfG, das in einer reichhaltigen Rechtsprechung aus Art. 2 I i.V. m. Art. 1 I GG neben
der allgemeinen Handlungsfreiheit ein allgemeines Persönlichkeitsrecht abgeleitet hat.[88]
Dieses schützt die „engere persönliche Lebenssphäre und die Erhaltung ihrer Grundbedin-
gungen"[89] und sichert „jedem einzelnen einen autonomen Bereich privater Lebensgestaltung, in dem er seine Individualität entwickeln und wahren kann."[90] Die mittlerweile sehr
ausdifferenzierte Rechtsprechung des BVerfG kennt **drei Unterformen des allgemeinen Persönlichkeitsrechts**[91]: Das Recht auf **Selbstbestimmung**[92], auf **Selbstbewah-
rung**[93] sowie auf **Selbstdarstellung.**[94]

---

[85] Ähnlich *Pestalozza,* Art. 101 Rn. 35.

[86] *Gallwas/Wolff,* Polizei- und Sicherheitsrecht, 3. Aufl. 2004, Rn. 78 ff. („Kompetenzreserve").
Der VerfGH hatte bislang nicht oft Gelegenheit, sich mit den „guten Sitten" zu befassen. In VerfGH 20,
62 (68) heißt es noch, dass, wer „um des Erwerbs willen den außerehelichen Geschlechtsverkehr ausübt", die von den guten Sitten gezogenen Grenzen verlasse; dazu kritisch Rn. 15, dort in Fn. 48.

[87] Zwar spricht der VerfGH gelegentlich vom „Schutz der Intimsphäre" (VerfGH 20, 78 [85]), von
einem absolut geschützten „Kernbereich der Privatsphäre" (VerfGH 57, 161 [166]), von einem „grundrechtlich gesicherten Persönlichkeitsrecht (VerfGH 38, 74 [Ls. 3]) oder auch einem allgemeinen Persönlichkeitsrecht (VerfGH 2, 9 [Ls. 2]; 57, 113 [120]; 59, 29 [34]), eine Konturierung in der „Statur eines
Grundrechts im Grundrecht" (*Di Fabio,* in Maunz/Dürig, Art. 2 I Rn. 127) ist jedoch nicht erkennbar.
Restriktiv noch VerfGH 1, 23 (Ls. 5): *„Persönlichkeitsrechte sind nur insoweit Grundrechte im Sinne der Verfassung, als sie ausdrücklich in sie aufgenommen sind.";* VerfGH 1, 29 (32).

[88] BVerfGE 27, 1 (6); 35, 202 (220); weitere Nachweise bei *Jarass/Pieroth,* Art. 2 Rn. 38 ff.

[89] BVerfGE 72, 155 (170).

[90] BVerfGE 79, 256 (268).

[91] Diese Rechtsprechung kann hier nicht nachgezeichnet werden, es sei exemplarisch verwiesen
auf die mit umfangreichen Nachweisen versehene Darstellung bei *Pieroth/Schlink,* Grundrechte,
23. Aufl. 2007, Rn. 373 ff. sowie bei *Jarass/Pieroth,* Art. 2 Rn. 38 ff.

[92] Z. B. Recht auf Kenntnis der eigenen Abstammung, BVerfGE 90, 263 (270); 96, 56 (63); Recht
auf den eigenen Namen, BVerfGE 109, 256 (266) sowie auf die eigenbestimmte Geschlechtsrolle,
BVerfGE 47, 46 (73).

[93] Z. B. Recht auf Vertraulichkeit des Tagebuchs, BVerfGE 80, 367 (373); Recht auf Vertraulichkeit
des Inhalts von Krankenakten, BVerfGE 32, 373 (379) oder von Befunden über Genmaterial, BVerfGE
103, 21 (32). Das BVerfG unterscheidet dabei zwischen einer der öffentlichen Gewalt schlechthin ver-
schlossenen Intimsphäre und einer Privatsphäre, in die unter strenger Beachtung des Verhältnismäßigkeitsgrundsatzes eingegriffen werden darf. VerfGH 20, 78 (85): *„Die schrankenlose Durchleuchtung persönlicher Verhältnisse ist mit Art. 100 unvereinbar."*

[94] Hierzu zählen das Recht am eigenen Bild, BVerfGE 101, 361 (389), und Wort, BVerfGE 54, 148
(155), der Schutz vor heimlichem Abhören, BVerfGE 106, 28 (39) sowie ganz generell das Recht des
Einzelnen, sich gegen herabsetzende, verfälschende, entstellende oder unerbetene öffentliche Darstellungen wehren zu können, BVerfGE 99, 185 (193 f.). Hierher gehören auch das Recht, sich nicht selbst

28   Dass der VerfGH bislang *keine* Notwendigkeit sieht, ein allgemeines Persönlichkeitsrecht aus Art. 100, 101 dogmatisch auszuformen, dürfte seinen Grund darin finden, dass der einfach-rechtliche Schutz gegen Verletzungen der Persönlichkeit überwiegend im Zivilrecht (v. a. BGB, KunstUrhG) sowie im Strafrecht verankert ist und Verfassungsbeschwerden gegen entsprechende zivil- oder strafgerichtliche Urteile beim BVerfG eingelegt werden – Bundesrecht und auf materielles Bundesrecht gestützte gerichtliche Entscheidungen können grundsätzlich vom VerfGH nicht überprüft werden.[95]

29   b) Anderes gilt für einen Teilbereich des allgemeinen Persönlichkeitsrechts, nämlich das **Recht auf informationelle Selbstbestimmung,** das vom BVerfG[96] im Volkszählungsurteil konturiert worden ist. Insoweit lehnt sich der **VerfGH** weitgehend an die BVerfG-Judikatur an.[97] Er leitet das Recht auf informationelle Selbstbestimmung nicht allein aus Art. 101 ab, sondern zieht – wie das BVerfG Art. 1 GG – Art. 100 heran: *„Das Recht der informationellen Selbstbestimmung ist eine Ausprägung der Menschenwürde und der Handlungsfreiheit“*[98], indes kein besonderes Grundrecht neben anderen.[99]

30   Zur Bestimmung des **Schutzbereichs** der **informationellen Selbstbestimmung** rekurriert der VerfGH ebenfalls auf die Rechtsprechung des BVerfG: Umfasst sei die **Befugnis jedes Einzelnen, über die Preisgabe und Verwendung seiner persönlichen Daten selbst zu bestimmen,** der Einzelne sei geschützt vor unbegrenzter Erhebung, Speicherung, Verwendung und Weitergabe persönlicher Daten. Das Recht auf informationelle Selbstbestimmung ist dabei nicht beschränkt auf die elektronische Datenverarbeitung, sondern umfasst alle Daten, die Rückschluss auf die Person des Einzelnen zulassen.[100] Der grundrechtliche Schutz richtet sich insbesondere dagegen, in Unkenntnis gelassen zu werden, *„wer was wann und bei welcher Gelegenheit über ihn erfährt“*.[101] Allerdings ist das Recht auf informationelle Selbstbestimmung nicht schrankenlos gewährleistet[102] (s. dazu unten Rn. 39). Zu einem „Grundrecht auf Gewährleistung der Vertraulichkeit und Integrität informationstechnischer Systeme" (sog. „Computer"-Grundrecht), das vor der heimlichen „Durchsuchung" von Computern schützt, s. BVerfG, Urt. v. 27. 2. 2008, 1 BvR 370/07.

4. Sachlicher Schutzbereich III (Leben und körperliche Unversehrtheit)

31   Aus Art. 101 i. V. m. Art. 100 leitet der VerfGH auch das **Recht auf Leben und körperliche Unversehrtheit** ab; vgl. dazu bereits oben Rn. 5 sowie Rn. 5 zu Art. 100. Zum Verhältnis von Leben und Menschenwürde s. Rn. 39 ff. Art. 100. Das Recht auf körperliche Unversehrtheit schützt *„vor allen Einwirkungen, die die menschliche Gesundheit im biologisch-*

---

belasten zu müssen, BVerfGE 95, 220 (241) sowie das Recht auf informationelle Selbstbestimmung, BVerfGE 65, 1; dazu sogleich Rn. 29. Zum Recht auf Wissen und Nichtwissen insbesondere um eigene Krankheitsdispositionen s. *Lindner,* Grundrechtsfragen prädiktiver Gendiagnostik, MedR 2007, 286.

[95]   Vgl. dazu und zu den Ausnahmen Rn. 134 ff. vor Art. 98.

[96]   BVerfGE 65, 1 (41); 80, 367 (373); 96, 171 (181); 101, 106 (121); 103, 21 (32); 113, 29 (46); Beschl. v. 4. 4. 2006, 1 BvR 518/02, Rn. 69 ff. – „Rasterfahndung"; NJW 2008, 1505 (Erfassung von KfZ-Kennzeichen).

[97]   Exemplarisch VerfGH 57, 113 (119): *„Der Schutz der Menschenwürde und der Handlungsfreiheit nach bayerischem Verfassungsrecht bleibt nicht hinter den im Wesentlichen inhaltsgleichen Grundrechten des Grundgesetzes zurück; die Ausführungen des BVerfG zur informationellen Selbstbestimmung (BVerfGE 65, 1 ff.) können deshalb jedenfalls in den Grundaussagen zur Auslegung der Art. 100 und 101 BV herangezogen werden* (ständige Rechtsprechung; VerfGH 38, 74; 47, 241; 50, 226)".

[98]   VerfGH 50, 156 (178); 56, 28 (43); 59, 29 (34).

[99]   VerfGH 57, 113 (120); 40, 7 (12). Eine ausdrückliche Verankerung des Rechts auf informationelle Selbstbestimmung im Text der BV durch eine Verfassungsänderung erscheint angesichts der klaren Rechtsprechung des VerfGH nicht angezeigt. Ebenso wenig enthält die BV ein selbständiges Grundrecht auf Wahrung des Steuergeheimnisses: VerfGH 24, 171 (Ls. 1).

[100]   BVerfGE 78, 77 (84); VerfGH 59, 29 (34); vgl. auch die Nachweise bei *Jarass/Pieroth,* Art. 2 Rn. 44 ff.

[101]   VerfGH 57, 113 (120); 50, 226 (246).

[102]   VerfGH 57, 113 (120 ff.); 59, 29 (34 f.).

physiologischen Sinn beeinträchtigen. Unterhalb dieser Schwelle wird das psychische Wohlbefinden regelmäßig nur geschützt, wenn die Einwirkung zu Wirkungen führt, die körperlichen Schmerzen vergleichbar sind.[103] Geschützt sind auch die **physische und psychische Selbstbestimmung** sowie das Recht, sich einer **medizinischen Behandlung** zu unterziehen oder eine solche – auch grundlos – zu verweigern.

5. Beeinträchtigungen

Eine **Beeinträchtigung** eines von Art. 101 geschützten Interesses liegt vor, wenn der **32** Grundrechtsberechtigte dieses Interesse, das zu realisieren er tatsächlich in der Lage und willens ist, nicht realisieren kann, weil er durch eine **hoheitliche Maßnahme** daran in irgendeiner Weise **gehindert** wird. Das Recht der **Berufsfreiheit** ist beeinträchtigt, wenn eine Regelung mit „objektiv berufsregelnder Tendenz" die Berufswahl oder die Modalitäten der Berufsausübung verkürzt.[104] Das Recht auf **informationelle Selbstbestimmung** ist beeinträchtigt, wenn die Befugnis des Einzelnen, über die Preisgabe und Verwendung seiner persönlichen Daten selbst zu bestimmen, durch eine staatliche Maßnahme, zumal durch eine Erhebung, Verwendung oder Weitergabe personenbezogener Daten beschränkt wird. Dies kann auch der Fall sein bei der Beantwortung parlamentarischer Anfragen (VerfGH 59, 144 [182, 186]).

Das Grundrecht auf **Leben** ist im Falle der Tötung „beeinträchtigt" (z. B. durch einen **33** finalen Rettungsschuss nach Art. 66 II PAG, durch eine abirrende Kugel aus einer Polizeiwaffe oder infolge einer zwangsweise angeordneten Impfung), das Grundrecht auf **körperliche Unversehrtheit** durch jede staatliche Maßnahme, die den einzelnen in seiner physischen oder psychischen Befindlichkeit berührt; dabei ist die Schwelle zur bloßen Empfindlichkeit oder Belästigung niedrig anzusetzen. Die **Beeinträchtigung** kann **imperativ** oder **faktisch** erfolgen; vgl. dazu bereits Rn. 59 f. vor Art. 98. In beiden Fällen bedarf sie der Rechtfertigung, wobei sich beim faktischen Eingriff, also bei unvorhergesehenen oder unvorhersehbaren Neben- oder Folgewirkungen (z. B. abirrende Kugel bei polizeilicher Verfolgung verletzt einen Unbeteiligten) die Prüfung darauf beschränkt, ob die faktische Beeinträchtigung zumutbar war, was im Regelfall zu verneinen sein wird. Im Falle der körperlichen Unversehrtheit bewegen sich nach Auffassung des VerfGH Beeinträchtigungen, die lediglich mit **„Grundrechtsgefährdungen** verbunden sind", regelmäßig im „Vorfeld relevanter Grundrechtsverletzungen".[105] Subjektive Abwehrrechte würden dadurch noch nicht ausgelöst. Etwas anderes könnte dann gelten, wenn die Summe aus Gefahrennähe, Ausmaß der Gefahr und Rang des bedrohten Rechtsguts ein so erhebliches Gewicht erreichte, dass eine Risikotragung unzumutbar erscheine. Dies könne etwa

---

[103] VerfGH 59, 63 (74).

[104] BVerfGE 105, 252 (265 ff.); 111, 191 (213); vgl. aber mit Recht zu einem weiteren Eingriffsverständnis VerfGH 43, 1 (11); 42, 41 (45): *„Grundsätzlich können auch Rechtsvorschriften ohne unmittelbar berufsregelnde Zielrichtung wegen ihrer tatsächlichen Auswirkungen den Schutzbereich des Grundrechts der Berufsfreiheit berühren. Im Einzelfall wird allerdings jeweils zu prüfen sein, wie eng der Zusammenhang zwischen einer solchen Regelung und dem davon mittelbar beeinflussten Beruf ist."*; BayVBl. 2008, 494 (496); in VerfGH 42, 41 (46) bejaht für den Fall, dass Mikroverletzungen medizinischer Daten nur durch Krankenhäuser erfolgen darf, nicht indes durch private Unternehmer. Zur Vermeidung von Abgrenzungsschwierigkeiten sollte jeder „grundrechtswidrige Effekt" einer hoheitlichen Maßnahme als rechtfertigungsbedürftige Grundrechtsverkürzung qualifiziert werden; dazu Rn. 60 vor Art. 98. Das BVerfG erkennt jedenfalls für die Berufsfreiheit die Figur des grundrechtswidrigen Effekts *nicht* an. Konsequenter im Sinne eines effektiven Grundrechtsschutzes wäre es allerdings, *jeden* berufsfreiheitswidrigen Effekt hoheitlichen Handelns dem freiheitsrechtlichen Rechtfertigungsschema zu unterwerfen. Unbeabsichtigte, grundrechtswidrige Folge- und/oder Nebenwirkungen eines hoheitlichen Rechtsakts müssen dabei indes nicht zur Grundrechtswidrigkeit des gesamten Regelungskomplexes führen, können aber Dispense oder – ähnlich wie beim Eigentumsgrundrecht (vgl. zur ausgleichspflichtigen Inhaltsbestimmung Rn. 64, 85 ff. zu Art. 103) – finanzielle Ausgleichsleistungen notwendig machen, wenn eine an sich grundrechtskonforme Berufsregelung im *Einzelfall* zu einer unverhältnismäßigen Grundrechtsbeeinträchtigung führt.

[105] VerfGH 59, 63 (74).

bei risikobehafteten technischen Anlagen der Fall sein[106], nicht jedoch bei der Einführung des achtjährigen Gymnasiums.[107]

6. Die verfassungsrechtliche Rechtfertigung der Beeinträchtigung

34   Die **Rechtfertigung** einer (imperativen, also gewollten oder in Kauf genommenen) Beeinträchtigung der allgemeinen Handlungsfreiheit richtet sich nach den in Rn. 61 ff. vor Art. 98 skizzierten Erwägungen und Prüfungsschritten. Darauf sei zunächst verwiesen. Speziell für Art. 101 gilt Folgendes:

35   a) Art. 101 enthält einen **dreifachen Vorbehalt,** neben dem die Vorbehaltsgeneralklausel des Art. 98 S. 2 nicht zur Anwendung kommt.[108] Zu den beiden **grundrechtsimmanenten Schranken** („gute Sitten"; „anderen nicht schadet") und der Notwendigkeit, sie eng auszulegen, s. oben Rn. 23 ff. Ob der dritte Vorbehalt „innerhalb der Schranken der Gesetze" bei der auf amerikanisches Drängen erfolgten Aufnahme der Vorbehaltsgeneralklausel des Art. 98 S. 2 in den Verfassungstext im Gegensatz zu anderen speziellen Vorbehaltsregelungen bewusst oder versehentlich nicht gestrichen wurde, spielt praktisch keine Rolle, da der VerfGH den Art. 98 S. 2 ohnehin nicht anwendet (dazu sowie zur Kritik s. Rn. 62 ff. vor Art. 98 sowie Rn. 1 ff. zu Art. 98). Die Diskussion, ob Art. 98 S. 2 neben oder anstelle des allgemeinen Gesetzesvorbehalts in Art. 101 zur Anwendung kommt oder ob Art. 101 insoweit eine gegenüber Art. 98 S. 2 speziellere Vorbehaltsregelung darstellt, ist daher müßig.[109]

36   Der VerfGH versteht die Wendung „innerhalb der Schranken der Gesetze" in seinen meisten Entscheidungen nicht als Gesetzesvorbehalt im Sinne lediglich einer Geltung des Grundrechtsschutzes nach Maßgabe der Gesetze, sondern als einen **echten Gesetzesvorbehalt** im Sinne eines Regel-Ausnahme-Verhältnisses zu Gunsten des Grundrechtsschutzes. Der Gesetzgeber und auf der Basis förmlicher Gesetze der Verordnungs- und Satzungsgeber[110] sowie die vollziehende und rechtsprechende Gewalt haben bei freiheitsbeschränkenden Maßnahmen Art. 101 selbst als Maßstab zu beachten (dazu oben Rn. 3). Eine Rechtsnorm, die aus Gründen objektiven Rechts das Rechtsstaatsprinzip (Art. 3 I) verletze, verstoße damit zugleich gegen Art. 101 (VerfGH 44, 109 [118]). Der VerfGH sieht auch **Gewohnheitsrecht** als Gesetz im Sinne des Art. 101 an.[111] Dies dürfte abzulehnen sein[112], da Gewohnheitsrecht schon begrifflich nicht der Rechtsquelle „Gesetz" zuzuordnen ist und es in Art. 101 nicht heißt „innerhalb der Schranken der Gesetze *und des Rechts*". Lediglich für den kaum praktischen Fall, dass Gewohnheitsrecht die „guten Sitten" konkretisiert, kann es insoweit als grundrechtsimmanente Schranke der allgemeinen Handlungsfreiheit fungieren.

---

[106] VerfGH 59, 63 (74) mit Verweis auf BVerfGE 56, 54 (75); 77, 170 (220).

[107] VerfGH 59, 63 (74).

[108] Bereits VerfGH 11, 110 (124); 16, 128 (136); 19, 81 (89): Art. 98 S. 2 sei „nicht anzuwenden, wenn ein Grundrecht – wie das Recht der Handlungsfreiheit – nur innerhalb der Schranken der Gesetze gewährleistet ist". VerfGH 58, 94 (107).

[109] *Pestalozza,* Art. 101 Rn. 38 ff.

[110] Zu grundrechtseinschränkenden Regelungen ist nicht nur der parlamentarische Gesetzgeber befugt, sondern auch der exekutivische Normsetzer, also Verordnungs- und Satzungsgeber, VerfGH 19, 81 (88) – kommunales Ortsrecht; 38, 34 (37) – kommunale Satzung; 41, 4 (9); 41, 17 (21) – Prüfungsordnungen in der Modalität einer Rechtsverordnung; VerfGH 57, 175 (178) – kommunale Satzung. Voraussetzung dafür ist indes, dass die exekutivische Normsetzung, die mit Grundrechtsbeeinträchtigungen verbunden ist, auf eine hinreichend bestimmte gesetzliche Grundlage zurückzuführen ist. Dieser Bestimmtheitsgrundsatz gilt nicht nur für Verordnungen (vgl. dazu mit Nachweisen Rn. 35 ff. zu Art. 55), sondern auch für Satzungen. Diese bedürfen anders als Rechtsverordnungen zwar nicht einer nach Inhalt, Zweck und Ausmaß bestimmten gesetzlichen Ermächtigungsgrundlage, müssen sich jedoch im Rahmen des gesetzlich beschriebenen Zwecks der Einrichtung halten. Sehen Satzungen über Organisationsnormen hinausgehende Grundrechtseingriffe vor, bedürfen sie einer zusätzlichen gesetzlichen Grundlage, vgl. dazu Rn. 89 zu Art. 55.

[111] VerfGH 25, 51 (55) – gewohnheitsrechtlicher Robenzwang.

[112] Berechtigte Kritik bei *Pestalozza,* Art. 101 Rn. 56, 58.

b) Die in der grundrechtlichen Praxis entscheidende Prüfungsstelle bilden die geschrie- **37** benen und ungeschriebenen **Schranken-Schranken,** die dem Gesetzgeber bei der Ausfüllung des Gesetzesvorbehalts ihrerseits Schranken auferlegen; zu den Schranken-Schranken s. zunächst Rn. 67 ff. vor Art. 98. Darauf, insbesondere auf den Aufbau und den Inhalt der Verhältnismäßigkeitsprüfung, sei hier verwiesen.

aa) Beispielsweise hat der VerfGH folgende Beeinträchtigungen der **allgemeinen 38 Handlungsfreiheit** für **grundrechtswidrig** erklärt: die Nichtaushändigung einer Strafvollzugsordnung[113], Vorschriften über (unzumutbare) Straßenreinigungspflichten[114], über die Grabgestaltung im Bestattungswesen[115], naturschutzrechtliche Verbote[116], den Ausschluss gewerblicher Bestattungsunternehmer von der Leichenaufbewahrung in eigenen Räumen[117], Honorarbegrenzungen im Arztrecht[118]. Sehr großzügig ist der VerfGH dagegen bei der verfassungsrechtlichen Rechtfertigung von Abgaben: *„Nur wenn die Höhe der Steuer die Handlungsfreiheit in aller Regel wirtschaftlich unmöglich machte, wäre die Norm mit der Verfassung nicht vereinbar."*[119]

bb) Auch für Beeinträchtigungen des Rechts auf **informationelle Selbstbestimmung 39** wendet der VerfGH die allgemeine Schranken-Schranken-Systematik an: Das Recht auf informationelle Selbstbestimmung sei nicht schrankenlos gewährleistet, vielmehr habe der Einzelne Einschränkungen hinzunehmen, wenn diese der Erreichung eines verfassungsrechtlich legitimen Zwecks dienten und den Anforderungen des Verhältnismäßigkeitsgrundsatzes und des Gebots der Normenklarheit[120] entsprächen. Dabei sei zwischen den Individual- und Allgemeininteressen ein „angemessener Ausgleich" herbeizuführen.[121] Der Gesetzgeber müsse ein Regelungssystem entwickeln, das durch bereichsspezifische Normen die Fragen der Datenerhebung und -verwertung regele sowie durch verfahrensrechtliche Vorkehrungen Missbräuchen entgegenwirke. **Beispiele:**

(1) Für verfassungsrechtlich **zulässig** gehalten hat der VerfGH etwa **40**
– die in Art. 75 I 2, 88 a BayEUG geregelte Pflicht der Schule, die früheren Erziehungsberechtigten volljähriger Schüler über gewichtige Vorfälle an der Schule zu unterrichten[122],
– die in Art. 13 I Nr. 5 PAG geregelte Schleierfahndung[123],

---

[113] VerfGH 10, 63 (70).
[114] VerfGH 36, 56 (64).
[115] VerfGH 33, 130 (133 ff.); 33, 174 (177 ff.); anders 38, 34 (36).
[116] VerfGH 38, 51 (61 f.).
[117] VerfGH 57, 175 (178).
[118] VerfGH 54, 47 (53 ff.): Hier hatte der Normgeber die Belange einer Arztgruppe mit besonderer Praxisstruktur nicht hinreichend berücksichtigt.
[119] VerfGH 28, 59 (69) – Vergnügungssteuer; verfassungsrechtliche Bedenken könnten erst dann geltend gemacht werden, wenn die Vergnügungssteuer die Ausübung des Schaustellergewerbes in aller Regel wirtschaftlich unmöglich machte und durch diese „erdrosselnde" Wirkung dem steuerlichen Hauptzweck der Einnahmeerzielung gerade zuwiderliefe. In Härtefällen könnten Steuererleichterungen zur Verfassungskonformität insgesamt beitragen. Für grundrechtskonform hält der VerfGH auch Art. 5 V 2 KAG, wonach die Vorauszahlung mit der endgültigen Beitragsschuld zu verrechnen ist, auch wenn der Vorauszahlende nicht beitragspflichtig ist, VerfGH 59, 119 (121).
[120] Dogmatisch zu beachten ist, dass der VerfGH das Gebot der Normenklarheit im Rahmen von Beschränkungen des informationellen Selbstbestimmungsrechts nicht in Art. 3 I 1, sondern direkt in Art. 100, 101 verankert, VerfGH 59, 29 (35). Regelungen, die das Recht auf informationelle Selbstbestimmung beeinträchtigten, müssten so gefasst sein, dass der Betroffene die Rechtslage erkennen und sein Verhalten danach ausrichten könne. Unbestimmte Rechtsbegriffe und Verweisungsketten seien allerdings nicht ausgeschlossen, vgl. dazu auch Rn. 25 ff. zu Art. 3. So hat der VerfGH die Verweisungskette der Art. 22 I Nr. 1, 21 I Nr. 3, 13 I Nr. 5 PAG nicht beanstandet, VerfGH 59, 29 (35). Das Gebot der Bestimmtheit erfordere nicht, „dass jede Datenübermittlung von einer Behörde zu einer anderen in allen Einzelheiten gesetzlich geregelt sein muss", VerfGH 40, 7 (Ls. 2).
[121] VerfGH 59, 29 (35); 50, 226 (246).
[122] VerfGH 57, 113 (119 ff.).
[123] VerfGH 56, 28 (43 ff.), bestätigt in VerfGH 59, 29 (34 ff.).

- einschlägige Vorschriften des Bayerischen Datenschutzgesetzes und des Bayerischen Verfassungsschutzgesetzes[124],
- die Vorschriften des PAG zur polizeilichen Datenerhebung und -verarbeitung (Art. 30 bis 49 PAG[125])[126],
- die Pflicht zur Angabe nachvollziehbarer Gründe bei einem Widerspruch gegen die Anbringung eines Kreuzes in einem Klassenzimmer (Art. 7 III BayEUG).[127]

41   (2) Für **verfassungswidrig** erklärt hat der VerfGH eine in das Recht auf informationelle Selbstbestimmung eingreifende Maßnahme bislang erst in einem Fall, nämlich bezüglich der Durchsuchung von Sachen, die eine von einer Identitätskontrolle im Rahmen der Schleierfahndung betroffene Person mit sich führt (Art. 22 I Nr. 1 PAG).[128]

42   cc) Bei der **Berufsfreiheit** rekurriert der VerfGH auf die **Drei-Stufen-Theorie des BVerfG**[129] und unterscheidet zwischen Regelungen der **Berufsausübung** und der **objektiven bzw. subjektiven Berufszulassung.**[130] Diese Differenzierung ist freilich nichts anderes als eine **typisierende Konkretisierung des Verhältnismäßigkeitsgrundsatzes.** Die einzelnen Stufen sind allenfalls **grobe Pauschalierungen und Faustregeln** zur Handhabung des Verhältnismäßigkeitsgrundsatzes. So kann eine intensiv wirkende Berufsausübungsregelung einen stärkeren Beeinträchtigungsgrad ausweisen als eine „leichte" subjektive Zulassungsregelung. Letztlich ist in jedem Fall eine Verhältnismäßigkeitsprüfung unter Beachtung der in Rn. 69 ff. vor Art. 98 genannten Prüfungsschritte und -kriterien vorzunehmen.[131]

43   (1) Regelungen der **Berufsausübung**, etwa Bestimmungen über Honorarverteilungsmaßstäbe im Arztrecht[132], die Art der Titelführung[133], der satzungsrechtlich vorgeschrie-

---

[124] VerfGH 50, 226 (250 ff.).

[125] In der Fassung der Bek. v. 14. 6. 1990 (GVBl S. 397).

[126] VerfGH 47, 241. In dieser Entscheidung (S. 255) betont der VerfGH allerdings auch, dass es bei der Beeinträchtigung des Rechts auf informationelle Selbstbestimmung Schranken gebe, jenseits derer die Preisgabe und Verwertung persönlicher Daten schlechthin unzumutbar wäre. Bei der Beurteilung dieser Frage kommt es darauf an, wie persönlichkeitsbezogen bestimmte Daten seien und welcher Empfänger für welchen Zweck von ihnen in Kenntnis gesetzt werden solle. Als Faustregel mag gelten: je sensibler „persönliche" Daten sind, desto höhere Anforderungen sind an den Verwendungszweck zu stellen und desto weniger Stellen dürfen die Daten einsehen und verwenden. In VerfGH 38, 74 (80) hat der VerfGH eine Verpflichtung zur gesetzlichen Regelung der bisherigen Richtlinien über die Führung kriminalpolizeilicher Sammlungen postuliert.

[127] VerfGH 50, 156 (178).

[128] VerfGH 59, 29 (39 ff.). Der VerfGH hält zwar nicht die Schleierfahndung als solche, wohl aber die anlasslose Durchsuchung für verfassungswidrig. Bei der Durchsuchung seien im Hinblick auf die Verhältnismäßigkeit im engeren Sinn strengere Anforderungen zu stellen als an die bloße Identitätsfeststellung: *„Bei einer Gesamtabwägung der Schwere des mit der Durchsuchung verbundenen Eingriffs und bei dem ihn rechtfertigenden Gründe des Gemeinwohls ist die Grenze im Hinblick auf die Grundrechtspositionen aus Art. 101 und Art. 100 i. V. m. Art. 101 nur gewahrt, wenn eine Einschreitschwelle in Gestalt einer erhöhten abstrakten Gefahr beachtet wird."* Die Entscheidung überzeugt im Grundsatz – ob es dazu allerdings des Begriffs der „erhöhten abstrakten Gefahr" bedurft hätte, erscheint zweifelhaft. Der Bezug auf die Verhältnismäßigkeit i. e. S. hätte genügt; so auch die im Grundsatz zustimmende Anmerkung von *Wolff,* BayVBl. 2006, 661.

[129] Grundlegend BVerfGE 7, 377; 25, 1; vgl. dazu insgesamt *Jarass/Pieroth,* Art. 12 Rn. 24 ff., 35 ff. m. w. N.

[130] VerfGH 56, 1 (10); 59, 80 (94); Entsch. v. 18. Dezember 2007, Vf. 9-VII-05, sub V.A.2 (gewerbliche Sportwettenvermittlung).

[131] In diesem Sinne auch VerfGH 53, 1 (7). Nach VerfGH 42, 41 (Ls. 4) sind Entscheidungen eines Unternehmers über bestimmte Ausgestaltungen seines Betriebs nicht als Wahl eines besonderen Berufs, sondern als Ausübung des Berufs anzusehen, wenn sie nach der allgemeinen Verkehrsauffassung nur einen Ausschnitt eines umfassenden Berufs darstellen.

[132] VerfGH 42, 174 (183); 51, 74 (84); 54, 47 (54); 56, 148 (167); 59, 80 (94).

[133] VerfGH 56, 99 (109): Verpflichtung, die Bezeichnung „Professor" mit einem auf die Herkunft hinweisenden Zusatz zu führen.

bene Benutzungszwang für gemeindliche Leichenhäuser[134] oder Regelungen über die Vorlageberechtigung im Bauordnungsrecht[135] sind **verhältnismäßig,** wenn sie **durch vernünftige Gründe des Gemeinwohls** gerechtfertigt sind, wenn die gewählten Mittel zur Erreichung des verfolgten Zwecks **geeignet** und **erforderlich** sind und wenn die durch sie bewirkte Beschränkung der Berufsausübung den Betroffenen **zumutbar** ist.[136] Ein vernünftiger Grund des Gemeinwohls ist z. B. der Schutz der öffentlichen Sicherheit, der Schutz von Leben, körperlicher Unversehrtheit und Gesundheit[137], die Sicherung der finanziellen Stabilität der gesetzlichen Krankenversicherung[138], das Vertrauen der Öffentlichkeit in die Leistungsfähigkeit öffentlicher Sachverständiger.[139] Nach Auffassung von VerfGH 42, 41 (47) stehe dem Normgeber bei Rechtsvorschriften, die keinen unmittelbar berufsregelnden Charakter, sondern lediglich mittelbare Auswirkungen auf einen Beruf hätten, ein weiterer Beurteilungs- und Gestaltungsspielraum zu als bei einer unmittelbaren Berufsausübungsregelung. Dies ist in dieser Pauschalität nicht überzeugend, man wird vielmehr auf die Intensität der jeweiligen Grundrechtsbeeinträchtigung abstellen müssen.

(2) **Subjektive Berufszulassungsregelungen,** etwa in Gestalt von Genehmigungs- **44** vorbehalten, die Voraussetzungen verlangen, die in der Person und im Einflussbereich des Einzelnen liegen haben vor Art. 101 nur Bestand, wenn sie dem **Schutz eines überragenden Rechts- oder Gemeinschaftsguts** dienen[140], wozu etwa auch die Funktionsfähigkeit des Rundfunksystems und oder des Rettungswesens[141] gehört.

(3) **Objektive Berufszulassungsregelungen,** also solche, auf die der Einzelne keinen **45** Einfluss hat, bedürfen als stärkste Eingriffe in die Berufsfreiheit des intensivsten Rechtfertigungsniveaus: sie sind nur zulässig, wenn sie zur **Abwehr nachweisbarer oder höchst wahrscheinlicher schwerer Gefahren für ein überragend wichtiges Gemeinschaftsgut** zwingend geboten sind.[142] *Beispiel:* Ein staatliches Monopol des Anbietens von Lotterien und Sportwetten stellt eine absolute objektive Berufswahlregelung dar, die der Bekämpfung der „Spielsucht" dienen soll. Dieses Ziel ließe sich allerdings im Falle der Zulassung privater Anbieter ebenso effektiv erreichen, wenn der Gesetzgeber entsprechende Genehmigungs- und Kontrollvorbehalte, Auflagen und Widerrufsmöglichkeiten regelte. Das staatliche Monopol dürfte daher verfassungswidrig sein.[143]

Zu Fragen des Hochschulzugangs und des Prüfungsrechts s. Rn. 48 ff.

7. Weitere Grundrechtsdimensionen

Art. 101 findet zwar seine primäre Funktion in der Beeinträchtigungsabwehr, erschöpft **46** sich darin indes nicht.

a) Der VerfGH hat dem Art. 101 allerdings **keine allgemeine leistungsrechtliche Di-** **47** **mension** dahin gehend erschlossen, dass der Einzelne einen grundrechtlich verbürgten, originären Anspruch gegen den Staat auf Verschaffung von zum Grundrechtsgebrauch notwendigen Mitteln und Gelegenheiten (auch nicht gegenüber Dritten) hätte.[144] Art. 101 verbürgt kein allgemeines politisches Teilhaberecht.[145]

---

[134] VerfGH 55, 66 (72); 57, 175 (179).

[135] VerfGH 52, 9 (20); 53, 1 (7).

[136] VerfGH 59, 80 (94); 54, 47 (54); 42, 174 (183) und öfter.

[137] VerfGH 57, 175 (179), allerdings sei der Zwang zur Benutzung öffentlicher Leichenhäuser nicht zum Schutz der Gesundheit erforderlich, dies könnten auch Leichenräume privater Bestattungsunternehmer leisten.

[138] VerfGH 42, 174 (183); 51, 74 (84); 54, 47 (54); BVerfGE 68, 193 (218).

[139] VerfGH 42, 72 (77).

[140] VerfGH 56, 1 (10).

[141] VerfGH 54, 85 (90 ff.).

[142] BVerfGE 102, 297 (214). Beispiele bei *Jarass/Pieroth,* Art. 12 Rn. 39 f.

[143] Anders für Art. 12 GG BVerfG, NJW 2006, 1261; dazu *Lindner,* ZG 2007, 188.

[144] Zum Fehlen einer Parallelität von eingriffsabwehr- und leistungsrechtlicher Dimension der Grundrechte s. Rn. 88 ff. vor Art. 98 sowie Rn. 132 zu Art. 118 zum derivativen Leistungsanspruch.

[145] VerfGH 52, 104 (140): Abschaffung des Senats.

48 aa) Jedoch hat der VerfGH u. a. aus Art. 101 in der Modalität des Schutzes der Berufsfreiheit grundsätzlich einen **Anspruch auf Zulassung zu einem Hochschulstudium** anerkannt.[146] Art. 101 verbürgt zwar kein beliebig freies Zugangsrecht zu den Hochschulen ohne Rücksicht auf vorhandene sächliche und personelle Mittel. Aus der engen Verknüpfung zwischen Ausbildung und Berufsaufnahme folgt jedoch, dass zumindest dann, wenn die Aufnahme eines Berufs eine bestimmte Ausbildung voraussetze, Beschränkungen im freien Zugang ähnlich streng zu beurteilen seien wie Zugangsvoraussetzungen für den Beruf selbst. Das Recht auf ein Hochschulstudium ist nicht auf ein Erststudium beschränkt, sondern umfasst auch ein Zweit- oder Parallelstudium.[147] Zu unterscheiden ist zwischen den **Hochschulzugangsvoraussetzungen** und der **Zulassung zu einem Studium:**

49 (1) Die **Zugangsvoraussetzungen** sind die **materiellen Qualifikationsanforderungen,** die der Studienbewerber erfüllen muss, um überhaupt zu einem Hochschulstudium zugelassen werden zu können. Die notwendige Qualifikation hat im Grundsatz der Gesetzgeber zu definieren. Dabei hat er wegen der in Art. 101 verankerten Berufsfreiheit zu beachten, dass sich die Qualifikationsvoraussetzungen an den Erfordernissen des Studiums und des damit in Aussicht genommenen Berufs auszurichten haben. Der Studienbewerber muss von seinem bisherigen Bildungsweg her mindestens typischerweise in der Lage sein, ein Studium, das für einen bestimmten Beruf qualifiziert, erfolgreich zu absolvieren. Hierbei darf der Gesetzgeber **typisieren** und die Aufnahme eines Hochschulstudiums jedenfalls im Grundsatz von der allgemeinen oder fachgebundenen Hochschulreife[148] abhängig machen.[149] Stellt ein Studium **besondere Anforderungen,** können auch weitere Qualifikationsnachweise, wie etwa eine besondere Eignungsfeststellung, gefordert werden.[150] Bei der Ausgestaltung solcher Verfahren ist im Hinblick auf Art. 101 zu fordern, dass die Festlegung der Eignungskriterien in einer Hochschulsatzung[151] sich inhaltlich an den Anforderungen des jeweiligen Studiums ausrichtet und das Feststellungsverfahren transparent und nachprüfbar verläuft.[152]

50 (2) Wer die Qualifikationsanforderungen für einen Studiengang erfüllt, hat aus Art. 101 grundsätzlich einen **Anspruch auf Zulassung** zu diesem Studium. Der Staat würde sich in einen unauflöslichen Widerspruch verwickeln, würde er einerseits die Ausübbarkeit eines Berufes aus plausiblen Gründen vom erfolgreichen Abschluss eines Studiums abhängig machen, andererseits die Zulassung eines qualifizierten Bewerbers zu diesem Studium verweigern. Der Einzelne hat darauf einen direkt aus Art. 101 folgenden grundrechtlichen Anspruch.[153, 154] Die Verweigerung der Zulassung kann im Falle eines

---

[146] VerfGH 38, 152 (159 ff.); 50, 129 (138): *„Aus Art. 101 BV in Verbindung mit dem allgemeinen Gleichheitssatz und dem Sozialstaatsprinzip ergibt sich grundsätzlich ein Recht auf Zulassung zum Hochschulstudium."* Der VerfGH orientiert sich im Hochschulzulassungsrecht weitgehend an der Rechtsprechung des BVerfG (BVerfGE 33, 303; 43, 291; 45, 393).

[147] VerfGH 50, 129 (138).

[148] Vgl. aber auch Art. 45 BayHSchG, der qualifizierten Berufstätigen den Hochschulzugang (fachgebundener Fachhochschulzugang) eröffnet.

[149] Vgl. Art. 43 BayHSchG.

[150] Vgl. Art. 44 BayHSchG.

[151] Vgl. Art. 44 IV BayHSchG.

[152] Einzelheiten des Hochschulzugangsrechts ergeben sich aus Art. 43 ff. BayHSchG sowie aus der Verordnung über die Qualifikation für ein Studium vom 2. November 2007 (GVBl S. 767, BayRS 2210-1-1-3-UK / WFK).

[153] Eine andere, vom Anspruch auf Bereitstellung eines Studienplatzes zu unterscheidende Frage ist die, ob die Einzelne einen Anspruch auf einen Studienplatz am Studienort seiner Wahl, also an einer *bestimmten* Hochschule hat. Ein solcher Anspruch lässt sich nicht unmittelbar aus Art. 101 herleiten, solange ein Studienplatz überhaupt zur Verfügung gestellt wird. Allerdings hat die einzelne Universität oder ggf. die ZVS nach Art. 118 I, 3 I GG eine sachgerechte Auswahlentscheidung im Zulassungsverfahren zu treffen (etwa Abiturnote, Hochschulaufnahmeprüfung, Auswahlgespräche, soziale Bedingungen). Vgl. zur Hochschulzulassung auch VerfGH 60, 101.

[154] Dies muss keineswegs unentgeltlich erfolgen. Studiengebühren sind mit Art. 101 grundsätzlich vereinbar, solange und soweit ein Stipendienwesen, ein Darlehenswesen oder eine BAFÖG-Regelung

Überhangs an Bewerbern gegenüber den vorhandenen Studienplätzen, etwa durch einen „numerus clausus"[155], gerechtfertigt sein. Keinen verfassungsrechtlichen Bedenken unterliegt es, einen zweiten oder weiteren Wechsel eines Studiengangs oder Studienfachs vom Vorliegen eines wichtigen Grundes abhängig zu machen.[156]

bb) Im Zusammenhang[157] mit der Berufsfreiheit und dem Zugang zu einem Hoch- **51** schulstudium schützt Art. 101 (neben Art. 118 I) auch den **Anspruch auf ein sachgerechtes und faires Prüfungsverfahren**.[158] Art. 101 verbietet unzumutbare und unverhältnismäßige Beschränkungen der Zulassung zu einer Prüfung als Vorstufe zum angestrebten Beruf.[159] Ausbildungs- und Prüfungsanforderungen dürfen nicht außer Verhältnis zum Zweck der ordnungsgemäßen Erfüllung der angestrebten Berufstätigkeit stehen.[160] Der Gesetzgeber selbst muss − freilich typisierend − regeln und im Hinblick auf das Grundrecht der Berufsfreiheit rechtfertigen, welchen Beruf er von welchen in Prüfungen nachzuweisenden Anforderungen − als subjektive Zulassungsvoraussetzung − abhängig macht. Die vom Gesetzgeber festgelegten Kenntnisse und Fähigkeiten für die Zulassung zu einem bestimmten Beruf dürfen nicht außer Verhältnis zu der beabsichtigten Tätigkeit stehen, wobei ein „gewisser Überschuss an Ausbildungsanforderungen" zulässig ist.[161]

Die **Ausgestaltung von Prüfungsstoff und Prüfungsverfahren** kann auch auf **52** dem Verordnungsweg sowie durch Satzung, zumal durch Studien- und Prüfungsordnungen der Hochschulen, erfolgen.[162] Der Prüfungsstoff und die Prüfungsfragen haben[163] sich materiell-inhaltlich an den Anforderungen für das jeweilige Berufsbild zu orientieren, das Prüfungsverfahren ist so zu gestalten, dass der vor Art. 101 gerechtfertigte Prüfungszweck in objektivierbarer Weise erreicht wird.[164] Das gesamte materielle und for-

---

zur Verfügung stehen, die Studienwillige nicht aus materiellen Gründen faktisch vom Studium ausschließen; vgl. dazu jetzt die Regelung in Art. 71 BayHSchG sowie BVerfGE 112, 226 ff.

[155] BVerfGE 33, 303. Übersteigt die Zahl der Studienwilligen die der vorhandenen Studienplätze, kann zwar ein „numerus clausus" eingeführt werden. Dieser muss aber so gestaltet sein, dass die Zulassungsauswahl, die regelmäßig in der Festlegung einer bestimmten Abiturnote in Verbindung mit einem bestimmten Auswahlverfahren erfolgt, im Hinblick auf die Anforderungen des Studiums und des später auszuübenden Berufes gerechtfertigt ist. Dabei besteht ein Anspruch auf (auch hochschulübergreifende) Kapazitätserschöpfung, VerfGH 50, 129 (139): „unter erschöpfender Nutzung der vorhandenen mit öffentlichen Mitteln geschaffenen Ausbildungskapazitäten". Das BVerfG erkennt in E 33, 303 (332 f.) unter bestimmten Voraussetzungen eine Pflicht des Staates zur „Erweiterung der Ausbildungskapazität" an. Vgl. zum Hochschulzulassungsrecht das Bayerische Hochschulzulassungsgesetz (BayHZG) vom 9. Mai 2007 (GVBl S. 320, BayRS 2210-8-2-WFK), die Hochschulzulassungsverordnung (HZV) vom 18. Juni 2007 (GVBl S. 401, BayRS 2210-8-2-1-1-WFK) sowie den Staatsvertrag über die Vergabe von Studienplätzen vom 22. Juni 2006 (GVBl 2007 S. 2).

[156] VerfGH 50, 129 (139).

[157] VerfGH 50, 129 (138); 32, 156 (161): *„Im Ausbildungs- und Schulwesen als integrierendem Bestandteil der (künftigen) Berufsaufnahme sichert Art. 101 nicht nur den Zugang zur Ausbildungsstätte, sondern auch die Zulassung zur Prüfung und die Bewertung der Prüfungsleistungen als Vorstufe für eine Berufsauswahl."*

[158] Vgl. zu den verfassungsrechtlichen Grundlagen sowie zu den Einzelheiten der einfach-rechtlichen und richterrechtlichen Ausprägungen und Ausdifferenzierungen des Prüfungsrechts *Lindner*, Prüfungen und Akademische Grade, in: Geis (Hg.), Handbuch des Hochschulrechts in Bayern, 2008; s. auch Rn. 24 ff. zu Art. 118.

[159] VerfGH 41, 4 (8); 37, 10 (15); 30, 109 (119): Zulassung zur Habilitation als Vorstufe des Berufs des Hochschullehrers. Zum Habilitationsverfahren s. auch VerfGH 37, 10 (15).

[160] VerfGH 28, 24 (39); 35, 56 (68); 41, 4 (9); BVerfGE 70, 278 (286).

[161] BVerfGE 54, 301 (331); 73, 301 (320).

[162] *Becker*, Der Parlamentsvorbehalt im Prüfungsrecht, NJW 1990, 273; VGH, BayVBl. 2004, 597 (JAPO beruht auf ausreichender Ermächtigungsgrundlage und verstößt nicht gegen den Vorbehalt des Gesetzes).

[163] BVerwGE 78, 55 (57).

[164] Der Grundrechtsschutz hat sich insoweit durch sachgerechte Gestaltung und Organisation des Verfahrens zu verwirklichen; *Birnbaum*, Die Rügepflicht des Prüflings, NVwZ 2006, 286 m. w. N.; BVerfGE 84, 34 (45); 84, 59 (72); BVerwGE 104, 203 ff.

melle Prüfungsrecht ist mithin vor dem Hintergrund des Art. 101 sowie des Art. 12 I GG zu interpretieren und zu legitimieren. Aus Art. 101 lässt sich allerdings kein Recht darauf ableiten, die für die Ergreifung eines Berufs vorgeschriebene Prüfung unbegrenzt oft zu wiederholen.[165]

53   b) Eine wichtige Rolle spielen die **Schutzpflichten,** die der VerfGH auch dem Art. 101, insbesondere dem Grundrecht auf körperliche Unversehrtheit (Art. 101 i.V. m. 100), erschlossen hat. Zur Dogmatik der grundrechtlichen Schutzpflichten s. allgemein zunächst Rn. 94 ff. vor Art. 98. Nach den dort genannten Maßstäben hat der Grundrechtsverpflichtete nicht nur Verkürzungen der von Art. 101 erfassten Interessen zu unterlassen, sondern sich schützend vor diese zu stellen, wenn sie von dritter Seite verletzt oder gefährdet werden; zu den Voraussetzungen für das Entstehen einer Schutzpflicht und deren Erfüllung s. Rn. 94 ff. vor Art. 98. Grundsätzlich ist **jedes Interesse „schutzpflichtfähig".**

54   aa) Die von Art. 101 erfasste **Vertragsfreiheit** des Einzelnen kann schutzbedürftig sein, wenn er durch die Marktmacht eines Vertragspartners oder sonstige besondere Umstände unter Druck gesetzt wird und damit nicht wirklich frei in seiner Entscheidung ist.[166] Die Rechtsprechung, insbes. des BVerfG, löst solche Fälle **gestörter Vertragsparität** über die sog. **„Ausstrahlungswirkung",** auch genannt mittelbare Drittwirkung der Grundrechte, die bei der Anwendung zumal der zivilrechtlichen Generalklauseln maßgeblich zu berücksichtigen seien. Dogmatisch überzeugender ist es, die Frage der Geltung der Grundrechte im Privatrecht mittels der grundrechtlichen Schutzpflichten zu bewältigen.[167] Voraussetzung für das Entstehen einer Schutzpflicht ist dabei stets, dass eine Abwägung der auf beiden Seiten grundrechtlich geschützten Interessen zu einem Übergewicht eines Interesses führt, das die Schutzwürdigkeit auslöst.

55   Das **Zivilrecht** dient bei dieser Sichtweise der *Erfüllung* der grundrechtlichen Schutzpflichten. Bedeutung haben die Schutzpflichten nicht nur bei der Frage der Vertragskontrolle im Zivilrecht überhaupt, sondern vor allem auch im Arbeitsrecht.[168]

56   bb) Die grundrechtliche Schutzfunktion lässt sich in der Formel **„Schutz durch Eingriff"**[169] fassen und in einem **grundrechtlichen „Schutzdreieck"** abbilden, das aus den Polen „Staat", „Privatrechtssubjekt 1 (P1)", „Privatrechtssubjekt 2 (P2)" besteht: Ergibt eine Interessenanalyse, -gewichtung und -abwägung, dass das durch P1 beeinträchtigte Interesse des P2 das beeinträchtigende Interesse des P1 in schutzwürdiger Weise überwiegt und daher gegen die Realisierung des Interesses durch P1 geschützt werden muss, hat P2 gegen den Staat einen Anspruch auf Erlass einer schützenden Maßnahme, die sich für P1 als Eingriff darstellen kann (und insoweit wiederum nach dem abwehrrechtlichen Rechtfertigungsschema gerechtfertigt werden muss, wobei der verfassungsrechtlich legitime Zweck der Schutz des überwiegenden Interesses des P2 ist; vgl. dazu Rn. 50 ff. vor Art. 98). Der Staat erfüllt diesen Anspruch durch Erlass einer öffentlich-rechtlichen Maßnahme oder dadurch, dass er dem Beeinträchtigten ein zivilprozessuales Instrumentarium (in der Gestalt der ZPO) zur Verfügung stellt, mit dem dieser seine zivilrechtlichen Unterlassungs-, Schadensersatz- oder Kündigungsschutzansprüche, ggf. auch im vorläufigen Rechtsschutz, durchsetzen kann. Da es sich beim Zivil- und Arbeitsrecht ganz überwiegend um Bundes-

---

[165] VerfGH 41, 4 (9): Wenn sich mit hinreichender Sicherheit ersehen lasse, dass ein Bewerber für den angestrebten Beruf nicht geeignet sei, könne sein Ausschluss von weiteren Prüfungsversuchen nicht als unzumutbare, unverhältnismäßige Beschränkung der Berufsfreiheit aufgefasst werden. Ein zweimaliges Scheitern in der Ersten Juristischen Staatsprüfung rechtfertige eine solche Prognose. Bestätigung für das Lehramtsprüfungsrecht in VerfGH 41, 17 (22).

[166] Vgl. dazu die allerdings dogmatisch missglückte Bürgschaftsentscheidung des BVerfG in BVerfGE 89, 214 und die Kritik m. w. N. bei *Lindner* (Fn. 20), S. 504 ff.

[167] So insbes. *Canaris,* Grundrechte und Privatrecht, 1999; *Lindner* (Fn. 20), S. 441 ff.

[168] Zur Unzulässigkeit von Ethikklauseln, die auch privates Verhalten der Arbeitnehmer regeln, s. *LAG Düsseldorf,* NZA-RR 2006, 81.

[169] So der Titel eines Aufsatzes von *Wahl/Masing,* JZ 1990, 557.

recht handelt, dessen Anwendung der VerfGH nur am Maßstab des Willkürverbotes überprüft[170], hatte der VerfGH bislang allerdings keine Gelegenheit, eine grundsätzliche „Drittwirkungsdogmatik" am Maßstab der grundrechtlichen Schutzpflichten aus Art. 101 zu entwickeln.

cc) Grundrechtliche **Schutzpflichten** hat der VerfGH bislang für die aus Art. 101 **57** i.V. m. Art. 100 folgenden Grundrechte auf **Leben und körperliche Unversehrtheit** begründet. Diese Grundrechtsnormen geböten den zuständigen Organen, sich schützend und fördernd vor das Rechtsgut des Lebens und der körperlichen Unversehrtheit der Bürger zu stellen und es vor rechtswidrigen Eingriffen durch andere zu bewahren. Allerdings ergäben sich aus der Verfassung **keine konkreten Verpflichtungen** für den Normgeber zum Erlass bestimmter Verbote, etwa **Rauchverbote.**[171] Wie der Grundrechtsverpflichtete seiner Schutzpflicht nachkommt, steht in seinem **Gestaltungsspielraum.** Allerdings kann sich dieser verengen oder gar **auf Null reduzieren,** wenn nur durch eine bestimmte Maßnahme die Verletzung des bedrohten Rechtsguts verhindert werden kann; wird in einem solchen Fall die Maßnahme unterlassen, liegt ein Verstoß gegen das „Untermaßverbot" vor.

So wird man regelmäßig eine Pflicht des Staates fordern müssen, psychisch gestörte **58** Menschen, die Leben oder körperliche Unversehrtheit anderer gefährden, notfalls dauerhaft unterzubringen[172] oder – vorübergehend – in Unterbindungsgewahrsam zu nehmen.[173] Eine Handlungspflicht des Staates dürfte sich auch im Hinblick auf den Schutz der physischen und psychischen **Unversehrtheit von Kindern** begründen lassen, insbesondere durch die gesetzliche Einführung einer Pflicht der Erziehungsberechtigten, ihre Kinder regelmäßig an den kinderärztlichen Vorsorgeuntersuchungen teilnehmen zu lassen.[174]

c) Der VerfGH erkennt dem Art. 101 auch eine **verfahrens- und organisationsrecht 59 liche Dimension** zu (s. dazu Rn. 98 vor Art. 98). Nach der Rechtsprechung des BVerfG, der sich der VerfGH ausdrücklich angeschlossen hat, hat der Gesetzgeber bei Einschränkungen des Rechts auf informationelle Selbstbestimmung *„organisatorische und verfahrensrechtliche Vorkehrungen zu treffen, welche der Gefahr einer Verletzung des Persönlichkeitsrechts entgegenwirken".*[175] Auch im Prüfungsrecht entfaltet Art. 101 (zumal in der Funktion der Berufsfreiheit) insofern eine verfahrens- und organisationsrechtliche Dimension, als Prüfungsorganisation und -verfahren darauf ausgerichtet sein müssen, eine objektive, faire

---

[170] S. dazu und zur Kritik Rn. 134 ff. vor Art. 98.

[171] VerfGH 40, 58 (64); 42, 188 (194). Davon zu unterscheiden ist die Frage, ob Rauchverbote in der Öffentlichkeit, also in öffentlich zugänglichen Räumen und Gaststätten (vgl. dazu das Gesetz zum Schutz der Gesundheit vom 20. Dezember 2007 (GVBl S. 919)), *wenn* sie denn vom Gesetzgeber erlassen werden, ihrerseits mit dem Grundrecht zu rauchen, das von Art. 101 umfasst ist, vereinbar sind. Dies ist nicht schon deswegen der Fall, weil der Staat eine Schutzpflicht zu Gunsten der Gesundheit, zumal des Gaststättenpersonals, hat, sondern richtet sich nach dem eingriffsabwehrrechtlichen Rechtfertigungsschema (Rn. 61 ff. vor Art. 98). Die Schutzpflicht spielt dabei dogmatisch eine Rolle bei der Prüfung des verfassungsrechtlich legitimen Zwecks, der mit der eingreifenden Maßnahme verfolgt wird. Angesichts des Gewichts der betroffenen Rechtsgüter (Gesundheit des Personals in Gaststätten einerseits, andererseits das bloße Interesse, auch in der Gaststätte zu rauchen) dürften gegen Rauchverbote in Gaststätten mit abhängig beschäftigtem Personal keine durchgreifenden verfassungsrechtlichen Bedenken bestehen. Ein Rauchverbot in Gaststätten ohne abhängig beschäftigtes oder tätiges Personal dürfte hingegen gegen das Übermaßverbot verstoßen und den Gastwirt in seinem Recht auf Berufsfreiheit (Art. 101) verletzen, a. A. BVerfG, Urt. v. 30. 7. 2008, 1 BvR 3262/07 sowie BVerfG, Beschl. v. 6. 8. 2008, 1 BvR 3198/07; im Anschluss dazu ebenso VerfGH, Beschl. v. 27. 8. 2008, Vf. 5-VII-08 (einstweilige Anordnung).

[172] VerfGH 34, 162; 45, 125; 57, 84 (Schutz vor Kampfhunden).

[173] VerfGH 43, 107.

[174] Dazu *Lindner,* Verpflichtende Gesundheitsvorsorge für Kinder? ZRP 2006, 115; vgl. nunmehr Art. 14 des Bayer. Gesundheitsdienst- und Verbraucherschutzgesetzes.

[175] BVerfGE 65, 1 (Ls. 2); VerfGH 57, 113 (Ls. 2; 120).

und auf die Ermittlung der Kenntnisse und Fähigkeiten gerichtete Prüfung zu ermöglichen (s. oben Rn. 51).

8. Der Schutz des Menschen vor sich selbst

60   In der Rechtsprechung[176] und grundrechtlichen Literatur findet sich insbesondere im Zusammenhang mit der Behandlung des Grundrechts der allgemeinen Handlungsfreiheit gelegentlich die Formel vom **„Schutz des Menschen vor sich selbst".**[177] Dabei handelt es sich nicht um eine eigenständige dogmatische Kategorie und auch nicht allein um eine Ausprägung der grundrechtlichen Schutzpflichten, da sich der Schutz nicht gegen einen Dritten, sondern gegen den von seinen Grundrechten Gebrauch Machenden selbst richtet. Es lassen sich **drei**[178] **Fallgruppen** unterscheiden:

61   (1) Der von seinen Grundrechten Gebrauch Machende fordert Schutz vor den Konsequenzen seines eigenen Tuns. Beispiel: Der vom Gläubiger in Anspruch genommene Bürge plädiert für die Nichtigkeit des Bürgschaftsvertrages, weil er von der Bank „über den Tisch gezogen" worden sei und nicht wirklich privatautonom handeln konnte. Hierbei handelt es sich um das Problem der Geltung der Grundrechte im Privatrecht, das mit der Kategorie der **grundrechtlichen Schutzpflichten** zu lösen ist.[179]

62   (2) Demjenigen, der von seinen Grundrechten Gebrauch machen will, wird dies mit der Begründung verboten, damit **schade er (jedenfalls auch) sich selbst.** Solche Verbote sind nach dem **eingriffsabwehrrechtlichen Rechtfertigungsschema** zu prüfen (Rn. 50 ff. vor Art. 98). Der Schutz des Einzelnen (vor sich selbst) kann dabei als verfassungsrechtlich legitimer Zweck fungieren. Allerdings sind allzu **paternalistische Regelungskonzepte** mit der grundsätzlichen Ausgangsvermutung zu Gunsten der Freiheit jedermanns nicht vereinbar. So dürfte ein generelles Rauchverbot unverhältnismäßig sein.

63   (3) Die dritte Fallgruppe ist dadurch gekennzeichnet, dass der Staat dem sich selbst **unbewusst oder ungewollt Gefährdenden zur Hilfe** kommt. Hier greift der Staat in die Freiheit des Einzelnen ein, um diesen im wirklichen Sinne des Wortes vor sich selbst zu schützen. Der Eingriff ist nach dem eingriffsabwehrrechtlichen Schema zu behandeln, verfassungsrechtlich legitimer Zweck ist der Schutz des Betroffenen vor ungewollter Selbstschädigung.[180] Anders liegt es bei eigenverantwortlich-selbstbestimmtem **Suizid.** Die eigentliche Schwierigkeit in solchen Fällen liegt darin, festzustellen, ob der Wille zu sterben wirklich eigenverantwortlich gefasst oder Resultat einer Druck- oder Ausnahmesituation ist.[181]

---

[176]   VerfGH 41, 151 (Ls. 2); 57, 113 (121).

[177]   Vgl. *Littwin,* Grundrechtsschutz gegen sich selbst, 1993; *Gampp/Hebeler,* BayVBl. 2004, 257.

[178]   Weitere Ausdifferenzierung und Nachweise bei *Lindner* (Fn. 20), S. 370 f. (dort Fn. 355).

[179]   Vgl. dazu oben Rn. 54.

[180]   Beispiele: (1) Nach VerfGH 57, 113 (121) dient die Unterrichtungspflicht der Schule gegenüber ehemaligen Erziehungsberechtigten volljähriger Schüler auch der Sicherung vor Fremd- oder Selbstgefährdungen der volljährigen Schüler. (2) Nach VerfGH 41, 151 (Ls. 2) darf der Staat „Personen, die psychisch krank oder gestört sind, vor sich selbst in Schutz nehmen, weil deren Handlungen sich nicht als frei verantwortliche Ausübung von Grundrechten darstellen". (3) Zur Zulässigkeit der Fesselung selbstmordgefährdeter Personen nach Art. 65 Nr. 3 PAG s. VerfGH 43, 23 (28).

[181]   Der VerfGH 41, 151 (Ls. 3) ist mit Recht der Auffassung, dass das Polizeirecht in typisierender und generalisierender Weise davon ausgehen dürfe, dass sich eine suizidbereite Person in der Regel in einem psychischen Ausnahmezustand befinde und von der Polizei vor sich selbst geschützt werden dürfe. In einer zu diesem Zweck erfolgten Ingewahrsamnahme nach Art. 17 PAG liege keine Verletzung der Art. 100, 101 und 102, VerfGH 41, 151 (158 f.). Vgl. dazu sowie zu Grundrechtsfragen aktiver Sterbehilfe *Lindner,* JZ 2006, 373.

Art. 102 [Freiheit der Person]

(1) Die Freiheit der Person ist unverletzlich.

(2) ¹Jeder von der öffentlichen Gewalt Festgenommene ist spätestens am Tage nach der Festnahme dem zuständigen Richter vorzuführen. ²Dieser hat dem Festgenommenen mitzuteilen, von welcher Behörde und aus welchen Gründen die Festnahme verfügt worden ist, und ihm Gelegenheit zu geben, Einwendungen gegen die Festnahme zu erheben. ³Er hat gegen den Festgenommenen entweder Haftbefehl zu erlassen oder ihn unverzüglich in Freiheit zu setzen.

Parallelvorschriften im GG und anderen Landesverfassungen: Art. 5 EMRK; Art. 6 EGC; Art. 2 II 2, 104 GG; Art. 2 I BaWüVerf; Art. 8 BerlVerf; Art. 9 BbgVerf; Art. 5 BremVerf; Art. 5, 19 HessVerf; Art. 5 III M-VVerf; Art. 3 II NdsVerf; Art. 4 I NRWVerf; Art. 5 RhPfVerf; Art. 3 SaarlVerf; Art. 16 SächsVerf; Art. 5 II VerfLSA; Art. 4 ThürVerf.

Rechtsprechung: VerfGH 1, 93; 34, 162; 43, 107; 45, 125; 56, 28. BVerfGE 65, 317; 104, 220; 105, 239; 109, 190.

Literatur: S. zunächst die Literaturhinweise zu den Vorbemerkungen vor Art. 98 sowie *Tiemann,* Der Schutzbereich des Art. 2 II 2 GG, NVwZ 1987, 10; *Gusy,* Freiheitsentziehung und Grundgesetz, NJW 1992, 457; *Trautwein,* Freiheitsentzug im Verwaltungsrecht, 2003; *Dörr,* Freiheit der Person, in: Grote/Marauhn (Hg.), EMRK/GG-Konkordanzkommentar, 2006, S. 558 ff.

Übersicht

I. Allgemeines

S. zunächst die Erläuterungen in den Vorbemerkungen vor Art. 98.

1. Bedeutung

a) Das Grundrecht der Freiheit der Person steht in der langen Tradition des zumal in **1** England entwickelten Instituts des „habeas corpus", durch das Freiheitsentziehungen eingeschränkt und besonderen verfahrensrechtlichen Anforderungen unterworfen wurden.[1] Art. 102 ergänzt den Schutz der allgemeinen Handlungsfreiheit (Art. 101) um die **körperliche Dimension:** nur wer „körperliche Bewegungsfreiheit"[2] genießt, kann auch im Sinne des Art. 101 frei entscheiden und frei handeln. Nach dem Telos des Art. 102 muss kein Bürger damit rechnen, ohne Vorliegen massiver, von ihm selbst beeinflusster Gründe und ohne Einhaltung strengster Verfahrensvorbehalte verhaftet oder festgehalten zu werden. Die körperliche Bewegungsfreiheit ist als Menschenrecht und **Grundrecht**[3] – wie das von Art. 100 i. V. m. Art. 101 geschützte Leben – ein **transzendentales Interesse**[4],

---

[1] VerfGH 1, 93 (98).

[2] VerfGH 1, 93 (98).

[3] *Meder,* Art. 102 Rn. 1; VerfGH 7, 1 (3); 34, 162 (171).

[4] Zum „transzendentalen Interesse" als grundrechtdogmatischer Kategorie s. *Lindner,* Theorie der Grundrechtsdogmatik, 2005, S. 204 ff. Aus philosophischer Sicht *Höffe,* Transzendentaler Tausch. Eine Legitimationsfigur für Menschenrechte?, in: Gosepath/Lohmann (Hg.), Philosophie der Menschenrechte, 2. Aufl. 1999, S. 29 ff., 32 ff.; *Kersting,* Politische Philosophie des Gesellschaftsvertrages, 1994, S. 47.

da sie denklogische Bedingung für die Realisierung anderer Grund- und Freiheitsrechte ist.

2   Die Freiheit der Person hat daher unter den grundrechtlich verbürgten Interessen ein **besonderes Gewicht.**[5] Dies in doppelter Hinsicht: Zum einen ist die Freiheit der Person als transzendentales Interesse der Relativierung schwerer zugänglich als andere, einfache Interessen[6]; die verfassungsrechtliche Rechtfertigung von Beeinträchtigungen der Freiheit der Person ist angesichts des hohen verfassungsrechtlichen Rangs „anspruchsvoller" als dies bei „einfachen" Interessen der Fall ist. Zum zweiten unterwirft Art. 102 II die Rechtfertigung von Freiheitsbeschränkungen Verfahrensvorbehalten, die zusätzlich grundrechtssichernden Charakter haben.

3   b) In der Rechtsprechung des **VerfGH** hat Art. 102 bislang eine **beachtliche Rolle** gespielt. Der VerfGH hat insbesondere freiheitsbeeinträchtigende Regelungen des **Unterbringungsrechts** und darauf gestützte Maßnahmen[7] sowie Regelungen des **Polizeiaufgabengesetzes**[8] über die Ingewahrsamnahme einer verfassungsrechtlichen Überprüfung unterzogen. Bis auf eine frühe Entscheidung aus dem Jahr 1948[9] hat der VerfGH aber bislang keine Verletzung des Art. 102 festgestellt. Dies mag vor allem daran liegen, dass der Schwerpunkt der freiheitsentziehenden Maßnahmen, nämlich die Freiheitsstrafen und die weiteren auf dem **StGB** und der **StPO** beruhenden Freiheitsverkürzungen (v. a. die Untersuchungshaft und deren Dauer[10]), auf Bundesrecht beruht, das als solches nicht der Überprüfung durch den VerfGH am Maßstab der Grundrechte der BV unterliegt (s. unten Rn. 7 ff.).

4   c) **Konkurrenzen.** Art. 102 ist **lex specials zu Art. 101.**[11] Dies gilt nicht nur für die Freiheitsentziehung als solche, die lediglich an Art. 102, nicht indes an Art. 101 zu messen ist, sondern auch für die Beschränkung solcher Interessen, die mit der Freiheitsentziehung gleichzeitig und zwangsläufig mit entzogen sind: Lässt sich eine Freiheitsentziehung verfassungsrechtlich rechtfertigen, so ist damit zugleich die Verkürzung aller Interessen gerechtfertigt, die wegen der Freiheitsentziehung *zwangsläufig* nicht realisiert werden können (z. B. das Unternehmen einer Urlaubsreise während der Haftdauer, Grundrecht der Freizügigkeit in Art. 109[12]; dazu auch unten Rn. 19).

5   *Nicht zwangsläufig* mit dem Freiheitsentzug verbundene Verkürzungen von Interessen (etwa die Nutzung von Computern, Radios, die religiöse Betätigung etc.) bedürfen hingegen eigens der Rechtfertigung am Maßstab des jeweils einschlägigen Freiheitsrechts (zumal Art. 101). Art. 100 kann neben[13] Art. 102 betroffen sein, wenn Grund oder Durchführung der Freiheitsentziehung die Gleichwertigkeit des einzelnen Menschen in Frage stellen, ihn als bloßes Objekt behandeln.

---

[5] So für Art. 2 II 2 GG BVerfGE 65, 317 (322); 104, 220 (234); 105, 239 (247); 109, 190 (239). VerfGH 45, 125 (132): „konstituierendes Freiheitsrecht"; VerfGH 56, 28 (53).

[6] BVerfGE 105, 239 (247): „ein besonders hohes Rechtsgut, in das nur aus wichtigen Gründen eingegriffen werden darf".

[7] VerfGH 10, 101 (105 ff.); 34, 162 (171); 41, 151 (157); 43, 23 (27 ff.); 45, 125 (132 ff.); 48, 50 (53 f.).

[8] VerfGH 43, 107 (128 ff.); 49, 8 (10).

[9] VerfGH 1, 38 (48).

[10] Dazu gibt es eine mittlerweile reichhaltige Rechtsprechung des BVerfG: etwa BVerfG, NJW 2002, 207, wo ein strafprozessuales „Beschleunigungsgebot" aus Art. 2 Abs. 2 GG abgeleitet wird: Das Gewicht des Freiheitsanspruches des Beschuldigten, für den zudem die Unschuldsvermutung streite, vergrößere sich gegenüber dem Strafverfolgungsinteresse des Staates mit zunehmender Dauer der Untersuchungshaft. Vgl. auch BVerfG, NJW 2003, 2895 und NJW 2006, 668, 672, 677, 1336; *Jahn,* Stürmt Karlsruhe die Bastille? Das BVerfG und die überlange Untersuchungshaft, NJW 2006, 652.

[11] VerfGH 43, 107 (Ls. 3); 45, 125 (134); 20, 1 (10).

[12] VerfGH 43, 107 (Ls. 3): *„Ist eine Freiheitsentziehung mit Art. 102 Abs. 1 BV vereinbar, kann sie nicht gegen das Grundrecht der Freizügigkeit verstoßen."*

[13] A. A. VerfGH 43, 107 (Ls. 3).

2. Entstehung

Art. 102 findet einen Vorläufer in Art. 114 WRV[14] sowie in § 16 VU 1919.[15] Als Kernstück **6** menschenrechtlicher Tradition war die Freiheit der Person bereits wortgleich in 64 VE und Art. 71 E verankert. Der in diesen Normen jeweils in Absatz 1 Satz 2 enthaltene **Gesetzesvorbehalt**[16] wurde im Zuge der Einführung der Vorbehaltsgeneralklausel in Art. 98 S. 2 gestrichen.[17] Art. 102 wurde seit dem In-Kraft-Treten der Verfassung nicht geändert[18], eine Anpassung an Art. 104 GG wäre aber wünschenswert.

3. Verhältnis zum Grundgesetz

a) Abs. I entspricht wörtlich dem **Art. 2 II 2 GG,** der nach Art. 2 II 3 einem einfach- **7** gesetzlichen Relativierungsvorbehalt unterliegt. Als Schranken-Schranke für Art. 2 II GG fungiert Art. 104 GG, der strenge verfahrensrechtliche Anforderungen an die Freiheitsentziehung stellt. **Art. 104 GG** ist in mehrfacher Hinsicht **„strenger"** als Art. 102 II:

aa) Er ordnet in Abs. 1 an, dass die Freiheit der Person nur auf Grund eines **förmlichen** **8** **Gesetzes** und unter Beachtung der darin vorgeschriebenen Formen beschränkt werden darf. Darin liegt aber nicht wirklich eine Diskrepanz zu Art. 102 II, da sich der Vorbehalt des Gesetzes bei Freiheitsbeschränkungen und deren Voraussetzungen und Modalitäten auch für die BV aus dem Demokratieprinzip, zumal der **Wesentlichkeitslehre,** ergibt (Rn. 18 ff. zu Art. 55).

bb) Ebenfalls nicht in Art. 102 findet sich das in Art. 104 I 2 GG enthaltene Verbot, **9** dass festgehaltene Personen weder seelisch noch **körperlich misshandelt** werden dürfen. Ein solches Verbot ergibt sich allerdings auch für die BV aus Art. 100 i. V. m. Art. 101 (Menschenwürde, körperliche Unversehrtheit).[19]

cc) Nach Art. 104 II GG ist eine **richterliche Entscheidung** über die Zulässigkeit und **10** Fortdauer einer nicht auf einer richterlicher Anordnung beruhenden Freiheitsentziehung „unverzüglich herbeizuführen"; Art. 102 II 1 (ebenso wie Art. 104 III für die Festnahme wegen Verdachts einer strafbaren Handlung) sieht die Vorführung vor den Richter erst spätestens am Tag nach der Festnahme vor. Zudem ordnet Art. 104 II 4 GG an, dass das „Nähere" durch Gesetz zu regeln sei; dies gilt der Sache nach auch für Art. 102, vgl. soeben die Begründung bei Rn. 8.

dd) Art. 104 IV GG fordert für die Legitimation von Freiheitsentziehungen die unver- **11** zügliche **Benachrichtigung der Angehörigen** des Festgehaltenen oder einer Person seines Vertrauens von jeder richterlichen Entscheidung über die Anordnung oder Fortdauer einer Freiheitsentziehung. Eine solche Benachrichtigungspflicht, die dem „spurlosen Verschwinden" eines Menschen vorbeugen soll – in Reaktion auf Erfahrungen im Nationalsozialismus –, findet sich in Art. 102 nicht. Er wäre wünschenswert, Art. 102 II entsprechend anzupassen. Freilich bindet Art. 104 IV GG über Art. 1 III GG auch unmittelbar die Landesstaatsgewalt.

b) Auch wenn Art. 102 II im verfahrensrechtlichen Schutzniveau partiell hinter Art. 2 **12** II, 104 GG **zurückbleibt,** ist seine **Weitergeltung** nach **Art. 142 GG nicht in Frage ge-**

---

[14] Zu weiteren „Vorläufern" aus verschiedenen Landesverfassungen s. die Nachweise bei *Pestalozza,* in: Nawiasky/Schweiger/Knöpfle, Art. 102 Rn. 1 (dort Fn. 1).

[15] § 16 VU 1919 regelte: *„Jedem Einwohner werden die Freiheit der Person und das Eigentum gewährleistet. Einschränkungen können nur nach Maßgabe der Gesetze angeordnet werden."* In der Verfassung von 1818 hieß es in Tit. IV § 8: *„Der Staat gewährt jedem Einwohner Sicherheit seiner Person, seines Eigenthums und seiner Rechte. Niemand darf verfolgt oder verhaftet werden, als in den durch die Gesetze bestimmten Fällen, und in der gesetzlichen Form."*

[16] Er lautete: *„Die persönliche Freiheit darf durch die öffentliche Gewalt nur auf Grund eines Gesetzes angetastet werden."*

[17] Vgl. dazu Rn. 63 ff. vor Art. 98.

[18] Vgl. zur Entstehungsgeschichte ausführlich *Pestalozza* (Fn. 14), Art. 102 Rn. 9 ff.

[19] *Meder,* Art. 102 Rn. 4.

stellt[20] (vgl. dazu Rn. 109 ff. vor Art. 98), da jeder freiheitsverkürzende Rechtsakt der Landesstaatsgewalt nicht nur mit Art. 102, sondern eben auch mit Art. 2 II, 104 GG vereinbar sein muss. Wäre er zwar mit dem hinter Art. 104 GG zurückbleibenden Art. 102 II vereinbar, nicht indes mit Art. 104 GG selbst, wäre er insgesamt grundrechtswidrig.

13   c) Von der Weitergeltung des Art. 102 zu unterscheiden ist die Frage, ob und inwieweit diese Grundrechtsnorm **Prüfungsmaßstab** für Entscheidungen der Landesstaatsgewalt über Freiheitsentziehungen sein kann, die materiell auf Grund von **Bundesrecht** (z. B. StGB) oder in einem **bundesrechtlich geregelten Verfahren** (z. B. StPO) ergangen sind; vgl. dazu eingehend Rn. 134 ff. vor Art. 98). Nach hier vertretener Auffassung, die von der Rechtsprechung des VerfGH zu Gunsten der Landesgrundrechte abweicht[21], kann Art. 102 Prüfungsmaßstab für alle freiheitsbeschränkenden Entscheidungen der Landesstaatsgewalt sein, die auf formellem oder materiellem Bundesrecht beruhen, wenn und soweit das Bundesrecht entsprechende Spielräume eröffnet, also eine Entscheidung ermöglicht, die sowohl mit den bundesrechtlichen Vorgaben als auch mit Art. 102 vereinbar ist. Solche Auslegungs- und Anwendungsspielräume sind **grundrechtswahrend zu nutzen.**

14   **Beispiel:** Verhängung und Dauer der U-Haft durch eine landesgerichtliche Entscheidung können am Maßstab des Art. 102 gemessen und vom VerfGH überprüft werden, obwohl sie auf Bundesrecht beruhen (§§ 112 ff. StPO), wenn die konkrete Entscheidung bundesrechtlich nicht zwingend vorgegeben ist. Eine – unstreitige – Grenze findet die landesverfassungsrechtliche Überprüfbarkeit insofern, als die formellen und materiellen bundesrechtlichen Rechtsgrundlagen selbst nicht an Art. 102 gemessen werden können. Gleiches gilt für landesgerichtliche Entscheidungen, die von einem Bundesgericht, etwa dem BGH, inhaltlich bestätigt wurden.[22]

II. Einzelkommentierung

15   *Vorbemerkung:* Das Grundrecht der Freiheit der Person entfaltet seine Wirkung vorwiegend in der Dimension der **Eingriffsabwehr.** Jegliche hoheitliche Beeinträchtigung eines Interesses, das in den Schutzbereich des Art. 102 fällt, bedarf als Ausnahme von der Regel[23] der verfassungsrechtlichen Rechtfertigung, die zusätzlich den Verfahrensvorbehalten in Abs. 2 genügen muss. Misslingt diese Rechtfertigung, so „reagiert" die Grundrechtsbestimmung dadurch, dass sie dem in seinem Grundrecht auf Freiheit der Person Verletzten einen subjektiv-verfassungsrechtlichen **Anspruch auf Unterlassung, Beendigung** oder

---

[20] VerfGH 2, 115 (Ls. 1); 34, 162 (171).

[21] Vgl. für Art. 102: VerfGH 57, 56 (61); 53, 117 (122); 53, 146 (152): *„Eine Überprüfung . . . am Maßstab des Art. 102 I BV ist . . . nicht möglich, weil der angefochtene Beschluss auf willkürfrei angewandtem Bundesrecht beruht (VerfGH 43, 156 [162])."* Noch deutlicher VerfGH 48, 50 (53 f.): *„Die Entscheidungen des Amtsgerichts beruhen auf Bundesrecht. Infolgedessen könnte lediglich dann, wenn die Rüge einer Verletzung des Art. 118 I BV Erfolg hätte, daneben noch festgestellt werden, ob auch gegen andere Grundrechtsnormen (hier Art. 102, Anm. d.Vf.) verstoßen wurde."* Vgl. auch VerfGH 40, 1 (Ls. 1): *„Bei einer auf Bundesrecht beruhenden Verurteilung zu einer Freiheitsstrafe kann eine Verfassungsbeschwerde nicht unmittelbar und für sich allein auf Art. 102 I BV (Freiheit der Person) gestützt werden."*

[22] Nach ständiger Rechtsprechung des VerfGH unterliegen solche landesgerichtlichen Entscheidungen nicht mehr der Überprüfung am Maßstab der BV-Grundrechte, die von einem obersten Gerichtshof des Bundes in einem Rechtsmittelverfahren auf Grund sachlicher Prüfung (also nicht: Verwerfung einer Revision als unzulässig; Zurückweisung einer Nichtzulassungsbeschwerde) in ihrem Inhalt abgeändert oder bestätigt wurden. Eine Verfassungsbeschwerde gem. Art. 120 wäre insoweit unzulässig, da die landesgerichtliche Entscheidung durch die bundesrechtliche Überprüfung in den – anhand der BV-Grundrechte nicht überprüfbaren – Bereich der Bundesgerichtsbarkeit einbezogen sei; vgl. VerfGH 46, 21 (29); 55, 202 (204).

[23] Missverständlich daher VerfGH 34, 162 (171); 45, 125 (132), wonach Art. 102 vor „widerrechtlichen Freiheitsentziehungen" schütze. Ob eine Freiheitsentziehung widerrechtlich ist, entscheidet sich indes gerade auch und erst am Maßstab des Art. 102. Zutreffend *Jarass/Pieroth,* Art. 2 Rn. 112.

Kompensation[24] der **grundrechtsverletzenden Freiheitsverkürzung** gibt.[25] Vgl. zu diesen sich für alle natürlichen Freiheitsrechte ergebenden Zusammenhängen, Denk- und Prüfungsschritten bereits die Rn. 56 ff. vor Art. 98, auf die hier verwiesen wird. Die nachfolgende Kommentierung beschränkt sich auf die Besonderheiten, die bei Art. 102 zu beachten sind.

1. Persönlicher Schutzbereich (Grundrechtsberechtigte[26])

Vom persönlichen Schutzbereich des Art. 102 umfasst, also **grundrechtsberechtigt** **16** ist „jedermann", also **jede natürliche Person** unabhängig von der Staatsangehörigkeit (auch Staatenlose genießen den Schutz des Art. 102), dem Wohnsitz oder einem sonstigen besonderen Bezug zum Freistaat Bayern[27], dem Alter, dem sozialen Status, der Handlungs- und Geschäftsfähigkeit, der Herkunft, des Geschlechts etc.[28] Dass **juristische Personen des Zivilrechts** nicht in den Genuss des Art. 102 kommen, liegt auf der Hand, für die Freiheit der Sitzverlegung ist Art. 109, notfalls Art. 101, einschlägig.

Zwar spricht Art. 102 I von Freiheit der Person, damit ist aber **jeder Mensch** ge- **17** meint, der sich bewegen und in der Bewegungsfreiheit beschränkt werden kann[29], also auch das Kind oder der in seiner Zurechnungsfähigkeit beschränkte Mensch. Eine Beeinträchtigung der Freiheit eines Kindes oder eines nicht zurechnungsfähigen Menschen ist nicht allein deswegen rechtmäßig, weil der Erziehungsberechtigte oder Betreuer zustimmt.[30]

2. Sachlicher Schutzbereich

a) Art. 102 schützt die **positive Bewegungsfreiheit** im Sinne der Freiheit, vor sämt- **18** lichen Maßnahmen (der Legislative[31], Exekutive und Judikative) verschont zu bleiben, die die „**körperliche Bewegungsfreiheit**"[32], die „Selbstbestimmung des Da- oder Dortseins"[33] des Einzelnen beeinträchtigen. Der VerfGH hat dem sachlichen Schutzbereich des Art. 102 dementsprechend zugeordnet: den Festnahmebefehl einer Spruchkammer[34], die

---

[24] Stellt sich erst im Nachhinein – etwa durch eine erfolgreiche Verfassungsbeschwerde – heraus, dass die Freiheitsentziehung grundrechtswidrig war, so kann sie ggf. noch beendet werden, wenn sie nicht schon beendet ist, sie kann aber nicht mehr rückgängig gemacht werden. Für die Zeit der unberechtigten Freiheitsentziehung ist nach den Grundsätzen der Amtshaftung Schadensersatz und eine angemessene Entschädigung zu leisten (vgl. z. B. Art. 70 VII 2 PAG i.V. m. § 7 III StrEG); vgl. auch die restriktive Rechtsprechung des BGH in DVBl. 2005, 503 und dazu die krit. Anm. von *Unterreitmeier*, Grundrechtsverletzung und Geldentschädigung – kein zwingendes Junktim?, DVBl. 2005, 1235.

[25] Endet die Freiheitsentziehung zeitlich v o r einer gerichtlichen Entscheidung, fordert Art. 102 einen Anspruch auf nachträgliche gerichtliche Entscheidung über die Rechtmäßigkeit oder Rechtswidrigkeit der Freiheitsentziehung, vgl. z. B. Art. 18 II PAG.

[26] Grundrecht*sverpflichtet* sind der Staat und andere Hoheitsträger, nicht indes Private. Art. 102 entfaltet **keine unmittelbare Drittwirkung.** Der Staat kann allerdings auf Grund der grundrechtlichen Schutzpflicht berichtigt oder verpflichtet sein, bei Freiheitsverkürzungen inter privatos schützend und regelnd einzugreifen (vgl. dazu bereits Rn. 94 ff. vor Art. 98).

[27] Beispiel: Auch ein Durchreisender kann sich auf Art. 102 berufen, wenn er von der Polizei nach den Vorschriften des PAG in Gewahrsam genommen wird.

[28] VerfGH 45, 125 (132).

[29] *Pestalozza* (Fn. 14), Art. 102 Rn. 26.

[30] *Meder*, Art. 102 Rn. 1.

[31] VerfGH 1, 93 (98) unter Hinweis auf Art. 98 S. 2. In VerfGH 1, 101 (106) ist der VerfGH der Ansicht, Art. 102 schütze nur gegen die Anwendung eines ungültigen Gesetzes, nicht indes gegen die unrichtige Anwendung eines gültigen Gesetzes. Diese – später auch nicht mehr wiederholte – Ansicht ist abzulehnen, da sie darauf hinausliefe, die Exekutive und Judikative von der Bindung an Art. 102 freizustellen.

[32] VerfGH 1, 93 (98); 34, 162 (171); 45, 125 (132); 56, 28 (53). BVerfGE 94, 166 (198); vgl. bereits *Nawiasky*, S. 184.

[33] *Pestalozza* (Fn. 14), Art. 102 Rn. 23.

[34] VerfGH 1, 34.

Vollziehung einer Freiheitsstrafe[35], die Unterbringung psychisch Kranker[36], die Ingewahrsamnahme nach Polizeirecht.[37]

19   b) **Nicht** in den Schutzbereich des Art. 102 fallen hingegen die **polizeirechtlichen
Platzverweise oder Aufenthaltsverbote.**[38] Diese schränken nicht die Bewegungsfreiheit
als solche ein, sondern verbieten dem Betroffenen „lediglich", einen bestimmten Ort aufzusuchen, etwa einen Drogenumschlagsplatz, oder gebieten ihm, einen bestimmten Ort zu
verlassen. Art. 102 schützt davor, sich nicht mehr frei bewegen zu können[39], nicht indes davor, einen bestimmten Ort nicht aufsuchen zu dürfen oder diesen verlassen zu müssen oder
nicht verlassen zu dürfen (wohl aber zu können).[40] Die zuletzt genannten Interessen sind
von **Art. 109 (Freizügigkeit)** umfasst. Ähnlich erfolgt die Schutzbereichsbestimmung
durch das BVerfG: Die Freiheit der Person sei nur betroffen, wenn jemand durch die öffentliche Gewalt gegen seinen Willen gehindert werde, einen Ort oder Raum aufzusuchen
oder sich dort aufzuhalten, „der ihm an sich (tatsächlich oder rechtlich) zugänglich ist."[41]

3. Beeinträchtigungen

20   a) **„Unverletztlich"** meint nicht, dass **Beeinträchtigungen** der Freiheit nicht denkbar
oder generell unzulässig (wie bei Art. 100) seien, sondern dass sie **grundsätzlich unzulässig** sind, wenn sie sich nicht **ausnahmsweise verfassungsrechtlich rechtfertigen**
lassen oder der Betroffene in freier Willensentscheidung mit ihnen einverstanden ist **(Einwilligung** oder partieller **Grundrechtsverzicht).**[42] Eine Beeinträchtigung der körperlichen Bewegungsfreiheit liegt vor, wenn der Grundrechtsberechtigte sich nicht mehr frei

---

[35] VerfGH 2, 115 (123).

[36] VerfGH 10, 101 und seitdem st. Rspr.

[37] VerfGH 43, 107.

[38] Hier gehören etwa auch naturschutzrechtliche oder andere, z. B. straßenverkehrsrechtliche Betretungsverbote.

[39] Vgl. *Pieroth/Schlink,* Grundrechte, 23. Aufl. 2007, Rn. 413: *„In den Schutzbereich fällt, dass man dort,
wo man nicht bleiben will, auch nicht bleiben muss."*

[40] *Braun,* Freizügigkeit und Platzverweis, 2000, S. 92 ff.; *Neuner,* Zulässigkeit und Grenzen polizeilicher Verweisungsmaßnahmen, 2003, S. 28 ff.; VGH, BayVBl. 2006, 671.

[41] BVerfGE 94, 166 (198); 96, 10 (21), so auch VGH, BayVBl. 2006, 671. Darin ist nicht etwa eine
(fragwürdige) Schutzbereichsbestimmung nach Maßgabe der Gesetze zu sehen, sondern eine konsequente Bestimmung des Schutzbereichs der körperlichen Bewegungsfreiheit in Anlehnung an die
„habeas corpus"-Tradition und damit verbunden eine plausible Abgrenzung von den anderen Freiheitsrechten. Dies ist schon im Hinblick auf die strengen Verfahrensvorbehalte in Art. 102 II sinnvoll.
So ist etwa die Schulpflicht und die daraus resultierende Pflicht, am Unterricht teilzunehmen, keine
Beschränkung der Freiheit der Person, da der Schüler immerhin jederzeit die tatsächliche Möglichkeit
hat, das Schulgebäude zu verlassen. Gleiches gilt für den Beamten, Soldaten oder auch für polizeiliche
Vorladungen (anders bei zwangsweisen Vorführungen); wie hier *Meder,* Art. 102 Rn. 1; a. A. *Pieroth/
Schlink,* Grundrechte, 23. Aufl. 2007, Rn. 416 f, wo etwa das Nachsitzen eines Schülers als Beeinträchti-
gung der körperlichen Bewegungsfreiheit angesehen wird; zutreffend VGH Mannheim, NVwZ 1984,
808: *„Die als Sanktion für schulordnungswidriges Verhalten ausgesprochene Verpflichtung des Schülers zum Besuch
zusätzlicher Schulstunden („Nachsitzen") enthält keinen Eingriff in die durch Art. 2 II GG geschützte körperliche
Bewegungsfreiheit des Schülers, sondern nur eine Beschränkung seiner allgemeinen Handlungsfreiheit (Art. 2 I GG)."*
Art. 102 wäre allerdings im Fall des – heute nicht mehr zulässigen – Schularrestes betroffen, VerfGH
20, 1 (8); 23, 23 (27). Ähnlich wie hier, aber wohl etwas zu restriktiv *Murswiek,* in: Sachs, Art. 2
Rn. 233, der auf den Zweck des Eingriffs abstellt: nur solche Maßnahmen seien als Eingriffe in den
Schutzbereich des Art. 2 II GG anzusehen, die die Beschränkung dieser Freiheit bezwecken und nicht
lediglich notwendige oder in Kauf genommene Folge der Verfolgung eines anderen Primärzwecks
seien (mit dem Beispiel der Schulpflicht).

[42] *Beispiel:* Nach einem Fußballspiel bittet der Schiedsrichter die Polizei, ihn vor randalierenden
„Fans" zu schützen und einstweilen in polizeilichen Gewahrsam zu nehmen. Allerdings sind um so
höhere Anforderungen an die Annahme der wirklichen Freiwilligkeit der Einwilligung zu stellen, je
intensiver zumal in zeitlicher Hinsicht die Freiheitsentziehung ist; BVerfGE 105, 239 (248). Ein wirksamer Verzicht kann nur im Einzelfall, jedoch nicht generell für Art. 102 erklärt werden; das Grundrecht als solches ist unverzichtbar; VerfGH 1, 39 (Ls. 5).

bewegen kann, weil er durch eine hoheitliche Maßnahme daran in irgendeiner Weise gehindert wird, sei es durch ein kurzfristiges[43] Festhalten, sei es durch eine längerfristige Freiheitsentziehung.

Angesichts der Gewichtigkeit des Rechtguts löst **jeder grundrechtswidrige Effekt,** 21 also jede Verkürzung der positiven körperlichen Bewegungsfreiheit, die auf eine staatliche Maßnahme zurückgeht oder dem Staat zurechenbar ist, die **Rechtfertigungsbedürftigkeit** aus. Raum für weitere Kriterien, die vorliegen müssten, um von einem Eingriff in Art. 102 I sprechen zu können, besteht grundsätzlich nicht.[44] Eine Beeinträchtigung liegt nicht erst dann vor, wenn der Einzelne mit unmittelbarem Zwang in bestimmten Räumlichkeiten festgehalten wird. Ausgangsverbote und Ausgangssperren stellen – anders als Aufenthaltsverbote oder Platzverweise – Beeinträchtigungen der körperlichen Bewegungsfreiheit dar.[45]

Alltagstypische Belästigungen stellen keine rechtfertigungsbedürftige Beschrän- 22 kung der Freiheit der Person dar, mit ihnen erklärt sich der Betroffene durch seine Teilnahme am sozialen Leben einverstanden.[46]

b) Unterschieden werden kann zwischen **Freiheitsentziehungen im Sinne der Auf- 23 hebung der körperlichen Bewegungsfreiheit** „nach jeder Richtung hin"[47] durch Festhalten am eng umgrenzten Ort (hierzu gehört jede Art von Arrest, Gewahrsam, Haft [Untersuchungs-, Beuge-, Abschiebe- oder Ersatzzwangshaft], Unterbringung, Zwangsanwendung zur Durchsetzung von Pflichten [z. B. die Sistierung]; Sicherungsgewahrsam) und **sonstigen Freiheitsbeeinträchtigungen, die keine Freiheitsentziehung darstellen** (z. B. Ausgangssperre; Anhalten zur Verkehrskontrolle[48]). Eine faktische Beeinträchtigung kann vorliegen, wenn z. B. ein massives Polizeiaufgebot dazu führt, dass sich jemand nicht mehr „vor die Tür traut".[49] Ob in einer Beeinträchtigung der körperlichen Unversehrtheit gleichzeitig eine solche der Bewegungsfreiheit liegt, hängt von den Umständen des Einzelfalls ab. Ein nicht nur kurzfristig angewandter „Polizeigriff" beeinträchtigt die körperliche Unversehrtheit (Art. 100 i. V. m. Art. 101) sowie die Bewegungsfreiheit (Art. 102) und muss im Hinblick auf beide Grundrechte verfassungsrechtlich gerechtfertigt werden. Keine Beeinträchtigung des Art. 102 I stellen Verhaltenspflichten dar, die mit körperlicher Bewegung oder örtlicher Präsenz verbunden sind (Erfüllung der Schulpflicht; Pflicht des Beamten zur Anwesenheit am Arbeitsplatz, Vorladung zur Polizei oder zum Gesundheitsamt u. Ä.).

4. Die verfassungsrechtliche Rechtfertigung der Beeinträchtigung

Die **Rechtfertigung** einer (imperativen, also gewollten oder in Kauf genommenen) 24 Beeinträchtigung der Freiheit der Person richtet sich nach den in Rn. 61 ff. vor Art. 98 skizzierten Erwägungen und Prüfungsschritten. Darauf sei hier verwiesen. Speziell für Art. 102 gilt Folgendes:

---

[43] Eine längere Dauer ist nicht gefordert, *Meder,* Art. 102 Rn. 1; VerfGH 20, 1 (4).

[44] Anders etwa *Jarass/Pieroth,* Art. 2 Rn. 114, allerdings ohne Konkretisierung solcher Kriterien; vgl. zur Diskussion auch *Murswiek,* Art. 2 Rn. 228 ff.

[45] VerfGH 1, 93 (98).

[46] *Beispiel:* Durch einen Polizeieinsatz entsteht ein Verkehrsstau, der sich erst nach Stunden auflöst. Wer am Straßenverkehr teilnimmt, erklärt sich mit verkehrstypischen Behinderungen einverstanden. Allerdings kommt es insoweit stets auf den Einzelfall an: Sperrt die Polizei etwa gezielt ein Gebäude oder einen Straßenzug, ist die körperliche Bewegungsfreiheit als zwar nicht beabsichtigte, aber doch in Kauf genommene Nebenfolge grundrechtsrelevant und damit rechtfertigungsbedürftig eingeschränkt.

[47] BVerfGE 105, 239 (248).

[48] In solchen Fällen wird ein Eingriff in die Bewegungsfreiheit bisweilen wegen Geringfügigkeit abgelehnt, vgl. *Murswiek,* Art. 2 Rn. 240; ähnlich VerfGH 59, 29 (45): Im Anhalten eines PKW im Rahmen der Schleierfahndung und in der sich anschließenden Durchsuchung liegt „noch keine Freiheitsbeeinträchtigung".

[49] *Murswiek,* Art. 2 Rn. 238.

25   a) Art. 102 enthält **keine eigene Vorbehaltsregelung,** die eine Einschränkung der körperlichen Bewegungsfreiheit zuließe. Zwar heißt es in Art. 102 I, dass die Freiheit der Person „unverletzlich" sei, daraus folgt jedoch nicht, dass Freiheitsentziehungen durch die öffentliche Gewalt stets und ohne weiteres verfassungswidrig wären.[50] Der ursprünglich in Art. 64 I VE und Art. 71 I E vorgesehene spezielle Gesetzesvorbehalt wurde im Zuge der Einfügung der Vorbehaltsgeneralklausel des Art. 98 S. 2 gestrichen.[51] Gleichwohl wendet der VerfGH zur Rechtfertigung von Freiheitsverkürzungen den Art. 98 S. 2 nicht an[52], sondern er nimmt von Anfang an[53] – wie bei anderen Grundrechten auch – „inhärente Begrenzungen"[54] im Sinne eines ungeschriebenen Gesetzesvorbehalts an.[55]

26   **Problematisch** ist es, dass der VerfGH die „inhärenten Begrenzungen" um die Wendung „nach Maßgabe der Gesetze" ergänzt.[56] Dies erweckt den Eindruck, als ob der Freiheitsschutz nur insoweit bestehe, als der Gesetzgeber ihn gewähre. Das freilich würde dem freiheitsrechtlichen Regel-Ausnahme-Prinzip, das auch der Grundrechtsordnung der BV zu Grunde liegt[57], diametral widersprechen. Auch für Art. 102 gilt, dass dieser den Grundrechtsschutz nicht lediglich nach Maßgabe der Gesetze gewährt, sondern dass jede Beeinträchtigung der körperlichen Bewegungsfreiheit sich zwar auf ein förmliches Gesetz zurückführen lassen, dieses aber seinerseits im Sinne des **Regel-Ausnahme-Prinzips** vor Art. 102 selbst Bestand haben muss.[58]

27   Angesichts der Bedeutung der Freiheit der Person (als transzendentales Rechtsgut; oben Rn. 1) dürfen Beeinträchtigungen nur durch oder auf Grund **förmlichen Gesetzes** erfolgen. Eine **Delegation** der Rechtsetzungsbefugnis auf die Exekutive (Verordnung; Satzung) kommt auch dann nicht in Betracht, wenn die gesetzliche Ermächtigung nach Inhalt, Zweck und Ausmaß hinreichend bestimmt wäre. Der vom Volk legitimierte Gesetzgeber muss selbst entscheiden, wem, unter welchen Voraussetzungen, aus welchem Grund und inwieweit, zumal wie lange die Freiheit entzogen werden darf.[59] Die Anwendung im Einzelfall obliegt freilich der Exekutive im Zusammenwirken mit der Judikative. Art. 48 gilt für Art. 102 ausdrücklich nicht.

28   b) Den in der grundrechtlichen Praxis entscheidenden Prüfungsschritt bilden die geschriebenen und ungeschriebenen **Schranken-Schranken,** die dem Gesetzgeber bei der Ausfüllung des Gesetzesvorbehalts ihrerseits Schranken auferlegen; zu den Schranken-Schranken s. Rn. 67 ff. vor Art. 98. Darauf, insbesondere auf den Aufbau und den Inhalt der **Verhältnismäßigkeitsprüfung,** sei hier verwiesen.

29   aa) Eine Beschränkung der Freiheit ist demnach nur zulässig, wenn der Gesetzgeber **(1)** – in hinreichender **Bestimmtheit**[60] – einen **verfassungsrechtlich legitimen Zweck**

---

[50] *Pestalozza* (Fn. 14), Art. 102 Rn. 35: „*Unverletzlich heißt nicht unbeschränkbar.*"

[51] Dazu oben Rn. 6 sowie Rn. 63 ff. vor Art. 98.

[52] Unklar allerdings VerfGH 43, 107 (130); vgl. bereits VerfGH 10, 101 (107).

[53] Vgl. bereits VerfGH 1, 93 (Ls. 6): „*Strafgesetze sind in der Regel nicht als Einschränkungen des Grundrechts der persönlichen Freiheit i. S. d. Art. 98 S. 2 zu bewerten, da die allgemeine Beschränkung durch das bürgerliche und Strafrecht dem Wesen des Grundrechts der persönlichen Freiheit inhärent und in ihm mitgedacht ist.*"

[54] VerfGH 6, 131 (135); 17, 19 (27); 41, 151 (158) m. w. N.; 43, 23 (29); 45, 125 (132); 56, 28 (53) und öfter.

[55] Kritik bei *Pestalozza* (Fn. 14), Art. 102 Rn. 35 ff.

[56] VerfGH 41, 151 (158). Ähnlich bereits VerfGH 1, 34 (Ls. 1): „*Art. 102 BV begründet für jedermann einen Anspruch auf Unterlassung aller Eingriffe der Behörden in die persönliche Freiheit, die keine gesetzliche Grundlage haben.*"

[57] Dazu Rn. 30 ff. vor Art. 98.

[58] Das Regel-Ausnahme-Prinzip verkennt *Meder,* Art. 102 Rn. 5.

[59] Bereits zu Beginn seiner Rechtsprechungstätigkeit hat der VerfGH betont, dass Art. 102 für jedermann einen Anspruch auf Unterlassung aller Eingriffe der Behörden in die persönliche Freiheit verbürge, die keine gesetzliche Grundlage hätten, VerfGH 1, 34 (35); 2, 9 (13); 3, 10 (13); exakt müsste man formulieren: „keine *verfassungskonforme, mit Art. 102 selbst kompatible* gesetzliche Grundlage".

[60] Insbesondere das BVerfG betont die „freiheitsgewährleistende Funktion" des Bestimmtheitsgebots: Beschl. v. 8. 11. 2006 (2 BvR 578/02) Rn. 119 m. w. N.

formuliert, dem die Freiheitsbeeinträchtigung dienen soll, **(2)** ein tatsächliches (nicht nur vorgeschobenes) **Zweckverwirklichungsbedürfnis** besteht, die Freiheitsbeeinträchtigung ein **(3) geeignetes** und **(4) erforderliches Mittel** zur Erreichung, mindestens Förderung des Zwecks ist und **(5)** eine **Abwägung** von Schutz- und Zweckinteresse ergibt, dass letzteres ein höheres Gewicht hat (Verhältnismäßigkeit im engeren Sinne).[61] Bei allen Prüfungsschritten ist das transzendentale Gewicht des Freiheitsinteresses (oben Rn. 1) zu beachten, das nur unter strengen Voraussetzungen eine Freiheitsbeeinträchtigung und im **extremen Ausnahmefall eine Freiheitsentziehung rechtfertigt.** Die Freiheitsentziehung ist „ultima ratio" zur Erreichung des jeweils definierten verfassungsrechtlichen Zwecks.[62]

(1) Zunächst muss dieser **Zweck** selbst bereits in **abstrakter Hinsicht** ein **erhebliches** **30** **verfassungsrechtliches Gewicht** haben. In Frage kommen der Schutz des Lebens, der körperlichen Unversehrtheit oder von Rechtsgütern von sonstigem erheblichem Interesse sowie in Erfüllung der Schutzpflicht zu Gunsten dieser Rechtsgüter das Interesse des Staates an der **Bestrafung**[63] einer rechtswidrigen Handlung und – verfahrensmäßig – an einer **wirksamen Strafverfolgung.**[64]

(2) Bei der **Abwägung** ist nicht nur in **abstrakter,** sondern auch in **konkreter**[65] **Hin-** **31** **sicht** das transzendentale Gut der Freiheit in die Waagschale zu werfen. Nur wenn auch in konkreter Abwägung das Zweckinteresse das Freiheitsinteresse überwiegt, ist die Freiheitsbeschränkung verfassungsrechtlich zu rechtfertigen.[66]

(3) Von herausragender Bedeutung ist, dass der Grundsatz der Verhältnismäßigkeit **32** auch **auf der Schiene der Zeit** wirkt:[67] Die verfassungsrechtlich zulässige Länge der Freiheitsbeeinträchtigung richtet sich nach dem Zweck und ist wie dieser am Verhältnismä-

---

[61] VerfGH 45, 125 (132): „*gewichtige Gründe des Gemeinwohls, die den Freiheitsanspruch des einzelnen überwiegen*".

[62] BVerfGE 22, 180 (219); 70, 297 (307); 90, 145 (172): „*Die Freiheit der Person ist ein so hohes Rechtsgut, dass sie nur aus besonders gewichtigen Gründen eingeschränkt werden darf.*" VerfGH 43, 107 (128).

[63] Soweit Strafvorschriften eine Freiheitsstrafe vorsehen, sind sie – wenn es sich um Landesrecht handelt – an Art. 102 zu messen. Dabei sind insbesondere das Schuldprinzip (VerfGH 20, 101 [110]; Rn. 63 zu Art. 3) sowie die Angemessenheit der Bestrafung in der Modalität der Freiheitsentziehung im Hinblick auf die Tat bzw. das dadurch verletzte Rechtsgut zu beachten. Auch Abschreckungserwägungen dürfen eine Rolle spielen, jedoch das Schuldprinzip nicht unterlaufen. Nicht jede rechtswidrige Handlung ist strafwürdig, es kommt vielmehr auf die Bedeutung des verletzten Rechtsguts und die Intensität der Einwirkung an. Es ist eine Frage der Reichweite der grundrechtlichen Schutzpflichten, ob und inwieweit der Gesetzgeber an den Verstoß gegen Rechtsvorschriften die Strafbarkeit ggf. auch in der Form der Freiheitsstrafe knüpfen *muss,* um den Schutz der im Raume stehenden Rechtsgüter zu untermauern. Dies ist ein Aspekt des „Untermaßverbotes"; vgl. dazu Rn. 94 ff. vor Art. 98 sowie BVerfGE 88, 203. Insgesamt ist strikt zu unterscheiden zwischen dem Verbot eines Tuns und der daran anknüpfenden Strafbarkeit. Verbot und Strafbarkeit berühren unterschiedliche Interessen und unterliegen einem unterschiedlich anspruchsvollen Rechtfertigungsprogramm: dass z. B. „Schwarzfahren" verboten i. S. v. rechtswidrig ist, ist grundrechtlich ohne weiteres zu rechtfertigen, dass jemand bei wiederholtem Schwarzfahren die Freiheitsstrafe droht, bedarf eines erhöhten Rechtfertigungsaufwandes.

[64] Besondere Rechtfertigungsprobleme wirft die Untersuchungshaft auf, da insoweit auch die Unschuldsvermutung betroffen ist, vgl. dazu *Lindner,* Der Verfassungsrechtssatz von der Unschuldsvermutung, AöR 133 (2008), 235, Die Untersuchungshaft ist daher nur zulässig, wenn auf andere Weise das verfassungsrechtlich fundierte Interesse an einer funktionsfähigen Strafrechtspflege nicht sichergestellt werden kann; vgl. dazu m. w. N. *Jarass/Pieroth,* Art. 2 Rn. 123 f.; s. auch Rn. 64 zu Art. 3.

[65] Zur Unterscheidung zwischen abstrakter und konkreter Abwägung s. Rn. 75 vor Art. 98 (dort Fn. 136).

[66] So kann im Einzelfall eine Ingewahrsamnahme zur Durchsetzung einer Platzverweisung (Art. 17 I Nr. 3 i. V. m. Art. 16 PAG) zulässig sein, wenn dadurch der Schutz hochrangiger Rechtsgüter gewährleistet werden soll; VerfGH 43, 107 (130).

[67] *Meder,* Art. 102 Rn. 3.

ßigkeitsprinzip zu messen. Die Freiheitsbeeinträchtigung ist nur solange zulässig, als sie nach dem strengen Rechtfertigungsprogramm verfassungsrechtlich gerechtfertigt ist. Sie ist daher sofort in dem Augenblick zu beenden, indem sie sich nicht mehr rechtfertigen lässt.[68] Eine Freiheitsbeeinträchtigung kann mithin durch **Veränderung der Umstände** grundrechtswidrig „werden", auch wenn sie ursprünglich verfassungsrechtlich gerechtfertigt war. Das BVerfG formuliert: *„Je länger der Freiheitsentzug dauert, umso strenger sind die Voraussetzungen für die Verhältnismäßigkeit des Freiheitsentzugs."*[69]

33   (a) Dies schließt allerdings nicht aus, dass eine **Freiheitsentziehung auch dauerhaft** oder **lebenslang** bestehen kann, wenn sie sich auch über diesen Zeitraum rechtfertigen lässt. Nach Auffassung des BVerfG stoße der nachhaltige Einfluss des auf der Schiene der Zeit gewichtiger werdenden Freiheitsanspruchs dort an Grenzen, wo es im Blick auf die Art der von dem Betroffenen drohenden Gefahren, deren Bedeutung und Wahrscheinlichkeit vor dem staatlichen Schutzauftrag für die Rechtsgüter des Einzelnen und der Allgemeinheit unvertretbar erscheine, den Betroffenen in die Freiheit zu entlassen.[70]

34   In der Konsequenz hat das BVerfG die **lebenslange Freiheitsstrafe**[71] sowie die **lebenslange Sicherungsverwahrung**[72] für mit Art. 2 II 2 GG vereinbar erklärt. Es sei der staatlichen Gemeinschaft nicht verwehrt, sich gegen einen „gemeingefährlichen" Straftäter auch durch einen lang andauernden Freiheitsentzug zu sichern.[73] Die Vollstreckung der lebenslangen Freiheitsstrafe verletzt auch nicht die Menschenwürde, weil dadurch nicht der Wert des Menschen an sich relativiert wird, sie führt zudem nicht zwangsläufig zu irreparablen Schäden.[74] Gleiches gilt für die langandauernde Sicherungsverwahrung.

35   Allerdings müssen derartige Freiheitsentziehungen darauf ausgerichtet sein, dass die Betroffenen mindestens eine **reelle Chance zur Wiedererlangung der Freiheit** haben.[75] Verfassungsrechtlich geboten sind daher Maßnahmen zu Resozialisierung (Arbeits- und Therapieangebote). Die lebenslange Freiheitsstrafe findet ihre verfassungsrechtlich notwendige Ergänzung mithin in einem „sinnvollen Behandlungsvollzug".[76] Die Justizvollzugsanstalten sind (als Landesbehörden) auch durch Art. 102 I gehalten, auf Resozialisierung der Häftlinge hinzuwirken, „sie lebenstüchtig zu erhalten und schädlichen Auswirkungen des Freiheitsentzugs entgegenzuwirken."[77] Zur verfahrensrechtlichen Dimension s. auch unten Rn. 44 ff.

36   (b) Ähnliche Grundsätze muss man für die **Unterbringung** nach Landesrecht fordern. Der Staat ist verpflichtet, den Einzelnen und die Allgemeinheit vor psychisch kranken Menschen zu schützen, die eine Gefahr für Leben, Gesundheit oder andere wichtige Rechtsgüter darstellen. Eine psychische Erkrankung oder Auffälligkeit ist noch nicht per se geeignet, eine Freiheitsentziehung zu rechtfertigen. Notwendig ist vielmehr, dass die psychische Erkrankung dazu führt, dass der Betroffene in erheblichem Maß die

---

68 Vgl. etwa Art. 20 S. 1 Nr. 1 PAG.

69 BVerfG, Beschl. v. 8. 11. 2006 (2 BvR 578/02), Rn. 91 für die lebenslange Freiheitsstrafe; BVerfGE 70, 297 für die Unterbringung in einem psychiatrischen Krankenhaus; BVerfGE 109, 133 (159) für die Sicherungsverwahrung. VerfGH 43, 107 (134) für den Unterbindungsgewahrsam nach Art. 17 PAG.

70 BVerfGE 109, 133 (159); Beschl. v. 8. 11. 2006 (2 BvR 578/02), Rn. 91 ff.: Auf der einen Seite habe der grundsätzliche Freiheitsanspruch des Verurteilten wegen der regelmäßig zurückgelegten langen Haftzeit großes Gewicht, auf der anderen Seite verlange die im Rahmen der Entscheidung über die Aussetzung der Freiheitsstrafe zu treffende Prognose die Verantwortbarkeit der Aussetzung mit Rücksicht auf unter Umständen zu erwartende Rückfalltaten. Je höherwertige Rechtsgüter in Gefahr seien, desto geringer müsse das Rückfallrisiko sein.

71 BVerfGE 45, 187 (242).

72 BVerfGE 109, 133 (151).

73 BVerfG, Beschl. v. 8. 11. 2006 (2 BvR 578/02), Rn. 71 ff.

74 BVerfG, Beschl. v. 8. 11. 2006 (2 BvR 578/02), Rn. 76 ff.; BVerfGE 109, 133 (153).

75 BVerfGE 45, 187 (229); 109, 133 (151).

76 BVerfGE 45, 187 (238).

77 BVerfG, Beschl. v. 8. 11. 2006 (2 BvR 578/02), Rn. 77.

öffentliche Sicherheit und Ordnung oder sich selbst gefährdet[78] und die Gefährdung nicht durch andere Mittel abgewendet werden kann. Die Unterbringung muss flankiert werden von Hilfs- und Behandlungsmaßnahmen, die dem Untergebrachten künftig „ein eigenverantwortliches Leben" in der Freiheit ermöglichen.[79] Fällt der Unterbringungsgrund weg, ist die sofortige Entlassung in die Freiheit zu veranlassen.[80]

(c) Besonders strenge Anforderungen stellt das Grundrecht der Freiheit bei der **Unter-** 37 **suchungshaft,** nicht nur hinsichtlich der Anordnungsvoraussetzungen (dazu bereits Rn. 30 [Fn. 64]), sondern auch in zeitlicher Dimension. Auch im Hinblick auf die Unschuldsvermutung ergibt sich ein strafprozessuales **Beschleunigungsgebot.**[81]

bb) Zusätzliche **verfahrensrechtliche Schranken-Schranken** ergeben sich aus 38 Art. 102 II für die Festnahme. Darunter ist jede nicht nur kurzfristige Freiheitsentziehung zu verstehen; der Begriff der Festnahme ist identisch mit dem der Freiheitsentziehung in Art. 104 GG, wobei auch dort nicht exakt zwischen Freiheitsentziehung und Festnahme abgegrenzt wird. Art. 102 II[82] ist nicht auf Festnahmen wegen Verdachts einer Straftat beschränkt[83], sondern erfasst auch präventive Festnahmen, etwa im Bereich des Polizeirechts.[84]

(1) **Satz 1: „Öffentliche Gewalt"** ist (nur) die Exekutive, da der von einem Richter 39 Festgenommene nicht mehr dem Richter vorgeführt werden müsste und der Gesetzgeber selbst nicht unmittelbar verhaften kann. **„Vorführen"** bedeutet, dass „der Festgenommene unmittelbar der richterlichen Verfügungsgewalt unterstellt wird"[85]; der Richter ist nicht lediglich verlängerter Arm der vorführenden Exekutive, sondern er übernimmt selbst Verantwortung für die Anordnung des Freiheitsentzuges und dessen Dauer.[86] Wer zuständiger Richter ist, ergibt sich aus dem Gerichtsverfassungsrecht und dem Geschäftsverteilungsplan, die Zuständigkeit muss vorher feststehen, sie darf nicht erst für den konkreten Entziehungsfall eigens festgelegt werden (Grundsatz des „gesetzlichen Richters"[87]).

Die Vorführung muss spätestens **am Tag nach der Festnahme** stattfinden. Erfolgt 40 diese z. B. am 1.1. um 0:01 Uhr, muss die Vorführung bis spätestens 2.1. um 23.59 erfolgt sein, unabhängig davon, ob ein Werk-, Sonn- oder Feiertag vorliegt. Es handelt sich bei der Frist um die maximal zulässige, innerhalb derer nicht nur die richterliche Vorführung, sondern auch die richterliche Entscheidung nach Satz 3 erfolgen muss, ansonsten die Schutzfunktion des Absatzes II seiner Effektivität beraubt wäre. Zudem darf die Frist nicht ohne weiteres ausgeschöpft werden. Steht ein Richter für eine Entscheidung auch vorher zur Verfügung, hat die Vorführung unverzüglich zu erfolgen. Diese Einschränkung ergibt sich aus einer strengen Anwendung des Verhältnismäßigkeitsgrundsatzes bei Freiheitsent-

---

[78] So die Formulierung in Art. 1 I UnterbrG; VerfGH 41, 151 (Ls. 2) hat gegen den polizeilichen Gewahrsam und die Unterbringung von selbstmordgefährdeten Personen zu deren eigenen Schutz keine verfassungsrechtliche Bedenken; vgl. dazu bereits Rn. 60 zu Art. 101. Vgl. auch VerfGH 45, 125 (132 f.); 43, 23 (29).

[79] Art. 2 UnterbrG.

[80] VerfGH 34, 162 (Ls. 7): „*Die vorläufige Unterbringung steht bei Beachtung des Grundsatzes der Verhältnismäßigkeit unter dem Vorbehalt der sofortigen Entlassung des Betroffenen, wenn die Gründe für die Unterbringung nicht mehr vorliegen.*"

[81] Vgl. dazu die Nachweise in Fn. 10 und 64.

[82] Im Gegensatz zu Art. 104 GG differenziert Art. 102 II nicht zwischen der Festnahme wegen Verdachts einer strafbaren Handlung (Art. 104 III GG: Vorführung spätestens am Tage nach der Festnahme) und der Freiheitsentziehung aus anderen Gründen (Art. 104 II GG: unverzügliche Herbeiführung einer richterlichen Entscheidung).

[83] So aber *Pestalozza* (Fn. 14), Art. 102 Rn. 57.

[84] VerfGH 34, 162 (172); 43, 107 (133); *Meder*, Art. 102 Rn. 8.

[85] VerfGH 34, 162 (172).

[86] VerfGH 43, 107 (135); VerfGH 34, 162 (Ls. 8): „*Die Einschaltung des Richters darf nicht bloße Formsache sein. Es muss eine unabhängige, neutrale Prüfung der Voraussetzungen der Freiheitsentziehung vorausgehen oder nachfolgen.*"

[87] *Jarass/Pieroth*, Art. 104 Rn. 15.

ziehungen. Der Staat hat durch geeignete organisatorische Maßnahmen sicherzustellen, dass innerhalb des in S. 1 genannten Zeitraums eine richterliche Entscheidung möglich ist.[88] Wird der Zeitraum überschritten, ist die Freiheitsentziehung ab diesem Zeitpunkt verfassungswidrig, der Festgehaltene ist freizulassen; geschieht dies nicht, liegt eine strafbare **Freiheitsberaubung** vor.[89]

41   (2) Der Richter hat innerhalb den in S. 1 genannten Frist, vgl. soeben Rn. 40, die in **Satz 2** genannten Mitteilungs- und Anhörungspflichten nachzukommen. Ein Verstoß dagegen macht die Festnahme zwar rechtswidrig, eine Nachholung dürfte jedoch möglich sein. Das Verfahren vor dem Richter muss nicht öffentlich sein.[90]

42   (3) Der Richter hat spätestens innerhalb des in Satz 1 genannten Zeitraums zu entscheiden, ob er die Freiheitsentziehung aufrechterhält. Tut er dies, hat er einen Haftbefehl zu erlassen oder eine – da Abs. II nicht auf das Strafrecht beschränkt ist – diesem vergleichbare Entscheidung zu treffen.[91] Anderenfalls ist der Festgehaltene unverzüglich, also ohne schuldhaftes Zögern (was in der Praxis regelmäßig einem „sofort" gleichkommen dürfte), freizulassen. **Satz 3** enthält keine Festlegung über eine Höchstdauer der durch den Richter angeordneten Freiheitsentziehung. Die zeitliche Begrenzung erfolgt durch den Verhältnismäßigkeitsgrundsatz. Nach Auffassung des VerfGH verstößt eine gesetzliche Höchstdauer von zwei Wochen für die Freiheitsentziehung nach den Vorschriften des Polizeirechts (vgl. Art. 20 S. 2 PAG), insbes. im Fall des sog. Unterbindungsgewahrsams, nicht gegen das Übermaßverbot.[92] Die tatsächlich zulässige Dauer richtet sich nach dem jeweiligen Einzelfall; das Verhältnismäßigkeitsprinzip steuert die konkrete Festlegung der Entziehungsdauer.

5. Weitere Grundrechtsdimensionen

Art. 102 findet zwar seine primäre Funktion in der Beeinträchtigungsabwehr, erschöpft sich darin indes nicht.

43   a) Eine Rolle können die **Schutzpflichten** spielen, die der VerfGH insbesondere dem Grundrecht auf körperliche Unversehrtheit (Art. 101 i. V. m. 100) erschlossen hat, die aber auch i. R. d. Art. 102 Bedeutung erlangen können[93] (z. B. in Fällen von privater Freiheitsentziehung im Bereich der Familie, bei Geiselnahmen oder sonstigen Freiheitsberaubungen, etwa zum Missbrauch des Opfers). Zur Dogmatik der grundrechtlichen Schutzpflichten s. allgemein zunächst Rn. 94 ff. vor Art. 98. Nach den dort genannten Maßstäben hat der Grundrechtsverpflichtete nicht nur Verkürzungen der von Art. 102 erfassten körperlichen Bewegungsfreiheit zu unterlassen, sondern sich schützend vor diese zu stellen, wenn sie von dritter Seite verletzt oder sonst gefährdet wird.[94] Eine Verletzung des Freiheitsrechts kann in der Verweigerung eines Schadensersatzanspruches bei einer rechtswidrigen Freiheitsentziehung auf Grund des Fehlers eines Sachverständigen liegen.[95]

44   b) Art. 102 II selbst enthält ausdrücklich eine verfahrens- und organisationsrechtliche Dimension (s. dazu Rn. 98 vor Art. 98). Da Freiheitsentziehungen besonders schwerwiegende Eingriffe in ein besonders gewichtiges Rechtsgut (Freiheit als transzendentales In-

---

[88] BVerfGE 105, 239 (248): Der Staat habe die Erreichbarkeit eines zuständigen Richters jedenfalls zur Tageszeit zu gewährleisten.

[89] *Jarass/Pieroth*, Art. 104 Rn. 28.

[90] VerfGH 43, 107 (132).

[91] VerfGH 43, 107 (Ls. 5): „*Der Begriff des Haftbefehls in Art. 102 II 3 BV ist nicht allein im Sinn der Strafprozessordnung zu verstehen. Art. 102 II BV gilt auch außerhalb des Strafrechts für Freiheitsentziehungen, die zum Schutz höherrangiger Rechtsgüter unerlässlich sein können. Nach dem Gesamtzusammenhang der auf die Freiheitsgarantie des Art. 102 I bezogenen Verfahrensregelungen bezeichnet der Begriff des Haftbefehls jede richterliche Entscheidung über die Fortdauer einer Freiheitsentziehung.*"

[92] VerfGH 43, 107 (Ls. 6; 133 ff.) mit eingehender Begründung.

[93] *Jarass/Pieroth*, Art. 2 Rn. 117 f.

[94] *Meder*, Art. 102 Rn. 7.

[95] BVerfGE 49, 304 (316 ff.).

teresse)[96] darstellen, sind über die Verfahrensvorbehalte in Art. 102 II hinaus **zusätzliche verfahrensrechtliche Flankierungen** notwendig, die zumal in der StPO normiert sind. Vor allem sind besondere Anforderungen an die richterliche Sachverhaltsaufklärung zur Ermittlung der Entscheidungsgrundlage zu stellen.[97] Zu fordern sind bei **länger andauernden Freiheitsentziehungen** auch regelmäßige **Überprüfungsrechte** des Betroffenen, ob die Entziehungsvoraussetzungen noch vorliegen, sowie **Resozialisierungsangebote**.[98] Das BVerfG leitet in einer Grundsatzentscheidung folgende verfahrensrechtliche Anforderungen aus dem Grundsatz der Verhältnismäßigkeit ab[99]:

(1) Bei zeitlicher Unbestimmtheit einer Freiheitsentziehung, die als solche verfassungs- **45** rechtlich zulässig sein könne, bedürfe es einer regelmäßigen Überprüfung der weiteren Aufrechterhaltung nach den „Grundsätzen bestmöglicher Sachaufklärung". Dabei genügt die Möglichkeit regelmäßiger Antragstellung auf Überprüfung. Wird davon längerfristig kein Gebrauch gemacht, kann sich aus dem Freiheitsgrundrecht eine Pflicht des Staates auf Überprüfung von Amts wegen ergeben.

(2) Das zunehmende Gewicht der grundrechtlich gebotenen Chance auf Wiedererlan- **46** gung der Freiheit bei länger andauerndem Freiheitsentzug wirke sich auch auf die Anforderungen an die Begründung einer Entscheidung über Aussetzung oder Beendigung der freiheitsentziehenden Maßnahme aus. Der jeweils für die Überprüfung der Fortführung der Maßnahme Zuständige müsse seine Würdigung und Begründung eingehender abfassen. Erst dadurch werde es möglich, im Rahmen verfassungsgerichtlicher Kontrolle nachzuvollziehen, ob die von der festgehaltenen Person ausgehende Gefahr die weitere Freiheitsentziehung rechtfertige.

(3) Des Weiteren müsse dem Gefangenen ein Pflichtverteidiger oder mindestens ein **47** Beistand zugeordnet werden, wenn es im konkreten Fall als evident erscheine, dass der Betroffene sich nicht selbst wirksam artikulieren könne.

(4) Schließlich habe der Verhältnismäßigkeitsgrundsatz Auswirkungen auf die Art und **48** Weise des Vollzugs der Freiheitsentziehung, insbesondere wenn diese der Verhinderung zukünftiger Straftaten diene. Bei langandauernder Sicherungsverwahrung oder Unterbringung ist zu prüfen, ob dem Betroffenen durch Privilegien im Vollzug ein „Rest an Lebensqualität" gewährleistet werden kann.[100]

Art. 103 [Eigentum und Erbrecht]

(1) Eigentumsrecht und Erbrecht werden gewährleistet.
(2) Eigentumsordnung und Eigentumsgebrauch haben auch dem Gemeinwohl zu dienen.

Art. 158 [Verpflichtungen aus dem Eigentum]

[1]**Eigentum verpflichtet gegenüber der Gesamtheit.** [2]**Offenbarer Missbrauch des Eigentums- oder Besitzrechts genießt keinen Rechtsschutz.**

Art. 159 [Enteignung]

[1]**Eine Enteignung darf nur in den gesetzlich vorgesehenen Fällen und gegen angemessene Entschädigung erfolgen, die auch in Form einer Rente gewährt werden kann.** [2]**Wegen der Höhe der Entschädigung steht im Streitfall der Rechtsweg vor den ordentlichen Gerichten offen.**

Parallelvorschriften im GG und anderen Landesverfassungen: Art. 1 ZP 1 EMRK; Art. 17 EGC; Art. 14, 15 GG; Art. 23 BerlVerf; Art. 41 BbgVerf; Art. 13, 42 ff. BremVerf; Art. 45 HessVerf; Art. 5 III M-VVerf;

---

[96] BVerfGE 65, 317 (322).
[97] BVerfG NJW 2000, 502. BVerfG, Beschl. v. 8. 11. 2006 (2 BvR 578/02), Rn. 106 ff.
[98] Dazu bereits oben Rn. 35.
[99] BVerfG, Beschl. v. 8. 11. 2006 (2 BvR 578/02), Rn. 99 ff.
[100] BVerfG, Beschl. v. 8. 11. 2006 (2 BvR 578/02), Rn. 115.

Art. 3 II NdsVerf; Art. 4 I NRWVerf; Art. 60 RhPfVerf; Art. 18 SaarlVerf; Art. 31 SächsVerf; Art. 18 VerfLSA; Art. 34 ThürVerf.

Rechtsprechung: VerfGH 35, 56; 37, 26; 56, 112; 57, 39; BVerfGE 14, 263; 24, 367; 31, 229; 46, 268; 50, 290; 58, 137; 58, 300; 89, 1; 100, 226; 102, 1.

Literatur: S. zunächst die Literaturhinweise zu den Vorbemerkungen vor Art. 98 sowie speziell zum Eigentum: *Dürig,* Das Eigentum als Menschenrecht, ZgesStW 109 (1953), 326; *Schulte,* Eigentum und öffentliches Interesse, 1970; *Böckenförde,* Eigentum, Sozialbindung des Eigentums, Enteignung, in: ders., Staat, Gesellschaft, Freiheit, 1976, S. 318 ff.; *Schulze-Osterloh,* Entschädigungspflichtige Inhalts- und Schrankenbestimmung des Eigentums und Enteignung, NJW 1981, 2537; *Scholz,* Identitätsprobleme der verfassungsrechtlichen Eigentumsgarantie, NVwZ 1982, 337; *Schwerdtfeger,* Die dogmatische Struktur der Eigentumsgarantie, 1983; *v. Brünneck,* Die Eigentumsgarantie des Grundgesetzes, 1984; *Böhmer,* Eigentum aus verfassungsrechtlicher Sicht, in: Baur, Das Eigentum, 1989, S. 39 ff.; *Schoch,* Die Eigentumsgarantie des Art. 14 GG, Jura 1989, 113; *Maurer,* Der enteignende Eingriff und die ausgleichspflichtige Inhaltsbestimmung des Eigentums, DVBl. 1991, 781; *Ehlers,* Eigentumsschutz, Sozialbindung und Enteignung bei der Nutzung von Boden und Umwelt, VVDStRL 51 (1992), S. 211 ff.; *Kraft,* System der Klassifizierung eigentumsrelevanter Regelungen, BayVBl. 1994, 97; *Lege,* Zwangskontrakt und Güterdefinition. Zur Klärung der Begriffe „Enteignung" und „Inhalts- und Schrankenbestimmungen des Eigentums", 1995; *Lubberger,* Eigentumsdogmatik, 1995; *Leisner,* Eigentum, 1996; ders., Situationsgebundenheit des Eigentums, 1990; *Schönfeld,* Eigentumseingriff durch Nutzungseinschränkungen, BayVBl. 1996, 673; *Ossenbühl,* Ausgleichspflichtige Inhaltsbestimmungen des Eigentums, FS Friauf 1996, S. 391 ff.; *Eschenbach,* Der verfassungsrechtliche Schutz des Eigentums, 1996; *Sieckmann,* Modelle des Eigentumsschutzes, 1998; *Rozek,* Die Unterscheidung von Eigentumsbindung und Enteignung, 1998; *Hösch,* Eigentum und Freiheit, 2000; *Jarass,* Inhalts- und Schrankenbestimmung oder Enteignung? NJW 2000, 2841; *Wilhelm,* Zum Enteignungsbegriff des BVerfG, JZ 2000, 905; *Vogel,* Eigentumsgarantie, Handlungsfreiheit und Steuerrecht, FS Maurer, 2001, S. 297 ff.; *Roller,* Enteignung, ausgleichspflichtige Inhaltsbestimmung und salvatorische Klauseln, NJW 2001, 1003; *Lepsius,* Besitz und Sachherrschaft im öffentlichen Recht, 2002; *Dolde,* Die Eigentumsdogmatik des BVerwG, in: FS 50 Jahre BVerwG, 2003, S. 305 ff.; *Kischel,* Wann ist die Inhaltsbestimmung ausgleichspflichtig? JZ 2003, 604; *Lindner,* Theorie der Grundrechtsdogmatik, 2005, S. 302 ff.; *Papier,* Der Stand des verfassungsrechtlichen Eigentumsschutzes, in: Depenheuer (Hrsg.), Eigentum, 2005, S. 93 ff.; *Cremer,* Eigentumsschutz, in: Grote/Marauhn (Hg.), EMRK/GG-Konkordanzkommentar, 2006, S. 1222 ff.; *Jarass,* Der grundrechtliche Eigentumsschutz im EU-Recht, NVwZ 2006, S. 1089 ff.; *Maurer,* Allgemeines Verwaltungsrecht, 15. Aufl. 2005, § 27.
Aus **rechtsphilosophischer** Sicht: *Brandt,* Eigentumstheorien von Grotius bis Kant, 1974; *Kersting,* Transzendentalphilosophische Eigentumsbegründung, in: *ders.,* Recht, Gerechtigkeit und demokratische Tugend, 1997, S. 41 ff.; *Zippelius,* Rechtsphilosophie, 4. Aufl. 2003, § 35.

Übersicht

Vorbemerkungen zur Regelungssystematik

Anders als im Grundgesetz (GG) sind die Aussagen der BV über den Grundrechtsschutz **1** des Eigentums und des Erbrechts nicht in einer Vorschrift vereint, sondern über den Verfassungstext verteilt. Die den Eigentumsschutz verbürgende **Kern-Norm** ist Art. 103 I, wonach das Eigentums- und das Erbrecht gewährleistet werden. Art. 103 II stellt – ähnlich wie Art. 14 I 2, II GG – eine Vorbehaltsregelung dar, nach Maßgabe derer die Eigentumsordnung und der Eigentumsgebrauch auch zu Gunsten des Allgemeinwohls (vom Gesetzgeber) auszugestalten ist. Diese Aussage wiederholt Art. 158 S. 1 inhaltsgleich, wonach Eigentum gegenüber der „Gesamtheit" verpflichte. Der – abgesehen von der praktisch nicht relevanten Sozialisierung (Art. 160 II) – intensivste Zugriff des Staates auf das Eigentum, die Entziehung in der Gestalt der Enteignung, ist nicht in Art. 103, sondern in Art. 159 geregelt, also im Zweiten Abschnitt des Vierten Hauptteils („Wirtschaft und Arbeit").

Diese Trennung sachlich zusammenhängender Vorschriften ist historisch bedingt, aber **2** nicht sachgerecht. Art. **103, 158** und **159** bilden eine **Regelungseinheit**, die im Folgenden trotz der „räumlichen Trennung" in der BV einheitlich kommentiert wird. Für ein solches Vorgehen spricht auch die Rechtsprechung des VerfGH[1], die sich der systematisch überzeugenden Rechtsprechung des BVerfG zu Art. 14 GG angeschlossen hat. Die Kommentierung erfolgt daher in Anlehnung an die Rechtsprechung sowohl des VerfGH als auch des BVerfG. **Weitere eigentumsrechtliche Vorschriften** der BV sind insbesondere[2] (s. jeweils die Erl. dort):

- Art. 160, der in Abs. 2 eine dem Art. 15 GG vergleichbare, praktisch indes bedeu- **3** tungslose Sozialisierungsklausel enthält, wobei es sich grundrechtsdogmatisch um eine spezielle Vorbehaltsregelung zum Eigentumsgrundrecht in Art. 103 I handelt,
- Art. 161, der praktisch ebenfalls bedeutungslose Programmsätze zur Überwachungs- **4** funktion des Staates bezüglich der Verteilung und Nutzung des Bodens sowie zur Sozialisierung eigenleistungsloser Bodenwertsteigerungen regelt,
- Art. 162, der den Schutz geistigen Eigentums enthält und insofern deklaratorisch ist, **5** als die dort genannten Schutzgüter bereits von der Eigentumsgarantie des Art. 103 I umfasst werden,
- Art. 163, der die Bedeutung eines freien Grund und Bodens für die Landwirtschaft **6** betont, ohne dass ihm allerdings eine über Art. 103, 158, 159 hinausgehende Schutzfunktion zukäme.

I. Allgemeines

S. zunächst die Erläuterungen in den Vorbemerkungen vor Art. 98.

1. Bedeutung

a) Das Eigentumsgrundrecht gehört zu den theoretisch wie praktisch **wichtigsten** **7** **Grundrechten.**[3] Art. 103 I ist **Wertentscheidung, Institutsgarantie** und **Grundrecht**[4],

---

[1] *Meder,* Art. 159 Rn. 1; VerfGH 9, 158 (164); 14, 104 (106); 25, 71 (72); 41, 106 (109); 54, 36 (39): Art. 159 nimmt am Grundrechtscharakter des Art. 103 teil.

[2] Bezug zum Eigentum haben zudem Art. 106, 125 III (Förderung des Wohnungsbaus, insbes. für kinderreiche Familien); Art. 123 (Steuerpflicht); Art. 141 (Naturschutz, Denkmalschutz, Grundrecht auf Naturgenuss); Art. 146 (Eigentum der Religionsgemeinschaften) sowie Art. 151, 152, 155, 157, 175.

[3] Neben und hinter den theoretisch-konstruktiven Schwierigkeiten mit dem Eigentumsgrundrecht stehen ideologische Grundkonflikte. Dazu das prägnante Diktum von *Leisner,* Eigentum, in: Isensee/Kirchhof (Hrsg.), Handbuch des Staatsrechts, Bd. VI, 1989, S. 1025 f.: *„Eigentum ist ein eigentümliches Recht. Die meisten haben es, alle streben danach – und doch steht es überall im Streit. Der Kampf ums Recht ist die Theorie, der Kampf ums Eigentum die Praxis . . . Seit zwei Jahrhunderten finden um das Privateigentum, vor allem in Deutschland, die heftigsten Verfassungskämpfe der Neuzeit statt, nirgends ist der Rechtskonsens so gering wie hier."*

[4] *Meder,* Art. 103 Rn. 1; VerfGH 4, 212 (218); 11, 81 (85) und seitdem st. Rspr.; BVerfGE 50, 290 (339). Art. 158 selbst stellt kein Grundrecht dar: VerfGH 57, 56 (58).

zudem unverzichtbarer Baustein einer freiheitlichen Rechts- und Wirtschaftsordnung. Art. 103 bietet **Bestandsschutz** des Eigentums, Art. 159 im Falle der Zulässigkeit einer Enteignung **Wertschutz.** Sowohl Art. 14 GG in der Rechtsprechung des BVerfG als auch Art. 103 in der Rechtsprechung des VerfGH spielen eine große rechtspraktische Rolle. Das Eigentum hat indes nicht nur eine verfassungsrechtliche, sondern auch eine philosophische Dimension, die der verfassungsrechtlichen vorausliegt.[5] Die **Möglichkeit von Eigentum ist Bedingung von Freiheit.** Ebenso wie das Grundgesetz errichtet die Bayerische Verfassung eine lückenlose Freiheitsordnung.[6] Diese ist nicht allein durch eine umfassend gewährleistete allgemeine Handlungsfreiheit geprägt[7], sondern findet ihre **notwendige Ergänzung im gegenständlichen Bereich,** dem Eigentum.

8   Dafür werden die unterschiedlichsten Formeln geprägt[8]: „Eigentum ist Freiheit"[9], Eigentum sei wie Freiheit ein Menschenrecht[10], Eigentum erweise sich als notwendige und unverzichtbare Ergänzung grundrechtlicher Freiheiten[11], Freiheit strebe nach Eigentum und sie bedürfe seiner, der Erwerb sei das Ziel, das Haben die Grundlage, die Nutzung der Inhalt.[12] Auch das BVerfG betont in ständiger Rechtsprechung, das Recht auf Eigentum sei ein elementares Grundrecht, das in einem inneren Zusammenhang mit der Garantie der persönlichen Freiheit stehe[13]; ihm wird die Funktion zugesprochen, dem Einzelnen einen **Freiheitsraum im vermögensrechtlichen Bereich** zu sichern.[14]

9   Ebenso der *VerfGH:* Die Garantie des Eigentums sei ein **elementares Grundrecht,** *„das in engem inneren Zusammenhang mit der persönlichen Freiheit steht. Ihm kommt im Gesamt-*

---

[5] Das kann hier nicht vertieft werden; es sei exemplarisch verwiesen auf *Kersting,* Theorien der sozialen Gerechtigkeit, 2000, S. 320 ff. Dieser teilt die (politik)philosophischen Eigentumsbegründungstheorien in zwei Gruppen ein: (1) **Konsenstheoretiker des Eigentums,** zu denen *Kersting* „alle Naturrechtsjuristen in der Nachfolge von Grotius und Pufendorf" zählt, postulieren, dass privates Eigentum nur kontraktualistisch, also unter Zustimmung aller Betroffenen, begründet und legitimiert werden könne. (2) **Theoretiker der ursprünglichen Erwerbung,** zu denen J. Locke, F. A. Trendelenburg und auch A. Schopenhauer gerechnet werden könnten (Nachweise bei *Kersting,* Wohlgeordnete Freiheit, Kants Staats- und Rechtsphilosophie 1993, S. 272 ff.), tendieren dazu, dass Eigentum auch auf „eigene Faust" und konsensunabhängig erworben werden könne, durch Okkupation, durch Arbeit oder sonstige Leistung. Für die Appropriationsform (2) führt *Kersting* in Anschluss an *Waldron,* Right to private property, 1988, S. 263 ff. folgendes Schema an: *„Für alle X und für alle g: Wenn X hinsichtlich g A tut, dann wird X der Eigentümer von g und erhält allen anderen Personen y gegenüber das Recht, y vom Gebrauch von g auszuschließen, und aufgrund der mit dem Recht analytisch verbundenen Zwangsbefugnis auch die Berechtigung, dabei Zwang auszuüben."* Es lassen sich auch Mischformen konstruieren: So kann die Appropriationsform (2) gerade durch Konsens begründet, legitimiert oder ausgestaltet werden. Vgl. zum Ganzen auch *Kersting,* Transzendentalphilosophische Eigentumsbegründung, in: *ders.,* Recht, Gerechtigkeit und demokratische Tugend, 1997, S. 41 ff., insbes. auch zur Eigentumsbegründung bei Kant (S. 46 ff.; zu Kant auch *Hecker,* Eigentum als Sachherrschaft, 1990, S. 184 ff.). S. dazu *Brandt,* Eigentumstheorien von Grotius bis Kant, 1974. Einen knappen und prägnanten Überblick über geisteswissenschaftliche Eigentumstheorien bietet mit umfangreichen Nachweisen *Hösch,* Eigentum und Freiheit, 2000, S. 78 ff.

[6] Rn. 26 ff. vor Art. 98.

[7] Rn. 11 ff. zu Art. 101.

[8] Überblick bei *Depenheuer,* in: v. Mangoldt/Klein/Starck, Art. 14 Rn. 11 ff.; *Badura,* Eigentum, in: Benda/Maihofer/Vogel, Handbuch des Verfassungsrechts, 2. Aufl. 1994, S. 327 ff.; *Papier,* Unternehmen und Unternehmer in der verfassungsrechtlichen Ordnung der Wirtschaft, VVDStRL 35 (1977), S. 55 ff., 81 ff.

[9] *Dürig,* Der Staat und die vermögenswerten öffentlich-rechtlichen Berechtigungen seiner Bürger, in: FS Apelt, 1958, S. 13 ff., 30 ff.

[10] *Leisner,* Privateigentum als Grundlage der Freiheit, in: ders., Eigentum 1996, S. 3 ff.

[11] *Leisner,* Freiheit und Eigentum, in: ders., Eigentum, 1996, S. 7 ff.; *Badura,* Eigentum im Verfassungsrecht der Gegenwart, in: Verhandlungen des 49. DJT, Bd. 2, 1972, Teil T, S. 1 ff., 22.

[12] *Isensee,* in: Leisner, a. a. O., Vorwort des Herausgebers, S. V.

[13] BVerfGE 24, 367 (389); 30, 292 (334); 31, 229 (239); 50, 290 (339); 53, 257 (290); 78, 51 (78); 104, 1 (8).

[14] BVerfGE 24, 367 (389); 83, 201 (208); 97, 350 (370); 102, 1 (15); 104, 1 (8).

gefüge der Grundrechte die Aufgabe zu, dem Träger des Grundrechts einen Freiheitsraum im vermögens-
rechtlichen Bereich zu sichern und ihm dadurch eine eigenverantwortliche Gestaltung seines Lebens zu
ermöglichen".[15]

b) Neben seiner grundrechtstheoretischen und zugleich rechtspraktischen Bedeutung **10**
ist das Eigentumsgrundrecht das **komplizierteste** und dogmatisch am schwersten zu fas-
sende **Grundrecht.**[16] Dies in doppelter Hinsicht:

aa) Zum einen handelt es sich bei der Eigentumsgarantie nach h. M. um ein sog. **11**
„**normgeprägtes Grundrecht**".[17] Anders als bei anderen Freiheitsrechten gibt es kein
natürliches Substrat „Eigentum", kein „vorrechtliches Eigentum". Eigentum ist **keine „natürliche" Freiheit,** nicht vorrechtlich denkbar, vielmehr bedarf es bereits gesetzlicher
Regelungen, die erst bestimmen, was „Eigentum" ist. Zum hier drohenden **Zirkelschluss**
(„Bindungsdilemma") s. Rn. 29.

bb) Zum anderen ist die **Heterogenität** von Grundrechtsbeeinträchtigungen beim **12**
Eigentum größer als bei „natürlichen" Freiheitsrechten. Auf das Eigentum kann in der
Modalität der ausgestaltenden Inhalts- und Schrankenbestimmung, der Enteignung (in
der Gestalt der Legislativ- wie der Administrativenteignung) sowie der faktischen Beeinträchtigung zugegriffen werden. Für jede Beeinträchtigungsmodalität gelten unterschiedliche Rechtfertigungsanforderungen.[18] Hinzukommt die schillernde Figur der „ausgleichspflichtigen Inhaltsbestimmung" (Rn. 65 ff.).

c) Eingriffe in das Eigentum, die **vor dem Inkrafttreten der BV** am 8. 12. 1946 bereits **13**
abgeschlossen waren, sind nicht mehr an Art. 103, 158, 159 zu messen (vgl. dazu m. w. N.
Rn. 11 zu Art. 186).

2. Entstehung

Das Eigentumsgrundrecht hat nicht zuletzt angesichts seiner ideologischen Immanen- **14**
zen eine besonders **wechselvolle Entstehungsgeschichte** hinter sich. Die VU 1919 sah
den Schutz des Eigentums in § 16 vor[19], auch die WRV kannte das Eigentumsgrundrecht
in Art. 153 WRV. Sogar in der VU von 1818 war das Eigentum in Titel IV § 8 angesprochen.[20] Weder der VE noch der E indes enthielten das Eigentumsgrundrecht: Art. 109 bis
113 VE sahen zwar Regelungen über das Eigentum vor (Art. 109 VE: Kreis potenzieller
Eigentümer; Art. 110 VE: Eigentum an Bodenschätzen, Produktionsmitteln und sonstigen für die Gemeinschaft wichtigen Gütern; Art. 111 VE: Verteilung und Nutzung des Bodens; Art. 112 VE: Vergesellschaftung von Privateigentum und Enteignung; Art. 113 VE:
Sozialpflichtigkeit des Eigentums), jedoch nicht den grundrechtlichen Schutz des Eigentums (sondern lediglich des Erbrechts in Art. 114 VE). Gleiches gilt für den E, der in
Art. 116 ff. die Art. 109 ff. VE wiederholte und das Erbrecht in Art. 121 nur „im Rahmen
der Gesetze" gewährleistete.

Erst im VA wurde beschlossen, neben dem Erbrecht auch das Eigentum als Grundrecht **15**
zu gewährleisten (Art. 113 I EVA), wobei die Gemeinwohlpflichtigkeit des Eigentums hinzugefügt wurde (Art. 113 II EVA). Ebenfalls im VA wurden die Sozialisierung und die Enteignung, die bislang in einer Vorschrift geregelt waren (Art. 112 VE, Art. 119 E), in zwei
Vorschriften getrennt (heute: Art. 160 II, 159).

---

[15] VerfGH 35, 56 (69 f.) unter Bezugnahme auf BVerfGE 53, 257 (290).

[16] Plastisch *Schwabe,* Entschädigung für Naturschutzmaßnahmen, Jura 1994, 329: „Eigernordwand
in der Grundrechtslandschaft".

[17] Dazu eingehend *Cornils,* Die Ausgestaltung der Grundrechte, 2005, S. 249 ff.

[18] VerfGH 57, 39 (44) im Anschluss an BVerfGE 58, 300; 100, 226; s. auch die Differenzierung in
Art. 1 III BayEG.

[19] „*Jedem Einwohner werden die Freiheit der Person und das Eigentum gewährleistet. Einschränkungen können
nur nach Maßgabe der Gesetze angeordnet werden."*

[20] „*Der Staat gewährt jedem Einwohner Sicherheit seiner Person, seines Eigenthums und seiner Rechte."*

3. Verhältnis zum Grundgesetz

16   a) Die **Wirksamkeit** der Art. 103, 158, 159 wird von Art. 14 GG **nicht berührt,** diese bestehen nach **Art. 142 GG** neben Art. 14 GG fort.[21] Art. 103 I entspricht dem Art. 14 I 1 GG und Art. 103 II, 158 dem Art. 14 I 2, II GG. Allerdings **unterscheiden** sich die Vorgaben für die Verfassungsmäßigkeit einer Enteignung nach **Art. 159 gegenüber Art. 14 III GG** in **vierfacher Hinsicht** (identisch sind lediglich das Erfordernis einer gesetzlichen Grundlage sowie die Zuweisung von Streitigkeiten über die Höhe der Entschädigung an die ordentlichen Gerichte, Art. 159 S. 2 und Art. 14 III 4 GG):

17   aa) Anders als Art. 14 III 1 GG fordert Art. 159 nicht ausdrücklich, dass eine Enteignung nur zum **Wohl der Allgemeinheit** erfolgen dürfe. Allerdings wird man einen entsprechenden Allgemeinwohlvorbehalt auch i. R. d. Art. 159 aus dem Verhältnismäßigkeitsgrundsatz ableiten müssen.[22]

18   bb) Art. 159 sieht im Gegensatz zu Art. 14 III 2 GG **keine „Junktim-Klausel"**[23] vor; die gesetzliche Regelung, durch die oder auf deren Grundlage die Enteignung erfolgt, muss also **nicht selbst** die Art und das Ausmaß der Entschädigung regeln. Vielmehr genügt es, dass die Entschädigung etwa durch Verwaltungsakt oder durch öffentlich-rechtlichen Vertrag festgelegt wird. Ein bayerisches Gesetz, das eine Enteignung enthält oder zulässt, selbst indes keine Regelung über Art und Ausmaß der Entschädigung vorsieht, gilt als durch Art. 159 ergänzt.[24] Die Entschädigung ist dann unmittelbar auf der Basis des Art. 159 zu bestimmen.

19   Art. 159 gilt neben Art. 14 III 2 GG weiter[25], weil nach der Rechtsprechung des BVerfG zu Art. 142 GG auch im Schutzniveau hinter dem GG zurückbleibende Landesgrundrechte in Kraft bleiben.[26] Der VerfGH könnte also eine Popularklage oder eine Verfassungsbeschwerde gegen eine Enteignung für unbegründet erklären, auch wenn das bayerische Enteignungsgesetz selbst – entgegen Art. 14 III 2 GG – keine Entschädigungsregelung enthielte, da Art. 14 GG kein Prüfungsmaßstab im Verfahren vor dem VerfGH ist und Art. 159 eine Junktimklausel nicht enthält. Allerdings ist das bayerische Enteignungsgesetz nicht nur an Art. 159, sondern wegen Art. 1 III GG auch an Art. 14 GG zu messen und wegen Verstoßes gegen die Junktimklausel in Art. 14 III 2 *bundes*verfassungswidrig und *deswegen* nichtig.[27] Der bayerische Gesetzgeber ist wegen Art. 14 III 2

---

[21] Vgl. dazu zunächst Rn. 109 ff. vor Art. 98; VerfGH 17, 59.

[22] So ausdrücklich Art. 1 I S. 1 BayEG sowie Art. 3 I BayEG; VerfGH 37, 26 (28).

[23] Der Grund dafür, dass der Gesetzgeber nach Art. 14 III GG selbst über Art und Ausmaß der Entschädigung entscheiden muss, liegt darin, dass dieser reflektieren soll, ob eine Maßnahme eine Enteignung darstellt und damit wegen der Notwendigkeit einer Entschädigung zwangsläufig den Haushalt belastet. In dieser Reflexionspflicht liegt auch eine faktische Schutzwirkung für den Eigentümer; vgl. auch BVerfGE 46, 268 (287). Eine salvatorische Klausel des Inhalts „Sollte eine Maßnahme im Rahmen dieses Gesetzes eine Enteignung darstellen, so ist dafür eine angemessene Entschädigung zu zahlen" genügt dem Art. 14 III 2 GG grundsätzlich nicht, BVerwGE 84, 361 (364); allerdings kann eine solche salvatorische Klausel in eine Ausgleichspflichtbestimmung im Rahmen einer ausgleichspflichtigen Inhaltsbestimmung umgedeutet werden, bei der es sich allerdings nicht um eine Enteignung handelt (vgl. z. B. Art. 20 BayDSchG sowie unten Rn. 87 ff.). Zulässig ist ein allgemeines Enteignungsgesetz, das für spezialgesetzliche Enteignungsbestimmungen gilt (vgl. Art. 1 II Nr. 1 BayEG), BVerfGE 56, 249 (263).

[24] Bereits wegen Art. 159 nichtig ist ein Enteignungsgesetz aber dann, wenn es eine Entschädigung als solche ausschließt oder Vorgaben für die Bestimmung der Art und Höhe enthält, die dem Kriterium „angemessen" nicht genügen, *Meder,* Art. 159 Rn. 10; VerfGH 9, 158 (164); 13, 63 (72); 13, 133 (140); vgl. auch VerfGH 38, 51 (65).

[25] VerfGH 13, 133 (140); 29, 105 (129).

[26] BVerfGE 96, 345 (365); Rn. 109 ff. vor Art. 98.

[27] Ein Verstoß gegen die Junktimklausel führt zur Nichtigkeit des gesamten Gesetzes, die nicht dadurch geheilt werden kann, dass eine Entschädigung unmittelbar auf Grund des Art. 14 III GG gewährt wird: BVerfGE 24, 367 (419); 46, 268 (287); 58, 300 (319). Allerdings erfasst Art. 14 III GG nicht die vorkonstitutionellen Enteignungsgesetze, also diejenigen, die bei Inkrafttreten des GG

GG verpflichtet, der Junktimklausel zu genügen, auch wenn er es nach Art. 159 nicht müsste.[28]

cc) Art. 159 unterscheidet sich auch insofern von Art. 14 III GG, als er zwar eine „an- 20 gemessene Entschädigung" fordert, jedoch – anders als Art. 14 III 3 GG – nicht von „gerechter Abwägung der Interessen der Allgemeinheit und der Beteiligten" spricht. Ein materieller Unterschied liegt darin jedoch nicht, da die Ermittlung der Angemessenheit der Entschädigung i. S. d. Art. 159 notwendig eine Abwägung fordert, wie sie in Art. 14 III 3 GG vorgeschrieben ist.

dd) Art. 159 S. 1 sieht vor, dass die Entschädigung auch in **Form einer Rente** gewährt 21 werden kann, wohingegen Art. 14 III GG eine solche Regelung nicht enthält. Allerdings schließt Art. 14 III GG eine Entschädigung in Gestalt einer Rente auch nicht aus, da der Gesetzgeber nicht nur das Ausmaß, sondern auch die Art der Entschädigung regeln muss; und die Art der Entschädigung kann auch eine Rente sein, vorausgesetzt, dass diese nicht nur der Betragshöhe nach, sondern auch als solche „angemessen" ist.

b) Von der Weitergeltung der Art. 103, 158, 159 nach Art. 142 GG zu unterscheiden ist 22 die Frage, ob und inwieweit diese Grundrechtsnormen **Prüfungsmaßstab** für Entscheidungen der Landesstaatsgewalt über Eigentumsbeschränkungen sein können, die materiell auf Grund von Bundesrecht (z. B. BauGB, BImSchG) oder in einem bundesrechtlich geregelten Verfahren ergangen sind; vgl. dazu bereits Rn. 134 ff. vor Art. 98. Nach dort vertretener Auffassung, die von der Rechtsprechung des VerfGH zu Gunsten der Landesgrundrechte abweicht[29], können Art. 103, 158 und 159 Prüfungsmaßstab für alle eigentumsbeschränkenden Maßnahmen der Landesstaatsgewalt sein, die auf formellem oder materiellem Bundesrecht beruhen, wenn und soweit das Bundesrecht entsprechende Spielräume eröffnet, also eine Entscheidung ermöglicht, die mit den bundesrechtlichen Vorgaben *sowie* mit Art. 103, 158 und 159 vereinbar ist. Diese Auslegungs- und Anwendungsspielräume sind grundrechtswahrend zu nutzen. Lediglich wenn eine vollständige bundesrechtliche Determination vorliegt, verbleibt für eine Prüfung des jeweiligen Rechtsakts am Maßstab der Art. 103, 158, 159 kein Raum. Gleiche Maßstäbe gelten für die europarechtliche Determination landesrechtlicher Rechtsakte, die in das Eigentum eingreifen.

II. Einzelkommentierung

Vorbemerkung. Das Eigentumsgrundrecht entfaltet seine Wirkung ganz überwiegend in 23 der Dimension der Eingriffsabwehr. Jegliche hoheitliche Beeinträchtigung eines Interesses, das in den Schutzbereich des Art. 103 fällt, bedarf als Ausnahme von der Regel der verfassungsrechtlichen Rechtfertigung. Entscheidend für das Verständnis der Eigentumsdogmatik ist die **Differenzierung zwischen den verschiedenen Beeinträchtigungsmodalitäten,** die jeweils unterschiedlichen verfassungsrechtlichen Maßstäben und Rechtfertigungsanforderungen folgen. Misslingt die Rechtfertigung, so „reagiert" die

bereits in Kraft waren, *Meder,* Art. 159 Rn. 11; BVerfGE 46, 268 (287). Diese werden durch Art. 159 ergänzt und sind nur dann unwirksam, wenn sie eine (angemessene) Entschädigung ausschließen, BVerfGE 4, 219 (237). Die Junktim-Klausel darf nicht dadurch unterlaufen werden, dass ein insoweit fehlerhaftes Gesetz nicht für nichtig, sondern für wirksam erachtet und dem Betroffenen lediglich ein Anspruch aus enteignungsgleichem Eingriff gewährt wird, BVerfGE 58, 300 (323). Gegen die auf einem gegen Art. 14 III GG verstoßenden Gesetz beruhende Enteignung ist selbst vorzugehen, für eine Entschädigung ist grundsätzlich kein Raum, es besteht kein Wahlrecht zwischen Abwehr und Entschädigung im Sinne eines „dulde und liquidiere".

[28] *Meder,* Art. 159 Rn. 10, Rn. 7 vor Art. 98, Rn. 14, 14 a zu Art. 98.

[29] Der VerfGH beschränkt sich auf eine Überprüfung entsprechender Entscheidungen am Maßstab des Willkürverbots (Art. 118 I); vgl. für Art. 103 VerfGH 57, 168 (174): *„Da LG und OLG bei der Auslegung und Anwendung von Bundesrecht nicht gegen Art. 118 I verstoßen haben, kommt eine Verletzung sonstiger Grundrechte der BV – hier Art. 99 S. 2 und Art. 103 I – nicht in Betracht (VerfGH 42, 28 (33); VerfGH 43, 156 (162))."* S. auch VerfGH 33, 106 (107); 36, 44 (46); 36, 75 (78); 42, 50 (53); 52, 1 (3); 53, 113 (117); 53, 123 (129); 56, 134 (140); 58, 37 (40 f., 44); 58, 289 (295) sowie *Meder,* Art. 103 Rn. 15.

Grundrechtsbestimmung dadurch, dass sie dem in seinem Grundrecht auf Eigentum Verletzten einen subjektiv-verfassungsrechtlichen Anspruch auf Unterlassung, Beendigung oder Kompensation der verfassungswidrigen Eigentumsverkürzung gibt. Vgl. zu diesen sich für alle Freiheitsrechte ergebenden Zusammenhängen, Denk- und Prüfungsschritten zunächst die Rn. 56 ff. vor Art. 98, auf die hier verwiesen wird. Die nachfolgende Kommentierung konzentriert sich auf die – allerdings erheblichen – Besonderheiten, die bei Art. 103, 158, 159 zu beachten sind.

1. Persönlicher Schutzbereich (Grundrechtsberechtigte[30])

24 a) Vom persönlichen Schutzbereich der Art. 103, 158, 159 umfasst, also **grundrechtsberechtigt,** ist „jedermann", also jede **natürliche Person** unabhängig von der Staatsangehörigkeit (auch Staatenlose genießen den Schutz des Art. 103), dem Wohnsitz oder einem sonstigen besonderen Bezug zum Freistaat Bayern[31], dem Alter, dem sozialen Status, der Handlungs- und Geschäftsfähigkeit, der Herkunft, des Geschlechts etc.[32] Auch **juristische Personen des Zivilrechts**[33] – auch mit Sitz im Ausland (und Eigentum im Freistaat Bayern) – kommen in den Genuss des Art. 103.[34]

25 b) **Juristische Personen des öffentlichen Rechts** (der Staat selbst; Körperschaften, Anstalten und Stiftungen des öffentlichen Rechts) sind grundsätzlich nicht grundrechtsberechtigt, sondern grundrechtsverpflichtet.[35] Eine Ausnahme[36] ergibt sich insoweit, als auch juristische Personen des öffentlichen Rechts in einem **Grundrechtsgefährdungsverhältnis** zum Staat stehen können. Dies trifft für die Eigentumsgarantie in erster Linie für die Gemeinden zu, kann aber auch für andere juristische Personen des öffentlichen Rechts, etwa Hochschulen oder Rundfunkanstalten, gelten. Gemeinden und andere juristische Personen des öffentlichen Rechts können – neben Art. 11 II – grundrechtsberechtigt sein, wenn sie sich „in einer Schutzsituation befinden, welche die betreffende Grundrechtsnorm voraussetzt", wenn sie wie eine natürliche Person der Staatsgewalt in einer „grundrechtstypischen Lage"[37] unterworfen sind.[38] Dies ist z. B. der Fall bei Eingriffen in das privatrechtliche Eigentum der Gemeinde oder einer Jagdgenossenschaft als Körperschaft des öffentlichen Rechts.[39]

26 Eine grundrechtstypische Lage einer Gemeinde und damit den Schutz des Art. 103 I hat der VerfGH für den Fall verneint, dass mit der Übertragung einer bislang gemeindlichen Hoheitsaufgabe des übertragenen Wirkungskreises auf den Staat das dieser Aufgabe unmittelbar und ausschließlich oder überwiegend dienende Verwaltungsvermögen der Gemeinde vom Staat in Fortführung der Hoheitsaufgabe und unter Aufrechterhaltung der öffentlich-rechtlichen Zweckbindung in Anspruch genommen wird.[40] Gleiches gilt für

---

[30] Dazu grundsätzlich Rn. 39 ff. vor Art. 98. Grundrechts*verpflichtet* sind der Staat und andere Hoheitsträger, nicht indes Private, Rn. 47 vor Art. 98. Art. 103, 158, 159 entfalten **keine unmittelbare Drittwirkung.** Der Staat kann allerdings auf Grund der grundrechtlichen Schutzpflichten berechtigt oder verpflichtet sein, bei Eigentumsverletzungen inter privatos regelnd einzugreifen und seine dahin gehende Schutzpflicht erfüllen (vgl. dazu und zu den Voraussetzungen für das Entstehen einer Schutzpflicht bereits Rn. 94 ff. vor Art. 98).

[31] Beispiel: Auch ein Ausländer, der in Bayern zur Kapitalanlage ein Grundstück erwirbt, ist von Art. 103, 158, 159 geschützt.

[32] Rn. 41 f. vor Art. 98.

[33] Vgl. dazu Rn. 45 vor Art. 98.

[34] Art. 19 III GG kann sinngemäß herangezogen werden.

[35] BVerfGE 61, 82 (100).

[36] VerfGH 5, 1 (6), wo allerdings die Grundrechtsberechtigung juristischer Personen des öffentlichen Rechts pauschal bejaht wird.

[37] VerfGH 49, 111 (115).

[38] *Meder,* vor Art. 98 Rn. 5; VerfGH 27, 14 (20); 29, 1 (4); 29, 105 (118); 37, 101 (105 ff.); 44, 109 (119); 54, 1 (5) und öfter; a. A. BVerfGE 61, 82 (103). Dazu auch Rn. 46 vor Art. 98.

[39] VerfGH 46, 160 (163); für das Fischereirecht VerfGH 44, 149 (152).

[40] VerfGH 29, 105 (126); 49, 111 (115 f.), bestätigt in VerfGH 54, 1 (5).

Landkreise und kreisfreie Gemeinden im Hinblick auf den Betrieb einer Tierkörperbeseitigungsanstalt. Das zur Erfüllung dieser Aufgabe geschaffene Vermögen ist Verwaltungsvermögen, das keinen grundrechtlichen Schutz genießt.[41]

2. Sachlicher Schutzbereich: der verfassungsrechtliche Begriff vom Eigentum und Erbrecht

a) Vom **sachlichen Schutzbereich** des Art. 103 I umfasst ist zunächst das „Eigentums- 27 recht" (zum Erbrecht s. unten Rn. 52). Eigentum ist kein natürlich bestimmtes und bestimmbares Phänomen, sondern **normgeprägt.** Da es − nach ganz überwiegender Ansicht − kein „vorrechtliches" natürliches Eigentum gibt, muss das Substrat dessen, was verfassungsrechtlich als Eigentum geschützt ist, vom **Gesetzgeber ausgeformt** werden.[42] Eigentum ist notwendigerweise **ausgestaltungsverwiesen.**[43] Dies gilt für Art. 14 I GG ebenso wie für Art. 103 I. Der verfassungsrechtliche Status des Eigentums ist dem Staat nach ganz überwiegender Meinung nicht vor-, sondern „auf"gegeben.[44] Welche Zuordnungssituationen mit der besonderen Rechtsinstitutionalisierung „Eigentum" „ausgestattet" sind, orientiert sich nicht an außerrechtlichen Maßstäben, es ist nicht einmal die Verfassung selbst, die hierfür Orientierungsmaßstäbe bereithält. Vielmehr liegt die **Definitionshoheit** für das Eigentum, also den sachlichen Schutzbereich, nach h. M., grundsätzlich beim **Gesetzgeber,** der „Eigentumsordnung und Eigentumsgebrauch" (Art. 103 II) regelt, „Inhalt und Schranken" (Art. 14 I 2 GG) bestimmt.

Nach dieser Auffassung unterliegt der verfassungsrechtliche Eigentumsbegriff des 28 Art. 103 I und damit der sachliche Schutzbereich im Grunde einem **einfachen Gesetzlichkeitsvorbehalt.** Es gibt kein spezifisch verfassungsrechtliches Eigentum, sondern nur ein einfach-gesetzliches (**„Eigentum nach Gesetz"**[45]). Ähnlich ist die Auffassung des **VerfGH,** der sich zwar zur Existenz eines *spezifisch* verfassungsrechtlichen Eigentumsbegriffs noch nicht explizit geäußert hat, von einem solchen aber wohl auch nicht ausgeht. Er spricht in VerfGH 35, 56 (70) zwar vom „verfassungsrechtlich geschützten Eigentum", entwickelt dabei aber keinen verfassungsrechtlichen Eigentumsbegriff, sondern ordnet dem Eigentum alle vermögenswerten Rechte des Privatrechts und des öffentlichen Rechts, also des einfachen Rechts, zu.

b) Eine solche Konstruktion des sachlichen Schutzbereichs nach Maßgabe der einfach- 29 rechtlichen Rechtslage führt in ein **„Bindungsdilemma"** oder „Konkretisierungsdi-

---

[41] VerfGH 54, 1 (5).

[42] BVerfGE 58, 300 (330): *„Das Eigentum als Zuordnung eines Rechtsgutes an einen Rechtsträger bedarf, um im Rechtsleben praktikabel zu sein, notwendigerweise der rechtlichen Ausformung"*; so bereits BVerfGE 14, 263 (277); 20, 351 (355); 24, 367 (389); 52, 1 (27); vgl. auch Rn. 99 f. vor Art. 98.

[43] *Lindner,* Theorie der Grundrechtsdogmatik, 2005, S. 305 ff.

[44] So eine die h. L. treffend kennzeichnende Wendung bei *Depenheuer* (Fn. 8), Art. 14 Rn. 35; zur Entwicklung *Papier,* in: Maunz/Dürig, Art. 14 Rn. 35 ff.

[45] *Depenheuer* (Fn. 8), Art. 14 Rn. 35 (Überschrift). Das BVerfG hat dies wie folgt umschrieben: *„Welche Befugnisse einem Eigentümer in einem bestimmten Zeitpunkt konkret zustehen, ergibt sich* (nicht aus der Verfassung, sondern, J. F. L.) *vielmehr aus der Zusammenschau aller in diesem Zeitpunkt geltenden, die Eigentümerstellung regelnden gesetzlichen Vorschriften. Ergibt sich hierbei, dass der Eigentümer eine bestimmte Befugnis nicht hat, so gehört diese nicht zu seinem Eigentumsrecht. Aus der Gesamtheit der verfassungsmäßigen Gesetze, die den Inhalt des Eigentums bestimmen, ergeben sich somit Gegenstand und Umfang des durch Art. 14 Abs. 1 Satz 1 GG gewährleisteten Bestandsschutzes",* BVerfGE 58, 300 (336); ähnlich BVerfGE 74, 129 (148): Was geschützt ist, ergebe *„sich aus der Gesamtheit der verfassungsmäßigen Gesetze bürgerlichen und öffentlichen Rechts".* An anderer Stelle spricht das BVerfG hingegen davon, dass der Begriff des von der Verfassung geschützten Eigentums aus der Verfassung selbst gewonnen werden müsse; aus Normen des einfachen Rechts könne der Begriff des Eigentums im verfassungsrechtlichen Sinn nicht abgeleitet werden, BVerfGE 58, 300 (335). Bislang haben indes weder das BVerfG noch der VerfGH einen spezifischen verfassungsrechtlichen Begriff des Eigentums entwickelt. Die Forderung des BVerfG nach einem solchen Begriff erschöpft sich in der Funktion, den Eigentumsbegriff vom bürgerlichen Recht zu lösen und auch für öffentlich-rechtlich begründete Rechtspositionen zu öffnen.

lemma"[46], das als **„Kardinalproblem der Eigentumsdogmatik"**[47] gilt.[48] Erkennt man einen dem Gesetzgeber vorausliegenden, eigenständigen verfassungsrechtlichen Eigentumsbegriff nicht an, sondern definiert man diesen nach Maßgabe der inhaltsbestimmenden Gesetze[49] (Art. 103 II, Art. 14 I 2 GG), fehlt ein verfassungsrechtlich selbständiger Maßstab, an dem die inhaltsbestimmenden Gesetze ihrerseits auf ihre Grundrechtskonformität (im Hinblick auf Art. 103, 159) geprüft werden können.[50] Der verfassungsrechtliche Eigentumsbegriff kann gegenüber dem inhaltsbestimmenden Gesetzgeber **keine Begrenzungsfunktion** entwickeln, da er eben durch diesen erst bestimmt wird. Damit gibt es **keine Ausgangsvermutung für die Freiheit des Eigentümers,** das rechtsstaatliche Verteilungsschema ist „für die Eigentumsgarantie außer Kraft" gesetzt.[51] H. M. und Rechtsprechung versuchen, diesen **zirkulösen „Selbstand"-Mangel** des Eigentumsbegriffs auf zweierlei Weise zu **kompensieren**[52]:

30   aa) Zum einen durch die Anwendung des **Verhältnismäßigkeitsgrundsatzes** im Rahmen der Abwägung zwischen Eigentum und Gemeinwohl, zwischen Art. 14 I 1 und II GG bzw. zwischen Art. 103 I und Art. 103 II, 158 S. 1.[53] Der Grundsatz der Verhältnismäßigkeit gewinnt angesichts fehlender Maßstäblichkeit eines verfassungsunmittelbaren Eigentumsbegriffs besondere Bedeutung bei der Beschränkung des inhaltsbestimmenden Gesetzgebers, der ansonsten seine verfassungsrechtlichen Grenzen lediglich am allgemeinen Willkürverbot fände. Allerdings fehlt der Anwendung des Verhältnismäßigkeitsgrundsatzes der Bezugspunkt.[54] Es mangelt an einem grundrechtlich geschützten Interesse, einem Schutzinteresse, dem gegenüber das Zweckinteresse als vorrangig begründet werden müsste.[55]

31   bb) Eine Beschränkung des schutzbereichsbestimmenden Gesetzgebers wird zudem in der sog. **„Institutsgarantie"** des Eigentums[56] gesehen.[57] Diese verbiete es dem Gesetz-

---

[46] *Herzog,* Grundrechte aus der Hand des Gesetzgebers, in: FS f. Zeidler, Bd. 2, 1987, S. 1415 ff.; *Jestaedt,* Grundrechtsentfaltung im Gesetz, 1999, S. 30 spricht von „Perplexitätsverdacht".

[47] *Depenheuer,* Der Eigentumsbegriff zwischen absoluter Verfügungsbefugnis und Sozialgebundenheit, in: Politische Studien Sonderheft 1/2001, 29 (31).

[48] *Dürig,* Das Eigentum als Menschenrecht, ZgesStW 109 (1953), 326 (330); *Osterloh,* Eigentumsschutz, Sozialbindung und Enteignung bei der Nutzung von Boden und Umwelt, DVBl. 1991, 906 (912): *„logische Falle"; Leisner,* Eigentum – Grundlage der Freiheit, in: *ders.,* Eigentum, 1996, S. 21 ff., 25 f.

[49] Obwohl in Art. 103, 158 S. 1 von Inhaltsbestimmungen nicht die Rede ist, geht der VerfGH ohne weiteres von der Kategorie der „Inhaltsbestimmung des Eigentums" und deren Abgrenzung zur Enteignung (Art. 159) aus, VerfGH 35, 56 (70); 57, 39 (44).

[50] Zuspitzung des Problems bei *Wolff,* Sachenrecht, 2. Aufl. 1978, S. 119: *„Die Ansicht, dass der Staat den Inhalt des Begriffs Eigentum setze, bedeutet, dass er insoweit den Inhalt des Denkens bestimmt, das Denken der Menschen also steuern können soll. Das entspricht der ideologischen Auffassung vom totalen und autoritären Staat."*

[51] Berechtigte Kritik bei *Depenheuer* (Fn. 8), Rn. 44.

[52] Zu weiteren Vorschlägen *Sieckmann,* S. 25 ff.; *Eschenbach,* S. 679 f.

[53] *Rozek,* S. 33 ff.; VerfGH 57, 39 (44); BVerfGE 21, 73 (82); 50, 290 (340); 52, 1 (29); 58, 300 (338 ff.); 79, 179 (198); 104, 1 (11).

[54] Vgl. dazu Rn. 69 ff. vor Art. 98.

[55] Prägnante Formulierung bei *Depenheuer* (Fn. 8), Rn. 226: *„Man kann aber eigentumsrelevante Regelungen nicht daran messen, ob sie geeignet, erforderlich und verhältnismäßig sind, um zugleich die Position, die sie selbst erst hervorbringen, zu beschränken. Die begrenzende und disziplinierende Wirkung des Verhältnismäßigkeitsprinzips verdunstet in eine unstrukturierte, unkonturierte Generalabwägung zwischen Individual- und Gemeinwohlinteressen."*

[56] Es entspricht heute der h. M., dass Art. 14 I 1 GG und Art. 103 I nicht nur ein subjektives Recht des Einzelnen gegen den Staat verbürgen, sondern darüber hinaus eine sog. Institutsgarantie enthalten; VerfGH 4, 212 (218); 5, 1 (6). *Meder,* Art. 103 Rn. 1; BVerfGE 20, 352 (355); 24, 367 (389); 31, 229 (240); 58, 300 (339). Die Grundlagen für die dogmatische Figur der Institutsgarantie wurden bereits unter der Weimarer Verfassung gelegt: *Wolff,* Reichsverfassung und Eigentum, in: Festgabe für W. Kahl, 1923, IV, S. 1 ff., 5 f.; *Schmitt,* Verfassungslehre, 1928, S. 170 ff. Aus der neueren Literatur: *Wendt,* Eigentum und Gesetzgebung, 1985, S. 183 ff., 194 ff.; *Hösch,* Eigentum und Freiheit, 2000, S. 57 ff., mit deutlicher Kritik auf S. 71; *Mager,* Einrichtungsgarantien, 2003. Kritik an der dogmatischen Funktion dieser Kategorie bei *Lindner* (Fn. 43), S. 447 ff.

[57] Dazu *Papier* (Fn. 44), Art. 14 Rn. 39; *Gellermann,* Grundrechte in einfach-gesetzlichem Gewande, 2000, S. 91.

geber, solche Sachbereiche dem Eigentumsschutz zu entziehen, die zum **elementaren Bestand** grundrechtlich geschützter Betätigung im vermögensrechtlichen Bereich gehören.[58] Damit gewinnen das BVerfG und der VerfGH[59] zwar einen zirkelvermeidenden Maßstab, da die inhaltsbestimmenden Normen nicht gegen die verfassungsunmittelbare Institutsgarantie „Eigentum" verstoßen dürfen.[60]

Abgesehen von der **begrifflichen Unschärfe** – was bedeutet „elementarer Bestand"   **32** oder „Kernbereich der Eigentumsgarantie"[61]? – ‚muss sich eine solche Auffassung jedoch vorhalten lassen, letztlich nur **rudimentäre Grundlagen des Eigentums** wirklich **verfassungsfest** zu machen.[62] Der VerfGH rechnet zum Kernbereich der Eigentumsgarantie die **„Privatnützigkeit"**[63] des Eigentumsobjekts. Doch wie weit reicht diese? Mehr als vage Formulierungen finden sich auch in der Rechtsprechung des BVerfG nicht: „traditionsbezogener Garantiegehalt", der die überkommenen typischen Grundformen und Grundstrukturen des Normbereichs des Art. 14 GG sichere[64]; die Institutsgarantie verbürge einen Grundbestand an Normen, ohne die das Rechtsinstitut „Eigentum" seinen Namen nicht verdiente.[65] Der Gesetzgeber sei im Sinne eines strikt zu beachtenden Untermaßverbotes verpflichtet, einen Mindeststandard an freiheitssichernden Vermögensrechten zur Verfügung zu stellen.[66]

Solche Formulierungen sind wenig praktikabel, weshalb das BVerfG in jüngster Zeit   **33** die Rede von der Institutsgarantie eher zu meiden scheint und stattdessen vom **„Kernbereich der Eigentumsgarantie"** spricht, zu dem sowohl die Privatnützigkeit als auch die grundsätzliche Verfügungsbefugnis über den Eigentumsgegenstand gehörten.[67]

c) Damit steht das **Eigentumsgrundrecht** in einem deutlichen **Kontrast** zu den an-   **34** deren **Freiheitsrechten,** was allerdings der in Deutschland bestehenden Rechtstradition eines von vornherein gesetzes- und damit pflichtgebundenen Eigentumsbegriffs zu entsprechen scheint. Im Bereich des Eigentums ist der **Schritt von einer a priori pflichtengebundenen hin zu einer a priori freiheitlichen und freiheitsvermutenden Grundrechtsordnung noch nicht vollzogen.**[68] Versuche, einen eigenständigen verfassungsrechtlichen Eigentumsbegriff zu entwickeln und damit die Eigentumsdogmatik der Dogmatik der „natürlichen" Freiheitsrechte anzugleichen[69], sind selten. Folgende **Ansätze**[70] sind zu nennen:

aa) Zum Teil wird für einen **selbständigen verfassungsrechtlichen Eigentumsbe-**   **35** **griff** im Sinne **„umfassender Herrschafts- und Verfügungsbefugnis"** plädiert[71] und damit auf den phänomenologischen Strukturtypus des Eigentums zurückgegriffen. Dieses

---

[58] *Wendt,* in: Sachs, Art. 14 Rn. 60; BVerfGE 24, 367 (389); 58, 300 (339); 100, 226 (240).

[59] VerfGH 57, 39 (44) spricht von „Kernbereich der Eigentumsgarantie", die nicht „ausgehöhlt werden" dürfe.

[60] *Hendler,* Zur bundesverfassungsgerichtlichen Konzeption der grundgesetzlichen Eigentumsgarantie, DVBl. 1983, 873 (876); *Schoch,* Die Eigentumsgarantie des Art. 14 GG, Jura 1989, 113 (116).

[61] VerfGH 57, 39 (44).

[62] Zutreffend *Papier* (Fn. 44), Art. 14 Rn. 39: „*Aber auch der Inhalt jener Institutsgarantie ist derzeit fraglicher denn je. Wenn es richtig ist, dass Eigentum im verfassungsrechtlichen Sinn nur die einem Eigentümer in einem bestimmten Zeitpunkt gesetzlich zugestandenen Befugnisse sind, dann wird die Existenz einer dem Gesetzgeber von Verfassungs wegen vorgegebenen und von ihm zu beachtenden Eigentumsinstitutsgarantie insgesamt fraglich. Jedenfalls ist der Inhalt einer solchen Rechtseinrichtungsgarantie derzeit ziemlich offen.*"

[63] VerfGH 41, 83 (91); 57, 39 (44).

[64] *Wendt,* Art. 14 Rn. 60.

[65] BVerfGE 24, 367 (389); BVerfG, BayVBl. 2007, 270.

[66] *Ehlers,* S. 211 ff., 216.

[67] BVerfG, BayVBl. 2007, 270 m. w. N. zur bisherigen Rechtsprechung des BVerfG; VerfGH 41, 83 (91).

[68] Deutlich *Depenheuer* (Fn. 8), Art. 14 Rn. 37.

[69] So aber bereits eine Forderung von *Dürig,* ZgesStW 109 (1953), 326.

[70] Näheres bei *Lindner* (Fn. 43), S. 314 ff.

[71] So insbesondere *Depenheuer* (Fn. 8), Art. 14 Rn. 50 ff.

setze einen dem Gesetzgeber *vorgegebenen* Garantieinhalt voraus, der notfalls sogar theoretisch gedacht werden müsste, um Eigentum als Freiheitsrecht real wirksam werden zu lassen.

36   bb) Zum anderen wird die **„tatsächliche Sachherrschaft"**[72] in umfassendem Sinne als Schutzgut der Eigentumsgarantie verstanden und auf diese Weise ein verfassungsrechtlicher Selbstand des Eigentums gewonnen.[73]

37   cc) Schließlich gibt es Versuche, die soeben skizzierten Positionen zusammenzuführen. Ausgangspunkt dieser Überlegungen ist ein **außerrechtlich gedachtes Eigentumsverständnis** als argumentativ-konstruktive Basis des Eigentumsgrundrechts. In einer außerrechtlich gedacht-unbeschränkten Herrschafts-, Nutzungs- und Verfügungsmöglichkeit des Einzelnen kann das Eigentum den verfassungsrechtlichen Selbstand erhalten, der notwendig ist, um den ausgestaltenden Gesetzgeber wirksam an die Eigentumsgarantie im Sinne eines Regel-Ausnahme-Verhältnisses zu binden.[74] Jede Einschränkung dieser gedacht-unbeschränkten Befugnisse stellt nach diesem Verständnis einen rechtfertigungsbedürftigen Eingriff dar.

38   d) Die soeben grob skizzierten Versuche, einen eigenständigen verfassungsrechtlichen Eigentumsbegriff zu entwickeln, haben weder in Rechtsprechung noch in der Literatur ein größeres Echo gefunden. Es bleibt daher derzeit nichts anderes übrig, als mit der vom BVerfG und vom VerfGH entwickelten deskriptiven Eigentumsformel nach Maßgabe einfachen Rechts zu arbeiten.

39   aa) Der **VerfGH** versteht unter **Eigentum** i. S. d. Art. 103 I *„alle vermögenswerten subjektiven Rechte des privaten Rechts, aber auch subjektive öffentlich-rechtliche Rechte, sofern sie ihrem Inhalt und ihrer wirtschaftlichen Bedeutung nach privaten Rechten ähnlich sind und wie diese Rechtspositionen schaffen, die denjenigen des Eigentums so nahe kommen, dass ihnen der gleiche verfassungsrechtliche Eigentumsschutz zugebilligt werden muss".*[75] Damit folgt der VerfGH zwar nicht in der Formulierung, wohl aber in der Sache dem BVerfG, das zu den schutzfähigen Rechtspositionen im Sinne des Eigentumsgrundrechts **alle vom Gesetzgeber gewährten vermögenswerten Rechte** zählt.[76] Von der Eigentumsgarantie umfasst sind nicht nur das **Innehaben** des jeweiligen Rechts, das **Zuordnungsverhältnis** zwischen Grundrechtsträger und Eigentumsgegenstand, sondern auch die damit verbundene **spezifische Nutzungs- und Verfügungsmöglichkeit** sowie die Befugnis, Dritten und dem Staat den **Zugriff** auf den geschützten Gegenstand oder das geschützte Recht zu **verweigern.**[77]

40   bb) Umfasst vom Begriff des Eigentums i. S. d. Art. 103 I sind daher im Einzelnen[78]:

41   (1) Das **Eigentum im bürgerlich-rechtlichen Sinne** an Grundstücken und beweglichen Sachen. Geschützt ist die grundsätzlich umfassende Nutzungs- und Verfügungsmöglichkeit, wie etwa die Veräußerungs-[79] und Belastungsmöglichkeit (z. B. mit Hypo-

---

[72] So *Lepsius,* Besitz und Sachherrschaft im öffentlichen Recht, 2002, S. 64 ff.

[73] Allerdings dürfte *Lepsius'* These, jedwede tatsächliche Sachherrschaft sei Schutzgut der Eigentumsgarantie, zu weit gehen.

[74] *Lindner* (Fn. 43), S. 315 ff. Das Eigentum im verfassungsrechtlichen Sinn ließe sich bei einem solchen Ansatz wie folgt definieren: *Eigentum im Sinne des Art. 103 I und des Art. 14 I 1 GG ist jedes tatsächliche, unbeschränkt denk- und konsentierbare, nicht rechtsnormgeprägte Sachherrschaftsverhältnis, durch das ein Phänomen extra personam einer Person in der Weise zugeordnet ist, dass diese die (mindestens teilweise) Letztentscheidungsbefugnis über Nutzung und Verfügung hat.*

[75] VerfGH 35, 56 (70); 41, 83 (91); 41, 106 (110). Eigentum sei gekennzeichnet durch Privatnützigkeit und Verfügungsbefugnis: VerfGH 41, 83 (91); 49, 111 (116); 53, 196 (214).

[76] BVerfGE 24, 367 (396); 58, 300 (336).

[77] BVerfGE 104, 1 (8): *„Eigentum ist durch Privatnützigkeit und die grundsätzliche Verfügungsbefugnis des Eigentümers über den Eigentumsgegenstand gekennzeichnet". Wendt,* Art. 14 Rn. 41 ff. zählt zu den „Dimensionen des Eigentumsschutzes" die Garantie des „Habens", des „Ausnutzendürfens" sowie die Verfügungsfreiheit.

[78] Vgl. im Einzelnen und mit weiteren Nachweisen für Art. 14 GG: *Wendt,* Art. 14 Rn. 21 ff.

[79] Nicht erfasst ist der Eigentumserwerb als solcher, hierfür gilt Art. 101, *Jarass/Pieroth,* Art. 14 Rn. 19.

theken, Grundschulden oder sonstigen dinglichen Rechten). Bei Grundstücken ist vom Grundrechtsschutz auch erfasst[80] die Bebauung (die „Baufreiheit"[81]) oder sonstige beliebige Nutzung, nicht indes das Grundwasser.[82] Problematisch ist die Formulierung, von der Eigentumsfreiheit erfasst sei nur das Recht, ein „Grundstück im Rahmen der Gesetze"[83] zu bebauen oder zu nutzen. Dadurch gerät die Bodennutzung unter einen einfachen Gesetzesvorbehalt. Systematisch überzeugender ist es, zunächst die unbeschränkte Nutzung – und auch Bebaubarkeit – dem Eigentumsschutz nach Art. 103 I zuzuordnen und aus Gemeinwohlgründen notwendige Einschränkungen als Ausnahme von der Regel eigens zu rechtfertigen. Damit gewinnt die Eigentumsdogmatik mehr Transparenz.

Nutzungsbeschränkungen auf Grund des Bauplanungsrechts, des Bauordnungs- **42** rechts, des Naturschutzrechts, des Denkmalschutzrechts usw. oder auf Grund von gemeindlichen Satzungen über die Nutzung von Grundstücken stellen Eingriffe in Art. 103 I dar, die nach dem allgemeinen freiheitsrechtlichen Regel-Ausnahme-Schema, insbesondere nach Maßgabe des Verhältnismäßigkeitsgrundsatzes gerechtfertigt werden müssen (dazu Rn. 61 ff. vor Art. 98). Rechtfertigungsgründe i. S. verfassungsrechtlich legitimer Zwecke können dabei sein: Aspekte des Natur- und Umweltschutzes[84], des Grundwasserschutzes, die Vermeidung zu umfassender Landversiegelung, Lärmschutz, Feuerschutz, eine harmonische städtebauliche Entwicklung, ein abwägungsgerechter Nachbarschutz[85] etc. Von Art. 103 I umfasst ist auch die Erhaltung und weitere Nutzung eines rechtmäßig bestehenden Gebäudes (Bestandsschutz).[86]

(2) Über das klassische sachenrechtliche Eigentum im bürgerlich-rechtlichen Sinn hin- **43** aus sind **alle privaten vermögenswerten Rechte** von Art. 103 I umfasst.[87] Dazu gehören u. a. alle dinglichen Rechte[88] an einer (beweglichen oder unbeweglichen) Sache (Hypotheken, Grundschulden, Erbbaurechte, Grunddienstbarkeiten etc.), schuldrechtliche Forderungen, der Anspruch auf Versorgungsausgleich, gesellschaftsrechtliche Anteile (Aktien, Geschäftsanteile etc.), vertragliche Nutzungs- und Besitzrechte (Besitzrecht des Mieters[89]),

---

[80] Dazu m. w. N. *Wendt*, Art. 14 Rn. 45 ff.

[81] Die Bebauung gehört zur funktionsgerechten Nutzung eines Grundstücks: VerfGH 9, 131 (137); 11, 81 (85).

[82] BVerfGE 58, 300 (336 f.). Auch hierin liegt ein Zirkelschluss. Richtiger wäre es, das Eigentum am Grundstück auch auf das Grundwasser zu erstrecken und das Verbot der Einwirkung darauf als – rechtfertigungsbedürftige – Schrankenbestimmung zu qualifizieren.

[83] *Meder*, Art. 103 Rn. 14. BVerfGE 104, 1 (11); BVerwGE 106, 228 (234); 120, 130 (137). Ähnlich VerfGH 19, 81 (86).

[84] Vgl. auch Art. 141; VerfGH 39, 1 (8).

[85] VerfGH 19, 81 (86); 34, 61 (62); 39, 36 (39). Nicht vom Eigentumsrecht eines Grundstückseigentümers umfasst ist das Recht darauf, dass die Nutzung des Nachbargrundstücks oder eines beliebigen anderen Grundstücks unverändert bleibt, da ansonsten die Eigentümerfreiheit des einen Eigentümers unter einen Fremdbestimmungsvorbehalt zu Gunsten des anderen Eigentümers geriete, VerfGH 34, 61 (64); 36, 1 (8); 39, 17 (22). Art. 103 I entfaltet keine unmittelbare Drittwirkung zwischen benachbarten Grundstückseigentümern; baurechtliche Nutzungsbeschränkungen – sei es des Bauplanungs-; sei es des Bauordnungsrechts – können aber dadurch gerechtfertigt sein, dass ein gedeihliches Nebeneinander von Nutzungen ermöglicht wird.

[86] BVerwGE 84, 322 (334). Der Bestandsschutz des Art. 103 I greift im Baurecht auch dann, wenn ein Gebäude ohne erforderliche Baugenehmigung errichtet worden war, aber materiell rechtmäßig bestand, BVerwGE 61, 112 (120); 72, 362 (363). Ein Anspruch auf Erweiterung oder neue Nutzung lässt sich dem eigentumsrechtlichen Bestandsschutz dagegen nicht entnehmen. Für die Einzelheiten sei auf die einschlägige baurechtliche Literatur verwiesen.

[87] Eingehend m. w. N. *Wendt*, Art. 14 Rn. 22 ff.; VerfGH 5, 1 (4); 35, 56 (70); 49, 111 (117); BVerfGE 78, 58 (71); 83, 201 (208). Geschützt sind nach der Rspr. des BVerfG „*grundsätzlich alle vermögenswerten Rechte, die dem Berechtigten von der Rechtsordnung in der Weise zugeordnet sind, dass er die damit verbundenen Befugnisse nach eigenverantwortlicher Entscheidung zu seinem privaten Nutzen ausüben*" kann.

[88] VerfGH 14, 104 (109); 41, 106 (110).

[89] BVerfGE 89, 1 (5); vgl. dazu sowie zum Streit um diese Entscheidung *Lindner* (Fn. 43), S. 319 f.

Vorkaufsrechte, Rechte des „geistigen Eigentums" (Urheberrecht, Patentrecht, Marken-recht)[90], private Fischereirechte, das Jagdausübungsrecht.[91]

44   (3) Auch der **eingerichtete und ausgeübte Gewerbebetrieb** genießt als Sach- und Rechtsgesamtheit „seiner Substanz nach" den Schutz des Art. 103 I.[92] Dazu gehören auch landwirtschaftliche Betriebe und Praxen im Bereich der freien Berufe.[93] Allerdings bezieht sich der Eigentumsschutz nicht auf die betriebliche oder wirtschaftliche Tätigkeit als solche, sondern auf die Substanz des Betriebs.[94] Regelungen, die nicht in die Substanz des Betriebs eingreifen, sondern die Ausübung des Gewerbes oder der beruflichen Tätigkeit betreffen, sind nicht an Art. 103 I, sondern am Grundrecht der Berufsfreiheit (Art. 101) zu messen.[95]

45   Art. 103 I erfasst **nicht** die **allgemeinen Erwerbschancen,** die mit einem Gewerbe-betrieb verbunden sind, zumal nicht die „tatsächliche Absatzmöglichkeit", den „Unter-nehmensruf"[96] oder die „Erwartung, dass ein Unternehmen auch in Zukunft rentabel be-trieben werden kann."[97] Art. 103 I schützt nicht vor Verlust des **Lagevorteils** auf Grund der Änderung einer Straße, wohl aber den **Zugang zum Gewerbebetrieb** als solchen.[98] Insgesamt liegt der grundrechtliche Schwerpunkt im Hinblick auf die Beeinträchtigung gewerblicher oder beruflicher Tätigkeit bei der von Art. 101 geschützten Berufsfreiheit[99] (vgl. dazu Rn. 17 f. zu Art. 101 sowie unten Rn. 50 f.).

46   (4) Art. 103 I schützt über das Privatrecht hinausgehend auch **subjektiv-öffentliche Rechte,** sofern diese ihrem Inhalt und ihrer wirtschaftlichen Bedeutung nach privaten Rechten ähnlich sind und wie diese Rechtspositionen schaffen, die denjenigen privaten Eigentums so nahe kommen, dass ihnen der gleiche verfassungsrechtliche Schutz. wie dem privaten Eigentum zuerkannt werden muss.[100] Das entsprechende Recht muss dem Inhaber „nach der Art eines Ausschließlichkeitsrechts zugeordnet" sein[101] und „auf nicht unerheblichen **Eigenleistungen** beruhen".[102] Umfasst sind z. B. der Anspruch auf Erstat-tung zu viel gezahlter Steuern[103] und insbesondere öffentlich-rechtliche Ansprüche im Be-reich der Sozialversicherung.[104]

---

[90] VerfGH 47, 36 (44).

[91] BVerfG, BayVBl. 2007, 270; VerfGH 46, 160 (164): Jagdrecht des Grundeigentümers; 49, 141 (151).

[92] VerfGH 17, 59 (60); 26, 69 (86); 35, 10 (24); 35, 56 (70); 37, 177 (181); 54, 85 (93); weitere Nachweise bei *Meder,* Art. 103 Rn. 2. Das BVerfG hat die Frage für Art. 14 GG offen gelassen: BVerfGE 77, 84 (118); 105, 252 (278).

[93] VerfGH 14, 59 (69), offen gelassen in VerfGH 35, 56 (70). Offen gelassen hat der VerfGH, ob Pri-vatliquidationsrechte beamteter Krankenhausärzte den Schutz des Art. 103 I genießen, VerfGH 50, 272 (275).

[94] VerfGH 26, 144 (162); 35, 56 (70); BVerwGE 118, 226 (241). Geschützt ist nur das Recht „auf Fort-setzung des Betriebs im bisherigen Umfang nach den schon getroffenen betrieblichen Maßnahmen", BVerwGE 96, 341 (348 f.).

[95] *Jarass/Pieroth,* Art. 14 Rn. 10, 25 f.

[96] BVerfGE 105, 252 (278).

[97] BVerfGE 110, 274 (290).

[98] Vgl. dazu *Jarass/Pieroth,* Art. 14 Rn. 26, 63 f. m. w. N.; VerfGH 48, 99 (107): Der Anliegergebrauch komme in seinem Kern dem privatrechtlichen Eigentum zwar so nahe, dass er unter den Schutz der Eigentumsgarantie falle; der gegenüber dem schlichten Gemeingebrauch gesteigerte Anliegerge-brauch gewährleiste aber nur die Verbindung des Anliegergrundstücks mit dem öffentlichen Straßen-netz. Nicht umfasst sei die „Bequemlichkeit" des Zu- und Abgangs. Die Möglichkeit, vom Anlieger-grundstück aus Sees aus Wassersport zu betreiben, ist nicht vom Schutz der Eigentumsgarantie umfasst: VerfGH 32, 92 (103).

[99] VerfGH 56, 1 (11); 57, 175 (178).

[100] VerfGH 8, 107 (114); 14, 59 (69); 14, 104 (109); 35, 56 (70); 41, 83 (91) und öfter; BVerfGE 53, 257 (289); 88, 384 (401).

[101] BVerfGE 69, 272 (300).

[102] BVerfGE 72, 9 (18); 92, 365 (405); 97, 271 (284); VerfGH 49, 111 (117).

[103] BVerfGE 70, 278 (285).

[104] BVerfGE 40, 65 (82); 53, 257 (290); 69, 272 (304); *Ossenbühl,* Der Eigentumsschutz sozialrechtli-cher Positionen in der Rechtsprechung des Bundesverfassungsgerichts, in: FS Zeidler, 1987, S. 625 ff.;

Dieser Eigentumsschutz ist indes kein klassisch-freiheitlicher, sondern ein **konstruk-** 47
tiv-kompensatorischer[105]: Wenn der Staat den Einzelnen verpflichtet, einen bestimmten
Prozentsatz seines verdienten Arbeitseinkommens in eine hoheitlich organisierte Zwangs-
versicherung einzubezahlen, entzieht er ihm die ansonsten bestehende Möglichkeit, mit
diesem Geldbetrag Sacheigentum oder privatrechtliche Versicherungsansprüche zu erwerben und dadurch selbst Vorsorge für seine Zukunft und die Wechselfälle des Lebens zu treffen. Zur Kompensation dieses Entzuges sind die durch die Zahlung der Versicherungsbei-
träge entstehenden Forderungen als „virtuelles" Eigentum im Sinne des Art. 103 I, Art. 14 I
1 GG anzuerkennen. Konsequenterweise keinen Eigentumsschutz genießen daher öffentlich-rechtliche Ansprüche, die der Staat dem Einzelnen einräumt, ohne dass dieser dafür
nennenswerte Eigenleistungen erbringt.[106] Gleiches gilt für reine Ermessensleistungen.[107]
Für Ansprüche von Angehörigen des öffentlichen Dienstes, die sich aus einem öffentlich-
rechtlichen Dienstverhältnis ergeben, ist Art. 95 lex specialis gegenüber Art. 103.[108]

cc) **Nicht** von Art. 103 I **geschützt** sind: 48

(1) Das **Vermögen** als solches[109]. Art. 103 I bietet keinen Schutz gegen **Geldentwer-** 49
tung.[110] Auch durch die Auferlegung von öffentlich-rechtlichen **Geldleistungspflichten**
wird Art. 103 I grundsätzlich nicht berührt.[111] Dies gilt für Leistungspflichten aller Art
(Abgaben: Steuern, Gebühren, Beiträge, Sonderabgaben; Beiträge zu Versorgungsanstalten
freier Berufe[112]; Studienbeiträge nach Art. 71 BayHSchG). Sie sind an Art. 101 zu messen.
Art. 103 I schützt aber ausnahmsweise vor der Auferlegung von Geldleistungspflichten,
wenn diese an der Nutzung, Verwendung oder Innehabung des Eigentums anknüpfen[113]
oder „erdrosselnde" Wirkung haben.[114]

Katzenstein, Die bisherige Rechtsprechung des Bundesverfassungsgerichts zum Eigentumsschutz
sozialrechtlicher Positionen, in: FS Simon, 1987, S. 847 ff.

[105] Vgl. zu diesen zwei Dimensionen des Eigentums und den Konsequenzen für die Rechtfertigung
von Eigentumsbeeinträchtigungen *Lindner* (Fn. 43), S. 386 ff.

[106] BVerfGE 53, 257 (291); 100, 1 (33). Zu nennen sind etwa der Anspruch auf Sozialhilfe oder eine
Wohnungsbauprämie, Verschonung vor Steuerzahlungen, zinsverbilligte Darlehen oder Subventionen; weitere Beispiele und Nachweise bei *Jarass/Pieroth,* Art. 14 Rn. 11 ff.; dort auch zur Frage, ob staatliche Genehmigungen dem Eigentumsschutz unterfallen. Genehmigungen, die in erster Linie die
berufliche oder gewerbliche Tätigkeit betreffen, sind als Berufszulassungs- oder Ausübungsregelungen an Art. 101 zu prüfen.

[107] BVerfGE 69, 272 (301).

[108] VerfGH 31, 138 (141); *Meder,* Art. 103 Rn. 2e; für das Verhältnis von Art. 14 GG zu Art. 33 V
GG s. BVerfGE 67, 1 (14); 71, 255 (270). Ob die Zugehörigkeit eines Beamten zu einer bestimmten
Laufbahn von Art. 103 I umfasst ist, ist in VerfGH 56, 75 (89) offen geblieben, richtigerweise aber zu
verneinen, da Art. 95 I 2 insoweit lex specialis ist.

[109] *Meder,* Art. 103 Rn. 2b; BVerfGE 78, 232 (243); 95, 267 (300); VerfGH 58, 1 (31).

[110] BVerfGE 97, 350 (371); zum Grundrechtsschutz des Geldes und der Kaufkraft s. m. w. N. *Lindner*
(Fn. 43), S. 275 ff.

[111] VerfGH 16, 117 (126); 37, 4 (10); 38, 28 (33); 40, 113 (122); 42, 156 (168); 55, 1 (7); 53, 175 (180);
58, 1 (31); 58, 277 (287); 59, 134 (143); BayVBl. 2007, 42 (44); BVerfGE 81, 108 (122); 91, 207 (220). Eine
Aufweichung dieser Rechtsprechung wird in den Entscheidungen des BVerfG über die Vermögens-
und Erbschaftssteuer gesehen, BVerfGE 93, 121 (137); 93, 165 (172). Kern dieser Entscheidungen ist die
These, dass die Besteuerung (des Vermögens) dessen Substanz wahren müsse; dazu *Leisner,* Steuer- und
Eigentumswende – Die Einheitswert-Beschlüsse des Bundesverfassungsgerichts, NJW 1995, 2591;
Kirchhof, Der Grundrechtsschutz des Steuerpflichtigen, AöR 2003, 1.

[112] VerfGH 40, 113 (122).

[113] *Jarass/Pieroth,* Art. 14 Rn. 32a.

[114] BVerfGE 96, 267 (301). Zur dogmatischen Unschlüssigkeit s. *Jarass/Pieroth,* Art. 14 Rn. 32a.
Richtigerweise sollte man alle Geldleistungspflichten entweder dem Art. 101 oder dem Art. 103 I
zuordnen und deren Höhe am Maßstab der Verhältnismäßigkeit abschichten. VerfGH 53, 175 (180); 55,
1 (7); 58, 1 (20). Beiträge nach dem KAG haben grundsätzlich keine erdrosselnde Wirkung, da sie dem
Ausgleich der Vorteile dienen, die eine beitragspflichtige Einrichtung bietet. Eine Art. 103 I verlet-
zende übermäßige Belastung sei regelmäßig auch dann zu verneinen, wenn mit den beitragspflichtigen
Grundstücken keine Erträge erzielt würden: VerfGH 58, 1 (32).

50   (2) Nicht von Art. 103 I geschützt sind bloße **Aussichten, Erwartungen** oder **Erwerbschancen.** Art. 103 I schützt nicht den Erwerb, sondern das Erworbene.[115] Beeinträchtigungen der Erwerbstätigkeit sind am Maßstab der Berufsfreiheit zu messen (Art. 101). Art. 103 I gewährt auch keinen Schutz für Vorteile, die sich aus dem bloßen Fortbestand einer günstigen Rechtslage ergeben.[116]

51   e) **Abgrenzungsfragen.** Geht es um den Schutz des Erwerbs, nicht des Erworbenen, ist Art. 101, der die **Berufsfreiheit** umfasst, dem Art. 103 als das „sachnähere Grundrecht" vorzuziehen.[117] Greift ein Hoheitsakt eher in die Freiheit der individuellen Erwerbs- und Leistungsfähigkeit ein, so ist der Schutzbereich des Art. 101 einschlägig, betrifft er eher die Innehabung und Verwendung bestimmter Vermögensgüter, ist Art. 103 berührt.[118]

52   f) Das **Erbrecht** ist als **Grundrecht** und **Institutsgarantie** geschützt.[119] Umfasst ist das Recht des Einzelnen, sein Vermögen im Wege der Testierfreiheit beliebig zu vererben.[120] Die Erbrechtsgarantie des Art. 103 I hat insofern keine praktische Bedeutung, als die Ausgestaltung des Erbrechts durch Bundesrecht, insbesondere im BGB erfolgt, das allein am Maßstab des Art. 14 GG überprüft wird.

3. Systematischer Überblick über die Modalitäten der Eigentumsbeeinträchtigungen

53   Für das Verständnis und die Anwendung der Art. 103, 158, 159 essentiell ist die Differenzierung zwischen den verschiedenen **Arten der Eigentumsbeeinträchtigungen,** die jeweils **unterschiedlichen Rechtfertigungsanforderungen** unterliegen. Die maßgeblichen Grundsätze sind für Art. 14 GG vom BVerfG in der sog. „Nassauskiesungsentscheidung" entwickelt[121], in ständiger Rechtsprechung vom BVerfG fortgeführt und vom VerfGH übernommen worden.[122]

54   a) **Inhalts- und Schrankenbestimmungen** legen den Inhalt des Eigentums sowie die Rechte und Pflichten des Eigentümers in abstrakt-genereller Hinsicht fest bzw. konkretisieren diese für den Einzelfall.[123] Sie sind auf die „Normierung objektiv-rechtlicher Vorschriften gerichtet, die den Inhalt des Eigentums vom Inkrafttreten des Gesetzes an für die Zukunft in allgemeiner Form bestimmen".[124] Als **Faustformel** gilt: Inhalts- und Schrankenbestimmungen regeln, worin das Eigentum besteht und was der Eigentümer

---

[115] VerfGH 30, 99 (106); 35, 56 (70); 42, 41 (47); 53, 175 (180); 54, 85 (93 f.); 58, 150 (153).

[116] VerfGH 55, 123 (127); davon unberührt bleiben freilich allgemeine Vertrauensschutzerwägungen, dazu Rn. 33 ff. zu Art. 3. VerfGH 36, 1 (Ls. 4); 39, 17 (22): *„Grundsätzlich gewährleistet das Eigentumsgrundrecht nicht die Aufrechterhaltung bloßer Lagevorteile. Enteignende Wirkung hat ein Bebauungsplan nur dann, wenn er Nutzungen festsetzt, die die vorgegebene Grundstückssituation nachhaltig verändern und dadurch die Nachbargrundstücke schwer und unzumutbar treffen."* Rechtswidrig erworbenes Eigentum fällt nicht unter Art. 103 I: VerfGH 4, 9 (14).

[117] VerfGH 51, 74 (88); 53, 1 (16); 56, 1 (11); 56, 148 (172 f.) unter Bezugnahme auf BVerfGE 84, 133 (157).

[118] VerfGH 51, 74 (88); 56, 1 (11): Voraussetzungen für die Tätigkeit als Rundfunkanbieter stellen im Schwerpunkt berufsbezogene Regelungen dar; VerfGH 56, 148 (173): Honorarverteilungen im Kassenarztrecht betreffen im Schwerpunkt die Berufsfreiheit und damit Art. 101. Ähnlich *Jarass/Pieroth,* Art. 14 Rn. 5: ein Rauchverbot beeinträchtigt nicht das Eigentum an den Zigaretten, eine Geschwindigkeitsbegrenzung nicht das Eigentum am KFZ; einschlägig ist das Grundrecht auf allgemeine Handlungsfreiheit (Art. 101). Auch die Frage der Zulässigkeit der Prostitution fällt eher unter Art. 101 als unter Art. 103: undeutlich VerfGH 20, 62 (70); 31, 167 (180); 35, 137 (144).

[119] *Meder,* Art. 103 Rn. 3; BVerfGE 44, 1 (17); 67, 329 (340); 97, 1 (6).

[120] BVerfGE 58, 377 (398); 99, 341 (350).

[121] BVerfGE 58, 300.

[122] VerfGH 39, 36 (38); 57, 39 (44); anders die frühere Rechtsprechung: z. B. VerfGH 9, 158 (173); 12, 1 (9); 18, 16 (29); 36, 1 (8).

[123] BVerfGE 72, 66 (76); 100, 226 (239); VerfGH 57, 39 (44): *„Auf der Ebene der Bestimmung von Inhalt und Schranken des Eigentümers ist der Normgeber dafür verantwortlich, die schutzwürdigen Interessen des Eigentümers und die Belange des Gemeinwohls in einen gerechten Ausgleich zu bringen."*

[124] BVerfGE 72, 66 (76).

damit alles tun darf, nicht darf oder tun muss. Innerhalb der Kategorie der Inhalts- und Schrankenbestimmungen gibt es **zwei Unterformen:** Solche **ohne** und solche **mit** (zumal finanziellen) **Ausgleichsregelungen** (vgl. Rn. 65 ff.). Inhalts- und Schrankenbestimmungen „mutieren" durch die Notwendigkeit einer Ausgleichsregelung nicht zur Enteignung, die Ausgleichsregelung dient „lediglich" der Wahrung der Verhältnismäßigkeit.

b) Die **Enteignung** hat einen anderen Regelungscharakter: sie ist *„auf die vollständige* **55** *oder teilweise Entziehung konkreter subjektiver Eigentumspositionen zur Erfüllung bestimmter öffentlicher Aufgaben gerichtet"*[125]. Die Enteignung kann unmittelbar durch ein Gesetz (sog. **„Legislativenteignung"**) oder auf Grund eines Gesetzes (**„Administrativenteignung"**) erfolgen. Zur im Grundsatz unproblematischen, aber im Einzelfall schwierigen Abgrenzung zwischen Inhalts- und Schrankenbestimmung und Enteignung s. unten Rn. 97 ff.

c) **Sonstige Eigentumsbeeinträchtigungen** sind solche, die weder unter a) noch unter **56** b) fallen:

aa) Dazu gehören die **faktischen Beeinträchtigungen**[126] in der Gestalt **zufälliger 57 oder unvorhergesehener Nebenfolgen rechtmäßigen oder rechtswidrigen hoheitlichen Handelns** (z. B. Beeinträchtigungen des Gewerbebetriebs oder Beschädigungen eines Gebäudes durch Straßenbau- oder Kanalisationsarbeiten[127]; Geruchsimmissionen durch eine gemeindliche Kläranlage[128]; Zerstörung eines von der Polizei sichergestellten KFZ durch Dritte[129]; Schäden durch in eine Wohnung eingewiesene Obdachlose[130]).

bb) Es kann sich aber auch um **Rechtsakte** handeln, die weder unter a) und b) fallen, **58** aber das Eigentum gleichwohl (mittelbar) beeinträchtigen: z. B. Verzögerung eines Bauvorhabens durch Versagung einer Baugenehmigung, einer Teilungsgenehmigung, einer Genehmigung nach dem Grundstücksverkehrsgesetz[131] oder des gemeindlichen Einvernehmens nach § 36 BauGB.[132] Letztlich dürfte es sich dabei um den **rechtswidrigen Vollzug von Inhalts- und Schrankenbestimmungen** handeln.

d) Auch auf der Ebene der **Rechtswidrigkeit** bleiben die verschiedenen **Beeinträchtigungsmodalitäten getrennt:** eine Inhalts- und Schrankenbestimmung bleibt auch dann **59** eine solche, wenn sie verfassungswidrig ist, sie wird dadurch nicht zur entschädigungspflichtigen Enteignung und kann auch nicht in eine solche umgedeutet werden.[133]

e) Dogmatisch eng verbunden mit einer konsequenten Differenzierung der Beeinträchtigungsmodalitäten ist der **Grundsatz des Vorrangs des Primärrechtsschutzes vor der sekundärrechtlichen Entschädigung:**

aa) Eine **verfassungswidrige Inhalts- und Schrankenbestimmung** ist vom Betroffenen als solche anzugreifen, dieser kann nicht einfach die rechtswidrige Beeinträchtigung „dulden und liquidieren". Eine Entschädigung aus enteignungsgleichem Eingriff kommt nur in Betracht, wenn der Primärrechtsschutz gegen die Inhalts- und Schrankenbestimmung nicht möglich oder nicht zumutbar ist (dazu unten Rn. 119 ff.).

bb) Eine **verfassungswidrige Enteignung** ist mit den Mitteln des Primärrechtsschutzes gegen das enteignende Gesetz oder einen darauf gestützten Verwaltungsakt aus der Welt zu schaffen, eine Enteignungsentschädigung aus Art. 159, 14 III GG kommt nicht in Betracht, allenfalls ein Anspruch aus enteignungsgleichem Eingriff, wenn ein Rechtsbehelf gegen die Enteignung selbst nicht möglich oder nicht zumutbar ist oder zu spät kommt (dazu unten Rn. 119 ff.).

---

[125] BVerfGE 100, 226 (239); VerfGH 2, 1 (5); 6, 10 (14); 57, 39 (44).
[126] Zur Differenzierung zwischen imperativen und faktischen Grundrechtsbeeinträchtigungen s. Rn. 59 f. vor Art. 98; anders VerfGH 35, 29 (30 f.).
[127] BGH NJW 1978, 1051; BGHZ 57, 359; 72, 289.
[128] BGHZ 90, 20.
[129] BGHZ 100, 335 (337 f.).
[130] BGHZ 131, 163 (166 f.).
[131] BGHZ 136, 182 ff.
[132] BGHZ 118, 253 (255).
[133] BVerfGE 58, 300 (320); 102, 1 (16); BGHZ 100, 136 (144).

63   cc) Bei den **sonstigen Eigentumsbeeinträchtigungen** gilt im Grundsatz Gleiches. Allerdings wird der Primärrechtsschutz auf Grund der faktischen Gegebenheiten regelmäßig nicht rechtzeitig greifen können, so dass hier der Hauptanwendungsfall der Ansprüche aus enteignendem und enteignungsgleichem Eingriff liegt (dazu unten Rn. 114 ff. und 119 ff.).

64   f) Aus den Ausführungen zu Rn. 56 ff. ergibt sich insgesamt folgendes **Grundschema zur Einteilung von Eigentumsbeeinträchtigungen**[134]:

65   (1) Eine **verfassungsmäßige Inhalts-** und **Schrankenbestimmung** ist **entschädigungslos** hinzunehmen.

66   (2) Eine **an sich verfassungsmäßige Inhalts-** und **Schrankenbestimmung** ist nur gegen eine **Ausgleichsleistung** hinzunehmen, wenn eine solche erforderlich ist, um unverhältnismäßige Wirkungen der Regelung im Einzelfall zu kompensieren (**„ausgleichspflichtige Inhalts- und Schrankenbestimmung“**; dazu unten Rn. 87 ff.). Existiert eine entsprechende Anspruchsgrundlage, ist aus dieser auf Entschädigung zu klagen, anderenfalls ist die Inhalts- und Schrankenbestimmung verfassungswidrig (da unverhältnismäßig) und mit Primärrechtsschutzmitteln anzugreifen. Ein Entschädigungsanspruch unter dem Gesichtspunkt des enteignungsgleichen Eingriffs kommt nur in Betracht, wenn Primärrechtsschutz nicht oder nicht rechtzeitig erreicht werden kann.

67   (3) Eine **verfassungswidrige Inhalts-** und **Schrankenbestimmung** muss als solche mit den Mitteln des Primärrechtsschutzes angegriffen werden. Sie kann nicht in eine entschädigungspflichtige Enteignung umgedeutet werden. Nur wenn der Primärrechtsschutz nicht möglich, nicht zumutbar ist oder zu spät kommt, ist eine Entschädigung aus enteignungsgleichem Eingriff möglich.

68   (4) Eine **verfassungskonforme Enteignung** ist als solche hinzunehmen, löst jedoch eine Entschädigungspflicht nach Maßgabe der jeweiligen Entschädigungsregelung aus.

69   (5) Eine **verfassungswidrige Enteignung** muss als solche mit den Mitteln des Primärrechtsschutzes gegen das enteignende Gesetz (z. B. mit der Popularklage nach Art. 98 S. 4) bzw. gegen eine Administrativenteignung (auf verwaltungsprozessualem Weg) angegriffen werden. Nur wenn der Primärrechtsschutz nicht möglich, nicht zumutbar ist oder zu spät kommt, ist eine Entschädigung aus enteignungsgleichem Eingriff möglich.

70   (6) **Sonstige Eigentumsbeeinträchtigungen** sind hinzunehmen, wenn sie **verfassungsmäßig**, insbesondere dem Eigentümer zumutbar sind. Zur Herstellung der Zumutbarkeit kann eine **Entschädigung** aus enteignendem Eingriff (unverhältnismäßige faktische Neben- oder Folgewirkung einer an sich rechtmäßigen hoheitlichen Maßnahme) notwendig sein.

71   (7) **Rechtswidrige sonstige Beeinträchtigungen** sind mit Mitteln des Primärrechtsschutzes zu verhindern, abzuwehren oder zu beseitigen. Soweit das nicht möglich ist, kommt ein Anspruch aus enteignungsgleichem Eingriff in Betracht.

4. Beeinträchtigungsmodalität I: Die Bestimmung von Eigentumsordnung und -gebrauch (Art. 103 II i. V. m. Art. 158 S. 1)

72   a) Art. 103 II bestimmt gleichbedeutend mit Art. 158 S. 1, dass Ordnung und Gebrauch des Eigentums auch dem **Allgemeinwohl** zu dienen haben. Darin steckt eine **dreifache Aussage: (1)** Es muss zunächst eine **Eigentumsordnung geschaffen** werden. Dies ist Aufgabe des Gesetzgebers, was sich zwar nicht direkt aus Art. 103 ergibt, jedoch aus dem allgemeinen Gesetzesvorbehalt folgt (vgl. Rn. 18 ff. zu Art. 55). **(2)** Dabei ist die **Sozialbindung** des Eigentums **zu beachten.** Art. 103 II, 158 S. 1 begründen indes nicht selbst konkrete Pflichten, es handelt sich auch nicht um Grundpflichten (vgl. dazu Rn. 17 vor Art. 98), vielmehr ist der Gesetzgeber verpflichtet, die Sozialpflichtigkeit des Eigentums, insbesondere die besondere Situationsgebundenheit des Grundeigentums, bei der Bestimmung der Eigentumsordnung zu beachten; Art. 103 II enthält – wie Art. 14 II GG – einen

---

[134] Ähnlich *Maurer*, § 27 Rn. 29.

bindenden **Regelungsauftrag.**[135] **(3)** Einbezogen in die Pflichtigkeit ist auch der **Gebrauch des Eigentums.** (1) bis (3) bilden zusammen die Befugnis und Pflicht des Gesetzgebers, **Inhalt und Schranken des Eigentums** zu bestimmen.[136] Insofern besteht zwischen Art. 103 II, 158 S. 1 und Art. 14 I 2, II GG kein sachlicher Unterschied. Der VerfGH spricht daher auch ohne weiteres von Inhalts- und Schrankenbestimmungen[137] (zum Begriff oben Rn. 54; zur Abgrenzung von der Enteignung s. unten Rn. 97 ff.).

b) Der **Gesetzgeber** selbst hat – je nach Kompetenzlage (Art. 30, 70 ff. GG) – die Inhalts- und Schrankenbestimmungen durch öffentliches Recht oder Privatrecht zu regeln, kann dabei jedoch die Exekutive zum Erlass inhalts- und schrankenbestimmender Regelungen, zumal **Verordnungen,** ermächtigen[138], wenn dabei das Bestimmtheitsgebot und das Wesensgehaltsgebot eingehalten sind (vgl. dazu Rn. 35 ff. Art. 55). Das ist etwa im Bereich des Naturschutzrechts geschehen (Art. 7 ff. i.V.m. Art. 45 BayNatSchG). Eine Vielzahl inhalts- und schrankenbestimmender Regelungen findet sich in gemeindlichen **Satzungen,** insbesondere in den Bebauungsplänen oder Satzungen nach Art. 91 BayBO; zur Notwendigkeit einer gesetzlichen Grundlage für den Erlass grundrechtsrelevanter Satzungen s. Rn. 89 zu Art. 55.

c) Eine Inhalts- und Schrankenbestimmung ist **verfassungsrechtlich gerechtfertigt,** 74 wenn sie das Eigentum als **Institutsgarantie** nicht in Frage stellt (dazu bereits oben Rn. 31 ff.)[139] und (kumulativ!) der Grundsatz der **Verhältnismäßigkeit** gewahrt ist (dazu bereits oben Rn. 30 sowie Rn. 69 ff. vor Art. 98)[140]. Daneben müssen alle übrigen jeweils einschlägigen Verfassungsnormen (insbes. Kompetenznormen, Rechtsstaatsprinzip, Gleichbehandlungsgrundsatz etc.) gewahrt sein. Aus dem Rechtsstaatsprinzip kann insbesondere die Notwendigkeit folgen, neben der Beachtung von Fragen der **Rückwirkung**[141] auch den Aspekt des Vertrauensschutzes in die Erwägungen mit einzubeziehen. Dazu müssen ggf. Übergangsregelungen vorgesehen werden[142]; vgl. dazu Rn. 33 ff. zu Art. 3. Im Einzelnen:

aa) Die inhalts- und schrankenbestimmende Norm muss einen **legitimen Zweck** auf 75 der Basis eines **tatsächlichen Zweckverwirklichungsbedürfnisses** verfolgen, zu dessen Erreichung **geeignet** und **erforderlich** sein sowie die „schutzwürdigen Interessen des Eigentümers und die Belange des Gemeinwohls in einem **ausgewogenen Verhältnis**" berücksichtigen.[143] Erforderlich ist „ein **gerechter Ausgleich und ein ausgewogenes Verhältnis**" zwischen Schutz- und Zweckinteresse[144], zwischen Eigentumsfreiheit und Sozialgebot.

Bei dieser Abwägung ist das „Wohl der Allgemeinheit nicht nur Grund, sondern auch 76 Grenze für die dem Eigentümer aufzuerlegenden Belastungen", die Einschränkungen dürfen **nicht weitergehen,** als der **Schutzzweck reicht,** dem die Regelung dient.[145] Eigen-

---

[135] BVerfGE 37, 132 (140).

[136] *Meder,* Art. 103 Rn. 4: „Richtschnur für den Gesetzgeber"; VerfGH 26, 69 (86).

[137] VerfGH 56, 178 (188); 57, 39 (44). So auch *Meder,* Art. 103 Rn. 4 a.

[138] *Jarass/Pieroth,* Art. 14 Rn. 37; *Meder,* Art. 103 Rn. 4; VerfGH 8, 107 (115); 16, 128 (132); 22, 138 (145); 56, 178 (188).

[139] Nach VerfGH 41, 106 (110) dürfe der Gesetzgeber nicht eine schwere, unzumutbare und daher mit der verfassungsmäßigen Gewähr unvereinbare Belastung normieren. Der Wesensgehalt, die Substanz des Eigentums, müsse gewahrt bleiben, VerfGH 21, 211 (217); 34, 55 (58).

[140] VerfGH 24, 116 (127); 35, 10 (24); 36, 1 (8); 56, 178 (189); 58, 94 (98). Art. 98 S. 2 findet keine Anwendung: VerfGH 8, 107 (115); anders noch VerfGH 1, 64 (76); 2, 1 (6); 2, 72 (79).

[141] Zur Zulässigkeit einer „echten" Rückwirkung von Vorschriften zur Anliegerregie bei Grundstücksanschlüssen im öffentlichen Straßenraum s. VerfGH 56, 178 (193 ff.).

[142] BVerfGE 58, 300 (351); 71, 137 (144); BVerwGE 81, 49 (55); *Maurer,* § 27 Rn. 52. Dies gilt insbesondere bei neuen, für die Zukunft geltenden Eigentumsregelungen, durch die erworbene Rechtspositionen umgestaltet oder beseitigt werden, BVerfGE 83, 201 (211). Vgl. auch Rn. 47 zu Art. 3.

[143] BVerfGE 110, 1 (28); 100, 226 (240); VerfGH 57, 39 (44); 34, 53 (58).

[144] VerfGH 57, 39 (44); BVerfGE 101, 239 (259).

[145] VerfGH 36, 1 (8); 49, 160 (168); 53, 196 (215); 57, 39 (44).

tumsbeschränkungen können auch **zu Gunsten Dritter** gerechtfertigt werden: Der Staat erlässt z. B. Normen des Baurechts, um eine interessengerechte Nutzung der benachbarten Grundstücke zu ermöglichen.

77   Die Interessenabwägung hat eine **abstrakte** und eine **konkrete Dimension** (dazu Rn. 75 [Fn. 136] vor Art. 98). Ist – in abstrakter Hinsicht – der mit der beschränkenden Maßnahme verfolgte Zweck überhaupt geeignet, sich gegenüber dem von Art. 103 I geschützten Interesse des Eigentümers durchzusetzen? Ist das der Fall, so ist die Abwägung konkret vorzunehmen. Allgemein gehaltene Formeln, wie etwa die von der **„Situationsgebundenheit des Grundeigentums"**[146], sind für sich alleine genommen wenig aussagekräftig, es kommt vielmehr darauf an, ob der mit der Beschränkung des Eigentums verfolgte Zweck seinen Ausdruck gerade in der *Situations*gebundenheit, also in einer bestimmten Lage, Beschaffenheit des Grundstücks oder dessen Einbettung in die Umwelt findet. Daraus ergibt sich eine „von Grundstück zu Grundstück variierende Belastung der Eigentümerposition".[147]

78   bb) Die Vornahme eines gerechten Ausgleichs zwischen Gemeinwohl und Eigentümerinteressen stellt für den Normsetzer eine **komplexe Aufgabe** dar, die in folgende **Schritte untergliedert** werden kann (wobei es immer auf den Einzelfall ankommt)[148]:

79   (1) Zunächst hat sich der jeweils zuständige Normgeber (und im Rahmen der Norm auch deren Anwender) vor Augen zu führen, welchen **Zweck,** welchen Aspekt des Gemeinwohls oder welche Interessen zu Gunsten von Dritten (zumal Nachbarn) er mit der Inhalts- und Schrankenbestimmung verfolgt.

80   (2) Sodann ist dieser **Zweck** normativ zu **gewichten.** Aspekte des Schutzes von Leben und Gesundheit vor gefährlichen Eigentumsnutzungen, des Grundwasserschutzes oder des Natur- und Umweltschutzes[149] sind dabei gewichtiger als solche der Bauästhetik oder des Denkmalschutzes. Hochwasserschutz und die Abwehr von Gefahren für die öffentliche Sicherheit sind in der vertikalen Skala höher zu veranschlagen als eine optisch gleichmäßige Bebauung oder gar die Vermeidung von Empfindlichkeiten von Nachbarn.

81   (3) Parallel zu (2) ist das **Eigentümerinteresse** zu **gewichten.** Dabei sind zumal in die Waagschale zu werfen: die Intensität, Schwere, Dauer und Tragweite der Eigentumsbeeinträchtigung sowie deren Korrigierbarkeit oder Endgültigkeit.[150] Ein Veräußerungs- oder Bebauungsverbot hat stärkere Beeinträchtigungswirkung als die Untersagung einer spezifischen Nutzung. Diese greift intensiver ein als eine partielle oder temporär beschränkte Bebaubarkeitsbeschränkung.

82   (4) Schließlich sind die abstrakt und konkret analysierten und **gewichteten Schutz- und Zweckinteressen gegeneinander abzuwägen.** Hierfür hat die **Rechtsprechung** Faustregeln aufgestellt, die freilich nur cum grano salis anzuwenden sind. Etwa: Soweit das Eigentum die persönliche Freiheit des Einzelnen im vermögensrechtlichen Bereich sichere, genieße es einen besonders ausgeprägten Schutz; demgegenüber sei die Gestaltungsfreiheit des Gesetzgebers um so größer, je stärker der soziale Bezug des Eigentumsobjekts sei, wofür Eigenart und Funktion von entscheidender Bedeutung seien.[151]

---

[146] *Meder,* Art. 103 Rn. 4; BVerfGE 100, 226 (242); VerfGH 36, 1 (8); 38, 51 (64); 39, 17 (22); 39, 36 (38).

[147] *Jarass/Pieroth,* Art. 14 Rn. 41. VerfGH 44, 41 (51): *„Das Grundeigentum ist durch die Situation geprägt, in die es hineingestellt ist. Ein Grundstück kann aus der Sicht des Eigentumsgrundrechts sowohl situationsbelastet wie auch situationsbegünstigt sein."* VerfGH 44, 33 (37); 39, 17 (22); 16, 1 (8).

[148] Dem wird die in der Rechtsprechung immer wieder verwendete Formulierung, dem Gesetzgeber komme dabei ein weiter Spielraum zu, nicht ganz gerecht, *Meder,* Art. 103 Rn. 4a; VerfGH 22, 34 (38). Der Spielraum umfasst nur eine Auswahl zwischen solchen Regelungen, die ihrerseits verhältnismäßig sind.

[149] Insoweit entfalten auch Art. 3 und 141 eine Direktionswirkung: VerfGH 38, 51 (64); 39, 1 (8).

[150] BVerfGE 31, 229 (243).

[151] BVerfGE 102, 1 (17); BVerfG, BayVBl. 2007, 270; weitere Beispiele und Nachweise bei *Jarass/ Pieroth,* Art. 14 Rn. 40 ff.

Nach der hier vertretenen Systematik wird man folgende **Faustregel** aufstellen kön- 83
nen: Je höher das Zweckinteresse in seiner vertikalen Gewichtung zu veranschlagen ist,
desto leichter kann es sich gegenüber einem Interesse des Eigentümers durchsetzen, das in
der Gewichtigkeit eher nachrangig ist. Bei auf „beiden Seiten" nachrangigen Interessen
wird sich regelmäßig – im Sinne einer Regel-Entscheidung zu Gunsten der Freiheit – das
Interesse des Eigentümers durchsetzen, bei auf beiden Seiten hochrangigen Interessen
wird man eine Faustregel nicht aufstellen können. Problematisch ist indes die vom
VerfGH verwendete Formulierung, die Eigentumsgarantie sei *„nur bei schweren und unzumutbaren Beeinträchtigungen verletzt"*.[152] Dies könnte darauf hindeuten, dass leichtere Beeinträchtigungen stets zumutbar seien. Dann bedürfte es nur noch bei schweren Eigentumsbeeinträchtigungen einer Verhältnismäßigkeitsprüfung, was mit der ansonsten generellen Anwendung dieses Prinzips durch den VerfGH nicht in Einklang steht.[153] Der
VerfGH sollte auf die genannte Formulierung daher künftig verzichten.

cc) Die Verhältnismäßigkeitsprüfung ist auch bei der Rechtfertigung der **Beschrän-** 84
kung öffentlich-rechtlicher Ansprüche vorzunehmen, wenn diese von Art. 103 I erfasst sind (dazu oben Rn. 46 f.). Die durch Art. 103 I geschützte Position kann dabei erst
durch das entsprechende Regelungswerk des Gesetzgebers, etwa das Sozialversicherungsrecht, entstehen. Der Gesetzgeber ist daher *„befugt, in das Leistungsgefüge des Sozialrechts ordnend einzugreifen"*[154], ohne dass die jeweils *bestehende* gesetzliche Regelung die Regel und
jede Änderung die rechtfertigungsbedürftige Ausnahme wäre. Zwar hat der Gesetzgeber
insoweit weitere Gestaltungsmöglichkeiten als bei anderen eigentumsrechtlichen Positionen[155], was aber nicht bedeutet, dass Änderungen im bestehenden Sozialversicherungs-
gefüge oder bei sonstigen öffentlich-rechtlichen Ansprüchen unbegrenzt möglich wären.
Das Eigentumsrecht der Leistungsberechtigten wird nach der Rechtsprechung des
BVerfG[156] dann nicht verletzt, *„wenn der Eingriff durch Gründe des öffentlichen Interesses unter
Berücksichtigung des Grundsatzes der Verhältnismäßigkeit gerechtfertigt ist"*.[157]

d) **Beispiele** für **verfassungskonforme Inhalts- und Schrankenbestimmungen**[158]: 85
gemeindliche Satzungen nach Art. 23, 24 GO über den Anschluss- und Benutzungszwang[159], die Anliegerregie bei Grundstücksanschlüssen im öffentlichen Straßengrund[160];

---

[152] VerfGH 41, 59 (66); 41, 106 (110); 56, 178 (189) BayVBl. 2008, 339.
[153] Zudem widerspricht der nachfolgende Satz in VerfGH 56, 178 (189) einer solch restriktiven
Handhabung der Eigentumsgarantie: *„Es kommt darauf an, ob der Betroffene an der funktionsgerechten Verwendung seines Eigentums gehindert wird, das heißt, ob die vorhandene Möglichkeit der Nutzung, wie sie nach den Gegebenheiten der örtlichen Lage und der Beschaffenheit des Grundstücks besteht, genommen oder wesentlich beeinträchtigt
wird (vgl. VerfGH 44, 5 (8); 48, 99 (103); 49, 160 (168); 54, 36 (39))."* „Wesentlich" ist eine geringere Kategorie
als „schwer", vgl. auch VerfGH 58, 94 (98) für die Festsetzungen in einem Bebauungsplan. Nach
VerfGH 54, 36 (39) setze die Beurteilung, ob ein Rechtsvorgang eine verfassungswidrige Eigentumsbeschränkung darstelle, einen Vergleich der rechtlichen und tatsächlichen Verhältnisse vor dem Eingriff mit denen nach dem Eingriff voraus; so auch VerfGH 36, 1 (8); 44, 5 (8); 48, 99 (103); 49, 160 (168)
und öfter.
[154] BVerfGE 72, 9 (18); 97, 378 (385); 100, 1 (37).
[155] *Jarass/Pieroth,* Art. 14 Rn. 65 m. w. N.
[156] Eine Kürzung z. B. von Rentenanwartschaften wird dann als zulässige Inhalts- und Schrankenbestimmung gesehen, wenn sie den Betroffenen nicht übermäßig belastet und ihm zumutbar ist;
BVerfGE 74, 203 (214). Der Funktions- und Leistungsfähigkeit des Sozialversicherungssystems wird
die Qualität als wichtiges Gemeinschaftsgut beigemessen; BVerfGE 74, 203 (214).
[157] So BVerfG, Beschl. v. 14. 3. 2001 (1 BvR 2402/97). In diesem Zusammenhang stellen sich
schwierige Einzelfragen, die mit zunehmender demografischer Schieflage in Deutschland virulenter
werden. Etwa: Wie weit darf das Niveau erworbener Ansprüche abgesenkt werden? Dürfen aus den
Beiträgen versicherungsfremde Leistungen bezahlt werden und in welchem Umfang? Dürfen Beiträge
erhoben werden, denen ganz oder teilweise kein leistungsbegründender Charakter zukommt?
[158] Weitere Beispiele mit Nachweisen bei *Meder,* Art. 103 Rn. 12 ff.; *Wendt,* Art. 14 Rn. 123 ff.
[159] VerfGH 16, 128; 20, 183; 22, 138; 30, 67; 56, 178; 57, 39.
[160] VerfGH 56, 178 (188).

straßenrechtliche Reinigungspflichten[161], die Haftung des Grundstückseigentümers als „Zustandsstörer"[162], Beschränkungen des Verkehrs mit landwirtschaftlichen Grundstücken[163], Bau- und Nutzungsbeschränkungen auf Grund denkmalschutzrechtlicher, naturschutzrechtlicher, bauplanungs- und bauordnungsrechtlicher, wasserrechtlicher und sonstiger umweltrechtlicher Vorschriften[164], die Bildung von Jagdgenossenschaften und die Übertragung des Jagdrechts auf diese[165]; die Einrichtung von Sperrbezirken[166]; die Beschränkung der Nutzung des Eigentums an Feiertagen.[167]

86   e) Zu den **Konsequenzen der Verfassungswidrigkeit** einer Inhalts- und Schrankenbestimmung s. bereits oben Rn. 59 ff. Ist die entsprechende Norm selbst verfassungswidrig, insbesondere unverhältnismäßig, so kann diese – neben einem ggf. ergangenen Vollzugsakt – angegriffen werden (etwa mit der Popularklage nach Art. 98 S. 4 oder der Normenkontrolle nach § 47 VwGO, in deren Rahmen aber nicht Art. 103 [wegen § 47 III VwGO], wohl aber Art. 14 GG geprüft wird), es kann indes nicht auf Entschädigung geklagt werden. Die verfassungswidrige Inhalts- und Schrankenbestimmung ist grundsätzlich ex tunc für nichtig zu erklären. Ist zwar die Inhalts- und Schrankenbestimmung selbst verhältnismäßig, indes ein vollziehender VA nicht, ist dieser vor dem Verwaltungs- oder Sozialgericht anzugreifen, da er ansonsten bestandskräftig wird. Nur ausnahmsweise kommt eine Entschädigung aus enteignungsgleichem Eingriff in Betracht (dazu unten Rn. 119 ff.).

87   f) Einen **Sonderfall** bildet die **ausgleichspflichtige Inhalts- und Schrankenbestimmung:**

aa) Diese ist dadurch gekennzeichnet, dass sie zwar als solche grundsätzlich verfassungskonform, insbesondere verhältnismäßig ist, jedoch in spezifischen Situationen, zumal atypischen Einzelfällen, zu einer unzumutbaren Belastung des Eigentümers führt: **Zumutbarkeit im gesetzlich intendierten Normalfall, Unzumutbarkeit im atypischen Ausnahmefall.** In solchen Fallgestaltungen führt es nicht weiter, die an sich verhältnismäßige Inhalts- und Schrankenbestimmung insgesamt und damit ein an sich verfassungskonformes oder gar verfassungsgebotenes Regelungskonzept für nichtig zu erklären; vielmehr bedarf es Ausnahmeregelungen für die atypisch Betroffenen, um auch insoweit die Verhältnismäßigkeit zu gewährleisten.[168]

---

[161] VerfGH 36, 56 (66).

[162] Dazu grundsätzlich BVerfGE 102, 1 sowie *Jarass/Pieroth,* Art. 14 Rn. 62. Allerdings kann die Kostentragungspflicht für die Sanierung eines Grundstücks bei Bodenverunreinigungen unverhältnismäßig werden, wenn die notwendigen Kosten den Wert des Grundstücks nach Sanierung überschreiten, vgl. dazu i. E. BVerfGE 102, 1 (19 ff.).

[163] VerfGH 9, 1 (8); 11, 110 (118).

[164] VerfGH 39, 1: Verordnung zum Schutz eines Naturdenkmals; VerfGH 39, 36: Bauordnungsrecht (Grenzabstandsflächen); VerfGH 44, 5: Baulinien; VerfGH 44, 33: Stellplatzpflicht; VerfGH 38, 51; 44, 41: Verordnung über einen Naturpark; VerfGH 36, 1; 39, 17; 41, 59; 54, 36; 58, 94; BayVBl. 2008, 339: Bebauungsplan; VerfGH 48, 99: Bebauungsabstände; VerfGH 49, 160: Natur- und Landschaftsschutz (*„Normative Maßnahmen des Natur- und Landschaftsschutzes konkretisieren im allgemeinen die Sozialgebundenheit des Eigentums, die dem Grundstück auf Grund seiner Lage und seines Zustands bereits anhaftet und die es prägt. Die Grenzen einer zulässigen Inhaltsbestimmung werden erst dann überschritten, wenn sie eine ausgeübte oder künftige Nutzungsmöglichkeit ausschließt, die sich bei vernünftiger und wirtschaftlicher Betrachtungsweise objektiv anbietet und nach der Verkehrsauffassung angemessen ist."*); so auch VerfGH 51, 94 (106); VerfGH 34, 79; 52, 4: Denkmalschutz; BayVBl. 2008, 495 (Entwicklungssatzung).

[165] BVerfG, BayVBl. 2007, 270.

[166] VerfGH 20, 62 (70); 31, 167 (180); 35, 137 (144).

[167] VerfGH 35, 10 (24).

[168] „Paradefall" ist die sog. „Pflichtexemplarentscheidung" in BVerfGE 58, 137 (144 ff.), bestätigt in BVerfGE 79, 174 (192) und näher konkretisiert in BVerfGE 100, 226 (rheinland-pfälzisches Denkmalschutzrecht). Dazu eingehend *Jaschinski,* Der Fortbestand des Anspruches aus enteignendem Eingriff, 1997, S. 68 ff. Das Gericht hatte in E 58, 137 eine als Inhaltsbestimmung qualifizierte Regelung, nämlich die kostenlose Ablieferung von Pflichtexemplaren, für verfassungswidrig erklärt, weil sie keine gesetzlichen Kompensationsmöglichkeiten für unzumutbare finanzielle Belastung in solchen Fällen vorsah, in denen ein Druckwerk unter hohem Aufwand in kleiner Auflage hergestellt wurde.

Dafür kommen in Betracht: **Übergangsregelungen, Dispense** oder **sonstige admi-** 88
nistrative Ausnahmeregelungen oder, wenn das Regelungskonzept keine materielle
Ausnahme ermöglicht oder als sinnvoll erscheinen lässt, auch **finanzielle Entschädigun-**
gen oder die **Übernahme des Eigentums** durch die öffentliche Hand zum **Verkehrs-**
wert zur Kompensation eines unverhältnismäßigen Vermögensnachteils.[169] Die Entschädigung dient in einer solchen Fallgestaltung nicht der Kompensation einer recht*swidrigen*
Inhaltsbestimmung, sie nimmt vielmehr der als solcher verfassungsmäßigen Pflicht den
Charakter der Unverhältnismäßigkeit im atypischen Einzelfall. Es handelt sich mithin
nicht um eine Konstellation des „dulde und liquidiere".

bb) Die Kategorie der ausgleichspflichtigen Inhaltsbestimmung stellt **keine selbstän-** 89
dige dogmatische Form der Eigentumsbeeinträchtigung dar. Die Ausgleichsregelung
ist vielmehr nur *ein* Weg, die Verfassungsmäßigkeit einer Inhalts- und Schrankenbestimmung herzustellen. Eine Ausgleichsregelung führt indes nicht per se zur Verhältnismäßigkeit, wenn die Inhalts- und Schrankenbestimmung bereits als solche, also auch für den typischen Anwendungsfall unverhältnismäßig ist.[170]

cc) Die vom BVerfG entwickelte und von der Literatur sowie von der fachgerichtlichen 90
Rechtsprechung aufgegriffene Figur[171] findet ihren **Anwendungsbereich** v. a. bei unverhältnismäßigen Immissionen an sich rechtmäßig betriebener hoheitlich Anlagen sowie
bei unverhältnismäßig belastenden Nutzungsbeschränkungen im Bereich des Umweltschutzes und des Denkmalschutzes. Spezialgesetzliche Ausformungen sind etwa Art. 20
BayDSchG, Art. 74 II 3 BayVwVfG oder § 42 BauGB.

Als **Rechtsgrundlage** für die Möglichkeit der Entschädigung können auch die frühe- 91
ren, an den materiellen Enteignungsbegriff des BGH anknüpfenden[172] „salvatorischen
Entschädigungsklauseln" herangezogen werden, die bestimm(t)en, dass für eigentums-
beschränkende Maßnahmen eine Entschädigung zu zahlen sei, wenn sie in ihrer Wirkung
einer Enteignung gleichkämen (vgl. z. B. Art. 36 BayNatSchG). Diese genügen zwar nicht
der strengen „Junktimklausel" des Art. 14 III GG, sind nach Ansicht von BGH und
BVerwG aber geeignet, eine finanzielle Ausgleichspflicht zu stützen.[173] Allerdings hat das
BVerfG einer pauschalen Berufung auf eine salvatorische Klausel als Grundlage einer Ausgleichsregelung eine Absage erteilt.[174] Dies ist insofern konsequent, als nach Auffassung
des BVerfG der verhältnismäßigkeitswahrende Ausgleichsmechanismus erst in letzter
Linie in einer finanziellen Entschädigung bestehe und andere Instrumente (Dispense,
Erleichterungen in der Anwendung einer Vorschrift, Pflichtreduktionen etc.) vorrangig zu
prüfen seien. Der Gesetzgeber muss sich über die Art des Ausgleichs Gedanken machen;
tut er dies nicht und beschränkt er sich von vornherein auf eine salvatorische Klausel, also

---

[169] BVerfGE 100, 226 (245 f.).

[170] Diese Grundsätze hat das BVerfG in der Entscheidung zum rheinland-pfälzischen Denkmal-
schutzrecht (BVerfGE 100, 226) bestätigt und konkretisiert: *„Überschreitet der Gesetzgeber bei der Bestim-*
mung von Inhalt und Schranken des Eigentums die dargelegten Grenzen, so ist die gesetzliche Regelung unwirksam
(BVerfGE 52, 1, 27 f.), hierauf gestützte Beschränkungen oder Belastungen sind rechtswidrig und können im Wege des
Primärrechtsschutzes abgewehrt werden. Zu einem Entschädigungsanspruch führen sie von Verfassungs wegen nicht
(BVerfGE 58, 300, 320)." Und weiter: *„Es ist dem Gesetzgeber grundsätzlich nicht verwehrt, eigentumsbeschrän-*
kende Maßnahmen auch in Härtefällen durchzusetzen, wenn er durch kompensatorische Vorkehrungen unverhältnis-
mäßige oder gleichheitswidrige Belastungen vermeidet Ausgleichsregelungen sind freilich nicht generell ein verfassungs-
rechtlich zulässiges Mittel, unverhältnismäßige Eigentumsbeschränkungen mit Art. 14 Abs. 1 GG in Einklang zu
bringen. Normen, die Inhalt und Schranken des Eigentums bestimmen, müssen grundsätzlich auch ohne Ausgleichs-
regelungen die Substanz des Eigentums bewahren"; s. dazu die Besprechung von *Roller,* Enteignung, ausgleichspflichtige Inhaltsbestimmung und salvatorische Klauseln, NJW 2001, 1003 sowie *Maurer,* § 27
Rn. 79 ff. m. w. N.

[171] Nachweise bei *Lindner* (Fn. 43), S. 529 f.; der Sache nach auch VerfGH 58, 1 (20).

[172] S. unten Rn. 95.

[173] BVerwGE 94, 1 (10); BGHZ 126, 379 (381); 133, 271 (274).

[174] BVerfGE 100, 226 (243 ff.); vgl. auch BGHZ 146, 122 (137), wonach auf vor der Entscheidung
des BVerfG liegende Fälle salvatorische Klauseln noch Anwendung finden.

auf die Möglichkeit eines finanziellen Ausgleichs, verstößt er gegen Art. 103. Ingesamt ist daher wie folgt zu **unterscheiden:**

92   (1) Der verhältnismäßigkeitswahrende Ausgleichsmechanismus bedarf der gesetzlichen Grundlage, er kann nicht unmittelbar aus Art. 103, Art. 14 I 2 GG oder gar aus Art. 159, Art. 14 III GG abgeleitet werden. Fehlt eine solche gesetzliche Regelung, ist die Inhalts- und Schrankenbestimmung *deswegen* insgesamt **verfassungswidrig** und mit den Mitteln des Primärrechtsschutzes anzugreifen, auch wenn sie für den intendierten „Normalfall" verfassungsmäßig wäre. Sie kann **nicht** in eine entschädigungspflichtige **Enteignung umgedeutet** werden. Nur wenn Primärrechtsschutz nicht möglich, nicht zumutbar ist oder zu spät kommt, ist eine Entschädigung aus enteignungsgleichem Eingriff möglich (s. unten Rn. 119 ff.)

93   (2) Ist zwar eine Rechtsgrundlage für einen Ausgleichsanspruch vorhanden, ist diese aber **nicht geeignet, die Verhältnismäßigkeit** auch im atypischen Einzelfall **herzustellen,** gilt Gleiches wie bei (1). Die Ausgleichsbestimmung kann deswegen unzureichend sein, weil sie entweder – wie die salvatorischen Klauseln – vorrangig zu berücksichtigende Ausgleichsmechanismen unberücksichtigt lässt oder zwar solche nicht in Betracht kommen, der finanzielle Ausgleich jedoch der Höhe nach nicht angemessen ist.

94   (3) Auf eine salvatorische Klausel kann mithin erst dann zurückgegriffen werden, wenn zur Herstellung der Verfassungsmäßigkeit im atypischen Einzelfall ausschließlich ein finanzieller Ausgleich in Frage kommt und die Klausel eine Entschädigung in angemessener Höhe vorsieht.[175] Dann ist auf der Grundlage dieser gesetzlichen Anspruchsgrundlage auf Entschädigung zu klagen. Der Rechtsweg ist zu den **Verwaltungsgerichten** gegeben (§ 40 II 1 2. Halbsatz VwGO). Kommt das VG zum Ergebnis, die Ausgleichsregelung sei nicht angemessen oder es hätte eines anderen Ausgleichsmechanismus' bedurft, so hat es ggf. auszusetzen und dem BVerfG nach Art. 100 I GG oder dem VerfGH nach Art. 65, 92 vorzulegen. Bestätigt das BVerfG die Auffassung des VG, muss dieses die auf die gesetzliche Ausgleichsklausel gestützte Klage abweisen, da die Klausel nichtig ist. Kommt ein Primärrechtsschutz nicht mehr in Betracht und ist dem Betroffenen dies nicht vorzuwerfen, so kann ein Entschädigungsanspruch aus enteignungsgleichem Eingriff gegeben sein (s. unten Rn. 119 ff.)

5. Beeinträchtigungsmodalität II: Die Enteignung (Art. 159)

95   a) Eine **Enteignung** i. S. d. Art. 159 liegt begrifflich nur vor, wenn die im Raume stehende Maßnahme auf die vollständige oder teilweise **Entziehung konkreter subjektiver Eigentumspositionen zur Erfüllung bestimmter öffentlicher Aufgaben** gerichtet ist.[176] Eine verfassungswidrige, insbesondere unverhältnismäßige Inhalts- und Schrankenbestimmung ist keine Enteignung und kann auch nicht in eine solche umgedeutet werden.[177] Eine Maßnahme ist mithin **entweder** eine **Enteignung oder** eine **Inhalts- und Schrankenbestimmung.** Der früher insbesondere vom Bundesgerichtshof (BGH)[178]

---

[175] Prägnant *Maurer,* § 27 Rn. 85: „*Im konkreten Fall ist ein finanzieller Ausgleich zu gewähren, wenn (1) eine vermögenswerte Rechtsposition (2) im Rahmen der Inhalts- und Schrankenregelung (3) in besonderer und unzumutbarer Weise beeinträchtigt wird, (4) keine den Bestand des Eigentums sichernde Möglichkeiten bestehen und (5) eine daran anknüpfende gesetzliche Ausgleichsregelung vorliegt.*"

[176] BVerfGE 70, 191 (199); 72, 66 (76); 102, 1 (15); 104, 1 (9); VerfGH 57, 39 (44); *Meder,* Art. 103 Rn. 5.

[177] BVerfGE 58, 300 (320).

[178] Der BGH hatte in Fortentwicklung der Rechtsprechung des Reichsgerichts (RGZ 116, 268) als Enteignung nicht nur die klassische Enteignung als Güterbeschaffungsmaßnahme, als Zwangskauf zur Erfüllung öffentlicher Aufgaben angesehen, sondern darüber hinaus jede Beeinträchtigung einer als Eigentum geschützten Rechtsposition, die jenseits der Sozialbindung des Eigentums lag und deswegen für den Betroffenen ein Sonderopfer darstellte. Eine Maßnahme, die nicht mehr unter die entschädigungslose Sozialbindung fiel, war entschädigungspflichtige Enteignung und vice versa, BGHZ 6, 270; 37, 44. Die Abgrenzung zwischen der Sozialbindung und der materiellen Enteignung wurde durch die – gleichheitssatzkonnotierte – Sonderopferlehre (BGH) oder durch die „Schweretheorie"

vertretene weite, materielle Enteignungsbegriff[179], der jede über die Schwelle der Zumutbarkeit („Schweretheorien") hinausgehende Eigentumsbeschränkung als Enteignung qualifizierte, ist seit der Konzeption des BVerfG in der Nassauskiesungsentscheidung[180], der sich der VerfGH angeschlossen hat[181], obsolet. Auch der BGH hat sich nunmehr dem engen, klassischen Enteignungsverständnis des BVerfG angeschlossen[182].

Im Einzelnen wird die **Enteignung**[183] begrifflich durch folgende Merkmale[184] konsti- **96** tuiert: **(1)** Es muss ein hoheitlicher **Rechtsakt** in der Gestalt eines Gesetzes oder eines Administrativaktes auf der Basis eines Gesetzes vorliegen, ein bloßer Realakt kann grundsätzlich keine Enteignung darstellen, **(2)** der Rechtsakt muss eine **eigentumsrechtlich geschützte Position** i. S. d. Art. 103 I (dazu oben Rn. 38 ff.) betreffen und **(3)** dessen Regelungsinhalt darin bestehen, dass diese Position ganz[185] oder teilweise[186] **entzogen** wird zur **(4)** Erfüllung einer bestimmten öffentlichen **Aufgabe**.[187] Die Stellung von Ersatzland stellt als solche die Enteignung nicht in Frage, kann aber eine zulässige Form der Entschädigung nach Art. 159 darstellen. Die Eigentumsentziehung kann ausnahmsweise auch mittelbar bewirkt werden, etwa bei der **enteignungsrechtlichen Vorwirkung** der Fachplanung.[188] In diesem Fall müssen die allgemeinen Voraussetzungen der Enteignung bereits im ersten Verfahren, etwa einem Planfeststellungsverfahren, geprüft werden und vorliegen.

b) Eine Enteignung in der Modalität einer Inhalts- und Schrankenbestimmung schei- **97** det begrifflich aus, auch wenn letztere das „Eigentum völlig entwertet".[189] Allerdings kann die **Abgrenzung zweifelhaft** sein, etwa wenn eine Inhalts- und Schrankenbestimmung dem Staat oder einem Dritten ein dauerhaftes Nutzungsrecht einräumt, das zwar nicht formell mit einer vollständigen oder teilweisen Eigentumsübertragung, sondern „nur" mit einer öffentlich-rechtlichen Duldungspflicht verbunden ist, aber materiell gleichwohl wirkt wie eine eigentumsentziehende Enteignung. Eine solche Eigentumsbeeinträchtigung wird man nur dann als Enteignung i. S. d. Art. 159 ansehen können, wenn die beeinträchtigte Eigentumsposition durch den von der Beeinträchtigung Begünstigten wie von einem Eigentümer zur Verwirklichung eines Vorhabens in Erfüllung öffentlicher Aufgaben genutzt werden kann – also gleichsam, als ob eine Enteignung statt gefunden hätte.[190] Bei einer **Teilenteignung** wird ein Teil des Eigentums rechtlich abgespalten und dem Enteignungsbegünstigten zur Nutzung überlassen.

---

des BVerwG bestimmt („Schwere und Tragweite des Eingriffs": BVerwGE 5, 143; 15, 1). Von dieser – mittlerweile überholten – Eigentumssystematik ging auch die frühere Rechtsprechung des VerfGH aus: z. B. VerfGH 6, 10 (15); 9, 14 (19); 9, 158 (173); 11, 23 (32); 13, 133 (138); 14, 104 (111); 19, 81 (86); 24, 116 (127); 30, 67 (76). Dem folgt der VerfGH heute nicht mehr, vgl. VerfGH 57, 39 (44).

[179] So auch noch VerfGH 48, 99 (104).

[180] Zu den Reaktionen in Literatur und Rechtsprechung zu dieser wegweisenden Entscheidung s. *Maurer,* § 27 Rn. 33 ff. mit umfangreichen Nachweisen.

[181] VerfGH 57, 39 (44).

[182] BGHZ 99, 24.

[183] Davon zu trennen ist die Frage, ob die Enteignung verfassungskonform ist, *Jarass/Pieroth,* Art. 14 Rn. 69 ff.

[184] Vgl. dazu auch *Jarass/Pieroth,* Art. 14 Rn. 71.

[185] In diesem Fall wird die Eigentumsposition, etwa das Eigentum an einem Grundstück, entzogen und ganz auf den von der Enteignung Begünstigten, also regelmäßig auf den enteignenden Hoheitsträger, aber auch auf einen Privaten bei der ausnahmsweise zulässigen Enteignung zu Gunsten Privater übertragen.

[186] Beispiel: Die dingliche Belastung eines Grundstücks.

[187] BVerfGE 45, 297 (338).

[188] Nachweise bei *Jarass/Pieroth,* Art. 14 Rn. 75. vgl. z. B. § 19 II FStrG oder Art. 40 II BayStrWG zur Bindung der Enteignungsbehörde an den Plan nach Art. 38 BayStrWG. BVerwGE 72, 282 (283); 85, 44 (50); VerfGH BayVBl. 2008, 494 (495).

[189] BVerfGE 102, 1 (16).

[190] *Jarass/Pieroth,* Art. 14 Rd. 73.

98   c) **Keine Enteignung** liegt begrifflich z. B. in folgenden Fällen vor: Zerstörung gefährlicher Sachen, da diese nicht der Erfüllung bestimmter öffentlicher Aufgaben dienen[191], die strafrechtliche Einziehung[192], der nahezu völlige Ausschluss des Kündigungsrechts bei Kleingärten[193], die städtebauliche Sanierung[194], die Baulandumlegung[195], naturschutzrechtliche, baurechtliche etc. Nutzungsbeschränkungen.[196]

99   d) **Liegt** begrifflich eine **Enteignung vor,** ist zu prüfen, ob diese **verfassungskonform** ist.

100   aa) Voraussetzung dafür ist zunächst, dass sie **unmittelbar durch Gesetz** (Legalenteignung) oder **auf Grund Gesetzes** erfolgt (Administrativenteignung).[197] Eine Enteignung ohne gesetzliche Grundlage ist stets und ohne weiteres verfassungswidrig.[198] Die Enteignung **unmittelbar durch Gesetz** ist nach Auffassung des BVerfG[199] nur **ausnahmsweise** zulässig, weil sie den Rechtsschutz insofern verkürzt, als eine verwaltungsgerichtliche Klage gegen einen enteignenden VA nicht in Betracht kommt. Diese Ansicht kann für Art. 103, 159 nicht ohne weiteres übernommen werden, weil gegen einen unmittelbar enteignenden Legislativakt als verfassungsrechtlicher Rechtsbehelf die Popularklage (Art. 98 S. 4) zur Verfügung steht und auch der VerfGH die Möglichkeit hat, einstweilige Anordnungen zu treffen (Art. 26 VfGHG).

101   bb) Die Enteignung ist nur zulässig, wenn sie zur **Verwirklichung eines überragend wichtigen verfassungsrechtlichen Zwecks** erfolgt. Zwar spricht Art. 159 nicht – wie Art. 14 III 1 GG – vom Wohle der Allgemeinheit, ein solches Erfordernis kann man indes aus dem Verhältnismäßigkeitsgrundsatz ableiten.[200] Angesichts der Eingriffsintensität der Enteignung ist es notwendig, dass der **Gesetzgeber selbst** den **Enteignungszweck formuliert** und definiert.[201] Die Enteignung ist nicht allein auf Grund von Zweckmäßigkeitserwägungen oder bloßen vernünftigen Erwägungen des Gemeinwohls oder gar aus fiskalischen Interessen zulässig, sondern muss der Realisierung schwergewichtiger und dringender öffentlicher Interessen von übergeordneter Bedeutung dienen. Dazu gehören z. B. **Infrastrukturprojekte** und Vorhaben zur Sicherung der Daseinsvorsorge.

102   Ausnahmsweise kann dem Wohl der Allgemeinheit auch eine **Enteignung zu Gunsten Privater** dienen, etwa im Bereich der Daseinsvorsorge und zur Realisierung privat betriebener Infrastruktureinrichtungen, die in öffentlichem Interesse liegen. Dabei kann auch ein **mittelbarer Allgemeinwohlbezug** genügen, etwa im Rahmen von Erwägun-

---

[191] BVerfGE 20, 351 (359): Bei der Enteignung gehe die öffentliche Gewalt aus eigenem Interesse aktiv, offensiv gegen den Privateigentümer vor, weil sie sein Eigentum für einen öffentlichen Zweck „braucht"; werde sie dagegen nicht im Blick auf die Eigentumsentziehung tätig, sondern um Rechtsgüter der Gemeinschaft vor Gefahren zu schützen, liege eine Inhaltsbestimmung vor.

[192] BVerfGE 110, 1 (24).

[193] BVerfGE 52, 1 (26).

[194] BVerwG, NJW 1996, 2807.

[195] BVerfGE 104, 1 (9).

[196] BVerwGE 112, 373 (376).

[197] VerfGH 30, 67 (72); 32, 74 (83); 37, 26 (28); *Meder*, Art. 159 Rn. 6. Die Gesetzgebungskompetenz für Enteignungsgesetze ist zwischen Bund und Ländern verteilt, vgl. Art. 74 I Nr. 14 GG (vgl. aus dem Bereich der Bundesgesetze §§ 85 ff. BauGB, § 19 FStrG). Im übrigen sind die Länder zuständig, insbesondere zum Erlass eines allgemeinen Enteignungsgesetzes; vgl. das BayEG (zur Verfassungskonformität VerfGH 37, 26 [29]), aber auch Spezialregelungen wie Art. 18 BayDSchG, Art. 35 BayNatSchG, Art. 40 BayStrWG, Art. 72 BayWG.

[198] *Meder*, Art. 159 Rn. 6, VerfGH 30, 67.

[199] BVerfGE 24, 367 (402); vgl. dazu mit anderer Begründung *Maurer*, § 27 Rn. 56; vgl. auch VerfGH 32, 74 (83): Unzulässigkeit der Vermischung von Legislativ- und Administrativenteignung.

[200] So ausdrücklich Art. 1 I S. 1 BayEG sowie Art. 3 I BayEG; *Meder*, Art. 159 Rn. 3: „ergibt sich aus dem Wesen und der Tradition der Enteignung"; VerfGH 4, 212 (218); 32, 74 (83); 37, 26 (28). Art. 98 S. 2 findet keine Anwendung, da Art. 159 insoweit lex specialis ist. Art. 3 I BayEG ist mit Art. 103, 159 vereinbar: VerfGH 37, 26 (29).

[201] BVerfGE 56, 249 (261); BVerwGE 117, 138 (139); VerfGH 37, 26 (28).

gen zur Verbesserung der regionalen Wirtschaftsstruktur oder zur Belebung des Arbeitsmarktes. Allerdings muss hier von Seiten des enteignenden Staates sichergestellt werden, „dass der im Allgemeininteresse liegende Zweck der Maßnahme erreicht und dauerhaft gesichert wird".[202]

Ist die zu realisierende Maßnahme ihrerseits nach den einschlägigen, etwa planungs- oder baurechtlichen Vorschriften unzulässig, kann eine Enteignung zu deren Durchführung nicht dem Gemeinwohl entsprechen. Kann der Zweck, der mit der Enteignung verfolgt wird, nicht (mehr) realisiert werden, kann der frühere Eigentümer aus Art. 103, 159 die Rückübereignung verlangen[203], wobei dieser Anspruch auch einfach-gesetzlich bestimmt sein kann.[204] War die Enteignung selbst verfassungswidrig, ist sie mit den Mitteln des Primärrechtsschutzes anzugreifen. **103**

cc) Wie jede Beeinträchtigung eines grundrechtlich geschützten Interesses ist auch die Enteignung nur dann verfassungskonform, wenn sie dem Grundsatz der **Verhältnismäßigkeit** entspricht.[205] Die Enteignung muss also geeignet und erforderlich sein, den Gemeinwohlzweck zu erreichen, und sie muss verhältnismäßig im engeren Sinne sein (vgl. dazu Rn. 67 ff. vor Art. 98). Z. B. ist eine dingliche Zwangsbelastung statt eines vollständigen Entzugs des Eigentums zu wählen, wenn die Belastung zur Realisierung des Zwecks ausreicht.[206] Die Enteignung zum Zwecke eines Straßenbaus ist nur verhältnismäßig, wenn und soweit die Straße zur Bedarfsdeckung erforderlich ist. **104**

dd) Schließlich ist die Enteignung nur verfassungsmäßig, wenn sie **„gegen angemessene Entschädigung"** erfolgt. Ist eine solche nicht vorgesehen, ist die Enteignung verfassungswidrig und mit den Mitteln des Primärrechtsschutzes anzugreifen. Anders als Art. 14 III GG sieht Art. 159 aber **keine „Junktimklausel"** vor, verlangt also nicht, dass bereits in der gesetzlichen Grundlage für die Enteignung selbst die angemessene Entschädigung vorgesehen sein muss. Allerdings muss ein bayerisches Enteignungsgesetz nicht nur dem Art. 159, sondern wegen Art. 1 III GG auch Art. 14 III GG genügen (vgl. dazu bereits Rn. 16 ff.). Fehlt im Enteignungsgesetz eine Entschädigungsregelung (eine salvatorische Klausel genügt grundsätzlich nicht[207]), ist es zwar nicht wegen Verstoßes gegen Art. 159, wohl aber gegen Art. 14 III GG nichtig. Der Betroffene muss bei fehlender oder unangemessener Entschädigungsregelung gegen die Enteignung vorgehen und hat kein Wahlrecht zwischen Abwehr und Entschädigung (vgl. bereits oben Rn. 60 ff.). **105**

ee) Die Entschädigung muss **angemessen** sein. Entschädigung bedeutet **nicht Schadensersatz**, sondern Ersatz des durch den Eingriff in das Eigentum entstandenen **Vermögensverlustes**. Ein entgangener Gewinn kann nur im Wege des Schadensersatzes, nicht indes bei der Entschädigung berücksichtigt werden. Die Entschädigung erfolgt in der Regel in Geld, in einer Einmalzahlung oder auch in Form einer Rente.[208] Es sind aber auch andere Entschädigungsformen möglich, wenn sie angemessen sind: in Land (Ersatzland)[209], in Wertpapieren etc. Die Höhe der Entschädigung muss – wie auch die Art – angemessen sein. Sie ist „unter gerechter Abwägung der Interessen der Allgemeinheit und der Beteiligten zu bestimmen" (Art. 14 III 3 GG). Regelmäßig wird zum Verkehrswert entschädigt werden müssen[210], damit der Betroffene in den Stand gesetzt wird, sich am Markt eine Sache gleicher Art und Güte zu beschaffen.[211] Ein pauschaler **„Sozialbindungs-** **106**

---

[202] BVerfGE 74, 264 (285 ff.) – Daimler-Teststrecke.
[203] BVerfGE 38, 175 (180); 97, 89 (96).
[204] Vgl. Art. 16 f. BayEG; § 102 BauGB.
[205] VerfGH 37, 26 (29).
[206] Nachweise bei *Jarass/Pieroth,* Art. 14 Rn. 82.
[207] Näheres bei *Maurer,* § 27 Rn. 63.
[208] Art. 13 BayEG; VerfGH 5, 225 (236).
[209] Vgl. Art. 4, 14 BayEG.
[210] Vgl. 10 BayEG; *Maurer,* § 27 Rn. 68 mit überzeugenden Argumenten für den Grundsatz des vollen Wertersatzes; a. A. *Meder,* Art. 159 Rn. 8.
[211] BGHZ 140, 200 (204).

abzug" ist **nicht vertretbar.** In begründeten Ausnahmefällen sind aber Abschläge zulässig, etwa wenn der Eigentumswert nicht auf eigener Leistung beruht (z. B. bei Bodenwertsteigerungen; vgl. dazu auch Art. 161 II sowie die Erl. dort). Liebhaberwerte oder emotionale Bindungen an den enteigneten Gegenstand werden nicht entschädigt.[212]

107 Hinzukommt die Entschädigung für **unmittelbare**[213] Folgekosten, z. B. für Umzug oder Betriebsverlegung, nicht indes für „Zukunftschancen", die sich noch nicht im Verkehrswert niedergeschlagen haben.[214] Entschädigungsverpflichteter ist nicht der Verwaltungsträger, der die Enteignung vornimmt, sondern der durch die Enteignung begünstigt wird. Im Falle einer Enteignung zu Gunsten Privater ist dieser entschädigungspflichtig.[215] Zu Fragen der Verjährung s. *Maurer,* § 27 Rn. 72 a, der eine dreijährige Verjährungsfrist annimmt.

108 ff) Sind Art und Ausmaß der Entschädigung im Gesetz nicht geregelt, ist dieses nichtig. Die Zivilgerichte, die für die Entscheidung über die Höhe (und auch die Art) der Entschädigung zuständig sind (Art. 159 S. 2, Art. 14 III 4 GG)[216], können dann nicht von sich aus eine angemessene Entschädigung aussprechen, sondern sie müssen − nach Vorlage an das BVerfG (Art. 100 I GG) oder den VerfGH (Art. 65, 92) − die Entschädigungsklage abweisen oder eine (neue) gesetzliche Entschädigungsregelung abwarten[217]; der Betroffene muss gegen die Enteignung mit den Mitteln des Primärrechtsschutzes vorgehen.[218]

109 e) Zur Notwendigkeit eines **formellen Enteignungsverfahrens** s. unten Rn. 127.

6. Beeinträchtigungsmodalität III: Die faktische Eigentumsbeeinträchtigung

110 Die **faktischen Eigentumsbeeinträchtigungen** (dazu oben Rn. 57) als atypische, unvorhergesehene Folge- oder Nebenwirkungen sind einer Rechtfertigung, wie sie bei Inhalts- und Schrankenbestimmungen oder der Enteignung notwendig ist, weder begrifflich noch der Sache nach zugänglich. Es kommt vielmehr darauf an, ob die faktische Eigentumsbeeinträchtigung dem Einzelnen der Sache nach im Ergebnis zuzumuten ist oder nicht. Zumutbarkeit ist dann gegeben, wenn sich beim Betroffenen nur das allgemeine Lebensrisiko realisiert (z. B. Zugangs*erschwerungen* zu einem Gewerbebetrieb wegen Straßen- oder sonstigen Bauarbeiten), nicht hingegen bei einem (zumal gleichheitswidrigen) **Sonderopfer** (z. B. Zugangs*sperre*). **Drei Fallgruppen** sind zu unterscheiden:

---

[212] BGHZ 30, 281 (287).

[213] Grundsätzlich keine Entschädigung wird nach h. M. geleistet für **mittelbare** Folgekosten, z. B. die Kosten für die Wiederbeschaffung eines Grundstücks (Maklerkosten, Notarkosten etc.). Die Unterscheidung zwischen unmittelbaren und mittelbaren Folgekosten leuchtet nicht ein. Vom Begriff der Angemessenheit dürfte beide umfasst sein, vgl. Art. 11 BayEG sowie *Meder,* Art. 159 Rn. 9 m. w. N.

[214] Vgl. zur früheren Rechtsprechung *Meder,* Art. 159 Rn. 8 ff.

[215] Vgl. Art. 9 II BayEG.

[216] Dabei sind sie zur Klärung verfassungs- und verwaltungsrechtlicher Vorfragen (insbesondere über die Zulässigkeit der konkreten Enteignung) verpflichtet und dabei an rechtskräftige Verwaltungsgerichtsurteile, aber wohl nicht an lediglich bestandskräftige Enteignungsverwaltungsakte gebunden. Gelangt das ordentliche Gericht zum Ergebnis, dass das der Enteignung zu Grunde liegende formelle bayerische Enteignungsgesetz selbst wegen Verstoßes gegen Art. 159 oder Art. 14 III GG verfassungswidrig ist, so hat es das Verfahren auszusetzen und die Frage dem VerfGH nach Art. 92 i. V. m. Art. 50 VfGHG und/oder dem BVerfG nach Art. 100 I GG vorzulegen. Bestätigen die Verfassungsgerichte diese Auffassung, so ist die Entschädigungsklage abzuweisen, weil die gesetzliche Grundlage dafür nichtig ist.

[217] *Meder,* Art. 159 Rn. 7.

[218] Ist aus der Sicht des Betroffenen rechtlich unsicher, ob die gesetzliche Entschädigungsregel angemessen ist, so sollte er zweigleisig fahren: (1) Rechtsbehelf gegen den Enteignungsakt selbst (z. B. Anfechtungsklage gegen Enteignungs-VA, ggf. Popularklage gegen Enteignungsgesetz), um evtl. Bestandskraft zu vermeiden, sowie (2) Entschädigungsklage vor dem ordentlichen Gericht aus der gesetzlichen Entschädigungsregelung (diese ist die Anspruchsgrundlage, nicht Art. 159 oder Art. 14 III GG). Das ordentliche Gericht kann dann das Verfahren aussetzen, bis im Rahmen von (1) entschieden worden ist.

(1) Die hoheitliche Maßnahme (z. B. Baumaßnahmen; Betrieb einer gemeindlichen **111** Anlage) ist **rechtmäßig,** die Folge- oder Nebenwirkung **zumutbar:** diese ist entschädigungslos zu dulden.

(2) Wie (1), nur die Folge- oder Nebenwirkung ist **unzumutbar:** die (als solche recht- **112** mäßige) Maßnahme ist zwar zu dulden, jedoch ist die Unzumutbarkeit durch einen Entschädigungsanspruch aus **enteignendem Eingriff** zu kompensieren (s. sogleich Rn. 114 ff.)

(3) Ist die hoheitliche „Grund"-Maßnahme bereits als solche **rechtswidrig,** dann ist **113** auch die Folge- oder Nebenwirkung rechtswidrig, mithin ein **Sonderopfer** und, wenn Primärrechtsschutz – wie regelmäßig bei faktischen Grundrechtsbeeinträchtigungen – nicht gegeben ist oder nicht ausreicht, nach den Grundsätzen des **enteignungsgleichen Eingriffs** zu entschädigen (s. unten Rn. 119 ff.)

7. Der enteignende Eingriff

a) Diese Rechtsfigur wurde ursprünglich vom BGH im Rahmen des von ihm vertrete- **114** nen weiten Eigentumsbegriffs entwickelt (oben Rn. 95). Dabei handelte es sich um – zumeist atypische und unvorhergesehene – **Neben- oder Folgewirkungen an sich rechtmäßigen Verwaltungshandelns,** die die enteignungsrechtliche **Sonderopfergrenze** überschritten.[219] Hauptanwendungsfall sind hoheitlich veranlasste Bauarbeiten, die zu Behinderungen im Verkehr und damit zu Umsatzeinbußen bei Anliegerbetrieben (Kaufhäuser, Tankstellen etc.) führen. Zwar sind solche Arbeiten als bloße Sozialbindung (Art. 103 II, Art. 158 S. 1) grundsätzlich entschädigungslos hinzunehmen, ist die Beeinträchtigung nach Art, Umfang und Intensität indes so gewichtig, dass sie für den Betroffenen ein Sonderopfer darstellt, besteht ein Anspruch auf Entschädigung aus „enteignendem Eingriff" im Umfang des Sonderopfers (s. auch Rn. 112).

b) Diese Figur ist durch die Nassauskiesungs-Rechtsprechung des BVerfG **nicht obso- 115 let** geworden.[220] Allerdings wird ein Teilbereich der Fälle unzumutbarer Folge- und Nebenwirkungen an sich verfassungskonformen hoheitlichen Handelns von der Figur der **ausgleichspflichtigen Inhalts- und Schrankenbestimmung** erfasst (dazu ausführlich oben Rn. 85 ff.).[221] Für den enteignenden Eingriff verbleiben als „Restbereich" die Beeinträchtigungen des Eigentums in der Modalität von **Zufalls- und Unfallschäden,** die nicht in den Anwendungsbereich der ausgleichspflichtigen Inhalts- und Schrankenbestimmung fallen (dazu oben Rn. 110 ff.; Beispiel: zufällige Beschädigung eines Gebäudes i. R. von Kanalisations- oder Straßenbauarbeiten)[222] sowie unzumutbare Belästigungen durch als solche rechtmäßige, hoheitliche betriebene Anlagen.[223]

c) Als **Rechtsgrundlage** für den enteignenden Eingriff wird auf den allgemeinen **Auf- 116 opferungsgedanken** der §§ 74, 75 Einl. ALR sowie auf Art. 14 GG zurückgegriffen. Überzeugender ist es, direkt auf das Eigentumsgrundrecht zu rekurrieren und den Anspruch aus enteignendem Eingriff als **spezifischen eigentumsrechtlichen Reaktionsanspruch** zu qualifizieren: Stellt eine Neben- oder Folgewirkung einer an sich verfas-

---

[219] BGHZ 57, 359 – Frankfurter U-Bahn-Bau; BGHZ 64, 220 – Verkehrslärm.

[220] BGHZ 90, 20 (27): „*Für den Fortbestand der Rechtsfigur des enteignenden Eingriffs besteht nach wie vor ein unabweisbares Bedürfnis.*" BGHZ 100, 335 (337); 158, 263 (267); NVwZ 2006, 1086 – Überlaufen eines Regenrückhaltebeckens.

[221] *Maurer,* § 27 Rn. 108.

[222] BGHZ 140, 200: Beschädigung eines denkmalgeschützten Hauses durch Straßenbauarbeiten der öffentlichen Hand.

[223] Für eine gemeindliche Kläranlage s. BGHZ 90, 20 (27): „*Der Entschädigungsanspruch aus enteignendem Eingriff ist das öffentlich-rechtliche Gegenstück zum zivilrechtlichen Ausgleichsanspruch unter Nachbarn nach § 906 II 2 BGB.*" Eine Verfassungsbeschwerde nach Art. 66, 120 kann mit der Begründung erhoben werden, ein Landesgericht habe keine Entschädigung aus enteignendem Eingriff aus Art. 103 I zugesprochen. Hat der BGH allerdings in der Sache entschieden, ist die Verfassungsbeschwerde zum VerfGH unzulässig (Rn. 127 vor Art. 98 [dort Fn. 193]).

sungskonformen hoheitlichen Maßnahme ein Sonderopfer dar, so liegt zwar nicht im Hinblick auf die Maßnahme als solche eine Eigentumsverletzung vor, wohl aber im Hinblick auf die Nebenfolge. Da eine solche regelmäßig nicht mit Mitteln des Primärrechtsschutzes verhindert oder rückgängig gemacht werden kann, kommt als grundrechtlich gebotene Reaktion nur eine monetäre Kompensation in Betracht. Der Anspruch aus enteignendem Eingriff ist bei dieser Sichtweise kein rein bundesrechtlicher. Vielmehr ist zu unterscheiden: Geht es um eine **landesrechtliche Maßnahme,** ergibt sich der Anspruch aus Art. 103 I sowie aus Art. 14 I GG. Bei einer **bundesrechtlichen Maßnahme** ist Rechtsgrundlage allein Art. 14 I GG.[224]

117   d) Nach der Rechtsprechung des BGH kommt ein Entschädigungsanspruch aus enteignendem Eingriff in Betracht, *„wenn eine an sich rechtmäßige hoheitliche Maßnahme unmittelbar auf eine Rechtsposition des Eigentümers einwirkt und dabei im konkreten Fall zu Nebenfolgen und Nachteilen führt, die die Schwelle des enteignungsrechtlich Zumutbaren überschreiten".*[225] Folgende **Anspruchsvoraussetzungen** müssen also gegeben sein: **(1)** Durch eine als solche verfassungskonforme hoheitliche Maßnahme wird **(2)** in eine vermögenswerte Rechtsposition, also in das Eigentum i. S. d. Art. 103 I, **(3)** unmittelbar[226] **(4)** eingegriffen, wobei **(5)** die Beeinträchtigung eine besondere Belastung, ein Sonderopfer, darstellt, da sie „die Schwelle des enteignungsrechtlich Zumutbaren"[227] überschreitet. **(6)** Es darf zudem kein Fall höherer Gewalt vorliegen.[228]

118   e) **Rechtsfolge** ist der Anspruch auf Zahlung einer **Entschädigung** in Anlehnung an die bei der Enteignung dargelegten Grundsätze (dazu oben Rn. 106). Die Entschädigung ist vor den **ordentlichen Gerichten** einzuklagen, im Falle der ausgleichspflichtigen Inhalts- und Schrankenbestimmung sind die Verwaltungsgerichte zuständig (§ 40 II 1 2. Halbsatz VwGO).[229]

---

[224] Vgl. zu dieser Frage für den Anspruch aus enteignungsgleichem Eingriff VerfGH 56, 112 (114).

[225] BGHZ 100, 335 (337) – st. Rspr.

[226] Zur Beantwortung der Frage, ob eine Beeinträchtigung „unmittelbar" eingetreten ist, kommt es auf eine wertende Betrachtung an. Die Rechtsprechung stellt darauf ab, ob die schädigenden Folgen in der Maßnahme wenigstens dem Wesen nach angelegt sind („innerer Zusammenhang mit der hoheitlichen Maßnahme": BGHZ 100, 335 [338]), und hat die **Unmittelbarkeit** z. B. in folgenden Fällen **bejaht:** (1) Abirren von Geschossen bei militärischen Übungen und dadurch bedingtes Verbrennen von Holz auf einem Privatgrundstück (BGHZ 37, 44 [47]); (2) Beschädigung eines Hauses infolge von Kanalisationsarbeiten (BGH NJW 1978, 1051); (3) Beeinträchtigung durch Verkehrslärm (BGHZ 64, 220); (4) Schäden durch in Wohnung eingewiesene Obdachlose (BGHZ 131, 163 [166]); (5) Vernichtung einer Aussaat durch Vögel, die von einer gemeindlichen Mülldeponie angelockt werden (BGH NJW 1980, 770). **Verneint** wurde die Unmittelbarkeit bei: (1) Wasserschäden durch Rohrbruch einer gemeindlichen Wasserleitung (BGHZ 55, 229 [231]); (2) Beschädigung eines von der Polizei rechtmäßig beschlagnahmten KFZ durch Dritte (BGHZ 100, 335 [338]): die adäquate Kausalität alleine genüge nicht, da dies auf eine allgemeine Gefährdungshaftung der öffentlichen Hand hinausliefe, für die das geltende Recht keine Grundlage böte. Erforderlich sei vielmehr, dass sich eine besondere Gefahr verwirkliche, die bereits in der hoheitlichen Maßnahme selbst angelegt sei, so dass sich der im konkreten Fall eintretende Nachteil aus der Eigenart dieser Maßnahme ergebe; (3) Waldschäden (BGHZ 102, 350 [358]).

[227] BGHZ 117, 240 (252); 129, 124 (134); 158, 263 (266): Bei Immissionen hoheitlich betriebener Anlagen erkennt der BGH einen Entschädigungsanspruch aus enteignendem Eingriff an, soweit diese auch unter privaten Nachbarn nach Art. 906 BGB nicht ohne Ausgleich hinzunehmen wäre. Für Verkehrs- und Fluglärm: BGHZ 64, 220 (222); 129, 124 (125); für Geruchsimmissionen: BGHZ 91, 20 (21); für Staubimmissionen: BGHZ 48, 98 (101).

[228] BGHZ 158, 263; 159, 19; NVwZ 2006, 1086 – Überlaufen eines offenen Regenrückhaltebeckens. Die Berufung auf höhere Gewalt setze allerdings voraus, dass die Gemeinde alle technisch möglichen und mit wirtschaftlich zumutbarem Aufwand realisierbare Sicherungsmaßnahmen ergriffen hatte, um eine Überschwemmung der Nachbargrundstücke zu verhindern, oder dass sich der Schaden auch bei Ergreifen solcher Maßnahmen ereignet hätte.

[229] Vgl. *Sodan,* in: Sodan/Ziekow, VwGO, 2. Aufl. 2006, § 40 Rn. 537 ff.

8. Der enteignungsgleiche Eingriff

a) Diese Figur wurde vom BGH im Zusammenhang mit seiner weiten Enteignungs- **119** rechtsprechung (oben Rn. 95) im Wege eines „Erst-Recht-Schlusses" im Anschluss an die Rechtsprechung des Reichsgerichts[230] entwickelt[231]: Müssen die Sonderopfergrenze überschreitende rechtmäßige Eigentumsbeeinträchtigungen schon entschädigt werden, dann erst recht rechtswidrige Beeinträchtigungen. Der BGH sah in der Rechtswidrigkeit der Maßnahme das Sonderopfer.[232]

Durch den Nassauskiesungsbeschluss des BVerfG (BVerfGE 58, 300) hat das Institut **120** des enteignungsgleichen Eingriffs zwar einen Bedeutungsverlust erlitten, es ist indes **nicht obsolet** geworden.[233] Vielmehr stellt es die **dritte Stufe im System des Eigentumsschutzes** dar, das durch den **Grundsatz vom Vorrang des Primärrechtsschutzes** gegenüber dem Entschädigungsanspruch, verbunden mit einem **Verzicht auf ein Wahlrecht zwischen Anfechtung und Entschädigung,** geprägt ist (vgl. dazu bereits oben Rn. 60 ff., 64 ff.). Erst wenn der gegen eine verfassungswidrige Eigentumsbeeinträchtigung aus Art. 103 I folgende **Abwehranspruch** prozessual nicht oder nicht rechtzeitig durchsetzbar ist **(1. Stufe)** und auch ein **Folgenbeseitigungsanspruch** nicht oder nur teilweise greift **(2. Stufe),** kommt auf der **3. Stufe** ein Anspruch aus enteignungsgleichem Eingriff in Betracht.[234] Auch der VerfGH erkennt die Figur des enteignungsgleichen Eingriffs an.[235]

b) Alle drei Anspruchsstufen haben als **grundrechtsgebotene Reaktionsansprü-** **121** **che**[236] ihre Grundlage in Art. 103 I, Art. 14 GG. Der vom BGH[237] praktizierte Rückgriff auf §§ 74, 75 Einl. ALR ist nicht mehr erforderlich. Eine analoge Anwendung von Art. 159, Art. 14 III GG kommt seit der Nassauskiesungssystematik des BVerfG nicht mehr in Betracht.

c) **Anspruchsvoraussetzungen**[238] sind: **(1)** Eine hoheitliche Maßnahme[239] (Inhalts- **122** und Schrankenbestimmung, Enteignung oder Realakt), die sich **(2)** als rechtswidrig[240] erweist, **(3)** beeinträchtigt **(4)** eine eigentumsrechtlich geschützte Position (Art. 103 I GG; dazu oben Rn. 38 ff.) **(5)** unmittelbar.[241] **(6)** Als quasi „negatives" Tatbestandsmerkmal

---

[230] RGZ 140, 276.

[231] BGHZ 6, 270 (290); vgl. auch VerfGH 56, 112 (114), dort auch zur Frage, ob der Anspruch seine Rechtsgrundlage im Landes- oder Bundesrecht findet, dazu auch oben Rn. 116.

[232] BGHZ 32, 208 (210).

[233] Zur Fortgeltung BGHZ 90, 17 (29).

[234] *Maurer,* § 27 Rn. 88.

[235] VerfGH 56, 112 (114).

[236] Zu den Elementen einer grundrechtlichen „Reaktionsdogmatik" s. *Lindner* (Fn. 43), S. 509 ff.

[237] BGHZ 102, 350 (357); 111, 349 (352).

[238] Vgl. zuletzt BGH NJW 2007, 830: Entschädigungsanspruch wegen verzögerter Grundbucheintragung.

[239] In Betracht kommt jede hoheitliche Maßnahme mit Ausnahme von Parlamentsgesetzen und unmittelbar darauf gestützten Vollzugsakten, BGHZ 100, 136 (144); 102, 350 (359); 125, 27 (39); VerfGH 56, 112 (115). Besteht also die Rechtswidrigkeit ausschließlich im Parlamentsgesetz selbst, ist ein Anspruch aus enteignungsgleichem Eingriff nicht gegeben; begründet wird diese nicht überzeugende Ausnahme mit der Budgethoheit des Parlaments. Bei anderen Rechtsvorschriften, wie Verordnungen oder Satzungen, ist der Anspruch aus enteignungsgleichem Eingriff möglich, BGHZ 92, 34 (36). Auch ein rechtswidriges Unterlassen kann bei bestehender Handlungspflicht (sog. „qualifiziertes Unterlassen") einen Anspruch aus enteignungsgleichem Eingriff begründen (etwa Versagung einer Baugenehmigung, einer Teilungsgenehmigung oder des gemeindlichen Einvernehmens im Baurecht, BGHZ 65, 182 (188); 118, 253 (255); 134, 316 (318); 136, 182 (184).

[240] In der Rechtswidrigkeit liegt das Sonderopfer, BGHZ 58, 124 (127); *Maurer,* § 27 Rn. 94. Nach VerfGH 56, 112 (115 f.) kommt ein Anspruch aus enteignungsgleichem Eingriff nicht in Betracht, wenn der Eingriff nur deswegen rechtswidrig ist, „weil er an einem formellen und nicht an einem materiellen Fehler leidet", so auch BGHZ 58, 124 (127).

[241] Vgl. zu diesem Kriterium oben Rn. 117 (Fn. 226).

kommt hinzu, dass die rechtswidrige Maßnahme nicht durch einen zumutbaren Rechtsbehelf abwendbar war (Vorrang des Primärrechtsschutzes).[242] Soweit dies der Fall ist, muss sich der Betroffene dies anspruchsmindernd (ggf. bis auf Null) nach dem Rechtsgedanken des § 254 BGB zurechnen lassen.[243] **(7)** Verschulden ist nicht erforderlich.

123   d) Zur **Entschädigung** s. oben Rn. 118. Entschädigungspflichtig ist der Verwaltungsträger, dessen Organ den rechtswidrigen Eingriff vorgenommen hat. Ist dadurch ein anderer Verwaltungsträger begünstigt worden, hat ein interner Ausgleich stattzufinden.[244] Die Entschädigung ist vor den **ordentlichen Gerichten** einzuklagen; zwar gelten Art. 14 III 4 GG, 159 S. 2 weder direkt noch analog, die Zuständigkeit ergibt sich jedoch aus § 40 II 1 VwGO. Ein ggf. bestehender **Amtshaftungsanspruch** nach § 839 BGB i.V. m. Art. 34 GG, 97, der freilich ein Verschulden voraussetzt, kann daneben in Anspruchs(grundlagen)konkurrenz geltend gemacht werden.[245]

124   e) Eine **Ausdehnung** der Grundsätze des enteignungsgleichen Eingriffs **auf andere Grundrechte,** zumal die Berufsfreiheit, lehnt der BGH in ständiger Rechtsprechung ab.[246] Dies ist – schon angesichts der bisweilen schwierigen Abgrenzung zwischen Eigentumsrecht und Berufsfreiheit – weder rechtspolitisch akzeptabel noch verfassungsrechtlich tragfähig, da bei nicht (rechtzeitig) mit Mitteln des Primärrechtsschutzes angreifbaren Beeinträchtigungen der Berufsfreiheit, bei denen kein Verschulden nachweisbar ist, der Grundrechtsschutz leerläuft.[247] Lediglich für Eingriffe in Leben, Gesundheit und Freiheit erkennt der BGH den Aufopferungsanspruch an.

9. Weitere Dimensionen der Eigentumsgarantie

125   a) Art. 103, 158, 159 finden zwar ihre **primäre Funktion** in der **Beeinträchtigungsabwehr** und **-kompensation,** erschöpfen sich darin indes nicht. Der VerfGH misst Art. 103 I auch im privaten **Drittverhältnis** Bedeutung zu, insbesondere die Gerichte müssten den Schutzbereich des Eigentumsgrundrechts und dessen **„Ausstrahlungswirkung"** in das einfache Recht[248], zumal das Zivilrecht, etwa das Nachbarrecht beachten.[249] Überzeugender ist es, auf die schillernde Kategorie der Ausstrahlungswirkung zu verzichten[250] und die Drittwirkungsfälle auch im Bereich der Eigentumsgarantie über die **Schutzpflichtdimension** zu lösen (dazu sogleich Rn. 126).

126   b) Von Bedeutung können auch die **Schutzpflichten** sein, die der VerfGH insbesondere dem Grundrecht auf Leben und körperliche Unversehrtheit (Art. 101 i.V. m. 100) erschlossen hat, die aber auch bei Art. 103 relevant werden können. Zur Dogmatik der grundrechtlichen Schutzpflichten s. allgemein zunächst Rn. 94 ff. zu Art. 98. Nach diesen Maßstäben hat der Grundrechtsverpflichtete nicht nur rechtswidrige Verkürzungen der von Art. 103 erfassten Eigentumsrechte zu unterlassen, sondern sich schützend vor diese zu stellen, wenn sie von dritter Seite oder durch die Umwelt verletzt oder gefährdet werden; zu den Voraussetzungen für das Entstehen einer Schutzpflicht und deren Erfüllung s. ebenfalls Rn. 94 ff. vor Art. 98. Nach Auffassung des VerfGH verbürgt das Eigentumsgrundrecht allerdings keinen verfassungsmäßigen Anspruch auf Bestrafung des Verletzers.[251]

---

[242] BGHZ 90, 17 (32) sowie *Maurer,* § 27 Rn. 96.

[243] Näheres dazu bei *Maurer,* § 27 Rn. 99.

[244] So auch *Maurer,* § 27 Rn. 101; a. A. die Rechtsprechung und die h. M., die auf den begünstigten Verwaltungsträger abstellen, BGHZ 134, 316 (321).

[245] Vgl. dazu *Maurer,* § 27 Rn. 105.

[246] BGHZ 111, 349; 132, 181.

[247] Kritisch mit Recht *Jarass/Pieroth,* Art. 14 Rn. 57; *Maurer,* § 27 Rn. 106.

[248] VerfGH 52, 4 (6); 53, 137 (141).

[249] VerfGH 53, 137 (141); *Meder,* Art. 103 Rn. 1.

[250] Dazu *Lindner* (Fn. 43), S. 441 ff.

[251] VerfGH 35, 26 (31).

c) Art. 103, 159 enthalten auch eine **verfahrens- und organisationsrechtliche Dimension** (s. dazu Rn. 98 vor Art. 98).[252] Angesichts der Intensität von eigentumsbeeinträchtigenden Maßnahmen, insbesondere von Enteignungen, bedarf es eines Verwaltungsverfahrens, im Rahmen dessen alle wesentlichen sachlichen und rechtlichen Aspekte berücksichtigt und gegeneinander abgewogen werden. Die Einzelheiten dieses Verfahrens sind freilich nicht verfassungsrechtlich determiniert, sondern vom **Gesetzgeber** zu regeln.[253] 127

d) Art. 103, 158 vermitteln **kein subjektiv-öffentliches Leistungsrecht** im Sinne eines „**Rechts auf Eigentum**".[254] Allerdings ergeben sich eigentumsbegleitende und nutzungsermöglichende Ansprüche gegen den Staat: z. B. auf Bereitstellung eines Vertrags- und Sachenrechts, das den Eigentums-Verkehr erst ermöglicht, sowie auf verkehrsmäßige Erschließung des Landes. Bei der Erfüllung dieser Aufgaben hat der Grundrechtsverpflichtete einen weiten Gestaltungsspielraum. 128

Art. 104 [Grundrechte vor Gericht]

(1) Eine Handlung kann nur dann mit Strafe belegt werden, wenn die Strafbarkeit gesetzlich bestimmt war, bevor die Handlung begangen wurde.
(2) Niemand darf wegen derselben Tat zweimal gerichtlich bestraft werden.

Parallelvorschriften im GG und anderen Landesverfassungen: Art. 103 GG; Art. 15 BerlVerf; Art. 53 BbgVerf; Art. 7 BremVerf; Art. 22 HessVerf; Art. 6 RhPfVerf; Art. 15 SaarlVerf; Art. 22 SachsAnhVerf; Art. 88 ThürVerf.

Rechtsprechung: VerfGH 42, 54; VerfGH 44, 41; VerfGH 47, 207; VerfGH, Ents. v. 4. 4. 2006, Az: Vf. 127-VI/04, NJOZ 2006, 3018 (§ 25 a StVG).

Literatur: Appel, Verfassung und Strafe, 1998; *Dannecker,* Das intertemporale Strafrecht, 1993; *Geitmann,* Bundesverfassungsgericht und „offene" Normen, 1971; *Hilpert,* Organisation und Tätigkeit von Verbandsgerichten, BayVBl 1988, 161; *Krahl,* Die Rechtsprechung des Bundesverfassungsgerichts und des Bundesgerichtshofs zum Bestimmtheitsgrundsatz im Strafrecht, 1986; *Krey,* Keine Strafe ohne Gesetz, 1983; *Lambrecht,* Monographie, Strafrecht und Disziplinarrecht, 1997; *Meyer-Ladewig,* Der Satz „nulla poena sine lege" in dogmatischer Sicht, MDR 1962, 262; *Peglau,* „Nachträgliche Sicherungsverwahrung" – eine mögliche (strafrechtliche) Sanktion in Deutschland?, ZRP 2000, 147; *Radtke/Busch,* Transnationaler Strafklageverbrauch in den sog. Schengen-Staaten?, EuGRZ 2000, 421; *Ransiek,* Gesetz und Lebenswirklichkeit, 1989; *Rieß,* Ne bis in idem und die Folgen einer Doppelaburteilung, JR 1981, 522; *Satzger,* Die Europäisierung des Strafrechts, 2001; *Sax,* Das strafrechtliche Analogieverbot, 1953; *Schlehofer,* Der Verbrauch der Strafklage für die abgeurteilte Tat, GA 199T, 101; *Schreiber,* Gesetz und Richter, 1976; *Schröder,* Verwaltungsrecht als Vorgabe für Zivil- und Strafrecht, VVDStRL Bd. 50 (1991), 196 ff.; *Schroeder,* Der Bundesgerichtshof und der Grundsatz „nulla poena sine lege", NJW 1999, 89; *ders.,* Die Rechtsnatur des Grundsatzes „ne bis in idem", JuS 1997, 227; *Schünemann,* Nulla poena sine lege?, 1978; *Specht, B.,* Die zwischenstaatliche Geltung des Grundsatzes ne bis in idem, 1999; *Vogel/Norouzi,* Europäisches ne bis in idem – EuGH, NJW 2003, 1173, JuS 2003, 1059.

Übersicht

---

[252] Ansatzweise in VerfGH 42, 148 (154).
[253] Vgl. dazu Art. 19 ff. BayEG; §§ 104 ff. BauGB.
[254] *Depenheuer* (Fn. 8), Art. 14 Rn. 98; a. A. *Dicke,* Zur Begründung eines Menschenrechts auf Eigentum, EuGRZ 1982, 361.

I. Allgemeines

1. Bedeutung

1   Art. 104 BV normiert zwei zentrale strafrechtliche und strafprozessuale Normen. Absatz 1 regelt den Grundsatz „nulla poena sine lege" und Absatz 2 das „ne bis in idem Verbot". Art. 104 Abs. 1 BV begründet ebenso wie Art. 103 Abs. 2 GG einen über das allgemeine rechtsstaatliche Gebot der genügenden Bestimmtheit von Rechtsnormen hinausgehenden strengen Gesetzesvorbehalt. Die beiden Grundsätze bilden zentrale Grundrechtsverbürgungen in diesem Bereich. Sie gehören zum „Urgestein" der Freiheitsrechte und fehlen in keinem Grundrechtskatalog. Neben die geschriebenen Garantien treten weitere ungeschriebene strafrechtliche und strafverfahrensrechtliche Garantien.

2   So prüft insbesondere der VerfGH unmittelbar im Zusammenhang mit Art. 104 BV den Schuldgrundsatz.[1] Danach kann keine Strafe ohne Schuld verwirkt sein (nulla poena sine culpa).[2] Er ist ungeschrieben und über Art. 3 Abs. 1, Art. 100 und Art. 101 BV herzuleiten.[3] Eine weitere verfassungsrechtliche Garantie ist der Grundsatz „in dubio pro reo", nachdem der Richter, sofern er Zweifel am Vorliegen von Tatbestandsmerkmalen hat, die für den Beschuldigten günstigere Variante wählen muss. Auch ihm räumt der Verfassungsgerichtshof Verfassungsrang ein – zumindest mittelbar über den Schuldgrundsatz.[4]

2. Entstehung

3   Der VE enthielt in Art. 56 BV eine Bestimmung mit dem Text „Niemand darf wegen einer Handlung bestraft werden, die nicht schon im Zeitpunkt der Begehung der Tat mit Strafe bedroht war."[5] Im Gesetzgebungsverfahren wurde seine Einfügung in den Grundrechtsteil beschlossen und vom VA mit seiner jetzigen Fassung vorgeschlagen.[6] Absatz 2 wurde dagegen erst in diesem Verfahrensstadium hinzugefügt.

3. Verhältnis zum Grundgesetz

4   Art. 104 Abs. 1 BV gilt als Grundrechtsnorm neben Art. 103 Abs. 2 GG weiter.[7] Er ist mit ihm inhaltsgleich.[8] Auch Art. 104 Abs. 2 BV ist mit Art. 103 Abs. 3 GG inhaltsgleich, und hat seine Wirksamkeit nicht mit dem Inkrafttreten des GG eingebüßt.[9] Die Grundrechtsgrundsätze sind auf Bundesebene vorzüglich kommentiert, so dass die Ausführungen hier sich auf einige, innerhalb von Bayern angefallene Fragestellungen beschränken können.

5   Ein Reformbedarf besteht nicht. Bedenken gegen die beiden Grundsätze werden, soweit ersichtlich, nicht in nennenswerter Form geltend gemacht.

II. Einzelkommentierung

1. Nulla poena sine lege – Art. 104 Absatz 1 BV

6   **a) Allgemein.** Wegen der besonderen Schwere des staatlichen Eingriffs in Form der Strafe kennen die grundrechtlichen Verbürgungen besondere Garantien in diesem Bereich. Der Grundsatz „Nulla poena sine lege" konkretisiert zunächst die allgemeinen rechtsstaatlichen Anforderungen an die Bestimmtheit eingreifender Gesetze für die Strafe. Er enthält

---

[1] S. nur VerfGH, Ents. v. 22. 11. 1990, Az: Vf. 34-VI-88, NVwZ-RR 1991, 460 ff.
[2] VerfGH 20, 101 (110); VerfGH 35, 39 (46).
[3] VerfGH 35, 39 (46 ff.).
[4] VerfGH, Ents. v. 12. 6. 1981, Az: Vf. 116-VI-79, S. 10, 13 f.
[5] Prot. I 207; *Nawiasky*, S. 186.
[6] Prot. II 3G5 f.; EVA Art. 119.
[7] VerfGH 14, 49 (58); *Meder*, Art. 104, Rn. 1.
[8] VerfGH 44, 41 (56); VerfGH 43, 165 (167).
[9] VerfGH 21, 11 (13); *Meder*, Art. 104, Rn. 1.

vier Einzelgarantien, die selbständige Aspekte des Gesetzlichkeitsprinzips darstellen. Zunächst verlangt der Grundsatz eine gesetzliche Grundlage für die Strafe (strenger Gesetzesvorbehalt). Eine Strafbegründung im Wege der Analogie ist unzulässig (Analogieverbot). Weiter muss die gesetzliche Grundlage hinreichend bestimmt sein (Bestimmtheitsgebot). Schließlich muss die Grundlage vor der Tat vorgelegen haben (Rückwirkungsverbot). Vor der Verfolgung einer verjährten Straftat schützt Art. 104 Abs. 1 BV nicht.[10]

b) Begriff der Strafe. Strafe i. S. v. Art. 104 BV sind zunächst die Strafen und die Ord- **7** nungswidrigkeiten.[11] Darüber hinaus können es aber auch andere Sanktionen sein, sofern sie vergleichbare Wirkungen entfalten. Entscheidend für die strafähnliche Wirkung ist, ob die Sanktion eine Ahndung rechtswidrigen Verhaltens mit Schuldzuweisung darstellt.[12] Keine Strafen sind die kostenrechtliche Inanspruchnahme des Fahrzeughalters nach § 25a StVG,[13] schulrechtliche Ordnungsmaßnahmen[14] oder die Ordnungsmittel gegen Zeugen. Ob Dienstvergehen darunter fallen, wurde offengelassen.[15] Disziplinarstrafen sind keine Strafen.[16]

c) Gesetzesvorbehalt. Art. 104 Abs. 1 BV verlangt, dass der Strafe ein Gesetz zugrunde **8** liegt. Gesetze im materiellen Sinn genügen,[17] sofern diese wiederum auf formelle Gesetze zurückgeführt werden können. Einer gesetzlichen Grundlage bedarf dabei die Pönalisierung selbst, aber auch die Art und Höhe der Strafe. Das Gesetz muss gültig sein.[18] Eine Strafe auf der Grundlage von Gewohnheitsrecht ist unzulässig.

d) Das Bestimmtheitsgebot. Eng mit dem Gesetzesvorbehalt als solchem verbunden **9** ist der Bestimmtheitsgrundsatz. Die Strafbarkeit muss durch ein Gesetz *bestimmt* sein.

aa) Allgemein. Das Bestimmtheitsgebot verpflichtet den Gesetzgeber, die Voraussetzun- **10** gen der Strafbarkeit oder der Verhängung eines Bußgelds so konkret zu umschreiben, dass der Anwendungsbereich eines Straf- oder Bußgeldtatbestandes klar zu erkennen ist. Der betroffene Bürger muss in zumutbarer Weise vorhersehen und feststellen können, welches Verhalten mit Strafe oder Bußgeld bedroht ist. Art. 104 Abs. 1 BV verlangt, dass der Gesetzgeber selbst eindeutig die Voraussetzungen einer Bestrafung oder der Auferlegung eines Bußgeldes festlegt und das nicht der Verwaltung oder der Rechtsprechung überlässt.[19]

Einzelheiten: Als hinreichend bestimmt wurden empfunden: das Zuchtverbot des **11** Art. 37a Abs. 1 LStVG,[20] Art. 52 Abs. 1 Nr. 3 NatSchG i.V. m. § 12 Abs. 1 NaturparkVO und Art. 46 I Nr. 3 BayWaldG.[21]

bb) Straftatbestand und Strafmaß. Das Gebot der Bestimmtheit des Strafgesetzes gilt zu- **12** nächst für den *Straftatbestand* (nullum crimen sine lege). Jedermann soll vorhersehen können, welches Handeln mit Strafe bedroht ist. Das Gebot der Bestimmtheit gilt auch für die Strafandrohung.[22] Die Bestimmtheitsanforderungen sind für diese aber unterschiedlich. Der Schuldgrundsatz, und nach h. M. auch der Grundsatz der Verhältnismäßigkeit, ver-

---

[10] VerfGH 13, 147 (149); *Meder,* Art. 104, Rn. 1.
[11] VerfGH 36, 149; VerfGH 43, 165 (167).
[12] VerfGH, Ents. v. 4. 4. 2006, Az: Vf. 127-VI/04, NJOZ 2006, 3018.
[13] VerfGH, Ents. v. 4. 4. 2006, Az: Vf. 127-VI/04, NJOZ 2006, 3018.
[14] VerfGH 33, 33 (43).
[15] VerfGH, Ents. v. 19. 4. 1989, Az: Vf. 1-VI/88, NVwZ 1990, 357 (in Bezug auf das Rückwirkungsverbot); VerfGH 15, 107 (113); VerfGH 42, 54 (63); a. M. noch VerfGH 4, 150 (172).
[16] VerfGH 24, 30 (40).
[17] VerfGH 6, 131 (135).
[18] VerfGH 20, 78 (86); VerfGH 36, 149 (Ls 1).
[19] Vgl. VerfGH 36, 149 (152f.); VerfGH 44, 41 (56); VerfGH 47, 207 (238).
[20] VerfGH 47, 207 (239).
[21] VerfGH 43, 165 (168).
[22] VerfGH 4, 194 (201f.): nulla poena sine lege.

langt, dass die Strafe, gemessen an der Schuld, angemessen ist. Dies ist nur möglich, wenn die Strafnormen beim Strafmaß einen Rahmen vorsehen, der eine Berücksichtigung der Besonderheiten des jeweiligen Einzelfalls ermöglicht. Da die Strafandrohung daher rechtlich nicht punktgenau sein kann, darf das Bestimmtheitsgebot, bezogen auf die Strafandrohung, auch nicht zu streng sein. Auch im Disziplinarrecht werden die Anforderungen an die Bestimmtheit abgesenkt. Danach ist eine einzeltatbestandsmäßige Normierung des zu ahndenden Verhaltens im Disziplinarrecht wie auch im Standesrecht nicht erforderlich.[23]

13   *cc) Unbestimmte Rechtsbegriffe.* Trotz des Bestimmtheitsgebotes sind unbestimmte Rechtsbegriffe auch in Strafnormen nicht von vornherein verfassungsrechtlich unzulässig. Auch bei Straf- oder Bußgeldvorschriften ist der Gesetzgeber nicht verpflichtet, jeden Tatbestand mit exakt erfassbaren Merkmalen bis ins letzte zu umschreiben. Ansonsten könnten die Strafgesetze der Vielgestaltigkeit des Lebens oder der Besonderheit des Einzelfalls nicht mehr gerecht werden können.[24] Sie würden sonst allzu starr und kasuistisch werden. Gegen die Verwendung unbestimmter Begriffe bestehen jedenfalls so lange keine Bedenken, wie sich mit Hilfe der üblichen Auslegungsmethoden, insbesondere durch Heranziehung anderer Vorschriften desselben Gesetzes, durch Berücksichtigung des Normzusammenhangs oder auf Grund einer gefestigten Rechtsprechung, eine zuverlässige Grundlage für die Auslegung und Anwendung der Vorschrift gewinnen lässt, so dass der Einzelne die Möglichkeit hat, das Verbot bestimmter Verhaltensweisen zu erkennen und die staatliche Reaktion vorauszusehen.[25] Wegen der Allgemeinheit und Abstraktheit von Straf- und Bußgeldvorschriften mag es in Grenzfällen zweifelhaft sein, ob ein konkretes Verhalten noch unter den gesetzlichen Tatbestand fällt. Aber auch in einem solchen Fall macht die gesetzliche Bestimmung wenigstens das Risiko einer Bestrafung oder eines Bußgeldes erkennbar.[26] Zudem gibt auch der Schuldgrundsatz der Auslegung einen gewissen Rahmen.[27]

14   *dd) Straffestlegungen in Rechtsverordnungen.* Ist die Strafnorm in einer Rechtsverordnung enthalten, muss die gesetzliche Ermächtigung strengen Bestimmheitsanforderungen genügen.[28] Der Gesetzgeber „muss die Ermächtigung zur Strafandrohung im Gesetz unzweideutig aussprechen und dabei Inhalt, Zweck und Ausmaß der Ermächtigung so genau umreißen, dass die Voraussetzungen der Strafbarkeit und die Art der Strafe für den Bürger schon aus der Ermächtigung und nicht erst aus der auf sie gestützten Verordnung voraussehbar sind. Die nähere Spezifizierung des Tatbestandes darf dem Verordnungsgeber überlassen werden, auch wenn Freiheitsstrafen angedroht sind.“[29]

15   *ee) Verweisungen und Blankettnormen.* Das Bestimmtheitsgebot steht der Zulässigkeit von Verweisungen in Strafbestimmungen nicht entgegen.[30] Auch Strafbestimmungen, die nur die Sanktion enthalten und das verpönte Verhalten durch den Verweis auf eine andere Norm bestimmen, sind zulässig (Blankettbestimmungen). Bei einem Blankettgesetz muss sowohl die Norm, die die Strafsanktion festlegt, als auch die Norm, die die Blankettbestimmung ausfüllt, den Anforderungen von Art. 104 Abs. 1 BV genügen.[31]

16   **e) Analogieverbot.** Art. 104 Abs. 1 BV richtet sich nicht nur an den Gesetzgeber, sondern auch an den Richter und die Verwaltung. Strafe i. S. v. Art. 104 Abs. 1 BV darf nicht durch einen Analogieschluss begründet werden. Eine extensive Auslegung von Strafgeset-

---

[23] VerfGH 4, 30 (46); VerfGH 23, 23 (28); VerfGH 24, 30 (48).
[24] VerfGH 36, 149 (152 f.); VerfGH 43, 165 (167); VerfGH 44, 41 (55 f.); VerfGH 47, 207 (238).
[25] VerfGH, Ents. v. 4. 4. 2006 – Vf. 127-VI/04 , NJOZ 2006, 3018.
[26] VerfGH 43, 165 (168).
[27] VerfGH 47, 207 (238).
[28] *Meder,* Art. 104, Rn. 1.
[29] VerfGH 32, 121 (123 f.); VerfGH 36, 149 (153); *Meder,* Art. 104, Rn. 1.
[30] VerfGH 47, 207 (238).
[31] VerfGH 26, 48 (63); VerfGH 36, 149 (153); VerfGH 44, 41 (56).

zen, auch zu Lasten des Betroffenen, ist dagegen zulässig. Die Abgrenzung zwischen zulässiger extensiver Auslegung und unzulässiger Analogie ist im Grenzbereich fließend. Die überwiegende Ansicht stellt darauf ab, ob die Grenze des Wortsinns noch eingehalten wurde. Art. 104 Abs. 1 BV bietet Schutz gegen die willkürliche Auslegung eines Strafgesetzes, nicht aber jede unrichtige Gesetzesanwendung.[32]

f) Rückwirkungsverbot. Art. 104 BV verlangt, dass vor Begehung der Tat die Hand- **17** lung mit Strafe bedroht war. Ein rückwirkender Erlass der Strafnorm ist demnach ausgeschlossen. Art. 104 Abs. 1 BV verdichtet das allgemeine rechtsstaatliche Rückwirkungsverbot demnach für den Fall der Strafe auf ein ausschließliches, keiner Ausnahme zugängliches Rückwirkungsverbot.

Eine Rückwirkung liegt vor, wenn der Täter im Augenblick der Tat nicht wissen **18** konnte, dass seine Tat strafbar ist, weil im Augenblick der Handlung die Strafbarkeit noch nicht bestand. Entscheidend ist dabei die Existenz der Strafnorm, die seine Strafbarkeit begründet. Das Rückwirkungsverbot gilt für rückwirkende Strafbegründung wie für rückwirkende Strafverschärfungen.[33]

Das Rückwirkungsverbot schützt nicht vor Veränderungen der Auslegung einer Straf- **19** norm. Das Rückwirkungsverbot bezieht sich nicht auf die richterliche Gesetzesauslegung. Geht die Rechtsprechung z. B. im Augenblick der Tatbegehung davon aus, eine Bande im Sinne einer bestimmten Strafnorm würde mindestens drei Personen erfordern und ändert die Rechtsprechung ihre Ansicht und lässt nun auch zwei Personen genügen, können die zwei Täter, die zur Tatbegehung die Rechtsprechungsänderung nicht vorhersehen konnten, sich nicht auf das Rückwirkungsverbot stützen, um zu verhindern, dass sie wegen bandenmäßiger Begehung verurteilt werden. Die Auslegung einer Norm, deren Ergebnis schon in der Norm angelegt war, verletzt nicht Art. 104 Abs. 1 BV.[34] Eine Verschärfung der Rechtsprechung nach Begehung der Tat schließt das Rückwirkungsverbot nicht aus.[35]

2. Das Verbot der Doppelbestrafung – Abs. 2

a) Allgemein. Das Verbot der Doppelbestrafung (ne bis in idem) dient der Rechts- **20** sicherheit, die wegen der besonderen Schärfe der Sanktion Strafe in besonderer Form Klarheit gebietet. Durch die Zulassung eines nochmaligen Strafverfahrens geschehe der Freiheit und Würde des Menschen ebenso Abbruch wie der Autorität des staatlichen Richterspruches[36]. Nach diesem Grundsatz darf die gleiche Tat nicht zweimal strafgerichtlich in der Sache bewertet werden. Es ist nach Auffassung des VerfGH nicht mit der Rechtssicherheit zu vereinbaren, wenn der Bestrafte – oder Freigesprochene – jederzeit damit rechnen müsste, in einem neuen – nicht an bestimmte, genau abgegrenzte Voraussetzungen (Wiederaufnahmegründe) geknüpften – Strafverfahren (Kriminalstrafverfahren) belangt zu werden.[37]

Art. 104 Abs. 2 BV enthält nicht nur objektives im Verfassungsrang stehendes Prozess- **21** recht, sondern verbürgt zugleich ein subjektives verfassungsmäßiges Recht im Sinne der Art. 66, 120 BayVerf.[38]

b) Begriff der Tat. Die BV definiert nicht den Tatbegriff. Sie greift insoweit auf das **22** vorverfassungsrechtliche Verständnis, das dieser Begriff im Strafprozess erhalten hatte, zurück. Die Bayerische Verfassung geht daher, genauso wie das Grundgesetz, von einem pro-

---

[32] VerfGH 13, 147 (149); VerfGH 14, 49 (58).
[33] VerfGH 4, 194 (201 f.).
[34] VerfGH 42, 54 (62 f.).
[35] VerfGH, Ents. v. 23. 3. 1961, Az: Vf. 87-VI-58.
[36] VerfGH 16, 15 (16).
[37] VerfGH 16, 15 (16); VerfGH, Ents. v. 16. 1. 1968, Az: Vf. 94-VI-67, NJW 1968, 587; VerfGH 21, 11 (13).
[38] VerfGH 21, 11 (13); VerfGH 11, 11 (14).

zessualen Tatbegriff aus. Die Tat ist danach der nach natürlicher Auffassung zu beurteilende einheitliche Lebensvorgang. „Tat" in diesem Sinne ist der geschichtliche – und damit zeitlich und sachverhaltlich begrenzte – Vorgang, auf welchen Anklage und Eröffnungsbeschluss hinweisen und innerhalb dessen der Angeklagte als Täter oder Teilnehmer einen Straftatbestand verwirklicht haben soll.[39]

23   **c) Nicht zweimal bestraft.** Verboten nach Art. 104 Abs. 2 BV ist es, den Täter wegen des gleichen geschichtlichen Vorgangs zweimal zu „bestrafen". „Strafe" im Sinne des Art. 104 Abs. 2 BV ist dabei – anders als der Normtext vermuten lässt – nicht unbedingt eine Strafverurteilung. Die Norm schützt davor, dass ein Strafverfahren eingeleitet wird, wenn vorher schon eine strafprozessuale Entscheidung getroffen wurde. Zulässig bleibt es allerdings, einem Strafverfahren eine nicht-strafrechtliche Maßnahme anzufügen.[40]

24   Auch wenn bei Art. 104 Abs. 2 BV ein ausdrücklicher Beisatz „auf Grund der allgemeinen Strafgesetze" – wie er in Art. 103 Abs. 3 GG eingefügt ist – fehlt, greift Art. 104 Abs. 2 BV nur, wenn in beiden Fälle ein Kriminalstrafverfahren betroffen ist.[41]

25   Im Verhältnis von Disziplinarmaßnahmen zu Kriminalstrafen gilt das Verbot der doppelten Bestrafung nach Art. 104 Abs. 2 BV nicht.[42] Allerdings kann aus dem Rechtsstaatsprinzip (Art. 3 Abs. 1 S. 1 BV) die Verpflichtung hergeleitet werden, zu überprüfen, ob über eine strafgerichtliche Verurteilung hinaus eine Disziplinarmaßnahme noch erforderlich ist. **Innerhalb** des Disziplinarrechts gilt das Verbot der Doppelbestrafung allerdings wiederum analog.[43]

26   *Einzelheiten:* Eine von einem ausländischen Gericht verhängte Strafe schließt eine neue Verurteilung nicht aus.[44] Der Widerruf einer im Gnadenweg zur Bewährung bewilligten Strafaussetzung wird von der Verbotsnorm des Art. 104 Abs. 2 BV nicht erfasst, da durch den Widerruf die Tat nicht nochmals „bestraft" wird. Der Verlust der Fähigkeit zur Bekleidung öffentlicher Ämter durch Richterspruch verstößt nicht gegen das Verbot der Doppelbestrafung.[45]

27   **d) Ungeschriebene Ausnahme: Wiederaufnahme.** Die Zulässigkeit der Wiederaufnahme, sofern sie an bestimmte, genau abgegrenzte Voraussetzungen geknüpft wird, soll nicht an Art. 104 BV scheitern.[46] Zulässig bleibt eine zweite Verurteilung aber in den Fällen, die dem überlieferten Bestand an Wiederaufnahmegründen entsprechen. Diese Ausnahme lässt sich zwar dem Normtext nicht entnehmen, wird aber von der Literatur und Rechtsprechung dennoch angenommen. Zur Begründung beruft sich der VerfGH auf den überlieferten Inhalt des Rechtssatzes. Der Verfassungsgeber wollte „nicht mehr verfassungsmäßig normieren, als was bisher schon galt". Daher habe Art. 104 Abs. 2 BV den Grundsatz „Ne bis in idem" nur mit dem Inhalt zur Verfassungsnorm erhoben, der ihm bereits nach dem bisher geltenden Straf- und Strafprozessrecht und seiner Auslegung durch die herrschende Rechtsprechung zukam.[47]

Art. 105 [Asylrecht]

Ausländer, die unter Nichtbeachtung der in dieser Verfassung niedergelegten Grundrechte im Ausland verfolgt werden und nach Bayern geflüchtet sind, dürfen nicht ausgeliefert und ausgewiesen werden.

---

[39] BVerfGE 56, 22 (28); BVerfGE 23, 191 (202).

[40] VerfGH 12, 168 (169); VerfGH 13, 19 (25) (Ausschluss vom aktiven und passiven Wahlrecht); VerfGH 21, 83 (91) (Aberkennung der Eignung für das Bürgermeisteramt).

[41] VerfGH 42, 54 (63).

[42] VerfGH 42, 54 (Ls 4).

[43] VerfGH 11, 11 (18); VerfGH 13, 147 (150).

[44] VerfGH 16, 15.

[45] VerfGH 13, 19 ff.

[46] VerfGH 16, 15 (17 f.).

[47] VerfGH 11, 11 (18); VerfGH 16, 15 (17).

Parallelvorschriften im GG und anderen Landesverfassungen: Art. 16 a GG; Art. 18 BbgVerf; Art. 7 HessVerf; Art. 16 RhPfVerf.

Literatur: Becker, Das Asylrecht der Bayerischen Verfassung, BayVBl 1988, 577; *Bethäuser,* Die Regelungen über die sogenannten sicheren Drittländer unter besonderer Berücksichtigung des Artikels 105 der Bayerischen Verfassung, ZAR 1993, 169; *Göbel-Zimmermann,* Asylrechte der Landesverfassungen im Verhältnis zum Bundesrecht, NVwZ 1995, 763; *Gramlich,* Asyl kraft Landesverfassungsrechts?, ZAR 1987, 127; *Vill,* Die Auswirkungen des Bundesrechts auf das Asylrecht der Bayerischen Verfassung, BayVBl 1988, 585.

I. Allgemeines

1. Bedeutung

Art. 105 BV ist als Reaktion auf die Erfahrungen im Dritten Reich zu sehen und zeigt **1** den freiheitlichen Charakter der Bayerischen Verfassung. Die Norm ist gegenüber völkerrechtlichen Grundsätzen selbständiger als die Gewährung des Asylrechts in Art. 16 a GG. Art. 105 BV gewährt ein subjektives Recht, das auch prozessual mit Hilfe der Verfassungsbeschwerde bzw. Popularklage durchgesetzt werden kann.[1]

2. Entstehung

Art. 105 wurde erst spät (im VA) auf Anregung der Alliierten[2] in die Verfassung aufge- **2** nommen.[3]

3. Verhältnis zum Grundgesetz

Das zentrale Problem bei Art. 105 BV ist die Frage, inwieweit diese Norm durch vorran- **3** giges Bundesverfassungsrecht oder Bundesrecht verdrängt oder gebrochen wird. Art. 105 BV geht ersichtlich über Art. 16 a GG hinaus, da er auch Schutz vor einer grundrechtswidrigen Verfolgung und nicht nur vor einer politischen Verfolgung gibt. Zudem sind ihm die materiellen und prozessualen Begrenzungen der Absätze 2 bis 4 des Art. 16 a GG fremd. Andererseits ist Art. 105 BV nicht so zu verstehen, dass er eine Regelung wie die des Art. 16 a GG untersagen möchte. Daher ist zunächst davon auszugehen, dass Art. 105 BV weder durch Art. 16 Abs. 2 S. 2 GG, noch durch Art. 16 a GG seine Geltung verloren hat.[4] Er besitzt im Verhältnis zu Art. 16 a GG/Art. 16 Abs. 2 S. 2 GG einen erheblichen überschießenden Charakter, ist daher nicht als die weniger weitgehende Norm zu verstehen.[5]

Eine andere Frage ist aber, ob nicht durch die bundesrechtliche Regelung des Asylver- **4** fahrensrechts und durch den Abschiebeschutz im Aufenthaltsgesetz bundesgesetzlich die Fälle, in denen ein Ausländer nicht abgeschoben werden darf, abschließend geregelt sind. Gleiches gilt für das IRG und die bilateralen Verträge im Zusammenhang mit der Auslieferung.[6] Diesen bundesrechtlichen Regelungen ist, vorbehaltlich einer Prüfung der einzelnen Vorschriften, dabei von deren Sinn her weitgehend der Inhalt zu entnehmen, dass nur bei Vorliegen der bundesrechtlich anerkannten Gründe ein Abschiebeschutz vorliegt. Die Regelungen besitzen weithin den Sinn, gerade eine bundeseinheitliche Praxis zu begründen. Soweit die gebundenen Vorgaben des einfachen Rechts reichen, ist die Anwendung des Art. 105 BV wegen des Vorrangs des Bundesrechts (Art. 31 GG) gesperrt,[7] wobei dieser Vorrang wegen Art. 28 GG nur zu einem Anwendungsvorrang führt. Art. 105 BV bleibt daher gültig,[8] aber weitgehend ohne aktuelle Anwendung.

---

[1] *Nawiasky,* S. 186.

[2] *Becker,* BayVBl 1998, 577.

[3] Prot. II 365 f.; EVA Art. 115; *Nawiasky,* S. 186.

[4] Ebenso *Vill,* BayVBl 1988, 585 (586); *Becker,* BayVBl 1998, 577 (584); *Göbel-Zimmermann,* NVwZ 1995, 763 f. *Gramlich,* ZAR 1987, 127 ff.

[5] *Becker,* BayVBl 1998, 577, 584.

[6] *Vill,* BayVBl 1988, 585 f.

[7] *Gramlich,* ZAR 1987, 127 ff.; *Becker,* BayVBl 1988, 577 (584).

[8] S. zu dem Verhältnis von Art. 31 GG und Art. 28 GG nur Einleitung 8 ff.

5   Nur in den Fällen, in denen das Bundesrecht der Verwaltung einen eigenständigen Freiraum, d. h. einen Ermessensspielraum oder einen Beurteilungsspielraum zuweist und diese
Zuweisung auch zugunsten einer Landesbehörde und zugunsten einer Bundesbehörde
lautet, bleibt Raum für Art. 105 BV.[9] Sofern aber im Einzelfall ein solcher Raum besteht
und die Wertung des Art. 105 BV keine zweckwidrige Wahrnehmung dieses Freiraums
darstellt, kann insoweit auf Art. 105 BV zurückgegriffen werden.[10] Es ist aber, soweit ersichtlich, keine Entscheidung bekannt, in der – bezogen auf das gegenwärtige Recht –
ein solcher Freiraum angenommen worden wäre.[11]

II. Einzelkommentierung

1. Überblick

6   Art. 105 BV hat drei Voraussetzungen. Der personelle Schutzbereich ist nur Ausländern
eröffnet. Ausländer sind nur Nicht-Deutsche, nicht etwa Nicht-Bayern. Der Ausländer
muss in dem Land, aus dem er flüchtet, verfolgt werden und zwar unter Nichtbeachtung
der in der bayerischen Verfassung niedergelegten Grundrechte. Darüber hinaus muss er
nach Bayern geflüchtet sein.

2. Die Verfolgung

7   Zentraler Begriff bei Art. 105 BV ist die Verfolgung. Aus dem Sinn der Norm und aus
dem Zusammenhang mit der „Flucht" kann man schließen, dass nicht jede Verletzung der in
der Verfassung niedergelegten Grundrechte zugleich eine Verfolgung ist. Eine Verfolgung
bildet nur eine qualifizierte Form der Verletzung. Eine Verfolgung ist bei Maßnahmen gegeben, die den Betroffenen sachlich aus dem staatlichen Friedensverband ausgrenzen. Eine
Ausgrenzung liegt insbesondere bei erheblichen Beeinträchtigungen der essentiellen vitalen
Rechtsgüter Leben, Gesundheit (insbesondere Folter) und Freiheit vor.

8   Darüber hinaus können aber auch Beeinträchtigungen anderer Rechtsgüter verfolgungsbegründend wirken, sofern durch diese ein menschenunwürdiges Leben begründet
wird.[12] Eine Verfolgung bilden diese Maßnahmen aber nur, wenn sie als ein gezieltes
Herausgreifen des Einzelnen durch den Staat zu begreifen sind. Menschenunwürdige Lebensverhältnisse, die alle Menschen im Staat gleich betreffen, bilden keine Verfolgung.

9   Die Verfolgung muss weiter die in der bayerischen Verfassung niedergelegten Grundrechte missachten.[13] Dieser Passus ist nicht wörtlich zu verstehen. Die bayerischen Grundrechte gelten nicht für ausländische Staatsgewalt. Gemeint ist, dass die staatliche Handlung,
wäre sie eine solche des bayerischen Staates, die Grundrechte der bayerischen Verfassung
verletzen würde. Wegen der Achtung fremder Staatlichkeit wird man dabei einen deutlich
zurückgenommenen Maßstab anlegen müssen und nur erhebliche Grundrechtsverletzungen ausreichen lassen können. So ist etwa eine Strafsanktion für ein Kapitalverbrechen für
sich genommen nicht verfolgungsbegründend, wenn die Strafnorm selbst freiheitlichen
Maßstäben genügt, mag sie auch nach unserer Einschätzung als sehr hart empfunden werden. Auch eine Verletzung allein der Verfahrensrechte wird wohl nicht ausreichen.[14] Einen
politischen Charakter muss die Verfolgung über die Menschenrechtswidrigkeit hinaus aufgrund des eindeutigen Normtextes nicht haben.[15]

---

[9] *Göbel-Zimmermann*, NVwZ 1995, 763 (765); anders *Vill*, BayVBl 1988, 585 (588).

[10] *Becker*, BayVBl 1988, 577 ff.

[11] Zur früheren Rechtslage war der für Art. 105 BV verbleibende Spielraum in der Literatur umstrit-
ten – s. dazu *Bethäuser*, ZAR 1993, 169 ff. einerseits (relevanter Spielraum) –, andererseits *Becker*,
BayVBl 1988, 577 ff. und *Gramlich*, ZAR 1987, 127 ff.; *Vill*, BayVBl 1988, 585 (588 – praktisch kein
Anwendungsbereich).

[12] *Becker*, BayVBl 1998, 577; s. zu Art. 16a GG *Bonk/Pagenkopf*, in: Sachs, GG, 2003, Art. 16a GG,
Rn. 15.

[13] *Becker*, BayVBl 1998, 577 (580).

[14] *Becker*, BayVBl 1998, 577 (580).

[15] *Becker*, BayVBl 1998, 577 (582 m. w. N. auch zur entgegengesetzten Ansicht in Fn. 55).

3. Die Flucht

Der Ausländer muss wegen der grundrechtswidrigen Verfolgung geflohen sein. Die **10** Verfolgung muss kausal sein. Er muss von der Verfolgungsstätte nach Bayern geflohen sein. Er darf also vorher nicht woanders Unterschlupf gefunden haben.[16]

4. Auslieferung und Ausweisungsschutz

Der Ausländer darf nicht an das Land, das ihn verfolgt, überstellt werden, unabhängig **11** davon, in welcher Rechtsform dies geschehen sollte. Während die Ausweisung die Begründung einer Ausweispflicht im ausländerrechtlichen Sinne ist, ist die Auslieferung die Überstellung eines Beschuldigten im Strafverfahren auf Bitten eines dritten Staates.

Art. 106 [Unverletzlichkeit der Wohnung]

(1) Jeder Bewohner Bayerns hat Anspruch auf eine angemessene Wohnung.
(2) Die Förderung des Baues billiger Volkswohnungen ist Aufgabe des Staates und der Gemeinden.
(3) Die Wohnung ist für jedermann eine Freistätte und unverletzlich.

Parallelvorschriften im GG und anderen Landesverfassungen: Art. 13 GG; Art. 2 I BaWüVerf; Art. 28 Berl-Verf; Art. 15 BbgVerf; Art. 14 BremVerf; Art. 8 HessVerf; Art. 5 III M-VVerf; Art. 3 II NdsVerf; Art. 4 I NRWVerf; Art. 7 RhPfVerf; Art. 16 SaarlVerf; Art. 30 SächsVerf; Art. 17 VerfLSA; Art. 8, 15, 16 ThürVerf.; vgl. auch Art. 8 EMRK; Art. 7 EGC.

Rechtsprechung: VerfGH 15, 49; 59, 23; BVerfGE 32, 54; 42, 212; 51, 97; 103, 142; 109, 279.

Literatur: s. zunächst die Literaturhinweise zu den Vorbemerkungen vor Art. 98 sowie *Voßkuhle,* Behördliche Betretungs- und Nachschaurechte, DVBl. 1994, 611; *Ruthig,* Die Unverletzlichkeit der Wohnung, JuS 1998, 506; *Rhein,* Die Unverletzlichkeit der Wohnung, 2001; *Gusy,* Lauschangriff und Grundgesetz, JuS 2004, 457.

I. Allgemeines

S. zunächst die Erläuterungen in den Vorbemerkungen vor Art. 98.

1. Bedeutung

Art. 106 enthält **drei verschiedene Regelungsgegenstände,** von denen lediglich **1** Abs. 3 ein Grundrecht verbürgt und praktische Bedeutung hat.

a) **Abs. 1** scheint vom Wortlaut her („hat Anspruch auf") sowie auf Grund seiner systematischen Stellung im Grundrechtsteil ein grundrechtliches Leistungsrecht des Einzelnen gegen den Staat auf Bereitstellung individuell angemessenen Wohnraums zu verbürgen. Gleichwohl erkennt der VerfGH[1] dem Abs. 1 weder den Charakter eines (sozialen) Grund-

---

[16] *Becker,* BayVBl 1998, 577 (579).
[1] Bejaht wohl noch in VerfGH 5, 122 (125); offen gelassen dann in VerfGH 8, 52 (58); 11, 81 (88), deutlich schließlich in VerfGH 15, 49 (Ls.): *„Die Art. 106 Abs. 1 und 125 Abs. 3 BV verbürgen keine öffentlichen subjektiven Rechte auf eine angemessene Wohnung."* So dann auch – ohne nähere Begründung – VerfGH 42, 28 (32); aus jüngerer Zeit VerfGH 58, 94 (104).

rechts[2] zu, noch leitet er überhaupt subjektive Rechte aus ihm ab.[3] Vielmehr handele es sich um einen **Programmsatz,** der den Gesetzgeber – wie auch Abs. 2 – objektiv-rechtlich verpflichte, für ausreichenden Wohnraum, zumal durch Förderung des Wohnungsbaus, zu sorgen.[4]

2   Zur Begründung zieht der VerfGH[5], der sich für seine Ansicht auf *Nawiasky*[6] berufen kann, verschiedene Aspekte heran: Ein soziales Grundrecht auf Wohnraum sei weder in der WRV (Art. 155 enthielt nur einen Programmsatz) vorgesehen gewesen noch im Grundgesetz enthalten. Die Formulierung „hat Anspruch auf" deute nicht zwingend auf einen Rechtsanspruch hin, sondern könne auch als „moralischer Anspruch" verstanden werden.[7] Auch andere Verfassungsnormen, die die Begriffe „Recht" und „Anspruch" verwendeten, verbürgten nicht zwingend ein Grundrecht.[8] Zudem verweist der VerfGH auf Stimmen im VA, die sich gegen die Annahme des Abs. 1 als Grundrecht gewandt haben[9], wobei er indes einräumt, dass die Meinungslage nicht eindeutig war. Des Weiteren stellt der VerfGH auf die 1946 vorhandene, heute freilich nicht mehr bestehende, faktisch-finanzielle Unmöglichkeit der Erfüllung eines solchen Anspruchs ab.

3   Insgesamt steht die Ablehnung eines sozialen Grundrechts heute auf tönernen Füßen. Es erscheint **schlüssiger** und dem Wortlaut sowie der systematischen Stellung des Abs. 1 angemessener, eine **Grundrechtsverbürgung** anzunehmen und dem Grundrechtsverpflichteten dabei einen **weiten Erfüllungsspielraum** einzuräumen. Dem Art. 106 I ist mithin ein grundrechtlicher, mit der Verfassungsbeschwerde nach Art. 120 verfolgbarer Anspruch jedes Bewohners Bayerns darauf zu entnehmen, dass ihm, wenn er sich Wohnraum nicht selbst beschaffen kann, angemessener Wohnraum oder ein dafür notwendiges Wohngeld zur Verfügung gestellt wird. Anspruch auf eine bestimmte Wohnung in bestimmter Lage, in einer bestimmten Größe und Ausstattung besteht nicht. Der **Erfüllungsspielraum** ist lediglich durch das **Untermaßverbot** begrenzt.

4   b) Unstreitig enthält **Abs. 2 kein Grundrecht,** sondern einen **objektiv-rechtlichen Programmsatz,** der sich an Staat und Gemeinden mit dem Auftrag wendet, den Bau preiswerter und auch für Menschen mit weniger Mitteln erschwinglicher Wohnungen zu fördern. Bislang war Abs. 2 insofern von verschwindender Bedeutung, als die **Gesetzgebungskompetenz** für die Wohnungsbauförderung im weiteren Sinne zwischen Bund und Ländern konkurrierte (Art. 74 Nr. 18 GG a. F.) und der Bund ganz überwiegend von dieser Kompetenz Gebrauch gemacht hat.[10] Durch das die **Föderalismusreform** des Jahres 2006 umsetzende Gesetz zur Änderung des Grundgesetzes vom 28. 8. 2006[11] wurde Art. 74 I Nr. 18 GG geändert: Im Bereich der konkurrierenden Gesetzgebungskompetenz verbleiben nur das Wohngeldrecht, das Wohnungsbauprämienrecht, das Bergarbeiterwohnungsbaurecht und das Bergmannssiedlungsrecht. Die übrigen Bereiche des Wohnungswesens, insbes. das Recht der **sozialen Wohnraumförderung,** der Abbau von Fehlsubventionierung im Wohnungswesen, das Wohnungsbindungsrecht, das Zweckentfremdungsrecht

---

[2] Zur generellen Zurückhaltung des VerfGH gegenüber sozialen Grundrechten s. bereits Rn. 83 ff. vor Art. 98.

[3] Das Recht auf Schutz vor Obdachlosigkeit, auf ein „Dach über dem Kopf" lässt sich allerdings direkt aus Art. 100 ableiten (Grundrecht auf Existenzminimum), s. Rn. 38 zu Art. 100.

[4] VerfGH 58, 94 (104).

[5] Ausführliche Begründung in VerfGH 15, 49 (50 ff.).

[6] *Nawiasky,* S. 187, der – allerdings wenig überzeugend – daraus, dass Abs. 2 kein Grundrecht enthält, schließt, dass auch Abs. 1 keines enthalte. Gegen den Grundrechtscharakter von Abs. 1 auch *Meder,* Art. 106 Rn. 1.

[7] So auch *Nawiasky,* S. 187.

[8] Der VerfGH zieht unter Hinweis auf seine bisherige Rechtsprechung heran: Art. 125 I 2; 126 II; 166 II, III; 168 I, III; 171; 183 (siehe die Erl. jeweils dort).

[9] Nachweise in VerfGH 15, 49 (54 f.).

[10] Insbesondere durch das Gesetz über die soziale Wohnraumförderung (Wohnraumförderungsgesetz – WoFG) vom 13. 9. 2001 (BGBl I S. 2376) – mehrfach geändert.

[11] BGBl I S. 2034.

im Wohnungswesen sowie das Wohnungsgenossenschaftsrecht fallen nunmehr in die **alleinige Gesetzgebungskompetenz der Länder.** Insofern kommt Abs. 2 eine steuernde Wirkung zu, wobei der Gestaltungsspielraum des Gesetzgebers in den genannten Bereichen sehr weit ist.[12]

c) **Abs. 3** verbürgt die **Unverletzlichkeit der Wohnung** als **Grundrecht**[13] auf eine 5 „Freistätte", auf Unbehelligtsein in den „eigenen vier Wänden". Das Grundrecht der Unverletzlichkeit der Wohnung ist eine **spezielle Ausprägung** des der Verfassung generell zu Gunde liegenden **Postulats der Unverletzlichkeit der Integrität** des einzelnen – und zwar jedes – Menschen. Die Verfassung errichtet ein umfassendes, lückenloses Schutzsystem zu Gunsten des Integritätsschutzes des Einzelnen[14]: Art. 100 i.V. m. Art. 101 schützen das Leben und die körperliche Unversehrtheit, Art. 102 die körperliche Bewegungsfreiheit, Art. 100 i.V. m. Art. 101 das allgemeine Persönlichkeitsrecht, zumal das Recht auf informationelle Selbstbestimmung, ergänzt durch Art. 112, der das Kommunikationsgeheimnis im weiteren Sinne schützt. Art. 106 III übernimmt in diesem Konzert der Integritätsschutzrechte den Part des Schutzes der räumlichen Integrität, sie verbürgt die räumliche Dimension des Grundrechts, vom Staat und von Dritten in Ruhe gelassen zu werden.[15] Das Grundrecht der Unverletzlichkeit der Wohnung steht zudem in engem Zusammenhang mit der Freiheit des Einzelnen und soll die Privatheit der Wohnung als „elementaren Lebensraum"[16] schützen, als räumlichen Bereich, in dem sich das Privatleben ungestört entfalten kann.

In der **Rechtsprechung des VerfGH** hat Art. 106 III allerdings **bislang nur eine geringe Rolle** gespielt. Dies dürfte zumal daran liegen, dass der Schwerpunkt der wohnungsbeeinträchtigenden Maßnahmen auf Bundesrecht beruht, das als solches nicht der Überprüfung durch den VerfGH am Maßstab der Grundrechte der BV unterliegt, sondern Art. 13 GG unterfällt (s. dazu unten Rn. 9 ff.). Allerdings hält auch das Landesrecht nicht unerhebliche Eingriffsbefugnisse bereit (z. B. Art. 23 f. PAG; Art. 30 II LStVG; Art. 37 III VwZVG). Insbesondere könnte Art. 106 im Rahmen von Art. 34 PAG[17] Bedeutung erlangen (etwa im Wege einer Popularklage), der den Einsatz technischer Mittel in Wohnungen regelt.

d) **Konkurrenzen.** Art. 106 ist **lex specials** zu **Art. 100 i.V. m. 101** sowie zu 7 **Art. 112.** Soweit es um die Integrität der Wohnung geht, findet ausschließlich Art. 106 III Anwendung. Beeinträchtigt eine Maßnahme zugleich das allgemeine Persönlichkeitsrecht, insbesondere das Recht auf informationelle Selbstbestimmung (z. B. berichtet Polizei öffentlich über eine Wohnungsdurchsuchung und deren Details) oder das Kommunikationsgeheimnis (z. B. Polizei durchsucht Wohnung und öffnet zugleich Briefe), so finden die Grundrechtsnormen parallel Anwendung.

2. Entstehung

Abs. 3 war in Art. 65 VE und Art. 72 E in folgender Fassung enthalten: „Die Wohnung 8 jedes Staatsbürgers ist für ihn eine Freistätte und unverletzlich. Ausnahmen hiervon sind nur durch Gesetz zulässig." Im weiteren Verfassungsgebungsprozess wurde die Beschränkung auf „Staatsbürger" aufgegeben und der Gesetzvorbehalt im Zuge der Schaffung des

---

[12] Vgl. dazu nunmehr das Gesetz über die Wohnraumförderung in Bayern (Bayerisches Wohnraumförderungsgesetz – BayWoFG) vom 10. April 2007 (BayRS 2330-2-1, GVBl S. 260) sowie das Gesetz zur Umsetzung der Föderalismusreform im Wohnungswesen vom 10. April 2007 (GVBl S. 267).

[13] VerfGH 8, 74 (79); 11, 81 (89).

[14] Zum grundrechtlichen Integritätsschutz s. grundsätzlich *Lindner,* Theorie der Grundrechtsdogmatik, 2005, S. 204 ff.

[15] BVerfGE 109, 279 (309); 97, 228 (265): „Abschirmung der Privatsphäre in räumlicher Hinsicht"; VerfGH 59, 23 (25).

[16] BVerfGE 42, 212 (219); 103, 142 (150); VerfGH 59, 23 (25).

[17] Die Vorschrift wurde neugefasst durch Gesetz vom 24. 12. 2005 (GVBl S. 641).

Art. 98 S. 2 BV gestrichen.[18] Abs. 1 und 2 waren dem Sinn nach in Art. 79 VE und Art. 86 E enthalten. Die Zusammenführung der drei Absätze in einer Vorschrift erfolgte im VA (Art. 116 EVA).

3. Verhältnis zum Grundgesetz

9   a) **Abs. 1 und 2** haben kein Pendant im GG, widersprechen diesem aber auch nicht. Versteht man – wie hier vorgeschlagen (s. oben Rn. 3) – Abs. 1 als Grundrecht, gilt er nach **Art. 142 GG** weiter (dazu Rn. 109 ff. vor Art. 98), bindet freilich nur die Landesstaatsgewalt, nicht den Bund. Versteht man Abs. 1 wie Abs. 2 als objektiv-rechtlichen Programmsatz, so steht auch dem das GG nicht entgegen. Allerdings kann die Erfüllung des Programmsatzes nur nach Maßgabe der zwischen Bund und Ländern verteilten Gesetzgebungskompetenzen erfolgen (zur nunmehr überwiegend den Ländern zustehenden Gesetzgebungskompetenz s. oben Rn. 4).

10   b) **Abs. 3** entspricht der Sache nach Art. 13 I GG und gilt nach **Art. 142 GG** weiter.[19] Allerdings enthält Art. 13 GG in den Absätzen 2 bis 7 umfangreiche Regelungen zur Einschränkung der Wohnungsfreiheit, wohingegen Abs. 3 keinem geschriebenen Gesetzesvorbehalt unterliegt und nach der Rechtsprechung des VerfGH auch Art. 98 S. 2 nicht zur Anwendung kommt. Der VerfGH unterstellt Abs. 3 vielmehr **„inhärenten" Schranken**.[20] Zwischen **Abs. 3 und Art. 13 GG** besteht eine **doppelte Diskrepanz:**

11   (1) Einerseits scheint Abs. 3 im Ergebnis das **engere Grundrecht** zu sein, weil er die in Art. 13 Abs. 2 ff. GG geregelten qualifizierten Eingriffsvoraussetzungen (z. B. den Richtervorbehalt nach Art. 13 Abs. 3, 4, 5 GG) nicht enthält,

12   (2) andererseits scheint er das **weitere Grundrecht** insofern zu sein, als er die Zulässigkeit so schwerwiegender Grundrechtseingriffe, wie etwa der technischen Wohnraumüberwachung, gar nicht eigens zum Ausdruck bringt, also möglicherweise ganz verbietet.

    Allerdings ist der Landesgesetzgeber bei Einschränkungen des Abs. 3 an den Verhältnismäßigkeitsgrundsatz gebunden, der im Ergebnis zu vergleichbaren Anforderungen führen wird, wie sie Art. 13 Abs. 2 ff. GG formulieren. Unabhängig davon, ob Abs. 3 das im Vergleich zu Art. 13 GG weitere oder engere Grundrecht ist, es bleibt in beiden Fällen bei der Geltung über Art. 142 GG (s. dazu Rn. 109 ff. vor Art. 98). Freilich muss jeder in die Wohnungsfreiheit eingreifende Rechtsakt der Landesstaatsgewalt (z. B. die technische Wohnraumüberwachung in Art. 34 PAG) nicht nur mit Art. 106 III, sondern eben auch mit Art. 13 GG vereinbar sein. Wäre er zwar mit dem hinter Art. 13 GG zurückbleibenden Art. 106 III vereinbar, nicht indes mit Art. 13 GG selbst, wäre er insgesamt grundrechtswidrig. Wäre er zwar mit Art. 13 GG (insbesondere dessen Abs. 3 und 4) vereinbar, nicht indes mit Art. 106 III, so wäre er ebenfalls nichtig, es sei denn, er beruhte auf inhaltlich zwingend determinierenden Vorgaben des Bundes- oder Gemeinschaftsrechts (mit der Folge der Maßstabsreduktion des Art. 106 III; dazu Rn. 134 ff. vor Art. 98).

13   Nach der bisherigen Grundrechtsprechung des VerfGH ist damit zu rechnen, dass sich dieser – etwa bei einer evtl. anstehenden Überprüfung des Art. 34 PAG – im Rahmen der Anwendung des Art. 106 III, zumal der Schranken-Schranke der Verhältnismäßigkeit, an den Regelungen in Art. 13 Abs. 2 ff. GG sowie an der dazu ergangenen **Rechtsprechung des BVerfG**[21] **orientieren** und infolgedessen eine Diskrepanz im Schutzniveau vermeiden wird.[22]

---

[18] Vgl. dazu Rn. 61 ff. vor Art. 98. Da der VerfGH Art. 98 S. 2 allerdings zur Bedeutungslosigkeit verdammt hat, ist er darauf angewiesen, dem Art. 106 III „inhärente Grenzen" zu erschließen, um Eingriffe rechtfertigen zu können, VerfGH 16, 128 (135); 41, 151 (158); 59, 23 (25).

[19] So auch *Meder*, Art. 106 Rn. 2.

[20] VerfGH 16, 128 (136); 41, 151 (158); anders noch (i. S. der Anwendbarkeit des Art. 98 S. 2) VerfGH 11, 81 (89). Vgl. jüngst VerfGH 59, 23 (25): *„immanente Gewährleistungsschranken, die dem Schutz höherwertiger Güter dienen".*

[21] Zu nennen ist insbes. BVerfGE 109, 279.

[22] So VerfGH 59, 23 (25) für Art. 13 VII GG bzgl. von Betretungsrechten im Bauordnungsrecht.

c) Von der Weitergeltung im Verhältnis zu Art. 13 GG zu unterscheiden ist die Frage, **14** ob und inwieweit Art. 106 III **Prüfungsmaßstab** für Entscheidungen der Landesstaatsgewalt über Wohnungsbeeinträchtigungen sein kann, die materiell auf Grund von Bundesrecht oder in einem bundesrechtlich geregelten Verfahren (StPO; ZPO) ergangen sind; vgl. dazu zunächst Rn. 134 ff. vor Art. 98. Nach hier vertretener – landesgrundrechtsfreundlicher – Auffassung kann Art. 106 III Prüfungsmaßstab für alle freiheitsbeschränkenden Entscheidungen der Landesstaatsgewalt sein, die auf formellem oder materiellem Bundesrecht beruhen, wenn und soweit das Bundesrecht entsprechende Spielräume eröffnet, also eine Entscheidung ermöglicht, die mit den bundesrechtlichen Vorgaben sowie mit Art. 106 III vereinbar ist. Solche Auslegungs- und Anwendungsspielräume sind landesgrundrechtswahrend zu nutzen.

Beispiel: Eine Durchsuchung nach § 758 I ZPO kann am Maßstab des Art. 106 III ge- **15** messen und vom VerfGH überprüft werden, obwohl sie auf Bundesrecht beruht, wenn die konkrete Durchsuchung bzw. die Art ihrer Durchführung bundesrechtlich nicht zwingend vorgegeben ist. Eine – unstreitige – Grenze findet die landesverfassungsrechtliche Überprüfbarkeit insofern, als die formellen und materiellen bundesrechtlichen Rechtsgrundlagen selbst sowie deren Auslegung durch ein Bundesgericht nicht an Art. 106 III gemessen werden können. Gleiches gilt für landesgerichtliche Entscheidungen, die von einem Bundesgericht, etwa dem BGH, inhaltlich bestätigt worden sind.[23]

II. Einzelkommentierung

Vorbemerkung: Das Grundrecht der Unverletzlichkeit der Wohnung entfaltet seine **16** Wirkung ganz überwiegend in der Dimension der **Eingriffsabwehr.** Jegliche hoheitliche Beeinträchtigung der Integrität der Wohnung bedarf als Ausnahme von der Regel[24] der verfassungsrechtlichen Rechtfertigung. Misslingt diese Rechtfertigung, so „reagiert" die Grundrechtsbestimmung dadurch, dass sie dem in seinem Grundrecht auf Unverletzlichkeit der Wohnung Verletzten einen subjektiv-verfassungsrechtlichen Anspruch auf Unterlassung, Beendigung oder Kompensation der Grundrechtsverletzung gibt. Vgl. zu dieser Systematik bereits die Rn. 56 ff. vor Art. 98, auf die hier verwiesen wird. Die nachfolgenden Erläuterungen beschränken sich auf die Besonderheiten, die bei Art. 106 III zu beachten sind.

1. Persönlicher Schutzbereich (Grundrechtsberechtigte[25])

Vom persönlichen Schutzbereich des Art. 106 III umfasst, also **grundrechtsberechtigt** **17** ist „jedermann", also **jede natürliche Person** unabhängig von der Staatsangehörigkeit (auch Staatenlose genießen den Schutz des Art. 106 III), dem Wohnsitz oder einem sonstigen Bezug zum Freistaat Bayern[26], dem Alter, dem sozialen Status, der Handlungs- und Geschäftsfähigkeit, der Herkunft, des Geschlechts etc. Auch jur. Personen des Zivilrechts kommen in den Genuss des Art. 106 III[27], nicht indes jur. Personen des öffentlichen Rechts. Geschützt ist jeder unmittelbare Besitzer einer Wohnung, auf die Art des Besitzes und dessen Rechtmäßigkeit kommt es nicht an, es genügt das **Innehaben der tatsächlichen Sachherrschaft über die Wohnung.** Auch ein Mieter nach Ablauf der

---

[23] VerfGH 46, 21 (29); 55, 202 (204).

[24] Missverständlich VerfGH 11, 81 (89), wonach Art. 106 III lediglich vor „willkürlichen Eingriffen in die räumliche Individualsphäre" schütze; so auch *Meder,* Art. 106 Rn. 2 und erneut VerfGH 59, 23 (25).

[25] Grundrechts*verpflichtet* sind der Staat und andere Hoheitsträger, nicht indes Private. Art. 106 III entfaltet keine unmittelbare Drittwirkung. Der Staat kann allerdings, zumal auf Grund der grundrechtlichen Schutzpflicht, berechtigt oder verpflichtet sein, bei Wohnungsbeeinträchtigungen inter privatos regelnd einzugreifen (vgl. dazu bereits Rn. 94 ff. vor Art. 98 sowie unten Rn. 38).

[26] Beispiel: Auch ein Durchreisender kann sich auf Art. 106 III berufen, wenn z. B. das von ihm gebuchte Hotelzimmer von der Polizei durchsucht wird.

[27] So für Art. 13 GG BVerfGE 32, 54 (71).

Mietfrist kann sich auf Art. 106 III berufen.[28] Bei mehreren Bewohnern steht das Grundrecht allen jeweils einzeln zu.[29]

2. Sachlicher Schutzbereich

18   a) Art. 106 III schützt die **Integrität des Privaten in räumlicher Dimension.** An diesem Schutzzweck hat sich das Verständnis des **Begriffs** „Wohnung" auszurichten. Wohnung ist jede bewegliche oder unbewegliche Sache, die dem Einzelnen nach subjektiver Bestimmung und objektiver Erkennbarkeit[30] zur **Abschirmung seiner Privatsphäre** typischerweise dient oder – auch untypischer Weise – dienen kann.

19   Dazu gehören **Wohnräume** i.e.S. einschließlich eingefriedetem Garten, aber auch zur Wohnung umfunktionierte Räume, Neben-, Dach- und Kellerräume, Gartenhäuser und -lauben, Ferienwohnungen, Gast- und Hotelzimmer, Krankenzimmer, Campingwagen, -busse und -zelte, Wohnmobile, Wohnboote, Vereinsheime und Clubhäuser, nach dem Schutzzweck auch Kraftfahrzeuge[31], in denen die Abschirmung der Privatsphäre möglich ist oder stattfindet (z. B. ein Kombi-KFZ mit eingerichtetem Schlafraum und gespiegelten Scheiben), Strandkörbe, Umkleidekabinen in Hallenbädern, Solarien oder Bekleidungsgeschäften für die Zeit der konkreten Nutzung. **Nicht erfasst** sind Telefonzellen, U-Bahnhöfe etc. Nach der – vom Schutzzweck her gesehen wenig überzeugenden – h. M. werden nicht erfasst Räume von Strafgefangenen und Besucherräume in Untersuchungsgefängnissen.[32] Auch in diesen Räumen spielt sich Privatheit ab, die schutzbedürftig ist.

20   b) In den sachlichen Schutzbereich fallen auch **Arbeits-, Betriebs- und Geschäftsräume**[33] sowie **Dienstzimmer** von Angestellten und Beamten. Nicht erfasst sind dagegen der Öffentlichkeit zugängliche Räume, wie Verkaufsräume, Gaststätten, Kinos, Sportanlagen, Bahnhöfe in dem Rahmen, in dem sie öffentlich zugänglich[34] sind.

21   c) **Nicht umbaute Flächen** werden vom Schutzbereich umfasst, wenn sie gleichwohl Abschirmungscharakter haben können: z. B. Baumhäuser, ausgebaute Erdlöcher oder Höhlen.

3. Beeinträchtigungen

22   a) „Unverletzlich" meint nicht, dass Beeinträchtigungen des Integritätsraumes „Wohnung" nicht denkbar oder generell unzulässig (wie bei Art. 100) seien, sondern dass sie *grundsätzlich* unzulässig sind, wenn sie sich nicht ausnahmsweise verfassungsrechtlich rechtfertigen lassen oder der Betroffene in freier Willensentscheidung mit ihnen einverstanden ist (Einwilligung oder partieller Grundrechtsverzicht). Eine **Beeinträchtigung** des Art. 106 III liegt vor, wenn durch eine hoheitliche Maßnahme die räumliche Integrität gestört wird. **Jedes Eindringen in die Sphäre der Privatheit der Wohnung** stellt eine rechtfertigungsbedürftige Beeinträchtigung dar.[35]

23   b) Auf die **Modalität** des Eindringens kommt es nicht an, so dass auch „moderne" Formen der Überwachung von Vorgängen in der Wohnung umfasst sind. Im Einzelnen stellt eine Beeinträchtigung dar:

aa) Jedes **körperliche Betreten**[36] einer Wohnung und das Darinverweilen, die Installation von Abhörgeräten oder Überwachungskameras in einer Wohnung, die Durchsu-

---

[28] *Jarass/Pieroth,* Art. 13 Rn. 6; BVerfGE 89, 1 (12).

[29] BVerfGE 109, 279 (326).

[30] *Kühne,* in: Sachs, Art. 13 Rn. 2.

[31] A. A. *Jarass/Pieroth,* Art. 13 Rn. 4; VerfGH 59, 29 (45): Fahrgastraum im KFZ ist als solcher keine Wohnung.

[32] BVerfG, NJW 1996, 2643; BGHSt 44, 138 (141).

[33] BVerfGE 44, 353 (371); 76, 83 (88); 96, 44 (51).

[34] BVerfG, NJW 2003, 2669.

[35] *Jarass/Pieroth,* Art. 13 Rn. 7.

[36] VerfGH 59, 23 (26).

chung im Sinne eines „ziel- und zweckgerichteten Suchens nach Personen oder Sachen oder zu Ermittlung eines Sachverhalts, um etwas aufzuspüren, was der Inhaber der Wohnung nicht von sich aus offenlegen oder herausgeben will".[37]

bb) Beeinträchtigungen **ohne körperliches Betreten** der Wohnung in Gestalt der **24** **Überwachung** von Vorgängen in der Wohnung **von außen** mittels technischer Überwachungsgeräte (Richtmikrophone, Schallmessgeräte, Infrarotgeräte, Videokameras, Ferngläser oder -rohre; das Setzen von sog. „Trojanern" per Internet am Computer, an den eine Camera etc. angeschlossen ist; zur „online"-Durchsuchung von Festplatten auf Computern innerhalb einer Wohnung s. Rn. 30 zu Art. 101) oder **von innen** (nach der Installation entsprechender Geräte in der Wohnung). Die Überwachung der Vorgänge *in*[38] einer Wohnung bedingt also regelmäßig zwei Grundrechtsbeeinträchtigungen: das Betreten zur Installation der Geräte sowie – sich anschließend – die Überwachung mittels der Geräte selbst. Das „Anzapfen" von Fernmeldeleitungen unterfällt Art. 112.

cc) Eine Beeinträchtigung liegt **nicht** vor bei **Beobachtung einer Wohnung von** **25** **außen** ohne besondere technische Mittel, wenn sich die Bebachtung nicht auf das Innere der Wohnung bezieht; allerdings dürfte in solchen Fällen das Recht auf informationelle Selbstbestimmung beeinträchtigt sein, wenn die Ergebnisse der Beobachtung festgehalten werden. Eine Beeinträchtigung des Art. 106 III liegt auch nicht vor bei **Auskunftspflichten**[39]; anderes gilt aber bei einem gezielten Ausforschen über wohnungsinterne Zustände. Pflichten, die an das Innehaben der Wohnung anknüpfen, wie etwa Melde- oder Instandhaltungspflichten oder die Pflicht zur Beseitigung der Wohnung (etwa im Wege einer Baubeseitigungsanordnungen), beeinträchtigen nicht Art. 106 III, sondern das Eigentumsgrundrecht (Art. 103). Unter Art. 103 fällt auch die Einweisung von Obdachlosen in eine freie Wohnung. Art. 106 III ist berührt, wenn die Einweisung in eine bereits bewohnte Wohnung erfolgt. Eine Enteignung ist an Art. 103, 159, nicht an Art. 106 III zu messen.[40]

4. Die verfassungsrechtliche Rechtfertigung der Beeinträchtigung

Einer **Rechtfertigung** einer Beeinträchtigung der Wohnungsfreiheit bedarf es nicht, **26** wenn diese mit **freiwilliger Zustimmung** des Berechtigten erfolgt.[41] Die Rechtfertigung richtet sich im übrigen nach den in Rn. 61 ff. vor Art. 98 skizzierten Erwägungen und Prüfungsschritten. Darauf sei hier verwiesen. Speziell für Art. 106 III gilt Folgendes:

a) Art. 106 III enthält **keine eigene Vorbehaltsregelung,** die eine Einschränkung der **27** Wohnungsfreiheit vorsähe. Zwar heißt es in Art. 106 III, dass die Wohnung „unverletzlich" sei, daraus folgt jedoch nicht, dass Beeinträchtigungen durch die öffentliche Gewalt stets und ohne weiteres verfassungswidrig wären. Der ursprünglich in Art. 65 VE und Art. 72 E vorgesehene spezielle Gesetzesvorbehalt wurde im Zuge der Einfügung der Vorbehaltsgeneralklausel des Art. 98 S. 2 gestrichen.[42]

Gleichwohl wendet der VerfGH zur Rechtfertigung von Freiheitsverkürzungen den **28** Art. 98 S. 2 nicht an, sondern er nimmt (allerdings nicht von Anfang an[43]) – wie bei anderen Grundrechten auch – **„inhärente Begrenzungen"**[44] im Sinne eines **ungeschriebe-**

---

[37] BVerfGE 51, 97 (106); BVerwGE 121, 345 (349).

[38] Die Überwachung von Vorgängen außerhalb der Wohnung, etwa der Umgebung oder der öffentlichen Zuwege, stellt keine Beeinträchtigung des Art. 106 III dar, sondern eine solche des Rechts auf informationelle Selbstbestimmung (Datenerhebung durch Überwachung). Anders kann es sein, wenn der Eingangsbereich bereits einen hinreichenden Abschirmungscharakter aufweist.

[39] BVerfGE 65, 1 (40).

[40] VerfGH 37, 26 (27). Auch ein rechtskräftiges Räumungsurteil greift nicht in Art. 106 III ein: VerfGH 32, 142 (145).

[41] Ist diese durch Täuschung oder Drohung erlangt, ist sie unbeachtlich. Der freiwillig in die Wohnung gelassene „verdeckte Ermittler" (vgl. Art. 33 I Nr. 3 i. V. m. Art. 35 PAG) begeht daher einen Eingriff in Art. 106 III.

[42] Dazu oben Rn. 8.

[43] VerfGH 11, 81 (89); 3, 65 (66).

[44] VerfGH 41, 151 (158); 59, 23 (25 f.): „immanente Gewährleistungsschranken".

nen Gesetzesvorbehalts an. Problematisch ist es, dass der VerfGH die „inhärenten Begrenzungen" um die Wendung „nach Maßgabe der Gesetze" ergänzt.[45] Diese Formulierung erweckt den Eindruck, als ob der Freiheitsschutz nur insoweit bestehe, als der Gesetzgeber ihn gewähre. Das würde dem freiheitsrechtlichen Regel-Ausnahme-Prinzip, das der Grundrechtsordnung der BV zu Grunde liegt[46], diametral widersprechen. Auch für Art. 106 III gilt, dass dieser den Grundrechtsschutz nicht lediglich nach Maßgabe der Gesetze gewährt, sondern dass jede Beeinträchtigung der räumlichen Integrität der Wohnung sich zwar auf ein förmliches Gesetz zurückführen lassen, dieses aber seinerseits im Sinne des **Regel-Ausnahme-Prinzips** vor Art. 106 III Bestand haben muss.[47]

29   Angesichts der fundamentalen Bedeutung der Integrität der Wohnung dürfen Beeinträchtigungen nur **durch oder auf Grund Gesetzes** erfolgen. Eine Delegation der Rechtsetzungsbefugnis auf die Exekutive (Verordnung; Satzung) kommt in Betracht, wenn die gesetzliche Ermächtigung nach Inhalt, Zweck und Ausmaß hinreichend bestimmt ist. Dabei sind besonders strenge Anforderungen zu stellen, auf die Exekutive dürfen nur geringfügige Wohnungsbeeinträchtigungen delegiert werden, etwa ein Betretungsrecht beschränkt öffentlich zugänglicher Räume. Der vom Volk legitimierte Gesetzgeber muss grundsätzlich selbst entscheiden, unter welchen Voraussetzungen, aus welchem Grund und inwieweit die Integrität der Wohnung beeinträchtigt werden darf. Die Anwendung im Einzelfall obliegt freilich der Exekutive im Zusammenwirken mit der Judikative. Art. 48 gilt für Art. 106 III ausdrücklich nicht.

30   b) Den entscheidenden Prüfungsschritt bilden die geschriebenen und ungeschriebenen **Schranken-Schranken,** die dem Gesetzgeber bei der Ausfüllung des Gesetzesvorbehalts ihrerseits Schranken auferlegen; zu den Schranken-Schranken s. zunächst Rn. 67 ff. vor Art. 98.

31   aa) Eine Beschränkung der Integrität der Wohnung ist nur zulässig, wenn der Gesetzgeber – in hinreichender Bestimmtheit – **(1)** einen **verfassungsrechtlich legitimen Zweck** formuliert, dem die Beeinträchtigung dienen soll, **(2)** ein tatsächliches (nicht nur vorgeschobenes) **Zweckverwirklichungsbedürfnis** besteht, die Beeinträchtigung ein **(3) geeignetes** und **(4) erforderliches Mittel** zur Erreichung, mindestens Förderung des Zwecks ist und **(5)** eine **Abwägung** von Schutz- und Zweckinteresse ergibt, dass Letzteres ein höheres Gewicht hat (Verhältnismäßigkeit im engeren Sinne).[48] Bei allen Prüfungsschritten ist die besondere Bedeutung der Unverletzlichkeit der Wohnung zu beachten, die nur unter strengen Voraussetzungen eine Beeinträchtigung rechtfertigt. Diese ist „ultima ratio" zur Erreichung des jeweils definierten verfassungsrechtlichen Zwecks.

32   bb) Zunächst muss der **Zweck** selbst bereits in abstrakter Hinsicht ein **erhebliches verfassungsrechtliches Gewicht** haben.[49] In Frage kommen nur gewichtige geschriebene oder ungeschriebene verfassungsunmittelbare Zwecke, etwa der Schutz des Lebens, der körperlichen Unversehrtheit oder von Rechtsgütern von sonstiger erheblicher Bedeutung.

33   cc) Bei der **Abwägung** selbst ist nicht nur in abstrakter, sondern auch in konkreter[50] Hinsicht das bedeutsame Gut der Privatheit in räumlicher Dimension in die Waagschale zu werfen. Nur wenn auch in konkreter Abwägung das Zweckinteresse das Integritätsinteresse überwiegt, ist dessen Beeinträchtigung verfassungsrechtlich zu rechtfertigen. So ist etwa die Durchsuchung einer Anwaltskanzlei wegen eines Parkverstoßes verfassungswidrig.[51]

---

[45] VerfGH 41, 151 (158).

[46] Dazu Rn. 30 ff. vor Art. 98.

[47] Das Regel-Ausnahme-Prinzip verkennt *Meder,* Art. 106 Rn. 4.

[48] VerfGH 59, 23 (26): „Zur Verhütung dringender Gefahren für die öffentliche Sicherheit und Ordnung".

[49] VerfGH 41, 151 (159): „erheblich höherwertiges Rechtsgut".

[50] Zur Unterscheidung zwischen abstrakter und konkreter Abwägung s. Rn. 75 (dort Fn. 136) vor Art. 98.

[51] BVerfG, Beschl. v. 7. 9. 2006 – 2 BvR 1141/05.

dd) Der Grundsatz der **Verhältnismäßigkeit** ist auch **auf der Schiene der Zeit** zu 34
beachten: die verfassungsrechtlich zulässige Dauer der Beeinträchtigung der Unverletzlichkeit der Wohnung richtet sich nach dem Zweck und ist wie dieser am Verhältnismäßigkeitsprinzip zu messen. Die Beeinträchtigung, etwa eine akustische Wohnraumüberwachung nach Art. 34 PAG, ist nur so lange zulässig, als sie nach dem strengen
Rechtfertigungsprogramm verfassungsrechtlich gerechtfertigt ist. Die Beeinträchtigung
ist in dem Augenblick zu beenden, in dem sie sich nicht mehr rechtfertigen lässt.[52]

ee) Je nachhaltiger und intensiver die Beeinträchtigung ist, desto höher sind die Recht- 35
fertigungsanforderungen. Die Beeinträchtigung des **Kernbereichs** der in der Wohnung
stattfindenden Privatheit (insbes. Selbstgespräche, vertrauliche private Gespräche, Ge-
fühlsäußerungen, Intimität) ist keiner Rechtfertigung zugänglich.[53] Dagegen können Be-
tretungs- und Nachschaurechte zur Überprüfung der Einhaltung von gewerblichen oder
Umweltauflagen „leichter" gerechtfertigt werden.

ff) Zwar gelten die Art. 13 Abs. 2 ff. GG nicht im Rahmen des Art. 106 III, allerdings 36
können die dort geregelten Eingriffsanforderungen im Rahmen der Verhältnismäßigkeitsprüfung der Sache nach herangezogen werden. Dies gilt insbesondere für die Notwendigkeit, Durchsuchungen nur auf Grund **richterlicher Entscheidung** zuzulassen.[54]
Für die präventive technische Überwachung von Wohnungen, wie sie Art. 34 PAG ermöglicht, ist dem Sinn nach Art. 13 IV GG heranzuziehen.[55]

5. Weitere Grundrechtsdimensionen

Art. 106 III findet zwar seine primäre Funktion in der Beeinträchtigungsabwehr, er- 37
schöpft sich darin indes nicht.

a) Eine Rolle können die **Schutzpflichten** spielen, die der VerfGH, insbesondere 38
dem Grundrecht auf körperliche Unversehrtheit (Art. 101 i. V. m. 100), erschlossen hat, die
aber auch i. R. d. Art. 106 III Relevanz erlangen können (z. B. in Fällen von privater Beeinträchtigung der Wohnung, etwa durch Spanner, Wohnungsbesetzer oder bei Fällen von
„Entmietung"). Zur Dogmatik der grundrechtlichen Schutzpflichten, insbesondere zu den
Voraussetzungen für das Entstehen einer Schutzpflicht und deren Erfüllung, s. Rn. 94 ff.
vor Art. 98.

b) Art. 106 III hat zudem eine **verfahrens- und organisationsrechtliche Dimension** 39
(s. dazu Rn. 98 vor Art. 98). Da bestimmte Modalitäten der Beeinträchtigung besonders
schwerwiegende Eingriffe in ein besonders gewichtiges Rechtsgut darstellen, sind verfahrensrechtliche Flankierungen notwendig, zumal in Gestalt eines **Richtervorbehalts** oder
durch spezifische **Berichtspflichten.** Dies gilt insbesondere für die technische Wohnraumüberwachung nach Art. 34 PAG. Diese ist — außer bei Gefahr im Verzug[56] — nur nach
vorhergehender richterlicher Ermächtigung zulässig (vgl. Art. 34 IV 1 PAG), die erhobenen Daten sind zu kennzeichnen (Art. 34 V 1 PAG). Hinzukommen **Unterrichtungspflichten** gegenüber dem Betroffenen nach Art. 34 VI PAG, Vorschriften zur Löschung
von Daten (Art. 34 VII PAG) sowie zu Verwertungsverboten (Art. 34 V, VII PAG) sowie
eine Berichtspflicht gegenüber dem Landtag (Art. 34 IX PAG).

---

[52] Vgl. dazu etwa Art. 34 IV S. 3–5 PAG.

[53] BVerfGE 109, 279 (314). So für den „Kernbereich der privaten Lebensgestaltung" Art. 34 II, V 3
Nr. 3 PAG. Ob ein Sachverhalt dem unantastbaren Kernbereich zuzuordnen sei, hänge davon ab, ob er
nach seinem Inhalt höchstpersönlichen Charakters sei; maßgebend seien die Besonderheiten des jeweiligen Falles, BVerfGE 109, 279 (314).

[54] Vgl. dazu i. E. *Jarass/Pieroth,* Art. 13 Rn. 17 ff. Gerichtliche Durchsuchungsbeschlüsse müssen ein
Mindestmaß an Darlegungsanforderungen erfüllen, BVerfG, Beschl. v. 7. 9. 2006 – 2 BvR 1219/05.

[55] Nicht indes Art. 13 III GG, der den Bereich der Strafverfolgung betrifft und daher für bundes-
rechtliche Regelungen und Maßnahmen der StPO maßgeblich ist; vgl. dazu die Kommentierung bei
Jarass/Pieroth, Art. 13 Rn. 21 ff. Art. 13 III GG verstößt in verfassungskonformer Auslegung nicht gegen
Art. 1 I GG, BVerfGE 109, 279 (309 ff.).

[56] In diesem Fall ist die richterliche Beteiligung unverzüglich nachzuholen.

Art. 107 [Glaubens-, Gewissens- und Bekenntnisfreiheit]

(1) Die Glaubens- und Gewissensfreiheit ist gewährleistet.

(2) Die ungestörte Religionsausübung steht unter staatlichem Schutz.

(3) Durch das religiöse Bekenntnis wird der Genuß der bürgerlichen und staatsbürgerlichen Rechte weder bedingt noch beschränkt. Den staatsbürgerlichen Pflichten darf es keinen Abbruch tun.

(4) Die Zulassung zu den öffentlichen Ämtern ist von dem religiösen Bekenntnis unabhängig.

(5) Niemand ist verpflichtet, seine religiöse Überzeugung zu offenbaren. Die Behörden haben nur so weit das Recht, nach der Zugehörigkeit zu einer Religionsgemeinschaft zu fragen, als davon Rechte und Pflichten abhängen oder eine gesetzlich angeordnete statistische Erhebung dies erfordert.

(6) Niemand darf zu einer kirchlichen Handlung oder zur Teilnahme an religiösen Übungen oder Feierlichkeiten oder zur Benutzung einer religiösen Eidesformel gezwungen werden.

Parallelvorschriften im GG und anderen Landesverfassungen: Art. 4 GG; Art. 2 BaWüVerf; Art. 13 BbgVerf; Art. 4 BremVerf; Art. 9 HessVerf; Art. 3 Abs. 2 NdsVerf; Art. 4 NRWVerf; Art. 8 RhPfVerf; Art. 4 SaarlVerf; Art. 19 SächsVerf; Art. 9 SachsAnhVerf; Art. 39 ThürVerf.

Rechtsprechung: VerfGH 20, 140; 20, 171; 20, 191; 21, 1; 21, 38; 21, 153; 21, 173 ff.; 33, 65; 35, 10; 37, 166; 37, 184; 41, 44; 41, 97; 49, 1; 50, 156; 53, 167; 55, 189; 59, 1; VerfGH, Ents. v. 12. 3. 2007, Az: Vf. 8-VII-06; VerfGH, Ents. v. 15. 1. 2007, Az: Vf. 11-VII-05, BayVBl 2007, 235; VGH BayVBl 1998, 305 ff.= NJW 1999, 1045 ff. (Kruzifix).

Literatur: Blankenagel, Religionsmündigkeit in Bayern, BayVBl 1989, 298; *Campenhausen v.,* Religionsmündigkeit in Bayern, BayVBl 1989, 300; *Czermak,* Crux bavarica, KJ 1997, 490; *Gallwas,* Religionsmündigkeit in Bayern, BayVBl 1989, 363; *Huber,* Die öffentliche Förderung der Schwangerschaftsberatungsstellen in Bayern, NJW 2007, 2374; *Hufen,* Ehrfurcht vor Gott als Bildungsziel, RdJB 1989, 343; *Listl,* Entscheidungsanmerkung, BayVBl 1980, 468; *Pawlowski,* Entscheidungsbesprechung Ehrfurcht vor Gott als schulisches Bildungsziel in Bayern, NJW 1989, 2240; *Peißl,* Kirchenasyl – gelebter Grundrechtsschutz oder Affront gegen den Rechtsstaat?, BayVBl 1999, 137; *Reis,* Entscheidungsbesprechung, NVwZ 2006, 1370–1373; *Reis,* Finanzielle Förderung der katholischen Schwangerenberatung; kein Verstoß gegen die Bayerische Verfassung, ZfL 2006, 26; *Renck,* Entscheidungsbesprechung, Religionsfreiheit und das Bildungsziel der Ehrfurcht vor Gott, NJW 1989, 2442; *Renck,* Zur Problematik der Verwaltung religiöser Stiftungen durch die öffentliche Hand, DÖV 1990, 1047; *Rux,* Positive und negative Bekenntnisfreiheit in der Schule, Der Staat 35 (1996), 523; *Schickedanz,* Das Kreuz im Gerichtssaal, BayVBl 1974, 188.

I. Allgemeines

1. Bedeutung

a) Allgemein. Art. 107 BV ist Ausdruck der Offenheit des Staates gegenüber dem Plu- **1**
ralismus religiös-weltanschaulicher Überzeugungen.[1] Er bildet zugleich die Pflicht zu
einer entsprechenden Neutralität. Die Norm beruht auf der Fähigkeit des Menschen zur
autonomen Setzung eigener Handlungsmaßstäbe. Art. 107 BV ist daher Ausdruck der
freien menschlichen Persönlichkeit und steht in enger Verbindung zum Menschenwürdeschutz (Art. 100 BV).[2] Wegen seines engen Bezugs zum Wesen des Menschen als Selbst-
gesetzgeber verbürgt Art. 107 BV nicht nur ein subjektives verfassungsmäßiges Recht,
sondern ist zugleich Wertentscheidung von grundsätzlicher Natur.[3]

b) Systematische Beziehungen. Art. 107 BV steht nicht isoliert innerhalb der Bayeri- **2**
schen Verfassung. Die Bayerische Verfassung bekennt sich in unterschiedlicher Form zu
seinen christlichen Ursprüngen, wodurch gewisse Spannungen zu Art. 107 BV aufgebaut
werden. Dies gilt insbesondere im Verhältnis zum Bildungsbereich. Nicht nur die Regelungen zum Religionsunterricht (Art. 136–138 BV) wirken auf Art. 107 BV ein, vielmehr
auch die Festlegung der Ehrfurcht vor Gott als Bildungsziel in Art. 131 Abs. 2 BV. Die Vorgaben des Art. 107 BV für das kirchliche Organisationsrecht werden durch Art. 142–150
BV konkretisiert.

Als spezielleres Grundrecht verdrängt Art. 107 BV innerhalb seines Schutzbereichs die **3**
allgemeine Handlungsfreiheit des Art. 101 BV[4] und die Meinungsfreiheit Art. 100 BV.

2. Entstehung

Der Kern der Glaubens- und Gewissensfreiheit war unbestritten.[5] Unklarheiten bestan- **4**
den aber bei den Schranken. Die ursprünglichen Fassungen sahen spezielle Schranken vor.
Danach waren Einschränkungen nur auf dem Weg der allgemeinen Gesetzgebung zulässig. Im VA wurden diese Schranken gestrichen. Man wollte alle speziellen Einschränkungen der Grundrechte aufheben und durch eine einheitliche Schrankenregelung des Art. 98
S. 1–3 BV ersetzen.[6]

3. Verhältnis zum Grundgesetz

Art. 107 BV enthält weitgehend vergleichbare Vorgaben wie Art. 4 Abs. 1 und Absatz 2 **5**
GG und Art. 33 Abs. 3 GG, auch wenn er mehr Absätze enthält. Art. 107 BV erhebt nicht
den Anspruch, die bayerische Staatsgewalt an eventuellen Anforderungen aus Art. 4 GG,
die von Art. 107 BV abweichen sollten, hindern zu wollen, so dass er gem. Art. 142 GG neben Art. 4 GG weiter bestehen bleibt, dies gilt insbesondere für Abs. 1 BV,[7] für Abs. 2,[8]
Abs. 3,[9] Abs. 5[10] und Abs. 6.[11]

---

[1] *Bergmann*, in: Hömig, Art. 4, Rn. 1.
[2] VerfGH 32, 106 (115).
[3] VerfGH 32, 106 (115).
[4] VerfGH, Ents. v. 12. 3. 2007, Az: Vf. 8-VII-06.
[5] EVA Art. 117 – schon der VE Art. 66 enthielt in zum Teil enger Anlehnung an Art. 135 und 136
der Weimarer Verfassung den jetzigen Wortlaut, ebenso E Art. 73.
[6] Im Übrigen vgl. Prot. I 208, Prot. II 305 ff.; *Nawiasky*, S. 186.
[7] VerfGH 7, 49 (54); VerfGH 32, 106 (115).
[8] VerfGH 7, 49 (54); *Meder*, Art. 107, Rn. 6.
[9] VerfGH 7, 49 (54).
[10] VerfGH 7, 49 (54); VerfGH 21, 38 (49).
[11] Art. 142 GG; VerfGH 7, 49 (54); VerfGH 17, 94 (98); *Meder*, Art. 107, Rn. 14.

II. Einzelkommentierung

1. Personeller Schutzbereich

6   **a) Natürliche Personen.** Art. 107 BV schützt zunächst alle natürlichen Personen.

7   **b) Der Grundrechtsschutz Minderjähriger.** *aa) Die Frage der sog. Grundrechtsmündigkeit: aaa) Keine allgemeine Altersgrenze für die Grundrechtsmündigkeit.* Von Art. 107 BV kann nur der Gebrauch machen, der rein tatsächlich im Stande ist, sich eine wertende Meinung zu bilden.[12] Ist der Minderjährige dazu in der Lage, darf er sich auf dieses Grundrecht berufen. Einer gesetzlichen Konkretisierung bedarf es dafür nicht. Sehen gesetzliche Regelungen ein Mindestalter vor, ab dem das Kind sich auf die Religionsfreiheit berufen kann, sind diese als einschränkende Gesetze in das Recht aus Art. 107 BV zu verstehen und müssen entsprechend gerechtfertigt werden.[13] Das wird über das elterliche Erziehungsrecht grundsätzlich möglich sein. Daher steht dem Kind zutreffender Ansicht nach das Grundrecht aus Art. 107 BV zu, sobald es selbst in der Lage ist, sich einen Glauben oder eine Gewissensentscheidung zu fassen (zu Art. 139 BV s. gleich unten).

8   *bbb) Das Gesetz über die religiöse Kindererziehung von 1921.* Die überwiegende Ansicht sieht dies jedoch anders. Sie geht davon aus, der Gesetzgeber dürfe den Zeitpunkt, ab dem die materiellen Wirkungen des Grundrechts dem Minderjährigen zuständen, gesetzlich festlegen.[14] Als gesetzliche Grundlage wird dabei das Gesetz über die religiöse Kindererziehung von 1921 herangezogen.[15] Danach darf das Kind ab dem 12. Lebensjahr nicht mehr in einem anderen Bekenntnis als zuvor erzogen werden. Ab 14 Jahre kann es selbst entscheiden, in welchem Bekenntnis es erzogen werden will.

9   *ccc) Das Verhältnis zu Art. 137 Abs. 1 BV.* Diese gesetzlichen Vorgaben kollidieren in Bayern mit Art. 137 Abs. 1 BV, nach dem das Kind ab dem 18. Lebensjahr über die Teilnahme am Religionsunterricht selbst bestimmen kann. Diese Kollision zu lösen, fällt außerordentlich schwer,[16] da die Geltung und die Ebene von Art. 137 Abs. 1 BV sehr umstritten sind. So ist unklar, ob Art. 137 Abs. 1 BV zurzeit noch weiter gilt[17] und ob die Norm den Rang von partiellem Bundesrecht (Art. 125 Abs. 1 GG) oder Landesrecht besitzt.[18] Man kann die Kollision so lösen, dass man Art. 137 BV einfach ignoriert,[19] Art. 137 BV für nichtig erklärt,[20] Art. 137 Abs. 1 BV als eine vorrangige Normierung der Religionsmündigkeit in Bayern versteht,[21] Art. 137 Abs. 1 BV als vorrangiges partielles Bundesrecht auffasst,[22] oder Art. 137 Abs. 1 BV als Landesrecht versteht, das wegen fehlender Wirkung von § 5 Gesetz über die religiöse Kindererziehung von 1921 in Bayern uneingeschränkt als Landesrecht gilt.[23] Die Rechtsprechung des VerfGH ist nicht eindeutig. Zunächst stützte er sich ausdrücklich nur auf die Regelung des Gesetzes über die religiöse Kindererziehung von 1921,[24] später zitiert er für die Frage der Religionsmündigkeit das Gesetz über die religiöse

---

[12] VerfGH 21, 38 (46).

[13] Ebenso *Sachs,* in: ders., GG, Vor Art. 1 Rn. 76.

[14] Vgl. nur *Kokott,* in: Sachs, Art. 4, Rn. 7.

[15] *Kokott,* in: Sachs, Art. 4, Rn. 7; VerfGH 21, 38 (46).

[16] Unklar insoweit etwa *Meder,* Art. 107, Rn. 5.

[17] Aufhebung durch das Gesetz zur Bereinigung fortgeltenden Bundesrechts oder durch § 3 Abs. 12 JWG.

[18] S. dazu den Streit zwischen *Renck,* BayVBl 1998, 683 f.; *Blankenagel,* BayVBl 1989, 298 ff – Nichtigkeit des Art. 137 Abs. 1 BV und andererseits *A. v. Campenhausen,* BayVBl 1989, 300; *Gallwas,* BayVBl 1989, 363 f. – Wirksamkeit des Art. 137 BV.

[19] So VerfGH 21, 38 (46).

[20] *Renck,* BayVBl 1998, 683 f.; *Blankenagel,* BayVBl 1989, 298 ff – Nichtigkeit des Art. 137 Abs. 1 BV.

[21] So *Kokott,* in: Sachs, Art. 4, Rn. 7.

[22] So *Alexander Freiherr v. Campenhausen,* BayVBl 1989, 300.

[23] So *Gallwas,* BayVBl 1989, 363 f.

[24] VerfGH 21, 38 (46).

Kindererziehung von 1921 und Art. 137 BV in einem Atemzug, ohne auf das Spannungsverhältnis hinzuweisen.[25]

Im Ergebnis wird man wohl von der Gültigkeit des Art. 137 BV als Landesrecht ausgehen können und ihm in seinem Anwendungsbereich den Vorrang einräumen müssen.[26] Über den Grundsatz der praktischen Konkordanz ist Art. 137 BV aber so einschränkend wie möglich auszulegen, um der Glaubensfreiheit des minderjährigen Kindes großen Raum zu geben. Er ist nur eine Norm, die den Konflikt zwischen Glaubensfreiheit des Kindes, Erziehungsrecht der Eltern (zum Zeitpunkt des Erlasses des Art. 137 BV lag die Erreichung der Volljährigkeit bei 18 Jahren) und der Bildungs- und Schulhoheit des Staates lösen möchte. Zur Auslegung des Art. 137 BV im einzelnen s. dort. **10**

bb) Das Erziehungsrecht der Eltern. Das Erziehungsrecht der Eltern (Art. 126 BV) und deren eigene Glaubensfreiheit gestatten diesen, auch über die Religionsausübung und -erziehung ihrer Kinder mitzubestimmen. Art. 107 Abs. 1 BV schließt das Recht der Eltern ein, ihrem Kind die von ihnen für richtig gehaltene religiöse oder weltanschauliche Erziehung zu vermitteln.[27] Die weltanschauliche Erziehung ihrer Kinder ist untrennbarer Bestandteil des in Art. 126 Abs. 1 Satz 1 BV geschützten Elternrechts.

Es ist daher eine Verletzung des Art. 107 BV, wenn man einem Elternteil allein wegen seiner Glaubensüberzeugung die Eignung zur Ausübung der elterlichen Gewalt abspricht.[28] Dieses Recht endet nicht zu dem Zeitpunkt, zu dem die Kinder sich selbst auf Art. 107 BV berufen können. Vielmehr kann es zu einer Grundrechtsausübungskollision kommen, wenn die Kinder für sich andere Glaubens- und Gewissensentscheidungen in Anspruch nehmen, als diejenigen, in deren Richtung die Eltern sie gerne erziehen würden. Es gelten die allgemeinen Regeln für die Kollisionen verschiedener Grundrechtsausübungen, und der Gesetzgeber ist berechtigt, verfassungsgemäße Konkretisierungen vorzunehmen. **11**

c) Die juristische Person als Grundrechtsträger. Auf Art. 107 BV dürfen sich juristische Personen berufen, insbesondere die Kirchen, unabhängig davon, ob sie juristische Personen des öffentlichen Rechts oder des Zivilrechts sind. Aber auch sonstige Organisationseinheiten werden von Art. 107 BV erfasst, sofern sie eine Betätigung wahrnehmen, die von Art. 107 BV geschützt ist. **12**

Steht hinter einer selbständigen Unterorganisation eine Kirche oder eine Person, bei der die Zuordnung zu Art. 107 BV unstreitig ist, fällt zumindest rein praktisch die Zuordnung der Tätigkeit der Unterorganisation als von Art. 107 BV geschützte karitative Tätigkeit leichter, als wenn es sich um eine selbständige soziale Einrichtung handelt, bei der der theoretische Hintergrund offen ist. Auch die Rechtsprechung ist vor allem bei Unterorganisationen von Kirchen besonders großzügig. Das Grundrecht auf freie Religionsausübung gilt danach nicht nur für die organisierte Kirche und die rechtlich selbständigen Teile dieser Organisation, sondern für alle der Kirche in bestimmter Weise zugeordneten Einrichtungen ohne Rücksicht auf ihre Rechtsform, wenn sie nach kirchlichem Selbstverständnis ihrem Zweck oder ihrer Aufgabe entsprechend berufen sind, einen Auftrag der Kirche wahrzunehmen.[29] Zu weit dürfte es allerdings gehen, wegen der Fülle neuer Religions- und weltanschaulicher Gesellschaften, für deren „Religionsausübung" Schutz begehrt wird, der Sache nach einen strengeren Maßstab anzuwenden als bei den herkömmlichen Gesellschaften.[30] **13**

---

[25] VerfGH 53, 167 (172).

[26] Versteht man die Regelung als Recht über die Religion oder über die Bildung, wäre das Gesetz über die religiöse Kindererziehung durch das Landesrecht Art. 137 BV abgeändert und dieses weiterhin gültig.

[27] VerfGH 55, 189 (196); VerfGH, Ents. v. 15. 1. 2007, Az: Vf. 11-VII-05, BayVBl 2007, 235 ff.

[28] BayObLG NJW 1976, 2017 (Zeugen Jehovas).

[29] VerfGH 37, 184 ff.; VerfGH 59, 1 ff.

[30] So aber *Meder,* Art. 107, Rn. 3.

**2. Der sachliche Schutzbereich von Art. 107 Abs. 1 und Abs. 2 – Die Glaubens-
und Gewissensfreiheit**

14   **a) Der Schutzbereich.** *aa) Der Glaube und das Gewissen. aaa) Die Begriffsdefinitionen.* Die
Glaubens- und Gewissensfreiheit erstreckt sich auf religiöse und weltanschauliche Überzeugungen.[31] Glauben ist die religiöse (oder areligiöse) Überzeugung des Menschen.[32]
Entscheidend ist der transzendente Bezug. Die Erklärung der Welt der jeweiligen Lehre
muss auch einen Bezug zu einer überweltlichen Macht aufweisen.[33] In der Regel verlangt
man für die Annahme eines Glaubens eine ethische oder metaphysische Vorstellung von
gewisser Geschlossenheit.[34] Dieser Ansicht ist zuzugestehen, dass sicher nicht jede persönliche Meinung oder Erklärungsvariante von einzelnen Vorkommnissen schon ein Glaube
ist. Umgekehrt darf man aber nicht der Gefahr unterfallen, bei der Definition dessen, was
Glaube i. S. v. Art. 107 BV ist, schon eine Definition des „richtigen Glaubens" aufzunehmen. Glaube ist daher nicht nur das, was von einer der anerkannten Religionsgemeinschaften oder Religionen vertreten wird. Glaube erfordert auch nicht die Annahme der
Existenz eines Gottes. Überirdisch lenkende Schaffenskräfte können auch von Gebilden
ausgehen, die weit von unserer Gottesvorstellung entfernt sind.

15   Von einer Religion oder Weltanschauung ist auszugehen, wenn Gedanken oder Handlungen aus einer Gesamtsicht der Welt oder aus einer hinreichend konsistenten, wenn auch
wandelbaren Gesamthaltung zur Welt entspringen.[35]

16   Das Gewissen bezieht sich auf eine Weltanschauung, die insoweit keinen transzendenten
Bezug aufweist. Der Begriff des Gewissens ist im Sinne des allgemeinen Sprachgebrauchs
zu bestimmen. Man versteht hierunter das Bewusstsein des Menschen von der Existenz
des Sittengesetzes und seiner verpflichtenden Kraft.[36]

17   *bbb) Objektive Beurteilung.* Ob ein Verhalten glaubens- oder gewissensgeleitet ist oder eine
Meinung, ein Glauben oder Gewissensentscheidung i. S. v. Art. 107 BV darstellt, kann nicht
allein der Beurteilung denen überlassen werden, die sich auf Art. 107 BV berufen. Es muss
eine objektive Bewertung stattfinden, die allerdings die Weite und die Freiheit der Wertung
von Glaubensinhalten, die Art. 107 BV beabsichtigt, respektiert. Ausreichend ist es daher,
wenn sich das gewünschte Verhalten dem Schutzbereich des Art. 107 Abs. 1 und 2 BV hinreichend plausibel zuordnen lässt.[37] Die Rechtsprechung hält es dabei für zulässig, bei der Würdigung eines vom Einzelnen als Ausdruck seiner Glaubensfreiheit reklamierten Verhaltens
das Selbstverständnis der jeweiligen Religionsgemeinschaft mit zu berücksichtigen.[38]

18   *bb) Das Verhältnis von Abs. 1 und Abs. 2.* Art. 107 Abs. 1 BV schützt die umfassende Glaubens-
und Gewissensfreiheit, während Art. 107 Abs. 2 BV einen Ausschnitt noch einmal besonders
hervorhebt. Während Art. 107 Abs. 1 BV die Glaubens- und Gewissensfreiheit schützt, verbürgt Art. 107 Abs. 2 BV das Grundrecht der freien Religionsausübung.[39]

19   In vielen Fällen lässt sich der Schutzbereich von Art. 107 Abs. 1 und von Abs. 2 BV
kaum trennen, daher geht die Rechsprechung in der Praxis meist von einem umfassend zu
verstehenden einheitlichen Grundrecht aus. Danach verbürgen Art. 107 Abs. 1 und 2 BV
umfassend ein zu verstehendes einheitliches Grundrecht dann für den einzelnen wie auch

---

[31] *Bergmann*, in: Hömig, Art. 4, Rn. 4.

[32] *Meder*, Art. 107, Rn. 1.

[33] *Wenckstern*, in: Umbach/Clemens, MK-GG, Art. 4, Rn. 40.

[34] *Meder*, Art. 107, Rn. 1.

[35] VerfGH, Ents. v. 12. 3. 2007, Az: Vf. 8-VII-06; VerfGH, Ents. v. 15. 1. 2007, Az: Vf. 11-VII-05,
BayVBl 2007, 235 ff.

[36] VerfGH 37, 119 (125); VerfGH, Entsch. v. 23. 7. 1984, Az: Vf. 15-VII-83, NVwZ 1985, 823; vgl.
z. B. BVerfGE 12, 45 (54 f.); *Kokott*, in: Sachs, GG, Art. 4, Rn. 23; *Meder*, Art. 107, Rn. 1.

[37] VerfGH, Ents. v. 15. 1. 2007, Az: Vf. 11-VII-05, BayVBl 2007, 235 ff.

[38] VerfGH, Ents. v. 15. 1. 2007, Az: Vf. 11-VII-05, BayVBl 2007, 235 ff.

[39] VerfGH, Ents. v. 12. 3. 2007, Az: Vf. 8-VII-06; VerfGH, Ents. v. 15. 1. 2007, Az: Vf. 11-VII-05,
BayVBl 2007, 235 ff.

für die religiösen oder weltanschaulichen Vereinigungen auf die Glaubens- und Gewissensfreiheit sowie auf die freie Religionsausübung.[40]

cc) Die Glaubensfreiheit gem. Art. 107 Abs. 1 BV. aaa) Interner und externer Bereich. Art. 107 **20** Abs. 1 BV schützt zunächst das Recht, einen Glauben oder eine Gewissensvorgabe zu haben oder nicht zu haben. Weiter schützt es aber auch das Recht, danach zu leben. Das Grundrecht beschränkt sich daher nicht auf die innere Freiheit, zu glauben oder nicht zu glauben, sondern erstreckt sich auch auf die äußere Freiheit, den Glauben oder die Gewissensentscheidung zu bekunden und zu verbreiten. Geschützt ist somit nicht nur die innere Glaubens- und Gewissensfreiheit, sondern auch deren in die Außenwelt tretende Verwirklichung.[41]

bbb) Der äußere Bereich. Die Glaubens- und Gewissensfreiheit gewährleistet dem Einzel- **21** nen einen Lebensraum, in dem er sich die Religionsform zu geben vermag, die seiner Überzeugung entspricht und in dem er dem eigenen Glauben gemäß handeln kann.[42] Erfasst ist das Recht, dem eigenen Glauben gemäß zu handeln sowie für ihn zu werben und von einem fremden Glauben abzuwerben.[43]

Sie gewährleistet auch die *Bekenntnisfreiheit*[44]. Die Freiheit des religiösen Bekenntnisses **22** ist die Freiheit des einzelnen zum privaten wie zum öffentlichen (auch zum gemeinsamen) Bekenntnis sowie die Freiheit des organisatorischen Zusammenschlusses (besonders auch der Kirchen) zum Zwecke des gemeinsamen öffentlichen Bekenntnisses.[45]

dd) Gewissensfreiheit. Art. 107 Abs. 1 BV schützt zunächst die Unverletzlichkeit des Ge- **23** wissens. Dies impliziert zunächst die Freiheit, nach als bindend und unbedingt verpflichtend innerlich erfahrenen Geboten des Gewissens handeln zu dürfen. Die *Gewissensfreiheit* erstreckt sich auf die Gewissensbildung und die Gewissensverwirklichung. Eine Beschränkung auf das „forum internum" besteht nicht. Die Gewissensfreiheit besitzt in der Praxis nicht die Bedeutung, die die Glaubensfreiheit aufweist. Das Verbot der Stimmenthaltung bei der Abstimmung im Gemeinderat verletzt die Gewissenfreiheit nicht.[46] Auch die berufsrechtliche Regelung, sich nicht herabsetzend über die Person und die Behandlungsweise sowie über das berufliche Wissen eines Standeskollegen zu äußern, schränkt daher das Recht der Meinungsfreiheit und der Gewissensfreiheit nicht in verfassungswidriger Weise ein.[47] Erhält ein Student, der sich aus Gewissensgründen gegen das Töten von Tieren wendet, den entsprechenden Schein über die erfolgreiche Teilnahme an einem Praktikum nicht, liegt darin keine Verletzung von Art. 107 BV.[48]

ee) Die ungestörte Religionsausübung – Abs. 2. Art. 107 Abs. 2 BV hebt einen besonderen Be- **24** reich von Art. 107 Abs. 1 BV hervor. In Art. 107 Abs. 2 BV wird dem Einzelnen wie auch religiösen Verbänden[49] noch einmal ausdrücklich das Grundrecht der freien Religionsausübung verbürgt. Diese ergibt sich eigentlich schon aus Art. 107 Abs. 1 BV.[50] Er meint die Ausübung des Glaubens, sofern dieser Glaube sich an einer Religion orientiert. Geschützt ist die ungestörte Religionsausübung, also die Kultusfreiheit und das Recht, die Religion auch in der Öffentlichkeit alleine oder in Gemeinschaft mit anderen ausüben zu können.[51]

---

[40] VerfGH 37, 184 ff.
[41] VerfGH, Ents. v. 12. 3. 2007, Az: Vf. 8-VII-06; VerfGH, Ents. v. 15. 1. 2007, Az: Vf. 11-VII-05, BayVBl 2007, 235 ff.
[42] VerfGH 37, 184 (200); *Meder,* Art. 107, Rn. 1.
[43] *Meder,* Art. 107, Rn. 1.
[44] VerfGH 17, 94 (100).
[45] *Meder,* Art. 107, Rn. 1.
[46] VerfGH 37, 119 (125).
[47] VerfGH 32, 106 (115).
[48] VGH BayVBl 1989, 114 ff. = NVwZ-RR 1989, 549 ff.
[49] VerfGH 37, 184 (200).
[50] BVerfGE 24, 236 (245).
[51] VerfGH 21, 38 (46); VerfGH 53, 167 (171 ff.).

25   Zur Religionsausübung gehören zunächst die eigentlichen kultischen Handlungen, d. h. die Ausübung religiöser Bräuche (wie Gottesdienst, kirchliche Kollekten, Gebete, Empfang der Sakramente, Prozessionen, Zeigen von Kirchenfahnen, Glockengeläute). Darüber hinaus zählt auch dazu die Ausübung religiöser Bräuche, die religiöse Erziehung, karitative Tätigkeit, die freireligiöse Feier sowie andere Äußerungen des religiösen und weltanschaulichen Lebens.[52] Zur Religionsausübung kann auch das Tragen von Symbolen oder bestimmten Kleidungsstücken gehören, unabhängig davon, ob dies die Religion verbindlich vorschreibt.[53] Auch die Tätigkeit der Beratungsstellen für Schwangerschaftsfragen der Caritasverbände, der Diözesen e. V. und des Sozialdienstes Katholischer Frauen e. V. ist von Art. 107 BV gedeckt.[54]

26   *ff) Organisationsrecht: aaa) Allgemein.* Art. 107 BV gewährt den Vereinigungen, die sich auf Art. 107 BV stützen können, auch die Befugnis, ihre internen Verhältnisse selbst zu regeln. Die Gemeinschaften haben daher auch die Befugnis, ihren internen Bereich selbst rechtlich zu gestalten. Es ist nicht immer ganz einfach, die Schnittstelle zwischen rein kirchlichem Recht, dessen Selbständigkeit Art. 107 BV garantiert, und dem staatlichen Recht zu ziehen. So muss sich der Standesbeamte bei der Entgegennahme, Beurkundung und Bescheinigung der Erklärung des Kirchenaustritts strikt auf den staatlichen Bereich beschränken und darf nach Auffassung des Verwaltungsgerichtshofs keine Kirchenaustrittserklärung entgegennehmen, die mit Zusätzen versehen ist, die sich auf den innerkirchlichen Bereich beziehen.[55]

27   *bbb) Res sacra.* Art. 107 BV gibt den Religionsgemeinschaften auch die Befugnis, die res sacra der Gemeinschaft selbst zu regeln. Befindet sich eine als res sacra gewidmete Sache aber nicht im Eigentum der Religionsgemeinschaft, sondern beruht die Widmung auf der Zustimmung eines anderen Eigentümers, so beurteilen sich die Widerruflichkeit der Zustimmung des Eigentümers und damit die Beendigung der Rechtswirkungen der Widmung für den staatlichen Bereich wiederum allein nach staatlichem Recht.[56]

28   *ccc) Organisationsrecht.* Auch das Organisationsrecht der Organisationsform, die die Gemeinschaft ergriffen hat, muss so ausgelegt werden, dass es dem Selbstverständnis der Organisation so weit wie möglich entgegenkommt. Dies gilt auch im Bereich des Stiftungsrechts. Es ist daher grundsätzlich möglich, dass hoheitliche Akte, die sich gegen eine kirchliche Stiftung richten, das Grundrecht der freien Religionsausübung berühren können.[57] Bei Art. 36 Satz 1 StG konnte der VerfGH jedoch keinen Verstoß feststellen.

29   **b) Die Schutzdimensionen.** *aa) Abwehrrecht.* Diese Verfassungsnormen gewährleisten dem Einzelnen einen vor staatlichen Eingriffen geschützten Freiraum, in dem er sich in religiös-weltanschaulicher Hinsicht die Lebensform zu geben vermag, die seiner Überzeugung entspricht.[58]

30   Art. 107 Abs. 1 BV erfasst auch die negative Glaubensfreiheit, demnach das Recht, seinen Glauben zu verschweigen oder keinen Glauben zu haben. Die negative Religionsfreiheit gewährt allerdings grundsätzlich niemandem das Recht, die rechtmäßige Bekenntnisäußerung anderer zu verhindern oder vom Staat vor Konfrontation mit religiösen oder weltanschaulichen Fakten geschützt zu werden. Eine Konfrontation im staatlichen Raum (Schule) ist jedoch an Art. 107 Abs. 1 BV zu messen.[59] Die Glaubensfreiheit gibt auch die Befugnis, das Bekenntnis zu wechseln oder aus einer Religionsgemeinschaft oder einer

---

[52] VerfGH 37, 184 (200); VerfGH 59, 1.
[53] VerfGH, Ents. v. 15. 1. 2007, Az: Vf. 11–VII–05, BayVBl 2007, 235 ff.
[54] VerfGH 59, 1 ff.
[55] VGH DVBl 1976, 908 f.
[56] VGH BayVBl 1987, 720 ff.; VGH BayVBl 1988, 182 ff.
[57] VerfGH 37, 184 (200).
[58] VerfGH 49, 1 (6); VerfGH, Ents. v. 15. 1. 2007, Az: Vf. 11–VII–05, BayVBl 2007, 235 ff.
[59] VerfGH, Ents. v. 15. 1. 2007, Az: Vf. 11–VII–05, BayVBl 2007, 235 ff.

weltanschaulichen Gemeinschaft auszutreten.[60] Art. 107 Abs. 1 BV schützt nicht nur die innere Glaubens- und Gewissensfreiheit, sondern auch deren in die Außenwelt tretende Verwirklichung. Die tatsächliche Ausübung des Grundrechts muss sich aber im Rahmen der von der Verfassung gegebenen staatlichen Ordnung halten.

bb) Schutzpflichten. Das Grundrecht richtet sich primär gegen Eingriffe des Staates. Als **31** objektive wertsetzende Norm verlangt Art. 107 Abs. 1 BV aber auch in besonderer Weise von dem Staat, die Gewissens- und Religionsfreiheit des einzelnen zu schützen. Für die Religionsfreiheit spricht Art. 107 Abs. 2 BV ausdrücklich vom staatlichen Schutz. Das Grundrecht kann von ihm verlangen, mit Hilfe des Rechts und der Rechtsanwendung dafür zu sorgen, dass jeder, der von Art. 107 BV Gebrauch machen will, dafür ausreichend Raum erhält und nicht von anderen Privaten unzumutbar behindert wird. Das gilt im Verhältnis der Bürger untereinander in allen Verhältnissen, auch im Verhältnis des Lehrherrn zum Lehrling, sowie der Ehegatten untereinander. Diese Schutzpflicht kann es daher etwa rechtfertigen, den einen an der uneingeschränkten Religionsausübung zu hindern, damit andere nicht zu sehr beeinträchtigt werden. So hielt es die Rechtsprechung für zulässig, einem Lehrer zu untersagen, während des Unterrichts Kleidung in den Farben der Bhagwan-Sekte zu tragen.[61] Auch darf etwa nicht über den Wunsch einzelner Wohnungseigentümer, den Sonntagvormittag bis 11 Uhr von Eigentümerversammlungen freizuhalten, nicht grundsätzlich hinweggegangen werden.[62] Das Läuten der Kirchenglocken aus liturgischen Gründen gehört zur Religionsausübung. Ein Unterlassungsanspruch des sich belästigt fühlenden Nachbarn ist nur ausnahmsweise dann anzuerkennen, wenn zweifelsfrei eine Störung der öffentlichen Sicherheit und Ordnung gegeben ist, die unter dem Gesichtspunkt der polizeilichen Gefahrenabwehr ein Einschreiten erfordert.[63]

cc) Keine originären Leistungsrechte. Ein Leistungsrecht auf einklagbare finanzielle Unter- **32** stützung für die Ausübung der Glaubens- und Gewissensfreiheit bietet Art. 107 BV nicht. Es gibt daher auch keinen Anspruch auf öffentliche Förderung von Beratungsstellen gegen die Schwangerschaftsabtreibung.[64] Er kann aber als Grundlage für staatliche Leistungen dienen, wenn der Staat, ohne seine Neutralität zu verletzen, das religiöse Leben fördern oder Teilbereiche – wie karitative Tätigkeiten – unterstützen möchte.

c) Eingriffe. *aa) Allgemein.* Rechtfertigungsbedürftiges staatliches Handeln liegt vor, **33** wenn der Staat durch rechtliches oder tatsächliches Handeln ein Verhalten, das von Art. 107 BV geschützt ist, beeinträchtigt. Ist die Beeinträchtigung mittelbar, liegt ein Eingriff nur vor, wenn sie ein gewisses Gewicht besitzt. Ein Eingriff kann dabei auch in der Verbreitung einer Schrift über neureligiöse Bewegungen liegen.[65] Eine Regelung, die Lehrkräften an öffentlichen Schulen hinsichtlich des Tragens von Symbolen Verhaltensvorschriften aufstellt, greift in Art. 107 BV ein.[66]

bb) Kirchensteuer. Eine besonders dichte Rechtsprechung des VerfGH gab es insbe- **34** sondere zum Bereich der Kirchensteuer.[67] Die überprüften Bestimmungen hielten dabei – soweit ersichtlich – bisher alle einer Nachprüfung stand. Ausgangspunkt der Prüfung ist dabei die Glaubensfreiheit. Das Grundrecht verbürgt das Recht, nicht zu öffentlichen Abgaben herangezogen zu werden, die nur von Kirchenmitgliedern erhoben werden

---

[60] VerfGH 21, 38 (47); *Meder,* Art. 107, Rn. 1.

[61] VGH BayVBl 1985, 721.

[62] BayObLGZ 1987, 219 ff. = BayVBl 1987, 669 = NJW-RR 1987, 1362 f.

[63] VGH NJW 1980, 1973 f. = BayVBl 1980, 563 ff.; s. a. VGH BayVBl 1994, 721 f.

[64] VerfGH 59, 1; zustimmend *Huber,* NJW 2007, 2374 f. kritisch *Richardi,* Die öffentliche Förderung der Katholischen Schwangerenberatungsstellen in Bayern, NJW 2006, 1036; s. a. *Reis,* Ein Urteil, das Ratlosigkeit hinterlässt, NVwZ 2006, 1370 ff.

[65] VGH NVwZ 1995, 793.

[66] VerfGH, Ents. v. 15. 1. 2007, Az: Vf. 11-VII-05, BayVBl 2007, 235 ff.

[67] S. nur VerfGH 21, 1 ff.; VerfGH 41, 97 (99 ff.); VerfGH 53, 167 (171 ff.).

dürfen.[68] Man darf nicht entgegen seiner religiösen oder weltanschaulichen Überzeugung Steuerschuldner einer Kirche, Religionsgemeinschaft oder weltanschaulichen Gemeinschaft werden, der man nicht verbunden ist.[69] Ist man einer Religionsgemeinschaft frei beigetreten, bestehen dagegen keine Bedenken.[70] Es liegt kein Eingriff vor. Ist man in sie „hineingewachsen", genügt es für die Verfassungsmäßigkeit der Kirchensteuerpflicht, wenn man jederzeit wieder austreten kann.[71] Daher begründet auch der Umstand, dass die Kirchenmitgliedschaft (jedenfalls bei den christlichen Kirchen) an die Taufe anknüpft und diese regelmäßig im Kindesalter erfolgt, keinen Verstoß gegen Art. 107 Abs. 1 BV.[72]

35   Dem Gesetzgeber sind bei der Kirchensteuerregelung bestimmte Pauschalierungen gestattet.[73] Aus Gründen der Verwaltungsvereinfachung können typisierende und generalisierende Regelungen getroffen werden. Kommt es zu ungewöhnlichen Härten im Einzelfall, genügt die Möglichkeit, diese im Wege einer Billigkeitsentscheidung zu berücksichtigen.[74] Die Verwaltung der Kirchenlohnsteuer durch die Finanzämter und ihre Erhebung im Lohnabzugsverfahren durch die Arbeitgeber ist verfassungsgemäß,[75] die „Zwölftelungsregelung" für Kirchensteuer bei Kirchenaustritt während des Kalenderjahres warf keine verfassungsrechtlichen Bedenken auf.[76]

36   *cc) Feiertagsrecht.* Eine der Kirchensteuer fast vergleichbare Bedeutung besitzt die Rechtsprechung zur Frage des Feiertagsrechts, die aber ebenfalls, soweit ersichtlich, noch keine gesetzliche Regelung beanstandete. Danach gilt: Der Gesetzgeber ist kraft der Institutsgarantie in Art. 147 BV verpflichtet, eine angemessene Zahl kirchlicher Feiertage entsprechend der in Bayern bestehenden Tradition anzuerkennen. Gesetzliche Regelungen haben zu gewährleisten, dass diese Feiertage und die Sonntage als Tage der Arbeitsruhe der seelischen Erholung dienen können.[77] Die Auswahl der Feiertage bleibt aber weitgehend in seinem Ermessen. Auch die Abschaffung bleibt ihm möglich (Buß- und Bettag).[78] Greift er dabei nur auf bestimmte Feiertage der beiden großen christlichen Kirchen zu, so greift er damit nicht in die Glaubensfreiheit und Gewissensfreiheit der andersgläubigen oder nichtgläubigen Bürger ein.[79] Eine Verletzung wäre allerdings gegeben, wenn der Staat verlangen würde, dass alle die Feiertage entsprechend den Lehren der christlichen Kirchen begehen.[80] Soweit die Auswirkungen der Feiertagsregelung gegenüber Andersgläubigen oder Nichtgläubigen aber unvermeidbare Folge der Feiertagsregelung als solche sind, bestehen keine Bedenken.[81] Aus Art. 107 Abs. 1 und 2 BV folgt keine Verpflichtung des Staates, bestimmte kirchliche Feiertage ganztägig als Tage der Arbeitsruhe auszuweisen und Arbeitnehmer von einer Arbeitsverpflichtung freizustellen.[82] Auch die Intensität des Feiertagsschutzes blieb weitgehend ihm überlassen.[83] Durch die Herabstufung des Schutzes eines bestimmten Feiertages werden – bei Wahrung der Institutsgarantie – die Verbürgungen aus Art. 107 Abs. 1 und 2 BV nicht verletzt.[84]

---

[68] VerfGH 41, 97 (99 ff.).
[69] VerfGH 21, 38 (44); VerfGH 53, 167 (171 ff.).
[70] VerfGH 53, 167 (171 ff.).
[71] VerfGH 21, 38 (44 f.); VerfGH 53, 167 (171 ff.).
[72] VerfGH 53, 167 (171 ff.); VerfGH 21, 38 (46 f.).
[73] VerfGH 20, 140 (146 f.).
[74] VerfGH 41, 97 (99 ff.).
[75] VerfGH 20, 171; s. dazu *Scheven*, Anmerkung, JZ 1968, 181.
[76] VerfGH 41, 97 (99 ff.). s. dazu die Kommentierung zu Art. 146.
[77] VerfGH 35, 10 (19); VerfGH 37, 166 ff.
[78] VerfGH 49, 1 ff.
[79] VerfGH 35, 10 ff.
[80] VerfGH 35, 10 ff.
[81] VerfGH 35, 10 ff.
[82] VerfGH 49, 1 ff. und BVerfG NJW 1995, 3378 f.
[83] VerfGH 37, 166 ff.
[84] VerfGH 50, 156 (166 ff.).

d) Schranken. *aa) Die Schrankenproblematik bei Art. 107 BV.* Die Schrankenbestimmung **37** bei Art. 107 BV ist nicht ganz einfach. Die bayerischen Grundrechte unterliegen den allgemeinen Schranken des Art. 98 S. 1–3 BV. Diese gelten auch für Art. 107 BV. Der Verfassungsgeber hat bei Art. 107 BV gerade ausdrücklich die vorgesehenen speziellen Schranken aufgehoben, mit dem Hinweis auf die Regelung des Art. 98 BV. Dennoch hat der VerfGH nur ganz am Anfang auf Art. 98 BV zurückgegriffen.[85] Davon rückte er dann ab.[86] Danach sprach er davon, dass die Glaubens- und Gewissensfreiheit nicht unbeschränkt sei. Ihr seien gewisse von jeher beachtete Schranken inhärent. Das Grundrecht würde staatliche Intoleranz verbieten. Die Glaubens- und Gewissensfreiheit würde aber nicht ausschließen, dass der Staat die Regelung der ihm zustehenden Lebensgebiete zur Erfüllung seiner staatlichen Aufgaben für sich in Anspruch nimmt, auch wenn sich dabei Auswirkungen auf die Religionsfreiheit und Religionsausübung ergeben, sofern diese Auswirkungen eine unvermeidliche Nebenfolge einer zu einem anderen Zweck getroffenen Regelung sind.[87] Es ist dieser Formulierung selbst nicht zu entnehmen, ob der VerfGH eine schutzbereichsimmanente Beschränkung des Art. 107 BV oder verfassungsimmanente Schranken meinte. Mittlerweile spricht der VerfGH davon, dass Art. 107 vorbehaltlos gewährleistet sei.[88]

bb) Verfassungsimmanente Schranken. aaa) Allgemein. Auch bei an sich uneinschränkbaren **38** Grundrechten ist jedoch zu berücksichtigen, dass sie ihrerseits nur ein Bestandteil der Verfassung insgesamt sind. Sie finden ihre immanenten Grenzen dort, wo kollidierende Grundrechte Dritter und andere mit Verfassungsrang ausgestattete Rechtswerte mit Rücksicht auf die Einheit der Verfassung und die von ihr geschützte Wertordnung in die Beurteilung einzubeziehen sind.[89] Zu den kollidierenden Rechten kann auch die Glaubensfreiheit anderer gehören oder die Menschenwürde. Wer unter Berufung auf irgendeine Weltanschauung die verfassungsmäßige Ordnung verletzt oder verfassungsfeindliche Ziele verfolgt, kann sich nicht auf die angebliche Schrankenlosigkeit von Art. 107 BV berufen.

bbb) Schulpflicht als Grenze. aaaa) Allgemein. Eine verfassungsimmanente Grenze der Glaubens- und Gewissensfreiheit bilden die Schulpflicht (Art. 129 BV) und – auch außerhalb **39** der Schulpflicht – die Verantwortung des Staates für das Schulwesen (Art. 130 BV). Diese gilt gegenüber der Glaubens- und Gewissensfreiheit sowohl der Kinder als auch der Eltern. Das Grundrecht der Glaubens- und Gewissensfreiheit verleiht weder den Kindern noch den Eltern das Recht, die Erfüllung der gesetzlichen Schulpflicht der Kinder durch Besuch einer Grundschule zu verweigern.[90] Insbesondere wird auch das Erziehungsrecht der Eltern durch die in Art. 129 Abs. 1 BV für alle Kinder begründete Verpflichtung zum Besuch von Schulen eingeschränkt. Die Schulpflicht stellt eine die Kinder und ihre Eltern treffende staatsbürgerliche Grundpflicht dar.

Der Staat ist befugt, Ausbildungsgänge und Unterrichtsziele inhaltlich festzulegen. **40** Der Erziehungsauftrag des Staates ist eigenständig und dem Erziehungsrecht der Eltern gleichgeordnet. Der Staat kann daher in der Schule grundsätzlich unabhängig von den Eltern eigene Erziehungsziele verfolgen. Die Entscheidung der Verfassung für einen eigenständigen Erziehungsauftrag der Schule lässt es grundsätzlich zu, dass die Erziehung in Schule und Elternhaus nach unterschiedlichen Wertvorstellungen durchgeführt wird. Seine Befugnisse überschreitet der Staat erst dann, wenn er die notwendige Neutralität und Toleranz gegenüber den erzieherischen Vorstellungen der Eltern vermissen lässt, also

---

[85] VerfGH 7, 49 (54).

[86] Ausdrücklich nicht geprüft dagegen in VerfGH 8, 1 (9); VerfGH 20, 125 (128); VerfGH 35, 10 (25); ebenso *Nawiasky*, S. 188.

[87] VerfGH 8, 1 (8); VerfGH 17, 94 (101); VerfGH 18, 124 (125).

[88] VerfGH, Ents. v. 15. 1. 2007, Az: Vf. 11-VII-05, BayVBl 2007, 235 ff.

[89] VerfGH, Ents. v. 12. 3. 2007, Az: Vf. 8-VII-06; VerfGH, Ents. v. 15. 1. 2007, Az: Vf. 11-VII-05, BayVBl 2007, 235 ff.

[90] VerfGH, Ents. v. 13. 12. 2002, Az: Vf. 73-VI-01 m. w. N.; VGH, Ents. v. 18. 9. 2002, Az: 7 ZB 02.1701; VGH, Ents. v. 30. 3. 2000, Az: 7 ZB 99.2882.

ihren Erziehungsintentionen von vornherein keinen Raum gibt.[91] Eine Schule, die
Raum für eine sachliche Auseinandersetzung mit allen weltanschaulich-religiösen Auffassungen bietet, führt Eltern nicht in einen verfassungsrechtlich unzumutbaren Glaubens-
und Gewissenskonflikt. Für die elterliche Erziehung bleibt in jeder Hinsicht genügend
Raum, dem Kind den individuell für richtig erkannten Weg zu Glaubens- und Gewis-
sensbindungen oder auch zu deren Verneinung zu vermitteln.[92] So ist etwa die gesetzliche
Einführung des Sexualkundeunterrichts verfassungsgemäß.[93]

41   *bbbb) Art. 131 Abs. 2 BV.* Der Staat hat bei seinem Erziehungsauftrag auch Art. 131 Abs.
2 BV zu achten, demzufolge die Ehrfurcht vor Gott eines der obersten Bildungsziele der
Schule ist. Diese Norm steht nicht im Widerspruch zu anderen Normen der Bayerischen
Verfassung.[94] Auch das Verhältnis zu Art. 107 BV kann gelöst werden. Die negative Religionsfreiheit gebietet nicht, dass die Schule außerhalb des Religionsunterrichts auf das Erziehungsziel „Ehrfurcht vor Gott" verzichtet. Art. 107 Abs. 1 BV und Art. 130 Abs. 1 BV
beeinflussen jedoch ihrerseits Auslegung und Anwendung von Art. 131 Abs. 2 BV (praktische Konkordanz). Für die Schule ergibt sich einerseits das Gebot, die Ehrfurcht vor Gott
zu vertreten, andererseits das Verbot, Schüler, die dieses Ziel ablehnen, zu missionieren
oder zu benachteiligen.[95]

42   *cccc) Neutralitätsgebot als Begrenzung der verfassungsimmanenten Schranke.* Das Verhalten des
Staates, insbesondere im Bereich des Sonderstatusverhältnisses mit besonderem Schwerpunkte auf den Bereich der Schule, wird durch das Neutralitätsgebot geprägt. Das Neutralitätsgebot wirkt grundrechtsdogmatisch als Begrenzung der Einschränkungsbefugnis des
Gesetzgebers (Schranke-Schranke).[96] Aus Art. 107 Abs. 1 i.V.m. Art. 118 Abs. 1 und Art. 142
Abs. 1 BV ist das Gebot der staatlichen Neutralität gegenüber Kirchen, Religionsgemeinschaften und weltanschaulichen Gemeinschaften abzuleiten.[97] Das Neutralitätsgebot begrenzt die staatliche Aktivität im religiösen Bereich, verlangt aber im Ergebnis keine Eli-
minierung des Religiösen aus dem öffentlichen Bereich. Das Neutralitätsprinzip bedeutet
keine völlige Indifferenz in religiös-weltanschaulichen Fragen und keine laizistische Trennung von Staat und Kirche,[98] sondern soll selbst einen sachgerechten Ausgleich darstellen.
Der bayerische Freistaat darf innerhalb des Raums, der ihm das Bundesrecht gibt, auf die
Prägungen, die er durch die BV erhält, trotz Art. 107 BV achten. So ergibt sich schon aus
der Präambel der BV, der Bedeutung für die Auslegung der Verfassung zukommt, dass die
Bayerische Verfassung eine Staats- und Gesellschaftsordnung ohne Gott ablehnt.[99] Nach
Auffassung des VerfGH verweist die BV auf diese Weise auf die mehr als tausendjährige
Geschichte Bayerns, die geprägt ist durch die Verwurzelung des Landes in der christlich-
abendländischen Tradition. Angesichts des Gebots der Bayerischen Verfassung, dass Bayern
als Kulturstaat (Art. 3 Abs. 1 Satz 1 BV) die kulturelle Überlieferung zu schützen hat (Art. 3
Abs. 2 BV), ist es auch unter Beachtung des Neutralitätsgebots ein sachlich gerechtfertigtes
Anliegen des Gesetzgebers, die religiöse Lebensform und Tradition des Volkes etwa in die
Schulerziehung einzubringen.[100]

43   Die Balance zwischen der negativen Glaubensfreiheit derjenigen, die den von der Bayerischen Verfassung erfassten Bezug ablehnen und den Gottesbezügen der Verfassung andererseits, ist mittels des Grundsatzes der staatlichen Neutralität zu finden. Auf diese Weise

---

[91] VG Bayreuth, Urt. v. 18. 4. 2005, Az: B 6 K 04.620, B 6 K 04.845.

[92] VG Bayreuth, Urt. v. 18. 4. 2005, Az: B 6 K 04.620, B 6 K 04.845.

[93] VG Bayreuth, Urt. v. 18. 4. 2005, Az: B 6 K 04.620, B 6 K 04.845.

[94] VerfGH 41, 44 ff.

[95] VerfGH 41, 44 ff.

[96] BVerwG NJW 1992, 2496 (2499).

[97] VerfGH 50, 156 (166 ff.); VerfGH, Ents. v. 15. 1. 2007, Az: Vf. 11-VII-05, BayVBl 2007, 235 ff.;
VerfGH 59, 1.

[98] VerfGH 50, 156 (166 ff.).

[99] VerfGH, Ents. v. 15. 1. 2007, Az: Vf. 11-VII-05, BayVBl 2007, 235 ff.

[100] VerfGH, Ents. v. 15. 1. 2007, Az: Vf. 11-VII-05, BayVBl 2007, 235 ff.

begrenzt dieser Grundsatz zugleich die Beeinträchtigung, die etwa Art. 131 Abs. 2 BV auf Art. 107 BV bewirkt. Es gibt eine ganze Reihe von Entscheidungen, die sich mit der genauen Ausbalancierung befassen.[101] Es gelten dabei im Kern die Grundsätze der praktischen Konkordanz. Der Staat kann sich daher nicht uneingeschränkt im Schulbereich auf das Bildungsziel der Achtung vor Gott berufen und die dadurch hervorgerufenen Konflikte ignorieren. Die Grenze der Neutralität überschreitet er aber nicht, wenn er diejenigen, die nicht den Religionsunterricht besuchen, verpflichtet, Ethikunterricht zu besuchen, auch wenn dieser stundenplanmäßig so liegt, dass dadurch mittelbar Druck auf den Besuch des Religionsunterrichts geübt wird.[102]

dddd) Speziell Kruzifixe in Schulen. Ein spezieller Bereich des Spannungsverhältnisses **44** zwischen negativer Glaubensfreiheit der Kinder, der Eltern, der Schulpflicht, des Bildungsziels in Art. 131 Abs. 2 BV und der staatlichen Neutralität bildet die in Bayern intensiv diskutierte und gelebte Praxis, Kruzifixe in Schulräumen aufzuhängen. Die zunächst stark in Richtung eines zulässigen Bekenntnisses des Freistaates zu Gunsten des Symbols streitende Sichtweise der Bayerischen Gerichte wurde vom BVerfG korrigiert. Die Entwicklung verlief wie folgt: Am Anfang stand zunächst eine Rechtsprechung zu den Wandkreuzen im Gerichtssaal. Ein Gericht verstieß danach nicht gegen die Verfassung, dass es die Aussageweigerung eines Zeugen für nicht rechtmäßig befindet, die mit der Ausstattung des Gerichtssaals mit einem Wandkreuz begründet wird. Die Bayerische Verfassung verlange keine völlige Trennung von Staat und Kirche. Sie untersagt nicht schlechthin, dass staatliche Regelungen an religiöse oder religions-soziologische Tatbestände anknüpfen.[103] Diese Ausgangsposition wurde der Sache nach auf die Frage erstreckt, ob es zulässig sei, in Unterrichtsräumen öffentlicher Schulen Kruzifixe oder eine sonstige Kreuzesdarstellung anzubringen. Nach Auffassung der Gerichte in Bayern verletzen diese Symbole nicht das Grundrecht der negativen Religionsfreiheit von Schülern und Eltern, die aus religiös-weltanschaulichen Gründen solche Darstellungen ablehnen.[104] Die gegen das Anbringen gerichteten Verfassungsbeschwerden führten zu der bekannten Entscheidung des BVerfG aus dem Jahr 1995, nach der die Anbringung eines Kreuzes oder Kruzifixes in den Unterrichtsräumen einer staatlichen Pflichtschule, die keine Bekenntnisschule ist, gegen Art. 4 Abs. 1 GG verstößt.[105] Diese Entscheidung löste eine heterogene Flut von Reaktionen auf den unterschiedlichsten Ebenen aus, die insgesamt kaum noch zu überschauen ist.[106] In Folge der Entscheidung wurden die rechtlichen Grundlagen geändert. Der Gesetzgeber hielt jedoch mit Art. 7 Abs. 3 BayEUG an dem grundsätzlichen Anbringen eines Kreuzes fest und sieht aber bei konkret eintretenden Schwierigkeiten eine Konfliktregelung vor, nach der der Schulleiter zur Vermittlung verpflichtet ist und die bis zum Abhängen des Kreuzes im Einzelfall führen kann. Die Neuregelung fand die Billigung des Verwaltungsgerichtshofs[107] und des VerfGH.[108]

ccc) Beamtenverhältnis als Grenze. Auf die aus Art. 107 Abs. 1 und 2 BV abgeleitete Grund- **45** rechtsposition können sich auch Beamte berufen. Allerdings stehen diese gegenüber dem Dienstherrn in einem besonderen öffentlich-rechtlichen Dienst- und Treueverhältnis (Art. 95 BV), aufgrunddessen ihnen durch das Beamtenrecht Beschränkungen in der Aus-

---

[101] VerfGH, Ents. v. 15. 1. 2007, Az: Vf. 11-VII-05, BayVBl 2007, 235 ff.; VerfGH 20, 159 (164 f.): zur alten Bekenntnisschule; VerfGH 20, 36 (46 f.): Minderheitenlehrer an Bekenntnisschulen und Abstimmungsquorum bei der Entscheidung über die Schulform.

[102] VGH BayVBl 1996, 405 f.

[103] VerfGH 20, 87 ff.

[104] VGH NVwZ 1991, 1099 ff. – BayVBl 1991, 751 ff.; vorausgehend VG Regensburg, BayVBl 1991, 345 f.

[105] BVerfGE 93, 1 ff.

[106] S. dazu nur *Jeand'Heur/Korioth,* Grundzüge des Staatskirchenrechts, 2000, Rn. 102 ff.; *Kokott,* in: Sachs, Art. 4, Rn. 36 ff.

[107] VGH BayVBl 1998, 305 ff. = NJW 1999, 1045 ff.

[108] VerfGH 50, 156 ff.

übung von Grundrechten auferlegt werden können, wenn Natur und Zweck des Dienstverhältnisses es erfordern.[109] So kann der Gesetzgeber etwa auch im Rahmen der Schulaufsicht grundsätzlich Regelungen darüber treffen, inwieweit Lehrkräften an öffentlichen Schulen im Unterricht das Tragen äußerer Symbole und Kleidungsstücke, die eine religiöse oder weltanschauliche Überzeugung ausdrücken, versagt ist.[110]

46   *cc) Einzelfälle zur Rechtfertigung.* Als keine Verletzung des Grundrechts wurden aufgefasst: die Beschränkung und Überwachung der Besuche eines Laienpredigers der Zeugen Jehovas bei einem Sicherungsverwahrten,[111] das Verbot musikalischer Darbietungen in Gaststätten am Karfreitag,[112] die Pflicht der Beamten und Angestellten des öffentlichen Dienstes, den Eid auf die Verfassung zu leisten,[113] das Verbot der Stimmenthaltung für Gemeinderatsmitglieder,[114] die Anbringung von Wandkreuzen in Gerichtssälen,[115] die Pflicht sich Röntgenuntersuchungen zu unterziehen,[116] die ehemalige Einrichtung der Bekenntnisschule[117], die konfessionelle Lehrerbildung,[118] die Verwendung von Steuermitteln für kirchliche Zwecke,[119] die Verpflichtung der Kirchenmitglieder, Kirchensteuern zu entrichten,[120] die Pflicht der Arbeitgeber, als Beauftragte des Staates bei der Einbehaltung und Abführung der Kirchenlohnsteuer der Arbeitnehmer mitzuwirken,[121] die Versagung von Zuschüssen an solche Beratungsstellen, die – wie die der katholischen Kirche – keine Beratungsbescheinigungen ausstellen,[122] die kritische Informationsbroschüre der Bayerischen Landeszentrale für politische Bildungsarbeit über neureligiöse Bewegungen.[123]

3. Genuss bürgerlicher Rechte – Art. 107 Abs. 3 BV

47   **a) Allgemein.** Art. 107 Abs. 3 BV entspricht inhaltlich dem Art. 3 Abs. 3 GG und Art. 140 GG i.V. m. Art. 136 Abs. 3 WRV. Ein bestimmtes Bekenntnis darf nicht Voraussetzung eines bürgerlichen und staatsbürgerlichen Rechts sein. Staatsbürgerliche Rechte meinen zunächst die politischen Mitwirkungsrechte sowie die gesamte Rechtsstellung des Staatsbürgers in seinem Verhältnis zum Staat, also auch den Zugang zu staatlichen Ämtern und Ausbildungsstätten, die Gewährung von Sozialrechten, Abgaben und Dienstleistungspflichten.[124] Der Begriff bürgerliche Rechte hat demgegenüber keine selbständige Bedeutung.

48   **b) Zugang zu den Rechten – Satz 1.** Art. 107 Abs. 3 S. 1 BV erklärt die bürgerlichen und staatsbürgerlichen Rechte als vom religiösen Bekenntnis unabhängig. Die Norm stellt einen besonderen Gleichheitssatz dar. Die Norm ist eine Fortführung des Rechts aus Art. 107 Abs. 1 BV. Sie untersagt Gesetze, nach denen ein bestimmtes Bekenntnis Voraussetzung für ein bürgerliches oder staatsbürgerliches Recht wäre oder nach denen ein solches Recht durch ein bestimmtes religiöses Bekenntnis gemindert würde.[125]

---

[109] VerfGH 43, 148 (156); VerfGH, Ents. v. 15. 1. 2007, Az: Vf. 11-VII-05, BayVBl 2007, 235 ff.
[110] VerfGH, Ents. v. 15. 1. 2007, Az: Vf. 11-VII-05, BayVBl 2007, 235 ff.
[111] VerfGH 18, 124.
[112] VerfGH, Ents. v. 12. 3. 2007, Az: Vf. 8-VII-06.
[113] VerfGH 17, 94.
[114] VerfGH 37, 119 (125).
[115] VerfGH 20, 87 (94 f.); strenger zu Art. 4 Abs. I GG: BVerfGE 35, 366 ff.
[116] VerfGH 8, 18.
[117] Art. 135 a. F.; VerfGH 12, 152 (164); VerfGH 20, 36 (43 ff.); VerfGH 20, 125 (130); VerfGH 20, 159 (163 ff.); vgl. BVerfGE 6, 309 (339).
[118] VerfGH 20, 191 (200).
[119] VerfGH 20, 178 (178).
[120] VerfGH 20, 171 (176 ff.); VerfGH 21, 1 (4 ff.); VerfGH 21, 173 (174 f.); VerfGH 23, 135 (142 f.); VerfGH 25, 129 (141).
[121] VerfGH 20, 171 (179).
[122] VerfGH 59, 1.
[123] VGH NVwZ 1995, 793.
[124] *Battis,* in: Sachs, GG, Art. 33, Rn. 15; *Bergmann,* in: Hömig, Art. 33, Rn. 2.
[125] VerfGH 12, 152 (164); VerfGH 17, 94 (102 f.).

c) Erfüllung der Rechte – Satz 2. Art. 107 Abs. 3 BV stellt zugleich dar, dass die bür- 49 gerlichen und staatsbürgerlichen Rechte und Pflichten aber auch nicht wegen eines bestimmten Glaubens entfallen. Niemand kann sich gegenüber einer staatsbürgerlichen Pflicht darauf berufen, dass ihm sein religiöses Bekenntnis ihre Beachtung ganz oder teilweise verbiete. Gemäß Art. 107 Abs. 3 Satz 2 BV werden Pflichten, die dem Staatsbürger auf Grund der mit der verfassungsmäßigen Ordnung im Einklang stehenden Gesetze obliegen, durch das religiöse Bekenntnis nicht aufgehoben oder gemindert. Die allgemeinen staatlichen Gesetze genießen den Vorrang; vor ihnen sind alle Staatsbürger gleich. Mit Art. 107 Abs. 2 Satz 3 BV setzt die Verfassung selbst voraus, dass die entsprechenden Rechte und Pflichten entweder keine Eingriffe und falls doch, so zumindest gerechtfertigte Grundrechtseingriffe in Art. 107 Abs. 1 BV darstellen.

4. Zulassung zu öffentlichen Ämtern – Art. 107 Abs. 4 BV

Art. 107 Abs. 4 BV wiederholt noch einmal die Garantie des Art. 107 Abs. 3 BV. Sachlich 50 bringt er nichts Neues. Zulassung von öffentlichen Ämtern ist nicht anderes als eine Form des Genusses der staatsbürgerlichen Rechte. Art. 107 Abs. 4 BV hebt die Unabhängigkeit der Zulassung zu allen öffentlichen Ämtern von dem religiösen Bekenntnis noch besonders hervor.[126] Er wiederholt ebenfalls Art. 107 Abs. 1 BV und stellt einen besonderen Gleichheitssatz auf.[127] Er ist inhaltlich identisch mit Art. 33 Abs. 3 HS 2 GG.

Bewerbern darf die Zulassung zu den öffentlichen Ämtern nicht gerade deshalb er- 51 schwert oder unmöglich gemacht werden, weil sie sich zu einer bestimmten religiösen Überzeugung bekennen oder nicht bekennen.[128] Ein bekenntnismäßiger „Proporz" in öffentlichen Verwaltungen wäre daher auch unzulässig.

Öffentliche Ämter erfassen alle beruflich oder ehrenamtlich wahrgenommenen Funk- 52 tionsbereiche in Staat, Gemeinden und mittelbarer Staatsverwaltung, ebenso in öffentlichen Betrieben in privater Rechtsform. Ausgenommen sind die Ämter, die durch öffentliche Wahl besetzt werden.[129]

Eine Ausnahme gilt für religions- oder konfessionsgebundene Ämter. Das sind Ämter, 53 die mit einem Bekenntnis oder einer Religion in einem unmittelbaren – für die Eignung zu dem Amt erheblichen – Zusammenhang stehen. Für diese entfällt das Verbot des Art. 107 Abs. 4 BV. Diese Ausnahme ist in Art. 107 Abs. 4 BV ungeschrieben enthalten. Die Bekenntnis- oder Religionszugehörigkeit gehört hier zur Eignung des Bewerbers.[130] Das gleiche soll für Konkordatsprofessuren gelten.[131]

5. Keine Offenbarungspflicht – Art. 107 Abs. 5 BV

Art. 107 Abs. 5 BV wiederholt ein Recht, das schon in Art. 107 Abs. 1 BV enthalten ist, 54 nämlich die Befugnis, einen Glauben nicht zu offenbaren (negative Bekenntnisfreiheit). Art. 107 Abs. 5 BV gilt neben Art. 140 GG, Art. 136 Abs. 3 WRV weiter.[132] Art. 107 Abs. 5 BV statuiert ein Schweigerecht in Bezug auf das religiöse Bekenntnis und verbietet den Behörden, danach zu fragen, wenn nicht die vorgesehenen Ausnahmen von Satz 2 vorliegen.

Das Fragerecht der Behörde nach Satz 2 ist begrenzt und schränkt nur unter den dort 55 genannten Voraussetzungen das Schweigerecht ein. Das Fragerecht ist zulässig, wenn Rechte und Pflichten von dem Bekenntnis abhängen oder eine gesetzlich angeordnete statistische Erhebung vorliegt. Die früher üblichen Angaben in den Anmeldeformularen

---

[126] *Nawiasky,* S. 187.
[127] VerfGH 19, 51 (56 f.); VerfGH 20, 159 (166).
[128] VerfGH 17, 94 (103).
[129] *Bergmann,* in: Hömig, Art. 33, Rn. 3.
[130] VerfGH 7, 49 (57); VerfGH 19, 51 (57); VerfGH 20, 159 (165); VerfGH 20, 191 (200); VerfGH 33, 65 (73).
[131] VerfGH 33, 65 (74).
[132] VerfGH 7, 49 (54); 21, 38 (49).

und in Personalausweisen sind demnach unzulässig, sofern sie nicht für die ggf. relevante Kirchensteuererhebung bedeutsam sind.[133]

56   Im Kirchenaustrittsverfahren darf die Behörde, der gegenüber die Austrittserklärung abgegeben wird, die für die Entgegennahme erforderlichen Fragen stellen.[134]

6. Kein Eideszwang – Art. 107 Abs. 6 BV

57   Auch Art. 107 Abs. 6 BV wiederholt nur eine negative Freiheit, die schon in Art. 107 Abs. 2 BV enthalten ist. Sie wird auf diese Weise noch einmal ausdrücklich betont. Die Grundrechtsnorm des Abs. 6 besteht neben Art. 140 GG, Art. 136 Abs. 4 WRV weiter.[135] Kirchliche Handlungen, zu denen niemand gezwungen werden darf (negative Glaubensfreiheit), sind solche, die in den Kultbereich der Religionsgemeinschaften fallen; nicht dagegen solche, die diesem bloß zugute kommt, wie die Einbehaltung und Abführung von Kirchenlohnsteuer durch den Arbeitgeber.[136]

58   Eine besondere Bedeutung behält das Verweigerungsrecht hinsichtlich der Eidesformel. Jedermann darf die Verwendung religiöser Eidesformeln ablehnen, und zwar deshalb, weil der in dieser Form geleistete Eid als religiöse Handlung zu erachten ist. Die Norm wird eng ausgelegt. Danach beschränkt sich das Verweigerungsrecht auf den religiösen Eid. Das Recht einen weltlichen Eid nicht abzugeben, soll Art. 107 Abs. 6 BV nicht gewähren.[137] Allerdings kann sich ein solches Verbot auch aus Art. 107 Abs. 2 BV ergeben und zwar dann, wenn die Glaubens- oder Gewissenfreiheit schon die Eidesleistung als solches unzumutbar macht. Ein Verlust eines Kommunalmandats wegen Eidesverweigerung ist unzulässig.

Art. 108 [Kunst- und Wissenschaftsfreiheit]

Die Kunst, die Wissenschaft und ihre Lehre sind frei.

Parallelvorschriften im GG und anderen Landesverfassungen. Art. 5 III GG; Art. 2 I, 20 I BaWüVerf; Art. 21 BerlVerf; Art. 31, 34 BbgVerf; Art. 11 BremVerf; Art. 10 HessVerf; Art. 7 M-VVerf; Art. 3 II, 5 NdsVerf; Art. 4 I, 16 NRWVerf; Art. 9 RhPfVerf; Art. 5 II SaarlVerf; Art. 21 SächsVerf; Art. 10 III VerfLSA; Art. 9 SchlHVerf; Art. 27 ThürVerf; vgl. auch Art. 10 EMRK; Art. 13 EGC.

Rechtsprechung zur **Kunstfreiheit.** VerfGH 22, 1; BVerfGE 30, 173; 67, 213; 83, 130; Beschl. vom 13. 6. 2007, 1 BvR 1783/05; zur **Wissenschaftsfreiheit.** VerfGH 24, 1; 24, 199; 30, 126; 50, 1; 50, 129; Entsch. vom 7. Mai 2008 (Vf. 19-VII-06) BVerfGE 35, 79; 47, 327; 111, 333.

Literatur: S. zunächst die Literaturhinweise zu den Vorbemerkungen vor Art. 98. Speziell zur **Kunstfreiheit:** *Müller,* Freiheit der Kunst als Problem der Grundrechtsdogmatik, 1969; *Hufen,* Die Freiheit der Kunst in staatlichen Institutionen, 1992; *Henschel,* Die Kunstfreiheit in der Rechtsprechung des BVerfG, NJW 1990, 1937; *Isensee,* Kunstfreiheit im Streit mit Persönlichkeitsrecht, AfP 1993, 619; *Würkner,* Das Bundesverfassungsgericht und die Freiheit der Kunst, 1994; *Knies,* Schranken der Kunstfreiheit als verfassungsrechtliches Problem, 2. Aufl. 1995; *Dierksmeier,* Die Würde der Kunst, JZ 2000, 883; *Schneider,* Die Freiheit der Baukunst, 2002; *Lerche,* Kunstfreiheit inmitten aktueller Grundrechtskonzepte, in: FS Raue, 2006, 215; *Kobor,* Grundfälle zu Art. 5 III GG, JuS 2006, 593, 695.

Speziell zur **Wissenschafts- und Lehrfreiheit:** *Häberle,* Die Freiheit der Wissenschaften im Verfassungsstaat, AöR 110 (1985), 329; *Dickert,* Naturwissenschaften und Forschungsfreiheit, 1991; *Classen,* Wissenschaftsfreiheit außerhalb der Hochschule, 1994; *Trute,* Die Forschung zwischen grundrechtlicher Freiheit und staatlicher Institutionalisierung, 1994; *Kleindiek,* Wissenschaft und Freiheit in der Risikogesellschaft, 1998; *Müller-Böling,* Die entfesselte Hochschule, 2000; *Sandberger,* Organisationsreform und -autonomie – Bewertung der Reformen in den Ländern, WissR 2002, 125; *Groß,* Wissenschaftsadäquates Wissenschaftsrecht, WissR 2002, 313; *Losch/Radau,* Forschungsverantwortung als

---

[133] *Nawiasky,* S. 89.
[134] VerfGH 21, 38 (49).
[135] Art. 142 GG; VerfGH 7, 49 (54); VerfGH 17, 94 (98); *Meder,* Art. 107, Rn. 14.
[136] VerfGH 20, 171 (180).
[137] VerfGH 17, 94 (100 zu Art. 4 Abs. 1 GG), für den Zeugeneid anders BVerfGE 33, 23.

Verfahrensaufgabe, NVwZ 2003, 390; *Geis,* Das Selbstbestimmungsrecht der Universitäten, WissR 2004, 2; *ders.,* Hochschulrecht zwischen Freiheitsgarantie und Effizienzgebot, DV 2001, 543; *Kahl,* Hochschule und Staat, 2004; *ders.,* Hochschulräte – Demokratieprinzip – Selbstverwaltung, AöR 130 (2005), 225; *Oppermann,* Ordinarienuniversität – Gruppenuniversität – Räteuniversität, WissR Beih. 15, 2005, 1; *Schenke,* Neue Fragen der Wissenschaftsfreiheit. Neue Hochschulgesetze im Lichte des Art. 5 III GG, NVwZ 2005, 1001; *Ladeur,* Die Wissenschaftsfreiheit der entfesselten Hochschule, DÖV 2005, 753; *Nettesheim,* Grund und Grenzen der Wissenschaftsfreiheit, DVBl. 2005, 1072; *Kempen,* Die Universität im Zeichen von Ökonomisierung und Internationalisierung, DVBl. 2005, 1082; *Gärditz,* Hochschulmanagement und Wissenschaftsadäquanz, NVwZ 2005, 407; *Hendler/Mager,* Die Universität im Zeichen von Ökonomisierung und Internationalisierung, VVDStRL 65 (2006), 238, 274; *Schulte/Ruffert,* Grund und Grenzen der Wissenschaftsfreiheit, VVDStRL 65 (2006), 110, 146; *Huber,* Das Hochschulwesen zwischen föderalem Kartell und internationalem Wettbewerb, WissR 2006, 196; *Battis,* Zur Reform des Organisationsrechts der Hochschulen, DÖV 2006, 498; *Lindner/Störle,* Das neue bayerische Hochschulrecht, BayVBl. 2006, 584; *Lindner,* Zum Rechtstatus der Fakultät, WissR 2007, 254; *Kaufhold,* Die Lehrfreiheit – ein verlorenes Grundrecht? 2006; *Häberle,* Die deutsche Universität darf nicht sterben – Ein Thesenpapier aus der Provinz, JZ 2007, 183; *Huber,* Wissenschaft und Staat, 2008; *Lindner,* Hochschulrecht in Bayern, in: Hailbronner/Geis (Hg.), Kommentar zum HRG, 2008 (i. E.); *Kahl* (Hg.), Das bayerische Hochschulurteil 2008, 2008 (i. E.).

I. Allgemeines

S. zunächst die Erläuterungen in den Vorbemerkungen vor Art. 98.

1. Bedeutung

Art. 108 enthält **drei verschiedene Grundrechte,** die Freiheit der **Wissenschaft,** 1
von der auch die **Forschung** umfasst ist, die Freiheit der wissenschaftlichen **Lehre** sowie
die Freiheit der **Kunst.** Alle drei Grundrechte ergänzen das allgemeine Freiheitsrecht
(Art. 101) um eine kreativ-geistige Dimension: Sie schützen die kreative Entfaltung des
Menschen in geistiger, künstlerischer und didaktischer Hinsicht.[1]

a) In **Art. 108 Alt. 1** ist die **Kunstfreiheit** als **Grundrecht** und wertentscheidende 2
Grundsatznorm verankert. Sie flankiert und konkretisiert das in **Art. 3** verankerte **Kulturstaatsprinzip.** Ein Kulturstaat lebt von der Kreativität seiner Menschen, die auch des-

---

[1] Zum Zusammenhang der „drei kulturellen Urfreiheiten" Wissenschaft, Religion und Kunst und deren menschenrechtlicher Verwurzelung *Häberle,* VVDStRL 65 (2006), S. 226 f. (Diskussionsbeitrag).

wegen Grundrechtsschutz genießt und nach **Art. 140 förderungswürdig** ist. In der Rechtsprechung des VerfGH hat die Kunstfreiheit als Grundrecht bislang allerdings keine bedeutende Rolle gespielt[2], was seinen Grund zumal darin finden dürfte, dass die praktische verfassungsrechtliche Hauptbedeutung der Kunstfreiheit in der Konfliktlage mit dem allgemeinen Persönlichkeitsrecht Dritter liegt, die regelmäßig durch das bürgerliche Recht aufgelöst wird. Dieses ist – ebenso wie das Strafrecht – als Bundesrecht nicht am Maßstab der Landesgrundrechte zu messen. Gleiches gilt für Entscheidungen des BGH; vgl. dazu auch Rn. 11.

3   b) **Art. 108 Alt. 2** schützt die **Wissenschaftsfreiheit** (wozu auch die Freiheit der Forschung zählt) als **Grundrecht.** Diese ist vom Staat zu **fördern** (Art. 140) und entfaltet sich in erster Linie – aber nicht nur – im Rahmen von Hochschulen, die vom Staat nach Art. 138 I zu errichten sind und das Recht der Selbstverwaltung genießen (Art. 138 II; s. die Erläuterungen dort). Die praktische Hauptbedeutung des Art. 108 Alt. 2 liegt in seiner **Direktivfunktion für die Gestaltung des Hochschulrechts,** insbesondere für die **wissenschaftsadäquate Ausgestaltung der Hochschulorganisation.** Durch die Föderalismusreform des Jahres 2006 wurde die Rahmengesetzgebungskompetenz des Bundes für das Hochschulrecht abgeschafft (Art. 75 I 1 Nr. 1a GG a. F.). Dieses fällt nunmehr – mit Ausnahme der Bereiche „Hochschulzulassung" und „Hochschulabschlüsse" (Art. 74 I Nr. 33 GG; mit Abweichungskompetenz der Länder: Art. 72 III GG) – in die alleinige Gesetzgebungskompetenz der Länder[3], so dass die praktische Relevanz des Art. 108 Alt. 2 zunehmen wird.[4]

4   c) In enger Verbindung zur Wissenschaftsfreiheit schützt **Art. 108 Alt. 3** die wissenschaftliche („ihre") **Lehre** (Art. 108 Alt. 3) ebenfalls als **Grundrecht.** Lehre i. S. d. Art. 108 Alt. 3 ist nicht nur die an der Hochschule stattfindende, sondern jegliche Lehre im Sinne der Vermittlung wissenschaftlich gewonnener Erkenntnisse.

5   d) **Konkurrenzen.** Art. 108 ist für seinen Anwendungsbereich **lex specialis** zu **Art. 100 i. V. m. 101** und **Art. 110.** Beeinträchtigt eine Maßnahme zugleich ein Grundrecht aus Art. 108 sowie die Meinungsäußerungsfreiheit des Art. 110, so finden die Grundrechtsnormen parallel Anwendung. Gleiches gilt für das Verhältnis von Art. 108 und Art. 113 sowie Art. 118 I. Auch Art. 108 und Art. 138 sind nebeneinander anwendbar, da sie unterschiedlichen Regelungsgehalt aufweisen. So kann eine Vorschrift des Hochschulrechts zwar mit Art. 108 vereinbar, jedoch mit Art. 138 unvereinbar sein – und umgekehrt. Das künstlerische und wissenschaftliche Werk selbst genießt zudem den Schutz des Art. 103.

2. Entstehung

6   Die Vorschrift findet als „altliberales Gedankengut"[5] einen Vorläufer in Art. 142 WRV sowie in § 20 VU 1919 und war bereits wortgleich in Art. 67 VE vorgesehen. In Art. 74 E wurde die Freiheit der Kunst, Wissenschaft und Lehre unter den Vorbehalt „im Rahmen der allgemeinen Gesetzgebung" gestellt. Dieser Vorbehalt wurde im Zuge der Aufhebung aller speziellen Gesetzesvorbehalte und deren Ersetzung durch die Vorbehaltsgeneralklausel des Art. 98 S. 2 gestrichen.[6]

---

[2] VerfGH 22, 1 (9).

[3] Vgl. dazu *Hansalek,* NVwZ 2006, 668; *Lindner,* Darf der Bund das Hochschulrahmengesetz aufheben? NVwZ 2007, 180.

[4] Gegen die bayerische Hochschulreform des Jahres 2006 wurde von den juristischen Fakultäten der Universitäten des Freistaats Bayern Popularklage erhoben, die auf eine Verletzung des Art. 108 Alt. 2 gestützt wurde. Die Popularklage blieb erfolglos: VerfGH, Entsch. vom 7. Mai 2008 (Vf. 19-VII-06).

[5] So *Nawiasky,* S. 189 für die „Freiheit der wissenschaftlichen Forschung und Lehre".

[6] *Nawiasky,* S. 189. Dazu und zur Bedeutungslosigkeit des Art. 98 S. 2 in der Rechtsprechungspraxis des VerfGH Rn. 61 ff. vor Art. 98. Der VerfGH arbeitet – wie auch bei anderen Grundrechten – nicht mit Art. 98 S. 2, sondern mit dem „inhärenten Vorbehalt" der Beschränkbarkeit durch Gesetz, VerfGH 22, 1 (9); 24, 1 (25).

3. Verhältnis zum Grundgesetz

a) **Art. 108** entspricht der Sache nach **Art. 5 III GG** und gilt nach **Art. 142 GG** fort.[7] **7**
Allerdings scheint Art. 5 III GG im Vergleich zu Art. 108 einerseits (in doppelter Hinsicht)
weiter, andererseits enger zu sein:

aa) **Weiter** (1) insofern, als er anders als Art. 108 ausdrücklich die Freiheit der **For-** **8**
schung nennt. Darin dürfte aber kein sachlicher Unterschied zwischen beiden Vorschriften liegen, da die Begriffe Forschung und Wissenschaft weitgehend deckungsgleiche Phänomene beschreiben. Weiter (2) insofern, als Art. 5 III GG ein vorbehaltloses Grundrecht
ist, Art. 108 jedoch unter dem Einschränkungsvorbehalt des Art. 98 S. 2 steht. Allerdings
wendet der VerfGH Art. 98 S. 2 nicht an, sondern stellt Art. 108 unter einen „inhärenten
Vorbehalt" der Beschränkung durch die allgemeinen Gesetze (oben Rn. 6 mit Fn. 6).
Dadurch ist **Art. 108 grundsätzlich leichter einschränkbar** als Art. 5 III GG, dessen
Beschränkung nach der Rechtsprechung des BVerfG nur durch kollidierendes Verfassungsrecht gerechtfertigt werden kann.[8]

Allerdings ist die Landesstaatsgewalt nicht nur an Art. 108, sondern wegen Art. 1 III **9**
GG auch an Art. 5 III GG gebunden. Ist ein Landesrechtsakt zwar mit dem hinter Art. 5 III
GG zurückbleibenden Art. 108 vereinbar, nicht indes mit Art. 5 III GG selbst, ist er ins-
gesamt grundrechtswidrig.

bb) **Enger** als Art. 108 scheint Art. 5 III GG insofern zu sein, als Art. 5 III 2 GG die Frei- **10**
heit der Lehre an die „Treue zur Verfassung" bindet. Der Sache nach besteht ein Unterschied zwischen Art. 5 III GG und Art. 108 indes nicht, da die Treue zur Verfassung auch
nach bayerischem Verfassungsrecht eine **ungeschriebene Schranke** des Art. 108 darstellt.[9]

b) Von der Weitergeltung des Art. 108 im Verhältnis zu Art. 5 III GG zu unterscheiden **11**
ist die Frage, ob und inwieweit Art. 108 **Prüfungsmaßstab** für Entscheidungen der
Landesstaatsgewalt sein kann, die materiell auf Bundesrecht (z. B. BGB; StGB) beruhen
oder in einem bundesrechtlich geregelten Verfahren (StPO; ZPO) ergangen sind; vgl.
dazu zunächst Rn. 134 ff. vor Art. 98. Nach dort vertretener – landesgrundrechtsfreundlicher – Auffassung kann Art. 108 Prüfungsmaßstab für alle freiheitsbeschränkenden
Entscheidungen der Landesstaatsgewalt sein, die auf formellem oder materiellem Bundesrecht beruhen, wenn und soweit das Bundesrecht entsprechende Spielräume eröffnet, also
eine Entscheidung ermöglicht, die mit den bundesrechtlichen Vorgaben selbst sowie mit
Art. 108 vereinbar ist. Solche **Auslegungs- und Anwendungsspielräume** sind **landes-**
grundrechtswahrend zu nutzen.

II. Einzelkommentierung: Die Freiheit der Kunst (Art. 108 Alt. 1)

Vorbemerkung: Das Grundrecht der Kunstfreiheit entfaltet seine Wirkung zumal in der **12**
Dimension der **Eingriffsabwehr**.[10] Seine Aufgabe „*ist es vor allem, die auf der Eigengesetzlich-*
keit der Kunst beruhenden, von ästhetischen Rücksichten bestimmten Prozesse und Entscheidungen
von jeglicher Ingerenz öffentlicher Gewalt freizuhalten."[11] Jegliche hoheitliche Beeinträchtigung
der Kunstfreiheit bedarf als Ausnahme von der Regel der verfassungsrechtlichen Rechtfertigung. Misslingt diese Rechtfertigung, so „reagiert" Art. 108 Alt. 1 dadurch, dass sie dem
in seiner Kunstfreiheit Verletzten einen subjektiv-verfassungsrechtlichen Anspruch auf
Unterlassung, Beendigung oder Kompensation der Grundrechtsverletzung gibt. Vgl. zu
dieser Systematik bereits die Rn. 56 ff. vor Art. 98, auf die hier verwiesen wird. Die nachfolgenden Erläuterungen beschränken sich auf die Besonderheiten, die bei Art. 108 Alt. 1

---

[7] *Meder,* Art. 108 Rn. 1, 5; VerfGH 24, 199 (216).
[8] *Jarass/Pieroth,* Art. 5 Rn. 131; BVerfGE 30, 173 (193); 67, 213 (228); Beschl. v. 13. 6. 2007, 1 BvR
1783/05, Rn. 68.
[9] *Meder,* Art. 108 Rn. 7; VerfGH 23, 32 (42).
[10] BVerfG, Beschl. v. 13. 6. 2007, 1 BvR 1783/05, Rn. 61.
[11] BVerfGE 30, 173 (190).

zu beachten sind. Dabei spielt die Kunstfreiheit auch im **horizontalen Grundrechtsver-
hältnis** inter privatos eine wichtige Rolle, insbesondere im **Spannungsverhältnis zum
allgemeinen Persönlichkeitsrecht.** Eingriffe in die Kunstfreiheit, insbesondere durch
zivilgerichtliche Entscheidungen, können zur Erfüllung der Schutzpflicht des Staates zu
Gunsten dessen erfolgen, der durch die Kunstausübung eines anderen in seinen Persönlichkeitsrechten (Ehre, informationelle Selbstbestimmung etc.) beeinträchtigt wird.

1. Persönlicher Schutzbereich (Grundrechtsberechtigte[12])

13   a) Vom persönlichen Schutzbereich des Art. 108 Alt. 1 umfasst, also **grundrechtsberechtigt** ist **jede natürliche Person,** unabhängig von der Staatsangehörigkeit (auch
Staatenlose genießen den Schutz der Kunstfreiheit), dem Wohnsitz oder einem sonstigen
besonderen Bezug zum Freistaat Bayern[13], dem Alter, dem sozialen Status, der Handlungs-
und Geschäftsfähigkeit, der Herkunft, des Geschlechts etc. Auch **juristische Personen des
Zivilrechts**[14] kommen in den Genuss des Art. 108 Alt. 1, **nicht** indes **juristische Personen
des öffentlichen Rechts** mit Ausnahme der Hochschulen, v. a. Kunst- und Musikhoch-
schulen, sowie öffentlicher Kunsteinrichtungen (Theater, Museen etc.).[15] Auch der **Beamte**
ist Träger des Grundrechts aus Art. 108 Alt. 1. Allerdings darf der Beamte seine Dienstpflichten nicht mit der Begründung verweigern, diese verstießen gegen sein Kunstempfinden. Auch gibt Art. 108 S. 1 dem Beamten nicht das Recht, innerhalb des Dienst-
gebäudes und innerhalb der Dienstzeit beliebig künstlerisch tätig zu sein, sofern dies nicht
– wie z. B. bei einem verbeamteten Intendanten – zu seinen Dienstaufgaben gehört.[16] Gleiches gilt für Angestellte in staatlichen Kunsteinrichtungen.

14   b) Träger des Grundrechts ist vor allem der **Künstler** selbst, unabhängig davon, ob er
die Kunst (teilweise) beruflich, kommerziell oder privat als Hobby ausübt. Dabei gibt es
keinen festen Kanon an Künsten. Ebenso wie das Phänomen Kunst selbst (Rn. 15 ff.)
ist auch der **Kreis der Künstler offen.** Dazu gehören Buchautoren, Bühnenautoren,
Bildhauer, Maler, Baukünstler, Sänger, Schauspieler, Entertainer, Kabarettisten, Aktions-
und Spontankünstler etc. Darüber hinaus sind auch **Helfer** des Künstlers sowie die Personen, die das Kunstwerk der Öffentlichkeit (auch geschäftsmäßig) zugänglich machen
(Verleger, Produzenten, Galeristen etc.), vom Schutzbereich erfasst.[17] Nicht geschützt sind
solche Personen insoweit, als sie selbst gegenüber dem Künstler kommerzielle Interessen
durchsetzen wollen (insoweit greift indes der Grundrechtsschutz der beruflichen Vertragsfreiheit, die mit der Freiheit des Künstlers abgewogen werden muss).[18] Nicht geschützt ist
derjenige, der Kunst „nutzt" oder sonst „konsumiert", insoweit greift Art. 101 ein. Untersagt z. B. der Staat einem Aktionskünstler die Durchführung seiner Kunst, kann sich dieser auf Art. 108 Alt. 1, der (potenzielle) Besucher auf Art. 101 berufen.

---

[12] Grundrecht*verpflichtet* sind der Staat und andere Hoheitsträger, auch die öffentlich-rechtlichen
Rundfunkanstalten und die Hochschulen, nicht indes Private. Art. 108 Alt. 1 entfaltet keine unmittelbare Drittwirkung. Der Staat kann allerdings zumal auf Grund der grundrechtlichen Schutzpflicht
berechtigt oder verpflichtet sein, bei Beeinträchtigungen der Kunstfreiheit inter privatos regelnd einzugreifen (vgl. bereits Rn. 94 ff. vor Art. 98).

[13] Beispiel: Auch ein nur vorübergehend sich in Bayern Aufhaltender kann sich auf Art. 108 Alt. 1
berufen, wenn ihm z. B. von einer bayerischen Behörde die Ausführung einer Aktionskunstmaß-
nahme untersagt wird.

[14] *Bethge,* in: Sachs, Art. 5 Rn. 191.

[15] *Jarass/Pieroth,* Art. 5 Rn. 108; *Bethge,* Art. 5 Rn. 192.

[16] Vgl. dazu *Meder,* Art. 108 Rn. 2.

[17] BVerfG, NJW 2006, 596: „*Die Berufung auf Art. 5 III 1 GG steht grundsätzlich allen Personen zu, die
daran mitwirken, ein Kunstwerk geschäftsmäßig zu vertreiben.*" BVerfG, Beschl. v. 13. 6. 2007, 1 BvR 1783/05,
Rn. 65: „*Soweit es zur Herstellung der Beziehungen zwischen Künstler und Publikum der publizistischen Medien
bedarf, sind auch die Personen durch die Kunstfreiheitsgarantie geschützt, die eine solche vermittelnde Tätigkeit ausüben (vgl. BVerfGE 30, 173 [191]; 36, 321 [331]; 77, 240 [251, 254]; 81, 278 [292]; 82, 1 [6]).*"

[18] BVerfG, NJW 2006, 596.

2. Sachlicher Schutzbereich

a) Art. 108 Alt. 1 schützt die Kunst als **vor- und außerrechtliches Phänomen.** Was 15 „Kunst" ist, entzieht sich der positiven Definition.[19] Gleichwohl bedarf es einer Abgrenzung des Schutzbereiches der Kunstfreiheit, ansonsten dieser mit dem des Art. 101 identisch wäre. Der **VerfGH** hat sich zum **Schutzbereich der Kunstfreiheit** bislang **nicht geäußert.** Das **BVerfG** vertritt überwiegend einen **weiten, materiellen Kunstbegriff.**[20] Kunst folgt nicht nur aus der Form oder einer bestimmten darstellerischen Kategorie (Buch, Bühne, Bild etc.), sondern ist in erster Linie materiell-inhaltlich zu erfassen. Ein Kunstwerk ist nach Auffassung des BVerfG *„eine freie schöpferische Gestaltung, in der Eindrücke, Erfahrungen und Erlebnisse des Künstlers durch das Medium einer bestimmten Formensprache zur Anschauung gebracht werden. (BVerfGE 30, 173 [188]; 67, 213 [226]; 75, 369 [377])".*[21] Jede künstlerische Tätigkeit stelle sich dar als *„Ineinander von bewussten und unbewussten Vorgängen, die rational nicht aufzulösen sind. Beim künstlerischen Schaffen wirken Intuition, Phantasie und Kunstverstand zusammen; es ist primär nicht Mitteilung, sondern Ausdruck der individuellen Persönlichkeit des Künstlers".*[22] Kunst ist daher nicht an die klassischen Kommunikationsformen (z. B. Buch, Film, Bild, Skulptur, Gebäude, Ton, gesprochenes Wort, Gesang, körperliche Darstellung etc.) gebunden, sondern **offen für jede denkbare, auch ungewöhnliche und überraschende oder provozierende Vermittlungsform** (z. B. Installationen [„Fettecke"], virtuelle Räume, „Duftereignisse", Happenings etc.).

Auch eine äußerlich als gewöhnliche Alltagskommunikation erscheinende Situation 16 kann Kunst sein. Worte können zwischen auf Realität bezogener Kommunikation und künstlerischer Konnotation (z. B. in der Modalität der Satire) changieren. Zur Beurteilung, ob ein Phänomen „Kunst ist", muss demnach zur **objektiv-materiellen Dimension** (s. soeben Rn. 15) der Kunst eine **subjektive Komponente** hinzutreten.[23] Es ist Sache des Künstlers, zu bestimmen, ob er eine von ihm gewählte Äußerungsform als Kunst verstanden wissen will. Die Verfassung verteilt durch den grundrechtlichen Schutz der Kunstfreiheit die **subjektive Definitionskompetenz.** Nicht der Staat selbst ist es, der definiert oder gar bewertet, was ein Kunstwerk ist, sondern der Einzelne, der sich künstlerisch oder nicht künstlerisch mitteilt. Damit ist der **Schutzbereich der Kunstfreiheit denkbar weit:** Kunst ist das, was derjenige, der es behauptet, dafür hält, vorausgesetzt, dass wenigstens dem Anschein nach die objektiv-materielle „Definition" in Rn. 15 erfüllt ist.[24] Nur durch ein **subjektivistisches, lediglich geringfügig objektivierbares Verständnis von Kunst** kann einerseits verhindert werden, dass der Staat durch restriktive Interpretation bestimmte Modalitäten von Kunst bereits aus dem Schutzbereich eliminiert[25] (was zur Folge hätte, dass er Eingriffe nicht mehr rechtfertigen müsste), und andererseits klargestellt werden, dass Kunst nicht mit bloßer Handlungsfreiheit identisch ist.

b) Nach diesem weiten Verständnis des Schutzbereichs sind für die Bejahung von Kunst 17 **unerheblich:** das **intellektuelle Niveau** des Dargebotenen, **Bewertungskriterien** wie gut, schön, wertvoll, aktuell, politisch, progressiv, reaktionär etc., der **Inhalt** (weshalb auch Pornographie- und Gewaltdarstellungen Kunst sein können[26]), die **Ausdrucks- und Vermittlungsform** (geschützt ist auch die Baukunst), die Beurteilung durch „kunst-

---

[19] Zum Folgenden *Bethge,* Art. 5 Rn. 182 ff.

[20] Zu den verschiedenen Kunstbegriffen des BVerfG s. BVerfGE 67, 213 (225 ff.) sowie *Pieroth/Schlink,* Grundrechte, 23. Aufl. 2007, Rn. 610 ff. Für eine Einteilung der Kunstbegriffe – undefiniert/subjektiv, Drittanerkennung, materiell, formal/kategorial – s. *Zippelius/Württenberger,* Deutsches Staatsrecht, 31. Aufl. 2005, S. 249.

[21] BVerfG, Beschl. v. 13. 6. 2007, 1 BvR 1783/05, Rn. 59.

[22] BVerfGE 30, 173 (189).

[23] *Jarass/Pieroth,* Art. 5 Rn. 106 a.

[24] Enger *Bethge,* Art. 5 Rn. 184. Zu eng *Meder,* Art. 108 Rn. 1; vgl. auch *Isensee,* Wer definiert die Freiheitsrechte? 1980.

[25] *Jarass/Pieroth,* Art. 5 Rn. 106: Ausschluss „staatlichen Kunstrichtertums".

[26] BVerfGE 83, 130 (139).

verständige" **Dritte** oder gar eine Avantgarde, **Mehrheitsmeinungen** in einer pluralistischen Gesellschaft, Strömungen, ein **Zeitgeist,** eine **political correctness,** „gesundes
Volksempfinden" oder das „Anstandsgefühl aller billig und gerecht Denkenden". Kunstfreiheit ist in besonderer Weise **Minderheitenfreiheit.**

18 c) Geschützt ist zunächst die künstlerische Tätigkeit als solche, der **Werkbereich.**
Dazu gehören alle mit der „Herstellung", Inszenierung oder Durchführung des Kunstwerks verbundenen Aktivitäten und Vorgänge. Benötigt der Künstler die Mitwirkung
einer bestimmten Person oder einen fremden Gegenstand, fallen (freiwillige) Hilfe und
Inanspruchnahme zwar in den Schutzbereich der Kunstfreiheit, diese gibt dem Künstler
aber keinen grundrechtlichen Anspruch gegen einen Dritten auf Hilfe und Duldung der
Inanspruchnahme, da Art. 108 Alt. 1 **keine unmittelbare Drittwirkung** entfaltet. Geschützt ist eine künstlerische Tätigkeit auch dann, wenn mit ihr noch andere Zwecke
erreicht werden sollen: **Baukunst** (auch der Architekt kann sich auf Art. 108 Alt. 1 berufen[27]), **religiös-sakrale Kunst, politisch motivierte Kunst** (z. B. politisches Kaba-
rett) etc.[28]

19 d) Geschützt ist zudem der **Wirkbereich** im Sinne der Werbung für ein Kunstwerk,
der (auch kommerziellen)[29] Darbietung, Verbreitung und Vermittlung des Kunstwerks an
Dritte oder die Öffentlichkeit.[30] Werk- und Wirkbereich können zusammenfallen wie
etwa im Bereich der **Aktionskunst** (Happenings, [Spontan]installationen). Die wirtschaftliche Verwertung als solche fällt in den Schutzbereich des Art. 101.

20 e) Geschützt ist auch das Interesse des Künstlers, ein (bestimmtes) Kunstwerk nicht zu
schaffen oder zwar zu schaffen, aber nicht oder nur beschränkt zu verbreiten **(negative
Kunstfreiheit).** Dagegen verbürgt Art. 108 Alt. 1 **keinen Konfrontationsschutz** dahin-
gehend, vor der **Kunstausübung anderer verschont zu bleiben,** da anderenfalls die
Kunstfreiheit des einen unter einen Duldungs- oder gar Ästhetikvorbehalt auf Seiten
Dritter geriete. Ebenso wenig schützt Art. 108 Alt. 1 ein bestimmtes **Kunstempfinden.**
Umgekehrt verbürgt Art. 108 Alt. 1 keinen Anspruch auf „Zugang" zu einem (bestimm-
ten) Kunstwerk.

21 f) Von der selbstbestimmten ist diejenige Kunstausübung zu trennen, die mit **Rechts-
verletzung(en) auf Seiten Dritter** verbunden ist. Auch nach einem weiten, primär subjektivistischen Verständnis des Schutzbereiches der Kunstfreiheit (oben Rn. 16) gibt diese
dem Einzelnen **nicht das Recht,** unter Berufung auf Art. 108 Alt. 1 eigenmächtig
Rechtsgüter anderer oder der Allgemeinheit zur Realisierung von Kunst in Anspruch zu
nehmen oder zu verletzen.[31] Wie jedes Grundrecht steht die Kunstfreiheit von vorneherein
unter dem **Vorbehalt der Friedenspflicht.** Nicht von der Kunstfreiheit umfasst ist zumal
die Inanspruchnahme fremden Eigentums oder sonstiger Rechtsgüter zur Kunstausübung
ohne oder gegen den Willen des Eigentümers. Nicht von der Kunstfreiheit erfasst ist die
Begehung von Straftaten oder Ordnungswidrigkeiten aus Anlass oder im Zusammenhang
mit der Kunstausübung.[32]

22 Allerdings ist bei der **Herausnahme** bestimmter Modalitäten von Kunstausübung aus
dem **Schutzbereich Zurückhaltung** geboten, da Kunst häufig (und bei manchen Formen wesensmäßig, z. B. Satire) Interessen und Rechtsgüter anderer beeinträchtigt. Um die
Kunstfreiheit nicht der rechtfertigungslosen Beschränkbarkeit zum Schutz von Interessen

---

[27] VerfGH 22, 1 (8).
[28] BVerfGE 67, 213 (227).
[29] Anders *Jarass/Pieroth,* Art. 5 Rn. 107.
[30] BVerfGE 30, 173 (189).
[31] BVerfG NJW 1984, 1293 („Sprayer von Zürich"): Die Kunstfreiheit umfasst nicht das Recht, auf
fremden, zumal öffentlichen Sachen Graffiti aufzubringen oder diese in anderer Weise zu beschädigen.
BVerwG NJW 1995, 2648 (2649): *„Die Kunstfreiheit erstreckt sich von vorneherein nicht auf die eigenmächtige
Inanspruchnahme fremden Eigentums oder die Beeinträchtigung sonstiger grundrechtlich geschützter Positionen."*
[32] Beispiele bei *Pieroth/Schlink,* Grundrechte, 23. Aufl. 2007, Rn. 614 ff.: nicht geschützt ist z. B.
der Diebstahl des Marmors, aus dem eine Skulptur geschaffen werden soll.

Dritter auszusetzen, bedarf es regelmäßig einer **Güterabwägung zwischen den beteiligten Interessen,** die **nicht bereits auf der Schutzbereichsebene,** sondern erst auf der **Vorbehalts- und Schrankenschrankenebene** vorzunehmen ist (unten Rn. 27 ff.). Beeinträchtigt etwa der Inhalt eines Romans Persönlichkeitsrechte Dritter (die sich in den Romanfiguren wiederfinden), so fällt die Veröffentlichung des Romans nicht schon aus dem Schutzbereich des Art. 108 Alt. 1 heraus, es bedarf vielmehr – etwa im Rahmen eines zivilgerichtlichen Verbotsverfahrens – der Abwägung zwischen der Kunstfreiheit und den Persönlichkeitsrechten (dazu unten Rn. 30 ff.).[33] Eine Herausnahme schon aus dem Schutzbereich des Art. 108 Alt. 1 ist nach dem **Grundsatz der abstrakten Abwägung**[34] nur dann gerechtfertigt, wenn dem „wegdefinierten" Bereich künstlerischer Aktivität im Falle einer Abwägung mit einem anderen Rechtsgut oder Interesse **unter keinem denkbaren Gesichtspunkt eine Vorrangstellung** zukommen kann. Dazu gehören in erster Linie die klassischen Straftaten und sonstige *eindeutige* Fälle von Rechtsgutsverletzungen.[35]

g) Im Hinblick auf **Kunst im öffentlichen Straßenraum** ist wie folgt zu unter- 23 scheiden: (1) Hält sich die Kunstausübung im Rahmen des Gemeingebrauchs, fällt sie in den Schutzbereich des Art. 108 Alt. 1. (2) Geht sie darüber hinaus, da sie etwa den Verkehr beeinträchtigt (z. B. Installation oder Happening auf Straßenkreuzung), fällt sie zwar als solche in den Schutzbereich. Allerdings ist dieser nicht in seiner eingriffsabwehrrechtlichen, sondern in seiner **leistungsrechtlichen Dimension** betroffen, da die Kunstausübung eine staatliche Leistung, nämlich das Zurverfügungstellen des öffentlichen Raums im Rahmen einer Sondernutzungserlaubnis voraussetzt. Art. 108 Alt. 1 gewährt insofern einen **Anspruch auf ermessensfehlerfreie Entscheidung.** Wird der öffentliche Raum in nur geringem oder den anderen Verkehrsteilnehmern zumutbaren Umfang in Anspruch genommen, kann sich dieser Anspruch nach den Umständen des Einzelfalls zu einem **Anspruch auf** Erteilung einer (ggf. auch kostenpflichtigen) **Sondernutzungserlaubnis** verdichten.[36]

3. Beeinträchtigung

a) Eine **Beeinträchtigung** eines von Art. 108 Alt. 1 geschützten Interesses (dazu oben 24 Rn. 15 ff.) liegt vor, wenn der Grundrechtsberechtigte dieses Interesse, das zu realisieren er tatsächlich in der Lage und willens ist, nicht realisieren kann, weil er durch eine **hoheitliche Maßnahme** daran in irgendeiner Weise **gehindert** wird. Sowohl **Werk- als auch Wirkbereich sind beeinträchtigungsfähig.** Eine Beeinträchtigung liegt z. B. vor im Falle einer Genehmigungspflicht, eines öffentlich-rechtlichen Verbots, einer zivilgerichtlichen Untersagung der Verbreitung eines Kunstwerks, zumal zum Schutz von Rechtsgütern Dritter, einer zivilrechtlichen Rückrufanordnung[37], einer strafrechtlichen oder sonstigen Sanktionierung, negativer „amtlicher" Äußerungen und Bewertungen von Kunstwerken.

b) Neben **imperativen** sind auch **faktische** Beeinträchtigungen denkbar, etwa wenn 25 durch staatliche Maßnahmen (z. B. Bauarbeiten, Abgrabungen, Sprengungen, Bombenentschärfungen, Manöverübungen, Gefahrenabwehrmaßnahmen) als unbeabsichtigte Neben- oder Folgewirkung auch Kunstwerke zerstört oder deren Erstellung verhindert werden. Hier wird regelmäßig (auch) Art. 103 einschlägig sein (Rn. 110, 115 zu Art. 103).

---

[33] Exemplarisch die Esra-Entscheidung des BVerfG, Beschl. v. 13. 6. 2007, 1 BvR 1783/05.

[34] *Starck,* in: v. Mangoldt / Klein / Starck, Art. 2 Rn. 13; *Lindner,* Theorie der Grundrechtsdogmatik, 2005, S. 243.

[35] Beispiele für „Kunst"ausübungen, die nicht in den Schutzbereich fallen: Tötungen, Körperverletzungen (ohne Einwilligung), Brandstiftungen, Sachbeschädigungen, Handlungen gegen die sexuelle Selbstbestimmung oder die Erniedrigung von Dritten durch offensichtliche Ehrverletzungen etc.

[36] *Jarass/Pieroth,* Art. 5 Rn. 110.

[37] Dazu *Lindner,* Der Rückrufanspruch als verfassungsrechtlich notwendige Kategorie des Medienrechts, ZUM 2005, 203.

26   c) **Keine Beeinträchtigung** liegt vor, wenn dem Einzelnen eine zur Ausübung der Kunst notwendige staatliche Leistung vorenthalten wird (zur leistungsrechtlichen Dimension s. Rn. 23, 37) oder wenn das betroffene Interesse bereits – ausnahmsweise – dem Schutzbereich entzogen ist (dazu oben Rn. 21 ff.). Eine Beeinträchtigung liegt auch nicht in der staatlichen Förderung anderer Künstler oder Kunstrichtungen. Schutz vor Willkür und Ungleichbehandlung bietet insofern Art. 118 I. Im Hinblick auf Art. 140 (s. die Erl. dort) haben Staat und Gemeinden bei der **Kunstförderung** einen weiten Gestaltungsspielraum.[38]

4. Die verfassungsrechtliche Rechtfertigung der Beeinträchtigung

27   Einer **Rechtfertigung** der Beeinträchtigung der Kunstfreiheit bedarf es nicht, wenn diese mit **freiwilliger Zustimmung** des Berechtigten erfolgt. Die Rechtfertigung richtet sich im übrigen nach den in Rn. 61 ff. vor Art. 98 skizzierten Erwägungen und Prüfungsschritten. Darauf sei hier zunächst verwiesen. Für Art. 108 Alt. 1 gilt speziell Folgendes:

28   a) Art. 108 Alt. 1 enthält **keine eigene Vorbehaltsregelung,** die eine Einschränkbarkeit der Kunstfreiheit vorsähe oder zuließe. Der ursprünglich in Art. 74 E enthaltene Gesetzesvorbehalt wurde im Zuge der Einfügung der Vorbehaltsgeneralklausel des Art. 98 S. 2 gestrichen.[39]

29   b) Gleichwohl zieht der **VerfGH** zur Rechtfertigung von Beeinträchtigungen der Kunstfreiheit den Art. 98 S. 2 nicht heran, sondern nimmt – wie bei anderen Grundrechten auch – **„inhärente Begrenzungen"**[40] im Sinne eines **ungeschriebenen Gesetzesvorbehalts** an. Auch für die Kunstfreiheit gilt indes, dass sie nicht lediglich nach Maßgabe der Gesetze geschützt ist, sondern dass jede Beeinträchtigung der Kunstfreiheit sich zwar auf ein Gesetz zurückführen lassen, dieses aber seinerseits im Sinne des **Regel-Ausnahme-Prinzips** (Rn. 30 ff. vor Art. 98) Bestand haben muss.

30   c) Angesichts der hohen Bedeutung der Kunstfreiheit dürfen Beeinträchtigungen nur **durch oder auf Grund Gesetzes** erfolgen. Den entscheidenden Prüfungsschritt bilden die geschriebenen und ungeschriebenen **Schranken-Schranken,** die dem Gesetzgeber bei der Ausfüllung des ungeschriebenen Gesetzesvorbehalts ihrerseits Schranken auferlegen; zu den Schranken-Schranken s. zunächst Rn. 67 ff. vor Art. 98.

31   aa) Eine Beeinträchtigung der Kunstfreiheit ist nur zulässig, wenn der Gesetzgeber – in hinreichender **Bestimmtheit** (Rn. 25 ff. zu Art. 3) – **(1)** einen **verfassungsrechtlich legitimen Zweck** formuliert, dem die Beeinträchtigung dienen soll, **(2)** ein tatsächliches (nicht nur vorgeschobenes) **Zweckverwirklichungsbedürfnis** besteht, die Beeinträchtigung ein **(3) geeignetes** und **(4) erforderliches Mittel** zur Erreichung, mindestens Förderung des Zwecks ist und **(5)** eine **Abwägung** von Schutz- und Zweckinteresse ergibt, dass Letzteres ein höheres Gewicht hat (Verhältnismäßigkeit im engeren Sinne).

32   bb) Zunächst muss der **Zweck** selbst bereits in abstrakter Hinsicht ein **erhebliches verfassungsrechtliches Gewicht** haben. In Frage kommen nur gewichtige geschriebene oder ungeschriebene verfassungsunmittelbare Zwecke. Die Kunstfreiheit kann nur durch **kollidierendes Verfassungsrecht** eingeschränkt werden, also durch andere verfassungsrechtlich geschützte Werte. Zwar ergibt sich dies nicht unmittelbar aus Art. 108 Alt. 1 i. V. m. Art. 98 S. 2; allerdings sollte wegen der Bindung der Landesstaatsgewalt an Art. 5 III GG (über Art. 1 III GG) Kongruenz zu Art. 5 III GG hergestellt werden, der weder dem Vorbehalt des Art. 5 II GG noch der Schrankentrias des Art. 2 I GG unterliegt.[41] Eine Be-

---

[38]   Vgl. *Jarass/Pieroth,* Art. 5 Rn. 110 a; *Meder,* Art. 108, Rn. 4, 5 b.
[39]   Dazu oben Rn. 6.
[40]   So VerfGH 22, 1 (9); *Meder,* Art. 108 Rn. 3 ff.
[41]   BVerfG, Beschl. v. 13. 6. 2007, 1 BvR 1783/05, Rn. 68: „*Die Kunstfreiheit ist nicht mit einem ausdrücklichen Gesetzesvorbehalt versehen. Sie ist aber nicht schrankenlos gewährleistet, sondern findet ihre Grenzen unmittelbar in anderen Bestimmungen der Verfassung, die ein in der Verfassungsordnung des Grundgesetzes ebenfalls wesentliches Rechtsgut schützen (vgl. BVerfGE 30, 173 [193]; 67, 213 [228])."*

schränkung der Kunstfreiheit ist daher nur zulässig, wenn sie dem Schutz eines verfassungsunmittelbar geschützten Interesses oder Wertes dient. Dazu gehören z. B.[42] die Funktionsfähigkeit des Staates und seiner Organe[43], das Persönlichkeitsrecht, zumal die Ehre und informationelle Selbstbestimmung Dritter, der Jugendschutz[44], aber auch der Naturschutz, der Tierschutz sowie andere verfassungsrechtlich geschützte Rechte Dritter (z. B. das religiöse Empfinden), eine plausibel-harmonische Entwicklung des Landschafts- und Siedlungsbildes (im Hinblick auf die „Baukunst"[45]; hier wirkt zusätzlich Art. 103), die Sicherheit und Reibungslosigkeit des Straßenverkehrs, der Schutz von Sonn- und Feiertagen (Art. 147).

cc) Bei der **Abwägung** von Kunstfreiheit und anderweit verfassungsrechtlich ge- **33** schützten Rechtsgütern ist auch in **konkreter**[46] **Hinsicht** das bedeutsame Gut der Kunstfreiheit in die Waagschale zu werfen. Nur wenn auch in konkreter Abwägung das Zweckinteresse (anderweitiges verfassungsrechtliches Rechtsgut) das Schutzinteresse (Kunstfreiheit) überwiegt, ist dessen Beeinträchtigung verfassungsrechtlich zu rechtfertigen. Der praktisch bedeutsamste Fall der Abwägung ist die von Kunstfreiheit und Persönlichkeitsrechten der von der Kunstausübung betroffenen Dritten.[47] Sind mehrere Interpretationen eines Kunstwerks möglich, so ist diejenige maßgeblich, die andere Rechtsgüter am wenigsten beeinträchtigt.[48] Schwere Beeinträchtigungen des Persönlichkeitsrechts sind generell unzulässig.

dd) Je nachhaltiger und intensiver die Beeinträchtigung der Kunstfreiheit ist, desto **34** höher sind die Rechtfertigungsanforderungen. Einschränkungen des Werkbereichs unterliegen höheren Anforderungen als der Wirkbereich. Genügt zum Schutz der Rechte Dritter eine Einschränkung im Wirkbereich, ist eine Beschränkung des Werkbereiches grundrechtswidrig.

5. Weitere Grundrechtsdimensionen

Art. 108 Alt. 1 kann über seine primäre Funktion der Beeinträchtigungsabwehr hinaus **35** weitere Dimensionen entfalten:

a) Eine Rolle können die **Schutzpflichten** spielen, die der VerfGH insbesondere dem **36** Grundrecht auf körperliche Unversehrtheit (Art. 101 i. V. m. 100) erschlossen hat, die aber auch i. R. d. Art. 108 Alt. 1 Relevanz erlangen können (z. B. in Fällen von privater Beeinträchtigung der Kunstfreiheit im Rahmen von Arbeits- oder Mietverhältnissen sowie im Rahmen von Verträgen, die der Künstler mit Produzenten, Vermarktern etc. abschließt[49]). Zur Dogmatik der grundrechtlichen Schutzpflichten, insbesondere zu den Voraussetzungen für das Entstehen einer Schutzpflicht und deren Erfüllung s. Rn. 94 ff. vor Art. 98. Umgekehrt können staatliche Schutzpflichten zu Gunsten von Rechtsgütern Dritter (etwa der Persönlichkeitsrechte) Eingriffe in die Kunstfreiheit rechtfertigen, zumal in der Modalität einer zivilgerichtlichen Untersagung (dazu oben Rn. 32 f.).

b) Art. 108 Alt. 1 entfaltet grundsätzlich **keine leistungsrechtliche Dimension** (dazu **37** bereits Rn. 88 ff. vor Art. 98). Der Einzelne hat keinen Anspruch darauf, dass ihm der Staat die für seine Kunstausübung notwendigen Mittel, Einrichtungen oder Gegenstände verschafft oder deren Inanspruchnahme duldet. Allerdings ergibt sich aus Art. 108 Alt. 1

---

[42] *Jarass/Pieroth,* Art. 5 Rn. 116.
[43] BVerfGE 33, 52 (70).
[44] *Jarass/Pieroth,* Art. 5 Rn. 115 m. w. N.
[45] Dazu VerfGH 22, 1 (9).
[46] Zur Unterscheidung zwischen abstrakter und konkreter Abwägung s. Rn. 75 (dort Fn. 136) vor Art. 98.
[47] S. dazu exemplarisch die Esra-Entscheidung des BVerfG, Beschl. v. 13. 6. 2007, 1 BvR 1783/05; zu restriktiv *Meder,* Art. 108 Rn. 3 c.
[48] *Jarass/Pieroth,* Art. 5 Rn. 114 m. w. N.
[49] Beispiel: BVerfG, NJW 2006, 596 (Künstlervertrag – Xavier Naidoo); *Jarass/Pieroth,* Art. 5 Rn. 112, 117 („Ausstrahlungswirkung").

i.V. m. Art. 140 ein **Anspruch auf ermessensfehlerfreie Entscheidung** über die Förderung von Kunst.[50] Dabei ist auch **Art. 118 I** zu beachten, aus dem sich ein **derivativer Leistungsanspruch** ergeben kann (dazu Rn. 132 zu Art. 118). Zur Kunstausübung im öffentlichen Raum s. oben Rn. 23.

III. Einzelkommentierung: Die Freiheit der Wissenschaft und Lehre (Art. 108 Alt. 2, 3)

38   *Vorbemerkung:* Das Grundrecht[51] der Wissenschafts- und Lehrfreiheit entfaltet seine Wirkung zum einen in der Dimension der **Eingriffsabwehr.** Jegliche hoheitliche Beeinträchtigung der Wissenschafts- und Lehrfreiheit bedarf als Ausnahme von der Regel der verfassungsrechtlichen Rechtfertigung. Misslingt diese Rechtfertigung, so „reagiert" die Grundrechtsbestimmung dadurch, dass sie dem in seiner Wissenschafts- und Lehrfreiheit Verletzten einen subjektiv-verfassungsrechtlichen Anspruch auf Unterlassung, Beendigung oder Kompensation der Grundrechtsverletzung gibt. Vgl. zu dieser Systematik bereits die Rn. 56 ff. vor Art. 98, auf die hier verwiesen wird. Die nachfolgenden Erläuterungen beschränken sich auf die Besonderheiten, die bei Art. 108 Alt. 2, 3 zu beachten sind.

39   Darüber hinaus spielt die Wissenschafts- und Lehrfreiheit in ihrer **leistungs- und organisationsrechtlichen Dimension** eine in der verfassungsrechtlichen Praxis dominierende Rolle (Rn. 54 ff.).

1. Persönlicher Schutzbereich

40   a) Der persönliche Schutzbereich des Art. 108 Alt. 2, 3 ist **individuell** und **korporativ** zu verstehen. Umfasst ist zunächst **jede**[52] natürliche Person, unabhängig von der Staatsangehörigkeit (auch Staatenlose genießen den Schutz der Wissenschaftsfreiheit), dem Wohnsitz oder einem sonstigen besonderen Bezug zum Freistaat Bayern, dem Alter, dem sozialen Status, der Handlungs- und Geschäftsfähigkeit, der Herkunft, des Geschlechts etc. Geschützt − allerdings in unterschiedlichen Grundrechtsdimensionen (dazu Rn. 52 ff.) − ist der einzelne Wissenschaftler als **Privatgelehrter**, als **Hochschullehrer** (auch **Emeritus**[53]) **an staatlichen und privaten Hochschulen oder Forschungseinrichtungen**[54], als **Arbeitnehmer im Forschungsbereich eines Unternehmens.** Auch der **Studierende** kann sich auf Art. 108 Alt. 2 berufen, wenn er eigenverantwortlich in wissenschaftlicher Weise tätig wird, zumal im Rahmen einer Dissertation. Art. 108 Alt. 2, 3 verbürgt aber keine „Lernfreiheit" für Studierende[55], insoweit ist Art. 101 einschlägig. Lehrer an Schulen können sich in *dieser* Funktion nicht auf Art. 108 Alt. 2, 3 berufen.[56]

---

[50] Art. 140 selbst verbürgt keine subjektiven Rechte, sondern eine objektiv-rechtliche Pflicht von Staat und Gemeinden zur Förderung der Kunst; *Meder,* Art. 108 Rn. 4; *Jarass/Pieroth,* Art. 5 Rn. 110 a, 111; s. die Erl. zu Art. 140.

[51] VerfGH 50, 129 (142); 50, 1 (6); 43, 148 (153); 33, 65 (82); 30, 126 (133); 24, 199 (215, 221); 24, 1 (24); 23, 32 (42); 20, 191 (202); 11, 164 (182); 8, 38 (45); s. jüngst Entsch. v. 7. Mai 2008 (Vf. 19-VII-06), sub V.1.a.

[52] VerfGH 50, 129 (142): „*steht jedem zu, der wissenschaftlich tätig ist oder tätig werden will*".

[53] Vgl. Art. 34 BayHSchPG.

[54] Grundrechtsberechtigt sind Hochschullehrer (Professoren, Juniorprofessoren, Honorarprofessoren, außerplanmäßige Professoren, Privatdozenten; vgl. Art. 2 III BayHSchPG) an Universitäten und Kunsthochschulen sowie Professoren an Fachhochschulen, soweit diese anwendungsbezogene Forschung und Lehre betreiben; offen gelassen in VerfGH 50, 1 (6). Wissenschaftliche Mitarbeiter sind Grundrechtsträger der Wissenschaftsfreiheit, soweit sie selbständig forschen und lehren; vgl. zum Ganzen auch *Ruffert,* VVDStRL 65 (2006), 179 f.

[55] A. A. VerfGH 24, 199 (221); vgl. auch Art. 3 IV BayHSchG: „Freiheit des Studiums". Art. 108 verleiht Studienbewerbern „kein verfassungsmäßiges Recht auf den Besuch einer bestimmten Hochschule", VerfGH 24, 1 (25).

[56] VerfGH 20, 191 (202): kein Prinzip der allgemeinen Unterrichtsfreiheit.

b) Auch **juristische Personen des Zivilrechts** kommen in den Genuss des Art. 108 **41** Alt. 2, 3, z. B. private Hochschulen und Unternehmen mit Forschungsaktivitäten („Industrieforschung") sowie außeruniversitäre Forschungseinrichtungen, wie z. B. die Institute der Max-Planck-Gesellschaft, der Frauenhofergesellschaft sowie andere öffentlich oder privat finanzierte Forschungseinrichtungen in privater Rechtsform.

c) Auf Art. 108 Alt. 2, 3 können sich auch die **Universitäten und Kunsthochschulen 42** als staatliche Einrichtungen und Körperschaften des öffentlichen Rechts (vgl. Art. 138 i.V. m. Art. 12 BayHSchG) berufen, da überwiegend in diesen Forschung und Lehre stattfinden und gegen staatliche Ingerenzen abgesichert werden müssen.[57] Dies gilt auch für **Fachhochschulen,** soweit diese die Aufgabe der Durchführung anwendungsbezogener Forschung haben (Art. 2 I 6 BayHSchG).[58] Umgekehrt sind die staatlichen[59] Hochschulen **grundrechtsverpflichtet** gegenüber dem einzelnen an der Hochschule tätigen Wissenschaftler. Staatlich finanzierte **Forschungsförderungseinrichtungen,** in denen selbst keine Forschung und Lehre stattfindet, sind grundrechtsberechtigt, soweit sie spezifisch wissenschaftsbezogene Förder-Entscheidungen treffen.[60]

d) Auch die **Fakultäten** als **teilrechtsfähige Grundeinheiten der Hochschulen 43** (vgl. Art. 28 III 2 Nr. 1 BayHSchG) sind Träger des Grundrechts aus Art. 108 Alt. 2, 3. In der Fakultät ist der **Kernbereich der Angelegenheiten von Forschung und Lehre** verankert. Dort entfalten sich Wissenschaft und Lehre unmittelbar. Die Fakultät in der Gestalt des Fakultätsrates nimmt treuhänderisch Interessen der in ihr vereinten Wissenschaftler wahr, soweit diese nicht autonom entscheiden können. Daher muss auch die Fakultät selbst Grundrechtsträger aus Art. 108 Alt. 2, 3 sein.[61] Die Teilgrundrechtsträgerschaft der Fakultät (gegenüber Staat und der Hochschule selbst) reicht so weit, wie die Fakultät über Angelegenheiten entscheidet, die vom Grundrecht aus Art. 108 Alt. 2, 3 umfasst sind.[62] Umgekehrt ist die Fakultät im Verhältnis zum einzelnen in ihr tätigen Wissenschaftler **grundrechtsverpflichtet,** hat also im Rahmen ihrer Entscheidungen ihrerseits die Wissenschaftsfreiheit des einzelnen Wissenschaftlers zu achten.

2. Sachlicher Schutzbereich

a) Art. 108 Alt. 2 verbürgt die Freiheit der Wissenschaft, womit auch die Forschung[63] **44** umfasst ist. Geschützt sind **alle traditionellen Zweige und „Spielarten" der Wissenschaft:** Naturwissenschaften, Medizin, Theologie, Geistes- und Sozialwissenschaften, Rechts- und Wirtschaftswissenschaften, Grundlagenforschung sowie angewandte Forschung.[64] Auch sich neu herausbildende Wissenschaftsansätze und Forschungsrichtungen

---

[57] BVerfGE 35, 79 (112). Für Art. 5 III GG spricht man vom „Grundrecht der deutschen Universität"; *Bethge,* in: Sachs, Art. 5 Rn. 210. Zur Rechtsstellung der Hochschulen als staatliche Einrichtungen und Körperschaften des öffentlichen Rechts mit Selbstverwaltungsgarantie s. die Erl. zu Art. 138.

[58] VerfGH 50, 1 (6).

[59] Private Hochschulen und Forschungseinrichtungen sind nicht grundrechtsverpflichtet, auch wenn sie öffentlich finanziert werden. Insoweit ist allerdings die objektiv-rechtliche Dimension der Freiheit von Wissenschaft und Lehre, ihre Ausstrahlungswirkung ins Privatrecht zu beachten, *Jarass/ Pieroth,* Art. 5 Rn. 119, 129 sowie Rn. 81.

[60] Differenzierend *Bethge,* Art. 5 Rn. 214.

[61] *Meder,* Art. 108 Rn. 5 a; BVerfGE 85, 360 (384); 93, 85 (95); 111, 333 (352); Entsch. v. 7. Mai 2008 (Vf. 19-VI-06), sub. IV. Fakultäten sind im Rahmen der Popularklage antragsberechtigt i. S. d. Art. 55 I 1 VfGHG, soweit sie die Verletzung des Art. 108 Alt. 2, 3 durch eine bayerische Rechtsnorm rügen.

[62] Vgl. dazu *Lindner,* Zum Rechtsstatus der Fakultät, WissR 2007, 254.

[63] VerfGH 50, 129 (142): „*Das Grundrecht des Art. 108 BV gewährleistet die Freiheit von Wissenschaft, Forschung und Lehre.*" VerfGH 20, 191 (202); 24, 199 (221); 30, 126 (133); 50, 1 (6). Anders *Jarass/Pieroth,* Art. 5 Rn. 121, wo der Begriff „Wissenschaft" als Oberbegriff zu „Forschung" und „Lehre" angesehen wird.

[64] Die bloße Anwendung von Forschungsergebnissen fällt nicht unter Art. 108 Alt. 2, es sei denn, diese wird (zugleich) zur systematischen Auslotung von Optimierungs- oder Veränderungspotenzialen oder zur Gewinnung weiterer Erkenntnisse eingesetzt. Die rein wirtschaftliche Verwertung fällt unter Art. 101, der Bestandsschutz unter Art. 103.

sowie -gegenstände sind umfasst. Wissenschaft ist ein **zukunfts-, entwicklungs- und prognoseoffenes Phänomen,** sie entzieht sich der statischen Definition. Auch die Befassung mit **Politik** kann aus wissenschaftlicher Perspektive erfolgen. Politik selbst fällt jedoch nicht in den Schutzbereich des Art. 108 Alt. 2.[65]

45   b) Die Freiheit der Wissenschaft umfasst – in **objektiver Hinsicht** – alle auf wissenschaftlicher **Eigengesetzlichkeit** beruhenden Prozesse, Verhaltensweisen und Entscheidungen beim Auffinden von Erkenntnissen, ihre Deutung und Weitergabe, die Wahl der Methoden und die Entwicklung der Grundsätze ihrer Anwendung sowie die Methoden und Modalitäten der Weitergabe wissenschaftlicher Erkenntnisse. Wissenschaft ist ein grundsätzlich von Fremdbestimmung freier Bereich autonomer Verantwortung.[66] Prägend sind Wahrheitssuche[67] nach Maßgabe einer bestimmten Methodik, die sich jedoch nicht an einem bestimmten Methodenkanon orientieren muss, sondern auch neuartige, bislang ungewohnte oder gar unerhörte Wege gehen kann.[68] Auch das wissenschaftstheoretische Credo eines **„anything goes"** (*Paul Feyerabend)* verdient den Schutz des Art. 108 Alt. 2, wenn es ihrerseits mit einem Mindestmaß an Ernsthaftigkeit vertreten wird. Auf die „Richtigkeit" der Methodik und der Ergebnisse kommt es ebenso wenig an wie auf die Akzeptanz einer wissenschaftlichen These in der scientific community oder den Ort bzw. die Modalität der Veröffentlichung. Gerade das Ungewohnte, ein neues Paradigma (*Thomas Kuhn,* Die Struktur wissenschaftlicher Revolutionen, 1976), können wissenschaftlichen Erkenntnisfortschritt bringen. Der Anspruch auf absolute Wahrheit, auf substanzontologische, auch metaphysische, theologische oder esoterische Axiomatisierung[69] ist ebenso von der Wissenschaftsfreiheit umfasst wie formalontologische, zumal diskurstheoretische Begründungsstrategien. Wissenschaft ist **prinzipiell unabgeschlossen**[70], geprägt durch Falsifizierung (*Karl Popper)*, auch wenn eine wissenschaftliche These das Gegenteil behaupten sollte.

46   c) Zur **objektiven Dimension** der Wissenschaftsfreiheit (s. soeben Rn. 45) tritt eine **subjektive Komponente** hinzu. Es ist primär Sache des einzelnen Wissenschaftlers, zu bestimmen, ob er eine von ihm gewählte Methodik als wissenschaftliche verstanden wissen will. Die Verfassung verteilt durch den Schutz der Wissenschaftsfreiheit die **subjektive Definitionskompetenz.** Nicht der Staat selbst ist es, der definieren oder gar bewerten darf, was (gute oder schlechte) Wissenschaft ist, sondern der Einzelne, der sich wissenschaftlich betätigt oder mitteilt.[71] Damit ist – wie bei der Kunstfreiheit – der **Schutzbereich des Art. 108 Alt. 2 denkbar weit:** Wissenschaft ist das, was derjenige, der es behauptet, dafür hält, vorausgesetzt, dass wenigstens dem Anschein nach die objektiv-materielle „Definition" in Rn. 45 erfüllt ist. Nur durch ein solch **subjektivistisches, lediglich geringfügig objektivierbares Verständnis von Wissenschaft** kann verhindert

[65] VerfGH 11, 165 (182); 43, 148 (153).

[66] VerfGH 50, 272 (276); BVerfGE 35, 79 (113); 47, 327 (367); 90, 1 (11); 111, 333 (354, 358): *„Bereich autonomer Verantwortung, der nicht durch bloße gesellschaftliche Nützlichkeits- und politische Zweckmäßigkeitsvorstellungen geprägt sein darf."*

[67] Nicht geschützt ist wissenschaftliches Fehlverhalten, unredliches Verhalten wie Plagiierung, Fälschung von Zitaten, Messergebnissen, Anwendungserfolgen oder das systematische Ausblenden entgegenstehender Fakten oder Daten. Dies ist freilich eng zu interpretieren; dazu BVerwGE 102, 304 (312).

[68] Nicht geschützt ist reine Unsachlichkeit oder „wenn vorgefassten Meinungen oder Ergebnissen lediglich der Anschein wissenschaftlicher Gewinnung oder Nachweisbarkeit" verliehen wird, BVerfGE 90, 1 (13). Gleiches gilt für die wissenschaftliche Bemäntelung politischer Aussagen.

[69] Prägnante Formulierung bei *Löwer,* Häresie und akademische Theologie, WissR 2007, 119 (124): *„Die Anerkennung vorausliegender Wahrheiten schließt die Theologie nicht aus dem Kreis der Wissenschaften aus. Der moderne Wissenschaftsbegriff ist hinreichend offen, um auch Disziplinen Raum zu geben, die einen vorfindlichen Gegenstand, der existiert, weil er als solcher gedacht wird, wissenschaftlich entfalten."*

[70] BerlVerfGH, WissR 2005, 67 (Nr. 54).

[71] Enger wohl *Bethge,* in: Sachs, Art. 5 Rn. 206 unter Bezug auf BVerfGE 90, 1 (11).

werden, dass der Staat durch restriktive Interpretation bestimmte Modalitäten von Wissenschaft bereits aus dem Schutzbereich eliminiert.[72]

d) Geschützt ist – wie bei der Kunstfreiheit – ein **Werk-** und **Wirkbereich** der Wissen-   **47** schaftsfreiheit in positiver wie negativer Hinsicht. Zum **Werkbereich** gehört das gesamte Spektrum wissenschaftlicher Tätigkeit von der Themen- und Methodenwahl, der Auswahl der Mitarbeiter über die gesamte praktische Durchführung des Forschungsprojekts (samt Vorplanungen und Begleittätigkeiten) bis hin zur Interpretation der Forschungsergebnisse.[73] Umfasst sind auch die Erstellung von Privatgutachten sowie die Gründung von Forschungsgemeinschaften. Der **Wirkbereich** erfasst die Veröffentlichung der wissenschaftlichen Tätigkeit sowie deren Ergebnisse. Die Entscheidung über Art, Ort, Zeitpunkt, Gestaltung und Form der Veröffentlichung (Buch, Zeitschrift, Internet, Pressekonferenz etc.) ist ebenso geschützt wie die Entscheidung, die Veröffentlichung ganz, teilweise oder vorübergehend zu unterlassen oder sie auf einen bestimmten Personenkreis zu beschränken. Von Art. 108 Alt. 2 sind auch diejenigen Personen und Tätigkeiten geschützt, die zur Veröffentlichung notwendig sind (z. B. Verleger etc.; dazu Rn. 14 für den Bereich der Kunstfreiheit).

e) Auch nach einem weiten, primär subjektivistischen Verständnis des Schutzbereiches   **48** der Wissenschaftsfreiheit (Rn. 46) gibt diese dem Einzelnen **nicht das Recht,** unter Berufung auf Art. 108 Alt. 2 eigenmächtig Rechtsgüter anderer oder der Allgemeinheit zur Realisierung von wissenschaftlichen Projekten in Anspruch zu nehmen oder zu verletzen. Wie jedes Grundrecht steht auch die Freiheit der Wissenschaft von vorneherein unter dem **Vorbehalt der Friedenspflicht.** Nicht von der Wissenschaftsfreiheit umfasst ist zumal die Inanspruchnahme fremder Rechtsgüter ohne oder gegen den Willen des Berechtigten. Ebenso wenig von der Wissenschaftsfreiheit erfasst ist die Begehung von Straftaten oder Ordnungswidrigkeiten aus Anlass oder im äußeren Zusammenhang mit der wissenschaftlichen Betätigung.

Allerdings ist – wie bei der Kunstfreiheit (vgl. Rn. 22) – bei der **Herausnahme** be-   **49** stimmter Modalitäten von Wissenschaft aus dem **Schutzbereich Zurückhaltung** geboten. Um die Wissenschaftsfreiheit nicht der rechtfertigungslosen Beschränkbarkeit auszusetzen, bedarf es regelmäßig einer Güterabwägung zwischen den beteiligten Interessen, die nicht bereits auf der Schutzbereichsebene, sondern erst auf der Vorbehalts- und Schrankenebene vorzunehmen ist. Beeinträchtigt etwa ein Forschungsprojekt Rechte Dritter (etwa das von Art. 100, 101 geschützte Recht auf informationelle Selbstbestimmung), so ist es gleichwohl vom Schutzbereich des Art. 108 Alt. 2 erfasst. Einschränkungen können zur Erfüllung der staatlichen Schutzpflicht zu Gunsten der Rechte Dritter zulässig sein. Gleiches gilt etwa für den Tierschutz: **Tierversuche** zu wissenschaftlichen Zwecken fallen nicht bereits aus dem Schutzbereich heraus, sie können aber aus Gründen des Tierschutzes beschränkt werden.[74] Die Herausnahme einer Forschungsaktivität aus dem Schutzbereich des Art. 108 Alt. 2 ist nach dem **Grundsatz der abstrakten Abwägung**[75] nur dann gerechtfertigt, wenn dem „wegdefinierten" Bereich wissenschaftlicher Aktivität im Falle einer Abwägung mit einem anderen Rechtsgut oder Interesse **unter keinem denkbaren Gesichtspunkt eine Vorrangstellung** zukommen kann. Dazu gehören in erster Linie die klassischen Straftaten und sonstige *eindeutige* Fälle von Rechtsgutverletzungen.[76] Forschung unter Inanspruchnahme menschlichen Lebens (z. B. Tötung

---

[72] *Ruffert,* VVDStRL 65 (2006), S. 154: „Selbstverständnis des Wissenschaftlers"; S. 152: „Paradigma der Eigengesetzlichkeit".

[73] *Jarass/Pieroth,* Art. 5 Rn. 122 a.

[74] Umfassend *Löwer,* Tierversuche im Verfassungs- und Verwaltungsrecht, WissR, Beiheft 16, 2006, S. 47 ff.

[75] *Starck,* in: v. Mangoldt/Klein/Starck, Art. 2 Rn. 13; *Lindner,* Theorie der Grundrechtsdogmatik, 2005, S. 243.

[76] Beispiele für „Wissenschaft", die nicht in den Schutzbereich fallen: Tötungen, Körperverletzungen (ohne Einwilligung), Handlungen gegen die sexuelle Selbstbestimmung zu Forschungszwecken etc.

von Embryonen zur Herstellung von Stammzellen) oder körperlicher Unversehrtheit, unter Verstoß gegen die Selbstbestimmung des Einzelnen (z. B. Forschung an Patienten gegen deren [auch mutmaßlichen] Willen) oder unter eindeutigem Verstoß gegen die Menschenwürde (z. B. Klonen von Menschen als „Ersatzteillager"[77]) sind von vornherein nicht von Art. 108 Alt. 2 umfasst. Ethisch umstrittene Forschung (z. B. Robotik, Chimären- und Hybridbildung[78]) fällt allein deswegen grundsätzlich noch nicht aus dem Schutzbereich des Art. 108 Alt. 2, kann aber ggf. auf der Vorbehaltsebene aus Schutzzweckerwägungen zu Gunsten anderer Rechtsgüter oder verfassungsrechtlicher Wertentscheidungen eingeschränkt werden (vgl. unten Rn. 53).[79]

50   f) **Lehre** i. S. d. Art. 108 Alt. 3 ist die **wissenschaftliche Lehre** im Sinne einer *„wissenschaftlich fundierten Übermittlung der durch die Forschung gewonnenen Ergebnisse".*[80] Davon umfasst sind die Vermittlung eigener Erkenntnisse und Systematisierungen sowie die – ggf. kritisch reflektierte oder modifizierte – Darstellung fremder Erkenntnisse, Theorien, Einteilungen und Schemata; dabei sind Urheberrechte zu beachten. Falschzitate sind nicht erfasst. Geschützt von Art. 108 Alt. 3 ist auch die Wahl des **Lehrmediums:** der mündliche Vortrag (ggf. unter Einsatz weiterer Medien), die Vermittlung per Schriftform (Lehrbuch; Beitrag in einer Ausbildungszeitschrift; Skripten), die Einstellung von Lehrmaterialien im Internet etc. Geschützt sind zudem die Wahl der **Lehrmethodik** (Freiheit der **Didaktik),** der **Lehrthemen**[81], die **inhaltliche Schwerpunktsetzung** und die Verwendung **visueller Unterstützungen.** Des Weiteren ist die kritische Auseinandersetzung mit anderen wissenschaftlichen Thesen und Lehrmethoden geschützt. Auch die wissenschaftliche **Lehre gegen Entgelt** ist umfasst[82], nicht jedoch die rein kommerzielle Vermittlung von Lehrinhalten (z. B. juristisches Repetitorium, insoweit ist Art. 101 einschlägig). Art. 108 Alt. 3 verbürgt keinen Schutz vor kritischer Auseinandersetzung von Seiten Dritter mit Lehrmethoden, auch nicht vor Veröffentlichung von Bewertung der Lehre durch Dritte im Internet.[83]

51   Von der Lehrfreiheit nicht umfasst ist die Vermittlung von Inhalten, die nach dem Grundsatz der abstrakten Abwägung (dazu oben Rn. 49) von vornherein hinter anderen

---

[77] Dazu *Kersten,* Das Klonen von Menschen, 2004.

[78] Profunder Überblick bei *Kersten,* Biotechnologie in der Bundesrepublik Deutschland, JURA 2007, 667 m. w. N.

[79] Vgl. dazu mit umfassenden Nachweisen *Ruffert,* VVDStRL 65 (2006), 196 ff.: „Wissenschaftsfreiheit als Motor des wissenschaftsethischen Diskurses"; dagegen *Hillgruber,* VVDStRL 65 (2006), 228. Von Forschungsaktivitäten, die selbst Rechtsgüter Dritter in Anspruch nehmen oder verletzen, zu unterscheiden sind solche Forschungsaktivitäten, die zwar an sich unbedenklich sind, deren *Ergebnisse* jedoch – ggf. unter missbräuchlicher Verwendung – zu Rechtsgutverletzungen oder sonstigen unerwünschten Folgewirkungen führen können. Zu nennen sind z. B. die Robotik, die Genforschung, die Kernphysik, die Nanotechnologie. Hier dürfen staatliche Ingerenzen grundsätzlich nicht bei der an sich unbedenklichen Forschungsaktivität ansetzen, sondern erst bei der Ergebnisverwendung (z. B. Untersagung bestimmter Anwendungsmodalitäten). Zur Erfüllung der insoweit bestehenden staatlichen Schutzpflicht bzw. zur Ermittlung entsprechenden Handlungsbedarfs zum Schutz eventuell bedrohter verfassungsrechtlich geschützter Rechtsgüter durch die Verwendung bestimmter Forschungsergebnisse kann der Staat den Forschern Berichts- und Informationspflichten (auch gegenüber Ethikkommissionen) auferlegen, BVerfGE 47, 327 (Ls. 1, 366 ff.). Lediglich im extremen Ausnahmefall wird der Staat zur Erfüllung seiner Schutzpflicht die Forschungsaktivität selbst unterbinden dürfen. Zum Problem der Realisierung von Verantwortung in der Wissenschaft *Scherzberg, Bullinger,* VVDStRL 65 (2006), S. 219.

[80] BVerfGE 35, 79 (113).

[81] Zur Bindung des Hochschullehrers an Studien- und Lehrpläne s. Rn. 75. Zur Zulässigkeit der Lehrevaluation s. Rn. 76.

[82] *Jarass/Pieroth,* Art. 5 Rn. 123.

[83] Die Lehrfreiheit schützt nicht vor Bewertungen der Lehre durch Studierende in Internetplattformen wie z. B. „MeinProf.de". Allerdings kann die Schutzpflicht des Staates zu Gunsten des Persönlichkeitsrechts und der Lehrfreiheit gebieten, dass unsachliche und beleidigende Beiträge unterbunden werden.

verfassungsrechtlich geschützten Rechtsgütern zurücktreten müssen. Hier ist insbesondere die Pflicht zur **Treue zur Verfassung** (Art. 5 III 2 GG) dogmatisch zu verankern: Lehrinhalte und/oder die Art ihrer Darstellung, die gegen die verfassungsrechtliche Grundordnung missbraucht werden, fallen nicht in den Schutzbereich des Art. 108 Alt. 3. Gleiches gilt für andere Wertentscheidungen der Verfassung, die im Rahmen der Lehre nicht verächtlich gemacht werden dürfen. Vom Schutzbereich der Lehrfreiheit umfasst ist indes die kritisch-sachliche, auch zugespitzt formulierte wissenschaftliche Auseinandersetzung mit rechtlichen, gesellschaftlichen oder politischen Entwicklungen.

3. Die (echte) eingriffsabwehrrechtliche Dimension

a) Art. 108 Alt. 2, 3 entfalten die Funktion als **Eingriffsabwehrrechte** insoweit, als **52** sie dem einzelnen Grundrechtsberechtigten Ansprüche auf Unterlassung und Abwehr von Beeinträchtigungen der Wissenschafts- und Lehrfreiheit gewähren, die verfassungsrechtlich nicht gerechtfertigt sind; sie verbürgen ein *„Recht auf Abwehr jeder staatlichen Einwirkung auf den Prozess der Gewinnung und Vermittlung wissenschaftlicher Erkenntnisse".*[84] Im **echten eingriffsabwehrrechtlichen Rechtsverhältnis** zum Staat stehen allerdings nicht alle Grundrechtsberechtigten i. S. v. oben Rn. 40 ff., sondern lediglich diejenigen, die nicht als staatlich geschaffene Einrichtungen oder als Hochschullehrer in diesen Forschung und Lehre organisieren oder betreiben. Im echten Eingriffsabwehrverhältnis stehen mithin: Privatgelehrte, Hochschullehrer an öffentlichen Hochschulen außerhalb ihrer Pflichtenstellung, freie Forschungsunternehmen, private Hochschulen, **nicht hingegen**: Hochschullehrer (als solche) an öffentlichen Hochschulen (dazu Rn. 72), diese selbst sowie die Fakultäten, da sie erst durch den Staat geschaffen und noch andere Aufgaben als Forschung und Lehre zu erfüllen haben. Für die Forschung und Lehre innerhalb staatlicher oder sonst öffentlich-rechtlich organisierter Hochschulen gelten daher nicht allein die rein abwehrrechtlichen Maßstäbe (dazu unten Rn. 54 ff.).

b) Für die **Beeinträchtigungen von Wissenschaft und Lehre** im echten Eingriffs- **53** abwehrverhältnis sowie zu deren **verfassungsrechtlicher Rechtfertigung** kann auf die entsprechenden Hinweise zur Kunstfreiheit (oben Rn. 24 ff., 27 ff.) verwiesen werden. Die dortigen Ausführungen gelten entsprechend für die Rechtfertigung von Eingriffen in die Wissenschafts- und Lehrfreiheit. Verfassungsrechtlich legitime Zwecke für die Rechtfertigung solcher Eingriffe können nur verfassungsrechtlich geschützte Rechtsgüter sein, z. B.[85] der Schutz der Würde des Menschen (Art. 100), der Schutz von Leben und Gesundheit von Patienten oder sich freiwillig für Forschungszwecke zur Verfügung stellenden Personen (Art. 100, 101), das informationelle Selbstbestimmungsrecht, der Schutz von Tieren, der Natur und Umwelt (Art. 141).

4. Die organisationsrechtliche Dimension (Freiheit durch und gegen Organisation)

a) Art. 108 Alt. 2, 3 enthält nach der Rechtsprechung von VerfGH und BVerfG nicht **54** nur ein abwehrrechtliches Individualgrundrecht, sondern stellt darüber hinausgehend – für die Praxis ganz entscheidend – eine **objektive, wertentscheidende Grundsatznorm** dar, die auf der **Schlüsselfunktion** beruht, die einer freien Wissenschaft sowohl für die „Selbstverwirklichung des Einzelnen als auch für die gesamtgesellschaftliche Entwicklung zukommt".[86] Daraus leiten VerfGH wie BVerfG die Pflicht des Staates ab, durch geeignete organisatorische Maßnahmen den Trägern des Grundrechts der Freiheit von Wissenschaft und Lehre so viel Freiheit in ihrer wissenschaftlichen Betätigung zu gewähren, wie dies unter Berücksichtigung der sonstigen Aufgaben der Hochschule (z. B. Ausbildung der Studie-

---

[84] BVerfGE 47, 327 (367).

[85] Vgl. auch Rn. 48 f. zu solchen „wissenschaftlichen"Aktivitäten, die bereits aus dem Schutzbereich herausfallen. Diesbezügliche Verbote stellen keine rechtfertigungsbedürftigen Eingriffe dar.

[86] BerlVerfGH, WissR 2005, 67 (Nr. 54); VerfGH 33, 66 (82); 50, 129 (143); BVerfGE 35, 79 (112); 111, 333 (353).

renden als staatliche Aufgabe)[87] und der Belange anderer Grundrechtsträger möglich ist.[88] Ziel dieser Rechtsprechung ist die **staatliche Grundrechtsermöglichung durch Schaffung wissenschaftsadäquater Organisationsformen.**[89] Nicht ausdrücklich entschieden hat der VerfGH bisher, ob mit dieser objektiven organisations-leistungsrechtlichen Verpflichtung des Staates zu Gunsten der Wissenschaftsfreiheit eine grundrechtliche Position des einzelnen Wissenschaftlers korrespondiert. Vorzugswürdig ist die Annahme eines **grundrechtlichen Anspruchs** auf Schaffung wissenschaftsadäquater Organisationen und Zugang nach Maßgabe von Eignung, Leistung und Befähigung zu ihnen.[90]

55   b) Der Staat hat bei der Erfüllung dieses leistungsrechtlichen Organisations- und Sicherstellungsauftrags einen **weiten Gestaltungsspielraum.**[91] Er kann ihn erfüllen **(1)** durch die Aufrechterhaltung bzw. Schaffung **staatlicher Hochschulen und Forschungseinrichtungen,** die zugleich **Körperschaften des öffentlichen Rechts** sind (so die derzeitige, von Art. 138 „inspirierte" Rechtslage nach Art. 12 BayHSchG), **(2)** ergänzend durch die Zulassung und Förderung eines Systems von **privaten Hochschulen und Forschungseinrichtungen,** an denen die Freiheit von Forschung und Lehre hinreichend gesichert sein muss (staatliche Gewährleistungsverantwortung), **(3)** durch ein aus (1) und (2) bestehendes Mischsystem (vgl. dazu Art. 76 ff. BayHSchG zu den nichtstaatlichen Hochschulen). Dazu sowie zur Frage der Änderung der Rechtsform und der „Privatisierung" bislang staatlicher Hochschulen oder „Teilen" davon s. die Erl. zu Art. 138. Aus Art. 108 Alt. 2, 3 lassen sich für die **Rechtsform von Hochschulen** keine konkreten Direktiven ableiten, solange die Rechtsform so ausgestaltet ist, dass die dort tätigen Wissenschaftler in hinreichender Weise frei forschen und lehren können. Dies hat der Staat ggf. durch Aufsicht oder sonstige Regulierung sicherzustellen. Unzureichend im Hinblick auf den staatlichen Organisationsauftrag wäre es indes, Forschung und Lehre allein **wirtschaftlich orientierten Unternehmen** zu überlassen oder die Hochschulen zu solchen umzugestalten.[92] Durch unternehmensspezifische Weisungs-, Kontroll- und Sanktions-

---

[87] VerfGH 50, 129 (143).

[88] VerfGH 50, 129 (142); BVerfGE 35, 79 (115); 111, 333 (354). Der objektive Gehalt der Wissenschaftsfreiheit verlange ein *„Einstehen des Staates für die Idee der freien Wissenschaft und seine Mitwirkung an ihrer Verwirklichung",* BVerfGE 35, 79 (114); 111, 333 (353). Der Staat habe schützend und fördernd einer Aushöhlung der Freiheit von Wissenschaft und Lehre vorzubeugen, BVerfGE 85, 360 (384).

[89] BVerfGE 35, 79 (114): Der Staat *„hat die Pflege der freien Wissenschaft und ihrer Vermittlung durch die Bereitstellung von personellen, finanziellen und organisatorischen Mitteln zu ermöglichen und zu fördern".* BVerfGE 111, 333 (354): *„nicht nur die Freiheit vor staatlichen Geboten und Verboten, sondern verpflichtet den Staat auch zu Schutz und Förderung und gewährt den in der Wissenschaft Tätigen Teilhabe an öffentlichen Ressourcen und an der Organisation des Wissenschaftsbetriebs".* Dies gilt auch für die Theologie als Wissenschaft, dazu *Störle,* Anmerkungen zum „Ruhen" der Katholisch-Theologischen Fakultäten an den Universitäten Bamberg und Passau, BayVBl. 2007, 673 (675); vgl. auch Art. 150 II und die Erl. dort. Zur Theologie als Wissenschaft s. auch *Löwer,* Häresie und akademische Theologie, WissR 2007, 119 (121).

[90] So auch BVerfGE 111, 333 (354): *„Teilhabe".* Dahinter steht letztlich ein *grundrechtlicher Kompensationsgedanke:* Die tatsächliche Realisierbarkeit wissenschaftlicher Interessen ist für den Einzelnen alleine *tatsächlich* weitgehend unmöglich. Jedenfalls im Bereich der apparateintensiven Naturwissenschaften oder der Medizin ist der einzelne Wissenschaftler auf Nutzung einer Forschungsinfrastruktur angewiesen, die gerade angesichts der enormen Erkenntnisfortschritte in immer neue finanzielle Dimensionen vorstößt. In Bayern ist die Forschungsinfrastruktur weitestgehend beim Staat monopolisiert. Dieser organisiert das staatliche Hochschulwesen (Art. 138 I) und installiert dazu die notwendige Forschungsinfrastruktur, die moderne Forschung erst möglich macht. Diese staatliche Monopolisierung ist durch einen unmittelbar aus Art. 108 Alt. 2 folgenden Zugangsanspruch zu staatlichen Hochschulen und Wissenschaftseinrichtungen zu kompensieren; vgl. *Lindner,* Theorie der Grundrechtsdogmatik, 2005, S. 379.

[91] VerfGH 50, 129 (142); Entsch. v. 7. Mai 2008 (Vf. 19-VI-06), sub V.1.a.

[92] Dem steht nicht entgegen, innerhalb von Hochschulen und deren Organisation stärker auf ökonomische Aspekte (z. B. Ressourcenbündelung; Globalhaushalte, Drittmitteleinwerbung) zu achten; dazu *Hendler/Mager,* Die Universität im Zeichen von Ökonomisierung und Internationalisierung, VVDStRL 65 (2006), 238, 274.

rechte und damit verbundene persönliche und inhaltliche Abhängigkeitsverhältnisse wäre die Freiheit von Wissenschaft und Lehre im Keim erstickt.

c) Entscheidet sich der Staat – wie gegenwärtig in Bayern[93] – für ein **vorwiegend** 56 **staatliches Hochschulwesen,** ist er verpflichtet, dieses organisationsrechtlich so auszugestalten, dass freie Wissenschaft und Lehre in möglichst großem Umfang ungehindert möglich ist[94]:

aa) Dies geschieht zum einen dadurch, dass die **Hochschulen selbst Träger des** 57 **Grundrechts** aus Art. 108 gegenüber dem Staat (nicht gegenüber der Fakultät oder dem einzelnen Wissenschaftler) und insofern zur **wissenschaftlichen Selbstverwaltung** (dazu auch die Erl. zu Art. 138) berechtigt sind (dazu Rn. 42). Sie können nicht gerechtfertigte staatliche Ingerenzen in den Kernbereich von Forschung und Lehre per Popularklage nach Art. 98 S. 4 (bei Rechtssätzen) oder per Verfassungsbeschwerde nach Art. 120 (bei Entscheidungen der Exekutive und Judikative) abwehren.[95] Gleiches gilt für die **Fakultäten.** Zudem sind die Hochschulen nicht nur staatliche Einrichtungen, sondern zugleich Körperschaften des öffentlichen Rechts mit dem „Recht der Selbstverwaltung" (Art. 138 II), was sie vor staatlichem Zugriff auf die Kernbereiche von Wissenschaft und Lehre zusätzlich abschirmt (vgl. dazu die Erl. zu Art. 138). Art. 108 Alt. 2 verleiht der einzelnen Hochschule allerdings **keinen Bestandsschutz.**[96] Gleiches gilt für die einzelne **Fakultät.**[97]

---

[93] Zur verfassungsrechtlichen Notwendigkeit dazu s. Erl. zu Art. 138.

[94] VerfGH 50, 129 (142): *„Art. 108 BV verbietet dem Gesetzgeber, Regelungen zu erlassen, die den Wissenschaftsbetrieb so gestalten, dass die Gefahr der Beeinträchtigung des für die Ausübung von Wissenschaft, Forschung und Lehre erforderlichen Freiraumes besteht."* Jüngst VerfGH, Entsch. vom 7. Mai 2008 (Vf. 19–VI–06), sub V.1.a.

[95] Beispiele: Die grundlose Ablehnung eines Berufungsvorschlages der Hochschule durch den Staatsminister (vgl. Art. 18 BayHSchPG), staatliche Auflagen im Hinblick auf den Inhalt von Forschung und Lehre (anderes gilt für die Verteilung zusätzlicher öffentlicher Mittel oder Stellen für bestimmte Forschungsprojekte in einem Wettbewerb zwischen den Hochschulen), die Beschränkung des Promotions- und Habilitationsrechts der Hochschulen bzw. Fakultäten, vgl. dazu BerlVerfGH WissR 2005, 67.

[96] BVerfGE 85, 360 (384). Die Auflösung oder „Fusionierung" bislang staatlicher Hochschulen durch Gesetz bedarf aber der vorherigen Anhörung und einer sachgerechten Entscheidungsfindung.

[97] Im Hinblick auf den **Rechtsstatus der Fakultät** ist wie folgt zu unterscheiden: **(1)** Die **Fakultät als solche** ist keine von Art. 108 unmittelbar vorgesehene Organisationseinheit der Hochschule, sie ist **nicht verfassungsfest.** Der Hochschulgesetzgeber dürfte also auf die Gliederung der Hochschule in Fakultäten verzichten (vgl. Art. 19 III 4 BayHSchG). Allerdings hat der Gesetzgeber, *wenn* er auf die Organisationseinheit Fakultät verzichtet, die Hochschulorganisation gleichwohl so auszugestalten, dass die unmittelbar wissenschaftsrelevanten Angelegenheiten (vor allem die Durchführung und Koordinierung von Forschung und Lehre, die Durchführung von Promotionen und Habilitationen) wissenschaftsadäquat behandelt werden können und die Forschungs- und Lehrfreiheit des einzelnen Wissenschaftlers nicht strukturell gefährdet werden. Die an die Stelle der Fakultät tretenden Organisationseinheiten müssen so zusammengesetzt sein, dass die Hochschullehrer in Angelegenheiten der Lehre einen maßgeblichen und in Angelegenheiten der Forschung einen ausschlaggebenden Einfluss haben. **(2)** Aus Art. 108 lässt sich **kein Bestandsschutz einer einzelnen Fakultät** ableiten; vgl. BVerfGE 85, 360 (384). Auch der einzelne in der Fakultät tätige Wissenschaftler hat keinen verfassungsrechtlichen Anspruch darauf, dass die Fakultät fortbesteht oder in einem bestimmten Zuschnitt fortbesteht. Ggf. ist er einer anderen Fakultät zuzuordnen oder er kann versetzt oder abgeordnet werden, um an einer anderen Hochschule frei forschen und lehren zu können (vgl. Art. 10 II BayHSchPG). Allerdings lassen sich aus Art. 108 verfahrensrechtliche Anforderungen für die Entscheidung über die Aufhebung einer Fakultät oder über die „Verschmelzung" mehrerer Fakultäten ableiten. Die betroffene Fakultät ist in angemessener Weise zu beteiligen und hat zumindest einen Anspruch auf willkürfreie Entscheidung. **(3)** Entscheidet sich der Hochschulgesetzgeber für die Fakultät als organisatorische Grundeinheit der Hochschule, so ist in dieser der **Kernbereich der Angelegenheiten von Forschung und Lehre** zu verankern: Organisation und Koordination von Forschung und Lehre innerhalb der Fakultät, die Durchführung von Promotions- und Habilitationsverfahren sowie die Durchführung der Lehre nach Maßgabe der jeweiligen Studien- und Prüfungsordnungen. Weder der einzelne Wissenschaftler noch die Fakultät haben aus Art. 108 aber einen verfassungsrechtlichen Anspruch darauf, dass bestimmte Studiengänge eingerichtet oder in unveränderter Modalität beibe-

58 bb) Umgekehrt sind die **Hochschulen selbst gegenüber den Fakultäten und den an der Hochschule tätigen Hochschullehrern grundrechtsverpflichtet.** Sowohl der einzelne Wissenschaftler als auch die Fakultäten können gegen Entscheidungen (etwa: Verteilung von Mitteln) der Hochschulzentralorgane (Präsident, Hochschulleitung, Hochschulrat, Senat) mit der Behauptung vorgehen, diese würden die Freiheit von Wissenschaft und Lehre verletzen. Ebenso können **Hochschullehrer gegen die Fakultät** mit der Begründung vorgehen, Entscheidungen (etwa Zuteilung von Stellen und Mitteln; Weisung zur Übernahme bestimmter Lehrveranstaltungen oder deren Gestaltung) der Fakultätsorgane (Dekan, Studiendekan, Fakultätsrat) verletzten Art. 108 Alt. 2, 3.[98]

59 cc) Die Hochschule muss **binnenstrukturell so organisiert** sein, dass freie Wissenschaft und Lehre weitgehend unbeschränkt möglich sind. Die **Grundentscheidungen**[99] der Hochschulorganisation und der hochschulinternen Willensbildung (Organkompetenz; Verfahren etc.) hat nach Art. 138 I (auch die Verwaltung der Hochschulen ist Sache des Staates) der **Gesetzgeber** zu treffen.[100] Ausfüllung, Konkretisierung und Ergänzungen[101] der gesetzlichen Organisationsentscheidungen kann der **Grundordnungsautonomie** der Hochschulen (die nach Art. 138 II das Recht der Selbstverwaltung haben) vorbehalten bleiben oder überantwortet werden.[102] Insoweit verschränken sich die organisationsrechtlichen Maßnahmen und Regelungen von Staat und Hochschule (wie es in Art. 138 angelegt ist). Sowohl Gesetz- und Verordnungsgeber als auch die satzungserlassende Hochschule sind dabei an folgende, aus Art. 108 Alt. 2, 3 abzuleitenden **Grundsätze** gebunden.

60 (1) Der VerfGH hat ebenso wie das BVerfG (zu Art. 5 III GG) stets betont, dass der Gesetzgeber die Organisationsstruktur der Hochschulen „nach seinem **gesetzgeberischen Ermessen**" regeln darf.[103] Der Gesetzgeber ist dabei weder an **bestehende** noch an **über-**

---

halten werden. Allerdings dürfte aus Art. 108 ein Anspruch der Fakultät, in der ja die Studiengänge durchgeführt und die damit verbundenen und darauf ausgerichteten grundrechtlich geschützten Lehrleistungen erbracht werden, auf sachgerechte Entscheidung über die Aufhebung, Einführung oder Änderung eines Studienganges folgen – und damit verbunden auch ein Anspruch auf angemessene Beteiligung im Vorfeld der Entscheidung über eine solche Maßnahme. **(4)** Die Fakultät ist auch beim **Berufungsverfahren** zu beteiligen. Allerdings ergibt sich aus Art. 108 kein Anspruch der einzelnen in der Fakultät versammelten Wissenschaftler oder der teilrechtsfähigen Fakultät auf ein alleiniges fachliches Selbstergänzungsrecht. Das Berufungsverfahren stellt herkömmlicherweise keine rein akademische Angelegenheit, sondern eine „res mixta", ein Kondominium dar, weil bei der Berufung von Professoren Hochschule und Staat wegen Art. 33 II GG, 116 zusammenwirken müssen. Vgl. zum Ganzen *Lindner*, Zum Rechtsstatus der Fakultät, WissR 2007, 254; VerfGH, Entsch. v. 7. Mai 2008, Vf. 19-VII-06, sub V.2.: „Bei der Besetzung von Lehrstühlen sind das Vorschlagsrecht der Fakultäten und das staatliche Berufungsrecht miteinander verbunden."

[98] Verwaltungsprozessual kommt dafür die Kategorie des „Hochschulverfassungsstreits" in Betracht: *Ewald*, Die prozessuale Behandlung des inneruniversitären Verfassungsstreits, WissR 1971, 35; *Fink*, Der Hochschulverfassungsstreit, WissR 1994, 126; *Kopp*, VwGO, 14. Aufl. 2005, Vorbem. zu § 40 VwGO, Rn. 6; *Lindner*, Zum Rechtsstatus der Fakultät, WissR 2007, 254 (278) m. w. N.

[99] Dazu gehören etwa: Entscheidung für die Gruppenuniversität oder für eine andere Organisationsform; Gliederung der Hochschule in Fakultäten; Festlegung der Organe der Hochschule und der Fakultät und deren Aufgaben und Zusammensetzung; Einführung einer verfassten Studierendenschaft oder einer anderweitigen Mitwirkung der Studierenden. VerfGH 29, 53: Errichtung der Universität Augsburg; dazu bereits VerfGH 24, 199.

[100] Zur Zulässigkeit und den verfassungsrechtlichen Grenzen sog. „Experimentierverordnungen" nach Art. 106 II BayHSchG s. *Lindner*, Experimentelle Rechtsetzung durch Rechtsverordnung, DÖV 2007, 1003 sowie Rn. 55 zu Art. 55.

[101] Die Hochschule kann in der Grundordnung, zu deren Erlass sie nach Art. 138 II berechtigt ist, auch gesetzlich nicht vorgesehene organisationsrechtliche oder verfahrensrechtliche Regelungen (z. B. weitere Organe oder Unterorgane) erlassen, sofern diese nicht dem Hochschulgesetz und dessen Grundkonzeption widersprechen. Abweichende Regelungen sind zulässig, soweit das BayHSchG selbst oder eine nach Art. 106 II BayHSchG erlassene Rechtsverordnung dies zulassen.

[102] Vgl. z. B. Art. 19 III 4, V, VI; 20 I 2; 21 XIV; 22 II, III; 24 I 4; 25 IV; 28 II, VIII; 30 I 3; 32; 33; 39 S. 4; 41 I 2 BayHSchG.

[103] VerfGH 24, 199 (217); 29, 53 (57); 30, 126 (133); 50, 129 (142); BVerfGE 111, 333 (355).

kommene **Organisationsmodelle**[104] noch an Hochschulorganisationsstrukturen im Sinne eines „vorverfassungsrechtlichen Gesamtbildes" gebunden. Der Gesetzgeber hat das Recht, nach seiner **demokratisch legitimierten Einschätzungsprärogative** ein Hochschulorganisationsmodell zu schaffen, das er im Hinblick auf die Aufgaben der Hochschulen, Veränderungen im Aufgabenspektrum der Hochschulen und unter Berücksichtigung anderer gesellschaftlich-politischer Entwicklungen für sachgerecht hält. Es ist ihm unbenommen, das Hochschulrecht „*heutigen gesellschaftlichen und wissenschafts-soziologischen Gegebenheiten anzupassen*".[105]

Besonders weitgehend zu Gunsten der Gestaltungsfreiheit des Hochschulgesetzgebers **61** ist die jüngste Rechtsprechung des BVerfG.[106] Der Gesetzgeber dürfe die **Art und Weise der Beteiligung der Grundrechtsträger frei gestalten.** Er könne etwa eine direkte oder repräsentative Beteiligung bei Entscheidungen, eine unmittelbare oder mittelbare Einflussnahme, Entscheidungs-, Veto-, Mitwirkungs- oder Anhörungsrechte, Aufsichts-, Informations- oder Kontrollrechte regeln, je nachdem, welche organisatorischen Strukturen ihm für eine funktionsfähige Hochschulverwaltung geeignet erschienen. Die zur Sicherung der Wissenschaftsadäquanz von hochschulorganisatorischen Entscheidungen gebotene Teilhabe der wissenschaftlich Tätigen müsse nicht im Sinne der herkömmlichen Selbstverwaltung (Senat, Fakultätsrat) erfolgen, **auch hochschulexterne** Institutionen könnten dazu beitragen, einerseits staatliche Steuerung wissenschaftsfreiheitssichernd zu begrenzen und andererseits der Gefahr der Verfestigung von Status quo-Interessen bei reiner Selbstverwaltung zu begegnen.[107]

(2) Allerdings ist der **Gestaltungsspielraum** des **Hochschulgesetzgebers nicht 62 schrankenlos.** Der Gesetzgeber hat – vorbehaltlich des Art. 138 II (s. die Erl. dort) – die „durch die Garantie der Wissenschaftsfreiheit gesetzten Grenzen" zu beachten.[108]

---

[104] VerfGH 30, 126 (133): keine Bindung an ein „überliefertes Strukturmodell der deutschen Universität". VerfGH 29, 53 (57): keine Bindung an „herkömmliche oder überholte Strukturmodelle der bayerischen Universitätsverfassung".

[105] VerfGH 29, 53 (57); 30, 126 (133); 50, 129 (142) Entsch. v. 7. Mai 2008, Vf. 19-VII-06, sub V.1.a. Der Gesetzgeber kann hochschulpolitische Entwicklungen im Ausland oder in anderen Ländern der Bundesrepublik Deutschland beobachten, analysieren und zum Anlass nehmen, seinerseits Anpassungen im Hochschulorganisationsrecht vorzunehmen und dieses weiterzuentwickeln. Es ist dem Gesetzgeber vorbehalten, auf die komplexer werdenden finanziellen, internationalen, aber auch gesellschaftspolitischen, insbesondere ethischen Rahmenbedingungen, in denen Forschung heute stattfindet, zu reagieren und die Organisations- und Entscheidungsstrukturen an den Hochschulen an diesen Rahmenbedingungen auszurichten. Dabei kann er auch Strukturen schaffen, in denen hochschulexterner Sachverstand in Gestalt von Experten und Persönlichkeiten, insbesondere aus Wissenschaft, Ethik und Wirtschaft, in einem Hochschulrat zur sachgerechten Bewältigung der komplexen Forschungswirklichkeit eingebunden wird.

[106] BVerfGE 111, 333 (355): Der Gesetzgeber sei frei, den Wissenschaftsbetrieb nach seinem Ermessen zu regeln, um die unterschiedlichen Aufgaben der Wissenschaftseinrichtungen und die Interessen aller daran Beteiligten in Wahrnehmung seiner gesamtgesellschaftlichen Verantwortung in angemessenen Ausgleich zu bringen. Das BVerfG betont ausdrücklich, dass für diese Aufgabe der parlamentarische Gesetzgeber **besser geeignet** sei als die an speziellen Interessen orientierten Träger der Wissenschaftsfreiheit. Er sei dabei weder an überkommene hochschulorganisatorische Strukturen noch an deren einzelne Elemente gebunden. Der Gesetzgeber dürfe nicht nur neue Modelle und Steuerungstechniken eines Wissenschaftsmanagements entwickeln und erproben, er sei vielmehr sogar **verpflichtet,** bisherige Organisationsformen kritisch zu beobachten und zeitgemäß zu reformieren. Dabei stünden dem Gesetzgeber gerade hinsichtlich der Eignung neuer Organisationsformen eine Einschätzungsprärogative und ein Prognosespielraum zu. Dieser Rechtsprechung hat sich der VerfGH in der Entsch. v. 7. Mai 2008, Vf. 19-VII-06, sub V.1.a. ausdrücklich angeschlossen.

[107] VerfGH, Entsch. v. 7. Mai 2008, Vf. 19-VII-06, sub V.1.a.; BVerfGE 111, 333 (356): „kein Vorrang von Kollegialorganen gegenüber monokratischen Leitungsorganen". Auch die Leitungsorgane haben freilich die in Art. 3 BayHSchG niedergelegten Grundsätze zu beachten.

[108] VerfGH 50, 129 (142); Entsch. v. 7. Mai 2008, Vf. 19-VII-06, sub V.1.a.

63   (a) Es muss dem einzelnen Wissenschaftler durch geeignete, **wissenschaftsadäquate Strukturen** der Hochschule so viel an Freiheit in Wissenschaft und Lehre gewährt werden, wie dies unter Berücksichtigung der Aufgaben der Hochschule und der Belange anderer Grundrechtsträger irgend möglich ist.[109] Art. 108 fordert, dass die Hochschulorganisation und die hochschulorganisatorische Willensbildung so geregelt werden, dass dem einzelnen Wissenschafter in der Hochschule freie Wissenschaft möglich ist und von ihm ungefährdet betrieben werden kann.[110] Dabei ist die **Teilhabe der Grundrechtsträger an der Organisation des Wissenschaftsbetriebs kein Selbstzweck,** vielmehr dient sie dem Schutz vor wissenschaftsinadäquaten Entscheidungen und ist folglich nur im dafür erforderlichen Umfang grundrechtlich garantiert.[111]

64   (b) Die Teilhabe an der Organisation des Wissenschaftsbetriebs ist für den Wissenschaftler lediglich für solche hochschulorganisatorischen Entscheidungen verbürgt, die seine **eigene Freiheit,** zu forschen und zu lehren, **gefährden können.**[112] Nach Auffassung des BVerfG ist bei der verfassungsrechtlichen Prüfung der Vereinbarkeit von Organisationsnormen mit dem Grundrecht der Wissenschaftsfreiheit darauf abzustellen, ob dadurch die *„freie wissenschaftliche Betätigung und Aufgabenerfüllung strukturell gefährdet werden".*[113] Zur Beurteilung, ob dies der Fall ist, ist nicht auf einzelne Hochschulorganisationsnormen oder einzelne Organe und deren Kompetenzen abzustellen, vielmehr ist das **hochschulorganisatorische Gesamtgefüge mit seinen unterschiedlichen Einfluss- und Kontrollmöglichkeiten** in den Blick zu nehmen.[114] Zu berücksichtigen ist dabei der Grad der Bedeutung der jeweils zu treffenden Entscheidung für die freie wissenschaftliche Betätigung und Aufgabenerfüllung.[115] Eine nur **hypothetische Gefährdung** der Freiheit von Forschung und Lehre durch die Hochschulorganisationsstruktur **genügt nicht,** um eine Verletzung des Art. 108 Alt. 2, 3 anzunehmen.[116] Notwendig dafür ist eine **konkrete Gefährdung.** Würde man den parlamentarischen Gesetzgeber alleine mit dem Vorbringen hypothetischer Befürchtungen an einer Weiterentwicklung des Hochschulrechts hindern, hieße dies, dass der Gesetzgeber an der Hochschulorganisationsstruktur überhaupt keine strukturellen Veränderungen und Weiterentwicklungen vornehmen dürfte. Damit erhielte Art. 108 Alt. 2, 3 die nicht akzeptable Funktion einer **„Versteinerungsklausel".**[117]

---

[109] VerfGH 50, 129 (142).

[110] BVerfGE 35, 79 (116); 54, 363 (389); 111, 333 (354).

[111] BVerfGE 111, 333 (354).

[112] BVerfGE 35, 79 (116, 127); 111, 333 (354).

[113] BVerfGE 111, 333 (355): Für eine Verletzung des Art. 5 III 1 GG genüge es nicht, dass Organisationsnormen im Einzelfall die Wissenschaftsfreiheit verletzen können. Dies sei nie völlig auszuschließen, aber auch insofern hinnehmbar, als gegen freiheitsverletzende Entscheidungen im Bereich von Wissenschaft, Forschung und Lehre der einzelne Grundrechtsträger die Möglichkeit rechtlicher Gegenmaßnahmen habe. Eine Verletzung der Wissenschaftsfreiheit durch organisationsrechtliche Maßnahmen könne erst dann angenommen werden, wenn die Hochschulorganisationsstruktur nicht nur im Einzelfall, sondern „strukturell" wissenschaftsgefährdenden Charakter im Hinblick auf den einzelnen Wissenschaftler habe; so auch VerfGH, Entsch. v. 7. Mai 2008, Vf. 19-VII-06, sub V.1.a.

[114] Die Zusammensetzung von Hochschulorganen hat sich daran messen zu lassen, ob durch sie die Wissenschafts- und Lehrfreiheit des Einzelnen strukturell und konkret gefährdet wird. Diese Frage ist nicht pauschal zu beantworten, sondern hängt von der Art des Organs, dessen Zuständigkeitsbereich und insbesondere der Nähe dieses Zuständigkeitsbereiches zu Entscheidungen, die unmittelbar für Forschung und Lehre des Einzelnen relevant sind, ab.

[115] BVerfGE 111, 333 (355).

[116] BVerfGE 111, 333 (355): Da sich die meisten hochschulorganisationsrechtlichen Entscheidungen aufgrund der Angewiesenheit der wissenschaftlich Tätigen auf den öffentlich bereitgestellten und organisierten Wissenschaftsbetrieb mittelbar auf die wissenschaftliche Betätigung auswirken könnten, könne eine nur hypothetische Gefährdung nicht ausreichen.

[117] Kritisch auch *Groß,* WissR 2002, 313 (316) für Art. 5 III GG.

(3) Nach den soeben skizzierten Maßstäben genügt die im BayHSchG durch die Hoch- **65** schulreform 2006 geschaffene Hochschulorganisationsstruktur für die staatlichen Hochschulen in Bayern den Anforderungen des Art. 108:

(a) Die **Gruppenuniversität** (Art. 17 BayHSchG) als solche ist zwar im Hinblick auf **66** Art. 108 nicht geboten, aber auch nicht bedenklich.[118] Gruppenmäßig gebildete Organe, deren Entscheidungen ein hohes Maß an **Nähe zur konkreten Wissenschafts- und Lehrtätigkeit des einzelnen Wissenschaftlers** haben, müssen so zusammengesetzt sein, dass die **Hochschullehrer eine strukturelle Mehrheit** haben (sog. „**Professorenmehrheit**"). Ihnen ist bei Entscheidungen, die unmittelbar Angelegenheiten der **Forschung** berühren, ein ausschlaggebender Einfluss einzuräumen, bei Entscheidungen, die unmittelbar die **Lehre** betreffen, ist ihnen ein maßgebender Einfluss auf die Entscheidungen einzuräumen.[119] Solche Entscheidungen sind nach dem BayHSchG dem Senat (Art. 25 III BayHSchG) und dem Fakultätsrat (Art. 31 II BayHSchG) zugewiesen. Beide Organe sind mehrheitlich mit Hochschullehrern besetzt (Art. 25 I 1 Nr. 1, Art. 31 I 1 Nrn. 1–4, Art. 40 I 2 BayHSchG[120]).

Dabei muss die Gruppe der Hochschullehrer „**homogen**" zusammengesetzt sein. Maß- **67** geblich dafür ist ein **materieller Hochschullehrerbegriff**, wonach Hochschullehrer jeder akademische Forscher oder Lehrer ist, der auf Grund seiner Qualifikation (zumal durch Habilitation, Berufung zum Juniorprofessor) damit betraut ist, das jeweilige Fachgebiet in Forschung und Lehre selbständig zu vertreten.[121] Dazu gehören Professoren, Juniorprofessoren, Privatdozenten[122], außerplanmäßige Professoren, Honorarprofessoren, nicht indes wissenschaftliche Mitarbeiter. Das Homogenitätsprinzip besagt allerdings nur, dass die Gruppe der Hochschullehrer aus „materiellen" Hochschullehrern bestehen muss, nicht hingegen, dass jede Art von Hochschullehrer aktiv oder passiv wahlberechtigt oder in den Gremien vertreten sein müsste. Der Gesetzgeber kann die Mitgliedschaft in den Gremien auf bestimmte (zumal hauptberufliche) Hochschullehrer beschränken (Art. 17 II Nr. 1 BayHSchG) und Privatdozenten, außerplanmäßige Professoren und Honorarprofessoren ausschließen.[123]

(b) Die Etablierung eines **hälftig extern besetzten Hochschulrats** (Art. 26 Bay- **68** HSchG) ist zulässig. In diesem müssen die Hochschullehrer keine strukturelle Mehrheit haben, da dessen Zuständigkeiten (Art. 26 V BayHSchG) keine unmittelbare Relevanz für die Forschungs- und Lehrfreiheit des einzelnen Wissenschaftlers haben.[124]

---

[118] VerfGH 30, 127 (133); *Jarass/Pieroth*, Art. 5 Rn. 135 m. w. N. zur Rechtsprechung des BVerfG.

[119] BVerfGE 35, 79 (131 ff); VerfGH 30, 127 (133).

[120] Mit Art. 40 I 2 BayHSchG wurde einem Petitum des VerfGH Rechnung getragen: VerfGH 30, 126.

[121] BVerfGE 35, 79 (126); 47, 327 (388); 56, 192 (208); 61, 210 (240); 95, 193 (210); BVerwGE 100, 160 (165).

[122] A. A. BVerwG, NVwZ 1988, 826.

[123] A. A. wohl *Jarass/Pieroth*, Art. 5 Rn. 135 m. w. N. Ist ein wissenschaftlicher Mitarbeiter zugleich Privatdozent oder apl. Professor, hat er keinen Anspruch auf Berücksichtigung bei der Wahl der Professorenvertreter. Eine andere Frage ist, ob er der Gruppe der wissenschaftlichen Mitarbeiter zugeordnet werden kann (Art. 17 II Nr. 2 BayHSchG). Dies dürfte zu bejahen sein, da er ansonsten keiner Gruppe zugehören würde. Etwas anderes gilt, wenn ihm die selbständige Wahrnehmung von Aufgaben in Forschung und Lehre übertragen ist (Art. 21 I 4 BayHSchPG) und er tatsächlich Professorenaufgaben wahrnimmt: BVerfGE 56, 192 (211); 95, 193 (211); BVerwGE 100, 160 (165).

[124] So ausdrücklich VerfGH, Entsch. v. 7. Mai 2008, Vf. 19-VII-06, sub V.1. Zur Verfassungsmäßigkeit des hälftig extern besetzten Hochschulrats (Art. 26 II BayHSchG) s. *Lindner/Störle*, BayVBl. 2006, 584 (591) – dort auch zur Frage der demokratischen Legitimation externer Hochschulratsmitglieder; *Steiner*, Zur neuen Hochschulverfassung in Bayern, BayVBl. 2006, 581. Grundsätzlich *Kahl*, AöR 130 (2005), 225. Das durch das BayHSchG etablierte Hochschulorganisationssystem mit seinen ausdifferenzierten Zuständigkeitsverteilungen ist durch ein komplexes Zusammenwirken im Sinne von Checks and Balances geprägt. Die klassischen, einen intensiven Bezug zu Forschung und Lehre aufweisenden Entscheidungen sind nach wie vor bei den mit Professorenmehrheit besetzten Organen

69   (4) Ob der Gesetzgeber das hochschulpolitisch **zweckmäßigste Organisations-**
modell gewählt hat, kann vom **VerfGH nicht** anhand von Art. 108 **überprüft** werden.
Es entspricht der ständigen Rechtsprechung des VerfGH, dass er nicht überprüft, ob der
Gesetzgeber die „zweckmäßigste, vernünftigste oder beste Lösung gewählt" hat. Er kann
nicht seine eigenen Abwägungen und Überlegungen an die Stelle derjenigen des Normgebers setzen, sondern beschränkt sich vielmehr auf die Überprüfung, ob das gewählte
Organisationsmodell verfassungskonform ist oder nicht.[125]

70   d) Zur Rechtsstellung der **Hochschullehrer**[126]:

71   aa) Freie Wissenschaft und Lehre ist angesichts des dafür notwendigen finanziellen
und organisatorischen Aufwandes an Mitteln, Geräten, Räumen etc. vornehmlich innerhalb des organisatorischen Rahmens staatlicher Hochschulen oder Forschungseinrichtungen möglich. Der einzelne hat daher aus Art. 108 einen Anspruch auf die freie Ausübung
von Wissenschaft und Lehre an den Hochschulen. Dieser Zugangsanspruch steht unter
dem Vorbehalt der Eignung, Leistung und Befähigung (Art. 33 II GG, Art. 116), was
grundsätzlich in einem **Berufungsverfahren** festzustellen ist (dazu bereits oben
Fn. 97).[127] Professoren an Hochschulen sind grundsätzlich in einem **Beamtenverhältnis**
zu beschäftigen (Art. 8 I BayHSchPG), da die damit verbundene Unabhängigkeit der Freiheit von Wissenschaft und Lehre adäquat ist. Es besteht kein Anspruch auf eine bestimmte
Ausstattung der Professur, wohl aber ein **Anspruch auf** eine im Hinblick auf das Fach
adäquate Grundausstattung, die die freie Forschung und Lehre überhaupt erst ermöglicht. Eine gewährte Ausstattung kann wieder zurückgenommen werden, solange und soweit die Grundausstattung erhalten bleibt.[128]

72   bb) Der Hochschullehrer an einer staatlichen Hochschule hat eine **Doppelstellung:**
Er hat einerseits den grundrechtlichen **Anspruch auf freie Forschung und Lehre** und
unterliegt andererseits als Beamter (oder ausnahmsweise Angestellter) **dienstrechtlichen**
Verpflichtungen. Er befindet sich im Verhältnis zu Fakultät, Hochschule und Staat mithin nicht im reinen Eingriffsabwehrverhältnis (oben Rn. 52), sondern in einem organisationsrechtlich überlagerten: Der Staat ermöglicht freie Forschung und Lehre, indem er
eine wissenschaftsadäquate Organisation zur Verfügung stellt und diese mit Mitteln aus-
stattet. Die **Monopolisierung der Forschung und Lehre in staatlich verantworteten**
Wissenschaftsorganisationen rechtfertigt es indes, das **eingriffsabwehrrechtliche**
Regel-Ausnahme-Schema (dazu Rn. 56 ff. vor Art. 98) auch hier zu verwenden: Die
selbstbestimmte Forschung und Lehre innerhalb der Hochschule ist die Regel, die Beeinträchtigung die rechtfertigungsbedürftige Ausnahme. Dienstrechtliche Pflichten des
Hochschullehrers sind daher zulässig, wenn sie einem verfassungsrechtlich legitimen
Zweck dienen, zu dessen Erreichung geeignet und erforderlich sowie verhältnismäßig im
engeren Sinn sind. Das dienstrechtliche Pflichtentableau darf in seinem Zuschnitt und in
der Kumulierung von Pflichten nicht dazu führen, dass die Freiheit von Forschung und
Lehre nicht mehr sinnvoll möglich ist. Beispiele:

Fakultätsrat und Senat verblieben. Die Zuständigkeiten des Hochschulrats nach Art. 26 V BayHSchG
sind zwar von Gewicht, jedoch nicht von unmittelbar wissenschaftsrelevantem Charakter. Zu berücksichtigen ist auch, dass der zur Hälfte mit „externen" Mitgliedern besetzte Hochschulrat seinerseits eine
Checks- and Balances-Struktur aufweist. Weder die hochschulexternen noch die hochschulinternen
Mitglieder können sich, da es eine Besetzung zu gleicher Zahl ist, jeweils durchsetzen, die Beteiligten
sind auf Kompromissfähigkeit und Kompromissbereitschaft angewiesen. Zudem können die hochschulexternen Mitglieder nicht gegen den Willen des Senates bestellt werden und genießen damit auch
innere Legitimation durch den mehrheitlich mit Hochschullehrern besetzten Senat (Art. 26 III 1
BayHSchG). Ob auch ein überwiegend oder ausschließlich extern besetzter Hochschulrat verfassungskonform ist, ergibt sich aus dem o.g. Urteil des VerfGH nicht.

[125] VerfGH 49, 37 (62); 51, 109 (114); 55, 85 (93); 56, 148 (169); 58, 212 (228).

[126] Vgl. dazu *Brehm/Zimmerling,* Die Entwicklung der Rechtsprechung zum Hochschullehrerrecht,
WissR 2001, 329; *Geis,* Rechtsprechungsbericht zum Hochschulrecht, DV 41 (2008), S. 77 ff.

[127] Zur Frage der „Hausberufung" s. *Herrmann,* Die Hausberufung, WissR 2007, 146.

[128] *Jarass/Pieroth,* Art. 5 Rn. 138. Davon unberührt bleibt der Vertrauensschutz bei Zusagen.

(1) Der Hochschullehrer ist verpflichtet, an der Erfüllung der der Hochschule zulässi- **73** gerweise übertragenen Pflichten **mitzuwirken** (Art. 9 I BayHSchPG). Dazu gehören u.a. die Mitwirkung an Prüfungen, Eignungsfeststellungverfahren und an der Verwaltung der Hochschule sowie die Erstellung von **Dienstgutachten** (aus sachlichem Grund und in zumutbarem Umfang).

(2) Der Hochschullehrer ist zur Lehre nicht nur berechtigt, sondern verpflichtet. Dazu **74** kann eine bestimmte Höhe an **Lehrverpflichtung** vorgesehen werden (Art. 5 Bay-HSchPG i.V.m. der Lehrverpflichtungsverordnung[129]). Der Umfang ist so zu bemessen, dass Forschung noch in einem signifikanten Umfang sinnvoll möglich ist. Auch wenn dies von Fach zu Fach unterschiedlich ist, dürfte die verfassungsrechtlich zulässige Obergrenze der Lehrverpflichtung für Universitätsprofessoren bei 9 Lehrveranstaltungsstunden (Semesterwochenstunden) liegen.[130] Bei der Bemessung der **Höhe** der Lehrverpflichtung ist zudem der Gleichbehandlungsgrundsatz (Art. 118 I) zu beachten. Eine vorübergehende Erhöhung der Lehrverpflichtung aus besonderen Gründen oder die befristete Übertragung zusätzlicher Aufgaben in der Lehre (Art. 9 I 3 BayHSchPG – „Lehrprofessur") ist zulässig. Art. 108 verbürgt keinen Anspruch auf ein **Forschungsfreisemester** (vgl. aber Art. 11 BayHSchPG).[131] **Nebentätigkeiten** im Bereich von Forschung und Lehre sind von Art. 108 geschützt, sie können jedoch begrenzt werden. Für die Inanspruchnahme von öffentlichen Mitteln für die Nebentätigkeit können Ablieferungspflichten geregelt werden.[132]

(3) Bei der Wahl der **Lehrveranstaltungen** ist der Hochschullehrer frei. Allerdings **75** hat er bei der Erfüllung des Studienplans mitzuwirken und ist daher verpflichtet, innerhalb seiner venia legendi auch Lehrveranstaltungen zu übernehmen, die er von sich aus nicht anbieten will.[133] Dem Dekan steht insoweit (nicht indes im Hinblick auf Inhalt und Methodik der Veranstaltung) ein Weisungsrecht zu (Art. 28 IV BayHSchG). Anderes gilt für den Bereich der **Forschung.** Hier ist der Hochschullehrer weitestgehend frei. Zwar ist er zur Forschung verpflichtet, da dies zu seinen Dienstaufgaben zählt, ihm darf jedoch nicht vorgegeben werden, in welchem Umfang, in welchem Bereich, mit welcher Schwerpunktsetzung etc. er forscht. Die Mitwirkung an bestimmten Forschungsprojekten darf nicht angeordnet werden, ebenfalls nicht die Einwerbung von Drittmitteln für bestimmte Forschungsprojekte. Allerdings kann sich der Hochschullehrer in einer Zielvereinbarung verpflichten, an bestimmten Forschungsprojekten oder -anträgen oder Wettbewerben mitzuwirken.

(4) Eine „amtliche" **Bewertung** von Forschung und Lehre durch den Staat, die Hoch- **76** schule oder die Fakultät ist als solches mit Art. 108 nicht vereinbar[134], da darin eine mittelbare Einflussnahme auf die Forschungs- und Lehrtätigkeit läge. Die Kontrolle von Forschungsergebnissen hat ausschließlich im **wissenschaftlichen Diskurs** zu erfolgen.[135] Die **Evaluation der Lehre** durch Studierende ist zulässig, wenn sie sachlich erfolgt.[136] Zu wissenschaftlichem Fehlverhalten s. Fn. 67.

---

[129] Lehrverpflichtungsverordnung – LUFV vom 14. 2. 2007 (BayRS 2030-2-21-WFK).

[130] VGH Mannheim, VBlBW 2006, 464.

[131] OVG Lüneburg, NVwZ-RR 2006, 188.

[132] Vgl. Art. 6 BayHSchPG und die Bayerische Hochschullehrernebentätigkeitsverordnung; zum Ganzen *Störle,* Das Nebentätigkeitsrecht der Hochschullehrer in Bayern, 2007.

[133] BayVGH, NVwZ-RR 2002, 839. Zur Zulässigkeit der fachlichen Änderung siehe *Waldeyer,* NVwZ 2008, 266.

[134] BVerwGE 102, 304 (312): keine amtliche Stellungnahme des Fachbereichsrats zur Qualifikation der wissenschaftlichen Tätigkeit des einzelnen Hochschullehrers.

[135] BVerfG, NJW 2000, 3635.

[136] Den Staat trifft ein materielles Verbot der Bewertung von Forschung und Lehre. Er darf nicht abstrakt-generell festlegen, welches wissenschaftliche Verhalten gut und welches schlecht ist. In den Worten des Bundesverfassungsgerichts: *„Über gute und schlechte Wissenschaft kann nur wissenschaftlich geurteilt werden"* (BVerfG NJW 1994, 1781). So auch *BVerwG* NJW 1997, 1996; zustimmend *Schachtschneider/ Beyer,* Forschung und Lehre sind frei – zur Verfassungsmäßigkeit einer Lehrevaluation gem. der

77   (5) Von der „amtlichen" Bewertung von Forschung und Lehre zu unterscheiden ist die Vergabe zusätzlicher Mittel oder Bezügebestandteile für besondere Leistungen in Forschung oder Lehre. Dies ist mit Art. 108 vereinbar, da dieser keinen Anspruch auf eine bestimmte Ausstattung, sondern nur auf die für Forschung und Lehre notwendige Grundausstattung gewährt. Zusätzliche Mittel und Ausstattung können an Evaluationsergebnisse anknüpfen, wenn die **Evaluation** ihrerseits sachgerecht und **wissenschaftsadäquat** erfolgt.[137] Die Grundausstattung muss erhalten bleiben.[138]

78   (6) Art. 108 verleiht keinen Anspruch auf Einrichtung oder unveränderte Beibehaltung eines bestimmten **Studiengangs** oder einer **Forschungseinrichtung,** keinen Anspruch auf (unveränderten) **Fortbestand einer Fakultät oder eines Instituts oder der Hochschule** (dazu oben Fn. 97).[139]

79   (7) Zwischen Hochschullehrern kann ein **Weisungsverhältnis** weder bestehen noch begründet werden. Dienstrechtliche oder sonstige Weisungen des Dienstvorgesetzten (Art. 21 X BayHSchG: Präsident) haben sich auf die Erfüllung der – zulässigerweise begründeten (Rn. 72 ff.) – Dienstpflichten zu beschränken.[140]

80   (8) Der Abschluss von **Zielvereinbarungen** zwischen dem einzelnen Hochschullehrer und der Hochschulleitung oder dem Dekan (Art. 28 III 2 Nr. 5 BayHSchG) ist zulässig, soweit sich der Inhalt mit den Grundsätzen der Freiheit von Forschung und Lehre vereinbaren lässt.

5. Die leistungsrechtliche Dimension

81   a) Die leistungsrechtliche Dimension des Art. 108 Alt. 2, 3 findet ihre Hauptausprägung in den skizzierten Pflichten des Staates zur Organisation, die so auszugestalten ist, dass der einzelne Wissenschaftler in möglichst großem Umfang frei forschen und lehren kann (oben Rn. 54 ff.). Darüber hinaus gewährt Art. 108 keine Leistungsansprüche auf Fördermaßnahmen. Insbesondere nichtstaatliche Hochschulen haben keinen verfassungsrechtlichen Anspruch auf Förderung. Eine objektive Pflicht des Staates zur Förderung der Wis-

---

geplanten bayerischen Hochschulnovelle, BayVBl. 1998, 171, die diese Rechtsprechung auf Evaluationsmaßnahmen in der Lehre erstrecken wollen. Das ist nicht überzeugend, da sie übersieht, dass neben Forschung und Lehre der universitäre Zweck der Ausbildung und der Prüfungsvorbereitung der Studierenden steht – diese wollen ihre Abschlussprüfung bestehen und einen brauchbaren universitären Unterricht erhalten.

[137]   BVerfGE 111, 333 (358 f.). Allerdings mahnt das BVerfG mit Recht an, dass die für Evaluation herangezogenen Bewertungskriterien hinreichenden Raum für „wissenschaftseigene Orientierungen" belassen müssten, unabhängig davon, ob solche Kriterien hochschulextern oder -intern festgesetzt werden. Es müsse in Betracht gezogen werden, dass evaluationsgesteuerte Mittelverteilungen „Druck zur Orientierung an extern gesetzten Bewertungskriterien" erzeugen und zu „Fehlentwicklungen" führen könnten. Deswegen fordert Art. 108 Alt. 2 – wie Art. 5 III 1 GG – strenge Maßstäbe für die Forschungs- und Lehrevaluation mit sich anschließender Mittelsteuerung. Insbesondere ist *„für die Sicherung wissenschaftsadäquater Evaluationskriterien zur Vermeidung wissenschaftsinadäquater Steuerungspotenziale eine angemessene Beteiligung der Vertreter der Wissenschaft im Verfahren der Festlegung der Kriterien unabdingbar".* Es ist auf die Besonderheiten und wissenschaftlichen Usancen des jeweiligen Fachs sowie auf „disziplinübergreifende Unterschiede" Bedacht zu nehmen. An abstrakt-theoretische Grundlagenforschung mit erst langfristigen oder gar ungewissen Ergebnissen sind andere Maßstäbe anzulegen als an „kurzfristig ausgerichtete anwendungs- und nachfrageorientierte Forschung". *„Eine Evaluation allein oder ganz wesentlich anhand eines einzigen Kriteriums, etwa eingeworbener Drittmittel, würde dem nicht gerecht. Soweit die Einwerbung von Drittmitteln als Bewertungskriterium dient, darf es sich nicht um Drittmittel handeln, deren Entgegennahme Anreize für eine auftrags- und ergebnisorientierte Forschung setzt".* Kritisch zu einem Übermaß an Evaluation *Osterloh/Frey,* Die Krankheit der Wisssenschaft, Forschung und Lehre 2007, S. 670 ff.

[138]   BVerfGE 111, 333 (362).

[139]   Zum Problem des Bruchs von Professoren im Bereich der Theologie mit der kirchlichen Lehrmeinung s. Art. 3 §§ 2, 3 des Konkordats mit dem Heiligen Stuhl sowie *Löwer,* Häresie und akademische Theologie, WissR 2007, 119; dazu BVerwGE 124, 310; VerfGH 33, 65 (75): Konkordatslehrstuhl.

[140]   *Jarass/Pieroth,* Art. 5 Rn. 136. VerfGH 24, 1 (25).

senschaft ergibt sich aus **Art. 140.** Wie und in welchem Umfang diese erfüllt wird, steht im **politischen Ermessen** des Staates.

b) Ein **grundrechtlicher Leistungsanspruch** kann sich aus Art. 108 Alt. 2 dann erge- 82 ben, wenn dies zur Kompensation hoheitlicher Monopolstellung notwendig ist. Hat der Staat forschungsrelevante Daten (z. B. in Archiven) und hält er diese unter Verschluss, so kann sich zur Kompensation des Datenentzugs ein Anspruch auf Zugang zum Zwecke der Forschung ergeben. Jedenfalls besteht ein Anspruch auf **fehlerfreien Ermessensgebrauch.**[141] Ist der Zugang zu solchen Daten mit der Preisgabe schützenswerter personenbezogener Daten verbunden, ist dem informationellen Selbstbestimmungsrecht der davon Betroffenen Rechnung zu tragen, z. B. durch Anonymisierung. Gleiches gilt etwa für Patientendaten oder die Ergebnisse staatlich angeordneter Reihenuntersuchungen, die zu Forschungszwecken zur Verfügung gestellt werden sollen.

6. Die schutzrechtliche Dimension

Art. 108 Alt. 2, 3 kann seine Wirkung auch in **schutzrechtlicher Dimension** entfalten 83 (dazu allgemein Rn. 94 ff. vor Art. 98). Der Staat hat nicht nur seinerseits ungerechtfertigte Eingriffe in die Freiheit von Forschung und Lehre zu unterlassen, er hat sich vielmehr auch schützend vor diese Freiheiten zu stellen, wenn sie von dritter Seite in einer Weise beeinträchtigt werden, dass die Beeinträchtigung nicht geduldet zu werden braucht.[142] Beispiele sind die zu weit gehende Einengung der Freiheit der Forschung eines Arbeitnehmers etwa in einer privaten Hochschule. Hier hat der Staat mit den Mitteln des Arbeitsrechts zu reagieren, das als Bundesrecht allerdings nicht der Direktivkraft des Art. 108 unterliegt.[143]

Art. 109 [Freizügigkeit]

(1) [1]**Alle Bewohner Bayerns genießen volle Freizügigkeit.** [2]**Sie haben das Recht, sich an jedem beliebigen Ort aufzuhalten und niederzulassen, Grundstücke zu erwerben und jeden Erwerbszweig zu betreiben.**
(2) **Alle Bewohner Bayerns sind berechtigt, nach außerdeutschen Ländern auszuwandern.**

Parallelvorschriften im GG und anderen Landesverfassungen: Art. 11 GG; Art. 2 I BaWüVerf; Art. 17 BerlVerf; Art. 17 BbgVerf; Art. 18 BremVerf; Art. 6 HessVerf; Art. 5 III M-VVerf; Art. 3 II NdsVerf; Art. 4 I NRWVerf; Art. 15 RhPfVerf; Art. 9 SaarlVerf; Art. 15 VerfLSA; Art. 5 ThürVerf; vgl. auch Art. 18 EG-Vertrag; Art. 2 des. 4. ZP zur EMRK.

Rechtsprechung: VerfGH 42, 41; 58, 94; BVerfGE 6, 32.

Literatur: S. zunächst die Literaturhinweise zu den Vorbemerkungen vor Art. 98 sowie *Tomuschat,* Freizügigkeit nach deutschem Recht und Völkerrecht, DÖV 1974, 757; *Waechter,* Freizügigkeit und Aufenthaltsverbot, NdsVBl. 1996, 197; *Ziekow,* Über Freizügigkeit und Aufenthalt, 1997; *Braun,* Freizügigkeit und Platzverweis, 2000; *Neuner,* Zulässigkeit und Grenzen polizeilicher Verweisungsmaßnahmen, 2003; *Schoch,* Das Grundrecht der Freizügigkeit, Jura 2005, 34.

I. Allgemeines

S. zunächst die Erläuterungen in den Vorbemerkungen vor Art. 98.

---

[141] BVerfG, NJW 1986, 1243; BVerwG, NJW 1986, 1278.

[142] *Jarass/Pieroth,* Art. 5 Rn. 127 a. E. m. w. N. Zu Störungen der Lehre durch Dritte s. BVerfGE 55, 37 (68).

[143] *Ruffert,* VVDStRL 65 (2006), 179 f. m. w. N. zur (lediglich geringen) Bindung des Arbeitgebers bei Weisungen oder Kündigungen an die Wissenschaftsfreiheit. Ein in einem Unternehmen mit Forschungsaufgaben betrauter Arbeitnehmer kann sich gegenüber Direktiven des Arbeitgebers jedenfalls nur insoweit auf die Forschungsfreiheit berufen, wie dies im Hinblick auf die Leitungsfunktion des Arbeitgebers, der sich seinerseits auf die Berufsfreiheit berufen kann, vertretbar ist.

1. Bedeutung

1   a) Art. 109 verbürgt **zwei Grundrechte**[1]: das Recht der **Freizügigkeit innerhalb Bayerns** (Abs. 1) sowie die **Ausreisefreiheit** (Abs. 2). Nicht erfasst ist die Einreisefreiheit für Personen, die nicht bereits „Bewohner Bayerns" sind.[2] Art. 109 enthält **kein Grundrecht auf Zuwanderung.** Allerdings ergibt sich für EU-Bürger eine Einreisefreiheit nach Maßgabe der Grundfreiheiten, die durch den EG-Vertrag verbürgt werden; vgl. Art. 18 EG-Vertrag (Freizügigkeit aller Unionsbürger), Art. 39 ff. EG-Vertrag (Arbeitnehmerfreizügigkeit), Art. 43 ff. EG-Vertrag (Niederlassungsfreiheit). Die Freizügigkeit innerhalb Deutschlands für Deutsche ist durch Art. 11 I GG geschützt.

2   b) Art. 109 **ergänzt** den **Schutz der allgemeinen Handlungsfreiheit** (Art. 101) um eine **territoriale Dimension.** „Freiheit" ist auch die Freiheit, dort in Bayern oder außerhalb Bayerns zu leben und zu arbeiten, wo man es will. Freizügigkeit ist „elementare Voraussetzung personaler Lebensgestaltung"[3], konstituierend für den „freiheitlichen Verfassungsstaat westlicher Prägung".[4] Damit ergänzt Art. 109 gleichzeitig die in Art. 102 geschützte körperliche Bewegungsfreiheit.[5] Art. 102 schützt davor, sich nicht mehr frei bewegen zu können[6], nicht indes davor, einen bestimmten Ort nicht aufsuchen zu dürfen oder diesen verlassen zu müssen oder nicht verlassen zu dürfen (wohl aber zu können).[7] Die zuletzt genannten Interessen sind von Art. 109 umfasst.

3   c) In der **Rechtsprechung des VerfGH** hat Art. 109 bislang eine **untergeordnete Rolle** gespielt, ebenso wie Art. 11 GG in der Rechtsprechung des BVerfG. Der VerfGH hat bislang keine Verletzung des Art. 109 festgestellt.

4   d) **Konkurrenzen.** Art. 109 ist lex specials zu Art. 101. Art. 102 und Art. 109 stehen nebeneinander mit unterschiedlichen, sich ergänzenden Schutzbereichen (oben Rn. 2).

2. Entstehung

5   Art. 109 ist angelehnt an Art. 111 WRV und findet sich dem Gehalt nach bereits in § 14 VU 1919.[8] Die Regelung war bereits in Art. 68 VE sowie in Art. 75 E enthalten, allerdings enthielt der jeweilige Abs. 1 noch den Zusatz: „Einschränkungen bedürfen eines Gesetzes." Dieser Zusatz ist im weiteren Fortgang der Verfassungsgebung im Zuge der Schaffung der Vorbehaltsgeneralklausel des Art. 98 S. 2 BV gestrichen worden.[9] Art. 109 wurde seit dem In-Kraft-Treten der Verfassung nicht geändert.

3. Verhältnis zum Grundgesetz

6   a) Abs. I entspricht inhaltlich dem Art. 11 I GG, der allen Deutschen[10] das Recht auf Freizügigkeit im ganzen Bundesgebiet, also auch in Bayern verbürgt. Art. 109 I scheint über Art. 11 I hinauszugehen: Er enthält keine Beschränkung auf Deutsche, sondern gilt für alle „Bewohner Bayerns", und unterliegt auch keiner ausdrücklichen Vorbehaltsregelung. Allerdings ist auch Art. 109 einschränkbar, entweder nach Maßgabe des Art. 98 S. 2 oder – wozu

---

[1] *Meder,* Art. 109 Rn. 1.

[2] *Meder,* Art. 109 Rn. 2.

[3] *Jarass/Pieroth,* Art. 11 Rn. 1.

[4] *Pagenkopf,* in: Sachs, Art. 11 Rn. 1.

[5] Rn. 1 ff. zu Art. 102.

[6] Vgl. *Pieroth/Schlink,* Staatsrecht II – Grundrechte, Rn. 413: *„In den Schutzbereich fällt, dass man dort, wo man nicht bleiben will, auch nicht bleiben muss."*

[7] Vgl. dazu Rn. 19 zur Art. 102.

[8] § 14 VU 1919 lautete: *„(1) Jeder Bayer hat das Recht, sich innerhalb des bayerischen Staatsgebietes an jedem Ort aufzuhalten und niederzulassen. Ausnahmen können nur auf Grund Gesetzes angeordnet werden. (2) Die Niederlassung darf bayerischen Staatsangehörigen an keinem Orte durch besondere Lasten erschwert werden."*

[9] Vgl. dazu Rn. 63 f. vor Art. 98. Da der VerfGH Art. 98 S. 2 allerdings zur Bedeutungslosigkeit degradiert hat, ist er darauf angewiesen, dem Art. 109 „inhärente Grenzen" zu erschließen, um Eingriffe rechtfertigen zu können, *Meder,* Art. 109 Rn. 4.

[10] Ausländer können sich auf Art. 2 I GG berufen.

der VerfGH tendieren dürfte – nach Maßgabe sog. „inhärenter" Schranken (vgl. Rn. 63 ff. vor Art. 98). Auch soweit Art. 109 einen weiteren Grundrechtsschutz verbürgen sollte als Art. 11 I GG, bleibt er nach **Art. 142 GG** in Geltung[11] (vgl. Rn. 109 ff. vor Art. 98).

Allerdings bindet Art. 109 nur die Landesstaatsgewalt, nicht den Bund. Eine bundesrecht- **7** liche Beeinträchtigung der Freizügigkeit ist allein am Maßstab des Art. 11 I GG oder Art. 2 I GG zu messen. Eine landesrechtliche[12] Beeinträchtigung der Freizügigkeit (etwa ein polizei- liches Aufenthaltsverbot) wäre an Art. 11 I GG und an Art. 109 zu messen. Wäre sie zwar mit Art. 11 GG vereinbar, nicht indes mit Art. 109, so wäre sie nichtig, es sei denn, sie beruhte auf inhaltlich zwingend determinierenden Vorgaben des Bundes- oder Gemeinschaftsrechts (mit der Folge der Maßstabsreduktion des Art. 109; dazu Rn. 134 ff. vor Art. 98).

b) Art. 11 I enthält -- anders als Art. 109 II – kein Grundrecht der **Ausreisefreiheit**. **8** Diese ist bundesrechtlich allerdings durch Art. 2 I GG geschützt.[13] Bundesrechtliche Aus- reiseverbote oder Passbeschränkungen können nicht an Art. 109 II, sondern nur an Art. 2 I GG gemessen werden.

c) Weder Art. 109 noch Art. 11 I GG enthalten ein **Recht auf Einreise**. Maßgeblich da- **9** für sind die Vorschriften des europäischen Gemeinschaftsrechts (s. oben Rn. 1) sowie des Ausländer- und Zuwanderungsrechts, das auf der ausschließlichen Gesetzgebungskompe- tenz des Bundes beruht (Art. 73 I Nr. 3 GG).

II. Einzelkommentierung

Vorbemerkung. Das Grundrecht der Freizügigkeit entfaltet seine Wirkung ganz überwie- **10** gend in der Dimension der **Eingriffsabwehr**. Jegliche hoheitliche Beeinträchtigung eines Interesses, das in den Schutzbereich des Art. 109 fällt, bedarf als Ausnahme von der Regel der verfassungsrechtlichen Rechtfertigung. Misslingt diese Rechtfertigung, so „reagiert" die Grundrechtsbestimmung dadurch, dass sie dem in seinem Grundrecht auf Freizügig- keit Verletzten einen subjektiv-verfassungsrechtlichen Anspruch auf Unterlassung, Be- endigung oder Kompensation der Grundrechtsverletzung gibt. Vgl. zu diesen sich für alle natürlichen Freiheitsrechte ergebenden Zusammenhängen und Prüfungsschritten zu- nächst Rn. 56 ff. vor Art. 98. Die nachfolgende Kommentierung beschränkt sich auf Be- sonderheiten, die bei Art. 109 zu beachten sind.

1. Persönlicher Schutzbereich (Grundrechtsberechtigte[14])

Vom persönlichen Schutzbereich des Art. 109 umfasst, also **grundrechtsberechtigt**, **11** sind „alle Bewohner Bayerns", also jede natürliche Person, die eine „gewisse örtliche Bezie- hung zum Staatsgebiet"[15] aufweist. Auf die Staatsangehörigkeit kommt es – anders als bei Art. 11 I GG – nicht an; auch Ausländer und Staatenlose genießen den Schutz des Art. 109. Juristischen Personen des Zivilrechts steht die Niederlassungsfreiheit zu.[16]

2. Sachlicher Schutzbereich

a) Art. 109 schützt die „volle Freizügigkeit" im Sinne des Rechts, sich zu jedem belie- **12** bigen Zweck an jedem beliebigen Ort in Bayern (vorübergehend) aufzuhalten und (län- gerfristig) niederzulassen[17], als Wohnsitz (auch Zweit- oder Mehrfachwohnsitz); zur Ab-

---

[11] *Meder,* Art. 109 Rn. 1; VerfGH 2, 127 (Ls. 5).

[12] Zu beachten ist allerdings die Kompetenznorm des Art. 73 I Nr. 3 GG, die dem Bund die aus- schließliche Kompetenz für Regelungen der Freizügigkeit zuweist.

[13] BVerfGE 6, 32.

[14] Grundrechts*verpflichtet* sind der Staat und andere Hoheitsträger, nicht indes Private. Art. 109 ent- faltet keine unmittelbare Drittwirkung. Der Staat kann allerdings auf Grund der grundrechtlichen Schutzpflicht berechtigt oder verpflichtet sein, bei Freizügigkeitsverkürzungen inter privatos regelnd einzugreifen (vgl. dazu bereits Rn. 94 ff. vor Art. 98).

[15] *Meder,* Art. 109 Rn. 1; Rn. 42 vor Art. 98.

[16] *Meder,* Art. 109 Rn. 1.

[17] VerfGH 16, 67 (71).

grenzung der Schutzbereiche von Art. 102 und Art. 109 s. bereits oben Rn. 2. Grund und Motivation des Aufenthalts sind unbeachtlich. Art. 109 verbürgt keinen Anspruch auf Zulassung zu einer bestimmten Hochschule.[18]

13   b) Das in Abs. 1 S. 2 genannte Recht, **Grundstücke** zu **erwerben** und jeden **Erwerbszweig** zu **betreiben,** meint nicht die diesbezügliche Freiheit als solche, sondern nur, diese an jedem beliebigen Ort in Bayern ausüben zu können. Gemeint ist die rein **territoriale Dimension** des Grundstückserwerbs und der Berufsausübung. Abs. 1 S. 2 untersagt daher, Bewohner Bayerns beim Erwerb von Grundbesitz oder in der Ausübung eines Erwerbszweigs oder einer beruflichen Tätigkeit an einem Ort *gerade deshalb* zu behindern, weil sie dort „ortsfremd" sind.[19] Abs. 1 S. 2 stellt unter diesem Gesichtspunkt eine **spezielle Ausprägung des Gleichheitssatzes** dar, ein spezielles Diskriminierungsverbot im Hinblick auf das Differenzierungskriterium „Herkunft". Nicht davon erfasst werden Bestimmungen, die den Grundstückserwerb oder die berufliche bzw. gewerbliche Tätigkeit aus anderen Gründen beschränken.[20] Derartige Beeinträchtigungen berühren allerdings den Schutzbereich der in Art. 101 geschützten Berufsfreiheit und der ebenfalls von Art. 101 umfassten Freiheit, Grundstücke zu erwerben.

14   c) „**Außerdeutsche Länder**" nach Abs. 2 meint sowohl andere Länder der Bundesrepublik Deutschland, aber auch Länder außerhalb Deutschlands.

3. Beeinträchtigungen

15   Eine Beeinträchtigung der Freizügigkeit liegt vor, wenn der Grundrechtsberechtigte sich nicht ungehindert im gesamten Freistaat aufhalten oder niederlassen kann, zumal wenn er **auf Grund seiner Ortsfremdheit diskriminiert** wird. Beeinträchtigungen des Art. 109 stellen z. B. die polizeirechtlichen Platzverweise oder Aufenthaltsverbote[21] dar. Diese schränken nicht die durch Art. 102 geschützte körperliche Bewegungsfreiheit als solche ein, sondern verbieten dem Betroffenen, einen bestimmten Ort aufzusuchen, etwa einen Drogenumschlagplatz, oder gebieten ihm, einen bestimmten Ort zu verlassen.[22] Keine Beeinträchtigung des Art. 109 stellt die Erhebung einer **Zweitwohnungssteuer** dar, sofern der Anknüpfungspunkt für die Erhebung nicht allein die Ortsfremdheit ist.

4. Die verfassungsrechtliche Rechtfertigung der Beeinträchtigung

16   Die Rechtfertigung einer Beeinträchtigung der Freizügigkeit richtet sich nach den in Rn. 61 ff. vor Art. 98 skizzierten Erwägungen und Prüfungsschritten. Darauf sei verwiesen. Speziell für Art. 109 gilt Folgendes:

17   a) Art. 109 enthält **keine eigene Vorbehaltsregelung,** die eine Einschränkung der Freizügigkeit vorsähe. Der ursprünglich in Art. 68 VE und Art. 75 E vorgesehene spezielle Gesetzesvorbehalt wurde im Zuge der Einfügung der Vorbehaltsgeneralklausel des Art. 98 S. 2 gestrichen.[23] Gleichwohl dürfte der VerfGH zur Rechtfertigung von Verkürzungen der Freizügigkeit den Art. 98 S. 2 – wie auch bei anderen Grundrechten – nicht anwenden, sondern „inhärente Begrenzungen" im Sinne eines ungeschriebenen Gesetzesvorbehalts annehmen. In diesem Rahmen würde er dann wohl Art. 11 II GG sinngemäß heranziehen. Eine Entscheidung des VerfGH dazu existiert bislang allerdings nicht.

---

[18] VerfGH 24, 1 (27).

[19] *Meder,* Art. 109 Rn. 3; VerfGH 1, 63 (64); 5, 297 (300); 11, 110 (120); 18, 16 (21); 20, 15 (21); 22, 1 (11); 22, 48 (57); 35, 137 (144); 42, 41 (Ls. 6, 49); 47, 77 (86); 58, 94 (104) und öfter.

[20] Ständige Rechtsprechung des VerfGH: VerfGH 35, 137 (144); 42, 41 (Ls. 6): „*Art. 109 Abs. 1 BV ist kein Prüfungsmaßstab für Berufsausübungsregelungen. In Bezug auf die Berufstätigkeit untersagt diese Verfassungsnorm zur Sicherung der Freizügigkeit lediglich eine Differenzierung zwischen Ortsansässigen und Ortsfremden.*"; s. auch VerfGH 47, 77 (86); 58, 94 (104).

[21] Hierher gehören auch naturschutzrechtliche oder andere, z. B. straßenverkehrsrechtliche Betretungsverbote.

[22] *Braun,* Freizügigkeit und Platzverweis, 2000, S. 92 ff.; *Neuner,* Zulässigkeit und Grenzen polizeilicher Verweisungsmaßnahmen, 2003, S. 28 ff.; BayVGH, BayVBl. 2006, 671.

[23] Dazu oben Rn. 5.

b) Den in der grundrechtlichen Praxis entscheidenden Prüfungsschritt bilden die ge- **18** schriebenen und ungeschriebenen **Schranken-Schranken,** die dem Gesetzgeber bei der Ausfüllung des (ungeschriebenen) Gesetzesvorbehalts ihrerseits Schranken auferlegen; zu den Schranken-Schranken s. Rn. 67 ff. vor Art. 98. Eine Beschränkung der Freizügigkeit ist demnach nur zulässig, wenn der Gesetzgeber **(1)** – in hinreichender Bestimmtheit – einen verfassungsrechtlich legitimen **Zweck** (z. B. die Art. 11 II GG genannten Zwecke) formuliert, dem die Beeinträchtigung der Freizügigkeit dienen soll, **(2)** ein tatsächliches (nicht nur vorgeschobenes) **Zweckverwirklichungsbedürfnis** besteht, die Beeinträchtigung ein **(3) geeignetes** und **(4) erforderliches Mittel** zur Erreichung, mindestens Förderung des Zwecks ist und **(5)** eine **Abwägung** von Schutz- und Zweckinteresse ergibt, dass letzteres ein höheres Gewicht hat (Verhältnismäßigkeit im engeren Sinne).

5. Weitere Grundrechtsdimensionen

Art. 109 findet seine primäre Funktion in der Beeinträchtigungsabwehr. Weitere **Grund-** **19** **rechtsdimensionen** sind zwar denkbar, aber praktisch wenig relevant. Bei Beschränkungen der Freizügigkeit durch Private kann Art. 109 Schutzpflichten generieren (dazu Rn. 94 ff. vor Art. 98); praktisch geworden sind solche Konstellationen bislang nicht.

Art. 110 [Meinungsfreiheit]

(1) [1]**Jeder Bewohner Bayerns hat das Recht, seine Meinung durch Wort, Schrift, Bild oder in sonstiger Weise frei zu äußern.** [2]**An diesem Recht darf ihn kein Arbeits- oder Angestelltenvertrag hindern und niemand darf ihn benachteiligen, wenn er von diesem Recht Gebrauch macht.**
(2) Die Bekämpfung von Schmutz und Schund ist Aufgabe des Staates und der Gemeinden.

Parallelvorschriften im GG und anderen Landesverfassungen: Art. 5 I 1, II GG; Art. 14 I, III BerlVerf; Art. 19 I, III BbgVerf; Art. 15 I-III BremVerf; Art. 11, 18 HessVerf; 10 Art. RhPfVerf; Art. 5 SaarlVerf; Art. 20 I 1, III SächsVerf; Art. 10 I 1, II VerfLSA; Art. 11 I, III ThürVerf.

Rechtsprechung: BVerfGE 7, 198; 25, 256; 30, 336; 93, 266; 114, 339; VerfGH 4, 63; 5, 13; 11, 59; 28, 25; 30, 78; 30, 142; 32, 106; 34, 82; 37, 119; 37, 140; 39, 96; 43, 148; 50, 219; 83, 85.

Literatur: Erichsen, Das Grundrecht der Meinungsfreiheit, Jura 1996, 84; *Grimm,* Die Meinungsfreiheit in der Rechtsprechung des BVerfG, NJW 1995, 1697; *Schmitt Glaeser,* Die Meinungsfreiheit in der Rechtsprechung des BVerfG, AöR 113 (1988), 52; *Scholz/Konrad,* Meinungsfreiheit und allgemeines Persönlichkeitsrecht, AöR 123 (1998), 60.

I. Allgemeines

1. Bedeutung

Die Meinungsfreiheit ist sowohl unmittelbarer Ausdruck der menschlichen **Persön-** **1** **lichkeit** und notwendige „Lebensluft" ihrer Entfaltung[1] als auch für ein **freiheitliches, demokratisches Gemeinwesen** von schlechthin konstituierender, wertsetzender Bedeu-

---

[1] *Smend,* VVDStRL 4 (1928), 44 (50); *Bethge,* in: Sachs, Art. 5 Rn. 22; BVerfGE 7, 198 (208).

tung.[2] Vom Einzelnen wie vom demokratischen Gemeinwesen aus betrachtet handelt es sich deswegen um eines der vornehmsten Grundrechte überhaupt, die der VerfGH sogar zu jenen höherrangigen **Fundamentalnormen** innerhalb der BV zählt,[3] gegen die andere Verfassungsnormen nicht verstoßen dürfen, ohne zum „verfassungswidrigen Verfassungsrecht" zu werden (allgemein zur Problematik dieser Konstruktion Art. 75 Rn. 10).

2   Das Grundrecht der Meinungsfreiheit steht mit den anderen **Kommunikationsfreiheiten,** namentlich den verschiedenen besonderen Medienfreiheiten (Pressefreiheit, Rundfunkfreiheit) und der Informationsfreiheit in einem im Einzelnen schwer auszulotenden **inneren Zusammenhang.** Das Grundgesetz hat all diese verschiedenen kommunikativen Freiheitsgewährleistungen deswegen in einer einzigen Norm (Art. 5 I GG) zusammengespannt, wobei das Verhältnis der einzelnen Gewährleistungen untereinander alles andere als unumstritten ist (Medienfreiheiten bloß als Sonderfall der Meinungsfreiheit oder – aufgrund ihrer massenkommunikativen Vermittlungsleistung – als aliud? Je unterschiedliche Medienfreiheiten oder einheitliche Medienfreiheit?); die Streitfragen hängen zum Teil eng mit der ihrerseits streitigen Problematik zusammen, inwieweit der subjektiv-rechtliche Grundcharakter aller Kommunikationsfreiheiten bei den Medienfreiheiten durch objektiv-rechtliche, institutionelle Grundrechtsgehalte überlagert werden kann, die der besonderen Funktion und Eigenart des jeweiligen Mediums Rechnung tragen (bis hin zur „dienenden" Konzeption der Rundfunkfreiheit, die seinem Träger gerade nicht zum Zwecke der Persönlichkeitsentfaltung, sondern im Interesse der freien individuellen und öffentlichen Meinungsbildung eingeräumt ist und bei der deswegen die objektiv-rechtlichen Gehalte stark in den Vordergrund treten[4]).[5] In der BV ist die Ausgangslage insofern eine andere, als die verschiedenen Kommunikationsfreiheiten äußerlich in unterschiedlichen Normen gewährleistet sind (Art. 110, 111, 111a, 112 II); dennoch ergeben sich auch hier vielerlei Wechselwirkungen. Der VerfGH sieht Art. 110 im Verhältnis zu den Medienfreiheiten (Art. 111, 111a) als eine Art **verklammernder Fundamentalnorm** an, die im Prinzip auch die Meinungsverbreitung durch alle Arten von Medien umfasst; die besonderen Medienfreiheiten (Art. 111a) präsentieren sich demgegenüber als **spezialgesetzliche Unterfälle** der **allgemeinen Meinungs- und Medienfreiheit,** die für einzelne Medien Sonderregeln treffen, welche mit Art. 110 als Fundamentalnorm zwar vereinbar sein müssen, dann aber, soweit sie dies sind, Art. 110 als spezialgesetzliche Regelungen vorgehen.[6] Hieraus resultieren verschiedene **Verschränkungen und Wechselwirkungen:** So gewährleistet Art. 111a im Bereich des Rundfunks auch die Meinungsfreiheit[7]; so gilt die dem Art. 110 immanente Schranke der allgemeinen Gesetze auch im Bereich von Presse und Rundfunk[8] und umgekehrt die presserechtliche Schranken-Schranke des Verbots der Vorzensur (Art. 111 II 1) auch für Art. 110.[9] Andererseits hat der VerfGH aus seiner Weichenstellung, die besonderen Medienfreiheiten (Art. 111, 111a) als Sonderfall der Meinungs- und allgemeinen Medienfreiheit des Art. 110 anzusehen, zu Recht nicht den Schluss gezogen, diese besonderen Medienfreiheiten müssten notwendigerweise (wie Art. 110) vorwiegend subjektiv-rechtlich interpretiert werden und seien – im Lichte der jeweiligen Eigenart und demokratischen Funktion dieser Medien – nicht einer Überlagerung durch funktionsgerechte objektiv-institutionelle Grundrechtsgehalte zugänglich; gerade für die Rundfunkfreiheit hat auch der VerfGH eine „dienende" Grund-

---

[2] BVerfGE 7, 198 (208); 62, 230 (247); VerfGH 30, 78 (89).

[3] BVerfGE 7, 198 (208); VerfGH 30, 78 (90); *Stettner,* in: Nawiasky/Schweiger/Knöpfle, Art. 110 Rn. 2 f.

[4] BVerfGE 87, 181 (197 f.).

[5] Hierzu: *Jarass/Pieroth,* Art. 5 Rn. 1; *Starck,* in: v. Mangoldt/Klein/Starck, Art. 5 Rn. 5 ff.

[6] VerfGH 30, 78 (89 ff.); 37, 157 (LS 1); *Stettner,* in: Nawiasky/Schweiger/Knöpfle, Art. 110 Rn. 30.

[7] VerfGH 47, 157.

[8] VerfGH 28, 24 (41); 30, 78 (94); 47, 157 (161).

[9] VerfGH 5, 13, LS 3.

rechtskonzeption befürwortet (siehe auch Art. 111a I 2)[10], und selbst für Art. 110 hat der VerfGH an dem Recht des Gesetzgebers festgehalten, neuartigen Medien und technischen Verbreitungsformen eine Ordnung zu geben, die ihrer besonderen Sachstruktur Rechnung trägt, und Regeln ihrer Nutzung aufzustellen, die zum gemeinen Besten geboten erscheinen.[11] Im Spannungsfeld der Streitfragen „Medienfreiheiten – Sonderfall oder aliud zur Meinungsfreiheit" sowie „Verhältnis subjektiver und objektiver Gehalte der Medienfreiheiten" hat der VerfGH auf diese Weise eine pragmatische Mittellinie eingenommen.

Bei Art. 110 – dies ist bereits angesprochen worden (vorige Rn.) – dominieren die **3** subjektiv-rechtlichen Gehalte; die Meinungsfreiheit ist klassisches **Abwehrrecht.** Für **objektiv-rechtliche Überlagerungen** ist sie, allerdings nur soweit es um Meinungsverbreitung durch massenkommunikative Medien geht, ausnahmsweise offen, soweit die besondere Sachstruktur eines Mediums Ausgestaltungsregeln zum gemeinen Besten erfordert.[12] Die Meinungsfreiheit vermag grundsätzlich **Ausstrahlungswirkung** in alle Bereiche des Rechts zu entfalten, auch ins Privatrecht[13] (wobei das Landesgrundrecht hier nach Maßgabe des Art. 31 GG an Leistungsgrenzen stößt). In Art. 110 I 2 wird sogar ein Fall **unmittelbarer Drittwirkung** statuiert.[14] Die Meinungsfreiheit ist grundsätzlich **kein Teilhabe- oder Leistungsrecht** auf Zur-Verfügung-Stellung oder Zugänglichmachung bestimmter Foren oder Werkzeuge der Meinungsverbreitung; soweit es um die Nutzung öffentlicher Straßen oder Einrichtungen geht, ist Art. 110 allerdings Rechnung zu tragen.[15]

2. Entstehung

Die aus Art. 76 E hervorgegangene Bestimmung ist weitgehend an Art. 118 I WRV angelehnt. Der ursprünglich vorgesehene Vorbehalt der allgemeinen Gesetze wurde von der Redaktionskommission im Zusammenhang mit der Einfügung der allgemeinen Grundrechtsschranke des Art. 98 S. 2 fallen gelassen; dies ging auf eine Intervention der amerikanischen Militärregierung zurück (vor Art. 98, Rn. 64). Abs. 2 wurde eingefügt und gegenüber dem Vorbild der WRV noch verschärft (Aufgabennorm).[16]

3. Verhältnis zum Grundgesetz

Bundesrechtlich wird die Meinungsfreiheit – in einer auch die Landesstaatsgewalt un- **5** mittelbar bindenden Weise – in **Art. 5 I 1, II GG** gewährleistet und in ihrer Beschränkbarkeit geregelt. Der VerfGH behandelt Art. 110 BV zu Recht als ein gemäß Art. 142 GG neben Art. 5 I 1 GG **fortgeltendes Landesgrundrecht.**[17] Ob Art. 110 BV hierbei nach seinem persönlichen („Bewohner Bayerns" im Gegensatz zu „Jeder"[18]) oder sachlichen Schutzbereich (z. B. unmittelbare Drittwirkung in Abs. 1 S. 2) oder seinen Schrankenregelungen (Nichterwähnung der allgemeinen Gesetze, dafür der stark formulierte Abs. 2) im Einzelnen hinter Art. 5 I 1 GG zurückbleibt oder über ihn hinausgeht oder ob (wie zumeist) im Wege der Interpretation trotz scheinbarer Wortlautdivergenz letztlich doch völlige Inhaltsgleichheit hergestellt werden kann[19], ist hierbei ohne Belang (vgl. hierzu all-

---

[10] VerfGH v. 25. 3. 2007 – Vf. 15-VII-04, V. A. 2.

[11] VerfGH 30, 78 (91).

[12] VerfGH 30, 78 (91).

[13] *Jarass/Pieroth,* Art. 5 Rn. 12.

[14] *Stettner,* in: Nawiasky/Schweiger/Knöpfle, Art. 110 Rn. 46.

[15] VerfGH 30, 78 (96); *Badura,* Staatsrecht, C 62; zur Meinungsäußerung auf öffentlichen Straßen siehe jedoch VerfGH 30, 142; *Meder,* Art. 110 Rn. 4 m. w. N.; *Starck,* in: v. Mangoldt/Klein/Starck, Art. 5 Rn. 34 f.; zu öffentlichen Einrichtungen: *Jarass/Pieroth,* Art. 5 Rn. 12.

[16] *Stettner,* in: Nawiasky/Schweiger/Knöpfle, Art. 110 Rn. 1; Prot. I 211 f., II 309 ff., 344, III 748; VerfGH 3, 63 (76); *Hoegner,* Verfassungsrecht, S. 143 f., 155.

[17] VerfGH 4, 63 (76); 18, 59 (73); 30, 142 (147).

[18] Zu sehr problematisiert bei *Stettner,* in: Nawiasky/Schweiger/Knöpfle, Art. 110 Rn. 32 ff.

[19] Bzgl. der allgemeinen Gesetze st. Rspr. z. B. VerfGH 4, 63 (76); 47, 36 (42); bzgl. der unmittelbaren Drittwirkung (hier durch Auslegung des GG): *Badura,* Staatsrecht, C 62.

gemein Vorbem. B Wirkkraft LVerfR Rn. 13 ff.; Vor Art. 98, Rn. 110 ff.).[20] In seiner **Maßstabskraft geschwächt** bis eliminiert ist Art. 110, soweit es nach Art. 31 GG vorrangiges einfaches Bundesrecht ist, das die Reichweite der Meinungsfreiheit im Widerstreit mit öffentlichen Interessen oder Rechten Dritter im Einzelnen bemisst und beschränkt; gerade hinsichtlich des für die Meinungsfreiheit besonders wichtigen Zivilrechts (z. B. Schutz des Persönlichkeitsrechts durch § 823 I BGB) und Strafrechts (z. B. Beleidigung § 185 StGB) ist dies der Fall; hier ist es auch zu den besonders wichtigen und aufsehenerregenden Verfassungsstreitigkeiten gekommen (von „Lüth" bis hin zu „Soldaten sind Mörder"[21]). Solange der VerfGH an seiner – angreifbaren – Linie festhält, die bayerischen Grundrechte bei der Auslegung und Anwendung materiellen Bundesrechts durch bayerische Behörden oder Gerichte bereits von vornherein nicht in Stellung zu bringen (dazu Vorbem. B Wirkkraft LVerfR Rn. 20; Vor Art. 98, Rn. 148 f.), ist dem Art. 110 jede Wirkkraft genommen. Doch selbst wenn der VerfGH bayerische Grundrechte für anwendbar hielte, wären die Spielräume für eigenständige Akzentsetzungen äußerst gering; zu bedenken ist dabei, dass es zumeist ein kompliziertes Abwägen **kollidierender grundgesetzlicher Rechtspositionen** (z. B. Meinungsfreiheit gegen Persönlichkeitsrecht) nach Maßgabe der Wechselwirkungslehre ist, die die korrekte Auslegung des anwendbaren einfachen Bundesrechts bestimmt; Ergebnis ist ein bundesverfassungsrechtlich determiniertes Auslegungsergebnis, das landesverfassungsrechtlich nicht mehr aufgebrochen werden kann.[22] Hinsichtlich eines beträchtlichen Bereichs genuin **landesrechtlicher Materien** hingegen kann Art. 110 zur ungeschmälerten Anwendung kommen und hat aufs Ganze gesehen auch zu einer lebendigen Rspr. des VerfGH zu führen vermocht. Vor allem die Bereiche des Beamtenrechts[23], des Schulrechts[24], des Kommunalrechts[25], des Straßenrechts[26], z. T. des Berufsrechts[27] sowie grundsätzlich des Polizei- und Sicherheitsrechts (dessen Anwendung, soweit es z. B. um die Unterbindung bundesrechtlich geregelter Straftaten oder Ordnungswidrigkeiten geht, natürlich wiederum bundesrechtlich determiniert sein kann) sind es, die zu Landes-Verfassungsstreitigkeiten führen können;[28] ein zukünftiges Anwendungsfeld wird sich im – nach der Föderalismusreform landesrechtlich regelbaren – Versammlungsrecht (Rn. 11) ergeben, da nach der Rspr. des BVerfG versammlungsrechtliche Verbote oder Auflagen, die an den Inhalt von Meinungsäußerungen auf Versammlungen anknüpfen, an der Meinungsfreiheit zu messen sind.[29] Auch soweit Art. 110 bzgl. landesrechtlicher Materien zur ungeschmälerten Anwendung kommt, kann eine Analyse der Judikatur des VerfGH nicht verhehlen, dass sich der VerfGH bei der Auslegung des Art. 110 in weitem Umfang **an der Rechtsprechung des BVerfG zu Art. 5 I 1, II GG orientiert.**[30] Die folgende Einzelkommentierung kann sich daher kurz fassen und sich auf tatsächliche oder mögliche Besonderheiten konzentrieren.

II. Einzelkommentierung

1. Schutzbereich

6   **a) Persönlicher Schutzbereich.** Träger der Meinungsfreiheit sind nach Art. 110 I 1 die **Bewohner Bayerns.** Dass Art. 110 BV damit seinem persönlichen Schutzbereich nach

---

[20] BVerfGE 96, 345 (365).
[21] BVerfGE 7, 198; 93, 266.
[22] Vgl. VerfGH 50, 219, dort sogar in einem verwaltungsrechtlichen Fall!
[23] VerfGH 18, 59; 37, 140; 43, 148.
[24] VerfGH 28, 24; 34, 82.
[25] VerfGH 37, 119; 48, 87.
[26] VerfGH 30, 142.
[27] VerfGH 32, 106.
[28] Siehe auch *Meder,* Art. 110 Rn. 4.
[29] BVerfGE 111, 147.
[30] Vgl. *Stettner,* in: Nawiasky/Schweiger/Knöpfle, Art. 110 Rn. 7, 33, 39.

hinter Art. 5 I 1 GG („Jeder") zurückbleibt, schadet nach Art. 142 GG nicht (Rn. 5 m. w. N.), wobei die bayerische Staatsgewalt selbstverständlich verpflichtet ist, jedermann die ihm nach Art. 5 I 1 GG (d. h. kraft Bundesrechts und eben nicht kraft Landesrechts) zustehende Rechtsposition zukommen zu lassen. Es besteht kein Grund und zerstört die dem Grundrechtsteil der BV eigene Systematik, bezüglich personell nicht Erfasster subsidiär auf die allgemeine Handlungsfreiheit zurückzugreifen und diesem an sich schwachen Grundrecht dann auch noch dasselbe (hohe) Schutzniveau wie Art. 110 zuzusprechen (a. A. Vor Art. 98, Rn. 42). Der Begriff „Bewohner Bayerns" ist in der auch für andere Grundrechte üblichen Weise auszulegen: Gefordert ist eine gefestigte räumliche Beziehung zum bayerischen Staatsgebiet (typischerweise Wohnsitz oder dauernder Aufenthalt); Staatszugehörigkeit ist im Ausgangspunkt irrelevant; wegen Art. 33 I GG wird der Schutz vom VerfGH auf alle – auch die nicht in Bayern wohnhaften – Deutschen erstreckt[31]; auch juristische Personen (mit Sitz in Bayern) sind grundrechtsberechtigt.[32] Unsicherheiten bestehen in der Frage, inwieweit **Amtsträgern in Ausübung ihres Amtes** die Berufung auf die Meinungsfreiheit zu gestatten ist.[33] Richtigerweise wird man zu unterscheiden haben: Im Innenverhältnis (gegenüber wie auch immer gearteten „vorgesetzten" Stellen) ist eine Berufung auf Art. 110 grundsätzlich möglich (z. B. dem Gemeinderatsmitglied, der sich gegen das Verbot der Stimmenthaltung oder des Tragens einer bestimmten Plakette wehrt;[34] insoweit ähnliche Wertung wie die grundsätzliche Grundrechtsgeltung auch im Sonderstatusverhältnis), es sei denn, die Verfassung hält eine spezielle staatsorganisatorische Freiheitsgewährleistung bereit (der Landtagsabgeordnete z. B. hätte sich auf Art. 13 und nicht auf Art. 110 zu berufen; bzgl. des Gemeinderatsmitglieds hat sich der VerfGH nicht klar festgelegt[35]). Bei einem Handeln nach außen, z. B. einer Äußerung des Bürgermeisters in amtlicher Eigenschaft (amtliche Wahlempfehlungen, Ehrverletzungen Warnungen etc.) dagegen kommt eine Berufung auf Art. 110 nicht in Betracht.[36] Die Grundrechtsträgerschaft für nichtamtliches Handeln steht außer Frage.[37]

b) Sachlicher Schutzbereich I – „Meinung". Hinsichtlich der Frage, was eine **7** grundrechtlich geschützte **Meinung** ist und inwieweit auch eine **Tatsachenbehauptung,** insbesondere die Behauptung einer **unwahren Tatsache,** dem Schutzbereich der Meinungsfreiheit unterfällt, lässt sich für die BV keine im Grundsatz vom GG und der Rspr. des BVerfG abweichende Linie feststellen, so dass insoweit auf **Rspr. und Lit. zum GG verwiesen** werden kann.[38] Der Begriff der Meinung ist grundsätzlich weit zu verstehen. Meinungen sind – so der VerfGH – wertende Stellungnahmen, die geistige Wirkung auf die Umwelt haben sollen und können.[39] Auch Tatsachenbehauptungen oder -mitteilungen sind geschützt, wenn ihnen ein Element der Stellungnahme im Rahmen einer geistigen Auseinandersetzung zukommt, wenn sie der Meinungsbildung dienen oder zumindest Voraussetzung für die Bildung von Meinungen, kurz: wenn sie **meinungsrelevant sind, meinungsbildenden Inhalt haben.**[40] Nicht geschützt ist die bewusst unwahre Tatsachenbehauptung bzw. eine solche, deren Unwahrheit im Zeitpunkt der Äußerung un-

---

[31] VerfGH 9, 21 (23); 14, 1 (2); 20, 153 (156); 29, 43 (44).

[32] *Meder,* Vor Art. 98 Rn. 3; *Stettner,* in: Nawiasky/Schweiger/Knöpfle, Art. 110 Rn. 31.

[33] *Jarass/Pieroth,* Art. 5 Rn. 8; *Starck,* in: v. Mangoldt/Klein/Starck, Art. 5 Rn. 24.

[34] VerfGH 37, 119; a. A. *Bauer/Böhle/Ecker,* Bayerische Kommunalgesetze, Art. 53 Rn. 1.

[35] Vgl. VerfGH 37, 119 ff; auf S. 121 wird einerseits der Vorrang der Gewährleistung des freien Mandats behauptet (die, wenn auch nicht klar auf Art. 13, dem Gemeinderatsmitglied auch prinzipiell zugesprochen wird), andererseits wird auf S. 124 f. aber doch Art. 110 geprüft.

[36] BVerwGE 104, 323 (326); undeutlich: VerfGH 48, 83; 50, 219 (226).

[37] VerfGH 47, 1 (19).

[38] *Jarass/Pieroth,* Art. 5 Rn. 3 ff; *Bethge,* in: Sachs, Art. 5 Rn. 25 ff., jeweils m. w. N.; zur BV: *Stettner,* in: Nawiasky/Schweiger/Knöpfle, Art. 110 Rn. 4 ff.

[39] VerfGH 30, 142 (146); 43, 148 (154).

[40] BVerfGE 94, 1 (7); 102, 347 (359).

zweifelhaft feststeht.[41] Meinung ist eine Äußerung zunächst **ohne Rücksicht auf ihren Wert oder Unwert,** ihre Bedeutsamkeit oder Banalität (sehr wohl schlägt diese Frage allerdings bei der Abwägung zu Buche)[42]; diese für das GG unzweifelhafte grundrechtsfreundliche Sichtweise wird man auch für Art. 110 aufrechterhalten können, obwohl Abs. 2 („Schmutz und Schund") einen Mut zur „Blankowertung"[43] aufbringt, der zu dem Schluss verleiten könnte, die BV traue sich zu, bestimmte, eben nach Abs. 2 zu bekämpfende Meinungen von vornherein aus dem Schutzbereich ausklammern zu können. Auch **Werbung** – politische ohnehin[44], aber (sofern wertend und meinungsbildend) auch Wirtschaftswerbung – kann geschützte Meinungsäußerung i. S. v. Art. 110 I 1 sein; über die hinsichtlich der Wirtschaftswerbung eher skeptische frühere Rspr. der VerfGH[45] („ungeistiges Ziel") ist die neuere Rechtsprechungsentwicklung[46] tendenziell hinausgegangen.[47]

8   **c) Sachlicher Schutzbereich II – Formen der Meinungskundgabe.** Art. 110 I 1 schützt nicht nur das Äußern, sondern auch das **Verbreiten** von Meinungen; dies folgt, auch wenn das Wort „verbreiten" anders als in Art. 5 I 1 GG noch fehlt, bereits aus der ausdrücklichen Aufführung von Medien der Verbreitung (Schrift, Bild, Druck etc.), außerdem aus der Zielrichtung der Meinungsfreiheit, nicht nur die Äußerung von Meinungen als solche, sondern vor allem auch das „geistige Wirken durch die Meinungsäußerung"[48] schützen zu wollen; der Begriff des Äußerns schließt deswegen den des Verbreitens mit ein.[49] Die Freiheit der Meinungsäußerung und -verbreitung bezieht sich nicht nur auf den Meinungsinhalt, sondern auch auf die freie **Wahl der Formen und Mittel der Meinungsäußerung und ihrer Verbreitung.**[50] Die ausdrücklich aufgeführten Medien der Meinungsäußerung **„Wort, Schrift, Druck, Bild"** sind entsprechend dem jeweiligen Stand der Technik weit auszulegen; auf ihre genaue Abgrenzung untereinander[51] kommt es nicht an, da, wie die (anders als im GG[52]) ausdrückliche Hinzusetzung **„oder in sonstiger Weise"** deutlich macht, eine nur beispielhafte Aufzählung gewollt ist und auch alle weiteren Möglichkeiten der Meinungsäußerung geschützt sein sollen.[53] Dies gilt insbesondere auch für **neue Medien** (unbeschadet des Rechts des Gesetzgebers, diesen eine sachangemessene Ordnung zu geben und ggf. Nutzungsregeln aufzustellen – mit dem Ergebnis, dass es mit Art. 110 letztlich durchaus vereinbar sein kann, seine Meinung nicht stets „in jeder Form und mit jedem Mittel" äußern zu dürfen);[54] Art. 110 ist insoweit **entwicklungsoffen;** die Tendenz des VerfGH, neue technische Formen der Meinungsäußerung im Zweifel Art. 110 und nicht den überkommenen besonderen Medienfreiheiten Art. 111, 111a zu unterstellen[55], bietet eine Chance, auch die unterschiedlichen **Internetdienste** adäquat zu erfassen, ohne der Rundfunkfreiheit mit ihren besonderen Strukturen Gewalt antun zu müssen.[56] Die Weite der geschützten Äußerungsformen bringt es mit sich, dass auch die in Art. 111, 111a speziell normierte **Presse- und Rundfunkfreiheit** im

---

[41] BVerfGE 99, 185 (197).

[42] *Badura,* Staatsrecht, C 62.

[43] *Leisner,* Die bayerischen Grundrechte, S. 64.

[44] VerfGH 34, 83, LS 2.

[45] VerfGH 4, 63 (76); 11, 23 (34).

[46] BVerfGE 95, 173 (182); 102, 347 (359); BGHZ 130, 196 (203).

[47] *Stettner,* in: Nawiasky/Schweiger/Knöpfle, Art. 110 Rn. 10 ff.

[48] VerfGH 34, 82 (95).

[49] VerfGH 30, 78 (89); *Stettner,* in: Nawiasky/Schweiger/Knöpfle, Art. 110 Rn. 22 ff.

[50] VerfGH 30, 78 (90 f.); 30, 142 (147); a. A. noch VerfGH 5, 13 (18); 11, 164 (182).

[51] Vgl. die Begriffsbestimmungen bei *Stettner,* in: Nawiasky/Schweiger/Knöpfle, Art. 110 Rn. 27.

[52] Im Ergebnis wird auch dort eine nur beispielhafte Aufzählung angenommen; *Jarass/Pieroth,* Art. 5 Rn. 7.

[53] VerfGH 30, 78 (90 f.); 30, 142 (147).

[54] VerfGH 30, 78 (91).

[55] VerfGH 39, 96 (164); kritisch *Stettner,* in: Nawiasky/Schweiger/Knöpfle, Art. 110 Rn. 27.

[56] Zur strittigen Einordnung im Bundesrecht: *Starck,* in: v. Mangoldt/Klein/Starck, Art. 5 Rn. 100.

Grundsatz bereits in Art. 110 angelegt und geschützt ist;[57] für die Pressefreiheit (Verbreitungsmedium „Druck") ist dies besonders offensichtlich,[58] aber auch für den Rundfunk hat der VerfGH Art. 110 bleibende Bedeutung zugemessen.[59] Soweit Art. 111, 111a spezialgesetzliche Sonderregelungen treffen, d. h. die im Kern bereits in Art. 110 angelegte Gewährleistung wiederholen, verstärken oder institutionell überlagern, und diese Sonderregeln ihrerseits mit der wertsetzenden Fundamentalnorm des Art. 110 vereinbar sind, tritt Art. 110 gegenüber Art. 111, 111a zurück (vgl. dazu bereits Rn. 2). Art. 110 gewährleistet auch die **Filmfreiheit**.[60] Grundsätzlich geschützt ist auch die Freiheit der **Wahl von Ort und Zeit** der Äußerung[61]; dazu, dass Art. 110 andererseits keinen Anspruch auf Verschaffung geeigneter Werkzeuge oder Foren der Kommunikation vermittelt, siehe schon Rn. 3. Die Problematik der Zulässigkeit des Einsatzes von **Druck und Gewalt** rührt an Grundfragen der Abgrenzung von immanenter Begrenzung des Schutzbereichs einerseits oder Beschränkbarkeit durch allgemeine Gesetze andererseits.[62] Art. 110 schützt auch die Freiheit, eine Meinung nicht zu äußern **(negative Meinungsfreiheit)**; die bloße Pflicht zur Verbreitung fremder Meinungen (als fremde) berührt Art. 110 nicht.[63]

2. Schranken

    a) Allgemeine Gesetze. Art. 110 BV formuliert – anders als Art. 5 II GG – keinen ausdrücklichen Vorbehalt der allgemeinen Gesetze. Dieser in der Tradition der WRV ursprünglich vorgesehene besondere Vorbehalt wurde – auf amerikanische Intervention – im Zuge der Schaffung der allgemeinen Grundrechtsschranke des Art. 98 S. 2 fallen gelassen (Rn. 5). Gleichwohl judiziert der VerfGH von Beginn an und in st. Rspr., die **Schranke der allgemeinen Gesetze sei Art. 110 immanent und für Art. 98 S. 2 deswegen kein Raum**.[64] Diese Weichenstellung ist in einem Maße eingefahren, im Lichte der besonderen Umstände der Entstehungsgeschichte erklärlich und vor allem auch sachgerecht, dass es wenig Sinn macht, sie nunmehr hinterfragen zu wollen, auch wenn es natürlich etwas Kühnes an sich hat, einer (ungeschriebenen) Schranke den Vorzug vor Art. 98 S. 2 zu geben, die gerade im Zuge der Schaffung eben jenes Art. 98 S. 2 bewusst gestrichen wurde.[65] Soweit ersichtlich, ist – obwohl keineswegs fern liegend – nie versucht worden, die Schranke der allgemeinen Gesetze aus **Art. 117** (allgemeine Gesetzesbefolgungspflicht) abzuleiten. Was den **Begriff des allgemeines Gesetzes** sowie die Handhabung der anzustellenden **Abwägung (Wechselwirkungslehre)** anbetrifft, bewegt sich der VerfGH weitgehend auf den vom GG her vertrauten Bahnen.[66] Allgemeine Gesetze sind demnach[67] solche, die kein Sonderrecht gegen eine bestimmte Meinung schaffen. Sie dienen dem Schutz eines schlechthin, ohne Rücksicht auf eine bestimmte Meinung zu schützenden Rechtsguts und damit der Sicherung eines Gemeinschaftswerts, welcher gegenüber der Meinungsfreiheit den Vorrang hat. Gesetz in diesem Sinn kann auch eine Verordnung sein. Das Grundrecht der Meinungsfreiheit steht allerdings nicht uneingeschränkt unter dem Vorbehalt der allgemeinen Gesetze. Wegen der überragenden Bedeutung des Grundrechts hat vielmehr eine

    9

---

  [57] VerfGH 30, 78 (89).

  [58] *Stettner*, in: Nawiasky/Schweiger/Knöpfle, Art. 110 Rn. 28 spricht von „Teilidentität".

  [59] VerfGH 30, 78 (91).

  [60] *Meder*, Art. 110 Rn. 1c.

  [61] *Jarass/Pieroth*, Art. 5 Rn. 6.

  [62] Dazu *Meder*, Art. 110 Rn. 1a; *Bethge*, in: Sachs, Art. 5 Rn. 34 ff.; besondere Beiträge des VerfGH hierzu sind nicht ersichtlich.

  [63] *Jarass/Pieroth*, Art. 5 Rn. 6b.

  [64] VerfGH 4, 63 (76); 11, 164 (182); 30, 78 (90); 30, 141 (147 f.); 32, 106 (114); 35, 1 (3); 37, 119 (125, dort ausdrücklich auch zu Art. 98 S. 2); 43, 148 (154); 47, 36 (42).

  [65] Anders z. B. noch *Hoegner*, Verfassungsrecht, S. 143 f.

  [66] Vgl. zur BV: *Stettner*, in: Nawiasky/Schweiger/Knöpfle, Art. 110 Rn. 37 ff.; *Meder*, Art. 11 Rn. 3 f.; zum GG: *Jarass/Pieroth*, Art. 5 Rn. 56 ff.; *Bethge*, in: Sachs, Art. 5 Rn. 142 ff.

  [67] Zu den folgenden, typischerweise verwendeten „Textbausteinen" z. B.: VerfGH 30, 144 (148); 37, 119 (124); 37, 140 (144).

Güterabwägung stattzufinden. Der Normgeber muss die bei Beschränkungen von Fundamentalnormen gezogenen Grenzen beachten, insbesondere darf er bei seiner Regelung die Bedeutung des Grundrechts der Meinungsfreiheit nicht verkennen und dieses im Wesensgehalt nicht antasten. Darüber hinaus hat er den Grundsatz der Verhältnismäßigkeit zu beachten. Zwischen dem Grundrecht auf freie Meinungsäußerung und den dieses Grundrecht begrenzenden allgemeinen Gesetzen besteht eine Wechselwirkung, wobei die in den allgemeinen Gesetzen gezogenen Schranken ihrerseits aus der Erkenntnis der wertsetzenden Bedeutung des Grundrechts im freiheitlich-demokratischen Staatswesen ausgelegt und notfalls eingegrenzt werden müssen.

10   **b) Schmutz und Schund.** Eine ausdrückliche Grundrechtsschranke normiert Art. 110 II in Bezug auf die Bekämpfung von „Schmutz und Schund". Über ihr Vorbild des Art. 118 II WRV geht diese Vorschrift insofern noch hinaus, als sie nicht nur (negativ) eine Grundrechtsschranke, sondern (positiv) auch einen entsprechenden Bekämpfungsauftrag statuiert (insoweit auch deutlicher als Art. 5 II GG, der den Jugendschutzauftrag nur implizit enthält).[68] Der Ausdruck „Schmutz und Schund" klingt für heutige, an „political correctness" gewohnte Ohren stark und befremdlich; die in ihm liegende „Blankowertung" erscheint problematisch.[69] Im Lichte der wertsetzenden Fundamentalnorm des Art. 110 I 1, aus Verhältnismäßigkeitsgründen, sowie um einen Gleichklang mit dem Bundesrecht herbeizuführen, wird allgemein eine einschränkende Auslegung befürwortet, die den Bekämpfungsauftrag auf das Ziel des Schutzes der Jugend bezieht und beschränkt.[70] Da die einschlägige Materie bundesrechtlich geregelt ist, hat die Schranke wenig Relevanz entfaltet.

11   **c) Sonstige Schranken.** Als immanente Schranke wohnt Art. 110 I nach der Rspr. des VerfGH auch das **Recht der persönlichen Ehre** inne[71] (insoweit Harmonisierung mit Bundesrecht, Art. 5 II GG); die praktischen Konsequenzen sind begrenzt, da zumeist bereits die Schranke der allgemeinen Gesetze greift, im übrigen auch auf kollidierendes Verfassungsrecht (allgemeines Persönlichkeitsrecht) abgestellt werden könnte und der Konflikt Meinungsfreiheit-Ehrenschutz überwiegend bundesrechtlich (Zivilrecht, Strafrecht) geregelt ist. Schranken können sich weiter aus **kollidierendem Verfassungsrecht** ergeben;[72] eigenständige Bedeutung indes erlangen auch diese Schranken nur, soweit das zum Schutze kollidierenden Verfassungsrechts beschränkende Gesetz nicht mehr als allgemeines Gesetz[73] qualifiziert werden kann. Als Einschränkungen rechtfertigendes kollidierendes Verfassungsrecht kommen grundsätzlich auch die Verfassungswerte der Sicherheit des Staates und des Schutzes der freiheitlichen demokratischen Verfassungsordnung (Art. 99, Rn. 1, 17)[74] in Betracht.[75] Der Streit um den Umgang mit **rechtsextremistischen Demonstrationen**[76] (zur Bedeutung für die Meinungsfreiheit und zur künftig landesrechtlichen Regelbarkeit siehe schon Rn. 5) hat deutlich gemacht, dass hieraus nicht vorschnell der Schluss gezogen werden darf, Meinungsäußerungen dürften (ohne konkrete Rechtsgutsverletzungen oder Strafrechtsverstöße) allein aufgrund ihres verfassungsfeindlichen Inhalts unterbunden werden. Erst wenn der freiheitliche Verfassungsstaat in seiner Substanz konkret gefährdet wäre, könnte die verfassungsimmanente Schranke „Schutz der Verfassungsordnung" greifen und

---

[68] *Hoegner,* Verfassungsrecht, S. 144; *Stettner,* in: Nawiasky/Schweiger/Knöpfle, Art. 110 Rn. 42.

[69] *Leisner,* Die bayerischen Grundrechte, S. 64.

[70] *Meder,* Art. 110 Rn. 7; *Stettner,* in: Nawiasky/Schweiger/Knöpfle, Art. 110 Rn. 42.

[71] VerfGH 35, 5 (3); dazu *Meder,* Art. 110 Rn. 3.

[72] *Stettner,* Art. 110 Rn. 45.

[73] Auf allgemeine Gesetze wird trotz Einschlägigkeit kollidierenden Verfassungsrechts abgestellt z. B. in VerfGH 34, 82; 43, 148 (Schul- und Beamtenrecht).

[74] *Möstl,* Die staatliche Garantie für die öffentliche Sicherheit und Ordnung, S. 55 ff.; VerfGH 18, 59.

[75] *Meder,* Art. 110 Rn. 4 mit Verweis auf VerfGH 11, 164.

[76] BVerfG 111, 147; zuvor BVerfG NJW 2001, 2070; a. A. OVG Münster NJW 2001, 2111.

ein „sonderrechtliches" Vorgehen gegen bestimmte Meinungen rechtfertigen; unterhalb dieser Schwelle indes muss gerade der freiheitliche Verfassungsstaat damit leben, dass auch gegen seine Verfassungsordnung gerichtete Meinungsäußerungen von der Meinungsfreiheit geschützt sind und – in den Grenzen des allgemeinen Gesetzes – prinzipiell toleriert werden müssen (es sei denn, die Verfassung selbst sieht – wie z. B. in Art. 15 – besondere präventive Schutzinstrumente der „wehrhaften Demokratie" vor, die bereits im Vorfeld solcher Gefährdungslagen greifen). Zu wenig beachtet hat die bisherige Diskussion indes, dass auch der öffentliche Friede ein Wert von Verfassungsrang ist[77] und, soweit er – das wird keineswegs bei jeder rechtsextremistischen Demonstration der Fall sein – ausnahmsweise konkret gefährdet ist (Beispiel Wunsiedel[78]), auch sonderrechtliche (gegen die den öffentlichen Frieden gefährdende Meinungsäußerung an sich gerichtete) Einschränkungen der Meinungsfreiheit gestatten kann.[79]

d) Die presserechtliche Schranken-Schranke des **Verbots der Vorzensur** (Art. 111 II 1; **12** siehe Art. 111, Rn. 14) gilt auch für Einschränkungen der Meinungsfreiheit.[80]

3. Drittwirkung (Absatz 1 Satz 2)

Einen Fall **unmittelbarer Drittwirkung** statuiert Art. 110 I 2. Die Vorschrift verbietet **13** es, in Arbeits- und Anstellungsverträge Bestimmungen aufzunehmen, welche die freie Meinungsäußerung beschränken, und untersagt die Beeinträchtigung der Meinungsäußerungsfreiheit durch private Maßnahmen.[81] Für das Beamtenrecht ist die Vorschrift ohne Belang, da der Dienstherr ohnehin unmittelbar an Art. 110 I 1 gebunden ist.[82] Dass für das GG eine entsprechende Regelung fehlt (im Ergebnis wird – und sei es über eine mittelbare Drittwirkung – ohnehin Ähnliches gelten[83]), schadet der Geltung des Art. 110 I 2 nach Art. 142 GG nicht (Rn. 5). Auch lässt das bundesrechtliche Zivilrecht v. a. über § 134 und § 823 II BGB durchaus Raum für die Beachtlichkeit des landesverfassungsrechtlichen Verbots. In kollidierenden Landes- oder Bundesgrundrechten Dritter kann Art. 110 I 2 BV indes an Grenzen stoßen.[84]

Art. 111 [Pressefreiheit]

(1) Die Presse hat die Aufgabe, im Dienst des demokratischen Gedankens über Vorgänge, Zustände und Einrichtungen und Persönlichkeiten des öffentlichen Lebens wahrheitsgemäß zu berichten.
(2) ¹Vorzensur ist verboten. ²Gegen polizeiliche Verfügungen, welche die Pressefreiheit berühren, kann gerichtliche Entscheidung verlangt werden.

Parallelvorschriften im GG und anderen Landesverfassungen: Art. 5 I 2 GG; Art. 19 II, V, VI BbgVerf; Art. 11 II HessVerf; Art. 10 I 3, 4 RhPfVerf; Art. 20 I 2, 3 SächsVerf; Art. 10 I 2, 3 VerfLSA; Art. 11 II ThürVerf (aufgeführt sind allein spezifische Gewährleistungen zugunsten der Presse, nicht die Art. 110 BV entsprechende allgemeine Meinungsäußerungsfreiheit in Schrift und Druck).

---

[77] *Möstl,* Die staatliche Garantie für die öffentliche Sicherheit und Ordnung, S. 68, 142 f.; problematisch insoweit die Geringschätzung der „öffentlichen Ordnung" (die das polizeirechtliche Äquivalent zum Begriff des öffentlichen Friedens darstellt), der das BVerfG (Nachweise vorige Fn.) pauschal die Kraft abspricht, Versammlungsverbote rechtfertigen zu können.
[78] BVerfG BayVBl. 2005, 755; VGH BayVBl. 2005, 755.
[79] Vgl. § 130 IV StGB; zum Streit um die Verfassungsmäßigkeit von § 15 II VersG und § 130 IV StGB: BVerfG BayVBl. 2005, 592; BVerfG NJW 2005, 3202; *Poscher,* NJW 2005, 558; *Scheidler,* BayVBl. 2005, 453.
[80] VerfGH 5, 13, LS 3; dazu *Stettner,* in: Nawiasky/Schweiger/Knöpfle, Art. 110 Rn. 43 f.
[81] VerfGH 18, 59 (73).
[82] Schief insoweit VerfGH 18, 59 (73); zu Recht *Stettner,* in: Nawiasky/Schweiger/Knöpfle, Art. 110 Rn. 46.
[83] *Badura,* Staatsrecht, C 62.
[84] *Stettner,* in: Nawiasky/Schweiger/Knöpfle, Art. 110 Rn. 49 (Beispiel Tendenzschutz eines Presseunternehmers).

Rechtsprechung: BVerfGE 10, 118; 20, 162; 52, 283; 66, 116; 80, 124; 95, 28; 97, 125; 101, 361; 113, 63; VerfGH 4, 13; 28, 24; 30, 78; 30, 142; 39, 96; VGH NJW 1983, 1339.

Literatur: Bullinger, Medien, Pressefreiheit, Rundfunkverfassung, in: FS 50 Jahre BVerfG, 2001, II, 193; *Fiebig,* Ansätze zu einem institutionellen Verständnis der Pressefreiheit, AfP 1995, 459; *Lerche,* Verfassungsrechtliche Fragen zur Pressekonzentration, 1971; *Möstl,* Politische Parteien als Medienunternehmer; DÖV 2003, 106; *Pieroth,* Pressefreiheit und Gefahrenabwehr, AfP 2006, 305; *Scheuner/Schnur,* Pressefreiheit, VVDStRL 22 (1965), 1/101.

I. Allgemeines

1. Bedeutung

1   Die **Pressefreiheit** ist ein **klassisches liberales Abwehrrecht** und als solches „Urgestein" des demokratischen Verfassungsstaates.[1] Der Presse kommt andererseits **in der Demokratie eine unentbehrliche Aufgabe** zu; sie fungiert als ein „ständiges Verbindungs- und Kontrollorgan zwischen dem Volk und seinen gewählten Vertretern", ihre „Aufgabe ist es, umfassende Information zu ermöglichen, die Vielfalt der bestehenden Meinungen wiederzugeben und selbst Meinungen zu bilden und zu vertreten".[2] Um der funktionsgerechten Erfüllung dieser demokratischen Aufgabe willen ist die Pressefreiheit auch **kein bloßes Abwehrrecht, sondern weist auch objektive Gehalte auf;** es garantiert das **Institut „Freie Presse"** und legt dem Staat eine entsprechende **Schutzpflicht** auf.[3] Diese, der Rspr. und Lit. zu Art. 5 I 2 GG entnommenen Grundsätze **gelten auch für Art. 111 BV.** Sein Absatz 1 bringt – sogar weitaus deutlicher als das GG – die objektive Aufgabe der Presse zum Ausdruck und verstärkt damit die bereits in Art. 110 I 1 grundgelegte subjektiv-abwehrrechtliche Gewährleistung (Art. 110, Rn. 2, 8) um eine institutionelle/objektiv-rechtliche Komponente. Andererseits macht Absatz 2 (durch das Verbot der Vorzensur und die ausdrückliche Erwähnung der „Pressefreiheit" in Satz 2) deutlich, dass die Pressefreiheit sich nicht in einer objektiv-rechtlichen Aufgabenzuweisung erschöpfen soll, sondern von Art. 111 BV selbstverständlich als klassisches Abwehrrecht und echtes Grundrecht vorausgesetzt und fortgeführt wird, das im Grunde bereits in Art. 110 I 1 gewährleistet ist und in Art. 111 näher ausgeformt werden soll.[4]

2   Bereits die bisherigen Ausführungen haben deutlich gemacht, dass **die Pressefreiheit der BV eine Doppelverankerung sowohl in Art. 110 als auch in Art. 111** aufweist,[5] die der näheren Präzisierung bedarf (allgemein zum Verhältnis von Art. 110 und den besonderen Medienfreiheiten vgl. bereits Art. 110, Rn. 2): Ist die in Art. 110 grundgelegte Pressefreiheit durch Art. 111 nur partiell überlagert und modifiziert oder hat Art. 111 letztlich den Gesamtkomplex Pressefreiheit einer abschließenden und Art. 110 verdrängenden Sonderregelung zugeführt? Zur Beantwortung dieser Frage ist es wichtig, sich vor Augen

---

[1] *Stettner,* in: Nawiasky/Schweiger/Knöpfle, Art. 111 Rn. 1, 4; *Bethge,* in: Sachs, Art. 5 Rn. 65.

[2] BVerfGE 20, 162 (174 f.); 52, 283 (296); 113, 63 (76).

[3] *Jarass/Pieroth,* Art. 5 Rn. 23; *Badura,* Staatsrecht, Rn. 23; BVerfGE 20, 162 (175); 66, 116 (135); 80, 124 (133).

[4] *Stettner,* in: Nawiasky/Schweiger/Knöpfle, Art. 111 Rn. 3.

[5] *Stettner,* in: Nawiasky/Schweiger/Knöpfle, Art. 110 Rn. 28: „Teilidentität".

zu führen, dass man von **„Presse"** in zweierlei Weise, nämlich **in einem engeren und einem weiteren Sinne** reden kann und muss. Geht man vom Abwehrrecht aus, ist klar, dass alle für die Allgemeinheit bestimmten Druckwerke gleich welcher Art (egal ob Tageszeitung, Buch, Plakat oder Flugblatt) geschützt sein müssen; Presse wird zum Synonym für alle Druckerzeugnisse. Blickt man andererseits auf die Aufgabe der Presse, ihre besondere Funktion in der Demokratie, muss auffallen, dass die gängigen Beschreibungen zwar sicherlich für Tageszeitungen und sonstige periodische Druckwerke, keinesfalls aber für alle Druckerzeugnisse passen. Ein Plakat, Buch oder Flugblatt ist kein „ständiges Verbindungsorgan zwischen dem Volk und seinen gewählten Vertretern", es muss keine „umfassende Information" ermöglichen (Rn. 1), und es hat auch nicht die „Aufgabe, im Dienst des demokratischen Gedankens über Vorgänge, Zustände und Einrichtungen und Persönlichkeiten des öffentlichen Lebens wahrheitsgemäß zu berichten" (Art. 111 I); vielmehr kann es von einer Einzelperson in legitimer Weise schlicht zur möglichst effektiven, einseitigen Verbreitung eigener Meinungen eingesetzt werden. Deutlich wird, dass nicht alle Druckerzeugnisse wirklich solche Berichterstattungs-Medien sind, auf die die Rede von der besonderen demokratischen Aufgabe und Verantwortung der Presse allein gemünzt sein kann; deutlich wird auch, dass, wenn man von institutionellen Gehalten, vom „Institut Freie Presse" spricht, ein engerer Pressebegriff zugrundegelegt werden muss.[6] Die Auslegung von Art. 5 I 2 GG leidet ein wenig darunter, dass diese beiden Dimensionen nicht sauber geschieden werden, sondern in dem einen Wort von der „Pressefreiheit" zusammengezogen werden müssen; einerseits muss die Schutzbereichsbestimmung von einem weiten Pressebegriff ausgehen; andererseits werden im Zusammenhang mit den Aufgaben der Presse und den institutionellen Gehalten Formeln verwendet, die ersichtlich nicht auf alle Druckerzeugnisse passen.[7] **Art. 110, 111 BV** bieten insoweit die Chance zu einer klareren Unterscheidung: Die abwehrrechtliche Pressefreiheit im umfassenden (alle Druckwerke erfassenden) Sinne ist durch Art. 110 gewährleistet (weiter Pressebegriff). **Art. 111 dagegen konzentriert sich auf solche (periodischen) Druckerzeugnisse, denen in der Demokratie eine besondere, in Abs. 1 umschriebene Berichterstattungsaufgabe zukommt, und trifft auch nur bzgl. ihrer eine spezielle Regelung (enger Pressebegriff).** Die Ausführungen *Hans Nawiaskys* (auf den Art. 111 maßgeblich zurückgeht) im VA machen sehr deutlich, dass die bereits in Art. 110 enthaltene klassische Gewährleistung der Pressefreiheit um eine Bestimmung ergänzt werden sollte, die die besondere Funktion der Presse im demokratischen Staat zum Ausdruck bringt und sich gerade deswegen nicht auf alles Gedruckte, z. B. auf Bücher (für die Art. 110 gilt), sondern nur auf Zeitungen, Zeitschriften und Druckwerke von vergleichbarer Bedeutung beziehen kann.[8] Nur hinsichtlich solcher Druckerzeugnisse i. e. S. bedarf die klassische Gewährleistung der freien Meinungsäußerung durch Druck (Art. 110) jener Verstärkung und Modifikation der Freiheitsgewährleistung durch besondere institutionelle Gehalte, wie sie Art. 111 aussprechen will. Es ist deswegen richtig und keineswegs Ausdruck eines zu engen, veralteten Pressebegriffs[9], wenn der VerfGH Beschränkungen der Verbreitung von Plakaten und Flugblättern wiederholt nicht an Art. 111, sondern allein an Art. 110 gemessen hat[10] und wenn er unter Presse allein den „Inbegriff aller einem unbestimmten Personenkreis zugänglichen, periodisch erscheinenden und in Massenvervielfältigungen hergestellten Druckerzeugnisse" versteht, „die eine aktuelle, informierende oder meinungsbildende Funktion erfüllen".[11]

Die Tätigkeit der Presse unterliegt zwar auch wichtigen bundesrechtlichen Maßgaben **3** und Grenzen (z. B. der Fusionskontrolle nach §§ 35 ff. GWB sowie den allgemeinen zivil-

---

6 Vgl. *Möstl*, DÖV 2003, 106 (110 f.).
7 *Jarass/Pieroth*, Art. 5 Rn. 25 einerseits, Rn. 23 andererseits.
8 Prot. I, S. 233, Prot. II, S. 482 f., 484; dazu auch VerfGH 4, 13 (18).
9 Gegen *Stettner*, in: Nawiasky/Schweiger/Knöpfle, Art. 110 Rn. 43; Art. 111 Rn. 4.
10 VerfGH 4, 13 (18); 30, 142 ff.
11 VerfGH 39, 96 (165); *Meder*, Art. 111 Rn. 1.

und strafrechtlichen Grenzen, z.B. zum Schutze des Persönlichkeitsrechts Dritter), das **Presserecht** als solches ist jedoch **Landesrecht** (BayPrG)[12]; seit der Föderalismusreform ist sogar die frühere Rahmengesetzgebungskompetenz des Bundes (Art. 75 I Nr. 2 GG a.F.; von ihr war nie Gebrauch gemacht worden) entfallen. Man könnte daher erwarten, dass Art. 111 BV – trotz der Parallelgewährleistung des Art. 5 I 2 GG – zu einer lebendigen und eigenständigen Verfassungsjudikatur in Bayern hätte führen können. Tatsächlich ist dies bisher nicht der Fall. Zu Art. 111 gibt es nur **verhältnismäßig wenige und meist beiläufige Entscheidungen des VerfGH;** die wichtigen Fragen der Pressefreiheit sind vom BVerfG entschieden worden (vgl. Rspr.-Nachweise am Anfang). Die hiesige Kommentierung beschränkt sich daher auf Strukturfragen und Besonderheiten der BV; es wird weitgehend darauf verzichtet, die reichhaltige Kasuistik und Kommentarliteratur zu Art. 5 I 2 GG im Einzelnen wiederzugeben und auf Art. 111 BV zu übertragen. Wo nicht gesondert erwähnt, ist eine Übertragung möglich.

2. Entstehung

4   Während der E die Pressefreiheit noch als bloßen Teilaspekt der allgemeinen Freiheit der Meinungsäußerung durch Wort, Schrift, Druck etc. (jetzt Art. 110) normieren wollte, machte erst *Hans Nawiasky* im VA den Vorstoß, die für eine Demokratie unerlässliche Funktion der Presse in einem gesonderten Presseartikel zum Ausdruck zu bringen und rechtlich näher zu fassen. Nach mehreren Umformulierungen wurde die heutige Fassung des Art. 111 angenommen. Die zunächst – neben der Verpflichtung zum wahrheitsgemäßen Bericht – eigens vorgesehene Beschränkung auf „sachliche Kritik" wurde auf alliierten Wunsch fallen gelassen.[13] Der Wortlaut des Art. 111 I kann nicht verhehlen, dass hier eine sehr nüchterne, wenig euphorische Beschreibung der Funktion der Presse gewählt wurde, die mehr den Aspekt der notwendigen Einschränkungen (Demokratietreue und Wahrheitspflicht) als den der nötigen institutionellen Verstärkung der bereits aus Art. 110 folgenden Freiheitsgewährleistung betont. Grund ist die bei der Verfassungsgebung noch sehr lebendige Erfahrung, dass die Pressefreiheit auch missbraucht und (wie von der nationalsozialistischen Presse) zur Untergrabung einer demokratischen Staatsordnung genutzt werden kann.[14]

3. Verhältnis zum Grundgesetz

5   Die Parallelgewährleistung des **Art. 5 I 2 GG,** die alle Aspekte der Pressefreiheit in sich vereint, folgt – wie bereits ausgeführt (Rn. 2) einer etwas anderen Regelungssystematik als die Art. 110, 111 BV, bei denen die Pressefreiheit für alle Druckerzeugnisse in Art. 110 gewährleistet ist (weiter Pressebegriff), während Art. 111 Sonderregeln für diejenigen Druckwerke trifft, denen die dort beschriebene besondere demokratische Aufgabe zukommt (enger Pressebegriff). Der Aspekt, dass die Presse eine besondere „öffentliche Aufgabe" hat, d.h. eine besondere Verantwortung trägt, die ggf. Einschränkungen der aus Art. 110 folgenden allgemeinen Pressefreiheit zur Folge haben kann, kommt bei Art. 111 tendenziell stärker zum Ausdruck als bei Art. 5 I 2 GG, der dem Wortlaut nach eine schlichte Freiheitsgewährleistung ist und bei dem auch die im Wege der Interpretation hineingelesenen objektiven/institutionellen Gehalte eher den Grundcharakter einer Verstärkung der klassischen individual-rechtlichen Gewährleistung tragen (Schutzbereichsverstärkung;[15] dass zur Sicherung der Funktion Eingriffe und Ausgestaltungsregelungen nötig sein können, gilt freilich auch im GG[16]). Die genannten Unterschiede, aufgrund de-

---

[12] Bayerisches Pressegesetz in der Fassung der Bekanntmachung vom 19. 4. 2000, GVBl. S. 340.

[13] Prot. I, S. 233 ff; II, S. 482 ff.; III S. 748 f.

[14] *Hoegner,* Verfassungsrecht, S. 145; *Meder,* Art. 111 Rn. 1 a.

[15] Z. B. BVerfGE 66, 116 (133 f.); die Rede von der „öffentlichen Aufgabe" (BVerfGE 20, 162 [175]) der Presse wird oft kritisch gesehen, so z. B. *Bethge,* in: Sachs, Art. 5 Rn. 67; *Schulze-Fielitz,* in: Dreier, Art. 5 Rn. 226.

[16] *Jarass/Pieroth,* Art. 5 Rn. 31; *Bethge,* in: Sachs, Art. 5 Rn. 73.

rer Art. 111 im Einzelnen hinter Art. 5 I 2 GG zurückbleiben oder über ihn hinausgehen könnte, ändert nichts daran, dass Art. 111 ein nach Art. 142 GG **weitergeltendes Landesgrundrecht** darstellt (vgl. Vorbem. B Wirkkraft LVerfR Rn. 13 ff.; Vor Art. 98, Rn. 110 ff.; Art. 110, Rn. 5). Dessen ungeachtet, kann es sinnvoll sein, Art. 111 BV im Wege der Auslegung an den – ohnehin unmittelbar geltenden und von der bayerischen Staatsgewalt zu beachtenden – Art. 5 I 2 GG anzunähern; nichts anderes geschieht, wenn etwa dem seinem Wortlaut nach allein als einschränkende Aufgabennorm formulierten Art. 111 I auch die Dimension einer grundrechtlichen Freiheitsverbürgung beigemessen wird;[17] der BV wird hierdurch keine Gewalt angetan, weil man zu dem gleichen Ergebnis auch bei einer rein innerbayerischen Betrachtung kommen kann, die Art. 111 I im Lichte der freiheitlichen Fundamentalnorm des Art. 110 sowie der ausdrücklichen Erwähnung der Pressefreiheit in Art. 111 II 2 auslegt. Aufs Ganze gesehen kann sich so zwischen Art. 110, 111 BV einerseits und Art. 5 I 2 GG andererseits weitgehender **Gleichklang** ergeben. An Grenzen stößt Art. 111 I, der maßgeblich zur Verhinderung von Missbräuchen der Pressefreiheit für undemokratische Zwecke geschaffen wurde (Rn. 4), auch in **Art. 18 GG,** der landesrechtlichen Vorschriften, die einer Grundrechtsverwirkung wegen Missbrauchs zum Kampf gegen die freiheitliche demokratische Grundordnung gleichkommen, entgegensteht.[18]

II. Einzelkommentierung

1. Der Pressebegriff und das Verhältnis von Art. 111 zu Art. 110

Alles Wesentliche hierzu ist bereits in Rn. 2 ausgeführt worden: Die besonderen – **6** Art. 110 modifizierenden – Aufgabenbestimmungen, Freiheitsgewährleistungen und institutionellen Sicherungen des Art. 111 gelten nicht für alle zur Verbreitung an die Allgemeinheit geeigneten und bestimmten Druckerzeugnisse (weiter Pressebegriff – für sie gilt allein Art. 110),[19] sondern nur für solche „einem unbestimmten Personenkreis zugänglichen, periodisch erscheinenden und in Massenvervielfältigungen hergestellten Druckerzeugnisse", „die eine aktuelle, informierende oder meinungsbildende Funktion erfüllen" **(enger Pressebegriff).**[20] Während also v. a. **Zeitungen und Zeitschriften** von Art. 111 erfasst sind, unterfallen z. B. Flugblätter allein Art. 110.[21] Auf eine **inhaltliche Bewertung** kommt es dagegen auch nach bayerischem Recht **nicht** an; nicht nur seriöse, sondern auch unterhaltende oder banale Presse ist erfasst.[22] Auch **gruppeninterne** Publikationen, also z. B. Werks- oder Schülerzeitungen, sind geschützt.[23] Die Zuordnung **neuer Massenkommunikationstechniken** kann schwierig sein: Zwar ist auch Art. 111 – nicht anders als Art. 110[24] – nach dem Stand der Technik weit auszulegen und insoweit entwicklungsoffen; andererseits verlangt der Pressebegriff doch eine gewisse Materialisierung; ob es allein ausreicht, dass elektronisch übermittelte Kommunikation ausgedruckt werden kann, ist fraglich; im Zweifel ist eine Zuordnung zu Art. 110 vorzunehmen, der eine medienadäquate Ausgestaltung zulässt.[25] Während das BVerfG, was die **Abgrenzung von Meinungs- und Pressefreiheit** angeht, Fragen der inhaltlichen Zulässigkeit einer bestimmten Äußerung allein an Art. 5 I 1 GG misst und die Pressefreiheit nur für einschlägig erachtet, wenn darüber hinaus die Bedeutung der Presse für die freie individuelle und öffentliche Meinungsbildung in Rede steht und es um die institutionellen Voraussetzungen

---

[17] VerfGH 28, 24 (41); *Stettner,* in: Nawiasky/Schweiger/Knöpfle, Art. 111 Rn. 3.

[18] BVerfGE 10, 118.

[19] A. A. *Stettner,* in: Nawiasky/Schweiger/Knöpfle, Art. 111 Rn. 4.

[20] VerfGH 39, 96 (165); *Meder,* Art. 111 Rn. 1; *Nawiasky,* Prot II, S. 484.

[21] VerfGH 4, 13 (18); 30, 142 ff.

[22] *Stettner,* in: Nawiasky/Schweiger/Knöpfle, Art. 111 Rn. 4; *Jarass/Pieroth,* Art. 5 Rn. 26; BVerfGE 101, 361, LS 4.

[23] VerfGH 28, 24 (41); BVerfGE 95, 28.

[24] VerfGH 30, 78 (90 f.).

[25] VerfGH 39, 96 (165); *Bethge,* in: Sachs, Art. 5 Rn. 73 a.

und Rahmenbedingungen der Pressebetätigung geht,[26] ist nicht sicher, ob der VerfGH diese subtile Unterscheidung mitmachen würde. Legt man die zur Rundfunkfreiheit entwickelten Kriterien zugrunde,[27] gewährleistet Art. 111 im Bereich der Presse auch die Meinungsfreiheit.

2. Gewährleistung der Pressefreiheit

7   **a) Grundrechtscharakter.** Dass Art. 111 überhaupt Grundrechtscharakter hat, ist angesichts des Wortlauts keineswegs selbstverständlich: Der als Aufgabennorm formulierte Art. 111 I könnte auch als bloße Einschränkung einer in Art. 110 gewährleisteten Pressefreiheit verstanden werden; Art. 111 II 1 betrifft eine Schranken-Schranke; allein Art. 111 II 2 lässt recht deutlich erkennen, dass eine grundrechtliche Gewährleistung gewollt oder zumindest vorausgesetzt wird („Pressefreiheit"). Dennoch war es richtig, dass der VerfGH dem Art. 111 insgesamt die **Gewährleistung der Pressefreiheit** entnimmt (dazu schon Rn. 1 und 5; Annäherung an das GG; Gesamtschau von Art. 111 I und II sowie Art. 110 und 111).[28] Inhaltlich ist die Gewährleistung dadurch geprägt, dass sie einer Norm entstammt, die um der Funktion der Presse willen geschaffen wurde[29] und mit der klassisch-individualrechtlichen Gewährleistung des Art. 110 nicht identisch ist, sondern sie – verstärkend, modifizierend und ggf. einschränkend – überlagern soll: Art. 111 gewährt dem Einzelnen (abwehrrechtlich und objektiv-rechtlich) **das Recht, die in Abs. 1 umrissene Aufgabe in Freiheit zu erfüllen.**[30]

8   **b) Persönlicher Schutzbereich.** Art. 111 äußert sich zur **Grundrechtsträgerschaft**[31] nicht; wegen des Wechselbezugs mit der Fundamentalnorm des Art. 110 wird man das dort Geltende („Bewohner Bayerns", Art. 110, Rn. 6) entsprechend heranziehen können. Grundsätzlich nicht Grundrechtsträger sind der Staat und sonstige juristische Personen des öffentlichen Rechts (Ausnahme: Kirchen; für Universitäten und Rundfunkanstalten ergibt sich eine Zuordnung zur Wissenschafts- bzw. Rundfunkfreiheit); amtliche Veröffentlichungen und sonstige Staatspresse sind unter dem Aspekt der Grenzen zulässiger Öffentlichkeitsarbeit zu würdigen. Auch Minderjährige sind geschützt (Schülerzeitung[32]). Nicht nur die Verlage, auch die Herausgeber, die Mitarbeiter sowie ggf. Händler können geschützt sein (institutionelle Sicht).

9   **c) Schutzbereichsverstärkungen.** Das bereits aus Art. 110 folgende Schutzniveau wird um der Aufgabe der Presse willen (Art. 111 I) in verschiedener Hinsicht **institutionell verstärkt.** Im Einzelnen gibt es hierzu noch kaum Rspr. des VerfGH; dennoch wird man **das zu Art. 5 I 2 GG Entwickelte auf Art. 111 BV übertragen können** (z. B. Schutz aller mit der Pressearbeit zusammenhängenden Tätigkeiten, von der Beschaffung der Information bis hin zur Verbreitung der Nachricht; freie Gründung von Presseorganen; freier Berufszugang; Tendenzschutz; Schutz der Vertraulichkeit zwischen Informant und Presse; Schutz der Verbreitungswege; Informationsansprüche gegenüber dem Staat; Recht zur Werbung etc.).[33] Auch zur Frage **innerer Pressefreiheit** (ist sie überhaupt geschützt,

---

[26] BVerfGE 85, 1 (12 f.); 95, 28 (34); *Jarass/Pieroth,* Art. 5 Rn. 24; kritisch: *Bethge,* in: Sachs, Art. 5 Rn. 89.

[27] VerfGH 47, 157.

[28] VerfGH 28, 24 (33, 41); 39, 96 (164); *Stettner,* in: Nawiasky/Schweiger/Knöpfle, Art. 111 Rn. 3; *Meder,* Art. 111 Rn. 1 b.

[29] *Nawiasky,* Prot. II, S. 482.

[30] *Meder,* Art. 111 Rn. 1 b.

[31] Zum Folgenden: *Stettner,* in: Nawiasky/Schweiger/Knöpfle, Art. 111 Rn. 14 ff.; *Bethge,* in: Sachs, Art. 5 Rn. 74 ff.; *Jarass/Pieroth,* Art. 5 Rn. 28.

[32] VerfGH 28, 24 (41), auch zu den hier relevanten Modifikationen und kollidierenden Rechtspositionen.

[33] *Stettner,* in: Nawiasky/Schweiger/Knöpfle, Art. 111 Rn. 12 f.; *Jarass/Pieroth,* Art. 5 Rn. 27 f. m. w. N. zur reichhaltigen Rspr. der BVerfG.

und wie weit reicht sie?) lassen sich keine Unterschiede zur Rechtslage unter dem GG ausmachen; zumindest die negative Meinungsfreiheit gegenüber dem Arbeitgeber ist bereits nach Art 110 I 2 geschützt.[34] **Art. 111 II 2,** der den Rechtsschutz gegen polizeiliche Verfügungen garantiert (und insoweit nicht über Art. 19 IV GG, Art. 3 I BV hinausgeht[35]), ist für sich genommen keine Gewährleistung der sog. **Polizeifestigkeit** der Presse; die Beschlagnahmebeschränkungen der Art. 15 f. BayPrG und der verbotene Rückgriff auf präventivpolizeiliche Eingriffsmaßnahmen nach allgemeinem Polizeirecht sind jedoch Ausdruck des Verhältnismäßigkeitsprinzips.[36] Art. 111 erweitert die abwehrrechtliche Stoßrichtung um die Dimension einer **Schutzpflicht;** aus ihr folgt jedoch kein Anspruch auf staatliche Förderung; im Gegenteil folgen für staatliche **Pressesubventionen** aus der Pressefreiheit enge Maßgaben (Neutralität, Gleichbehandlung, ggf. Gesetzesvorbehalt).[37]

d) Schutzbereichsbegrenzungen? Nach Art. 111 I hat die Presse eine bestimmte Aufgabe zu erfüllen. Kommt es zu wesentlichen Störungen dieser Aufgabenerfüllung, resultiert aus Art. 111 I ein **Schutzauftrag** an den Gesetzgeber, durch entsprechende Maßnahmen sicherzustellen, dass die freie Presse ihrer Aufgabe gerecht wird.[38] Der regelmäßige Modus, mit dem der Gesetzgeber diesem Auftrag nachkommt, ist entweder eine (an Art. 111 I zu messende) sog. Ausgestaltungsregelung oder auch der rechtfertigungsbedürftige (und ggf. nach Art. 111 I rechtfertigbare) Eingriff in die Pressefreiheit (Rn. 12 ff.); Art. 111 I fungiert insoweit in Bezug auf die Pressefreiheit als **Recht zur Ausgestaltung bzw. zum Eingriff.** Vorsicht geboten ist jedoch mit dem Versuch, bestimmte Verhaltensweisen wegen eines vermeintlichen Verstoßes gegen Art. 111 I von vornherein aus dem Schutzbereich ausnehmen zu wollen (Art. 111 I als **Schutzbereichsbegrenzung);**[39] auch Art. 111 I setzt das Recht der Presse zu einer eigenverantwortlichen, selbstdefinierten Erfüllung ihrer Aufgaben voraus. Was die aus Art. 111 I resultierende Pflicht zur Wahrheit anbelangt, so folgt bereits aus den Funktionsbedingungen der Pressearbeit (Zeitdruck der Recherche), d. h. unter Zugrundelegung einer institutionellen, an einer funktionsgerechten Aufgabenerfüllung orientierten Sichtweise, dass Art. 111 I keine absolute Wahrheitspflicht, sondern nur eine **subjektive Wahrheitsverpflichtung** im Sinne eines Verbots bewusst oder offensichtlich unwahrer Behauptungen (wie Art. 110) bzw. einer Pflicht zur Anwendung von Sorgfalt im Rahmen des Möglichen meinen kann[40]. Was dagegen die **Treue zur Demokratie** anbelangt, so macht bereits die Tatsache, dass sich die Schranken-Schranke des Verbots der Vorzensur nach Art. 111 II 1 nach einhelliger Meinung auch auf undemokratische und insofern gegen Art. 111 I verstoßende Berichterstattung bezieht, deutlich, dass diese nicht als solche und von vornherein aus dem Schutzbereich der Pressefreiheit herausfallen soll.[41] Undemokratische Pressebetätigung automatisch aus dem Schutzbereich herausnehmen zu wollen, würde sich außerdem in Widerspruch zu Art. 18 GG setzen, der den Ausspruch der Verwirkung wegen Missbrauchs der Pressefreiheit zum Kampf gegen die freiheitliche demokratische Ordnung beim BVerfG monopolisiert und damit landesrechtlichen Vorschriften, die einer Grundrechtsverwirkung gleichkommen (was beim automatischen Grundrechtsverlust der Fall wäre), entgegensteht.[42] Zu bedenken

10

---

[34] Dazu *Stettner,* in: Nawiasky/Schweiger/Knöpfle, Art. 111 Rn. 9 ff.; *Meder,* Art. 111 Rn. 1 e; *Bethge,* in: Sachs, Art. 5 Rn. 81.

[35] *Stettner,* in: Nawiasky/Schweiger/Knöpfle, Art. 111 Rn. 26.

[36] VGH NJW 1983, 1339.

[37] BVerfGE 80, 124.

[38] *Badura,* Staatsrecht, C 67.

[39] Für derartige Schutzbereichsbegrenzungen in weitem Umfang jedoch: *Meder,* Art. 111 Rn. 1 c, 1 d; s. a. *Nawiasky,* Prot II, S. 482; wie hier skeptisch: *Stettner,* in: Nawiasky/Schweiger/Knöpfle, Art. 111 Rn. 8.

[40] BVerfGE 12, 113 (130); 54, 208 (219 f.); *Stettner,* in: Nawiasky/Schweiger/Knöpfle, Art. 111 Rn. 8; *Meder,* Art. 111 Rn. 1 c; *Starck,* in: v. Mangoldt/Klein/Starck, Art. 5 Rn. 67 ff.

[41] Insofern ist die Darstellung *Meders* (Art. 111 Rn. 2 einerseits und 3 andererseits) widersprüchlich.

[42] BVerfGE 10, 118; *Stettner,* in Nawiasky/Schweiger/Knöpfle, Art. 111 Rn. 8.

ist schließlich, dass in der Sichtweise des BVerfG auch die kritische Auseinandersetzung mit wesentlichen Verfassungsgrundsätzen sowie die Forderung, tragende Bestandteile der freiheitlichen demokratischen Grundordnung zu ändern, von der Pressefreiheit gedeckt sind;[43] auch mit Blick auf die Parallelgewährleistung des Art. 5 I 2 GG sollte deswegen für Art. 111 BV nicht vorschnell eine Schutzbereichsbegrenzung angenommen werden.

3. Ausgestaltung und Eingriff

11   **a) Allgemeines.** Art. 111 I BV kann – nicht anders als die objektiven Gehalte des Art. 5 I 2 GG – den Gesetzgeber berechtigen und verpflichten, **Ausgestaltungsregelungen** zur Gewährleistung einer funktionsgerechten Aufgabenerfüllung zu treffen; ergreift der Staat Maßnahmen, die als **Eingriffe** in die Pressefreiheit zu werten sind, kann aus dem Schutzauftrag zugunsten einer funktionsgerechten Aufgabenerfüllung eine sachliche Rechtfertigung solcher Eingriffe erwachsen. Die Frage, wie Eingriffe von Ausgestaltungsregelungen abzugrenzen sind, und wie sich die Prüfung einer Ausgestaltungsregelung von der Prüfung gewöhnlicher Eingriffsrechtfertigung unterscheidet, ist für das Bundesrecht umstritten und nicht ins Letzte geklärt.[44] Das bayerische Verfassungsrecht hat zu dieser Frage – jedenfalls was Art. 111 anbetrifft[45] – bislang nichts Eigenständiges beitragen können. Allenfalls wird man sagen können, dass aufgrund der starken Betonung der Aufgaben der Presse der Raum für Ausgestaltungsgesetze nach Art. 111 BV tendenziell größer ist als nach Art. 5 I 2 GG. Anderseits ist auch nach bayerischem Verfassungsrecht, vorausgesetzt, dass die Pressefreiheit (insoweit anders als die Rundfunkfreiheit) sich in prinzipiell unreglementierter Privatwirtschaftlichkeit verwirklicht, kein von vornherein „normgeprägtes" Grundrecht ist und nicht zur ausschließlich „dienenden Freiheit" gemacht werden darf.[46] Anders als bei der Rundfunkfreiheit streitet bei der Pressefreiheit die Vermutung dafür, dass eine funktionsgerechte Aufgabenerfüllung auch in unreglementierter Freiheit möglich ist und nicht von vornherein durch eine umfassende gesetzliche Ordnung sichergestellt werden muss; punktuelle Ausgestaltungen und Eingriffe genügen.[47]

12   **b) Schranke der allgemeinen Gesetze.** Der Pressefreiheit nach Art. 111 ist ebenso wie der Meinungsfreiheit nach Art. 110 die **Schranke der allgemeinen Gesetze immanent;** auf Art. 98 S. 2 kann nicht zurückgegriffen werden.[48] Insoweit sei auf die Darstellung zu Art. 110 verwiesen (Art. 110, Rn. 9). Ein Gesetz ist nicht bereits deswegen kein allgemeines Gesetz, weil es Fragen der Pressetätigkeit regelt und nur für die Presse gilt (sonst würde die presserechtliche Gesetzgebungskompetenz weitgehend leer laufen); entscheidend ist auch hier die Meinungsneutralität.[49]

13   **c) Verbot der Vorzensur (Abs. 2 S. 1).** Seiner systematischen Bedeutung nach ist das **Verbot der Vorzensur** eine Schranken-Schranke;[50] die Qualifizierung als eigenständiges Grundrecht[51] erscheint unnötig und problematisch. Nachträgliches Einschreiten (nach Veröffentlichung) ist nicht erfasst. Nach der Rspr. des VerfGH stellen bloße Anzeige- und Vorlagepflichten, wenn von ihnen die Veröffentlichung nicht abhängt, sondern durch sie ein verfassungsmäßiges zulässiges repressives Einschreiten nur erleichtert wird, keine Vorzensur dar.[52]

---

[43] BVerfGE 113, 63 (82).

[44] *Jarass/Pieroth,* Art. 5 Rn. 29 ff.; *Bethge,* in: Sachs, Art. 5 Rn. 73; *Schulze-Fielitz,* in: Dreier, Art. 5 Rn. 212 ff.; *Hofmann-Riem,* in: AK, Art. 5 Rn. 158; zuletzt BVerfG vom 12. 3. 2008 – 2 BvF 4/03, B.II.4.

[45] Zu Art. 111 a vgl. z. B. VerfGH 56, 1 (5 f.); s. a. Vor Art. 98, Rn. 99 f.; Art. 111 a Rn. 19.

[46] *Bethge,* in: Sachs, Art. 5 Rn. 73.

[47] *Möstl,* DÖV 2003, 106 (108).

[48] VerfGH 28, 24 (41).

[49] *Schulze-Fielitz,* in: Dreier, Art. 5 Rn. 137.

[50] *Stettner,* in: Nawiasky/Schweiger/Knöpfle, Art. 110 Rn. 43 f. (auch zum Folgenden).

[51] In diese Richtung: *Meder,* Art. 111 Rn. 3; VerfGH 28, 24 (33).

[52] VerfGH 5, 13.

d) Beispiele. Entscheidungen des VerfGH sind dünn gesät. An Art. 111 gemessen, wur- 14
den Regelungen des Schulrechts zu **Schülerzeitungen.**[53] Das **Gegendarstellungsrecht**
(Art. 10 BayPrG) ist mit der Pressefreiheit vereinbar.[54] Künftig relevant werden könnte das
Problem der **Beteiligung politischer Parteien an Presseunternehmen;**[55] in Oberfranken z. B. erreicht der Marktanteil regionaler Tageszeitungen, an denen die SPD (zumeist
über mittelbare Minderheitsbeteiligungen) beteiligt ist, immerhin 70 %.[56] Parteien sind
als im Gesellschaftlichen wurzelnde Kräfte grundsätzlich Träger der Kommunikations-
und Medienfreiheiten. Andererseits kann der Auftrag der Presse (Art. 111 I) zu einer freien,
unabhängigen und auch kritischen Berichterstattung über das politische Geschehen in
Gefahr geraten, wenn an dem Presseunternehmen eben jene (die Parteien) beteiligt sind,
über die die Presse Bericht zu erstatten hat. Es ist deswegen zulässig, so, wie anderwärts
bereits geschehen (§ 5 Abs. 3 des Hessischen Pressegesetzes, der über Art. 8 BayPRG hinausgeht), die Presse zu einer regelmäßigen Offenlegung ihrer (auch mittelbaren) Parteibeteiligungen im Impressum zu verpflichten. Auch Vorkehrungen gegen ein Überhandnehmen von Parteibeteiligungen, z. B. Begrenzungen von Parteibeteiligungen an Zeitungen
mit regionalem Monopol, erscheinen vorstellbar. Ein völliges Verbot wäre jedoch unverhältnismäßig. Zur Rundfunkfreiheit vgl. Art. 111 a, Rn. 12.

Art. 111 a [Rundfunkfreiheit]

(1) [1]Die Freiheit des Rundfunks wird gewährleistet. [2]Der Rundfunk dient der Information durch wahrheitsgemäße, umfassende und unparteiische Berichterstattung sowie durch die Verbreitung von Meinungen. [3]Er trägt zur Bildung und
Unterhaltung bei. [4]Der Rundfunk hat die freiheitliche demokratische Grundordnung, die Menschenwürde, religiöse und weltanschauliche Überzeugungen zu
achten. [5]Die Verherrlichung von Gewalt sowie Darbietungen, die das allgemeine
Sittlichkeitsgefühl grob verletzen, sind unzulässig. [6]Meinungsfreiheit, Sachlich-
keit, gegenseitige Achtung, Schutz vor Verunglimpfung sowie die Ausgewogenheit des Gesamtprogramms sind zu gewährleisten.
(2) [1]Rundfunk wird in öffentlicher Verantwortung und in öffentlich-rechtlicher
Trägerschaft betrieben. [2]An der Kontrolle des Rundfunks sind die in Betracht
kommenden bedeutsamen politischen, weltanschaulichen und gesellschaftlichen
Gruppen angemessen zu beteiligen. [3]Der Anteil der von der Staatsregierung,
dem Landtag und dem Senat★ in die Kontrollorgane entsandten Vertreter darf ein
Drittel nicht übersteigen. [4]Die weltanschaulichen und gesellschaftlichen Gruppen
wählen oder berufen ihre Vertreter selbst.
(3) Das Nähere regelt ein Gesetz.

★ Die infolge des Gesetzes zur Abschaffung des Bayerischen Senates vom 20. Februar 1998 (GVBl.
S. 42) gebotene Anpassung von Art. 111 a Abs. 2 Satz 3 BV ist bislang nicht erfolgt.

Parallelvorschriften im GG und anderen Landesverfassungen: Art. 5 I 2 GG; Art. 19 II, IV BbgVerf; Art. 10 I
3 RhPfVerf; Art. 20 I 2, II SächsVerf; Art. 10 I 2 VerfLSA; Art. 11 II, 12 ThürVerf.

Rechtsprechung: BVerfGE 12, 205; 35, 202; 57, 295; 73, 118; 83, 238; 90, 60; 95, 220; 97, 298; 107, 299;
114, 371; Urteil v. 11. 9. 2007 – 1 BvR 2270/05 u. a.; Urteil vom 12. 3. 2008 – 2 BvF 4/03; VerfGH 30,
78; 39, 96; 42, 11; 43, 170; 44, 1; 44, 61; 45, 80; 45, 149; 46, 89; 46, 191; 47, 36; 47, 157; 48, 6; 52, 143; 53, 196;
54, 165; 56, 1; 58, 137; 58, 277; Entscheidung vom 25. 5. 2007 – Vf. 15-VII-04.

Literatur: Badura, Gleichgewichtige Vielfalt im System des dualen Rundfunks in Deutschland, JA
1987, 180; *ders.,* Gewährleistung der Freiheit des Rundfunks, „Funktion" des Rundfunks und „öf-

---

[53] VerfGH 28, 24 (41 f.).
[54] Zur Gegendarstellung im Rundfunkrecht: VerfGH 47, 157; siehe auch BVerfGE 97, 125.
[55] Dazu *Möstl,* DÖV 2003, 106 ff.
[56] *Feser,* Vermögensmacht und Medieneinfluss – Parteieigene Unternehmen und die Chancengleichheit der Parteien, 2003, S. 198.

fentliche Aufgabe" der Rundfunkveranstalter, in: FS Knöpfle, 1996; *ders.*, Drei Zeitalter des Rundfunks in Deutschland, in: FS Scharf, 2000, S. 12; *Bethge*, Die Freiheit des privaten Rundfunks, DÖV
2002, 673; *Bullinger*, Medien, Pressefreiheit, Rundfunkverfassung, in: FS 50 Jahre BVerfG, 2001, Bd.
II, 193; *Bumke*, Die öffentliche Aufgabe der Landesmedienanstalten, 1995; *Degenhart*, Duale Rundfunkordnung und GG, Jura 1988, 21; *Jarass*, Rundfunkbegriffe im Zeitalter des Internet, AfP 1998,
133; *Ladeur*, Grundrechtskonflikte in der dualen Rundfunkordnung, AfP 1998, 133; *ders./Gotomzyk*,
Rundfunkfreiheit und Rechtsdogmatik, JuS 2002, 1145; *Lerche*, Zu Grundfragen der öffentlich-
rechtlichen Trägerschaft des Rundfunkbetriebes in Bayern, ZUM 1993, 441; *ders.*, Zum Rundfunkartikel der Bayerischen Verfassung – gestern und heute, in: Rüthers/Stern, Freiheit und Verantwortung im Verfassungsstaat, 1984, S. 245; *Ricker/Schiwy*, Rundfunkverfassungsrecht, 1997; *Ruck*, Zur
Unterscheidung von Ausgestaltungs- und Schrankengesetzen im Bereich der Rundfunkfreiheit,
AöR 1992, 543; *Scharf*, Aufgabe und Begriff des Rundfunks, BayVBl. 1968, 337; *Starck*, „Grundver-
sorgung" und Rundfunkfreiheit, NJW 1992, 3257; *Stettner*, in: Nawiasky/Schweiger/Knöpfle,
Art. 111 a.

Übersicht

I. Allgemeines

1. Bedeutung

1   a) Die **Rundfunkfreiheit** weist sowohl unter dem GG wie nach der BV ein besonderes,
sie von anderen Grundrechten unterscheidendes Gepräge auf, das seinerseits auf drei charakteristische Eigenarten des Rundfunks zurückgeführt werden kann: Der Rundfunk ist
erstens für die **freiheitlich-demokratische Staatsordnung von „schlechthin konstituierender" Bedeutung;** er ist nicht nur **„Medium",** sondern entscheidender **„Faktor"**
der öffentlichen Meinungsbildung.[1] Der Rundfunk nimmt unter den Medien aufgrund
seiner herausragenden **Breitenwirkung, Aktualität und Suggestivkraft** zweitens eine
Sonderstellung ein, die ihn von den Printmedien (Art. 111) abhebt und die ihm in
Art. 111 a zugedachte, auf inhaltliche Ausgewogenheit und Vielfalt gerichtete Sonderbehandlung rechtfertigt.[2] Entscheidend für die besondere Ausgestaltung der Rundfunkfreiheit ist drittens die Einschätzung, dass sich das für die Demokratie besonders wichtige
Ziel der inhaltlichen Vielfalt im Rundfunkbereich **allein über den Markt nicht herstellen lässt,** sondern unter Marktbedingungen strukturell gefährdet ist.[3] Konsequenz ist eine
besondere Konzeption der Freiheitsgewährleistung, die mit dem Stichwort von der **dienenden Freiheit**[4] umschrieben ist: Anders als die anderen Grundrechte ist die Rundfunkfreiheit im Ausgangspunkt nicht die Garantie eines bestimmten Bereichs individueller
Freiheit; sie ist nicht primär im (subjektiven) Interesse des einzelnen Rundfunkveranstal-
ters, sondern im (objektiven) **Interesse freier individueller und öffentlicher Meinungsbildung** gewährleistet; sie zielt auf die Freiheit des Rundfunks i. S. eines Ord-

---

[1] VerfGH 30, 78 (94); BVerfGE 12, 205 (260); 83, 238 (296).
[2] BVerfGE 90, 60 (87); BVerfG vom 11. 9. 2007, Nr. 116.
[3] BVerfG v. 11. 9. 2007 – 1 BvR 2270/05.
[4] VerfGH v. 25. 5. 2007 – Vf. 15-VII-04, V. A. 2.

nungszustands, in dem diese freie individuelle und öffentliche Meinungsbildung möglich wird.[5] Zur Sicherung einer solchermaßen dienenden Rundfunkfreiheit reicht es nicht, wenn der Rundfunk lediglich abwehrend von staatlicher Einflussnahme geschützt und im Übrigen dem freien Spiel der gesellschaftlichen Kräfte überlassen würde; vielmehr bedarf der Rundfunk von vornherein einer **positiven** (gesetzlichen) **Ordnung,** die sicherstellt, dass er seiner meinungsbildenden Aufgabe gerecht wird.[6] Diese Ordnung muss gewährleisten, dass der Rundfunk – dies sind die beiden maßgeblichen Schutzrichtungen – **weder dem Staat noch einzelnen gesellschaftlichen Gruppen** überlassen wird, sondern seine Aufgabe, die **Vielfalt der Meinungen in möglichster Breite und Vollständigkeit zum Ausdruck zu bringen,** in institutioneller Freiheit und Unabhängigkeit der Berichterstattung nachkommen kann.[7] Hierzu bedarf es sowohl besonderer **organisatorischer** Vorkehrungen (Regelungen über Art und Organisation der Veranstalter) als auch der Bindung an **inhaltliche** Ziele und Programmgrundsätze.[8]

b) Der erst 1973 eingefügte (Rn. 7) **Art. 111 a** trägt all dem Rechnung. Zu Recht löst **2** er die im Grunde bereits in Art. 110 angelegte Freiheit der Meinungsäußerung mittels Rundfunk[9] aus dieser allgemeinen Freiheitsgewährleistung heraus und führt sie in Art. 111 a einer den Eigenarten des Rundfunks gerecht werdenden, gegenüber Art. 110 speziellen[10] **abschließenden Sonderregelung** zu (zum Verhältnis von Art. 110 und Art. 111 a im Übrigen und zur verbleibenden Bedeutung des Art. 110 als wertsetzender „Fundamentalnorm" siehe bereits Art. 110 Rn. 2). Inhaltlich wird die Rundfunkfreiheit als **dienende** (Art. 111 a I 2: „Der Rundfunk dient") sowie als eine **ausgestaltungsbedürftige,** auf eine gesetzliche Ordnung angewiesene, d. h. normgeprägte Freiheit (Abs. 3: „Das Nähere regelt ein Gesetz") konzipiert.[11] Art. 111 a I 1 gewährleistet die Rundfunkfreiheit als **Grundrecht und institutionelle Garantie;**[12] er ist (wie Art. 110 I) „Fundamentalnorm" der BV.[13] Der gleichermaßen inhaltlichen wie organisatorischen Ausgestaltungsbedürftigkeit der Rundfunkfreiheit trägt Art. 111 a dadurch Rechnung, dass Abs. 1 die **materielle** (Programmfreiheit und Programmgrundsätze betreffende) und Abs. 2 die **formelle** (die organisatorische Ausgestaltung betreffende) **Rundfunkfreiheit** gewährleistet.[14] Die **große Besonderheit des Art. 111 a** besteht schließlich darin, dass Abs. 2 S. 1 aus der dienenden Natur der Freiheitsgewährleistung den organisationsrechtlichen Schluss zieht, dass Rundfunk in Bayern allein **in öffentlicher Verantwortung und in öffentlich-rechtlicher Trägerschaft** betrieben werden darf; der Weg zu einer im vollen Wortsinne **„dualen Rundfunkordnung"** aus öffentlich-rechtlichem und privatem Rundfunk (wie sie im übrigen Deutschland seit zwei Jahrzehnten eingeführt ist) **ist damit rechtlich versperrt.**[15] Die Frage, wie lange man diese Weichenstellung noch durchhalten kann und ob man sie überhaupt noch durchhalten will, ist die große Herausforderung, vor der Art. 111 a heute steht (Rn. 3, 4, 18).

c) Die Rundfunkfreiheit überkommener Prägung – das ist bereits deutlich geworden **3** – ist kein gewöhnliches einfaches Abwehrrecht, sondern ein sehr **elaboriertes Gebäude** aus subjektiven Rechten, objektiven Prinzipien, institutionellen Verbürgungen, Schutzpflichten und sonstigen Ausprägungen.[16] Dieses Gebäude – so die dieser Kommentie-

---

[5] *Badura,* Staatsrecht, 3. Auflage 2003, C 68; BVerfGE 83, 238 (315).
[6] BVerfGE 83, 328 (296); VerfGH 39, 96 (160).
[7] VerfGH 53, 196 (206); 56, 1 (5 f.).
[8] VerfGH 53, 196 (208).
[9] VerfGH 30, 78 (89).
[10] *Meder,* Art. 111 a Rn. 1; VerfGH 30, 78 (94).
[11] VerfGH v. 25. 5. 2007 – Vf. 15–VII–04, V. A. 2.
[12] VerfGH 47, 36 (44); 53, 196 (206).
[13] VerfGH 30, 78 (94).
[14] VerfGH 30, 78 (92, 95); 39, 96 (135).
[15] VerfGH 39, 96, LS 1; 43, 170, LS 2; 53, 196 (208).
[16] Vgl. z. B. die Liste an Rügen in VerfGH 56, 1 (5 f.).

rung zugrunde liegende These – **trägt noch.** Es ist jedoch mit **aktuellen Herausfor-derungen** und Zukunftsperspektiven konfrontiert, die seine Tragfähigkeit gefährden und ggf. den Umstieg auf eine einfachere, individualrechtliche Konzeption nahelegen könnten:

- Noch die geringsten Schwierigkeiten wirft dabei ein Gedankengang auf, mit dem auch der VerfGH bereits mehrfach gespielt hat: dass nämlich der sog. **Wegfall der technischen Sondersituation** (Frequenzknappheit, Investitionsaufwand) eines Tages eine individual-rechtliche (nicht mehr „dienende") Sicht bedingen und v. a. den Ausschluss Privater als nicht länger vertretbar erscheinen lassen könnte.[17] Zwar mag es sein, dass diese technische Sondersituation tatsächlich – wenngleich allenfalls partiell (nach wie vor gibt es terrestrische Frequenzen und Kabelkanäle, die knapp sind und um die gestritten wird!) – entfallen ist oder entfallen könnte (Digitalisierung). Das BVerfG hat jedoch wiederholt und in einer auch auf Art. 111 a übertragbaren Weise festgestellt, dass es nicht die technische Sondersituation, sondern strukturelle Eigenarten des Rundfunks (Suggestivkraft, Marktversagen; Rn. 1) sind, die die „dienende" Konzeption der Rundfunkfreiheit dauerhaft zu rechtfertigen vermögen.[18]

- Bereits problematischer[19] ist die Entwicklung, dass sich aufgrund der technischen Entwicklung (Digitalisierung, Internet etc.) eine zunehmende „**Konvergenz der Medien**" abzeichnet, d. h., dass Rundfunk und Telekommunikation, Massen- und Individualkommunikation schwerer unterscheidbar werden (z. B. über ein und dasselbe Gerät [Computer] abgewickelt werden) und so auch die Rechtfertigung für eine Sonderbehandlung des Rundfunks entfallen könnte. Als nicht ungefährlich könnte sich auch erweisen, dass die Rundfunkanstalten – auch gestützt auf ihre „Bestands- und Entwicklungsgarantie"[20] – vermehrt neue Dienstleistungen (z. B. **Informationsdienste im Internet)** anbieten, für die die klassische Konzeption einer normgeprägten, indienstgenommenen Freiheitswahrnehmung ersichtlich nicht passt und die vom Gesetzgeber deswegen auch einem ganz anderen (individual-rechtlichen) Regulierungsmodell unterstellt wurden (vgl. die Zulassungsfreiheit für Telemedien nach § 54 RStV, § 4 TMG); nimmt man für solche Angebote die Rundfunkfreiheit in Anspruch, so droht diese unweigerlich die ihr eigenen Konturen zu verlieren. Zur fortdauernden Rechtfertigung der besonderen Konzeption der Rundfunkfreiheit hilft es angesichts dieser Entwicklungen nur, einerseits darauf zu verweisen, dass die vollständige Konvergenz der Medien jedenfalls noch nicht eingetreten ist; der **klassische Rundfunk** (Hörfunk, Fernsehen) ist für den durchschnittlichen Mediennutzer (auf den es hier ankommen muss) nach wie vor als solcher erkennbar und unterscheidbar. Soweit es zu Abgrenzungsschwierigkeiten kommt, sollte im Übrigen im Zweifel ein **enger Rundfunkbegriff** (näher dazu Rn. 9) favorisiert werden, der an den klassischen Rundfunk anknüpft und nur solche neueren Kommunikationsformen einbezieht, für die das alte Regulierungsmodell weiterhin passt (also z. B. nicht die Telemedien[21]). Alles andere sollte der (individualrechtlichen) Meinungsfreiheit (Art. 110) unterstellt werden; es fügt sich gut, dass die Rspr. des VerfGH bislang ohnehin in diese Richtung

---

[17] VerfGH 30, 78 (95 f., 98 f.); 39, 96 (140). Zur Fragwürdigkeit der Konstruktion des „verfassungswidrigen Verfassungsrechts" Art. 75 Rn. 10.

[18] BVerfGE 57, 295 (322); 90, 60 (87); Urteil vom 11. 9. 2007 – i BvR 2270/05, Abs.-Nr. 115 ff.

[19] Zur Problematik: *Stettner*, in: Nawiasky/Schweiger/Knöpfle, Art. 111 a Rn. 3 ff.

[20] BVerfGE 75, 297 (324 f., 342); 90, 60 (91).

[21] Ob die Länder oder aber der Bund die Gesetzgebungskompetenz für die Regelung von Telemedien haben (vgl. das Zusammenspiel von §§ 54 ff. RStV einerseits und TMG des Bundes andererseits), ist eine hiervon zu trennende Frage, weil sich die Länder, um gesetzgebungsbefugt zu sein, nach Art. 70 GG nicht positiv auf eine Gesetzgebungsmaterie „Rundfunkrecht" stützen müssen, sondern umgekehrt der Bund eine ihm zugewiesene Gesetzgebungsmaterie nachweisen muss; zur alten Rechtslage vgl. *Stettner,* in: Nawiasky/Schweiger/Knöpfle, Art. 111 a Rn. 7, 9 ff.

tendiert.[22] **Mit einem (scheinbar modernen) dynamischen Rundfunkbegriff**[23], der die Konturen der überkommenen Rundfunkfreiheit zerstört, wird dem Regelungsanliegen des Art. 111 a ein Bärendienst erwiesen. Auch mit der Bestands- und Entwicklungsgarantie für den öffentlich-rechtlichen Rundfunk lässt sich die hier vertretene Sichtweise vereinbaren, denn es erscheint durchaus möglich, den Rundfunkanstalten aufgrund von Art. 111 a objektiv-rechtlich/institutionell das Recht zuzugestehen, auch von neuartigen Formen der Informationsvermittlung (z. B. Telemedien) Gebrauch zu machen, deren individual-/subjektivrechtliche Inanspruchnahme sodann aber dem Art. 110 unterfällt.

c) Besonders gefährdet ist – speziell in Bayern – schließlich der in Art. 111 II 1 formu- **4** lierte **Vorbehalt öffentlicher Verantwortung und öffentlich-rechtlicher Trägerschaft** des Rundfunks. Zwar ist er bislang (solange aus Art. 5 I 2 GG keine originäre Rundfunkveranstalterfreiheit abgeleitet wird[24]) nicht als solcher bundesrechtswidrig (Rn. 9)[25]. Problematisch ist jedoch, wie lange noch der vom bayerischen Mediengesetzgeber eingeschlagene Weg eines **Spagats** durchgehalten werden kann, der einerseits an dem öffentlichen Trägerschaftsvorbehalt festhalten, andererseits private Anbieter aber dennoch nicht ausschließen, sondern (unter der Trägerschaft der Landeszentrale für neue Medien) im Gegenteil zulassen will – private Anbieter, die ihre Programme zwar faktisch selbst produzieren,[26] dennoch aber rechtlich nicht als Veranstalter auftreten dürfen (Betreiber ist vielmehr die Landesanstalt; vgl. Art. 2 BayMG). Der **VerfGH** hat diese Konstruktion einer Zulassung Privater unter Trägerschaft der Landeszentrale gebilligt, dies allerdings nur unter der Prämisse, dass der Landeszentrale zu Lasten der privaten Anbieter eine starke Stellung, insbesondere eine (auch durch entsprechende Instrumente durchsetzbare) umfassende und gegenüber den Privaten vorrangige Programmverantwortung zukommt (die über bloße Aufsichts- und Kontrollrechte hinausgeht); die starke, gegenüber den privaten Anbietern **vorrangige** (nicht bloß gleichgewichtige) Stellung fand ihren Ausdruck nicht zuletzt darin, dass der VerfGH (was in Bezug auf Art. 111 a II 1 durchaus folgerichtig ist) allein der Landeszentrale, nicht jedoch den privaten Anbietern den Schutz der Rundfunkfreiheit zugestand.[27] Das **BVerfG** hingegen legte eine andere Sicht der Wirklichkeit zugrunde, begriff die privaten Anbieter nach bayerischem Recht als alleinige, unter einer bloßen Aufsicht der Landeszentrale stehende Produzenten der Programme, so dass ihnen, da Rundfunkfreiheit in ihrem Kern Programmfreiheit sei, von Bundesverfassungs wegen der Schutz der Rundfunkfreiheit nicht vorenthalten werden dürfe (genauer dazu Rn. 9);[28] der **VerfGH** hat nachgezogen und sieht nunmehr auch die privaten Anbieter als Träger des Grundrechts aus Art. 111 a I 1 BV an.[29] Das bayerische Rundfunkmodell wurde durch all dies formal nicht angetastet[30], jedoch fragt sich, ob es – nach Anerkennung der Grundrechtsträgerschaft auch der Privaten – materiell noch das alte ist, oder ob durch diese Grundrechtsträgerschaft nicht ein Sprengsatz gelegt wurde, der die Konstruktion eines öffentlichen Verantwortungs- und Trägerschaftsvorbehalts letztlich zum Einsturz bringen muss bzw. zu einer „Fassade" degradiert, hinter der sich keine Substanz mehr verbirgt.[31] Deutlich wird dies, wenn die neuere Judikatur davon spricht, die Grundrechtspositionen von Landeszentrale und Privaten stün-

---

[22] VerfGH 39, 96 (164 f.).

[23] So die wohl h. M.: vgl. *Stern*, in: Stern/Sachs/Dietlein, Staatsrecht, Bd. IV/1, § 110 II. 3., S. 1668 ff.

[24] Vgl. VerfGH 39, 96 (139).

[25] Die Fortgeltung von Art. 111 a II 1 wurde auch in BVerfGE 97, 298 nicht in Frage gestellt; vgl. *Stettner*, in: Nawiasky/Schweiger/Knöpfle, Art. 111 a Rn. 34.

[26] So BVerfGE 97, 298 (311).

[27] VerfGH 39, 96 (138, 143 ff.); 150; 43, 170 (181); 45, 80; 45, 89; 46, 89; 46, 191 (198); 47, 66 (73 f.).

[28] BVerfGE 97, 298 (310 ff.).

[29] VerfGH 56, 1 (5); 58, 137 (145).

[30] Vgl. VerfGH 56, 1 (5).

[31] Vgl. *Stettner*, in: Nawiasky/Schweiger/Knöpfle, Art. 111 a Rn. 35.

den sich **gleichrangig** gegenüber und seien zu einem schonenden Ausgleich zu bringen[32] (was bleibt hier vom früheren „Vorrang" der Landeszentrale?), oder wenn aus der früheren „umfassenden Programmverantwortung" der Landeszentrale eine bloße „Letztverantwortung" wird, zu dem auch „ein" Einfluss auf die Programmgestaltung und -verantwortung gehört.[33] Freilich ist es verständlich, wenn der VerfGH von der bayerischen Rundfunkordnung – nach Zuerkennung der Grundrechtsträgerschaft Privater durch das BVerfG – retten will, was noch zu retten ist. **Die Dehnbarkeit des Erfordernisses öffentlich-rechtlicher Trägerschaft wird dadurch jedoch aufs Äußerste angespannt.** Ehrlicher wäre es vielleicht, zuzugeben, dass diesem Erfordernis (und dem aus ihm resultierenden Verbot einer dualen Rundfunkordnung[34]) nicht mehr Genüge getan ist, wenn eine Situation eintritt, die sich nach Einschätzung des BVerfG bereits früher faktisch nicht nennenswert von einem echten dualen System unterschied[35] und sich ihm jetzt (nach Anerkennung der Grundrechtsträgerschaft der privaten Anbieter) auch in rechtlicher Hinsicht immer mehr annähern muss. Der verfassungsändernde Gesetzgeber in Bayern müsste dann Farbe bekennen, ob er zu einem echten dualen System übergehen oder das öffentliche Trägerschaftsmonopol behalten will (statt die bisherige Kompromisslösung beizubehalten); das BVerfG wiederum müsste, sollte es beim öffentlich-rechtlichen Rundfunkmonopol bleiben und dieses auch strikt ausgelegt werden, Farbe bekennen, ob es an seiner bisherigen Linie festhalten will, der Gesetzgeber sei wirklich frei darin, ob er ein duales System einführt oder nicht (statt das bayerische System äußerlich zu respektieren, nach innen aber durch Anerkennung einer Grundrechtsträgerschaft Privater auszuhöhlen). Öffentliches Verantwortungs- und Trägerschaftsmonopol einerseits und volle Rundfunkfreiheit Privater andererseits stimmig miteinander in Einklang zu bringen, droht jedenfalls mehr und mehr zu einer Quadratur des Kreises zu werden, die der Normativität der Bayerischen Verfassung letztlich mehr schaden als nützen könnte.

2. Entstehung

5   Art. 111 a wurde erst durch verfassungsänderndes Gesetz vom 19. 7. 1973[36] eingefügt; zuvor war der Rundfunk allein durch Art. 110 und die Rundfunkempfangsfreiheit des Art. 112 II erfasst gewesen. Die Verfassungsänderung erfolgte im parlamentarischen Verfahren nach Art. 75 II ($^2/_3$-Mehrheit im Landtag plus Volksentscheid). Vorausgegangen war ein erfolgreiches Volksbegehren, das dem Volk jedoch nicht zur Entscheidung vorgelegt wurde, nachdem die (mögliche) Anrufung des VerfGH gegen den die Rechtsgültigkeit des Volksbegehrens bestreitenden Landtagsbeschlusses unterblieben und das Volksbegehren so gesehen gescheitert war.[37] Ein Verstoß gegen Art. 74 kann hierin – entgegen vielfach geäußerten Zweifeln[38] – nicht erblickt werden; ein derartiger Verstoß könnte im Übrigen auch nichts daran ändern, dass jedenfalls die parlamentarische Verfassungsänderung den Anforderungen des Art. 75 II genügt hat. Die formelle Verfassungsmäßigkeit des Art. 111 a ist auch vom VerfGH nie in Zweifel gezogen worden. Die im Zuge der Abschaffung des Senats gebotene Anpassung des Art. 111 a II 2 ist unterblieben (Redaktionsversehen).

---

[32] VerfGH 58, 137 (145 f.). Letztlich verfließen hierbei sogar die Grenzen zu einer normalen Verhältnismäßigkeitsprüfung, bei der sich die Landeszentrale einseitig für den Grundrechtseingriff rechtfertigen muss (VerfGH 54, 161 [175 f.]; 58, 137 [148]); s. a. VerfGH 56, 1 (6 ff.) zur Rechtfertigung einer gesetzlichen Regelung.

[33] VerfGH 54, 161 (171, 175); 56, 1 (5).

[34] VerfGH 43, 170, LS 2.

[35] BVerfGE 97, 298 (312).

[36] GVBl. S. 389.

[37] So zu Recht: *Mittenberger-Huber,* Das Plebiszit in Bayern, 2002, S. 145.

[38] *Meder,* Art. 111 a Rn. 1; *Lerche,* in: Rüthers/Stern, S. 245 (246); zum Ganzen auch *Stettner,* in: Nawiasky/Schweiger/Knöpfle, Art. 111 a Rn. 1, 31; siehe bereits Art. 74, Rn. 14, Fn. 51.

3. Verhältnis zum Grundgesetz

Art. 5 I 2 GG statuiert eine mit Art. 111 a BV parallele Gewährleistung der Rundfunk- **6** freiheit, der die Länder unmittelbar Rechnung zu tragen haben.[39] Art. 111 a gilt daneben nach Art. 142 GG fort, auch soweit seine subjektiven und institutionellen Gewährleistungen im Einzelnen über Art. 5 I 2 GG hinausgehen oder hinter ihm zurückbleiben sollten (Vorbem. B Wirkkraft LVerfR Rn. 13 ff.; Vor Art. 98, Rn. 109 ff.). Das Richterrecht des BVerfG hat aus Art. 5 I 2 GG eine **bundesverfassungsrechtliche Rundfunkordnung** entwickelt, die die an sich fehlende Gesetzgebungskompetenz des Bundes weitgehend kompensiert, den zuständigen Landesgesetzgebern einen relativ engen Rahmen zieht und so auch die eigenständige Wirkkraft des Landesverfassungsrechts schmälert.[40] Dass die Länder wichtige Grundfragen des Rundfunkrechts **staatsvertraglich** regeln und dies z. T. auch aus bundesverfassungsrechtlichen Gründen müssen (Bundestreue),[41] kann die Wirkkraft des Landesverfassungsrechts weiter schwächen (Art. 72, Rn. 5).[42] Dennoch hat sich eine lebendige Judikatur des VerfGH zu Art. 111 a entwickeln können (vgl. Rechtsprechungsnachweise am Anfang).

Art. 111 a ist weitaus wortreicher als sein bundesverfassungsrechtliches Pendant Art. 5 I **7** 2, liegt inhaltlich jedoch weitgehend **auf einer Linie** mit ihm und ist zum Teil geradezu eine in Verfassungsform gegossene Ausprägung der zu Art. 5 I 2 GG ergangenen BVerfG-Rechtsprechung.[43] Zu einer komplizierten Interaktion mit dem Grundgesetz kommt es jedoch hinsichtlich der einzigen großen Besonderheit des Art. 111 a, dem in Abs. 2 S. 1 normierten **Vorbehalt öffentlicher Verantwortung und öffentlich-rechtlicher Trägerschaft** für den Rundfunk (siehe bereits oben Rn. 4). Im Einzelnen sind folgende Problemfelder auseinanderzuhalten:

– Der Verantwortungs- und Trägerschaftsvorbehalt des Art. 111 a II 1 als solcher **verstößt nicht gegen Art. 5 I 2 GG.** Dies gilt jedenfalls solange, wie das BVerfG an seiner Linie festhält, dass aus Art. 5 I 2 GG keine originäre Rundfunkveranstalterfreiheit folgt und der Rundfunkgesetzgeber in der grundsätzlichen Wahl der Rundfunkordnung frei sowie zur Einführung eines (echten) Privatrundfunks nicht verpflichtet ist (duales Rundfunksystem als verfassungsrechtlich zulässige Option, nicht jedoch als Verfassungspflicht). Diese Linie ist nicht unumstritten, aber nach wie vor gültig.[44]

– Zum Problem wird allerdings, dass private Rundfunkveranstalter (und auch private Bewerber um die Zulassung zum Rundfunk) nach der Rspr. des BVerfG insoweit zum Träger der Rundfunkfreiheit werden, als der Gesetzgeber (im Rahmen seiner Gestaltungsfreiheit) sich tatsächlich für eine Zulassung Privater zum Rundfunk entschieden und die entsprechenden gesetzlichen Voraussetzungen geschaffen hat **(grundrechtliche Rundfunkveranstalterfreiheit nach Maßgabe des Gesetzes).**[45] Eben dies führt zu dem bereits in Rn. 4 beschriebenen **Dilemma:** Auch der bayerische Gesetzgeber hat private Anbieter – wenngleich unter dem Dach einer öffentlich-rechtlichen Trägerschaft – nicht vom Rundfunk ausgeschlossen, sondern ihre Zulassung ermöglicht; das **BVerfG** hat hieraus den Schluss gezogen, privaten Rundfunkanbietern dürfe auch in Bayern der Schutz des Art. 5 I 2 GG nicht vorenthalten werden[46] – mit der bereits oben beschriebenen Folge einer tendenziellen

---

[39] VerfGH 30, 78 (93).

[40] *Badura,* Staatsrecht, C 68. Beispiel: Verfassungswidrigkeit des Teilnehmerentgelts (BVerfGE 114, 371), das vom VerfGH nicht verworfen worden war (VerfGH 44, 61; 52, 143).

[41] BVerfGE 73, 118 (196 f.); VerfGH 48, 6 (14).

[42] Vgl. VerfGH v. 25. 5. 2007 – Vf. 15-VII-04, IV. 2. b.

[43] Vgl. VerfGH 30, 78 (93, 95); *Freiburg,* Elemente einer Verfassungsgesetzgebungslehre, 1999, S. 60.

[44] BVerfGE 57, 295 (318; 321); 83, 238 (315); *Bethge,* in: Sachs, Art. 5 Rn. 110; zum Meinungsstand: NdsStGH DVBl. 2005, 1515 (1518).

[45] BVerfGE 97, 298 (310 ff.); *Bethge,* in: Sachs, Art. 5 Rn. 111; *Möstl,* DÖV 2003, 106 (108).

[46] BVerfGE 97, 298.

Aushöhlung des bayerischen Rundfunkmodells. Das BVerfG kann dem VerfGH zwar die Beachtung des Art. 5 I 2 GG vorschreiben (zumal darauf dringen, dass der Landeszentrale aus Art. 111 a BV keine Rechtsposition zugesprochen wird, die mit der bundesrechtlichen Rundfunkfreiheit der privaten Anbieter nach Art. 5 I 2 GG unvereinbar ist); es kann dem VerfGH indes nicht vorschreiben, dass die privaten Anbieter auch Träger der bayerischen Rundfunkfreiheit nach Art. 111 a BV (die ja hinter Art. 5 I 2 GG zurückbleiben darf) zu sein haben und hat dies wohl auch nicht getan.[47] Es war so gesehen nicht zwingend, dass der **VerfGH**[48] nunmehr den privaten Anbietern auch nach bayerischem Recht die Berufung auf Art. 111 a BV erlaubt. Das Bemühen um Harmonisierung mit Art. 5 I 2 GG mag verständlich sein; es strapaziert die Dehnbarkeit der BV aber aufs Äußerste, Privaten trotz öffentlich-rechtlichem Verantwortungs- und Trägerschaftsvorbehalts die Rundfunkfreiheit zuzusprechen.

– Ob wirklich eine volle Harmonisierung mit Bundesrecht erreicht ist, ist nicht sicher: Der VerfGH legt für die relevanten Konflikte zwischen Landeszentrale und privaten Anbietern nunmehr das Modell einer nach Maßgabe der praktischen Konkordanz aufzulösenden **gleichberechtigten Grundrechtsträgerschaft** von Landeszentrale und Privaten zugrunde (mit einer gewissen Tendenz, dennoch eine Prüfung anhand des Übermaßverbotes vorzunehmen, die an Situationen einseitiger Rechtfertigungslast erinnert).[49] Das BVerfG dagegen hat offen gelassen, ob die Landeszentrale auch nach Bundesrecht Grundrechtsträgerin ist, und ob insoweit praktische Konkordanz oder **einseitige Rechtfertigungslast** den Konflikt zwischen Landeszentrale und privaten Anbietern prägt.[50] Wäre kraft Bundesrechts die Landeszentrale einseitig Grundrechtsverpflichtete und nicht zugleich Grundrechtsberechtigte, wäre in grundrechtlicher Hinsicht auch noch der letzte Rest an Besonderheit des Bayerischen Rundfunkmodells beseitigt.

8   Zu **europarechtlichen Einflüssen** siehe *Stettner,* in: Nawiasky/Schweiger/Knöpfle, Art. 111 a Rn. 12 ff.

II. Einzelkommentierung

1. Rundfunkbegriff

9   Die wesentlichen Strukturfragen hierzu sind bereits in Rn. 3 ausgeführt worden. „Rundfunk" sollte – um der spezifischen Konturen der Rundfunkfreiheit willen – im Zweifel **eng** verstanden werden. Er umfasst **Fernsehen und Hörfunk**[51] (auf die Art der Übertragung terrestrische Frequenzen, Kabelnetze[52], Internet etc. kommt es dabei nicht an); ebenso wenig stehen Verschlüsselung oder Entgeltpflichtigkeit entgegen (§ 2 I 2 RStV). Die weite Definition der h. M. („die für die Allgemeinheit bestimmte Veranstaltung und Verbreitung von Darbietungen aller Art in Wort, in Ton und in Bild unter Benutzung elektromagnetischer Schwingungen ohne Verbindungsleitung oder längs oder mittels eines Leiters"[53]) birgt die Gefahr, auch solche **neuen Medien** einzuschließen (z. B. Telemedien), auf die das Rundfunkmodell des Art. 111 a ersichtlich nicht passt; ein allzu „dynamischer" Rundfunkbegriff höhlt die besonderen Konturen der Rundfunkfreiheit tendenziell aus. Als entscheidend sind folgende Merkmale anzusehen: Rundfunk muss für die Allgemeinheit bestimmt sein (keine Individualkommunikation); er wird elektromagnetisch übertragen (unkörperliches Medium); er bietet ein publizistisch gestaltetes

---

47 *Möstl,* AöR 130 (2005), 350 (375 f., Fn. 145).
48 VerfGH 56, 1 (5); 58, 137.
49 VerfGH 58, 137; siehe bereits Fn. 32.
50 BVerfGE 97, 298 (314).
51 *Badura,* Staatsrecht, C 68.
52 VerfGH 30, 78 (92).
53 § 2 I 2 RStV; siehe auch VerfGH 30, 78 (92).

Programm dar.[54] Medien, für die die in Rn. 1 dargestellten Charakteristika (Breitenwirkung, Suggestivkraft, Marktversagen) nicht zutreffen und eine rundfunktypische Regulierung nicht gerechtfertigt erscheint, sind aus dem Schutzbereich des Art. 111 a auszunehmen und stattdessen von Art. 110 erfasst.

2. Grundrechtsträger

Grundrechtsträger[55] sind – trotz ihrer öffentlich-rechtlichen Organisationsform – **10** auf jeden Fall die öffentlich-rechtlichen **Rundfunkanstalten** (v. a. der Bayerische Rundfunk), denen der durch das Grundrecht geschützte Lebensbereich unmittelbar zugeordnet ist.[56] Grundrechtsberechtigt ist nach bayerischem Verfassungsrecht – als nach Art. 111 a II 1 verantwortliche Trägerin des Rundfunks – auch die Bayerische **Landeszentrale** für neue Medien (zur bundesrechtlichen Problematik Rn. 7).[57] Entgegen seiner früheren Rechtsprechung erkennt der VerfGH – im Gefolge von BVerfGE 97, 298 – mittlerweile auch den **privaten Rundfunkanbietern** (auch privaten Bewerbern) den Schutz des Art. 111 a zu (dazu im Einzelnen schon Rn. 4, 7).[58] **Politische Parteien,** über die der Rundfunk gemäß seiner ihm zukommenden Aufgabe kritisch Bericht zu erstatten hat und die aus Sicht seiner publizistischen Kontrollaufgabe im Lager des Staates stehen (Staatsfreiheit des Rundfunks), qualifiziert die Verfassung nach hier vertretener Auffassung (a. A. BVerfG) als zur Veranstaltung von Rundfunk prinzipiell ungeeignet; sie sind daher bzgl. Art. 111 a nicht als Grundrechtsträger anzusehen (vgl. Rn. 12).[59] Grundrechtsträger können – gegenüber dem Staat – auch die **Mitarbeiter** von Rundfunkveranstaltern sein; gegenüber dem Rundfunkveranstalter selbst indes findet die Rundfunkfreiheit keine unmittelbare Anwendung (in diesem Sinne keine „innere Rundfunkfreiheit"); mittelbare Ausstrahlungswirkungen sind indes möglich; in jedem Fall gilt außerdem Art. 110 I 2 (negative Meinungsfreiheit).[60] Keine Grundrechtsträger waren die mittlerweile – in verfassungskonformer Weise – abgeschafften **Medienbetriebsgesellschaften.**[61]

3. Ausprägungen der Rundfunkfreiheit

a) Keine originäre Veranstalterfreiheit. Für die BV gilt – aufgrund des öffentlich- **11** rechtlichen Trägerschaftsvorbehalts in Art. 111 a II 1 – in noch stärkerem Maße als für das GG (Rn. 7), dass aus der Rundfunkfreiheit **keine originäre Veranstalterfreiheit** folgt.[62] Nur soweit sich der Gesetzgeber (im Rahmen seiner Gestaltungsfreiheit) entscheidet, private Anbieter zuzulassen, können aus Art. 111 a – und auch hier nur im Einfluss des Bundesrechts – subjektive Rechte (auf gerechte Auswahl, auf verhältnismäßige Ausgestaltung der Zulassungsvoraussetzungen etc.) in Bezug auf den Zugang zum Rundfunk erwachsen (vgl. im Einzelnen Rn. 4, 7, 10).

b) Staatsfreiheit. Eine der ursprünglichsten Schutzrichtungen der Rundfunkfreiheit **12** ist es, dass der Rundfunk nicht dem Staat überlassen werden darf, sondern von staatlicher Einflussnahme freizuhalten ist[63] **(Grundsatz der Staatsfreiheit**[64]**).** Der Rundfunk, der

---

[54] *Badura,* Staatsrecht, C 68.

[55] *Stettner,* in: Nawiasky/Schweiger/Knöpfle, Art. 111 a Rn. 51 ff.

[56] VerfGH 49, 111 (115).

[57] Z. B. VerfGH 48, 6 (12); 52, 143 (147); 58, 137.

[58] VerfGH 56, 1; 58, 137.

[59] *Möstl,* DÖV 2003, 106 ff.; a. A. BVerfG vom 12. 3. 2008 – 2 BvF 4/03, B.II.3.b.; NdsStGH DVBl. 2005, 1515 (1516 f.).

[60] *Bethge,* in: Sachs, Art. 5 Rn. 111; *Jarass/Pieroth,* Art. 5 Rn. 86; *Meder,* Art. 111 a Rn. 3.

[61] VerfGH 53, 196 (206 ff., 213).

[62] VerfGH 39, 96 (161): „Nach bayerischem Verfassungsrecht hat kein Privater Anspruch auf Zulassung zum Rundfunkbetrieb".

[63] VerfGH 53, 196 (206); 56, 1 (5 f.).

[64] BVerfGE 12, 205 (262 f.); VerfGH 39, 96 (154); 42, 11; *Stettner,* in: Nawiasky/Schweiger/Knöpfle, Art. 111 a Rn. 72 ff.

eine freie öffentliche Meinungsbildung zu garantieren und in diesem Rahmen das politische Geschehen kritisch zu vermitteln und wirksam zu kontrollieren hat, darf kein Instrument für staatliche Organe und die in ihnen wirksamen politischen Kräfte sein, ihr demokratisches Mandat mithilfe des Rundfunks zu perpetuieren; jede politische Instrumentalisierung des Rundfunks muss ausgeschlossen werden.[65] Der Grundsatz der Staatsfreiheit erschöpft sich dabei nicht im Verbot der Beherrschung mit ihren manifesten Gefahren unmittelbarer Lenkung oder Maßregelung, sondern er schließt auch den Schutz gegen subtilere Mittel indirekten Einflusses ein.[66] Er gilt nicht nur für öffentlich-rechtliche Veranstalter, sondern – erst recht und ohne Abstriche – auch für private Anbieter. Er weist einen unmittelbaren Bezug zum abwehrrechtlichen Kerngehalt der Rundfunkfreiheit auf (Schutz gegen den Staat), entfaltet seine Wirkungen jedoch vor allem in institutioneller Hinsicht: So können aus ihm Höchstgrenzen für die – zur Sicherung der notwendigen Binnenpluralität bis zu einem gewissen Grade unvermeidliche – Beteiligung staatlicher Organe und politischer Parteien in den **Kontrollgremien** folgen (vgl. Art. 111 a II 3).[67] So muss den **Kommunen** der Zugang zur Rundfunkveranstaltung versperrt bleiben.[68] So ergeben sich Maßgaben für die staatliche **Festsetzung der Rundfunkgebühren.**[69] Beschränkt werden kann schließlich auch das Engagement **politischer Parteien** als (private) Rundfunkunternehmer. Dass es aus Gründen der Staatsfreiheit des Rundfunks zulässig ist, Parteien zu verbieten, selbst als Rundfunkveranstalter aufzutreten oder auf private Rundfunkunternehmen einen beherrschenden Einfluss auszuüben, war bereits seit langem anerkannt.[70] Umstritten war geblieben, inwieweit auch mittelbare und Minderheitsbeteiligungen unterhalb der Beherrschungsschwelle untersagt werden können. Der hier befürworteten Ansicht (vgl. bereits Rn. 10), dass zwischen Parteien und Rundfunk ein Verhältnis struktureller Inkompatibilität besteht und sich – aus Sicht des Rundfunks – staatlicher und Parteieneinfluss nicht sinnvoll unterscheiden lassen (d. h. Staats- und Parteifreiheit praktisch das gleiche bedeuten)[71] – mit der Konsequenz, dass Parteibeteiligungen aus Gründen der Staatsfreiheit auch vollständig verboten werden können –, ist das BVerfG in seinem Urteil vom 12. 3. 2008[72] zwar nicht auf ganzer Linie gefolgt (Parteien als im Gesellschaftlichen wurzelnde Kräfte dürften nicht einseitig dem Staat zugeordnet werden). Immerhin aber hat das BVerfG anerkannt, dass Parteien eine solche Staatsnähe aufwiesen, dass der Grundsatz der Staatsfreiheit für die Ausgestaltung von Parteibeteiligungen an Rundfunkveranstaltern Beachtung finden müsse – mit der Konsequenz, dass Parteibeteiligungen (und zwar auch unterhalb der Beherrschungsschwelle!) jedenfalls insoweit verboten werden dürfen, als die Partei hierdurch einen „bestimmenden" Einfluss auf die Prgrammgestaltung nehmen könnte; ein absolutes Beteiligungsverbot sei dagegen keine zulässige Ausgestaltungsregelung mehr. An diese Vorgaben ist der bayerische Gesetzgeber gebunden, auch falls Art. 111 a BV weitergehende Beschränkungen zulassen sollte. Art. 24 III BayMG, der ein Verbot mit Bagatellklausel formuliert und allein geringfügige Parteibeteiligungen ohne Stimm- und Kontrollrecht zulässt, dürfte den Vorgaben des BVerfG gerade noch standhalten (kein absolutes Verbot; Versuch, durch Ausschluss von Stimm- und Kontrollrechten „bestimmen-

[65] *Herzog,* in: Maunz/Dürig, Art. 5 Rn. 213.

[66] BVerfGE 90, 60 (88); VerfGH 39, 96 (LS 6).

[67] VerfGH 39, 96 (154); 42, 11 ff.; kritisch: *Stettner,* in: Nawiasky/Schweiger/Knöpfle, Art. 111 a Rn. 73.

[68] VerfGH 39, 96 (155 ff.), auch zum früheren Problem der Beteiligung an Kabel- und Medienbetriebsgesellschaften.

[69] BVerfGE 90, 60; Urteil v. 11. 9. 2007 – 1 BvR 2270/05.

[70] BVerfGE 73, 118 (190).

[71] *Möstl,* DÖV 2003, 106; *Degenhart,* in: BK, Art. 5 I, II Rn. 725. Anders als bei der Entsendung von Parteivertretern in die Aufsichtsgremien fehlt bei einer einseitigen Parteibeteiligung an einzelnen Unternehmen auch die Rechtfertigung durch den Gedanken der Herstellung des Binnenpluralismus.

[72] BVerfG vom 12. 3. 2008 – 2 BvF 4/03; NdsStGH DVBl. 2005, 1515.

den" Programmeinfluss auszuschalten). Eine begrenzte **Rechtsaufsicht** ist mit dem Gebot der Staatsfreiheit vereinbar.[73]

c) Programmfreiheit. Rundfunkfreiheit bedeutet sowohl nach dem BVerfG wie nach   **13** dem VerfGH in erster Linie **Programmfreiheit;** geschützt ist die Auswahl, der Inhalt und die Ausgestaltung der Programme.[74] Der Rundfunk muss frei von externer Einflussnahme entscheiden können, wie er seine Aufgabe erfüllt; jegliche Einflussnahme, die mit der Aufgabe der Sicherung der Rundfunkfreiheit unvereinbar oder durch Schranken dieses Grundrechts nicht gerechtfertigt ist, hat zu unterbleiben.[75] Aus der Programmfreiheit hat der VerfGH z. B. das Recht der Rundfunkveranstalter abgeleitet, **Werbung** für Volksbegehren und Volksentscheide in das Programm aufzunehmen;[76] hieraus ergibt sich zugleich, dass auch die (fremdproduzierte) Werbung grundsätzlich der Programmautonomie unterfällt (auch wenn sie für den gebührenfinanzierten öffentlich-rechtlichen Rundfunk verboten werden darf). Das **Gegendarstellungsrecht** ist mit der Rundfunkfreiheit vereinbar.[77] Das schwierige Verhältnis von (früher umfassender) **Programmverantwortung** (jetzt Letztverantwortung mit entsprechenden Einflussmöglichkeiten auf die Programmgestaltung) **der Landeszentrale einerseits** und der (nach Anerkennung ihrer Grundrechtsträgerschaft unzweifelhaften) **Programmfreiheit der privaten Rundfunkanbieter andererseits** ist bereits mehrfach angesprochen worden (Rn. 4, 7, 10 m. w. N.); aus der früher einseitig starken Stellung der Landeszentrale und der demgegenüber notwendig schwächeren (nachrangigen) Stellung der privaten Anbieter ist mittlerweile ein grundrechtlicher Gleichrang geworden, der im Lichte des Bundesrechts auch noch weiter zugunsten der privaten Anbieter kippen könnte. Ob beispielsweise eine Verpflichtung privater Anbieter, Beiträge noch vor der Sendung der Landeszentrale zur Prüfung vorzulegen (Art. 16 I 2 BayMG), auch heutzutage noch vor der (mittlerweile anerkannten) Programmfreiheit Privater Bestand haben und „schon begrifflich nicht als eine Art Vorzensur" begriffen werden kann[78], erscheint fraglich.[79]

d) Sonst geschütztes Verhalten. Im Übrigen kann weitgehend **auf das zu Art. 5 I**   **14** **2 GG Geltende verwiesen** werden.[80] Geschützt sind alle wesensmäßig mit der Veranstaltung von Rundfunk zusammenhängenden Tätigkeiten, von der Beschaffung der Informationen und der Produktion der Sendungen bis hin zu ihrer Verbreitung; namentlich dem Schutz der medienspezifischen Informationsbeschaffung kommt große Bedeutung zu. Soweit sich Private auf eine Veranstalterfreiheit berufen können (Rn. 11), ist nicht nur die unmittelbare Veranstaltung, sondern auch die Beteiligung an einem Rundfunkanbieter geschützt.

4. Der Auftrag des Rundfunks (und Instrumente seiner Verwirklichung)

Die öffentliche Aufgabe[81] des Rundfunks wird in Art. 111a I BV (im Gegensatz zu   **15** Art. 5 I 2 GG, wo sie erst erschlossen werden muss, zugleich jedoch in voller Übereinstimmung mit ihm) relativ präzise umrissen. Der Rundfunk ist eine (der freien und umfassenden Meinungsbildung) „**dienende**" (vgl. Abs. 1 S. 2) Freiheit; ihr Kern ist die **Bericht-**

---

[73] *Stettner*, in: Nawiasky/Schweiger/Knöpfle, Art. 111 a Rn. 81.
[74] BVerfGE 97, 291 (310); VerfGH 40, 69 (76); 47, 66 (Ls 3); VerfGH v. 25. 5. 2007 Vf. 15-VII-04, V. A. II.
[75] BVerfGE 97, 298 (310); VerfGH 39, 96 (LS 6).
[76] VerfGH v. 25. 5. 2007 – Vf. 15-VII-04.
[77] VerfGH 47, 157.
[78] So noch VerfGH 39, 96 (146, 150 f.); s. a. *Meder*, Art. 111 a Rn. 4.
[79] Zu den infolge der Grundrechtsträgerschaft eingeschränkten Kontrollmöglichkeiten s. a. VerfGH 53, 196 (210).
[80] *Jarass/Pieroth*, Art. 5 Rn. 39 f.
[81] *Badura*, Gewährleistung der Freiheit des Rundfunks, „Funktion" des Rundfunks und „öffentliche Aufgabe" der Rundfunkveranstalter, in: FS Knöpfle, 1996.

erstattung, aber auch die Verbreitung von **Meinungen** (Medium und „Faktor" der Meinungsbildung) sowie die **Unterhaltung** (Abs. 1 S. 3); vgl. schon Rn. 1. Inhaltliches Leitbild des Rundfunks ist die **Ausgewogenheit** (Abs. 1 S. 6.); die **Vielfalt der Meinungen** soll in möglichster Breite und Vollständigkeit zum Ausdruck kommen; sie ist durch materielle Programmgrundsätze, v. a. aber auch durch institutionelle Vorkehrungen zu sichern.[82] Unter den institutionellen Vorkehrungen spielen v. a. die in **Art. 111a II 2–4** getroffenen Regelungen zur Verwirklichung eines ausgewogenen **Binnenpluralismus** in den Kontrollorganen eine Rolle; außerdem muss z. B. durch Maßnahmen der Konzentrationskontrolle dem Entstehen **vorherrschender Meinungsmacht** vorgebeugt werden.[83] Die in Art. 111a I aufgezeigten **Maßgaben und Grenzen** der Rundfunkfreiheit (Wahrheitspflicht, Unparteilichkeit, Demokratietreue, Achtung von Menschenwürde und religiösen Überzeugungen; keine Gewaltverherrlichung und keine Verletzungen des Sittlichkeitsgefühls) sind – insofern gilt das Gleiche wie bei Art. 111 (Art. 111, Rn. 10) – legitime Anknüpfungspunkte für Ausgestaltungsregelungen und ggf. auch Eingriffe nach Maßgabe allgemeiner Gesetze; sie sollten jedoch nicht vorschnell als immanente Schutzbereichsbegrenzungen missverstanden werden (dergestalt, dass die in Rede stehende Verhaltensweise von vornherein aus dem Schutz des Grundrechts ausgeschlossen wäre[84]), weil Art. 111a eine eigenverantwortliche, selbstdefinierte Erfüllung des dem Rundfunk zugewiesenen Auftrags voraussetzt. Zur Wahrheitspflicht und Demokratietreue vgl. auch im Übrigen Art. 111, Rn. 10.

5. Schranken und Maßgaben der Ausgestaltung

16   Die Rundfunkfreiheit unterliegt – wie Art. 110, 111 – der **immanenten Schranke der allgemeinen Gesetze.**[85] Zur Bedeutung und Prüfung dieser Schranke kann auf die Kommentierung dieser Grundrechte verwiesen werden (Art. 110, Rn. 9; Art. 111, Rn. 12).

17   Der Option etwaiger Beschränkungen vorgelagert ist die Rundfunkfreiheit ein normgeprägtes, **ausgestaltungsbedürftiges,** von vornherein einer positiven gesetzlichen Ordnung (vgl. **Abs. 3),** die sicherstellt, dass der Rundfunk seine Aufgaben erfüllen kann, bedürftiges Grundrecht (Rn. 1 f. m. w. N.). **Ausgestaltungsgesetze** sind nicht wie Beschränkungen zu prüfen. Wie sie stattdessen zu prüfen sind, ist nicht nur für das GG umstritten;[86] auch der **VerfGH** lässt keine einheitliche Linie erkennen. Zum Teil wird allein geprüft, ob die Ausgestaltungsregelung mit der Aufgabe der Sicherung der Rundfunkfreiheit vereinbar ist, und es wird die weitgehende Gestaltungsfreiheit des Gesetzgebers betont[87]; zum Teil schwenkt die Ausgestaltungsprüfung (mit dem Argument, eine Ausgestaltung berechtige nicht zur Beschränkung – obwohl doch beinahe jede Ausgestaltungsregelung auch zu Belastungen für einzelne Grundrechtsträger führt![88]) in eine Eingriffsrechtfertigungsprüfung um;[89] neuerdings wird eine Art interner „Je-desto-Regel" aufgestellt (je größer der Einfluss auf die Programmgestaltung, desto gewichtiger die aufzubietenden Vielfalts-/Ausgewogenheitsgründe der Ausgestaltung – im konkreten Fall lag indes wohl keine Ausgestaltungsregelung, sondern eine Beschränkung der Programmfreiheit vor).[90] Richtigerweise darf die Ausgestaltungsregelung nicht am Verhältnismäßigkeitsprinzip gemessen werden bzw. darf dieses jedenfalls nicht in der Art ein-

---

[82] VerfGH 30, 78 (LS 2a); 39, 96 (160); 53, 196 (206, 208); VerfGH v. 25. 5. 2007 – Vf. 15-VII.04, V. A. 3.

[83] *Badura,* Staatsrecht, C 69; *Stettner,* in: Nawiasky/Schweiger/Knöpfle, Art. 111a Rn. 77, 87.

[84] So z. B. *Meder,* Art. 111a Rn. 6.

[85] VerfGH 30, 78 (94); 47, 157 (161).

[86] Vgl. *Hoffmann-Riem,* AK, Art. 5 Rn. 158; *Schulze-Fielitz,* in: Dreier, Art. 5 Rn. 216; zuletzt: BVerfG vom 12. 3. 2008 – 2 BvF 4/03, B. II. 4.

[87] VerfGH 39, 96 (155); 53, 196 (208).

[88] *Jarass/Pieroth,* Art. 5 Rn. 46a.

[89] VerfGH 56, 1 (6 ff.).

[90] VerfGH v. 25. 5. 2007 – Vf. 15-VII-04, V. A. 2.

seitiger Rechtfertigungslast geprüft werden. Mit der Rundfunkfreiheit vereinbar ist eine Ausgestaltungsregelung, wenn sie der Verwirklichung der Rundfunkfreiheit und einer funktionsgerechten Aufgabenerfüllung des Rundfunks dient und zur Erreichung dieses Ziels geeignet ist, und wenn sie (soweit sie zu Belastungen für Einzelne führt) die institutionelle Verwirklichung der Rundfunkfreiheit nicht erheblich erschwert oder unmöglich macht.

6. Rundfunkordnung

a) Die wichtigen Strukturfragen zur bayerischen Rundfunkordnung sind (m. w. N.) bereits in Rn. 4 angesprochen worden: Die bayerische Rundfunkordnung darf – aufgrund des öffentlichen Verantwortungs- und Trägerschaftsvorbehalts in Art. 111a II 1 – keine im vollen Wortsinne duale Rundfunkordnung aus öffentlich-rechtlichem und privatem Rundfunk sein. Andererseits sind auch in Bayern private Rundfunkanbieter zugelassen und hat das BVerfG faktisch keine wesentlichen Unterschiede zu einer dualen Rundfunkordnung erkennen können. Die infolgedessen nötig gewordene Anerkennung der Grundrechtsträgerschaft der privaten Anbieter ebnet den Unterschied zu einem echten dualen System weiter ein. Aufs Ganze gesehen kann die bayerische Rundfunkordnung auf diese Weise als eine Art **unechtes/faktisches duales System** bezeichnet werden. Ob es wirklich noch von Art. 111a II 1 gedeckt ist, wird mehr und mehr fraglich. Der einheitliche Trägerschaftsvorbehalt des Art. 111a II 1 und die Ablehnung eines dualen Systems durch den VerfGH haben dazu geführt, dass der **Unterschied zwischen öffentlich-rechtlichem und privatem Rundfunk** vom VerfGH bislang weitaus weniger deutlich herausgestrichen wurde, als vom BVerfG: So gelten, während das BVerfG für den privaten Rundfunk Abstriche vom Gebot umfassender Vielfalt in Rechnung stellt,[91] die **Vielfaltsanforderungen** des Art. 111a I 6 für den in öffentlicher Verantwortung und Trägerschaft stehenden „privaten" Rundfunk in Bayern im Grunde in vollem Umfang (voller „Binnenpluralismus" statt eingeschränkter Außenpluralismus; volle Ausgewogenheit des von der Landeszentrale verantworteten Programms im jeweiligen Verbreitungsgebiet).[92] Es kann nicht verwundern, dass im Gegenzug auch der besondere **Grundversorgungsauftrag** gerade des öffentlich-rechtlichen Rundfunks (aufgrund dessen die Defizite des privaten Rundfunks hingenommen werden können) nur schwach konturiert werden kann und erst in der neueren Rspr. und auch da nur mit Verweis auf das Bundesrecht auftaucht (Rechtfertigung der Rundfunkgebühr).[93] Vor diesem Hintergrund ist es wohl auch erklärlich, dass der VerfGH in der Erhebung eines **Teilnehmerentgelts** (d. h. einer teilweisen Entgeltfinanzierung des privaten Rundfunks) kein prinzipielles Problem erkennen konnte, ja sogar eine verfassungsrechtliche Garantie einer ausreichenden Finanzierung des von der Landeszentrale verantworteten Rundfunks angedacht hat (Vielfalt und nicht rein erwerbswirtschaftliches Gebaren ist aufgrund der öffentlichen Trägerschaft ja [vermeintlich] garantiert),[94] während das BVerfG eine Entgelterhebung nur akzeptierte, soweit sie durch besondere (über das bei Privaten Normale hinausgehende) Anstrengungen der Vielfaltssicherung gerechtfertigt wird (Vielfalt ist im erwerbsorientierten privaten Rundfunk nach Ansicht des BVerfG ja strukturell defizitär)[95]. Erneut wird deutlich, dass es zwischen der bayerischen und der grundgesetzlichen Sichtweise immer mehr zu **Friktionen** kommt.

18

---

[91] BVerfG v. 11. 9. 2007 – 1 BvR 2270/05, Abs.-Nr. 122.

[92] VerfGH 39, 96 (149 f.); *Meder,* Art. 111a Rn. 5; *Stettner,* in: Nawiasky/Schweiger/Knöpfle, Art. 111a Rn. 82.

[93] VerfGH 58, 277 (286).

[94] VerfGH 44, 61; 52, 143. Zur Frage einer Finanzierungsgarantie (letztlich offengelassen bzw. tendenziell verneint) vgl. VerfGH 52, 143 (153 f.); zur Werbefinanzierung der privaten Anbieter auch VerfGH 39 (158). Zum Ganzen auch *Stettner,* in: Nawiasky/Schweiger/Knöpfle, Art. 111a Rn. 88 ff.

[95] BVerfG 114, 371.

Art. 112 [Brief-, Post-, Fernmeldegeheimnis; Informationsfreiheit]

(1) Das Brief-, Post-, Telegraphen- und Fernsprechgeheimnis ist unverletzlich.
(2) Beschränkungen des Rundfunkempfanges sowie des Bezuges von Drucker-
zeugnissen sind unzulässig.

Parallelvorschriften im GG und anderen Landesverfassungen: Art. 5 I 1, 10 GG; Art. 14 II, 16 BerlVerf; Art. 16, 19 I 1 BbgVerf; Art. 15 IV,V BremVerf; Art. 12 f. HessVerf; (Art. 6 III M–V Verf); Art. 10 I 1, 14 RhPfVerf; Art. 17 SaarlVerf; Art. 20 I 1, 27 SächsVerf; Art. (6 III), 10 I 1, 14 VerfLSA; Art. 7, 11 I ThürVerf.

Rechtsprechung: Brief-, Post-, Fernsprechgeheimnis: BVerfGE 30, 1; 33, 1; 67, 157; 85, 386; 100, 313; 106, 28; 107, 299; 110, 33; 113, 348; VerfGH 28, 210; 29, 59; 44, 156; Informationsfreiheit: BVerfGE 27, 71; 90, 27; 103, 44; VerfGH 38, 134; 42, 11; 43, 95; 44, 18; 44, 61; 47, 36; 58, 277.

Literatur: Gusy, Das Grundrecht des Post- und Fernmeldegeheimnisses, JuS 1986, 89; *Kaysers,* Die Unterrichtung Betroffener über die Beschränkungen des Brief-, Post- und Fernmeldegeheimnisses, AöR 129 (2004), 121; *Lerche,* Aktuelle Grundfragen der Informationsfreiheit, Jura 1995, 561; *Möstl,* Verfassungsrechtliche Vorgaben für die strategische Fernmeldeaufklärung und die informationelle Vorfeldarbeit im allgemeinen, DVBl. 1999, 1394; *ders.,* Grundrechtsbindung öffentlicher Wirtschaftstätigkeit: Insbesondere die Bindung der Nachfolgeunternehmen der Deutschen Bundespost an Art. 10 GG nach der Postreform II, 1999; *ders.,* Die neue dogmatische Gestalt des Polizeirechts, DVBl. 2007, 581; *Schmitt Glaeser,* Das Grundrecht auf Informationsfreiheit, Jura 1987, 567; *Sievers,* Der Schutz der Kommunikation im Internet durch Art. 10 GG, 2002.

I. Allgemeines

1. Bedeutung

1   Art. 112 schützt in Abs. 1 das **Brief-, Post- und Fernmeldegeheimnis** sowie in Abs. 2 (über seinen engeren Wortlaut hinaus[1]) die Freiheit, sich aus allgemein zugänglichen Quellen ungehindert zu unterrichten **(Informationsfreiheit).** Es spannt damit zwei Grundrechte zusammen, die im GG getrennt und in unterschiedlichen Kontexten geregelt sind (die Informationsfreiheit im Kontext der Kommunikationsfreiheiten des Art. 5 GG; das Brief-, Post und Fernmeldegeheimnis in Art. 10 GG). Der enge Bezug der Informationsfreiheit zu den Meinungs- und Medienfreiheiten ist unabweisbar und kommt auch in der BV (durch die Normierung gleich hinter diesen Freiheiten) zum Ausdruck; die Freiheit, Meinungen zu äußern und zu verbreiten, sowie die Garantie, dass diese Meinungen dann auch empfangen werden dürfen, gehören untrennbar zusammen **(Komplementarität von Meinungsäußerung und -empfang).**[2] Aber auch die dem Art. 112 eigene Idee einer gemeinsamen Normierung von Geheimnisschutz und Informationsfreiheit hat ihren guten Sinn, indem sie zwei unterschiedlichen Formen von Kommunikation zwei je unterschiedliche, sachangemessene Garantien an die Seite stellt: **Art. 112 I schützt die Vertraulichkeit bewusst abgeschirmter Individualkommunikation; Art. 112 II dagegen die Zugänglichkeit von an die Allgemeinheit gerichteter Massenkommunikation.**[3] Art. 112 I dient dem Schutz der Privatsphäre und weist in ihrem Kern einen

---

[1] Vgl. VerfGH 38, 134 (139); 44, 61 (77).
[2] *Jarass/Pieroth,* Art. 5 Rn. 1.
[3] *Stettner,* in: Nawiasky/Schweiger/Knöpfle, Art. 112 Rn. 2; *Möstl,* Sicherheit oder Freiheit im Internet?, in: Bieber/Leggewie (Hrsg.), Interaktivität, 2004, S. 257 (259).

Bezug zum Schutz der Menschenwürde auf;[4] auch Art. 112 II geht es um den Schutz der menschlichen Persönlichkeit (hier mehr unter dem Aspekt ihrer freien Entfaltung), darüber dient sie dem Demokratieprinzip.[5]

Art. 112 I hat in der **Praxis der bayerischen Verfassungsrechtsprechung**[6] bislang **2** nur eine ganz untergeordnete Rolle gespielt, wohl deswegen, weil die meisten für den Schutz des Brief-, Post- und Fernmeldegeheimnis relevanten Materien (Strafrecht, Telekommunikationsrecht, G 10 etc.) bundesrechtlich geregelt sind. Das mag in Zukunft etwas anders werden, weil erst seit jüngerer Zeit auch das landesrechtliche Polizeirecht präventivpolizeiliche Eingriffe in das Fernmeldegeheimnis vorsieht (Art. 34 a ff. PAG; auch hier indes hat das BVerfG sogleich entscheidende Pflöcke eingeschlagen[7]); auch für die seit der Föderalismusreform zum Landesrecht gehörende Materie „Strafvollzug" (Art. 74 I Nr. 1 GG n. F.) ist Art. 112 I relevant;[8] für den Verfassungsschutz siehe z. B. Art. 6 b, 22 BayVSG. Zur Informationsfreiheit des Art. 112 II hingegen hat sich eine lebendige Rechtsprechung entfaltet, die allerdings ausschließlich die Rundfunkempfangsfreiheit betrifft (vgl. Rechtsprechungsnachweise am Anfang).

2. Entstehung

Das Brief-, Post-, Telegraphen- und Fernsprechgeheimnis war – obwohl keineswegs **3** ein neuartiges Grundrecht (vgl. Art. 117 WRV) – im E noch nicht enthalten; erst im VA wurde es eingefügt. Eine besondere Informationsfreiheit hingegen war vormals unbekannt gewesen; erst im Eindruck der Informationsbeschränkungen unter dem Nationalsozialismus („Feindsender" etc.) kam es nach dem Krieg zu Normierungen in den Landesverfassungen und im GG. Auch diese Innovation wurde erst im VA eingefügt. Man beschränkte sich dem Wortlaut nach auf die Hauptanwendungsfälle Rundfunk und Druckerzeugnisse, die Beratungen lassen aber erkennen, dass eine umfassende Informationsfreiheit gewollt war.[9]

3. Verhältnis zum Grundgesetz

Art. 112 ist – neben den die Landesstaatsgewalt unmittelbar bindenden bundesrecht **4** lichen Parallelgewährleistungen der Art. 5 I 1 und Art. 10 GG – **nach Art. 142 GG fortgeltendes** Landesverfassungsrecht.[10] Art. 112 I, II BV und Art. 5 I 1, 10 GG sind ihrem Gewährleistungsgehalt nach **inhaltsgleich;** signifikante Unterschiede lassen sich nicht erkennen. Bzgl. des **Art. 112 I** (Geheimnisschutz) ist bereits der Wortlaut weitgehend identisch (das „Fernmeldegeheimnis" des GG ist nichts weiter als eine sprachliche Zusammenfassung der älteren Begriffe „Telegraphen- und Fernsprechgeheimnis"[11]; zum Unterschied „sind" statt „ist unverletzlich" siehe Rn. 6). Bzgl. des **Art. 112 II** (Informationsfreiheit) geht zwar der Wortlaut auseinander; von Beginn an jedoch hat der VerfGH – insoweit wieder vollauf mit Art. 5 I 1 GG identisch – Art. 112 II als „Recht, sich aus allgemein zugänglichen Quellen ungehindert zu unterrichten" interpretiert und zumal die Rundfunkempfangsfreiheit nur als besondere Ausprägung dieses umfassenden Grundrechts interpretiert.[12] Auch bei den **Schranken** lässt sich im Ergebnis weitgehender Einklang konstatieren: Die Schranke der allgemeinen Gesetze (vgl. Art. 5 II GG) ist dem Art. 112 II nach der Rspr. des VerfGH immanent.[13] Bzgl. der Schranken des Art. 112 I ist

---

[4] BVerfGE 85, 386 (395 f.); 113, 348 (391).

[5] VerfGH 38, 134 (139).

[6] Siehe auch *Stettner,* in: Nawiasky/Schweiger/Knöpfle, Art. 112 Rn. 2.

[7] BVerfGE 113, 348; dazu *Schmidbauer,* in: ders./Steiner, PAG, 2. Auflage 2006, Art. 34 a Rn. 112 ff.

[8] Überwachung des Briefverkehrs; vgl. BVerfGE 33, 1; VerfGH 28, 210; 29, 59.

[9] Prot. II, 309 ff.; *Stettner,* in: Nawiasky/Schweiger/Knöpfle, Art. 112 Rn. 1.

[10] *Meder,* Art. 112 Rn. 1; VerfGH 38, 134 (139).

[11] *Gusy,* in: v. Mangoldt/Klein/Starck, Art. 10 Rn. 39.

[12] VerfGH 38, 134 (139); 44, 61 (77).

[13] VerfGH 47, 36 (42 f.); offen gelassen noch in VerfGH 38, 134 (140).

(da bislang kaum praktisch relevant) noch keine eindeutige Linie des VerfGH zu erkennen; wenn man nicht gleich einen ungeschriebenen allgemeinen Gesetzesvorbehalt in ihn hineinliest (insoweit wie Art. 10 II 1 GG)[14], ist jedenfalls Art. 98 S. 2 einschlägig[15], der bei richtiger Auslegung seinerseits einem allgemeinen Gesetzesvorbehalt (Art. 98 S. 2 deckt letztlich, v. a. durch „Sicherheit" und „Wohlfahrt", alle relevanten Gemeinwohlbelange ab) nach Maßgabe des Verhältnismäßigkeitsprinzips („zwingend erfordert") gleichkommt. Allein hinsichtlich Art. 10 II 2 GG geht das Bundesrecht über die nach Landesrecht mögliche Beschränkbarkeit hinaus (dazu Rn. 7). Wegen der somit fast völligen Übereinstimmung des Art. 112 mit seinen bundesrechtlichen Pendants, aber auch wegen einer z. T. sehr dünn gesäten und kaum Besonderheiten erkennen lassenden Rechtsprechungspraxis, kann sich **die hiesige Kommentierung** auf grundsätzliche Fragen sowie (mögliche) Besonderheiten des Art. 112 konzentrieren. Im Übrigen, d. h. wegen aller Details, kann und muss auf Kommentierungen zu Art. 5 I 1 und Art. 10 GG verwiesen werden.

II. Einzelkommentierung

1. Brief-, Post-, Telegraphen- und Fernsprechgeheimnis (Abs. 1)

5   **a) Allgemeines.** Art. 112 I gewährt ein **subjektives Recht,** und zwar ein Grundrecht (Abwehrrecht).[16] **Grundrechtsträger** ist jedermann,[17] auch juristische Personen, nach str. Ansicht auch die (privaten oder privatisierten) Post und Telekommunikationsunternehmen (gegen staatliche Eingriffe in durch sie vermittelte Kommunikationsvorgänge)[18], ggf. auch Rundfunkanstalten[19]. **Adressat** des Grundrechts ist die öffentliche Gewalt; nicht mehr grundrechtsgebunden sind – nach ihrer Privatisierung und Freistellung von besonderen Gemeinwohlbindungen, jedenfalls soweit keine Monopole mehr eingeräumt sind – die Nachfolgeunternehmen der Bundespost, erst recht nicht sonstige private Post- und Telekommunikationsdienstleister oder andere Private.[20] Soweit von Seiten derartiger Privater (v. a. von Post- und Telekommunikationsunternehmen) Gefahren für die Vertraulichkeit der durch Art. 112 I geschützten Kommunikationsvorgänge drohen, entfaltet Art. 112 I die Wirkung einer **grundrechtlichen Schutzpflicht.**[21]

6   **b) Schutzbereich.** Bzgl. Art. 10 GG ist strittig, ob es sich um ein einheitliches Grundrecht oder um drei eigenständige Geheimnis-Gewährleistungen handelt.[22] Auch für Art. 112 I kann man diese Frage stellen; der Wortlaut („ist unverletzlich" statt „sind unverletzlich") spricht für das bayerische Verfassungsrecht jedenfalls **eher für ein einheitliches Grundrecht,** als dies unter dem GG der Fall ist.[23] Im Ergebnis spielt die Frage keine große Rolle, da Einigkeit darüber besteht, dass es der gemeinsame Grundgedanke der Gewährleistung(en) ist, gegen all jene Gefahren für die Vertraulichkeit zu schützen, die aus dem Einsatz eines (wie auch immer gearteten) **Kommunikationsmittlers** resultieren, und da es auch unter Zugrundelegung eines einheitlichen Verständnisses sinnvoll und üblich ist, nach den einzeln aufgeführten Teilgewährleistungen zu differenzieren. Durch den Wegfall der staatlichen Post im Zuge der Postprivatisierung, infolge derer nicht mehr an alle durch die staatliche Post vermittelten Kommunikationsvorgänge angeknüpft werden kann, ist es

---

[14] *Meder,* Art. 112 Rn. 4 m. w. N.; so auch der im VA ursprünglich vorgesehene Abs. 3; Prot. II, 312.

[15] So VerfGH 29, 59 (60).

[16] *Meder,* Art. 112 Rn. 1; VerfGH 16, 67 (71).

[17] *Stettner,* in: Nawiasky/Schweiger/Knöpfle, Art. 112 Rn. 8.

[18] So schon zur früheren Bundespost BVerfGE 67, 157 (172); a. A. *Jarass/Pieroth,* Art. 10 Rn. 10; *Möstl,* Grundrechtsbindung, S. 187 f.

[19] BVerfGE 107, 299.

[20] *Möstl,* Grundrechtsbindung, 148 ff.

[21] Badura, Staatsrecht, C 42; *Möstl,* Grundrechtsbindung, S. 193 ff.

[22] Hierzu: *Jarass/Pieroth,* Art. 10 Rn. 1; *Möstl,* Grundrechtsbindung, S. 202.

[23] So *Stettner,* in: Nawiasky/Schweiger/Knöpfle, Art. 112 Rn. 3.

notwendig geworden, die überkommenen Gewährleistungsbereiche neu zuzuschneiden.[24] **Postgeheimnis** meint heute die Vertraulichkeit aller durch Postdienstleister jedweder Art (nicht nur die Deutsche Post AG, auch ihre Konkurrenten) erbrachten körperlichen Übermittlungsleistungen (Briefe, Pakete, sonstige offene und geschlossene Sendungen, Waren; nicht: Postbankdienstleistungen) von der Einlieferung der Sendung bis zur Ablieferung an den Empfänger; das Postfach ist noch geschützt; der Schutz bezieht sich auch auf die Umstände der Beförderung.[25] Das **Briefgeheimnis** schützt das Kommunikationsmedium Brief (auch Postkarten, Drucksachen [str.]; auch sonstige verschlossene, möglicherweise eine Mitteilung enthaltene Sendungen, da auch gegen die Untersuchung geschützt werden soll, ob eine solche Mitteilung enthalten ist) auch, soweit die Übermittlung nicht (überhaupt nicht, noch nicht oder nicht mehr) durch Postdienstleister, sondern durch sonstige Dritte (z. B. private Boten; Kontrolle des Schriftverkehrs Strafgefangener durch die Strafanstalt[26]) erfolgt; zeitlich reicht der Schutz auch hier nur vom Außer-Hand-Geben durch den Absender bis zum Erhalt durch den Empfänger.[27] Die bei weitem größte Bedeutung hat unter den Kommunikationsbedingungen der Gegenwart das **Fernmeldegeheimnis** (= Telegraphen- und Fernsprechgeheimnis, vgl. Rn. 4), das jede fernmeldetechnisch übermittelte Übertragung von Informationen an individuelle Empfänger schützt.[28] Neben klassischen Telekommunikationsvorgängen wie Telefon, Telegramm, Fernschreiben etc. sind auch neuere wie z. B. Telefax, SMS und vertrauliche Individualkommunikation über Internet (e-mail) geschützt.[29] Der Schutz erstreckt sich auch auf die Umstände der Telekommunikation, weswegen auch die sog. „Verkehrs"- oder „Verbindungsdaten" erfasst sind, dies jedoch nicht, wenn sie im Endgerät gespeichert sind.[30] Nicht erfasst (da keine Umstände eines konkreten Telekommunikationsvorgangs preisgebend) ist die Abfrage von sog. „Bestandsdaten" (z. B. wer hat welche Telefonnummer) sowie die Standortermittlung mittels IMSI-Catcher.[31] Das Fernmeldegeheimnis schützt nicht gegen die Nutzung einer von dem anderen Telekommunikationsteilnehmer einem Dritten zur Verfügung gestellte Mithöreinrichtung.[32]

c) **Schranken.** Die Freiheitsgewährleistung des Art. 112 I unterliegt im Ergebnis (sei **7** es durch Hineinlesen einer immanenten Schranke oder durch korrekte Anwendung des Art. 98 S. 2; siehe schon Rn. 4 m. w. N.) einem **allgemeinen Gesetzesvorbehalt;** insoweit besteht völliger Einklang mit Art. 10 II 1 GG.[33] Soweit es um die besonders praxisrelevante Abwägung von Freiheit und Sicherheit geht (vgl. z. B. die zum Zwecke der Verhütung von Straftaten vorgenommenen Eingriffe nach Art. 34 a PAG), ist in Bayern zu bedenken, dass **Art. 99 BV** der **Sicherheitsaufgabe** besonderes Gewicht beimisst und staatliche Gefahraufklärung insbesondere auch bereits im Vorfeld konkreter Gefahren zu rechtfertigen in der Lage ist (Art. 99, Rn. 1, 17). Zwar folgt hieraus nicht unbedingt eine andere Rechtslage als unter dem GG, wo man der Sicherheitsaufgabe richtigerweise denselben Stellenwert beimessen kann und muss, wie dies nach Art. 99 BV der Fall ist.[34] Immerhin jedoch rückt Art. 99 BV den Stellenwert der Sicherheitsgewährleistung unmiss-

---

[24] *Möstl,* Grundrechtsbindung, S. 202 ff.

[25] *Jarass/Pieroth,* Art. 10 Rn. 4.

[26] VerfGH 29, 59 (60); kein Eingriff in der Konstellation von VerfGH 28, 210.

[27] *Gusy,* in: v. Mangoldt/Klein/Starck, Art. 10 Rn. 26 ff.

[28] *Gusy,* in: v. Mangoldt/Klein/Starck, Art. 10 Rn. 39.

[29] *Jarass/Pieroth,* Art. 10 Rn. 5.

[30] BVerfG NJW 2006, 978.

[31] BVerwGE 119, 123 (126); BVerfG v. 22. 8. 2006 – 2 BvR 1345/03.

[32] *Badura,* Staatsrecht, C 42.

[33] Dass Art. 98 S. 2 BV enger sei als Art. 10 II 1 GG, ist m. E. nicht richtig („Sicherheit" und „Wohlfahrt" decken allein schon fast das Gesamtspektrum in Betracht kommender Maßnahmen ab; „zwingend erfordern" verweist letztlich nur auf das Verhältnismäßigkeitsprinzip); a. A. *Stettner,* in: Nawiasky/Schweiger/Knöpfle, Art. 112 Rn. 10.

[34] *Möstl,* Die staatliche Garantie für die öffentliche Sicherheit und Ordnung, 2003, § 2.

verständlicher ins Gedächtnis, als dies unter dem GG der Fall ist; auch gibt er dem VerfGH einen argumentativen Anknüpfungspunkt, wenn er die Akzente ggf. anders setzen möchte, als dies das BVerfG tut. Das BVerfG hat zu den Grenzen und verfassungsrechtlichen Maßgaben für Eingriffe in das Fernmeldegeheimnis aus Gründen präventiver Sicherheitsgewährleistung, v. a. auch zur Frage der Zulässigkeit sog. **„Vorfeldmaßnahmen"** (Straftatenverhütung), eine reichhaltige Rechtsprechung entfaltet, die die Gestaltung von Eingreifschwellen (Wahrscheinlichkeitsschwellen), die rechtsstaatliche Bestimmtheit von Tatbestandsmerkmalen, die Eingrenzung des zulässigen Betroffenenkreises (nur Verdächtige oder ggf. auch Dritte?) sowie die Frage nachträglicher Benachrichtigung betrifft; sie kann hier nicht im Einzelnen nachgezeichnet werden.[35] Ob diese Rechtsprechung der Bedeutung der Sicherheitsaufgabe immer hinreichend Rechnung trägt, kann durchaus hinterfragt werden.[36] Wenn Beobachter beispielsweise die Frage aufwerfen, inwieweit es dem Gesetzgeber angesichts der vom BVerfG aufgestellten Anforderungen (v. a. an die rechtsstaatliche Bestimmtheit) überhaupt noch möglich sei, eine verfassungskonforme Regelung zur vorbeugenden Telekommunikationsüberwachung[37] vorzulegen,[38] dann besteht die reale Gefahr einer rechtsstaatlichen Kapitulation vor der Sicherheitsaufgabe, die mit Art. 99 BV nicht mehr vereinbar wäre. Die **besondere Schranke des Art. 10 II 2 GG** (umgesetzt durch das G 10) hat in der BV keine Entsprechung.[39] Dies hindert bayerische Verfassungsschutzbehörden jedoch nicht daran, von den bundesrechtlichen Ermächtigungen des G 10 Gebrauch zu machen; das gilt selbst dann, wenn man − wie hier vertreten (Vorbem. B Wirkkraft LVerfR Rn. 20; Vor Art. 98, Rn. 138) − Landesverfassungsrecht in den Spielräumen des zu vollziehenden materiellen Bundesrechts zur Geltung kommen lassen will, denn ein grundsätzliches Nichtgebrauchmachen von der bundesrechtlichen Ermächtigungsnorm aus landesverfassungsrechtlichen Gründen würde dem Zweck der bundesrechtlichen Ermächtigung zuwiderlaufen und könnte deswegen nicht mehr als eine bundesrechtskonforme Ermessensausübung begriffen werden; bundesrechtliche Ermächtigungen gewähren (auch soweit sie Ermessen einräumen) keinen Spielraum, die Ermächtigung strukturell ins Leere laufen zu lassen.[40]

2. Informationsfreiheit (Abs. 2)

8   **a) Allgemeines. Träger des Grundrechts** ist jede natürliche oder juristische Person, die sich informieren will.[41] Die Informationsfreiheit ist ein **Abwehrrecht** gegen staatliche Eingriffe, die die Unterrichtung aus allgemein zugänglichen Quellen verhindern, erschweren oder verzögern.[42] Art. 112 II vermittelt hingegen **keinen leistungsrechtlichen/ institutionellen Anspruch** auf Eröffnung einer Informationsquelle (erst nach Eröffnung der allgemeinen Zugänglichkeit kann der Schutz greifen).[43] Informationsfreiheit im modernen (leistungsrechtlichen) Sinne (Anspruch auf Zugang zu amtlichen Informationen, vgl. z. B. das **Informationsfreiheitsgesetz** des Bundes oder das Recht auf Zugang zu Umweltinformationen in Art. 3 III M-VVerf) ist also nicht verfassungsrechtlich gewährleistet, sondern einfach-gesetzlich zu verwirklichen. Ein Recht auf Zugang besteht aber, soweit eine im staatlichen Verantwortungsbereich liegende Informationsquelle aufgrund

---

[35] BVerfGE 100, 313; 110, 33; 113, 348.
[36] Im Einzelnen: *Möstl,* DVBl. 2007, 581 ff.
[37] Die präventive Telekommunikationsüberwachung nach Art. 34 a PAG ist als Gefahrenabwehr- und gerade nicht als vorbeugende Vorfeldmaßnahme ausgestaltet und wird von BVerfGE 113, 348 daher nicht erfasst; zu ihrer Verfassungsmäßigkeit: *Schmidbauer,* in: ders./Steiner, PAG, 2. Auflage 2006, Art. 34 a Rn. 112 ff.
[38] *Lepsius,* Jura 2006, 929 (936).
[39] Vgl. VerfGH 44, 156 (161 f.).
[40] *Möstl,* AöR 130 (2005), 350 (385).
[41] *Stettner,* in: Nawiasky/Schweiger/Knöpfle, Art. 112 Rn. 16.
[42] *Meder,* Art. 112 Rn. 5; VerfGH 44, 61 (LS 3).
[43] BVerfGE 103, 44 (LS 1).

rechtlicher Vorgaben zur öffentlichen Zugänglichkeit bestimmt ist, der Staat den Zugang aber verweigert.[44] Keinen Anspruch gewährt Art. 112 II darauf, dass allgemein zugängliche Informationsquellen (auch Rundfunk) **entgeltfrei** empfangen werden können; dennoch soll Art. 112 II eine Art Ausstrahlungswirkung entfalten, d. h. bei der Beurteilung staatlicher Entgeltregelungen und Benutzungsbedingungen soll zu berücksichtigen sein, dass es sich um eine allgemein zugängliche Informationsquelle handelt; im Ergebnis wurden staatliche Entgeltregelungen **(Teilnehmerentgelt, Rundfunkgebühr)** – in nicht ganz durchsichtiger dogmatischer Konstruktion – letztlich doch wiederholt einer Art summarischen Zumutbarkeitsprüfung unterzogen.[45] Aus Art. 112 II folgt kein Recht auf eine bestimmte Organisation des Rundfunks.[46] Ebenso wenig kann aus der Rundfunkempfangsfreiheit ein Anspruch dahingehend abgeleitet werden, dass (z. B. ausländische) Programme aus einer allgemein zugänglichen Informationsquelle **(Satellitenprogramm)** in eine andere allgemein zugängliche Informationsquelle **(Kabelanlage)** eingespeist werden; dennoch wurde – wiederum nicht ganz überzeugend – bzgl. der staatlichen Genehmigung der Einspeisung letztlich doch eine Prüfung anhand von Art. 112 II (als Abwehrrecht) durchgeführt.[47] Deutlich wird, dass bei staatlichen Regelungen zu den Bedingungen und Modalitäten des Empfangs die (durch Art. 112 II geschützte) abwehrrechtliche und die (durch Art. 112 II nicht geschützte) leistungsrechtliche Dimension (geht es um Beschränkungen einer bereits gegebenen allgemeinen Zugänglichkeit oder um Bedingungen ihrer Eröffnung?) nicht immer leicht auseinanderzuhalten sind. Die Informationsfreiheit kann grundsätzlich **Ausstrahlungswirkung,** namentlich ins Zivilrecht entfalten (z. B. im Verhältnis Mieter – Vermieter, wenn es um die Zulässigkeit einer **Parabolantenne** geht[48]); dem Einfluss des Landesverfassungsrechts in Bezug auf das bundesrechtliche Zivilrecht sind indes freilich enge Grenzen gesetzt.[49]

b) Schutzbereich. Art. 112 II schützt seinem Wortlaut nach den freien **Rundfunk-** 9 **empfang** sowie den freien **Bezug von Druckerzeugnissen.** Darüber hinaus (vgl. bereits Rn. 1, 4) begreift der VerfGH Art. 112 II – dies lässt sich sowohl entstehungsgeschichtlich gut begründen (Rn. 3) als auch spricht die Harmonisierung mit Art. 5 I 1 GG dafür – als umfassende Gewährleistung der **Informationsfreiheit,** im Sinne des Rechts, **sich aus (jedweder) allgemein zugänglichen Quelle zu unterrichten.**[50] Ob z. B. allgemein zugängliche Informationsangebote im Internet „Rundfunk" i. S. v. Art. 112 II sind oder nicht (zum Rundfunkbegriff siehe Art. 111 a, Rn. 9), ob „Druckerzeugnisse" alles Gedruckte (so die h. M.[51]) oder nur Periodika meint, ist letztlich gleichgültig, weil ohnehin die Unterrichtung aus allen allgemein zugänglichen Informationsquellen erfasst ist; selbst ein Ereignis (z. B. Verkehrsunfall) kann eine geschützte Informationsquelle sein.[52] Ob eine Informationsquelle **allgemein zugänglich** ist, hängt von einem Bestimmungsakt des Bestimmungsberechtigten ab[53]; außerdem muss die Informationsquelle (technisch) geeignet sein, einem individuell nicht abgegrenzten Personenkreis Informationen zu verschaffen; dass der Bestimmungsakt im **Ausland** erfolgt ist, schadet nicht, im Gegenteil gehört der freie Bezug ausländischer Zeitungen und Programme von Beginn an zum Kern der

---

[44] BVerfGE 103, 44 (LS 2).
[45] Teilnehmerentgelt: VerfGH 44, 61 (78 f.), siehe auch VerfGH 51, 131; 52, 143; Rundfunkgebühr: 58, 277 (285 ff.); *Stettner,* in: Nawiasky/Schweiger/Knöpfle, Art. 112 Rn. 62.
[46] VerfGH 42, 11 (16).
[47] VerfGH 47, 36 (40 ff.).
[48] BVerfGE 90, 27.
[49] VerfGH 44, 18, wo allein eine Willkürkontrolle bzgl. der Anwendung des Bundesrechts vorgenommen wird.
[50] VerfGH 38, 134 (139); 44, 61 (77); *Stettner,* in: Nawiasky/Schweiger/Knöpfle, Art. 112 Rn. 12.
[51] *Stettner,* in: Nawiasky/Schweiger/Knöpfle, Art. 112 Rn. 12.
[52] *Stettner,* in: Nawiasky/Schweiger/Knöpfle, Art. 112 Rn. 13, auch zum Folgenden.
[53] BVerfGE 103, 44 (60).

durch Art. 112 II bezweckten Freiheitsgewährleistung.[54] Insbesondere der Aspekt der **freien Auswahl** der Informationsquellen ist ein wesentlicher Aspekt der Informationsfreiheit; der Einzelne soll bei der Auswahl des Materials keiner Beeinflussung durch den Staat unterliegen.[55] Die **Rundfunkempfangsfreiheit** umfasst grundsätzlich das Recht zur Benutzung von Geräten (Antennen, Satellitenschüsseln etc.), die ihm eine Auswahl unter den am Ort technisch empfangbaren (auch ausländischen) Programmen ermöglichen.[56] Art. 112 II schützt sowohl das passive Entgegennehmen wie das aktive Beschaffen von Informationen, nicht jedoch das „Einschleichen" in nicht allgemein zugängliche Bereiche.[57]

10 **c) Schranken.** Dem Grundrecht des Art. 112 I ist der Schrankenvorbehalt der **allgemeinen Gesetze** immanent (siehe schon Rn. 4).[58] Hierfür spricht sowohl der enge Zusammenhang mit der (dem gleichen immanenten Schrankenvorbehalt unterliegenden) Art. 110 I (zur Komplementarität der beiden Gewährleistungen Rn. 1) als auch der Vergleich mit Art. 5 I 1, II GG. Zur Bedeutung und Prüfung dieses Vorbehalts Art. 110, Rn. 9.[59] Zum Verhältnis von Rundfunkempfangsfreiheit und **Denkmalschutz/Schutz des Ortsbildes** (Außenantenne) siehe VerfGH 38, 134; zur Genehmigungspflicht der Weiterverbreitung **ausländischer Programme** in Kabelnetzen siehe VerfGH 47, 36.

Art. 113 [Versammlungsfreiheit]

Alle Bewohner Bayerns haben das Recht sich ohne Anmeldung oder besondere Erlaubnis friedlich und unbewaffnet zu versammeln.

Parallelvorschriften im GG und anderen Landesverfassungen: Art. 8 GG; Art. 2 BaWüVerf; Art. 26 BerlVerf; Art. 23 BbgVerf; Art. 16 BremVerf; Art. 14 HessVerf; Art. 12 RhPfVerf; Art. 6 SaarlVerf; Art. 23 SächsVerf; Art. 12 SachsAnhVerf; Art. 10 ThürVerf.

Rechtsprechung: VerfGH 43, 107.

Literatur: Arndt/Droege, Versammlungsfreiheit versus Sonn- und Feiertagsschutz?, NVwZ 2003, 906; *Battis/Grigoleit,* Rechtsextremistische Demonstrationen und öffentliche Ordnung – Roma locuta?, NJW 2004, 3459; *Bäumler,* Versammlungsfreiheit und Verfassungsschutz, JZ 1986, 469; *Benda,* Kammermusik, schrill, NJW 2001, 2947; *Bethge,* Die Demonstrationsfreiheit – ein mißverstandenes Grundrecht?, ZBR 1988, 205; *Blanke/Sterzel,* Demonstrationsfreiheit – Geschichte und demokratische Funktion, JZ 1981, 347; *Breitbach,* Die Bannmeile als Orte von Versammlungen, 1994; *Brohm,* Demonstrationsfreiheit und Sitzblockaden, JZ 1985, 501; *Brüning,* Das Grundrecht der Versammlungsfreiheit in der „streitbaren Demokratie", Der Staat 41 (2002), 213; *Burgi,* Art. 8 GG und die Gewährleistung des Versammlungsorts, DÖV 1993, 633; *Deger,* Sind Chaos-Tage und Techno-Paraden Versammlungen?, NJW 1997, 923; *Förster,* Die Friedlichkeit als Voraussetzung der Demonstrationsfreiheit, 1985; *Gallwas,* Das Grundrecht der Versammlungsfreiheit, Art. 8 GG, JA 1986, 484; *Henninger,* Observation im Versammlungsgeschehen, DÖV 1998, 713; *Höfling/Augsberg,* Versammlungsfreiheit, Versammlungsrechtsprechung und Versammlungsgesetzgebung, ZG 2006, 151; *Kloepfer,* Versammlungsfreiheit, HStR VI, § 143; *Krüger,* Versammlungsrecht, 1994; *Ott,* Gesetz über Versammlungen und Aufzüge, 6. Aufl. 1996; *Roellecke,* Der kommunikative Gegendemonstrant, NJW 1995, 3101; *Rühl,* Die Polizeipflichtigkeit von Versammlungen bei Störungen durch Dritte, NVwZ 1988, 577; *Samper,* Rechtsfragen zum „Demonstrationsrecht", BayVBl 1969, 77; *Seidel,* Das Versammlungsrecht auf dem Prüfstand, DÖV 2002, 283.

---

[54] VerfGH 43, 95 (98); 44, 61 (77 f.).
[55] VerfGH 43, 95 (98); 58, 277 (285).
[56] VerfGH 38, 134 (LS 3); 44, 61 (78); BVerfGE 90, 27 (LS 2).
[57] *Jarass/Pieroth,* Art. 5 Rn. 17.
[58] VerfGH 47, 36 (42 f.); offen gelassen noch in VerfGH 38, 134 (140).
[59] Siehe außerdem VerfGH 47, 36 (43).

I. Allgemeines

1. Bedeutung

Art. 113 BV schützt die Freiheit mit anderen Personen zur gemeinschaftlichen, auf die **1** Teilhabe an der öffentlichen Meinungsbildung gerichteten Erörterung oder Kundgebung, örtlich zusammenzukommen.[1] Das Versammlungsrecht ist ein unverzichtbares Mittel eines aktiven demokratischen Diskurses, weil es den breiten Massen der Bevölkerung die Möglichkeit gibt, unmittelbar an den öffentlichen Diskussionen teilzunehmen.[2] Sie verschafft denen, die keinen unmittelbaren Zugang zu den Medien haben, für ihre Meinungsäußerung eine größere Öffentlichkeit und deren Aufmerksamkeit. Die Demonstrationsfreiheit kommt vor allem auch Minderheiten zugute.

Art. 113 BV gewährt das Recht, „mit geistigen Mitteln" zur Meinungsbildung beizutra- **2** gen. Der Grundrechtsschutz umfasst vielfältige verbale und nicht verbale Ausdrucksformen gemeinschaftlicher Meinungsbildung und -äußerung.[3] Er begründet ein Abwehrrecht, das für eine lebendige Demokratie schlechthin konstituierend ist. Das Versammlungsrecht ist keine unmittelbare Form der staatlichen Meinungsbildung. Die Versammlung ist auch nicht Träger der staatlichen Gewalt, da die Versammlungteilnehmer oder Demonstrationsgruppen nicht das „Volk" i. S. des Art. 2 BV sind und dieses auch nicht unmittelbar repräsentieren.[4] Dennoch ist es vom Sinn her möglich, Versammlungen als „ein Stück ursprünglichungebändigter unmittelbarer Demokratie" zu bezeichnen.[5]

Das Gewaltmonopol des Staates darf nicht dazu verwendet werden, die Versammlungs- **3** freiheit argumentativ einzuschränken. Die Versammlungsfreiheit ist für die freiheitliche Demokratie, die die Bayerische Verfassung formt, wichtig. Die Bayerische Verfassung ist, wie insbesondere an der Volksgesetzgebung und der Notwendigkeit der Volksbeteiligung bei jeder Verfassungsänderung – anders als das GG –, stark auf die Beteiligung des Souverän angelegt. Auch wenn das Versammlungsrecht kein Recht des Volkes ist, ist es dennoch geeignet, den verschiedenen „Stimmen im Volk" Ausdruck zu verleihen. Die Stimme des Volkes ist aber nicht immer gesittet und wohlgeformt. Art. 113 BV nennt selbst die Grenzen – friedlich und unbewaffnet. Weitere immanente Grenzen des Schutzbereichs können interpretatorisch nicht hinzugefügt werden. Der Staat muss sich daher darum bemühen, so lange es irgendwie geht, friedlichen Demonstrationen, und mögen diese, wie insbesondere politische Versammlungen von „ganz rechts" oder „ganz links" auch politisch ungewollt sein, zur Durchführung zu verhelfen.[6] So muss er bei gewaltsamen Gegendemonstrationen

---

[1] BVerfGE 104, 92 (104); BVerfGE 69, 315 (343) (zu Art. 8 GG).
[2] *Nawiasky*, S. 195.
[3] BVerfGE 69, 315 (343); BVerfGE 82, 236 (259) (zu Art. 8 GG).
[4] *Meder*, Art. 113, Rn. 1a.
[5] *Meder*, Art. 113, Rn. 1a.
[6] Unscharf *Meder*, Art. 113, Rn. 3.

zunächst gegen diese vorgehen und darf erst als ultima ratio die friedliche Versammlung selbst untersagen.

4   **Keine Leistungsrechte:** Das Grundrecht will eine politische Meinungsbildung fern vom Staat ermöglichen und absichern. Daher steht seine Abwehrfunktion ganz im Vordergrund. Ansprüche auf positive Leistungen lassen sich aus Art. 113 BV nicht ableiten.[7]

2. Systematische Bezüge

5   Eine enge Verbindung besteht zwischen der Meinungsfreiheit und der Versammlungsfreiheit. Beide Grundrechte sind für eine lebendige Demokratie konstituierend. Auf Bundesebene werden die beiden Grundrechte so abgegrenzt, dass die Beschränkungen der Versammlungsfreiheit, die an die Meinungskundgabe, die hinter der Versammlung steht (Motto, erwartete Spruchbänder; Aussagen der Initiatoren), anknüpfen, an dem Grundrecht der Meinungsfreiheit und nicht an dem der Versammlungsfreiheit zu messen sind.[8] Eine Meinungsäußerung, die nach Art. 5 Abs. 2 GG nicht unterbunden werden darf, kann danach eine Beschränkung der Versammlungsfreiheit i. S. v. Art. 8 GG nicht rechtfertigen.[9] Die Rechtsprechung ging bisher davon aus, dass das auch dann gelte, wenn auf einer Versammlung nationalsozialistisches Gedankengut verbreitet wird. Ein Verbot hält das BVerfG in diesem Bereich bisher nur für verhältnismäßig, wenn die Äußerungen die Grenze der Strafbarkeit überschreiten.[10] Überträgt man dies, würden Inhalt und Form einer Meinungsäußerung in einer oder durch eine Versammlung verfassungsrechtlich ausschließlich durch Art. 110 BV begrenzt. Da Art. 110 BV und Art. 113 BV den gleichen Schranken unterliegen, ist die Abgrenzung auf der Ebene der Landesverfassung nicht ganz so wichtig wie auf Bundesebene. Dennoch spricht die Sachgerechtigkeit für eine Übertragung dieser Differenzierung. Fraglich ist allerdings, ob die scharfe Parallelität, nach der nur strafbare Meinungsäußerungen für versammlungsrechtliche Sanktionen herangezogen werden dürften, verfassungsrechtlich unveränderlich ist.

6   Das Versammlungsgrundrecht des Art. 8 GG, aber auch des Art. 113 BV kann dazu dienen, das Widerstandsrecht des Art. 20 Abs. 4 GG durchzusetzen.[11] Bei gegenwärtiger Lage ist aber kaum mit dem Vorliegen der Voraussetzungen des Art. 20 Abs. 4 GG zu rechnen.[12]

3. Entstehung

7   Die ursprüngliche Fassung der Versammlungsfreiheit war hinsichtlich des Schutzbereichs mit Art. 113 BV identisch,[13] enthielt aber einen Absatz 2, nach dem Versammlungen unter freiem Himmel durch Gesetz anmeldepflichtig gemacht und bei unmittelbarer Gefahr für die öffentliche Sicherheit verboten werden könnten. Dieser Absatz wurde im VA herausgenommen, da insoweit die allgemeinen Schranken des Art. 98 Satz 2 BV als ausreichend verstanden wurden.[14] Der Verfassungsgeber orientierte sich an Art. 123 WRV.[15]

4. Verhältnis zum Grundgesetz

8   **a) Unterschied zu Art. 8 GG.** Das GG garantiert ebenfalls die Versammlungsfreiheit durch Art. 8 GG. Art. 8 GG weicht dabei von Art. 113 BV ab. So ist er auf Deutsche begrenzt, spricht nur von Erlaubnis statt von besonderer Erlaubnis, wählt die substantiierte

---

[7] *Meder*, Art. 113, Rn. 1 a.

[8] BVerfGE 90, 241 (246); BVerfGE 111, 147 (156) (zu Art. 8 GG).

[9] BVerfGE 90, 241 (246; BVerfGE 111, 147 (156 bezogen auf das GG).

[10] BVerfGE 90, 241 (246); BVerfGE 111, 147 (156 – zu Art. 8 GG).

[11] *Scholz*, Rechtsfrieden im Rechtsstaat, NJW 1983, 705 (707): offen *Meder*, Art. 113, Rn. 3 a.

[12] S. zu Art. 20 Abs. 4 GG – *Sachs*, in: ders., Art. 20 Abs. 4, Rn. 166 ff.

[13] Art. 70 I VE und ihm folgend Art. 77 I E den gegenwärtigen Text; *Nawiasky*, S. 195.

[14] Vgl. EVA Art. 123; *Nawiasky*, S. 195.

[15] *Nawiasky*, S. 195.

Form an Stelle des Adjektivs unbewaffnet und enthält einen Schrankenvorbehalt in Art. 8 Abs. 2 GG für Versammlungen unter freiem Himmel.

b) Verhältnis zu Art. 8 GG. Art. 113 BV wird wegen Art. 142 GG durch Art. 8 GG 9 nicht gebrochen.[16] Art. 113 BV gilt weiter, bindet allerdings nur die Landesstaatsgewalt, nicht den Bund. Das VersammlungsG des Bundes ist nicht an Art. 113 BV zu messen, ein Landesgesetz müsste demgegenüber die Vorgaben des Art. 113 BV beachten.

c) Verhältnis zum Versammlungsgesetz. Auch das Versammlungsgesetz hat an der 10 Geltung des Art. 113 BV nichts geändert. Bis zum Inkrafttreten der Föderalismuskommission hatte der Bund die Gesetzgebungskompetenz zum Versammlungsrecht (Art. 74 Nr. 3 GG a. F.). Die bundesrechtlichen Normen des Versammlungsgesetzes gingen wegen Art. 31 GG dem Art. 113 BV vor.[17] Das VersammlungsG wurde dabei nicht als abschließende Regelung verstanden,[18] sondern ließ noch Raum für ergänzende Regelungen, insbesondere für Eingriffe auf Grundlage des allgemeinen Sicherheits- und Ordnungsrechts. Bisher war bei Eingriffen in die Versammlungsfreiheit auf landesrechtlicher Grundlage zuvor zu prüfen, ob das Versammlungsgesetz des Bundes Regelungen enthält, neben denen die landesrechtliche Eingriffsgrundlage nicht anwendbar ist.[19] Solange das VersammlG weiter gilt, bleiben diese Grundsätze gültig.

Mit Inkrafttreten der Föderalismuskommission ist die Gesetzgebungskompetenz für 11 das Versammlungsrecht in die ausschließliche Kompetenz der Länder gefallen. Ein Kompetenzzuwachs von Gewicht dürfte darin kaum liegen. Das BVerfG hat den Freiraum des Staates für Eingriffe in das Versammlungsrecht auf der Grundlage des VersammlungsG stark eingeschränkt, und es bleibt abzuwarten, ob die grundrechtlichen Grenzen sich im Wechselspiel zu einem landesrechtlichen Versammlungsgesetz anders entwickeln werden. Solange der Landesgesetzgeber von seinen neuen Befugnissen keinen Gebrauch macht, gilt das Bundesrecht weiter (Art. 125 a Abs. 1 GG).

d) Unterschiedliche Schranken. Art. 8 GG enthält mit dem Absatz 2 einen ausdrück- 12 lichen Gesetzesvorbehalt, während Art. 113 BV keinem eigenen Gesetzesvorbehalt unterliegt. In Betracht kommt daher zunächst nur Art. 98 S. 2 BV.[20] Der Gesetzesvorbehalt des Art. 8 Abs. 2 GG ist für den Gesetzgeber in gewisser Form großzügiger, da er für Versammlungen unter freiem Himmel nicht weiter eingeschränkt ist (anders als Art. 98 S. 2 BV), umgekehrt aber enger, da er für Versammlungen in geschlossenen Räumen nicht gilt.

Es wäre dogmatisch unzulässig, die Grenzen des Art. 8 Abs. 2 GG in Art. 113 BV hinein- 13 zulesen. Es ist durchaus denkbar und mit der Eigenständigkeit der landesrechtlichen Verfassungsordnung gut zu erklären, wenn Art. 113 BV dem Landesgesetzgeber eine Regelung verbieten würde, die das GG ihm zuließe. Nach grammatikalischer Auslegung ist der Landesgesetzgeber durch Art. 98 S. 2 BV stärker eingeschränkt als es der Bundesgesetzgeber durch Art. 8 Abs. 2 GG ist. Gegenwärtig besteht – soweit ersichtlich – innerhalb des Freistaates Bayern hinsichtlich dieser Frage kein angemessenes Problembewusstsein. Sobald der Freistaat sich entschließt, ein eigenes Versammlungsgesetz zu erlassen, wird die Frage aber praktisch. Das Schweigen beruht wohl auf der Hoffnung, dass sich der VerfGH im Rahmen der Anwendung des Art. 113 BV an den Regelungen in Art. 8 Abs. 2 GG sowie an der dazu ergangenen Rechtsprechung des BVerfG orientieren wird. Überzeugend wäre dies allerdings nicht.

---

[16] *Meder,* Art. 113, Rn. 1.
[17] *Meder,* Art. 113, Rn. 1.
[18] *Meder,* Art. 113, Rn. 1.
[19] VerfGH 43, 107 (130 f.).
[20] Zu den Einzelheiten s. unten.

II. Einzelkommentierung

1. Personeller Schutzbereich

14   Art. 113 BV steht *allen Bewohnern Bayerns* zu. Zum Begriff der Bewohner s. Vorb. Art. 98 BV Anm. 6 a) (1). Insofern weicht Art. 113 BV von Art. 8 GG ab. Ob die Gemeinden als Bewohner anzusehen sind, hat die Rechtsprechung offen gelassen.[21] Nichtrechtsfähige Personen und Vereinigungen ohne körperschaftsähnliche feste Organisationsstruktur können nicht Träger des Versammlungsrechts sein.[22]

2. Sachlicher Schutzbereich

15   **a) Begriff der Versammlung.** Versammlungen sind örtliche Zusammenkünfte mehrerer Personen zur gemeinschaftlichen, auf Teilhabe an der öffentlichen Meinungsbildung gerichteten Erörterung oder Kundgebung.[23] Fehlt der innere gemeinsame Zweck, handelt es sich um eine bloße Ansammlung. Zur Eröffnung des sachlichen Schutzbereichs der Versammlungsfreiheit genügt es nicht, dass die Teilnehmer durch einen beliebigen Zweck verbunden sind.[24] Die Zusammenkunft muss vielmehr darauf gerichtet sein, die öffentliche Meinungsbildung zu beeinflussen.[25] Keine Versammlungen sind deshalb zufällige Menschenansammlungen, kommerzielle, kulturelle, sportliche, unterhaltende und gesellige Veranstaltungen, Volksfeste oder sonstige Vergnügungen.[26] Die Versammlung muss nicht öffentlich und nicht politisch sein.[27] Art. 113 BV schützt auch Versammlungen unter freiem Himmel und demnach auch Demonstrationen. Bei Demonstrationen tritt die Argumentation in den Hintergrund und das Zeigen („demonstrare") der eigenen Meinung in den Vordergrund.[28] An der Stärke des Grundrechtsschutzes ändert dies nichts.

16   **b) Geschütztes Verhalten.** Das Versammlungsrecht gewährt denjenigen, die sich versammeln wollen oder eine Versammlung organisieren wollen, das Selbstbestimmungsrecht über Ort, Zeitpunkt, Art und Inhalt der Versammlung.[29] Gewährleistet ist die vom Staat unbehinderte geplante oder spontane kollektive Meinungsbildung und demonstrative Meinungskundgabe.[30] Geschützt ist der gesamte Vorgang des Sich-Versammelns,[31] insbesondere auch der Zugang zu einer bevorstehenden oder sich bildenden Versammlung. Nicht zulässig wären etwa Maßnahmen, die den Zugang zu einer Demonstration durch Behinderung der Anfahrt und schleppende vorbeugende Kontrollen unzumutbar erschweren oder ihren staatsfreien unreglementierten Charakter durch excessive Observationen und Registrierungen verhinderten.[32]

17   Die Versammlungsfreiheit schützt nicht nur Teilnehmer, die die Ziele der Versammlung und die dort vertretenen Meinungen billigen. Sie kommt vielmehr auch denen zugute, die Ziele und Meinungen kritisieren oder ablehnen und dies in der Versammlung zum Ausdruck bringen wollen.[33] Wer dagegen die Versammlung nur stören und verhindern will, kann sich nicht auf die Versammlungsfreiheit berufen.[34]

---

[21] Vgl. VG Augsburg, Beschl. v. 21. 2. 2002, Az: Au 5 S 02.214; vgl. a. VerfGH 27, 14 (20).

[22] VGH BayVBl. 1984, 406.

[23] BVerfGE 104, 92 (104); BVerfGE 69, 315 (343); BVerwGE 82, 34 (38 f.) (zu Art. 8 GG).

[24] BVerfGE 104, 92 (104); BVerwGE 82, 34 (38 f.) (zu Art. 8 GG).

[25] BVerfGE 104, 92 (104) (zu Art. 8 GG).

[26] BVerfG, NVwZ 2003, 601 f.; BVerwGE 82, 34 (38) (zu Art. 8 GG).

[27] *Meder*, Art. 113, Rn. 2.

[28] BVerfGE 69, 315 (345).

[29] BVerfGE 69, 315 (341); BVerfGE 104, 92 (111 f.) (zu Art. 8 GG).

[30] BVerfGE 84, 203 (209) (zu Art. 8 GG).

[31] BVerfGE 84, 203 (209) (zu Art. 8 GG).

[32] VerfGH 43, 107 (130 f.).

[33] BVerfGE 84, 203 (209) (zu Art. 8 GG).

[34] BVerfGE 84, 203 (209) (zu Art. 8 GG).

c) Ohne Anmeldung und besondere Erlaubnis. Art. 113 BV garantiert die Freiheit, **18** sich ohne Anmeldung oder besondere Erlaubnis zu versammeln. Diese Freiheit kann zwar gem. Art. 98 S. 2 BV auf gesetzlicher Grundlage eingeschränkt werden. Solche Beschränkungen dürfen die Gewährleistung des Art. 113 BV aber nicht völlig außer Kraft setzen.[35] Das VersammlG enthält eine Pflicht zur Anmeldung von Veranstaltungen unter freiem Himmel. Diese wurde vom BVerfG in Bezug auf Art. 8 GG verfassungskonform eingeschränkt. So ist diese Pflicht bei „Spontanversammlungen", d. h. Versammlungen, die sich aus aktuellem Anlass herausbilden, nur anzuwenden, wenn deren Einhaltung mit zumutbarem Aufwand möglich ist.[36] Eilversammlungen sind anzumelden, sobald dies möglich ist. Ob die grundsätzliche Pflicht einer Anmeldung einer Versammlung unter freiem Himmel bei Art. 113 BV auf Art. 98 S. 2 BV (öffentliche Sicherheit) gestützt werden kann, kann man mit guten Gründen bestreiten. Der VerfGH hat sich dazu noch nicht geäußert.

3. Die Schutzbereichsbegrenzung auf friedliche und unbewaffnete Versammlungen

a) Allgemein. Bewaffnete Versammlungsteilnehmer oder solche Teilnehmer, die sich **19** unfriedlich verhalten, stehen von vornherein nicht unter dem Schutz des Grundrechts der Versammlungsfreiheit.[37] Das Versammlungsrecht ist ebenso wie das Recht der freien Meinungsäußerung, auf die friedliche Auseinandersetzung mit geistigen Mitteln angelegt. Der strikte Ausschluss jeder Form von Gewalt bei der Austragung von Meinungsverschiedenheiten ist ein elementarer Grundsatz. Seine Bedeutung wird durch leidvolle Erfahrungen in der Weimarer Reichsverfassung unterstrichen. Die Friedenspflicht ist immanenter Bestandteil des Versammlungsrechts.

b) Waffen. Versammlungen sind nicht geschützt, wenn Veranstalter, Leiter, Ordner **20** oder Teilnehmer Waffen bei sich tragen. Waffen sind zunächst die Gegenstände, die unter das WaffenG fallen. Weiter sind es aber auch die Gegenstände, die in ihrer konkreten Anwendung geeignet sind, erhebliche Verletzungen beim Menschen oder erhebliche Schäden an Sachen zu verursachen. Als Waffen können z. B. Knüppel, Latten, Steine u. a. dienen.[38] Gegenstände, die auch zur Beschädigung von Menschen oder Sachen geeignet sind, wie Brecheisen, Farbbeutel, faule Früchte oder dergleichen, können als Waffen qualifiziert werden, wenn ein entsprechender Einsatz realistisch erscheint.[39]

So genannte „Schutzwaffen", die dazu dienen, die eigene Person zu schützen oder einen **21** staatlichen Zugriff auf sie zu erschweren (Schutzhelme oder -schilde, Vermummungsgegenstände), sind keine Waffen. Ggf. kann man von ihnen aber auf eine unfriedliche Absicht schließen.

c) Friedliche Versammlung. Eine Demonstration ist unfriedlich, wenn sie einen ge- **22** waltsamen oder aufrührerischen Verlauf nimmt oder wenn nach ihrem Zweck oder ihrem tatsächlichen Verlauf mit „hoher Wahrscheinlichkeit" ein solcher Verlauf zu prognostizieren ist. Unfriedlich ist eine Versammlung nach der Rechtsprechung des BVerfG, die auf Art. 113 BV übertragbar ist, erst dann, wenn Handlungen von einiger Gefährlichkeit, wie etwa aggressive Ausschreitungen gegen Personen oder Sachen oder sonstige Gewalttätigkeiten, stattfinden.[40] Es reicht nicht aus, dass es zu Behinderungen Dritter kommt, seien diese auch gewollt und nicht nur in Kauf genommen.[41] Behinderungen Dritter und Zwangseinwirkungen sind durch die Versammlungsfreiheit gerechtfertigt, soweit sie als

---

[35] BVerfGE 69, 315 (350 f.); BVerfGE 85, 69 (74 f.) (zu Art. 8 GG).
[36] BVerfGE 69, 315 (350); BVerfGE 85, 69 (75) (zu Art. 8 GG).
[37] VerfGH 43, 107 (130 f.).
[38] *Meder*, Art. 113, Rn. 3.
[39] *Meder*, Art. 113, Rn. 3.
[40] BVerfGE 73, 206 (248); BVerfGE 87, 399 (406); BVerfGE 104, 92 (106) (zu Art. 8 GG).
[41] BVerfGE 73, 206 (250); BVerfGE 104, 92 (110 f.) (zu Art. 8 GG).

sozial-adäquate Nebenfolgen mit einer rechtmäßigen Demonstration verbunden sind. Unfriedlichkeit ist nicht mit dem umfassenderen Gewaltbegriff des § 240 Abs. 1 StGB gleichzusetzen.[42]

23   Gewaltanwendung kann auch durch Lärm, der über das Maß als Mittel zur Aufmerksamkeitsgewinnung hinausgeht, ausgeübt werden.[43] Die Beschädigung von Sachen, die „Besetzung" von Gebäuden oder Gebäudeteilen, der tätliche Angriff auf Polizeibeamte, das Werfen von Pflastersteinen sind Formen von Gewaltanwendung. Unzureichend ist dagegen die reine Störung des Rechtsfriedens,[44] weil das Versammlungsrecht gerade dazu dienen soll, auf geistigem Weg die gegenwärtige Rechtsordnung zu überdenken.

24   Sitzblockaden sind nicht in jeder Form „Gewalt" i. S. v. Art. 113 BV.[45] Sitzblockaden, die durch gezielte Verkehrsbehinderung öffentliche Aufmerksamkeit für politische Ziele erreichen sollen, genießen den Schutz der Versammlungsfreiheit.[46] Das Anketten von Teilnehmern einer Blockade macht die Demonstration noch nicht unfriedlich.[47]

25   **d) Folgen der Schutzbereichseinschränkung.** Wer sich außerhalb der immanenten Schutzbereichsbegrenzung bewegt, genießt nicht den Schutz des Grundrechts. Ist dies mit der gebotenen Sicherheit zu prognostizieren, kann den betreffenden Personen schon die Anreise zu einer Demonstration untersagt werden auf der Grundlage des allgemeinen Sicherheitsrechts.[48]

26   Der Schutzbereich des Art. 113 BV entfällt zunächst für den Teilnehmer, der selbst bewaffnet oder unfriedlich ist. Die Versammlung als ganzes wird durch die Waffen oder die Unfriedlichkeit von einzelnen Teilnehmern aber noch nicht selbst unfriedlich oder bewaffnet. Umgekehrt müssen auch nicht alle Teilnehmer unfriedlich oder bewaffnet sein, um die Versammlung selbst zu prägen. Es genügt, wenn ein qualifizierter *Teil* der Versammlungsteilnehmer unfriedlich oder bewaffnet ist.[49] Die Folge ist, dass für alle Teilnehmer, auch für die, die friedlich sind, der Grundrechtsschutz entfällt.

4. Mögliche Formen der Beeinträchtigung

27   Der Schutzbereich des Art. 113 BV ist betroffen, wenn Versammlungen verboten oder aufgelöst werden oder Art und Weise ihrer Durchführung durch staatliche Maßnahmen beschränkt oder behindert werden.[50] Ob die Maßnahmen tatsächlicher oder rechtlicher Natur sind, ist unerheblich.

5. Schranken

28   **a) Allgemeine Schranken.** Die Schrankensystematik des Art. 113 BV ist zurzeit noch nicht ausreichend aufgearbeitet. Dies liegt daran, dass dieses Rechtsgebiet weitgehend vom Bundesrecht dominiert wurde und dieses sich nur an Art. 8 Abs. 2 GG orientieren muss. Sobald der Freistaat Bayern von seiner verbesserten Gesetzgebungskompetenz in diesem Bereich Gebrauch machen sollte, würde diese Frage aber eine erhebliche Relevanz erhalten.

29   Fraglich ist zunächst, ob auf Art. 113 BV Art. 98 S. 2 BV anzuwenden ist. Während der VerfGH bei einigen Grundrechten einen Rückgriff auf Art. 98 S. 2 BV ablehnt[51] und von schrankenlosen Grundrechten, also den verfassungsimmanenten Schranken oder „in-

---

[42] BVerfGE 73, 206 (248); BVerfGE 104, 92 (102 f.) (zu Art. 8 GG).
[43] *Meder*, Art. 113, Rn. 3.
[44] A. A. *Meder*, Art. 113, Rn. 3.
[45] A. A. *Meder*, Art. 113, Rn. 3.
[46] BVerfGE 73, 206 (248); BVerfGE 87, 399 (406); BVerfGE 104, 92 (106) (zu Art. 8 GG).
[47] BVerfGE 104, 92 (106) (zu Art. 8 GG).
[48] VGH BayVBl 1983, 434 f.
[49] Zu streng *Meder*, Art. 113, Rn. 3.
[50] BVerfGE 111, 147 (zu Art. 8 GG).
[51] S. zu Art. 107 dort Rn. 37 f.

härenten" Schranken[52] spricht, ist die Lage bei Art. 113 BV noch ungeklärt. Einen Rückgriff auf Art. 98 S. 2 BV hält die h. M. für möglich,[53] der VerfGH hat sich dazu noch nicht geäußert. Da der Verfassungstext ernst zu nehmen ist und der Verfassungsgeber bei Art. 113 BV bewusst auf die Schranken des Art. 98 S. 2 BV hingewiesen hat, ist Art. 113 BV nur durch Art. 98 S. 2 BV und durch verfassungsimmanente Schranken begrenzt. Die Schranken von Art. 8 Abs. 2 GG können weder unmittelbar noch mittelbar übertragen werden.

Die Schranken für Art. 113 BV ergeben sich somit aus Art. 98 S. 2, S. 3 BV. Es ist unzulässig, die Wahrung der Rechte anderer als selbständige Grundrechtsbeschränkung bei Art. 113 BV heranzuziehen. Diese sind nur geschützt, sofern sie Teil der öffentlichen Sicherheit sind.[54] Mit öffentlicher Sicherheit ist die Rechtsordnung als Ganzes gemeint. Allerdings muss das jeweilige Rechtsgut, das durch eine einfach-gesetzliche Anerkennung zu einem Schutzgut der öffentlichen Sicherheit aufsteigt, im Lichte des Art. 113 BV bewertet werden. Nicht jedes Rechtsgut kann – wenn es gesetzlich geschützt wird – unter Art. 98 S. 2 BV gefasst werden. Sonderbestimmungen gegen gewisse Arten von Versammlungen oder gegen bestimmte Personenkreise sind unzulässig.[55] Andererseits ist anzunehmen, dass die Schranken des bürgerlichen und allgemeinen Strafrechts das Versammlungsrecht der Natur der Sache nach begrenzen.[56]

b) Verfassungsimmanente Schranken. Über die des Art. 98 Satz 2 BV hinaus wird man – auch wenn dies dogmatisch nicht zwingend ist – noch verfassungsimmanente Schranken hinzunehmen können. Das Versammlungsrecht der Beamten kann durch ihre politische Treuepflicht (Art. 96 S. 2 BV) beschränkt werden. Dies gilt aber nur für Versammlungen, die in der Dienstzeit liegen, oder bei denen sie als Beamte auftreten wollen. Außerhalb der Dienstzeit können die Beamten frei an Versammlungen teilnehmen. Eine Ausnahme könnte man allenfalls für Versammlungen mit Themenstellungen machen, die der Beamte auch im Rahmen einer öffentlichen Diskussion wegen seiner Treuepflicht nicht offen vertreten dürfte.[57]

6. Schranken-Schranken

a) Allgemein. Kann sich eine Beschränkung der Versammlungsfreiheit auf ein Gesetz stützen, das ein Schutzgut des Art. 98 Satz 2 BV oder ein verfassungsimmanentes Rechtsgut schützt, so muss dieses Gesetz wiederum der Bedeutung der Versammlungsfreiheit gerecht werden. Ein Eingriff in das Grundrecht der Versammlungsfreiheit zum Schutz anderer Rechtsgüter ist nur unter strenger Wahrung des Grundsatzes der Verhältnismäßigkeit zulässig. Der Gesetzgeber darf die Ausübung der Versammlungsfreiheit nur zum Schutz gleichgewichtiger anderer Rechtsgüter unter strikter Wahrung des Verhältnismäßigkeitsgebots begrenzen. In Konfliktfällen ist daher eine Abwägung zwischen dem Rechtsgut der Versammlungsfreiheit und dem Rechtsgut notwendig, das durch andere Grundrechtsnormen oder durch Gesetze i. S. v. Art. 98 Satz 2 BV geschützt ist.[58] Um die praktische Konkordanz beim Rechtsgüterschutz herzustellen, können erforderlichenfalls die Modalitäten der Versammlungsdurchführung durch Auflagen verändert werden. Dies gilt insbesondere dann, wenn das Gesetz sich auf die öffentliche Sicherheit i. S. v. Art. 98 S. 2 BV stützt.

---

[52] VerfGH 16, 128 (136); VerfGH 41, 151 (158); anders noch (i. S. der Anwendbarkeit des Art. 98 S. 2) VerfGH 11, 81 (89). Vgl. jüngst VerfGH 59, 23 (25): „immanente Gewährleistungsschranken, die dem Schutz höherwertiger Güter dienen".

[53] *Meder*, Art. 113, Rn. 4; *Nawiasky*, S. 195.

[54] So aber *Meder*, Art. 113, Rn. 4.

[55] *Nawiasky*, S. 195.

[56] *Nawiasky*, S. 195.

[57] BVerfGE 39, 334 (367); *Meder*, Art. 113, Rn. 1b.

[58] *Meder*, Art. 113, Rn. 5.

33   Unzulässig wäre die Annahme, dass das Land all die Einschränkungen, die der Bund unter dem Gesichtspunkt des Art. 8 GG vornehmen darf, auch vornehmen kann. So lässt sich etwa die Einführung einer landesrechtlichen grundsätzlichen Anmeldepflicht nur mit erheblichen Mühen unter Art. 98 S. 2 BV subsumieren. Rechtfertigen ließe sie sich allenfalls mit dem Hinweis, dass der Verfassungsgeber die Anmeldepflicht ursprünglich in Art. 113 Abs. 2 BV ausdrücklich vorsehen wollte und nur aus systematischen Gründen die allgemeine Regelung des Art. 98 S. 2 BV geschaffen hat, ohne dabei etwas an der Rechtslage ändern zu wollen.

34   Auch bei Auflagen hat die Behörde entsprechend dem aus Art. 113 BV folgenden Gebot versammlungsfreundlichen Verhaltens das Selbstbestimmungsrecht des Veranstalters möglichst zu achten. Ein Versammlungsverbot scheidet aus, solange das mildere Mittel von Auflagen nicht ausgeschöpft ist.[59] Es kommt ebenso wie eine Auflösung nur zum Schutz mindestens gleichgewichtiger, d. h. elementarer Rechtsgüter, in Betracht.[60] Können mögliche Straftaten durch Maßnahmen gegen einzelne Versammlungsteilnehmer bekämpft werden, ist ein Versammlungsverbot unverhältnismäßig.[61]

35   **b) Einzelfälle.** Es geht z. B. nicht an, Demonstranten durch behördliche Auflagen an den äußersten Rand einer Großstadt zu verweisen, wo ihre Absichten von vornherein kaum verwirklicht werden könnten. Andererseits muss aber ebenso auf die grundrechtlich geschützten Interessen der Nichtdemonstranten Bedacht genommen werden. Aus dem Grundrecht der Versammlungsfreiheit ergeben sich auch Auswirkungen auf die Handhabung der Vorschriften über den polizeilichen Gewahrsam, sofern eine Person in Gewahrsam genommen werden soll, die von ihrem Grundrecht auf Versammlungsfreiheit Gebrauch machen will. Das einschränkende Gesetz muss im Lichte des Art. 113 BV ausgelegt werden, der VerfGH spricht von „Ausstrahlungswirkung".[62]

36   Die Prognose des Eintritts der Gefahr, zu deren Abwehr der Eingriff in die Versammlungsfreiheit erfolgt, ist ernsthaft vorzunehmen. Die Beschränkung der Versammlungsfreiheit ist nur zulässig, wenn die Annahme einer unmittelbar bevorstehenden Straftat oder einer Ordnungswidrigkeit von erheblicher Bedeutung für die Allgemeinheit gerechtfertigt ist.[63]

Art. 114 [Vereinigungsfreiheit]

(1) Alle Bewohner Bayerns haben das Recht, Vereine und Gesellschaften zu bilden.
(2) Vereine und Gesellschaften, die rechts- oder sittenwidrige Zwecke verfolgen oder solche Mittel gebrauchen, die darauf ausgehen, die staatsbürgerlichen Freiheiten zu vernichten oder gegen Volk, Staat oder Verfassung Gewalt anzuwenden, können verboten werden.
(3) Der Erwerb der Rechtsfähigkeit steht jedem Verein gemäß den Vorschriften des bürgerlichen Rechts frei.

Parallelvorschriften im GG und anderen Landesverfassungen: Art. 9 I, II GG; Art. 2 I BaWüVerf; Art. 27 BerlVerf; Art. 20 BbgVerf; Art. 17 BremVerf; Art. 15 HessVerf; Art. 5 III M-VVerf; Art. 3 II NdsVerf; Art. 4 I NRWVerf; Art. 13 RhPfVerf; Art. 7 SaarlVerf; Art. 24 SächsVerf; Art. 13 VerfLSA; Art. 13 ThürVerf; vgl. auch Art. 12 EGC; Art. 11 EMRK.

---

[59] BVerfG, NVwZ 2004, 90, 91 (zu Art. 8 GG).

[60] BVerfGE 69, 315 (352 f.); BVerfG NJW 2001, 2069; BVerfG NJW 2003, 3689 (3690); BVerfG NVwZ 2004, 90 (91) (zu Art. 8 GG).

[61] BVerfG NJW 2003, 3689 (3691 zu Art. 8 GG).

[62] VerfGH 43, 107 (130 f.) mit Besprechung von *Brodersen*, JuS 1992, 165 f.; zum vorausgehenden erfolglosen Antrag auf Erlass einer einstweiligen Anordnung s. VerfGH, Beschl. v. 2. 10. 1989, Az: Vf. 5-VII-89 (LS).

[63] VerfGH 43, 107 (130 f.).

Rechtsprechung: VerfGH 26, 9; 32, 18; 52, 47; 52, 96; BVerfGE 38, 281; 50, 290.

Literatur: S. zunächst die Literaturhinweise zu den Vorbemerkungen vor Art. 98 sowie *Planker,* Das Vereinsverbot in der verwaltungsgerichtlichen Rechtsprechung, NVwZ 1998, 113; weitere Literaturnachweise bei *Höfling,* in: Sachs, vor Art. 9.

Übersicht

I. Allgemeines

S. zunächst die Erläuterungen in den Vorbemerkungen vor Art. 98.

1. Bedeutung

a) Art. 114 verbürgt das klassische Freiheitsrecht, sich mit **anderen zu gemeinsamen,** **1** **beliebigen**[1] **Zwecken zusammentun** zu können. Das Grundrecht der Vereinigungsfreiheit, die Art. 170 eigens für den Bereich der Koalitionen schützt (s. die Erl. dort), nimmt eine **elementare Äußerungsform der menschlichen Persönlichkeit,** nämlich das Eingebundenseinwollen in eine auf einen bestimmten Zweck gerichtete Gruppe, unter besonderen verfassungsrechtlichen Schutz. Art. 114 ergänzt die durch Art. 100, 101 geschützte individuelle Selbstbestimmung durch eine **kollektive Modalität der Selbstbestimmung.** Wie Art. 9 I GG enthält Art. 114 ein Abwehrrecht und zugleich ein *„konstituierendes Prinzip der demokratischen und rechtsstaatlichen Ordnung: das Prinzip freier sozialer Gruppenbildung.“*[2]

b) Art. 114 ist ein **„Doppelgrundrecht“**[3]: Es schützt zum einen die **individuelle Ver-** **2** **einigungsfreiheit** und zwar sowohl in einem positiven als auch in einem negativen Gehalt[4], zum anderen die **kollektive Vereinigungsfreiheit** im Sinne des Schutzes der Vereinigung selbst.

c) In der Rechtsprechung des **VerfGH** hat Art. 114 bislang nur eine **untergeordnete** **3** **Rolle** gespielt, was zumal daran liegt, dass sowohl das private Vereins- und Gesellschaftsrecht als auch das einschlägige öffentliche, zumal im Vereinsgesetz geregelte Recht Bundesrecht ist, das landesverfassungsrechtlicher Kontrolle nicht unterliegt (dazu auch Rn. 6 ff.), sondern nur am Maßstab des Art. 9 I, II GG gemessen werden kann. Insoweit ist auf die Kommentierung zu Art. 9 zu verweisen.[5]

d) **Konkurrenzen**[6]. Art. 142 und Art. 143 (Religionsgemeinschaften) sowie 170 (Koali- **4** tionsfreiheit) sind für ihren Anwendungsbereich leges speciales zu Art. 114, gleiches gilt für Art. 15, der die „Wählergruppen", also in erster Linie die politischen Parteien betrifft (s. die Erläuterungen jeweils dort).

---

[1] BVerfGE 38, 281 (303).
[2] BVerfGE 50, 290 (353); 80, 244 (252); VerfGH 44, 85 (90).
[3] Kritisch in Bezug auf Art. 9 III *Höfling,* in: Sachs, Art. 9 Rn. 25 f.
[4] VerfGH 18, 108 (110); 26, 9 (17); 32, 18 (25); 42, 34 (38); BVerfG, NJW 2001, 2617 m. w. N.
[5] *Jarass/Pieroth,* Art. 9 Rn. 1 ff.; *Höfling,* Art. 9 Rn. 1 ff.
[6] *Stettner,* in: Nawiasky/Schweiger/Knöpfle, Art. 114 Rn. 15; VerfGH 52, 47 (57).

2. Entstehung

5   Art. 114 findet ein Vorbild in Art. 124 WRV, war aber noch nicht in der VU 1919 vorgesehen. Die Regelung der Absätze 1 und 3 war in Art. 71 I, II VE sowie in Art. 78 I, II E enthalten, allerdings jeweils mit dem Zusatz: „zu Zwecken, die den Gesetzen nicht zuwiderlaufen". Dieser Zusatz wurde im VA gestrichen und durch eine dem Abs. 2 entsprechende Regelung ersetzt, die zunächst der allgemeinen Vorbehaltsklausel (Art. 98 S. 2) angefügt wurde und die jetzige Fassung sodann im Plenum fand.[7]

3. Verhältnis zum Grundgesetz

6   Art. 114 entspricht inhaltlich weitgehend Art. 9 I, II GG, der allen Deutschen[8] das Recht einräumt, Vereine und Gesellschaften zu bilden.

7   a) Ein Vergleich beider Vorschriften ergibt, dass Art. 114 im **Schutzniveau** über Art. 9 I, II GG zunächst **hinausgeht**: Art. 114 enthält keine Beschränkung auf Deutsche, sondern gilt für alle „Bewohner Bayerns". Zudem enthält Art. 9 II GG ein verfassungsunmittelbares, freilich durch behördliche Entscheidung zu konkretisierendes Verbot (§ 3 VereinsG) tatbestandlich näher beschriebener Vereinigungen, wohingegen Art. 114 II das Verbot einer Ermessensentscheidung unterwirft.

8   b) Andererseits ist Art. 114 II insofern „strenger" als Art. 9 II GG, als er ein Verbot auch bei auf „sittenwidrige Zwecke" gerichteten Vereinen zulässt. Dies kann allerdings nicht zum Tragen kommen, da eine allein auf Sittenwidrigkeit gestützte Verbotsverfügung mit Art. 9 II GG nicht vereinbar wäre. Art. 114 II ist damit obsolet. Gleiches gilt für Art. 114 III, der den Erwerb der Rechtsfähigkeit betrifft. Dies richtet sich nach den Vorschriften des bürgerlichen Rechts sowie des Gesellschaftsrecht, das Bundesrecht darstellt und an Art. 114 nicht gemessen werden kann.

9   c) Gleichwohl bleibt Art. 114 insgesamt nach **Art. 142 GG in Geltung** (vgl. Rn. 109 ff. vor Art. 98).[9] Allerdings bindet er nur die Landesstaatsgewalt, nicht den Bund. Da die Gesetzgebungskompetenz zwischen Bund und Ländern im Hinblick auf das öffentlich-rechtliche Vereinsrecht nach Art. 74 I Nr. 3 GG zwischen Bund und Ländern konkurriert und der Bund durch das Vereinsgesetz abschließend von seiner Gesetzgebungskompetenz Gebrauch gemacht hat, verbleibt für Abs. 2 kein Anwendungsbereich, da Art. 9 II GG keinen Verbotsspielraum belässt. Weder kann daher das VereinsG selbst noch eine darauf gestützte landesrechtliche Verbotsverfügung an Art. 114 gemessen werden.[10]

II. Einzelkommentierung

10   *Vorbemerkung:* Art. 114 entfaltet seine Wirkung primär in der Dimension der **Eingriffsabwehr**.[11] Jegliche hoheitliche Verkürzung eines Interesses, das in den Schutzbereich des Art. 114 fällt, bedarf als Ausnahme von der Regel der verfassungsrechtlichen Rechtfertigung. Misslingt diese Rechtfertigung, so „reagiert" die Grundrechtsbestimmung dadurch, dass sie dem in seinem Grundrecht auf Vereinigungsfreiheit Verletzten einen subjektiv-verfassungsrechtlichen Anspruch auf Unterlassung, Beendigung oder Kompensation der Grundrechtsverletzung gibt. Vgl. zu diesen sich für alle natürlichen Freiheitsrechte ergebenden Zusammenhängen zunächst Rn. 56 ff. vor Art. 98. Die nachfolgende Kommentierung beschränkt sich auf Besonderheiten, die bei Art. 114 zu beachten sind.

---

[7] Prot. IV, S. 167.
[8] Ausländer können sich auf Art. 2 I GG berufen.
[9] *Meder*, Art. 114 Rn. 1; VerfGH 4, 30 (38); 26, 9 (17); 32, 18 (25); 52, 47 (57).
[10] *Meder*, Art. 114 Rn. 3.
[11] Zu den verschiedenen Gewährleistungsdimensionen s. *Höfling*, Art. 9 Rn. 27 ff.

1. Persönlicher Schutzbereich (Grundrechtsberechtigte[12])

Vom persönlichen Schutzbereich des Art. 114 umfasst, also **grundrechtsberechtigt,** **11** sind „alle Bewohner Bayerns", mithin **jede natürliche Person,** die eine „gewisse örtliche Beziehung zum Staatsgebiet"[13], zumal in der Modalität des Wohnsitz oder des mindestens vorübergehend-regelmäßigen Aufenthalts (z. B. Pendler) aufweist. Auf die Staatsangehörigkeit kommt es – anders als bei Art. 9 I GG – nicht an; auch Ausländer und Staatenlose genießen den Schutz des Art. 114. Grundrechtsberechtigt sind darüber hinaus die **Vereine und Gesellschaften selbst** („kollektive" Vereinigungsfreiheit), auch wenn sie keine juristischen Personen sind.[14] Juristische Personen des öffentlichen Rechts[15], die zum Staat in einem grundrechtstypischen Verhältnis stehen, können sich insoweit auf Art. 114 berufen (z. B. Zusammenschlüsse von Kommunen zur politischen Wahrnehmung ihrer Belange oder von den im Hinblick auf Art. 108 teilrechtsfähigen Fakultäten: „Fakultätentag").

2. Sachlicher Schutzbereich

Art. 114 schützt die *individuelle* (a.) wie die *kollektive* (b.) Vereinigungsfreiheit[16]: a) Die **individuelle Vereinigungsfreiheit** hat ihrerseits eine *positive* und eine *negative* **12** Dimension.

aa) In **positiver Richtung** geschützt ist das Recht, einen Verein oder eine Gesellschaft **13** (zu einem bestimmten Zeitpunkt) zu gründen, mit einer Zwecksetzung, einer inhaltlichen Konzeption zu versehen, den potenziellen Mitgliederkreis zu definieren, Satzung und Sitz zu bestimmen („Vereinsautonomie") bzw. einer solchen Vereinigung zu einem beliebigen Zeitpunkt beizutreten und sich darin zu betätigen. Geschützt ist auch der vereinssichernde und -fördernde **Außenkontakt** der Mitglieder (z. B. Mitgliederwerbung; Selbstdarstellung).[17] Verein oder Gesellschaft im verfassungsrechtlichen Sinn sind nicht auf die Funktionstypen des bürgerlichen Rechts, in Besonderheit des Gesellschaftsrechts, beschränkt.[18] Als Definition kann – wenn auch nicht im Sinne authentischer Verfassungsinterpretation – § 2 VereinsG dienen: Verein oder Gesellschaft ist ohne Rücksicht auf die Rechtsform jede Vereinigung, zu der sich eine Mehrheit[19] natürlicher oder juristischer Personen für längere Zeit[20] zu einem gemeinsamen Zweck freiwillig zusammengeschlossen und einer organisierten Willensbildung unterworfen hat.

Von Art. 114 umfasst sind nur **freiwillige Zusammenschlüsse,** nicht indes öffent- **14** lich-rechtliche Zwangsvereinigungen. Die Zwangsmitgliedschaft in einer solchen Vereinigung ist nicht an Art. 114, sondern an Art. 101 zu messen[21], die Zwangsmitgliedschaft in einer an sich frei gebildeten Vereinigung an Art. 114 (sogleich Rn. 15). Der **Zweck** der Vereinigung kann **beliebiger Natur** sein: wirtschaftlich, sozial, kulturell, karitativ, sportlich, politisch oder ganz einfach nur auf gemeinsame Freizeitaktivitäten gerichtet. Ein spezifi-

---

[12] Grundrecht*verpflichtet* sind der Staat und andere Hoheitsträger, nicht indes Private. Art. 114 entfaltet keine unmittelbare Drittwirkung. Der Staat kann allerdings zumal auf Grund der grundrechtlichen Schutzpflicht berechtigt oder verpflichtet sein, bei Verletzungen der Vereinigungsfreiheit inter privatos regelnd einzugreifen (vgl. dazu bereits Rn. 94 ff. vor Art. 98).

[13] *Meder,* Art. 114 Rn. 1; Rn. 42 vor Art. 98; VerfGH 52, 47 (57).

[14] *Meder,* Art. 114 Rn. 1; VerfGH 26, 9 (17).

[15] Dazu Rn. 46 vor Art. 98.

[16] *Stettner* (Fn. 6), Art. 114 Rn. 8 ff.; BVerfGE 13, 174 (175); 30, 227 (241); 50, 290 (353); VerfGH 32, 18 (25); 42, 34 (38); 52, 47 (57).

[17] *Höfling,* Art. 9 Rn. 19.

[18] Umfasst ist *„das gesamte Spektrum des Assoziationswesens von der lose gefügten Bürgerinitiative bis zum hoch aggregierten Spitzenverband",* *Höfling,* Art. 9 Rn. 7.

[19] Es genügen zwei Personen: *Höfling,* Art. 9 Rn. 10. Eine Stiftung ist kein Personenzusammenschluss.

[20] Die zeitlich oder anlassbegrenzte ad-hoc-Vereinigung unterfällt der in Art. 113 geschützten Versammlungsfreiheit. An die zeitliche Dimension dürften indes nicht allzu hohe Anforderungen gestellt werden; vgl. auch VerfGH 3, 115 (120): „längerer freiwilliger Zusammenschluss".

[21] VerfGH 5, 287 (294); vgl. Rn. 16 zu Art. 101 m. w. N.

sches Zweckverfolgungsverbot ergibt sich aus Art. 114 II. Allerdings ist nicht jede gesetzwidrige Vereinigung eine solche im Sinne des Art. 114 II, vielmehr ist zu prüfen, ob die
entgegenstehende gesetzliche Regelung gerade vor dem Hintergrund des Art. 114 Bestand
haben kann.[22]

15   bb) In **negativer Hinsicht** schützt Art. 114 das Recht, eine Vereinigung nicht zu gründen, ihr nicht beizutreten und sie grund- und fristlos wieder zu verlassen.[23]

16   b) Geschützt ist zudem die **kollektive Vereinigungsfreiheit,** die **Bestand** und **Tätigkeitsbereich** der **Vereinigung** selbst umfasst.[24] Allerdings sieht der VerfGH nur einen
„Kernbereich des Vereinsbestands und der Vereinstätigkeit" als geschützt an.[25] Ein solcher
Kernbereichsbezug im Schutzbereich ist insofern problematisch, als er die Bestimmung
dessen, was dem Kernbereich entzogen ist, in den Schutzbereich verlagert und damit der
Rechtfertigungsebene entzieht. Überzeugender wäre es, die kollektive Vereinsfreiheit
weiter zu verstehen und Einschränkungen nach dem herkömmlichen Rechtfertigungsschema zu rechtfertigen.

3. Beeinträchtigungen/Ausgestaltung

17   a) Eine **Beeinträchtigung** der Vereinigungsfreiheit liegt vor, wenn die individuelle
oder kollektive Vereinigungsfreiheit i. S. v. oben Rn. 12 ff. verkürzt ist. Beispiele: präventive Vereinskontrolle durch Genehmigungspflicht; spezifisch an die Vereinigung gerichtete Abgabe- oder Betätigungspflichten; Beitrittsbeschränkungen oder -erschwerungen.
Die intensivste Form der Beeinträchtigung ist ein Vereinsverbot nach Art. 114 II. Auch
mittelbare Beeinträchtigungen kommen in Betracht (z. B. Staat fördert einen Verein mit
dem Zweck, dass dieser über andere Vereinigungen kritisches Material verbreitet).

18   b) Von der Beeinträchtigung zumindest theoretisch zu unterscheiden ist die bloße gesetzliche **Ausgestaltung** der Vereinigungsfreiheit.[26] Die Bildung von Vereinigungen, insbesondere die Erlangung der Rechtsfähigkeit (Abs. 3), setzt rechtliche Regelungen voraus,
die dies erst ermöglichen.[27] Allerdings ist im Einzelfall bei jeder rechtlich einschlägigen
Regelung zu prüfen[28], ob sie noch eine – nicht rechtfertigungsbedürftige – Ausgestaltung
oder schon eine rechtfertigungsbedürftige Beeinträchtigung darstellt. Stellt eine Norm
z. B. an die Eintragung ins Vereinsregister über reine verfahrensrechtliche Formalia hinausgehende materielle Anforderungen, so liegt darin nicht nur eine Ausgestaltung, sondern ein recherfertigungsbedürftiger Eingriff. Da die Ausgestaltung durch das bürgerliche
Recht erfolgt, das als Bundesrecht nicht der Maßstabsfunktion des Art. 114 unterliegt, ist
die Fragestellung für Art. 114 weitgehend obsolet.[29]

4. Die verfassungsrechtliche Rechtfertigung der Beeinträchtigung

19   Die **Rechtfertigung** einer Beeinträchtigung der Vereinigungsfreiheit richtet sich zunächst nach den in Rn. 61 ff. vor Art. 98 skizzierten Erwägungen und Prüfungsschritten.
Darauf sei verwiesen. Speziell für Art. 114 gilt Folgendes:

20   a) Für das **Verbot** gilt Art. 114 II, der freilich wegen Art. 9 II GG obsolet ist. Es sei auf
die Kommentierungen zu Art. 9 II GG verwiesen.[30]

21   b) Für **Beeinträchtigungen unterhalb** des **Verbots** enthält Art. 114 keine eigene Vorbehaltsregelung. Auf Art. 98 S. 2 greift der VerfGH – wie auch bei anderen Grundrechten

---

[22] *Höfling,* Art. 9 Rn. 14.
[23] VerfGH 32, 18 (25): die „negative Vereinsfreiheit" folge bereits aus dem Begriff des Vereins; s. auch
VerfGH 4, 30 (39); 4, 150 (162); 18, 108 (110).
[24] VerfGH 42, 34 (38).
[25] VerfGH 26, 9 (17); 42, 34 (38); *Meder,* Art. 114 Rn. 2 b.
[26] *Höfling,* Art. 9 Rn. 36.
[27] BVerfGE 50, 290 (354 f.); BVerfG, NJW 2001, 2617.
[28] Zur Problematik der Abgrenzung zwischen Ausgestaltung und Eingriff s. bereits Rn. 99 vor
Art. 98.
[29] *Stettner* (Fn. 6), Art. 114 Rn. 11 spricht von „Reservefunktion".
[30] *Höfling,* Art. 9 Rn. 41 ff.

– nicht zurück, sondern er nimmt die Existenz **immanenter Schranken** an: Der Gesetz-geber könne der Betätigung der Vereine und ihrer Mitglieder Schranken setzen, die zum Schutz anderer Rechtsgüter geboten seien.[31] An anderer Stelle betont der VerfGH, dass die Vereinstätigkeit den allgemeinen gesetzlichen Vorschriften unterliege.[32] Solche Formu-lierungen dürfen freilich nicht verdecken, dass jede Beschränkung der Vereinigungsfrei-heit dem strengen Rechtfertigungsschema des allgemeinen freiheitsrechlichen Regel-Ausnahme-Schemas unterliegt (Rn. 30 ff. vor Art. 98).

c) Den in der grundrechtlichen Praxis entscheidenden Prüfungsschritt bilden die **22** geschriebenen und ungeschriebenen **Schranken-Schranken,** die dem Gesetzgeber bei der Ausfüllung des (ungeschriebenen) Gesetzesvorbehalts ihrerseits Schranken auf-erlegen; dazu Rn. 67 ff. vor Art. 98. Eine Beschränkung der Vereinigungsfreiheit ist dem-nach nur zulässig, wenn der Gesetzgeber **(1)** – in hinreichender **Bestimmtheit** – einen verfassungsrechtlich legitimen **Zweck** formuliert, dem die Beeinträchtigung der Ver-einigungsfreiheit dienen soll, **(2)** ein tatsächliches (nicht nur vorgeschobenes) **Zweck-verwirklichungsbedürfnis** besteht, die Beeinträchtigung ein **(3) geeignetes** und **(4) erforderliches Mittel** zur Erreichung, mindestens Förderung des Zwecks ist und **(5)** eine **Abwägung** von Schutz- und Zweckinteresse ergibt, dass letzteres ein höheres Gewicht hat (Verhältnismäßigkeit im engeren Sinne).

d) Art. 43 IV GO ist mit Art. 114 vereinbar.[33] Das Erfordernis einer Erlaubnis für Mit- **23** gliederwerbung kann ebenfalls gerechtfertigt werden[34], ebenso das Verbot der Züchtung bestimmter Kampfhunde im Hinblick auf Züchtervereine.[35]

5. Weitere Grundrechtsdimensionen

Art. 114 findet seine primäre Funktion in der Beeinträchtigungsabwehr. Weitere Grund- **24** rechtsdimensionen sind zwar denkbar, aber praktisch wenig relevant. Bei Beschränkungen der Vereinigungsfreiheit durch Private kann Art. 114 Schutzpflichten generieren (dazu Rn. 94 ff. vor Art. 98); praktisch geworden sind solche Konstellationen bislang nicht.[36]

Art. 115 [Petitionsrecht]

(1) Alle Bewohner Bayerns haben das Recht, sich schriftlich mit Bitten oder Be-schwerden an die zuständigen Behörden oder an den Landtag zu wenden.
(2) Die Rechte des Landtags zur Überprüfung von Beschwerden werden durch Gesetz geregelt.

Parallelvorschriften im GG und anderen Landesverfassungen: Art. 17 GG; Art. 2 I, 35 a BaWüVerf; Art. 34, 46 BerlVerf; Art. 24, 71 BbgVerf; Art. 105 BremVerf; Art. 28 HmbVerf; Art. 16 HessVerf; Art. 10, 35 M-VVerf; Art. 26 NdsVerf; Art. 4 I, 41 a NRWVerf; Art. 11, 90, 90 a RhPfVerf; Art. 78 SaarlVerf; Art. 35, 53 SächsVerf; Art. 19, 61 VerfLSA; Art. 19 SchlHVerf; Art. 14 ThürVerf; vgl. auch Art. 53, 44 EGC; Art. 11 EMRK.

Rechtsprechung: VerfGH 10, 20; 11, 187; 16, 141; 20, 138; 30, 179; 35, 7; 39, 49; 40, 86; 52, 167; BVerfGE 2, 225; 49, 24; NJW 1992, 3033.

Literatur: S. zunächst die Literaturhinweise zu den Vorbemerkungen vor Art. 98 sowie *Karg,* Die Praxis des Rechts der Petition an den Landtag in Bayern, 1966; *Korinek,* Das Petitionsrecht im demokra-tischen Bundesstaat, 1977; *Terbille,* Das Petitionsrecht in der Bundesrepublik Deutschland, 1980; *Graf Vitzthum,* Petitionsrecht und Volksvertretung, 1985; *Hablitzel,* Petitionsinformationsrecht und Aus-kunftspflicht der Regierung, BayVBl. 1986, 97; *Betz,* Petitionsrecht und Petitionsverfahren, FS Ha-nisch, 1994, S. 13 ff.; *Klasen,* Das Petitionsrecht zum Bayerischen Landtag, 1991; *Hornig,* Die Petitions-

---

[31] VerfGH 48, 61 (78); *Meder,* Art. 114 Rn. 2 b.
[32] VerfGH 3, 115 (126); 5, 204 (212); 26, 9 (17).
[33] VerfGH 52, 47 (66).
[34] VerfGH 52, 96 (102).
[35] VerfGH 47, 207 (237).
[36] Vgl. aber VerfGH 52, 96 (99) zur Ausstrahlungswirkung des Art. 114.

freiheit als Element der Staatskommunikation, 2001; *Krings,* Die Petitionsfreiheit nach Art. 17 GG, JuS 2004, 474; *Hoffmann-Riem,* Zum Gewährleistungsbereich der Petitionsfreiheit, FS Selmer, 2004, S. 93 ff.; weitere Nachweise bei *Pagenkopf,* in: Sachs, vor Art. 17.

I. Allgemeines

1. Bedeutung

1 a) Das Petitionsrecht ist ein – mit der Verfassungsbeschwerde durchsetzbares[1] – **Grundrecht**[2] mit alten Wurzeln, das bis zum Supplikenwesen des Römischen Reichs zurückreicht. In der frühen Neuzeit entwickelte sich das Recht der Untertanen, sich mit Bitten und Beschwerden an den Landesherrn zu richten.[3] Allerdings wurde in der Zeit des Absolutismus die Petition nicht selten als Ungehörigkeit des Untertanen angesehen.[4] In der modernen repräsentativen Demokratie hat das Petitionsrecht eine große praktische Bedeutung, was sich nicht nur in einem eigenen Ausschuss des Landtages für Eingaben und Beschwerden manifestiert[5], sondern auch an der stattlichen Anzahl von Petitionen zeigt.[6]

2 Das Petitionsrecht ist nicht nur ein **Abwehrrecht,** sondern ein spezifisches **Leistungsrecht** des Bürgers gegenüber dem Staat des Inhalts, dass dieser Bitten und Beschwerden des Einzelnen nicht nur nicht behindert, sondern entgegennimmt und sachlich behandelt. Das Petitionsrecht ergänzt – ohne selbst dem Rechtsschutzsystem anzugehören[7] – den Rechtsschutz und den Justizgewährungsanspruch (dazu Rn. 53 ff. zu Art. 3) durch die „menschliche **Purgationsfunktion** des Herzausschüttenkönnens".[8] Deshalb ist es **kostenfrei** und **ohne Einhaltung von Fristen** gewährt. Gleichzeitig dient das Petitionswesen – mittelbar – auch der **Kontrolle der Exekutive** durch das Parlament[9] und damit insgesamt der Stabilisierung der Rechts- und Verfassungsordnung. Da Petitionen, Massenpetitionen zumal, auch politische Gestaltungsprozesse auslösen können, lassen sie sich auch als **Teilhabe an der politischen Willensbildung** begreifen. Aus diesen Zweckrichtungen heraus ist das Petitionsverfahren so zu gestalten, dass sich der einzelne Petent ernst genommen fühlt. Insoweit enthält Art. 115 auch eine **verfahrensrechtliche Dimension.** Das Gnadenrecht ist speziell in Art. 47 IV geregelt. Zwar kann eine Gnadenentscheidung

---

[1] St. Rspr. seit VerfGH 10, 20 (Ls. 2).

[2] VerfGH 10, 20 (27); 11, 187 (188); 30, 179 (184); 39, 49 (51); 40, 86 (88) und öfter.

[3] Zum Petitionsrecht der Stände s. *Stettner,* in: Nawiasky/Schweiger/Knöpfle, Art. 115 Rn. 1; vgl. zur geschichtlichen Entwicklung *Pagenkopf,* in: Sachs, Art. 17 Rn. 1 f.

[4] *Nawiasky,* S. 197.

[5] § 23 I Nr. 10 GeschOLT; VerfGH 10, 20 (24).

[6] Im Durchschnitt der vergangenen Wahlperioden gingen beim Landtag pro Wahlperiode ca. 15.000 Petitionen ein (Quelle: Bayerischer Landtag).

[7] VerfGH 40, 86 (89); 52, 167 (170): *„Es ist nicht Sinn des Art. 170 BV, dem Petenten neben dem durch Art. 19 Abs. 4 GG gewährleisteten Rechtsweg zu den Gerichten ein Verfahren zu eröffnen, das einem gerichtlichen Verfahren gleichkommt."*

[8] *Dürig,* in: Maunz/Dürig, Art. 17 Rn. 1.

[9] Zu dieser Funktion s. VerfGH 38, 165 (176). Hervorzuheben ist die maßgebende Heranziehung der Staatsregierung zur Sachverhaltsaufklärung (vgl. Art. 6 BayPetG i.V. m. § 78 GeschOLT). Eine Auskunfts*pflicht* der Staatsregierung lässt sich aus Art. 115 BV aber nicht ableiten.

oder ein darauf gerichtetes Gesuch zum Ministerpräsidenten Gegenstand einer Petition zum Landtag sein, das Gnadenrecht geht damit jedoch nicht auf den Landtag über.

b) Die Einzelheiten über Petition (Eingabe oder Beschwerde) und Petitionsverfahren **3** im Hinblick auf den Landtag ergeben sich aus dem **Bayerischen Petitionsgesetz**[10] (vgl. auch Abs. 2) sowie aus §§ 76 ff. GeschOLT. Auf diese Vorschriften sei verwiesen.[11]

c) Der Verfassungsgerichtshof hat sich mit Art. 115 des Öfteren befasst und dabei das Wesen, aber auch die Grenzen des Petitionsrechts, herausgearbeitet (dazu unten Rn. 7 ff.). **4**

2. Entstehung

Während die VU 1919 das Petitionsrecht nicht ausdrücklich vorsah, enthielt der VE in **5** Art. 72 sowie der E in 79 ein solches, allerdings beschränkt auf die zuständigen Behörden. Im VA wurde der Landtag mit einbezogen.[12] Abs. 2 wurde zur Verdeutlichung der Bedeutung des Petitionsrecht durch das Gesetz zur Änderung der Verfassung des Freistaates Bayern[13] vom 20.2.1998 angefügt. Das Petitionsgesetz war allerdings bereits 1993 erlassen worden (Rn. 3).

3. Verhältnis zum Grundgesetz

Art. 115 gilt neben Art. 17 GG weiter **(Art. 142 GG;** vgl. Rn. 109 ff. vor Art. 98).[14] **6** Zwar scheint Art. 115 im Schutzniveau hinter Art. 17 GG zurückzubleiben, weil dieser das Petitionsrecht jedermann und dazu auch „in Gemeinschaft" einräumt. Der Sache nach bestehen jedoch keine Unterschiede, weil eine weite Auslegung des Schutzbereichs des Art. 115 zur inhaltlichen Kongruenz mit Art. 17 GG führt.[15]

II. Einzelkommentierung

1. Persönlicher Schutzbereich (Grundrechtsberechtigte)

Petitionsberechtigt sind „**alle Bewohner Bayerns",** also **jede natürliche Person. 7** Ein wie auch immer gearteter Kontakt zur bayerischen Staatsgewalt dürfte genügen, so dass „Bewohner Bayerns" **faktisch mit „jedermann" identisch** ist.[16] Auf die Staatsangehörigkeit kommt es nicht an; auch Ausländer (auch bereits abgeschobene) und Staatenlose sind petitionsberechtigt, ebenso Minderjährige und auch unter Pflegschaft oder unter Betreuung stehende Menschen.[17] Petitionsberechtigt sind darüber hinaus **juristische Personen des Privatrechts** (auch Bürgerinitiativen) und auch des **öffentlichen Rechts,** wenn Letztere zum Staat in einer grundrechtstypischen Beziehung (Gemeinden, Rundfunkanstalten, Universitäten) stehen. Petitionsberechtigt sind auch Menschen in „**Sonderrechtsverhältnissen":** Schüler, Strafgefangene[18], in Gewahrsam befindliche Personen, Soldaten, Beamte.[19] Letztere haben in dienstlichen Angelegenheiten zunächst den Dienst-

---

[10] Gesetz über die Behandlung von Eingaben und Beschwerden an den Bayerischen Landtag nach Art. 115 der Verfassung (Bayerisches Petitionsgesetz – BayPetG) vom 9. August 1993 (GVBl S. 544, BayRS 1100-5-I), zuletzt geändert durch Gesetz vom 26. Juli 2006 (GVBl S. 366): Art. 1 regelt die Petitionsberechtigung, Art. 2 die Ausübung des Petitionsrechts, Art. 3 die Wirkung der Einreichung einer Petition, Art. 4 die Vorprüfung, Art. 5 die Zuständigkeit (Ausschuss oder Plenum), Art. 6 die Aufklärung des Sachverhalts, Art. 7 die zeitliche Behandlung der Petition.

[11] Nützliche praktische Hinweise für die Einreichung einer Petition beim Bayerischen Landtag sowie ein Verfahrensschema über den „Gang" der Petition im Landtag finden sich unter www.bayernlandtag.de/petitionsrecht. Dort ist auch ein e-mail-Formular eingestellt.

[12] Prot. I, S. 213.

[13] „Verfassungsreformgesetz – Reform von Landtag und Staatsregierung"; GVBl S. 39.

[14] *Meder,* Art. 115 Rn. 1; *Stettner* (Fn. 3), Art. 115 Rn. 7; VerfGH 16, 141.

[15] *Meder,* Art. 115 Rn. 1.

[16] *Stettner* (Fn. 3), Art. 115 Rn. 7. So auch Art. 1 I BayPetG.

[17] Vgl. Art. 1 III BayPetG.

[18] Vgl. aber Art. 2 III BayPetG; VerfGH 28, 210 (213).

[19] BVerfGE 28, 191 (204).

weg zu beschreiten (vgl. Art. 121 BayBG)²⁰ und ihre beamtenrechtliche Mäßigungspflicht zu beachten²¹; zudem ist – bei Verweigerung der Erfüllung von Weisungen – zunächst der Remonstrationspflicht (Art. 65 BayBG) nachzukommen.

2. Sachlicher Schutzbereich

8   a) Art. 115 gewährt das **Recht,** sich fristungebunden, grundsätzlich ohne Einhaltung eines Instanzenzuges und ohne Kosten an jede zuständige – bayerische²² – Behörde²³ (auch an Kommunen²⁴ und bis zu dessen Auflösung an den Senat²⁵) und den Landtag (nicht indes an den einzelnen Landtagsabgeordneten²⁶) zu wenden, ohne dadurch hoheitlichen Pressionen ausgesetzt werden zu dürfen. Inhalt der Petition kann **jeder Sachverhalt** sein, eine Bitte, ein Auskunftsersuchen, eine Anregung oder Beschwerde gegen jedes staatliche Handeln jeder Gewalt (auch Gerichtsurteile und Gnadensachen [neben Art. 47 IV]). Ist eine Behörde unzuständig, gibt sie die Petition an die zuständige Behörde ab, vgl. dazu auch Art. 55 Nr. 7 sowie die Erl. dort. Der Petent muss **nicht selbst beschwert** sein, er kann sich vertreten lassen. Die Petition kann von einer **Einzelperson,** aber auch **zusammen mit anderen Personen** (auch unter einem Sammelnamen) eingereicht werden.²⁷ Die Petition hat **keine aufschiebende Wirkung.**²⁸ Hat sie ein Tätigwerden des Staates zum Gegenstand, muss sie erst behandelt werden, wenn das jeweilige Verfahren in Gang gesetzt ist. In laufenden Gerichtsverfahren ist eine Petition nur zulässig, soweit sie auf ein bestimmtes prozessuales Verhalten gerichtet ist.²⁹ Bei abgeschlossenen Gerichtsverfahren beschränkt Art. 4 V BayPetG die sachliche Behandlung aus Gründen der Gewaltenteilung; die Petition wird damit indes nicht unzulässig, der Landtag nimmt nur den Sachbehandlungsumfang zurück, auf den ohnehin kein verfassungsrechtlicher Anspruch besteht (dazu sogleich Rn. 10 ff.).

9   b) Art. 115 I setzt **Schriftform** voraus. Es genügt die Einreichung auch per **Fax** oder **E-Mail.**³⁰ Beleidigende oder ungehörige³¹, einen Straftatbestand realisierende oder auf die Verwirklichung eines solchen gerichtete, den Petenten nicht erkennen lassende oder nicht nachvollziehbare Petitionen sind unzulässig³², letzterenfalls ist dem Petenten Gelegenheit zur Konkretisierung zu geben. Ist eine Petition durch Bescheid erledigt worden, ist eine weitere Petition betreffend den selben Gegenstand jedenfalls dann unzulässig, wenn keine sachlichen oder zeitlichen Veränderungen vorgetragen werden.³³

3. Die Behandlung der Petition und die Petitionsentscheidung

10   a) Art 115 umfasst **kein Akteneinsichtsrecht**³⁴, **kein Recht auf mündliche Anhörung** durch die Behörde oder durch den Landtag³⁵ oder auf eine bestimmte Form der

---

²⁰ VerfGH 28, 210 (213).
²¹ *Meder,* Art. 115 Rn. 1.
²² VerfGH 10, 63 (Ls. 4).
²³ VerfGH 11, 187 (Ls. 2): Die mit einer Petition angegangene Behörde kann auch eine ihr nachgeordnete Behörde mit der zuständigen Behandlung beauftragen.
²⁴ Vgl. Art. 56 III GO.
²⁵ VerfGH 20, 138 (Ls. 1).
²⁶ VerfGH 20, 138 (Ls. 2). Im Zweifel sind derartige Eingaben aber als solche an den Landtag selbst auszulegen.
²⁷ Vgl. Art. 2 II BayPetG. Allerdings gewährleistet Art. 115 kein Grundrecht dahingehend, gewerbsmäßig Petitionen in fremdem Namen zu fertigen und einzubringen: VerfGH 5, 297 (302).
²⁸ VerfGH 32, 1 (11).
²⁹ Vgl. Art. 4 II BayPetG.
³⁰ Art. 2 I BayPetG.
³¹ VerfGH 20, 138 (139); 35, 1 (4).
³² Vgl. auch § 77 GeschOLT.
³³ VerfGH 16, 141 (142): ansonsten drohe eine „sinnlose Ausweitung des Petitionsrechts".
³⁴ VerfGH 13, 80 (87).
³⁵ VerfGH 53, 42 (73); eine Anhörung ist freilich *möglich:* Art. 6 II BayPetG; § 79 I GeschOLT.

Sachverhaltsaufklärung.[36] Art. 115 verleiht **keinen Anspruch auf eine bestimmte Sachentscheidung** und auch nicht auf Auskunft, welcher Abgeordnete wie über die Petition abgestimmt hat.[37] Allerdings hat der Petent – ansonsten das Petitionsrecht zur Farce degenerierte – **Anspruch auf Entgegennahme der Petition,** auf **sachliche Behandlung** und **Verbescheidung**[38], nicht indes auf sachliche Begründung.[39] Eine Pflicht zur schriftlichen Auseinandersetzung mit dem Vorbringen des Petenten oder der angehörten Staatsregierung folgt aus Art. 115 nicht. Der Petent muss allerdings dahin gehend verbeschieden werden, in welcher Weise die Petition erledigt worden ist[40], eine bloße Empfangsbestätigung genügt nicht.[41] Der Landtag kann im Bescheid an den Petenten die Petition „auf Grund der Erklärung der Staatsregierung" für erledigt erklären[42], er ist jedoch nicht an eine Stellungnahme der Staatsregierung gebunden; es ist seiner Entscheidung überlassen, wie er die Eingabe behandeln und erledigen will.[43] Art. 115 gibt dem Petenten weder einen Anspruch auf dienst-, rechts- oder fachaufsichtliches Einschreiten[44] noch auf Unterrichtung über Einleitung und Fortsetzung eines Normsetzungsverfahrens.[45] Die Petitionsentscheidung ist **kein Verwaltungsakt.**[46]

b) Hält die Behörde oder der Landtag die Petition für inhaltlich berechtigt, richtet **11** sich die Abhilfe nach den jeweils einschlägigen Rechtsvorschriften, die durch Art. 115 nicht dispensiert werden können. Eine Überweisung der Petition durch den Landtag an die Staatsregierung „zur Berücksichtigung" stellt eine Aufforderung im Sinne einer **politischen Empfehlung**[47] dar, dem Anliegen des Petenten Rechnung zu tragen.[48] Der Landtag kann nicht selbst abhelfen, er hat kein „Selbsteintrittsrecht" und kann der Exekutive und den Gerichten auch keine Weisungen erteilen.[49] Berücksichtigt die Staatsregierung das Votum des Landtags nicht, kann dies Konsequenzen nur auf politischer Ebene haben, notfalls über Art. 44 III 2.

c) Entspricht die Behandlung der Petition nicht den skizzierten verfassungsrechtlichen **12** Anforderungen, kann dies mit einer **Verfassungsbeschwerde** nach Art. 66, 120 geltend gemacht werden.[50] Ist die Petition an eine Behörde gerichtet, ist zunächst verwaltungsgerichtlicher Rechtsschutz zu suchen.[51] Die Erhebung einer Petition ist nicht notwendig zur Erschöpfung des Rechtswegs nach Art. 51 II VfGHG.[52]

d) Richtet sich die Petition an eine **Behörde,** kann auch eine nachgeordnete Behörde **13** mit der Behandlung beauftragt werden.[53]

---

[36] Der Petent hat daher auch keinen Anspruch darauf, dass der Landtag der Staatsregierung (k)eine Gelegenheit zur Stellungnahme gibt.

[37] VerfGH 35, 7 (9).

[38] VerfGH 33, 128 (130).

[39] *Meder,* Art. 115 Rn. 2; VerfGH 16, 141; 29, 38 (42); 39, 49 (51); 40, 86 (88); 41, 83 (93) und öfter.

[40] VerfGH 40, 86 (88); 41, 85 (93); 52, 167 (170). Als Arten der Erledigung kommen die in § 80 GeschOLT genannten Modalitäten in Betracht.

[41] VerfGH 16, 141.

[42] VerfGH 40, 86 (89).

[43] VerfGH 40, 86 (89).

[44] VerfGH 11, 187 (188); 13, 80 (87).

[45] VerfGH 41, 85 (93).

[46] *Meder,* Art. 115 Rn. 4; VerfGH 11, 187. Sie kann auch nicht mit der Popularklage angegriffen werden: VerfGH, BayVBl. 2007, 557.

[47] VerfGH 30, 179.

[48] Vgl. § 81 GeschOLT.

[49] VerfGH, BayVBl. 2007, 557 (558).

[50] VerfGH 10, 20 (Ls. 2); 30, 179 (183).

[51] *Meder,* Art. 115 Rn. 4; *Stettner* (Fn. 3), Art. 115 Rn. 11. BVerwG, BayVBl. 1991, 152; VerfGH 35, 7 (8).

[52] VerfGH 7, 1 (2).

[53] VerfGH 11, 187 (Ls. 2).

14   e) Die in der GeschOLT getroffene Regelung, dass über Petitionen an den **Landtag** grundsätzlich nicht das Plenum, sondern ein Fachausschuss oder der Ausschuss für Eingaben und Beschwerden entscheidet, ist verfassungsrechtlich nicht zu beanstanden.[54]

Art. 116 [Zugang zu öffentlichen Ämtern]

Alle Staatsangehörigen ohne Unterschied sind entsprechend ihrer Befähigung und ihren Leistungen zu den öffentlichen Ämtern zuzulassen.

Parallelvorschriften im GG und in anderen Landesverfassungen: Art. 33 GG; Art. 2 BaWüVerf; Art. 19 BerlVerf; Art. 128 BremVerf; Art. 59 HambVerf; Art. 134 HessVerf; Art. 71 M-VVerf; Art. 19 RhPfVerf; Art. 91–92 SächsVerf; Art. 8 Abs. 2 SachsAnhVerf; Art. 96 ThürVerf.

Rechtsprechung: VerfGH 14, 30; 14, 77; 17, 46; 36, 10; 42, 34; 42, 135; 46, 104; 50, 76.

Literatur: S. bei Art. 94 BV.

I. Allgemeines

1. Bedeutung

1   Art. 116 BV bildet ein Grundrecht.[1] Art. 116 BV steht in unmittelbarem Zusammenhang mit Art. 94 Abs. 2 BV. Während Art. 94 Abs. 2 BV den Zugang je nach Leistung zu den öffentlichen Ämtern als Prinzip formuliert, bindet Art. 116 BV diesen Grundsatz in ein Grundrecht ein.[2] Art. 94 Abs. 2 BV ist umfassender als Art. 116 BV.[3] Art. 116 BV steht im Abschnitt über die Grundrechte, weil er den subjektiven Anspruch auf Zugang zu den öffentlichen Ämtern formuliert. Entgegen Art. 94 Abs. 2 BV erwähnt er nicht die Beförderung.

2   Art. 116 BV, Art. 107 Abs. 4 BV, Art. 94 Abs. 2 BV verankern das Leistungsprinzip in der Verfassung.[4] Art. 116 BV verbürgt ein Grundrecht und damit ein subjektives Recht im Sinne des Art. 120 BV.[5]

2. Entstehung

3   Art. 116 BV ist eine in dieser Form neue Vorschrift. Als ursprüngliche Fassung war vorgeschlagen worden: Alle Staatsbürger ohne Unterschied sind nach Maßgabe der Gesetze und entsprechend ihrer Befähigung und ihrer Leistungen zu den öffentlichen Ämtern zuzulassen.[6] Der VA ändert die „Staatsbürger in Staatsangehörige(n)" und strich die Worte „nach Maßgabe der Gesetze".[7]

3. Bedeutung innerhalb der BV

4   Art. 116 ist eine besondere Ausprägung des allgemeinen Gleichheitssatzes des Art. 118 Abs. 1 BV.[8] Art. 107 Abs. 4 BV gewährleistet wiederum eine Ausprägung des Rechts der allgemeinen Zugänglichkeit der Ämter und damit auch des Gleichheitssatzes.[9] Art. 116 BV ist gegenüber der Berufsfreiheit (Art. 101 BV) die speziellere Norm. Sofern es um den freien Zugang zum öffentlichen Dienst geht, enthält Art. 116 BV eine abschließende Sonderregelung.[10]

---

[54]   VerfGH 10, 20 (Ls. 3).

[1]   *Meder,* Art. 116, Rn. 1.

[2]   VerfGH 14, 77 (86 f.).

[3]   *Nawiasky,* S. 198.

[4]   VerfGH 10, 76 (85); VerfGH 14, 30 (42); VerfGH 17, 46 (52); VerfGH 19, 51 (57), *Nawiasky,* S. 198.

[5]   VerfGH, Ents. v. 15. 1. 1965, Az: Vf. 111-VI-63.

[6]   Art. 73 VE.

[7]   Prot. I S. 215; EVA Art. 126; s. dazu *Nawiasky,* S. 198.

[8]   VerfGH 12, 91 (108); VerfGH 42, 135 (139 ff.); VerfGH 46, 104 (108); *Meder,* Art. 116, Rn. 3.

[9]   VerfGH 7, 40 (47); VerfGH 12, 91 (108); VerfGH 13, 99 (100); VerfGH 17, 94 (103); VerfGH 19, 51 (56 f.); VerfGH 20, 159 (166); *Nawiasky,* S. 198.

[10]   VerfGH 42, 135 (139 ff.).

Der VerfGH hat zunächst dazu tendiert, die Schranken des Art. 98 S. 2 BV auch auf **5** Art. 116 BV anzuwenden.[11] In seiner neueren Rechtsprechung ist davon aber nichts mehr zu finden.[12]

4. Verhältnis zum Grundgesetz

Das GG enthält mit Art. 33 Abs. 2 GG eine vergleichbare Norm. Art. 116 BV nennt im **6** Gegensatz zu Art. 33 Abs. 2 GG nicht die Eignung. Damit ist aber nicht gemeint, dass in Bayern die Eignung für den Anspruch auf Zugang unwichtig wäre, vielmehr ist bei Art. 116 BV der Begriff der Befähigung entweder weiter zu verstehen, oder (so die überwiegende Meinung) die Eignung als Voraussetzung ungeschrieben mit hineinzulesen. Dies ist methodisch vertretbar, da Art. 94 Abs. 2 BV die Eignung ausdrücklich nennt und insofern zwischen beiden Normen eine strukturelle Identität besteht. Weiter erwähnt Art. 116 BV nicht den gleichen Zugang zu den öffentlichen Ämtern, was jedoch keinen nennenswerten Unterschied begründen dürfte.

Da Art. 116 BV keinen Geltungsanspruch erhebt, der Art. 33 Abs. 2 GG widerspricht, **7** gilt er neben Art. 33 Abs. 2 GG weiter.[13]

II. Einzelkommentierung

1. Personeller Schutzbereich

Art. 116 BV gilt für „alle Staatsangehörigen", demnach nicht nur für Bayern, sondern **8** gem. Art. 33 Abs. 1 GG für alle Deutschen.[14] Für EU-Bürger gilt das Grundrecht nicht.[15] Eine Bevorzugung von Bayern im Vergleich zu Deutschen aus anderen Bundesländern lässt Art. 116 BV nicht zu. Nur sofern die Herkunft aus Bayern eine Befähigung oder einen Leistungsunterschied begründen sollte, ließe sich dieses berücksichtigen.

Verpflichtet ist durch Art. 116 BV die gesamte öffentliche Gewalt, die diese vom Frei- **9** staat ableitet. Verletzt werden kann die Norm faktisch aber nur von denjenigen, die öffentliche Ämter vergeben. Der Petitionsausschuss kann durch einen Petitionsbeschluss dagegen Art. 116 BV nicht verletzen, eine auf eine solch angebliche Verletzung beruhende Verfassungsbeschwerde ist unzulässig.[16]

2. Sachlicher Schutzbereich

a) Zugang. Mit Zulassung zu den öffentlichen Ämtern ist der Eintritt in den öffent- **10** lichen Dienst gemeint. Dies ist die erstmalige Übertragung eines Amts. Art. 116 BV bezieht sich auf den Zutritt in das Berufsbeamtentum. Anders als Art. 94 Abs. 2 BV erwähnt er nicht die Beförderung. Daraus hat der VerfGH gefolgert, dass die Norm sich nicht auf die innere Ordnung des Berufsbeamtentums, auch nicht auf das Laufbahnwesen und auf den Aufstieg von einer Laufbahn zur nächst höheren bezieht.[17]

Von Art. 116 BV geschützt ist dabei nur die unmittelbare Auswahlentscheidung beim **11** Eintritt in den öffentlichen Dienst. Vorgelagerte Entscheidungen werden nicht erfasst. So sind etwa die Zulassung zur Habilitation oder der erfolgreiche Abschluss nicht von Art. 116 BV erfasst.[18]

b) Öffentlicher Dienst. Öffentlicher Dienst sind zunächst alle Beamtenstellen, aber **12** auch Richterstellen,[19] Mandate der ehrenamtlichen Mitglieder des Gemeinderates fallen

---

[11] VerfGH 2, 14 (27); VerfGH 6, 35 (52).
[12] *Meder,* Art. 116, Rn. 3.
[13] VerfGH 6, 35 (55); *Meder,* Art. 116, Rn. 1.
[14] VerfGH 11, 164 (182); VerfGH 19, 51 (56 f.).
[15] VerfGH 50, 76 ff.
[16] VerfGH 35, 7 ff.
[17] VerfGH 17, 46 (53); VerfGH 23, 169 (174 f.).
[18] S. zur Habilitation auch VerfGH 30, 109.
[19] VG München BayVBl 1977, 124; VerfGH, Ents. v. 15. 1. 1965, Az: Vf. 111-VI-63.

nicht darunter.[20] Das Amt des Senators ist kein öffentliches Amt im Sinn des Art. 116 BV.[21] – zu den Einzelheiten s. Art. 94 Abs. 2 BV.

13   **c) Bewerbungsverfahrensanspruch.** Art. 116 BV vermittelt einen allgemeinen Anspruch auf Zutritt zur Beamtenschaft, nicht aber ein subjektives Recht auf Übertragung eines konkreten Rechtes.[22] Er gestattet jedem Deutschen, sich um ein öffentliches Amt zu bewerben und verbürgt ihm nach Maßgabe seiner Qualifikation (Eignung, Befähigung, Leistung) einen Anspruch auf gleiche Chance seiner Bewerbung.[23] Art. 116 BV verbürgt den gleichen Zugang aller zu allen öffentlichen Ämtern bei gleicher Eignung.[24] Wenn der Freistaat eine Stelle vergibt, muss er sie an denjenigen vergeben, der unter Heranziehung der Kriterien des Art. 116 BV der oder die Beste ist. Auf diese Weise setzt Art. 116 BV auch im Bereich des öffentlichen Dienstes das nach dem Sachbereich größtmögliche Maß an Freiheit der Berufswahl durch.[25] Die Bewerber, bei denen die sachlichen Voraussetzungen für die Zulassung im gleichen Maße vorliegen, dürfen nicht aus unsachlichen Gründen unterschiedlich behandelt werden.[26]

14   Öffentliche Ämter kann zwar nicht jeder ergreifen, der will, aber jeder, der will, hat einen Anspruch darauf, dass niemand vom Staat genommen wird, der ungeeigneter als er selbst ist.

15   **d) Ausnahmsweise Einstellungsanspruch.** Ausnahmsweise kann sich der Bewerbungsverfahrensanspruch zu einem Anspruch eines Bewerbers auf Übernahme in eine bestimmte Position verdichten, und zwar dann, wenn nach den besonderen Verhältnissen des Einzelfalls jede andere Entscheidung als die Übernahme rechtswidrig ist und mithin die Übernahme die einzige rechtmäßige Entscheidung der Behörde über die Bewerbung darstellt.[27] Ein derartiger Ausnahmefall liegt etwa dann vor, wenn die Behörde nach umfassender und abschließender Prüfung die Übernahme unter Orientierung an den Kriterien Eignung, Leistung und Befähigung ausschließlich davon abhängig macht, ob der Bewerber die Gewähr für Verfassungstreue bietet und bezweifelt, ob der Bewerber diese Gewähr bietet, die Zweifel aber unbegründet sind.[28]

16   **e) Das Leistungsprinzip.** Maßstab für die Vergabeentscheidung sind die in Art. 116 BV genannten Kriterien (Befähigung, Leistung und ungeschriebene Eignung)[29]. Der Gesetzgeber darf dabei nähere gesetzliche Bestimmungen über die Voraussetzungen für die Stelle und den öffentlichen Dienst insgesamt treffen. Dabei dürfen aber nur solche „Befähigungsvoraussetzungen" gefordert werden, die zu dem Wesen und den Aufgaben des Amtes besondere Beziehungen haben und deswegen eine Einschränkung des – immer im Vordergrund bleibenden – allgemeinen Rechts auf Zugang zu den öffentlichen Ämtern rechtfertigen.[30] Andere Beschränkungen für den Zugang darf er nicht vorsehen. Dieser darf einem Bewerber insbesondere nicht gerade deshalb erschwert oder unmöglich gemacht werden, weil er sich zu einer bestimmten religiösen Überzeugung bekennt oder nicht bekennt.[31] Das Verbot, im öffentlichen Personalwesen das religiöse Bekenntnis zu

---

[20] VerfGH 14, 77 (86).

[21] VerfGH 42, 135 (139 ff.).

[22] VGH BayVBl 1978, 576 (577).

[23] VerfGH 12, 91 (109); VerfGH 19, 51 (57); VerfGH 37, 10 (13 f.); VerfGH 42, 135 (139 ff.); VerfGH 46, 104 (108 ff.).

[24] VerfGH 42, 135 (139 ff.).

[25] VerfGH 42, 135 (139 ff.).

[26] VerfGH 14, 30 (42); VerfGH, Ents. v. 15. 1. 1965, Az: Vf. 111-VI-63; VerfGH, Ents. v. 13. 1. 1965, Az: Vf. 102-VI-63.

[27] VG München BayVBl 1977, 124.

[28] VG München BayVBl 1977, 124.

[29] Zu den Begriffen s. die Kommtierung zu Art. 94 Abs. 2.

[30] VerfGH 6, 35 (52); VerfGH 12, 91 (108); VerfGH 19, 51 (57).

[31] VerfGH 17, 94 (103); VerfGH 19, 51 (57).

berücksichtigen, gilt nur insoweit nicht, als in der Verfassung selbst Ausnahmen, wie etwa bei den sogenannten konfessionell gebundenen Ämtern, statuiert sind.[32]

Einzelheiten:[33] Aus Art. 116 BV lässt sich kein Recht auf die Ausbringung einer be- **17** stimmten Besoldungsgruppe ableiten.[34] Der Minderheitenlehrer gem. Art. 8 Abs. 4 des Volksschulgesetzes war verfassungsgemäß.[35] Vorschriften, die bei Nichterbringung formaler Zulassungsvoraussetzungen zur Prüfung die Prüfung als „nicht bestanden" fingieren, sind verfassungsgemäß.[36] Die Voraussetzungen für den Aufstieg im Jahr 1964 verstießen nicht gegen Art. 116 BV.[37]

Art. 117 [Treuepflicht]

[1]Der ungestörte Genuss der Freiheit für jedermann hängt davon ab, dass alle ihre Treuepflicht gegenüber Volk und Verfassung, Staat und Gesetzen erfüllen. [2]Alle haben die Verfassung und die Gesetze zu achten und zu befolgen, an den öffentlichen Angelegenheiten Anteil zu nehmen und ihre körperlichen und geistigen Kräfte so zu betätigen, wie es das Wohl der Gesamtheit erfordert.

Parallelvorschriften in Verfassungen anderer Länder: Art. 9 S. 1 BremVerf; Art. 20 RhPfVerf.

1. Bedeutung

a) Art. 117 postuliert für alle Bürger **gleiche Grundpflichten**[1], mit denen keine subjek- **1** tiv-öffentlichen Rechte, **keine Grundrechte korrespondieren**.[2] Popularklage (Art. 98 S. 4) und Verfassungsbeschwerde (Art. 66, 120) können auf Art. 117 nicht gestützt werden. Weder lassen sich – außer der freilich elementaren Pflicht, „die Verfassung und die Gesetze zu achten"[3] – *konkrete* Pflichten aus Art. 117 ableiten (und auch keine Sanktionen) noch Grundrechtseingriffe rechtfertigen. Art. 117 stellt **keinen allgemeinen Gesetzesvorbehalt** dar, vielmehr muss sich jede Grundrechtsverkürzung an Hand des einschlägigen Freiheitsrechts rechtfertigen lassen.[4] Im Rahmen der einzelnen Grundrechtsprüfung kann der in Art. 117 zum Ausdruck gebrachte Grundgedanke der Gemeinschaftsgebundenheit des Einzelnen („animal sociale")[5] als Abwägungsgesichtspunkt herangezogen werden. Zum Missbrauch von Grundrechten s. Rn. 63 vor Art. 98. Aus S. 2 lässt sich auch eine Wahlpflicht nicht ableiten.

b) Auch wenn die rechtliche Bedeutung von Art. 117 gering ist – die Entscheidungen **2** des VerfGH dazu sind marginal und befassen sich mit Art. 117 nur am Rande –, enthält die Norm doch einen **elementaren moralischen Appell**[6] an die Bürger, Verantwortungsbewusstsein für das Wohl der Allgemeinheit (für den Mitmenschen: Art. 122) zu zeigen. Art. 117 formuliert (nach Art. 188 von Generation zu Generation weiterzugebende) **Verfassungserwartungen**, die die Verfassung zwar selbst nicht garantieren kann, von deren Erfüllung (zumindest in einem Mindestmaß) Staat und Gesellschaft indes abhängig sind.

---

[32] VGH BayVBl 1958, 59 (60 f.); VerfGH 19, 51 (57).

[33] Zum Zugang zu Konkordatslehrstühlen s. VerfGH 33, 65 ff.

[34] VerfGH 46, 104 (108).

[35] VerfGH 20, 159.

[36] VerfGH 20, 213.

[37] VerfGH 17, 46.

[1] Vgl. zu den in der Verfassungspraxis bedeutungslosen „Grundpflichten" auch Rn. 17 vor Art. 98.

[2] VerfGH 3, 15 (25); 6, 136 (144); 12, 91 (100); 20, 87 (91); 20, 183 (186); 32, 156 (159); 37, 10 (14); 57, 56 (58).

[3] *Nawiasky*, S. 199.

[4] Anders noch VerfGH 5, 148 (158), wo die Treuepflicht als Schranke des Art. 101 angesehen wurde; so auch VerfGH 5, 161 (164).

[5] *Meder*, Art. 117 Rn. 1.

[6] So wohl auch *Nawiasky*, S. 199.

2. Entstehung

3   Die Regelung findet sich in Art. 74 I VE sowie wortgleich in Art. 81 I E. In diesen Normen war Adressat noch der Staatsbürger, während erst im VA von „jedermann" und „alle" die Rede ist (Art. 128 EVA).

3. Verhältnis zum Grundgesetz

4   Die Vorschrift ist **wirksam,** da sie dem GG und sonstigem Bundesrecht in ihrem Regelungsgehalt nicht widerspricht. Zwar sieht das GG eine vergleichbare Grundpflicht nicht vor, es steht einer landesverfassungsrechtlichen Grundpflicht aber auch nicht entgegen. Grundrechtseingriffe können nicht direkt auf Art. 117 gestützt werden, sondern bedürfen wegen Art. 1 III GG der Rechtfertigung auch am Maßstab der GG-Grundrechte.

Art. 118 [Gleichheitssätze]

(1) [1]**Vor dem Gesetz sind alle gleich.** [2]**Die Gesetze verpflichten jeden in gleicher Weise und jeder genießt auf gleiche Weise den Schutz der Gesetze.**
(2) [1]**Frauen und Männer sind gleichberechtigt.** [2]**Der Staat fördert die tatsächliche Durchsetzung der Gleichberechtigung von Frauen und Männern und wirkt auf die Beseitigung bestehender Nachteile hin.**
(3) [1]**Alle öffentlich-rechtlichen Vorrechte und Nachteile der Geburt oder des Standes sind aufgehoben.** [2]**Adelsbezeichnungen gelten nur als Bestandteil des Namens; sie dürfen nicht mehr verliehen und können durch Adoption nicht mehr erworben werden.**
(4) [1]**Titel dürfen nur verliehen werden, wenn sie mit einem Amt oder einem Beruf in Verbindung stehen.** [2]**Sie sollen außerhalb des Amtes oder Berufs nicht geführt werden.** [3]**Akademische Grade fallen nicht unter dieses Verbot.**
(5) Orden und Ehrenzeichen dürfen vom Staat nur nach Maßgabe der Gesetze verliehen werden.

Parallelvorschriften im GG und in Verfassungen anderer Länder: Art. 3 GG; Art. 2 I BaWüVerf; Art. 10 Berl-Verf; Art. 12 BbgVerf; Art. 2 BremVerf; Art. 1 HessVerf; Art. 5 III M-VVerf; Art. 3 II, III NdsVerf; Art. 4 I NRWVerf; Art. 17, 18 RhPfVerf; Art. 12 SaarlVerf; Art. 18 SächsVerf; Art. 7 VerfLSA; Art. 2 ThürVerf.; vgl. auch Art. 20 ff. EGC; Art. 14 EMRK.

Rechtsprechung: **zu Abs. 1:** VerfGH 4, 51; 38, 198; 40, 45; 59, 219. BVerfGE 55, 72; 84, 239; 105, 73; **zu Abs. 2:** VerfGH 52, 79; 55, 123; 58, 196.

Literatur: **zu Abs. 1:** *Leibholz,* Gleichheit vor dem Gesetz, 2. Aufl. 1959; *Hueck,* Der Grundsatz der gleichmäßigen Behandlung im Privatrecht, 1968; *Scholler,* Die Interpretation des Gleichheitssatzes als Willkürverbot und Chancengleichheit, 1969; *Podlech,* Gehalt und Funktionen des allgemeinen verfassungsrechtlichen Gleichheitssatzes, 1971; *Ossenbühl,* Selbstbindung der Verwaltung, DVBl. 1981, 857; *Kloepfer,* Gleichheit als Verfassungsfrage, 1980; *Sachs,* Zur dogmatischen Struktur der Gleichheitsrechte als Abwehrrechte, DÖV 1984, 411; *Lücke,* Der Gleichheitssatz, JZ 1988, 1121; *Gusy,* Der Gleichheitssatz, NJW 1988, 2505; *Stettner,* Der Gleichheitssatz, BayVBl. 1988, 545; *Schoch,* Der Gleichheitssatz, DVBl. 1988, 863; *Robbers,* Der Gleichheitssatz, DÖV 1988, 749; *Wendt,* Der Gleichheitssatz, NVwZ 1988, 778; *Maaß,* Die neuere Rechtsprechung des BVerfG zum allgemeinen Gleichheitssatz, NVwZ 1988, 14; *Suhr,* Gleiche Freiheit, 1988; *Zippelius/Müller,* Der Gleichheitssatz, VVDStRL 47 (1989), 7/37; *Huster,* Rechte und Ziele. Zur Dogmatik des allgemeinen Gleichheitssatzes, 1993; *Bleckmann,* Die Struktur des allgemeinen Gleichheitssatzes, 1995; *Pauly,* Gleichheit im Unrecht als Rechtsproblem, JZ 1997, 647; *Martini,* Art. 3 Abs. 1 GG als Prinzip absoluter Rechtsgleichheit, 1997; *Kischel,* Systembindung des Gesetzgebers und Gleichheitssatz, AöR 124 (1999), 174; *Eckhoff,* Rechtsanwendungsgleichheit im Steuerrecht, 1999; *Brüning,* Gleichheitsrechtliche Verhältnismäßigkeit, JZ 2001, 669; *Osterloh,* Der verfassungsrechtliche Gleichheitssatz, EuGRZ 2002, 309; *v. Lindeiner,* Willkür im Rechtsstaat? 2002; *Hey,* Saldierung von Vor- und Nachteilen in der Rechtfertigung von Grundrechtseingriffen und Ungleichbehandlungen, AöR 128 (2003), 226; *Möckel,* Der Gleichheitsgrundsatz – Vorschlag für eine dogmatische Weiterentwicklung, DVBl. 2003, 488; *Pietzcker,* Rechtsvergleichende Aspekte des allgemeinen Gleichheitssatzes, in: FS Götz, 2005, 301; *Meyer,* Strukturelle Vollzugsdefi-

zite des Gleichheitsverstoßes, DÖV 2005, 551; *Lindner,* Theorie der Grundrechtsdogmatik, 2005, S. 392 ff.; *Gundel,* Die Inländerdiskriminierung zwischen Verfassungs- und Europarecht, DVBl. 2007, 269; *Funke,* Gleichbehandlungsgrundsatz und Verwaltungsverfahren, AöR 132 (2007), 168.
Zu Abs. 2: *Battis/Schulte-Trux/Weber,* „Frauenquoten" und Grundgesetz, DVBl. 1991, 1165; *Huster,* Frauenförderung zwischen individueller Gerechtigkeit und Gruppenparität, AöR 120 (1993), 109; *Kokott,* Zur Gleichstellung von Mann und Frau – Deutsches Verfassungsrecht und europäisches Gemeinschaftsrecht, NJW 1995, 1049; *Di Fabio,* Die Gleichberechtigung von Mann und Frau, AöR 122 (1997), 404; *Sacksofsky,* Das Grundrecht auf Gleichberechtigung, 2. Aufl. 1996; *dies.,* Die Gleichberechtigung von Mann und Frau, FS Zuleeg, 2005, 323; weitere Nachweise bei *Osterloh,* in: Sachs, Art. 3.

Übersicht

I. Allgemeines

1. Bedeutung

a) Art. 118 stellt eine **zentrale** Norm der Verfassung dar, er ist der am meisten zitierte **1** und als Prüfungsmaßstab herangezogene Verfassungsrechtssatz in der Rechtsprechung des VerfGH.[1] Während die anderen Normen im Zweiten Hauptteil (Art. 98 ff.) ganz überwiegend Freiheitsrechte verbürgen, enthält Art. 118 fundamentale Aussagen über die **Gleichberechtigung aller Menschen.**

b) Art. 118 I stellt die **gleichheitsrechtliche Flankierung** der **Freiheitsrechte** der BV **2** dar. An der normativ-materiellen Spitze der Verfassung steht die Menschenwürde (Art. 100), die in Art. 101 ihre Ergänzung durch das Hauptfreiheitsrecht und in Art. 118 I durch das Hauptgleichheitsrecht findet. Die Menschenwürde, verstanden als Gleichwertigkeit jedes Menschen ungeachtet seiner jeweiligen kontingenten Bestimmtheit[2], impliziert die rechtliche Gleichbehandlung aller Menschen. Sind alle Menschen gleich*wertig,* so darf der Staat nicht ohne sachlichen Grund dem einen eine Chance oder Leistung gewähren oder versagen, die er einem anderen vorenthält oder einräumt. Der allgemeine Gleichheitssatz stellt ein für alle Menschen geltendes, **dem positiven Recht vorausliegendes**[3] **Grundrecht**

---

[1] *Stettner,* in: Nawiasky/Schweiger/Knöpfle, Art. 118 Rn. 3.
[2] Dazu Rn. 22 ff. vor Art. 98 sowie Rn. 18 ff. zu Art. 100.
[3] VerfGH 1, 29 (31); 2, 45 (47); 4, 51 (58); 24, 181 (191); 27, 153 (158).

dar, das Ausdruck der demokratischen Grundordnung im Sinne des Art. 75 I 2 ist.[4] Er darf in seiner Substanz nicht geändert werden.[5] Verfassungsänderungen, die den allgemeinen Gleichheitssatz in I in der Substanz in Frage stellen, stellen ihrerseits **verfassungswidriges Verfassungsrecht** dar.[6]

3   c) Der gleichheitsrechtlichen Dimension der Menschenwürde trägt die Verfassung durch die Einräumung einer Fülle von **Gleichheitsrechten** Rechnung. Zu unterscheiden ist zwischen (1) **speziellen Gleichheitsrechten**[7] (vgl. die Erläuterungen jeweils dort), die für bestimmte Lebenssachverhalte Gleichbehandlungsgebote postulieren (z. B. Art. 7 I, 8: staatsbürgerliche Gleichheit; Art. 11 V: Gleichheit der Gemeindebürger; Art. 14 I: Wahlgleichheit[8]; Art. 94 II, 116, 107 IV: Chancengleichheit beim Zugang zu öffentlichen Ämtern; Art. 123 I: Lastengleichheit) bzw. absolute Diskriminierungsverbote formulieren (z. B. Art. 107 III; 118 II, III; Art. 118a; Art. 124 II; Art. 126 II; Art. 128; Art. 168 I 2) und (2) dem **allgemeinen Gleichbehandlungsgrundsatz,** der in Art. 118 I verbürgt ist.

4   d) **Art. 118,** der Gesetzgebung, Exekutive (Gubernative, Administrative) sowie die Judikative bindet, enthält **verschiedene Regelungen,** die sich dem Thema der Gleichberechtigung aller Menschen unter unterschiedlichen Gesichtspunkten widmen:

5   aa) In **Absatz 1** ist der **allgemeine Gleichheitssatz** verankert. Satz 1, der Art. 3 I GG entspricht, postuliert die Gleichheit aller Menschen vor dem Gesetz, was in Satz 2 nochmals unterstrichen wird. Dies bedeutet nicht nur, dass die Gesetze selbst ungeachtet der Person für alle Menschen gleiche Geltung haben (sog. „Rechtsanwendungsgleichheit"), sondern auch, dass der Gesetzgeber selbst an den Gleichbehandlungsgrundsatz gebunden ist („Rechtsetzungsgleichheit"). Abs. 1 enthält einen objektiv-rechtlichen Verfassungsrechtssatz[9] und verbürgt gleichzeitig ein mit der Popularklage und der Verfassungsbeschwerde durchsetzbares **Grundrecht.**[10] Dieses schützt verschiedene Modalitäten der Gleichbehandlung, die der VerfGH unter dem **Überbegriff „Willkürverbot"** zusammenfasst.[11]

6   (1) Die **Gleichbehandlung** i. S. d. Verbots, *„gleiche Sachverhalte in willkürlicher Weise ungleich und ungleiche Sachverhalte in willkürlicher Weise gleich zu behandeln".*[12] Diese Modalität des Gleichbehandlungsgrundsatzes setzt ein **Vergleichspaar** voraus, dessen Vergleichspole an Hand eines **tertium comparationis** darauf hin miteinander verglichen werden, ob sie –

. [4] Unter anderem anhand des Gleichheitssatzes hat der VerfGH seine Theorie vom **verfassungswidrigen Verfassungsrecht** entwickelt: Die BV hat neben der Würde des Menschen und den Freiheitsrechten den Gleichbehandlungsgrundsatz als Ausdruck materieller Gerechtigkeit als Menschenrecht in Art. 118 I verankert. Der VerfGH geht davon aus, dass diese Grundsätze dem positiven Recht vorausliegen; ob transzendent im Sinne eines Naturrechts oder ob transzendental als Bedingung für die Möglichkeit einer gerechten Rechtsordnung überhaupt, bleibt in der Rechtsprechung des VerfGH offen. Menschenwürde, Freiheit und Gleichheit sind oberste Grundsätze des Rechts, die zugleich wesentliche Bestandteile der „Rechtsidee" bilden. Aus den Normen der BV – so der VerfGH – hebe sich mithin eine Gruppe von Normen höheren Ranges hinaus, an deren Maßstab neu hinzugefügte Verfassungsnormen gemessen und notfalls für verfassungswidrig erklärt werden müssen; VerfGH 2, 45 (47); 3, 28; 4, 51 (58); 9, 1 (10); 9, 27 (46); 11, 127 (133); 18, 141 (147); 20, 125 (128); 24, 181 (191); 27, 153 (157); 38, 16 (20); 54, 109 (159) und öfter. Die Möglichkeit verfassungswidriger Verfassungsnormen besteht sowohl bei originärem wie auch bei geändertem oder neu eingefügtem Verfassungsrecht: VerfGH 27, 153 (Ls. 1). Diese Rechtsprechung wurde von *Leisner,* Die bayerischen Grundrechte, 1968, S. 51 zu Recht als „einer der wichtigsten Beiträge der Rechtsprechung des BayVerfGH zum Bundesrecht und zur Grundrechtsdogmatik überhaupt" bezeichnet; vgl. auch Rn. 18 zu Art. 3.
[5] VerfGH 2, 45 (Ls. 2); 11, 127 (133).
[6] *Stettner* (Fn. 1), Rn. 5; VerfGH 27, 153 (158) sowie Fn. 4.
[7] *Stettner* (Fn. 1), Rn. 18 ff.
[8] Zum Vorrang des Art. 14 vor Art. 118 I s. VerfGH 59, 125 (133); 48, 61 (78); 39, 75 (82); 37, 19 (25); 36, 83 (90); anders VerfGH 55, 85 (89), wo Art. 118 I als nicht verdrängt geprüft wird.
[9] VerfGH 3, 67 (77); 4, 21 (26).
[10] Dies hat der VerfGH bereits zu Beginn seiner Rechtsprechung betont: VerfGH 1, 29 (31); 2, 9 (12); 2, 45 (47); 4, 21 (26); 5, 125 (140) und öfter.
[11] VerfGH 59, 219 (228); 58, 196 (206 ff.); 47, 165 (176); 46, 45 (52); 38, 198 (203).
[12] VerfGH 59, 219 (228).

im Hinblick auf das tertium comparationis und den konkreten Regelungszweck – wesentlich gleich oder ungleich sind und deswegen ohne sachlichen Grund nicht ungleich oder gleich behandelt werden dürfen.

(2) Vom vergleichspaarbezogenen Willkürverbot zu unterscheiden ist das **allgemeine**   **7** **Willkürverbot,** „*das der Durchsetzung der materiellen Gerechtigkeit auch dort dient, wo es nicht um die Beurteilung konkreter Vergleichspaare oder die ausnahmslose Einhaltung eines einheitlichen Regelungssystems geht*".[13] Es könne – so der VerfGH in ständiger Rechtsprechung – Normen mit einem solchen Maß an Sachwidrigkeit geben, dass ihnen die Geltung abgesprochen werden müsse. Das Willkürverbot sei als **allgemeine Rechtsschranke** für staatliches Handeln dem Gleichheitssatz zuzuordnen.[14] Man kann von einem **allgemeinen Willkürabwehranspruch** sprechen. Die **Rüge** der Verletzung des allgemeinen Willkürverbotes, etwa in einer Popularklage, ist aber nicht bereits dann **zulässig,** wenn der Antragsteller behauptet, eine bestimmte Regelung sei willkürlich. Der VerfGH müsse vielmehr anhand von substantiiert vorgetragenen Tatsachen und Vorgängen beurteilen können, ob der Schutzbereich des allgemeinen Willkürverbotes berührt sei.[15]

(3) Als Willkürabwehranspruch hat Art. 118 I eine **spezielle praktische Bedeutung**   **8** für die verfassungsrechtliche **Überprüfung von landesgerichtlichen Entscheidungen.** Der einzelne kann eine gegen ihn ergangene gerichtliche Entscheidung eines Landesgerichts nach Erschöpfung des Rechtswegs[16] Verfassungsbeschwerde (Art. 120) erheben mit der Begründung, die Entscheidung verstoße gegen das allgemeine Willkürverbot und verletze deshalb Art. 118 I. Derartige Verfassungsbeschwerden sind in der Praxis des VerfGH sehr häufig, aber **nur selten erfolgreich,** da der VerfGH – um sich nicht als Superrevisionsinstanz zu gerieren – strenge Maßstäbe anlegt: Willkür im Sinn des Art. 118 I könne bei einer gerichtlichen Entscheidung nur dann festgestellt werden, wenn diese bei Würdigung der die Verfassung beherrschenden Grundsätze nicht mehr verständlich wäre und sich der Schluss aufdränge, sie beruhe auf sachfremden Erwägungen; die angegriffene Entscheidung dürfe unter keinem Gesichtspunkt rechtlich vertretbar, sie müsse **schlechthin unhaltbar, offensichtlich sachwidrig, eindeutig unangemessen** sein.[17]

(4) Des Weiteren hat Art. 118 I in der Modalität des Willkürabwehranspruches Be-   **9** deutung für die Frage der verfassungsgerichtlichen Überprüfbarkeit von **Landesrechtsakten,** die **materiell auf Bundesrecht oder auf europäischem Gemeinschaftsrecht** beruhen.[18] Zwar ist weder das Bundesrecht noch das Gemeinschaftsrecht Prüfungsgegenstand oder Prüfungsmaßstab im Rahmen einer Popularklage oder einer Verfassungsbeschwerde vor dem VerfGH, allerdings ist der Landesrechtsakt selbst, durch den Bundes- oder Gemeinschaftsrecht angewendet wird, geeigneter Prüfungsgegenstand am Maßstab der Grundrechte der Bayerischen Verfassung. Der VerfGH prüft eine gerichtliche Entscheidung, die materiell auf Bundesrecht (z. B. auf dem BGB, dem StGB) beruht, nicht am Maßstab des Bundesrechts und auch nicht am Maßstab der Grundrechte der BV (auch

---

13 VerfGH 59, 219 (228); 38, 198 (Ls. 2).

14 VerfGH 59, 219 (228); 58, 196 (207); 49, 160 (169); 38, 198 (203).

15 *Stettner* (Fn. 1), Rn. 28; VerfGH 38, 198 (Ls. 4).

16 Allerdings unterliegen nach ständiger Rechtsprechung des Verfassungsgerichtshofes solche landesgerichtlichen Entscheidungen nicht mehr der Überprüfung am Maßstab der BV-Grundrechte (einschließlich des Art. 118), die von einem obersten Gerichtshof des Bundes in einem Rechtsmittelverfahren auf Grund sachlicher Prüfung (also nicht: Verwerfung einer Revision als unzulässig; Zurückweisung einer Nichtzulassungsbeschwerde, VerfGH 58, 37 [40]) in ihrem Inhalt abgeändert oder bestätigt wurden. Eine Verfassungsbeschwerde gem. Art. 120 BV wäre insoweit unzulässig, da die landesgerichtliche Entscheidung durch die bundesrechtliche Überprüfung in den – anhand der BV-Grundrechte nicht überprüfbaren – Bereich der Bundesgerichtsbarkeit einbezogen sei; vgl. VerfGH 22, 124 (125); 39, 9 (15); 46, 21 (29); 55, 202 (204); 58, 37 (40); s. auch BVerfGE 96, 345 (371).

17 VerfGH 59, 232 (238); 56, 22 (25); 53, 113 (115); 51, 67 (69) und öfter.

18 Anderes gilt für landesgerichtliche Entscheidungen, die in einem bundesrechtlich geregelten Verfahren (z. B. StPO, ZPO, VwGO, SGG, FGO, ArbGG) ergangen sind, dazu Rn. 151 f. vor Art. 98 sowie VerfGH 51, 49 (Ls. 2).

dann nicht, soweit Bundes- oder Gemeinschaftsrecht einen Umsetzungsspielraum lassen), sondern lediglich daraufhin, ob sie gegen das Willkürverbot (Art. 118 I) verstößt: *„Gegenüber der Anwendung von materiellem Bundesrecht, das wegen seines höheren Rangs nicht am Maßstab der Bayerischen Verfassung gemessen werden kann, beschränkt sich dabei die Überprüfung darauf, ob die Behörde oder das Gericht willkürlich gehandelt hat.*"[19]; vgl. zum Ganzen eingehend und kritisch Rn. 134 ff., insbes. 144 ff. vor Art. 98.

10   bb) **Absatz 2**, im Jahr 1998 neugefasst und an Art. 3 II GG angepasst (zur ursprünglichen Fassung s. unten Rn. 15), postuliert die **Gleichberechtigung von Frauen und Männern.** Dazu regelt Satz 1 als Grundrecht ein **absolutes Differenzierungsverbot:** das Geschlecht als solches darf nicht Anknüpfungspunkt für einen zwischen Frauen und Männern differenzierenden Rechtsakt sein. Satz 2 postuliert – übereinstimmend mit Art. 3 II 2 GG – eine **Förder- und Leistungspflicht** des Staates, stellt also eine Ausprägung auch der leistungsrechtlichen Dimension der Grundrechte dar (dazu Rn. 89 ff. vor Art. 98). Der Staat ist verpflichtet, die **tatsächliche Durchsetzung** der Gleichberechtigung von Frauen und Männern zu fördern und auf die Beseitigung bestehender Nachteile hinzuwirken. Die dazu ergriffenen Maßnahmen müssen ihrerseits mit den übrigen Bestimmungen der BV kompatibel sein, sie dürfen insbesondere nicht gegen Art. 118 II 1 selbst verstoßen.

11   cc) **Absatz 3** dient – in fast wortgleicher Anlehnung an Art. 109 III WRV (vgl. auch § 15 II VU 1919) – der plastischen Klarstellung der **(staats)bürgerlichen Gleichheit** und **Gleichberechtigung aller Menschen,** unabhängig von ihrer Abstammung. Er ergänzt die staatsbürgerlichen Gleichheitsrechte (Art. 7 II, 8, 11 V, 14 etc.; oben Rn. 3) dadurch, dass er Standesprivilegien welcher Art auch immer für aufgehoben erklärt. Öffentlich-rechtliche Rechte und Pflichten (nicht nur der Verfassung, sondern auch des einfachen Rechts) dürfen nicht allein an Privilegien kraft Geburt oder Standes[20] anknüpfen. Da das Namens- und Adoptionsrecht überwiegend Bundesrecht ist, hat Abs. 3 Satz 2 **praktisch keine Bedeutung.**[21] Adelsbezeichnungen dürfen zwar nicht mehr verliehen werden, es besteht jedoch ein verfassungsmäßiges Recht darauf, dass die Adelsbezeichnung als bürgerlich-rechtlicher Bestandteil des Namens behandelt wird.[22]

12   dd) **Absatz 4** regelt in Ergänzung des Abs. 3 die Verleihung und Führung von **Titeln.** Gemeint sind **berufliche Titel,** die mit der Ausübung eines Berufes oder der Innehabung eines Amtes verbunden sind. Solche Titel dürfen nur demjenigen verliehen werden, der das damit verbundene Amt auch innehat oder innegehabt hat bzw. den entsprechenden Beruf auch ausübt oder ausgeübt hat. Damit die staatsbürgerliche Gleichheit aller Menschen unabhängig von Beruf und Amt auch dem Anschein nach nicht in Frage gestellt wird, sollen solche Titel nach S. 2 nicht „außerhalb des Amtes oder Berufes" geführt werden. Der VerfGH spricht dieser Vorschrift indes den Rechtscharakter ab.[23] **Akademische Grade** – wie der Doktor- oder der Professorentitel[24] – sind davon ausgenommen, dürfen

---

[19] VerfGH 40, 108 (110); 46, 185 (187); 47, 47 (51); 50, 219 (223); 53, 131 (133); 57, 1 (3); 57, 16 (20); 58, 37 (40): *„Die Überprüfung beschränkt sich vielmehr darauf, ob das Gericht willkürlich gehandelt hat, d. h. ob es sich von objektiv sachfremden Erwägungen hat leiten lassen und sich damit außerhalb jeder Rechtsanwendung gestellt hat, seiner Entscheidung somit in Wahrheit kein Bundesrecht zu Grunde gelegt hat."* Andere Formulierung, aber gleich in der Sache: VerfGH 58, 289 (292); 60, 14 (21).

[20] Mit „Stand" ist der Geburtsstand gemeint, nicht der Berufsstand, VerfGH 7, 40 (48); 20, 149 (153); 22, 19 (25). Die Erhebung eines Fremdenverkehrsbeitrages nach Art. 6 KAG nur von selbständig Tätigen verstößt nicht gegen Art. 118 III 1, VerfGH 38, 190 (194).

[21] *Stettner* (Fn. 1), Rn. 111; *Meder,* Art. 118 Rn. 30 zur vorübergehenden Weitergeltung des III 2 nach Art. 74 I Nr. 1, 123 I, 125 Nr. 2 GG; vgl. § 1757 BGB.

[22] VerfGH 1, 23 (Ls. 4); *Meder,* Art. 118 Rn. 30. Auch in der weiblichen Form: BayObLGZ 1955, 245.

[23] VerfGH 22, 63 (72): „Gymnasialprofessor".

[24] Akademische *Grade* verleihen die Hochschulen als Nachweis eines erfolgreich abgeschlossenen Studiums (bisher hauptsächlich Diplomgrad und Magistergrad; nunmehr im Zuge der Reform der Studienstruktur zunehmend Bachelor- und Mastergrad) oder einer erfolgreich erbrachten wissen-

also ohne weiteres geführt werden[25], wenn sie rechtmäßig erworben sind.[26] Die Titelführung ist ihrerseits durch Art. 101 und Art. 2 I GG grundrechtlich geschützt.[27]

ee) **Absatz 5** komplettiert die vorherigen Absätze dadurch, dass auch **Orden** und **Eh-** **13** **renzeichen** vom Staat nicht ohne weiteres, sondern nur nach Maßgabe der Gesetze verliehen werden dürfen (vgl. dazu bereits Rn. 8 zu Art. 1[28]).

2. Entstehung

a) Art. 118 ist elementarer **Kernbestand** demokratischer Verfassungstradition. Zurück- **14** gehend auf den neuzeitlichen „Durchbruch" in Art. 3 der Erklärung der Menschen- und Bürgerrechte der Verfassung der Französischen Republik von 24. Juni 1793[29] fand der Gleichheitssatz Eingang in die Paulskirchenverfassung (§ 137)[30] und in die Weimarer Verfassung (Art. 109 WRV).[31] Auch die VU 1919 enthielt in § 15[32] eine dem Art. 109 WRV vergleichbare Vorschrift. Art. 75 VE knüpfte an Art. 109 WRV und § 15 VU 1919 an, war je-

---

schaftlichen Leistung (Doktorgrad); vgl. Art. 66 ff. BayHSchG. Von den akademischen Graden im engeren Sinne sind zu unterscheiden (zur – nach wie vor uneinheitlichen – begrifflichen und systematischen Einteilung s. *Karpen,* in: Flämig u. a., Handbuch des Wissenschaftsrechts, Bd. 1, 1996, S. 795 ff.): (1) *Akademische Titel oder Würden:* Dabei handelt es sich um Titel, die zum Namen hinzutreten, insbesondere die akademische Würde des Professors, die gleichzeitig eine Tätigkeitsbezeichnung darstellt: vgl. Art. 12 (Professor), 15 II (Juniorprofessor), 26 I 3 (Honorarprofessor), 29 II 2 BayHSchPG (außerplanmäßiger Professor); (2) *Akademische Ehrungen:* Auszeichnung, die einer Person von der Hochschule verliehen wird, um ihre Verdienste insbesondere um Hochschule und Wissenschaft anzuerkennen; dazu gehören die Ehrendoktorwürde (deren Voraussetzungen die Hochschulen in ihren Promotionsordnungen regeln) sowie die Ehrensenatorenschaft, Ehrenbürgerschaft und die Ehrenmitgliedschaft in der Hochschule (vgl. Art. 17 I 2 BayHSchG). Die Grenzen sind fließend: So ist der Doktortitel ein akademischer Grad und eine akademische Würde (*Hartmer,* in: Hartmer/Detmer (Hrsg.), Hochschulrecht, 2004, S. 132). „Professor" ist eine Amtsbezeichnung sowie eine akademische Würde. Beides fällt unter Art. 118 IV 3. Zu den Einzelheiten des Rechts der akademischen Grade s. *Lindner,* Prüfungen und Akademische Grade, in: Geis (Hrsg.), Hochschulrecht in Bayern, 2008 (i. E.).

[25] Welche Titel als Bestandteile der Identität in amtlichen Dokumenten geführt werden können, richtet sich nach den insoweit einschlägigen Vorschriften außerhalb des Hochschulrechts: vgl. § 1 Abs. 2 Satz 2 Nr. 3 des Gesetzes über Personalausweise; § 4 Abs. 1 Satz 2 Nr. 3 des Passgesetzes; Art. 3 Abs. 1 Nr. 4 BayMeldeG.

[26] Das Titelführungsrecht bestimmt sich nach Art. 66 ff. BayHSchG. Das Reichsgesetz über die Führung akademischer Grade vom 7. 6. 1939 (AkadGFG; RGBl. S. 985), das nach Art. 123 GG als Landesrecht weiter gegolten hatte, ist durch § 3 Abs. 2 Satz 1 Nr. 1 des Gesetzes zur Änderung des Bayerischen Hochschulgesetzes vom 25. Juli 1988 (GVBl S. 213) aufgehoben worden. Zu den Einzelheiten, insbesondere zum Führen ausländischer Titel s. *Lindner* (Fn. 24).

[27] BVerwGE 5, 291 (292); zur Entziehung akademischer Grade s. *Lindner* (Fn. 24).

[28] Neben den dort genannten Landesgesetzen s. das (Bundes)Gesetz über Titel, Orden und Ehrenzeichen vom 26. Juli 1957, BGBl I S. 844 sowie das bayerische Ausführungsgesetz vom 6. Februar 1958, GVBl S. 21, BayRS 1132-3-S.

[29] „*Tous les hommes sont égaux par la nature et devant la loi.*"

[30] Die wichtigsten Absätze der Norm lauteten: „*(1) Vor dem Gesetze gilt kein Unterschied der Stände. Der Adel als Stand ist aufgehoben. (2) Alle Standesvorrechte sind abgeschafft. (3) Die Deutschen sind vor dem Gesetz gleich.*"

[31] Art. 109 WRV lautete: „*(1) Alle Deutschen sind vor dem Gesetz gleich. (2) Männer und Frauen haben grundsätzlich dieselben staatsbürgerlichen Rechte und Pflichten. (3) Öffentlich-rechtliche Vorrechte oder Nachteile der Geburt oder des Standes sind aufzuheben. Adelsbezeichnungen gelten nur als Teil des Namens und dürfen nicht mehr verliehen werden. (4) Titel dürfen nur verliehen werden, wenn sie ein Amt oder Beruf bezeichnen; akademische Grade sind hierdurch nicht betroffen. (5) Orden und Ehrenzeichen dürfen vom Staat nicht verliehen werden. (6) Kein Deutscher darf von einer ausländischen Regierung Titel oder Orden annehmen.*"

[32] § 15 VU 1919 lautete: „*(1) Alle Bayern sind vor dem Gesetze gleich. (2) Der bayerische Adel ist aufgehoben. Bayerische Staatsangehörige, die vor dem 28. März 1919 Adelsbezeichnungen zu führen berechtigt waren, dürfen diese nur als Teil ihres Namens weiterführen. Adelsbezeichnungen werden nicht mehr verliehen. Den bayerischen Staatsangehörigen ist es verboten, die Verleihung des Adels eines anderen Staates anzunehmen. (3) Titel, die nicht ein Amt, einen Beruf oder einen akademischen Grad bezeichnen, werden nicht mehr verliehen.*"

doch noch auf die „Bewohner Bayerns" beschränkt und enthielt in Abs. 6 zusätzlich das Strafbarkeitsgebot der Entfachung von Rassen- und Völkerhass. Art. 82 E entsprach im Wesentlichen – mit einer Abweichung in Abs. 4 – Art. 75 VE.[33] Im VA wurde in Abs. 1 statt der Fassung „Alle Bewohner Bayerns sind vor dem Gesetz gleich" die prägnantere Formulierung „Vor dem Gesetz sind alle gleich" gewählt. Zusätzlich wurde bei den Adelsbezeichnungen der Erwerb durch Adoption ausgeschlossen und die Vorschrift eingeführt, dass Titel außerhalb des Amtes oder Berufes nicht geführt werden sollen. Aus außenpolitischen Gründen abgelehnt wurde ein Antrag, eine Regelung aufzunehmen, welcher den bayerischen Staatsangehörigen dem Ausland gegenüber Anspruch auf den Schutz des bayerischen Staates verleihen wollte.[34] Abs. 6 der Art. 75 VE und 82 E wurde in einen eigenen Art. 119 überführt. Im Plenum der Landesversammlung wurde ein Antrag abgelehnt, Art. 118 II wie folgt zu fassen: „Das Gesetz garantiert der Frau auf allen Gebieten die gleichen Rechte wie dem Manne."

15   b) **Art. 118 II** in der heute[35] geltenden Fassung wurde – in Angleichung an Art. 3 II GG[36] – gemeinsam mit Art. 118 a durch das „Gesetz zur Änderung der Verfassung des Freistaates Bayern (Verfassungsreformgesetz) – Weiterentwicklung im Bereich der Grundrechte und Staatsziele" eingefügt.[37] Damit kam auch die Förderpflicht in Satz 2 in den Verfassungstext. Ziel war eine Angleichung im Gleichberechtigungsschutz an das GG.

3. Verhältnis zum Grundgesetz und zum europäischen Gemeinschaftsrecht

16   a) An der **Weitergeltung** des Art. 118 bestehen im Hinblick auf Art. 142 GG keine Zweifel (vgl. dazu Rn. 100 ff. vor Art. 98).[38] Art. 118 I, II entsprechen Art. 3 I, II GG, und auch die übrigen Absätze stehen zum GG oder zu sonstigem Bundesrecht nicht in Widerspruch. Da das Namens- und Adoptionsrecht Bundesrecht ist, hat Art. 118 III 2 keine praktische Bedeutung. Art. 3 III 2 GG findet eine Entsprechung in Art. 118 a (s. die Erläuterung dort). Ein dem Art. 3 III 1 GG entsprechendes absolutes Differenzierungsverbot nach Geschlecht, Abstammung, Rasse etc. enthält die BV nicht. Allerdings ergeben sich solche Differenzierungsverbote aus Art. 118 I, II, III 1. Davon unberührt ist die Bindung der Landesstaatsgewalt an Art. 3 III GG selbst (Art. 1 III GG).[39]

17   b) Art. 118 entfaltet seine **Maßstabswirkung** nur für Landesrechtsakte, er bindet nur die Landeshoheitsgewalt (Staat, Kommunen sowie auf Landesrecht beruhende Körperschaften, Anstalten und Stiftungen des öffentlichen Rechts). Bundesrechtsakte oder solche der EG können nicht an Art. 118 gemessen werden. Umgekehrt müssen sich Landesrechtsakte wegen Art. 1 III GG auch am Maßstab des Art. 3 GG messen lassen. Ein Landesrechtsakt, der mit Art. 118 vereinbar, aber mit Art. 3 GG unvereinbar wäre, wäre insgesamt grundrechtswidrig. Ein Landesrechtsakt, der mit Art. 3 GG vereinbar wäre, nicht hin-

---

[33] Während nach Art. 75 IV VE Titel nur verliehen werden durften, wenn sie ein Amt oder einen Beruf bezeichneten, war dies nach Art. 82 IV E – großzügiger – zulässig, wenn sie mit einem Amt oder einem Beruf „in Verbindung stehen".

[34] Prot. I, S. 219.

[35] Die ursprüngliche Fassung lautete: *„Männer und Frauen haben grundsätzlich dieselben staatsbürgerlichen Rechte und Pflichten."* Die Rechtsprechung des VerfGH dazu ist obsolet: vgl. die Nachweise bei *Stettner* (Fn. 1), Rn. 105 ff. sowie z. B. VerfGH 38, 16 (20); 13, 89 (92); 11, 203 (211); 8, 117 (123); 6, 1 (6). Die Gleichberechtigung von Frau und Mann außerhalb des Bereichs der staatsbürgerlichen Rechte und Pflichten wurde vom VerfGH vor der Neufassung des Art. 118 II in Art. 118 I verankert und ähnlich wie Art. 3 II GG interpretiert; deutlich in VerfGH 38, 16 (21); vgl. bereits VerfGH 13, 89 (92): Verstoß gegen Art. 118 I durch den Ausschluss der Witwer von Beamtinnen aus der Hinterbliebenenversorgung.

[36] Während Art. 3 II 1 GG von „Männer und Frauen" spricht, heißt es in Art. 118 II 1 „Frauen und Männer". Ein Unterschied in der Sache ist damit nicht verbunden, zumal Art. 3 II 2 GG dann seinerseits die Frauen vor den Männern nennt.

[37] Gesetz vom 20. Februar 1998 (GVBl S. 38).

[38] *Meder,* Art. 118 Rn. 4; *Stettner* (Fn. 1), Rn. 7; VerfGH 2, 127 (Ls. 6); 3, 67 (68, 77); 4, 30 (40); 10, 49 (52).

[39] VerfGH 24, 1 (12).

gegen mit Art. 118, wäre ebenfalls grundrechtswidrig, es sei denn, er wäre durch Bundesrecht determiniert (vgl. dazu Rn. 134 ff. vor Art. 98).[40]

c) Landesrechtsakte, die auf der Basis **materiellen Bundesrechts** ergehen, können **18**
nicht anhand des Gleichbehandlungsgrundsatzes des Art. 118 I, sondern nur am Maßstab
des ebenfalls in Art. 118 I verankerten allgemeinen Willkürverbotes überprüft werden
(oben Rn. 9 sowie Rn. 144 ff. vor Art. 98). Landesrechtsakte, die in einem **bundesrechtlich geregelten Verfahren** ergehen, können am Maßstab des Art. 118 I überprüft werden,
da dieser mit dem entsprechenden Bundesgrundrecht (Art. 3 I GG) inhaltsgleich ist[41]
(Rn. 151 f. vor Art. 98).

d) Von Art. 118 unabhängig sind die Diskriminierungsverbote des **europäischen Ge-** **19**
meinschaftsrechts aus Gründen der Staatsangehörigkeit (Art. 12 EG), der Grundfreiheiten (die auch eine Gleichbehandlungsdimension haben) und des Art. 141 EG einschließlich
der darauf gestützten Richtlinien. Diese gemeinschaftsrechtlichen Gleichbehandlungsgebote binden auch die Landesstaatsgewalt, ebenso wie die Gemeinschaftsgrundrechte (vgl.
dazu Rn. 131 vor Art. 98). Verstößt ein Landesrechtsakt zwar nicht gegen Art. 118 I, wohl
aber gegen das gemeinschaftsrechtliche Diskriminierungsverbot oder gegen eine Grund-
freiheit und bietet auch eine gemeinschaftsrechtskonforme Auslegung des Rechtsaktes
keine Abhilfe, so ist dieser wegen des **Anwendungsvorrangs des Gemeinschaftsrechts**
insoweit unanwendbar.[42] Dies kann dazu führen, dass eine Ungleichbehandlung von Inländern (ohne Gemeinschaftsrechtsbezug) mit Art. 118 I vereinbar wäre, wohingegen eine
vergleichbare Regelung für Angehörige anderer Mitgliedstaaten gegen das gemeinschaftsrechtliche Diskriminierungsverbot verstoßen könnte. Dieses Problem firmiert unter dem
Begriff der sog. **„Inländerdiskriminierung"**: das gemeinschaftsrechtliche Diskriminierungsverbot kann zur Konsequenz haben, dass EU-Ausländer anders (besser) behandelt
werden müssen als Inländer.[43] Bezüglich *dieser* Ungleichbehandlung können sich die be-
nachteiligten *Inländer* freilich insoweit auf Art. 118 I, 3 I GG berufen, als sie schlechter als
die EU-Ausländer behandelt werden. Dafür bedürfte es dann eines sachlichen Grundes.[44]

II. Einzelkommentierung

1. Grundrechtsberechtigte

a) Nach der Streichung der Beschränkung auf die „Bewohner Bayerns" (oben Rn. 14) **20**
gilt Art. 118 I für **„alle",** ist also ein sog. „Jedermann"-Grundrecht. Auch die anderen Absätze gelten für alle. Grundrechtsberechtigt ist „jedermann", also jede **natürliche Person** unabhängig von der Staatsangehörigkeit (auch Staatenlose genießen den Schutz des Art. 118),
dem Wohnsitz oder einem sonstigen besonderen Bezug zum Freistaat Bayern, dem Alter,

---

[40] VerfGH 40, 149 (152): Werde der Landesverordnungsgeber im Rahmen einer bundesgesetzlichen
Ermächtigung tätig, habe er bei Betätigung des ihm eingeräumten Ermessens auch den Gleichheitssatz
der BV zu beachten; ebenso VerfGH 35, 137 (144); 26, 87 (94).

[41] VerfGH 51, 49 (Ls. 2): *„Der Verfassungsgerichtshof kann die Durchführung eines bundesrechtlich geregelten
Verfahrens durch Gerichte des Freistaats Bayern daraufhin kontrollieren, ob mit dem Grundgesetz inhaltsgleiche subjektive Rechte der Bayerischen Verfassung verletzt sind";* VerfGH 47, 47 (51).

[42] *Jarass/Pieroth,* Art. 3 Rn. 84.

[43] Vgl. dazu *Jarass/Pieroth,* Art. 3 Rn. 74. Grundsätzlich *Epiney,* Umgekehrte Diskriminierung,
1995; *Schilling,* JZ 1994, 8; s. auch VerfGH 59, 219 (231).

[44] Zum Ganzen *Gundel,* DVBl. 2007, 269 mit Beispielen und dem zutreffenden Hinweis darauf, dass
durch eine solche Konstruktion die Kompetenzverteilung zwischen EU und Mitgliedstaaten unterlaufen würde („großer Harmonisierungshebel"). Einen solchen Harmonisierungsdruck wird man nur
dadurch abfedern können, dass man das gemeinschaftsrechtliche Diskriminierungsverbot gleichzeitig
als Rechtfertigungsgrund für die unterschiedliche Behandlung von „Inländern" akzeptiert, auch wenn
darin zugegebenermaßen eine gewisse Paradoxie liegt. Mit anderen Worten: Die gemeinschaftsrechtlich gebotene Privilegierung von EU-Ausländern gegenüber Inländern ist gegenüber diesen dadurch
gerechtfertigt, dass das Gemeinschaftsrecht, zu dessen effektiver Umsetzung Art. 10 EG zwingt, dies
erfordert.

dem sozialen Status, der Handlungs- und Geschäftsfähigkeit, der Herkunft, des Geschlechts etc. Auch **juristische Personen des Zivilrechts** kommen in den Genuss des Art. 118.[45] **Verstorbene** unterfallen nicht dem Schutz des Art. 118, wohl aber genießen sie Menschenwürde, insbesondere den postmortalen Schutz des allgemeinen Persönlichkeitsrechts.[46] Art. 118 I schützt auch Beamte.[47]

21   b) **Juristische Personen des öffentlichen Rechts** sind insoweit von der Schutzwirkung des Art. 118 I umfasst, als auch sie in einem Grundrechtsgefährdungsverhältnis zum Staat stehen können.[48] Dies gilt für Gemeinden[49], Hochschulen und öffentlich-rechtliche Rundfunkanstalten. Davon unabhängig ist das allgemeine Willkürverbot auch für juristische Personen des öffentlichen Rechts als „Element des objektiven Gerechtigkeitsprinzips" verbürgt.[50]

2. Grundrechtsverpflichtete

22   a) **Grundrechtsverpflichtet** sind der Staat, die Kommunen[51] und die anderen der Bindungswirkung der BV unterliegenden Hoheitsträger, nicht indes Private. Art. 118 entfaltet keine unmittelbare Drittwirkung.[52] Der Staat kann allerdings, zumal auf Grund grundrechtlicher **Schutzpflicht**, berechtigt oder verpflichtet sein, in Rechtsverhältnisse inter privatos regelnd einzugreifen, wenn dort Diskriminierung stattfindet (vgl. dazu bereits Rn. 94 ff. vor Art. 98). Zur Erfüllung solcher Schutzpflichten kann der Gesetzgeber z. B. Antidiskriminierungsgesetze erlassen.[53] Der insoweit Zivilrecht setzende Gesetzgeber ist dabei seinerseits an die Freiheitsgrundrechte sowie an den Gleichheitssatz gebunden.

23   b) An Art. 118 I gebunden sind nicht nur diejenigen Träger der Hoheitsgewalt, die Gesetze und andere Rechtvorschriften anwenden[54], sondern auch der Rechtsetzer selbst. Art. 118 I umfasst wie Art. 3 I GG die **Rechtsanwendungs-** und die **Rechtsetzungsgleichheit.** Dies ergibt sich nur ansatzweise aus dem Wortlaut des Art. 118 I 2.[55] An den Gleichheitssatz gebunden ist nicht nur der förmliche Gesetzgeber, sondern auch der **exekutivische Normsetzer** (Verordnungsgeber) sowie der **Satzungsgeber.**[56] Aus der Mög-

---

[45] *Stettner* (Fn. 1), Rn. 8.

[46] Dazu Rn. 35 zu Art. 100 und Rn. 10 zu Art. 101.

[47] VerfGH 55, 57 (61).

[48] Dazu Rn. 46 vor Art. 98.

[49] *Stettner* (Fn. 1), Rn. 8 und 9 (dort auch im Hinblick auf die Kirchen); VerfGH 29, 105 (119); 36, 15 (18); 37, 101 (105); 41, 140 (145); 45, 157 (161).

[50] BVerfGE 23, 353 (372); VerfGH 29, 1 (4); 29, 105 (132); 41, 140 (145): *„staatliche Stellen sind auch gegenüber juristischen Personen des öffentlichen Rechts an den Gleichheitssatz gebunden"*; *Meder,* vor Art. 98 Rn. 5.

[51] VerfGH 38, 143 (150).

[52] *Stettner* (Fn. 1), Rn. 17.

[53] Die Gesetzgebungskompetenz dafür liegt ganz überwiegend beim Bund (Art. 74 I Nr. 1 GG); vgl. dazu das Allgemeine Gleichbehandlungsgesetz (AGG) vom 14. 8. 2006, BGBl I S. 1897.

[54] Zur Bindung der **Exekutive** an den Gleichheitssatz: VerfGH 40, 69 (77); zur Bindung der **Judikative:** VerfGH 3, 4 (8); 7, 1 (4); 39, 42 (46) und öfter; zur Beschränkung der Überprüfung von Gerichtsentscheidungen durch den VerfGH auf das Willkürverbot oben Rn. 8, 9, 18.

[55] *Stettner* (Fn. 1), Rn. 11; markant die bei der VerfGH bereits im ersten Band der Entscheidungssammlung, VerfGH 1, 64 (79): Angesichts der „ungeheuren Diskriminierungen und der vielfachen ungerechten und willkürlichen Gewaltlösungen", die der Gesetzgeber „in der jüngsten Vergangenheit in das Gewand des Gesetzes gekleidet hat", sei der Gesetzespositivismus erschüttert. Auch der positive Gesetzgeber könne nicht souveräner Herr seiner Entschlüsse sein, sondern müsse an Recht und Gerechtigkeit gebunden werden, so dass der Gleichheitssatz der BV in dem Sinne verstanden werden müsse, dass er auch den Gesetzgeber binde und dass seine Einhaltung vom VerfGH geprüft werden könne. Bestätigung als ständige Rechtsprechung in VerfGH 2, 50 (56); 2, 72 (78) und sodann in vielen Entscheidungen: z. B. VerfGH 8, 38 (44); 18, 1 (4); 18, 111 (119); 20, 21 (30); 21, 14 (18); 25, 1 (8); 30, 29 (34); 40, 45 (48); 43, 81 (84) und öfter.

[56] VerfGH 20, 183 (189); 29, 26 (29); 40, 149 (152); 46, 45 (52) und öfter.

lichkeit verfassungswidrigen Verfassungsrechts und dem besonderen Rang des Gleichheitssatzes als Verfassungsnorm (Rn. 2) folgt, dass auch der **verfassungsändernde Gesetzgeber** an Art. 118 I gebunden ist.[57]

3. Rechtsgehalt des Gleichheitssatzes: Rechtliche und faktische Gleichheit; Chancengleichheit

a) Art. 118 I meint die **Rechtsgleichheit** im Sinne einer **rechtlichen Gleichbehand-** 24
lung. Tritt der grundrechtsverpflichtete Hoheitsträger regelnd in Aktion, so hat er dabei den Gleichheitssatz zu beachten. Gewährt er etwa dem einen eine **Leistung** (z. B. eine Subvention, eine Sozialleistung) oder räumt er ihm sonstige Rechte ein, darf er diese einem anderen in vergleichbaren Sachverhalten nicht ohne sachlichen Grund vorenthalten. Stellt er **Einrichtungen** (z. B. Bildungseinrichtungen wie Kindergärten, Schulen und Hochschulen; soziale Einrichtungen wie Krankenhäuser und kulturelle Einrichtungen wie Theater, Museen) zur Verfügung, hat er den Zugang und die Zulassung dazu gleichheitskonform auszugestalten. Legt er **Pflichten** auf (Geldzahlungspflichten; Polizeipflichten), hat dies gleichheitskonform, insbesondere durch Beachtung des Grundsatzes der Leistungsgerechtigkeit („Steuergerechtigkeit"), zu erfolgen.

b) Eine besondere Ausprägung hat die Rechtsgleichheit in solchen Regelungsbereichen 25
gefunden, in denen die Ausübung eines bestimmten Rechts, eines Berufes oder einer sonstigen Tätigkeit vom Bestehen einer **Prüfung** abhängig gemacht wird. Dann wirkt der Gleichheitssatz in der Modalität der **Chancengleichheit**.[58] Das in Gesetzen (z. B. Art. 61 ff. BayHSchG), Verordnungen (z. B. die JAPO, LPO I, II) und Satzungen (v. a. die Prüfungsordnungen der Hochschulen nach Maßgabe des Art. 61 BayHSchG) geregelte **Prüfungsrecht** steht auf drei grundrechtlichen Säulen[59]: dem Grundrecht der Berufsfreiheit (Art. 101), der Chancengleichheit (Art. 118 Abs. 1 BV) und der Rechtswegegarantie (Art. 19 Abs. 4 GG).[60]

Der Grundsatz der Chancengleichheit als der das Prüfungsrecht „beherrschende 26
Grundsatz"[61] entfaltet seine Bedeutung in erster Linie als formeller Grundsatz in **verfahrensrechtlicher Dimension.** Für vergleichbare Prüflinge müssen soweit wie möglich **vergleichbare Prüfungsbedingungen**[62] und **Bewertungskriterien** gelten.[63] Die Prüflinge müssen ihre Prüfungsleistungen möglichst unter gleichen Bedingungen erbringen können, Bevorzugungen und Benachteiligungen sind unzulässig.[64] Das Gebot der Chancengleichheit fordert die einheitliche Ausgestaltung von Abschlusszeugnissen einer be-

---

[57] *Stettner* (Fn. 1), Rn. 14.

[58] *Stettner* (Fn. 1), Rn. 69; VerfGH 16, 101 (108); 17, 92 (93); 27, 172 (178); 31, 181 (183 ff.); 32, 156 (161); 36, 106 (110); 41, 4 (11).

[59] Vgl. *Guhl,* Prüfungen im Rechtsstaat, 1978; *Lindner,* Die Prägung des Prüfungsrechts durch den Grundsatz der Chancengleichheit, BayVBl. 1999, 100; *ders.,* Prüfungen und akademische Grade, in: Geis (Hrsg.), Hochschulrecht in Bayern, 2008 (i. E.). *Kempen,* in: Hartmer/Detmer (Hrsg.), Hochschulrecht, 2004, S. 34 f.

[60] *Pietzcker,* Verfassungsrechtliche Anforderungen an die Ausgestaltung staatlicher Prüfungen, 1975.

[61] BVerfGE 79, 212 (218); 84, 34 (52). Vgl. auch BVerwG NJW 1991, 442, das den Grundsatz der Chancengleichheit als „prüfungsrechtliche Ausprägung des allgemeinen Gleichheitssatzes (Art. 3 Abs. 1 GG)" bezeichnet.

[62] Beispiel: Alle Prüflinge müssen die gleichen Hilfsmittel in der Prüfung verwenden dürfen.

[63] BVerfGE 84, 34 (52). Die Chancengleichheit beeinflusst und prägt die rechtlichen Anforderungen an die äußere Gestaltung des Prüfungsverfahrens, den Prüfungsinhalt, die Transparenz der Bewertung einer Prüfungsleistung und der Prüfungsentscheidung, die Wiederholbarkeit der Prüfung sowie die verwaltungsinterne sowie verwaltungsgerichtliche Überprüfung der Prüfung; vgl. dazu eingehend *Lindner,* Prüfungen und akademische Grade, in: Geis (Hrsg.), Hochschulrecht in Bayern, 2008 (i. E.). Zur Wiederholung einer Prüfung VerfGH BayVBl. 1994, 526, wonach ein grundsätzlicher Anspruch auf eine zweimalige Wiederholung einer Prüfung nicht besteht; vgl. auch VerfGH 41, 4 (9). S. auch Rn. 51, 52 zu Art. 101.

[64] BVerwGE 85, 323 (325); 87, 258 (261); VerfGH 17, 92 zur Unparteilichkeit des Prüfers.

stimmten Schulart.[65] Die Chancengleichheit stellt im Sinne der Normtheorie ein Prinzip, ein **Optimierungsgebot,** dar[66] und verlangt vom prüfungsrechtlichen Normsetzer, von den mit dem Vollzug des Prüfungsrechts Betrauten, den prüfenden Personen selbst sowie von den Verwaltungsgerichten, der Chancengleichheit in möglichst hohem Maße zur Wirksamkeit zu verhelfen.

27   Jede Prüfung muss materiell- und verfahrensrechtlich **streng egalitär** sein.[67] Jede Vorschrift des Prüfungsrechts ist im Lichte der Chancengleichheit anzuwenden und gegebenenfalls insoweit teleologisch zu erweitern oder zu reduzieren. Chancengleichheit bedeutet allerdings nicht **tatsächliche Erfolgsgleichheit.** Aus Art. 118 I folgt kein Anspruch darauf, dass jeder Prüfungsteilnehmer die Prüfung mit dem von ihm gewünschten Erfolg bestehen müsste. Es existiert kein rechtlich gesicherter Erfolgsanspruch, wohl aber ein Recht auf eine faire Chance, seine Fähigkeiten in der Prüfung unter Beweis zu stellen.[68]

28   c) Von der Rechts- und Chancengleichheit zu unterscheiden ist die vor allem in der Rechts- und Sozialphilosophie[69] heftig umstrittene Frage, ob der Gleichbehandlungsgrundsatz einen Anspruch auf **faktische Gleichheit** verschafft (vgl. dazu bereits Rn. 4 zu Art. 3 sowie Rn. 37 vor Art. 98). Dies wird vom VerfGH und der ganz überwiegenden Meinung abgelehnt.[70] Vgl. zur Begründung Rn. 37, 38 vor Art. 98. Der Staat ist nicht verpflichtet, für ein hohes Maß an faktischer Gleichheit zu sorgen, allerdings stellt insoweit das Sozialstaatsprinzip ein gewisses Korrektiv dar (vgl. Rn. 38 vor Art. 98 sowie Rn. 74 ff. zu Art. 3).

29   Von der (zu vermeinenden) Frage nach einer Pflicht zur tatsächlichen Herstellung faktischer Gleichheit in der Lebenswirklichkeit zu unterscheiden ist der Aspekt der Gleichheitskonformität **faktischer Ungleichheitswirkungen,** die sich aus **rechtlichen Regelungen** selbst ergeben. Solche Ungleichheitswirkungen sind als rechtlich verursacht an Art. 118 I zu messen.[71] Ein Aspekt der rechtlichen Gleichheit ist auch das Gebot der tatsächlichen Belastungsgleichheit im **Abgabenrecht.** Staat und Kommunen sind verpflichtet, Abgabennormen nicht nur in abstrakt-genereller Hinsicht gleichheitskonform zu gestalten, insbesondere einen gleichheitskonformen Belastungsmaßstab (z. B. Leistungsfähigkeit, Ausmaß der Inanspruchnahme einer Einrichtung, Kostendeckungs- und Äquivalenzprinzip) zu wählen, sondern die Abgabennormen auch in gleichheitskonformer Weise zu vollziehen und tatsächlich durchzusetzen. **Tatsächliche Vollzugsdefizite,** die zu einer tatsächlich ungleichen Heranziehung verschiedener Abgabenpflichtiger führen, sind mit

---

[65] VerfGH 32, 156 (Ls. 1 und 2).

[66] *Alexy,* Theorie der Grundrechte, S. 71 ff.

[67] *Starck,* in: v. Mangoldt/Klein/Starck, Art. 3 Rn. 37.

[68] Die Chancengleichheit fordert z. B. Kompensationen von Benachteiligungen durch Behinderungen. So ist z. B. nach Art. 61 Abs. 2 Satz 3 Nr. 6 BayHSchG die Genehmigung einer Prüfungsordnung zu versagen, wenn die besonderen Belange Studierender mit Behinderung zur Wahrung ihrer Chancengleichheit nicht berücksichtigt werden. Allerdings besteht kein Anspruch darauf, dass für sämtliche Prüfungsteilnehmer Bedingungen geschaffen werden, die alle subjektiven Unterschiede ausgleichen; dies würde dem Wettbewerbscharakter von Prüfungen widersprechen; VerfGH 17, 46 (54); 27, 172 (178). Zur Wiederholbarkeit von Prüfungen zur Notenverbesserung s. *Lindner,* Wider unnötige Härten im Prüfungsrecht, RdJB 2008, 218.

[69] Vgl. etwa *Kersting,* Theorien der sozialen Gerechtigkeit, 2000; *ders.,* Politische Philosophie des Sozialstaats, 2002; *Krebs (Hg.),* Gleichheit und Gerechtigkeit, 2000; *Stemmer,* Handeln zu Gunsten anderer, 2000; *Hinsch,* Gerechtfertigte Ungleichheiten. Grundsätze sozialer Gerechtigkeit, 2002. Zur sog. Egalitarismusdiskussion s. auch *Lindner,* ARSP 91 (2005), 446; *Nass,* Der humangerechte Sozialstaat, 2006.

[70] VerfGH 4, 219 (244); 22, 12 (15); 31, 1 (13); 36, 25 (38); 37, 126 (134); *Stettner* (Fn. 1), Rn. 30 f. Vgl. zur Diskussion ausf. und m. w. N. *Lindner,* Theorie der Grundrechtsdogmatik, 2005, S. 399 ff.

[71] BVerfGE 49, 148 (165): Ergebe sich aus der praktischen Anwendung einer an sich gleichheitskonformen Norm eine sachlich nicht mehr zu rechtfertigende Ungleichheit und sei diese ungleiche Auswirkung gerade auf die rechtliche Gestaltung oder Anwendung der Norm zurückzuführen, so widerspreche diese dem Gleichheitssatz.

dem Gleichbehandlungsgrundsatz unvereinbar und können die Verfassungswidrigkeit der gesamten Abgabenregelung zur Folge haben.[72]

4. Offene Flanken des Gleichheitssatzes: Zeit, gegliederte Fläche, Diversivität u. a.

Art. 118 I gebietet nicht nur nicht die Herstellung faktischer Gleichheit, er weist auch **30** als Grundsatz der Rechtsgleichheit **offene Flanken** auf. Rechtliche Gleichbehandlung ist **kein absolutes Prinzip:**

a) Das Phänomen „Zeit" stellt eine offene Flanke des Rechts überhaupt und insbeson- **31** dere des Gleichheitssatzes dar. Art. 118 I gewährt keinen Anspruch auf Gleichbehandlung und Unveränderbarkeit des Rechts auf der **Schiene der Zeit.**[73] Es stellt keinen rechtfertigungsbedürftigen Gleichheitsverstoß dar, dass der Gesetzgeber eine Regelung erlässt, die in der vorangegangenen Zeit entweder gar nicht, mit einem anderen Inhalt oder einem anderen Adressatenkreis existierte.[74] Art. 118 I verbürgt **keinen Kontinuitätsgrundsatz** in der Dimension der Zeit (ein solcher folgt auch nicht aus dem Rechtsstaatsprinzip, Rn. 33 ff. zu Art. 3).[75] *Beispiel:* Die Erhebung von Studienbeiträgen (Art. 71 BayHSchG) oder von anderen Abgaben verstößt nicht deswegen gegen Art. 118 I, weil derartige Abgaben bislang nicht oder in einer anderen Höhe erhoben wurden (zum Aspekt des Vertrauensschutzes und der Rückwirkung Rn. 36, 45, 46 zu Art. 3).

Auch die **Beseitigung** von **Vergünstigungen** verletzt grundsätzlich nicht Art. 118 I, **32** allerdings können Vertrauensschutzgesichtspunkte zum Tragen kommen, wenn der Normgeber den Eindruck erweckt hat, er werde eine bestimmte Leistung (z. B. eine Subvention) über einen bestimmten Zeitraum gewähren.[76]

b) Art. 118 I findet eine offene Flanke zudem in der **kompetenziell gegliederten** **33** **Fläche.** Die Fläche der Bundesrepublik ist nicht nur territorial, sondern auch kompetenziell gegliedert. Rechtsetzungskompetenzen sind verteilt zwischen Bund und Ländern (Art. 30, 70 ff.), zwischen dem Staat und Kommunen sowie sonstigen Körperschaften, Anstalten und Stiftungen des öffentlichen Rechts. Der Gleichheitssatz bindet jeweils nur den **Kompetenzträger,** der regelnd tätig wird. Die Projektionsfläche des Art. 118 I ist nur der jeweils personell und/oder territorial begrenzte **Kompetenzbereich** des jeweils handelnden Kompetenzträgers.[77] Die Behauptung des Verstoßes eines Rechtsakts des Freistaates Bayern gegen Art. 118 I kann also nicht darauf gestützt werden, dass der Bund oder ein anderes Land einen solchen Rechtsakt nicht oder mit anderem Inhalt erlässt, unterschiedliche

---

[72] BVerfGE 84, 239 – Zinssteuer; 110, 94 – Spekulationssteuer. Dazu eingehend *Funke,* AöR 132 (2007), 168. Insofern erscheint die gelegentlich verwendete Formulierung des VerfGH, es sei nicht seine Aufgabe zu überprüfen, wie die angegriffenen Rechtsnormen „in der Praxis vollzogen werden", als zu pauschal; VerfGH 59, 63 (68). Zutreffend aber VerfGH 56, 1 (4): Ein fehlerhafter Vollzug gesetzlicher Vorschriften führt als solches nicht zur Verfassungswidrigkeit der betreffenden Vorschriften, eine mit dieser Behauptung erhobene Popularklage ist unzulässig; vgl. auch VerfGH 50, 226 (245) und öfter.

[73] *Dürig,* in: Maunz/Dürig, Art. 3 Abs. 1 Rn. 194 ff.

[74] *Meder,* Art. 118 Rn. 14; VerfGH 19, 81 (87); 21, 211 (214); 34, 14 (26).

[75] Materielle Kontinuität vermitteln jedoch die materiell-rechtlichen Grundentscheidungen der Verfassung wie der Menschenwürdesatz und die Freiheitsrechte insofern, als der Normgeber daran stets in gleicher Weise gebunden ist.

[76] Dies gilt insbesondere bei Subventionen auf der Basis befristeter Gesetze.

[77] *Meder,* Art. 118 Rn. 8; *Stettner,* Art. 118 Rn. 80 ff. Aus der umfangreichen Rechtsprechung vgl. nur VerfGH 9, 141 (145); 12, 144 (152); 19, 8 (12); 21, 1 (10); 21, 205 (210); 34, 14 (26); 37, 119 (126); 38, 28 (32); 41, 4 (10); 41, 17 (22); 41, 83 (94); 41, 106 (112); 41, 119 (122); 42, 156 (172); 45, 112 (117); 48, 87 (96); 48, 119 (129); 58, 196 (205): „*Der Landesgesetzgeber und – im Rahmen der ihm erteilten Ermächtigung – der Verordnungsgeber sind an den Gleichheitssatz nur für ihren Rechtsetzungsbereich gebunden. Sie sind daher grundsätzlich nicht verpflichtet, zur Wahrung des Gleichheitssatzes ihre Regelungen denjenigen anderer Normgeber anzupassen";* daher kein Verstoß der Einführung der 42-Stunden-Woche für Beamte gegen den Gleichheitssatz im Hinblick auf eine geringere Dienstzeit für Beamte im Bund oder in anderen Ländern. Jüngst VerfGH, Entsch. vom 19. Juli 2007, 6-V-06.

Regelungen entsprechen vielmehr „der föderalen Struktur" Deutschlands. Anderes gilt nur, wenn ein Verfassungsrechtssatz, etwa Art. 33 V GG, oder der Grundsatz der Bundestreue für einen Regelungsbereich vergleichbare Regelungen verlangt.[78]

34   *Beispiele:* (1) Die Einführung von Studienbeiträgen oder eines Büchergeldes kann nicht deswegen gegen Art. 118 I oder Art. 3 I GG verstoßen, weil in anderen Ländern solche Abgaben nicht, in einer anderen Höhe oder in anderer Modalität erhoben werden. (2) Eine Abgabensatzung einer Gemeinde nach dem KAG oder eine Hochschulsatzung nach Art. 71 VI BayHSchG kann nicht deswegen gegen Art. 118 I oder Art. 3 I GG verstoßen, weil ein andere Gemeinde oder Hochschule von der Satzungsermächtigung in anderer Weise Gebrauch macht. Der Gleichheitssatz lässt mithin **unterschiedliches „Ortsrecht"** zu.[79] Das ist notwendige Konsequenz der durch Art. 11, 83 geschützten gemeindlichen Selbstverwaltung.[80]

35   c) Eine weitere offene Flanke findet Art. 118 I in der **Diversität des Einzelfalls**. Abstrakt-generelle Regelungen beruhen notwendigerweise auf grundsätzlich zulässigen[81] **Typisierungen, Generalisierungen, Pauschalierungen, Fristen- und Stichtagsregelungen etc.**, die die konkreten Umstände des Einzelfalles und der konkret betroffenen Person nicht vollständig berücksichtigen können. Dadurch kommt es unausweichlich zu Ungleichbehandlungen, die vom Normgeber in Kauf genommen oder – in atypischen Fällen – nicht berücksichtigt werden konnten.

36   aa) Solche unvermeidlichen Ungleichbehandlungen sind vor dem Gleichheitssatz gerechtfertigt[82], wenn sie dem Einzelnen zumutbar sind. Ist dies nicht der Fall, muss der Normgeber gleichheitswahrende Dispensmöglichkeiten, Beitragserleichterungen oder -erlasse sowie Übergangsregelungen vorsehen.[83] Im Rahmen der Zumutbarkeit kann die Benachteiligung einer Personengruppe hinnehmbar sein, wenn sie im Gesamtbild von untergeordneter Bedeutung ist.[84]

37   bb) Nach der Rechtsprechung des VerfGH ist eine durch Typisierungen, Pauschalierungen, Generalisierungen, Fristen, Stichtagsregelungen[85] etc. eintretende Ungleichbehandlung vergleichbarer Personen oder Personengruppen nicht bereits dann unzumutbar,

---

[78] Dazu für den Bereich des Besoldungs- und Versorgungsrechts, das nach der Föderalismusreform des Jahres 2006 durch den Wegfall des Art. 74 a GG (wieder) in die Gesetzgebungskompetenz der Länder fällt: *Lindner,* Das Alimentationsprinzip und seine offenen Flanken, ZBR 2007, 221.

[79] VerfGH 13, 27 (30); 16, 32 (44); 23, 10 (15).

[80] VerfGH 13, 27 (Ls.): *„Mit der verfassungsmäßigen Gewährleistung der gemeindlichen Autonomie wird anerkannt, dass in den einzelnen Gemeinden unterschiedliches Ortsrecht bestehen kann. Der Gleichheitssatz verlangt vom Landesgesetzgeber nicht, dass er für eine in allen Gemeinden gleich hohe Belastung der Abgabepflichtigen sorge."*

[81] VerfGH 60, 101 (112); 59, 134 (143); 58, 196 (206); 50, 15 (59); 40, 45 (52): Art. 118 I gebiete dem Normgeber keine Einzelfallkasuistik oder die Unterlassung eines generalisierenden Zugriffs.

[82] VerfGH 42, 174 (187); 56, 148 (175) für die Honorarverteilung im Arztrecht; 58, 196 (206) im Hinblick auf unterschiedliche Arbeitszeit für Beamte nach Altersabschichtungen. Besonders deutlich VerfGH 51, 1 (14); 55, 57 (61): Vom Normgeber könne nicht verlangt werden, dass er jedem in Betracht kommenden Einzelfall durch bis ins Einzelne differenzierende Sonderregelungen gerecht werde. Vielmehr sei er – besonders bei der Regelung von Massenerscheinungen (konkret im Recht der Besoldung im öffentlichen Dienst) – berechtigt, in der Weise zu generalisieren, typisieren und pauschalieren, dass an Regelfälle des Sachbereichs angeknüpft werde und dabei etwaige Besonderheiten von Einzelfällen außer Betracht blieben. Typisierende, eine Vielzahl von Fällen ordnende Regelungen seien von den Verfassungsgerichten allgemein als notwendig anerkannt und im Grundsatz stets als verfassungsrechtlich unbedenklich angesehen worden. Der VerfGH bezieht sich dabei ausdrücklich auf BVerfGE 17, 1 (23); 103, 310 (319).

[83] Vgl. zum grundrechtsgebotenen Dispens aus Gründen der Verhältnismäßigkeit im Bereich der Freiheitsrechte Rn. 78 f. vor Art. 98; vgl. dazu den Grundsatz anerkennend auch VerfGH 58, 1 (34).

[84] VerfGH 41, 119 (122); 43, 1 (10).

[85] VerfGH 21, 158 (163); 32, 29 (38); 41, 33 (37 f.); 56, 148 (174): *„Ungleichheiten, die durch Stichtagslösungen entstehen, müssen hingenommen werden, wenn die Einführung eines Stichtags notwendig und die Wahl des Zeitpunkts sachlich vertretbar ist."*

wenn sie mit **„Härten"** bei der Einzelfallanwendung verbunden ist.[86] Dies hat der VerfGH insbesondere für den Bereich des Abgabenrechts[87] immer wieder betont. Allerdings gilt die Hinnehmbarkeit von Härten bei der Anwendung abstrakt-gerereller Regelungen im Einzelfall nicht ausnahmslos. Es kann – je nach Fallgestaltung und Regelungsbereich – notwendig sein, Härteklauseln vorzusehen.[88] Speziell im Bereich des **Eigentumsgrundrechts** kann der Normgeber verpflichtet sein, durch Ausgleichspflichten atypische Folgewirkungen an sich verhältnismäßiger Inhalts- und Schrankenbestimmungen in gleichheitskonformer Weise zu kompensieren (Rn. 64, 85 ff. zu Art. 103).

cc) Ingesamt ist die Rechtsprechung des VerfGH zur gleichheitsrechtlichen Dimension **38** von Typisierungen, Pauschalierungen, Fristen, Stichtagsregelungen, zahlenmäßigen Begrenzungen etc. im Ergebnis zwar sachgerecht, dogmatisch aber wenig transparent. Es sollten stets **drei Fragen** unterschieden werden[89]:

(1) Ist die Pauschalierung etc. als solche sachgerecht, ist die gewählte Frist oder der Stich- **39** tag als solches **sachlich vertretbar?** Wenn nein, liegt bereits darin ein Gleichheitsverstoß, wenn ja,

(2) stellt die mit der Pauschalierung, Frist- oder Stichtagsregelung einhergehende Un- **40** gleichbehandlung eine **Härte** dar? Wenn nein, kann der Gleichheitssatz insofern nicht verletzt sein, wenn ja,

(3) ist die Härte dem Einzelnen **zumutbar?** Wenn ja, liegt insofern kein Gleichheits- **41** verstoß vor, wenn nein, ist die Gleichheitskonformität durch Übergangs-, Dispens-, Ausnahme- oder sonstige Härteregelungen herzustellen.

d) Art. 118 I verleiht keinen Anspruch auf **Gleichbehandlung im Unrecht.** Erlässt **42** der Normsetzer eine rechtswidrige Norm, die Exekutive einen rechtswidrigen Verwaltungsakt oder die Judikative eine rechtswidrige Entscheidung, so erwächst daraus niemandem ein Anspruch darauf, dass der Fehler zu seinen Gunsten wiederholt wird[90], da Art. 118 I ansonsten als Rechtsinstrument zur Perpetuierung der Rechtswidrigkeit fungierte – dies würde die Rechtsordnung insgesamt korrumpieren. Ist z. B. X durch einen rechtswidrigen Rechtsakt begünstigt und muss Y eine vergleichbare Begünstigung – wegen der Rechtswidrigkeit – versagt werden, so ist die darin liegende Ungleichbehandlung zwischen X und Y dadurch zu beseitigen, dass die rechtswidrige Begünstigung zu Gunsten des X rückgängig gemacht, also etwa ein begünstigender VA nach Art. 48 BayVwVfG zurückgenommen wird. Ist dies nicht möglich und kommen auch andere Kompensationsmechanismen nicht in Betracht, so ist die Ungleichbehandlung hinzunehmen.

5. Systemgerechtigkeit, materielle Gerechtigkeit, Freiheit und Gleichheit

a) Der VerfGH[91] verwendet im Zusammenhang mit dem Gleichbehandlungsgrundsatz **43** gelegentlich auch den Topos der **Systemgerechtigkeit,** den er insbesondere im Rahmen

---

[86] *Meder,* Art. 118 Rn. 10; *Stettner* (Fn. 1) Rn. 75 mit umfangreichen Nachweisen aus der Rechtsprechung des VerfGH; vgl. nur VerfGH 30, 1 (18); 32, 29 (38); 36, 49 (54); 39, 67 (70); 40, 45 (52); 48, 137 (142); 55, 1 (8); 55, 57 (61): Aus Härten, die sich bei generalisierenden, typisierenden Regelungen ergeben könnten, lasse sich noch kein Verstoß gegen den Gleichheitssatz herleiten. „Unebenheiten, Friktionen und Mängel, sowie gewisse Benachteiligungen in besonders gelagerten Einzelfällen", müssten in Kauf genommen werden, solange sich für das insgesamt getroffene Regelungsergebnis ein plausibler, sachlich vertretbarer Grund anführen lasse.

[87] VerfGH 28, 59 (69); 46, 104 (109); 55, 1 (8).

[88] VerfGH 16, 46 (52); 23, 47 (51); 58, 196 (207) für die Verlängerung der Arbeitszeit von Beamten.

[89] So der Sache nach wohl auch *Stettner* (Fn. 1) Rn. 77 ff.

[90] *Meder,* Art. 118 Rn. 23; VerfGH 15, 21.

[91] VerfGH 18, 154 (160): wenn der Gesetzgeber für einen bestimmten Rechtsbereich eine Grundregel aufstelle, müsse er folgerichtig an ihr festhalten und dürfe sie nur dann durchbrechen, „wenn das Gewicht der für die Abweichung sprechenden Gründe der Intensität der Ausnahmeregelung entspricht."; VerfGH 29, 224 (232) – System des Vergnügungssteuergesetzes; VerfGH 31, 1 (12); 32, 29 (38); 46, 104 (109): Eine Regelung dürfe nicht in einer Weise inkonsequent sein, dass ein darin zum Ausdruck gebrachtes System im einzelnen willkürlich wieder durchbrochen werde.

von Rechtsfragen der kommunalen Gebietsreform entwickelt hat.[92] Eine Regelungskonzeption müsse nicht nur sach-, sondern auch systemgerecht sein.[93] Ebenso wenig wie
die Einheitlichkeit und Widerspruchsfreiheit der Rechtsordnung oder die Kontinuität
oder Konsequenz der Rechtsordnung stellt die Systemgerechtigkeit indes einen *eigenständigen* Rechtsgehalt des Art. 118 I dar (vgl. dazu bereits Rn. 67 ff. zu Art. 3).

44   Zu unterscheiden ist vielmehr zwischen politischen Wertungswidersprüchen, **echten**
und **unechten Normwidersprüchen** sowie rechtlichen **Wertungswidersprüchen.** Nur
Letztere sind im Rahmen des Gleichbehandlungsgebots beachtlich. Grobe **Inkonse-
quenzen** im Rahmen von Regelungskonzepten können zudem vom **allgemeinen Willkürverbot** erfasst werden. Im Hinblick auf den vom VerfGH zu Recht betonten weiten
Regelungs- und Gestaltungsspielraum des Gesetzgebers wird man einen Verstoß gegen
das allgemeine Willkürverbot allerdings nur in extremen Ausnahmefällen anerkennen
können.[94] Dies kann etwa dann der Fall sein, wenn der Normsetzer den Erfolg seines eigenen Regelungskonzeptes dadurch untergräbt, dass er Vollzugsmaßnahmen ermöglicht,
die der gesetzlichen Intention diametral zuwiderlaufen.[95]

45   b) Gleichheit im Sinne des Art. 118 I impliziert keine bestimmte Vorstellung von **materieller Gerechtigkeit.** Weder Art. 118 I noch Art. 3 I GG sind Transformationsnormen zur
verfassungsrechtlichen Inkorporierung moralphilosophischer, religiöser oder gar politischer Gleichheitskonzepte und Richtigkeitsvorstellungen. Außerrechtliche Gerechtigkeitsmaßstäbe können nicht über Art. 118 I in verfassungsrechtliche Postulate verwandelt
werden.[96] Zumal egalitaristische Gerechtigkeitsmodelle sind von Art. 118 I nicht gefordert. Umgekehrt ist die demokratisch legitimierte parlamentarische Mehrheit nicht gehindert, politisch für opportun gehaltene Gerechtigkeitsvorstellungen per Gesetz zu realisieren und dabei auch egalitaristische Tendenzen zu verfolgen. Allerdings sind solche
Maßnahmen stets mit Freiheitseinbußen zu Lasten derer verbunden, denen Pflichten und
Lasten zur Realisierung egalitaristischer Modelle auferlegt werden, da diese notwendigerweise mit Umverteilungsprozessen verbunden sind.

46   Die darin liegenden **Grundrechtseingriffe** bedürfen eigens der Rechtfertigung nach
dem Regel-Ausnahme-Schema (Rn. 30 ff. vor Art. 98). Die Realisierung bestimmter materieller Gleichheitsvorstellungen ist dabei als solches noch kein hinreichender Grund für
Freiheitsbeeinträchtigungen (vgl. zum Verhältnis von Freiheit und Gleichheit auch oben
Rn. 28 f. sowie Rn. 37 f. vor Art. 98 und Rn. 74 ff. zu Art. 3). Insofern kann von einer
Präponderanz der Freiheit gegenüber der (tatsächlichen) Gleichheit gesprochen
werden.

47   c) Allerdings kommt dem Gleichheitssatz insofern eine **Kompensationsfunktion** zu,
als er ein geeignetes Korrektiv zur freiheitsrechtlichen Indifferenz selbstbestimmungsirre-
levanter Lebenssachverhalte darstellt. Dies gilt insbesondere für **Konkurrenzsituatio-
nen,** in denen die Freiheitsgrundrechte nicht zum Tragen kommen. *Beispiel:* Art. 101 verbürgt keinen Grundrechtsschutz vor staatlicher und privater Konkurrenz und gewährt
kein Recht auf Abwehr der Subventionierung eines Konkurrenten oder der Vergabe eines
Auftrages an ihn (dazu Rn. 19 ff. zu Art. 101). Die freiheitsrechtliche Indifferenz solcher
Sachverhalte wird dadurch kompensiert, dass der Konkurrent jedenfalls einen **Anspruch**

---

[92] *Stettner* (Fn. 1) Rn. 70 ff.; VerfGH 52, 66 (77); 50, 115 (125); 40, 29 (41); 36, 136 (139); 33, 1 (17);
31, 99 (137). Auch in Entscheidungen zum Beamtenrecht findet sich der Topos: VerfGH 48, 137 (142)
m. w. N.; VerfGH 42, 156 (169) zur Tronc-Abgabe.

[93] VerfGH 58, 271 (276) bzgl. der Befreiung von der Rundfunkgebühr.

[94] VerfGH 24, 181 (194); 58, 212 (239).

[95] Diese Gefahr droht insbesondere im Wett- und Lotterierecht, wo sich der Staat aus Gründen der
Suchtbekämpfung ein Monopol vorbehält, für dieses dann aber aus fiskalischen Erwägungen heraus
wirbt; dazu BVerfG, NJW 2006, 1261; *Lindner,* Konsequente Zweckverfolgung als Verfassungspflicht
des Gesetzgebers, ZG 2007, 188.

[96] Missverständlich ist daher der gelegentliche pauschale Bezug auf *die* Gerechtigkeit in der Rechtsprechung des VerfGH; vgl. z. B. VerfGH 59, 134 (140).

auf sachgerechte Entscheidung über die Vergabe eines Auftrages oder einer Subvention aus Art. 118 I hat.

d) Ist ein Lebenssachverhalt sowohl gleichheitsrechtlich als auch freiheitsrechtlich rele- **48** vant, ist er sowohl an Art. 118 I als auch am einschlägigen Freiheitsrecht zu messen, es handelt sich um einen Fall der **Realkonkurrenz.** *Beispiel*[97]: Die Vergabe von Studienplätzen ist sowohl an Art. 101 als auch an Art. 118 I zu messen. Gleiches gilt für die Auferlegung von Abgaben oder sonstigen öffentlich-rechtlichen Pflichten, von denen einzelne ausgenommen sind. Solche Regelungen können sowohl gegen Art. 101 etc. als auch gegen Art. 118 I verstoßen. Liegt ein Verstoß gegen das Freiheitsrecht vor, ist die Regelung in der Regel nichtig, unabhängig davon, ob gleichzeitig noch ein Gleichheitsverstoß gegeben ist. Ist sie „nur gleichheitswidrig", wird sie regelmäßig nicht für nichtig, sondern für nicht anwendbar erklärt (dazu unten Rn. 106 ff.).

6. Der allgemeine Gleichbehandlungsgrundsatz – Dogmatische Grundfragen

a) **Hauptstreitpunkt** in der wissenschaftlichen **Diskussion**[98] über den Gleichbehand- **49** lungsgrundsatz ist das Problem, ob und inwieweit dieser dogmatisch dem **Eingriffs-abwehrschema** der Freiheitsrechte (dazu Rn. 56 ff. vor Art. 98) unterworfen werden kann, insbesondere ob und in welcher Modalität im Rahmen der Gleichheitsprüfung eine **Verhältnismäßigkeitsprüfung** stattzufinden hat.

b) Anlass und Kern dieses Streits ist die sog. **„Neue Formel",** die der Erste Senat des **50** BVerfG im Jahr 1980 in die Prüfung der verfassungsrechtlichen Rechtfertigung von Ungleichbehandlungen eingeführt hat.[99] Bis dahin hatte sich das BVerfG im Rahmen seiner Rechtsprechung zu Art. 3 I GG der verschiedenen Willkürformeln[100] bedient. Mit der sog. „Neuen Formel" hat das BVerfG die Willkürformeln zwar nicht verabschiedet[101], sie jedoch um Aspekte angereichert, die dem Grundsatz der Verhältnismäßigkeit ähneln.[102] Die „Neue Formel" lautet in ihrer erstmaligen Fassung: *„Diese Verfassungsnorm* [Art. 3 Abs. 1; Anm. d. Vf.] *gebietet, alle Menschen vor dem Gesetz gleich zu behandeln. Demgemäß ist dieses Grundrecht vor allem dann verletzt, wenn eine Gruppe von Normadressaten im Vergleich zu anderen Normadressaten anders behandelt wird, obwohl zwischen beiden Gruppen keine Unterschiede von solcher Art und solchem Gewicht bestehen, dass sie die ungleiche Behandlung rechtfertigen können."*[103] Durch das Abstellen auf die Art und das Gewicht der Unterschiede wird der Willkürprüfung ein zusätzliches **relationales Gewichtungselement** eingepflanzt.[104] Die Dar-

---

[97] Der VerfGH prüft daher Freiheits- und Gleichheitsrechte nebeneinander; unklar aber VerfGH 59, 134 (143) für das Verhältnis von Art. 101 zu Art. 118 I.

[98] Zum Stand der Diskussion s. eingehend und m. w. N. *Lindner* (Fn. 70), S. 412 ff.

[99] BVerfGE 55, 72 (88).

[100] Als Vorbild dienten vor allem die Arbeiten von *Leibholz,* Die Gleichheit vor dem Gesetz, 1. Aufl. 1925, 2. Aufl. 1959; *ders.,* Die Gleichheit vor dem Gesetz und das Bonner Grundgesetz, DVBl. 1951, 193. Eine frühe Formel lautete: *„Der Gleichheitssatz ist verletzt, wenn sich ein vernünftiger, sich aus der Natur der Sache ergebender oder sonstwie sachlicher Grund für die gesetzliche Differenzierung oder Gleichbehandlung nicht finden lässt, kurzum, wenn die Bestimmung als willkürlich bezeichnet werden muss."* (BVerfGE 1, 14 [52]). Die bekannteste Formel fordert, dass der Gesetzgeber weder wesentlich Gleiches willkürlich ungleich noch wesentlich Ungleiches willkürlich gleich behandeln dürfe; BVerfGE 4, 144 (155); 50, 177 (186); 60, 16 (42). Einen Überblick über die Willkürformeln geben *Huster,* Rechte und Ziele, 1993, S. 45 ff., *Alexy,* Theorie der Grundrechte, 2. Aufl. 1994, S. 364 ff. *Borowski,* Grundrechte als Prinzipien, 1998, S. 351 (in: Fn. 2).

[101] *Martini,* Art. 3 Abs. 1 GG als Prinzip absoluter Rechtsgleichheit, 1997, S. 44 ff. mit umfangreichen Nachweisen zur Rechtsprechung. Beide Senate verwenden heute sowohl die klassischen Formeln als auch die Neue Formel, letztere wird vom 2. Senat erstmals in BVerfGE 65, 377 (384) gebraucht.

[102] Mit Recht vorsichtig formulierend *Herzog,* in: Maunz/Dürig, Art. 3 Anh. Rn. 6: *„Auch die gelegentlich zu hörende Behauptung, es sei das Verhältnismäßigkeitsprinzip in die Rechtsprechung zu Art. 3 I eingebaut worden, liegt nicht völlig neben der Sache."*

[103] BVerfGE 55, 72 (88); 102, 41 (54); 104, 126 (144); 111, 160 (171) und öfter. Dazu auch *Stettner,* Der Gleichheitssatz, BayVBl. 1988, 545; *Maaß,* NVwZ 1988, 14.

[104] *Stettner* (Fn. 1) Rn. 29: „Proportionalitätsmaßstab".

legung eines sachgerechten Differenzierungsprogramms genügt nicht per se, dieses muss vielmehr im Hinblick auf Art und Gewicht der Unterschiede beurteilt werden.

51   Einige Jahre später hat das Bundesverfassungsgericht diese Erwägungen in eine **„überarbeitete" neue Formel** gegossen: *„Aus dem allgemeinen Gleichheitssatz ergeben sich je nach Regelungsgegenstand und Differenzierungsmerkmalen unterschiedliche Grenzen für den Gesetzgeber, die vom bloßen Willkürverbot bis zu einer strengen Bindung an Verhältnismäßigkeitserfordernisse reichen."*[105] Diese Formel gebraucht das Gericht alternierend mit der vorstehend genannten in nunmehr ständiger Rechtsprechung.[106]

52   c) Anknüpfend an diese Rechtsprechung wurde in der wissenschaftlichen Literatur die Forderung erhoben, die Gleichheitsprüfung dem **Eingriffsschema** der Freiheitsrechte anzugleichen und auch eine strenge **Verhältnismäßigkeitsprüfung** vorzunehmen.[107] Diese Auffassung[108] hat sich bislang nicht durchgesetzt.[109] Allerdings dürfte es der heute h.L. entsprechen, dass im Rahmen der Gleichheitsprüfung Elemente der Verhältnismäßigkeit eine Rolle spielen (können).

53   d) Der **VerfGH** hat diese Diskussion mit Recht (Rn.60) **nicht aufgegriffen.** Er verwendet weder das freiheitsrechtliche Eingriffsschema noch nimmt er eine strenge Verhältnismäßigkeitsprüfung vor. Vielmehr benützt er **verschiedene Formeln,** die denen des BVerfG der Sache nach ähneln. **Beispiele** aus der jüngeren[110] Rechtsprechung, die allerdings keine Systematik in der Verwendung der einzelnen Formeln erkennen lässt:

54   (1) *„In seinem klassischen Gehalt verbietet er, gleiche Sachverhalte in willkürlicher Weise ungleich und ungleiche Sachverhalte in willkürlicher Weise gleichzubehandeln."*[111]

55   (2) *„Der Gleichheitssatz untersagt dem Normgeber, gleichliegende Sachverhalte, die aus der Natur der Sache und unter dem Gesichtspunkt der Gerechtigkeit eine gleichartige Regelung erfordern, ungleich zu behandeln. Er verbietet Willkür, verlangt aber keine schematische Gleichbehandlung, sondern lässt Differenzierungen zu, die durch sachliche Erwägungen gerechtfertigt sind."*[112] Allerdings **vermengt**

---

[105]   BVerfGE 88, 87 (96 ff.); 91, 389 (401); 101, 54 (101).

[106]   Die vorstehende Formel aus E 55, 72 (88) findet sich etwa in E 102, 41 (54).

[107]   So v. a. *Kloepfer,* Gleichheit als Verfassungsfrage, 1980, S. 54 ff.; *Sachs,* Zur dogmatischen Struktur der Gleichheitsrechte als Abwehrrechte, DÖV 1984, 411; *Huster,* Rechte und Ziele, 1993, S. 225 ff.; *ders.,* Gleichheit und Verhältnismäßigkeit, JZ 1994, 541; *Jarass,* Bausteine einer umfassenden Grundrechtsdogmatik, AöR 120 (1995), 345.

[108]   Exemplarisch *Martini* (Fn. 101), S. 186, 241 ff., der das Schema der Gleichheitsprüfung stark an das der Freiheitsrechtsprüfung anlehnt: (1) Der Schutzbereich des Art. 3 Abs. 1 GG umfasse die absolute persönliche und sachliche Rechtsgleichheit aller Menschen; (2) jede Ungleichbehandlung beeinträchtige den Schutzbereich und stelle von daher einen Grundrechtseingriff dar; (3) dieser Grundrechtseingriff sei rechtfertigungsbedürftig, in diesem Rahmen sei u. a. auch das Verhältnismäßigkeitsprinzip zu prüfen.

[109]   Das Eingriffsmodell steht vor zwei erheblichen dogmatischen Problemen: (1) Art. 118 I und Art. 3 Abs. 1 GG enthalten keine Vorbehaltsregelung, nach Maßgabe derer der Eingriff in die Rechtsgleichheit zu rechtfertigen wäre. (2) Ungleichbehandlungen kommen nicht nur bei Eingriffen in Freiheitsrechte vor, sondern in der gesamten Rechtswirklichkeit. Sähe man in jeder Ungleichbehandlung einen Eingriff in Art. 118 I, geriete die gesamte Rechtsordnung unter einen grundrechtlich-gesetzlichen „Totalvorbehalt".

[110]   Die frühe Rechtsprechung des VerfGH zu Art. 118 I war durchaus naturrechtlich geprägt. Der VerfGH hat einen Gleichheitsverstoß durch ein Gesetz dann für möglich gehalten, *„wenn es gleichliegende Tatbestände, die aus der Natur der Sache heraus und unter dem Gesichtspunkte der Gerechtigkeit klar eine gleichartige Behandlung erforderten, willkürlich, d. h. ohne zureichenden sachlichen Grund und ohne ausreichende Orientierung an der Idee der Gerechtigkeit ungleich"* behandle, VerfGH 1, 64 (79); 1, 93 (100); 2, 45 (47); 3, 4 (8); 4, 21 (26). Insbesondere das Abstellen auf die „Idee der Gerechtigkeit" lag in der Tendenz der „Naturrechtsrenaissance" nach der nationalsozialistischen Barbarei. Vgl. dazu *Kaufmann,* Rechtsphilosophie, 2. Aufl. 1997, S. 31 ff.

[111]   VerfGH 59, 219 (228).

[112]   Diese ist die am meisten verwendete Formel. Vgl. bereits VerfGH 13, 45 (48); 15, 59 (67); 18, 111 (119); 20, 21 (30); 21, 14 (18); 25, 1 (8); 37, 140 (146); aus jüngerer Zeit: VerfGH v. 19. Juli 2007, Vf. 6-V-06; 60, 1 (12); 59, 134 (140); 58, 271 (274); 57, 156 (159); 55, 57 (60); 48, 109 (114) und öfter.

der VerfGH mitunter den **Gleichbehandlungsgrundsatz** mit dem **allgemeinen Willkürverbot** (vgl. auch oben Rn. 5 ff.).[113] Der Normgeber handle nicht schon dann *willkürlich,* wenn er unter mehreren Lösungen nicht die zweckmäßigste, vernünftigste oder gerechteste gewählt habe. Nur wenn die äußersten Grenzen des normgeberischen Ermessens überschritten seien, wenn für die getroffene Regelung jeder sachlich einleuchtende Grund fehle, sei der Gleichheitssatz verletzt.[114]

(3) *„Der allgemeine Gleichheitssatz verbietet nicht Differenzierungen, die durch sachliche Erwägun-* **56** *gen gerechtfertigt sind.“*[115]

(4) *„Der allgemeine Gleichheitssatz, der gebietet, Gleiches gleich und Ungleiches seiner Eigenart* **57** *entsprechend unterschiedlich zu behandeln.“*[116]

(5) *„Beim Vorliegen wesentlicher Unterschiede ist sachgerecht zu differenzieren.“*[117] Die Bezug- **58** nahme auf die Wesentlichkeit der Unterschiede deutet eine Parallelität zur „neuen Formel" des BVerfG an: Je wesentlicher die Unterschiede sind, desto höher ist der Begründungsaufwand für eine Gleichbehandlung.

(6) Die „neue Formel" des BVerfG in ihrer ersten Variante (Rn. 50) findet sich in der **59** Rechtsprechung des VerfGH ebenfalls gelegentlich[118], die „überarbeitete" neue Formel (Rn. 51) hat der VerfGH indes bislang – soweit ersichtlich – noch nicht verwendet.

e) Der Verzicht des VerfGH auf einen Rückgriff auf das freiheitsrechtliche Eingriffs- **60** schema und auf eine schematische Anwendung des Verhältnismäßigkeitsgrundsatzes im Rahmen der Gleichheitsprüfung ist zu begrüßen, weil **zwischen einer Gleichheits- und einer Freiheitsprüfung fundamentale Unterschiede** bestehen: Gleichheit ist mit der a priori normungebundenen Freiheit strukturell-rechtstheoretisch nicht vergleichbar. Freiheit ist absolut denkbar, Gleichheit ist ein **relationaler Begriff,** der im Hinblick auf das, was verglichen werden soll, normative „Zutat", Wertung verlangt. Gleichheit setzt im Gegensatz zur Freiheit immer eine Bezugsgröße, das **„tertium comparationis"**[119], voraus (dazu auch Rn. 72). Gleichheit ist mithin ein komplexeres Phänomen als die Freiheit. Der für die Freiheitsrechte bestehende Regel-Ausnahme-Mechanismus (Rn. 30 ff. vor Art. 98) und der daraus abzuleitende Verhältnismäßigkeitsgrundsatz können nicht auf die Gleichheitsprüfung übertragen werden.

f) Vielmehr sind Gleichbehandlungsprobleme mit der **Kategorie der Sachgerechtig-** **61** **keit** zu lösen.

aa) Diese eröffnet einen weiteren Spielraum, als es die Verhältnismäßigkeitsmodelle er- **62** lauben. Angesichts der im Vergleich zu den „normalen" Eingriffsfällen größeren Heterogenität und Unvorhersehbarkeit gleichheitsrechtlich relevanter Fallgestaltungen erscheint es sinnvoll, auf starre Formeln zu verzichten und unter dem Leitbegriff der Sachgerechtigkeit ein **flexibles dogmatisches Instrumentarium** zur dogmatischen Bewältigung des

---

[113] Eine saubere Trennung zwischen dem vergleichspaarbezogenen Gleichbehandlungsgrundsatz und dem allgemeinen Willkürverbot aber in VerfGH 59, 1 (11 ff.); 58, 196 (204 ff.); 55, 132 (135); 47, 165 (176) und v. a. in 38, 198 (Ls. 2), dort auch zu den Konsequenzen für die Zulässigkeit einer Popularklage.

[114] Diese und ähnliche Formeln finden sich auch in VerfGH 59, 119 (124); 59, 80 (101); 59, 1 (11); 57, 156 (158); 53, 1 (13); 51, 1 (21); 50, 1 (8); 42, 174 (185); 41, 119 (122); 37, 148 (160); 34, 131 (133) und öfter, bereits in VerfGH 8, 38 (44); 13, 45 (48).

[115] VerfGH 59, 125 (133).

[116] VerfGH 58, 196 (204); 16, 46 (50).

[117] VerfGH 59, 80 (101).

[118] VerfGH 40, 45 (50); 43, 81 (84); offen gelassen in VerfGH 58, 271 (275) sowie in der Entscheidung v. 19. Juli 2007, Vf. 6-V-06: *„Auch der VerfGH, der bislang ausdrücklich offen gelassen hat, ob er sich dieser abgestuften Prüfungsdichte des BVerfG anschließen will (vgl. VerfGH 58, 271 [275]), hat bereits im Jahr 1987 entschieden, dass dem Gestaltungsspielraum des Gesetzgebers bei der Leistungsgewährung ausnahmsweise dann engere Grenzen gezogen sind, wenn die nach dem Gleichheitssatz zu beurteilende Regelung zugleich andere grundrechtlich verbürgte Positionen oder Verfassungsnormen berührt (VerfGH 40, 45 [51])."*

[119] Dazu *Pracht,* Gesetzeszweck und allgemeiner Gleichheitssatz unter Berücksichtigung der Rechtsprechung des Bundesverfassungsgerichts, 1974, S. 22 ff.

Einzelfalles bereitzustellen. Dabei kann als **allgemeine Faustformel** gelten: *Im Hinblick auf eine bestimmte Bezugsgröße wesentliches Gleiches ist gleich, wesentlich Ungleiches ungleich zu behandeln, es sei denn, für eine Ungleichbehandlung bzw. Gleichbehandlung lässt sich ein plausibles, in sich stimmiges und folgerichtiges Regelungsprogramm dartun.*[120]

63   bb) Die zweite Variante der „Neuen Formel" des BVerfG[121] bringt die gebotene Flexibilität in der Anwendung des Gleichheitssatzes gut zum Ausdruck. Gefordert ist keine starre Anwendung des Verhältnismäßigkeitsgrundsatzes, sondern je nach Sachverhaltskonstellation eine angemessene Prüfung, die von einer einfachen Willkürprüfung bis hin zu einer Bindung an Verhältnismäßigkeitsaspekte reicht. Die alten und neuen Formeln lassen sich als konkrete Ausprägungen des allgemeinen Sachgerechtigkeitsgebotes verstehen.[122] Sie sind **sachverhaltsangepasste Überlegungen** zur transparenteren Durchdringung komplexer Gleichheitsprobleme. Je größer etwa der Grad der Ungleichbehandlung ist, je gleichheitsverzerrender die Wirkungen einer hoheitlichen Maßnahme sind, desto höhere Anforderungen sind an das Differenzierungsprogramm zu stellen.

64   cc) **Beispiele**[123]:

65   (1) Erhalten *alle* Unternehmen einer bestimmten Branche **Subventionen,** indes auf Grund bestimmter Differenzierungsmerkmale in unterschiedlicher Höhe, sind die Anforderungen an das Regelungsprogramm, das den gewählten Differenzierungskriterien zu Grunde liegt, regelmäßig geringer als für den Fall, dass innerhalb eines Branchenbereichs einige Unternehmen Subventionen erhalten, andere jedoch ganz leer ausgehen.

66   (2) Jede hoheitliche **Vergabeentscheidung** ist gem. Art. 118 I, Art. 3 I GG daraufhin zu untersuchen, ob sie sachgerecht ist. Je nach Fallkonstellationen sind unterschiedliche Anforderungen an das **Auswahlprogramm** zu stellen. So wird bei einem sog. faktischen oder rechtlichen Nachfragemonopol – einziger Nachfrager und damit Auftraggeber ist der Staat – das Auswahlprogramm anspruchsvoller sein müssen als bei Allerweltsaufträgen, für die es eine Vielzahl an Nachfragern in der Wirtschaft gibt.

67   (3) Je stärker die **wettbewerbsverzerrende Wirkung einer staatlichen Information** ist, je stärker die Erfolgschance des einen Konkurrenten zu Lasten des anderen geschmälert wird, desto höhere Anforderungen sind an das der Information zu Grunde liegende Konzept, den daran anknüpfenden Differenzierungsgrund und die daraus abgeleiteten Differenzierungskriterien zu stellen. Ein Differenzierungskriterium, das für eine geringfügige Wettbewerbsverzerrung noch als sachgerecht hinreicht, genügt nicht mehr zur Rechtfertigung einer massiven Wettbewerbsverzerrung (etwa bei intensiven, verhaltenssteuernden Produktinformationen).

7. Der allgemeine Gleichbehandlungsgrundsatz in der Normsetzung – Prüfungsschema

68   Welcher Formel man auch immer folgt: Ihre Anwendung im Rahmen der Überprüfung einer Rechtsnorm am Maßstab des Gleichbehandlungsgrundsatzes ist **ein komplexer Vorgang,** den man in **vier Prüfungsschritte** gliedern kann.[124] (1) Zunächst[125] ist zu prüfen, welches **Vergleichspaar** überhaupt der Überprüfung anhand des Gleichbehandlungsgrundsatzes unterzogen wird (a.). (2) Sodann ist zu bestimmen, in welcher Hin-

---

[120] Dieses dogmatische „Programm" des Gleichheitssatzes hat der VerfGH der Sache nach bereits im ersten Band der amtlichen Sammlung formuliert, VerfGH 1, 29 (31): *„Er gebietet, jedermann ohne Ansehen der Person, der Staatsangehörigkeit, Herkunft, Rasse, Religion und politischen Überzeugung bei Gleichheit der tatsächlichen Verhältnisse und Gleichheit der Rechtslage gleich, d. h. nicht anders als alle übrigen zu behandeln. Er verbietet jede willkürliche, d. h. nicht durch sachliche Unterscheidungen gerechtfertigte Handlung und Unterlassung."*

[121] *BVerfGE* 88, 87 (96); s. oben Rn. 51.

[122] So wohl auch *Herzog,* in: Maunz/Dürig, Grundgesetz, Art. 3 Anh. Rn. 10: *„Der Gedanke, dass die Gründe für eine Gleich- oder Ungleichbehandlung umso schwerwiegender sein müssen, je gravierender der Grad der Gleich- bzw. der Ungleichbehandlung ist, ist aus sich heraus überzeugend."*

[123] Vgl. bereits oben Rn. 47 sowie Rn. 19 ff. zu Art. 101.

[124] Diese Unterteilung findet sich in der Rechtsprechung des VerfGH nicht.

[125] Im Anschluss an *Gallwas,* Grundrechte, 2. Aufl. 1995, Rn. 226 ff., 272.

sicht die Pole des Vergleichspaars mit einander verglichen werden (**Ermittlung der Bezugsgröße [tertium comparationis]**) (b.). **(3)** Weiter ist festzustellen, ob der Vergleich der Sachverhalte am Maßstab der Bezugsgröße den **Anschein eines Wertungswiderspruches** hervorruft (c.). **(4)** Schließlich ist zu prüfen, ob es sachliche Gründe gibt, die den Wertungswiderspruch **ausräumen** können (d.).

a) Das **Vergleichspaar**, das das Substrat der Prüfung des Gleichbehandlungsgrundsatzes **69** bildet, besteht aus **zwei oder mehreren Vergleichspolen,** die durch einzelne natürliche oder juristische Personen oder Personengruppen[126] konstituiert werden.

aa) Das **Vergleichspaar** kann in der streitgegenständlichen Regelung **vollständig definiert** sein. Dies ist z. B. dann der Fall, wenn in einer Abgabennorm (z. B. Steuergesetz, **70** gemeindliche Abgabensatzung, Regelung über die Erhebung von Studienbeiträgen) die abgabepflichtigen Personen und die von der Abgabe Befreiten normativ beschrieben sind[127], oder wenn in einer Leistungsnorm definiert ist, wer die tatbestandlich beschriebene Leistung (z. B. eine Sozialleistung, eine Subvention) erhält und wer sie nicht erhält. Vergleichspaar sind dann: Abgabepflichtiger/Abgabebefreiter bzw. Leistungsberechtigter/Nicht-Leistungsberechtigter.

bb) Anderenfalls ist das Vergleichspaar durch **Interpretation** der einschlägigen Regelung zu ermitteln. Hier wird es häufig zu einer Bestimmung **ex negativo** kommen. Ent- **71** hält eine Abgaberegelung nur die Abgabepflichtigen, bilden den anderen Pol des Vergleichspaares alle diejenigen Personen und Personengruppen, die vom Abgabentatbestand nicht erfasst werden.

b) Ein Vergleich erfordert stets eine **gemeinsame Bezugsgröße**, ein **tertium compa- 72 rationis**, anhand dessen das Vergleichspaar analysiert wird.[128] Erst die Spiegelung anhand der Bezugsgröße ermöglicht eine Antwort auf die Frage, ob die Vergleichspole (wesentlich) gleich oder ungleich sind.

aa) Die Bezugsgröße ist **aus der streitgegenständlichen Regelung zu gewinnen, 73** die den Gegenstand der Gleichheitsprüfung bildet. Heranzuziehen sind der Regelungsgegenstand, der Regelungszweck sowie die zu dessen Realisierung gewählten Mittel. Meist liegt die Bezugsgröße bereits in der rechtlichen Einräumung eines Rechts oder der Auferlegung einer Pflicht. *Beispiele:* Verschiedene Studierendengruppen können danach miteinander verglichen werden, ob sie zur Zahlung von Studienbeiträgen[129] verpflichtet sind. Bezugsgröße ist nicht die Eigenschaft als Studierender, auch nicht das Studium als solches, sondern die Beitragspflichtigkeit (im Hinblick auf die Unterscheidung zwischen Beitragspflichtigen und Beitragsbefreiten) bzw. die Beitragshöhe (im Hinblick auf die Unterscheidung zwischen verschiedenen Studierenden nach Maßgabe der Höhe des Beitrags). Vor allem im **Kommunalabgabenrecht** ist die Beitragshöhe (und die damit verbundene Belastung) das tertium comparationis der verschiedenen beitragspflichtigen Grundstückseigentümer.[130] Im Hinblick auf die Möglichkeit der Befreiung

---

[126] In Rechtsprechung und der herrschenden Lehre wird danach unterschieden, ob das Vergleichspaar durch verschiedene Personen/Personengruppen oder durch verschiedene Sachverhalte gebildet wird. Ersterenfalls müsse eine „strenge Prüfung" vorgenommen werden, vgl. *Jarass/Pieroth,* Art. 3 Rn. 19; BVerfGE 75, 348 (357); 100, 195 (205). Diese Unterscheidung überzeugt nicht, da *Sachverhalte* gleichheitsrechtlich überhaupt nur relevant sein können, wenn sie einen personalen Bezug haben. Die h. L. vermengt das Vergleichspaar, das stets aus Personen besteht, die Bezugsgröße (die in einer bestimmten Sachverhaltskonstellation bestehen kann) sowie das Ausmaß der Ungleichbehandlung, das für die Prüfungs„strenge" ausschlaggebend ist.

[127] Für den Bereich der Rundfunkgebühren VerfGH 55, 143 (154).

[128] Von der Notwendigkeit der Ermittlung einer Bezugsgröße geht auch der VerfGH aus: *„Die Anwendung des Gleichheitssatzes beruht stets auf einem Vergleich von Lebensverhältnissen, die nie in allen, sondern nur in einzelnen Elementen vergleichbar sind",* VerfGH 57, 84 (101); 25, 1 (8); 20, 21 (30); 19, 42 (47) und öfter.

[129] Nach Maßgabe des Art. 71 BayHSchG.

[130] VerfGH 58, 1 (18): unterschiedliche Belastung der Grundstückseigentümer mit Ausbaubeiträgen nach Maßgabe der Klassifizierung der Straße.

von Rundfunkgebühren ist Bezugsgröße die Pflicht zur Zahlung der Rundfunkgebühr.[131]

74   bb) Je nach Regelungsbereich können Bezugsgröße auch der **Regelungszweck** oder das **Regelungskonzept** sein. *Beispiel*[132]: Werden bestimmte Hunde in den Katalog gefährlicher Hunderassen aufgenommen, andere hingegen nicht, sind die Hundehalter der „Kataloghunde" erlaubnispflichtig, die anderen nicht (Art. 37 I LStVG). Bezugsgröße ist nicht das Halten des Hundes, sondern die Erlaubnispflichtigkeit, die ihrerseits das Regelungskonzept zur Erreichung des Regelungszwecks (Schutz der Sicherheit der Menschen vor gefährlichen Hunden) darstellt.

75   c) Der Vergleich der Sachverhalte nach Maßgabe der Bezugsgröße muss den **Anschein eines Wertungswiderspruchs** zu Tage fördern. Liegt nicht einmal ein solcher Anschein vor, bedarf eine Gleichbehandlung ungleicher bzw. Ungleichbehandlung gleicher Sachverhalte keiner weiteren Rechtfertigung.

76   aa) Ein Anschein eines Wertungswiderspruches liegt vor, wenn das Vergleichspaar nach Maßgabe der Bezugsgröße als **wesentlich gleich** erscheint, so dass eine Ungleichbehandlung rechtfertigungsbedürftig ist, oder wenn es als **wesentlich ungleich** erscheint, so dass eine Gleichbehandlung rechtfertigungsbedürftig ist. Ob eine wesentliche Gleichheit oder Ungleichheit der Sachverhalte im Hinblick auf die Bezugsgröße vorliegt, ist unter Rückgriff auf den Regelungszweck und die Regelungskonzeption zu ermitteln.

77   bb) **Beispiele.** (1) Unterliegen manche Studierende der Beitragspflicht, andere nicht oder nicht in der gleichen Höhe, so liegt im Hinblick auf den Regelungszweck (Beteiligung an den Kosten des Studiums) eine wesentliche Gleichheit vor, so dass die Ungleichbehandlung zunächst als Wertungswiderspruch erscheint. (2) Ist das Halten mancher in eine Liste aufgenommener Kampfhunde erlaubnispflichtig, das Halten anderer (ebenfalls nicht ungefährlicher) Hunde nicht, so liegt im Hinblick auf den Regelungszweck (Abwehr der spezifischen Hundegefahren) eine wesentliche Gleichheit vor, so dass die Ungleichbehandlung zunächst als Wertungswiderspruch erscheint.[133] Wäre umgekehrt das Halten jedes Hundes erlaubnispflichtig, so liegt im Hinblick auf den Regelungszweck eine wesentliche Ungleichheit (im Hinblick auf die gefährlichen und ungefährlichen Hunde) vor, so dass die Gleichbehandlung insoweit als Wertungswiderspruch erscheint.

78   cc) An die Annahme einer im Hinblick auf den Regelungszweck wesentlichen Gleichheit bzw. Ungleichheit und damit an die Annahme des Anscheins eines Wertungswiderspruchs sollten **nicht zu hohe Anforderungen** gestellt werden, um die Notwendigkeit der Rechtfertigung der Gleichbehandlung trotz Ungleichheit bzw. der Ungleichbehandlung trotz Gleichheit dogmatisch nicht „zu früh" verneinen zu müssen.

79   d) Der „eigentliche Angelpunkt der Gleichheitsprüfung"[134] liegt in der Frage, ob es gelingt, den festgestellten **Wertungswiderspruch auszuräumen,** oder ob dieser sich **erhärtet.**

80   aa) Die Ausräumung des Wertungswiderspruchs gelingt (mit der Folge, dass kein Verstoß gegen den Gleichbehandlungsgrundsatz vorliegt), wenn die festgestellte Ungleichbehandlung wesentlich gleicher Sachverhalte von einem **absoluten Differenzierungsgebot** bzw. wenn die festgestellte Gleichbehandlung wesentlich ungleicher Sachverhalte von einem **absoluten Differenzierungsverbot** bzw. Egalisierungsgebot erfasst wird. Ein Differenzierungsgebot ist z. B. Art. 12 a GG (Wehrpflicht nur für Männer), Differenzierungsverbote sind in der BV häufiger: Art. 7 II; Art. 8; Art. 11 V; Art. 14; Art. 94 II; Art. 118 II i. V. m. Art. 168 I 2; Art. 118 a.

81   bb) Greift ein absolutes Differenzierungsverbot oder -gebot nicht ein, so ist zu prüfen, ob sich für die Gleich- bzw. Ungleichbehandlung sachliche Gründe anführen lassen. Dazu ist das der Regelung zu Grunde liegende **Regelungskonzept** einschließlich des Rege-

---

[131] VerfGH 55, 143; 58, 271.
[132] VerfGH 57, 84.
[133] Zur Rechtfertigung VerfGH 47, 207 (226 ff.).
[134] Im Anschluss an *Gallwas* (Fn. 125), Rn. 239.

lungszwecks zu **analysieren.** An diesem Prüfungspunkt können auch Aspekte der **Verhältnismäßigkeit** zum Tragen kommen. Je größer der Anschein eines Wertungswiderspruches ist, desto gewichtiger muss der sachliche Grund sein. Weitere verallgemeinerbare Aussagen zur Ermittlung eines tragfähigen sachlichen Grundes lassen sich nicht machen, es kommt vielmehr auf die Einzelfallanalyse an.[135]

e) Der **VerfGH** betont in ständiger Rechtsprechung, dass dem Normsetzer bei der **82** Formulierung des Regelungszwecks und des darauf gerichteten Regelungskonzepts einschließlich der Auswahl der Zweckverwirklichungsmittel ein weiter **Gestaltungsspielraum** zusteht, insbesondere im Bereich der Leistungsgewährung.[136] Dieser Spielraum erfasst auch die **Sachgerechtigkeit von Differenzierungen.**

aa) Eine Norm verstößt daher nicht bereits deswegen gegen den Gleichbehandlungs- **83** grundsatz, weil der Gesetzgeber nicht die zweckmäßigste oder „gerechteste" Lösung gewählt hat.[137] Der VerfGH ersetzt die politisch-sachlichen Erwägungen nicht durch eigene Sachlichkeitsvorstellungen[138], sondern nimmt nur eine **Evidenzkontrolle** vor: Es bleibe dem Ermessen des Normgebers überlassen, zu bestimmen, in welcher Weise dem allgemeinen Grundsatz der Angemessenheit, Billigkeit und Zweckmäßigkeit Rechnung zu tragen ist. Der Gleichheitsgrundsatz sei nur verletzt, wenn der Normgeber die **äußersten Grenzen seines Ermessens** überschritten habe und seiner Entscheidung jeder sachlich einleuchtende Grund fehle. Soweit der Normgeber bei der Frage, in welcher Weise er ein bestimmtes Rechtsgebiet regeln wolle, Wertungen und fachbezogene Abwägungen vornehme, könne dies vom VerfGH nur beanstandet werden, wenn sie eindeutig widerlegbar und offensichtlich fehlerhaft wären oder wenn sie der verfassungsrechtlichen Wertordnung widersprächen. Der VerfGH könne nicht seine eigenen Abwägungen, Einschätzungen oder Überlegungen an die Stelle derjenigen des Gesetzgebers setzen.[139]

bb) Der VerfGH nimmt seine **Gleichheitskontrolle** also **weit zurück,** in der Tendenz **84** weiter als das BVerfG.[140] Liegt für eine Ungleichbehandlung im Sinne der unter a. bis d. (Rn. 69 ff.) dargelegten Prüfungsschritte auch nur *ein* sachlicher Grund vor und ist dieser nicht eindeutig widerlegbar oder offensichtlich fehlerhaft, so liegt kein Verstoß gegen den Gleichbehandlungsgrundsatz vor.[141] Damit unterscheidet sich die vergleichspaarbezogene Gleichheitsprüfung hinsichtlich der Anforderungen an einen sachlichen Grund im Be-

---

[135] VerfGH 47, 207 (226); 57, 84 (101): „*Die Anforderungen, die der Gleichheitssatz an den Normgeber stellt, lassen sich nicht abstrakt, sondern immer nur in Bezug auf die Eigenart des zu behandelnden Sachbereichs bestimmen.*"

[136] VerfGH v. 19. Juli 2007, Vf. 6-V-06; 57, 156 (158); BVerfGE 78, 104 (121); strenger BVerfGE 106, 166 (176), wenn sich eine Ungleichbehandlung auf die Ausübung grundrechtlich geschützter Freiheiten nachteilig auswirken kann. Dann hält das BVerfG die gesetzliche Regelung mit dem allgemeinen Gleichheitssatz nur dann für vereinbar, wenn für die getroffene Differenzierung Gründe von solchem Gewicht bestehen, dass sie die Ungleichheit rechtfertigen können. Zu den „neuen Formeln" s. oben Rn. 50 f.

[137] VerfGH 24, 1 (23).

[138] So bereits VerfGH 1, 64 (79) und seitdem st. Rspr.; vgl. nur VerfGH 4, 78 (88); 44, 5 (7); 45, 3 (7); 57, 84 (101) und öfter.

[139] VerfGH 59, 219 (228); 59, 134 (140); 59, 80 (103); 59, 63 (75 f.); 59, 1 (11); 58, 94 (102); 57, 156 (158); 57, 84 (101); 56, 178 (191); 55, 57 (61); 55, 1 (8); 54, 36 (43); 53, 1 (13); 51, 74 (82); 50, 1 (8); 49, 1 (4); 47, 207 (226) und öfter.

[140] In VerfGH v. 19. Juli 2007, Vf. 6-V-06 wird allerdings offen gelassen, ob der VerfGH die strengere Prüfungssystematik des BVerfG („neue Formel") in Fällen übernimmt, in denen die Ungleichbehandlung zugleich andere grundrechtlich geschützte Positionen betrifft.

[141] Andere Akzente setzt der VerfGH bei der ausnahmsweisen Befreiung von Rundfunkgebühren. Hier habe der Normgeber einen engen Spielraum, „was die Einräumung von Ausnahmen anbelangt, dagegen einen weiten Spielraum, die Einräumung von (weiteren) Ausnahmen zu unterlassen, da er andernfalls dem verfassungsrechtlichen Grundsatz der Abgabengleichheit und -gerechtigkeit nicht genügen könnte und zudem die Finanzierung des öffentlich-rechtlichen Rundfunks gefährden würde.", VerfGH 55, 143 (154).

gründungsniveau letztlich nur in Nuancen von der vergleichspaarunabhängigen Willkürprüfung (dazu unten bei 11.). Obwohl der VerfGH gelegentlich auch die „neue Formel" des BVerfG wesentlich verwendet (oben Rn. 50 f.), hat es nicht den Anschein, dass der VerfGH wesentlich höhere Anforderungen an die sachliche Rechtfertigung von Differenzierungen als an das Willkürverbot stellt.

85   cc) Es wäre **wünschenswert,** wenn der VerfGH das Anforderungsniveau an die Begründung einer sachlich gerechtfertigten (Un-)Gleichbehandlung der Rechtsprechung des BVerfG angleichen würde, wenn der einschlägige Sachverhalt zugleich freiheitsrechtlich relevant ist. Mit anderen Worten: Je stärker eine (Un)Gleichbehandlung andere Grundrechte berührt, desto höher sollten die Anforderungen an Differenzierungsprogramm und -kriterien sein.

86   dd) Ein **Unterlassen** des Gesetzgebers als solches kann nicht gegen Art. 118 I verstoßen. Etwas anderes gilt im Falle **relativen** Unterlassens, wenn der Gesetzgeber es z. B. unterlässt, bestimmte Fälle oder Personengruppen in eine Regelung einzubeziehen, ohne dafür sachliche Gründe anführen zu können.[142]

87   ee) Art. 118 I hindert den Gesetzgeber nicht, Sonderregelungen für bestimmte Sachbereiche und für einen begrenzten Zeitraum zu erlassen, wenn besondere Umstände dies erfordern. Die BV kennt **kein Verbot des Einzelfallgesetzes.** Die Größe der von einer Regelung betroffenen Gruppe spielt keine Rolle, solange und soweit diese „sachgerecht abgegrenzt und in sich gleichartigen Regeln unterworfen ist".[143]

88   f) Angesichts der Beschränkung der Prüfungsdichte auf eine Evidenzkontrolle hat der VerfGH in den einschlägigen Entscheidungen ganz überwiegend einen Gleichheitsverstoß verneint, wie folgender **Überblick über die Rechtsprechung** zeigt:

89   aa) Mit dem Gleichbehandlungsgrundsatz für **vereinbar** hat der VerfGH u.a.[144] erklärt[145]:

90   (1) Im Bereich des **Abgabenrechts:**[146]
– die Erhebung und Ausgestaltung von Büchergeld für die Beschaffung von Schulbüchern[147],
– die von der Klassifizierung der Straßen abhängige unterschiedliche Belastung der Grundstückseigentümer mit Ausbaubeiträgen nach Art. 5 KAG[148],

---

[142] VerfGH 33, 1 (5).

[143] VerfGH 31, 17 (32).

[144] Berücksichtigt wird überwiegend die jüngere Rechtsprechung des VerfGH; s. zu früheren Entscheidungen auch die Übersicht bei *Stettner* (Fn. 1) Rn. 104.

[145] Die Rechtsprechung des BVerfG kann hier aus Raumgründen nicht dargestellt werden; vgl. dazu *Jarass/Pieroth,* Art. 3 Rn. 44 ff. zum Steuer- und Abgabenrecht (Rn. 44–53), Sozialrecht (Rn. 54–60), Arbeits- und Beamtenrecht (Rn. 61–65), Berufs- und Wirtschaftsrecht (Rn. 66), Prozessrecht (Rn. 67 ff.) und weiteren Rechtsgebieten (Rn. 71 ff.).

[146] In **grundsätzlicher Hinsicht** hat der VerfGH betont, dass der Gesetzgeber bei der Erschließung von Steuerquellen weitgehende Gestaltungsfreiheit habe, jedoch an den Gleichheitssatz gebunden sei, VerfGH 28, 59 (Ls. 3.a und b.). Der Steuergesetzgeber dürfe aus finanz-, sozial- oder kulturpolitischen Erwägungen Differenzierungen vornehmen – etwa bei der Vergnügungssteuer –, wenn diese durch ein öffentliches Interesse gerechtfertigt erscheinen und schutzwürdige Belange anderer nicht willkürlich vernachlässigt würden. Insbesondere Ausnahmen von einer Besteuerung müssen von sachlichen Gründen getragen sein, VerfGH 28, 59 (66 ff.); 29, 224 (228 ff.). Im Abgabenrecht komme dem Gleichheitssatz die Aufgabe zu, eine gleichmäßige Verteilung des Aufwands unter den Abgabepflichtigen zu erzielen – Grundsatz der Gleichmäßigkeit der Lastenverteilung, VerfGH BayVBl. 2007, 492 (496); vgl. auch VerfGH 60, 71 (79).

[147] VerfGH BayVBl. 2007, 492 (495) = VerfGH 60, 80. In dieser Entscheidung hat der VerfGH das „**Äquivalenzprinzip**" verfassungsrechtlich im Rechtsstaatsprinzip verankert, als „Grundsatz der Verhältnismäßigkeit im Abgabenrecht". Das Prinzip besage, dass die Gebühr nicht in einem Missverhältnis zu der vom Träger der öffentlichen Verwaltung erbrachten Leistung stehen dürfe. Die Gebührenhöhe habe sich am Wert des Vorteils auszurichten. Das Äquivalenzprinzip sei aber nur bei einer „gröblichen Störung des Ausgleichsverhältnisses" zwischen der Abgabe und dem Wert der Leistung verletzt.

[148] VerfGH 58, 1 (18).

- die Bemessung der Beiträge nach Art. 5 KAG nach der Grundstücksfläche[149],
- die Erhebung von Beiträgen nicht nur für baulich oder gewerblich, sondern auch für sonstig nutzbare Grundstücke[150],
- die Einbeziehung der Grundstückseigentümer und Erbbauberechtigten, nicht indes der Mieter und Pächter in die Beitragspflicht,[151]
- die Gleichsetzung der abstrakten Möglichkeit der Nutzung mit der konkreten Nutzung für die Bemessung der Abgabenhöhe[152],
- die Befreiung von der Rundfunkgebührenpflicht aus sozialen Gründen[153],
- die Regelungen im Rundfunkgebührenrecht, nach denen bestimmte Krankenhäuser, Altenwohnheime etc. von der Rundfunkgebührenpflicht befreit sind, für bestimmte Behinderteneinrichtungen eine solche Befreiung dagegen nicht vorgesehen ist (wegen persönlicher Befreiung Behinderter)[154],
- Art. 5 V 2 KAG, wonach die Vorauszahlung mit der endgültigen Beitragsschuld zu verrechnen ist, auch wenn der Vorauszahlende nicht beitragspflichtig ist[155],
- die Aufteilung der Gebühren für die Inanspruchnahme einer Abfallentsorgungseinrichtung in eine Grund- und eine Leistungsgebühr und die Verwendung eines Behältermaßstabs[156],
- die Anliegerregie bei Grundstücksanschlüssen nach Art. 9 V KAG[157],
- der Wechsel vom Beitragsmaßstab der vorhandenen Geschossfläche zu dem der zulässigen Geschossfläche in einer Beitragssatzung zur Entwässerungssatzung[158],
- die Abführung einer Tronc-Abgabe im Spielbankenrecht für gemeinnützige Zwecke[159],
- die Erhebung eines Fremdenverkehrsbeitrages nach Art. 6 KAG lediglich von selbständig Tätigen[160],
- Ausnahmeregelungen, die dazu führen, dass nur noch in etwa 20 % der vom Steuertatbestand erfassten Fälle eine Steuerpflicht besteht[161],
- die Bemessung von Rahmengebühren gemäß dem Kostengesetz nach dem mit der Amtshandlung verbundenen Verwaltungsaufwand und der Bedeutung für die Beteiligten[162],

---

[149] VerfGH 58, 1 (19); 16, 46 (50): Zulässigkeit des Frontmetermaßstabs für die Bemessung von Kanalanschlussgebühren bzw. Erschließungsbeiträgen (VerfGH 19, 89 [95]); vgl. auch VerfGH 21, 28 (Kanalanschlussgebühren); 29, 44 (Bemessung des Erschließungsbeitrages für Eckwohngrundstücke).

[150] VerfGH 58, 1 (29).

[151] VerfGH 30, 24 (26); 58, 1 (29).

[152] VerfGH 58, 1 (31); ähnlicher Fall in VerfGH 38, 1 („wirtschaftlicher Grundstücksbegriff").

[153] VerfGH 58, 271; vgl. auch VerfGH 31, 158 (163 ff.): kein Gleichheitsverstoß der Gebührenpflicht für Rundfunkzweitgeräte in gewerblich genutzten Fahrzeugen.

[154] VerfGH 55, 143 (154 ff.).

[155] VerfGH 59, 119 (124).

[156] VerfGH 59, 134 (140 ff.): Der Gleichheitssatz verlangt keine absolute mengen- oder gewichtsabhängige Gebührenbemessung. Es genügt ein Wahrscheinlichkeitsmaßstab.

[157] VerfGH 56, 178 (191).

[158] VerfGH 55, 1 (8 ff.): Der Beitragsmaßstab müsse geeignet sein, der unterschiedlichen Höhe der Vorteile der einzelnen Eigentümer gerecht zu werden; zu Entwässerungsgebühren auch VerfGH 29, 233 (237).

[159] VerfGH 42, 156 (169 ff.), wo der VerfGH die Tronc-Abgabe als zulässige Sonderabgabe qualifiziert.

[160] VerfGH 38, 190 (193).

[161] VerfGH 34, 31 (37 ff.): Grunderwerbsteuer. Die weite Gestaltungsfreiheit, die der Gesetzgeber bei der Erschließung von Steuerquellen habe, umfasse auch die Befugnis, in größerem Umfang aus sachlich gerechtfertigten Gründen Steuerbefreiungen vorzusehen, so auch VerfGH 28, 59 (68); 29, 224 (231). Werde ein Steuergesetz allerdings durch zahlreiche Ausnahmeregelungen für den Bürger nur noch schwer überschaubar, könne dies unter dem Aspekt des Rechtsstaatsprinzips verfassungsrechtlichen Bedenken begegnen, dazu VerfGH 34, 31 (39).

[162] VerfGH 20, 21 (30 ff.).

– die Erhebung einer Feuerwehrabgabe nach Art. 4 KAG nur von Männern einer bestimmten Altersgruppe[163],
– die Besteuerung der Hundehaltung.[164]

91 (2) Im Bereich des **Sicherheitsrechts, Umweltrechts, Gesundheitsschutzes etc.**:
– Übergangsregelungen im Bereich der Bekämpfung der Gefährlichkeit von Kampfhunden[165],
– Verbote in Naturschutzgebieten, Naturparken etc. außerhalb gewidmeter Straßen
und Wege zu reiten[166],
– die Gleichstellung staatlich geprüfter Techniker und bestimmter Handwerksmeister
mit Architekten im Hinblick auf die Bauvorlageberechtigung in bestimmten Fällen[167],
– der Anschlusszwang an die kommunale Abfallentsorgung auch bei nur zeitweiliger
Wohnnutzung eines Anwesens[168],
– die Ausnahmeregelung für die Fischerei bei Beschränkungen des Gemeingebrauchs
an einem oberirdischen Gewässer[169],
– die Differenzierung bei Rauchverboten zwischen bestimmten Personengruppen
(zwischen solchen, die mit der Behandlung von Lebensmitteln befasst sind, und solchen, die sich in Goiräumen aufhalten).[170]

92 (3) Im Bereich des **Bauplanungsrechts** betont der VerfGH den „weiten Gestaltungsspielraum einer Gemeinde bei Aufstellung eines Bebauungsplans", wobei dieser freilich im
Hinblick auf die Bebauungsbeschränkungen auch an Art. 103 I zu messen ist.[171]

93 (4) Im Bereich des **Bauordnungsrechts** z. B. die Stellplatzpflicht.[172]

94 (5) Im Bereich des **Beamtenrechts**[173]:
– die Verlängerung der Arbeitszeit für Beamte auf 42 Stunden/Woche, nicht indes für
andere Arbeitnehmer im öffentlichen Dienst des Freistaates Bayern, weil die „jeweiligen Rechtsverhältnisse verschiedenen Ordnungsbereichen angehören"[174],
– die Differenzierung in der Bemessung der Arbeitszeit für Beamte nach Altersgruppen[175],
– die Anknüpfung der Gewährung des Kinderzuschlags zur Ballungsraumzulage für
Beamte und Richter an den tatsächlichen Bezug von Kindergeld[176],
– die Eingruppierung des Amtes eines Universitätskanzlers in die Besoldungsgruppe
B 2[177],

---

[163] VerfGH 32, 18 (26); Art. 4 KAG wurde indes vom BVerfG mit Beschluss vom 21.1.1995 (BGBl.
I S. 601) für nichtig erklärt wegen Verstoßes gegen Art. 3, 105 II GG.
[164] VerfGH 29, 15 (21 ff.).
[165] VerfGH 57, 84 (100 ff.); vgl. auch VerfGH 47, 207 (226 ff.).
[166] VerfGH 55, 160 (172); 51, 94 (105); 49, 1 (4); 48, 109 (114).
[167] VerfGH 52, 9 (17); 31, 1 (16).
[168] VerfGH 49, 21 (22); vgl. auch VerfGH 20, 183 (189); 22, 138 (144).
[169] VerfGH 43, 67 (79).
[170] VerfGH 42, 188 (194 f.).
[171] VerfGH 58, 94 (102); 54, 36 (43 ff.); 48, 99 (105); 44, 5 (7); 41, 59 (67); 39, 17 (26); 36, 1 (10) und
öfter.
[172] VerfGH 44, 33 (39).
[173] Art. 118 I findet neben Art. 95 I Anwendung: vgl. nur VerfGH 48, 137 (142) m. w. N.; 46, 104
(109); 45, 97 (101); 45, 143 (147); 41, 119 (122); 39, 56 (58); 31, 212 (218); 25, 1 (8); 25, 74 (79); 22, 63 (68);
21, 50 (55); 20, 51 (55); 17, 46 (57) und öfter. Zur Zulässigkeit von Wiederbesetzungssperren bei Be-
amten- und Richterstellen durch das Haushaltsgesetz VerfGH 38, 96 (106).
[174] VerfGH 58, 196 (205) mit Hinweis auf VerfGH 48, 87 (96); VerfGH Rheinland-Pfalz, NVwZ-
RR 1997, 507.
[175] VerfGH 58, 196 (205), auch im Hinblick auf die Teilzeitbeschäftigung.
[176] VerfGH 55, 57 (62).
[177] VerfGH 51, 170 (174).

- die unterschiedliche beamtenrechtliche Behandlung von hauptamtlichen Lehrpersonen der Bayerischen Beamtenfachhochschule und Professoren[178],
- die Herausnahme von Kosten für Schutzimpfungen aus Anlass privater Auslandsreisen aus der Erstattungsfähigkeit im Rahmen der beamtenrechtlichen Beihilfe[179],
- die Erstreckung einer Ballungsraumzulage nach Art. 86 b BayBG auf weitere Besoldungsgruppen[180],
- die amtsangemessene und nach Ämtern gestufte Besoldung von Beamten und Richtern[181],
- die Differenzierung von Gemeinden nach der Einwohnerzahl im Hinblick auf die Kommunal-Stellenobergrenzenverordnung[182],
- die unterschiedliche Ausgestaltung des Urlaubsrechts im Beamten- und allgemeinen Arbeitsrecht[183],
- die politische Mäßigungspflicht von Beamten (im Vergleich u. a. zu Abgeordneten)[184],
- der Ausschluss vorbestrafter Bewerber von der Teilnahme an Staatsprüfungen.[185]

(6) Die unterschiedlichen Anforderungen an das jeweilige **Verfahren zur Änderung** 95
der Verfassung (Koppelungsverbot bei vom Volk initiierten verfassungsändernden Gesetzen, kein Koppelungsverbot beim nachgeschalteten Volksentscheid nach Art. 75 II 2).[186]

(7) In **sonstigen Rechtsbereichen:** 96
- die probeweise Abschaffung des Widerspruchsverfahrens[187],
- die Regelungen des Bayerischen Schwangerenberatungsgesetzes, nach denen Beratungsstellen, die – wie die der Katholischen Kirche – keine Beratungsbescheinigung ausstellen, keine öffentlichen Zuschüsse und Zuweisungen erhalten[188],
- die Einführung des achtjährigen Gymnasiums („G8")[189],
- Honorarverteilungsmaßstäbe im Arztrecht[190],
- die Erstattung von Schulwegkosten erst ab einer bestimmten Entfernung[191] oder über einer bestimmten Belastungsgrenze[192],
- die Pflicht zur Zahlung eines Mindestgrundbeitrages in der Rechtsanwaltsversorgung[193],
- die Begrenzung der Antragsbefugnis nach Art. 48 VfGHG[194],

---

[178] VerfGH 50, 1 (8).
[179] VerfGH 48, 29 (32 ff.).
[180] VerfGH 48, 137 (142) m. w. N.: weite Gestaltungsfreiheit im Besoldungsrecht. Die besoldungsrechtliche Regelung dürfe aber nicht in einer Weise inkonsequent sein, dass ein darin zum Ausdruck gebrachtes System im einzelnen willkürlich wieder durchbrochen würde.
[181] VerfGH 20, 51 (55); vgl. auch VerfGH 21, 14 (23); 21, 50 (54 ff.); 22, 12 (15 ff.); 22, 110 (116 ff.); 23, 200 (207); 24, 128 (134); 25, 1 (8): Stellenzulagen für „herausgehobene Dienstposten"; 25, 74 (78): Besoldung wissenschaftlicher Assistenten; 27, 166 (169): Besoldung Akademischer Räte.
[182] VerfGH 46, 104 (109); 45, 97 (101).
[183] VerfGH 41, 119 (122); vgl. zum Urlaubsrecht der Beamten auch VerfGH 9, 141 (145).
[184] VerfGH 37, 140 (146).
[185] VerfGH 21, 59 (62 ff.).
[186] VerfGH 58, 253 (264); s. dazu auch Rn. 8, 9 zu Art. 2.
[187] VerfGH 59, 219 (228 ff.). Durch das Gesetz zur Änderung des AGVwGO vom 22. 6. 2007 (GVBl S. 390) ist das Widerspruchsverfahren nunmehr weitgehend abgeschafft.
[188] VerfGH 59, 1 (11); dazu die kritische Anmerkung von *Richardi*, NJW 2006, 1036; dagegen überzeugend *P. M. Huber*, NJW 2007, 2374.
[189] VerfGH 59, 63 (75).
[190] VerfGH 59, 80 (101 ff.); 56, 148 (173); 51, 67 (69); 51, 74 (82, 86, 93); 42, 174 (185).
[191] VerfGH 57, 156 (158 ff.).
[192] VerfGH 43, 1 (9 ff.); vgl. auch VerfGH 43, 81 (84); 37, 126 (132). Zum Schulgeld s. auch Entsch. v. 9. Oktober 2007, Vf. 14-VII-06.
[193] VerfGH 52, 79 (86); ähnlich bereits VerfGH 12, 14 (19) für Mindestbeiträge zur bayerischen Ärzteversorgung.
[194] VerfGH 45, 3 (7).

- die Anknüpfung an die Personensorge[195] und an die Staatsangehörigkeit[196] für den Bezug von Landeserziehungsgeld,
- die unterschiedliche Wiederholbarkeit von Prüfungen in verschiedenen Studiengängen[197],
- Härteklauseln im Regelungskomplex der Hochschulzulassung[198],
- unterschiedlich hohe Anforderungen hinsichtlich der Lateinkenntnisse für verschiedene Lehramtsstudiengänge[199],
- Regelungen im Rahmen der Privatschulfinanzierung[200],
- Regelungen einer Marktsatzung, die die Abweisung eines Bewerbers aus sachlichen Gründen zulässt[201],
- die Festlegung von Feiertagen unter Berücksichtigung der großen christlichen Kirchen[202],
- die Zulassung von Ausnahmen vom Rauchverbot an Schulen[203],
- die Festlegung von Mindestteilnehmerzahlen bei der Einrichtung von Leistungskursen in der gymnasialen Oberstufe[204],
- Regelungen über die Entschädigung von Abgeordneten[205],
- schulrechtliche Vorschriften über die Berücksichtigung von Legasthenie[206] sowie über den Beginn der Schulpflicht[207],
- die Aufstellung von Mindestanforderungen für die Teilnahme an der Prüfung für den qualifizierenden Hauptschulabschluss[208],
- Differenzierungen zwischen Ärzten und Apothekern[209],
- Straßenreinigungspflichten[210],
- die Zuerkennung der (allgemeinen oder fachgebundenen) Hochschulreife (Hochschulzugang)[211],
- die Anknüpfung an die Sehschärfe als Voraussetzung für die Gewährung von Pflegegeld an Zivilblinde.[212]

97   bb) Einen **Verstoß** gegen den Gleichbehandlungsgrundsatz hat der VerfGH z. B. in folgenden Fällen angenommen:
- bei Honorarverteilungsmaßstäben der Kassenärztlichen Vereinigung Bayerns, die bei Honorarbegrenzungsregelungen keine Differenzierungsmöglichkeit für Ärzte mit einer im Vergleich zu ihrer Arztgruppe besonderen Praxisstruktur vorsehen[213],

---

[195] VerfGH 50, 67 (72).

[196] VerfGH, Entsch. v. 19. Juli 2007, Vf. 6–V–06: „Staatsangehörigkeit" ist als solche kein unzulässiges Differenzierungskriterium, wenn dahinter ein sachgerechtes Regelungskonzept steht.

[197] VerfGH 41, 4 (11); 41, 17 (22).

[198] VerfGH 38, 152 (159 ff.); vgl. zur Hochschulzulassung bereits VerfGH 17, 30 (42).

[199] VerfGH 37, 43 (47).

[200] VerfGH 37, 148 (160).

[201] VerfGH 36, 93 (101).

[202] VerfGH 35, 10 (20); vgl. auch VerfGH 13, 45 (49 ff.) und 21, 67 (70 ff.; 74 ff.).

[203] VerfGH 35, 90 (97).

[204] VerfGH 35, 126 (134).

[205] VerfGH 35, 148 ff.

[206] VerfGH 34, 14 (26).

[207] VerfGH 23, 181 (189).

[208] VerfGH 34, 106 (116).

[209] VerfGH 8, 107 (111).

[210] VerfGH 20, 73 (78); VGH BayVBl. 2007, 558 ff.

[211] VerfGH 28, 184 (190 ff.). Der VerfGH räumt dem Gesetzgeber bei der Ausgestaltung des Hochschulzugangs einen weiten Ermessensspielraum ein, jedoch haben sich die inhaltlichen Anforderungen auch an dem betreffenden Studiengang zu orientieren, s. auch Rn. 49 zu Art. 101.

[212] VerfGH 29, 33 (35).

[213] VerfGH 54, 47 (54 ff.): ein solches Differenzierungsgebot hat der VerfGH aus „Art. 101 in Verbindung mit Art. 118 I" abgeleitet; vgl. dazu auch Rn. 78 f. vor Art. 98 zum grundrechtsgebotenen Dispens.

- im Landeserziehungsgeldrecht, wenn die Bezieher von Einkünften aus Vermietung und Verpachtung bei der Ermittlung des für die Gewährung von Landeserziehungsgeld maßgebenden Einkommens gegenüber den Beziehern anderer Einkünfte bevorzugt werden,[214]
- die Festsetzung unterschiedlicher Abgabesätze für verschiedene Spielbanken trotz gleichen Troncaufkommens[215],
- im Zusammenhang mit den Bestimmungen über die Berufsschulpflicht und über die Schulsprengelbildung durch das Unterlassen einer Regelung über die Freistellung von Mehrkosten berufsschulpflichtiger Berufsschüler für eine notwendige auswärtige Unterbringung[216],
- im Rahmen von Regelungen über den Schulgeldersatz[217],
- die Einbeziehung von Eigentümern von Hinterliegergrundstücken in die Straßenreinigungspflicht nur, wenn diese mit Reihenhäusern bebaut sind.[218]

8. Der allgemeine Gleichbehandlungsgrundsatz in der Exekutive

Art. 118 I bindet auch die Exekutive (Gubernative und die Administrative) in der Modalität der **Rechtsanwendungsgleichheit.**[219] **98**

a) Gelangt eine Behörde bei der Anwendung einer Rechtsnorm zur Auffassung, diese **99** verstoße gegen Art. 118 I, gilt das in Rn. 20 und 23 zu Art. 3 Gesagte. Ein Verwaltungsakt, der auf eine gegen Art. 118 I verstoßende Norm gestützt wird, ist seinerseits rechtswidrig.

b) Darüber hinaus hat die Exekutive bei ihren planerischen, informationellen, eingrei- **100** fenden oder sonst regelnden oder steuernden Maßnahmen Art. 118 I in der Modalität des vergleichspaarbezogenen **Gleichbehandlungsgebots** im Rahmen ihres Handlungsspielraums (Ermessen, Auslegung unbestimmter Rechtsbegriffe) zu beachten.[220] Bereits in einer sehr frühen Entscheidung hat der VerfGH betont, dass jedermann ein subjektiv öffentliches verfassungsmäßiges Recht darauf habe, dass sich die vollziehenden Behörden ihm gegenüber der Norm des Art. 118 I gemäß verhalten.[221] Zu den Maßstäben und dem „Prüfungsschema" gilt das oben in den Rn. 68 ff. Gesagte entsprechend.

c) Aus Art. 118 I folgt insbesondere der Grundsatz der **Selbstbindung der Verwal-** **101** **tung.** Sachgrundlose Abweichungen von einer ständigen oder als ständig konzipierten rechtmäßigen Verwaltungspraxis oder von Verwaltungsvorschriften (dazu Rn. 56 ff. zu Art. 55) stellen einen Verstoß gegen Art. 118 I dar.[222] Allerdings gewährt Art. 118 I keinen Anspruch auf Aufrechterhaltung einer bestimmten Verwaltungspraxis. Stellen sich Verwaltungspraxis oder Verwaltungsvorschriften als rechtswidrig dar, besteht kein Anspruch auf Aufrechterhaltung der rechtswidrigen Praxis. Geht die Exekutive zu rechtmäßigem Handeln über, so liegt darin kein Verstoß gegen Art. 118 I (keine Gleichheit im Unrecht, s. oben Rn. 42).

9. Der allgemeine Gleichbehandlungsgrundsatz in der Rechtsprechung

a) Auch die Landesgerichte sind an Art. 118 I gebunden und zwar nicht nur an das **102** **allgemeine Willkürverbot,** das in Bezug auf die Überprüfung von landesgerichtlichen

---

[214] VerfGH 46, 14 (19).
[215] VerfGH 42, 156 (172 f.).
[216] VerfGH 40, 45 (50); in dieser Entscheidung hat der VerfGH die „neue Formel" des BVerfG verwendet (vgl. Ls. 2); dazu oben Rn. 50 f.
[217] VerfGH 36, 25 (36) vgl. auch VerfGH 5, 243 (262).
[218] VerfGH 22, 146 (150 f.).
[219] So bereits VerfGH 2, 9 (12); *Stettner* (Fn. 1) Rn. 88.
[220] VerfGH 59, 195 (198): „*Der Gleichheitssatz gebietet den Gerichten und Behörden, jedermann bei Gleichheit der tatsächlichen Verhältnisse und der Gleichheit der Rechtslage gleichzubehandeln.*"
[221] VerfGH 2, 9 (Ls. 1).
[222] VerfGH 15, 21; 39, 63 (66).

Entscheidungen praktisch im Mittelpunkt steht (dazu bereits oben Rn. 8 sowie unten Rn. 119 ff.), sondern auch an den **vergleichspaarbezogenen Gleichbehandlungs-grundsatz.**[223] Die Gerichte haben bei ihren Entscheidungen jedermann bei Gleichheit der tatsächlichen Verhältnisse und der Rechtslage gleichzubehandeln. Gibt ein Gericht z. B. der Zahlungsklage eines Klägers statt und weist es die eines anderen Klägers trotz gleicher Sach- und Rechtslage ab (etwa bei einem einheitlichen Unfallgeschehen), liegt darin ein Verstoß gegen den Gleichbehandlungsgrundsatz vor. Zu den Folgen dieses Verstoßes s. Rn. 85 vor Art. 98. Eine Verletzung des Art. 118 I liegt auch dann vor, wenn die **Auslegung** eines Gesetzes durch ein Gericht zu einer Unterscheidung führt, die wegen des allgemeinen Gleichbehandlungsgrundsatzes auch dem Gesetzgeber verwehrt wäre.[224]

103   b) Zum Problem der **Überprüfbarkeit** von landesgerichtlichen Entscheidungen, die in einem bundesrechtlich geregelten Verfahren oder auf Grund von materiellem Bundesrecht ergehen, am Maßstab der Grundrechte der BV und des Art. 118 I s. bereits oben Rn. 8 f. sowie Rd. 134 ff. vor Art. 98.

104   c) Die **Fehlerhaftigkeit** einer gerichtlichen Entscheidung alleine begründet indes noch keinen Verstoß gegen das Gleichbehandlungsgebot.[225] Der VerfGH ist **keine Super-revisionsinstanz,** die alle gerichtlichen Entscheidungen noch einmal vollumfänglich nachprüfen könnte. Eine **Änderung der Rechtsprechung** stellt nur dann einen Verstoß gegen den Gleichbehandlungsgrundsatz dar, wenn dies zu Lasten einer Partei aus unsachlichen Gründen geschieht, zumal in Ansehung einer bestimmten Person. Dabei ist ein strenger Maßstab anzulegen, da es gerade auch Aufgabe der Gerichte ist, das Recht fortzuentwickeln. Eine Bindung an rechtsfehlerhafte Entscheidungen besteht ohnehin nicht (keine Gleichheit im Unrecht; s. oben Rn. 42).[226] Grundsätzlich kann kein Prozessbeteiligter davon ausgehen, dass ein Gericht an einer umstrittenen oder nicht zweifelsfrei gebotenen Rechtsauffassung festhält.[227] Eine **Hinweispflicht** dürfte allerdings insoweit regelmäßig aus dem rechtsstaatlichen Grundsatz des fairen Verfahrens (Rn. 62 zu Art. 3) geboten sein[228] (Verbot der sog. „Überraschungsentscheidung"[229]).

105   d) Auch eine unterschiedliche Rechtsanwendung und -auslegung durch **verschiedene Gerichte** (etwa eine unterschiedliche Strafzumessung verschiedener Strafgerichte) stellt keinen Verstoß gegen Art. 118 I dar, wenn nur die einzelnen Entscheidungen sachgerecht und willkürfrei sind.[230] Eine Bindung des einen Richters an das Judikat eines anderen, im Instanzenzug nicht übergeordneten Richters würde zwangsläufig dem ebenfalls verfassungsrechtlich gebotenen Prinzip der **richterlichen Unabhängigkeit** widersprechen (Art. 85). Für ein Mindestmaß an Homogenität in der Rechtsprechung sorgen der Instanzenzug und die Rechtsprechungspraxis der Berufungs- und Revisionsgerichte.

10. Folgen von Verletzungen des allgemeinen Gleichbehandlungsgrundsatzes

106   a) Verstoßen **Rechtssätze des Landesrechts** (Gesetze, Verordnungen, Satzungen) gegen den vergleichspaarbezogenen Gleichbehandlungsgrundsatz, ist die Rechtsfolge – anders als bei Verletzungen von Freiheitsrechten (dazu Rn. 83 vor Art. 98)[231] – regelmäßig nicht die Nichtigkeit des Rechtssatzes:

---

[223] *Stettner* (Fn. 1) Rn. 94; VerfGH 3, 4 (8); 10, 49 (52); 54, 13 (23).

[224] VerfGH 54, 178 (180).

[225] VerfGH 58, 266 (268); 19, 30 (34).

[226] VerfGH 15, 21.

[227] VerfGH 42, 79 (83). Aus Art. 118 I folgt grundsätzlich keine Selbstbindung der Gerichte bei Rechtsanwendung und Rechtsfortbildung.

[228] VerfGH 58, 184 (188).

[229] VerfGH 42, 65 (71); 55, 137 (139) – verankert in Art 91 I.

[230] VerfGH 12, 131 (139); 18, 104 (107); 23, 6 (9); 42, 65 (71); 45, 118 (123); 57, 7 (Ls.).

[231] VerfGH 56, 198 (206); 50, 181 (209); 45, 54 (65).

aa) Die **Beseitigung** eines vergleichspaarbezogenen Gleichheitsverstoßes kann auf **107** **mehrerleiweise** erfolgen[232]: Die eine Seite (Person/Personengruppe) kann wie die andere behandelt werden oder umgekehrt oder beide können anders, auf eine dritte Weise behandelt werden.

bb) Die Gleichheitskonformität einer **gleichheitswidrigen Belastung** (etwa einer Ab- **108** gabe) kann dadurch hergestellt werden, dass der Normgeber die Belastung aufhebt **(Kassation),** sie auch dem bislang gleichheitswidrig nicht oder in anderer Intensität Belasteten in gleichheitskonformer Weise auferlegt **(Erstreckung)** oder beiden in gleichheitskonformer Weise eine andere Belastung auferlegt **(gleichheitskonformer Alternativakt).**

cc) Eine **gleichheitswidrige Begünstigung** kann der Normgeber ebenfalls entweder **109** kassieren, auf den bislang nicht Begünstigten erstrecken oder er kann beide auf andere, gleichheitskonformerweise begünstigen.

dd) Der **VerfGH** kann im Rahmen der Normenkontrolle (nach Art. 98 S. 4, Art. 65 **110** i.V.m. 92 oder nach Art. 75 III) den gleichheitswidrigen Rechtssatz regelmäßig **nicht für nichtig** erklären, also kassieren, weil er damit in den Rechtsetzungsspielraum des Normgebers eingriffe[233], hätte dieser doch zusätzlich die Möglichkeiten der Erstreckung oder des gleichheitskonformen Alternativaktes. Der VerfGH **stellt** daher bei gleichheitswidrigen Rechtssätzen lediglich die **Verfassungswidrigkeit fest** und gibt dem Gesetzgeber auf, binnen einer bestimmten Frist für einen verfassungskonformen Zustand zu sorgen, bzw. bis dahin den Rechtssatz in einer bestimmten Weise anzuwenden (dazu auch Rn. 83 vor Art. 98).[234]

ee) Anderes gilt **ausnahmsweise** dann, wenn aus tatsächlichen oder verfassungsrecht- **111** lichen Gründen nur die Kassation oder nur die Erstreckung in Betracht kommt. Das kann in folgenden Konstellationen der Fall sein:

(1) Die gleichheitswidrige Belastung verstößt **auch gegen Freiheitsrechte,** so dass **112** eine Erstreckung und auch eine Alternativbelastung nicht in Betracht kommen. Hier kann der VerfGH die Regelung für nichtig erklären.

(2) Die Gleichheitswidrigkeit einer **Begünstigung** besteht darin, dass grundsätzlich **113** alle Personen die Begünstigung erhalten (etwa eine Sozialleistung) und durch einen speziellen Rechtssatz eine Personengruppe gleichheitswidrig ausgenommen ist. Kommt die Kassation aus verfassungsrechtlichen Gründen nicht in Betracht (weil z. B. ein verfassungsrechtlicher Anspruch auf die Begünstigung besteht) oder ist sie aus politischen Gründen tatsächlich nicht zu erwarten[235], so kann der VerfGH die gleichheitswidrige Versagung der Begünstigung (ex tunc) für nichtig erklären und damit die Begünstigung auch auf die bislang gleichheitswidrig Ausgeschlossenen erstrecken.[236]

ff) Zu den **Rechtsschutzmöglichkeiten** gegen gleichheitswidrige Rechtssätze s. **114** Rn. 83 vor Art. 98.

b) **Gleichheitswidrige Verwaltungsakte** sind rechtswidrig, zu den Konsequenzen s. **115** Rn. 84 vor Art. 98. Es ist wie folgt zu unterscheiden:

aa) Ist die Gleichheitswidrigkeit bereits in dem dem VA zu Grunde liegenden **Rechts-** **116** **satz** begründet, so ist der eine **gleichheitswidrige Belastung** enthaltende VA nur aufhebbar, wenn der Rechtssatz durch ein zuständiges Gericht (VerfGH, BVerfG, VGH) für nichtig erklärt worden ist oder im Rahmen der konkreten Normenkontrolle nach Art. 65, 92 bzw. Art. 100 I GG für nichtig erklärt werden könnte. Dies ist jedoch nur ausnahms-

---

[232] Prägnant *Pieroth/Schlink,* Grundrechte, 23. Aufl. 2007, Rn. 479 ff.; *Jarass/Pieroth,* Art. 3 Rn. 40 ff.

[233] VerfGH 19, 121 (128); 40, 45 (52); 56, 198 (207) im Falle des Verstoßes gegen das Rechtsstaatsprinzip.

[234] VerfGH 29, 224 (233); 33, 1 (5); 36, 25 (40); 42, 156 (173); 45, 54 (66); Entsch. v. 19. Juli 2007, Vf. 6-V-06; *Jarass/Pieroth,* Art. 3 Rn. 41 a m. w. N. zur Rechtsprechung des BVerfG.

[235] Etwa weil der Normgeber zu erkennen gibt, dass er an dem betreffenden Regelungssystem (z. B. im Beamten- oder Sozialrecht) festhalten will; *Pieroth/Schlink* (Fn. 232), Rn. 486.

[236] BVerfGE 22, 349 (360). In diesem Fall besteht mithin ein verfassungsrechtlicher Anspruch auf ein Tätigwerden des Normgebers, vgl. VerfGH 39, 87 (92); 33, 1 (4).

weise der Fall (s. oben Rn. 106 ff.). Wird der Rechtssatz übergangsweise für weiter anwendbar erklärt, ist ein darauf gestützter VA rechtmäßig. Im Falle der **gleichheitswidrigen Vorenthaltung einer Begünstigung** kann zwar die Versagung angegriffen werden, womit indes die Begünstigung noch nicht erreicht wird. Dafür bedarf es vielmehr einer Rechtsgrundlage. Eine Versagungsgegenklage hat mithin nur dann Erfolg, wenn der Normgeber die Begünstigung erstreckt, wozu er aus Art. 118 I nicht ohne Weiteres verpflichtet ist (dazu Rn. 113).

117   bb) Ist der **VA als solcher gleichheitswidrig,** ist er rechtswidrig und damit aufhebbar, im Fall der gleichheitswidrigen Belastung im Rahmen der Anfechtungsklage. Im Fall der gleichheitswidrigen Versagung einer Begünstigung kommt die Versagungsgegenklage in Betracht.

118   c) Zu den Konsequenzen **gleichheitswidriger Gerichtsentscheidungen** s. Rn. 85 vor Art. 98.

11. Der allgemeine Willkürabwehranspruch

119   a) Art. 118 I verbürgt auch einen **vergleichspaarunabhängigen allgemeinen Willkürabwehranspruch** (dazu bereits Rn. 7). Jeder hat einen Anspruch darauf, nicht willkürlich behandelt zu werden, unabhängig davon, wie ein anderer behandelt wird. Dieser Anspruch besteht gegenüber der Legislative, der Exekutive wie der Judikative und wird in der Praxis häufig mit der Popularklage und der Verfassungsbeschwerde geltend gemacht. Die **Erfolgsaussichten** sind regelmäßig **gering,** da der **VerfGH strenge Anforderungen an die Annahme eines Verstoßes gegen das Willkürverbot** aufstellt. Ein solcher liegt nur vor, wenn der in Frage stehende Rechtsakt *„schlechterdings unhaltbar, offensichtlich sachwidrig, unter keinem rechtlichen Gesichtspunkt vertretbar, eindeutig unangemessen"* ist.[237] Auf ein Verschulden oder eine subjektive Zurechnung des willkürlichen Aktes kommt es nicht an, es genügt Willkür *„in objektivem Sinn".*[238]

120   b) Das Willkürverbot als allgemeine – nicht vergleichspaarbezogene – Schranke wirkt auch gegenüber dem **Normgeber.**[239] Allerdings übt der VerfGH bei der Überprüfung des Willkürverbots gegenüber dem Normgeber **besondere Zurückhaltung.**[240] Es bleibe grundsätzlich dem Ermessen des Normgebers überlassen, zu entscheiden, in welcher Weise den allgemeinen Gedanken der Angemessenheit, Billigkeit und Zweckmäßigkeit Rechnung zu tragen sei. Nur wenn die äußersten Grenzen dieses Ermessens überschritten seien, wenn für die getroffene Regelung jeder sachlich einleuchtende Grund fehle, könne das Willkürverbot verletzt sein.[241] Es genügt ein sachlich vertretbarer Grund, ein „zwingender" Grund muss nicht vorliegen.[242] Der VerfGH unterscheidet streng – strenger als das BVerfG – zwischen politischen und verfassungsrechtlichen Erwägungen. Erstere könnten vom ihm nicht überprüft werden.[243] Es komme darauf an, ob *„aus objektiver Sicht sachgerechte Gründe für die betreffende Regelung bestehen; es führt dagegen grundsätzlich nicht zur Verfassungswidrigkeit einer Norm, wenn es der Normgeber versäumt hat, tatsächliche Ermittlungen und fachliche Abwägungen vorzunehmen, oder wenn er die für den Erlass der Norm maßgebenden Gründe nicht ausreichend dargelegt hat".*[244] Diese **rein objektive Betrachtung** des VerfGH ist **pro-**

---

[237] VerfGH 58, 266 (268); 58, 37 (41); 40, 144 (148).

[238] VerfGH 53, 35 (38).

[239] VerfGH 58, 196 (207); 55, 85 (93).

[240] VerfGH 58, 196 (207).

[241] VerfGH 58, 212 (239); 58, 196 (207). Andere Formulierung in VerfGH 34, 180 (195); 39, 17 (25); 59, 109 (115): *„Hat sich der Normgeber bei einer Kollision verschiedener Belange für die Bevorzugung des einen und damit notwendigerweise für die Zurückstellung anderer Belange entschieden, so liegt ein Verstoß gegen Art. 118 I BV nur dann vor, wenn sich ein sachgerechter Grund für die getroffene Regelung bei einer am Gerechtigkeitsgedanken orientierten Betrachtungsweise schlechterdings nicht finden lässt."*

[242] VerfGH 58, 212 (239).

[243] VerfGH 58, 212 (239).

[244] VerfGH 58, 212 (239); 59, 219 (228). Strenge Anforderungen stellt der VerfGH insoweit bereits im Rahmen der Zulässigkeit einer Popularklage: Die Rüge einer Verletzung des allgemeinen Willkür-

blematisch, da sie dem Normgeber einen Freibrief zur (subjektiven) Willkür ausstellt, wenn sich (nachträglich) nur irgendein objektiver Sachgrund dartun lässt, auf den es dem Gesetzgeber möglicherweise indes gar nicht ankommt.

aa) Einen **Verstoß** des Normgebers **gegen das Willkürverbot** hat der VerfGH z. B.   **121** in folgenden Fällen **verneint:**
- Verlängerung der Wochenarbeitszeit für Beamte auf 42 Stunden ohne Bezügeausgleich[245],
- Abschaffung des Bayerischen Obersten Landesgerichts[246] sowie die Verlagerung von drei Senaten des VGH nach Ansbach[247],
- probeweise Abschaffung des Widerspruchsverfahrens[248],
- Genehmigungsvoraussetzungen für die Zulassung privater Rundfunkanbieter nach Art. 26 BayMG[249],
- Organisationsakte im Rahmen der kommunalen Neugliederung[250],
- Ausschluss von Personen vom Wahlrecht, für die eine Betreuung zur Besorgung aller Angelegenheiten angeordnet worden ist[251],
- die Neueinteilung der Stimmkreise für die Landtagswahlen[252],
- Ausweisung von geschützten Landschaftsbestandteilen.[253]

bb) Einen **Verstoß** des Normgebers **gegen das Willkürverbot** hat der VerfGH z. B.   **122** in folgenden Fällen **bejaht:**
- bei einem Bebauungsplan, wenn die Gemeinde bei der Abwägung nach § 1 VII BauGB die sich aus Art. 141 I 4 BV ergebenden Anforderungen „in krasser Weise" verkennt[254],
- die Festsetzung der Abgeordnetenentschädigung „in völlig unangemessener Höhe" würde gegen das Willkürverbot verstoßen.[255]

c) Auch die **Exekutive** ist an Art. 118 I in der Modalität des allgemeinen Willkürverbo-   **123** tes gebunden. Für **Gnadenentscheidungen** s. bereits Rn. 21 zu Art. 47 m. w. N. Verwaltungsakte, die im **verwaltungsgerichtlichen Verfahren bestätigt** wurden, können nur in engen Grenzen anhand des Willkürverbotes vom VerfGH überprüft werden.[256] Dieses kann nur dann verletzt sein, „wenn in der angegriffenen, auf Landesrecht beruhenden Entscheidung der Wertgehalt einer ein subjektives Recht verbürgenden Norm der BV und ihre Ausstrahlungswirkung auf das einfache Recht verkannt worden wären".[257] Das Willkürverbot ist durch eine behördliche Entscheidung nicht schon dann verletzt, wenn die Rechtsanwendung oder das eingeschlagene Verfahren fehlerhaft sind. Hinzukommen

---

verbots ist nicht schon dann zulässig, wenn lediglich behauptet wird, dass eine Regelung willkürlich sei. Der VerfGH müsse anhand von substantiiert bezeichneten Tatsachen und Vorgängen beurteilen können, ob für die angegriffene Regelung schlechthin jeder einleuchtende Grund fehle: VerfGH 38, 198 (Ls. 4).

[245] VerfGH 58, 196 (207): Das Ziel der Haushaltskonsolidierung sei ein sachlich gerechtfertigter Grund.

[246] VerfGH 58, 212 (239, 241 ff.); s. auch Rn. 54 ff. zu Art. 3, Rn. 10 zu Art. 5, Rn. 9 zu Art. 47 sowie Rn. 9 zu Art. 178.

[247] VerfGH 48, 17 (22) zu Art. 1 I 3 AGVwGO.

[248] VerfGH 59, 219 (228 ff.). Durch das Gesetz zur Änderung des AGVwGO vom 22. Juni 2007 (GVBl S. 390) ist das Widerspruchsverfahren nunmehr weitgehend abgeschafft.

[249] VerfGH 56, 1 (11).

[250] VerfGH 56, 57 (63); 52, 66 (77); 40, 14 (22); 40, 29 (41); 40, 154 (164); 36, 15 (24); 36, 136 (139); 35, 50 (53); 31, 44 (68); 29, 1 (7); 28, 88 (96); 27, 14 (29); 26, 144 (156) und öfter.

[251] VerfGH 55, 85 (93 ff.).

[252] VerfGH 54, 109 (148); 54, 181 (201).

[253] VerfGH 49, 160 (169 f.).

[254] VerfGH 59, 109 (Ls. 2, 114 ff.).

[255] VerfGH 20, 96 (Ls. 2).

[256] VerfGH 54, 7 (9); 53, 187 (193); 45, 157 (161); 41, 140 (146); 37, 31 (32) und öfter.

[257] VerfGH 59, 195 (197).

muss, dass die Entscheidung bei verständiger Würdigung der die Verfassung beherrschenden Gedanken nicht verständlich wäre und sich der Schluss aufdrängte, sie beruhe auf **sachfremden Erwägungen**. Art. 118 I ist erst dann verletzt, wenn die angegriffene Entscheidung schlechthin unhaltbar, offensichtlich sachwidrig, unter keinem rechtlichen Gesichtspunkt vertretbar und eindeutig unangemessen wäre.[258]

124   d) Die mit Abstand wichtigste praktische Rolle spielt das allgemeine Willkürverbot im Zusammenhang mit der Überprüfung von **landesgerichtlichen Entscheidungen**. Ein Großteil der Verfassungsbeschwerden zum VerfGH richtet sich gegen landesgerichtliche Entscheidungen mit der Behauptung, sie verstießen gegen das Willkürverbot.[259] Betroffen sind alle Gerichtszweige, in der Praxis überwiegt die Zivilgerichtsbarkeit.[260] Der **VerfGH** hält solche Verfassungsbeschwerden angesichts eines strengen Maßstabes nur **selten** für **begründet**. Insbesondere bedeute die (selbst zweifelsfreie) **Fehlerhaftigkeit** einer Entscheidung noch **keinen Willkürverstoß**.[261] Ein solcher könne nur dann gegeben sein, wenn die Entscheidung schlechthin unhaltbar, offensichtlich sachwidrig, eindeutig unangemessen oder „bei Würdigung der die Verfassung beherrschenden Grundsätze nicht mehr verständlich wäre und sich der Schluss aufdrängte, sie beruhte auf sachfremden Erwägungen".[262]

125   Diese strenge Sichtweise findet ihren Grund darin, dass es nicht Aufgabe eines Verfassungsgerichts ist, Gerichtsentscheidungen nach Art eines Rechtsmittelgerichts zu überprüfen.[263] Deswegen sind die Feststellung und die Würdigung der Tatsachen Sache der Fachgerichte; sie sind nur dann willkürlich, „wenn für die getroffenen Feststellungen jeder sachlich einleuchtende Grund, jeder sachbezogene Anhalt fehlt".[264] Von einer willkürlichen Entscheidung kann ausgegangen werden, wenn „eine offensichtlich einschlägige Norm nicht berücksichtigt oder der Inhalt der Norm in krasser Weise missdeutet wird."[265] Auf einen subjektiven Schuldvorwurf kommt es nicht an, maßgeblich ist die **objektive Sichtweise**.[266]

126   aa) Ein **Verstoß** einer gerichtlichen Entscheidung gegen das Willkürverbot liegt z. B. **nicht** vor:
– wenn ein Gericht eine Rechtsauffassung vertritt, die von der Rechtsprechung eines anderen Gerichts abweicht, sofern die Rechtsauffassung nicht „schlechthin unhaltbar" ist[267],
– bei den Anforderungen an ein strafrechtliches Wiederaufnahmeverfahren[268],
– bei vertretbarer Ablehnung eines Beweisantrags[269];
– aus Art. 118 I ergibt sich keine Pflicht des Gerichts, jedes Vorbringen der Beteiligten in den Gründen der Entscheidung ausdrücklich zu verbescheiden.[270]

---

[258] VerfGH 59, 195 (197): Willkür verneint für einen Bescheid nach Art. 80 d BayBG (Altersteilzeit).

[259] In der Verfassungspraxis ebenfalls sehr häufig und zumeist ebenfalls erfolglos sind Verfassungsbeschwerden gegen gerichtliche Entscheidungen mit der Behauptung eines Verstoßes gegen den Grundsatz des rechtlichen Gehörs (s. die Erl. zu Art. 91).

[260] Für ein Beispiel aus der Arbeitsgerichtsbarkeit s. VerfGH 50, 9; 57, 107.

[261] VerfGH 59, 200 (203); 58, 266 (268); 58, 50 (55); 57, 71 (77); 56, 92 (98); 55, 12 (18); 53, 146 (149); 51, 160 (163); 51, 67 (69); 47, 47 (52); 40, 78 (79); 16, 10 (14) und öfter.

[262] VerfGH 59, 200 (203); 58, 184 (187); 58, 50 (55); 58, 37 (41); 57, 168 (171); 57, 107 (111); 57, 56 (59); 57, 7 (13); 56, 67 (73); 55, 81 (84); 54, 29 (34); 53, 146 (149); 52, 96 (100); 52, 29 (34); 51, 144 (149); 49, 134 (138); 47, 47 (52); 43, 156 (162 f.); 40, 78 (79); 40, 1 (5); 26, 127 (133); 18, 104 (106); 16, 10 (14) und vielfach öfter.

[263] VerfGH 58, 289 (292); 58, 37 (41); 56, 22 (25); 54, 29 (34); 51, 67 (69); 51, 160 (163) und öfter.

[264] VerfGH 55, 23 (27).

[265] VerfGH 55, 12 (18).

[266] VerfGH 40, 78 (80).

[267] VerfGH 57, 7 (Ls.).

[268] VerfGH 43, 156 (163).

[269] VerfGH 56, 13 (21); 55, 81 (84).

[270] VerfGH 43, 156 (162 f.).

bb) Ein **Verstoß** gegen das Willkürverbot durch ein Gericht wird vom VerfGH bei- 127
spielsweise in folgenden Fällen **bejaht:**
- Das Gericht ordnet eine Beweiserhebung an, ohne dass es dieser in der Folge noch eine Bedeutung beimisst[271],
- eine gerichtliche Entscheidung wird nicht oder nicht angemessen begründet, und es liegt auch keine gesetzliche Freistellung von der Begründung vor[272],
- ein Gericht prüft in einer Nachbarstreitigkeit die Voraussetzungen eines Verstoßes gegen das Schikaneverbot und das nachbarschaftliche Gemeinschaftsverhältnis nicht nachvollziehbar[273],
- stellt überzogene Anforderungen an die Substantiierung des Sachvortrags[274] oder eines Beweisantrages[275],
- bewertet einen Sachvortrag ohne jeden sachlichen Grund als ungenügend[276],
- wendet eine Rechtsvorschrift in nicht nachvollziehbarer Weise gegen dessen ausdrücklichen Wortlaut an.[277]

e) **Konsequenzen** bei Verstößen gegen das allgemeine Willkürverbot: 128
Verstößt ein Rechtsakt gegen das allgemeine **vergleichspaarunabhängige Willkürverbot,** so gelten grundsätzlich die gleichen Rechtsfolgen wie bei Freiheitsrechtsverletzungen, da der allgemeine Willkürabwehranspruch dem Eingriffsabwehranspruch strukturell vergleichbar ist; vgl. dazu Rn. 83 ff. vor Art. 98. Der auf Willkür beruhende Rechtsakt ist also grundsätzlich nichtig bzw. (im Falle eines Verwaltungsaktes) aufzuheben. Die Besonderheiten beim vergleichspaarbezogenen Gleichbehandlungsgrundsatz, wo in der Regel mehrere Optionen zur Beseitigung des Gleichheitsverstoßes gegeben sind (Kassation, Erstreckung, gleichheitskonformer Alternativakt), greifen hier grundsätzlich nicht (s. oben Rn. 106 ff.).[278] Bedarf es einer weiteren Anwendung des für willkürlich erachteten Rechtsaktes, etwa um die Funktionsfähigkeit eines Rechtsgebietes sicherzustellen oder um Rechts-Chaos zu verhindern, kann der VerfGH den Rechtsakt lediglich für unwirksam erklären und für eine Übergangzeit bis zu einer verfassungsmäßigen Neuregelung die (ggf. modifizierte) Weitergeltung anordnen.

12. Weitere Dimensionen des Art. 118 I

Über seine Funktion als Gleichbehandlungsgebot und allgemeines Willkürverbot hin- 129
aus entfaltet Art. 118 I noch **weitere Grundrechtsdimensionen,** die allerdings in ihren Bedeutungen hinter denen der Freiheitsrechte zurückbleiben (vgl. dazu Rn. 87 ff. vor Art. 98).

a) Gelegentlich spricht der VerfGH von der **Ausstrahlungswirkung,** die Art. 118 I im 130
einfachen Recht entfalte.[279] Offen bleibt dabei, wie eine solche Ausstrahlungswirkung konturiert sein soll und wen sie wie bindet. Die Figur ist überflüssig.[280] Legislative, Exekutive und Judikative sind unmittelbar an Art. 118 I gebunden. Eine **unmittelbare Drittwirkung** im Privatrecht ist **nicht anzuerkennen,** vielmehr entfaltet der Gleichheitssatz

---

[271] VerfGH 58, 184 (187 ff.): „in sich widersprüchlich und nicht nachvollziehbar".
[272] VerfGH 58, 184 (188); 56, 112 (Ls. 1). Zudem verlangt das Willkürverbot, dass ein Fachgericht, wenn es vom eindeutigen Wortlaut oder von der höchstrichterlichen Auslegung einer Norm abweicht, sich mit der Rechtslage auseinandersetzt und seine eigene Auffassung begründet (Ls. 2).
[273] VerfGH 57, 1 (3).
[274] VerfGH 57, 71 (77 ff.).
[275] VerfGH 56, 13 (16 ff.): Dort wurde ein Verfassungsverstoß abgelehnt, dort auch zum Verhältnis von Art. 91 I und Art. 118 I bei der Ablehnung von Beweisanträgen.
[276] VerfGH 54, 59 (Ls.).
[277] VerfGH 40, 78 (80).
[278] VerfGH 59, 109 (116): Nichtigkeit eines gegen das Willkürverbot verstoßenden Bebauungsplans.
[279] Vgl. etwa VerfGH 58, 161 (168).
[280] *Lindner* (Fn. 70), S. 441 ff.

– wie auch die Freiheitsrechte – im Privatrecht seine Wirkung in der Modalität der Schutzpflichten:

131　　b) Art. 118 I lassen sich **Schutzpflichten** entnehmen (vgl. dazu bereits allgemein Rn. 94 ff. vor Art. 98). Diskriminierungen im Privatrechtsverkehr etwa können durch zivilrechtliche Regelungsinstrumente verhindert oder kompensiert werden. Allerdings sind zivilrechtliche Antidiskriminierungsregelungen ihrerseits Eingriffe in grundrechtlich verbürgte Rechtspositionen der (potenziellen) Vertragspartner und insoweit nach dem allgemeinen eingriffsabwehrrechtlichen Schema rechtfertigungsbedürftig. In diesem Rahmen kann die Verhinderung von Diskriminierungen ein verfassungsrechtlich legitimer Zweck sein (dazu Rn. 61 ff., 69 ff. vor Art. 98). Die Schutzwirkungsdimension des Art. 118 I darf nicht dazu missbraucht werden, um die grundrechtlich durch Art. 101 geschützte **Vertragsfreiheit,** zu der auch die Vertragspartnerwahl gehört, auszuhebeln.

132　　c) Art. 118 I kann auch eine **leistungsrechtliche** Dimension erschlossen werden: So kann sich ein Leistungsanspruch daraus ergeben, dass die Leistung auch Anderen gewährt wird (sog. **derivativer Leistungsanspruch**).[281] Zu beachten sind allerdings die Besonderheiten beim Vorliegen der gleichheitswidrigen Vorenthaltung einer Begünstigung (oben Rn. 106 ff.).[282] Art. 118 I gewährt **keine originären Leistungsansprüche,** etwa zur Herstellung faktischer, politischer oder gesellschaftlicher Gleichheit (vgl. dazu oben Rn. 28 ff.).[283]

13. Gleichberechtigung von Frau und Mann als Differenzierungsverbot: Art. 118 II 1

133　　a) Art. 118 II 1 (zur Entstehung und zu der vor 1998 geltenden Fassung sowie der Rechtsprechung dazu s. oben Rn. 15) enthält als lex specialis zu Art. 118 I ein **absolutes Differenzierungsverbot** im Sinne eines Grundrechts und einer objektiven Wertentscheidung. Er schützt sowohl Frauen als auch Männer.[284] Die Zugehörigkeit zu einem bestimmten Geschlecht darf weder Anknüpfungspunkt noch Differenzierungskriterium für eine bestimmte Regelung sein. Art. 118 II bindet Gesetzgeber, Exekutive und Judikative.

134　　b) Der VerfGH[285] differenziert zwischen **unmittelbarer** und **mittelbarer** Diskriminierung von Frauen und Männern[286]:

135　　　　aa) Eine **unmittelbare** Ungleichbehandlung, die **grundsätzlich verfassungswidrig** ist, ist gegeben, wenn es *„auf das Geschlecht des Betroffenen ankommt, wenn also das Ob oder das Wie der Maßnahme davon abhängt, ob ein Betroffener ein Mann oder eine Frau ist".*[287] Auf das Alter kommt es nicht an, so dass auch eine Differenzierung zwischen Mädchen und Buben unter Art. 118 II fällt. Eine direkte Verwendung der Eigenschaft Frau/Mann als Differenzierungskriterium ist **ausnahmsweise zulässig,** soweit dies „zur Lösung von Problemen, die ihrer Natur nach nur entweder bei Männern oder bei Frauen auftreten können, zwingend erforderlich ist".[288] Diese Formel ist restriktiv auszulegen. Hergebrachte typische Rollenverteilungen, aber auch rein funktionale Unterschiede, genügen nicht für eine Differenzierung. Gerechtfertigt ist eine unmittelbare Differenzierung nur dann, wenn die Ungleichbehandlung an die biologischen Unterschiede zwischen Frau und Mann an-

---

[281] VerfGH 19, 121 (Ls.): *„Der allgemeine Gleichheitssatz bindet den Gesetzgeber auch dann, wenn Vergünstigungen gewährt werden, auf die kein Rechtsanspruch besteht."*

[282] VerfGH 19, 121 (128).

[283] VerfGH 56, 141 (142): Art. 118 I verleiht keinen Anspruch gegen den Gesetzgeber darauf, dass dieser die Interessen von Eltern mit Kindern durch die Einführung eines „höchstpersönlichen Elternwahlrechts zugunsten des Kindes" bei Landtagswahlen, Volksbegehren und Volksentscheiden berücksichtigt.

[284] Vom Schutzzweck her umfasst sind auch transsexuelle und intersexuelle Personen.

[285] VerfGH 58, 196 (206).

[286] Man spricht auch von *direkter* und *indirekter* Diskriminierung, *Jarass/Pieroth,* Art. 3 Rn. 85 f.

[287] VerfGH 52, 79 (87); 55, 123 (130) mit Hinweis auf BVerfGE 85, 191 (206).

[288] BVerfGE 85, 191 (207); 92, 101 (109).

knüpft und diese Anknüpfung zwingend erforderlich ist, um einen seinerseits verfassungsrechtlich legitimen Zweck zu erreichen.[289]

bb) Auch **mittelbare** Diskriminierungen sind grundsätzlich unzulässig. Eine solche liegt **136** vor, wenn *„eine (nachteilige) Vorschrift hinsichtlich ihres Adressatenkreises zwar neutral formuliert ist, tatsächlich aber erheblich mehr Frauen als Männer betrifft“.*[290] Beispiel: das Gebrauchmachen von der Möglichkeit der Teilzeitbeschäftigung im Beamtenrecht[291] oder die Benachteiligung der Hausarbeit gegenüber der sonstigen beruflichen Tätigkeit.[292] Eine solche Vorschrift verstößt nur dann nicht gegen Art. 118 II 1, wenn sie *„durch objektive Faktoren gerechtfertigt ist, die nichts mit einer Diskriminierung auf Grund des Geschlechts zu tun haben“.*[293] Eine solche **Rechtfertigung** kann dann gegeben sein, wenn *„das gewählte normgeberische Mittel einem legitimen Zweck der Sozialpolitik dienen soll und zur Erreichung dieses Zwecks geeignet und erforderlich ist“.*[294] Der VerfGH hat eine Rechtfertigung angenommen[295]:
– im Falle der Erhöhung der Arbeitszeit für Beamte[296],
– im Falle der Einschränkung der Kombination von Altersteilzeit im Blockmodell und Antragsruhestand.[297]

14. Die tatsächliche Durchsetzung der Gleichberechtigung: Art. 118 II 2

a) Satz 2 des Art. 118 II legt dem Staat **Förder- und Hinwirkungspflichten** zur Errei- **137** chung **tatsächlicher Gleichberechtigung** auf. Hierher gehören auch Pflichten zum Schutz vor Diskriminierung im Privatrechtsverkehr. Im Gegensatz zu Satz 1 enthält Satz 2 nach der – allerdings wenig überzeugenden[298] – Auffassung des VerfGH **kein Grundrecht,** auf das sich der (oder die) Einzelne unmittelbar berufen könnte.[299] Andererseits handele es sich aber auch nicht um einen unverbindlichen Programmsatz, sondern um ein **verbindliches Staatsziel** zur Herstellung der tatsächlichen Gleichberechtigung von Mann und Frau.[300] Die Vorschrift zielt auf die Angleichung der Lebensverhältnisse. Frauen müssen die gleichen Erwerbschancen haben wie Männer. „Überkommene Rollenverteilungen“, die zu einer höheren Belastung oder zu sonstigen Nachteilen für Frauen führen, dürfen durch staatliche Maßnahmen nicht verfestigt werden. Insbesondere ist der Gesetzgeber verpflichtet, Grundlagen dafür zu schaffen, dass Familientätigkeit und Erwerbstätigkeit aufeinander abgestimmt werden können und die Wahrnehmung familiärer Erziehung nicht zu beruflichen Nachteilen für Frauen führt.[301]

---

[289] Beispiel: Mutterschutz (nicht indes Eltern- oder Erziehungsgeld oder Erziehungsurlaub); *Jarass/Pieroth,* Art. 3 Rn. 98; BVerfGE 109, 64 (89).

[290] VerfGH 55, 123 (130); 58, 196 (206): *„Das Diskriminierungsverbot kann auch dann in Frage stehen, wenn eine Regelung zwar geschlechtsneutral formuliert ist, aber im Ergebnis überwiegend Angehörige eines Geschlechts betrifft.“* BVerfGE 97, 35 (43); 104, 373 (393).

[291] VerfGH 55, 123 (130); 58, 196 (206).

[292] BVerfGE 53, 257 (296).

[293] VerfGH 55, 123 (130); 58, 196 (206); *Jarass/Pieroth,* Art. 3 Rn. 96.

[294] VerfGH 58, 196 (206).

[295] Zur Rechtsprechung des BVerfG s. *Jarass/Pieroth,* Art. 3 Rn. 100 ff.

[296] VerfGH 58, 196 (206).

[297] VerfGH 55, 123 (130).

[298] Art. 118 II 2 enthält grundsätzlich kein Grundrecht auf eine **bestimmte** Förder- oder Schutzmaßnahme zur Herstellung der Chancengleichheit (es sei denn, es läge eine Ermessensreduktion auf Null vor), wohl aber hält er ein **Grundrecht** dahin gehend bereit, dass der Staat **überhaupt zielgerichtet** tätig wird. Unterließe der Normgeber mithin jegliche Aktivität oder wäre diese lediglich marginal oder ungeeignet, könnte dieses **Unterlassen** mit der Popularklage nach Art. 98 S. 4 gerügt werden.

[299] VerfGH 52, 79 (87); a. A. BVerfGE 89, 276 (285).

[300] VerfGH 52, 79 (87): Art. 118 II 2 wolle nicht nur Rechtsnormen beseitigen, die Vor- oder Nachteile an das Geschlecht knüpfen, sondern für die Zukunft die Gleichberechtigung der Geschlechter durchsetzen.

[301] VerfGH 52, 79 (87).

138   b) Als Staatszielbestimmung enthält Art. 118 II 2 nicht nur einen **Regelungsauftrag** für den Gesetzgeber, sondern auch Direktiven für die Exekutive. Beide sind gehalten, Förderungsregelungen und sonstige Maßnahmen zu treffen, „um ein Höchstmaß an tatsächlicher Durchsetzung der Gleichberechtigung von Frauen und Männern zu bewirken".[302] Bei der Auswahl der konkreten Mittel hat der Gesetzgeber einen „weiten Gestaltungsspielraum".[303]

139   c) Maßnahmen zur Erfüllung des Auftrags aus Art. 118 II 2 sind nicht schon deswegen per se verfassungsmäßig, sie müssen sich vielmehr ihrerseits im verfassungsrechtlich vorgegebenen Rahmen halten. Stellt eine Maßnahme zu Gunsten des einen Geschlechts gleichzeitig eine **Beeinträchtigung der Freiheitsrechte** des anderen dar, so ist diese anhand des einschlägigen Freiheitsrechts auf ihre Grundrechtskonformität zu überprüfen: im freiheitsrechtlichen Abwehrschema fungiert der Förderauftrag des Art. 118 II 2 als verfassungsrechtlich legitimer Zweck im Rahmen der Prüfung der Verhältnismäßigkeit (dazu Rn. 67 ff. vor Art. 98). Zudem darf die Fördermaßnahme zu Gunsten von Frauen nicht ihrerseits eine Diskriminierung zu Lasten der Männer darstellen und umgekehrt. So sind etwa feste **Quoten** für die Einstellung in den öffentlichen Dienst nur zulässig, soweit bei deren Erfüllung die Maßstäbe der Art. 33 II GG, 116 eingehalten sind.[304] Die Einstellung *weniger* qualifizierter Bewerberinnen zur Erreichung einer Quote wäre verfassungswidrig. Bei **gleicher Eignung** ist eine Bevorzugung von Frauen verfassungskonform, wenn diese unterrepräsentiert sind und zu Gunsten der Männer Härtefallregelungen vorgesehen werden.[305] Ähnliches gilt für die Besetzung von Gremien. Soweit der verfassungsrechtliche Rahmen im übrigen eingehalten ist, ist der „Normgeber befugt, praktische Nachteile, die typischerweise Frauen betreffen, durch diese begünstigende Regelungen auszugleichen".[306] Dies gilt zumal in Bereichen, in denen Frauen unterrepräsentiert sind.

140   d) Zur Erfüllung des Förderauftrags hat der Freistaat Bayern das „Gesetz zur Gleichstellung von Frauen und Männern" (Bayerisches **Gleichstellungsgesetz** – BayGlG) erlassen.[307] Für den spezifischen Bereich der Gleichberechtigung von Frauen in der Wissenschaft enthält das Bayerische Hochschulgesetz Bestimmungen über die **Frauenbeauftragte** sowie deren Aufgaben und Mitwirkung in den Gremien der Hochschule und der Fakultät, insbesondere in Berufungsausschüssen.[308]

15. Art. 118 III, IV, V

141   Die Vorschriften haben in der verfassungsgerichtlichen Praxis keine Bedeutung (s. dazu bereits oben Rn. 11 ff.).

Art. 118 a [Menschen mit Behinderungen]

[1]Menschen mit Behinderungen dürfen nicht benachteiligt werden. [2]Der Staat setzt sich für gleichwertige Lebensbedingungen von Menschen mit und ohne Behinderung ein.

Parallelvorschriften in Verfassungen anderer Länder: Art. 3 III 2 GG; Art. 2 a BaWüVerf; Art. 11 BerlVerf; Art. 12 BbgVerf; Art. 2 BremVerf; Art. 17 II M-VVerf; Art. 3 III NdsVerf; Art. 64 RhPfVerf; Art. 12 IV SaarlVerf; Art. 7 SächsVerf; Art. 38 VerfLSA; Art. 2 IV ThürVerf.; vgl. auch Art. 21 EGC.

Rechtsprechung: VerfGH 55, 85; 55, 143; 59, 200; BVerfGE 96, 288; 99, 341; NJW 2005, 737.

---

[302] VerfGH 52, 79 (88).

[303] VerfGH 52, 79 (88).

[304] *Jarass/Pieroth,* Art. 3 Rn. 97, 106.

[305] *Jarass/Pieroth,* Art. 3 Rn. 106 m. w. N.

[306] VerfGH 52, 79 (88) unter Bezug auf BVerfGE 85, 191 (207).

[307] Vom 24. Mai 1996 (GVBl S. 186, BayRS 2039-1 A), zuletzt geändert durch Gesetz vom 23. Mai 2006 (GVBl S. 292).

[308] Vgl. Art. 4; 24 I 1 Nr. 3; 25 I 1 Nr. 5; 31 I 1 Nr. 8 BayHSchG sowie Art. 18 IV 2 BayHSchPG.

Literatur: Reichenbach, Art. 3 Abs. 3 S. 2 GG als Grundrecht auf Chancengleichheit, RdJB 2001, 53; *Straßmair,* Der besondere Gleichheitssatz aus Art. 3 Abs. 3 S. 2 GG, 2002; *Beaucamp,* Das Behinderten-grundrecht im System der Grundrechtsdogmatik, DVBl. 2002, 997; *Neumann,* Der verfassungsrecht-liche Begriff der Behinderung, NVwZ 2003, 897.

I. Allgemeines

1. Bedeutung

a) Der im Jahr 1998 in Anlehnung an Art. 3 III 2 GG[1] in die Verfassung eingefügte **1** Art. 118 a stellt einen **besonderen**[2] **Gleichheitssatz** in der Modalität eines **absoluten Differenzierungsverbots** in Satz 1 dar: Die Tatsache der Behinderung als solche ist kein zulässiges Differenzierungskriterium im Hinblick auf eine (benachteiligende) Ungleich-behandlung von Menschen mit und ohne Behinderung. Eine benachteiligende Diffe-renzierung allein *wegen* der Behinderung ist nicht zu rechtfertigen. Satz 1 verbürgt ein **Grundrecht**[3] und eine **wertentscheidende Grundsatznorm,** die in der Gestalt von grundrechtlichen Schutzpflichten auch inter privatos, etwa im Miet- oder Arbeitsrecht Wirkung entfalten kann. S. 1 verdeutlicht die bereits aus Art. 100 folgende Gleichwertig-keit jedes Menschen unabhängig von seiner physischen und psychischen Konstitution (dazu Rn. 18 ff. zu Art. 100).

b) Satz 2 verpflichtet den Staat in **Ergänzung des Sozialstaatsprinzips** (Art. 3 I) ob- **2** jektiv-rechtlich, Aktivitäten zur Realisierung gleichwertiger Lebensbedingungen für Menschen mit und ohne Behinderungen zu entfalten (**„Schutz- und Förderungsauf-trag"**[4]). Darin kommt eine „besondere Verantwortung des Staates für Behinderte zum Ausdruck."[5] Mit dieser Pflicht korrespondiert zwar kein grundrechtlicher Anspruch auf bestimmte Förder- und Ausgleichsmaßnahmen, wohl aber ein solcher auf Tätigwerden des Staates überhaupt (im Rahmen seiner Kompetenzen). Verstößt der Staat gegen das in-soweit bestehende **Untermaßverbot,** kann dieses Unterlassen Gegenstand einer Popular-klage oder einer Verfassungsbeschwerde sein.[6]

2. Entstehung

Art. 118 a wurde durch das „Gesetz zur Änderung der Verfassung des Freistaates Bayern, **3** Verfassungsreformgesetz – Weiterentwicklung im Bereich der Grundrechte und Staats-ziele"[7] vom 20. Februar 1998 in den Verfassungstext aufgenommen.[8]

3. Verhältnis zum Grundgesetz

Art. 118 a gilt neben Art. 3 III 2 GG nach **Art. 142 GG** weiter. Soweit die Gesetzge- **4** bungskompetenz beim Bund liegt, können gesetzliche Regelungen nur an Art. 3 III 2 GG gemessen werden, nicht indes an Art. 118 a. Dieser bindet nur die Landesstaatsgewalt; vgl. i. Ü. Rn. 109 ff. vor Art. 98. Soweit eine landesgerichtliche Entscheidung auf materiellem

---

[1] Eingefügt durch Gesetz zur Änderung des Grundgesetzes vom 27. 10. 1994, BGBl I, S. 3146.

[2] VerfGH 55, 85 (92). Zur Systematik der Gleichheitssätze s. Rn. 36 vor Art. 98 sowie Rn. 3 zu Art. 118.

[3] VerfGH 55, 85 (92): „Grundrecht des Verbots der Benachteiligung von Menschen mit Behinde-rungen"; VerfGH 55, 143 (159): „besonderes Benachteiligungsverbot mit Grundrechtscharakter".

[4] LT-Drs. 13/7437 v. 27. 2. 1997, S. 5.

[5] VerfGH 55, 143 (159).

[6] A.A. wohl *Stettner,* in: Nawiasky/Schweiger/Knöpfle, Art. 118 a Rn. 2.

[7] GVBl S. 38.

[8] Begründet wurde die Einfügung wie folgt, LT-Drs. 13/7437 v. 27. 2. 1997, S. 5: „*Die Belange Behin-derter sind in der Bayerischen Verfassung bisher nicht ausdrücklich angesprochen. In Satz 1 soll der bereits aus den Art. 3 I, 100, 101 und 118 I folgende Schutz von Behinderten in einer Vorschrift zusammengefasst werden, um ein deutliches Signal in der Öffentlichkeit zu setzen und auf diese Weise einen zusätzlichen Anstoß für einen entsprechen-den Bewusstseinswandel in der Bevölkerung zu geben. Durch Satz 2 soll dieses Diskriminierungsverbot um einen Schutz- und Förderungsauftrag des Staates ergänzt werden.*"

Bundesrecht beruht, kann sie nach Ansicht des VerfGH nicht an Art. 118 a gemessen werden.[9] Der Verfassungsauftrag des S. 2 kann nur insoweit erfüllt werden, als der Freistaat Bayern die Kompetenz dazu besitzt; dies richtet sich nach Art. 30, 70, 83 ff. GG sowie dem europäischen Gemeinschaftsrecht.

II. Einzelkommentierung

1. Persönlicher Schutzbereich (Grundrechtsberechtigte)

5   a) Träger des Grundrechts ist **jeder Mensch mit Behinderung**[10], nicht indes ein Behindertenverband.[11] Eine besondere Anknüpfung an das Staatsgebiet Bayerns ist bei S. 1 nicht notwendig, wohl aber bei S. 2, wenn der einzelne Mensch mit Behinderung Leistungs- und Förderansprüche geltend macht.

6   b) Die Bestimmung des Begriffs „Behinderung" erfolgt überwiegend im Anschluss an die gesetzliche **Definition** in § 3 I SchwbG a. F.[12] Danach ist Behinderung die „Auswirkung einer nicht nur vorübergehenden Funktionsbeeinträchtigung, die auf einem regelwidrigen körperlichen, geistigen oder seelischen Zustand beruht."[13] „Regelwidrig" ist in der Regel ein Zustand, der von dem für das Lebensalter typischen Zustand abweicht. Der Grund für die Regelwidrigkeit (Unfall, Unglück, angeborene Regelwidrigkeit) ist unerheblich. Erfasst sind auch erhebliche Verunstaltungen, die im Kontakt mit der Umwelt zu Belastungen führen können.

2. Das Benachteiligungsverbot

7   a) Art. 118 a S. 1 verbietet eine Benachteiligung allein auf Grund der Behinderung. Eine **direkte benachteiligende Ungleichbehandlung** ist absolut ausgeschlossen und einer **Rechtfertigung nicht zugänglich.** Eine direkte Benachteiligung liegt nicht nur bei Regelungen und Maßnahmen vor, die die Situation eines behinderten Menschen wegen seiner Behinderung verschlechtern, sie kann auch darin liegen, dass durch die „öffentliche Gewalt Entfaltungs- und Betätigungsmöglichkeiten eines Behinderten ausgeschlossen werden."[14] Die Verweigerung der Aufnahme in eine Regelschule allein wegen einer Behinderung ist daher ebenso verfassungswidrig wie die Verweigerung einer Leistung oder eines Vorteils in direkter Anknüpfung an die Behinderung (z. B. Ausschluss vom Wahlrecht *wegen* Behinderung). Wirken sich hoheitliche Maßnahmen benachteiligend und begünstigend aus, komme es nach h. M. auf eine Gesamtbetrachtung an.[15] Grundsätzlich nicht verboten sind Bevorzugungen oder Begünstigungen für Menschen mit Behinderung, wobei freilich auch eine Begünstigung in der psychologischen Wirkung diskriminierenden Charakter haben kann, so dass es auf eine Einzelfallbetrachtung ankommt.

8   b) Unzulässig sind grundsätzlich auch **indirekte Benachteiligungen** im Sinne von Maßnahmen, die zwar nicht an der Behinderung als solcher anknüpfen, wohl aber an Kriterien, die Behinderte typischerweise betreffen (etwa körperliche Leistungsfähigkeit, Flexibilität). Allerdings lassen sich indirekte, mittelbare Benachteiligungen ausnahmsweise **rechtfertigen.**[16] Der VerfGH lässt eine indirekte Differenzierung für den Fall zu, dass einer Person „gerade auf Grund ihrer Behinderung bestimmte geistige oder körperliche

---

   [9] VerfGH BayVBl. 2007, 210.

   [10] Redaktionell misslungen ist Art. 118 a insofern, als in Satz 1 von „Behinderungen", in Satz 2 von „Behinderung" die Rede ist. Es genügt für die Eröffnung des Schutzbereichs, wenn ein Mensch *eine* Behinderung hat.

   [11] *Stettner* (Fn. 6), Art. 118 a Rn. 3; *Jarass/Pieroth*, Art. 3 Rn. 145.

   [12] Vgl. dazu kritisch und m. w. N. *Neumann*, NVwZ 2003, 897.

   [13] BVerfGE 96, 288 (301); 99 341 (356); *Jarass/Pieroth*, Art. 3 Rn. 143; *Osterloh,* in: Sachs, Art. 3 Rn. 309.

   [14] VerfGH 55, 85 (92); 55, 143 (159); 59, 200 (205); BVerfGE 96, 288 (303).

   [15] *Jarass/Pieroth*, Art. 3 Rn. 146.

   [16] VerfGH 55, 85 (92).

Fähigkeiten, die unerlässliche Voraussetzungen für die Wahrnehmung eines Rechts sind", fehlen.[17] Es liegt keine Differenzierung *wegen* der Behinderung, sondern wegen Fehlens der jeweils rechtlich normierten Voraussetzungen vor, die gerechtfertigt ist, wenn „zwingende Gründe"[18] vorliegen. Gerechtfertigt ist auch die Verweigerung der Aufnahme eines Kindes mit Behinderung in eine Regelschule, wenn keine Aussicht besteht, dass das Schulziel erreicht werden kann.[19] Dabei ist ein **strenger Maßstab** zu Gunsten des behinderten Kindes anzulegen, der Besuch der Regelschule ist ggf. auch durch entsprechende organisatorische Maßnahmen in der Schule zu ermöglichen. Für die Einstellung in den öffentlichen Dienst sind Art. 116, 94 II zu beachten, wobei die Behinderung als solche kein Ausschlusskriterium sein darf.

3. Das Schutz- und Fördergebot

Vgl. dazu bereits oben Rn. 2, 4. Der Staat hat bei der Umsetzung des Schutz- und Förderauftrages zwar einen weiten Gestaltungsspielraum, er hat jedoch im Sinne eines Untermaßverbotes diejenigen Maßnahmen zu treffen, die „nach Maßgabe des finanziell, personell, sachlich und organisatorisch Möglichen"[20] in Betracht kommen. Art. 118a enthält insoweit eine **stärkere Direktionswirkung** als das Sozialstaatsprinzip.[21] In Umsetzung des Satzes 2 ist das Bayerische Behindertengleichstellungsgesetz erlassen worden.[22] **9**

Art. 119 [Rassen- und Völkerhass]

Rassen- und Völkerhaß zu entfachen ist verboten und strafbar.

Parallelvorschriften im GG und in anderen Landesverfassungen: Art. 26 GG; Art. 39 BerlVerf; Art. 69 HessVerf.

Rechtsprechung: VerfGH, Ents. v. 19.1.1967, Az: Vf. 77-VI-66; VerfGH, Ents. vom 28.1.1970, Az: Vf. 108-VI-69.

Literatur: Benda, Frieden und Verfassung, AöR 109 (1984), 1; *Bleckmann, A.,* Grundgesetz und Völkerrecht, 1975; *Doehring, K.,* Das Friedensgebot des Grundgesetzes, HStR VII, § 178; *Frank, G.,* Abwehr völkerfriedensgefährdender Presse durch innerstaatliches Recht, 1974; *Geiger, R.,* Grundgesetz und Völkerrecht, 2. Aufl. 1994; *Müller, F.,* Die Pönalisierung des Angriffskrieges im GG und im StGB der Bundesrepublik Deutschland, Heidelberg, 1970; *Schneider, H.-P.,* Das GG als Verfassung des Völkerfriedens, RuP 1985, 138; *Starck, C.,* Frieden als Staatsziel, in: FS Carstens II, 1984, S. 867; *Stratmann, J.,* Das grundgesetzliche Verbot friedensstörender Handlungen, Diss., Würzburg, 1971.

I. Allgemeines

1. Bedeutung

Art. 119 BV normiert ein Verbot, Rassen- und Völkerhass zu entfachen und begründet **1** hierfür die Strafbarkeit. Art. 119 BV hat den Sinn, typisch nationalsozialistischem Ge-

---

[17] VerfGH 55, 85 (92); BVerfGE 99, 341 (357).

[18] VerfGH 55, 85 (92): Der VerfGH hat eine „typisierende Entscheidung des Gesetzgebers, eine Person vom Wahlrecht auszuschließen, für die eine Betreuung zur Besorgung aller Angelegenheiten angeordnet worden ist", für verfassungskonform erklärt; vgl. Art. 2 LWG, Art. 2 GLKrWG. Eine treuhänderische Ausübung des Wahlrechts für den behinderten Menschen sei nicht geboten, da das Wahlrecht ein höchstpersönliches Recht sei. Nicht hinreichend diskutiert ist indes die Frage, ob aus Art. 118a S. 2 und Art. 3 III 2 GG eine Pflicht zur Einführung einer Ausnahme von der Höchstpersönlichkeit begründet werden könnte.

[19] BVerfGE 96, 288 (304).

[20] BVerfGE 96, 288 (308).

[21] Beispiel: Art. 51 BayBO (barrierefreies Bauen); zur Rundfunkgebührenpflicht: VerfGH 55, 143 (159).

[22] Gesetz zur Gleichstellung, Integration und Teilhabe von Menschen mit Behinderung vom 9. Juli 2003 (GVBl S. 419, BayRS 805-9-A). Dazu *Späth,* Bayerisches Behindertengleichstellungsgesetz, 2007.

dankengut entgegenzutreten.[1] Den Schöpfern der Bayerischen Verfassung stand dabei vor allem die Verfolgung von Juden, Sinti und Roma, Farbigen und Mischlingen durch den Nationalsozialismus vor Augen. Art. 119 BV soll durch das verfassungsunmittelbare Verbot die Friedfertigkeit und das Streben nach Völkerverständigung des Freistaats Bayern betonen.[2]

2. Entstehung

2   Art. 119 BV ist als Reaktion auf den staatlich geschürten Rassen- und Völkerhass des nationalsozialistischen Regimes zu begreifen. Die Bayerische Verfassung hat daher unmittelbar aus der Vergangenheit die Konsequenzen gezogen, eine Entwicklung, die das GG dann später ebenso – und in der Sache noch etwas weitergehend – übernahm.[3]

3   Art. 119 BV ist eine sachlich neue Norm.[4] Eine entsprechende Vorschrift findet sich in keiner älteren Verfassung, weder in einer deutschen noch in einer ausländischen.[5] Der ursprüngliche Entwurf sah die Norm noch als Bestandteil des Gleichheitssatzes (Art. 82 Abs. 6), jedoch wurde die Norm auf Initiative des Verfassungsausschusses in seiner 14. Sitzung vom 8. August 1946 einem besonderen Artikel zugewiesen.[6] Bei der Schlussredaktion der Verfassung wurde die Vorschrift zu Art. 119 BV.

3. Frage nach dem Grundrechtscharakter

4   Umstritten ist, ob sich aus Art. 119 BV ein Grundrecht oder ein subjektives verfassungsmäßiges Recht ableiten lässt. Der VerfGH hat diese Frage zwar letztlich offengelassen.[7] In der Sache tendiert er aber deutlich in Richtung einer ablehnenden Haltung und hat zugleich betont, ein solches subjektives Recht käme allenfalls den Menschen zu Gute, die durch die Äußerungen des Hasses betroffen sein, nicht aber dritten Personen.[8] Die Verfassungsbeschwerde Dritter ist daher unzulässig.[9]

5   Art. 119 BV steht im zweiten Hauptteil der Verfassung unter den „Grundrechte(n) und Grundpflichten". Diese systematische Stellung spricht für die Qualifizierung als subjektives verfassungsmäßiges Recht oder gar Grundrecht. Daher nimmt ein Teil der Literatur einen subjektiv-rechtlichen Charakter an.[10] Allerdings spricht der Inhalt nicht unmittelbar für die Qualifizierung. Anzunehmen, Art. 119 vermittle demjenigen, der Rassenhass verbreite, einen Anspruch darauf, bestraft zu werden, ist offenbar unsinnig. Möglich wäre es natürlich, dem durch die Norm geschützten Personenkreis einen Anspruch auf Realisierung des Schutzes durch den Gesetzgeber und die Strafgerichtsbarkeit zu geben. Nahe liegt diese Auslegung angesichts des Normtextes dennoch nicht. Auch die Entstehungsgeschichte deutet in die andere Richtung, da die Norm von den Schöpfern der Verfassung im Sinne eines objektiven Verbotes bewusst abgefasst wurde.[11] Im Ergebnis vermittelt Art. 119 BV somit keine subjektiven Rechte und auch keine Grundrechte.

4. Stellung innerhalb der BV

6   Die Stellung der Norm innerhalb der Grundrechte ist unglücklich. Inhaltlich weist die Norm Bezüge zu verschiedenen Grundsätzen der Bayerischen Verfassung auf. Zunächst ist sie eine Norm, die die Völkerrechtsfreundlichkeit der Bayerischen Verfassung

---

[1] VerfGH, Ents. v. 19. 1. 1967, Az: Vf. 77–VI–66.

[2] VerfGH, Ents. v. 19. 1. 1967, Az: Vf. 77–VI–66; *Meder*, Art. 119, Rn. 1.

[3] *Stettner*, in: Nawiasky/Schweiger/Knöpfle, Art. 116, Rn. 1.

[4] Vgl. zu Art. 26 GG – *Streinz*, in: Sachs, Art. 26, Rn. 1.

[5] *Stettner*, in: Nawiasky/Schweiger/Knöpfle, Art. 116, Rn. 1.

[6] Stenografische Berichte, S. 334.

[7] VerfGH, Ents. v. 28. 1. 1970, Az: Vf. 108–VI–69; VerfGH, Ents. v. 19. 1. 1967, Az: Vf. 77–VI–66.

[8] VerfGH, Ents. v. 28. 1. 1970, Az: Vf. 108–VI–69; VerfGH, Ents. v. 19. 1. 1967, Az: Vf. 77–VI–66.

[9] VerfGH, Ents. v. 28. 1. 1970, Az: Vf. 108–VI–69.

[10] *Stettner*, in: Nawiasky/Schweiger/Knöpfle, Art. 116, Rn. 4; offen gelassen *Meder*, Art. 119, Rn. 1.

[11] *Stettner*, in: Nawiasky/Schweiger/Knöpfle, Art. 116, Rn. 4.

ausbildet (s. auch Art. 84 BV und Art. 100 BV). Weiter weist sie inhaltliche Berührungspunkte mit dem Charakter als wehrhafte Verfassung auf (s. auch. Art. 15 BV; Art. 96 S. 2 BV). Als unmittelbarer Verfassungsauftrag zur Strafbarkeitsausfüllung steht die Vorschrift in Beziehung zu all den Normen, die ebenfalls ein bestimmtes Verhalten unmittelbar unter Strafe stellen (Art. 114 Abs. 2 BV/ Art. 167 Abs. 2 BV).

5. Verhältnis zum Grundgesetz

Das Grundgesetz enthält keine unmittelbar vergleichbare Norm. Es enthält in Art. 26 **7** GG ein verfassungsunmittelbares Verbot des Angriffskrieges und vergleichbarer Handlungen. Mit Art. 3 Abs. 3 Satz 1 GG verbietet es, jemanden wegen seines Geschlechtes, seiner Abstammung, seiner Rasse, seiner Sprache, seiner Heimat und Herkunft, seines Glaubens, seiner religiösen oder politischen Anschauungen zu benachteiligen oder zu bevorzugen. Die Friedfertigkeit der neuen Bundesrepublik Deutschland als solche wird darüber hinaus in einer ganzen Reihe von Normen betont. (Präambel, Art. 1 Abs. 2; Art. 9 Abs. 2; Art. 24 Abs. 2; Art. 26; Art. 79 Abs. 1 Satz 2 GG).[12]

Art. 119 BV unterscheidet sich von dieser „Völkerrechtsfreundlichkeit" und der Bekun- **8** dung zur Friedfertigkeit des GG. Er ist deutlich kürzer als etwa Art. 26 GG und im Inhalt kompromissloser.[13] Zudem betont Art. 26 GG das Verbot des Rassenhasses nicht ausdrücklich.

Art. 119 BV geht zwar weiter als das Grundgesetz, allerdings ist den Bestimmungen **9** des Grundgesetzes kaum zu entnehmen, dass sie strengere landesverfassungsrechtliche Normen außer Kraft setzen wollen. Daher ist der überwiegenden Ansicht zuzustimmen, nach der Art. 119 BV auch nach Erlass des Grundgesetzes weiter gilt.[14]

Eine andere Frage ist, ob Art. 119 BV nicht durch die Strafrechtsnormen des Bundes ver- **10** drängt wird. § 130 StGB stellt bestimmte Formen des Rassen- und Völkerhasses unter Strafe.[15] § 130 StGB wurde dabei durch das VerbrBekG v. 28. 10. 1994 (BGBl. I 3186) erneut erweitert und verschärft. Die überwiegende Ansicht geht davon aus, Art 119 BV besäße gegenwärtig auch neben den Strafnormen noch eine Anwendung.[16] Begründet wird dies damit, dass Art. 119 BV die Strafbarkeit nicht selbst regle, sondern auf das Tätigwerden des einfachen Gesetzgebers verweise.[17] Nur die einfach-gesetzliche Ausfüllung des bayerischen Gesetzgebers im Wege des Strafrechts sei durch gegenteiliges Bundesrecht hinfällig geworden.[18]

Dem ist nicht zuzustimmen. Auch der VerfGH hat die Geltung neben dem StGB zumin- **11** dest offengelassen. Art. 119 BV erhebt den Anspruch, bestimmte Handlungen unmittelbar innerhalb des Geltungsbereichs der Bayerischen Verfassung unter Strafe zu stellen. Wenn der Gesetzgeber des Bundes nun seinerseits thematisch eine Strafnorm zum gleichen Lebensbereich erlässt und dann in Randbereichen Verhaltensweisen nicht unter Strafe stellt, die von Art. 119 BV verboten sind, kommt es zu einem Normkonflikt. Da davon auszugehen ist, dass der Bundesgesetzgeber die Varianten, die nicht unter § 130 StGB fallen, straffrei lassen wollte, besitzt Art. 119 BV heute – hinsichtlich seines unmittelbaren Verbots – keine Geltung. Diese Geltung würde aber sofort wieder „zum Leben erwachen", sobald der Bundesgesetzgeber § 130 StGB aufheben sollte. Art. 119 BV wird nicht gebrochen, sondern vielmehr nur von seiner Anwendbarkeit als unmittelbares Verbotsgesetz vorübergehend suspendiert.

---

[12] *Streinz*, in: Sachs, Art. 26, Rn. 11.
[13] *Stettner*, in: Nawiasky/Schweiger/Knöpfle, Art. 116, Rn. 2.
[14] *Stettner*, in: Nawiasky/Schweiger/Knöpfle, Art. 116, Rn. 2.
[15] *Lenckner/Sternberg-Lieben*, in: Schönke/Schröder, StGB, 27. Auflage 2006, § 130, Rn. 1.
[16] *Stettner*, in: Nawiasky/Schweiger/Knöpfle, Art. 116, Rn. 2; *Meder*, Art. 119, Rn. 1.
[17] VerfGH, Ents. v. 28. 1. 1970, Az: Vf. 108-VI-69; *Stettner*, in: Nawiasky/Schweiger/Knöpfle, Art. 116, Rn. 2.
[18] *Stettner*, in: Nawiasky/Schweiger/Knöpfle, Art. 116, Rn. 2.

12 Trotz dieser Suspendierung hat Art. 119 BV aber auch gegenwärtig eine Bedeutung. So ist nach zutreffender Ansicht der Freistaat verpflichtet über seine Einflussnahmemöglichkeiten auf die Bundesgesetzgebung, d.h. insbesondere über seine Mitwirkungsmöglichkeiten im Bundesrat, auf eine weitgehende Durchsetzung des Regelungsziels des Art. 119 BV hinzuwirken. Genügt der Strafrechtsschutz, den der Bundesgesetzgeber gegen Handlungen, denen Völker- und Rassenhass zu Grunde liegt, nicht den Anforderungen des Art. 119 BV, hat der Freistaat die verfassungsrechtliche Direktive zu beachten, die in Art. 119 BV konkludent mit enthalten ist und die von ihm ein entsprechendes Tätigwerden verlangt. Die Direktive verlangt jedoch keine Durchsetzung um jeden Preis – sie ist vielmehr mit anderen Direktiven und Zielen des Freistaates, die er bei seinem Handeln im Bundesrat zu beachten hat, abzuwägen.

II. Einzelkommentierung

13 Für den Fall, dass man – anders als hier – Art. 119 BV als nicht durch § 130 StGB verdrängt ansieht, bzw. für den Fall der Aufhebung der Strafnorm, bedarf es einer Erörterung der Reichweite der Norm.

1. Die Begrifflichkeit

14 **a) Allgemein.** Unter Rasse ist eine Zugehörigkeit zu einer Gruppe von Menschen zu verstehen, die durch den gemeinschaftlichen oder vermeintlichen gemeinsamen Besitz bestimmter vererblicher körperlicher und geistiger Merkmale miteinander verbunden und von anderen derartigen Gruppen getrennt sind.[19]

15 Der Begriff des Volkes i.S.v. Art. 119 BV ist mangels entgegengesetzter Hinweise so zu verstehen, wie die BV auch sonst den Begriff des Volkes verwendet.[20] Danach ist das Volk der Träger eines Staates (Präambel, Art. 2, Art. 5, Art. 13 BV). Der Völkerhass richtet sich demnach gegen fremde Staatsvölker.

16 Der Hass ist eine gesteigerte, über die bloße Ablehnung oder Verachtung hinausgehende feindselige Haltung gegen die genannten Bevölkerungsgruppen.

17 Die apodiktische Formulierung gibt der Norm etwas Entschiedenes, erschwert aber ihre Anwendung. Die Vorschrift verbietet den Hass, dürfte aber kaum als Gesinnungsstrafrecht zu verstehen sein. Wer sein Gedanken für sich behält, wird auch dann nicht von Art. 119 BV erfasst, wenn diese Gedanken Völker- und Rassenhass darstellen. Mit dem Begriff des Völker- und Rassenhass dürfte daher die Äußerung oder die sonstige nach außen hin erkennbare Handlung erfasst sein, an Hand derer Völker- und Rassenhass erkennbar ist. Nicht erforderlich ist dagegen, dass der Völker- und Rassenhass gezielt gesteigert werden muss, es genügt, wenn der Handlung selbst Völker- und Rassenhass erkennbar zugrunde liegt.

18 **b) Einzelfälle.** Die in Bayern durchaus geläufigen „Preußenwitze" erfüllen mangels Ernsthaftigkeit und mangels Ausdruck der Verachtung nicht die Voraussetzungen des Art. 119 BV. Auch der Hinweis eines Richters an eine Partei, in einer Verwendung des Ausdrucks „Zigeunermethode" könne eine Beleidigung liegen, erfüllt den Tatbestand nicht.[21] Die Homosexuellen bilden keine „Rasse" i.S.d. Art. 119 BV.[22]

2. Unmittelbares Verbot oder Verfassungsauftrag

19 Art. 119 BV ist keine unmittelbar vollziehbare Strafnorm. Niemand kann auf der Grundlage des Art. 119 BV verurteilt werden – dafür fehlt schon die Begrenzung im Strafmaß. Davon zu trennen ist die Frage, ob die Norm eine Handlung, die auf Völker- und Rassenhass beruht, unmittelbar verbieten möchte (Verbotsnorm), oder ob sie nur einen

---

[19] VerfGH, Ents. v. 19. 1. 1967, Az: Vf. 77–VI–66; *Meder*, Art. 119, Rn. 1.

[20] Bezogen auf Art. 26 GG a.A. *Streinz*, in: Sachs, Art. 26, Rn. 12.

[21] VerfGH, Ents. v. 28. 1. 1970, Az: Vf. 108–VI–69.

[22] VerfGH, Ents. v. 19. 1. 1967, Az: Vf. 77–VI–66.

Auftrag an den Gesetzgeber enthält, solche Handlungen unter Strafe zu stellen. Ein Verständnis, nach dem Art. 119 BV nur eine direktive Wirkung besitzt, weil sie selbst weder tatbestandlich nähere Aussagen trifft, noch ein Strafmaß vorgibt, würde der Entschiedenheit, mit der die Norm ihre Geltungsanspruch zum Ausdruck bringt, nicht gerecht werden. Auch der Art. 26 GG, der die unmittelbare Geltung ausdrücklich betont[23] und zugleich als Ausdruck des Verständnisses des verfassungsrechtlichen Friedensgebots zu jener Zeit verstanden werden kann, spricht in diese Richtung. Zutreffend dürfte daher die Auffassung sein, Art. 119 BV verbiete den Völker- und Rassenhass unmittelbar. Die Norm wendet sich demnach unmittelbar an alle, die in Bayern leben und nicht nur an die Staatsorgane.

Auch wenn Art. 119 BV davon spricht, der Völker- und Rassenhass sei strafbar, bedarf **20** es, schon allein wegen des Strafmaßes, eines ergänzenden Gesetzes. Dieses Gesetz war zunächst das Gesetz gegen Rassenwahn und Völkerhass vom 13. 3. 1946.[24] Diese landesrechtliche Norm wurde durch die Änderung des § 130 StGB durch Art. 5 des Sechsten Strafrechtsänderungsgesetzes vom 30. 6. 1960[25] ersetzt.

Art. 120 [Verfassungsbeschwerde]

Jeder Bewohner Bayerns, der sich durch eine Behörde in seinen verfassungsmäßigen Rechten verletzt fühlt, kann den Schutz des Bayerischen Verfassungsgerichtshofes anrufen.

Parallelvorschriften im GG und anderen Landesverfassungen: Art. 93 Nr. 4a GG; 76 BaWüVerf; Art. 84 Abs. 2 Nr. 5 BerlVerf; Art. 113 Nr. 4 BbgVerf; Art. 131 I, III HessVerf. Art. 53 Nr. 6 M-VVerf; Art. 54 Nr. 5 NdsVerf; Art. 135 Abs. 1 Nr. 4 RhPfVerf; Art. 97 Nr. 4 SaarlVerf i.V. m. §§ 9 Nr. 13, 55–61 SaarlVGHG; Art. 80 Abs. 1 Nr. 1, 2 ThürVerf.

Rechtsprechung: VerfGH 1, 26; 3, 96 ff.; 6, 7; 6, 137; 9, 1; 10, 11; 13, 75; 14, 43; 14, 49; 15, 1; 15, 41; 17, 45 ff.; 18, 79; 18, 104 ; 18, 140; 20, 78; 20, 87; 20, 153; 20, 203; 22, 124; 25, 43; 26, 115; 26, 127; 27, 87; 28, 14; 31, 225; 34, 149; 34, 152; 34, 178; 35, 1; 35, 29; 35, 123; 36, 40; 38, 11; 41, 140; 42, 28; 42, 65; 43, 12; 43, 81; 44, 28; 44, 107; 44, 149; 45, 157; 46, 160; 46, 254; 46, 273; 55, 75; VerfGH, Ents. v. 5. 4. 2006, Az: Vf. 66-VI-05 = NVwZ-RR 2006, 665.

Literatur: Benda/Klein, Lehrbuch des Verfassungsprozessrechts, 2. Aufl., 2001; *Dietlein,* Landesverfassungsbeschwerde und Einheit des Bundesrechts, NVwZ 1994, 6; *Ebersberger,* Die bayerische Verfassungsbeschwerde, Diss., München 1990; *Elsäßer,* Der Bayerische Verfassungsgerichtshof, BayVBl 1963, 165; *Fleury,* Verfassungsprozessrecht, 6. Aufl. 2004; *Greulich,* Staatliche Rechtsordnungen in der Bundesrepublik Deutschland, 1972; *Gusy,* Die Verfassungsbeschwerde, in: FS 50 Jahre BVerfG, Bd. 1, 2001, 641; *Huther,* Zur Frage, ob sich das EG-Recht auf die Zulässigkeit der Verfassungsbeschwerde von Ausländern zum Bayerischen Verfassungsgerichtshof auswirkt, BayVBl 1992, 577; *Jachmann,* Der Schutz gemeindlichen Eigentums nach der Bayerischen Verfassung, BayVBl 1998, 129; *dies.,* Die Relevanz der Grundrechte der Bayerischen Verfassung aus verfassungsprozeßrechtlicher Sicht, BayVBl 1997, 321 ff.; *Klein/Sennekamp,* Aktuelle Zulässigkeitsprobleme der Verfassungsbeschwerde NJW 2007, 945; *Klein,* Landesverfassung und Landesverfassungsbeschwerde, DVBl 1993, 1329; *Körner,* Bayerische Verfassungsbeschwerde und Bundesrecht, DÖV 1962, 295; *Olshausen von,* Landesverfassungsbeschwerde und Bundesrecht, 1980; *Oswald,* Verfassungsklage und Popularklage, VR 1980, 13; *Pestalozza,* Verfassungsprozessrecht, 3. Aufl. 1991; *Posser,* Die Subsidiarität der Verfassungsbeschwerde, 1993; *Renck,* Herausgabe der Salvatorkirche in München – Rechtsfragen zur Statthaftigkeit einer Verfassungsbeschwerde und zur Bindung der Verfassungsgerichtsbarkeit an die Beurteilung einfachen Rechts durch die Instanzgerichte, BayVBl 1997, 523; *Rüfner,* Die persönlichen Freiheitsrechte der Landesverfassungen in der Rechtsprechung der Landesverfassungsgerichte, Landesverfassungsgerichtsbarkeit 1983, Teilbd 3, 247; *Schäfer,* Die Kassation gerichtlicher Entscheidungen durch den Bayerischen Verfassungsgerichtshof, in: Festschrift für den Bayerischen Verfassungsgerichtshof, Verfassung und Verfassungsrechtsprechung 1972, 259; *Schmidt, Steffen,* Die „interne Richtervorlage" im Bayerischen Verfassungsgerichtshofgesetz", BayVBl 1992, S. 742 ff.; *Schmitt Glaeser/Horn,* Die Rechtsprechung des

---

[23] *Streinz,* in: Sachs, Art. 26, Rn. 5.
[24] BayBS III S. 149.
[25] BGBl. I 478.

Bayerischen Verfassungsgerichtshofs, BayVBl 1992, 673; *Schumann, Ekkehard,* Verfassungsbeschwerde (Grundrechtsklage) zu den Landesverfassungsgerichten, in: Starck, Christian / Stern, Klaus, Landesverfassungsgerichtsbarkeit 1983, Teilbd 2, S. 149 (202 ff.); *Sodan,* Der Grundsatz der Subsidiarität der Verfassungsbeschwerde, DÖV 2002, 925 ff. *Spanner,* Zum 25-jährigen Bestand des Bayerischen Verfassungsgerichtshofes, BayVBl 1972, 425; *Spranger,* Die Verfassungsbeschwerde im Korsett des Prozessrechts, AöR 127 (2002), 2; *Sprenger,* Die „interne Richtervorlage" beim Bayerischen Verfassungsgerichtshof, BayVBl 1992, S. 746 ff.; *Theuersbacher,* Zur Befugnis von nicht in Bayern wohnenden Ausländern, Verfassungsbeschwerde zum Bayerischen Verfassungsgerichtshof zu erheben, BayVBl 1992, 193; *Troeger,* Normenprüfung durch den Bayerischen Verfassungsgerichtshof, BayVBl 1969, 414; *Wintrich,* Schutz der Grundrechte durch Verfassungsbeschwerde und Popularklage, 1950; *Zuck,* Das Recht der Verfassungsbeschwerde, 3. Aufl. 2006.

Übersicht

I. Allgemeines

1. Bedeutung

1　　Art. 120 BV gewährt den Einzelnen zum Schutz ihrer Grundrechte vor Verletzung im Einzelfall eine eigene Rechtsschutzmöglichkeit. Art. 120 BV dient dem Schutz der Grundrechte und ist dabei selbst auch ein Grundrecht.[1] Auf Art. 120 BV nimmt Art. 66 BV Bezug. Während Art. 120 BV das Rechtsschutzinstitut aus der Sicht des Bürgers beschreibt, verdeutlicht Art. 66 BV die mit diesem Institut verbundene Kompetenz für den VerfGH. Beide Normen sind zwei Seiten der gleichen Medaille. Die doppelte Normierung ist überflüssig, aber nicht schädlich.

2　　Die Verfassungsbeschwerde ist dem Einzelnen in erster Linie in seinem eigenen Interesse[2] als außerordentlicher Rechtsbehelf eingeräumt. Daher kann auch der Einzelne frei darüber entscheiden, ob und inwieweit er den VerfGH anrufen will und ob er eine erhobene Verfassungsbeschwerde zurücknehmen[3] oder für erledigt erklären möchte.[4] Eine Fortführung des Verfahrens aus objektivem Interesse, zumindest nach Durchführung einer mündlichen Verhandlung, wie es das BVerfG bei Art. 93 Abs. 1 Nr. 4a GG einmal vor-

---

[1] VerfGH 15, 1; VerfGH 28, 14 (18).
[2] VerfGH 27, 35 (44).
[3] VerfGH 15, 41 (43); VerfGH, Ents. v. 27. 10. 1995, Az: Vf. 161-VI-93.
[4] VerfGH 15, 1 (4); VerfGH 15, 41 (43); VerfGH 42, 65 (68); *Meder,* Art. 120, Rn. 1.

genommen hat,[5] ist dem bayerischen Verfassungsbeschwerdeverfahren bisher noch nicht bekannt. Ist die Verfassungsbeschwerde primär ein Rechtsschutzinstrument, so liegt ihre Existenz und ihre Durchsetzung im Einzelfall auch im öffentlichen Interesse,[6] da die Unverbrüchlichkeit der Verfassung ein hohes Gemeinschaftsgut ist.

Die Verfassungsbeschwerde nach Art. 120 BV unterscheidet sich dabei wesentlich von **3** derjenigen gem. Art. 93 Abs. 1 Nr. 4a GG zum BVerfG. Mit der Verfassungsbeschwerde gem. Art. 120 BV zum VerfGH kann der Bürger nur Einzelakte angreifen; Schutz gegen Rechtsnormen gewährt ihm dagegen die Popularklage gem. Art. 98 S. 4 BV, während auf Bundesebene einheitlich die Verfassungsbeschwerde statthaft und eine Popularklage unbekannt ist.

2. Entstehung

Die Norm entspricht Art. 83 E. Während der Beratungen blieb die Norm sachlich un- **4** verändert.[7]

3. Verhältnis zum Grundgesetz

Art. 120 BV kollidiert nicht mit bundesrechtlichen Vorgaben, so dass an seiner Gültig- **5** keit keine Zweifel bestehen.

4. Verhältnis zur Verfassungsbeschwerde zum BVerfG

Verfassungsbeschwerden zum BVerfG und zum VerfGH können nebeneinander oder **6** nacheinander anhängig sein, da beide Gerichte unterschiedliche Prüfungsmaßstäbe anlegen. Die Einlegung jeweils zum anderen Verfassungsgericht wird nicht als Rechtsweg für die Beschwerde zum jeweils anderen angesehen. Hat der Beschwerdeführer mit einer Beschwerde Erfolg, so entfällt i. d. R. das Rechtsschutzbedürfnis für das verbleibende Verfahren, da der Verfahrensgegenstand entfallen ist.[8]

5. Überblick

Art. 120 BV ist eine knappe Norm, der die einzelnen Zulässigkeitsvoraussetzungen **7** und der Prüfungsmaßstab nur rudimentär zu entnehmen sind. Das Rechtsschutzinstitut wird durch Gesetz näher ausgeformt. Die gesetzlichen Regelungen finden sich im VfGHG, das Verfahren ist geregelt in Art. 51-54 VfGHG.

Die wichtigsten Prüfungsschritte für eine Verfassungsbeschwerde sind: **8**
  I. Zulässigkeit der Verfassungsbeschwerde
   (1) Zuständigkeit des VerfGH – Art. 66, 120 BV, Art. 2 Nr. 6, Art. 51 ff. VfGHG
   (2) Antragsberechtigung, Art. 120 BV
   (3) Beschwerdegegenstand, Art. 120 BV
   (4) Beschwerdebefugnis, Art. 120 BV
   (5) Frist und Form (Art. 51 Abs. 2 u. Abs. 3 VfGHG)
   (6) Rechtswegerschöpfung, Art. 51 Abs. 2 S. 1 VfGHG
  II. Begründetheit der Verfassungsbeschwerde
   (1) Prüfungsmaßstab
   (2) Verletzung der gerügten Grundrechte durch den gerügten Einzelakt?

II. Einzelkommentierung

1. Antragsberechtigung „Jeder Bewohner Bayerns"

a) **Allgemein.** Antragsberechtigt ist gem. Art. 120 BV jeder „Bewohner Bayerns". Un- **9** ter diesen Begriff fällt jeder, der zur Zeit der Entscheidung oder zum Zeitpunkt der Ver-

---

[5] BVerfGE 98, 218 ff.
[6] VerfGH 19, 61 (62).
[7] *Zacher*, in: Nawiasky/Schweiger/Knöpfle, Art. 120, Rn. 1; Prot. I, S. 220 f.; Prot. II, S. 334 f.
[8] *Pestalozza*, § 23, Rn. 83; *Fleury*, Verfassungsprozessrecht, Rn. 428, S. 105.

fahrenseinleitung (Erhebung der Verfassungsbeschwerde)[9] einen Wohnsitz im bayerischen Staatsgebiet hat,[10] unabhängig davon, ob er Ausländer[11] oder Deutscher (Art. 116 GG) ist. Die Antragsbefugnis besitzt nach der Rechtsprechung darüber hinaus auch derjenige, der, ohne einen Wohnsitz in Bayern zu haben, eine dauernde örtliche Beziehung zum bayerischen Staatsgebiet aufweist sowie derjenige, der gegen seinen Willen in Bayern festgehalten wird.[12]

10   Der VerfGH erweitert – trotz Kritik aus der Literatur –[13] wegen Art. 33 Abs. 1 GG die Antragsberechtigung über den Normtext des Art. 120 BV hinaus. Danach sind auch alle Deutschen (i. S. d. Art. 116 GG) antragsberechtigt, unabhängig davon, ob bei ihnen eine örtliche Beziehung zum bayerischen Staatsgebiet besteht.[14] Keine Verfassungsbeschwerde zum VerfGH kann demnach ein Ausländer ohne dauernde örtliche Beziehung zum bayerischen Staatsgebiet erheben.[15]

11   Die Antragsberechtigung einer natürlichen Person gilt grundsätzlich ab Geburt und endet mit dem Tod. Stirbt der Beschwerdeführer, so ist das Verfahren einzustellen, es sei denn, dass es vermögensrechtlicher Art ist und von den Erben aufgenommen wird.[16] Grundrechtliche Vorwirkungen vor der Geburt auf die Leibesfrucht sind nicht ausgeschlossen, aber vom VerfGH noch nicht entfaltet worden.

12   Für die Wahlprüfung bestehen mit Art. 33 BV, Art. 63 BV, Art. 48 Abs. 1 VfGHG Sonderregeln, die den Rechtsbehelf der Verfassungsbeschwerde zum Verfassungsgerichtshof nach Art. 66, 120 BV, Art. 51 ff. VfGHG ausschließen.[17]

13   **b) Juristische Personen.** Juristische Personen sind ebenfalls antragsberechtigt, aber nur, wenn sie ihren (tatsächlichen) Sitz in Bayern haben[18] und zudem Träger des gerügten Rechtes sein können. Nichtrechtsfähige Personenvereinigungen sind beschwerdeberechtigt, soweit ihnen Rechte zustehen (Art. 30 Abs. 1 VfGHG i.V. m. § 61 Nr. 2 VwGO) und sie ihren Sitz in Bayern haben. Liegt der Sitz außerhalb von Bayern, kann eine belegene Sache der juristischen Person in Bayern (Eigentum oder dingliches Recht; ein Grundstück innerhalb Bayerns) die erforderliche Beziehung zu Bayern nicht herstellen.[19]

14   **c) Juristische Personen des öffentlichen Rechts.** Eine deutliche Abweichung der Rechtsprechung des VerfGH zu der des BVerfG besteht bei der Antragsberechtigungen von juristischen Personen des öffentlichen Rechts. Der VerfGH ist deutlich großzügiger. Sofern die juristischen Personen des öffentlichen Rechts keine hoheitlichen Aufgaben wahrnehmen, sondern wie Private dem Staat gegenübertreten, können sie sich auf Grundrechte berufen.[20] Entscheidend ist, ob sie sich in einer „grundrechtstypischen Gefährdungslage" befinden. Bei den Gemeinden wird dies angenommen, sofern sie sich auf das kommunale Selbstverwaltungsrecht stützen können.[21] Die Grundrechte, bei denen diese Rechtsprechung aktuell wird, sind vor allem der Gleichheitssatz, aber auch das Eigentumsgrundrecht.[22]

---

[9] VerfGH 29, 42 (43); *Zacher*, in: Nawiasky/Schweiger/Knöpfle, Art. 120, Rn. 4 f.

[10] VerfGH 35, 123 (124 f.); *Meder*, Art. 120, Rn. 2.

[11] VerfGH 14, 1; VerfGH 42, 65 (68).

[12] VerfGH 9, 21 (24); VerfGH 29, 42 (43); *Meder*, Art. 120, Rn. 2; *Pestalozza*, § 23, Rn. 67; *Zacher*, in: Nawiasky/Schweiger/Knöpfle, Art. 120, Rn. 5.

[13] *Meder*, Art. 120, Rn. 2; *Zacher*, JöR 1966, 321 (367); *Knöpfle*, in: Nawiasky/Schweiger/Knöpfle, Art. 98, Rn. 20.

[14] VerfGH 20, 153 (156); VerfGH 44, 107 (108).

[15] VerfGH 35, 123 f.

[16] *Meder*, Art. 120, Rn. 2; *Zacher*, in: Nawiasky/Schweiger/Knöpfle, Art. 120, Rn. 8.

[17] VerfGH 37, 101 (105 ff. u. 108); VerfGH 43, 29 (34); VerfGH 45, 3 (5).

[18] VerfGH 38, 11 (13); VerfGH 44, 107 f.; die Frage offenlassend: VerfGH 42, 65 (68).

[19] VerfGH 38, 11 (13); VerfGH 44, 107 f.

[20] VerfGH 44, 149 (152); VerfGH 46, 160 ff.

[21] VerfGH 41, 140 (145); VerfGH 45, 157 (161); *Fleury*, Verfassungsprozessrecht, Rn. 386, S. 95.

[22] S. nur VerfGH 44, 149 (152); *Jachmann*, BayVBl 1998, 129.

d) Verfahrenfähigkeit (Prozessfähigkeit). Die Verfahrensfähigkeit setzt grundsätzlich 15
Geschäftsfähigkeit voraus (Art. 30 Abs. 1 VfGHG i.V. m. § 62 VwGO).[23] Zweifel an der Pro-
zessfähigkeit sind von Amts wegen aufzuklären.[24] Für Prozessunfähige hat der gesetzliche
Vertreter zu handeln.[25] Geisteskranke sind, sofern sie nur einen ausreichenden natürlichen
Handlungswillen entfalten können, in den Verfahren, in denen es gerade um die rechtliche
Folgen der Krankheit geht, prozessfähig.[26] Gleiches muss für Personen mit krankhafter que-
rulatorischer Veranlagung gelten, auch wenn der VerfGH hier strenger ist.[27]

2. Beschwerdegegenstand „durch eine Behörde"

a) Urheber der Maßnahme. Beschwerdegegenstand können alle Maßnahmen baye- 16
rischer Landesbehörden sein. Der Begriff der Behörde ist dabei weit und nicht wörtlich zu
verstehen. „Behörden" i. S. d. Art. 120 BV sind alle organisatorisch selbständigen, vom
Staat eingerichteten oder zugelassenen, an die BV gebundenen Amtsstellen, die Akte der
Verwaltung oder der Rechtsprechung vornehmen und dadurch in den durch die BV geschützten Rechtskreis eines Bewohners Bayerns eingreifen können.[28] Erfasst werden
demnach alle Stellen bayerischer juristischer Personen des Öffentlichen Rechts,[29] also Gebietskörperschaften (Landkreise, Gemeinden) und andere Körperschaften (Rechtsanwaltskammern[30], Kirchen, sowie deren selbständigen Teile – Fakultäten,[31]) sowie Anstalten und
Stiftungen des öffentlichen Rechts.

Die Verfassungsbeschwerde ist auch möglich gegen Maßnahmen von Beliehenen, wenn 17
und soweit sie Hoheitsgewalt ausüben. Insbesondere werden alle Stellen des Freistaates erfasst, wie etwa oberste Staatsorgane,[32] der Bayerische Oberste Rechnungshof,[33] der Landtag
(oder ein Landtagsausschuss oder der Landtagspräsident) – Letzterer allerdings nur, wenn er
Maßnahmen der vollziehenden Gewalt trifft. „Behörden" i. S. v. Art. 120 BV sind auch alle
bayerischen Gerichte (Art. 51 Abs. 1 S. 2 VfGHG). Auch wenn die grammatikalische Auslegung mit diesem Ergebnis nicht einfach zu erzielen ist, so verlangt doch die teleologische
Auslegung dieses Ergebnis. Eines Rückgriffs auf Art. 67 BV bedarf es nicht.[34]

Keine Behörden i. S. des Art. 120 BV sind: der VerfGH,[35] der Landtag, wenn er im Be- 18
reich der Legislative tätig wird[36] oder untätig bleibt,[37] Bundesbehörden, und zwar auch
dann nicht, wenn sie bayerisches Landesrecht anwenden oder in Bayern ihren Sitz
haben;[38] private natürliche Personen und Organisationen, auch wenn sie Funktionen im
öffentlichen Interesse wahrnehmen (z. B. Gewerkschaften oder Betriebsräte,[39] Vormün-
der,[40] Parteigerichte, die Kirchen). Rügefähig sind nur subjektive Rechte. Das subjektive
Recht muss dabei dem Beschwerdeführer zustehen. So vermittelt etwa Art. 85 BV nur den

---

[23] VerfGH 9, 147 (152); VerfGH 16, 137 (138); *Pestalozza*, § 23, Rn. 67; *Meder*, Art. 120, Rn. 2; *Zacher*,
in: Nawiasky/Schweiger/Knöpfle, Art. 120, Rn. 7.
[24] VerfGH 39, 1 (4).
[25] VerfGH 9, 147 (152); *Pestalozza*, § 23, Rn. 67.
[26] VerfGH 16, 137 (139); VerfGH 27, 87 (89); vgl. BVerfGE 19, 93 (100 f.).
[27] VerfGH 16, 137 (139); s. a. VerfGH 38, 11.
[28] VerfGH 10, 11 (12 f.); *Meder*, Art. 120, Rn. 4 f.; *Zacher*, in: Nawiasky/Schweiger/Knöpfle,
Art. 120, Rn. 26.
[29] *Fleury*, Verfassungsprozessrecht, Rn. 389, S. 96.
[30] VerfGH 35, 1 (2).
[31] VerfGH, Ents. v. 26. 2. 1982, Az: Vf. 120-VI-79; *Meder*, Art. 120, Rn. 5.
[32] VerfGH 18, 140 (148); VerfGH 27, 119 (124).
[33] VerfGH 21, 108 ff.
[34] A. A. *Pestalozza*, § 23, Rn. 68.
[35] VerfGH 34, 178 (179); *Meder*, Art. 120, Rn. 5.
[36] VerfGH 12, 119 (122).
[37] Vgl. zum Untätigbleiben VerfGH 18, 79 (83).
[38] VerfGH 22, 124 (125); *Fleury*, Verfassungsprozessrecht, Rn. 389, S. 96.
[39] VerfGH 2, 98 (101).
[40] VerfGH, Ents. v. 14. 4. 1964, Az: Vf. 107-VI-62.

Richtern, nicht aber Dritten ein subjektives Recht.[41] Wehrt sich der Bürger gegen ein Unterlassen, muss er darlegen, dass die Pflicht zum Handeln die Behörde auch ihm gegenüber traf.[42]

19   **b) Angreifbare Maßnahme.** *aa) Öffentlich-rechtliches Verwaltungshandeln.* Eine „Maßnahme" i. S. v. Art. 120 BV[43] ist jeder hoheitliche Akt mit unmittelbaren rechtlichen Wirkungen nach außen.[44] Jedes öffentlich-rechtliche Verwaltungshandeln im Einzelfall, sofern es dem hoheitlichen Bereich zugehört,[45] und sei es auch nur schlichtes Verwaltungshandeln, wird erfasst (Verwaltungsakte/schlicht-hoheitliches Handeln/Gnadenentscheidungen/öffentlich-rechtliche Verträge, auch organisatorische Staatsakte, Realakte).[46] Die Maßnahme muss allerdings grundsätzlich in der Lage sein, überhaupt eine Beschwer zu verursachen, d. h. eine Rechtsstellung unmittelbar nachteilig betreffen können.[47]

20   *bb) Maßnahmen mit landesrechtlichem Einfluss.* Maßnahmen von Landesbehörden sind nicht angreifbar, sofern sie inhaltlich durch Bundesrecht vollständig determiniert sind und die Anwendung des Bundesrechts die Vorgaben der Landesverfassung beachtet (s. u.). Gibt eine bundesgesetzliche Ermächtigung dem landesrechtlichen Normgeber einen Rahmen, innerhalb dessen er verschiedene Lösungen wählen kann, dann ist das Landesverfassungsrecht innerhalb dieses Gestaltungsspielraums nicht verdrängt.[48]

21   *cc) Urteile.* Urteile bayerischer Gerichte sind mit der Verfassungsbeschwerde angreifbar, auch wenn sie in einem bundesgerichtlich geordneten Verfahren ergehen. Ebenso Beschlüsse des VGH nach § 47 VwGO,[49] auch wenn darin die angegriffene Rechtsvorschrift gemäß § 47 Abs. 6 VwGO für nichtig erklärt worden ist.[50] Nichtige Urteile sind allenfalls dann angreifbar, wenn für die Beseitigung des Rechtsscheins ein Rechtsschutzbedürfnis besteht und keine anderen Möglichkeiten zu dessen Beseitigung existieren. Prozessvergleiche nicht, da diese keine Entscheidung des Gerichts darstellen.[51] Maßnahmen wären nur die Entscheidungen im Zivilprozess, in dem der Betroffene seine Einwendung gegen die Wirksamkeit des Vergleichs geltend gemacht hat.[52]

22   Wegen des Gebots der Rechtswegerschöpfung (Art. 51 Abs. 2 S. 1 VfGHG) ist Beschwerdegegenstand immer die letztinstanzliche Entscheidung. Die Entscheidungen der vorausgegangenen Instanzen und die Ausgangsmaßnahme der Behörde kann der Beschwerdeführer mit einbeziehen.[53]

23   *Zwischenentscheidungen* sind selbständig anfechtbar, wenn diese bereits unmittelbar in ein verfassungsmäßiges Recht eingreifen und die Gefahr besteht, dass dadurch ein rechtlicher Nachteil entsteht, der später nicht mehr oder doch nicht vollständig behoben werden kann.[54] Diese Annahme liegt vor allem bei Zwischenentscheidungen nahe, die eine selbständige Bedeutung besitzen, weil deren Entscheidungen nicht mehr Gegenstand der

---

[41] VerfGH 43, 12 (16); VerfGH, Ents. v. 17. 2. 1995, Az: Vf. 88-VI-93.
[42] VerfGH 1, 26 (28); VerfGH 44, 28 (30); VerfGH 46, 254 (255).
[43] *Meder*, Art. 120, Rn. 6 ff.; *Pestalozza*, § 23, Rn. 72 ff.
[44] *Fleury*, Verfassungsprozessrecht, Rn. 390, S. 96.
[45] VerfGH 13, 101 (106).
[46] VerfGH 27, 119 (124).
[47] VerfGH 26, 115 (117); VerfGH 29, 98 (100); VerfGH 42, 65 (67 f.); VerfGH, Ents. v. 11. 2. 1994, Az: Vf. 98-VI-92.
[48] VerfGH 37, 31 (32).
[49] VerfGH 30, 40 ff.
[50] VerfGH 36, 173 (177).
[51] VerfGH, Ents. v. 17. 3. 1994, Az: Vf. 22-VI-93; *Meder*, Art. 120, Rn. 7.
[52] VerfGH 30, 39 f.
[53] VerfGH 43, 165 ff.
[54] VerfGH 9, 123 (126); VerfGH 13, 75 (77); VerfGH 17, 45; VerfGH 32, 91; VerfGH 34, 152; VerfGH 39, 53 (55); VerfGH, Ents. v. 25. 1. 1991, Az: Vf. 19-VI-90, NJW 1991, 2953 ff.= BayVBl 1992, 349; VerfGH, Ents. v. 1. 6. 1990, Az: Vf. 76-VI-89; *Meder*, Art. 120, Rn. 8.

das Verfahren abschließenden Entscheidung sind.[55] Das Rechtsschutzbedürfnis für die Verfassungsbeschwerde gegen eine Zwischenentscheidung wird in aller Regel entfallen, wenn die das Hauptverfahren abschließende Entscheidung ergangen und nicht mehr anfechtbar ist, und wenn sie auch durch die Aufhebung der Zwischenentscheidung nicht gegenstandslos würde.[56] So besteht ein Rechtsschutzbedürfnis gegen die Ablehnung eines Befangenheitsantrags nur dann, wenn der durch die Mitwirkung des Richters drohende Rechtsnachteil noch behoben werden kann.[57]

Nicht angegriffen werden können Entscheidungen von **Bundesgerichten**.[58] So kann **24** beispielsweise ein Revisionsurteil etwa des BVerwG nicht vom VerfGH überprüft werden. Sofern die Entscheidungen von Bundesgerichten eine Entscheidung in der Sache enthalten, sperren sie darüber hinaus auch die Nachprüfung der vorausgehenden landesgerichtlichen Entscheidungen.[59] Die Zuständigkeit des VerfGH erstreckt sich nicht auf Entscheidungen bayerischer Gerichte, soweit diese auf Grund sachlicher Prüfung von einem (obersten) Bundesgericht in ihrem Inhalt abgeändert oder bestätigt worden sind.[60]

Eine Entscheidung in der Sache des Bundesgerichts liegt nicht vor, wenn die voraus- **25** gehende Entscheidung inhaltlich weder geprüft noch bestätigt wird. In diesen Fällen entzieht die bundesgerichtliche Entscheidung dem VerfGH nicht die Prüfungskompetenz.[61] Keine Sachentscheidungen sind etwa die Nichtannahme der Revision im Zivilprozessrecht,[62] die Zurückweisung einer Nichtzulassungsbeschwerde,[63] die Entscheidung über die Prozesskostenhilfe zur Erhebung einer Nichtzulassungsbeschwerde,[64] sowie die Verwerfung einer Revision als unzulässig. Bei einer unzulässigen Revisionsentscheidung dürfte allerdings in aller Regel die Verfassungsbeschwerde unzulässig sein, da entweder der Rechtsweg nicht ordnungsgemäß erschöpft wurde oder die Frist im Endeffekt abgelaufen sein wird.[65] Ob die Verwerfung einer Nichtigkeitsklage mit der Begründung, das erkennende Gericht sei fehlerhaft besetzt gewesen, eine Sachentscheidung darstellt, hat der VerfGH offengelassen.[66]

dd) Unterlassen. Ein Unterlassen kann ebenfalls angegriffen werden, wenn die staatliche **26** Stelle eine verfassungsrechtliche Pflicht zum Handeln hatte.[67] Hierzu gehört auch die Verletzung der dem Gericht obliegenden Pflicht, anhängige Prozesse in angemessener Zeit zu entscheiden (Beschleunigungsgebot).[68] Unterlassungen des Gesetzgebers können (ebenso wie seine „Maßnahmen") nicht Gegenstand der Verfassungsbeschwerde (sondern nur der Popularklage) sein.[69] Die Verfassungsbeschwerde gegen ein Unterlassen ist dabei grundsätzlich nur so lange zulässig, wie das Unterlassen andauert. Ist die gerügte Untätigkeit beendet, so ist ein gesteigertes Rechtsschutzbedürfnis nachzuweisen.[70] Dies liegt etwa vor bei Fortdauer der Beeinträchtigung, bei Wiederholungsgefahr, ferner wenn andernfalls

---

[55] VerfGH 13, 96 (97); VerfGH 36, 40 ff.; VerfGH 39, 53 (55).

[56] VerfGH 34, 152; VerfGH 39, 53 (56); VerfGH, Ents. v. 27. 3. 1987, Az: Vf. 34-V1-85.

[57] VerfGH 32, 91; VerfGH 34, 152 (153).

[58] VerfGH 28, 14 (22); VerfGH 39, 9 (15 f.); VerfGH 46, 160 (163); *Fleury*, Verfassungsprozessrecht, Rn. 395, S. 96.

[59] VerfGH 55, 75 (78); *Pestalozza*, § 23, Rn. 69; *Fleury*, Verfassungsprozessrecht, Rn. 395, S. 96.

[60] VerfGH 22, 124 (125); VerfGH 25, 143 (145); VerfGH 26, 127 (139); VerfGH 28, 14 (22); VerfGH 46, 257 (262 f.), vgl. auch VerfGH 39, 9 (15 f.).

[61] Vgl. hierzu *Meder*, Art. 120, Rn. 40; *Fleury*, Verfassungsprozessrecht, Rn. 395, S. 96 f.

[62] VerfGH 37, 85 ff.

[63] VerfGH 44, 33 (35); VerfGH 46, 21 (29); VerfGH, Ents. v. 22. 3. 1991, Az: Vf. 9-VI-90, NJW 1992, 169.

[64] VerfGH 55, 75 (78).

[65] *Fleury*, Verfassungsprozessrecht, Rn. 395, S. 97.

[66] VerfGH 55, 75 (78).

[67] VerfGH 1, 26 (28); VerfGH 44, 28 (30); VerfGH 46, 254 (255); *Meder*, Art. 120, Rn. 12.

[68] *Meder*, Art. 120, Rn. 12.

[69] VerfGH 18, 37 (38); VerfGH 18, 79 (83); *Meder*, Art. 120, Rn. 12.

[70] VerfGH 43, 187 (189); VerfGH 44, 28 (30); VerfGH 46, 254 (255); *Meder*, Art. 120, Rn. 13.

die Klärung einer verfassungsrechtlichen Frage von erheblicher Bedeutung entfiele oder wenn das gerügte Unterlassen ein besonders bedeutsames Grundrecht betraf.[71]

27 *ee) Privatrechtliche Akte.* Nach ständiger Rechtsprechung ist privatrechtsförmiges Handeln bayerischer „Behörden" nicht mit der Verfassungsbeschwerde angreifbar. Dies soll auch dann gelten, wenn dieses Handeln Grundrechtsbindungen unterliegt.[72] Diese Ansicht ist abzulehnen.[73] Die Verfassung will erkennbar eine Kongruenz von Grundrechtsbindung im Einzelfall und verfassungsprozessualem Rechtsschutz. Soweit die Grundrechtsbindung reicht, muss diese auch im Wege der Verfassungsbeschwerde (oder der Popularklage) nachgeprüft werden. Für den verfassungsprozessualen Rechtsschutz darf nicht die Wahl der Handlungsform, sondern vielmehr die Reichweite des Grundrechtsschutzes maßgeblich sein. Die Hoffnung, der VerfGH werde seine insoweit verfehlte Rechtsprechung aufgeben, dürfte allerdings kaum realistisch sein. Da gegen zivilrechtliches Verwaltungshandeln mit Grundrechtsrelevanz aber Rechtsschutz vor staatlichen Gerichten gewährt wird und die Urteile in diesen Verfahren wiederum mit der Verfassungsbeschwerde angreifbar sind, halten sich die praktischen Folgen der insoweit verfehlten überwiegenden Ansicht in Grenzen.

28 Nach der Rechtsprechung unterfallen demzufolge etwa folgende Maßnahmen nicht dem Art. 120 BV: (a) Maßnahmen des Fiskus (z. B. eine von ihm betriebene Zwangsräumung,[74] oder ein Architektenwettbewerb[75]), (b) Maßnahmen des Staates als Arbeitgeber von Angestellten und Arbeitern;[76] (c) Maßnahmen der Verwaltung eines Nervenkrankenhauses gegenüber einem Untergebrachten, falls das Unterbringungsverhältnis bürgerlichrechtlich gestaltet ist,[77] (d) Maßnahmen der Daseinsvorsorge in privatrechtlichen Formen,[78] (e) Darlehensgewährungen durch den Staat oder von ihm beauftragte Banken, wenn zwar die Darlehensbewilligung der Erfüllung hoheitlicher Aufgaben dient, die Darlehen aber „in den Formen (des) gleichgeordneten (privatrechtlichen) Rechtsverkehrs als rein privatrechtliche Akte" hingegeben werden,[79] (f) die Herausgabe der Vertraulichen Mitteilungen über die Schuldnerlisten durch die Industrie- und Handelskammern.[80]

29 *ff) Rechtssetzungsakte.* Keine Maßnahmen i. S. v. Art. 120 BV sind Rechtssetzungsakte. Normen können vor dem VerfGH nur mit der Popularklage angegriffen werden.[81] Eine Umdeutung einer Verfassungsbeschwerde gegen eine Norm in eine Popularklage lässt der Verfassungsgerichtshof zu, sofern dies aufgrund des Vorbringens möglich erscheint.

30 *gg) Mitwirkungsakte in Gesetzgebungsgremien.* Eine Verfassungsbeschwerde gegen das Abstimmungsverhalten bayerischer Abgeordneter im Bundestag und der Mitglieder der Bayerischen Staatsregierung im Bundesrat aus Anlass des Gesetzgebungsverfahrens zum Zustimmungsgesetz für den Europäischen Verfassungsvertrag können nicht mit der Verfassungsbeschwerde angegriffen werden, da eine Verletzung von subjektiven Rechten nicht denkbar ist.[82]

hh) Einzelfallentscheidungen auf Grundlage einer nichtigen Norm. Die Verfassungsbeschwerde kann auch mit der Begründung erhoben werden, der Einzelakt, der den Grundrechtseingriff darstelle, sei deswegen grundrechtswidrig, weil er auf einer nichtigen Landesnorm

---

[71] VerfGH 43, 187 ff; *Meder*, Art. 120, Rn. 12.

[72] *Fleury*, Verfassungsprozessrecht, Rn. 393, S. 96; *Meder*, Art. 120, Rn. 7; *Zacher*, in: Nawiasky/ Schweiger/Knöpfle, Art. 120, Rn. 38.

[73] Ebenso *Pestalozza*, § 23, Rn. 74.

[74] VerfGH 18, 132 (133).

[75] VerfGH, Ents. v. 7. 8. 1981, Az: Vf. 76–V1–75.

[76] VerfGH 13, 80.

[77] VerfGH, Ents. v. 14. 4. 1964, Az: Vf. 107–VI–62.

[78] VerfGH 24, 93; VerfGH 34, 145 (146).

[79] VerfGH 13, 101 (107).

[80] VerfGH, Ents. v. 14. 5. 1971, Az: Vf. 78–VI–70.

[81] VerfGH 16, 142 (146); VerfGH 18, 37 (38); VerfGH 26, 197 (132); aber auch VerfGH 36, 149 (152); VerfGH 43, 165 (167).

[82] VerfGH, Ents. v. 5. 4. 2006, Az: Vf. 66–VI–05 = NVwZ-RR 2006, 665.

beruhe.[83] Darin liegt keine (in Bayern unzulässige) Verfassungsbeschwerde unmittelbar gegen eine Rechtsnorm, da der Grundrechtseingriff durch einen Einzelakt begründet wird. Ein belastender Einzelakt, der auf einer nichtigen Rechtsgrundlage beruht, bildet eine Grundrechtsverletzung, die mit der Verfassungsbeschwerde angegriffen werden kann. Art. 101 BV schützt vor der Anwendung eines ungültigen Landesgesetzes.[84] Allerdings darf der VerfGH im Verfassungsbeschwerdeverfahren nicht über die Gültigkeit von bayerischen Normen entscheiden. Kommt es im Verfassungsbeschwerdeverfahren daher auf die Gültigkeit der Norm an, muss zunächst der VerfGH in der dafür zuständigen Besetzung nach Art. 3 Abs. 2 Nr. 2 VfGHG vorab über die Gültigkeit der Norm urteilen,[85] bevor die Verfassungsbeschwerde selbst entschieden wird. Die Anwendung von (möglicherweise nichtigem) Bundesrecht kann dagegen nicht gerügt werden.[86]

Handelt es sich um eine Norm des Landesrechts, die gegen Bundesrecht verstößt, so **31** legt der VerfGH die Norm gem. Art. 100 Abs. 1 GG dem BVerfG vor. Gleiches gilt, sofern die Gültigkeit einer bundesrechtlichen Norm in einem Landesverfassungsbeschwerdeverfahren ausnahmsweise (über die Rüge der willkürlichen Anwendung) relevant wird und dieses nach Auffassung des VerfGH gegen das GG verstößt.

ii) Beschwerde gegen mehrere Akte. Mehrere staatliche Maßnahmen, die den gleichen Grund- **32** rechtseingriff begründen (Behördenentscheidung, Widerspruchsentscheidung, gerichtliche Entscheidungen), können gemeinsam mit der Verfassungsbeschwerde angegriffen werden.[87] Hebt der VerfGH einen Verwaltungsakt auf, so wird dadurch auch den ihn bestätigenden verwaltungsgerichtlichen Urteilen die Grundlage entzogen, selbst wenn diese nicht ausdrücklich aufgehoben werden.[88] Vorausgehende Entscheidungen können aber nur so lange einbezogen werden, wie sie noch nicht bestands- oder rechtskräftig sind. Verfassungsbeschwerde gegen Vollstreckungsmaßnahmen erfassen grundsätzlich nicht die vorausgehenden Entscheidungen,[89] sondern nur die neue Verletzung eines verfassungsmäßigen Rechts durch ein Vollstreckungsorgan im Rahmen seiner eigenen Entscheidungsbefugnis.[90]

jj) Einzelfälle. Nach der Rechtsprechung sind mit der Verfassungsbeschwerde anfechtbar: **33** zivilrechtliche Urteile,[91] strafrechtliche Urteile,[92] arbeitsgerichtliche Urteile,[93] Aufenthaltsverbot im Dienststrafverfahren,[94] Entscheidung über Aussagepflicht eines Zeugen,[95] Entscheidungen nach § 372a ZPO,[96] Beschlüsse im Prozesskostenhilfeverfahren,[97] Kostenentscheidungen,[98] Versagung der Beiordnung eines Notanwalts,[99] Ablehnung von Befangenheitsrügen,[100] Wertfestsetzung im Zwangsvollstreckungsverfahren,[101] Verwei-

---

[83] VerfGH 20, 78 (86); VerfGH 36, 149 ff.; VerfGH 41, 140 (145); VerfGH 43, 81 (83); VerfGH 45, 157 (161); *Zacher*, in: Nawiasky/Schweiger/Knöpfle, Art. 120, Rn. 17; *Fleury*, Verfassungsprozessrecht, Rn. 402, S. 99.

[84] *Meder*, Art. 101, Rn. 1.

[85] VerfGH 45, 85 (Ls 3).

[86] *Fleury*, Verfassungsprozessrecht, Rn. 402, S. 99.

[87] VerfGH 27, 1; VerfGH 37, 10 (13); VerfGH 41, 140 (145 f.); *Meder*, Art. 120, Rn. 10.

[88] VerfGH 25, 143.

[89] VerfGH 14, 49 (52); VerfGH 16, 7 (9); *Meder*, Art. 120, Rn. 11.

[90] VerfGH 14, 49 (52); VerfGH 16, 7 (9).

[91] VerfGH, Ents. v. 10. 4. 1997, Az: Vf. 57-VI-94.

[92] VerfGH, Ents. v. 10. 7. 1998, Az: Vf. 39-VI-97.

[93] VerfGH 46, 273 (275 ff.)

[94] VerfGH 16, 67 (71).

[95] VerfGH 20, 87 (89).

[96] VerfGH, Ents. v. 5. 3. 1965, Az: Vf. 66-VI-64.

[97] VerfGH 15, 48; VerfGH, Ents. v. 01. 2. 1991, Az: Vf. 18-VI-90, VerfGH 32, 104; VerfGH 42, 65 (68).

[98] VerfGH 42, 105 (106).

[99] VerfGH 31, 243.

[100] VerfGH, Ents. v. 25. 5. 1998, Az: Vf. 18-VI-97.

[101] VerfGH 33, 106.

sungsbeschlüsse,[102] Aussetzungsbeschlüsse,[103] Entscheidung über einstweilige Einstellung der Zwangsvollstreckung[104] oder der Zwangsversteigerung,[105] Durchsuchungsbefehle,[106] Anordnungen nach § 81a StPO,[107] Haftbefehle,[108] Petitionsentscheidungen,[109] Bußgeldbescheide (nach zulässigem Einspruch ergangene gerichtliche Entscheidungen),[110] ausnahmsweise Beschlüsse zur Einsetzung von Untersuchungsausschüssen,[111] Ablehnungen von Gnadengesuchen.[112]

34   Dagegen ist **keine Verfassungsbeschwerde** möglich gegen einen Eröffnungsbeschluss im Strafverfahren,[113] gegen die Einleitung eines Disziplinarverfahrens sowie gegen die Anschuldigungsschrift,[114] die Einstellung des Ehrengerichtsverfahrens,[115] den Antrag der Einleitungsbehörde, das gerichtliche Disziplinarverfahren auszusetzen,[116] bloße Aufklärungen der Sach- und Rechtslage,[117] die Amtsenthebung im Disziplinarverfahren,[118] die Eröffnung des beamtenrechtlichen Zwangspensionierungsverfahrens,[119] Beweisbeschlüsse,[120] den Beschluss einer Strafkammer, ein fachpsychiatrisches Gutachten zur Frage der Zurechnungsfähigkeit des Angeklagten einzuholen,[121] die Anordnung der Beweissicherung im Zivilprozess,[122] die Entscheidung der Rechtsanwaltskammer, gegen einen Rechtsanwalt nichts zu unternehmen,[123] Entscheidungen über die Form der Akteneinsicht,[124] sowie gegen die Anordnung des Präsidenten des Bayerischen Verfassungsgerichtshofs, einen Bevollmächtigten zu bestellen.[125]

3. Beschwerdebefugnis I: „in seinen verfassungsmäßigen Rechten"

35   **a) Begriff des verfassungsmäßigen Rechts.** Verfassungsmäßige Rechte sind nur solche subjektive Rechte, die in der BV selbst verbürgt sind.[126] Verstöße gegen subjektive Rechte, die anderen Rechtsquellen entstammen, genügen grundsätzlich nicht (zu den Ausnahmen s. unten).[127] Rügefähig sind nur subjektive Rechte. Das subjektive Recht muss dabei dem Beschwerdeführer zustehen. So vermittelt etwa Art. 85 BV nur den Richtern, nicht aber Dritten, ein subjektives Recht.[128] Wehrt sich der Bürger gegen ein Unterlassen, muss er darlegen, dass die Pflicht zum Handeln die Behörde auch ihm gegenüber traf.[129]

---

[102] VerfGH, Ents. v. 22. 4. 1969, Az: Vf. 119–VI–68.
[103] VerfGH 36, 40 f. (§ 148 ZPO).
[104] VerfGH 4, 21.
[105] VerfGH 37, 48 (51).
[106] VerfGH 32, 153 (154).
[107] VerfGH 34, 157 ff.
[108] VerfGH 36, 81 ff.
[109] VerfGH 30, 179 ff.; VerfGH 35, 7 ff.
[110] VerfGH 43, 165 ff.
[111] VerfGH 36, 211 ff.; VerfGH, Ents. v. 31. 3. 1995, Az: Vf. 43–VI–94.
[112] VerfGH 29, 38 ff.; s. a. VerfGH 18, 140 ff.
[113] VerfGH 31, 225; VerfGH 35, 29 f.; anders noch VerfGH 20, 208 (210).
[114] VerfGH 13, 75 (78); VerfGH 13, 96 (97).
[115] VerfGH, Ents. v. 11. 2. 1994, Az: Vf. 98–VI–92.
[116] VerfGH 48, 132 (135 ff.).
[117] VerfGH, Ents. v. 17. 12. 1993, Az: Vf. 100–VI–92.
[118] VerfGH 13, 75 (Ls).
[119] VerfGH 31, 149.
[120] VerfGH, Ents. v. 22. 3. 1973, Az: Vf. 32–V1–730.
[121] VerfGH, Ents. v. 25. 1. 1991, Az: Vf. 19–VI–90, NJW 1991, 2953 ff. = BayVBl 1992, 349.
[122] VerfGH 17, 45 (46).
[123] VerfGH 35, 1 ff.
[124] VerfGH 33, 140 (141 f.).
[125] VerfGH 34, 178 ff.
[126] VerfGH 1, 23 (24); *Meder*, Art. 120, Rn. 13.
[127] VerfGH 3, 2; VerfGH 10, 11 (14 f.); VerfGH 14, 49 (52).
[128] VerfGH 43, 12 (16); VerfGH, Ents. v. 17. 2. 1995, Az: Vf. 88–VI–93.
[129] VerfGH 1, 26 (28); VerfGH 44, 28 (30); VerfGH 46, 254 (255).

Eine Verfassungsbeschwerde kann daher nicht auf Verstöße gegen objektives Verfas- 36
sungsrecht und auch nicht auf institutionelle Garantien oder Programmsätze gestützt werden, die keine subjektiven Rechte verbürgen.[130] Objektives Verfassungsrecht sind solche
Rechte, die nicht nur dem objektiven Interesse, sondern auch dem Einzelnen in einer
Weise zu dienen bestimmt sind, dass der Einzelne auf die Einhaltung dieser Recht bestehen kann. Dazu gehört etwa Art. 3 Abs. 1 S. 1 BV (Rechtsstaatsprinzip)[131] oder Art. 97
BV.[132] Rein objektives Verfassungsrecht sind etwa auch die institutionellen Garantien (wie
etwa Art. 134 BV – Privatschulen[133]). Als Programmsatz[134] werden etwa verstanden
Art. 106 Abs. 1 BV; Art. 125 Abs. 1 Satz 2 BV; Art. 128 Abs. 1 BV; Art. 166 BV.[135] Auch die
Rüge der Verletzung des Vorspruchs der BV (Präambel)[136] genügt nicht. In der Verletzung
einer rein objektiven Garantie kann aber zugleich eine Verletzung einer subjektiv-recht-
lichen Norm liegen, etwa, einer selbständigen Ausprägung der objektiven Norm oder des
Willkürverbots.[137] Darüber hinaus kann bei einer zulässigen Verfassungsbeschwerde im
Rahmen der Begründetheit unter bestimmten Voraussetzungen auch die Verletzung von
rein objektivem Verfassungsrecht geprüft werden. So liegt wie bei Art. 2 Abs. 1 GG auf
Bundesebene in jeder eingreifenden Maßnahme in die allgemeine Handlungsfreiheit
(Art. 101 BV), die (objektiv) rechtswidrig ist, zugleich Grundrechtsverletzung.[138]

Durch Auslegung ist zu ermitteln, welche Vorschriften der Bayerischen Verfassung sub- 37
jektive Rechte verbürgen.[139] Dies kann vor allem dann schwierig sein, wenn die Verfassung den Begriff Anspruch oder Recht nicht verwendet und dennoch ein Recht gemeint
ist Neben den Grundrechten (Art. 98 ff. BV) gehören zu den subjektiven Rechten etwa
auch: Art. 86 Abs. 1 S. 2 BV (gesetzlicher Richter), Art. 91 BV (rechtliches Gehör), Art. 126
Abs. 2 BV (Erziehungsrecht der Eltern), Art. 141 Abs. 3 S. 1 BV (Naturgenuss)[140], Art. 159
BV (Enteignungsentschädigung), Art. 170 BV (Koalitionsfreiheit) oder Art. 175 BV (Mitbestimmungsrecht der Arbeitnehmer). Auch grundrechtsähnliche Rechte können geprüft
werden. Dazu zählen etwa Art. 95 Abs. 1 S. 2 BV – Berufsbeamtentum; Art. 11 Abs. 2 BV
– Selbstverwaltungsrecht der Gemeinden.[141]

b) Rüge der Verletzung eigener Rechte. Die verfassungsmäßigen Rechte müssen 38
solche des Beschwerdeführers selbst sein (s. Art. 120 „seinen").[142] Selbst betroffen wird in
aller Regel derjenige sein, der *unmittelbarer Adressat* der behördlichen (gerichtlichen) Maßnahme ist.[143] Eine Verfassungsbeschwerde einer Organisation (z. B. auch einer politischen
Partei) wegen Verletzung verfassungsmäßiger Rechte ihrer Mitglieder ist unzulässig.[144]
Wird das Recht seiner Partei auf Gehör verletzt, kann der Rechtsanwalt diese Verletzung
nicht in eigener Person rügen.[145] Anders bei Eingriffen auch in seine eigene grundrechtlich geschützte Sphäre, so wenn das Gericht den Anwalt als Beistand ungerechtfertigt ausschließt. Weiter ist die Verfassungsbeschwerde des Inkassozedenten gegen ein Urteil, das

---

[130] VerfGH, Ents. v. 17. 2. 1995, Az: Vf. 88–VI–93.
[131] VerfGH 45, 68 (75); VerfGH, Ents. v. 17. 2. 1995, Az: Vf. 88–VI–93; VerfGH 46, 273 (275 ff.); *Meder,*
Art. 120, Rn. 13.
[132] VerfGH 18, 9 (11); VerfGH, Ents. v. 17. 2. 1995, Az: Vf. 88–VI–93.
[133] VerfGH 51, 49 (52 f.); VerfGH, Ents. v. 16. 5. 2002, Az: Vf. 23–VI–01, BayVBl 2002, 759 f.
[134] VerfGH 12, 171 (174).
[135] VerfGH 46, 273 (275).
[136] VerfGH 22, 26 ff.
[137] *Pestalozza,* § 23, Rn. 75.
[138] VerfGH 42, 54 (Ls 1 u. 58); *Fleury,* Verfassungsprozessrecht, Rn. 399, S. 98.
[139] *Meder,* Art. 120, Rn. 13.
[140] VerfGH 43, 67 ff.
[141] VerfGH 24, 48 (50 f.); VerfGH 27, 82 (86); VerfGH 36, 113 (117); VerfGH 45, 157 (161); nicht auch
der Gemeindeverbände, *Meder,* Art. 11 Rn. 3.
[142] VerfGH 12, 171 (174).
[143] VerfGH 13, 53 (59); VerfGH 42, 65 (68).
[144] VerfGH 19, 1 (6); BVerfGE 44, 353 (366); *Meder,* Art. 120, Rn. 14.
[145] VerfGH 25, 51 (54).

gegen den Zessionar erging, ebenso zulässig[146] wie die Verfassungsbeschwerde des Gesellschafters gegen ein Urteil gegen die OHG[147] und diejenige einer betroffenen Gemeinde gegen eine Entscheidung nach § 47 VwGO über Schulsprengelbildung.[148]

39   **c) Verletzung spezifischen Verfassungsrechts.** Gibt es bei einem grundrechtseinschränkenden Gesetz mehrere Auslegungsmöglichkeiten, so ist es Aufgabe der Fachgerichte, diejenige Auslegung herauszuarbeiten, die die „richtige" ist. Verfassungsrechtlich gesehen sind alle Auslegungen, die methodisch korrekt hergeleitet werden und die die Einwirkungen der Grundrechte nicht verletzen, „richtig". Rügt der Beschwerdeführer eine Grundrechtsverletzung wegen der fehlerhaften Anwendung des einfachen Rechts, so ist die Verfassungsbeschwerde so lange unzulässig, solange er nicht die Verletzung spezifischen Verfassungsrechts geltend machen kann. Der VerfGH ist – ebenso wie das Bundesverfassungsgericht – keine Superrevisionsinstanz. Die Rüge, die angefochtenen Entscheidungen seien unrichtig oder unzweckmäßig, ist daher unzulässig.[149]

40   Eine Verletzung des spezifischen Verfassungsrechts liegt nur vor, wenn der Schutzbereich einer ein subjektives Recht verbürgenden Norm der Bayerischen Verfassung oder ihr Wertgehalt, der in das einfache Recht hineinwirkt (ihre Ausstrahlungswirkung), verkannt oder missachtet wurde.[150] Die Verletzung spezifischen Verfassungsrechts ist gegeben, wenn das Gericht bei seiner Entscheidung von einer unrichtigen Anschauung über die Bedeutung und den Umfang des Schutzbereichs eines Grundrechts ausgegangen ist.[151]

41   **d) Möglichkeit der Verletzung von Landesgrundrechten bei der Anwendung von Bundesrecht.** Sind die entscheidungserheblichen Normen Bundesrecht, gilt Folgendes: Das Bundesrecht selbst kann nicht am Maßstab der BV gemessen werden.[152] Dagegen ist die Anwendung von Bundesrecht durch bayerische Stellen ein Vorgang, auf den die bayerische Verfassung Einfluss nehmen kann. Wenden bayerische Hoheitsträger Bundesrecht an, kann die Verfassungsbeschwerde nur helfen, soweit bei dieser Anwendung Landesgrundrechte zu beachten sind. Nach der ständigen Rechtsprechung des VerfGH kann in zwei Fallgruppen bei der Anwendung von Bundesrecht die Verletzung von Landesgrundrechten gerügt werden. Die Formel lautet: „Der Verfassungsgerichtshof kann gerichtliche Entscheidungen, die – wie hier – auf Bundesrecht beruhen, nur innerhalb enger Grenzen überprüfen. Gegenüber der Anwendung von materiellem Bundesrecht, das wegen seines höheren Rangs nicht am Maßstab der Bayerischen Verfassung gemessen werden kann, beschränkt sich die Prüfung darauf, ob das Gericht willkürlich gehandelt hat (Art. 118 Abs. 1 BV). In verfahrensrechtlicher Hinsicht überprüft der Verfassungsgerichtshof auch Entscheidungen, die auf Bundesrecht beruhen und in einem bundesrechtlich geregelten Verfahren ergangen sind, daraufhin, ob ein Verfahrensgrundrecht der Bayerischen Verfassung verletzt wurde, das – wie das Recht auf rechtliches Gehör (Art. 91 Abs. 1 BV) und das Willkürverbot (Art. 118 Abs. 1 BV) – mit gleichem Inhalt im Grundgesetz gewährleistet ist.[153] Die Anzahl der Verfassungsbeschwerden, mit denen gerügt wird, die Anwendung von Bundesrecht verstoße gegen die BV, ist sehr hoch,[154] die Erfolgschancen dagegen gering.

---

[146] VerfGH, Ents. v. 28. 4. 1977, Az: Vf. 81–VI–75.

[147] VerfGH 40, 144 ff.

[148] VerfGH 36, 113 (116 f.).

[149] VerfGH 10, 63 (68); VerfGH 13, 147 (148); VerfGH 16, 10 (14); VerfGH 18, 104 (106 f.); *Pestalozza*, § 23, Rn. 75; *Meder*, Art. 120, Rn. 36 a; *Zacher*, in: Nawiasky/Schweiger/Knöpfle, Art. 120, Rn. 17.

[150] VerfGH 26, 127 (130); VerfGH 38, 74 (78); VerfGH 42, 54 (59).

[151] VerfGH, Ents. v. 18. 1. 1991, Az: Vf. 85–VI–89, S. 16.

[152] VerfGH 42, 105 (108); VerfGH 57, 7 (10); *Fleury*, Verfassungsprozessrecht, Rn. 401, S. 99 *Meder*, Art. 120, Rn. 35.

[153] Ständige Rechtsprechung: VerfGH 42, 28 (33); VerfGH 52, 29 (31); VerfGH 53, 157 (159); VerfGH 55, 12 (17 f.); VerfGH, Ents. v. 30. 3. 2004, Az: Vf. 60–VI–02.

[154] S. nur VerfGH 51, 144 (147); VerfGH, Ents. v. 30. 3. 2004, Az: Vf. 60–VI–02; VerfGH, Ents. v. 10. 3. 2004, Az: Vf. 30–VI–03; VerfGH, Ents. v. 9. 3. 2004, Az: Vf. 35–VI–03.

Danach gilt: Zum einen haben alle Landesstellen bei der Anwendung von Bundesrecht **42** das Willkürverbot der bayerischen Verfassung zu beachten (Art. 118 Abs. 1 BV). Ist die Anwendung willkürlich, so hat sich das Gericht „außerhalb jeder Rechtsanwendung überhaupt" gestellt, der Entscheidung liegt damit „in Wahrheit also kein Bundesrecht zugrunde".[155] Ein Verstoß gegen das Willkürverbot (Art 118 Abs. 1 BV) kann dabei nur dann festgestellt werden, wenn die angegriffene gerichtliche Entscheidung bei Würdigung der die Verfassung beherrschenden Grundsätze nicht mehr verständlich wäre und sich der Schluss aufdrängte, sie beruhe auf sachfremden Erwägungen.[156]

Weiter sind bei bundesrechtlichen Verfahrensrechten (VwGO, ZPO, StPO) auch die **43** Verfahrensgrundrechte der Bayerischen Verfassung (Art. 91 Abs. 1 BV, Art. 86 Abs. 1 S. 2 BV) zu beachten,[157] vorausgesetzt sie kommen zu dem Ergebnis, das auch die Verfahrensgrundrechte des GG gebieten (v. a. Art. 101 ff. GG).[158] Die Notwendigkeit der Ergebnisidentität wurde in einer Entscheidung des BVerfG entwickelt.[159] Die sachliche Begründung ist dabei folgende: Das bundesrechtliche Verfahren ist bindend, auch wenn es etwas verlangen würde, das den landesverfassungsrechtlichen Verfahrensvorschriften widerspricht. Die Vorgaben der Verfahrensgrundrechte des GG darf das bundesrechtliche Verfahrensrecht aber nicht verletzen. Verlangen die Verfahrensgrundrechte der BV daher etwas, was auch die Verfahrensgrundrechte des GG gebieten, kann diese Forderung von dem einfachen bundesgesetzlichen Verfahrensrecht nicht wegen Art. 31 GG verdrängt werden. Daher darf der VerfGH die Anwendung der Verfahrensgrundrechte der Bayerischen Verfassung bei der Anwendung von bundesrechtlichen geregelten Verfahren insoweit überprüfen, als das Ergebnis identisch mit dem ist, was sich bei der Heranziehung der Verfahrensgrundrechte des GG ergäbe.[160]

4. Beschwerdebefugnis II: „verletzt fühlt"

a) Mögliche Rechtsverletzung. Der Beschwerdeführer muss geltend machen, in **44** einem (subjektiven) verfassungsmäßigen Recht aus der Bayerischen Verfassung verletzt zu sein. Die Verletzung muss dabei bei objektiver Betrachtung auch möglich sein. Eine faktische oder mittelbare Betroffenheit[161] genügt ebenso wenig wie Reflexwirkungen.[162] Für die Prüfung im Rahmen der Zulässigkeit ist die Rechtsverletzung noch nicht abschließend zu prüfen.

Die potentielle Verletzung eines Rechtsaktes geht in der Regel von dessen Rechts- **45** wirkungen aus. Bei einem Urteil beruht die Beeinträchtigung daher auf dem Tenor der Entscheidung. Nicht tragende Ausführungen in den Gründen können eine Beschwer nicht begründen.[163]

Die Verfassungsbeschwerde ist unzulässig, wenn sie sich gegen eine Maßnahme richtet, **46** die begrifflich oder ihrem Wesen nach einen Eingriff in ein verfassungsmäßiges Recht nicht bewirken kann,[164] z. B. Mitteilungen oder Belehrungen über die Sach- oder Rechtslage,[165] die Zurückweisung einer Aufsichtsbeschwerde. Weiter scheiden Maßnah-

---

[155] VerfGH 14, 49 (53f.); VerfGH 40, 1 (5); VerfGH 40, 108 (111); VerfGH 42, 117 (121); VerfGH 46, 185 (187); VerfGH 47, 47 (51); VerfGH 50, 219 (223); *Meder,* Art. 120 Rn. 35 m. w. N.

[156] VerfGH 41, 51 (53); VerfGH 47, 47 (52); VerfGH 54, 29 ff.

[157] VerfGH 27, 109 (117f.); VerfGH 29, 11 (15); VerfGH 40, 69 (75).

[158] Dazu VerfGH 44, 18 (20).

[159] BVerfGE 96, 345 ff.

[160] S. dazu VerfGH 27, 35; VerfGH 27, 109 (118); VerfGH 33, 165 (167).

[161] VerfGH 12, 119 (122); VerfGH 29, 140 (142); VerfGH 33, 127 (130); VerfGH 35, 1 (3); VerfGH 35, 29 f.; VerfGH 41, 1 (3).

[162] VerfGH 14, 43 (46); VerfGH 26, 45 (47f.); VerfGH 26, 115 (117); VerfGH 27, 119 (126, 128).

[163] VerfGH, Ents. v. 19. 1. 1967, Az: Vf. 77-V1-66; VerfGH 42, 65 (68).

[164] VerfGH 18, 132f.; VerfGH 21, 108 (109); VerfGH 35, 1 (3); VerfGH, Ents. v. 16. 5. 2002, Az: Vf. 23-VI-01, BayVBl 2002, 759 f.; *Meder,* Art. 120, Rn. 15.

[165] VerfGH 13, 53 (61); VerfGH 18, 132; VerfGH 20, 203 (207).

men aus, die noch nicht wirklich getroffen oder abgeschlossen sind.[166] Nur konkrete Handlungen oder Unterlassungen sind in der Lage, ein verfassungsmäßiges Recht unmittelbar zu verletzen; daher kann die Entscheidung *abstrakter Rechtsfragen* mit der Verfassungsbeschwerde nicht gefordert werden.[167] Vorübergehende, nicht schwerwiegende Beeinträchtigungen durch behördliche Maßnahmen müssen u. U. als unvermeidbare Nebenfolgen der Verwirklichung eines gesetzgeberischen Ziels im Interesse des Gemeinwohls hingenommen werden.

47   **b) Selbst/gegenwärtig/unmittelbar.** Wie bei der bundesrechtlichen Verfassungsbeschwerde muss der Beschwerdeführer von der angegriffenen Maßnahme/Entscheidung selbst, gegenwärtig und unmittelbar betroffen sein.[168] Diese Kriterien sind Konkretisierungen des allgemeinen Beschwerdebedürfnisses. Wichtig ist dabei die Frage der unmittelbaren Verletzung.[169]

48   Eine unmittelbare Beeinträchtigung liegt vor, wenn die staatliche Maßnahme die Grundrechtsbelastung *ohne Hinzutreten eines weiteren Aktes* verursacht. Nicht angreifbar sind daher vorbereitende Maßnahmen oder Ankündigungen,[170] rein innerdienstliche Maßnahmen wie etwa innerdienstliche Weisungen,[171] Beschlüsse des Landespersonalausschusses, zumindest sofern sie keine rechtlich selbständigen Entscheidungen enthalten,[172] landesplanerische Beurteilungen im Raumordnungsverfahren (mangels unmittelbarer Rechtswirkung),[173] ebenso staatsanwaltschaftliches Ermittlungsverfahren als solches,[174] oder die Ablehnung aufsichtlichen Eingreifens.[175] Dagegen ist die Ausschreibung einer Schulratsstelle mit dem Vermerk konfessioneller Besetzung keine reine Vorbereitungsmaßnahme, sondern ein selbständiger Akt, der geeignet ist, unmittelbar in verfassungsmäßige Rechte einzugreifen (Art. 116, 107 Abs. 4 BV).[176]

49   **c) Kausalität.** Die angefochtene Entscheidung muss auf dem (angeblichen) Verstoß gegen die Bayerische Verfassung (für die Zulässigkeit/Beschwerdebefugnis: möglicherweise) beruhen. Demnach muss die Beeinträchtigung entfallen, wenn man die staatliche Maßnahme hypothetisch wegdenkt, bzw. es darf nicht auszuschließen sein, dass sie ohne diesen anders ausgefallen wäre. Die Belastung beruht nicht auf dem Verstoß, wenn sie unabhängig von ihm „zwangsläufig" nicht anders hätte lauten können.[177]

5. Kann den Schutz des Bayerischen Verfassungsgerichtshofes anrufen – Rechtswegerschöpfung

50   **a) Rechtswegerschöpfung.** Eine mögliche Grundrechtsverletzung kann im Wege der Verfassungsbeschwerde angegriffen werden. Art. 120 BV bildet den Rahmen für die Verfassungsbeschwerde und Art. 69 BV gestattet es dem Gesetzgeber, das Verfahren der Verfassungsbeschwerde näher zu regeln und in diesem Zusammenhang auch die Zulässigkeitsvoraussetzungen genauer zu regeln.

51   Die wichtigste einfachrechtliche Zulässigkeitsvoraussetzung ist die **Rechtswegerschöpfung.** Die Verfassungsbeschwerde kann nur erhoben werden, nachdem der Rechtsweg erschöpft wurde (Art. 51 Abs. 2 Satz 1 VfGHG). Diese Voraussetzung ist von Art. 69

---

[166] VerfGH 18, 132 (133); VerfGH 31, 225 (226).
[167] VerfGH 20, 87 (90).
[168] *Fleury*, Verfassungsprozessrecht, Rn. 396, S. 97; *Pestalozza*, § 23, Rn. 77.
[169] VerfGH 14, 43; VerfGH 20, 87 (88); VerfGH 20, 153 (157).
[170] VerfGH 20, 87 (88); VerfGH 20, 153 (157); VerfGH 27, 82 (86); VerfGH 28, 207 (209); *Zacher*, in: Nawiasky/Schweiger/Knöpfle, Art. 120, Rn. 39.
[171] VerfGH 20, 87 (90); s. aber VerfGH 13, 53 (59).
[172] VerfGH 29, 114.
[173] VerfGH 29, 114.
[174] VerfGH 20, 203.
[175] VerfGH 35, 1.
[176] VerfGH 19, 51; VerfGH 20, 203 (206 f.).
[177] VerfGH 26, 118 (123); VerfGH 42, 54 (64); *Meder*, Art. 120, Rn. 37 a.

BV gedeckt.[178] Der Bürger soll vor Inanspruchnahme des VerfGH die zugelassenen Rechtsbehelfe vor den Gerichten des zuständigen Gerichtszweiges ergreifen.[179] Es muss der gesamte im jeweiligen Prozessrecht vorgesehene Rechtsweg durchlaufen werden.[180] Solange dies nicht der Fall ist, ist die Verfassungsbeschwerde unzulässig.[181]

Der **Sinn der Rechtswegerschöpfung** liegt in zwei Aspekten. Die Fachgerichte sol- **52** len zunächst den Streitfall einfachrechtlich und tatsächlich aufarbeiten. Dadurch wird der konkrete Fall in die bisherige Rechtsprechung eingeordnet. Dies ermöglicht dem Verfassungsgericht u. a. die Einschätzung, ob es sich um eine typische oder eine atypische Fallkonstellation handelt. Darüber hinaus dient das Erfordernis der Rechtswegerschöpfung auch der Entlastung des VerfGH. So werden die allermeisten Verfassungsverstöße schon durch die Fachgerichtsbarkeit behoben und zum anderen findet der Verfassungsgerichtshof einen aufgearbeiteten und ermittelten Sachverhalt vor.

b) Formelle Erschöpfung des Rechtsweges. Der Rechtsweg ist erschöpft, wenn **53** der Beschwerdeführer alle möglichen Rechtsbehelfe form- und fristgerecht eingelegt hat. Ein versäumtes oder fehlerhaft (insbesondere nicht formgerecht)[182] eingelegtes Rechtsmittel führt zur Unzulässigkeit der Verfassungsbeschwerde.[183] Der Rechtsweg wird dabei weit verstanden und beschränkt sich nicht auf die Einlegung von Rechtsmitteln im klassischen Sinne. Auch die Erhebung einer Nichtzulassungsbeschwerde (§ 133 VwGO) und eines Wiedereinsetzungsantrages muss vorher versucht werden. Zur Gegenvorstellung s. unten.

Den Rechtsweg erschöpft nicht, wer ein Anerkenntnis[184] oder einen Verzicht erklärt, **54** einen Vergleich schließt,[185] ein Versäumnisurteils verursacht,[186] oder eine Berufung zurücknimmt.[187] Hat der Beschwerdeführer ein erstinstanzliches Urteil unter Verzicht auf die Berufungsinstanz mit der Sprungrevision angefochten, so kann er es mit der Verfassungsbeschwerde nur mit solchen Rügen angreifen, die er im Revisionsverfahren erheben durfte und auch erhoben hat.[188]

Einzelheiten: Zur Erschöpfung des Rechtswegs gehört die (nicht völlig aussichtslose) **55** Nichtzulassungsbeschwerde,[189] der Antrag auf Wiedereinsetzung in den vorigen Stand gegen die Versäumung des Rechtsmittels,[190] das Klageerzwingungsverfahren,[191] die Unterlassungsklage bei unzulässigen Warnungen und Informationen,[192] das Verfahren nach § 458 StPO,[193] der Antrag nach § 33 a StPO,[194] der Rechtsweg gegen Maßnahmen der Untersuchungshaft nach §§ 119 Abs. 6, 126, 306 ff. StPO,[195] das Verfahren nach §§ 23 ff. EGGVG,[196] der Rechtsweg gegen Zwangsmaßnahmen der Staatsanwaltschaft,[197] die Anru-

---

[178] VerfGH 28, 14 (20).

[179] VerfGH 4, 287 (290); VerfGH 9, 21 (24); VerfGH 18, 76 (77); *Meder*, Art. 120, Rn. 18.

[180] VerfGH 5, 30 (35); *Fleury*, Verfassungsprozessrecht, Rn. 404, S. 100.

[181] *Meder*, Art. 120 Rn. 17 ff.; *Pestalozza*, § 23, Rn. 79; VerfGH 47, 59 (63 ff.); VerfGH, Ents. v. 6. 5. 1993, Az: Vf 71-VI-92, NVwZ 1995, S. 263 f.

[182] VerfGH, Ents. v. 18. 12. 1992, Az: Vf. 93-VI-90.

[183] VerfGH 35, 123 (125); VerfGH, Ents. v. 9. 11. 1990, Az: Vf. 120-VI-89.

[184] VerfGH 16, 140.

[185] VerfGH 8, 51 (Ls 1).

[186] VerfGH 18, 16.

[187] VerfGH, Ents. v. 17. 3. 1994, Az: Vf. 22-VI-93 = NJW 1994, 2281 f. = BayVBl 1995, 445.

[188] VerfGH 36, 197.

[189] VerfGH 24, 48; VerfGH 39, 53; VerfGH 42, 117 (120); VerfGH 44, 1 (3).

[190] VerfGH, Ents. v. 7. 3. 1969, Az: Vf. 80-VI-68.

[191] VerfGH 2, 93 (94).

[192] VerfGH, Ents. v. 16. 5. 2002, Az: Vf. 23-VI-01, BayVBl 2002, 759 f.

[193] VerfGH 18, 76 (77 f.).

[194] VerfGH 30, 44 (46 f.); VerfGH 32, 87 ff.; VerfGH 36, 44, (45).

[195] VerfGH 25, 116.

[196] VerfGH 18, 76 (77 f.); VerfGH 21, 177 (179); VerfGH, Ents. v. 10. 6. 1983, Az: Vf. 22-VI-820.

[197] VerfGH, Ents. v. 13. 11. 1981, Az: Vf. 89-VI-81, S. 6.

fung der Kammer nach § 140 ZPO,[198] das Nachverfahren im Urkundenprozess,[199] Änderungsanträge nach § 80 Abs. 6 VwGO,[200] der Ersatzrechtsweg nach Art. 19 Abs. 4 GG, die Anhörungsrügen.[201]

56   *Nicht als Rechtsweg* sind zu erachten: die Anregung, eine mit Rechtsmitteln nicht mehr anfechtbare, aber doch abänderbare gerichtliche Entscheidung zu ändern oder aufzuheben,[202] die Geltendmachung eines Schadensersatzanspruchs,[203] der Antrag auf Wiederaufnahme des Verfahrens,[204] Verwaltungs-, besonders Dienstaufsichtsbeschwerden,[205] das Wahlprüfungsverfahren.[206]

57   Kein Rechtsweg soll gegeben sein gegen gerichtliche Prozessverschleppung,[207] gegen die Errichtung eines Denkmals und die Anbringung einer Inschrift,[208] sehr wohl aber gegen eine durchgeführte Zwangsräumung (Fortsetzungsfeststellungsklage).[209]

58   **c) Materielle Erschöpfung des Rechtsweges.** Über das Ergreifen des Rechtsbehelfs hinaus ist auch eine materielle Erschöpfung des Rechtsweges erforderlich. Dies ist nur gegeben, wenn der Beschwerdeführer bereits in Rechtsmittelverfahren die Beanstandung vorgetragen hat, die er nunmehr im Verfassungsbeschwerdeverfahren geltend machen will.[210] Die Anforderungen an die materielle Rechtswegerschöpfung dürfen nicht überspannt werden. Die Belastung, die die Verfassungswidrigkeit begründen soll, muss sachlich bezeichnet worden sein. Die Normen der bayerischen Verfassung, deren Verletzung in Frage kommt, müssen im Ausgangsverfahren allerdings noch nicht konkret genannt werden.

59   **d) Ausnahmen vom Gebot der Rechtswegerschöpfung.** Von dem Gebot der Rechtswegerschöpfung gibt es Ausnahmen. Eine Vorabentscheidung, wie sie dem Bundesrecht mit § 90 II 2 BVerfGG bekannt ist, gibt es im bayerischen Verfassungsprozessrecht nicht.

60   *aa) Unverschuldete Rechtsmittelversäumnis.* War dem Beschwerdeführer die Zulässigkeit des Rechtswegs nicht bekannt, befreit ihn dies grundsätzlich nicht von dem Erfordernis der vorherigen Erschöpfung des Rechtsweges.[211] Das Erfordernis entfällt auch nicht, wenn der Beschwerdeführer Zweifel über die Auslegung von Prozessvorschriften hat.[212] Benötigt er eine rechtliche Belehrung, so muss er sich grundsätzlich an eine kompetente Stelle wenden.[213] Anders ist dies, wenn die Verantwortung für die Rechtsunkenntnis nicht bei ihm liegt. Versäumt der Beschwerdeführer etwa die Einlegung eines statthaften Rechtsbehelfs, weil er ohne Verschulden (z. B. aufgrund fehlerhafter Rechtsauskunft einer kompetenten Stelle) glauben durfte, er sei nicht zulässig, so steht die dadurch bedingte Nichterschöpfung des Rechtsweges der Zulässigkeit seiner Verfassungsbeschwerde nicht im Wege.[214]

---

[198] VerfGH 14, 47 (48).
[199] VerfGH 31, 195.
[200] BVerfGE 70, 180 (187).
[201] VerfGH 10, 20 (25).
[202] VerfGH 4, 21 (27); VerfGH 18, 134 (136 f.).
[203] VerfGH 5, 277 (278).
[204] VerfGH 5, 30; VerfGH 33, 164.
[205] VerfGH 10, 63 (66); VerfGH 16, 67 (74).
[206] VerfGH 21, 202 (204).
[207] VerfGH 18, 9 (11); VerfGH 43, 187 (190).
[208] VerfGH 9, 147 (153).
[209] VerfGH 5, 277 (278).
[210] VerfGH 20, 78 (80); VerfGH 22, 124; VerfGH 28, 14 (23); VerfGH 36, 47 (49).
[211] *Meder*, Art. 120, Rn. 19.
[212] VerfGH 28, 14 (23).
[213] VerfGH 18, 76 (78); VerfGH 20, 203 (208).
[214] *Meder*, Art. 120 Rn. 18; *Fleury*, Verfassungsprozessrecht, Rn. 407, S. 100.

bb) Unzumutbarkeit. Ist die Erschöpfung des Rechtswegs vor Erhebung der Verfassungs- **61**
beschwerde dem Beschwerdeführer nicht zumutbar, so ist die Verfassungsbeschwerde auch
ohne Rechtswegerschöpfung zulässig.[215] Es gibt verschiedene Fallgruppen der Unzumutbarkeit.

aaa) Fehlende Erfolgsaussichten. Die Rechtsweg muss nicht erschöpft werden, wenn das **62**
in Frage kommende Rechtsmittel nach ständiger Rechtsprechung aussichtslos ist,[216] bei
Versagung der Beiordnung eines Notanwalts wegen Aussichtslosigkeit nach § 278 b
ZPO,[217] wenn die Prozesskostenhilfe mangels hinreichender Aussicht auf Erfolg versagt
worden ist.[218] (Die Zweimonatsfrist läuft dann ab der Versagung der Prozesskostenhilfe).[219]
Prozessuale Schwierigkeiten und zweifelhafte Erfolgsaussichten führen allein noch nicht
zur Unzumutbarkeit.[220] Will der Beschwerdeführer mehrere Umstände rügen und ist nur
die Erfolgsaussicht hinsichtlich eines Umstandes nicht gegeben, bleibt die gesamte Rüge
zumutbar.[221]

bbb) Fehlende Rechtsschutzeffektivität. Die Rechtswegerschöpfung ist weiter unzumutbar, **63**
wenn der Beschwerdeführer mit ihr nicht das erreichen kann, was er mit der Verfassungs-
beschwerde erreichen möchte und ggf. auch kann.[222] Diese Situation ist denkbar, weil die
Rechtswegerschöpfung zu einem Verlust der Rügemöglichkeit von Verletzungen der
Landesgrundrechte führen kann. Führt der Rechtsweg zu einem Bundesgericht, ist die
Verfassungsbeschwerde zum VerfGH ausgeschlossen, sobald das Bundesgericht in der
Sache entscheidet.[223] Beruht die Verfassungswidrigkeit der Maßnahme nach Auffassung
des Beschwerdeführers auf der Verletzung eines subjektiven Rechts, das es in dieser Form
nur in der Landesverfassung, nicht aber im GG gibt (z. B. Art 141 Abs. 3 S. 1 BV – Recht
auf Naturgenuss)[224], würde er durch die Erschöpfung des Rechtsweges die Rügemöglichkeit dieses Rechts vor dem Verfassungsgerichtshof verlieren. Da das Bundesgericht die
Einhaltung der Landesverfassung nicht prüft, wäre dem Beschwerdeführer die (weitere)
Erschöpfung des Rechtsweges unzumutbar. Die Verfassungsbeschwerde ist daher ausnahmsweise bereits gegen die Entscheidung der letzten bayerischen Instanz möglich.[225]
Dies gilt nicht, sofern sachlich das gleiche Grundrecht auch dem Bundesgericht als Prüfungsmaßstab zur Verfügung steht, also ein entsprechendes Grundrecht im GG enthalten
ist.

ccc) Drohende Rechtsgutsbeeinträchtigung. Droht dem Beschwerdeführer bei Erschöpfung **64**
des Rechtswegs eine später nicht mehr zu behebende Grundrechtsbeeinträchtigung, so
kann ihm dessen Bestreitung nicht zugemutet werden. Dies liegt bei potentiellen irreparablen Rechtsgutsbeeinträchtigungen vor, oder wenn der Beschwerdeführer gezwungen
wird, umfangreiche Dispositionen zu treffen, die im Fall der Verfassungswidrigkeit unnötig wären.

e) Abhilfeverfahren. Ist die Verfassungsbeschwerde gegen eine Maßnahme einer wei- **65**
sungsgebundenen staatlichen (bayerischen) Behörde gerichtet und ein Rechtsweg nicht

---

[215] VerfGH 28, 13 f.; VerfGH 42, 105 (106); *Fleury*, Verfassungsprozessrecht, Rn. 408, S. 101.
[216] VerfGH 34, 199 (201); VerfGH 38, 9 (10); VerfGH 41, 113 (115); VerfGH 42, 105 (106); *Pestalozza*,
§ 23, Rn. 80; *Meder*, Art. 120, Rn. 20.
[217] VerfGH 31, 243.
[218] VerfGH 6, 27 (35); VerfGH 28, 13; VerfGH 55, 75 (78); *Meder*, Art. 120, Rn. 20.
[219] VerfGH 55, 75 (78).
[220] VerfGH 34, 145 (148) Sonderfall – Streit über den Geltungsbereich des Art. 141 Abs. 3 Satz 1
BV – s. VerfGH 29, 181 (185) und abw. VerfGH 38, 112 (114); VerfGH 44, 28 (30); *Meder*, Art. 120,
Rn. 20; – die ältere Rechtsprechung war großzügiger: VerfGH 18, 76 (78); VerfGH 18, 121 (124);
VerfGH 20, 202 (207).
[221] VerfGH 20, 78 (81).
[222] VerfGH 24, 48 (51) s. aber auch *Pestalozza*, § 23, Rn. 79.
[223] Vgl. *Schumann,* in: Landesverfassungsgerichtsbarkeit 1983, S. 149 (202 ff.).
[224] Vgl. VerfGH 28, 181 ff.
[225] *Fleury*, Verfassungsprozessrecht, Rn. 409 f, S. 101; *Pestalozza*, § 23, Rn. 79.

zulässig, oder die Beschreitung des Rechtswegs unzumutbar,[226] so muss der Beschwerdeführer vor Erhebung der Verfassungsbeschwerde fristgerecht einen Abhilfeantrag an das zuständige Ministerium richten (Art. 51 Abs. 3 VfGHG).[227] Die *Gerichte fallen nicht* unter den Begriff der einem Staatsministerium nachgeordneten Behörde i. S. des Art. 51 Abs. 3 VfGHG;[228, 229] ebenso wenig – im Hinblick auf ihre Unabhängigkeit – der Landespersonalausschuss[230] und der Oberste Rechnungshof.[231] Das Abhilfeverfahren braucht bei Einlegung der Verfassungsbeschwerde aber noch nicht abgeschlossen zu sein.[232]

66   Der Präsident des VerfGH kann dem Beschwerdeführer für den Nachweis, dass der Rechtsweg erschöpft oder ein Abhilfegesuch ohne Erfolg geblieben ist, eine *Frist* setzen (Art. 51 Abs. 4 VfGHG). Der Nachweis muss rechtzeitig, spätestens aber im Zeitpunkt der Entscheidung des VerfGH erbracht sein.[233]

67   Auch das Abhilfeverfahren muss bei Unzumutbarkeit nicht ergriffen werden.[234] Das ist dann der Fall, wenn die beanstandete Maßnahme auf konkrete Weisung des Ministeriums ergangen ist[235] und ein Abhilfeantrag daher keine Erfolgsaussichten hat. Auch Unklarheit der Rechtslage kann die Unzumutbarkeit begründen.[236]

68   **f) Subsidiarität.** *aa) Allgemein.* Aus den Erfordernissen der Erschöpfung des Rechtsweges und der Einreichung eines Abhilfegesuchs wird das allgemeine Erfordernis der Subsidiarität der Verfassungsbeschwerde gefolgert.[237] Die Subsidiarität ist eine Folge aus dem Charakter der Verfassungsbeschwerde als außerordentlicher Rechtsbehelf.[238] Die Verfassungsbeschwerde ist ein letzter, außerordentlicher Rechtsbehelf, der nur dann zum Zuge kommt, wenn alle anderen Möglichkeiten erschöpft sind, um eine verfassungswidrige Maßnahme zu beseitigen. Versäumt ein Beschwerdeführer eine prozessuale oder tatsächliche Möglichkeit, um eine Verletzung verfassungsmäßiger Rechte auszuräumen, so begibt er sich dieser Rechte.[239]

69   Das Subsidiaritätsprinzip verlangt, dass über das Erfordernis der Rechtswegerschöpfung gemäß Art. 51 Abs. 2 Satz 1 VfGHG hinaus alle prozessualen und faktischen Möglichkeiten ausgenützt worden sind, um dem als verfassungswidrig beanstandeten Verfahren entgegenzutreten.[240] Dazu kann auch ein nach einfachem Prozessrecht nicht erforderlicher Vortrag gehören, mit dem der Beschwerdeführer dem als verfassungswidrig beanstandeten Verhalten vor den Fachgerichten mit Aussicht auf Erfolg hätte entgegentreten können.[241] Die Verfassungsbeschwerde ist daher unzulässig, wenn eine andere Möglichkeit bestand, die Rechtsverletzung zu beseitigen oder im praktischen Ergebnis dasselbe zu erreichen.[242] Zu

---

[226] VerfGH 20, 87 (89); VerfGH 21, 1112; VerfGH 34, 145.

[227] *Fleury,* Verfassungsprozessrecht, Rn. 412, S. 102.

[228] VerfGH 18, 9.

[229] *Meder,* Art. 120, Rn. 21.

[230] VerfGH 20, 203 (207).

[231] VerfGH 21, 108 (109).

[232] Art. 51 Abs. 1 VfGHG.

[233] VerfGH 10, 6 (9 f.).

[234] *Meder,* Art. 120, Rn. 21 f.

[235] VerfGH 20, 87 (89); VerfGH; 24, 53 (54 f.).

[236] VerfGH 18, 9 (10).

[237] VerfGH 34, 140 ff.; VerfGH 36, 154 ff.; VerfGH 36, 146 ff.; VerfGH 46, 293 (295); *Pestalozza,* § 23, Rn. 78; *Meder,* Art. 120, Rn. 24; zu Art. 93 Abs. 1 Nr. 4 a BVerfGG – s. *Sodan,* DÖV 2002, 925 ff.; *O'Sullivan,* Neue Entwicklungen bei der materiellen Subsidiarität der Verfassungsbeschwerde, DVBl 2005, 880; *Linke,* NJW 2005, 2190.

[238] VerfGH 27, 82 (86).

[239] VerfGH 37, 79 (83); VerfGH, Ents. v. 17. 3. 1994, Az: Vf. 22-VI-93.

[240] VerfGH 46, 293 (295); VerfGH, Ents. v. 8. 3. 2004, Az: Vf. 24-VI-03, Az: Vf. 27-VI-03, BayVBl 2004, 748 f.; VerfGH 16, 140; VerfGH 18, 16; VerfGH 20, 208 (213); strenger noch VerfGH, Ents. v. 8. 11. 1991, Az: Vf. 14-VI-88 S. 16 f.; VGH BayVBl 1990, 287.

[241] VerfGH 44, 136 (139).

[242] VerfGH 38, 88 f.

Abhilfemöglichkeiten, die wegen der Subsidiarität der Verfassungsbeschwerde ergriffen werden müssen, gehört die Wahrnehmung der Rechtsbehelfe nach § 321 ZPO[243] oder die internen Rechtsbehelfe im verwaltungsbehördlichen Disziplinarverfahren,[244] nicht aber die Wiederaufnahme des Verfahrens.[245]

Das Erfordernis der Beachtung der Subsidiarität wird vor allem bei Verfassungs- **70** beschwerden gegen Entscheidungen im einstweiligen Rechtsschutz und bei der Frage der Erhebung einer Gegenvorstellung relevant.

bb) Vorläufiger Rechtsschutz. Der Grundsatz der Subsidiarität kann vom Beschwerdeführer **71** ggf. verlangen auch nach Erschöpfung des Rechtsweges im vorläufigen Rechtsschutzverfahren, vor Einlegung einer Verfassungsbeschwerde, noch den Ausgang des Hauptsacheverfahrens abzuwarten.[246] Dies gilt vor allem, wenn der Beschwerdeführer im Hauptsacheverfahren, in dem die Verletzung des verfassungsmäßigen Rechts auszuräumen wäre, den Rechtsweg nicht erschöpft oder das Hauptsacheverfahren noch gar nicht betrieben hat[247] und ihm durch den Verweis auf das Hauptsacheverfahren keine unzumutbaren Nachteile entstehen.

Sind die Nachteile nur durch die Verfassungsbeschwerde gegen die Entscheidung im **72** einstweiligen Rechtsschutz behebbar oder abwehrbar, steht jener das Erfordernis der Subsidiarität nicht entgegen.[248] Dies ist der Fall, wenn mit der Verfassungsbeschwerde Verfassungsverletzungen geltend gemacht werden, die die Entscheidung über den vorläufigen Rechtsschutz betreffen,[249] etwa weil die Eilbedürftigkeit unrichtig verstanden wird,[250] oder wenn auf andere Weise kein ausreichender verfassungsrechtliche Rechtsschutz geboten werden würde.[251]

cc) Frage der Erhebung der Gegenvorstellung. Nach früherer Rechtsprechung waren auch **73** die **Gegenvorstellungen** zu erheben, insbesondere bei gerügten Verletzungen des Rechts auf rechtliches Gehör, sofern sie nach der Praxis des Gerichts Erfolg versprechen.[252] Im Zusammenhang mit Art. 93 Abs. 1 Nr. 4a GG versucht die neue Rechtsprechung die Fallgruppen, in denen wegen des Grundsatzes der Subsidiarität eine Gegenvorstellung erhoben werden muss, möglichst weitgehend zurückzudrängen.[253] Es liegt nahe, dass die sachlichen Anliegen, die hinter diesem Bestreben liegen, sich auch auf das Verständnis der Subsidiarität der bayerischen Verfassungsbeschwerde auswirken werden. Verlangt man die Erhebung der Gegenvorstellung vor Erhebung einer Verfassungsbeschwerde, gleitet man von der Förmlichkeit des Prozessrechts in die Nichtförmlichkeit ab und verursacht Unsicherheiten und Unwägbarkeiten für den Rechtsschutzsuchenden, die völlig außer Verhältnis zur Arbeitsentlastung stehen, welche man dem Verfassungsgerichtshof auf diese Weise ermöglicht.

dd) Zweispurigkeit bei Unsicherheiten – Parallele Einlegung. Der Grundsatz der Subsidiarität **74** kann den Rechtsuchenden vor erhebliche Schwierigkeiten stellen. Ist unklar, ob der künftige Beschwerdeführer vor Erhebung der Verfassungsbeschwerde einen bestimmten

---

[243] VerfGH, Ents. v. 8. 3. 2004, Az: Vf. 24-VI-03, Az: Vf. 27-VI-03, BayVBl 2004, 748 f.

[244] VerfGH 13, 75 (78); VerfGH, Ents. v. 27. 10. 1995, Az: Vf. 161-VI-93 zu Art. 59 Abs. 1 BayDO.

[245] VerfGH 55, 75 (79 f.).

[246] *Meder*, Art. 120, Rn. 25.

[247] VerfGH 33, 172; VerfGH 34, 140 (148); VerfGH 36, 146 (148); VerfGH 36, 154 (155 f.); VerfGH 39, 9 (14); VerfGH 42, 28 (32); VerfGH, Ents. v. 2. 8. 1991, Az: Vf. 67-VI-90.

[248] VerfGH 36, 103 (105); VerfGH 39, 9 (14); VerfGH 40, 69 (73).

[249] VerfGH 44, 1 ff.

[250] VerfGH 33, 109 (110 f.).

[251] VerfGH 4, 1 (3); VerfGH 42, 28 (32); VerfGH 43, 170 (177); VerfGH 44, 1 (3). VerfGH 55, 53 (55).

[252] *Meder*, Art. 120 Rn. 19, 24; VerfGH, BayVBl. 1977, 177; VerfGH 30, 150; noch strenger VerfGH 20, 208 (213).

[253] BVerfGE 107, 395 ff; *Schenke*, Außerordentliche Rechtsbehelfe im Verwaltungsprozessrecht nach Erlass des Anhörungsrügengesetzes, NVwZ 2005, 729 ff., *Ewer*, NJW 2007, 3171; *Klein/Sennekamp*, NJW 2007, 945 (955).

Rechtsbehelf ergreifen muss oder nicht (zum Beispiel eine Gegenvorstellung), kann das fehlerhafte Vorgehen für ihn erhebliche Konsequenzen haben. Legt er unzutreffenderweise gleich Verfassungsbeschwerde ein, ist diese wegen des Gedankens der Subsidiarität unzulässig. Wählt er wiederum fälschlicherweise den Rechtsbehelf, führt dies in aller Regel dazu, dass die dann anschließend eingelegte Verfassungsbeschwerde nicht mehr fristgerecht sein wird. Aus diesem Dilemma kann ihm nur die pragmatische Lösung helfen: in Zweifelsfällen kann sowohl der in Frage kommende Rechtsbehelf im weiteren Sinne als auch die Verfassungsbeschwerde parallel eingelegt werden. Allerdings sollte man bei der Verfassungsbeschwerde einen kleinen Hinweis einfügen, aus dem sich die hilfsweise Einlegung zwecks Fristwahrung ergibt.

6. Frist

75   Die Einlegung der Verfassungsbeschwerde ist fristgebunden (Art. 51 Abs. 2 Satz 2 VfGHG).

76   **a) Verfassungsbeschwerde nach Erschöpfung des Rechtsweges.** Eine Verfassungsbeschwerde gegen eine Gerichtsentscheidung ist spätestens zwei Monate nach der schriftlichen Bekanntgabe der vollständigen Entscheidung an den Beschwerdeführer zu erheben (Art. 51 Abs. 2 S. 2 VfGHG). Die Frist beginnt nicht mit der mündlichen Verkündung der letztgerichtlichen Entscheidung, sondern in dem Zeitpunkt, in dem der Beschwerdeführer oder sein befugter Vertreter[254] den Besitz einer Ausfertigung oder eines beglaubigten Abdrucks der vollständigen Entscheidung erlangt.[255] Förmliche Zustellung ist nicht erforderlich; sie setzt, wenn sie nachträglich erfolgt, nicht etwa eine neue Beschwerdefrist in Lauf.[256] Der Fristbeginn setzt keine Rechtsbehelfsbelehrung voraus.[257] Auch bei einer wiederholenden Verfassungsbeschwerde sind die Bestimmungen des Art. 51 Abs. 2 bis 5 VfGHG zu beachten.[258]

77   Hat der Beschwerdeführer vor Erhebung der Verfassungsbeschwerde einen unzulässigen Rechtsbehelf eingelegt, muss man differenzieren. Je nach Situation kann die Frist ab der Entscheidung über den unzulässigen Rechtsbehelf zu laufen beginnen oder – für ihn deutlich ungünstiger – ab Bekanntgabe der Entscheidung, gegen die sich der unzulässige Rechtsbehelf gerichtet hat. War das Rechtsmittel nicht offensichtlich unzulässig,[259] konnte der Beschwerdeführer nach dem Stand von Rechtsprechung und Lehre vielmehr im Ungewissen sein, ob gegen die von ihm beanstandete Maßnahme ein Rechtsmittel statthaft sei, so wird die Frist für die Einlegung der Verfassungsbeschwerde erst mit dem Zugang der Entscheidung über das Rechtsmittel in Lauf gesetzt.[260] War die Aussichtslosigkeit des Rechtsbehelfs allerdings offensichtlich, beginnt keine neue Frist zu laufen.[261]

78   Keine neue Beschwerdefrist bewirken ein Antrag auf Wiederaufnahme des Verfahrens[262] oder ein Antrag nach § 458 StPO,[263] auch nicht offensichtlich erfolglose Gegenvorstellungen,[264] Nichtannahme der Verfassungsbeschwerde durch das BVerfG,[265] eine Petition,[266] oder ein offensichtlich unzulässiges Rechtsmittel.[267] Der Rechtsbehelf des

---

[254] VerfGH 28, 8 (10); VerfGH 31, 71 (73); VerfGH 34, 47 (49).
[255] VerfGH 22, 26; VerfGH 25, 51 (53).
[256] VerfGH 22, 26; VerfGH 25, 51 (53).
[257] VerfGH 30, 150.
[258] Vgl. VerfGH 27, 135; VerfGH 38, 195.
[259] VerfGH 19, 51 (56); VerfGH 38, 9 (11); VerfGH 42, 117 (120).
[260] VerfGH 17, 29 (30); VerfGH 34, 78; VerfGH 42, 50 (52); VerfGH 42, 117 (Ls).
[261] So etwa VerfGH 5, 30 (37); VerfGH 17, 29; VerfGH 42, 50 (52); *Meder*, Art. 120, Rn. 26 a.
[262] VerfGH 55, 75 (80).
[263] VerfGH 27, 135.
[264] VerfGH, Ents. v. 20. 10. 1976, Az: Vf. 13–VI–76, BayVBl. 1977, 177; VerfGH 30, 150 f.
[265] VerfGH 44, 81 (Ls 2); VerfGH, Ents. v. 19. 4. 1991, Az: Vf. 19–VI–88, NVwZ-RR 1992, 441 f.
[266] VerfGH, Ents. v. 22. 3. 1991, Az: Vf. 9–VI–90, NJW 1992, 169.
[267] VerfGH, Ents. v. 29. 5. 1991, Az: Vf. 112–VI–89; VerfGH, Ents. v. 22. 2. 1991, Az: Vf. 66–VI–88.

§ 33 a StPO eröffnet eine neue Frist zur Einlegung der Verfassungsbeschwerde nur hinsichtlich einer Rüge der Verletzung des Art. 91 Abs. 1 BV.[268]

b) Fristen beim Abhilfeverfahren. Bei Verfassungsbeschwerden, bei denen ein vor- **79** heriges Abhilfeverfahren erforderlich ist, ist zu unterscheiden: Die Frist für den Abhilfeantrag beträgt einen Monat ab Kenntnis von der angegriffenen Maßnahme (Art. 51 Abs. 3 S. 1 VfGHG). Die Frist für die (anschließende) Erhebung der Verfassungsbeschwerde beträgt zwei Monate nach der Entscheidung – gemeint ist die Bekanntgabe der Entscheidung,[269] des Ministeriums oder der beauftragten Dienststelle (Art. 51 Abs. 3 VfGHG), wenn dem Abhilfeantrag nicht abgeholfen wird. Wird über den Abhilfeantrag nicht entschieden, gilt dieser nach Ablauf von drei Monaten als abgelehnt (Art. 51 Abs. 3 S. 2 VfGHG), mit der Folge, dass dann wieder die Zwei-Monats-Frist für die Einlegung der Verfassungsbeschwerde läuft. Erhält der Beschwerdeführer (später) noch einen Abhilfebescheid, so läuft eine neue Zwei-Monats-Frist.[270]

Ist sowohl der Rechtsweg als auch das Abhilfeverfahren unzulässig oder unzumutbar, **80** so beträgt die Frist für die Erhebung der Verfassungsbeschwerde[271] gegen eine Maßnahme einer Behörde zwei Monate ab Kenntnisnahme (Art. 51 Abs. 5 Nr. 1 VfGHG). Die Verfassungsbeschwerde gegen die Unterlassung einer beantragten Handlung (Art. 51 Abs. 5 Nr. 3 VfGHG) ist binnen sechs Monaten nach der Antragstellung zu erheben. Erst mit dieser beginnt die Frist zu laufen.[272]

c) Berechnung der Fristen. Die Berechnung der Fristen erfolgt nach Art. 17 Abs. 1 **81** S. 1 VfGHG i. V. m. §§ 187 ff. BGB.

d) Wiedereinsetzung. Gegen unverschuldete Versäumung der Frist kann Wiederein- **82** setzung in den vorigen Stand bewilligt werden (Art. 17 Abs. 2 f. VfGHG). Bei Verschulden hinsichtlich der Fristversäumnis ist dies ausgeschlossen. Rechtsunkenntnis, insbesondere Unkenntnis über die gesetzliche Frist, ist aber kein Wiedereinsetzungsgrund.[273] Ein Verschulden eines Vertreters (auch des Vertreters in dem der Verfassungsbeschwerde zugrunde liegenden Verfahren) muss der Beschwerdeführer sich anrechnen lassen.[274]

7. Verwirkung

Greifen ausnahmsweise die Fristvorschriften des Art. 51 Abs. 2 und Abs. 3 VfGHG nicht **83** ein, so kann das Beschwerderecht verwirkt werden, wenn der Beschwerdeführer längere Zeit (etwa ein Jahr) ein Verhalten zeigt, das zu der Annahme berechtigt, er werde von diesem Recht keinen Gebrauch machen.[275] Denkbar wäre dies, wenn der Beschwerdeführer Verstöße gegen das Beschleunigungsgebot über lange Zeit reaktionslos hinnimmt.

8. Form

Die Verfassungsbeschwerde ist schriftlich zu erheben und zu begründen. Die Begrün- **84** dung muss innerhalb der Frist erfolgen (Art. 14 Abs. 1 S. 1, Art. 51 Abs. 1 S. 1 VfGHG). Grundsätzlich ist eine eigenhändige handschriftliche Unterzeichnung durch den Beschwerdeführer oder seinen Prozessvertreter erforderlich. Unleserlichkeit schadet nicht,[276]

---

[268] VerfGH 43, 156 (160 ff.).
[269] *Meder*, Art. 120 Rn. 27.
[270] VerfGH 10, 6 (10); *Pestalozza*, § 23, Rn. 82.
[271] *Meder*, Art. 120 Rn. 28, 30.
[272] VerfGH 29, 181.
[273] VerfGH 19, 98 (99); VerfGH 30, 150 (151); VerfGH 35, 73 (76); VerfGH, Ents. v. 30. 10. 1992, Az: Vf. 7-VI-92.
[274] VerfGH 28, 8 (10 f.).
[275] VerfGH 15, 1; VerfGH 21, 177; *Meder*, Art. 120, Rn. 30; *Zacher*, in: Nawiasky/Schweiger/Knöpfle, Art. 120, Rn. 61.
[276] VerfGH 28, 138 (140).

ein Faksimilestempel wiederum genügt nicht.[277] Die Erhebung durch ein (auch telefonisch aufgegebenes) Telegramm,[278] Telefax, Telebrief oder Fernschreiben genügt aber auch bei der Verfassungsbeschwerde zum VerfGH, die Erhebung per E-Mail dagegen nicht.

9. Anforderungen an den Vortrag des Beschwerdeführers

85   Der Vortrag der Verfassungsbeschwerde muss substantiiert sein. Innerhalb der Beschwerdefrist hat der Antragsteller gemäß Art. 51 Abs. 1 S. 1 VfGHG die konkreten Handlungen oder Unterlassungen, durch die er in seinen Grundrechten verletzt sein soll, zu bezeichnen und hierzu den wesentlichen Sachverhalt vorzutragen, aus dem die Rechtsverletzung hergeleitet wird.[279] Die Bestimmung dieser beiden Elemente kennzeichnet den verfassungsgerichtlichen Streitgegenstand und muss daher hinreichend bestimmt sein. Es genügt nicht, wenn die Maßnahme, gegen die der Beschwerdeführer sich wendet, nur zu erahnen oder vermuten ist.[280] Das als verletzt gerügte verfassungsmäßige Recht soll möglichst mit der Nennung der einschlägigen Norm der BV bezeichnet werden,[281] doch unerlässlich ist dies nicht.[282] Es genügt, wenn das Recht, das die BV verbürgt, der Sache nach genannt wird. Es muss erkennbar sein, inwiefern der Beschwerdeführer sich durch die beanstandete Maßnahme oder Unterlassung in seinem verfassungsmäßigen Recht verletzt fühlt und ob er (noch) beschwert ist.[283]

86   Die Verfassungsbeschwerde muss aus sich selbst heraus verständlich sein. Eine Verletzung des bezeichneten verfassungsmäßigen Rechts muss danach zumindest als möglich erscheinen.[284] Die Bezugnahme auf andere Schriftstücke, die mit vorgelegt werden, ist nur zulässig, sofern es um eine weitere Vertiefung geht. Es ist nicht Sache des VerfGH, aus den übergebenen Unterlagen den Beschwerdeinhalt selbst zu ermitteln. Die pauschale Verweisung auf den Sachvortrag in anderen Verfahren vor dem VerfGH oder ein vorausgehendes Verfahren genügt ebenso wenig wie die Anregung, der VerfGH möge Schriftstücke bei einer Behörde einholen.[285]

87   Zum notwendigen Inhalt der Verfassungsbeschwerde gehört auch, den Nachweis der Erschöpfung des Rechtswegs oder denjenigen des erfolglosen Abhilfegesuchs zu erbringen.[286]

88   Die Substantiierung muss innerhalb der Beschwerdefrist vollbracht sein. Nach deren Ablauf kann der Beschwerdeführer die Verfassungsbeschwerde in tatsächlicher und rechtlicher Hinsicht ergänzen,[287] aber nicht mehr fehlende notwendige Bestandteile nachtragen. Die Grenzziehung kann schwierig sein. Entscheidend ist, ob ein neuer selbständiger Sachverhalt[288] oder eine neue Rüge des Verstoßes gegen ein verfassungsmäßiges Recht vorgetragen wird.[289] Anfänglich war der VerfGH hier großzügiger, ist davon aber mittlerweile abgerückt. Nach Fristablauf ist ein völlig neuer Sachvortrag ausgeschlossen.[290] Unzulässig ist etwa das Nachschieben der Rüge eines Verstoßes gegen ein verfassungsmäßiges

---

[277] VerfGH 22, 41 (43).

[278] VerfGH 17, 104.

[279] VerfGH 19, 14; VerfGH 25, 51 (54); VerfGH 27, 109 (114); VerfGH 32, 91 (92); VerfGH 35, 7 (9); VerfGH 36, 44; *Meder*, Art. 120, Rn. 32.

[280] VerfGH 17, 104 (107); VerfGH 24, 27.

[281] Art. 51 Abs. 1 Satz 1 VfGHG.

[282] VerfGH 17, 104 (107).

[283] VerfGH 28, 14 (18).

[284] VerfGH, Ents. v. 17. 2. 1995, Az: Vf. 88–VI–93; *Pestalozza*, § 23, Rn. 76.

[285] VerfGH 19, 14 (15).

[286] *Pestalozza*, § 23, Rn. 66; *Zacher*, in: Nawiasky/Schweiger/Knöpfle, Art. 120, Rn. 69.

[287] VerfGH 31, 147 ff.; *Pestalozza*, § 23, Rn. 66.

[288] VetfGH 18, 127 (130); VerfGH 19, 21; VerfGH 19, 98 (99); VerfGH 31, 147; VerfGH 32, 91.

[289] VerfGH 19, 61 (62 f.); VerfGH 42, 28 (32); VerfGH, Ents. v. 8. 11. 1991, Az: Vf. 14–VI–88, S. 15.

[290] VerfGH 18, 127 (LS 5); *Pestalozza*, § 23, Rn. 66; *Meder*, Art. 120, Rn. 32.

Recht, das nicht bereits innerhalb der Beschwerdefrist eindeutig als verletzt bezeichnet wurde,[291] oder die Erstreckung auf eine neue Entscheidung.[292]

Werden mehrere Maßnahmen angefochten oder mehrere verfassungsmäßige Rechte **89** als verletzt bezeichnet, so muss die einzelne Rüge jeweils für sich genommen die Substantiierungsanforderungen erfüllen.

10. Rechtsschutzbedürfnis

Weiter muss ein Rechtsschutzbedürfnis bestehen. Ein Rechtsschutzbedürfnis liegt **90** vor, wenn der Beschwerdeführer ein sachlich berechtigtes Interesse an der gerichtlichen Entscheidung hat. Dieses Interesse hat er in aller Regel, wenn sämtliche Zulässigkeitsvoraussetzungen gegeben sind. Das Fehlen des Rechtsschutzbedürfnisses ist in diesen Fällen die Ausnahme.

Das Rechtsschutzinteresse fehlt häufig bei prozessual überholten Maßnahmen und Ent- **91** scheidungen,[293] wenn die zuständige Stelle vor der Entscheidung des VerfGH die unmittelbare Verletzung des verfassungsmäßigen Rechts beseitigt,[294] oder wenn die begehrte verfassungsgerichtliche Entscheidung „keinerlei praktische Auswirkungen" mehr haben könnte.[295] Ein Interesse an der Überprüfung eines Strafverfahrens besteht nicht mehr nach einem Freispruch[296], sofern nicht ausnahmsweise die Art der Begründung etwas anderes verlangt. Eine Einstellung des Verfahrens genügt dagegen für den Wegfall des Rechtsschutzbedürfnisses nicht. Treten die betreffenden Änderungen nach Erhebung der Verfassungsbeschwerde ein, kann der Beschwerdeführer die Hauptsache für erledigt erklären und evtl. Antrag auf Erstattung seiner Auslagen stellen.[297]

Unter besonderen Umständen kann das Rechtsschutzinteresse trotz der Beseitigung **92** der angefochtenen Maßnahme weiterbestehen, etwa bei Wiederholungsgefahr[298] oder wenn sonst eine verfassungsgerichtliche Entscheidung zur Wahrung der Interessen des Beschwerdeführer geboten erscheint, vor allem bei Freiheitsbeschränkungen und -entziehungen,[299] nach Entziehung des gesetzlichen Richters,[300] bei Durchsuchungsbefehlen nach Abschluss der Durchsuchung,[301] bei der Versagung der Prozesskostenhilfe,[302] bei grundsätzlicher Bedeutung.[303] Unerheblich ist, ob eine Abhilfe möglich ist.[304]

Das Rechtsschutzbedürfnis fehlt auch, wenn der Beschwerdeführer sein Recht auf **93** Einlegung der Verfassungsbeschwerde **verwirkt** hat (s. dazu schon oben Rn. 83). Der von einer behördlichen Maßnahme Betroffene verwirkt sein Recht Verfassungsbeschwerde zu erheben, wenn er während einer längeren Zeitspanne ein Verhalten zeigt, das zu der Annahme berechtigt, er werde von dem Recht keinen Gebrauch machen.[305]

11. Verfahren vor dem VerfGH

Die Verfahrensbestimmungen des VfGHG sind rudimentär. Ausdrücklich geregelt ist **94** zunächst nur, dass dem Freistaat Gelegenheit zur Äußerung zu geben ist (Art. 52 VfGHG). Ein Annahmeverfahren gibt es in Bayern nicht. Eine mündliche Verhandlung wird durch-

---

[291] VerfGH 47, 47 (50); VerfGH, Ents. v. 16. 5. 2002, Az: Vf. 23-VI-01, BayVBl 2002, 759 f.
[292] VerfGH 31, 147 ff.
[293] VerfGH 20, 87 (90); VerfGH 37, 48 (51); BVerfGE 9, 160 (161 f.); *Pestalozza*, § 23, Rn. 84.
[294] VerfGH 31, 149 (156); VerfGH 37, 10 (12).
[295] VerfGH 12, 73 (78); VerfGH 34, 145 (149).
[296] VerfGH, Ents. v. 12. 1. 1966, Az: Vf. 42-VI-65.
[297] VerfGH 15, 41 (43); VerfGH 34, 152.
[298] VerfGH 12, 73 (78); VerfGH 18, 76 (77); VerfGH 25, 51 (54).
[299] VerfGH 18, 76 (77); VerfGH 34, 162 ff.; VerfGH 36, 81 ff.
[300] VerfGH 3, 67 (79).
[301] VerfGH 32, 153; VerfGH 36, 11 (13).
[302] VerfGH, Ents. v. 1. 2. 1991, Az: Vf. 18-VI-90.
[303] VerfGH 31, 149 (156).
[304] VerfGH 3, 10 (12 f.); Art. 54 Abs. 3 Satz 2 VfGHG.
[305] VerfGH 15, 1 ff.

geführt auf Anordnung des VerfGH oder seines Präsidenten (Art. 53 Abs. 1 VfGHG). Die mündliche Verhandlung ist möglich, aber nicht zwingend (Art. 53 VfGHG). Soweit der VerfGH Normen inzident überprüft, ist Art. 3 Abs. 2 Nr. 2 VfGHG bzw. Art. 100 Abs. 1 GG zu beachten.

12. Die Entscheidung des VerfGH

95   **Prüfungsmaßstab.** Prüfungsmaßstab sind im Rahmen der Verfassungsbeschwerde gemäß Art. 120 BV ausschließlich aus der Bayerischen Verfassung ableitbare subjektive Rechte i. S. v. Art. 120 BV.[306] Daher kann sich der Beschwerdeführer weder auf Grundrechte des GG,[307] noch unmittelbar auf subjektive Rechte des europäisches Gemeinschaftsrechts,[308] noch der EMRK (v. a. Art. 6 EMRK) berufen.[309] Auch sonstige Bestimmungen des Grundgesetzes können nicht als Maßstab herangezogen werden.[310] Die Vereinbarkeit einer der angefochtenen gerichtlichen Entscheidung zugrunde liegenden bundesrechtlichen Regelung mit dem Grundgesetz ist auch keine entscheidungserhebliche Vorfrage im Verfassungsbeschwerdeverfahren.[311]

96   Die Verfassungsbeschwerde ist begründet, wenn die angefochtene Entscheidung Grundrechte oder subjektive Rechte des Beschwerdeführers verletzt. Im Gegensatz zur Zulässigkeit muss bei der Begründetheit die Verletzung zur Überzeugung des Gerichts feststehen. Die „bloße" Möglichkeit eines verfassungsrechtlichen Verstoßes reicht nicht aus.[312]

97   Der VerfGH ist kein Rechtsmittelgericht. Es ist nicht seine Aufgabe, Entscheidungen der Gerichte allgemein auf die Richtigkeit der getroffenen tatsächlichen Feststellungen oder darauf zu überprüfen, ob die von den Beschwerdeführern angenommene Berechnungsweise der Gerichtskosten die richtige ist.[313] Es ist nicht seine Aufgabe, die Richtigkeit der getroffenen tatsächlichen Feststellungen, die Auslegung des (einfachen) Rechts und seiner Anwendung auf den konkreten Fall zu kontrollieren. Zum Erfordernis der spezifischen Verfassungsrechtsverletzung s. o.

98   Die Prüfungsdichte des VerfGH ist nicht bei allen Situationen gleich.[314] Sie kann je nach betroffenem Grundrecht und je nach Nachhaltigkeit der Belastung unterschiedlich sein. Je nachhaltiger die angefochtene Entscheidung die verfassungsrechtlich geschützte Rechtssphäre betrifft, desto eingehender muss die verfassungsgerichtliche Prüfung sein. Bei der Überprüfung verwaltungsgerichtlicher Ermessensentscheidungen beschränkt sich der VerfGH auf die Prüfung, ob die Gerichtsentscheidung das Willkürverbot des Art. 118 Abs. 1 BV verkannt hat.[315]

13. Entscheidungsausspruch

99   **a) Antragsbindung.** Der VerfGH sieht sich an die gestellten Anträge gebunden und beschränkt daher seine Prüfung (im Gegensatz zur Popularklage) auf die fristgerecht vom Beschwerdeführer gerügten (als verletzt bezeichneten) verfassungsmäßigen Rechte.[316]

100   **b) Inhalt.** Ist die Verfassungsbeschwerde begründet, so stellt der VerfGH fest, welche Maßnahme welches Recht des Beschwerdeführers verletzt hat (Art. 54 S. 1 VfGHG). In der

---

[306] VerfGH 54, 104 (106); *Fleury*, Verfassungsprozessrecht, Rn. 424, S. 104.

[307] VerfGH 54, 85 (94).

[308] VerfGH 54, 85 (94).

[309] VerfGH 14, 49 (52); VerfGH 44, 28 (30); VerfGH, Ents. v. 18. 7. 2001, Az: Vf. 51-VI-00.

[310] VerfGH, Ents. v. 10. 4. 1997, Az: Vf. 57-VI-94.

[311] VerfGH 42, 105 (108).

[312] VerfGH 29, 98 (100).

[313] VerfGH 36, 157 (159); VerfGH 38, 74 (78); VerfGH 42, 54 (58 f.); VerfGH 42, 105 (106); VerfGH 44, 33 (36); VerfGH 46, 21 (29); VerfGH 50, 60 (62); VerfGH, Ents. v. 28. 1. 2004, Az: Vf. 4-VI-03.

[314] S. z. B. VerfGH 41, 39 (LS. 2): Strenge Prüfung bei der Anwendung von Präklusionsvorschriften.

[315] VerfGH 27, 1.

[316] *Meder*, Art. 120 Rn. 1, 32 m. w. N.

Regel hebt der VerfGH zudem die angegriffenen Entscheidungen ganz oder teilweise auf.[317] Ist die Entscheidung in einem bundesrechtlich geregeltem Verfahren ergangen, wird nur die Verfassungswidrigkeit der Entscheidung festgestellt.[318] Eine Nichtigkeitserklärung einer Norm ist im Verfassungsbeschwerdeverfahren nicht möglich – auch nicht eine Erklärung der Unanwendbarkeit.

c) Rechtskraft. Die Entscheidungen des VerfGH werden mit der Zustellung oder – **101** nach mündlicher Verhandlung (Art. 53 VfGHG) – mit der Verkündung (Art. 25 Abs. 2 Satz 4, 5 VfGHG) formell rechtskräftig.[319] Die Entscheidungen in Verfassungsbeschwerdeverfahren erwachsen darüber hinaus in **materielle** Rechtskraft;[320] dies gilt für Sach- und Prozessentscheidungen.[321] Art. 20 VfGHG setzt die materielle Rechtskraft voraus, ohne sie selbst zu regeln.[322] Die Rechtskraft ist vom VerfGH von Amts wegen zu berücksichtigen.[323] Sie erstreckt sich auch auf die Kostenentscheidung (Art. 27 VfGHG), nicht aber auf die notwendigen Entscheidungsgründe.[324]

d) Wirkung. Die Bindungswirkung regelt Art. 29 Abs. 1 VfGHG. Erachtet der VerfGH **102** die Verfassungsbeschwerde für begründet, so stellt er im Entscheidungssatz fest, welches verfassungsmäßige Recht durch die angefochtene Maßnahme oder Unterlassung verletzt worden ist und bestimmt, in welcher Weise der Verfassungsbeschwerde abzuhelfen ist (Art. 54 S. 2 VfGHG). In der Regel hebt er die angefochtene Entscheidung auf (Kassation) und weist gegebenenfalls die Sache an das zuständige Gericht oder die Behörde zurück.[325] Die Kassation erfasst nur den Abschnitt des Ausgangsverfahrens, der durch den Grundrechtsverstoß unmittelbar beeinflusst ist.[326] Das Gericht hat das Verfahren nach der Zurückverweisung der Sache in dem Stadium fortzusetzen, in dem sie sich bei Erlass der angefochtenen Entscheidung befunden hat.[327] Unter bestimmten Voraussetzungen kann der VerfGH von der Aufhebung absehen.[328] Eine Anweisung, in Zukunft bestimmte Maßnahmen zu unterlassen, kann er nicht vornehmen.[329]

14. Einstweilige Anordnung

Die Voraussetzungen für den Erlass einer einstweiligen Anordnung sind eng anzulegen. **103** Der Antrag ist abzulehnen, wenn die Verfassungsbeschwerde von vornherein keinen Erfolg verspricht.[330] Von dieser Fallgruppe abgesehen, haben in Verfahren auf den Erlass einer einstweiligen Anordnung die Gründe, die für die Verfassungswidrigkeit der beanstandeten behördlichen Maßnahme sprechen, grundsätzlich außer Betracht zu bleiben. Für die Begründetheit sind vielmehr allein die Folgen abzuwägen, die einträten, wenn eine einstweilige Anordnung nicht erginge, die Verfassungsbeschwerde aber Erfolg hätte, gegenüber den Nachteilen, die entstünden, wenn die einstweilige Anordnung erlassen würde, der Verfassungsbeschwerde aber der Erfolg zu versagen wäre.[331] Der Hauptsacheentscheidung darf durch die einstweilige Anordnung grundsätzlich nicht vorgegriffen

---

[317] *Pestalozza*, § 23, Rn. 85.
[318] *Pestalozza*, § 23, Rn. 85.
[319] VerfGH 19, 112.
[320] Vgl. *Schäfer*, BayVBl 1978, 161.
[321] VerfGH, Ents. v. 11. 2. 1970, Az: Vf. 125-VI-68.
[322] VerfGH 19, 112 (113).
[323] VerfGH 19, 112 (113).
[324] Offengelassen VerfGH 19, 112 (113); a. A. *Meder*, Art. 120, Rn. 44.
[325] *Meder*, Art. 120, Rn. 38.
[326] VerfGH 27, 35.
[327] VerfGH 31, 238 (242 f.).
[328] VerfGH 11, 90 (96); VerfGH 14, 49 (53); VerfGH 19, 30 (31).
[329] VerfGH 25, 51 (55).
[330] VerfGH 22, 129 (130); VerfGH 25, 92 (94); VerfGH 29, 24 (25); VerfGH 40, 65 (66 f.).
[331] VerfGH 38, 38 (40).

werden. Sofern dies zum Schutz der Grundrechte erforderlich ist, ist eine Vorwegnahme ausnahmsweise möglich. Dies gilt z. B., falls ansonsten für den Beschwerdeführer unzumutbare Folgen entstünden.

104   Der Beschwerdeführer muss zunächst versuchen, vor den Gerichten des zuständigen Gerichtszweiges einstweiligen Rechtsschutz zu erhalten.[332]

Art. 121 [Pflicht zur Übernahme von Ehrenämtern]

[1]Alle Bewohner Bayerns sind zur Übernahme von Ehrenämtern, insbesondere als Vormund, Waisenrat, Jugendpfleger, Schöffe und Geschworener verpflichtet. [2]Das Nähere bestimmen die Gesetze.

Parallelvorschriften in Verfassungen anderer Länder: Art. 9 S. 2 BremVerf; Art. 73 HmbVerf; Art. 25 HessVerf; Art, 21, 59 RhPfVerf.; Art.19, 49 SaarlVerf.

1. Bedeutung

1   Art. 121 postuliert in besonderer Ausprägung der Hauptgrundpflicht in Art. 117 die für alle Bewohner Bayerns (wobei eine örtliche Beziehung zum Staatsgebiet genügt) **gleiche Grundpflicht**[1] **zur Übernahme von Ehrenämtern in weiterem Sinne** („insbesondere"). Ehrenamt ist eine Aufgabe, die weder in einem Haupt- noch in einem Nebenamt und grundsätzlich ohne Entgelt (ggf. aber gegen Aufwandsentschädigung oder Ausgleich beruflicher Einbußen) wahrgenommen wird.[2] Mit der Grundpflicht korrespondiert **kein Grundrecht**.[3] Popularklage (Art. 98 S. 4) und Verfassungsbeschwerde (Art. 66, 120) können auf Art. 121 nicht gestützt werden. Aus Art. 121 lassen sich *konkrete* Pflichten nicht ableiten (und auch keine Sanktionen), vielmehr ist es Aufgabe des Gesetzgebers, die näheren Pflichten zu regeln (Art. 121 S. 2), insofern ist Art. 121 S. 1 ein **Programmsat**.[4]

2   Mit Art. 121 lassen sich auch Grundrechtseingriffe nicht unmittelbar rechtfertigen. Art. 121 stellt **keine eigene Grundrechtsschranke** dar, vielmehr muss sich jede konkrete Pflicht zur Übernahme eines Ehrenamtes und die darin liegende Grundrechtsbeeinträchtigung an Hand des einschlägigen Freiheitsrechts (in der Regel: Art. 101), insbesondere des Verhältnismäßigkeitsgrundsatzes rechtfertigen lassen. Im Rahmen der Rechtfertigung kann der in Art. 121 zum Ausdruck gebrachte Grundgedanke einer Grundpflicht als **Abwägungsgesichtspunkt** herangezogen werden.

2. Entstehung

3   Die Regelung findet sich bereits in Art. 81 VE sowie wortgleich in Art. 88 E.

3. Verhältnis zum Grundgesetz

4   Die Vorschrift ist wirksam, da sie dem GG, insbesondere Art. 12 GG und sonstigem Bundesrecht nicht widerspricht. Zwar sieht das GG eine vergleichbare Grundpflicht nicht vor, es steht einer landesverfassungsrechtlichen Grundpflicht aber auch nicht entgegen. Soweit für die Ausgestaltung von Ehrenämtern der Bundesgesetzgeber zuständig ist, etwa im Bereich des Bürgerlichen Rechts oder Gerichtsverfassungsrechts (vgl. Art. 74 I Nr. 1 GG), kann Art. 121 weder eine Maßstabs- noch eine Direktionsfunktion entfalten.[5]

---

[332] VerfGH 38, 38 (41).
[1] VerfGH 36, 83 (88). Vgl. zu den in der Verfassungspraxis bedeutungslosen „Grundpflichten" auch Rn. 17 vor Art. 98.
[2] *Meder,* Art. 121 Rn. 2; nicht von Art. 121 umfasst sind die „Ehrenbeamten" (Art. 140 BayBG).
[3] VerfGH 3, 15 (25); 7, 40 (47); 36, 83 (88); 57, 56 (58); *Meder,* Art. 121 Rn. 1.
[4] *Nawiasky,* S. 203.
[5] *Meder,* Art. 121 Rn. 2: „praktisch kaum mehr Bedeutung"; vgl. aber Art. 19 GO; Art. 13 LKrO; Art. 13 BezO und Art. 18 I BayHSchG.

Art. 122 [Pflicht zur gegenseitigen Hilfeleistung]

Bei Unglücksfällen, Notständen und Naturkatastrophen und im nachbarlichen Verkehr sind alle nach Maßgabe der Gesetze zur gegenseitigen Hilfe verpflichtet.

Parallelvorschriften in Verfassungen anderer Länder: Art. 10 BremVerf; Art. 22 RhPfVerf; Art.19 SaarlVerf.

1. Bedeutung

Art. 122 postuliert in besonderer Ausprägung der Hauptgrundpflicht in Art. 117 die **1** für alle Bürger **gleiche**[1] **Grundpflicht**[2] **zur gegenseitigen Hilfspflicht in außergewöhnlichen Situationen und im Nachbarschaftsverhältnis.** Es handelt sich um eine Pflicht inter privatos zu Gunsten des „Nächsten". Mit der Grundpflicht korrespondieren **keine Grundrechte** der auf eine Hilfeleistung Angewiesenen.[3] Popularklage (Art. 98 S. 4) und Verfassungsbeschwerde (Art. 66, 120) können auf Art. 122 nicht gestützt werden. Aus Art. 122 lassen sich *konkrete* Pflichten unmittelbar nicht ableiten (und natürlich auch keine Sanktionen), vielmehr ist es Aufgabe des Gesetzgebers, die Pflichten näher zu regeln („nach Maßgabe der Gesetze"), insofern ist Art. 122 ein **Programmsatz**[4], der den Gesetzgeber – nach Maßgabe der einschlägigen Gesetzgebungskompetenzen – verpflichtet, auf einfachgesetzlicher Ebene gegenseitige Hilfspflichten in Not- und Unglücksfällen zu begründen. Mit Art. 122 lassen sich Grundrechtseingriffe allein allerdings nicht unmittelbar rechtfertigen.

Art. 122 stellt **keine eigene Grundrechtsschranke** dar, vielmehr muss sich jede kon- **2** krete gesetzliche Pflicht i. S. d. Art. 122 und die darin liegende Grundrechtsbeeinträchtigung an Hand des einschlägigen Freiheitsrechts (in der Regel: Art. 101), insbesondere des Verhältnismäßigkeitsgrundsatzes rechtfertigen lassen. Im Rahmen der Rechtfertigung kann der in Art. 122 zum Ausdruck gebrachte Grundgedanke einer gegenseitigen Hilfspflicht als Grundpflicht als Abwägungsgesichtspunkt herangezogen werden. Eine Hilfspflicht unter Nachbarn, die in Art. 122 nicht ausdrücklich auf Not- und Unglücksfälle bezogen ist, wird man aus Gründen der Verhältnismäßigkeit auf solche Fälle beschränken müssen. In der Rechtsprechung des VerfGH hat Art. 122 bislang praktisch keine Rolle gespielt.

2. Entstehung

Die Regelung findet sich der Sache nach bereits in Art. 82 VE sowie wortgleich in **3** Art. 89 E, wobei die Hilfeleistungspflicht noch auf die „Bewohner Bayerns" bezogen war. Art. 82 VE sprach zudem noch von Nothilfe. Die endgültige Fassung wurde im VA beschlossen[5].

3. Verhältnis zum Grundgesetz

Die Vorschrift ist wirksam, da sie dem GG und sonstigem Bundesrecht in ihrem Rege- **4** lungsgehalt nicht widerspricht. Zwar sieht das GG eine vergleichbare Grundpflicht nicht vor, es steht einer landesverfassungsrechtlichen Grundpflicht aber auch nicht entgegen. Soweit für die Begründung von Hilfspflichten der Bundesgesetzgeber zuständig ist, etwa im Bereich des Bürgerlichen Rechts oder des Strafrechts (vgl. Art. 74 I Nr. 1 GG; § 323 c StGB), kann Art. 122 weder eine Maßstabs- noch eine Direktionsfunktion entfalten.[6]

---

[1] VerfGH 32, 18 (22).

[2] Vgl. zu den in der Verfassungspraxis bedeutungslosen „Grundpflichten" Rn. 17 vor Art. 98.

[3] *Meder,* Art. 122 Rn. 1; VerfGH 3, 15 (25).

[4] *Nawiasky,* S. 203; *Meder,* Art. 122 Rn. 1.

[5] Prot. I, S. 226; II, S. 335.

[6] *Meder,* Art. 122 Rn. 1: „seine Bedeutung ist gering"; vgl. aber Art. 9 LStVG und Art. 10 PAG, die die öffentlich-rechtliche Hilfeleistungspflicht des „Nichtstörers" begründen.

Art. 123 [Steuerwesen]

(1) Alle sind im Verhältnis ihres Einkommens und Vermögens und unter Berücksichtigung ihrer Unterhaltspflicht zu den öffentlichen Lasten heranzuziehen. (2) Verbrauchssteuern und Besitzsteuern müssen zueinander in einem angemessenen Verhältnis stehen. (3) ¹Die Erbschaftssteuer dient auch dem Zwecke, die Ansammlung von Riesenvermögen in den Händen einzelner zu verhindern. ²Sie ist nach dem Verwandtschaftsverhältnis zu staffeln.

Parallelvorschriften im GG und anderen Landesverfassungen: Art. 47 HessVerf.

Rechtsprechung: VerfGH 2, 170; 3, 15; 13, 27; 16, 46; 21, 173; 29, 15; 32, 18.

Literatur: Möstl, Verfassungsrechtliche Grenzen der Besteuerung, DStR 2003, 720; *Tipke,* Die Steuerrechtsordnung, 2. Aufl., Bd. 1 2000, Bd. 2 2003; *Vogel,* Die Steuergewalt und ihre Grenzen, in: FS 50 Jahre BVerfG, Bd. 2, 2001, S. 577.

I. Allgemeines

1. Bedeutung

1   Art. 123 normiert – in der Terminologie des 2. Hauptteils der BV („Grundrechte und Grundpflichten") – eine **Grundpflicht,**[1] nämlich die Steuerpflicht.[2] Das ist insofern richtig, als Art. 123 an die Selbstverständlichkeit erinnert, dass sich der moderne Staat durch Steuern finanziert (Steuerstaat), d. h. durch Gemeinlasten, die jedermann gegenleistungsfrei nach Maßgabe der Steuergesetze zu tragen hat (vgl. die Definition der Steuer in § 3 I AO). Falsch wäre es indes, Art. 123 dahin zu verstehen, als lege er eine verfassungsunmittelbare Steuerpflicht auf; Art. 123 ändert nichts daran, dass Steuern nur aufgrund eines Gesetzes erhoben werden dürfen, das die Leistungspflicht begründet **(Vorbehalt des Gesetzes,** Art. 70 I, 98 S. 2). Eigentliches Regelungsziel des Art. 123 ist es (und dies wird durch die Qualifizierung als „Grundpflicht" eher verdunkelt als erhellt), bestimmte **materielle Direktiven** der **Steuergerechtigkeit** für die Steuergesetzgebung („oberste Rechtsgrundsätze" für die Gestaltung des Steuerwesens) aufzustellen.[3] Inhaltlich weisen diese Prinzipien einen engen Bezug zum Gleichheitssatz und dem aus ihm folgenden Gebot sowohl materieller Steuergerechtigkeit als auch eines gleichmäßigen Vollzugs, zu den Freiheitsrechten und dem aus ihnen folgenden Verbot einer übermäßigen/unverhältnismäßigen Besteuerung sowie zum Sozialstaatsprinzip und dem Schutz der Familie auf; ergänzt wird Art. 123 durch Art. 168 II. Der VerfGH hat Art. 123 als „Programmsatz" bezeichnet,[4] von Beginn an aber auch betont, Art. 123 binde („verpflichte") Gesetzgeber und Steuerverwaltung.[5] Art. 123 ist folglich tauglicher Prüfungsmaßstab und prinzipiell justiziabel, mögen seine Aussagen auch von so allgemeiner Art und hoher Abstraktionshöhe sein[6], dass sie dem Steuergesetzgeber einen breiten Gestaltungsspielraum belassen, nur mit größter Vorsicht auf die einzelne Steuernorm heruntergebrochen werden können und auch für Ausnahmen offen sind; durch offensichtliche und prinzipielle („krasse"[7]) Außerachtlassung werden die in Art. 123 aufgestellten Direktiven indes verletzt. Die in Art. 123 aufgestellten Direktiven wirken objektiv-rechtlich, sie verleihen dem Einzelnen **kein (subjektives) Grundrecht.**[8] Sehr wohl jedoch kann Art. 123 **in Verbindung mit**

---

[1] VerfGH 2, 170 (178); 3, 15 (25).

[2] *Meder,* Art. 123 Rn. 1.

[3] *Zacher,* in: Nawiasky/Schweiger/Knöpfle, Art. 123 Rn. 2; auch zum folgenden Satz.

[4] VerfGH 32, 18 (21).

[5] VerfGH 2, 170 (178); 3, 15 (25). Vgl. auch *Hoegner,* Prot. I, 229.

[6] Vgl. VerfGH 21, 170 (176): „allgemeiner Grundsatz für die Gestaltung des Abgabewesens".

[7] Vgl. in anderem Kontext: VerfGH 59, 109.

[8] VerfGH 29, 15 (20).

Grundrechten zur Geltung kommen und diesen schärfere Konturen verleihen;[9] so präzisiert Art. 123 I sowohl den allgemeinen Gleichheitssatz (Art. 118 I: Leistungsfähigkeitsprinzip als bereichsspezifische Ausprägung) als auch das Verhältnismäßigkeitsprinzip („im Verhältnis ihres Einkommens") und so ergänzt Art. 123 III die Garantie des Erbrechts (Art. 103 I).

Art. 123 ist in der **Praxis des VerfGH** zwar gelegentlich herangezogen worden (vgl. **2** Rspr.-Nachweise am Anfang), er hat bislang jedoch **keine große Bedeutung** erlangt. Dies liegt natürlich in erster Linie daran, dass nach der Kompetenzordnung des GG (Art. 105 GG) und der Praxis ihrer Inanspruchnahme fast alle Steuern, auch soweit ihr Ertrag den Ländern zusteht, **bundesrechtlich geregelt** sind.[10] Nur die örtlichen Verbrauch- und Aufwandsteuern (auf die indes gerade Art. 123 I keine Anwendung findet; Rn. 5[11]) sind ausschließlich der Landeskompetenz zugewiesen (Art. 105 II a GG). Dies mag sich ändern − und Art. 123 einen gewissen Bedeutungszuwachs erhalten −, falls die Föderalismusreform II zu mehr Steuerautonomie der Länder führt.

2. Entstehung

Art. 123 geht auf Art. 90 E zurück. Im VA wurde er zwar eingehend diskutiert, aber **3** nur noch in Details verändert.[12]

3. Verhältnis zum Grundgesetz

Das Grundgesetz kennt keinen eigenständigen programmatischen Artikel mit Grundsät- **4** zen zur materiellen Ausgestaltung des Steuerrechts, der mit Art. 123 BV vergleichbar wäre (das steuerliche Übermaßverbot klingt versteckt und systematisch deplaziert in Art. 106 III 4 Nr. 2 GG an). Vor allem aus den Grundrechten (Art. 3, 6, 14 GG etc.) hat das BVerfG indes Grenzen und Maßgaben der Besteuerung abgeleitet,[13] die aufs Ganze gesehen ein beträchtliches „Steuerverfassungsrecht" abgeben. An diesen grundgesetzlichen Rahmen ist der Landesgesetzgeber gebunden. Die Landesverfassung kann − wie in Art. 123 − einen hierzu parallelen Rechtsrahmen aufrichten; dass Art. 123 BV kein Grundrecht ist und ihm Art. 142 GG deswegen nicht zur Seite steht, schadet dabei nicht, da die Wertung des Art. 142 GG verallgemeinert werden muss (Vorbem. B Wirkkraft LVerfR, Rn. 14 f.); effektive Maßstabskraft kann Art. 123 I freilich nur in den durch Bundesrecht belassenen Spielräumen entfalten. Insbesondere darf aus Art. 123 BV (z. B. aus dem tendenziell auf eine hohe Erbschaftsteuer abzielenden Abs. 3) keine Rechtsfolge abgeleitet werden, die mit gegenläufigem Bundesrecht (z. B. Art. 14 GG; dazu Rn. 7) nicht vereinbar ist.

II. Einzelkommentierung

1. Absatz 1

Art. 123 I statuiert, indem er auf das „Verhältnis" der Steuer zu Einkommen und Ver- **5** mögen sowie die Berücksichtigung der Unterhaltspflicht abstellt, ein zentrales Postulat der Steuergerechtigkeit: **das Leistungsfähigkeitsprinzip,** das an die Fähigkeit anknüpft, Steuern aus disponiblem Einkommen zahlen zu können, und das grundlegende Steuerverteilungsprinzip des sozialen Rechtsstaats darstellt.[14] **Anwendbar** ist Art. 123 I − entgegen seinem weiteren Wortlaut („öffentliche Lasten") − **nur auf Steuern,** nicht auf sonstige Abgaben (Gebühren, Beiträge, Sonderabgaben);[15] dies muss − neben entste-

---

[9] Vgl. *Zacher*, in: Nawiasky/Schweiger/Knöpfle, Art. 123 Rn. 2.

[10] *Zacher*, in: Nawiasky/Schweiger/Knöpfle, Art. 123 Rn. 10.

[11] VerfGH 29, 15 (24).

[12] Prot. I 226 ff.; II, 335 ff.; *Zacher*, in: Nawiasky/Schweiger/Knöpfle, Art. 123 Rn. 1.

[13] *Möstl*, DStR 2003, 720 ff. m. w. N.

[14] *Tipke*, Steuerrechtsordnung Bd. 1, S. 481 ff., 492 ff., 552 f.

[15] Dazu m. w. N. *Zacher*, in: Nawiasky/Schweiger/Knöpfle, Art. 123 Rn. 3; *Meder*, Art. 123 Rn. 3; z. B. VerfGH 6, 107 (112); 21, 205 (211).

hungsgeschichtlichen und systematischen (vgl. Abs. 2, 3) Gründen – schon deswegen gelten, weil allein für Steuern das Prinzip einer Bemessung nach gegenleistungsfreier Leistungsfähigkeit überhaupt greifen kann; alle anderen Abgaben sind Vorzugslasten, die als Gegenleistung für einen individuellen oder gruppenmäßigen Vorteil erhoben werden, für die deswegen grundsätzlich das Äquivalenzprinzip gilt und eine Staffelung nach Leistungsfähigkeitsgesichtspunkten gerade problematisch und rechtfertigungsbedürftig ist.[16] Gelten kann Art. 123 I des Weiteren allein für **Personalsteuern,** die es gestatten, persönliche Verhältnisse zu berücksichtigen; nicht dagegen passt Art. 123 I auf Realsteuern, Verbrauchsteuern und Aufwandsteuern, die allein an objektive Kriterien anknüpfen.[17] Dass es auch solche Steuern gibt, hat Art. 123 I vorausgesetzt und sollte durch ihn nicht in Frage gestellt werden; Art. 123 I will seine Geltung nicht auf dem Herkommen entsprechende und bislang niemals einbezogene Tatbestände erweitern.[18] Für die Personalsteuern – den verbleibenden Anwendungsbereich – indes, namentlich für die zentrale **Einkommensteuer,** hält Art. 123 I zentrale Prinzipien und Direktiven bereit: So ist in ihm das **objektive und subjektive Nettoprinzip** (durch Anknüpfung an Einkommen und Unterhaltspflicht) im Grundsatz angelegt; Gleiches gilt für die **steuerliche Progression.**[19] Steuerprivilegien sind verboten.[20] Nicht nur der Gedanke der materiellen Steuergerechtigkeit, sondern auch der des **gleichmäßigen Vollzugs** ist eingeschlossen.[21] Eine sachlich gerechtfertigte Steuerbemessung nach Lenkungszwecken (vgl. § 3 I 2. Hs. AO) soll durch die prinzipielle Statuierung des Leistungsfähigkeitsprinzips nicht ausgeschlossen werden. Einer neben der Einkommensteuer erhobenen Vermögensteuer steht Art. 123 I („Einkommen und Vermögen") nicht entgegen. Die Beschränkung des Geltungsbereichs auf Personalsteuern ist – so richtungsweisend seine Festlegungen auch sein mögen – zugleich die große Schwäche des Art. 123 I; die Personalsteuern, namentlich die Einkommensteuer, sind bundesrechtlich geregelt.

2. Absatz 2

6   Art. 123 II ist im Zusammenhang mit Art. 123 I zu sehen: Absatz 2 federt in gewisser Weise ab, dass Verbrauchsteuern (die persönliche Umstände nicht berücksichtigen, auch keine soziale Progression kennen und so sozial Schwache tendenziell stärker belasten) von Absatz 1 nicht erfasst sind. Absatz 2 **schützt die Verbraucher** dadurch, dass die Verbrauchsteuern im Verhältnis zu den (überwiegend von Abs. 1 erfassten) „gerechteren" Besitzsteuern kein Übermaß einnehmen dürfen; zugleich wird allerdings klargestellt, dass auch Verbrauchsteuern weiter zulässig bleiben.[22] **Verbrauchsteuern** i. S. d. Art. 123 II sind sowohl die Umsatzsteuer wie die speziellen Verbrauchsteuern; **Besitzsteuern** sind die Steuern auf Einkommen, Ertrag oder Vermögen; die Unterscheidung fällt weitgehend mit der nach **direkten und indirekten Steuern** zusammen.[23] Bei Art. 123 II („angemessenes Verhältnis") handelt es sich um eine **sehr allgemein gehaltene Anweisung** an den Gesetzgeber, aus der sich keine eindeutigen Grenzlinien ableiten lassen.[24] Im Übrigen ist es dem Landesgesetzgeber aufgrund der bundesstaatlichen Kompetenzordnung derzeit überhaupt aus der Hand geschlagen, das Verhältnis von Verbrauch- und Besitzsteuern zu bestimmen.

---

[16] Vgl. BVerfGE 97, 332: soziale Staffelung von Kindergartengebühren.

[17] VerfGH 3, 15 (26); 4, 181 (193); 13, 127 (32); 34, 31 (39).

[18] *Meder,* Art. 123 Rn. 5; z. B. VerfGH 21, 173 (176), st. Rspr.

[19] *Zacher,* in: Nawiasky/Schweiger/Knöpfle, Art. 123 Rn. 7; vgl. Prot. II, S. 335 f.

[20] VerfGH 13, 27 (33).

[21] *Meder,* Art. 123 Rn. 1.

[22] *Zacher,* in: Nawiasky/Schweiger/Knöpfle, Art. 123 Rn. 8.

[23] *Stadie,* Allgemeines Steuerrecht, 2003, S. 2 f.

[24] *Meder,* Art. 123 Rn. 6.

3. Absatz 3

Der die **Erbschaftsteuer** betreffende Absatz 3 hat derzeit (solange die Erbschaftsteuer 7 bundesrechtlich geregelt ist) keine praktische Bedeutung.[25] Sollte das einmal anders werden (den Ländern steht bereits jetzt die Ertragshoheit zu, so dass eine Landesgesetzgebungskompetenz nach Art. 105 GG prinzipiell in Betracht kommt), könnte er indes zum politischen Problem werden, da er − mit egalitär-demokratischem und sozialstaatlichem Impetus − doch relativ eindeutig eine nicht zu gering bemessene Erbschaftsteuer für große Vermögen, ja eine in der Generationenfolge schrittweise zu erreichende Abschmelzung von „**Riesenvermögen**" mittels der Erbschaftsteuer bezweckt.[26] Freilich: Man wird Art. 123 III bis zu einem gewissen Grade einschränkend auslegen können: Art. 123 III ist erstens im Lichte der Garantie des Erbrechts in Art. 103 I zu sehen und darf diese nicht konterkarieren;[27] auch wird man sicher die Verschonung kleiner Vermögen, ja (aus sozialstaatlichen Gründen: Arbeitsplätze) auch die Verschonung großer Produktivvermögen rechtfertigen können. Dennoch: Jedenfalls für große, unproduktive (vgl. auch Art. 168 II zum arbeitslosen Einkommen) Vermögen bleibt ein Verfassungsauftrag zur nicht zu gering bemessenen Besteuerung, der − bei allen dem Gesetzgeber sicherlich einzuräumenden Gestaltungsspielräumen − jedenfalls durch eine offensichtlich („krass"[28]) gegenläufige, an dezidiert niedrigen Steuersätzen oder gar an einer Abschaffung der Erbschaftsteuer interessierten Politik verletzt würde. Zu beachten wären in jedem Fall die bundesrechtlichen, v. a. die sich aus Art. 14 GG ergebenden Grenzen: Der Spielraum für den steuerlichen Zugriff auf den Erwerb von Todes wegen findet nach der Rspr. des **BVerfG** seine Grenze dort, wo die Steuerpflicht den Erwerber übermäßig belastet und die ihm zugewachsenen Vermögenswerte grundlegend beeinträchtigt; Sinn und Funktion des Erbrechts dürfen nicht zunichte gemacht werden.[29] Ob die Erbschaftsteuer unter dem Grundgesetz nur auf die Ertragsfähigkeit des Vermögens zugreifen oder (begrenzt) auch die Substanz aufzehren darf, ist nicht vollends geklärt.[30] Die Anordnung des Art. 123 II 2, die Erbschaftsteuer nach dem **Verwandtschaftsverhältnis** zu staffeln, liegt auf einer Linie mit dem Grundgesetz.[31]

---

[25] *Meder,* Art. 123 Rn. 7; BVerfGE 117, 1 hat eine Neuregelung bis zum 31. 12. 2008 verlangt.

[26] *Hoegner,* Prot. I, 227, II, 336.

[27] *Zacher,* in: Nawiasky/Schweiger/Knöpfle, Art. 123 Rn. 9.

[28] VerfGH 59, 109.

[29] BVerfGE 93, 165.

[30] Vgl. *Nachreiner,* Verfassungswidrigkeit des Erbschaft- und Schenkungsteuergesetzes wegen Verstoßes gegen Art. 14 GG, ZEV 2005, 1 (5) m. w. N.

[31] Vgl. BVerfGE 93, 165, auch mit konkreten Folgerungen zum Mindestmaß an Steuerfreiheit bei direkten Verwandten.

Dritter Hauptteil. Das Gemeinschaftsleben

1. Abschnitt. Ehe, Familie und Kinder

Art. 124 [Ehe und Familie]

(1) Ehe und Familie sind die natürliche und sittliche Grundlage der menschlichen Gemeinschaft und stehen unter dem besonderen Schutz des Staates.

(2) Mann und Frau haben in der Ehe grundsätzlich die gleichen bürgerlichen Rechte und Pflichten.

Parallelvorschriften im GG und anderen Landesverfassungen: Art. 6 GG; Art. 12 BerlVerf; Art. 26 BbgVerf; Art. 21, 22 BremVerf; Art. 4, HessVerf.; Art. 3 NdsVerf; Art. 5 NWVerf; Art. 23 RhPfVerf; Art. 22 SaarlVerf; Art. 9, 22 SächsVerf; Art. 24, SachsAnhVerf; Art. 17 ThürVerf.

Rechtsprechung: VerfGH 23, 126; 25, 129; 39, 56; 43, 1; 48, 109; 50, 67; VerfGH, Ents. v. 19. 7. 2007, Az: Vf. 6-V-06; VerfGH, Ents. v. 9. 10. 2007, Az: Vf. 14-VII-06; VGH NJW 1991, 1498 (Passionsspiele 1990 in Oberammergau)

Literatur: Berens, Der Grundrechtsschutz der Familie unter besonderer Berücksichtigung der kinderreichen Familie, 2004; *Braun,* Ehe und Familie am Scheideweg, 2002; *Dietlein,* Der Schutz nichtehelicher Lebensgemeinschaften in den Verfassungen und Verfassungsentwürfen der neuen Länder, DtZ 1993, 136; *Di Fabio,* Der Schutz von Ehe und Familie – Verfassungsentscheidung für die vitale Gesellschaft, NJW 2003, 993; *Idel,* Der Familienbegriff grund- und einfachrechtlicher Normen, 2005, *Kleffmann,* Ehe und andere Lebensgemeinschaften nach Landes- und Bundesverfassungsrecht, 2000; *Lecheler,* Der Schutz von Ehe und Familie, HStR VI, § 133; *Nesselrode,* Das Spannungsverhältnis zwischen Ehe und Familie in Artikel 6 des GG, 2007; *Pauly,* Sperrwirkungen des verfassungsrechtlichen Ehebegriffs, NJW 1997, 1955; *Pechstein,* Familiengerechtigkeit als Gestaltungsgebot für die staatliche Ordnung, 1994; *Zeidler,* Ehe und Familie, HdbVerfR, Bd. 1, 1983, 555.

I. Allgemeines

1. Bedeutung

Art. 124–Art. 127 BV bilden den ersten Abschnitt des dritten Hauptteils. Sie haben die **1** Normierung von Ehe und Familie zum Gegenstand. Die Ehe kommt dabei allerdings nur in Art. 124 BV zur Sprache. Die Erziehung der Kinder findet mit Art. 125–127 BV eine ausdrücklichere Regelung.

Aus der ausdrücklichen Zuweisung eines eigenen Abschnittes kann man schließen, wel- **2** che Bedeutung der Verfassungsgeber der Ehe und Familie beigemessen hat. Die Regelungen sind ausführlicher als die im GG. Umgekehrt hat das GG die entsprechenden Normen in den Grundrechtsabschnitt eingegliedert, während die BV die Regelungen außerhalb des Abschnitts über die Grundrechte und Grundpflichten aufgenommen hat. Mit der Einräumung eines selbständigen Teils will die BV auch der im Nationalsozialismus, wie in jedem totalitären Staat, zu verzeichnenden Schwächung der familiären Bindungen entgegenwirken.[1]

---

[1] *Nawiasky,* S. 204.

2. Entstehung

3   Abs. 1 war ursprünglich deutlich kürzer geplant. In seiner Ursprungsfassung enthielt er nur den Hinweis, Ehe und Familie stünden unter dem besonderen Schutz des Staates.[2] Ihre gegenwärtige Fassung erhielt die Norm durch den VA.[3]

4   Art. 124 Abs. 2 BV knüpft an Art. 119 Abs. 1 S. 2 WRV an, nach dem die Ehe auf der Gleichberechtigung beider Geschlechter beruht. Die ursprünglichen Fassungen übernahmen zunächst den Normtext aus der WRV.[4] Im VA wurde die Norm dann zunächst gestrichen, um anschließend in der gegenwärtigen Form wieder eingefügt zu werden.[5]

3. Stellung innerhalb der BV

5   Art. 124 Abs. 1 HS 1 BV enthält einen speziellen Gleichheitssatz, der Diskriminierung der Ehe und Familie untersagt. Insoweit ist die Norm spezieller zu Art. 118 BV.[6] Ansonsten bilden Ehe und Familie Lebensbereiche, auf die die BV immer wieder als achtenswerten Bereich verweist (Art. 169 Abs. 1 BV zur Familie und zur Ehe Art. 6 Abs. 1 BV; Art. 83 Abs. 1 BV). Sie enthält subjektive Rechte und ist strukturell eine Grundrechtsnorm.

4. Verhältnis zum Grundgesetz

6   Art. 124 Abs. 1 BV entspricht dem in Art. 6 Abs. 1 GG niedergelegten Rechtsgedanken[7] und ist daher durch das GG nicht aufgehoben oder suspendiert worden.

II. Einzelkommentierung

1. Die Institution Ehe – Art. 124 Abs. 1 BV

7   **a) Grundrechtsverpflichtete und -berechtigte.** Art. 124 BV gilt für den Freistaat Bayern. Bei der Anwendung von bundesrechtlichen Normen ist Art. 124 BV nur anzuwenden, wenn die Norm ausdrücklich dem Normanwender einen Gestaltungsspielraum, etwa in Form des Ermessens, gestattet.[8] Art. 124 Abs. 1 BV bindet den Gesetzgeber für das gesamte private und öffentliche Recht.[9]

8   Art. 124 Abs. 1 BV entfaltet darüber hinaus eine nicht näher ausgearbeitete Wirkung auf privatrechtliche Verhältnisse. So heißt es, Ehe und Familie müssten von dritten Personen respektiert werden.[10]

9   Die Berechtigung des subjektiven Rechts aus Art. 124 Abs. 1 BV ist nicht eingeschränkt. Demnach kann sich jeder innerhalb des Anwendungsbereichs der Bayerischen Verfassung auf Art. 124 Abs. 1 BV stützen, auch Ausländer. Das Gebot des Schutzes von Ehe und Familie ist nur auf natürliche Personen anwendbar.[11] Der Schutz des Ehegrundrechts erfasst auch die von einem Akt der öffentlichen Gewalt betroffenen Ehepartner und Familienangehörigen.[12]

10   **b) Begriffsbestimmungen.** Die Begriffe Ehe und Familie werden auch in der BV, wie beim GG, als jeweils der Verfassung vorausgelagert verstanden. Der Art. 124 BV knüpft insoweit – ebenso wie Art. 6 Abs. 1 GG – an ein von alters her überkommenes und in seinem Kern unverändert gebliebenes Begriffsverständnis an.

---

[2] Art. 84 Abs. 1 VE; Art. 91 Abs. 1 E; *Nawiasky*, S. 205.

[3] *Nawiasky*, S. 205; Prot. I, S. 236 ff.

[4] Art. 84 Abs. 2 VE; Art. 91 Abs. 2 E.

[5] *Nawiasky*, S. 205; Prot. II, S. 339 ff., 342.

[6] VerfGH 48, 109 (114).

[7] VerfGH, Ents. v. 9. 11. 1966, Az: Vf. 76–VI–66; s. a. VGH NVwZ 2004, Beilage Nr. I 2, 15 (konkludent); VGH NJW 1991, 1498; VGH NJW 1991, 1498; *Meder*, Art. 124, Rn. 1.

[8] Unklar insoweit VGH NVwZ 2004, Beilage Nr. I 2, 15.

[9] BVerfGE 88, 203 (258 f.).

[10] VerfGH, Ents. v. 15. 10. 1968, Az: Vf. 85–V1–68.

[11] BVerfGE 13, 290 (297 f. – zu Art. 6 GG).

[12] BVerfGE 76, 1 (44 – zu Art. 6 GG).

Ehe ist „die Vereinigung eines Mannes und einer Frau unter Mitwirkung des Staates **11** zur grundsätzlich unauflöslichen Lebensgemeinschaft".[13] Die Langformel des BVerfG zu Art. 6 Abs. 1 GG lautet: Ehe ist die aus freiem Entschluss unter Mitwirkung des Staates begründete Vereinigung eines Mannes mit einer Frau zu einer auf Dauer angelegten Lebensgemeinschaft, in der beide Partner gleichberechtigt sind und über die Gestaltung ihres Zusammenlebens frei entscheiden können.[14] Diese Formel ist auch auf Art. 124 BV übertragbar. Art. 124 BV schützt ebenso wie Art. 6 Abs. 1 GG unterschiedslos jede Ehe.[15] Art. 124 BV schützt keine eheähnlichen Lebensgemeinschaften, daher weder das Verlöbnis[16] noch eheähnliche Gemeinschaften.[17]

Familie ist die Gemeinschaft von Eltern und Kindern.[18] Geschützt ist jedes von der **12** staatlichen Rechtsordnung anerkannte Zusammenleben.[19] Familie ist die umfassende Gemeinschaft von Eltern und Kindern, in der den Eltern vor allem Rechte und Pflichten zur Pflege und Erziehung der Kinder erwachsen.[20] Großeltern sind nicht einbezogen.[21] Zu den Kindern gehören auch Stief-, Adoptiv- und auch Pflegekinder.[22] Unter dem Schutz des Art. 124 Abs. 1 BV stehen auch Kinder von nicht verheirateten Eltern.[23] Art. 124 Abs. 1 BV schützt zutreffender Ansicht nach, wie Art. 6 Abs. 1 GG, über die Familie auch das Zusammenleben eines nicht-ehelichen Kindes mit seiner Mutter oder seinem Vater.[24]

Die natürliche Grundlage ist eine Grundlage, die der Sachmaterie – hier menschliche **13** Gemeinschaft – von selbst zukommt, die demnach keiner rechtlichen Normierung bedarf. Die Anerkennung der Ehe und Familie als natürliche Grundlage der menschlichen Gemeinschaft durch Art. 124 BV will aber keine deklaratorische, sondern eine rechtliche Feststellung von verfassungsrechtlichem Rang darstellen.[25] Inhalt dieser Feststellung ist Folgendes: Die Ehe und Familie sind essentielle Voraussetzungen der menschlichen Gemeinschaft und als Voraussetzung der rechtlichen Normierung der menschlichen Gemeinschaft bindend vorgegeben. Der Staat hat diese Voraussetzung zu akzeptieren. Sie steht nicht zu seiner Disposition.

Der Passus über die sittliche Grundlage der menschlichen Gemeinschaft verweist dem- **14** gegenüber auf die moralische Basis, auf der die menschliche Gemeinschaft aufbaut. Sittlichkeit ist die Gesetzlichkeit unterhalb des Rechts, die von der Gemeinschaft als Voraussetzung eines Miteinanders anerkannt ist, auch wenn sie nicht vor Gerichten eingeklagt werden kann. Art. 124 Abs. 1 BV postuliert demnach wiederum rechtlich verbindlich die Feststellung, dass die moralischen Grundlagen für das Miteinander durch die Existenz der Familie und Ehe gelegt werden.

Die menschliche Gemeinschaft ist das verfasste Miteinander der Menschen, das noch **15** nicht den Zustand der staatlichen Gemeinschaft erreicht haben muss. Indem Art. 124 Abs. 1 BV von menschlicher Gemeinschaft und nicht von staatlicher Gemeinschaft spricht, verdeutlicht er die fundamentale Bedeutung der Ehe und Familie für den Staat. Der Staat baut auf der menschlichen Gemeinschaft auf und diese baut wiederum auf Ehe und Familie auf. So, wie die kommunale Selbstverwaltung dem organisatorischen Aufbau der Demokratie in Bayern von unten nach oben dient (Art. 11 Abs. 4 BV), dient die Ehe und Familie dem normativen Aufbau der Rechtsordnung von unten nach oben.

---

[13] *Meder*, Art. 124, Rn. 1.

[14] BVerfGE 105, 313 (345).

[15] BVerfGE 108, 351 (364).

[16] VerfGH, Ents. v. 25. 9. 1975, Az: Vf. 17-VI-74.

[17] VerfGH 29, 11 (13); VerfGH 50, 67 (75); *Meder*, Art. 124, Rn. 1.

[18] BVerfGE 80, 81 (90).

[19] BVerfGE 80, 81 (90).

[20] *Meder*, Art. 124, Rn. 1.

[21] BVerfGE 59, 52 (63).

[22] BVerfGE 79, 51 (59).

[23] BVerfGE 106, 166 (176 – zu Art. 6 GG).

[24] BVerfGE 79, 203 (211).

[25] Undeutlich insoweit *Nawiasky*, S. 205.

16   Der Schutz des Staates meint ein aktives Vorgehen des Staates um Beeinträchtigung von Ehe und Familie durch nicht staatliche Kräfte zu verhindern. Gleichzeitig ist im Schutz auch die Pflicht zu aktivem Tun enthalten, die das Ziel hat, nicht nur Beeinträchtigungen abzuwehren, sondern eine möglichst weitgehende Entfaltung von Ehe und Familie zu ermöglichen. Die Schutzpflicht des Art. 124 Abs. 1 HS 2 BV normiert daher Schutz- und Leistungspflichten. Die ausdrückliche Betonung des besonderen Schutzes will den besonderen Charakter dieser Schutzpflicht unterstreichen.

17   c) **Die Schutzwirkungen.** aa) *Die Grundlagen.* Art. 124 Abs. 1 HS 1 BV. Der erste Halbsatz enthält scheinbar nur eine Feststellung über die natürliche und moralische Grundlage der menschlichen Gemeinschaft. Dieser Feststellung kommen aber Rechtswirkungen zu. Art. 124 Abs. 1 HS 1 BV verlangt vom Freistaat Bayern, in seiner Rechtshandlung die Feststellung über die Bedeutung der Ehe und Familie für die menschliche Gemeinschaft zu achten. In der Feststellung ist die Pflicht, diese Grundlage nicht zu beeinträchtigen, implizit enthalten.

18   Die Wirkungen der Feststellung in Art. 124 Abs. 1 HS 1 BV sind vielfältig. Sie sind objektiv-rechtlicher und subjektiv-rechtlicher Natur. Zunächst garantiert Art. 124 Abs. 1 HS 1 BV eine Institutsgarantie für die Lebensordnungen der Ehe und der Familie.[26] Weiterhin ist sie darüber hinaus eine wertentscheidende Grundsatznorm für das die Ehe und Familie betreffende Recht.[27] Die Norm enthält eine verbindliche Wertentscheidung für den gesamten Bereich des Ehe und Familie betreffenden privaten und öffentlichen Rechts.[28] Art. 124 Abs. 1 HS 2 BV ergänzt dies, indem er den Gesetzgeber zum Schutz von Ehe und Familie verpflichtet. Ungeschrieben ist der rechtlichen Feststellung und der Schutzpflicht eine Förderpflicht des Staates mit enthalten.[29] Insofern greift die Parallele zu Art. 6 Abs. 1 GG. Dort heißt es: Die Wertentscheidung des Art. 6 Abs. 1 GG verpflichtet den Staat, Ehe und Familie zu schützen und zu fördern.[30]

19   Art. 124 Abs. 1 HS 1 BV vermittelt auch subjektive Rechte, und zwar Grundrechte, auch wenn die Norm nicht im Zweiten Hauptteil der BV steht.[31] Art. 124 Abs. 1 HS 1 BV vermittelt dem Einzelnen ein Grundrecht auf Schutz gegen störende Eingriffe der öffentlichen Gewalt.[32] Die Norm verbürgt weiter eine Sphäre privater Lebensgestaltung, die staatlicher Einwirkung entzogen ist.[33] Sie gewährt ein Grundrecht zum Schutz der spezifischen Privatsphäre von Ehe und Familie.[34] Insoweit garantiert sie auch ein Abwehrrecht.[35] Sie garantiert darüber hinaus auch den ungehinderten Zugang zur Ehe und das Recht, der Ehe fernzubleiben. Schließlich garantiert Art. 124 Abs. 1 HS 1 BV auch einen speziellen Gleichheitssatz. Anders als das BVerfG geht der VerfGH davon aus, das Recht auf Ehescheidung sei nicht von Art. 124 Abs. 1 BV erfasst.[36]

20   Wie bei Art. 6 Abs. 1 GG ist auch das in Art. 124 Abs. 1 BV an den Staat gerichtete umfassende Schutzgebot (alle Rechtswirkungen) weder durch einen Gesetzesvorbehalt noch auf andere Weise beschränkt.[37] Echte Eingriffe sind nur verfassungsimmanent zu begründen. Art. 98 S. 2 BV ist schon systematisch nicht anwendbar. Die Schutzwirkung des Art. 124

---

[26] *Meder,* Art. 124, Rn. 2.
[27] VerfGH 23, 126 (133); VerfGH 39, 56 (61); *Meder,* Art. 124, Rn. 2.
[28] VerfGH, Ents. v. 9. 11. 1966, Az: Vf. 76-VI-66.
[29] *Meder,* Art. 124, Rn. 2; VerfGH 23, 126 (133); s. a. VerfGH 25, 129 (140).
[30] BVerfGE 103, 242 (257 f.) m. w. N.; BVerfGE 105, 313 (346).
[31] VerfGH 25, 129 (140); VerfGH 39, 56 (61); VerfGH 48, 109 (114); *Meder,* Art. 124, Rn. 2.
[32] VerfGH 25, 129 (140); VerfGH 39, 56 (61).
[33] BVerfGE 21, 329 (353).
[34] VerfGH 6, 55 (Ls 5); VerfGH 14, 77 (85); VerfGH, Ents. v. 18. 10. 1965, Az: Vf. 61-VI-64; VerfGH, Ents. v. 9. 11. 1966, Az: Vf. 76-VI-66.
[35] VerfGH, Ents. v. 9. 11. 1966, Az: Vf. 76-VI-66.
[36] VerfGH, Ents. v. 9. 11. 1966, Az: Vf. 76-VI-66.
[37] Zu Art. 6 Abs. 1 GG – BVerfGE 24, 119 (135).

Abs. 1 HS 1 BV entspricht daher weitgehend dem Art. 6 Abs. 1 GG.[38] So heißt es zu Art. 6 Abs. 1 GG fast identisch in ständiger Rechtsprechung: „Art. 6 Abs.1 GG enthält eine Institutsgarantie, ein Grundrecht auf Abwehr störender Eingriffe des Staates und eine wertentscheidende Grundsatznorm für das gesamte Ehe und Familie betreffende private und öffentliche Recht".[39]

bb) Institutsgarantie und Grundsatznorm. Gesetzliche Regelungen über die Voraussetzungen **21** der Eheschließung müssen die wesentlichen, das Institut der Ehe bestimmenden Strukturprinzipien beachten.[40] Nicht jede ehe- und familienrechtliche Norm bedeutet einen Eingriff in Art. 124 Abs. 1 BV. Die Institution von Ehe und Familie ist auf eine rechtliche Ausgestaltung angelegt. Das Grundrecht auf Schutz der Ehe und Familie ist daher ein normgeprägtes Grundrecht. Der Gesetzgeber darf die betreffenden Normen ändern, solange er nur die Institutionsgarantie und die wertsetzende Grundsatznorm beachtet.[41]

Die Institutionsgarantie verlangt einen Regelungskomplex, der ein Gebilde gestaltet, das **22** den Namen der Ehe und Familie noch verdient. Die Institutsgarantie sichert den Kern der Normen des Ehe- und Familienrechts gegen eine Aufhebung und wesentliche Umgestaltung.[42] Die Kernelemente der Ehe dürften dabei auf folgenden Elementen beruhen: freiwilliger Zusammenschluss zweier Menschen verschiedenen Geschlechts, mit dem Inhalt eine Lebensgemeinschaft zu gründen, deren inhaltliche Ausgestaltung ihrem Willen obliegt.

Die Grundsatznorm verlangt zunächst, dass bei der Anwendung von Normen, die nicht **23** speziell ehe- oder familienrechtlichen Inhalts sind, die Bedeutung des Art. 124 Abs. 1 BV beachtet wird. So ist etwa bei ausländerrechtlichen Entscheidungen, bei beamtenrechtlichen Maßnahmen, bei sozialrechtlichen Verfügungen etc. eine evtl. bestehende eheliche oder familiäre Bindung zu beachten. Auch hier besteht eine Parallele zum GG. Auch die verbindliche Wertentscheidung des Art. 6 Abs. 1 GG ist bei der Auslegung und Anwendung des einfachen Rechts, insbesondere der Generalklauseln, zu beachten.[43]

Art. 124 Abs. 1 BV verlangt vom Gesetzgeber bei der Normierung des Ehe- und Fami- **24** lienrechts auch, selbst wenn die Institutsgarantie unangetastet bleibt, sich von der Ratio des Art. 124 Abs. 1 BV leiten zu lassen und sachgerechte Regelungen zu fassen. Ob man diese Wirkung nun als Fernwirkung der Institutionsgarantie oder als solche der objektiven Grundsatznorm begreift, ist soweit ersichtlich nicht abschließend geklärt. Da es sich der Sache nach nur um ein terminologisches Problem handelt, kann es hier offenbleiben.

cc) Förderpflicht. Der Staat ist auch verpflichtet, Ehe und Familie durch geeignete Maß- **25** nahmen zu fördern.[44] Diese Pflicht hat aber nicht zur Folge, dass der Staat gezwungen wäre, jegliche die Familie treffende Belastung auszugleichen.[45] Insbesondere hat der Gesetzgeber bei seiner Haushaltswirtschaft im Interesse des Gemeinwohls neben der Familienförderung andere Gemeinschaftsbelange zu berücksichtigen und dabei vor allem auf die Funktionsfähigkeit und das Gleichgewicht des Ganzen zu achten.[46] Weder aus Art. 124, 125 und 126 BV noch aus dem Sozialstaatsprinzip (Art. 3 Abs. 1 Satz 1 BV) lässt sich etwa herleiten, dass ein höherer Schulgeldersatz geboten wäre.[47] Aus Art. 124 BV lässt sich kein konkreter verfassungsrechtlicher Anspruch auf bestimmte staatliche Leistungen herleiten.[48]

---

[38] Ebenso VGH NVwZ 2004, Beilage Nr. I 2, 15 (konkludent); VGH NJW 1991, 1498; VGH NJW 1991, 1498; VerfGH, Ents. v. 9. 11. 1966, Az: Vf. 76-VI-66.
[39] BVerfGE 6, 55 (71 ff.); BVerfGE 76, 1 (49).
[40] BVerfGE 36, 146 (161 f.).
[41] *Nawiasky,* S. 205.
[42] BVerfGE 80, 81 (92).
[43] BVerfGE 22, 93 (98); BVerfGE 61, 18 (25); BVerfGE 89, 214 (229 f.).
[44] VerfGH 23, 126 (133); VerfGH 48, 109 (114 f.).
[45] VerfGH 25, 129 (140).
[46] VerfGH 57, 156 (160); VerfGH, Ents. v. 09. 10. 2007, Az: Vf. 14-VII-06.
[47] VerfGH, Ents. v. 9. 10. 2007, Az: Vf. 14-VII-06.
[48] VerfGH, Ents. v. 19. 7. 2007, Az: Vf. 6-V-06.

26   Der Gesetzgeber kann eine Förderung von Ehe und Familie auch durch die Gestaltung des Steuerrechts bewirken, muss es aber nicht.[49] Dem Landesgesetzgeber stehen hier aufgrund der weitgehenden Gesetzgebungsbefugnisse des Bundes nur geringe Spielräume zu. Der Gestaltungsspielraum bei der Förderpflicht ist sehr groß.

27   *dd) Schutzpflicht.* Der Gesetzgeber darf die Ehe und Familie nicht sozial oder materiell verelenden lassen.[50] Die Schutzpflicht darf nicht als Grundlage für Eingriffs- oder Überwachungsmaßnahmen des Staates dienen.[51] Auch bei der Schutzpflicht ist ein großer Gestaltungsfreiraum des Gesetzgebers zu achten.

28   *ee) Abwehrrecht.* Der Schutz des Art. 6 Abs. 1 GG umfasst die Freiheit der Eheschließung und Familiengründung sowie das Recht auf ein eheliches und familiäres Zusammenleben.[52] Der Gesetzgeber muss Regelungen vermeiden, die geeignet sind, in die freie Entscheidung der Ehegatten über ihre Aufgabenverteilung in der Ehe einzugreifen.[53]

29   *ff) Gleichheitssatz.* Die dem Gesetzgeber zustehende Gestaltungsfreiheit ist durch Art. 124 Abs. 1 BV in gewissen Grenzen eingeschränkt. Eheleute dürfen nicht allein deshalb, weil sie verheiratet sind, benachteiligt werden; vor allem dürfen sie nicht geringere staatliche Leistungen erhalten als Ledige. Das besagt nicht, dass sie – verglichen mit Ledigen – immer und in jedem Zusammenhang mehr oder mindestens gleich viel erhalten müssten. Es bedarf aber einleuchtender Sachgründe, die erkennen lassen, dass eine für Ehegatten verhältnismäßig ungünstige Regelung den Gerechtigkeitsvorstellungen der Gemeinschaft nicht widerstreitet und deshalb nicht als Diskriminierung der Ehe angesehen werden kann. So dürfen verheiratete Ehefrauen im Vergleich zu Ledigen nicht schlechter behandelt werden.[54] Bei Vorliegen einleuchtender sachlicher Gründe muss eine für Ehegatten möglicherweise ungünstigere Regelung hingenommen werden.[55] Vorschriften, die im Einzelfall unbeabsichtigte, die Ehe beschwerende Wirkung haben, sind deshalb in der Regel nicht verfassungswidrig.[56] Für einen Vergleich von Ehen, in denen die Frau berufstätig ist, mit Ehen ohne Berufstätigkeit der Frau, bietet Art. 124 Abs. 1 BV keinen Maßstab.[57]

30   Es ist unklar, ob hinsichtlich des Gleichheitsgebots der Art. 124 Abs. 1 BV nicht hinter den Wirkungen des Art. 6 Abs. 1 GG zurücksteht. So heißt es zu Art. 6 Abs. 1 GG: Das Benachteiligungsverbot des Art. 6 Abs. 1 GG stehe allerdings jeder belastenden Differenzierung entgegen, die an das Bestehen einer Ehe oder an die Wahrnehmung des Elternrechts in ehelicher Erziehungsgemeinschaft anknüpft.[58]

31   *gg) Einzelheiten.* Eine Norm, die zu einer Minderung des Landeserziehungsgeldes führt, wenn bestimmte jährliche Einkommensgrenzen überschritten werden, verstößt nicht gegen Art. 124 BV.[59] Im Rahmen der Passionsspiele 1990 in Oberammergau durfte verheirateten und vor dem 1. 5. 1955 geborenen Frauen das Wahlrecht zum Passionsspielkomitee und das Mitwirkungsrecht an den Spielen nicht wegen ihres Familienstandes oder ihres Alters vorenthalten werden.[60] Eine Regelung, die den Urlaub ohne Dienstbezüge aus familienbezogenen Gründen insgesamt auf einen Zeitraum von neun Jahren begrenzt, verstößt nicht gegen Art. 124 BV.[61] Unterschiedliche Beurlaubungsregelungen für Beamte, die zu Land-

---

[49] VerfGH 39, 56 (61 f.); *Meder*, Art. 124, Rn. 3.
[50] *Nawiasky*, S. 205.
[51] *Nawiasky*, S. 205.
[52] BVerfGE 76, 1 (42) – zu Art. 6 GG.
[53] VerfGH 48, 109 (114 f.).
[54] VGH NJW 1991, 1498 f.
[55] VerfGH 23, 126 (133); VerfGH 25, 129 (140); VerfGH 48, 109 (114); *Meder*, Art. 124, Rn. 2.
[56] VGH München, BayVBl 1981, 47.
[57] *Meder*, Art. 124, Rn. 2.
[58] BVerfGE 99, 216 (232 – zu Art. 6 GG).
[59] VerfGH 48, 109 (114 ff.).
[60] VGH NJW 1991, 1498 ff.
[61] VerfGH 39, 56 (61 ff.).

tagsabgeordneten gewählt werden und solche, die sich aus familienbezogenen Gründen beurlauben lassen, beruhen auf unterschiedlichen Sachverhalten, die nach ihrer Eigenart verschieden geregelt werden können und verletzen daher nicht Art. 124 Abs. 1 BV.[62] Der Schutz von Ehe und Familie kann durch die Ablehnung von Ansprüchen auf Rückgabe von Geschenken und auf Schadensersatz nach Verlöbnisbruch nicht beeinträchtigt sein.[63] Eine Kürzung des Verheiratetenzuschlags für Beamte oder bestimmte Beamtengruppen verstößt nicht notwendig gegen Art. 124 Abs. 1 BV.[64] Art. 124 Abs. 1 BV gibt kein subjektives Recht auf Auflösung seiner Ehe.[65] Unzulässig wäre die rechtliche Zulassung der Mehrehe oder der formlosen Eingehung oder Auflösung der Ehe.[66] Bei aufenthaltsbeendenden Maßnahmen ist Art 124 Abs. 1 HS 1 BV zu beachten, wenn dem Rechtsanwender durch die bundesrechtliche Norm ausdrücklich Gestaltungsfreiraum belassen wurde.[67]

Nach Auffassung des VerfGH wäre eine volle rechtliche Gleichstellung zwischen ehe-   **32** lichen und unehelichen Kindern nicht mit Art 124 Abs. 1 BV vereinbar.[68] Dies dürfte überholt sein und verstößt zudem gegen Art. 6 Abs. 5 GG.

2. Die Gleichberechtigung in der Ehe – Art. 124 Abs. 2 BV

a) Allgemein. Art. 124 Absatz 2 BV will die gleiche Pflichten und Rechte-Stellung der   **33** Ehegatten, unabhängig von ihrem Geschlecht, klarstellen. Zum Wesen der Ehe gehört die grundsätzliche Gleichberechtigung beider Partner. Ehegatten bestimmen gemeinsam ihre persönliche und wirtschaftliche Lebensführung, insbesondere die Aufteilung der Familien- und Erwerbsarbeit.[69]

Der VerfGH hat Art. 124 Abs. 2 BV von Anfang an restriktiv ausgelegt. Er wollte auf   **34** diese Weise das Problem umgehen, dass im einfachen Recht nach 1945 zahlreiche Vorschriften enthalten waren, die noch ein Vorrecht des Mannes in der Ehe vorsahen. Der dogmatische Trick, mit dem er diese Rechtsfolge begründete, lag in der Annahme, Art. 124 Abs. 2 BV solle nur eine *Richtlinie* für den Gesetzgeber bilden, insbesondere für sein künftiges Handeln.[70] Die Norm beanspruche nicht, unmittelbar anwendbar zu sein. Art 124 Abs. 2 BV habe nicht die Bedeutung, die bisherigen Vorschriften über die bürgerlichen Rechte und Pflichten in der Ehe, sofern sie Art. 124 Abs. 2 BV widersprächen, aufzuheben.[71] Aus diesem Grund sah der VerfGH etwa eine Vorschrift, nach der Ehemänner wegen eines Frostfrevels der Ehefrauen verantwortlich seien, nicht für verfassungswidrig an.[72] Diese Auslegung ist heute nicht mehr haltbar. Art. 124 Abs. 2 BV ist sowohl vom Normtext als auch von der Ratio her unmittelbar geltendes Verfassungsrecht.

Das Wort „grundsätzlich" begründet keinen allgemeinen Gesetzesvorbehalt. Der Be-   **35** griff besitzt vielmehr die gleiche systematische Bedeutung wie bei Art. 118 BV. Danach gestattet Art. 124 Abs. 2 BV Differenzierungen in geringem Ausmaß.

b) Normadressaten. Die Norm richtet sich zunächst an den Gesetzgeber. Fraglich ist,   **36** ob sie sich auch an die Ehegatten selbst richtet und etwa vertraglichen Vereinbarungen von innerehelicher Pflichtenverteilung entgegenstünde. Der Begriff der „bürgerliche(n) Rechte" deutet darauf hin, dass Art. 124 Abs. 2 BV keine unmittelbare Drittwirkung für sich in Anspruch nimmt. Andererseits stünde die Norm einer vertraglichen Ausgestaltung

---

[62] VerfGH, Ents. v. 10. 4. 1986, Az: Vf. 10-VII-85.
[63] VerfGH, Ents. v. 25. 9. 1975, Az: Vf. 17-VI-74.
[64] VerfGH 22, 107; VerfGH 23, 126 (132).
[65] VerfGH, Ents. v. 7. 5. 1962, Az: Vf. 100-VI-61; VerfGH, Ents. v. 9. 11. 1966, Az: Vf. 76-VI-66.
[66] *Nawiasky*, S. 205.
[67] VGH NVwZ 2004, Beilage Nr. I 2, 15 (konkludent).
[68] VerfGH 16, 10 ff.
[69] BVerfGE 68, 256 (268 – zu Art. 6 GG).
[70] VerfGH 6, 1 (4); *Meder*, Art. 124, Rn. 5; *Nawiasky*, S. 206.
[71] VerfGH 6, 1 (4).
[72] VerfGH 6, 1 (4) – heute überholt.

der ehelichen Lebensgemeinschaft in der Richtung, dass der eine Partner dem anderen untergeordnet sei, in seiner Funktion als objektive Grundsatznorm entgegen.

37   **c) Einzelheiten.** Gerichtliche Entscheidungen müssen nach Möglichkeit Regelungen vermeiden, die in die freie Entscheidung der Ehegatten über die Aufgabenverteilung eingreifen.[73] Eine Benachteiligung der Doppelverdienerehen gegenüber Alleinverdienerehen durch den Gesetzgeber kann die Hausfrauenehe begünstigen und dadurch möglicherweise auch gegen Art. 124 Abs. 2 BV verstoßen.[74]

Art. 125 [Kinder]

(1) ¹Kinder sind das köstlichste Gut eines Volkes. ²Sie haben Anspruch auf Entwicklung zu selbstbestimmungsfähigen und verantwortungsfähigen Persönlichkeiten. ³Jede Mutter hat Anspruch auf den Schutz und die Fürsorge des Staates.
(2) Die Reinhaltung, Gesundung und soziale Förderung der Familie ist gemeinsame Aufgabe des Staates und der Gemeinden.
(3) Kinderreiche Familien haben Anspruch auf angemessene Fürsorge, insbesondere auf gesunde Wohnungen.

Parallelvorschriften im GG und anderen Landesverfassungen: Art. 6 GG; Art. 12, 13, 15 III, 17 IV, 18 BaWüVerf; Art. 12 Abs. 5 BerlVerf; Art. 26 f. BbgVerf; Art. 25, 52, 54 BremVerf; Art. 4, HessVerf. Art. 14 M-VVerf; Art. 3 NdsVerf; Art. 6 NWVerf; Art. 23–27 RhPfVerf; Art. 23, 25 SaarlVerf; Art. 9, 22 SächsVerf; Art. 11, 24, SachsAnhVerf; Art. 19, 21 ThürVerf.

Rechtsprechung: VerfGH 23, 126; 39, 56; 50, 67; VerfGH, Ents. v. 10. 11. 1952, Az: Vf. 36–VII–51; VerfGH, Ents. v. 11. 12. 1968, Az: Vf. 40–VI–68; VerfGH, Ents. v. 28. 4. 1972, Az: Vf. 56–VI–71; VerfGH, Ents. v. 10. 4. 1986, Az: Vf. 10–VII–85, ZfSH/SGB 1986, 456 ff.; VerfGH, Ents. v. 28. 10. 2004, Az: Vf. 8–VII–03, BayVBl 2005, 140 f.; VerfGH, Ents. v. 17. 11. 2005, Az: Vf. 10–VII–03, Vf. 4–VII–05; VerfGH, Ents. v. 9. 10. 2007, Az: Vf. 14–VII–06.

Literatur: Aubel, Der verfassungsrechtliche Mutterschutz, 2003; *Erichsen,* Elternrecht – Kindeswohl – Staatsgewalt, 1985; *Hahnzog,* Lebendige Bayerische Verfassung – Weiterentwicklung und Revitalisierung, BayVBl 2007, 321; *Jeand'Heur,* Verfassungsrechtliche Schutzgebote zum Wohl des Kindes und staatliche Interventionspflichten aus der Garantienorm des Art. 6 Abs. 2 S. 2 GG, 1993; *Köpcke-Duttler,* „Gesunde Kinder sind das köstlichste Gut eines Volkes", ZfJ 1996, 224; *Köpcke-Duttler,* Gesunde Kinder sind das köstlichste Gut eines Volkes, BayVBl 1996, 455; *Schleicher,* Mutterschutz und GG, BB 1985, 340.

I. Allgemein

1. Bedeutung

1   Art. 125 BV ist der Sache nach eine familienfürsorgerechtliche Bestimmung, die den Freistaat von Verfassungs wegen auf die Förderung und den Schutz der Familie festlegen will. Vorbild waren Art. 119 Abs. 2 und Abs. 3 WRV. Primär stehen dabei der gesundheitliche Schutz und die Verhinderung von familienbedingter Armut im Vordergrund. Der VerfGH sieht in Art. 125 BV keinerlei subjektive Rechte verbürgt und hält daher eine Ver-

---

[73] BVerfG (Kammer), BVerfGK 2, 337 ff.
[74] VerfGH 48, 109 (114).

fassungsbeschwerde, die sich auf Art. 125 BV stützt, insoweit für unzulässig.[1] Gleiches gilt für eine Popularklage.[2]

2. Entstehung

Die ursprünglich vorgesehene Formulierung dieses Artikels war umfangreicher.[3] Die **2** dort vorgesehene Regelung zur Mutterschaftsversicherung wurde fallen gelassen und ein Teil der Regelung in den heutigen Art. 131 Abs. 4 BV verwiesen.[4] Art. 125 BV wurde bisher zweimal geändert. Art. 125 Abs. 1 S. 1 BV hieß zunächst: Gesunde Kinder sind das köstlichste Gut eines Volkes. Das Adjektive „Gesunde" wurde durch das Gesetz zur Änderung der Verfassung des Freistaats Bayern vom 20. 3. 1998[5] gestrichen, da man in dieser Formulierung zu Recht eine Diskriminierung der kranken Kinder sehen konnte.[6] Durch Gesetz vom 10. 11. 2003 (GVBl S. 817) wurde der heutige S. 2 mit Wirkung zum 1. 1. 2004 eingefügt. Der alte Satz 2 wurde zu Satz 3.[7] Die Verfassungsänderung ist verfassungsgemäß.[8]

3. Stellung innerhalb der BV

Art. 125 BV steht in unmittelbarem Zusammenhang mit dem Sozialstaatsprinzip aus **3** Art. 3 Abs. 1 S. 1 BV. Er steht gleichauf mit einer ganzen Reihe von sozialrechtlichen Bestimmungen. Er verdeutlicht, dass dem Freistaat die Entwicklung der Kinder besonders am Herzen liegt. Er füllt weiter den Schutz der Ehe und Familie, den Art. 124 Abs. 1 BV begründet, näher aus.[9]

4. Verhältnis zum Grundgesetz

Art. 125 BV ist deutlich detaillierter als die entsprechenden Bestimmungen des GG. **4** Das GG ist bekanntlich deutlich zurückhaltender mit der Gewähr von Fürsorge- und Schutzansprüchen. Art. 125 Abs. 1 S. 3 BV wurde dennoch wörtlich als Art. 6 Abs. 4 GG in das Grundgesetz aufgenommen. Der Art. 125 BV kollidiert mit keiner Bestimmung des GG und gilt daher weiter, das gilt auch für Art. 125 Abs. 1 S. 3 GG.[10]

II. Einzelkommentierung

1. Schutzpflichten – Art. 125 Abs. 1 BV

a) Objektiv-rechtlicher Charakter. Die überwiegende Ansicht misst dem Satz 1 we- **5** gen seiner unbestimmten Fassung keinen unmittelbaren rechtlichen Gehalt zu.[11] Satz 2 wird von der Rechtsprechung als eine programmatische Anweisung an den Gesetzgeber verstanden.[12] Die Äußerung, Kinder seien das köstlichste Gut eines Volkes, ist eine bewusst pathetische Formulierung. Dieser Wortwahl wird es kaum gerecht, wenn man die Vorschrift als reine Verfassungslyrik ohne rechtliche Bedeutung verstehen würde. Art. 125 Abs. 1 BV will die Bedeutung der Kinder für ein Volk festschreiben und konkludent alle staatlichen Organe zum Schutz der Kinder verpflichten. Einklagbar ist diese Pflicht allerdings nicht.

---

[1] VerfGH, Ents. v. 11. 12. 1968, Az: Vf. 40-VI-68; VerfGH, Ents. v. 18. 10. 1965, Az: Vf. 61-VI-64; VerfGH 54, 104 (106); VerfGH, Ents. v. 28. 4. 1972, Az: Vf. 56-VI-71.

[2] VerfGH 32, 156 (159).

[3] Art. 85 VE und Art. 92 E.

[4] *Nawiasky*, S. 206.

[5] GVBl 1998, 38.

[6] Ausführlich *Köpcke-Duttler*, BayVBl 1996, 455 ff.

[7] S. dazu *Hahnzog*, BayVBl 2007, 321 ff.

[8] VerfGH, Ents. v. 17. 11. 2005, Az: Vf. 10-VII-03, Vf. 4-VII-05.

[9] *Nawiasky*, S. 206.

[10] *Meder*, Art. 125, Rn. 1.

[11] VerfGH, Ents. v. 28. 10. 2004, Az: Vf. 8-VII-03, BayVBl 2005, 140 f.; *Meder*, Art. 125, Rn. 1; *Hoegner*, 1949, S. 158.

[12] VerfGH 9, 27 (39); VerfGH 23, 23 (30); VerfGH 32, 156 (159); VerfGH 36, 1 (6); VerfGH 39, 56 (61); VerfGH 50, 67 ff.; *Nawiasky*, S. 206; anders zu Art. 6 Abs. 4 GG: BVerfGE 32, 273 (277); BVerfGE 60, 68 (74).

6   Die Streichung des Adjektivs „gesund" im Jahr 1998 verdeutlicht, dass der Wert der Kinder für das Volk nicht von deren Gesundheit abhängt. Man kann sich darüber streiten, ob durch das Adjektiv „gesund" nicht ein Verfassungsauftrag begründet war, der auch kranken Kindern zu Gute kam; durch die Verfassungsänderung ist diese Frage allerdings hinfällig geworden.

7   **b) Schutzziel – Art. 125 Abs. 1 S. 2 BV.** Deutlich wird der rechtliche Charakter des Schutzauftrages seit 2004 durch den neu eingefügten S. 2. Die Neuregelung bestätigt nicht nur die objektive Schutzpflicht als solche, sondern gibt ihr auch eine Richtung. Der Staat hat den Kindern die Entwicklungsmöglichkeit hin zu selbstbestimmungsfähigen und verantwortungsfähigen Persönlichkeiten zu bieten. Die Norm wirkt zunächst nur objektiv-rechtlich. Staatliches Verhalten, das eindeutig dem Art. 125 Abs. 1 S. 2 BV widerspricht, etwa weil es darauf ausgerichtet ist, Kinder zu willfährigen Untertanen zu erziehen, wäre allerdings wegen Verstoßes gegen Art. 125 Abs. 1 S. 2 BV verfassungswidrig, es sei denn, es könnte sich auf eine verfassungsrechtliche Rechtfertigung stützen. Angesichts der gegenwärtigen Sachlage dürfte die Möglichkeit einer Verfassungsverletzung allerdings in denkbar weiter Ferne liegen.

8   **c) Schutzanspruch der Mutter – Art. 125 Abs. 1 S. 3 BV.** Der Anspruch der Mutter auf Schutz und Fürsorge ist vom Normtext her eindeutig als ein objektiv-rechtlicher Anspruch formuliert und daher entgegen der überwiegenden Ansicht auch als Anspruch zu begreifen. Die Norm verliert ihren rein objektiv-rechtlichen Charakter und wird zu einer subjektiv-rechtlichen Vorschrift, wenn die staatlichen Schutz- und Fürsorgeleistungen offenbar ungeeignet oder ungenügend sind. Bis zu dieser Grenze steht es im Gestaltungsspielraum des Gesetzgebers, welche Priorität er diesem Anspruch beimisst und wie er ihn erfüllen möchte. Art. 125 Abs. 2 BV regelt weder, in welchem Ausmaß Förderungsmaßnahmen erbracht werden sollen, noch untersagt er Differenzierungen, die aus sachlichen Gründen gerechtfertigt sind.[13] Einen Schutz vor Kürzung des Verheiratetenzuschlags gibt die Norm nicht.[14]

2. Förderung der Familie – Art. 125 Abs. 2 BV

9   Art. 125 Abs. 2 BV wird von der Rechtsprechung als ein Programmsatz verstanden, aus dem keine unmittelbaren subjektiven Rechte folgen.[15] Diese Qualifizierung erscheint ein wenig zu vereinfachend. Art. 125 Abs. 2 BV schreibt klar eine staatliche Aufgabe vor. Aus der Aufgabenbeschreibung folgt schon nach allgemeiner Dogmatik weder ein subjektiver Anspruch des Einzelnen auf Erfüllung, noch enthält sie die relevanten Befugnisse zur Erfüllung der Aufgaben.

10   Reinhaltung meint die Abwesenheit von Schmutz, Gesundung meint den Schutz und die Bekämpfung bzw. Linderung von Krankheiten, die soziale Förderung meint den Ausgleich sozialer Nachteile.

11   Art. 125 Abs. 2 BV normiert die Familienfürsorge i. w. S. als eine kommunale und eine staatliche Aufgabe. Insoweit ergänzt und modifiziert die Norm Art. 83 Abs. 1 BV (insbesondere örtliches Gesundheitswesen / Mütterberatung sowie Säuglingspflege).

3. Fürsorgeanspruch kinderreicher Familien – Art. 125 Abs. 3 BV

12   **a) Anspruchsnorm.** Nach überwiegender Ansicht vermittelt auch Absatz 3 keine subjektiven Rechte.[16] Missverständlich ist es allerdings, wenn davon gesprochen wird, er bilde nur eine Richtlinie für den Gesetzgeber.[17] Auch die Formulierung, die Vorschrift bilde nur einen Programmsatz, der dem Staat und den Gemeinden den Auftrag erteile, bei ihren

---

[13] VerfGH 23, 126 (133); VerfGH 50, 67.

[14] VerfGH 23, 126 (133).

[15] VerfGH 23, 126 (133); VerfGH 32, 156 (159); VerfGH 50, 67; *Meder*, Art. 125, Rn. 3.

[16] VerfGH 15, 49 (58); VerfGH, Ents. v. 28. 10. 2004, Az: Vf. 8-VII-03, BayVBl 2005, 140 f.; VG Augsburg, Urt. v. 31. 5. 2005, Az: Au 3 K 05.94; *Meder*, Art. 125, Rn. 3.

[17] *Meder*, Art. 125, Rn. 3.

Maßnahmen auf dem Gebiet des Wohnungswesens vor allem auch den Bedarf kinderreicher Familien zu decken,[18] ist zu schwach. Auch dem Hinweis, die Norm habe keinerlei rechtliche Wirkung,[19] kann man nicht zustimmen.

Der Normtext ist eindeutig und klar. Wenn eine Verfassungsnorm von „Anspruch" **13** spricht, kann man diesen Begriff nicht nivellieren, indem man ihn als Richtlinie versteht. Die Norm begründet daher einen Fürsorgeanspruch kinderreicher Familien gegen den Freistaat Bayern. Dieser Anspruch kann sich unter engen Voraussetzungen auch zu einem subjektiven Anspruch verdichten. Im Ergebnis stimmt dem auch der VerfGH zu. Nach seiner Ansicht kann im Rahmen der Prüfung einer zulässig erhobenen Popularklage mit geprüft werden, ob die angegriffene Rechtsvorschrift einem Programmsatz der Bayerischen Verfassung unmittelbar widerspricht. Ist dies der Fall, so kann der Verfassungsgerichtshof diesen Widerspruch feststellen und aus diesem Grund die Rechtsvorschrift für nichtig erklären.[20]

b) Begrifflichkeiten. Fürsorge meint staatliche Unterstützung ohne unmittelbar adä- **14** quate Gegenleistung. Der Begriff der Familie ist mit dem in Art. 124 BV identisch. Der Begriff „kinderreich" wird, soweit ersichtlich, weder in Literatur noch Rechtsprechung abschließend definiert. Von „reich" kann man nur sprechen, wenn die Anzahl erwähnenswert ist. Weiter hilft die Ratio dieser Norm. Die BV will den Familien, die wegen der Anzahl ihrer Kinder beengt leben müssen, insbesondere räumlich gesehen, staatliche Unterstützung zukommen lassen. Wenn man die Situation bei Entstehung der BV berücksichtigt, bei der die Wohnverhältnisse sowieso schon beengt waren, muss es sich demnach um besonders bemerkenswerte Enge handeln, die ungefähr bei fünf bis sechs Kindern vorliegen dürfte. Setzt man die Anzahl der Kinder für den Begriff „kinderreich" herunter, nivelliert man den Geltungsanspruch des Art. 125 Abs. 3 BV und wird so der Normintention nicht gerecht.

Angemessen ist die Fürsorge dann, wenn sie gemessen an der Leistungsfähigkeit des **15** Staates, dessen eigener Zielsetzung und der allgemeinen Lebensverhältnisse der Bedeutung der Kinder, die Art. 125 Abs. 1 S. 1 BV festschreibt, gerecht wird. Hier besteht ein erheblicher Einschätzungsspielraum des Gesetzgebers. Kinderreiche Familien müssen nicht mit „kinderarmen" Familien gleichgestellt werden, es muss nur der Abstand reduziert werden. Der Staat ist nicht von Verfassungs wegen gehalten, jegliche die Familie treffende Belastung auszugleichen.[21] Er darf bei seiner Haushaltswirtschaft im Interesse des Gemeinwohls neben der Familienförderung auch andere Gemeinschaftsbelange berücksichtigen und dabei vor allem auf die Funktionsfähigkeit und das Gleichgewicht des Ganzen achten.[22]

c) Gestaltungsspielraum des Gesetzgebers. Dieser enorme Gestaltungsspielraum **16** des Gesetzgebers führt dazu, dass sich in der Praxis der Anspruch in der Regel nicht zu einem subjektiven Recht verdichtet.[23] Insofern ist die Situation ähnlich, wenn auch nicht völlig vergleichbar, mit dem Schutzanspruch, den die Abwehrgrundrechte des GG vermitteln. Wenn der Staat allerdings überhaupt keine Form von Fürsorge für kinderreiche Familie vorsehen würde, würde sich der objektiv-rechtliche Anspruch des Art. 125 Abs. 3 BV doch zu einem subjektiven Anspruch verdichten.

Die Fürsorge soll sich nach Absatz 3 vor allem auf die Wohnung beziehen. Die Norm **17** steht insofern in Beziehung zu Art. 106 BV.[24] An diesem Beispiel sieht man, um welche

---

[18] So VG Augsburg, Urt. v. 31. 5. 2005, Az: Au 3 K 05.94; VerfGH, Ents. v. 28. 10. 2004, Az: Vf. 8-VII-03; BayVBl 2005, 140 f.

[19] *Nawiasky,* S. 206.

[20] VerfGH 17, 30 (38 ff.); VerfGH 20, 36 (45 f.); *Knöpfle,* in Nawiasky/Schweiger/Knöpfle, Art. 98, Rn. 66.

[21] VerfGH 55, 57 (65); VerfGH, Ents. v. 28. 10. 2004, Az: Vf. 8-VII-03, BayVBl 2005, 140 f.; vgl. zu Art. 6 GG BVerfGE 82, 60 (81); BVerfGE 43, 108 (121); BVerfGE 75, 348 (360).

[22] VerfGH 47, 276 (304 f.); VerfGH, Ents. v. 28. 10. 2004, Az: Vf. 8-VII-03, BayVBl 2005, 140 f.

[23] Noch strenger VerfGH 15, 49 (53).

[24] *Nawiasky,* S. 206.

Benachteiligung kinderreicher Familien es dem Verfassungsgeber ging. Er hatte die materiellen, unmittelbar das Lebensbedürfnis befriedigenden Umstände im Blick. Nicht ging es ihm etwa um die Herstellung gleicher Bildungschancen oder vergleichbarer musischer oder kultureller Freuden.

18 **d) Anrechenbarkeit bundesrechtlicher Fürsorgeleistungen.** Wie die angemessene Fürsorge, insbesondere im Wohnungsbereich, gewährleistet ist, überlässt die Bayerische Verfassung bewusst dem staatlichen Ermessen. Es stehen ihm dazu alle denkbaren Aufgabenerfüllungen zur Seite, etwa durch die Bereitstellung eigenen Wohnraums, durch die Gewährung von Mietbeihilfen oder über den sozialen Wohnungsbau.

19 Für die Frage, was eine angemessene Fürsorge i. S. d. Art. 125 Abs. 3 BV darstellt, sind Leistungen, die die kinderreichen Familien aufgrund bundesrechtlicher Normen erhalten, mit zu berücksichtigen. Art. 125 Abs. 3 BV will nur den kinderreichen Familien eine Hilfe zu Gute kommen lassen, ob diese nun vom Freistaat oder vom Bund initiiert und festgeschrieben bzw. geleistet wird, ist demgegenüber zweitrangig.

Art. 126 [Erziehungsrecht der Eltern; nichteheliche Kinder; Jugendschutz]

(1) [1]**Die Eltern haben das natürliche Recht und die oberste Pflicht, ihre Kinder zur leiblichen, geistigen und seelischen Tüchtigkeit zu erziehen.** [2]**Sie sind darin durch Staat und Gemeinden zu unterstützen.** [3]**In persönlichen Erziehungsfragen gibt der Wille der Eltern den Ausschlag.**

(2) Uneheliche Kinder haben den gleichen Anspruch auf Förderung wie eheliche Kinder.

(3) [1]**Kinder und Jugendliche sind durch staatliche und gemeindliche Maßnahmen und Einrichtungen gegen Ausbeutung sowie gegen sittliche, geistige und körperliche Verwahrlosung und gegen Misshandlung zu schützen.** [2]**Fürsorgeerziehung ist nur auf gesetzlicher Grundlage zulässig.**

Parallelvorschriften im GG und anderen Landesverfassungen: Art. 6 GG; Art. 12 BaWüVerf; Art. 12 Abs. 3 BerlVerf; Art. 26 f. BbgVerf; Art. 23 BremVerf; Art. 4, 55, 56 HessVerf. Art. 14 f. M-VVerf; Art. 3, 4 NdsVerf; Art. 6, 10 Abs. 2 NWVerf; Art. 23-27 RhPfVerf; Art. 24, 25 SaarlVerf; Art. 22 SächsVerf; Art. 24, 26 III SachsAnhVerf; Art. 18, 21, 22 ThürVerf.

Rechtsprechung: VerfGH 28, 99; 33, 33; 34, 37; 35, 126; 35, 90; 36, 25; 37, 126; 39, 56; 39, 87; 47, 276; 50, 67; 51, 109; 52, 91; 55, 189; VerfGH, Ents. v. 9. 9. 1985, Az: 3 CS 85 A.1338 = ZBR 1986, 82 = NVwZ 1986, 405; VerfGH, Ents. v. 10. 4. 1986, Az: Vf. 10-VII-85, ZfSH/SGB 1986, 456; VerfGH, Ents. v. 11. 8. 2000, Az: Vf. 68-VI-99, FamRZ 2001, 425 VerfGH, Ents. v. 30. 9. 2004, Az: Vf. 13-VII-02, Vf. 11-VII-03, BayVBl 2005, 16; VerfGH, Ents. v. 17. 5. 2006, Az: Vf. 2-VII-05, BayVBl 2006, 530.

Literatur: Badura, Verfassungsfragen des Erziehungsrechts der Eltern, FS Lorenz, 2001, S. 101; *Böckenförde,* Elternrecht − Recht des Kindes − Recht des Staates, Essener Gespräche zum Thema Staat und Kirche 14 (1980), 54; *Hahnzog,* Lebendige Bayerische Verfassung − Weiterentwicklung und Revitalisierung, BayVBl 2007, 321; *Krüger,* Zur Rechtsstellung des unehelichen Kindes, Urteilsanmerkung, FamRZ 1960, 449; *Ossenbühl,* Das elterliche Erziehungsrecht im Sinne des GG, 1981; *Schmitt Glaeser,* Das Elternrecht in staatlicher Reglementierung, 1980; *Zacher,* Elternrecht, HStR VI, § 134.

Übersicht

I. Allgemein

1. Bedeutung

Art. 126 BV beschäftigt sich mit dem Erziehungsrecht der Eltern. Die Norm versucht **1** einen angemessenen Ausgleich zwischen dem Recht der Eltern, dem Kindeswohl und dem staatlichen Wächteramt zu finden. Sie ist systematisch richtig verortet. In der Betonung der Eigenständigkeit des elterlichen Erziehungsrechts ist eine Abkehr vom totalitären Erziehungsverständnis zu sehen.[1] Vorbildfunktion hatten die Art. 120–122 WRV. Trotz ihrer systematischen Stellung gewährt die Norm Grundrechte. Dies folgt notwendig aus der Wesensstruktur der Familie. Das Erziehungsrecht besitzt vorstaatlichen Charakter. Die Vorschrift gehört daher zu den „elementaren" Grundrechten der Verfassung.[2]

2. Entstehung

Art. 126 BV in seiner ursprünglichen Fassung ist im Wege der Verfassungsgebung weit-**2** gehend unverändert geblieben.[3]

Art. 126 Abs. 3 S. 1 BV wurde durch Gesetz vom 10. 11. 2003[4] mit Wirkung zum 1. 1. **3** 2004 neu gefasst.[5] Die Verfassungsänderung ist verfassungsgemäß.[6] Die ursprüngliche Fassung von S. 1 lautete: „Die Jugend ist gegen Ausbeutung sowie gegen sittliche, geistige und körperliche Verwahrlosung durch staatliche und gemeindliche Maßnahmen zu schützen." Sie wich daher durch das Fehlen der Begriffe „Kinder", „Misshandlung", und durch die Umstellung der beiden Halbsätze von der gegenwärtigen Fassung ab. Die Änderung erweitert den Anwendungsbereich in personeller und gegenständlicher Hinsicht.

3. Verhältnis zum Grundgesetz

Das GG hat Teile der Norm übernommen, insgesamt aber eine selbständige Normie-**4** rung des Elternrechts vorgenommen. Art. 6 Abs. 2 S. 1 GG übernimmt der Sache nach Art. 126 Abs. 1 S. 2 BV. Art. 6 Abs. 2 S. 2 GG formuliert mit dem Begriff „wachen" die Rolle des Staates treffender als Art. 126 Abs. 1 S. 3 BV. Die inhaltlich überflüssige Regelung des Art. 126 Abs. 1 S. 3 BV hat das GG nicht übernommen. Der Situation der nichtehelichen Kinder nimmt sich das GG mit dem Auftrag, gleiche Bedingungen in der Wirklichkeit zu schaffen, deutlich besser an, als Art. 126 Abs. 2 BV. Die Jugendfürsorge i. S. v. Art. 126 Abs. 3 BV nennt das GG nicht als eigenständige Aufgabe, sondern erwähnt sie nur als potentielle Grundrechtsschranke (Art. 11 GG). Trotz des unterschiedlichen Zuschnitts bestehen zwischen beiden Normkomplexen nicht solche Widersprüche, dass Art. 126 BV inhaltlich verdrängt würde. Art. 126 BV erhebt nicht den Anspruch, die Regelung, die Art. 6 GG vorsieht, zu verhindern oder zu relativieren. Art. 126 BV gilt daher neben Art. 6 Abs. 2 GG weiter.[7]

II. Einzelkommentierung

1. Erziehungsrecht der Eltern – Art. 126 Abs. 1 BV

a) Allgemein. Art. 126 Abs. 1 verbürgt ein elementares vorstaatliches Grundrecht für **5** die Eltern[8], nicht aber für die Kinder.[9] Das Erziehungsrecht der Eltern gehört zu den ele-

---

[1] *Nawiasky*, S. 207.
[2] VerfGH, Ents. v. 12. 2. 1954, Az: Vf. 175-VII-52.
[3] S. Art. 86 VE und Art. 93 E. Der VA hat den Ausdruck Zwangsfürsorge durch Fürsorgeerziehung ersetzt – Prot. I S. 242 ff. – vgl. *Nawiasky*, S. 207.
[4] GVBl S. 817.
[5] S. dazu *Hahnzog*, BayVBl 2007, 321 ff.
[6] VerfGH, Ents. v. 17. 11. 2005, Az: Vf. 10-VII-03, Vf. 4-VII-05.
[7] Zu Art. 126 Abs. 1 – vgl. VerfGH 7, 9 (13); VerfGH 55, 189 (194); *Meder*, Art. 126, Rn. 1.
[8] VerfGH 7, 9 (13); VerfGH 23, 181 (186).
[9] VerfGH, Ents. v. 20. 4. 1990, Az: Vf. 28-VI-89; *Meder*, Art. 126, Rn. 1.

mentaren Grundrechten der Verfassung.[10] Auch wenn die Norm positiv formuliert ist, gewährt sie in erster Linie ein Abwehrrecht.[11] Sie bietet Schutz gegen unzulässige hoheitliche Eingriffe in das elterliche Erziehungsrecht.

6   Art. 126 Abs. 1 BV spricht nur von Eltern und Kindern. Eine Differenzierung zwischen ehelichen und nicht-ehelichen Kindern ist weder der Norm vorausgelagert noch konkludent in ihr aufgenommen.[12] Schließt das Familienrecht den leiblichen Vater vom Erziehungsrecht aus, ist das ein Eingriff in Art. 126 Abs. 1 S. 1 BV, den es zu rechtfertigen gilt.[13]

7   **b) Das Erziehungsrecht.** Art. 126 Abs. 1 S. 1 BV erkennt zunächst das Erziehungsrecht der Eltern an. Die BV räumt den Eltern deshalb die vorrangige Entscheidungsverantwortlichkeit ein, weil sie i.d.R. die Interessen ihres Kindes am besten wahrnehmen.[14]

8   Eltern sind die Personen, von denen die Kinder natürlich abstammen oder denen die Kinder rechtlich so zugeordnet werden, als wenn sie von ihnen abstammen würden (Adoption). Von Rechts wegen kann das Erziehungsrecht i. S. v. Art. 126 Abs. 1 S. 1 BV auch anderen Personen als den tatsächlichen oder nur-rechtlichen Eltern zugeordnet werden. Diese Zuordnung selbst ist aber nicht von Art. 126 Abs. 1 S. 1 BV geschützt. Wurde anderen Personen als den Eltern i. S. v. Art. 126 Abs. 1 S. 1 BV das Erziehungsrecht zugeordnet, ist deren Erziehungsrecht dem Staat gegenüber dann aber wieder im Sinne von Art. 126 Abs. 1 BV geschützt.

9   Der Begriff „natürlich" meint von Natur aus und soll einen Gegensatz zu „rechtlich verliehen" bilden. Das Erziehungsrecht ist so ursprünglich mit dem Dasein des Eltern-Seins verbunden, dass es nicht vom Staat verliehen werden kann, sondern der Staat dasselbe nur anerkennt. Dennoch ist die Anerkennung rechtlich gesehen konstitutiv.

10   Das Erziehungsrecht bezieht sich auf die Kinder der Eltern. Fremden Kindern gegenüber greift es nicht. Die eigenen Kinder sind die, die von einem abstammen oder die man adoptiert hat. Art. 126 Abs. 1 BV formuliert das Erziehungsrecht als gemeinsames Recht der Eltern. Aus der Pluralformulierung des Personalpronomens wird aber deutlich, dass Träger des Erziehungsrechts mehrere Personen sind. Daher kann es zu Widerstreit zwischen den Grundrechtsträgern kommen. Wie dieser aufzulösen ist, sagt Art. 126 Abs. 1 S. 1 BV nicht. Der Singularform von „Recht und Pflicht" deutet aber die Vorstellung der Verfassung an, es handle sich um eine Verantwortung, die nicht jedem Elternteil für sich zukommt. Es gibt nur ein Recht, das von beiden gemeinsam ausgeübt werden kann und muss. Die Betonung der Einheitlichkeit des Rechts ist auch im Interesse der Kinder geboten. Diese dürfen nicht zwischen die Fronten von zwei Elternteilen geraten, die jeder für sich das Erziehungsrecht in Anspruch nehmen. Sofern die Elternteile sich in der Erziehung widersprechen, ist das Recht insgesamt suspendiert und der Staat in seiner Unterstützungsfunktion nach Art. 126 Abs. 1 S. 2 BV gefordert.

11   Das Recht bezieht sich auf die Erziehung. Den Begriff der Erziehung definiert die BV nicht. Außer in Art. 126 BV kommt er noch in Art. 127 und Art. 131 Abs. 4 BV vor, den Erziehungsberechtigten kennt die Verfassung zusätzlich noch in Art. 134 Abs. 3 BV und Art. 137 Abs. 1 BV. Erziehung meint nach allgemeinem Sprachgebrauch, auf den Art. 126 Abs. 1 BV erkennbar zurückgreift, die fördernde Einflussnahme auf einen Menschen, hin zur Ausbildung des Geistes und Charakters. Erziehung meint ein soziales Handeln, das einen bestimmten Lernprozess bewusst herbeiführen soll um eine möglichst dauernde Veränderung des Verhaltens zu erreichen.

12   Das Erziehungsziel ist in Art. 126 Abs. 3 BV ebenfalls angegeben. Es geht um die Tüchtigkeit. Mit Tüchtigkeit ist die Nachhaltigkeit, die Stabilität und Leistungsfähigkeit in den

---

[10] VerfGH 7, 9 (13); VerfGH 29, 191 (208); VerfGH 55, 189 (194).
[11] VerfGH 15, 49 (58); VerfGH 29, 191 (208); VerfGH 34, 14 (24); VerfGH 39, 56 (61); *Meder*, Art. 126, Rn. 1a.
[12] A. A. *Meder*, Art. 126, Rn. 2.
[13] Überholt VerfGH 16, 10 (14).
[14] BVerfGE 99, 216 (232); BVerfGE 72, 122 (139 f.).

Bereichen gemeint, die die Adjektive leiblich (körperlich), geistig (Verstand und Vernunft) und seelisch (Gemütszustand) umschreiben.

Das Erziehungsrecht der Eltern ist nur so lange geschützt, wie es auf diese Ziele aus- 13 gerichtet ist. Eine Erziehung hin zur Unterwürfigkeit, zur Schwermut, zur Aggressivität etc. ist von diesem Elternrecht nicht umfasst. Erziehungsmaßnahmen der Eltern, die in diese Richtung gehen, muss der Staat nicht respektieren.

c) Die Schutzwirkung. Das Erziehungsrecht der Eltern ist als Recht geschützt. Der 14 Staat muss die Entscheidungen der Eltern, die innerhalb dieser Spannbreite liegen, respek- tieren. Fernwirkungen dieser Entscheidungen, die Auswirkungen auf das Gemeinschafts- leben oder auf andere Bereiche, insbesondere den Schulbereich, haben, müssen möglichst schonend behandelt werden.

Das Erziehungsrecht der Eltern genießt Vorrang vor anderen Trägern der Erziehung, 15 vor Staat und Gemeinden (Art. 126 Abs. 1 Satz 2 BV) sowie vor Religionsgemeinschaften und weltanschaulichen Gemeinschaften (Art. 127 BV).[15] In der Gesamterziehung kommt dem Erziehungsrecht der Eltern der Primat zu.[16]

Die Eltern dürfen die Erziehung grundsätzlich nach ihren Vorstellungen gestalten.[17] 16

Die Eltern entscheiden über das Leitbild der Erziehung, die Art und Weise der Betreu- 17 ung ihres Kindes, seine Begegnungs- und Erlebensmöglichkeiten sowie seine Bildung und Ausbildung.[18] Die Verfassung beschränkt das Recht nur durch Vorgabe eines Ziels. Die Eltern müssen beabsichtigen, durch ihr förderndes Einwirken eine „Tüchtigkeit" ihrer Kinder zu erreichen. Ob sie dies im Wege einer möglichst frühzeitigen Zuweisung von Eigenverantwortung, durch ein lang andauerndes Behüten, durch ganzheitliche Erzie- hungsmethoden, durch Betonung der Rationalität, durch Hervorhebung der Familien- bindung oder durch kommunengeprägtes Leben erreichen wollen, liegt in ihrer Entschei- dung. Insofern sind die Kinder dem Zufall ihrer Geburt ausgeliefert. Das Recht der Eltern, den Bildungsweg ihres Kindes zu bestimmen, räumt ihnen ein Wahlrecht zwischen den vom Staat zur Verfügung gestellten oder zugelassenen Schulformen ein, das nicht mehr als notwendig begrenzt werden darf.[19]

Die Namensgebung ist Teil des Elternrechts.[20] Dem Recht der Eltern zur Vornamens- 18 wahl für ihr Kind darf allein dort eine Grenze gesetzt werden, wo seine Ausübung das Kindeswohl zu beeinträchtigen droht.[21] Das Persönlichkeitsrecht des Kindes umfasst auch das Recht auf Erhalt eines Vornamens und dessen Schutz.[22] Der Vorname ist für die Per- sönlichkeit des Kindes wichtig, weil er ihm verhilft seine Identität zu finden und Indivi- dualität zu entwickeln.[23] Eltern üben bei der Vornamensgebung das Persönlichkeitsrecht des Kindes treuhänderisch aus.[24] Gerichtliche Entscheidungen zur Vornamenswahl, die sich nicht vom Kindeswohl leiten lassen, verletzen das Elternrecht und zugleich das Per- sönlichkeitsrecht des Kindes.[25]

Die Eltern können auch über den Umgang ihrer Kinder mitbestimmen und bei sach- 19 lichen Gründen auch dritten Personen den Umgang mit ihrem minderjährigen Kind ver- bieten.[26] Die Eltern entscheiden über die Ausübung der Grundrechte des Kindes, solange

---

[15] *Meder*, Art. 126, Rn. 1a.
[16] VerfGH, Ents. v. 30. 9. 2004, Az: Vf. 13-VII-02, Vf. 11-VII-03, BayVBl 2005, 16 ff.
[17] VerfGH 33, 33 (40); *Meder*, Art. 126, Rn. 1a.
[18] Zu Art. 6 GG: BVerfGE 99, 216 (232 m. w. N).
[19] VerfGH 39, 87 ff.
[20] Zu Art. 6 GG: BVerfGE 104, 373 (385).
[21] BVerfGE 104, 373 (385); BVerfGE 24, 119 (143).
[22] BVerfGE 109, 256 (266).
[23] BVerfGE 104, 373 (392).
[24] BVerfGE 64, 180 (189); BVerfGE 59, 360 (377); BVerfG, Beschl. v. 3. 11. 2005, Az: 1 BvR 691/ 03, FamRZ 2005, 2049.
[25] BVerfG, Beschl. v. 3. 11. 2005, Az: 1 BvR 691/03, FamRZ 2005, 2049.
[26] OLG Frankfurt NJW 1979, 2052.

es „des Schutzes und der Hilfe bedarf, um sich zu einer eigenverantwortlichen Person innerhalb der sozialen Gemeinschaft" zu entwickeln.[27]

20   Art. 6 Abs. 2 GG gewährleistet den Eltern das Erziehungsrecht in jeder, auch in weltanschaulich-religiöser Hinsicht.[28] Mit zunehmendem Alter wird aber die Religionsfreiheit des Kindes relevant. Der Staat hat darüber zu wachen, dass es zu einem angemessenen Ausgleich des Erziehungsrechts der Eltern und der Religionsfreiheit der Kinder kommt. Er kann dabei den Religionsgesellschaften selbst zunächst den ersten Zugriff auf entsprechende Regelungen lassen und erst eingreifen, wenn der Grundrechtsausgleich objektiv misslingt.

21   Mit der Volljährigkeit des Kindes findet die Erziehung i. S. v. S. 1 ihr Ende. Die familiäre Beziehung zwischen Eltern und Kindern, die vom Staat zu schützen ist (Art. 125 Abs. 1 BV), endet damit allerdings noch nicht. Solange die Kinder auch über die Volljährigkeit hinaus die Hilfe der Eltern in Anspruch nehmen, insbesondere Unterhaltsleistung, sind sie auch den damit konkludent verbundenen Bindungen, etwa dem Bestimmungsrecht der Eltern über die Art der Unterhaltsgewährung, unterworfen. Die Sorge auch um das erwachsene Kind kann es rechtfertigen, die Eltern über bestimmte schulische Maßnahmen zu unterrichten.[29]

22   Das Erziehungsrecht und die Erziehungspflicht des Art. 126 Abs. 1 BV sind unlöslich miteinander verbunden.[30] Diese Verbindung von Recht und Pflicht ist ein wesensbestimmender Bestandteil des Elternrechts. Der VerfGH spricht insoweit von „Elternverantwortung".[31] Die Verantwortung umfasst auch die Befugnis der Eltern, in den Grenzen der Verfassung, darüber zu entscheiden, wie sie ihrer natürlichen Verantwortung gerecht werden wollen.

23   **d) Die Unterstützungsfunktion des Staates – S. 2.** Art. 126 Abs. 1 S. 2 BV spricht nur von staatlicher Unterstützung. Unterstützen ist Helfen, ohne die Kompetenz den Eltern wegzunehmen. Unterstützung ist Mitwirkung bei Wahrung bestehender Zuständigkeit. Der Staat hat demnach die verfassungsrechtliche Pflicht die Eltern mit der Last des Elternrechts nicht allein zu lassen. Aus der Unterstützungspflicht folgt aber kein Anspruch der Eltern gegen den Staat auf Schulgeldfreiheit oder Schulgeldersatz (bei Privatschulbesuch).[32]

24   Art. 6 Abs. 2 S. 2 GG formuliert demgegenüber die parallele Regelung bekanntlich mit der Wendung: „über ihre Betätigung wacht die staatliche Gemeinschaft". Da die Elternverantwortung auch missbraucht werden kann und im Missbrauchsfall schlimme Schäden an Kindern entstehen können, ist der Begriff „Überwachung" sachlich angemessener als „Unterstützung". Die überwiegende Ansicht liest daher die Vorgaben des Art. 6 Abs. 2 S. 2 GG in Art. 126 Abs. 1 S. 2 BV hinein und geht zu Recht davon aus, die Unterstützungspflicht von Staat und Gemeinden schließe eine Überwachungspflicht und -befugnis mit ein.[33]

25   Mit dem Begriff der Tüchtigkeit weist die Verfassung auf die immanente inhaltliche Bindung hin, der das Elternrecht unterliegt. Das Erziehungsrecht ist durch das Kindeswohl begrenzt. Das Kindeswohl muss stets oberste Richtschnur der Erziehung und bestimmend sein; es hat Vorrang gegenüber den Elterninteressen.[34] Die Pflichtbindung an

---

[27] BVerfGE 24, 119 (144).

[28] BayObLG NJW 1961, 1581; zu Art. 6 GG: BVerfGE 52, 223 (235 f.); BVerfGE 108, 282 (301); s. a. *Silberkuhl*, in: Lexis, LK-GG, Art. 6 GG.

[29] VerfGH, Ents. v. 30. 9. 2004, Az: Vf. 13-VII-02, Vf. 11-VII-03, BayVBl 2005, 16 ff.

[30] *Meder*, Art. 126, Rn. 1 b.

[31] VerfGH 29, 191 (209).

[32] VerfGH 39, 87 ff.

[33] *Meder*, Art. 126, Rn. 1 c.

[34] BVerfGE 79, 203 (210 f.); BVerfGE 68, 176 (188); BVerfGE 72, 155 (172); BVerfGE 107, 104 (117); BVerfGE 56, 363, (381 f.); BVerfGE 59, 360 (376).

das Kindeswohl unterscheidet das Elternrecht von den anderen Grundrechten.[35] Auch die Regelung der elterlichen Sorge darf am Kindeswohl orientiert werden.[36]

Die Unterstützungspflicht des Staates hört auf, wenn die Elternverantwortung nicht **26** mehr am Kindeswohl orientiert ist oder zwar orientiert ist, dieses aber dennoch offenbar verfehlt. In diesen Fällen wandelt sich die Unterstützung in Intervention.[37] Orientierungspunkt für die Unterstützungsfunktion des Staates ist das Kindeswohl, das ihm erlaubt, in das elterliche Erziehungsrecht einzugreifen. Art. 126 Abs. 1 S. 2 BV verpflichtet den Staat und die Gemeinden über die Pflege und Erziehung der Kinder durch die Eltern zu wachen.[38] Der Staat hat bei Eingriffen die Verantwortung der Eltern, soweit möglich, zu achten und das Verhältnismäßigkeitsgebot zu wahren.[39] Die Unterstützungsfunktion trifft Staat und Gemeinde gemeinsam. Eine Aufteilung zwischen beiden sieht die Norm nicht vor. Die gemeinsame Verantwortungszuweisung ist typisch für diesen Bereich (vgl. Art. 125 Abs. 2 BV). Eine selbständige Funktion erhält die Unterstützungsfunktion dann, wenn Eltern nicht mehr vorhanden sind.[40]

e) Der Ausgleich zwischen Elternrecht und schulischem Bildungsauftrag. Das **27** Erziehungsrecht der Eltern bezieht sich auf Kinder, die als Menschen nicht isoliert, sondern als Mitglied in der Gesellschaft stehen. Daher kann das Erziehungsrecht der Eltern nichts an der Geltung der allgemeinen Gesetze sowohl im Verhältnis des Kindes zu den Eltern als auch des Kindes zu Dritten ändern. Je nach Sachlage kann das Erziehungsrecht, sofern es sich um Maßnahmen innerhalb der Personensorge handelt, als Rechtfertigung von Eingriffen in die körperliche Unversehrtheit gelten. Wenn die Eltern z. B. ihr Kind schütteln, um zu verhindern, dass es erneut ohne zu schauen über eine Straße läuft, so ist dies zwar eine Beeinträchtigung der körperlichen Unversehrtheit des Kindes, aber nach überwiegender Ansicht dennoch vom Erziehungsrecht gedeckt.

Das Erziehungsrecht der Eltern kann zudem weiter eingeschränkt werden, durch Ein- **28** wirkungsrechte Dritter auf das Kind. Art. 126 BV gewährt jedoch keinen ausschließlichen Erziehungsanspruch der Eltern. Das stärkste Einwirkungsrecht ist das Recht des Staates, die schulischen Bildungsziele festzulegen. In Art. 130 Abs. 1 BV ist dem Staat die Befugnis zur Ordnung und Organisation des Schulwesens eingeräumt. Der Staat nimmt im Bereich der Schule einen gleichgeordneten Erziehungsauftrag wahr; dadurch erfährt das Elternrecht Beschränkungen.[41] Im schulischen Bereich steht aber der Erziehungsauftrag des Staates eigenständig neben dem Elternrecht.[42] Bei der Festlegung dieser Beschränkungen des Elternrechts besitzt der Gesetzgeber einen normativen Gestaltungsspielraum, der seine Grenzen dort findet, wo das Erziehungsrecht der Eltern unverhältnismäßig eingeschränkt und dadurch der spezifische Kernbereich des Art. 126 Abs. 1 BV berührt würde.[43] Insbesondere die Verhängung von Ordnungsmaßnahmen berührt das Spannungsfeld zwischen dem natürlichen Erziehungsrecht der Eltern und dem staatlichen Bildungs- und Erziehungsauftrag. Aus dem natürlichen Elternrecht folgt der Anspruch auf Anhörung der Erziehungsberechtigten, wenn gegenüber einem minderjährigen Schüler schwerwiegende Ordnungsmaßnahmen verhängt werden, die in hohem Maße einen grundrechtsgeschützten Bereich berühren und das Erziehungsrecht der Eltern beeinflussen können.[44]

---

[35] BVerfGE 56, 363 (381 f.).

[36] BayObLG, FamRZ 1988, 973 f. = Rpfleger 1988, 410 f.

[37] Vgl. VerfGH 39, 56 (61 f.).

[38] BVerfGE 24, 119 (135 f.).

[39] Zu Art. 6 GG: BVerfGE 24, 119 (144 f.); BVerfGE 107, 104 (118 ff.).

[40] *Nawiasky*, S. 207.

[41] VerfGH 7, 9 (13 f.); VerfGH 29, 191 (208); VerfGH 33, 33 (40 ff.); VerfGH 34, 14 (24); VerfGH 35, 90 (95 f.); VerfGH 38, 16 (27 f.); VerfGH 41, 44 (46 f.); VerfGH 47, 276 (293 f.); VerfGH 51, 109 (114).

[42] VerfGH 39, 87 ff.

[43] VerfGH 51, 109 ff.

[44] VerfGH 33, 33 ff.

Aus Art. 126 Abs. 1 S. 1 BV ergibt sich nicht, dass der Gesetzgeber allen Eltern die ihren Wünschen entsprechende Schulart zur Verfügung zu stellen hätte.[45]

29   Kraft seiner Schulaufsicht kann der Staat Ausbildungsgänge und Unterrichtsziele inhaltlich festlegen.[46] Das Elternrecht gewährt grundsätzlich keinen Anspruch auf Erlass von Rechtsvorschriften zur Bestimmung von Unterrichtsinhalten.[47] Das gilt jedenfalls dann, wenn die Stundenpläne nach sachlich vertretbaren Gesichtspunkten erlassen worden sind.[48]

30   Der Durchsetzung dieses Erziehungsauftrages dient die Schulpflicht des Art. 129 BV.[49] Dieser Konflikt ist nach dem Grundsatz der praktischen Konkordanz zu lösen, der erfordert, dass nicht eine der widerstreitenden Rechtspositionen bevorzugt und maximal behauptet wird, sondern alle einen möglichst schonenden Ausgleich erfahren.

31   Der Staat überschreitet seine Befugnisse erst dann, wenn er die notwendige Neutralität und Toleranz gegenüber den erzieherischen Vorstellungen der Eltern vermissen lässt, die ihrerseits zur Toleranz gegenüber anders denkenden Eltern verpflichtet sind und den staatlichen Erziehungsauftrag hinzunehmen haben.

32   Diese Grundsätze gelten auch für den religiösen Bereich. Unter Berücksichtigung des Bildungsauftrags der Bayerischen Verfassung (Art. 131 BV) und des verfassungsrechtlichen Toleranzgebots (Art. 136 Abs. 1 BV) sind an den Schulen beim Unterricht die religiösen Empfindungen aller zu achten. Vor diesem Hintergrund darf die Schule keine missionarische Schule sein; sie muss auch für andere weltanschauliche und religiöse Werte offen sein.[50]

33   **f) Kollisionsregel – Satz 3.** Die Norm des Art. 126 Abs. 1 S. 3 BV überrascht auf den ersten Blick Der Vorrang des Willens der Eltern ergibt sich schon aus Art. 126 Abs. 1 S. 1 BV. Es bleibt daher die Frage, weshalb Satz 3 den Vorrang ausdrücklich betont und wiederholt. Die Norm droht daher den Gehalt von Satz 1 zu relativieren.[51] Die Norm besitzt die Funktion einer Schranke-Schranke. Auch wenn das Erziehungsrecht auf eine Ausgestaltung durch den Gesetzgeber angewiesen ist, so darf diese Ausgestaltung aber nicht so weit gehen, die ausschlaggebende Bedeutung des elterlichen Willens in „persönlichen Erziehungsfragen" zu relativieren.

34   Der Begriff der „persönlichen Erziehungsfragen" (Satz 3) erklärt sich nicht von selbst.[52] Er ist abzugrenzen von der schulischen Erziehung.[53] Gemeint sind die Fragen, die sich unmittelbar auf die Einzelperson des Kindes beziehen und abtrennbar sind von den notwendigen Kompromissen, die durch die Existenz einer staatlichen Gemeinschaft jedem Individuum und damit auch den Eltern auferlegt werden. Gemeint ist mit Art. 126 Abs. 2 BV, dass die Individualität der Erziehung zu respektieren ist. Mit Individualität der Erziehung ist der Bereich der Einflussnahme auf das Kind gemeint, der auf die Vorstellung der Eltern zurückgeht, dessen Auswirkungen auf das Kind beschränkt bleiben und der keine Außenwirkung dergestalt besitzt, dass das Erziehungsrecht anderer Eltern oder das Bildungsrecht des Staates beeinträchtigt werden.

35   **g) Einzelheiten.** Die Durchsetzung der Schulpflicht verstößt nicht gegen das Elternrecht aus Art. 126 Abs. 1 BV.[54] Der Staat darf Kinder wegen Krankheit aus der Schulpflicht

---

[45] VerfGH 20, 159 (164).

[46] VerfGH 33, 33 (40 ff.); VerfGH 34, 14 (24); VerfGH 35, 90 (96); VerfGH 39, 87 ff.

[47] VerfGH 38, 16 (23); VerfGH 39, 87 ff.

[48] VerfGH 27, 47 (54 ff.); VerfGH 39, 87 ff.

[49] Ausführlich VerfGH 55, 189 (194 f.).

[50] VerfGH, Ents. v. 15. 7. 2003, Az: 7 ZB 03.1368; VerfGH 55, 189; VGH, Ents. v. 18. 9. 2002, Az: 7 ZB 02.1701; VGH BayVBl 1992, 343.

[51] Unklar daher *Nawiasky*, S. 207.

[52] S. dazu Prot. I, S. 242.

[53] *Meder*, Art. 126, Rn. 1 a.

[54] VerfGH, Ents. v. 15. 7. 2003, Az: 7 ZB 03.1368; VG Ansbach, Urt. v. 18. 12. 2006, Az: AN 2 K 04.02508; VG Bayreuth, Urt. v. 18. 4. 2005, Az: B 6 K 04.620, B 6 K 04.845.

herausnehmen und sie hinsichtlich der Erziehung zur leiblichen, geistigen und seelischen Tüchtigkeit in erster Linie der Sorge der Eltern anvertrauen.[55] Die Frage, ob im Einzelfall ein bestimmter Lehrer den von der Bayerischen Verfassung vorgegebenen Bildungs- und Erziehungsauftrag missachtet, kann nicht der Schulpflicht als solcher in Bayern entgegengehalten werden.[56] Eine Regelung, nach der eine vorzeitige Einschulung auch besonders begabter Kinder ausgeschlossen ist, wenn sie erst nach dem 31. Dezember eines Schuljahres sechs Jahre alt werden, missachtet nicht den Art. 126 BV.[57] Auch die Festlegung eines Mindestalters für die vorzeitige Aufnahme in die Volksschule verstößt nicht gegen das Elternrecht,[58] ebenso wenig wie die Einführung des achtjährigen Gymnasiums (G 8).[59] Einen Anspruch auf Kostenfreiheit des Schulweges gewährt Art. 126 BV nicht.[60] Eine unterschiedliche Begabtenförderung für Schüler öffentlicher Schulen, staatlich anerkannter Privatschulen und für Schüler genehmigter Privatschulen ist mit Art. 126 Abs. 1 Satz 1 BV vereinbar.[61] Eine Regelung, nach der der Rechtscharakter einer Bekenntnisschule nicht dadurch beeinträchtigt wird, dass sie auch von Schülern besucht wird, die einem anderen oder keinem Bekenntnis angehören, verträgt sich mit dem natürlichen Erziehungsrecht der Eltern.[62] Hinsichtlich der Bildung der Klassen im Gymnasium und der hierbei höchstens zulässigen Schülerzahlen stehen den Eltern der betroffenen Schüler grundsätzlich keine verwaltungsgerichtlich durchsetzbaren Rechtsansprüche zu.[63] Eine gesetzliche Regelung über die Sexualerziehung an den bayerischen Schulen verletzt nicht Art 126 Abs. 1 BV.[64] Der Staat ist nicht verpflichtet elterliche Erziehungsbemühungen gegen das Rauchen durch ein ausnahmsloses Rauchverbot im Schulbereich zu unterstützen. Eine Ausnahmeregelung, die das Rauchen in engen Grenzen für Schüler der Jahrgangsstufen 12 und 13 zulässt, verstößt nicht gegen die bayerische Verfassung.[65]

2. Förderanspruch der unehelichen Kinder – Art. 126 Abs. 2 BV

Art. 126 Abs. 2 BV enthält zwei Voraussetzungen. Zum einen setzt er einen Anspruch **36** der Kinder auf Förderung durch den Staat voraus. Dieser Anspruch ist nicht ausdrücklich in der BV enthalten, ergibt sich aber konkludent aus einer Gesamtschau mehrerer Vorschriften, insbesondere der Art. 124 Abs. 1 S. 2 BV n. F., Art. 125 Abs. 1 S. 1 BV, Art. 126 Abs. 1 S. 3 BV. An diesen Förderanspruch knüpft Art. 126 Abs. 2 BV an und verbietet bei der Erfüllung dieses Förderanspruchs eine Differenzierung zwischen ehelichen und unehelichen Kindern. Die Formulierung von unehelichen Kindern entspricht dem Sprachgebrauch zum Zeitpunkt des Erlasses der Bayerischen Verfassung. Heute ist der Begriff der nicht-ehelichen Kinder gebräuchlich, ohne dass damit inhaltlich irgendein Unterschied verbunden wäre.

Bei der Qualifizierung der Wirkung von Art. 126 Abs. 2 BV muss man differenzieren. **37** Wie und wieweit der Staat oder die Gemeinden ihren Förderauftrag erfüllen, steht weitgehend in ihrem Ermessen. Entschließt der Gesetzgeber sich aber zu einer Förderung, muss er den Gleichheitssatz des Art. 126 Abs. 2 BV beachten. Art. 126 Abs. 2 BV ist insoweit eine Sonderregelung zu Art. 118 BV.[66] Zwar spricht die Rechtsprechung davon, aus Art. 126 Abs. 2 BV ließen sich keine subjektiven Rechte ableiten.[67] Zumindest sofern es

---

[55] VerfGH 28, 99.
[56] VerfGH, Ents. v. 15. 7. 2003, Az: 7 ZB 03.1368.
[57] VerfGH 51, 109 ff.
[58] VerfGH 23, 181.
[59] VerfGH, Ents. v. 17. 5. 2006, Az: Vf. 2-VII-05, BayVBl 2006, 530 ff.
[60] VerfGH 37, 126.
[61] VerfGH 21, 164.
[62] VerfGH 20, 159 (164).
[63] VGH BayVBl 1982, 211.
[64] VGHE 34, 37 ff.
[65] VerfGH 35, 90 (99).
[66] *Meder*, Art. 126, Rn. 3.
[67] VerfGH 13, 99; VerfGH, Ents. v. 18. 5. 1973, Az: Vf. 31-VI-73; *Hoegner*, 1949, S. 159; in diese Richtung auch *Meder*, Art. 126, Rn. 3.

um den in Art. 126 Abs. 2 BV niedergelegten Gleichheitssatz geht, ist dem aber zu widersprechen. Art. 126 Abs. 2 BV gründet einen klaren und scharfen Gleichheitssatz, der bei staatlichen Fürsorgeleistungen von Kindern eine ausdrückliche oder eine mittelbare Anknüpfung an die Eigenschaft als nicht-eheliches oder als eheliches Kind untersagt.

38   Auch Regelungen, die zwar nicht ausdrücklich an die Eigenschaft als eheliches oder als nicht-eheliches Kind anknüpfen, sich der Sache nach aber auf soziale Umstände beziehen, die bei nicht-ehelichen Kindern selten vorkommen (z. B. Zusammenleben mit zwei Erziehungsberechtigten), wären nach Art. 126 Abs. 2 BV nicht statthaft. So verstößt etwa entgegen der Ansicht des VerfGH eine Satzungsbestimmung der Bayerischen Ärzteversorgung, nach der den unehelichen Kindern männlicher Mitglieder anders als den ehelichen Kindern kein Anspruch auf Waisengeld zusteht, gegen Art. 126 Abs. 2 BV und ist deshalb nichtig.[68] Auch das Verständnis, eine Norm, die einem nicht sorgeberechtigten Vater eines nicht-ehelichen Kindes auch dann keinen Anspruch auf Landeserziehungsgeld einräumte, wenn er mit dem Kind in einem Haushalt lebte und dieses betreute, verstoße nicht gegen die BV,[69] ist zumindest nicht zwingend.

39   Die Norm gewährt weniger als die vergleichbare Vorschrift des GG. Nach Art. 6 Abs. 5 GG sind den unehelichen Kindern durch Gesetzgebung die gleichen Bedingungen über die leibliche und seelische Entwicklung und ihre Stellung in der Gesellschaft zu schaffen wie den ehelichen Kindern. Art. 126 Abs. 2 BV gibt den nicht-ehelichen Kindern im Gegensatz zu Art. 6 Abs. 5 GG keinen Anspruch auf Ausgleich bestehender Nachteile, sondern nur einen Anspruch darauf, dass bestehende Nachteile nicht weiter vertieft werden. Der Unterschied ist beachtlich.[70] Umso mehr ist es unzulässig, den bescheidenen Regelungsgehalt des Art. 126 Abs. 2 S. 2 BV dadurch zu minimieren, dass man der Norm jeden subjektiv-rechtlichen Charakter abspricht.

40   Eine Differenzierung bei der Höhe der Sozialhilfe rechtfertigt Art. 126 Abs. 2 BV nicht.[71] Art. 126 Abs. 2 BV ist eine besondere Ausprägung des allgemeinen Gleichheitssatzes.

41   Art. 125 Abs. 2 BV gilt nur für den Bereich der staatlichen Förderung, nicht aber auch für andere Rechtsgebiete,[72] auch nicht für das personenrechtliche Rechtsverhältnis zwischen dem Kind und seinem Vater sowie seiner Mutter.[73] Daher fordert er nicht, „daß die Geltung aller die Rechtsverhältnisse der ehelichen Kinder regelnden Normen auf die nichtehelichen Kinder zu erstrecken sei".[74] Unrichtig ist allerdings die Ansicht, dass eine solche Erstreckung mit der wertentscheidenden Grundsatznorm des Art. 124 Abs. 1 BV nicht vereinbar sei.[75]

3. Jugendschutz – Art. 126 Abs. 3 BV

42   Art. 126 Abs. 3 BV betrifft die Jugendfürsorge. Vorbild war offenbar Art. 122 WRV. Sie erlegt dem Staat eine objektive Schutzpflicht auf. Die Erfüllung dieser objektiven Pflicht obliegt dem weiten Ermessen des Staates und der Gemeinden. Art. 126 Abs. 3 S. 1 BV gewährt wegen dieses rein objektiven Charakters kein subjektives Recht.[76]

43   Die Jugend sind die Kinder im vorgeschrittenen Alter. Die BV definiert den Begriff nicht. Der Sprachgebrauch zum Zeitpunkt der Verfassungsgebung verstand darunter die Menschen zwischen 13-21 Jahren. An dieser Begrifflichkeit orientiert sich heute noch lose das JGG (§ 1 JGG: Jugendlicher von 14–17; Heranwachsender von 18–20). In Randbereichen wird man dem Gesetzgeber eine Konkretisierungsbefugnis zumessen müssen. Durch

---

[68] A.A. VerfGH 13, 109.

[69] So VerfGH 50, 67 ff.

[70] *Meder*, Art. 126, Rn. 4.

[71] VerfGH 13, 99 (100); VerfGH 13, 109 (117 f.).

[72] *Meder*, Art. 126, Rn. 3.

[73] Vgl. VerfGH 13, 99 (100); VerfGH 16, 10 (15).

[74] VerfGH 16, 10 (14 f.); vgl. BVerfGE 26, 44 (61); BVerfGE 17, 280 (284); BVerfGE 22, 163 (173).

[75] So aber VerfGH 13, 109 (117); VerfGH 16, 10 (14 f.); *Nawiasky*, S. 207; *Meder*, Art. 126, Rn. 3.

[76] VerfGH, Ents. v. 18. 5. 1973, Az: Vf. 31-VI-72.

Herabsetzung der Volljährigkeit von Vollendung des 21. Lebensjahres auf das 18. Lebensjahr durch den Gesetzgeber verändert sich der Begriff der Jugend in Art. 126 BV nicht. Der BV steht es frei, auch solche Menschen, die volljährig sind, dennoch als Jugendliche zu bezeichnen. Dass auch Menschen über der Volljährigkeit noch Jugendliche sein können, wird auch durch die Verfassungsänderung nach 2004 verdeutlicht. Kinder i. S. v. Art. 126 BV sind die Menschen unter 18 Jahre. Die Menschen von 14–17 Jahre sind demnach Kinder und Jugendliche zugleich.

Ausbeutung meint das gewinnsüchtige Ausnützen der Jugendlichen, das wegen deren **44** grundsätzlicher Unerfahrenheit besonders leicht fallen kann. Zu den Adjektiven s. Abs. 1.

Der Begriff der Verwahrlosung ist ausgesprochen unscharf. Allgemein meint er ein Ver- **45** halten und den Zustand von Individuen, die, aus welchen Gründen auch immer, aus dem Raster der bürgerlichen Normen herausgefallen sind. Bei Art. 126 BV ist der Zustand des Mangels an Pflege gemeint. Art. 126 BV erfasst eine erkennbare Verwahrlosung in sittlicher, geistiger oder körperlicher Form. Nicht jede Form der Abweichung vom Durchschnitt begründet zugleich eine Verwahrlosung. Die Verwahrlosung bezieht sich auf eine qualitative Abweichung vom Durchschnitt. Misshandlung ist eine üble, unangemessene Behandlung.

Die Schutzpflicht des Art. 126 Abs. 3 S. 1 BV erfüllt der Staat durch unterschiedliche **46** Maßnahmen, insbesondere durch die Jugendfürsorge. Diese ist weitgehend durch Bundesrecht normiert. Daher hat der Bayerische Gesetzgeber gegenwärtig kaum Raum um seinem Auftrag nachzukommen.[77] Art. 126 Abs. 3 S. 2 BV sieht einen Gesetzesvorbehalt für die Fürsorgeerziehung vor und begründet zugleich deren Subsidiarität.[78] Die Fürsorgeerziehung stellt das äußerste Mittel dar.[79] Die Fürsorgeerziehung meint öffentliche Zwangserziehungsmaßnahmen für auffallende Jugendliche. Die Fürsorgeerziehung, an die Art. 126 Abs. 3 BV begrifflich anknüpft, ist aus den Ansätzen einer strafrechtlichen Sonderbehandlung von Kindern und Jugendlichen entstanden. Die Bayerische Verfassung verwendet sie aber als Mittel der Fürsorge und nicht als primär repressive Maßnahme.[80]

Art. 127 [Erziehungsbeeinflussung der Religionsgemeinschaften]

Das eigene Recht der Religionsgemeinschaften und staatlich anerkannten weltanschaulichen Gemeinschaften auf einen angemessenen Einfluss bei der Erziehung der Kinder ihres Bekenntnisses oder ihrer Weltanschauung wird unbeschadet des Erziehungsrechtes der Eltern gewährleistet.

Parallelvorschriften im GG und anderen Landesverfassungen: Art. 6 GG; Art. 13, BaWüVerf; Art. 32 BremVerf; Art. 58 HessVerf. Art. 14 NWVerf; Art. 27, 35 RhPfVerf; Art. 26; 29 SaarlVerf; Art. 105 SächsVerf; Art. 26 Abs. 3, 27 SachsAnhVerf; Art. 21, 22, 25 Abs. 2 ThürVerf.

Rechtsprechung: VerfGH, Ents. v. 21. 12. 1951, Az: Vf. 104-IV-50.

Literatur: Czermak, Crux bavarica, KJ 1997, 490; *Fechner,* Islam. Religionsunterricht an öffentlichen Schulen, NVwZ 1999, 735; *Heckel,* Der Rechtsstatus des Religionsunterrichts im pluralistischen Verfassungssystem, 2002; *Hildebrandt,* Das Grundrecht auf Religionsunterricht: eine Untersuchung zum subjektiven Rechtsgehalt des Art. 7 Abs. 3 GG , 2000; *Lecheler,* Kirchen und staatliches Schulsystem, Handbuch des Staatskirchenrechts, 2. Aufl. 1995, § 54; *Maurer,* Verfassungsrechtliche Grundlage des Religionsunterrichts, in: FS Zacher, 1998, 577; *Mückl,* Staatkirchenrechtliche Regelungen zum Religionsunterricht, AöR 122 (1997), 513 ff.; *Renck,* Die Rechtsstellung der Bekenntnisgemeinschaften im Schulrecht, BayVBl 1994, 39.

---

[77] *Meder,* Art. 126, Rn. 5.
[78] *Meder,* Art. 126, Rn. 6.
[79] *Nawiasky,* S. 207.
[80] *Nawiasky,* S. 207.

I. Allgemeines

1. Bedeutung

1   Die Norm hat die Funktion, Art. 126 Abs. 1 S. 1 BV zu ergänzen und unter grundsätzlicher Anerkennung der Vorrangigkeit des elterlichen Erziehungsrechts den Religionsgemeinschaften einen eigenen Einfluss zu sichern. Sie hätte auch unmittelbar an Art. 126 Abs. 1 BV angefügt werden können. Der Sinn der Norm liegt darin, die von der Religion ausgehenden geistigen und sittlichen Kräfte „zur Wiedergesundung des Volkes wirksam" werden zu lassen.[1]

2. Entstehung

2   Die Norm ist erst spät in den Verfassungsentwurf eingefügt worden.[2]

3. Verhältnis zum Grundgesetz

3   Zweifel an der Geltung von Art. 127 BV sind weder erkennbar, noch wurden sie geltend gemacht.

II. Einzelkommentierung

4   Nach Vorstellung der Bayerischen Verfassung soll das ursprüngliche und eigenständige Erziehungsrecht der Eltern nicht die einzige rechtmäßige Einflussnahme auf die Erziehung der Kinder bewirken. Daneben tritt auch das staatliche Schul- und Bildungswesen, aber auch − und das soll Art. 127 BV klarstellen − das Recht der Religionsgemeinschaften. Dieses Recht ist dabei als eigenständige Befugnis ausgestaltet.

5   Das Miterziehungsrecht der Religionsgemeinschaften und der staatlich anerkannten weltanschaulichen Gemeinschaften ist als subjektives verfassungsmäßiges Recht ausgestaltet.[3] Der Staat hat dieses Recht zu respektieren.

6   Hinsichtlich des Einflussnahmerechts sind Religionsgemeinschaften und die staatlich anerkannten weltanschaulichen Gemeinschaften gleichgestellt. Dies entspricht der demokratischen Auffassung vom toleranten Staat.[4] Eine förmliche staatliche Anerkennung für weltanschauliche Gemeinschaften gibt es nicht mehr (vgl. Art. 142 BV). Daher steht das Recht allen weltanschaulichen Gemeinschaften zu, „deren Bestrebungen den allgemein geltenden Gesetzen nicht widersprechen".[5]

7   Den Umfang des Einflussrechts der Religionsgemeinschaften lässt Art. 127 BV bewusst offen. Die Norm spricht von einem angemessenen Einfluss. Die Vorrangigkeit des elterlichen Erziehungsrechts soll durch Art. 127 BV in keiner Weise in Frage gestellt werden.[6]

2. Abschnitt. Bildung und Schule, Schutz der natürlichen Lebensgrundlagen und der kulturellen Überlieferung

Art. 128 [Ausbildungsanspruch, Begabtenförderung]

(1) Jeder Bewohner Bayerns hat Anspruch darauf, eine seinen erkennbaren Fähigkeiten und seiner inneren Berufung entsprechende Ausbildung zu erhalten.

(2) Begabten ist der Besuch von Schulen und Hochschulen, nötigenfalls aus öffentlichen Mitteln zu ermöglichen.

Parallelvorschriften im GG und anderen Landesverfassungen: Art. 11 BaWüVerf; Art. 20 BerlVerf; Art. 29 BbgVerf; Art. 27 BremVerf; Art. 59 HessVerf; Art. 4 I NdsVerf; Art. 8 I 1 NRW Verf; Art. 31 RhPfVerf; Art. 102 I 1 SächsVerf; Art. 25 I VerfLSA; Art. 20 ThürVerf.

---

[1] Prot. I, S. 244 f.; *Hoegner*, S. 160; *Meder*, Art. 127, Rn. 1.

[2] Zusatzantrag zu Art. 93 E (jetzt Art. 126 BV); s. dazu Prot. I, S. 244 f.; s. dazu *Nawiasky*, S. 208.

[3] *Meder*, Art. 127, Rn. 1.

[4] *Nawiasky*, S. 208.

[5] *Meder*, Art. 127, Rn. 1.

[6] *Nawiasky*, S. 208; Prot. I, S. 245.

Rechtsprechung: BVerfGE 33, 303; 45, 400; 96, 288; BVerwGE 56, 155; VerfGH 5, 243; 7, 9; 12, 152; 17, 30; 21, 59; 21, 164; 24, 1; 28, 99; 28, 143; 34, 14; 34, 106; 36, 25; 37, 126; 38, 16; 39, 87; 40, 45; 41, 4; 41, 17; 51, 109; 59, 63; VerfGH v. 9. 10. 2007 – Vf. 14-VII-06; BbgVerfG NVwZ 2001, 912.

Literatur: Gallwas, Das Grundrecht auf Ausbildung gemäß Art. 128 I der BV, BayVBl. 1976, 385; *Jarass,* Zum Grundrecht auf Bildung und Ausbildung, DÖV 1995, 674; *Langenfeld,* Integration und kulturelle Identität zugewanderter Minderheiten. Eine Untersuchung anhand des allgemeinbildenden Schulwesens in der Bundesrepublik Deutschland, 2001.

Übersicht

I. Allgemeines

1. Bedeutung

Die BV beginnt ihren an sich einen Aspekt des Gemeinschaftslebens (Dritter Hauptteil) **1** betreffenden Abschnitt über das Bildungswesen mit einer Norm, die bewusst auf den **Einzelnen** hin konzipiert ist[1] und ihm – jedenfalls dem Wortlaut nach – einen **Anspruch auf Ausbildung** zuerkennt (inwieweit aus dieser als „soziales Grundrecht" ausgestalteten Gewährleistung wirklich subjektive Rechte folgen oder sich die Norm in einer objektiven Staatsziel- und Aufgabenbestimmung erschöpft, ist freilich str.; siehe Rn. 5); der überragenden Bedeutung von Erziehung und Bildung für die Entfaltung der menschlichen Persönlichkeit[2] wird durch diese Orientierung auf den Einzelnen hin angemessener Ausdruck verliehen. Mit ihrer Statuierung eines (wenn auch in seiner Reichweite strittigen) ausdrücklichen **„Rechts auf Bildung"** in Art. 128 I liegt die BV auf einer Linie mit vielen anderen Landesverfassungen (vgl. obige Nachweise) sowie mit überstaatlichen Gewährleistungen (Art. 14 Grundrechtecharta; Art. 2 Zusatzprotokoll zur EMRK), während sich das GG in Art. 7 I von vornherein allein für die Formulierung eines objektiven staatlichen Erziehungs- und Bildungsauftrags entschieden hat (wobei hier allerdings umgekehrt str. ist, inwieweit sich ggf. im Verbund mit anderen Grundrechten interpretatorisch nicht doch wenigstens Elemente eines subjektiven „Rechts auf Bildung" gewinnen lassen; vgl. Rn. 4).[3] Art. 128 II mit seiner Verpflichtung, **Begabten** den Besuch von Schulen und Hochschulen nötigenfalls aus öffentlichen Mitteln zu ermöglichen, flankiert die Gewährleistung des Art. 128 I und bekräftigt die sozialstaatlich-egalitäre, **auf die Herstellung von Chancengleichheit** abzielende Stoßrichtung des gesamten Art. 128: Darin, dass der Zugang zu Bildungseinrichtungen allein von den Fähigkeiten und Neigungen, **nicht jedoch von wirtschaftlichen Verhältnissen** oder der gesellschaftlichen Stellung der Eltern abhängen soll (siehe auch Art. 132), liegt seit jeher der Kern und wichtigste Inhalt des in Art. 128 ausgesprochenen Verfassungsauftrags.[4] Wenn nach neueren Studien Kinder aus sozial schwachen Verhältnissen oder/und mit Migrationshintergrund nach wie vor statistisch zu selten eine höhere Bildung erreichen,[5] so zeigt dies, dass der Auftrag des Art. 128

---

[1] Noch in Art. 84 E fand sich die Bestimmung im Abschnitt über „Die Einzelperson" eingeordnet; siehe Rn. 3.

[2] *Langenfeld,* Integration und kulturelle Identität, S. 215.

[3] *Stettner,* in: Nawiasky/Schweiger/Knöpfle, Art. 128 Rn. 5 f.; *Badura,* in: Maunz/Dürig, Art. 7 Rn. 2, 5.

[4] VerfGH 17, 30 (39); *Hoegner,* Verfassungsrecht, S. 161.

[5] *Allmendinger/Nikolai,* Bildung und Herkunft, APuZ 44–45/2006, 32 (33).

an **Aktualität** nichts eingebüßt hat; gerade in der Bewältigung der **Zuwanderung**[6] steht Art. 128 im Gegenteil vor neuen, 1946 noch unbekannten Herausforderungen.

2   Art. 128 steht in engem **Wechselbezug zu anderen Verfassungsnormen:** Er konkretisiert das Sozialstaatsprinzip (Art. 3 I) und den allgemeinen Gleichheitssatz (Art. 118 I); umgekehrt erhält er durch spezielle **Gleichheitssätze** (Gleichberechtigung von Mann und Frau, Art. 118 II; Gleichstellung Behinderter, Art. 118 a) schärfere Konturen.[7] Die in Art. 129 I angeordnete **allgemeine Schulpflicht** ist Korrelat und Kernstück der Verwirklichung des aus Art. 128 I folgenden allgemeinen „Rechts auf Bildung";[8] die in Art. 129 II statuierte Unentgeltlichkeit ihrerseits konkretisiert Art. 128 II. Art. 128 und Art. 130 gemeinsam konstituieren den **staatlichen Bildungs- und Erziehungsauftrag** (dazu Art. 130); diese beiden Normen stellen – einmal aus dem Blickwinkel des Einzelnen, einmal aus dem des Staates – die **beiden grundlegenden Verfassungsbestimmungen** für den Bereich der Schulbildung dar.[9] Art. 132 zieht die aus Art. 128 folgenden Konsequenzen für den **Aufbau des Schulwesens** und den Zugang zur Schule (Art. 132). Art. 133 I 1 statuiert – in Einlösung des Bildungsauftrags des Art. 128 I – die Pflicht zur Bereitstellung eines ausreichenden öffentlichen Schulwesens (Art. 133 Rn. 5).[10] Flankiert wird das „Recht auf Bildung" des Art. 128 I (als „Recht" des Auszubildenden) schließlich durch das in Art. 126 I statuierte **Erziehungsrecht der Eltern,** das eine prinzipielle Wahlfreiheit in schulischen Fragen einschließt, welche im eigenständigen (und gegenüber dem Elternrecht nicht nachrangigen) staatlichen Schulorganisations- und Erziehungsauftrag des Art. 130 I zwar an Grenzen stößt, durch unverhältnismäßige und den Kernbereich des Elternrechts betreffende Maßnahmen der Ordnung des Schulwesens indes verletzt werden kann; Art. 126 I kann so neben Art. 128 I zum Prüfungsmaßstab für staatliche Maßnahmen im Schulbereich werden; Art. 128 I vermittelt dabei jedenfalls keine stärkere Rechtsposition als Art. 126 I.[11]

2. Entstehung

3   Die wesentlichen Änderungen gegenüber Art. 77, 95 VE bzw. Art. 84, 102 E betreffen weniger inhaltliche Fragen (der Wortlaut des in Art. 128 I statuierten Ausbildungsanspruchs wurde im VA nicht mehr geändert) als Fragen der systematischen Anordnung. Der Ausbildungsanspruch wurde – allerdings allein aus Gründen des Sachzusammenhangs, nicht um seine Rechtsnatur zu ändern – aus dem Abschnitt über „Die Einzelperson" gelöst und in den Kontext des Abschnitts „Bildung und Schule" überführt. Die zunächst vorgesehene Doppelregelung der Begabtenförderung in Art. 84 II und 102 E konnte infolgedessen in einer einzigen Regelung (Art. 128 II BV) zusammengefasst werden; die Regelung zur Erwachsenbildung (Art. 84 III E) wurde nach hinten verschoben (Art. 139 BV). Bereits im VA tritt die Unsicherheit über die Rechtsnatur des Ausbildungsanspruchs zutage: Während der Berichterstatter *(Lacherbauer)* Skepsis gegenüber klagbaren Ansprüchen erkennen ließ und um Klärung bat, ging *Hoegner* dezidiert von einem „Grundrecht" auf Ausbildung aus; diese Äußerung blieb letztlich unwidersprochen im Raume stehen, ohne dass die Frage wirklich ausdiskutiert wurde.[12]

3. Verhältnis zum Grundgesetz

4   Eine ausdrückliche Statuierung eines „Rechts auf Bildung" sowie einer korrespondierenden Pflicht zur Begabtenförderung kennt das GG nicht; sehr wohl normiert wird hin-

---

[6] *Langenfeld*, Integration und kulturelle Identität zugewanderter Minderheiten.

[7] Vgl. VerfGH 38, 16 (27); 39, 87 (95); 59, 200.

[8] *Badura*, in: Maunz/Dürig, Art. 7 Rn. 5.

[9] VerfGH 39, 87 (92); 57, 113 (121).

[10] Zu den Grenzen dieser Pflicht: VerfGH v. 9. 10. 2007 – Vf. 14-VII-06, V. 5.

[11] VerfGH 7, 9 (12 ff.); 51, 109 (114 f.); 59, 63 (68 f.), 79.

[12] *Stettner*, in: Nawiasky/Schweiger/Knöpfle, Art. 128 Rn. 1 ff.; Prot. I 223 f., 247 ff., II 345; s. a. *Hoegner*, Verfassungsrecht, S. 161 („subjektiv-öffentliches Recht"); *Gallwas*, BayVBl. 1976, 385 f.

gegen ein objektiver Erziehungs- und Bildungsauftrag des Staates **(Art. 7 I GG)**. Die Frage, inwieweit sich trotz dieses Textbefundes ein subjektives „**Recht auf Bildung**" in das GG hineinlesen lässt, ist str.; die h. M. dürfte dahin gehen, jedenfalls partielle Gewährleistungen eines „Rechts auf Bildung" anzuerkennen:[13] Was den Hochschulzugang (und wohl auch den Zugang zu Berufsschulen und sonstigen weiterführenden Schulen) anbelangt, folgt nach der Rspr. des BVerfG aus der Freiheit der Wahl der Ausbildungsstätte (Art. 12 I GG) zumindest ein derivatives Teilhaberecht auf chancengleichen Zugang, eventuell auch ein originäres Teilhaberecht auf Kapazitätserweiterung unter dem Vorbehalt des Möglichen.[14] Auch für Schulen folgt aus Art. 2 I i.V. m. Art. 7 I GG jedenfalls ein derivatives Teilhaberecht, wenn nicht sogar darüber hinausgehende Elemente eines Rechts auf Bildung.[15] In besonderen Konstellationen, z. B. hinsichtlich der Förderung Behinderter, können sich auch in Verbindung mit speziellen Gleichheitssätzen (Art. 3 III 2 GG) Anspruchspositionen ergeben; auch das Elternrecht (Art. 6 II GG) springt schließlich zur Seite.[16] Das Landesrecht ist frei, hierzu parallele Grundrechtsverbürgungen vorzusehen und – etwa durch Statuierung eines echten Grundrechts auf Bildung – auch über das Bundesrecht hinauszugehen (Art. 142 GG; vgl. Vorbem. B Wirkkraft LVerfR Rn. 13 ff.; Vor Art. 98, Rn. 110 ff.); an der **Fortgeltung** des Art. 128 BV kann insoweit kein Zweifel bestehen.[17] Aufgrund der Kulturhoheit der Länder und der im Zuge der Föderalismusreform (Art. 72 III, 74 I Nr. 33 GG) sogar noch gewachsenen **Gesetzgebungskompetenzen** der Länder im Schul- und Hochschulbereich besteht grundsätzlich ein breiter Einwirkungsraum des Art. 128 BV. Die Vorgaben paralleler Bundesgewährleistungen (z. B. Art. 12 I GG bzgl. der Hochschulzulassung) können bisweilen einen engen Rahmen setzen und die eigenständige Entfaltungsmöglichkeit des Art. 128 BV schmälern;[18] Einflussknicks ergeben sich auch bei staatsvertraglichen Regelungen (Art. 72, Rn. 5).[19] Der Anspruch der **Begabtenförderung** aus nötigenfalls öffentlichen Mitteln (Art. 128 II BV) geht überwiegend in der bundesrechtlich geregelten Materie der Ausbildungsförderung (BAföG, Art. 74 I Nr. 13 GG) auf, was Bayern indes weder hindern kann noch gehindert hat, in Erfüllung des Auftrags aus Art. 128 II eine eigenständige Begabten- bzw. Eliteförderung aufrechtzuerhalten (früher BayBFG, jetzt BayEFG; unten Rn. 14).

II. Einzelkommentierung

1. Ausbildungsanspruch (Absatz 1)

a) Rechtsnatur. Grundrecht oder Staatszielbestimmung? Die Frage nach der **5** **Rechtsnatur** und materiellen Reichweite des Art. 128 I ist nach wie vor umstritten.[20] Die **Grundlinie des VerfGH** ist es bis in die allerjüngste Zeit hinein, dem Art. 128 I – trotz des anders gelagerten Wortlauts („Anspruch") – die Qualität eines (subjektiven) **Grundrechts auf Ausbildung abzusprechen** und Art. 128 I als (objektiven) **Programmsatz einzustufen;** zugleich allerdings wird betont, Art. 128 I enthalte **unmittelbar geltendes, objektives Recht,** insofern nämlich als er dem Gesetzgeber Schranken setze und ihm widersprechende Normen unzulässig wären: Art. 128 I verpflichte den Staat, im Rahmen der gegebenen Möglichkeiten Vorkehrungen zu treffen, dem Einzelnen die Chance zur beruflichen und bildungsmäßigen Entfaltung zu gewährleisten; seien Ausbildungsstätten vorhanden, so müssten sie den Bewohnern Bayerns nach ihren Fähigkeiten und

---

[13] *Jarass,* DÖV 1995, 674; *Ennuschat,* in: Löwer/Tettinger, NRW Verf., Art. 8 Rn. 17; *Robbers,* in: v. Mangoldt/Klein/Starck, Art. 7 Rn. 31 ff.

[14] BVerfGE 33, 303 (329 ff.).

[15] BVerwGE 56, 155 (158).

[16] BVerfGE 96, 288 (304).

[17] Vgl. *Ennuschat,* in: Löwer/Tettinger, NRW Verf., Art. 8 Rn. 17.

[18] *Stettner,* in: Nawiasky/Schweiger/Knöpfle, Art. 128 Rn. 18 ff.

[19] VerfGH 28, 143; BVerwGE 50, 137.

[20] Umfassend und m. w. N.: *Stettner,* in: Nawiasky/Schweiger/Knöpfle, Art. 128 Rn. 4–17.

ihrer inneren Berufung zugänglich sein und dürfe der Zugang nicht von gesellschaftlichen, wirtschaftlichen oder politischen Verhältnissen abhängig gemacht werden.[21] Aufgrund seines programmatischen, objektive Pflichten, nicht aber subjektive Rechte hervorbringenden Charakters lässt sich Art. 128 I nach dieser Sichtweise am ehesten als **Staatsziel- und -aufgabenbestimmung** einstufen.[22] Daneben indes finden sich – wiederum bis in die jüngste Zeit – aber auch Entscheidungen, die die Frage, ob Art. 128 I nicht doch ein Grundrecht gewähre, ausdrücklich **offen lassen.**[23] In der Literatur ist die Nichtanerkennung des Grundrechtscharakters durch den VerfGH zum Teil auf scharfe **Kritik** gestoßen.[24] Auch nach der **hier vertretenen Ansicht** sprechen die besseren Argumente dafür, Art. 128 I **subjektiv-rechtliche, grundrechtliche Schutzgehalte** beizumessen. Indiz hierfür ist nicht nur der relativ eindeutige Wortlaut („Anspruch"), sondern auch die Entstehungsgeschichte (Rn. 3), bei der *Hoegners* Auffassung vom zu bejahenden Grundrechtscharakter letztlich unwidersprochen stehen blieb und mit der Verschiebung in den Abschnitt „Bildung und Schule" jedenfalls keine Änderung der Rechtsnatur erstrebt war. Für die grundrechtliche Sicht spricht weiters die überragende Bedeutung der Bildung für die Persönlichkeitsentfaltung des Einzelnen (Rn. 1). Schwer verständlich wäre überdies, warum gerade Art. 128 I BV, der dem Wortlaut nach, was subjektive Gehalte anlangt, so eindeutig über das GG hinausgeht, hinter dem unter dem GG anerkannten Schutzniveau, das zumindest partielle subjektiv-rechtliche Elemente eines „Rechts auf Bildung" beinhaltet (Rn. 4), zurückbleiben und im rein Objektiv-rechtlichen verharren sollte. Ähnliches gilt für den Vergleich mit dem (unstreitig subjektiven) Elternrecht nach Art. 126 I: Es mag sein, dass Art. 128 I im Vergleich zu Art. 126 I keine weiter reichende Rechtsposition gegenüber der staatlichen Schulhoheit (Art. 130 I) einzuräumen vermag;[25] ebenso wenig ist es allerdings verständlich, warum die Rechtsposition des Auszubildenden (Art. 128 I) hinter dem der Eltern (Art. 126 I) zurückbleiben sollte. Im Ergebnis würde sich infolge einer Anerkennung der Grundrechtsqualität zudem wenig ändern, da der VerfGH bei zulässig erhobener Popularklage die angegriffene Maßnahme ohnehin in vollem Umfang an den objektiven Gehalten des Art. 128 I misst.[26] Kein schlagender Einwand gegen die Anerkennung subjektiver Gehalte ist schließlich die Sorge, die Anerkennung sozialer Grundrechte führe zum Jurisdiktionsstaat oder verkenne die dem Gesetzgeber (nicht dem Richter) aufgegebene Verwirklichungspflicht; dies gilt jedenfalls dann, wenn man Art. 128 I, soweit er über ein (typischerweise unproblematisches, da auch anderweitig, z. B. über Art. 118 begründbares) **derivatives Teilhaberecht** hinausreichen soll **(originäres Teilhaberecht),** mit der nötigen Vorsicht handhabt: Die aus Art. 128 I folgende Pflicht zur Vorhaltung von Ausbildungseinrichtungen steht unter dem **Vorbehalt des Möglichen;**[27] ihre Verwirklichung ist den staatlichen Organen, insbesondere dem Gesetzgeber, anvertraut, der hierbei über hinreichende **Gestaltungsspielräume** verfügen muss;[28] Art. 128 I kann nur verletzt sein, wenn der Gesetzgeber die in ihm statuierte **Zielvorgabe in krasser Weise verkennt.**[29] All dies sind in der Rspr. des VerfGH bereits angelegte Vorbehalte, die eine besonnene Handhabung des Art. 128 I – auch als Grundrecht – garantieren. Die subjektive Garantie des Art. 128 I reicht inhaltlich nicht weiter, als die in ihm statuierte objektive Staatszielbestimmung (die nach allgemeiner Dogmatik nur ein

---

[21] Z. B. VerfGH 13, 141 (146); 17, 30 (LS 1a); 17, 46 (58); 24, 1 (LS 8b), 28, 143 (159 f.); 35, 126 (130 f.); 41, 4 (12); 59, 63 (79); VerfGH v. 9. 10. 2007 – Vf. 14–VII–06, V. 3.

[22] Insoweit wie Art. 7 I GG, vgl. *Badura*, in: Maunz/Dürig, Art. 7 Rn. 5.

[23] VerfGH 28, 143 (162 f.); 34, 14 (20); 35, 126 (130 f.); 38, 16 (26 f.); 51, 109 (118).

[24] *Gallwas*, BayVBl. 1976, 385.

[25] So zu Recht VerfGH 59, 63 (79).

[26] Z. B. VerfGH 35, 126 (131); VerfGH v. 9. 10. 2007 – Vf. 14–VII–06.

[27] VerfGH 24, 1 (25); 28, 143 (162 f.); VerfGH v. 9. 10. 2007 – Vf. 14–VII–06, V. 1. B. bb.; BVerfGE 33, 303 (333).

[28] VerfGH 38, 152 (161); 41, 4 (12).

[29] So in anderem Kontext VerfGH 59, 109.

Ziel, nicht aber die Mittel vorgibt, und nur verletzt ist, wenn das Ziel nicht oder mit offensichtlich untauglichen Mitteln verfolgt wird); ihr Mehrwert besteht allein darin, die bereits jetzt anerkannte (zu Recht restriktiv bemessene) objektive Direktiv- und Verpflichtungskraft des Art. 128 subjektiv einforderbar zu machen.

b) Grundrechtsträger bzw. Destinatäre des objektiven Verfassungsauftrags. Der 6 von Art. 128 I statuierte „Anspruch auf Ausbildung" ist allen **Bewohnern Bayerns** gewährleistet. Staatsangehörigkeit spielt keine Rolle, so dass namentlich das aktuelle Problem der Chancengleichheit für Zuwandererkinder (Rn. 1 a. E.) vom Auftrag des Art. 128 I voll erfasst wird. Die Garantie kann ihrem Sinn nach nur natürlichen Personen gelten. An die Verfestigung des räumlichen Bezugs zum bayerischen Staatsgebiet (Wohnsitz o. Ä.) sollten keine allzu hohen Anforderungen geknüpft werden (Bsp. Kinder von Schaustellern mit vorübergehendem Aufenthalt in Bayern). Landeskinderklauseln im Bereich des Hochschulzugangs können mit Art. 12 GG I unvereinbar sein.[30]

c) Ausbildung. Mit Ausbildung i. S. d. Art. 128 I ist nicht allein die schulische Bildung 7 von Kindern und Jugendlichen gemeint, sondern der ganze, ggf. bis ins Erwachsenenalter hineinreichende Weg einer lebens- und erwerbstüchtig machenden Bildung und Unterrichtung.[31] Dies wird sowohl aus der Entstehungsgeschichte[32] wie aus dem Kontext des Abs. 2 („Hochschulen") deutlich. Nicht nur allgemeinbildende, sondern auch berufsbezogene Bildung, nicht nur Schulen, sondern auch Hochschulen, nach neuerem Verständnis[33] wohl auch die vorschulische Bildung in Kindergärten etc. sind erfasst. Die Garantie endet auch nicht mit dem Erlernen eines (ersten) Berufs, vielmehr sind, wie erneut bereits die Diskussionen des VA deutlich machen,[34] auch zweite Bildungswege geschützt. (Über die Kostenfreiheit derartiger zweiter Ausbildungsgänge [z. B. Zweitstudium] sagt Art. 128 I freilich nichts, so, wie er im Allgemeinen keine Kostenfreiheit garantiert; diesbezüglich erschöpft sich die Garantie in Art. 128 II [Begabtenförderung nötigenfalls aus öffentlichen Mitteln] und in Art. 129 II [Kostenfreiheit des Unterrichts in Volks- und Berufsschulen][35].) Allein die Erwachsenenbildung (Weiterbildung im Sinne einer Vertiefung, Erneuerung und Erweiterung der nach Art. 128 I erworbenen Bildung[36]) ist in Art. 139 verselbständigt. Die Wortwahl „Ausbildung" darf nicht in einen Gegensatz zu dem Begriff „Bildung" gebracht werden; auch Bildung im umfassenden, nicht auf konkrete berufspraktische Fertigkeiten bezogenen Sinn ist geschützt.[37]

d) Chancengleicher Zugang zu bestehenden Bildungseinrichtungen (derivative 8 Teilhabe). Der **wichtigste Inhalt** des Art. 128 I besteht nach der Rspr. des VerfGH darin, dass, **soweit Ausbildungsstätten vorhanden sind,** diese den Bewohnern Bayerns nach ihren erkennbaren Fähigkeiten und ihrer inneren Berufung zugänglich sein müssen, und dass der Zugang insbesondere nicht von den gesellschaftlichen, wirtschaftlichen oder politischen Verhältnissen abhängig sein darf.[38] Art. 128 I statuiert insoweit eine objektive Pflicht zur Gewährung **chancengleicher derivativer**[39] **Teilhabe** und – nach hier vertre-

---

[30] BVerfGE 33, 303 (351 ff.), anders noch VerfGH 24, 1.

[31] Vgl. *Meder*, Art. 128 Rn. 1.

[32] Prot. I S. 247 *(Fendt)*.

[33] Bayerisches Kinder*bildungs*- und -betreuungsgesetz (Hervorhebung des Verf.); s. a. VerfGH 34, 191.

[34] a. a. O.: „Spätberufene".

[35] VerfGH 5, 243 (261); 12, 21 (33); 24, 1 (27); 36, 25 (36); 35, 126 (135); 38, 16 (23); VerfGH v. 9. 10. 2007 – Vf. 14 -VII - 06, V. 3.

[36] Vgl. die Definition in Art. 1 des Gesetzes zur Förderung der Erwachsenenbildung.

[37] *Stettner,* in: Nawiasky/Schweiger/Knöpfle, Art. 128 Rn. 1; Prot. I, S. 247: „Anspruch auf Bildung".

[38] VerfGH 17, 30 (38 f.); 28, 143 (160).

[39] Zur derivativen Natur (Zugang zu Bildungseinrichtungen grundsätzlich nur in der Weise, wie diese eingerichtet sind): VerfGH 7, 9 (14); 51, 109 (118). Nach dem BbgVerfG (NVwZ 2001, 912) soll

tener Ansicht (Rn. 5) auch entsprechendes subjektives Recht. Die Kriterien des Zugangs und einer ggf. zu treffenden Auswahl entsprechen denen des **Art. 132 S. 2** und werden durch letztere (für den Schulbereich) näher konkretisiert. Die Kriterien **erkennbare Fähigkeiten** und **innere Berufung** bringen in sehr treffender Formulierung zum Ausdruck, dass es für den Bildungsweg sowohl auf objektive (Fähigkeit) wie subjektive (Berufung), auf innere Umstände wie auf die äußere Erkennbarkeit ankommt. Während die Aufnahme insbesondere **nicht von den wirtschaftlichen Verhältnissen** abhängig gemacht werden darf, ist die Einbeziehung **anderer als der in Art. 128 I genannten Kriterien,** ihre Sachgerechtigkeit vorausgesetzt, nicht per se ausgeschlossen. Dies gilt z. B. für Kriterien des **örtlichen Bezugs** (Nähe des Wohnorts etc.); für die Verwirklichung einer egalitären Grundschule z. B. ist die Sprengelbildung essentiell; im Hochschulbereich ist allerdings Art. 12 I GG zu beachten.[40] Außerhalb der Pflichtschulen darf der Zugang an hinreichende **Deutschkenntnisse** geknüpft werden (für den Pflichtschulbereich: Art. 37 a BayEUG);[41] aus den nicht-derivativen Schutzgehalten des Art. 128 I (Rn. 9) können jedoch Pflichten zur Sprachförderung erwachsen. Im Bereich derivativer Teilhabe konkretisiert Art. 128 I Rechtspositionen, die ansonsten bereits aus dem **allgemeinen Gleichheitssatz** folgen würden.[42] **Spezielle Gleichheitssätze** können den Schutzgehalt des Art. 128 I verstärken. Dies gilt sowohl im Bereich der Gleichberechtigung von Mann und Frau (Art. 118 II)[43] als auch im Bereich der Förderung **Behinderter** (Art. 118 a; hier scheint ältere Rspr. im Lichte des neueren Art. 118 a z. T. überprüfungsbedürftig.[44] Das Ziel der Chancengleichheit soll nach der Intention des Art. 128 I **nicht zu einer Nivellierung oder Absenkung der Anforderungen führen;** ebenso wenig steht er einer besonderen Förderung besser Begabter entgegen; vielmehr fügt sich der Chancengleichheitsgedanke ein in den Auftrag des Art. 128 I, ein **differenziertes,** den je unterschiedlichen Begabungen gerecht werdendes Bildungssystem zu errichten.[45]

9   **e) Schaffung und Ausgestaltung eines Art. 128 I gerecht werdenden Bildungssystems (originäre Teilhabe).** Art. 128 I mag in erster Linie auf die Eröffnung des chancengleichen Zugangs zu Bildungseinrichtungen in der Gestalt, wie sie jeweils eingerichtet sind, gerichtet sein,[46] sie erschöpft sich in dieser Dimension der Gewährung rein derivativer Teilhabe jedoch nicht, sondern schließt (i. V. m. Art. 133 I 1; Art. 133 Rn. 5) auch die – sachlich vorgelagerte – Dimension einer Art. 128 I gerecht werdenden **Schaffung und Ausgestaltung von Bildungseinrichtungen** ein. Nach der Rspr. des VerfGH[47] muss der Staat aufgrund von Art. 128 I im Rahmen der gegebenen Möglichkeiten Vorkehrungen dafür treffen, dem Einzelnen die Chance seiner beruflichen und bildungsmäßigen Entfaltung zu gewährleisten; er genügt dieser Pflicht im Allgemeinen durch Bereitstellung und Bereithaltung der entsprechenden Einrichtungen der schulischen Aus- und Fortbildung; seine Aufgabe ist es, im Rahmen des Möglichen ein Bildungssystem bereitzustellen, das der Bildungsfähigkeit der Schüler soweit wie möglich gerecht wird. Die originär-teilhaberechtliche Dimension der Schaffung (kapazitätsmäßig) ausreichender Bildungseinrichtungen und ihrer hinreichend differenzierten (begabungsgerechten) Ausgestaltung ist

---

allerdings aus dem „Recht auf Bildung" kein Anspruch auf Aufnahme in eine ganz bestimmte Schule folgen. Nach hier vertretener Ansicht kann sich der derivative Teilhabeanspruch auf chancengleichen Zugang – freilich nach Maßgabe der Zugangskriterien der Art. 128 I, 132 – sehr wohl auch auf einzelne Schulen beziehen.

[40] VerfGH 24, 1 (26 f.); zum bundesrechtlichen Verbot von Landeskinderklauseln für den Hochschulzugang siehe Rn. 6.

[41] VerfGH 28, 24 (42).

[42] Vgl. VerfGH 39, 87 (95). Kritisch: *Stettner,* in: Nawiasky/Schweiger/Knöpfle, Art. 128 Rn. 15.

[43] VerfGH 38, 16 (27): Ausschluss von Knaben vom Sozialwissenschaftlichen Gymnasium.

[44] VerfGH 28, 99 (103); 39, 87 (95); 59, 200 (205 f.).

[45] VerfGH 34, 196 (117); *Meder,* Art. 128 Rn. 1a.

[46] VerfGH 7, 9 (14); 51, 109 (118).

[47] VerfGH 24, 1 (LS 8 b); 28, 99 (LS 2); 39, 87 (95); VerfGH v. 9. 10. 2007 – Vf. 14-VII-06, V. 3.

damit in Art. 128 I prinzipiell enthalten. Freilich sind hierbei die bereits in Rn. 5 herausgearbeiteten **Grenzen** zu beachten: Die Verwirklichung der Pflicht steht erstens von vornherein unter dem **Vorbehalt des Möglichen;** sie wird durch die begrenzte Finanzkraft des Staates und die verfassungsrechtlichen Bestimmungen über die Haushaltsführung eingeschränkt;[48] dieser Vorbehalt gilt nicht nur bei weiterführenden Schulen und Hochschulen, sondern auch im Elementarbereich.[49] Die staatlichen Organe, namentlich der Gesetzgeber, verfügen zweitens über – von den Gerichten zu respektierende – **Gestaltungsspielräume.**[50] Art. 128 I kann schließlich nur verletzt sein, wenn der Gesetzgeber die in ihm statuierte **Zielvorgabe in krasser Weise verkennt.**[51] Zu Recht hält der VerfGH vor diesem Hintergrund daran fest, der Staat sei nicht verpflichtet, so viele Ausbildungsstätten und -möglichkeiten zu schaffen, dass jedermann an jedem Ort die ihm am besten entsprechende Ausbildung erhalten kann; Art. 128 I gebietet es insbesondere nicht, für eine nur geringe Anzahl von Schülern unter unverhältnismäßig großem Aufwand Bildungseinrichtungen zu unterhalten[52] (siehe auch Art. 133 Rn. 5). Art. 128 I schreibt keine ganz bestimmten Unterrichtsangebote und -inhalte vor.[53] Das Ziel einer begabungs- und neigungsgerechten Ausgestaltung des Bildungswesens als solches bleibt nichtsdestoweniger verbindlich; die (untereinander in einem Spannungsverhältnis stehenden) Ziele der hinreichenden **Differenzierung** einerseits, der hinreichenden **Durchlässigkeit** andererseits und schließlich einer hinreichend **flächendeckenden** und **kapazitätsmäßig ausreichenden** Ausgestaltung des Bildungsangebots müssen im Rahmen des Möglichen mit geeigneten Mitteln verfolgt werden; sie dürfen bei der Bildungsplanung nicht in krasser Weise verkannt werden.

f) Anwendungsfelder (soweit noch nicht genannt). Aus Art. 128 I ergeben sich **10** Maßgaben einer chancengleichen Ausgestaltung des **Prüfungswesens.**[54] Von Bedeutung ist Art. 128 I auch für die **Hochschulzulassung,**[55] wobei in diesem Bereich vor allem die Rechtsprechung des BVerfG zu Art. 12 I GG prägend geworden ist und frühere Judikate des VerfGH z.T. auch überholt hat.[56] Besonders Begabten muss keine vorzeitige Einschulung gestattet werden.[57]

2. Begabtenförderung (Absatz 2)

a) Rechtsnatur. Art. 128 II ist nach der Rspr. des VerfGH ein verbindlicher **Verfas- 11 sungsauftrag,** der objektive Pflichten hervorbringt, nicht jedoch ein subjektives Recht oder Grundrecht.[58] Der hier (anders als in Abs. 1) nicht ausdrücklich als Anspruch ausgestaltete Wortlaut mag dies nahe legen, dennoch erscheint die kategorische Ablehnung subjektiver Rechte nach hier vertretener Ansicht auch bei Absatz 2 fragwürdig. Zu bedenken ist dabei, dass Absatz 2 nichts weiter als eine Modalität bezeichnet (nämlich die Förderung Begabter, nötigenfalls aus öffentlichen Mitteln), wie der aus Absatz 1 folgende (nach hier

---

[48] VerfGH 24, 1 (25); 28, 143 (162 f.); 36, 126 (136); 37, 126 (131); 38, 16 (27); BVerfGE 33, 303 (333).
[49] VerfGH 28, 99 (Ls. 2); 35, 126 (135 f.).
[50] VerfGH 38, 152 (161); 41, 4 (12).
[51] So in anderem Kontext VerfGH 59, 109.
[52] VerfGH 17, 30 (33); 24, 1 (25); 27, 99 (103); 35, 126 (136); VerfGH v. 9. 10. 2007 – Vf. 14-VII-06, V. 1. B. bb., V. 5.
[53] VerfGH 39, 87 (92).
[54] *Stettner,* in: Nawiasky/Schweiger/Knöpfle, Art. 128 Rn. 13 und *Meder,* Art. 128 Rn. 2e m. w. N.; VerfGH 34, 106 zum qualifizierenden Hauptschulabschluss; VerfGH 34, 14 zur Leistungsbewertung bei Legasthenikern; VerfGH 41, 13 und 41, 17 zu Wiederholungsmöglichkeiten von Prüfungen; VerfGH 21, 59 und 26, 18 zur Bedeutung von Vorstrafen.
[55] *Stettner,* in: Nawiasky/Schweiger/Knöpfle, Art. 128 Rn. 18 ff. und *Meder,* Art. 128 Rn. 2 bis 2d m. w. N.; VerfGH 17, 1; 24, 1; 26, 101; 28, 143; 38, 152.
[56] BVerfGE 33, 303; 40, 325; 43, 291; 59, 1, dazu: *Jarass/Pieroth,* Art. 12 Rn. 84 ff. m. w. N.
[57] VerfGH 7, 9 (14); 23, 181 (189), 51, 109 (118).
[58] VerfGH 24, 1 (26); 34, 82 (89); 37, 82 (89); 59, 63 (79).

vertretener Ansicht subjektiv-rechtliche, Rn. 5) Anspruch auf chancengleichen Zugang zu Bildungseinrichtungen ohne Rücksicht auf wirtschaftliche Verhältnisse oder die Stellung der Eltern (siehe auch Art. 132 S. 2) zu verwirklichen ist. Wenn aber Art. 128 II nur der Verwirklichung des bereits in Art. 128 I grundgelegten Anspruchs auf Zugang dient, so liegt es nahe, ihn am **Grundrechtscharakter** des Absatzes 1 teilnehmen zu lassen. Freilich gelten auch hier die in Rn. 5, 9 herausgearbeiteten immanenten Grenzen (Vorbehalt des Möglichen, Gestaltungsspielraum, Verletzung nur bei krasser Verkennung der in Art. 128 II ausgesprochenen Zielvorgabe).

12   **b) Begabte.** Begabte im Sinne des Art. 128 I sind nicht nur Hochbegabte, sondern alle für einen bestimmten Ausbildungsgang Befähigte, deren Zugang zur Bildung aufgrund wirtschaftlicher Umstände gefährdet ist.[59] Zweck des Art. 128 I ist nicht in erster Linie der einer rein leistungsorientierten Eliteförderung; vielmehr geht es um den **sozialstaatlichen Anspruch**[60] der breit gestreuten Eröffnung von Bildungschancen für alle Bevölkerungsschichten (vgl. erneut Art. 132 S. 2), der den Zugang zu Hochschulen und elitären Bildungseinrichtungen zwar einschließt, sich hierin aber nicht erschöpft, sondern alle Schularten umfasst. Dessen ungeachtet ist es vor Art. 128 legitim und im Grunde auch erforderlich, besonders Begabten auch eine besondere Förderung angedeihen zu lassen, also echte **Eliteförderung** zu betreiben; dieser Anspruch folgt aber weniger aus Art. 128 II, als bereits aus Art. 128 I, der allen Bewohnern Bayerns – und darunter auch den besonders Begabten – eine ihnen gerecht werdende Bildungschance gewähren will.[61]

13   **c) Nötigenfalls Ermöglichung des Besuchs aus öffentlichen Mitteln.** Aus Art. 128 II lässt sich nicht ableiten, dass der Besuch staatlicher Schulen oder Hochschulen generell kostenfrei zu sein hätte; jenseits des Schulpflichtbereichs (Art. 129 II) sind **Schulgelder, Studiengebühren/-beiträge** etc. mit Art. 128 grundsätzlich vereinbar; auch **Beförderungskosten** müssen nicht etwa allgemein getragen werden.[62] Notwendig werden kann es aus Art. 128 II jedoch, dass solchen Auszubildenden, die die (allgemein zulässigen) Kosten nicht zu tragen vermögen, diese erlassen oder aus öffentlichen Mitteln ersetzt werden. Da die Kostentragungspflicht nur „nötigenfalls" greift, kann es auch zulässig sein, Ausbildungswillige auf (sozialverträgliche) **Darlehensmodelle** zu verweisen (vgl. die Studienbeitragsdarlehen nach Art. 71 VII BayHSchG), sofern diese die Auszubildenden nicht unzumutbar belasten und eine Wahl des gewünschten Ausbildungsgangs nicht übermäßig erschweren. Für Schüler von **Privatschulen** muss nicht die gleiche Begabtenförderungsregelung gelten wie für Schüler öffentlicher Schulen.[63]

14   **d) Verwirklichung.** Der Anspruch des Art. 128 II wird in erheblichem Umfang durch bundesrechtliche Regelungen, namentlich das **BAföG**, eingelöst. Daneben bleibt in mehrfacher Hinsicht Raum für eine eigenständige landesrechtliche Begabtenförderung.[64] Das früher großzügige und bundesweit einzigartige Stipendienwesen des **BayBFG** ist mittlerweile durch eine überwiegend ideelle Förderung (Aufnahme in ein „Exzellenzprogramm") des **BayEFG** ersetzt worden. Derartige ideelle Hochbegabtenförderung ist vom Auftrag des Art. 128 I (begabungsgerechte Ausbildung) getragen und legitimiert, mit dem spezifisch sozialstaatlichen Anspruch des Art. 128 II indes hat sie wenig zu tun; solange und soweit das BAföG in die Bresche springt, ist Art. 128 II nichtsdestoweniger Genüge getan. Eine Besonderheit der bayerischen Begabtenförderung ist die 1852 von König

---

[59] A. A. – für RhPf –: *Hennecke,* in: Grimm/Caesar, RhPfVerf, Art. 31 Rn. 5.

[60] *Stettner,* in: Nawiasky/Schweiger/Knöpfle, Art. 128 Rn. 19.

[61] Vgl. VerfGH 34, 106 (117) im Kontext der Hauptschule.

[62] VerfGH 5, 243 (261); 12, 21 (33); 36, 26 (34); 37, 126 (131); 43, 1 (11); VerfGH v. 9. 10. 2007 – Vf. 14-VII-06, V. 3.; s. a. VerfGH 40, 45 (50): kein allgemeiner Subventionsanspruch für Ausbildungskosten.

[63] VerfGH 21, 164.

[64] *Hennecke,* in: Grimm/Caesar, RhPfVerf, Art. 31, Rn. 6.

Maximilian II. gegründete und nunmehr als Stiftung des öffentlichen Rechts organisierte **Stiftung Maximilianeum.**[65]

Art. 129 [Schulpflicht; Unentgeltlichkeit]

(1) Alle Kinder sind zum Besuch der Volksschule und der Berufsschule verpflichtet. (2) Der Unterricht an diesen Schulen ist unentgeltlich.

Parallelvorschriften im GG und anderen Landesverfassungen: Art. 14 BaWüVerf; Art. 30 I BbgVerf; Art. 30 f. BremVerf; Art. 56 I 1, 59 HessVerf; Art. 15 I 2 M-VVerf; Art. 4 II 1 NdsVerf; Art. 8 II, 9 NRWVerf; Art. 102 I 2, IV 1 SächsVerf; Art. 25 II, 26 IV VerfLSA; Art. 8 I SchlHVerf; Art. 23 I , 24 III ThürVerf.

Rechtsprechung: BVerfGE 34, 165; 88, 40; BVerfG-K v. 31. 5. 2006 – 2 BvR 1693/04; VerfGH 5, 243; 7, 9; 22, 57; 28, 99; 29, 191; 29, 244; 34, 135; 37, 126; 40, 45; 43, 1; 51, 109; 55, 189; 57, 156; SachsAnhVerfGH, LKV 2003, 131.

Literatur: Fetzer, Die Zulässigkeit der Schulpflicht nach Art. 7 I GG, RdJB 1993, 91; *Hebeler/Schmidt,* Schulpflicht und elterliches Erziehungsrecht – Neue Aspekte eines alten Themas?, NVwZ 2005, 1368; *Zinell/Kammerer,* Schulverweigerung als gesellschaftliches und juristisches Problem, VBlBW 2006, 99.

Übersicht

I. Allgemeines

1. Bedeutung

Art. 129 normiert in Abs. 1 die **allgemeine Schulpflicht** für Volks- und Berufsschulen **1** und garantiert in Abs. 2 im Gegenzug die **Unentgeltlichkeit** des Unterrichts an diesen Schulen. Die Statuierung einer allgemeinen und unentgeltlichen Schulpflicht ist Korrelat und zentrales Instrument der Verwirklichung des in Art. 128 I ausgesprochenen **Rechts auf Bildung.**[1] Sie hat eine dezidiert **egalitär-demokratische** wie **sozialstaatliche Stoßrichtung;** das Anliegen, Kinder aller Volksschichten zumindest eine bestimmte Zeit zur gemeinsamen Unterrichtung zusammenzufassen, bedeutet eine grundsätzliche Absage an aristokratische Unterrichtsformen (Hausunterricht) sowie an die Sonderung der Schüler nach Klassen, Ständen und sonstigen Schichtungen.[2] Die Schulpflicht dient der **Integration** der Schüler; sie sollen zu tüchtigen Mitgliedern der Gemeinschaft erzogen werden und durch den gemeinsamen Schulbesuch **in das Gemeinschaftsleben hineinwachsen;** dieses Ziel kann durch die individuelle elterliche Erziehung nicht erreicht werden.[3] Schließlich richtet sich die Schulpflicht auf die **Heranbildung verantwortlicher Staatsbürger in einer pluralistischen Gesellschaft:** „Soziale Kompetenz im Umgang auch mit Andersdenkenden, gelebte Toleranz, Durchsetzungsvermögen und

---

[65] Vgl. dazu VerfGH 27, 1, wo die Grundbestimmungen des Maxilaneums, da sie Ausdruck privater Willensbestimmung, nicht aber hoheitlicher Rechtsetzung seien, als nicht popularklagefähig angesehen wurden, so dass die in den Grundbestimmungen vorgesehene Beschränkung auf männliche Stipendiaten (dahingehend war die Bezeichnung „talentvolle bayerische Jünglinge" jedenfalls ausgelegt worden) zunächst bestehen blieb. Seit 1980 besteht die Wittelsbacher Jubiläumsstiftung als Zustiftung für weibliche Stipendiatinnen.

[1] *Badura,* in: Maunz/Dürig, Art. 7, Rn. 5, 54.

[2] BVerfGE 88, 40 (49 f.); Prot. II, S. 346.

[3] VerfGH 7, 9 (13 f.); 55, 189 (195).

Selbstbehauptung einer von der Mehrheit abweichenden Überzeugung können effektiver eingeübt werden, wenn Kontakte mit der Gesellschaft und den in ihr vertretenen Auffassungen nicht nur gelegentlich stattfinden, sondern Teil einer mit dem regelmäßigen Schulbesuch verbundenen Alltagserfahrung sind."[4]

2. Entstehung

2   Art. 129 BV geht auf Art. 80 VE/87 E zurück. Er war ursprünglich im Abschnitt „Die Einzelperson" im Kontext weiterer „Grundpflichten" verortet und wurde im VA – wie Art. 128 BV – um des Sachzusammenhangs willen, nicht um seinen Inhalt zu ändern, in den Abschnitt über Bildung und Schule verwiesen. Schulpflicht und Unentgeltlichkeit wurden auf die Berufsschulen erstreckt. Die im VE vorgesehene Lernmittelfreiheit war bereits in der Vorbereitenden Verfassungskommission fallen gelassen worden. V. a. um den „aristokratischen" *(Nawiasky)* Hausunterricht auszuschließen, wurde das Wort „grundsätzlich" gestrichen; dass ansonsten der Schulpflicht nicht nur durch den Besuch öffentlicher Volks- und Berufsschulen, sondern auch durch Besuch anderer weiterführenden Schulen (z. B. Gymnasium) und von Privatschulen (Art. 134) genügt werden kann, sollte dadurch nicht in Frage gestellt werden.[5]

3. Verhältnis zum Grundgesetz

3   Die Schulpflicht wird im GG nicht ausdrücklich normiert; im Grundsatz dürfte sie, wie insbesondere der Kontext des Art. 7 II, IV 3, V GG (ausnahmsweises Recht zur Entscheidung über die Teilnahme am Religionsunterricht; keine Sonderung nach Besitzverhältnissen; erschwerte Voraussetzungen für die Zulassung privater Volksschulen) deutlich macht, jedoch bereits im staatlichen Erziehungs- und Bildungsauftrag des Art. 7 I GG angelegt sein; ganz unstreitig ist sie jedenfalls mit dem Grundgesetz vereinbar.[6] Auch zur Frage der Unentgeltlichkeit der Pflichtschulen sagt das GG nichts Ausdrückliches. Dass indes auch die öffentlichen Pflichtschulen nicht zu einer Sonderung nach den Besitzverhältnissen führen dürfen (d. h. Kostenfreiheit/-ersatz zumindest für Bedürftige bestehen muss), wird man im Wege eines Erst-recht-Schlusses aus der Regelung zu den Privatschulen in Art. 7 IV 3 GG sowie aus dem Sozialstaatsprinzip ableiten können. Im Übrigen besteht Gestaltungsfreiheit des Landesverfassungs- oder -gesetzgebers; an der Fortgeltung des Art. 129 besteht kein Zweifel.

II. Einzelkommentierung

1. Schulpflicht (Absatz 1)

4   **a) Rechtsnatur und Wirkkraft; Verhältnis zu anderen Gewährleistungen.** Die in Art. 129 I statuierte Schulpflicht ist in der Terminologie der BV eine die Kinder und (nach Sinn und Zweck notwendig über den engeren Wortlaut hinausgehend[7]) auch die Eltern treffende staatsbürgerliche **Grundpflicht;**[8] nicht zuletzt die ursprünglich vorgesehene Einreihung in die Grundpflichten der Einzelperson (Rn. 2) macht dies deutlich. Aus der Qualifizierung als Grundpflicht folgt nicht, dass der Vorbehalt des Gesetzes ausgehebelt und eine gesetzliche Anordnung und nähere Ausgestaltung der Schulpflicht (Art. 35 ff. BayEUG) entbehrlich wäre; sehr wohl jedoch folgt aus ihr, dass die Schulpflicht eine **verfassungsunmittelbare Rechtfertigung** in sich trägt und etwaigen kollidierenden Ver-

---

[4] BVerfG-K vom 31. 5. 2006 – 2 BvR 1693/04, Abs.-Nr. 16.

[5] Prot. I, 250 f.; II 345 f.; *Stettner,* in: Nawiasky/Schweiger/Knöpfle, Art. 129 Rn. 1 f.

[6] BVerfGE 34, 165 (187); BVerfG-K vom 31. 5. 2006, Abs.-Nr. 9; *Schmitt-Kammler,* in: Sachs, Art. 7 Rn. 11 ff.; *Gröschner,* in: Dreier, Art. 7 Rn. 27.

[7] Die Formulierung „alle Kinder" statt „es besteht allgemeine Schulpflicht" hatte rein sprachästhetische Gründe, vgl. *Hoegner,* Prot. I, S. 250.

[8] VerfGH 55, 189 (195); *Stettner,* in: Nawiasky/Schweiger/Knöpfle, Art. 129 Rn. 4 bis 6, auch zum Folgenden.

fassungspositionen auf gleichem Fuße gegenübertreten kann: So bedeutet die Schulpflicht zwar eine **Einschränkung von Grundrechten der Eltern und Kinder bzw. sonstiger Dritter,** namentlich des elterlichen Erziehungsrechts (Art. 126 I), der Handlungsfreiheit des Schülers und der Gewerbefreiheit etwaiger Ausbildungsbetriebe (Berufsschulpflicht!)[9] – eine Einschränkung indes, die in Art. 129 I, der mit diesen Rechten in gleichem Range steht, ihre verfassungsunmittelbare Rechtfertigung findet. Auch vor der **Religionsfreiheit** von Eltern und Schülern (Art. 107) hat die Pflicht zum Besuch einer christlichen Gemeinschaftsschule (Art. 135), die die gebotene Neutralität und Toleranz in religiösen Fragen achtet (Art. 136 I), Bestand;[10] dies gilt für fundamentalistische Christen, denen die christliche Gemeinschaftsschule zu säkular, wie für Atheisten oder Andersgläubige, denen sie zu christlich ist, gleichermaßen; etwaige Rücksichtnahmepflichten im Einzelnen (Befreiung von Unterrichtsteilen; Kreuz im Schulzimmer etc., vgl. Kommentierungen zu Art. 135, 136)[11] berühren nicht die Zulässigkeit der Schulpflicht an sich. Es wäre überspitzt, aus der Tatsache, dass die Schulpflicht in Grundrechte eingreift, zu folgern, ihre Ausgestaltung müsse – so, wie normalerweise in Fällen einseitiger Rechtfertigungsbedürftigkeit von Grundrechtseingriffen – im strengen Sinne **verhältnismäßig,** d. h. strikt auf das unbedingt erforderliche und zumutbare Maß beschränkt bleiben.[12] Vielmehr bestehen die Schulpflicht und der staatliche Erziehungsauftrag unmittelbar von Verfassungs wegen (Art. 129 I, 130 I); sie sind den Grundrechten der Kinder und Eltern gleich- und nicht etwa nachgeordnet.[13] Die Grundrechte von Eltern und Kindern sind durch die in der Verfassung selbst statuierte Schulpflicht von vornherein immanent beschränkt, so dass die Schulpflicht an sich vor diesen Grundrechten auch nicht gerechtfertigt werden muss, sondern bereits verfassungsrechtlich gerechtfertigt ist. Freilich mag die dem Gesetzgeber aufgetragene nähere Ausgestaltung und Bemessung der Schulpflicht in den Rechten der Eltern und Kindern an (äußere) Grenzen stoßen oder mag es bei dieser Ausgestaltung nötig sein, staatlichen Erziehungsauftrag und elterliches Erziehungsrecht zu einem schonenden Ausgleich zu bringen. Unzutreffend beschrieben ist das Verhältnis von Schulpflicht und Elternrecht jedoch, wenn es an Kategorien einseitiger Rechtfertigungslast (Übermaßverbot, Erforderlichkeit, mildestes Mittel etc.) gemessen wird, wie sie für den Eingriff in nicht bereits von vornherein verfassungsimmanent beschränkte Grundrechte gelten; vielmehr ist dem Gesetzgeber ein **Ausgestaltungsspielraum zuzubilligen, der über das bei einseitigen Grundrechtseingriffen geltende Maß hinausgeht.** Etwa für die aktuelle Frage, ob der Staat auch eine **Ganztagsschulpflicht** anordnen dürfte, ist all dies von unmittelbarer Bedeutung (Rn. 6).

b) Erfüllung der Schulpflicht. Die Schulpflicht bezieht sich laut Art. 129 I auf **5 Volksschulen** und **Berufsschulen.** In welcher Weise die Schulpflicht zu erfüllen ist, gestalten die **Art. 35 ff. BayEUG** näher aus; sie sehen dabei eine Vollzeitschulpflicht und – nach ihrem Ende – die Berufsschulpflicht vor. Soweit die BV (v. a. in Art. 128 I, 132, 136 II 1) ein **ausdifferenziertes,** den unterschiedlichen Begabungen und Lebensberufen gerecht werdendes Bildungssystem verlangt und der Gesetzgeber deswegen ein **gegliedertes Schulwesen** eingerichtet hat, kann nicht zweifelhaft sein, dass der Schulpflicht auch durch den Besuch solcher Schulen (z. B. Gymnasium Realschule etc.) genügt werden kann, die der Gesetzgeber als **Ersatz** für die Volksschule oder Berufsschule vorgesehen hat (zur Entstehungsgeschichte siehe bereits Rn. 2); das BayEUG (Art. 36 I) trägt dem Rechnung; Gleiches gilt für den Besuch von nach Art. 134 zulässigen **Privatschulen.**[14] Grundsätzlich mit Art. 129 I unvereinbar ist jedoch der **private Hausunterricht;** dies gilt nicht

---

[9] *Ennuschat,* in: Löwer/Tettinger, NRWVerf, Art. 8, Rn. 37.

[10] VerfGH 55, 189 ff.; BVerfG-K v. 31. 5. 2006.

[11] Vgl. *Ennuschat,* in: Löwer/Tettinger, Art. 8 Rn. 45 ff.

[12] In diese Richtung aber *Ennuschat,* in: Löwer/Tettinger, Art. 8 Rn. 38.

[13] VerfGH 55, 189 (194) m. w. N.

[14] Prot. II, S. 346; *Meder,* Art. 129 Rn. 2, *Stettner,* in: Nawiasky/Schweiger/Knöpfle, Art. 129 Rn. 6; VerfGH 40, 45 (49).

nur für den klassischen „aristokratischen" Privatunterricht, sondern auch für die neuere Erscheinung des aus religiösen Gründen gewählten Fernbleibens von der öffentlichen Schule;[15] privater Zusatzunterricht ist selbstverständlich zulässig. **Schulstreiks** und sonstige Unterrichtsverweigerungen sind unzulässig.[16] Die Schulpflicht kann zwangsweise durchgesetzt **(Schulzwang)** und ihre Verletzung mit **Sanktionen** belegt werden (Art. 118 ff. BayEUG). Aus Art. 129 folgt auch ein Auftrag zur nötigenfalls zwangsweisen Durchsetzung; die Duldung von Schulverweigerung ist verfassungsrechtlich rechtfertigungsbedürftig.

6   **c) Einzelfragen der Ausgestaltung.** Allgemein zu dem dem Gesetzgeber (auch im Lichte kollidierender Grundrechte) zukommenden Ausgestaltungsspielraum siehe bereits Rn. 4. Bei der Bemessung des **Schuleintrittsalters** hat der Gesetzgeber einen Gestaltungsspielraum; er darf typisieren und generalisieren; ein Anspruch auf vorzeitige Einschulung besonders Begabter kann gesetzlich eingeräumt werden, ist verfassungsrechtlich indes nicht zwingend.[17] Auch die schrittweise **Herabsetzung des Einschulungsalters** durch Art. 37 I, IV BayEUG unterliegt keinen Bedenken; auch eine noch weitere Absenkung – etwa auf generell fünf Jahre (wie in anderen europäischen Ländern) – wäre verfassungskonform. Die Schulpflicht darf jedoch nur für Bildungseinrichtungen begründet werden, die wesensmäßig der Schule zuzurechnen sind; eine generelle Pflicht zum Besuch eines **Kindergartens** hat der VerfGH deswegen in einem obiter dictum als unzulässig bezeichnet.[18] Hieraus wird man nicht schließen können, dass es nicht zumindest in besonderen Konstellationen (z. B. wenn der Besuch vorschulischer Einrichtungen zur Vorbereitung des Schuleintritts erforderlich erscheint, z. B. aus Gründen des Spracherwerbs für Kinder mit nichtdeutscher Muttersprache) zulässig sein kann, auch eine Pflicht zur Inanspruchnahme vorschulischer Angebote anzuordnen; vgl. derzeit Art. 37 a BayEUG. Am grundsätzlichen Primat der Freiwilligkeit im vorschulischen Bereich wird im Lichte des Art. 126 I jedoch festgehalten werden müssen.[19] Die **Dauer der Schulpflicht** (Art. 37 III BayEUG: neun Jahre Vollzeitschulpflicht) muss nicht das gesamte Unterrichtsangebot der Volksschule ausschöpfen (Bsp.: 10. Jahrgangsstufe an Hauptschulen).[20] Umgekehrt griffe es zu kurz, die Schulpflicht des Art. 129 I, der bewusst von „Volksschule" und nicht von „Grundschule" spricht[21], allein auf die Grundschule zu beziehen (auch wenn nach der Grundschule der Besuch der Volksschule durch andere Schularten ersetzt werden kann); etwaige Pläne zu einer **Abschaffung der Hauptschule** hätten deswegen zu bedenken, dass Art. 129 I verlangt, dass in diesem Falle eine andere Pflichtschule an die Stelle der Hauptschule zu treten hätte, die zusammen mit der Grundschule eine Art. 129 II (Kostenfreiheit) sowie Art. 135 (Gemeinschaftsschule) genügende „Volksschule" (vgl. jetzt Art. 7 BayEUG) zu bilden hätte. Die Einführung von verpflichtenden **Ganztagsschulen** wäre von Art. 129 I, 130 I gedeckt; sie allein deswegen als Verstoß gegen das Elternrecht anzusehen, weil sie (bislang) nicht erforderlich (gewesen) seien, verkennt den Gestaltungsspielraum des Gesetzgebers; der Primat des Elternrechts für die außerschulische Erziehung ist jedoch zu wahren (was betreuende Elemente oder soziale Aktivitäten im Rahmen der Schulpflicht jedoch nicht ausschließt).[22] Die Bildung von grundsätzlich verpflichtenden **Schulsprengeln** ist dem Schulpflichtgedanken immanent; eine übermäßige Lockerung des Sprengelprinzips gefährdet den in Rn. 1 geschilderten Zweck der Schulpflicht.

---

[15] Prot. II, S. 346; VerfGH 55, 189 (201); BVerfG-K vom 31. 5. 2006; zu einer Ausnahme aus gesundheitlichen Gründen: VerfGH 28, 99 (102 ff.).

[16] *Meder*, Art. 129 Rn. 1; *Ennuschat*, in: Löwer/Tettinger, NRW Verf., Art. 8 Rn. 45.

[17] VerfGH 7, 9 (14); 51, 109 (115).

[18] VerfGH 29, 191 (210, 216); *Stettner*, in: Nawiasky/Schweiger/Knöpfle, Art. 129, Rn. 7.

[19] *Badura*, in: Maunz/Dürig, Art. 7 Rn. 54.

[20] So schon *Hoegner*, Prot I, S. 250.

[21] Der Unterschied war 1946 bekannt, vgl. Prot. I, S. 250.

[22] Vgl. schon Rn. 4; a. A. *Ennuschat*, in: Löwer/Tettinger, NRW Verf, Art. 8 Rn. 38. Zum Streitstand: Schmitt-Kammler, in: Sachs, Art. 7 I Rn. 19; s. a. SachsAnhVerfG LKV 2003, 131.

2. Unentgeltlichkeit (Absatz 2)

a) Bedeutung und Rechtsnatur. Die Anordnung der Unentgeltlichkeit des Unter- 7
richts an Volks- und Berufsschulen in Abs. 2 ist folgerichtiges Gegenstück der auf diese
Schulen bezogenen Anordnung der Schulpflicht in Abs. 1: **Pflichtschulen sollen unentgeltlich sein**; „wer eine Pflicht erfüllt, braucht dafür nicht zu zahlen".[23] Die **Rechtsnatur**
der Gewährleistung ist nicht ins letzte geklärt;[24] der VerfGH behandelt sie jedenfalls als
unmittelbar geltendes objektives Verfassungsrecht; ob es sich um ein Grundrecht handelt,
hat er offen gelassen.[25] Nach hier vertretener Ansicht kann die **Grundrechtseigenschaft**
bejaht werden. Hierfür sprechen nicht nur der enge Zusammenhang von Grundpflicht
(Abs. 1; Rn. 4) und korrespondierendem Grundrecht (Abs. 2 als Gegenstück zu Abs. 1; siehe
oben) und die ursprüngliche, nur aus Sachzusammenhangsgründen aufgegebene Verortung im Abschnitt zur Einzelperson (Rn. 2), sondern auch der unlösbare Zusammenhang zu dem nach hier vertretener Ansicht seinerseits grundrechtlichen Recht auf
Bildung in Art. 128 I (Art. 128, Rn. 5). Hinzu kommt, dass es im Fall der Unentgeltlichkeit
der Schulpflicht nicht um ein (ggf. problematisches) echtes Leistungsrecht, sondern eher
um die negatorische Abwehr einer zusätzlichen Belastung (Kosten) im Rahmen einer bereits angeordneten Pflichtenstellung (Schulpflicht) geht.[26]

b) Beschränkung auf Volks- und Berufsschulen. Nur der Unterricht an Volks- und 8
Berufsschulen muss nach Art. 129 II unentgeltlich sein; Art. 129 II statuiert nach st. Rspr.
des VerfGH[27] **keine allgemeine Schulgeldfreiheit** auch für Schulen, die freiwillig anstelle der Volksschule besucht werden. Die Entstehungsgeschichte gibt keinen Anhalt, dass
vom vorrechtlichen Gesamtbild der damals üblichen Schulgeldpflichtigkeit abgewichen
werden sollte. Art. 129 II lässt sich nicht als Ausdruck eines allgemeinen Grundgedankens
der Unentgeltlichkeit öffentlicher Schulen verstehen. Soweit der Zugang zur unentgeltlichen Volksschule verwehrt und der Schüler stattdessen auf eine **Förderschule** verwiesen
wird (Art. 41 BayEUG), muss der Grundsatz der Unentgeltlichkeit dagegen Erstreckung
finden, da insoweit das Unterscheidungsmerkmal der Freiwilligkeit nicht greift. Soweit
Schulgeldpflicht besteht, kann im Fall der Bedürftigkeit aus anderen Gründen (Art. 128 II,
s. Kommentierung dort; Sozialstaatsprinzip) eine Pflicht zum Erlass bzw. zum Ersatz aus
öffentlichen Mitteln greifen.

c) Beschränkung auf den Unterricht. Nur der **Unterricht** an Pflichtschulen, d. h. die 9
Tätigkeit der Lehrer und die Benutzung der Einrichtungen der Schule (die **Anstaltsnut-
zung** im engeren Sinne; hierzu gehört allerdings auch der verpflichtende Schwimmunter-
richt in einer gemeindlichen Schwimmhalle, die insoweit als Unterrichtsraum gilt[28]), ist
unentgeltlich. Hingegen ordnet die BV – anders als andere Landesverfassungen – nach st.
Rspr. des VerfGH **keine Lernmittelfreiheit** an (dies lässt sich auch entstehungsgeschichtlich belegen; Rn. 2).[29] Das bereits wieder vor seiner Abschaffung stehende Büchergeld nach
Art. 21 BaySchFinG verstieß daher jedenfalls nicht gegen Art. 129 II.[30] In gleicher Weise
folgt aus Art. 129 II für sich genommen auch kein Anspruch auf Ersatz von Kosten für den
Schulweg, für **Verpflegung** (dies würde auch für Ganztagsschulen gelten) oder **Unterbringung** (auch notwendige Heimunterbringung); Art. 129 begründet **keinen allgemei-**

---

[23] *Hoegner*, Prot. I, S. 250; VerfGH 5, 243 (260 f.); 28, 99 (105).

[24] Für Grundrechtscharakter: *Stettner*, in: Nawiasky/Schweiger/Knöpfle, Art. 129 Rn. 11; dagegen:
Meder, Art. 129 Rn. 3.

[25] VerfGH 34, 135 (138).

[26] *Stettner*, in: Nawiasky/Schweiger/Knöpfle, Art. 129 Rn. 11.

[27] VerfGH 5, 243 (260 f.); 12, 21 (33); 36, 25 (36); 37, 126 (131); 57, 156 (160); VerfGH v. 9. 10. 2007 –
Vf. 14-VII-06, V. 3.

[28] VerfGH 34, 135 (140).

[29] VerfGH 22, 57 (61); 29, 244 (261); 34, 100 (102 f.); 37, 120 (191); 40, 45 (49); 57, 156 (160).

[30] Vgl. *Niehues/Rux*, Schul- und Prüfungsrecht, Bd. 1 – Schulrecht, 4. Aufl. 2006, Rn. 1076 f.

nen Subventionierungsanspruch für Ausbildungskosten.[31] Sehr wohl indes strahlt Art. 129, d. h. der Umstand, dass jemandem infolge der Schulpflicht zwangsläufige Kosten entstehen, auf den allgemeinen Gleichheitssatz aus, dergestalt, dass der Gesetzgeber, wenn er sich – über den Mindestgehalt des Art. 129 II hinaus – zum (teilweisen) Kostenersatz entschließt, dem Umstand zwangsläufiger Kostenlast infolge der Schulpflicht (im Vergleich zu freiwilligen Kosten) besonders Rechnung tragen muss (kleinerer Gestaltungsspielraum im Pflichtschulbereich als im allgemeinen Bildungswesen).[32] Überdies greift bei Bedürftigen die Förderpflicht aus Art. 128 II (siehe Art. 128 Rn. 13).

Art. 130 [Staatliche Schulaufsicht]

(1) Das gesamte Schul- und Bildungswesen steht unter der Aufsicht des Staates; er kann daran die Gemeinden beteiligen.
(2) Die Schulaufsicht wird durch hauptamtlich tätige, fachmännisch vorgebildete Beamte ausgeübt.

Parallelvorschriften im GG und anderen Landesverfassungen: Art. 7 I GG; Art. 11, 17 II BaWüVerf; Art. 30 II BbgVerf; Art. 28 BremVerf; Art. 56 I 2, 3 HessVerf; Art. 15 I M–VVerf; Art. 4 II 2 NdsVerf; Art. 8 III NRWVerf; Art. 27 III RhPfVerf; Art. 27 II SaarlVerf; Art. 103 SächsVerf; Art. 29 VerfLSA; Art. 23 ThürVerf.

Rechtsprechung: BVerfGE 26, 228; 34, 165; 41, 29; 45, 400; 47, 46; 52, 223; 53, 185; 58, 257; 59, 360; 93, 1; 96, 288; 98, 218; 108, 282; VerfGH 4, 251; 12, 152; 23, 23; 27, 47; 28, 99; 29, 191; 33, 33; 34, 82; 34, 106, 35, 90; 35, 126; 36, 113; 38, 28; 39, 87; 47, 276; 50, 151; 51, 109; 55, 189; 57, 30; 57, 113; 59, 63; 60, 1.

Literatur: Bothe/Dittmann, Erziehungsauftrag und Erziehungsmaßstab der Schule im freiheitlichen Verfassungsstaat, VVDStRL 54 (1995), 7, 47; *Huber,* Erziehungsauftrag und Erziehungsmaßstab der Schule im freiheitlichen Verfassungsstaat, BayVBl. 1994, 545; *Thiel,* Der Erziehungsauftrag des Staates in der Schule, 2000; *Wißmann,* Pädagogische Freiheit als Rechtsbegriff, 2002.

I. Allgemeines

1. Bedeutung

1 Die in Art. 130 normierte **staatliche Schulaufsicht** ist in einem breiten, umfassenden Sinne zu verstehen, gemeint ist der Inbegriff der Befugnisse des Staates zur **zentralen Ordnung und Organisation** des Schulwesens; die Schulaufsicht umfasst die **Gesamtheit der Organisation, Planung, Leitung und Beaufsichtigung** des Schulwesens[1] – zu verwirklichen durch **gesetzliche Regelung, administrative Überwachung und eigene (staatliche) Schulträgerschaft.**[2] Vor allem in der Gewährleistung von **Chancengleichheit** der Bildung für alle Schüler (die staatliche Schulaufsicht des Art. 130 I ist insoweit Korrelat des Rechts auf Bildung in Art. 128 I) findet die Konzentration der Schulaufsicht beim Staat ihre tragende Rechtfertigung; hinzu kommt (für öffentliche Schulen) das Ziel der Verwirklichung parteipolitischer und religiös-weltanschaulicher Neutralität.[3]

---

[31] VerfGH 37, 126 (131); 40, 45 (49); 57, 156 (160 f.).
[32] VerfGH 37, 126 (133 f.); 40, 45 (49); 43, 1 (7).
[1] VerfGH 47, 276 (293); 57, 30 (35).
[2] *Badura,* in: Maunz/Dürig, Art. 7 Rn. 45 f.
[3] VerfGH 47, 276 (294 f.).

Art. 130 I weist dem Staat einen **Bildungs- und Erziehungsauftrag** zu, der sich nicht in der Vermittlung von „Wissen und Können" (Fertigkeiten und Kenntnissen) erschöpft, sondern auch „Herz und Charakter" (d. h. die Persönlichkeit) bilden soll; das Begriffspaar „Bildungs- und Erziehungsauftrag" stellt insoweit eine untrennbare Einheit dar;[4] der eigenständige Erziehungsauftrag des Staates (Art. 130 I) tritt dem der Eltern (Art. 126 I) im Bereich der Schule gleichgeordnet gegenüber.[5] Inhaltlich gebunden ist die Wahrnehmung der Schulaufsicht durch die Erziehungsziele (Art. 131) und die sonstigen Festlegungen der BV zur Gestaltung des Schulwesens.

2. Entstehung

Art. 130 BV entspricht wortgleich Art. 88 I, II VE und Art. 95 I, II E. Die ursprünglich **2** in Abs. 3 vorgesehene Regelung zur Selbstverwaltung der Universitäten wurde in einen eigenständigen Hochschulartikel ausgegliedert (Art. 138). Kurz diskutiert wurde im VA die Position der Gemeinden (Art. 130 I 2. Hs.) und der Eltern (Elternausschüsse/-beiräte); die Institution der staatlichen Schulaufsicht stand außer Streit.[6]

3. Verhältnis zum Grundgesetz

Auch Art. 7 I GG statuiert – wort- und inhaltsgleich mit Art. 130 I 1. Hs. BV – die Auf- **3** sicht des Staates über das gesamte Schulwesen; nur in dem Zusatz „- und Bildungswesen" geht die BV tendenziell über das GG hinaus (Rn. 6). Art. 130 I 1. Hs. BV stellt neben dieser bundesrechtlichen Parallelgewährleistung – sowohl soweit er inhaltsgleich ist, als auch soweit er über sie hinausgehen sollte (Vorbem. B Wirkkraft LVerfR Rn. 13 ff.) – **fortgeltendes Landesverfassungsrecht** dar.[7] Auch in seiner konkreten Maßstabskraft kann Art. 130 I BV (in Verbindung mit sonstigem bayerischem Schulverfassungsrecht) neben Art. 7 I GG relativ große Bedeutung erlangen, da sich das GG – aus kompetenzieller Rücksichtnahme vor der **Kulturhoheit der Länder** – mit inhaltlichen Festlegungen zur Art und Weise der Wahrnehmung des staatlichen Erziehungsauftrags (Schulsystem, Erziehungsziele, Maß der religiösen Bezüge) weitgehend zurückhält und den Ländern (auch dem Landesverfassungsrecht) damit einen „umfassenden" eigenständigen Gestaltungsspielraum belässt; vor allem bundesrechtliche Grundrechtspositionen von Schülern und Eltern (und ggf. auch Lehrern, str.[8]) können diesem Spielraum aber auch Grenzen setzen.[9] Was das Verhältnis von **kommunaler Selbstverwaltung** und staatlicher Schulhoheit anbelangt, richtet bereits das GG in Art. 28 II und 7 I GG einen verbindlichen Rahmen auf; die Lösung der BV (Zusammenwirken bei der Einrichtung, Art. 133 I 2; fakultative Beteiligung an der Schulaufsicht, Art. 130 I 2. Hs. BV) hält sich in diesem Rahmen.[10] Art. 130 II konkretisiert und verstärkt **Art. 33 IV GG**.

II. Einzelkommentierung

1. Staatliche Schulaufsicht (Absatz 1)

a) **Rechtsnatur.** Aus Art. 130 I folgen für den Einzelnen **keine subjektiven Rechte 4** (zu diesen Art. 128).[11] Art. 130 I ist eine **objektive Norm**,[12] die dem Staat eine Pflicht und Verantwortung zuweist, derer er sich (soweit die Verfassung nicht bereits selbst Freiräume

---

[4] VerfGH 33, 33 (39); 57, 113 (121).

[5] VerfGH 51, 109 (114); 59, 63 (69).

[6] Prot. I, S. 251 f.; II, S. 347; *Stettner*, in: Nawiasky/Schweiger/Knöpfle, Art. 130 Rn. 1.

[7] VerfGH 27, 47 (55); 28, 99 (105).

[8] BVerfGE 108, 382 (298 ff. einerseits und 315 ff. [Sondervotum] andererseits).

[9] BVerfGE 41, 29 (44 ff.); 53, 185 (196); 96, 288 (303 f.); 108, 282 (302); zu eng BVerfGE 93, 1 (21 ff.).

[10] Vgl. BVerfGE 26, 228; *Schmitt-Kammler*, in: Sachs, Art. 7 Rn. 33.

[11] VerfGH 37, 10 (14).

[12] *Meder*, Art. 130 Rn. 1.

vorsieht, z. B. für Privatschulen in Art. 134 oder für Kommunen in Art. 130 I 2. Hs.) auch **nicht** dadurch **entledigen darf,** dass er wesentliche Fragen der Schulgestaltung an die Einzelschule oder dort eingerichtete Selbstverwaltungsgremien delegiert.[13] Des Weiteren kann aus dem in Art. 130 I statuierten verfassungsrechtlichen Erziehungs- und Schulgestaltungsauftrag die sachliche **Rechtfertigung einer Einschränkung von Grundrechten Dritter** (Schüler[14], Lehrer[15]) erwachsen; insbesondere das elterliche Erziehungsrecht (Art. 126 I) erfährt durch Art. 130 I Beschränkungen.[16]

5   **b) „Aufsicht".** Der in Art. 130 I zugrundegelegte **Aufsichtsbegriff** geht über den sonst üblichen, auch juristischen (z. B. Rechts-, Fachaufsicht) Sprachgebrauch weit hinaus.[17] Aufsicht ist in einem **weiten, umfassenden Sinn** zu verstehen, zu ihr gehört die **Befugnis des Staates zur zentralen Ordnung und Organisation** des Schulwesens, d. h. die **Gesamtheit seiner staatlichen Organisation, Planung, Leitung und Beaufsichtigung.**[18] Die Schulaufsicht im Sinne des Art. 130 I kann durch **Rechtsetzung, verwaltungsmäßige Leitung und Aufsicht im engeren Sinne** erfüllt werden.[19] Art. 130 I enthält:

– erstens das umfassende Mandat zur **gesetzlichen Gestaltung** des Schulwesens.[20] Durch die Erweiterung des rechts- und demokratiestaatlichen Gesetzesvorbehalts (Wesentlichkeitslehre; unten Rn. 9) hat der Aspekt der gesetzlichen Ordnung gegenüber der rein administrativen Bewerkstelligung stark an Bedeutung gewonnen.

– zweitens das Mandat zur **administrativen Überwachung** des Schulwesens.[21] Die staatliche Aufsicht kann nach Art und Intensität stark differieren, je nachdem, ob es sich um staatliche Schulen, um nichtstaatliche öffentliche Schulen, um Privatschulen oder um sonstige Bildungseinrichtungen handelt. Namentlich Rechts-, Fach- und Dienstaufsicht sind möglich.[22]

– drittens das Mandat, **staatliche Schulen und Bildungseinrichtungen** zu errichten (Art. 133), d. h. über die Beaufsichtigung fremdverantworteter Bildungsarbeit hinaus selbst Bildungsangebote zu machen und zu verantworten und hierbei den Schülern **unmittelbar als eigenständiger Träger eines Bildungs- und Erziehungsauftrags** gegenüberzutreten. Dass auch insoweit – im Bereich unmittelbar staatlicher Leistungserbringung – von „Schulaufsicht" die Rede ist, hängt damit zusammen, dass schulischer Unterricht als stark personenbezogene und persönlichkeitsabhängige Arbeit von Menschen an Menschen nicht einfach als Ausübung öffentlicher Verwaltung im geläufigen Sinne begriffen werden kann, sondern auch bei staatlichen Schulen und verbeamteten Lehrern stets ein bestimmtes Maß an pädagogischer Freiheit und schulischer Eigenständigkeit einschließen wird (unten Rn. 12), das der Beaufsichtigung bedarf und insofern durch den Ausdruck „Schulaufsicht" adäquat erfasst wird.[23]

6   **c) Schul- und Bildungswesen. Schulen** i. S. d. Art. 130 I sind Einrichtungen der Bildung und Ausbildung, die auf Dauer angelegt sind und ein bestimmtes Erziehungsziel durch planmäßig aufgebauten und ein konsistentes Programm verfolgenden Unterricht verwirklichen; nicht nur allgemeinbildende, sondern auch berufsbildende Schulen sind

---

[13] VerfGH 47, 276 (294).

[14] Z. B. VerfGH 57, 113.

[15] Z. B. VerfGH 60, 1.

[16] Z. B. VerfGH 55, 189; 59, 63.

[17] *Stettner,* in: Nawiasky/Schweiger/Knöpfle, Art. 130 Rn. 5; VerfGH 57, 30 (35).

[18] VerfGH 28, 99 (105); 47, 276 (293); 57, 30 (35).

[19] VerfGH 60, 1 (5).

[20] Zur Unterscheidung von Gestaltungs- und Überwachungsaufgaben auch *Stettner,* in: Nawiasky/Schweiger/Knöpfle, Art. 130 Rn. 5.

[21] *Badura,* in: Maunz/Dürig, Art. 7 Rn. 45 f., auch zum Folgenden.

[22] *Stettner,* in: Nawiasky/Schweiger/Knöpfle, Art. 130 Rn. 5.

[23] *Badura,* in: Maunz/Dürig, Art. 7 Rn. 47.

erfasst.[24] Das staatliche Aufsichtsrecht erstreckt sich − Art. 130 I BV geht insoweit über Art. 7 I GG hinaus − nicht nur auf das Schul-, sondern auch auf das **Bildungswesen.** Was dieser Unterschied im Einzelnen bedeutet, ist noch wenig geklärt. Auch wenn die Schulaufsicht unzweifelhaft im Zentrum des Art. 130 I steht, wird man der Erstreckung auf das gesamte Bildungswesen einen bestimmten Eigen- und Mehrwert nicht völlig absprechen können. So war es richtig, dass der VerfGH den Erziehungs- und Aufsichtsauftrag des Art. 130 I auch auf die **Kindergärten** bezogen hat, auch wenn diese gemeinhin nicht als „Schulen" begriffen werden.[25] Auch dass entstehungsgeschichtlich im Abs. 3 der zu Art. 130 führenden Entwurfsfassung ursprünglich die Hochschulen miterfasst waren (die nunmehr in Art. 138 einer speziellen Regelung zugeführt wurden; siehe Rn. 2), spricht für ein prinzipiell weites Verständnis. Es erscheint insofern zu eng, wenn gesagt wird, die staatliche Aufsicht dürfe sich nur auf staatliche/öffentliche Schulen oder Privatschulen im Sinne des Art. 134 beziehen.[26] Klar ist freilich, dass Art und Intensität der Aufsicht gegenüber **nichtschulischen Bildungseinrichtungen** von klassischer Schulaufsicht stark abweichen können und bei ihrer Ausgestaltung auch den Grundrechten der jeweiligen Bildungsträger Rechnung zu tragen ist. Ein grundsätzliches Mandat zur erforderlichenfalls gesetzlichen Regelung und administrativen Überwachung privater nichtschulischer Bildungsarbeit sowie ein Mandat zu auch eigenständigen staatlichen Angeboten nichtschulischer Bildung (samt entsprechender gesetzlicher Regelungen und administrativer Überwachung) wird man jedoch aus Art. 130 I ableiten können. Zur Erwachsenenbildung siehe Art. 139.

d) Inhalt und Regelungsgegenstände der Schulaufsicht. Die von der Schulhoheit **7** umfassten **Regelungsgegenstände** sind weit gespannt: Sie betreffen sowohl die **äußere Organisation des Schulwesens** (Schularten[27], Zugangsvoraussetzungen[28], Schulsprengel[29] etc.) als auch die **innere Organisation der Schule** mit allen Einzelheiten, wie z.B. Stundenplanung, Unterrichtszeiten, Unterrichtsbetrieb, Ausstattung der Schulzimmer, sonstige äußere Bedingungen des Unterrichts[30] sowie die **inhaltliche Festlegung der Ausbildungsgänge, Unterrichtsziele, Lehrmethoden und des Unterrichtsstoffs[31];** umfasst ist die Gesamtheit der Organisation, **Planung[32]**, Leitung und Beaufsichtigung des Schulwesens (Rn. 1)[33]. Zum Erziehungsauftrag gehört auch die Aufgabe des Staates, die ihm anvertrauten Schüler vor **Schäden zu bewahren** (Obhutspflicht); dies schließt auch den Schutz vor Selbstgefährdung ein.[34] Der Erziehungsauftrag besteht auch gegenüber dem **volljährigen Schüler.[35]** Beispiele aus der Rechtsprechungspraxis des **VerfGH** betreffen: Auswahl der Lehrer (4, 251); Sprengelbildung (12, 152; 36, 113; 40, 45); Schulstrafen und Ordnungsmaßnahmen (23, 23; 33, 33); Lehrpläne, Stundentafeln (27, 47); politische Werbung (34, 82); Rauchverbot (35, 90); Mindestteilnehmerzahl und Kombinationsmöglichkeiten von Leistungs- und Grundkursen (35, 126); Zugang zum sozialwissenschaftlichen Gymnasium (38, 28); gebärdensprachlicher Unterricht für Gehörlose (39, 87); Berufsschule (40, 45); Schülerzeitung (47, 286); Schulkreuz im Klassenzimmer (50, 191); Einschulung (51, 109); Probeunterricht (57, 30); Unterrichtung der Eltern

---

[24] *Badura,* in: Maunz/Dürig, Art. 7 Rn. 11; *Stettner,* in: Nawiasky/Schweiger/Knöpfle, Art. 130 Rn. 4; BVerfGE 75, 40 (77).

[25] VerfGH 29, 191 (209, 215).

[26] So aber *Stettner,* in: Nawiasky/Schweiger/Knöpfle, Art. 130 Rn. 4.

[27] VerfGH 38, 16 (27 f.).

[28] VerfGH 51, 109 (114).

[29] VerfGH 12, 152 (163); 40, 45 (50).

[30] VerfGH 50, 156 (166); 59, 63 (69); 60, 1 (5).

[31] VerfGH 4, 251 (LS 3); 55, 189 (199); 59, 63 (69).

[32] VerfGH 29, 191 (209).

[33] VerfGH 57, 30 (35).

[34] VerfGH 47, 226 (300); 57, 113 (121).

[35] VerfGH 57, 113 (121).

volljähriger Kinder (57, 113); Sexualkunde (55, 189 [199]); Einführung des G 8 (59, 63); Verbot des Tragens von Kleidungsstücken, die eine religiöse Überzeugung ausdrücken („Kopftuch" – 60, 1).

8   **e) Gestaltungsfreiheit und Gebundenheit der Schulaufsicht.** Die dem Staat nach Art. 130 I aufgetragene Aufgabe der Ordnung und Organisation des Schulwesens ist eine Gestaltungsaufgabe; entsprechend steht dem Staat ein prinzipiell weiter **Gestaltungs-spielraum** zur Verfügung.[36] Der VerfGH hat nicht zu überprüfen, ob der Gesetzgeber die zweckmäßigste oder gerechteste Lösung gewählt hat; auch zu Typisierungen und Generalisierungen ist der Gesetzgeber befugt.[37] **Gebunden** ist der Staat bei der Schulaufsicht allerdings an die Vorgaben der Verfassung, namentlich die Erziehungsziele der BV (Art. 131) und ihre sonstigen Festlegungen zum Schulwesen; auch die Grundrechte der Schüler, Eltern, Lehrer, die in der Schule oftmals hart aufeinanderprallen und mit dem staatlichen Erziehungsauftrag in ein schwieriges Spannungsverhältnis treten können, setzen letzterem Grenzen (Rn. 11).[38]

9   **f) Gesetzesvorbehalt, Wesentlichkeitslehre.** Das Rechtsstaats- und das Demokratieprinzip führen dazu, dass der **Vorbehalt des Gesetzes** (auch jenseits der klassischen Eingriffskonstellation) **auf alle wesentlichen Entscheidungen ausgedehnt wird** (Wesentlichkeitslehre); dies gilt vor allem im Bereich der Grundrechtsausübung (auch im Sonderstatusverhältnis); auch unabhängig von ihrer Grundrechtswesentlichkeit sind jedenfalls die Grundzüge des Schulwesens als solche, namentlich die für die Errichtung und das Funktionieren einer Schulart wesentlichen Fragen, gesetzlich zu regeln.[39] Sind die wesentlichen Grundfragen durch den Gesetzgeber geregelt, steht im Übrigen einer Delegation an den Verordnungsgeber (z. B. **Schulordnung,** Art. 89 BayEUG) oder auch einer Regelung durch Verwaltungsvorschrift (z. B. **Lehrpläne,** Art. 45 BayEUG) in den hierfür allgemein bestehenden verfassungsrechtlichen Grenzen nichts entgegen.[40] Die im Grunde unumstrittene Wesentlichkeitsdoktrin sollte nicht überspannt werden; vor allem in Bereichen, in denen die Pädagogen situationsbezogen und persönlichkeitsorientiert agieren und reagieren müssen, kann eine übermäßige **Verrechtlichung** dem Erziehungsauftrag Schaden zufügen.[41]

10   **g) Staat und Kommunen (2. Hs.).** Nach **Art. 133 I 2** wirken Staat und Gemeinde bei der Einrichtung von Schulen zusammen; nach **Art. 83 I i.V.m. 11 II 2** gehört das Volks- und Berufsschulwesen zum eigenen Wirkungskreis der Gemeinden; die näheren Bestimmungen treffen Art. 26, 27 BayEUG sowie Art. 6 ff., 15 ff. BaySchFG. Soweit die Kommunen hiernach selbst bei staatlichen Schulen Träger des Schulaufwands (nicht des Personalaufwands) sind und darüber hinaus kommunale Schulen (dann auch Träger des Personalaufwands) errichten können, handeln sie – dies ist die unabweisbare Konsequenz der Art. 11 II, 83 I, 133 I 2 – im eigenen Wirkungskreis.[42] Hinsichtlich alles Weiteren jedoch bedarf die den Gemeinden durch diese Normen zugewiesene Rechtsposition einer einschränkenden Auslegung – und zwar sowohl im Blick auf die in Art. 130 I ausdrücklich normierte staatliche Schulaufsicht (die durch Art. 11 II, 83 I, 133 I 2 jedoch nicht als solche in Frage gestellt werden soll; Art. 130 I 2. Hs. setzt die staatliche Alleinzuständigkeit für die Schulaufsicht voraus und erlaubt nur eine fakultative Beteiligung der Gemeinden) als auch im Blick auf das 1946 vorgefundene „vorrechtliche Gesamtbild" (über das die BV nicht hinausgehen wollte).[43] Die Garantie der kommunalen Selbstverwaltung (Art. 11 II)

---

[36] VerfGH 38, 87 (92); 59, 63 (69).
[37] VerfGH 51, 109 (114 f.).
[38] VerfGH 55, 189 (196); 60, 1 (9 ff.).
[39] VerfGH 47, 276 (302 f.); s. a. VerfGH 33, 33 (36 ff.).
[40] VerfGH 27, 47; 33, 33; 35, 126.
[41] VerfGH 33, 33 (37).
[42] VerfGH 49, 37 (55).
[43] VerfGH 4, 251 (277); *Meder,* Art. 133 Rn. 10; siehe auch Prot. I S. 252.

gewährt einer Gemeinde deswegen keinen Anspruch auf eine eigene Schule; da die Schulplanung mit der Möglichkeit der Einwirkung auf die Errichtung, Änderung oder Aufhebung der einzelnen Schule zur staatlichen Schulaufsicht gehört, verletzt es auch nicht das Selbstverwaltungsrecht, wenn Gemeinden, die nicht groß genug sind, um eine Volksschule zu unterhalten, mit anderen Gemeinden einen Schulverband bilden müssen; immerhin müssen die betroffenen Gemeinden bei der Schulplanung und Sprengelbildung aufgrund ihrer Rechtsposition aus Art. 11 II jedoch formal angehört und ihre Belange materiell berücksichtigt werden.[44] Die Aufsicht über kommunale Schulen ist – trotz eigenen Wirkungskreises – auch nicht etwa bloße Rechtsaufsicht, sondern geht – dies fordert Art. 130 I – inhaltlich weiter.[45] Über die den Kommunen bereits kraft ihres Selbstverwaltungsrechts zukommende Rechtsposition hinausgehend kann der Staat – nur das ist der einzige eigenständige Regelungsgehalt des **Art. 130 I 2. Hs.** – die Kommunen an der staatlichen Schulaufsicht beteiligen; umgesetzt wird diese Option von Art. 116 BayEUG; mit Art. 7 I GG ist diese Beteiligung vereinbar (Rn. 3).[46]

h) Grundrechte Dritter als Grenzen der staatlichen Schulaufsicht (insbesondere 11 das elterliche Erziehungsrecht nach Art. 126 I). Eine **Grenze** findet die durch Art. 130 I verliehene Gestaltungsbefugnis in **Grundrechten Dritter** (siehe schon Rn. 4, 8), namentlich im elterlichen Erziehungsrecht des Art. 126 I:

– Das **Erziehungsrecht der Eltern nach Art. 126 I 1** gehört zu den elementaren Grundrechten der Verfassung. Die Vorschrift gewährleistet jedoch keinen ausschließlichen Erziehungsanspruch der Eltern. Im Bereich der Schule nimmt der Staat auf Grund von Art. 130 I vielmehr einen eigenständigen Erziehungsauftrag wahr; dieser steht dem elterlichen Erziehungsrecht gleichgeordnet gegenüber; dadurch erfährt das Elternrecht Beschränkungen.[47] Der Staat kann in der Schule grundsätzlich unabhängig von den Eltern eigene Ausbildungs- und Erziehungsziele verfolgen, sowie eigene Wertvorstellungen vertreten; die Verfassung lässt es prinzipiell zu, dass die Erziehung in Schule und Elternhaus unterschiedlichen Wertvorstellungen folgt; seine Befugnisse überschreitet der Staat erst dann, wenn er die notwendige Neutralität und Toleranz gegenüber den erzieherischen Vorstellungen der Eltern vermissen lässt, also ihren Erziehungsintentionen von vornherein keinen Raum gibt.[48] Aus dem Elternrecht folgt grundsätzlich kein Anspruch auf bestimmte Unterrichtsinhalte oder eine bestimmte organisatorische Gestaltung des Schulwesens;[49] der von Art. 130 I eingeräumte Gestaltungsspielraum ist erst dann überschritten, wenn der Staat die Grundrechtsposition der Eltern aus Art. 126 I in unverhältnismäßiger Weise einschränkt und dadurch den spezifischen Kernbereich des Elternrechts verletzt; Abwehransprüche gegen Organisationsakte des Staates können aus Art. 126 I nur erwachsen, wenn diese eine nicht hinnehmbare Belastung für Eltern oder Schüler bedeuten.[50] Das Elternrecht gewährleistet u. a. die Wahl zwischen verschiedenen Schulformen; diese Wahlfreiheit bezieht sich jedoch nur auf die vom Staat zur Verfügung gestellten oder zugelassenen Schulformen.[51] Bei der Wahrnehmung seines Erziehungsauftrags darf der Staat den mutmaßlichen Willen der Mehrheit der Eltern (und Schüler) einbeziehen.[52] Die gemeinsame Erziehungsaufgabe von Eltern und Schule, welche die Bildung der Persönlichkeit des Kindes zum Gegenstand hat und sich insoweit nicht in einzelne

---

[44] VerfGH 36, 113 (119 f.); BVerfGE 26, 228.
[45] VerfGH 4, 251 (LS 3, 277); 35, 113 (119).
[46] Zum Ganzen: *Stettner,* in: Nawiasky/Schweiger/Knöpfle, Art. 130 Rn. 6, 14 f.; *Meder,* Art. 130 Rn. 5, Art. 133 Rn. 10 f.
[47] St. Rspr., vgl. VerfGH 59, 63 (68).
[48] VerfGH 55, 189 (196); 59, 63 (69).
[49] VerfGH 39, 87 (95); 47, 276 (293 f.).
[50] VerfGH 59, 63 (69 f.) m. w. N.
[51] VerfGH 38, 16 (27 f.).
[52] VerfGH 50, 156 (172).

Komponenten zerlegen lässt, lässt sich sinnvoll nur in einem aufeinander bezogenen Zusammenwirken erfüllen; hieraus folgt für den Staat die grundsätzliche Pflicht, bei der Wahrnehmung seines Erziehungsauftrages mit den Eltern zusammenzuarbeiten.[53] Bei Maßnahmen, die den grundrechtsrelevanten Bereich und das Erziehungsrecht der Eltern in hohem Maße berühren (z. B. bei der Verhängung von Ordnungsmaßnahmen), kann aus dem Elternrecht ein Anspruch auf Anhörung resultieren.[54] Darüber hinaus folgt aus dem Elternrecht ein Anspruch auf Information über Vorgänge im Bereich der Schule, deren Verschweigen die den Eltern obliegende individuelle Erziehung des Kindes beeinträchtigen könnte.[55] Auch bei volljährigen Schülern kann die Unterrichtung der Eltern über gewichtige Vorgänge zulässig sein.[56] Zu Informationspflichten hinsichtlich des Sexualkundeunterrichts siehe BVerfGE 47, 46 ff; VerfGH 55, 189 (199). Aus dem Elternrecht, das ein Individualrecht ist, folgen jedoch keine Ansprüche auf eine bestimmte Ausgestaltung kollektiver Mitwirkungsrechte (Rn. 12);[57] für die BV wird dieses Ergebnis zusätzlich dadurch gestützt, dass die Normierung von Elternausschüssen/-beiräten o. Ä. nach dem Willen des VA ausdrücklich dem einfachen Gesetzgeber überlassen bleiben sollte (Rn. 2).

– Eine Grenze können Maßnahmen der staatlichen Schulaufsicht auch in den Grundrechten der **Schüler** finden (paradigmatisch der Streit um die Unterrichtung der Eltern volljähriger Schüler).[58] Dass auch Grundrechte von **Lehrern** relevant werden können, hat der Streit um das Tragen religiöser Kleidungsstücke (Kopftuch) vor Augen geführt; zu bedenken ist hierbei allerdings, dass der Staat seine Erziehungsziele und auch die ihn treffende Neutralitätspflicht nur mithilfe von Lehrern wahrnehmen und diese deswegen in besonderer Weise für die Erfüllung der ihm obliegenden Pflichten indienstnehmen darf (Art. 133 Rn. 10).[59] Der **staatliche Erziehungsauftrag** tritt den Grundrechten von Schülern und Lehrern gleichgewichtig gegenüber; gerade bei multipolaren Konflikten zwischen dem staatlichen Erziehungsauftrag und den Grundrechten verschiedener Beteiligter muss ein schonender Ausgleich der widerstreitenden Positionen gefunden werden.

– Zu allen Fragen, die speziell mit dem Verhältnis von staatlichem Erziehungsauftrag und (positiver wie negativer) Religionsfreiheit von Eltern, Schülern, Lehrern zusammenhängen (Kreuz im Klassenzimmer, Kopftuch, Schulpflichtverweigerung aus religiösen Gründen[60]), siehe im Übrigen die Kommentierung zu Art. 135 bis 137.

12   **i) Staatliche Schulaufsicht und die Frage schulischer Autonomie/Selbstverwaltung.** Da der Erfolg des staatlichen Erziehungsauftrags maßgeblich vom pädagogischen Geschick, der fachlichen Kompetenz und dem Charakter des Lehrers abhängen, wird Schule stets von einem beträchtlichen Maß **„pädagogischer Freiheit"** des Lehrers abhängen, die die staatliche Schulaufsicht in Rechnung stellen muss. In ähnlicher Weise wird auch die Schule als Ganzes in der Bewältigung der täglichen Arbeit notwendig ein Stück **„Schulautonomie"** verwirklichen, die der Staat nicht nur hinnehmen muss, sondern in der auch ein wünschenswertes Potential an Eigenverantwortlichkeit und situationsgerechter Aufgabenbewältigung liegt. Die so umrissene „Freiheit" und „Autonomie" der Schule ist jedoch, soweit sie vom Staat unausweichlich zu respektieren ist, ein rein faktisches Phänomen; soweit sie darüber hinaus wünschenswert und vom Staat zu fördern ist, fügt sie sich ein in die allgemeine Direktive des Art. 77 II, die Eigenverantwortlichkeit und Ent-

---

[53] VerfGH 34, 14 (24); 39, 87 (95); 47, 276 (293).

[54] VerfGH 33, 33 (41).

[55] BVerfGE 59, 360.

[56] VerfGH 57, 113; RhPfVerfGH NJW 2005, 410.

[57] BVerfGE 59, 360 (380 f.).

[58] VerfGH 57, 113; siehe auch RhPfVerfGH NJW 2005, 410.

[59] VerfGH 60, 1 (8 f., 10), im Gefolge von BVerfGE 108, 282.

[60] VerfGH 50, 151; 55, 189; 60, 1.

schlusskraft der staatlichen Entscheidungsträger zu heben; zu einer echten Rechtsposition, die von Lehrern oder einer Schule der staatlichen Schulaufsicht entgegengehalten werden könnte, verdichtet sie sich jedoch nicht. Weder kann sich der Lehrer auf eine – Art. 108 entsprechende – Unterrichtsfreiheit berufen noch die Schule auf eine – etwa dem Selbstverwaltungsrecht der Hochschulen (Art. 138 II 1) entsprechende – Garantie der Autonomie; die hierarchische Weisungsabhängigkeit staatlicher Schulen und ihrer verbeamteten Lehrer (Art. 133) bleibt rechtlich unangetastet.[61] Der einfach-gesetzlichen Einrichtung von Elementen **schulischer Selbstverwaltung** im Sinne von Instrumenten kollektiver Mitwirkung von Eltern, Schülern und ggf. auch Lehrern steht Art. 130 I allerdings nicht von vornherein entgegen; im Gegenteil ist bereits der VA davon ausgegangen, dass die Normierung von Eltern- und Schülerbeiräten dem einfachen Gesetzgeber überlassen bleiben sollte.[62] Tatsächlich kennt das Schulrecht auch solche Einrichtungen zur Mitgestaltung des schulischen Lebens (Art. 62 ff. BayEUG: Schülermitverantwortung, Elternbeirat etc.). Jeglicher Ausbau derartiger Mitwirkungsrechte zu Selbstentscheidungsrechten, die dem staatlichen Einfluss entzogen wären, stieße in Art. 130 I jedoch an enge Grenzen; auch der Grundsatz der Chancengleichheit verlangt an Mindestmaß an vom Staat zu garantierender gleicher Qualität.[63] Die Einrichtung einer echten Schulautonomie, die die umfassende staatliche Gestaltungsbefugnis zu bloßer Rechtsaufsicht zurückschraubte oder gar schulaufsichtsfreie Räume entstehen ließe, wäre mit Art. 130 I nicht vereinbar. Der Staat darf nach der Rspr. des VerfGH wesentliche Fragen der Schulgestaltung nicht an die Einzelschule oder dort bestehende schulische Selbstverwaltungsgremien delegieren.[64] Art. 130 I i. V. m. Art. 133 liegt das Ziel eines vom Staat kraft seiner Schulaufsicht zu garantierenden, landesweit möglichst gleichmäßig qualitätvollen öffentlichen Schulsystems zugrunde; der teilweise modern gewordenen Tendenz, dieses Modell zugunsten einer größeren Vielfalt autonom agierender Schulen in Frage zu stellen, werden durch Art. 130 I, 133 Grenzen gesetzt; gleiches gilt für die ältere Idee einer „Demokratisierung des Schulwesens". [65]

j) Staatliche Schulaufsicht und Privatschulen. Bei **Privatschulen** ist die staatliche 13 Schulaufsicht von anderer Art und Intensität als bei öffentlichen Schulen.[66] Die Garantie der Privatschulfreiheit (Art. 134) darf durch die staatliche Schulaufsicht nicht konterkariert werden. Andererseits ist auch die Privatschule keine staatsfreie Schule und kann sich als Teil des gesamten Schul- und Bildungswesens der staatlichen Schulaufsicht nicht entziehen.[67] Die administrativen Überwachungsbefugnisse des Staates werden häufig eine rechtsaufsichtsähnliche Gestalt tragen (bloße Rechtmäßigkeitskontrolle), dennoch erscheint es vorschnell, die Staatsaufsicht über Privatschulen von vornherein auf ein bestimmtes Aufsichtsmodell (z. B. Rechtsaufsicht) festlegen zu wollen[68] (so wohl auch der VerfGH[69] mit seiner Aussage, die Schulaufsicht erschöpfe sich auch gegenüber Privatschulen nicht in einer Fach- oder Rechtsaufsicht). Zumal gegenüber anerkannten Ersatzschulen kann eine intensivere Beaufsichtigung zulässig sein.[70] Siehe dazu Art. 134 Rn. 7 ff.

---

[61] Zum Ganzen: *Badura*, in: Maunz/Dürig, Art. 7 Rn. 47, 61. Von Bedeutung auch insoweit die Entstehungsgeschichte (Rn. 2), dass ursprünglich in einem Abs. 3 den Universitäten das Selbstverwaltungsrecht zugesprochen werden sollte, macht im Umkehrschluss deutlich, dass für Schulen an ein solches Selbstverwaltungsrecht nie gedacht war. Weiter gehend: *Wißmann*, Pädagogische Freiheit.

[62] Prot. I, S. 252.

[63] Zu diesen Grenzen im Einzelnen: VerfGH 47, 276 (294 f.).

[64] VerfGH 47, 276 (292).

[65] Zum Ganzen vgl. *Hennecke*, in: Grimm/Caesar, VerfRhPf, Art. 27 Rn. 13, 17; *Stettner*, in: Nawiasky/Schweiger/Knöpfle, Art. 130 Rn. 28; *Meder*, Art. 130 Rn. 2.

[66] *Stettner*, in: Nawiasky/Schweiger/Knöpfle, Art. 130 Rn. 6, 13; siehe auch Art. 134 Rn. 7.

[67] VerfGH 57, 30 (35).

[68] In diese Richtung aber *Gröschner*, in: Dreier, Art. 7 Rn. 101; *Stettner*, in: Nawiasky/Schweiger/Knöpfle, Art. 130 Rn. 13.

[69] VerfGH 57, 30 (35).

[70] VerfGH 57, 30 (35 f.).

2. Aufsichtsbeamte (Absatz 2)

14 Art. 130 II mag seiner ursprünglichen Stoßrichtung nach gegen die Wiederkehr der 1919 abgeschafften geistlichen Schulaufsicht gerichtet gewesen sein.[71] Seiner heutigen Bedeutung nach stellt er eine Konkretisierung des Funktionsvorbehalts des Art. 33 IV GG dar.[72] Das Kriterium der Hauptamtlichkeit ist nicht bereits erfüllt, wenn es sich um einen Beamten im Hauptberuf handelt, sondern verlangt, dass die Aufsichtstätigkeit im Hauptamt wahrgenommen wird. Teilzeitbeschäftigung und Nebentätigkeiten sind nach den allgemeinen Vorschriften zulässig. Für die Lehrer greift die besondere Vorschrift des Art. 133 II.

Art. 131 [Bildungsziele]

(1) Die Schulen sollen nicht nur Wissen und Können vermitteln, sondern auch Herz und Charakter bilden.

(2) Oberste Bildungsziele sind Ehrfurcht vor Gott, Achtung vor religiöser Überzeugung und vor der Würde des Menschen, Selbstbeherrschung, Verantwortungsgefühl und Verantwortungsfreudigkeit, Hilfsbereitschaft, Aufgeschlossenheit für alles Wahre, Gute und Schöne und Verantwortungsbewußtsein für Natur und Umwelt.

(3) Die Schüler sind im Geiste der Demokratie, in der Liebe zur bayerischen Heimat und zum deutschen Volk und im Sinne der Völkerversöhnung zu erziehen.

(4) Die Mädchen und Buben sind außerdem in der Säuglingspflege, Kindererziehung und Hauswirtschaft besonders zu unterweisen.

Parallelvorschriften im GG und anderen Landesverfassungen: Art. 12 I BaWüVerf; Art. 28 BbgVerf; Art. 26 BremVerf; Art. 56 IV HessVerf; Art. 15 IV M-VVerf; Art. 7 NRWVerf; Art. 33 RhPfVerf; Art. 30 SaarlVerf; Art. 101 I SächsVerf; Art. 27 I VerfLSA; Art. 22 I ThürVerf.

Rechtsprechung: VerfGH 32, 153; 35, 90; 38, 16; 41, 44; 50, 156; 55, 189; 57, 113; 60, 1.

Literatur: Bothe/Dittmann, Erziehungsauftrag und Erziehungsmaßstab der Schule im freiheitlichen Verfassungsstaat, VVDStRL 54 (1995), S. 7/47; *Evers,* Die Befugnis des Staats zur Festlegung von Erziehungszielen in der pluralistischen Gesellschaft, 1979; *Häberle,* Erziehungsziele und Orientierungswerte im Verfassungsstaat, 1981; *Hocevar,* Bildungsziele der Bayerischen Verfassung, 1980; *Pawlowski,* Ehrfurcht vor Gott als schulisches Erziehungsziel in Bayern, NJW 1989, 2240; *Renck,* Religionsfreiheit und das Bildungsziel Ehrfurcht vor Gott, NJW 1989, 2242; Staatsinstitut für Schulpädagogik und Bildungsforschung München (Hrsg.), Oberste Bildungsziele in Bayern, 5. Aufl. 2003.

I. Allgemeines

1. Bedeutung

1 Art. 131 trifft – wie die meisten deutschen Landesverfassungen[1] – grundlegende Aussagen über die **Aufgaben der Schule und die Ziele schulischer Bildung.**[2] Zugleich

---

[71] So *Meder,* Art. 130 Rn. 6; *Stettner,* in: Nawiasky/Schweiger/Knöpfle, Art. 130 Rn. 28.

[72] *Ennuschat,* in: Löwer/Tettinger, NRWVerf., Art. 8 Rn. 71; auch zum Folgenden.

[1] Vgl. Nachweise oben. Nur die Verfassungen von Berlin, Hamburg, Niedersachsen und Schleswig-Holstein formulieren keine Erziehungsziele.

[2] *Stettner,* in: Nawiasky/Schweiger/Knöpfle, Art. 131 Rn. 7.

konkretisiert er damit den in Art. 130 I grundgelegten Bildungs- und Erziehungsauftrag des Staates und bindet ihn inhaltlich an die in Art. 131 formulierten **Bildungsziele.**[3] Es kann nicht überraschen, dass es in einer freiheitlichen, den Staat zu religiös–weltanschaulicher Neutralität verpflichtenden Verfassungsordnung sowie einer pluralistischen, von Wertewandel gezeichneten und immer weniger zum Wertekonsens fähigen Gesellschaft hoch umstritten ist, welche Berechtigung, Tragweite und Bedeutung verfassungskräftig vorgegebene, wertgebundene Erziehungsziele für sich in Anspruch nehmen können.[4] Dass der VerfGH die in Art. 131 verankerten Bildungsziele als für den Gesetzgeber, die Verwaltung und die Lehrer **objektiv verbindlich** ansieht,[5] kann nicht darüber hinwegtäuschen, dass die normative Kraft der Vorschrift hinter ihrem **appellativen Charakter** zurückbleibt und nicht leicht zu bemessen ist.[6] Unbestritten dürfte sein, dass Erziehungsziele ein wichtiges Stück der **kulturellen Identität** eines Verfassungsstaates zum Ausdruck bringen[7] und eine für die Praxis der schulischen Erziehung bedeutende **Symbol- und Orientierungskraft** entfalten können[8].

2. Entstehung

Über die Fassung der Bildungsziele wurde im VA ausgiebig diskutiert; der durch Art. 100 E (der seinerseits auf Art. 93 VE zurückging) vorgeschlagene Wortlaut wurde in verschiedener Hinsicht modifiziert (insbesondere wurden das Erziehungsziel „Ehrfurcht vor Gott", „Aufgeschlossenheit für alles Wahre, Gute und Schöne" und die Erziehung „in der Liebe zu bayerischen Heimat" eingefügt; andere Erziehungsziele wurden erweitert, umformuliert oder fallengelassen). Der jetzige Art. 188 BV wurde aus Abs. 3 ausgegliedert, dafür die Regelung zur Kindererziehung und Hauswirtschaft (Abs. 4) aus dem Abschnitt über das Gemeinschaftsleben übernommen.[9] Durch Gesetz vom 20.6.1984[10] wurde das Erziehungsziel „Verantwortungsbewusstsein für Natur und Umwelt ergänzt" (Abs. 3); erst durch Gesetz vom 20.2.1998[11] wurde der zuvor auf die Mädchen beschränkte Auftrag zur Unterweisung in Kindererziehung und Hauswirtschaft (Abs. 4) auch auf die Buben erstreckt.

3. Verhältnis zum Grundgesetz

Das Grundgesetz formuliert selbst **keine Erziehungsziele;** es ist jedoch offen für die Statuierung solcher Erziehungsziele durch das hierfür zuständige Land (sei es in der Landesverfassung oder durch den Landesgesetzgeber). Das BVerfG begreift es in ständiger Rechtsprechung als Teil des in Art. 7 I GG normierten (nach der Kompetenzordnung von den Ländern wahrzunehmenden) staatlichen Bildungs- und Erziehungsauftrags, Erziehungs- und Unterrichtsziele festzulegen; dass das GG selbst auf die Vorgabe solcher Ziele verzichtet, sondern die nähere inhaltliche Gestaltung des Schulwesens den Ländern überlässt, kann als Ausdruck **föderaler Rücksichtnahme vor der Verfassungsautonomie und Kulturhoheit der Länder** begriffen werden.[12] So hat eine Kammerentscheidung des BVerfG ausdrücklich bestätigt, dass Erziehungsziele **zulässigerweise in den Landesverfassungen** geregelt seien;[13] auch bzgl. speziell der bayerischen Erziehungsziele hat das

2

3

---

[3] VerfGH 55, 189 (196).

[4] Vgl. *Bothe* und *Dittmann,* VVDStRL 54 (1995), S. 7 und 47; s. a. *Huster,* VVDSRL 65 (2006), S. 51 (67 ff.)

[5] VerfGH 32, 156 (159); 38, 16 (21).

[6] *Badura,* in: Maunz/Dürig, Art. 7 Rn. 53.

[7] *Häberle,* Erziehungsziele, S. 13, 40 ff.

[8] *Bothe,* VVDStRL 54 (1995), S. 7 (24 f. und These 13).

[9] Prot. I, S. 257 ff.; *Stettner,* in: Nawiasky/Schweiger/Knöpfle, Art. 131 Rn. 1 ff.

[10] GVBl. S. 223.

[11] GVBl. S. 38.

[12] Vgl. BVerfGE 45, 400 (415); 52, 223 (236); 53, 185 (196); 108, 282 (302).

[13] BVerfG-K NVwZ 1990, 54 (55).

BVerfG bislang keinen Anlass gesehen, ihre Gültigkeit anzuzweifeln.[14] Ob und inwieweit sich dem Grundgesetz – etwa seinen Grundrechten und Staatsfundamentalnormen – **implizite Erziehungsziele** entnehmen lassen, ist strittig geblieben; jedenfalls verdichten sich solche impliziten Werte und Zielvorgaben nicht zu einem Katalog an Erziehungszielen, der es an Konkretheit und Wirkkraft mit Art. 131 BV aufnehmen könnte; den Ländern verbleibt also auch insoweit substantieller Spielraum.[15] Gefahren für die Autonomie der Länder in der Formulierung von Erziehungszielen resultieren somit auch weniger aus etwaigen parallelen Wertgehalten des GG, als auch etwaigen **kollidierenden Bundesgrundrechten** von Schülern, Eltern und Lehrern (z. B. negative Religionsfreiheit) samt den hieraus folgenden Neutralitätspflichten des Staates (Beispiel Schulkreuz im Klassenzimmer[16]). Der Verfassungsautonomie und sachlichen Zuständigkeit der Länder für den Schulbereich wird allein eine Auslegung der Bundesgrundrechte gerecht, die anerkennt, dass diese einer **wertorientierten Erziehung** in Schulen (ggf. auch mit religiösen Bezügen) nicht per se entgegenstehen, solange eine gezielte („missionarische") Beeinflussung, welche die notwendige Toleranz und Offenheit auch für andere Ansichten vermissen lässt, unterbleibt.[17]

II. Einzelkommentierung

1. Der Erziehungs- und Bildungsauftrag der Schulen (Absatz 1)

4   Art. 131 I umreißt die **verfassungsmäßige Aufgabe** der Schulen, er statuiert den ihnen obliegenden **Erziehungs- und Bildungsauftrag.**[18] Mit seiner einprägsamen Formel, die Schule solle nicht nur „Wissen und Können" vermitteln, sondern auch „Herz und Charakter" bilden, bringt Art. 131 I treffend zum Ausdruck, dass schulische Erziehung und Bildung auf die Entwicklung der **Persönlichkeit als Ganzes** gerichtet ist (ganzheitlicher Auftrag), insbesondere, dass sie sich nicht in einem technischen Vorgang der Wissensvermittlung erschöpft, sondern ein personaler Vorgang der Arbeit von Menschen an Menschen ist, die ein Mandat zur auch charakterlichen Erziehung einschließt. Gerade hierin auch findet die Statuierung wertgebundener Erziehungsziele in Abs. 2 bis 4 ihre sachliche Rechtfertigung. Elterliche wie schulische Erziehung sind, wie es das BVerfG[19] formuliert hat, auf das gemeinsame Hauptziel gerichtet, **eine eigenverantwortliche Persönlichkeit zu bilden;** die Kinder haben, wie es die BV ausdrückt, Anspruch auf Entwicklung zu selbstbestimmungsfähigen und verantwortungsfähigen Persönlichkeiten (Art: 125 I 2); es ist letztlich die gleiche „leibliche, geistige und seelische Tüchtigkeit" (Art. 126 I 1), auf die elterliche und schulische Erziehung gerichtet sind. Art. 131 I statuiert folgerichtig einen **umfassenden Erziehungs- und Bildungsauftrag;** die Komponenten „Erziehung" und „Bildung" sind hierbei nicht trennscharf unterscheidbar; sie bilden eine untrennbare Einheit; es ist deswegen auch egal, ob man bzgl. Abs. 2 bis 4, wie im allgemeindeutschen Sprachgebrauch üblich, von „Erziehungszielen" oder, wie es die BV sagt (Abs. 2), von „Bildungszielen" spricht.[20] **Art. 1 I 2 BayEUG** erweitert die Aufzählung „Wissen, Können, Herz, Charakter" noch um die die Komponenten „Geist und Körper"; dies steht in keinerlei Widerspruch zu Art. 131 I, sondern denkt seinen ganzheitlichen Auftrag nur konsequent zu Ende.[21]

---

[14] Vgl. BVerfGE 41, 65 (83).

[15] *Dittmann,* VVDStRL 54 (1995), S. 47 (59 f.); *Huster,* VVDStRL 65 (2006), S. 51 (67 f.); *Stettner,* in: Nawiasky/Schweiger/Knöpfle, Art. 131 Rn. 17 f.

[16] BVerfGE 93, 1; VerfGH 50, 151.

[17] Vgl. BVerfG-K NVwZ 1990, 54 (55); BVerfGE 41, 29 (44 ff.); 93, 1 (21 f.); 108, 282 (302 f.); VerfGH 41, 44 (48); 50, 156 (167 ff.); BVerwG NJW 1982, 250.

[18] *Stettner,* in Nawiasky/Schweiger/Knöpfle, Art. 131 Rn. 12 ff.; *Meder,* Art. 131 Rn. 1, auch zum Folgenden.

[19] BVerfGE 34, 165 (183); BVerfG-K NVwZ 1990, 54; s. a. BVerfGE 47, 46 (72).

[20] VerfGH 21, 92 (100 f.); 57, 113 (121); BVerfG-K NVwZ 1990, 54 f.

[21] *Kaiser/Mahler,* Die Schulordnung der Volksschule, Art. 1 BayEUG Rn. 7.

2. Die Bildungsziele (Absatz 2 bis 4) – übergreifende Fragestellungen

a) Zur Legitimität staatlicher Erziehungsziele. Es ist einem freiheitlichen, prinzi-   5
piell zu **religiös-weltanschaulicher Neutralität** und Nicht-Identifikation verpflichteten Staat[22] sowie angesichts einer Gesellschaft, die immer **pluralistischer** wird, von
Wertewandel und zunehmender Konsensunfähigkeit in Wertfragen gekennzeichnet ist[23]
(vgl. bereits Rn. 1), nichts Selbstverständliches, dass die Verfassung für einen bestimmten
Lebensbereich (Schule) Werte als verbindliche Zielsetzungen vorgibt. Dass die Verfassungsentscheidung zugunsten einer **wertgebundenen Erziehung** und für **verbindliche
Erziehungsziele** dennoch **legitim** und im Grunde unausweichlich ist, rührt vor allem
von folgenden Umständen her:
- **Erziehung ist notwendig wertbezogen;** wenn sie ihrem in Absatz 1 statuierten
  Anspruch, sich nicht in technischer Wissensvermittlung zu erschöpfen, sondern auch
  Herz und Charakter zu bilden, gerecht werden will und die Entwicklung der Persönlichkeit als Ganzes im Blick hat (vgl. Rn. 4), kann sie gar nicht anders, als sich zu
  Werten und inhaltlichen Leitlinien der charakterlichen Bildung zu bekennen.[24] Ver-
  antwortungsvolle Erziehung setzt voraus, dass der Erziehende sich einer Wertordnung verpflichtet weiß, an die er die ihm anvertrauten jungen Menschen heranführen
  will;[25] Erziehung kann (und muss) tolerant, nicht aber kann sie weltanschaulich in-
  different sein.[26] Wenn Erziehung notwendig wertbezogen ist, dann ist es aber auch
  legitim und folgerichtige Konsequenz des dem Staat zugedachten Aufsichtsrechts
  über das gesamte Schulwesen (Art. 130 I), wenn die Verfassung die Entscheidung über
  die erziehungsleitenden Werte nicht vollständig ins Belieben der einzelnen Schulen
  und Lehrer stellt, sondern diese (auch im Interesse staatsbürgerlicher Gleichheit) an
  ein bestimmtes Mindestmaß verpflichtender Erzielungsziele bindet.
- **Auch der freiheitliche und pluralistische Verfassungsstaat bedarf eines Mindest-
  bestandes an Wertekonsens,** um als freiheitliches Gemeinwesen auf Dauer bestehen
  zu können. Die BV bekennt sich bereits in ihrer Präambel zu einer in diesem Sinne
  wertgebundenen Verfassungsordnung. Die Schüler zu verantwortungsvollen Staatsbürgern zu erziehen, die diesen unabdingbaren Wertekonsens teilen, ist eine legitime
  republikanische Aufgabe und **notwendige Integrationsleistung** der Schule.[27]
- **Legitim ist die Setzung von Erziehungszielen auch im Verhältnis zum elterlichen Erziehungsrecht** (Art. 126 I; vgl. dazu im Einzelnen bereits Art. 130 Rn. 11).
  Es ist weder verfassungsrechtlich geboten noch faktisch möglich, den Erziehungs-
  wünschen aller Eltern Rechnung zu tragen. Der Staat ist nicht verpflichtet, auf Erziehungsziele zu verzichten, über die zwischen Eltern unterschiedliche Auffassungen
  bestehen. Die Entscheidung der Verfassung für einen eigenständigen Erziehungsauftrag der Schule lässt es grundsätzlich zu, dass die Erziehung in Schule und Elternhaus
  nach unterschiedlichen Wertvorstellungen durchgeführt wird.[28]

b) Rechtsnatur; Anwendungsbereich. Angesichts der prinzipiellen Legitimität der   6
Setzung verfassungsrechtlicher Erziehungsziele spricht nichts dagegen, die in Art. 131
II-IV normierten Zielvorgaben als **objektiv verbindlich** anzusehen.[29] Während die Ziele
verbindlich sind, herrscht hinsichtlich der Mittel Gestaltungsfreiheit; ihrer Wirkungs-

---

[22] *Schmitt-Kammler,* in: Sachs, Art. 7 Rn. 26.

[23] *Stettner,* in Nawiasky/Schweiger/Knöpfle, Art. 131 Rn. 22.

[24] BVerfG-K NVwZ 1990, 54 (55).

[25] VerfGH 41, 44 (47).

[26] *Ennuschat,* in: Löwer/Tettinger, NRW Verf, Art. 7 Rn. 30.

[27] Vgl. *Ennuschat,* in: Löwer/Tettinger, NRW Verf, Art. 7 Rn. 8; *Stettner,* in Nawiasky/Schweiger/
Knöpfle, Art. 131 Rn. 23.

[28] VerfGH 41, 44 (47); 55, 189 (196).

[29] VerfGH 32, 167 (159); 35, 90 (98 f.); 38, 16 (21); auch zum Folgenden (Gestaltungsfreiheit, kein
subjektives Recht).

weise (unten Rn. 8) nach ähneln die Erziehungsziele insoweit objektiven **Staatszielbestimmungen.** Zu Recht sieht der VerfGH Art. 131 nicht als Grundrecht an; aus ihm entspringen **keine subjektiven Rechte.**[30] Die maßgebliche subjektive Rechtsposition im Schulbereich wird – nach hier vertretener Ansicht – durch Art. 128 I vermittelt; es würde diese Rechtsposition überspannen, wenn über den Hebel des Art. 128 I subjektiv-rechtlich die Einhaltung des gesamten objektiven Schulverfassungsrechts eingefordert werden könnte. Nicht ausgeschlossen erscheint es indes, dass ein Verstoß gegen Erziehungsziele zugleich Grundrechte von Schülern und Eltern verletzt. Art. 131 gilt seiner systematischen Stellung nach nicht nur für **staatliche und öffentliche Schulen,** sondern grundsätzlich auch für **Privatschulen** (vgl. der ausdrückliche Verweis in Art. 134 II);[31] ggf. kann hier – etwa bei besonderen weltanschaulichen Prägungen der Privatschule – ein zu modifizierter Geltung führender schonender Ausgleich mit der Privatschulfreiheit (Art. 134) notwendig sein; zugleich aber setzen die für alle Schulen verbindlichen Erziehungsziele der Privatschulfreiheit Grenzen (Art. 134 Rn. 8).[32]

7   **c) Grenzen der Bindungskraft.** Verschiedene Faktoren führen dazu, dass den Bildungszielen trotz ihrer prinzipiellen Verbindlichkeit eine nur **begrenzte normative Bindungskraft** zukommen kann:

– Die Verwirklichung der Erziehungsziele ist eine **Gestaltungsaufgabe,** die notwendig eine hinreichende **Gestaltungsfreiheit** impliziert; sie erfordert pädagogisches Geschick und muss daher sachgesetzlich eine beträchtliche **pädagogische Freiheit** hinsichtlich der Art und Weise der Umsetzung respektieren; pädagogische Fragen sind einer verfassungsgerichtlichen Prüfung nur begrenzt zugänglich.[33]

– Erziehung „im Geiste der Demokratie" (so ausdrücklich Art. 131 III) sowie in einem freiheitlichen Staat und einer pluralistischen Gesellschaft bedeutet notwendig, dass die Vermittlung von Werten **nicht missionarisch-indoktrinierend, ohne Zwang, bereit zum Diskurs und mit der nötigen Offenheit und Toleranz für abweichende Standpunkte** erfolgt.[34] Dies gilt jedenfalls, soweit es nicht allein um Fragen des alltäglichen Anstands (Hilfsbereitschaft, Selbstbeherrschung etc.), sondern um weltanschauliche Fragen (z. B. Ehrfurcht vor Gott) geht.

– Tatsächlichen Erfolg werden die Erziehungsziele (trotz aller rechtlicher Verbindlichkeit) nur haben, wenn sie bei den sie vermittelnden Lehrern und in der Gesellschaft insgesamt noch einen hinreichenden Rückhalt genießen; Werte lassen sich nicht zwangsweise durchsetzen, wenn sie von den maßgeblichen Akteuren nicht mehr in ausreichendem Maße akzeptiert werden. Dem **Wertewandel** tritt Art. 131 in ambivalenter Weise gegenüber. Zum einen und zuallererst versucht er, die in ihm statuierten Werte lebendig zu halten und einem von diesen Werten Abschied nehmenden Wertewandel entgegenzutreten; Art. 131 hat insofern eine **primär konservative Stoßrichtung.** Andererseits aber kann es, wenn sich die Anschauungen zu weit von dem in Art. 131 zugrunde gelegten Bild entfernt haben, nötig sein, die Erziehungsziele einer **modifizierten Auslegung** zuzuführen oder sie ggf. auch im Verfassungstext zu ändern, wenn die normative Kraft der Erziehungsziele insgesamt gewahrt bleiben soll.[35]

[30] *Stettner,* in Nawiasky/Schweiger/Knöpfle, Art. 131 Rn. 7; *Meder,* Art. 131 Rn. 1, 13; *Ennuschat,* in: Löwer/Tettinger, NRWVerf, Art. 7 Rn. 18 f.; a. A. *Kiesl/Stahl,* Das Schulrecht in Bayern, Art. 1 BayEUG Rn. 5.

[31] *Stettner,* in Nawiasky/Schweiger/Knöpfle, Art. 131 Rn. 19.

[32] *Meder,* Art. 134 Rn. 5.

[33] Vgl. *Kaiser/Mahler,* Die Schulordnung der Volksschule, Art. 1 BayEUG Art. 6; VerfGH 38, 16 (21); *Dittmann,* VVDStRL 54 (1995), S. 47 (66); *Meder,* Art. 131 Rn. 4; *Badura,* in: Maunz/Dürig, Art. 7 Rn. 53; BVerfGE 53, 185 (202).

[34] BVerfGE 41, 29 (LS 4, 51 f.); 47, 46 (77); BVerfG-K NVwZ 1990, 54 f.; VerfGH 41, 44 (48); 55, 189 (197); BVerfG NJW 1982, 250; *Bothe,* VVDStRL 54 (1995), S. 7 (45, These 19).

[35] *Stettner,* in Nawiasky/Schweiger/Knöpfle, Art. 131 Rn. 7; *Dittmann,* VVDStRL 54 (1995), S. 47 (67). Vgl. die Frage der Einbeziehung der Buben in Abs. 4 (Rn. 2), dazu VerfGH 38, 16 (22).

d) Wirkungsweise. Die Erziehungsziele des Art. 131 II–IV entfalten normative Kraft 8
in zweierlei **Wirkungsweisen:**

– Zum einen wirken sie als **Direktiven und Zielvorgaben** für die zu ihrer Umsetzung Verpflichteten (Gesetzgeber, Verwaltung, Lehrer). Zum Teil wird versucht, diese Wirkungsweise ihrerseits in zwei Unterfunktionen aufzuspalten: eine negativ-verbietende (Verbot der Zuwiderhandlung, d. h. Unterlaufung oder Konterkarierung der Erziehungsziele) und eine positiv-anleitende (Anleitung zur Konkretisierung und Umsetzung in Gesetzen, Lehrplänen, im Unterricht etc.) Funktion.[36] Dies ist an sich richtig, zweifelhaft ist indes, ob die Erziehungsziele in ihrer negativen Funktion wirklich so viel klarere Konturen (Konditional- statt Finalprogramm?) zu tragen vermögen als in ihrer positiven Funktion. Nach hier vertretener Ansicht kann in beiden Fällen (sowohl wenn es darum geht, wann einem Erziehungsauftrag zuwidergehandelt wurde, als auch darum, wie er zu verwirklichen ist) aus den Erziehungszielen – dies folgt schon aus ihrer Natur als Staatszielbestimmung (Rn. 6), aber auch aus den in Rn. 7 dargestellten Leistungsgrenzen – niemals abgeleitet werden, dass das Ziel mit einem ganz bestimmten Mittel zu erfüllen wäre oder dass ein bestimmtes Niveau an Zielerreichung zu erzielen wäre; verlangt ist stets allein, dass das Ziel überhaupt respektiert und beachtet, d. h. nicht als solches in Zweifel gezogen, in seiner Bedeutung verkannt oder mit offensichtlich ungeeigneten oder sogar kontraproduktiven Mitteln verfolgt wird.[37]

– Zum anderen – und dies ist in der Rechtsprechungspraxis[38] ihre häufigste Anwendung – kann aus den Erziehungszielen die **sachliche Rechtfertigung für Eingriffe in Grundrechte** von Schülern, Eltern oder Lehrern erwachsen **(legitimierende Wirkung);**[39] die Erziehungsziele fungieren in dem häufigen Geflecht aus kollidierenden Grundrechten und verfassungsrechtlichen Rechtspositionen von Staat/Schule, Eltern, Schülern, Lehrern, die untereinander zu einem schonenden Ausgleich zu bringen sind, als ein wichtiger **Abwägungsposten.**

e) Adressaten. Adressaten der Erziehungsziele, d. h. zu ihrer Umsetzung und Beach- 9
tung verpflichtet sind:[40]

– Der **Gesetzgeber** im Rahmen der ihm aufgetragenen Regelung der wesentlichen Fragen des Schulwesens. Ob das teilweise geäußerte Petitum, der Gesetzgeber müsse die Erziehungsziele im Sinne der Wesentlichkeitslehre detaillierter konkretisieren und operationalisieren und werde dieser Aufgabe nicht gerecht, wenn er die verfassungsrechtlichen Erziehungsziele schlicht wiedergebe (so im Wesentlichen Art. 1 BayEUG; vgl. allerdings Art. 2 BayEUG), wirklich berechtigt ist, erscheint fraglich. Bei einer zu starken Aufschlüsselung in Details verlieren die Erziehungsziele des Art. 131 ihre appellative Kraft (Rn. 1) und wohl auch ihre inhaltliche Weite, derer sie in einem freiheitlichen und pluralistischen Staat bedürfen; eine zu starke Konkretisierung könnte mit Freiheitsrechten in Konflikt geraten.[41]

– Die **Verwaltung,** z. B. bei der Ausarbeitung von Lehrplänen, bei der Schulleitung etc.

– Die **Lehrer** bei der konkreten Gestaltung des Unterrichts und in ihrem persönlichen Auftreten und Verhalten in der Schule. Zwar können sich auch Lehrer gegenüber ihrem Dienstherrn grundsätzlich auf die Grundrechte berufen; diese erfahren jedoch

---

[36] Vgl. *Stettner,* in Nawiasky/Schweiger/Knöpfle, Art. 131 Rn. 10; *Bothe,* VVDStRL 54 (1995), S. 7 (25 ff., 44 f., Thesen 15–17).

[37] Vgl. VerfGH 35, 90 (99); 41, 44 (50).

[38] VerfGH 21, 92 (100); 28, 24 (41); 50, 156; 57, 113; 60, 1.

[39] *Bothe,* VVDStRL 54 (1995), S. 7 (28).

[40] Zum Folgenden: *Ennuschat,* in: Löwer/Tettinger, NRWVerf, Art. 7 Rn. 12 ff; *Meder,* Art. 131 Rn. 2, 15; VerfGH 32, 156 (159).

[41] Zum Ganzen: *Stettner,* in Nawiasky/Schweiger/Knöpfle, Art. 131 Rn. 11; *Gröschner,* in: Dreier, Art. 7 Rn. 73; *Bothe,* VVDStRL 54 (1995), S. 7 (25 ff.); *Dittmann,* ebenda, S. 47 (63 f.).

Einschränkungen, soweit es Natur und Zweck des Dienstverhältnisses – d. h. auch die den Lehrern aufgetragenen Erziehungsziele – erfordern. Die Meinungsfreiheit des Lehrers hat regelmäßig hinter die Erziehungsziele zurückzutreten. Auch die besonders stark geschützte Religionsfreiheit hat in Rechnung zu stellen, dass der Staat seinen Erziehungsauftrag nur mit Hilfe von Lehrern erfüllen kann und sie deswegen für dessen Erfüllung besonders in Dienst nehmen darf (paradigmatisch: Verbot des Tragens von mit den Erziehungszielen und verfassungsrechtlichen Grundwerten nicht vereinbarten religiösen Symbolen und Kleidungsstücken – **islamisches Kopftuch**).[42] Siehe auch Art. 133, Rn. 10; Art. 135–137 Rn. 15 f.

– **Eltern** und **Schüler** sind nicht unmittelbare Adressaten der Erziehungsziele (im Sinne, dass sie zu ihrer Verwirklichung verpflichtet wären). **Mittelbar** kann sich für sie jedoch aus Art. 131 die Pflicht ergeben, die Verfolgung der Erziehungsziele zu dulden (Art. 131 als Duldungstitel). Je nach Gewicht ihres jeweils betroffenen Grundrechts kann es nötig sein, dass ein schonender Ausgleich gesucht und die Erziehungsziele ggf. in modifizierter oder eingeschränkter Weise verfolgt werden (Bsp. **Schulkreuz im Klassenzimmer**).[43]

3. Die Bildungsziele (Absatz 2 bis 4) im Einzelnen

10   **a) Ehrfurcht vor Gott.** Es handelt sich hierbei um das wohl umstrittenste Bildungsziel der BV[44], das dem gläubigen Christen gleichermaßen unverzichtbar erscheinen wird, wie es andererseits in einer zunehmend säkularen Welt auf Skepsis und Ablehnung stößt. Seine maßgebliche Auslegung hat das Bildungsziel **„Ehrfurcht vor Gott"** in der diesbezüglichen **Leitentscheidung des VerfGH**[45] erhalten: Nach ihr kann an dem Bildungsziel festgehalten werden, die Schule hat es als hohen Wert zu vertreten, allerdings ohne dabei missionarisch zu wirken oder für ein bestimmtes Bekenntnis zu werben; sie muss sich kraft des Toleranzgebots (Art. 136 I) und bei Berücksichtigung der (negativen) Glaubens- und Bekenntnisfreiheit aller (Art. 107) bewusst bleiben, dass die Ehrfurcht vor Gott **nicht für alle verbindlich ist und auch nicht durch die Schule verbindlich gemacht werden kann.** So interpretiert und reduziert hat das Bildungsziel „Ehrfurcht vor Gott" auch vor dem Grundgesetz Bestand. Das BVerfG hat bis in die jüngste Zeit an seiner Grundlinie festgehalten, dass religiöse Bezüge in der Schule, die der Tradition und Lebensform des Volks sowie dem Wunsch der Mehrheit der Eltern nach einer religiös geprägten Erziehung entsprechen, nicht verboten sind, solange sie nicht missionarisch wirken und mit der nötigen Offenheit und Toleranz für andere Auffassungen sowie ohne Zwang dargeboten werden (vgl. die Kommentierung zu Art. 135–137).[46] Sollten aus der Rechtsprechung des BVerfG (z. B. Schulgebet, Schulkreuz) im Einzelfall strengere Maßstäbe folgen, so ließe sich dem durch individuelle Lösungen (Widerspruchsrecht; zeitweise Befreiung vom Unterricht) gerecht werden, ohne dass das Erziehungsziel „Ehrfurcht vor Gott" insgesamt in Frage gestellt werden müsste. Nicht nur gegenüber Eltern und Schülern, sondern ggf. auch gegenüber Lehrern, kann ein schonender Ausgleich der verfassungsrechtlichen Rechtspositionen nötig sein: So wird man von einem atheistischen oder andersgläubigen Lehrer zwar verlangen können, dass er alles unterlässt, was die Ehrfurcht vor Gott untergraben könnte; ob ihm dagegen auch das positive Eintreten für die Ehrfurcht vor Gott zugemutet werden kann, erscheint dagegen fraglich (vgl. auch Art. 136 I; Art. 135–137 Rn. 11, 16).

---

[42] VerfGH 60, 1 (8 f., 10 f.; BVerfGH 108, 282; *Meder,* Art. 131 Rn. 2).

[43] VerfGH 50, 156; BVerfGE 93, 1; zu Schülerzeitungen: VerfGH 28, 24 (41); Schulpflicht und Elternrecht: VerfGH 55, 189.

[44] Zum ganzen: *Stettner,* in Nawiasky/Schweiger/Knöpfle, Art. 131 Rn. 25 ff.; *Meder,* Art. 131 Rn. 10; *Ennuschat,* in: Löwer/Tettinger, NRW Verf Art. 7 Rn. 22 ff.

[45] VerfGH 41, 44 (v. a. 48).

[46] BVerfGE 41, 29 und 65 (christliche Gemeinschaftsschule); 52, 223 (Schulgebet); 93, 1 (Kreuz im Klassenzimmer); 108, 282 (Kopftuch); vgl. auch VerfGH 50, 156 (Kreuz im Klassenzimmer); 55, 189 (Schulpflicht); 60, 1 (Kopftuch).

b) Achtung vor religiöser Überzeugung. Das Erziehungsziel beinhaltet zweierlei: **11** Zum einen bezeichnet es jenen Mindestgehalt an Respekt und Achtung gegenüber dem Glauben, der auch demjenigen zumutbar ist, der sich nicht zur „Ehrfurcht gegenüber Gott" durchringen kann; auch für den atheistischen/agnostischen Schüler und Lehrer ist dieses Erziehungsziel demnach in vollem Umfang verbindlich („Achtung vor religiöser Überzeugung" ist insoweit allgemeinverbindliches „minus" im Vergleich zur weitergehenden, aber nicht für alle verbindlich zu machenden „Ehrfurcht vor Gott"). Zum anderen bezeichnet das Erziehungsziel den allgemeinen Toleranzgedanken (im Sinne von „Achtung der religiösen Überzeugung anderer"; vgl. auch Art. 136 I); nicht nur die Toleranz gegenüber Andersgläubigen, sondern auch die Toleranz gegenüber nicht Glaubenden ist darin eingeschlossen (insoweit bedeutet das Erziehungsziel eine gewisse Relativierung der zuerst genannten „Ehrfurcht vor Gott").

c) Achtung vor der Würde des Menschen. Vgl. dazu Art. 100 und die Präambel. **12** Bezeichnet ist – neben der Offenheit für das Transzendente – der höchste immanente Verfassungswert.[47]

d) Selbstbeherrschung, Verantwortungsgefühl und Verantwortungsfreudigkeit, **13** **Hilfsbereitschaft.** Nachdem die Menschenwürde den Menschen als Eigenwert in den Blick genommen hat, geht es hier um grundlegende Konsequenzen aus der Gemeinschaftsgebundenheit des Individuums.[48]

e) Aufgeschlossenheit für alles Wahre, Gute und Schöne. Angeknüpft wird an ein **14** griechisches und humanistisches Bildungsideal. Die Öffnung der schulischen Bildung über die rein stoffliche Wissensvermittlung hinaus in den Bereich des Ethischen und Ästhetischen hinein wird bekräftigt.[49]

f) Verantwortungsbewusstsein für Natur und Umwelt. Die Einfügung von 1984 **15** ist – trotz des etwas jähen Anschlusses nach dem „Wahren, Guten und Schönen" – angesichts des Umstandes, dass die Bewältigung der Umweltproblematik (Klimaschutz etc.) zu einer Existenzfrage des heutigen Menschen geworden ist, in der Sache berechtigt. Die Norm korreliert mit Art. 3 II und Art. 141 I und erinnert daran, dass Umweltschutz nicht nur Staatsaufgabe ist, sondern, wie Art. 141 I 1 zu Recht sagt, auch der „Fürsorge jedes einzelnen" anvertraut ist.

g) Erziehung im Geiste der Demokratie. Zu Recht wird auf die Weckung einer positiven Einstellung zur demokratischen Verfassungsordnung und auf die Einübung demokratischer Verhaltensweisen gedrungen und nicht allein ein bestimmtes Schulfach (Sozialkunde, Staatsbürgerkunde o. Ä.). normiert. Erinnert wird an die republikanische Aufgabe der Schule, in den Schülern jenes Maß an Konsens über grundlegende Verfassungswerte zu erzeugen und zu erhalten, ohne dass ein demokratisches Gemeinwesen nicht dauerhaft lebensfähig ist. Mit „Demokratie" ist nicht jede Einzelheit der demokratischen Ordnung der BV gemeint, andererseits aber sind auch nicht allein demokratische (i. e. S.), sondern auch rechtsstaatliche Grundgehalte und andere Grundwerte[50] der BV erfasst (vgl. die weite Sprachbedeutung von „demokratisch", wie sie z. B. in der Präambel verwendet wird); ähnlich wie in Art. 75 I 2 sind **alle wesentlichen Merkmale freiheitlicher, rechtsstaatlicher Demokratie** gemeint (Art. 75 Rn. 8), die nach der BV zum änderungsfesten Ewigkeitsgehalt zählen und mit denen sich der Schüler zu identifizieren lernen soll; in gleicher Weise kann man (etwaige Unterschiede im Detail spielen für die Zwecke der schulischen Erziehung keine Rolle) auf die „freiheitliche demokratische Grundordnung" im Sinne des

---

[47] *Jarass/Pieroth,* Art. 1 Rn. 2.

[48] *Stettner,* in Nawiasky/Schweiger/Knöpfle, Art. 131 Rn. 33 ff.

[49] *Stettner,* in Nawiasky/Schweiger/Knöpfle, Art. 131 Rn. 36 ff.; *Kaiser/Mahler,* Die Schulordnung der Volksschule, Art. 1 BayEUG Rn. 8.6.

[50] Vgl. VerfGH 60, 1 (10 f.), wo auf die glaubhafte Vermittlung der verfassungsrechtlichen Gehalte abgestellt wird.

GG (z. B. Art. 21 II GG), auf die Ewigkeitsgehalte des Art. 79 III GG oder die Homogenitätsvorgaben des Art. 28 I GG abstellen. Etwa – um für den Schulalltag relevante Verhaltensweisen, die der Einübung bedürfen, zu nennen – die Toleranz gegenüber Andersdenkenden, die Einübung von Rede und Gegenrede (Kritikfähigkeit), die Erzielung von Kompromissen, aber auch die Bereitschaft, den Willen der Mehrheit zu akzeptieren, sind dem Demokratiegedanken immanent.

17   **h) Erziehung in der Liebe zur bayerischen Heimat und zum deutschen Volk und im Sinne der Völkerversöhnung.** Ausgedrückt wird ein Bekenntnis zum Patriotismus, dies allerdings in zweifacher Weise begrenzt und gebrochen: Zum einen ist der geforderte Patriotismus föderalistisch gebrochen; Liebe zur bayerischen Heimat und zum deutschen Volk sind – den zweifach gestuften Loyalitäten des Staatsbürgers im Bundesstaat entsprechend – zusammenzubringen und stehen nicht etwa gegeneinander; in Zeiten der Einbindung Deutschlands in die überstaatliche Europäische Union wird man auch diese insofern einbeziehen können, als ihr gegenüber zwar (noch) nicht eine patriotische Gesinnung eingefordert werden kann, aber doch eine positive Grundhaltung zum Europäischen Integrationsprozess zu fördern ist (vgl. Art. 3 a)[51]. Zum anderen ist der geforderte Patriotismus von vornherein mit dem Gedanken der Völkerversöhnung zum Ausgleich zu bringen; er hat also nichts Ausgrenzendes an sich und geht – im Sinne eines übersteigerten Nationalismus – nicht mit einer Geringschätzung oder Missachtung anderer Völker einher. Aktuelle Bedeutung hat die Erziehung in der Liebe zur bayerischen Heimat und zum deutschen Volk auch für die Integration von Zuwandererkindern, denen Bayern als Gliedstaat der Bundesrepublik zur Heimat werden soll.

18   **i) Unterweisung in der Säuglingspflege, Kindererziehung und Hauswirtschaft.** Die frühere Problematik der Beschränkung auf Mädchen (Problematik eines einseitigen Rollenbildes[52]) ist seit 1998 (Rn. 2) weggefallen. Das Erziehungsziel sollte nicht belächelt werden,[53] sondern ist unter heutigen Bedingungen von neuer Aktualität. In Zeiten des Geburtenrückganges und demographischen Wandels darf die Unterweisung in der Kindererziehung durchaus als Aufruf zu einer positiven Einstellung zum Kind und zur Kindererziehung verstanden werden; auch insoweit geht es nicht nur um die Vermittlung von Wissen und Können, sondern um eine – kinderfreundliche – Bildung von Herz und Charakter. Die schulische Unterweisung in der Hauswirtschaft (im Sinne einer Erziehung zur gesunden Ernährung) wiederum erlangt in Zeiten zunehmender Fettleibigkeit der Schulkinder, die häufig mit schlechten Ernährungsgewohnheiten im Elternhaus zusammenhängt,[54] große Bedeutung.

Art. 132 [Schulaufbau und -wahl]

Für den Aufbau des Schulwesens ist die Mannigfaltigkeit der Lebensberufe, für die Aufnahme eines Kindes in eine bestimmte Schule sind seine Anlagen, seine Neigung, seine Leistung und seine innere Berufung maßgeblich, nicht aber die wirtschaftliche und gesellschaftliche Stellung der Eltern.

Parallelvorschriften im GG und anderen Landesverfassungen: Art. 11 II BaWüVerf; Art. 30 III, IV BbgVerf; Art. 31 I BremVerf; Art. 15 II, III M-VVerf; Art. 10 I NRWVerf; Art. 27 III, VI SaarlVerf; Art. 26 I Verf-LSA; Art. 8 II SchlHVerf; Art. 20 S. 2, 24 I ThürVerf.

Rechtsprechung: BVerfGE 45, 400; 53, 185; VerfGH 12, 21; 37, 126; VerfGH v. 9. 10. 2007 – Vf. 14-VII-06; VGH BayVBl. 1985, 146.

Literatur: Jach, Schulvielfalt als Verfassungsverbot, 1991.

---

[51] *Kaiser/Mahler,* Die Schulordnung der Volksschule, Art. 1 BayEUG Rn. 12.
[52] Dazu VerfGH 38, 16 (21 ff.).
[53] Dazu schon *Stettner,* in Nawiasky/Schweiger/Knöpfle, Art. 131 Rn. 7, 48.
[54] Verband Bildung und Erziehung (Hrsg.), Generation XXL – Deutscher Lehrertag 2006.

I. Allgemeines

1. Bedeutung

Art. 132 stellt die objektiv- und organisationsrechtliche Kehrseite des vom Einzelnen 1
her gedachten Rechts auf Bildung nach Art. 128 I dar und normiert Kriterien für den
Aufbau des Schulwesens und die **Aufnahme in eine bestimmte Schule.**

2. Entstehung

Art. 132 lehnt sich an Art. 146 I WRV an. Die in Art. 96 E noch vorgesehene „organische 2
Ausgestaltung des Schulwesens" wurde im VA allerdings (in erster Linie aus sprachlichen
Gründen – ohne erkennbaren Willen zu inhaltlicher Änderung) gestrichen; zur „inneren
Berufung" (in der WRV nicht enthalten) wurde auch noch die „Leistung" hinzugefügt.[1]

3. Verhältnis zum Grundgesetz

Das GG[2] enthält keine Normen zur Ausgestaltung des Schulwesens und garantiert 3
weder ein bestimmtes Schulsystem noch einzelne Schularten; es überlässt diese Frage vielmehr den Ländern/Landesverfassungen. Allenfalls äußerste Grenzen werden gesetzt; insbesondere könnte ein ganz einseitiges und undifferenziertes, keine substanziellen Wahlmöglichkeiten belassendes Schulsystem das Elternrecht (Art. 6 II GG) verletzen. Art. 132
1. Hs. BV beansprucht insoweit ungeschmälerte Geltungs- und Maßstabskraft. Die Garantie einer chancengleichen, nicht von der Herkunft abhängigen Aufnahme in die Schule
folgt im Wesentlichen auch bereits aus Art. 3 I, III GG[3]; auch aus Art. 7 I i.V. m. Art. 2 I GG
ergeben sich derivative Teilhaberechte (Art. 128, Rn. 4); Art. 132 2. Hs. BV steht hiermit im
Einklang und gilt fort.

II. Einzelkommentierung

a) Rechtsnatur. Art. 132 trifft **objektive Bestimmungen** zu Schulaufbau und -wahl 4
und verleiht – für sich genommen (auch im 2. Hs.) – **keine subjektiven Rechte;** er ist
kein Grundrecht.[4] Die maßgebliche subjektive Rechtsposition erwächst – nach hier vertretener Ansicht – aus Art. 128 I, mit dem Art. 132 freilich in einem Maße korrespondiert,
dass die beiden Normen sich wechselseitig konkretisieren und letztlich zusammen zu lesen
sind (Art. 128, Rn. 5, 8, 9).

b) Aufbau des Schulwesens (1. Hs.). Art. 132 1. Hs. zieht für den **Aufbau des Schul-** 5
wesens die sich im Grunde bereits aus Art. 128 I (Anspruch auf Ausbildung entsprechend
den erkennbaren Fähigkeiten und der inneren Berufung) ergebenden Konsequenzen (vgl.
zu den bereits aus Art. 128 ableitbaren Folgen für die notwendige – begabungs- und nei-
gungsgerechte – Ausdifferenzierung des Schulwesens Art. 128, Rn. 8 f.). Art. 132 1. Hs.
verlangt – mit seiner Anknüpfung an die **Mannigfaltigkeit der Lebensberufe** – erstens, dass (neben den allgemeinbildenden Schulen) ein ausreichendes und hinreichend differenziertes Angebot an **berufsbildenden Schulen** vorhanden ist (die Berufsschulen sind
überdies in Art. 129 I garantiert), sowie zweitens, dass auch die **allgemeinbildenden**
Schulen (die in Art. 129 I, 136 II 1 erwähnt sind) eine hinreichende, den unterschiedlichen
Begabungen und Neigungen gerecht werdende **Differenziertheit** aufweisen (dass dies so
ist, folgt nicht allein daraus, dass auch die allgemeinbildenden Schulen auf die – unterschiedliche Bildungsgrade voraussetzende – Mannigfaltigkeit der Lebensberufe vorbereiten, sondern auch aus einer Zusammenschau mit Art. 128 I, 132 2. Hs., die für den Gang
der Ausbildung und die Wahl der Schule gerade auf die Kriterien der Begabung und Nei-

---

[1] Prot. I S. 252 f.
[2] Zum Folgenden: BVerfG 45, 400 (415 f.); 53, 185 (195 ff.); *Neumann,* BremVerf Art. 31 Rn. 4.
[3] *Ennuschat,* in: Löwer/Tettinger, NRW Verf, Art. 10 Rn. 11.
[4] VerfGH 12, 21 (33); 37, 126 (132).

gung abstellen).[5] Nimmt man Art. 128 I, 132 und 136 II 2 zusammen, wird man nicht umhinkommen, anzuerkennen, dass die **BV von einem gegliederten Schulsystem ausgeht.**[6] Art. 132 steht insoweit in einem Spannungsverhältnis zu dem eher egalitären Art. 129 (der die Schulpflicht auf eine Einheitsschule, die Volksschule, bezieht) und verlangt, dass jedenfalls nach einer auf einer egalitären Einheitsschule (Grundschule) erfolgten Elementarausbildung (die freilich nicht unbedingt 4 Jahre betragen muss) Alternativen zur Volksschule (Hauptschule) bestehen müssen, die den unterschiedlichen Begabungen Rechnung tragen (Art. 129, Rn. 5); dies war auch der Grundgedanke des „organisch" auszugestaltenden Schulsystems des Art. 146 I WRV, auf den Art. 132 BV zurückgeht (Rn. 2).[7] Als solche garantiert ist nur die **Volksschule** (Art. 129 I), die freilich unterschiedlich ausgestaltet sein kann. Nicht – jedenfalls unter diesem Namen und in ihrer traditionellen Ausgestaltung – garantiert sind die **Realschule** und das **Gymnasium;**[8] immerhin wird man aber in der Zusammenschau mit Art. 128 I und Art. 138 sagen können, dass eine Schulart zur Verfügung stehen muss, die zur Hochschulreife führt. Es dürfte Art. 136 II 1, der an sich nicht das Schulsystem, sondern den Religionsunterricht zum Gegenstand hat und hierbei nur an das überkommene Schulsystem anknüpft, überspannen, wenn man aus ihm ableiten wollte, dass das Schulsystem unbedingt **dreigliedrig** zu sein hätte. Auch andere Gestaltungsformen sind zulässig, sofern das Spektrum unterschiedlicher Neigungen und Begabungen nur hinreichend abgebildet wird. Nicht von vornherein verfassungswidrig erscheint es auch, die unterschiedlichen Schulformen äußerlich in einer gemeinsamen Schulart **(Gesamtschule,** gemeinsame Volksschule) zusammenzufassen, wenn diese intern eine hinreichende Differenziertheit aufweist und unterschiedliche Begabungen nicht nivelliert, sondern angemessen fördert; dass der Forderung der Art. 128 I, 132, 136 II 1 nach einer hinreichenden Differenzierung nach Neigung und Begabung in der Sache genügt wird, erscheint insoweit wichtiger als der Wortlaut dieser Normen, der von einer auch äußerlichen Unterscheidung der Schularten ausgeht. Unzulässig wäre jedenfalls eine Gesamtschule mit Nivellierungstendenz und ohne hinreichende Wahlmöglichkeiten. Notwendige **Kehrseite der Mehrgliedrigkeit** – auch dies ist eine Konsequenz der Forderung nach einem leistungs- und begabungsgerechten, chancengleichen Schulsystem – ist die **Durchlässigkeit** des Schulsystems, d. h. die Möglichkeit, nicht nur nach der Grundschule, sondern ggf. auch noch später zu einem begabungs- und leistungsgerechten Schultyp aufzusteigen (so z. B. ausdrücklich Art. 15 III 1 M-VVerf.).[9]

6   **c) Kriterien für die Aufnahme in eine bestimmte Schule (2. Hs.).** Art. 132 2. Hs. deckt sich weitgehend mit Art. 128 I und ist mit ihm zusammen zu lesen: Art. 132 2. Hs. konkretisiert die in Art. 128 I angesprochenen Kriterien der „erkennbaren Fähigkeiten" und der „inneren Berufung" und verdeutlicht, dass wirtschaftliche Kriterien keine Rolle spielen dürfen. Zum chancengleichen Zugang zu Bildungseinrichtungen siehe bereits Art. 128, Rn. 8. Leistungsprüfungen vor Aufnahme in eine (weiterführende) Schule sind zulässig;[10] zu den Anforderungen an die Gestaltung von Prüfungen Art. 128, Rn. 10. Keine Rolle spielen die Kriterien des Art. 132 2. Hs. für die Aufnahme in Pflichtschulen (Art. 129). Art. 132 betrifft allein die Kriterien der Aufnahme in eine Schule; über die Kostenfreiheit dieser Schule, Schulwegskosten etc. und die Frage etwaiger Subventionierungsansprüche sagt Art. 132 nichts aus.[11] Für Privatschulen folgt aus Art. 132 allerdings die Pflicht zu einer sozialverträglichen Schulgeldgestaltung, die eine Sonderung nach den Besitzverhältnissen ausschließt; mittelbar ergeben sich staatliche Förderungspflichten (Art. 134 Rn. 8, 11)[12].

---

[5] VGH BayVBl. 1985, 146 (147).

[6] *Meder,* Art. 132 Rn. 1; Art. 129 Rn. 2; *Stettner,* in: Nawiasky/Schweiger/Knöpfle, Art. 129 Rn. 8.

[7] *Neumann,* BremVerf, Art. 31 Rn. 3.

[8] Zu diesen Schularten: VerfGH 22, 93.

[9] Vgl. zum Ganzen – für NRW – *Ennuschat,* in: Löwer/Tettinger, NRWVerf, Art. 10 Rn. 8 f.

[10] *Ennuschat,* in: Löwer/Tettinger, NRWVerf, Art. 10 Rn. 12.

[11] VerfGH 12, 21 (33); 37, 126 (132); 40, 45.

[12] VerfGH v. 9. 10. 2007 – Vf. 14-VII-06, V. 1. 2 a, V. 4.

Art. 133 [Öffentliche Schulen, Bildungsträger, Stellung der Lehrer]

(1) ¹**Für die Bildung der Jugend ist durch öffentliche Anstalten zu sorgen.** ²**Bei ihrer Einrichtung wirken Staat und Gemeinde zusammen.** ³**Auch die anerkannten Religionsgemeinschaften und weltanschaulichen Gemeinschaften sind Bildungsträger.**

(2) **Die Lehrer an öffentlichen Schulen haben grundsätzlich die Rechte und Pflichten der Staatsbeamten.**

Parallelvorschriften im GG und anderen Landesverfassungen: Art. 11 II BaWüVerf.; Art. 20 S. 2 BerlVerf; Art. 29 II BbgVerf; Art. 27 II BremVerf; Art. 56 I 2 HessVerf; Art. 15 I 2 M-VVerf; Art. 8 II 1 NRWVerf; Art. 27 II, 28 RhPfVerf; Art. 27 I SaarlVerf; Art. 102 II SächsVerf; Art. 26 I VerfLSA; Art. 24 ThürVerf.

Rechtsprechung: BVerfGE 26, 228; VerfGH 49, 37; 49, 162; VerfGH v. 9. 10. 2007 – Vf. 14-VII-06.

Übersicht

I. Allgemeines

1. Bedeutung

Aus Art. 133 I 1 folgt der leistungsstaatliche Auftrag, ein **flächendeckend ausreichendes öffentliches Schulwesen** zu errichten, d. h. den staatlichen Erziehungsauftrag (Art. 130 I) – unbeschadet der Privatschulfreiheit (Art. 134) – primär durch Bereitstellung eigener staatlicher bzw. kommunaler Schulen (Leistungsverantwortung) und nicht allein durch Beaufsichtigung frei getragener Schulen (Gewährleistungsverantwortung) zu erfüllen. Art. 133 I 2 grenzt hierbei die Verantwortungssphären von **Staat und Gemeinden** voneinander ab. Art. 133 I 3 erinnert an die **traditionell starke Rolle der Kirchen** im Bildungswesen, ohne ihnen indes – wie dem Staat und den Kommunen – den Status eines „öffentlichen Bildungsträgers" zuzuweisen; kirchliche Schulen unterfallen vielmehr der Privatschulfreiheit (Art. 134). Geregelt wird in Art. 133 II schließlich der **Status der Lehrer** an öffentlichen Schulen; sie sollen grundsätzlich Beamte sein. **1**

2. Entstehung

Art. 133 BV geht auf Art. 94 E zurück. In Abs. 2 (Stellung der Lehrer) wurde im VA das Wort „grundsätzlich" eingefügt, um Ausnahmen (z. B. Lehrer im Nebenberuf) gerecht zu werden. Auf Antrag des Abgeordneten *Prechtl* wurde die Bildungsträgerschaft der Religionsgemeinschaften eingefügt (Abs. 1 S. 3), um die traditionell wichtige Rolle der Kirche im Erziehungswesen zu erfassen; *Hoegner* und ihm folgend der VA stimmte dem nur unter der Bedingung zu, dass die Kirchen nicht als „öffentliche Bildungsträger" bezeichnet und damit klar von den – allein von Staat und Kommunen zu betreibenden – öffentlichen Anstalten (öffentlichen Schulen) des Abs. 1 S. 1 zu scheiden; allein eine geschichtliche Tatsache solle anerkannt werden.¹ **2**

---

¹ Prot. I S. 149 f.; II S. 346 f.

3. Verhältnis zum Grundgesetz

3   Aus **Art. 7 I GG** folgt das selbstverständliche Mandat des Staates, Schulen – über die bloße Beaufsichtigung freier Träger hinaus – auch selbst zu betreiben; für den Bereich der Volksschulen lässt das GG (Art. 7 V) sogar einen gewissen Vorrang öffentlicher gegenüber privaten Schulen erkennen; ansonsten jedoch lässt das GG die Frage, welchen Umfang das öffentliche Schulwesen im Vergleich zum privaten Schulwesen haben soll, offen und überlässt es den hierfür zuständigen Ländern, hierüber zu entscheiden.[2] Art. 133 I 1 BV füllt diesen Spielraum aus, indem es – freilich unbeschadet der ja auch bundesrechtlich gewährleisteten Privatschulfreiheit (Art. 7 IV GG, Art. 134 BV) – die Garantie eines funktionstüchtigen öffentlichen Schulwesens ausspricht. Art. 133 I 2 weist den Kommunen eine Rolle bei der Einrichtung öffentlicher Schulen zu, die mit der Garantie der kommunalen Selbstverwaltung **(Art. 28 II GG)** vereinbar ist.[3] Art. 133 I 3 geht in seiner bereits in Rn. 1, 2 skizzierten Auslegung, was die Rolle der Kirchen anbelangt, über Art. 7 IV GG nicht hinaus. Ob Lehrer an öffentlichen Schulen dem Funktionsvorbehalt des **Art. 33 IV GG** unterfallen, ist nicht unumstritten.[4] Art. 133 II BV beseitigt diese Unsicherheit, indem er – Art. 33 IV konkretisierend bzw. über ihn hinausgehend (jedenfalls nicht hinter ihm zurückbleibend; allein das wäre bundesverfassungsrechtlich verboten) – von einem prinzipiellen Beamtenstatus ausgeht.

II. Einzelkommentierung

1. Öffentliche Schulen, Bildungsträger (Absatz 1)

4   **a) Rechtsnatur.** Art. 133 I statuiert **objektive Rechtssätze,** die – für sich genommen – keine subjektiven Rechte verbürgen; die maßgeblichen subjektiven Rechtspositionen folgen für den Schüler vielmehr aus Art. 128 I (zu den hieraus fließenden originären und derivativen Teilhaberechten: Art. 128 Rn. 5, 8, 9), für die Kommunen aus Art. 11 II, 83 I BV, Art. 28 II GG und für die Kirchen aus Art. 127, 136.[5]

5   **b) Garantie eines funktionstüchtigen öffentlichen Schulwesens (Satz 1).** Mit seinem Auftrag, für die Bildung der Jugend **durch öffentliche Anstalten zu sorgen,** entscheidet sich Art. 133 I 1 für ein dem Grundzug nach **öffentliches Schulwesen,** d. h. für eine Erfüllung des staatlichen Erziehungsauftrags (Art. 130 I) primär[6] durch Bereitstellung eigener (staatlicher bzw. kommunaler) Schulen (Leistungsverantwortung) und nicht allein durch Beaufsichtigung privater Schulen (Gewährleistungsverantwortung); vgl. schon Rn. 1. Private Schulen sollen nach Maßgabe des Art. 134 zulässig sein, soweit sie privatem Wunsch und privater Initiative entspringen, nicht jedoch sollen sie deswegen ins Kraut schießen, weil der Staat nur in unzureichendem Maß oder mangelhafter Qualität öffentliche Schulen vorhält; niemand soll, wie dies *Hoegner* ausdrückte,[7] auf eine Privatschule angewiesen sein. Die öffentliche Schule ist die Regelschule,[8] Privatschulen sollen das – an sich funktionstüchtige – öffentliche Schulwesen nur „vervollständigen" und „bereichern" (Art. 90 BayEUG).[9] Art. 133 I 1 spricht auf diese Weise die **Garantie eines funktionstüch-**

---

[2] *Robbers,* in: v. Mangoldt / Klein / Starck, Art. 7 Rn. 65.

[3] Vgl. BVerfGE 26, 228.

[4] *Jarass / Pieroth,* Art. 33 Rn. 41 m. w. N.

[5] *Meder,* Art. 133 Rn. 1.

[6] Vgl. *Meder,* Art. 133 Rn. 2: „in erster Linie".

[7] *Hoegner,* Verfassungsrecht, S. 162.

[8] VerfGH 12, 21 (28).

[9] Bei der Einrichtung zusätzlicher öffentlicher Schulen mag es bis zu einem gewissen Grad berücksichtigungsfähig sein, dass an einem Ort bereits eine funktionierende Privatschule existiert, die bei Errichtung einer öffentlichen „Konkurrenz"-Schule in ihrer Existenz gefährdet wäre (VerfGH v. 9. 10. 2007 – Vf. 14-VII-06, V. 1. B. bb.; siehe andererseits Art. 134, Rn. 6: Art. 134 verleiht den Privatschulen keinen Schutz gegen öffentliche Konkurrenz). Dies kann jedoch nur gelten, soweit die aus Art. 133 I 1 – ohne Rücksicht auf die Existenz von Privatschulen – folgenden Pflichten zur Gewähr-

tigen, **d. h. flächendeckend ausreichenden und hinreichend qualitätvollen öffentlichen Schulwesens** aus, das das in Art. 128 I garantierte Recht auf Bildung einzulösen vermag. Inhaltlich reicht die Pflicht nicht weiter, als in Art. 128 Rn. 9 dargestellt; der Vorbehalt des Möglichen und hinreichende Gestaltungsspielräume sind auch hier anzuerkennen; die aus Art. 133 I 1 folgende leistungsstaatliche Zielvorgabe darf jedoch nicht in krasser Weise verkannt und außer Acht gelassen werden. Aus Art. 133 I 1 folgt demnach – nicht anders als bei Art. 128 – zwar nicht die Pflicht, so viele öffentliche Schulen vorzuhalten, dass jedermann an jedem Ort die ihm entsprechende Ausbildung erhalten kann. Der Bildungsauftrag der BV verlangt jedoch, dass die Schulen sinnvoll gegliedert über das Land verteilt sind und ein hinreichendes Netz an weiterführenden Schulen existiert. Im Bereich von Realschulen und Gymnasien können (v. a. bei Ersatz der Schulwegekosten) auch Schulwege von ca. 20 km zumutbar sein; staatlicher Handlungsbedarf entsteht jedoch, wenn die Kapazität der in zumutbarer Entfernung gelegenen Schulen erschöpft ist.[10]

c) Das Schulverhältnis. Art. 133 I 1 qualifiziert die öffentlichen Schulen als (unselb- **6** ständige) **öffentliche Anstalten** und qualifiziert den Schulbesuch in diesem Sinne als Nutzung einer öffentlichen Anstalt. In formaler Hinsicht ist diese Anknüpfung an das Recht öffentlicher Anstalten richtig, und dies ist auch tauglicher dogmatischer Ausgangspunkt für die Durchdringung des Rechtsverhältnisses von Schüler und Schule. Für eine sachgerechte Erfassung ist es freilich notwendig, sich zu vergegenwärtigen, dass die anstaltliche Betrachtungsweise den komplexen Lebensraum Schule nur unvollkommen wiederzugeben vermag, der nicht nur von einer sachnotwendigen pädagogischen Freiheit der Schule, sondern auch dadurch gekennzeichnet ist, dass der Schüler nicht nur „Benutzer den Anstalt", sondern „mit seinem Recht auf Bildung der eigentliche Orientierungsmaßstab des komplexen Rechtsgebildes Schule und deswegen auch an Unterrichtsgestaltung und Schulverwaltung mitbeteiligt" ist.[11] Üblich geworden ist es daher, das Rechtsverhältnis von Schüler und Schule mit dem umfassenderen Begriff **„Schulverhältnis"** zu bezeichnen.[12] Hierbei handelt es sich um ein öffentlich-rechtliches Sonderrechtsverhältnis, das durch die Verfassung selbst institutionalisiert ist (Art. 128 ff. BV, Art. 7 GG). Die Schüler sind innerhalb dieses Rechtsverhältnisses Träger von Rechten, namentlich sind sie grundrechtsfähig und grundrechtsmündig. Maßnahmen der Schulaufsicht müssen daher rechtsstaatlich legitimiert sein. Sie dürfen nur durch Gesetz oder auf Grund eines Gesetzes ergehen, das eine vom Parlament inhaltlich bestimmte gesetzliche Ermächtigung enthält. Das Rechtsstaats- und das Demokratieprinzip sowie der Grundsatz der Gewaltenteilung verpflichten den Gesetzgeber, die wesentlichen Regelungen über das Schulwesen selbst zu treffen; das gilt insbesondere im Bereich der Ausübung von Grundrechten (zur Wesentlichkeitslehre im Schulrecht schon Art. 130 Rn. 9).[13] Die Grundrechte der Schüler können beschränkt werden, soweit dies notwendig ist, damit die Schule ihre Aufgabe erfüllen und ihrem Erziehungsauftrag (Art. 130, 131) gerecht werden kann; bei multipolaren Interessenkonflikten müssen staatlicher Erziehungsauftrag und Grundrechte des Schülers und sonstiger Beteiligter zu einem schonenden Ausgleich gebracht werden (Schulkreuz im Klassenzimmer)[14]; Art. 130 Rn. 11. Zum Verbot politischer Werbung in der Schule siehe VerfGH 34, 82; zu Schülerzeitungen VerfGH 28, 24 (40 f.); zu Ordnungsmaßnahmen VerfGH 33, 33; 34, 82; zur Information der Eltern volljähriger Schüler VerfGH 57, 113; zu Prüfungsentscheidungen siehe bereits Art. 128 Rn. 10.

---

leistung eines ausreichenden Netzes öffentlicher Schulen (dazu VerfGH a. a. O., V. 5.) bereits erfüllt sind.

[10] VerfGH v. 9. 10. 2007 – Vf. 14-VII-06, V. 1. b. bb., V. 5.

[11] *Badura,* in: Maunz/Dürig, Art. 7 Rn. 48.

[12] Ausführlich dazu: *Meder,* Art. 133 Rn. 3 ff.; siehe auch *Robbers,* in: v. Mangoldt/Klein/Starck, Art. 7 Rn. 13 ff., auch zum Folgenden.

[13] Zum Vorstehenden: VerfGH 33, 33 (37); 34, 82 (92 f.).

[14] *Meder,* Art. 133 Rn. 3 b; VerfGH 50, 156 (172 f.); 57, 113 (121 ff.).

7   **d) Staat und Kommunen als öffentliche Bildungsträger (Satz 2).** **Staat und Kommunen** wirken bei der Einrichtung öffentlicher Schulen zusammen; öffentliche Schulen sind staatliche oder kommunale Schulen (Art. 3 I 1 BayEUG); nur Staat und Kommunen sind öffentliche Bildungsträger. Das genauere Zusammenspiel von Staat und Kommunen im Schulwesen ist bereits in **Art. 130 Rn. 10** (m. w. N.), auf den hier verwiesen sei, dargestellt worden: Soweit Kommunen auch bei staatlichen Schulen Schulaufwandsträger sind oder freiwillig kommunale Schulen betreiben, handeln sie im eigenen Wirkungskreis; bei der staatlichen Schulplanung müssen die Gemeinden indes nur formal beteiligt und ihre Interessen materiell berücksichtigt werden; bzgl. kommunaler Schulen unterliegen sie einer staatlichen Schulaufsicht (Art. 130 I), die über bloße Rechtsaufsicht hinausgeht. Zu Finanzierungsfragen siehe VerfGH 49, 37; 49, 162; 50, 15 (57 ff.) (Art. 83 III ist seither geändert worden).

8   **e) Kirchen als Bildungsträger (Satz 3).** Art. 133 I 3 verweist auf den historisch bedeutenden und auch heute noch beträchtlichen Beitrag der **Kirchen** im Bildungswesen, beschreibt also einen faktischen Zustand, räumt den Kirchen jedoch keinen Rechtsstatus ein, der sich nicht bereits aus anderen Vorschriften ergäbe (v. a. Art. 127, 134, 136). Insbesondere – hier ist die Entstehungsgeschichte (Rn. 2) eindeutig – werden die Kirchen nicht als „öffentliche Bildungsträger" qualifiziert, die Staat und Kommunen auf gleichem Fuße gegenübertreten könnten. Die Errichtung kirchlicher Schulen unterliegt der Privatschulfreiheit und den Modalitäten des Art. 134.[15] Nur staatliche und kommunale Schulen sind öffentliche Schulen (Art. 3 I 1 BayEUG); kirchlichen Schulen kann der Charakter einer öffentlichen Schule (nicht anders als anderen staatlich anerkannten Ersatzschulen) nur nach Maßgabe des Art. 101 BayEUG verliehen werden (Ersatzschule mit dem Charakter einer öffentlichen Schule). Auf die genaue Bedeutung des Begriffs „anerkannte Religionsgemeinschaften und weltanschauliche Gemeinschaften" (vgl. auch Art. 127)[16] kommt es deswegen nicht an.

2. Stellung der Lehrer an öffentlichen Schulen (Absatz 2)

9   Art. 133 I statuiert, was das Lehramt an öffentlichen Schulen angeht, einen **Funktionsvorbehalt für Beamte.** Je nachdem wie man Art. 33 IV GG auslegt (Rn. 3), kann Art. 133 II BV als (klarstellende) Konkretisierung des Art. 33 IV GG begriffen werden oder geht er über diesen hinaus. Durch den Funktionsvorbehalt für Beamte wird die in Abs. 1 ausgesprochene Garantie eines qualitätvollen öffentlichen Schulsystems noch einmal unterstrichen. Ausnahmen sind möglich („grundsätzlich"); insoweit gilt nichts anderes als nach Art. 33 IV GG („in der Regel"[17]). Für Unionsbürger muss keine Ausnahme mehr gemacht werden, da diese aufgrund von Art. 9 I Nr. I, II BayBG verbeamtet werden können, soweit sie der EG-Arbeitnehmerfreizügigkeit unterliegen (Art. 39 EG[18]). Eine grundsätzliche Infragestellung des Beamtenstatus für Lehrer ist mit Art. 133 II nicht vereinbar.

10   Lehrkräfte im Beamtenverhältnis können sich gegenüber ihrem Dienstherrn – trotz ihres besonderen Dienst- und Treueverhältnisses – auf die **Grundrechte** berufen; ihnen können jedoch Beschränkungen auferlegt werden, soweit Natur und Zweck des Dienstverhältnisses dies erfordern.[19] Soweit der Staat seinen Lehrern Pflichten auferlegt, weil er seinerseits gegenüber den Schülern und Eltern an Grundrechte gebunden ist (z. B. zu religiös-weltanschaulicher Neutralität verpflichtet ist – Verbot der Tragens eines islamischen Kopftuchs), soweit also Lehrer im Lager des grundrechtsgebundenen Staats stehen und für den Staat nach außen agieren, lässt sich darüber streiten, inwieweit ihre Grundrechtsberechtigung wirklich zum Tragen kommen kann.[20] Zu Recht hat der VerfGH im Streit

---

15 VerfGH v. 9. 10. 2007 – Vf. 14-VII-06, V. 5.
16 *Meder,* Art. 127 Rn. 1.
17 Dazu *Jarass/Pieroth,* Art. 33 Rn. 42.
18 EuGH Slg. 1986, 2121; 1991, I-5627; 1996, I-3207.
19 VerfGH 60, 1 (8 f.).
20 Vgl. den Streit in BVerfG 108, 282 (298 f. und 315 f. [Sondervotum]).

um das Tragen religiöser Symbole und Kleidungsstücke die Glaubensfreiheit des Beamten als eigenständige Abwägungsposition ins Gewicht fallen lassen, d. h. berücksichtigt, dass der Beamte nicht nur Amtswalter, sondern auch Mensch (mit einem Glauben) ist. Zu Lasten des Beamten fällt andererseits ins Gewicht, dass der Staat seinen Erziehungsauftrag und die ihn treffenden Neutralitätspflichten nur mithilfe von Lehrern erfüllen kann und die Lehrer daher für die Erfüllung dieser Pflichten auch besonders indienstnehmen darf.[21] Zu den wichtigen Pflichten des Lehrers gehört die Pflicht zur Verfassungstreue[22] und zur parteipolitischen Neutralität[23]; zur Problematik der religiös-weltanschaulichen Neutralität vgl. den Streit um das islamische Kopftuch;[24] dem Schulkreuz im Klassenzimmer kann ein Lehrer nur in atypischen Fallgestaltungen mit Erfolg widersprechen.[25] Zum Verhältnis von Meinungsfreiheit des Lehrers und staatlichen Erziehungszielen siehe bereits Art. 131 Rn. 9. Eine (etwa mit Art. 5 III GG, Art. 108 BV) vergleichbare Lehrfreiheit steht dem Lehrer nicht zu; vgl. dazu sowie zur Frage der „pädagogischen Freiheit" Art. 130 Rn. 12.

Art. 134 [Privatschulen]

(1) [1]Privatschulen müssen den an die öffentlichen Schulen gestellten Anforderungen entsprechen. [2]Sie können nur mit Genehmigung des Staates errichtet und betrieben werden.

(2) Die Genehmigung ist zu erteilen, wenn die Schule in ihren Lehrzielen (Art. 131) und Einrichtungen sowie in der wissenschaftlichen Ausbildung ihrer Lehrer nicht hinter die gleichartigen öffentlichen Schulen zurücksteht, wenn die wirtschaftliche und rechtliche Stellung der Lehrer genügend gesichert ist und gegen die Person des Schulleiters keine Bedenken bestehen.

(3) [1]Private Volksschulen dürfen nur unter besonderen Voraussetzungen zugelassen werden. [2]Diese Voraussetzungen liegen insbesondere vor, wenn den Erziehungsberechtigten eine öffentliche Schule ihres Bekenntnisses oder ihrer Weltanschauung nicht zur Verfügung steht.

Parallelvorschriften im GG und anderen Landesverfassungen: Art. 7 IV, V GG; Art. 14 II 3, 4 BaWüVerf; Art. 30 VI BbgVerf; Art. 29 BremVerf; Art. 61 HessVerf; Art. 4 III NdsVerf; Art. 8 IV NRWVerf; Art. 30 RhPfVerf; Art. 28 SaarlVerf; Art. 102 III, 108 III SächsVerf; Art. 28 VerfLSA; Art. 26 ThürVerf.

Rechtsprechung: BVerfGE 27, 195; 37, 314; 75, 40; 88, 40; 90, 107; 90, 128; 112, 74; VerfGH 12, 21; 21, 164; 36, 25; 37, 148; 57, 30; VerfGH v. 9. 10. 2007 - Vf. 14 - VII - 06; BVerwGE 75, 275; 89, 368; 90, 1; 112, 263.

Literatur: Becker, Möglichkeiten und Grenzen staatlicher Einflussnahme auf den Betrieb von Privatschulen, BayVBl. 1996, 609 ff.; *Blau,* Bedeutung und Probleme der Privatschulfreiheit, JA 1994, 463; *Jach,* Die Rechtsstellung der Schulen in freier Trägerschaft, DÖV 2002, 969; *Kösling,* Die privaten Schulen gemäß Art. 7 IV, V GG, 2005; *Tillmanns,* Die Freiheit der Privatschulen nach dem GG, 2006; *Vogel,* Zur Errichtung von Grundschulen in freier Trägerschaft, DÖV 1995, 587.

---

[21] VerfGH 60, 1 (8 f., 10 f.).
[22] Vgl. BVerfGE 44, 98.
[23] *Meder,* Art. 133 Rn. 14.
[24] BVerfGE 108, 282; VerfGH 60, 1.
[25] VGH NVwZ 2002, 1000.

I. Allgemeines

1. Bedeutung

1   Art. 134 I, II BV verbürgt – trotz seines diesbezüglich nicht eindeutigen Wortlauts –
wie Art. 7 IV GG ein **Grundrecht** auf die Errichtung von Privatschulen; mit dieser
Gründungsfreiheit ist zugleich eine **Garantie der Privatschule als Institution** (Institutsgarantie) verbunden, welche den Privatschulen verfassungskräftig eine ihrer Eigenart entsprechende Verwirklichung sichert;[1] hieraus ergibt sich auch eine **Schutz- und Förderungspflicht** des Staates.[2] Art. 134 ist im Kontext des Art. 133 zu sehen: So sehr die BV in
Art. 133 die Garantie eines flächendeckend funktionstüchtigen öffentlichen Schulwesens
ausspricht und von der öffentlichen Schule als Normalfall ausgeht (insoweit Vorrang des
öffentlichen Schulwesens; Art. 133 Rn. 5),[3] hat sie in Art. 134 doch zugleich eine unmiss-
verständliche **Absage an ein staatliches Schulmonopol** ausgesprochen;[4] allein hinsichtlich der Zulassung privater Volksschulen bestehen gemäß Art. 134 III erschwerte
Voraussetzungen. Das Privatschulwesen soll nicht zum Erliegen kommen, sondern neben
dem öffentlichen Schulwesen eine eigenständige Bedeutung entfalten können; die BV hat
der Privatschule auch dort, wo sie als Ersatzschule im Wettbewerb mit der öffentlichen
Schule steht, eine ihrer Eigenart entsprechende Verwirklichung gesichert und ihr einen Bereich belassen, in dem sie **Unterricht frei von staatlichen Einflüssen eigenverantwortlich gestalten und prägen** kann; dies gilt vor allem, soweit es die **Erziehungsziele, die
weltanschaulichen Grundlagen, die Lehrmethoden und die einzelnen Lehrinhalte**
betrifft.[5] Das Grundrecht der Privatschulfreiheit bedeutet jedoch **nicht,** dass die Privatschule eine **staatsfreie** Schule ist; vielmehr unterstehen auch Privatschulen als Teil des gesamten Schul- und Bildungswesens der **staatlichen Schulaufsicht** (Art. 130 BV, Art. 7 I
GG); ihre Errichtung ist nach Art. 134 I 2 von einer **Genehmigung** abhängig; hinsichtlich
verschiedener qualitativer Anforderungen, auch was die Lehrziele (Art. 131) anbelangt, dürfen sie hinter den gleichartigen öffentlichen Schulen nicht zurückstehen **(Gleichwertigkeit).**[6] Privatschulen haben – gemäß der Intention der Verfassung (Art. 133, 134) und des
Gesetzes (Art. 90 BayEUG) – eine **praktische Bedeutung,** die dem des als Regelfall gedachten öffentlichen Schulwesens zwar nicht gleichkommt, aber doch eine beträchtliche
vervollständigende und bereichernde und insoweit unverzichtbare Funktion signalisiert;
der Anteil der an Privatschulen unterrichteten Schüler im Verhältnis zur Gesamtzahl der
Schüler ist in jüngerer Zeit tendenziell **gestiegen** (2005: 7,1 % bundesweit).[7]

2. Entstehung

2   Während Art. 94 VE Privatschulen reserviert gegenüberstand (nur ausnahmsweise
Zulässigkeit; nur beispielhafte Aufzählung der Versagungsgründe), entsprach Art. 101 E
bereits fast vollständig dem jetzigen Art. 134 I, II BV. Erst im VA angefügt wurde Abs. 3
zur nur unter besonderen Voraussetzungen gegebenen Zulässigkeit privater Volksschulen
(Ziel: Sicherung der demokratisch-egalitären Volksschule als Pflichtschule, vgl. Art. 129

---

[1] VerfGH 36, 25 (34 f.); 57, 30 (34); BVerfGE 27, 195 (200 f.); *Badura,* in: Maunz/Dürig, Art. 7
Rn. 97 ff.

[2] VerfGH 37, 148; VerfGH v. 9. 10. 2007 – Vf. 14-VII-06; BVerfGE 75, 40; 90, 107; 90, 128; 112, 74.

[3] VerfGH 12, 21 (28).

[4] VerfGH 36, 25 (34).

[5] VerfGH 37, 148 (155); 57, 30 (34 f.). Infolge der durch die Privatschulfreiheit gegebenen weltanschaulichen Ausweichmöglichkeit von Schülern und Eltern wird es umso erträglicher, dass der Staat
ggf. in seinen öffentlichen Schulen wertbezogene Akzente setzt (Art. 131), religiöse Bezüge einbaut
(Art. 135 ff.) etc., mit denen eine Minderheit von Eltern/Schülern nicht einverstanden ist (vgl. VerfGH
55, 189 [197]).

[6] VerfGH 36, 25 (35); 57, 30 (35).

[7] *Badura,* in: Maunz/Dürig, Art. 7 Rn. 96; für Bayern: *Becker,* BayVBl. 1996, 609 f. (für 1993/94:
880 von 5329 Schulen).

Rn. 1); sein Satz 2 (Genehmigungsfähigkeit bei Nichtbestehen einer dem Bekenntnis/der Weltanschauung der Erziehungsberechtigten öffentlichen Volksschule) wurde auf Antrag des Berichterstatters *Hundhammer* klarstellend ergänzt. Die zunächst angedachte Verpflichtung zur Erziehung zu demokratischer Gesinnung wurde aufgrund der ohnehin bestehenden Bindung an die Bildungsziele (Art. 131) wieder fallen gelassen. Auch von der ebenfalls in 1. Lesung beschlossenen zusätzlichen Genehmigungsvoraussetzung, private Schulen dürften auch in der „Zusammensetzung ihrer Schulklassen" nicht hinter öffentlichen Schulen zurückstehen (Ziel: keine Sonderung der Schüler nach den Besitzverhältnissen, vgl. Art. 7 IV 3 GG), wurde in zweiter Lesung Abstand genommen – dies wohl weniger, weil man das Anliegen an sich für unberechtigt, als vielmehr, weil man Festlegungen zur Klassenzusammensetzung für unrealistisch und nicht wirklich praktikabel ansah; die Möglichkeit einer finanziellen Unterstützung des Staates zur Gewährleistung der Zugangschance für alle war offenbar nicht erwogen worden.[8]

3. Verhältnis zum Grundgesetz

Die Frage der Zulässigkeit von Privatschulen ist im GG relativ eingehend geregelt **3** **(Art. 7 IV, V GG).** Diese bundesrechtlichen Vorgaben sind in den Ländern unmittelbar verbindlich (Art. 1 III GG) und prägen das landesrechtliche (Privat-)Schulrecht und seine behördliche/gerichtliche Handhabung[9] in entscheidender Weise (Beispiel: Art. 92 III BayEUG zur Zulässigkeit privater Volksschulen orientiert sich am Wortlaut des Art. 7 V GG und nicht an Art. 134 III BV). Für paralleles Landesverfassungsrecht bleibt, auch wenn dieses nach Art. 142 GG neben Art. 7 IV, V GG **fortgilt**[10] und es beim Schulrecht um – grundsätzlich voller landesverfassungsrechtlicher Bindung unterliegendes – Landesrecht geht, **wenig Spielraum zu eigenständigen Akzentsetzungen.** Auch wenn Art. 134 BV nach allgemeinem Bundesstaatsrecht, ohne allein dadurch an prinzipieller Geltungskraft zu verlieren, weiter oder weniger weit reichen dürfte als Art. 7 IV, V GG (bei freilich stets voller Beachtlichkeit des Bundesrechts),[11] kann die Rechtsprechungspraxis zu Art. 134 BV doch nicht verhehlen, dass sie sich in einem Maße an Art. 7 IV, V GG orientiert,[12] dass Art. 134 BV im Vergleich zu Art. 7 IV, V GG als **weitgehend inhaltsgleich** angesehen werden kann: Der Grundstruktur und prinzipiellen Aussage nach (Genehmigungspflicht, Genehmigungsanspruch und Genehmigungsvoraussetzungen, erschwerte Zulässigkeit für private Volksschulen) ähneln sich Art. 134 BV und Art. 7 IV, V GG schon dem Wortlaut nach sehr weitgehend. Über den einzig theoretisch möglichen größeren Unterschied, dass nämlich Art. 134 aufgrund seines Wortlauts und in der Tradition der WRV[13] vielleicht nicht als Grundrecht aufgefasst werden könnte, ist der VerfGH hinweggegangen; in st. Rspr. sieht er Art. 134 I, II BV – wie Art. 7 IV – als **Grundrecht** an.[14] Hinsichtlich der Genehmigungsvoraussetzungen fällt der Wortlautunterschied, dass in der BV das Ausschlusskriterium **„Sonderung der Schüler nach den Besitzverhältnissen"** nicht erwähnt ist, letztlich nicht erheblich ins Gewicht; denn zwar wird man dieses Kriterium angesichts der entstehungsgeschichtlichen Ablehnung (Rn. 2) nicht einfach als zwingende Genehmigungsvoraussetzung in Art. 134 II BV hineinlesen können; der – auch für Privat-

---

[8] Prot. I S. 264 ff.; II S. 359 ff.; *Schmidt,* Staatsgründung und Verfassungsgebung in Bayern, Bd. 2, S. 71 ff.; s. a. VerfGH 37, 148 (156).

[9] Verwaltungsrechtliche Streitigkeiten zwischen Privatschule und Schulaufsicht führen letztlich zum BVerwG, das ohne Rücksicht auf die Landesverfassung entscheidet, z. B. BVerwGE 112, 263.

[10] VerfGH 36, 25 (34); *Meder,* Art. 134 Rn. 3, 10.

[11] Vorbem. B Wirkkraft LVerfR Rn. 13 ff.; Vor Art. 98 Rn. 110 ff.

[12] Freilich kann es auch vorkommen, dass das Landesverfassungsgericht zuerst Gelegenheit erhält, eine vom BVerfG noch nicht entschiedene Frage zu beantworten, und dass das BVerfG sodann (was es nicht muss) dem Landesverfassungsgericht inhaltlich folgt, so z. B. VerfGH 37, 148 (siehe S. 155 f.), BVerfGE 75, 40 (allerdings ohne Erwähnung des VerfGH).

[13] Vgl. VerfGH 12, 21 (28) zu Art. 147 WRV.

[14] VerfGH 36, 25 (34); 37, 148 (155); 57, 30 (34).

schulen geltende – Art. 132 BV („nicht aber die wirtschaftliche Stellung der Eltern") indes bringt den gleichen Gedanken zum Ausdruck (den an sich auch der VA befürwortete, Rn. 2; ebenso Art. 128 II BV) und legitimiert auf diese Weise jedenfalls, dass der Gesetzgeber seinerseits eine entsprechende Genehmigungsvoraussetzung statuiert (Art. 92 II Nr. 3 i.V. m. 96 BayEUG)[15], so dass jedenfalls keinerlei Konfliktlage mit dem GG entsteht. Kein Unterschied in der Sache ergibt sich auch daraus, dass allein die BV ausdrücklich die **„Bedenken gegen die Person des Schulleiters"** thematisiert, da das auch im GG enthaltene Kriterium „wissenschaftliche Ausbildung der Lehrkräfte" in der Praxis auch auf die persönliche Eignung sowie auf den Schulleiter erstreckt wird.[16] Art. 134 III BV schließlich ist, was die **Volksschulen** anbelangt, zwar etwas anders formuliert als Art. 7 V GG; das verfolgte Regelungsanliegen ist jedoch in einem Maße identisch, dass jedenfalls im Wege der Auslegung Inhaltsgleichheit hergestellt werden kann und sollte (namentlich ist auch das „besondere pädagogische Interesse" als „besondere Voraussetzung" i. S. d. Art. 134 III 1 BV anzusehen); bzgl. Art. 134 III 2 sind ohnehin keine substanziellen Unterschiede ersichtlich; Art. 7 V GG („ist nur zuzulassen, wenn …") gestattet es nicht, in Art. 134 III 1 BV („besondere Voraussetzungen") andere und zusätzliche Zulässigkeitsgründe hineinzulesen, als die in Art. 7 V GG genannten. Aufgrund der praktisch durchgehenden Inhaltsgleichheit kann sich die folgende Kommentierung auf Grundzüge konzentrieren; ansonsten kann auf Kommentierungen zu Art. 7 IV, V GG verwiesen werden.

II. Einzelkommentierung

1. Privatschulen

4   Von Art. 134 erfasste **Privatschulen** sind alle Schulen, die nicht öffentlich i. S. d. Art. 133 I 1, 2. II sind, d. h. weder einen staatlichen noch einen kommunalen Träger haben; auch kirchliche Schulen sind – trotz Art. 133 I 3 – Privatschulen i. S. d. Art. 134 (Art. 133, Rn. 8).[17] Zum Begriff der Schule siehe Art. 130 Rn. 6; nicht nur allgemeinbildende, sondern auch berufsbildende Schulen sind erfasst. Nicht erfasst sind Kindergärten[18] und Hochschulen[19]. Aus dem in Art. 134 II normierten Erfordernis, dass die Privatschulen „hinter den gleichartigen öffentlichen Schulen" nicht zurückstehen dürfen, lässt sich schlussfolgern, dass von Art. 134 nur die sog. **Ersatzschulen** (d. h. Schulen, die den existierenden öffentlichen Schulen entsprechen und statt derer besucht werden können; Art. 91 BayEUG) und nicht auch die Ergänzungsschulen (für die vergleichbare öffentliche Schulen nicht bestehen und durch die auch der Schulpflicht nicht genügt werden kann; vgl. Art. 102 BayEUG[20]) erfasst werden;[21] die bloße Anzeigepflicht für Ergänzungsschulen (Art. 102 II 1 BayEUG) steht mit Art. 134 I 1 BV in vollem Einklang. Auch soweit private Bildungseinrichtungen nicht Art. 134 unterfallen (d. h. weder der Privatschulfreiheit noch dem dort statuierten Genehmigungserfordernis), unterliegen sie der staatlichen Schulaufsicht (Art. 130 I), was entsprechende Grundrechtseingriffe (bis hin zur Genehmigungspflicht) rechtfertigen kann.

---

[15] Ähnlich auch VerfGH v. 9. 10. 2007 – Vf. 14-VII-06, V. 2 a., V. 4. a.; ob das Verbot der Sonderung nach Besitzverhältnissen bzw. das Gebot sozialverträglicher Schulgeldgestaltung bereits kraft Verfassung gilt oder nur verfassungskonform vom Gesetzgeber statuiert werden kann, bleibt dort offen. Wie hier wird jedoch auf Art. 132 abgestellt.

[16] *Jarass/Pieroth*, Art. 7 Rn. 23; *Meder*, Art. 134 Rn. 5; BVerwG DÖV 1970, 566; BVerwG NVwZ 1990, 865.

[17] *Meder*, Art. 134 Rn. 1; *Jarass/Pieroth*, Art. 7 Rn. 19.

[18] Vgl. VerfGH 29, 191 (210); von Art. 130 dagegen sind Kindergärten erfasst (siehe Art. 130 Rn. 6).

[19] BVerfGE 37, 314.

[20] Zu den Begriffen siehe auch BVerfGE 27, 196 (201 f.).

[21] *Jarass/Pieroth*, Art. 7 Rn. 22. Etwas anderes dürfte sich – entgegen *Meder*, Art. 134 Rn. 6 – auch nicht aus VerfGH 36, 25 (35) ergeben.

2. Die Privatschulfreiheit als Abwehrrecht

a) Grundrechtscharakter. Art. 134 gewährleistet, wie bereits in Rn. 1, 3 (m. w. N.) **5** ausgeführt, nach der st. Rspr. des VerfGH die **Privatschulfreiheit als Grundrecht.** Hierfür spricht nicht nur das Anliegen der Harmonisierung mit Art. 7 IV, V GG, sondern auch, dass Art. 134 II einen Genehmigungsanspruch („ist zu erteilen") statuiert; auch bereits im VA (Rn. 2) war die Dimension der „Freiheit" und eines „Rechts" angeklungen.[22] Als Grundrecht ist Art. 134 in erster Linie Freiheitsrecht (Abwehrrecht); zu anderen Gehalten s. u. Rn. 11.

b) Geschützte Tätigkeit. Die Privatschulfreiheit **schützt** die Errichtung und den Be- **6** trieb von Privatschulen, insbesondere die eigenverantwortliche Unterrichtsgestaltung hinsichtlich Erziehungszielen, weltanschaulichen Grundlagen, Lehrmethoden und einzelnen Lehrinhalten; auch die Auswahl der Schüler und Lehrer ist prinzipiell geschützt; ebenso das Recht, auf privatrechtlicher Basis in wirtschaftlicher Selbstständigkeit und Unabhängigkeit Schulgeld zu erheben.[23] Die Privatschulfreiheit schützt nicht vor einer Verschlechterung der Wettbewerbslage, die dadurch eintritt, dass der Staat eine öffentliche Schule einrichtet; im Gegenteil ist es die Intention des Art. 133 I 1, dass Privatschulen nicht allein deswegen gewählt werden müssen, weil es an einer öffentlichen Schule fehlt (Art. 133 Rn. 5).[24]

c) Eingriffsrechtfertigung. Weder Art. 7 IV, V GG noch Art. 134 BV statuieren, wie **7** bisweilen etwas missverständlich betont wird, einen ausdrücklichen Gesetzesvorbehalt.[25] Dennoch ist die Privatschulfreiheit in verschiedener Hinsicht für staatliche Eingriffe offen. Die Privatschulfreiheit bedeutet erstens nicht, dass die Privatschule eine staatsfreie Schule ist; vielmehr unterstehen auch die Privatschulen als Teil des gesamten Schulwesens der **staatlichen Schulaufsicht** (Art. 130 I) und der aus ihr fließenden Befugnis des Staates zur zentralen Ordnung und Organisation des Schulwesens;[26] allein hieraus bereits folgt das Mandat des Staates, die wesentlichen Fragen des Privatschulwesens gesetzlich zu regeln und administrativ zu überwachen.[27] Hinzu kommt, dass Art. 134 I 2, II selbst eine **Genehmigungspflicht** statuiert (die natürlich sowohl der näheren gesetzlichen Ausgestaltung wie des administrativen Vollzugs bedarf); die in Abs. 2 normierten Genehmigungsvoraussetzungen sind überdies nicht allein im Genehmigungszeitpunkt punktuell, sondern fortdauernd zu erfüllende Pflichten, deren Einhaltung überwacht und ggf. mit einem Genehmigungswiderruf sanktioniert werden darf. Es wäre nach hier vertretener Ansicht verkürzt, die Schulaufsicht (Art. 130 I) im Falle der Privatschulen von vornherein auf die Einhaltung der Genehmigungsvoraussetzungen nach Art. 134 II beschränken zu wollen;[28] zwar werden aufgrund der Spezialität des Art. 134 nicht gestützt auf Art. 130 zusätzliche Genehmigungsvoraussetzungen „erfunden" werden dürfen; unterhalb dieser Schwelle (der „Berufswahl"-Beeinträchtigung) erscheint es jedoch keineswegs ausgeschlossen, gestützt auf die Schulhoheit des Art. 130 I, „Ausübungsregelungen" für den Betrieb von Privatschulen aufzustellen, soweit diese im Einzelfall aufgrund der jeweils verfolgten legitimen Regelungsziele des Staates keinen unverhältnismäßigen Eingriff in die durch Art. 134 gewährleistete Freiheit hinsichtlich Unterrichtsmethoden, Erziehungszielen, Lerninhalten, Schülerwahl etc. bedeuten.[29] Ebenso wäre es nach hier vertretener Ansicht vorschnell,

---

[22] Prot. I S. 267; II, S. 361.

[23] *Jarass/Pieroth*, Art. 7 Rn. 20; VerfGH 57, 30 (34 f.); VerfGH v. 9. 10. 2007 – Vf. 14-VII-06, V. 1. b. bb.

[24] BVerfGE 37, 314 (319); *Meder*, Art. 134 Rn. 3; ist ein ausreichendes Netz öffentlicher Schulen vorhanden, darf bzgl. der Errichtung zusätzlicher öffentlicher Schulen auf Privatschulen Rücksicht genommen werden (nicht ganz klar: VerfGH v. 9. 10. 2007 – Vf. 14-VII-06, V. 1. b. bb.).

[25] Vgl. *Jarass/Pieroth*, Art. 7 Rn. 30; *Schmitt-Kammler*, Art. 7 Rn. 67.

[26] VerfGH 36, 25 (35); 57, 30 (34).

[27] *Badura*, in: Maunz/Dürig, Art. 7 Rn. 105.

[28] In diese Richtung *Jarass/Pieroth*, Art. 7 Rn. 30.

[29] Vgl. VerfGH 57, 30.

die Schulaufsicht über Privatschulen von vornherein auf einen bestimmten Typus (z. B. Rechtsaufsicht) festlegen zu wollen;[30] freilich wird die Beschränkung auf die bloße Rechtmäßigkeitskontrolle die regelmäßig freiheitskonforme Aufsichtsform sein; je nach den Umständen des Einzelfalls und den jeweils verfolgten Zielen können ggf. aber auch intensivere Formen der Einflussnahme statthaft sein; so dürfte wohl auch die Einlassung des VerfGH zu werten sein, die staatliche Schulaufsicht beschränke sich auch bei Privatschulen nicht in einer Fach- oder Rechtsaufsicht;[31] namentlich bei anerkannten Ersatzschulen (Rn. 9) sind weitergehende Eingriffe zulässig (zum Ganzen schon Art. 130, Rn. 12). Der Staat hat der Privatschule – nach dem Verhältnismäßigkeitsprinzip und der Wesensgehaltsgarantie – einen hinreichend großen Bereich zu belassen, in dem sie Unterricht frei von staatlichem Einfluss eigenverantwortlich gestalten und prägen kann;[32] es geht jedoch zu weit, wenn gesagt wird, die Schulaufsicht über Privatschulen dürfe schlechthin „kein inhaltliches Bestimmen" sein.[33]

8   **d) Genehmigungspflicht, Genehmigungsvoraussetzungen, Genehmigungsanspruch.** Zweck des in Art. 134 I 2 statuierten **Genehmigungsvorbehalts** ist es, die Allgemeinheit vor unzureichenden Bildungseinrichtungen zu schützen.[34] Zu diesem Zweck formuliert Art. 134 II **Genehmigungsvoraussetzungen,** die das in Art. 134 I 1 normierte Leitmotiv der Gleichwertigkeit („Privatschulen müssen den an die öffentlichen Schulen gestellten Anforderungen entsprechen") näher konkretisieren.[35] Art. 134 I 1 und II stehen hierbei in einem Verhältnis der Wechselwirkung: Die Genehmigungsvoraussetzungen werden in Abs. 2 einerseits abschließend statuiert und können über Abs. 1 S. 1 nicht durch zusätzliche Gleichwertigkeitsanforderungen ergänzt werden; andererseits können die Genehmigungsvoraussetzungen des Abs. 2 im Lichte des allgemeinen Leitmotivs Gleichwertigkeit des Abs. 1 S. 1 (ggf. auch erweiternd) ausgelegt werden. **Gleichwertigkeit,** wie sie von Art. 134 I 1 („entsprechen") und Art. 134 II („nicht zurücksteht") gemeint ist, bedeutet, wenn die durch Art. 134 gewährleistete Freiheit (die ja gerade eine Freiheit zu eigenständigen Inhalten, Zielen und Methoden ist) nicht leerlaufen soll, nicht etwa Gleichartigkeit mit öffentlichen Schulen; dies ist gerade bei inhaltlichen Bindungen (z. B. an die Bildungsziele des Art. 131) zu beachten.[36] Die Gleichwertigkeit der **Lernziele** bezieht sich, wie der ausdrückliche Klammerzusatz besagt, zunächst auf die Bildungsziele des Art. 131; die Reichweite der Bindung muss mit der durch Art. 134 gewährleisteten Freiheit zu eigenständigen inhaltlichen und weltanschaulichen Akzentsetzungen ggf. zu einem schonenden Ausgleich gebracht werden (siehe bereits Art. 131 Rn. 6).[37] Die Gleichwertigkeitsanforderung beschränkt sich nicht auf die eher weltanschaulichen-wertorientierten Ziele des Art. 131 II, III, sondern schließt auch die Vergleichbarkeit (nicht Identität!) des jeweils erreichten Leistungsniveaus (akzessorisch zum jeweils entsprechenden öffentlichen Schultyp) ein; dies folgt sowohl aus dem Wortlaut („Lehrziele" statt „Bildungsziele") als auch aus Art. 131 I („Wissen und Können") als auch aus dem allgemeinen Gleichwertigkeitsgedanken des Art. 134 I 1, der ggf. (auch erweiternd) herangezogen werden kann; das Erfordernis der Gleichwertigkeit des Leistungsstandes bezieht sich hierbei jedoch nicht auf die einzelnen Jahrgangsstufen mit ihren im Lehrplan vorgesehenen Inhalten, sondern auf eine Gesamtbetrachtung des am Ende des Ausbildungsgangs erreichten Niveaus;[38] Mindestlehrpläne und -stundentafeln können jedoch aufgestellt werden (Art. 93 BayEUG). „**Ein-**

---

[30] In diese Richtung *Becker,* BayVBl. 1996, 609 (614).
[31] VerfGH 57, 30 (35).
[32] VerfGH 36, 25 (35); 57, 30 (35).
[33] So aber *Jarass/Pieroth,* Art. 7 Rn. 30.
[34] Vgl. BVerfGE 27, 195 (203).
[35] *Meder,* Art. 134 Rn. 4.
[36] *Meder,* Art. 134 Rn. 5; *Badura,* in: Maunz/Dürig, Art. 7 Rn. 117 ff.
[37] *Meder,* Art. 134 Rn. 5.
[38] BVerwGE 112, 263.

richtungen" meint die sachlich-organisatorische Ausstattung, insbesondere Schulbauten.[39] Zur Gleichwertigkeit der **wissenschaftlichen Ausbildung** der Lehrkräfte siehe Art. 94 BayEUG; die persönliche Eignung ist – in erweiternder Auslegung – mitumfasst (vgl. Art. 95 BayEUG).[40] Auch das Erfordernis der **genügend gesicherten wirtschaftlichen und rechtlichen Stellung** der Lehrkräfte (dazu Art. 97 BayEUG) dient der Garantie der hinreichenden Qualität des Lehrkörpers. Dazu, dass **keine Bedenken gegen die Person des Schulleiters** bestehen dürfen, siehe Art. 92 II Nr. 1, 95 BayEUG und Rn. 3 (zur bundesrechtlichen Zulässigkeit dieses Kriteriums). Das bundesrechtlich zwingende Erfordernis, dass **eine Sonderung der Schüler nach den Besitzverhältnissen der Eltern nicht gefördert wird** (Art. 7 IV 3 GG), wird durch Art. 134 II nicht selbst statuiert und kann in ihn angesichts der Entstehungsgeschichte (Rn. 2) auch nicht hineingelesen werden; eine entsprechende gesetzliche Normierung (Art. 96 BayEUG: v. a. kein überhöhtes Schulgeld) ist jedoch, auch ohne dass man Art. 31 GG bemühen müsste, aufgrund von Art. 132 BV, wonach die Aufnahme in eine Schule (auch eine Privatschule) nicht von der wirtschaftlichen Stellung der Eltern abhängen soll, sowie aufgrund des Auftrags des Art. 128 II BV (Begabtenförderung nötigenfalls aus öffentlichen Mitteln), jedenfalls soweit sie mit einer hinreichenden Förderung der Privatschulen durch den Staat einhergeht (Rn. 11), auch bei einer BV-internen Betrachtung mit Art. 134 vereinbar (siehe schon Rn. 3).[41] Soweit die Genehmigungsvoraussetzungen des Art. 134 II erfüllt sind, besteht ausweislich des eindeutigen Wortlauts („ist zu erteilen") sowie aufgrund des grundrechtlichen Charakters ein **Anspruch auf Genehmigung.**[42]

e) Staatlich anerkannte Ersatzschulen. Innerhalb der genehmigten Privatschulen **9** hebt das Privatschulrecht den Kreis der **staatlich anerkannten Ersatzschulen** besonders heraus (Art. 100 BayEUG): Voraussetzung der Verleihung dieses besonderen Rechtsstatus ist es, dass die Schule die Gewähr dafür bietet, dass sie dauernd die an die gleichartige oder verwandte öffentliche Schule gestellten Anforderungen erfüllt; Rechtsfolge ist, dass der anerkannten Ersatzschule „Öffentlichkeitsrechte" eingeräumt werden (Beleihung), namentlich die Befugnis, Zeugnisse zu erteilen, die die gleiche Berechtigung verleihen wie die der öffentlichen Schulen; im Gegenzug werden die Ersatzschulen enger an die allgemeine staatliche Schulaufsicht gebunden, namentlich haben sie bestimmte für die allgemeinen Schulen geltenden Rechtsvorschriften zu beachten (verstärkte Akzessorietät der anerkannten Ersatzschule). Auf Antrag kann einer anerkannten Ersatzschule der „Charakter einer öffentlichen Schule" verliehen werden; dann gilt auch die staatliche Schulordnung (Art. 101 BayEUG). Die so umrissene Heraushebung der anerkannten Ersatzschulen aus dem Kreis der genehmigten Ersatzschulen ist **mit Art. 134 vereinbar.**[43] Nach der Rspr. des BVerfG und des VerfGH besteht auf die Verleihung des Status als anerkannte Ersatzschule (die die Beleihung mit Öffentlichkeitsrechten und nicht die allgemeine Genehmigung der Betätigung von Ersatzschulen betrifft) **kein aus der Privatschulfreiheit folgender Anspruch**[44] (str., a. A.: Berechtigungswesen von der Privatschulfreiheit mit umfasst[45]). Anerkannte Ersatzschulen können einer **intensivierten Schulaufsicht** unterworfen werden (z. B. staatlich bestellter Vorsitzender des Aufnahmeausschusses); allerdings darf der Gesetzgeber das Institut der Anerkennung und die mit ihm für die Privatschule verbundenen Vorteile nicht dazu nutzen, die Ersatzschulen zur Anpassung an öffentliche Schulen in einem sachlich nicht gebotenen Umfang zu veranlassen.[46] Eine Differenzie-

---

[39] *Jarass/Pieroth,* Art. 7 Rn. 23.
[40] *Jarass/Pieroth,* Art. 7 Rn. 23.
[41] Vgl. VerfGH v. 9. 10. 2007 – Vf 14-VII-06, V. 2. a., V. 4. a. (siehe schon oben Fn. 15); BVerfGE 75, 40 (64 f.).
[42] *Meder,* Art. 134 Rn. 5.
[43] VerfGH 21, 154 (167); 36, 25 (35); BVerfGE 27, 195 (203 f.); 37, 314 (323).
[44] BVerfGE 27, 195 (203 f.); VerfGH 57, 30 (36); BVerwGE 112, 263 (270 f.).
[45] *Jarass/Pieroth,* Art. 7, Rn. 27 m. w. N.
[46] VerfGH 57, 30 (35 f.).

rung **staatlicher Leistungen** danach, ob eine anerkannte oder nur eine genehmigte Privatschule besucht wird, kann zulässig sein.[47]

10   **f) Private Volksschulen (Abs. 3). Private Volksschulen** (d. h. Grund- und Hauptschulen[48]) sind nur unter erschwerten Voraussetzungen genehmigungsfähig. Dahinter steckt der egalitär-demokratische und sozialstaatliche Zweck, die Kinder aller Volksschichten zumindest in den ersten Klassen grundsätzlich zusammenzufassen;[49] der Pflichtcharakter der Volksschule (Art. 129 I) soll prinzipiell auch nicht durch die Privatschulfreiheit unterlaufen werden. Aufgrund des abschließenden und keine Spielräume belassenden Charakters des parallelen Art. 7 V GG („ist nur zuzulassen, wenn") muss Art. 134 III, auch soweit er leicht abweichend formuliert ist (v. a. hinsichtlich der „besonderen Voraussetzungen"), **wie Art. 7 V GG ausgelegt werden;** dies ist aufgrund der ohnehin gleichgelagerten Stoßrichtung auch leicht möglich; folgerichtig stellt Art. 92 III BayEUG von vornherein allein auf die Kriterien des Grundgesetzes ab (zum Ganzen schon Rn. 3). Zum im GG vorgesehenen (und die „besonderen Voraussetzungen" des Art. 134 III 1 jenseits der religiösen/weltanschaulichen Gründe des Art. 134 III 2 abschließend konkretisierenden) Kriterium des **besonderen pädagogischen Interesses** vgl. BVerfGE 88, 40; BVerwGE 75, 275. Auch zur Zulässigkeit von als öffentliche Schule nicht vorhandenen **Bekenntnis- und Weltanschauungsschulen** (Art. 134 III 2) ergibt sich kein sachlicher Unterschied zu Art. 7 V 2. Alt. GG; siehe dazu BVerwGE 89, 368; 90, 1.

3. Sonstige Grundrechtsgehalte (insbesondere die Institutsgarantie sowie Schutz- und Förderpflichten)

11   Aus Art. 134 folgt, wie bereits in Rn. 1 (m. w. N.) ausgeführt, auch eine **Garantie der Privatschule als Institution,** welche den Privatschulen verfassungskräftig eine ihrer Eigenart entsprechende Verwirklichung sichert. Dem Staat wird die Verpflichtung auferlegt, im Rahmen seiner Möglichkeiten dafür Sorge zu tragen, dass das Privatschulwesen nicht zum Erliegen kommt, sondern seine eigenständige Bedeutung neben dem öffentlichen Schulwesen voll entfalten kann.[50] Die Privatschule wird als eine für das Gemeinwesen notwendige Einrichtung anerkannt und mit ihren typusbestimmenden Merkmalen unter den Schutz des Staates gestellt; dieser ist verpflichtet, das private Ersatzschulwesen neben dem öffentlichen Schulwesen zu fördern und in seinem Bestand zu schützen **(Schutz- und Förderungspflicht).**[51] Die Frage, inwieweit hieraus eine Pflicht des Staates zur **finanziellen Förderung** der Privatschulen folgt (siehe dazu Art. 28 ff. BaySchFG), haben der VerfGH und das BVerfG in einer Reihe von Leitentscheidungen beantwortet:[52] Angesichts der bestehenden Hilfsbedürftigkeit der Privatschulen und den ihnen verfassungsrechtlich (Art. 7 IV 3 GG: keine Sonderung nach den Besitzverhältnissen; ähnlich auch Art. 132 BV) auferlegten Pflichten, ist eine prinzipielle Handlungspflicht des Gesetzgebers und ein entsprechender Schutzanspruch anzuerkennen. Dem Gesetzgeber kommt bei der Einlösung der ihn treffenden Pflicht ein weiter Gestaltungsspielraum zu; verfassungsunmittelbare Geldleistungsansprüche bestehen nicht. Die Schutzpflicht ist institutioneller (nicht individueller, d. h. auf die Überlebensfähigkeit einer ganz bestimmten einzelnen Schule gerichteter) Natur; zur finanziellen Förderung ist der Staat nur verpflichtet, wenn ohne eine solche Förderung der Bestand des Ersatzschulwesens als Institution evident gefährdet wäre. Wartefristen und Eigenbeteiligungen sind zulässig, soweit sich diese nicht als

---

[47] VerfGH 21, 164; 36, 25.

[48] *Jarass/Pieroth,* Art. 7 Rn. 24.

[49] BVerfGE 88, 40 (49 f.). Dass nicht nur die Grundschulen, sondern auch die Hauptschulen voll erfasst werden, obwohl hier die Schulpflicht alternativ auch durch andere Schulformen erfüllt werden kann, steht hierzu in einem gewissen Spannungsverhältnis.

[50] VerfGH 57, 30 (35); VerfGH v. 9. 10. 2007 – Vf. 14-VII-06, V. 2. a.

[51] BVerfGE 112, 74 (83).

[52] Zum Folgenden: VerfGH 37, 148; VerfGH v. 9. 10. 2007 – Vf. 14-VII-06; BVerfGE 75, 40; 90, 107; 90, 128; 112, 74.

Sperre für die Errichtung neuer Schulen auswirken; Schulbaukosten dürfen nicht völlig unberücksichtigt bleiben; bei der Bemessung der Förderung nur auf die im Lande wohnenden Schüler abzustellen (Landeskinderklausel), verstößt nicht gegen das GG. Im Rahmen der Privatschulförderung ist der Gleichheitssatz zu beachten.[53] Ansprüche der Eltern oder Schüler auf Schulgeldfreiheit, Schulgeldersatz oder kostenfreie Schülerbeförderung ergeben sich aus Art. 134 nicht; erst, wenn die staatlichen Fördermaßnahmen (ggü. Privatschulen und Eltern) in ihrer Gesamtschau nicht ausreichen, das Privatschulwesen in seinem Bestand zu sichern, ist Art. 134 verletzt.[54] Private Schulen dürfen gegenüber öffentlichen jedoch nicht benachteiligt werden.[55] Zur Zulässigkeit einer Differenzierung zwischen staatlich anerkannten und nur genehmigten Ersatzschulen siehe schon Rn. 9 a. E. m. w. N. Gemeinden haben bzgl. ihrer kommunalen Schulen keinen Anspruch auf eine mit der staatlichen Privatschulförderung vergleichbare finanzielle Unterstützung.[56]

Art. 135 [Die Volksschule als christliche Gemeinschaftsschule]

[1]Die öffentlichen Volksschulen sind gemeinsame Schulen für alle volksschulpflichtigen Kinder. [2]In ihnen werden die Schüler nach den Grundsätzen der christlichen Bekenntnisse unterrichtet und erzogen. [3]Das Nähere bestimmt das Volksschulgesetz.

Art. 136 [Toleranzgebot; Religionsunterricht]

(1) An allen Schulen sind beim Unterricht die religiösen Empfindungen aller zu achten.

(2) [1]Der Religionsunterricht ist ordentliches Lehrfach aller Volksschulen, Berufsschulen, mittleren und höheren Lehranstalten. [2]Er wird erteilt in Übereinstimmung mit den Grundsätzen der betreffenden Religionsgemeinschaft.

(3) Kein Lehrer kann gezwungen oder gehindert werden, Religionsunterricht zu erteilen.

(4) Die Lehrer bedürfen der Bevollmächtigung durch die Religionsgemeinschaften zur Erteilung des Religionsunterrichts.

(5) Die erforderlichen Schulräume sind zur Verfügung zu stellen.

Art. 137 [Teilnahme am Religionsunterricht; Ethikunterricht]

(1) Die Teilnahme am Religionsunterricht und an kirchlichen Handlungen und Feierlichkeiten bleibt der Willenserklärung der Erziehungsberechtigten vom vollendeten 18. Lebensjahr ab der Willenserklärung der Schüler überlassen.

(2) Für Schüler, die nicht am Religionsunterricht teilnehmen, ist ein Unterricht über die allgemein anerkannten Grundsätze der Sittlichkeit einzurichten.

Parallelvorschriften im GG und anderen Landesverfassungen: Art. 7 II, III, 141 GG; Art. 15, 16, 17 I, 18 BaWü-Verf; Art. 32 BremVerf; Art. 56 II, III, 57 f. HessVerf; Art. 15 V M-VVerf; Art. 12–14 NRWVerf; Art. 29, 34 f. RhPfVerf; Art. 27 IV, 29 SaarlVerf; Art. 105 SächsVerf; Art. 27 VerfLSA; Art. 24 II, 25 ThürVerf.

Rechtsprechung: BVerfGE 41, 29; 41, 65; 52, 223; 74, 244; 93, 1; 104, 305; 108, 282; VerfGH 4, 251; 20, 36; 20, 125; 20, 191; 22, 43; 33, 65; 50, 151; 55, 189; 60, 1; BVerwGE 107, 75; 123, 49; VGH NJW 1999, 1045; NVwZ 2002, 1000; BbgVerfG NVwZ 2006, 1052.

Literatur: Brenner, Religionsfreiheit und Erziehung in Westeuropa, RdJB 2002, 389; *Frisch,* Grundsätzliche und aktuelle Aspekte der grundgesetzlichen Garantie des Religionsunterrichts, DÖV 2004, 462;

---

[53] BVerfGE, 40 (LS 3); VGH 39, 29.

[54] *Jarass/Pieroth,* Art. 7 Rn. 29; VerfGH 36, 25 (36); VerfGH v. 9. 10. 2007 – Vf. 14-VII-06 (v. a. V. 2. c.).

[55] BVerfGE 27, 195 (201); VerfGH 36, 25 (35).

[56] VerfGH 49, 37 (56 f.); 50, 15 (58 f.).

Hildebrandt, Das Grundrecht auf Religionsunterricht, 2000; *Kästner,* Religiöse und weltanschauliche Bezüge in der staatlichen Schule, in Liber amicorum Oppermann, 2001, 827; *Korioth,* Islamischer Religionsunterricht und Art. 7 III GG, NVwZ 1997, 1041; *Maunz,* Schule und Religion in der Rechtsprechung des Bundesverfassungsgerichts, FS Faller, 1984, 175; *Maurer,* Die verfassungsrechtliche Grundlage des Religionsunterrichts, FS Zacher 1998, S. 577; *Müller,* Gemeinschaftsschule und weltanschauliche Neutralität des Staates, DÖV 1969, 441; *Rathke,* Öffentliches Schulwesen und religiöse Vielfalt, 2005; *Renck,* Verfassungsprobleme der christlichen Gemeinschaftsschule, NVwZ 1991, 116; *Täschner,* Schule in Bayern im Spannungsverhältnis von Staat, Eltern und Kirche, 1997; speziell zu Art. 137 I BV siehe außerdem die Aufsätze bzw. Erwiderungen zum Thema „Religionsmündigkeit in Bayern" in BayVBl. 1988 und 1989, nämlich: *Renck,* BayVBl. 1988, 683; *Blankenagel,* BayVBl. 1989, 298; *v. Campenhausen,* BayVBl. 1989, 300; *Gallwas,* BayVBl. 1989, 363; *Münch,* BayVBl. 1989, 745; zum Thema christlicher Präsenz und Tradition in der Staatlichen Schule siehe *Renck,* BayVBl. 2006, 713; *Pirson,* BayVBl. 2006, 745; *Renck,* BayVBl. 2008, 257.

Übersicht

I. Allgemeines

1. Bedeutung

1   Die Art. 135 bis 137 behandeln ein gemeinsames Oberthema (und werden wegen dieser Gemeinsamkeit hier zusammen kommentiert): die Frage des Platzes und Stellenwerts der **Religion in der Schule.** Hinsichtlich dieser Frage beschreitet Bayern (wie Deutschland insgesamt) zwischen den denkbaren Extrempositionen einen (auch im europäischen Vergleich) kompromisshaften **Mittelweg,**[1] der bisweilen zu einer schwierigen Gratwanderung geraten kann:[2] Der Staat will einerseits (auch in der Schule) **religiös neutral** sein und darf sich deswegen nicht – in quasi staatskirchlicher Manier – einseitig mit einzelnen Bekenntnissen identifizieren, sondern muss in religiösen Dingen stets mit der nötigen Toleranz und Offenheit auftreten. Der Staat will andererseits aber auch **nicht laizistisch** sein, **Schule soll kein (künstlich) religionsfreier Raum sein;** in der Erkenntnis, dass das Religiöse in der Erziehung der unteilbaren menschlichen Persönlichkeit seinen natürlichen und unverzichtbaren Platz hat, bekennt sich der Staat zu einer **wertefundierten, auf dem christlich-abendländischen Wertefundament aufbauenden Erziehung, lässt religiöse Bezüge in der Schule zu und garantiert den Religionsunterricht als ordentliches Lehrfach.** Die Spannung, einerseits religiös-weltanschaulich neutral und gegenüber anderen Lebensentwürfen tolerant bleiben zu müssen, andererseits aber dem überkommenen Wertefundament und der tradierten religiösen Lebensform des Volkes (d. h. dem Christentum) in der Schule einen angemessenen Raum geben zu wollen, ist bisweilen schwer auszuhalten (Beispiel **Schulkreuz im Klassenzimmer**[3]; islamisches **Kopftuch**[4]); sie führt auch in der rechtlichen Bewältigung, wenn typischerweise die unterschiedlichsten Rechtspositionen (positive und negative Religionsfreiheit, Elternrecht,

---

[1] Vgl. BVerfGE 41, 29 (50 f.); 108, 282 (302 f.).
[2] Zum Folgenden vgl. VerfGH 50, 156 (167 ff.); 55, 189 (196 f.); 60, 1 (11 f.).
[3] BVerfGE 93, 1; VerfGH 50, 156; VGH NJW 1999, 1045; VGH NVwZ 2002, 1000.
[4] BVerfGE 108, 282; VerfGH 60, 1.

staatlicher Erziehungsauftrag etc.) der verschiedenen Rechtsräger (Eltern, Kinder, Schule, Lehrer, Kirche usw.) zu einem schonenden Ausgleich gebracht werden müssen, an die **Grenzen der Leistungsfähigkeit des (Verfassungs-)Rechts.**[5] In Zeiten, in denen – wenn auch in Bayern weniger als anderswo[6] – der Wertekonsens brüchiger wird, die Volkskirchen schrumpfen, sich die historisch tiefe Verwurzelung im Christentum abschwächt, dagegen religiöse Indifferenz und Säkularisierungstendenzen zunehmen sowie – mit den Muslimen – eine neue große nichtchristliche Religionsgruppe in der Bevölkerung vorhanden ist, gilt dies alles noch mehr, als dies schon 1946 der Fall gewesen ist: Die Spannung zwischen Respekt vor der gewachsenen und nach wie vor mehrheitlich geteilten religiösen Prägung des Volkes einerseits und staatlicher Neutralitätspflicht angesichts eines zunehmenden religiös-weltanschaulichen Pluralismus andererseits ist nur noch größer geworden. Und dennoch: Die so umrissene Spannung muss ausgehalten und im Geiste wechselseitiger Toleranz von Mehrheit und Minderheit rechtlich bewältigt werden; sie ist unausweichlich und ohne echte Alternative. Denn wenn man akzeptiert, dass die Erziehung der unteilbaren menschlichen Persönlichkeit eine Domäne ist, in der natürliche Interessen der Eltern, der Schüler, der Gesellschaft, des Staates, der Kirchen etc. aufeinandertreffen, die also (nicht nur im staatskirchenrechtlichen Sinn[7]) unweigerlich „res mixta" und keine rein staatliche Angelegenheit ist, dann darf der Staat, wenn er einen eigenständigen Erziehungsauftrag für sich in Anspruch nimmt (Art. 130 Rn. 1, 5), Eltern und Schülern nicht einfach eine laizistisch-republikanische „Ersatzreligion" verordnen, die den Glauben unter unnatürlicher Aufspaltung der menschlichen Persönlichkeit aus dem öffentlichen Raum verbannen und zur reinen Privatsache erklären will; vielmehr muss der Staat die real vorhandene religiöse Prägung eines Volkes (und diese ist trotz aller Abschwächungstendenzen nach wie vor christlich) respektieren und ihr im Erziehungsraum Schule – freilich unter Wahrung der nötigen Offenheit und Toleranz für andere weltanschaulichen Entwürfe – einen angemessenen Raum geben.

Will man die in Rn. 1 angestellten, eher verfassungspolitischen Überlegungen rechtlich **2** stärker auf den Punkt bringen, so sind es vor allem folgende **Rechtspositionen,** die hinsichtlich der Frage des Platzes der Religion in der Schule **zu einem schonenden Ausgleich gebracht** werden müssen:[8]

– **der Erziehungsauftrag des Staates** (siehe bereits Kommentierungen zu Art. 130, 131), der dem **Erziehungsrecht der Eltern** (Art. 126 I) eigenständig und auf gleichem Fuße gegenübertritt (Art. 130 Rn. 11), der unweigerlich wertbezogen (nicht wertindifferent) zu erfüllen ist und hierbei unmöglich den Wünschen aller Elternhäuser Rechnung tragen kann (Art. 131 Rn. 5), der sich, was die maßgeblichen Bildungsziele und das Ausmaß der religiösen Bezügen anbelangt, durchaus an der gewachsenen religiös-wertemäßigen Prägung des Volkes und auch an den Wünschen der Mehrheit der Erziehungsberechtigten orientieren darf, bei alledem aber nie missionarisch auftreten darf, religiös-weltanschauliche Zwänge so weit wie möglich ausschalten muss sowie die nötige Toleranz und Offenheit auch für andere Positionen zu wahren hat (vgl. bereits Art. 131 Rn. 10).[9]

– **die positive und die negative Religionsfreiheit von Eltern und Schülern.** Eltern- und Schülerwünsche nach einer religiös orientierten und nach einer von religiösen Bezügen freigehaltenen Erziehung prallen in der Schule unweigerlich aufeinander. Es obliegt der Landesverfassung/dem Landesgesetzgeber, das unvermeidliche Spannungsverhältnis zwischen positiver und negativer Religionsfreiheit unter Be-

---

[5] Es ist nur folgerichtig, wenn etwa Art. 7 III BayEUG zur Frage des Schulkreuzes im Klassenzimmer für den Konfliktfall nicht eine eindeutige rechtliche Lösung parat hält, sondern letztlich auf die praktische Konfliktlösungsfähigkeit des Schulleiters vertraut.

[6] Vgl. VerfGH 50, 156 (169); 60, 1 (11) zur tiefen Verwurzelung Bayerns in der christlichen Tradition.

[7] Zum Religionsunterricht vgl. *Badura,* in: Maunz/Dürig, Art. 7 Rn. 67; BVerfGE 74, 244 (251).

[8] Vgl. exemplarisch VerfGH 60, 1 (10).

[9] Vgl. BVerfGE 41, 29 (51); 93, 1 (23); 108, 282 (303); VerfGH 50, 156 (167 ff.); 60, 1 (11).

rücksichtigung des Toleranzgebotes aufzulösen. Zulässig ist dabei eine Gestaltungsform, in der sich die Bejahung des Christentums in den profanen Fächern in erster Linie auf die Anerkennung der aus der christlich-abendländischen Kultur hervorgegangene Wertewelt, nicht aber auf konfessionelle Glaubenswahrheiten bezieht, und die überdies einen (freiwilligen) konfessionell gebundenen Religionsunterricht vorsieht. Eine derartige Gestaltungsform ist grundsätzlich allen zumutbar; auf (dennoch bestehende) individuelle Glaubenskonflikte (Bsp. Kreuz im Klassenzimmer) kann besonders Rücksicht zu nehmen sein.[10]

– **die Religionsfreiheit der Kirchen,** die auch die freie religiöse Erziehung einschließt und deren Verwirklichung die staatliche Garantie eines konfessionell gebundenen Religionsunterrichts daher in besonderer Weise dient.[11]

– Zur **grundrechtlichen Stellung des Lehrers** siehe Art. 133 Rn. 10.

3   Der Ausgleich der so umrissenen Rechtspositionen, für den sich die **BV** entscheidet, ist in ihrer Grundlinie von **drei Komponenten** geprägt:

– Die öffentliche Schule ist – der in der bayerischen Kultur und Geschichte tief verwurzelten religiösen Lebensform des Volkes Rechnung tragend – **christlich geprägt** (paradigmatisch: **Art. 135 zur Volksschule als christliche Gemeinschaftsschule).**[12] Christliche Prägung bedeutet insoweit jedoch nicht, dass die Glaubensinhalte einzelner christlicher Bekenntnisse verbindlich wären, sondern meint – in Achtung der religiös-weltanschaulichen Gefühle Andersdenkender – die Werte und Normen, die, vom Christentum maßgeblich geprägt, auch weitgehend zum Gemeingut des abendländischen Kulturkreises geworden sind und nach der Verfassung unabhängig von ihrer religiösen Fundierung Geltung beanspruchen. Eine solchermaßen christlich geprägte Schule ist allen (vom Nichtgläubigen/Andersgläubigen, dem die Schule zu christlich ist, bis hin zum fundamentalistischen Christen, dem die Schule zu säkular ist) zumutbar (Art. 129 Rn. 4).[13]

– Der Staat garantiert darüber hinaus einen **konfessionsgebundenen Religionsunterricht,** in dem es nicht nur um zum Gemeingut gewordene christlich-abendländische Werte, sondern um die Unterweisung in der speziellen Glaubenswahrheit der jeweiligen Konfession geht **(Art. 136 II, IV).**[14] Überdies ist die Schule offen auch für sonstige **kirchliche Handlungen und Feierlichkeiten** (vgl. Art. 137 I) und auch in diesem Sinne kein religionsfreier Raum. Die Garantie des Religionsunterrichts gilt allerdings **nicht allein für christliche Bekenntnisse,** sondern auch für andere Religionen und Weltanschauungen.[15]

– Christliche Prägung und Garantie des Religionsunterrichts stehen unter zwei entscheidenden Vorbehalten: Der Religionsunterricht ist für Schüler wie Lehrer **freiwillig (Art. 136 III, 137 I);** gleiches gilt für sonstige kirchliche Handlungen und Feierlichkeiten. Jegliche wertgebundene Erziehung und jeglicher religiöser Bezug stehen darüber hinaus unter dem Vorbehalt des **Toleranzgebots; nach Art. 136 I sind beim Unterricht die religiösen Empfindungen aller zu achten.**[16] Zur Lösung eines individuellen Glaubens- und Weltanschauungskonfliktes kann es nötig sein, im Einzelfall (nicht generell!) aus Gründen der Rücksichtnahme Abstriche von der ansonsten bestehenden christlichen Prägung zu machen (Beispiel: Widerspruch gegen das Schulkreuz im Klassenzimmer, das im Allgemeinen unangreifbarer Ausdruck der christlich-abendländischen Prägung der Volksschule ist[17]).

---

[10] *Badura,* Staatsrecht, C 72; BVerfGE 41, 29 (50 f.); 93, 1 (22 f.); VerfGH 55, 189 (197).

[11] *Badura,* in: Maunz/Dürig, Art. 7 Rn. 63, 87.

[12] VerfGH 22, 43.

[13] VerfGH 55, 189 (196 f.); 60, 1 (7).

[14] *Badura,* in: Maunz/Dürig, Art. 7 Rn. 70.

[15] Vgl. BVerwGE 123, 49.

[16] Vgl. *Meder,* Art. 136 Rn. 1.

[17] VerfGH 50, 156.

2. Entstehung

Art. 135 bis 137 BV gehen auf Art. 97 bis 99 E zurück. Bereits bei ihrer Entstehung **4** war die Frage der religiösen Prägung der Schule hoch umstritten. Der Streit betraf allerdings weniger die heute dominante Bruchlinie „christlich geprägte" oder „laizistisch-säkulare" Schule, sondern – die prinzipiell christliche Prägung vorausgesetzt – die Frage einer Ausgestaltung als Bekenntnis- oder als Gemeinschaftsschule.[18] Art. 135 BV erhielt nach längerem Hin und Her zunächst die Fassung, wonach die öffentlichen Volksschulen Bekenntnis- oder Gemeinschaftsschulen seien, die Wahl der Schulart den Erziehungsberechtigten freistehe, Gemeinschaftsschulen jedoch nur an Orten mit bekenntnismäßig gemischter Bevölkerung auf Antrag der Erziehungsberechtigten zu errichten seien.[19] Erst durch verfassungsänderndes Gesetz vom 22. 7. 1968[20] bekam Art. 135 seine heutige Fassung; alle öffentlichen Volksschulen sind nunmehr christliche Gemeinschaftsschulen; das BayKonk sowie der BayEvKV (BayRS 2220-1-KK) wurden entsprechend geändert. Die Artikel über den Religionsunterricht waren – auch wegen Vorfestlegungen mit den Kirchen – weniger umstritten. Im VA als unnötig gestrichen wurde ein Absatz zur Vergütung des Religionsunterrichts; das für das Bestimmungsrecht in Art. 137 I maßgebliche Alter wurde von 16 auf 18 Jahre heraufgesetzt; sonst sind keine wesentlichen Änderungen zu verzeichnen.[21]

3. Verhältnis zum Grundgesetz

In der Frage der religiösen Bezüge in der Schule unterliegt das Landesrecht, auch **5** wenn das GG augenscheinlich allein den Religionsunterricht ausdrücklich regelt (Art. 7 II, III GG), ansonsten aber keine expliziten (sondern allenfalls implizite; vgl. z. B. Art. 7 V GG) Aussagen zur religiösen Prägung der Schule macht, einem **relativ engen bundesverfassungsrechtlichen Rahmen.** Verständlich wird dies, wenn man bedenkt, dass **alle** für das zulässige Ausmaß religiöser Bezüge **maßgeblichen Rechtpositionen,** die vom Landesverfassungs- oder -gesetzgeber zu einem schonenden Ausgleich zu bringen sind (siehe Rn. 2), nämlich v. a. staatliches Erziehungsrecht (Art. 7 I GG), Elternrecht (Art. 6 II GG) sowie die positive und negative Religionsfreiheit von Eltern, Schülern, Lehrern, Kirchen (Art. 4 GG) **(auch) bundesverfassungsrechtlich gewährleistet sind.** Da hier in einer multipolaren Konstellation gegenläufige Rechte verschiedener Rechtsträger zu einem Ausgleich zu bringen sind, nützt der Landesverfassung auch das ihr grundsätzlich zustehende Recht, über parallele Bundesgewährleistungen hinausgehen oder hinter ihnen zurückbleiben zu dürfen (Vorbem. B Wirkkraft LVerfR, Rn. 13 ff.), relativ wenig, weil in diesem Abwägungsgeflecht etwaige besondere landesverfassungsrechtliche Rechtspositionen sofort in gegenläufigem Bundesrecht an Grenzen stoßen, d. h. die Landesverfassung, ohne nach Art. 31 GG in ihrer Maßstabskraft gebrochen zu werden, aus dem bundesverfassungsrechtlich vorgegebenen Abwägungsrahmen nicht ausbrechen kann. So darf es nicht verwundern, dass zu allen in den letzten Jahrzehnten relevant gewordenen größeren Streitfragen – christliche Gemeinschaftsschule, Schulgebet, Schulkreuz im Klassenzimmer, islamisches Kopftuch – **maßgebliche Leitentscheidungen des BVerfG** existieren.[22] Spielraum für die Landesverfassungen kann nur dadurch entstehen, dass man anerkennt, dass das GG, auch wenn es alle relevanten Abwägungsposten normiert, den Ländern (und Landesverfassungen) für diese Abwägung – **aus kompetentieller Rücksichtnahme auf die Kultur- und Schulhoheit der Länder – einen substantiellen („weitgehenden", „umfassenden") Gestaltungsspielraum einräumt,** der es den Län-

---

[18] *Schmidt,* Staatsgründung und Verfassungsgebung in Bayern, Bd. 2, S. 73 ff., auch zur Vorgeschichte.

[19] Vgl. *Meder,* Art. 135 Rn. 2; zur Ursprungsfassung: VerfGH 4, 251; 20, 36; 20, 125; 20, 191.

[20] GVBl. S. 235.

[21] Zum Ganzen Prot. I S. 254 ff.; II S. 348 ff.

[22] In dieser Reihenfolge: BVerfGE 41, 29 und 65; 52, 223; 93, 1; 108, 282.

dern gestattet, hinsichtlich des Ausmaßes der religiösen Prägung der Schule unter Berücksichtigung der je individuellen religiösen Tradition und Eigenart des Landes zu unterschiedlichen Ergebnissen zu kommen.[23] Gerade die Art. 7 III, V GG (die von Bekenntnisschulen, Gemeinschaftsschulen und bekenntnisfreien Schulen sprechen) zeigen sehr deutlich, dass das GG die **weitgehende Selbständigkeit der Länder in Bezug auf die weltanschaulich-religiöse Ausprägung der öffentlichen Schulen** beabsichtigt. Art. 4 GG darf hinsichtlich des unvermeidlichen Ausgleichs von positiver und negativer Religionsfreiheit deswegen nicht in einer Weise ausgelegt werden, dass von diesem Spielraum nichts mehr übrig bleibt; auch die Auslegung von Art. 7 I GG muss stets in Rechnung stellen, dass das GG den Ländern mit dem Schulaufsichtsrecht nur eine formale Rechtsposition in die Hand gibt, deren nähere inhaltliche Ausfüllung sodann – in den Grenzen des GG – den Ländern obliegt; bei der Auslegung der schulrelevanten Normen des GG, auch der Grundrechte, ist folglich generell große **Zurückhaltung** zu üben, die den kompetenziellen Vorbehalt zugunsten des Landes(verfassungs)rechts beachtet.[24] Man wird darüber streiten können, inwieweit es dem BVerfG gelungen ist, diese Linie stets durchzuhalten. Die bundesverfassungsrechtlichen Vorgaben hinsichtlich der religiösen Prägung haben sich – trotz der Rede vom weitgehenden Gestaltungsspielraum – aufs Ganze gesehen doch als ziemlich dicht erwiesen. Immerhin ist das GG in den meisten Fällen (Gemeinschaftsschule[25], zuletzt besonders deutlich: islamisches Kopftuch[26]) so ausgelegt worden, dass in der Tat ein gewisser Spielraum verbleibt, das GG also nicht nur *eine* Lösung zulässt. Vor allem der Beschluss zum Schulkreuz im Klassenzimmer lässt – zumal in der apodiktischen Formulierung seines Ls. 1 – die gebotene Rücksichtnahme auf die Gestaltungsfreiheit der Länder vermissen, da nicht recht einzusehen ist, warum die Länder zwar eine (wenngleich nicht konfessionell, sondern nur kulturell geprägte) „christliche Gemeinschaftsschule" einrichten dürfen, es ihnen dann aber verwehrt sein soll, das Kreuz als Ausdruck dieser kulturellen Prägung prinzipiell verbindlich vorzuschreiben;[27] immerhin war es auch hier möglich, eine Lösung zu finden (Widerspruchslösung Art. 7 III BayEUG), die die christliche Prägung jedenfalls im Allgemeinen aufrechterhält, ohne hierin bislang bundesrechtlich beanstandet worden zu sein.[28]

6   Noch dichter sind die Vorgaben des GG in Bezug auf den **Religionsunterricht;** das GG regelt hier in **Art. 7 II, III GG** die wesentlichen Weichenstellungen selbst; diese sind für die Länder verbindlich; die Ausnahmeklausel des **Art. 141 GG** greift für Bayern nicht. Die Art. 136 f. BV liegen, was diese wesentlichen Weichenstellungen anlangt, auf einer Linie mit Art. 7 II, III GG; an ihrer Fortgeltung neben Art. 7 II, III GG kann kein Zweifel bestehen; kleinere Wortlautunterschiede führen – bei richtiger Auslegung – zu keinen Widersprüchen in der Sache. Strittig ist allein das Verhältnis der Heraufsetzung des religionsunterrichtsbezogenen **„Religionsmündigkeitsalters"** auf 18 Jahre in Art. 137 I BV zu § 5 des als Bundesrecht fortgeltenden Gesetzes über die religiöse Kindererziehung vom 15. Juli 1921 (RelKEG)[29] (dort sind 14 Jahre vorgesehen; dies wird für Art. 7 II GG im Allgemeinen als maßgeblich angesehen[30]).[31] Art. 46 IV 2 BayEUG geht – wohl zu Recht –

---

[23] BVerfGE 41, 29 (45 f., 51); 108, 282 (302), auch zum folgenden Satz.

[24] Deutlich insoweit: BVerfGE 53, 185 (196).

[25] BVerfGE 41, 29 und 65.

[26] BVerfGE 108, 282.

[27] BVerfGE 93, 1; vgl. die Kritik des Sondervotum ab S. 25.

[28] Vgl. VerfGH 50, 156; s. a. BVerfG-K NJW 1999, 1020.

[29] RGBl. S. 939.

[30] *Badura*, in: Maunz/Dürig, Art. 7 Rn. 84; BVerwGE 107, 75 (85).

[31] Vgl. dazu *Meder*, Art. 137 Rn. 2 m. w. N.; s. a. VerfGH 21, 38 (47); 23, 106 (111). Für Bayern ist es durch Art. 137 I BV zu einer (als partikulares Bundesrecht fortgeltenden) Änderung des Reichsrechts im Sinne von Art. 125 Nr. 2 GG gekommen, jedenfalls soweit es um die Entscheidung über die Teilnahme am Religionsunterricht geht; siehe *Badura*, in: Maunz/Dürig, Art. 7 Rn. 84, Fn. 1. Die Frage, ob mit Art. 137 I auch die Religionsmündigkeit im Allgemeinen (auch jenseits der Frage der Teilnahme

davon aus, dass die Altersbestimmung des Art. 137 I BV (18 Jahre) – unter partieller Abänderung des § 5 RelKEG – für Bayern rechtsgültig und beachtlich ist. Etwas anderes könnte nur gelten, wenn man es mit Art. 4 GG unvereinbar ansähe, dass das religiöse Selbstbestimmungsrecht des Schülers – im Konflikt mit dem Elternrecht des Art. 6 II GG – in Religionsunterrichtsfragen erst ab 18 Jahren greifen soll, was angesichts des hier anzuerkennenden Entscheidungsspielraums des Gesetz-/Landesverfassungsgebers indes wohl zu weit gehen dürfte.[32]

II. Einzelkommentierung

1. Rechtsnatur

Die Art. 135 bis 137 sind zum einen **institutionelle** Garantie, sie garantieren eine als **7** christliche Gemeinschaftsschule ausgestaltete Volksschule sowie den Religionsunterricht als Institution; darüber hinaus verleihen sie **subjektive Rechte,** namentlich das Recht, in der Volksschule nach den Grundsätzen der christlichen Bekenntnisse erzogen zu werden (Art. 135) sowie das Recht der Schüler, Eltern, Lehrer und Kirchen auf Erteilung des Religionsunterrichts (Art. 136, 137); Eltern/Schülern (Art. 137 I), den Lehrern (Art. 136 III) und den Kirchen (Art. 136 IV) kommen hierbei besondere Wahlrechte zu; aus Art. 137 I folgt des weiteren ein Recht auf Teilnahme an kirchlichen Handlungen.[33] Nicht anerkannt ist in der Rspr. des VerfGH (v. a. zu Art. 135) indes der Charakter eines **Grundrechts.**[34] Nach hier vertretener Ansicht steht nichts dagegen, den als solchen unbestrittenen subjektiven Gewährleistungen der Art. 135 bis 137 – trotz ihrer systematischen Stellung außerhalb des 2. Hauptteils (die in der BV letztlich wenig aussagekräftig ist; Vor Art. 98 Rn. 11 ff.) – auch grundrechtlichen Charakter zuzusprechen. Hierfür spricht nicht nur die Harmonisierung mit Bundesrecht, wo den Art. 7 II, III GG unstreitig auch grundrechtliche Gehalte zukommen,[35] sondern auch die Überlegung, dass jede verfassungsrechtliche Festlegung des Ausmaßes religiöser Bezüge in der Schule unweigerlich die verschiedensten grundrechtlichen Rechtspositionen (positive und negative Religionsfreiheit, Elternrecht etc.) zum Ausgleich bringt (oben Rn. 2) und schon deswegen die Reichweite grundrechtlicher Gewährleistungen determiniert, so dass die Anerkennung des Grundrechtscharakters nur folgerichtig erscheint. Dass der VerfGH z. B. bzgl. des Rechts auf eine christliche Gemeinschaftsschule (ähnlich wäre es wohl erst recht bzgl. des Rechts auf Religionsunterricht) jedenfalls über Art. 126 I (Elternrecht) doch zur Popularklagefähigkeit der Rüge entsprechender Beeinträchtigungen kommt,[36] d. h. Grundrechtsschutz letztlich ohnehin nicht verweigern will, untermauert den Grundrechtscharakter noch zusätzlich.

2. Die christliche Gemeinschaftsschule (Art. 135)

Die Regelungen des Art. 135 zur gemeinsamen Unterrichtung aller Kinder nach den **8** Grundsätzen der christlichen Bekenntnisse gelten – als unmittelbare Verfassungspflicht – allein für die **öffentlichen Volksschulen** (zur Volksschule siehe Art. 129; zur öffentlichen Schule Art. 133 I 1, 2). Auch für die **anderen öffentlichen Schulen,** z. B. Gymnasien, Realschulen, Berufsschulen, ist jedoch eine – einfach-gesetzliche – Ausgestaltung im Sinne der in Art. 135 aufgestellten Grundsätze zulässig. Ein Großteil der christlich-abendländischen Werte, wie sie Art. 135 S. 2 meint, gelten für alle Schulen ohnehin bereits über

---

am Religionsunterricht) angehoben wurde, ist hierdurch noch nicht beantwortet und wird unterschiedlich beurteilt. Siehe *Renck,* BayVBl. 1988, 683; *Blankenagel,* BayVBl. 1989, 298; *v. Campenhausen,* BayVBl. 1989, 300; *Gallwas,* BayVBl. 1989, 363; *Münch,* BayVBl. 1989, 745.

[32] *Gallwas,* BayVBl. 1989, 363 (364); *Münch,* BayVBl. 1989, 745 f.; s. a. *Starck,* in: v. Mangoldt/Klein/Starck, Art. 4 Rn. 72; *Morlok,* in: Dreier, Art. 4 Rn. 94, Fn. 198 m. w. N.

[33] *Meder,* Art. 135 Rn. 8; Art. 136 Rn. 2; Art. 137 Rn. 2 a; VerfGH 22, 43 (47); 28, 24 (42).

[34] VerfGH 22, 43 (47 f.).

[35] *Badura,* in: Maunz/Dürig, Art. 7 Rn. 83 ff.; differenzierend *Jarass/Pieroth,* Art. 8, 12, 12 a.

[36] VerfGH 22, 43 (48).

Art. 131 (Art. 131 Rn. 10 ff.) sowie aus einer Gesamtschau der Verfassung.[37] Nicht anders als bei Art. 131 gelten auch für Art. 135, soweit dieser eine bestimmte Wertorientierung vorschreibt, jene inhärenten Grenzen der Bindungskraft (pädagogische Freiheit, Toleranzgebot, Konfrontation mit dem Wertewandel), wie sie bereits bei Art. 131 Rn. 7 dargestellt wurden.

9   Nach Art. 135 S. 1 sind die öffentlichen Volksschulen gemeinsame Schulen für alle volksschulpflichtigen Kinder **(Gemeinschaftsschule)**. Art. 135 S. 1 vollzieht damit die Abkehr von der vormals üblichen konfessionellen Erziehung in Bekenntnisschulen. Die Bekenntnisschule ist – nach den Maßgaben des Art. 134 III – nur mehr als Privatschule, nicht jedoch als öffentliche Volksschule zulässig.[38] Weiterhin sowohl bundes- wie landesverfassungsrechtlich zulässig ist an Gemeinschaftsschulen hingegen die Einrichtung von Klassen von Schülern gleichen Bekenntnisses **(Bekenntnisklassen)**, in denen den besonderen Grundsätzen dieses Bekenntnisses auch Rechnung getragen werden darf (Art. 7 II 2 BayEUG).[39]

10   Nach Art. 135 S. 2 werden die Schüler nach den Grundsätzen der christlichen Bekenntnisse unterrichtet und erzogen **(christliche** Gemeinschaftsschule**)**. Die bayerische Volksschule hat damit von Verfassungs wegen eine als solche unaufgebbare **christliche Prägung**.[40] Bereits das BVerfG[41] jedoch hat – im Lichte der in Rn. 1 bis 3, 5 dargestellten Problematik – eine **verfassungskonforme** Auslegung für notwendig erachtet: Art. 135 S. 2 bindet den Unterricht demnach nicht an die Glaubensinhalte einzelner christlicher Bekenntnisse; unter „Grundsätze der christlichen Bekenntnisse" seien in Achtung der religiös-weltanschaulichen Gefühle Andersdenkender vielmehr die Werte und Normen zu verstehen, die, vom Christentum maßgeblich geprägt, auch weitgehend zum Gemeingut des abendländischen Kulturkreises geworden sind. Der VerfGH hat sich diesem Verständnis angeschlossen und versteht unter den christlichen Grundsätzen seinerseits eine von Glaubensinhalten losgelöste, aus der Tradition der christlich-abendländischen Kultur hervorgegangene Wertewelt, die nach der Verfassung unabhängig von ihrer religiösen Fundierung Geltung beansprucht.[42] Über die so umrissene Erziehung in den profanen Fächern, die sich in erster Linie auf die Anerkennung des prägenden Kultur- und Bildungsfaktors bezieht und überdies nach Maßgabe des Toleranzgebots (Art. 136 I), d.h. mit der nötigen Offenheit für Andersdenkende, dargeboten werden muss, hinausgehend ist die christliche Gemeinschaftsschule offen für – freiwillige – Elemente echter Religiosität, namentlich für den konfessionsgebundenen Religionsunterricht und kirchliche Handlungen und Feierlichkeiten nach den Maßgaben der Art. 136, 137.

11   Eine Schule mit einer solchermaßen definierten christlichen Prägung **ist allen volksschulpflichtigen Kindern und ihren Eltern zumutbar.** Dies gilt sowohl für Nichtchristen, denn eine Schulform, die weltanschaulich-religiöse Zwänge soweit wie möglich ausschaltet sowie Raum für die sachliche Auseinandersetzung mit allen religiösen und weltanschaulichen Auffassungen – wenn auch von einer christlich bestimmten Orientierungsbasis her – bietet und dabei das Toleranzgebot beachtet, führt Eltern und Schüler, die eine religiöse Erziehung ablehnen, nicht in einen unzumutbaren Glaubens- und Gewissenskonflikt.[43] Desgleichen haben Christen – umgekehrt – keinen Anspruch auf eine christliche Prägung oder gar konkrete Bekenntnisorientierung der Schule, die über das durch Art. 135 vorgegebene Maß hinausgeht.[44] Speziellen Elternwünschen hinsichtlich einer bekenntnismäßigen oder laizistischen Erziehung kann durch die Privatschulfreiheit

---

[37] Vgl. die Entscheidung VerfGH 60, 1, die für Lehrer aller öffentlichen Schulen gilt.
[38] VerfGH 22, 43 (45 f.); *Meder,* Art. 135 Rn. 3.
[39] BVerfGE 41, 65 (86); VerfGH 33, 65 (80).
[40] VerfGH 22, 42 (Leitsatz).
[41] BVerfGE 41, 65.
[42] VerfGH 60, 1 (7); s. a. 55, 189 (197); 33, 65 (79).
[43] BVerfGE 41, 29, LS 4.
[44] VerfGH 55, 189.

(Art. 134) Rechnung getragen werden. Die Schulpflicht (Art. 129) auf die christliche Gemeinschaftsschule zu beziehen, ist daher verfassungskonform (Art. 129 Rn. 4). Zumutbar ist die Unterrichtung nach den Grundsätzen der christlichen Bekenntnisse im in Rn. 10 beschriebenen gemäßigten Sinne auch **allen** (sei es nicht-, andersgläubigen oder auch christlich-fundamentalistischen) **Lehrern** (zum Problemkreis atheistischer Lehrer und Erziehungsziel „Ehrfurcht vor Gott" siehe bereits Art. 131 Rn. 10). Wenn auch ein nichtchristlicher Lehrer dem aus Art. 135 S. 2 folgenden Auftrag zu einer Erziehung gemäß den christlich-abendländischen Werten in glaubhafter Weise gerecht werden kann, kann es nicht richtig sein, nur solche Lehrer für den Unterricht an Volksschulen geeignet anzusehen, die sich aktiv zum Christentum bekennen.[45] Von nicht- und andersgläubigen Lehrern kann jedoch verlangt werden, dass sie die zum Gemeingut gewordenen christlich-abendländischen Werte glaubhaft vertreten und, sollte ihre Einstellung hierzu im Widerspruch stehen, in ihrer Meinungsäußerung sowie ihrem äußeren Verhalten (Kleidung, Symbole) zumindest besondere Zurückhaltung üben; im Kontext eines offenen Austauschs über kontroverse Fragen muss der Lehrer seine Anschauungen jedoch nicht völlig zurückstellen.[46] Für den christlichen Lehrer gilt das Verbot missionarischen Auftretens[47] und das aus Art. 136 I folgenden Gebot der Offenheit und Toleranz für Andersdenkende.

Art. 135 S. 3 statuiert einen **Gesetzgebungsauftrag,** der freilich nicht unbedingt durch **12** ein eigenständiges und als solches bezeichnetes „Volksschulgesetz" eingelöst werden muss.

3. Das Toleranzgebot (Art. 136 I)

Mit seinem Auftrag, beim Unterricht die religiösen Empfindungen aller zu achten, statuiert Art. 136 I das **Toleranzgebot,**[48] in dem allein der Schlüssel zur Auflösung des Spannungsfeldes von positiver und negativer Religionsfreiheit in der Schule liegen kann.[49] Auch weltanschauliche, d. h. ggf. antireligiöse Empfindungen, sind geschützt. Toleranz bedeutet Respekt, Offenheit und Duldsamkeit gegenüber den religiösen und weltanschaulichen Einstellungen Anderer;[50] Art. 136 I trifft sich insoweit mit dem Bildungsziel „Achtung vor religiöser Überzeugung" (Art. 131 II; vgl. Art. 131 Rn. 11). Ein modernes Missverständnis ist es, Toleranz mit relativistischer Gleichgültigkeit gleichzusetzen oder eine Haltung schon deswegen als intolerant anzusehen, weil sie die eigene religiöse Überzeugung für wahr hält. Gelebte Toleranz einerseits und Selbstbehauptung der eigenen Überzeugung andererseits gehen vielmehr Hand in Hand; Toleranz verpflichtet in religiösen Dingen nicht zum nivellierenden Ausgleich.[51] Auch religiöse Mehrheit und Minderheit schulden sich gegenseitige Toleranz; wie schwer es sein kann, hier in Fällen, in denen nur so oder so entschieden werden kann, praktische Konkordanz herbeizuführen, macht der Streit ums Schulkreuz im Klassenzimmer (Anbringung oder Entfernung) deutlich; es ist legitim, dem Mehrheitswillen so weit wie möglich Rechnung tragen zu wollen; religiöse Konflikte lassen sich andererseits nicht nach dem Mehrheitsprinzip lösen; der Mehrheitswille kann in der ernsthaften religiösen Überzeugung eines Einzelnen an Grenzen stoßen.[52] Vor allem vier Wirkungen des Toleranzgebotes sind es, die sich hinsichtlich des zulässigen Ausmaßes religiöser Bezüge in der Schule identifizieren lassen: (1) Schon, dass die „Grundsätze der christlichen Bekenntnisse" in Art. 135 S. 2 nicht mit Glaubenssätzen, sondern mit christlich-abendländischen Kulturwerten gleichgesetzt werden, steht mit

13

---

[45] Der Streit um das islamische Kopftuch (BVerfGE 108, 282; VerfGH 60, 1) hat mehr als deutlich gemacht, dass allein die Zugehörigkeit zum Islam die Eignung nicht in Frage stellt; sehr überzeichnet daher *Meder,* Art. 135 Rn. 7.

[46] VerfGH 60, 1 (12).

[47] VerfGH 55, 189 (197).

[48] So bezeichnet z. B. in VerfGH 50, 157 (175), 55, 189 (197).

[49] Vgl. BVerfGE 108, 282 (302).

[50] VerfGH 50, 157 (175).

[51] Vgl. BVerfGE 108, 282 (310); BVerfG-K vom 31. 5. 2006 – 2 BvR 1693/04, Abs.-Nr. 16.

[52] BVerfGE 93, 1 (24); VerfGH 50, 156 (175).

dem Toleranzgebot (d. h. damit, dass darauf Rücksicht zu nehmen ist, dass in der christlichen Gemeinschaftsschule nicht nur Christen unterrichtet werden) in Zusammenhang.[53] (2) Wertorientierte Erziehung darf nicht missionarisch sein, sondern muss stets diskursbereit und offen für andere Anschauungen bleiben.[54] (3) Im Einzelfall können infolge individueller Rücksichtnahme auf die weltanschaulichen Gefühle Einzelner Abstriche von im Allgemeinen zulässigen Ausdrucksformen der christlichen Prägung der Schule nötig sein (Bsp. Schulkreuz).[55] (4) Religiöse Handlungen und Unterrichtsformen im engeren Sinne (Religionsunterricht, kirchliche Handlungen) stehen unter einem Freiwilligkeitsvorbehalt (Art. 137 I).

4. Exemplarische Problemfelder

14 Die Frage der Zulässigkeit eines **Schulgebets** hat das BVerfG in E 52, 223 geklärt. Ein freiwilliges überkonfessionelles Schulgebet außerhalb des Religionsunterrichts ist demnach zulässig, sofern Schüler und Eltern frei und ohne Zwänge über die Teilnahme entscheiden können und eine zumutbare Ausweichmöglichkeit besteht. Diese Leitlinien treffen auch für das bayerische Verfassungsrecht zu.

15 Zur Frage des **Kreuzes im Klassenzimmer** der christlichen Gemeinschaftsschule (jetzt Art. 7 III BayEUG) siehe BVerfGE 93, 1; VerfGH 50, 156. Das BVerfG hatte zunächst – mit überschießender Formulierung – in Leitsatz 1 seiner Entscheidung das Anbringen eines Kreuzes in einer staatlichen Pflichtschule, die nicht Bekenntnisschule ist, schlechthin als Verstoß gegen Art. 4 I GG bezeichnet, tatsächlich aber wohl nur die Unausweichlichkeit des Kreuzes in Fällen eines individuellen Gewissenskonflikts beanstandet, d. h. zumindest eine Widerspruchslösung angemahnt.[56] Dass man an der Entscheidung des BVerfG Kritik üben kann (Ist das „Lernen unter dem Kreuz", das jedenfalls auch Ausdruck einer kulturellen Prägung und nicht nur Glaubenssymbol ist, wirklich unzumutbar? Sind die nach dem GG bestehenden Spielräume des Landes zur Bestimmung der religiösen Prägung der Schule richtig eingeschätzt, wenn ein Land zwar die „christliche Gemeinschaftsschule" einführen und beibehalten darf, das Kreuz als Ausdruck der christlichen Prägung der Volksschule jedoch zu entfernen verpflichtet ist? Siehe bereits Rn. 5), änderte nichts an der nach § 31 I BVerfGG gegebenen Bindung. Der bayerische Gesetzgeber hat die bestehenden Spielräume genutzt und in Art. 7 III eine Widerspruchslösung im Falle von „ernsthaften und einsehbaren Gründen des Glaubens oder der Weltanschauung" geschaffen, die an der grundsätzlichen Anbringung des Kreuzes festhält. Diese hat vor der BV Bestand und ist in ihren Tatbestandsvoraussetzungen von der Rspr. näher konkretisiert worden.[57] Nichtchristliche Lehrer können nur in atypischen Fällen die Entfernung des Kreuzes verlangen (siehe auch Art. 133 Rn. 10).[58]

16 Zur Frage, ob Lehrerinnen ein **islamisches Kopftuch** tragen dürfen bzw. zur Zulässigkeit von religiösen Symbolen und Kleidungsstücken bei Lehrern im Allgemeinen, siehe BVerfGE 108, 282 und VerfGH 60, 1. Das BVerfG hatte zunächst eine gesetzliche Regelung dieser grundrechtswesentlichen Frage verlangt, den Ländern im Übrigen aber einen Gestaltungsfreiraum bezüglich der Frage eingeräumt, wie weit sie (in Gestalt religiöser Kleidung sichtbare) religiöse Bezüge in der öffentlichen Schule zulassen, d. h. ob sie die gebotene staatliche Neutralität eher in der Zulassung der Vielfalt der religiösen Symbole oder in einer Distanz zu allen religiösen Symbolen verwirklichen wollen. Diese Entscheidung könnte leicht dahin missverstanden werden, als dürften religiöse Symbole und Kleidungsstücke bei Lehrern nunmehr nur insgesamt erlaubt oder verboten werden (was im Falle des Verbots des islamischen Kopftuches zur misslichen Folge haben könnte, dass auch

---

[53] Vgl. VerfGH 33, 65 (79).
[54] VerfGH 55, 189 (197).
[55] VerfGH 50, 156.
[56] Siehe VerfGH 55, 156 (179 f.).
[57] VerfGH 50, 156; VGH NJW 1999, 1045.
[58] VGH NVwZ 2002, 1000.

die christliche Ordenstracht z. B. von Schulschwestern in staatlichen Schulen als problematisch erschiene). Eine solche Sichtweise würde nicht hinreichend berücksichtigen, dass
es nach der grundgesetzlichen Ordnung (Rn. 5) den Ländern obliegt, über die religiöse
und weltanschauliche Prägung der Schule zu entscheiden und dass es in diesem Zusammenhang eine zulässige Gestaltungsform ist, staatliche Schulen als christliche Gemeinschaftsschulen zu konzipieren, für die zwar nicht christliche Glaubenswahrheiten, aber
doch das zum Gemeingut gewordene christlich-abendländische Wertefundament zur
bindenden Richtschnur gemacht werden darf (Rn. 10). Der Gesetzgeber darf deswegen
hinsichtlich der Frage, inwieweit er religiöse Symbole und Kleidungsstücke zulässt, zulässigerweise – d. h. ohne Verstoß gegen das Neutralitätsgebot und die Pflicht zur Gleichbehandlung aller Religionen – danach differenzieren, ob das jeweilige Symbol oder
Kleidungsstück mit den für die Schulen verbindlichen Erziehungszielen (Art. 131) und
christlich-abendländischen Bildungs- und Kulturwerten (Art. 135 S. 2) vereinbar ist oder
nicht. Eben diese Lösung, die sozusagen die Ordenstracht oder das Kreuz an der Halskette
retten möchte, ohne sich der Handhabe gegen andere, als problematisch empfundene
Symbole und Kleidungsstücke (auch das islamische Kopftuch) zu begeben,[59] hat der bayerische Gesetzgeber gewählt (Art. 59 II BayEUG). Mit der BV ist diese Lösung vereinbar
(siehe auch Art. 133 Rn. 10). Noch nicht entschieden, sondern letztlich von der Fachgerichten zu klären ist freilich, ob ein islamisches Kopftuch wirklich in jedem Fall als ein
Kleidungsstück anzusehen ist, das mit den für die Schulen verbindlichen Bildungszielen,
Verfassungs- und Kulturwerten unvereinbar ist.[60]

5. Der Religionsunterricht (Art. 136 II bis V, 137)

   a) Religionsunterricht i. S. d. Art. 136 II 1; Übereinstimmungsgebot (Art. 136   **17**
II 2). Religionsunterricht i. S. d. Art. 136 I 1 meint, wie das Übereinstimmungsgebot des
Art. 136 II 2 deutlich macht, nicht bloß – wie in den profanen Fächern – eine Bindung an
zum Allgemeingut gewordene christliche Kulturwerte, ebenso wenig erschöpft er sich in
einer historisierenden oder relativierenden Religionskunde oder Bibelgeschichte oder
einer bloßen Morallehre, verlangt ist vielmehr ein Religionsunterricht in konfessioneller
Positivität und Gebundenheit, in dem der Bekenntnisinhalt, d. h. die Glaubenssätze der
jeweiligen Religionsgemeinschaft, als bestehende Wahrheit zu vermitteln sind.[61] **Übereinstimmung** mit den Grundsätzen der betreffenden Religionsgemeinschaft bedeutet,
dass für den Inhalt, das Ziel und die pädagogische Ausrichtung des Religionsunterrichts
die Vorstellungen der Kirchen maßgeblich sind, d. h. die Glaubensgrundsätze der jeweiligen Konfession unverdünnt zum Tragen kommen können. „Grundsätze der betreffenden
Religionsgemeinschaft" (Art. 136 II 2) bedeutet im Kontext des konfessionsgebundenen
Religionsunterrichts etwas ganz anderes als die „Grundsätze der christlichen Bekenntnisse" (Art. 135 S. 2) im Kontext eines Gemeinschaftsunterrichts, der für Mitglieder aller
Konfessionen und Religionen verbindlich ist. Die dargelegten Anforderungen an die
Konfessionsgebundenheit hindern andererseits nicht daran, im Religionsunterricht neben
Fragen der Glaubenswahrheit auch ethische und sonstige Lebensfragen zu behandeln, sowie Elemente des Vergleichs mit anderen Religionen, Weltanschauungen oder philoso-
phischen Konzeptionen einzubeziehen. Der Begriff des Religionsunterrichts ist überdies
für zeitgemäße Ausgestaltungen offen und muss sich in einer Zeit, in der auch im Religionsunterricht viele Schüler sind, denen der Glaube – trotz nomineller Konfessionszu-
gehörigkeit – bislang fremd geblieben ist, nicht in (u. U. abstoßender) einseitiger dogmatischer Unterweisung erschöpfen, sondern darf durchaus in sich offen sein und – freilich
mit dem Ziel, Sympathie mit den Antworten der Kirche zu wecken – verschiedene Entwürfe zu Diskussion stellen, solange die prinzipielle Ausrichtung an den Glaubenssätzen

---

  [59] Vgl. die Stellungnahme der Staatsregierung in VerfGH 60, 1 (3).
  [60] Vgl. VerfGH 60, 1 (6).
  [61] BVerfGE 74, 244 (252 f.); *Badura*, in: Maunz/Dürig, Art. 7 Rn. 70 f., auch zum Folgenden.

der jeweiligen Konfession nicht verloren geht. Mit dem konfessionsgebundenen Charakter vereinbar ist es auch, wenn sich die Religionsgemeinschaften entscheiden, bekenntnisfremden Schülern die Teilnahme am Religionsunterricht zu gestatten.[62] Zu einer Religionsgemeinschaft können sich auch Angehörige mehrerer Konfessionen zusammenfinden;[63] auch eine Dachverbandsorganisation kann als Religionsgemeinschaft i. S. d. Art. 136 in Betracht kommen, sofern der Verband als Religionsgemeinschaft identifizierbar und in der Lage ist, die für den Religionsunterricht maßgeblichen „Grundsätze" (Art. 136 II 2) dauerhaft zu verkörpern und durchzusetzen;[64] zwar kann die Frage, was eine Religionsgemeinschaft i. S. d. Art. 136 ist, da es um eine staatliche Rechtszuweisung geht, nicht allein vom „Selbstverständnis" der jeweiligen Gruppierung abhängen; andererseits ist es nicht Sache des Staates, den Angehörigen einer Religion eine bestimmte Organisationsform aufzuerlegen. Vor diesem Hintergrund erscheint auch die Option eines von mehreren Konfessionen getragenen ökumenischen Religionsunterrichts nicht als von vornherein verfassungswidrig.[65] Aus dem Übereinstimmungsgebot folgt das Recht der Kirchen, den Religionsunterricht durch Beauftragte besuchen zu lassen, die indes keine dienstaufsichtlichen Befugnisse haben.[66] Die in Art. 7 III 2 GG vorgesehene Maßgabe des Übereinstimmungsgebots, dass dieses **unbeschadet des staatlichen Aufsichtsrechtes** gelte, fehlt im Wortlaut des Art. 136 II 2. In der Sache ergibt sich jedoch kein Unterschied, da das Bestehen des staatlichen Aufsichtsrechts auch über den Religionsunterricht bereits aus Art. 130 I sowie aus dem Umstand folgt, dass der Religionsunterricht „als ordentliches Lehrfach" (Art. 136 II 1) eine staatliche Lehrveranstaltung und nicht eine Veranstaltung der Religionsgemeinschaft ist. Das staatliche Aufsichtsrecht ist jedoch durch die sich aus Art. 136 II 2 ergebende inhaltliche Gestaltungsbefugnis der Kirchen eingeschränkt und im Übrigen an das Verhältnismäßigkeitsprinzip gebunden; es erstreckt sich nicht auf den Glaubensgehalt des Unterrichts; die allgemeinen staatlichen Erziehungsziele (Art. 131) gelten aber auch für den Religionsunterricht.[67] Durch das Zusammentreffen von staatlicher Veranstaltung/Aufsicht und kirchlichem Bestimmungsrecht über den Glaubensgehalt des Unterrichts erweist sich der Religionsunterricht als eine **gemeinsame Angelegenheit** von Staat und Kirche, die in Fragen des Curriculums, der Lehrerbildung, der Lehrmaterialien, der Prüfungen der funktionierenden Zusammenarbeit und des Einvernehmens zwischen Staat und Kirche bedarf; die Ausgestaltung des notwendigen Zusammenwirkens in Konkordaten und Kirchenverträgen ist sachangemessen und zulässig.[68] Nur soweit eine Religionsgemeinschaft staatlichen Religionsunterricht will und mit dem Staat kooperiert, trifft den Staat die aus Art. 136 II folgende Pflicht.[69]

18   **b) Ordentliches Lehrfach (Art. 136 II 1).** Aus der Kennzeichnung des Religionsunterrichts als **ordentliches Lehrfach** ergibt sich zunächst, dass die Einrichtung und Organisation des Religionsunterrichts – so, wie des schulischen Unterrichts im Allgemeinen (Art. 133 I 1) – dem Staat obliegt; der Religionsunterricht ist staatliche Veranstaltung.[70] Hieraus ergibt sich ohne weiteres die Pflicht des Staates, auf eigene Kosten die nötigen sachlichen und personellen Voraussetzungen für den Religionsunterricht zu schaffen; er ist Dienstherr der Lehrer und muss diese vergüten (dies musste in der Tat nicht gesondert geregelt werden; Rn. 4); ebenso hat er die erforderlichen Räume zur Verfügung zu stellen

---

[62] BVerfGE 74, 244.

[63] BVerwGE 123, 49 (56).

[64] BVerwGE 123, 49 (54, 57); *Badura,* in: Maunz/Dürig, Art. 7 Rn. 88; auch zum Folgenden.

[65] *Jarass/Pieroth,* Art. 7 Rn. 9.

[66] *Meder,* Art. 136 Rn. 5; *Jarass/Pieroth,* Art. 7 Rn. 9.

[67] *Meder,* Art. 136 Rn. 5; *Badura,* in: Maunz/Dürig, Art. 7 Rn. 90 f.; *Jarass/Pieroth,* Art. 7 Rn. 17.

[68] BVerfGE 74, 244 (251); *Robbers,* in: v. Mangoldt/Klein/Starck, Art. 7 Rn. 146 ff.; VerfGH 33, 64 (79).

[69] *Robbers,* in: v. Mangoldt/Klein/Starck, Art. 7 Rn. 158 ff.

[70] *Robbers,* in: v. Mangoldt/Klein/Starck, Art. 7 Rn. 130; *Meder,* Art. 136 Rn. 3.

(Abs. 5; auch dies hätte an sich nicht gesondert normiert werden müssen).[71] Aus der Einstufung als ordentliches Lehrfach folgt des weiteren, dass es sich beim Religionsunterricht – und zwar ungeachtet des Rechts zur Abmeldung (Art. 137 I) – um ein Pflichtfach und nicht um ein Wahlfach handelt; der Staat hat zu gewährleisten, dass er ein selbständiges Unterrichtsfach wie andere Unterrichtsfächer ist (Benotung und Möglichkeit der Versetzungserheblichkeit eingeschlossen) und gegenüber diesen (z. B. bei der Stundenplangestaltung, bei der Bemessung der Wochenstundenzahl etc.) nicht benachteiligt wird; die Religionslehrer haben Sitz und Stimme in der Lehrerkonferenz.[72] Noch nicht ins letzte geklärt (und in Bayern angesichts der nach wie vor starken konfessionellen Verwurzelung auch weniger relevant als z. B. in den neuen Ländern) ist die Zulässigkeit der Festsetzung von Mindestteilnehmerzahlen; man wird sie nicht von vornherein als unzulässig ansehen können, sofern sie sich auf das aus organisatorischen Gründen erforderliche Maß beschränken und alle vernünftigerweise gegebenen Möglichkeiten zur Gewährleistung des Religionsunterrichts (Zusammenlegung von Klassen etc.) ausschöpfen.[73]

c) Fragen des Anwendungsbereichs. Die Garantie des Religionsunterrichts des **19** Art. 136 II bezieht sich – anders als Art. 7 III GG – seinem Wortlaut nach nicht allein auf **öffentliche Schulen.** Hieraus schließen zu wollen, der Religionsunterricht sei auch für Privatschulen garantiert,[74] wäre nach hier vertretener Ansicht dennoch verfehlt. Die Pflicht zum Religionsunterricht stünde zunächst in einem schwer erklärlichen Spannungsverhältnis zur Privatschulfreiheit (Art. 134), die ja gerade ein Recht zur weltanschaulichen Eigenständigkeit und auch zur bewussten Bekenntnisfreiheit einschließt. Die Einbeziehung der Privatschulen ist zweitens auch systematisch nicht nahe liegend, da Art. 136 in der BV seinen Platz nicht bei den für alle Schulen geltenden Vorschriften (vor Art. 133), sondern hinter der Privatschulfreiheit in einem Kontext gefunden hat, wo es um öffentliche Schulen geht (hinter Art. 135, wo es um die öffentlichen Volksschulen geht). Schließlich ist die Garantie des Religionsunterrichts, wie Rn. 18 gezeigt hat, aber gerade auch Art. 7 III GG deutlich macht, eigentlich nur als eine staatliche Garantie sinnvoll, der dieser durch die staatliche Veranstaltung von Religionsunterricht nachkommt. Folgerichtig regelt das BayEUG den Religionsunterricht allein im Kontext der öffentlichen Schulen (Art. 46 BayEUG). Das in Art. 136 II gewährleistete Recht der Religionsgemeinschaften auf staatliche Veranstaltung des Religionsunterrichts bezieht sich **nicht nur auf christliche Kirchen.** Auch z. B. islamischer Religionsunterricht ist möglich, soweit eine Religionsgemeinschaft zur Verfügung steht, die die organisatorische Gewähr dafür bietet, die für den Religionsunterricht maßgeblichen Grundsätze (Art. 136 II 2) dauerhaft zu verkörpern und durchzusetzen (siehe schon Rn. 17); außerdem muss die Religionsgemeinschaft als Partnerin eines vom Staat veranstalteten Religionsunterrichts die inhaltliche Gewähr dafür bieten, dass ihr künftiges Verhalten den fundamentalen Verfassungsprinzipien (Art. 75 I 2 BV), die Grundrechte Dritter und die Grundprinzipien des freiheitlichen Religions- und Staatskirchenrechts nicht gefährdet.[75] Auch Weltanschauungsunterricht kommt in Betracht.[76]

d) Die Lehrer. Ob ein Lehrer Religionsunterricht erteilen will oder nicht, hängt **20** einerseits von seiner Entscheidung ab **(Art. 136 III);** zum anderen bedarf der Lehrer der Bevollmächtigung durch die Religionsgemeinschaft, d. h. der missio canonica der katholischen bzw. der vocatio der evangelischen Kirche **(Art. 136 IV).** Die schulaufsichtlichen

---

[71] *Robbers,* in: v. Mangoldt/Klein/Starck, Art. 7 Rn. 132 ff.; *Meder,* Art. 136 Rn. 3, 8; Prot. I S. 256.

[72] *Robbers,* in: v. Mangoldt/Klein/Starck, Art. 7 Rn. 140 ff.; *Meder,* Art. 136 Rn. 3.

[73] Vgl. *Robbers,* in: v. Mangoldt/Klein/Starck, Art. 7 Rn. 145; *Jarass/Pieroth,* Art. 7 Rn. 11; *Badura,* in: Maunz/Dürig, Art. 7 Rn. 75; siehe auch § 2 des LER-Vergleichs, BVerfGE 104, 305 (308).

[74] So offenbar *Meder,* Art. 136 Rn. 4.

[75] BVerwGE 123, 49.

[76] BbgVerfG NVwZ 2006, 1052.

und dienstrechtlichen Befugnisse des Staates sind entsprechend eingeschränkt.[77] Dass ein zum Religionsunterricht bereiter Lehrer nicht an der Erteilung gehindert werden darf, bedeutet nicht, dass der Staat im Rahmen seiner Schulaufsicht und des allgemeinen Dienstrechts nicht über Art und Umfang des Einsatzes entscheiden dürfte. Umgekehrt darf einem Lehrer, der keinen Religionsunterricht (mehr) erteilen will oder dem von seiner Kirche die Bevollmächtigung entzogen wird, zwar nicht allein hieraus ein spezifischer Nachteil erwachsen; der Lehrer muss ansonsten aber bereit sei, die entsprechenden allgemeinen dienstrechtlichen Konsequenzen (z. B. Versetzung) zu tragen.[78]

21   **e) Recht der Erziehungsberechtigten/Schüler zur Entscheidung über die Teilnahme (Art. 137 I).** Die Teilnahme am Religionsunterricht ist **freiwillig.** Entsprechend gibt Art. 137 I den Erziehungsberechtigten, und ab dem Alter von 18 Jahren den Schülern, das subjektive Recht, über die Teilnahme durch Abgabe einer Willenserklärung zu entscheiden. Art. 46 IV BayEUG hat dieses Recht verfassungskonform als Recht zur Abmeldung ausgestaltet. An die Nichtteilnahme dürfen keine Nachteile geknüpft werden.[79] Dazu, dass die Altersgrenze des Art. 137 I von 18 Jahren (religionsunterrichtsbezogene **Religionsmündigkeit)** für Bayern trotz § 5 RelKEG maßgeblich ist, siehe bereits Rn. 6 m. w. N.

22   **f) Ethikunterricht als Ersatz (Art. 137 II).** Art. 137 II selbst sieht vor, dass für Schüler, die nicht am Religionsunterricht teilnehmen, ein Unterricht über die allgemein anerkannten Grundsätze der Sittlichkeit **(Ethikunterricht,** Art. 47 BayEUG) stattzufinden hat. Er ist wie der Religionsunterricht ein ordentliches Lehrfach und muss dies (falls er Ersatz für den Religionsunterricht ist) auch aus bundesrechtlichen Gründen sein.[80] Er ist rein staatliche Angelegenheit. Nach Art. 47 II BayEUG dient er der Erziehung zu werteinsichtigem Urteilen und Handeln; sein Inhalt orientiert sich an den sittlichen Grundsätzen, wie sie in BV und GG niedergelegt sind; im Übrigen berücksichtigt er die Pluralität der Bekenntnisse und Weltanschauungen. Es gelten für ihn die allgemeinen Maßgaben und Grenzen für eine – notwendigerweise – wertorientierte Erziehung, wie sie in Art. 131, 135 angesprochen wurden; das Fach Ethik muss religiös und weltanschaulich neutral unterrichtet werden.[81] Die zum Gemeingut gewordenen christlich-abendländischen Werte dürfen jedoch auch dem Ethikunterricht zugrunde gelegt und einem Schüler zugemutet werden, der bewusst vom Religionsunterricht abgemeldet wurde; für die Erziehung zur „Ehrfurcht vor Gott" vgl. Art. 131 Rn. 10. Der Ethikunterricht ist für den Konfessionszugehörigen – rechtlich gesprochen – Ersatz für einen an sich verpflichtenden Religionsunterricht und nicht etwa von vornherein gleichgewichtige Alternative (im Sinne einer Pflicht zur Entscheidung für das eine oder andere),[82] praktisch macht dies freilich keinen allzu großen Unterschied. Bundesverfassungsrechtlich zulässig wäre es auch, einen für alle verpflichtenden Ethikunterricht zusätzlich zum Religionsunterricht einzuführen.[83] Nach der Weichenstellung der BV, die den Ethikunterricht bewusst als ersatzweise Alternative vorsieht, dürfte diese Gestaltung jedoch ausgeschlossen sein; der zum Religionsunterricht bereite Schüler soll nicht mit zusätzlicher Stundenlast benachteiligt werden; der Religionsunterricht soll sich nicht der Konkurrenz durch einen säkularen und in religiösen Fragen notwendigerweise relativierenden Ethikunterricht ausgesetzt sehen.

---

[77] *Meder,* Art. 136 Rn. 6 f.

[78] Zu Problemfällen: *Robbers,* in: v. Mangoldt/Klein/Starck, Art. 7 Rn. 162 f.; *Jarass/Pieroth,* Art. 7 Rn. 15.

[79] *Meder,* Art. 137 Rn. 1.

[80] BVerwGE 107, 75 (LS 3).

[81] BVerwGE 107, 75 (LS 2).

[82] *Robbers,* in: v. Mangoldt/Klein/Starck, Art. 7 Rn. 138.

[83] *Badura,* in: Maunz/Dürig, Art. 7 Rn. 79; *Robbers,* in: v. Mangoldt/Klein/Starck, Art. 7 Rn. 139.

6. Kirchliche Handlungen und Feierlichkeiten (Art. 137 I)

Die Schule in Bayern ist offen für **kirchliche Handlungen und Feierlichkeiten.** 23
Für die Teilnahme gilt der Grundsatz der Freiwilligkeit. Dies gilt über den engeren Wortlaut des Art. 137 I hinaus nicht nur für die Schüler, sondern auch für die Lehrer.[84] Aus
Art. 137 I erwächst ein subjektives Recht auf Teilnahme.[85]

Art. 138 [Hochschulen]

**(1) [1]Die Errichtung und Verwaltung der Hochschulen ist Sache des Staates. [2]Eine
Ausnahme bilden die kirchlichen Hochschulen (Art. 150 Abs. 1). [3]Weitere Ausnahmen bedürfen staatlicher Genehmigung.
(2) [1]Die Hochschulen haben das Recht der Selbstverwaltung. [2]Die Studierenden
sind daran zu beteiligen, soweit es sich um ihre Angelegenheiten handelt.**

Parallelvorschriften im GG und anderen Landesverfassungen: Art. 5 III GG; Art. 20, 85 BaWüVerf; Art. 32
BbgVerf; Art. 34 BremVerf; Art. 60 HessVerf; Art. 16 III M-VVerf; Art. 5 NdsVerf; Art. 16 NRWVerf;
Art. 39 RhPfVerf; Art. 33 SaarlVerf; Art. 107 SächsVerf; Art. 31 VerfLSA; Art. 28 ThürVerf.

Rechtsprechung: VerfGH 8, 38; 17, 30; 24, 1; 24, 199; 30, 126; 50, 129. Entsch. v. 7. Mai 2008, Vf. 19-VII-06.

Literatur: S. zunächst zu Art. 108 und darüber hinaus: *Kahl,* Staat und Hochschule, 2004; *Oppermann,*
Ordinarienuniversität – Gruppenuniversität – Räteuniversität, WissR (Beiheft 15), 2005, 1; *Sandberger,* Staatliche Hochschulen in alternativer Rechtsform? WissR (Beiheft 15), 2005, 19; *Leuze,* Das
Spannungsverhältnis zwischen Körperschaft und staatlicher Einrichtung im Wandel der Hochschulgesetzgebung, WissR (Beiheft 15), 2005, 56; *Löwer,* Das Stiftungsmodell Universität – ein neuer Weg?
WissR (Beiheft 15), 2005, 69; *ders.,* in Löwer/Tettinger, NRWVerf, Art. 16.

Übersicht

I. Allgemeines

1. Bedeutung

a) Art. 138 ergänzt die in Art. 108 Alt. 2, 3 als Grundrecht verbürgte Freiheit von 1
Wissenschaft und Lehre in organisationsrechtlicher Hinsicht. Während sich aus Art. 108
Alt. 2, 3 die Pflicht des Staates ergibt, die Freiheit von Wissenschaft und Lehre durch die
Schaffung wissenschaftsadäquater Organisationsformen überhaupt erst zu ermöglichen
(Rn. 54 ff. zu Art. 108), jedoch dort noch keine Aussagen über eine konkrete Organisationsform für die Hochschulen getroffen sind, **konkretisiert Art. 138** die **organisationsrechtlichen Direktiven:**

b) Der **Regelungsgehalt** des Art. 138 ist **mehrschichtig:** 2

aa) **Abs. 1** enthält ein **Regel-Ausnahme-Verhältnis zu Gunsten der Hochschulen** 3
als Einrichtungen des Staates. Satz 1 formuliert die **Regel: Errichtung** und **Verwal-**

---

[84] Vgl. *Jarass/Pieroth,* Art. 7 Rn. 15.
[85] VerfGH 28, 24 (42); *Meder,* Art. 137 Rn. 2 a.

tung der **Hochschulen** sind Sache, also **Aufgabe und Pflicht des Staates.** Dieser darf das Hochschulwesen mithin grundsätzlich nicht den Privaten im Sinne einer Aufgabenprivatisierung überantworten (dazu auch unten Rn. 38 ff.). **Satz 2** enthält eine **Ausnahme** für die **kirchlichen Hochschulen** im Sinne des Art. 150 I (s. die Erl. dort). **Satz 3** lässt weitere Ausnahmen zu, die allerdings staatlicher Genehmigung bedürfen. Darauf stützt sich die Zulässigkeit nichtstaatlicher, also privater, kommunaler, auch kirchlicher Hochschulen (soweit diese nicht unter Art. 150 I fallen), vgl. dazu Art. 76 ff. BayHSchG.[1] Auf Satz 3 lässt sich auch die Möglichkeit stützen, in besonderen Fällen bislang staatliche Hochschulen oder − etwa im Bereich der Universitätsklinika − Teile davon in **privatrechtliche Trägerschaft** zu überführen (Rechtsformprivatisierung; dazu unten Rn. 38 ff.).[2]

4   bb) **Abs. 2** führt den vorverfassungsrechtlichen Grundsatz weiter, dass Hochschulen nicht allein staatliche, sondern vor allem auch solche Einrichtungen waren, in denen die Freiheit von Forschung und Lehre in akademischer Selbstverwaltung und staatsunabhängig gedeihen konnte.[3] **Satz 1** bestimmt daher, dass die Hochschulen − obwohl auch staatliche Einrichtungen − das **Recht der Selbstverwaltung** haben. Dabei handelt es sich um ein **grundrechtsähnliches Recht**[4], dessen Verletzung von der Hochschule oder auch von einer Fakultät im Rahmen der Verfassungsbeschwerde nach Art. 120 oder der Popularklage nach Art. 98 S. 4 geltend gemacht werden kann.[5] **Satz 2** postuliert ein **Recht der Studierenden,** in ihren Angelegenheiten an der Selbstverwaltung beteiligt zu werden.

5   cc) Das **Spannungsverhältnis** zwischen Abs. 1 Satz 1 (Errichtung und Verwaltung der Hochschulen durch den Staat) und Abs. 2 (Recht der Hochschulen auf Selbstverwaltung) ist vom Hochschulgesetzgeber im Sinne **praktischer Konkordanz** aufzulösen. Dies ist einfach-rechtlich dadurch geschehen, dass die Hochschulen **zugleich staatliche Einrichtungen** und **Körperschaften des öffentlichen Rechts** mit dem **Recht der Selbstverwaltung** sind (Art. 11, 12 BayHSchG). Der Staat ist Träger der Hochschule, die zugleich Körperschaft ist. Diese **Doppelrechtsnatur** − man spricht auch von „Janusköpfigkeit" − ist bereits in der Humboldtschen Universität in Berlin des Jahres 1811 angelegt[6] und durch Art. 138 **verfassungsrechtlich induziert.** Das Körperschaftsmodell ist zwar als solches nicht zwingend, jedoch in höherem Maße **wissenschaftsadäquat** als etwa ein Stiftungsmodell, das der Rechtsform nach nicht mitgliedschaftlich verfasst ist. Die körperschaftlich geprägte Doppelrechtsnatur ermöglicht es, die staatlichen Aufgaben der Hochschule von den Aufgaben abzuschichten, die in die Selbstverwaltungsgarantie der Hochschulen fallen: Erstere nehmen die Hochschulen als **staatliche Behörden** wahr[7] (mit der Folge, dass entsprechende Rechtsakte dem Staat zuzurechnen sind), Letztere als **Körperschaften des öffentlichen Rechts** (mit der Folge, dass entsprechende Rechtsakte der Körperschaft Hochschule als juristischer Person zugerechnet werden). Daneben gibt es

---

[1] Die Freiheit zur Gründung nichtstaatlicher Hochschulen dürfte bereits aus Art. 108 Alt. 2, 3 selbst folgen, so dass diese Grundrechtsnorm und Art. 138 I 3 zueinander ins Verhältnis praktischer Konkordanz zu setzen sind (dazu unten Rn. 37).

[2] Vgl. dazu auch Art. 16 des Bayerischen Universitätsklinikagesetzes.

[3] Zur Entwicklung s. den instruktiven Überblick bei *Kahl,* Hochschule und Staat, 2004, S. 5 ff.; *Nawiasky,* S. 218: „*Den Hochschulen stand von jeher in mehr oder minder weitem Ausmaß das Recht der Selbstverwaltung zu.*" VerfGH 24, 199 (217): „kraft Herkommens" seien die wissenschaftlichen Hochschulen in Bayern Körperschaften des öffentlichen Rechts mit dem Anspruch auf Sicherung ihres Grundrechts auf Freiheit der Wissenschaft und ihrer Lehre.

[4] Offen gelassen in VerfGH 24, 199 (215) und in Entsch. vom 7. Mai 2008, Vf. 19-VII-06, sub V. 1. b.

[5] Daneben sind Hochschule und Fakultät Träger des Grundrechts aus Art. 108 Alt. 2, 3 (dazu Rn. 42, 43 zu Art. 108).

[6] *Oppermann,* WissR (Beiheft 15), 2005, 1 (2): „*Die Humboldt-Universität war nicht eine Selbstverwirklichung der akademischen Korporation, sondern Veranstaltung des Staates. Die preußisch/deutsche Kultusverwaltung schuf in den Ministerien und in ihren universitären Außenstellen (Kuratoren, Kuratorien, Kanzler) eine effektive Verwaltungsorganisation.*"

[7] VerfGH 24, 199 (217): „*Als Einrichtung des Landes bleiben sie Teil des staatlichen Gefüges*"; vgl. auch VerfGH 17, 30 (37) sowie Entsch. v. 7. Mai 2008 (Fn. 4).

Aufgaben, an deren Erfüllung sowohl der Staat als auch die Hochschulen als Körperschaften zusammenwirken („res mixtae" oder Kondominialverwaltung)[8]; zu einer Typologie der Aufgaben unten Rn. 20 ff.

c) Art. 138 hat **selbständige Bedeutung neben Art. 108,** er ist **organisationsrecht-** 6 **liches Funktionsäquivalent** zu Art. 108, indem er für die Erfüllung der staatlichen Einrichtungs- und Organisationsverpflichtung (Rn. 54 ff. zu Art. 108) spezielle verfassungsrechtliche Direktiven bereithält.

2. Entstehung

Eine speziell die Hochschulen betreffende Bestimmung enthielt die VU 1919 nicht 7 (vgl. aber § 21). Art. 88 III VE und Art. 95 III E sahen das Selbstverwaltungsrecht der Universitäten und die Beteiligung der Studenten daran vor. Im Rahmen der Beratung des Art. 95 E im VA wurde von *Nawiasky* vorgeschlagen, das **Hochschulwesen in einem eigenen Artikel** zu regeln. Dieser Vorschlag wurde angenommen, die endgültige Form enthielt Art. 138 in der ersten Lesung des VA.[9]

3. Verhältnis zum Grundgesetz

Die **Geltung** des Art. 138 wird durch das GG **nicht in Frage gestellt.**[10] Zwar enthält 8 dieses eine Vorschrift über das Hochschulwesen nicht, was indes konsequent ist, da das im GG enthaltene Kompetenzverteilungsschema das Schul- und Hochschulwesen grundsätzlich dem Kompetenzbereich der Länder zugewiesen hat. Das auf der Basis des mit der Föderalismusreform des Jahres 2006 aufgehobenen Art. 75 GG (dazu Rn. 3 zu Art. 108) erlassene **Hochschulrahmengesetz** enthält zwar in § 58 HRG eine Organisationsvorschrift, die jedoch dem körperschaftlichen Doppelrechtsmodell des Art. 138 nicht entgegensteht. Die in Art. 138 II enthaltene Selbstverwaltungsgarantie der Hochschulen entspricht zudem den organisationsrechtlichen Anforderungen, die das BVerfG an eine wissenschaftsadäquate Organisation der Hochschulen stellt (vgl. dazu Rn. 54 ff. zu Art. 108).

II. Einzelkommentierung

1. Der Begriff „Hochschule" im Sinne des Art. 138

Der Begriff „Hochschulen" im Sinne des Art. 138 ist ein **entwicklungsoffener Be-** 9 **griff.** Zwar ging der Verfassungsgeber 1946 von einem bestimmten **vorfindlichen Phänomen** „Hochschulen" aus, nämlich in erster Linie von den Universitäten, jedoch hindert die Verfassung den Gesetzgeber nicht, den **Hochschulbegriff zu konkretisieren.** Der Gesetzgeber hat die Möglichkeit, **neue Hochschultypen** einzuführen (was er z. B. bei den **Fachhochschulen** getan hat[11]), Hochschultypen zu „mischen" **(Gesamthochschulen)** oder einzelne bisher in einer Hochschule vorgesehenen Fachbereiche in eigene Hochschulen umzuwandeln (z. B. Pädagogische Hochschulen, Technische Hochschulen). Zulässig wäre es auch, **Weiterbildungseinrichtungen** als Hochschulen einzurichten (z. B. **Berufsakademien),** zu fordern ist jedoch ein bestimmter wissenschaftlich-didaktischer Anspruch. Keine Hochschulen i. S. d. Art. 138 sind daher die **Volkshochschulen** in herkömmlicher Konzeption.

---

[8] Z. B. das Berufungsverfahren nach Art. 18 BayHSchPG, dazu eingehend *Lindner,* Zum Rechtsstatus der Fakultät, WissR 2007, 254 (274) sowie VerfGH, Entsch. v. 7. Mai 2008 (Fn. 4), sub V. 2.

[9] Prot I, S. 269.

[10] VerfGH 24, 199 (216).

[11] Zum Recht der Fachhochschulen ausführlich *Waldeyer,* in: Hailbronner/Geis (Hg.), Kommentar zum HRG, Bd. II (Stand 2000). Die Gründung von Fachhochschulen geht zurück auf ein Abkommen der Länder der Bundesrepublik zur Vereinheitlichung auf dem Gebiet des Fachhochschulwesens vom 31. 10. 1968. Das HRG galt von Anfang an auch für die Fachhochschulen.

2. Die Errichtung der Hochschulen durch den Staat

10   a) Nach Art. 138 I 1 ist die **Errichtung der Hochschulen Sache des Staates.** Der Staat ist **verpflichtet,** Hochschulen zu errichten. Dieser Pflicht ist er dadurch nachgekommen, dass er die im Jahr 1946 existierenden **Universitäten**[12] fortführte und zwischen 1962 und 1972 fünf weitere Universitäten errichtete.[13] Im Bereich der **Kunst** hat der Freistaat fünf staatliche Hochschulen weitergeführt bzw. neu errichtet.[14] Hinzu kommen derzeit 17 **Fachhochschulen.**[15] Der Zuschnitt und die räumliche Ansiedlung der Hochschulen liegen im Gestaltungsspielraum des Staates. Dabei hat er für ein **regional ausgewogenes und quantitativ hinreichendes Angebot an Hochschulen und Studienplätzen** Sorge zu tragen („Untermaßverbot").

11   b) Die Errichtung einer Hochschule, die wesentliche Änderung ihres Zuschnitts, die Aufhebung sowie die „Verschmelzung" von Hochschulen bedürfen eines **förmlichen Gesetzes** (Art. 77 I).[16] Die einzelne Hochschule genießt **keinen Bestandsschutz,** weder Art. 108 noch Art. 138 schützen die einzelne Hochschule vor Auflösung oder Zusammenschluss mit einer anderen Hochschule (Rn. 57 zu Art. 108; dort auch zum Status der Fakultät). Die Errichtungspflicht des Staates begründet kein Errichtungsmonopol, auch nichtstaatliche Hochschulen sind verfassungsrechtlich zulässig (dazu unten Rn. 37).

3. Die Verwaltung der Hochschulen durch den Staat

12   a) Der Staat hat die Hochschulen nicht nur zu errichten, sondern auch zu **verwalten.** Damit trifft den Staat eine **über den bloßen Errichtungsakt hinausgehende Verantwortung für die Funktionsfähigkeit der Hochschulen.** Unklar ist, was vom Wort „Verwaltung" erfasst ist. Die Verfassungsmaterialien sind dazu unergiebig. Ein Rückgriff auf den klassischen Verwaltungsbegriff im Rahmen der Staatshierarchie (Art. 77 ff.) ist nicht sinnvoll, da die Hochschulen gleichzeitig nach Art. 138 II 1 das Recht der Selbst-

---

[12] Ludwig-Maximilans-Universität München, gegründet im Jahre 1472 zu Ingolstadt, von dort im Jahre 1800 nach Landshut verlegt und 1826 in München angesiedelt; Julius-Maximilians-Universität Würzburg, gegründet 1582; Friedrich-Alexander-Universität Erlangen, gegründet im Jahre 1743 (1961 Angliederung der 1919 gegründeten Hochschule für Wirtschafts- und Sozialwissenschaften in Nürnberg); Technische Hochschule München, gegründet 1868 in München (1970 in Technische Universität München umbenannt).

[13] Universität Regensburg, errichtet durch Gesetz vom 18. 7. 1962 (GVBl S. 127); Universität Augsburg, errichtet durch Gesetz vom 18. 12. 1969 (GVBl S. 398); Universität Bayreuth, errichtet durch Gesetz vom 23. 12. 1971 (GVBl S. 472); Universität Bamberg, errichtet – zunächst als Gesamthochschule – durch Gesetz vom 25. 7. 1972 (GVBl S. 296); Universität Passau, errichtet durch Gesetz vom 22. 12. 1972 (GVBl S. 470).

[14] Akademie der Bildenden Künste in München (bestehend seit 1808); Akademie der Bildenden Künste in Nürnberg (bestehend seit 1662); Hochschule für Musik in München (bestehend seit 1830); Hochschule für Musik in Würzburg (errichtet durch Verordnung vom 3. 8. 1973 [GVBl. S. 452] als Nachfolgerin der dortigen Fachakademie für Musik); Staatliche Hochschule für Fernsehen und Film (errichtet durch Verordnung vom 19. 7. 1966, GVBl S. 242). Hinzu kommt die mit Gesetz vom 6. Mai 2008 errichtete Hochschule für Musik in Nürnberg (GVBl S. 156).

[15] Die Fachhochschulen Augsburg, Coburg, München, Nürnberg, Regensburg, Rosenheim, Weihenstephan, Würzburg-Schweinfurt wurden mit dem Inkrafttreten des Fachhochschulgesetzes vom 27. 10. 1970 am 1. 8. 1971 errichtet (GVBl S. 481). Durch Gesetz vom 27. 6. 1977 (GVBl S. 329) wurden die Fachhochschulen Kempten und Landshut errichtet, durch Gesetz vom 28. 4. 1994 (GVBl S. 292) die Fachhochschulen Amberg-Weiden, Deggendorf, Hof und Ingolstadt. Durch Gesetz vom 24. 7. 1998 (GVBl S. 441) wurde die bisherige Abteilung Neu-Ulm der Fachhochschule Kempten-Neu-Ulm in die selbständige Fachhochschule Neu-Ulm umgewandelt. Durch Gesetz vom 26. 4. 1996 (GVBl S. 154) wurde die Fachhochschule Ansbach errichtet. Zuletzt wurde durch Gesetz vom 25. 7. 2000 (GVBl S. 479) die bisherige Abteilung Aschaffenburg der Fachhochschule Würzburg-Schweinfurt-Aschaffenburg in die selbständige Fachhochschule Aschaffenburg umgewandelt.

[16] VerfGH 24, 199 (217). Für Änderungen im Bereich der Fakultäten genügt eine Rechtsverordnung nach Art. 19 III 3 BayHSchG.

verwaltung haben. Der Umfang der Staatstätigkeit, die mit „Verwaltung" der Hochschulen gemeint ist, liegt also zwischen der bloßen Untätigkeit des Staates und der Führung der Hochschulen als reine Staatseinrichtungen. Vor dem Hintergrund des Selbstverwaltungsrechts der Hochschulen wird man unter „Verwaltung" durch den Staat all diejenigen Maßnahmen verstehen müssen, die für die **Funktionsfähigkeit der Hochschulen notwendig sind und nicht ohne Weiteres durch die Selbstverwaltung sichergestellt werden können.** Dazu gehören die **Finanzierung,** insbesondere die **Ausstattung** mit **Mitteln und Stellen,** die Zuweisung und Bewirtschaftung von **Grundstücken, Gebäuden, Einrichtungsgegenständen, Forschungsgeräten** etc. Hinzu kommen Maßnahmen, die die **hochschulübergreifende Entwicklungsplanung** sowie die Sicherstellung eines **flächendeckenden Angebotes an Studienplätzen, Studienfächern und Ausbildungsrichtungen** ermöglichen (z. B. die Studiengangstruktur, die überörtliche Bibliotheks- und Rechenzentrumskooperation, Ermittlung von Ausbildungskapazitäten, Festsetzung von Zulassungszahlen und Vergabe von Studienplätzen).[17]

b) Bei der Bestimmung dessen, was Angelegenheiten der staatlichen Verwaltung der **13** Hochschulen sind, hat der Gesetzgeber einen **Einschätzungs- und Gestaltungsspielraum.** Staatliche Angelegenheiten sind dort vorzusehen, wo die Hochschule durch Selbstverwaltung ihre Aufgaben nicht hinreichend erfüllen kann bzw. wo eine landesweite Regelung zugunsten der Funktionsfähigkeit der Hochschulen und der Sicherstellung eines ausreichenden Lehr- und Studienangebots notwendig erscheint. Dabei hat der Gesetzgeber auch die Möglichkeit, eine bestimmte Aufgabe sowohl als Aufgabe der staatlichen Verwaltung als auch der Selbstverwaltung anzusehen (sog. **res mixtae,** dazu unten Rn. 24).[18] Bei der Bestimmung staatlicher Angelegenheiten ist stets darauf Bedacht zu nehmen, dass das Selbstverwaltungsrecht der Hochschulen in hinreichendem Maß geachtet wird (dazu sogleich Rn. 14 ff.).

4. Die Selbstverwaltung der Hochschulen

a) Art. 138 II 1 hat zunächst eine **organisationsrechtliche Dimension** im Hinblick **14** auf die Rechtsform der Hochschulen: Der Staat hat den Hochschulen neben ihrer Eigenschaft als staatliche Einrichtungen einen Rechtsstatus beizumessen, innerhalb dessen sie ihr Selbstverwaltungsrecht wahrnehmen können. Adäquate Rechtsform dafür ist der **Körperschaftsstatus,** wie er seit jeher und auch in Art. 11, 12 BayHSchG vorgesehen ist. Danach sind die Hochschulen **sowohl staatliche Einrichtungen als auch Körperschaften des öffentlichen Rechts.** Bei der Zuweisung einer adäquaten Rechtsform ist der Gesetzgeber allerdings nicht auf den Körperschaftsstatus beschränkt, er könnte die Hochschule – neben ihrer Eigenschaft als staatliche Behörde – in der Gestalt einer **Anstalt** oder **Stiftung des öffentlichen Rechts** konstituieren.[19]

b) Zur **inhaltlichen Reichweite** des Rechts auf Selbstverwaltung der Hochschulen: **15** Dieses ist nach der ständigen Rechtsprechung des VerfGH[20] **nicht unbeschränkt** gewähr-

---

[17] Vgl. Art. 12 III BayHSchG zu den „staatlichen Angelegenheiten".

[18] Vgl. z. B. Art. 14 BayHSchG, der die Hochschulentwicklungsplanung als gemeinsame Aufgabe von Staat und Hochschule bezeichnet.

[19] Dabei ist indes zu berücksichtigen, dass weder die Anstalt noch die Stiftung des öffentlichen Rechts mitgliedschaftlich organisiert sind. Anstalt und Stiftung müssten vom Gesetzgeber also so ausgestaltet werden, dass in ihnen organisationsrechtlich auf freie Wissenschaft und Lehre fokussierte Selbstbestimmung realisiert werden kann. Vgl. dazu §§ 100 a ff. des Hessischen Hochschulgesetzes, wodurch die Universität Frankfurt von einer Körperschaft in eine Stiftung umgewandelt wird. Anders ist die Konstruktion der Niedersächsischen Stiftungsuniversität nach §§ 55 ff. des Niedersächsischen Hochschulgesetzes: Dort wird die Hochschule, die Körperschaft bleibt, in die Trägerschaft einer Stiftung überführt, die die staatlichen Angelegenheiten übernimmt. Der Staat ist auf eine Rechtsaufsicht über die Stiftung beschränkt, die ihrerseits die Rechtsaufsicht über die Hochschule führt. Vgl. dazu – kritisch insbesondere im Hinblick auf das Demokratieprinzip – *Löwer,* WissR (Beiheft 15), 2005, 69. Dazu auch unten Rn. 38 ff.

[20] VerfGH 17, 30 (37); 24, 1 (18); 24, 199 (217); 50, 129 (146); Entsch. v. 7. Mai 2008 (Fn. 4), sub V. 1. b.

leistet, sondern von vorneherein lediglich ein **partikulares Recht,** da nach Art. 138 I die Verwaltung der Hochschulen eben auch Sache des Staates ist.[21] Art. 138 II 1 verbürgt – anders als Art. 11 II für die Gemeinden – keinen bestimmten überkommen Kanon an ursprünglichen Selbstverwaltungsfunktionen im Sinne einer Unabänderlichkeit, sondern stellt eine grundrechtsähnlich verbürgte, **institutionelle Garantie** zugunsten der Selbstverwaltung der Hochschulen als solcher dar. Wie bei anderen institutionellen Garantien auch hat der Gesetzgeber einen **weiten Ausgestaltungsspielraum.** Dieser finde seine Grenzen erst – so der VerfGH – am **Kernbereich der Selbstverwaltungsgarantie.**[22] Zur näheren Konturierung der Selbstverwaltungsgarantie der Hochschulen und deren Verhältnis zur Verwaltung der Hochschulen durch den Staat ist zwischen einer **vertikalen** (Rn. 16 ff.) und einer **horizontalen** (Rn. 27 ff.) **Dimension der Selbstverwaltungsgarantie** zu unterscheiden[23]:

16   c) Die **vertikale Dimension** der Selbstverwaltungsgarantie, die Art. 138 II 1 in historischer Interpretation vor allem im Blick hat[24], betrifft das **Verhältnis von Hochschulen als Selbstverwaltungskörperschaften zum Staat.**

17   aa) Der Verfassungsgeber ging davon aus, dass gerade im Hinblick auf die **Gleichschaltung der Hochschulen in der Zeit des Nationalsozialismus**[25] den Hochschulen in **akademischen Angelegenheiten** ein Selbstverwaltungsrecht (wieder) eingeräumt werden müsse, das ihnen Schutz vor staatlicher Einflussnahme auf die Wissenschaft und Lehre verbürge. Insofern dient Art. 138 II 1 als spezifische verfassungsrechtliche Organisationsdirektive der Realisierung der Freiheit von Wissenschaft und Lehre, die ihrerseits in Art. 108 Alt. 2, 3 geschützt ist. Die Bestimmung des **Gegenstandsbereichs des Selbstverwaltungsrechts** der Hochschulen gegenüber dem Staat muss sich daher an **Art. 108 orientieren.**[26] So ist auch die ständige Rechtsprechung des VerfGH zu verstehen, der Art. 138 II 1 auf die **Selbstverwaltung** in **akademischen Angelegenheiten** beschränkt: Die den Hochschulen kraft des in Art. 138 II gewährleisteten Selbstverwaltungsrechts zustehende Satzungsgewalt beschränke sich auf die Pflege der Freiheit von Wissenschaft, Forschung und Lehre, wie sie durch Art. 5 III GG, Art. 108 garantiert sei.[27]

18   bb) Selbst in akademischen Angelegenheiten anerkennt der VerfGH **kein unbeschränktes Recht der Hochschulen auf Selbstverwaltung.**[28] Im Rechtsverhältnis zwischen Staat und der Hochschule als Körperschaft sei die Selbstverwaltungsgarantie der Hochschulen erst dann verletzt, wenn den Hochschulen der **Kernbereich akademischer Selbstverwaltung** eigenverantwortlicher Entscheidung entzogen werde.

19   cc) Diese **apriorische Schutzbereichsverengung** der Selbstverwaltungsgarantie **im Verhältnis zum Staat auf einen Kernbereich** ist **nicht überzeugend.** Vielmehr könnte – ähnlich wie in der Grundrechtsdogmatik (dazu Rn. 30 ff. vor Art. 98) – im Bereich der

---

[21] *Meder,* Art. 138 Rn. 8.

[22] Der VerfGH hat ausdrücklich festgestellt, dass das Selbstverwaltungsrecht lediglich in seinem „Kernbereich" nicht angetastet werden dürfe: VerfGH 50, 129 (146); Entsch. v. 7. Mai 2008 (Fn. 4), sub V. 1. b.; *Meder,* Art. 138 Rn. 8.

[23] Diese Unterscheidung ist auch angelegt in VerfGH 24, 199 (219); ausdrücklich jetzt VerfGH, Entsch. v. 7. Mai 2008 (Fn. 4), sub V. 1. b.

[24] *Nawiasky,* S. 218.

[25] Dazu *Kahl,* Hochschule und Staat, 2004, S. 56 ff.

[26] Dies ergibt sich auch aus der Entstehungsgeschichte des Art. 138, vgl. *Nawiasky,* Prot. IV, S. 361 ff., der den Begriff „Selbstverwaltung" der Hochschule im Hinblick auf seine selbstverständliche Tradition interpretiert, nämlich im Sinne der Tradition der Selbstverwaltung in akademischen Angelegenheiten: *„Der Begriff Selbstverwaltung der Hochschule beruht auf einer ganz festen Tradition. Jeder, der mit dem Hochschulwesen etwas zu tun hat, weiß genau, was gemeint ist."* So ebenfalls *Nawiasky,* S. 218: Recht der Selbstverwaltung als „Verwirklichung des Grundsatzes der Freiheit der Wissenschaft und ihrer Lehre (Art. 108 BV)." Vgl. dazu auch *Kahl,* Hochschule und Staat, 2004, S. 64.

[27] VerfGH 24, 1 (18); der Sache nach auch VerfGH 24, 199 (217); 50, 129 (146); Entsch. v. 7. Mai 2008 (Fn. 4), sub V. 1. b. aa.

[28] VerfGH 24, 199 (217); 50, 129 (146).

akademischen Angelegenheiten (im weiteren Sinne) von einem **Regel-Ausnahme-Verhältnis zu Gunsten der Selbstverwaltung der Hochschule** ausgegangen werden: Jede Angelegenheit jedenfalls mit unmittelbarem[29] oder erheblichem mittelbaren Bezug zu Wissenschaft und Lehre fällt grundsätzlich in den Bereich der Selbstverwaltung der Hochschulen, in dem der Staat auf die Rechtsaufsicht beschränkt ist. Jede Einschränkung (in Gestalt der Zuweisung einer Angelegenheit zu den staatlichen Aufgaben, einer Mitwirkung/Mitentscheidung des Staates oder einer inhaltlichen Vorgabe für die Wahrnehmung einer Angelegenheit) stellt die **Ausnahme** dar und ist rechtfertigungsbedürftig. Verfassungsrechtlich tragfähige **Rechtfertigungsgründe** können z. B. sein: die Gewährleistung der **Funktionsfähigkeit der Hochschulen** sowie die **Sicherstellung eines (inhaltlich und regional) ausgewogenen Studien- und Studienplatzangebots.** Die Erwägungen, die im Rahmen der Bestimmung der Aktivitäten des Staates zur „Verwaltung" der Hochschule angestellt wurden (oben Rn. 12), dienen zugleich als verfassungsrechtlich legitime Zwecke zur Beschränkung der Selbstverwaltungsgarantie der Hochschulen. Diese Beschränkung unterliegt ihrerseits der „Schranken-Schranke" (dazu Rn. 67 ff. vor Art. 98) des **Verhältnismäßigkeitsgrundsatzes,** d. h. sie muss geeignet und erforderlich sein, den mit dem staatlichen Verwaltungsvorbehalt verfolgten Zweck zu erreichen, und die Verhältnismäßigkeit im engeren Sinn muss gewahrt sein.

dd) Insgesamt lässt sich eine **fünffache Typologie** von Hochschulangelegenheiten im   **20** Hinblick auf deren staatliche und/oder selbstverwaltungsmäßige Zuordnung entwickeln:

(1) Der **Kernbereich akademischer Angelegenheiten** genießt den **vollen Schutz**   **21** **der Selbstverwaltungsgarantie** des Art. 138 II 1. Der Staat ist auf eine **Rechtsaufsicht** beschränkt (vgl. Art. 12 II i.V. m. Art. 74 I BayHSchG). **Eingriffe** des Staates in den Kernbereich akademischer Angelegenheiten (etwa durch Mitwirkungsrechte des Staates, Genehmigungsvorbehalte oder materiell-inhaltliche Steuerungsvorgaben) sind zwar nicht verfassungsrechtlich ausgeschlossen, sie bedürfen jedoch der gesetzlichen Grundlage[30] und der **verfassungsrechtlichen Rechtfertigung**[31] (nach Maßgabe von oben Rn. 19). Der **Kernbereich** akademischer Angelegenheiten lässt sich **nicht abschließend definieren,** er umfasst aber jedenfalls den Bereich, der sich **im Laufe der geschichtlichen Entwicklung als unerlässlich für eine freie Betätigung der Universitäten und Fakultäten in Wissenschaft und Lehre** herausgebildet hat.

Dazu gehören im Bereich der Universitäten: die Verleihung akademischer Grade, Wür-   **22** den und Ehrungen, die Heranbildung des wissenschaftlichen Nachwuchses (durch Promotion und Habilitation), damit verbunden die Festlegung der Voraussetzungen und des Verfahrens von Promotion und Habilitation nebst des Erlasses von Studien-, Promotions- und Habilitationsordnungen, das akademische Unterrichts- und Prüfungswesen (nicht dagegen die Mitwirkung an Staatsexamina), die Mitwirkung bei den Berufungsentscheidungen (insbesondere durch die Aufstellung von Berufungsvorschlägen), die wissenschaftsbezogene Öffentlichkeitsarbeit der Hochschulen sowie sämtliche Aktivitäten, die in unmittelbarem Zusammenhang mit der Wissenschaft und Lehre stehen.[32] In all diesen Bereichen können die Hochschulen kraft **Satzungsautonomie** Satzungen erlassen (zur Satzungsautonomie im Organisationsbereich s. Rn. 59 zu Art. 108; s. ferner Rn. 89 zu Art. 55).

(2) Vom Kernbereich der akademischen Angelegenheiten zu unterscheiden sind solche   **23** Angelegenheiten, die der Staat den Hochschulen **zur Erfüllung im Rahmen der Selbstverwaltung überträgt.** Auch diese **übertragenen Körperschaftsangelegenheiten** fal-

---

[29] Zur Kategorie der unmittelbar wissenschaftsrelevanten Angelegenheiten s. BVerfG, DVBl. 2001, 1138.

[30] VerfGH 24, 199 (225).

[31] Vgl. dazu die Entscheidung des BerlVerfGH vom 1. 11. 2004 (Az. 210/03), Juris, Rn. 56 ff.: Staatliche Vorschriften, die den Zugang und die Gestaltung der Promotion betreffen, sind nur zulässig, wenn sie zum Schutz **kollidierender verfassungsmäßiger Güter** erforderlich sind.

[32] Vgl. dazu auch *Geis,* in: Hailbronner/Geis (Hg.), Kommentar zum Hochschulrahmengesetz, § 58 Rn. 50 ff.

len unter den Schutz des Art. 138 II. Die Eingriffsmöglichkeiten des Staates sind aber weiter als beim akademischen Kernbereich (dazu soeben Rn. 21 f.). Der Staat kann die übertragene Angelegenheit wieder an sich ziehen oder inhaltlich modifizieren, ohne das Selbstverwaltungsrecht der Hochschulen zu verletzen. Soweit die übertragene Angelegenheit indes übertragen ist, hat sich der Staat auf eine Rechtsaufsicht zu beschränken.[33]

24   (3) Eine dritte Gruppe von Angelegenheiten bilden die sog. **„res mixtae":** Diese sind dadurch gekennzeichnet, dass sie **sowohl von den Hochschulen als Selbstverwaltungsangelegenheit als auch vom Staat** (durch das zuständige Staatsministerium oder durch die Hochschule als *staatliche* Einrichtung) wahrgenommen werden. Soweit sich der Staat die Mitwirkung an einer solchen Angelegenheit vorbehält, muss er dafür verfassungsrechtlich tragfähige Gründe anführen können (dazu oben Rn. 19). Hinsichtlich des körperschaftlichen „Anteils" der Maßnahme gilt Art. 138 II 1, so dass der Staat insoweit auf die Rechtsaufsicht beschränkt ist. Hinsichtlich des staatlichen „Anteils" der Maßnahme handelt der Staat entweder durch die Aufsichtsbehörde (also das Staatsministerium) oder die Hochschule selbst handelt als staatliche Behörde (die insoweit dann dem fachlichen Weisungsrecht des Staatsministeriums unterliegt).[34]

25   (4) Von den res mixtae zu unterscheiden sind solche Angelegenheiten, die zwar einen Bezug zu Forschung und Lehre haben, über die jedoch der **Staat abschließend entscheidet.** Dieser vollständige oder überwiegende Entzug aus der akademischen Selbstverwaltung bedarf der verfassungsrechtlichen Rechtfertigung (Rn. 19).[35]

---

[33] Beispiel: Nach Art. 71 I BayHSchG hat der Staat den Hochschulen die Aufgabe übertragen, Studienbeiträge „als Körperschaftsangelegenheit" zu erheben. In den in Art. 71 BayHSchG vorgegebenen Regelungsmodalitäten liegt kein Eingriff in das Selbstverwaltungsrecht der Hochschulen nach Art. 138 II 1, da es sich nicht um eine („eigene") Angelegenheit des Kernbereichs handelt. Wollte der Staat die Studienbeiträge wieder abschaffen, könnte er dies daher ebenfalls ohne Verletzung der Selbstverwaltungsgarantie tun. Die Finanzierungsmodalitäten sind nicht Kernbereich von Forschung und Lehre.

[34] Vgl. dazu sowie zur Unterscheidung zwischen „echten" und „unechten" res mixtae im Bayerischen Hochschulgesetz: *Lindner,* Hochschulrecht in Bayern, in: Hailbronner/Geis (Hg.), Kommentar zum HRG, 2008 (i. E.); Beispiele: (1) Das Verfahren der **Berufung von Professoren** nach Art. 18 BayHSchPG fällt insoweit in die Selbstverwaltungsgarantie der Hochschulen, als diese (in Gestalt der Fakultäten) einen Anspruch auf sachgerechte Auswahl des künftigen Wissenschaftlers und damit eine sich in einem Vorschlagsrecht verwirklichende Einschätzungsprärogative haben. Andererseits ist das Berufungsverfahren eine staatliche Angelegenheit, da der Staat – jedenfalls in Bayern – den Ruf erteilt und dabei an Art. 33 II GG, Art. 116 gebunden ist, dazu Rn. 57 (dort: Fn. 97) zu Art. 108 sowie *Lindner,* Zum Rechtsstatus der Fakultät, WissR 2007, 254 (274 ff.); VerfGH, Entsch. v. 7. Mai 2008 (Fn. 4), sub V. 2. (2) Ein weiteres Beispiel ist die **Hochschulentwicklungsplanung** nach Art. 14 I 1 BayHSchG: *„Die Hochschulentwicklungsplanung ist eine gemeinsame Aufgabe von Staat und Hochschulen; sie dient der Sicherstellung eines überregional abgestimmten Angebots an Hochschuleinrichtungen und Studienangeboten."* Die Hochschulentwicklungsplanung als solche ist zwar als wissenschaftsnahe Angelegenheit grundsätzlich Selbstverwaltungsangelegenheit, der Staat hat jedoch verfassungsrechtlich legitime Gründe, an der Hochschulentwicklungsplanung mitzuwirken (landesweiter Sicherstellungsauftrag). Insofern ist der Eingriff des Staates in die Selbstverwaltungsgarantie der Hochschulen gerechtfertigt. Die hochschulinterne Willensbildung bezüglich der Hochschulentwicklungsplanung unterliegt der Selbstverwaltungsgarantie des Art. 138 II 1. Der von der Hochschule aufzustellende Entwicklungsplan bedarf der Zustimmung des Staatsministeriums. (3) Zur Studiengangstruktur s. auch die nachfolgende Fn.

[35] Beispiele: (1) Die **Gliederung der Hochschule in Fakultäten** ist nach Art. 12 III Nr. 3, 19 III 3 BayHSchG Sache des Staates. Sie erfolgt durch Rechtsverordnung des Staatsministeriums. Dabei ist lediglich das Benehmen mit der Hochschule herzustellen, jedoch kein Einvernehmen oder eine Zustimmung seitens der Hochschule als Selbstverwaltungskörperschaft erforderlich. Dies bedeutet, dass der Staat ohne Zustimmung der Hochschule Fakultäten neu einrichten, schließen oder mehrere Fakultäten zu einer Fakultät verschmelzen kann. Dafür muss er allerdings vor der Wissenschaftsfreiheit tragfähige Gründe benennen, z. B. die Sicherstellung eines bestimmten Studienangebotes, die Bündelung von Ressourcen etc. (dazu Rn. 57 zu Art. 108 sowie *Lindner,* Zum Rechtsstatus der Fakultät, WissR 2007, 254 [269 ff.]). (2) Weiteres Beispiel ist die **Studiengangstruktur** nach Art. 12 III Nr. 3 BayHSchG. Nach Art. 57 III BayHSchG bedarf die Errichtung, wesentliche Änderung oder Aufhebung eines Studiengangs des Einvernehmens mit dem Staatsministerium. Die Hochschule kann also

(5) Letzte Fallgruppe sind die **staatlichen Aufgaben ohne Bezug zu Wissenschaft** 26
und Lehre. Hier ist die Hochschule von vornherein nicht im Selbstverwaltungsrecht be-
rührt, sie unterliegt der Rechtsaufsicht sowie den fachlichen Weisungen des zuständigen
Staatsministeriums. Hierher gehören etwa die Verwaltung der den Hochschulen zur
Verfügung gestellten staatlichen Liegenschaften, die Personalverwaltung, der technische
Vollzug des Haushalts, die Beteiligung der Hochschulen an der Durchführung staatlicher
Prüfungen, der Hochschulzugang[36] und die Hochschulzulassung[37] (Immatrikulation, Ex-
matrikulation). Aus Art. 138 II folgt weder eine Finanz- noch eine Personalhoheit der
Hochschule. Körperschaftsvermögen können Hochschulen allerdings haben (vgl. Art. 73
BayHSchG).

d) Die **horizontale Dimension** der Selbstverwaltungsgarantie betrifft die **Binnen-** 27
organisation der Hochschulen.

aa) Zwar hat Art. 138 II 1 seinen Bedeutungsschwerpunkt im vertikalen Verhältnis Staat 28
– Hochschulen im Sinne einer Sicherung eines Kernbestandes akademischer Angelegenheiten vor dem inhaltlichen Zugriff des Staates (dazu oben Rn. 16 ff.), er entfaltet darüber
hinaus jedoch auch eine **Direktionswirkung für die horizontale Gestaltung der**
Hochschulorganisation, also für die Aufgabenverteilung und Organbildung innerhalb
der Hochschule selbst. Der Gesetzgeber kann die Hochschulorganisation zwar nach
seinem politischen Gestaltungsspielraum und nach Maßgabe seiner Einschätzungsprä-
gative gestalten (dazu Rn. 54 ff. zu Art. 108), dabei darf er aber keine solchen Organisationsstrukturen wählen, die die **Selbst**verwaltung der Hochschule im Kernbereich akademischer Angelegenheiten in Frage stellt.

bb) Art. 138 II 1 zieht dem Gesetzgeber dabei zwei **Grenzen:** 29
(1) Zum einen dürfen die Organe der Hochschule nicht in einer Weise mit staatlich be- 30
stellten oder sonst hochschulexternen Entscheidungsträgern besetzt sein, dass der Staat
oder Externe durch diese Organe auch in den akademischen Angelegenheiten faktisch
oder gar rechtlich den Ausschlag geben.

(2) Zweitens ist eine **wissenschaftsadäquate Besetzung der Gremien** notwen- 31
dig, die über die Angelegenheiten entscheiden, die im Verhältnis zum Staat als akademische Selbstverwaltungsangelegenheiten bezeichnet wurden (dazu oben Rn. 22 sowie
Rn. 62 ff. zu Art. 108, zu Senat und Fakultätsrat).

cc) Der Gesetzgeber muss bei der Ausgestaltung der Hochschulorganisation **nicht nur** 32
die Angelegenheiten der akademischen Selbstverwaltung im Blick haben, sondern
zusätzlich berücksichtigen, dass die Hochschulen heute darüber hinausgehend **weitere**
Aufgaben zu erfüllen haben. Neben[38] den in Art. 12 III BayHSchG genannten staatlichen

---

nicht ohne Zustimmung des Staatsministeriums die Studiengangstruktur ändern (allerdings ließe sich
im Hinblick auf die gesetzliche Konzeption auch von einer „res mixta" sprechen). Die Abgrenzung zwischen den Aufgabentypen (3) und (4) ist also nicht stets trennscharf zu bewerkstelligen.

[36] Auch hier sind „res-mixtae"-Varianten denkbar: z.B. Art. 44 V BayHSchG, der zusätzlich zu
den staatlich festgelegten Hochschulzugangsvoraussetzungen die Hochschulen ermächtigt, durch Satzung spezielle Eignungsfeststellungsverfahren durchzuführen.

[37] VerfGH 24, 1 (18).

[38] Nach Art. 2 IV BayHSchG fördern die Hochschulen die internationale Zusammenarbeit, den
Austausch mit ausländischen Hochschulen, sie haben die Aufgabe, nach Art. 2 V BayHSchG den Wis-
sens- und Technologietransfer zu begleiten, also an der Schnittstelle von Forschung und wirtschaftlicher Verwertung von Forschungsergebnissen mitzuwirken, sie haben nach Art. 7 BayHSchG die Aufgabe, Forschungsvorhaben und Forschungsschwerpunkte mit anderen Hochschulen zu koordinieren
und Forschungsvorhaben und Forschungsschwerpunkte gegenseitig abzustimmen und dabei mit
anderen Forschungseinrichtungen sowie mit Einrichtungen der überregionalen Forschungsplanung
und Forschungsförderung zusammenzuarbeiten. Angesichts des hohen Finanzbedarfs, der für eine
qualitativ hochwertige und international konkurrenzfähige Forschung insbesondere im Bereich der
Lebens- und Technikwissenschaften notwendig ist, ist es unabdingbar, dass die Hochschulen zusätzlich zu den staatlichen Mitteln Drittmittel generieren, von öffentlichen Forschungsorganisationen
ebenso wie von privaten (vgl. Art. 8 ff. BayHSchG).

Aufgaben gehört dazu insbesondere die Organisation von Forschung in einer komplexen, finanzaufwendigen und international vernetzten Forschungswirklichkeit.[39] Die jeweilige Fachkompetenz muss schon wegen der immensen Kosten, die sich teilweise im mehrstelligen Millionenbereich bewegen, mit Fragen des **Wissenschaftsmanagements** verbunden werden. Die organisatorische Vernetzung und ökonomische Begleitung von Forschungsprojekten zielt nicht auf die Beschränkung von Forschung, sondern macht sie vielfach überhaupt erst möglich.[40] Eine frühzeitige **Einbindung eines über die jeweiligen Fächergrenzen hinausgehenden externen Sachverstands** ist für eine selbstverantwortliche Erfüllung der Forschungsaufgaben unverzichtbar. Dies gilt auch unter dem **Aspekt der gesellschaftlichen Akzeptanz forschungspolitisch umstrittener Entscheidungen.**

33   dd) Der durch die skizzierte Veränderung des Aufgabenspektrums der Hochschulen notwendig werdenden oder sinnvoll erscheinenden Veränderung auch organisatorischer Strukturen muss der Gesetzgeber Rechnung tragen können.[41] Die Integration hochschulexterner Mitglieder aus verschiedenen gesellschaftlichen Bereichen in die Gremien der Hochschule ermöglicht es dieser, solche Entscheidungen auf der erforderlichen Grundlage in eigener Verantwortung treffen zu können (zum hälftig extern besetzten Hochschulrat s. Art. 26 BayHSchG und Rn. 68 zu Art. 108).

34   ee) Der Gesetzgeber hat die Hochschulorganisation folglich so auszugestalten, dass **allen Aufgaben hinreichend Rechnung getragen** werden kann, der Erfüllung der klassischen akademischen Angelegenheiten ebenso wie der Erfüllung der weiteren staatlichen oder übertragenen Angelegenheiten.[42] Dabei ist sicherzustellen, dass im Kernbereich der akademischen Angelegenheiten die Organe und Zuständigkeiten so geregelt sind, dass dem Gedanken der Sicherung der Freiheit von Forschung und Lehre (Art. 108) durch Selbstverwaltung der Grundrechtsträger hinreichend Genüge getan wird. Die Organe, die im Kernbereich der akademischen Angelegenheiten zu befinden haben, müssen grundsätzlich mit einer **Mehrheit von Hochschullehrerinnen und Hochschullehrern** besetzt sein (dazu Rn. 65 ff. zu Art. 108). Notwendig ist indes nicht, dass *alle* Organe und Entscheidungsträger in einer Hochschule mehrheitlich mit Professoren besetzt werden müssten. Vielmehr sind bei Organen, denen Leitungs-, Planungs- und Entwicklungsaufgaben außerhalb des Kernbereichs der akademischen Angelegenheiten zugewiesen sind, andere Zusammensetzungen verfassungsrechtlich zulässig. Dies gilt für die Hochschulleitung, die Erweiterte Hochschulleitung und auch für den Hochschulrat, denen in erster Linie Planungs-, Steuerungs-, Kontroll- und Entwicklungsaufgaben obliegen. Bei solchen Organen ist es sachgerecht und verfassungsrechtlich zulässig, auch externen Mitgliedern Sitz und Stimme zu geben.

---

[39] So auch VerfGH, Entsch. v. 7. Mai 2008 (Fn. 4), sub V. 1. b. bb. Das traditionelle Bild einer akademischen Gelehrtengemeinschaft, die in relativer Abgeschiedenheit ihren Forschungen nachgehen kann und sich weitgehend selbst überlassen ist, entspricht nicht mehr durchweg der Realität. Mit einer komplexer werdenden Forschungsstruktur geht eine Vielzahl von internen und externen Anforderungen einher. In einem globalen Wettbewerb um erstklassige Wissenschaftler und knappe Ressourcen setzen häufig erst die Zusammenarbeit über Fakultätsgrenzen hinweg, die Einbindung von externen Partnern anderer Forschungseinrichtungen und auch der Wirtschaft die Hochschulen in den Stand, aufwändige Forschungsprojekte durchzuführen.

[40] In Gremien der Max-Planck-Gesellschaft oder der Helmholtz-Gemeinschaft ist daher die Vertretung externer Mitglieder aus der Wirtschaft, anderer Institute und Forschungsorganisationen üblich.

[41] *Wissenschaftsrat,* Thesen zur zukünftigen Entwicklung des Wissenschaftssystems in Deutschland, 2000, S. 64 ff.: Eine zeitgemäße Erneuerung der Einheit von Forschung und Lehre könnten die Universitäten nur dann erreichen, wenn es ihnen gelänge, neben ihrer Funktion als Stätten hervorragender Forschung und Lehre zugleich auch die Funktion als Organisationszentren der Wissenschaft zu übernehmen. Dazu müssten sie einen Teil der institutionellen Differenzierung, die sich außerhalb ihrer Mauern ereignet habe, intern nachvollziehen können. Um dies zu ermöglichen, sollen im Hochschulrat auch Persönlichkeiten außerhalb dieser „Mauern" Gehör finden und Stimme haben.

[42] So auch *Groß,* Wissenschaftsadäquates Wissenschaftsrecht, WissR 2002, 313 (316).

e) Nach Art. 138 II 1 sind die **Studierenden an der Selbstverwaltung der Hoch-** 35
schule zu beteiligen, soweit es sich um **ihre Angelegenheiten** handelt. Das Mitbestimmungsrecht der Studierenden ist nicht auf alle Angelegenheiten der Hochschule bezogen, sondern nur auf die Angelegenheiten, die unmittelbar die Studierenden betreffen.[43] Was darunter zu verstehen ist, ergibt sich aus der Verfassung nicht; auch die Entstehungsgeschichte gibt insoweit keinen Aufschluss. Nach Auffassung des VerfGH[44] gehören dazu die Fürsorge für die Studierenden, die Gewährung von Stipendien sowie die Studierendenberatung. Nicht dazu gehört die Festsetzung der Prüfungsbedingungen.[45] Der Gesetzgeber hat im Hinblick auf die Ausgestaltung der Beteiligung der Studierenden einen **weiten Einschätzungsspielraum.** Er muss den Studierenden aber jedenfalls ein **hinreichendes Maß an Mitwirkungsmöglichkeiten** in den Entscheidungsgremien einräumen. Eine **verfasste Studierendenschaft**[46] in dem Sinn, dass alle Studierenden zwangsweise deren Mitglied wären, muss der Gesetzgeber nicht einführen.[47] Er wäre daran aber auch nicht gehindert.[48] Der Gesetzgeber könnte die Ausgestaltung der Mitwirkung der Studierenden auch der eigenverantwortlichen Entscheidung der Hochschule im Rahmen der **Grundordnung** überantworten. Zur Funktionsfähigkeit der Studierendenvertretung sind den Studierenden entsprechende **Finanzmittel** zur Verfügung zu stellen (vgl. Art. 53 BayHSchG).

5. Ausnahme 1: Die kirchlichen Hochschulen (Art. 150 I)

Art. 138 I 2 stellt klar, dass die **kirchlichen Hochschulen nach Art. 150 I** nicht der 36
Errichtung und Verwaltung des Staates unterliegen und daher auch keiner staatlichen Genehmigung oder Anerkennung bedürfen (insoweit ist allein das kirchliche Selbstbestimmungsrecht maßgeblich). Dies gilt nur für solche kirchlichen Hochschulen, die **allein den Zweck** haben, **Geistliche auszubilden und fortzubilden.**[49] Nicht unter Satz 2 fallen solche Hochschulen, die von der Kirche getragen werden, aber über die Priesterausbildung hinausgehende Funktion haben. Diese fallen unter Art. 138 I 3.[50]

---

[43] VerfGH 24, 199 (221).

[44] VerfGH 8, 38 (46); vgl. auch *Meder,* Art. 138 Rn. 10.

[45] Die Studierenden müssen im Berufungsverfahren nicht beteiligt werden, sie können es indes (vgl. Art. 18 IV BayHSchPG).

[46] Dazu BVerfGE 112, 226.

[47] Nach dem derzeit geltenden bayerischen Hochschulrecht findet die Mitwirkung der Studierenden an der Selbstverwaltung der Hochschule auf zwei Ebenen statt (Art. 52 BayHSchG). Sie wirken zum einen in den Gremien der Hochschule durch ihre gewählten Vertreter und Vertreterinnen mit (Art. 25 I 1 Nr. 4 BayHSchG im Senat, nach Art. 31 I 1 Nr. 7 BayHSchG im Fakultätsrat). Daneben sieht das Hochschulgesetz eigene studentische Gremien vor: Art. 52 II ff. (studentischer Konvent, Fachschaftenrat, Sprecher- und Sprecherinnenrat, Fachschaftsvertretung). Dieses gesetzliche Modell ist in seiner konkreten Form nicht verfassungsfest.

[48] Eine verfasste Studierendenschaft („Asta") mit Zwangsmitgliedschaft aller Studierenden wäre wohl auch mit Art. 101 vereinbar, verfassungsrechtlich geboten ist dabei allerdings die Beschränkung des Tätigkeitsbereichs auf die Angelegenheiten der Studierenden. Der verfassten Studierendenschaft darf kein allgemein politisches Mandat eingeräumt werden.

[49] *Meder,* Art. 138 Rn. 6; Art. 83 BayHSchG. Vgl. dazu auch Art. 81 BayHSchG, durch den der Augustana-Hochschule Neuendettelsau das Promotionsrecht und das Habilitationsrecht im Bereich der evangelischen Theologie verliehen ist; der Philosophisch-Theologischen Hochschule der Salesianer Don Boscos sind das Promotionsrecht und das Habilitationsrecht im Bereich der katholischen Theologie verliehen.

[50] Kirchliche Hochschulen, deren Funktion über die Ausbildung von Geistlichen hinausreicht oder die überhaupt nicht mit Geistlichenausbildung betraut sind (so die kirchlich getragenen Fachhochschulen), bedürfen der staatlichen Anerkennung nach Art. 76 ff. BayHSchG. Soweit an einer kirchlichen Hochschule i. S. d. Art. 150 I auch Studiengänge angeboten werden, die nicht oder nicht nur die Ausbildung von Geistlichen zum Gegenstand haben, bedarf es einer Genehmigung nach Art. 138 I 3 (vgl. auch Art. 83 S. 3 BayHSchG). Zur Frage von Zuschüssen an kirchliche Hochschulen s. Art. 84 Abs. 2 BayHSchG. Im Übrigen gelten für das Verhältnis von Staat und Kirchen auch im Bereich des

6. Ausnahme 2: nichtstaatliche Hochschulen mit staatlicher Genehmigung

37   Art. 138 I 3 lässt **Ausnahmen vom Grundsatz der Errichtung und Verwaltung der Hochschulen durch den Staat** mit staatlicher Genehmigung zu. Aus dieser Vorschrift ergibt sich mithin die Möglichkeit, nichtstaatliche private Hochschulen (in privater Rechtsform) oder kommunale Hochschulen zu gründen. Diese Vorschrift ist im Zusammenhang mit **Art. 108** zu sehen, aus dem sich ein **Grundrecht auf Gründung einer privaten wissenschaftlichen Hochschule** ableiten lässt. Die beiden Vorschriften sind zueinander ins Verhältnis **praktischer Konkordanz** zu setzen. Entgegen des Ausnahmecharakters von Art. 138 I 3 hat jeder Einzelne ein Recht zur Gründung einer nichtstaatlichen Hochschule. Der Staat hat jedoch die Möglichkeit, aus verfassungsrechtlich triftigen Gründen das freie Gründungsrecht **einzuschränken.** Maßgeblicher **Rechtfertigungsgrund** dafür ist die **Sicherstellung** eines **hinreichenden Niveaus** von Wissenschaft und Lehre. Der Staat darf daher die Gründung von nichtstaatlichen Hochschulen von einer staatlichen Anerkennung abhängig machen, er ist jedoch verpflichtet, diese bei Vorliegen der entsprechenden gesetzlichen Voraussetzungen zu erteilen.[51] Ein **Anspruch auf Finanzierung** nichtstaatlicher Hochschulen durch den Staat besteht – anders als bei Privatschulen - **nicht.** Ob und inwieweit der Staat private Hochschulen fördert, liegt in seinem **pflichtgemäßen Ermessen.** Dabei ist er freilich an den Gleichbehandlungsgrundsatz gebunden.[52] Eine ermessensleitende Direktive kann dabei Art. 140 I sein.

7. Weiterentwicklung des Hochschulwesens durch neue Rechtsformen

38   In der hochschulpolitischen Diskussion liegt ein Schwerpunkt auf der Frage, ob und inwieweit staatliche Hochschulen auch in **anderer Rechtsform,** insbesondere in **privater Rechtsträgerschaft,** geführt werden können.[53] Nach dem bislang Gesagten sind dem Art. 138 dafür folgende Maßstäbe zu entnehmen:

39   a) Das gegenwärtige Modell der Doppelrechtsnatur der Hochschulen – staatliche Einrichtung und Körperschaft des öffentlichen Rechts – entspricht zwar den Vorgaben der Art. 108, 138 am besten, jedoch ist der Gesetzgeber nicht gehindert, auch ein anderes Organisationsmodell zu wählen, solange und soweit dieses die Freiheit von Wissenschaft und Lehre ermöglicht, den Hochschulen ein hinreichendes Selbstverwaltungsrecht gewährleistet und die notwendigen staatlichen Einflussmöglichkeiten gesichert sind.[54] Der Gesetzgeber hätte die Möglichkeit, die Körperschaft Hochschule in eine **Anstalt** oder in eine **Stiftung** umzuwandeln[55] oder auch eine **Stiftung als Träger der Hochschule** zu gründen, wobei letztere als Körperschaft bestehen bleibt. Beim letzteren Modell würde die Stiftung die Rechtsaufsicht über die Hochschule, die Trägerin des Selbstverwaltungsrechts bleibt, ausüben; der Staat würde seine staatlichen Aufgaben auf die Stiftung übertragen und müsste sich seinerseits, da verfassungsrechtlich die Verwaltung der Hochschulen durch den Staat vorzusehen ist, Aufsichtsmöglichkeiten gegenüber der Stiftung vorbehalten. Dabei dürfte sich der Gesetzgeber wohl nicht auf eine alleinige Rechtsaufsicht des Staates gegenüber der Stiftung des öffentlichen Rechts beschränken, er müsste sich vielmehr auch inhaltliche Einwirkungsmöglichkeiten vorbehalten, insbesondere in den Bereichen, in denen es um die

---

Hochschulwesens die Kirchenverträge (vgl. dazu auch Art. 182). Zur in der Trägerschaft der Katholischen Kirche stehenden Universität Eichstätt-Ingolstadt s. Art. 5 des Konkordats vom 29. 3. 1924. S. i. ü. die Erl. zu Art. 150.

[51] Vgl. dazu die Regelungssystematik in Art. 76 ff. BayHSchG. Nach Art. 80 BayHSchG gelten bestimmte Vorschriften des BayHSchG auch für die nichtstaatlichen Hochschulen.

[52] Vgl. dazu auch Art. 84 BayHSchG.

[53] Dazu eingehend *Sandberger,* WissR (Beiheft 15), 2005, 19.

[54] Art. 11 I 3 BayHSchG lässt es ausdrücklich zu, dass die staatlichen Hochschulen durch Gesetz auch in anderer Rechtsform errichtet oder in eine andere Rechtsform umgewandelt werden können.

[55] A. A. ohne überzeugende Begründung *Reich,* Bayerisches Hochschulgesetz, 5. Aufl. 2007, Art. 11 Rn. 4.

Sicherstellung eines hinreichenden Studienplatz- und Studiengangangebots sowie um eine ausreichende und flächendeckende Versorgung mit Studienangeboten geht.[56]

b) Verfassungsrechtlich zulässig wäre auch ein **Verzicht auf die Doppelrechtsnatur** **40** **der Hochschulen** dahingehend, dass der Gesetzgeber die Hochschulen künftig nur noch als Körperschaften oder Anstalten des öffentlichen Rechts, hingegen nicht mehr als staatliche Behörden einrichtet.[57] Damit würden – ähnlich wie bei den Gemeinden – die Hochschulen aus dem staatlichen Organisationsgefüge entlassen. Da der Staat jedoch weiterhin nach Art. 138 I 1 für die „Verwaltung" der Hochschule verfassungsrechtlich zuständig ist, müsste er sich in den Angelegenheiten, die für die Hochschulen als bisher staatliche Angelegenheiten übertragene Angelegenheiten würden – ähnlich wie bei den übertragenen Angelegenheiten im Bereich der Kommunen – die Rechts- und die Fachaufsicht vorbehalten. Die Beschränkung des Staates auf die Rechtsaufsicht in allen Angelegenheiten würde dem Verfassungsgebot des Art. 138 I 1 nicht genügen.

c) Im Hinblick auf die **Privatisierung von Hochschulen** ist wie folgt zu unterschei- **41** den:

aa) Da die einzelne Hochschule keinen Bestandsschutz als staatliche Einrichtung und **42** Körperschaft des öffentlichen Rechts genießt (Rn. 11), kann der Staat **einzelne staatliche Hochschulen „privatisieren",** indem er sie in private Trägerschaft überführt. Die Hochschule wird per Gesetz als staatliche Hochschule und Körperschaft des öffentlichen Rechts aufgelöst und in privater Rechtsträgerschaft etwa als GmbH, AG oder als eingetragener Verein oder als Stiftung des bürgerlichen Rechts geführt (materielle Privatisierung).[58] Sie hat den Status einer nichtstaatlichen Hochschule, wenn sie den Anforderungen der Art. 76 ff. BayHSchG genügt und die staatliche Anerkennung erhält.

bb) Allerdings ist es dem Staat **verwehrt,** eine überwiegende Zahl von oder **sämtliche** **43** **Hochschulen,** die bislang in staatlicher Trägerschaft standen, **im Wege der materiellen Privatisierung in private Trägerschaft zu überführen.** Dies würde dem Verfassungsgebot des Art. 138 I 1 widersprechen. Der Staat muss vielmehr jedenfalls so viele Hochschulen in staatlicher Verantwortung nach Maßgabe des Art. 138 I „verwalten", dass ein hinreichendes Maß an Versorgung mit Studienplätzen und Studienangeboten existiert und freie Wissenschaft und Forschung gewährleistet ist. Dies darf er nicht dem „Markt" überlassen.

cc) Von der Frage nach der Zulässigkeit einer echten materiellen Privatisierung zu un- **44** terscheiden ist die Frage, ob der Staat seiner aus Art. 138 I folgenden Verantwortung zur Verwaltung einer „kritischen Masse" an Hochschulen auch dadurch gerecht werden kann, dass er die bislang staatlichen Hochschulen in eine privatrechtliche Rechtsform umwandelt und sich die Anteile daran (Geschäftsanteile, Aktien etc.) und entsprechende Ingerenzrechte (insbesondere Aufsichts- und Weisungsmöglichkeiten) vorbehält (formelle oder **Rechtsformprivatisierung).** Eine solche Rechtsformprivatisierung würde darin bestehen, dass die Hochschule in der Trägerschaft einer juristischen Person des Zivilrechts (z. B. GmbH, AG, Stiftung bürgerlichen Rechts, eingetragener Verein) geführt würde. Der Staat behielte seinen durch Art. 138 I 1 gebotenen Einfluss dadurch, dass er entweder alle oder die Mehrheit der Anteile an dem privatrechtlichen Träger hat und demnach in dessen Organen die Entscheidungen, die die bislang staatliche Angelegenheiten betreffen, maßgeblich **beeinflussen** kann. Die juristische Person des Privatrechts müsste gesell-

---

[56] Keine verfassungsrechtlichen Bedenken bestünden dagegen, die Stiftung als Trägerin der Hochschule mit der Dienstherrnfähigkeit auszustatten und ihr das bisher im Eigentum des Staates bestehende hochschulbezogene Grundeigentum zu übertragen, wobei freilich Art. 81 zu beachten wäre.

[57] So nunmehr die Rechtslage in Nordrhein-Westfalen.

[58] Dies kann z. B. dadurch geschehen, dass durch das Auflösungsgesetz oder auf Grund dessen durch Rechtsverordnung die bislang staatliche Hochschule in eine GmbH umgewandelt wird, an der der Staat zunächst die Anteile hält. In einem weiteren Schritt veräußert der Staat sodann die Anteile an einen privaten Dritten.

schaftsvertraglich zudem so ausgestaltet sein, dass das von Art. 138 II geforderte Selbstverwaltungsrecht der Hochschule und die Freiheit von Forschung und Lehre gewährleistet
wären.[59] Danach ist es verfassungsrechtlich sowohl im Hinblick auf Art. 108 als auch im
Hinblick auf Art. 138 ausgeschlossen, Hochschulen wie Unternehmen nach rein oder
überwiegend ökonomischen Parametern zu führen.

45   dd) Von der – formellen oder materiellen – Privatisierung von Hochschulen zu unterscheiden ist die Frage, ob und inwieweit einzelne **Organisationsbereiche von Hochschulen, etwa die Universitätsklinika,** in privatrechtliche Trägerschaft überführt werden können. Vom Gebot zur Errichtung und Verwaltung der Hochschulen durch den
Staat im Sinne des Art. 138 I 1 ist auch die Hochschulmedizin als wesentlicher und klassischer Bestandteil von Wissenschaft und Lehre umfasst. Der Staat muss zwar nicht eine
bestimmte Anzahl von Universitätsklinika errichten oder beibehalten, zu seiner Verantwortung aus Art. 138 I 1 gehört jedoch, dass der Staat überhaupt Universitätsklinika zur
Ermöglichung von freier Forschung und Lehre im Bereich der Medizin vorhält. Der Staat
ist allerdings durch Art. 138 I nicht verpflichtet, die Universitätsklinika als integrale
Organisationseinheit der Hochschule oder als Staatsbetriebe zu führen, er hat auch die
Möglichkeit, sie als selbständige Anstalten des öffentlichen Rechts gewissermaßen „aus-
zugliedern", wenn er durch geeignete organisatorische Maßnahmen sicherstellt, dass die
Forschung und Lehre auch in den selbständigen Universitätsklinika möglichst ungehindert möglich ist. Gleichzeitig muss sich der Staat Möglichkeiten zur Aufrechterhaltung
der Funktionsfähigkeit des Universitätsklinikums vorbehalten.[60]

46   Für die **formelle und materielle Privatisierung von Universitätsklinika** gelten
die Ausführungen bei Rn. 41 ff. entsprechend[61]:

47   (1) Die formelle oder materielle Privatisierung eines oder mehrerer Universitätsklinika[62]
– ggf. nach Zusammenlegung in einer Anstalt[63] – ist verfassungsrechtlich zulässig, soweit
der Freistaat Bayern im Übrigen weiterhin eine „kritische Masse" an staatlichen Universitätsklinika oder solchen in der Rechtsform einer selbständigen öffentlich-rechtlichen
Anstalt in Erfüllung des Art. 138 I 1 vorhält, in denen freie Forschung und Lehre im Bereich der Medizin möglich ist.

48   (2) Eine materielle Privatisierung aller Universitätsklinika ist mit Art. 138 I 1 nicht vereinbar.

49   (3) Eine Rechtsformprivatisierung aller Universitätsklinika ist nach Maßgabe von
Rn. 44 mit Art. 138 I 1 vereinbar.

Art. 139 [Erwachsenenbildung]

**Die Erwachsenenbildung ist durch Volkshochschulen und sonstige mit öffentlichen
Mitteln unterstützte Einrichtungen zu fördern.**

Parallelvorschriften im GG und anderen Landesverfassungen: Art. 22 BaWüVerf; Art. 33 BbgVerf; Art. 35
BremVerf; Art. 16 IV MVVerf; Art. 17 NRWVerf; Art. 37 RhPfVerf; Art. 32 SaarlVerf; Art. 108 Sächs-
Verf; Art. 30 VerfLSA; Art. 9 III SchlHVerf Art. 29 ThürVerf.

Rechtsprechung: BVerfGE 77, 308.

Literatur: Grasser, Die Problematik der Erwachsenenbildung in Bayern, BayVBl. 1978, 323 (mit Erwi-
derung *Maunz,* S. 327); *Lange,* Die verfassungsrechtlichen Grundlagen der freien Träger der Erwachsenenbildung, 1977; *Losch,* Rechtsprobleme kommunaler Volkshochschulen, DÖV 1988, 445; *ders.,*

---

[59] Vgl. dazu insbesondere *Sandberger,* WissR (Beiheft 15), 2005, 19 (46 ff.).

[60] Vgl. dazu das Gesetz über die Universitätsklinika des Freistaates Bayern (Bayerisches Universitätsklinikagesetz – BayUniKlinG) vom 23. Mai 2006 (GVBl S. 285, BayRS 2210-2-4-WFK) sowie
Art. 34 BayHSchG (Medizinische Fakultäten).

[61] Vgl. dazu auch *Leonhard,* Die Privatisierung der Hochschulmedizin nach hessischem Modell,
DÖV 2006, 1035.

[62] Vgl. Art. 16 III BayUniKlinG.

[63] Vgl. Art. 16 I BayUniKlinG.

Ordnungsgrundsätze der Weiterbildung, 1988; *Maunz,* Die Erwachsenenbildung im bayerischen Kommunalrecht, BayVBl. 1978, 65.

I. Allgemeines

1. Bedeutung

Art. 139 statuiert wie die meisten Landesverfassungen eine Pflicht der öffentlichen **1** Hand zur **Förderung der Erwachsenenbildung;** als Einrichtungen der Erwachsenenbildung besonders erwähnt werden die **Volkshochschulen** (die freilich nicht ausschließlich, sondern nur neben **sonstigen,** ihrerseits aus öffentlichen Mitteln zu unterstützenden **Einrichtungen** genannt sind). Das „Volksbildungswesen" hat seine Wurzeln im 19 Jahrhundert, ist unter dem Leitbild des „lebenslangen Lernens" indes auch unter heutigen Bedingungen (auch unter ökonomischen Gesichtspunkten) von ungebrochen aktueller Bedeutung.[1]

2. Entstehung

Art. 139 BV geht auf Art. 84 III E zurück,[2] der indes auf Anregung *Nawiasky*s aus dem **2** Kontext des „Rechts auf Ausbildung" (Art. 128 BV) gelöst und als eigenständiger Artikel hinter das Schul- und Hochschulwesen platziert wurde.[3]

3. Verhältnis zum Grundgesetz

Das GG enthält aus Rücksicht auf die Kulturhoheit der Länder keine entsprechende Re- **3** gelung. Auch was die Gesetzgebungskompetenzen anbelangt, ist der Bund allenfalls zu partiellen Normierungen des Weiterbildungswesens in der Lage (z. B. BBiG).[4]

II. Einzelkommentierung

Der Begriff der **Erwachsenenbildung** ist weit zu verstehen.[5] Erwachsene aller Bevöl- **4** kerungs- und Altersgruppen sind erfasst; kennzeichnend ist die freiwillige Wiederaufnahme des organisierten Lernens außerhalb der schulischen, beruflichen und universitären Ausbildungsgänge, wobei sich der Bildungsauftrag der Erwachsenenbildung nicht nur auf die berufliche Weiterbildung, sondern u. a. auch auf allgemeinbildende, politische, kreative, freizeitorientierte etc. Inhalte beziehen kann. Gemäß Art. 1 S. 3 des **Gesetzes zur Förderung der Erwachsenenbildung**[6] (EbFöG) gibt die Erwachsenenbildung Gelegenheit, die in der Schule, in der Hochschule oder in der Berufsausbildung erworbene Bildung zu vertiefen, zu erneuern oder zu erweitern; ihr Bildungsangebot erstreckt sich auf persönliche, gesellschaftliche, politische und berufliche Bereiche. Wenn Art. 3 II EbFöG z. B. Bibliotheken oder überwiegend fachlichen Spezialgebieten dienende Einrichtungen von den besonderen, durch dieses Gesetz begründeten Förderungsleistungen ausnimmt, d. h. sein Förderungswesen allein auf Erwachsenenbildungseinrichtungen im engeren Sinne beschränkt, so schließt dies nicht aus, auch diese Erwachsenenbildungseinrichtungen im weiteren Sinne zum Verfassungsauftrag des Art. 139 zu zählen (vgl. z. B. Art. 37 RhPfVerf, der „Volksbüchereien", ausdrücklich einschließt).[7]

---

[1] BVerfGE 77, 308 (333); *Ennuschat,* in: Löwer/Tettinger, NRW Verf, Art. 17 Rn. 2; *Neumann,* BremVerf, Art. 35 Rn. 2 f.

[2] Einziger Wortlautunterschied: aus öffentlichen Mitteln „unterstützte" statt „gespeiste" Einrichtungen.

[3] Prot. I, S. 223, 246 f., 269 (gewisse Einwände hiergegen bei *Fendt,* S. 247).

[4] *Hennecke,* in: Grimm/Caesar, RhPfVerf, Art. 8; *Neumann,* BremVerf, Art. 35 Rn. 5; vgl. BVerfGE 77, 308 (328 ff.) zur Arbeitnehmerweiterbildung (Bildungsurlaub) und Art. 74 I Nr. 12 GG.

[5] Zum Folgenden: *Ennuschat,* in: Löwer/Tettinger, NRW Verf, Art. 17 Rn. 4 m. w. N.

[6] Vom 24. 7. 1974 (BayRS 2239-1-UK), zuletzt geändert durch G. v. 10. 3. 2006 (GVBl. S. 12).

[7] Vgl. *Grasser,* BayVBl. 1978, 323 (324) mit Hinweisen zum VE.

5   Die in Art. 139 statuierte **Förderpflicht** ist etwas unglücklich formuliert, weil sie so klingt, als obliege die Förderpflicht den Volkshochschulen/sonstigen Einrichtungen, die ihrerseits aus öffentlichen Mitteln finanziert oder unterstützt werden („durch [...] zu fördern").[8] Tatsächlich geht vor allem es darum, dass Volkshochschulen und sonstige Einrichtungen der Erwachsenenbildung aus öffentlichen Mitteln gefördert werden sollen; Verpflichtungsadressat ist insoweit die öffentliche Hand (Staat und Kommunen, Rn. 7 f.). Darüber hinaus lässt sich der − aufgrund des unspezifischen „ist zu fördern" alle staatliche (auch kommunale) Gewalt treffende − Förderungsauftrag auch nicht auf den Aspekt der nur finanziellen Förderung von Erwachsenenbildungseinrichtungen verengen; sowohl die Schaffung der gesetzlichen Grundlagen einer finanziellen Förderung (Gesetz zur Förderung der Erwachsenenbildung) als auch die Einrichtung eigener Bildungsstätten durch Staat und Gemeinden als auch sonstige Maßnahmen des flankierenden Schutzes freiwilliger Weiterbildung (z. B. der − in Bayern nicht verwirklichte − Anspruch auf Bildungsurlaub[9] oder die Pflicht staatlicher und kommunaler Einrichtung zur Bereitstellung von Räumen, Art. 12 EbFöG) sind inhaltlich ebenso erfasst wie die finanzielle Unterstützung an sich. Die sich aus Art. 139 ergebende Förderpflicht ist also − trotz des missverständlichen, engen Wortlauts − weit zu verstehen.

6   **Rechtsnatur und Bindungskraft** des Art. 139 sind noch nicht vollends geklärt. Häufig ist die Einstufung als **Programmsatz**.[10] Vorzugswürdig erscheint die Einstufung als **Staatszielbestimmung,** die zwar keine subjektiven Rechte, aber doch eine objektive Förderpflicht dem Grunde nach hervorzubringen in der Lage ist.[11] Wie Staatszielbestimmungen im Allgemeinen schreibt auch Art. 139 BV kein bestimmtes Niveau an Zielerreichung vor (d. h. auch kein bestimmtes Ausmaß an finanzieller Förderung), sondern verlangt allein, dass das Ziel überhaupt mit geeigneten Mitteln verfolgt wird; verletzt ist Art. 139 erst, wenn Staat und Gemeinden entweder ganz untätig bleiben oder das Förderungsziel − seine Bedeutung krass verkennend[12] − mit gänzlich unzulänglichen Mitteln verfolgen. Art. 139 vermittelt **keine subjektiven Rechte;** denkbar sind (für die förderungsbedürftige Bildungseinrichtung wie für den bildungshungrigen Erwachsenen gleichermaßen) allenfalls derivative Teilhaberechte über Art. 118.[13] Art. 139, der bewusst aus Art. 128 ausgegliedert wurde (Rn. 2[14]), nimmt auch nicht am subjektivrechtlichen Charakter des dort statuierten „Rechts auf Ausbildung" teil, welches die auf die „Ausbildung" i. S. d. Art. 128 aufsetzende freiwillige Weiterbildung i. S. d. Art. 139 gerade nicht erfasst (siehe Art. 128, Rn. 7). Gegen die subjektiv-rechtliche Natur spricht im Übrigen schon der Wortlaut, wonach weder ein Anspruch begründet noch bestimmte Leistungen garantiert, sondern allein eine − sachlich weitaus schwächere − Förder- und Unterstützungspflicht für die von den Bildungseinrichtungen zu erbringenden Leistung statuiert wird.

7   **Adressat** der in Art. 139 statuierten Förderungspflicht sind − entgegen dem missverständlichen Wortlaut („durch", siehe schon Rn. 5) − nicht die Bildungseinrichtungen selbst, sondern − im Rahmen ihrer Zuständigkeiten − sämtliche staatliche Gewalt, d. h. insbesondere **Staat und Kommunen.**[15] Dass neben dem Staat auch die Kommunen erfasst sind, ergibt sich bereits daraus, dass die Erwachsenenbildung nach **Art. 83 I** zum eigenen Wirkungskreis der Gemeinden zählt. Dass umgekehrt auch der Staat erfasst ist,

---

[8] Vgl. *Maunz,* BayVBl. 1978, 65 (66).

[9] Vgl. BVerfGE 77, 308.

[10] So wohl *Meder,* Art. 139 Rn. 1 („stellt ein Programm auf"); s. a. *Grasser,* BayVBl. 1978, 323 (324).

[11] *Maunz,* BayVBl. 1978, 65 (66), 327 f.; *Ennuschat,* in: Löwer/Tettinger, NRWVerf, Art. 17 Rn. 4.

[12] Vgl. in anderem Kontext VerfGH 59, 109.

[13] Vgl. *Ennuschat,* in: Löwer/Tettinger, NRWVerf, Art. 17 Rn. 7.

[14] Vgl. den Einwand von *Fendt* (Prot. I S. 247), der die Erwachsenenbildung vom Recht auf Ausbildung mit umfasst ansehen wollte.

[15] Vgl. *Ennuschat,* in: Löwer/Tettinger, NRWVerf, Art. 17 Rn. 4; *Neumann,* BremVerf, Art. 35 Rn. 3.

hängt damit zusammen, dass – neben den eigenen Bildungsangeboten des Staates (z. B. Landeszentrale für politische Bildungsarbeit – gerade auch die gemeindlichen Weiterbildungseinrichtungen (z. B. die Volkshochschulen) der finanziellen Unterstützung des Staates bedürfen und von ihr profitieren sollen, d. h. die sich aus Art. 83 I ergebende Verantwortung der Gemeinden um eine finanzielle Mitverantwortung des Staates ergänzt werden soll. Im Übrigen ist die Erwachsenenbildung (freilich nach Maßgabe des Art. 139) eine freiwillige, nicht aber eine Pflichtaufgabe der Gemeinden,[16] so dass es auch aus diesem Grund notwendig erscheint, den Staat – mit seiner Verantwortung für das gesamte Landesgebiet – mit in die Pflicht zu nehmen.

Bereits der Wortlaut des Art. 139 geht („und sonstige aus öffentlichen Mitteln unter- **8** stützte Einrichtungen") von einem **Pluralismus der Einrichtungen und ihrer Träger** aus.[17] Von einem Trägerpluralismus ist auch die Praxis geprägt (vgl. Art. 4 I EbFöG); andere Landesverfassungen garantieren sie z.T. ausdrücklich (z. B. Art. 17 S. 2 NRWVerf.). Die Zuweisung der Erwachsenenbildung zum eigenen Wirkungskreis der Gemeinden **(Art. 83 I BV)** darf vor diesem Hintergrund nicht als verfassungsrechtliche Garantie einer ausschließlich kommunalen Zuständigkeit missverstanden werden. Bereits das Kommunalrecht selbst (Art. 52 LKrO) gestattet, sofern die Leistungsfähigkeit der Gemeinde überschritten ist, neben Formen kommunaler Zusammenarbeit auch die Übertragung auf den Landkreis; außerdem ist die Gemeinde, da sie zur eigenen Einrichtung von Volkshochschulen nicht verpflichtet ist (keine Pflichtaufgabe; siehe Rn. 7), kraft Kommunalrechts frei, ihrem aus Art. 139 BV entspringenden Förderauftrag statt durch eigene Einrichtungen auch durch Unterstützung der Einrichtungen Dritter nachzukommen. Erst recht öffnet Art. 139 das System der Erwachsenenbildung – über den engeren Kreis kommunaler Volkshochschulen hinaus – auch für durch gesellschaftliche Organisationen, Kirchen, Private oder auch durch den Staat selbst getragene Bildungseinrichtungen. Der Staat ist bei seiner finanziellen Förderung von kommunalen, privaten und sonstigen Einrichtungen an den Gleichheitssatz gebunden. Art. 139 und der Gleichheitssatz würden jedoch überspannt und das Selbstverwaltungsrecht der Gemeinden (Art. 11 II, 83 I) verletzt, wenn man den Gemeinden nicht die freie Entscheidung darüber einräumte, ob sie ihrer Förderpflicht aus Art. 139 mittels eigener Einrichtungen (Volkshochschule) *oder* durch Förderung der Einrichtungen Dritter nachkommen will, sondern sie kraft des Gleichheitssatzes für verpflichtet ansähe, Private stets in gleicher Weise wie ihre eigenen Volkshochschulen zu fördern.[18] Entscheiden sich die Gemeinden kraft ihres Selbstverwaltungsrechts in zulässiger Weise, ihrer Pflicht aus Art. 139 durch Förderung eigener Volkshochschulen nachzukommen, so obliegt es dem Staat, auch für die sonstigen Bildungseinrichtungen ein angemessenes Förderniveau zu verwirklichen; Art. 139 und Art. 83 I müssen insoweit miteinander in Einklang gebracht werden. Mit Art. 139 (isoliert betrachtet) ist es vereinbar, die Förderung freier Träger der Erwachsenen an bestimmte sachliche/inhaltliche Vorgaben zu binden; derartige Bindungen können jedoch gegen allgemeine Freiheitsrechte oder die Selbstverwaltungsgarantie verstoßen (daher auch die gesetzliche Respektierung der Freiheit von Unterrichtsgestaltung und „Lehre" in Art. 4 V EbFöG); eine besondere Lehrfreiheit in Gestalt etwa der Art. 5 III GG, Art. 107 BV kommt der Erwachsenenbildung jedoch nicht zu.[19]

Einfach-gesetzlich verwirklicht ist das Verfassungsgebot des Art. 139, was den Staat **9** betrifft, durch das **Gesetz zur Förderung der Erwachsenenbildung** (EbFöG, siehe Rn. 4), und was die Gemeinden betrifft, v. a. durch Art. 57 I GO.

---

[16] *Bauer/Böhle/Ecker*, Bayerische Kommunalgesetze, Art. 57 GO Rn. 16.
[17] *Maunz*, BayVBl. 1978, 65 (66).
[18] Vgl. die Kontroverse zwischen *Maunz* und *Grasser* in: BayVBl. 1978, 65, 323, 327.
[19] Zur Problematik siehe *Losch*, DÖV 1988, 445.

Art. 140 [Kunst-, Wissenschafts-, Kultur-, Sportförderung]

(1) Kunst und Wissenschaft sind von Staat und Gemeinde zu fördern.
(2) Sie haben insbesonders Mittel zur Unterstützung schöpferischer Künstler, Gelehrter und Schriftsteller bereitzustellen, die den Nachweis erster künstlerischer oder kultureller Tätigkeit erbringen.
(3) Das kulturelle Leben und der Sport sind von Staat und Gemeinden zu fördern.

Parallelvorschriften im GG und anderen Landesverfassungen: Art. 3 c I BaWüVerf; Art. 32 BerlVerf; Art. 34 f. BbgVerf; Art. 11 II, III, 36 a BremVerf; Art. 62 a HessVerf; Art. 16 I M-VVerf; Art. 6 NdsVerf; Art. 18 NRWVerf; Art. 40 I, IV RhPfVerf; Art. 34 I, 34 a SaarlVerf; Art. 11 I, II SächsVerf; Art. 36 VerfLSA; Art. 9 SchlHVerf; Art. 30 I, III ThürVerf.

Rechtsprechung: BVerfGE 10, 20; 35, 79; 36, 321; 75, 108; 111, 333; VerfGH 24, 93; 51, 170.

Literatur: Geis, Kulturstaat und kulturelle Freiheit, 1990; *Grimm,* Kulturauftrag im staatlichen Gemeinwesen, VVDStRL 42 (1984), 46; *Häberle* (Hrsg.), Kulturstaatlichkeit und Kulturverfassungsrecht, 1982; *Häberle,* „Sport" als Thema neuerer verfassungsstaatlicher Verfassungen, in: FS Thieme, 1993, 25; *Huster,* Kultur im Verfassungsstaat, VVDStRL 65 (2006), 51; *Sommermann,* Kultur im Verfassungsstaat, VVDStRL 65 (2006), 7; *Steiner,* Kultur, HdbStR IV, § 86; *Steiner,* Sport und Freizeit, HdbStR IV, § 87; *Tettinger,* Sport als Verfassungsthema, JZ 2000, 1069; *Zimmermann,* Förderung des Sports als Vorgabe des Landesverfassungsrechts, 2000.

I. Allgemeines

1. Bedeutung

1   Art. 140 begründet für Staat und Gemeinden einen **Förderauftrag** zugunsten von **Kunst, Wissenschaft, kulturellem Leben und Sport.** Die Förderung von Kunst, Wissenschaft und Kultur dient der Verwirklichung der in Art. 3 I normierten **Kulturstaatlichkeit;**[1] sie ist Ausdruck der – für die Kompetenzverteilung des deutschen Bundesstaates typischen – „Kulturhoheit" der Länder als einem Kernstück ihrer Eigenstaatlichkeit.[2] Der **Sport** wird wegen seiner vielfältigen positiven gesellschaftlichen wie gesundheitlichen (insoweit Bezug zu Art. 99 S. 1) Funktionen geschützt.[3]

2. Entstehung

2   Art. 140 I und II gehen auf Art. 103 E zurück, der im VA keine wesentlichen inhaltlichen Änderungen erfuhr; der ursprünglich vorgesehene erläuternde Zusatz zu Abs. 2 „aber mit ihren Werken den Lebensunterhalt nicht verdienen können" wurde als nicht nötig gestrichen. Abs. 3 wurde erst durch verfassungsänderndes Gesetz vom 20. 2. 1998[4] eingefügt; der entsprechenden, aus dem Landtag kommenden Initiative ging es um die Förderung des Sports, der zunächst zusätzlich hinter Kunst und Wissenschaft in Abs. 1 genannt werden sollte.[5] Erst auf Anregung des Senats, der die systematische Richtigkeit der Verankerung des Sports in Abs. 1 bezweifelte (mangelnde Vergleichbarkeit mit Kunst und Wissenschaft; nur auf Kunst und Wissenschaft bezogener Abs. 2), wurde die Sportförderung in Abs. 3 ausgegliedert und in diesem Zusammenhang auch die Kultur als förderungswürdiges Gut verankert; die vom Senat vorgeschlagene Beschränkung auf den Breitensport sowie eine Nennung auch der Gemeindeverbände wurde nicht aufgegriffen.[6]

---

[1] V. a. bzgl. Aspekten der finanziellen Förderung fungiert Art. 140 als spezielle Ausprägung der Kulturstaatlichkeit; vgl. VerfGH 13, 109 (125).

[2] *Mann,* in: Löwer/Tettinger, NRWVerf, Art. 18 Rn. 6.

[3] Vgl. LT-Drucks. 13/7436, S. 5.

[4] GVBl. S. 38.

[5] LT-Drucks. 13/7436.

[6] Sen.-Drucks. 129/97, S. 2.

3. Verhältnis zum Grundgesetz

Das GG enthält – in Respekt vor der Kulturhoheit der Länder – keinen mit Art. 140   **3**
BV vergleichbaren ausdrücklichen Artikel zur Kunst-, Wissenschafts- und Sportförderung. Das BVerfG hat **Art. 5 III GG** indes – über seinen negativ-abwehrrechtlichen Gehalt hinaus – eine objektive Wertentscheidung dahingehend entnommen, dass dem
modernen Staat, der sich im Sinne einer Staatszielbestimmung als Kulturstaat versteht, aus
Art. 5 III GG auch die Aufgabe erwachsen, Kunst und Wissenschaft durch entsprechende
finanzielle, organisatorische etc. Maßnahmen positiv zu schützen und zu fördern; Verletzungen dieser (objektiven) Förderpflicht können von den Trägern des Grundrechts auch
(subjektiv) geltend gemacht werden.[7] Art. 140 BV gilt nach den allgemeinen Kriterien
(Vorbem. B Wirkkraft LVerfR, Rn. 13 ff.) neben dieser bundesrechtlichen Gewährleistung
fort; an objektiv-rechtlicher Präzision und Dichte dürfte Art. 140 BV tendenziell über
Art. 5 III GG hinausreichen; was die subjektivrechtliche Einforderbarkeit anbelangt (die
sich jedenfalls nicht aus dem rein objektivrechtlichen Art. 140 BV, sondern allenfalls aus
Art. 108 BV ergibt), bleibt er hinter Art. 5 III GG zurück. **Kompetenziell** ist die Förde-
rung von Wissenschaft, Kunst, Kultur und Sport weitgehend Sache der Länder, so dass der
Landesverfassung insoweit ein breiter Einwirkungsraum offensteht. Der Bund verfügt allerdings über partielle Gesetzgebungsbefugnisse (z. B. Förderung der wissenschaftlichen
Forschung, Art. 74 I Nr. 13 GG; Künstlersozialversicherung, Art. 74 I Nr. 12 GG[8]); auch ist
er, was exekutive Zuständigkeiten anbelangt, sei es aufgrund spezieller Zuweisung (z. B.
Art. 91 b) oder kraft Natur der Sache, insbesondere soweit es um Vorhaben von gesamt-
staatlicher Bedeutung oder um auswärtige Beziehungen geht, in der Forschungsförderung, der Förderung von Kunst und Kultur (hier ist einiges strittig) und in der Förderung
des Spitzensports tätig.[9]

II. Einzelkommentierung

Rechtsnatur und Bindungskraft. Art. 140 statuiert nicht nur unverbindliche Programm-   **4**
sätze,[10] sondern **Staatszielbestimmungen**,[11] die zwar **keine subjektiven Rechte** hervorbringen (diese können allenfalls aus Art. 108 folgen; siehe Art. 108 Rn. 37, 81 f.),[12] aber als
objektive Direktive und Zielvorgabe nichtsdestoweniger verbindlich sind. Art. 140 gibt ein
Ziel vor, lässt (soweit nicht ausnahmsweise ausdrücklich normiert, wie z. B. in Abs. 2) die
Mittel jedoch grundsätzlich offen. Ebenso wenig schreibt er ein gewisses Niveau an Zielerreichung oder ein bestimmtes (Mindest-)Maß an Förderung vor. Verletzt ist der Förderauftrag nur, wenn Staat und Kommunen entweder völlig untätig bleiben oder das Ziel
– seine Bedeutung krass[13] verkennend – mit evident unzulänglichen oder kontraproduktiven Mitteln verfolgen. Der Förderauftrag belässt einen weiten Gestaltungsspielraum, der
sowohl Raum für allgemeine (z. B. wirtschaftspolitische) als auch individuelle (z. B. Bedürftigkeit) als auch qualitative (siehe unten Rn. 8) Kriterien lässt; er steht unter dem Vorbehalt des Möglichen.[14]

Adressaten des Förderauftrags. Als **Adressaten** benennt Art. 140 den Staat (hierbei v. a. die   **5**
Exekutive mit ihren Förderaktivitäten, aber soweit eine gesetzliche Grundlage erwünscht
oder erforderlich ist, auch den Gesetzgeber) sowie die Gemeinde(n). Wenn auch die Gemeindeverbände weder ausdrücklich genannt noch im Zuge der Verfassungsänderung

---

[7] BVerfGE 35, 79 (114 f.); 36, 321 (331); *Jarass/Pieroth,* Art. 5 Rn. 127.

[8] BVerfGE 75, 108.

[9] *Steiner,* HdbStR IV, § 86, Rn. 16 ff.; § 87, Rn. 7 ff.

[10] Offengelassen in VerfGH 13, 109 (125); von „Verpflichtung" und „Auftrag" ist die Rede in VerfGH
24, 93 (95); 51, 170 (179).

[11] Vgl. *Mann,* in: Löwer/Tettinger, NRWVerf, Art. 18 Rn. 5.

[12] LT-Drucks. 13/7436, S. 5; *Meder,* Art. 108 Rn. 4; VGH Mannheim NJW 2004, 624.

[13] Vgl. in anderem Kontext VerfGH 59, 109.

[14] BVerfGE 33, 303 (333); 36, 321 (332); *Magiera,* in: Grimm/Caesar, RhPfVerf, Art. 40 Rn. 7.

1998 hinzugefügt wurden (Rn. 2), scheint es angesichts ihrer unbestreitbaren Aufgaben im Bereich der Kultur- und Sportförderung dennoch überlegenswert, den bündigen Ausdruck „Staat und Gemeinde" hier als Sammelbegriff für den Staat und alle kommunalen Ebenen, d. h. für alle Gebietskörperschaften, zu verstehen (so z. B. ausdrücklich Art. 40 I RhPfVerf).[15]

6   *Gegenstände und Subjekte der Förderung.* Nach Art. 140 I zu fördern, sind **Kunst und Wissenschaft;** zur Definition dieser Begriffe siehe Art. 108 Rn. 15 ff., 44 ff. Art. 140 II stellt in Bezug auf Kunst und Wissenschaft klar, dass sich der Förderauftrag nicht nur auf die Sache an sich, sondern auch auf die Person des **Künstlers, Schriftstellers oder Gelehrten** (v. a. bei Bedürftigkeit, aber auch bei sonstiger individueller Förderungswürdigkeit) bezieht. Der in Art. 140 III genannte Begriff des **kulturellen Lebens** bzw. der Kultur ist − bei aller Definitionsschwierigkeit[16] − umfassender zu verstehen als der der Kunst und Wissenschaft.[17] Er umfasst „geistige Kräfte, die sich unabhängig vom Staate entfalten und ihren Wert in sich tragen"[18], auch soweit diese nicht als Kunst und Wissenschaft im engeren Sinne verstanden werden können, und schließt daher z. B. auch den wichtigen Bereich des Brauchtums sowie andere kunstverwandte und bildungsbezogene Aspekte mit ein.[19] Zudem bringt das Abstellen auf das kulturelle „Leben" zum Ausdruck, dass es bei der Kulturförderung nicht nur um die Kultur als Selbstwert, sondern vor allem auch um den Aspekt ihrer öffentlichen Zugänglichmachung (durch Museen, Theater, Bibliotheken etc.), d. h. um die kulturelle Betätigung aller Bürger geht (so z. B. ausdrücklich Art. 36 III VerfLSA). Die in Art. 140 III statuierte Pflicht zur Förderung des **Sports** bezieht sich, wie die Entstehungsgeschichte zeigt (Rn. 2), bewusst nicht nur auf den Breitensport, sondern auch auf den Spitzensport; sie umfasst das Gesamtspektrum des Sports (Sportvereine, Betriebssport, Schulsport, Behindertensport etc.).[20]

7   *Mittel der Förderung.* Art. 140 lässt die **Mittel der Förderung** grundsätzlich offen (Rn. 4) und bezieht daher die gesamte Palette denkbarer legislativer und administrativer Förderung mit ein, die von der Betätigung am Markt und öffentlicher Auftragsvergabe (Anschaffung/Aufkauf von Kunst) über Maßnahmen organisatorischer/institutioneller Art (Unterhaltung von Museen, Theatern, Akademien, Sportstätten etc.) bis hin zu den vielfältigen Instrumenten der finanziellen Förderung privater Aktivitäten (Stipendien, Preise, Zuschüsse, Hilfen zum Lebensunterhalt etc.) reichen können.[21] Teilweise sind besondere Aspekte und Techniken der Förderung in speziellen Artikeln ausgelagert (soweit es um die Wissenschaftsförderung durch eine bestimmte institutionelle Ausgestaltung der Hochschulen geht, ist z. B. Art. 138 einschlägig; für die Erwachsenenbildung Art. 139); Art. 140 entfaltet insoweit nur subsidiäre Kraft. Die Frage, ob eine Förderung kraft Förderrichtlinien erfolgen kann oder der gesetzlichen Regelung bedarf, bemisst sich nach den allgemeinen Kriterien (Gesetzesvorbehalt, Wesentlichkeitstheorie). **Art. 140 II** benennt als einziges dem Grunde nach verpflichtendes Mittel die persönliche Förderung von Künstlern und Schriftstellern; die Entstehungsgeschichte zeigt dabei (Rn. 2), dass vor allem der bedürftige Künstler, der trotz seiner Fähigkeiten nicht zur Bestreitung des Lebensunterhalts in der Lage ist, gemeint war; freilich ist Art. 140 II über diesen eher sozialstaatlichen Aspekt hinausgehend auch für eine individuelle Förderung durch Preise, Stipendien, Akademien etc. offen, die nicht an die Bedürftigkeit anknüpft. Mit seiner Perspektive einer nötigenfalls staatlichen (Teil-)Alimentation für qualitätvolles Kunstschaffen im Falle des „Marktversagens" (d. h.

---

[15] Vgl. *Mann,* in: Löwer/Tettinger, NRW Verf, Art. 18 Rn. 11.

[16] VerfGH 13, 109 (125).

[17] *Mann,* in: Löwer/Tettinger, NRW Verf, Art. 18 Rn. 8.

[18] BVerfGE 10, 20 (36).

[19] Siehe auch *Magiera,* in: Grimm/Caesar, RhPfVerf, Art. 40 Rn. 5 f.

[20] *Mann,* in: Löwer/Tettinger, NRW Verf, Art. 18 Rn. 21 ff.

[21] Die Internetseiten des Staatsministeriums für Wissenschaft, Forschung und Kunst (www.stmwfk. bayern.de) geben einen Einblick über die vielfältigen Förderaktivitäten; zur Sportförderung siehe www.km.bayern.de/km/aufgaben/sport/ausserschulisch/.

qualitätvolle Kunst sichert den Lebensunterhalt nicht) entwirft Art. 141 II ein sehr anspruchsvolles sozial-/kulturstaatliches Programm. Da es immerhin in Ansätzen verwirklicht ist (z. B. die von Bayern mitfinanzierte „Deutsche Künstlerhilfe", daneben vielfältige Förderpreise, Stipendien etc.), d. h. das Ziel mit geeigneten Mitteln verfolgt wird, auch der Bund flankierend eingreift (Künstlersozialversicherung[22]), der Auftrag des Art. 140 II kein bestimmtes Mindestniveau an Förderung verlangt und unter dem Vorbehalt des Möglichen steht (Rn. 4) und eine flächendeckende Alimentierung förderungswürdiger Kunst (wegen der damit unumgänglichen staatlichen Bewertung) überdies im Blick auf die Freiheit der Kunst (Art. 108) problematisch wäre (Rn. 8), kann der gegenwärtig verwirklichte Zustand jedenfalls nicht als verfassungswidrig bezeichnet werden.

Kunst-/Wissenschaftsförderung und Freiheit von Kunst und Wissenschaft. Dem Staat kann es **8** nicht verwehrt sein, bei seinen Förderentscheidungen auch **qualitative Maßstäbe** anzulegen und in diesem Sinne Leistungen der Kunst und Wissenschaft zu **bewerten;** gerade Art. 140 II, der ein „schöpferisches" Wirken und den „Nachweis ernster künstlerischer oder kultureller Tätigkeit" verlangt, macht dies sehr deutlich.[23] Jede staatliche Bewertung von Kunst und Wissenschaft freilich birgt die Gefahr, dass, vor allem soweit die künstlerische oder wissenschaftliche Betätigung von staatlichen Mitteln abhängt, die Freiheit von Kunst und Wissenschaft (Art. 108) Schaden nimmt.[24] Der Förderauftrag des Art. 140 bezieht sich auf die in Art. 108 gewährleistete *freie* Kunst und Wissenschaft und darf die Freiheit der Kunst und Wissenschaft nicht konterkarieren. Individuelle Auswahlentscheidungen, die freilich unumgänglich und keineswegs als solche verboten sind, muss der Staat daher an sachgerechte, willkürfreie Kriterien knüpfen; er darf Einzelne nicht ohne Grund von vornherein und schlechthin von positiven staatlichen Fördermaßnahmen ausnehmen.[25] Je mehr ein staatliches Förderprogramm systematisch angelegt ist, desto notwendiger wird es, der Eigengesetzlichkeit von Kunst und Wissenschaft Rechnung zu tragen und Künstler bzw. Wissenschaftler an der Erarbeitung der Kriterien und an den zu treffenden Auswahl-/Bewertungsentscheidungen angemessen zu beteiligen.[26] Gleichwohl verbleibt ein großer Gestaltungsspielraum (Rn. 4).

Art. 141 [Umwelt-, Tier-, Denkmalschutz; Recht auf Naturgenuss]

(1) ¹Der Schutz der natürlichen Lebensgrundlagen ist, auch eingedenk der Verantwortung für die kommenden Generationen, der besonderen Fürsorge jedes einzelnen und der staatlichen Gemeinschaft anvertraut. ²Tiere werden als Lebewesen und Mitgeschöpfe geachtet und geschützt. ³Mit Naturgütern ist schonend und sparsam umzugehen. ⁴Es gehört auch zu den vorrangigen Aufgaben von Staat, Gemeinden und Körperschaften des öffentlichen Rechts,

> **Boden, Wasser und Luft als natürliche Lebensgrundlagen zu schützen, eingetretene Schäden möglichst zu beheben oder auszugleichen und auf möglichst sparsamen Umgang mit Energie zu achten,**

> **die Leistungsfähigkeit des Naturhaushaltes zu erhalten und dauerhaft zu verbessern,**

> **den Wald wegen seiner besonderen Bedeutung für den Naturhaushalt zu schützen und eingetretene Schäden möglichst zu beheben oder auszugleichen,**

> **die heimischen Tier- und Pflanzenarten und ihre notwendigen Lebensräume sowie kennzeichnende Orts- und Landschaftsbilder zu schonen und zu erhalten.**

---

²² Dazu BVerfGE 75, 108.
²³ *Meder,* Art. 108 Rn. 4.
²⁴ Vgl. *Huster,* VVDStRL 65, 51 (57 ff.).
²⁵ BVerfGE 36, 321 (332); *Magiera,* in: Grimm/Caesar, RhPfVerf, Art. 40 Rn. 9 m. w. N.
²⁶ BVerfGE 111, 333 (358 ff.) zu mittelverteilungsrelevanten Evaluationen; *Magiera,* in: Grimm/Caesar, RhPfVerf, Art. 40 Rn. 9 m. w. N.; *Starck,* in: v. Mangoldt/Klein/Starck, Art. 5 III, Rn. 319 ff.

(2) Staat, Gemeinden und Körperschaften des öffentlichen Rechts haben die Aufgabe,

die Denkmäler der Kunst, der Geschichte und der Kultur sowie die Landschaft zu schützen und zu pflegen,

herabgewürdigte Denkmäler der Kunst und der Geschichte möglichst ihrer früheren Bestimmung wieder zuzuführen,

die Abwanderung deutschen Kunstbesitzes in das Ausland zu verhüten.

(3) ¹Der Genuß der Naturschönheiten und die Erholung in der freien Natur, insbesondere das Betreten von Wald und Bergweide, das Befahren der Gewässer und die Aneignung wildwachsender Waldfrüchte in ortsüblichem Umfang ist jedermann gestattet. ²Dabei ist jedermann verpflichtet, mit Natur und Landschaft pfleglich umzugehen. ³Staat und Gemeinde sind berechtigt und verpflichtet, der Allgemeinheit die Zugänge zu Bergen, Seen, Flüssen und sonstigen landschaftlichen Schönheiten freizuhalten und allenfalls durch Einschränkungen des Eigentumsrechtes freizumachen sowie Wanderwege und Erholungsparks anzulegen.

Parallelvorschriften im GG und anderen Landesverfassungen: Art. 20 a GG; Art. 3 a, 3 b, 3 c II BaWüVerf; Art. 31 BerlVerf; Art. 34 II 2, 39 f. BbgVerf; Art. 11 a, 11 b BremVerf; Präambel HmbVerf; Art. 26 a, 62 HessVerf; Art. 12 M–VVerf; Art. 1 II, 6 b NdsVerf; Art. 18 II, 29 a NRWVerf; Art. 40 III, 69 f. RhPfVerf; Art. 34 II, 59 a SaarlVerf; Art. 10, 11 III SächsVerf; Art. 35, 36 IV VerfLSA; Art. 7 SchlHVerf; Art. 30 II, 31 ff. ThürVerf.

Rechtsprechung: BVerfGE 58, 300; 80, 137; 100, 226; 102, 1; 104, 337; 110, 141; BVerfG-K NJW 1983, 2931; NJW 1996, 651; VerfGH 3, 2; 4, 90; 4, 206; 11, 23; 12, 1; 19, 97; 21, 97; 28, 107; 29, 181; 30, 152; 31, 198; 32, 130; 34, 79; 34, 103; 34, 131; 38, 51; 38, 112; 38, 134; 39, 1; 39, 17; 43, 67; 43, 183; 44, 41; 47, 54; 48, 1; 48, 119; 49, 141; 51, 94; 52, 4; 53, 137; 55, 98; 55, 143; 58, 150; 59, 109; BVerwGE 125, 206; BayObLG NVwZ-RR 2005, 239.

Literatur: Bettermann, Anmerkung, DVBl. 1975, 548; *Brönnecke,* Umweltverfassungsrecht, Der Schutz der Natürlichen Lebensgrundlagen im Grundgesetz sowie in den Landeverfassungen Brandenburgs, Niedersachsens und Sachsens, 1999; *Buchner,* Der Umweltschutz in der Bayerischen Verfassung, BayVBl. 1984, 385; *Caspar/Geissen,* Das neue Staatsziel „Tierschutz" in Art. 20 a GG, NVwZ 2002, 913; *Erbguth/Wiegand,* Umweltschutz im Landesverfassungsrecht, DVBl. 1994, 1325; *Faller,* Staatsziel „Tierschutz", 2005; *Hofmann,* Naturschutz und Grundrecht auf Erholung und Naturerlebnis, BayVBl. 1964, 237; *Holste,* Das Staatsziel Tierschutz in Art. 20 a GG, JA 2002, 907; *Kloepfer,* Umweltschutz als Verfassungsrecht: Zum neuen Art. 20 a GG, DVBl. 1996, 73; *Schöfberger,* Das Grundrecht auf Naturgenuß und Erholung, 1971; *Scholz,* Umwelt unter Verfassungsschutz, in: FS 50 Jahre BayVerfGH, 1997, S. 177; *Sening,* Das Grundrecht auf Naturgenuß im Widerstreit der Meinungen, BayVBl. 1976, 72; *Tsai,* Die verfassungsrechtliche Umweltschutzpflicht des Staates, 1996; *Westphal,* Art. 20 a GG – Staatsziel „Umweltschutz", JuS 2000, 329.

I. Allgemeines

1. Bedeutung

1   Art. 141 steht in engem Zusammenhang mit der **Staatsfundamentalnorm des Art. 3 II (Schutz der natürlichen Lebensgrundlagen und der kulturellen Überlieferung);** Art. 3 II konkretisierend bestimmt Art. 141 in den Grundzügen die wichtigsten Aufgaben,

Einzelziele und Gewährleistungen, die sich aus dieser Staatsfundamentalnorm und -zielbestimmung ergeben.[1] Art. 141 normiert in seiner heutigen Fassung (anders in der Ursprungsfassung) durchgehend keine bloßen Programmsätze, sondern enthält **bindendes objektives Recht** in Gestalt von **Staatszielbestimmungen** (Staatsziele Umwelt-, Tier- und Denkmalschutz); darüber hinausgehend gewährleistet Art. 141 III 1 – aber auch nur dieser – sogar ein **Grundrecht** (Grundrecht auf Genuss vorhandener Naturschönheiten; indessen kein darüber hinausgehendes Grundrecht auf Umweltschutz und Erhalt vorhandener Naturschönheiten, sondern nur entsprechende, aus Art. 141 I, II resultierende objektiv-rechtliche Direktiven; auch Art. 141 III 3 wirkt nur objektiv-rechtlich).[2]

In der Sache kommen in Art. 141 verschiedene (in anderen Verfassungen z. T. in unterschiedlichen Normen statuierte) **Schutzziele** zusammen (Umwelt-, Natur-, Landschafts-, Tier-, Denkmalschutz; Recht auf Erholung in der Natur), die in einem engen Zusammenhang miteinander stehen, sich z. T. überschneiden und doch unterscheidbar sind. In seinem ursprünglichen und engsten Kern geht es Art. 141 (bereits in der Fassung von 1946) darum, die **landschaftlichen und kulturellen Schönheiten Bayerns** zu erhalten **(Landschaftsschutz** und **Denkmalschutz** im engeren Sinne) und sie den Menschen zum Zwecke der Erholung und Erbauung zugänglich zu machen; Landschafts- und Denkmalschutz werden von Beginn an nicht strikt voneinander getrennt (übergreifender Gedanke des Schutzes der **Kulturlandschaft)** und finden sich in Teilaspekten noch heute jeweils sowohl in Abs. 1 als auch in Abs. 2 verankert (der überwiegend dem Umweltschutz gewidmete Abs. 1 erwähnt auch den Schutz kennzeichnender Ortsbilder; der überwiegend dem Denkmalschutz gewidmete Abs. 2 auch den Schutz von Landschaft und Naturdenkmälern). Von Beginn an finden sich auch Elemente eines über einen vorwiegend ästhetisch-ideell-kulturellen (auf die Erholung/Erbauung des Menschen bezogenen) Landschaftsschutz[3] hinausgehenden Schutzes der Natur und ihrer Leistungsfähigkeit an sich, d. h. nicht allein um des Menschen willen, sondern auch aufgrund ihres Eigenwertes **(Naturschutz).**[4] Die umfassende Änderung des Art. 141 im Jahre 1984 (Rn. 4) weitete diese Ansätze – angesichts der dramatisch gestiegenen Umweltproblematik und des gewachsenen Umweltbewusstseins – sodann aus und integrierte sie in den umfassenderen Gedanken des **Schutzes der natürlichen Lebensgrundlagen (Umweltschutz);** Natur- und Landschaftsschutz fungieren seither nur noch als Teilaspekt der umfassenden Staatszielbestimmung Umweltschutz[5], welche nunmehr sachlich (über die ursprünglichen Schutzobjekte hinaus) alle natürlichen Lebensgrundlagen und den gesamten Naturhaushalt erfasst, sich angesichts der globalen Bedrohungen räumlich (über den ursprünglichen Schutz der „heimischen" Landschaft, Tier- und Pflanzenwelt hinaus) einfügen muss in nationale, europäische und weltweite Anstrengungen und welche schließlich zeitlich nicht allein auf den Erhalt des Status quo, sondern auf den vorsorgenden Schutz im Blick auf „die kommenden Generationen" (Nachweltschutz), d. h. auf generationenübergreifende Nachhaltigkeit (sustainable development)[6] hin ausgerichtet sein muss. Erst 1998 hinzugekommen (Rn. 4) ist schließlich der **Tierschutz** (Abs. 1 S. 2), dem es nicht um den bereits vorher verankerten und thematisch zum Natur- und Umweltschutz gehörenden Schutz der heimischen Tierarten (im Sinne des kollektiven Artenschutzes und der Erhaltung der natürlichen Lebensräume) geht, sondern die Tiere als schmerzempfindliche und leidensfähige Wesen individuell gegen Beeinträchtigungen ihres Wohlbefindens und ihrer Un-

---

[1] *Meder,* Art. 141 Rn. 1 a; VerfGH 59, 109 (115).

[2] VerfGH 29, 181 (183 ff.); 34, 103 (105 f.); 38, 112 (114 ff.); 39, 17 (23 f.); 48, 119 (125 f.).

[3] Vgl. *Mann,* in: Löwer/Tettinger, NRW Verf, Art. 40 Rn. 16; *Schröder,* in: Grimm/Caesar, RhPf-Verf, Art. 69 Rn. 16.

[4] Von Beginn an genannt sind z. B. die heimischen Tier- und Pflanzenarten (und zwar bewusst nicht nur die besonders „wertvollen", vgl. Prot. I, S. 173) sowie der Wald. Zum heutigen Verständnis von Naturschutz vgl. § 1 BNatSchG.

[5] VerfGH 48, 119 (125).

[6] Vgl. *Kahl* (Hrsg.), Nachhaltigkeit als Verbundbegriff, 2008.

versehrtheit schützen will.[7] Art. 141 ist in seiner Ursprungsfassung wie seinen nachfolgenden Änderungen eine Norm der BV, mit der sich diese als in besonderer Weise **innovativ und auf der Höhe der Zeit** erwiesen hat: Zwar konnte man an Art. 150 I WRV anknüpfen; dennoch war man sich im VA bewusst, mit der umfassenden und z. T. auch ins Einzelne gehenden verfassungsrechtlichen Normierung des Denkmal- und Naturschutzes Neuland zu betreten.[8] Auch mit der Erweiterung hin zu umfassendem Umweltschutz im Jahre 1984 war Bayern unter den Vorreitern.[9] Das Grundgesetz (Art. 20 a GG) folgte in Sachen Umwelt- und Tierschutz jeweils erst mit einiger Verzögerung nach – ein Beispiel für die innovative Kraft des Landesverfassungsrechts im Bundesstaat.[10]

3   Ein **Unikat** in der deutschen Verfassungslandschaft ist das in Art. 141 III 1 gewährleistete **Grundrecht auf Genuss der Naturschönheiten und auf Erholung in der freien Natur** (einschließlich seiner Ausprägungen des freien Betretens von Wald und Bergweide, des Befahrens der Gewässer und der freien Aneignung wildwachsender Waldfrüchte); bereits *Wilhelm Hoegner*, auf den der Art. 141 III maßgeblich zurückgeht,[11] schrieb, dieses Menschenrecht stehe nach seiner Kenntnis „in der Welt einzig da".[12] Immerhin haben einige neuere Landesverfassungen den Gedanken des freien Zugangs zu Naturschönheiten aufgegriffen (Art. 10 III SächsVerf, Art. 12 III MVVerf; Art. 40 IV BbgVerf), ihn jedoch nicht zu einem Grundrecht verdichtet.[13] Art. 140 III, insbesondere in seiner Variante des Rechts auf das Sammeln von Pilzen und Beeren, wird – wie bereits im VA besprochen wurde[14] – nicht selten belächelt, dies jedoch zu Unrecht: Genau besehen geht es bei Art. 140 III um etwas sehr Grundlegendes, nämlich darum, dass die freie Natur jedenfalls in ihrer Erholungsfunktion für alle da ist und dass insbesondere das Privateigentum an Grundstücken diese ursprüngliche **„Freiheit" der Natur** nicht zunichte machen darf; es geht – wie es *Hoegner* formulierte – „um die Freiheit des Menschen und um das Verhältnis des Menschen zur Natur". Z. B. die Tradition der „land inclosure" in England zeigt, dass auch grundlegend andere Konzeptionen denkbar sind. So verstanden hat das Recht auf freien Genuss der Naturschönheiten in der Verfassung durchaus einen angemessenen Platz. Auch dass sich auf Bundesebene gerade am (Art. 141 III BV-relevanten) „Reiten im Walde" der Streit um die Reichweite des Art. 2 I GG entzündet hat,[15] macht deutlich, dass die Frage der Zugangsrechte zur Natur sehr wohl ein Freiheitsthema ist, deren Klärung auf Verfassungsebene berechtigt erscheint.

2. Entstehung

4   Art. 141 BV geht auf Art. 104 E zurück. Dessen Abs. 1, der sich mit der Aufgabe des Natur- und Denkmalschutzes befasste, wurde im VA in zwei Absätze aufgespalten, die auch heute noch immer nicht völlig trennscharf voneinander unterschieden sind (siehe schon Rn. 2). Verschiedene Begriffe („Kunstbesitz", „Denkmäler") wurden diskutiert; in der Sache wurde der Auftrag, herabgewürdigte Denkmäler möglichst ihrer früheren Bestimmung wieder zuzuführen, ergänzt, ebenso (als Adressaten) die „Körperschaften des öffentlichen Rechts", die auch die Kirchen erfassen sollten. Das Grundrecht auf Naturgenuss, das

---

[7] *Jarass/Pieroth,* Art. 20 a Rn. 12; *Schröder,* in: Grimm/Caesar, RhPfVerf, Art 70 Rn. 2; vgl. § 1 TierSchG.

[8] Prot. I, S. 270.

[9] *Schweiger,* in: Nawiasky/Schweiger/Knöpfle, Art. 3 Rn. 20 („erstes Land"), zuvor (1976) allerdings Art. 86 BaWüVerf a. F.; vgl. *Buchner,* BayVBl. 1984, 385.

[10] Dazu *Möstl,* AöR 130 (2005), 350 (389) m. w. N.

[11] Prot. I S. 174: „mein eigenes Werk".

[12] *Hoegner,* Verfassungsrecht, S. 5.

[13] Dies gilt selbst für den in Anlehnung an Art. 141 III BV formulierten Art. 10 III SächsVerf; siehe SächsVerfGH NVwZ 1997, 786.

[14] Prot. I, S. 271, 273 ff., auch zum Folgenden (nachfolgendes Zitat *Hoegner* auf S. 274).

[15] BVerfGE 80, 137 m. abweichender Meinung. Zum „Reiten im Walde" und Art. 141 III BV: VerfGH 28, 107; 30, 151; 34, 131; 51, 94; 55, 160.

auf *Hoegner* zurückging, war nicht in der Sache umstritten (im Gegenteil wurde positiv auf die Anknüpfung an das altdeutsche Gemeineigentum hingewiesen), streitig war hingegen, ob und in welcher Form es auf Verfassungsebene verankert werden sollte (siehe schon Rn. 4); letztlich wurden nur einige Klarstellungen und Glättungen vorgenommen („Bergweide" statt „Weide"; „Einschränkungen des Eigentumsrechts" statt „Enteignungen"; „wildwachsende Waldfrüchte" statt „Beeren, Pilze und dgl."); bereits im VA wurde von *Hoegner* der grundrechtliche Charakter hervorgehoben; *Nawiasky* vermutete, der Artikel werde Schule machen.[16] Zu einer größeren Umgestaltung der Absätze 1 und 2 führte das Gesetz vom 20. 6. 1984[17], das den ursprünglichen Landschafts- und partiellen Naturschutzauftrag zu einem umfassenden Umweltstaatsziel weitete und an die erste Stelle platzierte (siehe schon Rn. 2). Der politische Streit zwischen SPD und CSU zur Frage des absoluten Vorrangs bzw. der prinzipiellen Abwägungsbedürftigkeit des Umweltstaatsziels im Blick auf kollidierende Gemeinwohlbelange wurde im Kompromisswege durch die Formulierung geschlichtet, die Aufgaben des Art. 141 I 4 gehörten „zu den vorrangigen Aufgaben" des Staats, was sowohl den hohen Rang des Umweltschutzes betont als auch die Abwägung mit anderen vorrangigen und gleichermaßen gewichtigen Aufgaben und Rechtsgütern offenlässt.[18] Die Begründung zum Gesetzentwurf[19] lässt – zu Recht – erkennen, dass mit „Körperschaften des öffentlichen Rechts" nur die übrigen „Hoheitsträger", nicht aber (wie im VA gedacht) die Kirchen gemeint sind. Die Ablehnung eines Umweltgrundrechts geht aus den Materialien klar hervor. Durch Gesetz vom 20. 2. 1998[20] wurde schließlich der Tierschutz (Art. 141 I 2) ergänzt.

3. Verhältnis zum Grundgesetz

Die Staatziele **„Umweltschutz"** und **„Tierschutz"** sind – jeweils zeitlich nach der **5** BV, nämlich 1994 bzw. 2002 – auch in das GG, beide in **Art. 20 a GG**, aufgenommen worden; Art. 141 I, II BV unterliegt insoweit einer grundgesetzlichen Parallelgewährleistung, die unmittelbar für die Länder verbindlich ist („Staat" i. S. d. Art. 20 a GG sind Bund und Länder[21]). Für die Geltungskraft des Art. 141 I, II BV ist in diesem Zusammenhang entscheidend, was in Vorbem. B Wirkkraft LVerfR, Rn. 3, 12 ff. im Einzelnen entwickelt wurde: Die Länder haben kraft ihrer Verfassungsautonomie das Recht, sich eigene Staatszielbestimmungen zu setzen, die – soweit sie den in Art. 28 I GG gezogenen Homogenitätsrahmen einhalten – nicht deswegen durch Art. 31 GG in ihrer Wirksamkeit gebrochen werden, weil sie inhaltlich weiter oder weniger weit reichen als ihr bundesrechtliches Pendant. Es besteht deswegen kein Grund, Art. 141 I, II, soweit er z. B. konkretere Aussagen trifft als Art. 20 a GG (der ja z. B. – wie Art. 3 II BV – nur vom Schutz der natürlichen Lebensgrundlagen spricht, ohne – wie Art. 141 I – einzelne hieraus folgende Aufgaben zu konkretisieren) oder soweit er im Einzelfall weiter reichen sollte als Art. 20 a GG (z. B. durch Betonung der „Vorrangigkeit" der Aufgaben des Art. 141 I 4, die Art. 20 a GG in dieser Form bewusst nicht wiederholt[22]), von vornherein aus bundesstaatlicher Rücksichtnahme interpretatorisch auf den dürren Gehalt des Art. 20 a zurückzustutzen.[23] Der Wortlaut des Art. 141 I, II BV kann so, wie er dasteht, zum Ausgangspunkt einer BV-immanenten Auslegung gemacht werden. Auf einem anderen Blatt steht, dass, wenn man Art. 20 a GG und Art. 141 I, II jeweils für sich korrekt auslegt (d. h. insbesondere Art. 20 a interpreta-

---

[16] Zum Ganzen: Prot. I, S. 270 ff.

[17] GVBl. S. 223; dazu LT-Drucks. 10/2651 und Sen-Drucks. 12/84; s. a. *Buchner*, BayVBl. 1984, 385 ff.

[18] VerfGH 38, 51 (64 f.); 48, 119 (125 f.); 55, 98 (119 f.).

[19] LT-Drucks. 10/2651, S. 1; siehe auch Sen.-Drucks. 12/84, S. 1.

[20] GVBl. S. 38; dazu LT-Drucks. 13/7436; Sen-Drucks. 129/97.

[21] *Scholz*, in: Maunz/Dürig, Art. 20 a Rn. 44.

[22] *Scholz*, in: Maunz/Dürig, Art. 20 a GG Rn. 41 ff.: „kein einseitiger Prioritätsanspruch"; siehe freilich bereits Rn. 4 und unten Rn. 11.

[23] In diese Richtung allerdings: *Scholz*, in: 50 Jahre BayVerfGH, S. 177 ff.

torisch konkretisiert und Art. 141 I, II BV ins Verhältnis mit anderen, gegenläufigen Verfassungswerten setzt), man in aller Regel zu Ergebnissen kommen wird, die sich ohnehin weitgehend gleichen (auch bzgl. der „Vorrangfrage" siehe bereits Rn. 4 und unten Rn. 11).[24] Klar ist auch, dass die bayerische Staatsgewalt, gestützt auf Art. 141 I, II BV, nicht zu Maßnahmen greifen darf, die mit gegenläufigem Bundesverfassungsrecht, namentlich mit den Bundesgrundrechten Dritter, unvereinbar sind; Für die Frage, welchen Einschränkungen die Bundesgrundrechte aus Gründen des Umwelt- oder Tierschutzes unterworfen werden dürfen, kommt es letztlich auf das Gewicht des Umwelt- oder Tierschutzes an, das dieser in Art. 20a GG (und nicht in Art. 141 BV) gefunden hat.[25] Zu beachten ist schließlich, dass die Maßstabskraft der BV ggf. nur einen sehr eingeschränkten Einwirkungsraum vorfinden kann, soweit das Umwelt- und Tierschutzrecht – so, wie nach der Kompetenzordnung des GG überwiegend der Fall (v. a. Art. 74 I, Nr. 18, 20, 24, 28, 29, 32 GG) – bundesrechtlich geregelt ist (auch soweit es durch Landesbehörden vollzogen wird; vgl. Vorbem. B Wirkkraft LVerfR, Rn. 17 ff.). Immerhin verbleiben – v. a. mit dem Jagd-, dem Naturschutz- und dem Wasserrecht (Art. 72 III, Nr. 1, 2, 5 GG) wichtige Rechtsgebiete, in denen der Landesgesetzgeber auch künftig das letzte Wort hat (Abweichungsgesetzgebung). Für eine Einwirkung des Art. 141 I, II BV trotz bundesrechtlicher Regelung bleibt auch Raum, soweit das von Landesbehörden oder Gemeinden zu vollziehende Bundesrecht substantielle Ermessens- oder Abwägungsspielräume belässt; namentlich im Planungsrecht, z. B. im Bauplanungsrecht ist dies der Fall; im Rahmen der bundesrechtlich zwingenden Abwägung dürfen die Wertungen und Zielsetzungen des Art. 141 I, II BV nicht „in krasser Weise verkannt" werden.[26]

6   Das GG kennt **kein** dem Art. 141 II BV entsprechendes, mit Verfassungsrang ausgestattetes ausdrückliches **Staatsziel Denkmalschutz.** Allenfalls mühsam und nicht mit der gleichen Dichte und Bindungskraft wie Art. 141 II BV kann man den Denkmalschutz durch einen allgemein kulturstaatlichen Verfassungsauftrag des GG mitumfasst ansehen.[27] Der Landesverfassung bleibt es unbenommen, ein auch im GG nicht vorgesehenes Staatsziel zu formulieren (vgl. vorige Rn.). Gebunden ist freilich allein die Landesstaatsgewalt, wobei sich insoweit, da Denkmalschutzrecht Landesrecht ist, ein prinzipiell weiter Einwirkungsraum bietet. Die Landesstaatsgewalt darf aus Art. 141 II keine Konsequenzen ziehen, die mit gegenläufigem Bundesverfassungsrecht, namentlich mit dem aus **Art. 14 GG** folgenden Eigentumsgrundrecht unvereinbar sind. Im Rahmen der Prüfung des Art. 14 GG hat das BVerfG[28] den Denkmalschutz als eine Gemeinwohlaufgabe von hohem Rang angesehen, die Einschränkungen des Eigentumsgrundrechts grundsätzlich zu rechtfertigen vermag; es hat in diesem Zusammenhang sogar erwähnt, dass dem Denkmalschutz in dem betroffenen Land Verfassungsrang zukommt; letztlich kann die Frage, welchen Einschränkungen Art. 14 GG aus Denkmalschutzgründen unterworfen werden kann, jedoch nicht davon abhängen, welches Gewicht der Denkmalschutz in der jeweiligen Landesverfassung erhalten hat; die allgemeinen bundesrechtlichen Grenzen des Denkmalschutzes, die sich aus dem Eigentumsgrundrecht ergeben (hierzu v. a. BVerfGE 100, 226), sind daher voll beachtlich. Die in Art. 141 II normierte Aufgabe der Verhütung der Abwanderung deutschen Kunstbesitzes in das Ausland hat wegen der insoweit bestehenden ausschließlichen Bundesgesetzgebungskompetenz **(Art. 73 Nr. 5a GG)** geringe eigenständige Bedeutung.

7   Das **Grundrecht auf Naturgenuss** des Art. 141 III 1 hat im GG keine explizite Entsprechung; allenfalls lässt sich aus der allgemeinen Handlungsfreiheit **(Art. 2 I GG)** ein – allerdings inhaltlich schwächerer – Schutz der Bewegung und Erholung in der Natur ab-

---

[24] Selbst *Scholz,* a. a. O. S. 196, sieht bzgl. Art. 141 I, II BV keinen Widerspruch.

[25] Aus Art. 14 GG folgende Zumutbargrenzen für den Grundeigentümer (vgl. z. B. BVerfGE 102, 1 zu den Grenzen der Zustandsstörerhaftung) sind für den Landesgesetzgeber verbindlich.

[26] VerfGH 55, 98 (119 f.); 59, 109.

[27] Vgl. *Steiner,* in: HdbStR IV, § 86, Rn. 3 ff., 25.

[28] BVerfGE 100, 226 (242).

leiten (Bsp.: „Reiten im Walde"[29]). Der Landesverfassung steht es nach Art. 142 GG frei, auch eigenständige oder inhaltlich weiterreichende Grundrechte als das GG zu statuieren (Vor Art. 98, Rn. 117); zu Recht geht der VerfGH deswegen in st. Rspr. von der **Weitergeltung** des Art. 141 III 1 BV aus.[30] Aus Art. 141 III 1 dürfen – wegen Art. 31 GG – jedoch keine Rechtsfolgen hergeleitet werden, die mit dem in **Art. 14 GG** gewährleisteten Eigentumsgrundrecht Dritter unvereinbar sind; die aus Art. 141 III 1 BV folgenden Betretungsrechte, Aneignungsrechte etc. müssen daher an Art. 14 GG gemessen werden, d. h. sich als eine verhältnismäßige, sich im Rahmen der Sozialpflichtigkeit des Eigentums haltende Inhalts- und Schrankenbestimmung erweisen. Die aus Art. 141 III 1 BV folgenden Rechte sind grundsätzlich als mit Art. 14 GG vereinbar anzusehen; im Einzelfall kann eine grundgesetzkonforme Reduktion erforderlich sein; so muss der Eigentümer beispielsweise keine unzumutbaren Schäden dulden (siehe auch Art. 141 III 2 BV; nichts anderes folgt auch bereits aus Art. 103 BV).[31] Ohne Belang ist es für die das Eigentumsgrundrecht einschränkende Kraft des Art. 141 III 1 BV, ob Bayern nach der grundgesetzlichen Kompetenzordnung die Gesetzgebungskompetenz für eine Art. 141 III 1 entsprechende Regelung hat,[32] denn der Landesverfassungsgeber ist nicht an die Kompetenzordnung des GG, sondern nur an Art. 28 I GG gebunden (Vorbem. B Wirkkraft LVerfR, Rn. 3). Sollte der Bundesgesetzgeber eine Regelungskompetenz haben, liegt es an ihm, diese wahrzunehmen und damit ggf. Landesverfassungsrecht über Art. 31 GG zu verdrängen. Im Übrigen ist es nicht streitig, dass Regelungen zum Recht auf Erholung in der Natur (Betretungsrechte, Aneignungsrechte) in der Sache zur Materie Naturschutzrecht gehören (vgl. bislang § 56 f. BNatSchG; Art. 21 ff. BayNatSchG), die auch künftig – nach Maßgabe des Art. 72 III Nr. 2 GG (Abweichungsgesetzgebung) – der Landesgesetzgebung offenstehen. Art. 141 III 1 BV steht auch nicht mit **einfachem Bundesrecht** in Widerspruch; dies gilt sowohl für § 56 f. BNatSchG als auch für das **bürgerliche Recht**. Soweit Art. 141 III 1 BV kraft Landesverfassungsautonomie sowie – in kompetenzgemäßer Weise – Art. 21 ff. BayNatSchG dem Erholungssuchenden Rechte gegenüber dem Grundstückseigentümer einräumen, hat letzterer die Ausübung dieser Rechte zu dulden und kann daher keinen Abwehranspruch nach § 1004 BGB geltend machen.[33] Die Eigentümerrechte des BGB sind insoweit durch nach § 1004 II BGB beachtliche öffentlich-rechtliche Duldungspflichten überlagert, ohne dass es auf die (die hier vertretene Lösung allenfalls zusätzlich untermauernde) Kollisionsnorm des Art. 111 EGBGB ankommen dürfte.[34] Die sich aus **Art. 141 III 3 BV** ergebende objektiv-rechtliche Pflicht, den Zugang zu Naturschönheiten ggf. durch Einschränkungen des Eigentumsrechts freizumachen, hat die sich aus Art. 14 GG ergebenden Grenzen in vollem Umfang zu beachten.

II. Einzelkommentierung

1. Schutz der natürlichen Lebensgrundlagen und der kulturellen Überlieferung, Tierschutz (Absätze 1 und 2)

a) Rechtsnatur und Bindungskraft. Die Direktiven der Absätze 1 und 2 sind – jedenfalls seit ihrer Neufassung 1984 – keine bloße Programmsätze, sondern **bindendes objektives Verfassungsrecht** in Gestalt von **Staatszielbestimmungen,** an denen die Handlungen und Unterlassungen der öffentlichen Gewalt zu messen sind.[35] Entsprechend der   8

---

[29] BVerfGE 80, 137; VerfGH 28, 107; 30, 151; 34, 131; 51, 94; 55, 160. Siehe schon Rn. 3.

[30] Ausdrücklich: VerfGH 4, 206 (210); 28, 107 (122).

[31] *Meder,* Art. 141 Rn. 11; VerfGH 28, 107 (126); 34, 131 (134), 51, 84 (101); 53, 137 (142); s. a. VGH DVBl. 1975, 545 (546).

[32] So aber *Scholz,* in: 50 Jahre VerfGH, S. 177 (192 f.; 196).

[33] Vgl. BayObLG NVwZ-RR 2004, 239 ff.

[34] *Sening,* BayVBl. 1976, 72 (74).

[35] St. Rspr. siehe VerfGH 38, 112 (116); 39, 17 (26); 44, 41 (54); VerfGH 48, 119 (125); 52, 9 (25 f.); 55, 98 (119); 55, 160 (167); 59, 109 (115).

allgemeinen Wirkungsweise von Staatszielbestimmungen[36] geben die Aufträge des Art. 141 I, II die Verfolgung eines Ziels verbindlich vor, lassen die zu wählenden Mittel jedoch grundsätzlich offen;[37] sie schreiben dem Staat kein bestimmtes (Schutz-)Niveau, kein justiziables Mindestmaß an Zielerreichung vor; verletzt sind sie nur, wenn der Staat entweder völlig untätig bleibt (wobei ihm gerade bei neuen und unsicheren Erkenntnissen über mögliche Gefährdungen auch ein angemessener Beobachtungs- und Reaktionszeitraum zuzubilligen ist) oder aber die gewählten Mittel so evident unzulänglich sind, dass von keiner hinreichend ernsthaften Zielverfolgung mehr gesprochen werden kann.[38] Bei Abwägungen, wie sie dem Gesetzgeber, aber v. a. auch der Exekutive beim Erlass von Plänen (planerisches Abwägungsgebot) obliegen, muss die zuständige Stelle den sich aus Art. 141 I, II ergebenden Verfassungsauftrag **ausreichend in Betracht ziehen; sie darf seine Bedeutung und die sich aus ihm ergebenden Pflichten nicht in krasser Weise verkennen.**[39] Bei alledem verbleibt – für die im Einzelnen vorzunehmenden Gewichtungen, Konkretisierungen und Abwägungen – freilich ein großer Gestaltungsspielraum, insbesondere des Gesetzgebers.[40] Die Staatszielbestimmungen des Art. 14 I, II wirken nicht nur – positiv – als anleitende Direktive für finalprogrammiertes Handeln, sondern – aus negatorisch-abwehrendem Blickwinkel – auch als **sachliche Rechtfertigung für Grundrechtseinschränkungen;** z. B. für Eingriffe in die Baufreiheit (z. B. aus Denkmal- oder Ortsbildschutzgründen)[41], für Beschränkungen der Handlungsfreiheit und Grundstücksnutzung in Schutzgebieten[42] etc.[43] Die Staatszielbestimmungen des Art. 141 I, II verleihen **keine subjektiven Rechte;** namentlich gewährleistet Art. 141 kein „Grundrecht auf Umweltschutz" im Sinne eines Abwehrrechts gegen naturverändernde Maßnahmen oder eines Leistungsrechts auf Gewährung eines bestimmten ökologischen Schutzniveaus.[44] Aus ihm entspringen daher auch keine verfassungsunmittelbaren Verbandsklagerechte; die gesetzliche Einführung derartiger Rechte kann indes auf Art. 141 I, II gestützt werden. Sollen subjektive Rechtspositionen geltend gemacht werden, muss man sich auf **grundrechtliche Schutzpflichten** (Schutz der Gesundheit/des Eigentums gegen ökologische Gefährdungen), d. h. auf den Schutz von Individualrechtsgütern berufen, mit denen die Pflicht zum Schutz der Umwelt (als kollektives Gut) bis zu einem gewissen Grade deckungsgleich ist.[45] Im Übrigen ist der VerfGH recht weitgehend – v. a. im Kontext von Abwägungsentscheidungen – bereit, die objektiv-rechtlichen Pflichten des Art. 141 I, II, die nicht willkürlich und krass verkannt werden dürften, über das **Willkürverbot des Art. 118 I** subjektiv-rechtlich zu bewehren.[46]

9   **b) Adressaten.** Übereinstimmende Adressaten der in Art. 141 I, II ausgesprochenen Zielbestimmungen und Pflichten sind **Staat, Gemeinden und Körperschaften des öf-**

---

[36] Dazu: BMI/BMJ (Hrsg.), Staatszielbestimmungen. Gesetzgebungsaufträge. Bericht der Sachverständigenkommission, 1983; *Möstl,* Die staatliche Garantie für die öffentliche Sicherheit und Ordnung, 2002, S. 74 ff.

[37] *Murswiek,* in: Sachs, Art. 20 a Rn. 17.

[38] *Schröder,* in: Grimm/Caesar, RhPfVerf, Art. 60 Rn. 15.

[39] VerfGH 28, 119 (125); 55, 98 (119); 59, 109 (116).

[40] VerfGH 39, 17 (27); *Murswiek,* in: Sachs, Art. 20 a Rn. 17.

[41] VerfGH 11, 23 (verunstaltende Außenwerbung); 52, 4 (Kunststofffenster im denkmalgeschützten Haus).

[42] VerfGH 12, 1; 44, 41.

[43] Beschränkungen des Jagdrechts VerfGH 49, 141; zum freien Rundfunkempfang (Antennen und Ortsbildschutz) VerfGH 38, 134.

[44] VerfGH 38, 112 (114); 39, 17; 49, 103 (106); siehe auch LT-Drucks. 10, 2651, S. 3; Sen-Drucks. 12/84, S. 1.

[45] BVerfG-K NJW 1983, 2931; NJW 1996, 651; *Möstl,* Die staatliche Garantie für die öffentliche Sicherheit und Ordnung, 2002, S. 59 ff.; siehe auch: *Meder,* Art. 141 Rn. 2 c, 5; *Murswiek,* in: Sachs, Art. 20 a Rn. 21.

[46] VerfGH 39, 17 (26); 48, 119 (122); 59, 109 (114 ff.).

fentlichen Rechts (vgl. Abs. 1 S. 4; Abs. 2; Abs. 2 S. 1 spricht zusammenfassend auch von „staatlicher Gemeinschaft"). Gemeint sind insbesondere alle Gebietskörperschaften (auch die Gemeindeverbände), aber auch alle sonstigen als juristische Person verselbständigten Verwaltungsträger (auch soweit sie nicht im engeren Sinne als „Körperschaft", sondern z. B. als Anstalt oder als beliehener Unternehmer organisiert sind);[47] die Kirchen (die der VA ursprünglich z. B. in Denkmalschutzfragen mitumfasst sehen wollte; vgl. Rn. 4) dürften nur wie jedermann (d. h. mittelbar) betroffen sein (zu Abs. 1 S. 1 „jeder einzelne" siehe sogleich). Von verfassungsunmittelbaren Pflichten erfasst – dies freilich aber nur im Rahmen ihrer jeweiligen Zuständigkeiten sowie innerhalb ihrer allgemeinen gewaltenteiligen Funktionsgrenzen – sind insbesondere **alle drei Gewalten**[48]. Die BV hat, um dies auszudrücken, zu Recht nicht von der unnötig komplizierten Wortwahl des (jüngeren) Art. 20a GG („im Rahmen der verfassungsmäßigen Ordnung durch die Gesetzgebung und nach Maßgabe von Gesetz und Recht durch die vollziehende Gewalt und die Rechtsprechung"[49]) Gebrauch gemacht; denn dass Exekutive und Judikative nur innerhalb ihrer allgemeinen Funktionsgrenzen tätig werden können (Vorbehalt und Vorrang des Gesetzes; Gesetzesbindung und Grenzen richterlicher Rechtsfortbildung) und dass deswegen dem Gesetzgeber unzweifelhaft die primäre Verantwortung für die Umsetzung der in Art. 141 I, II ausgesprochenen Staatsziele zukommt, ergibt sich bereits aus allgemeinen Prinzipien und muss nicht eigens betont werden.[50] Dem Wortlaut des Art. 141 I 1 nach wird der Umweltschutz neben dem Staat auch der Fürsorge **jedes Einzelnen** anvertraut; die Entwurfsbegründung spricht insoweit davon, dass auch dem umweltbewussten Verhalten jedes Einzelnen entscheidende Bedeutung zukomme und die Einführung des Staatsziels die Verantwortung des Einzelnen und der Gesellschaft nicht schmälern wolle.[51] Gemäß der Terminologie der BV könnte es sich insoweit um eine „Grundpflicht" handeln.[52] Gemeint ist damit aber jedenfalls nicht, dass dem Einzelnen aus Art. 141 I, II verfassungsunmittelbar bindende Pflichten erwachsen; in seiner positiv anleitenden Funktion ist die Einbeziehung des Einzelnen als nicht mehr als ein ernster Appell anzusehen.[53] Sehr wohl allerdings kann aus Art. 141 die sachliche Rechtfertigung für Grundrechtseingriffe erwachsen (Rn. 8); aufgrund entsprechender gesetzlicher Anordnung kann es Art. 141 I, II auf diese Weise legitimieren, dass der Einzelne für Zwecke des Umweltschutzes in die Pflicht genommen und so mittelbar an die Ziele des Art. 141 I, II gebunden wird. Im Ergebnis weicht die Rechtslage nicht von Art. 20a GG ab, wo der Einzelne nicht erwähnt wird.[54]

c) **Schutz.** Gemeinsames Leitmotiv der Absätze 1 und 2 ist der **Schutz** der natürlichen **10** Lebensgrundlagen und der kulturellen Überlieferung (vgl. Art. 141 I 1, I 2, I 4 2. und 4. Alt.; II). Im Kontext des **Umweltschutzes** beschränkt sich „schützen" nicht (negativ) auf Unterlassungen oder die bloße Abwehr von Schädigungen, sondern schließt insbesondere auch positives, gestalterisches, planendes, optimierendes Handeln ein; ebenso wenig meint „schützen" allein die Reaktion auf bereits eingetretene Schäden oder die Abwehr von Gefahren im polizeirechtlichen Sinne (bei denen bereits die Schwelle hinreichender Wahrscheinlichkeit einer Schädigung überschritten ist), sondern erfasst auch den im Umweltrecht besonders wichtigen Bereich der **Vorsorge** (einschließlich des Handelns unter Ungewissheitsbedingungen, die eine gewöhnliche Gefahrenprognose unmöglich machen).[55]

---

[47] Die LT-Drucks. 10/1651, S. 1 spricht zu Recht von allen „übrigen Hoheitsträgern".
[48] *Meder,* Art. 141 Rn. 1a.
[49] Dazu *Scholz,* in: Maunz/Dürig, Art. 20a Rn. 46 ff.
[50] Vgl. *Jarass/Pieroth,* Art. 20a, Rn. 18 ff.; *Müller-Terpitz,* in: Löwer/Tettinger, NRW Verf, Art. 29a, Rn. 15 ff.
[51] LT-Drucks. 10, 2651, S. 1.
[52] So für RhPf: *Schröder,* in: Grimm/Caesar, RhPfVerf, Art. 69 Rn. 1, 9.
[53] So wohl auch *Meder,* Art. 141 Rn. 1a.
[54] Dazu *Jarass/Pieroth,* Art. 20a Rn. 2a.
[55] So schon: LT-Drucks. 10/2651, S. 4; Sen-Drucks. 12/84, S. 1; s. a. *Pieroth/Schlink,* Art. 20a, Rn. 5, 8; *Murswiek,* in: Sachs, Art. 20a, Rn. 49 f.

Durch das ausdrückliche Abstellen auf die „Verantwortung für die kommenden Generationen" wird dieses, auf eine langfristig vorausschauende, planende, vorsorgende Politik ausgerichtete Schutzziel unterstrichen; außerdem bekennt sich die BV damit zu dem seither zu einem Leitbegriff moderner Umweltpolitik avancierten Konzept generationenübergreifender **Nachhaltigkeit**[56] (siehe dazu auch die Verpflichtung zu schonendem und sparsamem Ressourcenumgang in Abs. 1 S. 3). Im Kontext des **Denkmalschutzes** bedeutet „Schutz" und „Pflege" (Art. 141 II 1. Alt.) das Erhalten und Erneuern des Bestehenden sowie seine Sicherung gegen Beschädigung, Entfernung, Zerstörung oder Verunstaltung.[57]

11   **d) Abwägungsbedürftigkeit und ggf. Vorrangigkeit von Aufgaben; Grenzen der Grundrechte (v. a. des Eigentumsgrundrechts).** Alle in Art. 141 I, II statuierten Ziele und Aufgaben sind **abwägungsbedürftig;** keine Aufgabe ist absolut, d. h. ohne Rücksicht auf entgegenstehende Rechtsgüter und Belange zu verfolgen.[58] Dass dies so ist, ergibt sich bereits aus der Natur als Staatszielbestimmung (die von vornherein allein ein hinreichendes Berücksichtigen verlangt; Rn. 8) sowie aus einer Gesamtschau der Verfassung und muss im Verfassungstext nicht ausdrücklich vermerkt werden (anders Art. 20 a GG: „im Rahmen der verfassungsmäßigen Ordnung"[59]). Der Umstand, dass jede Zielverfolgung unter dem Art. 141 I, II nur nach Maßgabe einer Abwägung zu verfolgen hat und unter dem Vorbehalt des Möglichen steht, wird im Text des Art. 141 für einige Teilziele noch dadurch bekräftigt (mit der Folge einer entsprechenden Abschwächung), dass die Aufgabe nur **„möglichst"** zu verfolgen ist (z. B. Art. 141 II 2. Alt.; umgekehrt ist das „möglichst" – mit der Konsequenz einer entsprechenden Verstärkung – in Art. 141 I 4. Alt. entfallen[60]); in den Alternativen 1 und 3 des Art. 141 I („möglichst zu beheben oder auszugleichen") dürfte das „möglichst" allerdings nur auf einen internen Vorrang des Behebens gegenüber dem Ausgleichen hindeuten.[61] Der Abwägungsfähigkeit und -bedürftigkeit des Umweltschutzes tut es keinen Abbruch, dass Art. 141 I 4 die dort normierten Aufgaben als **„vorrangig"** bezeichnet (siehe bereits Rn. 4). Der VerfGH[62] judiziert in st. Rspr., dass es auch andere Rechtsgüter von vergleichbarem Gewicht gibt (vgl. schon den Wortlaut: „es gehört *auch* zu den vorrangigen Aufgaben"; Hervorhebung des Verf.) und eine (entsprechende Spielräume implizierende) Abwägung nötig ist. Immerhin verweist das „vorrangig" auf die hohe Bedeutung des Umweltschutzes, so dass nicht jedes Interesse, sondern nur Gemeinwohlbelange von wirklich vergleichbarem Gewicht, eine Hintanstellung des Umweltschutzes rechtfertigen können; unspezifische Ziele, wie die Förderung des wirtschaftlichen Wachstums, können für sich genommen unzureichend sein; auch wird von mehreren Mitteln, die öffentliche Belange gleichtangieren, im Zweifel dasjenige zu wählen sein, das den Umweltschutz besser verwirklicht. An Grenzen stößt die durch Art. 141 I, II aufgegebene Zielverfolgung insbesondere in den **Grundrechten Dritter** (gerade diese müssen auch gegenüber den „vorrangigen" Aufgaben des Art. 141 I 4 keineswegs schlechterdings zurücktreten[63]), v. a. dem **Eigentumsgrundrecht** (zu den Grundrechten des GG siehe schon Rn. 5, 6). Die vom BVerfG hierzu aufgestellten Grundsätze (namentlich zu den Grenzen der Sozialpflichtigkeit, der Abgrenzung von ausgleichspflichtigen Inhalts- und Schrankenbestimmungen und Enteignungen etc.) gelten nicht nur für Art. 14 GG, sondern lassen sich auch auf Art. 103 BV übertragen; von exemplarischer Bedeutung ist – neben dem nach wie vor grundlegenden Nassauskiesungsbeschluss[64] – v. a. die Rspr. zu den Grenzen der Zustands-

---

[56]   Dazu: *Kahl* (Hrsg.), Nachhaltigkeit als Verbundbegriff, 2008.

[57]   *Meder,* Art. 141 Rn. 2.

[58]   Zur Notwendigkeit von Gewichtungen und Abwägungen z. B. VerfGH 55, 98 (119 f.); zur Forderung nach einem „absoluten Vorrang" für den Umweltschutz siehe bereits Rn. 4.

[59]   *Jarass/Pieroth,* Art. 20 a, Rn. 14.

[60]   Prot. I S. 272 f.; LT-Drucks. 10/2651, S. 4.

[61]   Zum Ganzen auch – für eine enge Auslegung –: *Meder,* Art. 141 Rn. 1 c.

[62]   VerfGH 38, 51 (65); 39, 17 (26 f.); 48, 119 (125 f.); 55, 98 (119 f.), auch zum folgenden Satz.

[63]   VerfGH 38, 51 (LS. 3).

[64]   BVerfGE 58, 300.

störerhaftung bei Altlasten[65] sowie zur Verhältnismäßigkeit und ggf. Ausgleichspflichtigkeit von Anordnungen des Denkmalschutzes.[66] Aus der Praxis des VerfGH: Verunstaltende Außenwerbung (11, 23); naturschutzrechtliche Nutzungsbeschränkung (12, 1; 38, 51; 39, 1); Denkmalschutz und Sozialpflichtigkeit (34, 79); Baufreiheit und Denkmalschutz (52, 4). Zum Verhältnis von Art. 141 III und 141 I siehe unten Rn. 17.

e) Umweltschutz. Die Umweltschutzaufgabe in ihrer ganzen Breite wird durch **12** Art. 141 I beschrieben als **„Schutz der natürlichen Lebensgrundlagen":** „Natürliche Lebensgrundlagen" meint die gesamte natürliche Umwelt des Menschen, auch die vom Menschen erheblich veränderte, nicht jedoch die menschengeschaffene künstliche Umwelt.[67] Art. 141 I 4 1. Alt nennt exemplarisch die besonders wichtigen Umweltmedien Luft, Wasser und Boden; auch Natur und Landschaft sowie die Tier- und Pflanzenarten mit ihren Lebensräumen (nicht jedoch der Schutz des individuellen leidensfähigen Tieres Tierschutz, siehe folgende Rn.) sind jedoch erfasst, ebenso das Klima (Art. 141 I weist bezüglich des heute besonders wichtigen Klimaschutzes, also trotz Nichtnennung in Art. 141 I 4 keine Lücke auf).[68] Der Schutz der natürlichen Lebensgrundlagen ist sowohl um des Menschen willen („auch in Verantwortung für die kommenden Generationen") als auch wegen des Eigenwertes der natürlichen Umwelt gewährleistet (so ansatzweise bereits die Ursprungsfassung Rn. 2); der im Kontext des Art. 20 a GG geführte Streit um die anthropozentrische oder ökozentrische Ausrichtung[69] sollte nicht überbewertet und muss nicht einseitig aufgelöst werden.[70] Mit dem Verweis auf die kommenden Generationen (Art. 141 I 1) sowie dem Appell zur Sparsamkeit des Ressourcenverbrauchs (Art. 141 I 3; I 4 1. Alt.) bekennt sich Art. 141 I zum **Nachhaltigkeitsprinzip.** Die Aufzählung der Aufgaben nach **Art. 141 I 4** ist nur **exemplarisch;**[71] dass auch andere Umweltschutzaufgaben vergleichbar „vorrangiges" Gewicht haben können, wird durch Art. 141 I 4 nicht ausgeschlossen. Der Schutz von Wasser, Boden und Luft wird besonders erwähnt (Art. 141 I 4 1. Alt.). Als Naturhaushalt (Art. 141 I 4 2. Alt.) bezeichnet man das komplexe Wirkungsgefüge aller natürlichen Faktoren wie Boden, Wasser, Luft, Klima, Pflanzen- und Tierwelt;[72] die mit dem Abstellen auf ihn implizierte ganzheitliche Herangehensweise trägt auch das Konzept des sog. „integrierten Umweltschutzes"[73]. U. a. unter dem Aspekt des Schutzes gegen übermäßigen Verbrauch der natürlichen Lebensgrundlage „Boden" ist vom VerfGH ein Bebauungsplan für nichtig erklärt worden.[74] Zum Schutz des Waldes (Art. 141 I 4 3. Alt.) siehe VerfGH 39, 17 (Bebauungsplan und Verbrauch von Waldflächen) sowie VerfGH 49, 141 (Waldschutz und Jagdrecht). Die Aufgaben des Natur- und Landschaftsschutzes, wie sie in Art. 141 I 4 4. Alt sowie Art. 141 II 1. Alt genannt sind, sind Teil der Umweltschutzaufgabe;[75] hierzu zum Beispiel: VerfGH 12, 1; 38, 51; 39, 1 (naturschutzrechtliche Nutzungsbeschränkungen); 48, 119 (Eingriffsregelung und Bauvorhaben); 55, 98 (Ausbau der A 94 im Landesentwicklungsprogramm); 59, 109 (Bauleitplanung und Landschaftsschutz).

f) Tierschutz (Art. 141 I 2). Geschützt[76] werden – anders als beim Schutz einer Tierart **13** als natürlicher Lebensgrundlage und Teil des Naturhaushalts (Art. 141 I 4) – **individuelle**

---

[65] BVerfGE 102, 1.
[66] BVerfGE 100, 226.
[67] *Jarass/Pieroth,* Art. 20 a Rn. 3 f., auch zum Folgenden.
[68] LT-Drucks. 10/2651, S. 4; zum Klimaschutz auch BVerwGE 125, 68, Abs.-Nr. 14.
[69] Vgl. *Scholz,* in: Maunz/Dürig, Art. 20 a Rn. 38.
[70] Vgl. *Jarass/Pieroth,* Art. 20 a Rn. 3.
[71] *Meder,* Art. 141 Rn. 1 b.
[72] LT-Drucks. 10/2651, S. 4.
[73] Dazu *Sparwasser/Engel/Voßkuhle,* Umweltrecht, 5. Aufl. 2003, § 2, Rn. 38 ff.
[74] VerfGH 59, 109.
[75] VerfGH 55, 98 (119).
[76] Zum Folgenden: *Jarass/Pieroth,* Art. 20 a Rn. 12 f.; zur Abgrenzung von Tier- und Artenschutz z. B. RhPfVerfGH, NVwZ 2001, 553.

Tiere, und zwar gegen die Zufügung von Schmerzen, Leiden und Schäden. Geschützt sind grundsätzlich alle Tiere, auch Haustiere und zu Versuchszwecken gehaltene Tiere. Die Klausel verpflichtet den Staat nicht nur zur Unterlassung eigener Beeinträchtigungen, sondern vor allem zum Schutz gegen Beeinträchtigungen durch Dritte. Aufgrund der vorwiegend bundesrechtlichen Regelung (TierSchG) bleibt für Art. 141 II 2 nur ein geringer Einwirkungsbereich.[77] Rechtsprechung des VerfGH existiert, soweit ersichtlich, bislang nicht. Zur Praxis des BVerfG aus jüngerer Zeit siehe: BVerfGE 104, 337 (muslimischer Metzger) und Art. 110, 141 (Kampfhunde).

14   **g) Schutz der kulturellen Überlieferung, insbesondere Denkmalschutz (Art. 141 I 4 4. Alt., II). Denkmäler** sind von Menschen geschaffene Sachen oder Teile davon aus vergangener Zeit, deren Erhaltung wegen ihrer geschichtlichen, künstlerischen, städtebaulichen, wissenschaftlichen oder volkskundlichen Bedeutung im Interesse der Allgemeinheit liegt (Art. 1 I DSchG). Ihr Schutz, insbesondere auch der Schutz der Baudenkmäler, wird durch das DSchG in Einlösung des Verfassungsauftrags aus Art. 141 II 1. Alt. näher ausgestaltet. Der Schutz von Ortsbildern (Art. 141 I 4 4. Alt.) ist überdies durch eine Vielzahl baurechtlicher Normen näher geregelt. Aus der Rspr.: VerfGH 11, 23 (verunstaltende Außenwerbung); 34, 79 (Denkmalschutz und Sozialpflichtigkeit); 38, 141 (Außenantennen und Ortsbildschutz); 52, 4 (Kunststofffenster im denkmalgeschützten Haus); BVerfGE 100, 226 (Verhältnismäßigkeit und Ausgleichspflichtigkeit; Rn. 11). Die Aussage, herabgewürdigte Denkmäler möglichst ihrer ursprünglichen Bestimmung wieder zuzufügen, macht deutlich, dass sich der Auftrag des Art. 141 II nicht im Konservieren des Status quo erschöpft, sondern – freilich unter dem Vorbehalt des Möglichen („möglichst") und der eigentumsrechtlichen Zumutbarkeit – auch ein Mandat der Wiederherstellung und Verbesserung einschließt.[78] Der Auftrag, die Abwanderung deutschen Kunstbesitzes ins Ausland zu verhüten, hat wegen der ausschließlichen Gesetzgebungskompetenz des Bundes (Art. 73 I Nr. 5 a GG) geringe eigenständige Bedeutung (Rn. 7). Die frühere Aussage des VerfGH (zu Art. 141 I a. F.), beim Denkmalschutzauftrag handele es sich um einen (indes durchaus Pflichten hervorbringenden) Programmsatz,[79] ist überholt; Art. 141 II nimmt nunmehr am Staatszielcharakter der gesamten Norm (Rn. 1, 8) teil.

2. Der freie Zugang zu Naturschönheiten und die Erholung in der freien Natur (Absatz 3)

15   **a) Rechtsnatur, Wirkungsweise, Bindungskraft.** Art. 141 III 1 gewährt – mit seinem Recht auf Genuss der Naturschönheiten – ein **Grundrecht.**[80] Art. 141 III 2 (Pflicht zum pfleglichen Umgang mit der Natur) gehört thematisch zu dieser Grundrechtsgewährleistung[81] und statuiert eine **immanente Schranke** der Grundrechtsausübung.[82] Art. 141 III 3 (Verschaffung des Zugangs; Anlegen von Erholungsparks und Wanderwegen) ist kein Grundrecht und subjektives Recht des Einzelnen, sondern legt der öffentlichen Hand entsprechende objektiv-rechtliche Pflichten auf **(Staatszielbestimmung).**[83] Das Grundrecht des Art. 141 III 1 richtet sich **nicht allein gegen den Staat,** sondern verfassungsunmittelbar auch **an Dritte,** namentlich die (Grund-)Eigentümer der zu betretenden Flächen und anzueignenden Waldfrüchte (unmittelbare Drittwirkung); die Verfassungsnorm bewirkt – als Ausfluss seiner Sozialpflichtigkeit (Art. 14 II GG, Art. 103 II, 158 BV) – öffentlich-

---

[77] *Müller-Terpitz,* in: Löwer/Tettinger, NRW Verf, Art. 29 a Rn. 28.

[78] Dazu VerfGH 52, 4 (6 f.); Vorbelastungen wirken sich deswegen nicht unbedingt schutzmindernd aus.

[79] VerfGH 34, 79 (81).

[80] St. Rspr. z. B. VerfGH 29, 181 (183); 47, 54 (56), jeweils m. w. N.

[81] Vgl. die Nennung von Satz 1 und 2 als Sitz des Grundrechts in einem Atemzug in VerfGH 58, 150 (LS 1).

[82] VerfGH 51, 94 (101); 55, 160 (167).

[83] VerfGH 34, 103 (LS 3).

rechtliche Beschränkungen des Eigentums kraft Landesverfassungsrechts; für den einzelnen Grundstückseigentümer bedingt sie Duldungs- und Unterlassungspflichten (zur bundesrechtlichen Zulässigkeit Rn. 7).[84]

b) Schutzbereich des Grundrechts aus Art. 141 III 1. In **personeller Hinsicht** ist 16 das Grundrecht des Art. 141 III 1 gemäß seinem eindeutigen Wortlaut ein Jedermannsrecht.[85] Da das Grundrecht ein Verhalten schützt (Genuss, Erholung), das als solches nur natürlichen Personen (als höchstpersönliches Erlebnis) möglich ist, können sich nach der Rspr. des VerfGH juristische Personen nicht auf das Grundrecht berufen.[86] Zwar ist es richtig, dass man Natur auch gemeinsam genießen und sich gemeinsam in der Natur erholen kann. Der Grundrechtsschutz des je Einzelnen wird folgerichtig auch nicht etwa dadurch geschmälert, dass er nicht allein, sondern mit anderen zusammen in der Natur unterwegs ist. Der organisierte Naturgenuss, die Organisation kollektiver Erholung durch verselbständigte juristische Personen, soll indes keinen eigenständigen grundrechtlichen Schutz genießen. Die Weigerung, den Grundrechtsschutz auf juristische Personen zu erstrecken, fügt sich ein in einen allgemeineren Grundzug des Art. 141 III 1: Der Anspruch auf Erholung in der Natur steht in einem Spannungsverhältnis mit dem (in Art. 141 I, II gewährleisteten) Schutz der Natur, der gerade durch organisierte, zumal kommerzielle Angebote kollektiver Erholung in der Natur auch beeinträchtigt werden kann.[87] Das Grundrecht auf Naturgenuss (Art. 141 III) bedarf daher – was Schutzbereich und Schranken anbelangt – einer **behutsamen Auslegung, die dem Spannungsverhältnis mit Art. 141 I, II** (Schutz der Natur) Rechnung trägt. In **sachlicher Hinsicht** bezieht sich der Grundrechtsschutz auf **Naturschönheiten und die freie Natur;** gemeint sind damit nicht nur besondere Naturschönheiten (wie Landschafts- oder Naturschutzgebiete, Wälder, Seen und Berge), sondern die freie Natur schlechthin; diese beschränkt sich auch nicht etwa nur auf die nähere Umgebung des Erholungssuchenden (ein Recht auf Erholung besteht nicht nur in der engeren Heimat, sondern in allen Landesteilen); Teile der „freien Natur" können auch in Stadtgebieten gelegen sein; der grundrechtliche Schutz entfällt nicht schon, weil der Grundstückeigentümer Sperren errichtet hat, vielmehr soll Art. 141 III ja gerade gegen solche Sperren schützen (die gesetzliche Anordnung eines Betretungsverbots bei sichtbar errichteten Sperren ist jedoch zulässig).[88] Was das im Einzelnen **geschützte Verhalten** anbelangt, so liefert Art. 141 III 1 (mit seiner Nennung des Betretens von Wald und Bergweide, des Befahrens der Gewässer und der Aneignung wildwachsender Waldfrüchte) nur eine **beispielhafte Aufzählung** der in Frage kommenden geschützten Formen des Naturgenusses und der Erholung in der Natur.[89] Art. 141 III 1 gewährleistet erstens **Betretungsrechte;** diese schließen auch das Recht zu längerem Verweilen ein;[90] die Beschränkung „in ortsüblichem Umfang" bezieht sich nur auf das Sammeln von Waldfrüchten, nicht jedoch auf das Betreten der freien Natur oder das Befahren von Gewässern.[91] Das Betretungsrecht bezieht sich ausdrücklich auf den **Wald** und auf die **Bergweide** (mit der Einschränkung „Bergweide" statt „Weide" sollte klargestellt werden, dass nur freie Weideflächen im Bergland, nicht aber eingezäunte Weiden im Tal und innerhalb landwirtschaftlicher Nutzflächen gemeint sind[92]); überhaupt wird man das Betreten landwirtschaftlich bestellter Nutzflächen als nicht bereits durch Art. 141 III 1 gewährleistet, sondern als gesetzlich zu regeln (Art. 22 I, 25 I BayNatSchG) anzusehen haben. Dem Sinn und Zweck

---

84 VerfGH 28, 107 (LS 3, 126); 31, 198 (207); 47, 54 (58).
85 VerfGH 47, 54 (56).
86 VerfGH 29, 181 (184); anders bzw. offen noch in 28, 107 (121).
87 Vgl. z. B. VerfGH 28, 107 (129); 32, 130 (139); 51, 94 (100).
88 VerfGH 19, 97; 21, 197 (201); 43, 67 (75 m. w. N.); 47, 54.
89 VerfGH 28, 107 (125); 29, 181 (186).
90 *Meder,* Art. 141 Rn. 9 a.
91 VerfGH 19, 35 (38).
92 Vgl. *Hundhammer,* Prot. I, S. 274.

nach erfasst sind dagegen sonstige Teile der landwirtschaftlich nicht genutzten freien Natur (vgl. Art. 22 I BayNatSchG: Fels, Ödungen, Brachflächen, Auen, Uferstreifen). Stets gewährleistet – auch in landwirtschaftlichen genutzter Umgebung – ist das Betreten von **Privatwegen** (Art. 23 BayNatSchG).[93] Art. 141 I 1 schützt nicht allein das Betreten **zu Fuß** (Wandern, aber auch Laufen etc.), sondern auch das **Rad- und Skifahren** sowie ähnliche Aktivitäten (vgl. Art. 23 I, 24 BayNatSchG; die Erhebung von Gebühren für die schlichte Benutzung von Pisten und Loipen in der freien Natur ist daher grundsätzlich nicht zulässig; anderes gilt freilich für Lifte oder sonstige Einrichtungen/Annehmlichkeiten, die die Erholung und sportliche Betätigung in der Natur ermöglichen, erleichtern oder begleiten).[94] Ein Hund kann grundsätzlich mitgebracht werden; Einschränkungen sind zulässig.[95] Das freie **Befahren der** (oberirdischen) **Gewässer** (reine Nutzteiche, wie z. B. Fischweiher, dürften auszunehmen sein; s. a. Art. 21 II BayWG) schließt die Benutzung von Wasserfahrzeugen (ohne eigene Triebkraft, siehe sogleich), aber auch das Baden, Segeln, Windsurfen etc. ein (Art. 21 I BayWG).[96] Bereits die bisherige Aufzählung macht deutlich, dass der Erholungssuchende noch nicht aus dem Schutzbereich fällt, weil er sich eines Fortbewegungsmittels (Rad, Ski, Boot etc.) bedient; geschützt können aber nur solche Fortbewegungsmittel sein, die sich in den Zweck des Grundrechts – die ungestörte Erholung in der freien Natur – einfügen; **motorgetriebene Fahrzeuge** sind daher grundsätzlich **nicht** vom Schutzbereich erfasst; eine Ausnahme gilt – auch wegen Art. 118 a – für Krankenfahrstühle (vgl. Art. 13 I BayNatSchG).[97] Streitig und nicht vollends geklärt ist, ob und inwieweit auch das **Reiten** in den Schutzbereich des Art. 141 III fällt; der VerfGH hat dies zunächst bejaht; in jüngerer Zeit indes hat er – im Kontext gesteigerter Mobilität, verstärkter Beanspruchung der Natur für Erholungszwecke und eines gestiegenen (auch rechtlichen) Stellenwerts des Naturschutzes – offengelassen, ob diese Sichtweise noch zutrifft; er konnte die Frage offenlassen, weil in den konkreten Fällen jedenfalls eine zulässige Einschränkung des Grundrechts angenommen werden konnte.[98] Der Tradition und Systematik des Art. 141 III 1 entspricht es besser, das Reiten als grundsätzlich mitumfasst anzusehen; zu bedenken ist, dass auch andere Betretungsformen (z. B. Radfahren in Gestalt der Mountainbikes) potentiell naturschädliche Auswirkungen haben; es erscheint vorzugswürdig, derartige negative Konsequenzen auf der Ebene der Schranken des Grundrechts zu bewältigen, als den Schutzbereich von vornherein in einer Weise auszudünnen, die nur noch das Wandern übrig lässt. Stets zu beachten ist jedoch, dass der Schutzbereich des Art. 141 III 1 durch den Zweck der Erholung in der Natur immanent beschränkt ist: **Gewerbliche und rein sportliche** (z. B. Wettkampf und Leistungssport ohne Erholungscharakter) Betätigungen sind **nicht** geschützt, auch die Veranstaltung gewerblicher Gruppenausritte nicht.[99] Sich bei der Betätigung in der Natur führen zu lassen (vom VerfGH a. a. O. offen gelassen), ist durch Art. 141 III 1 nur geschützt, soweit sich auch die Betätigung des Führers als Inanspruchnahme des Erholungsrechts aus Art. 141 III 1 qualifizieren lässt, d. h. keinen gewerblichen Interessen dient; ist man ohne Inanspruchnahme gewerblicher Hilfe zu einer bestimmten Betätigung in der Natur nicht fähig, genießt diese allein den Schutz der allgemeinen Handlungsfreiheit. Das Recht, sich **wildwachsende Waldfrüchte in ortsüblichem Umfang anzueignen**, ist durch Art. 28 BayNatSchG näher konkretisiert worden. Auch hier fällt die Aneignung aus dem besonderen Schutzbereich des Art. 141 III 1 heraus (und ist nur durch die allgemeinen Wirtschaftsfreiheiten geschützt), soweit sie gewerblichen Interessen dient. Das Grundrecht auf Erholung in der freien Natur bezieht sich nach der Rechtsprechung des VerfGH nur auf

---

[93] VerfGH 21, 197; 28, 107.
[94] VerfGH 28, 107 (126).
[95] VerfGH 43, 183.
[96] VerfGH 19, 35; 31, 198; 32, 192; 43, 67; 43, 182.
[97] VerfGH 4, 206; 43, 67 (75).
[98] Bejahend: VerfGH 28, 107; 30, 151; 34, 103; Zweifel in: VerfGH 51, 94; 53, 137; 55, 160; 58, 150.
[99] VerfGH 58, 150 (152 m. w. N.).

die **freie Natur in ihrem jeweils vorhandenen Bestand;** nicht indes gibt sie (auch in Verbindung mit Art. 141 I, II) einen Anspruch auf unveränderten Fortbestand der freien Natur.[100] Art. 141 III 1 – dies war zeitweise unsicher[101] – verleiht weder dem Einzelnen noch etwa Verbänden (abgesehen von ihrer fehlenden Grundrechtsträgerschaft, s. o.) ein Abwehrrecht gegen die (und sei sie auch objektiv rechtswidrige) Verbauung oder Zerstörung von Natur; der Bestand der Natur ist vielmehr in Art. 141 I, II nur objektiv-rechtlich geschützt. Allenfalls im Sinne eines Grundrechtsvoraussetzungs- und Kernbereichsschutzes kann Art. 141 III 1 die (ggf. subjektiv einforderbare) objektive Verpflichtung des Staates entnommen werden, ein Mindestmaß an freier Natur zu erhalten, das eine zumutbare Inanspruchnahme des Rechts aus Art. 141 III 1 weiterhin möglich macht;[102] ihrer objektiven Reichweite nach dürfte diese Gewährleistung indes hinter Art. 141 I, II, die die Natur nicht nur um des (erholungssuchenden) Menschen, sondern auch um ihres Eigenwerts willen schützt, eher zurückbleiben.

c) Schranken des Grundrechts aus Art. 141 III 1. Art. 141 III formuliert zwar keinen **17** ausdrücklichen Gesetzesvorbehalt; dennoch unterliegt das Grundrecht aus Art. 141 III 1 verschiedenen **verfassungsimmanenten Schranken,** die eine nähere Ausgestaltung und Begrenzung durch den Gesetzgeber als zulässig und geboten erscheinen lassen (vgl. insbesondere Art. 21 ff. BayNatSchG).

– Soweit sich Art. 141 III 1 nicht nur gegen den Staat, sondern auch an Dritte wendet (Rn. 15), die ihrerseits Grundrechtsträger sind, wäre es schon von vornherein verfehlt, die Frage der Grundrechtseinschränkung nach dem Verteilungsprinzip einseitiger Rechtfertigungslast auflösen zu wollen.[103] Beschränkungen sind daher allgemein zulässig, soweit dies die **Gemeinschaftsbezogenheit** des Menschen oder andere **schutzwürdige Güter,** insbesondere solche mit Verfassungsrang, erfordern.[104]

– Des Ausgleichs nach Maßgabe des Rücksichtnahmegebots bedarf das Recht aus Art. 141 III 1 insbesondere mit demselben Grundrecht **anderer Erholungssuchender,** soweit es zu Nutzungskonflikten oder wechselseitigen Störungen kommen kann.[105] Im Konfliktfall darf derjenigen Nutzungsart der Vorzug gegeben werden, die näher am Vorstellungsbild des Art. 141 III (d. h. naturnäher) und nicht mit Gefährdungen anderer verbunden ist.

– An Grenzen kann Art. 141 III 1, so sehr es im Allgemeinen eine zulässige Ausformung der Sozialgebundenheit (Art. 103 II, 158; zum Bundesrecht siehe schon Rn. 7) des Grundeigentums darstellt, ggf. auch im **Eigentumsgrundrecht** des Grundstückseigentümers stoßen. Unzumutbare Schäden infolge der Aktivitäten Erholungssuchender muss dieser nicht hinnehmen; die Errichtung von Sperren zur Verhinderung solcher Schäden kann zulässig sein[106].

– Das Recht auf Erholung in der Natur darf schließlich nur im Zusammenhang mit den Wertentscheidungen der Verfassung zum **Schutz der Natur** gesehen werden.[107] Bereits **Art. 141 III 2** formuliert als ausdrückliche immanente Schranke den Vorbehalt, dass mit Natur und Landschaft pfleglich umzugehen ist. Der Schutz der natürlichen Lebensgrundlagen ergibt sich ferner aus den Staatszielbestimmungen des **Art. 141 I, II und Art. 3 II;** das Recht auf Naturgenuss kann im Lichte dieser Staatszielbestimmungen nicht so verstanden werden, dass es der Erholung in der Natur stets Vorrang vor dem Schutz der Natur einräumt; vielmehr können Gesichtspunkte

---

[100] VerfGH I 29, 181; 34, 103 (105 f.); 38, 112; 39, 17 (23); a. A. *Meder,* Art. 141, Rn. 7 f.

[101] Vgl. VGH DVBl. 1975, 545 m. Anm. *Bettermann.*

[102] VerfGH 29, 181 (189).

[103] VerfGH 31, 198 (207).

[104] VerfGH 32, 130 (137); 43, 67 (75 f.); 51, 94 (101); 55, 160 (167).

[105] VerfGH 32, 92 (Windsurfer und Badegäste).

[106] VerfGH 47, 54 (58); 53, 137 (142).

[107] *Meder,* Art. 141 Rn. 10.

des Natur- und Landschaftsschutzes Einschränkungen z. B. durch Betretungsverbote rechtfertigen, wenn solche Anordnungen erforderlich sind, um Einwirkungen fernzuhalten, die die Natur schädigen. Besonders schützenswerte Flächen (Naturschutzgebiete o. Ä.) können äußerstenfalls vom Zugang durch Menschen, erst Recht von bestimmten Betretungsformen (z. B. Reiten) freigehalten werden.[108]

– Der Normgeber hat jedoch die Grenzen seiner Gestaltungsfreiheit zu beachten, die ihm bei Beschränkungen von Grundrechten gesetzt sind (**Schranken-Schranken**). Namentlich muss seine Regelung verhältnismäßig sein und darf den Wesensgehalt des Grundrechts nicht antasten; je nachhaltiger das Grundrecht eingeschränkt wird, desto stärker müssen die dafür sprechenden Interessen des Gemeinwohls sein.[109]

18   **d) Verschaffung des Zugangs; Wanderwege, Erholungsparks (Abs. 3 S. 3). Art. 141 III 3** verleiht keine verfassungsunmittelbaren subjektiven Rechte, sondern wirkt als objektive Pflicht bzw. sachliche Rechtfertigung für etwaige Eigentumsbeschränkungen (Rn. 15). Gesetzlich umgesetzt ist der Auftrag des Art. 141 III 3 z. B. durch Art. 33, Art. 34 ff. BayNatSchG) auch das Raumordnungs- und Bauplanungsrecht ist einschlägig (z. B. Art. 2 Nr. 12 LPlG).[110] Die staatliche Verwaltung wie die Kommunen sind im Rahmen der Gesetze durch den Auftrag des Art. 141 III 3 unmittelbar gebunden und haben das in ihm ausgesprochene Ziel unter dem Vorbehalt des Möglichen mit geeigneten Mitteln zu verfolgen. Die Frage, ob die zum Erhalt oder der Verschaffung des Zugangs nötige Eigentumseinschränkung sich im Rahmen der Sozialpflichtigkeit hält oder aber eine ausgleichpflichtige Inhalts- und Schrankenbestimmung darstellt oder im Wege der förmlichen Enteignung erfolgt, richtet sich nach der allgemeinen Dogmatik des Eigentumsgrundrechts.

3. Abschnitt. Religion und Religionsgemeinschaften

Art. 142 [Selbstverwaltungsrecht]

(1) Es besteht keine Staatskirche.

(2) Die Freiheit der Vereinigung zu gemeinsamer Hausandacht, zu öffentlichen Kulthandlungen und Religionsgemeinschaften sowie deren Zusammenschluß innerhalb Bayerns unterliegen im Rahmen der allgemein geltenden Gesetze keinerlei Beschränkung.

(3) [1]**Kirchen und anerkannte Religionsgemeinschaften sowie solche weltanschauliche Gemeinschaften, deren Bestrebungen den allgemein geltenden Gesetzen nicht widersprechen, sind von staatlicher Bevormundung frei.** [2]**Sie ordnen und verwalten ihre Angelegenheiten innerhalb der Schranken der für alle geltenden Gesetze selbständig.** [3]**Sie verleihen ihre Ämter ohne Mitwirkung des Staates oder der politischen Gemeinde.**

Parallelvorschriften im GG und anderen Landesverfassungen: Art. 140 GG; Art. 4–5 BaWüVerf; Art. 29 BerlVerf; Art. 36 BbgVerf; Art. 59 BremVerf; Art. 48–50 HessVerf; Art. 9 M-VVerf; Art. 3 Abs. 3 NdsVerf; Art. 19, 22 NRWVerf; Art. 41 RhPfVerf; Art. 35 SaarlVerf; Art. 109 SächsVerf; Art. 32 SachsAnhVerf; Art. 40–41 ThürVerf.

Rechtsprechung: VerfGH 20, 87; 20, 191; 21, 153; 33, 65; 35, 10; 37, 184; VerfGH, Ents. v. 15. 11. 1996, Az: Vf. 15-VII-94; 49, 126; 51, 155; 59, 1.

Literatur: Badura, Stellenwert von Länderverfassungen und Verfassungskonflikten am bayerischen Beispiel, BayVBl 2007, 193; *Brenner,* Staat und Religion, VVDStRL 59 (2000), 264; *Campenhausen, Freiherr*

---

[108] Z. B. VerfGH 28, 107 (Reiten); 30, 152 (Reiten im Landschaftsschutzgebiet); 32, 139 (Badeverbote und Verbote des Bootfahrens zum Schutz der Natur); 34, 131 (Reiten auf Hochwasserdämmen); 43, 67 (Wasserfahrzeuge im Naturschutzgebiet); 51, 94 (Reiten im Nationalpark); 55, 160 (v. a. 167 f.; Reiten im Naturschutzgebiet).

[109] VerfGH 55, 160 (168 m. w. N.).

[110] *Meder,* Art. 141 Rn. 12.

von/de Wall, Staatskirchenrecht, 4. Aufl. 2006; *Classen,* Religionsrecht, 2006; *Czermak,* Crux bavarica, KJ 1997, 490 ff.; *Heinig,* Öffentich-rechtliche Religionsgesellschaften, 2003; *Hollerbach,* Grundlagen des Staatskirchenrechts, HStR VI, 1989, § 138; *Jeand'Heur/Koritoh,* Grundzüge des Staatskirchenrechts, 2000; *Listl/Pirson,* Handbuch des Staatskirchenrechts, 2. Aufl, Bd. 1 1994, Bd. 2 1995; *Muckel,* Religiöse Freiheit und staatliche Letztentscheidung, 1997; *Peißl,* Kirchenasyl – gelebter Grundrechtsschutz oder Affront gegen den Rechtsstaat?, BayVBl 1999, 137; *Reis,* Finanzielle Förderung der katholischen Schwangerenberatung kein Verstoß gegen die Bayerische Verfassung, ZfL 2006, 26; *ders.,* Ein Urteil, das Ratlosigkeit hinterlässt, NVwZ 2006, 1370 ff.; *Renck,* Zur Problematik der Verwaltung religiöser Stiftungen durch die öffentliche Hand, DÖV 1990, 1047; *Robbers,* Staat und Religion, VVDStRL 59 (2000), 231; *Schickedanz,* Das Kreuz im Gerichtssaal, BayVBl 1974, 188; *Walter,* Religionsverfassungsrecht, 2006; *Winter,* Staatskirchenrecht der Bundesrepublik Deutschland, 2001.

Übersicht

I. Allgemeines

1. Bedeutung

Art. 142 BV leitet den Abschnitt zur Religion und den Religionsgemeinschaften innerhalb der BV ein. Die BV normiert daher einen Sachbereich nach ihrer Vorstellung, den das GG nicht neu gestaltet. Der bayerische Verfassungsgeber konnte sich dabei, anders als der Parlamentarische Rat, zu dem Erlass eines selbständigen Staatskirchenrechts durchringen.[1] **1**

Art. 142 BV vereinigt drei verschiedene Regelungskomplexe von unterschiedlicher Bedeutung. Gegenstand der Norm ist das Verhältnis von Religionsgemeinschaften und Staat, das im wesentlichen als ein Prinzip der Trennung, aber auch der Kommunikation zu bezeichnen ist. Der Staat lässt den Religionsgemeinschaften einen Freiraum, in dem diese sich verwirklichen können, allerdings bleiben die Religionsgemeinschaften dem staatlichen Recht unterworfen und können keinen Anspruch auf eine staatsfreie Enklave erheben. **2**

2. Entstehung

Art. 142 BV entspricht wörtlich VE Art. 98 und Art. 105 E.[2] Art. 142 Abs. 1 BV entspricht **3** wörtlich Art. 137 Abs. 1 WRV. Art. 142 Abs. 2 BV ist an Art. 132 Abs. 2 WRV angelehnt,

---

[1] *Badura,* BayVBl 2007, 193 (197).
[2] VerfGH 21, 67 (72); VerfGH 37, 184 (196); *v. Campenhausen,* in: Nawiasky/Schweiger/Knöpfle, Art. 142, Rn. 1; *Nawiasky,* S. 223; Prot. I, S. 280.

ohne ihn wörtlich zu übernehmen. Art. 142 Abs. 3 S. 2 und S. 3 BV entsprechen dem Art. 137 Abs. 3 WRV.

3. Verhältnis zum Grundgesetz

4   Art. 142 BV entspricht in seinen wesentlichen Aussagen fast wörtlich den entsprechenden Absätzen des Art. 137 WRV, der wiederum über Art. 140 GG in das GG eingefügt wurde. Eine Kollision der Vorgaben der BV mit den Normen des GG, die zudem darauf beruht, dass die BV etwas verlangt, was das GG verbietet oder etwas verbietet, was das GG verlangt, ist nicht ersichtlich. Daher gelten alle Sätze des Art. 142 BV weiter.

II. Einzelkommentierung: Keine Staatskirche – Art. 142 Abs. 1 BV

1. Allgemein

5   Art. 142 Abs. 1 BV wird vom Verfassungsgeber an die Spitze des Abschnittes zur Religion und zu den Religionsgemeinschaften gestellt. Angesichts ihrer Kürze und ihres Inhalts ist die Bezeichnung als „Paukenschlag" nicht unpassend.[3] Die Norm ist dabei nicht neu. Sie entspricht wörtlich dem Art. 137 WRV und war schon damals deklaratorischer Natur. Historisch gesehen ist die Vorschrift vor allem dagegen gerichtet, dass Landesherren zugleich die Verwaltungsführung in den Landeskirchen übernehmen.[4] Art. 142 BV gilt auch nach Erlass des GG weiter.[5] Die Norm war dabei vor allem gegen das landesherrliche Kirchenregiment gerichtet[6] und weist rein tatsächlich gesehen lediglich auf einen bestehenden Zustand hin und sichert diesen verfassungsrechtlich ab.[7] Auch das GG hat sie über die Einbeziehung des Art. 137 WRV durch Art. 140 GG übernommen. Aus der Vorschrift lassen sich keine subjektiven Rechte ableiten.[8] Die Bayerische Verfassung spricht von Religionsgemeinschaften, während die WRV sie als Religionsgesellschaften bezeichnete, vgl. Art. 136 WRV.

2. Keine Staatskirche

6   Der Begriff der Staatskirche ist auslegungsbedürftig und umfasst mehrere Fallgestaltungen.[9] Eine Staatskirche ist eine Kirche, die entweder eine Anstalt des Staates oder mit Befugnissen und Rechten wie ein Staat ausgestattet ist, oder die mit dem Staat so verflochten ist, dass beide voneinander nicht trennbar sind, etwa indem die Vertreter der einen Organisation zugleich Ämter oder Befugnisse der anderen Organisation wahrnehmen.[10]

7   Art. 142 Abs. 1 BV untersagt eine organisatorische Verflechtung zwischen dem Staat und einer (privilegierten) Kirche.[11] Mit der Ablehnung einer Staatskirche wird den Religionsgemeinschaften eine institutionelle Selbstständigkeit, eine Eigenständigkeit, garantiert.[12] Es wird eine prinzipielle Trennung von Staat und Kirche in organisatorischer und inhaltlicher Hinsicht begründet.[13] Rechts- und Behördenverflechtungen zwischen Staat und Kirche,[14] die Eingliederung der Kirchen und Religionsgemeinschaften oder ihrer Teile in den Staatsapparat bleiben untersagt, ebenso ist die Übernahme kirchlicher Aufgaben in den Kreis der Staatsaufgaben unzulässig. Auch eine inhaltliche Trennung ist mit

---

[3] *Ehlers,* in: Sachs, GG, 4. Aufl. 2007, Art.140/ Art. 137 WRV, Rn. 2.

[4] *Gerhard Anschütz,* WRV, 14. Aufl. 1933, Art. 137, Anm. 1, S. 631.

[5] VerfGH 21, 153 (156).

[6] *Gerhard Anschütz,* WRV, 14. Aufl. 1933, Art. 137, Anm. 1, S. 631.

[7] Etwas zu vereinfachend *Nawiasky,* S. 224.

[8] VerfGH 20, 87 (91); *Gertrud Paptistella,* in: Praxis der Kommunalverwaltung Bayern, BV, Art. 142.

[9] *Nawiasky,* S. 223; ausführlich *v. Campenhausen/de Wall,* Staatskirchenrecht, 4. Aufl. 2006, S. 90 ff.

[10] *Gerhard Anschütz,* WRV, 14. Aufl. 1933, Art. 137, Anm. 1, S. 630 f.

[11] VerfGH 21, 153 (156).

[12] VerfGH 33, 65 (77); *Meder,* Art. 142, Rn. 1.

[13] *Ehlers,* in: Sachs, GG, 4. Aufl. 2007, Art. 140/Art. 137 WRV, Rn. 2.

[14] *Maunz,* Die Kooperation von Staat und Kirche, BayVBl 1988, 231 (233); *Meder,* Art. 142, Rn. 1.

diesem Grundsatz verbunden. Der Staat darf sich nicht mit bestimmten Institutionen identifizieren.[15] Die Verpflichtung zur Bekenntnisneutralität findet hier ihre Wurzeln.

Art. 142 Abs. 1 BV will nicht nur den Religionsgemeinschaften die Freiheit vom Staat **8** zusichern, sondern auch den Staat von konfessionellen Fesseln befreien. Der Staat ist nicht mehr gehalten, die christliche Religion bei irgendwelchen Einrichtungen des Staates zugrunde zu legen. Die Emanzipation des Staates von der Religion zeigt sich in der Unabhängigkeit der öffentlichen Ämter (Art. 107 Abs. 4 BV) und den bürgerlichen und staatsbürgerlichen Rechten vom Bekenntnis (Art. 107 Abs. 3 BV).[16]

Weitergehende Aussagen, wie etwa die Verbürgung einer gewissen materiellen Grund- **9** lage und die Freiheit ihres Wirkens, lassen sich dem Art. 142 Abs. 1 BV dagegen nicht entnehmen.[17]

Auf eine Formel gebracht lässt sich das Verbot der Staatskirche wie folgt zusammenfassen: **10** Mit der Ablehnung einer Staatskirche begründet die Norm die Freiheit der Kirche vom Staat, die Freiheit des Staates von der Kirche und auch die Freiheit der Kirche im Staat.

3. Bestehende Einflussnahmen

Aus dem Verbot einer Staatskirche kann nicht die Folgerung gezogen werden, die BV **11** wolle in allen Bereichen eine strikte und absolute Trennung von Kirche und Staat.[18] Entsprechende Anträge der KPD während der Verfassungsgebung, eine völlige Trennung von Kirche und Staat herbeizuführen, wurden nicht angenommen.[19] Ein strenger Laizismus ist von der BV deshalb nicht gewollt, weil sie selbst an zahlreichen Stellen den Religionsgemeinschaften Einflussnahmemöglichkeiten einräumt. Zu nennen sind etwa Art. 127, Art. 133 Abs. 1 Satz 3, Art. 135 Satz 2, Art. 136 f., Art. 142 Abs. 2, Art. 147, Art. 150 Abs. 2, Art. 182 BV.

Zwischen einem strengen Laizismus und einer Staatskirche sind viele Abstufungen **12** denkbar, innerhalb derer die Bayerische Verfassung ihren Platz findet. Art. 142 Abs. 1 BV untersagt es dem staatlichen Gesetzgeber nicht, an religiöse oder an religionssoziologische Tatbestände anzuknüpfen.[20] Auch der Einrichtung von christlichen Bekenntnisschulen (s. Art. 135 BV) steht Art. 142 Abs. 1 BV nicht entgegen.[21] Die bestehenden Einflussnahmen sind aber so ausgestaltet, dass immer klar sein muss, was Sache des Staates und was Sache der Religionsgemeinschaften ist. Eine gemischte Aufgabenwahrnehmung, bei der die staatlichen und die religionsgemeinschaftlichen Aufgabenwahrnehmungen untrennbar miteinander vermischt werden, ist nicht zulässig.[22] Zur Frage des Aufhängens von Kruzifixen in der Schule s. Art. 107 BV.

4. Keine Bevorzugung

Mit der Ablehnung einer Staatskirche ist zudem die Aussage verbunden, der Staat werde **13** die Religionsgemeinschaften weitgehend gleichbehandeln. Eine besonders enge Verbindung zu nur einer Kirche wird dadurch ausgeschlossen. Bei Förderungen sind unsachliche Differenzierungen zu vermeiden.

Bei dem Gleichheitsgebot, das aus der Ablehnung einer Staatskirche folgt, ist jedoch **14** das Normgefüge der Bayerischen Verfassung zu beachten. Die Bayerische Verfassung selbst kennt Unterschiede.[23]

---

[15] *Ehlers,* in: Sachs, GG, 4. Aufl. 2007, Art. 140/Art. 137 WRV, Rn. 2.

[16] *v. Campenhausen,* in: Nawiasky/Schweiger/Knöpfle, Art. 142, Rn. 8.

[17] A. A. *Meder,* Art. 142, Rn. 1.

[18] *Nawiasky,* S. 224; *v. Campenhausen,* in: Nawiasky/Schweiger/Knöpfle, Art. 142, Rn. 7; für das GG s. *Ehlers,* in: Sachs, GG, 4. Aufl. 2007, Art. 140, Rn. 9.

[19] *Nawiasky,* S. 224; Prot. II, S. 366 und Plenum Stenographische Berichte, S. 56.

[20] VerfGH 20, 87 (95); VerfGH 21, 153 (156).

[21] VerfGH 20, 191 (203).

[22] Zum GG *Ehlers,* in: Sachs, GG, 4. Aufl. 2007, Art. 140/Art. 137 WRV, Rn. 2.

[23] S. dazu VerfGH 51, 155 ff.

15   So unterscheidet die Bayerische Verfassung zwischen weltanschaulichen Gemeinschaften und Religionsgemeinschaften (Art. 142 Abs. 3; Art. 143 Abs. 2, 3; Art. 148; Art. 150 Abs. 1 BV). Bei den Religionsgemeinschaften unterscheidet die Verfassung wiederum zwischen solchen, die die Eigenschaft einer Körperschaft des öffentlichen Rechts besitzen und solchen, bei denen dies nicht der Fall ist (Art. 143 Abs. 2, 3 BV). Innerhalb der Religionsgemeinschaften hebt die BV zumindest begrifflich die Kirchen besonders hervor (Art. 142 Abs. 3; Art. 143 Abs. 2; Art. 143 Abs. 3; Art. 149 Abs. 3; Art. 150 BV). Unter den Kirchen wird wiederum die christliche Religion besonders betont (vgl. Art. 137 S. 2 BV und Art. 182 BV). Damit trägt sie der besonderen Relevanz der christlichen Bekenntnisse Rechnung, die zumindest zum Zeitpunkt des Erlasses der Verfassung galt,[24] die aber auch gegenwärtig noch – wie die öffentlichen Reaktionen auf die Kruzifix-Entscheidung des BVerfG zeigen – in erheblichem Maße besteht.

16   Auch soweit die BV selbst nicht zwischen verschiedenen Formen der Ausübung der Gewissens- und Religionsfreiheit differenziert, darf der Staat – wie bei den Gleichheitssätzen allgemein – bei sachlichen Gründen auch zwischen verschiedenen religiösen und weltanschaulichen Gruppen differenzieren. Auch Art. 142 Abs. 1 BV und der Grundsatz der weltanschaulichen Neutralität gestatten Differenzierungen, die durch tatsächliche Verschiedenheiten der einzelnen Gemeinschaften bedingt und nicht sachfremd sind und nicht als Einmischung in religiöse Fragen zu qualifizieren sind.[25] Staatlichen Regelungen ist die Anknüpfung an religiöse oder religionssoziologische Tatsachen nicht grundsätzlich verboten.[26]

5. Gebot weltanschaulicher Neutralität

17   Die Spannungsgeladenheit, die gebildet wird durch die Garantie der Religionsfreiheit und des Gleichbehandlungsgebots auf der einen Seite und die christlichen Ursprünge des Freistaats sowie den sich daraus ergebenden Verbürgungen, insbesondere die Ehrfurcht vor Gott (Art. 131 Abs. 2 BV und Art. 135 S. 2 BV, Grundsätze des christlichen Bekenntnisses) andererseits, wird eingefangen durch den Begriff der weltanschaulichen Neutralität. Das Gebot der weltanschaulichen Neutralität wird zurückgeführt auf Art. 142 Abs. 1 i. V. m. Art. 107, 118 Abs. 1 BV.[27] Parteinahme in weltanschaulichen und religiösen Fragen ist dem Staat verboten. Dieser Begriff besitzt wiederum interne Spannungen. Er rechtfertigt zum einen Beschränkungen der aktiven und passiven Religionsfreiheit im staatlichen Raum und bildet zugleich eine Schranke-Schranke für Eingriffe in die Religionsfreiheit.

III. Einzelkommentierung: Die kollektive Freiheit – Art. 142 Abs. 2

1. Allgemein

18   Art. 142 Abs. 2 BV findet sein Vorbild in Art. 137 Abs. 2 WRV. Art. 137 Abs. 2 WRV beschränkte sich aber auf die Garantien, die in Art. 142 Abs. 2 Var. 3 und 4 BV niedergelegt sind (Zusammenschluss zu einer Religionsgemeinschaft und die Religionsgemeinschaften innerhalb des Geltungsbereichs der Verfassung). Die Erweiterung der Garantie in der BV im Vergleich zur WRV verdeutlicht die Bedeutung der Religionsfreiheit und die Unabhängigkeit von den großen Kirchen. Der Artikel ist demnach stärker auf das einzelne Individuum bezogen und daher gelungener als Art. 137 Abs. 2 WRV.

19   Art. 142 Abs. 2 BV garantiert einen speziellen Ausschnitt der allgemeinen ungestörten gemeinschaftlichen Religionsausübung, die bereits die Grundrechtsnorm des Art. 107 BV

---

[24] VerfGH 20, 125 (132); VerfGH 33, 65 (79 u. 81 f.); VerfGH 35, 10 (20); *Meder,* Art. 142, Rn. 2.

[25] VerfGH 20, 171 (177); VerfGH 21, 158 (163); VerfGH 25, 129 (139); *Meder,* Art. 142, Rn. 2.

[26] VerfGH 20, 87 (91); VerfGH 21, 153 (156); VerfGH 33, 65 (79 ff.); VerfGH 35, 10 (20).

[27] VerfGH 20, 191 (203); *Meder,* Art. 142, Rn. 2; *Gertrud Paptistella,* in: Praxis der Kommunalverwaltung Bayern, BV, Art. 142.

garantiert.[28] Er ist daher streng genommen rein deklaratorischer Natur,[29] aber aufgrund seiner selbständigen Normqualität im Ergebnis als die speziellere Norm einzustufen.[30] Seine ausdrückliche Aufnahme ist nur historisch zu erklären. Erforderlich war sie nicht. Art. 142 Abs. 2 BV/Art. 107 BV ist spezieller als Art. 113, Art. 114 BV und verdrängt diese.[31] Er fasst unterschiedliche Formen der Vereinigungsfreiheit in Glaubensfragen zu einer Norm zusammen.

2. Die Begrifflichkeit

Eine Vereinigung liegt bei einer Zusammenkunft zu einem gemeinsamen Zweck vor. **20**

Der Art. 142 Abs. 2 BV nennt dabei vier Zwecke, auf die sich die Vereinigungsfreiheit **21** bezieht.

Der Begriff Andacht bei Art. 142 Abs. 2 BV dürfte im spezifisch christlichen Sinn ge- **22** meint sein und würde dann eine kleine liturgische Form des Gottesdienstes bedeuten. Eine Andacht verlangt mehr als ein gemeinsames Gebet. Eine Hausandacht ist eine solche, die in privaten Räumlichkeiten stattfindet. Gemeinschaftliches Handeln liegt vor, wenn mindestens zwei Menschen im Bewusstsein der Anwesenheit des anderen eine Handlung ausüben.

Kulthandlungen sind ritualisierte Handlungen mit dem Zweck der Verehrung Gottes **23** oder der religiösen Kraft, die dabei in der Regel an Hand eines Kultobjekts vorgenommen werden. Öffentlich sind sie, wenn der Zuschauerkreis nicht begrenzt ist.

Die Vereinigung zu Religionsgemeinschaften ist die Gründung einer Religionsgemein- **24** schaft. Die Vereinigung mehrerer Religionsgemeinschaften ist die Gründung einer Dach-organisation oder der Zusammenschluss zu einem Teilbereich einer solchen. Art. 142 Abs. 2 BV garantiert keine bestimmte Rechtsform, sondern nur die Möglichkeit einer irgendwie gearteten rechtlichen Existenz, einschließlich der Teilnahme am allgemeinen Rechtsverkehr.[32] Der Erwerb der Rechtsfähigkeit richtet sich nach Art. 143 BV. Die welt-anschaulichen Gemeinschaften sind in Art. 142 Abs. 2 BV nicht genannt. Für diese wird man insoweit auf Art. 107 BV zurückgreifen müssen.

3. Die Schranken der allgemeinen Gesetze

Art. 107 BV/Art. 142 Abs. 2 BV will die dort genannten Formen der religiös begründe- **25** ten Vereinigungen ermöglichen, sie aber nicht zu rechtsfreien Räumen ausgestalten. An die allgemeinen Gesetze, die für alle gelten, sollen die Vereinigungen gebunden sein. Un-ter den *„allgemein geltenden Gesetzen"* sind die ohne Rücksicht auf die Religionsgemein-schaften erlassenen Gesetze zu verstehen.[33] Das sind solche Normen, die sich nicht speziell gegen die Religionsgemeinschaften richten.

Unter die allgemein geltenden Gesetze fällt auch das allgemeine Vereinsrecht. Die Mög- **26** lichkeit des Verbots und der Auflösung von religiösen Vereinigungen bleibt nach Art. 142 Abs. 2 BV möglich.[34] Notwendig ist bei Art. 142 Abs. 2 BV eine ausdrückliche Norm, die gegenwärtig das VereinsG bereithält.[35] Die frühere Ausklammerung der Religionsgemein-schaften und Weltanschauungsgemeinschaften aus dem VereinsG hat der Gesetzgeber 2001 beseitigt (§ 2 Abs. 2 Nr. 3 VereinsG a. F.).[36] Da das Vereinsrecht seit der Föderalismusreform 2006 in die Gesetzgebungskompetenz der Länder fällt, können die Regelungen nun vom Freistaat Bayern reformiert werden.

---

[28] *v. Campenhausen,* in: Nawiasky/Schweiger/Knöpfle, Art. 142, Rn. 10.

[29] *v. Campenhausen,* in: Nawiasky/Schweiger/Knöpfle, Art. 142, Rn. 10.

[30] Zum GG ebenso *Ehlers,* in: Sachs, GG, 4. Aufl. 2007, Art. 140/Art. 137 WRV, Rn. 3.

[31] *Meder,* Art. 142, Rn. 3.

[32] Zum GG BVerfGE 83, 341 (355).

[33] *Nawiasky,* S. 224; Prot. I, S. 280.

[34] Ausführlich *Ehlers,* in: Sachs, GG, 4. Aufl. 2007, Art. 140/Art. 137 WRV, Rn. 20.

[35] §§ 3, 14, 15 – vgl. *Ehlers,* in: Sachs, GG, 4. Aufl. 2007, Art. 140/Art. 137 WRV, Rn. 20.

[36] BGBl. 2001, I S. 3319.

27   Die Schranken der Vereinsfreiheit in Art. 9 Abs. 2 GG sind strenger als die des Art. 142 Abs. 2 BV. Dennoch verdrängt Art. 9 Abs. 2 GG den Art. 142 Abs. 2 BV nicht über Art. 31 GG, Art. 142 GG.[37] Art. 142 Abs. 2 BV verlangt nicht die Ausübung der Schrankenregelung, soweit sie über Art. 9 Abs. 2 GG hinausgeht. Daher liegt kein Normkonflikt vor.[38] Beide Nomen bleiben nebeneinander bestehen. Sofern der Gesetzgeber eine Norm erlassen würde, die zwar mit Art. 142 Abs. 2 BV vereinbar wäre, nicht aber mit Art. 9 Abs. 2 GG, wäre diese wegen Verstoßes gegen das GG nichtig – die Nichtigkeit des Art. 142 Abs. 2 BV ist daher nicht erforderlich. Bei Art. 142 Abs. 2 BV sind die Auflösung und das Verbot wiederum an Art. 114 BV zu messen.[39]

IV. Einzelkommentierung: Das kirchliche Selbstbestimmungsrecht – Art. 142 Abs. 3 BV

1. Überblick

28   Das Selbstbestimmungsrecht oder – inhaltlich identisch – das Selbstverwaltungsrecht, das Art. 142 Abs. 3 BV normiert, bildet die zentrale Norm im Staatskirchenrecht. Das Selbstbestimmungsrecht muss im Lichte der Glaubensfreiheit ausgelegt werden. Es überschneidet sich mit der Religionsfreiheit, ist aber mit ihr nicht identisch.[40] Art. 142 Abs. 3 Satz 2 BV bleibt nach Inhalt und Umfang nicht hinter dem Regelungsgehalt von Art. 140 GG in Verbindung mit Art. 137 Abs. 3 Satz 1 WRV zurück.[41] Der VerfGH zieht daher zur Auslegung der Reichweite des Selbstbestimmungsrechts in besonderem Maße die Rechtsprechung des BVerfG heran.

2. Träger des Rechts

29   Die Norm nennt drei Grundrechtsträger: Kirchen, Religionsgemeinschaften und weltanschauliche Gemeinschaften.

30   *Kirchen* sind die großen christlichen Religionsgemeinschaften, die Katholische, die Evangelisch-Lutherische und die Evangelisch-Reformierte Kirche.[42] Zu den Kirchen als Körperschaften des öffentlichen Rechts s. Art. 143 BV.

31   *Religionsgemeinschaften* sind durch einen gemeinsamen Glauben gekennzeichnete privat- oder öffentlich-rechtlich organisierte Vereinigungen, deren Angehörige dasselbe Grundbekenntnis teilen.[43] Ihr Zusammenschluss dient der Erfüllung der durch das gemeinsame Bekenntnis gestellten Aufgaben. Mitunter wird ein Glaube allein nicht ausreichend empfunden, sondern ein Glaube an Gott verlangt.[44] Da die Religionsgemeinschaft eine Folge der Glaubensfreiheit darstellt,[45] und bei dieser auch nicht zwingend eine Überzeugung von „Gott" zu verlangen ist, darf man auch den Begriff der Religionsgemeinschaften nicht entsprechend einschränken. Der Glaube an „eine außermenschliche Kraft" genügt. Einer staatlichen Anerkennung von Religionsgemeinschaften bedarf es heute nicht mehr und ist auch nicht mehr vorgesehen.

32   Die Qualifizierung als Religionsgemeinschaft richtet sich zunächst nach dem Selbstverständnis der betreffenden Gemeinschaft. Diese muss sich als erstes selbst definieren. Die Behauptung der Gemeinschaft allein, sie sei eine Religionsgemeinschaft, genügt allerdings nicht.[46] Der Staat kann und muss vielmehr anschließend bei der Anwendung der

---

[37] A. A. *v. Campenhausen,* in: Nawiasky/Schweiger/Knöpfle, Art. 142, Rn. 13.

[38] A. A. *v. Campenhausen,* in: Nawiasky/Schweiger/Knöpfle, Art. 142, Rn. 13.

[39] *v. Campenhausen,* in: Nawiasky/Schweiger/Knöpfle, Art. 142, Rn. 11.

[40] *Jeand'Heur/Korioth,* Grundzüge des Staatskirchenrechts, 2000, Rn. 176.

[41] VerfGH 37, 184 (196).

[42] *v. Campenhausen,* in: Nawiasky/Schweiger/Knöpfle, Art. 142, Rn. 15; *Nawiasky,* S. 225, ferner *Hoegner,* S. 171; *Gertrud Paptistella,* in: Praxis der Kommunalverwaltung Bayern, BV, Art. 142.

[43] *v. Campenhausen/de Wall,* Staatskirchenrecht, 4. Aufl. 2006, S. 116.

[44] *Meder,* Art. 142, Rn. 4.

[45] *v. Campenhausen/de Wall,* Staatskirchenrecht, 4. Aufl. 2006, S. 116 f.

[46] Allgemein *Ehlers,* in: Sachs, GG, 4. Aufl. 2007, Art. 140/Art. 137 WRV, Rn. 6.

relevanten Vorschriften, insbesondere von Art. 142 BV, selbst prüfen, ob dieses Selbstverständnis auch tatsächlich umgesetzt wird und dem geistigen Gehalt und dem äußeren Erscheinungsbild nach den Anforderungen an eine Religion oder Weltanschauung entspricht und ein Mindestmaß an Organisation vorliegt.[47]

Anerkannte Religionsgemeinschaften sind diejenigen, die nach §§ 2, 24 ff. des Religions- **33** edikts von 1818 die Anerkennung erlangt haben.[48] In dem bis 1919 beibehaltenen religiösen Konzessionssystem kam der Anerkennung einer Religionsgesellschaft als öffentliche oder private Glaubensgesellschaft große praktische und rechtliche Bedeutung zu. Ein Anerkennungssystem gibt es heute nicht mehr. Der Titel einer „anerkannten Religionsgemeinschaft" ist daher historischer Natur und heute rechtlich bedeutungslos.[49]

Unter *weltanschaulichen Gemeinschaften* sind Gemeinschaften zu verstehen, „die das Welt- **34** ganze und die Stellung des Menschen in ihm unter anderen als religiösen Grundlagen zu erkennen und zu bewerten suchen, religionsfrei oder auch betont religionsfeindlich sind".[50]

Das Selbstbestimmungsrecht bezieht sich auf die Organisation der Religionsgemein- **35** schaften oder der weltanschaulichen Gemeinschaften, insbesondere auch auf rechtlich selbständige Teile der organisierten Kirchen, z. B. Orden und andere religiöse Gemeinschaften.[51] Ebenso erstreckt es sich auf kirchliche karitative Stiftungen.[52] Das Recht kommt auch selbständigen Einrichtungen und Vereinigungen zu, wenn diese „nach kirchlichem Selbstverständnis ihrem Zweck oder ihrer Aufgabe entsprechend berufen sind, ein Stück Auftrag der Kirche in dieser Welt zu erfüllen".[53]

3. Zum Inhalt des Selbstbestimmungsrechts – S. 1

a) Freiheit vor staatlicher Bevormundung. *Staatliche Bevormundung* der Religions- **36** gemeinschaften und der weltanschaulichen Gemeinschaften ist untersagt. Diese Garantie ist eine Folge der Abschaffung der Staatskirche – vgl. Art. 142 Abs. 1 BV.[54] Die Freiheit vor staatlicher Bevormundung als Garantie des Art. 142 Abs. 3 S. 1 BV geht über die Gewährleistung des Selbstverwaltungsrechts des Art. 142 Abs. 3 S. 2 BV nicht hinaus.[55] Eine selbständige rechtliche Bedeutung hat die Freiheit vor staatlicher Bevormundung nicht. Die Wendung betont aber durch den aus dem Personenstandsrecht stammenden Begriff der Bevormundung, dass der Bayerischen Verfassung die Selbständigkeit der Religionsgemeinschaften und der weltanschaulichen Gemeinschaften wichtig ist. Die Freiheit vor staatlicher Bevormundung unterstreicht die Bedeutung des Selbstverwaltungsrechts. Zudem weist sie Forderungen nach einer besonderen Staatsaufsicht über die Religionsgemeinschaften zurück.[56] Gegen eine staatliche Aufsicht, so, wie sie auch bei anderen Vereinigungen zulässig ist, hat Art. 142 Abs. 3 S. 1 BV keine Vorbehalte.[57] So sind etwa Aufsichtsmaßnahmen gegenüber kirchlichen Stiftungen, wie bei anderen Stiftungen, grundsätzlich zulässig.[58]

Die Angelegenheiten dürfen die Organisationen ordnen und verwalten. Ordnen und **37** verwalten sind zwei Begriffe für den gleichen Vorgang. Gemeint ist die rechtliche und die

---

[47] *v. Campenhausen/de Wall,* Staatskirchenrecht, 4. Aufl. 2006, S. 116.

[48] *v. Campenhausen,* in: Nawiasky/Schweiger/Knöpfle, Art. 142, Rn. 17; *Hoegner,* S. 172.

[49] *v. Campenhausen,* in: Nawiasky/Schweiger/Knöpfle, Art. 142, Rn. 17.

[50] BVerwGE 61, 152 (154 f.); *Meder,* Art. 142, Rn. 4; *Gertrud Paptistella,* in: Praxis der Kommunalverwaltung Bayern, BV, Art. 142.

[51] *Voll,* S. 392 f.; *Meder,* Art. 142, Rn. 4.

[52] VerfGH 37, 184 (196); *Meder,* Art. 142, Rn. 4.

[53] VerfGH 37, 184 (196); zum GG *Ehlers,* in: Sachs, GG, 4. Aufl. 2007, Art. 140/Art. 137 WRV, Rn. 5.

[54] *v. Campenhausen,* in: Nawiasky/Schweiger/Knöpfle, Art. 142, Rn. 4.

[55] *Nawiasky,* S. 224; unklar *Meder,* Art. 142, Rn. 8.

[56] *v. Campenhausen,* in: Nawiasky/Schweiger/Knöpfle, Art. 142, Rn. 5.

[57] *Nawiasky,* S. 224 f.

[58] *Nawiasky,* S. 225.

tatsächliche Erledigung der eigenen Angelegenheiten. Die Freiheit in Glaubensfragen vermittelt Art. 107 BV. Art. 142 Abs. 3 BV ergänzt und verstärkt die Glaubensfreiheit, indem sie die organisatorische Freiheit, die in Art. 107 BV begründet liegt, noch einmal ausdrücklich aufgreift und – je nach Verständnis – ggf. auch vertieft.

38   **b) Eigene Angelegenheiten.** Das Selbstbestimmungsrecht bzw. Selbstverwaltungsrecht bezieht sich zunächst auf die Angelegenheiten der Religionsgemeinschaften und der weltanschaulichen Gemeinschaften, „ihre Angelegenheiten". Diese unterscheiden sich nach ihrer Sachstruktur von den staatlichen Angelegenheiten.[59] Die Literatur und Rechtsprechung spricht darüber hinaus mitunter auch von einem gemeinsamen Bereich. Einen solchen Mischbereich kennt die Verfassung aber nicht, vielmehr muss dieser in die Teile, die eigene Angelegenheiten sind, und solche, die staatliche Angelegenheiten sind, unterteilt werden.

39   Eigene Angelegenheiten sind alle Angelegenheiten, die das Wirken der Religionsgemeinschaften oder weltanschaulichen Gemeinschaften betreffen.[60] Die historische Erfahrung kann zur Abgrenzung herangezogen werden.[61] Wesentlich ist dabei das Selbstverständnis der jeweiligen Religionsgemeinschaften oder weltanschaulichen Gemeinschaften.[62]

40   Zu den eigenen Angelegenheiten gehören vor allem:[63] Verfassung und Organisation, Festlegung der Kompetenzen der Organe der Religionsgemeinschaften,[64] Institutionalisierung der eigenen Gerichtsbarkeit,[65] Veröffentlichung des Kirchenrechts, die Gestaltung des Hausrechts, Festlegung des Verhältnisses der Unterorganisationen zueinander, Voraussetzung der Berufsbildung der Amtsträger, Regelung der Rechte und Pflichten der Mitglieder, Voraussetzungen für den Ein- und Austritt, Beitrags- und Gebührenerhebung (ohne Steuer), Ausbildung der Geistlichen, Regelung der Rechtsverhältnisse der Geistlichen, kirchliches Dienst- und Arbeitsrecht, Feststellung und Verkündung der Lehre, Gestaltung des Kultus, Verwaltung kirchlichen Vermögens, Widmung zur res sacra, karitative Tätigkeit,[66] Disziplinarmaßnahmen gegen Kirchenbeamte, Regelung des Versorgungsrechts für kirchliche Amtsinhaber.

41   Auch die Bereiche, die von der Literatur mitunter als gemeinsame Bereiche bezeichnet werden,[67] unterfallen, sofern es um das Einwirkungsrecht der Religionsgemeinschaften geht, den eigenen Angelegenheiten. Dazu gehören das Bestattungswesen, die Anstaltsseelsorge (Art. 148 BV), der Religionsunterricht (Art. 136 f. BV), die theologischen Fachbereiche (Art. 150 Abs. 2 BV).

42   Den eigenen Angelegenheiten stehen die staatlichen gegenüber; zu diesen gehören: Erwerb der Rechtsfähigkeit, Verleihung der Eigenschaft einer Körperschaft des öffentlichen Rechts (Art. 143), Feiertagsrecht (Art. 147), Vereinsrecht,[68] Schulwesen (Art. 130, 133 BV), Hochschulwesen (138 Abs. 1 BV). In diesem Bereich obliegt dem Staat die Ordnung und Verwaltung, wobei er die Religionsgemeinschaften einbeziehen darf, wenn ihm das sinnvoll erscheint.

43   **c) Ordnen und Verwaltung.** Die Gewährleistung der selbständigen Ordnung bezieht sich auf die Rechtssetzungstätigkeiten. Die eigene Rechtssetzung ist nur möglich, wenn

---

[59] *Meder,* Art. 142, Rn. 5.

[60] *Ehlers,* in: Sachs, GG, 4. Aufl. 2007, Art. 140/Art. 137 WRV, Rn. 7.

[61] *v. Campenhausen,* in: Nawiasky/Schweiger/Knöpfle, Art. 142, Rn. 22.

[62] *Jeand'Heur/Korioth,* Grundzüge des Staatskirchenrechts, 2000, Rn. 184.

[63] Vgl. *Meder,* Art. 142, Rn. 5; *Ehlers,* in: Sachs, GG, 4. Aufl. 2007, Art. 140/Art. 137 WRV, Rn. 8; *v. Campenhausen,* in: Nawiasky/Schweiger/Knöpfle, Art. 142, Rn. 23; *Jeand'Heur/Korioth,* Grundzüge des Staatskirchenrechts, 2000, Rn. 186 ff.

[64] VGH BayVBl 1986, 596.

[65] Vgl. *Heberlein,* BayVBl 1994, 518 (519 f.).

[66] VerfGH 37, 184 (196).

[67] Vgl. *v. Campenhausen,* in: Nawiasky/Schweiger/Knöpfle, Art. 142, Rn. 29; *v. Campenhausen/ de Wall,* Staatskirchenrecht, 4. Aufl. 2006, S. 196 ff.

[68] VerfGH 21, 38 (42 f.).

das staatliche Recht die Frage nicht schon geregelt hat. Dem staatlichen Gesetzgeber ist es daher verwehrt, den Kirchen zugehörige Einrichtungen „der kirchlichen Obhut zu entziehen".[69] Bei den Stiftungen darf der Gesetzgeber allerdings nach sachlichen Kriterien differenzieren, welche er als staatliche und welche er als kirchliche Stiftungen verstehen will.[70]

d) Rechtsschutzgewährung. *aa) Eigene Gerichtsbarkeit.* Zur Selbstverwaltungsbefug- **44** nis der Religionsgemeinschaften gehört die Befugnis, Streitigkeiten, die im innerkirchlichen Bereich liegen, selbst zu entscheiden. Diese sind somit keine „öffentlich-rechtlichen" Streitigkeiten i. S. v. § 40 Abs. 1 VwGO, auch wenn die Religionsgemeinschaften den Status einer Körperschaft des öffentlichen Rechts haben. Da der Zugang zum staatlichen Recht gegenwärtig von Bundesrechtsnormen geregelt wird, richtet sich die Abgrenzung von staatlichem Rechtsweg und kirchlichem Rechtsschutz nicht nach Art. 142 Abs. 3 BV.

bb) Rechtsschutz vor sonstigen kirchlichen Maßnahmen. Der Rechtsschutz vor kirchlichen **45** Maßnahmen gegen Dritte mit unmittelbaren Rechtswirkungen im weltlichen Bereich kann vor den staatlichen Gerichten angefochten werden. Diesen Rechtsschutz gestaltet das Bundesrecht aus, so dass zurzeit weder in der Praxis noch in der Lehre, soweit ersichtlich, eine Fallgruppe diskutiert wird, bei der es auf das Einwirken des Art. 142 BV ankommen würde.

cc) Rechtsschutz für Religionsgemeinschaften. Art. 142 BV vermittelt den Religionsgemein- **46** schaften und den weltanschaulichen Gemeinschaften eine klagefähige Position. Verletzungen von Art. 142 BV können die Religionsgemeinschaften und die weltanschaulichen Gemeinschaften gerichtlich abwehren. Ihnen steht zunächst der Verwaltungsrechtsweg zu dem staatlichen Gericht offen. Darüber hinaus können sie auch Popularklage zum VerfGH nach Maßgabe des Art. 98 Satz 4 BV erheben. Mit der Verfassungsbeschwerde (Art. 120 BV) können sie schließlich die ihnen zustehenden verfassungsmäßigen Rechte – auch Grundrechte – geltend machen. Dabei obliegt es der Stiftung selbst, evtl. auch der betreffenden Kirche, nicht aber dem einzelnen Kirchenmitglied, einen rechtswidrigen Eingriff des Staates in die Verwaltung einer kirchlichen Stiftung abzuwehren.[71] Der VerfGH hat dabei offengelassen, ob Verstöße gegen Art. 142 Abs. 3 BV oder Art. 146 BV im Zusammenhang mit einer Grundrechtsklage von Dritten geltend gemacht werden können.[72]

e) Schranken der für alle geltenden Gesetze – S. 2: Das Selbstverwaltungsrecht **47** **gilt in den „Schranken der für alle geltenden Gesetze".** Die Konkretisierung dieser Schranke bereitet erhebliche Schwierigkeiten. Auf die vergleichbare Garantie der Art. 140 GG, Art. 137 Abs. 3 WRV bezogen wird angenommen, die Schranke beziehe sich nur auf solche Gesetze, die kollidierendes Verfassungsrecht konkretisieren.[73] Da für diese Einschränkung aber weder der Normtext noch die Systematik und der Normzweck des Art. 142 Abs. 3 BV spricht, ist sie zumindest für die Bayerische Verfassung nicht zu übernehmen.[74]

Ein Großteil der Rechtsprechung und Lehre wendet die sog. Bereichslehre an.[75] Danach **48** stehen dem Staat je nach betroffenem Bereich unterschiedliche Regelungsbefugnisse zu. Beschränkungen sollen danach nur in den Bereichen und bei den Tätigkeiten der Religionsgemeinschaften, die auch *unmittelbare Rechtswirkungen im weltlichen Bereich* entfalten,

---

[69] VerfGH 37, 184 (197 f.); *Meder,* Art. 142, Rn. 6.

[70] VerfGH 37, 184 (198 f.).

[71] BVerwG BayVBl 1990, 728.

[72] VerfGH 37, 184 (195).

[73] *Grzeszick,* Staatlicher Rechtsschutz und kirchliches Selbstbestimmungsrecht, AöR 124 (2004), 168, 210 ff.; *Belling,* Das Selbstbestimmungsrecht der Kirchen, AfKKR 173 (2004), 497, 512 ff.

[74] Ebenso für das GG *Ehlers,* in: Sachs, GG, 4. Aufl. 2007, Art. 140/Art. 137 WRV, Rn. 11.

[75] BVerfGE 72, 278 (289); BVerfGE 66, 1 (20); *Meder,* Art. 142, Rn. 9.

möglich sein, nicht aber bei solchen, die rein religiösen oder innerkirchlichen Charakters sind. Der VGH spricht davon, dass das Rechtsgebiet staatlicher Regelung unterliege.[76] Der Innenbereich soll demgegenüber dem staatlichen Recht nicht zugänglich sein.[77] Zum Innenbereich haben die Gerichte die Frage der Teilung einer Kirchengemeinde[78] sowie das dienstliche Amtsrecht mitsamt dem Dienst- und Versorgungsrecht gezählt. Demgegenüber ist die Entscheidung über die Gewährung von öffentlichen Zuschüssen und Zuweisungen an die (Träger der) Beratungsstellen nach den Vorschriften des Bayerischen Schwangerenberatungsgesetzes eine rein staatliche Angelegenheit.[79]

49   Zutreffend dürfte demgegenüber die sog. Abwägungslehre sein, nach der zwischen den Schranken von Absatz 3 („der für alle geltende Gesetze") und denen nach Absatz 2 („den allgemein geltenden Gesetzen") kein struktureller Unterschied besteht. Danach müssen sich die Religionsgemeinschaften grundsätzlich wie alle anderen Rechtsträger und Vereinigung an die Normen halten, die kein Sonderrecht gegen das Schutzgut des Abs. 3 als solches bilden.[80] Allerdings muss bei der Anwendung der Schranke das Selbstbestimmungsrecht der Religionsgemeinschaften beachtet werden, so dass eine Abwägung zwischen den Gemeinwohlgütern vorzunehmen ist.[81] Strukturell besteht demnach insoweit Übereinstimmung mit den gesetzlichen Schranken der kommunalen Selbstverwaltung bei Art. 11 BV. Der Gedanke der Bereichslehre wirkt sich mittelbar auch auf die Abwägungslehre aus. Je intensiver die betroffene Tätigkeit der Religionsfreiheit zuzuordnen ist, umso gewichtiger müssen die Gemeinwohlgründe sein.

50   **f) Einzelfälle.** Die Regelungen des Bayerischen Schwangerenberatungsgesetzes, nach denen Beratungsstellen, die – wie die der katholischen Kirche – keine Beratungsbescheinigungen ausstellen, öffentliche Zuschüsse und Zuweisungen nicht erhalten, verstoßen nicht gegen die Bayerische Verfassung.[82] Der verfassungsrechtliche Schutz des Art. 142 Abs. 3 Satz 2 BV verbietet es dem Gesetzgeber, Einrichtungen der kirchlichen Obhut zu entziehen, die nach Aufgabe und Organisation zu ihr gehören.[83]

4. Die Verleihung kirchlicher Ämter – S. 3

51   Das Recht, die eigenen Ämter ohne Mitwirkung des Staates oder der bürgerlichen Gemeinden zu verleihen, ist ein Unterfall des Selbstbestimmungsrechts.[84] Ämter sind dabei die Stellen, die der Wahrnehmung des Selbstbestimmungsrechts dienen.

Art. 143 [Körperschaften des öffentlichen Rechts; Kirchensteuer]

(1) Die Religionsgemeinschaften und weltanschaulichen Gemeinschaften erwerben die Rechtsfähigkeit nach den Vorschriften des bürgerlichen Rechts.
(2) ¹Kirchen und anerkannte Religionsgemeinschaften bleiben Körperschaften des öffentlichen Rechts, soweit sie es bisher waren. ²Anderen anerkannten Religionsgemeinschaften sowie solchen weltanschaulichen Gemeinschaften, deren Bestrebungen den allgemein geltenden Gesetzen nicht widersprechen, sind nach

---

[76] VerfGH 29, 191 (218); VerfGH 59, 1 dazu Anmerkung von *Reis*, NVwZ 2006, 1370 ff.; *ders.*, ZfL 2006, 26 ff.

[77] BVerfGE 72, 278 (289); BVerfGE 18, 385 (386 ff.); BVerfGE 42, 312 (334); *Meder*, Art. 142, Rn. 9.

[78] BVerfGE 18, 385 (388).

[79] VerfGH 59, 1.

[80] *Ehlers*, in: Sachs, GG, 4. Aufl. 2007, Art. 140/Art. 137 WRV, Rn. 13; *Jeand'Heur/Korioth*, Grundzüge des Staatskirchenrechts, 2000, Rn. 204 f.

[81] *Ehlers*, in: Sachs, GG, 4. Aufl. 2007, Art. 140/Art. 137 WRV, Rn. 11 m. w. N.; *v. Campenhausen*, in: Nawiasky/Schweiger/Knöpfle, Art. 142, Rn. 34.

[82] VerfGH 59, 1.

[83] VerfGH 49, 153 (157).

[84] *Ehlers*, in: Sachs, GG, 4. Aufl. 2007, Art. 140/Art. 137 WRV, Rn. 9.

einer Bestandszeit von fünf Jahren auf Antrag die gleichen Rechte zu gewähren.

(3) Kirchen und Religionsgemeinschaften sowie weltanschauliche Gemeinschaften, die Körperschaften des öffentlichen Rechts sind, dürfen auf Grund der öffentlichen Steuerlisten Steuern erheben.

Parallelvorschriften im GG und anderen Landesverfassungen: Art. 140 GG; Art. 4 BaWüVerf; Art. 36 BbgVerf; Art. 60, 61 BremVerf; Art. 51 HessVerf; Art. 9 M-VVerf; Art. 22 NRWVerf; Art. 41 RhPfVerf; Art. 43 RhPfVerf; Art. 37 SaarlVerf; Art. 109 Abs. 3 SächsVerf; Art. 32 Abs. 5 SachsAnhVerf; Art. 40 ThürVerf.

Rechtsprechung: VerfGH 10, 86; 20, 140; 20, 171; 41, 45; 41, 97; 49, 126; 51, 155.

Literatur: Brenner, Staat und Religion, VVDStRL 59 (2000), 264; *Binder,* Bewegung im Staatskirchenrecht, ZRP 1991, 438; *Campenhausen, Freiherr von/de Wall,* Staatskirchenrecht, 4. Aufl. 2006; *Classen,* Religionsrecht, 2006; *Friesenhahn,* Die Kirchen und Religionsgemeinschaften als Körperschaften des öffentlichen Rechts, in: Handbuch des Staatskirchenrechts der Bundesrepublik Deutschland, 1974, Erster Band, S. 545; *Heberlein,* Das neue Verwaltungsgericht der Evangelisch-Lutherischen Kirche in Bayern, BayVBl 1994, 518; *Heinig,* Öffentlich-rechtliche Religionsgesellschaften, 2003; *Hollerbach,* Grundlagen des Staatskirchenrechts, Handbuch des Staatsrechts Bd. VI, 1989, § 138; *Jeand'Heur/Korioth,* Grundzüge des Staatskirchenrechts, 2000; *Kirchhof,* Die Kirchen und Religionsgemeinschaften als Körperschaften des öffentlichen Rechts, Handbuch des Staatskirchenrechts der Bundesrepublik Deutschland, 1974, Erster Band, S. 651; *Meyer,* „Zuziehende Evangelische", ZevKR 33 (1988), 313; *Meyer-Teschendorf,* Der Körperschaftsstatus der Kirchen, AöR 103 (1978), 289 ff.; *Renck,* Kirchensteuer und Kirchenaustritt, BayVBl 2004, 132; *Robbers,* Staat und Religion, VVDStRL 59 (2000), 231; *Walter,* Religionsverfassungsrecht, 2006; *Weber,* Die Verleihung der Körperschaftsrechte an Religionsgemeinschaften, ZevKR 34 (1989), 337.

I. Allgemeines

1. Bedeutung

Art. 143 BV widmet sich der Frage der Rechtsfähigkeit der Religionsgemeinschaften **1** und der weltanschaulichen Gemeinschaften. Er bildet daher das Bindeglied des Gesellschaftsrechts und der kollektiven Religionsfreiheit. Die Norm ist, in entsprechender Reihenfolge, an Art. 137 Abs. 4, 5 und 6 WRV angelehnt, ohne im Wortlaut identisch zu sein. Die Norm ist systematisch korrekt eingeordnet.

Die praktische Geltung von Art. 143 BV ist insgesamt gering. Die relevanten Normen **2** des bürgerlichen Rechts, auf die die Norm verweist, sind Bundesrecht, die dem Rechtsanwender wenig Gestaltungsraum lassen, in den die Wertung des Art. 143 BV einfließen könnte.

Dogmatische Bedeutung besitzt vor allem Art. 143 Abs. 2 BV, weil durch ihn hier **3** noch einmal eine Absage an das staatskirchenrechtliche Modell radikaler Trennung ausgesprochen ist.[1] Zwischen Art. 143 Abs. 2 und Art. 142 Abs. 1 BV besteht daher ein Spannungsverhältnis.[2]

---

[1] *Ehlers,* in: Sachs, GG, 4. Aufl. 2007, Art. 140/Art. 137 WRV, Rn. 21 zu Art. 137 Abs. 5 WRV.
[2] *v. Campenhausen,* in: Nawiasky/Schweiger/Knöpfle, Art. 143 Abs. 1 u. 2, Rn. 7.

2. Entstehung

4   Die Norm war wortgleich in den Entwürfen zur Bayerischen Verfassung enthalten.[3] Allerdings war noch ein Absatz 4 vorgesehen gewesen, nach dem die Wirksamkeit des Austritts aus religiösen und weltanschaulichen Vereinigungen jeder Art nicht über ein Jahr hinausgeschoben werden dürfe.[4] Obwohl gegen diese Regelung keine Bedenken bestand, wurde dieser Absatz in der endgültigen Textfassung aufgrund eines Redaktionsversehens nicht aufgenommen.[5]

3. Verhältnis zum Grundgesetz

5   Die Frage der Geltung des Art. 143 BV kann nicht für die ganze Norm einheitlich beantwortet werden. Mit Art. 140 GG i.V. m. Art. 137 WRV besteht auf der Ebene der bundesrechtlichen Verfassung eine Norm mit gleichem Regelungsziel und ähnlichem, aber nicht identischem Inhalt. Bezogen auf Art. 143 Abs. 1 und Abs. 3 BV gibt es keinen relevanten Normkonflikt zu Art. 140 GG i.V. m. Art. 137 Abs. 4 bzw. Art. 137 Abs. 6 WRV; diese Absätze gelten daher weiter. Problematischer ist daher das Verhältnis von Art. 143 Abs. 2 und Art. 137 Abs. 5 WRV i.V. m. Art. 140 GG (s. dazu unten).

II. Einzelkommentierung

1. Erwerb der Rechtsfähigkeit – Abs. 1

6   **a) Allgemein.** Die Freiheit, sich aus gemeinsamem Glauben zu einer Religionsgemeinschaft (RelG) zusammenzuschließen und diese zu organisieren, verbürgt keinen Anspruch auf eine bestimmte Rechtsform, etwa die des rechtsfähigen Vereins oder einer sonstigen Form der juristischen Person. Gewährleistet ist die Möglichkeit einer irgendwie gearteten rechtlichen Existenz, einschließlich der Teilnahme am allgemeinen Rechtsverkehr.[6]

7   Die Vereinigungsfreiheit zu einer Religionsgemeinschaft i. S. v. Art. 142 Abs. 2 BV legt es nahe, dass die so gegründete Vereinigung auch am Rechtsverkehr teilnehmen kann. Art. 143 Abs. 1 BV steht daher in engem Zusammenhang mit Art. 142 Abs. 2 BV. Art. 143 Abs. 1 BV vermittelt keine subjektiven Rechte.[7]

8   Art. 143 Abs. 1 BV will den genannten Gemeinschaften keine besonderen Privilegien zuweisen, sondern Sondernormen zu ihren Lasten abschaffen, bzw. die Wiedereinführung verhindern.[8]

9   **b) Verhältnis von kollektiver Religionsfreiheit und Rechtsfähigkeit.** Die Vorschriften, nach denen die Religionsgemeinschaft die Rechtsfähigkeit erlangen kann, sind die gleichen Normen, nach denen auch die anderen Vereinigungen, die nicht der kollektiven Glaubensausübung dienen, eine Rechtsfähigkeit erlangen können. Der Landesgesetzgeber dürfte daher keine Sondernormen für die Anerkennung der Rechtsfähigkeit der in Art. 143 Abs. 1 BV genannten Vereinigungen erlassen. Notwendig wäre dafür zunächst eine vorausgehende Verfassungsänderung.[9] Insofern bestätigt Art. 143 Abs. 1 BV noch einmal eine Absage an das in Bayern bis 1919 geltende Konzessionssystem, wonach der Erwerb der Rechtsfähigkeit von der Verleihung des Staates abhängig war.[10]

10   So einseitig, wie Art. 143 Abs. 1 BV auf den ersten Blick vermuten lässt, ist das Verhältnis von Art. 143 Abs. 1 BV und den allgemeinen Regeln der Rechtsfähigkeit aber nicht. Die Religionsgemeinschaften müssen sich zwar den staatlichen Organisationsregeln unterord-

---

[3] Art. 99 VE, Art. 106 E.

[4] *Nawiasky,* S. 225.

[5] *Nawiasky,* S. 225; vgl. auch Prot. II, S. 368; Stenographische Berichte, S. 56 u. 202.

[6] BVerfGE 83, 341 (355).

[7] *Meder,* Art. 143, Rn. 1; *Völl,* S. 61.

[8] *Ehlers,* in: Sachs, GG, 4. Aufl. 2007, Art. 140/Art. 137 WRV, Rn. 18 zu Art. 137 Abs. 4 WRV.

[9] *Nawiasky,* S. 226.

[10] *v. Campenhausen,* in: Nawiasky/Schweiger/Knöpfle, Art. 143 Abs. 1 u. 2, Rn. 3.

nen, umgekehrt müssen die Regeln den Religionsgemeinschaften aber auch die Möglichkeit geben, ihre Organisation so vorzunehmen, wie es ihren religiösen Vorstellungen entspricht. So hat – bezogen auf Art. 140 GG/Art. 137 Abs. 4 WRV – das BVerfG eine den Religionsgemeinschaften entgegenkommende Auslegung der einschlägigen Rechtsvorschriften eingefordert.[11] Diese Grundsätze sind auf Art. 143 Abs. 1 BV übertragbar.

Art. 143 Abs. 1 BV vermittelt kein Recht auf eine bestimmte Organisationsform, auch **11** nicht auf die des Vereins.[12] Praktisch relevant sind gegenwärtig einfach-gesetzlich die Normen, nach denen ein Verein rechtsfähig wird (§ 21 BGB).[13] Da die Normen, die die Rechtsfähigkeit von Vereinigungen festlegen, Bundesrecht sind, das dem Rechtsanwender nur geringen Spielraum lässt, ist der Einfluss des Art. 143 Abs. 1 BV gegenwärtig gering.

Den Verlust der Rechtsfähigkeit erwähnt die Norm nicht. Dennoch ist dieser möglich. **12** Er vollzieht sich als actus contrarius nach den Normen, die für den Erwerb der Rechtsfähigkeit maßgeblich sind.[14] Der Verlust der Rechtsfähigkeit führt nicht zu einem Verbot der Vereinigung. Diese kann vielmehr als nichtrechtsfähiger Verein weiter tätig werden.[15]

2. Anerkennung als Körperschaften des öffentlichen Rechts – Abs. 2

a) Allgemein. Der Absatz widmet sich einer bestimmten Rechtsform, die einigen Re- **13** ligionsgemeinschaften und weltanschaulichen Gemeinschaften zur Verfügung gestellt wird, und zwar der Körperschaft des öffentlichen Rechts.[16] Der Körperschaftsstatus vermittelt den betroffenen Vereinigungen zunächst die Rechtsfähigkeit und darüber hinaus eine Reihe von Befugnissen, vor allem das Recht der Steuererhebung gem. Abs. 3.[17] Im Einzelnen bedarf es aber immer einer Prüfung, ob die Sonderstellung der in Abs. 2 genannten Vereinigungen einen Rückgriff auf die allgemeinen Grundsätze der öffentlichrechtlichen Körperschaft gestatten.[18] Die körperschaftlichen Vereinigungen sind aber nicht verpflichtet, ihr gesamtes Wirken dem öffentlichen Recht zu unterstellen. Sie können auch privatrechtlich tätig werden.[19]

Bei der Zuweisung des Körperschaftsstatus sieht die Verfassung zwei Wege vor. Der **14** eine Weg liegt im Bestandsschutz, d.h. diejenigen, die den Status schon haben, behalten ihn (S. 1), die anderen müssen ihn verliehen bekommen und dafür materielle Voraussetzungen erfüllen (S. 2). Art. 143 Abs. 2 BV enthält hinsichtlich des Körperschaftsstatus für geborene Kirchen und anerkannte Religionsgemeinschaften andere Aussagen als für gekorene Religionsgemeinschaften.[20] Der Unterschied zwischen den geborenen und anerkannten Religionsgemeinschaften und weltanschaulichen Gemeinschaften wird als sachlich gerechtfertigt angesehen.[21]

b) Satz 1 – Beibehaltung des Status quo. Nach Satz 1 verändert sich für die Reli- **15** gionsgemeinschaften, die zum Zeitpunkt des Inkrafttretens der BV den Status einer Körperschaft des öffentlichen Rechts hatten, nichts. Sie behalten diesen Status, es sei denn, sie

---

[11] BVerfGE 83, 341 (356).

[12] *Ehlers,* in: Sachs, GG, 4. Aufl. 2007, Art. 140/Art. 137 WRV, Rn. 18 zu Art. 137 Abs. 4 WRV.

[13] vgl. *Schmidt,* Eintragung „religiöser Wirtschaftsvereine"?, NJW 1988, 2574.

[14] *Ehlers,* in: Sachs, GG, 4. Aufl. 2007, Art. 140/Art. 137 WRV, Rn. 19 zu Art. 137 Abs. 4 WRV.

[15] *Ehlers,* in: Sachs, GG, 4. Aufl. 2007, Art. 140/Art. 137 WRV, Rn. 19 zu Art. 137 Abs. 4 WRV.

[16] Zum Begriff der Kirchen, der anerkannten Religionsgemeinschaften und weltanschaulichen Gemeinschaften s. Art. 142 BV.

[17] S. dazu *Ehlers,* in: Sachs, GG, 4. Aufl. 2007, Art. 140/Art. 137 WRV, Rn. 21 zu Art. 137 Abs. 5 WRV.

[18] *v. Campenhausen,* in: Nawiasky/Schweiger/Knöpfle, Art. 143 Abs. 1 u. 2, Rn. 10; *Ehlers,* in: Sachs, GG, 4. Aufl. 2007, Art. 140/Art. 137 WRV, Rn. 21 zu Art. 137 Abs. 5 WRV.

[19] *Ehlers,* in: Sachs, GG, 4. Aufl. 2007, Art. 140/Art. 137 WRV, Rn. 22 zu Art. 137 Abs. 5 WRV.

[20] VerfGH 51, 155 (158).

[21] VerfGH 51, 155 (158), s. dazu *Ehlers,* in: Sachs, GG, 4. Aufl. 2007, Art. 140/Art. 137 WRV, Rn. 25 zu Art. 137 Abs. 5 WRV.

verzichten darauf.[22] Von dieser Regelung werden v. a. die Diözesen der Katholischen Kirche in Bayern sowie deren Verband, die Evangelisch-Lutherische Kirche in Bayern, die Evangelisch-Reformierte Kirche, die altkatholische Kirche, die evangelisch-methodistische Kirche in Bayern und die israelitischen Kultusgemeinden u.a. erfasst.[23] Auch wenn bei Art. 143 Abs. 2 S. 1 BV anders als bei Art. 143 Abs. 2 S. 2 BV die Bindung an die allgemeinen Gesetze nicht ausdrücklich erwähnt wird, ändert dies nichts daran, dass auch die Körperschaften i. S. v. Art. 143 Abs. 2 S. 1 BV an Verfassung und Gesetz gebunden sind.[24]

16   **c) Satz 2 – Gewährung.** *aa) Die Frage der Weitergeltung.* Nach Art. 140 GG i.V. m. Art. 137 Abs. 5 S. 2 WRV ist den in Satz 2 aufgeführten Gemeinschaften die Eigenschaft einer Körperschaft des öffentlichen Rechts zu verleihen, wenn sie durch ihre Verfassung und die Zahl ihrer Mitglieder die Gewähr der Dauer bieten.[25] Art. 143 Abs. 2 S. 2 BV sieht demgegenüber die Möglichkeit der Verleihung vor, wenn die weltanschaulichen Gemeinschaften eine fünfjährige Bestandszeit aufweisen können und keine Bestrebungen gegen die allgemeinen Gesetze verfolgen. Das Erfordernis der Bestandszeit verfolgt zwar das gleiche Ziel wie Art. 137 Abs. 5 WRV. Ist das Ziel jedoch auch identisch, so sind die Beurteilungskriterien offenbar verschieden. Nicht zulässig ist es, den Text von Art. 137 Abs. 5 WRV in Art. 143 Abs. 2 S. 2 BV hineinzulesen.[26]

17   Art. 143 Abs. 2 S. 2 BV normiert demnach andere Voraussetzungen für die Anerkennung als Art. 137 Abs. 5 S. 2 WRV/Art. 140 GG. Da sowohl die bundesrechtliche als auch die landesrechtliche Bestimmung aber so zu verstehen ist, dass sie jeweils die Voraussetzungen für die Anerkennung einer öffentlich-rechtlichen Körperschaft abschließend definiert, widersprechen sich die Normen.[27] Art. 143 Abs. 2 S. 2 BV wird daher gegenwärtig von Art. 140 GG/Art. 137 Abs. 5 WRV verdrängt und besitzt, bezogen auf die Religionsgemeinschaften, zurzeit keine Gültigkeit. Art. 137 Abs. 5 S. 2 WRV erwähnt zwar die weltanschaulichen Gemeinschaften nicht, jedoch ist die Vorschrift über Art. 137 Abs. 7 WRV auf diese anwendbar.

18   *bb) Hilfsweise.* Geht man entgegen der hier angenommenen Position von der Weitergeltung der Voraussetzung des Art. 143 Abs. 2 S. 2 BV aus, gilt: Bestandszeit ist die Zeit der Existenz der weltanschaulichen Gemeinschaften. Der Begriff der allgemein geltenden Gesetze ist wie bei Art. 142 Abs. 2 BV zu verstehen. Bestrebungen gegen die allgemeinen Gesetze ist das Tätigwerden der Vereinigung gegen die allgemeinen Gesetze. Dies verlangt ein planvolles Vorgehen der Vereinigung selbst. Entscheidend ist daher das Handeln von Personen, die der Vereinigung zugerechnet werden können, insbesondere (aber nicht nur) derer Organwalter. Einzelne Verstöße genügen nicht. Art. 143 Abs. 2 S. 2 BV vermittelt ein subjektives öffentliches Recht.[28]

19   **d) Verlust des Körperschaftsstatus.** Der Körperschaftsstatus geht nach umstrittener, aber zutreffender Ansicht verloren, wenn die Religionsgemeinschaft auf ihren Antrag hin aufgelöst wird, der Körperschaftsstatus entzogen wird, weil die Religionsgemeinschaften

---

[22] *Ehlers,* in: Sachs, GG, 4. Aufl. 2007, Art. 140/Art. 137 WRV, Rn. 25.

[23] *Nawiasky,* S. 226; *v. Campenhausen,* in: Nawiasky/Schweiger/Knöpfle, Art. 143 Abs. 1 u. 2, Rn. 11; *Meder,* Art. 143, Rn. 3.

[24] VerfGH 51, 155 (158).

[25] Dafür wird überwiegend eine Mindestzeitspanne von dreißig Jahren verlangt – vgl. *Ehlers,* in: Sachs, GG, 4. Aufl. 2007, Art. 140/Art. 137 WRV, Rn. 25.

[26] A. A. offenbar *Meder,* Art. 143, Rn. 4.

[27] Ebenso *v. Campenhausen,* in: Nawiasky/Schweiger/Knöpfle, Art. 143 Abs. 1 u. 2, Rn. 10; *Voll,* S. 74; *Hollerbach,* Verfassungsrechtliche Grundlagen des Staatskirchenrechts, HdbStKirchR I, 1974, S. 215, 249; a. A. *Meder,* Art. 143, Rn. 4; *Friesenhahn,* Die Kirchen als Körperschaften des öffentlichen Rechts, HdbStKirchR I, 1974, S. 545, 556.

[28] *Nawiasky,* S. 226; *v. Campenhausen,* in: Nawiasky/Schweiger/Knöpfle, Art. 143 Abs. 1 u. 2, Rn. 10; *Meder,* Art. 143, Rn. 4.

verboten werden muss, die Rechtswidrigkeit der Verleihung sich herausstellt oder die Voraussetzungen für die Verleihung entfallen sind.[29]

e) Der Sonderstatus. Körperschaften des öffentlich-rechtlichen Rechts sind notwen- **20** dig Rechtsträger. Mit dieser Eigenschaft sind die betroffenen Religionsgemeinschaften zwar juristische Personen des öffentlichen Rechts. Sie sind aber nicht in den Staat eingegliedert, sondern besitzen einen öffentlichen Status eigener Art.[30] Dieser Status ist allerdings nicht nur formaler, sondern auch materieller Natur.[31] Der Status bedeutet nur „die Anerkennung der besonderen Bedeutung der öffentlichen Wirksamkeit einer Religionsgemeinschaft" und „die Zuerkennung der Fähigkeit, Träger öffentlicher Kompetenzen und Rechte zu sein".[32] Der Körperschaftsstatus begründet keine Unterwerfung unter eine besondere Kirchenhoheit des Staates oder gesteigerte Staatsaufsicht.[33]

f) Einzelheiten. Der in Art. 4 Abs. 2 Nr. 3 Bayerisches Rundfunkgesetz normierte **21** Anspruch der anerkannten Religions- und Weltanschauungsgemeinschaften auf eigene Sendezeiten im öffentlich-rechtlichen Rundfunk ist durch das seit 1991 geltende Verbot religiöser oder weltanschaulicher Werbung nicht entfallen.[34] Art. 143 Abs. 2 BV ist kein verfassungswidriges Verfassungsrecht.[35]

3. Das Besteuerungsrecht – Abs. 3

a) Einleitung. Art. 143 Abs. 3 BV gibt den korporierten Religionsgemeinschaften und **22** weltanschaulichen Gemeinschaften die Berechtigung, Steuern zu erheben. Die Kirchensteuergarantie dient der Entfaltung der Religionsfreiheit und stellt eine verfassungsrechtliche Religionsförderung dar.[36]

Art. 143 Abs. 3 BV stimmt zwar nicht wörtlich, aber inhaltlich mit Art. 140 GG i.V. m. **23** Art. 137 Abs. 6, 7 WRV überein. Er gilt weiter.[37] Die öffentlichen Steuerlisten sind die gleichen wie die, die Art. 137 Abs. 6 WRV als bürgerliche bezeichnet.[38] Gemeint sind die amtlichen Zusammenstellungen der Steuerpflichtigen.[39] Solche Listen werden seit langem nicht mehr geführt. Die Norm ist daher zeitgemäß zu verstehen. Die Religionsgemeinschaften müssen die Informationen erhalten, die heute das sind, was früher die öffentlichen Steuerlisten waren, d. h. der Staat muss den Religionsgemeinschaften und weltanschaulichen Gemeinschaften die Informationen bereitstellen, die den Steuerlisten zum Zeitpunkt der Verfassungsgebung entsprachen.[40]

Die Norm privilegiert die dort genannten Vereinigungen in zweifacher Hinsicht. **24** Zum einen berechtigt sie diese zur Erhebung von Steuern, demnach zu einer öffentlich-rechtlichen Abgabe. Die Vereinigungen erhalten das Recht, die „Beiträge ihrer Mitglieder" in öffentlich-rechtlicher Form zu erheben und einzutreiben. Das ist im Vergleich zu dem

---

[29] Ausführlich *Ehlers*, in: Sachs, GG, 4. Aufl. 2007, Art. 140/Art. 137 WRV, Rn. 28 zu Art. 137 Abs. 5 WRV.

[30] *Meder*, Art. 143, Rn. 5; *v. Campenhausen*, in: Nawiasky/Schweiger/Knöpfle, Art. 143 Abs. 1 u. 2, Rn. 6; *Voll*, S. 69 f.

[31] Einzelheiten bei *Ehlers*, in: Sachs, GG, 4. Aufl. 2007, Art. 140/Art. 137 WRV, Rn. 23 zu Art. 137 Abs. 5 WRV.

[32] BVerfGE 19, 129 (133); *Meder*, Art. 143, Rn. 6.

[33] *Ehlers*, in: Sachs, GG, 4. Aufl. 2007, Art. 140/Art. 137 WRV, Rn. 23 zu Art. 137 Abs. 5 WRV.

[34] VerfGH, Ents. v. 29. 1. 2007, Az: 7 BV 06.764.

[35] VerfGH 51, 155 ff.

[36] *Ehlers*, in: Sachs, GG, 4. Aufl. 2007, Art. 140/Art. 137 WRV, Rn. 29 zu Art. 137 Abs. 6 WRV.

[37] *Meder*, Art. 143, Rn. 6; FG München, Ents. v. 25. 2. 2002, Az.: 13 K 341/01, KirchE 40 (2002), 127 ff.

[38] VerfGH 20, 140 (144); *Meder*, Art. 143, Rn. 6.

[39] VerfGH 10, 86 (91); *Ehlers*, in: Sachs, GG, 4. Aufl. 2007, Art. 140/Art. 137 WRV, Rn. 29 zu Art. 137 Abs. 6 WRV.

[40] Vgl. *Ehlers*, in: Sachs, GG, 4. Aufl. 2007, Art. 140/Art. 137 WRV, Rn. 29 zu Art. 137 Abs. 6 WRV.

System der rein zivilrechtlichen Mitgliedsbeiträge eine deutliche Erleichterung. Weiter gestattet die Norm den Vereinigungen, auf die Daten der staatlichen Steuerverwaltung zuzugreifen, gewährt diesen daher trotz der grundsätzlichen Trennung von Staat und Kirchen bzw. Religionsgemeinschaften an diesem Schnittpunkt eine Zusammenarbeit. Da die Privilegierung aber verfassungsrechtlich normiert ist, ist sie gerechtfertigt, so dass kein unauflösbarer Widerspruch zu Art. 118 Abs. 1, 107, 100 BV entsteht.[41]

25   Nicht ganz eindeutig ist, ob Art. 143 Abs. 3 BV nur dem Staat die Befugnis geben soll, die dort genannten Vereinigungen mit dem Steuererhebungsrecht zu beleihen, oder ob die Norm eine rein objektive Pflicht festschreibt. Möglich ist schließlich auch ein Verständnis, nach dem Art. 143 Abs. 3 BV ihnen ein subjektives Recht vermittelt. Die überwiegende Ansicht verneint den Charakter als subjektives Recht.[42] Von der Kirchensteuer ist die Erhebung von Beiträgen und Gebühren zu trennen, die innerkirchliche Angelegenheit ist.

26   **b) Das Steuererhebungsrecht.** *aa) Verfassungsrechtliche Beleihung.* Die Besteuerungsbefugnis ist eine hoheitliche Befugnis des Staates, die den in Art. 143 Abs. 3 BV angeführten Gemeinschaften gegenüber ihren Mitgliedern verliehen wird. Es liegt daher eine Beleihung auf Verfassungsebene vor. Der VerfGH zieht zur Auslegung des Art. 143 Abs. 3 BV in besonderer Weise die Rechtsprechung des BVerfG zu Art. 140 GG i. V. m. Art. 137 Abs. 6 WRV heran.[43]

27   Das Steuererhebungsrecht kann von den genannten Vereinigungen nicht anders als vom Staat selbst ausgeübt werden. Die Religionsgemeinschaften und die weltanschaulichen Gemeinschaften werden bei der Erhebung der Steuer als Träger von Staatsgewalt tätig.[44] Sie sind daher insoweit an die verfassungsmäßige Ordnung gebunden.[45] Modifikationen durch den Einfluss der Religionsfreiheit sind nicht auszuschließen.

28   *bb) Gestaltungsfreiheit des Gesetzgebers.* Die Einzelheiten der Beleihung sind der Verfassungsnorm nicht zu entnehmen. Die Beleihung bedarf vielmehr der Umsetzung durch den Gesetzgeber. Zuständig ist nach fast einhelliger Auffassung der Landesgesetzgeber.[46] Geregelt sind diese Fragen zurzeit im Gesetz über die Erhebung von Steuern durch Kirchen, Religions- und weltanschauliche Gemeinschaften (Kirchensteuergesetz – KirchStG).[47]

29   Der Gesetzgeber ist verpflichtet, die Voraussetzungen für die Steuererhebung zu schaffen und die Möglichkeit zwangsweiser Beitreibung vorzusehen.[48] Er darf dabei das verfassungsrechtlich verbürgte Recht der Steuererhebung nicht durch seine Ausgestaltung aushöhlen.

30   Wie die Kirchensteuer erhoben wird, schreibt Art. 143 Abs. 3 BV nicht vor. Möglich sind Zuschläge an bestehende Steuern, ebenso[49] wie auch andere Systeme.[50] Auch der Anknüpfungspunkt für die Bemessung ist nicht vorgegeben. Steuern dürfen nur zur Deckung des Bedarfs der steuerberechtigten Religionsgemeinschaften erhoben werden.[51]

---

[41] VerfGH 21, 76 (81).

[42] *Meder,* Art. 143, Rn. 7; BVerfGE 19, 206 (218) zu Art. 140 GG.

[43] VerfGH 41, 97 (100).

[44] *Ehlers,* in: Sachs, GG, 4. Aufl. 2007, Art. 140/Art. 137 WRV, Rn. 29 zu Art. 137 Abs. 6 WRV; BVerfGE 19, 206 (217); BVerfGE 19, 288 ff.

[45] *Meder,* Art. 143, Rn. 7; BVerfGE 30, 415 (422) – zu Art. 140 GG; BVerfG (Kammer) NVwZ 2002, 1496 f.

[46] VerfGH 24, 171 (175); *Ehlers,* in: Sachs, GG, 4. Aufl. 2007, Art. 140/Art. 137 WRV, Rn. 29.

[47] In der Fassung der Bekanntmachung vom 21. November 1994, GVBl S. 1026 (Neubekanntmachung des KirchStG v. 26. 11. 1954 (GVBl S. 305)) in der ab 1. 1. 1995 geltenden Fassung, zuletzt geändert durch § 1 ÄndG vom 10. 12. 2005 (GVBl S. 584) – BayRS 2220-4-K.

[48] VerfGH 10, 86 (Ls).

[49] VerfGH 10, 86 (91); VerfGH 20, 171 (177); VerfGH 21, 153 (155); VerfGH 23, 135 (141).

[50] VerfGH 20, 140 (144); VerfGH 21, 76 (81); vgl. BVerfGE 19, 253 (258); BVerfGE 73, 388 (401 f.) [Kirchgeld]); ausführlich *Ehlers,* in: Sachs, GG, 4. Aufl. 2007, Art. 140/Art. 137 WRV, Rn. 32 zu Art. 137 Abs. 6 WRV.

[51] VerfGH 21, 153 (154); VerfGH 21, 173 (174).

Auch die Dichte der gesetzlichen Regelung steht weitgehend im Ermessen des Landes- **31** gesetzgebers. Er kann die Steuer näher gesetzlich vorformen oder sich auf die allgemeine Ermächtigung zur Erhebung von Steuern beschränken und die Einzelregelung des formellen und materiellen Steuerrechts den steuerberechtigten Religionsgemeinschaften innerhalb der Schranke des für alle geltenden Gesetzes überlassen.[52] Die Festsetzung der Steuer ist Aufgabe und Befugnis der Religionsgemeinschaften, allerdings innerhalb der gesetzlichen Vorgaben.

cc) Steuerpflichtige. Steuerschuldner kann nur ein Mitglied der Religionsgemeinschaften **32** sein. Das in Art. 107 Abs. 1 BV verankerte Grundrecht der Glaubens- und Gewissensfreiheit verbürgt das Recht, nicht zu öffentlichen Abgaben herangezogen zu werden, die nur von Kirchenmitgliedern erhoben werden dürfen.[53] Wer Mitglied ist, bestimmen zunächst die Religionsgemeinschaften und die weltanschaulichen Gemeinschaften selbst. Die Steuerpflicht knüpft dabei an die Regelung über die Mitgliedschaften in den genannten Vereinigungen an. Für die Zulässigkeit der Ausübung der Steuergewalt ist allerdings erforderlich, dass die Mitgliedschaft auf einer freien Willensentschließung des Mitglieds bzw. dessen Erziehungsberechtigten beruht. Eine förmliche Erklärung ist nicht erforderlich.[54] Die Mitgliedschaft kraft Taufe und die darauf beruhende Steuerpflicht sind verfassungsgemäß.[55]

Grundsätzlich trifft die Steuerpflicht denjenigen, der Mitglied ist. Bei verheirateten **33** Steuerpflichtigen sind Modifikationen zulässig. Gehört nur ein Ehegatte einer steuerberechtigten Religionsgemeinschaft an, darf die Steuer nur von dem Mitglied nach dessen Einkommen erhoben werden.[56] Gehören beide Ehegatten zwei verschiedenen Religionsgemeinschaften an (konfessionsverschiedene Ehen), ist die Heranziehung des Halbteilungsgrundsatzes zulässig.[57]

dd) Ende der Steuerpflicht. Die Steuerpflicht endet mit dem Ende der Mitgliedschaft in der **34** Vereinigung. Für die Frage der Steuerpflicht richtet sich der Verlust der Mitgliedschaft nach staatlichem Recht. Das Recht, aus einer Religionsgemeinschaft oder weltanschaulichen Gemeinschaft auszutreten, ist unaufgebbar.[58] Es ist nicht zulässig, einen aus der Kirche Ausgetretenen bis zum Ende des laufenden Steuerjahres der Steuerpflicht zu unterwerfen; zulässig ist dagegen die Ausdehnung bis zum Ablauf des auf die Austrittserklärung folgenden Kalendermonats.[59]

ee) Verwaltung. Die Verwaltung der Steuern obliegt grundsätzlich den Religions- **35** gemeinschaften und den weltanschaulichen Gemeinschaften. Der Staat darf aber den Religionsgemeinschaften anbieten, diese Aufgabe den Finanzämtern zu übertragen.[60] Die Verwaltung der Kirchenlohnsteuer für größere Religionsgemeinschaften durch die Fi-

---

[52] BVerfGE 73, 388 (399); *Ehlers,* in: Sachs, GG, 4. Aufl. 2007, Art. 140/Art. 137 WRV, Rn. 29 zu Art. 137 Abs. 6 WRV i. V. m. Art. 140 GG.

[53] VerfGH 41, 97 (Ls).

[54] BVerfGE 30, 415 (423); s. a. BVerfGE 19, 206 (216 f.); zur Frage der Mitgliedschaft bei Umzug s. *Ehlers,* in: Sachs, GG, 4. Aufl. 2007, Art. 140/Art. 137 WRV, Rn. 30.

[55] *Voll,* Kirchensteuerrecht in Bayern, BayVBl 1988, 70 (72 f.).

[56] BVerfGE 19, 268 (273); BVerfGE 20, 40; *Ehlers,* in: Sachs, GG, 4. Aufl. 2007, Art. 140/Art. 137 WRV, Rn. 30.

[57] VerfGH 23, 135; *Ehlers,* in: Sachs, GG, 4. Aufl. 2007, Art. 140/Art. 137 WRV, Rn. 30 zu Art. 137 Abs. 6 WRV; BVerfGE 20, 40 (42).

[58] *Ehlers,* in: Sachs, GG, 4. Aufl. 2007, Art. 140/Art. 137 WRV, Rn. 31 zu Art. 137 Abs. 6 WRV; s. zum Austritt und Kirchensteuer – *L. Renck,* BayVBl 2004, 132.

[59] VerfGH 41, 97 (Ls); BVerfGE 44, 37 (49 ff.); *Ehlers,* in: Sachs, GG, 4. Aufl. 2007, Art. 140/Art. 137 WRV, Rn. 31 zu Art. 137 Abs. 6 WRV.

[60] VerfGH 20, 171 (177); ausführlich *Ehlers,* in: Sachs, GG, 4. Aufl. 2007, Art. 140/Art. 137 WRV, Rn. 33 zu Art. 137 Abs. 6 WRV; *Wasmuth/Schiller,* Verfassungsrechtliche Problematik der Inpflichtnahme von Arbeitnehmern und Arbeitgebern beim Kirchenlohnsteuereinzug, NVwZ 2001, 852 (854); *v. Campenhausen/deWall,* Staatskirchenrecht, 4. Aufl. 2006, § 29, S. 235.

nanzämter verstößt nicht gegen die Bayerische Verfassung. Der Staat, der die Steuern beitreibt oder verwaltet, kann verlangen, dass ihm die Voraussetzungen für eine rechtmäßige Steuererhebung dargelegt werden.

36   *ff) Einzelheiten.* Das KirchStG verletzt nicht dadurch die Art. 118 Abs. 1, 100 BV, dass es bei der Regelung der Kircheneinkommensteuer und der Kirchenlohnsteuer keine Sondervorschrift für katholische geschiedene Steuerschuldner vorsieht, deren kirchlich geschlossene Ehe nach kanonischem Recht nicht aufgelöst ist.[61] Der Normgeber ist verfassungsrechtlich nicht gehindert, aus Gründen der Verwaltungsvereinfachung typisierende und generalisierende Regelungen zu treffen. Führt die sog. Zwölfteilungsregelung bei der Berechnung und Erhebung der Kircheneinkommensteuer zu ungewöhnlichen Härten im Einzelfall, kann unter Umständen nur eine davon abweichende Billigkeitsentscheidung verfassungskonform sein.[62] Eine kirchengesetzliche Regelung, wonach die Evangelisch-Lutherische Kirche in Bayern auch andere evangelische Christen, etwa die Mitglieder der English Reformed Church in Hamburg nach dem Wohnsitzprinzip zur Kirchensteuer heranziehen kann, wurde für verfassungsgemäß gehalten.[63]

Art. 144 [Staatlicher Schutz der Religion und der Geistlichen]

(1) In der Erfüllung ihrer Amtspflichten genießen die Geistlichen den Schutz des Staates.

(2) Jede öffentliche Verächtlichmachung der Religion, ihrer Einrichtungen, der Geistlichen und Ordensleute in ihrer Eigenschaft als Religionsdiener ist verboten und strafbar.

(3) Geistliche können vor Gerichten und anderen Behörden nicht um Auskunft über Tatsachen angehalten werden, die ihnen in ihrer Eigenschaft als Seelsorger anvertraut worden sind.

Parallelvorschriften im GG und anderen Landesverfassungen: Art. 140 GG; Art. 41 RhPfVerf.

Rechtsprechung: VerfGH 9, 147; VerfGH, Ents. v. 2. 5. 1988, Az: Vf. 18–VII/86, NJW 1988, 3141 f.

I. Allgemeines

1. Bedeutung

1   Die Norm konkretisiert die Einstandspflicht des Staates für die Existenz einer gelebten Religion in Bayern. Sie steht daher in Verbindung zu den Normen, die das Trennungsgebot von Staat und Kirche relativieren. Die ersten beiden Normen begründen eine objektive Schutzpflicht des Staates, der dritte Absatz schützt die seelsorgerische Tätigkeit vor den Informationszugriffen des Staates. Die Norm hat keine unmittelbaren verfassungsrechtlichen Vorläufer, entsprechende Normen finden sich aber in den Kirchenverträgen.[1]

2   Die rechtliche Bedeutung der Norm ist gering, da das umsetzende Recht weitgehend Bundesrecht ist. Im Einzelnen ist nach den jeweiligen Regelung zu differenzieren.

2. Entstehung

3   Art. 144 BV ist erst im Laufe des Verfassungsgebungsverfahrens beim VA hinzugekommen.[2] Seine endgültige Formulierung und seine Stellung innerhalb der BV sind erst nach längerer Diskussion gefunden worden.

---

[61] VerfGH 20, 140 (147 ff.).

[62] VerfGH 41, 97 (101).

[63] FG München, Ents. v. 4. 8. 1986, Az: VII (XIII) 232/80 Ki, KirchE 24, 196 ff. m. Anm. *Meyer,* ZevKR 33 (1988), 313 ff.

[1] VerfGH 9, 147 (155).

[2] Prot. I, S. 208 f. und Prot. II, S. 307 u. 368 ff.; vgl. *Nawiasky,* S. 226 f.; s. a. VerfGH 9, 147 (155).

II. Einzelkommentierung

1. Schutz der Geistlichen – Art. 144 Abs. 1 BV

a) Allgemein. Art. 144 Abs. 1 BV übernimmt Bestimmungen der Kirchenverträge in 4 die Verfassung.[3] Die Norm wird als rein objektives Recht verstanden, aus dem sich keine subjektiven Pflichten ableiten lassen[4] und der daher keine große Bedeutung zugeschrieben wird. Sie steht in Zusammenhang mit der Glaubensfreiheit des Art. 107 Abs. 1 und Abs. 2 BV, geht aber über den dort gewährten Schutz hinaus.[5]

b) Die Schutzpflicht. Geistliche i. S. dieser Vorschrift sind alle Amtsträger einer Reli- 5 gionsgemeinschaft, die mit den geistlichen Aufgaben der Vereinigung betraut sind. Laien, die kein Amt innehaben, fallen nicht darunter, da sie insoweit keine „Amtspflichten" wahrnehmen.[6] Die Norm legt dem Staat die objektive Pflicht auf, die Geistlichen in einer bestimmten Situation zu schützen. Somit ist der gegenständliche Bereich, auf den sich der Schutz bezieht, relativ klar eingegrenzt. Daher kann man die Norm nicht als reine Direktive verstehen, sondern als eine rechtlich bindende Begründung einer Schutzpflicht. Wie die Schutzpflicht umgesetzt wird, steht – wie bei den Schutzpflichten allgemein – weitgehend im Ermessen des Pflichtigen. Entscheidend ist nur die Gewährleistung eines hinreichenden Schutzniveaus.[7] Die Norm wendet sich dabei an Gesetzgebung und Verwaltung.[8]

Bei der Entstehung der Norm wurde ausdrücklich darauf verwiesen, dass mit dieser 6 Norm keine Zuweisung von Individualrechten verbunden sein soll.[9] Daher geht die ganz h. M. davon aus, die Norm sei ausschließlich objektiv-rechtlich zu verstehen.[10] Sollte der gewährte Schutz einmal unter das hinreichende Schutzniveau deutlich abfallen, erscheint ein Umschlagen des rein objektiven Charakters in subjektive Schutzwirkungen entgegen der überwiegenden Ansicht zugunsten der Geistlichen dennoch nicht völlig ausgeschlossen, sofern nicht in anderer Weise eine Sanktionierung des Verfassungsverstoßes möglich erscheint. Praktisch dürfte diese Frage aber kaum werden.

2. Pflicht zur Strafbewährung der Verächtlichmachung von Religionsgemeinschaften – Art. 144 Abs. 2 BV

a) Allgemein. Der ausdrückliche verfassungsrechtliche Schutz der Religion durch 7 Art. 144 Abs. 2 BV wird auch als Reaktion auf die im Nationalsozialismus gemachten Erfahrungen verstanden.[11] Art. 144 Abs. 2 BV überschneidet sich teilweise mit Art. 144 Abs. 1 BV und ist insoweit spezieller. Berührungspunkte zwischen Art. 144 Abs. 2 BV und Art. 131 Abs. 2 BV hat der VerfGH nicht angenommen.[12] Die Norm unterscheidet ihrem Normtext nach zwischen einem Verbot und einer Strafbarkeit. Beide Elemente sind trotz der begrifflichen Trennung zusammenzufassen. Der Verfassungsartikel begründet dabei auch nicht selbst ein unmittelbar geltendes Verbot oder eine Strafnorm, sondern einen Auftrag an den Gesetzgeber zur „Unter-Strafe-Stellung" der genannten Handlungen. Aus Art. 144 Abs. 2 BV lassen sich keine subjektiven Rechte ableiten.[13]

---

[3] *Nawiasky,* S. 227; *Meder,* Art. 144, Rn. 1. Vgl. Art. 1 § 3 Satz 2 BayKonk.; Art. 1 Abs. III Satz 2 BayEvKV.

[4] *Meder,* Art. 144, Rn. 1.

[5] A. A. wohl *v. Campenhausen,* in: Nawiasky/Schweiger/Knöpfle, Art. 144, Rn. 2.

[6] *v. Campenhausen,* in: Nawiasky/Schweiger/Knöpfle, Art. 144, Rn. 2.

[7] *Nawiasky,* S. 227; Prot. II, S. 370 f.

[8] *Nawiasky,* S. 227.

[9] Ausführlich *v. Campenhausen,* in: Nawiasky/Schweiger/Knöpfle, Art. 144, Rn. 4.

[10] *v. Campenhausen,* in: Nawiasky/Schweiger/Knöpfle, Art. 144, Rn. 4; *Meder,* Art. 144, Rn. 1.

[11] *Nawiasky,* S. 227.

[12] VerfGH 41, 44 (46 ff.).

[13] VerfGH 9, 147 (155); *Meder,* Art. 144, Rn. 2.

8   **b) Begrifflichkeiten.** Der Begriff der Religion ist mehrdeutig, er kann sowohl institutionell als auch geistig-psychisch verstanden werden. Aus der Aufzählung des Art. 144
Abs. 2 BV und der Schutzintention der Norm kann man auf ein möglichst weites Begriffsverständnis schließen. Danach schützt der Begriff der Religion nicht nur die organisatorischen religiösen Vereinigungen, insbesondere die Kirchen, sondern die Religion als
Glaube schlechthin. Die Religion i. S. d. Art. 144 Abs. 2 BV ist daher die geistige Institution des Glaubens, auch spezielle Glaubensrichtungen und nicht nur Religionsgemeinschaften.

9   Einrichtungen der Religion sind dagegen die institutionellen Verfestigungen der Religion, insbesondere die Religionsgemeinschaften und deren Unterorganisationen.

10   Die Geistlichen sind die Amts- und Würdenträger einer Religionsgemeinschaft. Der
Begriff ist weit zu verstehen. Die Ordensleute sind ein Unterfall der Geistlichen. Der
Einbezug der Rabbiner und der evangelischen Schwestern wurde in den Protokollen
ausdrücklich erwähnt.[14] Der verfassungsrechtliche Schutz der Geistlichen greift nur ein,
wenn diese in ihrer amtlichen Eigenschaft, nicht aber in ihrer privaten Funktion, angegriffen werden. Entscheidend ist eine materielle, nicht eine formelle Betrachtung. Die
Abgrenzung kann schwierig sein.[15]

11   Verächtlichmachung ist die schwerwiegende Herabsetzung und der Entzug jeglicher
Achtung vor der Selbständigkeit derer, die durch Art. 144 Abs. 2 BV geschützt werden sollen. Es wird mehr verlangt als eine reine Missachtung. Maßgeblich ist eine Demütigung
oder gezielte Diskriminierung.

12   **c) Auftrag an den Gesetzgeber.** Die Strafbarkeit beruht nicht unmittelbar auf
Art. 144 Abs. 2 BV. Notwendig sind vielmehr Strafrechtsbestimmungen, die die verfassungsrechtliche Pflicht umsetzen.[16] Der strafrechtliche Schutz der Religionsausübung und
der Religionsgemeinschaften wird gegenwärtig durch § 166f. StGB gewährleistet. Für
den Landesgesetzgeber ist daher kein Raum, seiner Pflicht aus Art. 144 Abs. 2 BV nachzukommen.[17] Das nicht nur wegen Art. 31 GG, sondern schon deshalb, weil ihm die Gesetzgebungskompetenz für eine Strafnorm fehlt.

13   Eine Bedeutung wird der Norm aber dennoch beigemessen, und zwar als objektive
Norm, die auf andere Bestimmungen ausstrahlt.[18] So soll etwa die verfassungsrechtliche
Zurückweisung der Verächtlichmachung von Religionsgemeinschaften, die in Art. 144
Abs. 2 BV niedergelegt ist, bei der Würdigung des Verhaltens von Beamten oder bei der
Entscheidung über die Schranken der Kunst-, der Rundfunk-, der Meinungs- oder der
Demonstrationsfreiheit mit Einfluss nehmen.[19]

3. Das Zeugnisverweigerungsrecht – Art. 144 Abs. 3 BV

14   **a) Allgemein.** Grund für die weite Fassung der Norm waren die Erfahrungen des dritten Reichs und der Zusammenhang des Berufsgeheimnisses des Seelsorgers mit der Glau-
bens- und Gewissensfreiheit.[20] Art. 143 Abs. 3 BV bildet eine Ausnahme von Art. 107
Abs. 3 BV.[21]

15   **b) Geltung.** Das Zeugnisverweigerungsrecht der Geistlichen ist bereits in den Prozessordnungen des Bundes geregelt (§ 53 Abs. 1 Nr. 1 StPO; § 383 Abs. 1 Nr. 4 ZPO). In
behördlichen Verfahren ist in der Regel dagegen kein Zeugnisverweigerungsrecht vorgesehen. Sofern es um bundesrechtlich geregelte Verfahren geht und diese Regelungen –

---

[14] *Nawiasky,* S. 227; Prot. II, S. 372.

[15] *Nawiasky,* S. 227.

[16] *Nawiasky,* S. 227.

[17] Vgl. *Meder,* Art. 144, Rn. 2; *v. Campenhausen,* in: Nawiasky/Schweiger/Knöpfle, Art. 144, Rn. 11.

[18] *v. Campenhausen,* in: Nawiasky/Schweiger/Knöpfle, Art. 144, Rn. 11.

[19] *Meder,* Art. 144, Rn. 2.

[20] *Nawiasky,* S. 227.

[21] Unklar insoweit *v. Campenhausen,* in: Nawiasky/Schweiger/Knöpfle, Art. 144, Rn. 12.

wovon im Zweifel auszugehen ist – insoweit abschließend sind, hat Art. 144 Abs. 3 BV keine Bedeutung.[22] Sofern es um landesrechtliche Vorschriften geht, ist die Kompetenz des Landesgesetzgebers gegeben, der wiederum Art. 144 Abs. 3 BV beachten muss, so dass Art. 144 Abs. 3 BV insoweit praktische rechtliche Bedeutung besitzt.[23]

c) Zeugnisverweigerungsrecht. *aa) Voraussetzungen.* Das Zeugnisverweigerungsrecht **16** bezieht sich nur auf Tatsachen. Darin liegt aber keine Einschränkung, weil die Aussage- pflicht sich auch nur auf Tatsachen bezieht. Die Tatsachen müssen dem Geistlichen anver- traut werden. Nicht jede Tatsache, die der Geistliche erfährt, ist geschützt. Anvertrauen ist vielmehr nur die Mitteilung von Tatsachen unter Umständen, aus denen sich eine Pflicht zur Verschwiegenheit ergibt. Der Geistliche muss dabei in der Funktion als Seelsorger tätig gewesen sein. Als Seelsorge ist das Bemühen um die Seele des Menschen gemeint, indem man dem Menschen die Möglichkeit gibt, im vertrauten Kreis seine Sorgen zu äußern und Lösungs- und Änderungsmöglichkeiten zu besprechen.

bb) Rechtsfolge. Ein Zeugnisverweigerungsrecht vermittelt dem Berechtigten das Recht, **17** die Fragen, die an ihn als Beteiligten oder als Zeugen gestellt werden, unbeantwortet zu lassen, auch wenn eine Rechtspflicht zur Beantwortung besteht. Ein Recht zur Lüge gibt das Zeugnisverweigerungsrecht nicht. Der Berechtigte darf schweigen, muss allerdings deutlich machen, dass er die Aussage deswegen verweigert, weil es um Tatsachen geht, die er als Seelsorger erfahren hat. Das Zeugnisverweigerungsrecht suspendiert die ihn tref- fende Rechtspflicht. Jegliche Sanktionen, die an die Wahrnehmung des Zeugnisverweige- rungsrechts anknüpfen, sind unzulässig.

Art. 145 [Leistungen des Staates an die Religionsgemeinschaften]

(1) Die auf Gesetz, Vertrag oder anderen Rechtstiteln beruhenden bisherigen Leis- tungen des Staates oder der politischen Gemeinden an die Religionsgemeinschaf- ten bleiben aufrechterhalten.

(2) Neue freiwillige Leistungen des Staates, der politischen Gemeinden und Ge- meindeverbände an eine Religionsgemeinschaft werden durch Zuschläge zu den Staatssteuern und Umlagen der Angehörigen dieser Religionsgemeinschaft auf- gebracht.

Parallelvorschriften im GG und anderen Landesverfassungen: Art. 140 GG; Art. 7 BaWüVerf; Art. 37 BbgVerf; Art. 52 HessVerf; Art. 9 M-VVerf; Art. 21 NRWVerf; Art. 44 f. RhPfVerf; Art. 39 SaarlVerf; Art. 110, 112 SächsVerf; Art. 32 Abs. 5 SachsAnhVerf; Art. 40 ThürVerf.

Literatur: Bayer, Das Grundrecht der Religions- und Gewissensfreiheit, 1997; *Campenhausen, Freiherr von/de Wall,* Staatskirchenrecht, 4. Aufl. 2006; *Classen,* Religionsrecht, 2006; *Czermak,* Die Ablösung der historischen Staatsleistungen an die Kirche, DÖV 2004, 110; *Hammer,* Ablösung der Staatsleistun- gen an die Kirche, ZRP 2003, 298; *Hollerbach,* Grundlagen des Staatskirchenrechts, Handbuch des Staatsrechts Bd. VI, 1989, § 138; *Jeand'Heur/Korioth,* Grundzüge des Staatskirchenrechts, 2000; *Renck,* Die Garantie der Staatsleistungen an die Kirchen und die Rechtsprechung des Bayerischen Verwal- tungsgerichtshofs, BayVBl 2006, 135; *Robbers,* Förderung der Kirchen durch den Staat, in: Handbuch des Staatskirchenrechts der Bundesrepublik Deutschland, Erster Band, 2. Aufl. 1994, 867; *Sailer,* Die staatliche Finanzierung der Kirchen und das Grundgesetz, ZRP 2001, 80; *Walter,* Religionsverfas- sungsrecht, 2006.; *Wolff,* Ablösung der Staatsleistungen an die Kirche, ZRP 2003, 12; *ders.,* Die Struk- tur des Grundsätzegesetzes zur Ablösung der Staatsleistungen an die Religionsgesellschaften (Art. 138 Abs. 1 S. 2 WRV/Art. 140 GG), in: FS für Peter Badura, 2004, 839–853; *Zängl,* Reichnisse zugunsten kirchlicher Stiftungen, BayVBl 1983, 609.

---

[22] *Meder,* Art. 144, Rn. 3; *v. Campenhausen,* in: Nawiasky/Schweiger/Knöpfle, Art. 144, Rn. 12.
[23] *Nawiasky,* S. 227; *Meder,* Art. 144, Rn. 3.

I. Allgemeines

1. Bedeutung

1 Art. 144 BV muss im Zusammenhang mit Art. 138 Abs. 1 WRV gesehen werden. Nach Art. 138 Abs. 1 WRV waren die auf Gesetz, Vertrag oder besonderen Rechtstiteln beruhenden Staatsleistungen an die Religionsgemeinschaften durch die Landesgesetzgebung abzulösen. Die Bayerische Verfassung wandte sich, bevor Art. 140 GG sie in das GG einbezog, von dieser Ablösungspflicht der Staatsleistungen, die in der WRV niedergelegt war, bewusst ab und garantiert demgegenüber den Religionsgemeinschaften ausdrücklich den Bestand der Staatsleistungen. Nach der BV wäre eine Ablösung nur noch nach Änderung der Verfassung möglich.[1]

2 Art. 145 Abs. 2 BV will Vorgaben für die Begründung neuer Leistungen setzen. Die Norm wirft aber mehr Fragen auf als sie beantwortet und muss dringend aufgehoben werden (s. dazu unten).

2. Entstehung

3 Art. 145 BV unterlag während des Verfassungsgebungsverfahrens keinen Änderungen.[2] Absatz 2 besitzt ein Vorbild in der Bamberger Verfassung v. 1919.[3] Ein Antrag zur Streichung des zweiten Absatzes fand keine Mehrheit.

3. Verhältnis zum Grundgesetz

4 Die Frage der Geltung des Art. 145 BV besteht vor allem deshalb, weil Art. 145 BV sich gerade bewusst gegen die grundsätzliche Ablösungspflicht stellt, die Art. 138 Abs. 1 WRV i. V. m. Art. 140 GG normiert.

5 Die Ablösung der Staatsleistungen, die Art. 138 Abs. 1 WRV i. V. m. Art. 140 GG dem Gesetzgeber auferlegt, ist als zweistufiges Verfahren angelegt. Zunächst soll der Bund ein Grundsätzegesetz erlassen, auf dessen Grundlage die Länder dann die Ablösung vornehmen. Zurzeit liegt kein entsprechendes Gesetz des Bundes vor. Obwohl dieser Zustand nicht verfassungskonform ist,[4] ist nicht damit zu rechnen, dass ein solches in absehbarer Zeit erlassen wird. Fraglich ist, ob die Ablösungspflicht der Länder gem. Art. 138 Abs. 1 WRV i. V. m. Art. 140 GG von dem vorherigen Erlass eines Grundsätzegesetzes des Bundes abhängig ist. Das ist umstritten, wird aber von der h. M. angenommen.[5] Da weder das Grundsätzegesetz noch die Landesgesetze, die die Ablösung vornehmen sollen, vorliegen, sind die Staatsleistungen noch nicht abgelöst, so dass die Norm des Art. 145 Abs. 1 BV grundsätzlich noch Raum zur Entfaltung hat. Daher geht die überwiegende Ansicht von

---

[1] *Nawiasky*, S. 227.

[2] Vgl. Art. 100 VE und Art. 107 E.

[3] *Nawiasky*, S. 227 f.; *v. Campenhausen*, in: Nawiasky/Schweiger/Knöpfle, Art. 143, Rn. 1; s. a. Prot. I, S. 284; Prot. II, S. 373.

[4] Ausführlich *Wolff*, ZRP, 2003, 12 ff.; ebenso *Ehlers*, in: Sachs, GG, 4. Aufl. 2007, Art. 140/Art. 138 WRV, Rn. 5.

[5] Vgl. *Ehlers*, in: Sachs, GG, 4. Aufl. 2007, Art. 140/Art. 138 WRV, Rn. 5 m. w. N. zu beiden Ansichten in Fn. 20; *Bergmann*, in: Hömig, GG, Art. 140, Rn. 15; a. A. dazu *Brauns*, Staatsleistungen an die Kirchen und ihre Ablösung, 1970, S. 114 ff.; *H. A. Wolff*, in: FS f. Badura, 2004, 839, 849.

der Weiterexistenz des Art. 145 Abs. 1 BV aus.[6] Dem kann nicht gefolgt werden. Die Frage, ob die Länder gegenwärtig zur Ablösung der Staatsleistungen verpflichtet sind oder nicht, richtet sich abschließend nach Art. 138 Abs. 1 WRV i.V. m. Art. 140 GG. Der Umstand, dass die Folgerungen aus dieser Norm umstritten sind, reicht nicht aus, um ihren Geltungsanspruch zu negieren. Legt man Art. 138 Abs. 1 WRV i.V. m. Art. 140 GG i. S. d. h. M. aus, dann ist den Ländern gegenwärtig eine Ablösung der Staatsleistung untersagt. Dieses Verbot folgt aber abschließend und unter den Bedingungen des Art. 138 Abs. 1 WRV i.V. m. Art. 140 GG und nicht aus Art. 145 Abs. 1 BV.[7] Schließt man sich dagegen der Mindermeinung an, sind die Länder aus Art. 138 Abs. 1 WRV i.V. m. Art. 140 GG heraus verpflichtet, die Ablösung auch ohne das Bundesgesetz vorzunehmen. Nur für den Fall, dass man Art. 138 Abs. 1 WRV i.V. m. Art. 140 GG so auslegen würde, dass diese Norm den Landesgesetzgeber zwar berechtige, aber nicht verpflichte, die Staatsleistungen abzulösen, bliebe Raum für die normativen Vorgaben des Art. 145 Abs. 1 BV. Da diese Auslegung aber nicht nahe liegt, ist gegenwärtig Art. 145 Abs. 1 BV entgegen der Annahme der h. M. wegen Art. 138 Abs. 1 WRV i.V. m. Art. 140 GG in seiner Anwendung gesperrt.[8] Suspendiert werden aber nur die Leistungen, die gleichzeitig Staatsleistungen i. S. v. Art. 138 Abs. 1 WRV i.V. m. Art. 140 GG sind. Gleiches gilt für Art. 145 Abs. 2 BV. Da die Leistungen, die von Art. 145 Abs. 1 und Abs. 2 BV erfasst werden, aber nicht nur Staatsleistungen i. S. v. Art. 138 WRV i.V. m. Art. 140 GG sind, bleibt der Norm ein Anwendungsbereich.[9] Für die Leistungen, die keine Staatsleistungen sind, entfaltet Art. 145 BV auch gegenwärtig schon Geltungskraft gegenüber der Landesstaatsgewalt.

II. Einzelkommentierung

1. Die Bestandsgarantie – Art. 145 Abs. 1 BV

a) Allgemein. Art. 145 Abs. 1 BV will die Religionsgemeinschaften vor einer Ablösung 6
der staatlichen oder gemeindlichen Leistungen gegen ihren Willen bewahren.[10] Er vermittelt daher eine Bestandsgarantie für vorkonstitutionell begründete Leistungen. Mit diesem Schutzzweck ist die Annahme, Art. 145 Abs. 1 BV wolle keine subjektiven Rechte vermitteln,[11] nicht vereinbar.[12]

b) Die Reichweite. „Leistungen" i. S. v. Art. 145 Abs. 1 BV sind Geld- und Sachleistun- 7
gen jeglicher Art an die Religionsgemeinschaften, die deren allgemeinen oder besonderen Bedürfnissen dienen. Darüber hinaus werden auch „negative Staatsleistungen" erfasst, damit meint man die Gewährung von Steuerfreiheit. Nicht darunter fallen soll aber die Befreiung von Gerichtsgebühren.[13] Der Rechtsgrund der Leistung ist gleichgültig, entscheidend ist nur, ob der Grund eine Rechtspflicht begründen kann.[14] Die Verfassung versucht durch die Aufzählung möglichst alle gültigen Leistungsansprüche zu erfassen.[15] Zu den

---

[6] *Meder,* Art. 145, Rn. 2; *v. Campenhausen,* in: Nawiasky/Schweiger/Knöpfle, Art. 145, Rn. 11; *Isensee,* Staatsleistungen an die Kirchen und Religionsgemeinschaften, in: HdbStKirchR II, 1975, S. 51, 70, Rn. 85; *Grundmann,* Staat und Kirche in Bayern, BayVBl 1962, 33, 37 f.

[7] Das übersieht *Meder,* Art. 145, Rn. 2; andere Ansicht als hier *v. Campenhausen,* in: Nawiasky/Schweiger/Knöpfle, Art. 145, Rn. 11, allerdings ohne Berücksichtigung der Art. 31 GG, Art. 28 GG und Art. 142 GG.

[8] Vgl. *Ehlers,* in: Sachs, GG, 4. Aufl. 2007, Art. 140/Art. 138 WRV, Rn. 5.

[9] S. zu der von der Norm erfassten Staatsleistungen ausführlich *Ehlers,* in: Sachs, GG, 4. Aufl. 2007, Art. 140/Art. 138 WRV, Rn. 3; *Wolff,* in: FS f. Badura, 2004, 839, 847.

[10] *Meder,* Art. 145, Rn. 1.

[11] So *Meder,* Art. 145, Rn. 1.

[12] Zutreffend *v. Campenhausen,* in: Nawiasky/Schweiger/Knöpfle, Art. 145, Rn. 6.

[13] BVerfGE 19, 1, 13; *Meder,* Art. 145, Rn. 1.

[14] *v. Campenhausen,* in: Nawiasky/Schweiger/Knöpfle, Art. 145, Rn. 6.

[15] Zu den zwischen der Ev.-Luth. Kirche in Bayern und dem Freistaat Bayern vereinbarten Baurichtlinien i. d. F. vom 19. 3./12. 5. 1971 (KMBl. S. 994) s. VGH n. F. 35, 88.

„anderen Rechtstiteln" gehören u.a.: rechtsbegründendes Herkommen, unvordenkliche Verjährung, erwerbende Verjährung (Ersitzung), Observanzen (örtliches Gewohnheits-recht)[16] sowie einseitige Rechtsakte.[17] Streng dogmatisch gesehen ist der Vertrag nur ein Sonderfall von anderen Rechtsgründen.[18] Erfasst werden nur Leistungen, deren Rechts-grund zum Zeitpunkt des Erlasses der BV bestand. Später hinzukommende Leistungen werden von der Bestandsgarantie nicht erfasst.

8   **c) Rechtsfolge.** Soweit die Garantie des Art. 145 Abs. 1 BV reicht, untersagt sie dem Staat, die Leistungen einseitig aufzuheben oder einzustellen. Ob die einseitige Beendi-gung rechtlicher oder faktischer Natur ist, ist gleichgültig. In diesem Verbot ist zugleich die Anerkennung der gegenwärtigen Leistungen als rechtmäßige Leistungen enthalten.[19] Nach der Bayerischen Verfassung sind daher das Verbot einer Staatskirche i. S. v. Art. 107 Abs. 1 BV und die Gewährung von Staatsleistungen miteinander verträglich.[20] Einver-nehmliche Ablösungen sind durch die Bestandsgarantie nicht ausgeschlossen.[21]

2. Neue Leistungen – Art. 145 Abs. 2 BV

9   **a) Allgemein.** Art. 145 Abs. 2 BV übernimmt § 17 Abs. 4 der Bamberger Verfassung.[22] Die Norm ist nicht leicht zu verstehen. Sie erklärt sich aus ihrem historischen Kontext. Sie will verhindern, dass zu neuen Leistungen an die Religionsgemeinschaften auch Men-schen herangezogen werden, die überhaupt nicht Mitglied der Religionsgemeinschaft sind.[23]

10   **b) Die Aufkommensbindung.** *aa) Verfassungsrechtliche Friktionen.* Nach dem reinen Normtext gestattet Art. 145 Abs. 2 BV, dass neue Leistungen an die Religionsgemeinschaf-ten begründet werden, indem entweder Zuschläge zu den Staatssteuern oder Umlagen eingeführt werden. Beide Finanzierungsformen kollidieren mit anderen Verfassungsnor-men.[24] Die Erhebung von Zuschlägen auf Staatssteuern (demnach bewusst nicht Kirchen-steuer) würde auch Bürger treffen, die nicht Mitglied der betreffenden Religionsgemein-schaften sind und wäre mit deren negativer Religionsfreiheit kaum zu vereinbaren (Art. 107 BV). Die Begründung von Umlagen für die Mitglieder obliegt wieder dem Selbstverwaltungsrecht der Religionsgemeinschaften (Art. 143 S. 2 WRV). Die Folge die-ser verfassungsinternen Normenkollision kann allerdings nicht darin bestehen, Art. 145 Abs. 2 BV wegen Verstoßes gegen Normen der Bayerischen Verfassung für nichtig zu er-klären.[25] Dies wäre mit der grundsätzlichen Gleichrangigkeit aller Verfassungsnormen nicht zu vereinbaren. Nur wenn man die von Art. 107 Abs. 1 BV und Art. 142 Abs. 3 S. 2 BV begründeten Rechtssätze zum Naturrecht erheben würde, könnte man über diese Rechtsfolge überhaupt diskutieren.

11   *bb) Praktische Konkordanz.* Scheidet die Annahme der Nichtigkeit aus, ist im Wege der praktischen Konkordanz Art. 145 Abs. 2 BV so zu interpretieren, dass der Widerspruch zu Art. 107 Abs. 1 BV und Art. 142 BV auflösbar erscheint. Dies ist möglich, indem man den

---

[16] VGH 35, 88 (96 f.); *Voll,* S. 157 f.; *Böttcher,* Art und Rechtsgrund kommunaler Kirchenbaulasten, FS f. Obermayer, 1986, S. 155, 159 f.; *Lecheler,* Der Gegenstand der staatlichen Kirchenbaulast nach dem gemeinen Recht, ebenda, S. 217 f.; *v. Campenhausen,* in: Nawiasky/Schweiger/Knöpfle, Art. 145, Rn. 7.

[17] *v. Campenhausen,* in: Nawiasky/Schweiger/Knöpfle, Art. 145, Rn. 6.

[18] *v. Campenhausen,* in: Nawiasky/Schweiger/Knöpfle, Art. 145, Rn. 7.

[19] *v. Campenhausen,* in: Nawiasky/Schweiger/Knöpfle, Art. 145, Rn. 8.

[20] *v. Campenhausen,* in: Nawiasky/Schweiger/Knöpfle, Art. 145, Rn. 8.

[21] *Meder,* Art. 145, Rn. 2; *v. Campenhausen,* in: Nawiasky/Schweiger/Knöpfle, Art. 145, Rn. 12; *Ger-trud Paptistella,* in: Praxis der Kommunalverwaltung Bayern, A 3 Bay, Art. 144 BV.

[22] Vgl. *Nawiasky,* S. 228.

[23] Ausführlich *v. Campenhausen,* in: Nawiasky/Schweiger/Knöpfle, Art. 145, Rn. 13.

[24] S. nur *v. Campenhausen,* in: Nawiasky/Schweiger/Knöpfle, Art. 145, Rn. 14.

[25] So aber ausdrücklich *Gertrud Paptistella,* in: Praxis der Kommunalverwaltung Bayern, A 3 Bay, Art. 144 BV und *v. Campenhausen,* in: Nawiasky/Schweiger/Knöpfle, Art. 145, Rn. 14.

Passus „Zuschläge zu den Staatssteuern" i. S. v. „Zuschläge aus dem allgemeinen Steueraufkommen" versteht. Die Aufbringung durch Umlagen setzt wiederum eine rechtsgültige Begründung dieser Umlagen durch die Religionsgemeinschaften voraus und gestattet dem Staat nur, bei der Einziehung dieser Umlage behilflich zu sein. Neuartige freiwillige Leistungen sind solche, die nicht unter Art. 145 Abs. 1 BV fallen.[26]

Fraglich ist, ob der Begriff der freiwilligen Leistung voraussetzt, dass der Staat keine **12** Rechtspflicht zur Zahlung dieser Leistung eingeht oder ob damit nur – in Wiederholung zum Adjektiv „neu" – eine Abgrenzung zu den alten Leistungen des ersten Absatzes, für die schon eine Rechtspflicht besteht, beabsichtigt ist. Der Normzweck des Art. 145 Abs. 2 BV liegt erkennbar darin, bestimmte Vermögensquellen für Leistungen an die Religionsgemeinschaften zu bestimmen, nicht aber darin, die Rechtsqualität der künftigen Leistungen festzulegen. Die Freiwilligkeit der Leistungen soll diese daher nur von den rechtlich bestehenden, unter Art. 145 Abs. 1 BV aufgeführten abgrenzen und schließt nicht aus, dass die neuen Leistungen auch rechtlich verbindlich begründet werden.

cc) Ausschluss anderer Aufkommensarten. Eine andere Aufbringung neuer Leistungen als **13** durch Rückgriff auf das allgemeine Steueraufkommen oder Umlagen der Mitglieder der Religionsgemeinschaften will Art. 145 Abs. 2 BV erkennbar ausschließen. Die Regelung ist hinsichtlich des Aufkommens von neuen Leistungen erkennbar abschließend.[27]

dd) Reformbedarf. Nimmt man die Bayerische Verfassung und den Art. 145 Abs. 2 BV **14** ernst und legt die Norm mit Hilfe der gültigen Auslegungsmethoden aus, untersagt Art. 145 Abs. 2 BV die Begründung neuer Staatsleistungen, sofern diese nicht unmittelbar aus dem Steueraufkommen oder durch Umlagen finanziert werden. Ein offenbar unsinniges Ergebnis. So wäre beispielsweise die unentgeltliche Überlassung eines Grundstücks an eine Religionsgemeinschaft unzulässig, selbst wenn der Staat es nicht benötigt. Auslegungsalternativen, die der Norm einen Anwendungsbereich zuweisen und weniger Restriktionen aufwerfen, sind aber nicht ersichtlich. Die Norm sollte daher aufgehoben werden. Dies wäre dogmatisch der vorzugswürdige Weg. Die Praxis behilft sich gegenwärtig damit, die Norm nicht zu beachten.

Art. 146 [Schutz des Eigentums und andere Rechte]

Das Eigentum und andere Rechte der Religionsgemeinschaften, religiöser Vereine, Orden, Kongregationen, weltanschaulicher Gemeinschaften an ihren für Kultus-, Unterrichts- und Wohltätigkeitszwecke bestimmten Anstalten, Stiftungen und sonstigen Vermögen werden gewährleistet.

Parallelvorschriften im GG und anderen Landesverfassungen: Art. 140 GG; Art. 5 BaWüVerf; Art. 37 BbgVerf; Art. 9 M-VVerf; Art. 22 NRWVerf; Art. 44 RhPfVerf; Art. 38 SaarlVerf; Art. 109 Abs. 3 SächsVerf; Art. 32 Abs. 5 SachsAnhVerf; Art. 40 ThürVerf.

Rechtsprechung: VerfGH 37, 184 ff.; VerfGH 49, 126 ff. (El Salvator); BVerfGE 99, 100 ff.

Literatur: Axer, Der verfassungsrechtliche Schutz der res sacrae durch die Kirchengutsgarantie (Art. 140 GG i. V. m. Art. 138 Abs. 2 WRV), in: FS Listl. 2004, 553; *v. Campenhausen,* Eigentumsgarantie und Säkularisationsverbot im Grundgesetz, in: BayVBl 1971, 336; *Heckel,* Kirchengut und Staatsgewalt, in: FS Rudolf Smend, 1952, S. 103; *Hesse,* Das neue Bauplanungsrecht und die Kirchen. Zur Auslegung des Art. 138 Abs. 2 RV, in: ZevKR 5 (1956), S. 62; *Huber,* Die Garantie der kirchlichen Vermögensrechte in der Weimarer Verfassung, 1927; *Lücke,* Die Weimarer Kirchengutsgarantie als Bestandteil des Grundgesetzes, JZ 1998, 534; *Marx,* Kirchenvermögens- und Stiftungsrecht. Staatskirchenrechtliche Bestimmungen zum Kirchenvermögens- und Stiftungsrecht im Bereich der katholischen Kirche, in: Handbuch des Staatskirchenrechts der Bundesrepublik Deutschland, Zweiter Band,

---

[26] *Hoegner,* S. 175; *Meder,* Art. 145, Rn. 3; anders *v. Campenhausen,* a. a. O., Rn. 14 f.

[27] A. A. – allerdings ohne Auseinandersetzung mit dem Normtext – *v. Campenhausen,* in: Nawiasky/Schweiger/Knöpfle, Art. 145, Rn. 17; *Gertrud Paptistella,* in: Praxis der Kommunalverwaltung Bayern, A 3 Bay, Art. 144 BV.

1975, S. 117–160. *Meyer,* Kirchenvermögens- und Stiftungsrecht der evangelischen Kirche, in: Handbuch des Staatskirchenrechts der Bundesrepublik Deutschland, Zweiter Band, 1975 S. 91–116; *Pirson,* Kirchengut – Religionsfreiheit – Selbstbestimmung, in: FS Listl, 1999, 611; *Renck,* Herausgabe der Salvatorkirche in München, BayVBl 1997, 523; *ders.* Zur Problematik der Verwaltung religiöser Stiftungen durch die öffentliche Hand, DÖV 1990, 1047ff.; *Schlink,* Neuere Entwicklungen im Recht der kirchlichen öffentlichen Sachen und der res sacrae, NVwZ 1987, 633; *Wehdeking,* Die Kirchengutsgarantien und die Bestimmungen über Leistungen der öffentlichen Hand an die Religionsgesellschaften im Verfassungsrecht des Bundes und der Länder, 1971; *Zängl,* Reichnisse zugunsten kirchlicher Stiftungen, BayVBl 1983, 609.

I. Allgemeines

1. Bedeutung

1   Art. 146 BV beabsichtigt, Säkularisationen oder säkularisationsähnliche Akte abzuwehren.[1] Die Norm will das Selbstbestimmungsrecht der Religionsgemeinschaften und der weltanschaulichen Gemeinschaften gem. Art. 142 Abs. 3 S. 2 BV durch den Schutz des Vermögens ergänzen.[2] Die Kirchengutsgarantie des Art. 146 BV gewährleistet das Selbstbestimmungsrecht der Religionsgesellschaften in ihren sächlichen Grundlagen. Weiter steht Art. 146 BV in unmittelbarem Zusammenhang mit der Eigentumsgarantie des Art. 103 BV, erschöpft sich aber nicht in dessen reiner Wiederholung.[3] Die Garantie des Art. 146 BV ist weiter.[4] Art. 146 BV schützt sowohl den wertmäßigen Bestand als auch die öffentliche Funktion des Vermögens der Religionsgemeinschaften.[5] Er ist daher nicht überflüssig.[6] So schützt er etwa über Art. 103 BV hinausgehend auch die einer Religionsgesellschaft vom Staat hoheitlich eingeräumte Möglichkeit, ein in dessen Eigentum stehendes Kirchengebäude zu nutzen.[7] Der Art. 146 BV unterscheidet sich von der Eigentumsgarantie weiter dadurch, dass er gerade dem Schutz der religiösen Widmung dieser Sachen dienen soll. Er wendet sich daher nicht nur gegen entschädigungslose Enteignungen, sondern auch gegen eine Säkularisation.[8] Die Säkularisation richtet sich nicht gegen privates Vermögen, sondern gegen die Kirche als öffentliche Institution und das Kirchengut als öffentliches Vermögen. Charakteristisch für säkularisierende Maßnahmen ist der Zugriff des Staates auf Kirchengut, mit der Behauptung, eigenes Gut in Anspruch zu nehmen.[9]

---

[1] VerfGH 37, 184 (200); *Meder,* Art. 146, Rn. 1; *Nawiasky,* S. 228; *v. Campenhausen/ de Wall,* Staatskirchenrecht, 4. Aufl. 2006, § 32, S. 274; *Ehlers,* in: Sachs, GG, 4. Aufl. 2007, Art. 140/Art. 138 WRV, Rn. 6 zu Art. 138 WRV.

[2] *Ehlers,* in: Sachs, GG, 4. Aufl. 2007, Art. 140/Art. 138 WRV, Rn. 6.

[3] VerfGH 37, 184 (200); VerfGH 49, 126 (131).

[4] *v. Campenhausen/de Wall,* Staatskirchenrecht, 4. Aufl. 2006, § 32, S. 274; *v. Campenhausen,* in: Nawiasky/Schweiger/Knöpfle, Art. 146, Rn. 3.

[5] *v. Campenhausen,* in: Nawiasky/Schweiger/Knöpfle, Art. 146, Rn. 3.

[6] A. A. *Nawiasky,* S. 228.

[7] BVerwG BayVBl 1991, 214; *Meder,* Art. 146, Rn. 1.

[8] *v. Campenhausen,* in: Nawiasky/Schweiger/Knöpfle, Art. 146, Rn. 2.

[9] *v. Campenhausen,* in: Nawiasky/Schweiger/Knöpfle, Art. 146, Rn. 2.

2. Entstehung

Art. 146 BV findet seinen Vorläufer in Art. 138 Abs. 2 WRV und § 18 Abs. 2 S. 2 der **2** Bamberger Verfassung und war unverändert schon in Art. 101 Abs. 1 VE und Art. 108 E vorgesehen gewesen.[10] Für die beiden großen Kirchen ist die Garantie des Art. 146 BV zusätzlich durch Konkordat und Kirchenvertrag gesichert.[11]

Ursprünglich war auch ein zweiter Absatz vorgesehen gewesen, der dem Staat und **3** den politischen Gemeinden eine Rückgabepflicht hinsichtlich jener Vermögensgegenstände auferlegte, die seit dem 1. Januar 1933 den Religionsgemeinschaften durch Maßnahmen des Staates oder der NSDAP und ihrer Hilfsorganisationen entzogen wurden. Diese Norm wurde zunächst zurückgestellt[12] und ging dann in der allgemeinen Regelung des Art. 183 BV auf.

3. Verhältnis zum Grundgesetz

Art. 146 gilt neben Art. 140 GG, Art. 138 Abs. 2 WRV weiter.[13] **4**

II. Einzelkommentierung

1. Der Tatbestand

a) Geschützte Rechtsinhaber. Geschützt werden die Vermögensrechte zunächst der **5** Religionsgemeinschaften, und zwar unabhängig davon, ob sie die Rechtsstellung einer Körperschaft des öffentlichen Rechts einnehmen.[14] Gleichgestellt werden wiederum die weltanschaulichen Gemeinschaften. Darüber hinaus werden die „religiösen Vereine" genannt. Religiöse Vereine unterscheiden sich von Religionsgemeinschaften, indem sie, ohne Eingliederung in den kirchlichen Organismus oder die Organisation einer Religionsgemeinschaft, einzelne religiöse Ziele verfolgen.[15] Entscheidend ist die Erfüllung zumindest eines kirchlichen Ziels.[16]

Der Orden ist ein Begriff, der aus dem Kirchenrecht kommt und eine durch eine Or- **6** densregel verfasste, i. d. R. auf einem Gelübde beruhende, meist religiöse Lebensgemeinschaft von Männern oder Frauen, die überwiegend in einem Kloster leben, bezeichnet.

Der Begriff der Kongregation wird im allgemeinen Sprachgebrauch und im Kirchen- **7** recht überwiegend in seiner Bedeutung für Zentralbehörden des Vatikans für einzelne Sachbereiche verwendet. Die unmittelbare Anfügung an den Begriff des Ordens verdeutlicht allerdings, dass in Art. 146 BV mit diesem Begriff nicht dieser Inhalt, sondern die Vereinigung mehrerer selbständiger Klöster eines Ordens zu einem Verband gemeint gewesen sein dürfte. Die Aufzählung der Orden und Kongregationen besitzt keine selbständige Bedeutung, da deren Unterorganisationen schon von dem Schutz der Religionsgemeinschaften erfasst werden.[17] Die Aufzählung könnte auf einer Orientierung am Konkordat beruhen.[18]

b) Geschützte Rechte. Art. 146 BV bezeichnet die geschützten Rechte durch zwei Be- **8** standteile, durch die Bezeichnung einerseits der Rechte und andererseits der Objekte.

---

[10] *Nawiasky,* S. 228.

[11] Art. 10 §§ 3 f. des Konkordats zwischen dem Heiligen Stuhl und dem Staate Bayern vom 29. 3. 1924 i. d. F. vom 4. 9. 1974 (GVBl. S. 541); Art. 19 des Vertrages zwischen dem Bayerischen Staate und der Ev.-Luth. Kirche rechts des Rheins vom 15. 11. 1921 i. d. F. vom 12. 9. 1974 (GVBl. S. 797).

[12] Erste Lesung Prot. I, S. 284–286; zweite Lesung Prot. II, S. 373.

[13] *Meder,* Art. 146, Rn. 1.

[14] BVerfGE 99, 100 (120); zweifelnd VerfGH 49, 126 (131).

[15] *v. Campenhausen,* in: Nawiasky/Schweiger/Knöpfle, Art. 146, Rn. 5.

[16] *Ehlers,* in: Sachs, GG, 4. Aufl. 2007, Art. 140/Art. 138 WRV, Rn. 8.

[17] *v. Campenhausen,* in: Nawiasky/Schweiger/Knöpfle, Art. 146, Rn. 5.

[18] So schon *v. Campenhausen,* in: Nawiasky/Schweiger/Knöpfle, Art. 146, Rn. 5; s. Art. 10 § 3 Bay. Konkordat.

9   Art. 146 BV setzt die vermögenswerten Rechte voraus und begründet sie nicht. Es muss sich um Eigentum oder um andere Rechte handeln. Andere Rechte sind jegliche vermögenswerte Rechte an den betroffenen Sachen, unabhängig davon, ob diese Rechte öffentlich-rechtlicher oder zivilrechtlicher Natur und ob sie dinglicher oder schuldrechtlicher Art sind.[19] Auch Rechte, die nur auf staatlicher Gewährleistung beruhen, werden erfasst.[20] Kein sonstiges Recht ist das Vermögen als solches.

10   Weiter müssen diese Rechte an bestimmten Gegenständen bestehen. Die Aufzählung der „Anstalten, Stiftungen und sonstigen Vermögen" verdeutlicht den gewollten weiten Anwendungsbereich. Gemeint sind somit alle Vermögensgegenstände.[21]

11   Die Gegenstände müssen allerdings einem bestimmten Zweck dienen (Kultus-, Unterrichts- und Wohltätigkeitszwecke). Diese Aufzählung beabsichtigt alle Vermögensgegenstände und Vermögensrechte zu erfassen, die kirchlichen oder religiösen Zwecken dienen.[22] Eine Differenzierung zwischen den drei Zwecken ist nicht erforderlich. Umgekehrt wird man der Zweckbestimmung entnehmen müssen, dass nicht alle Vermögensgegenstände der Kirchen, Religionsgemeinschaften und weltanschaulichen Gemeinschaften unter den Schutz des Art. 146 BV fallen, ansonsten wäre die Zweckbestimmung überflüssig.[23] Es spricht daher sehr viel für die Annahme, Art. 146 BV wolle nicht auch das kirchliche Wirtschaftsvermögen schützen, vielmehr wird dessen Schutz allein von Art. 103 BV übernommen.[24] Erfasst werden daher zunächst die Sachen, die unmittelbar religiösen Zwecken dienen (etwa die res sacra der korporierten Kirchen und Kultgegenstände). Entsprechendes gilt für Rechtspositionen, deren Leistungen unmittelbar der Erfüllung des religiösen Auftrags dienen.[25]

2. Die Rechtsfolge – Gewährleistung des Rechts

12   Art. 146 BV schützt sowohl den wertmäßigen Bestand als auch die öffentliche Funktion des kirchlichen Vermögens.[26] Die Norm besitzt eine doppelte Funktion, die eines Säkularisationsverbots und die einer Eigentumsgewährleistung.

13   **a) Die Rechtsgewährleistung.** Die Eigentumsgewährleistung richtet sich dabei vor allem gegen den Entzug des Eigentums. Die Formulierung „Gewährleistung" will dabei nicht eine Garantie gegen jegliche Entziehung vermitteln.[27] Der Begriff der Gewährleistung soll vielmehr eine Garantie des Eigentumsschutzes in dem Umfang geben, wie es sie auch für andere Vermögensgegenstände gibt und darüber hinaus auch einen Schutz vor entschädigungsloser Enteignung vermitteln.

14   Die Norm gibt zunächst keinen Schutz vor Veränderungen, die den vermögenswerten Rechten von Anfang an innewohnen.[28] Art. 146 BV schützt das Vermögen der Religionsgesellschaften nur in dem Umfang, wie es nach Maßgabe des einschlägigen zivilen oder

---

[19] Ausführlich *Ehlers,* in: Sachs, GG, 4. Aufl. 2007, Art. 140/Art. 138 WRV, Rn. 7; s. a. BVerfGE 99, 100 (121).

[20] VerfGH 49, 126 (131); *Ehlers,* in: Sachs, GG, 4. Aufl. 2007, Art. 140/Art. 138 WRV, Rn. 7; differenzierend *S. Korioth,* in: Maunz/Dürig, Art. 140 GG/Art. 138 WRV, Rn. 11.

[21] *v. Campenhausen,* in: Nawiasky/Schweiger/Knöpfle, Art. 146, Rn. 5.

[22] BVerfGE 99, 100 (120); *Ehlers,* in: Sachs, GG, 4. Aufl. 2007, Art. 140/Art. 138 WRV, Rn. 8; *v. Campenhausen,* in: Nawiasky/Schweiger/Knöpfle, Art. 146, Rn. 5 f.; *Gerhard Anschütz,* WRV, 14. Aufl. 1933, Art. 138, Anm. 6, S. 653.

[23] Ebenso *Ehlers,* in: Sachs, GG, 4. Aufl. 2007, Art. 140/Art. 138 WRV, Rn. 8; a. A. *v. Campenhausen,* in: Nawiasky/Schweiger/Knöpfle, Art. 146, Rn. 6 m. w. N.; *Kästner,* Die zweite Eigentumsgarantie im Grundgesetz, JuS 1995, 784, 785; *Lücke,* JZ 1998, 534, 540; *Pirson,* FS f. Listl, 1999, 611, 618.

[24] A. A. *v. Campenhausen,* in: Nawiasky/Schweiger/Knöpfle, Art. 146, Rn. 6 m. w. N.

[25] *Ehlers,* in: Sachs, GG, 4. Aufl. 2007, Art. 140/Art. 138 WRV, Rn. 8.

[26] *v. Campenhausen,* in: Nawiasky/Schweiger/Knöpfle, Art. 146, Rn. 7.

[27] *Ehlers,* in: Sachs, GG, 4. Aufl. 2007, Art. 140/Art. 138 WRV, Rn. 9; OVG Saarl., NVwZ 2003, 1004, 1008.

[28] *Ehlers,* in: Sachs, GG, 4. Aufl. 2007, Art. 140/Art. 138 WRV, Rn. 9.

öffentlichen Rechts begründet ist.[29] Dabei muss das einfache Recht allerdings den verfassungsrechtlichen Vorgaben entsprechen. Art. 146 BV gewährleistet kirchliche Vermögensrechte in ihrem Bestand und nach Maßgabe ihrer vorhandenen rechtlichen Qualitäten, erweitert sie aber nicht.[30] Deshalb berührt es den Gewährleistungsgehalt der Kirchengutsgarantie nicht, wenn ein Recht untergeht, weil sich eine ihm immanente Beschränkung aktualisiert hat, wie es beispielsweise bei dem Eintritt einer auflösenden Bedingung der Fall sein kann. Ein Satz, nach dem gottesdienstliche Gebäude und Geräte als res sacrae grundsätzlich unantastbar seien, existiert daher nicht.[31] Allerdings ist bei der Realisierung dieser immanenten Grenzen der jeweiligen Rechte dennoch die besondere Funktion des Kirchenguts zu beachten.[32]

Die immanenten Beschränkungen, die dem Recht innewohnen, sind nicht die einzigen **15** Grenzen, denen das Kirchengut unterworfen ist. Die Gewährleistung schützt vor entschädigungsloser Wegnahme ihres Gutes,[33] schließt also eine Enteignung gegen Entschädigung nicht aus.[34] Auch eine Besteuerung nach Maßgabe der allgemeinen Gesetze ist möglich.[35] Allerdings ist bei eingreifender Regelung die besondere Funktion der betroffenen Güter zu beachten. Je enger die Funktion des Kirchengutes mit der religiösen Aufgabe der Kirche zusammenhängt, desto stärker ist der Schutz.[36]

Schließlich sind die Kirchen bei dem Gebrauch ihrer Rechte auch an die Schranke des **16** für alle geltenden Gesetzes gebunden.[37] Auch Kirchengebäude müssen zum Beispiel das öffentliche Baurecht einhalten. Mitunter werden die immanenten Schranken der betroffenen vermögenswerten Rechte auch als Ausdruck der Bindung an die allgemeinen Gesetze angesehen.[38] Die staatliche Schrankengesetzgebung muss allerdings auch die öffentliche Funktion und Widmung des Kirchenguts beachten.[39]

b) Das Säkularisationsverbot. Das Säkularisationsverbot wirkt sich auch bei der Enteignung von Kirchengut aus. So hebt die Enteignung die Widmung als Kirchengut nicht auf. Der Wechsel des Eigentums berührt daher auch bei der Enteignung nicht die Widmung, insbesondere nicht die Bestimmung der res sacrae für ihre spezifische Funktion. Nur die Kirchen können die Entwidmung vornehmen. Allerdings befreit die öffentlich-rechtliche Widmung nicht vor der Realisierung der Grenzen, denen das konkrete Recht unterliegt.[40] So kann der Eigentümer der Sache einen Anspruch auf Entwidmung dieser Sache haben. So steht etwa dem staatlichen Vermieter einer zur res sacra gewidmeten Sache ein Anspruch auf Entwidmung und Herausgabe der Sache zu, wenn die Mietzeit abgelaufen ist.[41] Die Widmung und Entwidmung stehen daher nicht immer als eigene Angelegenheiten der Kirchen in deren Ermessen.[42]

c) Der Streit über die St. Salvatorkirche in München. Das Verhältnis von der Widmung zur res sacra und dem zivilrechtlichen Herausgabeanspruch war Kern des bekannten Streites um die St. Salvatorkirche in München.[43] Der Freistaat Bayern widerrief 1977 die zivilrechtliche Überlassung eines Grundstücks, auf dem ein als Kirche gewidmetes Ge-

---

[29] BVerfGE 99, 100 (121).
[30] BVerfGE 99, 100 (121 f.).
[31] A. A. *v. Campenhausen,* in: Nawiasky/Schweiger/Knöpfle, Art. 146, Rn. 7.
[32] VerfGH 49, 126 (132).
[33] *Gerhard Anschütz,* WRV, 14. Aufl. 1933, Art. 138, Anm. 6, S. 654.
[34] *Nawiasky,* S. 228.
[35] *Anschütz,* WRV, Art. 138, Anm. 7; *Nawiasky,* S. 228.
[36] *v. Campenhausen,* in: Nawiasky/Schweiger/Knöpfle, Art. 146, Rn. 7.
[37] VerfGH 49, 126 (132); *v. Campenhausen,* in: Nawiasky/Schweiger/Knöpfle, Art. 146, Rn. 7.
[38] So offenbar VerfGH 49, 126 (132).
[39] *v. Campenhausen,* in: Nawiasky/Schweiger/Knöpfle, Art. 146, Rn. 9.
[40] BVerfGE 99, 100 (128).
[41] *Ehlers,* in: Sachs, GG, 4. Aufl. 2007, Art. 140/Art. 138 WRV, Rn. 9.
[42] *v. Campenhausen,* in: Nawiasky/Schweiger/Knöpfle, Art. 146, Rn. 7.
[43] Zum Sachverhalt s. nur BVerfGE 99, 100 ff.; s. dazu insgesamt *Renck,* BayVBl 2006, 135, 137.

bäude einer von einem Verein getragenen griechischen Kirchengemeinde stand, indem er sich auf einen alten Vorbehalt berief. Ziel war es, die Kirche anschließend einer Glaubensrichtung zu überlassen, aus der heraus sich der Verein abgespalten hatte. Das LG München I gab der Herausgabeklage statt, das OLG München und das BayObLG[44] wiesen sie dagegen ab. Es bestünde solange kein Herausgabeanspruch des Eigentümers gegen den Widmungsträger, wie die Sache zur res sacra gewidmet sei. Darauf begehrte der Freistaat vom Verein die Aufhebung der Widmung. Das VG München[45] verneinte zunächst einen Anspruch des Freistaates Bayern auf Beendigung der Widmung der Kirche, während der Verwaltungsgerichtshofs[46] ihn annahm. Der Widerruf der Zustimmung des Eigentümers zur Widmung und Beendigung der Rechtswirkungen der Widmung für den staatlichen Bereich beurteilen sich nach staatlichem Recht: In dem Widerruf der Zustimmung läge kein Verstoß gegen Art. 142 Abs. 3, 146, 107 BV.

19   Das BVerwG[47] hob die Entscheidung auf und verwies die Sache zurück. Zwar sei auch das Nutzungsrecht des betroffenen Vereins durch die allgemeinen Gesetze und die dort vorgesehenen Möglichkeiten der Beendigung von zivilrechtlichem Nutzungsrecht begrenzt, diese seien aber im Lichte des Art. 145 BV im Sinne einer Wechselwirkung in die Abwägung mit einzustellen. Nach einer Antragsumstellung unmittelbar auf Herausgabe gab der Verwaltungsgerichtshof der Klage anschließend statt, weil die gegenwärtige Überlassung der Kirche den durch die Gebrauchsüberlassung beabsichtigten Zweck nicht so gut erfülle wie die beabsichtigte Überlassung an die größere Glaubensgemeinschaft.[48] Die Nichtzulassungsbeschwerde zum BVerwG blieb erfolglos.

20   Die Verfassungsbeschwerde zum BVerfG hatte ebenfalls keinen Erfolg.[49] Das Nutzungsrecht unterfiele als Recht der Kirchengutsgarantie; der Widerruf der Gebrauchsüberlassung sei aber kein Eingriff in die Garantie, da darin nur eine ursprüngliche Beschränkung umgesetzt werde.[50] Der Gebrauch der Kirche durch den Verein entspräche nicht mehr dem Zweck, zum dem die Gebrauchsüberlassung erfolgt sei. Auch die vorausgehende Verfassungsbeschwerde zum BayVerfGH blieb ohne Erfolg.[51] Die Realisierung des Widerrufs der Gebrauchsüberlassung beachte in der Auslegung des Verwaltungsgerichtshofs hinreichend die von Art. 146 BV beabsichtigten Schutzzwecke.[52]

Art. 147 [Schutz der Sonn- und Feiertage]

Die Sonntage und staatlich anerkannten Feiertage bleiben als Tage der seelischen Erhebung und der Arbeitsruhe gesetzlich geschützt.

Parallelvorschriften im GG und anderen Landesverfassungen: Art. 140 GG; Art. 53 HessVerf; Art. 9 M-VVerf; Art. 22 NRWVerf; Art. 47 RhPfVerf; Art. 41 SaarlVerf; Art. 109 Abs. 3 SächsVerf; Art. 32 Abs. 5 SachsAnhVerf; Art. 40 ThürVerf.

Rechtsprechung: VerfGH 21, 67; 35, 10; 37, 166; 49, 1; VerfGH, Ents. v. 12. 3. 2007, Az: Vf. 8-VII-06, BayVBl 2007, 462.

Literatur: Arndt/Droege, Versammlungsfreiheit versus Sonn- und Feiertagsschutz?, NVwZ 2003, 906; *Dirksen,* Das Feiertagsrecht, 1961; *Häberle,* Der Sonntag als Verfassungsprinzip, 2. Aufl. 2006; *Hoeren/ Mattner,* Feiertagsgesetze der Bundesländer, 1989; *Kästner,* Der Sonntag und die kirchlichen Feiertage, Handbuch des Staatskirchenrechts der Bundesrepublik Deutschland, Zweiter Band, 1995, S. 337 ff.; *Kirste,* Flexibilisierung des Ladenschlusses zum Segen des Sonn- und Feiertagsschutzes, NJW 2001,

---

[44] BayObLG BayVBl 1981, 438; s. dazu Anm. von *Renck,* BayVBl 1982, 330 f.
[45] VG München BayVBl 1985, 281.
[46] VGH BayVBl 1987, 720.
[47] BVerwGE 87, 115 ff.
[48] VGH Mannheim, NVwZ 1997, 379 ff.
[49] BVerfGE 99, 100 ff.
[50] BVerfGE 99, 100, 120 (124).
[51] VerfGH 49, 126 ff.
[52] VerfGH 49, 126 (132 f.).

790; *Kunig,* Der Schutz des Sonntags im verfassungsrechtlichen Wandel, 1989; *Mattner,* Sonn- und Feiertagsrecht, 2. Aufl. 1991; *Morlok/Heinig,* Feiertag! Freier Tag? Die Garantie des Sonn- und Feiertagsschutzes als subjektives Recht im Lichte des Art. 139 WRV, NVwZ 2001, 846; *Pirson,* „Sonn- und Feiertage", in: Evangelisches Staatslexikon, Sp. 2317 ff.; *Renck,* Sonn- und Feiertagsschutz im bekenntnisneutralen Staat, ThürVBl 2002, 173 ff.; *Richardi,* Sonn- und Feiertagsruhe im Arbeitsleben, ArbuR 2006, 379 ff.; *Rüfner,* Die institutionelle Garantie der Sonn- und Feiertage, in: FS Heckel, 1999, 447 ff.; *Söldner,* Zulassung des Betriebs von Autowaschanlagen an Sonn- und Feiertagen, KommunalPraxis BY 2006, 328 ff.; *Stollmann,* Der Sonn- und Feiertagsschutz nach dem Grundgesetz, 2004; *Strätz,* Sonn- und Feiertage, in: Handbuch des Staatskirchenrechts der Bundesrepublik Deutschland, Zweiter Band, 1975, S. 801 ff.; *Wall, de,* Zum subjektiven Recht der Kirchen auf den Sonntagsschutz, NVwZ 2000, 857 ff.; *Webers,* Ladenschluss und Sonntagsschutz, GewArch 2005, 60 ff.; *Westphal,* Die Garantie der Sonn- und Feiertage als Grundlage subjektiver Rechte?, 2003; *Würkner,* Das Recht auf sonn- und feiertägliche Hautbräunung, GewArch 1987, 262.

Übersicht

I. Allgemeines

1. Bedeutung

Art. 147 BV dient der Absicherung der staatlichen Regelung des Sonn- und Feiertags- **1** rechts. Die Regelung ist althergebracht und heute trotz ihrer Prägung durch die christliche Tradition weitgehend anerkannt.[1] Der Sonn- und Feiertagsschutz verfolgt mehrere Ziele. Zunächst soll er die Religionsausübung erleichtern, dann die Belange der Religionsgemeinschaften unterstützen und darüber hinaus der Gemeinschaft Tage der Ruhe und Entspannung gewährleisten.[2]

Art. 147 BV ermöglicht dem Staat, trotz der in Art. 142 Abs. 1 BV niedergelegten Tren- **2** nung von Staat und Kirche, die christlich geprägte Zeiteinteilung in staatliches Recht umzusetzen.[3] Mit dem Feiertagsgesetz hat der Gesetzgeber den Verfassungsauftrag zum Schutz von Sonn- und Feiertagen in Art. 147 BV umgesetzt.[4]

2. Entstehung

Art. 147 BV stimmt wörtlich mit Art. 102 VE und Art. 102 E überein. Art. 147 BV ist **3** Art. 139 WRV nachgebildet. Allerdings hat der Verfassungsgeber die Arbeitsruhe an die zweite Stelle gerückt und die seelische Erhebung dadurch besonders betont. Eine Vergütungspflicht für den Lohnausfall sieht Art. 174 S. 4 BV vor.[5]

3. Verhältnis zum Grundgesetz

Art. 147 BV gilt neben Art. 140 GG, Art. 139 WRV weiter.[6] **4**

---

[1] *v. Campenhausen,* in: Nawiasky/Schweiger/Knöpfle, Art. 147, Rn. 2.

[2] VerfGH 21, 67 (71 f.); VerfGH 35, 10 (19); *Meder,* Art. 147, Rn. 1; *Nawiasky,* S. 228; *v. Campenhausen,* in: Nawiasky/Schweiger/Knöpfle, Art. 147, Rn. 2; ausführlich *Ehlers,* in: Sachs, GG, 4. Aufl. 2007, Art. 140/Art. 139 WRV, Rn. 1 zu Art. 139 WRV.

[3] VerfGH 21, 67 (72); *v. Campenhausen,* in: Nawiasky/Schweiger/Knöpfle, Art. 147, Rn. 3.

[4] VerfGH, Ents. v. 12. 3. 2007, Az: Vf. 8-VII-06 = BayVBl 2007, 462 f.

[5] *v. Campenhausen,* in: Nawiasky/Schweiger/Knöpfle, Art. 147, Rn. 1.

[6] VerfGH 21, 67 (72); VerfGH 35, 10 (19); BayObLG, Ents. v. 22. 4. 1986, Az: 3 Ob OWi 26/86, BayObLGSt 1986, 37 ff. = NStZ 1986, 421 ff.; *Meder,* Art. 147, Rn. 1.

II. Einzelkommentierung

1. Allgemein

5   Art. 147 BV enthält eine institutionelle Garantie,[7] die dem Gesetzgeber und der Verwaltung Schranken zieht, die allerdings sehr weit gespannt sind. Subjektive Rechte vermittelt er nicht.[8]

2. Begriffliches

6   Der Sonntag ist je nach Zählung der siebte oder der erste Wochentag.[9] Er kommt in jeder Woche einmal vor und ist insoweit von Verfassungs wegen fixiert. Die staatlich anerkannten Feiertage sind die Tage, die der Staat gesetzlich als Feiertag festlegt. Der Begriff der seelischen Erhebung ist mehrschichtig und mit dieser Mehrschichtigkeit auch Inhalt des Art. 147 BV.[10] Die Seele kann als der Kern des menschlichen Geistes eines jeden Menschen, als Substrat seiner nach dem Tod weiterlebenden Persönlichkeit i. S. d. christlichen Lehre verstanden werden, als bleibender Identitätsträger. Seelische Erhebung wäre danach die Beschäftigung des Menschen mit den Zielen und Inhalten der christlichen Lehren. Der Begriff kann aber auch losgelöst von den christlichen Lehren verstanden werden, als eine Selbstfindung des Menschen, als eine Beschäftigung mit dem eigenen emotionalen und geistigen Zentrum seines Ichs. Mit Arbeitsruhe ist die Abwesenheit von Arbeit gemeint; primär angesprochen ist die Arbeit zwecks Einkommenserzielung.

3. Schutz

7   Diese Tage bleiben gesetzlich geschützt. Art. 147 BV legt dem Staat eine Schutzpflicht zugunsten der Sonn- und Feiertage auf, die er gesetzlich zu erfüllen hat. Inhaltliche Strukturen der Schutzpflicht legt die Verfassung dabei selbst fest.

8   **a) Festsetzung von Sonn- und Feiertagen.** Zum einen muss es die Sonn- und Feiertage überhaupt als geschützte Tage geben.

9   Die Verfassung spricht davon, dass die anerkannten Feiertage gesetzlich geschützt bleiben, meint damit aber keine Bestandsgarantie des Status quo zum Zeitpunkt des Verfassungserlasses.[11] Die Institution der Feiertage bleibt gesetzlich geschützt, nicht die einzeln bestehenden Feiertage. Die Verfassung schützt keinen bestimmten Feiertag.[12] Jeder einzelne Feiertag kann durch Gesetz aufgehoben werden, der Gesamtbestand jederzeit verändert, d. h. sowohl verringert als auch erweitert werden. Die Institutsgarantie besagt dagegen nicht, dass alle kirchlichen Feiertage gesetzlich geschützt bleiben müssen, die bei Inkrafttreten der Bayerischen Verfassung einen entsprechenden Schutz genossen haben, oder dass deren Zahl nicht verändert werden darf.[13]

10   Garantiert ist das Institut des Sonntags und das Institut der staatlich anerkannten Feiertage.[14] Unzulässig wäre es daher zunächst, die Sonntage gesetzlich den Werktagen einzugliedern. Weiter muss es neben den Sonntagen auch Feiertage geben. Wie viele es sein müssen, sagt die Verfassung nicht. Die Festlegung der Anzahl obliegt dem Gesetzgeber.

---

[7] VerfGH 49, 1 (4 ff.); *Nawiasky*, S. 228; *v. Campenhausen*, in: Nawiasky/Schweiger/Knöpfle, Art. 147, Rn. 4; *Meder*, Art. 147, Rn. 1; *Ehlers*, in: Sachs, GG, 4. Aufl. 2007, Art. 140/Art. 139 WRV, Rn. 1 zu Art. 139 WRV.

[8] *Meder*, Art. 147, Rn. 1; *v. Campenhausen*, in: Nawiasky/Schweiger/Knöpfle, Art. 147, Rn. 4; *Ehlers*, in: Sachs, GG, 4. Aufl. 2007, Art. 140/Art. 139 WRV, Rn. 1; ausführlich *de Wall*, NVwZ 2000, 857 f.

[9] Ausführlich *Ehlers*, in: Sachs, GG, 4. Aufl. 2007, Art. 140/Art. 139 WRV, Rn. 3.

[10] Vgl. *Ehlers*, in: Sachs, GG, 4. Aufl. 2007, Art. 140/Art. 139 WRV, Rn. 11 zu Art. 139 WRV.

[11] *Ehlers*, in: Sachs, GG, 4. Aufl. 2007, Art. 140/Art. 139 WRV, Rn. 6; BVerfG (Kammer), NJW 1995, 3378, 3379 zu Art. 139 WRV.

[12] VerfGH 49, 1 (4 ff.); *Nawiasky*, S. 228.

[13] VerfGH 49, 1 (4 ff.).

[14] VerfGH 49, 1 (4 ff.).

Die Gesamtzahl hat der Institution gerecht zu werden. Der VerfGH spricht davon, der Gesetzgeber sei verpflichtet, eine angemessene Zahl kirchlicher Feiertage entsprechend der in Bayern bestehenden Tradition anzuerkennen.[15] Wann dies der Fall ist, lässt sich nur grob umreißen.[16] Eine zahlenmäßige Gleichstellung mit den 52 Sonntagen würde vermutlich das in Art. 147 BV übernommene herkömmliche Verhältnis zwischen Sonn- und Feiertagen unzulässig verschieben. Umgekehrt wäre eine so geringe Zahl, dass die Feiertage kein gegenständiges Gewicht mehr hätten, wohl auch nicht zulässig, was etwa bei weniger als einem Feiertag im Quartal im Durchschnitt der Fall sein dürfte. Eine Reduzierung der Anzahl von 13 auf 12 sah die Rechtsprechung als unproblematisch an.[17]

Welche Tage der Landesgesetzgeber als Feiertag festlegen darf, schreibt ihm Art. 147 **11** BV nicht vor. Der Gesetzgeber hat dabei einen beachtlichen Gestaltungsspielraum. Insoweit decken sich die Vorgaben des Art. 147 BV weitgehend mit denen aus Art. 118 BV.[18] Der Gesetzgeber darf zahlreiche Gesichtspunkte und Interessen gegeneinander abwägen. Dies kann zu verschiedenen Ergebnissen führen, je nachdem, welchen Belangen in einer bestimmten sozialen oder wirtschaftlichen Situation vom Gesetzgeber der Vorrang eingeräumt wird.

Aus der Zweckangabe der Tage (seelische Erhebung und Arbeitsruhe), der Parallelität **12** zu den Sonntagen und der systematischen Stellung innerhalb des Abschnitts der Religion kann man gewisse grobe Vorgaben für die Auswahl gewinnen. So ist etwa die Orientierung an den Inhalten der Lehre der Kirchen von Art. 147 BV gestattet.[19] Der Gesetzgeber darf bei der Auswahl der Feiertage an religiöse oder religionssoziologische Tatsachen anknüpfen. Nicht alle kleineren religiösen und weltanschaulichen Gruppen und deren Wünsche muss er beachten.[20] Er darf die Mitgliedschaft großer Teile des Volkes in Kirchen der beiden großen christlichen Konfessionen als Auswahlkriterium für die Feiertage heranziehen.[21] Es beruht auf sachlichen Erwägungen, wenn der Staat bei der Auswahl der gesetzlich zu schützenden Feiertage an die Lehren der christlichen Religion, und zwar besonders an die der beiden großen christlichen Kirchen, anknüpft.[22] Auch die Festsetzung von Feiertagen, die nur einer der christlichen Konfessionen zuzuordnen sind, ist zulässig.[23] Die Freiheit des Gesetzgebers kann auch nicht auf Umwegen wieder eingeengt werden, indem man aus Art. 107 BV eine angebliche Pflicht herleitet, bestimmte kirchliche Feiertage als staatliche Feiertage anzuerkennen. Eine solche Pflicht besteht nicht.[24] Die Orientierung allein an den christlichen Feiertagen ist allerdings nicht zwingend. Die stärkere Berücksichtigung jüdischer Feiertage[25] oder der Einbezug muslimischer Feiertage wäre dem Gesetzgeber von Art. 147 BV gestattet. Neben den kirchenpolitischen darf der Gesetzgeber auch wirtschafts- und sozialpolitische Gesichtspunkte bei der Feiertagsfestsetzung beachten und etwa die Festlegung der Feiertage in einem angemessenen Rahmen halten.[26]

---

[15] VerfGH 49, 1 (4 ff.).

[16] Ebenso *Ehlers,* in: Sachs, GG, 4. Aufl. 2007, Art. 140/Art. 139 WRV, Rn. 2 zu Art. 139 WRV; BVerfG (Kammer) NJW 1995, 3378, 3379.

[17] VerfGH 49, 1 (4 ff.).

[18] Konkludent VerfGH 21, 67 (70 ff.); VerfGH 35, 10 (20); VerfGH 37, 166 (169).

[19] *Ehlers,* in: Sachs, GG, 4. Aufl. 2007, Art. 140/Art. 139 WRV, Rn. 7.

[20] VerfGH 6, 78; VerfGH 21, 67 (72 f.); VerfGH 21, 73; VerfGH 35, 10 (20); VerfGH, Ents. v. 12. 3. 2007, Az: Vf. 8-VII-06, BayVBl 2007, 462 f.; *Meder,* Art. 147, Rn. 1; *v. Campenhausen,* in: Nawiasky/Schweiger/Knöpfle, Art. 147, Rn. 3.

[21] VerfGH 35, 10 (20).

[22] VerfGH 35, 10 (20); VerfGH, Ents. v. 12. 3. 2007, Az: Vf. 8-VII-06 = BayVBl 2007, 462 f.

[23] VerfGH 13, 45 (49 f.); VerfGH 21, 67 (74 f.).

[24] VerfGH 37, 166 (171); VerfGH 49, 1 (4 ff.).

[25] Zum bisherigen Schutz s. Art. 6 FTG.

[26] VerfGH 35, 10 (19 f.); VerfGH 37, 166.

13   Die Feiertage festzusetzen bzw. festzustellen, ist für den Regelfall Aufgabe des Landesgesetzgebers.[27] Allerdings hat der Bund die Kompetenz zur Festlegung nationaler Feiertage auf der Grundlage der ungeschriebenen Gesetzgebungskompetenz aus der Natur der Sache.[28]

14   **b) Inhaltliche Anforderungen.** Das Schutzgebot des Art. 147 BV verlangt vom Gesetzgeber nicht nur, die Feiertage festzulegen und die Sonntage nicht zu Werktagen umzugestalten, sondern auch die Tage von den anderen hervorzuheben. Die Ausgestaltung des Schutzes obliegt teilweise dem Bund (Art. 74 Nr. 12 GG Arbeitsschutz – Arbeitszeitgesetz), ansonsten den Ländern.[29] Das bayerische Gesetz über den Schutz der Sonn- und Feiertage vom 21. 5. 1980 besitzt eine zentrale Bedeutung.[30] Die Richtung des Schutzes dieser Tage lässt sich zum einen aus den überlieferten Anforderungen an das Verhalten an Sonntagen, aus dem Begriff „Feiertag" (der somit eine feierliche Grundstimmung an diesen Tagen voraussetzt) und aus der Zweckrichtung der seelischen Erhebung und der Arbeitsruhe gewinnen. Der Gesetzgeber hat die durch die Bayerische Verfassung festgelegte besondere Zweckbestimmung des Feiertags zu gewährleisten.

15   Die Tage müssen vom Gesetzgeber als Tage der Ruhe, der Würde und der Erholung qualifiziert werden. Zum Charakter eines Ruhetags, der seelische Erhebung ermöglichen soll, gehört eine Atmosphäre der äußeren und inneren Ruhe, frei von Hektik und Geschäftstätigkeit.[31] Herzustellen ist ein Zustand der Besinnung im öffentlichen Leben, der eine Abhaltung von Gottesdiensten sowie deren Besuch, sonstige Einkehr oder seelische Erhebung und sonstige Erholung ermöglicht.[32] Die Tage müssen von einer werktäglichen Prägung befreit sein.[33] Notwendig ist es dafür, gewisse Abweichungen von sonstigem Verhalten an Werktagen vorzusehen. In diesem Rahmen hat der Gesetzgeber insbesondere darüber zu entscheiden, ob bestimmte Tätigkeiten an Feiertagen verboten sein sollen oder ob sie beschränkt oder uneingeschränkt zulässig sein sollen. Dies kann auch in der Weise geschehen, dass er von seinem Verbot bestimmte Tätigkeiten ausdrücklich ausnimmt, also das generelle Verbot durch einen mehr oder weniger großen Katalog von Ausnahmen einschränkt.[34] Auch wenn der Gesetzgeber einen großen Gestaltungsspielraum bei der Festlegung des inhaltlichen Schutzes der Feiertage hat, wäre beispielsweise eine völlige Freigabe der Sonn- und Feiertage als voll verkaufsoffene Tage mit dem Ziel des Art. 147 BV nicht zu vereinbaren.

16   Der Gesetzgeber unterscheidet zwischen gesetzlichen Feiertagen und stillen Tagen, wobei sich diese Differenzierung im Rahmen des Art. 147 BV hält.[35] Man wird auch die stillen Tage als gesetzliche Feiertage i. S. v. Art. 147 BV verstehen müssen.

17   **c) Der Feiertagsschutz als Rechtfertigung von Grundrechtsbeschränkungen.** Der Feiertagsschutz verlangt von dem Einzelnen nicht, die christlichen Werte zu übernehmen und dem Gehalt der Feiertage zu folgen.[36] Bindend sind für ihn nur die äußeren Verhaltensgebote, die der Staat zum Zwecke des Feiertagsschutzes erlässt.[37] Insoweit kann der verfassungsrechtlich anerkannte Feiertagsschutz Grundrechtseingriffe legitimie-

---

[27] VerfGH 6, 78 (95, 99); VerfGH 21, 67 (72); VerfGH 35, 10 (18 f.); *Meder,* Art. 147, Rn. 1; *v. Campenhausen,* in: Nawiasky/Schweiger/Knöpfle, Art. 147, Rn. 3; vgl. Art. 1 FTG.

[28] *Ehlers,* in: Sachs, GG, 4. Aufl. 2007, Art. 140/Art. 139 WRV, Rn. 6; *v. Campenhausen,* in: Nawiasky/Schweiger/Knöpfle, Art. 147, Rn. 3.

[29] *Ehlers,* in: Sachs, GG, 4. Aufl. 2007, Art. 140/Art. 139 WRV, Rn. 9.

[30] Vgl. Art. 2–6 FTG.

[31] BayObLG, Ents. v. 22. 4. 1986, Az: 3 Ob OWi 26/86, BayObLGSt 1986, 37 ff. = NStZ 1986, 421, 422.

[32] Vgl. *v. Campenhausen,* in: Nawiasky/Schweiger/Knöpfle, Art. 147, Rn. 4.

[33] *Ehlers,* in: Sachs, GG, 4. Aufl. 2007, Art. 140/Art. 139 WRV, Rn. 8.

[34] BVerwGE 79, 118 (123) = NJW 1988, 2254; BVerwG NJW 1994, 1975 ff.

[35] VerfGH 37, 166 (170).

[36] *Meder,* Art. 147, Rn. 2; *v. Campenhausen,* in: Nawiasky/Schweiger/Knöpfle, Art. 147, Rn. 2.

[37] VerfGH 21, 67 (75); *v. Campenhausen,* in: Nawiasky/Schweiger/Knöpfle, Art. 147, Rn. 2.

ren.[38] Daher muss auch derjenige, der die hinter dem Feiertag stehenden Gedanken ablehnt, die entsprechenden Regelungen, wie etwa die Ausnahmen von der Arbeitspflicht, hinnehmen.[39] Desgleichen müssen die Inhaber offener Verkaufsstellen Vorschriften über den Ladenschluss beachten und die Bürger die besonderen Ruhepflichten berücksichtigen.[40]

Die Verbotsregelungen zum Schutz des Sonn- und Feiertagsschutzes stellen in aller **18** Regel Grundrechtseingriffe der betroffenen Bürger dar. Häufig betroffen dürften die Grundrechte der allgemeinen Handlungsfreiheit (Art. 101 BV), aber auch der Versammlungsfreiheit (Art. 113 BV)[41] und unter außergewöhnlichen Konstellationen evtl. auch einmal der Religionsfreiheit sein (Art. 107 BV). Als sachlicher Grund für diese Grundrechtseingriffe kann Art. 147 BV herangezogen werden. Allerdings ist nicht ausgeschlossen, dass im Wege der praktischen Konkordanz die betroffenen Grundrechte auch Einschränkungen des Sonn- und Feiertagsschutzes bewirken können.[42]

d) Einzelheiten. Ein gesetzliches Verbot von Musikdarbietungen am Karfreitag ver- **19** stößt nicht gegen die Religionsausübungsfreiheit.[43] Dass für den Karfreitag, der nach der Überlieferung der Todestag Christi und einer der höchsten christlichen Feiertage ist, Verbote vorgesehen sind, die über die Regelungen für die übrigen stillen Tage hinausgehen, bewegt sich im Rahmen der gesetzgeberischen Gestaltungsfreiheit. Die angegriffene Regelung nimmt Rücksicht auf die religiösen Empfindungen der Mehrheit der christlich geprägten Bürger, für die der Karfreitag ein besonderer Tag der Stille und Besinnung ist. Der Gesetzgeber durfte davon ausgehen, dass das vom Antragsteller in der Popularklage angesprochene Bedürfnis, am Karfreitag in Schankräumen an musikalischen Darbietungen religiöser Art teilzunehmen, nicht den religiösen Vorstellungen der Mehrheit der Bevölkerung entspricht. Die aus Gründen der Finanzierung der Pflegeversicherung vorgenommene Streichung des – evangelischen – Buß- und Bettages als gesetzlichem Feiertag ist verfassungsgemäß, und weder ein Verstoß gegen Art. 107 BV noch gegen Art. 147 BV oder gegen Art. 118 BV. Zum einen hat der Gesetzgeber dabei entsprechend der Bevölkerungsstruktur in Bayern auf den Vorrang der katholischen Feiertage abgestellt, zum anderen ist der Buß- und Bettag nunmehr ein landesweit staatlich geschützter Feiertag gemäß dem Bayerischen Feiertagsgesetz.[44] Das BayObLG sah in der Veranstaltung eines Flohmarkts gegen Entgelt an Sonn- und Feiertagen einen Verstoß gegen den Schutz der Sonntagsruhe.[45]

Art. 148 [Gottesdienst und Seelsorge in Krankenhäusern, Strafanstalten usw.]

Soweit das Bedürfnis nach Gottesdienst und Seelsorge in Krankenhäusern, Strafanstalten oder sonstigen öffentlichen Anstalten besteht, sind die Religionsgemeinschaften zur Vornahme religiöser Handlungen zuzulassen, wobei jeder Zwang fernzuhalten ist.

Parallelvorschriften im GG und anderen Landesverfassungen: Art. 140 GG; Art. 5 BaWüVerf; Art. 38 BbgVerf; Art. 62 BremVerf; Art. 54 HessVerf; Art. 9 M-VVerf; Art. 22 NRWVerf; Art. 48 RhPfVerf; Art. 42 SaarlVerf; Art. 109 Abs. 3 SächsVerf; Art. 32 Abs. 5 SachsAnhVerf; Art. 40 ThürVerf.

Rechtsprechung: VerfGH 49, 79.

---

[38] VerfGH 35, 10 (20 ff.).

[39] VerfGH 21, 67 (75); VerfGH 35, 10 (24); *Meder,* Art. 147, Rn. 2.

[40] VerfGH 13, 45 (52 f.); VerfGH 35, 10 (24).

[41] BVerfG (Kammer), NVwZ 2003, 602; BVerfG (Kammer) NJW 2001, 1409 ff.

[42] Vgl. dazu nur *Ehlers,* in: Sachs, GG, 4. Aufl. 2007, Art. 140/Art. 139 WRV, Rn. 3 und Rn. 10.

[43] VerfGH, Ents. v. 12. 3. 2007, Az: Vf. 8-VII-06, BayVBl 2007, 462 f.

[44] VerfGH, Ents. v. 12. 3. 2007, Az: Vf. 8-VII-06, BayVBl 2007, 462 f.

[45] BayObLG, Ents. v. 22. 4. 1986, Az: 3 Ob OWi 26/86, BayObLGSt 1986, 37 ff. = NStZ 1986, 421 ff.

Literatur: Albrecht, Anstaltsseelsorge, in: Handbuch des Staatskirchenrechts der Bundesrepublik Deutschland, Zweiter Band, 1975, S. 701; *Campenhausen, Freiherr von/de Wall,* Staatskirchenrecht, 4. Aufl. 2006; *Eick-Wildgans,* Anstaltsseelsorge, 1993; *ders.,* Anstaltsseelsorge, in: Handbuch des Staatskirchenrechts der Bundesrepublik Deutschland, Zweiter Band, 2. Aufl. 1995, 995; *Heintzen,* Polizeiseelsorge, Handbuch des Staatskirchenrechts der Bundesrepublik Deutschland, Zweiter Band, 2. Aufl. 1995, S. 985; *Jeand'Heur/Korioth,* Grundzüge des Staatskirchenrechts, 2000; *Mikat,* Kirchen und Religionsgemeinschaften, in: Bettermann/Nipperdey/Scheuner, Die Grundrechte, Bd. IV/1, 1960, S. 111; *Pirson,* Die Seelsorge in staatlichen Einrichtungen als Gegenstand des Staatskirchenrechts, in: Essener Gespräche zum Thema Staat und Kirche 23 (1989), 4; *Walter,* Religionsverfassungsrecht, 2006; *Winter,* Staatskirchenrecht der Bundesrepublik Deutschland, 2001.

I. Allgemeines

1. Bedeutung

1   Art. 148 BV konkretisiert das allgemeine Grundrecht der ungestörten Religionsausübung des Art. 107 Abs. 2 BV für den Bereich der „geschlossenen Anstalten i. w. S."[1] Die Norm will das Grundrecht der ungestörten Religionsausübung auch für den Personenkreis sicherstellen, der angesichts seiner Unterbringung in Krankenhäusern, Strafanstalten oder ähnlichen Einrichtungen in seinem persönlichen und damit auch religiösen Freiheitsraum eingeengt ist. Die Staatskirchenverträge kennen vergleichbare Garantien.[2]

2. Entstehung

2   Die Vorschrift stimmt wörtlich mit Art. 103 VE und Art. 110 E überein.[3] Die Norm entspricht sachlich Art. 141 WRV, allerdings mit dem Unterschied, dass das Heer nicht genannt wird.

3. Verhältnis zum Grundgesetz

3   Art. 148 BV gilt neben Art. 140 GG, Art. 141 WRV weiter.

II. Einzelkommentierung

1. Allgemein

4   Art. 148 BV verbürgt den Religionsgemeinschaften ein subjektives Recht.[4] Weltanschauliche Gemeinschaften werden, anders als bei den Art. 142 bis Art. 146 BV, den Religionsgemeinschaften vom Normtext her nicht gleichgestellt. Die h. M. bezieht diese zu Recht auch nicht im Wege der Analogie oder der extensiven Auslegung mit ein.[5] Bei Art. 140 GG i. V. m. Art. 141 WRV lässt sich der Einbezug über Art. 137 Abs. 7 WRV leichter begründen.[6] Das Recht des Einzelnen, religiöse Betreuung in Anspruch zu nehmen, ergibt sich nicht aus Art. 148 BV, sondern aus Art. 107 Abs. 2 BV. Art. 148 BV vermittelt dem Einzelnen keine subjektiven Rechte.[7]

---

[1] *Mikat,* in: Bettermann/Nipperdey/Scheuner, S. 111, 195; *Albrecht,* in: HdbStKirchR II, 1975, S. 701, 703; *Ehlers,* in: Sachs, GG, 4. Aufl. 2007, Art. 140/Art. 141 WRV, Rn. 1 zu Art. 141 WRV.
[2] Art. 11 des Konkordates und Art. 17 des Vertrages zwischen dem Bayerischen Staat und der Evangelisch-Lutherischen Kirche rechts des Rheins.
[3] *Nawiasky,* S. 229; *v. Busse,* in: Nawiasky/Schweiger/Knöpfle, Art. 148, Rn. 2.
[4] *v. Busse,* in: Nawiasky/Schweiger/Knöpfle, Art. 148, Rn. 2; *Ehlers,* in: Sachs, GG, 4. Aufl. 2007, Art. 140/Art. 141 WRV, Rn. 1 zu Art. 141 WRV.
[5] *Nawiasky,* S. 229; *Meder,* Art. 148, Rn. 1; *Schwankhardt,* Begriffliche Deutung der Anstaltsseelsorge nach Art. 141 der Weimarer Verfassung, FS f. von der Heydte, S. 1193, 1194; *Voll,* S. 291; a. M. *Albrecht,* in: HdbStKirchR II, 1975, S. 701, 704; a. A. *v. Busse,* in: Nawiasky/Schweiger/Knöpfle, Art. 148, Rn. 8.
[6] So *Ehlers,* in: Sachs, GG, 4. Aufl. 2007, Art. 140/Art. 141 WRV, Rn. 1 f.
[7] VerfGH 20, 87 (91); *Meder,* Art. 148, Rn. 1; *v. Busse,* in: Nawiasky/Schweiger/Knöpfle, Art. 148, Rn. 3.

2. Tatbestand

Ein Gottesdienst ist die religiös motivierte Zusammenkunft von Menschen mit dem **5** Zweck, zeitlich begrenzt mit ihrem Gott oder ihrer bewegenden überirdischen Kraft in Verbindung zu treten oder sich auf ihn gemeinschaftlich zu besinnen. Der Begriff „Seelsorge" kommt in der BV auch in Art. 144 BV vor und meint das religiös motivierte Bemühen um die Seele des Menschen und dessen Beziehung zu Gott oder der übernatürlichen Kraft.[8]

Ob ein „Bedürfnis" besteht, richtet sich nach den Anstaltsinsassen. In der Literatur **6** besteht Streit, ob die „Bedürfnisklausel" „subjektiv"oder „objektiv" zu interpretieren ist. Der Unterschied liegt darin, ob man die konkrete Feststellung verlangt, dass betreffende Personen nach einem geistlichen Zuspruch verlangen.[9] Nach der objektiven Auslegung genügt es, dass sich Angehörige einer Religions- bzw. Weltanschauungsgemeinschaft in der Anstalt aufhalten, solange diese eine seelsorgerische Betreuung nicht ausdrücklich ablehnen. Zutreffend dürfte die Ansicht sein, nach der bei denjenigen, die einer Religionsgemeinschaft angehören, ein Bedürfnis nach Gottesdienst und Seelsorge zunächst vermutet wird und diese Vermutung aber widerlegt werden kann.[10]

Krankenhäuser sind die Einrichtungen, in denen Kranke zum Zwecke einer Heilbe- **7** handlung untergebracht werden. Für den Begriff des Krankenhauses sind der Träger und die Rechtsform des Krankenhauses unerheblich. Art. 148 BV greift aber nicht für alle Krankenhäuser, sondern nur für solche, bei denen der Staat Träger ist,[11] wie sich aus der Auffangformulierung „und sonstige öffentliche Anstalten" und dem Zweck des Art. 148 BV ergibt. Ob das Krankenhaus in öffentlich-rechtlichem oder privatrechtlichem Nutzungsverhältnis betrieben wird, ist unerheblich. *Strafanstalten* sind geschlossene Einrichtungen zur Verbüßung einer Freiheitsstrafe. Sonstige öffentliche Anstalten sind Einrichtungen, in denen Menschen für eine gewisse Zeitdauer untergebracht sind, und die sie entweder wegen ihrer eigenen Konstitution oder wegen entsprechender hoheitlicher Regelung nicht verlassen können.[12] Entscheidend ist, wie sehr die Insassen daran gehindert sind, wegen der Anstaltsunterbringung die Angebote der Religionsgemeinschaften außerhalb des staatlichen Raums in Anspruch zu nehmen.[13] Mit *„Anstalt"* i. S. v. Art. 148 BV ist nicht nur die Anstalt im technischen Sinne gemeint.[14] Erfasst werden etwa Unterbringungsanstalten, Erziehungsheime etc,[15] nicht dagegen die kasernierte Polizei,[16] weil die Betroffenen die Kaserne zur Seelsorge verlassen können. Durch den Wegfall des Heers in der Aufzählung wird der erfasste Kreis der Anstalten enger als bei der parallelen Norm auf Bundesebene. Dort ist eine Parallelisierung der kasernierten Polizei mit dem Heer gut vertretbar.[17] Öffentliche Anstalten sind solche, deren Träger die öffentliche Hand ist.[18]

---

[8] Weiter *Ehlers,* in: Sachs, GG, 4. Aufl. 2007, Art. 140/Art. 141 WRV, Rn. 3 – alles, was der Realisierung der Glaubensfreiheit dient.

[9] In diese Richtung *Giese,* Seelsorge in städtischen Krankenhäusern, VerwArch 35 (1930), 205, 210; a. A. *v. Busse,* in: Nawiasky/Schweiger/Knöpfle, Art. 148, Rn. 13; *Nawiasky,* S. 229; *Meder,* Art. 148, Rn. 1.

[10] Ebenso *Ehlers,* in: Sachs, GG, 4. Aufl. 2007, Art. 140/Art. 141 WRV, Rn. 2 zu Art. 141 WRV.

[11] *v. Busse,* in: Nawiasky/Schweiger/Knöpfle, Art. 148, Rn. 7; *Ehlers,* in: Sachs, GG, 4. Aufl. 2007, Art. 140/Art. 141 WRV, Rn. 4 zu Art. 141 WRV.

[12] *v. Busse,* in: Nawiasky/Schweiger/Knöpfle, Art. 148, Rn. 7.

[13] *Ehlers,* in: Sachs, GG, 4. Aufl. 2007, Art. 140/Art. 141 WRV, Rn. 4. zu Art. 141 WRV.

[14] *Ehlers,* in: Sachs, GG, 4. Aufl. 2007, Art. 140/Art. 141 WRV, Rn. 4.

[15] *v. Busse,* in: Nawiasky/Schweiger/Knöpfle, Art. 148, Rn. 7.

[16] A. A. *v. Busse,* in: Nawiasky/Schweiger/Knöpfle, Art. 148, Rn. 7.

[17] So *Ehlers,* in: Sachs, GG, 4. Aufl. 2007, Art. 140/Art. 141 WRV, Rn. 4 zu Art. 141 WRV.

[18] *v. Busse,* in: Nawiasky/Schweiger/Knöpfle, Art. 148, Rn. 7; *Ehlers,* in: Sachs, GG, 4. Aufl. 2007, Art. 140/Art. 141 WRV, Rn. 4 zu Art. 141 WRV.

3. Rechtsfolge

8   Besteht ein Bedürfnis nach Seelsorge, so ist die Religionsgemeinschaft darüber zu informieren.[19] Weiter hat die Anstaltsleitung ihr den Zugang zur Anstalt und die Durchführung der in Art. 148 BV genannten Handlungen zu ermöglichen. Eine ausdrückliche Zulassungsentscheidung ist nicht erforderlich. Zu gestatten ist die Durchführung des Gottesdienstes und/oder der Seelsorge. Weitere Handlungen, die innerhalb des kirchlichen Auftrages der Religionsgemeinschaften liegen, lassen sich ebenfalls unter den Begriff der kirchlichen Handlungen fassen und sind daher auch zu gestatten.[20] Den Religionsgemeinschaften sind annehmbare Bedingungen einzuräumen. Dazu gehört zunächst die Bereitstellung von Räumen und von Zeiten.[21] Sofern die Durchführung begleitende Maßnahmen der Anstalt erfordert, wie etwa zusätzliche Sicherungsmaßnahmen, sind diese auch von der Anstalt zu gewährleisten. Nicht angemessen wäre es, die Religionsgemeinschaften bei der Ausübung ihrer seelsorgerischen Tätigkeit von vornherein nur auf den Personenkreis zu verweisen, der ausdrücklich nach geistlichem Zuspruch verlangt hat.[22]

9   Die Anstaltsleitung darf bei der Zulassung, insbesondere bei den Ausübungsmodalitäten (Ort, Zeit, Dauer), aber auch eigene Interessen mit berücksichtigen[23] und muss nicht um jeden Preis den Wünschen der Religionsgemeinschaften entsprechen. Notwendige Sicherungsvorkehrungen oder zeitliche Begrenzungen aus organisatorischen Gründen sind zulässig. So wird Art. 148 BV nicht verletzt, wenn die Besuche eines Laienpredigers der „Zeugen Jehovas" bei einem Sicherungsverwahrten von der Anstaltsleitung zeitlich beschränkt und überwacht werden.[24] Die Überwachung darf eine ernsthafte Seelsorge aber nicht zunichte machen.

10   Eine finanzielle Übernahme der Kosten für die Durchführung des Gottesdienstes und der Seelsorge gebietet Art. 148 BV nicht.[25] Zulässig ist eine freiwillige Kostenübernahme,[26] sofern dadurch das Neutralitätsgebot und der Gleichbehandlungsgrundsatz nicht verletzt werden. Wird einer Religionsgemeinschaft im Einzelfall die Ausübung der Anstaltsseelsorge verwehrt, steht dagegen der Rechtsweg offen.[27]

11   Die Zulassung meint nur die Einräumung der Möglichkeit der Durchführung durch die Religionsgemeinschaften. Für die Insassen darf kein unmittelbarer oder mittelbarer Zwang zum Besuch des Gottesdienstes oder der Seelsorge aufgebaut werden. Das ergibt sich für den einzelnen Insassen schon aus Art. 107 BV[28], wird aber – als Grenze für den Zulassungsanspruch – noch einmal ausdrücklich in Art. 148 BV a. E. klargestellt. Es stellt nur keinen Verstoß gegen das Zwangsverbot dar, wenn sich gewisse Auswirkungen der Anstaltsseelsorge auf die Personen, die diese für sich ablehnen, nicht völlig vermeiden lassen.[29] Wird bei der Aufnahme in eine Anstalt nach der Zugehörigkeit zu einer Religionsgemeinschaft gefragt, so muss dem Befragten die Möglichkeit verbleiben, die Frage unbeantwortet zu lassen, wenn er auf religiöse Betreuung verzichten möchte.[30] Die Frage als solche ist allerdings zulässig, da sie die Organisation der Anstaltsseelsorge erleichtert.

---

[19] *Ehlers,* in: Sachs, GG, 4. Aufl. 2007, Art. 140/Art. 141 WRV, Rn. 3 zu Art. 141 WRV.
[20] *Ehlers,* in: Sachs, GG, 4. Aufl. 2007, Art. 140/Art. 141 WRV, Rn. 5 zu Art. 141 WRV.
[21] *v. Busse,* in: Nawiasky/Schweiger/Knöpfle, Art. 148, Rn. 3.
[22] *v. Busse,* in: Nawiasky/Schweiger/Knöpfle, Art. 148, Rn. 11.
[23] *v. Busse,* in: Nawiasky/Schweiger/Knöpfle, Art. 148, Rn. 4; *Ehlers,* in: Sachs, GG, 4. Aufl. 2007, Art. 140/Art. 141 WRV, Rn. 8 zu Art. 141 WRV.
[24] VerfGH 18, 124; *Meder,* Art. 148, Rn. 1.
[25] *Ehlers,* in: Sachs, GG, 4. Aufl. 2007, Art. 140/Art. 141 WRV, Rn. 6 zu Art. 141 WRV.
[26] *Ehlers,* in: Sachs, GG, 4. Aufl. 2007, Art. 140/Art. 141 WRV, Rn. 6 zu Art. 141 WRV.
[27] *v. Busse,* in: Nawiasky/Schweiger/Knöpfle, Art. 148, Rn. 13.
[28] *v. Busse,* in: Nawiasky/Schweiger/Knöpfle, Art. 148, Rn. 11.
[29] *v. Busse,* in: Nawiasky/Schweiger/Knöpfle, Art. 148, Rn. 11.
[30] BVerwG DÖV 1976, 274; *v. Busse,* in: Nawiasky/Schweiger/Knöpfle, Art. 148, Rn. 11.

Art. 148 BV untersagt es dem Staat nicht, selbst und unmittelbar für seelsorgerische Be- **12** treuung der Insassen seiner Anstalten zu sorgen. Diese Maßnahmen hat er dann selbst zu finanzieren.

4. Ausstrahlungswirkung

Ohne jede dogmatische Begründung, allein unter Berufung auf den Regelungszweck, **13** nehmen die Literatur[31] und die Rechtsprechung[32] eine Pflicht des Staates an, auf nicht-öffentliche Anstalten hinzuwirken, so dass auch diese in vergleichbarer Form die Vornahme religiöser Handlung durch die Religionsgemeinschaften zulassen. Diese Pflicht könnte allenfalls als Ausstrahlungswirkung verstanden werden. Mehr als eine Direktive, die keine einklagbaren Rechte vermittelt, wird man dieser Wirkung aber nicht beimessen können.

Art. 149 [Friedhöfe]

(1) ¹Die Gemeinden haben dafür zu sorgen, daß jeder Verstorbene schicklich beerdigt werden kann. ²Über die Mitwirkung der Religionsgemeinschaften haben diese selbst zu bestimmen.

(2) In Friedhöfen, die nur für einzelne Religionsgemeinschaften bestimmt sind, ist die Beisetzung Andersgläubiger unter den für sie üblichen Formen und ohne räumliche Absonderung zu gestatten, wenn ein anderer geeigneter Begräbnisplatz nicht vorhanden ist.

(3) Im übrigen bemißt sich der Simultangebrauch der Kirchen und Friedhöfe nach bisherigem Recht, soweit nicht durch Gesetz Abänderungen getroffen werden.

Rechtsprechung: VerfGH 33, 130; 33, 174; 49, 79; VerfGH, Ents. v. 15. 4. 1994, Az: Vf. 6-VII-92; VerfGH, Ents. v. 23. 12. 2004, Az.: Vf. 6-VII-03, = DVBl 2005, 436, BayVBl 2005, 237 = GewArch 2005, 205 = NVwZ-RR 2005, 757.

Literatur: Campenhausen, Freiherr von/de Wall, Staatskirchenrecht, 4. Aufl. 2006; *Gröpl,* Beeinträchtigung kommunaler Aufgaben durch die Zulassung privater Feuerbestattungsanlagen?; BayVBl 1995, 485; *Gröschner,* Menschenwürde und Sepulkralkultur in der grundgesetzlichen Ordnung, 1995; *Jeand'Heur/ Korioth,* Grundzüge des Staatskirchenrechts, 2000; *Renck,* Bekenntnisfreiheit und kirchliche Friedhöfe, DÖV 1992, 485; *Seeberg,* Krematorien – in Brandenburg jetzt auch in privater Trägerschaft, LKV 2002, 560; *Walter,* Religionsverfassungsrecht, 2006; *Winter,* Staatskirchenrecht der Bundesrepublik Deutschland, 2001.

Übersicht

I. Allgemeines

1. Bedeutung

Als einziges Bundesland hat Bayern Rechtsgrundsätze des Bestattungswesens in die Lan- **1** desverfassung aufgenommen. Auf diese Weise verdeutlicht die Verfassung auch die Bedeutung einer würdigen Bestattung für das menschliche Dasein. Der Grundsatz des Art. 149

---

[31] *Nawiasky,* S. 229; ähnlich *v. Busse,* in: Nawiasky/Schweiger/Knöpfle, Art. 148, Rn. 8.
[32] VerfGH 49, 79 (94).

Abs. 1 S. 1 BV, nach dem die Gemeinden für eine angemessene Bestattung die Verantwortung zu tragen haben, ist das Ergebnis eines historischen Wandels. Bis in das 18. Jahrhundert war die Bestattung der Toten ausschließlich kirchlichen Ordnungsvorstellungen unterworfen.[1] Zu Beginn des 19. Jahrhunderts nahmen sich ihrer die Kommunen als einem wesentlichen Teil der Gesundheitsfürsorge und damit der allgemeinen Wohlfahrt an.[2] Viele Gemeinden kamen dieser Aufgabe mit der Errichtung eigener Friedhöfe nach.

2   Art. 149 BV steht in enger Beziehung zu Art. 83 BV. Er begründet aber nicht wie Art. 83 BV nur eine Kompetenz der Gemeinde, sondern eine Pflicht für diese.[3] Die Norm steht in dem dritten Abschnitt, da die Mitwirkung der Religionsgemeinschaften an der Aufgabe der schicklichen Bestattung Verstorbener eine große Bedeutung besitzt.

2. Entstehung

3   Art. 149 geht seinem Inhalt nach auf § 19 der Verfassungsurkunde des Freistaates Bayern vom 14. 8. 1919[4] zurück; allerdings wurde der Normtext gewinnbringend überarbeitet und verkürzt. Die Bestimmung wurde in der ersten Lesung des dritten Abschnitts vom VA in die Verfassung aufgenommen.[5] Die endgültige Fassung beschloss der VA in der zweiten Lesung.[6]

3. Verhältnis zum Grundgesetz

4   Art. 149 BV gilt neben Art. 140 GG, Art. 137 ff. WRV weiter.

II. Einzelkommentierung

1. Die kommunale Verantwortung mit Mitwirkungsrechten – Art. 149 Abs. 1

5   **a) Abs. 1 S. 1 – Die Gewährleistungspflicht.** Art. 149 Abs. 1 S. 1 BV erlegt den Gemeinden die Pflicht auf zu gewährleisten, dass jeder Verstorbene beerdigt werden kann. Verpflichtet werden ausdrücklich die Gemeinden. Insoweit wird Art. 149 Abs. 1 S. 1 BV durch Art. 83 Abs. 1 BV ergänzt. Art. 7 BayBestG wiederholt die Pflicht einfach-rechtlich.

6   *aa) Tatbestand.* Verstorben ist jeder, der einmal lebte und bei dem dies nun nicht mehr der Fall ist. An welchen Kriterien sich der Begriff des Todes orientiert, gibt Art. 149 BV im Einzelnen nicht vor. Die Beerdigung ist die nach dem Tod eines Menschen vorgenommene längerfristige Lagerung des toten Körpers oder seiner Asche. Auch wenn der Begriff der Beerdigung auf eine Lagerung in der Erde hinweist, ist dies bei Art. 149 BV nicht so eng gemeint. Die Bayerische Verfassung verwendet den Begriff der Beerdigung im Sinne von „Bestattung". Auch § 19 Verfassungsurkunde des Freistaates Bayern vom 14. 8. 1919 sprach u. a. von Bestattungsanstalten. Die Lagerung der Urne in einer Steinwand ist daher ebenso eine Beerdigung i. S. v. Art. 149 BV, wie auch die Feuerbestattung.[7]

7   Art. 149 Abs. 1 S. 1 BV geht davon aus, dass grundsätzlich jeder Verstorbene die Möglichkeit einer schicklichen Beerdigung in seiner Gemeinde haben muss. Der Begriff der schicklichen Bestattung war in § 19 Verfassungsurkunde des Freistaates Bayern vom 14. 8. 1919 noch nicht enthalten. Eine „schickliche" Beerdigung meint eine angemessen würdige Bestattung. Schick ist nicht im Sinne von modisch, sondern von gebührend, ordentlich und angemessen zu verstehen. Nicht schicklich wäre etwa eine Bestattung auf einem

---

[1] *v. Busse,* in: Nawiasky/Schweiger/Knöpfle, Art. 149, Rn. 3; *Jeand'Heur/Korioth,* Grundzüge des Staatskirchenrechts, 2000, Rn. 340; *W. Jung,* Staat und Kirche im kirchlichen Friedhofswesen, 1966, S. 5; s. a. VerfGH 49, 79 (89).

[2] *v. Busse,* in: Nawiasky/Schweiger/Knöpfle, Art. 149, Rn. 3.

[3] *Nawiasky,* S. 229.

[4] GVBl S. 531.

[5] Prot. I, S. 288; *Nawiasky,* S. 229.

[6] Prot. II, S. 374 f.; *v. Busse,* in: Nawiasky/Schweiger/Knöpfle, Art. 149, Rn. 1.

[7] VerfGH 49, 79 (87).

Friedhof neben einer Müllhalde oder in einem reinen Industriegebiet, oder auf einem Friedhof mit aufdringlicher Gestaltung.[8] Eine Einäscherung in einem Krematorium, dessen Träger ein privatrechtlich organisiertes Unternehmen ist, ist noch kein Verstoß gegen die Schicklichkeit.[9]

bb) Rechtsfolge. aaa) Kontrollpflicht. Art. 149 Abs. 1 S. 1 BV erlegt den Gemeinden zunächst **8** die Pflicht auf zu prüfen, ob für jeden Verstorbenen eine Möglichkeit der schicklichen Beerdigung besteht. Eine weitere Handlungspflicht entsteht den Gemeinden nur, soweit kirchliche oder sonstige Einrichtungen nicht in ausreichendem Maße zur Verfügung stehen (Subsidiarität der Gewährleistungspflicht).[10]

bbb) Subsidiäre Gewährleistungspflicht der Bereitstellung. Liegt eine Handlungspflicht vor, **9** weil die Kirchen oder andere Dritte die erforderlichen Einrichtungen nicht zur Verfügung stellen,[11] bleibt es weitgehend im Ermessen der Gemeinden, wie sie diese erfüllen möchten. Sie können die Gewährleistungspflicht zunächst durch eigene Einrichtungen erfüllen. In diesem Fall sind insbesondere Friedhöfe, Feuerbestattungsanlagen und Leichenräume[12] zu errichten bzw. zu unterhalten, sowie die entsprechenden Transportmöglichkeiten und geeignetes Friedhofspersonal bereitzustellen.[13] In welcher Form sie eine Bestattungsmöglichkeit einrichten, obliegt ebenfalls weitgehend ihrer Einschätzung. Art. 149 BV nennt anders als § 19 Verfassungsurkunde des Freistaates Bayern vom 14. 8. 1919 keine bestimmten Bestattungsorte und -arten.[14] Soweit es möglich ist, müssen die Gemeinden unterschiedliche Formen anbieten, um den unterschiedlichen Bestattungswünschen entgegenzukommen. Eine Rechtspflicht auf Bereitstellung einer bestimmten Form wird man aber nur unter besonderen Umständen annehmen können. Auch die Verpflichtung einer Gemeinde, eine Feuerbestattungsanlage zu unterhalten, kann nur unter engen Voraussetzungen angenommen werden. Dies gilt schon deshalb, weil eine solche Anlage nur bei einer entsprechend hohen Zahl von Einäscherungen kostendeckend sinnvoll zu betreiben ist.[15]

Die Gemeinden sind aber auch dann, wenn sie für die Totenbestattung zu sorgen haben, **10** weil etwa kirchliche Einrichtungen nicht zur Verfügung stehen, nicht unbedingt gehalten, die erforderlichen Bestattungseinrichtungen selbst bereitzuhalten. Sie können sich darauf beschränken, sicherzustellen, dass andere tätig werden und die Einrichtungen anbieten. Sie können die Durchführung dieser Aufgabe daher auch einem Dritten übertragen, insbesondere einem privaten Bestattungsunternehmer[16]

ccc) Inhaltliche Garantie. Die Gemeinden müssen aber nicht nur Bestattungsplätze sicher- **11** stellen, sondern auch Sorge für eine angemessene Bestattung tragen. Dabei kann auch das Verständnis des Verstorbenen eine Rolle spielen. So wäre etwa die ausschließliche Bereitstellung von Urnenplätzen in einer Urnenwand keine Erfüllung der Pflicht aus Art. 149 Abs. 1 BV. Inwieweit der Erwartungshorizont der Nutzer bei der Frage, ob die vorhandenen Bestattungsmöglichkeiten „schicklich" sind, einfließt, lässt sich nicht abstrakt bestimmen und ist auch noch nicht endgültig geklärt. Der Gestaltungsraum, den die Gemeinden den Nutzern zur Verfügung stellen müssen, hängt auch davon ab, ob im Gemeindegebiet andere Friedhöfe zur Verfügung stehen, die Raum für andere Gestaltungswünsche lassen.[17]

Die Pflicht zu Schicklichkeit verpflichtet die Gemeinden auch dazu, eine würdige **12** Friedhofsnutzung sicherzustellen. Art. 149 Abs. 1 S. 1 BV macht daher auch Vorgaben für

---

[8] *Paptistella,* in: Praxis der Kommunalverwaltung Bayern, A 3 Bay, Art. 149 BV.
[9] VerfGH 49, 79 (88 f.); a. A. wohl *Gröschner,* Menschenwürde, 1995, S. 56 ff.
[10] VerfGH 49, 79, (88 f.).
[11] § 19 Bamberger Verfassung nannte die Begräbnisplätze und Bestattungsanstalten.
[12] S. dazu VerfGH 57, 175 (178 ff.).
[13] *Paptistella,* in: Praxis der Kommunalverwaltung Bayern, A 3 Bay, Art. 144 BV.
[14] § 19 Verfassungsurkunde des Freistaates Bayern vom 14. 8. 1919 (Bamberger Verfassung).
[15] VerfGH 49, 79 (88 f.).
[16] VerfGH 49, 79 (88 f.); *Gröpl,* BayVBl 1995, 485 (486).
[17] VerfGH 33, 174 (178); *Meder,* Art. 149, Rn. 2.

die rechtliche Regelung über die Gestaltung von gemeindlichen Friedhöfen[18] und etwas abgeschwächt auch für kirchliche Friedhöfe. Das Gestaltungsrecht der Gemeinde ist daher dann größer, wenn die Gemeinde Friedhöfe mit allgemeinen Anforderungen unterhält und für weitere Friedhöfe engere Anforderungen aufstellen will.[19]

13   *cc) Betätigungsrecht.* Sind kirchliche Friedhöfe in ausreichender Zahl vorhanden, so sind die Gemeinden nach Art. 149 Abs. 1 S. 1 BV nicht zur Herstellung kommunaler Friedhöfe verpflichtet, gem. Art. 83 BV aber dennoch berechtigt.[20] Eine Subsidiarität der kommunalen Friedhofskompetenz begründet Art. 149 Abs. 1 S. 1 BV nicht.

14   Der Art. 149 Abs. 1 S 1 BV erlegt der Gemeinde eine Pflicht zum subsidiären Eingreifen auf, aber kein Recht auf ausschließliche Aufgabenwahrnehmung. Solange es den Gemeinden möglich bleibt, ihre subsidiäre Gewährleistung zu erfüllen, darf der Gesetzgeber im Bereich des Bestattungswesens auch private Konkurrenz zulassen. So hat der VerfGH in seiner Entscheidung vom 4. 7. 1996 die Entscheidung des Gesetzgebers, private Krematorien zuzulassen, verfassungsrechtlich für rechtmäßig gehalten.[21] Die Einführung eines Benutzungszwangs für eine kommunale Leichenhalle, um auf diese Weise Konkurrenz zurückzudrängen, ist auch nicht zulässig.[22] Art. 149 Abs. 1 S. 1 BV schütze, ebenso wenig wie Art. 11 Abs. 2 BV, vor staatlicher Konkurrenz. Solange den Gemeinden die Aufgabe der subsidiären Gewährleistung nicht entzogen werde und auch faktisch nicht unmöglich gemacht werde, läge kein Verstoß gegen Art. 149 Abs. 1 S. 1 BV vor.[23] Soweit die Gemeinde die erforderlichen Bestattungseinrichtungen selbst betreibt, ist sie der Konkurrenz durch private Bestattungsunternehmen ausgesetzt. Hiervon ausgenommen ist nur ein enger Bereich, für den diese Einrichtungen durch Einführung eines satzungsmäßigen Benutzungszwangs monopolisiert werden können, nämlich im wesentlichen nur die unmittelbar mit der Bestattung im gemeindlichen Friedhof zusammenhängenden Vorgänge.[24] Der Anwendungsbereich für den Benutzungszwang ist gering.[25]

15   *dd) Betrieb kommunaler Friedhöfe.* Die Beziehungen zu den Anstaltsbenutzern können öffentlich-rechtlicher Natur (wenn durch Satzung geregelt) oder privatrechtlicher Natur sein.[26] Die Gemeinden dürfen die Benutzung ihrer kommunalen Friedhöfe regeln, sind aber inhaltlich nicht frei. Zum einen müssen ihre Vorgaben eine schickliche Bestattung ermöglichen. Weiter muss der Staat zumindest auf einem Friedhof eine Bestattungsmöglichkeit für Nicht-Gläubige oder Andersgläubige i. S. v. Art. 149 Abs. 2 BV schaffen. Schließlich muss er auch Raum für die Gestaltungswünsche der Verstorbenen lassen. Macht die Gemeinde etwa Vorgaben hinsichtlich der Höchstgrenzen für Gewicht und Größe von Särgen, dann müssen diese Vorgaben noch einen angemessenen Rahmen für denkbare Gestaltungswünsche zur würdigen Totenbestattung lassen.[27]

16   Die Gemeinden dürften dabei auch eigene Bestattungsriten entwickeln. So ist z. B. ein weltliches Sterbegeläut statthaft, und nicht nur dann, wenn es bereits auf Grund von jahrzehntelanger Übung gewährt wird.[28] Den Religionsgemeinschaften ein Monopol auf würdige Bestattungsformen zu geben oder alle von den Religionsgemeinschaften genutz-

---

[18] VerfGH 33, 130 (134 f.); VerfGH 33, 174 (178); m. w. N.; VerfGH, Ents. v. 21. 3. 1985, Az: Vf 9-VII-84, NVwZ 1988, 371.
[19] Art. 9 Abs. 1, 3 BayBestG – s. dazu VerfGH 33, 130 (134 f.); VerfGH 33, 174 (178); VerfGH, Ents. v. 21. 3. 1985, Az: Vf 9-VII-84, NVwZ 1988, 371.
[20] VerfGH 49, 79 (88 f.); VerfGH 57, 175 (178 ff.).
[21] VerfGH 49, 79 ff.
[22] VerfGH 57, 175 (178 ff.).
[23] VerfGH 49, 79 (88 ff.); s. dazu zustimmend *Seeberg*, LKV 2002, 560, 562.
[24] VerfGH 49, 79, (88 f.).
[25] VerfGH 57, 175 (178 ff.).
[26] *Voll*, S. 330 f., 333; *Meder*, Art. 149, Rn. 4.
[27] VerfGH 47, 77 (81 ff.).
[28] S. dazu BVerwGE 18, 341 (344 f.).

ten Bestattungsformen dem Staat entziehen zu wollen, gestattet Art. 149 Abs. 1 S. 1 BV gerade nicht.[29]

ee) Einzelfälle. Es verstößt gegen das Grundrecht auf Handlungsfreiheit (Art. 101 BV), **17** durch gemeindliche Satzung gewerbliche Bestattungsunternehmen von der Aufbahrung von Leichen in eigenen Leichenräumen völlig auszuschließen.[30] Die Zulassung von privaten Krematorien durch Änderung des BayBestG ist verfassungsgemäß.[31] Die Rechtsverordnung der Stadt Nürnberg zur Größen- und Gewichtsbeschränkung von Särgen ist mit der allgemeinen Handlungsfreiheit und der Berufsfreiheit vereinbar.[32] Ein allgemeines Verbot der Aufstellung polierter Grabsteine ist unzulässig.[33]

b) Abs. 1 S. 2 – Mitwirkungsrecht der Religionsgemeinschaften. *aa) Allgemein.* **18** Die Mitwirkung der Religionsgemeinschaften i. S. v. Art. 149 Abs. 1 S. 2 BV bezieht sich auf die Gewährleistungspflicht der Gemeinden. Sie kann dabei in zwei Formen vorgenommen werden. Zum einen durch die Mitwirkung auf kommunalen Friedhöfen, zum anderen durch die Anlegung und Unterhaltung von kirchlichen Friedhöfen.[34]

Art. 149 Abs. 1 S. 2 BV gibt den Religionsgemeinschaften ein Mitwirkungsrecht, das **19** nur von ihrem eigenen Bestimmungsrecht abhängig ist. Die Religionsgemeinschaften können zur Mitwirkung nicht verpflichtet, und auch nicht an ihr gehindert werden[35], weder durch eine Satzung noch durch andere Mittel. Der Gemeinde steht kein Recht zu, die Mitwirkung abzulehnen, wenn die Religionsgemeinschaften diese leisten möchten. Das „ob" steht daher nicht zur Disposition der Gemeinden. Das ergibt sich aber nicht nur aus Art. 149 Abs. 1 S. 2 BV, sondern für kommunale Friedhöfe auch schon aus Art. 148 BV, wenn man die kommunalen Friedhöfe mit der einhelligen Ansicht als sonstige öffentliche Anstalten versteht.[36] Für die kirchlichen Friedhöfe ergibt sich nach überwiegender Ansicht das Recht auf Betrieb aus Art. 142 Abs. 3 S. 2 BV.

Art. 149 Abs. 1 S. 2 BV verdeutlicht noch einmal den Charakter der Gewährleistungs- **20** pflicht des Art. 149 Abs. 1 S. 1 BV. Den Gemeinden ist die Aufgabe der Totenbestattung von Verfassungs wegen nicht als ausschließliches Recht zugewiesen.[37] Die Gemeinden haben die unentziehbare Aufgabe, für die subsidiäre Gewährleistung zu sorgen. Darin ist zugleich die Befugnis begründet, selbst auf dem Gebiet tätig zu werden. Hinzu kommen aber noch zwei weitere Akteure. Der Staat hat sich einfach-rechtlich sicherheitsrechtliche Aufgaben zugewiesen, und die Religionsgemeinschaften haben das Mitwirkungsrecht gem. Art. 149 Abs. 1 S. 2 BV. Der VerfGH spricht daher davon, das Bestattungswesen werde zu den gemeinsamen Aufgaben von Staat, Gemeinden, Kirchen und Religionsgemeinschaften gerechnet.[38] Als weiterer Akteur kann zudem der Private, insbesondere als Betreiber von Krematorien, treten.

bb) Mitwirkung auf kommunalen Friedhöfen. Die Gemeinden haben auf ihren Friedhöfen **21** die Religionsgemeinschaften zu religiösen Handlungen (vor allem bei Begräbnissen) zuzulassen.[39] Dies gilt auch, wenn die Religionsgemeinschaften eigene Friedhöfe unterhalten. Art. 149 Abs. 1 S. 2 BV gibt den Religionsgemeinschaften ein Mitwirkungsrecht, ohne die Folgen zu normieren, die zu beachten sind, wenn die Religionsgemeinschaften

[29] A. A. *v. Busse,* in: Nawiasky/Schweiger/Knöpfle, Art. 149, Rn. 4 Fn. 5.

[30] VerfGH 57, 175 (178 ff.).

[31] VerfGH 49, 79 ff.

[32] VerfGH, Ents. v. 15. 4. 1994, Az: Vf. 6-VII-92.

[33] VGH, Urt. v. 18. 5. 1960, Az.: 127 IV 56.

[34] *Paptistella,* in: Praxis der Kommunalverwaltung Bayern, A 3 Bay, Art. 144 BV.

[35] *Nawiasky,* S. 230; Prot. I, S. 288.

[36] VerfGH 49, 79 (94); *v. Busse,* in: Nawiasky/Schweiger/Knöpfle, Art. 149, Rn. 4; VGH DÖV 1976, 275; *Jeand'Heur/Korioth,* Grundzüge des Staatskirchenrechts, 2000, Rn. 340.

[37] VerfGH 49, 79 (88 f.).

[38] VerfGH 49, 79 (88 f.).

[39] *Meder,* Art. 149, Rn. 1.

von ihrem Recht Gebrauch machen. Wirken die Religionsgemeinschaften auf kommunalen Friedhöfen mit, liegt eine gemeinsame Angelegenheit von Gemeinden und Religionsgemeinschaften vor.[40] Dabei ordnen die Kommunen das Bestattungswesen in sicherheitsrechtlicher, planungsrechtlicher und verwaltungsrechtlicher Hinsicht, während sich die Kirchen der religiösen Seite der Beerdigung und der Grabpflege widmen.[41]

22   *cc) Kirchliche Friedhöfe.* Art. 149 Abs. 1 S. 2 BV garantiert den Religionsgemeinschaften auch die Möglichkeit, kirchliche Friedhöfe zu unterhalten.[42] Daher darf die Gemeinde die Benutzung ihres Friedhofs durch Satzung nicht zur Pflicht machen, wenn ein kirchlicher Friedhof zur Verfügung steht.[43]

23   Keine endgültige Übereinstimmung besteht bei der Frage, wie der Unterhalt von kirchlichen Friedhöfen zu qualifizieren ist. Einerseits wird angenommen, die Errichtung und Unterhaltung kirchlicher Friedhöfe zähle zur Wahrnehmung eigener Angelegenheiten der Religionsgemeinschaften i. S. v. Art. 142 Abs. 3 S. 2 BV.[44] Andererseits geht zumindest die Rechtsprechung davon aus, bei dem Betrieb eines Friedhofs kämen die Religionsgemeinschaften einer Aufgabe nach, die an sich in den Bereich staatlicher und kommunaler Tätigkeit falle.[45] Demnach müssten die Religionsgemeinschaften dabei die staatlichen Bestimmungen beachten.[46] Eine Genehmigungspflicht für nicht-staatliche Friedhöfe ist daher zulässig.[47] Die Vorstellung, einerseits handle es sich um eine Selbstverwaltungsbefugnis, andererseits läge darin zugleich die funktionale Wahrnehmung staatlicher bzw. kommunaler Machtbefugnis, wirft Friktionen auf, die zurzeit noch nicht vollständig aufgeklärt sind.[48] Nahe liegt es anzunehmen, der Betrieb kirchlicher Friedhöfe sei zwar eine eigene Angelegenheit i. S. v. Art. 142 Abs. 3 S. 2 BV, wegen der sicherheitsrechtlichen, gesundheitsrechtlichen, planungsrechtlichen und sittlichen Auswirkungen des Bestattungswesens stünde dem Staat aber das Recht zu, für das Friedhofswesen Vorgaben zu machen, die für alle geltende Gesetze i. S. v. Art. 142 Abs. 3 S. 2 BV darstellen. Daher sind auch nicht alle Akte kirchlicher Friedhofsbehörden durch staatliche Gerichte überprüfbar, und zwar solche nicht, die sich ausschließlich als innerkirchliche Maßnahmen darstellen.[49]

24   Art. 8 Abs. 2 BestG beschränkt das Recht, Friedhöfe zu unterhalten, auf die Religionsgemeinschaften, die zugleich Körperschaften des öffentlichen Rechts sind. Für die Religionsgemeinschaften, die diese Voraussetzung nicht erfüllen, ist die Norm daher eine Einschränkung ihres kirchlichen Selbstverwaltungsrechts gem. Art. 142 Abs. 3 S. 2 BV. Die verfassungsrechtliche Rechtfertigung dafür liegt in dem Gedanken begründet, dass die Friedhofsträger wegen der staatlichen Bestattungspflicht gem. Art. 1 Abs. 1 S. 1 BestG in die Erfüllung einer hoheitlichen Eingriffskontrolle eingebunden sind und es insoweit sachgerecht ist, nur die Religionsgemeinschaften einzubeziehen, die die öffentlich-rechtliche Form vorweisen können.

25   Die Einflussmöglichkeiten des Staates auf kirchliche Friedhöfe sind unterschiedlich weit, je nachdem, ob es sich um einen kirchlichen Friedhof handelt, der unter Art. 149 Abs. 2 BV fällt (kirchliche Friedhöfe mit Monopolstellung) oder nicht. Nach der Recht-

---

[40] *Jeand'Heur/Korioth,* Grundzüge des Staatskirchenrechts, 2000, Rn. 340; *v. Campenhausen/de Wall,* Staatskirchenrecht, 4. Aufl. 2006, § 28, S. 225.

[41] *Jeand'Heur/Korioth,* Grundzüge des Staatskirchenrechts, 2000, Rn. 340.

[42] *Meder,* Art. 149, Rn. 3.

[43] VGH BayVBl 1970, 141 (142); *v. Busse,* in: Nawiasky/Schweiger/Knöpfle, Art. 149, Rn. 8.

[44] *Jeand'Heur/Korioth,* Grundzüge des Staatskirchenrechts, 2000, Rn. 340; *v. Campenhausen/de Wall,* Staatskirchenrecht, 4. Aufl. 2006, S. 185 m. w. N. in Fn. 1.

[45] BGHZ 25, 200 (206); BVerwGE 25, 364, ausführlich *v. Campenhausen/de Wall,* Staatskirchenrecht, 4. Aufl. 2006, S. 186 m. w. N. in Fn. 4.

[46] OVG Münster DÖV 1957, 727; *Meder,* Art. 149, Rn. 3.

[47] *Meder,* Art. 149, Rn. 3; *v. Busse,* in: Nawiasky/Schweiger/Knöpfle, Art. 149, Rn. 10; vgl. Art. 9 BayBestG.

[48] Ausführlich *Jeand'Heur/Korioth,* Grundzüge des Staatskirchenrechts, 2000, Rn. 341.

[49] *v. Busse,* in: Nawiasky/Schweiger/Knöpfle, Art. 149, Rn. 21.

sprechung greifen für die kirchlichen Friedhöfe ohne Monopolstellung die allgemeinen Vorgaben der Rechtsordnung. Die Bindungen der Religionsgemeinschaften sind aber in diesem Fall nicht Thema des Art. 149 Abs. 1 S. 2 BV, sondern des Art. 142 Abs. 3 S. 2 BV. Die Religionsgemeinschaften sind auch bei diesen Friedhöfen an den allgemeinen Willkürgrundsatz gebunden, allerdings wird die Differenzierung zwischen Mitgliedern der Religionsgemeinschaften und Nicht-Mitgliedern nicht als willkürlich verstanden.[50] Ein Ausschluss von Nicht-Mitgliedern wird bei fehlender Monopolstellung für zulässig gehalten.[51] Die Gebührenregelung darf nach Religionszugehörigkeit differenzieren, sofern der Zuschlag noch angemessen ist.[52]

dd) Mitwirkung bei privaten Bestattungsunternehmen. Der VerfGH hat ohne tragfähige Begründung die Mitwirkungspflicht unter Berufung auf den Sinn des Art. 149 Abs. 1 S. 2 BV und bestehende kirchenvertragliche Verpflichtungen auch auf private Unternehmen erstreckt. Zwar sind die Privaten nach der Vorstellung des Gerichts wohl nicht selbst unmittelbar verpflichtet, den Religionsgemeinschaften die Mitwirkung i. S. v. Art. 149 Abs. 1 S. 2 BV einzuräumen, der Staat hat aber bei der Genehmigung entsprechender Anlagen (etwa Krematorien) darauf hinzuwirken, dass den Religionsgemeinschaften eine entsprechende Mitwirkung ermöglicht wird. Die Mitwirkungsmöglichkeit sei Voraussetzung für das Vorliegen einer schicklichen Bestattung.[53] Die Ausweitung findet in Art. 149 Abs. 1 S. 2 BV keine ausreichende Grundlage. Dies schon deshalb, weil sich die Pflicht des Art. 149 Abs. 1 S. 2 BV gegen die Gemeinden richtet. Die Einflussmöglichkeit auf die Privaten wurde demgegenüber in verfassungsrechtlich zulässiger Weise den Kreisverwaltungsbehörden zugewiesen.[54] Der Gemeinde eine verfassungsrechtliche Pflicht aufzuerlegen, die sie nicht selbst erfüllen kann, hebt den Geltungsanspruch der Verfassung selbst auf. Der Verfassungsgerichtshof sollte insoweit seine Rechtsprechung selbst korrigieren bzw. konkretisieren.

2. Monopolfriedhöfe – Art. 149 Abs. 2 BV

a) Der Tatbestand. Art. 149 Abs. 1 S. 2 BV enthält für eine ganz bestimmte Situation ein Sonderrecht von „Andersgläubigen" auf religions- oder konfessionsgebundenen Friedhöfen. Zunächst muss es sich um einen Friedhof handeln, der einer Religionsgemeinschaft gewidmet ist. Friedhöfe sind nach der gesetzlichen Definition des Art. 8 BestG öffentliche Einrichtungen, die den Verstorbenen als würdige Ruhestätte und der Pflege ihres Andenkens gewidmet sind. Diese Konkretisierung dürfte verfassungsgemäß sein. Entscheidend für die Bestimmung ist die Widmung. Die Widmung ist der Rechtsakt, der den Friedhof zur öffentlichen Sache macht. Meist wird die jeweilige Religionsgemeinschaft zugleich Träger des Friedhofs sein, zwingend ist dies aber nicht. Das Bestattungsrecht Andersgläubiger gem. Art. 149 Abs. 2 BV gilt nicht nur für kirchliche Friedhöfe, sondern auch für Gemeindefriedhöfe, sofern diese für einzelne Religionsgemeinschaften bestimmt sind.[55] Umgekehrt kann auch ein Friedhof einer Religionsgemeinschaft für alle offen sein und fällt dann nicht unter Art. 149 Abs. 2 BV. Ob der Friedhof einer oder mehreren Religionsgemeinschaften gewidmet ist, ist nicht entscheidend, maßgeblich ist nur, dass er im Ergebnis für „einzelne" Religionsgemeinschaften bestimmt ist und somit nicht allen Verstorbenen zur Verfügung steht.

26

27

---

[50] *Jeand'Heur/Korioth,* Grundzüge des Staatskirchenrechts, 2000, Rn. 342.

[51] *Meder,* Art. 149, Rn. 4; *v. Busse,* in: Nawiasky/Schweiger/Knöpfle, Art. 149, Rn. 7.

[52] *Jeand'Heur/Korioth,* Grundzüge des Staatskirchenrechts, 2000, Rn. 342; OVG Bremen, NVwZ 1995, 807; OVG Lüneburg, NVwZ 1995, 808 f.

[53] VerfGH 49, 79 (94).

[54] Vgl. Art. 13 Abs. 2 BayBestG i. V. m. § 31 der Verordnung zur Durchführung des Bestattungsgesetzes vom 1. März 2001, zuletzt geändert durch § 1 ÄndVO vom 21. 4. 2007 (GVBl S. 338).

[55] *Meder,* Art. 149, Rn. 1; *Paptistella,* in: Praxis der Kommunalverwaltung Bayern, A 3 Bay, Art. 144 BV; *v. Busse,* in: Nawiasky/Schweiger/Knöpfle, Art. 149, Rn. 16.

28   Nach Art. 149 Abs. 2 HS 2 BV greifen die Rechtsfolgen weiter nur ein, wenn ein eigener Begräbnisplatz nicht vorhanden ist. Welches räumliche Gebiet zur Beurteilung maßgeblich ist, wird nicht ausdrücklich vorgegeben. Durch den Bezug auf die Gemeinde in Art. 149 Abs. 1 BV liegt die Annahme nahe, grundsätzlich sei das Gemeindegebiet maßgeblich. Ausnahmen bei kleinen Gemeinden sind allerdings denkbar.[56] Geeignet ist ein Begräbnisplatz, wenn er schicklich i. S. v. Art. 149 Abs. 1 S. 1 BV ist und er den Bestattungswünschen des Benutzers keine anderen Beschränkungen auferlegt, als sie zur Vermeidung von Verunstaltungen und Störungen Dritter notwendig sind.[57] Selbst wenn er weitergehende Beschränkungen vorsieht, sind diese unerheblich, solange keine in der Person des Verstorbenen liegenden Gründe vorliegen, weshalb für ihn der Platz auf dem einer Religionsgemeinschaft gewidmeten Friedhof vorzuziehen ist. Entspricht etwa die Bestattungsform auf dem Friedhof, der einer Religionsgemeinschaft gewidmet ist, den Bestattungsritualen der Religionsgemeinschaft, der der Verstorbene angehört, nicht dagegen diejenige, die bei der einzig vorhandenen Alternative möglich ist, liegen die Voraussetzungen des Art. 149 Abs. 2 BV vor.

29   Der kommunale Träger darf allerdings den Art. 149 Abs. 2 BV nicht dazu verwenden, durch den Erlass besonderer Nutzungsvorschriften bestimmte Gruppen von Verstorbenen mittelbar dazu zu zwingen, zur Bestattung auf einen kirchlichen Friedhof auszuweichen.[58] Bevor die Gemeinde daher einen Friedhof einer Religionsgemeinschaft widmet oder besonderen Benutzungsanforderungen unterwirft, muss sie einen Friedhof ohne besondere Benutzungsanforderungen bereitstellen. Es genügt auch die Bereitstellung eines selbständigen Friedhofsteils,[59] wenn dieser dem speziellen Teil ebenbürtig ist und so das Verbot der räumlichen Absonderung von Art. 149 Abs. 2 S. 2 BV nicht verletzt wird.

30   **b) Rechtsfolge.** Liegt ein Friedhof mit Monopolstellung vor, muss die Beisetzung Andersgläubiger gestattet werden. Eine ausdrückliche Anordnung der Behörden ist dazu – anders als noch bei § 19 Abs. 3 Verfassungsurkunde des Freistaates Bayern vom 14. 8. 1919 (Bamberger Verfassung) – nicht mehr erforderlich. Die Beisetzung ist der Akt der Verbringung der Überreste des Verstorbenen an den Ort, an dem er für Dauer verbleiben soll. Andersgläubige sind Menschen, die nicht Mitglieder der Religionsgemeinschaft sind, der der Friedhof gewidmet ist. Sie müssen nicht selbst Mitglied einer Religionsgemeinschaft sein. Entgegen dem Wortlaut ist auch nicht erforderlich, dass sie gläubig im strengen Sinne des Wortes gewesen sind.

31   Die Andersgläubigen haben dabei das Recht, in der Form beigesetzt zu werden, wie es ihre Glaubensrichtung verlangt („unter den für sie üblichen Formen"). Daher muss ihnen vor allem die Durchführung religiöser Zeremonien nach ihrer Glaubensvorstellung möglich bleiben.[60] Haben sie keine Glaubensvorstellung, ist die übliche Beisetzungsform der „Andersgläubigen" entscheidend. Ein Anspruch auf ein Begräbnis nach dem Ritus des kirchlichen Friedhofsträgers vermittelt Art. 149 Abs. 2 HS 2 BV dagegen nicht.[61]

32   Der Beisetzungsort darf weiter keine räumliche Absonderung begründen. Es ist nicht zulässig, Andersgläubige in eine abgesonderte Abteilung des Friedhofs ohne das Einverständnis der Hinterbliebenen zu verweisen.[62] Art. 149 Abs. 2 BV gibt dem Andersgläubigen daher zwei verschiedene Rechte auf Gleichbehandlung – hinsichtlich der Beisetzungsart ist er wie diejenigen zu behandeln, die der gleichen Religionsgemeinschaft angehören und hinsichtlich des Beisetzungsortes ist er so zu behandeln wie die Mitglieder der Religionsgemeinschaft, der der Friedhof gewidmet ist, auf dem er beigesetzt wird.

---

[56] Vgl. auch Art. 8 Abs. 3 BayBestG.
[57] *v. Busse,* in: Nawiasky/Schweiger/Knöpfle, Art. 149, Rn. 19.
[58] *v. Busse,* in: Nawiasky/Schweiger/Knöpfle, Art. 149, Rn. 19.
[59] *v. Busse,* in: Nawiasky/Schweiger/Knöpfle, Art. 149, Rn. 19.
[60] *Meder,* Art. 149, Rn. 3.
[61] *v. Busse,* in: Nawiasky/Schweiger/Knöpfle, Art. 149, Rn. 16.
[62] Prot. II, S. 374; *Meder,* Art. 149, Rn. 3.

Nicht unmittelbar vom Normtext beantwortet wird die Frage, ob der Andersgläubige **33** auch im übrigen ein Recht hat, so behandelt zu werden wie die Angehörigen der Religionsgemeinschaft, der der Friedhof gewidmet ist. Der Ratio des Art. 149 Abs. 2 BV entspricht es, eine Diskriminierung bei den Nutzungsbedingungen wegen der Andersgläubigkeit zu untersagen. So gibt Art. 149 Abs. 2 HS 2 BV dem Andersgläubigen zwar nicht ausdrücklich das Recht, das Grab so zu gestalten und zu pflegen, wie es für den Andersgläubigen üblich ist. Dennoch gilt es, auch hier die Vorgaben des Art. 149 Abs. 2 HS 2 BV sinnvoll weiterzuführen. So geht die überwiegende Ansicht zu Recht davon aus, die Friedhofsordnung dürfe dem Grabstelleninhaber für die Gestaltung der Grabstelle nur solche Beschränkungen auferlegen, die eine Verunstaltung der Anlage vermeiden und Störungen der Empfindungen anderer Friedhofsbesucher verhindern sollen.[63]

Kein Verstoß gegen das Gebot der Gleichbehandlung liegt in der Festsetzung eines maß- **34** voll höheren Gebührensatzes für die Bestattung Konfessionsfremder. Diese unterschiedliche Behandlung ist sachlich gerechtfertigt, da die Mitglieder der Kirchengemeinde durch die Kirchensteuer mittelbar einen laufenden Beitrag zur Unterhaltung des Friedhofs leisten. Ebenso bleibt es zulässig, für Sonderleistungen, die nur dem Andersgläubigen zukommen, auch selbständige Gebührenbestandteile zu erheben, sofern darin keine mittelbare Diskriminierung zu sehen ist.

3. Simultangebrauch – Art. 149 Abs. 3 BV

Simultangebrauch ist der gemeinschaftliche Kultusgebrauch kirchlicher Anlagen durch **35** verschiedene Religionsgemeinschaften.[64] Erfasst wird dabei vom Sinn der Norm her nur der „Simultangebrauch", der auf staatlicher Festsetzung beruht. Zwischenkirchliche Vereinbarungen über die Benutzung von Kultuseinrichtungen fallen nicht darunter. Kein Simultangebrauch liegt vor, wenn der staatliche Träger einer öffentlichen Einrichtung (Schule, Krankenhaus oder andere „Anstalt" i. S. v. Art. 148 BV) den einzelnen Religionsgemeinschaften jeweils bei Bedarf Räume zu gottesdienstlichen oder ähnlichen Zwecken überlässt.

Die Regelungen des Simultangebrauchs richten sich nach überkommenem Recht, das **36** jedoch zur Verfügung des einfachen Gesetzgebers gestellt wird.[65] Der Sinn dieser Norm ist dem heutigen Leser kaum noch verständlich. Sie erklärt sich aber aus den historischen Bezügen. Art. 149 Abs. 3 BV stimmt wörtlich mit § 19 Abs. 4 BV 1919 überein. Die Normen, auf die die Norm mit dem Begriff „überkommenes Recht" verweist, sind Regelungen, die im Bayerischen Religionsedikt vom 26. 5. 1818 niedergelegt waren.[66] Die bayerische Verfassung garantiert mit Art. 149 Abs. 3 BV daher zunächst den Fortbestand dieser Bestimmungen auf der Ebene des einfachen Gesetzesrechts und stellt sie zugleich zur Disposition des Gesetzgebers. Der Sache nach trifft der Verfassungsgeber keine substantielle Entscheidung zu dem Recht des Simultangebrauchs, sondern delegiert die Frage an den Gesetzgeber. Gerechtfertigt wird dies durch dem Umstand, dass die staatliche Regelung eines Simultangebrauchs ein „Auslaufmodell" ist. Seiner rechtlichen Natur nach stellt der Simultangebrauch eine öffentlich-rechtliche Beschränkung des Eigentums durch das Mitbenutzungsrecht zugunsten einer anderen Religionsgemeinschaft dar. Die Einräumung eines Simultanrechts stellt sich somit als besondere Ausgestaltung der Widmung des Trägers dar. Darin liegt eine staatliche Einflussnahme auf das Nutzungsrecht der jeweiligen Träger, die von Art. 142 Abs. 1 und Abs. 3 BV rechtfertigungsbedürftig ist. Daher nehmen die Fälle des Simultangebrauchs ab.[67]

---

[63] BVerwGE 17, 119, 120; s. a. Art. 8 Abs. 4 BayBestG.
[64] *Meder,* Art. 149, Rn. 5; *Paptistella,* in: Praxis der Kommunalverwaltung Bayern, A 3 Bay, Art. 144 BV.
[65] *Meder,* Art. 149, Rn. 5.
[66] *v. Busse,* in: Nawiasky/Schweiger/Knöpfle, Art. 149, Rn. 23.
[67] Zutreffend *v. Busse,* in: Nawiasky/Schweiger/Knöpfle, Art. 149, Rn. 23.

Art. 150 [Theologische Hochschulen und Fakultäten]

(1) Die Kirchen haben das Recht, ihre Geistlichen auf eigenen kirchlichen Hochschulen auszubilden und fortzubilden.

(2) Die theologischen Fakultäten an den Hochschulen bleiben erhalten.

Parallelvorschriften im GG und anderen Landesverfassungen: Art. 140 GG; Art. 10 BaWüVerf.; Art. 9 M-VVerf; Art. 22 NWVerf; Art. 42 RhPfVerf; Art. 36 SaarlVerf; Art. 111 SächsVerf; Art. 32 Abs. 5 SachsAnhVerf; Art. 40 ThürVerf.

Literatur: Campenhausen, Freiherr von/de Wall, Staatskirchenrecht, 4. Aufl. 2006; *Christoph,* Zur Akkreditierung theologischer Studiengänge, ZevKR 49 (2004), 253; *Hallermann,* Wie viel Theologie schützt das Bayerische Konkordat?, AfkKR 172 (2003), 427; *Heckel,* Aktuelle Rechtsfragen bei der Besetzung bzw. Einziehung theologischer Lehrstühle, ZevKR 49 (2004), 519; *Heckel,* „Die theologischen Fakultäten im weltlichen Verfassungsstaat", 1986; *Jeand'Heur/Korioth,* Grundzüge des Staatskirchenrechts, 2000; *Mainusch,* Lehrmäßige Beanstandung eines evangelischen Theologieprofessors, DÖV 1999, 677; *Renck,* Verfassungsprobleme der theologischen Fakultäten, NVwZ 1996, 333; *Solte,* Die evangelischen kirchlichen Hochschulen in der neueren Rechtsentwicklung, WissR 1983, 1; *Störle,* Anmerkungen zum „Ruhe" der Katholisch-Theologischen Fakultäten an den Universitäten Bamberg und Passau, BayVBl 2007, 673; *Walter,* Religionsverfassungsrecht, 2006; *Weber,* Theologische Fakultäten und Professuren im weltanschaulich neutralen Staat – Staatskirchenrechtliche und rechtspolitische Aspekte, NVwZ 2000, 848; *Winter,* Staatskirchenrecht der Bundesrepublik Deutschland, 2001.

I. Allgemeines

1. Bedeutung

1   Der Streit um die Ausbildung der Geistlichen der Kirchen besitzt eine lange Geschichte. Die Verortung der theologischen Fakultäten an die staatlichen Hochschulen hatte zunächst den Sinn, dem Staat eine gewisse Kontrollmöglichkeit bei der Ausbildung der Geistlichen zuzubilligen. Als Gegenzug für diese Ermöglichung der Einflussmöglichkeit verzichtete die Kirche auf den Ausbau eigener Hochschulen.[1] Als Ergebnis des Kompromisses darf daher Art. 150 Abs. 2 BV gelten, der wörtlich mit Art. 149 Abs. 3 WRV übereinstimmt. Die Kombination der Bestandsgarantie der bestehenden theologischen Fakultäten einerseits und die Zuweisung des Rechts, eigene kirchliche Hochschulen unter erleichterten Bedingungen gründen zu dürfen, ist verfassungsrechtlich neu. Sie stellt eine vernünftige Verschiebung der Ausbildung in den Kompetenzbereich der Kirchen dar, die allerdings nicht ohne Auswirkung auf die Auslegung des Art. 150 Abs. 2 BV bleiben kann.

2. Entstehung

2   Die Vorschrift blieb im Laufe des Verfassungsgebungsprozesses unverändert (vgl. Art. 104 Abs. 1 VE und Art. 111 E).[2]

3. Verhältnis zum Grundgesetz

3   Das GG enthält keine Bestimmung zu den theologischen Fakultäten oder den kirchlichen Hochschulen. Auch ein Verweis auf Art. 149 Abs. 3 WRV ist in Art. 140 GG nicht aufgenommen worden. Daraus lässt sich aber nicht der Schluss ziehen, das Grundgesetz habe das religiöse Neutralitätsgebot so ausgestalten wollen, dass für eine Verknüpfung von Staat und Kirche im Hochschulbereich kein Raum mehr sein sollte. Die Zurückhaltung des GG erklärt sich vielmehr aus der Kompetenzverteilung im Bereich Gesetzgebung und Verwaltung, die den Hochschulbereich weitgehend den Ländern zuwies.[3] Auf der Ebene der

---

[1] S. dazu nur *Jeand'Heur/Korioth,* Grundzüge des Staatskirchenrechts, 2000, Rn. 327.

[2] *Nawiasky,* S. 230; *v. Busse,* in: Nawiasky/Schweiger/Knöpfle, Art. 150, Rn. 1.

[3] *Jeand'Heur/Korioth,* Grundzüge des Staatskirchenrechts, 2000, Rn. 332; *Hollerbach,* Handbuch des Staatsrechts VI, § 140 Rn. 44 f.; VGH Kassel, NVwZ 1995, 505 f.

Landesverfassung finden sich zahlreiche Verankerungen.[4] Art. 150 BV gilt daher neben Art. 140 GG, Art. 137 ff. WRV weiter. [5]

II. Einzelkommentierung

1. Das Recht auf eigene Ausbildung – Abs. 1

a) Allgemein. Bestandteil des religiösen Selbstverwaltungsrechts ist die Befugnis, die **4** persönlichen Voraussetzungen für ein kirchliches Amt zu bestimmen und die Ausbildung der Geistlichen selbst in die Hand zu nehmen. Art. 150 Abs. 1 BV steht daher in enger Beziehung zu Art. 143 Abs. 3 S. 2 BV. Art. 150 Abs. 1 BV stellt die kirchlichen Bildungseinrichtungen allerdings nicht vollständig den staatlichen Hochschulen gleich.[6]

b) Keine Genehmigungspflicht nach Art. 138 Abs. 1 S. 3 BV. Art. 150 Abs. 1 BV **5** weist den Kirchen[7] ein Recht zu, für einen bestimmten Bereich Hochschulen errichten und unterhalten zu dürfen, ohne dafür die für private Hochschulen eigentlich gemäß Art. 138 Abs. 1 S. 3 BV notwendige Genehmigung zu benötigen. Art. 150 Abs. 1 BV ist daher nur in Kombination mit Art. 138 Abs. 1 BV zu verstehen.

Die Garantie des Art. 150 Abs. 1 BV und somit auch die Ausnahme des Art. 138 Abs. 1 **6** S. 2 BV i. V. m. Art. 150 Abs. 1 BV gilt aber nur für die kirchlichen Hochschulen, die die Geistlichen ausbilden und fortbilden. Auch bei diesen Fakultäten greift der Schutz nur, sofern es um diese Ausbildungsgänge geht.[8] Werden den kirchlichen Hochschulen weitere Bereiche zugewiesen, oder bieten sie nur andere Studiengänge an, benötigen die Hochschulen insoweit wieder die Genehmigung nach Art. 138 Abs. 1 S. 3 BV.[9] Unter Art. 150 Abs. 1 BV fallen vor allem die Hochschulen in Neuendettelsau[10] und in Eichstätt.[11, 12] Die sonstigen Hochschulen mit kirchlicher Trägerschaft oder Trägerschaft einer Religionsgemeinschaft bilden, soweit ersichtlich, keine Geistlichen i. e. S. aus.[13]

Art. 150 Abs. 1 BV verleiht den Kirchen ein subjektives Recht.[14] Die kirchlichen Hoch- **7** schulen i. S. v. Art. 150 Abs. 1 BV unterliegen nicht der staatlichen Verwaltung nach Art. 138 Abs. 1 S. 1 BV. Die kirchlichen Hochschulen genießen den Schutz von Art. 142 Abs. 3 S. 2 BV.

c) Inhaltliche Gestaltungsfreiheit. Mit der Freiheit von der Genehmigung ist zu- **8** gleich auch eine inhaltliche Gestaltungsfreiheit verbunden. Die Kirchen dürfen Struktur der kirchlichen Hochschulen, Studiengänge, Studienabschlüsse, Organisation etc. selbst bestimmen. Die Abschlüsse sind zunächst nach Art. 150 Abs. 1 BV auf den internen Bereich

---

[4] Nachweise bei *Renck,* Verfassungsprobleme der theologischen Fakultäten, NVwZ 1996, 333 (337, Fn. 69).

[5] Im Ergebnis ebenso *v. Busse,* in: Nawiasky/Schweiger/Knöpfle, Art. 150, Rn. 13.

[6] Missverständlich *v. Busse,* in: Nawiasky/Schweiger/Knöpfle, Art. 150, Rn. 3.

[7] Zum Begriff der Kirchen s. Art. 142.

[8] *v. Busse,* in: Nawiasky/Schweiger/Knöpfle, Art. 150, Rn. 4.

[9] *Nawiasky,* S. 230; *Meder,* Art. 150, Rn. 1; *Voll,* S. 120, 121.

[10] Augustana-Hochschule, Neuendettelsau, Evangelisch-Lutherische Kirche in Bayern, http://www.augustana.de.

[11] Katholische Universität Eichstätt, Ingolstadt, Stiftung Katholische Universität Eichstätt, kirchliche Stiftung des öffentlichen Rechts, http://www.ku-eichstaett.de.

[12] S. dazu *v. Busse,* in: Nawiasky/Schweiger/Knöpfle, Art. 150, Rn. 2.

[13] Philosophisch-Theologische Hochschule der Salesianer Don Boscos, Benediktbeuern (http://www.pth-bb.de); Hochschule für Philosophie, München (http://www.hfph.mwn.de); Katholische Stiftungsfachhochschule, München (http://www.ksfh.de); Evangelische Fachhochschule, Nürnberg (http://www.evfh-nuernberg.de); Hochschule für Katholische Kirchenmusik und Musikpädagogik, Regensburg (http://www.hfkm-regensburg.de); Hochschule für evangelische Kirchenmusik, Bayreuth (http://www.hfk-bayreuth.de).

[14] *Meder,* Art. 150, Rn. 1.

der Kirche beschränkt. Ein Promotions- und Habilitationsrecht haben sie aber erst nach besonderer staatlicher Verleihung.[15]

9   **d) Geltung der Abschlüsse.** Der Staat ist durch Art. 150 Abs. 1 BV nicht verpflichtet, die Abschlüsse der kirchlichen Hochschulen für den staatlichen Bereich anzuerkennen, etwa für die Frage der Eignung als Hochschullehrer an staatlichen Hochschulen etc.[16] Allerdings liegt es innerhalb der Ratio des Art. 150 Abs. 1 BV, die Abschlüsse der kirchlichen Hochschulen grundsätzlich als gleichwertig anzusehen, da Art. 150 Abs. 1 BV die kirchlichen Hochschulen privilegieren will und in der Nichtanerkennung gerade das Gegenteil läge.

2. Theologische Fakultäten − Abs. 2

10   **a) Allgemein.** Art. 150 Abs. 2 BV stimmt mit Art. 149 Abs. 3 WRV wörtlich überein. Die kirchlichen Fakultäten bleiben als oberste Bildungsanstalten für die Kirchen und als wesentliche Bestandteile der christlichen Religion und Kultur erhalten. Sie sind Einrichtungen des Staates, betreffen aber Angelegenheiten der Kirchen, da sie der Ausbildung der künftigen Geistlichen und der Fortbildung der kirchlichen Lehre dienen. Die theologischen Fakultäten bilden einen so genannten „res mixta", einen gemeinsamen Bereich von Staat und Kirche.[17]

11   Der Normtext ist offen. Die Bestandsgarantie kann man auf die Institution der theologischen Fakultäten oder auf die bestehenden theologischen Fakultäten beziehen. Die dem Art. 150 Abs. 2 BV vorausliegende Garantie des Art. 149 Abs. 3 WRV wurde überwiegend als institutionelle und nicht als Bestandsgarantie verstanden. Sie verlieh dem Staat nur das Recht, theologische Fakultäten zu gründen und zu unterhalten. Der Aufhebung bestehender theologischer Fakultäten sollte er nicht entgegenstehen.[18] Dem Art. 150 Abs. 2 BV wird gegenwärtig eine andere Bedeutung beigemessen.[19]

12   **b) Bestandsgarantie.** Art. 150 Abs. 2 BV gewährt für die theologischen Fakultäten an den staatlichen Hochschulen eine institutionelle Garantie.[20] Die Garantie bezieht sich auf den überlieferten Bestand der theologischen Fakultäten. Dazu gehören die katholischen Fakultäten an der Universität München und Würzburg und die Evangelische an der Universität Erlangen.[21] Die Neueinrichtung von Fakultäten nach Erlass der Bayerischen Verfassung lässt Art. 150 BV zwar zu, die Neueinrichtungen unterfallen dann allerdings nicht der Bestandsgarantie des Art. 150 BV.[22] Diese könnten daher in gleicher Weise, wie sie errichtet wurden, auch wieder aufgehoben werden.

13   Das Gebot der Erhaltung untersagt zunächst die Auflösung einer zum Zeitpunkt des Erlasses der Verfassung bestehenden theologischen Fakultät. Veränderungen in ihrem Umfang und in ihrer Besetzung sind möglich.[23] Allerdings dürfen der Aufgabenbereich, die personelle, räumliche und sachliche Ausstattung und auch die kirchlichen Mitwirkungsmöglichkeiten nicht so verändert werden, dass die betroffene Fakultät nicht mehr als vollständige Fakultät anzusehen ist.[24] Veränderungen, die im Einvernehmen mit den Kirchen vorgenommen werden, sind zulässig.[25] Besteht kein Bedarf mehr an Theologischen Fakul-

---

[15] *v. Busse,* in: Nawiasky/Schweiger/Knöpfle, Art. 150, Rn. 6.

[16] Konkludent *v. Busse,* in: Nawiasky/Schweiger/Knöpfle, Art. 150, Rn. 5.

[17] *Jeand'Heur/Korioth,* Grundzüge des Staatskirchenrechts, 2000, Rn. 326; *v. Busse,* in: Nawiasky/Schweiger/Knöpfle, Art. 150, Rn. 10.

[18] *Anschütz,* WRV, 14. Aufl. 1933, Art. 149, Anm. 5, S. 692 ff.

[19] *v. Busse,* in: Nawiasky/Schweiger/Knöpfle, Art. 150, Rn. 7.

[20] *Nawiasky,* S. 230.

[21] *Nawiasky,* S. 230.

[22] A. A. *Störle,* BayVBl 2007, 673 (675).

[23] *Nawiasky,* S. 230; ausführlich *H. Hallermann,* Wie viel Theologie schützt das Bayerische Konkordat?, in: AfkKR 172 (2003), 427 ff.

[24] *Nawiasky,* S. 230; *v. Busse,* in: Nawiasky/Schweiger/Knöpfle, Art. 150, Rn. 7; noch weitgehender *Voll,* S. 133 f.; *Meder,* Art. 150, Rn. 2 – auch die Ausgestaltung sei garantiert.

[25] *Störle,* BayVBl 2007, 673 (675).

täten, weil keine Nachfrage an Studienplätzen mehr besteht, verlangt Art. 150 Abs. 2 BV nicht vom Freistaat, die garantierten Fakultäten auf jeden Fall bereitzustellen.[26] Eine Fakultät nur mit Lehrkörper und ohne Studenten ist keine Fakultät. Der Staat muss auch keine Studenten mit Stipendien oder sonstigen Leistungen zu einem Studium an den Fakultäten anwerben. Ist längerfristig mit keiner Änderung der Studentenzahlen zu rechnen, darf der Staat die Fakultäten daher zunächst ruhen lassen oder die Lehrstühle auch längerfristig unbesetzt lassen. Sobald die Nachfrage wieder ansteigt, ist er allerdings verpflichtet, sofort und ohne schuldhaftes Zögern, eine Wiederaufnahme des Lehrbetriebes zu ermöglichen.

c) Mitbestimmungsrecht. Theologische Fakultäten sind staatliche Einrichtungen. **14** Der Staat regelt die Errichtung, die Organisation, die Ordnung, auch den äußeren Wissenschaftsbetrieb durch Organisationsakte und -normen. Die theologischen Fakultäten haben die Aufgabe, zum einen die theologische Wissenschaft zu pflegen und zugleich die künftigen Amtsträger der Kirche auszubilden.[27] Ausbildungsstätten, die sich darauf beschränken, Religionslehrer auszubilden, sind keine Fakultäten in diesem Sinne.[28] Das Recht zu prüfen, zu promovieren, zu habilitieren ist den theologischen Fakultäten vom Staat im Rahmen ihrer wissenschaftlichen Qualifikation verliehen.

Der Freistaat Bayern hat durch das Konkordat und durch den Kirchenvertrag den Kirchen Mitspracherechte bei der Organisation eingeräumt.[29] Die Mitspracherechte beziehen **15** sich vor allem auf die Ernennung der Hochschullehrer,[30] beim Konkordat auch auf das Recht, wegen der Lehre oder des sittlichen Verhaltens aus triftigen Gründen die Entlassung verlangen zu dürfen[31] und auf die Zusicherung, beim Lehrangebot auf den Bedarf der Kirchen Rücksicht zu nehmen.[32] Diese Mitspracherechte sind im Konkordat und in den staatskirchenrechtlichen Verträgen niedergelegt, nicht aber in der Bayerischen Verfassung. Allerdings hat der Verfassungsgeber den Art. 150 Abs. 2 BV vor dem Hintergrund dieser Mitspracherechte erlassen.

Es stellt sich daher die Frage, ob in der Bestandsgarantie des Art. 150 Abs. 2 BV zugleich **16** die Bestandsgarantie für die Mitspracherechte enthalten ist, die zum Zeitpunkt der Verfassungsgebung galten.[33] Dies ist grundsätzlich zu verneinen, da in der Garantie der theologischen Fakultäten als solche noch nicht die Garantie der Ausgestaltung enthalten ist. Andererseits beruht die Besonderheit der theologischen Fakultäten auch darin, dass der Staat auf die Bedürfnisse der Kirchen Rücksicht nimmt. Eine Ausgestaltung der theologischen Fakultäten, die in keiner Form auf diese Acht geben würde, wäre daher mit Art. 150 Abs. 2 BV nicht zu vereinbaren. Wo die Grenze im Einzelnen verlaufen dürfte, lässt sich abstrakt schwer sagen. Gegenwärtig besteht keine Veranlassung, diese konkret zu bestimmen. Daneben treten auch die Grenzen, die sich für den Staat aus der Garantie der kirchlichen Selbstverwaltung ergeben.[34]

Die den Kirchen eingeräumten Mitspracherechte können Beschränkungen der Wissenschaftsfreiheit (Art. 108 BV) nach sich ziehen. Der Staat kann sich zwar für diese Beschränkungen auch auf Art. 150 Abs. 2 BV berufen, jedoch muss er auch dem betroffenen Hochschullehrer seine Wissenschaftsfreiheit garantieren, das heißt unter Umständen diesem einen Forschungsplatz ggf. auch außerhalb der theologischen Fakultäten einräumen.[35] **17**

---

[26] A. A. konkludent *Störle,* BayVBl 2007, 673 (675).

[27] *Meder,* Art. 150, Rn. 3 b; *Störle,* BayVBl 2007, 673 (675).

[28] *Störle,* BayVBl 2007, 673 (675).

[29] Art. 3 und Art. 4 § 1 des Konkordats und Art. 2 Abs. 1 des Kirchenvertrags.

[30] Art. 3 § 2 des Konkordats und Art. 2 Abs. 2 S. 2 des Kirchenvertrags.

[31] Art. 3 § 3 des Konkordats.

[32] Art. 4 § 1 des Konkordats; Art. 2 Abs. 2 S. 1 des Kirchenvertrags.

[33] Davon scheint wohl unausgesprochen *Meder,* Art. 150, Rn. 2 auszugehen; s. a. *Heckel,* Die theologischen Fakultäten im weltlichen Verfassungsstaat, 1986, S. 35, 328, 335; *Voll,* S. 133; *Meder,* Art. 150, Rn. 2.

[34] *Jeand'Heur/Korioth,* Grundzüge des Staatskirchenrechts, 2000, Rn. 336.

[35] Vgl. ausführlich *Jeand'Heur/Korioth,* Grundzüge des Staatskirchenrechts, 2000, Rn. 336.

Vierter Hauptteil. Wirtschaft und Arbeit

Vorbemerkungen

1. Der 4. Hauptteil enthält wichtige **programmatische Aussagen** der Verfassung zur **1** „Wirtschaftsordnung" (1. Abschnitt, Art. 151–157), zum **„Eigentum"** (2. Abschnitt, Art. 158–162), zur **„Landwirtschaft"** (3. Abschnitt, Art. 163–165) sowie zur **„Arbeit"** (4. Abschnitt, Art. 166–177). „Cantus firmus" dieser Regelungen ist die Absage an eine rein individualistische Wirtschafts-, Eigentums- und Arbeitsordnung. **Leitgedanke** ist eine Ordnung von Wirtschaft, Eigentum, Landwirtschaft und Arbeit, die zwar primär der **Freiheit** des Einzelnen Gewicht verleiht, diese aber an das **Gemeinwohl** bindet (z.B. Art. 151, 158, 163 II, 166).[1] Insgesamt stellt der 4. Hauptteil einen „Kompromiss aus privatwirtschaftlichen und gemeinwirtschaftlichen Elementen dar".[2] Ein **Regel-Ausnahme-Verhältnis zu Gunsten der Freiheit** ergibt sich indes aus den **Grundrechten** (vgl. Rn. 50 ff. vor Art. 98), die vom 4. Hauptteil unberührt bleiben.[3]

2. Allerdings ist der 4. Hauptteil in der verfassungsrechtlichen **Praxis** und in der Recht- **2** sprechung des VerfGH von **ganz untergeordneter Bedeutung.** Zum großen Teil handelt es sich um **Programmsätze,** die **keine subjektiven Rechte** vermitteln (Ausnahmen: Art. 158, 159, 170). Angesichts des offenkundigen **Kompromisscharakters** sind die meisten Vorschriften **wenig präzise** gefasst und einer unmittelbar **konkretisierenden Rechtsanwendung kaum zugänglich.** Darüber hinaus führen **kompetenzielle Überlagerungen**[4] durch das Bundes- und das europäische Gemeinschaftsrecht in den Bereichen des Wirtschafts-, Landwirtschafts- und Arbeitsrechts (vgl. insbes. Art. 73 I Nr. 4, 5, 6, 9 GG, Art. 74 I Nr. 7, 11, 12, 14, 16, 17, 18 GG, Art. 23 ff., 32 ff., 39 ff., 43 ff., 49 ff., 56 ff., 81 ff., 87 ff. EG-Vertrag) dazu, dass der Freistaat Bayern für Maßnahmen zur Umsetzung der Programmsätze überwiegend keine unmittelbare Rechtsetzungskompetenz hat. Art. 151 ff. können daher nur „einen extrem niedrigen Wirkungsgrad" entfalten.[5] Die nachfolgenden Kommentierungen der einzelnen Artikel sind daher knapp gehalten.

3. Die Programmsätze der Art. 151 ff. sind indes **nicht völlig ohne Bedeutung.** Eine **3** solche Sichtweise wäre zu undifferenziert und würde dem Verfassungstext nicht gerecht. Es handelt sich bei Art. 151 ff. um **unmittelbar geltendes Verfassungsrecht,** das die **Organe** des Freistaates Bayern **bindet.** Die Verfassungsnormen müssen mindestens darauf hin beleuchtet werden, ob sich ihnen nicht doch ein rechtlicher Gehalt, eine – wenn auch reduzierte – **Direktionskraft** erschließen lässt. Deswegen hat es in der Literatur immer wieder Stimmen gegeben, sich dieser verfassungsdogmatischen Aufgabe zu stellen[6], sich mit der „Brache der Programmsätze"[7] zu befassen. Ihnen lässt sich bei genauerem Hinsehen eine **mehrfache Bedeutung** erschließen:

a) Sie sind zum einen im Rahmen der **Auslegung der Verfassung** zu berücksichtigen **4** und können insbesondere als **verfassungsrechtlich legitime Zwecksetzungen** im Rahmen der Verhältnismäßigkeitsprüfung bei Grundrechtseingriffen sowie als **Abwägungsdirektiven** wirken, allerdings – mit Ausnahme von Art. 158, 159 GG – nicht als eigene Grundrechtsschranke fungieren (dazu Rn. 61 ff. vor Art. 98).

---

[1] *Zacher,* in: Nawiasky/Schweiger/Knöpfle, vor Art. 151 Rn. 2: *„Ablehnung unkontrollierter, selbstzweckhaft sich steigernder (Art. 157 Abs. 1), klassisch liberaler, individueller Wirtschaftsfreiheit".*

[2] *Nawiasky,* S. 231.

[3] *Zacher* (Fn. 1), Rn. 7 ff. ausführlich zu den „Wechselwirkungen" zwischen 2. und 4. Hauptteil.

[4] *Zacher* (Fn. 1), Rn. 10 ff.

[5] *Meder,* vor Art. 151 Rn. 1; *Zacher* (Fn. 1), Rn. 17.

[6] *Lerche,* in: 50 Jahre Bayerische Verfassung, 1996, S. 159; *Gallwas,* in: 50 Jahre Bayerische Verfassung, 1996, S. 178: „*Stattdessen hätte man sich den Programmsätzen stellen müssen."; Zacher,* Fünfzig Jahre Bayerische Verfassung, BayVBl. 1996, 705 (721); *Lindner,* 60 Jahre Bayerische Verfassung, BayVBl. 2006, 1 (9).

[7] *Gallwas* (Fn. 6), S. 177.

5   b) Zudem stellen Programmsätze **verfassungsunmittelbare Direktiven für den Gesetzgeber** dar, die dieser im Rahmen seiner Gesetzgebungszuständigkeiten zu beachten hat. Die zuständigen Organe des Freistaates Bayern haben mithin auf Grund eines verfassungsrechtlichen Programmsatzes zu prüfen, ob ihnen zu dessen Erfüllung nach Maßgabe der Art. 70 ff. GG die (gegebenenfalls ergänzende) Gesetzgebungskompetenz zusteht. Ist dies der Fall, so steuert der jeweilige verfassungsrechtliche Programmsatz das **Entschließungs- und Auswahlermessen** des Gesetzgebers.

6   c) Steht dem Freistaat Bayern die Gesetzgebungskompetenz nicht oder nicht mehr zu, kann er also nicht selbst zur Realisierung des Verfassungsauftrages tätig werden, sind **sonstige Wirkungspotenziale** auszuloten: insbesondere ist zu überlegen, ob sich die fehlende oder verlorene Verwirklichungskompetenz in eine Verpflichtung der Organe des Freistaates Bayern verwandelt, die Umsetzung der Verfassungsaufträge der BV auf **anderen Kompetenzebenen** anzuregen und zu fördern. Zu denken ist etwa an eine Pflicht der Staatsregierung, programmsatzfreundliche Anträge im **Bundesrat** zu stellen, etwa eine Gesetzesinitiative einzubringen. Auf europäischer Ebene wäre neben informellen politischen Kontakten insbesondere über die Vertretung des Freistaates Bayern bei der EU in Brüssel an entsprechende Initiativen[8] der Vertreter des Freistaates Bayern im **Ausschuss der Regionen** (Art. 263 ff. EGV) zu denken (vgl. dazu die Erl. zu Art. 3 a).

7   d) Des Weiteren ist zu prüfen, ob sich einem Programmsatz der Bayerischen Verfassung eine Pflicht der Staatsregierung entnehmen lässt, gegen dem Programmsatz zuwiderlaufende Gesetze des Bundes im Wege der **abstrakten Normenkontrolle** gem. Art. 93 Abs. 1 Nr. 2 GG mit der Begründung vorzugehen, das Gesetz verstoße nicht nur gegen den Programmsatz[9], sondern zugleich gegen das Grundgesetz.

8   e) Schließlich ist die **ermessenslenkende Funktion von Programmsätzen** zu beachten. Die Behörden des Freistaates Bayern, aber auch die Gemeinden und sonstigen der Direktivkraft der Verfassung unterliegenden Hoheitsträger haben bei der Rechtsanwendung **Handlungsspielräume programmsatzfreundlich** zu nutzen. Geht es um den Vollzug von Bundes- oder Europarecht, sind von diesem jeweils belassene Umsetzungs- oder Entscheidungsspielräume auch im Lichte des jeweils einschlägigen Programmsatzes auszufüllen.[10]

9   4. Zur **Entstehungsgeschichte:** Der 4. Hauptteil ging hervor aus dem 3. Hauptteil des VE und E, der mit „Das Wirtschaftsleben" überschrieben war. Im VE und E hatte der Hauptteil insgesamt sechs Abschnitte: „Die Planwirtschaft", „Gemeineigentum und Privateigentum", „Geld und Kreditwesen", „Handel und Gewerbe", „Die Landwirtschaft", „Die Arbeit". Gegen die Einführung der Planwirtschaft[11] wurde von der US-Militärregierung Einspruch erhoben.[12] Auf Vorschlag von *Nawiasky* wurde die Überschrift des 4. Hauptteils von „Das Wirtschaftsleben" in „Wirtschaft und Arbeit" geändert.[13]

---

[8] Zu denken ist beispielsweise an eine Initiativstellungnahme nach Art. 265 EGV.

[9] Was das Bundesverfassungsgericht selbstredend nicht prüft, weil Landesverfassungsrecht nicht Prüfungsmaßstab für die Gültigkeit von Bundesrecht ist.

[10] Zur Spielraumtheorie im Rahmen der Grundrechtsdogmatik im Mehrebenensystem s. *Lindner,* Die Grundrechte der Bayerischen Verfassung, BayVBl. 2004, 641 (648 ff.) sowie Vorbem. X. vor Art. 98.

[11] Vgl. Art. 113 E: „*Die Volkswirtschaft wird nach einem einheitlichen Plan durch die Staatsregierung geleitet.*" Unterstützt werden sollte die Staatsregierung dabei durch einen Beirat, dessen Mitglieder auf Vorschläge der Wirtschaftsorganisationen berufen werden sollten. Nach Art. 124 E sollte der Außenhandel durch die Staatsregierung geleitet werden.

[12] *Hoegner,* BayVBl. 1956, 353.

[13] *Nawiasky,* S. 231; Prot. II, S. 375; III, S. 569.

1. Abschnitt. Die Wirtschaftsordnung

Infolge der Ablehnung der Planwirtschaft durch die Militärregierung wurde der Abschnitt „Planwirtschaft" (Art. 112 ff. E) durch den Abschnitt „Die Wirtschaftsordnung" ersetzt, in den auch die Abschnitte „Geld- und Kreditwesen" sowie „Handel und Gewerbe" integriert wurden.

Parallelvorschriften im GG und anderen Landesverfassungen: Art. 42 BbgVerf; Art. 38, 39 BremVerf; Art. 27, 38 HessVerf; Art. 17 M–VVerf; Art. 24 ff. NRW Verf; Art. 51 ff. RhPfVerf; Art. 43 ff. Saarl-Verf.

Art. 151 [Bindung an das Gemeinwohl; Vertragsfreiheit]

(1) Die gesamte wirtschaftliche Tätigkeit dient dem Gemeinwohl, insbesondere der Gewährleistung eines menschenwürdigen Daseins für alle und der allmählichen Erhöhung der Lebenshaltung aller Volksschichten.
(2) ¹Innerhalb dieser Zwecke gilt Vertragsfreiheit nach Maßgabe der Gesetze. ²Die Freiheit der Entwicklung persönlicher Entschlusskraft und die Freiheit der selbständigen Betätigung des einzelnen in der Wirtschaft wird grundsätzlich anerkannt. ³Die wirtschaftliche Freiheit des einzelnen findet ihre Grenze in der Rücksicht auf den Nächsten und auf die sittlichen Forderungen des Gemeinwohls. ⁴Gemeinschädliche und unsittliche Rechtsgeschäfte, insbesondere alle wirtschaftlichen Ausbeutungsverträge, sind rechtswidrig und nichtig.

1. Bedeutung

a) Art. 151 ist – trotz seiner **geringen praktischen Bedeutung** in der Rechtsprechung **1** des VerfGH – eine **Schlüsselnorm**[1] **zum Verständnis der Verfassung** über die **Wirtschaftsordnung**. Die Bindung der wirtschaftlichen Tätigkeit an das Gemeinwohl, die Verknüpfung mit der Gewährleistung eines menschenwürdigen Daseins (insoweit knüpft Abs. 1 an Art. 100 an) sowie die Bindung der Vertragsfreiheit nach Maßgabe des Abs. 2 belegen, dass die Verfassung „ein völlig freies, allein vom Konkurrenzdenken beherrschtes Wirtschaftssystem" ablehnt.[2] In der Betonung der **Bindung** wirtschaftlicher **Freiheit** an das Wohl des Einzelnen und der Allgemeinheit steht Art. 151 in Zusammenhang insbes. mit Art. 3 I (Sozialstaatsprinzip; Gemeinwohlbindung), Art. 98 S. 2 (Bindung der Grundrechtsausübung), Art. 103 II i.V.m. 158 (Pflichtigkeit des Eigentums), den Grundpflichten (Art. 117, 121 ff.), Art. 131 II (Bildungsziele), Art. 164 (Schutz der landwirtschaftlichen Bevölkerung), Art. 166 ff. (Schutz der menschlichen Arbeitskraft).

b) Sowohl Abs. 1 als auch Abs. 2 stellen **Programmsätze** dar und verbürgen nach der **2** ständigen Rechtsprechung des VerfGH **keine subjektiven Rechte**.[3] Abs. 2 enthält kein unmittelbar vollziehbares Recht[4], da die Vertragsfreiheit „nach Maßgabe der Gesetze gilt". Allerdings ist die Vertragsfreiheit grundrechtlich über Art. 101 geschützt.[5]

2. Entstehung

Art. 151 geht zurück auf Art. 105 VE und Art. 112 E, die ihrerseits ein Vorbild in **3** Art. 151, 152 WRV finden. Die endgültige Fassung erhielt er im VA.

---

[1] *Nawiasky*, S. 232: „*Grundgedanke, der den ganzen Vierten Hauptteil beherrscht*".
[2] VerfGH 35, 10 (24).
[3] *Meder*, Art. 151 Rn. 1, 2; VerfGH 2, 127 (Ls. 10); 4, 30 (38); 22, 1 (11); 37, 177 (183); 48, 6 (16); 52, 79 (91); 54, 13 (18); 57, 56 (58).
[4] *Meder*, Art. 151 Rn. 2; VerfGH 11, 23 (35); 11, 110 (120); 20, 15 (21); 21, 205 (211); 22, 138 (143); 26, 18 (22); 30, 78 (88); 37, 177 (183); 52, 79 (91).
[5] *Meder*, Art. 151 Rn. 2; VerfGH 4, 150 (169); 18, 166 (172); 20, 15 (19).

3. Verhältnis zum Grundgesetz

4   Art. 151 verstößt nicht gegen das GG und bleibt daher in **Geltung.**[6] Die Ausgestaltung der Vertragsfreiheit und die Festlegung ihrer Grenzen erfolgt allerdings durch **Bundesrecht** (insbes. durch das BGB), für das Abs. 2 kein Prüfungsmaßstab ist (Art. 31 GG).

Art. 152 [Überwachung der Wirtschaft; Energieversorgung]

[1]**Die geordnete Herstellung und Verteilung der wirtschaftlichen Güter zur Deckung des notwendigen Lebensbedarfes der Bevölkerung wird vom Staat überwacht.** [2]**Ihm obliegt die Sicherstellung der Versorgung des Landes mit elektrischer Kraft.**

S. die Vorbemerkungen vor Art. 151.

1. Bedeutung

1   a) Art. 152 enthält in **Konkretisierung des Sozialstaatsprinzips** (Art. 3 I 1) einen **doppelten Verfassungsauftrag** an den Staat, der nicht primär die Ordnung der Wirtschaft, sondern – zumal vor dem Hintergrund der entstehungsgeschichtlichen Situation – die **Sicherstellung** der **Versorgung der Bevölkerung** zum Ziel hat. Der Staat hat sicherzustellen, dass (1) der notwendige Lebensbedarf der Bevölkerung gedeckt (Satz 1) und (2) die Versorgung mit elektrischer Energie gewährleistet wird (Satz 2). Verfassungsmäßige Mittel zur Erfüllung dieser Aufträge sind nicht planwirtschaftliche, sondern die „Privatwirtschaft als das entscheidende Medium der Güterproduktion und -verteilung".[1] **Wie** der Staat seinen **Sicherstellungsauftrag erfüllt,** steht in seinem **Ermessen,** er kann ggf. ergänzend auch staatliche Betriebe gründen. Ein Schutz privater Anbieter vor staatlicher Konkurrenz besteht nicht (vgl. dazu Rn. 19 zu Art. 101). Konkrete Rechte oder Pflichten für den Einzelnen lassen sich aus Art. 152 nicht ableiten.[2] Staatliche Maßnahmen zur Sicherstellung der Versorgung (z. B. Produktionspflichten, Lieferpflichten etc.) können ihrerseits **Grundrechtseingriffe** darstellen, die an Hand des einschlägigen Grundrechts (v. a. Art. 101, 103) auf ihre Grundrechtskonformität zu prüfen sind. Art. 152 kommt im Rahmen der grundrechtlichen Rechtfertigung die Funktion einer **Abwägungsdirektive** zu. Satz 2 postuliert **kein staatliches Monopol** für die **Energieversorgung**[3], steht also einer Privatisierung der Energieversorgung nicht entgegen, solange und soweit der Staat sich eine Garantenstellung und die zu ihrer Realisierung notwendigen rechtlichen Aufsichts-, Weisungs- und Regulierungsmechanismen vorbehält.

2   b) Art. 152 ist derzeit **ohne praktische Bedeutung,** es existiert keine in der amtlichen Sammlung zitierte Entscheidung des VerfGH zu dieser Vorschrift. Zudem konkurriert die Gesetzgebungskompetenz für das Wirtschafts- und Energierecht nach Art. 74 I Nr. 11 GG zwischen Bund und Ländern, und der Bundesgesetzgeber hat in diesem Bereich abschließende Regelungen erlassen, so dass der Landesgesetzgeber „gesperrt" ist.[4] Die Aufgabe der Gemeinden zur Energieversorgung nach Art. 83 I bleibt davon unberührt.

2. Entstehung

3   VE und E enthielten eine entsprechende Vorschrift nicht. Sie wurde im **VA eingefügt.**[5]

---

[6] *Zacher* (Vorbemerkung: Fn. 1), Rn. 11 ff.
[1] *Zacher,* in: Nawiasky/Schweiger/Knöpfle, Art. 152 Rn. 2.
[2] *Meder,* Art. 152 Rn. 1; *Zacher* (Fn. 1), Rn. 2.
[3] *Zacher* (Fn. 1), Rn. 3.
[4] *Zacher* (Fn. 1), Rn. 4.
[5] Prot. III, S. 566, 570, 626, 648; IV, S. 168.

3. Verhältnis zum Grundgesetz

Die Vorschrift ist **wirksam,** da sie dem GG und sonstigem Bundesrecht in ihrem **4**
Regelungsgehalt nicht widerspricht. Allerdings hat sie **keine Bedeutung,** da sie durch
das einschlägige bundesrechtliche und gemeinschaftsrechtliche Wirtschafts- und Energie-
wirtschaftsrecht **überlagert** wird.

Art. 153 [Kleinbetriebe und Mittelstand]

[1]**Die selbständigen Kleinbetriebe und Mittelstandsbetriebe in Landwirtschaft,
Handwerk, Handel, Gewerbe und Industrie sind in der Gesetzgebung und Verwaltung zu fördern und gegen Überlastung und Aufsaugung zu schützen.** [2]**Sie
sind in ihren Bestrebungen, ihre wirtschaftliche Freiheit und Unabhängigkeit sowie ihre Entwicklung durch genossenschaftliche Selbsthilfe zu sichern, vom
Staat zu unterstützen.** [3]**Der Aufstieg tüchtiger Kräfte aus nichtselbständiger Arbeit zu selbständigen Existenzen ist zu fördern.**

S. die Vorbemerkungen vor Art. 151.

1. Bedeutung

a) Art. 153 trägt der Tatsache Rechnung, dass die selbständigen Klein- und Mittelstands- **1**
betriebe in der bayerischen Wirtschaft und Landwirtschaft (dazu auch die speziellen Regelungen in Art. 163 ff.) in Bayern traditionell – und auch heute noch – von besonderer
wirtschaftlicher (und auch kultureller) **Bedeutung** waren.[1] **Zweck** der Vorschrift ist daher – wie auch des Art. 156 S. 2 – der **Schutz und die Förderung des Mittelstandes**[2]
sowie von **Existenzgründungen** (S. 3). Art. 153 enthält eine **grundsätzliche Absage an
Plan- und Staatswirtschaft,** die nur im Ausnahmefall akzeptiert wird (vgl. Art. 160 und
die Erl. dort). Ziel ist die „breite Streuung selbständiger wirtschaftlicher Existenzen".[3] S. 2
betont in Zusammenhang mit Art. 155 S. 1 und Art. 164 das **Prinzip genossenschaftlicher Selbsthilfe.**[4] Die Freiheit des Zusammenschlusses selbst ergibt sich aus Art. 114,
170. S. 3 widersagt einem „Schichtenmodell" der Gesellschaft und ergänzt die Vorschriften
über die Ablehnung des Bildungsmonopols (Art. 128, 132) und des Ämtermonopols
(Art. 94 II, 116) sowie Art. 151 II 2 und Art. 166 II.[5]

b) Art. 153 ist eine **Programmvorschrift**[6], die das Sozialstaatsprinzip (Art. 3 I 1) be- **2**
reichsspezifisch konkretisiert[7], indes **keine subjektiven Rechte** verbürgt, insbesondere
kein Grundrecht auf (bestimmte) Fördermaßnahmen. Eine Popularklage oder Verfassungsbeschwerde kann allein auf Art. 153 nicht gestützt werden[8], wohl aber auf
Art. 118 I („derivative" Teilhaberechte; s. dazu Rn. 132 zu Art. 118). Zu den **Funktionen**
des Art. 153 als Programmsatz, der sich an alle Gewalten richtet[9], s. auch Rn. 3 vor
Art. 151. Art. 153 kann darüber hinaus im Rahmen des Art. 118 I **Anknüpfungspunkt**
für eine sachlich gerechtfertigte **Ungleichbehandlung zwischen klein- und mittel-**

---

[6] Vgl. dazu insbes. das Gesetz über die Elektrizitäts- und Gasversorgung (Energiewirtschaftsgesetz
– EnWG) vom 7. Juli 2005 (BGBl I S. 1970) sowie das Gesetz zur Förderung der Stabilität und des
Wachstums der Wirtschaft (Stabilitätsgesetz) vom 8. Juni 1967 (BGBl I S. 582).

[1] *Nawiasky,* S. 234.

[2] *Meder,* Art. 153 Rn. 1.

[3] *Zacher,* in: Nawiasky/Schweiger/Knöpfle, Art. 153 Rn. 2.

[4] *Zacher* (Fn. 3), Rn. 6.

[5] S. 3 wird in VerfGH 5, 287 (294) allerdings übergangen.

[6] VerfGH 2, 127 (141); 10, 113 (124); 20, 171 (182); 21, 1 (10); 21, 205 (211); 23, 10 (16); 32, 29 (33); 52,
79 (91); 56, 1 (12).

[7] VerfGH 52, 79 (91).

[8] VerfGH 2, 127 (Ls. 10); 21, 1 (10); der VerfGH prüft Art. 153 aber auch nicht im Rahmen einer
im übrigen zulässigen Popularklage; mit Recht kritisch dazu *Zacher* (Fn. 3), Rn. 2.

[9] *Zacher* (Fn. 3), Rn. 2.

ständischen Betrieben und Großbetrieben sein, etwa bei der Vergabe von Subventionen.[10]

3   Bei der **Ausfüllung des Programmsatzes** haben Gesetzgeber und Verwaltung einen weiten **Gestaltungsspielraum.**[11] Art. 153 verbürgt nach h. M. klein- und mittelständischen Betrieben **keinen Schutz vor Konkurrenz durch staatliche oder kommunale Betriebe**[12], ein solcher ergibt sich grundsätzlich auch nicht aus Art. 101 (Rn. 19 zu Art. 101). Diese Ansicht überzeugt nicht, vielmehr könnte sich S. 1 sehr wohl – zumal in diesem Bereich nur eine geringe bundes- und europarechtliche Überlagerung besteht – ein Begrenzungspotenzial für konkurrierende hoheitliche Tätigkeit erschließen lassen[13], dem die Art. 86 ff. GO allerdings Rechnung tragen.

4   c) Die **Bedeutung** des Art. 153 ist dadurch **geschmälert,** dass die Kompetenzen für mittelstandsfördernde Maßnahmen überwiegend vom Bund in Anspruch genommen werden (Art. 74 I Nr. 11, 17 GG, Art. 105 GG). In die landesrechtliche Kompetenz fallen die Vergabe von Subventionen an Klein- und Mittelstandsbetriebe sowie zur Förderung von Existenzgründungen und die Gestaltung des landesrechtlichen, zumal des kommunalen Abgabenrechts. Dabei sind allerdings die Vorgaben des EG-Rechts, insbesondere der Art. 87 ff. EG-Vertrag (sog. europäisches Beihilferecht) mit dem Grundsatz der Notifizierungspflicht, zu beachten.[14] Zur Umsetzung des Art. 153 ergangen ist das Gesetz über die Förderung der kleinen und mittleren Unternehmen sowie der freien Berufe.[15]

2. Entstehung

5   Die Vorschrift findet – mit Ausnahme der genossenschaftlichen Selbsthilfe (Art. 118 VE, Art. 125 E) – keine Entsprechung im VE und E, allerdings ein Vorbild in Art. 164 WRV. Die erweiterte Fassung der Vorschrift wurde im VA vorgeschlagen und mehrfach umformuliert.[16]

3. Verhältnis zum Grundgesetz

6   Art. 153 ist mit dem GG **vereinbar.**[17] Die gesetzgeberischen Möglichkeiten, zur Umsetzung des Art. 153 tätig zu werden, sind jedoch weitgehend vom Bund genutzt worden (s. oben Rn. 4). Das **Bundesrecht** selbst kann nicht am Maßstab des Art. 153 überprüft werden.

Art. 154 [Selbstverwaltung der Wirtschaft]

[1]Die auf demokratischer Grundlage aus den Kreisen der Berufsverbände gewählten Selbstverwaltungsorgane der Wirtschaft nehmen an den wirtschaftlichen Gestaltungsaufgaben teil. [2]Das Nähere bestimmt ein Gesetz.

S. die Vorbemerkungen vor Art. 151.

---

[10] *Meder,* Art. 153 Rn. 1; VerfGH 18, 16 (26).

[11] VerfGH 42, 41 (49). Art. 153 hindere den Gesetzgeber im Bereich des Rundfunkrechts nicht daran, eine mit Art. 111a, 101 und 118 im Einklang stehende Norm zur Regelung der Voraussetzungen für die Zulassung eines Rundfunkanbieters zu erlassen.

[12] VerfGH 10, 113 (124); *Meder,* Art. 153 Rn. 1.

[13] Es ist versäumt worden, Art. 153 insoweit dogmatisch zu entfalten; wie hier kritisch *Zacher* (Fn. 3), Rn. 5.

[14] Vgl. zur Regelungssystematik des EG-Beihilferechts, zur Verfahrensverordnung Nr. 659/1999 sowie zu den „Gruppenfreistellungsverordnungen", insbesondere für kleine und mittlere Unternehmen (KMU) und in „De Minimis"-Fällen *Lindner,* Die EG-Verfahrensverordnung zur gemeinschaftsrechtlichen Beihilfenkontrolle, BayVBl. 2002, 193; *Stober,* Besonderes Wirtschaftsverwaltungsrecht, 13. Aufl. 2004, S. 249 ff.

[15] Mittelstandsförderungsgesetz – MfG vom 8. Oktober 1974 (BayRS 707 – 1 – W).

[16] Prot. III, S. 569 f., 626; IV, S. 168.

[17] *Zacher* (Fn. 3), Art. 153 Rn. 8.

1. Bedeutung

a) Art. 154 **ergänzt Art. 152** insofern, als die in der Wirtschaft Tätigen an der Realisie- 1
rung der dort genannten Zwecke mitwirken. „Aus den Kreisen der Berufsverbände" ist
weit zu interpretieren: erfasst sind Arbeitgeber, selbständig Erwerbstätige sowie Arbeitnehmer.[1] Die Selbstverwaltungsorgane müssen auf **demokratischer Grundlage** gewählt
werden und Zuständigkeiten im Bereich der Wirtschaft haben. Zum Verhältnis zu Art. 179
s. Rn. 2 zu Art. 179. Zu den von Art. 154, 179 umfassten Organisationen gehören **nicht
die berufsständischen Organisationen** (Rechtsanwaltskammer; Architektenkammer;
Kammern der Heilberufe), weil diese weder Selbstverwaltungsorgane der Wirtschaft noch
soziale, wirtschaftliche oder kulturelle Körperschaften im Sinn des Art. 179 sind.[2] Da die
Selbstverwaltungsorgane der Berufsverbände wegen Art. 179 keine staatlichen Machtbefugnisse ausüben dürfen und auch Zwangsmitgliedschaft in ihnen ausgeschlossen ist,
fallen auch die **Industrie- und Handelskammern sowie die Handwerkskammern
nicht unter Art. 154**,[3] unabhängig davon, dass sie nach Art. 74 I Nr. 11 GG auf bundesrechtlicher Basis errichtet sind.[4] Unter Art. 154 fällt z. B. der bayerische Bauernverband.
Art. 154 ist in der verfassungsrechtlichen **Praxis ohne Bedeutung,** da eine **gesetzliche
Regelung** im Sinne des S. 2 bislang **nicht erlassen** worden ist, obwohl die Formulierung
„Das Nähere regelt ein Gesetz" eine entsprechende **Regelungspflicht** begründen dürfte.

b) Art. 154 ist ein **Programmsatz**,[5] aus dem sich **konkrete Rechte und Pflichten** 2
nicht ableiten lassen. Gesetzlich begründete Mitwirkungspflichten sind am Maßstab des
jeweils einschlägigen Grundrechts (v. a. Art. 101) auf ihre Grundrechtskonformität zu prüfen. In diesem Rahmen fungiert Art. 154 als **verfassungsunmittelbare Zwecksetzung**
sowie als **Abwägungsdirektive.**

2. Entstehung

Weder im VE noch im E war die Regelung vorgesehen. Sie wurde in der ersten Lesung 3
im VA eingefügt und erhielt seine endgültige Fassung in der zweiten Lesung im VA.[6]

3. Verhältnis zum Grundgesetz

Art. 154 ist mit dem GG **vereinbar**.[7] Der **Bund** kann die Beteiligung von Wirtschafts- 4
verbänden beim Vollzug von Bundesgesetzen nach Maßgabe der Art. 84 f. GG gesetzlich
vorsehen, nicht indes beim Vollzug von Landesgesetzen. Die Organisation der Wirtschaft
selbst gehört zur konkurrierenden Gesetzgebung (Art. 74 I Nr. 11 GG). Auf **europäischer
Ebene** existiert ein Wirtschafts- und Sozialausschuss (Art. 257 ff. EG-Vertrag).

Art. 155 [Bedarfsdeckungsgebiete]

[1]Zum Zweck einer möglichst gleichmäßigen Befriedigung der wirtschaftlichen
Bedürfnisse aller Bewohner können unter Berücksichtigung der Lebensinteressen
der selbständigen, produktiv tätigen Kräfte der Wirtschaft durch Gesetz besondere Bedarfsdeckungsgebiete gebildet und dafür Körperschaften des öffentlichen
Rechts auf genossenschaftlicher Grundlage errichtet werden. [2]Sie haben im Rahmen der Gesetze das Recht auf Selbstverwaltung.

S. die Vorbemerkungen vor Art. 151.

---

[1] *Zacher,* in: Nawiasky/Schweiger/Knöpfle, Art. 154 Rn. 2; *Meder,* Art. 154 Rn. 1; Prot. III, S. 575.
[2] *Meder,* Art. 179 Rn. 2 i. V. m. Rn. 6 zu Art. 35.
[3] *Meder,* Art. 154 Rn. 1.
[4] S. §§ 90 ff. HandwO; IHK-Gesetz.
[5] VerfGH 42, 34 (37).
[6] Prot. III, S. 575 ff., 628 f.
[7] *Zacher* (Fn. 1) Art. 154 Rn. 4.

1. Bedeutung

1   a) Die Vorschrift ist in erster Linie den **Umständen des Entstehungszeitpunktes** der Verfassung geschuldet. Primäre Aufgabe des Staates 1946 und in den folgenden Jahren war es, eine ausreichende Versorgung der Bevölkerung zu bewirken. Auch wenn die „Planwirtschaft" als solche nicht eingeführt wurde (s. Rn. 9 vor Art. 151), war man doch der Überzeugung, dass diese Aufgabe ohne den hoheitlich-planerisch und lenkenden Einfluss des Staates nicht erfüllt werden könnte.[1] Als Mittel dazu sollte die Schaffung von „Bedarfsdeckungsgebieten" in der Organisationsmodalität der Körperschaft des öffentlichen Rechts mit genossenschaftlichem Charakter dienen. „Bedarfsdeckungsgebiet" lässt sich zum einen rein räumlich-territorial, zum anderen sachlich (bezogen auf bestimmte Wirtschaftsgüter) oder auch persönlich (bezogen auf bestimmte Gruppen der Bevölkerung oder von Produzenten) verstehen.[2]

2   b) Die Vorschrift hat **keinerlei Bedeutung** erlangt, und auch heute ist eine solche nicht absehbar.[3, 4] Der Gesetzgeber ist nach Satz 2 nie tätig geworden, in der amtlichen Sammlung zitierte Entscheidungen des Verfassungsgerichtshofs zu Art. 155 existieren nicht.

2. Entstehung

3   Die Vorschrift geht zurück auf Art. 107 VE und Art. 114 E, wurde im Verlaufe der Beratungen aber noch im Zuge des Verzichts auf die Einführung der Planwirtschaft verändert.[5]

Art. 156 [Kartelle, Konzerne, Preisabreden]

[1]**Der Zusammenschluss von Unternehmungen zum Zwecke der Zusammenballung wirtschaftlicher Macht und der Monopolbildung ist unzulässig.** [2]**Insbesondere sind Kartelle, Konzerne und Preisabreden verboten, welche die Ausbeutung der breiten Massen der Bevölkerung oder die Vernichtung selbständiger mittelständischer Existenzen bezwecken.**

S. die Vorbemerkungen vor Art. 151.

1. Bedeutung

1   a) Art. 156 richtet sich **gegen die ungehemmte Entfaltung wirtschaftlicher Macht** durch Kartell- und Konzernbildung sowie Preisabreden und dient damit gleichzeitig dem Schutz klein- und mittelständischer Betriebe vor einem Herausdrängen aus dem wirtschaftlichen Wettbewerb sowie dem Schutz der Bürger vor kartellierten Preisabreden. Insoweit ergänzt Art. 156 als **Ausdruck des Sozialstaatsgedankens** (Art. 3 I)[1*] die Art. 151 ff. in konsequenter Weise. Allerdings verbietet Art. 156 nicht per se die Herausbildung von Großunternehmen und Konzernen[2*], die in einer internationalisierten Wirtschaft unausweichlich sind, solange und soweit ein funktionierender Wettbewerb sichergestellt ist, insbesondere nicht die Voraussetzungen des Satzes 2 vorliegen.

2   b) Art. 156 ist **Programmsatz** und **unmittelbar geltendes Recht**[3*], da er dem Wortlaut nach zur Unzulässigkeit entsprechender Abreden führt. Die Nichtigkeitsfolge ordnet

---

[1] *Zacher*, in: Nawiasky/Schweiger/Knöpfle, Art. 155 Rn. 2.

[2] *Nawiasky*, S. 235.

[3] *Meder*, Art. 155 Rn. 1.

[4] S. ausf. *Zacher* (Fn. 1) Art. 155 Rn. 3–9; dort auch in Rn. 8 f. zum Verhältnis zum Bundes- und Europarecht.

[5] *Nawiasky*, S. 235.

[1*] *Zacher*, in: Nawiasky/Schweiger/Knöpfle, Art. 156 Rn. 2

[2*] *Meder*, Art. 156 Rn. 1; BVerfGE 50, 290 (364): „*Großunternehmen und auch Konzerne sind wesentliche Elemente einer hochentwickelten und leistungsfähigen Volkswirtschaft.*"

[3*] *Zacher* (Fn. 1) Art. 156 Rn. 2; *Meder*, Art. 156 Rn. 1; VerfGH 21, 1 (11).

indes § 134 BGB als Bundesrecht an, so dass Satz 1 nicht anwendbar ist. Da das Kartellrecht als Teil des Wettbewerbsrechts nahezu vollständig bundesrechtlich (Art. 74 I Nr. 1, 11, 16 GG, dazu das GWB) und europarechtlich (Art. 81 ff. EG-Vertrag) determiniert ist, hat Art. 156 **keine praktische Bedeutung**[4] erlangt. In der Rechtsprechung des VerfGH spielt die Vorschrift dementsprechend keine Rolle.

2. Entstehung

Die Vorschrift war weder im VE noch im E vorgesehen. S. 1 wurde im VA auf Antrag **3** der KPD aufgenommen[5], Satz 2 in den Schlussverhandlungen im Plenum eingefügt.[6]

3. Verhältnis zum Grundgesetz

Art. 156 **verstößt nicht** gegen das **GG** und bleibt in **Geltung**. Allerdings ist zu beach- **4** ten, dass kartellrechtliche Normen, insbesondere Verbote und Auflagen ihrerseits mit den Grundrechten des GG (Art. 9, 12, 14 GG), vereinbar sein müssen. Das einschlägige Bundes- und Europarecht (s. Rn. 2) ist nicht an Art. 156 zu messen, so dass die Vorschrift weitgehend **obsolet** ist (vgl. aber Rn. 3 ff. vor Art. 151).

Art. 157 [Kapitalbildung, Geld- und Kreditwesen]

(1) Kapitalbildung ist nicht Selbstzweck, sondern Mittel zur Entfaltung der Volkswirtschaft.
(2) Das Geld- und Kreditwesen dient der Werteschaffung und der Befriedigung der Bedürfnisse aller Bewohner.

S. die Vorbemerkungen vor Art. 151.

1. Bedeutung

Art. 157 wiederholt die „Grundphilosophie" des Art. 151 für den Bereich der Kapitalbil- **1** dung, des Geld- und Kreditwesens. Es handelt sich um eine **Programmvorschrift**, aus der sich weder unmittelbare subjektive Rechte noch Pflichten ableiten lassen.[1] Da das bürgerlich-rechtliche Bankrecht (Art. 74 I Nr. 1 GG) und das öffentlich-rechtliche Recht des Kreditwesens und des Kapitalmarktes (Art. 74 I Nr. 11 GG, Art. 88 GG) Bundesrecht sind, hat Art. 157 **praktisch keine Bedeutung**. Entscheidungen des VerfGH zu Art. 157 existieren nicht.

2. Entstehung

Art. 157 geht auf Art. 115 II, 116 I VE sowie auf Art. 122 II, 123 I E, jeweils im Abschnitt **2** „Geld- und Kreditwesen", zurück. Mit dem Verzicht auf die Planwirtschaft (s. Rn. 9 vor Art. 151) entfiel auch der eigene Abschnitt über das Geld- und Kreditwesen.

3. Verhältnis zum Grundgesetz

Rn. 4 zu Art. 156.[2]

3

---

[4] VerfGH 21, 1 (11); 58, 277 (288): *„durch Bundes- und Europarecht überholt"*; zuletzt Entsch. v. 18. Dezember 2007, Vf. 14-VII-05, sub V. B. 3.
[5] Prot. III, S. 573 f., 634.
[6] Prot. IV, S. 169.
[1] *Zacher,* in: Nawiasky/Schweiger/Knöpfle, Art. 157 Rn. 2; *Meder,* Art. 157 Rn. 1.
[2] *Zacher* (Fn. 1) Art. 157 Rn. 5.

2. Abschnitt. Das Eigentum

Vorbemerkungen zur Regelungssystematik

1   1. Der zweite Abschnitt des Vierten Hauptteils („Wirtschaft und Arbeit") behandelt das **Eigentum.** Anders als im Grundgesetz (Art. 14, 15 GG) sind die Vorschriften der Bayerischen Verfassung, die das Eigentum betreffen, systematisch **nicht zusammenhängend geregelt,** sondern auf mehrere Teile der Verfassung verteilt.[1] Die **zentrale Vorschrift** über das Eigentum ist die Grundrechtsnorm des **Art. 103.** Diese verbürgt das **Eigentumsgrundrecht** in Abs. 1 und enthält einen Inhalts- und Schrankenvorbehalt in Abs. 2. Dieser Vorbehalt wird in Art. 158 S. 1 inhaltsgleich wiederholt, wonach Eigentum gegenüber der „Gesamtheit" verpflichte. Art. 158 S. 2 ist eine verfassungsrechtliche Fixierung des allgemeinen Missbrauchsverbots (vgl. dazu Rn. 63 vor Art. 98). Der intensivste Zugriff des Staates auf das Eigentum, die Entziehung in der Modalität der **Enteignung,** ist nicht in Art. 103, sondern in Art. 159 geregelt. Diese Trennung sachlich zusammenhängender Vorschriften ist historisch bedingt, aber wenig sachgerecht. Art. 103, 158 und 159 bilden eine Regelungseinheit, die daher geschlossen bei Art. 103 kommentiert wird. Darauf sei hier verwiesen.

2   2. Die **übrigen Vorschriften** des 2. Abschnitts regeln weitere Fragen des Eigentums, sind aber im Gegensatz zu Art. 103, 158 und 159 **praktisch kaum von Relevanz.** Art. 160 regelt − ähnlich wie Art. 15 GG − u. a. die Möglichkeit der Sozialisierung von Eigentum, Art. 161 legt dem Staat die Überwachung der Verteilung und Nutzung des Bodens auf und gebietet eine Sozialisierung eigenleistungsloser Bodenwertsteigerungen. Art. 162 schließlich regelt den Schutz des geistigen Eigentums und ist insofern deklaratorischer Natur, als der Eigentumsbegriff des Art. 103 auch die in Art. 162 genannten Schutzgüter erfasst.

3   3. Eigentumsrechtlich relevante Regelungen finden sich − neben Art. 103 − noch in **anderen Teilen der Verfassung,** zumal in Art. 163, aber auch in Art. 141, 146, 151, 152, 155, 157, 175 (s. die Erläuterungen jeweils dort).

Art. 158 [Verpflichtungen aus dem Eigentum]

[1]**Eigentum verpflichtet gegenüber der Gesamtheit.** [2]**Offenbarer Missbrauch des Eigentums- oder Besitzrechts genießt keinen Rechtsschutz.**

S. die Vorbemerkungen vor Art. 158 sowie die Erläuterungen zu Art. 103.

Art. 159 [Enteignung]

[1]**Eine Enteignung darf nur in den gesetzlich vorgesehenen Fällen und gegen angemessene Entschädigung erfolgen, die auch in Form einer Rente gewährt werden kann.** [2]**Wegen der Höhe der Entschädigung steht im Streitfall der Rechtsweg vor den ordentlichen Gerichten offen.**

S. die Vorbemerkungen vor Art. 158 sowie die Erläuterungen zu Art. 103.

Art. 160 [Eigentum an Bodenschätzen u. a.; Sozialisierung]

(1) Eigentum an Bodenschätzen, die für die allgemeine Wirtschaft von größerer Bedeutung sind, an wichtigen Kraftquellen, Eisenbahnen und anderen der Allgemeinheit dienenden Verkehrswegen und Verkehrsmitteln, an Wasserleitungen und Unternehmungen der Energieversorgung steht in der Regel Körperschaften oder Genossenschaften des öffentlichen Rechts zu.

---

[1] *Zacher,* in: Nawiasky/Schweiger/Knöpfle, vor Art. 158 Rn. 2: *„weit über die Verfassung verstreut".*

(2) ¹Für die Allgemeinheit lebenswichtige Produktionsmittel, Großbanken und Versicherungsunternehmungen können in Gemeineigentum überführt werden, wenn die Rücksicht auf die Gesamtheit es erfordert. ²Die Überführung erfolgt auf gesetzlicher Grundlage und gegen angemessene Entschädigung.
(3) In Gemeineigentum stehende Unternehmen können, wenn es dem wirtschaftlichen Zweck entspricht, in einer privatwirtschaftlichen Form geführt werden.

Parallelvorschriften im GG und anderen Landesverfassungen: Art. 15 GG; Art. 41 V BbgVerf; Art. 42–45 BremVerf; Art. 39–42 HessVerf; Art. 27 I NRWVerf; Art. 61 RhPfVerf; Art. 52 SaarlVerf; Art. 32 II SächsVerf; Art. 18 IV VerfLSA.

Literatur: Ule, Verfassungsrechtliche Probleme der Sozialisierung, 1948; *Ipsen/Ridder,* Enteignung und Sozialisierung, VVDStRL 10 (1952), S. 74 ff.; 124 ff.; *Isensee,* Fortgeltung des saarländischen Sozialisierungs-Artikels unter dem Grundgesetz, DÖV 1978, 233; *Seeberger,* Inhalt und Grenzen der Sozialisierung nach Art. 15 GG, 1978; *Püttner,* Gemeinwirtschaft im deutschen Verfassungsrecht, 1980; *Weis,* Verstaatlichungen aus gemeinschaftsrechtlicher Sicht, NJW 1982, 1910.

1. Bedeutung

Art. 160 umfasst **drei Regelungsgegenstände:** (1) Abs. 1 enthält eine **Programmvor-** 1 **schrift**[1] des Inhalts, dass das Eigentum an bestimmten für die Allgemeinheit bedeutenden Gegenständen in der Regel Körperschaften oder Genossenschaften des öffentlichen Rechts zustehe. (2) Abs. 2 ist eine dem Art. 15 GG vergleichbare (vgl. allerdings Rn. 3) **Sozialisierungsklausel**[2] und (3) Abs. 3 regelt die Möglichkeit, dass im Gemeineigentum stehende Unternehmen in **privatwirtschaftlicher Form** geführt werden dürfen. Alle drei Absätze sind in der verfassungsrechtlichen **Praxis** heute[3] **ohne Bedeutung,** sie sind dadurch aber verfassungsrechtlich **nicht obsolet**[4], sondern **gelten weiter.** Angesichts dessen, dass in einer globalisierten Welt und in einer EU freier Märkte[5] auch in Zukunft nicht damit zu rechnen ist, dass Art. 160 irgendeine praktische Bedeutung erlangen wird, wird hier auf eine nähere Kommentierung verzichtet.[6] Es sei verwiesen auf die Kommentierung von *Zacher,* Art. 160 (aus dem Jahr 1970) sowie die Kommentierung zu Art. 15 GG in den Kommentaren zum GG.[7] Insbesondere Abs. 2 enthält **keinen Verfassungsauftrag** oder gar eine Wertentscheidung zu Gunsten einer Sozialisierung[8], die insofern Direktionsfunktionen für die staatlichen Organe der BV bereithalten könnte[9], sondern lediglich eine

---

[1] *Meder,* Art. 160 Rn. 1. Abs. 1 steht einer Veräußerung von Vermögenswerten, die im Eigentum der öffentlichen Hand stehen und unter die dort genannten Gegenstände fallen, nicht entgegen, VerfGH 7, 86 (94): Ein Zwang des Staates, einmal erworbene Vermögenswerte dauerhaft zu behalten, könne aus Art. 160 nicht hergeleitet werden.

[2] Überführung in Gemeineigentum meint – im Gegensatz zur einzelfall- oder einzelprojektbezogenen Enteignung – die generelle Übertragung bestimmten Eigentums auf den Staat oder andere Körperschaften des öffentlichen Rechts, *Meder,* Art. 160 Rn. 2.

[3] Vgl. allerdings das „Gesetz zur Durchführung des Art. 160 der Bayerischen Verfassung" vom 18. Juli 1947 (GVBl S. 152), das die „Prüfung und Vorbereitung der zum Vollzuge des Art. 160 geeigneten und erforderlichen Maßnahmen" (Art. 1) zum Gegenstand hatte. Dieses Gesetz wurde durch Gesetz vom 27. Mai 1982 (GVBl S. 263) aufgehoben. S. ferner das Gesetz „zur Sicherung der Brennstoffversorgung und zur Förderung der Braunkohlenwirtschaft" vom 31. März 1948 (GVBl S. 54).

[4] Für Art. 15 s. *Wendt,* in: Sachs, Art. 15 Rn. 2 m. w. N.

[5] Zwar lässt Art. 295 EG-Vertrag die „Eigentumsordnung in den verschiedenen Mitgliedstaaten unberührt". Allerdings dürften Verstaatlichungen ganzer Branchen mit den Grundgedanken des EG-Vertrags, insbesondere Art. 3 EG-Vertrag, unvereinbar sein, so auch *Weis,* NJW 1982, 1910; a. A. *Depenheuer,* in: v. Mangoldt/Klein/Starck, Art. 15 Rn. 42: „Der EG-Vertrag ist staatswirtschaftsneutral".

[6] *Depenheuer* (Fn. 5), Art. 15 Rn. 4: „Verfassungsfossil".

[7] S. v. a. *Wendt,* in: Sachs, Art. 15.

[8] Auch nicht dahingehend, dass der Gesetzgeber Maßnahmen, etwa Privatisierungen, zu unterlassen habe, die künftige Sozialisierungen noch erschweren könnten, *Meder,* Art. 160 Rn. 3; BVerfGE 12, 354 (Ls. 4).

[9] *Meder,* Art. 160 Rn. 3.

Ermächtigung zur Überführung von Gütern in Gemeinwirtschaft – und auch dies nur für die dort genannten Gegenstände und lediglich auf gesetzlicher Grundlage sowie gegen[10] angemessene Entschädigung.[11] Die Vorschrift steht daher auch der Privatisierung von öffentlichen Unternehmen nicht entgegen.[12] Art. 160 II bildet auch **keine Ermächtigung zu einer umfassenden wirtschaftsverfassungsrechtlichen „Kehrtwende",** da er zwar das Eigentum betrifft, nicht indes die anderen wirtschaftsverfassungsrechtlichen Freiheiten, wie insbesondere die Gewerbefreiheit, die durch Art. 101 geschützt ist.[13]

2. Entstehung

2   Art. 160 ist Ausdruck des Ringens um einen **Kompromiss bei der Eigentumsordnung** zwischen kapitalistischer Freiheitsordnung und Vorstellungen sozialistischer Gemeinwirtschaft; zur Entstehung im Einzelnen s. *Nawiasky,* S. 240.

3. Verhältnis zum Grundgesetz

3   a) Art. 160 **gilt** neben Art. 14, 15 GG mit folgenden **Modifikationen weiter**[14]: Abs. 2 wird durch Art. 15 GG insofern „überlagert", als dieser die Sozialisierung von „Großbanken und Versicherungsunternehmen" nicht zulässt. Eine solche wäre mithin zwar nach Maßgabe des Art. 160 II zulässig, stellte jedoch einen Verstoß gegen Art. 15 GG dar; Art. 160 II ist insoweit unanwendbar.[15] Art. 15 GG ist auch insofern „strenger", als er die Sozialisierung nur „durch ein Gesetz, das Art und Ausmaß der Entschädigung regelt", zulässt, wofür Art. 14 III S. 3 und 4 GG entsprechend gelten; Art. 160 II hingegen fordert „nur" eine gesetzliche Grundlage und eine „angemessene Entschädigung", stellt hingegen kein Junktim zwischen beidem her. Eine Sozialisierungsmaßnahme, die zwar Art. 160 II genügt, nicht indes den strengeren Anforderungen des Art. 15 GG, ist verfassungswidrig.

4   b) Umgekehrt ist Art. 160 II dadurch „strenger" als Art. 15 GG, dass er die Sozialisierung von „Grund und Boden" nicht zulässt, es sei denn, man würde „Grund und Boden" zu den „Produktionsmitteln" zählen. Eine Sozialisierung von Grund und Boden durch Landesgesetz stellte mithin einen Verstoß gegen Art. 160 II dar, obwohl sie mit Art. 15 vereinbar sein könnte – damit wäre sie insgesamt verfassungswidrig, es sei denn, sie beruhte auf bundesgesetzlicher Anordnung.

5   c) Soweit der Bund im Hinblick auf die Regelungsgegenstände des Art. 160 von ggf. ihm nach Maßgabe der Art. 30, 70 ff. GG zustehenden **Gesetzgebungskompetenzen**[16] Gebrauch macht, können solche Regelungen nicht am Maßstab des Art. 160 gemessen werden (Art. 31 GG; vgl. dazu Rn. 134 ff. vor Art. 98).

---

[10] Dies schließt – allerdings nur verfassungsimmanent – eine „sozialrevolutionäre" Sozialisierung aus, *Meder,* Art. 160 Rn. 4.

[11] Zum Begriff der angemessenen Entschädigung Rn. 105 zu Art. 103. Art. 160 II ist insofern „Bestandteil der Eigentumsgarantie", *Meder,* Art. 160 Rn. 3, als Überführungen von Eigentum in Gemeineigentum ohne Vorliegen der Voraussetzungen des Art. 160 II eine Verletzung des Eigentumsgrundrechts darstellen. Grundrechtsdogmatisch stellt Art. 160 II eine spezielle verfassungsrechtliche Vorbehaltsregelung zu Art. 103 I dar. Vgl. dazu (für Art. 14, 15 GG) *Lindner,* Theorie der Grundrechtsdogmatik, 2005, S. 332 f. sowie *Jarass/Pieroth,* Art. 15 Rn. 1.

[12] Vgl. dazu Rn. 10 zu Art. 53 sowie Rn. 80, 82 ff. zu Art. 55.

[13] *Wendt,* Art. 15 Rn. 20 ff.

[14] Eingehend *Zacher,* in: Nawiasky/Schweiger/Knöpfle, Art. 160 Rn. 17 ff.

[15] *Zacher* (Fn. 14) Art. 160 Rn. 18.

[16] Z. B. Art. 73 I Nr. 6, 6a, 7, 14 GG; Art. 74 I Nr. 11, 15, 16, 18, 21, 22, 23 GG. Von Art. 74 I Nr. 15 GG (Überführung von Grund und Boden, von Naturschätzen und Produktionsmitteln in Gemeineigentum oder in andere Formen der Gemeinwirtschaft) hat der Bund bislang keinen Gebrauch gemacht, so dass der Freistaat in seiner Gesetzgebungsmöglichkeit im Hinblick auf Art. 160 II nicht gesperrt ist.

Art. 161 [Verteilung und Nutzung des Bodens]

(1) ¹Die Verteilung und Nutzung des Bodens wird von Staats wegen überwacht. ²Missbräuche sind abzustellen.
(2) Steigerungen des Bodenwertes, die ohne besonderen Arbeits- oder Kapitalaufwand des Eigentümers entstehen, sind für die Allgemeinheit nutzbar zu machen.

Parallelvorschriften in Verfassungen anderer Länder: Art. 45 BremVerf; Art. 42 HessVerf; Art. 29 NRW Verf.

1. Bedeutung

Art. 161 hat **zwei unterschiedliche Regelungen** zum Gegenstand: (1) **Abs. 1** pos- **1** tuliert in Satz 1 eine **Überwachungspflicht** des Staates bezüglich der Verteilung und Nutzung des Bodens und wiederholt in Satz 2 das Missbrauchsverbot des Art. 158 S. 2 im Hinblick auf den Eigentumsgegenstand „Boden". (2) **Abs. 2** enthält einen **Auftrag zur Sozialisierung eigenleistungsloser Bodenwertsteigerungen.** Beide Absätze stellen **Programmsätze**[1] dar, die – ebenso wie Art. 141, 163 – die gesteigerte Sozialpflichtigkeit (Art. 103 II, Art. 158 S. 1) des Grund-Eigentums zum Ausdruck bringen. In der **Verfassungspraxis** sind sie **ohne Bedeutung:**

a) Abs. 1 bietet **keine eigenständige Rechtgrundlage** für Regelungen über die Nut- **2** zung und Verteilung des Bodens oder gar für eine „aggressive Bodenreform".[2] Die Verfassungsmäßigkeit von Nutzungs- und Verteilungsnormen und der damit verbundenen Eingriffe in das Eigentumsgrundrecht an Grund und Boden richtet sich vielmehr nach Art. 103, 158, 159.[3] Was nach diesen Vorschriften verfassungsrechtlich nicht gerechtfertigt werden kann, wird auch nicht über Art. 161 verfassungskonform. Die Art und Weise der verfassungsrechtlichen Rechtfertigung hängt davon ab, um welche Modalität der Eigentumsbeeinträchtigung (Inhalts- und Schrankenbestimmung oder Enteignung) es sich handelt; dazu sei auf die Erläuterungen zu Art. 103 verwiesen. **Grundrechtsdogmatisch** fungiert **Abs. 1** lediglich als Aspekt der **Konkretisierung der Vorbehaltsregelungen** in Art. 103 II und Art. 159. Zudem bringt Abs. 1 nicht zum Ausdruck, im Hinblick auf welche Zwecke die Überwachung durch den Staat eigentlich erfolgen soll. Diese müssen aus anderen Normen heraus destilliert werden, so dass Abs. 1 lediglich eine materiell-rechtliche „Hülse" darstellt: dazu gehören Art. 103 I selbst mit dem Grundrecht auf Privateigentum auch an Grund und Boden[4], Art. 106 I, II und 125 III (Förderung des Wohnungswesens) sowie das Sozialstaatsprinzip (Art. 3 I 1).[5]

b) Abs. 2 formuliert einen **Grundgedanken der Verteilungsgerechtigkeit.** Vorteile **3** ohne Eigenleistungen, die zumal in Wertzuwächsen durch planungsrechtliche Entscheidungen (z.B. Ausweisung als Bauland) bestehen, sollen dem Eigentümer nicht in vollem Umfang verbleiben. In der **Praxis** ist diese Vorschrift ins Reich der **Bedeutungslosigkeit** verbannt worden. Dies erscheint **zu vorschnell.**[6] Zwar ist es richtig, dass es sich bei Abs. 2 um einen Programmsatz[7] handelt. Dieser darf jedoch von den Staatsorganen nicht einfach außer Acht gelassen werden.

---

[1] *Nawiasky,* S. 242; *Meder,* Art. 161 Rn. 1; *Zacher,* in: Nawiasky/Schweiger/Knöpfle, Art. 161 Rn. 1.
[2] *Meder,* Art. 161 Rn. 1; *Zacher* (Fn. 1), Rn. 3.
[3] Eine Vergemeinschaftung von Grund und Boden ist nach Art. 160 II nicht zulässig.
[4] Art. 161 I entzieht den Grund und Boden als besonders knappes Gut nicht dem Grundrechtsschutz des Privateigentums.
[5] Eingehend *Zacher* (Fn. 1), Rn. 4.
[6] *Meder,* Art. 161 Rn. 2 lässt es bei seiner Kommentierung bei dem Satz bewenden: *„Auch Abs. 2 bringt nur ein Programm für den Gesetzgeber",* ohne Hinweis darauf, wie ein solches Programm Realisierung finden könnte.
[7] Auch die Modalität einer Gewinnabschöpfung ist nicht geregelt: In Betracht kommen – theoretisch – z.B. eine „Wertzuwachssteuer" oder eine sonstige Wertsteigerungsabgabe; vgl. *Zacher* (Fn. 1), Rn. 6, 7; zu beachten sind dabei Art. 105 ff. GG; zu denken ist auch an eine Minderung der Entschädi-

4　　Allerdings steht dem Freistaat Bayern die Kompetenz zum Erlass von Regelungen zur **Plangewinnabschöpfung** angesichts der abschließenden Regelungen im Baugesetzbuch, das eine allgemeine Regelung über Plangewinnabschöpfung nicht kennt, nicht zu (Art. 72, 74 I Nr. 18 GG). Abs. 2 könnte sich jedoch zu einer **Verpflichtung der Staatsregierung** verdichten, im **Bundesrat** entsprechende Regelungen zu einer (mindestens moderaten) Plangewinnabschöpfung über die Möglichkeiten im Rahmen städtebaulicher Verträge gem. § 11 BauGB[8] hinaus zu initiieren. Zudem gilt es auszuloten, ob und in welcher Weise sich Abs. 2 auf das Verhandlungsermessen von Gemeinden im Rahmen des Abschlusses städtebaulicher Verträge im Sinne des § 11 BauGB auswirken kann.

2. Entstehung

5　　Art. 161 geht zurück auf Art. 111 VE und Art. 118 E und findet sein Vorbild in Art. 155 I, III WRV.[9]

3. Verhältnis zum Grundgesetz

6　　Art. 161 **besteht** neben dem Grundgesetz **fort.** Da er selbst keine Rechtsgrundlage für Eigentumseingriffe enthält, sind Regelungen des Landesrechts zur Verteilung und Nutzung des Bodens nicht nur an Art. 103, 158, 159 zu messen, sondern auch an Art. 14 GG. Allerdings ist die Gesetzgebungskompetenz des Freistaats stark eingeschränkt, da der Bund von den Kompetenzbereichen in Art. 74 I Nr. 18 GG (insbes. „Bodenrecht") weitgehend Gebrauch gemacht hat. Unbenommen bleibt es dem Land allerdings, eine spezifische Bodenpolitik (insbesondere mit eigenem Boden) zu betreiben, etwa durch spezifische Bodenbevorratung oder Bodenveräußerung, verbunden mit Förderungsprogrammen.[10]

Art. 162 [Geistiges Eigentum]

Das geistige Eigentum, das Recht der Urheber, der Erfinder und Künstler genießen den Schutz und die Obsorge des Staates.

Parallelvorschriften in Verfassungen anderer Länder: Art. 46 HessVerf.; Art. 40 II, 60 III RhPfVerf; Art. 51 II SaarVerf.

Literatur: Fechner, Geistiges Eigentum und Verfassung, 1999.

1. Bedeutung

1　　a) Art. 162 dient – wie Art. 140 – der **Konkretisierung des Kulturstaatsprinzips** (Art. 3 I 1 Alt. 2; Rn. 6 zu Art. 3). Art. 140 postuliert als **Verfassungsauftrag** die (zumal finanzielle) Förderung von Kunst, Kultur und Wissenschaft, Art. 162 gewährleistet den verfassungsrechtlichen Schutz der „Produkte" geistigen, wissenschaftlichen und künstlerischen Schaffens. Ob es sich bei Art. 162 um einen **Programmsatz**[1], um eine Garantie des Wesensgehalts des überkommenen Urheberrechtsschutzes[2] oder um ein **Grundrecht** handelt, ist eine **praktisch nicht relevante Frage,** da nach ganz überwiegender Meinung und nach der Rechtsprechung das geistige Eigentum (in vollem Umfang des Art. 162) ohnehin in den Schutzbereich des Eigentumsgrundrechts (Art. 103 I) fällt.[3] Der Staat ist bereits im Hinblick auf Art. 103 I verpflichtet, das geistige Eigentum zu schützen – auch

---

gung im Rahmen einer aus anderen Gründen erfolgenden Enteignung nach Maßgabe des Art. 159; so *Jarass/Pieroth,* Art. 14 Rn. 87 m. w. N.

　　[8] Vgl. *Krautzberger,* in: Ernst/Zinkahn/Bielenberg, BauGB, § 11 Rn. 166 ff.; *Gaßner,* Planungsgewinn und städtebaulicher Vertrag, BayVBl. 1998, 577, 618.

　　[9] *Nawiasky,* S. 242.

　　[10] Dazu *Zacher* (Fn. 1), Rn. 7.

　　[1] So *Nawiasky,* S. 243; *Meder,* Art. 162 Rn. 1.

　　[2] So *Zacher,* in: Nawiasky/Schweiger/Knöpfle, Art. 162 Rn. 2; *Meder,* Art. 162 Rn. 1.

　　[3] Rn. 43 zu Art. 103. VerfGH 47, 36 (44); BVerfGE 31, 229 (238); 36, 281 (290); 51, 193 (217); 79, 1 (25); 81, 208 (219).

gegenüber Dritten. Dem kommt er durch Erlass einschlägiger Regelungswerke zum Urheberrecht, zum Recht des gewerblichen Rechtsschutzes[4] und zum Arbeitnehmererfindungsrecht nach. Da die **Gesetzgebungskompetenz** dafür beim Bund liegt (Art. 73 I Nr. 9 GG)[5], bleibt für eine „aktuelle Geltung des Art. 162 kein Raum" (Rn. 4).

b) Art. 162 ist indes **nicht völlig bedeutungslos.** Aus ihm lässt sich ein **Beobach-** **2** **tungsauftrag** der staatlichen Organe zum Schutz des geistigen Eigentums entnehmen, der sich – sollte das durch Bundesrecht gewährleistete Schutzniveau unter einen vertretbaren Standard absinken – zu **Verhandlungs- oder Verfahrenspflichten der Staatsregierung** (etwa im Wege einer Bundesratsinitiative zur Verbesserung des Schutzes des geistigen Eigentums oder durch Einreichung eines Normenkontrollantrages gegen Bundesrecht beim BVerfG nach Art. 93 I Nr. 2 GG) verdichten könnte. Insoweit hat die Schutzgarantie für das geistige Eigentum eine **verfahrensrechtliche Dimension.**

2. Entstehung

Die Vorschrift war weder im VE noch im E vorgesehen, sie wurde erst im VA eingefügt. **3**

3. Verhältnis zum Grundgesetz

Art. 162 wird vom GG nicht in seiner **Wirksamkeit** in Frage gestellt.[6] Das geistige **4** Eigentum unterfällt nicht nur dem Schutz der Art. 103 I, 162, sondern auch des Art. 14 GG. Die vom Bundesgesetzgeber erlassenen Vorschriften über den gewerblichen Rechtsschutz, das Urheber- und Verlagsrecht, können indes nicht am Maßstab des Art. 103 I, 162 überprüft werden, sondern allein an Art. 14 GG (vgl. Rn. 104 ff. vor Art. 98).

3. Abschnitt. Die Landwirtschaft

Vorbemerkungen

1. Die Landwirtschaft hat im Flächenstaat Bayern einen **traditionell hohen wirt-** **1** **schaftlichen, kulturellen und gesellschaftlichen Stellenwert.**[1] Deswegen erschien den Schöpfern der Verfassung neben der Betonung der Landwirtschaft in Art. 153 die Aufnahme eines eigenen Abschnitts über die Landwirtschaft angemessen.[2] Obwohl die Landwirtschaft auch heute noch eine hohe Bedeutung insbesondere für die **kulturelle Identität** des Freistaats hat, konnten die Art. 163–165 entgegen den Intentionen der Verfassungsgeber **niemals** wirkliche **praktische Relevanz** entfalten. Dies hat im Wesentlichen fünf Gründe[3]:

a) Die Vorschriften enthalten **keine Grundrechte,** sondern ganz überwiegend (wohl **2** mit Ausnahme des Art. 163 III) **Programmsätze,** die von der Verfassungspraxis und vom VerfGH nicht zu konkreten verfassungsrechtlichen Beobachtungs-, Förderungs- und Interventionspflichten verdichtet wurden, mithin das Schicksal der „Brache der Programmsätze" teilen.[4] Die in Programmsätzen eigentlich enthaltene **Direktivkraft** für den politischen Entscheidungsprozess wurde **bislang nicht entfaltet.**

b) Soweit die speziellen Verfassungsbestimmungen über die Landwirtschaft Regelun- **3** gen über das **Grundeigentum** enthalten (Art. 163), gehen diese nicht über die allgemeinen Grundsätze des Eigentumsgrundrechts hinaus, so dass die dort entwickelten Maßstäbe einschlägig sind.

---

⁴ Dazu zählt insbesondere auch das Patent- und Markenrecht.
⁵ Die Kompetenzgrundlage für das Arbeitnehmererfindungsrecht ist Art. 74 I Nr. 12 GG.
⁶ *Zacher* (Fn. 2) Art. 162 Rn. 3.
¹ *Knöpfle,* in: Nawiasky/Schweiger/Knöpfle, vor Art. 163–165 Rn. 1.
² Vgl. auch Art. 155, 164 WRV.
³ Dazu auch *Knöpfle* (Fn. 1), Rn. 2.
⁴ Dazu Rn. 3 ff. vor Art. 151.

4   c) Hinzu kommt, dass das Landwirtschafts- und Agrarrecht in hohem Maße **einfach-rechtlich** reglementiert ist und ein Bedürfnis für die landesverfassungsrechtliche Untermauerung oder gar Überhöhung des Agrarrechts bislang nicht bestand oder jedenfalls nicht zu bestehen schien.

5   d) Maßgeblich für die praktische Bedeutungslosigkeit der Art. 163–165 sind auch die **Überlagerungen durch Bundesrecht.** Zwar verstoßen Art. 163–165 nicht gegen die Homogenitätsklausel des Art. 28 I 1 GG, allerdings sind die Gestaltungsmöglichkeiten des Landesgesetzgebers durch die Zuweisung der Kompetenz zum Erlass landwirtschaftsbezogener Vorschriften in den Bereich der **konkurrierenden Gesetzgebung** (Art. 74 I Nr. 17, 18 GG) beschränkt. Vor allem auf Grund von Nr. 17 ergingen Gesetze zur Regelung der Agrarwirtschaft. Zu nennen sind ferner Art. 75 I Nr. 3 GG a. F., der dem Bund die Rahmenkompetenz für den Bereich des Jagdwesens, des Naturschutzes und der Landschaftspflege zuwies, sowie Art. 91 a I Nr. 2 GG n. F. (Gemeinschaftsaufgabe der Verbesserung der Agrarstruktur und des Küstenschutzes). Durch die **Föderalismusreform** des Jahres 2006, die mit Gesetz zur Änderung des Grundgesetzes vom 28. 8. 2006 in Kraft getreten ist[5], haben sich kompetenzielle Veränderungen auch für den Bereich der Landwirtschaft ergeben: Art. 74 I Nr. 18 GG erfasst nurmehr das städtebauliche Grundstücksverkehrsrecht, womit der landwirtschaftliche Grundstücksverkehr ebenso wie das landwirtschaftliche Pachtwesen in die ausschließliche Gesetzgebungskompetenz der Länder fallen, was zu einem Bedeutungszuwachs des Art. 163 IV führen könnte. Die Rahmengesetzgebungskompetenz des Bundes wurde gänzlich beseitigt. Das Jagdwesen, der Naturschutz und die Landschaftspflege wurden der konkurrierenden Gesetzgebungskompetenz zugeordnet (Art. 74 I Nr. 28, 29 GG), wobei den Ländern eine Abweichungskompetenz eingeräumt wurde (Art. 72 III Nrn. 1 und 2 GG).

6   e) Noch ausschlaggebender für den Bedeutungsverlust der Art. 163–165 ist das europäische **Gemeinschaftsrecht**[6], das im Bereich des Agrarrechts eine immense Relevanz hat. Das Agrarrecht zählt zu den Rechtsgebieten, die am stärksten durch EG-Recht, das den Art. 163-165 in der Modalität des Anwendungsvorranges vorgeht, geprägt sind. Rechtsgrundlagen sind Art. 32-38 des EG-Vertrages[7], auf deren Basis unzählige sekundärrechtliche EG-Rechtsakte, insbesondere die sog. Marktordnungen[8], überwiegend in der Gestalt von unmittelbar wirkenden EG-Verordnungen erlassen worden sind und werden[9]. Hinzu kommt die Kompetenz der EG für agrarstrukturpolitische Maßnahmen im Rahmen der gemeinschaftlichen Regionalpolitik (Art. 148 ff. EG-Vertrag).

7   2. Der **Landesgesetzgeber** kann mithin nur in dem **engen Spielraum** legislatorisch zur Umsetzung der Art. 163-165 tätig werden, der ihm vom Bundes- und Gemeinschaftsgesetzgeber belassen ist. Zu nennen ist in erster Linie das **Gesetz zur Förderung der bayerischen Landwirtschaft** (LwFöG) vom 8.8.1974[10]. Einen Überblick über das bayerische Landwirtschaftsrecht erschließt der „Fortführungsnachweis zur Bayerischen Rechtssammlung" unter Nr. 78 und 79 (S. 118 bis 129 des Fortführungsnachweises 2006). Daneben sind Art. 163-165 **Auslegungsdirektiven** bei der Auslegung und Anwendung von Bundes- und Europarecht, wenn und soweit durch dieses **Spielräume** belassen werden.

8   3. Aus Art. 163–165 ergibt sich eine verfassungsrechtliche **Institutsgarantie** zu Gunsten der bürgerlich-privat, insbesondere klein- und mittelständisch geprägten Landwirtschaft in Bayern. Der Staat ist – ungeachtet bundes- und europarechtlicher Ingerenzen – ver-

---

[5] BGBl I S. 2034.

[6] Eingehender *Knöpfle* (Fn. 1), Rn. 6 ff.

[7] Im Vertrag von Lissabon sind die Art. 38 ff. EUAV einschlägig

[8] Diese erfassen über 90 % der landwirtschaftlichen Produkte der Gemeinschaft.

[9] Vgl. dazu die vertiefende Darstellung von *Busse,* Agrarrecht, in: Schulze/Zuleeg (Hrsg.), Europarecht – Handbuch für die deutsche Rechtspraxis, 2006, S. 1032 ff. m. w. N.

[10] GVBl S. 395, BayRS 787-1-L; zuletzt geändert durch Art. 33 Abs. 2 Gesetzes vom 27. 12. 2004 (GVBl S. 521).

pflichtet, für eine funktionierende Landwirtschaftsstruktur zu sorgen. Daraus ergibt sich zwar keine Bestandsgarantie für den einzelnen Betrieb, wohl aber eine Fürsorge- und Schutzpflicht dahingehend, dass der Staat die Pflege der Landschaft und die Versorgung der bayerischen Bevölkerung mit qualitativ hochwertigen und für die Menschen erschwinglichen (Grund-)Lebensmitteln sicherstellt. Art. 163–165 postulieren insofern eine **Garantenstellung** des Staates, die sich letztlich – im Ernstfall und in Versorgungsengpässen – auch zu einer autonomen Versorgungsgarantie für die Bewohner Bayerns durch einheimische Betriebe verdichten lässt. Die Erfüllung dieser Gewährleistung, die landwirtschaftliche „Infrastruktur" zu sichern, gehört zu den verfassungsrechtlichen **„Begleitpflichten"** des Staates. Diese Pflicht ist trotz Internationalisierung, Europäisierung und Globalisierung der Wirtschafts- und Versorgungsmärkte nachdrücklich zu betonen, da politische Krisen – oder gar Katastrophenzustände – durchaus rasch zu Versorgungsengpässen führen können.

4. VE und V enthielten einschlägige Regelungen im fünften Abschnitt des III. Hauptteils (Art. 119–121 VE; Art. 126–128 E).   **9**

Parallelvorschriften im Grundgesetz und anderen Landesverfassungen: Art. 43 BbgVerf; Art. 40 BremVerf; Art. 42, 43 HessVerf; Art. 55 SaarlVerf.

Literatur: Grimm, Agrarrecht, 2. Aufl. 2004; *Busse,* Agrarrecht, in: Schulze/Zuleeg (Hrsg.), Europarecht – Handbuch für die deutsche Rechtspraxis, 2006, S. 1032 ff.

Art. 163 [Grund und Boden]

(1) ¹Grund und Boden sind frei. ²Der Bauer ist nicht an die Scholle gebunden.
(2) Der in der land- und forstwirtschaftlichen Kultur stehende Grund und Boden aller Besitzgrößen dient der Gesamtheit des Volkes.
(3) Das bäuerliche Eigentum an Grund und Boden wird gewährleistet.
(4) ¹Bauernland soll seiner Zweckbestimmung nicht entfremdet werden. ²Der Erwerb von land- und forstwirtschaftlich genutztem Boden soll von einem Nachweis der Eignung für sachgemäße Bewirtschaftung abhängig gemacht werden; er darf nicht lediglich der Kapitalanlage dienen.
(5) Enteignungen an land- und forstwirtschaftlichem Grund und Boden sind nur für dringende Zwecke des Gesamtwohls, insbesondere der Siedlung, gegen angemessene Entschädigung unter Schonung der Mustergüter und Beispielswirtschaften zulässig.

> *S. zunächst die Vorbemerkungen vor Art. 163.*

Art. 163 umfasst **verschiedene Regelungsgehalte,** deren gemeinsamer Zweck der   **1** Schutz und die Erhaltung landwirtschaftlich genutzten Grund und Bodens im Eigentum der Landwirte ist. Im Einzelnen:

1. **Abs. 1** stellt eine „historische Reminiszenz an die Bauernbefreiung um die Wende   **2** des 18. Jahrhunderts" dar und hat heute weder rechtliche noch praktische Bedeutung.¹

2. **Abs. 2** ist eine für den Bereich der Land- und Forstwirtschaft formulierte eigentums-   **3** rechtliche Gemeinwohlklausel und im Zusammenhang mit Art. 103 II und Art. 158 S. 1 zu sehen.² Für die Zulässigkeit konkreter eigentumsbeeinträchtigender Maßnahmen gelten die für Art. 103, 158, 159 entwickelten Maßstäbe; dazu sei auf die Erl. zu Art. 103 verwiesen. Abs. 2 ist im Bereich der Land- und Forstwirtschaft im Rahmen der **Abwägung** von Gemeinwohl und Eigentümerinteresse zu berücksichtigen, stellt indes weder eine eigenständige Grundlage für die Rechtfertigung von Eigentumsbeeinträchtigungen noch eine Grundpflicht dar, aus der sich konkrete Pflichten des jeweiligen Grundeigentümers ableiten ließen. Dies wäre zudem nicht mit Art. 14 GG vereinbar.

---

¹ *Nawiasky,* S. 244.
² VerfGH 9, 1 (8); 11, 110 (118).

4   3. **Abs. 3** wiederholt die **Eigentumsgarantie** des Art. 103 I für das „bäuerliche Eigentum an Grund und Boden", also für das Eigentum an land- oder forstwirtschaftlich genutzten Grundstücken. Der VerfGH[3] hat **offen gelassen,** ob es sich um ein eigenständiges **Grundrecht** handelt. Selbst wenn dies der Fall wäre, hätte es keine über Art. 103 I hinausgehende, sondern rein wiederholende Bedeutung.[4] Infolgedessen ist Abs. 3 praktisch ohne jede Bedeutung.

5   4. **Abs. 4** dient der Zweckerhaltung land- und forstwirtschaftlich genutzter Grundstücke („Bauernland in Bauernhand"). Es handelt sich dabei um einen **Programmsatz,** nicht um ein Grundrecht.[5] Seit der Föderalismusreform des Jahres 2006 liegt die Gesetzgebungskompetenz für das Grundstücksverkehrsrecht im Bereich der Landwirtschaft bei den Ländern (Rn. 5 vor Art. 163); Abs. 4 entfaltet insoweit gegenüber dem Gesetzgeber **Direktionskraft.**

6   5. **Abs. 5** enthält keine über Art. 159 S. 1 hinausgehende Enteignungsmöglichkeit.[6] Im übrigen hat eine Enteignung dem Art. 14 III GG zu genügen, so dass die Frage nach der eigenständigen Bedeutung des Abs. 5 müßig ist.[7]

Art. 164 [Förderung der Landwirtschaft]

(1) Der landwirtschaftlichen Bevölkerung wird durch Anwendung des technischen Fortschritts auf ihren Lebensbereich, Verbesserung der Berufsausbildung, Pflege des landwirtschaftlichen Genossenschaftswesens und Förderung der Erzeugung und des Absatzes ein menschenwürdiges Auskommen auf der ererbten Heimatscholle gewährleistet.

(2) [1]Ein angemessenes landwirtschaftliches Einkommen wird durch eine den allgemeinen Wirtschaftsverhältnissen entsprechende Preis- und Lohngestaltung sowie durch Marktordnungen sichergestellt. [2]Diesen werden Vereinbarungen zwischen den Organisationen der Erzeuger, Verteiler und Verbraucher zugrunde gelegt.

S. zunächst die Vorbemerkungen vor Art. 163.

1   1. Während Art. 163 den Schutz des landwirtschaftlich genutzten Bodens mit dem Ziel der Nutzung speziell durch Landwirte zum Gegenstand hat, zielt Art. 164 auf den **Schutz der landwirtschaftlich tätigen Bevölkerung** selbst. Ihr wirtschaftliches Auskommen, das den Maßstäben der Menschenwürde gerecht wird, ist Anliegen der Norm. Art. 164 ist nach Auffassung der h. M. eine reine **Programmvorschrift.**[1] Dies ist **zu kurz gegriffen,** vielmehr lässt sich Art. 164 zu einem **verfassungsrechtlichen Anspruch** auf direkte staatliche Unterstützung verdichten, wenn nach den tatsächlichen Entwicklungen ein entsprechendes menschenwürdiges[2] Auskommen der landwirtschaftlich tätigen Bevölkerung nicht mehr gesichert und die staatliche Garantenstellung für eine autonome Versorgung der bayerischen Bevölkerung – in Krisenzeiten – nicht mehr gesichert werden kann. Freilich ist im gegenwärtigen geltenden Rechtssystem die finanzielle Sicherung der Landwirte

---

[3] VerfGH 9, 1 (8); 22, 34 (39); 28, 107 (118); 37, 26 (27); 45, 137 (140).

[4] *Nawiasky,* S. 244; *Meder,* Art. 163 Rn. 3.

[5] VerfGH 28, 107 (118); 34, 199 (200); 37, 26 (28). Zur fachlichen Qualifizierung der Landwirte s. *Knöpfle* (Fn. 1), Rn. 7.

[6] *Meder,* Art. 163 Rn. 4.

[7] Ausführlich *Knöpfle* (Fn. 1), Rn. 14 ff.

[1] *Meder,* Art. 164 Rn. 1; *Knöpfle* (Vorbem. Fn. 1), Rn. 2.

[2] Gemeint ist nicht nur ein „Überlebens"-Auskommen, sondern ein solches, das den Wert, die Mühe und die Verantwortung landwirtschaftlicher Tätigkeit nicht nur für die Ernährung der Bevölkerung, sondern auch für die Pflege des Landes und den ästhetischen Genuss der Landschaft angemessen honoriert. Das in Bayern häufig gebrauchte Wort, die Landwirtschaft sei die „Seele" des Landes, hat insofern auch eine materielle Dimension.

in erster Linie Gegenstand des EG-Rechts, insbesondere der Marktordnungen.[3] Sollte dieses Regelungsregime nicht mehr hinreichen, verpflichtet Art. 164 den Freistaat zu entsprechenden Unterstützungsmaßnahmen für die landwirtschaftlich tätige Bevölkerung. Insofern entfaltet Art. 164 jedenfalls eine **Reserve-Sicherungsfunktion.**

2. Wichtigste legislatorische Maßnahme des Freistaates Bayern ist derzeit das **Gesetz** **2** **zur Förderung der bayerischen Landwirtschaft** (LwFöG)[4]. Zweck (Art. 1), Ziele (Art. 2) und Fördermaßnahmen sind als Umsetzung des Gesetzgebungsauftrags des Art. 164 zu sehen.

Art. 165 [Verhinderung der Überschuldung]

Die Überschuldung landwirtschaftlicher Betriebe ist durch die Gesetzgebung möglichst zu verhindern.

S. zunächst die Vorbemerkungen vor Art. 163.

Art. 165 stellt einen **Programmsatz** dar.[1] Die Intention war ursprünglich die Beschrän- **1** kung der Belastung landwirtschaftlicher Grundstücke durch Grundpfandrechte und ein „gewisser Vollstreckungsschutz".[2] Art. 165 kommt heute **keine praktische Bedeutung** zu. Zwar ist er mit Bundes- und Europarecht vereinbar und gilt daher als solcher fort, indes hatte der Landesgesetzgeber bislang nur sehr beschränkte Instrumente zur Umsetzung des Programmsatzes.

Allerdings liegt seit der **Föderalismusreform** des Jahres 2006 die Gesetzgebungskom- **2** petenz für das Grundstücksverkehrsrecht im Bereich der Landwirtschaft bei den Ländern (Rn. 5 vor Art. 163). Bayern könnte also nunmehr entsprechende, dem Schutzauftrag des Art. 165 genügende grundstücksverkehrsrechtliche Regelungen erlassen, z. B. Veräußerungs- und Belastungsverbote oder -beschränkungen, die eine Überschuldung landwirtschaftlicher Betriebe verhindern sollen. Die Begründung eines speziellen Vollstreckungsschutzes fällt unter Art. 74 I Nr. 1 GG (das Zwangsvollstreckungsrecht gehört zum „gerichtlichen Verfahren").

4. Abschnitt. Die Arbeit

Vorbemerkungen

S. zunächst die Vorbemerkungen zum Vierten Hauptteil

1. Dieser Abschnitt widmet sich in weiterem Sinne der **Arbeit** sowie dem **Arbeits-** **1** **und Sozialrecht,** für die Beamten gilt der 9. Abschnitt des Ersten Hauptteils (Art. 94 ff.). Mit einem eigenen Abschnitt bringt die Verfassung die Bedeutung der Arbeit als wichtigen Faktor im Wirtschaftsleben zum Ausdruck. Umfasst sind **Verfassungsbestimmungen ganz unterschiedlicher Rechtsnatur,** deren Gemeinsamkeit im thematischen Bezug zum Arbeitsleben und den daran anknüpfenden rechtlichen und sozialen Fragen besteht.

a) Thematisch sind angesprochen die **Bedeutung des Wertes von Arbeit** und Ar- **2** beitsleistung an sich (Art. 166), der Schutz des Menschen vor Überforderung und Ausbeutung seiner Arbeitskraft (Art. 167, 173, 174), das Recht auf angemessene und gerechte Entlohnung (Art. 168 I, II; 169 I), die Absicherung durch Fürsorge (Art. 168 III) und Sozialversicherung (Art. 171), das individuelle Arbeitsrecht (Art. 172), das kollektive Arbeitsrecht (Art. 169 II: Tarifverträge; Art. 170: Koalitionsfreiheit; Art. 175: innerbetriebliche Mitbestimmung; Art. 176: Überbetriebliche Mitbestimmung) sowie das Arbeitsgerichtswesen

---

[3] *Knöpfle* (Fn. 1), Rn. 4 f.
[4] GVBl S. 395, BayRS 787-1-L; zuletzt geändert durch Gesetz vom 27. 12. 2004 (GVBl S. 521).
[1] *Nawiasky,* S. 245; *Meder,* Art. 165 Rn. 1; VerfGH 16, 128 (136).
[2] *Nawiasky,* S. 245.

(Art. 177). Insgesamt gesehen ist durch den vierten Abschnitt – cum grano salis – das **gesamte Arbeits- und Sozialrecht verfassungsrechtlich angesprochen.** Art. 166 ff. lassen sich damit als spezielle verfassungsrechtliche Konkretisierungen des Sozialstaatsprinzips (Art. 3 I 1) lesen.[1]

3   b) Nach allgemeiner Auffassung enthalten die Art. 166 ff. im Wesentlichen **Programmbestimmungen,** also objektiv-rechtliche Direktiven für den Gesetzgeber und die Exekutive. Lediglich **Art. 170** stellt nach h. M. eine **Grundrechtsbestimmung** dar. Diese Sichtweise ist insofern angreifbar, als die meisten Bestimmungen der Art. 166 ff. so formuliert sind, dass man sie auch ohne weiteres als leistungsrechtliche Grundrechtsverbürgungen ansehen könnte.

4   2. In der **verfassungsrechtlichen Praxis** haben die Art. 166 ff. im Grunde **keine Bedeutung,** da das Arbeits- und Sozialrecht fast vollständig bundesrechtlich determiniert ist (Art. 74 I Nr. 7, 12 GG). Die auf dieser Basis erlassenen Rechtsvorschriften können als Bundesrecht nicht am Maßstab der Art. 166 ff. gemessen werden. Deren verfassungsrechtliche Wirkkraft beschränkt sich ganz überwiegend auf **Reserve-, Einwirkungs- und Vollzugsdirektiven** (dazu Rn. 3 ff. vor Art. 151). Aus diesem Grund ist auch die folgende Kommentierung knapp gehalten.

5   3. **Entstehung:** Der Abschnitt über die Arbeit war bereits im VE und im E enthalten und bildete dort unter gleicher Überschrift den sechsten Abschnitt des Dritten Hauptteils. Im VA und im Plenum erfuhr er verschiedentliche Änderungen. Näheres findet sich bei den Erläuterungen zu den einzelnen Artikeln.

Art. 166 [Schutz der Arbeit]

(1) Die Arbeit ist die Quelle des Volkswohlstandes und steht unter dem besonderen Schutz des Staates.

(2) Jedermann hat das Recht, sich durch Arbeit eine auskömmliche Existenz zu schaffen.

(3) Er hat das Recht und die Pflicht, eine seinen Anlagen und seiner Ausbildung entsprechende Arbeit im Dienste der Allgemeinheit nach näherer Bestimmung der Gesetze zu wählen.

Parallelvorschriften im GG und anderen Landesverfassungen: Art. 18 BerlVerf; Art. 48 BbgVerf; Art. 8 I, 49 BremVerf; Art. 28 HessVerf; Art. 17 M-VVerf; Art. 6 a NdsVerf; Art. 24 I 3 NRWVerf; Art. 53 II RhPfVerf; Art. 45 SaarlVerf; Art. 36 ThürVerf; vgl. auch Art. 27 ff. EGC.

Rechtsprechung: VerfGH 13, 141; 39, 56 (62); 52, 79 (91).

1. Bedeutung

1   Art. 166 stellt eine **Programmvorschrift** dar, aus der sich für den Einzelnen **keine subjektiven Rechte,** zumal keine Grundrechte, aber auch keine (Grund-)Pflichten ableiten lassen.[1*]

2   a) **Abs. 1** postuliert, deklaratorisch-beschreibend, die **Bedeutung von Arbeit** und Arbeitsleistung als Grundlage der Volkswirtschaft und des Volkswohlstands und stellt die Arbeit daher unter den **besonderen Schutz des Staates.** Diese objektiv-rechtliche Schutzpflicht wird in den nachfolgenden Absätzen und Artikeln näher ausgeformt.[2] Unmittelbare konkrete Verpflichtungen des Staates bzw. Rechte des Einzelnen[3] lassen sich aus Abs. 1 nicht ableiten, wohl aber die Funktion einer **Gesamtdirektive für den Gesetzgeber.** Diese freilich **liegt brach,** da die **Gesetzgebungskompetenzen** für den Bereich

---

[1] *Nawiasky,* S. 246.

[1*] VerfGH 46, 273 (277); 52, 79 (91): *„enthält nur programmatische Erklärungen des Verfassungsgebers, aus denen sich subjektive Rechte für den einzelnen nicht ableiten lassen.";* Meder, Art. 166 Rn. 1.

[2] *Nawiasky,* S. 246.

[3] VerfGH 13, 141 (144); 39, 56 (62).

des Arbeits- und Sozialrechts (Art. 74 I Nr. 7, 12 GG) vom Bund nahezu vollständig in Anspruch genommen worden sind.

b) Ähnliches gilt für **Abs. 2,** der in Art. 163 II 1 WRV einen Vorläufer findet. Abs. 2 verbürgt nach allgemeiner Meinung **weder ein subjektives Recht auf Arbeit**[4] im Sinne eines Leistungsrechts gegenüber dem Staat[5] oder gar gegen einen privaten Arbeitgeber[6] **noch ein Grundrecht der Berufsfreiheit.** Die Berufsfreiheit als Abwehrrecht wird vielmehr von Art. 101 umfasst (vgl. dazu Rn. 17 zu Art. 101).[7] Berufswahl- und Ausübungsregelungen sind am Maßstab des Art. 101 zu messen. Gibt Abs. 2 zwar keinen Anspruch auf Zurverfügungstellung eines Arbeitsplatzes, so ist er doch **nicht völlig bedeutungslos.** Der Staat ist infolge der **Programmsatzwirkung,** die Abs. 2 entfaltet, verpflichtet, wirtschafts-, arbeitsmarkt- und sozialpolitische Maßnahmen zu treffen, die es allen Bürgern ermöglichen, sich durch Arbeit eine „auskömmliche Existenz zu schaffen". Der Staat hat insoweit eine **politische Konzeptionspflicht, nicht** hingegen eine **Garantenpflicht** für ein hinreichendes Maß an Arbeitsplätzen.

c) **Abs. 3** konkretisiert Abs. 2 materiell dahin gehend, dass die Arbeit den „Anlagen" und der „Ausbildung" gemäß gewählt werden dürfe und solle. Dem liegt – wie auch Art. 128 I – ein der Menschenwürde entsprechender (Art. 100), aber auch ein funktionalstaatspragmatischer Gedanke zu Grunde: Jeder Mensch soll das tun dürfen, wozu er berufen ist und was ihm innere Erfüllung bereitet. Damit bringt er gleichzeitig mehr in die Gemeinschaft ein. Das sind freilich **Zielvorstellungen,** die anzustreben sind, aber nicht rechtlich gewährleistet und auch nicht verpflichtend eingefordert werden können. Abs. 3 verbürgt keine subjektiv-rechtliche Rechtsposition, **kein Grundrecht**[8] des Einzelnen und auch keine verfassungsrechtliche Pflicht, einen entsprechenden Beruf zu ergreifen; letzteres wäre zudem ein Verstoß gegen Art. 12 II, III GG. Auch will Abs. 3 nicht ausschließen, dass für das Ergreifen eines Berufes bestimmte durch Prüfungen nachgewiesene Qualifikationsanforderungen im öffentlichen Interesse gefordert werden.[9] Solche sind allerdings am in Art. 101 verankerten Grundrecht der Berufsfreiheit auf ihre Verfassungskonformität hin zu prüfen.

Abs. 3 lässt sich aber immerhin als die **in eine Verfassungsnorm gekleidete moralische Pflicht** deuten, insofern kommt ihm **Appellwirkung** zu.[10]

2. Entstehung

Abs. 3 entstand durch Zusammenfassung von Art. 85 und 130 E. Der Artikel insgesamt erhielt seine Fassung bei der ersten Lesung im VA.

---

[4] *Meder,* Art. 166 Rn. 1; VerfGH 2, 127 (Ls. 10); 5, 161 (166); 13, 141 (Ls. 2); 20, 62 (72); 21, 211 (216); 22, 1 (11); Abs. 2 verbürgt auch keinen Anspruch darauf, dass ein Arbeitsplatz aus familienbezogenen Gründen für längere Zeit freigehalten wird, VerfGH 39, 56 (62). Auch die Ausübung der Prostitution ist von Art. 166 nicht geschützt, VerfGH 35, 136 (146), wohl aber nach Art. 101.

[5] Zur Problematik eines subjektiven Rechts auf Arbeit BVerfGE 84, 133 (146); 85, 360 (373). Zu dieser seit den 70er-Jahren geführten Diskussion *Wank,* Das Recht auf Arbeit im Verfassungsrecht und im Arbeitsrecht, 1980, S. 17 ff.; *Scholz,* in: Maunz/Dürig, Art. 12 Rn. 44 ff. m. w. N. in Fn. 3; *Papier,* Artikel 12 Grundgesetz – Freiheit des Berufs und Grundrecht der Arbeit, DVBl. 1984, 801 (810); *Pietzcker,* Artikel 12 Grundgesetz – Freiheit des Berufs und Grundrecht der Arbeit, NVwZ 1984, 550 (556); *Häberle,* Arbeit als Verfassungsproblem, JZ 1989, 345 (352).

[6] Dies liefe auf eine unmittelbare, anspruchsbegründende Drittwirkung des Art. 166 II hinaus; vgl. dazu auch *Lindner,* Grundrechtsfestigkeit des arbeitsrechtlichen Kündigungsschutzes, RdA 2005, 166.

[7] VerfGH 52, 173 (185): „*Aus Art. 166 ergeben sich in Bezug auf Berufsausübungsregelungen keine Grundsätze, die über die Gewährleistung in Art. 101 BV hinausreichen (VerfGH 42, 41/49).*"; offen gelassen in VerfGH 3, 90 (94).

[8] Anders noch VerfGH 1, 16 (17); dann aber VerfGH 2, 127 (142); 4, 30 (38); 5, 161 (166); 8, 80 (89); 15, 49 (53); 16, 32 (45); 16, 101 (112); 21, 59 (66); 21, 211 (216); 22, 1 (11); 50, 272 (275) und öfter.

[9] VerfGH 16, 101 (112); 21, 59 (66).

[10] *Nawiasky,* S. 247: „sittliche Verpflichtung"; *Meder,* Art. 166 Rn. 3.

3. Verhältnis zum Grundgesetz

6 Die Vorschrift ist **wirksam,** da sie dem GG nicht widerspricht. Zur Frage der **Gesetzgebungskompetenzen** im Bereich des Arbeits- und Sozialrechts s. oben Rn. 2.

Art. 167 [Schutz der Arbeitskraft]

(1) Die menschliche Arbeitskraft ist als wertvollstes wirtschaftliches Gut eines Volkes gegen Ausbeutung, Betriebsgefahren und sonstige gesundheitliche Schädigungen geschützt.
(2) Ausbeutung, die gesundheitliche Schädigungen nach sich zieht, ist als Körperverletzung strafbar.
(3) Die Verletzung von Bestimmungen zum Schutz gegen Gefahren und gesundheitliche Schädigungen in Betrieben wird bestraft.

Parallelvorschriften in Verfassungen anderer Länder: Art. 48 III BbgVerf; Art. 37 BremVerf; Art. 30 HessVerf; Art. 24 I NRW Verf; Art. 53 RhPfVerf; Art. 45 SaarlVerf; Art. 28 II SächsVerf.

1. Bedeutung

1 a) Art. 167 postuliert wuchtig den **Schutz des Arbeitnehmers vor Ausbeutung, Überforderung** und **gesundheitlicher Schädigung,** er stellt eine **Ausprägung des Menschenwürdesatzes (Art. 100) im Bereich des Arbeitslebens** dar. Die Rechtsprechung sieht Art. 167 trotz seines fundamentalen Regelungsgehalts lediglich als **Programmsatz** an.[1] Der **objektive Schutzauftrag** des Abs. 1 wird durch eine Fülle von **bundesgesetzlichen Normen,** etwa im Gewerberecht sowie über den Arbeitsschutz erfüllt. Zudem fällt die Kompetenz für das allgemeine Strafrecht in den Bereich des Art. 74 I Nr. 1 GG, so dass Abs. 2 und 3 derzeit keine Aktualität haben. Abs. 2 und 3 stellen keine Straftatbestände dar, nach denen ein Arbeitgeber unmittelbar verurteilt werden könnte[2], sondern enthalten Regelungsaufträge an den Gesetzgeber, entsprechendes Verhalten ausdrücklich für strafbar zu erklären oder nach Maßgabe allgemeiner Straftatbestände, etwa der §§ 223 ff. StGB, zu bestrafen.

2 b) Gleichwohl ist Art. 167 **nicht ohne Bedeutung.** Sie erinnert an menschenverachtende Verdinglichungen des arbeitenden (zur Arbeit gezwungenen) Menschen – schon darin liegt ein Wert dieser Norm, der sie gegen Aufhebungswünsche schützen sollte. Zudem kann er im Rahmen der **Strafzumessung** bei Verurteilungen wegen einschlägiger Körperverletzungsdelikte im Arbeitsleben als Bemessungsdirektive wirken. Insgesamt gesehen entfaltet Art. 167 eine Reservedirektionswirkung für den Fall, dass das derzeit ganz überwiegend durch Bundesrecht gewährleistete Schutzniveau zu Gunsten der Arbeitnehmer hinter einem vor dem Menschenwürdepostulat vertretbaren Niveau zurückbleibt.

3 c) In diesem kompetenziellen Rahmen entfaltet Art. 167 seine Schutzwirkung zu Gunsten des Arbeitnehmers, allerdings nicht in der Modalität subjektiv-rechtlicher Schutzansprüche, wohl aber und mindestens in Gestalt **objektiv-rechtlicher Handlungspflichten.**

2. Entstehung

4 Art. 167 entspricht wörtlich Art. 122 VE und Art. 129 E.

3. Verhältnis zum Grundgesetz

5 Die Vorschrift ist **wirksam,** da sie dem GG in ihrem Regelungsgehalt nicht widerspricht. Zur Frage der Gesetzgebungskompetenzen im Bereich des Arbeits- und Strafrechts s. oben Rn. 1.

---

[1] *Nawiasky,* S. 247; *Meder,* Art. 167 Rn. 1; VerfGH 21, 1 (10); 22, 1 (11); 40, 58 (61); 42, 28 (32); 42, 188 (192).
[2] *Nawiasky,* S. 248.

Art. 168 [Arbeitslohn; Recht auf Fürsorge]

(1) [1]Jede ehrliche Arbeit hat den gleichen sittlichen Wert und Anspruch auf angemessenes Entgelt. [2]Männer und Frauen erhalten für gleiche Arbeit den gleichen Lohn.

(2) Arbeitsloses Einkommen arbeitsfähiger Menschen wird nach Maßgabe der Gesetze mit Sondersteuern belegt.

(3) Jeder Bewohner Bayerns, der arbeitsunfähig ist oder dem keine Arbeit vermittelt werden kann, hat ein Recht auf Fürsorge.

Parallelvorschriften in Verfassungen anderer Länder: Art. 45 II; 48 II BbgVerf; Art. 37 S. 2, Art. 53 BremVerf; Art. 28 III, Art. 33 HessVerf; Art. 17 II 2 M-VVerf; Art. 24 II NRWVerf; Art. 56 RhPfVerf; vgl. auch Art. 141 EG-Vertrag.

I. Allgemeines

1. Bedeutung

Art. 168 vereint **unterschiedliche Regelungsgegenstände** in sich. **Abs. 1** handelt 1 von der **Entgeltung** der Arbeit, **Abs. 2** postuliert die **Besteuerung** von Einkommen, das nicht auf Arbeit beruht, **Abs. 3** betrifft die **Fürsorge.** Nach allgemeiner Meinung enthält Art. 168 in allen drei Absätzen lediglich **Programmsätze,** verbürgt indes keine grundrechtlichen Ansprüche des Arbeitnehmers gegenüber dem Staat oder gegenüber einem privaten Arbeitgeber. Art. 168 wird von **Bundesrecht** überlagert, das auf der Grundlage von Art. 74 I Nr. 7 („öffentliche Fürsorge"), Nr. 12 („Arbeitsrecht") GG sowie von Art. 105 II GG (Einkommensteuerrecht) erlassen worden ist und wird.

2. Entstehung

Abs. 1 war weder im VE noch im E enthalten, sondern wurde erst im VA aufgenommen. 2 Abs. 2 und 3 entsprechen der Sache nach Art. 123 II, III VE und Art. 130 II, III E.

3. Verhältnis zum Grundgesetz

Die Vorschrift ist **wirksam,** da sie dem GG und sonstigem Bundesrecht in ihrem Regelungsgehalt nicht widerspricht. Zur Kompetenzüberlagerung s. oben Rn. 1. 3

II. Einzelkommentierung

1. Lohngerechtigkeit und Lohngleichheit (Absatz 1)

Abs. 1 handelt im weiteren Sinne von der **„Lohngerechtigkeit"** und enthält insgesamt 4 drei Aussagen, die nach allgemeiner Meinung **keine Grundrechte** darstellen, sondern lediglich Programmsätze formulieren[1]:

a) Satz 1 Alt. 1 setzt die durch die Menschenwürde (Art. 100) implizierte „Gleichwertig- 5 keit" jedes Menschen (dazu Rn. 15 ff. zur Art. 100) im Bereich der Arbeit fort. Jedes Menschen Arbeit ist **sittlich gleich viel wert,** unabhängig von der Art der Arbeit, der zu Grunde liegenden Ausbildung und dem tatsächlichen Verdienst. Wer etwas, auch noch so Geringes leistet, verdient den gleichen Respekt der Gemeinschaft. Unter „ehrlicher Arbeit" ist jede geistige oder körperliche Tätigkeit zu verstehen, die von der Rechtsordnung nicht verboten ist. Ob dies der Fall ist, ergibt sich nicht aus Art. 168 I 1 selbst, sondern bemisst sich nach Art. 101, der auch das Grundrecht der Berufsfreiheit verbürgt (Rn. 17 zu Art. 101).

b) Satz 1 Alt. 2 enthält das **Gebot der Lohngerechtigkeit,** nicht als Grundrecht, son- 6 dern lediglich als Programmsatz. Jede Arbeit hat zwar sittlich den gleichen Wert, daraus

---

[1] *Nawiasky,* S. 248 (für Satz 1), S. 249 (für Satz 2); *Meder,* Art. 168 Rn. 1; VerfGH 12, 91 (112); 14, 4 (17); 15, 49 (53); 18, 1 (7); offengelassen für Satz 2 VerfGH 13, 89 (93).

leitet die Verfassung aber **nicht das Gebot der absoluten Lohngleichheit** ab. Gefordert ist Lohn-**Angemessenheit.** Damit ist über die Höhe des Lohns noch nichts gesagt, Anhaltspunkte ergeben sich aus Art. 169 I, wonach „Mindestlöhne" festgesetzt werden können. Im Übrigen bemisst sich die Höhe des Lohns nach frei ausgehandelten **Arbeits- und nach Tarifverträgen.** Da das individuelle wie das kollektive Arbeitsrecht insgesamt Bundesrecht ist, ist auch Satz 1 Alt. 2 letztlich **ohne praktische Bedeutung.**

7   c) Satz 2 enthält das Gebot der **Lohngleichheit von Männern und Frauen** und ergänzt insoweit Art. 100, 118 II und 124 II. Es handelt sich nach richtiger Ansicht nicht nur um einen Programmsatz[2], sondern um ein **spezielles Gleichheitsgrundrecht,** das nach Art. 142 GG neben Art. 3 II GG weiterbesteht, allerdings in seinem Anwendungsbereich eingeschränkt ist, da Arbeitsrecht, insbesondere die Vorschriften über die arbeitsrechtliche Gleichbehandlung von Männern und Frauen als Bundesrecht nicht Prüfungsgegenstand am Maßstab des Art. 168 I 2 sein können. Die Lohngleichheit von Männern und Frauen hat auch eine **europarechtliche Dimension** (vgl. Art. 141 EG-Vertrag). Auf Beamte und Beamtinnen findet Satz 2 keine Anwendung, wohl aber Art. 118 II.[3]

2. Die Besteuerung arbeitslosen Einkommens (Absatz 2)

8   Abs. 2 stellt nach allgemeiner Meinung einen **Programmsatz,** also einen Regelungsauftrag an den Gesetzgeber dar, Einkommen, das nicht durch Arbeitsleistung verdient wurde (z. B. Kapitalerträge einschließlich Einnahmen aus Vermietung und Verpachtung; Spiel- und Lotteriegewinne), einer gesonderten Besteuerung zu unterwerfen. Da der Bund von der nach Art. 105 II GG i.V. m. Art. 106 III GG geregelten Gesetzgebungskompetenz abschließend Gebrauch gemacht und dabei „arbeitsloses" Einkommen weitgehend einkommensteuerpflichtig gemacht hat, ist Abs. 2 derzeit **ohne Bedeutung.** Ihm kommen für den Fall von Besteuerungslücken im Bundesrecht **Reservefunktionen** zu, die sich zu einer Pflicht der Organe Bayerns verdichten könnten, Gesetzesinitiativen im Bundesrat zu starten oder selbst ergänzende Steuernormen zu erlassen, wenn und soweit der Bund von seiner Gesetzgebungskompetenz keinen abschließenden Gebrauch gemacht haben sollte.[4]

3. Das Recht auf Fürsorge (Absatz 3)

9   Auch Abs. 3 ist nach allgemeiner Meinung lediglich ein **Programmsatz,** aus dem sich subjektive Rechte auf Sozialleistungen nicht ableiten lassen.[5] Zudem ist er durch **Bundesrecht** überlagert (Art. 74 I Nr. 7 GG), in dem das Recht auf Sozialhilfe bzw. „Arbeitslosengeld II" enthalten ist.[6] Wichtig ist der Gedanke der **Subsidiarität,** der in Abs. 3 zum Ausdruck kommt. Fürsorgeleistungen sollen nur erfolgen, wenn der Einzelne sich nicht selbst helfen, insbesondere nicht arbeiten kann oder keinen Arbeitsplatz findet. Verweigert der Einzelne ausdrücklich oder faktisch eine Arbeit, so kann ihm von Verfassungs wegen die Fürsorge auf das zum Leben unabdingbar Notwendige gekürzt werden. Ein grundrechtlicher Anspruch auf dieses Existenzminimum dürfte sich aus Art. 100 i.V. m. Art. 101 ableiten lassen (dazu Rn. 91 vor Art. 98).[7]

Art. 169 [Mindestlöhne; Tarifverträge]

(1) Für jeden Berufszweig können Mindestlöhne festgesetzt werden, die dem Arbeitnehmer eine den jeweiligen kulturellen Verhältnissen entsprechende Mindestlebenshaltung für sich und seine Familie ermöglichen.

---

   [2]   So aber *Nawiasky,* S. 249.
   [3]   VerfGH 11, 203 (211); 13, 89 (93).
   [4]   Vgl. dazu *Lindner,* BayVBl. 2006, 1 (10).
   [5]   *Meder,* Art. 168 Rn. 3; VerfGH 5, 273 (277); 42, 28 (32).
   [6]   S. insbes. SGB II und XII.
   [7]   Vgl. dazu auch *Lindner,* Theorie der Grundrechtsdogmatik, 2005, S. 344 ff.

(2) Die Gesamtvereinbarungen zwischen Arbeitgeber- und Arbeitnehmerverbänden über das Arbeitsverhältnis sind für die Verbandsangehörigen verpflichtend und können, wenn es das Gesamtinteresse erfordert, für allgemein verbindlich erklärt werden.

Parallelvorschriften in Verfassungen anderer Länder: Art. 51 BbgVerf; Art. 50 II BremVerf; Art. 29 HessVerf; Art. 54 RhPfVerf; Art. 47 SaarlVerf.

1. Bedeutung

a) Die Vorschrift, die nicht für Beamte und Beamtenorganisationen gilt[1], befasst sich mit zwei – miteinander zusammenhängenden – Themenbereichen: **Abs. 1** ermöglicht, ohne ein Grundrecht zu verbürgen, die **Festlegung von Mindestlöhnen** in jedem Berufszweig und ergänzt damit das Lohnangemessenheitsgebot in Art. 168 I. Die Festlegung von Mindestlöhnen muss durch Gesetz erfolgen, da insoweit verbindliche Gebote gesetzt werden (Art. 70 I).[2] **Abs. 2** betrifft das **Tarifvertragsrecht** sowie die Allgemeinverbindlicherklärung von Tarifverträgen. Tarifverträge sind Normenverträge, indes kein staatlich gesetztes Recht. Gleichwohl sind sie angesichts ihrer „Wirkungsmächtigkeit" für die Betroffenen unmittelbar an den Grundrechten des GG und der BV zu messen[3], indes nicht „popularklagefähig".[4]

b) Beide Absätze des Art. 168 haben nach dem gegenwärtigen Kompetenzverteilungsschema zwischen Bund und Ländern **keinerlei praktische Relevanz,** da sowohl das individuelle wie das kollektive Arbeitsrecht in den Bereich der konkurrierenden Gesetzgebung fallen (Art. 74 I Nr. 12 GG) und der Bund insoweit, insbes. durch das Tarifvertragsgesetz abschließend von dieser Gesetzgebungskompetenz Gebrauch gemacht hat. Ein Gesetz über Mindestlöhne könnte Bayern daher nicht erlassen. Zu gleichwohl bestehenden **Direktionswirkungen** s. Rn. 4 ff. vor Art. 151.

1

2

2. Entstehung

Art. 169 geht zurück auf Art. 124 VE und Art. 131 E. Dort war noch die Festlegung der Mindestlöhne durch die Staatsregierung vorgesehen. Dagegen erhob die amerikanische Militärregierung Einspruch. Abs. 1 wurde daher bei der ersten Lesung im VA entsprechend geändert.

3

3. Verhältnis zum Grundgesetz

Die Vorschrift ist **wirksam,** da sie dem GG und sonstigem Bundesrecht in ihrem Regelungsgehalt nicht widerspricht. Zur Kompetenzüberlagerung s. oben Rn. 2.

4

Art. 170 [Koalitionsfreiheit]

(1) Die Vereinigungsfreiheit zur Wahrung und Förderung der Arbeits- und Wirtschaftsbedingungen ist für jedermann und alle Berufe gewährleistet.
(2) Alle Abreden und Maßnahmen, welche die Vereinigungsfreiheit einschränken oder zu verhindern suchen, sind rechtswidrig und nichtig.

Parallelvorschriften im Grundgesetz und in Verfassungen anderer Länder: Art. 9 III GG; Art. 51 BbgVerf; Art. 48 BremVerf; Art. 36 HessVerf; Art. 66 RhPfVerf; Art. 56 SaarlVerf; Art. 25 SächsVerf; Art. 13 III VerfLSA; Art. 37 ThürVerf.

Rechtsprechung: VerfGH 4, 30; 26, 9; 52, 47; BVerfGE 44, 322; 50, 290; 84, 212; 92, 365; 93, 352; 103, 293.

---

[1] *Meder,* Art. 169 Rn. 1; VerfGH 8, 11 (20); 12, 91 (112).
[2] *Nawiasky,* S. 250.
[3] *Meder,* Art. 169 Rn. 3; a. A. VerfGH 24, 72.
[4] *Meder,* Art. 169 Rn. 3; VerfGH 24, 72 (80); 27, 1 (9).

Literatur: Schwerdtfeger, Individuelle und kollektive Koalitionsfreiheit, 1981; *Neumann,* Der Schutz der negativen Koalitionsfreiheit, RdA 1989, 243; *Kemper,* Die Bestimmung des Schutzbereichs der Koalitionsfreiheit, 1990; *Schwarze,* Die verfassungsrechtliche Garantie des Arbeitskampfes, JuS 1994, 653; *Höfling,* Grundelemente einer Bereichsdogmatik der Koalitionsfreiheit, FS Friauf 1996, S. 377 ff.; *Sodan,* Verfassungsrechtliche Grenzen der Tarifautonomie, JZ 1998, 421; *Pieroth,* Koalitionsfreiheit, Tarifautonomie und Mitbestimmung, in: FS 50 Jahre BVerfG II, 2001, S. 293 ff.; *Döttger,* Der Schutz tariflicher Normsetzung, 2003; *Höfling/Burkiczak,* Die unmittelbare Drittwirkung gemäß Art. 9 III 2 GG, RdA 2004, 263; *weitere Nachweise bei Höfling, in: Sachs, vor Art. 9.*

I. Allgemeines

1. Bedeutung

1   a) Art. 170 betrifft einen **praktisch bedeutsamen Bereich** des **kollektiven Arbeitsrechts,** nämlich die sog. „Koalitionsfreiheit".[1] Dabei handelt es sich nicht lediglich um eine spezifische Ausprägung der allgemeinen Vereinsfreiheit nach Art. 114[2] und auch nicht nur – im Gegensatz zu den sonstigen Vorschriften im 4. Abschnitt[3] – um einen objektiv-rechtlichen Programmsatz, sondern um ein **eigenständiges Grundrecht.**[4] Historischer Zweck[5] war und ist der Schutz von frei gebildeten Arbeitnehmervereinigungen, zumal der Gewerkschaften zur Förderung insbesondere der Arbeitsbedingungen der **Arbeitnehmer.** Art. 170 enthält jedoch darüber hinaus gleichberechtigt den Schutz von Vereinigungen auf **Arbeitgeberseite.**[6]

2   Art. 170 soll – wie auch Art. 9 III GG – einen „von staatlicher Rechtsetzung freien Raum garantieren, in dem frei gebildete Arbeitgeber- wie Arbeitnehmervereinigungen das Arbeitsleben selbständig ordnen".[7] Die dahinter stehende **ordnungspolitische** „Philosophie" besteht darin, dass die Zuständigkeit für Entscheidungen über die Arbeits- und Wirtschaftsbedingungen bei den „sachnäheren" Beteiligten im Vergleich zu gesetzlichen Regelungen optimierte Ergebnisse generiert. Über die sie angehenden Arbeits- und Wirtschaftsbedingungen „sollen die Beteiligten selbst und eigenverantwortlich, grundsätzlich frei von staatlicher Einflussnahme bestimmen".[8]

3   b) Das Grundrecht der Koalitionsfreiheit ist **primär** ein **Abwehrrecht,** es schützt sowohl die Arbeitnehmer- und Arbeitgebervereinigungen als solche **(kollektive Koalitionsfreiheit)** als auch den einzelnen Arbeitgeber oder Arbeitnehmer, der Mitglied einer solchen Vereinigung ist oder werden will **(individuelle Koalitionsfreiheit).**[9] Geschützt ist auch die Freiheit, einer Koalition nicht beizutreten oder sie wieder zu verlassen **(nega-**

---

[1] BVerfGE 84, 212 (223); 88, 103 (113); 100, 214 (221); 103, 293 (304).
[2] *Nawiasky,* S. 251; VerfGH 52, 47 (57).
[3] Vgl. die Vorbemerkungen vor Art. 166.
[4] *Nawiasky,* S. 251; *Meder,* Art. 170 Rn. 1; VerfGH 4, 30 (39); 26, 9 (17); 52, 47 (57).
[5] *Höfling,* in: Sachs, Art. 9 Rn. 48 ff.
[6] *Meder,* Art. 170 Rn. 1.
[7] *Jarass/Pieroth,* Art. 9 Rn. 30; BVerfGE 44, 322 (340); 64, 208 (215).
[8] BVerfGE 50, 290 (367); 88, 103 (114).
[9] BVerfG, DVBl. 2007, 61 (62).

tive Koalitionsfreiheit)[10]; eine Allgemeinverbindlicherklärung von Tarifverträgen ist dadurch freilich nicht ausgeschlossen.[11] Zugleich enthält Art. 170 I eine **Institutsgarantie,** insbesondere für den Kernbestand des Tarifvertragssystems.[12] Art. 170 II stellt einen Fall der **unmittelbaren Drittwirkung der Grundrechte** dar, indem er Abreden und Maßnahmen inter privatos unmittelbar, also ohne Dazwischenschalten der Schutzdimension der Grundrechte, für nichtig erklärt.

c) Das zur Ausgestaltung der Koalitionsfreiheit geschaffene Recht ist ganz überwiegend **4** **Bundesrecht.** Das **Tarifvertragsgesetz** ist auf der Basis des Art. 74 I Nr. 12 GG erlassen, das **Arbeitskampfrecht** wurde vom Bundesarbeitsgericht im Wege **bundesrechtlicher Rechtsfortbildung** entwickelt.[13] Dieses Recht ist an Art. 9 III GG zu messen, nicht indes an Art. 170. Daher hat Art. 170 eine in der Rechtspraxis gegenüber Art. 9 III GG untergeordnete Bedeutung; zur Weitergeltung s. unten Rn. 6. Entscheidungen des VerfGH zu Art. 170 sind selten. Daher beschränkt sich die nachfolgende Kommentierung – in Anlehnung an die Rechtsprechung des BVerfG – auf Grundsätzliches.[14]

2. Entstehung

Art. 170 geht zurück auf Art. 159 WRV sowie auf Art. 125 I, II VE und Art. 132 E. Im **5** VA wurde die Vorschrift insofern modifiziert, als die hinter dem Wort „Vereinigungsfreiheit" enthaltenen Worte „der Arbeitnehmer" gestrichen wurden. Damit sollte klargestellt werden, dass die Koalitionsfreiheit allen Berufstätigen, also **auch den Arbeitgebern,** zukommt.

3. Verhältnis zum Grundgesetz

Art. 170 ist im Wesentlichen wort- und inhaltsgleich mit Art. 9 III 1, 2 GG und gilt **6** nach **Art. 142 GG** weiter (vgl. auch Rn. 109 ff. vor Art. 98).[15] Er widerspricht auch sonstigem Bundesrecht in seinem Regelungsgehalt nicht. Allerdings ist **Bundesrecht** – auch solches, das vom Bundesarbeitsgericht im Wege bundesrechtlicher Rechtsfortbildung insbesondere zum Streikrecht „geschaffen" worden ist und wird – nicht am Maßstab des Art. 170 überprüfbar (dazu oben Rn. 4).

II. Einzelkommentierung

Vorbemerkung. Das Grundrecht der Koalitionsfreiheit entfaltet seine Wirkung ganz **7** überwiegend in der Dimension der **Eingriffsabwehr** (vgl. dazu bereits Rn. 3). Jegliche hoheitliche Beeinträchtigung eines individuellen oder kollektiven Interesses, das in den Schutzbereich des Art. 170 fällt, bedarf als Ausnahme von der Regel der verfassungsrechtlichen Rechtfertigung. Misslingt diese Rechtfertigung, so „reagiert" die Grundrechtsbestimmung dadurch, dass sie dem in seinem Grundrecht der Koalitionsfreiheit Verletzten einen subjektiv-verfassungsrechtlichen Anspruch auf Unterlassung, Beendigung oder Kompensation gibt. Vgl. zu diesen sich für alle natürlichen Freiheitsrechte ergebenden Zusammenhängen, Denk- und Prüfungsschritten bereits Rn. 50 ff. vor Art. 98, auf die hier

---

[10] *Meder,* Art. 170 Rn. 4; VerfGH 4, 30 (39); BVerfGE 50, 290 (367). Hoheitlicher oder privater Druck, einer Koalition beizutreten, verstößt gegen Art. 170; VerfGH 52, 47 (57): *„kein sozial inadäquater Zwang oder Druck".* Ein von einer Regelung ausgehender bloßer Anreiz zum Beitritt zu einer Koalition ist kein Verstoß gegen die negative Koalitionsfreiheit, BVerfG, DVBl. 2007, 61 (62). Arbeitsvertragliche Abreden, wonach ein Arbeitnehmer einer Koalition nicht beitritt oder beitreten darf, sind nach Art. 170 II BV, 9 III 2 GG nichtig. Die negative Koalitionsfreiheit schützt nicht dagegen, dass der Gesetzgeber die Ergebnisse von Koalitionsvereinbarungen zum Anknüpfungspunkt gesetzlicher Regelungen nimmt, BVerfG, DVBl. 2007, 61 (62).

[11] BAG, NJW 1990, 3037.

[12] BVerfGE 44, 322 (340).

[13] *Lerche,* Koalitionsfreiheit und Richterrecht, NJW 1987, 2465.

[14] Im Einzelnen sei verwiesen auf die Kommentierung zu Art. 9 III von *Höfling,* in: Sachs.

[15] *Meder,* Art. 170 Rn. 1; VerfGH 52, 47 (57).

verwiesen wird. Die nachfolgenden Erläuterungen beschränken sich auf die Besonderheiten, die bei Art. 170 zu beachten sind.

1. Persönlicher Schutzbereich (Grundrechtsberechtigte[16])

8   a) Vom **persönlichen Schutzbereich** des Art. 170 umfasst, also grundrechtsberechtigt, ist „jedermann", also jede natürliche Person unabhängig von der Staatsangehörigkeit (auch Staatenlose genießen den Schutz des Art. 170).

9   b) Neben der **individuellen** schützt Art. 170 auch die **kollektive Koalitionsfreiheit.** Daher fallen die entsprechenden Vereinigungen selbst in den Schutzbereich des Art. 170. Allerdings sind an eine Vereinigung i. S. d. Art. 170 bestimmte Anforderungen zu stellen, damit sie die Aufgabe einer Koalition, um deretwillen sie geschützt ist – Wahrung und Förderung der Arbeits- und Wirtschaftsbedingungen –, wirksam erfüllen kann. Eine **Vereinigung** genießt den Schutz des Art. 170, wenn sie **(1) freiwillig**[17] auf privatrechtlicher Basis gebildet[18] ist, **(2)** von ihrer Zwecksetzung her auf die **Wahrung und Förderung der Arbeits- und Wirtschaftsbedingungen**[19] gerichtet[20] ist, **(3) gegnerfrei** *organisiert* ist[21], Mitglieder also jeweils nur Arbeitgeber oder Arbeitnehmer sind, **(4)** jeweils von der **Gegenseite unabhängig** agieren kann[22], wozu insbesondere die wirtschaftliche Unabhängigkeit und damit verbunden eine gewisse Durchsetzungskraft gehören.[23] **Nicht** zu den begrifflichen Voraussetzungen für das Vorliegen einer Koalition gehören (1) die Tariffähigkeit[24] sowie (2) die Arbeitskampfbereitschaft.[25]

10   c) **Juristische Personen des öffentlichen Rechts** (der Staat selbst; Körperschaften, Anstalten und Stiftungen des öffentlichen Rechts) sind **nicht grundrechtsberechtigt,** sondern grundrechtsverpflichtet. Ausnahmen, die insoweit zu machen sind, als auch juris-

---

[16] Grundrechts*verpflichtet* sind der Staat und andere Hoheitsträger, sowie – anders als bei anderen Grundrechten – nach Art. 170 II auch Private. Art. 170 II entfaltet unmittelbare Drittwirkung. Der Staat kann zudem auf Grund der grundrechtlichen Schutzpflicht aus Art. 170 berechtigt oder verpflichtet sein, bei Freiheitsverkürzungen inter privatos regelnd einzugreifen (vgl. dazu bereits Rn. 94 ff. vor Art. 98).

[17] Sie muss nicht auf Dauer angelegt sein, so dass auch „ad-hoc"-Zusammenschlüsse geschützt sind, BVerfGE 84, 212 (225).

[18] *Meder,* Art. 170 I; VerfGH 52, 47 (57).

[19] *Jarass/Pieroth,* Art. 9 Rn. 34; „Arbeitsbedingungen" sind alle Bedingungen, die sich auf das Arbeitsleben in weiterem Sinne beziehen. Gemeint sind vom Schutzzweck her die Bedingungen abhängiger Arbeit: insbes. Höhe des Lohns, Arbeitszeit, Urlaub, Arbeitseinteilung etc. „Wirtschaftsbedingungen" sind solche Aspekte, die für Arbeitgeber und Arbeitnehmer sozial- und wirtschaftspolitisch von Bedeutung sind, wie z. B. die Arbeitslosigkeit, Einführung neuer Technologien, Beteiligung am Produktionsvermögen.

[20] Beide Ziele müssen gemeinsam angestrebt werden; eine Koalition liegt daher nur vor, wenn sie zumindest *auch* Ziele aus dem Bereich der Arbeitsbedingungen verfolgt; keine Koalition sind: reine Wirtschaftsverbände, Verbrauchervereinigungen. Problemlos erfasst sind die Gewerkschaften im weiten Sinne des Zusammenschlusses von Arbeitnehmern, die Arbeitgeberverbände im weiten Sinne des Zusammenschlusses von Arbeitgebern sowie deren Dach- und Spitzenverbände. Auf die Rechtsform und die Bezeichnung kommt es nicht an. Keine Koalitionen sind öffentlich-rechtlich organisierte Zwangsverbände, wie etwa eine Landesärztekammer, *Meder* Art. 170 Rn. 1.

[21] BVerfGE 50, 290 (373); 100, 214 (223).

[22] BVerfGE 50, 290 (368); 58, 233 (247).

[23] *Meder,* Art. 170 Rn. 1; BVerfGE 58, 233 (249); anders BVerfG-K, NJW 1995, 3377. Deshalb wird regelmäßig eine überbetriebliche Grundlage gefordert, auf die ausnahmsweise dann verzichtet werden kann, wenn trotz Beschränkung auf *ein* Unternehmen die Unabhängigkeit der Vereinigung nicht gefährdet ist, *Höfling,* Art. 9 Rn. 57.

[24] BVerfGE 19, 303 (312); 58, 233 (251). Ansonsten würde man den einfach-, hier tarifrechtlichen Koalitionsbegriff zur Auslegung des Art. 170 heranziehen, was auf eine unzulässige Interpretation des Verfassungsrechts nach Maßgabe des einfachen Rechts hinausliefe; krit. insoweit auch *Jarass/Pieroth,* Art. 9 Rn. 35 a. E.

[25] BVerfGE 18, 18 (32); VerfGH 8, 11 (Ls. 2) für den Begriff „Gewerkschaft" i. S. d. Art. 35 BV a. F.

tische Personen des öffentlichen Rechts in einem Grundrechtsgefährdungsverhältnis zum Staat stehen können (vgl. Rn. 46 vor Art. 98), sind bei Art. 170 nicht anzuerkennen.

2. Sachlicher Schutzbereich

Art. 170 schützt die individuelle und kollektive Koalitionsfreiheit[26]:

a) Durch die **individuelle Koalitionsfreiheit** ist geschützt die Freiheit des einzelnen **11** Arbeitgebers und Arbeitnehmers, einer Koalition beizutreten, an ihren Aktivitäten teilzunehmen, einer Koalition nicht beizutreten oder eine solche wieder zu verlassen.[27] Geschützt ist auch das Interesse, eine Koalition zu gründen. Diese Rechte gelten für jedermann und alle Berufe, auch für die Beamten[28], auch wenn diesen – anders als den sonstigen Beschäftigten des öffentlichen Dienstes – das Streikrecht und eine Tarifautonomie nicht zustehen.[29] Davon zu unterscheiden ist die Frage, ob der einzelne Arbeitgeber oder Arbeitnehmer einen Anspruch auf Aufnahme in die Koalition gegen deren Willen hat bzw. ob ein Abwehranspruch gegen ein Ausschluss aus der Koalition besteht. Weder Art. 9 III 2 GG noch Art. 170 II enthalten einen verfassungsunmittelbaren **Anspruch auf Mitgliedschaft in einer Koalition.** Allerdings wird man der Koalitionsfreiheit einen **Schutzpflichtgehalt** dahin gehend erschließen müssen, dass nach Maßgabe des einfachen Rechts bzw. der Rechtsprechung die Aufnahme in eine Koalition nur verweigert bzw. ein Ausschluss nur vorgenommen werden darf, wenn es dafür im Hinblick auf die Ordnung der Koalition und deren „geschlossenes" Auftreten stichhaltige Gründe gibt.[30]

b) Die **kollektive Koalitionsfreiheit** schützt den **Bestand**[31] der konkreten Koalition, **12** alle **Aktivitäten,** die auf ihren Bestand und ihre Sicherung gerichtet sind (v. a. Wahl der Rechts- und Organisationsform; Satzungsautonomie; Mitgliederwerbung[32]; „Maßnahmen zur Aufrechterhaltung der Geschlossenheit nach innen und außen"[33]; die gewerkschaftliche Betätigung in Betriebsräten und Personalvertretungen) sowie alle Aktivitäten, die auf die Wahrung und Förderung der Arbeits- und Wirtschaftsbedingungen gerichtet sind **(„spezifisch koalitionsmäßige Betätigung"**[34]**).** Geschützt ist die Tätigkeit der Koalition, „soweit diese gerade in der Wahrung und Förderung der Arbeits- und Wirtschaftsbedingungen besteht".[35] Dazu gehören insbesondere die autonome **Aushandlung** und der **Abschluss von Tarifverträgen**[36] sowie „auf den Abschluss von Tarifverträgen gerichtete"[37], nicht hingegen politische **Arbeitskämpfe**[38]. Zu betonen ist, dass der Schutz-

---

[26] *Meder,* Art. 170 Rn. 2; VerfGH 52, 47 (57); vgl. ausf. *Höfling,* Art. 9 Rn. 63 ff.

[27] BVerfGE 64, 208 (213).

[28] *Meder,* Art. 170 Rn. 5; Art. 101 BayBG; VerfGH 8, 11 (20).

[29] *Meder,* Art. 170 Rn. 5; Art. 95 Rn. 12; Art. 169 Rn. 1.

[30] *Jarass/Pieroth,* Art. 9 Rn. 58; BGH NJW 1985, 1214; NJW 1991, 485; BVerfGE 100, 214 (223): Ausschluss eines Mitglieds, das auf einer von der Gewerkschaft nicht unterstützen Betriebsratsliste kandidierte.

[31] BVerfG, DVBl. 2007, 61 (63) m. w. N.

[32] BVerfGE 93, 352 (358).

[33] BVerfGE 100, 214 (221).

[34] BVerfGE 50, 290 (367); 77, 1 (62); DVBl. 2007, 61 (62).

[35] BVerfGE 88, 103 (114); 103, 293 (304).

[36] „Tarifautonomie", VerfGH 26, 9 (17); BVerfGE 58, 233 (248); 103, 293 (304). Die *„Tarifautonomie ist darauf angelegt, die strukturelle Unterlegenheit der einzelnen Arbeitnehmer beim Abschluss von Tarifverträgen durch kollektives Handeln auszugleichen und damit ein annähernd gleichgewichtiges Aushandeln der Löhne und Arbeitsbedingungen zu ermöglichen",* BVerfGE 84, 212 (229). Gegenstand von Tarifverträgen können alle Arbeitsbedingungen sein. Zusammenfassend BVerfG, DVBl. 2007, 61 (63). Aus Art. 170 lässt sich nicht das Recht ableiten, der Tronc einer Spielbank müsse in voller Höhe Gegenstand tarifvertraglicher Vereinbarungen sein, VerfGH 42, 156 (170).

[37] Anders unter Berufung auf *Nawiasky,* S. 252 *Meder,* Art. 170 Rn. 3 a, der weder Streik noch Aussperrung als von Art. 170 geschützt ansieht. Jedenfalls ergibt sich der Schutz aus Art. 9 III GG.

[38] BVerfGE 92, 365 (393).

bereich nicht auf einen Kernbereich reduziert ist[39]; dieser spielt erst bei der Reichweite der Einschränkbarkeit und der Ausgestaltung der Koalitionsfreiheit eine Rolle.[40] Die Einzelheiten zum Tarif- und Arbeitskampfrecht können hier nicht dargestellt werden.[41] Für andere als koalitionsspezifische Betätigungen gilt Art. 170 nicht, der Grundrechtsschutz richtet sich insoweit nach den anderen einschlägigen Grundrechtsbestimmungen, etwa Art. 101, 103, 110 oder 118.

3. Beeinträchtigungen

13   a) Eine **Beeinträchtigung** des Art. 170 I liegt vor, wenn eine hoheitliche Regelung ein von der individuellen oder kollektiven Koalitionsfreiheit geschütztes Interesse verkürzt. Da die Gesetzgebungskompetenz für das kollektive Arbeitsrecht nicht beim Freistaat Bayern liegt, können koalitionsverkürzende Regelungen nur auf **Bundesrecht** (geschriebenes Recht und v. a. Richterrecht) beruhen, das in Art. 170 nicht „eingreifen" kann.

14   b) Für Art. 9 III GG wurde ein **Eingriff** in die Koalitionsfreiheit z. B. **angenommen**[42]: bei einer einseitigen Intervention des Staates bei einem Arbeitskampf sowie bei Durchführung einer Zwangsschlichtung[43], durch die Errichtung einer öffentlich-rechtlichen Zwangskörperschaft mit ähnlichen Aufgaben wie sie die Koalitionen haben[44], durch das Ruhen von Arbeitslosengeld im Zusammenhang mit Arbeitskämpfen[45], durch eine Ungleichbehandlung von Koalitionen bei betriebsbezogenen Wahlen.[46] Eingriffe stellen ferner dar: die Einschränkung der Aussperrung[47], gesetzliche Lohnabstandsklauseln[48], der Einsatz von Beamten auf bestreikten Arbeitsplätzen.[49] Eine Beeinträchtigung wird verneint, wenn es sich um eine zulässige **„Ausgestaltung"** der Koalitionsfreiheit handelt.[50] Eine solche besteht „in der Schaffung der Rechtsinstitute und Normenkomplexe, die erforderlich sind, um die grundrechtlich garantierten Freiheiten ausüben zu können".[51] Eine Ausgestaltung, die sich am Normziel zu Art. 9 Abs. 3 GG orientieren[52] müsse, bei der der Gesetzgeber aber einen erheblichen Ausgestaltungsspielraum habe[53], sei insbesondere dort geboten, wo die individuelle oder die kollektive Koalitionsfreiheit oder die Freiheit verschiedener Koalitionen miteinander kollidierten.[54] Im Falle „struktureller Ungleichgewichte", die ein ausgewogenes Aushandeln der Arbeits- und Wirtschaftsbedingungen nicht mehr zuließen, sei der Gesetzgeber verpflichtet, „Maßnahmen zum Schutz der Koalitionsfreiheit"[55] zu treffen. Liegt in der Ausgestaltung gleichzeitig eine Beeinträchtigung der

---

[39] BVerfGE 93, 352 (359); 100, 214 (221); 103, 293 (304); anders noch BVerfGE 57, 220 (245); *Meder,* Art. 170 Rn. 3; zur Kernbereichsproblematik insges. *Höfling,* Art. 9 Rn. 71 ff. m. w. N.

[40] *Jarass/Pieroth,* Art. 9 Rn. 46.

[41] Nachweise zur Rechtsprechung des BVerfG und des BAG zu Art. 9 III GG bei *Höfling,* Art. 9 Rn. 83 ff.; *Jarass/Pieroth,* Art. 9 Rn. 52 (Tarifrecht), Rn. 53 ff. (Arbeitskampfrecht). Es wird zusätzlich auf die einschlägigen Darstellungen zum kollektiven Arbeitsrecht, insbesondere zum Tarif- und Arbeitskampfrecht, verwiesen; s. dazu vor allem *Dieterich,* in: Erfurter Kommentar zum Arbeitsrecht, 4. Aufl. 2004, S. 100 ff.

[42] Ausf. *Höfling,* Art. 9 Rn. 115 ff.

[43] *Höfling,* Art. 9 Rn. 120.

[44] BVerfGE 38, 281 (303): „Arbeitnehmerkammer".

[45] BVerfGE 92, 365 (393).

[46] BVerfGE 111, 289 (301).

[47] BVerfGE 84, 212 (223).

[48] BVerfGE 100, 271 (283).

[49] BVerfGE 88, 103 (115).

[50] Zur Problematik der Ausgestaltung von Grundrechten und der kaum zu leistenden Abgrenzung zwischen Ausgestaltung und Eingriff s. Rn. 99 vor Art. 98.

[51] BVerfGE 50, 290 (368).

[52] BVerfGE 92, 26 (41).

[53] BVerfGE 92, 365 (394).

[54] BVerfGE 84, 212 (228).

[55] BVerfGE 92, 365 (397).

Koalitionsfreiheit, so bedarf diese der verfassungsrechtlichen Rechtfertigung (s. sogleich Rn. 15 ff.).

4. Die verfassungsrechtliche Rechtfertigung von Beeinträchtigungen

a) Die Rechtfertigung einer (imperativen, also gewollten oder in Kauf genommenen) **15** Beeinträchtigung der Koalitionsfreiheit richtet sich nach den in Rn. 61 ff. vor Art. 98 skizzierten Erwägungen und Prüfungsschritten. Darauf sei hier verwiesen. Speziell für Art. 170 gilt Folgendes[56]: Art. 170 unterliegt keinem eigenen geschriebenen **Gesetzesvorbehalt**. Art. 98 S. 2 ist nicht anwendbar. Soweit eine Koalition als Vereinigung i. S. d. Art. 114 I zu qualifizieren ist, gilt zunächst der Vorbehalt des Art. 114 II.[57] Im übrigen lassen sich Beeinträchtigungen aus **kollidierendem Verfassungsrecht** rechtfertigen.[58] Art. 170 I steht unter dem Vorbehalt kollidierenden Verfassungsrechts, insbesondere der Grundrechte, auch der Koalitionsfreiheit und der Berufsfreiheit Dritter. Verfassungsrechtlich zulässige Zwecke, die eine Beschränkung der Koalitionsfreiheit rechtfertigen können, sind z. B.: die Bekämpfung der Arbeitslosigkeit[59], die finanzielle Stabilität der Sozialversicherung[60], die Aufrechterhaltung der öffentlichen Sicherheit, der Infrastruktur und der (insbes. medizinischen) Versorgung der Bevölkerung.

b) Die die Koalitionsfreiheit beeinträchtigende Maßnahme darf die Koalitionsfreiheit **16** als **Institutsgarantie**, also ihren **„Kernbereich"**, nicht in Frage stellen (s. oben Rn. 3) und muss den Grundsatz der Verhältnismäßigkeit[61] wahren. Dazu sowie zu weiteren „Schranken-Schranken" s. Rn. 67 ff. vor Art. 98.[62]

c) Für **Beispiele** im Hinblick auf Art. 9 III GG zulässige und unzulässige Koalitions- **17** beeinträchtigungen sei auf die Kommentierungen zu Art. 9 GG verwiesen.[63]

Art. 171 [Sozialversicherung]

Jedermann hat Anspruch auf Sicherung gegen die Wechselfälle des Lebens durch eine ausreichende Sozialversicherung im Rahmen der Gesetze.

Parallelvorschriften in Verfassungen anderer Länder: Art. 22 BerlVerf; Art. 45 BbgVerf; Art. 57 BremVerf; Art. 35 HessVerf; Art. 53 RhPfVerf; Art. 46 SaarlVerf; vgl. auch Art. 34 EGC.

1. Bedeutung

a) Art. 171 bildet eine der Sache nach **existenzielle Ergänzung** des in Art. 3 I 1 ver- **1** ankerten **Sozialstaatsprinzips**. Das Sozialversicherungsrecht bildet neben dem Fürsorgerecht (Art. 168 III) eine wichtige Säule des Sozialrechts, das traditionell zwischen „Fürsorge, Versorgung, Sozialversicherung" und heute zwischen sozialen Entschädigungs-, Hilfs- und Förderungssystemen sowie Vorsorgesystemen unterscheidet. Art. 171 formuliert eine **verfassungsrechtliche Gewährleistung der Sozialversicherung im Sinne einer „Institutsgarantie".**[1] Über die konkrete Ausgestaltung der Sozialversicherung und deren Zweige sowie des Sozialversicherungsrechts enthält Art. 171 keine Aus-

---

[56] Für Art. 9 III GG s. *Höfling,* Art. 9 Rn. 126 ff.

[57] *Meder,* Art. 170 Rn. 6.

[58] BVerfGE 100, 214 (224); 103, 293 (306).

[59] BVerfGE 100, 271 (284).

[60] BVerfGE 103, 293 (307).

[61] BVerfGE 94, 268 (285).

[62] *Höfling,* Art. 9 Rn. 139 ff.

[63] *Höfling,* Art. 9 Rn. 129 ff.; *Jarass/Pieroth,* Art. 9 Rn. 49 ff.; Art. 43 IV GO verstößt nicht gegen Art. 170, VerfGH 52, 47 (65).

[1] *Nawiasky,* S. 253; *Meder,* Art. 171 Rn. 1. Richtigerweise wird man von einer „institutionellen Garantie" sprechen müssen, da die Sozialversicherung bislang ein öffentlich-rechtliches Phänomen darstellt, so auch VerfGH 7, 1 (3). Der Begriff „Institutsgarantie" meint in erster Linie den verfassungsrechtlichen Schutz privatrechtlicher Institute (Eigentum, Ehe etc.).

sage[2], er ist mithin auch offen für **Modifizierungen des tradierten Sozialversicherungsrechts,** die aus ökonomischen oder demographischen Gesichtspunkten notwendig werden oder dem Gesetzgeber aus anderen Gründen als sinnvoll erscheinen. Dieser hat eine **Modellwahlfreiheit,** soweit das gewählte Modell eine „ausreichende Sozialversicherung" gewährleistet. Zudem stellt Art. 171 die Ausgestaltung des Sozialversicherungsrechts ausdrücklich unter einen **gesetzlichen Ausgestaltungsvorbehalt,** der seine Grenzen freilich an der institutionellen Garantie des Bestands einer funktionsfähigen Sozialversicherung findet. **Konkrete Ansprüche** lassen sich aus Art. 171 **nicht ableiten.**

2   b) Art. 171 stellt vom Wortlaut her ein **Grundrecht**[3] dar.[4] Der Einzelne hat zwar keinen Anspruch darauf, dass der Staat ein bestimmtes Sozialversicherungssystem etabliert oder beibehält, jedoch darauf, dass der Staat überhaupt ein Sozialversicherungssystem garantiert, das eine „ausreichende Sozialversicherung" in den **Wechselfällen des Lebens** sicherstellt – wozu jedenfalls **Alter, Erwerbsunfähigkeit, Krankheit, Unfall im Beruf** und **Arbeitslosigkeit** zählen dürften. Sozialversicherung im Sinne des Art. 171 meint die klassische Sozialversicherung für abhängig beschäftigte Arbeitnehmer.[5] Art. 171 fordert nicht die Etablierung eines Sozialversicherungssystems für die freien Berufe oder für Gewerbetreibende, untersagt allerdings auch deren Einbeziehung nicht.[6] Die gesetzlichen Regelungen, nach denen sich die Modalitäten der Sozialversicherung richten, müssen jedenfalls so gestaltet sein, dass von „Sozialversicherung" noch die Rede sein kann. Dabei ist es denkbar, dass die Sozialversicherung nicht durch öffentlich-rechtlich organisierte Sozialversicherungsträger angeboten, sondern im Rahmen des **Privatversicherungsrechts** organisiert wird.

3   c) Trotz der fundamentalen Bedeutung der Sozialversicherung für eine sozial gerechte Gesellschaft und die Realisierung des Sozialstaatsprinzips hat Art. 171 **keine rechtspraktische Bedeutung.** Dies liegt daran, dass die **Gesetzgebungskompetenz** für das Recht der Sozialversicherung nach Art. 74 I Nr. 12 GG zwischen Bund und Ländern konkurriert und der Bundesgesetzgeber in diesem Bereich weitgehend abschließende Regelungen im SGB erlassen hat, so dass der Landesgesetzgeber „gesperrt" ist. Das Bundesrecht ist nicht Prüfungsgegenstand am Maßstab des Art. 171. Diesem kommen allerdings **Direktivfunktionen** dahingehend zu, dass die Organe des Freistaats verpflichtet sind, auf ein effektives Sozialversicherungsrecht auf Bundesebene hinzuwirken.

2. Entstehung

4   Weder der VE noch der E enthielten eine Regelung über die Sozialversicherung, anders als Art. 161 WRV. Die Aufnahme dieser Thematik in die Verfassung wurde in der ersten Lesung im VA diskutiert, zunächst als Abs. 4 in Art. 129 E, dann im Rahmen eines eigenen Artikels.

3. Verhältnis zum Grundgesetz

5   Die Vorschrift ist **wirksam,** da sie dem GG und sonstigem Bundesrecht in ihrem Regelungsgehalt nicht widerspricht. Zur Kompetenzüberlagerung s. oben Rn. 3.

---

[2] *Nawiasky,* S. 253.

[3] Anders *Meder,* Art. 171 Rn. 1; VerfGH 7, 1 (3); 13, 109 (115); 15, 49 (53).

[4] Davon zu unterscheiden ist die Frage nach dem – zu bejahenden – Grundrechtsschutz von Sozialversicherungsansprüchen, dazu Rn. 46 zu Art. 103.

[5] *Meder,* Art. 171 Rn. 1; VerfGH 13, 109 (122); 15, 59 (66); anders VerfGH 4, 219 (239); 5, 287 (294). Nach VerfGH 40, 113 (119) entspricht es dem Grundgedanken des Art. 171, im Interesse des Gemeinwohls berufsständische Pflichtversorgungen zu schaffen.

[6] *Meder,* Art. 171 Rn. 2. Allerdings stellt die Einbeziehung solcher Personen in die Sozialversicherung oder in sonstige Vorsorgesysteme mit Zwangsmitgliedschaft einen Eingriff in Art. 101 dar, der verfassungsrechtlicher Rechtfertigung bedarf. Dazu Rn. 16 zu Art. 101 mit Nachweisen zur Rechtsprechung des VerfGH; VerfGH 52, 79 (89).

Art. 172 [Arbeitsgesetzbuch]

Die Rechte und Pflichten der Arbeitnehmer und Arbeitgeber werden in einem besonderen Gesetz geregelt.

Parallelvorschriften in anderen Landesverfassungen: Art. 50 I BremVerf; Art. 29 I HessVerf; Art. 54 I RhPfVerf; Art. 47 SaarlVerf.

1. Bedeutung

Art. 172 enthält einen **dreifachen Verfassungsauftrag** an den Gesetzgeber: Dieser hat 1 die **Rechte** und **Pflichten** der **Arbeitnehmer** und **Arbeitgeber (1)** in einem **Gesetz** zu regeln, dieses Gesetz hat **(2)** ein **besonderes** zu sein und **(3)** muss es sich um **ein Gesetz** handeln. In letzterem kommt – wie bereits in Art. 157 II WRV („Das Reich schafft ein einheitliches Arbeitsrecht") – der **Kodifikationsgedanke im Arbeitsrecht** zum Ausdruck. Ein derartiges „Arbeitsgesetzbuch" ist **bislang** – anders als in der ehemaligen DDR – **nicht geschaffen** worden, obwohl entsprechende Forderungen auch rechtspolitisch immer wieder erhoben werden. Art. 172 ist derzeit **ohne praktische Bedeutung,** da die **Gesetzgebungskompetenz** für das Arbeitsrecht im weiteren Sinne nach Art. 74 I Nr. 12 GG zwischen Bund und Ländern konkurriert und der Bundesgesetzgeber in diesem Bereich abschließende Regelungen in den verschiedensten arbeitsrechtlichen Gesetzen erlassen hat, so dass der Landesgesetzgeber „gesperrt" ist.[1] Der Bund selbst hat das Arbeitsrecht bislang nicht kodifiziert, wozu er nach dem GG auch nicht verpflichtet ist. Art. 172 kommen lediglich **Direktivfunktionen** dahingehend zu, dass die Organe des Freistaats verpflichtet sind, auf eine Kodifizierung des Arbeitsrechts auf Bundesebene hinzuwirken.

2. Entstehung

Der VE enthielt die Vorschrift nicht, sie wurde als Art. 133 E im VVA eingefügt. 2

3. Verhältnis zum Grundgesetz

Die Vorschrift ist **wirksam,** da sie dem GG und sonstigem Bundesrecht in ihrem Rege- 3 lungsgehalt nicht widerspricht. Zur Kompetenzüberlagerung s. Rn. 1.

Art. 173 [Arbeitszeit]

Über die tägliche und wöchentliche Höchstarbeitszeit werden durch Gesetz besondere Bestimmungen erlassen.

Parallelvorschriften in anderen Landesverfassungen: Art. 55 BremVerf; Art. 31 HessVerf; Art. 57 RhPfVerf; Art. 48 I SaarlVerf; vgl. auch Art. 31 II EGC.

1. Bedeutung

Art. 173 **konkretisiert** den in Art. 167 verankerten **verfassungsrechtlichen Schutz-** 1 **auftrag** zu Gunsten der menschlichen Arbeitskraft im Hinblick auf die **Arbeitszeit,** deren tägliche und wöchentliche Höchstdauer zu bestimmen ist. Hierin liegt ein **doppelter Verfassungsauftrag: (1)** Der **Gesetzgeber** hat besondere Bestimmungen über die Arbeitszeit zu erlassen, in denen **(2)** eine tägliche und wöchentliche **Höchstdauer** festzulegen ist. Über die Höchstgrenze selbst ist nichts ausgesagt, deren Bestimmung wird durch die Schutzgedanken des Art. 167 gesteuert. Art. 173 ist derzeit **ohne praktische Bedeutung,** da die **Gesetzgebungskompetenz** für das Arbeitsrecht und damit auch für das Arbeitszeitrecht nach Art. 74 I Nr. 12 GG zwischen Bund und Ländern konkurriert und der Bundesgesetzgeber in diesem Bereich abschließende Regelungen, insbesondere im **Ar-**

---

[1] Vgl. aber aus der Zeit vor Inkrafttreten des GG das Bayerische Kündigungsschutzgesetz vom 1. 8. 1947 (GVBl S. 165) sowie dazu VerfGH 5, 85 (92).

beitszeitgesetz, erlassen hat. Art. 173 kommen lediglich **Direktivfunktionen** dahin gehend zu, dass die Organe des Freistaats verpflichtet sind, auf dem Art. 173 genügende Vorschriften auf Bundesebene hinzuwirken. Die Arbeitszeit für **Beamte** richtet sich nach der Arbeitszeitverordnung (AzV) vom 25. 7. 1995 (GVBl S. 409, BayRS 2030-2-20-F) in der jeweils geltenden Fassung. Die verfassungsrechtliche Direktive dafür ergibt sich aus Art. 95, nicht aus Art. 173.[1]

2. Entstehung

2   Art. 173 stimmt wörtlich mit Art. 127 VE und Art. 135 E überein.

3. Verhältnis zum Grundgesetz

3   S. Rn. 3 zu Art. 172.

Art. 174 [Erholung; Urlaub]

(1) [1]Jeder Arbeitnehmer hat ein Recht auf Erholung. [2]Es wird grundsätzlich gewährleistet durch ein freies Wochenende und durch einen Jahresurlaub unter Fortbezug des Arbeitsentgelts. [3]Die besonderen Verhältnisse in einzelnen Berufen werden durch Gesetz geregelt. [4]Der Lohnausfall an gesetzlichen Feiertagen ist zu vergüten.
(2) Der 1. Mai ist gesetzlicher Feiertag.

Parallelvorschriften in anderen Landesverfassungen: Art. 3 II BaWüVerf; Art. 35 II BerlVerf; Art. 14 BbgVerf; Art. 55, 56 BremVerf; Art. 31, 32, 34 HessVerf; Art. 24 III, Art. 25 II NRW Verf; Art. 57 RhPfVerf; Art. 48 II SaarlVerf; vgl. auch Art. 31 II EGC.

1. Bedeutung

1   a) Abs. 1, der nicht für Beamte gilt (insoweit ist Art. 95 lex specialis), **konkretisiert** den allgemeinen **Schutzauftrag** zu Gunsten des Arbeitnehmers (Art. 167) im Hinblick auf die **Erholung** von den Anstrengungen der Arbeit. Nach h. M. handelt es sich – entgegen dem Wortlaut – nicht um ein Grundrecht, sondern um einen **objektiv-rechtlichen Verfassungsauftrag an den Gesetzgeber.**[1*] Insgesamt beinhaltet Abs. 1 **vier Regelungsaufträge: (1)** Der Gesetzgeber hat das Recht auf Erholung **sicherzustellen. (2)** Die Erholungsmöglichkeit hat grundsätzlich in der **Modalität** des **freien Wochenendes** und des **Jahresurlaubs** zu erfolgen. **(3)** Beides hat **unter Fortzahlung des Arbeitsentgelts** zu erfolgen. **(4)** Schließlich ist die **Lohnzahlung** auch an **gesetzlichen Feiertagen** sicherzustellen, wobei die Bestimmung der Feiertage nicht in Art. 174, sondern anderweitig geregelt ist (sogleich Rn. 2). Art. 174 I ist derzeit **ohne praktische Bedeutung,** da die Gesetzgebungskompetenz für das Arbeitsrecht im weiteren Sinne nach Art. 74 I Nr. 12 GG zwischen Bund und Ländern konkurriert und der Bundesgesetzgeber in Bereich des Urlaubsrechts und der Entgeltfortzahlung abschließende Regelungen im Bundesurlaubsgesetz und im Entgeltfortzahlungsgesetz erlassen hat, so dass der Landesgesetzgeber „gesperrt" ist.[2] Art. 174 kommen lediglich **Direktivfunktionen** dahingehend zu, dass die Organe des Freistaats verpflichtet sind, auf dem Art. 174 genügende Vorschriften auf Bundesebene hinzuwirken.

2   b) Abs. 2 enthält eine **verfassungsunmittelbare Fixierung des 1. Mai als Feiertag.** Zur Bestimmung der Feiertage s. die Erl. zu Art. 147 sowie VerfGH 35, 10. Die Gesetzgebungskompetenz für das **Feiertagsrecht** liegt grundsätzlich bei den Ländern. Für die Festlegung des 1. Mai als Tag der Arbeit ist Art. 74 I Nr. 12 GG einschlägig. Abs. 2 kommt insoweit nur „Reservefunktion" zu.

---

[1] Vgl. VerfGH 58, 196 zur Zulässigkeit einer Wochenarbeitszeit für Beamte von 42 Stunden. In dieser Entscheidung wird Art. 173 nicht erwähnt.
[1*] *Meder,* Art. 174 Rn. 1.
[2] *Meder,* Art. 174 Rn. 2.

2. Entstehung

Art. 128 VE und Art. 136 E enthielten nur die ersten zwei Sätze des Abs. 1. Dessen Sätze **3** 3 und 4 wurden im VA eingefügt, Abs. 2 kam erst im Plenum in den Verfassungstext.

3. Verhältnis zum Grundgesetz

Rn. 3 zu Art. 172.

Art. 175 [Mitbestimmungsrecht der Arbeitnehmer]

[1]Die Arbeitnehmer haben bei allen wirtschaftlichen Unternehmungen ein Mitbestimmungsrecht in den sie berührenden Angelegenheiten sowie in Unternehmungen von erheblicher Bedeutung einen unmittelbaren Einfluss auf die Leitung und Verwaltung der Betriebe. [2]Zu diesem Zwecke bilden sie Betriebsräte nach Maßgabe eines besonderen Gesetzes. [3]Dieses enthält auch Bestimmungen über die Mitwirkung der Betriebsräte bei Einstellung und Entlassung von Arbeitnehmern.

Parallelvorschriften in anderen Landesverfassungen: Art. 25 BerlVerf; Art. 50 BbgVerf; Art. 47 BremVerf; Art. 37 HessVerf; Art. 26 NRW Verf; Art. 67 RhPfVerf; Art. 58 SaarlVerf.

1. Bedeutung

a) Art. 175 betrifft die **betriebliche Mitbestimmung der Arbeitnehmer,** er verbürgt **1** ein **drittgerichtetes Grundrecht**[1] auf Mitbestimmung nach Maßgabe der einschlägigen Gesetze. Satz 1 sieht vor, dass ein betriebliches Mitbestimmungsrecht in allen wirtschaftlichen[2] Unternehmungen, also allen Betrieben, stattfindet. Die Mitbestimmung bezieht sich auf die die Arbeitnehmer berührenden Angelegenheiten (Einstellung, Entlassung, Lohn- und Arbeitsbedingungen etc.), in „Unternehmungen von erheblicher Bedeutung" auch auf die Leitung und Verwaltung der Betriebe, also auch auf unternehmerische Entscheidungen.

Mit Letzterem dürfte die heutige **Unternehmensmitbestimmung** gemeint sein, die **2** von der betrieblichen Mitbestimmung zu unterscheiden ist. Satz 2 schreibt die Bildung von **Betriebsräten** – auch für die unternehmerische Mitbestimmung – nach Maßgabe eines einfachen Gesetzes vor. Der Gesetzgeber ist mithin verpflichtet, ein Gesetz über die betriebliche sowie über die Unternehmensmitbestimmung zu erlassen. In einem solchen Gesetz ist auch zu regeln, in welchem Umfang und in welcher Weise die Betriebsräte bei der Einstellung und Entlassung von Arbeitnehmern mitwirken. Hier hat der Gesetzgeber einen weiten **Gestaltungsspielraum.**

b) Art. 175 ist heute[3] **ohne praktische Bedeutung,** da die **Gesetzgebungskompe-** **3** **tenz** für das Arbeitsrecht im weiteren Sinne nach Art. 74 I Nr. 12 GG zwischen Bund und Ländern konkurriert und der Bundesgesetzgeber im Bereich des Betriebsverfassungs- und Mitbestimmungsrechts abschließende Regelungen im Betriebsverfassungsgesetz[4] und in den Mitbestimmungsgesetzen erlassen hat, so dass der Landesgesetzgeber „gesperrt" ist.[5] Art. 175 kommen lediglich **Direktivfunktionen** dahingehend zu, dass die Organe des Freistaats verpflichtet sind, auf dem Art. 175 genügende Vorschriften auf Bundesebene hinzuwirken.

---

[1] *Meder,* Art. 175 Rn. 1; VerfGH 12, 37 (42); 13, 153 (159).

[2] Art. 175 gilt mithin nicht für die Mitbestimmung der Beschäftigten im öffentlichen Dienst, a. A. *Meder,* Art. 175 Rn. 2; VerfGH 10, 31 (42); 12, 37 (42); 13, 153 (162). Für Beamte gilt Art. 175 ohnehin nicht.

[3] Zur frühen, heute obsoleten Rechtsprechung des VerfGH s. *Meder,* Art. 175 Rn. 3; z. B. VerfGH 5, 85 (99).

[4] Vgl. aber auch das Betriebsrätegesetz vom 25. 10. 1950 (GVBl S. 227).

[5] *Meder,* Art. 175 Rn. 2.

2. Entstehung

4   Vgl. bereits Art. 165 WRV. Art. 129 VE räumte den Arbeitnehmern lediglich ein Mit*spra-cherecht* ein. Art. 137 enthielt dann die Mit*bestimmung*. Weder im VE noch im E vorgesehen war die Mitbestimmung in der Betriebsleitung und -verwaltung in Unternehmungen von erheblicher Bedeutung. Dies wurde im VA in den Verfassungstext aufgenommen.

3. Verhältnis zum Grundgesetz

5   Rn. 3 zu Art. 172.

Art. 176 [Teilnahme der Arbeitnehmer an wirtschaftlichen Gestaltungsaufgaben]

Die Arbeitnehmer als gleichberechtigte Glieder der Wirtschaft nehmen zusammen mit den übrigen in der Wirtschaft Tätigen an den wirtschaftlichen Gestaltungsaufgaben teil.

1   Art. 176, der auf Art. 165 I WRV zurückgeht und bereits im VE (Art. 130) sowie im E (Art. 138) vorgesehen war, enthält einen **Programmsatz** zu Gunsten der **Mitbestimmung der Arbeitnehmer außerhalb der betrieblichen und der Unternehmensmitbestimmung** (diese sind in Art. 175 geregelt). Es handelt sich weder um ein Grundrecht noch um einen Gesetzgebungsauftrag.[1] Vielmehr setzt die Vorschrift auf das gleichberechtigte Engagement der Arbeitnehmer in freiwillig gebildeten Arbeitnehmervereinigungen, zumal, aber nicht nur in Gewerkschaften[2], und stellt insoweit eine eher emphatisch-deklaratorische Ergänzung der Art. 154 und 170 dar, eine **„Verfassungserwartung" der Partizipation.**

2   Art. 176 bietet insbesondere keine Rechtsgrundlage für einen gesetzlichen Zwangszusammenschluss von Arbeitnehmern, etwa in sog. „Arbeitnehmerkammern". Ein solcher Zusammenschluss stellte vielmehr einen Eingriff in Art. 101 dar, der verfassungsrechtlich eigens gerechtfertigt werden müsste. Gleiches gälte für den Zusammenschluss von Unternehmern und Arbeitnehmern. Freilich kann Art. 176 im Rahmen der Interessenabwägung, insbesondere der Frage nach dem verfassungsrechtlich legitimen Zweck solcher Zusammenschlüsse als verfassungsrechtliches Argument herangezogen werden.

3   An der **Weitergeltung** des – in der Praxis bedeutungslosen – Art. 176 im Hinblick auf das GG bestehen keine Zweifel.

Art. 177 [Arbeitsgerichtsbarkeit]

(1) Arbeitsstreitigkeiten werden durch Arbeitsgerichte entschieden, die aus einer gleichen Anzahl von Arbeitnehmern und Arbeitgebern und einem unabhängigen Vorsitzenden zusammengesetzt sind.
(2) Schiedssprüche in Arbeitsstreitigkeiten können gemäß den bestehenden Gesetzen für allgemeinverbindlich erklärt werden.

Parallelvorschriften in anderen Landesverfassungen: –

1. Bedeutung

1   a) Art. 177 unterstreicht die Bedeutung, die die Verfassung dem Arbeitsleben beimisst (vgl. Art. 166 I), **in prozessualer Hinsicht,** indem er eine **eigene Arbeitsgerichtsbarkeit** verlangt (vgl. auch Art. 86 II). **Abs. 1** weist einen **doppelten Regelungsgehalt** auf, der durch den **Gesetzgeber** umzusetzen und auszugestalten ist: **(1)** Der Gesetzgeber muss eine eigene Arbeitsgerichtsbarkeit schaffen, die für die Entscheidung von Arbeitsstreitigkeiten zuständig ist. Ob die Ausgestaltung in der Modalität eines eigenen Gerichtszweiges

---

[1] *Meder,* Art. 176 Rn. 1: „kein unmittelbar anwendbares Recht".
[2] *Nawiasky,* S. 256.

neben der ordentlichen Gerichtsbarkeit erfolgt oder ob die Arbeitsgerichte spezielle Spruchkörper innerhalb der ordentlichen Gerichtsbarkeit bilden, ist durch Art. 177 nicht vorgegeben; der Gesetzgeber hat insoweit einen organisatorischen **Gestaltungsspielraum. (2)** Organisationsrechtlich vorgegeben ist die paritätische Besetzung mit Arbeitnehmern und Arbeitgebern sowie einem unabhängigen Vorsitzenden.

b) **Abs. 2** sieht die **Möglichkeit** der **Allgemeinverbindlicherklärung** (richtig: Verbindlicherklärung[1]) von **Schiedssprüchen** in Arbeitsstreitigkeiten nach Maßgabe der bestehenden Gesetze vor, enthält jedoch keinen verfassungsrechtlichen Regelungsauftrag[2]. 2

c) Art. 177 ist derzeit **ohne praktische Bedeutung,** da die **Gesetzgebungskompetenz** für die Arbeitsgerichtsbarkeit nach Art. 74 I Nr. 1, 12 GG zwischen Bund und Ländern konkurriert und der Bundesgesetzgeber in diesem Bereich durch das Arbeitsgerichtsgesetz abschließende Regelungen getroffen hat, so dass der Landesgesetzgeber „gesperrt" ist.[3] Art. 177 kommen lediglich **Direktivfunktionen** dahingehend zu, dass die Organe des Freistaats verpflichtet sind, auf dem Art. 177 genügende Vorschriften auf Bundesebene hinzuwirken. 3

2. Entstehung

Abs. 1 entspricht im Wortlaut Art. 126 I VE und Art. 134 I E. Bzgl. Abs. 2 sah Art. 126 4
II VE vor, dass die Allgemeinverbindlicherklärung von Schiedssprüchen vom Staatsminister für Arbeit im Benehmen mit dem Staatsminister für die Wirtschaft erfolgen könne, nach Art. 134 II E durch die Staatsregierung. Erst auf Einspruch der amerikanischen Militärregierung wurde in der Schlusssitzung des Plenums der Verfassunggebenden Landesversammlung der Verweis auf die bestehenden Gesetze eingefügt.

3. Verhältnis zum Grundgesetz

Rn. 3 zu Art. 172. 5

---

[1] *Meder,* Art. 177 Rn. 2.
[2] Zur Bedeutung s. auch *Nawiasky,* S. 257.
[3] *Meder,* Art. 177 Rn. 1; vgl. aber das Gesetz über die Organisation der Gerichte für Arbeitssachen im Freistaat Bayern vom 12. 6. 1973 (BayRS 32-1-A) in der jeweils geltenden Fassung. Das „Bundesarbeitsgericht" ist durch Art. 95 I GG verfassungsunmittelbar vorgesehen.

Schluss- und Übergangsbestimmungen

Vorbemerkungen

1. Die **Schluss- und Übergangsbestimmungen**[1] enthalten ein Bündel an **heteroge-** **nen Vorschriften**[2], die nicht durchweg den Charakter von Schluss- oder Übergangsbestimmungen aufweisen. *Nawiasky* spricht von „Nachlese heterogener Bestimmungen, die unter sich keinen oder wenig Zusammenhang aufweisen."[3]

a) **Echte Übergangsbestimmung** ist **Art. 180** (Ermächtigungen bis zur Errichtung eines Bundesstaates).

b) Als **Schlussvorschriften**, die einen Sachverhalt regeln, der von **begrenzter zeitlicher Dauer** ist und/oder sich aus der unmittelbaren **geschichtlichen Situation** ergibt, in der die Verfassung entstanden ist, sind zu verstehen: **Art. 178** (Beitritt zu einem Bundesstaat), **Art. 183** (Wiedergutmachung), **Art. 184** (Bestandsklausel für Entnazifizierungsgesetze).

c) Als **kompetenzbestätigende Schlussvorschrift** kann **Art. 181** (Recht zum Abschluss von Staatsverträgen) qualifiziert werden.

d) **Überleitende Schlussbestimmungen** sind die **Art. 182** (Weitergeltung von Staatsverträgen) und **Art. 186 II, III** (Weitergeltung bisherigen Rechts).

e) **Aufhebende Schlussbestimmung** ist **Art. 186 I** (Aufhebung der Verfassung von 1919).

f) Vorschriften, die eigentlich **anderen Regelungsteilen der Verfassung** angehören müssten, sind: **Art. 179** (Organisationen der Wirtschaft; Erzeuger- und Verbraucherorganisationen; hätte im 4. Hauptteil seinen richtigen Regelungsort); **Art. 185** (Wiederherstellung der Regierungsbezirke; hätte in Art. 9 untergebracht werden können) und **Art. 187** (Vereidigung der Beamten und Angestellten auf die Verfassung; hätte im 9. Abschnitt des Ersten Hauptteils geregelt werden können).

g) Eine würdige Schlussvorschrift im Sinne eines **Schlusswortes** für den **Anspruch der Verfassung auf nachhaltige Akzeptanz** bei den jungen Menschen ist **Art. 188** (Verfassungstext für Schüler).

2. Bemerkenswert ist, dass in den Schluss- und Übergangsbestimmungen eine eigentlich übliche[4] **Vorschrift** über das **Inkrafttreten fehlt.**[5] Insoweit sind **vier Daten** zu **unterscheiden: (1)** Am **1. Dezember 1946** nahm die bayerische Bevölkerung in einer Volksabstimmung die neue Verfassung mit einer Mehrheit von über 70 % an. **(2)** Bereits am **2. Dezember 1946** nahm Ministerpräsident Hoegner die Ausfertigung vor, **(3)** die Bekanntmachung im Bayerischen Gesetz- und Verordnungsblatt erfolgte sodann am **8. Dezember 1946.**[6] **(4)** Am **12. Dezember 1946** schließlich wurden die Rechtsgültigkeit des Volksentscheids und die Annahme der Verfassung vom Landeswahlausschuss festgestellt.[7] Als ehrwürdiger „Verfassungstag" erscheint daher der Tag der Annahme durch das Volk vorzugswürdig, also der 1. Dezember, auch wenn das **„offizielle" Datum des Inkrafttretens** der Verfassung wohl der **8. Dezember 1946** ist.[8] Zwar ist die Verfassung von

---

[1] Vgl. dazu allgemein BVerfGE 45, 142 (168); *Pieroth,* Rückwirkung und Übergangsrecht, 1981.

[2] *Nawiasky,* S. 29: „*Vorschriften sehr verschiedenen Charakters und von sehr unterschiedlicher Tragweite, so dass über sie etwas Gemeinsames nicht gesagt werden kann.*"; *Köhler,* in: Nawiasky/Schweiger/Knöpfle, vor Art. 178 Rn. 2.

[3] *Nawiasky,* S. 257.

[4] Vgl. etwa § 95 VU 1919; Art. 145 II GG.

[5] In Art. 134 II VE war vorgesehen, dass die Verfassung im Falle der Annahme durch das Volk mit dem Tag des Volksentscheids in Kraft tritt. Im E fehlte dann eine vergleichbare Vorschrift.

[6] GVBl S. 333 – BayRS 100-1-S.

[7] GVBl 1947, S. 16.

[8] Nach einer Feststellung des Ministerrats vom 4. Dezember 1946 sollte die Verfassung mit ihrer Veröffentlichung im Bayerischen Gesetz- und Verordnungsblatt in Kraft treten, also am 8. Dezember 1946

1946 nicht die am längsten gültige, aber ohne Zweifel diejenige Verfassung, die „das Glück Bayerns und seines Volkes"[9] im Hinblick auf politische Stabilität, wirtschaftliche Prosperität und soziale Balance am nachhaltigsten geprägt hat[10].

3   3. Ebenfalls nicht vorgesehen ist in den Schluss- und Übergangsbestimmungen eine Bestimmung über die **Modalität der Annahme der Verfassung.** Anders noch Art. 134 I VE, der bestimmte, dass die Verfassung dem Volk zur Entscheidung vorgelegt werde. Im E fehlte dann eine entsprechende Vorschrift. Einen Hinweis auf einen durchzuführenden und auch tatsächlich durchgeführten Volksentscheid (vgl. soeben Rn. 2.) gibt aber der **Vorspruch:** *„gibt sich das Bayerische Volk, eingedenk seiner mehr als tausendjährigen Geschichte, nachstehende demokratische Verfassung".*

4   4. **Entstehungsgeschichte:** Im VE bildeten lediglich vier Vorschriften die „Übergangs- und Schlussbestimmungen" (Art. 131: Vereidigung der Beamten; Art. 132: Aufhebung der Verfassung 1919 und Weitergeltung bisherigen Rechts; Art. 133: Ersetzungsbestimmung; Art. 134: durchzuführender Volksentscheid; In-Kraft-Treten mit dem Tag des Volksentscheids). Im E waren nur noch zwei Vorschriften davon übrig: Art. 139 E (entspricht Art. 131 VE) und Art. 140 E (entspricht Art. 132 VE). Im VA wuchsen die Übergangs- und Schlussbestimmungen auf 12 an (Art. 189–200).[11] Dabei blieb es mit drei Modifikationen: Zum einen wurde die Bestimmung über den Erwerb der deutschen Staatsangehörigkeit (Art. 190 VVA) auf Bitte der Besatzungsbehörde wieder gestrichen, zweitens wurde Art. 179 eingefügt, und drittens wurde Art. 197 VVA (Art der Berufung und Beförderung der Beamten) gestrichen.

Art. 178 [Beitritt zu einem Bundesstaat]

[1]Bayern wird einem künftigen deutschen demokratischen Bundesstaat beitreten. [2]Er soll auf einem freiwilligen Zusammenschluss der deutschen Einzelstaaten beruhen, deren staatsrechtliches Eigenleben zu sichern ist.

Parallelvorschriften im GG und anderen Landesverfassungen: Art. 23 II BaWüVerf; Art. 1 BerlVerf; Art. 1 I BbgVerf; Art. 64 BremVerf; Art. 1 HmbVerf; Art. 64 HessVerf; Art. 1 II M-VVerf; Art. 1 II NdsVerf; Art. 1 I NRWVerf; Art. 74 I, 141 RhPfVerf; Art. 60 SaarVerf; Art. 1 SächsVerf; Art. 1 I VerfLSA; Art. 1 SchlHVerf; Art. 44 I ThürVerf.

Rechtsprechung: VerfGH 20, 153; 44, 85; BVerfGE 36, 1.

Literatur: Maunz, Das Bund-Länder-Verhältnis in der Bayerischen Verfassung, in: FS Ehard, 1957, S. 51 ff.; *Blumenwitz,* Bayern und Deutschland, in: FS Goppel 1975, S. 44 ff.; *Kock,* Bayerns Weg in die Bundesrepublik, 1983; *Lauer,* Die Entstehung der Bayerischen Verfassung von 1946, BayVBl. 1990, 737; *Schneider,* Die Bedeutung des Art. 178 BV für die deutsche Wiedervereinigung und für Verfassungsrevisionen des wiedervereinigten Deutschland, 1996; *Lerche,* Bayerische Verfassung heute − Eigenheiten und Fragen, in: 50 Jahre Bayerische Verfassung, 1996, S. 154 ff.

(Staatsanzeiger 1946, Nr. 28). Zur Entstehungsgeschichte der Bayerischen Verfassung s. *Schmidt,* Staatsgründung und Verfassungsgebung in Bayern. Die Entstehung der Bayerischen Verfassung vom 8. Dezember 1946, 1997; *Gelberg,* Die Protokolle des Vorbereitenden Verfassungsausschusses in Bayern, 2004.

   [9] *Zacher,* Fünfzig Jahre Bayerische Verfassung, BayVBl. 1996, 705 (721).

   [10] Eine schöne Sammlung der bayerischen Verfassungen seit 1808 findet sich bei *Wenzel,* Bayerische Verfassungsurkunden. Dokumentation der bayerischen Verfassungsgeschichte, 4. Aufl. 2002.

   [11] Vgl. im Einzelnen *Nawiasky,* S. 258.

1. Bedeutung

Art. 178 wirkt auf den ersten Blick wie eine Verfassungsnorm, der der Stempel des **1** Obsoleten auf die Stirn geschrieben zu sein scheint. Ein „Beitritt" Bayerns zu einem deutschen demokratisch verfassten Bundesstaat war staatsrechtlich niemals notwendig. Zudem: Das staatsrechtliche Eigenleben Bayerns ist gesichert: Die Länder haben nach der Rechtsprechung des BVerfG **Staatsqualität**[1], Art. 79 III GG sichert Bayern einen „Kernbestand eigener Aufgaben und eigenständiger Aufgabenerfüllung"[2], aus Art. 29 GG folgt, dass eine Neugliederung des Bundesgebiets und eine damit einhergehende Veränderung im (territorialen) Bestand oder in der Existenz eines Landes überhaupt nur durch Volksentscheid möglich ist. Damit scheint sich der Regelungsgehalt des Art. 178 erschöpft zu haben, eine Streichung erschiene angebracht, gar fällig. Gleichwohl wäre ein solcher Schluss voreilig, lassen sich dem Art. 178 durchaus noch **aktuelle** oder mindestens **potenzielle Funktionen** erschließen (dazu unten Rn. 5 ff.).

2. Entstehung

Die Verfassung wurde in einer **historischen Situation** geschaffen, in der die **staats-** **2** **rechtliche Lage Deutschlands unklar** war und man sich angesichts der vorangegangenen Katastrophe ein Fortbestehen eines einheitlichen Deutschland nicht vorstellen konnte oder mochte. Ob überhaupt, in welcher Modalität Deutschland als Staat fortexistierte, war offen. Weder der VE noch der E enthielten daher Aussagen über die Stellung Bayerns in einem wie auch immer gearteten Deutschland. Allerdings wurde diese Frage im VVA in der Sitzung am 22. 3. 1946 diskutiert und folgende Fassung des Art. 1 I beschlossen: „Bayern ist ein Freistaat und Mitglied des deutschen Bundes." Im E tauchte die Formulierung „und Mitglied des deutschen Bundes" nicht mehr auf.[3] Im VA wurde dann, zunächst in einem Art. A, der dem Art. 1 vorangestellt war, eine Beitrittsklausel beschlossen: „Bayern wird einem künftigen deutschen Bunde beitreten."[4] Daraus kann man schließen, dass in diesem Stadium des Entstehungsprozesses davon ausgegangen wurde, das deutsche Reich sei als Staat, jedenfalls als Bundesstaat untergegangen, ansonsten es ja keines „Beitritts" bedürfte. In der zweiten Lesung im VA wurde als erste Bestimmung in die Schluss- und Übergangsbestimmungen eingefügt[5]: „Bayern wird einem künftigen deutschen Bund beitreten". Im Plenum der Verfassunggebenden Landesversammlung wurde bei Ablehnung aller Änderungsanträge die bis heute geltende Formulierung des Art. 178 beschlossen.[6]

Nawiasky geht in seiner Erstkommentierung[7] davon aus, dass *„ein deutscher Gesamtstaats-* **3** *verband nach dem Zusammenbruch des nationalsozialistischen großdeutschen Reichs nicht mehr besteht. Demgemäß muss ein deutscher Gesamtstaat erst wieder neu begründet werden. Diese Gründung kann nur durch übereinstimmende Willensakte der deutschen Einzelstaaten erfolgen, bezüglich deren ihnen volle Freiheit zusteht".[8]* Die so proklamierte **Freiheit eines Beitritts Bayerns** hat in

---

[1] BVerfGE 36, 342 (360); 72, 330 (388); das BVerfG erkennt den Ländern eine eigene, nicht vom Bund abgeleitete Staatsqualität, nicht indes Souveränität zu, da die Staatsgewalt der Länder durch das GG eingeschränkt ist. Staatlichkeit setzt nicht Souveränität voraus, die ungeteilt und unteilbar ist.

[2] BVerfGE 87, 181 (196) spricht von *„Hausgut".*

[3] *Hoegner* hatte in der Sitzung des VVA am 22. 3. 1946 darauf hingewiesen, ihm sei von der Militärregierung ausdrücklich gesagt worden, es werde keine Verfassung genehmigt werden, in der etwas über die künftige Neugestaltung Deutschlands vorweggenommen werde; vgl. dazu *Gelberg,* Die Protokolle des VVA in Bayern 1946, 2004, S. 94.

[4] Prot. I, S. 37 ff.

[5] Prot. II, S. 384.

[6] Prot. IV, S. 172 f.

[7] *Nawiasky,* S. 258 f.

[8] Ähnlich *Hoegner,* Lehrbuch des Bayerischen Verfassungsrechts, 1949, S. 18: Bayern habe als Staat neu gegründet werden müssen, was durch die Proklamation Nr. 2 erfolgt sei; vgl. auch *Lauer,* BayVBl. 1990, 737 (739) mit dem Hinweis auf die Auffassung von *Kelsen,* das Deutsche Reich und damit auch

der Folge allerdings aus zwei Gründen doch **nicht bestanden.** Zum einen ging man zunehmend davon aus, das deutsche Reich sei doch nicht untergegangen, sondern bestünde fort, so dass ein „Beitritt" schon begrifflich ausscheiden musste.[9] Zum zweiten hat die **Militärregierung** in ihrem von Militärgouverneur General Clay gezeichneten Genehmigungsschreiben vom 25.10.1946[10] ausdrücklich betont, dass sie einem **Separatismus Bayerns** eine **Absage** erteile: „*Der Wille, einem zukünftigen deutschen Bundesstaat beizutreten, muss als eine Anweisung an die Vertreter Bayerns ausgelegt werden, nicht als ein Recht, die Teilnahme zu verweigern.*" Zwar lehnte der Landtag das vom Parlamentarischen Rat am 8. 5. 1949 beschlossene Grundgesetz durch Beschluss vom 20. 5. 1949 mit 101 zu 63 Stimmen bei 9 Stimmenthaltungen ab[11], fasste jedoch gleichzeitig mit 97 zu 6 Stimmen bei 70 Stimmenthaltungen den — staatsrechtlich nur deklaratorischen[12], staatspolitisch bedingungslosen — Beschluss[13], dass die Rechtsverbindlichkeit des Grundgesetzes auch für Bayern anerkannt werde.[14] Einen **formellen „Beitritt"** hat es **nie gegeben**[15] — freilich ebenso wenig wie einen „freiwilligen Zusammenschluss der deutschen Einzelstaaten" (Art. 178 S. 2) in der Bundesrepublik Deutschland. Eine historisch nicht relevant gewordene Frage ist es, ob ein Beitritt[16] — wenn ein solcher aus staatsrechtlichen Gründen notwendig geworden wäre — entgegen dem Wortlaut des Art. 178 allein auf Grund des Vorbehalts der Militärregierung hätte (von wem?) erzwungen werden können. Jedenfalls verfassungsrechtlich dürfte diese Frage zu verneinen sein, da im Jahr 1949 die Verfassung ohne Vorbehalte in Kraft war und der Inhalt des Genehmigungsschreibens keinen Verfassungsrang erhalten, sondern sich mit In-Kraft-Treten der Verfassung am 8. 12. 1946 erledigt hat. Art. 178 S. 1 enthält zwar ein „selbstbindendes Versprechen" des Verfassungsgebers[17], einem künftigen deutschen demokratischen Bundesstaat beizutreten, diese Verpflichtung gilt indes nur für einen demokratischen Bundesstaat und steht zudem unter dem Sollensvorbehalt des „freiwilligen Zusammenschlusses" und der Bedingung[18], dass das „staatsrechtliche Eigenleben" zu sichern ist — was umfasst, dass es im Zeitpunkt des Beitritts bereits gesichert sein musste.

Bayern seien mit der Kapitulationserklärung vom 8. Mai 1945 und mit der Berliner Deklaration vom 5. Juni 1945 untergegangen.

[9] *Blumenwitz*, S. 44 f.: aus der Kontinuität Deutschlands lasse sich auch die Kontinuität Bayerns als deutscher Gliedstaat folgern, wohl in der Kontinuität seit dem Beitritt Bayerns zum Deutschen Reich 1871.

[10] Abgedr. in Prot. IV S. 240; vgl. auch *Lauer*, BayVBl. 1990, 737 (741).

[11] Dazu *Schneider*, S. 21 ff.

[12] VerfGH 44, 85 (89).

[13] „*Bei Annahme des Grundgesetzes in zwei Dritteln der deutschen Länder, in denen es zunächst gelten soll, wird die Rechtsverbindlichkeit dieses Grundgesetzes auch für Bayern anerkannt, wie es Art. 144 I GG vorsieht.*"

[14] Dieser Beschluss stellt keine Rechtsvorschrift i. S. d. Art. 98 S. 4 dar, VerfGH 44, 85 (Ls. 1). Der VerfGH geht in dieser Entscheidung materiell — obwohl die Popularklage der Bayernpartei für unzulässig erklärt wurde — davon aus, dass die „Rechtsverbindlichkeit des Grundgesetzes in Bayern nicht auf dem Landtagsbeschluss vom 20. 5. 1949 beruht", sondern sich aus Art. 144 GG ergebe.

[15] Vielmehr gehörte der Freistaat Bayern der Bundesrepublik Deutschland seit ihrem Bestehen ohne formellen Beitritt an. Die BR Deutschland ist nach h. M. nicht Rechtsnachfolgerin des Deutschen Reiches, sondern mit ihm als Staat identisch, räumlich freilich nur teilidentisch; vgl. *Meder*, Art. 178 Rn. 2 m. w. N.; BVerfGE 36, 1 (15); 77, 137 (154). Prägnant *Schneider*, S. 15: „*Bayern kann nicht zu etwas beitreten, zu dem es bereits gehört.*" In diesem Sinne auch VerfGH 44, 85 (89): Die Bundesrepublik Deutschland sei nicht als neuer Staat durch einen Staatsvertrag der westdeutschen Länder gebildet worden, vielmehr wurde lediglich ein Teil Deutschlands neu organisiert. Durch die staatsrechtliche Kontinuität von Deutschem Reich und BR Deutschland ist Bayern (seit 1871) niemals mehr ein eigenständiger Staat gewesen, der vor die Wahl gestellt worden wäre, einem deutschen Staat (erneut) beizutreten.

[16] Der Beschluss des Landtags vom 20. 5. 1949, dass das Grundgesetz trotz Ablehnung durch den Landtag auch in Bayern gelte, stellt keine Beitrittserklärung dar. Mangels Beitritts ist auch die Frage, ob ein solcher ungültig, widerrufbar etc. ist, sinnlos.

[17] *Köhler*, in: Nawiasky/Schweiger/Knöpfle, Art. 178 Rn. 2.

[18] A. A. *Köhler* (Fn. 17) Art. 178 Rn. 2.

3. Verhältnis zum Grundgesetz

Nach h. M.[19] und der Ansicht des VerfGH[20] hat sich Art. 178 als „typische Übergangs- **4** vorschrift"[21] erledigt. Sie sei als „durch die Entwicklung überholt und deshalb mittlerweile als funktionslos anzusehen".[22] Nach *Köhler* falle es nicht leicht, einer erledigten Vorschrift, die nicht einmal mehr mittelbare Wirkung zu entfalten vermöge, überhaupt noch eine Bedeutung abzugewinnen. Es verbleibe nur ein „verfassungshistorisches Interesse".[23] Geht man von dieser Sicht der Dinge aus, so kann eine Kollision mit dem GG nicht in Frage kommen.[24] Allerdings zeugt eine derartige Betrachtung des Art. 178 nicht nur von einer **zu kurz gegriffenen Interpretation** des **Satzes 2,** der einen verfassungsrechtlichen „Dauer-Auftrag" enthält und damit jedenfalls **potenzielle Aktualität** in sich trägt, sondern auch von **mangelnder verfassungsrechtlicher Kreativität,** dazu sogleich Rn. 5 ff. Forderungen nach einer Streichung des Art. 178, jedenfalls des Satzes 2, ist daher deutlich entgegenzutreten.

4. Regelungspotenzial des Art. 178

Die These, Art. 178 habe sich erledigt, trifft allenfalls für Satz 1, nicht indes für Satz 2 **5** zu. Dieser ist trotz seines Regelungsstandortes nicht lediglich auf die historische Situation bezogen, sondern darüber hinaus in die **Zukunft** gerichtet.

a) Der deutsche demokratische Bundesstaat, der 1949 in der Modalität der Bundes- **6** republik Deutschland entstand und sich mit dem staatsrechtlichen Vollzug der Wiedervereinigung Deutschlands weiterentwickelt hat[25], soll aus der Sicht der Bayerischen Verfassung nicht nur im Zeitpunkt seines Entstehens „auf einem freiwilligen Zusammenschluss der deutschen Länder" beruhen, sondern auch darüber hinaus („zu sichern ist"). Auch der staatsrechtliche Fortbestand der Bundesrepublik Deutschland in der gegenwärtigen Gestalt steht − aus Sicht des bayerischen Verfassungsrechts, nicht indes freilich aus Sicht des Grundgesetzes − unter einem **Freiwilligkeitsvorbehalt,** der es dem Freistaat Bayern ermöglichte, die Bundesrepublik Deutschland zu verlassen und als eigenständiger souveräner Staat fortzubestehen, wenn das staatsrechtliche Eigenleben nicht mehr gesichert ist. Das Grundgesetz allerdings, an das die Organe des Freistaates Bayern gebunden sind, lässt einen solchen „Austritt" verfassungsrechtlich *nicht* zu. Eine „Austrittsmöglichkeit" eines Landes aus der Bundesrepublik Deutschland ist weder im Grundgesetz ausdrücklich vorgesehen noch lässt sie sich sonst aus ihm begründen. Eine Gesamtsicht der Präambel (wo auch „die Deutschen" im Land Bayern genannt sind) sowie der sonstigen einschlägigen Vorschriften (insbes. Art. 1 II, 20, 30, 31, 32, 29, 37, 79), ergibt eine **dauerhafte, nicht auflösbare Bindung des Freistaates Bayern als Gliedstaat der BR Deutschland.** Die **Austrittsoption,** die Art. 178 S. 2 impliziert, ist mithin **bundesverfassungsrechtlich gesperrt.** Gegen konkrete separatistische Maßnahmen könnte der Bund nach Art. 37 GG („Bundeszwang") vorgehen.

Die **Selbständigkeit** Bayerns als eigenständiger und **souveräner**[26] Staat − und als ei- **7** genständiges Mitglied der EU − könnte allenfalls auf folgenden (praktisch-politisch mindestens derzeit nicht realistischen) Wegen erreicht werden: **(1)** Durch eine **Sezession,** also durch eine eigenmächtige Lösung Bayerns vom Bund, wobei das Instrument der Sezession

---

[19] *Meder,* Art. 178 Rn. 1.

[20] VerfGH 20, 153 (156): *„durch die Entwicklung überholt".*

[21] *Köhler,* Art. 178 Rn. 2.

[22] *Köhler,* Art. 178 Rn. 2.

[23] *Köhler,* Art. 178 Rn. 2 (dort in Fn. 14).

[24] Konsequent *Köhler,* Art. 178 Rn. 9.

[25] Durch den Beitritt der DDR zur BR Deutschland; *Köhler,* Art. 178 Rn. 10; *Blumenwitz,* NJW 1990, 3041.

[26] Der Freistaat Bayern ist zwar ein Staat im staatsrechtlichen Sinne, ihm kommt jedoch weder staats- noch völkerrechtlich Souveränität zu.

weder verfassungsrechtlich noch völkerrechtlich ohne weiteres, sondern allenfalls bei schweren Verletzungen von Minderheitenrechten oder von Selbstgestaltungsrechten als zulässig anerkannt ist. Sie stellte bei den gegebenen Verhältnissen einen **Verstoß gegen das Grundgesetz** dar. (2) Durch einen **einvernehmlichen Austritt** des Freistaats Bayern aus dem Bund auf Grund eines Staatsvertrages zwischen Bayern und dem Bund (und ggf. den anderen Ländern[27]), wobei ein solcher Staatsvertrag dem bayerischen Volk zur Zustimmung vorgelegt werden müsste. Art. 178 S. 2 kann insofern als **verfassungsrechtliche Direktive** wirken, als er zur Prüfung solchen Vorgehens anhält, wenn auf Grund der staatspolitischen Entwicklung in Deutschland insgesamt sowie in Europa das **„staatsrechtliche Eigenleben" Bayerns nicht mehr gesichert,** also ein **Kernbestand an Kompetenzen** rechtlich oder faktisch nicht mehr vorhanden wäre. Das ist mindestens derzeit und zumal nach der Föderalismusreform des Jahres 2006, die in der Substanz einen Kompetenzzuwachs für die Länder erbracht hat, nicht erkennbar.[28]

8   b) Unterhalb der Ebene einer vertraglichen Lösung Bayerns vom Bund enthält Art. 178 S. 2 die Direktive, dass das **„staatsrechtliche Eigenleben"** Bayerns – eine im deutschen Verfassungsrecht singuläre Formulierung – zu **sichern** ist. Mit dem Begriff vom staatsrechtlichen Eigenleben[29] erfasst ist jedenfalls die Staatlichkeit Bayerns (wenn auch nicht die Souveränität) sowie ein **Kernbereich an Kompetenzen.** Diese Direktive lässt sich in verschiedene **Unterfunktionen** ausdifferenzieren:

9   aa) Zum einen liegt darin ein **Gestaltungsauftrag** an die Organe des Freistaates Bayern selbst, von den eigenen staatsrechtlichen Kompetenzen aktiven und eigenständigen Gebrauch zu machen, also die **Eigenstaatlichkeit mit Leben** zu **erfüllen.** Damit verbunden ist ein Unterlassungsgebot dahingehend, besondere Institutionen oder Organe, Symbole oder Eigenheiten der Staatlichkeit Bayerns ohne Not oder gar aus fiskalischen Gründen abzuschaffen oder zu beseitigen. Die **Abschaffung des BayObLG** etwa ist als Verstoß gegen dieses Gebot anzusehen und *deswegen* **verfassungswidrig.** Allerdings ist der VerfGH in seiner die Abschaffung bestätigenden Entscheidung mit keinem Wort auf Art. 178 S. 2 eingegangen.[30]

10   bb) Daneben lässt sich dem Art. 178 S. 2 ein **Beobachtungsauftrag** entnehmen, der die Organe des Freistaates verpflichtet, die staatsrechtliche und staatspolitische Entwicklung auf den Ebenen des Bundes und der europäischen Gemeinschaft daraufhin zu beobachten, ob sich Tendenzen ergeben, die die Eigenstaatlichkeit Bayerns faktisch oder rechtlich in Frage stellen. Die Staatlichkeit Bayerns ist in ihrem Kernbereich durch Art. 79 III, 23 I 3 GG geschützt.

11   cc) Aus dem Beobachtungsauftrag kann sich ein **Handlungsauftrag** dahingehend ergeben, Verfassungsänderungen zu widersprechen (zumal durch entsprechendes Abstimmungsverhalten im Bundesrat oder durch Anträge vor dem BVerfG), die in den Kernbereich der Landeskompetenzen etwa dadurch eingreifen, dass diese auf den Bund oder die EG/EU übertragen werden. Geschieht dies unter Verletzung der Grenzen des Art. 79 III GG, dürfte auch aus bundesrechtlicher Sicht einem **Austritt** Bayerns aus dem Bund nichts entgegengehalten werden können, da dann in Wirklichkeit keine Verfassungsänderung, sondern eine **Verfassungsneuschöpfung** vorliegt (dazu sogleich Rn. 12).

12   c) Art. 178 S. 2 erhält zudem Bedeutung bei einer **Neukonstituierung der Bundesrepublik Deutschland** durch eine Verfassungsneuschöpfung nach Art. 146 oder infolge

---

[27] Eine Zustimmung der anderen Länder wäre zwar staatspolitisch opportun, aber verfassungsrechtlich nicht erforderlich.

[28] Gesetz zur Änderung des Grundgesetzes vom 28. 8. 2006 (BGBl. I, S. 2034).

[29] Vgl. dazu etwa *Schneider*, S. 111 f., dort auch zur – verneinten – Frage, ob sich Art. 178 ein allgemeines Subsidiaritätsprinzip entnehmen lasse; s. auch *Köhler*, Art. 178 Rn. 7, der unter staatsrechtlichem Eigenleben „die Wahrung der eigenstaatlichen Rechte Bayerns auch innerhalb eines Bundesstaates" versteht.

[30] VerfGH 58, 212.

eines gewaltsamen oder friedlichen Umsturzes („Revolution").[31] Eine neue Verfassung bindet – anders als eine Verfassungsänderung, bei der die Länder durch Art. 79 III GG geschützt sind – die Länder nicht automatisch, vielmehr hätte Bayern die Möglichkeit und nach Art. 178 die Pflicht, einen **„Beitritt"** zu einem neu konstitutionalisierten Deutschland zu **verweigern,** wenn die Voraussetzungen des Art. 178 nicht gegeben sind. Das wäre insbesondere dann der Fall, wenn das neu konstituierte Deutschland kein Bundesstaat mehr oder nur ein solcher wäre, in dem die Länder keine Staatsqualität mehr hätten. Mit anderen Worten: **Gegen den Willen Bayerns kann dessen Staatlichkeit nicht beseitigt werden.** Gleiches gälte im Fall der Gründung eines **europäischen Bundesstaates**[32], bei dem die Mitgliedstaaten zu Gliedstaaten der EU mutierten und die Länder als „dritte Ebene" ihre Eigenstaatlichkeit verlören. In einem solchen Fall könnte der Freistaat Bayern seine Eigenstaatlichkeit nur insofern sichern, als er **selbst Gliedstaat der EU** würde oder zwar Gliedstaat der BR Deutschland bliebe, jedoch seine Eigenstaatlichkeit mit substanziellen Kompetenzen behielte **(dreigliedriger europäischer Bundesstaat).** Art. 178 S. 2 enthält jedenfalls einen verfassungsrechtlichen Auftrag an die Organe des Freistaates Bayern, die Eigenstaatlichkeit Bayerns auch in einem europäischen Staat oder Staaten(ver)bund zu sichern.

d) Eine **Aufgabe der Staatlichkeit Bayerns** in einem nicht föderalen Deutschland **13** oder in einem zweigliedrigen europäischen Bundesstaat wäre durch Art. 178 allerdings nicht ausgeschlossen, wenn das bayerische Volk in einem **Volksentscheid** (freilich mit einem hohen Beteiligungs- und Zustimmungsquorum[33]) sich für den Verzicht auf die Eigenstaatlichkeit Bayerns und den Status einer bloßen Region oder einer Verwaltungseinheit mit besonderer kultureller Identität aussprächen.

Art. 179 [Organisationen der Wirtschaft; Erzeuger- und Verbraucherorganisationen]

[1]**Die in dieser Verfassung bezeichneten sozialen, wirtschaftlichen und kulturellen Körperschaften, Selbstverwaltungsorgane der Wirtschaft und Organisationen der Erzeuger, Verteiler und Verbraucher (Art. 154, 155, 164) sind keine öffentlichen Behörden und dürfen keine staatlichen Machtbefugnisse ausüben.** [2]**Zwangsmitgliedschaft bei ihnen ist ausgeschlossen.**

Parallelvorschriften im GG und anderen Landesverfassungen: Art. 59 SaarlVerf.

Rechtsprechung: VerfGH 9, 86; 18, 108; 42, 34.

1. Bedeutung

a) Art. 179 gehörte bis zur Abschaffung des Senats zu den **problematischsten**[1] Vor- **1** schriften der Verfassung, da sich in ihr zwei **unterschiedliche organisationsrechtliche Konzeptionen** aneinanderreiben[2]: Die amerikanische Besatzungsmacht sah Organisationen, insbesondere der Wirtschaft und des Berufslebens, mit hoheitlichen Befugnissen und Zwangsmitgliedschaft als Bestandteil nicht demokratischer Systeme an und hielt sie infol-

---

[31] *Lerche,* S. 157: „. . . ein Beispiel dafür, wie ein Teil der Verfassung, der an sich nur aus einer bestimmten Lage heraus zu erklären ist, und als inzwischen gegenstandslos geworden galt, zu einem vielleicht sogar merkwürdig kräftigen neuen Glanz gelangen könnte."

[32] Deutlich *Lerche,* S. 157.

[33] Zu fordern wäre hier mindestens ein Zustimmungsquorum in Höhe von 50 % der stimmberechtigten Bevölkerung.

[1] Deutlich *Nawiasky* in der Erstkommentierung, S. 259: „Dieser Artikel wurde sozusagen in letzter Minute in die Verfassung eingefügt, und zwar auf ausdrückliches Verlangen der Besatzungsbehörde (Sten. Ber. 229, 231, 237). Der Verfasser möchte ausdrücklich hervorheben, dass er an der maßgeblichen Sitzung des VA nicht mehr teilnehmen konnte; sonst hätte er alles versucht, eine andere Fassung zu erreichen."

[2] *Köhler,* in: Nawiasky/Schweiger/Knöpfle, Art. 179 Rn. 5.

gedessen für nicht akzeptabel. Andererseits sind solche Organisationen nach Auffassung des Verfassungsgebers nicht spezifisch nationalsozialistische Phänomene, sondern stehen in der „herkömmlichen deutschen Tradition öffentlich-rechtlicher Berufsorganisationen". Diese in der Tendenz konträren Vorstellungen wurden insofern zum handfesten praktischen Verfassungsproblem, als Organisationen mit Zwangsmitgliedschaft und/oder hoheitlichen Befugnissen[3] und damit gerade die traditionellen Kammern nicht „senatsfähig" im Sinne des Art. 34 waren, da diese nach Art. 179 gerade nicht mit „staatlichen Machtbefugnissen" und Zwangsmitgliedschaft ausgestattet sein dürfen.[4] Von Art. 179 unberührt bleibt allerdings die Möglichkeit der betroffenen Gruppen, auf freiwilliger Grundlage „senatsfähige Verbände" zu bilden.[5]

2   Der VerfGH hat Art. 34 **einschränkend ausgelegt**[6] und damit bestimmten herkömmlichen Organisationen die Unterstellung unter Art. 34 und damit auch unter Art. 179 erspart – was zur Folge gehabt hätte, dass diese Organisationen verfassungswidrig gewesen wären. Das Problem hat sich mit der **Abschaffung des Senats entschärft:** Da Art. 34 aufgehoben ist, fallen die wirtschaftlichen, sozialen und kulturellen Körperschaften nicht mehr unter Art. 179. Sie sind zwar dort noch genannt. Von Art. 179 erfasst sind indes nicht jegliche Körperschaften der genannten Art, sondern nur „die in dieser Verfassung bezeichneten". Das sind nur noch die von Art. 154, 155 und 164 umfassten. Zu den von Art. 154 und damit auch von Art. 179 erfassten Organisationen gehören insbesondere nicht die berufsständischen Organisationen (Rechtsanwaltskammer; Architektenkammer; Kammern der Heilberufe), weil diese weder Selbstverwaltungsorgane der Wirtschaft noch soziale, wirtschaftliche oder kulturelle Körperschaften im Sinn des Art. 179 sind.[7]

3   b) Letztlich dürften unter Art. 179 lediglich die **reinen Interessenverbände** der Wirtschaft und Landwirtschaft fallen, wie etwa der Bayerische Bauernverband oder die Vereinigung der Bayerischen Wirtschaft. Angesichts des engen Anwendungsbereichs könnte überlegt werden, Art. 179 anlässlich einer anderweitig anstehenden **Verfassungsänderung** mit **aufzuheben.**[8] Dass private Organisationen keine Hoheitsbefugnisse und nicht das Recht zur Zwangsmitgliedschaft besitzen, ergibt sich bereits aus dem Rechtsstaatsprinzip und aus dem Grundsatz vom Vorbehalt des Gesetzes. Der Gesetzgeber könnte Hoheitsbefugnisse allenfalls in beschränktem Umfang im Wege der Beleihung übertragen, für die Zwangsmitgliedschaft ergibt sich eine grundrechtliche Rechtfertigungspflicht nach Art. 101.[9] Insofern wäre durch eine Aufhebung des Art. 179 nichts „verloren", zumal Art. 179 selbst **kein Grundrecht**[10] verbürgt, sondern eine reine Organisationsnorm in Er-

---

[3] Solche sind nicht *alle* hoheitlichen Aufgaben und Kompetenzen, sondern lediglich staatliche Eingriffsbefugnisse im Sinne von Grundrechtseingriffen. Es müsse ein unmittelbares Einwirken in die „Sphäre des Machtunterworfenen" vorliegen, *Köhler* (Fn. 2), Rn. 12; *Meder,* Art. 179 Rn. 1. Allerdings dürfte die Interpretation nicht zu weit ausfallen, da anderenfalls Körperschaften oder Genossenschaften zur Bedarfsdeckung nach Art. 155 faktisch unmöglich würden (dass Art. 155 derzeit praktisch obsolet ist, steht auf einem anderen Blatt; s. die Erl. dort).

[4] *Meder,* Art. 34 Rn. 1; Art. 179 Rn. 1; *Nawiasky,* S. 259.

[5] *Meder,* Art. 34 Rn. 1; VerfGH 9, 86 (93, 96).

[6] VerfGH 9, 86 (95): Ob eine soziale, wirtschaftliche oder kulturelle Körperschaft i. S. d. Art. 34 vorliege, sei zu ermitteln durch Auslegung anhand ihrer Satzung, ihrer Aufgaben, der von ihr erkennbar verfolgten Zwecke und der in der Praxis tatsächlich erfolgten Betätigung im Einzelfall. Es genüge nicht, wenn die Körperschaft neben ihren Hauptfunktionen und Zwecken auch einen sozialen, wirtschaftlichen oder kulturellen Zweck verfolge; dieser Zweck müsse das Haupt-, wenn auch nicht das ausschließliche Ziel sein. Einen primär wirtschaftlichen Zweck und damit die Unterstellung unter Art. 179 hat der VerfGH verneint für die Landesärztekammer (VerfGH 9, 86), die Rechtsanwaltskammern (VerfGH 4, 30), die bayerische Apothekerversorgung (VerfGH 5, 287); weitere Beispiele bei *Köhler* (Fn. 2), Rn. 6.

[7] *Meder,* Art. 179 Rn. 2 i. V. m. Rn. 6 zu Art. 35.

[8] So wohl auch *Köhler* (Fn. 2), Rn. 7.

[9] Vgl. dazu Rn. 16 zu Art. 101.

[10] VerfGH 18, 108 (110); 32, 29 (33); 42, 34 (37).

gänzung der Art. 154, 155, 164 darstellt. Art. 179 schützt nicht vor Zwangsmitgliedschaft[11] per se, sondern nur vor solcher in unter Art. 179 fallenden Organisationen.

2. Entstehung

Eine vergleichbare Vorschrift enthielt weder der VE noch der E. Sie wurde erst in den **4** Beratungen im VA auf expliziten **Wunsch der amerikanischen Besatzungsbehörde** eingefügt.[12] Deren Intention war es, die dort genannten Vereinigungen dem Privatbereich zuzuordnen, ihnen keine Macht- und Zwangsbefugnisse einzuräumen und sie auf diese Weise von den entsprechenden Organisationen im Dritten Reich zu unterscheiden, deren Funktion die Stützung des faschistischen Regimes gewesen sei.[13] Allerdings wurde für bestimmte Bereiche eine Zwangsmitgliedschaft für notwendig erachtet, so dass der VA eine Protokollnotiz beschloss[14]: *„Satz 2 über den Ausschluss der Zwangsmitgliedschaft bezieht sich nicht auf die für besondere Zwecke (Entwässerung, Flurbereinigung und dgl.) gebildeten Zwangsgenossenschaften."*[15] Durch Art. 1 Nr. 4 des Gesetzes vom 20. Februar 1998 zur Abschaffung des Bayerischen Senats[16] wurde in Art. 179 der Verweis auf die Art. 34 und 36 gestrichen.

3. Verhältnis zum Grundgesetz

Art. 179 **gilt** vor dem Hintergrund des GG **weiter,** obwohl dieses eine dem Art. 179 **5** entsprechende Regelung nicht kennt. Allerdings ist wegen Art. 31 GG die Maßstabsfunktion des Art. 179 reduziert: Auf Grund von Bundesrecht errichtete Vereinigungen und Organisationen, in erster Linie die Industrie- und Handelskammern, die Handwerkskammern und die mit öffentlichen Aufgaben bundesrechtlich betrauten Wohlfahrtsorganisationen, unterliegen nicht dem Art. 179.

Art. 180 [Zuständigkeitsübertragungen bis zur Errichtung eines Bundesstaates]

Bis zur Errichtung eines deutschen demokratischen Bundesstaates ist die Bayerische Staatsregierung ermächtigt, soweit es unumgänglich notwendig ist, mit Zustimmung des Bayerischen Landtags Zuständigkeiten des Staates Bayern auf den Gebieten der auswärtigen Beziehungen, der Wirtschaft, der Ernährung, des Geldwesens und des Verkehrs an den Rat der Ministerpräsidenten der Staaten der US-Zone oder andere deutsche Gemeinschaftseinrichtungen mehrerer Staaten oder Zonen abzutreten.

Parallelvorschriften im GG und anderen Landesverfassungen: Art. 151 BremVerf; Art. 2 III HmbVerf; Art. 152 HessVerf.

---

[11] Zwangsmitgliedschaft ist nicht nur die unfreiwillige Mitgliedschaft selbst, sondern auch die Anknüpfung negativer Rechtsfolgen, etwa einer Zwangsabgabe an die Nicht-Mitgliedschaft. *Steger,* Widerspricht eine allgemeine Landwirtschaftsabgabe zugunsten des Bayerischen Bauernverbandes dem Art. 179 BV?, 1954.

[12] Der bis dato vorgesehene Art. 179 regelte, dass jeder bayerische Staatsangehörige mit Beitritt Bayerns zum Bund die deutsche Staatsangehörigkeit erwerbe. Diese Regelung sei der Besatzungsbehörde etwas "spaßig" vorgekommen, wie Hoegner berichtete, Prot. III, S. 738.

[13] Prot. III, S. 739, 749. Ein Blick auf die entsprechenden Organisationen des NS-Regimes zeigt dies deutlich: „Reichsnährstand"; „Deutsche Arbeitsfront"; „NS-Studentenbund"; „Reichskulturkammer"; „NS-Volkswohlfahrt"; „Reichswirtschaftskammer" u. s. w.; VerfGH 4, 30 (38).

[14] Prot. III, S. 749.

[15] Begründet wurde diese Protokollnotiz, die von der Besatzungsbehörde akzeptiert wurde, damit, dass eine zu enge Auslegung des Art. 179 zur Konsequenz hätte, es sei in jedem Fall unzulässig, bestimmte Personengruppen unter Umständen zur Erfüllung spezifischer Aufgaben auch zwangsweise zusammenzuschließen.

[16] GVBl S. 42.

1. Bedeutung/Verhältnis zum Grundgesetz

1   Art. 180 ist als **kompetenzrechtliche Übergangsvorschrift** heute **ohne jegliche Bedeutung**[1], da der deutsche demokratische Bundesstaat mit Inkrafttreten des Grundgesetzes am 24. Mai 1949 errichtet war.[2] Anders als Art. 178 (vgl. Rn. 5 ff. zu Art. 178) hat Art. 180 auch **keine darüber hinausreichenden Regelungsgehalte.** Den Rat der Ministerpräsidenten der US-Zone, den sog. „Länderrat"[3], sowie als Gemeinschaftseinrichtung der amerikanischen und der britischen Zone die sog. „Verwaltung des Vereinigten Wirtschaftsgebietes", gibt es nicht mehr.[4] Art. 180 ist in der Praxis nie zur Anwendung gekommen, da der Länderrat und die Verwaltung des vereinigten Wirtschaftsgebiets durch – die BV überlagerndes – Besatzungsrecht geregelt worden waren.[5] Weitere Gemeinschaftseinrichtungen waren durch Art. 180 zwar nicht ausgeschlossen, die Vorschrift kann jedoch heute nicht mehr als Rechtsgrundlage für entsprechende Kompetenzübertragungen auf Gemeinschaftseinrichtungen dienen, da seine zeitliche Geltung beschränkt war. Gemeinschaftseinrichtungen können durch Staatsvertrag zwischen den Ländern errichtet werden (vgl. Erl. zu Art. 72); vgl. auch Art. 24 I a GG für Kompetenzübertragungen auf grenznachbarschaftliche Einrichtungen (vgl. dazu auch Rn. 5 zu Art. 3 a).[6] Art. 180 sollte anlässlich einer anderweitig erfolgenden Verfassungsänderung mit **aufgehoben** werden.

2. Entstehung

2   Die Vorschrift war im VE und im E noch nicht vorgesehen, sie wurde im VA eingefügt und im Plenum noch modifiziert. Die Norm zeigt das **Ringen um die staatsrechtliche Stellung Bayerns** im Jahre 1946. Einerseits war die staatsrechtliche Lage Deutschlands unklar und die BV als „Vollverfassung" für einen eigenständigen Staat „Bayern" konzipiert, andererseits ging die amerikanische Besatzungsmacht davon aus, dass Bayern Teil eines deutschen demokratischen Bundesstaates werde (vgl. dazu auch die Erl. zu Art. 178). Für eine **Übergangszeit** bis zur Errichtung eines solchen deutschen Staates wurde insbesondere auf Seiten der Amerikaner das Bedürfnis „nach gewissen Gemeinschaftseinrichtungen der deutschen Staaten" gesehen. Da die damit verbundenen Kompetenzverlagerungen der Sache nach Verfassungsänderungen gewesen wären, die der Zustimmung des Volkes bedurft hätten (Art. 75 II), wurde Art. 180 als übergangsweise Sonderregelung[7] für eine entsprechende Kompetenzübertragung geschaffen.[8]

---

[1]   *Meder,* Art. 180 Rn. 1.

[2]   Auch im Rahmen der Wiedervereinigung Deutschlands spielte Art. 180 keine Rolle, *Köhler,* in: Nawiasky/Schweiger/Knöpfle, Art. 180 Rn. 4.

[3]   Die Ministerpräsidenten der Länder schlossen sich 1946 auf Initiative der amerikanischen Besatzungsmacht zu einem Länderrat zusammen, um die über das Gebiet eines Landes hinausreichenden Fragen gemeinschaftlich zu lösen, Schwierigkeiten im Verkehr der Länder zu beseitigen und die wünschenswerte Angleichung der Entwicklung auf den Gebieten des politischen, sozialen und kulturellen Lebens sicherzustellen; vgl. *Härtel,* Der Länderrat des amerikanischen Besatzungsgebietes, 1951. Der Länderrat wurde nach Art. 122 II GG mit dem Zusammentritt des ersten Bundestages (7. 9. 1949) aufgelöst. Länderratsgesetze gingen dem Landesrecht und auch dem Landesverfassungsrecht vor und unterlagen daher nicht der Kontrolle des VerfGH: VerfGH 2, 107 (108); 2, 170 (175); 14, 25 (29) und öfter; Argument dafür war die Ableitung der Länderratsbefugnisse aus dem Besatzungsrecht. Länderratsrecht galt nach Inkrafttreten des GG nach Art. 123 ff. als Bundes- oder Landesrecht fort, VerfGH 14, 25 (29). Seitdem und insoweit es als Landesrecht fort gilt, unterliegt es der Überprüfungskompetenz durch den VerfGH; vgl. auch Art. 127, 133 GG sowie VerfGH 6, 27 (32).

[4]   Vgl. *Zacher,* 50 Jahre Bayerische Verfassung, BayVBl. 1996, 705 (710); *ders.,* Die Entwicklung des Bayerischen Verfassungsrechts seit 1946 (Teil IV in Nawiasky/Schweiger/Knöpfle, Rn. 6 ff.).

[5]   Vgl. dazu VerfGH 16, 76 (86) zur Bedeutung des Wirtschaftsrates und dem Vorrang der Gesetze des Wirtschaftsrates vor dem Landesverfassungsrecht.

[6]   *Köhler* (Fn. 2), Rn. 7.

[7]   *Köhler* (Fn. 2), Rn. 3 spricht von „Systembruch", der indes kein „verfassungswidriges Verfassungsrecht" darstelle; *Kalkbrenner,* BayVBl. 1965, 109, 153.

[8]   *Nawiasky,* S. 261.

Art. 181 [Abschluss von Staatsverträgen]

Das Recht des Bayerischen Staates, im Rahmen seiner Zuständigkeit Staatsverträge abzuschließen, bleibt unberührt.

S. dazu insbesondere die Erläuterungen zu Art. 72 II (Rn. 5, 12 zu Art. 72).

1. Bedeutung

a) Art. 181 ist Ausdruck des **Ringens um die staatsrechtliche Stellung Bayerns** in 1
einem (künftigen) deutschen Bundesstaat (vgl. dazu die Erläuterungen zu Art. 178). Einerseits wird Bayern ausdrücklich als Staat bezeichnet, andererseits verweist die Wendung „im Rahmen seiner Zuständigkeit" auf die Einbindung Bayerns in ein föderales Deutschland hin. Dass ein eigenständiges, souveränes Bayern Staatsverträge (im Sinne völkerrechtlicher Verträge) hätte abschließen können, hätte nicht eigens betont werden müssen. Art. 181 impliziert mithin eine künftige Bundesverfassung.[1]

b) Auch als Glied eines deutschen Bundesstaates will Art. 181 Bayern **auswärtige Ver-** 2
tragsschlusskompetenz sichern.[2] Art. 181 gilt sowohl für Verträge mit auswärtigen Staaten als auch für Staatsverträge mit anderen Ländern Deutschlands. Allerdings ist Art. 181 insofern ein stumpfes Schwert, als sich die Zuständigkeiten zum Abschluss von Verträgen mit anderen Staaten nicht nach der Landesverfassung, sondern nach dem GG richten. Insoweit ist Art. 32 GG maßgeblich.[3] **Innerhalb Bayerns** richtet sich die Organkompetenz für den Abschluss von Staatsverträgen nach Art. 72 II (s. die Erläuterungen dort, insbes. Rn. 5, 12).

c) In der staatsrechtlichen **Praxis** hat Art. 181 heute **keine eigenständige Bedeutung,** 3
in der Rechtsprechung des VerfGH spielt er keine Rolle, sondern wird lediglich affirmativ im Zusammenhang mit Art. 72 II zitiert.[4]

2. Entstehung

Die Vorschrift war weder im VE noch im E vorgesehen. Sie wurde in der 30. Sitzung 4
des VA eingefügt.[5]

3. Verhältnis zum Grundgesetz

An der Weitergeltung der Vorschrift nach Maßgabe des Art. 32 bestehen keine Zweifel; 5
s. auch Rn. 2.

Art. 182 [Weitergeltung von Staatsverträgen]

Die früher geschlossenen Staatsverträge, insbesondere die Verträge mit den christlichen Kirchen vom 24. Januar 1925, bleiben in Kraft.

S. dazu auch die Erläuterungen zu Art. 72 II (Rn. 5, 12 zu Art. 72).

Literatur: Grundmann, Staat und Kirche in Bayern, BayVBl. 1962, 32; *Rust,* Die Rechtsnatur von Konkordaten und Kirchenverträgen unter besonderer Berücksichtigung der bayerischen Verträge von 1924, 1964; S. im Übrigen die Literaturnachweise zu Art. 142 ff.

---

[1] Prot. III, S. 678; *Zacher,* in: Nawiasky/Schweiger/Knöpfle, Art. 181 Rn. 3.

[2] *Nawiasky,* S. 261 hält dies einerseits für selbstverständlich, spricht anderseits jedoch von einem „*Akt der Vorsicht, um klarzustellen, dass eine die auswärtige Vertragskompetenz Bayerns einschränkende Theorie von vornherein abgelehnt wird*".

[3] Vgl. dazu die Erläuterungen bei *Jarass/Pieroth,* Art. 32.

[4] VerfGH 33, 65 (69); 55, 143 (151); 58, 277 (283) und öfter.

[5] Art. 192 EVA. Im Plenum der Landesversammlung wurde lediglich eine redaktionelle Änderung vorgenommen.

1. Bedeutung

1   a) Art. 182 ist eine **überleitende Schlussbestimmung** (Rn. 1 vor Art. 178) und ergänzt im Hinblick auf die Weitergeltung von Staatsverträgen (i. S. von Art. 72 II) den Art. 186 II, III, der die Weitergeltung von Landesrecht im Übrigen regelt. Ziel der Vorschrift ist es, die Kontinuität des Vertragspartners Bayern zu sichern.[1] Die Katastrophe zwischen 1933 und 1945 sollte den vorher geschlossenen Staatsverträgen nichts anhaben können. Dies gilt insbesondere für die Kirchenverträge.

2   b) Die Verträge gelten weiter im Gesetzesrang (arg. Art. 72 II)[2], sie werden durch Art. 182 **nicht** in den Verfassungsrang erhoben.[3] Der Verfassungsgeber ging bei der Schaffung von Art. 182 aber davon aus, dass die weiter geltenden Verträge ihrerseits mit der Verfassung vereinbar sind.[4]

3   c) **Kirchenverträge** sind: (1) Das Konkordat zwischen Seiner Heiligkeit Papst Pius XI. und dem Staate Bayern vom 29. 3. 1924 sowie (2) der Vertrag zwischen dem Bayerischen Staate und der Evangelisch-Lutherischen Kirche in Bayern vom 15. 11. 1924. Beide Verträge wurden durch „Gesetz zu dem Konkordate mit dem Heiligen Stuhle und den Verträgen mit den Evangelischen Kirchen" vom 15. 1. 1925 (BayRS 2220-1-K) beschlossen. Das in Art. 182 genannte Datum „24. 1. 1925" ist unzutreffend, da es sich nur auf das Inkrafttreten des Konkordats bezieht. In Hinblick auf den Zweck der Vorschrift ist diese Falschbezeichnung unschädlich.[5] Nicht unter Art. 182 fällt das Reichskonkordat vom 20. 7. 1933.[6]

4   d) Art. 182 hat heute **keine praktische Bedeutung** mehr, da die Fortgeltung der Kirchenverträge in der Staatspraxis unbezweifelt ist.[7] Die Verfassungsbestimmungen über das Verhältnis von Staat und Kirche, also das **Staatskirchenrecht**, sind in den **Art. 142 ff.** enthalten; vgl. dazu die Erläuterungen dort.

2. Entstehung

5   Die Vorschrift war weder im VE noch im E vorgesehen. Sie wurde erst im VA **auf Bitte der katholischen und evangelischen Kirche eingefügt**[8], die „Besorgnis für die Aufrechterhaltung der ihnen seinerzeit vertragsmäßig zugesicherten Rechte gegenüber dem Staat hegten."[9] Art. 182 bezog sich daher zunächst nur auf „Verträge zwischen Staat und Kirche".[10] Im weiteren Verlauf der Beratungen wurde die Überleitung generell auf „früher geschlossene Staatsverträge" erstreckt. Ein Antrag, die Verträge dem Landtag zur Überprüfung vorzulegen, fand keine Mehrheit.

3. Verhältnis zum Grundgesetz

6   An der **Weitergeltung** der Vorschrift nach Maßgabe des Art. 32 GG bestehen keine Zweifel; s. auch Rn. 2 zu Art. 181.

---

[1] *Zacher*, in: Nawiasky/Schweiger/Knöpfle, Art. 182 Rn. 2; *Meder*, Art. 182 Rn. 1; VerfGH 33, 65 (75).

[2] *Meder*, Art. 182 Rn. 2.

[3] *Zacher* (Fn. 1), Rn. 2.

[4] VerfGH 33, 65 (75).

[5] *Zacher* (Fn. 1), Rn. 4.

[6] Vgl. dazu *Meder*, Art. 182 Rn. 3; *Zacher* (Fn. 1), Rn. 6.

[7] Vgl. zur Entwicklung der Kirchenverträge *Zacher* (Fn. 1), Rn. 5 („Fortgeltung der Verträge") und 6 („Fortentwicklung des Rechtsbestands"). Vgl. aus der jüngsten Praxis das „Zusatzprotokoll zum Bayerischen Konkordat vom 29. März 1924" vom 12. Mai 2007 (BayRS 2220-1-K, GVBl S. 351) sowie das „Zusatzprotokoll zum Vertrag zwischen dem Bayerischen Staate und der Evangelisch-Lutherischen Kirche in Bayern vom 15. November 1924" vom 4. August 2007 (BayRS 2220-1-K, GVBl S. 556).

[8] Art. 193 EVA; Prot. I, S. 281–283.

[9] *Nawiasky*, S. 261.

[10] Prot. I, S. 283.

Art. 183 [Wiedergutmachung]

Alle durch die nationalsozialistische Gewaltherrschaft wegen ihrer religiösen oder politischen Haltung oder wegen ihrer Rasse Geschädigten haben im Rahmen der Gesetzgebung Anspruch auf Wiedergutmachung.

Parallelvorschriften im GG und anderen Landesverfassungen: Art. 74 I Nr. 9 GG; Art. 139 RhPfVerf; Art. 116 SächsVerf.

1. Bedeutung

a) Art. 183 ist eine **Schlussvorschrift**[1], die einen Sachverhalt regelt, der sich aus der un- **1** mittelbaren **geschichtlichen Situation** ergibt, in der die Verfassung entstanden ist (Rn. 1 vor Art. 178).[2] In Art. 183 bringt der Verfassunggeber zum Ausdruck, dass er die Verbrechen der nationalsozialistischen Gewaltherrschaft verurteilt und als entschädigungswürdig erachtet. Angesichts des Ausmaßes der Gräueltaten der Nationalsozialisten erscheint das Wort „Wiedergutmachung" allerdings wenig passend. Zudem ist der Kreis der potenziell Berechtigten sehr eng gefasst, vor dem Hintergrund der historischen Erfahrungen ist eine weite Auslegung angezeigt.[3] Art. 183 gilt nicht für die Entschädigung von SED-Unrecht und auch nicht für allgemeine Verbrechen (allgemeine Opferentschädigung).

b) Art. 183 verbürgt **kein Grundrecht,** sondern einen Verfassungsauftrag.[4] Bei dessen **2** Erfüllung hat der Gesetzgeber einen weiten **Ermessensspielraum.** Zur Ausfüllung erlassene Rechtsvorschriften erlangen keinen Verfassungsrang.[5]

c) Die Vorschrift hat bis heute **keine praktische Bedeutung** erlangt, da sie durch Be- **3** satzungs- und Bundesrecht[6] **überlagert** wurde und wird. Nach Art. 74 I Nr. 9 GG konkurriert die Gesetzgebungskompetenz für die Kriegsschäden und die Wiedergutmachung zwischen dem Bund und den Ländern. Der Bund hat von dieser Kompetenznorm umfassend Gebrauch gemacht.[7]

d) Trotz Fehlens praktischer Relevanz ist eine Aufhebung des Art. 183 nicht sinnvoll, da er als historisches „Mahn- und Denkmal" von bleibender Bedeutung ist.

2. Entstehung

In Art. 101 II VE und Art. 108 II E war zunächst nur vorgesehen, dass der Staat und **4** die politischen Gemeinden verpflichtet sind, den Religionsgemeinschaften auf Antrag jene Vermögensstücke zurückzugeben, die am 1. Januar 1933 in ihrem Eigentum standen und ihnen durch Maßnahmen des Staates oder der nationalsozialistischen Partei und ihrer Hilfsorganisationen entzogen wurden. Im VA wurde auf Grund eines Antrags der KPD eine Erweiterung der Anspruchsberechtigten beschlossen. Dabei stand der Gedanke Pate, auch in späteren Zeiten solle noch erkennbar sein, dass sich die BV der Wiedergutmachung der von den Nationalsozialisten angerichteten Schäden angenommen hat.[8]

---

[1] Nüchterner *Köhler*, in: Nawiasky/Schweiger/Knöpfle, Art. 183 Rn. 2: „*echte Übergangsvorschrift*".

[2] VerfGH 5, 103 (114).

[3] So auch *Köhler* (Fn. 1), Art. 183 Rn. 3.

[4] *Meder*, Art. 183 Rn. 1; *Köhler* (Fn. 1), Art. 183 Rn. 2; VerfGH 7, 1 (3); 8, 80 (89); 15, 49 (53).

[5] VerfGH 7, 1 (3); 8, 80 (90).

[6] Vgl. dazu die Nachweise bei *Nawiasky*, S. 262 sowie im *Ergänzungsband*, S. 151; *Meder*, Art. 183 Rn. 1; *Köhler* (Fn. 1), Art. 183 Rn. 5 ff.

[7] Vgl. dazu auch *Oeter*, in: v. Mangoldt/Klein/Starck, GG II, Art. 74 Rn. 70 ff.; *Brodesser*, Wiedergutmachung und Kriegsfolgenliquidation: Geschichte – Regelungen – Zahlungen, 2000 sowie das Bundesentschädigungsgesetz vom 29. 6. 1956 und das Bundesrückerstattungsgesetz vom 19. 7. 1957; weitere Nachweise bei *Oeter*, a. a. O., Rn. 72 (dort in Fn. 358).

[8] *Köhler* (Fn. 1), Art. 183 Rn. 1.

3. Verhältnis zum Grundgesetz

5   Art. 183 gilt auch vor dem Hintergrund des GG weiter, ist von diesem jedoch kompetenziell überlagert (Art. 74 I Nr. 9 GG; Rn. 3).

Art. 184 [Entnazifizierung]

Die Gültigkeit von Gesetzen, die gegen Nationalsozialismus und Militarismus gerichtet sind oder ihre Folgen beseitigen wollen, wird durch diese Verfassung nicht berührt oder beschränkt.

Parallelvorschriften im GG und anderen Landesverfassungen: Art. 139 GG; Art. 98 BerlVerf; Art. 154 BremVerf; Art. 158 HessVerf; Art. 140 RhPfVerf.

Rechtsprechung: VerfGH 2, 14; 3, 28; 4, 51; 10, 76.

Literatur: Händl, Der Art. 184 BV und die Rechtsprechung des Bayerischen Verfassungsgerichtshofes, 1953; *Lübbe-Wolff,* Zur Bedeutung des Art. 139 GG für die Auseinandersetzung mit neonazistischen Gruppen, NJW 1988, 1289.

1. Bedeutung

1   a) Art. 184[1] ist eine **Schlussvorschrift,** die sich aus der besonderen geschichtlichen Lage des Jahres 1946 erklärt. Sie steht in Beziehung zu Art. 183, wo der Verfassungsgeber zum Ausdruck bringt, dass er die Verbrechen der nationalsozialistischen Gewaltherrschaft verurteilt und als entschädigungswürdig erachtet. Art. 184 weist einen doppelten Regelungsgehalt auf: Zum einen enthält er eine verfassungsunmittelbare Wertentscheidung gegen Nationalsozialismus und Militarismus, zum anderen sollen gesetzliche Regelungen (auch solche, die erst nach Inkrafttreten der Verfassung erlassen wurden[2]), die dagegen gerichtet sind, verfassungsrechtlichen Bestand haben. Insoweit ist Art. 184 auch **Sonderregelung zu Art. 186 II,** indes **kein verfassungswidriges Verfassungsrecht.**[3]

2   b) Art. 184 stellt Rechtsvorschriften zum Zwecke der Entnazifizierung, also der Entfernung von Nationalsozialisten aus zentralen Positionen des öffentlichen Lebens, von der **Bindung an die Verfassung frei** und stellt insofern eine zeitlich begrenzte Sondervorschrift zu Art. 75 I dar. Mit **Abschluss der Maßnahmen zur Entnazifizierung** hat die Vorschrift ihre **Bedeutung verloren,** wobei der VerfGH in seiner frühen Rechtsprechung diesen Zeitpunkt ausdrücklich offengelassen hat.[4] Art. 184 erlaubte Abweichungen auch von den **Grundrechtsbestimmungen**[5] der BV, stellte also insoweit eine besondere, Art. 98 S. 2 ergänzende Vorbehaltsregelung dar (dazu Rn. 62 vor Art. 98). Auf Art. 184 gestützte Gesetze konnten Grundrechte auch dann in zulässiger Weise einschränken, wenn die Voraussetzungen des Art. 98 S. 2 und der jeweils grundrechtsimmanenten Schranken nicht gegeben waren.[6]

3   c) Allerdings hat der VerfGH die darin liegende **Sprengkraft** für den Grundrechtsschutz dadurch entschärft, dass er Art. 184 als Ausnahme- und Übergangsvorschrift **eng ausgelegt**[7] und betont hat, dass Art. 184 weder willkürliche noch gegen die Menschen-

---

[1]   Vgl. dazu *Händl,* Der Art. 184 Bayerische Verfassung und die Rechtsprechung des Bayerischen Verfassungsgerichtshofes, 1953.

[2]   VerfGH 2, 14 (Ls. 2): *„Art. 184 BV hält nicht nur Gesetze, die im Zeitpunkt des Inkrafttretens der Verfassung bestanden haben, trotz ihrer Unvereinbarkeit mit den Vorschriften der Verfassung über die Grundrechte aufrecht, sondern lässt auch den Erlass neuer Gesetze auf diesem Gebiet zu.*"

[3]   *Köhler,* in: Nawiasky/Schweiger/Knöpfle, Art. 184 Rn. 4; VerfGH 3, 28 (47).

[4]   VerfGH 2, 14 (Ls. 4, 30); 3, 28 (48); 4, 51 (54); 6, 145 (149). Mit dem Erlass des Schlussgesetzes zur Entnazifizierung vom 3.2.1960 (GVBl S. 11) endete die Geltung des Art. 184 jedenfalls; vgl. dazu *Köhler* (Fn. 3), Art. 184 Rn. 3.

[5]   VerfGH 2, 14 (29).

[6]   VerfGH 2, 14 (Ls. 3); 2, 50 (Ls. 1).

[7]   VerfGH 2, 14 (31); 10, 76 (83); *Köhler* (Fn. 3), Art. 184 Rn. 10 ff.

würde und deren Ausprägung verstoßende Regelungen rechtfertigen könne.[8] Zudem erfasse Art. 184 nur solche Regelungen, die sich gegen Nationalsozialismus und Militarismus sowie deren Folgen richteten. Dies sei dann der Fall, wenn Maßnahmen vorgesehen würden, „durch die der Einfluss nationalsozialistischer Ideologien auf das politische Leben ferngehalten wird."[9] Art. 184 deckte keine Einzelfallgesetze[10] und auch keine Abweichungen von Vorschriften der BV, die nicht in den Besonderheiten der Entnazifizierung begründet waren, etwa von Zuständigkeits- und Verfahrensvorschriften.

d) In den ersten Jahren nach Inkrafttreten der Verfassung hatte Art. 184 **große prakti-** **4** **sche Bedeutung.** Zu nennen sind u. a.[11] Vorschriften über das passive Wahlrecht für kommunale Ämter[12], das aktive und passive Wahlrecht zum Landtag[13], Wiedereinstellungs- und Laufbahnregelungen für belastete Beamte.[14] Seit Beendigung der Entnazifizierungsmaßnahmen 1960 ist Art. 184 obsolet, ohne dass er hätte aufgehoben werden müssen.[15] Art. 184 kann als Übergangsvorschrift auch nicht „aktiviert" werden (ebenso wenig wie Art. 139 GG) zur Bekämpfung neonazistischer Bewegungen.[16] Gegen neue staatsgefährdende Tendenzen ist mit dem von der Verfassung vorgesehenen Instrumentarium der wehrhaften Demokratie unter voller Beachtung der Grundrechte vorzugehen.[17]

e) Trotz Fehlens aktueller praktischer Relevanz ist eine **Aufhebung** des Art. 184 wegen **5** seiner erhaltenswerten historischen „Botschaft" einer Absage an den Nationalsozialismus[18] **nicht angezeigt.**

2. Entstehung

Eine vergleichbare Vorschrift war weder im VE noch im E vorgesehen. Sie wurde im **6** VA eingefügt. Ziel war die Geltungserhaltung der bislang erlassenen gesetzlichen Vorschriften zur Befreiung von Nationalsozialismus und Militarismus vom 5.3.1946.[19] Auf Wunsch der amerikanischen Besatzungsmacht wurde Art. 184 auf alle Entnazifizierungsgesetze ausgedehnt.[20]

3. Verhältnis zum Grundgesetz

Art. 184 gilt auch vor dem Hintergrund des GG weiter und wird insbesondere durch **7** **Art. 139 GG** nicht in Frage gestellt.[21]

---

[8] Deutlich VerfGH 3, 28 (Ls. 2): *„Art. 184 BV ist nur als Ausnahme- und Übergangsbestimmung mit vorübergehender Geltungsdauer, die mit Beendigung der Ausnahmelage, zu deren Meisterung sie geschaffen ist, von selbst ihr Ende findet, mit den übrigen Bestimmungen der Bayerischen Verfassung von 1946 zu vereinbaren. Als Ausnahmebestimmung ist Art. 184 BV eng auszulegen. Er erlaubt ein Abgehen von den rechtsstaatlichen und verfassungsmäßigen Garantien, die sonst den Rechtskreis der Bürger schützen, nur in dem Maße, wie dies durch das Bedürfnis einer gerechten und sinnvollen Entnazifizierung dringend erfordert wird. Er erlaubt nicht Eingriffe in diejenigen Grundrechte, die unmittelbarer Ausdruck der menschlichen Persönlichkeit sind."* VerfGH 10, 76 (Ls. 1): *„Art. 184 BV entbindet den Gesetzgeber nicht für dauernd von den ihm durch Verfassung und Recht gezogenen Schranken; der Gesetzgeber muss vielmehr, wenn er Ausnahmebestimmungen aufgrund dieser Verfassungsvorschrift erlassen will, insbesondere beachten, dass sich die vorgesehenen gesetzlichen Eingriffe in den Rahmen der gesamten zur Bekämpfung des Nationalsozialismus ergangenen Regelung einfügen."*

[9] VerfGH 2, 14 (31); 5, 166 (191): *„... wenn sie Maßnahmen vorsehen, durch die das öffentliche Leben von den Einwirkungen des Nationalsozialismus befreit oder der Einfluss seiner Ideologie auf das politische Leben ferngehalten werden soll."*

[10] VerfGH 2, 14 (32).

[11] Vgl. auch *Köhler* (Fn. 3), Art. 184 Rn. 15.

[12] VerfGH 2, 14; 6, 35; 10, 76.

[13] VerfGH 2, 50; 4, 51.

[14] VerfGH 3, 28; 5, 166.

[15] VerfGH 6, 35 (47).

[16] *Köhler* (Fn. 3), Art. 184 Rn. 16.

[17] *Köhler* (Fn. 3), Art. 184 Rn. 16; VerfGH 4, 51 (54). Zu nennen sind Art. 15, 114 II.

[18] Für Art. 139 GG BVerfG, NJW 2001, 2076.

[19] GVBl S. 193.

[20] *Nawiasky*, S. 263.

[21] Vgl. dazu *Köhler* (Fn. 3), Art. 184 Rn. 14; VerfGH 2, 50 (61).

Art. 185 [Wiederherstellung der früheren Regierungsbezirke]

Die alten Kreise (Regierungsbezirke) mit ihren Regierungssitzen werden ehestens wiederhergestellt.

Diese Vorschrift ist kraft Sachzusammenhangs (Rn. 1 vor Art. 178) mit Art. 9 auch im Rahmen der Kommentierung zu Art. 9 mitbehandelt, vgl. dort insbesondere bei Rn. 16 ff. Darauf ist zunächst zu verweisen. Nachfolgend werden lediglich der geschichtliche Hintergrund der Vorschrift sowie ihre aktuelle Bedeutung dargestellt

1   1. Die **territoriale Gliederung** Bayerns in Kreise (Regierungsbezirke) und deren Abgrenzung geht zurück insbesondere auf eine **Verordnung König Ludwigs I. vom 29. 11. 1837.**[1] Deren Art. I sah vor: „*Das Königreich Bayern bleibt, wie bisher, in acht Kreise eingeteilt.*" Diese acht Kreise (gemeint sind die Regierungsbezirke in heutiger Terminologie; dazu Erl. zu Art. 9) gingen ihrerseits auf eine Einteilung zurück, die bereits in der **Verordnung vom 20. 2. 1817** vorgesehen war.[2] In dieser Verordnung waren die acht Kreise nach französischem Vorbild nach Flüssen benannt: Isarkreis, Oberdonau-, Unterdonau-, Rezat-, Obermain-, Untermain-, Regen- und Rheinkreis. Durch Art. II der Verordnung von 1837 wurden diese Kreise umbenannt in: Oberbayern, Niederbayern, Oberpfalz und Regensburg, Oberfranken, Mittelfranken, Unterfranken und Aschaffenburg, Schwaben und Neuburg, Pfalz. Diese Einteilung orientierte sich an den verschiedenen Stämmen Bayerns.

2   2. Die Gliederung in acht Kreise blieb bis **1932** unverändert. Nach wiederholten Diskussionen um eine **Verringerung der Anzahl der Kreise** wurden auf Grund einer Verordnung zum Vollzug des Staatshaushalts[3] Niederbayern und die Oberpfalz sowie Mittelfranken und Oberfranken zu je einem Regierungsbezirk zusammengeschlossen und damit die Zahl der Bezirksregierungen um zwei vermindert.[4]

3   3. Während der Verfassungsberatungen richtete der Rat der Stadt Landshut eine Eingabe an die Verfassunggebende Landesversammlung, durch die die Herstellung der früheren Regierungsbezirke erreicht werden sollte. Dem wurde durch VA und Plenum Rechnung getragen.

4. Art. 185 weist einen **doppelten Regelungsgehalt** auf:

a) Zum einen enthält er einen **Verfassungsauftrag** zur Wiederherstellung der „alten Kreise (Regierungsbezirke) mit ihren Regierungssitzen". Dieser Auftrag wurde erfüllt durch „Gesetz Nr. 107 zur Wiederherstellung der Kreise Niederbayern, Oberpfalz, Oberfranken und Mittelfranken" vom 20. April 1948.[5] Damit hatte Bayern – nachdem die Pfalz nicht mehr zu Bayern gehörte[6] – **sieben Regierungsbezirke** *(jeweils Regierungssitz)*: Oberbayern *(München)*, Niederbayern *(Landshut)*, Oberpfalz *(Regensburg)*, Oberfranken *(Bayreuth)*, Mittelfranken *(Ansbach)*, Unterfranken *(Würzburg)*, Schwaben *(Augsburg)*.

---

[1] RegBl 1837 Sp. 793; vgl. dazu *Emmert*, 150 Jahre Regierungsbezirke in Bayern, BayVBl. 1988, 65; *Schmitt-Lermann*, Die Stellung der Regierungen im bayerischen Staatsaufbau, BayVBl. 1959, 204.

[2] RegBl Sp. 113. Zur Rechtslage vor 1808 sowie zwischen 1808 und 1817 s. *Schweiger*, in: Nawiasky/Schweiger/Knöpfle, Art. 9 Rn. 1 ff.

[3] § 46 der Zweiten Verordnung zum Vollzug des Staatshaushalts vom 30. 10. 1931 (GVBl S. 309, 317).

[4] Zur Ausführung s. die VO vom 21. 3. 1932 (GVBl S. 177) sowie die VO vom 6. 12. 1932 (GVBl S. 433).

[5] GVBl S. 79. Art. 1 dieses Gesetzes lautet: „*Mit Wirkung vom 1. April 1948 werden der Kreis (Regierungsbezirk) Niederbayern und Oberpfalz sowie der Kreis (Regierungsbezirk) Ober- und Mittelfranken geteilt und die früheren Kreise (Regierungsbezirke) Niederbayern, Oberpfalz, Oberfranken und Mittelfranken mit ihren Regierungssitzen wiederhergestellt.*" Art. 2: „*Die Kreise (Regierungsbezirke) umfassen das Gebiet, das sie vor ihrer Zusammenlegung umfasst haben.*"

[6] Der achte Regierungsbezirk „Pfalz" wurde 1946 dem Land Rheinland-Pfalz zugeteilt.

b) Darüber hinaus enthält Art. 185 eine **bleibende Verfassungsdirektive**[7]: Eine **Verringerung** der Zahl der Regierungsbezirke[8] ist nur durch **Verfassungsänderung** möglich, da Art. 185 dem Gesetzgeber die Wiederherstellung der alten Regierungsbezirke (sieben ohne Pfalz) zwingend auferlegt hat, worin zugleich das Verbot einer Verringerung liegt. Art. 185 verbürgt **einen verfassungsunmittelbaren Bestandsschutz** zu Gunsten der sieben Regierungsbezirke und zwar jedes einzelnen von ihnen sowie der Regierungssitze. Damit verbunden ist das **Verbot,** ohne Verfassungsänderung die Regierungsbezirke zwar als solche bestehen zu lassen, sie indes in ihrem **territorialen Bestand wesentlich zu verändern.** Darin läge eine Umgehung des Art. 185. Eine gesetzliche Neuordnung der Abgrenzung der Regierungsbezirke ist zwar nach Art. 9 I zulässig[9], jedoch ohne Verfassungsänderung nur in einem Umfang, der den Wesensgehalt der Regierungsbezirke unberührt lässt.[10] Damit ist grundsätzlich die **Neubildung zusätzlicher Regierungsbezirke** – etwa durch die Ausgliederung Münchens aus Oberbayern oder die Nürnbergs aus Mittelfranken – ohne Verfassungsänderung ausgeschlossen.[11]

Art. 185 schützt die Regierungsbezirke nicht nur in ihrem territorialen Bestand, sondern auch als **Verwaltungseinheiten.** Jeder Regierungsbezirk ist zugleich ein Bereich staatlicher Verwaltung, typischerweise der Mittelstufe. Dies ergibt sich daraus, dass Art. 185 auch die **Regierungssitze** verfassungsrechtlich garantiert. Damit impliziert ist der verfassungsrechtliche Befehl, dass es die Regierung[12] als staatliche Mittelbehörde überhaupt und dass es sie in jedem Regierungsbezirk geben muss. Ohne Verfassungsänderung können daher die **Regierungen** als staatliche Mittelbehörden **nicht abgeschafft oder zusammengelegt** werden, da *jeder* Regierungsbezirk einen *Regierungs*sitz hat. Keiner Verfassungsänderung bedarf dagegen die Veränderung des Aufgabenspektrums der Regierungen, solange und soweit dieses nicht marginalisiert wird[13] und es in jedem Regierungsbezirk weiterhin eine Regierung gibt. Unter diesen Voraussetzungen ist es auch denkbar, dass die Regierung eines Regierungsbezirks eine bestimmte Aufgabe für einen anderen, mehrere oder alle Regierungsbezirke erfüllt, wenn dafür sachgerechte Gründe sprechen. **4**

c) Keine Aussage enthält Art. 185 indes im Hinblick auf die Schaffung und Beibehaltung von **Selbstverwaltungskörpern** (Bezirke i. S. d. Bezirksordnung) für den Bereich des Regierungsbezirks. Diese Frage ist in Art. 10 geregelt. **5**

---

[7] Dazu *Köhler,* in: Nawiasky/Schweiger/Knöpfle, Art. 185 Rn. 3 ff.; *Mayer,* FS für Geiger, 1974, S. 735 ff.

[8] Im Jahr 1957 schlug die von der Staatsregierung eingesetzte Arbeitsgemeinschaft für Staatsvereinfachung im sog. „Kollmanngutachten" (Staatsvereinfachung in Bayern, Gutachten der Arbeitsgemeinschaft für Staatsvereinfachung, Zweiter Teil, 1957, S. 6) vor, die Zahl der Regierungen wieder auf fünf zu verringern. Dieser Vorschlag wurde nicht aufgegriffen, jedenfalls wäre eine Verfassungsänderung notwendig gewesen.

[9] Vgl. dazu das „Gesetz zur Neuabgrenzung der Regierungsbezirke" vom 27. 12. 1971 (GVBl S. 493).

[10] *Köhler* (Fn. 7): *„Eine Neugliederung der Regierungsbezirke ohne Verfassungsänderung erscheint also zwar grundsätzlich denkbar, aber nur dann, wenn sie unter Wahrung des wesentlichen Besitzstandes an Gebiet und/oder Bevölkerung der bestehenden alten erfolgt, dieser also im Kern unberührt bleibt.";* VerfGH 24, 181 (192); 31, 99 (131).

[11] *Schmitt-Lermann,* BayVBl. 1959, 204.

[12] Zur Organisation der Regierungen s. die „Verordnung, die Formation, den Wirkungskreis und den Geschäftsgang der oberen Verwaltungsstellen in den Kreisen betreffend" vom 17. 12. 1825 (RegBl. Sp. 1049), die mit der Rechtsbereinigung am 31. 12. 1957 außer Kraft trat. An deren Stelle trat die „Verordnung über die Organisation der Regierungen" vom 10. 12. 1974 (GVBl S. 802), die durch die „Verordnung zur Aufhebung der Verordnung über die Organisation der Regierungen" vom 10. 1. 2005 (GVBl 1, BayRS 200-20-I) aufgehoben wurde.

[13] Vgl. dazu *Peißl,* Die Verwaltungsreform bei den Regierungen, BayVBl. 2006, 205. Die weitgehende Abschaffung des Widerspruchsverfahrens in Bayern durch Art. 15 AGVwGO verstößt nicht gegen Art. 185, weil sie zwar zu einer Aufgabenreduktion bei den Regierungen führt, indes diese nicht als staatliche Mittelbehörden als solche in ihrer Funktion marginalisiert.

Art. 186 [Aufhebung der VU 1919; Weitergeltung bisherigen Rechts]

(1) Die Bayerische Verfassung vom 14. August 1919 ist aufgehoben.

(2) Die übrigen Gesetze und Verordnungen bleiben vorläufig in Kraft, soweit ihnen diese Verfassung nicht entgegensteht.

(3) Anordnungen der Behörden, die auf Grund bisheriger Gesetze in rechtsüblicher Weise getroffen waren, behalten ihre Gültigkeit bis zur Aufhebung im Wege anderweitiger Anordnung oder Gesetzgebung.

Parallelvorschriften im GG und anderen Landesverfassungen: Art. 123 ff. GG; Art. 94 BaWüVerf; Art. 101 BerlVerf; Art. 155 II BremVerf; Art. 76 HmbVerf; Art. 159, 160 I HessVerf; Art. 78 NdsVerf; Art. 137 I RhPfVerf; Art. 132 SaarlVerf; Art. 120 I SächsVerf; Art. 101 IV VerfLSA; Art. 105 S. 2 ThürVerf.

I. Allgemeines

1. Bedeutung

1   Art. 186 vereint **zwei Typen von Schlussvorschriften:** in **Abs. 1** eine **Aufhebungsvorschrift** und in **Abs. 2 und 3 Weitergeltungsanordnungen;** zum Fehlen einer Regelung über das **Inkrafttreten** s. Rn. 2 vor Art. 178. Trotz seiner systematischen und funktionellen Bedeutung – Ablösung des alten Verfassungsrahmens, verbunden mit der Herstellung eines vertretbaren Mindestmaßes rechtlicher Kontinuität durch Fortgeltung „vorkonstitutionellen" Rechts – ist Art. 186 nach mehr als sechzig Jahren seit Inkrafttreten der Verfassung **praktisch kaum** mehr **von Relevanz.** Allerdings gibt es noch vorkonstitutionelle Rechtsnormen, die ihre Gültigkeit bis heute über Art. 186 II behalten haben.

2. Entstehung

2   Nach dem Vorbild des Art. 178 WRV enthielt bereits Art. 132 VE die wesentlichen Aussagen des Art. 186. Im VVA erhielt die Vorschrift ihre jetzige Fassung (Art. 140 E). Sie wurde im VA wie im Plenum der Verfassungsgebenden Landesversammlung ohne weitere Diskussion beschlossen.

3. Verhältnis zum Grundgesetz

3   Art. 186 wird durch das **Hinzutreten des GG** im Jahr 1949 seiner Wirksamkeit weder ausdrücklich noch über Art. 31 beraubt.[1] Allerdings entfaltet das GG in doppelter Hinsicht **Überlagerungswirkung:**

4   a) Zum einen darf Recht, das nach Art. 186 II weiter gilt, nicht im Widerspruch zum Grundgesetz stehen, ansonsten es seine Wirksamkeit nach Art. 123 I GG verloren hat[2] oder nach Art. 31 GG verliert, wenn sich der Widerspruch zum GG erst später ergibt.

5   b) Zudem ist jeweils zu klären, ob nach Art. 186 II i.V. m. Art. 123 I GG fort geltendes Recht als Bundesrecht oder als Landesrecht gilt. Die Antwort auf diese Frage findet sich nicht in Art. 186 II, sondern in Art. 124, 125 GG.

II. Einzelkommentierung

1. Die Aufhebung der Verfassung von 1919 (Abs. 1)

6   a) Ab. 1 regelt, dass die Bayerische Verfassung vom 14. August 1919 **„aufgehoben** ist". Damit steht unzweifelhaft fest, dass deren Vorschriften nicht mehr gelten. Unklar ist jedoch, ob die VU 1919 bis 7. 12. 1946 gegolten hat oder bereits vorher außer Kraft getreten ist, etwa durch die Beseitigung der Eigenstaatlichkeit der Länder durch die „Gesetze" zur

---

[1] *Köhler,* in: Nawiasky/Schweiger/Knöpfle, Art. 186 Rn. 24.
[2] Gleiches gilt für Recht, das nach dem Inkrafttreten der Bayerischen Verfassung (8. 12. 1946) und vor dem Zeitpunkt des ersten Zusammentritts des Bundestags (7. 9. 1949) als Landesrecht erlassen worden ist; vgl. dazu *Wolff,* in: v. Mangoldt/Klein/Starck, GG III Art. 123 Rn. 14.

Gleichschaltung der Länder.[3] Da die Frage nicht mehr praktisch relevant ist, sei sie hier nicht vertieft.[4]

b) Vorschriften der VU 1919 können also nicht mehr direkt angewendet werden. Allerdings ist es nicht ausgeschlossen, sie zur **Interpretation** der BV 1946 heranzuziehen, sei es in der Modalität ungeschriebenen Verfassungsrechts[5], sei es als „vorverfassungsrechtliches Gesamtbild" (zu dieser Kategorie s. auch Vorbem. IV. 1. vor Art. 98). **7**

2. Fortgeltung vorkonstitutionellen Rechts (Abs. 2)

a) Abs. 2 erfasst alle **Rechtsnormen außerhalb des Verfassungsrechts** (Gesetze, Verordnungen, Satzungen; auch Gewohnheitsrecht[6]).[7] Gemeint sind zunächst **bayerische Rechtsvorschriften,** die **vor 1933**[8] von bayerischen Organen als *Landes*recht erlassen worden waren.[9] Diese galten nach der Beseitigung der Eigenstaatlichkeit der Länder als „landschaftlich begrenztes Reichsrecht" weiter.[10] Dieses bestand nach dem Zusammenbruch des Deutschen Reichs 1945 als Reichsrecht weiter, mutierte also nicht automatisch zu Landesrecht. Die Besatzungsmacht räumte Bayern in Art. III der Proklamation Nr. 2 der Militärregierung die Dispositionsbefugnis über das gesamte Reichsrecht ein. In der Konsequenz dessen erfasst Art. 186 II nicht nur **ehemaliges Landesrecht** und **seit 1945 als Landesrecht erlassenes Recht,** sondern das damalige **Reichsrecht in seiner Gesamtheit**[11], und zwar zunächst auch solches, das später über Art. 124 f. GG Bundesrecht wurde.[12] **8**

b) Eine – auch während der Zeit des Nationalsozialismus ergangene[13] – Rechtsnorm i.S. von Rn. 8, die vor dem Inkrafttreten der Verfassung (8. Dezember 1946) in Geltung war, also nicht bereits vor diesem Datum aufgehoben wurde oder in sonstiger Weise ihre Geltung verloren hatte oder nichtig war[14] (was sich jeweils nach dem früher geltenden Recht richtet), kann auch heute[15] noch in Kraft sein, wenn sie **9**

---

[3] So offenbar *Köhler* (Fn. 1), Rn. 3, der zudem der Ansicht ist, dass Bestimmungen der VU 1919, soweit sie nicht durch Reichsrecht gegenstandslos geworden seien, als „einfaches Reichsrecht in Kraft" geblieben seien. Dies setzte freilich voraus, dass man die Gleichschaltungsgesetze vom 31. 3. 1933 (RGBl I S. 153), 7. 4. 1933 (RGBl I S. 173) sowie vom 30. 1. 1934 (RGBl I S. 75) als wirksam erachtet. Dieser Frage kann hier aus Raumgründen nicht nachgegangen werden, vgl. dazu *Nawiasky*, S. 267 ff.

[4] Ausführlich *Köhler* (Fn. 1), Rn. 3 f.

[5] Dazu eingehend *Wolff*, Ungeschriebenes Verfassungsrecht unter dem Grundgesetz, 2000.

[6] *Meder,* Art. 186 Rn. 2; Kritik bei *Köhler* (Fn. 1), Rn. 8.

[7] Abs. 2 erfasst „alle vorverfassungsmäßigen allgemein verbindlichen Normen", VerfGH 1, 81 (84); 4, 181 (189); 5, 13 (16); 42, 156 (166), unabhängig davon, von welcher Stelle sie erlassen worden sind, VerfGH 4, 181 (189). Erfasst sind auch Ministerratsbeschlüsse, VerfGH 6, 78 (98). Der VerfGH verneint allerdings seine Prüfungskompetenz für Satzungen von Stiftungen des öffentlichen Rechts, wenn diese nicht Ausdruck hoheitlicher Rechtsetzung, sondern privater Willensbildung sind, VerfGH 27, 1 (11): Stiftung Maximilianeum. Nicht erfasst sind Landtagsbeschlüsse sowie Verwaltungsvorschriften, die bei Verstoß gegen die BV freilich ebenfalls keinen Bestand haben konnten, *Köhler* (Fn. 1), Rn. 9.

[8] Nach der Beseitigung der Eigenstaatlichkeit der Länder konnte kein Landesrecht mehr erlassen werden. Auf Bayern beschränktes Recht war partielles Reichsrecht.

[9] *Köhler* (Fn. 1), Rn. 7.

[10] Als Beispiel sei das Bayerische Notariatsgesetz genannt, vgl. VerfGH 20, 114 (117).

[11] VerfGH 16, 141 (144); *Köhler* (Fn. 1), Rn. 8.

[12] VerfGH 9, 14 (17); 10, 15 (19). Zur heute wohl nicht mehr praktischen Frage der Weitergeltung von Länderratsrecht und Besatzungsrecht s. *Köhler* (Fn. 1), Rn. 8; *Meder,* Art. 186 Rn. 2 sowie VerfGH 14, 25 (29).

[13] Aus praktischen Erwägungen ließen die Besatzungsmächte das von den Nationalsozialisten gesetzte Recht zunächst in Kraft. Soweit es gegen die BV und deren Geist verstieß, verlor es seine Geltung erst über Art. 186 II. Lediglich „spezifisch" nationalsozialistisches „Recht" wurde von den Besatzungsmächten eigens außer Kraft gesetzt; vgl. dazu *Köhler* (Fn. 1), Rn. 12 f.; VerfGH 6, 131 (134).

[14] VerfGH 5, 297 (299); 8, 25 (29); 42, 156 (166): Der VerfGH prüft daher zunächst, ob eine vorkonstitutionelle Norm am 7. 12. 1946 noch gültig war und bejahendenfalls dann die Weitergeltung nach Art. 186 II.

[15] Dem steht nicht das Wort „vorläufig" entgegen, zutreffend *Köhler* (Fn. 1), Rn. 10. „Vorläufig" meint Ersetzbarkeit.

(1) inhaltlich nicht den Vorschriften **der BV** und deren Geist[16] **widerspricht**[17], insbesondere den Grundrechtsbestimmungen (formell muss sie nicht mit der BV kompatibel sein, wohl aber mit den zur Zeit ihres Erlasses vorgesehenen Form- und Verfahrensvorschriften[18], ansonsten sie schon vor dem 8.12.1946 unwirksam war und Art. 186 II nicht anwendbar ist),

(2) mit dem **GG**, der **EMRK**, den **europäischen Verträgen** und dem **sekundären Gemeinschaftsrecht** vereinbar ist und

(3) nicht aus anderen Gründen *nach* dem 8.12.1946 ihre Wirksamkeit verloren hat (etwa durch Aufhebung, durch Zeitablauf oder völlige Bedeutungslosigkeit; vgl. dazu Rn. 51 zu Art. 55).[19]

10 c) Das nach Art. 186 II weiter geltende Recht – auch das ehemalige Reichsrecht – galt **zunächst als Landesrecht** fort. Seit dem 7.9.1949 richtet sich die Frage, ob es als Bundes- oder Landesrecht weiter gilt, nach Art. 123 ff. GG.

11 d) Art. 186 II entfaltet **keine Rückwirkung.** Die BV findet auf in der Vergangenheit abgeschlossene Regelungen, etwa Enteignungen, keine Anwendung.[20]

12 e) Keine Fortgeltung im Sinne des Art. 186 II liegt vor, wenn zunächst über Art. 186 II fortgegolten habendes Recht nach Inkrafttreten der Verfassung von den jeweils zuständigen Organen neu erlassen oder – etwa anlässlich einer Änderung – in den Willen des zuständigen Normsetzers[21] aufgenommen worden ist.

13 f) Zur **praktischen Feststellung**, ob eine vorkonstitutionelle Vorschrift noch in Geltung ist, ist zurückzugreifen insbesondere auf die **Rechtsbereinigungsgesetze** vom 12. Mai 1956[22], 17. Juli 1957[23], 22. Juli 1968[24] sowie vom 10.11.1983.[25] In Bd. I der Bayerischen Rechtssammlung (BayRS) findet sich eine chronologische Übersicht über alle am 1. Januar 1983 geltenden Vorschriften seit dem Jahr 1802. Seit dem 1. Januar 1983 diesbezüglich vorgenommene Änderungen sind aus dem GVBl und dem bislang jährlich erscheinenden **BayRS-Fortführungsnachweis** ersichtlich.

3. Fortgeltung von Anordnungen (Abs. 3)

14 Ziel des Abs. 3 ist die Sicherstellung der **Kontinuität** der **Verwaltungspraxis** und damit **Rechtssicherheit.** Mit dem Inkrafttreten einer neuen Verfassung sollten nicht die bis dato ergangenen „rechtsüblichen" Verwaltungsmaßnahmen ihre Wirksamkeit verlieren. Unter „Anordnungen der Behörden" sind keine generell-abstrakten Regelungen mit Außenwirkung, sondern konkrete[26] Verwaltungsmaßnahmen, zumal Verwaltungsakte, zu verstehen. Erfasst sind auch – wie bei Art. 120 – Gerichtsentscheidungen[27], da ansonsten eine Regelungslücke bestünde. Die **Weitergeltung** setzt im Einzelnen voraus:

---

[16] *Nawiasky*, S. 264.

[17] Liegt ein inhaltlicher Widerspruch vor, ist der betreffende Rechtssatz nicht ex tunc, sondern ab Inkrafttreten der BV nichtig; VerfGH 1, 64 (80); 5, 13 (16): „wird sie gemäß Art. 186 II aufgehoben".

[18] A. A. die h. M.: *Meder*, Art. 186 Rn. 2; *Köhler* (Fn. 1), Rn. 11.

[19] Dazu m. w. N. *Köhler* (Fn. 1), Rn. 15.

[20] VerfGH 1, 29 (Ls. 4); 16, 142 (146); 28, 198 (203); 42, 156 (167): *„Art. 103 gewährt keinen Schutz gegen solche Beeinträchtigungen des Eigentums, die vor dem Inkrafttreten der BV bewirkt sind, selbst wenn diese noch Nachwirkungen haben."*

[21] *Wolff* (Fn. 2), Art. 123 Rn. 24.

[22] Erstes Gesetz zur Bereinigung des bayerischen Landesrechts (Erstes Rechtsbereinigungsgesetz – 1. RBerG), BayBS I S. 47 (GVBl S. 91).

[23] Zweites Gesetz zur Bereinigung des bayerischen Landesrechts (Zweites Rechtsbereinigungsgesetz – 2. RBerG), GVBl S. 233.

[24] Drittes Gesetz zur Bereinigung des bayerischen Landesrechts (Drittes Rechtsbereinigungsgesetz – 3. RBerG), GVBl S. 233.

[25] Gesetz über die Sammlung des bayerischen Landesrechts (Bayerisches Rechtssammlungsgesetz – BayRSG), GVBl S. 1013.

[26] *Nawiasky*, S. 286; *Meder*, Art. 186 Rn. 3.

[27] *Meder*, Art. 186 Rn. 3; *Köhler* (Fn. 1), Rn. 18.

a) Die Anordnungen sind auf Grund bisheriger, also vor dem 8. 12. 1946 geltender Ge- 15 setze im weiten Sinne (vgl. oben Rn. 8) erlassen worden. Gesetze, die der BV in grundsätzlichen Fragen widersprechen, fallen nicht unter Abs. 3[28], darauf gestützte Anordnungen gelten mithin nicht über den 8. 12. 1946 hinaus fort, wenn sie überhaupt rechtswirksam geworden sind.

b) In **„rechtsüblicher Weise"** müssen die Anordnungen getroffen worden sein. Was 16 „rechtsüblich" war, ist schwer zu bestimmen. Man wird dies angesichts des telos des Art. 186 III, Rechtssicherheit zu schaffen, im Sinne der jeweiligen „vorkonstitutionellen Rechtspraxis der Gesetzesausführung"[29] verstehen können. Willkürakte ohne normative Grundlage oder auf solcher Grundlage, die schwerwiegend gegen die BV verstoßen, gelten schon nach Maßgabe von Rn. 15 nicht weiter.

Art. 187 [Eid der Angehörigen des öffentlichen Dienstes]

Alle Beamten und Angestellten im öffentlichen Dienst sind auf diese Verfassung zu vereidigen.

Parallelvorschriften in anderen Landesverfassungen: Art. 78 BaWüVerf; Art. 96 III BbgVerf; Art. 74 HmbVerf; Art. 80 NRWVerf; Art. 116 SaarlVerf; Art. 92 SächsVerf.

Rechtsprechung: VerfGH 17, 94.

I. Allgemeines

1. Bedeutung

Art. 187 ist **weder eine Schluss- noch eine Übergangsvorschrift**[1], sondern eine Ver- 1 fassungsnorm mit dauerndem Anwendungsbereich, die zweckmäßigerweise im Rahmen der Vorschriften über die Beamten (Art. 94 ff.) geregelt worden wäre (dazu Rn. 1 zu Art. 178). Es handelt sich um unmittelbar anwendbares Recht[2] im Sinne einer verfassungsunmittelbaren Pflicht jedes Beamten und Angestellten. Sie wird einfach-rechtlich konkretisiert und ausgestaltet (vgl. Art. 66 BayBG i. V. m. § 40 BRRG; Art. 37 KWBG; Art. 5 BayRiG; Art. 7 VerfGHG). Die Eidespflicht bringt zum Ausdruck, dass zwischen „Staatsdiener" und Staat ein besonderes Treue- und Fürsorgeverhältnis besteht. Gleichzeitig begründet die Verfassung mit dem Schutz des Berufsbeamtentums (Art. 95) und der Eidespflicht einen Schutz der Verfassung vor Missachtung und Missinterpretation und damit unmittelbar auch einen Schutz der verfassungsrechtlichen verbürgten Rechte der Bürger.[3] Die Eidespflicht ist damit **keineswegs obsolet,** sondern Sinnbild dieses Schutzes. Nach Auffassung des VerfGH bringt die BV auch in Art. 187 zum Ausdruck, dass die Verfassungstreue der Beamten und Angestellten des öffentlichen Dienstes ein „besonders bedeutsamer Garant der demokratisch konstitutionellen Staatsordnung"[4] ist. Art. 187 steht zu **anderen Normen der Verfassung nicht in Widerspruch,** stellt also kein verfassungswidriges Verfassungsrecht dar; insbesondere verstößt er nicht gegen die Meinungsfreiheit, die Glaubens- und Gewissenfreiheit oder die Menschenwürde.[5]

---

[28] *Meder,* Art. 186 Rn. 3; VGH, BayVBl. 1987, 720 (724): *„schlechterdings unerträgliche Regelung, die evident fundamentalen Prinzipien der Gerechtigkeit widerspricht".* Die Frage, unter welchen Voraussetzungen NS-„Recht" wegen Verstoßes gegen Gerechtigkeitsprinzipien von vornherein die Geltung abzusprechen ist, kann hier nicht vertieft werden.

[29] *Köhler* (Fn. 1), Rn. 21 f.

[1] *Köhler,* in: Nawiasky/Schweiger/Knöpfle, Art. 187 Rn. 2.

[2] *Nawiasky,* S. 265.

[3] Dazu *Lindner,* Grundrechtssicherung durch das Berufsbeamtentum, ZBR 2006, 1.

[4] VerfGH 17, 94 (Ls. 1).

[5] So ausdrücklich VerfGH 17, 94 (Ls. 2). *„Art. 187 BV hält am Verfassungseid gerade um der besonderen Bindung oder Schärfung des Gewissens willen fest, die der Eid bewirkt, und die durch eine schlichte Versicherung nicht erreicht werden könnte",* VerfGH 17, 94 (98).

2. Entstehung

2   Die Eidespflicht der im öffentlichen Dienst Beschäftigten hat eine **lange Tradition.**[6] Die Verfassung von 1808 sah in § VIII des Ersten Titels sogar eine Pflicht *jedes* Staatsbürgers zur Eidesleistung und zum Treueschwur dem König gegenüber vor. Ähnlich Titel X § 3 der Verfassung von 1818: *„Alle Staatsbürger sind bey der Ansäßigmachung und bei der allgemeinen Landeshuldigung, so wie alle Staatsdiener bei ihrer Anstellung verbunden, folgenden Eid abzulegen: Ich schwöre Treue dem König, Gehorsam dem Gesetze und Beobachtung der Staatsverfassung; so wahr mir Gott helfe, und sein heiliges Evangelium!"* In der VU 1919 war eine vergleichbare Regelung nicht enthalten. Art. 131 VE sah in Anlehnung an Art. 176 WRV die Eidespflicht auf die Verfassung lediglich für „alle öffentlichen Beamten" vor. In Art. 139 E wurden die Angestellten in die Eidespflicht mit einbezogen.

3. Verhältnis zum Grundgesetz

3   a) Die Vorschrift **gilt weiter,** da sie nur für die Beamten und Angestellten des Staates Bayern oder einer der bayerischen Staatsgewalt unterworfenen Körperschaft, Anstalt oder Stiftung des öffentlichen Rechts Anwendung findet. Auch die Beschränkung der Eidespflicht auf „diese Verfassung", also auf die BV, ist im Hinblick auf das GG unschädlich, da es diesem unbenommen wäre, eine Eidespflicht auf das GG einzuführen. Art. 66 I BayBG bezieht freilich das Grundgesetz in die Eidesformel mit ein, was im Hinblick auf Art. 187 seinerseits unbedenklich ist.

4   b) Auch die Einbeziehung der **Angestellten** in die Eidespflicht ist im Hinblick auf das GG unbedenklich. Zwar hat der Bund für den Bereich des Arbeitsrechts von der in Art. 74 I Nr. 12 GG geregelten Gesetzgebungskompetenz weitgehenden Gebrauch gemacht. Damit ist Art. 187 für die Gruppe der Angestellten aber nicht obsolet geworden, da es legitimes Interesse und Kompetenz jedes Landes ist, die bei ihm beschäftigten Angestellten auf die Landesverfassung zu vereidigen.

II. Einzelkommentierung

1. Eidesverpflichtete

5   a) Zur Eidesleistung verpflichtet sind zunächst **„alle Beamten".** Das sind nicht nur solche, bei denen Dienstherr der Freistaat Bayern ist, sondern alle bei der bayerischen Staatsgewalt unterliegenden Dienstherrn beschäftigten Beamten, auch die kommunalen Wahlbeamten, nicht hingegen Kirchenbeamte.[7] Zu den Beamten i. S. d. Art. 187 gehören auch die Richter im Dienst des Freistaates Bayern[8], da die BV dienstrechtlich zwischen Beamten und Richtern nicht unterscheidet.[9] Zum Eid der Mitglieder der Staatsregierung s. Art. 56 und die Erl. dort. Die Eidespflicht besteht für **alle Statustypen,** also Beamtenverhältnisse auf Lebenszeit, auf Zeit, zur Probe, auf Widerruf (vgl. Art. 6 I BayBG). Die Eidespflicht entsteht erst mit Begründung des Beamtenverhältnisses, nicht vorher. Die Eidesleistung ist mithin nicht konstitutiv für das Beamtenverhältnis (zu den Konsequenzen einer unberechtigten Weigerung s. unten Rn. 10 f.). Wer aus dem Beamtenverhältnis ausscheidet und zu einem späteren Zeitpunkt erneut verbeamtet wird, hat den Eid erneut zu leisten. Dies gilt nicht im Fall der Beurlaubung ohne Dienstbezüge für eine Tätigkeit außerhalb des öffentlichen Dienstes, da hier das Beamtenverhältnis bestehen bleibt.

---

[6] Vgl. dazu *Zängl,* in: Weiß/Niedermaier/Summer/Zängl, BayBG, Erl. zu Art. 66.

[7] *Köhler* (Fn. 1), Art. 187 Rn. 4.

[8] *Köhler* (Fn. 1), Art. 187 Rn. 5.

[9] VerfGH 13, 182 (184).

b) Eidespflichtig sind auch **Angestellte,** die im Dienstverhältnis zu einer der in Rn. 5 genannten juristischen Personen des öffentlichen Rechts stehen[10], **nicht** hingegen **Arbeiter.**[11]   **6**

2. Inhalt der Eidespflicht

a) Aus Art. 187 ergibt sich lediglich, *dass* ein Eid auf die BV zu leisten ist. Nicht geregelt sind Eidesformel und Zeitpunkt. Dies ergibt sich aus den einfach-gesetzlichen Regelungen zur Konkretisierung der Eidespflicht (vgl. oben Rn. 1). Die Hinzufügung einer religiösen Formel kann weggelassen werden (Art. 107 VI). Zwar ist der Eid seiner geschichtlichen Entwicklung nach die Anrufung Gottes für die Wahrheit einer Aussage, jedoch ist er in der modernen Verfassung durch die Möglichkeit des Verzichts auf die religiöse Formel gewissermaßen „säkularisiert" und somit dem Einzelnen auch vor dem Hintergrund der Religionsfreiheit zumutbar. Der seines religiösen Charakters entkleidete Eid „behält die Eigenart eines bindenden ethischen Gelöbnisses".[12]   **7**

b) Nach Art. 66 I BayBG hat der **Beamte** folgenden Diensteid zu leisten: *„Ich schwöre Treue dem Grundgesetz für die Bundesrepublik Deutschland und der Verfassung des Freistaates Bayern, Gehorsam den Gesetzen und gewissenhafte Erfüllung meiner Amtspflichten, so wahr mit Gott helfe."* Nach Art. 66 II 1 BayBG kann der Eid auch ohne die Worte „so wahr mir Gott helfe" geleistet werden.   **8**

c) Art. 187 macht zwischen Beamten und Angestellten des öffentlichen Dienstes keinen Unterschied, so dass für beide auch die gleiche Eidesformel in Betracht käme. In der Praxis verwendet man bei **Angestellten** folgende Formel: *„Ich schwöre Treue der Verfassung des Freistaates Bayern, so wahr mir Gott helfe."* Auch hier kann die religiöse Beteuerung entfallen.   **9**

3. Verweigerung des Eides

a) Die Eidesleistung darf **nicht verweigert** werden. Die Pflicht dazu verstößt nicht gegen Grundrechte des Einzelnen. Macht dieser jedoch plausibel geltend, dass er aus Glaubens- oder Gewissengründen keinen Eid leisten könne, so muss ihm die Möglichkeit eines **„Ersatzgelöbnisses"** eingeräumt werden[13] (Gelöbnis unter Verzicht auf die Worte „ich schwöre").   **10**

b) Die **Verweigerung** des Eides oder des Ersatzgelöbnisses stellt beim **Beamten** eine Dienstpflichtverletzung dar, die nach Art. 40 I Nr. 1 BayBG einen zwingenden Entlassungsgrund darstellt. Bei Angestellten führt die Verweigerung zur Kündigung.[14]   **11**

Art. 188 [Verfassungstext für Schüler]

Jeder Schüler erhält vor Beendigung der Schulpflicht einen Abdruck dieser Verfassung.

Parallelvorschriften im GG und anderen Landesverfassungen: Art. 78 M-V Verf.

I. Allgemeines

1. Bedeutung

Bei der Vorschrift handelt es sich nicht um eine „Schluss- und Übergangsregelung" im üblichen Sinne, sondern um eine bleibende Sachregelung, die an sich in den Kontext „Bildung und Schule" (Art. 128 ff.) gehört.[1] Dennoch ist sie am Schluss der Verfassung treffend   **1**

---

[10] *Köhler* (Fn. 1), Art. 187 Rn. 6.

[11] *Köhler* (Fn. 1), Art. 187 Rn. 7.

[12] VerfGH 17, 94 (98).

[13] Vgl. dazu Art. 66 II 2 BayBG.

[14] *Köhler* (Fn. 1), Art. 187 Rn. 13.

[1] *Köhler,* in: Nawiasky/Schweiger/Knöpfle, Art. 188 Rn. 2; vgl. Rn. 1 vor Art. 178.

aufgehoben, erinnert sie doch daran, dass eine Verfassung, will sie auf Dauer erfolgreich sein, der **fortlaufend erneuerten Legitimität** bedarf und daher von jeder Generation neu bejaht werden muss; der Schlussartikel verweist insofern auf die zukünftige Bewährung der 1946 erarbeiteten und beschlossenen Verfassung. Die Pflicht zur Aushändigung des Verfassungstextes an jeden Schüler ist zwar keine Erfindung der BV (so schon Art. 148 III 2 WRV), kann aber dennoch als treffender Ausdruck der **zutiefst demokratischen** und zugleich pragmatisch-lebensnahen Gesinnung gewertet werden, wie sie dieser Verfassung zugrunde liegt (vgl. schon die Präambel, die die BV zuallererst als „demokratische Verfassung" bezeichnet; siehe auch Art. 129 Rn. 1 zur demokratischen Stoßrichtung der allgemeinen Schulpflicht, an die Art. 188 anknüpft, so Art. 131 Rn. 5, 16 zum schulischen Bildungsziel der Erziehung im Geiste der Demokratie); auch insofern ist ein angemessener Schlusspunkt gesetzt.

2. Entstehung

2   Die Vorschrift geht auf Art. 93 III 2 VE und Art. 100 III 2 E zurück: Im VA wurde die Norm aus dem Kontext der Bildungsziele genommen und in den Schlussteil verwiesen. Auch wurde die Aushändigung „vor" statt „bei" Beendigung der Schulpflicht statuiert, um eine Besprechung des Verfassungsinhaltes in der Schule zu ermöglichen. Dass der auszuhändigende Text möglichst um eine Darstellung der bayerischen Geschichte und einen Abriss des Verfassungsinhalts zu ergänzen sei, wurde in der Sache befürwortet, ohne dass all das in die Vorschrift des Art. 188 aufgenommen werden sollte.[2]

3. Verhältnis zum Grundgesetz

3   Das Grundgesetz kennt keine entsprechende Regelung und steht Art. 188 BV in keiner Weise entgegen.

II. Einzelkommentierung

4   Die Vorschrift begründet ein subjektives Recht des Schülers und eine objektive Pflicht des jeweiligen Sachaufwandsträgers der Schule.[3] Die Pflicht ist vor Beendigung der Schulpflicht (Art. 129) – so dass noch genügend Zeit für eine Besprechung bleibt[4] – zu erfüllen; die Pflicht greift nicht nur an Volksschulen, sondern auch an allen anderen bayerischen Schulen, auf denen die Schulpflicht erfüllt werden kann (Art. 36 BayEUG). Erläuterungen zu Geschichte und Inhalt sind möglich und wünschenswert, nicht aber zwingend; die Frage einer Besprechung in der Schule als solche ist nicht Thema des Art. 188, sondern des Art. 131 III;[5] dass die Verfassung eine Erziehung im Geiste der Demokratie wünscht und die Schüler in diesem Zusammenhang mit den Grundwerten der BV vertraut gemacht werden sollen, ist unbestreitbar (Art. 131 Rn. 16); nicht aber folgt aus Art. 188, dass dergleichen Unterrichtsinhalte unbedingt im Kontext der Aushändigung des Textabdrucks besprochen werden müssen. Dass der Schüler einen Abdruck „erhält", bedeutet die kostenlose Übergabe eines gedruckten Exemplars (elektronische Zusendung reicht nicht) zu Besitz und Eigentum. Die Pflicht zur Aushändigung bezieht sich auf die BV in der jeweils gültigen Fassung. Dass – wie in der Praxis üblich – auch der Text des GG sowie mittlerweile auch ein Überblick zur EU mitabgedruckt sind, schadet nicht nur nicht[6], sondern ist

---

[2] Prot. I S. 258, 261, 263; III S. 680, 685.

[3] *Köhler,* in: Nawiasky/Schweiger/Knöpfle, Art. 188 Rn. 2. Dem Staat bleibt es freilich unbenommen, den Schulen die Textausgaben – wie derzeit der Fall – über die Bayerische Landeszentrale für politische Bildung kostenlos zur Verfügung zu stellen (vgl. Bekanntmachung des Kultusministeriums vom 12. 1. 1995, KWMBl. I S. 87, Punkt 2. 2. 3.

[4] Derzeit: Hauptschulen zu Beginn des 7., sonst zu Beginn des 9. Schuljahres, vgl. Bekanntmachung (Fn. 3).

[5] *Köhler,* in: Nawiasky/Schweiger/Knöpfle, Art. 188 Rn. 3; a. A. *Meder,* Art. 188 Rn. 1.

[6] So *Köhler,* in: Nawiasky/Schweiger/Knöpfle, Art. 188 Rn. 3.

– trotz des engen Wortlauts („Abdruck dieser Verfassung") – nach dem Sinn und Zweck der Norm im Grunde unausweichlich (vgl. Art. 78 MV Verf, der auch das GG mit aufführt). Denn die BV ist die Verfassung eines Gliedstaates der Bundesrepublik Deutschland, die ihrerseits in die Europäische Union integriert ist (Vorbem. B Wirkkraft LVerfR, Rn. 1). Im bundesstaatlichen und europäischen Verfassungsverbund[7] vermag erst die Gesamtschau der Landesverfassung, des Grundgesetzes und des zumindest in Grundzügen skizzierten europäischen Verfassungsrechts[8] dem Schüler ein vollständiges Bild des in Bayern geltenden Verfassungsrechts zu vermitteln.

---

[7] *Möstl,* AöR 130 (2005), S. 350 (351 ff.).

[8] Solange die EU im Zustand des „Staatenverbundes" (BVerfGE 89, 155) verharrt und über keine Verfassungsurkunde verfügt, erscheint es vertretbar, bereits in Art. 3 a BV, Art. 23 GG einen ausreichenden Hinweis auf die Öffnung des nationalen Verfassungsrechts auf Europa hin zu erblicken und sich so mit dem Abdruck von BV und GG zu begnügen. Vorzugswürdig ist ein Eingehen auch auf die europäische Integration allemal.

Sachverzeichnis

Die fettgedruckten Zahlen bezeichnen die Artikel, die mageren die Randnummern.

Sachverzeichnis

Sachverzeichnis

Sachverzeichnis

Sachverzeichnis

Sachverzeichnis

Sachverzeichnis

Sachverzeichnis

Sachverzeichnis

Sachverzeichnis